LA PRESSE

100 ans d'actualités

1884 - 1984

les éditions la presse

Éditeurs:
LES ÉDITIONS LA PRESSE, LTÉE
7, rue Saint-Jacques
Montréal H2Y 1K9

Conception graphique:
ROBERT ALARIE

Responsable principal:
GUY PINARD

Recherche:
GEORGES WENTSER

Dépôt légal:
BIBLIOTHÈQUE NATIONALE DU QUÉBEC
4e trimestre 1984

ISBN 2-89043-134-7

100 ans d'actualités: le passé et le présent

Raconter son passé afin de le faire partager à tous ceux qui, forcément, étaient trop jeunes pour l'avoir connu, voire vécu, c'est le désir bien légitime de toute entreprise qui atteint le seuil de ses cent ans.

LA PRESSE a entrepris de le faire de deux façons.

D'abord en publiant l'*Histoire de LA PRESSE*, ouvrage en deux tomes dû à la plume et aux recherches exhaustives de Cyrille Felteau et qui constitue une vaste fresque de notre histoire commune: celle de LA PRESSE et celle de la société au sein de laquelle s'est construite la vie de notre grand quotidien.

Restait encore à faire partager à nos lecteurs les immenses richesses documentaires accumulées par LA PRESSE au cours de son existence: des millions de documents à partir desquels s'était écrite, chaque jour, l'actualité dont le journal se faisait le véhicule.

La formule en fut trouvée dans la présentation d'une page quotidienne consacrée au rappel des événements qui, à la même date, avaient fait l'actualité au cours des cent années précédentes. Sous le titre «100 ans d'actualités», cette page est devenue, dès sa première parution le 21 octobre 1983, le sujet d'un intérêt populaire de premier ordre. Les lecteurs qui, par ailleurs, nous ont dit leur bonheur de retrouver chaque jour cette page dans leur quotidien préféré nous ont démontré que nous avions atteint notre objectif: celui de leur offrir, grâce à nos ressources, un rappel quotidien des événements qui ont fait l'histoire des cent dernières années.

L'album que nous vous présentons aujourd'hui rassemble les 307 pages qui ont été ainsi publiées jusqu'au 20 octobre 1984, date officielle de nos cent ans d'existence. Fruit d'une oeuvre collective menée avec amour, cet album témoigne du travail et du dévouement remarquables de ceux et de celles qui lui ont donné naissance et vie: le Comité d'organisation et de coordination du Centenaire, la Direction de l'information et, particulièrement, le responsable du projet, Guy Pinard, qui, secondé par une équipe de recherchistes dévoués et consciencieux — Me Georges Wentser, Suzanne St.James, Marie-Anne Sauvé, Francine Saint-Laurent, Martha Scott-Pinard — sans un seul jour faillir à la tâche vous a livré pendant toute cette année le film quotidien d'un siècle d'histoire.

En feuilletant ce recueil, et en relisant ces pages, vous voudrez joindre à la mienne votre reconnaissance à l'endroit de cette équipe pour son travail exceptionnel et l'oeuvre unique qu'elle a réalisée.

Roger D. Landry
Président et éditeur

LA PRESSE

100 ans d'actualités

LE texte et l'illustration qui l'accompagne remplissaient la une de l'édition du 21 octobre 1905 de LA PRESSE. A. J. Brodeur, un des dessinateurs du journal à l'époque, avait tenté de traduire en images les propos futuristes du mage Papou-Gaba-Abidos, présentés en exclusivité dans LA PRESSE du jour.

Disons-le tout de suite : le texte est beaucoup plus long que ceux que vous trouverez normalement dans cette page au cours de la prochaine année. D'une manière générale, nous résumerons plutôt les informations publiées par LA PRESSE à l'époque choisie, en les accompagnant à l'occasion d'un bref commentaire quant aux conséquences des événements repris dans cette page, ainsi que de souvenirs colorés des témoins de ces événements, lorsque la chose sera possible.

Mais nous avons pensé que ce texte méritait d'être reproduit in extenso, tant à cause de l'intérêt qu'il suscitera sans doute auprès des Montréalais, qu'à cause de la qualité de l'illustration EN COULEURS qui l'accompagnait.

Évidemment, à moins d'un changement radical et carrément imprévisible de la société dans laquelle nous vivons, les propos parfois naïfs et souvent idylliques (n'utilisent-ils pas le terme « Montréal-Paradis »?), irréalistes, voire utopiques du mage Papou-Gaba-Abidos vous feront sourire.

Permettez néammoins qu'on attire votre attention sur certaines de ses prédictions qui se sont concrétisées, même si les moyens prévus ne sont pas ceux qu'on a utilisés. Comme la présence d'un « Coney Island » — en l'occurrence La Ronde — à l'île Sainte-Hélène. Comme la « Grandeur » internationale de Montréal. Comme le projet d'une île, une ville. Comme la puissance politique de Montréal. Comme l'avénement du téléphone automatique. Comme la circulation fluviale hivernale sur le Saint-Laurent. Comme le rôle de plus en plus important de l'électricité dans notre vie quotidienne.

Lu avec des yeux du vingtième siècle, ce texte ne manque évidemment pas de faire sourire. Mais c'est justement là l'objectif que nous voulons atteindre par cette page, au cours de l'année du centenaire, soit de vous surprendre le plus souvent possible par des faits, sans doute importants pour l'époque où ils se sont produits, mais qui nous paraissent insolites aujourd'hui.

Et à la fin de cette année mémorable pour nous tous, LA PRESSE demandera à des futurologues d'essayer de prédire ce que sera Montréal en l'an 2100. Et ce sera à notre tour, au moment de célébrer le deuxième centenaire, de servir de dindons de la farce pour nos successeurs...

Bonne lecture à tous, amis lecteurs.

Guy Pinard

Un avenir plus que prometteur

LE 20 mai dernier, « La Presse » a raconté les détails d'une entrevue qu'elle venait d'avoir avec le mage Papou-Gaba-Abidos, savant indien qui parcourt le monde dans le but de porter partout la consolation et la conciliation.

Lors de sa première visite à nos bureaux, le vénérable mage nous a prédit la transformation de l'île Sainte-Hélène en une sorte de « Coney Island », nous exposant dans les plus minutieux détails les futures séductions que nous offrira cet (sic) île changée en Éden Populaire. La prophétie n'est pas encore accomplie, c'est vrai; mais il faut considérer qu'il n'y a pas six mois qu'elle a été faite et que le mage n'a pas fixé de date à cette transformation. Nous en attendons avec confiance la réalisation.

Après avoir été remplir en Extrême-Orient une mission prophétique, le mage Papou-Gaba-Abidos est revenu à Montréal. Sa première visite a été pour « La Presse ». Au cours de la conversation, il nous a fait part de la satisfaction qu'il avait éprouvée en apprenant les efforts tentés par la Ville pour englober dans une cité unique toutes les municipalités suburbaines.

— C'est un mouvement de progrès, nous dit-il, qui fera de Montréal une des plus grandes villes du monde.

Je vois, ajouta le mage Papou-Gaba-Abidos, je vois nettement ce que sera Montréal dans cent ans. Cela dépasse en grandeur tout ce que vous pouvez imaginer.

Nous lui demandâmes de nous faire connaitre sa vision, mais le mage s'y refusa.

— Il n'est pas dans l'ordre naturel des choses, nous dit-il, de dévoiler l'avenir aux peuples.

— Mais alors, vénérable mage, à quoi peut servir votre qualité de prophète?

Le bon vieillard parut frappé de l'objection.

— C'est vrai, fit-il, songeur. Eh bien, soit. Apprenez ce que l'avenir vous réserve.

Nous appelâmes un des sténographes de « La Presse » et nous bûmes avec avidité les paroles de Papou-Gaba-Abidos, paroles que nous transcrivons ici avec la plus rigoureuse exactitude.

— « Dans cent ans, dit le mage d'une voix grave et avec une parfaite assurance, dans cent ans, la ville de Montréal occupera en totalité l'île qui porte aujourd'hui son nom. Son importance sera telle qu'elle jouira d'une autonomie complète, à l'instar des provinces de la confédération. Elle n'aura plus un conseil municipal, elle aura un parlement. De sorte que les conseillers municipaux de la ville, après avoir aboli, par absorption, les conseils municipaux des localités voisines, seront abolis à leur tour.

« Dans cent ans, les progrès de l'industrie auront tout transformé, et il y aura une plus grande différence entre les conditions de la vie actuelle et celles qui existeront alors, qu'entre les conditions de notre existence présente et celles de l'homme primitif, avant l'âge de pierre.

« Toutes les tribulations qui nous assiègent, toutes les détresses qui nous accablent, tous les maux qui nous affligent seront à jamais disparus.

« Il n'y aura plus ni riches, ni pauvres; ni grands, ni petits; ni maîtres, ni esclaves. Ce sera le règne de la fraternité qui s'épanouira dans une Salente égalitaire.

« Toutes les maisons seront luxueuses et confortables, et l'électricité remplacera les services publics.

« Plus de demoiselles de téléphone : les communications s'établiront d'elles-mêmes, automatiquement.

« Plus de pompiers : une pression sur un bouton et un extincteur chimique aura raison du fléau naissant, ne laissant d'autre trace de son action que son parfum suave.

« Plus de policemen : la pureté des moeurs les aura relégués parmi les souvenirs des temps barbares.

« Plus de juges, plus d'huissiers, plus de prison; le degré de perfection et de probité sociale aura rendu ces fonctionnaires inutiles et ces édifices sans destination.

« Plus de cochers de fiacres; l'urbanité des citoyens én aura provoqué l'anéantissement.

« Plus de tramways, plus d'automobiles; la lenteur de ces véhicules d'un autre âge les aura fait rejeter. Ils seront remplacés par des aéronefs dont la vitesse dépassera le vol de l'hirondelle.

« Plus de journaux : les nouvelles seront enregistrées sur des cylindres phonographiques et transmises à toute heure du jour et de la nuit, au domicile des abonnés, qui n'auront que la peine de tourner une petite clef pour en ouïr le récit.

« Plus de facteurs : les lettres et matières postales seront délivrées à domicile à l'aide d'un tube pneumatique, qui desservira également les citoyens, leur épargnant la peine de se rendre au bureau de poste.

« Plus de neige ni de glace dans les rues et sur les toitures : un système de chauffage électrique souterrain élèvera la température, l'hiver au degré constant convenable pour les chambres de malades. Le produit liquide de la fonte de la neige s'écoulera instantanément par de vastes égoûts creusés sous toutes les voies de la ville.

« Plus d'interruption dans la navigation : à l'aide de petites masses de radium, judicieusement réparties dans des stations sous-fluviales, le Saint-Laurent demeurera libre de glaces pendant toute l'année. Les froids les plus rigoureux ne pourront rien contre le précieux agent calorifique.

« La ville occupera toute l'étendue de l'île de Montréal. De vastes avenues, plantées de décoratifs et odorants paulownias, la traverseront en tous sens. Les distances seront nulles grâce aux flotilles d'aéronefs dont les véhicules aériens se succéderont, le jour de seconde en seconde, et la nuit, de minute en minute.

« Les maisons seront construites selon une formule nouvelle qui classera nos palais actuels parmi les taudis. Le chauffage, l'éclairage, l'heure, la réfrigération seront produits par une source unique, l'électricité, qui distribuera ses bienfaits à domicile.

« Les impôts de toute nature seront abolis; ils seront remplacés par des contributions volontaires, qui excéderont toujours tous les besoins de la grande ville idéale.

« Il n'y aura plus de rivalités politiques, attendu qu'il n'y aura plus qu'un seul parti : celui de la fraternité. Les députés seront pris parmi les citoyens volontaires, qui verseront au fonds public une somme de $15,000 par année, juste prix de l'honneur qui leur sera accordé. Eu égard à la population et au grand nombre de citoyens dévoués aux intérêts généraux, le nombre des députés sera porté à 1000, ce qui produira un revenu de $15,000,000. Cette somme, ajoutée aux revenus du milliard donné à la ville par un richissime américain, émule de Carnegie, à la condition que l'avenus (sic) principale qui coupe la ville dans sa longueur porte son nom à la postérité, formera un budget total de $$65,000,000 qui, ajoutée aux contributions volontaires, constituera une somme suffisante pour entretenir les dynamos chargés de faire le bonheur des heureux mortels qui peupleront Montréal-Paradis.

« Pour tout dire en peu de mots, tout ce qui existe aujourd'hui disparaitra pour faire place à des créations nouvelles et perfectionnées.

« Il ne subsistera que l'ordre des avocats. Ils seront recrutés parmi les descendants de ceux qui pratiquaient leur noble profession en 1910, date du commencement de l'évolution dont je vous annonce l'épanouissement. Mais le rôle des avocats sera d'ordre purement académique : ils seront chargés de perpétuer l'éloquence de leurs aïeux et de conserver intacte dans les masses, la belle langue française, dont seuls ils avaient le secret.

« Voilà l'avenir brillant réservé à votre belle cité, qui, je le dis en toute sincérité, est bien digne de ces accablants bonheurs. »

Nous étions haletants et plongés dans la volupté d'un rêve féérique.

— Mais, dit l'un d'entre nous, Mage, êtes-vous sûr que dans cent ans Montréal aura atteint ce degré idéal de perfection?

Papou-Gaba-Abidos fixa sur nous un regard sévère. Il semblait indigné de la manifestation de notre doute. Il allait nous pulvériser d'une apostrophe indignée, mais il eut pitié de nous en songeant à la fragilité de notre esprit et à la faiblesse de nos facultés conceptives. Il sourit avec indulgence, et se borna à répondre en se levant.

— Vous le verrez bien. »

Puis il se retira majestueusement.

Et pendant toute la journée, une vague odeur de soufre ou d'ozone nous chatouilla le nerf olfactif, comme si le diable ou le tonnerre avait traversé nos bureaux...

C'EST ARRIVÉ UN 21 OCTOBRE

1979 — Le PQ lance sa campagne référendaire devant 7 000 partisans.

1970 — Jean Marchand accuse le FRAP d'être une couverture pour le FLQ.

1966 — L'éboulement d'une montagne de débris de charbon cause 21 morts et 130 disparus à Aberfan, au pays de Galles.

1954 — Accord complet des neuf alliés sur l'avenir de l'Allemagne.

1947 — Le plafonnement des prix de la viande est supprimé.

1930 — Conséquence du crash: les sans-abri se comptent par milliers dans New York. À Montréal, les chômeurs lancent un appel désespéré aux employeurs.

1909 — D'Angleterre, le roi Edouard procède à l'inauguration de l'institut King Edward de Montréal, par la magie de la télégraphie.

BABILLARD

Une amie recherchée

M. Daho Mokhtar, de Montréal, est à la recherche d'une certaine **Diane Archambault,** qu'il avait rencontrée en 1970 alors qu'il vivait en France.

Selon M. Mokhtar, Mme Archambault serait née le 13 avril 1951 à Tracy ou Sorel et aurait une soeur cadette qui se prénommerait Louise. Lorsque M. Mokhtar a perdu la trace de cette amie, elle demeurait rue Liénard, à Québec, et était étudiante en psychologie à l'université Laval.

M. Mokhtar aimerait d'autant plus retrouver sa trace perdue à cause de circonstances qu'il dit incontrôlables qu'il attribue à Mme Archambault le mérite de l'avoir convaincu de venir s'installer au pays.

Pour les collectionneurs

M. Yves Leduc, de Valleyfield, possède une collection de 36 numéros de la section rotogravure de LA PRESSE, provenant des années 1923 à 1928. Selon M. Leduc, ces numéros sont à l'état neuf. Avis donc, aux collectionneurs.

LA PRESSE

100 ans d'actualités

Malgré des semaines d'efforts, le maire Martin n'a toujours pas comblé le déficit de $100 000

AU cours des prochaines semaines, le Conseil municipal de Montréal devra se pencher sur le budget de la Ville pour l'année 1984. Cette démarche est toujours attendue avec anxiété par les citoyens contribuables qui s'inquiètent, avec raison d'ailleurs, du coût des taxes municipales qu'ils devront assumer.

En 1984, le budget de Montréal dépassera encore le milliard de dollars même en respectant la norme fédérale du 6 et 5 p. cent.

Quand on pense en termes de centaines de millions, voire de milliard de dollars, il est bien évident qu'une différence de quelque $100 000 fait plutôt penser à une goutte d'eau dans l'océan. Pourtant, c'est avec inquiétude que le maire Médéric Martin a vu poindre le jour du 22 octobre 1917. Ce matin-là, il devait déposer son budget de 1918 sans avoir réussi, malgré des semaines de travail et beaucoup d'imagination, à combler l'écart de $92 795 entre les revenus prévus et les crédits de $16,3 millions requis pour administrer la Ville au cours de l'année suivante, et ce malgré un emprunt de $2,68 millions. Le maire hésitait à augmenter les emprunts, d'autant plus que le service de la dette représentait déjà 34 p. cent des engagements financiers de la Ville.

L'augmentation des dépenses

Pour justifier l'augmentation de 15,3 p. cent par rapport aux prévisions budgétaires de 1917, le maire Martin avançait certains motifs : augmentation de $50 à $150 par année aux policiers et aux pompiers, selon le grade; augmentation de $50 des commis de la Ville, dont le salaire annuel était porté à $1 000; augmentation de $2,50 à $2,75 du salaire quotidien des journaliers.

Le document du maire Martin était beaucoup plus riche en suggestions pour augmenter les revenus de la Ville. Sans doute valables à l'époque, ses propositions en feront sourire plusieurs, et pas seulement chez nos administrateurs publics. Jugez-en par vous-mêmes.

■ Impôt nouveau pour l'enlèvement des ordures ménagères, dont les revenus prévus de $400 000 suffiraient pour combler les coûts d'incinération. Mais cet impôt ne devait pas toucher les propriétaires, que l'on disait surtaxés, et auxquels on voulait *« ôter un prétexte pour hausser les loyers »*.

■ Engagement au mois plutôt qu'à l'année de tous les fonctionnaires (policiers et pompiers exceptés) de façon à permettre à l'administration de procéder aux changements qu'elle jugera à propos.

■ Établissement d'un magasin municipal, pour mettre fin à la politique d'achats en petites quantités, de manière à obtenir de meilleurs prix des fournisseurs.

■ Envoi d'un seul compte aux citoyens pour toutes les taxes, ordinaires, spéciales ou autres.

■ Établissement d'un inventaire suivi de près *« afin que rien de ce qui appartient à la Ville ne puisse être enlevé ou détruit, sans la connaissance des autorités »*.

■ Réduction du coût du foin acheté pour les chevaux de la Ville. En revanche, confirmation du rejet de la demande de $100 000 du chef des pompiers Tremblay pour l'achat de *machines automobiles* susceptibles de remplacer les chevaux.

■ Suppression des pensions payées par la Ville *« à d'anciens recorders qui sont très riches »*.

■ Instauration d'un système de contrôle pour les employés de l'Hôtel de ville auxquels il demande plus d'assiduité.

Et question de ne pas se fier à son seul flair, le maire avait sondé ses principaux collaborateurs. Il soumit leurs suggestions : confection des pavages et des trottoirs aux dépens des propriétaires riverains; paiement des expropriations par les propriétaires qui en bénéficient; augmentation de la taxe immobilière, de la taxe d'eau et de certaines licences.

Comme on peut le constater, l'administration municipale n'a jamais été une sinécure. Quant à l'aventure du maire Martin, elle ne pourrait pas se répéter aujourd'hui puisque la loi oblige la Ville de Montréal à déposer un budget équilibré.

Sir Lomer Gouin, premier ministre de la province de Québec, pose la pierre angulaire de l'édifice de l'école des Hautes études commerciales, au coin de l'avenue Viger et de la rue Saint-Hubert. Vous aurez évidemment constaté qu'il s'agit d'un dessin d'artiste et non pas d'une photo. La photo n'a été utilisée que plus tard.

C'EST ARRIVÉ UN 22 OCTOBRE

1982 - L'Entraide économique fuit Alma en pleine nuit et déménage son siège à Québec.

1962 - Le président Kennedy décrète un blocus contre Cuba à cause de la présence de missiles soviétiques en sol cubain.

1956 - Arraisonnement par l'armée française d'un avion transportant Ben Bella et les chefs du FLN d'Algérie.

1918 - Sir Charles Kirkpatrick, Canadien irlandais, est nommé lieutenant-gouverneur de la province, une première depuis la Confédération.

1915 - Un ingénieur parvient à relier par téléphone Arlington, en Virginie, à la tour Eiffel, à Paris, et l'échange de messages est entendu jusqu'à Honolulu.

1904 - La flotte russe de la Baltique ouvre le feu sur des bateaux de pêche anglais.

...et pourtant la Ville surveillait ses intérêts !

ON dit souvent que la tentation fait le larron. Et effectivement, les « emprunts de matériaux » faits au détriment de la Ville de Montréal ne sont pas un phénomène récent, comme en fait foi la narration d'un procès ouvert le 22 octobre 1917 devant l'honorable juge Bazin, de la Cour criminelle.

Les accusés étaient au nombre de trois. D'abord, Armand M., accusé d'avoir volé, deux ans plus tôt alors qu'il était contremaître de la Ville, 35 sacs de ciment d'une valeur de $17,50 et d'avoir soutiré à la Ville, sous de faux prétextes, une somme de $84 pour le bénéfice de son frère Philippe.

Mais M. n'était pas seul. Il était accompagné devant le tribunal de Gordien M., père et fils. C'est la présence de ce dernier qui captivait le plus l'attention des citoyens de l'époque, puisqu'il était échevin au Conseil municipal.

Son malheur? Selon l'accusation, il avait conspiré avec son père pour frauder la ville de 2 000 voyages de terre, de 600 voyages de pierre, et de deux voyages de sable, le tout d'une valeur marchande de $2 000.

On comprendra donc pourquoi le maire Médéric Martin suggérait dans la même édition la nécessité d'instaurer un système d'inventaire très serré, de manière à mettre un terme à ces « emprunts » de biens payés avec les taxes des contribuables.

BABILLARD

Un hommage à LA PRESSE

Les médias d'informations éprouvent de plus en plus de difficultés à conserver leur jeune clientèle. Mais quand on demande à François Paquin, de Vaudreuil, ce que LA PRESSE représente pour lui, force est de constater par son témoignage qu'il a littéralement grandi avec LA PRESSE. Laissons-lui la parole...

En tant que Québécois de vingt-quatre ans, LA PRESSE représente beaucoup plus pour moi qu'un simple quotidien. À cinq ans, ce grand journal me permettait d'apprendre, avec l'aide de mes parents bien sûr, à lire avant tous mes copains à la rentrée du primaire. Puis j'ai pris goût au contenu, au point de lire le quotidien tous les jours et ce, avant le début de mes dix ans. Dès lors, ma préférence allait à l'édition du samedi...

Tout au long de mes études secondaires, collégiales et universitaires, LA PRESSE conserva sa place de privilégiée parmi mes lectures. Comme un joueur de golf qui améliore son handicap, mon jeu de « scrabble » s'est révélé le grand gagnant, le plus grandi de mes lectures passionnées et assidues.

Puis vint le marché du travail. Oeuvrant dans un intéressant milieu fortement anglophone, le quotidien de la rue Saint-Jacques ne voit pas son rôle diminué pour autant. Au contraire, il demeure, outre ma famille et mes relations, mon attachement le plus profond à notre si belle langue.

Si LA PRESSE a fait beaucoup pour la collectivité, elle a fait encore plus pour l'ensemble des individus qui en ont profité chacun à leur façon.

Longue vie à LA PRESSE et à tous les gens qui la font, Foglia inclus, cela va de soi!

Que d'hommages. Trefflé Berthiaume n'aurait pu demander plus...

•

À l'intention des collectionneurs

Harmel Landry, de Plessisville, est un collectionneur qui ne recherche pas les objets coûteux. Son intérêt se porte plutôt sur des objets relativement anodins comme il le dit si bien dans sa lettre. Alors, au lieu de jeter vos macarons, cartons d'allumettes, boutonnières ou autocollants, il vous invite à les lui faire parvenir, en vous adresssant au 1504 Saint-Charles, Plessisville, Québec G6L 2B4.

ACTIVITÉS

AUJOURD'HUI

● **Magasin Eaton centre-ville**

Cinquième étage - Exposition *« Cent ans d'histoire de l'imprimerie »*: exposition animée de différentes pièces d'équipement jadis utilisées pour l'impression de LA PRESSE; présentation de l'équipement informatisé de traitement de textes actuellement en usage; personnel expérimenté sur place pour répondre à vos questions; exposition de centaines de photos anciennes et nouvelles; présentation de vieux numéros du Magazine illustré de LA PRESSE. Jusqu'au 29 octobre inclusivement.

Vitrine principale (coin Sainte-Catherine et University) - En montre, une presse à bras. Jusqu'au 13 novembre inclusivement.

● **Maison de la poste**

Vitrine extérieure - Présentation d'articles et de chroniques philatéliques. Présentation du livre de l'année 1897 de LA PRESSE, ouvert à la première page de l'édition du 19 mai 1897, jour où l'on a illustré à la une les timbres émis à l'occasion du jubilé de la reine Victoria. Jusqu'au 15 novembre inclusivement.

● **À la radio**

10 h - CKAC - L'émission *Le Festival de l'humour québécois* est consacrée au centenaire de LA PRESSE.

1884-1984

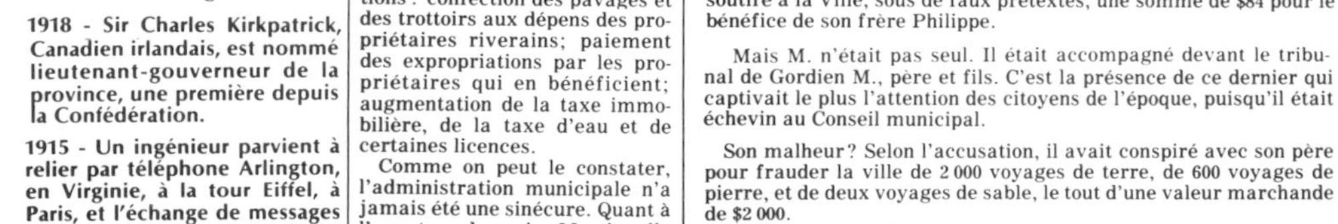

À l'occasion des fêtes commémorant son 100e anniversaire, LA PRESSE salue fièrement, en cette année, la naissance de

qui fait partie de cette nouvelle génération dont LA PRESSE demeurera le fidèle témoin.

Roger D. Landry
Président et éditeur

la presse 100 ans

MONTRÉAL LA PRESSE. CANADA

LA PRESSE entend souligner de façon spéciale la naissance de tout enfant qui verra le jour au cours de l'année du centenaire, soit entre le 20 octobre 1983 et le 20 octobre 1984. Sur présentation d'une photocopie du certificat de naissance, les heureux parents recevront un exemplaire polychrome du certificat ci-dessus. Pour obtenir cet exemplaire sans aucune autre obligation, il suffira d'écrire à l'adresse suivante: LA PRESSE, Promotion, 7 rue Saint-Jacques, Montréal, Québec H2Y 1K9.

LA PRESSE
100 ans d'actualités

Les quatre bandits succombent chrétiennement

Morel se montre brave; Frank est calme; Gambino meurt de syncope; Serafini gémit

CE titre paru dans LA PRESSE du 24 octobre 1924 n'a rien de réjouissant, mais il évoque un des plus spectaculaires attentats des annales policières de l'histoire de Montréal, tout comme il évoque, il faut bien le dire, le genre de journalisme qui se pratiquait à l'époque, à LA PRESSE notamment.

Ce matin-là, en moins de huit minutes, au moment où la cloche de l'église de Bordeaux sonnait cinq heures, quatre hommes avaient payé de leur vie aux mains du bourreau Ellis et de son adjoint Scott l'assassinat, le 1er avril précédent, d'Henri Cléroux, responsable du transport de l'argent pour la Banque d'Hochelaga.

Un attentat digne de Chicago

Cléroux avait perdu la vie au cours d'une fusillade spectaculaire impliquant ses trois collègues et lui contre huit scélérats, dans un tunnel de la rue Ontario est, sous les voies ferrées du CP, entre les rues Beaufort et Moreau.

Les apaches avaient tout prévu : fils électriques des tramways coupés, voiture prétendument en panne sous le tunnel, une autre qui s'arrête subitement devant la voiture transportant l'argent, de manière à prendre cette dernière en étau, et

CEUX QUI ONT PAYE LEUR DETTE ENVERS LA SOCIETE

Louis Morel, Tony Frank, Giuseppe Serafini et Frank Gambino, les quatre suppliciés morts sur le gibet de la prison de Montréal.

enfin une énorme chaine qu'on aurait levée au travers de la rue Ontario, si d'aventure le véhicule visé était parvenu à s'échapper. Coincés dans l'étau, Cléroux et ses collègues avaient dû défendre chèrement leur peau.

La pendaison de 4 des bandits

La pendaison de quatre des auteurs du crime passionnait le public, à un point tel que la police avait fermé les lieux depuis 18 h la veille afin de prévenir toute incartade des traditionnels curieux venus par milliers pour tenter d'apercevoir la potence. Le fait qu'il s'agissait de la première quadruple pendaison dans l'histoire du Canada n'était évidemment pas étranger à cette situation.

Le titre qui coiffe cet article résume bien ce qui se produisit au cours de ces quelques minutes fort bizarres.

Disons tout d'abord qu'ils devaient être six à monter sur le gibet ce matin-là. Toutefois, la veille, le cabinet fédéral avait commué en emprisonnement à vie les sentences de mort rendues contre Mike Valentino et Leo Davis par le juge C.-A. Wilson.

Après avoir, comme le rappelle LA PRESSE de l'époque, « reçu la sainte communion 15 minutes avant d'entrer dans l'éternité », les quatre hommes se sont dirigés vers le gibet.

Les deux premiers à y prendre place furent Louis Morel et Frank Gambino. Morel, considéré comme le grand cerveau de l'attentat, fut le plus calme et il avait rédigé deux lettres avant de mourir, lettres reproduites entièrement par LA PRESSE. Quant à Gambino, il s'est évanoui à peine arrivé au-dessus de la trappe qui allait mettre fin à ses jours, et les gardes durent le soutenir pendant qu'Ellis lui glissait la corde au cou. L'autopsie devait révéler que Gambino était déjà mort avant la pendaison, ayant succombé à une syncope.

Puis vint le tour de Tony Frank et Giuseppe Serafini. Encore là, au calme de Frank s'opposait les gémissements de Serafini, qui défaillit même dans les bras du bourreau. Son geste eut pour effet de décontenancer Ellis et son adjoint, qui avait peine à contenir ses larmes en liant les pieds des pendus. Tant et si bien qu'Ellis, dans son énervement, plaça deux cagoules sur la tête de Frank avant de réaliser son erreur, puis croisa malencontreusement les deux cordes, ce qui eut pour effet de défigurer Serafini. Par la suite, Ellis devait retrouver son calme, et même accorder une interview exclusive au journaliste de LA PRESSE.

La «couverture» de LA PRESSE

Il nous serait impossible de vous fournir aujourd'hui autant de détails parfois morbides et macabres si LA PRESSE n'avait pas couvert l'événement d'une manière exceptionnelle.

Dans son édition du 24, le jour de la pendaison, les textes consacrées à l'événement s'étendaient sur quatre pages (dont la une bien sûr) et auraient suffi pour en remplir trois. Rien, mais absolument rien n'y manquait. Pas le moindre détail, pas le moindre nom, pas le moindre geste.

Il est bien évident qu'aujourd'hui, une telle couverture d'une pendaison (depuis devenue illégale au Canada) paraîtrait insupportable. Mais les lecteurs de LA PRESSE de ce 24 octobre 1924, eux qui suivaient l'affaire avec passion depuis des semaines, ont certainement dû conclure ce matin-là qu'ils en avaient pour leur argent.

Guy Pinard

C'EST ARRIVÉ UN 24 OCTOBRE

1979 - Fin de la grève de huit mois à la Commission de transport de la Communauté urbaine de Québec.

1970 - Le Chili élit démocratiquement un président socialiste, Salvador Allende.

1960 - Le maire Jean Drapeau reprend le pouvoir à Montréal, sous la bannière du Parti civique. Son ancien parti, la Ligue d'action civique, est rayé de la carte.

1956 - Signature d'un accord secret contre l'Égypte par la France, la Grande-Bretagne et Israël.

1947 - De somptueuses villas et trois hôtels sont réduits en cendres par un incendie qui fait pour $10 millions de dommages à Bar Harbour, dans le Maine.

1945 - Exécution du Norvégien Vidkun Quisling, premier homme d'État à avoir offert son allégeance aux Nazis.

1928 - Le maire Camillien Houde, de Montréal, est élu député de Sainte-Marie à l'Assemblée législative de Québec.

1917 - Mystérieuse affaire : cadavre calciné d'une femme trouvé à bord d'un yacht dans le canal Lachine.

1898 - Le Club ouvrier indépendant Inc. exige que la Ville taxe également les biens des communautés religieuses.

Déclarations du Shérif et d'autres.

NOUS, soussignés, déclarons, par le présent, que la sentence de mort a été exécutée, ce matin, sur GUISEPPE SARAFINI, dans la prison commune du district de Montréal, à Montréal, en notre présence

Daté à Montréal, Qué., ce vingt-quatrieme jour d'octobre, 1924.

Certificat d'exécution de la sentence de mort.

Je soussigné, Em.-P. Benoit, médecin de la prison commune du district de Montréal, certifie par le présent que j'ai, ce jourd'hui, examiné le corps de GUISEPPE SERAFINI, sur lequel sentence de mort a été, ce jourd'hui, executée, dans ladite prison commune et que sur cet examen, j'ai constaté que ledit GUISEPPE SERAFINI, était mort.

Daté à Montréal, Qué., ce vingt-quatrieme jour d'octobre, A.D. 1924.

Em.-P. BENOIT, M.D.
Médecin de la prison.

VERDICT.

Nous, les jurés soussignés, apres avoir entendu la prouve, déclarons :

"Que le cadavre sur lequel nous avons tenu enquête est bien celui de GUISEPPE SERAFINI, condamné, le 23 juin dernier, à être pendu, le 24 octobre, 1924, pour avoir *tué et assassiné*, Henri Cléroux, à Montréal, le 1er avril, 1924, laquelle sentence a eté confirmée et maintenue par un jugement de la COUR DU BANC DU ROI, (en appel), en date du 30 septembre dernier. Declarons, de plus, que ledit GUISEPPE SERAFINI a été exécuté, ce matin, à ladite prison commune du district de Montréal, tel qu'ordonné par ledit jugement, a savoir:--"*Qu'il a été pendu par le cou jusqu'à ce que mort s'ensuivit.*"

(Signé)

Témoin :
(Signé) LORENZO PRINCE
Député-coroner.

Photographie de la déclaration du shérif affichée aux portes de la prison pour confirmer que justice avait été faite (plus particulièrement dans le cas de Serafini). On notera la faute de frappe commise dans l'épellation du nom de Serafini, au premier paragraphe.

Quatre personnes qui se souviennent...

LES chances de trouver des témoins d'un incident remontant à 1924 étaient minces, aussi spectaculaire eût-il été à l'époque. Pourtant, le rappel de la pendaison du quatuor Morel-Gambino-Frank-Serafini aura provoqué trois interventions de nos lecteurs.

Tout d'abord celle de M. Josaphat Trudeau. Son père, Ernest-David, mieux connu sous le nom de Dieudonné, travaillait comme responsable du transport de l'argent pour la Banque d'Épargne et le jour de l'attentat, il empruntait la rue Ontario afin de se rendre à la succursale sise à l'intersection des rues Maisonneuve et Ontario. Sa voiture suivait de quelques minutes celle de la Banque d'Hochelaga que les bandits devaient attaquer.

Comme il le racontera à Josaphat, en lui soulignant bien sûr toutes les péripéties de l'attentat, Dieudonné Trudeau n'a pas été impliqué dans l'incident directement. La fusillade était terminée à son arrivée sur les lieux. Cependant, c'est à sa suggestion que le reste de l'argent — $90 000 selon son fils — demeuré dans la voiture attaquée a été placée dans la sienne pour être transportée au siège social.

L'un des huit bandits impliqués dans l'attentat, Harry Stone, alias Peter Ward, avait été retrouvé ensanglanté dans une des voitures utilisées par les apaches, puis abandonnée avenue Christophe-Colomb, près de l'orphelinat Saint-Arsène. Stone avait visiblement été atteint au cours de l'échange de coups de feu. Un médecin qui se trouvait dans les environs fut invité à se rendre auprès du moribond. Il ne put que constater sa mort. Le Dr J. David Warren avait son cabinet à l'intersection des rues Saint-Denis et de Castelneau. Ces détails nous ont été fournis par son fils, Jacques, alors âgé de six ans.

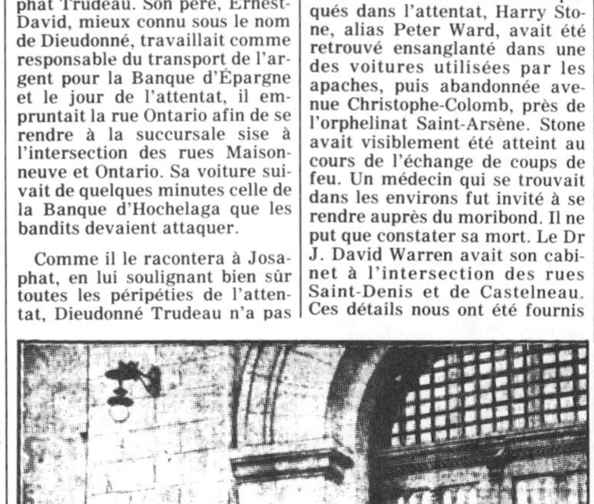

On craignait le pire de la part des curieux. Les abords de la prison étaient gardés de manière à pouvoir subir un siège. La gendarmerie à cheval de la police de Montréal était sur les dents.

Deux clients «de marque»!

Mme Claudia Lachance, elle, a connu deux des bandits sous un tout autre angle. Sans qu'elle sache évidemment d'où pouvait provenir leurs richesses, c'est à elle seule que Gambino et Serafini faisaient confiance lorsqu'ils se rendaient au chic magasin Greenwood and Kahn, rue Sainte-Catherine, à proximité de chez Goodwin (aujourd'hui Eaton). Ce magasin se spécialisait dans l'importation et vendaient très cher, mais cela n'était pas un obstacle pour les deux comparses.

Rien dans leur attitude ne permettait à Mme Lachance (alors dans la vingtaine) de pressentir le « métier » qu'ils pratiquaient. Gambino, pourtant agressif avec son épouse, de même que Serafini, étaient très gentils avec elle, tout en étant raisonnablement généreux dans leurs pourboires, mais sans plus.

Enfin, l'incident rappelle un certain souvenir à l'ex-chroniqueure judiciaire de LA PRESSE, Maurice Morin, aujourd'hui à sa retraite. En effet, Louis Morel, considéré comme le cerveau de l'attaque, était un ancien confrère de travail de son père à la police de Montréal. Une vérification aux archives municipales a permis de constater qu'effectivement, le détective Louis Morel avait été limogé trois ans avant le crime.

ACTIVITÉS

● **Magasin Eaton centre-ville**

Cinquième étage - Exposition *« Cent ans d'histoire de l'imprimerie »* : exposition animée de différentes pièces d'équipement jadis utilisées pour l'impression de LA PRESSE; présentation de l'équipement informatisé de traitement de textes actuellement en usage; personnel expérimenté sur place pour répondre à vos questions; exposition de centaines de photos anciennes et nouvelles; présentation de vieux numéros du Magazine illustré de LA PRESSE. Jusqu'au 29 octobre inclusivement.

Vitrine principale (coin Sainte-Catherine et University) - En montre, une presse Circa. Jusqu'au 13 novembre inclusivement.

● **Maison de la poste**

Vitrine extérieure - Présentation d'articles et de chroniques philatéliques, et présentation du livre de l'année 1897 de LA PRESSE ouvert à la première page de l'édition du 19 mai 1897, jour où l'on a illustré à la une les timbres émis à l'occasion du jubilé de la reine Victoria. Jusqu'au 15 novembre inclusivement.

Le château Ramezay vendu à l'enchère aujourd'hui

AUTANT le préciser immédiatement afin que les dirigeants de la Société d'archéologie et de numismatique de Montréal, propriétaire du château Ramezay, ne meurent d'une syncope comme l'ami Gambino dont il est question ailleurs dans cette page.

Ce titre est authentique et ne coiffe pas un canular... à la condition de se reporter au matin du 24 octobre 1893! C'est en effet ce matin-là que le shérif procéda à la vente à l'enchère de toute une série de lots et bâtiments du quadrilatère borné par la rue Notre-Dame, la place Jacques-Cartier, la rue Le Royer et la rue Claude.

La Ville de Montréal et la Société des antiquaires ont acquis la presque totalité des lots et édifices disponibles. La Ville, notamment, a fait l'acquisition (au coût de $34 749) de tous les lots riverains de la rue Notre-Dame, entre la rue Claude et la place Jacques-Cartier, à l'exception du lot situé au coin sud-est de la place et de la rue Notre-Dame, acquis par la Société des antiquaires, avec la résidence Daneau de Muy qui s'y trouvait jusqu'à sa démolition en 1903. Notons au passage que parmi les lots acquis par la Ville se trouvait la bâtisse du 1540 Notre-Dame, occupée par LA PRESSE pendant les quatre premières années de son existence, avant de devenir la faculté de Droit de l'université Laval.

Le reporter anonyme souligne que « la vente a été conduite d'une manière intelligente par M. G.W. Parent (l'encanteur), et la meilleure preuve est qu'elle a rapporté $115 727, tandis que la mise à prix ne s'élevait qu'à $104 000 ». Puis il ajoute que « il est asssez probable aussi que la ville (...) embellira cette place historique de concert avec la Société des antiquaires ».

En guise de complément d'informations, on peut ajouter que le terrain jadis occupé par l'édifice loué par LA PRESSE et la résidence Daneau de Muy sert aujourd'hui de stationnement municipal. On peut encore préciser que la Société des antiquaires dont il est fait état dans l'article est en fait la Société d'archéologie et de numismatique de Montréal. Il arrivait hélas trop souvent qu'on traduisit « Montreal Society of Antiquaries and Numismatics »» par « Société des antiquaires ». Enfin, on peut mentionner que la Société d'archéologie est propriétaire du château Ramezay depuis 1929, l'ayant obtenu de la Ville en échange d'une collection de 10 000 titres d'histoire canadienne.

LA PRESSE

100 ans d'actualités

Sanglante émeute à Valleyfield: l'armée charge à la baïonnette

Il y avait près d'un mois que la grève durait chez les journaliers de la filature de Valleyfield de la Montreal Cotton Co. Le premier octobre, les 250 ouvriers affectés à la construction de la nouvelle usine avaient quitté leur emploi. Le motif: la compagnie refusait de leur consentir une augmentation de 25 cents par jour, ce qui aurait porté leur salaire quotidien à $1,25. Et les journaliers se croyaient d'autant plus justifiés de demander ce salaire que l'entreprise le payait déjà à ses ouvriers réguliers.

La grève des travailleurs de la construction n'avait eu d'autre effet que de retarder l'érection de la nouvelle filature. L'usine continuait de fonctionner sans que rien n'y paraisse.

Réalisant vraisemblablement que leur grève s'éterniserait si rien n'était fait pour modifier les conditions du conflit, les grévistes décidaient le 25 octobre 1900 de bloquer l'entrée au travail des ouvriers de la filature et les arrivages de houille essentielle à son fonctionnement. Dès ce moment-là commençait à s'écrire l'une des pages les plus sombres de l'histoire des Campivaleniens.

Le maire recourt à l'armée

Conscient du fait que l'usine assurait un emploi à quelque 3 000 personnes, et que par conséquent tout arrêt de travail prolongé pourrait entrainer de sérieux incidents, le maire Langevin décidait en début d'après-midi d'appeler l'armée au secours. À 14 h, un premier train spécial quittait la gare Bonaventure avec 113 hommes de troupe à bord.

La situation s'est réellement gâtée vers les 19 h au moment où les hommes de troupe descendaient la rue Dufferin en provenance de l'hôtel Queen's où elles avaient pris leur souper. À ce moment-là, une foule de plusieurs centaines de personnes bloquaient complètement le pont donnant accès à la filature.

Ayant reçu l'ordre de disperser la foule, les soldats s'avancèrent en rangs serrés, baïonnette au canon. Ils furent accueillis par une nuée de pierres qui blessèrent neuf soldats. Le moment de surprise passé, la riposte ne tarda pas, et des coups de feu éclatèrent dans les deux camps.

La situation aurait pu avoir des conséquences très graves mais heureusement, la bataille ne fit qu'une quinzaine de blessés, dont quatre par baïonnette.

Les soldats reprirent le contrôle de la situation, mais il était évident que celle-ci risquait de s'envenimer, vu l'insuffisance des hommes de troupe pour ramener le calme au sein de la population. En fin de soirée, la décision était donc prise de demander des renforts.

Le calme ne devait être rétabli qu'avec l'arrivée de 250 soldats, dont 45 cavaliers-hussards munis d'un canon. Ces renforts étaient arrivés dans la nuit du 25 au 26 octobre à bord d'un train spécial qui avait quitté la gare Bonaventure à 1 h 20. La décision des autorités municipales de fermer tous les débits de boisson tant que la paix ne serait pas revenue devait également contribuer au retour au calme.

Guy Pinard

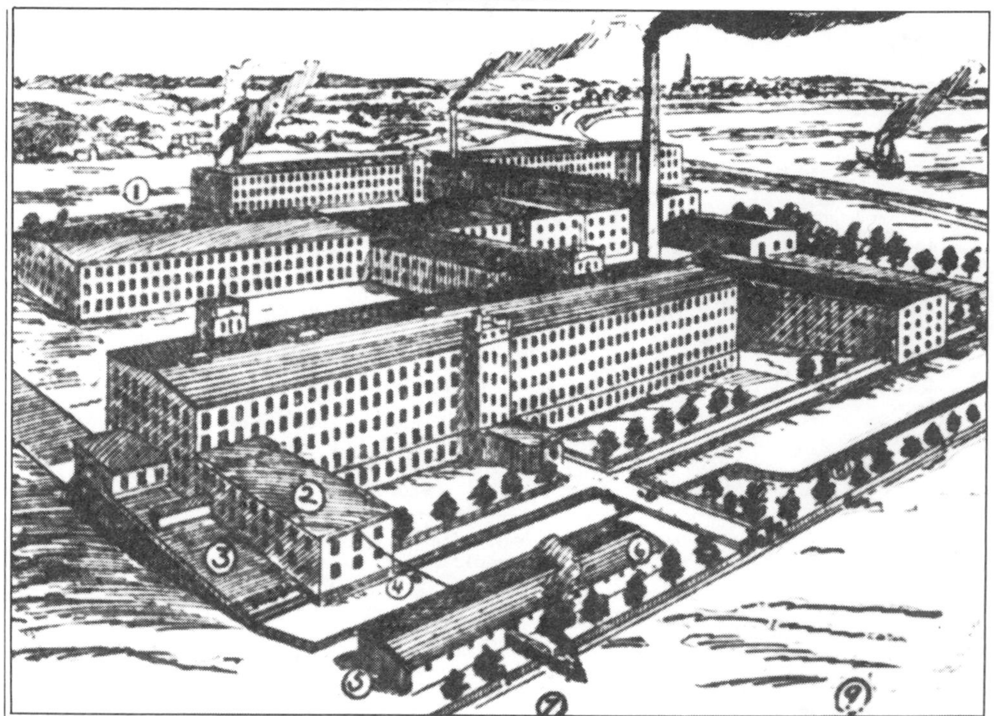

Vue aérienne de la filature de la Montreal Cotton Co., de Valleyfield, au coeur de la terrible émeute du 25 octobre 1900

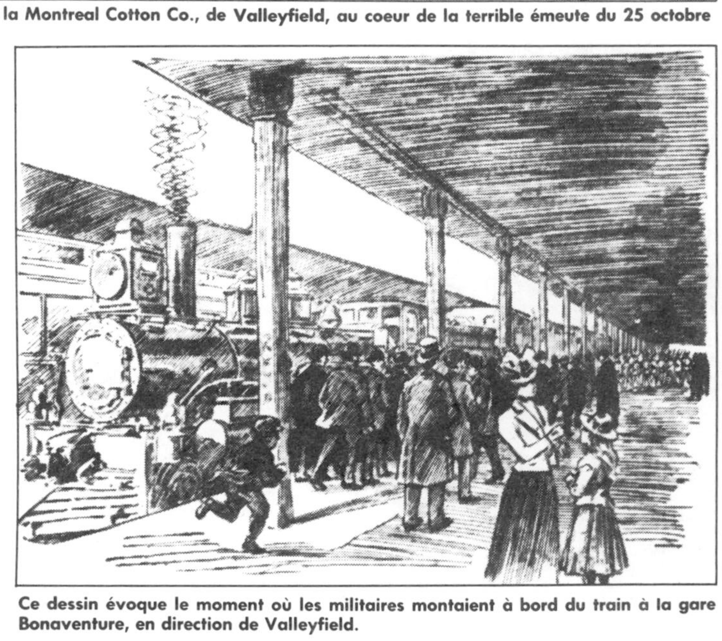

Ce dessin évoque le moment où les militaires montaient à bord du train à la gare Bonaventure, en direction de Valleyfield.

OU PEUT CONDUIRE LA BOISSON

DES PARENTS DENATURES BATTENT LEUR PETITE FILLE POUR LA FAIRE MENDIER — LA MERE VEND LE VOILE DE PREMIERE COMMUNION DE LA FILLETTE.

FLORIDA ET SON PETIT FRERE ARTHUR, RESPECTIVEMENT AGES DE 12 ET 7 ANS

Dans une maison portant le numéro 122, rue Dufresne, habite depuis quelques semaines une famille composée du père, de la mère et de deux enfants: un petit garçon de 7 ans, Arthur, et une bambine de 12 ans, Florida.

Les parents, depuis leur mariage, s'adonnent à la boisson.

Cette nuit, vers 12.30 heures, à la suite d'accusations portées par une âme charitable, les indignes parents ont été arrêtés. Un seul lit servait à toute la famille.

Les voisins et la petite fille ont fait les déclarations suivantes au recorder:

Depuis quatre ans, la petite Florida était en butte aux plus mauvais traitements. Durant le rigoureux hiver de l'année dernière, on la battait pour la forcer à mendier par les rues.

"Je n'ai jamais voulu dénoncer maman, dit la petite; marraine m'a dit qu'elle était bien bonne pour moi, quand j'étais bébé."

Le petit garçon n'a pas les mêmes sentiments, il blasphème comme le pire voyou de la rue.

Pour se procurer de la boisson, la mère a vendu jusqu'à son linge de corps, jusqu'au voile de première communion de la petite Florida.

Cette affaire va se dérouler bientôt à huis-clos.

Ce texte paru dans LA PRESSE en octobre 1903 illustre fort bien la préoccupation du journal pour le sort des laissés pour compte de la société de l'époque.

BABILLARD

À la suite de l'invitation adressée aux lecteurs de LA PRESSE à nous faire parvenir leurs témoignages pour publication pendant l'année du centenaire, nous en avons déjà reçu quelques-uns.

Pour **Mme Nicole Ducharme-Sainte-Marie**, de la rue Olympia, à Montréal, LA PRESSE représente beaucoup puisque, rappelle-t-elle, le journal lui a ouvert sa page un il y a maintenant trois ans, à l'occasion d'un article où le confrère Pierre Gravel relatait les difficultés qu'elle et sa famille avaient éprouvées dans ses rapports avec les Postes canadiennes. *« Après tout, dit-elle sur un ton blagueur, ce n'est pas tous les jours, et à n'importe qui que cela arrive d'avoir sa photo dans LA PRESSE, et surtout en première page! »*

Dans le cas de **Mme Yvette Gaudet,** de Sainte-Lucie-des-Laurentides, LA PRESSE rappelle de bons souvenirs. D'abord les caricatures du père Ladébauche et de sa Catherine, dont l'auteur, Albéric Bourgeois, était un petit cousin de sa grand-mère. Elle va même jusqu'à penser que le fait de suivre les précieux conseils du « courrier de Colette » n'est peut-être pas étranger au fait que son mariage tienne toujours... 45 ans plus tard!

Sténographe de profession à la Cour Supérieure, **Mme Monique Couture** est d'avis que LA PRESSE — qu'elle affirme lire religieusement tous les jours — lui facilite la tâche dans son boulot. *« De par la nature de mes fonctions, écrit-elle, je travaille dans l'actualité et la lecture de LA PRESSE m'aide à mieux accomplir mon travail, étant déjà sensibilisée au contenu des témoignages que je recueille et que je transcris ».*

Terminons avec le court témoignage de **Jocelyn Goudreau,** de Montréal, qui, lui, est visiblement entiché de la section « Vacances-voyages » qui, dit-il, fourmille d'informations pratiques pour le voyageur et le vacancier. *« C'est une section de LA PRESSE qui est très appréciée »*, dit-il en guise de conclusion.

ACTIVITÉS

● **Magasin Eaton centre-ville**

Cinquième étage— Exposition *« Cent ans d'histoire de l'imprimerie »*: exposition animée de différentes pièces d'équipement jadis utilisées pour l'impression de LA PRESSE; présentation de l'équipement informatisé de traitement de textes actuellement en usage; personnel expérimenté sur place pour répondre à vos questions; exposition de centaines de photos anciennes et nouvelles; présentation de vieux numéros du Magazine illustré de LA PRESSE. Jusqu'au 29 octobre inclusivement.

Vitrine principale (coin Sainte-Catherine et University) — En montre, une presse Circa. Jusqu'au 13 novembre inclusivement.

● **Maison de la poste**

Vitrine extérieure— Présentation d'articles et de chroniques philatéliques, et présentation du livre de l'année 1897 de LA PRESSE ouvert à la première page de l'édition du 19 mai 1897, jour où l'on a illustré *à la une* les timbres émis à l'occasion du jubilé de la reine Victoria. Jusqu'au 15 novembre inclusivement.

L'INSIGNE - SOUVENIR DU CONGRES

La "PRESSE" offre au Public un fort joli insigne.

MODIQUE SOMME DE 20 CENTINS

Cures Etonnantes !

PLUS DE CALVITIE

La *Valeria* continue d'opérer des cures étonnantes. C'est incontestablement le meilleur remède connu pour empêcher la chute des cheveux ou les faire repousser. Que l'on en juge par les témoignages suivants :

Bouctouche, N. B. 4 janvier 1881.

MM. Laviolette et Nelson,
Pharmaciens,
Montréal

Auriez-vous la bonté de m'envoyer 6 ou 12 boîtes de la *Valeria* ? J'en ai fait usage d'une boîte et le résultat a été tel que mes cheveux sont repoussés très épais. Plusieurs ici ayant été témoins que cette pommade m'a donné une nouvelle chevelure désirent en faire l'expérience. Je vous donnerai volontiers un certificat en faveur de la *Valeria*.

Votre tou dévoué,

G. A. Girouard,
ex-député de Kent.

Je, soussigné, déclare avoir perdu complètement la chevelure il y a deux ans. Pendant ces deux ans, j'ai essayé de tous les remèdes possibles mais sans succès. En voyant l'annonce de la *Valeria* dans la *Minerve*, j'eus la curiosité de m'en servir.

J'en achetai une boîte chez MM. Laviolette et Nelson, pharmaciens, rue Notre-Dame. C'est M. Laviolette lui-même qui me l'a vendue, et il pourra attester que j'étais alors—il y a environ six mois—complètement chauve. Je me suis servi d'une seule boîte et elle m'a suffi à me rendre ma chevelure d'autrefois, un peu plus claire cependant, les cheveux étant plus fins. Tous ceux qui me connaissent sont comme moi émerveillés du résultat.

Je suis gardien de la barrière de la Côte Saint-Antoine, et je serai heureux de donner la preuve de tous les faits que je viens d'attester à tous ceux qui voudront se renseigner. Je donne ce certificat de mon propre mouvement, en justice et en reconnaissance pour l'auteur de cette merveilleuse découverte.

PIERRE DAME

C'EST ARRIVÉ UN 25 OCTOBRE

1975 - *Venera 10* véhicule spatial soviétique lancé le 14 juin, fait atterrir une capsule sur la surface de Vénus.

1974 - Selon les membres d'une expédition anthropologique, des fossiles humains trouvés en Éthiopie pourraient être vieux de quatre millions d'années.

1970 - Le maire Jean Drapeau est reporté au pouvoir sans opposition à Montréal, en pleine période des événements d'octobre. Il avait aussi remporté la victoire quatre ans plus tôt.

1967 - Ottawa refuse de subventionner tout prolongement d'Expo 67.

1966 - Des étudiants chinois manifestent sur la Place rouge, à Moscou.

1962 - Des navires américains formant un blocus au large de Cuba laissent passer un pétrolier soviétique après avoir vérifié sa cargaison.

1958 - Une violente explosion ébranle le centre d'Ottawa.

1952 - Incendie de $300 000 à Saint-Jean, Québec.

1945 - Les USA réquisitionnent des Allemands spécialisés en énergie atomique.

1939 - Les Libéraux prennent le pouvoir à Québec en battant Maurice Duplessis.

1916 - Un dramatique incendie fait 14 morts à l'hôpital Sainte-Élizabeth de Farnham.

1894 - Sauvetage émouvant lors de l'incendie de l'hôtel Normandie à Montréal.

LA PRESSE
100 ans d'actualités

Les Montréalais célèbrent la victoire de Sir Wilfrid Laurier aux abords de LA PRESSE

LA manchette que nous vous proposons ce matin n'a en soi rien de spectaculaire. La victoire de Sir Wilfrid Laurier à l'élection fédérale du 26 octobre 1908 n'avait non plus rien d'extraordinaire. Malgré tout, la manchette ne manque pas d'intérêt, puisqu'elle montre que LA PRESSE ne ratait jamais une occasion d'être utile, quitte à faire preuve de beaucoup d'imagination. En somme, avec ces présentations, LA PRESSE jouait à l'époque le même rôle que la télévision d'aujourd'hui, lors des soirs d'élections.

Mais laissons la place aux illustrations de J.S. Brodeur, que vient compléter le texte très enthousiaste du journaliste hélas anonyme...

Jamais foule plus nombreuse, plus compacte, plus vivante, n'avait entouré LA PRESSE que celle d'hier soir *(les faits sont évidemment relatés dans l'édition du 27).*

Dès cinq heures, malgré une pluie fine (...) la foule se groupa devant LA PRESSE et s'étendit rue Saint-Jacques jusqu'au point extrême d'où elle pouvait voir l'écran qui recevait les projections annonçant sans interruptions les résultats électoraux qui nous parvenaient de tous les points de la Puissance (*c'est ainsi qu'on parlait du Canada*). Bientôt, la rue Saint-Jacques fut insuffisante pour contenir cette foule, et elle déborda dans la côte Saint-Lambert (*la rue Saint-Laurent*) jusqu'à la rue Craig (*Saint-Antoine*).

Rien n'était plus curieux que le grouillement de cette foule vue des fenêtres de LA PRESSE. Il y avait là dix mille personnes qui se sont tenues en permanence sous la pluie de cinq heures à dix heures et demie. En comptant les renouvellements qui se sont produits dans la masse pendant ce temps, on peut hardiment évaluer à vingt mille au moins le nombre des curieux, avides de connaître sans retard les résultats de l'importante partie qui se jouait d'un bout à l'autre du pays.

Chaque fois qu'un nom connu apparaissait sur l'écran, il était salué par des acclamations enthousiastes, à moins qu'il ne fut accueilli par des éclats de rire ironiques. Mais les acclamations, les vivats, les applaudissements ou les huées redoublaient quand les chiffres, grossissant sans cesse, annonçaient le triomphe des idoles du peuple ou la défaite des concurrents impopulaires.

Entre-temps, on fit passer sous les yeux du public le portrait de tous les vainqueurs du jour, et leur vue redoublait l'agitation pacifique de la foule. (...)

Parmi les plus acclamés, citons Sir Wilfrid Laurier et ses ministres. L'hon. Brodeur et l'hon. Bureau recueillirent particulièrement des ovations flatteuses. (...) Ces cris de joie, ces manifestations incessantes de satisfaction, cette gaité de la foule et sa persévérance à braver le mauvais temps pour attendre les résultats définitifs, ont montré à quel point Sir Wilfrid Laurier est populaire et le prix que nos compatriotes attachaient à son éclatant triomphe.

Pour ne pas laisser chômer la curiosité de la foule lorsque le télégraphe nous imposait une solution de continuité dans la projection des renseignements, M. Ouimet, l'aimable propriétaire du « Ouimetoscope », fit passer sous les yeux du public ravi une série de vues animées de fantaisie qui furent accueillies avec une satisfaction que nous croyons inutile de souligner. Mais où le succès de ce spectacle en plein air fut formidable, ce fut lorsque M. Ouimet montra Sir Wilfrd Laurier, suivi de l'hon. Brodeur, adressant à la foule, dans la mémorable assemblée de Laprairie, de véhéments et patriotiques discours. Cette vue était si saisissante de vérité, si empoignante, que l'on entendait en quelque sorte les discours (*n'oublions pas qu'on en était toujours à l'époque du cinéma muet*), et que le succès oratoire de Sir Wilfrid Laurier et de l'hon. Brodeur fut aussi intense, hier soir, rue Saint-Jacques que le jour où ils se produisirent à Laprairie.

Vers 11 heures, la foule s'éclaircit, mais des groupes nombreux demeurèrent devant LA PRESSE jusqu'à minuit, heure à laquelle elle se dissipa, ne trouvant plus d'aliments à sa curiosité.

À l'occasion des élections fédérales du 26 octobre 1908, LA PRESSE avait présenté les résultats sur écran géant. D'abord utilisé à la succursale de LA PRESSE à Québec à l'occasion des élections américaines, le 6 novembre 1900, on a utilisé ensuite ce procédé à maintes reprises, à Montréal même. Et c'est par milliers que les Montréalais ont envahi les lieux, bloquant la circulation à l'intersection de la rue Saint-Jacques et de la Côte Saint-Lambert (aujourd'hui boulevard Saint-Laurent). Le puissant projecteur était installé dans l'édifice de LA PRESSE, et les résultats apparaissaient sur l'écran fixé à l'édifice d'en face, rue Saint-Jacques.

L'opérateur de M. Ouimet faisant fonctionner l'appareil cinématographique à LA PRESSE.

Pour ne rien rater des élections à travers le pays, LA PRESSE avait organisé un service spécial responsable de glaner les résultats en provenance des autres provinces. Comme en fait foi ce croquis, cette équipe spéciale s'était installée dans les bureaux des télégraphistes de LA PRESSE.

C'EST ARRIVÉ UN 26 OCTOBRE

1982 - La pire chute de l'indice Dow-Jones depuis 1929.

1979 - Assassinat du président sud-coréen Park Chung Hee.

1979 - Guy Lafleur obtient du Canadien le salaire demandé, soit $300 000.

1969 - Le président Nasser envoie un émissaire en Jordanie et en Syrie en vue d'un règlement de la crise entre le Liban et la résistance palestinienne.

1968 - Le Rassemblement pour l'indépendance nationale se saborde afin de favoriser l'unité des mouvements indépendantistes au Québec.

1966 - Ottawa et les provinces parviennent à un compromis sur le partage des ressources fiscales.

1965 - La reine Élizabeth II décore les Beatles de l'Ordre de l'empire britannique.

1960 - Au Salvador, une junte militaro-civile dirigée par le colonel Cesar Yanes Urias s'empare du gouvernement sans effusion de sang.

1955 - Proclamation de la République au Vietnam du Sud. L'ex-premier ministre Ngo Dinh Diem devient président et remplace l'empereur Bao Dai comme chef d'État.

1953 - Une inondation détruit 5 000 logements en Calabre, dans le sud de l'Italie.

1949 - M. Saint-Cyr, de Joliette, gagne $77 500 à la loterie irlandaise.

1945 - Le Front arabe propose la formation d'un État arabe de Palestine.

1928 - Une explosion fait cinq morts dans une carrière à Saint-Michel.

1917 - Désastre à l'île Perrot: une poudrière explose.

1910 - Les flammes causent pour $2 millions de dégâts à Victoria, Colombie-Britannique.

Accident bizarre à l'église Notre-Dame

UN malheureux accident que l'on croit être dû à la négligence de certains des ouvriers occupés actuellement à la construction du nouvel orgue de l'église Notre-Dame, est arrivé à Mme Barrett, femme du détective de ce nom, dimanche matin, cinq minutes avant l'arrivée du comte à l'église.

Mme Barrett, en entrant dans le jubé situé au-dessous de l'orgue, mit le pied sur un bout de planche qui avait été placé, négligemment, il faut le croire, au-dessus d'une ouverture pratiquée pour un des étais destinés à supporter la nouvelle charpente. Le bout de planche bascula et Mme Barrett enfonça (*sic*) dans l'ouverture. Elle doit certainement son salut à son embonpoint, car une personne plus élancée aurait, sans doute, été précipitée d'une hauteur de 25 pieds, jusque sur le sol où elle se serait certainement blessée très dangereusement. À l'heure qu'il est, Mme Barrett est très souffrante et sous les soins du docteur Ri rd. Ce n'est qu'avec la plus grande difficulté qu'on a pu la retirer de sa position fâcheuse. Si négligence il y a, il est à espérer qu'on y remédiera sans tarder car dans des occasions comme celle qui a marqué la présence du comte de Paris à Notre-Dame, on ne saurait prendre trop de précautions à cause de la foule.

Cela se passait le 26 octobre 1890...

BABILLARD

À la recherche d'une cousine

Mme Rollande Bourget-Maurice, du boulevard Henri-Bourassa, à Montréal, aimerait bien obtenir des nouvelles d'une cousine dont elle a perdu la trace. Lorsqu'elle a perdu contact avec elle, il y a 16 ans, **Laurentia Vary** avait épousé un dénommé **Joseph Ross** et elle travaillait à l'hôtel de ville de l'île Perrot. Si la dame en question donne signe de vie, nous nous ferons un plaisir de la mettre en contact avec Mme Bourget-Maurice.

•

Hommage d'un retraité

Un typographe à la retraite après 30 ans de loyaux services à LA PRESSE, **M. Hubert Varin**, et qui aujourd'hui manie la rime en dilettante, tient à rendre hommage aux artisans de LA PRESSE à l'occasion de l'année du centenaire. Il leur dédie donc le poème — abrégé — suivant, signé de son nom de plume, **Irvan**.

Aux fondateurs de LA PRESSE,

À ces héros, je m'empresse
De leur dire tout mon amour
Pour le succès de jour en jour.
Aux Berthiaume et du Tremblay
Qui se sont souvent attablés,
Merci pour leur très grand labeur,
Ils n'y comptaient pas les heures.
Meilleur est le vin quand il vieillit,
De même LA PRESSE dans la vie;
J'ai trouvé, selon Archimède,
À sa lecture, le remède.
Unissons-nous au quotidien
Et, avec lui, faisons des liens;
Restons tous de bonnes gens,
Mettons-y beaucoup d'entregent.
Et, de ce fait, quel beau succès
Sans limite de temps, on le sait;
Passé, présent et avenir
Sont tous des faits à définir.

Irvan

ACTIVITÉS

● **Magasin Eaton centre-ville**

Cinquième étage - Exposition « *Cent ans d'histoire de l'imprimerie* »: exposition animée de différentes pièces d'équipement jadis utilisées pour l'impression de LA PRESSE; présentation de l'équipement informatisé de traitement de textes actuellement en usage; personnel expérimenté sur place pour répondre à vos questions; exposition de centaines de photos anciennes et nouvelles; présentation de vieux numéros du Magazine illustré de LA PRESSE. Jusqu'au 29 octobre inclusivement.

Vitrine principale (coin Sainte-Catherine et University) — En montre, une presse à bras. Jusqu'au 13 novembre inclusivement.

● **Maison de la poste**

Vitrine extérieure— Présentation d'articles et de chroniques philatéliques, et présentation du livre de l'année 1897 de LA PRESSE, ouvert à la première page de l'édition du 19 mai 1897, jour où l'on a illustré à la *une* les timbres émis à l'occasion du jubilé de la reine Victoria. Jusqu'au 15 novembre inclusivement.

LA PRESSE

100 ans d'actualités

Un incendie détruit le chantier maritime Davie à Lauzon; les résidents sont atterrés

La petite municipalité de Lauzon, au sud de Québec, se souviendra longtemps du 27 octobre 1955. Ce jeudi-là, à 21 h 30, alors que, dans la majorité des foyers, on se préparait à aller se coucher, un gigantesque incendie éclatait au chantier naval Davie, le plus vieux du Canada.

Pour la majorité des résidents de Lauzon, ce fut un véritable cauchemar pendant les huit heures qu'il brûla. Pour les plus infortunés, ce fut la catastrophe, car ils perdirent non seulement leur emploi pendant quelques semaines, mais aussi leur foyer. En effet, le feu s'attaqua également à une dizaine de maisons, dont trois furent complètement rasées, jetant cinq familles sur le pavé.

On ne déplora heureusement aucune perte de vie, mais deux pompiers ont été blessés, dont un grièvement.

Malgré le courage des pompiers de Lauzon et de leurs collègues de Lévis et de Québec, il était bien évident qu'ils n'avaient pas l'équipement nécessaire pour combattre l'élément destructeur. Les dégâts furent évalués à $4 millions.

Foyer d'incendie dans la fonderie

L'incendie prit naissance à 21 h 30 dans la fonderie. Les flammes se propagèrent avec la rapidité de l'éclair aux autres bâtisses du chantier et aux maisons avoisinantes, rue Saint-Joseph.

Après la fonderie, ce sont écroulés la boutique de menuiserie, l'entrepôt de bois, le garage, l'atelier de peinture, l'atelier de charpente et l'atelier de gabarits. La douzaine de bâtisses détruites par les flammes couvraient une étendue de 1 200 pieds de longueur par 200 pieds de largeur.

Plusieurs explosions se sont produites, dont une très violente qui a semé la panique dans le voisinage vers 22 h 05.

Georges Galipeau et Gaston Dugas, les envoyés spéciaux de LA PRESSE, firent une description dantesque des événements.

Une véritable vision d'enfer, disaient-il dans LA PRESSE du 28. *Dans les ruines fumantes des édifices qui s'étaient déjà effondrés, des flammes basses couraient à travers les décombres, cherchant encore quelque chose à dévorer. Ailleurs, de grandes traînées de feu léchaient des charpentes encore debout, d'énormes poutres d'acier tordues comme des jouets d'enfants s'enchevêtraient petit à petit, formant la plus grotesque image d'un jeu de « meccano » gigantesque brouillé par des enfants trop jeunes. Un ciel rougeâtre reflétait à des milles à la ronde cet affreux spectacle.*

Des mises à pied nécessaires

Même si les bureaux ont été épargnés par le feu, les ouvriers n'ont pris aucun risque : ils ont sauvé des flammes les plans des navires en cours de construction.

Au moment de l'incendie, un seul navire, qui n'a pas été touché, attendait d'être lancé. L'incendie est d'ailleurs survenu la veille d'une visite du premier ministre fédéral, M. Louis Saint-Laurent, qui devait présider au lancement d'un navire d'escorte de la marine canadienne, le *Bluenose*. Et il devait profiter de l'occasion pour accorder officiellement un contrat pour la construction d'un brise-glace. Par ailleurs, trois autres navires étaient en construction ou en réparation, soit un destroyer d'escorte, un dragueur de mines et une frégate.

Au moment de l'incendie, le chantier employait 1 000 ouvriers, dont 60 p. cent étaient résidents de Lauzon, sur une capacité de 2 500. On craignait la mise à pied générale, mais le travail ne devait pas être complètement arrêté, les cales sèches, les quais et les bâtiments les plus rapprochés du fleuve ayant été épargnés.

Manifestations de foi et de solidarité

L'incendie donna lieu à des manifestations de foi et de solidarité. Ainsi, dans la rue Bourassa, qui longe le principal bâtiment des chantiers, on vit apparaître aux fenêtres des statuettes de la Vierge, à qui l'on confiait la protection des foyers menacés par le fléau. *Fait remarquable*, écrivirent les envoyés spéciaux de LA PRESSE, *aucune des maisons de la rue Bourassa, la plus exposée, n'a de dommages à déplorer. Pas même un vitre cassée.*

Cet incendie donna aussi lieu à d'importantes manifestations de solidarité. La plus remarquable sans doute est celle de ce bienfaiteur qui, de passage en voiture, n'a pas hésité un instant à offrir un toit à la famille Lippé, comprenant pas moins de 13 enfants, dont la maison venait d'être rasée par les flammes.

Guy Pinard

Un amas de fer tordu et de cendres. Voilà tout ce qui restait d'une bonne partie de l'immense chantier naval de la Davie Shipbuilding Co., au lendemain de l'incendie de 1955.

BABILLARD

En cette journée du 27 octobre 1983, **M. Jean L'Heureux**, de Montréal-Nord, attire notre attention sur un fait important de la manière suivante :

LE MITAN

LE PASSÉ :

L'Expo 67. Vous vous souvenez ?

À ceux qui ont eu la chance de vivre cet événement grandiose de notre jeune Histoire, il semble que c'était hier!

LE PRÉSENT :

Donc, c'est encore tout frais dans notre mémoire. Les prédictions fabuleuses qu'on nous faisait alors, font maintenant partie de notre quotidien : les robots sont là; le laser et l'ordinateur aussi que nous faisait entrevoir à cette époque « *le choc du futur* ».

L'AVENIR :

Un autre tournant important pour toute l'humanité s'en vient : l'an 2000!

Ce qu'il nous semble loin, ce tournant du siècle! Pourtant, c'est aujourd'hui le MITAN, c'est-à-dire qu'on est maintenant aussi près de l'an 2000 que de l'Expo 67, dont l'ouverture a été solennellement proclamée le 27 avril 1967.

L'an 2000, c'est donc pour « demain ». Et c'est aujourd'hui qu'il faut poser un jalon sur la route qui nous mène allègrement vers le prochain siècle!

ACTIVITÉS

● **Magasin Eaton centre-ville**

Cinquième étage— Exposition *« Cent ans d'histoire de l'imprimerie »*: exposition animée de différentes pièces d'équipement jadis utilisées pour l'impression de LA PRESSE; présentation de l'équipement informatisé de traitement de textes actuellement en usage; personnel expérimenté sur place pour répondre à vos questions. Jusqu'au 29 octobre inclusivement.

Vitrine principale (coin Sainte-Catherine et University) — En montre, une presse à bras. Jusqu'au 13 novembre inclusivement.

● **Maison de la poste**

Vitrine extérieure— Présentation d'articles et de chroniques philatéliques, et présentation du livre de l'année 1897 de LA PRESSE ouvert à la première page de l'édition du 19 mai 1897, jour où l'on a illustré à la *une* les timbres émis à l'occasion du jubilé de la reine Victoria. Jusqu'au 15 novembre inclusivement.

Cette photo d'un photographe de LA PRESSE a été prise le 6 novembre 1924 à la réserve de Caughnawaga. Quoique le sujet paraisse intéressant puisqu'il s'agissait du tout premier orchestre exclusivement composé d'Iroquois, la photo surprend à notre époque, avec ces Indiens en costume, munis d'instruments de musique qui n'ont rien à voir avec le tam-tam. Mais peut-on s'imaginer un instant ce qu'on pensera de nous dans deux ou trois générations en voyant des photos des Classels ou de César et ses Romains ? *L'orchestre de Caughnawaga*— car c'était son nom — était dirigé par Louis Feathers (un nom prédestiné), alias Louis Decair, le deuxième à droite. Les autres membres du sextuor sont Stevens Dehotsitsate, Peter Taronkiawakon, Peter Martin, John Hall, Decair et Roy Feathers.

C'EST ARRIVÉ UN 27 OCTOBRE

1979 - Le premier ministre René Lévesque inaugure LG-2, la plus vaste centrale hydro-électrique souterrraine du monde.

1978 - MM. Annouar El Sadate, d'Égypte, et Menachem Begin, d'Israël, gagnent le prix Nobel de la Paix.

1976 - La plus longue histoire d'enlèvement au Canada (82 jours) prend fin avec la libération de Charles Marion.

1966 - L'ONU révoque le mandat de l'Afrique du Sud sur la Namibie.

1963 - Gordie Howe marque le 544e but de sa carrière, éclipsant du même coup le record de 543 de Maurice « Rocket » Richard.

1961- Essai concluant de la fusée américaine *Saturne*, la plus grande du monde, à cette époque-là, et qui devait éventuellement transporter l'homme jusqu'à la lune.

1959 - Les journaux publient les premières photos de la face cachée de la lune.

1947 - Lucien Borne est élu maire de Québec pour un 5e mandat consécutif.

1940 - Le paquebot canadien *Empress of Britain* coule au large de l'Irlande, son équipage n'ayant pu éteindre l'incendie déclenché par le bombardement de la veille.

1937 - Les Japonais sèment l'horreur en entrant à Shanghai.

1921 - Violente explosion à l'élévateur à grains no 1 du port de Montréal.

1919 - Montréal accueille le prince de Galles.

1917 - Désastre à la poudrière de l'île Perrot; les pertes matérielles dépassèrent $1,6 million.

LA PRESSE

100 ans d'actualités

Un troupeau de vaches cause un terrible déraillement et fait un mort à Saint-Tite!

*(**NDLR**) — Terrible accident. Un train déraille à Saint-Tite. Telle était la manchette de LA PRESSE du 29 octobre, en rapport avec l'accident ferroviaire survenu la veille. Un déraillement de train de cette nature ne recevrait pas aujourd'hui une telle attention de la part des médias. Mais il faut se souvenir que cela se déroulait en 1897 et que les trains n'étaient pas encore légion au Québec... Nous publions de larges extraits de la longue « dépêche spéciale ». On notera que le texte n'était hélas pas signé.*

L'ACCIDENT est arrivé à 1.15 heures (sic) hier après-midi, à une distance d'environ 1 mille de la gare de Saint-Tite, sur le chemin des Basses Laurentides. C'était l'express No 1, venant de la Rivière-à-Pierre, sa destination, pour Grand'Mère, le terminus de la ligne.

Le convoi allait à une vitesse de 15 à 18 milles à l'heure *(un autre texte disait, « toute vitesse »)*; il venait de couvrir une courbe et entrait sur une partie de la voie, dont le plan est incliné en descendant. À une courte distance en avant, le mécanicien apperçut (sic) une douzaine d'animaux qui barraient le passage du train. Il stoppa, mais tout effort pour éviter la collision fut inutile. Le « box-car » qui précédait l'engin, fut précipité hors de la voie et l'engin et les autres chars de fret, qui venaient immédiatement après, furent aussi renversés.

Votre correspondant a eu une entrevue avec le conducteur, M. Jos Bellerive, qui était en charge de ce train. Ce dernier corrobore les détails donnés ci-haut.

Le mécanicien du train, M. Donat Germain, de Saint-Tite, raconte l'accident dans le même sens que ce qui est donné plus haut. Il a sauté de sa locomotive et s'en est tiré avec une grave blessure à une jambe. Il a vu son chauffeur (Émile) Perrault, qui se tenait entre le tender et l'engin, prêt à sauter aussi: mais pour son malheur, il n'en eut pas le temps et il tomba avec la locomotive. Il a eu le corps presque coupé en deux, entre le tender et un char. Dans sa chute, une pièce de bois lui défonça la poitrine et (il) eut aussi la figure horriblement mutilée par les éclats du train. Sa mort a dû être instantanée. Son cadavre, tout à fait méconnaissable, fut ramassé de dessous les débris après l'accident. (...)

Le serre-frein, Arthur Piché, qui était sur les premiers chars, près de la locomotive, fut aussi très malheureux. Il fut près de subir le sort de Perrault. Il a reçu de graves blessures. (...) Cependant, les médecins espèrent pouvoir le réchapper. Il a été installé dans l'hôpital du couvent (des Soeurs de la Providence) où d'excellents soins lui sont prodigués.

La nouvelle de l'accident se répandit dans le village de Saint-Tite comme une trainée de poudre. (...) Il est facile d'imaginer la consternation que cette catastrophe a jeté dans ce district. Partout, il n'est question que de cela, on entend tout le monde parler en termes sympathiques des victimes qui jouissaient d'une grande popularité.

Le chef de gare de Garneau Jonction, M. N. Potvin, fit installer un appareil télégraphique sur le théâtre de la catastrophe, ici. Il a fait toutes les démarches nécessaires pour rapporter les détails de ce triste accident.

Le reporter de « La Presse » a été l'objet d'une attention distinguée de la part du personnel de la compagnie et de M. Hall, surintendant du Pacifique Canadien, qui s'empressa auprès de notre correspondant afin de faciliter sa tâche.

En épilogue, on pourrait préciser, que M. Perrault, natif de Deschambault, n'avait guère été chanceux, puisqu'il s'agissait de son dernier voyage avant d'entreprendre ses vacances, au cours desquelles il devait prendre épouse. Fait étonnant, il avait déjà neuf ans d'expérience, même s'il n'était âgé que de 22 ans et 11 mois.

Dessin d'artiste proposé par LA PRESSE pour illustrer l'ampleur du désastre. En médaillon, le dessin de la victime, Émile Perrault.

BABILLARD

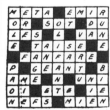

Témoignage d'un lecteur

M. Renault Gaudet, de Repentigny, dédie le poème suivant à son journal préféré :

LA PRESSE, 1884-1984
Pendant cent ans,
Des nouvelles sur-le-champ
Arrivent à mon logement.
C'est régulier, épatant, abondant,
De Paris, de Tokyo, de Berlin ou de Rome,
Les échecs, les succès et les espoirs en somme,
Sont racontés, imprimés par des femmes et des hommes
Pour être lus par cinq cent mille personnes.
Éditoriaux : ils l'ont l'affaire!
Caricature? J'aime bien Girerd.
Le cinéma, les arts, ma chère...
Boutiques et restaurants, de bons vins, quelques bières.
Sports, météo, philatélie, musique,
Échecs, timbres, bridge, plusieurs chroniques,
L'économie et, bien sûr, la politique.
Cent fois « Bravo » à vous tous de LA PRESSE.
Vous avez partagé les espoirs et le stress
De millions de gens que la vie intéresse :
Vous méritez sûrement d'avoir le coeur en liesse!
À votre santé!

Témoins recherchés

Pour ajouter une note plus personnelle aux événements qu'elle relatera quotidiennement dans cette page jusqu'au 20 octobre 1984, LA PRESSE fait périodiquement état, sous cette rubrique, d'une liste d'événements pour lesquels elle cherche des témoins.

Aujourd'hui, LA PRESSE cherche des témoins des événements suivants : **la terrible explosion du port de Montréal**, le 8 novembre 1908; **la mort de Louis Cyr**, le 10 novembre 1912; et **la première application de la loi du cadenas par le gouvernement Duplessis**, le 9 novembre 1937.

Si vous pensez que vous pouvez ajouter un élément neuf à ces incidents, n'hésitez pas à communiquer le plus tôt possible vos informations : LA PRESSE, rédaction, Guy Pinard, 7 rue Saint-Jacques, Montréal, H2Y 1K9.

ACTIVITÉS

● Magasin Eaton centre-ville

Cinquième étage — Exposition *« Cent ans d'histoire de l'imprimerie »*: exposition animée de différentes pièces d'équipement jadis utilisées pour l'impression de LA PRESSE; présentation de l'équipement informatisé de traitement de textes actuellement en usage; personnel expérimenté sur place pour répondre à vos questions; exposition de centaines de photos anciennes et nouvelles; présentation de vieux numéros du Magazine illustré de LA PRESSE. Jusqu'au 29 octobre inclusivement.

Vitrine principale (coin Sainte-Catherine et University) — En montre, une presse à bras. Jusqu'au 13 novembre inclusivement.

● Salon de l'agriculture

Présence, au salon, de l'exposition itinérante des archives de LA PRESSE, mettant l'accent sur les pages consacrées à l'agriculture. Jusqu'au 5 novembre inclusivement.

● Maison de la poste

Vitrine extérieure — Présentation d'articles et de chroniques philatéliques. Présentation du livre de l'année 1897 de LA PRESSE, ouvert à la première page de l'édition du 19 mai 1897, jour où l'on a illustré à la *une* les timbres émis à l'occasion du jubilé de la reine Victoria. Jusqu'au 15 novembre inclusivement.

C'EST ARRIVÉ UN 28 OCTOBRE

1974 - Les États arabes reconnaissent l'Organisation de libération de la Palestine comme seul représentant légitime du peuple palestinien.

1970 - À l'ONU, Israël exige le retrait des missiles égyptiens de la zone du canal de Suez comme condition à la reprise des négociations.

1969 - Quelque 20 000 étudiants descendent dans la rue pour protester contre le projet de loi 63.

1962 - Khrouchtchev désamorce la crise cubaine en acceptant qu'on démantèle les fusées stationnées à Cuba.

1958 - Le cardinal Roncalli est élu pape; le 261e successeur de saint Pierre choisit le nom de Jean XXIII.

1956 - Fin des émeutes à Budapest, en Hongrie.

1952 - Abolition du permis de radio alors en vigueur au Canada (il fallait débourser $2,50 pour chaque poste de radio).

1949 - Accident d'avion aux Açores: le champion boxeur Marcel Cerdan est parmi les victimes.

1922 - Mussolini et ses fascistes triomphent en entrant dans Rome.

1915 - Le gouvernement de René Viviani démissionne en bloc, en France.

1886 - En présence du sculpteur Frédéric Auguste Bertholdi, son auteur, la Statue de la liberté est officiellement inaugurée sur l'île Bedloe's (connue sous le nom d'île de la Liberté, depuis 1968).

CASSE-TETE

Problème.

Horizontalement.

2—6—Ville de la province de Québec
8—9—Conjonction.
10—11—Pièce de monnaie valant 5 centimes.
12—13—Note de la gamme
14—16—Petit animal rongeur
17—19—Pronom personnel
21—25—Aéroplane.
27—28—L'Existence.
29—30—En ce lieu, en cet endroit.
32—36—Aller à l'aventure
38—40—Bouillonnement de l'eau à la rencontre de deux courants.
41—43—Le Levant.
44—45—Pronom personnel
46—47—Poème épique.
48—49—Article composé.
51—55—Huppe de certains oiseaux

Verticalement.

1—20—Assemblage de mots mesurés.
3—10—Ossements
4—23—Cuit à la broche, grillé
5—11—Forme du verbe avoir.
7—26—Querelle, bagarre
9—15—Adjectif possessif.
12—18—Forme du verbe mouvoir
16—40—Taches blanches sur les yeux
17—41—Liquide servant à écrire.
22—33—Animal rampant
24—35—Oiseau de basse-cour.
31—50—Partie de l'oeil.
34—53—Etendue de mer servant d'abri aux navires.
37—56—Mortier fait de marbre blanc et de chaux.
39—45—Autres (terme légal)
42—48—Adjectif possessif.
46—52—Métal précieux.
47—54—Conjonction

M	E	T	A		E	M	I	R
O	R		S	O	T		D	U
L	E	S		L		V	A	N
E		T	A	I	S	E		E
	F	A	N	F	A	R	E	
P		G	E	A	N	T		B
A	M	E		N		U	N	I
O	I		E	T	E		I	E
N	E	F	S		M	I	E	N

Les mots croisés ont fait leur apparition dans LA PRESSE le 11 novembre 1922 sous l'appellation de « casse-tête ». Ils n'avaient évidemment rien en commun avec la « grille du mordu ». En pratique, la présence de chiffres dans la grille elle-même forçait le cruciverbiste à recopier la grille. Le problème que nous vous présentons aujourd'hui est le deuxième que LA PRESSE a publié (le 18 novembre 1922). La piètre qualité de l'impression du premier en empêche la reproduction convenable. Bonne chance!

LA PRESSE

100 ans d'actualités

De gauche à droite le quartier-maître Kehoe, les tailleurs Drolet et Charlebois, les capitaines Bellefleur, Coleman et Millette.

Révélations sensationnelles

Véritable conspiration de la police et de ses fournisseurs pour frauder la Ville

NOMBREUX sont les lecteurs qui se souviendront de la célèbre enquête Caron consacrée au crime organisé, au début des années 50. Les uns, parce qu'elle avait permis à un jeune avocat du nom de Jean Drapeau de planter le premier jalon d'une brillante carrière politique. Les autres, parce qu'elle avait secoué vigoureusement la police de Montréal, en commençant par son chef.

L'enquête Caron n'était cependant pas la première à porter sur les faits et gestes de la police montréalaise. Déjà, le 29 octobre 1902, le scandale avait secoué la brigade policière à la suite d'une affaire de paletots d'hiver (ou plutôt *par-dessus* ou *redingote*, comme on disait à l'époque) mise au jour devant la Commission de police de l'époque, affaire impliquant pas moins de dix membres de l'état-major de la police.

De fausses factures

Tout commence par la réception d'une facture de $1 011.26 de la maison Dufour, Drolet et Cie, pour la fourniture de 44 paletots d'hiver, et par la constatation par le quartier-maître Kehoe que 31 des paletots étaient de qualité inférieure à celle de l'échantillon fourni lors de la soumission. En outre, on découvrait que les 13 policiers prétendument satisfaits n'avaient pas dans les faits reçu un nouveau « par-dessus », et que le montant de $22.90 par paletot avait plutôt servi à l'achat de vêtements civils!

Voyons quelle manoeuvre utilisaient les chenapans. Le texte de l'époque est très explicite à ce sujet.

Les officiers, capitaines ou lieutenants ayant un pardessus jugé suffisamment bon pour passer l'hiver, se présentaient chez le tailleur avec le vêtement; le tailleur nettoyait le pardessus, l'épongeait et le pressait, lui donnait enfin toute l'apparence d'une pièce neuve. Le pardessus était ensuite étiqueté, ficelé et expédié au quartier-maître Kehoe qui le remettait au capitaine du poste où se trouvait le destinataire. Le capitaine ne prenait pas la peine d'examiner le vêtement. Pour tromper tout examen qui n'aurait été que superficiel, le tailleur changeait la marque de l'ancien tailleur de la police, M. Charlebois, et y substituait la sienne propre.

Des vêtements civils en échange

Évidemment, les membres de l'état-major qui se prêtait à ce stratagème en toute connaissance de cause ne le faisaient pas avec détachement comme devaient le démontrer les témoignages devant la commission. C'est ainsi qu'on devait apprendre qu'en échange, ces policiers gradés recevaient, les uns un *habillement complet*, les autres un *pardessus de civil* ou un *habit pour leurs enfants*. Et pas question de se tourmenter la conscience devant un système qui durait depuis longtemps car, comme l'a expliqué un policier, *j'agissais de bonne foi. Nous sommes souvent de service sans notre uniforme!*

Le témoignage de Drolet

Le témoignage de M. Drolet, l'un des fournisseurs visés par l'enquête, était assez éloquent quant à l'esprit qui animait cette maison de fournisseurs de la police. En voici un extrait.

Le conseilleur Lebeuf : Vous nous envoyez un compte pour 44 paletots d'officiers de police; avez-vous réellement fait et délivré 44 paletots ?

M. Drolet : Nous avons fait du travail pour cette valeur, mais, comme de raison, nous avons fait des échanges comme cela se pratique habituellement. Je pense que nous avions ce droit.

M. Lebeuf : Où prenez-vous le droit d'enlever les marques de fabrique de M. Charlebois pour y substituer les vôtres ?

M. Drolet : Nous avons réparé le pardessus et nous avons par conséquent le droit d'y apposer notre marque.

M. Lebeuf : Sur quoi basez-vous ce droit ?

M. Drolet : Le capitaine Bellefleur m'a dit que si c'était nécessaire, il aurait un ordre du chef de police ou du président de la Commission de police.

Le capitaine Bellefleur est appelé et corrobore cet avancé.

M. Lebeuf à M. Drolet : Vous a-t-il donné un ordre du président ou du chef de son département ?

M. Drolet : Non!

L'ineffable quartier-maître Kehoe

Le dernier témoin fut le quartier-maître Kehoe, qui devait déclarer naïvement, en réponse à des questions relatives à l'achat de 328 pantalons du même fournisseur, qu'il n'avait jamais vérifié le contenu des paquets et qu'il s'était fié aux inscriptions des fournisseurs, et qu'il laissait le soin de vérifier à ses capitaines. Ce qui amena M. Lebeuf à déclarer : *Un homme n'est pas quartier-maître pour regarder des paquets défiler sous ses yeux.*

Les conséquences de ce scandale ? La Commission de police recommandait à la Ville de poursuivre les fournisseurs Drolet et Dufour, et de suspendre tous les policiers impliqués. D'ailleurs, capitaines et lieutenants étaient mis aux arrêts dès la fin de leur témoignage.

C'EST ARRIVÉ UN 29 OCTOBRE

1979 — Le premier ministre Joe Clark annonce que le Canada songe à déménager à Jérusalem son ambassade en Israël.
1973 — Les libéraux de Robert Bourassa balaient le Québec : 102 sièges sur 110.
1972 — Deux Palestiniens détournent un avion de la Lufthansa et obtiennent la libération par la République fédérale d'Allemagne des trois survivants du commando *Septembre noir*, responsable de l'agression du village olympique des Jeux de Munich.
1967 — Expo 67 ferme ses portes, franchies par 50,3 millions de visiteurs, un nouveau record.
1965 — Exposé en public, le célèbre *David* de Michel-Ange fait scandale à Pointe-Claire.
1958 — Douze mineurs sont retrouvés vivants dans une galerie de trois pieds de hauteur et à une profondeur de 13 000 pieds, six jours après avoir été emmurés vivants dans la catastrophe de Springhill, Nouvelle-Écosse.
1956 — Israël déclare la guerre à l'Égypte et envahit le Sinaï.
1951 — Arrivée à Montréal de la princesse Élizabeth, héritière du trône d'Angleterre, et du prince Philip.
1947 — L'école vétérinaire de Saint-Hyacinthe ouvre ses portes. 1929 — C'est le *krach* du « mardi noir » à la bourse de New York. Toute l'économie occidentale en souffrira.
1925 — Une première à l'élection fédérale : les chefs des deux parties, le premier ministre Mackenzie King (libéral), et Arthur Meighen (conservateur) sont battus dans leur propre circonscription.
1910 — L'aviateur anglais Claude Graham White gagne la coupe Gordon-Bennett, à Belmont Park, New York, en partie à cause de l'accident survenu au Français, Alfred Leblanc.

LA PRESSE et l'Assemblée nationale du Québec, centenaires la même année

NDLR - À l'occasion du centenaire de LA PRESSE, le président de l'Assemblée nationale, M. Richard Guay, a fait parvenir le texte suivant au journal.

VÉRITABLE institution nationale, LA PRESSE célèbre son centième anniversaire de naissance. Par les mutations successives qu'il a subies, ce journal a su maintenir une image de dynamisme qui continue à en faire un véhicule privilégié d'information.

Cela est d'autant plus remarquable qu'il connait la concurrence féroce de la radio et de la télévision vers lesquelles nos concitoyens se tournent davantage pour s'informer et se forger une opinion des événements en cours.

Jeune de ses 100 ans, LA PRESSE a pu, au cours de ce siècle, compter sur des journalistes célèbres qui ont mis en commun leur talent et leur conscience professionnelle au service du « plus grand quotidien français d'Amérique ».

Au cours du siècle qui se termine, LA PRESSE a été le témoin, pour le compte de ses lecteurs, des débats de l'Assemblée nationale. Coïncidence, celle-ci marquera au début de 1984 le centième anniversaire de sa première séance en l'Hôtel du parlement à Québec.

À cause de l'importance de LA PRESSE, l'Assemblée nationale est d'ailleurs intervenue à trois reprises, par lois, dans l'histoire du journal, notamment lors du transfert de propriété en 1967.

Il est donc normal, compte tenu de la relation qui a existé entre elle et le journal, qu'au nom de l'Assemblée nationale, j'associe ma voix à celles qui souhaitent à LA PRESSE un anniversaire qui soit le gage d'une quête incessante vers une information de la meilleure qualité.

Richard Guay,
président de
l'Assemblée nationale

Ce croquis du vieil édifice de LA PRESSE constitue un test d'observation. Il comporte une erreur fort importante que vous pourrez sans doute relever, si vous avez conservé le cahier spécial du 20 octobre dernier. Si vous croyez avoir trouvé la bonne solution, notez-la et faites-la parvenir, avec vos nom et adresse, à Guy Pinard, Rédaction, LA PRESSE, 7 rue Saint-Jacques, Montréal, Québec H2Y 1K9.

BABILLARD

Pour éviter d'être amèrement déçu...

Maintenant que la journée fébrile du 20 octobre est chose du passé, il importe de se préoccuper de la prochaine manifestation pour laquelle LA PRESSE entend mettre ses lecteurs à contribution.

En effet, après avoir réussi à identifier quelque 200 personnes nées un 20 octobre, un nombre qui aurait sans doute été beaucoup plus élevé, n'eût été des dizaines de personnes qui se sont manifestées trop tard, LA PRESSE poursuit sa recherche afin de retracer le plus grand nombre possible de citoyens nés un 29 février. Certains d'entre vous se sont déjà inscrits, en nous faisant parvenir une photocopie de leur certificat de naissance, avec nom, adresse, code postal et numéro de téléphone.

Quant à ceux qui ne l'ont pas encore fait, autant le faire le plus tôt possible. Il est vrai que la date limite, le 31 janvier 1984, est encore loin. Mais pourquoi courir le risque d'oublier et d'être déçu par une inscription trop tardive, comme la chose est hélas arrivée à un grand nombre de lecteurs lors du 20 octobre dernier?

Disons par ailleurs qu'il est inutile de communiquer avec LA PRESSE afin de savoir ce qui est prévu pour le 29 février, puisque le programme de la journée ne vous sera communiqué qu'au moment opportun.

Le Prix du public de LA PRESSE

À partir d'aujourd'hui et jusqu'au 8 novembre, date d'ouverture du Salon du livre, LA PRESSE publiera un coupon de participation au concours du Prix du public, visant à déterminer les meilleurs livres québécois de l'année 1982-83 dans les catégories *littérature générale* et *livres pratiques*.

En plus de vous permettre d'exprimer votre opinion, le coupon vous offre l'occasion d'obtenir un laissez-passer gratuit pour la journée d'ouverture du Salon du livre, le 8 novembre. Ce laissez-passer vous sera remis en échange du coupon de participation aux guichets de vente de la place Bonaventure dans la journée du 8, entre 17 h et 22 h.

ACTIVITÉS

● Magasin Eaton centre-ville

***Cinquième étage*— Dernière journée** de l'exposition « *Cent ans d'histoire de l'imprimerie* ». Exposition animée de différentes pièces d'équipement jadis utilisées pour l'impression de LA PRESSE; présentation de l'équipement informatisé de traitement de textes actuellement en usage; personnel expérimenté sur place pour répondre à vos questions; exposition de centaines de photos anciennes et nouvelles; présentation de vieux numéros du Magazine illustré de LA PRESSE.

Vitrine principale (coin Sainte-Catherine et University) — En montre, une presse à bras. Jusqu'au 6 novembre inclusivement.

● Salon de l'agriculture

Présence au salon de l'exposition itinérante des archives de LA PRESSE, en mettant l'accent sur les pages consacrées à l'agriculture, notamment les pages consacrées aux expositions agricoles, aux écoles d'agronomie, aux découvertes en matière de machinerie agricole, etc., sans oublier de belles « *unes* » en couleurs qui décoreront la Salle de démonstration d'art culinaire. Jusqu'au 5 novembre inclusivement.

● Maison de la poste

Vitrine extérieure — Présentation d'articles et de chroniques philatéliques. Présentation du livre de l'année 1897 de LA PRESSE, ouvert à la première page de l'édition du 19 mai 1897, jour où l'on a illustré à la *Une* les timbres émis à l'occasion du jubilé de la reine Victoria. Jusqu'au 15 novembre inclusivement.

● À la radio

17 h, Radio-Canada — Chronique consacrée à LA PRESSE à l'émission *Avec le temps*.

LA PRESSE

100 ans d'actualités

Terrible collision de tramways dans le brouillard, au nord de Montréal

IL était près de 6 h 30 en ce matin du 31 octobre 1921. Un épais brouillard couvrait le territoire montréalais, et il se faisait encore plus impénétrable à travers champs. C'était à peine, disaient les témoins, si on voyait dix pieds devant soi.

Sur le circuit Saint-Denis-Ahuntsic, circulaient entre deux voies d'évitement deux rames de tramways. À bord se trouvaient quelque 50 passagers, personnel compris.

La première, formée des voitures 1575 et 1663, se dirigeait en direction d'Ahuntsic, sous la responsabilité du garde-moteur Alphonse Buron, du conducteur Alphonse Verret, et de Joseph Villeneuve à bord de la remorque.

La deuxième rame, formée des voitures 1573 et 1628, revenait vers le centre-ville de Montréal, sous la conduite du garde-moteur Moïse Dauphin, du conducteur Alexis Joly, et d'Émile Théoret à bord de la remorque.

Au nord de Crémazie, la voie est simple, de sorte que les tramways devaient s'attendre sur les voies d'évitement prévues à cet effet, ce qu'avait visiblement négligé de faire un des deux garde-moteurs.

Et l'inévitable devait se produire. Ce fut la collision qui fit une trentaine de blessés, mais aucun mort heureusement. La collision fut d'une violence inouie puisqu'elle démolit le vestibule de trois des quatre voitures (y compris celle de M. Théoret), en plus d'arracher presque toutes les banquettes. Mais laissons la parole à M. Théoret qui garde encore aujourd'hui un vif souvenir de cette dure expérience...

30 blessés à Ahuntsic

À 86 ans, Émile Théoret se souvient de la collision de tramways de 1921

C'ÉTAIT un froid matin du 31 octobre 1921. Un brouillard opaque recouvrait les champs. On avait peine à y voir. Le tramway nord-sud de la ligne Ahuntsic venait de franchir l'intersection Crémazie et s'était engagé sur la voie simple conduisant jusqu'en bout de ligne. Soudain, dans un fracas de ferraille tordue, ce fut la catastrophe.

FLORIAN BERNARD

Émile Théoret était conducteur de la voiture arrière d'un des deux tramways. Aujourd'hui âgé de 86 ans et à la retraite de la CTCUM depuis 1962, après 45 années de service, il a raconté à LA PRESSE ses souvenirs, demeurés très vivaces.

La collision est survenue en plein brouillard. La veille il était tombé quelques pouces de neige. Le temps était froid et triste. Le conducteur du tramway qui faisait le trajet nord-sud croyait que l'autre tramway était passé. Les deux lourds véhicules se sont heurtés de front, causant des blessures graves à trente personnes.

« C'était épouvantable, de raconter M. Théoret, car il y avait des blessés partout, du sang, des cris et des gémissements. » Luimême gravement blessé à la tête, M. Théoret eut la force de se rendre jusqu'au poste de sémaphore pour envoyer des signaux au centre de secours situé à la hauteur de l'intersection des rues Saint-Denis et Jean-Talon. Toutes les ambulances et les médecins furent envoyés sur les lieux.

La photo de M. Émile Théoret, telle qu'elle apparaissait dans l'édition du 31 octobre 1921.

Il a fallu évacuer les blessés par l'arrière, puisque les sorties situées à l'avant du tramway avaient été bloquées par la ferraille tordue. M. Théoret se souvient d'avoir étendu plusieurs blessés côtés à côtes dans le champ, en attendant l'arrivée des secours. « Je ne me suis même pas rendu compte que j'étais blessé. C'est en arrivant au poste de sémaphore que je suis tombé par terre ». Il a d'ailleurs gardé un souvenir physique de l'accident, soit une légère bosse à la tête. « Cette bosse n'a jamais voulu partir! » note-t-il, l'oeil pétillant.

« À l'époque, de poursuivre M. Théoret, Ahuntsic était en pleine campagne. Le trajet depuis le terminus de la rue Craig jusqu'à la gare d'Ahuntsic durait une heure. Les billets se vendaient 6 pour 25 cents. Le salaire horaire d'un conducteur était de 34 cents. La semaine de travail était de 55 heures. »

62 ans plus tard

En 1962 Emile Théoret a été retiré du service. « On m'a mis de côté comme un vieux tramway », raconte-il. Les dirigeants de la CTCUM lui ont accordé une passe à vie sur tout le réseau. M. Théoret en profite. Il voyage tous les jours dans le métro. « Je pars d'Ahuntsic pour aller acheter mes cigares dans le bas de la ville! ».

Voici dans quel état se trouvaient deux des voitures après la collision.

Mais il regrette le bon vieux temps et surtout la perte du contact quotidien avec « ses voyageurs ». Il les connaissait tous. « Le matin de l'accident, dit-il, beaucoup de mes amis, qui voyageait régulièrement dans mon tramway, ont été blessés. Dans ce temps-là on faisait la causette avec les voyageurs. Aujourd'hui les gens ne se parlent plus dans les autobus et le métro. Ils sont trop pressés. » Mais M. Théoret aime bien le métro quand même!

Éternel voyageur, M. Théoret possède toujours un permis de conduire. Malgré ses 86 ans, il a obtenu un renouvellement de permis sans difficulté. « Si on voulait me reprendre, dit-il en souriant, je pourrais conduire un autobus! ».

L'*Hallowe'en*... à la sauce 1897!

IL n'existe peut-être pas de soir, dans le cours d'une année, qui n'éveille plus d'imagination superstitieuse du peuple que celui du 31 octobre, désigné chez les catholiques sous le nom de *veille de la Toussaint*, et chez les Ecossais en particulier sous celui de *All Hallow's Eve* que l'on peut traduire par la *Veille de tous les esprits*. Nous nageons ici en plein monde des esprits, et tout nous dit que cette *All Hallow's Eve* est une relique des temps païens, puisqu'il n'y a rien dans la célébration de la Fête de tous les Saints qui puisse expliquer l'origine que cette veillée évoque.

Bien que l'idée catholique que cette pieuse cérémonie si propre à développer chez l'homme le culte des morts, ait poétisé cette coutume, il n'en reste pas moins acquis que, de tous temps, aujourd'hui comme dans les âges reculés, mais avec moins d'intensité qu'autrefois, du 31 octobre au 1er novembre, c'est la soirée des esprits; tous cette nuit-là viennent faire sur la terre leur pélerinage annuel. Que l'on remarque que c'est l'idée admise et reçue chez les protestants encore plus que chez les catholiques. C'est une soirée mystique et mystérieuse; la terre est comme prise d'assaut par tous les esprits qui errent à l'aventure parmi nous, la nature en est comme saturée. C'est alors que l'art de divination atteint son plus puissant pouvoir. Les cartomanciens et, en particulier, tous les imposteurs qui se piquent de pouvoir *faire parler les esprits*, prétendent en obtenir les révélations les plus fantastiques.

C'EST ARRIVÉ UN 31 OCTOBRE

1978 — La Cour Suprême déclare que la Commission Keable n'avait pas la compétence pour enquêter sur le fonctionnement de la Gendarmerie royale du Canada.

1970 — À Saint-Laurent-du-Pont, près de Grenoble, 143 jeunes meurent dans l'incendie d'un « dancing ».

1969 — 50 000 personnes manifestent à Québec contre le projet de loi 63.

1968 — Quelque 1 000 manifestants, la plupart chauffeurs de taxi, envahissent l'aéroport de Dorval.

1968 — Le président américain Lyndon Johson ordonne l'arrêt total des bombardements sur le Nord-Vietnam.

1963 — Une explosion tue 68 personnes au Colisée d'Indianapolis pendant un spectacle de patinage.

1961 — Fin du 22e congrès du Parti communiste soviétique, congrès marqué par les attaques de Khrouchtchev contre Staline.

1960 — Un deuxième ouragan tropical, suivi d'un raz-de-marée, porte à 10 000 le nombre de morts en quelques jours, au Pakistan oriental.

1956 — Français et Britanniques débarquent à Suez pour protéger la zone du canal, tandis qu'Israël déclenche une attaque aérienne contre l'Égypte.

1955 — La princesse Margaret renonce à épouser le capitaine Peter Townsend.

1952 — Mise en service d'un oléoduc de 450 milles (le plus long au Canada) entre Hamilton et Montréal.

1947 — Le *Regina Polaris*, navire de ravitaillement des missions oblates du Grand Nord, rentre à Québec au terme d'une mission de 5 000 milles.

1930 — Des extrémistes rejettent les méthodes de résistance passive préconisée par le Mahatma Gandhi.

1927 — Ameen Lawand, propriétaire du théâtre *Laurier Palace*, où 78 personnes, surtout des enfants, avaient trouvé la mort, est condamné à deux ans de prison.

1902 — On annonce la création d'une classe de 50 policiers d'où sortiront les officiers de police.

1901 — Une baleine sème l'émoi en remontant le Saint-Laurent jusqu'à Longue-Pointe.

Quatre morts

À l'aube du 31 octobre 1899, plus précisément à 5 h 40, quatre personnes perdent la vie dans l'incendie de l'hôtel Webster, situé à l'intersection des rues Cathédrale et Saint-Jacques. L'incendie a été marqué d'un incident regrettable, les pompiers s'étant d'abord rendus par erreur au *Western House* (bâtisse sise à l'angle des rues Saint-Paul et McGill) plutôt qu'au *Webster House*, car c'est ainsi que s'appelait l'hôtel. Parmi les victimes se trouvait M. John Bonhow, d'Ottawa, venu à Montréal pour dire adieu à son fils Hector, parti du Québec la veille, en route pour le Transvaal avec les volontaires canadiens.

BABILLARD

À l'intention des collectionneurs

Mme Marthe Lajoie possède de vieux documents légaux qui, croit-elle, seraient susceptibles d'intéresser les collectionneurs. Il s'agit en l'occurrence d'obligations au porteur (maintenant sans aucune valeur légale) de la Roberval Paper Company Limited, émises à Montréal le 28 novembre 1911, dans le cadre d'une émission de $300 000 portant intérêt à 6 p. cent par semestre! Fait également intéressant, il s'agissait d'obligations à double dénomination, soit $100 ou 500 francs français. On peut écrire à Mme Lajoie à l'adresse suivante: 4355 boulevard Rosemont, app. 5, Montréal, Québec H1T 2C9.

Un amateur d'astronautique

Un lecteur de Sainte-Anne-des-Plaines, **M. Michel Nadeau**, ne cache pas son intérêt pour l'astronautique. Il a entrepris une collection de documents touchant cette science, et plus particulièrement les documents antérieurs à 1970, qu'ils soient en anglais, en français, voire en toute autre langue. Si vous pensez pouvoir l'aider à grossir sa collection, prière de le laisser savoir à Guy Pinard, en faisant le 285-7070.

ACTIVITÉS

● **Salon de l'agriculture**

Présence au salon de l'exposition itinérante des archives de LA PRESSE, en mettant l'accent sur les pages consacrées à l'agriculture, notamment les pages consacrées aux expositions agricoles, aux écoles d'agronomie, aux découvertes en matière de machinerie agricole, etc., sans oublier de belles « *unes* » en couleurs qui décoreront la Salle de démonstration d'art culinaire. Jusqu'au 5 novembre inclusivement.

● **Magasin Eaton centre-ville**

Vitrine principale (coin Sainte-Catherine et University) — En montre, une presse à bras. Jusqu'au 6 novembre inclusivement.

● **Maison de la poste**

Vitrine extérieure— Présentation d'articles et de chroniques philatéliques. Présentation du livre de l'année 1897 de LA PRESSE, ouvert à la première page de l'édition du 19 mai 1897, jour où l'on a illustré à la *Une* les timbres émis à l'occasion du jubilé de la reine Victoria. Jusqu'au 15 novembre inclusivement.

LA PRESSE

100 ans d'actualités

Une chasse à la baleine... dans le port de Montréal!

Nous reproduisons ci-après les principaux paragraphes du texte consacré aux événements du 1er novembre, dans le Saint-Laurent, alors qu'on s'est livré à la chasse à la baleine.

LES deux grands événements de l'année 1901, dans la métropole du Canada, c'est bien sans contredit la visite de son Altesse Royale le duc d'York, et celle de la fameuse baleine qui, depuis trois jours, fait accourir sur les quais toute la population.

Un gardien des bâtiments de la commission du port, sur l'Île aux Millions, prétend que le cétacé séjourne dans nos eaux depuis une semaine, mais sa présence aurait été remarquée depuis mercredi (*donc le 30 octobre*) seulement. (...) D'autres prétendent que la baleine est arrivée ici à la suite du steamer *Pretorian*.

À l'exemple de ses compagnes de tout âge et de toutes dimensions, elle devait être affectée de la manie d'aller prendre ses ébats dans le silage (sic) des navires. Malheureusement pour elle, sa jeunesse et son inexpérience lui ont joué un vilain tour, et pour n'avoir pas connu la différence entre un océan et un fleuve, elle se voit maintenant forcée de subir un bombardement à faire frémir de terreur le plus osé de tous les monstres marins.

Quoi qu'il en soit, sa visite dans nos eaux restera mémorable. Le meurtre de Westmount, les événements d'Afrique-Sud, tout cela est relégué dans l'ombre : la baleine pour nous cache tout le reste sous son immense charpente.

Des milliers de curieux ont défilé sur les quais, dans l'espoir d'assister à la capture du cétacé. (...) Il y avait d'abord une quadruple rangée d'enfants; puis des femmes en quantité, puis une foule innombrable de citoyens de tout âge et de toutes conditions. Tout s'est passé dans un ordre parfait : on eût dit une réception royale à l'hôtel de ville de Montréal.

De temps à autre seulement, des protestations s'élevaient ça et là, à l'adresse de quelque gros monsieur, dont le chapeau de soie, trop haut de forme, servait de rideau entre la baleine et les yeux d'un curieux placé au dernier rang. « Après tout, disait celui-ci, c'est notre baleine à nous tous, et chacun a droit de manoeuvrer de façon à en voir sa part. » (...)

Dans la rue des Commissaires et ses environs, on ne s'abordait plus que par les mots : « As-tu vu la baleine ? ». La poignée de mains et le traditionnel « Comment ça va ? » étaient oubliés pour la circonstance.

Cette excitation, cette affluence de gens sur nos quais était bien propre à rappeler la fumisterie du trop célèbre docteur Bataille, qui aurait fait accourir un jour tout Marseille à la nouvelle qu'un énorme cétacé fermait l'entrée du port de cette ville.

Jamais peut-être les récits de l'Histoire sainte et le nom de Jonas n'ont été plus souvent évoqués que durant la journée d'hier, chez une certaine catégorie de curieux réunis pour assister à la capture de « notre » baleine.

Croquis d'un des artistes de LA PRESSE, A. S. Brodeur, qui s'est rendu sur les lieux, à l'Île aux Millions.

La chasse

Durant toute la journée, le bombardement n'a pas cessé. (...) Les coups de carabine se succédaient à intervalles réguliers de 2 à 3 minutes. Un statisticien s'est donné le trouble de calculer approximativement le poids du plomb que le cétacé est sensé avoir reçu dans le corps, depuis deux jours. Il en est arrivé à un chiffre presque incroyable. Que l'on continue encore le siège aujourd'hui, dit-il, et si tous les coups portent, la pauvre baleine égarée sera infailliblement coulée sous la lourde cargaison de balles dont les chasseurs l'auront chargée. (...) Alors, on n'aura qu'à envoyer des plongeurs au fond du fleuve, lui attacher des câbles de fer à la tête et à la queue. Les grues de la Commission du Port feront le reste. Ce sera là réellement une chasse nouveau-siècle. (...)

À chaque fois que la baleine manifestait sa présence quelque part, (...) un feu nourri était immédiatemnt dirigé de ce côté. (...) Le monstre marin semblait se jouer de toutes ces démonstrations, et deux minutes plus tard, il apparaissait à quelque distance plus loin. (...) Cette même manoeuvre a été répétée des centaines de fois, depuis deux jours. (...)

L'un des tireurs posté sur le quai Glasgow a dû être transporté à l'hôpital Général. C'est M. D'Yacocouloff, 26 ans. Sa carabine a fait explosion entre ses mains, le blessant assez grièvement. (...)

Cinq jeunes gens, Narcisse Perrault, Georges Perrault, Henri Marsolais, Wilfrid Beauchamp et J.B. Beauchemin, ont tenté hier soir de capturer la baleine au moyen de dynamite, mais n'ont pas mieux réussi que les autres. (...)

Épilogue. L'aventure ne s'arrêta pas là. Le 12, donc près de deux semaines plus tard, LA PRESSE annonça que la baleine avait été retirée de l'eau, puis transportée au Grand Central Theatre *pour y être exposée. Elle mesurait 40 pieds de longueur et pesait 18 000 livres. Le 13, LA PRESSE fit état de la bousculade au théâtre pour voir la baleine, et de l'offre de $1 500 faite par le CPR au propriétaire de la baleine, M. Louis Payette, pour qu'elle puisse être exposée à travers l'Amérique du Nord. Enfin, le 19, LA PRESSE apprit à ses lecteurs que la baleine allait être empaillée, une opération d'un mois au moins. Soulignons en terminant le 31 octobre LA PRESSE avait relaté l'histoire de la dernière baleine capturée à la Longue-Pointe, une quinzaine d'années plus tôt, puis ensuite exposée sur le Champ-de-Mars. Un troisième cétacé avait par ailleurs été tué dans le port lorsque frappé par le remorqueur «Aberdeen» quelques années plus tard.*

C'EST ARRIVÉ UN 1ER NOVEMBRE

1979 — Dépôt du livre blanc sur la souveraineté-association.
1979 — En Bolivie, 188e coup d'État depuis l'indépendance en 1824.
1976 — Président du Burundi depuis dix ans, Michel Micombero est détrôné.
1974 — Début de la grève des pompiers à Montréal; c'est le « week-end rouge » marqué par 12 incendies majeurs.
1973 — Leon Jaworski est nommé procureur spécial du *Watergate*.
1968 — Arrêt total des bombardements au Nord-Vietnam.
1963 — Le président Ngô Dinh Diêm est tué à Saigon, lors d'un coup d'État militaire.
1961 — L'ouragan *Hattie* détruit la ville de Belize, au Honduras.
1958 — Sept autres mineurs sont trouvés vivants à Springhill, Nouvelle-Écosses, après avoir été ensevelis sous les décombres d'une mine pendant cinq jours et demi.
1956 — Début de l'intervention de l'Armée rouge en Hongrie pour réprimer l'insurrection. Cette intervention permettra à Janos Kadar de s'installer au pouvoir.
1954 — Déclenchement de l'insurrection algérienne par le Front de libération nationale (FLN).
1945 — Les Soviétiques retirent leurs troupes de la Mandchourie.
1921 — Lady Laurier meurt à Ottawa.
1900 — Débarquement du contingent canadien à Halifax, à son retour de la guerre des Boërs.
1898 — Imposante cérémonie religieuse au cimetière de la Côte-des-Neiges, pour la Toussaint.

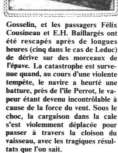

Ce dessin du dessinateur Latour, de LA PRESSE, a été préparé à partir des faits narrés par Lionel Leduc, un des quatre survivants du nauffrage du *Cecilia L* dans les eaux du lac Saint-Louis, au sud de l'île Perrot, le 1er novembre 1912. Des 16 personnes embarqués à bord du vapeur à Montréal en route pour Valleyfield, 12 devaient y laisser la vie, dont Emmanuel Leduc, capitaine du navire. Ce dessin illustre d'ailleurs le moment où Lionel Leduc tente en vain de maintenir son père hors des flots. M. Leduc, le pilote Alex Gosselin, et les passagers Félix Cousineau et E.H. Baillargés ont été rescapés après de longues heures (cinq dans le cas de Leduc) de dérive sur des morceaux de l'épave. La catastrophe est survenue quand, au cours d'une violente tempête, le navire a heurté une batture, près de l'île Perrot, le vapeur étant devenu incontrôlable à cause de la force du vent. Sous le choc, la cargaison dans la cale s'est violemment déplacée pour passer à travers la cloison du vaisseau, avec les tragiques résultats que l'on sait.

Pour les jeunes d'aujourd'hui, E.T., c'est le symbole d'un petit personnage extra-terrestre fort sympathique qui leur a arraché quelques larmes au cinéma. Mais le 6 juin 1906, lorsque cette annonce a paru dans LA PRESSE, E.T. identifiait une marque de corset qu'ont peut-être porté nos grand'mères...

BABILLARD

Remarques aux lecteurs

La parution de cette page depuis onze jours a évidemment provoqué plusieurs commentaires, élogieux pour la plupart (et l'équipe vous en remercie), tout en soulevant de nombreuses questions chez ceux que ces retours nostalgiques intéressent au plus haut point.

Certaines remarques s'imposent donc avant d'aller plus loin. En premier lieu, disons à ceux qui souhaiteraient qu'on publie intégralement le texte tel qu'il avait été publié à l'époque, que LA PRESSE le fera à chaque fois que la chose sera possible. Mais on comprendra facilement qu'en certaines circonstances, cette solution devient impensable; on voit mal comment on pourrait choisir et rappeler un événement jadis publié sur trois ou quatre pages sans le résumer.

En deuxième lieu, il est un dicton qui dit que *les gens heureux n'ont pas d'histoire*. Ces retours dans le temps nous le confirment plus que jamais. Il n'est donc pas facile de trouver des événements légers si on veut coller à l'actualité du temps. En revanche, tous les efforts seront déployés pour glisser dans chaque page une photo ou une annonce publicitaire (sinon les deux) qui saura vous faire sourire.

En troisième lieu, le mystère de la pièce de monnaie frappée par LA PRESSE et que des centaines (plus probablement des milliers) de lecteurs ont en leur possession est maintenant élucidé. Cette pièce a été frappée à des dizaines de milliers d'exemplaires en 1908, à l'époque où LA PRESSE flirtait avec un tirage de 100 000 exemplaires. Donc, cette pièce n'a guère de valeur (à cause du nombre), sinon une valeur sentimentale.

Enfin, les vétérans de la Deuxième guerre ont raison de constater que l'identification d'une des photos de la page un du cahier spécial était erronée. Il s'agissait bien de la Deuxième guerre, et non de la première. Mille excuses.

Guy Pinard

ACTIVITÉS

● Salon de l'agriculture

Présence au salon de l'exposition itinérante des archives de LA PRESSE, en mettant l'accent sur les pages consacrées à l'agriculture, notamment les pages consacrées aux expositions agricoles, aux écoles d'agronomie, aux découvertes en matière de machinerie agricole, etc., sans oublier de belles «unes» en couleurs qui décoreront la Salle de démonstration d'art culinaire. Jusqu'au 5 novembre inclusivement.

● Magasin Eaton centre-ville

Vitrine principale (coin Sainte-Catherine et University). — En montre, une presse à bras. Jusqu'au 6 novembre inclusivement.

● Maison de la poste

Vitrine extérieure. — Présentation d'articles et de chroniques philatéliques. Présentation du livre de l'année 1897 de LA PRESSE, ouvert à la première page de l'édition du 19 mai 1897, jour où l'on a illustré à la Une les timbres émis à l'occasion du jubilé de la reine Victoria. Jusqu'au 18 novembre inclusivement.

LA PRESSE

100 ans d'actualités

Les Allemands ont tenté de propager la contagion chez nos chevaux et nos bestiaux

— Le gouvernement d'Ottawa mis au courant de diaboliques machinations boches dirigées contre le Canada

— Des milliers d'animaux ont dû être abattus

— Leur sinistre façon de procéder

(du correspondant de LA PRESSE)

Ottawa, 2. — Le gouvernement canadien vient d'être mis au courant d'une machination diabolique qui avait pour but de répandre au Canada parmi les chevaux et les bestiaux, une affection pernicieuse de la bouche et des pattes.

Le plan, qui est plein d'imagination allemande, consistait à engager des paysans de la Suisse, à émigrer au Canada, et de leur fournir des bouteilles contenant des germes de la maladie que l'on voulait répandre.

Certains de ces paysans suisses se sont rendus jusqu'aux États-Unis, et ont réussi à mettre là-bas leur ignoble projet à exécution. Des milliers d'animaux ont dû être abattus.

Aujourd'hui, le gouvernement canadien a appris de source certaine que c'est le Canada que les Allemands veulent atteindre, et il a donné des instructions sévères aux officiers d'immigration et de douanes d'exercer un redoublement de surveillance, afin de prévenir la possibilité de l'introduction chez nous de sujets suspects qui pourraient répandre parmi nos animaux la repoussante maladie.

Ce texte a paru intégralement dans l'édition du 2 novembre 1916, alors que la germanophobie presque paranoïaque atteignait son sommet au Canada. D'ailleurs, le lecteur aura constaté que les milliers d'animaux abattus l'avaient été aux États-Unis et non au Canada comme le laissait croire le sous-titre.

Cette page allégorique consacrée à la commémoration des morts occupait toute la *« une »* du 2 novembre 1907.

C'EST ARRIVÉ UN 2 NOVEMBRE

1979 — Le célèbre passe-muraille Jacques Mesrine, en cavale depuis le 9 mai 1978, est abattu par la police à Paris.

1979 — Le Congrès américain accepte de garantir des emprunts de $2,45 milliards négociés par Chrysler.

1976 — Victoire du démocrate Jimmy Carter aux élections à la présidence des États-Unis, aux dépens du président sortant Gerald Ford.

1974 — Un incendie fait 88 morts et 38 blessés dans un hôtel de Séoul.

1973 — Leopold Trepper, ex-chef de l'*«Orchestre rouge»*, célèbre réseau d'espionnage allemand, est libéré par la Pologne.

1970 — Célébration en Éthiopie du 40e anniversaire du couronnement de l'empereur Hailé Sélassié.

1961 — Le plan du métro montréalais de $132 millions pour la première phase est approuvé au Conseil municipal.

1958 — Les troupes américaines et britanniques évacuent le Moyen-Orient.

1949 — Indépendance de l'Indonésie dans le cadre de l'Union néerlandaise.

1947 — Début du conflit indo-pakistanais au sujet du Cachemire.

1937 — Le maire La Guardia de New York est réélu avec une imposante majorité de près de 500 000 voix.

1932 — Les chômeurs de l'ouest envahissent Montréal.

1923 — Manifestation imposante de l'industrie de la buanderie à Montréal.

1922 — Les nationalistes abolissent le sultanat en Turquie.

1907 — LA PRESSE consacre une pleine page aux résultats de son concours de sac de sel disputé devant 300 000 personnes au parc LaFontaine.

1906 — L'hon. Trefflé Berthiaume reprend possession de LA PRESSE après deux ans d'absence.

1905 — Massacre de 5 000 juifs par les Cosaques, à Odessa.

1894 — Funérailles grandioses de l'honorable Honoré Mercier, à Montréal.

L'ambassadeur de Mars sur terre

À la *« une »* de son édition du 2 novembre 1928, LA PRESSE publiait cette photo avec la légende suivante : *Le Dr Mansfield Robinson, savant anglais qui a attiré l'attention du monde savant par sa tentative de communiquer avec la planète Mars. On le voit ici faisant une démonstration avec l'instrument à l'aide duquel il prétend avoir réussi à établir des relations avec la planète-soeur.*

BABILLARD

Une demande en provenance de Floride!

En décidant de publier une chronique de ce genre dans la page du centenaire, la direction de LA PRESSE s'attendait bien sûr à ce que le public s'en serve, mais certainement pas à ce que des demandes proviennent d'aussi loin que la Floride!

C'est pourtant le cas, et il serait heureux que l'un d'entre vous puisse fournir à **Mme Maren LaGuire**, de Venice, Floride, les renseignements qu'elle cherche depuis si longtemps. Mme LaGuire cherche à obtenir des informations relatives à deux **LaGuire**. D'abord **Peter**, qui serait né, dit-elle, au Canada français vers 1822, et dont on aurait ensuite entendu parler à Jefferson County, New York, vers 1840. Ensuite **Julien**, un cordonnier marié à une dame Rosalie Guay, et qui résidait à l'île Saint-Ignace, près de Sorel, en 1718.

Tout renseignement sera sans doute accueilli avec plaisir par cette lectrice éloignée.

Un témoignage

***M. Roland Dupuis**, de Saint-Léonard, nous propose le témoignage suivant :*

Un siècle; faut le faire!

Je suis un fidèle lecteur abonné à LA PRESSE depuis des années, et je me réjouis que mon quotidien préféré puisse fêter son centième anniversaire.

C'est grâce à la qualité, au professionnalisme, à l'honnêteté et à la persévérance de tous ceux qui ont travaillé depuis toutes ces années à ce journal, que celui-ci a survécu et a toujours su être en mesure de nous renseigner de façon efficace.

Félicitations à tout le personnel et rappelons-nous que :

SI LA FIERTÉ A UNE VILLE,
L'AMÉRIQUE FRANÇAISE A SA FIERTÉ : LA PRESSE.

ACTIVITÉS

● Salon de l'agriculture

Présence au salon de l'exposition itinérante des archives de LA PRESSE, en mettant l'accent sur les pages consacrées à l'agriculture, notamment les pages consacrées aux expositions agricoles, aux écoles d'agronomie, aux découvertes en machinerie agricole, etc., sans oublier de belles *« unes »* en couleurs qui décoreront la Salle de démonstration d'art culinaire. Jusqu'au 5 novembre inclusivement.

● Magasin Eaton centre-ville

Vitrine principale (coin Sainte-Catherine et University) — En montre, une presse à bras. Jusqu'au 6 novembre inclusivement.

● Maison de la poste

Vitrine extérieure — Présentation d'articles et de chroniques philatéliques. Présentation du livre de l'année 1897 de LA PRESSE, ouvert à la première page de l'édition du 19 mai 1897, jour où l'on a illustré à la *« Une »* les timbres émis à l'occasion du jubilé de la reine Victoria. Jusqu'au 18 novembre inclusivement.

LA PRESSE
100 ans d'actualités

À cause de la pénurie de charbon

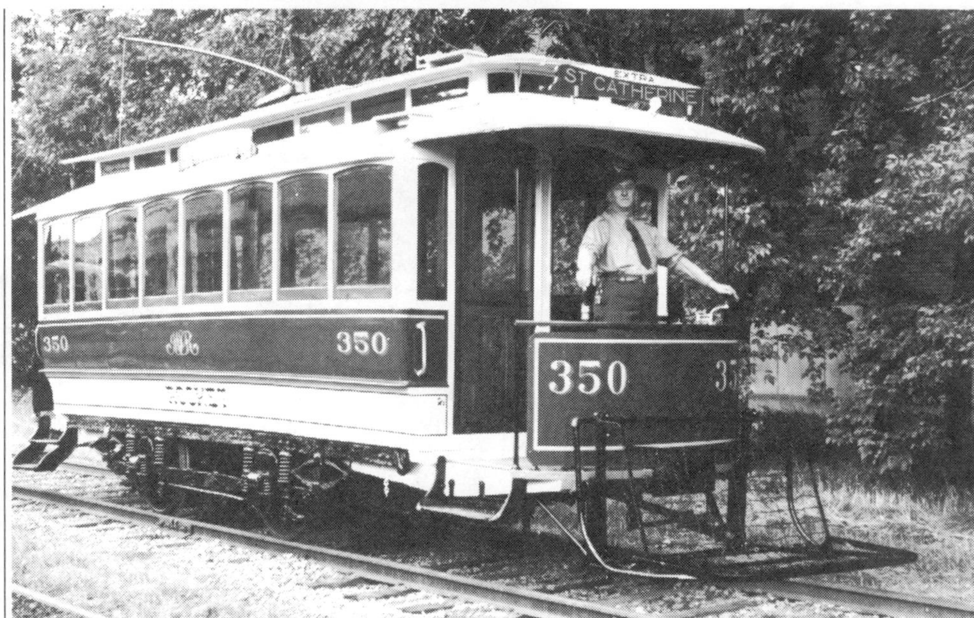

La photo ci-dessus nous permet de voir le célèbre *Rocket* qui circulait dans les rues de Montréal dès 1892. Ce sont des tramways de ce type, mais rénovés, qu'on utilisait à l'époque de la crise du charbon, en 1920. La photo de gauche nous montre l'intérieur du même tramway, avec son *heater* comme on disait à l'époque. Ces photos sont une gracieuseté de la Commission de transport de la Communauté urbaine de Montréal.

Le chauffage des tramways est défendu

UNE grosse émotion règne actuellement parmi les employés de tramways, à Montréal. La compagnie a fait afficher, ce matin, dans tous ses entrepôts, un avis défendant à ses employés de chauffer les voitures dont ils ont la charge. Comme motif de cette décision, la compagnie allègue la pénurie de charbon, et déclare qu'il faut absolument l'économiser, sinon la compagnie se verra obligée de retirer des voitures de la circulation.

S'adressant directement aux conducteurs et garde-moteurs des tramways, elle leur commande de bien s'habiller pour n'avoir pas froid, et les avertit qu'ils seront suspendus s'ils désobéissent à cet ordre.

L'avis se termine ainsi :

« Conducteurs et garde-moteurs, mettez vos paletots; habillez-vous chaudement; chaussez-vous bien et ne mettez pas les « heaters » à présent. Nous suspendrons les garde-moteurs et les conducteurs dont les « heaters » seront mis en action. À bon entendeur salut! »

Cet avis est signé par M. Arthur Gaboury, surintendant de la circulation.

Aux quartiers généraux de l'union, ainsi que dans les entrepôts, les employés s'entretenaient avec animation de cet ordre de la compagnie. L'union doit tenir une assemblée générale, ce soir, au No 217 Sainte-Catherine est et s'occupera de cette question.

Cette information parue dans LA PRESSE du 3 novembre 1920 méritait sans doute des explications. D'ailleurs, dès le lendemain, donc le 4, le colonel J.E. Hutchison, gérant général de la Compagnie des tramways de Montréal, sentit le besoin de préciser que cette mesure s'expliquait non pas par un souci d'économiser de l'argent, mais plutôt par la lenteur dans la livraison des 35 000 tonnes de charbon commandé par la compagnie pour l'hiver.

La situation était d'autant plus urgente, devait-il expliquer à LA PRESSE, que l'électricité fournie par la Montreal Light, Heat and Power Company ne répondait pas toujours à la demande de la Compagnie des tramways et qu'il fallait donc prévoir des installations supplémentaires, plus particulièrement aux heures de pointe, même durant les mois d'été. Or, ces installations supplémentaires fonctionnaient au charbon. Et M. Hutchison concluait l'entretien en disant que la température n'était pas encore assez froide pour qu'on ait lieu de s'en plaindre, et qu'il fallait faire le sacrifice du chauffage immédiatement que durant les journées très froides de l'hiver.

Le 10 novembre, la compagnie revenait sur sa décision et ordonnait aux employés de chauffer les voitures.

C'EST ARRIVÉ UN 3 NOVEMBRE

1978 — La Dominica, une île des Antilles, obtient son indépendance.

1977 — Les États-Unis rendent à la Hongrie la couronne de Saint-Étienne, remise par le pape Sylvestre II au premier roi de Hongrie, en l'an Mille.

1969 — Le président Richard Nixon annonce un retrait total des soldats américains du Vietnam.

1963 — Mariage à Moscou des astronautes Andrian Nikolayev et Valentina Terechkova.

1961 — U Thant est élu secrétaire général des Nations-Unies, succédant à Dag Hammarskjold.

1957 — Le *Spoutnik II* poursuit sa course avec la chienne Laika à son bord.

1936 — Le démocrate Franklin D. Roosevelt est réélu à la présidence des États-Unis en gagnant dans 46 des 48 États.

1918 — L'Allemagne est isolée, à la suite de la reddition de l'Autriche-Hongrie.

1916 — L'honorable juge Panneton dépose ses rapports dans les deux enquêtes qu'il a dirigées sur l'administration publique de Montréal.

1910 — Arthur Gilbert, candidat oppositionniste à la politique navale du gouvernement fédéral, est élu dans la circonscription de Drummond-Arthabaska.

1904 — Sir Wilfrid Laurier est élu premier ministre du Canada.

La mode du jour

MÊME si la dame porte un masque, sur cette photo, il ne s'agit pas d'un costume d'Hallowe'en d'antan. Voyons d'ailleurs ce qu'on en disait dans LA PRESSE du 10 janvier 1905 :

Ceci n'est pas un masque pour effrayer les enfants, mais bien la plus fashionable coiffure pour automobile qui soit adoptée. Le manteau est en peau russe et l'originale toque en renard orné de peau semblable au manteau. Un tel accoutrement coûte de $100 à $1 000.

LE CENTENAIRE DE LA BANQUE DE MONTRÉAL

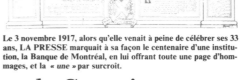

Le 3 novembre 1917, alors qu'elle venait à peine de célébrer ses 33 ans, LA PRESSE marquait à sa façon le centenaire d'une institution, la Banque de Montréal, en lui offrant toute une page d'hommages, et la *« une »* par surcroît.

ACTIVITÉS

● **Salon de l'agriculture**

Présence au salon de l'exposition itinérante des archives de LA PRESSE, en mettant l'accent sur les pages consacrées à l'agriculture, notamment les pages aux expositions agricoles, aux écoles d'agronomie, aux découvertes en machinerie agricole, etc., sans oublier de belles « unes » en couleurs qui décoreront la Salle de démonstration d'art culinaire. Jusqu'au 5 novembre inclusivement.

● **Magasin Eaton centre-ville**

Vitrine principale (coin Sainte-Catherine et University) — En montre, une presse à bras. Jusqu'au 6 novembre inclusivement.

● **Maison de la poste**

Vitrine extérieure — Présentation d'articles et de chroniques philatéliques. Présentation du livre de l'année 1897 de LA PRESSE, ouvert à la première page de l'édition du 19 mai 1897, jour où l'on a illustré à la *Une* les timbres émis à l'occasion du jubilé de la reine Victoria. Jusqu'au 18 novembre inclusivement.

L'arrestation de Geronimo

Voici en quels termes LA PRESSE fit état, dans son édition du 3 novembre 1886, de la récente arrestation de Geronimo.

LES Apaches récemment capturés par les troupes des États-Unis sous le commandement supérieur du général Miles, appartiennent à la classe d'Indiens les plus sauvages et les plus intraitables du sud-ouest. Le général George Crook, dans un article publié par le *Journal of Military Service Institution*, décrit le caractère et les moeurs des différentes classes indigènes et définit ainsi les Apaches.

« L'Apache est un soldat fantassin. Il est depuis des siècles farouche et pillard, la terreur des blancs dans le Nouveau-Mexique. Avec une nature qui diffère peu du loup ou du chacal, il est l'incarnation de la force infatigable. Mince, bien proportionné, de taille moyenne, pourvu de muscles d'acier, il est insensible à la faim et à la souffrance physique. Il peut faire 40 ou 60 milles par jour dans les montagnes les plus abruptes, marcher 100 milles sans s'arrêter, vivant de racines ou de buis, parfois d'un rat ou d'un lapin attrapé dans sa course rapide. Une bande court à travers les roches sans laisser plus de traces qu'une volée d'oiseaux. Ils n'ont ni provisions ni demeures à défendre. Ce sont de véritables fauves. »

L'histoire de Geronimo et de sa troupe, racontée par le général Howard dans un rapport au bureau de la guerre, est une longue épopée de combats, de courses fantastiques, de captures, d'évasions, de traits héroïques et de déprédations féroces, qui ont mis pendant deux ans les troupes des États-Unis aux abois. La révolte qui vient de se terminer par la reddition de Geronimo a été soulevée par une femme, la femme du chef Mangus, qui a fait preuve de courage et d'adresse.

Le capitaine Lawton, l'officier qui a pris Geronimo a fait un rapport plein de détails dramatiques que la campagne qui vient de finir, et qui ferait un chapitre extrêmement intéressant d'un roman de la vie indienne. La dernière chasse a duré tout d'un trait du 5 mai au 8 septembre : les troupes en marche ont parcouru près de 1 400 milles sur la trace des Indiens, à travers les montagnes les plus inaccessibles de l'Arizona.

LA PRESSE

100 ans d'actualités

LA PRESSE
SUPPLÉMENT ILLUSTRÉ

39e ANNÉE—No 3 LA PRESSE, MONTREAL, SAMEDI 4 NOVEMBRE 1922

DANS LA PROFONDEUR DES MERS

LA FAUNE ÉTRANGE ET HIDEUSE QUI PEUPLE LES OCÉANS

La terrible pieuvre des grands océans, d'après une photographie fort originale prise par un naturaliste aussi patient qu'audacieux. Hugo a écrit sur la pieuvre une page particulièrement dramatique dans "Les travailleurs de la mer"

Poisson étrange que les naturalistes ont surnommé le "hérisson des mers". Ne dirait-on pas une constellation fantastique ?

Cliché original d'un éladon, le gigantesque caméléon des mers, qui change de couleurs avec une incroyable rapidité.

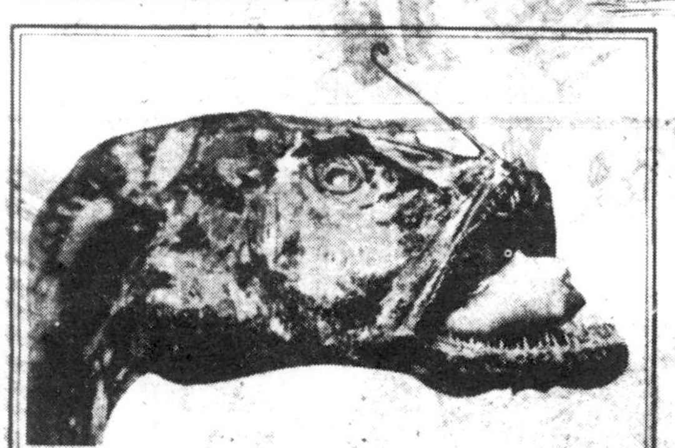

Tête de ce formidable monstre marin appelé "Monk fish" et qui paraît-il se rencontre aux environs des stations balnéaires où il s'attaque aux baigneurs. C'est une de ces bêtes repugnantes qui a infligé de mortelles blessures à une jeune fille, ci-devant de Montréal, et qui faisait un séjour quelque part en Floride.

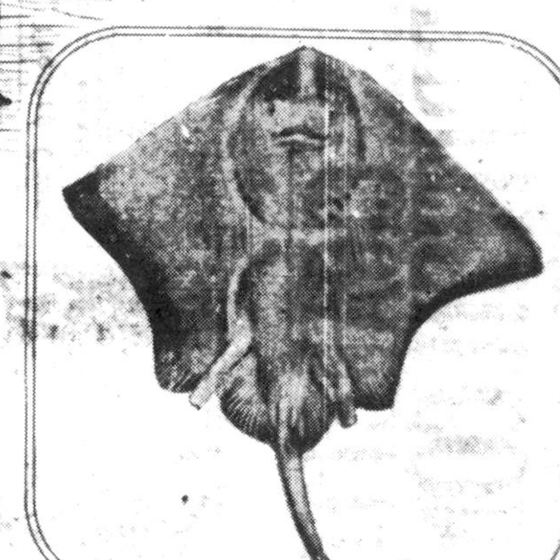

La raie dite bouclée qui atteint jusqu'à six pieds de longueur et qui se rencontre surtout dans les eaux froides.

LA PRESSE a toujours été considérée comme un journal familial, en partie parce qu'elle cherchait à apporter un complément d'informations à ceux qui ne pouvaient s'offrir un voyage, voire des livres pour se documenter sur ce qui se passait à l'extérieur de ce petit univers. Le *Supplément illustré* était un des principaux outils de cette fonction éducative de LA PRESSE. Celle qui est proposée aujourd'hui a été publiée le 4 novembre 1922; les pages de ce genre se comptent par centaines. Nous vous en offrirons plusieurs dans le cadre de cette page quotidienne.

Un masque à gaz pour pigeon

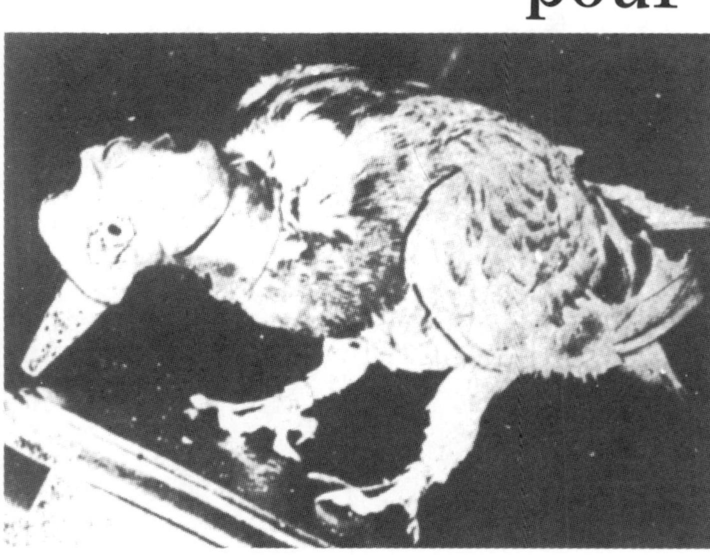

La psychose des gaz empoisonnés, provoquée et entretenue par la propagande des deux côtés de la ligne de feu, avait amené un inventeur hélas non identifié à fabriquer un masque à gaz pour pigeon voyageur. Cette photo publiée dans LA PRESSE du 7 novembre 1939, était accompagnée de la légende suivante : *Ce pigeon voyageur doit porter un masque à gaz, tout comme les êtres humains, pour se protéger contre les gaz délétères en portant ses messages. Cette photographie a été prise à Genève.*

BABILLARD

Des enfants de coeur!

Depuis le début des festivités de LA PRESSE, les témoignages d'amitié, pour ne pas dire d'amour, sont légion. Mais sans doute aucun n'aura touché autant tous les responsables du projet que celui de la **maternelle de l'école Rabeau**, à Saint-Lambert.

Sur une très longue carte de 7 m de longueur, chacun des bambins de la maternelle a tenu à offrir ses souhaits à LA PRESSE à l'occasion de sa centième année de publication. Merci aux bouts de choux de **Colette Rioux**. Ces bons voeux seront précieusement conservés parmi tous les documents reçus.

Un lecteur assidu

Le directeur général du club de hockey Canadien, **M. Serge Savard**, apprenait à notre pdg, **M. Roger-D. Landry**, qu'il était rapidement devenu un lecteur assidu de la page du centenaire, qu'il dit même lire avant le reste du journal. Le grand patron du Canadien sera certainement servi à souhait au cours des prochaines semaines, puisque deux des manchettes toucheront directement le Canadien et son histoire.

Dites, vous y étiez?

Voici une nouvelle liste d'événements pour lesquels nous essayons de retracer des témoins : **l'affaire Tony Demers**, en 1949; **les cambriolages de Pat Malone**, en 1913; **la crue des eaux de la rivière Saint-Pierre**, en 1927; **le naufrage du steamer *Montréal***, en 1926; **la parade de l'emprunt de la victoire**, en 1917; **l'affaire Cordelia Viau**, en 1897; et **le feu de l'Université de Montréal**, en 1919. Si directement ou indirectement vous avez été témoin d'un de ces événements, laissez-le savoir le plus tôt possible à Guy Pinard, LA PRESSE, rédaction, 7, rue Saint-Jacques, Montréal, Québec H2Y 1K9.

545 et non 544

Dans la chronique « C'est arrivé un... », il était récemment fait mention du fait que Gordie Howe venait d'éclipser un vieux record de Maurice Richard. Howe a réussi son exploit en marquant son 545e but, et non son 544e. Il s'agit d'une erreur qu'on vit relevée les vrais amateurs de hockey.

ACTIVITÉS

● Salon de l'agriculture

Présence au salon de l'exposition itinérante des archives de LA PRESSE, en mettant l'accent sur les pages consacrées à l'agriculture, notamment les pages aux expositions agricoles, aux écoles d'agronomie, aux découvertes en machinerie agricole, etc., sans oublier de belles « *unes* » en couleurs qui décoreront la Salle de démonstration d'art culinaire. Jusqu'à demain inclusivement.

● Magasin Eaton centre-ville

Vitrine principale (coin Sainte-Catherine et University) — En montre, une presse à bras. Jusqu'au 6 novembre inclusivement.

● Maison de la poste

Vitrine extérieure— Présentation d'articles et de chroniques philatéliques. Présentation du livre de l'année 1897 de LA PRESSE, ouvert à la première page de l'édition du 19 mai 1897, jour où l'on a illustré à la *Une* les timbres émis à l'occasion du jubilé de la reine Victoria. Jusqu'au 18 novembre inclusivement.

C'EST ARRIVÉ UN 4 NOVEMBRE

1980 — Victoire du républicain Ronald Reagan aux dépens du président sortant des États-Unis, Jimmy Carter.

1979 — Des « étudiants » iraniens s'emparent de l'ambassade des États-Unis à Téhéran et prennent 50 otages.

1966 — Des inondations dévastent le nord de l'Italie, submergeant Florence et Venise. Les dommages se chiffrent à $2,5 milliards, et l'eau met en danger de précieuses oeuvres d'art.

1960 — Un raz-de-marée fait 10 000 morts au Pakistan.

1958 — Pour la première fois, la télévision permet d'assister au couronnement d'un pape, en l'occurrence Jean XXIII.

1956 — Les partisans de Budapest succombent devant l'invasion bolchevique.

1956 — Inauguration de l'*Hôpital du cardinal* (aujourd'hui connu sous son nom de Saint-Charles-Borromée) dans un édifice rénové lors de la *Grande corvée du cardinal*.

1952 — Le général Dwight D. Eisenhower, républicain, est élu président des États-Unis.

1938 — Un accident d'avion fait 14 morts à l'île de Jersey.

1929 — Un hydravion *Vedette* de la société Vickers s'écrase au Sault-aux-Récollets, lors d'un vol d'essai par temps pluvieux, entraînant la mort des deux pilotes.

1916 — Montréal célèbre le 3e centenaire de l'arrivée de Louis Hébert.

1907 — Éclatante victoire du gouvernement Gouin lors des élections provinciales.

1884 — Élection de Grover Cleveland à la présidence des États-Unis. Pour la première fois de sa longue histoire, LA PRESSE fait état d'une élection américaine.

AMUSEMENTS

THEATRE NATIONAL Matinées tous les jours.
Paul Cazeneuve, directeur. Cette semaine
"L'EPEE DE DAMOCLES,"
DE M. CLIFFORD SMITH.
Prix populaires, 10c à 50c. Semaine prochaine: Les Dernières Cartouches.
308—5 E

BENNETT'S THEATRE
Deux représentations par jour: 2 et 8 p.m. Semaine du 26 octobre. Ce théâtre est rempli à chaque représentation. Il y a une raison. Vous le verrez cette semaine.
COLONIAL SEPTETTE. SUNNY SOUTH.
10—Attractions Extraordinaires—10
Prix—le soir: 15c, 25c, 50c et 75c; l'après-midi: 15c et 25c excepté le Samedi. Faites-vous inscrire sur notre liste de souscription de la saison. 302-5 E

OUIMETOSCOPE
Vues Animées
624 RUE SAINTE-CATHERINE EST.
Tél. Est 1183.
53—n E

NATIONOSCOPE
Coin St André et Ste Catherine Est.
Vues animées et concert. Ouvert tous les jours. Aux prix populaires.
245—n E

BODET-O-SCOPE
COIN ST HUBERT ET BELANGER
Boulevard St Denis.
Vues animées, chansons illustrées, chansons comiques. Ouvert les mercredi, jeudi et samedi soirs. Dimanche, matinée et soirée.
301-n-E

READOSCOPE MAISONNEUVE
TOUS LES SOIRS A 8.15.
302—6 E

SALLE LYRIQUE, Mercredi prochain Seule occasion d'entendre le pianiste d'une renommée universelle, Emil
SAUER
Billets en vente au magasin de musique de Shaw, $1, $1.50, $2 et $2.50.
302—2 E

SALLE LYRIQUE Deux fois par jour. 3 et 8 heures.
Vues Animées et Parlées, chansons illustrées et autres attractions.
Programme entièrement nouveau. Cette semaine "La Moto Phrose Revealed".
10c Sièges réservés 15c et 25c. Matinées, enfants 5c. Adultes 10c
Sièges réservés 15c. Nouveau programme pour la semaine prochaine.
302—2 E

His Majesty's Mat. Sam. seulement.
MARIE CAHILL
dans l'unique pièce musicale
The BOYS and BETTY.

Français MATINEES TOUS LES JOURS
The NINETY and NINE
Prix—10c, 20c, 30c, 35c et 50c.

Quelques-uns des « amusements » offerts à la fin d'octobre 1908.

LA PRESSE
100 ans d'actualités

Le Tribunal du Commerce enquête

Les boulangers canadiens-français forment un cartel pour contrôler le prix du pain

L'ASCENSION

FARINE
PAIN
CONSOMMATEUR

Les meuniers pointés du doigt pour la hausse d'un centin du prix de la miche de pain...

LES hausses de prix générales d'un produit sont toujours mal accueillies par les consommateurs quand les circonstances paraissent suspectes, surtout lorsqu'il s'agit d'un bien de consommation aussi indispensable que le pain.

À preuve les événements survenus au matin du 5 novembre 1919, alors que le Tribunal du Commerce, sous la direction du lieutenant-colonel L.-R. Laflèche, ouvrait une enquête sur la récente hausse d'un centin subie par la miche de pain, passée de 11 à 12 cents au détail.

Tout concordait pour indiquer qu'on assistait à la formation d'un cartel, d'un « trust » comme on disait plutôt dans les journaux de l'époque. D'où l'intervention du tribunal.

La formation du « trust »

L'existence du présumé « trust » n'a pas été mise en doute par un des principaux témoins de la journée, bien au contraire. M. Joseph Cardinal, président et gérant général de la compagnie Coursol-Cardinal Limitée, formée à la suite de sa récente acquisition de la boulangerie Coursol, a en effet confirmé la tenue d'une importante assemblée quatre jours plus tôt. En effet, quand M. Laflèche lui a demandé s'il existait une association (euphémisme pour « cartel » dans les circonstances) de boulangers, le témoin a répondu :

« Oui, chez les boulangers canadiens-français. Je n'en fais pas encore partie, mais j'ai signé une demande d'admission comme membre. (...) L'assemblée générale de samedi n'a pas été convoquée sous les auspices de cette association, mais simplement par M. Finlayson. »

Tous les ingrédients d'un cartel

Dans sa réponse, M. Cardinal faisait donc allusion à M. Finlayson. Or, ce dernier n'était pas boulanger, mais plutôt agent-distributeur de farine pour les moulins Ogilvie. On admettra qu'un tel aveu pouvait surprendre.

En deuxième lieu, M. Cardinal a reconnu que tous les boulangers présents avaient accepté de signer un billet sur demande qu'ils s'engageaient à payer s'ils ne respectaient pas les prix convenus, allant même jusqu'à préciser le montant attaché à chaque billet : *Le montant du billet, a-t-il dit, varie avec le nombre de voitures que chaque boulanger possède. Ainsi, ceux qui n'ont qu'une voiture, ont signé un billet de $50; ceux qui en ont deux, $100, et dix, $500. Soit une somme de $50 de garantie pour chaque voiture de livraison. Ces billets ont été remis à M. Finlayson.*

Le boulanger Isidore Caron devait pour sa part admettre *qu'avant la dernière entente, il existait une certaine rivalité entre les boulangers: certains vendaient 11 cents, en gros, tandis que d'autres faisaient du détail à moins de 10 cents, pour un pain de 1½ livre.*

Un autre témoin, M. V. Brosseau, a tenté de justifier la hausse des prix. Pour justifier cette hausse, il mentionne *l'augmentation du coût de production, des salaires des aides-boulangers, des distributeurs, et les prix plus élevés du grain et du foin pour la nourriture des chevaux de livraison.* Il dit aussi que *l'on obtient, aujourd'hui de 2 à 2½ pains de moins par baril de farine, qu'il y a un an.*

Conclusion et épilogue

Avec le recul du temps, force est d'admettre que les boulangers, avec la complicité d'au moins une meunerie (on disait plutôt « moulin » à l'époque) avaient effectivement formé un cartel, allant même jusqu'à trouver le moyen de contourner les mesures restrictives alors en vigueur pour s'approvisionner en graisse et en sucre.

Évidemment, comme on devait le constater au cours des jours suivants, le « trust » du pain a provoqué la colère de la population qui voyait, après le lait, le prix d'une autre denrée essentielle contrôlé par les producteurs.

Et LA PRESSE devait appuyer les revendications des consommateurs en étoffant la preuve pendant le mois de décembre. Hélas, il est impossible de retracer le sort réservé au cartel du pain de 1919. Peut-être qu'un lecteur pourrait nous éclairer à ce sujet...

C'EST ARRIVÉ UN 5 NOVEMBRE

1979 — Décès d'Al Capp, créateur en 1934 de la bande dessinée *Li'l Abner*, publiée à un certain moment par 900 journaux.
1973 — Les États arabes annoncent une réduction de 25 p. cent de leur production de pétrole brut.
1970 — Arrestation de 24 présumés membres du FLQ.
1970 — L'incendie d'une maison privée pour invalides fait 17 morts par asphyxie, à Pointe-aux-Trembles.
1968 — Le républicain Richard Nixon remporte l'élection présidentielle américaine.
1956 — Mort à Toulouse du cardinal Saliège, héros de la résistance.
1951 — M. Léon Jouhaux, chef ouvrier français opposé au communisme, mérite le prix Nobel de la Paix.
1945 — Le lieutenant-général américain Wedermeyer nie que les Américains aident les troupes du général Chiang-Kai Shek au détriment des communistes.
1923 — Trois bandits masqués pillent une banque à Saint-Liboire.
1913 — Un incendie à la compagnie Bell désorganise complètement le service téléphonique pour une journée.
1912 — Woodrow Wilson (démocrate) sort vainqueur de la lutte pour la présidence des États-Unis.

L'AUBAINE AU PLUS MATINAL

Une auto pour 99¢

Monsieur Georges-A. Martin, du 1819 rue Gauthier, avait toutes les raisons au monde de s'être levé tôt, ce matin du 5 novembre 1926, et de se présenter le premier à *la grande vente chez Charles-H. Pettit & Co. Ltd.* En effet, il en est reparti au volant d'un Chevrolet Touring, payé 99¢. Vous avez bien lu, quatre-vingt-dix-neuf cents! Et le moteur était compris dans le prix...

AVEZ-VOUS DEJA VU UN MOUTON CHAUVE?
Vous, hommes et femmes, qui lavez vos cheveux plus de 12 FOIS PAR ANNEE... Vous, hommes et femmes, qui prétendez sottement faire mieux que dame Nature... vous, mes amis, qui avez plus de cheveux sur votre peigne et sur votre brosse qu'il ne vous en reste sur la tête... vous, mesdemoiselles, dont les cheveux ont été teints, décolorés, brûlés, cuits, desséchés, ondulés à la permanente, peroxydés, tordus et torturés jusqu'à ce qu'ils ressemblent à du spaghetti cuit...
OUI, VOUS TOUS, HOMMES ET FEMMES, QUI PENSEZ QUE DES CHEVEUX LONGS, NATURELLEMENT ONDULES, BRILLANTS ET SAINS SONT UNE CHOSE MAGNIFIQUE... VOUS AUREZ AVANTAGE A LIRE CHAQUE MOT DE CETTE HISTOIRE VERIDIQUE!
LES MEDECINS EGALEMENT ONT DES ENNUIS!
AVEZ-VOUS DEJA VU UN MOUTON CHAUVE?
VOICI ENCORE NOS AMIS LES MOUTONS
CONSERVEZ VOS CHEVEUX POUR VOTRE VIEILLESSE
ET, SI VOUS VOULEZ AVOIR DES FRISURES

Cette vignette ne représente qu'une partie de la page complète retenue par le fabricant non identifié de NIL-O-NAL (lanoline épelée à l'envers, sentait-il le besoin de préciser). C'était évidemment avant la création de l'Office de la protection du consommateur, qui aurait vite démystifié une telle annonce, dans laquelle l'auteur-fabricant faisait des recommandations absolument délirantes, mais sans dire nulle part dans cette *histoire véridique* (les mots sont de l'auteur; sauf que pour qu'elle soit véridique, encore aurait-il fallu qu'il y ait une histoire...) si lui-même avait déjà vu un mouton chauve. Par ailleurs, à lire cette suite presque incohérente de paragraphes, on apprend, au sujet du mouton, que *tout comme l'homme des cavernes, pauvre et ignorant... le problème du mouton n'est pas de faire pousser sa toison, mais bien de s'en débarrasser.* Et la pluie? *Moquez-vous de la pluie copmme le mouton*, suggère-t-il aux dames récemment coiffées et qui craignent la pluie comme la peste. *Plus il pleuvra, plus vos cheveux friseront.* À la condition bien sûr d'avoir utilisé au préalable NIL-O-NAL! Et au fait, si vous étiez porté à croire que cette publicité remonte au début du siècle, détrompez-vous. Cette annonce a paru dans l'édition du 21 février...1953!

BABILLARD

Des informations complémentaires

Très intéressante cette lettre en provenance de **Mme Pauline Létourneau-Perreault**, puisqu'elle nous apporte un complément d'informations en rapport avec le cahier spécial du 20 octobre.

On se souviendra que dans ce cahier, on avait fait état des efforts de LA PRESSE pour promouvoir la circulation hivernale sur le fleuve. On rapportait que le jeudi 7 mars 1901, un navire nolisé par le président de LA PRESSE, **M. Trefflé Berthiaume**, avait quitté Québec en direction de l'île d'Anticosti, qu'il devait atteindre le 11 avril, au terme d'une aventure qui avait fait couler beaucoup d'encre.

Or, nous apprend Mme Létourneau-Perreault, le bateau nolisé par LA PRESSE, était la propriété de son grand-père, **M. Pierre Bégin**, de Saint-Roch, Québec, armateur-scaphandrier de son métier. M. Bégin était même du voyage, en compagnie de ses deux fils, **Joseph**, scaphandrier, et **François**, ingénieur mécanicien et scaphandrier. Le voyage s'était fait à bord d'un des deux bateaux de M. Bégin, le *The Diver*, rebaptisé *LA PRESSE* pour la circonstance.

Et cette lectrice complète son message en nous rappelant que son aïeul a été également impliqué dans la construction du premier pont de Québec, puisqu'on avait eu recours à ses services de scaphandrier pour aller vérifier le fond du fleuve aux endroits prévus pour la construction des piliers.

C'est ce genre d'informations qu'on souhaite obtenir des lecteurs par le biais de cette chronique, puisque cela nous permet de compléter petit à petit l'histoire de LA PRESSE et du Québec en comblant les vides qui peuvent subsister. C'est un service qu'on rend alors à toute la communauté.

Un autre témoignage

Mme Mariette Lévesque-Courtemanche nous fait parvenir le témoignage suivant, qui porte un dur coup à notre modestie. Tout commentaire additionnel serait superflu...

Enfin, la joie dans le coeur pour exprimer quelques mots pour le journal MA PRESSE, oui oui, MA PRESSE. C'est à moi, elle m'appartient tous les jours entre le déjeûner et le dîner depuis longtemps.

Je ne lisais pas encore, assise près de maman pour regarder et essayer de lire, écouter ce qu'elle nous lisait diagonalement dans MA PRESSE.

Quels souvenirs!

J'ai grandi...et j'ai pu lire seule MA PRESSE depuis...40 ans.

Félicitations! Bonne fête à tout le personnel. Bonne fête à MA PRESSE. Encore 100 ans.

ACTIVITÉS

Salon de l'agriculture

Présence au salon de l'exposition itinérante des archives de LA PRESSE, en mettant l'accent sur les pages consacrées à l'agriculture, notamment les pages aux expositions agricoles, aux écoles d'agronomie, aux découvertes en machinerie agricole, etc., sans oublier de belles « unes » en couleurs qui décoreront la Salle de démonstration d'art culinaire. Le salon ferme ses portes aujourd'hui.

Magasin Eaton centre-ville

Vitrine principale (coin Sainte-Catherine et University) — En montre, une presse à bras. Jusqu'à demain inclusivement.

Maison de la poste

Vitrine extérieure — Présentation d'articles et de chroniques philatéliques. Présentation du livre de l'année 1897 de LA PRESSE, ouvert à la première page de l'édition du 19 mai 1897, jour où l'on a illustré à la *Une* les timbres émis à l'occasion du jubilé de la reine Victoria. Jusqu'au 15 novembre inclusivement.

À la radio

17 h, Radio-Canada — Chronique consacrée à LA PRESSE à l'émission *Avec le temps*, animée par Pierre Paquette.

LA PRESSE

100 ans d'actualités

25ME ANNÉE—No 6 MONTREAL SAMEDI 7 NOVEMBRE 1908

LE CHOLERA EST A NOS PORTES

Toutes les mesures sont prises pour empêcher que le terrible fléau qui sévit au Japon et en Russie ne s'étende à travers le Pacifique jusqu'au Canada.

Le choléra sévit au Japon, comme en Russie, et les nouvelles sont des plus alarmantes. A cause des communications entre les deux pays par le Pacifique, on craint beaucoup que le fléau ne s'étende au Canada. Toutes les mesures de précaution sont prises pour éloigner un pareil malheur.

Au sujet du choléra il sera intéressant pour nos lecteurs de lire l'article suivant publié dans le dernier numéro de la "Vie illustrée", de Paris et intitulé "V'la l'choléra".

"Ceux de nos boulevardiers dont les tempes commencent à se dégarnir auront fredonné d'instinct, depuis plus d'un mois que les dépêches de Russie nous signalent l'approche du fléau, le gai et le lugubre refrain qu'on chantait à Paris, il y a quinze ou vingt ans :

V'là l'choléra,
V'là l'choléra,
V'là l'choléra qu'arrive !

Une fois encore, il aura fallu retourner le proverbe, et constater qu'à Paris, tout commence par des chansons !

C'est très gentil d'écrire dans les quotidiens :

"La peur est le meilleur auxiliaire du choléra !"

Gageons que les humoristes qui tiennent ce langage seraient des premiers à mettre en lieu sûr leurs précieuses personnes, si l'épidémie faisait soudain son apparition !

Certes, gardons-nous de singer ces donneurs de bons conseils en exhortant les masses à avoir peur du choléra ! Ce serait sortir de notre rôle et jouer au dédicastre.

Mais il faut poser en principe que le choléra est un visiteur redoutable, qu'il ne choisit pas ses victimes, qu'il frappe à tort et à travers, parmi ceux qui se moquent de lui, comme parmi ceux qui s'en épouvantent.

S'il en était autrement, médecins et infirmiers seraient réfractaires au fléau.

Or, si nous relisons attentivement les dépêches de Saint-Pétersbourg, nous constatons, dans le bilan quotidien des décès une vingtaine de médecins et d'internes, un nombre double d'infirmiers ou d'infirmières, des prêtres, des aumôniers, des officiers.

Le cas d'un capitaine de la Garde Impériale est caractéristique. Foulant aux pieds les préjugés de sa caste, le brave officier se mit à la tête de quelques civils qui avaient entrepris de désinfecter plusieurs maisons ouvrières où des cholériques avaient succombé.

Au retour de cette expédition charitable, il sentait les atteintes du terrible fléau et se faisait conduire à l'hôpital, dans l'espoir qu'une prompte inoculation de sérum protecteur le sauverait.

Mais il était trop tard. Et il expirait dans la nuit.

Le metteur en scène d'un théâtre pétersbourgeois succombait dans des circonstances analogues, après avoir aidé les employés du service de salubrité à désinfecter un local.

Et nous pourrions citer bien d'autres exemples, tel celui d'une de nos compatriotes, une institutrice française attachée à un lycée de jeunes filles, qui voulut porter secours et consolation à une élève dans sa famille.

Elle rapportait le germe de la maladie et succombait.

Il est certain que l'ignorance du bas-peuple russe est pour beaucoup dans la propagation du fléau. Quand les autorités de Saint-Pétersbourg se décidèrent enfin, dans les premiers jours de septembre, à connaître officiellement l'existence du fléau, les chevaliers d'industrie et autres exploiteurs de la crédulité populaire se virent dans la lugubre nouvelle qu'un moyen de faire fortune.

Plusieurs, parmi ces gens d'initiative, montèrent immédiatement des usines où l'on fabriqua jour et nuit des amulettes contre le choléra !

Tous les vieux sous disponibles furent raflés. Plus ils étaient rouillés, plus grande était leur valeur ! Réunis en forme de chapelets ou de colliers, ils étaient offerts en vente aux moujicks qui auraient plutôt porté leur dernière chemise chez l'usurier juif que de manquer d'argent pour acheter un de ces précieux préservatifs !

Croix, bracelets et ceintures en vieux sous étaient trop peu nombreux pour les amateurs. On en vendit des tonnes en moins d'une semaine.

Quand le fléau éclata à Riga et dans les autres villes du littoral de la Baltique, des délégations provinciales envahirent la capitale, à la recherche des précieux préservatifs !

Certes oui ! Dans l'Europe occidentale, nous en avons fini avec ces superstitions dignes du moyen âge. Nous avons appris à redouter les grandes épidémies, mais pour les combattre avec des armes toutes modernes.

Il se peut que nous ne réussissions pas cette fois à barrer la route au mal. Mais nos frontières sont bien gardées. Demandez-le plutôt à ces malheureux voyageurs qui passent nos frontières orientales.

S'ils arrivent de Pologne ou de Russie, ils auront appris en chemin à maudire tous les services de santé d'Europe. A la frontière prussienne, il leur aura fallu exhiber leur langue à un médecin officiel, exhiber leurs sacs à linge à ces artilleurs de la [illegible] ce humide chargés d'arroser, de leurs [illegible] seringues à désinfectant, les bagages des suspects.

Et pas le droit d'être indisposé en cours de route par la chaleur du wagon : indisposé ? Un tel aveu équivaut tout simplement à plusieurs jours ou plusieurs semaines de captivité dans le lazaret de la ville la plus proche.

Notre misérable voyageur aurait tort de se croire au bout de ses tribulations parce qu'il approche de la frontière française ! Rien n'est changé, au contraire ! S'il n'est pas contraint de tirer la langue à une demi-douzaine de médecins, d'ici qu'il soit arrivé à la gare de l'Est ou à la gare du Nord, il pourra s'estimer heureux.

Le bouquet — bouquet de bienvenue — l'attend précisément au débarcadère. Nouvelle exhibition de langue devant les défenseurs de la santé publique. Nouvel arrosage de ses linges et vêtements avec le liquide peu odorant qui se charge de poursuivre le vibrion au plus profond des doublures et coutures !

Halte-là ! Ce n'est pas fini ! Cela ne fait que de commencer ! Après la comparution devant le service de santé, le malheureux "globe-trotter" doit subir un interrogatoire en règle, de la part d'un agent de police.

Où compte-t-il habiter ? A l'hôtel ? — Dans quel hôtel ? — Chez un particulier ? — A quel étage ? — Tant pis pour lui si le particulier est [illegible] une particulière ! [illegible] elle est exposée à des [illegible] domiciliaires.

Car ainsi l'ordonne la loi : tout voyageur venant d'un pays contaminé sera visité par un médecin officiel dans les cinq ou six jours qui suivront son arrivée.

Et pas moyen de tricher en voulant éviter les visites. De peines plus que sévères sont édictées contre les délinquants.

Et le Conseil supérieur d'hygiène a même décidé que des agents secrets exerceraient "une surveillance discrète" autour des personnes suspectes ! Il y a de quoi renoncer aux déplacements jusqu'à la fin de ses jours !

Mais ne critiquons pas ces mesures ! Pour draconiennes qu'elles soient, elles constituent dans leur ensemble le meilleur système de défense d'une nation contre ce maudit cadeau que nous offre périodiquement l'Asie : le microbe né sur les rives sacrées du Gange !

V. FORBIN.

DANS LA MER DU NORD, UN NAVIRE VENANT DE RUSSIE, A SES PASSAGERS EXAMINES PAR UN MEDECIN AVANT DE POUVOIR APPROCHER D'UN PORT.

DANS L'EMPIRE DU MILIEU, LES CADAVRES CHINOIS MORTS DU CHOLERA SONT LIVRES DANS DES NATTES AUX FLOTS DES RIVIERES, REPANDANT AINSI LE FLEAU.

AU LARGE D'UN PORT, LE BATEAU DU SERVICE DE SANTE PREND LES PAPIERS D'UN STEAMER SOUPCONNE DE TRANSPORTER LE FLEAU.

L'armistice célébré quatre jours trop tôt!

L'annonce prématurée, le 7 novembre 1918, de la signature de l'armistice par les plénipotentiaires allemands a produit une immense perturbation dans la métropole canadienne ce jour-là. Le tout s'avéra une simple rumeur fort prématurée, sauf que pendant une journée, la population de Montréal, croyant la fin de la guerre arrivée, avait commencé à célébrer l'événement. Nous reproduisons donc de larges extraits de l'article de LA PRESSE du 8 novembre.

LE rêve de paix de la population de Montréal aura été bref, mais le temps qu'il aura vécu n'aura pas manqué d'intérêt, car rarement avons-nous été témoin d'un tel délire d'enthousiasme au pays et partout.

— « L'Allemagne s'est rendue et la paix est signée ».

C'est là ce que disait la dépêche qui motiva tout le bouleversement qui se prolongea jusque très tard dans la nuit en dépit des dénégations reçues de Washington, de Paris et de Londres. A LA PRESSE, une vieille expérience motiva notre modération. Les événements nous donnèrent raison, car la nouvelle n'était qu'un gigantesque canard.

L'euphorie à son comble

L'article poursuit en disant que la vie s'arrêta presque complètement au moment de l'annonce de la fausse nouvelle, que les cloches d'église tintèrent, accompagnées par les sirènes des usines et le tintamarre des vieilles chaudières utilisées comme tambour. Les usines fermèrent leurs portes, le Board of Trade fut déserté, et le maire donna un demi-congé aux fonctionnaires... Et LA PRESSE poursuivait :

Le plus grand enthousiasme a régné, tout l'après-midi et toute la soirée, à la suite de la signature de l'armistice. Dès la publication de cette nouvelle non officielle, le peuple entier devint délirant de joie. On oubliait l'affreux cauchemar dans lequel le monde vit depuis quatre ans. On était tout à la joie de l'heureuse fin des hostilités. (...)

Les maisons sur toutes les rues, dans tous les quartiers, étaient décorées. Dans le nord de la ville, rue Saint-Denis, deux familles françaises et une famille belge ont eu une idée cocasse. Elles suspendirent à leur fenêtre une caricature du Kaiser, l'exécré bourreau de leur pays, drapée dans du crêpe de deuil. (...)

Des scènes touchantes et cocasses

Rue Sainte-Catherine, un soldat éclopé, marchant avec des béquilles, fut abordé par deux femmes qui lui sautèrent au cou et l'embrassèrent. (...)

Mais à côté des scènes touchantes, il y en avait d'autres qui étaient du plus pur comique. (...) Dans un tramway, un vieillard encore vert chantait à pleins poumons. C'était un bilingue. Il célébra la gloire des Irlandais et des Canadiens, improvisant comme un ancien trouvère.

Rue Cazelais, dans Saint-Henri, deux femmes, l'une vêtue de noir et l'autre de blanc, se promenaient, arrêtaient à chaque porte, sonnaient et annonçaient la bonne nouvelle. (...)

Rue Sainte-Catherine, des soldats avaient pris place dans un immense camion automobile. Ils avaient fabriqué une espèce de tranchée et s'y tenaient. L'un d'eux portait au bout d'une longue perche la tête de Guillaume que la foule huait et sifflait. (...)

On chantait partout. Un marchand de gramophones avait placé à sa porte un de ses instruments et y faisait jouer les hymnes des alliés. (...)

La réaction des marins

Aux premières rumeurs disant que l'armistice avait été signé, il se produisit la plus grande agitation parmi les marins des nombreux navires actuellement amarrés à nos quais. (...) Vers le milieu de l'après-midi, d'éclatantes détonations se mirent à dominer le vacarme. C'étaient des marins qui du pont de bon nombre de navires lançaient des bombes pyrotechniques. (...)

Les gens se donnaient la main sur la rue, et partout où on voyait des soldats, on les acclamait. (...) Des grimpeurs de clocher montèrent sur le clocher de l'église Saint-Jacques et décorèrent la croix de drapeaux alliés. (...)

Les appels téléphoniques se succédaient, rapides comme l'éclair; c'est à qui aurait appris à un parent, à un ami, la bonne nouvelle. « Il n'y a pas de précédent, nous n'avons jamais rien vu de semblable », déclare M. F.-G. Weber, gérant de la compagnie. (...)

En apprenant la rumeur que l'armistice avait été signé, les pompiers de différentes stations sont sortis avec leurs appareils surmontés de drapeaux et en faisant jouer les sirènes.

C'EST ARRIVÉ UN 7 NOVEMBRE

1978 — Mort à 80 ans de l'ex-champion poids lourd Gene Tunney.

1973 — Reprise des relations diplomatiques entre les États-Unis et l'Égypte.

1972 — Réélection triomphale du président républicain Richard Nixon, aux États-Unis.

1957 — L'Union soviétique propose une confédération des deux États allemands existants.

1952 — Émeutes raciales en Afrique du Sud, à la suite de l'introduction de lois ségrégationnistes.

1944 — Victoire décisive du président Franklin D. Roosevelt, qui obtient un 4e mandat, fait sans précédent dans l'histoire des États-Unis.

1935 — L'Alliance est consommée entre Paul Gouin, président de l'Action libérale nationale, et Maurice Duplessis, chef du Parti conservateur provincial.

1921 — Début du procès d'Henri Landru, dit «Barbe Bleue», soupçonné du meurtre de 238 femmes.

1917 — Chute de Kerensky lors d'un coup d'État en Russie. Les «maximalistes» dirigés par Lénine assument le pouvoir. (Il est à noter qu'à l'époque, la Russie utilisait le calendrier julien; or, selon ce calendrier, la révolution a commencé le 25 octobre, d'où le vocable de *Révolution d'octobre*).

1907 — Une violente tempête sème la désolation sur toute la côte du Saint-Laurent en aval de Trois-Rivières, et jusqu'à Halifax.

1900 — Sir Wilfrid Laurier gagne les élections fédérales.

UN ÉVÉNEMENT D'IL Y A QUARANTE ANNÉES

Cette photo a paru dans l'édition du 7 novembre 1925, avec la légende suivante : *L'hon. Donald A. Smith, connu plus tard comme sir Donald Smith, puis comme lord Strathcona, enfonçant à Craiggellachie, C.-B., le 7 novembre 1885, le dernier crampon qui marqua le parachèvement du réseau transcontinental du Pacifique Canadien. On voit à sa gauche sir Sanford Fleming et sir William Van Horne. Dans le groupe, on aperçoit l'ingénieur Marcus Smith, le major Rogers, découvreur du col Rogers dans les Selkirks, et Henry J. Cambie, qui construisit le chemin de fer dans le tortueux et difficile canyon du Fraser.*

BABILLARD

Le chapeau de Mackenzie King

Cela vous plairait-il de mettre la main sur un chapeau porté par un ex-premier ministre du Canada? Si oui, alors un lecteur de Sainte-Adèle, M. J.-O. Lainesse, propose de vous céder un chapeau porté par feu l'honorable William Lyon Mackenzie King (1874-1950), et dont il peut prouver l'authenticité. Rappelons que M. King a été premier ministre du Canada de 1921 à 1930, puis de 1935 à 1948. On pourra obtenir de plus amples renseignements en communiquant avec Guy Pinard, au 285-7070.

Le Salon du livre

Est-il nécessaire de rappeler qu'à l'occasion de sa centième année de publication, LA PRESSE s'engage plus que jamais dans le Salon du livre. En effet, en plus d'avoir une autre occasion de voir certaines pièces d'imprimerie qui servaient à l'époque où la typographie était encore à l'honneur, les visiteurs auront également l'occasion de participer au *Prix du public*.

Ce prix permettra de couronner les deux livres les plus populaires au cours de l'année 1982-83 dans les domaines des *« livres pratiques »* et de la *« littérature générale »*. En outre, chaque participant au concours qui se présentera aux guichets de vente de la place Bonaventure lors de l'ouverture, demain, entre 17 h et 22 h, recevra un laissez-passer gratuit pour visiter l'exposition, voir plus particulièrement le kiosque de LA PRESSE, et participer à la *Chasse au trésor* pendant cette journée d'ouverture. Autrement dit, ce que vous offre LA PRESSE, c'est du trois dans un sans qu'il vous en coûte un sou : en échange de votre participation au concours, vous obtenez un laissez-passer gratuit, l'occasion de voir les pièces d'imprimerie de LA PRESSE et le loisir de participer à la Chasse au trésor.

ACTIVITÉS

● **Maison de la poste**

Vitrine extérieure

Présentation d'articles et de chroniques philatéliques. Présentation du livre de l'année 1897 de LA PRESSE, ouvert à la première page de l'édition du 19 mai 1897, jour où l'on a illustré à la *Une* les timbres émis à l'occasion du jubilé de la reine Victoria. Jusqu'au 15 novembre inclusivement.

LA PRESSE
100 ans d'actualités

Le port de Montréal violemment secoué par l'explosion de 300 livres de dynamite

IL était exactement midi et 45 minutes de l'après-midi. Tout était tranquille dans la ville : la plupart des citadins étaient à prendre leur dîner, les autres s'y préparaient. A l'extérieur, une pluie fine, peu abondante, tombait.

Tout à coup une formidable explosion retentit, ébranlant les airs et se répercutant en longues et lugubres détonations. On entendit comme une grêle de verre cassé : puis tout retomba dans le silence.

Des têtes apparurent à toutes les fenêtres, on se rua sur les trottoirs et dans la rue. L'inquiétude était peinte sur tous les visages. Qu'était-il arrivé? Tous se posaient cette redoutable questions, flairant quelque catastrophe.

Bientôt, les foules commencèrent à affluer de partout, anxieuses. Tous se dirigeaient vers le port, car c'était de là qu'avait paru venir le formidable bruit; d'ailleurs, plusieurs personnes avaient cru distinguer un instant une colonne de fumée et de débris s'élevant des environs des quais. De sourdes rumeurs se faisaient entendre dans cette direction, et c'était là que le mouvement de la population paraissait le plus accentué, le plus fébrile.

La foule grossissait toujours, et au milieu de cette foule qui se rangeait au passage, dévalaient les ambulances et les appareils du département du feu, au galop des chevaux. Des escouades de policiers étaient déjà rendues sur les quais, répondant très vaguement, et pour cause, aux nombreuses questions qui leur étaient adressées.

En effet, on fut quelque temps avant de connaître la nature de l'explosion qui avait fait sortir les citadins de leurs maisons.

Les premiers rapports disaient qu'un magasin de fer de la rue Saint-Paul venait de sauter; puis on rapporta que le bruit terrible avait été causé par l'explosion d'un dépôt de dynamite sur l'Ile aux Millions.

Enfin, il fut bientôt connu que c'était une barge chargée de dynamite et qui était accolée en face du quai Édoaurd VII, près de l'Île aux Millions qui avait sauté et — épouvantable rumeur — on disait que deux hommes avaient péri dans la catastrophe. A ce moment-là, la barge avait disparu, les débris étant retombés en grêle aux alentours.

Beaucoup de bruit, mais peu de dégâts

C'est ainsi que LA PRESSE coiffait le long compte rendu consacré à l'explosion de quelque 500 livres de dynamite remisées sur un chaland ancré à une centaine de pieds de l'île aux Millions, survenue le 8 novembre 1908.

Il était inévitable qu'une explosion d'une telle force causât des dommages, mais ils auraient pu être beaucoup plus importants. En effet, si on fait exception du chaland, de sa cabane, des 300 livres de dynamite et des dommages causés à la coque d'un perforateur flottant («drill boat»), les dégâts se limitèrent au bris de centaines de carreaux des bâtiments situés à proximité. Mais peu s'en fallut qu'on enregistrât des pertes de vies humaines. Et le plus sérieusement menacé fut le gardien du chaland, William Vanloo, responsable de maintenir un feu sur le chaland pour prévenir le gel de la dynamite. Voyons comment LA PRESSE a commenté sa fuite:

M. Vanloo était allé à la cabane pour la dernière fois vers 11: 30 heures, et ne trouvant presque plus de feu dans le poêle, il y ajouta un peu de bois, et lorsqu'il est parti, tout était dans l'ordre. Ce poêle était complètement isolé des boîtes de dynamite au moyen d'amiante. Toute explosion semblait être impossible.

Vers midi et demi, l'incendie se déclarait à la cabane. M. Vanloo se trouvait alors à bord d'un perforateur flottant *(sic)* et, sans prendre le temps de crier, il sauta dans sa chaloupe et se rendit à force de rames à l'Île aux Millions. Jamais, a-t-il déclaré, il n'avait ramé avec une telle force.

Toute la population de Montréal et des environs a été mise en émoi, hier après-midi, par une violente secousse qui a fait croire d'abord à une terrible catastrophe. --- Une barge contenant 300 livres de dynamite venait de sauter dans le port de Montréal.

L'EXPLOSION A ETE ENTENDUE DANS UN RAYON DE PLUSIEURS MILLES ; NOMBRE DE VITRES ONT ETE BRISEES. --- LES DEGATS MATERIELS SONT CONSIDERABLES. --- SCENES EMOTIONNANTES.

Dessin paru avec la légende suivante : **Scène reconstituée par un artiste de LA PRESSE *(Paul Caron; on peut d'ailleurs apercevoir sa griffe au coin inférieur gauche)* de la terrible explosion qui s'est produite dans le port à une centaine de pieds de l'île aux Millions. A gauche, on voit le perforateur flottant où se trouvait le gardien William Vanloo quelques instants avant l'accident. Au fond, on remarque l'une des boutiques de la Commission du port.**

Une rumeur désamorcée

L'incident avait par ailleurs permis aux autorités portuaires de contredire une rumeur pernicieuse qui courait quant à la solidité de l'élévateur à grains no 1, rumeur d'autant plus surprenante que 75 ans plus tard, avec toute les techniques modernes à notre disposition, on met des semaines à raser un élévateur à grains. Mais revenons à 1908, et voyons ce que LA PRESSE en disait.

L'explosion d'hier après-midi a donné un démenti péremptoire aux critiques nombreuses qui ont été faites contre la solidité de l'élévateur à grains de la Commission du Port. Malgré la violence du choc la vaste structure d'acier n'a pas été ébranlée, malgré le million de minots de blé qu'elle portait dans ses flancs.

Plusieurs ouvriers travaillaient à l'intérieur des diverses salles : au rez-de-chaussée, au premier, à tous le étages. Quand l'explosion se produisit, les travailleurs furent un moment secoués et étourdis par le choc, puis aveuglés par la poussière qui tombait de partout. Quelques carreaux au rez-de-chaussée, se brisèrent en éclats. A chaque moment, les ouvriers terrifiés s'attendaient à voir s'écrouler l'élévateur. Après examen, on trouva tout en ordre.

On avait souvent prédit que le moindre choc pouvait faire effondrer les vastes greniers. L'épreuve est concluante.

C'EST ARRIVÉ UN 8 NOVEMBRE

1972 — Conclusion à Bonn du traité entre les deux États allemands qui se reconnaissent souverains et indépendants l'un de l'autre.

1966 — L'abattage de vaches sacrées cause des émeutes sanglantes, à la Nouvelle-Delhi.

1965 — Le gouvernement Pearson conserve le pouvoir à Ottawa, mais devra de nouveau former un gouvernement minoritaire.

1960 — Fait sans précédent : un catholique, le démocrate John F. Kennedy est élu à la présidence des États-Unis.

1956 — L'ONU demande à la France, à l'Angleterre et à Israël de retirer leurs troupes d'Égypte, mais ils refusent.

1947 — Décès à Montréal de M. Édouard-Z. Massicotte, écrivain et historien réputé.

1945 — Le gouvernement fédéral décide d'ouvrir le débat sur un projet de drapeau national.

1939 — Assermentation du cabinet Godbout (libéral), à Québec.

1932 — Le démocrate Franklin D. Roosevelt, gagne l'élection à la présidence des États-Unis contre Herbert Hoover.

1926 — Les flammes causent pour $300 000 de dégâts à la basilique de Sainte-Anne-de-Beaupré.

1914 — À Montréal, une sentinelle tire sur un citoyen qui refusait d'arrêter.

1909 — Le maire Payette de Montréal interdit aux employés municipaux de communiquer des documents aux journalistes.

1904 — Le républicain Theodore Roosevelt est élu président des États-Unis. Six ans plus tôt, le même jour, il avait été élu gouverneur de l'État de New York.

Les femmes trop légères pour voter?

UNE opinion très répandue, qui s'accentue ordinairement quand il est question d'admettre les femmes à l'exercice des droits politiques, c'est qu'elles ont généralement une légèreté d'esprit qui est une de leurs grâces sans doute, mais qui les rend inhabiles, heureusement pour elles, et pour nous, à se livrer assidûment aux occupations absorbantes, pénibles et parfois dégradantes, disons le mot, de la vie publique. Cependant, nous devons reconnaître qu'en ce moment, les femmes du Vermont donnent à l'autre sexe une leçon de bon sens et de jugement sérieux qui vaut la peine d'être méditée par les politiciens tracassiers qui se donnent les gants de les servir malgré elles. Il a été dernièrement présenté à la législature de l'État en question un projet de loi qui donne le droit de vote dans les affaires municipales aux femmes sujettes à l'impôt. Un argument qui ne manque pas de poids à l'appui de cette proposition, c'est que en principe de droit constitutionnel, « l'impôt implique le droit de représentation ».

Le *Free Press* de Burlington qui s'occupe de cette affaire, serait, principalement par ce motif, disposé à concéder le privilège demandé; mais il y voit un obstacle péremptoire, dans le temps actuel au moins, c'est que les femmes du Vermont n'ont aucun souci d'être admises au droit de suffrage. Bien que le projet de loi en question soit appuyé de nombreuses pétitions à la législature, il n'y a pas une seule de ces pétitions qui émane d'un groupe de femmes, et pas une signature de femme sur aucune pétition, malgré les obsessions de leurs prétendus protecteurs. Le *Free Press* pense justement que la législature ne se pressera pas d'obtempérer à ces requêtes inopportunes tant que les femmes directement intéressées ne s'en montreront pas elles-mêmes plus soucieuses, et il constate ce fait singulier, mais parfaitement vrai ailleurs qu'au Vermont, que les femmes ont plus que les hommes besoin d'être converties au droit de suffrage de leur sexe.

Tiré de LA PRESSE du 8 novembre 1890.

LA NOUVELLE AMBULANCE DE L'HOPITAL CIVIQUE

Cette voiture est sans contredit la plus belle du genre dans toute la province de Québec.

Voici ce qu'on disait de ce nouveau véhicule dans l'édition du 8 novembre 1902 : Cette voiture d'ambulance que la maison Ledoux et Cie, 93 rue Osborne, vient de construire, est destinée à l'hôpital civique. Nous avons admiré la délicatesse, le fini de l'ouvrage. Le tout est en chêne et en cotonnier que recouvrent des couleurs verdâtres artistiquement disposées.

L'intérieur est fait de manière à donner tout le confort utile au patient et peut être désinfecté, lavé en quelques minutes, sans être détérioré. Le siège contient un compartiment pour les remèdes, les instruments de chirurgie et autres objets. Les ressorts sont très fexibles *(sic)*. L'épaisseur des roues est de 1¾ pouce, chacune est ceinturée d'une forte bande en caoutchouc. Au milieu de chacun des deux panneaux, ont été dessinées les armes de notre cité, qu'encadrent en langue française et en langue anglaise ces mots: Ambulance de la ville de Montréal.

Cette voiture est faite sur le modèle que la maison Ledoux et Cie a construite pour l'hôpital Galt, de Victoria C.A. *(pour Colombie-Anglaise)*.

Le brancard est un véritable chef-d'oeuvre qui est pourvu d'un mécanisme très ingénieux pour donner au malade la position la plus confortable. Ce brancard est très bien capitonné et fait en bois de première qualité.

Bref, ce travail artistique nous donne une nouvelle preuve de l'habileté de MM. Ledoux et Cie, qui ont obtenu une médaille d'or à l'exposition de 1900, à Paris.

Morte de rire!

Trenton, N.-J. — Une jeune fille de Bloomsburg nommée May Wilkinson est morte dans les convulsions d'un rire inextinguible. Cette malheureuse, sourde-muette de naissance, s'est mise soudain à parler comme tout le monde, samedi dernier, pour offrir de parier une frisette que Cleveland était élu. En voyant la mine effarée de ses amies, qui ne l'avaient jamais entendue articuler un son, elle a eu un excès de fou-rire et n'a pas tardé à tomber sur le plancher, où elle a expiré en se tenant les côtés dans un éclat de rire.

Cela se passait le 8 novembre 1884.

ACTIVITÉS

■ Salon du livre

Présence des archives de LA PRESSE, laquelle met l'accent sur les pages consacrées à la culture au cours des cent ans de LA PRESSE, et sur différentes pièces d'équipement (linotype, presse à épreuves, « ludlow », etc.) utilisées à l'époque où la typographie occupait une place de choix dans la composition du journal. Rappelons aussi qu'exceptionnellement aujourd'hui, les participants au concours du Prix du public lancé par LA PRESSE pourront obtenir un laissez-passer gratuit pour visiter le Salon. Jusqu'au 13 novembre inclusivement.

■ Maison de la poste

Vitrine extérieure

Présentation d'articles et de chroniques philatéliques. Présentation du livre de l'année 1897 de LA PRESSE, ouvert à la première page de l'édition du 19 mai 1897, jour où l'on a illustré à la *Une* les timbres émis à l'occasion du jubilé de la reine Victoria. Jusqu'au 15 novembre inclusivement.

Tschaikowsky, victime du choléra

Une dépêche de Saint-Petersbourg nous a annoncé la mort du grand musicien russe, Tschaikowsky, qui a succombé à l'épidémie de choléra, après six heures de maladie. C'est en buvant de l'eau qui n'avait pas été bouillie, dans un restaurant, qu'il a contracté la maladie.

Tschaikowsky était l'un des plus grands compositeurs modernes. Il est venu en Amérique en 1891, où son merveilleux talent a soulevé partout l'enthousiasme. Il était de l'école italienne et de l'école slave. On le compare même à Wagner. Il a obtenu de grands succès en France et en Angleterre.

Né en 1840 à Wiatka, dans un district rural de la Russie, il se rendit à Saint-Petersbourg à l'âge de 10 ans, où il commença ses études. En 1859, il fut employé au département de la justice. Trois ans après il entrait au Conservatoire de musique que Nicolas Rubenstein venait de fonder.

Ses plus importants ouvrages comprennent neuf opéras et ballets, cinq symphonies, et plusieurs poèmes, concertos et plusieurs ouvrages d'orchestre.

Tiré de LA PRESSE du 8 novembre 1893

LA PRESSE
100 ans d'actualités

Brillante inauguration du Forum

NDLR — Nous reproduisons le texte publié par LA PRESSE dans son édition du 10 novembre 1908 à l'occasion de l'inauguration du Forum, la veille. Cet article sera suivi de quelques considérations techniques publiées dans LA PRESSE du samedi précédent, le 7 novembre.

TOUT resplendissant de l'éclat de treize milles lampes électriques, le Forum a été officiellement inauguré, hier soir. Plus de cent mille personnes ont visité le nouveau patinoir de la rue Ste-Catherine Ouest et toutes ont été absolument émerveillées, ravies. Comme nous l'avons déjà dit, le Forum est un véritable palace qui laisse loin dans l'ombre tous les établissements du même genre. Il l'emporte autant sur les autres patinoirs qu'une superbe automobile du dernier modèle sur l'antique charrette du fermier.

Le Forum présentait, hier soir, un coup d'oeil féérique. Avec raison on aurait pu le qualifier le Palais de l'Electricité. Jamais auparavant on n'avait vu à Montréal... pareille illumination d'un édifice. C'était quelque chose d'éblouissant. De la rue l'on pouvait voir les patineurs tournant sur l'immense plate *(sic)* de trois cents pieds de longueur. La fanfare jouait ses airs les plus joyeux et en pénétrant dans l'édifice on respirait un air d'animation et d'entrain.

Près de trois mille patineurs chaussèrent les patins à roulettes et se livrèrent avec ardeur à leur amusement favori. C'était un spectacle impressionnant que cette multitude tournant d'un mouvement rythmé aux accords d'une musique enlevante.

La soirée se passa sans le moindre incident et l'ordre le plus parfait ne cessa de régner. En partant, tous les visiteurs faisaient un enthousiaste éloge du Forum et nous ne doutons pas que cet établissement ne devienne le lieu de réunion de la jeunesse élégante et distinguée de Montréal.

Le Forum dans l'ouest

Après avoir fondé dans l'Est un patinoir qui est depuis des années le rendez-vous de l'élite canadienne-française, l'Association du Montagnard a construit dans la partie ouest de la métropole du Canada un autre patinoir qui éclipse, tant par ses dimensions que par sa beauté et le confort que l'on y trouve, tous les établissements du même genre, tant du continent que de la vieille Europe. Le Forum (...) est un véritable palais : c'est un édifice dont Montréal peut s'enorgueillir. (...)

Sis *(sic)* rue Ste-Catherine, entre Closse et Atwater, l'immense construction, qui se dresse toute blanche, en face du square, charme par son architecture simple et de bon goût. L'entrée imposante nous conduit dans un vaste vestibule qu'envieraient plusieurs de nos grands théâtres.

Nous admirons les superbes lampes en fer forgé, oeuvres d'art s'il en fut jamais. Par un large escalier, nous montons au premier étage, où se trouve la superbe piste des patins à roulettes. Car, notons-le ici, c'est une idée géniale qu'a eue M. J. A. Christin, de mettre le patinoir à glace sur le sol, dans la cour intérieure de l'édifice, et d'installer tout autour, dominant ce dernier d'une douzaine de pieds, la piste du patin à roulettes. (...)

L'installation électrique est la plus parfaite et la plus importante qui se puisse trouver à Montréal. (...) Le contrat assure 10,000 lumières électriques de 16 chandelles. On peut se convaincre par là que le Forum présentera le soir un coup d'oeil féérique. (...)

Un patinoir en plein air

L'édifice a 300 pieds de longueur et 130 pieds de largeur. On a par là une idée de ce qu'est la piste qui en fait le tour. Les dimensions du patinoir à glace sont de 240 pieds par 60 pieds. Faisons remarquer ici que ce dernier est un patinoir en plein air.

Plus de cinq mille personnes visitent, hier soir, le nouveau patinoir du Montagnard. --- Un véritable palais. --- Illumination merveilleuse.

Dessin de l'artiste de LA PRESSE réalisé à l'occasion du *nouveau patinoir* (au masculin!) *Le Forum*, le 9 novembre 1908.

Vue de l'extérieur du Forum lors de son inauguration.

La piste pour le patinoir à roulettes est en planches d'érable d'un pouce d'épaisseur et de trois de large, disposées sur le camp. Soigneusement rabotée, et légèrement en talus aux détours, cette piste fera les délices de tous les amateurs de patin à roulettes. A côté de la piste et plus élevé de quelques pouces est un promenoir sur lequel seront installés des bancs et des tables. Les patineurs fatigués pourront ainsi s'arrêter un moment pour se reposer. (...)

Grâce à ses innombrables fenêtres qui (en) font un palais de cristal, la ventilation du patinoir à roulettes sera la plus parfaite possible. L'été, la piste sera pratiquement en plein air.

L'édifice est chauffé à la vapeur et possède des salles spéciales pour dames et messieurs. (...) En cas d'incendie, grâce au système unique de portes, l'édifice pourrait se vider en un moment.

Un restaurant de première classe occupera l'une des salles du rez-de-chaussée ayant vue sur la rue Ste-Catherine. Une autre salle à côté de l'entrée principale portera le nom de Jardin des Palmes. Ce sera un magasin de cigares, de gâteaux, de bonbons, etc., pourvu d'une fontaine à soda de $5,000. (...)

Un club de curling

Le Forum sera aussi le « home » d'un club de curling, les allées de ce dernier se trouvant à côté du patinoir à glace. Pendant les mois d'été, ce dernier sera converti en cirque, et la direction du Forum fera venir les meilleurs artistes de variétés. (...)

La construction du Forum et le terrain qu'il occupe représentent un placement de près de $300,000. Avons-nous besoin de répéter maintenant que le Forum fera honneur à Montréal ?

C'EST ARRIVÉ UN 9 NOVEMBRE

1978 — Québec autorise la vente du vin dans les épiceries.

1970 — Mort du général Charles de Gaulle, à 79 ans.

1967 — Le cardinal Paul-Émile Léger démissionne de son poste d'archevêque de Montréal pour retourner au missionnariat.

1965 — Une panne d'électricité paralyse tout le Nord-est américain, depuis Toronto jusqu'au Maine.

1955 — Les délégués sud-africains quittent leur siège de l'ONU après qu'elle eût décidé d'enquêter sur la politique raciale de ce pays.

1953 — Éclatante victoire de Salazar lors des élections portugaises, l'opposition ne faisant élire aucun candidat.

1953 — Décès de Ibn Séoud, roi d'Arabie.

1952 — Décès du Dr Chaim Weizmann, premier président d'Israël.

1952 — Le feu détruit le collège de Saint-Henri-de-Mascouche.

1945 — Émeutes entre loyalistes et communistes, à Bucharest, Roumanie.

1945 — Un incendie détruit la fabrique Gurd de Montréal.

1937 — Mort subite de l'ex-premier ministre d'Angleterre, Ramsay Macdonald, alors qu'il était en route pour l'Amérique du Sud.

1937 — Première application au Québec de la loi dite « du cadenas ».

1935 — Cinq morts dans un incendie à l'hôpital Saint-Jean-de-Dieu.

1932 — Un cyclone cause des millions de dollars de dégâts à Cuba.

1923 — L'anarchie s'installe en Allemagne, à la suite du coup d'État des nationalistes d'Adolf Hitler, en Bavière.

1905 — Deux championnes du féminisme, Mme Duclos de Méru et Mme Noémi Schmitt, arrivent à Montréal en provenance de Paris.

1902 — Désastreux naufrage près des îles King, en Australie; on compte 90 morts.

Lors de leur passage dans le petite ville de Minnedosa, au Manitoba, en ce jour du 9 novembre 1902, les Doukhobors, qualifiés de maniaques, d'illuminés et de pauvres fous par les journaux de l'époque, avaient déclenché une bagarre qui les avaient opposés à la force policière du Manitoba et aux citoyens de cette petite ville, qui craignaient que les policiers ne soit débordés, devant le nombre et la corpulence de ces « pèlerins ». Finalement, c'est de force qu'ils montèrent à bord des wagons, afin qu'ils puissent aller chercher « la terre promise » ailleurs qu'à Minnedosa. La scène ci-dessus a été reconstituée d'après les dépêches.

LA "PRESSE" A DEUX SOUS

A partir d'aujourd'hui, le prix de vente de la "Presse", au numéro, sera porté uniformément de UN centin à DEUX centins, pour tous les jours de la semaine.

Cette augmentation est motivée, comme nous l'avons dit, par des causes sur lesquelles notre journal, en cette période de crise universelle, ne peut exercer aucun contrôle.

Depuis deux ans, le coût du papier à journal a pratiquement doublé et il en a été de même pour toutes les matières premières indispensables à la publication d'un grand quotidien.

Mais le papier et les matières premières ne sont pas les seuls éléments qui servent à déterminer le coût d'un journal. Il y a la question des salaires, des frais télégraphiques, etc., qui ont subi, depuis quatre ans, et d'année en année, une marche ascensionnelle plus que rapide.

En un mot, la cherté du coût de la vie a amené la cherté de tout.

Aujourd'hui, le journal à un sou est impossible, surtout si le journal tient à remplir dignement et avec efficacité la mission qui lui incombe.

Cette situation, admise et reconnue par les plus grands journaux du monde entier, les a amenés depuis plus d'une année à relever leur prix de vente.

En s'engageant dans cette même voie les éditeurs canadiens, et principalement ceux de la Province de Québec, ne font, aujourd'hui, que se soumettre à l'inévitable.

Texte paru dans l'édition du 9 novembre 1918.

Dans cette publicité publiée dans LA PRESSE en octobre 1901, le fabricant n'hésitait même pas à prendre les cuisines du saint père à témoin...

BABILLARD

Un confrère nous rend hommage

L'hebdomadaire L'artisan, *de la région de Repentigny, rendait hommage à LA PRESSE dans son éditorial du 25 octobre 1983, sous la signature de Richard Gauthier. Nous vous le proposons, tout en remerciant de ses bons mots ce confrère de l'information écrite.*

Le Québec a vibré à l'unisson, ces jours derniers, à l'occasion de la célébration du centenaire de LA PRESSE.

Même la concurrence lui a tiré sa révérence devant ce haut fait d'armes. De telles performances sont, en effet, si rares de par le monde où la mort prématurée de grands journaux se constate à un rythme dramatique.

Que cette performance soit l'oeuvre de Québécois francophones ne peut donc, légitimement, que nous enorgueillir d'autant plus.

Il est superflu de s'interroger à propos des luttes épiques que les équipes successives du quotidien de la rue Saint-Jacques ont dû livrer pour survivre, s'imposer, et dépasser patiemment bien d'autres, de plusieurs crans. Et cela, partout.

Après 100 ans d'existence, LA PRESSE est en pleine foulée ascendante. Ce journal qui est actuellement le plus grand quotidien en français d'Amérique, en impose par la qualité professionnelle et technique du produit.

Bien que centenaire à présent, le journal n'en conserve pas moins une fraîcheur digne de respect et d'admiration.

Nous devons tous, Québécois, un hommage particulier à LA PRESSE. Nous y avons trouvé plus d'une fois des leçons de tolérance, de courage et de démocratie exemplaires. Ne serait-ce, par exemple, que lors d'échanges assez vifs, dans les colonnes du même journal, entre patrons et journalistes.

Je pourrais en citer d'autres, bien sûr. À quoi bon? Je n'apprendrais rien à personne.

Les médias électroniques ont certes rogné quelque peu le rayonnement de la presse quotidienne, en ces temps où l'automatisme pousse l'homme moderne à se contenter souvent de brèves manchettes d'actualités.

Mais l'éventail impressionnant des chroniques offertes par LA PRESSE force tout un chacun à consulter ce quotidien afin d'aller au fond de la nouvelle. Aussi, loin de se laisser dépasser à l'ère de l'électronique, ce journal en constitue-t-il un complément indispensable.

L'ARTISAN se découvre devant une telle réussite. Au nom de mes collaborateurs, je souhaite encore d'autres siècles d'existence à ce vieil adolescent...

ACTIVITÉS

■ **Salon du livre**

Présence des archives de LA PRESSE, laquelle met l'accent sur les pages consacrées à la culture au cours des cent ans de LA PRESSE, et sur différentes pièces d'équipement (linotype, presse à épreuves, « ludlow », etc.) utilisées à l'époque où la typographie occupait une place de choix dans la composition du journal. A 18h, présentation du Prix du public, commandité par LA PRESSE. Jusqu'au 13 novembre inclusivement.

LA PRESSE
100 ans d'actualités

Mort du champion Louis Cyr

Le célèbre athlète canadien succombe à l'âge de 49 ans

Il était connu dans les deux mondes

Biographie de ce Samson canadien qui ne connut jamais la défaite

Nous vous proposons de longs extraits du texte publié par LA PRESSE, à l'occasion de la mort de Louis Cyr, survenue le dimache 10 novembre 1912.

LOUIS Cyr est mort. L'ancien champion des hommes forts qui était très mal depuis quelque temps a succombé au mal qui le minait depuis des années, la maladie de Bright. Il a expiré à midi et quart. Sa fin a été calme. Dans ses derniers moments de lucidité, il a exprimé le regret de s'en aller.

« Que c'est donc malheureux de se séparer », a-t-il dit à la compagne de sa vie.

Toute la famille de Louis Cyr : sa fille unique, Mme Aumont; son gendre, le Dr Z. M. Aumont; ses petits-enfants, ses frères: Pierre, Léon, Napoléon et Johnny; ses soeurs : Mme Emilien Perron, de cette ville, et Mme Moïse Hébert, de Sainte-Hélène de Bagot, étaient à son chevet lorsque la fin est arrivée.

Les dernières heures de l'ancien champion ont été marquées par un événement dramatique. La bell-mère (*sic*) de Louis Cyr, Mme Evangéliste Comtois, de Saint-Jean de Matha, qui était accourue auprès de son gendre mourant il y a une semaine, a été foudroyée samedi avant-midi par une syncope. La douleur de voir sa fille dans la peine, et son gendre à l'agonie, a été trop forte pour elle, et elle est tombée morte dans la chambre voisine de celle de M. Cyr. Mme Comtois était âgée de 72 ans. Ses restes mortels ont été expédiés à Saint-Jean de Matha. Son mari qui vit encore est âgé de 73 ans.

Mme Cyr a été si péniblement affectée par ce décès et par l'émotion que lui causait la fin imminente de son mari qu'elle a dû prendre le lit et qu'elle n'a pas eu connaissance du départ du cadavre de sa mère. (...)

Notes biographiques

Cyr venait d'une famille de cultivateurs, son père étant fermier à Saint-Cyprien, de Napierville, où Louis vit le jour le 10 octobre 1863. (...) Dès son enfance, le jeune Louis montra qu'il était doué d'une force phénoménale, et il exécuta au cours de ses années d'enfance des exploits qui sont restés légendaires dans Saint-Cyprien.

Cyr a levé jusqu'à 4,400 livres sur son dos, et il a retenu avec ses bras les plus forts chevaux qu'on lui a amenés et qu'on faisait tirer en sens contraire. Il était un Samson dans toute la force du mot.

Cyr voyagea alors avec plusieurs cirques, (...) (dont) le cirque des frères Ringling et le sien propre. (...) En 1890, Richard K. Fox, de la *Peace Gazette*, ayant entendu parler de lui, le fit venir à New York, et Cyr exécuta devant lui des tours qui le convainquirent qu'il était l'homme le plus fort du monde. (...) L'année suivante, il se rendit en Angleterre et exécuta à Londres une série de records qui proclamèrent la supériorité de Cyr sur tous les hommes forts de l'époque. Aucun de ceux qui se trouvèrent alors à Londres ne voulut entreprendre la lutte contre Cyr. De retour à Montréal, il battit Cyclops, le Suédois August W. Johnson, Sebastian Miller, Otto Renaldo et autres dans des matchs demeurés fameux. Le célèbre Sandow refusa toujours de le rencontrer.

Alors qu'il avait commencé à perdre de sa force, il se mesura à Décarie et fit partie nulle.

Alors qu'il n'avait que 15 ans, sa famille émigra aux Etats-Unis. Là, Louis travailla dans une manufacture de coton. Un dimanche, alors qu'il n'avait que 16 ans, poussé par des camarades, il leva et chargea sur son épaule une pierre de 517 livres. A 17 ans, il pesait 230 livres et était de beaucoup l'homme le plus fort de Lowell. Après trois ans passés sur la terre américaine, Cyr entra ensuite dans la police de Saint-Jean de Matha. (...) Lorsqu'il en sortit, il se joignit encore avec Gus Lambert qui arrangea son match avec Michaud. Cyr se montra tellement supérieur à son adversaire que Michaud abandonna la partie.

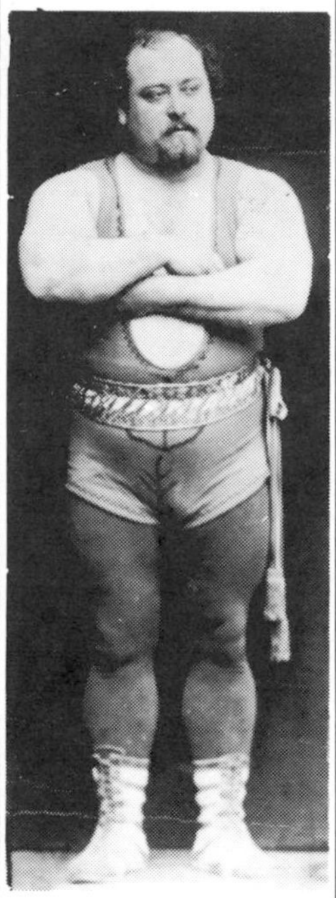

Photo de Louis Cyr, au sommet de sa gloire.

Ce dessin d'un artiste de LA PRESSE avait paru à la « une » de l'édition du 4 avril 1899, pour marquer le fameux combat qui avait opposé Louis Cyr à Renaldo, surnommé *l'aigle allemand*, au parc Sohmer.

Louis Cyr a joui pendant longtemps d'une renommée mondiale et établi toute une série de records qui n'ont jamais été égalés. (...) Il est l'homme le plus fort que le Canada a jamais produit et a battu dans des concours les athlètes les plus fameux de son temps.

Quelques-uns de ses exploits

Voici comment LA PRESSE décrivait certains des exploits imputés à Louis Cyr au fil de sa carrière...

— Lever du plancher à l'épaule un haltère de 273½ livres et ensuite l'élever tranquillement au bout du bras, au-dessus de sa tête.

— Lever du plancher à l'épaule avec les deux mains une Bar-Bel de 301 livres d'un seul mouvement sans toucher aucune partie du corps, et ensuite l'élever tranquillement au bout du bras au-dessus de la tête.

— Lever d'un seul coup du plancher au bout du bras un haltère de 174 livres avec la main droite, et faire la même chose avec la main gauche.

— Mettre sur son épaule d'une seule main et sans s'aider des genoux, un baril de ciment pesant 314 livres.

— Lever du plancher avec un seul doigt un poids de 551 livres (*sic*).

— Lever sur une plate-forme avec son dos, sans harnais, le poids énorme de 3,655 livres, tour de force qui a émerveillé toute l'Angleterre.

— Lever, sans s'aider des genoux, par la seule force de la poigne, 987 livres.

— Lever, sans s'aider des genoux, des deux mains, le poids énorme de 1,897 livres.

— Enfin, pousser d'une main, à la hauteur des épaules un haltère de 162½ livres, puis l'élever au bout de son bras au-dessus de sa tête 36 fois de suite.

C'EST ARRIVÉ UN 10 NOVEMBRE

1974 — Election à Montréal : le tiers du conseil au RCM et la réduction de 35 p. cent de la majorité du maire Jean Drapeau.

1971 — Visite officielle de Fidel Castro au Chili.

1967 — Lancement réussi de la fusée américaine *Saturne 5* destinée à propulser l'homme vers la Lune.

1963 — La Somalie préfère l'assistance soviétique, présumément plus généreuse, au secours économique américain.

1960 — Début à Moscou de la conférence au sommet des 80 partis communistes.

1958 — Des avions réactés de la République arabe unie s'attaquent à l'avion du roi Hussein de Jordanie et le force à rebrousser chemin.

1958 — Le dominicain Dominique-Georges Pire reçoit le prix Nobel de la Paix pour son oeuvre auprès des réfugiés d'Europe de l'Est.

1952 — Trygve Lie, secrétaire général de l'ONU, démissionne.

1949 — Un incendie cause des dégâts de $5,6 millions sur les quais de Liverpool.

1945 — Cordell Hull, ex-secrétaire d'État américain, mérite le prix Nobel de la Paix.

1938 — Plus de 10 000 magasins juifs sont saccagés en Allemagne, tandis que les synagogues sont la proie des flammes.

1928 — Les pompiers sauvent 75 chevaux des flammes lors de l'incendie des écuries Dow.

1922 — L'honorable T.-A. Crerar abandonne la direction du Parti progressiste, aux Communes.

1898 — Une violente tempête s'abat sur l'Est du Canada et frappe durement le Québec.

L'OEUVRE DU TABAC POUR NOS VAILLANTS SOLDATS SUR LES CHAMPS DE BATAILLE D'EUROPE

Un moyen efficace de stimuler le moral de nos troupes qui se battent pour la liberté et la civilisation. — Appel patriotique de la "Presse" à tous les débitants et à tous les consommateurs de tabac.—Il faut découper pour s'en servir, comme nous disons, la pancarte que nous publions aujourd'hui dans nos colonnes. —Il faut bien comprendre l'importance de l'oeuvre que nous préconisons.

UN PEU DE TABAC S.V.P. POUR LES PAUVRES SOLDATS

On est prié de déposer, dans la boite ci-jointe, du tabac en paquet, des cigarettes en boites, des pipes, du papier à cigarettes.

Le journal LA PRESSE, de Montréal, prendra les moyens nécessaires pour que ces cadeaux soient expédiés aux soldats français, anglais et belges qui combattent en France et en Belgique.

Au cours de sa glorieuse histoire, LA PRESSE a toujours démontré une préoccupation particulière pour différentes causes qui lui paraissaient méritantes. *L'Oeuvre du tabac* dont il est question aujourd'hui s'inscrit dans cette lignée. Lancée le 10 novembre 1914, la campagne avait pour objectif de recueillir du tabac sous toutes ses formes possibles afin de soulager quelque peu les misères des soldats engagés dans la Grande Guerre. Et LA PRESSE ne se contentait pas de recueillir le tabac, elle prenait aussi tous les moyens requis pour le faire parvenir aux troupes.

Un précurseur de Moïse...

— Vous vous nommez Philippe Mercier? demande le Recorder au prisonnier bipède.

— *Je me nomme l'apôtre de Dieu, votre Honneur.*

— Que faites-vous?

— *J'évangélise les peuples. C'est ma mission et je la remplirai coûte que coûte.*

— Vous avez été arrêté hier en état d'ivresse; comme vous êtes dans un état très intéressant, je vais vous envoyer dans une des propriétés de Sa Majesté pendant huit jours. Où demeurez-vous?

— *Partout, dans le ciel et sur la terre, j'évangélise les...*

— C'est bien, quand vous aurez passé huit jours chez M. Payette, si vous n'êtes pas mieux, je vous enverrai évangéliser 900 personnes qui vous attendent à la Longue-Pointe.

— *Merci. Je ferai mon devoir. Dieu est grand.*

Et le journaliste de terminer son articulet en ajoutant, avec une divine naïveté...: Mercier a le cerveau fêlé, est-il besoin de le dire?

Cela se passait en novembre 1885.

Blasphémateur durement puni

Le magistrat de police de Sainte-Cunégonde a eu la sagesse de condamner à $10 ou deux mois Ambroise Thomas, blasphémateur avéré qui prenait plaisir ces jours derniers à tenir en pleine rue un langage des plus obscènes.

Cela se passait en novembre 1885...

BABILLARD

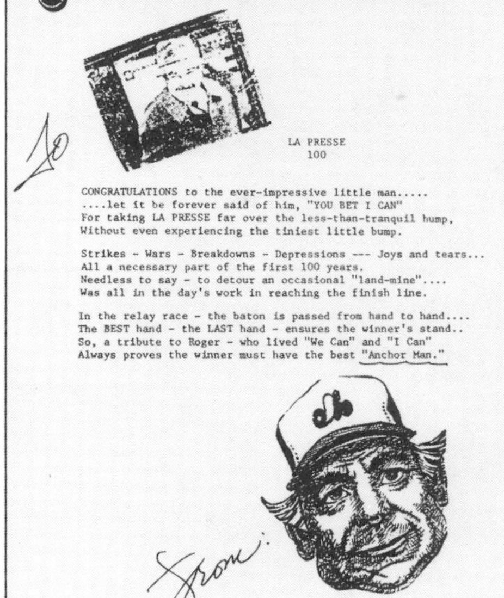

LA PRESSE
100
CONGRATULATIONS to the ever-impressive little man.....
....let it be forever said of him, "YOU BET I CAN"
For taking LA PRESSE far over the less-than-tranquil hump,
Without even experiencing the tiniest little bump.
Strikes - Wars - Breakdowns - Depressions --- Joys and tears...
All a necessary part of the first 100 years.
Needless to say - to detour an occasional "land-mine"....
Was all in the day's work in reaching the finish line.
In the relay race - the baton is passed from hand to hand....
The BEST hand - the LAST hand - ensures the winner's stand..
So, a tribute to Roger - who lived "We Can" and "I Can"
Always proves the winner must have the best "Anchor Man."

Jim Fanning, des Expos, faisait parvenir ce texte-montage de félicitations à son ami, Roger-D. Landry, président et éditeur de LA PRESSE. Nous vous le proposons dans une adaptation préparée par Johan Eggers, traducteur au journal.

Félicitons cet homme aux multiples talents
Qui, en donnant la preuve de ce qu'il savait faire,
A su conduire LA PRESSE à travers les ornières
Sans jamais arrêter sa marche un seul instant

Grèves, conflits, labeurs, peines de toutes sortes,
Cortège accompagnant ces cent premières années,
Pour atteindre sans heurts la ligne d'arrivée,
Il a su triompher de toutes leurs cohortes.

La course de relais offre à chacun son heure,
Mais le dernier coureur assure la victoire,
Roger nous a prouvé que, quand le ciel est noir,
Le dernier doit toujours se montrer le meilleur.

ACTIVITÉS

■ Maison de la poste

***Vitrine extérieure* — Présentation d'articles et de chroniques philatéliques. Présentation du livre de l'année 1897 de LA PRESSE, ouvert à la première page de l'édition du 19 mai 1897, jour où l'on a illustré à la *Une* les timbres émis à l'occasion du jubilé de la reine Victoria. Jusqu'au 15 novembre inclusivement.**

■ Salon du livre

Présence au salon des archives de LA PRESSE, en mettant l'accent sur les pages consacrées à la culture au cours des cent ans de LA PRESSE, et sur différentes pièces d'équipement (linotype, presse à épreuves, « ludlow », etc.) utilisées à l'époque où la typographie occupait une place de choix dans la composition du journal. Jusqu'au 13 novembre inclusivement.

LA PRESSE

100 ans d'actualités

Le soleil de la paix se lève sur le monde

L'ALLEMAGNE VAINCUE SE LIVRE

LA signature d'un armistice donne toujours lieu à des débordements de joie parce qu'elle marque la fin d'un conflit généralement très meurtrier.

Lorsque le jour du 11 novembre 1918 s'est levé, le monde entier savait depuis quelques heures que la Grande Guerre tirait à sa fin, que les derniers obus sifflaient au-dessus de leur tête, et que les baïonnettes allaient être remises au fourreau. Isolées, écrasées, les troupes du kaiser Guillaume II se préparaient à déposer les armes. D'ailleurs, quatre jours plus tôt, la folle rumeur — prématurée, faut-il le rappeler — de la fin de la guerre avait semé tout un émoi dans la population des grandes villes du monde, Montréal compris.

C'est à 11 h, heure d'Europe (6 h, heure de Montréal) que cessèrent les hostilités sur tous les fronts, au terme d'un armistice dont les conditions avaient été définies à Washington, Paris et Londres plus particulièrement, et imposées à la délégation allemande présidée par le Dr Ertzberger par le maréchal Ferdinand Foch, commandant en chef des troupes alliés. L'armistice fut signé à Rethondes, près de Compiègne, endroit que devait choisir Hitler, 21 ans et demi plus tard, pour négocier l'armistice demandé par les Français du maréchal Pétain. Revanchard, Hitler devait pousser l'ignominie jusqu'à choisir également le même wagon utilisé en ce jour de novembre 1918 pour la signature d'un armistice qu'il avait trouvé tout particulièrement humiliant pour le peuple allemand.

Malgré la distance, malgré les moyens mis à sa disposition à l'époque, LA PRESSE avait fort bien couvert l'événement. Si bien que les nouvelles concernant la fin de la guerre abondaient, et dans plusieurs pages, d'où l'impossibilité de choisir un seul texte, car cela ne rendrait pas justice à l'événement. Pour vous tracer le portrait le plus fidèle possible de ces heures qui ont tant réjoui nos aïeux, il nous faudra nous limiter à vous rappeler les grands titres de LA PRESSE du jour, occasionnellement accompagnés d'un bref commentaire. Les titres sont en caractères gras, et les commentaires — qui sont d'époque — en caractères ordinaires.

Guy Pinard

■ Les nations alliées, avec Foch comme suprême interprète, ont fait connître aux délégués boches les conditions de l'armistice.

■ Les conditions de l'armistice. L'Allemagne devra, entre autres, évacuer tous les pays occupés, y compris la Belgique, l'Alsace-Lorraine, le Luxembourg, et toute la rive gauche du Rhin; libérer tous les prisonniers de guerre; livrer ses armes et munitions, une partie de sa flotte, et abandonner les avantages acquis à Brest-Litovsk et à Bucharest.

■ La France reconquise. La France récupère l'Alsace et la Lorraine, allemandes depuis 1870.

■ La France calme dans la joie comme dans les vicissitudes. La capitale française se réjouit, mais dignement et sans oublier que ce carnage affreux lui a coûté plus de 2 000 000 de ses valeureux enfants.

■ Les alliés s'arrêtent sur une certaine ligne. Les alliés conviennent de ne pas dépasser la ligne atteinte au moment de la signature de l'Armistice.

■ Circulaire révoltante des Boches. Trouvée sur un prisonnier allemand, cette circulaire émanant du quartier général de Von Ludendorf trace la ligne à suivre avec les prisonniers français.

■ Tout Montréal sur pied pour célébrer la paix. La métropole s'est levée ce matin aux coups de clairon de la grande victoire et toute la population s'est portée en masses compactes et enthousiastes sur le parcours de la grande parade de l'emprunt de la Victoire.

■ La grande parade de l'emprunt de la victoire coïncide avec la fin des hostilités. Par le plus phénoménal des hasards, la parade avait été prévue pour ce jour-là, comme si ses organisateurs avaient eu une prémonition.

■ Les troupes canadiennes sont maîtresses de Mons. Elles sont sous les ordres du général Horne.

■ On demande l'internement de Guillaume. La présence en Hollande du fameux tyran, le kaiser Guillaume II de Hohenzollern, de l'ex-impératrice Augusta-Victoria et du kronprinz Frédéric-Guillaume ennuient fort les autorités de ce pays. Ce sont des indésirables, qui cherchent à sauver tout d'abord leur peau. Ils sont accompagnés du maréchal Von Hindenberg.

LE VAINQUEUR DU JOUR

LE GRAND CAPITAINE FRANCAIS QUI A ECRASE L'HYDRE ALLEMANDE

Le Maréchal FERDINAND FOCH

Celui qui a dicté aux boches les conditions des alliés

UN LIEU HISTORIQUE

■ Le prince Eitel tente de se donner la mort. Pris de découragement, le second fils du kaiser, tente de se suicider, sort qu'auraient choisi trois généraux selon la rumeur publique.

■ La république à Hesse-Darmstadt. Le grand duché s'est déclaré république socialiste libre.

■ La révolution bat son plein. En Allemagne, les révolutionnaires occupent 14 des 26 états, y compris les quatre royaumes et les états les plus importants. C'est l'anarchie qui y règne, et une lourde tâche attent le régent du nouvel état, Friedrich Ebert.

■ Le peuple chante la Marseillaise à Berlin.

■ 1560 jours de guerre. Avec la signature de l'armistice par l'Allemagne, la guerre a virtuellement pris fin dans la 1,560e journée de son existence, ou quatre ans et trois mois et un tiers.

L'origine du coquelicot

SI on se fie aux archives de LA PRESSE. le coquelicot traditionnellement offert le jour de l'armistice l'aurait été pour la première fois au Canada le 11 novembre 1921, soit à l'occasion du troisième anniversaire de la fin de la première Grande Guerre.

Dans son édition du 5 novembre 1921, LA PRESSE retraçait l'origine du coquelicot. Elle rappelait tout d'abord que cette fleur artificielle (offerte à l'époque en coton, à 10 cents, et en soie, à 25 cents) était une réplique d'une fleur — le coquelicot — des Flandres. Cette région fut le théâtre, en octobre et novembre 1914, d'une violente bataille au cours de laquelle les Alliés empêchèrent les Allemands de s'emparer des ports du Pas de Calais, indispensables au ravitaillement de l'armée anglaise.

Placé sous le patronage de son excellence le gouverneur général lord Byng de Vimy, le *Jour du coquelicot* ou *Poppy Day*, avait pour but de ramasser des fonds pour les invalides. En effet, disait l'article de LA PRESSE, *les profits nets réalisés, déduction faite du coût d'achat, iront à l'association chargée de venir en aide aux invalides. On espère récolter assez dans cette vente de fleurs (...) pour mettre à l'abri du besoin les invalides au cours de l'hiver.* LA PRESSE ajoutait que même le coût d'achat servait une bonne cause, les coquelicots étant fabriqués par la *Ligue des enfants de Paris*, qui appartenait aux orphelins de la guerre, en France.

C'EST ARRIVÉ UN 11 NOVEMBRE

1979 — Évacuation de quelque 240 000 personnes dans la région de Mississauga à la suite du déraillement d'un convoi ferroviaire transportant des matières toxiques.

1975 — L'Angola obtient son indépendance du Portugal dans une atmosphère de guerre civile.

1973 — Signature de l'accord du cessez-le-feu égypto-israélien au km 101 de la route Suez-Le Caire.

1969 — À Montréal, l'administration Drapeau-Saulnier édicte un règlement anti-manifestation fort contesté.

1962 — Le débat du siècle à la télévision québécoise oppose le premier ministre Jean Lesage au prétendant Daniel Johnson.

1949 — Les organisations religieuses passent sous le contrôle de l'État en Tchécoslovaquie.

1942 — La France entière est occupée, après qu'Hitler eut déchiré le Pacte d'armistice de 1940 et envahi la zone libre.

1929 — Dédicace du Pont des ambassadeurs, qui relie Détroit au Canada.

1922 — Le Chili est dévasté par des chocs sismiques dus à un tremblement de terre. Les dégâts se chiffrent par millions.

1904 — Inauguration d'une nouvelle bibliothèque municipale, à Montréal, au Monument national.

1893 — LA PRESSE publie un impressionnant historique concernant les Sulpiciens.

Ennuis causés au propriétaire d'une maison hantée...

Ottawa, 7 — Un reporter de cette ville a fait des perquisitions sur les événements étranges qui se passent dans ma maison de M. Geo Daggs, de Clarenton Front, comté de Frontenac.

Des milliers de personnes ont visité cet endroit. Chaque samedi, on était témoin de quelque chose de très étrange.

Aussitôt que le silence se faisait parmi les visiteurs, le spectre profitait de l'occasion pour accomplir son oeuvre. Une fois la poche d'un habit suspendu au mur et remplie de bonbons fut vidée et le contenu était lancé à la figure des visiteurs.

Une autre fois, M. Horner, fils du Rév. M. Horner, bien connu à Ottawa, offrait des prières pour chasser le fantôme. M. Horner venait de lire un chapitre de la Bible et avait placé le livre sur une chaise pour s'agenouiller et faire une prière. En un instant, le livre disparut et, après maintes recherches, on le trouva dans le poêle. Il était en lambeaux et une trentaine de pages avaient disparu.

Malgré ses vicissitudes, M. Daggs refuse de quitter la maison avant de connaître la main mystérieuse qui lui cause tous ces ennuis. Il est allé voir la « Pythoniase de Plum Hollow », qui lui a dit que l'auteur de tous ces méfaits était une femme et ses deux enfants. Mme Dagg (sic) et ses enfants ne veulent pas partir avant que la découverte ait été faite, ce qui aura certainement lieu avant longtemps, car la maison hantée est maintenant habitée par plus de vingt personnes qui veillent tour à tour pour découvrir le mystère de Clarendon Front.

Cela se passait en novembre 1889...

Une des promotions de LA PRESSE

Ceux qui ont lu le cahier spécial du 20 octobre dernier se souviendront qu'à l'instigation de son « journaliste vedette » Lorenzo Prince, victorieux de la course autour du monde quatre ans plus tôt, LA PRESSE décidait en 1905 d'utiliser un énorme ballon pour faire sa promotion. Ce ballon était piloté par Émile Barlatier, photographe de son métier, mais aussi membre du Club aéronautique de France. Chaque décollage du ballon attirait d'importantes foules et s'avérait donc un outil promotionnel spectaculaire pour LA PRESSE. Ces photos sont la propriété de M. Georges Hellman, de Saint-Léonard. Celle de droite nous présente le couple Barlatier; Émile a d'ailleurs autographié sa photo en indiquant la date, soit le 27 février 1911.

BABILLARD

Depuis le début de la centième année de publication de LA PRESSE, son personnel a reçu de nombreux témoignages venant de tous les milieux. Les uns souhaitent tout simplement bon anniversaire à LA PRESSE et à son personnel, les autres y ajoutent un bon mot de félicitations pour le cahier spécial du 20 octobre ou cette page quotidienne. Nous vous en présentons une première liste aujourd'hui, à laquelle il faudra ajouter celle des Villes dont le conseil a adopté une résolution de bons voeux.

Ces témoignages nous viennent des personnes ou des institutions suivantes :

Jacques Filteau, de la Société canadienne des postes; Gilles Lafleur, de Bon Pilote Inc.; Pierre Desjardins et Mario Bertrand, de la brasserie Labatt Ltée; **la Presse Canadienne;** Claude et Fernand Drouin; **la Sûreté du Québec;** J. Palardy, de la rue Saint-André, à Montréal; **Lionel Lavoie, de Confection de Lavoy;** de Gilles Laflamme, de la rue Berri, à Montréal; **United Press Canada;** le personnel de l'Omnium de golf du Québec; **Félix Leclerc, plus particulièrement honoré dans nos pages;** Harry J. Renaud, autrefois des Expos et maintenant directeur général du stade de Vancouver; **la Chambre de commerce de Saint-Laurent;** le Tournoi des célébrités Molson; **Brian Mulronney, leader de l'opposition conservatrice à Ottawa;** Jacques Parisien, vice-président directeur général de TV Hebdo; **Jeannine Therrien, secrétaire exécutive d'Air Canada;** Theodor Sirganis; **Robert Ayotte, directeur du marketing et des communications des Nordiques de Québec;** Madeleine Rousseau, directrice générale de Les grands frères et grandes soeurs de Montréal Inc.; **Michel Charland, directeur de l'Information CHRC;** Jean La Couture, de Mallette, Benoît, Boulanger, Rondeau et Associés; **René Guimond, vice-président marketing et affaires publiques des Expos;** Louis Arpin, coordonnateur de l'émission *Télexarts* à Radio-Canada; **Omega Medina, de l'émission *Newswatch* au réseau anglais de Radio-Canada;** Paulette Racicot, de l'avenue Christophe-Colomb à Montréal; **le maire Jean Pelletier, de Québec;** Encre d'imprimerie du Canada Ltée; **Robert Crevier, président de la Ligue de hockey Dépression Inc.;** agence de publicité J. Walter Thompson; **Henri Pelland, directeur de la Banque nationale du Canada;** et Bert Cyr, président provincial de la Légion royale canadienne.

ACTIVITÉS

■ Salon du livre

Sur la scène centrale, enregistrement aujourd'hui à 11 h 15 de l'émission *Génies en herbe*, qui sera présentée au réseau français de Radio-Canada à 19 h le 17 novembre. Présence, au salon, des archives de LA PRESSE, en mettant l'accent sur les pages consacrées à la culture au cours des cent ans de LA PRESSE, et sur différentes pièces d'équipement (linotype, presse à épreuves, « ludlow », etc.) utilisées à l'époque où la typographie occupait une place de choix dans la composition du journal. Jusqu'au 13 novembre inclusivement.

■ Maison de la poste
Vitrine extérieure

Présentation d'articles et de chroniques philatéliques. Présentation du livre de l'année 1897 de LA PRESSE, ouvert à la première page de l'édition du 19 mai 1897, jour où l'on a illustré à la *Une* les timbres émis à l'occasion du jubilé de la reine Victoria. Jusqu'au 15 novembre inclusivement.

LA PRESSE

100 ans d'actualités

Cette page est tirée de l'édition du 12 novembre 1904 de LA PRESSE. Elle est très représentative de la « une » de l'édition du samedi du début du siècle, alors que la direction du journal mettait beaucoup plus l'accent sur un sujet qui se prêtait à une page de ce genre qu'à la nouvelle comme telle.

Comme le titre le dit si bien, cette page était consacrée à *l'été des sauvages*. Aujourd'hui, on dirait plutôt l' *été des Indiens*.

Le texte de l'époque rappelle que *l'été des sauvages, ou l'été de la Saint-Martin, est cette époque automnale, qui survient vers le 11 novembre et qui donne un regain d'ardeur à la nature.*

Allez donc, disait son auteur anonyme, *par une belle journée de novembre, faire une promenade rêveuse sur la montagne; vous comprendrez alors le charme de cette période de transition et vous en déplorerez la fugacité.*

Et l'auteur poursuit en rappelant tout le caractère buccolique de ces dernières journées avant que la neige ne vienne s'installer sur le sol pour les quatre prochains mois.

Après cette promenade en forêt, au coeur de la nature et de ceux qui l'habitent, il fallait à l'époque, et c'est tout aussi vrai aujourd'hui, rentrer vers la ville, vers *cette machine à écraser* comme il disait si bien.

Marguerite Bourgeoys, la Bienheureuse

Le Souverain Pontife honore, à Saint-Pierre, la fondatrice de la Congrégation de Notre-Dame

Plus de 30,000 personnes présentes à la cérémonie

Nous reproduisons de larges extraits du texte publié par LA PRESSE pour marquer l'hommage rendu à Marguerite Bourgeoys, à Rome, le 12 novembre 1950.

Cité du Vatican (PC) - Porté sur la sedia gestatoria, Sa Sainteté le pape Pie XII s'est rendu dans la basilique S.-Pierre (*sic*) pour y rendre hommage à Marguerite Bourgeoys, religieuse canadienne originaire de France que Sa Sainteté avait béatifiée plus tôt au cours de la journée.

Onze cardinaux, y compris S. Em. le cardinal James McGuigan, archevêque de Toronto, 60 archevêques et évêques, dont 20 du Canada parmi lesquels se trouvaient NN. SS. LL. EE. Alexandre Vachon, archevêque d'Ottawa, Paul-Emile Léger, archevêque de Montréal, et Maurice Roy, archevêque de Québec. De nombreux autres dignitaires ecclésiastiques ont assisté à la cérémonie. Une foule de quelque 30,000 personnes a acclamé le Saint-Père lors de son entrée dans la basilique.

Le Souverain Pontife a honoré solennellement la première Canadienne élevé au rang des bienheureux. La béatification précède la canonisation.

Son Ex. Jean Désy, ambassadeur du Canada en Italie, était aux premiers rangs. Parmi les 1,200 pélerins venus du Canada pour assister à cette cérémonie de béatification, on remarquait deux représentants du gouvernement de la province de Québec, les hon. Onésime Gagnon, trésorier provincial, et Camille Pouliot, ministre de la chasse et de la pêche.

Il y avait aussi un groupe de religieuses de la Congrégation de Notre-Dame de Montréal, communauté fondée il y a 300 ans par Marguerite Bourgeoys.

Le Saint-Père et la vaste assemblée des fidèles se sont agenouillés lorsque Son Ex. Paul-Emile Léger, archevêque de Montréal, a donné la bénédiction eucharistique du maître-autel de la basilique.

A l'issue de la cérémonie, les postulateurs de la béatification

ont offert au pape un tableau représentant Marguerite Bourgeoys et la vision de la Vierge qui l'a conduite à quitter la France pour mener la vie périlleuse de missionnaire aux premiers temps de la colonie, au Canada. (...)

Mgr. Fernandino Prosperini, chanoine de S.-Pierre, a lu durant la matinée le bref pontifical proclamant Mère Marguerite Bourgeoys bienheureuse tandis que l'évêque titulaire de Palmira et chanoine du Vatican, M. Domenico Fiori, entonnait le « Te Deum » et célébrait la première grand-messe solennelle à S.-Pierre en l'honneur de la nouvelle bienheureuse.

Épilogue

Le pèlerinage de la délégation canadienne devait être assombri, le lendemain (13 novembre) par un terrible accident d'avion qui fit 58 morts, dont 56 Canadiens. Ces Canadiens avaient pris place à bord d'un DC-4 surnommé *Le pèlerin canadien*. L'avion faisait route vers Montréal au retour de la cérémonie de béatification, lorsqu'il s'est écrasé sur le flanc du mont Obiou, haut de 8 000 pieds, dans les Alpes françaises. Il n'y eut aucun survivant.

BABILLARD

À propos du centenaire

Devant les centaines de lettres qui nous sont parvenues depuis deux semaines, et le grand nombre de conversations téléphoniques avec des lecteurs visiblement intéressés, il importe de faire le point sur certains aspects du centenaire de LA PRESSE.

D'abord, le **cahier spécial du 20 octobre 1983.** Ceux qui l'auraient raté peuvent encore s'en procurer un exemplaire (il en reste à peine quelques milliers) de la façon suivante : si la commande est de cinq exemplaires et plus, ces exemplaires sont livrés au client à raison de $1 chacun plus $2 de frais de livraison, et il faut s'adresser au Service à la clientèle; pour moins de cinq exemplaires, il faut se présenter au comptoir de la comptabilité, à l'entrée de la rue Saint-Jacques.

Concernant ensuite **l'affiche en couleurs conçue par Girerd**, on peut en obtenir des exemplaires en se présentant au même comptoir de vente de la rue Saint-Jacques. C'est à cet endroit qu'est offerte toute la **panoplie de gadgets souvenirs du centenaire.**

Et si vous visitez le comptoir des ventes de l'entrée Saint-Jacques, vous pourrez en profiter pour ajouter votre signature à celles des centaines de personnes qui ont déjà offert leurs voeux à LA PRESSE dans le **livre du petit porteur**, installé dans le hall d'entrée, au même endroit.

La page du centenaire

De nombreux lecteurs demandent si LA PRESSE entend présenter les pages du centenaire sous forme reliée, ou si elle entend offrir des reliures cartonnées grand format. Eh bien, la réponse est non, à cause du marché trop restreint. Si vous désirez collectionner ces pages, autant le faire à chaque jour, en veillant à réserver votre exemplaire chez votre dépositaire ou, mieux encore, en vous abonnant au journal. C'est le meilleur moyen de ne pas oublier.

Les certificats

Autant en profiter pour vous rappeler que LA PRESSE offre à tous les parents qui donneront naissance à un enfant au cours de cette centième année de publication, et qui en feront la demande en joignant une photocopie du certificat de naissance, un joli certificat polychrome au nom de l'enfant naissant. Un certificat semblable est également offert à tous ceux qui célébreront leur centième anniversaire (ou plus) de naissance ou tout autre anniversaire marquant au cours de cette année mémorable. On pourra obtenir de plus amples informations en s'adressant au Service de la promotion.

Les natifs du 20 octobre

Le Service de la promotion a procédé au tirage au sort d'une des lettres provenant d'un des lecteurs nés un 20 octobre et arrivées à LA PRESSE dans les délais prévus. Mme Gaétane Gauron, du 4200, rue Taillon, à Montréal, est donc priée d'entrer en communication avec Guy Pinard, au 285-7070.

Les natifs du 29 février

Quant à ceux et celles qui sont nés un 29 février, ils peuvent s'inscrire jusqu'au 31 janvier 1984. Pour ce faire, il suffit de faire parvenir une photocopie du certificat de naissance avec ses nom, adresse (code postal compris) et numéro de téléphone, à Guy Pinard, LA PRESSE, rédaction, 7 rue Saint-Jacques, Montréal, Québec H2Y 1K9.

Soulignons en terminant que la réponse au **test d'observation** du 29 octobre vous sera fournie mardi. Les lettres se comptent par centaines.

ACTIVITÉS

■ Salon du livre

Présence au salon des archives de LA PRESSE, en mettant l'accent sur les pages consacrées à la culture au cours des cent ans de LA PRESSE, et sur différentes pièces d'équipement (linotype, presse à épreuves, « ludlow », etc.) utilisées à l'époque où la typographie occupait une place de choix dans la composition du journal. Le salon ferme ses portes demain.

■ Maison de la poste

Vitrine extérieure — Présentation d'articles et de chroniques philatéliques. Présentation du livre de l'année 1897 de LA PRESSE, ouvert à la première page de l'édition du 19 mai 1897, jour où l'on a illustré à la *Une* les timbres émis à l'occasion du jubilé de la reine Victoria. Jusqu'au 15 novembre inclusivement.

■ À la radio

17 h, Radio-Canada — Chronique consacrée à LA PRESSE à l'émission *Avec le temps*, animée par Pierre Paquette.

C'EST ARRIVÉ UN 12 NOVEMBRE

1978 — Le maire Jean Drapeau remporte une autre écrasante victoire, aux l'élections municipales de Montréal.

1970 — L'écrivain soviétique Andrei Amalrik est condamné à trois ans de prison.

1963 — Le professeur Barghoon, de l'université Yale, est accusé d'espionnage et arrêté à Moscou.

1958 — John Diefenbaker, premier ministre du Canada, obtient une audience privée auprès du pape Jean XXIII.

1955 — À Nicolet, trois morts dans un glissement de terrain qui emporte une maison d'habitation, le collège et une partie de l'évêché. En outre, il faudra démolir la cathédrale.

1937 — Staline poursuit son « nettoyage » en s'en prenant cette fois aux ambassadeurs soviétiques.

1931 — Le statut de Westminster est présenté aux Communes; c'est le premier pas vers une indépendance totale pour le Canada.

1921 — Ouverture à Washington de la conférence sur le désarmement.

1911 — Inauguration solennelle de l'École sociale populaire, fondée par Édouard Montpetit.

1899 — Un incendie réduit en cendres la manufacture de biscuits de Viau et Frères.

Le 184e numéro de LA PRESSE

Autrefois professeur à l'Institut des arts graphiques, M. Aimé Beauchamp, possède un exemplaire de l'édition du 29 mai 1885, le 184e numéro de la première année de publication de LA PRESSE. Inutile de dire que M. Beauchamp conserve fort précieusement ce numéro déniché dans le coffre à pelleterie de son grand-père. LA PRESSE offrira un joli souvenir du centenaire à quiconque présentera un numéro antérieur à celui de M. Beauchamp.

photo Pierre McCann, LA PRESSE

Publicité publiée dans LA PRESSE en octobre 1901.

LA PRESSE
100 ans d'actualités

Selon les membres de la Commission de police

Le Théâtre Royal est un foyer de corruption

Un coin des deux galeries supérieures du Théâtre Royal montrant une affluence remarquable d'enfants, bambins et jeunes filles à ce spectacle. D'après un croquis de l'artiste de « La Presse » spécialement dépêché à la susdite représentation.

LE 14 novembre 1901, grâce au talent de son dessinateur A. S. Brodeur, LA PRESSE prouvait à la « une » la présence d'enfants aux spectacles prétendument osés présentés sur la scène du Théâtre Royal, rue Côté, théâtre que ceux des générations des 40 ans et plus pourraient comparer au théâtre Gaity, sur la scène duquel se trémoussait la très célèbre Lili Saint-Cyr.

La veille, LA PRESSE avait entrepris une campagne qui devait s'étaler sur plusieurs jours et amener la Commission de police à s'occuper de cette affaire. Voyons ce qu'on lisait dans l'édition du 14, après avoir affirmé la veille que les 11 et 12, on avait dénombré respectivement pas moins de 55 et 30 jeunes filles âgées de 9 à 16 ans dans les fauteuils de la première galerie, à regarder *ces scènes décolletées, ces danses en maillot, ces tableaux vivants, ces allusions risquées, ces déshabillés scéniques, ces mots à double sens qui ne peuvent que fausser le goût de l'enfant, pervertir ses aspirations, nuire à ses travaux, vicier son coeur, peut-être lui tourner la tête.*

La réunion de la Commission de police

Le 14, LA PRESSE donne le compte-rendu des délibérations de la Commission de police. Voici ce qu'on peut y lire : *La question de la fréquentation du Théâtre Royal par des jeunes filles et jeunes garçons a occupé sérieusement l'attention des membres de la Commission de police. (...) Trois des échevins ont admis l'existence de la plaie sociale signalée par « La' Presse » et se sont déclarés prêts à remuer ciel et terre pour y appliquer le fer rouge au plus tôt.*

Une chose a frappé l'attention de ceux qui assistaient à la séance, c'est le rapport officiel, fait par les émissaires du département de la police, deux détectives et un capitaine, sur la moralité des représentations qui ont eu lieu cette semaine au Théâtre Royal. Ce rapport, en effet, constate seulement « des décolletés comme dans les bals, des conversations banales, des gestes suggestifs » (les loustics diront sans doute que c'était avant l'arrivée du lieutenant Quintal qui lui se préoccupait de tout ce qui bougeait...).

Cependant, l'enquête faite par notre confrère du **Herald***, comme la nôtre, (...) établit :*

Que les décolletés sont exagérés et que la plupart des actrices apparaissent sur la scène en simples maillots collants;

Que les propos, tenus sur la scène, sont non seulement banals, mais excessivement licencieux — des parties de dialogue sténographiées que nous avons sous les yeux puent les maisons de débauche;

Que les choses morales les plus ordinaires, les lois du mariage, etc., y sont tournées en ridicule;

Que les pièces qu'on y joue ont pour décor des lupanars idéalisés, pour thème invariable l'adultère, et pour héros ou héroïnes des femmes galantes et leurs souteneurs.

L'échevin Lebeuf

L'échevin Lebeuf : (...) Ce règlement (qu'il se proposait de déposer au Conseil), *il a déjà été référé aux avocats de la ville qui l'ont examiné et étudié. Puis il a été retourné à la Cour du Recorder, qui y a inséré une note établissant qu'il faut plus qu'un règlement de police pour la réglementation des théâtres. Ces questions de morale doivent tomber sur le coup, paraît-il, des statuts du parlement fédéral. (...)*

Le juge Desnoyers m'a déclaré plusieurs fois que quatre-vingt-dix pour cent des petits garçons qui sont condamnés pour vols — garçons âgés de 10, 12, 15 ou 16 ans — ces enfants ont déclaré avoir volé pour se procurer un dix sous pour aller au Théâtre Royal, et les petites filles sont dans le même cas. (...)

Il a déjà été déclaré que le Théâtre Royal était une école de débauches pour les petites filles. On a appris de petites filles qui menaient des vies de prostituées qu'elles s'étaient débauché à ce théâtre.

Après la lecture du rapport des détectives Joseph Charpentier et F.C. Guérin, et de celui du capitaine Loye, lesquels tendaient à minimiser le caractère lascif des spectacles, l'échevin Lebeuf fait état d'une constatation étonnante.

Subterfuge découvert

D'après, dit-il, *les informations que j'ai reçues, (...) la représentation du lundi est toujours plus mauvaise* (au sens de vulgaire sans doute) *que toutes les autres, afin d'attirer le public. Aussi les lundis font toujours salle comble. Dès le lendemain, on change le programme. Les mouches sont attirées pour le reste de la semaine.*

L'article de LA PRESSE reprend le texte du **Herald** de la veille : *On prend des mesures sévères pour se préserver de fléaux comme la picote ou la tuberculose, mais on reste indifférent lorsqu'il s'agit d'enrayer une calamité aussi sérieuse que la corruption des moeurs et du goût de la jeunesse.*

Les pères de famille sont surtout intéressés à faire disparaitre ces représentations qui n'ont rien d'attrayant et sont une honte pour l'art théâtral.

Épilogue : Victoire!

Après avoir recueilli une foule de témoignages d'appui au cours des jours suivants, LA PRESSE annonçait fièrement, le 19 que *notre campagne porte des fruits.*

Mais on y avait mis le paquet, en impliquant des personnalités comme Mgr Bruchési, le Dr Fleury, interne en chef de l'hôpital Notre-Dame, l'hon. juge Desnoyers, l'hon. juge F.-X. Choquet, M. le magistrat Lafontaine, M. Achille St-Mars, greffier de la cour, son honneur le record Weir, l'hon. sénateur Dandurand, et combien d'autres encore.

Devant ce tollé de protestations, la direction du théâtre décidait de passer à l'action, de sorte qu'à la séance du mardi 18, LA PRESSE avait noté *moins d'enfants, moins d'obscénités, moins de propos indécents, moins de poses lascives, un peu plus de costumes, et, beaucoup plus de police. C'est déjà un grand pas de fait dans le domaine des bonnes moeurs. (...) Baissons le rideau!*

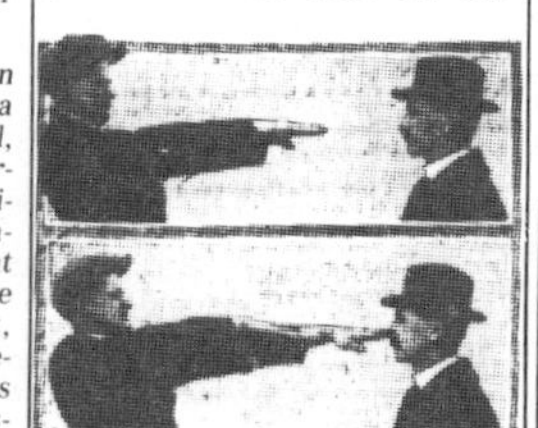

Le 14 novembre 1916, LA PRESSE accueillait dans ses bureaux un homme plutôt étonnant du nom de « professeur Stanley ». Âgé de 24 ans et natif de Brooklyn, Stanley étonnait non pas par ses tours de force ou son développement musculaire, mais plutôt l'extraordinaire contrôle qu'il possédait sur son anatomie. Ce contrôle suspect aux yeux de certains lui permettait, dit-on, de grandir de neuf pouces, d'allonger ses bras de 12 à 15 pouces, voire d'agrandir son tour de cou de 5½ pouces. Examiner les deux photos; sur celle du haut, les deux bras de Stanley se trouvent à une distance de 12 pouces de la figure du lieutenant instructeur Charron, de la police, alors que sur celle du bas, il atteint le nez de M. Charron du bout des doigts.

LE CONSEIL DE VILLE A DECIDE, HIER, D'ARMER LES CONSTABLES

AVANT APRES

« SI VIS PACEM, PARA BELLUM » — Traduction : « Le bonheur et la sécurité des citoyens doit résider dans l'armement de notre police ». ***Telle est la légende qui accompagnait ce dessin dans l'édition du 14 novembre 1899.***

Un danger pour les femmes : les chapeaux ornés d'oiseaux empaillés

LES femmes ne se doutent certainement pas, en général, des dangers auxquels elles s'exposent en portant des chapeaux ornés d'oiseaux empaillés, sans parler des protestations périodiques contre cette mode de la part des « amis des bêtes ». Voici ce qui vient de se passer en Louisiane :

Une jeune fille de Houghton, à qui sa beauté extraordinaire a valu le surnom de « la belle » de la localité, étant allée ces jours derniers à Schrevreport, n'a pu résister à la tentation d'acheter un magnifique chapeau qu'elle a vu à la vitrine d'une modiste. Ce dernier, qui était du dernier modèle reçu à Schrevreport, était orné d'un oiseau au plumage doré. Le lendemain, la belle de Houghton a voulu étrenner son nouveau chapeau et l'aller montrer à une de ses amis demeurant en dehors du village. Or, la jeune fille était à peine arrivée aux dernières maisons du village, lorsqu'elle a remarqué un gros aigle américain planant au-dessus d'elle et ayant l'air de la suivre avec persistance. Elle ne s'en est pas inquiétée. Mais quelques instants après, la jeune fille affolée s'est sentie enlevée en l'air par les brides de son chapeau. C'était l'aigle qui venait de fondre sur elle et de saisir l'oiseau empaillé dans ses serres.

Les brides du chapeau se sont rompues sous le poids de la belle de Houghton qui est retombée sur la route sans se faire, d'ailleurs, grand mal, tandis que l'aigle emportait son chapeau dans les bois du voisinage.

Cela se passait le 14 novembre 1896.

LE PONT PROPOSE ENTRE MONTREAL ET LONGUEUIL

Dans l'édition du 14 novembre 1896, on retrouvait ce projet d'un pont qui devait relier Montréal à sa rive sud un peu en aval de l'emplacement actuel du pont Jacques-Cartier. Voici d'ailleurs comment on le situait dans cette édition de LA PRESSE : ***L'extrémité nord tomberait presqu'à la manufacture de tabac Macdonald, sur la rue Ontario, et l'extrémité sud aboutirait pas mal avant dans les terres à Longueuil. L'un des principaux piliers du pont reposera sur l'île Ronde.***

ACTIVITÉS

■ Maison de la poste
Vitrine extérieure — Présentation d'articles et de chroniques philatéliques. Présentation du livre de l'année 1897 de LA PRESSE, ouvert à la première page de l'édition du 19 mai 1897, jour où l'on a illustré à la *Une* les timbres émis à l'occasion du jubilé de la reine Victoria. Jusqu'au 15 novembre inclusivement.

■ À la télévision
Vers 18 h 55, Télé-Métropole — Présentation, du lundi au vendredi inclusivement, de trois « unes » de LA PRESSE vers la fin du bulletin de nouvelles *Le 18-heures*.

C'EST ARRIVÉ UN 14 NOVEMBRE

1979 — Les résidents de Mississauga sont autorisés à regagner leur domicile.

1978 — John Sewell, réformiste de gauche, est élu maire de Toronto.

1975 — Création de la Régie des installations olympiques par le gouvernement du Québec, qui sera responsable de terminer les installations olympiques à temps pour les Jeux de juillet 1976.

1973 — La princesse Anne épouse le capitaine Mark Phillips.

1968 — Le gouvernement français impose des restrictions pour freiner la fuite des capitaux.

1966 — Début de la grève des 5 200 mécaniciens, chez Air Canada.

1962 — Éclatante victoire des Libéraux de Jean Lesage après une campagne sur la nationalisation de l'électricité.

1948 — Rupture de la trêve par l'armée israélienne qui lance une offensive sur le Néguev.

1941 — Le porte-avions britannique *Ark Royal* coule après avoir été torpillé près de Gibraltar.

1938 — Tous les juifs sont chassés des universités allemandes.

1932 — Un typhon sème la mort et la destruction au Japon : plus de cent morts, et 6 000 maisons détruites.

1930 — Décès à 67 ans d'Adélard Turgeon, président du Conseil législatif.

1902 — Le Stromboli est en éruption.

LA PRESSE
100 ans d'actualités

Arrestation de Pat Malone, tristement célèbre comme briseur de coffres-forts

M. L. Crevier, inspecteur du Pacifique Canadien.

Le détective Georges Thibault.

Le détective James Walsh.

Deux agents le capturent malgré ses menaces. La nitroglycérine en scène.— Explosion qui provoque un vif émoi.

UN VERITABLE ARSENAL VIVANT

Le texte suivant parut dans l'édition du **17 novembre 1913** et faisait état d'un crime commis dans la soirée du 15.

UNE terrible explosion ébranlait tout un quartier de la ville, samedi soir, vers 9 heures 15. Quand la fumée se fut dispersée les premiers témoins rendus sur les lieux s'aperçurent que des bandits venaient de tenter de faire sauter avec de la nitro-glycérine, le coffre-fort de l'établissement de MM. Wester and Son, marchands de matériel de construction, No 31 rue Wellington, à quelques portes à l'ouest de la rue McGill.

L'explosion avait causé un émoi bien facile à comprendre parmi les promeneurs qui encombraient les rues voisines et un grand nombre de curieux se dirigèrent au pas de course vers l'endroit où l'attentat venait d'être commis. (...)

Les détectives Thibault et Walsh, qui étaient de service dans le district eurent bientôt vent de l'attentat, et ils se joignirent aux chasseurs d'hommes divisés en trois groupes. (...)

L'arrestation

L'établissement Webster et les dépendances avaient déjà été visités plusieurs fois de fond en comble, mais l'on n'avait pu rien découvrir de suspect et les agents allaient abandonner les recherches, lorsqu'ils remarquèrent à une trentaine de pas plus loin, un hangard dont la porte était hermétiquement close. Ils s'y rendirent, et s'armant d'une pince, ils eurent vite fait d'enfoncer la solide porte qui, assujettie à l'intérieur, avait d'abord résisté à leurs efforts.

Comme ils s'élançaient dans la pièce, les deux intrépides agents entendirent une grosse voix, venant d'un angle obscur.

« Si vous faites un pas, disait la voix menaçante, si vous ne levez pas les mains en l'air, vous êtes morts ! » En même temps, l'on entendait, dans le silence effrayant qui suivit, le bruit d'un révolver (sic) *que l'on armait.*

Sans se laisser intimider, Thibault et Walsh se saisirent de leurs révolvers et crièrent d'un commun accord :

« Nous sommes ici pour vous arrêter, et nous vous aurons, morts ou vifs ! Levez les mains, ou nous tirons ! » « Très bien, je me rends », fit la voix. On fit de la lumière, et les agents s'aperçurent alors qu'ils avaient affaire à deux hommes qu'ils firent prisonniers et qu'ils conduisirent à la Sûreté.

Arsenal vivant

Là, ils ont dit s'appeler Michael Kelly et Joseph Wilson et n'avoir pas de demeure à Montréal.

Quand on fouilla Kelly, on trouva sur lui un révolver chargé, plusieurs cartouches, des mèches, de la dynamite, une scie, un morceau de savon, une montre, une lanterne électrique.

Le malheureux avait aussi dans l'une de ses poches, une bouteille contenant une chopine de nitro-glycérine.

« Il y avait assez de ce formidable explosif, nous disait un homme qui s'y connaît, pour faire sauter tout le palais de justice ou l'hôtel de ville. (...)

Tous deux avaient cependant donné de faux noms. L'inspecteur McLaughlin qui a eu l'occasion de voir la plupart des criminels célèbres du continent, en examinant Kelly, le reconnut aussitôt pour un nommé **Pat Malone, l'un des briseurs de coffres-forts les plus en renom d'Amérique**. *Il est âgé de 54 ans et a voyagé à travers le monde, à la recherche d'aventures qui l'ont souvent conduit au pénitencier, nous déclarait l'inspecteur de la Sûreté. Il est né à Montrél, rue Hermine, et ses parents étaient très respectables. Pat est entré très jeune dans le monde du vice, mais c'est surtout comme briseur de coffres-forts qu'il a acquis une certaine notoriété. (...)*

Le véritable nom de Joseph Wilson est Dick Flanagan. Il est né à Québec, mais il est venu habiter à Montréal alors qu'il était encore très jeune. Il est aujour'Hui âgé de 41 ans.

Un audacieux exploit

Malone, dont nous ne possédons malheureusement pas de photos, faisait une réapparition dans la région après une très longue absence, soit depuis son évasion à la suite d'un coup contre le coffre-fort de la société Goulet, à Joliette.

Traqués par deux détectives: L.G. Crevier, qui devait ensuite passé à l'emploi de CPR comme inspecteur, et P. McCaskill, qui devait diriger plus tard la Sûreté provinciale. On notera que ces deux hommes travaillaient pour l'agence de Silas H. Carpenter, qui allait devenir plus tard chef de la Sûreté de Montréal, puis de celle d'Edmonton.

Malone fut rejoint à Sainte-Anne-des-Plaines où il livra un duel au revolver à Crevier avant d'être arrêté. Mais, comme le raconte LA PRESSE, *une bonne nuit, il forçait la porte de sa cellule et prenait la clef des champs. On ne l'a plus revu au Canada jusqu'à samedi dernier.*

On ne saurait terminer ce compte-rendu sans mentionner le paragraphe suivant, dans lequel LA PRESSE exprimait le danger que représentait la nitroglycérine.

Parlant de la bouteille de nitro-glycérine trouvée sur Malone, l'inspecteur McLaughlin nous racontait le fait suivant : « Une nuit, des cambrioleurs sont surpris par la police de Philadelphie. Comme ils fuyaient les agents, un de ceux-ci tira un coup de revolver sur l'un des fuyards. Or, le malheureux avait justement une bouteille de nitroglycérine dans sa poche. Le projectile frappa la bouteille et il se produisit une explosion qui réduisit le voleur en atomes ! ». (sic)

C'EST ARRIVÉ UN 15 NOVEMBRE

1978 — Mort à 76 ans de l'anthropologue américaine Margaret Mead.

1976 — Victoire électorale du Parti québécois, qui forme le premier gouvernement souverainiste du Québec.

1975 — Conférence économique et monétaire de Rambouillet : les États-Unis conviennent de réduire les fluctuations erratiques du dollar.

1969 — À Washington, environ 250 000 personnes participent à une manifestation contre la guerre du Vietnam.

1967 — Les forces turques et grecques s'opposent à Chypre.

1965 — Montréal sollicite l'honneur de présenter les Jeux olympiques de 1972 à Montréal (cet honneur échouera à Munich).

1957 — Le Parlement canadien rejette deux propositions de drapeau national distinctif pour le Canada.

1949 — Mort par pendaison de l'assassin de Gandhi.

1949 — Le régime communiste chinois exige l'expulsion de l'ONU de la Chine nationaliste installée à Taiwan.

1948 — Démission du premier ministre fédéral Mackenzie King.

1946 — Les Pays-Bas reconnaissent la souveraineté de l'Indonésie dans le cadre d'une union néerlando-indonésienne.

1945 — Des émeutes éclatent à Tel-Aviv.

1935 — Le président américain Franklin Roosevelt et le premier ministre canadien Mackenzie King signent un accord de réciprocité de nature économique.

1920 — Quarante et un pays participent aux travaux de la Ligue des nations, à Genève.

1899 — Trois tenancières de maisons de débauche de Montréal subissent les foudres du Recorder.

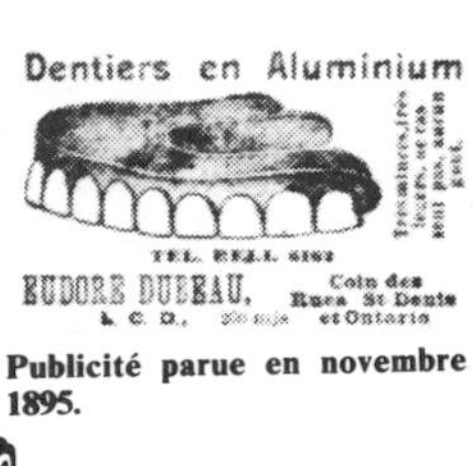

Publicité parue en novembre 1895.

BABILLARD

On salue LA PRESSE

Plusieurs bâtiments publics ont accepté de faire flotter le drapeau du 100e anniversaire de LA PRESSE à l'un de leurs mâts. On peut d'ailleurs en dresser une liste qui est incomplète pour le moment. Il s'agit du Palais des congrès, de la Banque nationale, de la Banque royale et du Allister Buying Office, sur la Place d'armes, de la fabrique Notre-Dame, rue Saint-Sulpice, de la fabrique Notre-Dame-du-Bonsecours, rue Saint-Paul, de la Maison de la poste, du collège Marie-Victorin, du Salon de l'agriculture et de la Place des arts pour un soir.

Un témoignage de Chapleau

Mme Rosa Pineau, une lectrice de Chapleau, nous fait parvenir le témoignage suivant : *Vous nous offrez de parler de LA PRESSE ! C'est comme nous entretenir avec quelqu'un au sujet d'une grande amie, d'une réalité que nous sommes donc heureux de sentir présente. Ayant les trois cinquièmes de son âge, mon témoignange, je le sais partiel, pour sûr. Mais je pris connaissance qu'elle était là quand dans ma petite enfance mon père et un oncle commentaient en riant les caricature d'un monsieur dont le nom devait rimer avec ALBÉRIC* (la dame veut sans doute parler d'Albéric Bourgeois) *et qui nous présentait les vieux dont un s'appelait La Débauche...*

Dans mon monde adulte, quand il me fut possible de l'avoir sous la main, il y eut certaines chroniques ou chroniqueurs après lesquels je courais comme après du bonbon : les lignes remplies par le frère Untel, la salle à manger animée par Roger Champoux, les rafraîchissements de Roger Lemelin, l'animation de l'Expo 67, la section « Arts et Lettres » toujours rejointe la première dans l'édition du week-end.

Incidemment, grâce à cette section qui a toujours su prévoir et prévenir — je lui dois d'avoir pu à maintes reprises partir du nord de l'Ontario, à un bon 600 milles de Montréal, pour assister à temps et en bonne forme aux concerts — donc grâce à cette section j'ai assisté à des concerts comme par exemple un récital de lieds de Schubert par l'inégalable Gérard Souzay, une symphonie de Beethoven dans l'église à Magog avec notre demi-dieu qu'est Dutoit, de fréquents concerts d'orgue classique à l'Oratoire, ou de visionner et d'entendre les Indes galantes de Rameau par une troupe européenne, etc. à la Place des arts.

Et que dire de notre Girerd, qui est depuis longtmeps vraiment nôtre, à constater combien on en est encore à surprendre chez lui une vraie connaissance des personnes, situations, subtilités que lui, ou son chien, ou sa fleur, a déjà saisies avant nous.

Bref, LA PRESSE, pour tout cela et encore infiniment plus, traverse le cap de tes cent années...et ne nous quitte pas! Tu traites de tout ce qui nous intéresse avec un niveau décent, ni vulgaire, ni trop austère.

Vive LA PRESSE ! Et que mes arrières-petits-enfants puissent en fêter le deux-centième anniversaire !

ACTIVITÉS

■ Maison de la poste

Vitrine extérieure — Présentation d'articles et de chroniques philatéliques. Présentation du livre de l'année 1897 de LA PRESSE, ouvert à la première page de l'édition du 19 mai 1897, jour où l'on a illustré à la *Une* les timbres émis à l'occasion du jubilé de la reine Victoria. Dernière journée aujourd'hui.

Cette vignette parue dans l'édition du 15 novembre 1897 illustre comment l'administration parisienne s'y prenait à l'époque pour résoudre le problème des chiens errants.

LES REPAS A BON MARCHE

Parue dans l'édition du 15 novembre 1897, cette vignette illustrait un *service spécial fondé à Berlin pour le transport des repas aux ouvriers des nombreuses usines. Chaque voiture a son quartier spécial et sa couleur distincte. A 11 heures le matin elle passe dans les différents quartiers de la ville, ramasse toutes les petites gamelles pleines, en remet une autre vide qui servira pour le lendemain, et la voiture va les livres aux diverses usines. (...) Ajoutons que toutes ces voitures sont chauffées à l'air chaud, ce qui permet aux ouvriers d'avoir un repas toujours tiède, par suite plus réconfortant.* L'ancêtre de la cantine mobile, en quelque sorte...

Les lecteurs les plus attentifs ont reconnu la différence majeure entre ces deux photos du quatrième édifice occupé par LA PRESSE au cours de son existence. Tout en admettant qu'il y avait plusieurs différences entre les deux croquis, celui de droite illustre un projet d'agrandissement qui aurait impliqué l'addition de deux étages et le relèvement de la corniche du bâtiment actuel d'un étage. Des 510 lettres reçues à ce sujet, pas moins de 340, ou 65 p. cent ont proposé la bonne réponse. Mais la plus exacte est venue de Jean-L. Castonguay, de l'île Perrot, et nous l'invitons à entrer en communications avec Guy Pinard, au 285-7070.

LA PRESSE

100 ans d'actualités

ILS ONT PENDU RIEL !

A la Mémoire de Louis Riel

LE DERNIER JOUR DU CONDAMNÉ.
Le Shérif Sam. Chapleau. "Avez-vous quelque désir à transmettre touchant la disposition de vos biens, meubles et effets?" RIEL... "Mon cher, je n'ai que ceci (touchant sa poitrine dans la région du coeur) et ceci je l'ai donné à mon pays, il y a quinze ans, et c'est tout ce qui me reste maintenant (LA PRESSE, 16 Novembre 1885)

SOUS LA LAMPE ELECTRIQUE

C'est ainsi que les ouvriers du département de la voirie ont travaillé, hier soir, pour terminer les travaux de pavage de la rue des Fortifications. --- Le surintendant de la "Presse" leur sert à midi du café chaud. --- Heure charmante.

Une grande animation régnait, hier soir, dans la rue des Fortifications, en arrière de l'édifice de la «Presse». Une équipe d'hommes du département de la voirie, sous l'habile direction du contremaître, M. Azarie Naud, travaillait activement à l'achèvement du pavage de la rue. On avait promis au surintendant de la «Presse», M. Gratton que les travaux, à cet endroit, seraient terminés ce soir-là et on a tenu parole. Mais, pour cela, il a fallu travailler ferme et exécuter la besogne jusqu'à huit heures du soir, à la lumière électrique qui avait été fournie par la «Presse».

Notre journal avait quelque peu souffert de l'encombrement de la rue samedi, alors que l'énorme tirage de ce jour-là avait dû être transporté de la «Presse» aux voitures de livraison, dans des brouettes; on a dû avoir recours au même moyen de transport, lundi après-midi.

Hier, la provision de papier

COMMENT, SAMEDI S'EST FAIT LE TRANSPORT AUX VOITURES DE LIVRAISON ALIGNÉES DANS LA CÔTE SAINT-LAMBERT, DE L'ÉNORME TIRAGE DE LA «PRESSE.» CE BROUETTAGE A ÉTÉ RENOUVELÉ, LUNDI APRÈS-MIDI.

LES OUVRIERS DU DÉPARTEMENT DE LA VOIRIE, SOUS LA DIRECTION DE M. AZARIE NAUD, PROFITANT JOYEUSEMENT DE L'INVITATION DU SURINTENDANT DE LA «PRESSE» ET DÉGUSTANT AVEC LEUR DINER, LE CAFÉ CHAUD QUI LEUR A ÉTÉ SERVI DANS LE DÉPARTEMENT D'EXPÉDITION DE NOTRE JOURNAL.

était épuisée, de même que la provision de charbon pour les machines. Si la rue n'avait pas été terminée hier soir, nous aurions été dans l'embarras; mais les employés de la voirie firent une telle diligence que cet embarras a pu être évité. Dès ce matin, les lourds camions chargés de rouleaux de papier et les tombereaux remplis de charbon pouvaient circuler librement dans la rue des Fortifications.

En reconnaissance du zèle déployé par les ouvriers de la voirie, la «Presse», à midi, aujourd'hui, les a invités à venir arroser leur dîner d'une bonne tasse de café bien chaud. M. Gratton, surintendant de la «Presse», leur donna l'hospitalité dans le département de l'expédition, où de grandes tables étaient dressées.

Le contremaître, M. Naud, et ses hommes ont fort goûté ce délicat procédé, et nous en sommes très heureux.

Ce fut une heure charmante.

Ce texte et ces illustrations, publiés le 17 novembre 1883, rendent compte d'un événement survenu le 16.

L'ÉQUIPE DE M. AZARIE NAUD, CONTREMAÎTRE DU DÉPARTEMENT DE LA VOIRIE, TRAVAILLANT, HIER SOIR, À LA LUMIÈRE DE LAMPES ÉLECTRIQUES FOURNIES PAR LA «PRESSE» À L'ACHÈVEMENT DU PAVAGE DE LA RUE DES FORTIFICATIONS.

NDLR — Le texte qui suit est tiré des éditions de LA PRESSE (y compris les éditions « Extra ») des 16 et 17 novembre 1885. Est-il besoin de rappeler que cette affaire a servi de tremplin à l'histoire fantastique de votre journal préféré. Les sous-titres sont d'aujourd'hui.

ILS l'ont pendu!!!

Il était onze heures et douze minutes quand le télégramme maudit est arrivé à Montréal.

Dix minutes plus tard, tout Montréal savait la nouvelle, et les affaires furent aussitôt suspendues.

Jusqu'au dernier moment, on avait espéré. Espéré quoi ? Tout et rien. Le shérif pouvait donner sa démission. Le bourreau pouvait disparaître. Les ordres étaient peut-être incomplets, un événement extraordinaire pouvait arriver... On espérait encore !

Mais le télégramme arriva, et le tocsin sonna bientôt dans toutes les maisons canadiennes.

Les crêpes apparurent partout, et partout on entendait ces mots : Ils l'ont pendu !!!

« Ce pauvre Riel est mort ! » tel est le cri de douleur que nous entendions s'échapper de la bouche d'un vieillard respectable et bien posé, que nous rencontrions ce matin dans une de nos rues de la ville.

Des larmes abondantes tombaient de ses yeux et exprimaient la douleur profonde dans laquelle son coeur se trouvait plongé.

Les orangistes assoiffés de vengeance

Pourquoi pleurer ? Riel est tombé, c'est vrai; mais il a fallu qu'il tombât; il a fallu qu'il sacrifiât sa vie au désir de ses ennemis acharnés, les orangistes.

Ils ont voulu lui faire expier, aujourd'hui, ce pourquoi il avait été condamné, et pardonné, il y a dix ans.

La mémoire de Scott *(victime des Métis, condamné à mort par ces derniers et exécuté malgré les appels à la grâce de Riel)* était encore vivace et il fallait le sang de Riel pour apaiser sa soif de vengeance.

Eh bien, Riel est mort.

Nous laissons à d'autres colonnes le soin d'enregistrer les circonstances qui ont accompagné cette mort et de prévoir les conséquences probables qui en résulteront; pour nous, nous devons nous contenter de dire le contre-coup que ce terrible événement a produit dans notre grande ville si généreuse de sentiments patriotiques et de charité. Si ceux qui ont ordonné la mort de Riel *(on visait alors le gouvernement conservateur de sir John A. Macdonald)* étaient à Montréal aujourd'hui, ils verraient de quelle faute, de quelle erreur de jugement et de quelle manque de patriotisme ils *(ceci s'adressait plus particulièrement à trois Canadiens français du gouvernement Macdonald, soit MM. Langevin, Chapleau et Caron)* se sont rendus coupables.

Montréal est en deuil

Connaissant le sentiment de notre population canadienne-française, nous nous sommes attachés à suivre la population anglaise. Elle est divisée comme toujours : il y a les honnêtes gens et ceux qui sont dépourvus de tous sentiments généreux. Dans les cercles d'affaires comme dans les cercles politiques principaux, nous avons remarqué que tous, comme nous, ont repoussé la responsabilité de ce crime lèse nation. Quelques voix orangistes parlent et rient tout bas; mais ces voix sont insignifiantes et peureuses, nous n'en devons pas tenir compte.

Montréal est en deuil. Montréal, la grande métropole du Canada, la source de tous les grands élans patriotiques et de toutes les entreprises nationales, pleure parce que la nation vient de commettre une faute grave, une faute criminelle, qu'il nous faudra racheter au prix de nous ne savons quel sacrifice.

L'éditorial du 17 novembre
LE GIBET

Riel vient d'expier sur l'échafaud le crime d'avoir réclamé les droits de ses compatriotes.

Il est pendu, mais on a été obligé de reconnaître que les réclamations étaient fondées, et d'y faire droit.

Un patriote vient de monter au gibet, pour un de ces crimes purement politiques, auxquels les nations civilisées n'appliquent plus la peine de mort.

Un pauvre fou vient d'être livré en holocauste à des haines sauvages, sans que même on ait daigné prendre le soin de s'assurer de son état mental.

Le général Middleton avait demandé à Riel de se rendre. On ne pend pas un homme qu'on n'a pu prendre.

On lui avait promis un procès loyal. On l'a livré à Richardson et à ses six jurés anglais.

Un Anglais, Jackson, n'était ni plus ni moins fou que Riel. L'avocat de la couronne s'est constitué son défenseur. Jackson a été acquitté et Riel est mis à mort.

On avait promis qu'après le rejet du pourvoi, il serait nommée une commission médicale; mensonge ! Il n'a jamais dû être, il n'a jamais été nommé de commission médicale.

Riel n'expie pas seulement le crime d'avoir réclamé les droits de ses compatriotes; il expie surtout et avant tout le crime d'appartenir à notre race.

L'échafaud de Riel brise tous les liens de partis qui avaient pu se former dans le passé.

Désormais, il n'y a plus ni conservateurs, ni libéraux, ni castors.

Il n'y a que des PATRIOTES et des TRAÎTRES.

LE PARTI NATIONAL ET LE PARTI DE LA CORDE.

Quelques notes sur Riel tirées de LA PRESSE

Louis David Riel était né à la Rivière Rouge en 1847. Il était le fils de Louis Riel et de Julie de Lagimodière. Il tenait son sang montagnais de sa grand'mère paternelle d'origine franco-montagnaise. Ses trois autres grands-parents étaient d'origine canadienne-française.

Son père fut à l'origine d'un mouvement de protestation contre le monopole exercé par la Compagnie de la baie d'Hudson sur les pelleteries des métis, et il eut gain de cause. Louis, le père, mourut le 21 janvier 1864, laissant son épouse seule pour élever huit enfants. Louis David avait rencontré son père pour la dernière fois quelques années plus tôt, aux Deux Rivières, près de Pembina, alors qu'il était en route pour le collège de Montréal où il devait entreprendre ses études classiques.

Après les événements de Fort Gary, en 1869, qu'on devait lui reprocher une décennie plus tard, Riel devint député fédéral de la circonscription de Provencher, avant de résigner ses fonctions en faveur d'un certain George E. Cartier.

Riel est mort courageusement. Après avoir appris la veille au soir, vers 21 h , que son appel au Conseil privé était refusé, il est mort calmement à 20 h 23. Selon le médecin légiste, il doit avoir perdu toute sensation dès le moment où il est tombé, et le coeur a cessé de battre en quatre minutes.

C'EST ARRIVÉ UN 16 NOVEMBRE

1969 — Des villageois sud-vietnamiens accusent des soldats américains d'avoir présumement massacré 567 civils sans défense, en mars 1968, à Song My.

1966 — Inauguration de la première centrale nucléaire canadienne, à Douglas Point, en Ontario.

1956 — Une grève sans précédent immobilise tous les ports de la côte est des États-Unis.

1955 — Retour triomphal de Mohamed V, rétabli sultan du Maroc à Rabat à la suite d'un accord avec la France.

1949 — Une violente tempête fait des milliers de morts et détruit 85 000 maisons en Inde.

1944 — Certains diplomates disent avoir perdu la trace du fuehrer Adolf Hitler depuis plusieurs jours.

1928 — Le Saint Père désapprouve les concours d'athlétisme féminin donnés en public.

1923 — Le Congrès national indien propose la désobéissance civile et le boycott des produits anglais dans sa lutte pour l'indépendance de l'Inde.

1910 — Le premier ministre Sir Wilfrid Laurier adresse à LA PRESSE (qui la publie à la une) les raisons qui justifient la loi de la marine canadienne.

BABILLARD

Un nouveau né du 20 octobre

On ne saurait passer sous silence le fait que **Marc Taillon**, fils de **M. et Mme Michel Taillon**, de la rue Codère, à Saint-Hubert, est né le jour où LA PRESSE a célébré le début de sa centième année de publication. Nos félicitations aux heureux parents; ils recevront dans les plus brefs délai un exemplaire du certificat émis par LA PRESSE à l'occasion de son centenaire.

Nos recherchistes

Le succès que connaît cette page auprès des lecteurs de LA PRESSE dépend beaucoup du travail dévoué et acharné de trois recherchistes. C'est grâce à leur effort inlassable que nous pouvons vous présenter un sujet différent tous les jours. Mille mercis donc à **Me Georges Wentser**, responsable de l'équipe, à **Francine Saint-Laurent** et à **Suzanne St.James**

Le test d'observation

Revenons quelques instants sur le test d'observation du 29 octobre dernier, afin de souligner que la réponse la plus exacte (avec croquis à l'appui) est venue de **M. Jean-L. Castonguay**, du 1537, boul. Perrot, à l'île Perrot, qui a correctement indiqué qu'on avait ajouté deux étages tout en soulevant la corniche actuelle d'un étage. M. Castonguay est donc prié d'entrer en communication avec Guy Pinard, au 285-7070.

Comme je le soulignais hier, seulement 65,5 p. cent des quelque 510 participants à ce test ont fourni une réponse exacte. Malgré tout, certains lecteurs ont trouvé la chose trop facile, ce qui n'est guère gentil pour les quelque 170 qui n'ont pu répondre adéquatement.

L'un d'eux, un résident de la rue Papineau dont je tairai charitablement le nom, m'a fait l'honneur de me traiter de « tata », tandis qu'un autre me demandait si la question-colle ne cachait pas quelque chose. Quant à **Jean-Claude Lynch**, de la rue Saint-Dominique, qui lui aussi trouvait la question trop facile, il a su le dire avec humour, en soulignant que la principale différence entre les deux photos résidait dans le fait que l'un des messieurs devant la porte de l'édifice ne portait pas les mêmes souliers sur les deux photos. Il ajoutait qu'il avait aussi noté des détails « insignifiants » comme la différence de deux étages.

À la prochaine, et merci à tous ceux qui se sont prêtés au jeu.

Guy Pinard

ACTIVITÉS

■ À la télévision

12 h 30, Télé-Métropole — Dans le cadre de l'émission *Entre-Nous* animée par Serge Laprade, Claudette Tougas, de LA PRESSE, présente la chronique *Cent ans de pages féminines.*

14 h 30, Radio-Canada — L'émission *Le temps de vivre*, animée par Pierre Paquette et destinée aux gens du troisième âge, sera consacrée à LA PRESSE. Dans un décor aménagé grâce aux archives de LA PRESSE et aux éléments décoratifs prévus pour l'année du centenaire, des invités du grand public auront l'occasion de rencontrer des journalistes de LA PRESSE, anciens et nouveaux, pour discuter des hauts faits de ce journal au cours des ans. La partie musicale sera assurée par M. Fernand Robidoux, qui entreprend une tournée des centres d'accueil avec un spectacle-conférence sur l'histoire de la chanson française, une commandite de LA PRESSE.

LA PRESSE

100 ans d'actualités

La crue des eaux interrompt le service des tramways

Ce jeu de photos indique bien l'importance de l'inondation. Voici d'ailleurs ce que disait la légende à l'époque. *Quelques incidents causés par les inondations au village Turcot. — En haut, à gauche : la livraison de pain et de lait par chaloupe, rue Sainte-Marie. Assis, au bout de la chaloupe, le lieutenant Piquette, du poste no 31. Au centre : les autos circulant dans l'eau, sur le chemin de la Côte Saint-Paul. A droite : le facteur livrant ses lettres en chaloupe, rue Saint-Omer. Debout, près de la chaloupe, le lieutenant Piquette et le sergent Leclair, du poste 31. En bas, à gauche : l'aspect que présentait la rue Notre-Dame, à l'angle de la rue Carillon. Au centre : une autre vue de la rue Sainte-Marie, qui a été l'une des plus affectées par les inondations. A droite, une maison isolée, rue Carillon.*

La circulation sur la ligne de Lachine est suspendue. — Les pluies torrentielles ont fait déborder la petite rivière Saint-Pierre.— La plupart des rues du village Turcot sont inondées

*Les lecteurs de LA PRESSE qui connaissent bien le secteur de Côte-Saint-Paul, de Saint-Pierre et de la cour de triage Turcot du Canadien National seront plus en mesure d'apprécier les événements survenus le **17 novembre 1927** que nous vous remémorons aujourd'hui.*

Il est question dans l'article de la « ligne de tramways de Lachine ». A ce sujet, il est bon de préciser que jusqu'à la fin des années 50, la rue Notre-Dame s'arrêtait à quelques centaines de mètres du chemin de la Côte-Saint-Paul. Le tramway menant à Lachine s'engageait alors en plein champ, longeant la cour de triage Turcot dans sa partie sud, à peu près dans l'axe de l'actuelle rue Notre-Dame, et il desservait autant les employés de la Canadian Car (aujourd'hui disparue) et les citoyens de Saint-Pierre et LaSalle (avec correspondance) que ceux de Lachine. La construction des échangeurs Turcot et Saint-Pierre, ainsi que celle de la route 20 qui les relie, ont complètement transformé le visage de ce secteur. Mais après cette digression géographique, revenons à notre inondation.

LE débordement de la petite rivière Saint-Pierre cause actuellement, au village Turcot, des dommages considérables. Dans certaines rues, il y a pas moins de 6 pieds d'eau. Aux autres endroits, le niveau d'eau varie entre 3 pieds et demi et 4 pieds.

Les rues qui souffrent le plus sont les rues Carillon, Sainte-Marie, Saint-Omer, Victor-Hugo, Septembre, la partie de la rue Notre-Dame longeant la rivière Saint-Pierre, et la partie du chemin de la Côte Saint-Paul située entre la rue Saint-Ambroise et le canal (*il s'agit du canal Lachine évidemment*).

La circulation est complètement interrompue, rue Notre-Dame, à partir du chemin de la Côte Saint-Paul. Cela veut dire que les tramways faisant le service de Lachine ne peuvent plus circuler. Le service de tramways de la Côte Saint-Paul continue cependant.

La petite rivière Saint-Pierre a comencé à déborder vers 1 heure p.m. Les premiers endroits inondés furent les rues Septembre, Carillon, Saint-Omer et Notre-Dame. (...)

Joyeuse population

La population de village Turcot prend la chose gaiement. Les enfants s'en amusent beaucoup. On pouvait voir nombre d'entre eux, s'étant construit des radeaux, naviguer sur les canaux de cette nouvelle Venise.

Les services de livraison ont offert, au début, quelques difficultés. Mais grâce aux officiers du poste de police no 31, le lieutenant Piquette et le sergent Leclair, qui ont pris la situation en main, un service de chaloupes fut bientôt organisé dans les rues les plus affectées. Ainsi, on pouvait voir le spectacle étrange d'un livreur de pain ou de lait ou encore le facteur, se rendant de porte en porte en chaloupe. (...)

La plupart des caves du village ont été inondées et les dommages, surtout chez les marchands qui sont assez nombreux, s'élèveront probablement à plusieurs milliers de dollars.

A Ville Saint-Pierre

Des dommages considérables ont été causés dans la plupart des caves des maisons situées sur la cinquième avenue à Ville Saint-Pierre. La rue principale, à l'angle de la 5e, est devenue un véritable lac. (...)

Le service des tramways de Lachine a dû être complètement suspendu. (...) Ordre a été donné, en conséquence, par la compagnie des tramways à ceux qui veulent se rendre à Lachine de prendre les tramways partant de la Place d'Armes à destination de Montréal-Ouest et là prendre les autobus à destination de Lachine, le nombre de ces derniers ayant été augmenté de façon à répondre autant que possible à tous les besoins du public voyageur.

C'EST ARRIVÉ UN 17 NOVEMBRE

1974 — Le Parti québécois promet qu'advenant la prise du pouvoir, il tiendrait un référendum sur la question de l'indépendance.

1973 — Le président Georges Pompidou, de France, et le premier ministre Edward Heath, d'Angleterre, signent le traité pour la construction d'un tunnel sous la Manche.

1972 — Le général Peron rentre une première fois en Argentine après 17 ans d'exil.

1969 — Ouverture à Helsinki des négociations soviéto-américaines sur la limitation des armes stratégiques.

1967 — Régis Debray est condamné à 30 ans de prison, en Bolivie.

1963 — Le ministre des Richesses naturelles du Québec, M. René Lévesque, somme Ottawa de justifier la décision d'Air Canada de préférer le DC-9 au Caravelle.

1961 — Le « séparatiste » Marcel Chaput perd son emploi au Conseil des recherches pour la défense. Motif invoqué: absence sans permission.

1961 — L'armée indienne occupe l'enclave portugaise de Goa.

1947 — Le président Truman demande les pleins pouvoirs afin de contrôler les prix et les salaires pour lutter contre l'inflation.

1942 — Les Américains portent un dur coup aux Japonais aux îles Salomon, en coulant ou en avariant 30 bâtiments de guerre.

1936 — Une explosion dans une poudrière de Saint-Chamas, France, fait 52 morts.

1931 — Les Japonais intensifient leurs bombardements aériens contre la Mandchourie.

1927 — M. J.A.A. Brodeur, président du Comité exécutif de la ville de Montréal, meurt à New York.

1905 — Décès à Bruxelles du comte Philippe de Flandres, héritier du trône

Pour Catherine, il faut un journal quotidien

AVEC le centenaire de LA PRESSE, beaucoup de lecteurs se souviennent que c'est dans le quotidien de la rue Saint-Jacques qu'ils ont vraiment appris à lire. Mais pour Catherine Gagnon, c'est bien différent: « Moi c'est à l'école que j'ai appris », dit-elle sans laisser transpirer la moindre hésitation.

MARIO FONTAINE

Mais cela n'empêche pas cette vieille lectrice de sept ans de parcourir son journal chaque jour, des nouvelles de la « une » jusqu'aux annonces classées. Avec un peu de chance elle s'accapare du premier cahier avant son père; hélas, quand il a la main plus leste, Catherine doit patienter dans d'autres sections parfois moins attrayantes pour elle.

Son pied-à-terre favori : la section des films, la plus efficace de tout le journal pour traîner les parents dehors. Et puis aussi les jeux comme le labyrinthe, les mots mystères et, évidemment, *La mystérieuse formule du docteur Bloc*. Les mots croisés, ce sera pour plus tard. On a beau voguer en pleine deuxième année primaire, la dix-huitième montagne à gauche en sortant de Transylvanie subcarpatique garde encore tous ses secrets.

Même « aguerrie », une lectrice aussi jeune a-t-elle une perception différente des « vraies » nouvelles, celles des adultes? A-t-elle peur lorsqu'elle parcourt les faits divers, où les pires horreurs de la terre le disputent aux crimes les plus horrifiques? « Moi je ne lis pas ce qui ne m'intéresse pas », explique cette sélective fillette. Mais ce qui l'intéresse, alors là attention!

Les textes sur l'*Halloween* n'ont eu aucun secret pour elle, et elle pourrait raconter par coeur la pathétique histoire de *Dos Bleu*, ce rachitique bébé phoque recueilli par des âmes sensibles et qui a non seulement survécu à sa misère, mais a aussi toutes les chances du monde de ne pas finir comme paire de bottes dans une vitrine.

Un vrai conte de la vraie vie que cette aventure de *Dos Bleu*. Parce que Catherine se désole de ne pas trouver, en général, de « vrais » contes dans LA PRESSE. Espérons que ce commentaire ne parviendra pas aux oreilles de Tante Lucille, qui a son coin chaque semaine dans *La Petite Presse!*

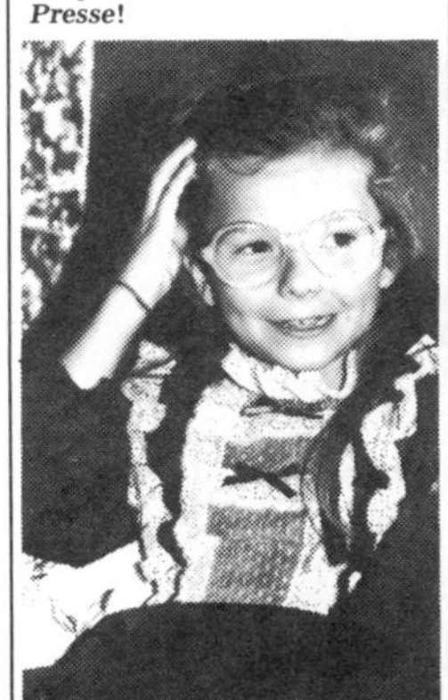

photo Armand Trottier, LA PRESSE

Catherine Gagnon a ses préférences, comme tous les lecteurs de LA PRESSE...

Notre *morfale* du quotidien estime aussi que les articles sont trop longs, même ceux qui l'intéressent. Et puis, dit-elle, ça manque de couleurs. La texture du papier lui semble aussi un peu bizarre. Pourquoi s'obstiner à publier sur un papier aussi salissant alors qu'on pourrait utiliser du papier blanc comme à l'école? Le format, en revanche, ne la rebute pas trop. On n'a qu'à lire LA PRESSE sur la table ou sur le tapis, explique-t-elle avec une moue. Evidemment il suffisait d'y penser!

LE TELEPHOTOGRAPHE

Nouvel instrument pour prendre des photographies à de grandes distances

M. J. Wesley Swam, actuellement de Norway, Me., et autrefois photographe à Montréal, est en cette ville, aujourd'hui. M. Swam est le photographe officiel du Grand Tronc, et il revenait justement de la Baie Georgienne, où il était allé prendre des vues dans les endroits de chasse sur la ligne du Grand Tronc. M. Swam a réussi à photographier jusqu'à des daims sauvages dans leurs profondes retraites. Les résultats obtenus sont absolument étonnants. Le procédé que j'emploie, dit-il, est connu sous le nom de téléphotographie, et il permet de prendre de magnifiques photographies à une distance de cinq milles. Je suis actuellement à travailler à perfectionner ce système de manière à prendre des photographies jusqu'à 35 milles de distance. Il s'agit d'adapter un puissant télescope au « camera » de manière à pouvoir rapprocher considérablement l'objet que l'on veut reproduire. Je crois que mon invention va être d'une immense importance en temps de guerre, car elle permettra aux officiers de se procurer des détails exacts sur la force et la position de l'ennemi, placé à 50 milles de distance. L'instrument que je suis à essayer actuellement a 50 pouces de long, mais je crois que je pourrai le porter à 100 pouces.

M. Swam a passé la plus grande partie de la journée avec M. Davis, agent général des passagers du Grand Tronc.

Cela se passait le 17 novembre 1899.

Publicité parue en novembre 1901.

BABILLARD

Témoins recherchés

Toujours dans le but de donner un caractère plus personnel aux événements relatés dans cette page, nous vous en proposons une nouvelle liste dans l'espoir que des témoins de ces faits pourront nous éclairer : le cambriolage du poste de police de Longueuil en 1898; l'écrasement du DC-8 à Sainte-Thérèse en 1963 (il nous faudra choisir le meilleur); la série d'explosions souterraines dans le nord de Montréal, en 1932. Prière d'écrire à Guy Pinard, LA PRESSE, rédaction, 7 rue Saint-Jacques, Montréal H2Y 1K9.

On recherche ces personnes

Toutes les personnes dont les noms ont paru dans cette page jusqu'à aujourd'hui exclusivement sont priées de communiquer avec Guy Pinard, au 285-6843, dans les plus brefs délais. Une agréable surprise les attend.

Collection à offrir

Mme Colette M.-Gingras, de Sainte-Foy, Québec, a une série d'exemplaires de *L'Opinion publique*, un hebdomadaire publié à Montréal par la Compagnie de lithographie Bubland Limitée, et qui se caractérisait par les dessins à la plume qui accompagnaient les nouvelles. La série comporte des exemplaires publiés entre février 1880 et décembre 1881, et Mme Gingras serait disposée à la vendre. On pourra obtenir de plus amples informations auprès de Guy Pinard, au 285-7070.

ACTIVITÉS

■ À la télévision —

19 h, Radio-Canada: Diffusion de l'émission *Génies en herbe*, enregistrée au *Salon du livre*. Quatre confrères de la salle, Mmes Lysiane Gagnon et Marianne Favreau, et MM. Luc Perreault et Réjean Tremblay disputeront la victoire à quatre jeunes dans une émission consacrée au centenaire de LA PRESSE.

LES NOUVEAUX TRAMWAYS

Voici comment LA PRESSE signalait, dans son édition du 17 novembre 1927, l'arrivée d'une nouvelle série de tramways : *Les officiers de la compagnie des tramways ainsi que les membres de la Commission des tramways ont fait l'inspection de la première livraison de cinquante nouveaux tramways qui circuleront incessamment dans nos rues. Ces nouveaux tramways ont cinq pieds de plus long que les tramways à un employé unique. Quarante-huit personnes peuvent s'y asseoir, au lieu de 42 dans les anciens tramways.*

LA PRESSE

100 ans d'actualités

Montréal la nuit : une visite dans les caves de la rue du bord de l'eau

Nous reproduisons de larges passages de l'article consacré aux miséreux et paru dans LA PRESSE du ***18 novembre 1897****.*

LE reporter de nuit de la « Presse » accompagné du lieutenant Soulières et du constable spécial Codenier, a visité la nuit dernière, les établissements de la rue Saint-Paul où il jugea par lui-même du nombre de pauvres diables qui pour la somme de dix centins, sont logés pour la nuit dans des caves situées au-dessous des magasins, hôtels, etc. (...)

Les soirs où la température est chaude, les locataires de nuit arrivent généralement entre neuf et dix heures ; il s'en trouve quelques-uns sous l'influence des boissons alcooliques ; mais en général ces gens sont parfaitement sobres.

Il y en a de toutes sortes, et la plupart sont des repris de justice, a ajouté en souriant notre interlocutrice. D'autres sont des miséreux sans travail qui se réservent dix sous pour avoir leur coucher au lieu d'aller chercher asile à la police. Il y a une autre catégorie d'individus qui, il y a quelques années, vivaient à l'aise mais que malheureusement, la boisson a complètement ruinés et le lieutenant Soulières qui connaît les caves de la rue Saint-Paul depuis plus de vingt ans, nous a cité des noms que le public serait surpris de voir imprimés. (...)

Vendre son paletot pour se loger

Dans un de ces refuges, il y avait près de quinze individus, couchés et au moment où notre reporter sortait de la dernière cave, un individu entrait et offrait son paletot en vente pour se procurer les dix sous exigés pour l'empêcher de passer la nuit à la belle étoile.

Les constables qui font le service dans la rue Saint-Paul ont dit au représentant de la « Presse » que malgré la présence de tous ces individus dans cette rue, bien rarement, il y avait du tapage, ce qui fait un grand changement depuis que la fameuse bande d'assommeurs de la rue Saint-Paul a été dispersée et dont plusieurs des membres furent envoyés au pénitencier de Saint-Vincent-de-Paul.

On se rappelle que cette bande se composait de voyous qui assommaient les passants, leur enlevaient leur argent et étaient la terreur du voisinage. (...) Ce n'est pas sans un grand déploiement de courage que la police a réussi à débarrasser la société de ces voyous. (...)

Les casernes de police

Mais il n'y a pas que les caves de la rue Saint-Paul où les sans-travail vont passer la nuit. Il y a également les casernes de police qui ont un grand rôle à jouer. Notre reporter assiste chaque nuit à des scènes parfaitement inconnues du public, et ce n'est que l'oeil du reporter qui voit certains cas de misère, qui attendrirait le coeur le plus endurci.

Chaque soir, les malheureux commencent à arriver vers neuf heures, et certaines nuits, les cellules sont encombrées et les dénués de la fortune sont entassés comme des sardines.

Hier soir, le lieutenant Bouthillier, de service au bureau central, nous disait vers dix heures, qu'il était surpris de voir si peu de miséreux, mais à peine avait-il prononcé ces paroles, que trois sont entrés et à deux heures ce matin, il y avait 25 hommes et deux femmes dans les cellules.

Dans le corridor d'une des cellules, spectacle navrant ; nous voyons étendus sur le plancher, çà et là, une vingtaine d'individus fumant du tabac qui vous prend à la gorge en mettant le pied dans la cellule. (...)

Les officiers de police disent que plusieurs de ces miséreux ont adopté les cellules comme leur logis et chaque soir ce sont les mêmes figures.

L'été, à cinq heures, et l'hiver, à six heures, on leur donne leur congé et ils se dirigent dans les quatre coins de la ville. Quelques-uns vont même dans les églises où ils passent une couple d'heures à se chauffer.

Il est vrai que les lits sont un peu durs dans les cellules, mais il vaut mieux encore coucher dans cet endroit que de passer la nuit au froid.

De vieux trucs

Pour tous ceux qui n'ont pas eu l'occasion de passer une veillée dans l'un de nos postes de police principaux, surtout celui qu se trouve situé à l'hôtel de ville, le dicton populaire qui veut que la moitié des habitants de la ville de Montréal ignore comment l'autre moitié vit, a parfaitement sa raison d'être. (...)

Notre gravure montre comment ils (*les miséreux*) s'étendent sur le dur pavé de brique, afin d'essayer à oublier pendant quelques heures de sommeil, qu'ils ne sont pas heureux. Plusieurs d'entre eux refusent de se coucher sur le plancher d'une cellule. Ils ont généralement le soin de se munir d'un journal qu'ils étendent sur le plancher et sur lequel ils se couchent, en se faisant un oreiller de leur veston et gilet. (...) Notre gravure montre de plus un truc ingénieux pour se reposer la tête en attachant un mouchoir aux tuyaux du calorifère. (...)

Le matin, avant le départ (*à cinq heures l'été, et à six heures l'hiver*), du pain beurré, ainsi que du bon thé chaud, est généralement servi. On est obligé, à cause de l'encombrement qui surviendrait, de mettre à la porte tous ceux contre lesquels aucune accusation n'a été portée.

Il y en a de toutes les nationalités et de tous les âges. Il y a quelques soirs, un vieillard, un Canadien, âgé de 76 ans, demandait abri. Ses enfants l'avaient mis à la porte, disait-il.

Parmi les femmes, règle générale, ce ne sont que des ivrognesses que la patrouille ramasse dans les rues. Des vieilles et des jeunes dont quelques-unes encore jolies. Il n'est pas rare de voir des enfants de 14 ou 15 ans déjà voués au vice, et arrêtés pour avoir attaqué des passants dans la rue.

Les corridors du poste central de police, occupés par les miséreux qui y trouvent un refuge pour la nuit.

Sur la scène de l'actualité

M. ESDRAS MINVILLE, professeur à l'École des Hautes Études Commerciales, qui donnera, ce soir, à 8 h. 30, une conférence intitulée "Agir pour vivre", à la salle Saint-Sulpice, sous la présidence de M. Édouard Montpetit. (Croquis d'un dessinateur de la "Presse").

Cette chronique s'est retrouvée dans les pages de LA PRESSE pendant plusieurs années. On y présentait les personnalités des différentes sphères d'activités de la vie montréalaise. Cette photo-montage d'Esdras Minville a paru dans l'édition du 18 novembre 1927.

Une sensation à Valleyfield

Les agissements louches de gens disant venir de Montréal pour vendre un fonds de nouveautés, provoquent presque une émeute.

POURSUIVIS PAR LA FOULE

Reproduction du texte publié par LA PRESSE en rapport avec les événements survenus le ***18 novembre 1914****. Ce texte démontre qu'à l'époque, il ne fallait pas jouer avec les règlements municipaux.*

(Du correspondant de LA PRESSE)

Valleyfield, 19 — Notre paisible petite ville a failli être le théâtre d'une émeute, hier soir. Il y a quelques jours, arrivaient dans notre ville certains personnages disant venir de Montréal, pour y vendre un fonds de nouveautés ; on fit une réclame retentissante en contravention avec les règlements de notre ville et qui valut l'arrestation en bloc du personnel de tout le magasin. Tous furent remis en liberté provisoire en attendant leur comparution devant le recorder.

La conduite de ces personnages avait soulevé l'indignation du public, on se mit à les surveiller. Or, comme c'était, hier, soir de fermeture, on vit vers six heures et demie, trois jeunes filles entrer dans le magasin de ces personnages. Plusieurs personnes ayant été témoins de la chose, ordonnèrent à ceux-ci de faire sortir ces jeunes filles immédiatement ; ceux-ci refusèrent. En un instant près d'une centaine de citoyens accourus, avaient cerné le magasin. Les personnes à l'intérieur craignant cette foule grandissante, éteignirent les lumières et se cachèrent, espérant que la foule, fatiguée d'attendre, se disperserait. Malheureusement, ce fut le contraire, et celle-ci alla en augmentant.

Vers les 11 heures, nos fameux personnages craignant pour leur vie, demandèrent à la foule de reculer de cinquante pieds, et qu'ils laisseraient sortir les jeunes filles. La foule se rendit à cette demande ; c'est alors que celles-ci sortirent et furent arrêtées quelques instants plus tard par la police et écrouées au poste de police, où elles passèrent la nuit. Deux des personnages du magasin, ayant profité de la sortie des filles pour prendre la fuite, furent poursuivis par la foule et se réfugièrent dans une maison de la rue Champlain, et durent leur salut à l'intervention de la police.

La cour, ce matin, était remplie de curieux et on dit que d'autres arrestations vont avoir lieu.

C'EST ARRIVÉ UN 18 NOVEMBRE

1968 — Fin de la grève des enseignants de New York, en vigueur depuis la rentrée scolaire.

1966 — Le major américain William Knight établit un record de vitesse de 4 159 m/h aux commandes d'un X-15.

1965 — Vingt-deux dénonciations sont déposées contre 18 personnes, conséquence du rapport Sylvestre-Letarte sur l'administration de la Cour municipale de Québec.

1956 — La Pologne passe carrément dans le bloc communiste.

1955 — La revue hebdomadaire *Oggi* révèle que sa sainteté Pie XII a eu une vision du Christ dans la nuit du 2 au 3 décembre 1954, ce qui expliquerait sa guérison étonnante.

1948 — L'Eire devient une république indépendante.

1947 — Le gouvernement américain prête $300 millions au Canada.

1945 — Les Soviétiques occupent l'Azerbaïdjan à la faveur d'un mouvement insurrectionnel.

1943 — Un millier d'avions déversent 1 500 tonnes de bombes sur l'Allemagne.

1941 — Décès du poète québécois Émile Nelligan.

1923 — L'inauguration de la semaine du livre marque l'avènement d'une ère littéraire nouvelle au Canada.

1906 — Les anarchistes placent une bombe dans la basilique de Saint-Pierre de Rome.

1903 — Sir Wilfrid Laurier prononce un brillant discours devant les étudiants en Droit de l'université Laval.

Le dernier voyage du *Montréal* s'est terminé en tragédie

LE soir du **18 novembre 1926**, Mme Marie-Rose Valois, née Guertin, de Saint-Ignace-de-Loyola, n'a pas regardé en direction du fleuve avant de se coucher. « D'habitude, quand le *Montréal* arrivait à Sorel, j'ouvrais ma fenêtre et j'essayais de le voir passer. Mais ce soir-là, il était tombé une neige bien fine et j'avais fermé mes contrevents de bonne heure. »

PAUL ROY

Le *Montréal*, un élégant bateau à aubes, propriété de la Canada Steamship Lines, entreprenait ce soir-là son dernier voyage de l'année. Parti de Montréal, il devait arrêter à Sorel vers minuit puis filer sur Québec. Retour prévu à Sorel à la Sainte-Catherine, une semaine plus tard, cette fois pour « dégreiller ».

Bateau de croisière doublé d'un cargo, il ne transportait que des marchandises sèches et des animaux en ce soir de novembre. Son capitaine, N. McGlennon, commandait à un équipage d'une cinquantaine d'hommes, au nombre desquels, Charles-Édouard Valois, le jeune époux de Marie-Rose.

Vers 11h, au moment où Mme Valois monte se coucher, un incendie majeur éclate à bord du navire, qui va s'échouer près de Saint-Joseph-de-Sorel (aujourd'hui Tracy), sur la propriété d'un M. Joly.

Charles-Édouard Valois, « homme de vigie », réveille plusieurs de ses compagnons dont son père, deux de ses frères et quelques oncles et cousins. Le feu, qui a débuté dans une écurie à chevaux, prend rapidement de l'ampleur; les hommes ont à peine le temps d'enfiler quelques vêtements avant, dans plusieurs cas, de se jeter à l'eau.

Le *Montréal*, de la compagnie Canada Steamship Lines, qui a été détruit par un incendie au large de Saint-Joseph de Sorel.

Quelques uns s'étant précipités vers le quatrième sabord de l'avant se trouvent pressés devant une étroite ouverture. Il ne peut y passer qu'un homme à la fois. À défaut de femmes et d'enfants, on s'entend tacitement pour que les pères de familles passent les premiers.

Les 4h30 du matin, les marins rescapés ont été regroupés à l'hôtel Balmoral, à Sorel. On leur distribue vêtements secs et chaussures. Trois hommes ont quitté pour l'hôpital... et trois manquent toujours à l'appel, dont Charles-Édouard Valois. Des compagnons racontent l'avoir vu se jeter à l'eau puis disparaître de leur vue.

Trois enfants

Marie-Rose Valois, aujourd'hui âgée de 83 ans, n'apprendra la nouvelle que le lendemain matin. « J'étais en train de laver la vaisselle quand une demoiselle Brooks, âgée d'une dizaine d'années, est venue m'apprendre que le *Montréal* brûlait à la « pointe des Joly ».

« J'ai couru chercher mon chapelet et je me suis confiée à la Sainte-Vierge. Je me promenais dans le champ avec mon chapelet et je faisais des promesses, j'ai fait ce jour-là des folies que je n'aurais jamais du faire.

« Je me suis rendue chez mon beau-père avec mes deux enfants, Léonne, 2 ans, et Vitalien, 1 an — Mme Valois était alors enceinte de deux mois; Edouardina naitra sept mois plus tard. Quand ils m'ont vu entrer, ils ont éclaté! »

Le bateau et sa cargaison étaient assurés. Les hommes, c'était différent. « Moi, se rappelle Mme Valois, il ne m'en est pas resté épais. Vingt-six ans, trois enfants... mais j'avais du coeur. »

Les Canadiennes peuvent en appeler au Conseil Privé

Londres — Le comité judiciaire du Conseil Privé a accordé aujourd'hui à cinq femmes du Canada le droit d'en appeler au Conseil privé contre le jugement de la Cour Suprême du Canada qui a décidé que les femmes n'étaient pas des « personnes », selon le sens de l'Acte de l'Amérique du Nord, et que, par conséquent, elles n'avaient pas le droit d'être élues membres du Sénat canadien.

La demande d'appel a été présentée par Me Cazan et elle n'a pas été combattue par le représentant du Canada, Me Theobald Matthews.

Les demanderesses sont toutes de la province d'Alberta. Ce sont l'hon. Irene Parlby, d'Alix, l'une des premières femmes de l'empire à devenir membre d'un cabinet; Mme Louise McKinney, de Claresholm, la première femme membre de la législature d'Alberta; Mme Neillie McClung, écrivain et conférencière; Mme C.C. Edwards, de McLead, et le magistrat Emily Murphy, d'Edmonton.

Cela se passait en novembre 1928.

BABILLARD

Des fleurs pour le père Noël

La Société canadienne des postes, CKAC, le complexe Desjardins et l'équipe du centenaire de LA PRESSE ont uni leurs efforts pour que le passage du père Noël au complexe Desjardins soit plus spectaculaire que jamais en 1983.

Il y a tout d'abord son arrivée au complexe, prévue pour demain, samedi, à 13 h. Cette arrivée sera spectaculaire, mais nous préférons ne pas en dire plus pour le moment afin que la surprise soit encore meilleure pour les bambins.

Les enfants sont aussi invités à écrire au père Noël, et s'ils le font sur le blanc de lettre proposé par LA PRESSE, ils auront la chance de participer au concours qui permettra à mille d'entre eux d'être de la fête qui marquera le départ du père Noël vers son domicile du pôle Nord. Il suffit d'adresser ses lettres de la façon suivante : Père Noël, Pôle Nord, HO HO HO.

La station CKAC pour sa part, lira en ondes les meilleures des lettres écrites au père Noël pendant cette période. Soulignons que le père Noël répondra à chaque lettre que ses chers enfants lui enverront, grâce à l'amabilité de la Société canadienne des postes.

Mentionnons en terminant que la direction du complexe Desjardins exposera tous les dessins que le père Noël recevra des enfants.

Un centenaire

LA PRESSE offre ses voeux les plus sincères à M. Robert Côté, qui célèbre aujourd'hui son centième anniversaire de naissance. M. Côté est l'un des quatre pensionnaires centenaires de l'Hôpital général de Sorel.

ACTIVITÉS

Salon du timbre

Présentation d'articles et de chroniques philatéliques. Présentation ddu livre de l'année 1897 de LA PRESSE, ouvert à la première page de l'édition du 19 mai 1897, jour où l'on a illustré à la *Une* les timbres émis à l'occasion du jubilé de la reine Victoria. Le Salon se déroule au Palais des congrès.

LA PRESSE

100 ans d'actualités

Ces trois photos tirées de LA PRESSE du 19 novembre 1917 montrent certains éléments incorporés au défilé militaire de ce matin-là. La photo de gauche montre un tank *Britannia*, prêté par les autorités britanniques. Au centre, un des canons de tranchée utilisés par les troupes canadiennes contre les boches du kaiser, dans les Flandres. Ci-dessus, le char allégorique du Pacifique Canadien, *l'un des plus remarqués dans la grande parade*, si on se fie à la légende de l'époque.

LA GRANDE PARADE DE L'EMPRUNT CANADIEN DE LA VICTOIRE

Jean Lalonde se souvient de la couleur des costumes

C'ÉTAIT une bien belle parade. Jean Lalonde n'avait que neuf ans lorsque son père l'amena au défilé de l'emprunt de la Victoire. Et pourtant, soixante-six ans plus tard, il se souvient encore de la couleur des costumes, tandis que les images du kaiser Guillaume II et du maréchal Joffre ont imprégné à jamais sa mémoire.

MARIO FONTAINE

Du premier, il se rappelle le chapeau pointu, l'habit officiel et aussi — mais de cela il n'est pas tout à fait certain — des chaînes dont on avait chargé le sosie de l'empereur boche tant honni.

Les soldats allemands qui marchaient au pas, eux, n'avaient rien de fictif. On croit rêver : les organisateurs du défilé avaient en effet demandé aux honorables prisonniers de guerre s'ils voudraient bien participer à la parade, pourtant destinée à lever des fonds contre leur pays! Mais bien sûr, répondent-ils fort civilement. Et d'enfiler, tout fiers, leurs costumes allemands pour parader avec les autres...

« Les gens n'étaient pas du tout agressifs à leur égard. Ils savaient que les simples soldats ne sont pas responsables de ce que décident leurs dirigeants », se remémore M. Lalonde. Mais ce dont il se souvient encore plus, c'est du chemin du retour, lorsque le tramway dans lequel ils prenaient place, son père et lui, s'arrêta au milieu de sa course pour laisser passer le cortège du maréchal Joffre, le vrai celui-là.

« Ça s'est passé en face de la gare Bonaventure, rue Saint-Jacques, dit M. Lalonde. Dans ce temps-là les étudiants du Mont-Saint-Louis qui le désiraient recevaient une formation militaire, donnée par de vrais officiers. Et ils avaient des habits magnifiques. On en a vu plusieurs qui couraient devant la voiture du maréchal Joffre, pour lui ouvrir la voie. C'était merveilleux. »

Une question aussi abstraite qu'un emprunt de la Victoire n'intéressait guère le gamin qu'il était alors. Il se rappelle cependant qu'on en parlait beaucoup à la maison. À cette époque son père était photograveur à LA PRESSE, et toute la famille habitait Saint-Henri. C'est d'ailleurs pour cela que si la parade l'avait impressionné, il n'en avait pas été bouleversé outre mesure car il avait l'habitude du panache militaire.

Le prince de Galles avait en effet passé plusieurs mois tout près de chez lui, dans un convoi ferroviaire de grand luxe garé rue de Courcelle, entre Saint-Jacques et Notre-Dame. Tous les matins c'était le lever du prince, avec fanfare, défilé et mouvements de soldats. Assoiffés par la manoeuvre, les soldats les envoyaient, lui et ses copains, leur chercher de l'alcool dans un débit voisin. « Nous, on passait par la porte arrière, parce qu'on connaissait le patron. Les soldats nous donnaient 50 cents, et ça n'en coûtait que 25. C'était payant! »

Pour M. Lalonde, c'était la belle époque, l'heure de gloire du quartier. Et de conclure, nostalgique : « Aujourd'hui, j'habite Rosemont. C'est bien beau, Rosemont. Mais crème soda, mon Saint-Henri, je l'oublierai jamais! »

photo Michel Gravel, LA PRESSE

Jean Lalonde, devant son domicile.

C'EST ARRIVÉ UN 19 NOVEMBRE

1979 — Grève dans les hôpitaux du Québec.

1978 — Pas moins de 914 membres de la secte People's Temple, du révérend Jimmy Jones, se donnent la mort à Jonestown, Guyana.

1976 — Robert Bourassa démissionne comme chef du Parti libéral du Québec.

1975 — Mort du général Franco, maître de l'Espagne depuis 37 ans.

1970 — Bilan de l'ouragan au Pakistan oriental : 150 000 morts.

1969 — Après un alunissage parfait dans l'Océan des Tempêtes, les astronautes américains Conrad et Bean procèdent à une exploration du sol lunaire à proximité de leur véhicule spatial.

1967 — Fondation du mouvement Souveraineté-Association.

1959 — Décès de Mgr Joseph Charbonneau à Victoria où il vivait en exil.

1951 — Les Britanniques occupent Ismaïlia, en Égypte.

1949 — Inauguration des nouvelles orgues du sanctuaire de Sainte-Anne-de-Beaupré.

1948 — Le gouvernement hongrois annonce l'arrestation du secrétaire particulier du cardinal Mindszenty, le Dr Lajos Zachar, pour « trahison ».

1929 — Le cardinal Raymond-Marie Rouleau préside les cérémonies marquant le 25e anniversaire de la bénédiction de la première chapelle de l'Oratoire Saint-Joseph.

1920 — Le Service municipal de la santé de Montréal décrète la vaccination obligatoire de tous les écoliers contre la variole.

1905 — Le traversier *Hilda* sombre dans la Manche entre Southampton et Saint-Malo, faisant plus de 100 victimes.

Un sous-marin du Kaiser à Montréal

Ce sous-marin capturé aux Allemands a été transporté par chemin de fer de Halifax au port de Montréal, où il a été exposé afin de stimuler la campagne de l'Emprunt de la Victoire. Le public devait débourser 25 cents (10 cents pour les enfants) pour le visiter. Le sous-marin devait initialement être exposé au square Victoria, mais on avait dû abandonner l'idée parce qu'on ne pouvait le transporter à cet endroit.

BABILLARD

Une lectrice impressionnée

Une lectrice de Mont-Saint-Hilaire, **Mme Cécile Gervais,** a visiblement été impressionnée par l'article récemment consacré (le 24 octobre) au vol de la rue Ontario, en 1924, d'autant plus que les bandits abandonnèrent le fourgon de la Banque d'Hochelaga, tout près de la demeure de ses parents, dans le quartier Villeray. Ses notes ajoutent des éléments au dossier. Les voici :

J'avais sept ans et j'étais en train de jouer à l'arrière de notre maison située rue Chambord, entre les rues Everett et Villeray. Nous vivions dans un endroit très isolé. À ce moment-là, il n'y avait que trois maisons dans notre rue, et tout autour ce n'était que champs vagues, des bois, une carrière de pierres et des sablières.

Autour de midi, je vis arriver une grande voiture noire qui s'est arrêtée rue Everett entre les rues Christophe-Colomb et de Laroche, et j'ai bien vu des hommes en sortir et se diriger vers la rue de Laroche. Pourquoi ai-je remarqué la grande voiture noire ? Parce qu'on en voyait très peu à cette époque-là.

Vers le milieu de l'après-midi, intrigués, mes oncles qui travaillaient dans une sablière tout près de l'endroit où était stationnée la voiture noire, se demandaient pourquoi elle était là depuis si longtemps, à côté de la grande clôture de l'orphelinat Saint-Arsène.

Ils allèrent voir et trouvèrent un homme mort (le bandit Stone) assis à l'arrière de la voiture et deux fusils de chaque côté de lui.

Les policiers trouvèrent dans une poche du veston du mort une adresse sur un tout petit papier, ils s'y rendirent et trouvèrent une femme et deux hommes en train de se séparer l'argent. Et c'est ainsi que fut découverte toute la bande à Tony Frank.

Mme Gervais conclut sa lettre en disant que c'est sa soif d'informations à cette occasion-là qui l'amena à lire LA PRESSE, qu'elle lit toujours d'ailleurs. Et elle ajoute en guise de conclusion : *C'est aussi par LA PRESSE que j'ai appris seule à dessiner en reproduisant les dessins trouvés dans le journal.*

ACTIVITÉS

AUJOURD'HUI

■ Complexe Desjardins

13 h, arrivée du père Noël — Le père Noël fera une arrivée aussi remarquée que spectaculaire au complexe Desjardins, aujourd'hui, à 13 h. Mais nous préférons ne pas en dire plus pour le moment afin que la surprise soit encore meilleure pour les bambins. Pour savoir ce qu'il en retourne, il faudra donc se rendre sur les lieux.

■ Salon du timbre

Présentation d'articles et de chroniques philatéliques. Présentation du livre de l'année 1897 de LA PRESSE, ouvert à la première page de l'édition du 19 mai 1897, jour où l'on a illustré à la *Une* les timbres émis à l'occasion du jubilé de la reine Victoria. Le salon se déroule au Palais des congrès et ferme ses portes demain.

■ À la radio

17 h, Radio-Canada — Chronique consacrée à LA PRESSE à l'émission *Avec le temps*, animée par Pierre Paquette.

DEMAIN

■ À la télévision

16 h 30, Télé-Métropole — Dans le cadre de l'émission *Sports-Mag* l'animateur Pierre Trudel consacre quelques moments de rétrospective à un événement sportif illustré par les archives de LA PRESSE.

La démonstration a été l'une des plus imposantes qui aient eu lieu à Montréal. — Acclamations d'une foule enthousiaste tout le long du parcours.

TOUT LE PEUPLE EST REPRESENTE

MONTRÉAL a été témoin, cet avant-midi (*l'article est tiré de l'édition du* ***19 novembre 1917***), d'une des plus imposantes démonstrations qu'il ait encore été donné de voir dans les rues de la métropole canadienne. La grande parade en faveur de l'emprunt de la victoire a obtenu un succès qui a dû dépasser même l'attente des organisateurs. La procession était d'une longueur interminable et il fallut plus d'une heure et demie pour que tous ceux qui y prenaient part puissent défiler à un point donné. Le parcours s'étendait sur une longueur d'environ six milles.

Tout le long du parcours, considérable pourtant comme on le voit, des rangs compacts de citoyens s'entassaient sur les trottoirs et débordaient dans la rue elle-même. Et dans cette foule régnait le plus grand enthousiasme. Les acclamations ne cessaient de retentir et devenaient encore plus accentuées quand passaient les vétérans de la grande guerre, les soldats et les marins américains, les poilus français en permission à Montréal, le tank « Britannia » prêté par les autorités britanniques et que l'on attendait avec tant d'impatiente curiosité ou des chars allégoriques d'une signification toute particulière.

Tout le long des rues que suivit la procession, les maisons étaient décorées de drapeaux, de banderoles et de devises rappelant à chacun qu'il doit souscrire à l'emprunt dans la mesure de ses moyens. (...)

Les chars allégoriques

Les chars allégoriques étaient très nombreux; on en comptait plus de soixante. Et tous symbolisaient une grande idée se rapportant à la présente guerre. Ils étaient décorés avec un goût parfait. Mentionnons, entre autres, le char de l'association des banquiers, représentant le kaiser écrasé sous le poids des sacs d'argent fourni par le peuple canadien; un char de la Fédération des Armateurs, de Montréal, le char « What we have we'll hold », les chars du Pacifique et du Grand Tronc. Mais c'est le tank « Britannia » qui attira le plus l'attention et qui souleva le plus d'applaudissements de la part de la foule.

Ce n'est pas sans émotion que l'on vit cette monstrueuse machine si fatale aux ennemis avancer lourdement montée par quelques-uns même des soldats qui le dirigèrent contre les tranchées allemandes au cours des attaques des Canadiens dans les Flandres. Le tank était suivi de trois automobiles blindées et de nombreux tricycles dans les paniers desquels avaient pris place des soldats invalides revenus du front.

Américains et poilus

Les soldats et les marins américains, de même que les poilus français revenus à Montréal, soulevèrent aussi un vif enthousiasme. (...) Le départ se fit à 10 heures précises du square Victoria et les rues parcourues furent Saint-Antoine, Windsor, Dorchester, de la Montagne, Sherbrooke jusqu'au parc Lafontaine.

Environ une heure avant le départ, les soldats américains et les troupes canadiennes s'assemblèrent au Champ de Mars. Ces milliers de militaires en uniforme kaki offraient un beau spectacle. (...) C'est la première fois, depuis la déclaration de l'indépendance des Etats-Unis, dit-on, qu'il est permis aux troupes américaines portant armes, d'entrer au Canada. Environ 180 soldats américains faisaient partie du groupe.

Dans les rangs

Suivait dans l'article la liste quasi complète des différents éléments de la « parade ». En voici quelques-uns, comme ils sont décrit dans l'article : détachement de la police montée; infanterie de marine des États-Unis; vétérans français (sac au dos); le maire, contrôleur, conseil; char allégorique du Dominion; magistrature et Barreau de Montréal; maire et conseil de Westmount, Maisonneuve, Outremont, Verdun, Saint-Lambert; lady Meredith et membres des équipes de dames anglaises; navire ambulance de la Croix Rouge; ligue des Femmes de Soldats de Westmount; Superfluity Shop, char allégorique; char allégorique des Canadiens-français; char allégorique des Alliés; char allégorique (Economie des vivres); Women's Emergency Corps; char allégorique (Les munitions); Association des Manufacturiers Canadiens; Société des Architectes; Ligue des Hommes d'Affaires; Institut des Comptables et Auditeurs; association des notaires; association des marchands de mercerie en gros; clergé protestant; clergé hébreu; Canada Club; char allégorique du Rotary Club; association de publicité; club Saint-Denis; Kiwanis; automobile Club; association des Bonnes Routes Canadiennes; char allégorique (Les vivres); chevaliers de Colomb; etc... *Cette liste quasi interminable se terminait avec le char allégorique du théâtre Gayety, rue Sainte-Catherine. Rien n'y manquait, même pas la boîte de burlesque par excellence de Montréal!*

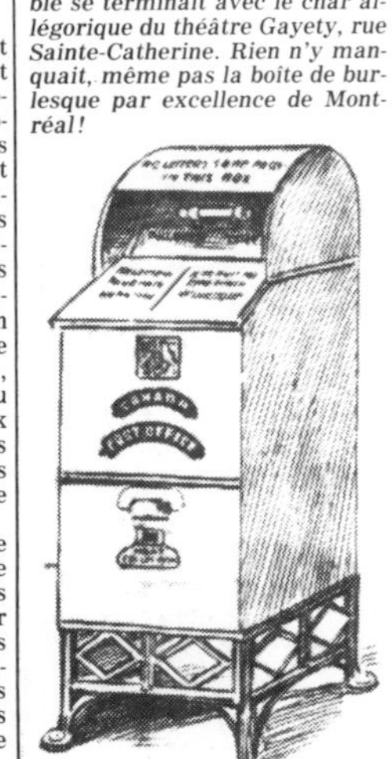

Nouvelle boîte postale pouvant recevoir des colis

On a inauguré, ce matin, les nouvelles boîtes postales pour les colis ou les paquets. Vingt de ces boîtes ont été placées, aujourd'hui, par le département des postes, à différents endroits de cette ville, et vingt autres seront installées demain.

Ces boîtes sont perfectionnées. Outre le tiroir à bascule, dont elles sont munies on pourra y lire, sur la façade, l'heure et la date à laquelle la prochaine collection sera faite.

Sur les côtés seront indiquées l'heure et la date de la dernière collection, ainsi que les heures de l'arrivée et du départ des trains de malle.

Cela se passait le 19 novembre 1901.

LA PRESSE

100 ans d'actualités

L'affaire Cordélia Viau (1)

UN CRIME MYSTERIEUX

Cordélia Viau. Dessin de LA PRESSE d'après la seule photographie authentique qui existe d'elle.

L'AFFAIRE Cordélia Viau a fait couler beaucoup d'encre depuis qu'elle a commencé en novembre 1897. Malgré les nombreux documents, malgré aussi le film produit par l'Office national du film (qu'on peut d'ailleurs se procurer sous forme de magnétocassette), nombreux sont ceux qui, encore aujourd'hui, doutent de la culpabilité de «la femme Poirier», Cordélia Viau de son nom de fille, et seraient tout au plus prêts à lui attribuer un rôle accessoire dans le meurtre de son mari.

LA PRESSE de l'époque, avec toute la fougue de sa jeunesse (elle avait alors 13 ans) et son désir de renseigner le plus complètement ses lecteurs nouvellement acquis, avait attaché beaucoup d'importance à ce qu'il est convenu d'appeler *l'affaire Cordélia Viau.*

Les événements ont commencé par l'assassinat mystérieux d'Isidore Poirier dans la soirée du 21 novembre 1897. C'est aujourd'hui qu'il fallait donc en parler pour respecter le cadre que nous nous sommes fixé pour cette page de réminiscences. Mais devant l'abondance d'informations, devant le très grand intérêt qu'avait manifesté LA PRESSE pour cette affaire, de novembre 1897 à mars 1899, nous avons choisi de ne pas résumer toute l'affaire en une seule journée, mais de suivre l'évolution du dossier au fil des mois. L'affaire Cordélia Viau vous sera donc présenté sous forme sériale, mais par intermittences. La série d'articles commence donc aujourd'hui, se poursuivra en novembre et décembre, puis se terminera le 10 mars après quatre autres articles dans la série. De cette manière, il nous sera possible de vous proposer un dossier beaucoup plus complet.

Deux petites remarques avant de vous laisser à la lecture du texte. En premier lieu, il faudra un certain temps avant que le journaliste écrive correctement le nom de Sam Parslow, le complice de Cordélia Viau. En deuxième lieu, nous reproduirons de très larges extraits des nombreux articles publiés par LA PRESSE, en respectant la manière de faire à l'époque, par exemple pour ce qui est des sous-titres, centrés, en majuscules et souvent puisés au milieu d'une phrase, pour faire choc.

Bonne lecture.

Guy Pinard

La résidence des Poirier à Saint-Canut.

Horrible boucherie à St-Canut, Deux-Montagnes

UN HOMME EGORGE CHEZ LUI

On le trouve renversé sur son lit, le cou à moitié coupé

UNE SENSATION DANS TOUT LE DISTRICT

(De l'envoyé spécial de «La Presse»)

SAINTE-SCOLASTIQUE — Un crime abominable vient de jeter l'émoi parmi la population de Saint-Canut, joli petit village, situé à six milles de Sainte-Scolastique. Un citoyen très estimé, M. Isidore Poirier, menuisier, a été trouvé égorgé dans sa résidence, dans des circonstances

ABSOLUMENT MYSTERIEUSES.

M. Poirier, qui était quelque peu adonné à la boisson, s'était enivré dimanche ***(le 21 novembre 1897)***, après la messe à laquelle il avait assisté. Il passa l'après-midi à la maison seul presque tout le temps, car sa femme se rendit aux vêpres en compagnie de M. Samuel Parselon, un visiteur très assidu de la famille Poirier. Le soir, entre 4 heures et 5 heures, Mme Poirier rentra chez elle et elle déclara que son mari n'était plus alors en état d'ébriété. Elle prit

UN COUP OU DEUX

avec lui, et fit ensuite atteler sa voiture par Samuel Parselon, pour se rendre chez son père à six milles de distance. Elle dit qu'elle ne se serait pas absentée si son mari avait été ivre. Il était très bien alors et il a lui-même insisté pour que sa femme se rendit chez son père. (...)

Elle passa la nuit chez son père, et revint le lendemain matin, vers 6 heures. Elle était accompagnée de M. Bouvrette, forgeron, qui demeure à quelques pas de chez elle. Ils frappèrent à la porte mais ne reçurent aucune réponse.

M. Bouvrette ouvrit alors une fenêtre et s'introduisit dans la maison.

LA FEMME POIRIER

ne voulut pas entrer et elle se borna à regarder par la fenêtre dans la maison.

Elle dit qu'elle a vu son mari étendu sur son lit, tout ensanglanté, mais elle n'a pas voulu entrer parce qu'elle avait peur de se trouver mal. M. Bouvrette lui dit de retourner avec lui et il la mit au courant de ce qu'il venait de voir. (...) Le crime a dû être commis dans la soirée de dimanche. Mme Poirier, qui est organiste de la paroisse de Saint-Canut, se rendit ensuite, malgré ce qu'elle venait d'apprendre, à l'église, où on devait célébrer un mariage.

Le coroner Mignault, responsable de l'enquête.

ELLE ACCOMPAGNA LE CHANT

qui fut fait pendant la cérémonie, et a parlé aux gens de la noce de ce qui venait de se passer chez elle. (...)

M. le curé Pinault, ayant été aussitôt averti, fit fermer la maison et mander M. le coroner Mignault, de Saint-Augustin. Ce dernier était absent pour affaires professionnelles et ce n'est que vers huit heures, qu'il a pu se rendre sur le théâtre de la tragédie.

IL COMPOSA AUSSITOT UN JURY

et procéda à l'enquête. (...)

Notre représentant a vu hier ***(lundi, 22)***, Mme Poirier. Elle se montre sévère pour la victime qui n'était pas un bon mari, dit-elle. Il buvait tout son argent quand elle ne réussissait pas à s'en emparer. C'était un ivrogne, ajoute-t-elle, et depuis longtemps.

IL PARLAIT DE METTRE FIN A SES JOURS.

Mme Poirier émit l'opinion que son mari s'était suicidé. (...) C'est là la version de Mme Poirier; nous devons ajouter que les habitants de Saint-Canut nient énergiquement que ce soit le cas et tous sont d'opinion que

POIRIER A ETE ASSASSINE.

(...) L'intérieur (de la maison du crime) est bien fini. En entrant dans cette chambre (celle du crime), notre reporter a constaté que

TOUT ETAIT EN DESORDRE.

Poirier était étendu sur son lit, les jambes pendantes. Il était en bras de chemise et son chapeau en feutre rond était sous sa tête, tout ensanglanté. Sa chemise était couverte de sang coagulé et les oreillers, le couvrepied, le tapis étaient imbibés de sang. Il avait au cou la plus horrible des blessures. Il avait la gorge ouverte, et portait à la figure deux blessures assez profondes. A son côté, sur son oreiller, était déposé

UN COUTEAU A BOUCHERIE

encore maculé de sang et un mouchoir rouge sur le fond duquel se détachaient des taches de sang coagulé. Il y avait dans la chambre toutes les traces d'une lutte désespérée, une lampe cassée, une tablette du bureau de toilette brisée, le plancher, qui est verni, égratigné par les chaussures à clous, du sang sur le tapis et même sur le mur. (...)

Voici comment a dû se passer la tragédie. Quelqu'un s'est introduit dans la maison après le départ de Mme Poirier et y a trouvé Poirier dans un état d'ivresse assez avancé. La femme Poirier prétend qu'elle avait laissé les clefs de la maison à son mari en partant, mais ces clefs n'ont pas été retrouvées. L'on est porté à croire cependant que c'est Poirier luimême qui est allé ouvrir la porte à l'assassin. Ce dernier et sa victime seraient alors entrés dans la chambre à coucher où a été trouvé le cadavre pour prendre un verre de whisky. Une bouteille contenant encore

UN PEU DE WHISKY

a été trouvée sur le plancher, au pied de la victime. L'assassin, qui avait sans aucun doute prémédité son crime, puisqu'il était armé d'un couteau, s'est alors jeté sur sa victime et a réussi, après une certaine lutte, à le faire tomber en travers sur le lit.

Le défunt, probablement dégrisé à la vue du couteau levé sur lui, a encore résisté. Sa main gauche est coupée à l'intérieur comme si, en se défendant, il avait serré avec la main la lame du couteau. Il porte aussi une coupure au menton, et une autre plus profonde à la joue gauche. L'assassin, après avoir maîtrisé sa victime, a dû, ni plus ni moins,

LUI SCIER LE COU

car le couteau est mal aiguisé et le cou est aux trois quarts tranché. La blessure est horrible à voir. La victime est étendue sur le lit dans une mare de sang coagulé et comme sa tête est rejetée en arrière, la blessure est béante, et laisse voir les artères entièrement coupées. (...)

Un fait à remarquer, c'est qu'on a trouvé le couteau sur un oreiller, à la gauche du défunt. L'assassin a pensé qu'on croirait à

UN SUICIDE

et c'est sans doute pour cela qu'il a déposé son arme à côté de sa victime, à portée de la main. Mais il n'est pas vraisemblable que le défunt ait lui-même déposé le couteau sur l'oreiller, car il tenait de la main gauche un mouchoir, et c'est du côté gauche qu'a été trouvé le couteau. L'on a fait remarquer aussi que Poirier n'était pas gaucher et que s'il s'était tué lui-même, il aurait tenu son arme de la main droite.

L'arme est un couteau de boucherie long de 14 pouces environ. (...)

Le défunt, Isidore Poirier, est âgé de 46 ans. Depuis quelque temps, il travaillait à l'église de Saint-Jérôme; il revenait à Saint-Canut tous les samedis et sa femme l'accompagnait d'ordinaire. Les époux Poirier ne faisaient

PAS UN TRES BON MENAGE.

La femme Poirier, de son nom de fille, Cordélia Viau, est âgée de 30 ans et est mariée depuis huit ans. Ils n'ont pas d'enfant. (...)

La femme Poirier a déclaré à un représentant de «La Presse» que son mari avait déjà manifesté l'intention de se suicider.

On prétend à Saint-Canut que c'est faux et l'on trouve pour le moins étrange la manière dont la femme Poirier parle de son défunt mari. A l'entendre, c'était un ivrogne, un paresseux, qui ne gagnait pas assez pour les dépenses de la maison; pourtant, toutes les personnes à qui nous avons parlé démentent cette assertion et prétendent que

POIRIER ETAIT ESTIME DE TOUS

tandis que sa femme ne jouissait pas d'une grande considération.

C'EST ARRIVÉ UN 21 NOVEMBRE

1980 — 84 morts dans l'incendie d'un hôtel à Las Vegas.

1974 — L'IRA fait exploser sept bombes à Birmingham : 19 morts et 200 blessés.

1973 — Découverte de cinq appareils d'espionnage électronique à l'Agence de presse libre du Québec.

1968 — Le gouvernement du Québec propose la suppression du sénat provincial et la transformation de l'Assemblée législative en Assemblée nationale.

1961 — Au Congo-Kinshasa, Moïse Tschombé accepte de mettre fin à la guerre de sécession du Katanga.

1960 — Je parle «joual» pour me faire comprendre... mais ensuite je retraduis en FRANÇAIS! — Le frère Untel à la télé.

1959 — L'ex-champion mondial Max Baer meurt à l'âge de 52 ans.

1950 — Dans la guerre de Corée, les Américains se retrouvent à la frontière mandchoue.

1945 — Le général de Gaulle, président du conseil provisoire de France, forme son gouvernement.

1936 — Brillante ouverture du Salon de l'auto à l'édifice Sun Life, devant une foule considérable.

1933 — Le cardinal Rodrigue Villeneuve interdit le communisme soviétique aux catholiques.

1930 — Le capitaine J. Erroll Boyd est de retour au pays après avoir réalisé son rêve de traverser l'Atlantique en avion.

1927 — Une foule immense assiste aux obsèques de M. J.-A.-A. Brodeur, président du Comité exécutif de la Ville de Montréal.

1927 — Une conspiration de criminels est découverte à Chicago et donne lieu à des arrestations sensationnelles.

1920 — Sanglante journée à Dublin où les morts se comptent par dizaines.

1913 — Le village de Sainte-Marie de Beauce est rasé par une conflagration; plus de 150 maisons sont détruites.

1905 — Ouverture du Congrès de la colonisation à Saint-Jérôme.

1905 — Un charbonnier norvégien, le *Turbin*, sombre avec tout son équipage au large de la Nouvelle-Écosse.

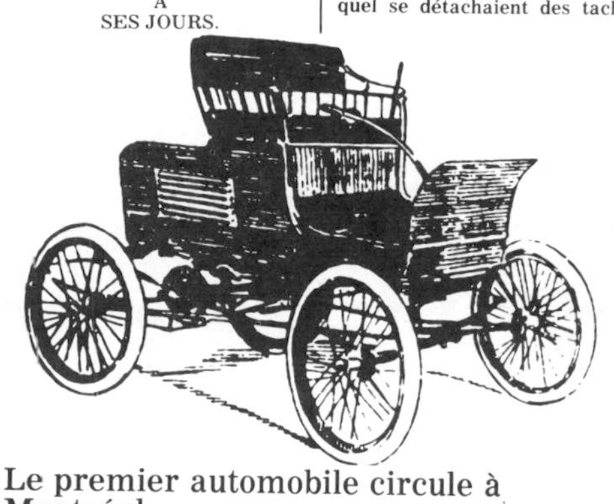

Le premier automobile circule à Montréal

Le premier (sic) automobile importé dans cette province a circulé mardi (**21 novembre 1899**) et hier après-midi, sur les rues de Montréal, et a beaucoup excité l'attention des passants et des cochers de fiacre. Il y a tout apparence que ce genre de véhicules sera bientôt d'usage général. C'est dans cette prévision que MM. J.A. Corriveau et U.H. Dandurand ont travaillé et ont réussi à obtenir le contrôle et les droits pour la fabrication et l'opération pour tout le Canada, de cet automobile, mû par vapeur générée par la gazoline.

Ces messieurs ont également obtenu le contrôle des droits sur un autre automobile électrique, avec accumulateur, qui est une amélioration sur tous les autres véhicules électriques en vente jusqu'ici. Ces deux genres de voitures sont fort légers, proportionnellement, et ont une force motrice considérable.

La voiture vue dans les rues, hier, ne pèse que de 500 à 600 livres. L'avantage de cette voiture, c'est qu'on peut aller partout avec elle, même là où il n'y a pas de pouvoir électrique, car elle porte son propre pouvoir, ayant une citerne à gazoline d'une capacité de 6½ gallons, ce qui est suffisant pour une course de 90 à 100 milles. Le coût d'opération ne dépassera pas un centin par mille. L'expérience a démontré qu'on circule plus facilement à travers les rues qu'avec les voitures ordinaires.

Le nouvel automobile a monté la côte de la rue Windsor, sans arrêt, et facilement, d'une grande vitesse; il a ensuite descendu la côte du Beaver Hall sans que le conducteur ait été obligé d'appliquer les freins, se servant simplement du cylindre à air.

Un syndicat de capitalistes américains et canadiens est en voie de se former pour la fabrication d'automobiles électriques, à vapeur, etc.

La manufacture sera construite à Montréal ou dans les environs.

BABILLARD

Collection à vendre

Un lecteur de Laval, **M. Daniel Danis,** possède une collection de la bande dessinée *Tarzan* (ainsi que de son prédécesseur, *Hercule*) de 1931 à 1964. Il l'offre en vente à quiconque serait intéressé. On pourra obtenir de plus amples informations auprès de Guy Pinard, au 285-7070.

Demandes d'informations

Deux lettres de facture similaire nous amènent à préciser un point au sujet de cette page quotidienne. Pour ceux qui ne l'auraient pas encore constaté, cette page rappelle des événements qui sont survenus le même jour au cours des cent années de publication de LA PRESSE. Ainsi, les événements relatés aujourd'hui sont survenus un 21 novembre.

Cela nous permet de confirmer à **Mme E.H. Blanchard**, de Laval, que nous parlerons du grand désastre du port de Halifax, survenu en 1917, le 6 décembre prochain, et à **Mme Sylvie Filion**, du cercle Joseph-Octave-Dion, que nous traiterons sûrement de la mort de la grande cantatrice Albani survenue le 13 avril 1930.

ACTIVITÉS

■ À la télévision

Vers 18 h 50, Télé-Métropole — Présentation, du lundi au vendredi inclusivement, de trois «unes» de LA PRESSE vers la fin du bulletin de nouvelles *Le 18-heures.*

À la mi-novembre 1899, LA PRESSE saluait l'arrivée à Montréal du jeune violoncelliste Rosario Bourdon, qui entreprenait une tournée artistique après avoir remporté le premier prix du conservatoire de Gand.

LA PRESSE

100 ans d'actualités

L'Université de Montréal est la proie des flammes

Un désastre national qui cependant n'abat pas le courage des autorités universitaires

L'immeuble de notre grande maison d'enseignement supérieur, rue Saint-Denis, est la proie des flammes samedi soir et les dommages se chiffrent à plusieurs centaines de mille dollars. — La brigade entière des pompiers est appelée. — Un travail des plus rudes à exécuter pour combattre le feu.

LES COURS REPRENDRONT INCESSAMMENT

L'UNIVERSITÉ de Montréal vient de subir des pertes pratiquement irréparables par l'incendie désastreux qui, samedi soir (**le 22 novembre 1919**), a causé des dégâts matériels évalués à $250 000 ou $300 000 (*l'université n'était assurée que pour une somme de $150 000, nous apprenait LA PRESSE du même jour*) au superbe édifice et ameublement que cette institution purement canadienne-française possède, rue Saint-Denis, près Sainte-Catherine. Bien des choses précieuses ont été épargnées par les flammes mais, combien d'autres ont été détruites ou sérieusement endommagées par le feu, l'eau et la fumée, qui ne sauraient être remplacées à prix d'argent. C'est une perte quasi nationale que notre province vient de subir et il faudra bien des années pour arriver à remplacer tous les travaux de maîtres qui ont été détruits en quelques heures, dans les deux étages supérieurs de l'édifice.

Cet incendie a été l'un des plus menaçants que l'on ait eus, dans la métropole canadienne, depuis bien des années. Découvertes malheureusement trop tard, les flammes perçaient déjà la couverture, à l'extrémité est de l'aile sud, lorsque la première alarme fut sonnée. (...)

Danger imminent

Le vent soufflait en tempête et poussait les flammes vers le nord-est de l'université où se trouve l'église de Notre-Dame de Lourdes, l'église Saint-Jacques, deux ou trois institutions religieuses et nombre de magasins qui se trouvaient ainsi menacés. Des pièces de bois enflammées, poussées par le vent, pouvaient à tout instant retomber sur l'un de ces édifices et y allumer un nouvel incendie; en somme, tout ce quartier important était menacé de destruction. Le chef de la brigade des incendies n'hésita pas le moindrement, et coup sur coup il donna le troisième appel et l'alarme générale, appelant sur les lieux toutes les casernes, sauf celles des quartiers excentriques. (...)

Dès le tout début, le chef-adjoint Saint-Pierre avait pris sous sa charge la rude tâche de protéger les édifices voisins. Plusieurs équipes d'hommes furent chargées d'arroser les toits et d'établir un voile d'eau, que les flammes ne pourraient franchir, autour de l'église Notre-Dame de Lourdes, qui se trouvait la plus rapprochée de l'université. (...)

Cause du sinistre

Jusqu'ici, il a été impossible de s'assurer de la cause exacte de l'incendie, bien que, généralement on semble porté à croire que ce sont des fils électriques défectueux. Les pompiers affirment que c'est dans l'aile sud, en arrière, que l'incendie s'est déclaré. La rapidité avec laquelle les flammes se sont propagées, partout, à l'étage supérieur s'explique par l'explosion qui s'est produite, dès le début, dans le laboratoire de chimie, situé dans l'aile sud. (...)

Le travail des pompiers a été entravé sérieusement, dès le début. Il a fallu couper tout un réseau de fils électriques, en avant, puis la tour d'eau, la tourette et les pompes siamoises ne pouvaient être installées assez près de l'édifice, à cause de la construction particulière de l'entrée principale. En premier lieu, on avait dressé une couple d'échelles sur la grande galerie en avant, mais, après l'explosion du laboratoire de chimie, les pompiers reçurent l'ordre de ne plus s'y hasarder et ces échelles y furent brûlées. De cet endroit, on pouvait facilement, avec les jets d'eau, atteindre le foyer principal, mais, ce fut encore là une chance enlevée à nos braves pompiers. (...)

Première alerte

Suivant la version de M. W. Caron, concierge et gardien de nuit de l'édifice, c'est en terminant sa tournée d'inspection de 9 heures qu'il découvrit les flammes. Il arrivait au quatrième lorsqu'il vit des étincelles tomber dans le puits de l'ascenseur. Il grimpa rapidement l'escalier conduisant à l'étage supérieur et vit tomber l'ascenseur. C'est alors qu'il courut donner l'alarme. (...)

Immédiatement après avoir sonné l'alarme, M. Caron courut prévenir un certain nombre d'étudiants qui étaient occupés à compter les bulletins d'élection de la faculté de médecine qui avait eu lieu au cours de la journée. (...) Ce fut un sauve qui peut général et plusieurs durent abandonner leurs chapeaux et autres effets. (...)

Au rez-de-chaussée et au premier étage, quelques étudiants et professeurs parvinrent à sauver quelques-uns des objets les plus précieux consistant en peintures, photographies et autres articles qu'il aurait été impossible de remplacer. (...)

L'édifice détruit

La construction de l'université avait été commencée en 1893, peu de temps après que le terrain fut donné par les Sulpiciens; elle fut terminée en 1895, alors que les différentes facultés qui, jusqu'alors avaient été séparées, furent amalgamées. La corporation des médecins et chirurgiens obtint sa charte en 1845 et les premiers cours universitaires furent donnés à l'angle des rues Craig et Saint-Urbain, à l'endroit maintenant occupé par la Montreal Light, Heat and Power. Plus tard, à la suite d'un incendie, l'école fut transportée rue Lagauchetière, puis rue Saint-Antoine. En 1873, les cours furent donnés dans l'édifice en face de l'Hôtel-Dieu, avenue des Pins; en 1891, au château de Ramesay, et enfin, dans l'ancienne Cour du recorder, sur la Place Jacques-Cartier, jusqu'en 1895, alors que le présent édifice fut terminé.

La séparation avec l'université Laval de Québec ne fut obtenue qu'au mois de mai dernier, alors que Sa Grandeur Mgr Bruchési, après maintes démarches, fit directement appel au pape. A Montréal, la nouvelle fut annoncée le 9 mai par Mgr Gauthier.

LES RUINES DE L'UNIVERSITE DE MONTREAL

Voici l'apparence qu'avait l'édifice principal de l'Université de Montréal, au lendemain de l'incendie de 1919. Le feu avait causé des dommages aux deux étages supérieurs des ailes nord et sud, et à tous les étages de la partie centrale du bâtiment.

Chassée du théâtre Saint-Denis à cause du feu à l'Université de Montréal

Au moment où l'incendie se déclarait à l'Université de Montréal, le 22 novembre 1919, Mme Rosalie Couture, se trouvait à quelques dizaines de mètres de là, et nous livre le court témoignage suivant.

J'ÉTAIS au théâtre Saint-Denis avec une cousine lorsque soudainement les lumières s'éteignirent. On est alors venu nous dire de ne pas nous alarmer, qu'il y avait un feu dans les environs, et qu'il nous fallait quitter. On nous dirigea vers la sortie avec des lampes de poche.

Ma cousine et moi nous nous dirigeâmes vers la rue Sainte-Catherine et nous nous arrêtâmes dans un restaurant situé au deuxième étage. Mais à peine arrivées, on nous demandait de quitter l'établissement; hélas, l'escalier était déjà bondé de gens et nous avons dû rester dans le restaurant.

Les premiers pompiers arrivaient sur les lieux; à cette époque-là, les voitures étaient tirées par des chevaux. Nous fûmes témoins de l'explosion qui brisa les fenêtres par lesquelles s'envolèrent des milliers de feuilles qui virevoltèrent jusqu'à la rue Sainte-Catherine. C'était terrible et triste à voir.

Il devait être 8 heures et demie à notre arrivée au restaurant, et ce n'est que vers 3 heures que nous avons pu le quitter, à cause de la foule qui s'était rassemblée. Nous étions contentes de pouvoir retourner à la maison.

J'étais arrivée à Montréal le 1er novembre 1919. Venant de Saint-Stanislas, près de Valleyfield, je n'avais jamais vu de feu semblable; ça m'avait très impressionnée. Aujourd'hui, malgré mon âge avancée (85 ans), je revois encore le tourbillon de papiers volant dans les airs.

Je suis toujours une fidèle lectrice de LA PRESSE.

C'EST ARRIVÉ UN 22 NOVEMBRE

1980 — Jules Léger meurt à Ottawa à l'âge de 65 ans, après une longue carrière diplomatique.

1979 — Des manifestants attaquent l'ambassade des États-Unis au Pakistan.

1975 — Juan Carlos devient roi d'Espagne.

1973 — La Cour d'Appel du Québec ordonne la reprise des travaux, à la baie James.

1967 — Adoption à l'unanimité par le Conseil de sécurité de l'ONU de la résolution 242 sur les principes d'un règlement du conflit israélo-arabe.

1957 — Le Maroc et la Tunisie se proposent comme intermédiaire dans la crise franco-algérienne.

1956 — L'ex-premier ministre hongrois Imre Nagy est enlevé par des soldats soviétiques après avoir quitté l'ambassade yougoslave où il s'était réfugié, avec une promesse d'immunité.

1945 — Manifestation de 100 000 Indiens à Calcutta, pour protester contre le colonialisme britannique.

1944 — 70 000 Allemands sont isolés en Alsace.

1941 — L'armée nazie est encerclée en Libye.

1938 — Le ministre de la Propagande d'Allemagne, Paul-Joseph Goebbels inaugure une série de cours sur l'antisémitisme.

1928 — Ivan Michailoff, chef révolutionnaire de la Macédoine, marche sur Sofia, capitale de Bulgarie.

1910 — Le recorder Dupuis dénonce les abus des médecins et des pharmaciens, lesquels favorisent l'usage de la cocaïne.

1898 — Montréal se prépare au grand combat de boxe devant opposer Sharkey à Corbett, au parc Sohmer.

BABILLARD

Un oubli corrigé

À la longue liste des personnes et institutions qui ont tenu à féliciter LA PRESSE pour son centième anniversaire, il faudrait ajouter le Service des relations publiques d'Hydro-Québec. D'ailleurs, la directrice du service, **Mme Francine Charest**, est une ex-journaliste de LA PRESSE.

D'autres félicitations

Mme Lucille C. Durand, de la rue Bois-de-Boulogne à Montréal, une retraitée de LA PRESSE: Je rends hommage à tous ceux qui travaillent pour ce grand journal quotidien. Félicitations et bons succès pour 100 ans encore.

M. Réal Dion, de la rue Saint-Gérard, à Montréal: Je suis un fidèle lecteur du journal LA PRESSE depuis mon très jeune âge. J'ai porté à domicile votre quotidien à plus de 200 clients, lorsque j'ai eu l'âge de dix ans. J'ai gagné mes études en travaillant à l'épicerie du coin Ontario et Dorion, pour devenir un jour comptable agréé.

M. René Lemyre, ex-directeur général des défunts Royaux de Montréal, au baseball: Je suis heureux de rendre hommage au dynamisme qui vous anime à LA PRESSE.

Mme J.-Raoul Allard, de Saint-Eustache, dont la descendance comprend dix enfants, 25 petits-enfants et trois arrière-petits-enfants, tous lecteurs de LA PRESSE précise-t-elle: Je vous félicite pour le 100e anniversaire. Que LA PRESSE continue longtemps. Aussi loin que je me rappelle, nous étions abonnés à LA PRESSE, et c'est loin. Nous avons fêté 55 ans de mariage le 20 septembre. *À notre tour de féliciter les époux Allard!*

Mme Marielle Séguin, du RCM: Tout juste quelques mots pour vous féliciter pour la facture et le contenu du cahier spécial du centenaire. J'ai compris, en parlant avec mon père maintenant âgé de 70 ans, que vous avez touché profondément toutes ces personnes pour qui le mot « souvenir » fait toujours partie du présent.

ACTIVITÉS

Complexe Desjardins — Présence du père Noël, et exposition de tous les dessins envoyés à ce dernier par les enfants, reçus par la Société canadienne des postes. Jusqu'au 23 décembre.

John Kennedy est assassiné

Il y a aujourd'hui 20 ans que le regretté président américain John Fitzgerald Kennedy tombait sous les balles d'un assassin à Dallas, au Texas. Ce triste événement a été souligné avec l'importance qu'il méritait samedi dans les pages de LA PRESSE, de sorte qu'il aurait été superflu de lui consacrer beaucoup d'espace dans cette page. Mais il aurait été impensable également que la page du *centenaire*, qui se veut une rétrospective des événements les plus marquants des cent dernières années, ne souligne pas l'événement tout au moins par une photo.

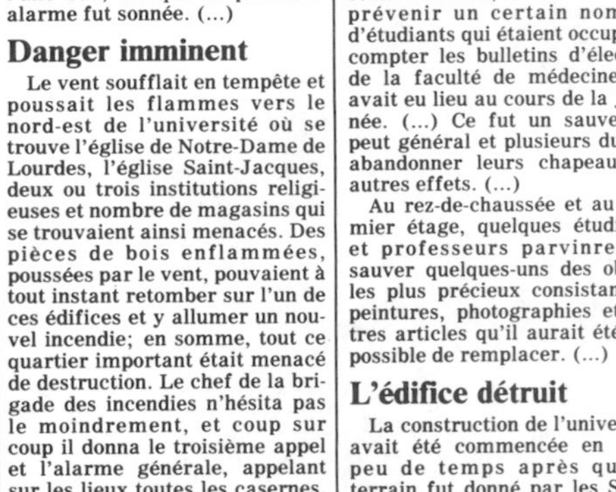

Publicité publiée dans LA PRESSE de novembre 1900.

LA PRESSE
100 ans d'actualités

Les Méfaits des Grands Chats de la Jungle Asiatique

Les méfaits des tigres dans l'Hindoustan et les victimes qu'ils font.–Aventure dramatique d'un savant explorateur, le docteur Joseph Rock.–Comment s'effectue la chasse de ces grands carnassiers.–Le tigre manque à nos audacieux nemrods.–Une anecdote amusante.–Une aubaine... attrayante.–Le klakson le mit en fuite.

Ce reportage spécial publié dans LA PRESSE du ***23 novembre 1929*** *trouve son intérêt d'abord dans le fait qu'il s'agissait d'une collaboration spéciale d'un certain Victor Forbin, et ensuite dans le fait qu'il démontre que LA PRESSE, dans son désir d'informer et de contribuer aux connaissances générales de ses lecteurs, savait à l'occasion leur offrir de ces reportages à faire rêver. En voici donc de larges extraits.*

(spécial à LA PRESSE)

COMME elle le fait chaque année, la presse anglo-indienne vient de publier une statistique officielle sur les méfaits des bêtes féroces qui pullulent encore dans l'Hindoustan: elle nous signale que les tigres, pour leur part, on égorgé plus de cinq milles indigènes.

Il semblerait que l'humeur sanguinaire de ces grands chats ne saurait donner lieu à discussion; et c'est tout le contraire qui se produit, selon que vous interrogiez un nemrod de retour des Indes anglaises ou un chasseur qui revient de l'Annam, du Cambodge ou du Tonquin (sic).

Le premier vous dépeindra le tigre sous de bien noires couleurs: le plus redoutable des carnassiers, un monstre épris de carnage, et qui tue pour le plaisir de tuer. Le second (s'il n'a pas en lui l'étoffe d'un Tartarin de Tarascon!) proclamera non moins éloquemment que c'est la bête la plus timide, la plus poltronne, de la faune indochinoise. Lequel a raison? Malgré qu'ils se contredisent aussi violemment, les deux verdicts sont, l'un et l'autre, l'expression de la vérité! Et je vais tenter d'expliquer ce mystère qui veut que le tigre, très féroce aux Indes, soit quasi inoffensif dans le pays voisin.

Les témoignages sur les habitudes agressives et meurtrières du tigre indien sont innombrables. Je n'exagère pas en disant que la présence d'un seul de ces félins terrorise tout un district. Les paysannes n'osent plus s'éloigner de leurs demeures, soit pour aller à la source proche, soit pour cueillir fruits et légumes sur la plantation de la famille. Elles ne se déplacent que sous la protection d'une escorte armée. (...)

En Indochine

Par contre, il est très rare que l'on signale en Indochine, une mort d'homme due à ce roi des félins. J'ai interrogé sur ce sujet (...) de nombreux Français qui ont passé plusieurs années dans cette colonie, et tous m'ont affirmé qu'aucun cas de ce genre n'était venu à leur connaissance. (...)

Mon cher gendre, soit dit en passant, termine sa septième année de Cambodge. (...) Il me permettra de dire ici qu'il n'ajoute pas à sa collection de mérites et de qualités un tempérament de nemrod. Il m'en a fourni la preuve dans les circonstances suivantes:

Il était parti de bon matin de Phnom-Penh, la capitale, pour inspecter les travaux de construction d'une route dans un district écarté. Son automobile s'enlise dans la boue. Le chauffeur et le boy, Annamites l'un et l'autre, descendent pour dégager le véhicule. Soudain, un tigre apparaît à 50 mètres de distance, avance encore, pousse un rugissement sourd, puis bat en retraite, d'un pas lent.

Eperonnés par une vision à laquelle ils ne trouvaient rien de bien réjouissant, les indigènes se sont hâtés de remettre la voiture d'aplomb. La voilà qui file aussi rapidement que le permet le terrain... jusqu'à la nouvelle panne! Cette fois, il s'agit d'un banc de sable sur lequel les roues patinent. Et, comme les voyageurs vont mettre pied à terre pour unir leurs efforts et aider la voiture à démarrer, un tigre de grande taille surgit à vingt pas d'eux et se plante effrontément au beau milieu du chemin!

L'armement de mon estimable gendre se limitait... à un canif et à une lime à ongles! Je crois pouvoir certifier qu'il n'éprouva pas une frousse trop aiguë en cette minute tragique! Mais convenez que d'autres, à sa place, auraient été excusables de trembler dans leur peau! Finalement, à grand renfort de trompe et de klakson (sic), le Seigneur de la Jungle fut mis en fuite. (...)

Que de gibier!

Il me faut expliquer maintenant pourquoi le tigre modifie ses habitudes, d'un pays à l'autre. En principe, il partage avec tous les animaux sauvages la peur instinctive de l'homme. Pour qu'il ose s'attaquer à lui, il doit y être poussé par un concours de circonstances, dont la principale est l'âge. Oui! Il acquiert ce courage sur le tard, quand il est devenu un... vieillard de tigre! (...)

Tant qu'il garde la plénitude de ses forces, le tigre ne s'alimente que de gibier. Pour s'emparer d'un cerf, d'un daim, d'un sanglier, il lui faut exercer un effort relativement considérable. (...)

Cet effort lui devient très pénible quand l'âge a roidi ses muscles: il rate son coup de plus en plus fréquemment. Un jour vient où la faim qui le tenaille lui donne l'audace de s'approcher d'un village de la jungle. Vient à passer un enfant qui revient de la source proche. L'affamé le cueille, et ce premier festin, accompli sans risques ni fatigues, marque le tournant de sa carrière: c'est un nouveau «mangeur d'hommes» qui se met sur les rangs. (...)

Ces deux conditions (raréfaction du gibier et rapprochement des villages de la jungle) ne se sont pas encore réalisées en Indochine, beaucoup plus giboyeuse que l'Hindoustan, et qui est loin d'être surpeuplée. Les tigres peuvent donc y rester débonnaires: leur panse pleine leur en donne le droit!

Victor FORBIN

Babillard

La ville pavoise en l'honneur de LA PRESSE

La ville de Montréal rend hommage à sa façon au centenaire de LA PRESSE, en affichant le drapeau du centenaire du journal à des endroits clés de Montréal.

C'est ainsi qu'on peut voir flotter le drapeau de LA PRESSE à la place Vauquelin contiguë à l'hôtel de ville, à la Place-d'Armes, à l'intersection de la rue Notre-Dame et de la rue Saint-Gabriel, en face du 100 Notre-Dame est, en face du 168 Notre-Dame est, en face de l'hôtel de ville, et à trois endroits sur le boulevard Dorchester entre les rues Saint-Urbain et Bleury.

À ce propos, soulignons qu'à la liste récemment publiée des établissements qui arborent les « couleurs de LA PRESSE », il faut ajouter le nom de la Compagnie d'assurances La Prévoyance. Merci également aux dirigeants de cette entreprise.

Collection à vendre

Amateurs de feuilletons publiés dans les journaux, cette nouvelle est susceptible de vous intéresser. En effet, **M. Adrien Chabot,** du quartier montréalais de Pointe-aux-Trembles, possède de plusieurs des feuilletons publiés par LA PRESSE en 1936. Ces feuilletons, dit-il, sont complets et en parfaite condition. Pour de plus amples renseignements, on peut s'adresser à Guy Pinard, au 285-6843.

Erratum

Dans la page du 16 novembre, consacrée plus particulièrement à Louis Riel, se trouvait un texte intitulé « Sous la lampe électrique ». On y disait que cet article était tiré de LA PRESSE de novembre 1883. Les collectionneurs prendront note qu'il s'agissait plutôt d'une édition de 1909.

Activités

■ À la télévision

12 h 30, Télé-Métropole — Dans le cadre de l'émission *Entre nous* animée par Serge Laprade, Claudette Tougas, de LA PRESSE, présente la chronique *Cent ans de pages féminines.*

C'est arrivé un 23 novembre

1979 — Fin de la grève dans les hôpitaux du Québec.

1974 — Le président Gerald Ford rencontre Leonid Brejnev, à Vladivostok, où ils s'entendent sur un accord de principe pour la limitation des armements stratégiques (accords « Salt »).

1973 — La junte militaire chilienne restitue cent entreprises nationalisées au secteur privé.

1973 — La pénurie du pétrole s'aggrave à Montréal.

1970 — Le pape Paul VI décide d'exclure des élections pontificales tous les cardinaux âgés de 80 ans et plus.

1968 — Recrudescence des combats au sud et dans la zone démilitarisée du Vietnam.

1967 — Les États généraux du Canada français réunissent 2 500 délégués à Montréal.

1959 — Les syndicats cubains rejettent le plan d'unité ouvrière de Fidel Castro en élisant des non-communistes au sein du comité exécutif de la Fédération syndicale de Cuba.

1956 — Déportation en Roumanie de l'ex-premier ministre hongrois Imre Nagy.

1945 — Le général de Gaulle propose à l'Assemblée constituante française de procéder à la nationalisation de l'électricité et des assurances.

1945 — Fin du rationnement aux États-Unis, à l'exception du sucre.

ACCIDENT FATAL

Un allumeur de réverbère tué par les chars à la rue des Seigneurs

Un citoyen du faubourg Saint-Joseph a été ce matin victime d'un triste accident. Le malheureux se nommait Ferdinand Patry, demeurant, dit-on, au No 173 sur la rue des Seigneurs.

Il est employé par la corporation *(on ne précise pas laquelle)* depuis plusieurs années comme allumeur de fanaux dans le faubourg Saint-Joseph.

Ce matin, vers six heures, pour raccourcir son chemin, il suivit la voie du Grand Tronc, entre les rues Saint-Martin et des Seigneurs. Près de cette dernière rue, un train dont la brume lui cachait l'approche, le frappa dans le dos. Il fut lancé inanimé à une distance considérable de la voie.

L'ambulance fut mandée et le blessé fut logé à l'hôpital Notre-Dame vers six heures et demie. Il avait les hanches, les jambes, les bras fracturés, les orteilles emportés, la figure mutilée et des blessures internes très graves.

Il reprit connaissance et put voir sa femme et ses trois enfants en pleurs, et recevoir les derniers sacrements qui lui ont été administrés par M. l'abbé Latraverse.

A midi et demi, il rendit le dernier soupir. Il était âgé de 48 ans. Le coroner a été prévenu.

Cela se passait le 23 novembre 1887.

Jack l'Embrasseur arrêté de nouveau

WINDSOR, Ont. — Wm Marshall a terminé hier l'emprisonnement auquel il avait été condamné pour assaut sur Mlle Bertha Mitchell, il y a 2 mois. C'est le même individu qu'on appela un jour le « Jack l'embrasseur » de Windsor. Cet original avait pris la manie de sauter au cou des jolies femmes ou filles qu'il rencontrait dans la rue pour les embrasser. A sa sortie de prison, Jack a été arrêté de nouveau à la demande de Mlle Jessie Dickson, une de ses victimes. En cour de police où il a comparu, hier après-midi, le prisonnier a été sommé de reparaître mercredi prochain pour répondre à l'accusation directe portée contre lui par la plaignante.

Cela se passait le 23 novembre 1894.

L'enlèvement de la neige

La compagnie des chars urbains a reçu hier (**le 23 novembre 1892 plus précisément**) d'Ottawa sa première machine pour enlever la neige. Cette machine est attachée à un char électrique, et elle est presque aussi puissante que celles qui sont en usage sur les chemins de fer à vapeur, bien que faite sur un modèle tout à fait différent. Elle fonctionnera sur la rue Sainte-Catherine à la première bordée de neige.

Voitures ! Voitures !

Une médaille et 6 Prix à la dernière Exposition de Montréal 1884.

BUGGIES COUVERTS.
BUGGIES DECOUVERTS.
PHAETONS VICTORIA.
QUEBEC WAGGONS.
ROCKAWAYS.
VILLAGES CARTS.
PONIES CARTS.
EXPRESS.
CHARIOTS A PAIN, ETC., ETC.

Toutes sortes de voitures faites à ordre, réparages exécutés avec soin et promptitude.
Bureau et salles de vente.

F. QUESNEL, —262— Rue Ste Catherine

Ateliers: 182 Rue St. Constant, et coin des rues Roy et St. Laurent.

Cette annonce a été publiée par LA PRESSE, en novembre 1885, donc bien avant l'avènement de l'automobile.

LE VOL DE SAINT-LIBOIRE

Une affaire invraisemblable

Le petit village de Saint-Liboire a été le théâtre d'une affaire absolument invraisemblable au cours du mois de **novembre 1923.** L'affaire commença dans la nuit du 5 au 6 novembre, alors que sur le coup de minuit, trois cambrioleurs dévalisaient la succursale de Saint-Liboire de la Banque nationale, en s'en prenant à Mlle Olivine Dupont, gérante de la succursale, et à sa nièce Flavienne, lesquelles habitaient un logement sous le même toit que la succursale bancaire. Deux jours plus tard, pour illustrer l'événement, LA PRESSE proposait le montage photographique qu'on trouve ci-dessus, montrant la bâtisse où l'incident s'est produit et les *deux jeunes filles* (l'épithète « jeune » peut surprendre, Olivine (à gauche) étant la tante de l'autre, mais elle n'avait que 26 ans, quatre de plus que sa nièce, celle qui adopte la pose artistique).

Banal! direz-vous sans doute. Ce serait certes le cas si tout s'arrêtait là. Sauf que 17 jours plus tard, le 23 plus précisément, trois bandits masqués, possiblement les mêmes que la première fois, revenaient répéter leur « exploit », mais en y ajoutant la violence, sans doute à cause de la présence sur les lieux de M. Eugène Dupont, le frère d'Olivine, qui avait tenté de s'interposer. M. Dupont et Flavienne eurent à subir les pires sévices aux mains des apaches, et on a longtemps craint pour la vie de Flavienne. Et que publia LA PRESSE pour illustrer ce deuxième vol ? Eh oui, vous avez vu juste ...le même montage photographique que 17 jours plus tôt!

LA PRESSE

100 ans d'actualités

Projet d'agrandissement pour le marché Bonsecours

Plan d'agrandissement du marché Bonsecours préparé par MM. Resther et Gohier, et qui vient d'être enregistré au bureau des brevets, à Ottawa.

Reproduction intégrale du texte paru dans LA PRESSE du **24 novembre 1902.** *On notera sans doute le style parfois très échevelé et presque télégraphique de l'auteur du texte.*

UNE dépêche d'Ottawa, ce matin, nous apprend que M. Z. Resther, architecte, de Montréal, a fait enregistrer, au bureau des brevets, un plan photographié du projet d'agrandissement du marché Bonsecours. Nous publions ce plan aujourd'hui.

Voici quelques notes explicatives accompagnant le plan projeté pour l'agrandissement du marché Bonsecours par Edouard Gohier et J. Z. Resther.

Cette construction sera en acier sur des piliers en maçonnerie de pierre et ciment sur fondation en béton et asphalte, certaines parties en verre et chaînes en granit gris, le bord de cette plateforme sera appuyé sur le mur de revêtement tout récemment fait par le hâvre.

La charpente des couvertures sera en acier, elles seront recouvertes en cuivre et en verre, ces couvertures seront supportées par des colonnes en acier superposées sur les colonnes supportant les planchers ; cette plateforme sera faite de niveau avec le principal plancher du marché Bonsecours ou étage des bouchers.

Ce projet ne comporte aucune expropriation, vu que le tout sera construit au-dessus des rues. Il y aura des rampes pour arriver à ce niveau et en descendre, une à la place Jacques-Cartier, une à chaque bout du marché, et au besoin à la rue Berri, etc., ce qui facilitera l'arrivée et le départ des commerçants à n'importe quel temps de la journée, vu qu'il y aura un espace libre de 10'0'' de largeur entre les parties couvertes, afin de permettre à ceux qui auraient vendu leurs produits de bonne heure de s'en aller quand ils le désireront.

Le public pourra arriver sur cette plateforme en passant par le marché et par le fait, évitant de monter et de descendre des escaliers ; de plus, sur le rebord de cette plateforme, immédiatement au-dessus du mur de revêtement, il y aura une promenade de 12 à 15 pieds de largeur, permettant aux étrangers et au public en général d'aller visiter notre port même les jours de marché et, par ce fait, dotant la ville d'une superbe place publique dans cette localité, cette partie de la rue des Commissaires étant couverte, pourra être tenue bien propre et ne sera plus un marécage comme cela a été depuis des années.

Les cultivateurs venant vendre leurs produits auront l'avantage de louer des places à l'année, leur permettant par conséquent d'arriver quand il leur plaira et d'en repartir de même et sans encombrement.

La ville en louant des places à l'année s'assurera un joli revenu en cas de pluie ou orage, chevaux et voitures sont à l'abri, vu que les couvertures seront faites en conséquence ; une partie des couvertures et des plateformes sera finie en verre afin de bien éclairer la partie en dessous de la plateforme.

Ce projet peut être construit en trois sections, la première vis-à-vis le marché ; la seconde, de la place Jacques-Cartier au marché ; et en troisième lieu, de la rue Victor à la rue Berri, et ce, au fur et à mesure que le besoin se fera sentir.

Si ce projet était mis à exécution, il pourrait accommoder 800 voitures aujourd'hui, il est impossible de placer sur la place Jacques-Cartier plus de cinq cents, et quand il y a ce nombre, il est impossible de circuler, ce qui n'arriverait pas avec le projet ci-contre tous les autres projets qui ont été soumis à la cité, obligeraient à exproprier à grands frais autour du marché et ne pourraient pas donner d'accommodations pour plus de cinq cents (voitures).

L'affaire Cordélia Viau (2)

La boucherie de Saint-Canut

L'ENQUÊTE du coroner en cours pour examiner le tragique assassinat de Saint-Canut a repris dans la matinée du **24 novembre 1897,** à Sainte-Scholastique. LA PRESSE de l'époque y avait consacré deux pages complètes, dont la *Une* bien sûr, de sorte qu'il serait impossible de vous présenter l'ensemble des informations. Il nous faudra nous contenter d'exposer de façon succincte les faits qui ont contribué à l'évolution du dossier.

Sam Parslow

Le premier témoin ce jour-là fut le cultivateur George Parslow, de Saint-Canut, frère de Samuel. Selon George, Samuel est arrivé dans la journée du dimanche 21 (jour du crime) vers 5 h 15 de l'après-midi. Il désirait aller chez un autre frère Edouard, alors malade, pour l'aider à *faire le train.* La voiture a donc été attelée par un petit neveu, Willie Parslow, et Samuel a quitté la demeure à 5 h 30.

Selon George, Samuel avait eu le temps de lui expliquer qu'il était passé chez les Poirier vers 4 h, qu'il avait eu une discussion avec Isidore Poirier, la victime, et qu'il avait attelé la voiture de Mme Poirier (Cordélia Viau) avant de quitter les lieux.

Willie Parslow

Le témoin suivant, Willie Parslow, a corroboré les dires de son oncle, en ajoutant qu'il était rentré seul chez George vers 9 h, et que son oncle Samuel portait un costume d'étoffe grise.

Mme Bouvrette

Suit Mme Bouvrette, présente en cour avec un *sub poena,* après avoir refusé de témoigner la veille. De son témoignage, on retient qu'elle a vu Samuel quitter la maison de Poirier en compagnie de Mme Poirier et de son jeune fils adoptif âgé de 5 ans.

Cordélia Viau

Cordélia Viau, veuve de la victime, se présente à son tour à la barre des témoins. Elle commence son témoignage en disant qu'après le déjeûner, elle est allée à la messe. À son retour, son mari sortait de la maison et il lui a dit qu'il allait chercher « La Presse » chez M. Bouvrette. Selon Cordélia, il lui paraissait déjà en boisson.

Après le dîner, deux amis, M. Labelle et M. Hall, sont passés à la maison, et ils ont pris un verre ou deux en compagnie de Poirier. Elle aussi d'ailleurs devait l'accompagner tout juste avant de quitter la maison pour se rendre chez son père, où elle affirme avoir passé la nuit.

Le lendemain, c'est Bouvrette qui entra dans la maison par une fenêtre (et découvrit le cadavre de Poirier) car elle n'avait pas la clef, qu'elle croyait avoir laissée à son mari.

Ces croquis réalisés par le dessinateur de LA PRESSE à l'époque montrent les deux présumés agresseurs de la victime, Mme Cordélia Viau et Sam Parslow, ainsi que le couteau de cuisine qui a servi à la « boucherie de Saint-Canut ».

Mme Poirier devait ajouter qu'elle n'avait aucune relation avec Sam Parslow, qu'il ne lui avait jamais donné de cadeau et qu'elle ne l'avait jamais embrassé. Elle reconnut que son mari était assuré pour $2 000, tout comme elle reconnut que le couteau utilisé pour le crime était un des siens. Enfin, elle réitéra que son défunt avait souvent parlé de suicide par le passé, notamment à son retour de Californie. Mais le rapport médical signé par les docteurs Provost et Lamarche affirme que *tout prouve qu'il y a eu meurtre, et qu'il est impossible à qui que ce soit qui a fait l'examen du cadavre ou l'examen de la chambre, de se prononcer autrement.* Soulignons que les médecins évaluent à une chopine le sang perdu par la victime sur le plancher et le tapis, à une pinte dans le lit, sans parler de la quantité imbibé dans les vêtements d'Isidore Poirier.

Enfin, le coroner devait créer tout un émoi en refusant de remettre la dépouille mortelle à veuve Cordélia Viau, préférant la confier aux frères du défunt, MM. Joseph et Venance Poirier.

CETTE VACHE DETIENT LE CHAMPIONNAT DU MONDE

LA PRESSE du 24 novembre 1923 saluait *Carnation,* une vache qui venait de remporter le championnat du monde avec une extraordinaire production de 35 550 livres de lait, ou 20 fois son propre poids. On peut apercevoir sur la table sa production d'une journée, soit 48 pintes de lait, mais elle a déjà atteint un sommet inégalé de 63 pintes en une journée, soit près de 16 gallons de lait. Elle pose en compagnie de son propriétaire, M. E.-A. Stuart. La légende de l'époque ne précise pas si ce dernier aimait le lait...

BABILLARD

Un témoignage différent

Le témoignage suivant nous est proposé par **M. Germain Lacasse,** *de la rue Boyer, à Montréal.*

Je lis depuis quelques jours votre chronique marquant le centenaire de LA PRESSE. Je désire, comme bien d'autres lecteurs, apporter mon témoignage sur l'intérêt que je porte à votre journal, pour des raisons un peu spéciales.

Je lis occasionnellement LA PRESSE, surtout celle du samedi que j'apprécie pour ses dossiers bien documentés et son cahier *Arts et Lettres.* Mais parlant de ce domaine, c'est surtout à LA PRESSE d'il y a cent ans que je dois des éloges.

Je m'intéresse à l'histoire du spectacle et suis en train de faire une recherche historique sur les débuts du théâtre et du cinéma à Montréal. Or, LA PRESSE, grâce aux chroniques de spectacles qu'elle a publiées, m'a permis de découvrir plein de détails que les historiens ne mentionnent jamais. Ceci, parce que LA PRESSE est depuis un siècle le fidèle témoin de l'activité quotidienne des Québécois.

Évidemment, on ne publie pas les journaux pour faire plaisir aux historiens. Mais sachez que les amateurs d'histoire y trouvent bien du plaisir, et des témoignages irremplaçables sur notre passé collectif.

En l'occurrence, je cherche des gens qui auraient connu ou qui auraient des renseignements sur une certaine **comtesse d'Hauterive** qui fit une tournée au Québec en présentant des films muets, en couleurs, colorés à la main. Ceci se passait en 1904. On en parle dans un livre sur Ernest Ouimet (Ouimetoscope) écrit par son neveu, M. Léon Bélanger. Mais je n'arrive pas à localiser ce monsieur non plus. Peut-être que votre chronique pourrait m'aider à retrouver M. Bélanger ou bien des renseignements sur la comtesse. Évidemment, il doit rester peu de gens qui ont vu ces spectacles, mais sait-on jamais ?

ACTIVITÉS

■ Complexe Desjardins

Présence du père Noël, et exposition de tous les dessins envoyés à ce dernier par les enfants, tel que reçus par la Société canadienne des postes. Jusqu'au 23 décembre.

C'EST ARRIVÉ UN 24 NOVEMBRE

1980 — Un séisme, le pire en 65 ans en Italie, touche 170 villages et fait plus de 3 000 morts.

1976 — Un tremblement de terre ébranle la Turquie, causant 3 600 morts et laissant 150 000 personnes sans abri.

1965 — La vente de l'alcool est désormais permise à Verdun.

1963 — Jack Ruby abat Lee Harvey Oswald, le présumé assassin du président Kennedy, sous les yeux de la police.

1961 — L'ONU proclame l'Afrique « zone non nucléaire ».

1960 — Le maire Drapeau est en voyage en Europe à la recherche de capitaux pour le métro.

1956 — Un avion s'écrase sur un village français, causant la mort de 34 de ses 36 occupants, dont le jeune chef d'orchestre et protégé de Toscanini, Guido Cantelli.

1955 — Le vice-amiral Byrd quitte San Francisco, en direction de l'Antarctique, pour y installer une base permanente de recherche dans le cadre de l'Année géophysique internationale.

1955 — La Commission d'urbanisme de Québec classe comme monument historique la maison Montcalm, que son propriétaire voulait démolir.

1954 — M. Pierre Des Marais I est élu président du comité exécutif de la Ville de Montréal.

1947 — L'académie Saint-Michel est entièrement détruite par un incendie à Jonquière ; les dégâts se chiffrent par $200 000.

1945 — La situation s'aggrave à Java; les Britanniques déciment les rangs des indigènes.

1944 — Le Rhin est franchi par les Américains et les Français devant Strasbourg.

1929 — Décès de Georges Clémenceau, homme politique français de renom qu'on avait surnommé « le Tigre ».

1929 — À Saint-Pierre de Rome, une femme fait feu sur le vicaire apostolique de Norvège, Mgr Smit.

1922 — Erskine Childers, principal lieutenant de Eamon de Valera, est exécuté à Dublin, en Irlande.

1902 — Le Grand Tronc entend dépenser $100 millions pour la construction d'un autre chemin de fer transcontinental au Canada.

LA PRESSE

100 ans d'actualités

Souvenirs de 1837-38
La prison de Jean Joseph Girouard

Sur la rive sud du Richelieu, à deux lieues de Saint-Denis et à environ huit milles de Saint-Hilaire, s'élève le village historique de Saint-Charles (lisait-on dans l'édition du **24 novembre 1906** *de* LA PRESSE*). Le 25 de novembre courant sera le soixante-neuvième anniversaire de la fameuse bataille que les insurgés canadiens livrèrent aux troupes anglaises commandées par le colonel Wetherall.*

Avant les troubles de 1837, Saint-Charles était le principal centre commercial et industriel de la vallée du Richelieu, mais en cette année terrible, les soldats anglais mirent le village à feu et à sang.

Les troupes des patriotes tinrent bon tant que l'artillerie des quelque 400 soldats anglais n'entra pas dans la partie. Par la suite, ce fut la défaite, marquée au signe de l'héroïsme.

Selon l'historien L.-O. David, dont les propos étaient repris dans LA PRESSE, ce jour-là, *on a beaucoup exagéré le nombre des patriotes tués à Saint-Charles ; on l'a porté jusqu'à cent et cent cinquante, mais des témoins oculaires le fixent à trente ou trente-deux.*

Dans le camp ennemi, le nombre de morts varie de trois (selon les estimations officielles) à quarante (selon des patriotes interrogés à l'époque).

Le croquis ci-joint, et représentant Jean-Joseph Girouard, n'est pas directement rattaché aux tristes événements de Saint-Charles, mais plutôt à ceux de Saint-Eustache. Cependant, comme il s'agit néanmoins d'un patriote, et comme la présentation visuelle est fort intéressante, nous vous la proposons en souvenir de tous les patriotes de 1837-38.

L'affaire Cordélia Viau (3)

Sam Parslow et la femme Poirier sont arrêtés; Cordélia accuse Sam du crime

(De notre correspondant particulier)

SAINTE-SCHOLASTIQUE — Le dénouement de l'enquête dans l'affaire de Saint-Canut a été celui qu'avait prévu la « Presse ». Mme Poirier et Samuel Parslow

ONT ETE ARRETES

hier (**le 25 novembre 1897**), vers 3 heures, et conduits à la prison du district, à Sainte-Scholastique. (...)

M. LE CORONER MIGNEAULT, M.D.,

déclare en substance au représentant de la « Presse », ce qui suit: « Je suis allé trouver Mme Poirier vers deux heures, chez M. Bouvrette où elle demeure depuis l'assassinat de son époux. (...) Elle me demanda si je voulais lui permettre d'aller avec elle dans la maison pour prendre quelques objets dont elle avait besoin. Je le fis avec plaisir et nous entrâmes ensemble dans la maison. Elle prit dans un tiroir quelques mouchoirs qu'elle me fit auparavant examiner. (...) Mme Poirier demanda

A VOIR LE CORPS DE SON MARI

et M. le coroner la conduisit jusqu'au seuil de la chambre où est exposée et où a été assassinée la victime du meurtre abominable. (...)

En voyant le corps de son mari, Mme Poirier se mit à pleurer. Je lui montrai la tête de la malheureuse victime et ses pleurs augmentèrent. Je l'arrachai à cet horrible spectacle et la reconduisit jusque chez Mme Bouvrette. » (...)

Après avoir quitté Mme Poirier, M. le coroner Mignault se rendit chez M. Caron où il rencontra M. McCaskill et quelques jurés. Tous déclarèrent qu'il était temps de prendre des mesures énergiques, d'arrêter les deux personnes soupçonnées du meurtre de Poirier.

Aussitôt, M. McCaskill se rend chez M. George Parslow

OU IL TROUVE SAM

qu'il met en état d'arrestation et qu'il ramène au village, menottes aux poing. (...) Pendant ce temps, M. le coroner Mignault et M. le grand connétable Brazeau s'étaient rendus chez M. Bouvrette où se retirait Mme Poirier. Ils la mirent en état d'arrestation et elle se livra sans résistance. (...)

On arriva à Sainte-Scholastique. Personne ne s'attendait à une arrestation avec autant de célérité et les deux voitures, en traversant le village pour se rendre à la prison, passèrent inaperçues.

Subterfuge et confession

LA PRESSE explique ensuite par quel stratagème le coroner Mignault obtint la confession de Cordélia Viau. Le grand connétable Brazeau et lui s'étaient dissimulés derrière une tenture, placée à cet effet à une porte communiquant avec la chambre de l'accusée. Ils purent donc entendre la confession de Cordélia, faite au détective McCaskill. La voici en substance:

« C'est depuis le jour de l'an que Sam me répétait qu'il allait tuer mon mari. (...) Quand je suis arrivée de chez mon père, je me doutais qu'on penserait que j'étais l'auteur du meurtre. Mais ce n'est pas moi. Sam m'avait toujours dit qu'il ferait en sorte que je ne le sache pas quand il tuerait mon mari.

« En arrivant lundi matin, et en voyant les rideaux baissés aux fenêtres de notre maison, je me suis aussitôt douté que Sam avait assassiné mon mari. »

La femme Poirier, en disant ces mots, éclata en sanglots: elle pleure, elle crie, puis enfin se calme comme par enchantement, pour continuer sa confession!

«Vous a-t-on dit que c'était moi?» s'écrie-t-elle en séchant ses larmes. (...) Il *(Sam)* m'a dit souvent qu'il donnerait sa tête pour moi, pour que je vive tranquille. (...)

«Je lui disais qu'un couteau, ce n'était pas assez fort pour tuer un homme. Je lui ai dit: Tu commenceras, mais tu ne pourras pas finir. Je lui ai dit un jour que c'était insensé d'avoir un tel dessein et il me répondit que s'il voulait tuer mon mari, c'était parce qu'il le méritait. (...) S'il ne l'a pas fait plus tôt, c'est qu'il ne voulait pas me faire de la peine. Il a acheté un revolver, cet été, dans cette intention. (...)

«Je n'ai pas vu. Je n'étais plus capable de parler. Je lui ai demandé de s'en aller. Ça me coûtait de parler. Je suis certaine qu'il l'a tué après mon départ. Quand je suis partie, le couteau était dans le tiroir où je mettais tous les couteaux.

«Sam avait déjà dit qu'il prendrait un couteau et qu'il l'enfilerait. C'est ce qu'il a fait.»

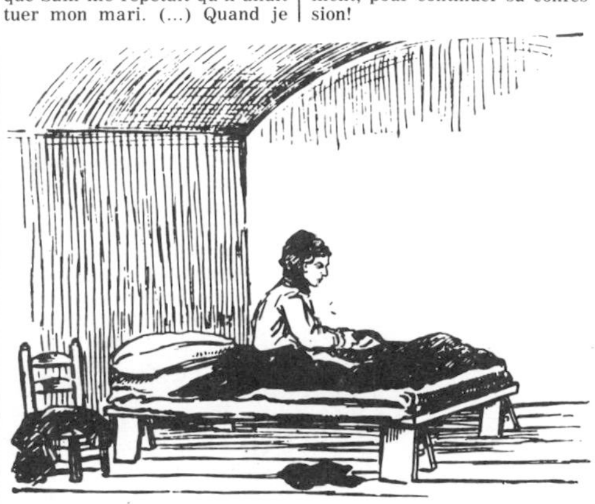

La femme Poirier (Cordélia Viau) dans sa cellule, à la prison de Sainte-Scholastique.

Sam Parslow dans sa cellule, interviewé par le reporter de LA PRESSE.

Expérience extraordinaire du téléphone

Nous lisons dans le *Chamber's Journal*: La plus remarquable expérience en fait de téléphone qui ait été tentée vient d'obtenir le succès. Les ingénieurs de la « International Bell Telephone Company » ont réussi à tenir une conversation entre Saint-Petersbourg et Bologne, distance de deux milles quatre cent soixante-cinq milles. Les instruments employés étaient l'expéditeur Blake et le receveur Bell, et la conversation a été tenue, en dépit de circonstances climatiques peu favorables à la transmission. L'expérience a eu lieu pendant la nuit, alors que les lignes télégraphiques n'étaient pas occupées. Les ingénieurs russes de cette compagnie sont si confiants dans un succès plus grand, qu'ils espèrent avant peu pouvoir converser facilement à une distance de quatre mille six cent soixante-cinq milles. Mais pour arriver à ce résultat merveilleux, ils devront combiner toutes les conditions favorables pour la transmission des sons téléphoniques. S'il est reconnu possible de tenir une conversation distincte à une distance aussi extraordinaire, il est probable que de nouveaux progrès dans ce sens nous permettront de causer facilement entre Londres et New York et dans un avenir prochain entre Londres et les antipodes.

Cela se passait le 25 novembre 1884.

La joyeuse fête de la Sainte-Catherine

Le court texte suivant illustre comment on percevait la Sainte-Catherine en ***novembre 1906.***

Fabrication et distribution de la tire, le jour de la Sainte-Catherine.

LA *Sainte-Catherine*, au Canada, c'est la fête des jeunes filles, celle des vieilles aussi ; car, comme les premières, elles sont des fleurs charmantes avec cette légère différence qu'elles se sont un peu étiolées sur leur tige, enfin, la *Sainte-Catherine*, c'est un petit *Jour de l'an*.

Or, ce jour-là, c'est grand gala pour la marmaille ; ce jour-là, on pardonne un peu partout, on se rapproche des siens, on oublie, on fait ripaille, on se barbouille de tire, on chante et l'on s'aime davantage ; en un mot on est plus normand, plus breton, plus picard, c'est-à-dire beaucoup français.

À la campagne, la coutume s'est mieux conservée que dans les grandes villes.

Dans les familles, on se réunit entre voisins. Des fricots formidables sont organisés de longue main. De bons plats de ragoût, succulent, épaissi à l'amidon, du pain de ménage, des pommes fameuses, ornent les tables autour desquelles les convives s'asseyent. (...)

Ce jour-là, on donne des petites soirées, où l'on danse et comme on ne veut pas « coiffer sainte Catherine », les belles jeunes filles ont plus de tendresse ; les idylles vont grand train ; on se fiance, et le dimanche suivant, le prône de monsieur le curé est chargé de nombreuses publications de bans. (...)

Dans notre pays, tant que nos belles jeunes filles auront le caractère harmonieux comme les lignes, l'âme profonde et douce comme leurs yeux, le coeur jeune et délicat et tendre comme leurs vingt ans, le nombre de vierges tardives sera petit et les honnêtes gars canadiens, au lieu de fuir ne chercheront qu'à tomber dans l'embuscade idyllique où le bonheur se tient discrètement caché.

ACTIVITÉS

■ « Symphonia » —

De concert avec la station CFQR-FM, LA PRESSE, son président et éditeur Roger-D. Landry et son personnel s'engagent à fond dans le radiothon de 50 heures présenté à partir de midi, dans le but de lever des fonds pour l'Orchestre symphonique de Montréal. On vendra différents objets énumérés dans le catalogue encarté dans LA PRESSE du 19 novembre. Ce radiothon présenté à partir de l'hôtel Méridien se termine dimanche.

■ Complexe Desjardins —

Présence du père Noël, et exposition de tous les dessins envoyés à ce dernier par les enfants, reçus par la Société canadienne des postes. Jusqu'au 23 décembre.

C'EST ARRIVÉ UN 25 NOVEMBRE

1974 — Décès de U Thant, secrétaire général de l'ONU de 1961 à 1971.

1969 — Les États-Unis renoncent à l'utilisation offensive d'armes biologiques.

1966 — Les gardes rouges dénoncent Lin Shiao-Chi, président de la République populaire de Chine.

1965 — Coup d'État du général Mobutu, qui renverse le président Kasavubu, au Congo-Kinshasa (aujourd'hui Zaïre).

1963 — Service funèbre de John Fitzgerald Kennedy, puis inhumation au cimetière d'Arlington.

1959 — Mort de l'acteur français Gérard Philippe; il est inhumé dans son costume du *Cid*.

1944 — Selon le major McLellan, les provinces anglaises devraient avoir honte de leur campagne de dénigrement contre le Québec au sujet de la conscription.

1935 — Le premier ministre Louis-A. Taschereau est maintenu au pouvoir lors des élections provinciales.

1930 — La Ville de Montréal se nomme un commissaire industriel en la personne de M. Jean-Baptiste Baillargeron.

1929 — Funérailles brèves pour Georges Clémenceau, ex-premier ministre de France, surnommé « le Tigre » et décédé la veille.

1922 — L'incendie du collège de Saint-Boniface fait 10 morts et les Jésuites évaluent les dégâts à $600 000.

1920 — Gaston Chevrolet, célèbre conducteur automobile français, trouve la mort lors d'une course à Los Angeles.

1904 — Le premier ministre du Québec, le libéral S.N. Parent, est élu par acclamation dans sa circonscription de Saint-Sauveur, lors des élections provinciales.

1892 — Démission du premier ministre Sir John Abbott, pour raison de santé.

LA PRESSE
100 ans d'actualités

1. On sait que par suite de la différence des points d'ébullition entre l'air, l'azote et l'oxygène, l'air liquéfié s'enrichit rapidement en oxygène. L'ozone réparateur remet un vieillard sur pied en moins de vingt-quatre heures.

2. Le même, après avoir aspiré 56 verges cubes d'oxygène produites par quelques gouttes d'air liquide.

3. La force expansive de l'air liquide est telle qu'à Marseille, on a pu refouler le mistral. Le vent, jusqu'ici indompté, a été repoussé jusqu'au mont Vantoux dans lequel il s'est terré.

4. Le revolver chargé d'air liquide foudroie un malfaiteur et pourrait en ligne directe le projeter du lieu de l'agression jusque sur les bancs de la Cour d'assises.

5. L'action de l'air liquide sur l'aimant, considérée du point de vue psychologique, ramène à de tendres sentiments les époux qui se mettaient à table, décidés à un prompt divorce.

6. Renfermant sous peu de volume une quantité incommensurable d'oxygène, il permet les voyages sous-marins à longue distance. Le métropolitain sous la Seine n'est qu'une question de temps.

7. Le froid qu'il produit est tellement intense, qu'en été, dans les familles, on fait cercle devant la cheminée où il bout, pour se rafraîchir.

8. Le froid tue le froid: au Klondyke, on se sert déjà d'air liquide pour démolir les glaces qui recèlent des millions d'or.

9. En revanche, en Afrique, le refroidissement produit par l'air liquide rend sibériennes les plaines surchauffées. Les nègres blancs surpris font appel à la fourrure des ours.

10. L'air liquide guérit, m'affirme un docteur, le rhume de cerveau. Malheureusement, il n'a aucune influence sur les autres airs, pas plus sur l'air de 1830 par exemple que sur les airs de musique.

11. Mais c'est au point de vue de sa force d'expansion que l'air liquide produit des effets incalculables: on construit pour l'Exposition un canon qui fera faire aux voyageurs des promenades en obus captifs.

12. Les nouveaux canons de campagne, chargés à l'air liquide, produisent des effets tellement destructeurs que les nations abandonnent la partie; saluant la noble initiative du Tser (sic) et réglant à l'amiable les questions délicates, les soldats du monde entier fraternisent sous le regard ému de MM. Linde et d'Arsonval.

Nouvelles applications de l'air liquide, par Henriot

Au tournant du siècle, LA PRESSE publiait de temps à autre des caricatures de l'humoriste Henriot. Le texte illustré suivant, consacré à l'air liquide, a été publié le 26 novembre 1898. Nous vous le proposons en vous invitant à ne pas attacher trop d'importance à la valeur « scientifique » du texte et de l'image...

C'EST ARRIVÉ UN 26 NOVEMBRE

1975 — Le président Ford sauve New York de la faillite en lui consentant un prêt de $2,3 milliards.

1973 — À Alger, début, sans la Libye et l'Irak, de la conférence au sommet des États arabes.

1968 — Les employés de la Régie des alcools du Québec reprennent leur travail après une grève de cinq mois.

1966 — Inauguration de l'usine marémotrice de la Rance, en France.

1965 — La France lance le A-1, son premier satellite artificiel.

1963 — Les provinces se liguent pour attaquer le pouvoir central, lors de la conférence d'Ottawa.

1950 — Intervention de la République populaire de Chine aux côtés de la Corée du Nord, « victime de l'agression américaine ».

1945 — Les États-Unis demandent à l'URSS et à la Grande-Bretagne de retirer leurs troupes d'Iran.

1945 — Ouverture de la conférence fédérale-provinciale des premiers ministres à Ottawa. Elle durera deux jours, et aucune décision contraignante ne sera prise.

1945 — Les communistes autrichiens subissent un cinglant revers en ne recueillant que 5 p. cent des voix.

1922 — Le Ku Klux Klan veut devenir international.

1918 — Début d'une campagne contre la tarification de Bell Telephone, jugée trop élevée pour un service d'utilité publique.

1906 — On croit avoir trouvé à Kealukukua Bay, Hawaii, le crâne du célèbre explorateur français James Cook, assassiné à cet endroit il y a près de 130 ans.

1889 — Une conflagration cause des pertes de plus de $10 millions, à Lynn, Massachusetts, la ville des cordonniers.

Recherchée

Voici à quoi pouvait ressembler un texte relatif à la recherche d'une personne disparue, en novembre 1897.

Hier soir (**26 novembre 1897**), notre reporter s'est rendu au bureau des détectives pour se procurer des renseignements sur la disparition de Mary Bastable, domiciliée avec sa mère au No 184, avenue Broadway, à Lachine.

Le détective Lamouche nous a dit qu'il venait de recevoir une dépêche de Sainte-Agathe des Monts, disant que la disparue n'avait jamais été vue à cet endroit, et qu'il n'est pas vrai non plus qu'elle avait passé l'été en villégiature chez une dame Bédard.

Nos limiers travaillent à cette affaire avec ardeur, et à trois heures ce matin il n'y avait rien de nouveau. Aujourd'hui (**donc le 27**), plusieurs citoyens de Lachine se réuniront et feront des recherches pour tâcher de retrouver la jeune fille.

Mary Bastable, la disparue de Lachine.

L'affaire Cordélia Viau (4)

Confession incriminante de Parslow à un ami intime

*Le texte suivant fait état de l'enquête préliminaire entreprise à Saint-Canut le **26 novembre 1897**, sous la présidence du juge de Martigny, et a été publié dans l'édition du 27.*

(De notre correspondant particulier)

SAINT-CANUT — La confession détaillée de Madame Poirier et de Sam Parslow, du crime horrible qui a semé la consternation par tout le district sert, comme on peut bien le penser, de thème à la conversation générale.

Animés d'un sentiment de surprise, venant de ce que pour la masse de la population, les deux meurtriers jouissaient d'une estime qui, sans être trop accentuée, était au-dessus des tristes éventualités qui viennent de se dérouler; animés d'un sentiment d'effroi qui découle de lui-même de l'horrible boucherie imprévue qui vient de se commettre, les gens en sont encore à se demander si toute cette histoire n'est pas un rêve.

Je vous ai déjà communiqué toute la pénible sensation qui fit tressaillir la pénible paroisse de Saint-Canut, lorsque «La Presse» apporta la première à ses lecteurs de ce district l'affreuse nouvelle que le malheur qui venait de frapper la famille des Poirier n'était autre chose qu'un épouvantable meurtre commis au milieu du cynisme le plus révoltant, sous lequel se percevait la trame infernale d'un main de femme et l'influence maudite des boissons alcooliques.

«Ces journaux, disait-on, il n'y a rien de tel pour faire de la sensation et on a exploité misérablement le suicide de cet infortuné Poirier pour donner de l'attrait à la nouvelle, sans égard pour le tort causé à Parslow et la veuve Poirier.»

Malheureusement bien renseignée sur ce point, «La Presse» avait deviné juste. On se trouvait en présence d'un drame passionnel comme il s'en trouve peu dans nos annales criminelles.

Voilà ce que disait hier soir un brave citoyen de Saint-Canut qui avait suivi dans nos colonnes toutes les péripéties détaillées de la boucherie qui venait de jeter le deuil dans sa paroisse.

La confession de Parslow

Sam Parslow était un ami intime de ce dernier et, grâce à la confiance des autorités, il a pu avoir de la bouche même du meurtrier une nouvelle confession qui, tout en corroborant les détails que nous vous avons déjà donnés, possède un cachet tout particulier de sincérité. C'est à ce titre que je vous l'envoie. Voici le récit de ces aveux dans toute sa simplicité:

«C'est dimanche après-midi, a dit Sam à notre interlocuteur, que nous avons tué Poirier.

«Mme Poirier s'était décidée à partir, mais finalement, elle a dit qu'elle resterait et elle me fit dételer le cheval. On entra alors ensemble dans la chambre. Le couteau était alors dans le «sideboard». Le défunt était couché de travers sur son lit, dans la même position dans laquelle il a été trouvé; il était à moitié ivre; elle s'était assise au pied du lit, à sa droite, et elle me disait, pendant que j'étais allé chercher le couteau, et quand je fus assis à la droite de Poirier: Tue-le.» Je tranchai alors le cou de Poirier, en portant un coup violent et je me sauvai de la chambre suivi de la femme Poirier et laissant la porte ouverte. Je ne me rappelle rien de ce qui s'est passé ensuite, mais comme je sortais de la chambre, une pensée me frappa, c'est que je ne l'avais pas tué complètement. Je ne sais pas si je suis retourné le finir ensuite. Je quittai la maison après avoir attelé le cheval de Mme Poirier, qui partit de son côté. Il y avait longtemps qu'elle me pressait de la débarrasser de son mari.»

J.A.C. Éthier, avocat de Sam Parslow.

La prison de Sainte-Scholastique.

Notes additionnelles

Voici quelques notes additionnelles tirées du même article et susceptibles de faciliter la compréhension du dossier.

Tout d'abord, l'enquête préliminaire avait été entreprise par le juge de Martigny malgré le fait que le jury n'ait pas encore rendu son verdict à l'issue de l'enquête du coroner, et en l'absence de ce dernier qui ne se présenta pas, comme convenu. De l'avis même du juge de Martigny, les deux présumés assassins étaient détenus illégalement. Pour «régulariser» l'affaire, le détective McCaskill se rendit donc à Sainte-Scholastique pour accuser formellement Mme Cordélia Viau-Poirier et Samuel Parslow du crime d'Isidore Poirier.

On apprit également que la clef de la maison des Poirier a été découverte dans la poche du pantalon que portait Parslow, le jour du crime, et trouvé lors d'une perquisition à son domicile.

Le journaliste de LA PRESSE devait également découvrir comment le député Éthier, avocat de carrière, en vint à défendre Parslow. Il apprit en effet que Parslow était un client et un électeur avoué d'Éthier. «Motorman sur les petits chars à Montréal», Parslow perdit même son emploi parce que lors de l'élection fédérale précédente, il avait quitté son emploi sans autorisation pour aller voter.

Quant à Mme Poirier, lors de ce jour fatidique, elle se fit plus particulièrement remarquer par une astuce. En effet, elle demanda au geolier Jos. Gratton de lui trouver une lampe pour chasser les punaises. Mais, conclut le journaliste de LA PRESSE, c'était naturellement un prétexte pour une lumière car la prison est très bien tenue et les lits sont fort propres.

L'esprit de corps

Le maître-voleur à son ami, second voleur: Eh bien! Jerry, avez-vous fait quelque chose au théâtre hier soir? — Second voleur: Nothing. Il n'y avait personne au théâtre, excepté un avocat, deux plombeurs et une prima dona, et la déférence que l'on se doit entre gens de même profession, ne m'a pas permis de leur rien dérober, of course.

Tiré de LA PRESSE de novembre 1891.

Canonisation de la femme

Sixte-Quint, pape de beaucoup d'esprit, disait qu'il était prêt à canoniser toute femme dont son mari ne se serait jamais plaint.

Tiré de LA PRESSE de novembre 1891.

Une comtesse de Lilliput meurt à l'âge de 77 ans

Fameuse par ses randonnées mondiales, elle avait 32 pouces de hauteur.

APRÈS FORTUNE FAITE

Middleboro, Mass., 26. — La «comtesse» Primo Magri, connue généralement sous le nom de Mme Tom Thumb, une naine fameuse, est morte à son domicile, après plusieurs mois de maladie. Elle était âgée de 77 ans. Elle avait fait plusieurs fois le tour du monde, faisant partie de la célèbre troupe Barnum. Elle était la fille de James S. et Hulda Bump. Le «comte» Magri, son époux, lui survit.

Cette naine de grande renommée mesurait 32 pouces de taille, et ne pesait que 29 livres. Elle a vu disparaître tous les associés professionnels de sa génération. Son premier mari, le «général» Tom Thumb, est mort depuis 37 ans. Sa soeur, une naine... encore «plus petite», est morte depuis 42 ans.

Les parents étaient de haute stature et plusieurs enfants sont issus d'eux. Tous, à l'exception des deux enfants précités, étaient de taille normale. À sa naissance, Lavina Warren (Mme Tom Thumb) pesait 6 livres. Elle grandit normalement jusqu'à l'âge de 9 ans, mais la croissance cessa soudain. À 70 ans, elle avait encore les cheveux d'un beau noir, et sa voix était encore douce et mélodieuse.

Sa carrière fut mouvementée. Au cours de ses voyages dans les pays civilisés, Mme Thumb fut présentée à presque tous les rois et les principaux fonctionnaires d'État. Satisfaite de la grande fortune qu'elle s'était acquise, la «comtesse» fit son voyage d'adieu en 1912. Son second mari, le comte Magri, un Italien, est aussi un nain.

LA «COMTESSE» MAGRI, alias Mme Tom Thumb, décédée à l'âge de 77 ans.

Cette nouvelle a paru dans l'édition du 26 novembre 1919.

BABILLARD

Témoignages demandés

Il peut paraître téméraire de rechercher des témoins d'événements qui se sont déroulés avant 1920. Sauf que l'expérience nous a montré que dans certaines circonstances, il est possible de trouver un lecteur de LA PRESSE qui soit directement ou soit par ses parents, a eu vent d'un des événements que nous relèverons dans cette page.

La liste proposée aujourd'hui comporte quatre événements: le premier voyage en train dans le tunnel sous le Mont-Royal en 1913; la terrible explosion survenue dans le port de Halifax en 1917; la grève de la police de Montréal en 1918; et enfin la conflagration du Vieux Terrebonne de 1922.

Si vous êtes en mesure de donner une touche personnelle à ces événements, auriez-vous l'obligeance d'écrire le plus rapidement possible à Guy Pinard, LA PRESSE, rédaction, 7, rue Saint-Jacques, Montréal, Québec H2Y 1K9.

Joyeux anniversaire

Mlle Adrienne Boudreau célébrera son 83e anniversaire de naissance demain. Hélas, LA PRESSE ne publiant pas le dimanche, elle ne paraîtra pas demain de sorte que Mlle Boudreau n'aurait pas le plaisir, comme elle le souhaitait dans sa lettre, de voir laquelle des manchettes nous aurions choisie pour le jour de son anniversaire. Les lecteurs nous permettront donc de faire un spécial dans le cas de cette fidèle lectrice, pour lui dire que la manchette de LA PRESSE du 27 novembre 1900 était consacrée à une entrevue que le chef des Boërs et président du Transvaal, M. Paul Kruger, avait accordée au correspondant de LA PRESSE à Paris, entrevue au cours de laquelle M. Kruger affirmait que les Boërs n'abandonneraient pas la lutte tant qu'ils n'accéderaient pas à l'indépendance.

Et joyeux anniversaire, Mlle Boudreau!

Écrivez au père Noël

LA PRESSE publie aujourd'hui et samedi prochain un blanc de lettre à l'intention des enfants qui désirent écrire au père Noël. Rappelons que le sympathique bonhomme répondra à chaque lettre reçue. En outre, Suzanne Lévesque lira les lettres les plus marquantes sur les ondes de CKAC.

ACTIVITÉS

AUJOURD'HUI

■ «Symphonia»

De concert avec la station CFQR-FM, LA PRESSE, son président et éditeur Roger-D. Landry et son personnel s'engagent dans le radiothon de 50 heures présenté dans le but de lever des fonds pour l'Orchestre symphonique de Montréal. On vendra différents objets énumérés dans le catalogue encarté dans LA PRESSE du 19 novembre. Ce radiothon présenté à partir de l'hôtel Méridien se termine demain.

■ Complexe Desjardins

Présence du père Noël, et exposition de tous les dessins envoyés à ce dernier par les enfants, reçus par la Société canadienne des postes. Jusqu'au 23 décembre.

■ À la radio

17 h, Radio-Canada — Chronique consacrée à LA PRESSE à l'émission *Avec le temps*, animée par Pierre Paquette.

DEMAIN

■ À la télévision

16 h 30, Télé-Métropole — Dans le cadre de l'émission *Sports-Mag*, l'animateur Pierre Trudel consacre quelques moments au rappel d'un événement sportif illustré au moyen des archives de LA PRESSE.

LA PRESSE
100 ans d'actualités

L'affaire Cordélia Viau (5)

Les familles des 2 présumés assassins sont désemparées par les événements

(Dépêche spéciale à «La Presse»)

UN représentant de «La Presse» a rencontré hier **(28 novembre 1897)** George Parslow, frère de Sam, auquel il a servi de père et qu'il aime plutôt comme un fils que comme un frère.

Il est abattu, découragé du malheur qui vient de fondre sur sa famille qui, comme nous l'avons déjà dit, jouit d'une grande considération. La douleur du pauvre homme fait peine à voir. C'est avec une profonde émotion qu'il racontait hier à notre représentant combien sa famille est éprouvée. Nous avons déjà dit que Edouard Parslow, frère de l'accusé, était dangereusement malade. C'est là, on se le rappelle, que Sam prétend avoir couché le jour du crime. Mais voilà que la femme d'Edouard vient de tomber dangereusement malade, ainsi que plusieurs de ses jeunes enfants.

La situation de la famille Parslow excite la pitié générale et ils reçoivent de toutes parts des sympathies.

L'opinion est que Sam Parslow a été un instrument entre les mains de la femme Poirier pour accomplir un crime qu'elle avait depuis longtemps prémédité. Il n'y a pas longtemps, George Parslow a demandé au curé Pinault de chasser cette femme de la paroisse, parce que, disait-il, elle perdait son frère. Il a même écrit aux autorités diocésaines à ce sujet. (...)

CHEZ Mme TOUGAS

Le représentant de «La Presse» s'est aussi rendu chez Mme Félix Tougas, née Rose Viau, soeur de l'accusée, Cordélia Viau. Il y a trouvé une brave mère de famille, entourée de onze enfants. Mme Tougas, qui n'avait pas vu sa soeur depuis longtemps, s'est rendue le lendemain du crime à Saint-Canut et y a rencontré Mme Poirier chez Mme Bouvrette. Ayant appris que la rumeur publique accusait sa soeur, elle dit à cette dernière: «On dit que c'est toi et ton cavalier qui ont fait l'affaire. Est-ce vrai?».

Cordélia Viau se défendit énergiquement de l'accusation et déclara qu'elle n'était sortie qu'une fois avec Samuel Parslow et, encore, était-elle accompagnée de son enfant.

C'est le représentant de «La Presse» qui a appris à Mme Tougas que l'accusée a fait des aveux. Elle avait peine à y croire tant elle avait confiance en sa soeur Cordélia jusqu'à ce jour. Elle pleure à chaudes larmes en apprenant cette nouvelle et s'écrie: Mon Dieu!

QUELLE TACHE pour notre famille!

En effet, il ne faut pas l'oublier, la femme Cordélia Viau appartenait à une famille honorable qui compte un père Jésuite parmi ses membres. Le frère aîné de Mme Poirier, Charles Viau, prit d'abord l'habit religieux au collège des Jésuites, à Montréal, où il commença à enseigner. Mais bientôt, la santé lui fit défaut, et il fut envoyé à la Nouvelle-Orléans pour se rétablir. Malheureusement, il était trop tard, la maladie était trop avancée, et le R.P. Charles Viau, S.J., mourut loin de son pays, de sa famille, qui perdait en lui un membre distingué.

Mme Poirier, comme écuyère, d'après une photographie prise par un photographe amateur, de passage à Saint-Canut, à l'été de 1897.

Les événements du samedi 27

La journée du 27 novembre 1897 a été marquée de certains faits dignes de mention et que nous ne pouvions pas rappeler hier, vu que LA PRESSE ne publiait pas. Pour compléter le dossier, il est bon de retenir les faits suivants.

Tout d'abord, la journée a été marquée par les funérailles de la victime, Isidore Poirier, à Saint-Canut, sous la responsabilité de la famille Poirier. À noter qu'on n'a remarqué la présence d'aucun membre de la famille Viau.

L'enquête préliminaire s'est également poursuivie ce jour-là sous la présidence du juge de Martigny. Les différentes prétentions laissaient transpirer le plan de défense de Me Éthier, avocat de Parslow, à savoir qu'aveuglé par la passion qu'il vouait à la femme Poirier, Parslow a servi d'instrument pour la commission du crime.

On devait apprendre également que la veuve Viau-Poirier, d'une part, et la famille Poirier, d'autre part, visaient toutes deux à mettre le grapin sur les biens du défunt, et plus particulièremente sur son assurance-vie de $2 000 souscrite auprès de la Standard Life.

Mais l'événement le plus inattendu de la journée du 27 est sans contredit le profond mécontentement du juge T. Taschereau, lorsqu'il a appris que ses bureaux avaient servi au stratagème fort discutable choisi pour obtenir des aveux de Cordélia Viau.

D'ailleurs, certains se demandaient si des aveux arrachés de cette manière seraient acceptés lors d'un éventuel procès.

C'EST ARRIVÉ UN 28 NOVEMBRE

1978 — Le chapitre 3 de la loi 101 est déclaré *ultra vires* par sept juges de la Cour d'Appel du Québec.

1969 — Le gouvernement italien adopte la loi sur le divorce.

1968 — Adoption de la loi créant l'Assemblée nationale du Québec et l'abolition du sénat provincial.

1967 — Des inondations font 377 morts dans la région de Lisbonne.

1956 — Aux Jeux olympiques de Melbourne, l'équipage de huit avironneurs de Colombie-Britannique mérite une médaile d'or inattendu pour le Canada.

1954 — Mort d'Enrico Fermi, savant italien dont les recherches devaient aboutir à la fabrication de la bombe atomique.

1947 — Le général Leclerc, libérateur de Paris, trouve la mort dans un accident d'avion au Sahara.

1944 — On appprend que pour la première fois depuis le début de la guerre, des troupes canadiennes combattent en territoire allemand.

1944 — Quelque 3 000 personnes participent à une manifestation anti-conscription, à Montréal.

1942 — Pas moins de 477 personnes trouvent la mort dans un club de Boston.

1903 — Ouverture du premier garage d'automobiles à Montréal.

Un bicycle sous-marin

QUE pensez-vous de l'idée de faire une promenade en bicycle sous l'eau, d'aller tenir compagnie aux poissons, même pour quelques instants?

Reuben H. Plass, domicilié avenue Lafayette, 508, Brooklyn, N. Y., est en voie de construire un bicycle qui pourra nous procurer toutes ces jouissances. L'inventeur a démontré, au moyen d'un modèle, que son projet est praticable, et ses expériences ont soulevé l'admiration des amateurs de sport qui en ont été témoins.

La construction de ce bicycle est à peu près analogue à celle des bicycles ordinaires, avec quelques additions à l'engrenage. Au lieu d'être entourées d'un cylindre pneumatique en caoutchouc, les deux roues sont garnies de dents. Deux cylindres, longs de 8 pieds et ayant un diamètre de 9 pouces au centre, sont remplis d'air et servent à lester le bicycle pour le maintenir à la profondeur désirée. Les pédales, absolument identiques à celles des bicycles ordinaires, actionnent deux petites roues dentées qui elles-mêmes mettent en mouvement l'axe d'un propulseur, qui est placé en arrière de la machine.

Le costume du bicycliste est semblable à celui dont se servent les plongeurs, quoique celui-là soit plus léger. Sous le siège est un réservoir d'air comprimé qui sert à la respiration du bicycliste sous-marin.

Les plongeurs sont d'avis que cette invention pourra leur être d'une grande utilité.

Nouvelle publiée le ***28 novembre 1896***

ACTIVITÉS

■ À la télévision

***Le 18-heures, Télé-Métropole* —** Vers la fin de ce bulletin de nouvelles, soit vers 18 h 50, les animateurs commentent quelques manchettes tirées des pages de LA PRESSE et qui ont fait l'actualité d'hier.

VERS LE POLE SUD

Ce montage de photos permet d'apercevoir le commandant R.-E. Byrd (1), le photographe Ashley McKinley (2), le pilote Berndt Bolgen (3), le radiotélégraphiste Harold-I. June (4), ainsi que le trimoteur (5) à bord duquel ils vont voler vers le pôle sud.

RAID VERS LE POLE SUD

Le fameux commandant Byrd entreprend une randonnée dans un trimoteur.

COURSE DE 1,600 MILLES

NEW-YORK — Le «New York Times», le «St. Louis Post Dispatch» et les journaux alliés avec eux pour la publication des rapports de l'expédition antarctique du commandant Richard-E. Byrd annonçaient aujourd'hui que le commandant Byrd avait quitté sa base de Little America, dans l'antarctique, à 3 heures 29 hier après-midi **(28 novembre 1929),** pour une envolée de 1,600 milles au pôle sud (aller et retour).

Le commandant Byrd, qui vole avec Bernt Bolgen, comme pilote, Harold June, radiotélégraphiste, et le capitaine Ashley C. McKinley, photographe, à bord du grand aéroplane à trois moteurs qu'il a emporté dans la région antarctique, compte se tenir en communication directe, au cours de toute la randonnée, avec le poste de radio du «Times», à New York, et avec sa base. Il signalera les incidents de la randonnée. Si tout va bien, le commandant Byrd retournera à sa base avant vingt-quatre heures.

Histoire des pôles

Le commandant Byrd veut porter le drapeau étoilé au pôle sud comme il l'a déjà porté au pôle nord.

L'envolée actuelle de Byrd rappelle celle qu'il fit, en mai 1926, dans un aéroplane Fokker à trois moteurs, le «Miss Josephine Ford». Byrd avait quitté la Baie du Roi, à Spitzberg. Il s'était rendu au pôle nord et en était revenu dans l'espace de quinze heures et demie. Il s'agissait d'une course de 1,600 milles (aller et retour).

Byrd était le premier aviateur à atteindre le pôle nord en aéroplane. Deux dirigeables, le «Norge» et l'«Italia», ont pu plus tard évoluer au-dessus du pôle nord, qui fut découvert le 6 avril 1909 par l'amiral Robert-E. Peary, au cours d'une expédition en traineau.

Le commandant Byrd est le premier à tenter le survol du pôle sud. L'année dernière, Byrd et le capitaine sir George Hubert Winkins avaient employé des aéroplanes pour des raids dans l'antarctique.

Le pôle antarctique a été découvert par Roald Amudsen, explorateur norvégien, en décembre 1911. Peu de jours après, le capitaine anglais Robert-F. Scott atteignait aussi le pôle sud.

photo Paul-Henri Talbot, LA PRESSE

Mme Gaétane Gauron (à droite), dont le nom a été tiré au sort parmi les personnes nées le 20 octobre et qui s'étaient inscrites auprès de LA PRESSE, était récemment de passage au journal. Elle a reçu des mains de Mme Christiane Dubé, du service de la promotion à LA PRESSE, un agenda et plusieurs autres souvenirs du centenaire.

LA PRESSE
100 ans d'actualités

photo René Picard, LA PRESSE
De la ferraille tordue, voilà tout ce qu'il restait au petit matin du DC-8 d'Air Canada.

La pire tragédie aérienne au Canada

Un DC-8F s'écrase à Sainte-Thérèse : 118 morts

par Lucien RIVARD

UN aérobus réacté DC-8F d'Air Canada s'est écrasé au sol et a explosé, à 6 h 32, hier soir **(29 novembre 1963)**, à environ trois milles au nord de Sainte-Thérèse de Blainville, entraînant dans la mort 118 personnes: 111 passagers et les sept membres de l'équipage.

C'est la pire tragédie de l'histoire du Canada et la plus désastreuse qui soit survenue dans la province depuis celle d'Issoudun, dans le comté de Lotbinière, survenue le dimanche 11 août 1957.

Selon un porte-parole d'Air Canada, l'appareil s'était envolé de l'aéroport international de Dorval à 6 h 28, et devait se rendre à Toronto, où il était attendu vers 7 h 15. Le départ était prévu pour 6 h 10, mais ce n'est qu'à 6 h 15 que le quadrimoteur à réaction avait quitté l'aéroport pour aller se placer sur la piste.

L'aérobus n'a tenu l'air que pendant quatre minutes avant d'aller s'écraser dans un terrain boisé, rendu marécageux par la pluie diluvienne qui n'a cessé de tomber au cours de la journée. La visibilité était complètement nulle.

C'est à moins de 1,000 pieds de la route 11, à la hauteur du garage Berthiaume, 1239, boul. Labelle, que l'avion a piqué au sol.

Les premiers témoins à se rendre sur les lieux n'ont pu que constater leur impuissance à secourir les passagers de l'appareil qui était complètement désintégré. Des morceaux de corps humains avaient été projetés dans les arbres et jonchaient le sol autour du lieu de l'écrasement, tandis que les flammes s'élevaient au-dessus des débris de l'avion.

Alimenté par les milliers de gallons d'essence contenus dans les réservoirs de l'appareil, le feu a continué de consumer les débris pendant toute la soirée, empêchant les enquêteurs et les secouristes de s'approcher de trop près.

L'écrasement

Les témoins de la tragédie ont dit avoir entendu un sifflement aigu puis une violente explosion au moment où l'appareil touchait le sol. D'autres petites déflagrations auraient suivi, après quoi une boule de feu de 50 pieds de hauteur s'est formée dans le ciel.

Sous la violence de l'explosion, le sol a tremblé à des milles à la ronde et plusieurs personnes ont avoué avoir cru leur dernière heure arrivée.

La frayeur du moment calmée, les secours ont commencé à s'organiser et des milliers de curieux ont afflué sur les lieux.

Les premiers policiers arrivés avaient du mal à contenir la foule des badauds qui ne cessait de grandir de minute en minute. Les ambulances avaient du mal à se frayer un chemin à travers le flot de voitures qui obstruaient la route sur plusieurs milles de chaque côté de l'endroit.

La Sûreté provinciale, la Gendarmerie canadienne, les corps de policiers municipaux de la région, de même que les autorités d'Air Canada ont envoyé des hommes sur les lieux, mais comme ils étaient littéralement débordés, on a fait appel au camp militaire Bouchard, situé à environ un mille du lieu de la tragédie. Le major Bernard Dorion, d'Ottawa, commandant du dépôt de munitions, a pris la direction des quelques 300 militaires qu'il a envoyés sur les lieux.

Récupération des cadavres

Pour contenir les curieux, un câble a été installé autour du cratère de 75 pieds de diamètre qui s'est formé dans l'écrasement. Pendant ce temps, des équipes de secouristes commençaient à recueillir les morceaux de corps humains qui étaient accessibles. Ils étaient placés dans des couvertures de caoutchouc et amenés, sur ordre du coroner, à une morgue provisoire installée au dépôt de l'intendance militaire, au camp Bouchard. (...)

Un dirigeant d'Air Canada a également déclaré cette nuit qu'il serait impossible de récupérer tous les corp et que l'on n'identifiera probablement aucun de ceux que l'on pourra retrouver. (...)

Une enquête a été ouverte par le ministère des Transports dans le but de déterminer la cause de l'écrasement.

On a éliminé dès le départ la possibilité d'un sabotage de l'appareil parce que différents témoins s'accordent à dire que l'explosion ne s'est produite qu'au moment où l'avion a touché le sol.

C'EST ARRIVÉ UN 29 NOVEMBRE

1974 — Décès de l'ex-champion de boxe James J. Braddock (68 ans) et de H. Lamar Hunt (85 ans), l'un des hommes les plus riches du monde.

1972 — Le tribunal de grande instance de Paris lève la saisie-arrêt sur le cuivre chilien.

1967 — Échec relatif de l'opération « Outardes » lors de la fermeture de la galerie de dérivation d'Outardes-4.

1955 — Sacre du premier évêque noir de l'Afrique française, Mgr Etoga.

1954 — Les Eskimos d'Edmonton remportent la coupe Grey pour la première fois de leur histoire en battant les Alouettes.

1952 — L'archevêque Paul-Émile Léger, de Montréal, est nommé cardinal par le pape Pie XII, en compagnie de 23 autres évêques.

1948 — Les 335 000 charbonniers français rentrent au travail après une grève de 56 jours.

1947 — L'Assemblée générale des Nations-Unies adopte le plan de partage de la Palestine par 33 voix contre 13.

1933 — Un noir est pendu, puis brûlé par une foule folle de rage parce qu'il avait attaqué une blanche, au Missouri.

1923 — La ville de Hull célèbre le centenaire de sa fondation.

1917 — À la demande des autorités militaires, la police de Montréal se met à la recherche des réfractaires au service militaire.

1915 — Insulté par M. Rodrigue Langlois, le maire Médéric Martin l'expulse du conseil.

BABILLARD

Anciens recherchés

Les responsables du conventum 1953-65 de l'ex-collège Sainte-Marie sont sans nouvelles d'anciens confrères dont ils ont perdu la trace depuis très longtemps. Il s'agit de Roger Arbour, Jacques Bergeron, Maurice Champagne, Claude Crevier, Henri Forest, Jean-Marc Gagnon, Marcel Guillemette, François Latourelle, Pierre Leclair, Jacques Léger, Lionel Lussier, Claude Mathieu et Guy Mercille. Tout renseignement susceptible d'aider à retrouver leurs traces sera le bienvenu. Il suffit de communiquer avec Guy Pinard, au (514) 285-7070, à frais virés si nécessaire.

Un acrostiche louangeur

M. Vincent Paquette, de la rue Foucher, à Montréal, propose l'acrostiche suivant, en hommage à LA PRESSE:

LA PRESSE a grandi avec le temps,
Aujourd'hui, le temps la grandit.
Penser que depuis la création de ce petit concerto aux notes sans sons
Résonnent encore après cent ans ses plus mélodieuses compositions.
Ecoutez dans cette salle de rédaction; ces musiciens de la plume et de la machine
Simultanément, au diapason, font en en sorte que la gamme des nouvelles soient à la portée de tous.
Ses réalisations bien orchestrées nous démontrent que malgré son âge, nous lui concédons un air de jeunesse,
En demeurant convaincu que le chef de pupitre saura diriger habilement sa virtuose interprétation.

ACTIVITÉS

■ **Complexe Desjardins —** Présence du père Noël, et exposition de tous les dessins envoyés à ce dernier par les enfants, reçus par la Société canadienne des postes. Jusqu'au 23 décembre.

Le poste de police de Longueuil dévalisé par des cambrioleurs de profession

Quatre individus masqués baillonnent et ligotent l'homme de quart et, revolver au poing, le somment d'ouvrir le coffre-fort

LES cambrioleurs qui jettent, depuis quelques semaines, la désolation dans nos villages, ont accompli, à Longueuil, un exploit qui, s'il établit l'audace merveilleuse des voleurs, devra aussi décider nos détectives à faire un effort pour arrêter ces effrontés disturbateurs de notre paix publique. Car il n'est pas de doute que ceux qui sont passés à Longueuil, la nuit dernière, sont bien les « professionnels » qui marquent leur marche par des coups fort réussis.

Le récit du vol effronté qui a été commis, à deux heures, ce matin **(29 novembre 1898)**, au bureau de police de la ville de Longueuil, que nous donnera lui-même M. F.X. Lefebvre, la dernière victime de ces voleurs, pourra inspirer quelque poète qui entreprendra de faire une ode sur la paix de nos villes.

La scène, telle que reconstituée à l'époque par le dessinateur de LA PRESSE, d'après les renseignements de la victime elle-même, M. Lefebvre.

La victime du vol, le constable F.-X. Lefebvre, lui-même ex-chef de la police de Longueuil.

Voici la narration de l'aventure, par la victime même :

— Je suis constable et huissier, à l'emploi de la corporation de Longueuil, depuis près de vingt ans. J'étais de quart, hier soir. Je me couchai comme d'habitude, vers onze heures, après avoir constaté que toutes les portes et les fenêtres étaient closes. Je m'endormis rapidement et profondément. Vers deux heurs et demie, ce matin, des personnes frappant à ma porte, me réveillèrent en sursaut. J'attendis, avant de me lever, qu'on frappât de nouveau. Alors, j'entendis des voix : « Nous voudrions un refuge; nous mourrons de fatigue et de froid ». Les personnes parlant ainsi, étaient de langue anglaise. Je répondis que la maison n'était guère confortable, étant à subir des réparations, et que les passants devaient aller frapper ailleurs. Ils insistèrent, demandant de se reposer pendant quelques heures seulement. J'ouvris enfin la porte et me trouvai vis-à-vis de quatre individus, dont deux étaient masqués. Tous quatre portaient en mains un revolver. Ils me braquèrent leurs armes sous le nez et commandèrent : « Hands off! ». Vous voyez d'ici la situation, Monsieur le reporter de « La Presse »: il est difficile de ne pas obéir avec des arguments aussi... convainquants. Sans me rendre toutefois à leur injonction, je leur demandai ce qu'ils prétendaient faire. La lune lançant ses rayons par la fenêtre *(vous voyez cela aujourd'hui, des mentions des rayons de la lune dans un rapport de police!)*, éclairait parfaitement la pièce, et à la clarté de l'astre ils purent voir le coffre-fort qui se trouve placé derrière la porte d'entrée. Le plus grand des quatre individus, qui semblait avoir pris le commandement de cette singulière manoeuvre, me commanda : « Open that safe » (Ouvrez-nous ce coffre-fort.) — Je leur exprimai mon regret de ne pas

Le chef de la police de Longueuil, M. J.T. Lacroix.

posséder le secret, la combinaison servant à ouvrir le coffre. Je leur dis que seul le chef de police pouvait ouvrir le coffre-fort. « Ouvrez immédiatement ce coffre ou alors nous le faisons sauter et nous vous flambons ensuite la cervelle...»

— Voyant deux revolvers qui me touchaient les oreilles, et voyant les deux autres individus se préparer à faire sauter le coffre-fort à l'aide d'instruments qu'ils venaient de retirer d'un sac, je me rendis à la sincérité de leurs représentations et je crus plus prudent d'ouvrir le coffre-fort. Dans l'espérance toutefois de parvenir jusqu'à la boîte d'alarme et de mettre la main sur la poignée appelant les pompiers, je leur représentai qu'il me fallait mes lunettes pour lire les chiffres de la combinaison.

La suite de l'aventure

Après avoir vidé ses poches et sorti ses lunettes, F.-X. Lefebvre dut ouvrir le coffre-fort, et comme il le disait si bien dans sa déclaration, les cent-vingt dollars et les quelques objets contenus dans le coffre (dont un billet de la loterie de la Louisiane, no 77,178 s.v.p.!) changèrent de propriétaires.

Déçus du contenu du coffre-fort, les bandits lui demandèrent s'il s'agissait bien du coffre-fort de la corporation.

« Certainement, » répondis-je, quand de fait le coffre-fort de la corporation était à l'étage supérieur.

Avant de quitter les lieux, les bandits menotèrent F.-X. Lefebvre, l'attachèrent à son lit, lui bandèrent les yeux et le baillonnèrent. Ce sont les bouchers qui chaque matin venaient prendre la clef du marché qui le délivrèrent de ses liens, et plus particulièrement Alex Riendeau, qui parvint à le débarrasser de ses menottes à l'aide d'une enclume apportée par le forgeron. Aussitôt libéré, F.-X. Lefebvre s'empressa d'avertir le chef de police de Longueuil, M. J.T. Lacroix.

La pièce où le vol a été commis était situé au rez-de-chaussée du vieil hôtel de ville, à l'arrière du marché public, et elle servait de casernes aux policiers durant l'hiver.

Publicité publiée dans LA PRESSE, en novembre 1906.

Un seul homme, un Canadien, a pu s'évader de l'île du Diable

AU large des côtes de la Guyane française, se trouve le fameux bagne colonial français, un véritable enfer sur terre, que l'on nomme Cayenne. C'est un groupe d'îlots brûlés par le soleil, infestés par la fièvre, perdus dans des eaux peuplées de requins voraces, et dont on a fait le dépotoir de la lie du monde des assassins, des bandits et des apaches. Et la plaie la plus hideuse de ce cancer de la terre est une petite île appelée île du Diable, où les morts restent vivants.

Cette description pathétique faite par une correspondant spécial de LA PRESSE dans l'édition du **29 novembre 1924** paraît assez réaliste si on se fie aux descriptions obtenues d'anciens bagnards ou geoliers. Et elle coiffait un long article consacré au briseur de coffres-forts canadien de réputation internationale, Eddie Guérin, le seul qui ait réussi à jamais s'échapper (c'était bien avant *Papillon* bien sûr) du terrible bagne.

Guérin s'y était retrouvé à la suite d'un vol commis aux bureaux de l'American Express, à Paris, vol qui lui valut une peine de dix ans d'emprisonnement. Mais il ne devait y rester que pendant quelques mois avant de trouver le moyen de s'enfuir en risquant la maladie et même la mort, avec la complicité, selon certains, de sa maîtresse « Chicago May », réussissant là où des milliers avaient échoué avant lui. Les détails de cette évasion n'ont hélas pas été racontés dans l'article.

Guérin devait finalement aboutir à Londres où la police française le retraça. Cette dernière demanda son extradition, mais le gouvernement britannique refusa, après que Guérin eut fait la preuve... de sa citoyenneté canadienne!

Ce montage nous présente la photo de Guérin, et à droite un dessin montrant la hutte du célèbre Dreyfus entourée d'une palissade, le quartier des gardes et la tour de guet.

LA PRESSE
100 ans d'actualités

Le nord de la ville secoué par des explosions

Deux bâtiments ont été plus particulièrement touchés par les explosions. Les deux photos de gauche indiquent l'ampleur des dégâts subis par la maison de trois étages sise à l'intersection des rues de Fleurimont et Saint-Vallier. Une fois l'incendie éteint, il ne restait plus qu'un amas de briques, de ferraille et de bouts de bois brûlé. Six familles ont été jetés sur le pavé par l'effondrement de leur domicile, tandis que le feu détruisait tous leurs biens. La photo ci-dessus montre qu'il ne reste que des murs à l'édifice qui abritait le garage de la Municipal Oil Co.

Les bouches d'égout crachent des flammes

UNE série d'explosions sans précédent à Montréal a semé la panique hier dans le nord de la ville. Les couvercles des bouches d'égout ont sauté l'un après l'autre, d'intervalle en intervalle durant une couple d'heures, rues Beaubien et Bélanger en passant par de S.-Vallier jusqu'à DeFleurimont, et boulevards Gouin et Saint-Laurent. Un geyser enflammé a brûlé de 5 h 30 à 8 h 30 à l'intersection des rues Bélanger et S.-Denis, où se produisit la première explosion et un autre a surgi à l'angle des rues Bélanger et Drolet. Les fenêtres, les vitrines et les enseignes ont été réduites en miettes dans tous les environs.

Vers 8 heures, une formidable explosion a fait crouler une maison de trois étages rue DeFleurimont, et les occupants s'en sont sauvés avec des blessures qui auraient pu être plus graves. Un garage a sauté, un autre a été menacé de destruction, quelques-uns ont subi des dégâts assez considérables. L'académie Saint-Edouard a été violemment secouée et une religieuse a été projetée dans la rue à travers une fenêtre. Un certain nombre de passants ont miraculeusement échappé à la mort, de même que quelques personnes qui se trouvaient tranquillement chez elles lorsque des couvercles traversèrent le toit ou brisèrent toutes les fenêtres.

C'est de cette façon que LA PRESSE du 1er décembre 1932 entamait sa « couverture » exceptionnelle des événements de la veille, le **30 novembre 1932.** Votre journal préféré y avait mis le paquet, consacrant à cet événement plus de la moitié de la page un et une page complète à l'intérieur. Aucune victime, aucun témoin digne de ce nom n'avait vraisemblablement été négligé, et le journaliste de LA PRESSE s'était même payé le luxe de faire la tournée en compagnie du chef des pompiers.

Les couvercles transformés en projectiles

La première explosion est survenu vers 5 h 30, projetant dans l'air le couvercle du puits d'accès au réseau d'égout, à l'intersection des rues Bélanger et Saint-Denis. L'explosion fut immédiatement suivie d'un incendie qui brûla sans interruption pendant trois heures. Mais l'affaire ne devait pas s'arrêter là, puisqu'au total, pas moins de 150 couvercles sautèrent de la sorte à l'intérieur d'un quadrilatère grossièrement délimité par le boulevard Saint-Laurent à l'ouest, la rue Bélanger au sud, la rue Saint-Hubert et le boulevard Gouin au nord.

Propulsés par la puissance de l'explosion, les couvercles se brisaient en mille éclats volant de tous côtés comme autant de projectiles (certaines pièces pesaient jusqu'à 5 livres selon LA PRESSE), ou bien volaient d'une seule pièce pour aller choir à l'intérieur des maisons en perçant le toit.

À titre d'exemple, on peut mentionner l'incident survenu au domicile de Mlle Anaïs Piché, boulevard Gouin. *Elle était,* dit LA PRESSE, *à prendre son souper. Sa mère voyait à tout pour elle à la table. Tout à coup, c'est un sifflement, un bruit sourd, le craquement du bois qui cède sous une pesanteur, le plafond percé et une rondelle d'acier qui virevolte sur elle-même, perce le plancher, traversant en un rien de temps trois épaisseurs de planche. Mlle Piché s'est dressée. Le bolide l'a touchée... une ligne de plus et elle avait le crâne fracturé. (...) On voit encore dans les murs de la maisonnette la trace de la trajectoire du couvercle du trou-d'homme qui, plus que les explosions peut-être, a failli tuer une frêle enfant.*

Les couvercles ne représentaient pas le seul risque. Il y avait aussi les explosions en série entendues jusqu'à 16 milles à la ronde, qui ont démoli des bâtiments, dont un garage et un édifice à logements de trois étages, soulevé des voitures, des tramways, voire des citoyens paisiblement affairés dans leur maison comme cette dame Verhelles, de la rue de Fleurimont. Voyons son témoignage tel que relaté par LA PRESSE : *Elle venait de finir de laver sa vaisselle quand l'explosion se produisit. A peine s'était-elle penchée qu'elle se sentit levée comme par magie pour être projetée au plafond. Elle perdit connaissance. Quand elle revint à elle, sa jambe était prise entre une patte de table et un pied de lit. Elle cria aux personnes qui l'entouraient de briser la patte de la table pour lui retirer son membre.*

Peu de blessés graves

Dans les circonstances, il tient donc du miracle que ces trois heures d'angoisse ne se soient pas soldées par une hécatombe. En effet, on n'a finalement dénombré que sept blessés sérieux, mais sans être graves. Il est rare que des désastres d'une telle envergure n'entrainent pas la perte de vies humaines.

La cause de cette explosion? On a d'abord pensé au gaz, mais le responsable du réseau d'approvisionnement en gaz, la *Montreal Light, Heat and Power Consolidated*, s'empressa de nier toute responsabilité, en soulignant d'une part que le secteur n'avait été le théâtre d'aucune fuite de gaz ni d'aucune conduite brisée depuis fort longtemps, et d'autre part que les flammes sortant des bouches d'égout étaient huileuses et laissaient une fumée acre et dense, typique d'un feu d'huile ou d'essence.

En outre, on a constaté qu'une heure avait séparé une explosion à la hauteur de la rue de Fleurimont d'une autre survenue à la hauteur du boulevard Gouin. Or, ont dit les employés de la Ville de Montréal, à cause de 6 ou 7 p. cent du tuyau d'égout, il fallait une heure à l'eau d'égout pour franchir la distance de Fleurimont-boulevard Gouin. Il ne faisait donc pas de doute dans leur esprit que les explosions étaient dues à une fuite d'essence, de sorte qu'il devenait tentant de pointer du doigt le garage Municipal Oil Co., à la croisée des boulevards Saint-Laurent et Crémazie, d'autant plus que le garage en question avait subi de très lourds dégâts.

Guy Pinard

C'EST ARRIVÉ UN 30 NOVEMBRE

1969 — À Washington, on révèle que les États-Unis ont payé $1 milliard à la Thaïlande pour son assistance au cours de la guerre du Vietnam.

1967 — Lester B. Pearson, premier ministre du Canada, qualifie d'intolérables les propos du général de Gaulle au sujet de l'avenir du Québec.

1958 — Victoire décisive du général de Gaulle après les deux tours de scrutin.

1957 — Le président Soekarno, d'Indonésie, échappe à un attentat à la grenade qui fait sept morts à Jarkarta.

1956 — Le Noir Floyd Patterson, bat Archie Moore à Chicago, et devient à 21 ans le plus jeune boxeur de l'histoire à mériter le titre de champion des poids lourds.

1953 — Lors d'un scrutin populaire, les Soudanais repoussent l'allégeance britannique et favorisent leur rattachement à l'Égypte.

1948 — Soun Fo devient premier ministre de la Chine nationaliste, pendant que Mme Chiang Kai-Check se rend aux États-Unis afin d'obtenir une aide dans la lutte de son gouvernement contre les communistes de Mao Tsé-Tung.

1939 — Le président de la République finlandaise déclare la guerre à la Russie.

1923 — Les policiers de Montréal acceptent de se soumettre aux autorités municipales en abandonnant leur « union ».

1922 — L'école dentaire de l'Université de Montréal ravagée par le feu à peine deux semaines après qu'un incendie eut lourdement endommagé le bâtiment principal de l'université.

La guillotine pour «Barbe bleue»

La mort n'effraie pas Landru

VERSAILLES, France — Henri-Désiré Landry, le «Barbe bleue» de Gambais, a souri, hier soir **(30 novembre 1921)**, pour la première fois depuis le commencement de son procès. Il a paru amusé lorsqu'il a entendu les paroles fatales du juge Gilbert qui l'a condamné à la guillotine pour le meurtre de dix femmes et d'un garçonnet.

« Merci messieurs », a dit Landru, en faisant faire une espèce de moulinet à son vieux chapeau pour saluer d'une façon moqueuse les jurés. Après ce salut, le « Barbe-Bleue » a disparu en passant dans la petite porte conduisant à la prison de Versailles.

En entendant le jugement des jurés, Landru a dit quelques mots d'encouragement à son avocat, Me de Moro-Giafferi, qui, après avoir fait les plus grands efforts pour sauver son client, paraissait être sur le point de s'évanouir. Landru a fait cette remarque qui a été entendue par un spectateur : « Il doit sembler étrange de voir un homme menacé de la mort consoler son défenseur ».

Landru a refusé de signer une requête demandant au président Millerand de commuer la sentence, requête que les jurés ont signée. Il a dit : « Je refuse de demander la pitié, un homme comme moi veut la justice et non la miséricorde. Vous pensez que je suis coupable, eh bien! laissez-moi mourir ». (...)

Après être rentré dans sa cellule, le « Barbe-Bleue » de Gambais qui, par ses crimes, a attiré sur lui l'attention du monde entier, a fait des remarques qui donnent une idée de son caractère extraordinaire. Il a parlé ainsi : « Le procès a été une grande représentation dramatique. Je veux croire que le public est satisfait. Je vous donne rendez-vous pour la fin de février ou le commencement de mars afin de vous montrer comment un homme innocent sait mourir ». (...)

On sait que Landru a eu recours aux promesses de mariage pour tromper les femmes qu'il a tuées. Le motif des crimes serait le vol. Landru faisait disparaitre les victimes en les brûlant. La plupart des femmes tuées par Landru possédaient quelques biens. La seule preuve directe de culpabilité de Landru était une petite quantité d'os, à peu près une livre et demie. Certains fragments d'os étaient si petits qu'il a fallu des microscopes pour les examiner.

Victime du pharaon?

Le 30 novembre 1935, LA PRESSE publiait cette photo du Dr James-H. Breasted, égyptologue américain, l'un des premiers savants à pénétrer dans le tombeau du roi Tout-Ank-Amon, et qui souffrait alors d'un mal dont on ne pouvait déterminer la cause. Le Dr Breasted, explorateur de temples et de tombeaux égyptiens pendant les 20 années précédentes, revenait de la vallée du Nil lorsqu'il fut frappé de ce mal mystérieux. Lorsqu'il partit pour l'Égypte, il s'était moqué de la malédiction qui était supposée peser sur tous ceux qui violaient les tombeaux des Pharaons. Il avait défié cette malédiction en vivant durant deux mois dans le tombeau de Tout-Ank-Amon. Vingt-et-une personnes qui firent des recherches là sont mortes depuis de façon mystérieuse.

À la fin de novembre 1928, LA PRESSE proposait en manchette un court texte qui attirait l'attention sur le début des travaux, ce jour-là, du réservoir McTavish. D'une capacité de 90 millions de gallons d'eau par jour, la station de pompage devait coûter $600 000 aux contribuables montréalais. Pour accompagner la manchette, on présentait un dessin à la plume de M. Victor Depocas, et la légende du croquis précisait qu'en plus d'être utile, l'usine aurait une vocation décorative puisqu'on avait grandement soigné son architecture.

ACTIVITÉS

■ À la télévision

12 h 30, Télé-Métropole — Dans le cadre de l'émission *Entre nous* animée par Serge Laprade, Claudette Tougas, de LA PRESSE, présente la chronique *Cent ans de pages féminines.*

Tous les moyens sont bons pour rendre hommage à LA PRESSE à l'occasion de sa centième année de publication. Pour sa part, la société Trans-Public, responsable de l'affichage publicitaire dans les rames de métro, propose le message suivant, rehaussé par l'affiche en couleurs de Girerd. Ce message est affiché dans les voitures de la ligne nord-sud 2, celle qui passe le plus près de LA PRESSE.

VUE GENERALE DE LA PARTIE DE TERREBONNE DETRUITE PAR LA CONFLAGRATION

DESASTREUX INCENDIE A TERREBONNE

Le feu détruit la partie basse de la ville de Terrebonne

Tout le quartier des affaires, où se trouvent l'hôtel de ville, le bureau de poste et les banques, n'est plus qu'un amas de ruines

(Spécial à LA PRESSE)

TERREBONNE — Un incendie qui s'est déclaré hier soir **(le 1er décembre 1922)** dans la ville de Terrebonne en a détruit toute la partie basse. Les flammes, activées par un vent violent, se sont propagées avec une extraordinaire rapidité. Plus de soixante-quinze maisons ont été réduites en cendres, et quatre cent personnes se trouvent ce matin sans foyer. Par un véritable miracle, il n'y a pas eu une seule perte de vie. (...)

C'est vers 9 heures 30 que l'incendie a été découvert. On ne connaît pas avec certitude quelle a pu être la cause de la conflagration, l'incendie se déclara d'abord dans le séchoir de l'établissement de M. Joseph Limoges, marchand de bois et manufacturier de portes et de châssis, rue de la Pompe. (...)

Le vent soufflait à une vitesse de 40 à 60 milles à l'heure et activait l'incendie. Comme il soufflait vers le nord, il poussa les flammes du côté de la demeure de M. Limoges qui ne fut bientôt qu'un brasier. De là, les flammes se propagèrent de maison en maison. (...) Un peut avant 10 heures, presque toute la partie sud de la partie basse de la ville était en feu. (...)

Les édifices détruits

L'église, le couvent, le collège, la Banque d'Hochelaga, la maison des Pères du Très-Saint-Sacrement ont échappé à la destruction. mais tout le quartier des affaires, dans le centre et la partie basse de la ville, pratiquement tous les magasins, l'hôtel de ville (...) ont été la proie des flammes.

Un des premiers et des plus gros édifices détruits fut l'Hôtel de ville. C'était un édifice à deux étages, en brique, bâti en 1893. Il valait environ $40,000 et les assurances qui le couvrent se chiffrent à $10,000. Les autres maisons détruites sont : la pharmacie du docteur Rochette, le magasin de meubles et la résidence privée du maire Labelle, le magasin de chaussures de M. Napoléon Gareau, le magasin de meubles Provost, le restaurant Brière, le magasin Brière, le magasin Richard, l'étal de boucher Lauzon et Ouimet, la maison de Mme Valiquette, la boutique Vézina, le garage Charbonneau, l'épicerie Beausoleil, le magasin de chapeaux de Mlle Gauthier, la boulangerie Dansereau, la boutique Guay, le bureau de poste, la glacière Alarie, le magasin de ferronnerie Gauthier. Plusieurs explosions se produisirent lorsque le feu consuma ce dernier endroit, car il s'y trouvait de la gazoline en petite quantité et des cartouches. (...)

Au commencement de l'incendie, on a cru, pendant un temps, que le collège Saint-Louis, où se trouvent 175 pensionnaires et 20 Clercs de Saint-Viateur, y passerait. (...) L'église, le couvent et les autres institutions religieuses se trouvaient dans une autre partie de la ville, et conséquemment en dehors de la zone dangereuse. (...)

Les effets à sauver

Quelques-uns des appareils à incendie de la municipalité n'étaient pas en bon état et un boyau creva sous la pression de l'eau. Bientôt on réalisa que la meilleure chose à faire était de sauver les effets mobiliers. Dans certains endroits, ces effets furent même détruits et les victimes de l'élément dévastateur durent chercher refuge ailleurs. (...)

Un peu partout, les bébés pleuraient alors qu'on les transportait en lieu sûr. Un vieillard se promenait avec une horloge sous le bras, c'est tout ce qu'il avait pu sauver dans sa maison vieille de 70 ans. Le long de la rivière se trouvaient amoncelés des lits, des matelas, des cadres, des tapis, des chaises et toutes sortes de meubles. (...)

Au cours de la conflagration, alors que les flammes avaient atteint leur maximum d'intensité et menaçaient de destruction toute la ville de Terrebonne, il se produisit une scène d'un pathétisme à faire pleurer même les plus endurcis. Afin d'empêcher la mer de flammes de continuer à s'étendre, on décida de couper le chemin au feu en faisant sauter des maisons.

Aussitôt, ce fut la consternation chez les familles à qui appartenaient les maisons que l'on voulut détruire. Des femmes et même des hommes se jetèrent aux genoux des pompiers pour les supplier d'épargner ces maisons et de ne pas mettre leur projet à exécution. Mais une cruelle nécessité y forçait. Des paquets de dynamite furent placés à neuf endroit différents, et bientôt, on entendit une série d'explosions.

En épilogue, on peut ajouter que les pertes se chiffrèrent à plus d'un million de dollars, ce qui était énorme à l'époque.

C'EST ARRIVÉ UN 1ER DÉCEMBRE

1978 — Funérailles du maire George Mascone, de San Francisco, assassiné le 27 novembre.

1976 — Un tremblement de terre fait 5 000 morts en Turquie.

1973 — Décès à l'âge de 87 ans de David Ben Gourion, fondateur de l'État d'Israël en 1948.

1970 - Introduction du divorce dans la législation italienne malgré l'opposition du Vatican.

1959 — Signature du traité de l'Antarctique par 12 États, lequel exclut toute activité militaire sur le Continent.

1958 — Mort de 87 enfants et trois religieuses dans l'incendie d'une école catholique, à Chicago.

1952 — Décès en Chine communiste de Mgr Louis Lapierre, missionnaire canadien âgé de 72 ans.

1948 — Arrestation par le gouvernement indonésien de l'ex-premier ministre Amir Sjarifuddin, instigateur de l'insurrection communiste dans l'île de Java.

1948 — Les communistes s'emparent de l'hôtel de ville de Berlin, située en zone soviétique.

1947 — Gabrielle Roy mérite le prix Fémina pour son livre *Bonheur d'occasion*. Elle est le premier écrivain canadien à mériter un grand prix littéraire français.

1926 — Les prohibitionnistes subissent un cinglant échec lors des élections provinciales en Ontario, alors que l'abrogation de la loi de la tolérance de 1916 est exigée par une très forte majorité.

1925 — Signature du traité de Locarno : les signataires s'engagent à respecter les frontières territoriales telles que définies par le traité de Versailles.

1924 — Une explosion dans un élévateur à grains du port de Montréal fait un mort et plusieurs blessés.

1923 — Un barrage cède et détruit la ville de Glano, en Italie, faisant quelque 1 500 morts.

Le pont Victoria, tel qu'il apparaissait avant le commencement des réparations, en 1897.

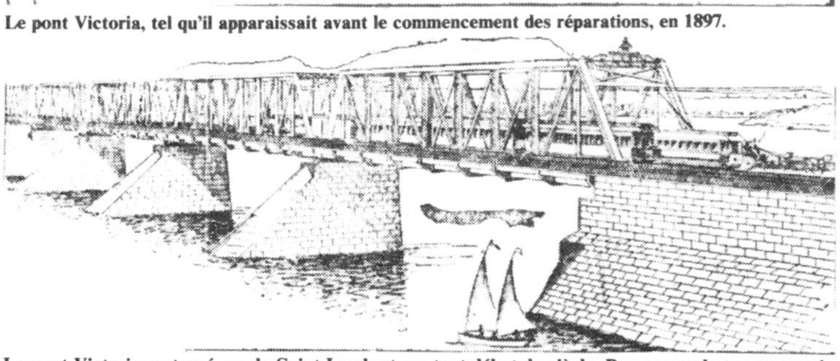

Le pont Victoria restauré, vu de Saint-Lambert, au tout début du siècle. Remarquez le tramway qui roule tout à côté d'un train de voyageurs.

LE PONT VICTORIA OUVERT AUX PIETONS ET AUX VOITURES

C'EST aujourd'hui **(1er décembre 1899)** que doit être ouvert à la circulation des véhicules et des piétons le nouveau pont Victoria. Cette ouverture devait avoir lieu ce matin, mais comme un grand nombre d'ouvriers étaient encore occupés à niveler les approches du pont, la circulation ne pourra s'établir qu'un peu plus tard dans la journée.

La compagnie Grand Tronc *(le Canadien National depuis 1923)* a pris toutes les mesures de précautions possibles pour prévenir tout accident et rendre le pont absolument sûr à ceux qui doivent y passer. (...)

LE TARIF

En même temps que le pont sera livré à la circulation, le tarif suivant entrera en vigueur :

	Passage simple	Aller et retour
Piétons, six billets pour 25 cents	5	—
Cheval et son guide	15	25
Voitures de transport de passagers — Guide libre de charge et 5 centins pour chaque passager	—	—
Un cheval et une voiture	20	30
Deux chevaux et une voiture	30	50
Trois chevaux et une voiture	40	60
Quatre chevaux et une voiture	50	70
Voiture extra	15	—
Bicycle et bicycliste	10	15
Bicycle, tricycle ou autre véhicule de ce genre conduit par plus de 2 personnes. Par personne	10	15
Bicycle extra	10	15
Chevaux et mules, par tête	10	—
Bestiaux, par tête	10	—
Moutons, par tête	5	—
Cochons, par tête	5	—
Veaux, par tête	5	—
Voitures ne transportant pas de passagers — Guide libre de charge, autres personnes, 5 cents ch.	—	—
Un ou deux chevaux attelés à une voiture chargée	40	—
Un ou deux chevaux attelés à une voiture vide	20	—
Trois chevaux ou plus trainant une voiture chargée	75	—
Trois chevaux ou plus trainant une voiture vide	40	—

Il faut remarquer que, bien que la circulation sur le pont n'ait commencé qu'aujourd'hui, l'ouverture officielle a eu lieu il y a déjà quelques semaines, mais à cause de certains travaux à exécuter, le trafic n'avait encore pu y avoir accès.

Le vieux pont Victoria a été commencé en 1858, et inauguré le 25 mai 1860 par Son Altesse Royale le prince de Galles. Il pesait 9,044 tonnes. Sa longueur était de 6,592 pieds, soit 24 piles et 25 arcades ; sa largeur était de 16 pieds et sa hauteur de 18 pieds. Il avait coûté $8,813,000 et était tubulaire.

Le nouveau pont, construit sur les plans de M. Joseph Hobson, ingénieur en chef au Grand Tronc, a été commencé en 1897. Il pèse 2,200 tonnes. Sa longueur est la même que l'ancien, sa largeur est de 65 pieds et sa hauteur de 40 pieds. Il est « à jour », au lieu d'être tubulaire.

Ce nouveau pont a deux voies pour les voitures et deux pour les piétons. Chaque arcade peut supporter non seulement un train de wagons, sur chaque voie, allant en direction opposée, à une vitesse de 45 milles à l'heure, mais aussi un tramway électrique, à une vitesse de 25 milles à l'heure, et de plus des piétons et des voitures, tant que les autres voies peuvent en contenir. Le coût total de la nouvelle construction s'élève à $2,000,000.

Détails additionnels

Dans un texte précédent, on avait mentionné avec une certaine fierté que dorénavant, grâce au pont Victoria, il ne faudra pas plus de trois quarts d'heure pour aller de Montréal à Saint-Lambert, en voiture, à une allure modérée.

On mentionnait aussi qu'à l'époque, les tramways (ils étaient la propriété de la Montreal Southern Country Railways et reliaient le Vieux Montréal à Marieville, en passant par plusieurs villes de la rive sud, jusqu'à leur retrait de la circulation, en 1956) étaient amenés jusqu'aux approches par la force électrique et ensuite attachés à une petite locomotive pour faire la traversée.

Précisons en terminant que les voies pour les voitures à cheval (l'automobile viendra plus tard) se trouvaient toutes deux du côté amont du pont. La travée du côté aval du pont a été ajoutée entre 1959 et 1961.

En novembre 1896, la maison H.P. Labelle publiait cette annonce dans les pages de LA PRESSE. Elle vous donnera une petite idée des meubles et des prix d'époque.

BABILLARD

Quelques rappels

Profitons de ce premier jour de décembre pour vous rafraîchir la mémoire sur certains sujets.

En premier lieu, le petit concours lancé le 12 novembre dernier afin de trouver le plus vieux numéro de LA PRESSE actuellement en possession d'un lecteur se terminera le 17 décembre. Rappelons qu'actuellement, la palme revient à M. Aimé Beauchamp, qui conserve précieusement un exemplaire du 184e numéro de LA PRESSE, soit celui du 29 mai 1885.

Quant à ceux qui sont nés un 29 février, ils peuvent encore s'inscrire en faisant parvenir une photocopie de leur certificat de naissance, avec leurs nom, adresse, code postal et numéros de téléphone pertinents, à Guy Pinard, LA PRESSE, rédaction, 7, rue Saint-Jacques, Montréal, H2Y 1K9. Aucune inscription ne sera acceptée après le 31 janvier. Incidemment, il est inutile d'appeler à LA PRESSE pour tenter de savoir ce qui se trame au sein du Comité du centenaire à ce sujet, le secret est bien gardé !

Les certificats

Rappelons aussi que LA PRESSE remet un certificat au nom de chaque enfant né entre le 20 octobre 1983 et le 20 octobre 1984. Il suffit de faire parvenir une photocopie du certificat de naissance avec tous les renseignements pertinents au Service de la promotion, à la même adresse que précédemment.

Au sujet des souvenirs du centenaire, ils sont en vente au comptoir de l'entrée Saint-Jacques, et vous pourrez profiter de votre visite pour signer le livre du petit porteur installé dans le hall de l'entrée.

ACTIVITÉS

■ Complexe Desjardins

Présence du père Noël, et exposition de tous les dessins envoyés à ce dernier par les enfants, tel que reçus par la Société canadienne des postes. Jusqu'au 23 décembre.

LE TOUR DU MONDE DE SANTA CLAUS

SANTA CLAUS PART POUR MONTREAL

Vous trouverez épisodiquement sous cette rubrique une véritable collection de dessins illustrant le père Noël. À l'époque où ces dessins sont parus dans LA PRESSE, soit au cours des années 1900, 1901 et 1902, souvent avec des textes anglais, on disait plutôt *Santa Claus*. La collection vous permettra de vivre toutes les aventures qu'a dû subir l'homme à la barbe blanche avant d'atteindre son but, Montréal. Au fait, il ne vous reste que **24 jours** pour faire **vos emplettes de Noël...**

LA PRESSE
100 ans d'actualités

Inauguration de l'hôpital Victoria

Au pied du Mont-Royal

Au pied du Mont-Royal sur l'un de ses plateaux où l'oeil embrasse la métropole du Canada, le grand fleuve et les campagnes des environs, où l'air est plus pur, la brise se fait plus douce, s'élève un édifice aux dimensions imposantes. À l'architecture légère. C'est le monument que lord Mount Stephens et sir Donald A. Smith ont élevé à l'humanité qui souffre. C'est l'hôpital Victoria qui sera cette après-

LORD MOUNT STEPHEN

midi ouvert officiellement par Son Excellence le Gouverneur-Général de la Puissance.

Parcourez ces longs corridors où la lumière est ménagée avec un art parfait; visitez ces dortoirs spacieux, ces dispensaires complets, ouvrez ces salons luxueux, ces salles d'opération en amphithéâtre; pénétrez dans cette cuisine proprette et dont les ustensiles feraient l'envie de nos plus riches maîtresses de maison et vous admirerez le plan général de l'édifice, l'ordre et le jugement qui ont présidé à sa construction. Certes, des fidèles sujets de Sa Majesté ne pouvaient laissé (sic) à la postérité meilleur et plus utile souvenir du jubilé royal de leur souveraine. Au reste, les oeuvres philantropiques de ces deux bienfaiteurs

Le grand Escalier de l'Institution

de Montréal sont connues et appréciées à leur juste valeur par la population reconnaissante. Leurs dons considérables aux sociétés littéraires et de bienfaisance, l'impulsion qu'ils donnent continuellement à l'éducation supérieure resteront alors que ces deux vieillards seront descendus au tombeau. S'il nous était permis d'exprimer ici un voeu, ce serait de voir ce noble exemple suivi par d'autres de nos concitoyens et partout de nos compatriotes canadiens-français.

Le bureau de direction du nouvel hôpital se compose de MM. R.B. Angus, sir Donald Smith, E.S. Clouston, W. W. Ogilvie, A. T. Paterson, Dr Craig. Les principaux médecins et chefs de département sont messieurs les docteurs W. A. Brown, W. E. Duke, Seane, Gunn. Mademoiselle Murray est la matronne de l'établissement.

L'inauguration de cet hôpital se fait cet-après-midi, mais à l'heure où le journal va sous presse nous ne pouvons donner tous les détails de cette fête qui verra grouper (sic) autour de Lord et de Lady Aberdeen l'élite de la société montréalaise. Le maire, les échevins et les principaux citoyens répondront à l'appel des directeurs de la nouvelle institution et pourront alors juger par eux-mêmes des prodiges qu'opère la charité bien placée.

SIR DONALD SMITH

En effet, à une réunion du comité de direction jeudi on a décidé des derniers arrangements. L'hôpital sera ouvert à 1.30 p.m. À deux heures et demie son Honneur le gouverneur général et Lady Aberdeen arriveront accompagnés de leur suite. Une adresse de bienvenue sera alors présentée au représentant de Sa Majesté

Une des Salles communes de l'Hôpital

et après la réponse de ce dernier et les présentations des directeurs, l'hôpital Victoria sera déclaré ouvert et commencera la visite de l'institution. Il est probable, sinon certain, que Son Honneur le maire fera le discours de remerciement au nom des citoyens de Montréal.

La Salle des Opérations de l'Hôpital

À l'occasion de l'inauguration de l'hôpital Victoria, *le 2 décembre 1893*, LA PRESSE du jour proposait le texte et les illustrations précédentes à ses lecteurs.

Foupées Articu!ées

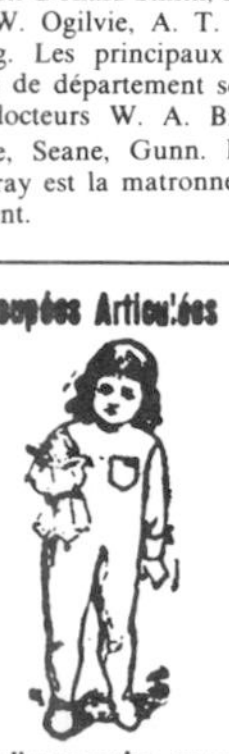

Jolies poupées articulées avec beaux cheveux, valant 20c. ...... Spécial 12c

Services à Laver

Services à laver, complets, pour enfants, valant 40c......... Spécial 27c

Services à Thé

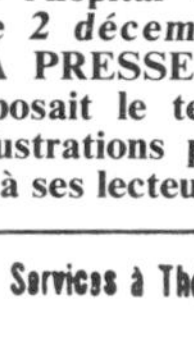

Par milliers, tous les genres, toutes les couleurs. Cette sorte, de 10c. Spécial 4c

Voici quelques exemples de jouets que les parents pouvaient offrir à leurs enfants, pour la *Noël de 1901*.

Le Canadien Pacifique remplacera la gare Dalhousie par une gare-hôtel

L'ADMINISTRATION municipale approuvait, le **2 décembre 1895**, les plans soumis par le Canadien Pacifique pour la construction d'une nouvelle gare pour remplacer la petite (on utilisait le mot *chétive* dans le texte) gare Dalhousie par un édifice sous le toit duquel on retrouverait la nouvelle gare surmontée d'un hôtel, à *l'encoignure des Craig et Berri*, pour reprendre l'expression de l'époque.

Cette gare était alors connue sous le vocable de « Gare de l'est », mais éventuellement, elle devait porter le nom de gare Viger (cet édifice a été cédé à la Ville de Montréal, et il est maintenant occupé par des services municipaux). La compagnie ferroviaire n'allait occuper que le rez-de-chaussée. Le bâtiment projeté mesurait 300 pieds de longueur par 66 de profondeur, et sa façade se trouvait sur la rue Craig.

Le plan définitif adopté en 1895 par le Canadien Pacifique pour sa nouvelle gare-hôtel.

La proposition du Canadien Pacifique comportait quelques obligations pour la Ville. En voici les principales, comme les rapportait alors LA PRESSE.

1 — La Ville devra exproprier le carré borné par les rues Craig, Berri, Notre-Dame et Lacroix et le céder à la compagnie pour l'érection de la nouvelle gare.

2 — La Ville devra jeter un pont sur la rue Notre-Dame, au-dessus des voies ferrées, pour donner libre cours au trafic.

3 — La Ville contribuera $150,000 (comme on peut le constater, le phénomène des subventions gouvernementales n'est pas totalement nouveau...) *à la compagnie pour aider à construire la gare qui ne devra pas avoir moins de 300 pieds de façade sur la rue Craig et 66 pieds de profondeur, avec quatre étages, et ne coûtant pas moins de $350,000.*

En retour, la compagnie cédera à la cité le parc Bellerive, la propriété Macdonald, la propriété des Magasins militaires sur la rue des Commissaires et un lopin de terre au coin des rues Berri et Saint-François contenant 3,265 pieds carrés.

La Compagnie sera tenue de laisser l'accès de la gare libre aux autres lignes. De plus, les trains directs, lorsque la gare Windsor et la nouvelle gare seront reliées entre elles, devront tous partir de ou passer par la nouvelle gare.

L'importance accordée à cette nouvelle par LA PRESSE dans ses éditions des 2 et 3 décembre est d'autant plus facile à comprendre que LA PRESSE avait obtenu la primeur deux ans plus tôt, en publiant un croquis du projet du Canadien Pacifique. C'était un fleuron de plus pour le journal, qui venait à peine de célébrer son 12e anniversaire.

LE TOUR DU MONDE DE SANTA CLAUS

SANTA CLAUS POURSUIVI PAR UN OURS POLAIRE

Plus que *23 jours* pour faire *vos emplettes de Noël*...

John Brown et l'esclavage

LE **2 décembre 1893,** LA PRESSE consacrait plus de la moitié de sa première page au 34e anniversaire de la mort de John Brown. Ce dernier s'était illustré en consacrant sa vie à l'émancipation des esclaves aux États-Unis. Profondément religieux, choqué par le sort réservé à ses concitoyens de race noire, il consacre le plus clair de son temps à augmenter les rangs des abolitionnistes de l'esclavage. On ne compte plus ces faits d'armes entre 1831 et 1854, alors qu'il a favorisé, avec ses amis, la fuite de centaines d'esclaves. À partir de 1854 et jusqu'à sa mort, il commande de nombreuses expéditions au Kansas et au Missouri afin de libérer d'autres esclaves. Mais à quel prix puisqu'il y laisse deux de ses fils. Mais il était inévitable qu'il succombât devant l'adversaire dont les rangs se gonflaient de nouveaux arrivants après chacune de ses opérations armées. En 1859, cerné par les Virginiens sur une petite ferme près de Harper's Ferry, il lutte héroïquement pendant deux jours avec une poignée d'hommes, et deux autres de ses fils trouvent la mort en tentant de prévenir l'inévitable. Condamné à mort, John Brown monte sur l'échafaud à Charleston le 2 décembre 1893, pour y être pendu. Et comme le disait l'auteur de cette page, à l'époque, *nous le représentons sur cette page marchant à l'échafaud, et embrassant au passage — suprême témoignage de sympathie donné à la race noire — un petit négrillon que lui tendait sa mère esclave.*

C'EST ARRIVÉ UN 2 DÉCEMBRE

1981 — Le projet de loi demandant au Parlement britannique de voter une loi donnant au Canada le pouvoir d'amender sa propre constitution est adopté par une forte majorité à la Chambre des Communes.

1975 — Après une grève de six semaines, la plus longue de l'histoire des Postes canadiennes, les 22 000 postiers rentrent au travail.

1975 — Des terroristes tuent trois otages et en détiennent 60 autres à bord d'un train, aux Pays-Bas.

1961 — Fidel Castro annonce qu'il endosse le marxisme-léninisme et que Cuba devient une dictature du prolétariat.

1960 — Une première : le révérend Geoffrey Francis Fisher, chef de l'Église anglicane, visite le pape Jean XXIII au Vatican.

1959 — Le barrage de Malpasset, France, se romp. Des milliards de gallons d'eau annéantissent la ville historique de Fréjus, et font 300 morts.

1954 — Signature d'un accord de défense mutuelle par les États-Unis et Taiwan, à la condition que Tchang Kaï-Chek renonce à attaquer la République populaire de Chine.

1949 — *L'Implacable,* ancien navire français capturé à Trafalgar, coule à Portsmouth.

1943 — Accueil délirant de 217 Canadiens, y compris 75 missionnaires, arrivés du Japon où ils étaient retenus prisonniers depuis la déclaration de la guerre.

1931 — Le compositeur Vincent d'Indy meurt subitement à 80 ans.

1907 — Le *Mount Temple* du Pacifique Canadien s'éventre sur un récif près de Halifax.

1903 — L'Université d'Ottawa est ravagée par les flammes; les dégâts sont évalués à $500 000.

BABILLARD

Une lectrice qui se souvient

Le 17 novembre dernier, il était question, dans cette page, de l'inondation de 1927 au village Turcot. Pour Blanche Deslauriers-Loiselle, ce fut là l'évocation d'un curieux souvenir.

Mme Deslauriers-Loiselle avait un oncle du nom de Calixte Gravel qui était mourant. Pendant que la famille du malade récitait les prières des malades, on voyait l'eau monter, au point d'atteindre une hauteur de quatre pieds dans la rue Victor-Hugo. Les meubles des gens d'en bas, dit notre collaboratrice, flottaient jusqu'au plafond. Et pour se rendre jusqu'à la rue Notre-Dame, il fallait se déplacer en chaloupe.

M. Gravel devait finalement succomber et les funérailles devaient se dérouler en l'église Sainte-Clothilde. Le problème, c'était de s'y rendre. On décida donc d'utiliser la chaloupe, seul moyen de transport disponible. Ce n'est toutefois pas sans une certaine appréhension que la dépouille mortelle de Calixte Gravel fut transportée jusqu'à l'église. En effet, comme le dit notre collaboratrice d'un jour, on craignait surtout que le cercueil tombe à l'eau, car on l'avait installé... sur deux chaloupes!

Précision d'un lecteur

Un lecteur de Montréal, M. François Hudon, a noté une faute dans la page du centenaire du 12 novembre dernier. On y disait qu'en 1911, le même jour, on avait assisté à l'inauguration solennelle de l'École sociale populaire, fondée par Édouard Montpetit. Il aurait fallu lire présidée par plutôt que fondée. Merci à M. Hudon pour cette importante nuance.

ACTIVITÉS

■ Congrès de la FPJQ

Exposition de photos, aujourd'hui et demain, dans le hall de l'Hôtel du Parc, choisi par la Fédération professionnelle des journalistes du Québec pour y tenir son congrès annuel. Présence d'un terminal nomade du système de traitement de texte utilisé pour la composition du journal.

LA PRESSE

100 ans d'actualités

La vaccination à l'hôtel de ville: l'une des scènes multiples que présentait l'intérieur du Bureau d'hygiène, cet avant-midi. (D'après un croquis de l'un de nos dessinateurs).

EN AVANT LA VACCINATION!

Depuis la dernière proclamation il y a une grande affluence de personnes à l'Hotel de Ville -- Les bureaux d'hygiène sont encombrés

LA vaccination bat son plein, de ce temps-ci, à l'hôtel de ville. Il est vrai que tous les moyens ont été pris par le Bureau de santé, pour encourager la chose; à part le fait regrettable que l'on charge le prix du vaccin aux médecins, qui se font payer pour vacciner leurs clients.

N'empêche que la population semble à tout prix décidée à renoncer aux vieux préjugés et à s'immuniser au moyen de la vaccine (*sic*). Il se fait, dans ce sens, un mouvement très sérieux. On remarque surtout la chose depuis les dernières proclamations du bureau de santé.

Les maitresses d'écoles amènent leurs élèves en bloc, à l'hôtel de ville, depuis samedi, et les trois médecins vaccinateurs sont sur les dents. Ils sont réellement encombrés. Il a fallu mettre des bancs dans le couloir, près du bureau de santé, pour faire asseoir la foule.

Comme l'a dit, samedi, le médecin de la cité, si ce bon mouvement continue, dans un mois nous n'aurons plus de variole parmi nous. Pour nous sauver du fléau, il n'y a qu'une chose, la vaccination. Qu'on se le tienne pour dit, et que chaque père de famille agisse.

CE QUE DIT M. LE CURE D'HOCHELAGA DE LA VACCINATION

A la séance du Conseil de ville, hier, l'échevin Bumbray a créé toute une sensation, en disant que, dimanche dernier, le curé d'Hochelaga avait annoncé en chaire, que tous ceux qui ne se feront pas vacciner seront passibles d'une amende de $10.00.

Le président de la commission d'hygiène, M. Ames, a déclaré en réponse à la question qui lui a été posée à ce sujet, qu'il n'y a ni loi, ni règlement à l'heure qu'il est, qui autorise l'abbé en question de faire une semblable menace. Cela n'empêche pas, bien entendu, que la vaccination ne soit grandement recommandée.

Cela se passait le 3 décembre 1901.

ON TROUVE UN CIMETIERE SOUS L'HOTEL DES POSTES

Des ouvriers occupés à creuser un tunnel découvrent une grande quantité d'ossements humains enterrés près du mur de pierres, très épais, des anciennes fortifications.

A l'Hôtel des Postes, on est à effectuer, en ce moment, des travaux très considérables, et depuis une dizaine de jours des surprises n'ont cessé de créer l'intérêt le plus intense par suite des découvertes inattendues.

La semaine dernière, nous apprend M. Gaboury, on découvrait des ossements en grand nombre, et il y a deux jours, une source qui semble intarrisable inonde les travaux.

Accompagné du sous-directeur des Postes à Montréal, nous descendons une vingtaine de pieds afin d'arriver au niveau de la rue Craig, permettant ainsi de se servir de l'ascenseur pour descendre les colis postaux, qui sont chargés et expédiés par le personnel de la nouvelle bâtisse, rue Craig.

Ceci nécessitait un tunnel, et c'est en creusant que l'on s'est trouvé arrêté par un mur de pierre solide, que l'on croit être ce qui reste des anciennes fortifications.

Des ouvriers qui étaient à piocher, poussèrent soudain des exclamations. Le contremaitre de M. Peter Lyall, M. A. Gariépy, vint s'informer, et, quelle ne fut pas sa stupéfaction, quand on lui remit les ossements que l'on venait d'exhumer. Il y avait plusieurs fémurs, des radius, des humérus, un grand nombre de côtes et des vertèbres, et des crânes.

On continua les fouilles toute l'après-midi, mais on ne découvrit rien de plus.

Il y va de soi qu'il y eut des commentaires et des recherches de faites.

On croit qu'à cet endroit à peu près au centre du Bureau de Poste, on avait établi hors des murs, un cimetière et que ce sont les ossements de ce lieu funèbre que l'on vient de trouver.

Notons que lors de la construction du nouvelle immeuble du «Star», on fit des découvertes identiques.

On eut à démolir un mur de pierre très épais, et dans les fouilles on trouva des ossements en grand nombre. Comme dans le cas actuel, on ne put apprendre rien de bien exact en fait de renseignements historiques.

Cela se passait le 3 décembre 1909.

LE TOUR DU MONDE DE SANTA CLAUS

Santa Claus repousse l'attaque des Esquimaux

Il ne vous reste que *22 jours* pour faire vos *emplettes de Noël*.

C'EST ARRIVÉ UN 3 DÉCEMBRE

1975 — Dissolution du gouvernement d'union nationale, au Laos. Le pays se transforme en république populaire et le prince Souphanouvong, chef du Pathet Lao d'obédience communiste, en devient le président.

1973 — Lancé le 28 février 1972, *Pionneer X* transmet une première photographie de la planète Jupiter.

1970 — Traqué dans son repaire, le FLQ se rend et libère James Cross, enlevé deux mois plus tôt. Ses trois assaillants sont extradés à Cuba.

1967 — Louis Washkansky est le premier homme à subir une transplantation cardiaque, au Cap, Afrique du sud; il survivra pendant 18 jours à l'intervention chirurgicale effectuée par le Dr Christian Barnard.

1956 — Les troupes françaises et britanniques évacuent Suez, à la suite des pressions exercées par les États-Unis et les Nations-Unies.

1956 — Romain Gary, consul français à Los Angeles, mérite le prix Goncourt.

1952 — Onze chefs communistes sont pendus à Prague, pour *intelligence* avec *l'ennemi*.

1947 — Des terroristes communistes font dérailler le train Paris-Arras : conséquence, 20 morts.

1945 — Le coût de la deuxième grande guerre est fixé à un trillion, 154 milliards de dollars américains pour les seuls armements.

1943 — Quelque 3 800 personnes meurent dans l'explosion du navire de réfugiés « Kianga », près de Shanghai.

1936 — L'opinion anglaise réprouve le mariage d'Édouard VIII avec la roturière Wallis Simpson, et le roi est acculé à l'abdication.

1906 — Les flammes ravagent 12 commerces à l'intersection des rues Notre-Dame et McGill; les dégâts se chiffrent à $250 000.

1897 — L'écrivain Émile Zola se porte à la défense de Charles Dreyfus.

ACTIVITÉS

AUJOURD'HUI

■ Salon des métiers d'art

Participation de LA PRESSE, conjointement avec le ministère des Affaires culturelles, à l'exposition « Recherche 83 » consacrée à des pièces uniques par le biais de quelques premières pages publiées en couleurs, et visant à mettre en valeur le talent des créateurs et créatrices. Kiosque de LA PRESSE consacré à la fabrication du journal, sous le thème « La fabrication d'un journal à l'époque, tout un art », avec personnel sur place pour répondre aux questions des visiteurs. À la place Bonaventure, jusqu'au 22 décembre.

■ Congrès de la FPJQ

Exposition de photos, aujourd'hui et demain, dans le hall de l'Hôtel du Parc, choisi par la Fédération professionnelle des journalistes du Québec pour y tenir son congrès annuel. Présence d'un terminal nomade du système de traitement de texte utilisé pour la composition du journal.

■ Complexe Desjardins

Présence du père Noël à qui les enfants peuvent écrire en utilisant le rectangle de papier à lettre destiné à cet usage, placé dans une autre page de cette édition de LA PRESSE. Au même endroit, exposition de tous les dessins envoyés au père Noël par les enfants, reçus par la Société canadienne des postes. Jusqu'au 23 décembre.

■ À la radio

17 h, Radio-Canada — Chronique consacrée à LA PRESSE à l'émission *Avec le temps*, animée par Pierre Paquette.

DEMAIN

■ À la télévision

16 h 30, Télé-Métropole — Dans le cadre de l'émission *Sports-Mag*, l'animateur Pierre Trudel consacre quelques moments de rétrospective à un événement sportif illustré par les archives de LA PRESSE.

PERPLEXITÉ.---Comment on élude la loi à Toronto.

Deux pharmaciens condamnés pour avoir vendu des cigares le dimanche, interjetèrent appel alléguant que le tabac est une drogue et obtinrent gain de cause.

(Les journaux de Toronto)

Caricature d'Albéric Bourgeois publiée le 3 décembre 1909.

Des curiosités qui ne manquent pas d'étonner

À l'époque où les moyens de transmission des informations n'étaient ni aussi rapides ni aussi efficaces qu'aujourd'hui, l'étonnement était toujours grand lorsqu'on voyait des vignettes sortant le moindrement de l'ordinaire comme ces deux curiosités publiées dans l'édition du 3 *décembre 1910. L'aéroplane sans hélices* (comme on disait à l'époque) n'était autre chose que le précurseur du turbo-propulseur utilisé sur une grande échelle d'abord par l'armée allemande au cours de la deuxième guerre mondiale, et ensuite par l'aviation commerciale depuis le milieu des années 50. Quant à l'autre illustration, elle présente une embarcation alors en usage dans les îles de Polynésie, mais qui pouvait en étonner plusieurs en territoire américain...

LA PRESSE

100 ans d'actualités

UNE ÉTONNANTE DÉCOUVERTE PAR LES INSPECTEURS DU PAIN

Le constable Olivier Archambault et le lieutenant Morin du poste No 5, surprennent un boulanger israélite endormi dans la pâte, sur son pétrin.

RÊVE ET RÉVEIL DU FILS D'ABRAHAM

Depuis nombre d'années, nos limiers et notre police en général s'acharnent à la poursuite des criminels et à la découverte de meurtriers.

Quels que soient leurs succès dans le passé, nul d'entre eux n'aura eu la bonne fortune d'avoir fait une découverte, semblable à celle faite hier matin par le constable Olivier Archambault, du poste No 6 et le lieutenant Alphonse Morin du poste No 5.

La chose en elle-même ne serait pas croyable si demain le nommé Abraham Morris, un Israélite du meilleur aloi, qui a domicile au No 106 rue Saint-Urbain, ne devait comparaitre devant le recorder Weir, à la suite d'un papier timbré qui lui a été bel et dûment signifié hier après-midi.

Oyez plutôt la pénible histoire qui nous parvient:

Vers cinq heures et quart, hier matin, le constable Olivier Archambault qui depuis plus d'un an, est chargé par le chef Campeau de faire l'inspection du pain, dans les boulangeries et de s'assurer de sa pesanteur, se glissait furtivement, à la faveur d'une fin de nuit, dans la cour d'une boulangerie sise au No 22a rue Saint-Urbain, et la propriété de Benjamin Glickman, de descendance hébraïque.

Le constable Archambault était accompagné du lieutenant Alphonse Morin, du poste No 5.

Dans la cour, les deux inspecteurs ne remarquèrent rien d'anormal. On était occupé à étriller les chevaux et on enfournait des pains, dans les voitures.

Brusquement, le constable Archambault

POUSSA LA PORTE

qui conduisait à la boulangerie et y pénétra toujours suivi de l'officier de police Morin.

Une lumière confuse comme celle qui éclairait les nécropoles antiques, jetait un

Le constable Olivier Archambault, du poste No 6, inspecteur du pain, qui au cours de sa ronde, hier matin, a fait une découverte inouïe.

reflet pâle sur les objets multiples, entassés dans la boutique.

Les yeux du constable et de l'officier coururent dans la boutique et vinrent se reposer sur deux larges coffres de bois, dont se servent les boulangers pour pétrir et serrer leur pain.

Les deux pétrins n'étaient séparés que par une planche en entre-deux. L'un des pétrins était découvert et l'autre...

Une masse noire, zérée de farine, reposait sur l'autre pétrin. Des sons qui leur tintèrent aux oreilles comme

DES RONFLEMENTS,

partaient de la direction de cette masse enfarinée.

Tout autre que le constable Archambault et le lieutenant Morin auraient frissonnée de peur à la vue de cette apparition; mais le constable Archambault, un jour, s'était trouvé face à face, dans les ténèbres, avec un bandit, armé d'un revolver et il n'avait pas tremblé. Le lieutenant Morin entre mille actes de bravoure, avait déjà bravé soixante Italiens armés de stylets, et il n'avait pas tremblé.

C'est pour cette raison, lecteurs, qu'au lieu de reculer, les deux policiers hardiment s'avancèrent.

Ils furent alors témoins d'un

SPECTACLE UNIQUE

et que ne manqueront pas d'enregistrer les annales du bureau d'hygiène.

Ils découvrirent, couché en deux sur l'une des huches, la tête à demi-enfouie dans un énorme morceau de pâte boulangeable, la partie postérieure de son individu caressant un autre morceau du même ingrédient, le nommé Abraham Morris à qui on vient de signifier une action pour contravention aux règlements qui régissent boulangers et boulangeries.

Nos policiers d'ordinaire ne sont ni myopes ni somnambules. Nous pouvons donc croire qu'ils ont vu — nous parlons du constable Archambault et du lieutenant Morin — ce qu'ils affirmeront demain matin sur la Bible être la vérité.

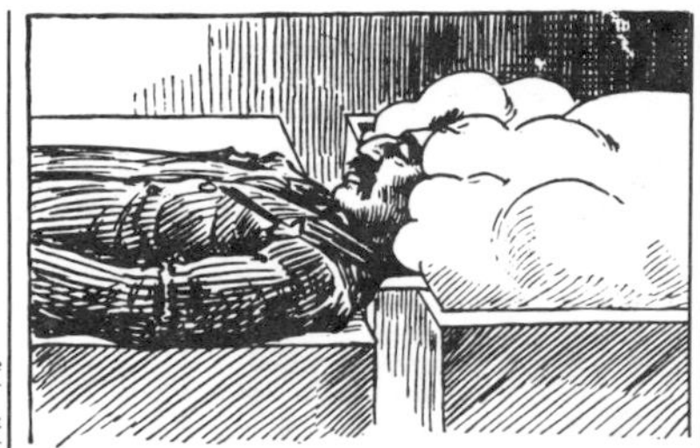

ABRAHAM MORRIS, DORMANT LE SOMMEIL DU JUSTE, LA TÊTE À DEMI ENFOUIE DANS LA PÂTE DE SON PÉTRIN.

Abraham dormait, vaincu par les senteurs troublantes des pavots de Morphée, rêvant à des sous qui pleuvent, à des pièces d'or qui s'entassent.

Pour répondre au désir de la loi, le constable et sous-officier, restèrent cinq minutes au moins en contemplation devant le candide dormeur.

Après quoi, le pouce et l'index de la main droite du constable Archambault enserrèrent, comme dans un étau le nez à bec d'aigle du dormeur israélite.

On devine l'ébahissement de l'enfariné en se réveillant sous l'oeil vigilant et paternel

DE DEUX INSPECTEURS.

De là l'action et, par conséquent, la comparution.

Telle est la découverte inouïe faite hier matin, par deux employés civiques.

Il ne nous reste plus qu'à féliciter le constable Archambault qui, depuis six mois qu'il travaille permanemment à l'inspection du pain, a institué plus de deux cents actions contre des boulangers réfractaires ou malpropres.

Nous apprenons que depuis quatorze ans, le constable Archambault fait partie de notre corps de police. Nous savons de plus qu'avant son entrée dans le service civique, il a pratiqué durant dix-huit ans, le métier de boulanger.

Le chef Campeau s'est de nouveau fait remarquer en faisant un choix judicieux pour l'inspection du pain dans la ville.

En six mois, disons-nous, le constable Archambault a fait au delà de 200 rapports par écrit au chef Campeau; mais de combien d'autres délits n'aurait-il pas été saisi s'il eût été autorisé à agir officiellement.

Les règlements municipaux confèrent

AUX LIEUTENANTS DE POLICE SEULS,

le droit d'inspecter des boulangeries. En faisant sa ronde, chaque nuit, le constable Archambault découvre-t-il quelque infraction aux règlements municipaux, qu'il est obligé, afin de se mettre en règle avec ces règlements, d'aller chercher le lieutenant de police du district, qui constate.

Le comité de police et en particulier son actif président, l'échevin Proulx, ont approuvé le choix judicieux du chef Campeau.

N'est-ce pas que les contribuables leur seraient redevables d'établir en permanence un inspecteur, de l'investir de pouvoirs plus étendus, afin qu'il continue à protéger le public, contre l'incurie et la malpropreté de ceux qui nous fournissent le pain que nous mangeons.

Nous croyons que cette nomination témoignerait de nouveau du bon travail entrepris par notre comité de police et par ses employés pour épurer et protéger.

Cela se passait le 5 décembre 1906.

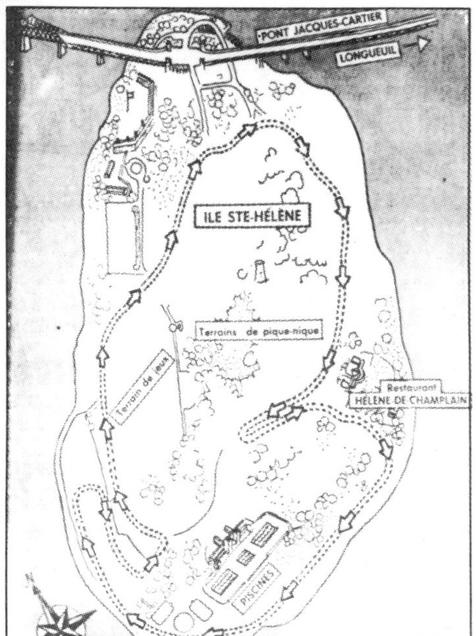

Le parcours du Grand Prix Automobile de Montréal

Le Grand Prix de Montréal dans l'île Sainte-Hélène?

LORSQUE la direction de la brasserie Labatt a décidé en 1977 de présenter un Grand Prix de course automobile dans un île au milieu du fleuve Saint-Laurent, ce n'était pas la première fois qu'on songeait à organiser une telle course à Montréal.

En effet, sous la plume du confrère André Trudelle, LA PRESSE du **5 décembre 1962** divulguait les grandes lignes d'un projet envisagé par le directeur André Champagne, du Service des parcs de la Ville de Montréal. C'était bien avant que le Grand Prix du Canada ne voyage entre Mont-Tremblant, au Québec, et Mosport en Ontario. C'était bien avant aussi que la brasserie montréalaise ne l'installe dans une île, l'île Notre-Dame, qui n'existait même pas à l'époque.

Selon le confrère Trudelle, une demande avait été faite auprès de la Fédération internationale automobile, à Paris, afin de faire la course prévu le 23 septembre suivant.

Comme le rappelait le confrère Trudelle, la course allait attirer des voitures de formule 1, et non pas les voitures avec lesquelles on était plus familier à l'époque, comme celles qui se disputaient annuellement les 500 milles d'Indianapolis.

Il s'agissait plutôt de voitures comme les Lotus, les Ferrari, les Porsche, les Stebro-Stabbler, et pilotées par les Ross de Ste-Croix, Ludwig Heimrath, Maurice Trintignant, Olivier Gendebien, Stirling Moss (s'il revient à la compétition, avait-il précisé), Phil Hill, Joachim Bonnier, etc.

Quant au circuit d'une longueur de deux milles, il aurait emprunté la voie de ceinture de l'île Sainte-Hélène sur sa plus grande partie, mais en passant derrière les piscines plutôt que devant.

S'il faut en croire le confrère Trudelle, le maire Jean Drapeau en aurait approuvé le principe. Mais il est permis de penser que le projet était voué à la mort avant même de voir le jour à cause de la décision du maire d'utiliser l'île Sainte-Hélène et l'île Notre-Dame pour l'Exposition internationale de 1967, décision divulguée quelques mois plus tard.

Guy Pinard

BABILLARD

Une lectrice qui se souvient

Il était question, le 30 novembre dernier, de la série d'explosions survenues dans le réseau d'égouts de Montréal, en 1932. Mme Gilberte Paquette, de la rue Druillette, à Saint-Léonard, s'en souvient.

Au moment de l'incident, Mme Paquette avait 14 ans et habitait sur le rue Saint-Dominique près du boulevard Crémazie. Et comme elle le dit si bien dans sa lettre, *habiter à ce moment-là près du boulevard Crémazie, c'était presque habiter à la campagne puisque les frères Aubin exploitaient une terre qui s'étendait du boulevard Crémazie à la rue Liège, le long du boulevard Saint-Laurent.*

Toujours est-il qu'au moment des explosions, elle et sa famille se sont précipitées dehors afin de s'enquérir de la raison de cet incroyable vacarme. Et c'est alors qu'on avait constaté que la chaussée de la rue Saint-Laurent avait été éventrée sur une longue distance, forçant les autorités municipales à l'interdire à toute circulation pour une bonne période de temps. Mais comme le malheur des uns fait le bonheur des autres, Mme Paquette aurait été la dernière à s'en plaindre puisqu'elle et ses amis pouvaient utiliser le boulevard Saint-Laurent pour *circuler en tricycle ou en patins à roulettes jusqu'à la rue Jarry.* Merci pour ce témoignage.

Les ponts couverts

M. Gérald Arbour, de la rue Delorimier, à Longueuil, souhaiterait entrer en communications avec toute personne susceptible de l'aider à compléter sa documentation concernant la construction des ponts couverts. On pourra obtenir le numéro de téléphone de M. Arbour en s'adressant à Guy Pinard, au 285-7070.

ACTIVITÉS

■ **Salon des métiers d'art**

Participation de LA PRESSE, conjointement avec le ministère des Affaires culturelles, à l'exposition «Recherche 83» consacrée à des pièces uniques par le biais de quelques premières pages publiées en couleurs, et visant à mettre en valeur le talent des créateurs et créatrices. Kiosque de LA PRESSE consacré à la fabrication du journal, sous le thème «La fabrication d'un journal à l'époque, tout un art», avec personnel sur place pour répondre aux questions des visiteurs. À la place Bonaventure, jusqu'au 22 décembre.

■ **À la télévision**

Le 18-heures, Télé-Métropole — Vers la fin de ce bulletin de nouvelles, soit vers 18 h 50, les animateurs commentent quelques manchettes tirées des pages de LA PRESSE et qui ont fait l'actualité d'hier.

En 1967, malgré son ouverture sur le monde provoquée par le succès phénoménal de son exposition universelle, Montréal avait trouvé le moyen de se ridiculiser en forçant, à l'instigation d'un certain lieutenant Émile Quintal, les danseuses des Ballets africains à porter un soutien-gorge pour présenter leur spectacle à la Place des arts. C'était à l'époque où on jugeait obscène tout sein nu qui bougeait le moindrement. Plutôt que de contremander leurs présentations à Montréal, les Ballets africains s'étaient soumis et lors de la représentation du *5 décembre 1967*, les danseuses portaient de larges soutiens-gorges qui avaient inspiré cette caricature à notre collègue Jean-Pierre Girerd.

QUE DE PRECAUTIONS POUR AVANCER D'UN PAS

Un brouillard d'une densité extraordinaire

On n'y a vu goutte ce matin

DÈS le lever du soleil — lever que personne ne vit — ce matin, un brouillard épais s'abattit sur la ville et devint si épais que la circulation des voitures et des tramways en souffrit considérablement.

Dans certains endroits, on ne voyait pas à cinq pas, tant la brume était épaisse. Le nord de la ville a particulièrement souffert, car une toute petite brise du sud-est soufflait et amoncelait du côté de la montagne la fine nuée de brouillard.

On ne rapporte pas d'accidents, mais les voitures et même les piétons ne s'avançaient qu'avec précaution dans cette mer de brume enveloppant les hommes et les choses. Ce brouillard semble un présage d'une continuation du temps doux.

A maints endroits, les tramways ont dû stopper, crainte de provoquer des accidents.

Le brouillard, en tombant, rend les pavés très glissants, et nombreux sont les chevaux qui sont tombés, surtout sur les rues en pente. On devrait exhorter les entrepreneurs de transport à moins charger ces pauvres bêtes, qui ne peuvent trainer sur un pavé aussi glissant la moitié d'une charge ordinaire.

Cela se passait le 5 décembre 1912.

C'EST ARRIVÉ UN 5 DÉCEMBRE

1981 — Le général Leopoldo Galtieri succède au général Robert Edouardo Viola à la présidence de l'Argentine.

1980 — M. Francisco Sa Carneiro, premier ministre portugais, trouve la mort dans un accident d'avion. Francisco Pinto Balsemao lui succède.

1975 — Le coureur automobile Graham Hill meurt dans un accident d'avion.

1973 — Inauguration officielle de la Maison de Radio-Canada.

1966 — Le rapport de la Commission royale sur le bilinguisme et le biculturalisme (commission Laurendeau-Dunton) demande l'égalité des langues française et anglaise dans les activités du gouvernement fédéral.

1962 — Mme Claire Kirkland-Casgrain devient la première femme à occuper des fonctions de ministre au Québec.

1953 — La Grande-Bretagne et l'Iran renouent leurs relations diplomatiques.

1951 — La Yougoslavie libère Mgr Stepinac, archevêque de Zagreb, mais lui interdit de reprendre ses fonctions.

1949 — Le gouvernement nationaliste chinois de Tchang Kaï-Chek s'installe dans l'île de Taiwan.

1948 — Berlin rejette le communisme; c'est une victoire pour la sociale-démocratie.

1944 — Les Allemands délogés de Ravenne, place forte de l'Adriatique, par des troupes canadiennes.

1933 — Fin de la prohibition aux États-Unis.

1927 — Tragique attaque des bandits sur le café Parody, à Chicago, alors que la police stoppe un holdup contre 200 personnes. Le chef des bandits est tué.

1905 — Le général tsariste Sakharoff est assassiné par une inconnue à Saratoff, où il avait été envoyé comme pacificateur.

1886 — Un incendie ravage les locaux occupés par l'université Laval logée au château Ramezay.

LE TOUR DU MONDE DE SANTA CLAUS

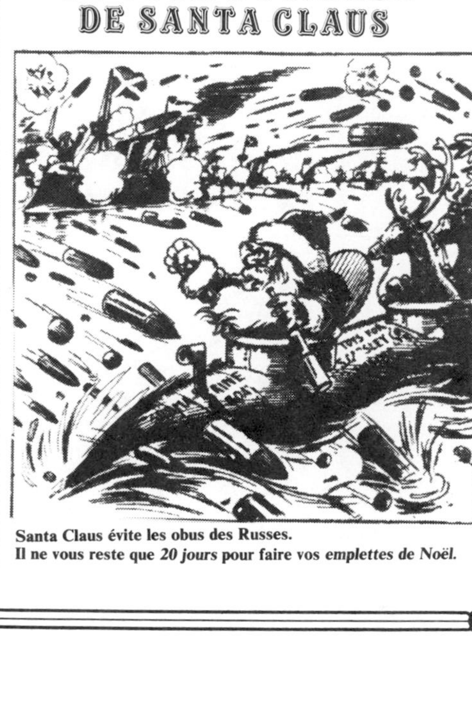

Santa Claus évite les obus des Russes.
Il ne vous reste que *20 jours* pour faire vos *emplettes de Noël.*

LA PRESSE
100 ans d'actualités

EPOUVANTABLE CATASTROPHE

Halifax avant... et après la conflagration, le secteur Nord de la ville (la partie de la photo du haut) n'était que ruines fumantes.

La ville de Halifax est partiellement dévastée par une explosion qui se produit à la suite d'une collision entre un « steamer » chargé de munitions et un autre navire. — Une conflagration est allumée et des centaines de maisons sont détruites. Un choc terrible.

PLUS DE 1 200 MORTS

L'UNE des plus grandes catastrophes de l'histoire du Canada, et plus vraisemblablement la pire, est survenue le **6 décembre 1917,** vers 9 h le matin, quand l'explosion d'un navire bourré de munitions et d'explosifs a rasé au sol tout un secteur, le quartier nord, le plus important et le plus populeux, de la ville portuaire de Halifax, en Nouvelle-Écosse.

Le bilan a été très lourd, plus particulièrement sur le plan humain, car s'il est facile de reconstruire un édifice à la condition de pouvoir y mettre le prix, il est impossible de remplacer adéquatement un ou des êtres chers.

En fait, la catastrophe a fait 1 226 morts et plus de 8 000 blessés plus ou moins graves, y compris 300 cas de cécité vraisemblablement irréversible, et elle a laissé pas moins de 25 000 victimes sur le pavé. En comparaison, le naufrage de l'*Empress of Ireland* dans les eaux du Saint-Laurent, avait entraîné la mort de 1 024 personnes.

Les pertes matérielles se sont chiffrées par $35 millions, ce qui était gigantesque à l'époque. Ce chiffre a été décortiqué de la façon suivante : $20 millions pour les édifices détruits; $6 millions pour les pertes maritimes; $5 millions pour les pertes de marchandises; et $4 millions en dommages aux quais.

L'explosion et la conflagration qui lui a succédé ont rasé pas moins de 500 bâtiments et rendu inhabitables 500 autres édifices. Au surplus, trois navires amarrés dans le port ont aussi été complètement détruits.

Les édifices entièrement démolis occupaient une superficie de deux milles carrés. Le district dévasté s'étendait sur une distance d'environ dix milles et sur une profondeur d'environ trois quarts de mille à partir de la mer.

Au nombre des édifices complètement détruits, on cite la gare de chemin de fer du gouvernement, la brasserie d'Halifax, les entrepôts et les cale-sèches du gouvernement, la fonderie Hollis & Sons, l'hôtel King Edward, les deux arsenaux, le marché, l'hôpital militaire du port, les casernes Wellington, la raffinerie de sucre Acadia, les établissements de la Dominion Textile, les bâtisses de l'Exposition, l'école Alexander McKay, l'école méthodiste Brunswick, l'église anglicane Saint-Marc, l'école Saint-Joseph, le refuge des sourds, l'orphelinat protestant, les édifices de l'Amirauté et l'école Richmond, pour ne citer que ceux-là.

Mais à premier abord, et à cause de la confusion qui règne toujours dans de pareilles circonstances, ces tristes résultats auraient pu être pire encore. En effet, les premiers rapports émis par les responsables et repris par LA PRESSE faisaient état de pas moins de 5 000 morts. Et au début, on croyait que tous les membres d'équipage des deux navires impliqués avaient perdu la vie, ce qui ne fut pas le cas.

La collision

L'explosion est survenue au large du quai 8, juste à l'entrée du bassin du port de Halifax, quelque 25 minutes après une collision entre le *Mont-Blanc*, un navire français chargé de munitions et d'explosifs, et le steamer norvégien *Imo* affecté au ravitaillement de la Belgique. Selon le capitaine du navire français, Frank Mackay, la collision aurait été imputable à un mélange dans les signaux dont se serait rendu coupable le *Imo*.

Un incendie s'est déclaré à bord du *Mont-Blanc* immédiatement après la collision et son équipage, voyant que la cause était désespérée, a cherché refuge à terre. Quant au *Imo*, on le dirigea à toute vitesse vers Tuft's Cove où il alla s'échouer. Ironie du sort, son capitaine, qui se trouvait sur le pont au moment de l'explosion, fut décapité. Le préposé au gouvernail est aussi mort à son poste. Quant au pilote, William Hayes, il est tombé à la mer sous la violence du raz-de-marée qui a suivi l'explosion, et il a péri noyé.

Le *Mont-Blanc* transportait une cargaison de 5 000 tonnes de munitions et de produits explosifs, dont le trinitrotuol, le plus puissant fabriqué en Amérique. Après l'explosion, il ne restait du navire qu'une épave sinistre toute noircie et toute tordue par la force de la déflagration.

L'explosion a été si forte qu'elle a été entendue à Truro, à 67 milles de Halifax. Les lignes télégraphiques et téléphoniques ont été coupées dans un rayon de 30 milles autour de Halifax.

Et c'eut pu être pire !

Le bilan aurait pu être encore plus épouvantable, n'eut été du courage d'une compagnie de garde du 63e régiment de Halifax, montée à bord du *Pictou* pour y combattre un incendie allumé lors de l'explosion. Ce navire transportait lui aussi des explosifs, en l'occurrence de la cordite.

Un monstre dans le lac Champlain

NEW YORK — On mande de Willsboro Point que M. Clark, résident de cette localité, se promenait l'autre jour sur les bords du lac Champlain, quand il aperçut au large, à environ un mille et demi du rivage, une traînée d'écume blanchâtre qui semblait se mouvoir sur le lac avec une grande rapidité. Très intrigué par ce spectacle, M. Clark s'est procuré une lorgnette, et alors il a découvert que cette traînée d'écume n'était autre chose que le sillage laissé à la surface du lac par un monstre inconnu, quelque chose comme un énorme serpent d'eau douce, au corps d'un brun foncé, qui fendait les lames avec une vitesse incroyable, disparaissant par moments, puis reparaissant bientôt en lançant jusqu'à vingt pieds en l'air une colonne d'eau et d'écume, comme le ferait un cachalot. Si M. Clark eut été seul à voir ce phénomène, on aurait pu croire qu'il avait été victime d'une illusion d'optique ; mais plusieurs autres personnes ont, comme lui, aperçu le monstre prenant ses ébats dans le lac Champlain et on se demande avec anxiété à Willsboro Point quel peut bien être cet animal mystérieux.

Quelques mauvais plaisants ont insinué que ce devait être le serpent de mer qui, la saison des bains de mer terminée, était allé prendre ses quartiers d'hiver dans le lac Champlain ; mais il n'est pas probable que le célèbre reptile qui a fait cette été la joie des ports de mer de l'Atlantique, se soit décidé à sortir de son élément et à prendre le chemin de fer pour aller se plonger dans l'eau douce à Willsboro Point.

Cela se passait en décembre 1886.

BABILLARD

Un ancêtre retracé

Les habitués de cette page se souviendront peut-être de Mme Maren Laguire, cette lectrice de Venice, Floride, qui, dans la page du 2 novembre dernier, tentait d'établir sa généalogie en retraçant ses ancêtres Peter et Julien Laguire. Or, **M. Jérôme Larochelle,** de Sorel, est convaincu d'avoir récemment retrouvé les traces de Julien, et il a immédiatement communiqué le fruit de ses recherches à Mme Laguire. Bravo à M. Larochelle.

Témoignage

Mme Yvette Bélanger, de la rue Dumas, à Pierrefonds, nous adresse le témoignage suivant :

J'ai commencé à lire LA PRESSE très jeune, vers les 10 ou 11 ans. C'était ma bibliothèque. J'ai également commencé à faire des mots croisés avec LA PRESSE.

Exception faite des jours de grève, LA PRESSE a toujours été ma lecture quotidienne. Si pour une raison ou une autre, je me couche sans avoir lu « MA PRESSE », le lendemain, je me hâte d'en faire le tour, de l'éplucher en vitesse peut-être, mais assidument. Je suis une fidèle lectrice même si parfois je ne me gêne pas pour critiquer tel article ou tel journaliste (entre amis).

Bonne chance à vous et à toute l'équipe de rédaction à l'occasion de cette année du centenaire de LA PRESSE, ***votre*** *PRESSE et un peu, beaucoup,* ***la mienne.***

ACTIVITÉS

■ Complexe Desjardins

Présence du père Noël, et exposition de tous les dessins envoyés à ce dernier par les enfants, tel que reçus par la Société canadienne des postes. Jusqu'au 23 décembre.

■ Salon des métiers d'art

Participation de LA PRESSE, conjointement avec le ministère des Affaires culturelles, à l'exposition « Recherche 83 » consacrée à des pièces uniques par le biais de quelques premières pages publiées en couleurs, et visant à mettre en valeur le talent des créateurs et créatrices. Kiosque de LA PRESSE consacré à la fabrication du journal, sous le thème « La fabrication d'un journal à l'époque, tout un art », avec personnel sur place pour répondre aux questions des visiteurs. À la place Bonaventure, jusqu'au 22 décembre.

C'EST ARRIVÉ UN 6 DÉCEMBRE

1978 — La population espagnole approuve la constitution proposée par le roi Juan Carlos. Les droits civiques supprimés 40 ans plus tôt sont restaurés.

1972 — Le Forum est le théâtre d'une soirée en l'honneur de Toe Blake.

1965 — Le pape Paul VI et le patriarche Athenagoras I répudient l'anathème prononcé en 1054 contre l'Église orthodoxe.

1958 — M. Jean Désy, ex-ambassadeur du Canada en France, est fait grand-croix de la Légion d'honneur, à Paris.

1957 — La première tentative américaine de mettre un satellite sur orbine avorte quand la fusée porteuse *Vanguard* explose au sol.

1956 — La violence reprend en Hongrie et provoque de nouvelles atrocités de la part de l'occupant soviétique.

1951 — Des émeutes fomentées par les communistes font six morts à Téhéran.

1945 — Le gouvernement américain accorde un prêt de $4,4 milliards à la Grande-Bretagne.

1945 — L'Égypte réclame son indépendance complète.

1938 — Vingt morts dans un désastre minier en Nouvelle-Ecosse.

1921 — Le Parti libéral de Mackenzie King obtient une majorité absolue aux Communes à l'issue des élections fédérales.

1921 — L'Eire obtient son statut d'État libre à l'intérieur de l'Empire britannique.

1907 — Un coup de grisou fait 361 morts dans une mine à Monongah, États-Unis.

1905 — Le Sénat français adopte la loi favorisant la séparation de l'Église et de l'État, et abolissant du même coup le Concordat de 1801 signé par Napoléon et le pape Pie VII.

1891 — Coup de grisou à Saint-Étienne (France) : 80 mineurs trouvent la mort.

Température

Vent du nord-ouest, beau et très froid, quelques brouillards de neige.

Voici à quoi ressemblait la manière de faire les prévisions du temps, dans l'édition du *6 décembre 1906*.

Scène reconstituée par le dessinateur de LA PRESSE du tamponnement de tramways qui s'est produit dans la soirée du *6 décembre 1906*, avenue du Parc. Privé de freins à cause de la neige, un premier tramway a dévalé une pente à reculons pour aller tamponner celui qui le suivait. L'accident devait faire 12 blessés, dont un, Normand Bouchet, 14 ans, qui dut subir l'amputation de la jambe gauche.

photo René Picard, LA PRESSE

M. Roger-D. Landry, président et éditeur de LA PRESSE, recevait récemment à son bureau M. Jean-L. Castonguay, d'Air Canada, l'observateur le plus précis lors du test d'observation lancé dans cette page. En guise de récompense, M. Castonguay a reçu des mains de M. Landry un exemplaire de la version de luxe de *L'histoire de LA PRESSE,* un exemplaire de l'agenda de LA PRESSE et divers souvenirs de l'année du centenaire de LA PRESSE. Mais le monde est petit. En effet, les deux hommes ont jadis travaillé ensemble chez Bell Canada avant de prendre des routes différentes. Et ils ne s'étaient pas rencontrés depuis le 29 novembre 1963. Ce soir-là, M. Castonguay dirigeait l'équipe de Bell responsable d'une installation d'urgence à la suite de l'écrasement du DC-8 d'Air Canada, et il devait travailler en étroite collaboration avec la Sûreté du Québec, dont l'équipe était dirigée (eh oui!) par nul autre que M. Landry!

LE TOUR DU MONDE DE SANTA CLAUS

Santa Claus attaqué par des « vaches marines »

Il ne vous reste que *19 jours* pour faire vos *emplettes de Noël.*

LA PRESSE

100 ans d'actualités

Le Japon force les Américains à s'engager dans la guerre mondiale en les attaquant à Pearl Harbor

Ce groupe de photos permet de mesurer l'ampleur de l'attaque japonaise contre la base américaine de Pearl Harbor. En haut, à gauche, les destroyers *Downes* et *Cassin* à l'avant plan, ce dernier étant complètement détruit en cale sèche, tandis que le vaisseau-amiral *Pennsylvania* est presque intact. En haut, à droite, le *West Virginia* en flammes. En bas, à gauche, le destroyer *Shaw* n'est plus que ruines, et il coulera à la suite de l'explosion de sa soute avant. Enfin, en bas, à droite, au premier rang, le mouilleur de mines *Oglala* est renversé sur le côté; derrière lui, c'est le *Helena* qui flambe à quai après avoir été touché par une bombe; enfin, à droite, on peut apercevoir le *Maryland* en feu.

Au matin du dimanche **7 décembre 1941**, les États-Unis d'Amérique n'étaient toujours pas engagés dans la deuxième guerre mondiale. Le président Roosevelt aurait rencontré beaucoup d'opposion si d'aventure il avait osé porter le premier coup, même si l'industrie fonctionnait à pleine capacité, afin d'équiper les alliés opposés aux troupes de l'axe.

Mais l'attaque sournoise de l'aviation japonaise (appuyée par de petits sous-marins) contre la flotte américaine du Pacifique amarrée à Pearl Harbor, sur l'île d'Oahu, Hawaii, au matin du 7 décembre, au moment même où les diplomates japonais continuaient de parler de paix à Washington, allait complètement transformer la guerre et son issue, puisque le lendemain, soit le 8, le président Roosevelt signait la déclaration de guerre au Japon, rétroactive à la veille, pour ensuite déclarer officiellement la guerre à l'Allemagne et à l'Italie trois jours plus tard.

L'attaque avait fait de lourds dégâts. Pas moins de six navires avaient coulé, tandis qu'une dizaine d'autres avaient été lourdement endommagés. Mais les principaux navires que les Japonais désiraient détruire, soit les deux porte-avions de la flotte, étaient au large au moment de l'attaque.

Les pertes de vies ont également été très élevées puisque près de 2 900 marins et soldats ont été tués au cours de l'attaque, sans parler des milliers de blessés plus ou moins gravement.

Une nouvelle mal couverte

Pourtant, il a fallu plusieurs jours (jusqu'au 15 décembre pour être plus précis) pour que les citoyens d'Amérique du Nord soient adéquatement informés sur l'ampleur du désastre de Pearl Harbor.

L'attaque a eu lieu un dimanche. Le lundi 8, LA PRESSE ne parut pas puisqu'à l'époque, la fête de l'Immaculée-Conception était un jour chômé au Québec. C'est donc dans l'édition du 9 décembre qu'on aurait dû traiter de cet événement d'importance. Mais aucune des trois manchettes de la première page du jour, toutes reliées à la guerre en cours, ne mentionnait l'attaque de Pearl Harbor. Il fallait aller voir dans les pages intérieures pour être informé de l'attaque.

Devant un tel résultat, nous avons cru bon de consulter un autre journal, américain par surcroît, en l'occurrence le *New York Times*, pour voir comment la nouvelle avait été couverte.

Or, dans son édition du 8 décembre, en première page, le *New York Times* traite l'attaque nippone contre Pearl Harbor comme une nouvelle parmi plusieurs autres. Le 9, le journal publiait en première page la déclaration de la guerre et la photo du président Roosevelt en train de la signer, le tout flanqué d'un article sur une colonne se continuant à la page 4, au sujet de l'attaque de Pearl Harbor. Devant l'importance de l'événement, on aurait été en droit de s'attendre à des manchettes beaucoup plus spectaculaires.

Guy Pinard

LE TOUR DU MONDE DE SANTA CLAUS

Santa Claus surpris par les Boxers

Il ne vous reste que *18 jours* pour faire vos *emplettes de Noël*.

Clochettes et trottoirs

Les hommes de police ont reçu l'ordre de sévir avec vigueur contre les cochers en particulier qui sortiront en voiture sans que cette dernière soit munie d'un nombre respectable de clochettes ou de grelots.

Les personnes qui n'entretiendront pas convenablement leur trottoir seront aussi traitées avec toute la rigueur de la loi.

Cela se passait le 5 décembre 1890.

BABILLARD

LA PRESSE de son enfance

Une lectrice de Saint-Pie d'Iberville, **Mme Dolorès Auger-Arvisais,** nous raconte, sous le titre « LA PRESSE de mon enfance », comment elle a appris à lire. Nous avons dû éliminer quelques paragraphes à cause de la longueur du texte.

J'ai appris à lire d'une manière très peu orthodoxe! Ce ne fut point l'ABC du premier livre de lecture, et ses ma me mi mo mu et suivants, qui sont venus plus tard et surtout sans beaucoup de suite.

Mes premières lettres connues, lues et écrites furent: «P.T. Legaré Ltée Canada», inscrites dans la fonte au bout du poêle familial. En attendant le déjeuner, mon père me prenait sur ses genoux et à chaque matin, c'était la même leçon qui fut apprise et retenue. J'avais environ cinq ans...

Alors j'eus la permission de feuilleter LA PRESSE. Ma mère me demanda de retrouver toute les lettres que je connaissais déjà, soit «P.T. Légaré...». Devant ma curiosité et mon intérêt, elle continua à m'enseigner patiemment les autres lettres de l'alphabet prises à même les mots simples des articles, puis à les écrire. Quel émerveillement quasi quotidien.

Bientôt, j'ai pu lire les grands titres à mon père et les histoires du supplément en couleurs. Combien de fois j'ai rêvé à Tarzan! Le premier livre de lecture distribué par le Conseil de l'instruction publique est venu plus tard, après LA PRESSE. (...)

Nous habitions à la campagne, éloignés de l'école du rang en plus, quelques jours ou semaines que j'y passais à chaque année, je m'y ennuyais royalement, sauf à l'heure de la récréation où je partageais les jeux d'autres enfants, étant enfant unique au foyer. Que de bons souvenirs que cette école particulière, sise au bord de l'eau de Saint-Marcel, avant de connaître les couvents et les écoles, où j'aurais à vraiment travailler pour acquérir des connaissances.

Je revois ma mère admiratrice d'Idola St-Jean et de Thérèse Casgrain et fervente lectrice du courrier de Colette (Mme Laure Hurteau, décédée récemment).

Au cours de ces années, je me suis appliquée à «bâtir» une géographie unique... pays, capitale, population, costume, régime gouvernemental, familles royales, tout y passait. J'avais le temps de chercher, lire et retenir.

Mon statut de lectrice m'autorisait à parler, alors qu'à cette époque les enfants ne prenaient pas part à la conversation des grandes personnes. Et je pense bien que parfois, l'ami de la famille, M. François Laramée, de connivence avec mon père, me contredisait ou me prenait à témoin. Comme bien l'on pense, LA PRESSE demeurait ma source de renseignements. (...)

Merci et longue vie à tous les collaborateurs. Un centenaire, ça se fête, et chaque lustre qui passe mène vers un deuxième !

ACTIVITÉS

■ Salon des métiers d'art

Participation de LA PRESSE, conjointement avec le ministère des Affaires culturelles, à l'exposition « Recherche 83 » consacrée à des pièces uniques, par le biais de quelques premières pages publiées en couleurs, et visant à mettre en valeur le talent des créateurs et créatrices du Québec. Kiosque de LA PRESSE consacré à la fabrication du journal, sous le thème « La fabrication d'un journal à l'époque, tout un art », avec personnel sur place pour répondre aux questions des visiteurs. À la place Bonaventure, jusqu'au 22 décembre.

C'EST ARRIVÉ UN 7 DÉCEMBRE

1978 — Un incendie criminel cause des dommages inestimables à la chapelle du Sacré-Coeur de l'église Notre-Dame de Montréal.

1978 — M. Edward Richard Schreyer, ex-premier ministre néo-démocrate du Manitoba, succède à M. Jules Léger comme gouverneur général du Canada.

1972 — Une foule nombreuse assiste avec nostalgie au départ vers la Lune d'*Apollo 17*, dernier de la série *Apollo*.

1962 — Le smog qui recouvrait Londres depuis plus de quatre jours se lève enfin, après avoir fait 106 victimes parmi la population.

1958 — Ardent défenseur du maintien des troupes occidentales à Berlin, le maire Willy Brandt est réélu lors des élections à Berlin-Ouest. Les communistes subissent une véritable râclée en ne recueillant que 2 p. cent des voix.

1946 — Un incendie se déclare à l'hôtel Winecoff d'Atlanta. On dénombre plus de 120 morts.

1942 — Les troupes américaines débarquent en Afrique française.

1933 — Le jeune écrivain français André Malraux remporte le prix Goncourt avec son livre intitulé *La condition humaine*.

1923 — Les dirigeants de la Russie ont annoncé hier que ce pays serait désormais connu sous le nom d'Union des républiques socialistes soviétiques, et non plus sous le nom de République soviétique de Russie.

1903 — Les faux billets de banque envahissent Montréal. Force fut de reconnaître l'habileté des faussaires.

1900 — Victoire spectaculaire du gouvernement Parent lors des élections provinciales; le Parti libéral enlève 66 des 74 sièges, dont 36 par acclamation.

Quatre pompiers meurent dans un incendie à New York

NEW YORK — Le dock de la «Ligue nationale de vapeurs», situé sur la rivière du Nord, quai 42, a pris feu cet après-midi **(7 décembre 1889)** vers une heure et a été complètement détruit. Quatre personnes ont été tuées et un certain nombre d'autres ont été blessées ou brûlées sérieusement. Plusieurs de ces derniers ne survivront pas à leurs blessures.

Malgré des efforts énergiques et la présence d'une grande partie de la brigade des pompiers, le feu n'a pu être circonscrit qu'après deux heures de travail. Le vapeur *Holland*, appartenant à la compagnie, se trouvait amarré près du dock incendié, au moment où les flammes furent aperçues. Il fut promptement retiré de sa dangereuse position et emmené de l'autre côté de la rivière.

Vers 4 heures et demie, les pompiers étaient maîtres du feu et les corps des quatre victimes furent retirés et transportés à la morgue.

Une foule nombreuse stationnait aux alentours du sinistre.

Parmi les blessés, se trouvent plusieurs pompiers.

Les pertes ne peuvent être encore définitivement évaluées, mais on croit qu'elles dépasseront $250,000, couvertes entièrement par des assurances.

PREMIERE SECTION — PAGES 1 à 4

LA PRESSE

23me ANNEE—No 33

MONTRÉAL, VENDREDI 7 DÉCEMBRE 1906

DANS NOS TRAMWAYS

PESONNAGE ASSIS DE TRAVERS, OCCUPANT DEUX PLACES.

TROIS PERSONNES, ASSISES À L'AISE OCCUPENT QUATRE PLACES.

CELUI QUI NE VEUT PAS OFFRIR SA PLACE À UNE FEMME, IL SE CACHE DERRIÈRE SON JOURNAL.

VOYAGEURS DEBOUT REFUSANT D'ALLER EN AVANT.

L'EMPRESSÉ QUI OFFRE SA PLACE D'UN BOUT À L'AUTRE DU TRAMWAY.

CELUI QUI NE VEUT PAS BOUGER DE SA PLACE ET QUI PRÉFÈRE SUPPORTER LE POIDS DU VOISIN QU'IL GÊNE.

AGRÉMENT DES ENFANTS QUI ESSUIENT LEURS PIEDS SUR LES BANQUETTES ET SUR LES PANTALONS DES VOISINS.

LE VOYAGEUR QUI SE CONFORME AUX RÉGLEMENT EN SE DISPENSANT DE FUMER: CE N'EST PAS LUI, C'EST SON CIGARE QUI FUME.

LES PASSAGERS QUI NE PAYENT PAS: CONDUCTEURS, POLICEMEN, FACTEURS, PRENNENT LES MEILLEURES PLACES.

UN TRAMWAY VIDE SUIVI D'UN AUTRE: LE CONDUCTEUR CRIE AUX VOYAGEURS QUI ATTENDENT «PRENEZ L'AUTRE». L'AUTRE EST COMPLET.

LA PRESSE

100 ans d'actualités

UNE BELLE FETE RELIGIEUSE

Le peuple canadien donne une nouvelle preuve de sa foi touchante

Cette première page de LA PRESSE a été publiée le 3 décembre 1904 en prévision du 50e anniversaire de la proclamation du dogme de l'Immaculée-Conception. Les lecteurs plus âgés de LA PRESSE se souviendront qu'à cette époque-là, LA PRESSE n'était pas publiée le 8 décembre.

LE monde catholique était témoin, en 1854, d'un événement immense. Hier **(8 décembre 1904)**, la consolante gravité de cette grande fête chrétienne, le 50ième anniversaire du dogme de l'Immaculée-Conception, n'a pu échapper à aucun oeil vraiment chrétien.

L'amour et le respect du culte de Marie ont soulevé d'enthousiasme et de profonde piété l'âme de la grande population catholique de Montréal.

Des masses de fidèles, dès les premières lueurs de l'aurore, ont commencé de s'acheminer vers les temples saints, par groupes nombreux s'enchaînant comme les grains du Rosaire.

Dès les premières heures du matin, les sanctuaires vénérés que s'est choisis la

REINE DU CIEL

regorgeaient de fidèles agenouillés dans de ferventes contemplations aux pieds des madones.

Cet élan, merveilleuse manifestation d'une profonde croyance et d'une religion que rien jusqu'ici n'a pu diminuer, est une fière réponse à la horde des associations et des hommes impies. (...)

Notre archevêque, à Rome, s'est agenouillé aux pieds du Pape Pie X qui nous a tous bénis.

Dans cette grande figure, nous évoquons l'histoire du passé, l'histoire de feu Messire Rousselot et de tous les autres titulaires ecclésiastiques qui, il y a cinquante ans, assistèrent à Rome, lors du règne de Pie IX, à la proclamation du dogme de l'Immaculée-Conception.

Le coeur de l'Immortel Vieillard doit vibrer aujourd'hui jusque dans son tombeau de marbre. Car son successeur Pie X peut être considéré comme son digne fils. Les évêques de tous les pays se sont réunis hier autour de lui, dans la grande basilique de Saint-Pierre. On a chanté les louanges de l'Immaculée-Conception et le « Vivat » a monté de Rome et dans toute la chrétienté : le vivat de gloire, l'hymne de gloire à Marie :

VIVE L'IMMACULEE-CONCEPTION!

(...) Aujourd'hui, comme autrefois, c'est-à-dire il y a 50 ans, le Pape Pie X traverse les flots agités de ce fleuve d'impiétés, de tribulations et d'épreuves.

« Prends cette pierre, disait Pie IX autrefois à feu messire Rousselot, et va sur les bords de ton pays bien-aimé répandre le culte de Marie ». Cette pierre, c'est la madone de Pie IX, c'est la patronne de Ville-Marie. Elle donne rendez-vous à ses enfants des quatre coins de la cité.

Cette pierre, c'est la statue de l'Immaculée-Conception chez les Jésuites ; cette pierre, c'est la Vierge des Oblats, c'est la patronne des étudiants ; c'est Notre-Dame de Lourdes, et puis c'est Notre-Dame de Pitié, Notre-Dame de Bonsecours, et que nombre d'autres statues.

LE CULTE DE LA VIERGE

En érigeant à Montréal, dans toutes les églises, une statue de la Vierge, Montréal reste fidèle aux traditions de son histoire et suit l'inclination de sa piété.

L'île de Montréal n'était encore qu'un désert que déjà des âmes apostoliques, ambitionnant d'en faire le centre religieux du Canada, la consacraient à Marie. Cette consécration eut lieu au mois de février 1642.

M. Olier convoquait, à Notre-Dame de Paris, la compagnie de Montréal, qu'il venait de fonder de concert avec M. de la Dauversière, et la messe dite, au nom de tous les associés, il vouait l'île de Montréal à la Sainte-Famille, sous la particulière protection de la Très Sainte Vierge.

La Reine du Ciel fut la Reine et la Mère de la petite ville de Montréal.

Après ces considérations d'ordre historique, l'article de LA PRESSE se poursuivait en faisant état des cérémonies religieuses présentées en l'honneur du 50e anniversaire dans les différentes églises de Montréal.

SA SAINTETÉ ET LES CANADIENS

Deux cablogrammes qui intéressent au plus haut point les lecteurs de "La Presse" ont été reçus de Rome. L'un est adressé à Monseigneur Z. Racicot, V. G., administrateur du diocèse de Montréal, et l'autre à "La Presse". En voici le texte :

A Mgr Z. RACICOT,
Administrateur,

"Accédant au vœu de Mgr l'Archevêque de Montréal, le Saint-Père envoie Sa Bénédiction au Clergé, aux Communautés et aux Institutions Religieuses, aux Fidèles célébrant avec Rome le glorieux Jubilé de l'Immaculée Conception."

(Signé) Cardinal MERRY DEL VAL.

LA PRESSE, Rome, 8 Décembre 1904.
Montréal.

"Le Saint-Pere, agréant avec bonheur l'hommage de foi des Canadiens-français, de nouveau leur envoie sa paternelle bénédiction."
(Signe) L'Archeveque de Montreal.

Collection de photos d'athlètes

À la demande populaire, nous vous présenterons dans cette page à intervalles irréguliers des photos de vedettes d'antan du sport. Les photos que nous vous présenterons proviennent de la section *Magazine illustré* jadis publiée par LA PRESSE, et il est malheureux que nous ne puissions les reproduire en couleurs. Nous entreprenons cette série avec la photo (initialement publiée en 1928) du gardien de but Georges Vézina, l'un des plus grands à porter l'uniforme tricolore. Il a d'ailleurs laissé son nom au trophée remis au meilleur gardien de but de la Ligue nationale de hockey.

ACTIVITÉS

■ **Salon des métiers d'art**
Participation de LA PRESSE, conjointement avec le ministère des Affaires culturelles, à l'exposition « Recherche 83 » consacrée à des pièces uniques par le biais de quelques premières pages publiées en couleurs, et visant à mettre en valeur le talent des créateurs et créatrices du Québec. Kiosque de LA PRESSE consacré à la fabrication du journal, sous le thème « La fabrication d'un journal à l'époque, tout un art », avec personnel sur place pour répondre aux questions des visiteurs. À la place Bonaventure, jusqu'au 22 décembre.

■ **Complexe Desjardins**
Présence du père Noël et exposition de tous les dessins envoyés à ce dernier par les enfants, reçus par la Société canadienne des postes. Jusqu'au 23 décembre.

C'EST ARRIVÉ UN 8 DÉCEMBRE

1980 — John Lennon, un des quatre Beatles, est assassiné par Mark David Chapman, à la sortie de son appartement, à New York.

1978 — Mort d'une des plus grandes dames de son époque, Mme Golda Meir, premier ministre d'Israël de 1969 à 1974.

1975 — Révélations étonnantes de Pierre McSween devant la Commission d'enquête sur le crime organisé.

1974 — Les Grecs, dans une proportion de trois contre un, préfèrent la république à la monarchie lors d'un référendum.

1966 — La Syrie saisit tous les biens de l'Irak Petroleum Co.

1965 — Fin des travaux du concile Vatican II.

1960 — Le gouvernement cubain nationalise les actifs de la Banque royale du Canada sur son territoire.

1958 — Le bris d'une écluse retarde l'évacuation du canal Lachine et cause l'immobilisation de 30 navires.

1953 — Le pape Pie XII inaugure l'année mariale.

1953 — Le président Eisenhower, des États-Unis, propose devant l'Assemblée générale des Nations unies, que l'énergie atomique serve à des fins pacifiques. La délégation de l'URSS applaudit à son discours.

1951 — Environ 600 magasins, grands et petits, défient la loi en ouvrant leurs portes un samedi.

1947 — Un sanglant combat fait 70 morts chez les Arabes, à Tel Aviv.

1945 — Reconnu coupable du meurtre de 41 soldats canadiens, le général nazi Kurt Meyer est condamné à l'emprisonnement à vie.

1944 — Le premier ministre Mackenzie King gagne le débat sur la conscription par 143 voix contre 70, à la Chambre des communes.

1940 — Les Bears de Chicago surclassent les Redskins de Washington, 73 à 0, pour mériter le championnat de la Ligue nationale de football.

1914 — L'escadre de l'amiral sir Fred Sturdee détruit trois navires de guerre allemands au large des îles Falklands.

Le bloc Barron détruit au cours d'une grande conflagration

LE **8 décembre 1896,** le centre-ville était le théâtre d'un important incendie qui devait détruire le superbe édifice connu sous le nom de bloc Barron, rue Saint-Jacques, *où tant d'hommes d'affaires ont eu et ont encore leur pied à terre.*

Le bloc Barron avait été brûlé de fond en comble. C'était un édifice de cinq étages, *ayant treize fenêtres sur la rue Saint-Jacques, et dix sur la rue Saint-Jean*, pour reprendre les mots de LA PRESSE de l'époque.

Mais les dégâts imputables aux flammes ou à l'eau n'avaient pas été confinés à cet édifice, puisque à l'intérieur du quadrilatère Saint-Jacques/Saint-Jean/Notre-Dame/Saint-François-Xavier, une bonne dizaine d'édifices avaient été plus ou moins touchés par le désastre.

Grâce à un témoin important, il a été possible de retracer rapidement la cause de l'incendie. Voyons ce qu'en disait LA PRESSE :

Les commissaires des incendies ont pris, ce matin, la déposition de M. A. Mathias Charbonneau, gérant de la Compagnie de publication artistique, qui avait son bureau au No 162 rue St-Jacques, dans le bloc Barron. (...)

M. Charbonneau (...) est allé dans le lavabo, où sa lampe a fait explosion. Voyant que le feu prenait au plancher, dit-il, il a essayé de l'éteindre à l'aide d'une serviette, mais voyant qu'il ne pouvait pas y réussir, il est sorti à la course et a donné l'alarme à la boite la plus rapprochée.

Le travail des pompiers

Le travail des pompiers a valu à la brigade placée sous les ordres du chef Benoît, de sévères critiques, notamment dans les pages du *Herald*, lequel accusait l'équipe de ne pas avoir fait correctement son devoir. Le chef Benoit a répliqué en ces termes :

Aucun corps de pompiers au monde n'aurait pu faire mieux. Quand nous sommes arrivés, tout l'édifice était en flammes et on ne se figure pas les difficultés que l'on rencontre lorsqu'il faut manoeuvrer, comme dans le cas actuel, au milieu de fils électriques de toutes sortes. J'aurais bien pu, il est vrai, faire élever les échelles sur la petite rue St-Jean, à côté de l'édifice en feu ; mais la foule me criait de ne pas le faire, que la bâtisse allait s'écrouler et que j'encourais le risque d'une nouvelle catastrophe. Voilà pourquoi je me suis abstenu.

Le bloc Barron, au plus fort de l'incendie qui devait le détruire de fond en comble. La vignette, en haut, à gauche, indique ce qui restait de l'édifice une fois l'incendie éteint.

Trois faits cocasses

Enfin, soulignons les trois faits cocasses relevés par l'article de LA PRESSE :

Parmi la foule qui se pressait autour des édifices en flammes, une excitation qu'il est facile de comprendre a été causée par la rupture d'un boyau qui a inondé (sic) un nombre considérable de spectateurs.

Une jeune fille qui paraissait fort intéressée à suivre les mouvements d'un pompier ne s'est aperçue qu'une étincelle avait mis le feu à son chapeau que lorsque le monceau de fleurs et de plumes qui l'ornait fut réduit en cendres.

Lorsque l'alarme a été donnée, un certain nombre de personnes étaient à prendre le souper au restaurant Freeman. Naturellement, l'excitation causée par la nouvelle que le feu était dans la bâtisse les a fait déguerpir sans songer à régler leur note. Un seul des clients a voulu s'obstiner à prendre son repas, mais son obstination a été vaincue par la fumée.

Ce n'est pas d'hier que les Montréalais connaissent la bière Budweiser, puisque cette publicité a paru dans LA PRESSE du *8 décembre 1904* !

LA PRESSE

100 ans d'actualités

C'EST ARRIVÉ UN 9 DÉCEMBRE

1975 — Mort d'Esdras Minville, l'un des plus prestigieux économistes du Canada.

1974 — Début du sommet de deux jours des « Neuf » à Paris. Ils décident de l'élection d'un parlement européen par suffrage universel dès 1978.

1974 — Takeo Miki succède à Kauei Tanaka comme premier ministre du Japon, ce dernier ayant dû démissionner à la suite d'accusations de trafic d'influence dans **l'affaire des avions Lockheed.**

1970 — Dans son rapport sur la concentration de la presse, le sénateur Keith Davey, président du comité spécial du Sénat, recommande une surveillance accrue des entreprises de presse.

1970 — La grève de l'électricité est maintenant générale, en Angleterre.

1969 — Les bourses de Londres et de Zurich **cotent l'or** à son cours officiel **de $35** l'once, pour la première fois en 20 ans.

1965 — Démission d'Anastase Mikoyan comme chef de l'État soviétique. Nikolaï Podgorny lui succède.

1956 — Un North Star de Trans-Canada Airlines disparaît avec 62 passagers (dont cinq joueurs de la Ligue canadienne de football) à son bord, entre Vancouver et Calgary.

1955 — L'augmentation des tarifs de la Commission des transports de Montréal débouche sur une véritable émeute et force l'organisme à retirer tous ses véhicules de la circulation.

1946 — Début à Nuremberg du procès de 23 médecins allemands accusés d'avoir torturé des cobayes humains sous le prétexte fallacieux de faire avancer la science.

1946 — Le paquebot *Liberté* (ex-*Europa* allemand), brise ses amarres lors d'un raz-de-marée, s'échoue sur les récifs, puis coule. C'était le plus gros paquebot de la flotte française.

1893 — Une bombe lancée sur le parquet de la Chambre des députés à Paris fait 80 blessés, dont l'auteur de l'attentat, Auguste Vaillant.

Le *9 décembre 1925*, la Société Saint-Jean-Baptiste de Montréal, présidée par l'échevin Léon Trépanier, organisait au Monument national, avec le concours de LA PRESSE, un festival musical au bénéfice de M. Rodolphe Plamondon, le plus grand ténor canadien-français de l'époque. Ce dernier faisait notamment partie de l'Opéra de Paris. Sur les photos on peut voir MM. Trépanier (en haut) et Plamondon.

MONTRÉAL APRÈS LA GUERRE
La Métropole du Canada a le devoir de préparer, dès maintenant, ses progrès futurs.-Les plans d'embellissement, déjà préconisés par la "Presse," s'imposent plus que jamais, au triple point de vue du transport, de l'esthétique et de l'hygiène.
CANAL LACHINE
FLEUVE
St Lambert

CE croquis occupait toute la page 1 de l'édition du 9 décembre 1916. Les numéros qui apparaissent sur la partie illustrée du plan soumis par M. Lavoie identifient les entités suivantes : 5. Grand marché central. 10. Abattoirs. 11. Incinérateur. 13. Morgue. 14. Expositions. 17. Bibliothèques. 18. Gare centrale. 38. Centre des universités. 39. Cale-sèches d'hiver. 47. Boulevard du Nord. 48. Boulevard de l'Est. 49. Boulevard de l'Ouest. 50. Boulevard du Sud. 52. Entrée des chemins de fer venant du nord. 53. Entrée des chemins de fer venant de l'Ouest. 54. Entrée des chemins de fer venant de l'est. 54a. Entrée des chemins de fer venant du sud. 55. Entrée et sortie des voitures provenant de la Gare centrale. 56. Station de tramways sous le Champ-de-Mars. 57. Pont à bascule reliant la Gare centrale à l'Île aux Millions. 58. Écluses fermant la cale-sèche sous le pont. 59. Pont reliant l'Île aux Millions à l'île Sainte-Hélène. 60. Chenail principal. 61. Débarcadère pour trains et tramways sur l'île Sainte-Hélène. 62. Champ de courses sur l'île Ronde. 63. Port de plaisance sur l'île Ronde. 64. Port de plaisance sur l'île Sainte-Hélène. 65. Port de plaisance sur l'Île aux Millions. 66. Pont reliant l'île Sainte-Hélène à la rive sud. 67. Cour de chemin de fer sur la rive sud. 68. Gare du nord avec marché. 69. Gare de l'est. 70. Gare de l'ouest avec marché. 71. Gare de la rue McGill. 72. Chemin de fer de ceinture. 74. Pont au-dessus de la voie ferrée pour relier la rue Notre-Dame au boulevard de l'Ouest. 75. Place centrale à Saint-Henri. 76. Entrée de la gare Saint-Henri. 77. Cour à marchandises pour trains. 78. Cale-sèches d'été. 79. Pont reliant la Côte-Saint-Paul au boulevard de l'Ouest. 80. District militaire. 81. Place de convergence de tous les boulevards. 82. Jetée pour protéger les bateaux de plaisance. 83. Quartier européen. 84. Quartier des théâtres.

L'homme de l'an 1 000 000

Un écrivain anonyme du ***Pall Mall Budget*** *publiait à la fin de 1893 un article assez étonnant par son contenu. En le reprenant dans son édition du* ***9 décembre 1893****, LA PRESSE soulignait que tout scientifique qu'on ait pu vouloir le faire paraître, l'article était simplement une remarquable fantaisie excessivement originale, et méritait, en cette qualité, les honneurs de la chronique. En voici donc de larges extraits, et ne manquez pas de remarquer l'énorme ressemblance entre cet homme du futur et le E.T. du film récent, le doigt lumineux en moins.*

VOULEZ-vous un portrait de l'homme du MMMMMMMMMMe siècle, selon le rêve de l'écrivain du *Pall Mall Budget ?*

Figurez-vous une tête plus volumineuse à elle seule que tout le reste du corps — quelque chose comme une monstrueuse hydrocéphalie, — mais débarrassés de tous les ornements ou accidents auxquels nous attachons une si grande importance ; une figure glabre, un crâne énorme, bombé, poli comme une bille de billard ; un petit trou circulaire tenant place de nez, percé dans le bas du visage, au-dessus d'une fente horizontale s'entr'ouvrant sur de microscopiques gencives dépourvues de dents. D'oreilles, pas le moindre vestige ; mais de grands yeux rêveurs protégés par des paupières sans fil.

Un gigantesque foetus serait une beauté frappante à côté de ce produit d'une imagination en délire.

Le corps, racorni comme celui d'un Troglodyte, réduit à de minuscules proportions, se recourbe aù-dessous du thorax, tel un poitrail de cheval, et la croupe exiguë s'élève en une pointe à laquelle on est surpris de ne pas trouver d'appendice caudal. Mais, physiquement, cet homme est inférieur au dernier des quadrupèdes. Il se meut à l'aide de deux membres, ses bras, terminés par de larges et longues mains ; ses jambes, desséchées, recroquevillées, ne sont plus que des organes atrophiés lui servant occasionnellement de supports.

Et tout cela serait l'ouvrage de la civilisation... Heureux sauvages !...

La nécessité des oreilles et du nez n'existerait plus ; les jambes hors d'usage seraient remplacées par toute sorte de moyens de locomotion ; mais, par exemple, quelle belle cervelle aurait l'homme !

Contemplez cette figure, étudiez le galbe de cette architecture humaine, ô lecteurs, et congratulez-vous ! Votre laideur, votre hideur même — choisissez la meilleure expression — a beau côtoyer l'exagération, vous n'en avez pas moins l'idée de marcher sur les traces de Narcisse si vous comparez votre physique à celui de l'homme de l'an 1 000 000.

SEDUCTION ET NOURRITURE

Il aura bien le temps, vraiment, de songer et de se livrer à l'amour, même platonique : aussi la femme devra-t-elle avoir recours aux séductions les plus puissantes pour en faire la conquête. (...) Car l'homme de l'an 1 000 000 sera à peu près aussi accessible aux séductions des sens qu'un hyppopotame aux attraits du savon de toilette.

Il n'éprouvera même aucune émotion en présence des mets succulents, des vins de champagne authentiques, des cognacs regaillardissants, des chartreuses stimulantes, car il aura perdu l'habitude de manger et de boire à notre manière. Complètement édenté, n'ayant plus d'appareil digestif, il se nourrira en prenant des bains alimentaires. (...)

Il y aura en ville des bains extra-nutritifs à l'usage de la haute, à table d'hôte, en cabinet particulier ; les bains ordinaires, assez réconfortants, pour la classe moyenne ; et les bains communs, pour le populo. (...)

Quand deux hommes se rencontrant éprouveront le besoin de resserrer les liens de l'amitié, ils iront faire le plongeon au coin, dans le whiskey où, entre parenthèses, les longues stations seront dangereuses. (...)

Heureusement, les jours où tout cela arrivera sont encore éloignés, bien qu'un million d'années soit peu de choses en face de l'éternité, et nous avons encore le temps d'amasser un respectable magot pour nous tirer du pétrin.

Léon Famelart

L'homme de l'an 1 000 000.

Le restaurant de l'avenir : la « baignoire alimentaire ».

ACTIVITÉS

■ **Salon des métiers d'art**

Participation de LA PRESSE, conjointement avec le ministère des Affaires culturelles, à l'exposition « Recherche 83 » consacrée à des pièces uniques par le biais de quelques premières pages publiées en couleurs, et visant à mettre en valeur le talent des créateurs et créatrices du Québec. Kiosque de LA PRESSE consacré à la fabrication du journal, sous le thème « La fabrication d'un journal à l'époque, tout un art », avec personnel sur place pour répondre aux questions des visiteurs. À la place Bonaventure, jusqu'au 22 décembre.

■ **Complexe Desjardins**

Présence du père Noël, et exposition de tous les dessins envoyés à ce dernier par les enfants, reçus par la Société canadienne des postes. Jusqu'au 23 décembre.

LA PRESSE dépose son plan d'embellissement

DEPUIS le tout début de son existence, LA PRESSE avait toujours fait preuve de civisme en se faisant fréquemment le porte-flambeau de causes qu'elle jugeait fort valables pour l'ensemble des citoyens. Il ne fallait donc pas s'étonner de voir le quotidien montréalais proposer, à la une de son édition du **9 décembre 1916** rien de moins qu'un plan d'embellissement.

À juste titre, LA PRESSE rappelait d'abord aux lecteurs les nombreuses luttes qu'elle avait entreprises depuis sa fondation, **32 ans plus tôt. Comme elle le rappelait d'ailleurs dans cette édition de 1916, ses interventions avaient pour but,** ***soit d'embellir la ville, soit d'améliorer et d'accroître les facilités de transport, soit de perfectionner l'état sanitaire ou le service hygiénique, tout cela en prévision de l'expansion de la métropole.***

LA PRESSE ne mettait aucunement en doute le fait que Montréal allait connaître un important développement, ou encore que la ville pourrait un jour occuper la totalité de l'île. Mais, disait le journal, il fallait que tout soit fait pour que le « coeur » de Montréal reste au même endroit, c'est-à-dire au pied du Mont-Royal, et sur la rive du Saint-Laurent.

Un « replaning » plutôt qu'un « planing »

Ce que proposait LA PRESSE, et pour reprendre ses mots, c'était rien de moins qu'un « *replaning* », *c'est-à-dire d'une reconstruction plus ou moins complète* du centre-ville, plutôt qu'un simple « planing » visant à poursuivre le développement dans l'ordre déjà établi.

Et pour élaborer son projet, LA PRESSE avait eu recours à M. J.A. Lavoie, un ingénieur-conseil (sa photo apparaissait d'ailleurs à l'intérieur du croquis de la première page), plusieurs fois associé à des projets d'envergure de LA PRESSE depuis 1908.

L'épicentre

Le projet plaçait l'épicentre du futur développement à entreprendre dès la fin de la Première Grande Guerre à l'intérieur du quadrilatère délimité par la rue Saint-Laurent, la rue Sherbrooke, la rue Saint-Denis et le fleuve. C'est à l'intérieur de ce quadrilatère qu'il fallait construire, de l'avis de LA PRESSE, la Gare centrale vers laquelle seraient déviés tous les trains du Grand Tronc et du Pacifique Canadien.

Les boulevards

Le plan de LA PRESSE préconisait la construction de quatre boulevards. Le **boulevard du Nord** devait emprunter à peu près en droite ligne l'avenue Hôtel-de-Ville jusqu'à Ahuntsic, *passant sous la rue Sherbrooke, en pente de 50 p. cent plus douce que celle de la rue Saint-Laurent*, pour reprendre l'explication de LA PRESSE. Le **boulevard de l'Est** devait passer en diagonale de la Gare centrale jusqu'à la rue Sherbrooke, qu'il devait rejoindre vis-à-vis l'intersection de la rue Papineau, pour se prolonger dans l'axe de la rue Sherbrooke jusqu'au bout de l'île. Le **boulevard de l'Ouest** devait suivre le parcours suivant, à partir de la Gare centrale : rue Craig ou Vitré jusqu'au square Victoria, en diagonale par la petite rue Saint-Jacques près de la gare Bonaventure, puis par la rue Saint-Jacques en absorbant la voie du chemin de fer du Grand Tronc, jusqu'à Saint-Henri, de là par la rue Saint-Jacques jusqu'à Notre-Dame-de-Grâce, et de Notre-Dame-de-Grâce à Sainte-Anne-de-Bellevue en absorbant encore une fois la voie ferrée du Grand Tronc. Enfin, le **boulevard du Sud** devait emprunter le quai Jacques-Cartier pour atteindre l'Île aux Millions par le biais d'un pont à bascule, et enfin traverser le fleuve par deux ponts construits à l'extrémité « amont » de l'île Sainte-Hélène (donc un peu plus à l'ouest que l'actuel pont Jacques-Cartier).

Les chemins de fer

La grande particularité de notre projet, disait LA PRESSE, *est que celui-ci fait disparaître complètement les voies de chemin de fer à niveau ; tout le système est une combinaison de voies souterraines et de voies élevées.*

En fait, tout reposait sur le fait que la Gare centrale allait accueillir tous les trains desservant Montréal de la façon suivante : construction d'une déviation (le long du canal Lachine) entre Saint-Henri et la Gare centrale pour détourner les trains à destination de la gare Bonaventure ; prolongement de la voie du Pacifique Canadien à partir de la gare Windsor, en suivant en viaduc l'axe de rue de l'Aqueduc jusqu'à la déviation précédente ; prolongement de la voie du Grand Tronc sous le Mont-Royal dans le même axe ; prolongement en viaduc de la voie du Pacifique Canadien à partir de la gare Viger ; tous les trains venant du sud emprunteraient le pont de l'île Sainte-Hélène pour aboutir à la Gare centrale ; pareillement, tous les trains provenant du nord emprunteraient le boulevard du Nord pour aboutir au même endroit. Enfin, LA PRESSE prévoyait une électrification systématique de toutes les lignes de chemin de fer sur le territoire.

Est-ce que ce projet ourdi par M. Lavoie et défendu par LA PRESSE aurait été supérieur au plan d'aménagement implanté depuis 1916, nul ne peut le dire. Mais cette prise de conscience méritait d'être étalée au grand jour...

Guy Pinard

Victoire d'Adhémar Raynault, avec la plus faible majorité de l'histoire

LES élections à la mairie de Montréal ont rarement produit des résultats qui ne risquaient pas de soulever des commentaires, et celles du **9 décembre 1940** n'ont pas dérogé à cette règle.

Pas moins de neuf candidats se disputaient le siège laissé vacant par M. Camillien Houde. Le nombre de candidats n'a en soi rien d'étonnant, mais on ne saurait en dire autant des noms des candidats.

Au début de la campagne électorale, les experts prévoyaient une lutte sans merci entre Adhémar Raynault, le favori (mais par si peu...), et son principal **concurrent, Léon Trépanier.**

Et les experts avaient vu juste puisque, avec 16 565 voix, M. Raynault devait l'emporter par 974 voix de majorité, la plus faible majorité de toute l'histoire. Sauf qu'on peut se demander combien de personnes qui croyaient voter pour Léon Trépanier **ont en fait voté pour** deux des sept autres candidats portant eux aussi le nom de Trépanier, en l'occurrence Léonard et Raoul ? Ensemble, ces deux derniers ont récolté plus de 16 800 voix. S'est-il trouvé au moins mille personnes qui se sont trompées et qui auraient pu permettre à Léon Trépanier d'être élu ? On ne le saura évidemment jamais.

En revanche, il est une constante qu'il faut relever ; en 1940 comme en 1982, les Montréalais ne souffraient guère de la « fièvre électorale », puisqu'au soir du 9 décembre 1940, seulement 28,02 p. cent des 236 898 électeurs inscrits s'étaient présentés aux urnes. Plus ça change, plus c'est pareil !

LA PRESSE

100 ans d'actualités

Les premiers voyageurs franchissent le tunnel sous le Mont-Royal à bord d'un train

photo Roger Saint-Jean, LA PRESSE

Cette photo d'époque montre le premier train qui franchit le tunnel sous le Mont-Royal. Dans des wagons-tombereaux, spécialement arrangés pour la circonstance, les voyageurs ont pris place, et se préparent à entrer dans le tunnel par l'entrée de Maplewood. Le chiffre 1 identifie le commissaire Dupuis, le chiffre 2, l'échevin Drummond, et le chiffre 3, S.P. Brown, ingénieur en chef du tunnel pour le compte du « Canadien-Nord ».

Le premier voyage en wagon, sous le Mont-Royal, a eu lieu hier après-midi **(10 décembre 1913)** et il demeurera à tout jamais gravé dans l'esprit de ceux qui y ont pris part.

Une centaine de citoyens en vue de Montréal avaient été invités par M. S.P. Brown à traverser le tunnel du « Canadian Northern » *(un des chemins de fer constituants du Canadien National)*, qui avait été définitivement ouvert dans la nuit d'hier matin. Le départ eut lieu des quartiers généraux de la compagnie du Canadien Nord, rue Dorchester ouest, d'où les invités furent transportés en automobile, sur le versant ouest de la montagne, à l'entrée du tunnel. A trois heures, cette foule prenait place dans des wagons-tombereaux brossés, nettoyés et capitonnés de fort papier pour la circonstance, à raison de quatre par wagon. « Penchez-vous en avant. Prenez garde au fil électrique qui est chargé ! », crient dernière recommandation les ingénieurs qui surveillent le départ ; et traînée par une puissante locomotive électrique, d'un bizarre aspect *(voir la photo)*, la longue suite de véhicule s'ébranlent lentement vers les profondeurs mystérieuses du Mont-Royal, dont l'industrie humaine vient de pénétrer le secret.

Le passage est d'abord très étroit et très bas, et les voyageurs sont forcés de se coucher presque dans le wagonnet, pour ne pas se frapper la tête, puis brusquement, le tunnel s'élargit et s'élève en une voûte magnifique, lisse comme un mur, striée ça et là de pierres d'un beau rouge de minium, sur lesquelles viennent se refléter la lumière des centaines d'ampoules électriques dont est éclairé le tunnel. De formidables machines qui ronflent avec un bruit formidable *(sic)*, bordent la route ; c'est le souffle puissant de l'appareil à air comprimé, le halètement de la pompe à eau et le grincement strident de la perforatrice électrique.

Durant une heure et demie, le voyage se continue ; tantôt le passage est spatieux et élevé, tantôt il est si étroit et si bas qu'il faut garder les bras contre le corps et faire des prodiges de souplesse pour ne pas se heurter au plafond. Enfin, après avoir parcouru trois milles et quart, c'est-à-dire plus d'une lieue sous terre, on arrive à l'ouverture de la rue Dorchester, et chacun s'empresse de monter dans la cage qui les amène à la surface.

Ce creusement du tunnel sous le Mont-Royal a été certainement une entreprise d'une extrême hardiesse, et il a fallu le génie de l'organisation de M. Brown, l'ingénieur en chef, pour la mener à bonne fin. Il faut voir dans toute leur impressionnante grandeur les travaux gigantesques qui ont été accomplis pour avoir une juste idée des difficultés qu'il a fallu surmonter. Les plus grands éloges doivent être également accordés aux assistants de M. Brown, entre autres M. H.T. Fisher, qui a fait des calculs d'une justesse telle que la différence de niveau et de ligne à la rencontre des deux tronçons, hier matin, n'était que d'un quart de pouce à peu près. (...)

Pour avoir une idée de l'esprit d'organisation qui a présidé à toute cette entreprise, contentons-nous de dire que durant les quinze mois de creusement, il n'y a eu que deux ou trois accidents, mais aucun causé par la dynamite ; pourtant on en employait 5,000 livres par jour, soit 100 caisses ; depuis trois mois il n'y a eu aucun cas de maladie parmi les terrassiers et les ingénieurs. (...)

L'ouverture de ce tunnel sera pour l'avancement de « Model City » *(aujourd'hui Town of Mount-Royal)* d'un immense avantage, car quarante trains par jour feront le service des deux côtés.

Chef ouvrier bien connu accusé de manoeuvres indignes envers une jeune fille de 14 ans

Cet article paru dans LA PRESSE du **10 décembre 1900** *vous est proposé afin de vous montrer de quelle manière votre journal traitait des affaires de moeurs au début du siècle. Nous en reproduisons de très larges passages. On notera l'usage abondant du pointillé, de manière à protéger toutes les personnes impliquées jusqu'au début du procès. Et vous constaterez que les don juan de l'époque n'agissaient guère différemment de ceux d'aujourd'hui...*

Le 31 mai dernier, la paroisse .... du comté de Champlain était en émoi à cause de la disparition soudaine d'une jeune fille, appartenant à une brave famille de la localité. La jeune fille avait quitté le domicile de ses parents sans raison apparente. La police fut informée du fait, des perquisitions furent faites dans tous les coins de la province, mais tout fut inutile. Les parents pleurèrent leur enfant, l'excitation causée par cette mystérieuse affaire s'apaisa peu à peu et peu après il n'en fut plus question.

La jeune enfant est d'une beauté remarquable ; elle se distingue par une intelligence extraordinaire, mais elle est timide, et comme toutes les enfants de la campagne, elle est d'une naïveté qui révèle la candeur et l'honnêteté.

Le chef ouvrier, que nous désignerons sous le nom de X, arriva aux chantiers, situés à une couple de milles de la paroisse où demeurait la jeune fille, de bonne heure au commencement du printemps dernier. Il se fit remarquer aussitôt par ses allures cavalières et entreprenantes. Il se disait garçon et agissait en conséquence.

Le coup du charme

Un jour, le malheur voulut qu'il rencontrât dans la rue, par hasard, la jeune fille. X fut frappé par la beauté incomparable de cette jeune fille, (...) qui n'avait connu d'autre amour que celui qu'elle avait toujours entretenu pour ses vieux et vénérables parents.

Il résolut la perte de cette enfant. Il manoeuvra d'une façon tellement habile, qu'il réussit à se faire présenter à la jeune beauté par l'intermédiaire d'un ami de la famille. Il résulta de cette première entrevue un échange de correspondance que la famille découvrit plus tard et qui démontre toute la perfidie du corrupteur de l'innocence. Dans quinze de ces épitres, brûlantes de passion, il parle de bonheur, d'espérance, et de ce que lui procurera une union consacrée par la religion. Il promet voitures, maison, piano, joie de vivre dans la tranquillité de la famille.

Déjà marié

Il mentait à cette jeune et naïve enfant, comme il trahissait honteusement une épouse avec ses trois enfants qu'il avait abandonnés plusieurs mois avant, et qui attendait vainement de ses nouvelles.

Un jour, la jeune fille quitta la maison pour rendre une visite à son oncle. Sa mère était malade et avant de partir, elle lui donna de la monnaie pour acheter un peu de cognac. X, qui guettait depuis plusieurs jours les allées et venues de la jeune fille, l'accosta et finit par convaincre l'enfant de son amour. Il proposa une visite au théâtre d'une ville voisine. (...)

Après le théâtre, X prit la direction de la gare. Il mit l'enfant sous l'impression que le train qu'ils allaient prendre les conduirait à la paroisse où demeuraient ses parents. Il acheta cependant deux billets pour Montréal. L'arrivée du couple à Montréal s'opéra sans encombre. Pendant deux jours, ce ne fut que théâtre, soupers fins, amusements divers. De là, X conduisit l'enfant à Lachine. Elle voulut s'en retourner ; il s'interposa. Voyant que sa proie allait lui échapper, il partit avec elle pour une petite ville du district de Montréal, où il arriva le 15 juin dernier. Rendu là, il loua des meubles et présenta la jeune fille au public comme étant sa jeune soeur.

Dernièrement, il se fit beaucoup de bruit autour du nom de X. Il résolut donc de s'enfuir avec la jeune fille.

Épilogue

LA PRESSE poursuit cet article en expliquant que c'est grâce à la ténacité, à la patience et à la compétence du capitaine L, et un peu à la chance aussi, qu'on a retrouvé la jeune fille.

En effet, après avoir franchi pas moins de 1 500 milles à suivre la trace de X, le capitaine L le rejoint finalement dans un petit village peu connu d'Ontario où il arrêta X pour d'autres motifs. C'est quelques jours plus tard, à l'occasion d'un voyage à Trois-Rivières, qu'il apprit l'existence de la fugue de la jeune fille et de la correspondance amoureuse avec X. Après avoir reçu la déposition de la jeune fille, le capitaine L eut le bonheur de la rendre à ses parents lors de retrouvailles fort pathétiques.

LE TOUR DU MONDE DE SANTA CLAUS

SANTA CLAUS RETARDE ... PAR DES AIGLES !

Santa Claus en a eu plein les bras à chasser les aigles qui effarouchaient ses rennes, mais il promet d'être au rendez-vous le 25, et il vous rappelle qu'il ne vous reste que ***15 jours*** pour faire vos ***emplettes de Noël !***

C'EST ARRIVÉ UN 10 DÉCEMBRE

1970 — Le président Nixon menace Hanoï de représailles si le Nord-Vietnam érige un complexe militaire à la frontière du Sud-Vietnam.

1967 — Une foule recueillie ovationne le cardinal Léger lors de sa messe d'adieu, à l'église Notre-Dame.

1962 — Le premier ministre Nehru repousse la proposition chinoise déposée pour régler le problème frontalier sino-indien.

1958 — Vingt-et-un navires sont prisonniers des glaces dans le canal Lachine.

1957 — Lester B. Pearson, homme d'État canadien, reçoit le prix Nobel de la paix, à Oslo.

1957 — Un violent incendie détruit une aile de l'hôtel Windsor.

1956 — Les Polonais manifestent contre les Soviétiques, à Stettin.

1954 — L'Île du Cap-Breton n'est plus une île, à la suite de la fermeture du détroit de Canso par une jetée de 4 200 pieds.

1952 — Le chanoine Lionel Groulx reçoit le prix Duvernay.

1948 — L'ONU adopte la déclaration universelle des Droits de l'homme.

1941 — Les Japonais coulent le cuirassé *Prince of Wales* et le croiseur *Repulse* au large des côtes de la Malaysie.

1936 — George VI succède à Edouard VIII après que ce dernier eut abdiqué afin de pouvoir épouser une roturière américaine.

1933 — Décès à 78 ans de J.-Claver Casavant, président de la fabrique d'orgues Casavant Frères, de Saint-Hyacinthe.

1916 — Un train de voyageurs entre en collision avec une locomotive du Grand Tronc, dans le brouillard, près de Saint-Hyacinthe. On dénombre quatre morts.

BABILLARD

Collection inusité à vendre

Un lecteur de Montréal, **M. Roland Bureau,** possède une collection assez inusitée dont il est prêt à se départir s'il trouve acquéreur.

Il s'agit d'une collection de quelque 10 000 bandes de cigares réunies dans une trentaine de volumes que son père a reliés lui-même (il était relieur de son métier). La collection comprend des bandes dont les plus anciennes à la fin du siècle dernier (il en est certes des centenaires-...comme LA PRESSE) et elle est rehaussée par des séries complètes.

Pour obtenir le numéro de téléphone de M. Bureau, prière de communiquer avec Guy Pinard, en faisant le 285-6843.

Une lettre attachante

Le rappel des tristes incidents survenus dans le port de Halifax a amené **Mme Fernand Guénette** à nous écrire un petit mot. Elle se souvient d'autant plus de cette tragique explosion que son père et son frère, tous deux menuisiers, ont fait partie des centaines de Canadiens et d'Américains qui se sont rendus sur les lieux dans les jours qui ont suivi la tragédie pour aller prêter main-forte aux citoyens désemparés en mettant leurs talents à contribution.

Quant aux préférences de Mme Guénette dans « LA PRESSE de mon enfance » comme elle se plait à l'appeler, elles allaient surtout aux bandes dessinées, à Jean-Baptiste Ladébauche et sa femme Catherine, le courrier de Colette, le feuilleton (*que nous dévorions, ma mère et moi*, précise-t-elle), les pages féminines, les procès détaillés, etc. Fait à noter, Mme Guénette lit LA PRESSE depuis 1905.

ACTIVITÉS

AUJOURD'HUI

■ Salon des métiers d'art

Participation de LA PRESSE, conjointement avec le ministère des Affaires culturelles, à l'exposition « Recherche 83 » consacrée à des pièces uniques par le biais de quelques premières pages publiées en couleurs, et visant à mettre en valeur le talent des créateurs et créatrices du Québec. Kiosque de LA PRESSE consacré à la fabrication du journal, sous le thème « La fabrication d'un journal à l'époque, tout un art », avec personnel sur place pour répondre aux questions des visiteurs. À la place Bonaventure, jusqu'au 22 décembre.

■ Complexe Desjardins

Présence du père Noël, et exposition de tous les dessins envoyés à ce dernier par les enfants et reçus par la Société canadienne des postes. Jusqu'au 23 décembre.

■ À la radio

17 h, Radio-Canada — Chronique consacrée à LA PRESSE à l'émission *Avec le temps*, animée par Pierre Paquette.

DEMAIN

■ À la télévision

16 h 30, Télé-Métropole — Dans le cadre de l'émission *Sports-Mag*, l'animateur Pierre Trudel consacre quelques moments de rétrospective à un événement sportif illustré par les archives de LA PRESSE.

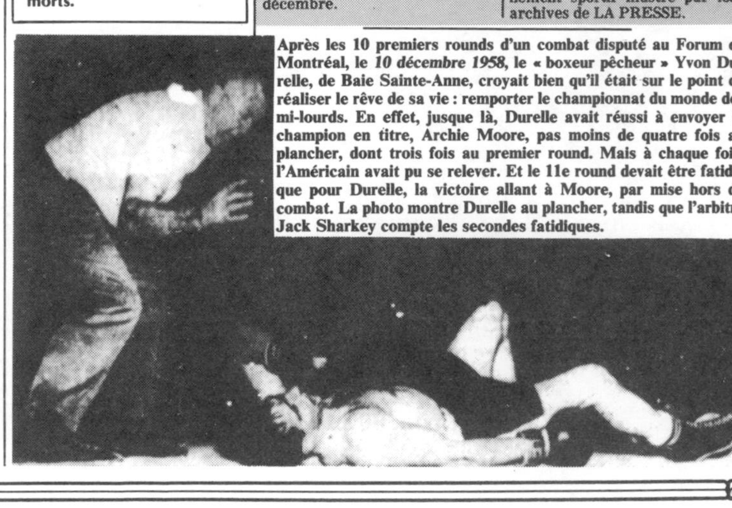

Après les 10 premiers rounds d'un combat disputé au Forum de Montréal, le *10 décembre 1958*, le « boxeur pêcheur » Yvon Durelle, de Baie Sainte-Anne, croyait bien qu'il était sur le point de réaliser le rêve de sa vie : remporter le championnat du monde des mi-lourds. En effet, jusque là, Durelle avait réussi à envoyer le champion en titre, Archie Moore, pas moins de quatre fois au plancher, dont trois fois au premier round. Mais à chaque fois, l'Américain avait pu se relever. Et le 11e round devait être fatidique pour Durelle, la victoire allant à Moore, par mise hors de combat. La photo montre Durelle au plancher, tandis que l'arbitre Jack Sharkey compte les secondes fatidiques.

LA PRESSE

100 ans d'actualités

Les trois officiers de police dont le renvoi est exigé

Joseph TREMBLAY — directeur du service de la sûreté municipale | Arthur MANN — ass.-directeur du service de la sûreté municipale | J.-A.-A. BELANGER — chef du service des détectives de la ville de Montréal

Conséquence regrettable rappelée par une lectrice

LE rappel de la grève des policiers de 1918 éveille un triste souvenir dans la mémoire d'une fidèle lectrice du quartier Saint-Michel, Mme Gabrielle Raymond.

Elle avait dix ans au moment de la grève, et demeurait rue Joliette, face au Couvent d'Hochelaga.

Un marchand d'habits avait pignon sur rue à l'intersection des rues Sainte-Catherine et Cuvillier. Soudain, profitant du moment qu'il n'y avait pas le moindre policier à la ronde, dit Mme Raymond, des fiers-à-bras s'avisèrent de défoncer la vitrine du magasin. Quelques passants se pressèrent alors à l'intérieur pour en ressortir tout de neuf habillés.

« Le pauvre commerçant, M. Mallek, ne put rien faire pour contrer ce pillage. Les jours suivants, on pouvait le voir, debout, devant sa porte, les larmes aux yeux. Il croyait reconnaître sa marchandise sur le dos des promeneurs de la rue Sainte-Catherine, et il n'avait aucun recours possible. »

Il est intéressant de noter, au sujet de ce souvenir de Mme Raymond, que cet incident avait été relevé dans l'édition du 13 décembre 1918 de LA PRESSE, et on y mentionnait d'ailleurs que M. Mandel Mallek avait évalué ses pertes à $35 000.

S'il faut en croire des recherches qu'aurait effectuées un certain Dr Luys, alors directeur de l'Hôpital de la charité, à Paris, un fer à cheval aimanté installé sur la tête d'un malade pouvait rendre joyeux un homme triste... et malheureux un homme heureux. Le Dr Luys avait appuyé son raisonnement sur sa théorie voulant que le corps humain soit chargé d'électricité. Il suffisait donc, à son avis, de changer le courant électrique pour modifier l'humeur du patient. Nul doute que cette expérience rapportée dans LA PRESSE du *12 décembre 1896* avait dû soulever beaucoup de commentaires à l'époque...

Révolte des Sioux

NEW ROCKFORD, Dakota du Nord — Les habitants de cette ville ont passé la nuit dernière en armes par crainte d'une attaque subite de la part des Sioux. Ces Indiens sont campés *(sic)* aux environs, en état de guerre. Ils se sont livrés à des brigandages et à des orgies affreuses pendant lesquelles leurs cris sauvages retentissaient jusque dans la ville.

Cela se passait le 12 décembre 1890.

Nous avons vu dans la page du centenaire du 4 novembre dernier que les militaires, avant d'envoyer leurs pigeons voyageurs au-dessus du territoire ennemi, avaient la décence de les munir d'un masque à gaz. Et nous étions en droit de penser que nous aurions tout vu. Eh bien non ! LA PRESSE du *12 décembre 1908* nous apprenait en effet que M. Jules Neubronner avait pour sa part trouvé le moyen de doter ses pigeons voyageurs... d'appareils photo. Et s'il faut en croire l'article, M. Neubronner avait développé un film qui permettait de prendre des photos à une vitesse de 20 m/s, et d'obtenir des épreuves relativement satisfaisantes d'un centimètre carré. Un loustic dira sans doute que vient de là l'expression... *des photos à vol d'oiseau !*

C'EST ARRIVÉ UN 12 DÉCEMBRE

1973 — Début de la construction à Montréal de ce qui devait devenir le plus imposant Holiday Inn du monde.

1969 — Le sergent David Mitchell, de l'Armée américaine, présente un plaidoyer de non-culpabilité dans l'affaire du massacre de civils sud-vietnamiens, à My Lai.

1966 — La Cour Suprême des États-Unis rejette l'appel du syndicaliste James Hoffa.

1956 — L'ONU condamne l'intervention soviétique en Hongrie, et exige que les troupes de l'URSS quittent ce pays.

1950 — Soupçonnée d'obédience communiste, l'Union des marins canadiens est dissoute par la Commission des relations ouvrières du Canada.

1949 — Nommée orateur de la législature de Colombie-Britannique, Mme Nancy Hodge devient la première femme du Commonwealth à occuper un tel poste.

1947 — Lors des élections générales à l'Île du Prince-Édouard, le Parti libéral enlève 23 des 30 sièges.

1942 — Cent personnes périssent dans un incendie, à Saint-Jean, Terre-Neuve.

1938 — Camillien Houde est élu maire de Montréal pour la quatrième fois, avec une majorité de 20 600 voix.

1927 — L'Université de Montréal reçoit la bulle du pape décrétant son autonomie par rapport à l'université Laval.

1911 — Le duc de Connaught, nouveau gouverneur-général du Canada, est l'hôte de la Ville de Montréal.

1904 — Entrée en fonction du nouveau gouverneur-général du Canada, lord Grey. C'est lui qui a donné son nom à la coupe Grey, remise annuellement à l'équipe championne du football canadien.

1894 — En visite à Londres, sir John Thompson, premier ministre du Canada, meurt subitement.

LA GREVE EST DECLAREE

Les agents de police, les employés du service de l'incinération et les préposés au service des pompes de l'aqueduc ont abandonné tout travail à midi, après avoir délibéré toute la matinée.

LES POMPIERS NE SONT PAS EN GREVE

Assaillie par une foule sympathique aux pompiers, la caserne du square Chaboillez a subi pour plusieurs milliers de dollars de dégâts. Pas un seul carreau n'était resté intact et les voitures à l'intérieur ont aussi été lourdement endommagées.

UN arrêt de travail décrété par un service aussi important que ceux des policiers et des pompiers ne peut que traumatiser la population à cause de ses conséquences très graves.

Comment pourrait-on oublier les images du pillage de la rue Sainte-Catherine et de l'incendie du garage de la compagnie Murray Hill, pendant la grève des policiers de Montréal, en 1969 ? Comment pourrait-on oublier la frustration désespérante des milliers de victimes du « week-end rouge », devant leurs domiciles qui brûlaient de fond en comble, faute de pompiers pour éteindre le feu ? Pas facile n'est-ce pas ?

Et n'allez pas croire qu'il s'agit d'un phénomène récent. En effet, les policiers d'abord, puis les pompiers ensuite, avaient déjà débrayé à midi, le **12 décembre 1918**, et ils n'étaient rentrés au travail que 33 heures plus tard. Policiers, pompiers et travailleurs manuels devaient même « remettre ça » le **14 décembre 1943** (décidément, le mois de décembre est populaire pour de tels affrontements...).

La grève de 1918

Revenons à la grève qui nous préoccupe plus particulièrement aujourd'hui, soit celle de 1918. Le malaise avait commencé chez les policiers. Leurs griefs étaient de deux ordres : ils demandaient des augmentations de salaire et exigeaient le renvoi de trois officiers supérieurs auxquels on imputait la situation, soit Joseph Tremblay, directeur du service de la Sûreté municipale, Arthur Mann, son adjoint, et J.-A. Bélanger, chef du service des détectives. Pour les négociations, les pompiers, les employés du service de l'incinération et les préposés au service des pompes de l'aqueduc se greffaient aux policiers.

En matinée du 12, malgré de longues négociations en présence de sir Lomer Gouin, premier ministre de la province de Québec, tous, à l'exception des pompiers, décidaient de débrayer à midi le jour même. Quant aux pompiers, qui avaient dans un premier temps accepté de s'en remettre à l'arbitrage, eh bien ils devaient gonfler les rangs des grévistes en soirée, si bien qu'au matin du 13, ils étaient plus de 2 200 à avoir débrayé.

Les demandes des policiers

Au plan des salaires, les policiers demandaient $1 400, $1 300 et $1 200 selon le grade, en baisse de $100 par rapport à leurs demandes initiales. La Ville n'offrait que $1 400, $1 200 et $1 100, et lors de la rencontre avec sir Gouin, ce dernier avait assuré les négociateurs syndicaux de l'impossibilité de la Ville d'accéder à leurs demandes.

L'offre de la Ville était sans doute un peu moins avantageuse que l'échelle des salaires en vigueur à Toronto (entre $1 300 et $1 000, plus un bonus annuel de $250), mais tout portait à croire que l'obstacle majeur à un règlement demeurait le renvoi des trois officiers.

Ces derniers étaient accusés d'être responsables non seulement du conflit, mais aussi de la décision des policiers de *former une union.* Écoutons d'ailleurs ce policier dont LA PRESSE reproduisait les propos dans l'édition du 13 :

« Tout ça, c'est de la faute à Tremblay, faisait remarquer un vieux policier qui à regret s'était joint à la grève. Si Tremblay et Mann n'avaient pas été nommés, il n'y aurait pas eu d'abord d'union, parce que Médéric Martin (le maire de Montréal) *ne nous aurait pas poussés en-dessous à nous syndiquer et à réclamer. Tout ce qui arrive, c'est de la faute à Tremblay et à Mann. Il faut qu'ils partent, autrement ça va continuer d'aller mal. Ce n'est pas la question de salaire qui est la plus importante dans toute cette affaire ; pour nous, c'est la façon dont Tremblay et ses créatures veulent nous traiter. S'il faut être taré pour arriver à une promotion, ce n'est pas propre à encourager les gens honnêtes à accomplir bien leurs devoirs. »*

Le règlement du conflit

Tous les grévistes reprirent leur travail vers 21 h 30 dans la soirée du 13, après les interventions de sir Gouin, de Mgr Bruchési (« Sa Grandeur », comme on disait à l'époque), et des conseillers municipaux qui devaient en quelque sorte désavouer la commission administrative et son président, M. Décary (l'équivalent d'Yvon Lamarre, aujourd'hui).

Lors de son intervention, Mgr Bruchési avait lu aux responsables syndicaux une lettre dans laquelle M. Décary se disait prêt à renvoyer les trois hommes. Quant au conseil, il avait lui-même pris les devants en retranchant tout simplement du budget 1919 les salaires attachés aux postes de directeur et sous-directeur de la Sûreté publique.

Et il était temps que la grève finisse. D'une part parce qu'elle risquait de faire boule de neige. En effet, à minuit, au matin du 14, les employés de tramways auraient joint les rangs des grévistes si le conflit n'avait pas été réglé. Et si l'armée avait dû par devoir assurer la protection de l'aqueduc, la Police provinciale, quant à elle, refusait de remplacer la brigade montréalaise.

En deuxième lieu, la grève a donné lieu à de nombreux cas de vandalisme, de vols et d'agression. Plusieurs casernes ont été saccagées, des voitures d'incendie ont été sabotées ou lourdement endommagées, des vitrines ont été brisées et vidées de leur contenu, un pompier, le capitaine Hector Dupuis a été battu par des sympathisants des grévistes pour être demeuré au poste, le président Décary a été assailli par des fiers-à-bras, le système d'alarme des incendies a été rendu inopérant par le sabotage, et les rixes devenaient de plus en plus nombreuses.

En terminant, il faut reconnaître que même en grève, les policiers n'ont pas hésité à intervenir lorsqu'il le fallait pour empêcher la commission de crimes. On en tient pour preuve leurs témoignages devant les tribunaux, à la suite des nombreuses arrestations qu'ils avaient effectuées dans la nuit du 12 au 13. La situation aurait donc pu être catastrophique pour les quelque 700 000 citoyens qui habitaient Montréal à l'époque.

Guy Pinard

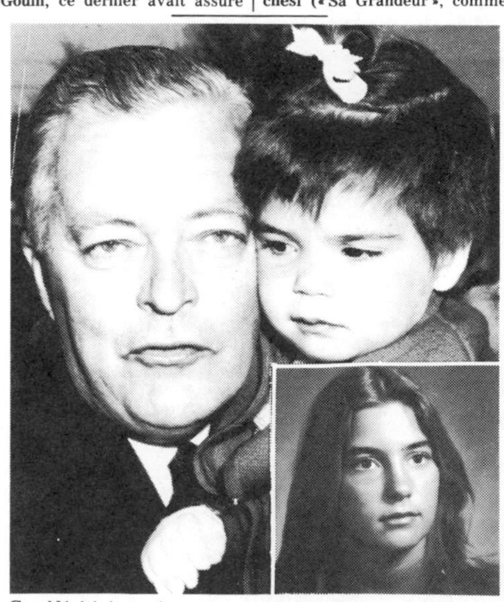

Considéré à juste titre comme étant le grand responsable de la Révolution tranquille au Québec, Jean Lesage s'éteignait à Québec, à l'âge de 68 ans, le 12 décembre 1980. Cette photo le présente en juin 1966, alors qu'il tient dans ses bras Sonia Houde, fille de Gilles Houde, l'ex-député libéral de Fabre. Sonia avait deux ans à l'époque, et elle a beaucoup changé depuis puisqu'elle aura bientôt vingt ans...

ACTIVITÉS

■ Salon des métiers d'art

Participation de LA PRESSE, conjointement avec le ministère des Affaires culturelles, à l'exposition « Recherche 83 » consacrée à des pièces uniques par le biais de quelques premières pages publiées en couleurs, et visant à mettre en valeur le talent des créateurs et créatrices du Québec. Kiosque de LA PRESSE consacré à la fabrication du journal, sous le thème « La fabrication d'un journal à l'époque, tout un art », avec personnel sur place pour répondre aux questions des visiteurs. À la place Bonaventure, jusqu'au 22 décembre.

■ À la télévision

***Le 18-heures, Télé-Métropole* — Vers la fin de ce bulletin de nouvelles, soit vers 18 h 50, les animateurs commentent quelques manchettes tirées des pages de LA PRESSE et qui ont fait l'actualité d'hier.**

LA PRESSE

100 ans d'actualités

La Commission royale d'enquête sur les services municipaux

Le juge Cannon blâme huit échevins ainsi que de nombreux fonctionnaires et ex-fonctionnaires

L'HONORABLE juge L.A. Cannon déposait auprès du premier ministre sir Lomer Gouin, au matin du **13 décembre 1909,** son rapport tant attendu sur la corruption après des mois d'enquête dans les différents services municipaux.

Au cours de son enquête, le juge Cannon avait réussi à mettre en lumière toute une série de tractations impliquant des échevins et/ou des fonctionnaires municipaux, à étaler aux yeux du public de nombreux exemples de l'indifférence qui s'était installée à l'hôtel de ville, en plus de démontrer à quel point les contribuables avaient été lésés par le gaspillage d'argent et le versement de pots-de-vin dont ils devraient faire les frais, en bout de ligne, sous la forme de coûts plus élevés ou de travaux à reprendre à des coûts additionnels, soit parce qu'ils avaient été mal faits, soit parce qu'on n'avait utilisé des matériaux de la qualité prévue. Selon le juge Cannon, ce gaspillage pouvait représenter jusqu'à 25 p. cent du budget de dépenses de la Ville.

Et le juge en venait à la conclusion que des poursuites civiles et criminelles pouvaient être entreprises contre les personnes incriminées, qui étaient en même temps condamnées à payer une partie des frais de l'enquête.

Cette enquête avait été entreprise à la suite des nombreuses interventions de M. E.W. Villeneuve, l'âme dirigeante du Comité des citoyens, appuyé par deux avocats réputés, Mes N.M. Laflamme, c.r., et J. L. Perron, c.r. également.

Le juge L.A. Cannon, président de la Commission royale d'enquête qui porte son nom.

Des exemples

Le texte du rapport du juge Cannon représentait trois pages complètes de LA PRESSE de décembre 1909, de sorte qu'il faudra forcément se contenter de quelques exemples, qui éclaireront néammoins le lecteur actuel sur le genre de pots-de-vin et de patronage en vigueur à cette époque-là.

L'échevin W.J. Proulx, l'un des plus visés par les conclusions de la commission.

■ Abandon des poursuites par la police, sans raison valable et à l'encontre du Code pénal, entreprises contre des tenanciers de maisons de prostitution, de maisons de jeux et d'endroits où on vendait illégalement des boissons alcoolisées le dimanche.

■ Substitution de colonnes de bois recouvertes de béton aux colonnes d'acier prévues au devis lors de la construction du poste de police no 18.

■ Toujours au même poste de police, on devait découvrir que le bâtiment comportait 10 pieds de moins que prévu aux plans sur la longueur, et trois pieds de moins sur la largeur.

■ Favoritisme et patronage dans l'attribution du contrat de construction du poste de police 13. Notons que la commission de la police était sous la responsabilité de l'échevin W.J. Proulx, qui est sévèrement blâmé dans le rapport.

■ Patronage dans l'enlèvement de la neige, qui s'est traduit par une augmentation inutile de 50 p. cent des coûts.

■ Fraude qui aurait coûté des centaines de milliers de dollars à la Ville et qui aurait été dirigée par deux entrepreneurs qui auraient utilisé leur influence pour obtenir des contrats, pour ensuite soumettre des comptes à des coûts gonflés.

■ Attribution de contrats à une entreprise détenue en copropriété par le frère d'un conseiller municipal, et formée seulement APRÈS le début de l'enquête. Dans le même ordre d'idée, un entrepreneur obtient de nombreux contrats municipaux après qu'il eut pris comme partenaire dans son entreprise la femme d'un échevin.

L'ex-chef des pompiers, Z. Benoît.

■ Utilisation de vieilles briques dans la construction d'un égout.

■ Toujours au chapitre des égouts, le juge a découvert qu'une facture avait été gonflée de 50 p. cent sans aucune raison valable. En guise de défense, les fonctionnaires avaient affirmé que la différence s'expliquait par le fait que la construction s'était déroulée en hiver, explication non retenue par le juge.

■ Pots-de-vin à des échevins pour l'obtention d'un emploi ou d'une promotion dans les service de la police et des pompiers.

■ De nombreux exemples de paiement de pots-de-vin pour l'obtention d'un contrat, grâce à l'intervention d'un échevin qui fait éliminer mystérieusement le plus bas soumissionnaire.

■ Adjudication d'un contrat à une entreprise à la condition qu'elle consente un sous-contrat (comme par hasard pour l'ensemble des travaux !) à une entreprise propriété d'un échevin.

■ Abus et irrégularités dans la facturation de la Montreal Light, Heat and Power Company qui, à partir du 1er janvier 1909, chargeait le prix qu'elle voulait bien.

M. E.W. Villeneuve, l'âme de la campagne entreprise par le Comité des citoyens.

Il ne s'agit là évidemment que d'un échantillonnage des nombreux cas relevés par le juge Cannon dans son rapport. Et même si l'événement est vieux de plus de 60 ans, il est difficile de croire que ces choses-là ne pourraient pas se produire encore aujourd'hui, quelque part au Québec. Et si la corruption municipale n'est pas un phénomène récent, elle n'a pas complètement disparu non plus.

Guy Pinard

BABILLARD

Un sondage-maison

La page du centenaire vous est offerte depuis maintenant près de deux mois. Le choix des nouvelles retenues est évidemment subjectif et l'importance de l'événement n'est pas le seul critère qui dirige ce choix. Certains, comme la déclaration de l'armistice, la pendaison de Riel ou la célébration du 50e anniversaire de la proclamation du dogme de l'Immaculée-Conception, étaient bien sûr des « naturels » comme on dit dans le langage populaire. Mais ce ne fut pas toujours le cas, et certains choix n'ont pas fait l'unanimité, c'est bien évident.

D'ailleurs, pour vous montrer à quel point la chose n'est pas toujours facile lorsque nos sentiments sont impliqués, LA PRESSE vous invite à participer à un petit test, soit de noter sur un bout de papier les dix événements qui VOUS ont le plus marqué au cours de votre vie, dans l'ordre ou dans le désordre à votre choix. Nous accepterons les lettres jusqu'au 15 janvier 1984, et nous vous présenterons avant la fin de janvier le *Tableau des grands événements tels que choisis par les lecteurs de la page du centenaire de LA PRESSE.* L'adresse ? Guy Pinard, LA PRESSE, rédaction, 7, rue Saint-Jacques, Montréal, Québec H2Y 1K9.

Message aux collectionneurs

Depuis que LA PRESSE a entrepris de publier cette page quotidienne, de nombreux lecteurs ont manifesté le désir d'acquérir une certaine forme de couverture pour conserver les pages du centenaire. Si la demande était suffisante, LA PRESSE serait prête à vous offrir un jeu de deux couvertures de belle apparence, avec système de vis, qui vous permettrait de conserver vos pages, à un prix qui varierait entre $8 et $10. Si le projet vous intéresse, manifestez-vous PAR ÉCRIT auprès de Guy Pinard, à l'adresse précitée.

À ne pas oublier

Profitons de l'occasion pour vous rafraîchir la mémoire au sujet des certificats pour les personnes qui célébreront leur centième anniversaire de naissance (ou plus), ou qui deviendront les heureux parents d'un nouveau né au cours de l'année. Les demandes adressées à LA PRESSE pour obtenir le certificat en question doivent être faites par écrit et doivent être obligatoirement accompagnées d'un certificat de naissance. Quant à ceux qui sont nés (nous en avons retracé une centaine...), ils ont jusqu'au 31 janvier pour s'inscrire.

ACTIVITÉS

■ Salon des métiers d'art

Participation de LA PRESSE, conjointement avec le ministère des Affaires culturelles, à l'exposition « Recherche 83 » consacrée à des pièces uniques par le biais de quelques premières pages publiées en couleurs, et visant à mettre en valeur le talent des créateurs et créatrices du Québec. Kiosque de LA PRESSE consacré à la fabrication du journal, sous le thème « La fabrication d'un journal à l'époque, tout un art », avec personnel sur place pour répondre aux questions des visiteurs. À la place Bonaventure, jusqu'au 22 décembre.

■ Complexe Desjardins

Présence du père Noël, et exposition de tous les dessins envoyés à ce dernier par les enfants, reçus par la Société canadienne des postes. Jusqu'au 23 décembre.

■ À la télévision

19 h, Télé-Métropole — Les vedettes de l'émission *Galaxie* d'aujourd'hui sont Roger-D. Landry, président et éditeur de LA PRESSE, Jacques Bouchard et Pierre Gravel, les jumeaux de la politique à LA PRESSE, le caricaturiste Jean-Pierre Girerd, et l'auteur Claude Jasmin, ex-journaliste à LA PRESSE.

À la mi-décembre 1923, les travaux progressaient rapidement dans la construction de l'Hôtel de ville de Montréal. Cette photo permet de voir où on en était rendu dans la construction de la tour de 185 pieds de hauteur (et de 20 pieds de largeur) qui orne la partie centrale de l'édifice. Cette photo avait été réussie à l'époque par le photographe du service technique de la Ville de Montréal.

C'EST ARRIVÉ UN 13 DÉCEMBRE

1981 — Les droits civils des Polonais sont restreints et le mouvement *Solidarnosk* (Solidarité) est dissous.

1979 — Le gouvernement de Joe Clark est défait à la Chambre des communes, à la suite d'une motion de censure déposée par les Libéraux au sujet du budget Crosbie.

1979 — La Cour suprême du Canada déclare inconstitutionnels certains aspects de la Loi faisant du français la langue officielle du Québec. Du même coup, elle annule une loi adoptée en 1890 au Manitoba, laquelle faisait de l'anglais la seule langue officielle de cette province.

1978 — Jacques Cossette-Trudel, l'un des trois felquistes responsables de l'enlèvement de James Richard Cross, rentre au pays en compagnie de sa femme, en provenance de Paris.

1969 — Londres annonce que toutes les troupes britanniques auront quitté la Libye avant la fin de mars 1970.

1966 — Premiers bombardements américains sur Hanoï.

1962 — Les États-Unis placent en orbite un deuxième satellite de télécommunications, le *Relay I.*

1958 — Les Américains placent un singe sur orbite dans l'ogive d'une fusée *Jupiter.*

1957 — Un tremblement de terre fait 1 300 morts en Iran.

1956 — Paul Magloire, président déchu de Haïti, part en exil.

1949 — L'État d'Israël proclame Jérusalem comme sa capitale.

1947 — Dans son rapport annuel, l'Auditeur général du Canada révèle que la dette nationale s'élève maintenant à $13 milliards.

1913 — L'Italie annonce qu'elle va rendre *La Joconde* (volée deux ans plus tôt et retrouvée à Florence) au Musée du Louvre.

1907 — « Le schooner » à sept mâts, le *Thomas W. Lawson,* le plus grand en existence à ce moment-là périt dans une tempête qui fait des centaines de mort en balayant l'Atlantique.

LE TOUR DU MONDE DE SANTA CLAUS

Santa Claus tombe dans une embuscade japonaise

Il ne vous reste que ***12 jours*** pour faire vos ***emplettes de Noël.***

L'EMBELLISSEMENT DE MONTRÉAL
LA CRÉATION D'UN GRAND BOULEVARD CENTRAL
ET DE DEUX BOULEVARDS DIAGONAUX POUR
DÉCONGESTIONNER LE TRAFIC
BOULEVARD OUEST

Dans la page du centenaire de vendredi dernier, on vous présentait le plan d'aménagement routier et ferroviaire que LA PRESSE proposait dans son édition du *9 décembre 1916.* Aujourd'hui, on vous présente un dessin en élévation proposé aux lecteurs de LA PRESSE trois ans plus tôt, soit le *13 décembre 1913* Cette proposition d'embellissement contenait trois caractéristiques : construction d'un métro, transformation du boulevard Saint-Laurent élargi en « Broadway » et construction de deux boulevards en diagonale.

LA PRESSE
100 ans d'actualités

DE NOS ROUTES DEPEND LE BIEN-ETRE NATIONAL

SOUS ce titre qui n'a rien d'accrocheur, mais qu'on a retrouvé fréquemment à la première page du journal, LA PRESSE s'engageait dans une campagne musclée et tenace en faveur de l'amélioration des routes du Québec. Cette campagne durera des mois.

Si nous avons choisi de parler de cette campagne aujourd'hui plutôt qu'hier ou demain, c'est parce que, au plus fort de la campagne, le **14 décembre 1910,** LA PRESSE commençait à voir poindre la lumière au bout du tunnel. L'appui du public commençait à se faire pressant, tandis que des organismes comme la Chambre de commerce de Montréal constataient que l'initiative de LA PRESSE s'avérait d'une popularité grandissante.

Nos appels à tout le monde, pouvait-on lire dans LA PRESSE du jour, *pour obtenir des documents et même des photographies sur les routes de la province ont été entendus. Nous recevons journellement un grand nombre de communications, quelques-unes très précieuses. Nous prions le public de continuer à nous faciliter la tâche. Il est le principal intéressé, du reste, à ce que cette campagne réussisse. Par la circulaire ministérielle publiée hier, nous voyons que les bons effets commencent déjà à se faire sentir.*

Un style pamphlétaire

LA PRESSE ne se privait de rien pour faire choc auprès des deux paliers de gouvernement pour tenter de les convaincre de l'importance de doter la province d'un bon réseau routier. Et à un style coloré et pamphlétaire qui aurait bien sied à Arthur Buies par exemple, LA PRESSE ajoutait l'image dont l'évidence ne laissait pas le moindre doute, et n'hésitait pas, le cas échéant à publier des photos provenant de pays mieux nantis que le Québec en matière d'infrastructure routière. Rappelons quelques-unes des tirades les plus virulentes de la campagne.

— La conclusion des centaines de lettres que nous recevons des quatre coins de la province, c'est qu'il faut abandonner sans délai cette coutume désuète et désastreuse de laisser à chacun sa « part de route ».

— Les habitants du Québec, aussi bien que ceux de l'Ontario ignoraient, j'imagine, qu'il n'existe pratiquement aucune voie de communication par terre entre ces deux provinces. Oui ! — qui l'eût cru ? — une véritable barrière, quelque chose comme la grande muraille de Chine, sépare les gens d'un même pays. Si nous n'avons pas élevé d'amas de pierres sur notre territoire, comme autrefois les Célestes pour se protéger des Mongols, nous empêchons tout de même les Ontariens de venir à nous, comme nous sommes incapables d'aller à eux au moyen (sic, on veut sans doute dire à cause) *de deux bras de mer et d'une île quasiment infranchissables.*

C'est sur l'île Perrot que se trouve la route dénommée par les Américains « The Devil's Road » — le Chemin du diable — et en effet il faut être le diable en personne pour franchir une fondrière de 100 pieds sise au beau milieu de cette voie, la seule qui relie Montréal et Toronto, les deux plus grandes villes du Dominion. En cas de guerre, l'île Perrot deviendrait les Thermopyles du Canada ; aucun ennemi ne pourrait la franchir à moins d'être monté sur un aéroplane.

— En évaluant les dépenses à $3,000 du mille, ça coûterait $250,000 environ pour les 80 milles du tour de l'Île de Montréal. Depuis 1642 que Maisonneuve fit son apparition ici, il est tout de même curieux que nous n'ayions pas ou peu de routes convenables dans une île peuplée de plus d'un demi-million d'habitants.

— Nous voilà sur la berge de Sainte-Anne-de-Bellevue, et en face de l'île Perrot, le but de notre voyage. (...) Nous dûmes prendre le bac antique, moyen de locomotion en pratique sous le règne du bon roi Dagobert, mais dont les trépidants mortels du XXe siècle aimeraient s'abstenir. Sur un chaland qui rappelle par sa forme l'arche de Moé moins le toit, l'homme moderne quitte l'Île de Montréal. De pont carossable, il n'existe aucun vestige, pas même un bout de pilier en ruines.

— Engageons-nous maintenant dans la route de trois milles qui traverse l'île Perrot. Une nouvelle voie a remplacé l'ancienne, celle qui évoquait des idées diaboliques à l'esprit des Américains. (...) Pour une route « toute neuve », ainsi qu'on la désigne dans le pays, (...) il n'est guère désirable qu'elle serve de prototype aux autres à venir. Un lit d'énormes pierres sert d'assise au dit chemin : une couche de terre jaune là-dessus, et c'est tout. L'oeil a l'occurrence de contempler la plus belle collection de trous et de bosses qui se puisse voir.

— Après avoir franchi Cartierville même, où la situation ne s'améliore guère, c'est le chemin conduisant à Sainte-Geneviève où, de place en place, il faut aller à très petite vitesse. Nous passons un cultivateur assis sur sa charge. C'est par un miracle d'équilibre qu'il se tient là-haut ; car sa voiture tangue et roule comme un navire en pleine tempête. (...) Le cultivateur qui part à la ville muni d'un certain lot d'oeufs fait certes en route de terribles omelettes.

— Le chemin Sainte-Catherine, Outremont, tire (sic) *l'oeil par sa splendide apparence. Il se déroule, large et plat, telle une route de France.*

— Sait-on qu'aux Etats-Unis, des guides sont préparés dans lesquels on trouve une topographie minutieuse des routes ? Or, à partir des frontières de la province de Québec, les routes, sur ces guides, cessent brusquement. Comme si nous n'en avions pas ici. C'est un peu yankee, mais c'est comme cela ! Cet été, cinq mille automobilistes s'en venant au Canada retournèrent à Rouse's Point, croyant qu'il leur était impossible d'atteindre Montréal par nos voies de communications. Les automobilistes étant d'ordinaire gens lestées de goussets bien garnis, il s'ensuit qu'une bonne aubaine fut perdue pour les villages du parcours et pour Montréal.

Comment pourrait-on mieux conclure qu'en rappelant que LA PRESSE, pour bien préciser qu'elle prêchait par l'exemple, acceptait au printemps de 1911, de défrayer le coût de construction d'un route entre Montréal et Rouse's Point, à la frontière américaine.

À cause des traces profondes laissées par les voitures, il fallait parfois rouler sur ce qu'on qualifierait aujourd'hui d'« accotement » pour pouvoir progresser.

La voiture embarque sur le bac qui assure la traversée de Sainte-Anne-de-Bellevue à l'île Perrot, le seul chemin qu'on puisse utiliser pour atteindre Vaudreuil, puis l'Ontario.

Échantillon d'un bout de route, pourtant située à 25 milles à peine de Québec.

Les citoyens de Lachine avaient vite compris l'importance des routes pour attirer le tourisme. Celle-ci longeait la rive du lac Saint-Louis.

CODE ET SIGNAUX DES CHEMINEAUX

Comment les miséreux, les pauvres hères qui déambulent sur nos routes publiques s'avertissent réciproquement au moyens d'hiéroglyphes spéciaux. --- Un véritable code International.

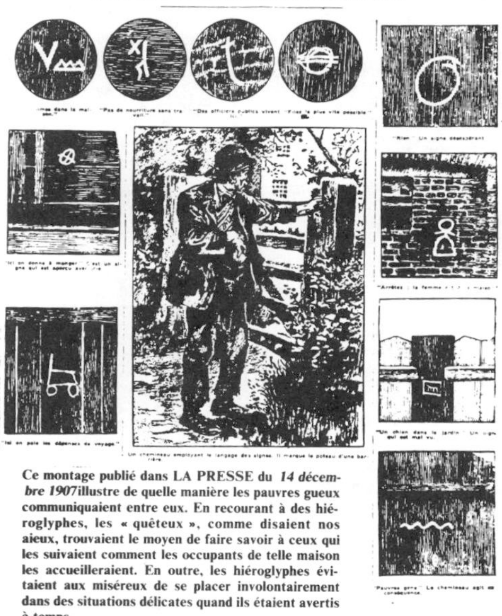

Ce montage publié dans LA PRESSE du *14 décembre 1907* illustre de quelle manière les pauvres gueux communiquaient entre eux. En recourant à des hiéroglyphes, les « quêteux », comme disaient nos aieux, trouvaient le moyen de faire savoir à ceux qui les suivaient comment les occupants de telle maison les accueilleraient. En outre, les hiéroglyphes évitaient aux miséreux de se placer involontairement dans des situations délicates quand ils étaient avertis à temps.

LE TOUR DU MONDE DE SANTA CLAUS

SANTA CLAUS SE BALADE A DOS D'ELEPHANT

Il ne vous reste que *11 jours* pour faire vos ***emplettes de Noël.***

Ces photos tirés de LA PRESSE du *14 décembre 1931* ne provenaient pas d'une région en voie de colonisation. Croyez-le ou non, elles avaient été prises à quelques arpents de la lisière nord de la rue Sherbrooke, entre l'axe de la rue Haig et le chantier de l'institut Saint-Antoine, donc à quelques milles du centre-ville de Montréal. Mais en période de crise économique, tous les moyens sont bons pour se loger, y compris de pareilles mansardes.

C'EST ARRIVÉ UN 14 DÉCEMBRE

1981 — Israël annexe le Golan syrien.

1979 — Battu la veille à la Chambre des communes, le gouvernement Clark déclenche des élections fédérales.

1973 — Dans son rapport, la commission LeDain préconise des soins plutôt que la prison pour les toxicomanes.

1972 — Détournement d'un BAC-111 de Quebecair entre Wabush et Dorval.

1967 — Le coup d'État ourdi par le roi Constantin ayant échoué, ce dernier quitte la Grèce avec sa famille et se réfugie en Italie.

1967 — Le premier ministre Lester B. Pearson démissionne comme chef du Parti libéral.

1962 — Les policiers Brabant et Martineau sont tués lors d'un vol à main armé au cours duquel un des bandits était vêtu en père Noël.

1961 — Mme Claire Kirkland-Casgrain devient la première femme à siéger à l'Assemblée législative du Québec à la suite de sa victoire lors d'une élection partielle dans la circonscription de Jacques-Cartier.

1957 — Inauguration de l'aéroport de l'Ancienne-Lorette, à Québec.

1951 — Ottawa décide d'abolir le contrôle des changes un an plus tôt que prévu.

1943 — Policiers, pompiers et travailleurs manuels municipaux déclenchent la grève à Montréal.

1927 — Le feu détruit toute une partie de l'hospice Saint-Charles à Québec. On dénombre 36 cadavres.

1902 — Un incendie détruit l'hôtel Victoria et la fabrique de cigares Stonewall Jackson, à Québec, et fait deux morts.

1885 — Funérailles grandioses pour Louis Riel (pendu près d'un mois plus tôt) à Saint-Boniface.

BABILLARD

La conflagration de Terrebonne

Arthur Piché avait 16 ans au moment de la conflagration de Terrebonne, survenue le 1er décembre 1922. Il était finissant au collège Saint-Louis, lequel a été épargné par les flammes à cause du vent d'ouest qui soufflait dans l'autre direction. Il nous résume dans une lettre dont nous tirons quelques paragraphes certains événements dont il a été témoin, plus particulièrement au lendemain de l'incendie, et qui viennent compléter le texte déjà publié à ce sujet dans cette page. Rappelons que *malgré le bel acte de foi du curé Comtois qui avait promené le Saint-Sacrement par les rues avoisinantes,* le petit centre-ville avait été détruit à 45 p. cent environ.

Le lendemain, dit-il, *le secteur ravagé avait un aspect de désolation et de mort. Ce n'était que ruines, caves remplies de débris, pans de murs noircis et cheminées plus ou moins branlantes. Pourtant, une petite maison d bois avait été épargnée, alors qu'en face d'elle et de chaque côté, des maisons de pierre ou de brique avaient été rasées. Tout le monde parlait de miracle parce que la vieille personne qui occupait cette maison avait mis dans la porte d'entrée une image de la Sainte-Vierge, tant elle avait confiance que celle-ci la protégerait. (...)*

Après le feu, tout était désorganisé : plus d'électricité, plus de téléphone, plus d'eau (les réservoirs étaient vides depuis longtemps). Même la vie économique s'était presque arrêtée. C'était pitié de voir les sinistrés errer dans les rues, (...) réduits du jour au lendemain à la charité publique. (...)

Devant l'étendue du désastre, les gens firent preuve de charité et de solidarité. Les dons en argent et en nature affluèrent. On logea les sans-abris où l'on put. Le collège ferma pour cinq semaines, justement pour recevoir ceux qui ne pouvaient se loger ailleurs. Des particuliers ouvrirent leurs portes à des sinistrés. Deux familles logèrent au presbytère. Et mes parents abritèrent pour l'hiver un couple de sinistrés. Ils s'étaient mariés à l'été ; ils avaient tout perdu dans l'incendie et ils n'avaient pas un traitre sou d'assurance. La jeune femme devait donner naissance à son premier enfant le printemps suivant.

M. Piché termine sa lettre en rappelant aux intéressés que la Société d'histoire de la région de Terrebonne a publié une brochure à l'occasion du 60e anniversaire du sinistre, brochure disponible à la librairie Lincourt, à Terrebonne.

ACTIVITÉS

■ Salon des métiers d'art

Participation de LA PRESSE, conjointement avec le ministère des Affaires culturelles, à l'exposition « Recherche 83 » consacrée à des pièces uniques par le biais de quelques premières pages publiées en couleurs, et visant à mettre en valeur le talent des créateurs et créatrices du Québec. Kiosque de LA PRESSE consacré à la fabrication du journal, sous le thème « La fabrication d'un journal à l'époque, tout un art », avec personnel sur place pour répondre aux questions des visiteurs. À la place Bonaventure, jusqu'au 22 décembre.

■ À la télévision

10 h 30, Télé-Métropole - Dans le cadre de l'émission *Entre nous* animée par Serge Laprade, Claudette Tougas, de LA PRESSE, présente la chronique *Cent ans de pages féminines.*

LA PRESSE
100 ans d'actualités

Reconstitution par le dessinateur de LA PRESSE qui était sur les lieux, de la scène au moment où le juge Taschereau faisait lecture de la condamnation à la pendaison de Cordélia Viau.

L'affaire Cordélia Viau (6)

ELLE SERA PENDUE

L'épilogue du procès de Cordélia Viau, trouvée coupable du meurtre de son mari. — « J'implore la clémence de la Cour, » s'écrie-t-elle en levant les bras au ciel. — Une scène déchirante. — La condamnée à mort reçoit une visite du reporter de LA PRESSE après la sentence. — Le désespoir l'accable. — Sam Parslow accorde une entrevue au reporter de LA PRESSE.

« IL me reste à prononcer la sentence de la loi. Ecoutez-la avec courage, résignation et mettez votre unique espérance en Dieu. Vous êtes condamnée à retourner dans la prison commune de ce district et à y être détenue, dans un lieu sûr et séparé de tous les autres prisonniers, jusqu'au 10 mars prochain, et là et alors, dans l'enceinte des murs de cette prison, à être pendue par le cou jusqu'à ce que mort s'ensuive !

« Et que Dieu ait pitié de votre âme ! »

C'est en ces termes que le **15 décembre 1898,** le juge Taschereau a rendu son verdict à la fin du long procès de Cordélia Viau, reconnue coupable du meurtre de son mari, Isidore Poirier, le 21 novembre 1897, lors de ce qu'on a qualifié de boucherie de Saint-Canut. Le procès avait captivé l'attention du public, et LA PRESSE n'avait rien ménagé pour que ses lecteurs soient le mieux renseignés possible sur l'allure du procès. D'ailleurs, dans son édition du vendredi 16 décembre 1898, LA PRESSE avait consacré aux derniers instants de ce célèbre procès, toute sa première page ainsi que deux colonnes complètes plus loin dans le journal, rien de moins ! Il faudra donc forcément résumer pour pouvoir vous éclairer suffisamment.

Le réquisitoire du procureur de la Couronne, Me Mathieu, c.r., avait suffisamment convaincu le jury que les délibérations de ce dernier n'avaient duré que 95 minutes lorsque ses membres sont revenus dans la salle avec leur verdict. Voyons comment LA PRESSE avait décrit la scène :

A sept heures, les constables ouvrent les portes et le flot humain inonde la salle d'audience. On escalade les calorifères, on s'agrippe aux fenêtres, on se presse. On a fait rentrer la prisonnière avant la foule et les curieux sont désappointés de n'avoir pas vu la figure de

LA MALHEUREUSE

qui allait être condamnée à mourir. (...)

Les jurés font leur entrée, l'air sombre, et exprimant tacitement, dans leurs yeux, le verdict qu'ils apportent. Un silence de mort plane sur l'assistance.

— Etes-vous unanimes dans le verdict que vous allez rendre ? demande le greffier.

Les jurés répondent : Oui.

— Et avez-vous trouvé l'accusée coupable ou non coupable ?

Et tous de répondre comme un seul homme :

COUPABLE !

Il est sept heures cinq minutes. Au silence qu'a interrompu le prononcé du verdict succède un murmure où s'exprime la satisfaction de la population pour le jugement rendu.

Un réquisitoire accablant

Le réquisitoire du procureur du ministère avait été plutôt accablant pour Cordélia Viau. Il avait commencé en disant au jury que l'avocat de la défense avait raté son but de semer le doute dans l'esprit des jurés, en laissant croire que la victime avait pu se suicider. *Le caractère religieux du défunt, son humeur joyeuse qui a été constatée une dernière fois, deux heures avant le crime, le caractère des blessures qui ont amené la mort, le témoignage enfin de trois médecins distingués ne doivent vous laisser aucun doute sur ce point,* avait souligné Me Mathieu.

Il y avait donc eu meurtre, et il fallait voir si Cordélia Viau était coupable, et si oui, pour quels motifs. Me Mathieu souligne qu'elle n'aimait pas son mari, qu'elle aimait plutôt un autre homme, Samuel Parslow, qu'on avait constaté l'ardeur de ce dernier dans se récentes relations avec Cordélia Viau, et qu'elle avait fait assurer son mari pour $2 000, police d'assurance qui devait échoir le 24 novembre. trois jours après la mort de la victime

Le jeudi avant le meurtre (donc le 18), continue-t-il, Parslow devait profiter d'un moment où il serait seul avec Poirier, en route pour Saint-Jérôme, pour le tuer. Cordélia Viau en était tellement certaine qu'elle avait affirmé à certaines de ses amies que son mari ne reviendrait pas.

Le dimanche, jour du meurtre, Parslow assiste à la messe, puis aux vêpres en compagnie de Cordélia Viau, et on les voit entrer ensemble dans la maison des Poirier. Ils en ressortent vers cinq heures, Cordélia pour se rendre chez son père, et Parslow chez sa mère, chacun dans une voiture.

Le lendemain, après la découverte du meurtre par M. Bouvrette, accompagnée de Cordélia Viau, on procède à des perquisitions tant à la maison des Poirier que chez Parslow, et c'est à la suite de ces perquisitions qu'on décide de procéder à l'arrestation des deux, tellement la preuve est accablante. Tellement, en fait, que les deux passent aux aveux.

Je tremble messieurs, devait conclure Me Mathieu, *de vous dire que vous devez rendre un verdict qui condamne la prisonnière à monter sur l'échaufaud, à vous faire comprendre que vous devez ordonner la construction d'un gibet d'infamie qui ne s'est jamais encore dressé sur votre paisible district. Oh ! Messieurs, ce n'est pas l'échafaud qui fait la tache, c'est le crime, et la honte rejaillirait sur votre district si le crime n'était pas vengé.*

À la suite de la condamnation, Me Leduc, le procureur de la condamnée, demande au juge la permission d'en appeler, pour trois motifs, le plus important concernant la façon dont on avait obtenu les aveux de Cordélia Viau. Le juge Taschereau refusa.

Des entrevues

Une fois la condamnée retournée à sa cellule, le reporter de LA PRESSE alla la trouver, et Cordélia Viau, à bout de larmes pour avoir pleuré pendant toute la journée, devait lui admettre qu'elle s'attendait à un tel jugement, et qu'elle ne s'attendait pas à profiter de la clémence de la Cour.

Sur le champ, le reporter se dirigea vers la cellule de Sam Parslow, et ce dernier connaissait déjà le jugement qui venait de frapper sa compagne d'infortune. Tout en admettant que ce jugement n'était pas de bonne augure pour son propre procès, Sam Parslow a réitéré son innocence. *Je n'aurais jamais assassiné son mari, qui était mon bienfaiteur et mon meilleur ami,* dit Parslow au journaliste.

C'EST ARRIVÉ UN 15 DÉCEMBRE

1981 — Le Péruvien M. Javier Perez de Cuellar est élu secrétaire général des Nations unies en remplacement de Kurt Waldheim.

1978 — Établissement de relations diplomatiques complètes entre les États-Unis et la République populaire de Chine.

1976 — Les Espagnols répondent « oui » à 94 p. cent lors du référendum sur la réforme politique.

1973 — Libération par ses ravisseurs du jeune Paul Getty, après cinq mois de captivité. Il a été amputé d'une oreille.

1970 — Début de sanglantes manifestations dans trois ports polonais (Gdanks, Gdynia et Sopot) à cause de l'augmentation brutale des prix des aliments.

1967 — L'effondrement d'un pont reliant Point-Pleasant (Virginie de l'Ouest) à Kanauga (Ohio) cause la mort de 60 personnes.

1966 — Walt Disney, le père de *Mickey Mouse,* meurt à 65 ans.

1965 — Rencontre dans l'espace des satellites *Gemini* 6 et *Gemini 7.*

1962 — *L'aventurisme* de l'Union soviétique est dénoncé par la Chine de Mao.

1961 — Adolf Eichmann est condamné à mourir sur l'échafaud.

1947 — Germaine Guèvremont reçoit le prix de l'Académie canadienne-française pour son roman *Marie-Didace.*

1936 — Adhémar Raynault est élu maire de Montréal avec une majorité de 3 621 voix sur Camillien Houde, vainqueur des élections de 1934. Ce dernier tentait de reprendre son poste, abandonné volontairement trois mois et demi plus tôt.

1931 — Mgr Rodrigue Villeneuve est nommé archevêque de Québec.

BABILLARD

Le livre du petit porteur

Un rappel à l'intention de ceux qui voudraient ajouter leur nom à la longue liste des personnes qui ont jugé bon de manifester leur attachement à LA PRESSE : vous pouvez le faire en venant signer le *Livre du petit porteur,* à l'entrée Saint-Jacques de LA PRESSE.

Si vous le désirez, vous pourrez profiter de votre passage pour examiner au même endroit l'étalage de souvenirs offerts à l'occasion du centenaire de LA PRESSE, de la tasse à café à l'affiche de Girerd, en passant par le sac en toile et la tuque.

Les artisans

On faisait état récemment des recherchistes qui dénichent dans les milliers de pages de LA PRESSE les sujets traités quotidiennement dans cette page. Il importerait d'ajouter à leurs noms ceux des artisans de la présentation graphique, soit Gérard Denis, Fernand Marcotte et Georges-René Côté dans la salle de rédaction, ainsi que les metteurs en page à l'atelier, plus particulièrement Paul Lemay, Émile Trudeau et Maurice Branchaud.

Déjà trois ans

Il y a trois ans aujourd'hui que l'actuel président et éditeur de LA PRESSE, Roger-D. Landry, quittait les Expos pour venir prendre les rênes du journal. Sa tâche n'avait rien de facile, mais il a réussi à redonner une santé financière à une entreprise très malade, grâce à son dynamisme communicatif.

ACTIVITÉS

■ Chantons en choeur

L'église Notre-Dame sera le théâtre, le 21 décembre, de 12 h 30 à 13 h 30, d'un événement unique. En effet, les Montréalais seront invités à unir leurs voix à celles du choeur Saint-Laurent, pour chanter des cantiques de Noël, accompagnés par l'Orchestre symphonique de Montréal, rien de moins ! Les billets sont gratuits, et pour en obtenir, il suffira de se présenter à LA PRESSE, à partir de 8 h demain, 16 décembre. La distribution se poursuivra tant qu'il restera des billets. La limite a été établie à cinq billets par personne.

■ Salon des métiers d'art

Participation de LA PRESSE, conjointement avec le ministère des Affaires culturelles, à l'exposition « Recherche 83 » consacrée à des pièces uniques par le biais de quelques premières pages publiées en couleurs, et visant à mettre en valeur le talent des créateurs et créatrices du Québec. Kiosque de LA PRESSE consacré à la fabrication du journal, sous le thème « La fabrication d'un journal à l'époque, tout un art », avec personnel sur place pour répondre aux questions des visiteurs. À la place Bonaventure, jusqu'au 22 décembre.

■ Complexe Desjardins

Présence du père Noël, et exposition de tous les dessins envoyés à ce dernier par les enfants, tel que reçus par la Société canadienne des postes. Jusqu'au 23 décembre.

LE TOUR DU MONDE DE SANTA CLAUS

Santa Claus visite Calcutta

Il ne vous reste que ***10 jours*** pour faire vos ***emplettes de Noël***.

Les fumeurs et le tramway

UN reporter de La Presse a eu hier une entrevue avec M. Robillard, surintendant des chars urbains, pour avoir quelques explications sur les règlements de la compagnie concernant les fumeurs sur les plateformes des chars.

Strictement parlant, dit M. Robillard, il est défendu de fumer sur les chars. On tolère cependant les fumeurs sur la plateforme de devant lorsque la fumée ne pénètre pas dans les chars. Les conducteurs doivent user de discrétion si la porte et les fenêtres sont ouvertes.

Il y a des gens qui fument des cigares dont la puanteur peut faire lever le coeur aux dames. Dans ce cas, le conducteur doit faire cesser l'abus. Nous aurions moins de difficultés avec les fumeurs si ceux-ci prenaient l'habitude de ne fumer que de bons cigares, comme le « Reliance Rosebud ».

Dans l'intérieur du char, il n'y aurait alors aucune protestation de la part du beau sexe qui respire un arôme délicieux.

Cela se passait le 15 décembre 1891.

Le *15 décembre 1908*, l'édifice Birks, du côté ouest du square Phillips (où il se trouve toujours d'ailleurs) subissait de lourds dégâts lors d'un violent incendie survenu en plein coeur de l'après-midi. La croix (près d'une échelle, sur la façade de la rue Sainte-Catherine, à droite) sur ce croquis réalisé par le dessinateur de LA PRESSE indique l'endroit où le feu s'est déclaré, entre le mur et les lambris, vraisemblablement à cause d'un court-circuit. Le feu s'est ensuite communiqué au troisième étage, où le célèbre photographe Notman avait son atelier. Les dégâts furent évalués à $100 000.

LA PRESSE

100 ans d'actualités

UNE CALAMITE SANS PRECEDENT S'ABAT SUR LA PROVINCE DE QUEBEC

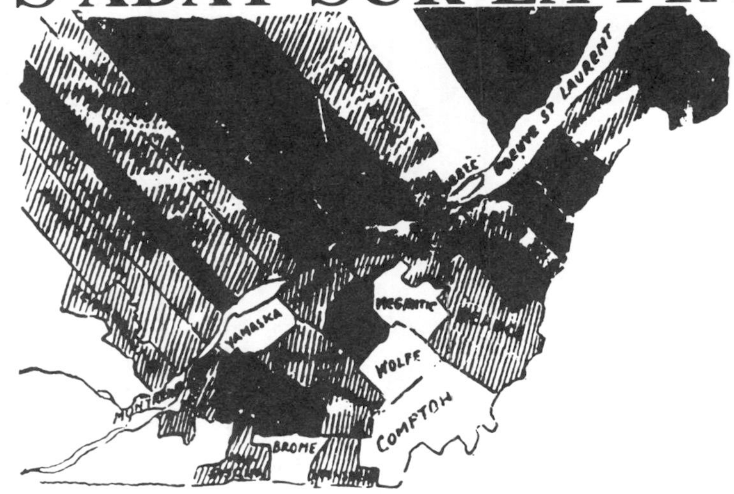

Cette carte publiée par LA PRESSE indiquait la situation dans chaque circonscription. Les secteurs noirs indiquaient les circonscriptions totalement dépourvues d'eau, tandis que les parties ombrées indiquaient celles où la disette commençait à se faire sentir.

Un grand nombre de nos campagnes manquent absolument d'eau, cet article d'importance primordiale dans l'économie domestique

L'extraordinaire séchesse de l'automne dernier serait la cause du tarissement des puis et des cours d'eau

UNE calamité dont jusqu'ici nous n'avons jamais connu les horreurs, menace maintenant de fondre sur notre province.

Les plus sombres épisodes des jours d'épidémie pâliront si la Dame Providence permet que nous soyons les victimes de l'épreuve redoutée.

Nous allons manquer d'eau, nous en manquons déjà.

Dans un grand nombre de nos campagnes, c'est la disette absolue, et le cri terrifiant se fait déjà entendre: «De l'eau! donnez-nous de l'eau! »

Ce ne sont pas là les affres d'imaginations malades, ni les prévisions inquiétantes d'un pessimiste maniaque, ni, non plus, les inventions de quelque reporter en quête de sensation: ce n'est que malheureusement trop la réalité.

L'eau va manquer, elle manque déjà!

A MONTREAL

Ici, à Montréal, croyons-nous avoir le droit de nous moquer, — nous croyant à l'abri, — des malheurs qui vont fondre sur nos frères de la campagne! Détrompons-nous!

La sécheresse de l'automne dernier est cause que le niveau du fleuve Saint-Laurent est très bas à ce moment de l'année.

En effet, c'est avec la plus grande difficulté que l'on peut maintenir le niveau de l'eau aux réservoirs de la ville. A la maison des roues de l'aqueduc, on n'emploie actuellement qu'une seule turbine, car il n'y a pas assez d'eau pour alimenter les diverses turbines.

Les citoyens sont instamment priés de ménager l'eau, car s'il advenait un grand incendie, la ville serait placée dans un dilemme très difficile à résoudre. (...)

DANS NOS CAMPAGNES

Mais cet état de choses si inquiétant n'est rien, comparé à ce qui se passe à l'heure qu'il est dans nombre de nos campagnes les plus florissantes.

Le croirait-on, déjà, dans les environs de Magog, des rangs entiers sont désertés: la soif a chassé les malheureux cultivateurs des champs où jusqu'ici ils avaient coulé des jours heureux.

Les manufactures qui, depuis des années, semaient le bien-être et la vie dans plusieurs de nos coquets villages, se voient forcées de fermer leurs portes, jetant sur le pavé toute une armée de pauvres pères de familles.

Et pour n'avoir pas à demander le pain en même temps que l'eau, quelques-uns de ces infortunés ont commencé à s'expatrier.

DISETTE D'EAU SERIEUSE

Ailleurs, la disette est devenue tellement impérieuse, que l'eau se pèse, se mesure et se vend au plus haut enchérisseur, comme une liqueur précieuse.

A certains endroits, c'est deux centins que l'on vend ce liquide auquel la Providence pourtant nous a donné à tous des droits égaux.

Ailleurs, on est forcé de faire jusqu'à 20 milles par jour et plus, pour aller chercher de quoi désaltérer les familles et les bestiaux. Le même cri presque partout: « De l'eau! Donnez-nous de l'eau! ». (...)

L'EXODE

Actuellement, les cultivateurs sont forcés de vendre leurs bestiaux; ils ferment même leurs chaumières et s'exilent en pleurant, avec leurs familles, des campagnes où ils ont vécu; les industries sont dans la stagnation; les ouvriers vont ailleurs demander du pain; mais tout cela encore, qui se passe dans certains centres de la province, n'est que le prélude de ce qui nous attend si le niveau de nos rivières ne s'élève pas, et à brève échéance.

ENQUETE DE « LA PRESSE »

Puis l'article se continuait longuement en passant en revue région par région, à la suite d'une enquête entreprise par les journalistes de LA PRESSE. Comme il fallait résumer de toute manière, nous croyons qu'à l'aide de la carte qui accompagne cet article, le lecteur sera en mesure de voir dans quelles régions du Québec la situation était la plus dramatique au matin du ***16 décembre 1903.***

L'époque revenue des « charrieux » d'eau, comme disait LA PRESSE en proposant cette vignette à ses lecteurs.

Le fleuve franchi en quatre minutes

ON fera l'essai à Longueuil, dans quelques jours, d'une grande voiture à traction due à l'initiative de deux des nôtres: MM. Elzéar Pigeon et Philias Brissette, et qui est une innovation dans le système de locomotion durant l'hiver.

Ce char omnibus, qui aura une trentaine de pieds de longueur et neuf de largeur est destiné à faire le service sur le fleuve cet hiver entre Hochelaga et Longueuil. Il logera une cinquantaine de personnes et sera divisé en deux compartiments, dont l'un, situé à l'avant du véhicule, sera à l'usage exclusif des fumeurs. Sa charpente ressemble à celle d'un tramway et repose sur des patins de dix pieds de long par huit pouces de large, relevés à chaque extrémité de façon à marcher dans les deux sens.

Cette voiture d'un nouveau genre sera mise en mouvement par un moteur à l'huile d'une capacité de dix forces, placé vers le milieu. Un câble en fer d'une longueur de près de 7,000 pieds et dont les extrémités auront été solidement attachées sur chacune des deux rives du fleuve, s'enroulera au centre de la machine sur une roue en fer et permettra ainsi de déployer une grande vitesse. Deux timons placés à chaque bout du char et à l'extrémité desquels le câble défilera, serviront pour ainsi dire de gouvernail au char et l'empêcheront de dévier de sa route.

Tel que l'indique notre vignette, le mécanicien se trouvera assis dans une logette dépassant de deux pieds environ l'un des côtés du funiculaire et cela afin de lui permettre de voir en avant. (...)

On se propose de franchir la distance qui sépare les deux rives, soit un mille et demi environ, en trois ou quatre minutes tout au plus et de donner un service de toutes les demi-heures, de 6 heures du matin à minuit.

Cela se passait le 16 décembre 1905.

UN TAUREAU FURIEUX

SE JETTE SUR M. JOSEPH DERY DE MONT SAINT-HILAIRE, ET LUI INFLIGE DE TRES GRAVES BLESSURES

Texte publié dans LA PRESSE du 16 décembre 1903.

LES CHEVAUX DE L'HOPITAL NOTRE-DAME

Les autorités de l'hôpital Notre-Dame viennent de faire l'acquisition de deux superbes chevaux pour le service de l'ambulance. Ce sont des chevaux anglais qui ont été choisis, et ils ne manqueront pas de donner satisfaction. Déjà ils ont fait leurs preuves, et l'on nous assure qu'à l'avenir, aucune voiture d'ambulance de la ville ne pourra surpasser en vitesse celle de l'hôpital Notre-Dame.

Cela se passait le 16 décembre 1902.

C'EST ARRIVÉ UN 16 DÉCEMBRE

1976 — Décès à Ottawa de Réal Caouette, ex-chef du Crédit social du Canada.

1975 — Sara Jane Moore reconnaît avoir tiré un coup de feu en direction du président Gerald Ford, le 22 septembre, à San Francisco.

1969 — Le général Torrijos réintègre ses fonctions de chef de la junte militaire du Panama alors que les auteurs d'un putsch militaire sont arrêtés.

1965 — Un cyclone fait plus de 10 000 morts au Pakistan oriental (aujourd'hui, le Bangladesh).

1965 — L'effondrement d'une voûte de béton à l'échangeur Turcot en construction fait six morts.

1960 — Collision de deux avions au-dessus du port de New York: le DC-8 de United Airlines tombe à Brooklyn, et le Super Constellation de TWA s'écrase à Staten Island; on dénombre 128 morts à bord des deux avions et six au sol.

1958 — Un incendie fait 82 morts à Bogota, Colombie.

1953 — Selon Moscou, l'ex-chef du KGB, Lavrenti Beria, a avoué qu'il trahissait l'Union soviétique depuis 35 ans.

1952 — L'élévation au cardinalat de Mgr Stepinac entraîne la rupture des relations diplomatiques entre la Yougoslavie et le Vatican.

1951 — Un accident aérien impliquant un C-46 fait 56 morts près d'Elizabeth, au New Jersey.

1949 — Soekarno est élu premier président de la nouvelle République indonésienne.

1944 — Début de la célèbre bataille des Ardennes.

1922 — L'assassinat du président Gabriel Narutowicz amène le gouvernement polonais à proclamer la loi martiale.

1921 — Décès du compositeur Camille Saint-Saens.

1920 — Un tremblement de terre fait 100 000 morts à Kansu, en Chine.

1897 — Le romancier Alphonse Daudet succombe à un arrêt du coeur à Paris.

LE TOUR DU MONDE DE SANTA CLAUS

Le naufragé de la Patagonie

Il ne vous reste que ***neuf jours*** **pour faire vos** ***emplettes de Noël.***

Mercier est renvoyé

Dénouement du scandale de la Baie des Chaleurs

QUEBEC — La nouvelle du renvoi d'office du cabinet Mercier est confirmée. Les ministres ont reçu leur congé du lieutenant-gouverneur hier **(16 décembre 1891)** après-midi.

A 4.30 heures, le secrétaire privé de M. *(Auguste-Réal)* Angers, accompagné de son manager, M Lennan, s'est rendu au bureau du premier ministre, au parlement, et lui a remis un document dans lequel le lieutenant gouverneur lui déclare que son ministère, ayant fait une transaction entachée de corruption, est renvoyé. On dit que l'hon. M. *(Charles)* de Boucherville a été appelé à former un ministère.

On prétend que les honorables Shehyn, Ross et Garneau sont exonérés de blâme, mais que la conduite des autres ministres est vertement censurée.

Les ministres se sont réunis en caucus hier soir à la résidence de M. Mercier et ont délibéré sur la situation. (...)

L'opinion générale est que d'ici à samedi *(19 décembre)* le ministère sera formée. Il y aura convocation des chambres avant le 30 décembre. La session, pour être quelque peu mouvementée, ne sera pas longue.

Une enquête immédiate et générale sera faite sur l'administration du gouvernement précédent et sur chaque département.

Les élections générales suivront de près la prochaine session.

À parte

Les Libéraux avaient été portés au pouvoir avec une forte majorité en 1890, mais il fut vite constaté que la corruption s'était installée dans l'entourage du premier ministre. Le « scandale de la Baie des Chaleurs » dont il est question dans le présent article concerne l'obtention par l'entrepreneur chargé de la construction du chemin de fer de la Baie des Chaleurs d'une subvention de $175 000 à laquelle il n'avait pas droit. Il avait obtenu cette subvention par l'intermédiaire d'Ernest Pacaud, trésorier du Parti libéral. Ce dernier avait touché une ristourne de $100 000, et la somme avait été utilisée pour payer les dettes de certains ministres. Il n'a jamais été prouvé que Mercier était au courant de la transaction mais malgré tout, le lieutenant-gouverneur avait cru bon d'intervenir.

ACTIVITÉS

■ **Salon des métiers d'art**

Participation de LA PRESSE, conjointement avec le ministère des Affaires culturelles, à l'exposition « Recherche 83 » consacrée à des pièces uniques par le biais de quelques premières pages publiées en couleurs, et visant à mettre en valeur le talent des créateurs et créatrices du Québec. Kiosque de LA PRESSE consacré à la fabrication du journal, sous le thème « La fabrication d'un journal à l'époque, tout un art », avec personnel sur place pour répondre aux questions des visiteurs. À la place Bonaventure, jusqu'au 22 décembre.

Dans son édition du ***16 décembre 1921,*** **LA PRESSE publiait cette photo des travaux d'excavation du nouveau Palais de justice, face à l'ancien, rue Notre-Dame est. On y soulignait que 215 ouvriers et 125 attelages doubles travaillaient jour et nuit à l'excavation du vaste chantier.**

LA PRESSE

100 ans d'actualités

Comme l'expression « patins à glace » est connu des linguistes depuis 1660, il est vraisemblable de penser que le patinage a rapidement fait son apparition dans la colonie française qui s'appelait le Canada, d'autant plus que l'hiver y était (et y est encore...) généralement long. Et comme c'est un sport facile à pratiquer en famille, c'est par dizaines de milliers que les Canadiens envahissaient les lacs et les rivières (avant même qu'on ne songe à construire des patinoires) dès les tout premiers gels. Aujourd'hui, le patinage a perdu quelques-uns de ses adpetes de sports familiaux en faveur du ski de randonnée, pour en mentionner que cet exemple, mais il demeure un sport populaire. Nous vous proposons donc aujourd'hui la page que LA PRESSE avait offerte aux patineurs dans son édition du *17 décembre 1904*.

LES CONDUITS SOUTERRAINS

Leur installation dans le coeur de la ville coûterait $1,205,100 — Le rapport de l'ingénieur Phelps

MONSIEUR Phelps, le jeune ingénieur de Baltimore, que la commission des conduits souterrains faisait venir à Montréal, l'été dernier, au sujet de l'étude d'un plan destiné à faire disparaître les poteaux qui défigurent notre ville, vient d'adresser au président de la commission des conduits souterrains, un plan détaillé accompagné de cartes explicatives de l'établissement de ces conduits à Montréal.

Il divise la Ville en trois districts, A, B et C. Le district A comprend le district populeux, celui des affaires, où les maisons sont serrées les unes contre les autres ; c'est le district compris par les quartiers Est, Centre et Ouest. Dans ce district, la pose des conduits souterrains serait plus économique parce qu'on pourrait installer un très grand nombre de services dans peu de conduits. Dans les districts B et C, le prix d'installation, bien que toujours basé sur un taux uniforme, serait inabordable à cause du peu de services que contiendraient ces conduits, à cause aussi du plus grand territoire qu'ils devraient parcourir, etc. M. Phelps comprend que dans les districts B et C, il serait trop dispendieux et partant impossible de faire disparaître les poteaux, qui ne sont pas seulement une disgrâce au point de vue esthétique, mais un danger et pour la vie des citoyens et pour les incendies à cause des fils qu'ils portent ; on pourrait toutefois améliorer l'état de choses actuel, en ne laissant dans les rues que les poteaux qu'on ne pourrait dissimuler dans les ruelles.

M. Phelps subdivise ensuite son plan en quatre classes, A, B, C et D, qu'il explique techniquement, et il termine en recommandant la classe C, dont le coût d'installation serait de **$1,205,100** ; soit **$1,005,750** pour le conduit principal, et $199,350 pour le système de distribution.

Cela se passait le 17 décembre 1903.

Publicité publiée le 17 décembre 1904.

ACTIVITÉS

■ Salon des métiers d'art

Participation de LA PRESSE, conjointement avec le ministère des Affaires culturelles, à l'exposition « Recherche 83 » consacrée à des pièces uniques par le biais de quelques premières pages publiées en couleurs, et visant à mettre en valeur le talent des créateurs et créatrices du Québec. Kiosque de LA PRESSE consacré à la fabrication du journal, sous le thème « La fabrication d'un journal à l'époque, tout un art », avec personnel sur place pour répondre aux questions des visiteurs. À la place Bonaventure, jusqu'au 22 décembre.

■ Complexe Desjardins

Présence du père Noël, et exposition de tous les dessins envoyés à ce dernier par les enfants, et reçus par la Société canadienne des postes. Jusqu'au 23 décembre.

■ À la radio

17 h, Radio-Canada — Chronique consacrée à LA PRESSE à l'émission *Avec le temps*, animée par Pierre Paquette.

DEMAIN

■ À la télévision

16 h 30, Télé-Métropole — Dans le cadre de l'émission *Sports-Mag* l'animateur Pierre Trudel consacre quelques moments de rétrospective à un événement sportif illustré par les archives de LA PRESSE.

BABILLARD

Déjà 50

La page que vous lisez en ce moment est la cinquantième (eh oui déjà !) du genre que vous offre LA PRESSE pendant cette centième année de publication, soit depuis le 21 octobre dernier.

Les nombreuses lettres, les nombreuses communications téléphoniques de lecteurs visiblement intéressés permettent de conclure que les collectionneurs de cette page sont fort nombreux, et c'est à leur intention que nous soulignons l'événement de cette manière.

D'ici la fin de l'année du centenaire, le 20 octobre 1984, le nombre de ces pages atteindra le chiffre de 300, et les informations contenues représenteront l'équivalent d'un livre de plus de 2 500 pages.

Le premier vol d'un appareil plus lourd que l'air eut lieu le *17 décembre 1903*, à Kittyhawk, Caroline du Nord. Ce premier vol a été réussi par Orville Wright (à droite), et son frère Wilbur (à gauche) à bord de cet avion.

Les ratiers à la chasse aux rats, au marché Bonsecours.

LA GUERRE AUX RATS

On découvre une vraie ratapolis en plein centre de Montréal. — Une troupe de chiens ratiers a commencé la lutte hier soir

UN ETRANGE SPECTACLE

LE rat, le fléau des grandes villes, est instrument de vengeance divine à ce que prétendaient les païens, cet ennemi redoutable de l'hygiène et de la santé publique, ce fléau des basses-cours ; le désespoir des ménagères, et le cauchemar des agriculteurs, menacerait-il, par hasard, d'envahir tous nos grands établissements ?

On dit que ce rongeur est le produit de l'invasion des barbares et que, par le nombre de variétés de rats dans un pays, on peut compter les couches de barbares qui se sont superposées. A ce compte-là, le Canada a dû être, à une époque indéterminée, habité par des infinités de hordes sauvages, surtout s'il faut en juger par le nombre et les variétés de rats qui, tous les soirs, pullulent et grouillent sur le parquet de certains de nos grands entrepôts de viandes.

C'est ainsi que LA PRESSE, dans son édition du 18 décembre 1903, commençait un article qu'elle consacrait à la lutte contre ce détestable et dégoûtant rongeur qu'est le rat. Et n'eût été du fait qu'il s'agit d'une bête repoussante, on serait porté à apprécier le texte à cause de la qualité des images projetées par la plume de l'auteur.

L'article traitait de la méthode utilisée la veille, donc ***le 17 décembre 1903,*** *pour éliminer les rats qui avaient envahi le marché Bonsecours. Pour ce faire, on avait décidé de recourir à une meute de ratiers, ces chiens spécialisés dans la chasse aux rats. Retournons au texte original.*

Hier soir, une quinzaine de chiens bas sur pattes, de toutes races, couleurs et descriptions, arrivaient sur le coup de neuf heures, accompagnés de leurs maîtres.

LES CHIENS RENTRENT EN SCENE

Un coup discret à la porte et le gardien laissait entrer les conspirateurs. Pour attirer l'ennemi, on avait eu la précaution de lui offrir des présents sous formes d'appâts appétissants.

Un grand silence se fit ; les lumières furent éteintes. A la clarté des lumières électriques du dehors, tout le monde fut témoin du spectacle qui avait étonné le gardien quelques jours auparavant. Les rats venaient de tous côtés. Dans l'obscurité, on voyait briller leurs yeux. C'était une étrange scène. Si cette horde de rongeurs se fut tout à coup jetée sur le petit groupe d'hommes blottis dans un coin de l'escalier, il serait curieux de savoir ce qui en serait résulté.

AU SIGNAL DONNE

À un signal donné, les lumières électriques inondèrent de leurs foyers la vaste pièce. Les chiens, en sentant leurs ennemis, s'élancèrent dans le tas avec une ardeur incroyable. Ce fut un désastre terrible pour les rongeurs. En moins de cinq minutes, 60 carcasses jonchaient le champ de bataille. Un des ratiers fut mordu au nez. Il lâcha un cri de douleur et d'un bond il se planta devant le trou où les fuyards se dirigeaient pour opérer leur retraite, puis, pour mieux animer et prolonger le carnage, il saisissait les rôdeurs par la nuque et les lançait prestement au milieu de la pièce afin de donner une meilleur bouchée à ses frères d'armes.

LE COMBAT EST COURT

Le combat, quoique de courte durée, fut des plus animés. Les témoins déclarent qu'ils n'ont jamais vu de pareille scène.

Plus tard, dans la soirée, un excellent tireur de la ville eut l'idée d'aller pratiquer le tir à la carabine sur les repoussants quadrupèdes. La fusillade fut animée et les victimes furent nombreuses. Un constable qui passait, entendit la détonnation. Il crut que des pillards attaquaient le gardien à main armée et entra pour perquisitionner. Il resta lui-même étonné de voir un tel amoncellement de cadavres de rats.

C'EST ARRIVÉ UN 17 DÉCEMBRE

1978 — L'OPEP annonce un relèvement de 14,5 p. cent des prix du pétrole brut pour 1979.

1975 — Lynette Alice Fromme, qui avait pointé un revolver en direction du président Gerald Ford, le 5 septembre, est condamné à l'emprisonnement à vie.

1974 — Cinq membres de la famille Dumoulin sont assassinés lors d'un hold-up, à Saint-Joseph-du-Lac.

1973 — Un commando palestinien tue 31 personnes en attaquant un avion de la Panam à l'aéroport de Rome-Fiuimicino.

1967 — Le premier ministre d'Australie, Harold Holt, disparaît mystérieusement au cours d'une excursion de pêche sous-marine.

1966 — L'Assemblée générale de l'ONU adopte le traité sur l'exploration de l'espace.

1961 — Un incendie éclate sous le grand chapiteau du *Circo Americano* et fait 285 morts à Rio de Janeiro, au Brésil.

1960 — Un transporteur de troupes américain s'écrase en plein coeur de Munich et l'accident fait au moins 49 morts.

1953 — Six hommes disparus depuis onze jours, à la suite d'un accident aérien, sont retrouvés sains et saufs, dans la région de Sept-Iles.

1947 — En Angleterre, les tribunaux conviennent que l'emploi d'instruments anticontraceptifs, même forcé, ne peut justifier une demande d'annulation de mariage.

1947 — Inauguration du réseau de téléphone qui relie Sept-Iles, sur la côte nord, au reste du monde.

1945 — Le premier ministre Mackenzie King préconise la création d'un gouvernement mondial pour prévenir la guerre.

1942 — La flotte française de l'amiral Jean Darlan se rallie aux alliés américains et britanniques.

1927 — Éperonné par le destroyer *Paulding*, le sous-marin américain S-4 coule au large de Provincetown, Mass.

1917 — Le gouvernement conservateur de Sir Robert Borden est reporté au pouvoir en gagnant 133 sièges (contre 86 pour les libéraux de Sir Wilfrid Laurier) lors des élections générales.

LA PRESSE

100 ans d'actualités

Plus de 6,000 personnes au parc Sohmer

Un succès inoui pour la première des fêtes populaires de LA PRESSE

La foule au parterre du parc Sohmer pendant la représentation.

LE **19 décembre 1907,** LA PRESSE entreprenait une série de fêtes populaires qui s'adressaient vraiment aux Montréalais de tous les âges et de toutes les couches de la société.

Ces fêtes avaient un cachet vraiment particulier; en effet, elles alliaient des démonstrations de gymnastique, des présentations de films (ou *vues animées* comme on disait à l'époque) et un programme musical très élaboré comprenant de la musique classique et un extrait d'opéra. Et l'alchimie entre ces éléments disparates se réalisait de façon merveilleuse si on en juge par l'enthousiasme qui régnait à ces fêtes.

Voyons d'ailleurs quel était le programme de cette fête inaugurale tel que publié dans LA PRESSE du 20 décembre 1907 :

1.— OUVERTURE : musique.
2.— VUES ANIMEES fournies par le « Nationoscope ».
3.— GYMNASTIQUE. — Exercices des jambes. Marche, pas accéléré, sur pointe des pieds, sautillé, marquer les troisièmes pas, pas gymnastique, genoux levés, course, fantaisie.
4.— CHANT. — M. Albert Godin, ténor ; la « Ballade » de Rigolletto.
5.— VUES ANIMEES.
6.— GYMNASTIQUE. — Exercices variés sur parallèles ; tableau.

INTERMEDE

7.— MUSIQUE.
8.— VUES ANIMEES.
9.— GYMNASTIQUE. — Callisthénie. Exercices d'ensemble (faisant travailler tous les muscles) prescrit par la gymnastique suédoise.
10.— CLARINETTE. — M. F. Héraly, Fantaisie de Hasseneier, père.
11.— GYMNASTIQUE. — Voltiges, sauts sur cheval suédois. Exercices supplémentaires.
12.— VUES ANIMEES.

Comme on peut le constater, il y en avait pour tous les goûts dans ce programme, et il est facile de comprendre qu'il ait pu intéresser autant de gens. D'ailleurs, même si le programme ne devait commencer qu'à deux heures et quart précises, il y avait déjà du monde sur les banquettes à midi, et à une heure et 30, il n'y avait plus une seule place de libre au parterre.

LES VUES ANIMEES

Les vues animées avaient un caractère plutôt didactique. En effet, parmi les films au programme et présentés en quatre tranches comme nous l'avons vu précédemment, il y avait des reportages sur les Galles du Nord, sur l'industrie de la glace en Suède, sur le jardin zoologique de Londres, ainsi qu'un épisode de la guerre franco-prussienne, pour ne mentionner que ceux-là. L'édition précitée de LA PRESSE insistait sur *la netteté irréprochable* des films projetés.

LA PARTIE MUSICALE

La partie musicale présentait un programme aussi élaboré que varié, de manière à satisfaire les mélomanes actuels ou en devenir. Le programme mentionné ci-haut fait déjà état des pièces choisies par le ténor Albert Godin et le clarinettiste F. Héraly. Il comprenait pas moins d'une douzaine de pièces interprétées par l'orchestre de Jean Drouin. Mentionnons au passage les extraits de *Mme Butterfly*, de Puccini et de *Carmen*, de Bizet, le *Danube Bleu*, de Strauss, *La Tonkinoise* et, bien sûr, des airs canadiens pour couronner le tout. En fait, la partie musicale aurait suffi pour bien occuper l'après-midi.

LA GYMNASTIQUE

Mais de l'avis du journaliste auteur du texte, c'est la gymnastique qui a mérité la cote d'amour du public. *Et cela se comprend sans peine*, devait-il préciser. *Aux yeux de la plupart des gens, la gymnastique est l'art exclusif de faire des cabrioles, des culbutes, des contorsions, des sauts, du trapèze, des équilibres, etc., etc. Ce n'est pas tout à fait cela. Sans doute la gymnastique comprend des tours d'adresse et de force, surtout à l'usage de la jeunesse scolaire, des exercices raisonnés, réglés méthodiquement, ayant pour objet le développement musculaires des sujets qui s'y livrent et de régulariser le jeu des organes. (...) En un mot, la gymnastique prépare des générations d'hommes forts, audacieux et sûrs d'eux-mêmes.*

Ces gymnastes venaient du collège Saint-Laurent, et on annonçait déjà pour le jeudi suivant la venue d'une équipe formée de gymnastes de la *Commission scolaire catholique*, pour reprendre l'expression du temps.

Un tel succès ne pouvait que contribuer à la promotion du journal. D'ailleurs, comment pourrait-il en être autrement quand on sait que la Compagnie des tramways avait mis un tramway spécial à la disposition des gymnastes du collège Saint-Laurent, et qu'au retour, le même tramway avait fait un détour pour passer devant LA PRESSE afin que les étudiants puissent venir ovationner l'honorable Trefflé Berthiaume, propriétaire de LA PRESSE.

Les spectateurs arrivèrent très tôt de manière à occuper les meilleures places.

ACTIVITÉS

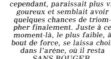

■ **Salon des métiers d'art**

Participation de LA PRESSE, conjointement avec le ministère des Affaires culturelles, à l'exposition « Recherche 83 » consacrée à des pièces uniques par le biais de quelques premières pages publiées en couleurs, et visant à mettre en valeur le talent des créateurs et créatrices du Québec. Kiosque de LA PRESSE consacré à la fabrication du journal, sous le thème « La fabrication d'un journal à l'époque, tout un art», avec personnel sur place pour répondre aux questions des visiteurs. À la place Bonaventure, jusqu'au 22 décembre.

Le lundi

■ **À la télévision**

Le 18-heures, Télé-Métropole — Vers la fin de ce bulletin de nouvelles, soit vers 18 h 50, les animateurs commentent quelques manchettes tirées des pages de LA PRESSE et qui ont fait l'actualité d'hier.

Des combats de coqs à Montréal!

UN pareil titre en ferait sursauter plusieurs s'il apparaissait ailleurs que dans cette page dans cette édition de LA PRESSE, à cause de la nature inhumaine de la situation.

Et si en 1904 ces soirées de combats de coqs n'étaient pas régulières, elles avaient lieu d'une manière épisodique et attiraient toujours de nombreux spectateurs, malgré une promotion forcément limitée au bouche à oreille.

À preuve celle qui eut lieu le **19 décembre 1904** et dont LA PRESSE traitait dans son édition du lendemain, en précisant dans une *Note de la rédaction* qu'elle le faisait non pas pour populariser ce sport qu'elle condamnait, mais plutôt afin de sonner le réveil chez les autorités responsables.

Selon le journaliste de LA PRESSE, les quelque 300 à 400 spectateurs étaient venus d'aussi loin que Québec, Kingston, Ottawa, Valleyfield et Saint-Hyacinthe pour assister à cette longue soirée, sur la seule foi du bouche à oreille devant la discrétion dont on entourait forcément la préparation des soirées du genre. Parmi eux, le journaliste avait relevé des professionnels, des marchands, des agents d'assurances, des hôteliers, etc. En somme, il n'y avait pas que de pauvres hères en mal de sensations fortes sur les lieux.

La soirée avait commencé avec 7 h du soir et s'était poursuivie jusqu'au lendemain matin. À son départ, à 5 h, le journaliste avait assisté à 18 combats, avec des mises totales de $2 800,50.

Un combat épique et sans doute cruel

Le dixième combat avait été le plus « passionnant ». Laissons la parole au journaliste :

Il se termina d'une façon très curieuse. Ni l'un ni l'autre des deux volatiles n'avait pu blesser grièvement son adversaire et tous deux étaient épuisés après cette longue lutte. L'un des deux, cependant, paraissait plus vigoureux et semblait avoir quelques chances de triompher finalement. Juste à ce moment-là, le plus faible, à bout de force, se laissa choir dans l'arène, où il resta SANS BOUGER.

Les partisans de l'autre coq poussèrent un cri de triomphe. Cependant, à leur désappointement, et à leur confusion, le coq resta sur ses pieds au lieu de fondre sur son adversaire, et se sauva parmi les spectateurs. La victoire fut en conséquence accordée à l'autre qui était mourant et qui n'avait pas fui parce qu'il en était incapable.

Pour les 18 combats auquel le journaliste de LA PRESSE avait assisté, la durée moyenne avait été de 13 minutes. Treize minutes de trop dans chaque cas.

C'EST ARRIVÉ UN 19 DÉCEMBRE

1979 -- Maurice Bellemarre, le doyen de l'Assemblée nationale, abandonne son siège.

1974 — Assermentation du vice-président Nelson A. Rockfeller après sa nomination rendue nécessaire par l'accession de Gerald Ford à la présidence, à la place du démissionnaire Richard Nixon. Rockfeller devenait le troisième vice-président depuis l'élection de 1972, après Spiro Agnew et Ford.

1972 — Retour sur terre d'*Apollo 17*. C'est la fin de l'exploration lunaire par les Américains.

1967 — La Chambre des communes adopte à l'unanimité le projet de loi concernant le divorce.

1960 — Un incendie endommage le porte-avions *Constellation* alors en construction, entraînant la mort d'une cinquantaine de victimes.

1960 — La Cour Suprême du Canada reconnaît la légalité des timbres-primes.

1960 — Spécialiste en Droit international et ex-ambassadeur du Canada, Jean Désy meurt à Paris.

1956 — Le centre Jean Béliveau, du Canadien, est proclamé l'athlète masculin de l'année, au Canada.

1946 — Début de la première guerre d'Indochine à la suite de la prise de Hanoï par les troupes françaises.

1917 — Un incendie détruit l'église de Saint-Stanislas de Kostka.

1910 — Un terrible désastre se produit en plein entre de New York, à la suite de l'explosion d'une usine électrique. On dénombre plus de 25 morts.

1900 — Décès du juge J.-Alphonse Ouimet, à l'âge de 55 ans.

LE TOUR DU MONDE DE SANTA CLAUS

Santa Claus au pays des kangourous

Il ne vous reste que *six jours* pour faire vos *emplettes de Noël*.

LA PRESSE

100 ans d'actualités

La gymnastique appliquée aux travaux du ménage et de la cuisine

*Nous vous proposons aujourd'hui un article que LA PRESSE offrait aux ménagères dans son édition du **20 décembre 1902**. Il s'agit d'un véritable traité de gymnastique et de morphologie appliquées aux travaux (et non traveaux) ménagers.*

NOS gravures montrent comment une femme de tact peut, dans les divers travaux du ménage, et jusque dans les petites besognes de la cuisine, pratiquer des exercices de gymnastique propres à cultiver sa beauté physique, tandis qu'une autre moins bien avisée, dans l'accomplissement journalier de la même tâche, ruinera petit à petit l'élégance de sa structure.

Si l'on pense au nombre inoui de mouvements que doit exécuter une femme de ménage active, depuis le saut du lit jusqu'au coucher, on peut se faire une juste idée des résultats bons ou mauvais provenant de cette incessante gymnastique, selon qu'elle est bien ou mal faite. Il n'est pas donné à toutes les femmes de consacrer quotidiennement une heure ou deux aux exercices particulièrement ordonnés en vue de conserver aux membres leur élasticité, de leur donner plus de souplesse ou de développer la vigueur de tout le corps et la beauté des formes ; mais chacune, avec un peu d'attention, peut obtenir de bons effets, en s'efforçant de chercher toujours, dans l'accomplissement des divers travaux de ménage même, les poses qui laissent le plus d'aisance aux mouvements. C'est une façon intelligente de ménager ses forces et d'accomplir une plus grande somme de travail avec moins de fatigue.

Chaque fois que la besogne vous oblige à rester debout, sachez vous planter droit sur les jambes, de manière à faire peser également sur chaque pied le poids du corps ; si vous devez vous pencher, inclinez le buste sans courber l'échine, c'est-à-dire fléchissez la taille sans ramener les épaules en avant, et tant que dure le jour, vous marchez, allant, venant, par la maison. Sans perdre de temps, surveillez votre démarche, vous y gagnerez une élégance de port que vous saurez apprécier.

Le colonel Amoros, fondateur d'un système de gymnastique, a dit que « la gymnastique est la science raisonnée de nos mouvements, de leurs rapports avec nos sens, avec notre intelligence, nos sentiments, nos moeurs, et le développement de toutes nos facultés. »

Quelqu'exagérée que soit cette définition, elle n'en contient pas moins des vérités : il y a de tout cela dans la gymnastique.

« Les exercices de la gymnastique, des plus simples aux plus compliqués, ont le même but : faciliter le jeu des organes nécessaires à l'entretien de la vie, favoriser le développement du corps, consolider l'ossature, fortifier la constitution. Non seulement les membres fréquemment exercés deviennent plus vigoureux, plus agiles, les tendons plus souples, mais l'économie du corps humain étant une, l'activité communiquée à l'une des fonctions profite à toutes les autres ; la circulation, devenue plus active, répartit également les matériaux nutritifs et empêchent que certaines parties absorbent la nourriture des autres ; la respiration, la digestion deviennent plus rapides et la déperdition des forces exigeant une réparation, l'appétit prend une vitalité nouvelle. Tels sont les résultats hygiéniques de la gymnastique ; ils s'étendent plus loin encore.

L'inaction a pour conséquence fatale l'atrophie de certains muscles et l'inaptitude des membres aux fonctions correspondantes ; au ralentissement de la circulation correspond l'affaiblissement du cerveau, cause de décadence pour tout l'organisme, aussi bien pour les facultés intellectuelles que pour les forces musculaires. »

Voilà bien qui démontre la nécessité de la gymnastique et la part qu'il faut lui donner dans la vie. Si la gymnastique est la science raisonnée de nos mouvements, ne peut-on pas, en raisonnant chacun de nos habituels mouvements, en tirer tous les avantages d'exercices coordonnés ? Cela est certain, et pour obtenir ce résultat, une femme intelligente n'a pas besoin de maître, son tact la guidera sûrement.

Posture maladroite et dépense inutile d'énergie, des forces nerveuses, par la distribution inégale du travail aux muscles.

Posture aisée et dépenses égales des forces musculaires rendant le travail facile.

Façon inhabile et fatigante de mettre les gâteaux dans le fourneau.

Façon commode et sûre d'exécuter la même besogne.

LE TOUR DU MONDE DE SANTA CLAUS

Santa Claus visite le tombeau de Napoléon

Il ne vous reste que ***CINQ jours*** pour faire vos ***emplettes de Noël.***

C'EST ARRIVÉ UN 20 DÉCEMBRE

1979 — Déposition de la question référendaire à l'Assemblée nationale du Québec.

1978 — L'ex-ministre libéral Raymond Garneau abandonne son poste à l'Assemblée nationale.

1973 — L'amiral Luis Carrero Blanco, chef du gouvernement espagnol, meurt lors d'un attentat à la bombe, à Madrid.

1972 — Au moment de décoller, un DC-9 de la North Central Airlines accroche la queue d'un Convair qui roulait sur la piste, et s'écrase au sol, à Chicago, faisant 11 morts.

1970 — Les troubles en Pologne entraînent le remplacement de Gomulka par Edward Gierek au poste de premier secrétaire du Parti communiste.

1968 — Enlevée, puis enterrée vivante par son ravisseur, Barbara Jane Markle est libéré. Le suspect sera arrêté deux jours plus tard dans les marécages floridiens.

1967 — Ouverture du pont de Trois-Rivières à la circulation routière. Il a été construit au coût de $50 millions.

1952 — Un Globemaster C-124 s'écrase à Moses Lake, dans l'état de Washington. On dénombre 87 morts, tous des permissionnaires.

1951 — Tous les moyens de transport de Montréal sont paralysés par une violente tempête de neige.

1898 — L'édifice Greenshield, en bordure du square Victoria, est détruit par un violent incendie. On évalue les pertes à $2 millions.

REVUE SPORTIVE DE L'ANNÉE

PARMI LES ATHLETES LES PLUS EN VEDETTE AU CANADA AU COURS DE 1934

Le *20 décembre 1934*, au début de sa cinquante-unième année de publication, LA PRESSE proposait un montage de photos des principales vedettes de l'année dans le monde du sport. Il s'agissait du boxeur Sixto Escobar (1) ; du cycliste Torchy Peden (2) ; du hockeyeur Lionel Conacher (3) ; du coureur Dave Komenen (4) ; du boxeur Jimmy McLarnin (5) ; du coureur Harold Wester (6) ; du footballeur Pete Jutkus (7) ; du hockeyeur Lynn Patrick (8) ; et du tennisman Marcel Rainville (9).

Inauguration du plus grand hôtel de tout l'Empire britannique

ENVIRON mille deux cents personnes assistaient à l'inauguration de l'hôtel Mont-Royal hier soir **(le 20 décembre 1922)**. M. W.-E. Birks, président du Board of Trade, occupait le fauteuil avec, à ses côtés, les sommités de la politique, de la finance et du monde des affaires. On a dîné et l'on a dansé. Le banquet eut lieu dans la « salle dorée ». Le grand hall d'entrée n'était qu'un immense bouquet fleuri, qu'un éclairage discret faisait magnifique. La maison n'a pas reçu encore sa toilette définitive, mais quatre ou cinq étages sont aménagés pour recevoir les voyageurs. (...)

Les architectes de l'hôtel Mont-Royal sont MM. Roux et Macdonald, de Montréal. Leur expérience dans le dessin et l'érection du château Laurier, d'Ottawa, du Fort Garry, à Winnipeg, et du Macdonald, à Edmonton, est bien connu. (...)

Il y a 1046 chambres de toutes dimensions et groupements, arrangées pour plaire à chaque type d'hôtes. Chaque suite ou chambre est pourvue de sa propre chambre de bain privée.(...)

La location de l'hôtel est heureusement choisie. Faisant front sur la rue Peel et bornée à l'est par la rue Metcalfe, au nord par Burnside Place, au sud par Mount Royal Place, elle est dans le coeur même du district des magasins et des théâtres de la ville. L'entrée principale de l'hôtel n'est qu'à une faible distance du coin des rues Peel et Sainte-Catherine, la jonction centrale du haut de la ville du système des tramways. (...) Les gares du Pacifique Canadien, du Grand-Tronc et du Canadien National ne sont qu'à quelques pas de l'hôtel.

L'article qui s'étend sur plusieurs pages comprenant les traditionnels voeux d'annonceurs précise ensuite que le terrain utilisé avait une superficie de 91 460 pieds. Jusqu'en 1913, date de leur démolition pour faire place à l'hôtel, l'emplacement était occupé par plusieur édifices, notamment le Montreal High School et le Girls High School.

L'édifice lui-même mesure 309 pieds 6 pouces par 230 pieds 10 pouces, et il atteint une hauteur de 130 pieds au-dessus du trottoir. Son volume est de 9 millions de pieds cubes. Le coût du terrain et de la construction s'est élevée à $10 millions. L'édifice a été construit en 469 jours seulement, dimanches et fêtes compris, puisque la première pelletée de terre avait été levée le 9 septembre 1921. Pour la construction de l'édifice, on a utilisé du granit de Stanstead, de la pierre repoussée canadienne et de la brique de la vallée Hocking et de Kittaning.

Publicité parue dans LA PRESSE du *20 décembre 1920.*

ACTIVITÉS

■ Salon des métiers d'art

Participation de LA PRESSE, conjointement avec le ministère des Affaires culturelles, à l'exposition « Recherche 83 » consacrée à des pièces uniques par le biais de quelques premières pages publiées en couleurs, et visant à mettre en valeur le talent des créateurs et créatrices du Québec. Kiosque de LA PRESSE consacré à la fabrication du journal, sous le thème « La fabrication d'un journal à l'époque, tout un art », avec personnel sur place pour répondre aux questions des visiteurs. À la place Bonaventure, jusqu'au 22 décembre.

■ Complexe Desjardins

Présence du père Noël, et exposition de tous les dessins envoyés à ce dernier par les enfants, reçus par la Société canadienne des postes. Jusqu'au 23 décembre.

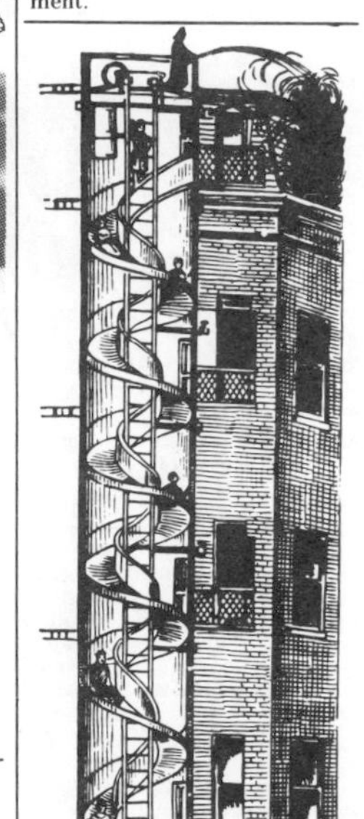

*Un inventeur montréalais bien connu à l'époque **(le 20 décembre 1902)** du nom de M. Laporte, proposait un nouveau système d'évacuation pour les édifices en hauteur. En voici les grandes lignes.*

Le système de sauvetage projeté consiste en une espèce de chute tournante construite à l'intérieur ou à l'extérieur des principaux édifices tels que : églises, collèges, théâtres, filatures, salles de réunions, etc.

Cette construction est en maçonnerie, brique, béton ou acier, et complètement à l'épreuve du feu. En jetant un coup d'oeil sur notre illustration, il est facile de comprendre qu'il s'agira, au cas d'incendie pour les occupants de l'édifice, de se jeter par cette voie protectrice pour atteindre le sol rapidement et sans danger. D'après les calculs de M. Lapointe, 120 personnes par minute peuvent facilement et sans danger sauver leur vie.

Au centre de l'appareil, il y a un tube en acier de trois pieds de diamètre qui sera entièrement sous le contrôle du département du feu. Il y a pour les pompiers une échelle par laquelle ils peuvent atteindre chaque étage ou le toit de l'édifice pour y combattre l'incendie.

En outre de ce qu'offre ce système pour sauver la vie des citoyens, on peut en même temps s'en servir pour sauver les marchandises. Et les grands entrepôts peuvent l'utiliser pour expédier du dernier au premier étage leurs marchandises et cela avec économie.

LA PRESSE

100 ans d'actualités

FETE DU JOUR: Saint Thomas

BEAU ET FROID

LA PRESSE

Le plus fort tirage des journaux du Canada tout entier, plus de 140,000 copies par jour

EDITION QUOTIDIENNE—MONTREAL, VENDREDI 21 DECEMBRE 1917

POUR FAIRE SORTIR QUEBEC DE LA CONFEDERATION CANADIENNE

(Spécial à la "Presse")

Québec, 21.—A la séance d'aujourd'hui, à l'Assemblée Législative, M. J.-N. Francoeur, député libéral de Lotbinière, a donné avis qu'à la prochaine séance de l'assemblée législative, il proposera la motion suivante :

"Que cette Chambre est d'avis que la province de Québec serait disposée à accepter la rupture du pacte fédéral de 1867, si, dans l'opinion des autres provinces, la dite province est un obstacle à l'union, au progrès et au développement du Canada." M. Francoeur est le président du comité des bills privés.

La question

« Le gouvernement du Québec a fait connaître sa proposition d'en arriver, avec le reste du Canada, à une nouvelle entente fondée sur le principe de l'égalité des peuples; cette entente permettrait au Québec d'acquérir le pouvoir exclusif de faire ses lois, de percevoir ses impôts et d'établir ses relations extérieures—ce qui est la souveraineté—, et, en même temps, de maintenir avec le Canada une association économique comportant l'utilisation de la même monnaie; tout changement de statut politique résultant de ces négociations sera soumis à la population par référendum »

EN CONSEQUENCE

ACCORDEZ-VOUS AU GOUVERNEMENT DU QUÉBEC LE MANDAT DE NÉGOCIER L'ENTENTE PROPOSÉE ENTRE LE QUÉBEC ET LE CANADA ? OUI NON

Spécial: informations, réactions, analyse/ pages A 8 à A 10

la presse

LE PLUS GRAND QUOTIDIEN FRANÇAIS D'AMÉRIQUE

MONTRÉAL VENDREDI 21 DÉCEMBRE 1979 95e ANNÉE no 298 50 PAGES 4 CAHIERS

25 CENTS

METEO

Ensoleillé et passages nuageux Maximum −8 Minimum Demain: Nuageux et doux Détails à la page A 2

Ces deux manchettes ont deux points en commun. En premier lieu, elles ont été publiées le même jour dans LA PRESSE, mais à 62 ans d'intervalle. En deuxième lieu, les deux font état du désir de politiciens ou d'un parti politique d'amener le Québec à quitter la Confédération canadienne. La manchette de 1917 avait trait à l'avis déposé le jour même à l'Assemblée législative par le député libéral J.-N. Francoeur. Celle de 1979 est évidemment mieux connu du public puisqu'elle fait état de la question référendaire qui avait été déposée la veille à l'Assemblée nationale par le premier ministre René Lévesque. C'est un euphémisme de dire que le débat sur la place du Québec dans la Confédération canadienne ne remonte pas qu'à novembre 1976...

UN MARCHE DE NOEL PLUTOT DESOLANT

Produits peu attrayants mais de prix fort élevés

LA DINDE A 60 CENTS

La place du marché Bonsecours, autrefois si achalandée à la veille de Noël, offrait, ce matin **(le 21 décembre 1920)**, un aspect plutôt désolant. Les cultivateurs n'y étaient guère plus nombreux que les jours de semaines ordinaires et n'offraient en vente que de fort rachitiques oiseaux de basse-cour. Très rares les dindons, les oies, les canards, tant recherchés à cette époque de l'année. En revanche, beaucoup de porcs éventrés, gisant dans le fond de grands berlots.

Les acheteurs étaient aussi clairsemés et peu empressés de payer la dinde 60 cents la livre. Chez les gros négociants de volailles, l'attrait des décorations attirait naturellement la masse de la clientèle. Il faut dire que les étalages étaient superbement agencés et qu'il y avait de quoi tenter les gourmets, mais beaucoup se contenteront, cette année encore, d'un modeste poulet pour leur diner de Noël, au lieu du traditionnel dindon.

Il y eut un temps, qui n'est pas si lointain, où ce roi de la gent ailée, était considéré très cher à 35 cents la livre. L'an passé, on en demandait 52 et 54 cents, « rien que 60 cents » aujourd'hui « et c'est bon marché » vous disent d'un air convaincu cultivateurs et marchands de gibier.

En général, les prix des oiseaux de basse-cour sont plus élevés que jamais, tandis que ceux du porc ont subi une notable diminution. L'oie se vendait 32 cents la livre à cette saison l'an dernier, aujourd'hui 35 cents; les poulets engraissés au lait, 40¢ en 1919, 42¢ en 1920. La volaille ordinaire n'a pas varié de prix, mais les pigeonneaux domestiques et importés, les oiseaux sauvages, tels que canards, pluviers, bécassines et autres petits gibiers à plumes ont dépassé tous les records du passé.

Les oeufs à $1.16 la douzaine dans le grand commerce et à $1.25 chez certains détaillants sont aussi en train de défier toutes comparaisons. Cependant, il ne semble pas y avoir pénurie d'approvisionnements, si l'on en juge par les opulents étalages des marchés et des étaux privés dans la cité.

Les légumes sont à des prix abordables. Les commerçants déclarent que les pommes de terre ont une tendance à baisser encore, ce qui est de nature à déjouer les combinaisons des cultivateurs enclins à garder leur récolte en cave dans l'espoir de revoir la hausse fantastique de l'hiver dernier.

Pas cher madame, rien que 60 cents la livre.

LE TOUR DU MONDE DE SANTA CLAUS

Santa Claus arrive de chez les Martiens en montgolfière

Il ne vous reste que ***QUATRE jours*** pour faire vos ***emplettes de Noël.***

Le jeu de baseball chez soi

Ce n'est pas d'hier que les enfants cherchent à meubler les longues soirées d'hiver par des jeux quelconques. Lorsque LA PRESSE a publié ce jeu de baseball, dans son édition du ***21 décembre 1912,*** *l'électronique n'était évidemment pas encore à l'honneur, et ce jeu pourtant bien simple a dû faire le bonheur de milliers d'enfants. On aura noté que les indications sur le jeu sont évidemment en anglais.*

Allô téléphone.

—Hello !

— Hello ! Est-ce le rédacteur du sport de « La Presse » ?

— Lui-même.

— Ne pourriez-vous pas venir jouer une partie de baseball, ce soir, à la maison ?

— Une partie de baseball à la maison ? Vous plaisantez ?

— Pas le moins du monde ! Venez et vous vous amuserez.

Ne sachant trop si on voulait le mystifier, notre rédacteur de sport s'est rendu tout de même à l'invitation et à 11 heures il rentrait chez lui après avoir joué une émotionnante partie de baseball. Il avait été battu par un score de 11 à 19 à la douzième inning. La partie avait été jouée dans un confortable fumoir, muni de tous les accessoires. Là, les deux adversaires avaient accompli des coups qui auraient excité l'enthousiasme des « fans » et fait pâlir d'envie les Cobb et les Lajoie.

Disons que cette joute avait été disputée avec un jeu de baseball Eureka, invention d'un joueur professionnel, que vient de mettre sur le marché l'Eureka Sales Company. Ce jeu sera certainement aussi populaire cet hiver que l'a été le ping-pong il y a quelques années.

Ce jeu reproduit, aussi exactement qu'il est possible à l'ingéniuté humaine de le faire, le jeu de baseball tel qu'il est joué sur le terrain. (...)

C'est un jeu absolument scientifique et d'« intérieur », mais cependant les amateurs « enragés » du jeu de baseball peuvent le jouer avec beaucoup d'intérêt; il a de plus le mérite d'être très simple. (...)

Ce jeu peut être joué par le nombre de personnes voulu, pourvu que ce nombre ne dépasse pas dix-huit, neuf de chaque côté si nécessaire, mais il est possible qu'il offre beaucoup plus d'intérêt et de satisfaction, si la partie se fait à deux seulement. Le tableau consiste en un losange miniature avec quatre indicateurs. Il y a deux rangées de disques colorées *(ils n'apparaissent pas sur la photo publiée par LA PRESSE à l'époque)* représentant les deux clubs: les disques ROUGES employés par l'un des clubs, et les disques BLEUS par l'autre. Quand les ROUGES sont au « bat », les BLEUS sont placés aux différentes positions du jeu sur le terrain, et vice versa. Trois des quatre indicateurs servent au jeu, le grand indicateur principal, l'indicateur de but sacrifié et l'indicateur du coureur. L'indicateur hors jeu n'est employé que pour les enregistrements *(ce qu'on veut dire en clair, c'est que l'indicateur de gauche sert à inscrire les retraits au cours d'une manche)*.

La partie se joue autour de l'indicateur principal, les deux autres indicateurs ne servant qu'à faire avancer les coureurs. Dès qu'il a été décidé quel club doit frapper, le jeu commence. Le joueur au « bat » fait tourner le grand indicateur, et se gouverne par le jeu *(!!!)*, tel qu'indiqué à l'espace où l'indicateur arrête. Il continue à tourner jusqu'à ce qu'il y ait trois hommes sortis *(autrement dit, trois retraits)*. S'il réussit à amener ses hommes aux buts, il place ses disques sur les buts pour représenter le jeu. Le jeu se continue jusqu'à ce que neuf « innings » (reprises) aient été jouées. Les « hors de jeu » de chaque « inning » (reprise) peuvent être rapportés sur l'indicateur « Hors de jeu », afin d'empêcher toute dispute. De même quand les coureurs réussissent à atteindre le but principal (Home), les disques peuvent être maintenus dans le cercle entourant la plinthe (Home Plate) jusqu'à la fin de l'« inning » (reprise).

Bien que le jeu puisse être joué au complet sans se servir des indicateurs du coup sacrifié et du coureur, il offrirait beaucoup plus d'intérêt si on s'en servait. Quand un coureur atteint le premier *(but)*, il peut être sacrifié au second, si moins que deux hommes sont sortis, ou il peut voler, à la discrétion du joueur.

Le jeu de baseball Eureka est en vente dans la plupart des grands magasins de la ville et dans toutes les maisons d'articles de sport.

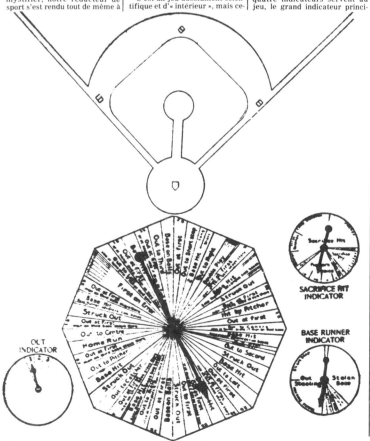

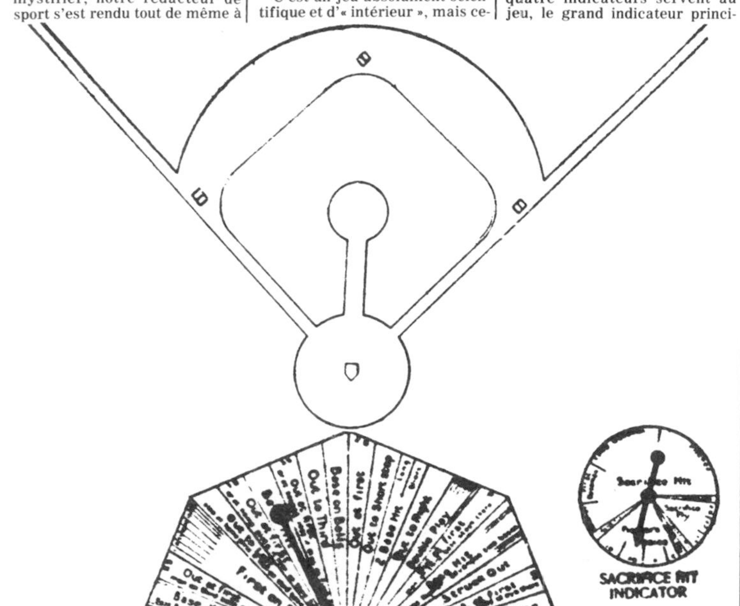

ACTIVITÉS

■ **Chantons en choeur avec l'OSM**

12 h 30, église Notre-Dame — Si vous êtes l'une des heureuses personnes à détenir des billets (ils ont déjà été distribués) qui vous donnent l'occasion d'accompagner l'Orchestre symphonique de Montréal dans une série de cantiques du temps des fêtes, c'est aujourd'hui, de 12 h 30 à 13 h 30, en l'église Notre-Dame, qu'a lieu ce spectacle assez exceptionnel présenté sous l'égide de LA PRESSE, à l'occasion de son centenaire. Ne ratez surtout pas cette occasion assez unique !

■ **Salon des métiers d'art**

Participation de LA PRESSE, conjointement avec le ministère des Affaires culturelles, à l'exposition « Recherche 83 » consacrée à des pièces uniques par le biais de quelques premières pages publiées en couleurs, et visant à mettre en valeur le talent des créateurs et créatrices du Québec. Kiosque de LA PRESSE consacré à la fabrication du journal, sous le thème « La fabrication d'un journal à l'époque, tout un art », avec personnel sur place pour répondre aux questions des visiteurs. À la place Bonaventure, jusqu'au 22 décembre.

■ **À la télévision**

10 h 30, Télé-Métropole — Dans le cadre de l'émission *Entre nous* animée par Serge Laprade, Claudette Tougas, de LA PRESSE, présente la chronique *Cent ans de pages féminines.*

Un monstre est aperçu à Marieville et à St-Césaire

On nous écrit, aujourd'hui, de Marieville, comté de Rouville, que les habitants de la localité sont dans une grande excitation et que même plusieurs se sont armés pour prévenir un danger qui les menace. Il appert qu'une bête étrange de 11 à 12 pieds de longueur, haute de trois pieds, ayant une queue de renard et une tête ressemblant à celle du chien, a fait son apparition dans le village. Trois individus ont failli en être les victimes.

On dit maintenant que l'animal est dans St-Césaire et que les habitants sont dans le plus grand effroi.

Cela se passait le 21 décembre 1895.

C'EST ARRIVÉ UN 21 DÉCEMBRE

1979 — Fin de la guerre civile en Rhodésie (futur Zimbabwe).

1975 — Un commando propalestinien enlève 11 ministres de l'OPEP en réunion à Vienne.

1974 — On retrouve dans un sous-sol le coeur du frère André, disparu de l'oratoire Saint-Joseph depuis le 16 mars 1973.

1967 — M. Louis Washkansky meurt en Afrique du Sud après avoir survécu pendant 18 jours à une transplantation cardiaque.

1957 — La Chaudière sort de son lit et inonde Beauceville ainsi que quatre autres villes dans la vallée.

1953 — Reconnu coupable de trahison, l'ex-premier ministre Mossadegh, d'Iran, s'en tire avec une peine de trois ans de prison à la suite d'une intervention du shah.

1951 — On dénombre 119 morts dans un désastre minier à West Frankfurt, Illinois.

1946 — Un raz-de-marée fait 2 000 morts et laisse 100 000 personnes sans foyer, au Japon.

1945 — Le général américain George Patton meurt dans un accident d'auto près de Heidelberg, en Allemagne.

1943 — Plus de 2 000 employés municipaux de la ville de Montréal sont en grève.

1902 — Marconi parvient à établir une communication par télégraphie sans fil entre l'Angleterre et le Canada.

LA PRESSE

100 ans d'actualités

LA PRESSE, SAMEDI 22 DECEMBRE 1900

LA LÉGENDE DES SABOTS DE NOËL

FELIX DUQUESNEL

Le vol de drogues au Palais de justice

ON RETROUVE LES MALLES VOLEES, MAIS VIDES

Un agent de police a fait la découverte, hier après-midi, à Maisonneuve, boulevard Pie IX. — Des mesures extraordinaires prises pour l'arrestation des voleurs, qui sont encore au large.

LES deux malles contenant les drogues volées pendant la nuit de mardi à mercredi ***(22 décembre 1920)*** dans l'une des voûtes du Palais de justice, ont été retrouvées. Telle est la sensationnelle information que l'on nous a donnée, cet avant-midi, mais ... ces malles étaient complètement vides quand la police a mis la main dessus.

Le constable Racine, du poste no 14, était de service, boulevard Pie IX, hier après-midi, lorsqu'il aperçut tout à coup des objets sur la neige, tout à fait au nord du boulevard, dans Maisonneuve. S'étant approché il constata que ce qui avait attiré son attention était une grande malle noire, dont le couvercle avait été brisé, et les morceaux d'une valise jaune. Le tout fut transporté au poste, et un rapport fut envoyé à la Sûreté. Des détectives allèrent examiner les objets et reconnurent les malles qui avaient contenu les drogues dont la disparition fait aujourd'hui le sujet de toutes les conversations, non seulement à Montréal, mais dans les autres villes et villages, et même aux États-Unis. (...)

Les voleurs sont encore au large. Les policiers sont très réticents sur toute cette affaire, mais deux détectives que nous avons rencontrés cet après-midi nous ont affirmé être sur une excellente piste. (...)

Me Philippe Monette, l'avocat du gouvernement fédéral dans les causes de drogues, était à Ottawa, hier, lorsque la nouvelle **du cambriolage est parvenue aux autorités de la capitale, par télégramme.**

« Aussitôt, nous a-t-il déclaré ce matin, (...) il a été décidé par les autorités compétentes que tous les moyens humainement possibles seront pris pour retrouver les drogues volées et pour assurer l'arrestation des coupables. On ne regardera ni aux dépenses, ni au travail. Des agents spéciaux d'Ottawa se joindront aux détectives Philippe Fafard et J.-A. McDonald, qui s'occupent déjà de cette affaire à Montréal, avec les agents du chef Lorrain, de la Sûreté provinciale, et du chef Lepage, de la Sûreté municipale. » (...)

En quittant Me Monette, nous nous sommes rendus au bureau du chef Lorrain. Celui-ci nous a déclaré qu'il n'avait encore rien de nouveau dans la sensationnelle affaire. Cependant, le détective Georges Rioux qui était à lui donner son rapport pour le travail accompli pendant la journée d'hier, a été tout à coup appelé par le grand connétable Saint-Mars, qui avait sans doute d'importantes informations à lui donner.

COMMENT ON PROCEDA

On croit en certains quartiers que l'effraction n'a pas eu lieu de l'extérieur à l'intérieur du palais de justice. Les cambrioleurs se seraient laissés enfermer le soir dans le palais de justice, et une fois la nuit venue, ils se seraient emparés des drogues après avoir pénétré par effraction dans le bureau du grand connétable Saint-Mars, où se trouvait la clé de la voûte de sûreté.

En partant avec les deux précieuses malles, les cambrioleurs auraient enfoncé la vitre d'une des portes du palais pour faire croire que les audacieux personnages étaient arrivés sur les lieux juste pour perpétrer le vol. Mais le chef Lorrain, que nous avons interrogé à ce sujet, nous a déclaré qu'il ne croit pas à cette théorie. Pour lui, les cambrioleurs venaient bien du dehors.

Un autre détective (...) croit que le vol a été comploté par des adeptes des drogues qui savaient depuis longtemps que de grandes quantités de morphine et de cocaïne se trouvaient dans la voûte.

Ces individus avec l'aide de dangereux bandits, auraient fait le coup et à l'heure qu'il est, (...) le contenu des malles serait déjà rendu aux États-Unis. (...)

Les cambrioleurs ont dû (...) concevoir l'idée du vol en voyant transporter après chaque séance du tribunal les grosses malles contenant des drogues, dans la voûte du palais. Ils ont pu parfaitement voir aussi le grand connétable fermer à clef l'endroit, puis prendre le chemin de son bureau. Comme la clef est de fortes dimensions, les voleurs savaient que le grand connétable ne pouvait l'emporter dans ses goussets, et ils étaient certains de la trouver dans son pupitre.

C'EST ARRIVÉ UN 22 DÉCEMBRE

1979 — Décès à 77 ans de Darryl F. Zanuck, un des monstres sacrés du cinéma américain.

1974 — Phil Esposito, des Bruins de Boston, marque le 500e but de sa carrière.

1973 — Une *Caravelle* s'écrase au Maroc : 106 morts.

1970 — La Libye décide de nationaliser toutes les banques.

1970 — Le président socialiste Salvator Allende, du Chili, nationalise tous les grands gisements de cuivre du pays.

Les épiciers demandent la permission de vendre du vin dans les épiceries

En faisant mousser la vente des vins dans les épiceries auprès de ses collègues du Conseil des ministres d'alors, l'exministre péquiste de l'Industrie et du Commerce, M. Rodrigue Tremblay, n'avait rien inventé. Jugez-en par vous-même en lisant cette nouvelle publiée dans LA PRESSE du 22 décembre 1923.

L'ASSOCIATION des marchands détaillants du Canada, section des épiciers, a décidé de demander au gouvernement provincial le droit de vendre dans les épiceries du vin en bouteille de la commission des liqueurs de la province de Québec.

M. C. Bastien, le président, dit qu'il a pleine confiance que le gouvernement Taschereau se rendra au désir de l'association des épiciers. « Nous désirons, dit-il, vendre le vin à l'étiquette de la commission, au prix qu'elle jugera à propos de fixer. (...)

« Il est vrai qu'on n'a pas encore accordé aux épiciers le privilège de la vente des vins en bouteille, mais il n'y a pas à s'en étonner outre mesure et si dans un referendum tenu il y a quelques années la population a manifesté une opinion favorable au débit de vin par les épiciers, il n'est pas moins évident que les commerçants et leur clientèle devraient s'habituer d'abord à respecter la nouvelle loi des liqueurs et qu'il fallait faire comprendre à tous les intéressés que le commerce des liqueurs alcooliques, lorsqu'il n'est pas régi avec fermeté, est un commerce dangereux pour la santé, tant morale que physique.

« C'est ce que les épiciers ont vite compris, aussi ont-ils apporté toute leur bonne volonté à la mise en oeuvre de la loi ; et aujourd'hui ils jouissent de la confiance des officiers supérieurs de la commission.

« La population retirera-t-elle des avantages si la vente des vins est faite par les épiciers ? Je n'hésite pas à répondre affirmativement. D'abord nous allons accommoder grandement la population en mettant à sa proximité les vins ; présentement c'est avec une agaçante difficulté que l'ouvrier peut se procurer ce breuvage fortifiant puisque lorsqu'il revient de son labeur les magasins de la commission sont fermés et c'est un fait reconnu que les femmes ne veulent pas aller aux dépôts de liqueurs actuels. (...) J'ajouterai de plus que personne plus que nous ne peut généraliser l'usage du vin chez le peuple, puisque nous possédons la confiance de nos clients ; et lorsque nous aurons atteint cette généralisation du vin, nous aurons beaucoup fait pour la tempérance en notre métropole, puisqu'il est reconnu que les Français, grands buveurs de vin, sont les gens les plus sobres du monde entier.

« Le gouvernement perdra-t-il de ses profits qu'il utilise si généreusement pour l'instruction publique et le développement de nos ressources naturelles ? En aucune façon, puisque le vieil axiome commercial demeure le même, à savoir que c'est le débit qui fait le profit ». (...)

BABILLARD

À la recherche des Cloutier

Tout comme LA PRESSE, l'Association des Cloutier d'Amérique se prépare à célébrer un événement de marque en 1984, soit le 350e anniversaire de l'arrivée de leur ancêtre commun au pays.

En effet, c'est le 4 juin 1634 que Zacharie Cloutier débarqua à Québec en provenance de Mortagne, dans le Perche, en France. L'événement revêtera un double cachet puisque le rassemblement de tous les Cloutier aura lieu à Beauport, en banlieue de Québec, les 21 et 22 juillet 1984, soit en plein coeur des manifestations prévues à Québec pour le 450e anniversaire de la découverte du Canada par Jacques Cartier.

On pourra obtenir de plus amples renseignements en écrivant à l'adresse suivante : Association des Cloutier d'Amérique, 51, parc Vimy, Casier postal 2144, Québec, Québec G1K 7N8.

La fête du père Noël

C'est demain à 10 h qu'aura lieu la fête du père Noël, au complexe Desjardins.

Cette fête est organisée conjointement par les autorités du complexe, la station de radio de CKAC, la Société canadienne des postes et, bien sûr, LA PRESSE.

Tous les enfants sont évidemment invités à se rendre au complexe Desjardins pour saluer le départ du père Noël. Mais pour un millier d'entre eux, invités spéciaux de LA PRESSE, la journée revêtira un cachet un peu plus particulier.

ACTIVITÉS

■ Salon des métiers d'art

Participation de LA PRESSE, conjointement avec le ministère des Affaires culturelles, à l'exposition « Recherche 83 » consacrée à des pièces uniques par le biais de quelques premières pages publiées en couleurs, et visant à mettre en valeur le talent des créateurs et créatrices du Québec. Kiosque de LA PRESSE consacré à la fabrication du journal, sous le thème « La fabrication d'un journal à l'époque, tout un art », avec personnel sur place pour répondre aux questions des visiteurs. **Dernière journée aujourd'hui**, à la place Bonaventure.

■ Complexe Desjardins

Présence du père Noël, et exposition de tous les dessins envoyés à ce dernier par les enfants, et reçus par la Société canadienne des postes. Jusqu'à demain 23 décembre.

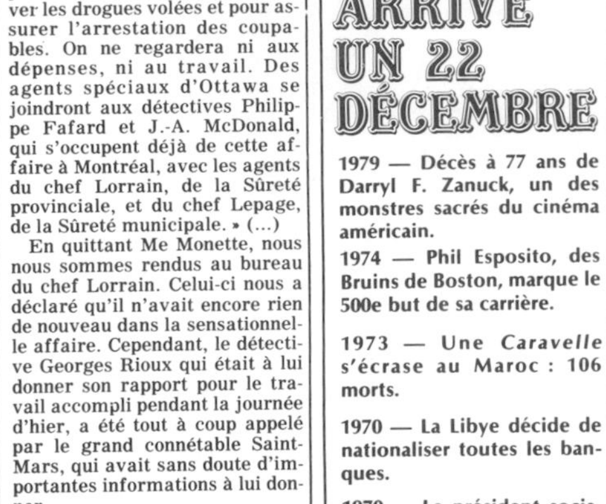

Qu'on prévoie un arbre de Noël pour offrir des cadeaux aux déshérités, cela se conçoit, surtout à cette période de l'année. Mais qu'un tel projet ait été conçu pour les animaux, comme c'était le cas le *22 décembre 1926*, cela étonne encore aujourd'hui. Au pied de cet arbre, on distribuait un pouding spécial pour chevaux. Il avait été installé sur un terrain adjacent à l'édifice de la Sun Life par la Ligue pour la justice pour les animaux. En publiant la photo, LA PRESSE soulignait qu'il s'agissait là d'une nouveauté...

LA PRESSE

100 ans d'actualités

DIXIEME ANNEE—Nº 44 MONTREAL, SAMEDI 23 DECEMBRE 1893 UN C[illegible]

LA PRINCIPALE PORTE DE BETHLÉEM EN VENANT DE JÉRUSALEM

NOTES DIVERSES

Noel est la fête de Bethléem. C'est aussi la grande fête de la chrétienté, et plus particulièrement de la France, protectrice des lieux saints et des catholiques orientaux.

Tous les gouvernements qui se sont succédés en France ont revendiqué et maintenu avec la même fermeté ce protectorat. En 1848: la Révolution de Février rendit le Saint Siège quelque peu perplexe. Divers ambassadeurs s'agitèrent à Rome pour faire donner à leur pays le protectorat des lieux saints. Le gouvernement républicain s'émut et fit savoir au Vatican que si pour la politique intérieure il se réclamait de la révolution, pour la politique extérieure, il était l'héritier des rois et des empereurs, de Charlemagne, notamment, qui le premier assuma la défense des chrétiens en Orient au nom de la France.

Les formes extérieures par lesquelles le protectorat français se manifeste en Orient rappellent du reste très curieusement ses origines monarchiques. Le clergé rend au consul de France les honneurs royaux: le vieux cérémonial réglé par des ordonnances de Louis XV, a été strictement maintenu. Ainsi, la veille de Noel, le consul français se rend de Jérusalem à Bethléem pour prendre part aux cérémonies de la grande nuit chrétienne. Les autorités turques mettent à sa disposition un détachement de cavalerie régulière et deux officiers qui lui font escorte sabre au clair. Lui-même entouré de ses huit cawas à cheval, dans leur joli costume levantin bleu de ciel soutaché d'or est en grand uniforme et à cheval également. Avec le personnel du consulat, le cortège comprend encore les supérieurs des établissements religieux, les pèlerins et les chrétiens de Jérusalem.

A mi-chemin, aux environs de la pierre d'Élie, les cheiks de Bethléem et les riches d'entre les Bethléémites qui possédèrent des chevaux attendent le consul, et, après le baise-main, exécutent une fantasia qui sur les flancs du cortège, se prolonge jusqu'au moment d'entrer en ville. Là tout le monde est sur pied, les hommes dans les rues, les femmes et les enfants sur les terrasses des maisons, Et les acclamations succèdent aux acclamations entremêlées des salves de fête.

* * *

L'office nocturne de Noel commence à dix heures par une messe pontificale célébrée à l'église franciscaine attenante à la basilique. Les ornements somptueux que revêtent en cette circonstance l'officiant et ses assistants furent offerts par le maréchal de MacMahon, au nom de la République française. Cette première cérémonie se termine aux environs de minuit. Un long et lumineux cortège se forme alors et se dirige vers la grotte de la Nativité. En tête la croix suivie de théories de moines franciscains, de séminaristes, de chanoines, tous avec de longs cierges allumés. Le patriarche ferme la marche du groupe ecclésiastique, tandis qu'immédiatement derrière lui, à la tête des laiques s'avance le consul de France avec le personnel du consulat et des janissaires.

Au patriarche la trainée de lumières s'interrompt. Ce n'est pas un cierge qu'il tient en main. Avec infiniment de précaution il porte un ravissant *bambino*de cire, au doux sourire, agitant ses petites jambes, levant les bras en un geste charmant, semblant appeler, voulant étreindre. L'enfant divin repose dans une crèche, couché sur des coussins de soie rose brodés d'or. A ses pieds sont des langes de fines dentelles. Mais au-dessous des coussins un lit de paille et ses épis débordants rappellent l'humble tradition.

Le cortège ayant traversé le transept de la basilique, et étant descendu dans la grotte, le patriarche s'arrête devant la niche de la naissance. Il remet la crèche et l'enfant à un diacre et commence à psalmodier l'évangile de la Nativité selon saint Luc. "Or, il arriva en ces jours-là qu'il parut un édit de César Auguste..." Parvenu au verset: "...les jours où elle devait enfanter furent accomplis", le prélat reprend le bambino, et le posant sur l'étoile d'argent, il continue en modifiant le texte sacré à l'occasion du lien et de la circonstance; "Et ici elle mit au monde son fils premier-né."

De nouveau il prend l'enfant, l'entoure de fines dentelles et chante: "Et ici l'enveloppe de langes"; puis se dirige vers le lieu de la crèche et y dépose l'image du nouveau né en reprenant: "Et ici le coucha dans sa crèche parce qu'il n'y avait point de place dans l'hôtellerie."

NOEL EN TERRE SAINTE

LA GARE DE JÉRUSALEM

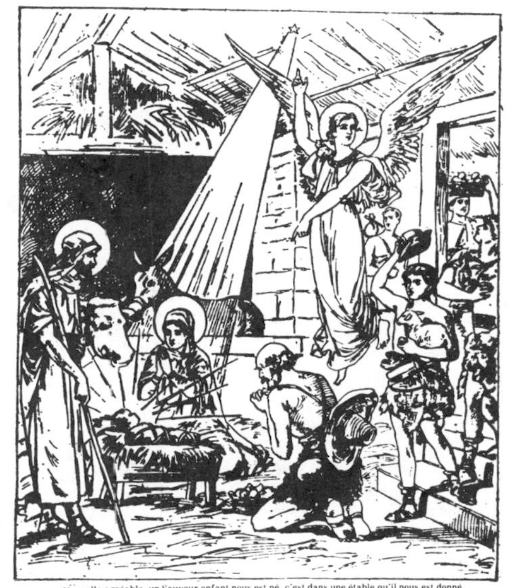

Nouvelle agréable, un Sauveur enfant nous est né, c'est dans une étable qu'il nous est donné.

Les chants se prolongent ainsi jusqu'à deux heures du matin pour se terminer par un *Te Deum* suivi du *Domine solvam fac Republicam* Tout Bethléem veille cette nuit et campe à la lueur des cierges dans l'immense basilique et à ses abords. Ce n'est partout que cris d'allégresse, chants de joie et fumée d'encens. Entre temps on ripaille quelque peu et l'aube seulement vient mettre un terme aux festins dans lesquels les oeufs durs et les mille sucreries chères aux orientaux remplacent le boudin occidental.

* * *

L'empereur Adrien, dans le cours du deuxième siècle, avait entouré les lieux de la Naissance, d'un bois sacré dédié à Adonis, et sur la crèche avait fait adorer Vénus. Puis une impératrice, sainte Hélène, deux siècles plus tard, éleva une basilique. Comment l'étable était-elle arrivée jusqu'à nous à travers ces diverses transformations?

Nous avons atteint l'extrémité du bourg. La rue s'élargit en une place oblongue débouchant à son tour sur une esplanade toute couverte de grandes dalles de pierre, qui n'est autre que l'ancien atrium de la basilique, au milieu duquel se trouvaient des citernes pour le baptême, et aussi pour les ablutions que pratiquaient les chrétiens d'autrefois avant de pénétrer dans un sanctuaire.

Curieuses antithèses: aux abords des lieux de la Nativité, un parterre de tombes blanches encadre un côté de l'esplanade, tandis que sur deux autres elle est bordée de murailles hautes et nues qui pourraient être indifféremment d'un couvent, d'une forteresse ou d'une prison; par endroits elles s'appuient sur de massifs contreforts; c'est leur unique décoration.

Au premier moment l'on est fort intrigué. De ci de là quelques fenêtres petites et haut perchées percent les murs. Et de portes point. Cependant avec un peu d'attention on finit par découvrir auprès d'un contrefort une tache noire, un trou comme un soupirail. Des gens s'en approchent, se mettent presque à quatre pattes et disparaissent. C'est l'entrée principale du sanctuaire de la Nativité. On pense bien que les architectes bysantins de sainte Hélène n'avaient pas oublié les portes de leur édifice, mais au cours des siècles, celles-ci durent toutes être murées et aujourd'hui quelques scintres indiquent à peine des traces de l'une d'elles. C'est au temps de l'intolérance musulmane qu'on les fit disparaitre pour les remplacer par le pseudo-soupirail, dont on pouvait plus aisément défendre l'accès. Au surplus, pour que les secours fussent plus proches et plus rapides, les défenseurs s'installèrent à demeure autour de la basilique. Les trois principales sectes chrétiennes, les latins (c'est ainsi que s'appellent en Orient les catholiques orthodoxes), les Grecs et les Arméniens, l'entourèrent de couvents si bien, si étroitement, qu'ils en firent totalement disparaitre les formes extérieures et que le lieu de la nativité apparait maintenant en murailles hautes et nues.

Mais à l'intérieur même, on a peine à retrouver tout d'abord les lignes générales de l'édifice. Le trou franchi, on pénètre dans un grand hall sillonné de quatre colonnades et surmonté d'une toiture en charpente aux poutres apparentes. Là au pied des hauts monolithes rouges couronnés de chapitaux corinthiens, dans un cadre de vieilles mosaiques à fond d'or, des gens accroupis causent ou fument, des enfants jouent, des soldats turcs rapiècent leurs uniformes, des femmes allaitent, des franciscains et des moines grecs passent affairés, des marchands offrent des oranges, des chapelets, des nacres sculptés et des sucreries. Autrefois, m'a-t-on raconté, les Arabes mettaient ici leurs moutons à l'abri.

Or ce n'est pas l'étable où est né Jésus, ni une écurie quelconque, ni même une salle de Pas-Perdus. Mais bien la nef de la basilique de Sainte-Hélène, dont on use avec cette familiarité. Il y a une cinquantaine d'années, il a plu aux moines grecs de séparer la nef du choeur, de la couper par un mur de plâtre blanc, et c'est ainsi qu'une moitié de cette basilique la plus vieille du monde, qui a traversé à peu près intacte quinze siècles des plus tourmentés, se trouve aujourd'hui exposée au vandalisme du premier venu.

De la nef on monte dans le choeur par trois marches. A gauche du choeur des marches circulaires descendent vers une porte: Descendons, ce doit être une crypte. La porte franchie, la descente continue par un étroit escalier au pied duquel, à droite, des soldats turcs, debout et l'arme au pied, et à gauche une niche éclairée par un encombrement de lampes suspendues au-dessous desquelles scintille une grande étoile d'argent fixée au sol qui porte: *Hic de Virgine Maria Jesus Christis natus est*.Ici Jésus Christ est né de la Vierge Marie. Nous sommes dans l'étable...

On se trouve dans une grotte, alors que les évangiles parlent d'une étable. A cela les érudits répondent qu'en Palestine, autrefois, les

LE CONSUL DE FRANCE ARRIVANT A BETHLÉEM POUR LES FÊTES DE NOËL

LE LIEU DE LA NATIVITÉ ET DE LA CRÈCHE

L'ESPLANADE DEVANT LA BASILIQUE DE LA NATIVITE

ENTRÉE PRINCIPALE DE LA BASILIQUE DE LA NATIVITE

LA GRANDE NEF DE LA BASILIQUE DE LA NATIVITE

Une explosion fait 3 morts à LA PRESSE

LES cent ans d'histoire de LA PRESSE ont permis à ses employés de connaître leur large part de joies et de satisfactions, mais l'entreprise a aussi connu ses heures difficiles. Et c'était plus particulièrement vrai le **23 décembre 1929,** à cause du terrible accident survenu à la section *rotogravure*, accident qui avait entraîné la mort de trois confrères de travail, Narcisse Legault, ainsi que les frères Roger et Georges-M. Lee, deux jours à peine avant la Noël.

Le jury à l'enquête du coroner Lorenzo Prince devait porter en quelques secondes un jugement de mort purement accidentelle, à l'image des remarques du coroner Prince qui, fort de son expérience de vingt ans dans le journalisme, s'était porté garant en quelque sorte des efforts faits par LA PRESSE pour protéger la santé de ses employés.

Les différents témoignages avaient permis de prouver que l'explosion mortelle avait été due à une étincelle. En effet, selon un des témoins entendus, le capitaine T. McManus, de la Sûreté de Montréal, *« le feu a été mis à un baril de naphte, par une étincelle produite par le frottement du bras d'une pompe automatique dont on se servait pour puiser le liquide »*.

Un autre témoin, René Legault, sans lien de parenté avec Narcisse, a déclaré qu'après plusieurs années à l'emploi de LA PRESSE, c'était la première fois qu'il assistait à un incident du genre. Il a aussi précisé que le naphte était essentiel pour les fins de la rotogravure.

Legault a expliqué que les deux frères Lee étaient les plus près du baril de naphte. En voyant le feu, ils ont averti leurs compagnons de travail, tandis que Narcisse Legault s'élançait en avant avec un extincteur chimique ; c'est alors que se produisit l'explosion fatale.

Narcisse Legault avait 60 ans et travaillait à LA PRESSE depuis huit ans. Il avait deux fils (dont un, Lionel, travaillait à LA PRESSE) et trois filles. Outre son épouse et ses enfants, il laissait également dans le deuil deux frères et trois soeurs.

Quant aux frères Georges et Roger Lee, ils étaient âgés de 29 et 19 ans respectivement. Roger était célibataire, et Georges était marié mais n'avait pas d'enfant.

Dans son édition du *23 décembre 1894*, LA PRESSE présentait à ses lecteurs le croquis du monument de glace qu'on devait ériger sur le Champ-de-Mars pour les fêtes du Carnaval d'hiver de Montréal de 1895.

Salut, Noël de mon pays,
O blanc Noël de nos campagnes,
Où par les plaines, les montagnes,
Accourt, Seigneur, vers ses parvis
Un peuple fier de sa croyance,
Heureux d'exalter la naissance
D'un Dieu tout humble en sa Puissance;
Salut, Noël de mon pays!

Noël! Noël! qu'il vente ou neige,
Qu'un rude froid nous assiège
Enfants, vieillards, filles, garçons,
Bravant la bise nous allons
Par les chemins de nos rivages,
Ou celui des bois écartés,
Chanter Noël en nos villages,
Chanter Noël dans nos cités.

Noël! Noël! comme des folies,
Sonnez dans vos cloches à jour,
Vieilles cloches dont l'appel vole
Pour nous parler d'un Dieu d'amour!
O cloches, qu'à toute volée,
Dans un élan de joie ailée,
Carillonne votre métal,
Tout le long du pays natal!

ALBERT FERLAND

(Extrait d'un livre en préparation, en décembre 1930. Poème et dessin par le même auteur.)

Le nettoyage des trottoirs dangereux

CE matin, M. Flynn, l'inspecteur des rues, a fait lancer en cour du recorder 25 actions contre des citoyens qui avaient négligé de nettoyer leurs trottoirs ou de jeter de la cendre dessus lorsqu'il y avait de la glace.

A l'avenir, le département des chemins ne signifiera aucun avis aux délinquants ; la poursuite sera commencée aussitôt après le procès-verbal des constables spéciaux.

Par ailleurs, M. Saint-Georges, l'ingénieur de la cité, a émis, ce matin, en présence des reporters, l'opinion que les trottoirs dans nos principales rues devaient être nettoyés par la municipalité avec un outillage spécial tel que la chose se pratique à Ottawa. Il dit que le nettoyage coûterait alors la moitié de moins qu'à présent. Il se fait fort d'enlever la neige d'un trottoir de largeur ordinaire, sur une longueur de 15 pieds pour $2.50 ou $3 par hiver. Il va sans dire que si cette méthode est adoptée, les propriétaires devront en payer le coût à l'instar de ceux de la capitale.

Cela se passait le 23 décembre 1890...

BABILLARD

Aimé Beauchamp, le champion !

La recherche du plus vieux numéro de LA PRESSE en possession d'un lecteur est maintenant terminée, et la palme revient à M. **Aimé Beauchamp,** détenteur d'un exemplaire du 184e numéro de l'histoire de votre journal préféré, publié le 29 mai 1885. M. Beauchamp est donc invité à entrer en communication avec Guy Pinard, au 285-6843, afin qu'on puisse lui remettre un joli souvenir du centenaire de LA PRESSE.

Les couvertures

Le 13 décembre dernier, nous vous annoncions dans cette page que si la demande le justifiait, LA PRESSE offrirait aux intéressés, pour une somme pouvant varier entre $8 et $10, un jeu de deux couvertures à vis permettant de conserver ces pages quotidiennes ainsi que les numéros spéciaux publiés au cours de l'année du centenaire. Étant donné qu'il s'agit de la période des fêtes et qu'on oublie souvent, même des choses importantes, dans l'inévitable cohue qui accompagne les préparatifs de la Noël, nous attendrons encore quelques jour avant de prendre une décision finale. Chose assurée, il faudrait que la demande soit plus forte qu'actuellement pour que ce projet se concrétise.

ACTIVITÉS

■ **Complexe Desjardins**

Assiégé par des milliers d'enfants désireux de lui faire leurs confidences et de lui commander des cadeaux, depuis son arrivée au complexe Desjardins le 19 novembre dernier, le père Noël quittera le populaire centre commercial aujourd'hui, mais non sans avoir organisé une ultime fête à l'intention de ses petits amis, à 10 h ce matin. Parmi ses amis se trouveront un millier d'invités spéciaux de LA PRESSE qui, à l'occasion de son centenaire, et conjointement avec CKAC, la Société canadienne des postes et le complexe Desjardins, avait vu à ce que le séjour du sympathique bonhomme à la barbe blanche soit le plus animé possible. Ces invités spéciaux recevront un cadeau et il y aura également de nombreux tirages au sort à leur intention. Ils auront aussi le loisir de serrer la pince à Youppie. Les visiteurs auront l'occasion aussi de voir une dernière fois les milliers de dessins que les enfants ont fait parvenir à la Société canadienne des postes.

C'EST ARRIVÉ UN 23 DÉCEMBRE

1978 — L'Argentine et le Chili acceptent de confier à Jean-Paul II le rôle de médiateur dans leur différend territorial.

1978 — L'écrasement d'un DC-9 d'Alitalia près de Palerme fait 107 victimes.

1973 — À Téhéran, l'OPEP annonce que six pays du golfe ont décidé de doubler les prix du pétrole brut.

1972 — Un tremblement de terre détruit Managua et fait 5 000 morts au Nicaragua.

1970 — Les autorités boliviennes libèrent le Français Régis Debray, condamné à la prison pour activités subversives.

1970 — L'Armée canadienne en poste aux principaux endroits stratégiques à la suite des *événements d'octobre*, rentre dans ses casernes.

1968 — L'équipage du *Pueblo* est libéré, mais les Coréens du Nord confisquent le navire américain.

1955 — Des inondations cause 30 morts et font pour $150 millions de dégâts en Californie et en Orégon.

1953 — Moscou annonce que Lavrenti Beria a été exécuté.

1930 — Après avoir abattu Alexei Ivanovitch Rykoff, ami intime de Lénine, Staline devient le dictateur incontestable de l'Union soviétique, le roi du Kremlin.

1927 — Disparition de la célèbre aviatrice Frances Wilson-Grayson, à bord de l'avion *Dawn, au cours d'un vol entre les États-Unis et l'Angleterre.*

LA PRESSE

100 ans d'actualités

QUINZIEME ANNEE — N° 45 MONTREAL, SAMEDI 24 DECEMBRE 1898 VINGT-QUATRE PAGES — UN CENTIN

NOËL ! NOËL ! NOËL !

Ô Dieu, qui avez éclairé cette nuit sacrée par la splendeur de la vraie lumière, faites-nous la grâce que, ayant connu sur la terre les mystères de votre divine lumière, nous jouissions dans le ciel de la joie éternelle de Celui qui, étant Dieu, vit et règne avec nous, dans les siècles des siècles.

Les employés mettent la dernière main au système d'éclairage.

LA CROIX DU MONT-ROYAL SERA ILLUMINEE LA NUIT PROCHAINE

A cinq heures, ce soir, pour la première fois, la croix brillera sur le sommet de la montagne. — Les travaux sont terminés.

AINSI que nous l'avons déjà annoncé la croix du Mont-Royal sera illuminée pour la première fois au cours de la prochaine nuit de Noël. Tout est prêt pour que l'illumination commence à cinq heures de l'après-midi aujourd'hui **(24 décembre 1924).** Elle se continuera durant chaque nuit sans interruption.

Rappelons que cette croix désormais historique a 102 pieds de hauteur et 30 pieds d'envergure. Son diamètre est de six pieds d'épaisseur.

La compagnie Dominion Bridge, qui a construit la charpente en acier de ce monument, a suivi, dans ses grandes lignes, les plans soumis par M. Dupaigne, P.S.S., tout en se conformant aux diverses modifications adoptées par le conseil général de la société Saint-Jean-Baptiste. Quant à l'installation électrique, elle fut faite par M. J.-A. Saint-Amour.

Bref, notons que les différents travaux ont été effectués sous la direction de MM. Gascon et Parent, architectes, cependant que M. Henri-L. Auger en surveillait l'exécution à titre de représentant du conseil général de la société Saint-Jean-Baptiste. Ajoutons enfin que l'éclairage est fourni gracieusement par la Montreal Light, Heat and Power Company.

A l'occasion de l'illumination pour la première fois ce soir, nous publions ici un article de M. le notaire Victor Morin, ancien président général de la société :

Lumineuse comme un phare dans la nuit ; élevant ses bras d'amour sur le peuple qui s'agite à ses pieds ; puissante, majestueuse et sereine, la CROIX DU MONT-ROYAL est un symbole en même temps qu'un souvenir pieux.

Elevée par les soins de la société Saint-Jean-Baptiste au sommet du Mont-Royal, elle rappelle en premier lieu que le 24 juillet 1534 Jacques Cartier prenait possession du Canada au nom du Christ et du roi de France en plantant une croix chargée de trois fleurs de lys sur la côte de Gaspé; elle rappelle ensuite qu'un siècle plus tard Paul de Chomedey de Maisonneuve portait sur ses épaules une croix de bois jusqu'au Mont-Royal en reconnaissance de la protection divine sur sa colonie naissante de Montréal.

Mais elle est surtout un emblème, car elle atteste la survivance étonnante du peuple canadien, né sous l'égide de la croix, protégé, développé par elle, grandissant en dépit des obstacles, et puisant dans l'âpreté même des luttes, comme la religion du Christ à travers les persécutions, la vigueur nécessaire à la conservation de sa foi, de sa langue et de ses traditions.

C'est au congrès général tenu par cette société en 1923 que la proposition d'élever, au centre de la métropole du Canada, ce monument de patriotisme et de foi fut soumise par son président général et adoptée avec enthousiasme par ses délégués. Il fut décidé d'inviter tout le peuple canadien à participer à son érection par l'apport de contributions volontaires. (...)

Un concours fut établi entre les architectes, les sculpteurs et autres amis de l'art pour la préparation d'un projet artistique et réalisable en même temps, mais la modicité des ressources dont nous disposions jusqu'alors n'ayant pas permis de réaliser la plénitude de nos ambitions, nous avons dû nous borner, pour le moment, à élever la charpente métallique et pourvoir le luminaire. (...)

La croix s'élève à sept cents pieds dans les airs, et du sommet l'oeil embrasse un panorama idéal avec la ville immense rayonnant à perte de vue, la plaine fertile ornée du ruban d'argent que le grand fleuve lance depuis les lacs bleus jusqu'à la mer; ici les tons violets des montagnes isolées de l'est, et là-bas la chaîne des Laurentides que dorent les rayons du soleil couchant.

Brille au-dessus de Ville-Marie, croix d'espérance et de soutien! Tu nous rappelles tout un passé de luttes glorieuses pour la conservation de l'héritage national; tu proclames hautement la foi ardente et intrépide des artisans du « miracle canadien » ; tu symbolises pour nous la colonne de feu qui conduit à la Terre Promise.

BABILLARD

Une lectrice qui se souvient

Nous relations dans cette page, le 30 novembre dernier, la série d'explosions qui avaient secoué le système d'égoût du nord de la ville, en 1932. Mme **A. Robert,** de Rosemont, ajoute le court témoignage suivant :

Lors de la série d'explosions, je voyageais par le tramway Saint-Denis-Sault-au-Récollet d'alors. Quand je suis descendue à l'intersection des rues Saint-Zotique et Saint-Denis, les bouches d'égout s'envolèrent comme des papillons. J'ai eu juste le temps de rentrer dans une banque du coin.

Arrivée chez ma soeur qui demeurait rue Saint-Vallier, une surprise nous attendait ; le lavabo, le bain et les toilettes étaient remplis d'un liquide noîrâtre qui sentait bien mauvais (c'était sans doute le mélange d'eau et d'essence blâmé pour les explosions). *Toute cette histoire aurait pu mal tourner pour moi mais heureusement je n'ai pas été blessée.*

Je lis votre journal depuis soixante ans, et je ne me couche jamais sans l'avoir lu.

Nous remercions Mme Robert de son témoignage, et nous la prions d'entrer en communication avec Guy Pinard, au 285-6843, car elle n'a pas laissé d'adressse.

Entrez dans le vif de l'action

Depuis quelques semaines, LA PRESSE offre aux enseignants du primaire la chance de connaître les différentes étapes de production du journal et de les partager avec leurs élèves, grâce à une magnifique enveloppe préparée à leur intention par LA PRESSE.

Cette enveloppe comporte trois éléments. D'abord une affiche à colorier qui permet de suivre les différentes étapes de la production d'un journal. Ensuite une maquette vierge mise à la disposition des enfants pour leur permettre de procéder à leur propre mise en page. Enfin, une feuille à découper comportant différents éléments pour la mise en page.

Cette enveloppe est offerte gratuitement à tous les élèves d'une classe qui achète au moins 100 exemplaires de LA PRESSE (avec un minimum de 10 exemplaires par jour) au taux réduit proposé pour cette promotion.

ACTIVITÉS

AUJOURD'HUI

■ **À la radio**

17 h, Radio-Canada — Chronique consacrée à LA PRESSE à l'émission *Avec le temps*, animée par Pierre Paquette.

DEMAIN

■ **À la télévision**

16 h 30, Télé-Métropole — Dans le cadre de l'émission *Sports-Mag* l'animateur Pierre Trudel consacre quelques moments de rétrospective à un événement sportif illustré par les archives de LA PRESSE.

18 h, Radio-Canada — Cinquantième de l'émission *Les Héros du samedi*, transformée pour la circonstance en gala animé par Richard Garneau et Jean Pagé. M. Roger-D. Landry, président et éditeur de LA PRESSE, sera parmi les personnalités invitées à remettre un trophée aux 18 jeunes espoirs consacrés par la société d'État. M. Landry remettra également à chacun de ces espoirs la première page de LA PRESSE parue le jour de leur date de naissance.

C'EST ARRIVÉ UN 24 DÉCEMBRE

1975 — Me Marcel Marceau, ci-devant ombudsman du Québec, est nommé juge à la Cour fédérale.

1970 — Condamnation à mort de deux des 12 citoyens soviétiques (dont neuf de confession sioniste) pour complot en vue de détourner un avion soviétique.

1969 — Cinq vedettes canonnières vendues à Israël et bloquées à Cherbourg par l'embargo français disparaissent mystérieusement.

1968 — Un satellite américain avec à son bord Frank Borman, William Anders et James Lovell s'approche à quelque 70 milles de la surface lunaire.

1951 — La Libye accède à l'indépendance.

1949 — Le pape Pie XII inaugu.e l'Année sainte en ouvrant la porte sainte de la basilique Saint-Pierre.

1942 — Assassinat de l'amiral Darlan à Alger.

1935 — Paul Bourget, doyen de l'Académie française, meurt à Paris.

1917 — Le gouvernement fédéral décide d'interdire l'importation de boissons alcoolisées.

1884 — Un tremblement de terre dévaste l'Espagne.

Eva Roch retombe dans un sommeil léthargique comme l'an dernier

DANS la nuit du 23 au **24 décembre 1899,** un drôle de phénomène se produisait dans le quartier Saint-Jean-Baptiste, au 432 de la rue Marie-Anne. En effet, à quatre heures moins dix du matin, une jeune fille âgée de 21 ans, Eva Roch, tombait dans un profond coma. L'année précédente, c'est au cours de la même nuit, mais vers trois heures que l'inexplicable phénomène physiologique s'était produit.

Pendant 28 jours, Mlle Roch avait ainsi vécu dans un profond coma dont elle ne devait sortir qu'à la suite de la décision de son médecin traitant, le Dr Rivet (il devait s'occuper d'elle également en 1899), de la piquer au moyen de pointes de fer rougies à blanc.

En d'autres mots, le mystère inexpliqué de 1898 demeurait inexplicable en 1899, d'autant plus qu'à 50 minutes près, l'incident physiologique se répétait exactement au même moment.

Tout comme l'année précédente, Mlle Roch demeurait absolument insensible sur toutes les parties de son corps, à l'exception du dessus de la tête, front compris, qui lui était d'une sensibilité presque incroyable. Voyons ce qu'en disait LA PRESSE :

Il suffit pour s'en assurer de passer la main à trois ou quatre pouces au-dessus du front, et la simple chaleur qui se dégage de la main suffit pour produire un violent mouvement de la tête et des mains de la malade. La tête se rejette aussitôt en arrière et les mains, qui sont constamment jointes, se décroisent et semblent vouloir se crisper. ».

Les phénomènes constatés l'année précédente étaient exactement les mêmes en cette veille de Noël 1899, au grand étonnement des médecins.

Épilogue

Mlle Roch devait sortir de son profond sommeil le 3 janvier 1900, soit après neuf jours et 18 heures, bien en-deça de son « record » de l'année précédente. Par contre, elle s'en était sortie sans le secours de ses médecins.

La malade était d'une extrême faiblesse, qui l'empêchait de parler quand elle reconnaissait les siens. Ces derniers étaient cependant soulagés de ce dénouement.

LA PRESSE

100 ans d'actualités

Le dîner de Noël à l'hôpital Notre-Dame. Les dames patronesses et les garde-malades servent des friandises aux malades de l'institution.

DINER DE NOEL DES MALADES

Les gouverneurs et les dames patronesses de l'hôpital Notre-Dame apportent de la joie à bien des infortunés

LE grand dîner de Noël donné hier midi **(27 décembre 1904)** aux malades de l'hôpital Notre-Dame a été l'un des mieux réussis dans l'histoire de cette institution.

Les gouverneurs, les dames patronesses de l'hôpital et nombre de personnages distingués, avaient tenu à l'honneur d'assister à ce repas qui embellit tant l'existence décolorée des malades. Les salles présentaient un aspect des plus coquets. Décorées de festons et de guirlandes qui s'entouraient autour des colonnes, s'entrechaînaient, s'entremêlaient au plafond, décrivant sur le mur des arabesques, des dessins très gracieux, les différentes salles présentaient un très joli coup d'oeil. Et c'était sur les tables, au milieu des plantes et des fleurs, des friandises et des plats de tous genres, des gâteaux aux proportions monumentales. Ce qui faisait cependant le plus plaisir à voir au milieu de cette fête, c'était la figure réjouie de tous les malades, leur expression de contentement et de joie. On sentait que malgré leur infortune, ils étaient réellement heureux.

A l'entrée des salles, on lisait des inscriptions comme celle-ci : « Hommage aux dames patronesse ». (...) Ce qui frappait partout, c'était l'extrême propreté qui régnait dans toute l'institution. Les parquets et les meubles étaient reluisants de propreté.

Après le dîner, sous la présidence de Mgr Racicot, et servi par les dames patronesses, les invités se réunirent dans le salon de l'institution. Le Dr E.P. Lachapelle prononça quelques mots, félicitant les dames patronesses de leur zèle et du beau succès remporté. Le docteur Benoît lui succéda. Nous publions ici le texte *(abrégé)* de son discours.

« Monseigneur,

« Mesdames et messieurs.

« C'est le temps des étrennes. (...) Le Bureau d'administration veut (...) que j'aie l'honneur de dire les mots qu'il faut pour la circonstance.

« Je me rends volontiers à cette invitation, et l'honneur qu'on me fait est pour moi un plaisir, il me fournit l'occasion, Monseigneur, de vous témoigner la reconnaissance de l'hôpital pour l'exquise bienveillance qui vous anime à nos agapes charitables. Vous présidez si paternellement ce banquet des pauvres. Mais nous n'oublions pas, Monseigneur de Montréal, et vous voudrez bien dire à notre vénéré prélat combien nous avons regretté son absence, et combien nous le remercions du vif intérêt qu'il porte à notre oeuvre.

« Je vous remercie également, Monsieur le Maire, d'avoir assisté à notre fête, vous, le premier citoyen de Montréal. La ville sait aujourd'hui ce que nous faisons pour elle, les sacrifices que nous nous imposons pour maintenir ce service d'ambulances devenu indispensable, et surtout pour réaliser l'oeuvre que vous nous avez confiée il y aura bientôt deux ans, j'ai dit la création d'un hôpital de contagieux, dans la partie française de la cité. Cet hôpital, nous achevons de le construire, et cela malgré des dépenses considérables que nous n'avions pas d'abord prévues. Vous saurez, Monsieur le Maire, nous en tenir officiellement compte, et redire au conseil municipal la bonne volonté que nous avons mise à réaliser cette oeuvre.

« Le Bureau me fournit également l'occasion de vous remercier bien cordialement, Monsieur le Consul général de France. L'intérêt que vous portez à nos pauvres malades, si loin de vos préoccupations habituelles, la bonne grâce avec laquelle vous venez chaque année prendre part à une réunion toute intime, nous prouve que la France n'a pas perdu l'une de ses meilleures qualités, celle de se faire aimer des peuples par d'aimables attentions, et de déléguer au milieu d'eux des hommes capables de le faire aimer.

« Messieurs les administrateurs ne vous oublient pas non plus, mesdames et messieurs. Notre oeuvre n'existe, ne progresse qu'avec votre concours, votre dévouement, votre charité. En assistant à cette fête préparée par votre générosité, vous avez égayé l'isolement de nos malades ; vous avez ajouté mesdames, à votre aumône, le geste gracieux qui en double le prix. »

"CROISSEZ ET MULTIPLIEZ"

Un bel exemple donné aux races qui nous entourent

AU tournant du siècle, les exemples de quatre et de cinq générations étaient plus nombreux qu'aujourd'hui, d'autant plus qu'on se mariait jeune et que la progéniture était nombreuse. Dans son édition du ***27 décembre 1898,*** LA PRESSE publiait ce croquis des cinq générations de la famille de Mme veuve Joseph Saint-Amour, née Philomène Payette, et vivant à Sainte-Julienne. Outre la patriarche mère de huit enfants, Mme Saint-Amour, âgée de 74 ans, le croquis propose de gauche à droite, sa fille Mélina Mageau (57 ans, neuf enfants), sa petite-fille Mélina Larivée (37 ans, 11 enfants), son arrière-petite-fille Albina Savage (18 ans), et enfin son arrière-arrière-petite fille, Léa Savage, âgée de trois mois. Le texte de LA PRESSE se terminait par les deux paragraphes suivants :

Philomène Payette, la mère de cette famille de cinq générations vivante, jouit encore d'une assez bonne santé. Son père a vécu jusqu'à l'âge de 100 ans.

Voilà comment croissent et (se) *multiplient nos familles canadiennes-françaises pendant qu'ailleurs on se creuse le cerveau pour essayer à* (sic) *trouver la cause du décroissement du chiffre de la natalité chez les autres nationalités qui nous entourent.*

Le bas de Noël de LA PRESSE

LA PRESSE a toujours fait preuve, au cours de son existence, d'une grande considération pour les plus démunis, et ce journal n'est pas étranger à l'initiative du traditionnel ***bas de Noël.*** En effet, pendant de longues années (il n'est même pas exagéré de parler de nombreuses décennies puisqu'on faisait déjà état de ***L'oeuvre des étrennes aux enfants pauvres*** aussi loin qu'en 1894 !), LA PRESSE installait un immense bas de Noël, haut de deux étages comme en fait foi cette photo tirée de l'édition du ***27 décembre 1923,*** et dans lequel elle recueillait les dons de ses lecteurs et de ses amis afin de les distribuer aux pauvres lors d'une cérémonie organisée pour marquer le Nouvel An. Est-il besoin de rappeler qu'à l'époque, c'est au Nouvel An plutôt qu'à la Noël qu'on distribuait les étrennes dans les familles.

GEORGE HERMAN RUTH
photo tirée du *Magazine illustré* de LA PRESSE de 1928.

BABILLARD

D'un centenaire à l'autre

LA PRESSE est heureuse de souligner dans cette page imprégnée d'histoire le centenaire de la fondation du quartier Hochelaga-Maisonneuve de Montréal. Ce quartier de l'est montréalais a en effet vu le jour le 27 décembre 1883. D'un comité du centenaire à l'autre, celui de LA PRESSE offre donc ses plus sincères félicitations au Comité de coordination du centenaire des fêtes d'Hochelaga-Maisonneuve.

Triomphes de la technique, fléau de la guerre

Dans le but de marquer la première demie du XXe siècle, LA PRESSE proposait, dans son édition du *27 décembre 1950,* ce montage de photos qui, à ses yeux, symbolisaient le mieux les progrès techniques et les affres de la guerre. Il s'agit, en l'occurrence, des événements suivants : 1. GUGLIEI MO MARCONI et l'invention de la télégraphie sans fil en 1901 ; 2. le premier vol d'un avion, le bipîlan des frères WILBUR et ORVILLE WRIGHT, en décembre 1903 ; 3. le début de l'industrie de l'automobile, symbolisé par la première voiture Daimler, construite par GOTTLIES DAIMLER, assis à l'arrière ; 4. le naufrage du Titanic en 1912 ; 5. les célébrations de l'armistice après la guerre de 1914-18, à Londres ; 6. l'évacuation de Dunkerque, qualifiée de « miraculeuse » par WINSTON CHURCHILL ; 7. enfin, l'explosion de la bombe atomique sur Nagasaki, en août 1945.

C'EST ARRIVÉ UN 27 DÉCEMBRE

1979 — Exécution du président Hafizullah Amin, d'Afghanistan. Il est remplacé par Babrak Karmal qui s'empare du pouvoir grâce à l'invasion du pays par les troupes soviétiques.

1978 — Décès à Alger du président Houari Boumedienne, chef de l'État algérien depuis deux ans. — La police découvre un véritable charnier sous la maison d'un entrepreneur de Chicago, John Wayne Gacy. — Le journal *Montréal-Matin* ferme ses portes. Il avait été fondé en juillet 1930 sous le nom de *L'Illustration.*

1972 — Décès de M. Lester B. Pearson, prix Nobel de la paix, et ex-premier ministre du Canada.

1960 — Le roi et la reine de Belgique doivent écourter leur voyage de noces pour rentrer dans leur pays paralysé par les grèves.

1957 — Sept juges de la Cour d'Appel du Québec sont unanimes à déclarer illégale la formule Rand.

1948 — Arrestation du cardinal Mindszenty par le gouvernement communiste hongrois.

1947 — La République d'Indonésie accède à l'indépendance.

1942 — Un train rempli de soldats tamponne un train de voyageurs en Ontario : on dénombre 33 morts et 117 blessés. — Les armées nazies reculent sur six fronts.

1916 — Un violent incendie détruit de fond en comble le monastère des Trappistes d'Oka.

1900 — Mort de Pierre Langlois, un patriote de 1837, à Sandwich, Ontario. Il était âgé de 84 ans.

LA PRESSE

100 ans d'actualités

En Roulant Ma Boule

CAUSETTE HEBDOMADAIRE DU PERE LADEBAUCHE

(POUR LES BABANTS AU-DESSUS DE 21 ANS)

LA SUSPENSION DE LA VIE

Découverte extraordinaire.

Vieux papiers — Une découverte ancienne — Le sommeil à volonté — La patente à monsieur Rotura — Faits divers — Échos mondains — Dans les affaires — En cas de guerre — Les grincheux — Les endormis.

—En furetant dans des vieux papiers, je trouve dans le numéro du 26 mai 1879, du "Times" de Londres, l'annonce d'une découverte mirobolante faite par un monsieur Rotura.

Voilà ce qu'il y a d'écrit.

"La Flore du Nouveau-Monde vient "de révéler un secret qui mystifie nos "savants les plus avancés.

"M. James Grant, que l'on dit être "un des élèves de feu M. Nicolle, (l'as- "socié de M. Thomas Mort pour l'ex- "ploitation d'un procédé de congéla- "tion), s'occupait secrètement avec M. "Rotura à Sydney, Australie, de recher- "ches scientifiques dont le résultat éta- "blit le fait que la vie animale peut être "réduite à un état de suspension abso- "lue pour un temps indéfini, des jours, "des mois, et même des années, et que "les fonctions vitales peuvent être sub- "séquemment reprises à volonté.

"Dans le mois de décembre dernier, "M. Rotura demanda à M. Grant de "l'aider à expédier en Angleterre le bé- "tail vivant.

"M. Rotura prétendit avoir trouvé "dans les forêts de l'Amérique Méridio- "nale un poison végétal ayant la pro- "priété de suspendre la vie; l'engour- "dissement qu'il produisait se "continuait jusqu'à l'application d'une "autre essence végétale rétablissant la "circulation du sang. La suspension de "la vie était tellement parfaite que M. "Rotura avait découvert dans un climat "chaud que la décomposition s'était dé- "clarée aux extrémités du corps d'un "animal atteint de cette léthargie ou "plutôt de cette mort vivante. Il s'ima- "gina que si le corps était soumis à une "température suffisamment basse "pour arrêter la décomposition, l'en- "gourdissement pourrait être entretenu "pendant plusieurs mois, peut-être pen- "dant des années.

"Avant de prendre congé de M. "Grant, il satisfit sa curiosité en faisant "devant lui des expériences sur un "chien et sur un mouton.

"Il injecta sous l'épiderme de "l'oreille de l'animal, deux gouttes de "ce liquide mêlé avec un peu de glycéri- "ne.

"Trois ou quatre minutes après, la "bête avait la rigidité cadavérique.

"Elle avait les quatre pieds étendus "en arrière, les yeux ouverts avec les "pupilles très dilatées offrant des "symptômes analogues à ceux de la "mort par la strychnine; seulement il "n'y avait eu aucune apparence de "douleur ou d'agonie.

"Le chien resta six jours dans cette "léthargie. Il en sortit lorsque le sa- "vant, après l'avoir plongé dans un ba- "quet d'eau tiède, lui injecta quelques "gouttes de l'antidote.

"Le chien revint immédiatement à "la vie et se mit à gambader autour de "son maître.

—Bonté divine! Baptiste, le papier ne dit pas à quelle place on peut se procurer c'te préparation-là?

—Ah! ah! ça t'intéresse c't'affaire-là, Catherine?

—Ça s'adonne que oui, Baptiste. Et je ne te cacherai pas qu'il y a des moments où j'aimerais à prendre une dose de cette drog-là.

—T'es pas la seule, Catherine, et c'est mon idée que si ce particulier-là avait fait patenter son idée, il aurait fait de l'argent autant que le défunt Peruna.

Faut dire tout de même que ça n'a pas pris tant que ça, puisque je vois ça dans un journal de 1879, et qu'on n'en a jamais entendu parler depuis.

Probablement que le gouvernement n'a pas voulu lui laisser mettre sa patente sur le marché, de crainte que

tout le monde ne s'endorme et qu'il n'en reste pas un bonguienne debout pour réveiller les autres, ce qui aurait causé une situation embarrassante en grand. Pourtant tu parles que ça aurait été commomode c't'affaire-là. Vois-tu ce qu'on pourrait tirer d'une pareille invention? Si cette pilule-là était sur le marché aujourd'hui, on lirait un de ces matins dans les journaux, une nouvelle dans le genre de celle-ci:

Un banquet était offert hier au Ritz,

à monsieur Arthur Sauvé, chef de la loyale opposition provinciale, à l'occasion de son entrée en sommeil pour une période indéfinie. Fatigué des froides et arides régions de l'opposition, le député des Deux-Montagnes a décidé de s'administrer une dose de remède de monsieur Rutora, et de se livrer aux douceurs du sommeil en attendant le jour où la Province de Québec se décidera à élire des bleus.

Ses nombreux amis l'ont mis sous un globe dans le grand salon de la Minerve, où les ronflements sonores du chef de l'opposition seront pieusement recueillis dans une bouteille de Pain Killer.

Ou bien encore quelque chose dans le genre de ceci:

On nous apprend de Québec que sir Lomer vient d'endormir pour jusqu'aux prochaines élections, le cabinet et toute la législature. Le premier ministre assure qu'il est capable de mener la boutique tout seul.

Après avoir été endormis, les ministres ont été placés dans des niches préparées à cet effet dans les remparts et devant lesquelles on a placé des lampions où l'on fera brûler de l'huile de castor. Quant aux députés, on les a cordés sur les plaines d'Abraham; on les réveillera à chaque fois qu'on aura besoin de leurs votes, et on les rendormira ensuite.

Que le sommeil leur soit léger!

Ou encore:

Une délégation de payeurs de taxes de la mère Concordia s'est présentée ce matin à l'hôtel de ville pour prier Nenesse et ses copains de bien vouloir prendre une dose de la patente à monsieur Rotura, afin de leur donner une petite chance de s'occuper eux-mêmes, de leurs propres affaires. Les payeurs de taxes s'engagent à doubler le salaire de ces messieurs s'ils veulent se soumettre à l'opération. Nenesse et Cie ont pris la requête en considération. Ils veulent se consulter avant de donner leur réponse.

Un beau matin en ouvrant le journal, on verrait une nouvelle du poil suivant:

De même que l'on prend un narcotique pour subir une opération douloureuse, le gouvernement d'Ottawa songe sérieusement à s'administrer la drogue à monsieur Rotura et s'endormir pour une longue période afin de

n'avoir pas connaissance des prochaines élections.

—C'te patente-là, Baptiste, aurait été un bienfait pour l'humanité.

—J'te crois, Catherine. Quand un marchand serait sur le point de faire banqueroute, il n'aurait qu'à s'endormir pour dix ans, et inviter ses créanciers à fumer une pipe en attendant qu'il se réveille.

Supposons qu'une nouvelle guerre éclate, on endort les deux armées et on les réveille quand la guerre est finie; comme ça, personne ne se fait faire mal, sans compter que c'est une grande économie, attendu que lorsqu'on dort on mange pas.

Tu parles que, dans le moment, ça serait un fameux moyen pour faire baisser le coût de la vie.

On aurait qu'à endormir tout le monde jusqu'à ce que les patates baissent.

Dans les échos mondains, on pourrait lire la note qui suit:

Monsieur Ladeche qui vient d'épouser Mlle Parvenue avec l'espérance de posséder, à la mort de sa belle-mère un magot lui permettant de continuer l'exercice de sa profession de carte de mode, qu'il a toujours pratiquée avec tant de distinction, est le plus malheureux des hommes.

Sa femme est harngneuse et laide comme un crapaud et le sommet tous les jours aux tourments les plus atroces en lui refusant l'argent sur lequel il comptait.

Mais grâce à la découverte du docteur Rotura, M. Ladeche vient d'améliorer son sort, il a simplement fait endormir madame pour une période indéterminée et est parti en voyage en attendant le décès de sa belle-maman.

Et cette autre.

Pit Larqueville qui vient d'être condamné à cinq ans de pénitencier pour cambriolage nocturne, fait savoir au

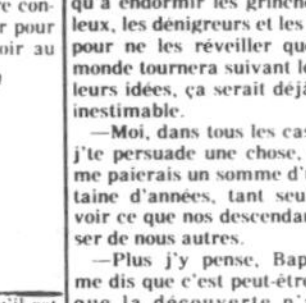

juge et à ses nombreux amis qu'il est dans l'impossibilité de faire son temps, étant précisément entré, grâce à la méthode Rotura, dans un sommeil de dix sans, pour le bien de sa santé.

—On n'en finira pas, Catherine, s'il fallait dresser la liste de tous les cas où dans un but humanitaire ou philanthropique la découverte de monsieur Rotura aurait pu être utilisée.

—Quand même ça servirait-il rien qu'à endormir les grincheux, les fielleux, les dénigreurs et les pessimistes, pour ne les réveiller que lorsque le monde tournera suivant leurs goûts et leurs idées, ça serait déjà un bienfait inestimable.

—Moi, dans tous les cas, Catherine, j'te persuade une chose, c'est que je me paierais un somme d'une cinquantaine d'années, tant seulement pour voir ce que nos descendants vont penser de nous autres.

—Plus j'y pense, Baptiste, plusje me dis que c'est peut-être pas un mal que la découverte n'ait pas été poussée plus loin. Il y a peut-être déjà trop d'endormis.

—C'est vrai qu'il y a des tas de paroissiens qui sont en léthargie... seulement ils ne le savent pas.

LADEBAUCHE.

En guise de cadeau du Jour de l'an à l'intention de ses lecteurs de longue date, LA PRESSE propose un des nombreuses « causettes hebdomadaires du père Ladébauche ». Mais contrairement aux habitudes adoptées pour cette page, la présente « causette » n'est pas datée d'un 28 décembre, mais plutôt du *13 décembre 1919*. Nul doute qu'on ne nous en tiendra pas rigueur.

Après un mois de surveillance assidue, l'inspecteur D.-J. Kearney, du service fédéral des douanes et de l'accise, procédait le *28 décembre 1926* à la découverte, sur la rue Mullins, à Montréal, de la distillerie clandestine (ou alambic) la plus considérable de l'histoire de la production illégale de boissons alcoolisées, puisqu'elle avait une capacité de 2 000 gallons par semaine. Le montage photographique permet de voir l'édifice de la rue Mullins et ses installations à l'intérieur. L'inspecteur Kearney paraît dans deux des photos du bas.

Le froid, les tramways et les citoyens

PLUSIEURS personnes se plaignent, depuis quelques jours, et plus particulièrement depuis les grands froids que nous avons, du service absolument déplorable que leur donne la compagnie des tramways, rue Amherst. Il arrive la plupart du temps qu'aux heures de la fermeture des bureaux et des ateliers, les tramways ne se succèdent qu'à un intervalle de 10 à 12 minutes. Aussi y a-t-il, à chaque intersection de voies de tramway, où les porteurs de correspondance ont le temps de se former par groupes trop nombreux pour prendre place dans un seul tramway, des batailles vraiment disgracieuses où l'idée du bien-être individuel l'emporte sur toute galanterie. On veut sa place, on ne veut pas geler plus longtemps, et pour décrocher cette place, on luttera ferme, sans crainte de bousculer, de condamner à dix minutes supplémentaires de froidure intolérable, de faibles femmes, des dames et des jeunes filles qui n'ont même pas la ressource d'entrer dans un bar pour se réchauffer. Ceux qui ne peuvent trouver place sur les trop rares tramways, murmurent, pestent, jurent contre la compagnie des tramways qui semble ne pas se soucier des plainte du public, et ne pas vouloir augmenter suffisamment le nombre de ses voitures aux heures où, forcément, le trafic redouble.

Aux heures ordinaires de la journée, c'est encore pire. Ainsi, hier après-midi, deux dames que nous ne désignerons pas autrement que Mmes X et Z, mais dont nous avons les noms, ont attendu, vers 4 heures, un tramway de la rue Amherst, pendant un quart d'heure, à l'angle des rues Duluth et Parc-Lafontaine. Elles étaient gelées quand arriva le tramway se dirigeant vers le sud ; elles croyaient tout de même avoir l'occasion de se réchauffer en pénétrant à l'intérieur, mais pas du tout, la fournaise était sans feu, et tout le monde claquait des dents et grelotait. (...)

Hier soir **(28 décembre 1903)**, à 7 heures 55, le représentant de LA PRESSE accompagné d'une dame, attendit le tramway sur le parc Lafontaine, jusqu'à 8 heures 13, soit 18 minutes sous une température de 18 degrés sous le zéro.

Les citoyens du parc Lafontaine se demandent s'ils ne sont pas contribuables comme les autres, et si la compagnie des tramways a le droit de les négliger de la sorte. On avait cru qu'avec le nouveau circuit de la rue des Commissaires passant par le parc Lafontaine, les tramways allant vers le nord et le sud se seraient succédé à toutes les trois ou quatre minutes, mais il n'en a été de rien, paraît-il !

On commence à s'exaspérer.

Ce texte remonte à 80 ans. Pourtant, ne trouvez-vous pas qu'on pourrait, hormis le chauffage, l'appliquer à bien des situations contemporaines ?

L'affaire Cordélia Viau (7)

Samuel Parslow montera lui aussi sur l'échafaud

SAMUEL Parslow, l'un des héros qui se sont illustrés durant l'année terrible qui vient de s'écouler, Sam Parslow a été, hier après midi ***(28 décembre 1898),*** *convaincu par ses pairs du meurtre d'Isidore Poirier, et comme sa complice, Cordélia Viau, il expiera sur l'échafaud son crime odieux.*

C'en en ces termes que LA PRESSE rendait compte, dans son édition du 29 décembre, du sort réservé à Samuel Parslow, un sort que d'aucuns croyaient amplement justifié devant la violence noté dans ce qu'on avait appelé à l'époque la « boucherie de Saint-Canut ».

Dans son adresse au jury avant que ce dernier ne se retire pour délibérer, l'honorable juge Taschereau n'avait laisser planer aucune équivoque quant à ses convictions personnelles. Après avoir émis l'avis que par son attitude même Parslow s'était en quelque sorte trahi au lendemain du crime, le juge avait souligné :

« Parslow était l'obligé de Poirier, il était son ami, son protégé. Sa mort mystérieuse aurait dû susciter en lui, le premier, le doute que son bienfaiteur avait perdu la vie en des circonstances que lui, Parslow, devait éclaircir. On l'interroge ; il ne sait rien. Toute la paroisse s'empresse à aller dire une prière près du cadavre du paroissien le plus estimé de Saint-Canut ; Parslow s'en garde. N'est-ce pas l'indice le plus fort contre lui ? »

Les aveux de Parslow

Dans son examen des circonstances probantes à son avis, le juge avait voulu éliminer tout doute qui aurait pu subsister dans l'esprit des jurés quant aux aveux de Parslow et à leur validité légale.

La défense, pouvait-on lire, *a tenté de faire croire que l'aveu de Parslow était l'effet d'une influence à laquelle l'accusé n'a pu résister. La défense a cherché, a tenté de rejeter toute l'horreur du crime sur la malheureuse qui a déjà été condamnée, afin de disculper Parslow qui aurait été hypnotisé par Cordélia Viau et qui aurait fait une confession, dans un moment de dévouement suprême et avec l'espoir de sauver la misérable. L'honorable juge blâme fortement la conduite des avocats de la défense qui, pour ainsi dire, insultent au malheur d'une malheureuse dans l'espoir de sauver leur client.*

Une fois l'intervention du juge terminée, le jury devait se retirer vers 4 h de l'après-midi. Quinze minutes à peine plus tard, il était de retour avec un verdict de culpabilité.

La condamnation

Après que Me Éthier, l'avocat de Parslow eût essuyé un revers de la part du juge dans sa tentative pour porter la cause devant un tribunal supérieur, à cause de vices de procédure à son avis, le juge coiffa la tricorne officiel, mis ses gants noirs, et demanda au prisonnier s'il avait quelque chose à dire avant que la sentence soit prononcée.

« Je ne suis pas coupable et j'implore la clémence de la Cour », dit un Parslow au teint livide, en tremblottant et en pleurant.

C'est alors que le juge entreprit de lire son long jugement, qu'il termina de la façon suivante :

« Samuel Parslow, vous êtes condamné à retourner dans la prison commune de ce district, et à y être détenu dans un lieu sûr, et séparé de tous les autres prisonniers, jusqu'au 10 mars prochain, et là et alors, dans l'enceinte des murs de cette prison, à être pendu par le cou jusqu'à ce que mort s'en suive ! Et que Dieu ait pitié de votre âme ! »

Un dernier coup d'éclat

Mais il fallait bien qu'une telle affaire ne se terminat pas simplement. En effet, au sortir de la cour, unanimement, les 12 membres du jury décidèrent de signer conjointement une déclaration dans laquelle ils affirmèrent avoir voulu recommander, mais sans succès, Parslow à la clémence du juge. Selon eux, la demande avait été refusée par le juge Taschereau, qui leur avait demandé de se contenter de rendre un verdict de culpabilité ou de non-culpabilité. Par cette intervention, le jury émettait indirectement le souhait (mais en vain, on le verra plus tard) que Parslow puisse échapper à la potence.

Une dernière anecdote, en terminant, le journaliste de LA PRESSE devait clore son article en disant que des 12 jurés, pas moins de sept avaient dû se contenter de faire une croix, étant incapables d'écrire.

Guy Pinard

C'EST ARRIVÉ UN 28 DÉCEMBRE

1978 — Dix détenus trouvent la mort dans l'incendie de leurs cellules à la prison de Lancaster, en Caroline du Sud.

1975 — Six enfants de la famille Huss perdent la vie dans les flammes de leur domicile, à Montréal.

1970 — Arrestation de Francis Simard, Paul et Jacques Rose, présumés ravisseurs et assassins du ministre du Travail du Québec, M. Pierre Laporte.

1968 — Des commandos israéliens sabotent 13 avions commerciaux libanais à l'aéroport international de Beyrouth.

1955 — Le *Comet III* met un temps record (pour l'époque) de six heures et 18 minutes à relier Montréal à Londres.

1950 — L'armée chinoise traverse le 38e parallèle et envahit la Corée du Sud.

1948 — Assassinat du premier ministre d'Égypte, Nokrashy Pacha.

1945 — Quelque 12 000 soldats canadiens rapatriés débarquent du *Queen Elisabeth* à New York.

1928 — Des rebelles afghans bombardent la légation britannique à Halalabad, en Afghanistan.

1923 — On retrouve le cadavre du commandant de Grenadan, du ballon français *Dixmude* précédemment tombé à la mer. — Décès à l'âge de 91 ans, de l'ingénieur Eiffel.

ACTIVITÉS

■ À la télévision

10 h 30, Télé-Métropole — Dans le cadre de l'émission *Entre nous* animée par Serge Laprade, Claudette Tougas, de LA PRESSE, présente la chronique *Cent ans de pages féminines.*

Publicité parue dans LA PRESSE en *décembre 1934.*

LA PRESSE

100 ans d'actualités

LA BÉNÉDICTION DU PATRIARCHE
UNE PIEUSE ET TOUCHANTE CÉRÉMONIE DU JOUR DE L'AN QUI EST ENCORE GÉNÉRALEMENT CONSERVÉE DANS LES FAMILLES CANADIENNES FRANÇAISES DE LA PROVINCE DE QUÉBEC

Quel beau tableau, illustrant une tradition qui a hélas tendance à disparaître! Cette première page a été tirée de l'édition du *29 décembre 1917*.

LA POLICE LEUR MET LE GRAPPIN

Une quinzaine d'agents de loteries clandestines arrêtés par le chef Carpenter et ses hommes.

LEUR SYSTÈME D'OPÉRATiONS

LE chef de la sûreté, M. Carpenter, aidé du sous-chef Charpentier et des détectives Côté, Guérin, McCall, Lemieux, Laberge, Vincent, Gallagher, Richard et McLaughlin, a fait irruption, hier soir **(29 décembre 1903)**, dans neuf maisons de jeux connues sous le nom de « policy shops » ou loteries clandestines.

Ces bouges ont existé de tous temps à Montréal. Il en résultat de tels abus, dans les années passées, que les citoyens, effrayés, firent appel à la législature, qui les prohiba complètement. Cependant, la loi telle qu'adoptée est tellement vague que des juges de haute compétence, consultés sur le chapitre des associations dont les fins sont plus ou moins aléatoires, balancèrent en faveur des joueurs. Depuis, on s'est servi de moyens divers pour éluder la loi et tromper la police, tout en « plumant » les dupes. Les victimes ne se comptent plus.

Ce qui est encore plus étonnant, c'est que des milliers d'agents sont encore actuellement sur le chemin, sollicitant des clients aussi ouvertement que les commis voyageurs représentant les grandes maisons de commerce.

Depuis six semaines, le chef Charpentier recevait des plaintes réitérées de familles, de marchands et d'industriels.

LA RUINE DES OUVRIERS

Les mères de familles venaient en pleurant demander au chef de les aider à détourner leurs maris ou leurs fils de ces antres, où, ceux qui y entrent avec une bourse perdent tout espoir d'en sortir indemnes. Ce ne sont ordinairement que de pauvres ouvriers dont le salaire est justement suffisant pour subvenir aux besoins de leur nombreuse famille.

Dernièrement, un ouvrier alléché par le récit des opérations heureuses d'un camarade d'ouvrage, plaçait toute sa paie de la semaine dans une de ces loteries. Il arriva que dans la même semaine un de ses enfants mourut et les voisins durent se cotiser pur l'enterrer. (...)

Un jeune commis fut pris, la semaine dernière, en flagrant

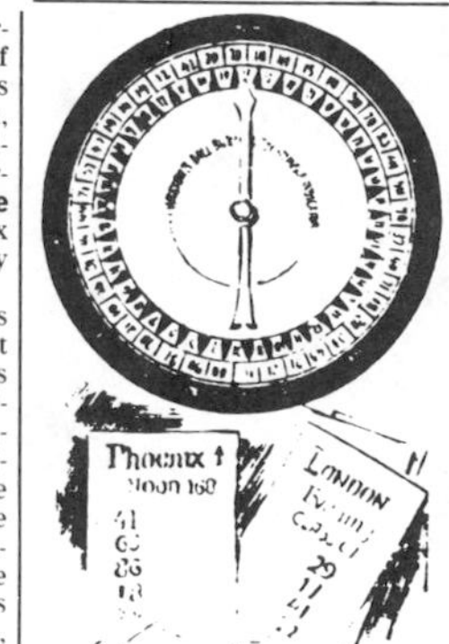

délit de vol dans la caisse de son patron. Il jouait à la loterie. Il a fait des aveux complets. (...)

LA METHODE D'OPERER

Les méthodes de ceux qui dirigent ces loteries prohibées sont bien connues. Ils se disent agents de maisons de Londres et des États-Unis. Ces maisons d'affaires n'existent pas. Les billets se vendent au jour le jour. Comme il est dangereux de posséder des appareils de tirage coûteux, les exploiteurs ne se servent que d'une petite roulette portative qu'ils peuvent faire disparaitre dans la poche de leur pardessus à l'approche de la police. Le tirage a lieu le midi et le soir.

Le matin, c'est la compagnie dite « Phoenix » ; le soir, c'est la « London ». De fait, ce sont les mêmes exploiteurs qui dirigent les deux loteries. Le résultat du tirage est annoncé aux abonnés au moyen de listes qui sont imprimées grossièrement au clavigraphe. (...)

SUR LE TOIT D'UN BATIMENT

Dans le courant de l'été dernier, la police lancée aux trousses de ces escamoteurs, ne put facilement les découvrir à cause des moyens ingénieux qu'ils adoptaient pour dépister la rousse. Le soir, les conspirateurs s'assemblaient sur le toit d'un bâtiment très élevé de la rue Saint-Laurent, et, sur le coup de 10 heures, à la clarté d'une lanterne chinoise, ils faisaient le tirage officiel. Ces méthodes étaient connues de la police, mais le plus difficile était d'arriver aux joueurs et d'obtenir des preuves suffisantes pour les faire condamner.

Mais hier, la mesure était pleine ; l'heure de l'expiation était sonnée. Le chef Carpentier, avec sa phalange de détectives, arrêtaient une quinzaine de personnes.

Les prévenus ont nié leur culpabilité, et leur procès aura lieu plus tard.

Radio et télé d'État paralysées

Une grève pas comme les autres!

LE **29 décembre 1958,** une poignée de 75 réalisateurs de télévision de Radio-Canada déclenchaient à 5 h de l'après-midi une grève qui allait bouleverser pendant près de trois mois (les grévistes devaient rentrer au travail le 9 mars) les habitudes acquises par les Montréalais depuis l'avènement de la télévision au début des années 50.

En effet, devant l'appui quasi unanime (et vraisemblablement inespéré, faut-il le préciser) offert aux réalisateurs par quelque 2 200 des 2 600 autres employés de Radio-Canada ainsi que les membres de l'Union des artistes, la programmation de la radio et de la télévision francophone se retrouvait complètement chambardée, du fait que la majorité des émissions étaient à l'époque télévisées et radiodiffusées en direct. C'est ainsi que dès la première journée de la grève, les Montréalais se retrouvaient sans deux de leurs émissions préférées de l'époque, en l'occurrence « Les belles histoires des pays d'en haut » et « La poule aux oeufs d'or ». Évidemment, on n'en était qu'au lundi, et il n'était pas encore question de s'inquiéter quant au sort du match du samedi soir, au Forum... Jamais aurait-on pu penser que les téléspectateurs devraient se contenter d'une diète aussi longue de films, fussent-il des primeurs à la télévision.

La grève reposait essentiellement sur une question de principe : la société Radio-Canada refusait de reconnaitre immédiatement le syndicat présidé par Fernand Quirion, comme ce dernier le demandait. En fait, la société d'État n'appréciait guère la syndicalisation de ses réalisateurs, considérés comme des cadres par la haute direction. Soixante-dix jours plus tard, fort de la solidarité de leurs milliers de supporters, à l'intérieur comme à l'extérieur de la boite, les réalisateurs avaient finalement gain de cause, en obtenant de Radio-Canada la reconnaissance de leur droit de se syndiquer même s'ils occupaient des fonctions à caractère patronal.

Cette grève avait également provoqué de profonds remous à cause de la qualité intellectuelle des personnalités qui s'y étaient impliquées à divers titres, et qui en sont sorties généralement grandies. On pense par exemple à MM. Pierre Elliott Trudeau, René Lévesque, Jean Marchand, Gérard Pelletier, Jean Duceppe, Roger Baulu et combien d'autres encore.

Le Québec n'allait plus être le même, d'autant plus qu'un an plus tard, Jean Lesage s'installait au Parlement de Québec et mettait en place les mécanismes de la révolution tranquille.

Guy Pinard

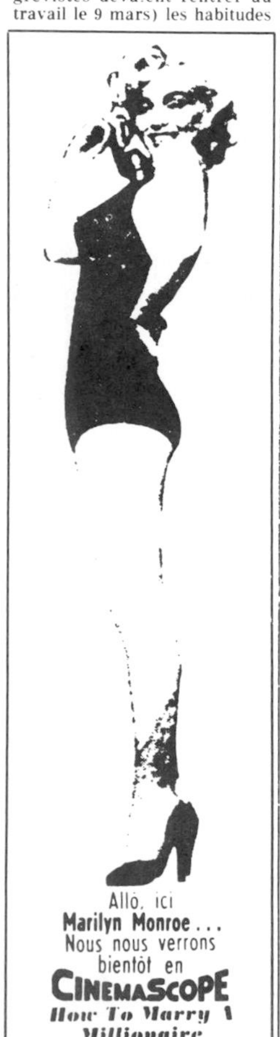

Allo, ici
Marilyn Monroe...
Nous nous verrons
bientôt en
CINEMASCOPE
How To Marry A
Millionaire
LE 1er JANVIER
PALACE

Et dire que cette annonce mettant en vedette l'inoubliable Marilyn Monroe, et parue dans LA PRESSE du *29 décembre 1953*, il y a déjà trente ans, était considérée comme étant osée à l'époque... Les temps ont bien changé...

Bouilli vivant

KOKOMO, Ind. — Un excentrique du nom de George Tykle tient à cet endroit des bains depuis plusieurs années. Il a toujours prétendu que ses bains avaient une efficacité merveilleuse pour guérir toute sorte de maladies. Hier soir **(29 décembre 1889),** il mit, dans un bain chauffé par des becs de gaz placés sous la cuvette, un cultivateur paralytique et sortit pour se livrer à certaines cérémonies avec ses compagnons. Il oublia ainsi son patient et fut se mettre au lit. Le fermier Clark était dans son bain. Ce matin, il a été trouvé mort, la peau et une partie des chairs si cuites qu'elles se détachaient de son corps. Tykle a été arrêté.

BABILLARD

Un autre évadé de l'Île du Diable

Dans l'édition du 29 novembre dernier, on faisait état dans cette page de l'évasion du Canadien Eddie Guérin de la terrible prison de l'Île du Diable, en Guyane française, en novembre 1924. On précisait que son évasion était la première et la seule connue à ce moment-là.

À la lecture de ce texte, Armand Morin, capitaine-détective de la Sûreté de Montréal maintenant à la retraite (et frère de Maurice, ex-chroniqueur judiciaire à LA PRESSE, a jugé bon de vous offrir un complément d'informations fort intéressant. Laissons-lui la parole.

La lecture de ce récit m'a rappelé un autre évadé de cet enfer de l'Île du Diable, FRANÇOIS ROSSANO, qui avait lui aussi réussi son exploit, peut-être avant, peut-être après celui d'Eddie Guérin, il m'a été impossible de le confirmer par l'évadé lui-même qui n'était pas trop volubile sur ce sujet.

Il reste que ce François Rossano avait été arrêté à Montréal pour un délit assez grave — peut-être un braquage ou un vol important ou même trafic de narcotiques — aux alentours des années 1937 à 1945. Durant son séjour dans les cellules de la Sûreté de Montréal, j'avais eu l'occasion de causer avec lui de son séjour à l'île et de son évasion. C'était captivant ! Il devait avoir 60 ans environ vers ces années 1937-45. Il faut vous dire que j'étais attaché à la Sûreté de Montréal, section de l'Identité judiciaire, comme policier et spécialiste en techniques policières (empreintes digitales, écritures, documents, etc.).

Collection à offrir

M. Morin profite de la circonstance pour offrir à toute personne qui serait intéressée quatre volumes complets du journal *L'Opinion publique* des années 1873, 1874, 1875 et 1876. Chacune de ces années est contenue dans un volume magnifiquement relié et encore en excellent état, précise M. Morin.

Toute personne intéressée devra entrer en communication avec Guy Pinard, au 285-6843, pour obtenir l'adresse et le numéro de téléphone de M. Morin.

GENE SARAZEN
Photo tirée du *Magazine illustré* de LA PRESSE, en 1928.

C'EST ARRIVÉ UN 29 DÉCEMBRE

1975 — L'explosion d'une bombe fait 13 victimes à l'aéroport La Guardia de New York. — Six enfants d'une même famille meurent dans les flammes de leur maison, à la Pointe Saint-Charles.

1973 — Carlos Arias Navarro, ministre de l'Intérieur, est nommé chef du gouvernement espagnol par le général Franco, en remplacement de Carrero Blanco, assassiné neuf jours plus tôt.

1972 — Un Lockheed L-1011 d'Eastern Airlines s'écrase dans les Everglades. On dénombre une trentaine de survivants parmi les 167 passagers et membres d'équipage. C'était le premier avion de ce type à être impliqué dans un accident depuis sa mise en service deux ans plus tôt. — Arrestation à Dublin de Rory O'Bradaigh, chef du Sinn Fein irlandais.

1969 — À Manille, une bombe explose près de la limousine du vice-président des États-Unis, M. Spiro Agnew, qui s'en tire indemne.

1960 — Décès à Lisbonne du Dr Philippe Panneton, homme de lettres sous le pseudonyme de Ringuet, et ambassadeur du Canada à Lisbonne.

1952 — Libération du Dr Alan Nunn May après six ans et huit mois dans une prison anglaise. Il avait été reconnu coupable d'avoir livré des secrets de la bombe atomique à l'Union soviétique. Il avait travaillé au Centre de recherches atomiques de Montréal.

1950 — Désireux d'encourager l'immigration, le gouvernement canadien offre des prêts pour couvrir les frais de transport des Européens intéressés à venir s'installer au pays.

1948 — Les troupes juives passent à l'assaut de la citadelle de Gaza.

1945 — Selon des statistiques publiées à Ottawa, la Deuxième guerre mondiale auraient occasionné les pertes suivantes chez les troupes canadiennes : 41 371 morts, 42 178 blessés, 10 844 prisonniers, et 32 disparus.

1933 — Assassinat à Bucharest par la « Garde de fer antisémite » du premier ministre Ion Duca, considéré comme étant le défenseur des Juifs roumains.

1911 — La République de Chine est enfin une réalité et le Dr Sun-Yat-Sen en devient le premier président.

1910 — La région du bas du fleuve est enfin reliée à Montréal et Québec par chemin de fer.

LA PRESSE

100 ans d'actualités

L'HOMME DU SIECLE

LE SIECLE NOUVEAU

Cette illustration montre la toute dernière « première page » publiée par LA PRESSE au cours du XIXe siècle. En effet, cette page fut publiée le *samedi 30 décembre 1899*, dernier jour de publication de l'année 1899, le 31 tombant un dimanche.

LE BAISER

La contagion du craw-craw

LE baiser a beaucoup d'ennemis. Il a vrai qu'il a tant d'amis ardents et fidèles, qu'il peut défier la médisance et même la calomnie ! Mais ses adversaires ne sont point négligeables. Les moralistes, d'abord, acharnés à l'interdire, au nom d'une morale spéciale, en Angleterre notamment, au risque de compromettre l'oeuvre sacrosainte de repopulation. Les hygiénistes, ensuite, dont on n'a pas oublié la campagne pour nous persuader que le baiser était le véhicule de microbes effroyablement pathogènes qui répandaient le désordre dans notre organisme en y dansant un cake walk effréné.

On avait laissé dire aux empêcheurs de s'embrasser à la ronde, et le baiser avait conservé auprès de la majorité de nos contemporains la faveur dont il jouit avec quelque raison. Mais voici qu'il nous vient du Cap et du Transvaal une angoisse nouvelle au sujet du baiser.

Il paraîtrait démontré que le baiser expose les...participants à contracter le « craw craw ». Rien que le nom vous fait passer un petit frisson dans les mâchoires, n'est-ce pas ? Le « craw craw » sévirait à l'état endémique dans l'ouest de la colonie du Cap et dans plusieur districts du Transvaal. Il est causé par un ver microscopique de la famille des anguillulidés. Malgré son extrême petitesse, dit un de nos confrères, il est très actif et se multiplie à l'infini dans le sang du malade, qui est en proie à des démangeaisons épouvantables, particulièrement dans le dos, sur les bras et sur les épaules. L'université de Birmingham s'est occupée activement de ce nouveau fléau ; elle a déjà reconnu qu'il ne se contracte que par le contact des lèvres.

Cette fois, c'est fini de rire. Le microbe du baiser n'est pas un mythe. Les moralistes sont dans l'allégresse paraît-il, à l'idée que les amateurs auront toujours ce microbe sur les lèvres. Férocement, ils en tirent des conséquences heureuses pour notre vertu. Mais le baiser familial, le baiser de la mère à son enfant, devient aussi un danger.

Un baiser, c'est bien douce chose.

S'il faut le payer de démangeaisons épouvantables, un des plus jolis gestes de l'humanité va disparaître, condamné par la science. Au fait, la fameuse tunique de Nessus, ce n'était peut-être , symboliquement, que le « craw craw » ?

Cela se passait le 30 décembre 1904.

BABILLARD

Aux collectionneurs de jetons

Un lecteur du Mont Saint-Hilaire, **Pierre Rivard,** nous fait parvenir la courte lettre suivante :

Je suis de ceux qui croit avoir en sa possession une collection exceptionnelle. Il s'agit de la série complète des 200 jetons de plastique mis sur le marché par la compagnie Jello et représentant l'histoire de l'automobile jusqu'en 1961. J'ai réussi à compléter cette collection étant enfant avec mon frère... de collection (jumeau).

Toutefois, je serais bien heureux de pouvoir trouver les jetons manquants à mes collections de joueurs de hockey Sherif, de chiens de Humpty Dumpty, de poissons de Royal Instant Pouding, et bien entendu, les avions de Jello (il m'en manque une soixantaine pour compléter à 200).

Espérons que M. Rivard n'a pas mangé seul cette belle collection de desserts de toutes sortes... De toute manière, rien n'empêche les lecteurs de cette chronique de lui venir en aide s'ils sont en mesure de le faire. On pourra obtenir ses numéros de téléphone en s'adressant à Guy Pinard, au 285-6843.

LA BONNE ANNÉE

Un siècle sépare ces deux illustrations, montrant les véhicules utilisés en 1800 et 1900. Ces illustrations ont été publiées dans LA PRESSE du *30 décembre 1899*.

Signor Guillelmo Marconi, le célèbre inventeur de la télégraphie sans fil

*Dans son édition du **30 décembre 1901,** LA PRESSE proclamait sans ambages Signor Guillelmo Marconi, l'« HOMME DU SIÈCLE ». Voyons en quels termes (qu'on trouverait plutôt lyriques à notre époque) elle l'avait fait.*

Ce montage illustré accompagnait le long article consacré à Guillelmo Marconi, dans LA PRESSE du *30 décembre 1901*.

GUILLAUME, ou plutôt — respect de l'épellation nationale — Guillelmo Marconi, le roi de la science moderne, « l'homme » du XXe siècle, ce « sorcier » de 27 ans — qu'on nous passe l'expression — qui est, enfin, parvenu, après des années d'études et de recherches, à jeter cette parcelle miraculeuse d'électricité d'un continent à l'autre, est entré à Montréal hier soir, vers les huit heures, venant de Terre-Neuve, théâtre de ses dernières expériences.

Merveille du progrès humain, Marconi l'est bien. Et qu'est-ce que le progrès, sinon l'expression de la loi divine qui conduit l'humanité du mal au bien, de la pauvreté à la richesse! Quand la terre s'échappa des mains de Dieu, elle était couverte d'aspérités et brute comme la boule de métal sortie du creuset du fondeur. Pendant bien des milliers d'années, elle fut inhabitable pour toute créature vivante. Ce n'était qu'une ébauche, à laquelle, dans ses suprêmes desseins, Dieu n'avait pas donné sa dernière main. C'est pourquoi, en déposant l'humanité sur sa terre refroidie, il fut dit : « Je suis la vie, parce que je suis la force ; je suis le travail éternel car la force ne peut se reposer. Or, je t'ai faite à mon image, c'est-à-dire que je t'ai créée pour le travail. Le globe sur lequel tu es, t'appartient ; je te le donne ; tout y est préparé pour ton bonheur, si tu travailles, pour ton malheur, si tu demeures oisive. Tu es mon associée ; poursuis, en en la perfectionnant, l'oeuvre de la création. J'ai tout fait ce qui était au-dessus de tes forces, fais le reste. Je t'ai donné l'intelligence, qui est une étincelle de mon être, et la main qui est à la fois un sceptre, signe de ta royauté, et le plus délicat des instruments de travail. À l'oeuvre donc! Je suis avec toi.

Longtemps donc, l'homme ne comprit pas sa mission divine. Au lieu de perfectionner son globe, l'humanité se divisa en nations ennemies qui se disputèrent entre elles une place au soleil, comme si la terre était trop étroite pour les loger toutes ; mais aujourd'hui qu'elle est entrée dans une vigoureuse adolescence, et que la raison lui est enfin venue, elle a honte de son passé : elle élargit la pointe des baïonnettes pour en faire des socs de charrue, et demander à la science, qui guide le travail, la gloire sans les larmes, et la richesse, fruit d'un labeur productif. L'esprit de la conquête la domine toujours, mais elle veut la conquête pacifique qui, au lieu de répandre le sang humain, verse dans des chaudières bouillantes d'eau, ce véritable sang des machines dont les flots coulent sur tous les champs de bataille de l'industrie.

Autrefois, l'homme dont les pieds craignent les épines, se traînait péniblement sur la terre, armé comme le ourang-outang, du bâton qu'il avait pris à la forêt voisine. Il ne tarda pas à dominer le cheval sur lequel il s'élança avec fierté. Mais le cheval faisait jaillir la boue et voler la poussière ; l'humanité créa le chemin de fer, aussi propre qu'un ruban de soie ; et comme le cheval, ce noble et fougueux animal, ne pouvait pas suffire à l'impétuosité de sa marche, elle l'a renvoyée à l'écurie pour construire des coursiers métalliques, qu'elle nourrit de terre et qui roulent et se précipitent comme l'ouragan. Elle a soumis les mers comme les continents ; elle s'est élancée sur de gigantesques vaisseaux, véritables Léviathans mécaniques qu'elle nourrit de feu, puis elle a dit à l'Océan étonné : « Tu es désormais mon esclave, et tu me serviras avec docilité ».

Et quand l'humanité eut parcouru toute la terre et pris possession de son domaine, elle voulut se sentir vivre partout à la fois. Elle prit alors modèle sur les êtres organisés et lança dans toutes les directions des fils électriques, véritables cordons nerveux qui lui donnent la reconnaissance instantanée des événements les plus lointains, de même que le cerveau perçoit, à l'instant même de leur production, les sensations que l'oeil, l'oreille ou la main viennent d'éprouver.

L'humanité, fille de Dieu, qui est la suprême lumière, avive la clarté du jour. Un soir donc, que les ténèbres portaient l'ennui dans son âme, elle dit : Je veux qu'il ne soit plus nuit, que la lumière soit, et la lumière fut, et des millions de becs enflammés jaillirent du sein de la terre. Puis l'électricité, âme et lumière du monde, vint remplacer de ses rayons éblouissants la lueur jaunissante et fumeuse des gaz.

Puis l'humanité dit un jour : Est-ce que mon intelligence ne vaut pas les ailes de l'oiseau, qui n'a que l'instinct ? Est-ce qu'il ne ne me sera pas donné de me promener dans les plaines de l'air et de conquérir l'océan atmosphérique ? Elle dit et créa le ballon, qu'un Santos-Dumont est aujourd'hui en train de faire marcher avec autant de précision dans les airs que la pointe du compas guidée sur le papier par le géomètre attentif.

Enfin, ces jours derniers, près de Saint-Jean, Terre-Neuve, un Marconi vient nous démontrer la transmission instantanée de l'atome électrique à travers des milles et des milles d'espace, reliant par la seule conductibilité des couches atmosphériques les continents aux continents.

C'est le dernier mot de la science!

LA PRESSE poursuivait son long article en expliquant de quelle manière, le 12 décembre précédant, vers 11 h 30 du matin, Marconi s'y était pris pour relier, par la télégraphie sans fil, les 2 000 milles séparant la station de Toldhu, à Cornwall, Angleterre, de celle de Terre-Neuve, grâce à deux instruments, transmetteur et émetteur, accordés avec une extrême précision, puisque la transmission était assurée par des oscillations vibratoires atteignant la vitesse de 900 000 à un million de vibrations par seconde, alors que pour la première fois de l'histoire, le « s » de l'alphabet morse franchissait un océan sans l'aide d'un fil. Mais tout n'avait été sans difficulté, l'Anglo-American Cable s'étant objectée par voies légales à ce qu'il poursuive à Terre-Neuve des expériences qui allaient signifier la mort du câble sous-marin.

Marconi était né de père italien et de mère anglaise à Griffore, près de Bologne, le 25 avril 1874. En 1896, alors qu'il avait 22 ans, il alla se fixer en Angleterre, une fois ses études terminées à l'Université de Bologne. Il avait réussi sa première expérience de télégraphie sans fil en mars 1899, alors qu'il était parvenu à relier deux villes distantes de 32 milles.

CE QUE DIT EDISON A LA PRESSE

«Présentement, je suis plutôt disposé à croire que la télégraphie sans fil ne deviendra jamais «commercialement» praticable au point de faire disparaître les systèmes actuellement en opération. Cependant, je n'ai pas le moindre doute que la télégraphie sans fil rendra des services importants au chapitre du signalement des navires et en temps de guerre pour la transmission de dépêches d'un navire à l'autre, etc.

«Cependant, je tiens à ajouter qu'on en peut prévoir ce qui arrivera dans le domaine des découvertes scientifiques. Quelque chose peut arriver un de ces matins, qui créera toute une révolution.»

Thomas A. Edison

C'EST ARRIVÉ UN 30 DÉCEMBRE

1979 — Richard Rogers, coauteur de comédies musicales à succès comme *Oklahoma, South Pacific, The King and I et The Sound of Music*, meurt à l'âge de 77 ans.

1972 — Washington met fin aux bombardements au Vietnam du Nord alors que la guerre du Vietnam entre dans sa 13e année.

1970 — Le général Franco dénoue le drame de Burgos en commuant les peines de mort prononcées contre six nationalistes basques.

1968 — Décès de Trygve Lie, premier diplomate à occuper les fonctions de secrétaire général de l'ONU.

1967 — Décès de Vincent Massey, le premier Canadien d'origine à occuper le poste de gouverneur-général du Canada.

1949 — Le Vietnam accède à l'indépendance, mais la France se réserve le contrôle militaire du nouvel État.

1948 — Rome excommunie le nouveau gouvernement hongrois, à la suite de l'arrestation de Mgr Mindszenty.

1935 — L'aviation italienne bombarde un hôpital de la Croix-Rouge à Addis Abeba, Éthiopie. On dénombre 24 morts.

1906 — Un accident ferroviaire fait 53 morts à Washington.

1903 — Un incendie dans un cinéma de Chicago fait 682 morts.

LA PRESSE

100 ans d'actualités

Voilà de quelle manière, *le 31 décembre 1910*, LA PRESSE souhaitait la bonne année à ses lecteurs.

UN DESASTRE A LA GARE VIGER

Le débarcadère, encombré d'une foule joyeuse attendant le départ du convoi de Québec, est violemment soulevé par une explosion de gaz, et une centaine de spectateurs sont projetés dans les airs. — Scènes de confusion indescriptibles

QUELQUES minutes avant le départ du train de Québec, vendredi soir **(31 décembre 1909)**, une explosion de gaz « Pinscht » se produisit sous le quai de la gare Viger et lança dans les airs une centaine de personnes environ, dont une trentaine en sont sorties plus ou moins éclopées, d'autres ont pu seules regagner leur foyer, bien que souffrant fortement du choc nerveux que leur avait imprimé cette commotion. Pendant une heure, les voitures d'ambulance ont travaillé sans relâche à transporter les **(22)** blessés dans les différents hôpitaux et plusieurs se sont fait panser par des médecins qui se trouvaient sur le théâtre de l'accident.

Les dommages matériels s'élèvent à peine à quelques centaines de dollars, mais on ne connaîtra jamais peut-être ce que fait perdre à quelques-uns ce pénible accident qui marque si tristement la fin de l'année.

Il était 11 hres 27 vendredi soir. Le train de Québec, bondé de voyageurs, allait partir dans quelques minutes et une centaine de personnes venues reconduire des amis ou des parents qui allaient passer le Jour de l'an dans leurs familles, attendaient son départ sur le quai lorsque, tout à coup, un bruit épouvantable se fit entendre et toute cette foule se trouva dispersée. (...)

Le capitaine Bellefleur, de la police municipale, se trouvait sur le quai de la gare lorsque l'explosion s'est produite. Il dit qu'il ne peut définir la sensation qu'il éprouva et se demanda s'il était bien encore de ce monde. « Je ne suis ordinairement pas peureux, dit-il, et pourtant, je dois avouer que la crainte me retint immobile pendant quelque temps et je ne songeai pas à porter secours à mon ami Dupont que je venais reçonduire au train et qui m'avait accompagné chez le barbier de la gare.

On peut s'imaginer l'effet que produirait un

TOURBILLON DE VENT

frappant une foule compacte d'une centaine de personnes et les disperserait comme des grains de poussière; c'est à peu près là ce que ressentirent les victimes de l'explosion, et même les personnes qui n'ont pas été blessées, au moment de l'accident.

Le pavé du quai fut ouvert sur presque toute sa longueur et quelques victimes retombèrent dans la poussière soulevée par la force de l'explosion. (...)

De bonne heure samedi matin, une enquête était tenue par M. McNicoll, vice-président du Pacifique Canadien. L'avis de tous ceux qui connaissent quelque chose de l'explosion fut écouté cependant que

DES EXPERTS

faisaient un minutieux examen du tuyau du gaz « Pinscht », qui avait fait explosion. Le bris du tuyau a été — à ce qui paraît le plus rationnel — causé par le froid. Le gaz est amené du réservoir principal par un tuyau souterrain d'un demi-pouce. La pression est de 150 livres par pouce carré. La théorie de l'explosion serait que le gaz s'est trouvé emmagasiné sous la plateforme, après s'être échappé par une fissure du tuyau. Ne pouvant s'échapper — vu l'épaisse couche de glace qui couvrait les planches — le gaz se trouvait localisé comme en un vaste réservoir. Ce qui semble demeurer inexplicable, c'est la cause qui a produit l'inflammation du gaz. Le feu a-t-il été communiqué par un cigare allumé, ou autrement, on ne peut le dire.

La locomotive n'a pu — par son charbon enflammé — produire l'explosion, puisqu'elle se trouvait à dix longueurs de wagon de l'endroit où s'est produit l'accident.

D'après les renseignements fournis par le gardien des cours de la gare Viger, deux explosions se seraient produites. La première, pour ainsi dire insignifiante, fut aussitôt suivie d'un terrible choc. Les experts en ces genres de réservoirs à gaz — les appareils « Pinscht » — sont de l'avis des officiers du Pacifique Canadien. (...)

IL Y A NEUF ANS

Parlant du terrible accident (...), le capitaine Bourgeois, du poste central, rappelait à un reporter de la « Presse » qu'à la même date et à la même heure, il y a neuf ans passés, un homme fut décapité par un train du Pacifique, à quelques pieds de l'endroit où eut lieu l'explosion.

Le capitaine, qui se trouvait en devoir à la gare Viger, ramassa lui-même la tête de la victime, à près de deux pieds de la voie ferrée. « Cette mort est toujours demeurée mystérieuse », a ajouté le capitaine, et l'on n'a jamais su s'il y eu suicide ou accident ».

MLLE JULIETTE BELIVEAU

La ravissante petite artiste, Juliette Béliveau, était à la gare lors de l'accident. Partie avec quelques camarades pour aller faire un tour de conduite à un parent qui partait pour Québec, elle eut l'heureuse chance que son parent fut forcé de monter dans l'un des premiers wagons, lequel se trouvait assez éloigné du lieu où l'explosion se produisit.

« Nous étions, mes amies et moi, à blaguer mon parent, nous lui disions bonjour, et comme il disparaissait dans le compartiment, voilà que je me sens enlevée, assez violemment. Ce fut la seconde d'un siècle que dura mon envolée, puis, soudain, je retombai sur le quai de la gare. Le choc fut très douloureux, mais énervée, je bondis sur mes pieds et attrapant une compagne, nous parvinmes à nous sauver ».

N.D.L.R.: Le gaz « Pinscht » était utilisé pour l'éclairage des wagons ferroviaires à l'époque.

PLACE AUX JEUNES!

Caricature d'Albéric Bourgeois publiée le *31 décembre 1909*.

M. Dieudonné Paquin, 15 ans, No 428 rue Cuvillier, gravement blessé, transporté à l'hôpital Général.

M. Adjutor Bruneau, No 114 rue Wolfe, gravement blessé au cours de l'explosion.

Mme Patrick Guay, No 30 rue Ste-Elisabeth, 28 ans, mourante à l'hôpital Victoria.

ACTIVITÉS

AUJOURD'HUI

■ **À la télévision**

12 h, Télé-Métropole — L'émission *Entre midi et 14 heures* est entièrement consacrée au centenaire de LA PRESSE. L'animatrice Marie-Josée Mondoux et tous les chroniqueurs traitent une partie de leur chronique habituelle comme il y a 100 ans, à l'aide des archives de LA PRESSE qui illustreront abondamment ces deux heures d'antenne. L'historien de LA PRESSE, Cyrille Felteau, et Jean Pellerin participent à cette émission.

■ **À la radio**

17 h, Radio-Canada — Chronique consacrée à LA PRESSE à l'émission *Avec le temps*, animée par Pierre Paquette.

DEMAIN

■ **À la télévision**

16 h 30, Télé-Métropole — Dans le cadre de l'émission *Sports-Mag*, l'animateur Pierre Trudel consacre quelques moments de rétrospective à un événement sportif illustré par les archives de LA PRESSE.

LUNDI

■ **À la télévision**

Le 18-heures, Télé-Métropole — Vers la fin de ce bulletin de nouvelles, soit vers 18 h 50, les animateurs commentent quelques manchettes tirées des pages de LA PRESSE et qui ont fait l'actualité d'hier.

C'EST ARRIVÉ UN 31 DÉCEMBRE

1970 — Les deux condamnations à mort du procès de Leningrad sont commuées en emprisonnement à vie.

1968 — Des bombes explosent près de l'hôtel de ville de Montréal et d'un édifice du gouvernement fédéral.

1934 — Des inondations causent la mort de 50 personnes dans la région de Los Angeles.

1927 — La glace cède sous le poids de l'auto et six personnes périssent noyées dans le lac Témiscamingue.

1913 — La disette d'eau se fait de plus en plus inquiétante, même à Montréal, à cause d'un bris de tuyau.

1908 — Le toit de la Bourse de Rome s'effondre lors d'une explosion. Elle était logée dans un édifice qui était un des plus beaux vestiges de l'antiquité païenne. — Un incendie détruit le couvent des religieuses de la Charité, à Rimouski.

1896 — Une violente tempête cause de nombreux dégâts à Montréal, et fait un mort, un cheminot qui devait succomber à ses blessures.

LES Canadiens font un début encourageant. — L'équipe « bleu, blanc, rouge », composée d'éléments recueillis des quatre coins du pays et n'ayant jamais joué ensemble donne du fil à retordre aux Ottawas, des champions qui luttent aux côtés les uns des autres depuis plusieurs années. — Pendant les deux-tiers de la partie la victoire était aux Canadiens qui jouaient plus rapidement et plus habilement que leurs adversaires. — Pitre et Payan les étoiles samedi soir. Le jeune joueur de Saint-Hyacinthe, bien que relevant d'une maladie de quatre jours, s'est révélé une étoile de première grandeur au hockey. — Lalonde a été trop individuel. Le capitaine du Canadien a fait de magnifiques assauts et de belles courses; mais il fut envoyé à la clôture par sa faute et ne passait pas la rondelle à ses confrères. — Poulin et Vézina ont été bien admirés.

C'est en ces termes que LA PRESSE parlait du match hors concours du *Club athlétique Canadien* (qui succéda temporairement, au *Club de hockey Canadien*, jusqu'en 1916 en fait, match disputé le **31 décembre 1910.** L'équipe avait alors subi un revers de 5 à 3 aux mains du club Ottawa, à l'aréna du Jubilé, à l'angle des rues Moreau et Sainte-Catherine, dans l'est de Montréal.

Le fondateur de Val David fête ses cent ans le 1er janvier

LORSQU'ON demande à Léonidas Dufresne à quelle date il est né, il répond, comme le commun des mortels, donc avec tout l'aplomb prévisible, qu'il a vu le jour le 1er janvier 1884. Pourtant, la situation n'est aussi nette que cela, et on se demande, sans pour autant lui enlever sa qualité de centenaire, s'il ne serait pas plutôt né le 31 décembre 1883.

Michel-G. TREMBLAY

Selon son fils Jean-Louis, il serait étonnant que son père ait vu le jour le 1er janvier 1884 à Sainte-Agathe tel qu'indiqué sur son acte de naissance, et qu'il ait été baptisé le même jour, alors que les parents de Léonidas demeuraient à une vingtaine de kilomètres au sud de la paroisse, dans un coin de ce pays qui deviendra plus tard Val David.

Jean-Louis Dufresne, propriétaire de *La Sapinière* de Val David, auberge réputée des Laurentides, croirait plutôt que son père est né la veille, et que la famille a profité du Jour de l'an pour faire baptiser leur fils à Sainte-Agathe.

Quoiqu'il en soit, Léonidas Dufresne est toujours en excellente forme, et il demeure, depuis deux ans seulement, au pavillon Grignon du Centre hospitalier des Laurentides, à Sainte-Agathe-des-Monts. Encore actif, il se rend de temps à autre à *La Sapinière* qu'il fit construire en 1935, assiste régulièrement à la messe à l'église ou « sort » avec l'une de ses trois dames de compagnie, pour visiter des amis ou aller à des concerts des chorales des environs.

Pionnier du Nord

Pour faire la petite histoire de ce personnage légendaire des Laurentides, il faut remonter en août 1849 quand trois pionniers partent de Montréal à pied pour établir leur nouvelle colonie à une quarantaine de kilomètres au nord de Saint-Jérôme.

Il s'agit des deux frères Ménard et de Jean-Baptiste Dufresne, le grand-père de Léonidas, qui fondèrent Sainte-Agathe-des-Monts. Héritant de l'esprit d'aventure de Jean-Baptiste, Léonidas ouvre à l'âge de 27 ans un magasin général à Val David, qui s'appelait à l'époque Bélisle's Mill à cause du moulin à bois et à farine de Jos Bélisle situé sur la rivière du Nord.

Homme d'affaires prospère, Léonidas se lance en politique à l'âge de 32 ans, et il devient maire de Sainte-Agathe, poste qu'il conserva de 1916 à 1920. Quand Val David devient une municipalité autonome en 1921, Léonidas est élu maire de son village, nommé ainsi en l'honneur du député Athanase David, et il a été constamment réélu jusqu'en 1949.

En plus de son magasin général, il a eu une cour à bois où il a travaillé jusqu'à l'âge de 92 ans, mais il a surtout fait de la construction domiciliaire à Val David, dont la célèbre *La Sapinière*, cette auberge de 20 chambres qui offrait gîte et repas pour deux personnes, en 1936, pour $28 par semaine. Membre de la chaîne internationale des Relais et châteaux, *La Sapinière* offre actuellement ses chambres à $100 par jour par personne...

Léonidas Dufresne, le fondateur de *La Sapinière*, en compagnie de son fils Jean-Louis.

EPICERIES EN GROS QUI SE FUSIONNENT

L'ACTE de vente de la maison « Chaput, Fils & Compagnie » à la maison « Hudon, Hébert & Compagnie » a été signé jeudi dernier **(31 décembre 1925)** à midi. Les deux entreprises seront réunies sous une même raison sociale. Un certain nombre de vieux employés occuperont des postes de confiance. On dit que le prix d'achat sera versé comptant à la prise de possession de l'entreprise, au mois de février. Pour ce qui concerne les détails de la transaction, il est peu facile de les connaître.

On assiste là à une manifestation de la concentration commerciale. L'objet de cette fusion est de réduire les frais d'administration et, par le fait même, de diminuer les prix. La concurrence intense disparaissant partiellement, il sera possible de supprimer certaines dépenses. Ainsi, au lieu d'envoyer deux vendeurs dans la même localité, il n'y en aura plus qu'un, de même pour la livraison des marchandises. Il est question, paraît-il, d'inclure plus tard dans la même fusion « Hudon et Orsali » et « Laporte, Martin, Limitée ». On assisterait alors au phénomène qui s'est produit en Ontario, où toutes les épiceries en gros sont réunies sous une seule administration, et la tentative a été couronnée de succès. La réduction des frais de vente et d'administration a permis de réduire les prix; cependant, le chiffre d'affaires et les profits ont accusé une augmentation.

LA PRESSE
100 ans d'actualités

SINISTRE EFFONDREMENT A LONDON AU COURS D'UNE ASSEMBLEE MUNICIPALE

Nombre considérable de morts et de blessés

Ce que dit l'ingénieur de la ville au reporter de LA PRESSE

LONDON, Ont. — Un épouvantable accident est arrivé ici, hier soir **(3 janvier 1898)**, quelques minutes après neuf heures.

Les candidats heureux aux élections municipales étaient en train d'adresser la parole dans la grande salle de l'hôtel de ville et une foule d'au moins 2 500 personnes était présente.

Au moment précis où les applaudissements éclataient avec le plus d'intensité, la partie nord du plancher de la salle s'est subitement effondrée et deux cents personnes au moins ont été précipitées pêle-mêle dans le vide en même temps qu'un énorme coffre-fort qui a écrasé un grand nombre de ces malheureux, les réduisant en une masse de chair informe et épouvantable à voir.

Une horrible scène s'en est immédiatement suivie. Le cri de « au feu » s'est fait entendre et la foule épouvantée s'est précipitée vers les issues. Les fenêtres, les portes ont cédé sous la pression et ont volé en éclats.

Dans la rue, toute la population de London se trouvait réunie en quelques minutes.

En réponse à une alarme générale, les pompiers et la police sont arrivés sur les lieux. Les premières personnes qui ont pu porter un secours effectif aux malheureux empilés, écrasés sous le poids du coffre-fort, se sont presque trouvé mal devant le spectacle qu'elles ont eu sous les yeux. (...)

Tous les médecins de la ville étaient sur les lieux. Ils ne pouvaient suffire aux demandes. On a vu des blessés attendre deux heures avant de pouvoir être pansés.

Il a fallu plus de deux heures pour retirer les blessés de dessous les décombres. Ce n'est que vers minuit que les noms des morts **(33)** et des blessés **(90)** ont commencé à être connus. Des scènes navrantes se sont alors passées dans la rue. (...)

Horreur et désolation

Deux reporters, MM. George Yates, du « News », et H. Passmore, de l'« Advertiser », sont au nombre des blessés.

Détail typique et qui montre bien l'émotion violente éprouvée par la foule; on a vu, dans la rue, des gens devenir subitement fou en présence des horreurs qu'ils avaient sous les yeux et en entendant les cris des blessés. On a entendu des citoyens, ordinairement paisibles, blasphémer de la façon la plus grave pendant qu'ils essayaient de dégager de dessous les débris des malheureux qui se trouvaient écrasés et qui imploraient leur secours.

Le spectacle de la masse de la chair humaine entassée, broyée, sous le coffre-fort ne sera jamais oublié par aucun témoin. Du sang, il y en avait partout, le sol, les murs et les débris de toutes sortes en étaient inondés. En temps de guerre même on ne pourrait rien voir de plus affreux.

La cause de l'accident

Il y a quelques années, l'hôtel de ville avait été consolidé et bien que la danse n'ait jamais été permise dans cette salle, on pensait qu'il n'y avait aucun danger à permettre qu'elle se remplisse de monde. (...)

L'ingénieur de la ville, M. Graydon, dit que la cause de l'accident réside dans la rupture du gros soliveau qui passe au centre de la salle, au-dessous du plancher. Ce soliveau étant composé de douze madriers de 3 x 4, solidement assemblés. Ce soliveau avait une portée de 18 pieds et il a cédé au milieu. L'ingénieur ajoute que cette partie de la salle n'avait pas été réparée lors des récentes améliorations. Le mur avait été reconstruit en 1858. La construction, dit-il, était bonne mais le poids dont on l'a chargée était réellement excessif. (...)

La hute du plancher a été instantanée. Je ne puis **(c'est l'auteur anonyme du texte qui parle)** vous décrire ce que j'ai ressenti, quand je me suis retrouvé enfoui sous cette masse humaine, au milieu de débris, de bois, de briques, de pièces d'ameublement brisées. Je n'ai jamais entendu d'appels plus déchirants, de cris plus émouvants que ceux qui m'ont brisé le coeur à ce moment-là. Chaque minute nous paraissait un siècle pendant qu'au-dessus de nous, on faisait des efforts pour nous dégager. (...)

L'hôtel de ville était une des plus vieilles bâtisses de la ville. Construit en 1855, les réparations et les changements successifs nécessités par l'agrandissement de la ville avaient affaibli les fondations, les murs et les solives.

Le coffre-fort qui a écrasé tant de personnes dans sa chute, au plancher du dessous, où il reposait sur le côté au lendemain de la catastrophe.

L'effondrement du plancher de l'hôtel de ville de London, imaginé par le dessinateur de LA PRESSE à partir des déclarations des témoins.

La catastrophe de 1881

Ce n'est pas la première fois que la ville de London, Ontario, est éprouvée par un désastre. Le 24 mai 1881, une terrible catastrophe a fondu sur elle. C'était le jour de la fête de la Reine et dans l'après-midi, environ 600 citoyens, accompagnés de leurs familles, revenaient d'une excursion sur la rivière Thames, à bord du steamer « Victoria ». En face de la prison, non loin de l'aqueduc, une vache qui était dans l'eau attira l'attention des excursionnistes et tous se précipitèrent du même côté du bateau. Le bateau n'avait pas un lest suffisant et il fut renversé sur le côté. Presque tous les excursionnistes furent précipités dans la rivière. Hommes, femmes et enfants, au nombre d'environ 200, perdirent la vie.

LADEBAUCHE ETRENNE LE TROTTOIR
LADÉBAUCHE—Le temps est beau, mais l'air est fine, j'vas-t'y monter par en haut, au ben, descende par en bas?
LADÉBAUCHE—A créyé!
LADÉBAUCHE—C'est pas bourré.
LADÉBAUCHE—In p'tit coup d'coeur.
LADÉBAUCHE—On s'crérait au Montagnard.
LADÉBAUCHE—Oui, mais quelle chance de pas ête faite en vaisselle.

Bande dessinée du père Ladébauche publiée dans LA PRESSE en *décembre 1904*. On notera qu'elle est signée de la main d'un certain J. Charlebois.

C'EST ARRIVÉ UN 3 JANVIER

1979 — Proclamation de l'*Année internationale de l'enfant* par l'ONU. — Mort du multimillionnaire Conrad Hilton, fondateur notamment de la chaîne d'hôtels du même nom.

1973 — Le réseau américain ABC obtient les droits exclusifs de télédiffusion des Jeux olympiques de 1976 aux États-Unis, pour $25 millions.

1968 — Alexandre Dubcek est élu premier secrétaire du Parti communiste tchécoslovaque, en remplacement de Novotny.

1967 — Jack Ruby, l'assassin de Lee Harvey Oswald, le meurtrier du président Kennedy, meurt d'un cancer à Dallas.

1961 — Les États-Unis rompent leurs relations diplomatiques avec Cuba,

1959 — L'Alaska devient le 49e État à joindre les États-Unis.

1958 — L'explorateur Sir Edmond Hillary atteint le pôle sud.

1952 — Décès du diplomate soviétique Maxim Litvinov.

1950 — Le Canada accepte de vendre 60 millions de livres de bacon à l'Angleterre, à un prix inférieur de 7 cents au prix de l'année précédente.

1946 — Pendaison pour haute trahison envers l'Angleterre de William Joyce, connu sous le vocable de « lord Haw-Haw » sur les ondes de la radio nazie.

1944 — Le destroyer *Turner* explose dans la baie de New York; on dénombre 138 morts.

1935 — Début du procès de Bruno Richard Hauptmann, présumé ravisseur du bébé du célèbre aviateur Charles Lindbergh.

1931 — Décès du maréchal Joseph Jacques Césaire Joffre, le vainqueur de la Marne, en 1916.

1907 — Un incendie détruit une douzaine de commerces dans le centre-ville de Montréal.

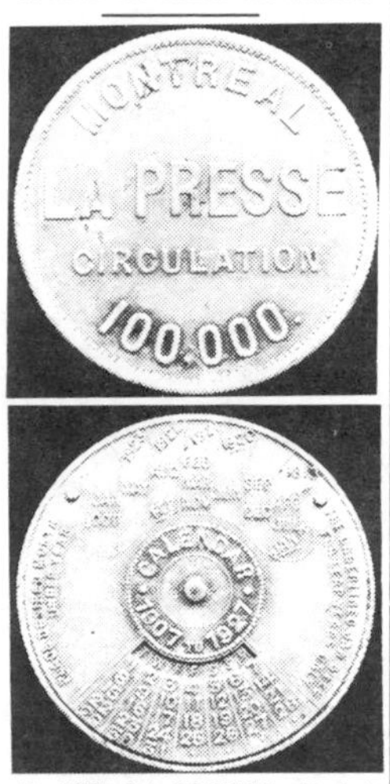

En 1907, LA PRESSE offrait à ses abonnés ce calendrier perpétuel de la grosseur d'une pièce de monnaie de 50 sous, et utile jusqu'en 1927. Cette pièce a été précieusement conservée par M. David Mancini, de la rue Saint-Dominique, à Montréal.

AEROPLANE SOUS-MARIN

New York — Une dépêche de Norfolk, Virginie, publiée par l'« Evening World », dit : « Le lieutenant Resnati, aviateur italien, essaiera bientôt de rendre encore plus glorieux son nom. Il se prépare à voler dans un nouvel aéroplane italien qui peut évoluer sous les flots. On dit que cet aéroplane est le seul de ce genre et qu'il peut avancer beaucoup plus vite qu'un sous-marin lorsqu'il est immergé.

SCANDALE AU MOULIN ROUGE

Polaire et la marquise de Morny sont sifflés et attaqués hier

PIECE RISQUEE

PARIS — Willy, l'auteur des scènes de la vie de « Claudine » est aujourd'hui le héros de toutes les conversations, après avoir été le héros d'une scandaleuse affaire au fameux « Moulin Rouge ».

La marquise de Morny, fille du célèbre duc de Morny et nièce de Napoléon III, débutait par une saynète intitulée : « Un rêve d'Égypte », qu'elle avait écrite en collaboration avec M. Gauthier Vilars, ou plutôt Willy, comme il est connu par ses lecteurs nombreux. La marquise, qui est l'épouse divorcée du marquis de Belboeuf, avait déjà quelques tares à son blason et son entrée en scène souleva des tonnerres de protestations et de critiques.

La marquise répondit par une lettre, hier après-midi **(3 janvier 1907)**, dans laquelle elle assurait que la représentation ne devait pas être considérée comme suggestive, mais simplement comme affaire d'art, comme reproduction des moeurs de l'ancienne Égypte. Elle réclamait, pour appuyer son apparition sur la scène, l'exemple du prince de Broglie, qui conduit un orchestre à New York. Ce n'est donc pas une décadence que de monter sur les planches.

Malgré la réplique de la marquise, des clubistes et des bonapartistes se sont ligués et se sont rendus au Moulin Rouge et ont fait une scène à tout casser.

On ne se rappelle pas avoir jamais vu pareil spectacle à ce théâtre pourtant assez tapageur. Le rideau, pendant dix minutes, ne put être levé, à cause des cris, des vociférations, du tapage infernal du parterre, des loges et des galeries.

Le rideau levé enfin, la marquise apparut travaillant à un cryptogramme des charmes de la vie, comme Galathée, et Polaire, l'actrice, la fameuse étoile Polaire, femme de Willy, représentant une momie.

Tout ce que le public lance aux acteurs quand il est mécontent, tomba sur les deux femmes qui n'en continuèrent pas moins leur scène scandaleusement indécente.

Après la chute du rideau, Willy et Polaire furent chassés du théâtre par la foule.

Le « bicycle à patin » aperçu dans les rues de Montréal le 3 *janvier 1898*.

L'ECHAFAUDAGE-AUTOMOBILE

Une ingénieuse application de l'automobilisme inaugurée à Paris par M. D. Macdonald.

La Compagnie de tramways de l'Est parisien innovait, à la fin de 1902, en utilisant, pour l'entretien de fils aériens des tramways et la remise sur les rails des tramways déraillés, un véhicule automobile à plateforme escamotable, et capable de porter un poids de 500 kg et six employés de la compagnie. Ce véhicule a été construit par la Société des automobiles Delahaye, et c'est à un Canadien, Duncan Macdonald, qu'on le devait. Les photos qui accompagnent ce texte ont paru dans LA PRESSSE du *3 janvier 1903*.

LA PRESSE
100 ans d'actualités

Monsignor Labelle meurt à Québec

QUEBEC — Monsignor Labelle, protonotaire apostolique, est mort à 2.40 heures ce matin **(4 janvier 1891)**, d'une hernie abdominale dont il souffrait depuis assez longtemps déjà.

Hier, à deux heures et demie de l'après-midi, Monsignor Labelle a subi une opération chirurgicale, pratiquée dans le but de réduire l'hernie. Cette opération a duré jusqu'à 3.15 heures. Le malade était sous l'influence de chloroforme. En divisant les tissus, les chirurgiens ont constaté que le viscère affecté était gangrené et que le cas était désespéré. L'état du malade continuant à empirer, les chirurgiens décidèrent de pratiquer une seconde opération.

En conséquence, **(ils)** ont eu recours à des injections hypodermiques et cette seconde opération fut pratiquée. On constata alors que les ruptures étaient nombreuses. Le domestique de Monsignor Labelle a dit aux chirurgiens que ce dernier avait l'habitude de porter un bandage herniaire, mais qu'il avait négligé de s'en servir depuis quelque temps. Les chirurgiens attribuent la mort de Mgr Labelle à cette négligence de sa part. On dit cependant, que c'est la seconde opération qui l'a tué, car après les injections hypodermiques, tout son corps s'est tacheté de noir et une odeur désagréable dénotait l'empoisonnement du sang.

Le Dr Hamel annonça à Monsignor Labelle que sa fin était proche. Celui-ci répondit: « Je le sais; la science est impuissante contre la volonté de Dieu. Je m'attendais à la mort. Hélas! tout ce que je regrette, c'est de me séparer de ma pauvre mère ». Il pleurait en disant cela.

Il a été administré par le R.P. Turgeon et, à 2.40 heures ce matin, cet apôtre zélé de la colonisation qui a fondé plusieurs paroisses, a rendu le dernier soupir, en invoquant les noms de Jésus, Marie et Joseph.

C'est par ce court compte-rendu que LA PRESSE informait ses lecteurs de la mort du légendaire curé Labelle, dans son édition régulière du 5 janvier 1891. Mais au cours de la même journée, le quotidien centenaire devait publier une édition « extra » comme on les appelait à l'époque, afin de rendre un hommage plus vibrant à celui qui a marqué de son empreinte la colonisation des Laurentides. Et la « couverture » du journal allait continuer jusqu'aux funérailles grandioses qui furent célébrées en son honneur à Saint-Jérôme.

François Xavier Antoine Labelle, fils d'Antoine Labelle, du village de Sainte-Rose, et de dame Angélique Mayer, était né le 24 novembre 1833. Il était donc âgé d'à peine 57 ans à sa mort. En 1844, il commençait son cours classique au collège de Sainte-Thérèse où il se fit remarquer par un jugement sûr et une mémoire prodigieuse.

À la fin de ses études, en 1852, il décidait de prendre la soutane et il était consacré prêtre par Mgr Pinsonnault en 1855, alors qu'il n'avait que 22 ans. Il fut immédiatement nommé vicaire au Sault-au-Récollet où il devait demeurer pendant deux ans et demi.

Après avoir réussi à fonder la paroisse de Saint-Antoine-Abbé malgré d'énormes contraintes de tous ordres, y compris le fait que les paroissiens venaient de deux milieux bien différents, le curé Labelle se retrouve à Lacolle, encore au beau milieu d'une situation conflictuelle, qu'il parvient encore une fois à résoudre grâce à son tact et à sa diplomatie.

Dans le sillage de quelque dix ans de lutte, le curé Labelle se retrouve en 1868 à Saint-Jérôme, et il bénit le Seigneur qui enfin lui confie une paroisse organisée et paisible.

Mais Saint-Jérôme se trouvait alors à la limite des terres développées, et tôt ou tard, l'homme d'action qu'il était devait inévitablement manifester la volonté de repousser plus au nord les limites de la «« civilisation ». Et dès le départ, il misait sur la construction d'une voie de chemin de fer pour y parvenir.

Sa volonté d'obtenir « son » chemin de fer fut telle qu'il devait l'obtenir grâce à la décision du Pacifique Canadien d'y construire une voie ferrée, sur lequel allait rouler pendant plus d'un demi-siècle le légendaire « p'tit train du Nord ».

Les mots de sir Hugh Allen, dans une lettre datée du 24 juillet 1873, en disent long sur le sujet: « Mon cher curé Labelle, vous avez été content, j'en suis certain, d'apprendre que le contrat pour la construction du chemin de fer de Colonisation du Nord était enfin donné. Ce résultat est, en grande mesure, dû à votre industrie et à vos efforts infatigables, et s'il y a un homme qui puisse s'attribuer la gloire de cette oeuvre, cet homme, c'est vous-même. »

À partir de 1878, le curé Labelle consolida son oeuvre de colonisation, qui devait connaitre un essor formidable jusqu'en 1888.

Le 29 novembre 1883, avec cinq jours de retard, fut célébré en grandes pompes son 50e anniversaire de naissance par tous les notables de Saint-Jérôme. Le journal ***Le Nord*** *disait à cette occasion:* « La race franco-canadienne, la race des Français catholiques s'est incarnée dans la forte tête, dans le grand coeur du curé Labelle, et dès aujourd'hui on pourrait lui élever un monument sur lequel il faudrait graver l'inscription dédiée aux braves de tous genres, de tous temps, de tous pays: « Au curé Labelle, la patrie canadienne! »

De février à août 1885, on le retrouve en Europe à la tête d'une délégation formée par le gouvernement fédéral, dans le but de stimuler l'immigration au Canada. Le 3 juillet 1889, le pape Léon XIII lui conférait le titre de protonotaire apostolique ***ad instar****, sans diocèse.*

Enfin, le jour de sa mort, c'est à Québec qu'oeuvrait l'apôtre de la Colonisation, auprès du gouvernement d'Honoré Mercier, à titre de sous-ministre à la Colonisation du gouvernement Mercier.

Le curé Antoine Labelle, l'apôtre de la Colonisation.

MORT DE M. W. E. BLUMHART

Le fondateur de "La Presse" est décédé subitement ce matin, à sa demeure de la rue Saint-André. — Notes biographiques sur la brillante carrière de ce citoyen distingué.

DANS son édition du **4 janvier 1907**, LA PRESSE annonçait avec beaucoup de regrets et d'émotions la mort de William Edmond Blumhart, le fondateur de LA PRESSE décédé subitement vers 7 h du matin à la suite d'une *syncope du coeur* comme on disait à l'époque lorsqu'il était question d'un arrêt cardiaque, à sa résidence de la rue Saint-André. Dans les notes biographiques consacrée à Blumhart ce jour-là, LA PRESSE rappelait que le fondateur du journal né le 30 avril 1844 (il avait donc 62 ans au moment de sa mort) était un autodidacte. Il avait fait ses premières armes dans le journalisme au *Canadien*, où il avait eu l'occasion de rencontrer L.A. Senécal. Il devait d'ailleurs épouser sa fille, Octavie, en 1883. On connait déjà les circonstances qui devaient l'amener à fonder, le 20 octobre 1884, LA PRESSE aujourd'hui centenaire.

C'EST ARRIVÉ UN 4 JANVIER

1980 — Le président Carter gèle le traité *Salt II* en guise de représailles contre l'URSS à cause de l'invasion de l'Afghanistan.

1974 — La société United Aircraft réplique à un « sit-in » de ses employés en cessant ses activités. C'est le début d'un long conflit ouvrier.

1971 — Francis Simard et les frères Paul et Jacques Rose sont tenus criminellement responsables de la mort par strangulation de l'ex-ministre du Travail du Québec, M. Pierre Laporte.

1967 — L'hydroplane *Bluebird* de Donald Campbell explose alors qu'il filait à 300 milles à l'heure. On ne retrouve aucune trace du célèbre conducteur.

1964 — Arrivée du pape Paul VI à Amman, en Jordanie, pour une visite historique des lieux saints. Il profitera de ce voyage pour rencontrer le roi Hussein de Jordanie, le président Shazar d'Israël et le patriarche Athénagoras de Constantinople.

1961 — Le Québec demande à Ottawa de prendre les moyens pour favoriser la circulation hivernale sur le Saint-Laurent.

1960 — Albert Camus meurt dans un accident de la route.

1959 — Début des troubles au Congo belge. Patrice Lumumba demande des élections au suffrage universel.

1955 — Le gouvernement égyptien ferme le canal de Suez aux navires israéliens.

1952 — La ville de Toronto se retrouve sans transport en commun.

1933 — Le paquebot français *Atlantique* brûle au large de Cherbourg, où il a été abandonné à la dérive par son équipage. Il avait été retiré du service transatlantique deux ans plus tôt.

1924 — Les flammes causent des dégâts de $100 000 à l'hospice Gamelin, à Montréal.

1910 — L'aviateur français Léon Delagrange se tue à Bordeaux, lors d'une démonstration d'acrobatie aérienne.

Cette photo du groupe d'élèves du professeur Noël publiée dans LA PRESSE du *4 janvier 1905* permettra peut-être à certains d'entre vous de reconnaître (ne serait-ce pas merveilleux? Il faudrait nous le laisser savoir si tel était le cas!) qui un grand-père, sinon un père, puisque ces élèves auraient aujourd'hui entre 85 et 88 ans. Voici les noms: 1. Eugène Dubreuil; 2. Lucien Bourbonnière; 3. Thomas Eagan; 4. Lucien Langevin; 5. Léo Normandin; 6. Adrien Morneau; 7. Émile Saint-Jean; 8. Raoul Bouchard; 9. Armand Pageau; 10. Wilfrid Danis; 11. Roméo Barck; 12. Lucien Paquet; 13. Émile Lafrance; 14. Aimé Dubois; 15. Joseph Quenneville; 16. Paul Martin; 17. Emmanuel Auger; 18. Jean Granger; 19. Victor Rivet; 20. Adrien Desjardins.

LA CAUSE DE L'INSTRUCTION PRIMAIRE

L'école fondée par LA PRESSE, il y a deux mois, donne des résultats très encourageants

LORSQUE, il y a un peu plus de deux mois, la direction de « La Presse », mue uniquement par le désir de faire le bien et de pousser au progrès, instituait, à ses frais, en cette ville, un cours d'études primaires sous la direction du professeur J. M. A. Noël, elle était loin de s'attendre au succès complet qui couronne aujourd'hui ses généreux efforts. Cette école fut ouverte, comme on le sait aux vainqueurs d'un concours qui eut lieu au mois d'août dernier entre les petits amis de « La Presse ».

L'ouverture de cette école qui devait se faire vers la mi-septembre fut retardée par des circonstances incontrôlables jusque vers la mi-octobre, de sorte que, si nous omettons les jours de congé, les dimanches et autres jours de fête, il se trouve que le 31 décembre dernier **(ce texte a été publié le 4 janvier 1905)**, l'école de « La Presse » entrait dans son soixantième jour d'existence.

Quand arriva l'heure de l'ouverture de cette école, les élèves dont l'âge varie entre six et huit ans furent déclarés dûment qualifiés pour la fréquenter.

Comme nous l'avons déjà dit dans un entretien précédent, les méthodes d'enseignement du professeur Noël sont sans rivales et sont approuvées par les autorités les plus compétentes en matière d'éducation. Le même représentant de « La Presse » qui, vers le milieu de novembre dernier, fut témoin d'un examen subi devant lui par les élèves de M. Noël retourna à cette école le 29 du même mois, où il lui a été donné de constater les progrès vraiment surprenants accomplis par ces enfants dans un espace de temps aussi court.

Il convient de dire d'ailleurs que le professeur Noël ne néglige absolument aucun détail de nature à créer chez ses jeunes élèves une favorable impression. Son système consiste surtout à infiltrer, lentement, mais sûrement, l'instruction dans les jeunes intelligences qui lui sont confiées.

La lecture, l'écriture, l'orthographe, l'arithmétique, le catéchisme, l'histoire sainte et la géographie sont enseignés tous les jours à des heures fixes aux cours de M. Noël. (...) Sa manière d'enseigner l'arithmétique en se servant de blocs en bois et de chiffres mobiles est la plus parfaite et la plus pratique, croyons-nous, qui puisse se trouver. (...) Ces jeunes enfants apprennent aussi à parler la langue anglaise d'une façon réellement prodigieuse. Enfin, le tout à cette école est enseigné, raisonné et commenté par le professeur Noël, et non récité en une sèche théorie par les élèves.

CENT ANS DE MARIAGE

À cette question: « Des époux ont-ils jamais célébré le centième anniversaire de leur mariage? » le journal humoristique anglais « Tid-Bits » répond:

L'année dernière, Jean Szathmary et sa femme, dans la ville de Zaombolyi, en Hongrie, ont célébré le centième anniversaire de leur mariage. Ce couple vénérable était alors âgé, le mari de 120 ans, et la femme de 115, et depuis nombre d'années touchent une pension pour récompenser leur grand âge et leur fidélité mutuelle.

Voilà qui parait extraordinaire. Cependant, il parait que le fait a été contrôlé. Le mariage aurait été célébré en mai 1794.

Cela se passait le 4 janvier 1896.

BABILLARD

Le livre du petit porteur

Si vous avez l'occasion de passer par LA PRESSE au cours des prochains jours, ne ratez pas l'occasion de vous présenter dans le hall d'entrée de la rue Saint-Jacques, et prévoyez de longs moments car vous serez captivés par les commentaires stimulants laissés par les lecteurs de LA PRESSE dans le *Livre du petit porteur*. On se laisse facilement prendre au jeu de lire ces commentaires, empreints d'une simplicité et d'une sincérité qui est parfois fort émouvante.

Ce livre, vous le savez sans doute, est réservé aux lecteurs de LA PRESSE et à ses amis. Une fois l'année du centenaire terminée, il sera précieusement conservé avec les autres souvenirs accumulés au cours de cette année mémorable. Nous vous invitons donc à venir y apposer votre griffe, en laissant parler votre coeur.

Le premier cahier spécial

Le premier de la série de cahiers thématiques de LA PRESSE sera publié le lundi 9 janvier prochain. Si vous entendez les conserver tous, il serait préférable que vous réserviez votre exemplaire de LA PRESSE chez votre dépositaire habituel si, bien entendu, vous n'êtes pas abonné à votre journal préféré.

Le deuxième cahier thématique sera publié à la fin de février et il sera réservé aux sports.

ACTIVITÉS

■ À la télévision

10 h 30, Télé-Métropole — Dans le cadre de l'émission *Entre nous* animée par Serge Laprade, Claudette Tougas, de LA PRESSE, présente la chronique *Cent ans de pages féminines.*

LES CHIENS BOTTES

Un journal de Berlin rapporte qu'un industriel allemand a eu l'idée de fabriquer des « snow boots » pour ses chiens. On a coutume de jeter du sel sur la neige dans la rue pour la faire fondre, et les pieds des chiens sont, semble-t-il, attaqués par la solution saline qui se forme au point que des plaies vives y prennent naissance. L'invention de l'industrie en question est, parait-il, d'ores et déjà appliquée à Berlin.

Cela se passait le 4 janvier 1895.

LA PRESSE
100 ans d'actualités

LE CANADIEN GAGNE UNE GRANDE PARTIE

Il bat Cobalt par 7 à 6 dans une lutte excitante au possible

*Le Canadien a disputé le tout **premier match de son histoire** le **5 janvier 1910,** en affrontant le Cobalt. Or, comme à l'époque LA PRESSE ne publiait pas le 6 janvier, fête des Rois, il a fallu attendre au 7 avant de lire le compte-rendu **intégral** du match que nous vous proposons. Les sous-titres sont contemporains.*

LE Canadien a triomphé du Cobalt mercredi soir au Jubilée, dans l'une des parties de hockey les plus contestées et les plus excitantes vues à Montréal. Le score a été de 7 à 6, et il a fallu jouer cinq minutes de plus que le temps réglementaire pour obtenir un résultat décisif. A la fin d'une heure de jeu, le score était de 6 à 6, et les équipes laissèrent la glace. Une partie des spectateurs s'en allèrent alors croyant que tout était fini et que les deux clubs avaient fait partie nulle. Les arbitres ordonnèrent cependant aux clubs de continuer la lutte, annonçant que le premier point enregistré déciderait de la victoire. Le Canadien eut à soutenir de rudes assauts dans ces minutes finales, mais il réussit à écarter le danger et Poulin compta le treizième point de la soirée, celui qui donnait la victoire à l'équipe canadienne-française.

Un public enthousiaste

Il se produisit alors une scène d'enthousiasme extraordinaire. L'assistance composée en grande partie de sportsmen de la partie est acclama les vainqueurs avec autant de frénésie que s'ils eussent remporté le championnat du monde. Ajoutons que la foule se montre enthousiaste pendant toute la durée de la joute. Chaque élan du Canadien, chacun de ses exploits, de ses beaux coups, provoquaient de longues et chaleureuses acclamations. Certes l'encouragement n'a pas manqué aux joueurs, même à ceux de Cobalt, car ceux-là aussi avaient leurs partisans et non des moins bruyants.

Le vif intérêt porté par les spectateurs aux moindres incidents de la joute a stimulé les joueurs et ceux-ci se sont surpassés. Certes, on s'attendait à la victoire du Canadien, mais Cobalt a pris le public par surprise, car on était loin de croire ses joueurs aussi forts.

Du jeu dur

Le jeu a été dur, la lutte opiniâtre et acharnée. Plusieurs joueurs se sont oubliés dans l'ardeur du combat, et ont commis des actes qui les ont fait expulser de la glace pour quelque temps. Les membres du club Cobalt ont passé 36 minutes à la clôture, et ceux du Canadien, 34. Campbell et Laviolette ont pris chacun 15 minutes de repos, et Small, 13 minutes.

La plupart des joueurs portent aujourd'hui la marque du dur engagement auquel ils ont pris part. Ils ont la figure ou la tête endommagée. Small, Lalonde et Pitre ont été les plus malmenés. Lalonde, du Canadien, s'est blessé à la cheville du pied, au cours du deuxième mi-temps, et a été forcé de se retirer. Kennedy, de Cobalt, fut alors mis de côté pour égaler les chances. Le Dr Aumont, qui a donné ses soins à Lalonde, dit que ce dernier ne pourra probablement pas jouer avant une dizaine de jours.

Beau but de Lalonde

Le Canadien eut l'avantage dans le premier mi-temps qui se termina avec un score de 2 à 1. Le troisième point du club local fut enregistré par Lalonde, après une course de toute beauté de presque toute la longueur de la glace. Les visiteurs s'améliorèrent immensément dans la deuxième moitié du match. Ils égalèrent le score, puis prirent l'avantage. Le Canadien égala à son tour, et chaque club se trouva à avoir quatre points à son crédit. Laviolette fut alors envoyé à la clôture, et pendant qu'il prenait ainsi un repos forcé, Cobalt passa de nouveau en avant, prenant le neuvième, puis le dixième point de la soirée. On put croire alors que c'en était fait du Canadien, mais ce dernier, répondant aux prières de ses partisans, fit un sérieux élan et réussit à égaler le score. Le temps réglementaire expira sur les entrefaites, mais tel que dit plus haut, le Canadien l'emporta dans la période supplémentaire.

Les étoiles

Laviolette et Pitre ont été les étoiles du Canadien. Vair a joué une partie sensationnelle pour Cobalt. Small s'est aussi distingué.

L'assistance était de 3 000 personnes environ. Tout ce monde était chaud partisan de l'un ou de l'autre club. Les femmes n'étaient pas les moins enthousiastes et n'ont pas ménagé leurs encouragements. L'une d'elles, qui se trouvait au bord du rond, a reçu par accident un coup de bâton de l'un des joueurs et a eu la joue et le nez déchirés.

L'animation à la joute était telle qu'on aurait cru que la coupe Stanley était en jeu.

Les deux clubs sont satisfaits du résultat. Cobalt espère prendre sa revanche chez lui. En attendant, il rencontrera les Wanderers, samedi soir, au Jubilée.

Sommaire du match

Noms des joueurs :

	COBALT	
	Jones	
	H. McNamara	
	Smaill	
	Vair	
Campbell	Clarke	Kennedy
	o	
Poulin	Décarie	Bernier
	Lalonde	
	Pitre	
	Laviolette	
	Cattarinich	
	CANADIEN	

Referee. M. R. Hern : assistant. M. Reg. Percival : chronométreurs. M.M. W. R. Naylor et H. Raymond.

SOMMAIRE

1—Canadien.	Lalonde	17.00
2—Canadien.	Poulin	2.06
3—Canadien.	Lalonde	5.00
4—Cobalt.	Clarke	1.00
Deuxième période :		
5—Cobalt.	Vair	2.35
6—Cobalt.	Vair	11.25
7—Cobalt.	McNamara	2.00
8—Canadien.	Bernier	4.25
9—Cobalt.	Clarke	0.50
10—Cobalt.	Smaill	2.00
11—Canadien.	Bernier	0.40
12—Canadien.	Laviolette	1.20
Période supplémentaire :		
13—Canadien.	Poulin	5.35

Punitions — Poulin, 5 et 3 min. : Bernier. 2 : Lalonde, 2 et 1 : Laviolette. 2 : Kennedy. 3 : Smaill, 2 et 2 : Vair. 3 : Laviolette. 3, 5 et 5 : Pitre. 3 et 3 : Clarke. 2 : Campbell. 3, 3, 3, 3 et 3 : Smaill. 3, 3 et 3. Total, Canadien. 32 : Cobalt. 33.

Une foule énorme rend un dernier hommage à l'honorable Trefflé Berthiaume

IL faudrait remonter bien loin dans les annales de la métropole du Canada pour retrouver une manifestation aussi imposante de deuil et de regrets comme celle qui s'est produite ce matin aux funérailles de l'honorable Trefflé Berthiaume, conseiller législatif et propriétaire de la « Presse ».

Les hommes d'État, les politiques les plus éminents du pays, les membres les plus distingués de la magistrature et du clergé de Montréal, les industriels et les hommes d'affaires, aussi bien que des délégations nombreuses d'ouvriers s'y coudoyaient en une même pensée d'affection et de regret pour le regretté disparu.

Bien avant l'heure du service, le territoire compris entre l'église Saint-Viateur d'Outremont et la maison mortuaire, chemin Sainte-Catherine, était couvert d'une foule nombreuse qui s'augmentait de minute en minute par l'arrivée de nouveaux groupes, au milieu desquels se distinguaient les figures les plus connues de Montréal, de la province et du pays.

L'église d'Outremont avait été décorée d'un goût sobre mais exquis de riches tentures de deuil, et lorsque la foule y eut pris place, présentait un coup d'oeil des plus impressionnants. Des centaines de personnes n'ont pu trouver place dans le temple, et encombraient les allées et le portique.

Sa Grandeur Mgr Paul Bruchési présidait au trône, assisté du R.P. R. Charbonneau, curé, et du R.P. C. Lemire, Rédemptoriste. C'est aussi Sa Grandeur qui a officié à l'absoute.

*Voilà de quelle manière commençait le long article que LA PRESSE consacrait à bon droit aux funérailles de son propriétaire, dans l'édition du **5 janvier 1915.** À cause de l'abondance de nouvelles, il a fallu abréger, mais nous nous en voudrions de ne pas mentionner le prestigieux aéropage de personnalités qui assistaient aux obsèques de M. Berthiaume afin de lui témoigner une dernière fois leur amitié. En voici donc un échantillon microscopique car l'énumération des personnalités présentes s'étendait sur plusieurs colonnes:*

Sir Horace Archambault, administrateur de la province; sir Wilfrid Laurier; sir Lomer Gouin, premier ministre du Québec; l'hon. Adélard Turgeon, président du Conseil législatif dont il était membre; l'hon. Honoré Mercier, ministre de la Colonisation; les sénateurs Raould Dandurand, Alfred Thibaudeau et William Mitchell; l'hon. Louis Coderre, représentant officiel du gouvernement fédéral; son honneur le maire de Montréal, Médéric Martin; Sir Hugh Graham, propriétaire du « Montreal Star »; un cortège fort impressionnant de religieux et religieuses de presque toutes les communautés connues; une délégation de la garde Duvernay et plusieurs membres de la Garde canadienne; les trois fils du défunt, Arthur, Eugène et Édouard Berthiaume, son frère Gédéon, son petit-fils Gilles et une foule d'autres parents et amis.

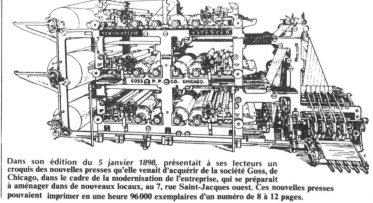

Quatre des personnalités qui assistaient aux obsèques de Trefflé Berthiaume. Il s'agit, de gauche à droite, de sir Lomer Gouin, de l'hon. Adélard Turgeon, de l'hon. Louis Coderre et de sir Wilfrid Laurier.

Les licences de radio sont obligatoires

LE chef du service de radio pour le gouvernement fédéral, M. C.-P. Edwards, vient d'adresser la lettre suivante à tous les inspecteurs du Canada :

« Avant de prendre des mesures énergiques de poursuite légale contre les personnes qui font usage, sans licence, d'appareils récepteurs radiophoniques, le département désire employer tous les moyens possibles pour informer le public que la licence est obligatoire pour tous ceux qui ont des postes de réception.

« Le moyen le plus direct de se mettre en communication avec les possesseurs est le poste d'émission où vous lirez les messages ci-dessous, là où on vous le permettra. »

AVIS DE L'INSPECTEUR

Voici l'avis que M. Edwards a donc demandé de faire lire dans les postes montréalais: « Afin que les personnes qui se servent d'un récepteur de radiophonie sans licence ne puissent plaider ignorance de la loi, le département de la Marine et des Pêcheries désire informer le public que la période de grâce pour obtenir sa licence sans encourir la pénalité de la loi, est sur le point de prendre fin.

« On doit prendre avis que la licence est obligatoire pour n'importe quel système d'antenne, extérieure, intérieure, en cadre ou reliée aux fils électriques.

« Les personnes résidant dans le district de Montréal peuvent obtenir une licence de réception privée en s'adressant personnellement aux bureaux de poste de Montréal, Wesmount, Lachine, Saint-Hyacinthe et Verdun; au département du radio, 6, place Youville, Montréal; à M. l'inspecteur A. Reid, 202, avenue Birch, Saint-Lambert; ou par lettre, au département du radio, ministère de la Marine et des Pêcheries, Ottawa. Le montant exigé pour une licence est de $1.00 ».

Cela se passait le 5 janvier 1924.

Juliette Béliveau.

Au théâtre Chanteclerc

ENCORE une primeur, la semaine prochaine, au Chanteclerc; une des plus belles pièces de notre auteur favori, M. Fernand Meynet, intitulée: « Le martyr d'un enfant trouvé », grand drame en six actes. C'est l'histoire d'un pauvre malheureux enfant de 13 ans qui, enlevé à la tendresse de sa mère, tombe entre les mains d'un paysan avaricieux.

Le rôle du p'tit gars sera joué par Mlle Juliette Béliveau qui, dans ces rôles, a toujours remporté un immense succès.

Cela se passait le 5 janvier 1918.

C'EST ARRIVÉ UN 5 JANVIER

1979 — Le ministre Jean-Pierre Goyer quitte le cabinet fédéral. Le 6 avril précédent, il avait annoncé son intention d'abandonner la politique active.

1973 — Le Mali rompt ses relations diplomatiques avec Israël, et 21 autres pays africains l'imiteront, au cours de l'année.

1963 — Le Pathet Lao abat un avion civil américain transportant du riz pour les populations du Vietnam, à 250 milles de Vientiane.

1957 — Pour contrer la pénétration du communisme, les États-Unis offrent de venir en aide à tout gouvernement du Moyen-Orient.

1956 — Décès de Mistinguett à l'âge de 87 ans.

1952 — Les États-Unis acceptent de verser une aide économique de $50 millions en cinq ans à l'Inde.

1948 — La Haganah fait sauter un hôtel de Jérusalem. On dénombre 19 morts.

1933 — Décès de Calvin Coolidge, trentième président des États-Unis d'Amérique.

1931 — Un typhon fait au moins 82 victimes aux Philippines.

1898 — Un incendie cause des dommages considérables à l'Université d'Ottawa.

1897 — Funérailles de Mgr Fabre, archevêque de Montréal.

LES NOUVELLES PRESSES DE NOTRE JOURNAL

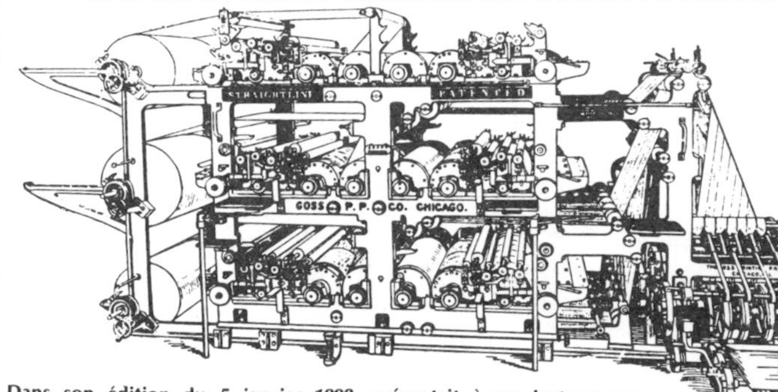

Dans son édition du *5 janvier 1898,* présentait à ses lecteurs un croquis des nouvelles presses qu'elle venait d'acquérir de la société Goss, de Chicago, dans le cadre de la modernisation de l'entreprise, qui se préparait à aménager dans de nouveaux locaux, au 7, rue Saint-Jacques ouest. Ces nouvelles presses pouvaient imprimer en une heure 96 000 exemplaires d'un numéro de 8 à 12 pages.

Hommage aux petits porteurs de journaux

LES petits porteurs! Y a-t-il quelqu'un qui ne s'intéresse pas à ces petits bonshommes qui se tiennent aux angles de nos grandes rues criant de toute la force de leurs jeunes poumons le nom de votre journal favori?

C'est qu'ils sont fort intéressants ces petits garçons, avec leur paquet de journaux sous le bras.

Beau temps, mauvais temps, ils sont comme de vieux troupiers, toujours à leur poste. On ne s'imagine pas ce qu'il faut d'énergie chez ces enfants, à peine sortis des langes, la plupart, pour résister ainsi, souvent vêtus insuffisamment, aux intempéries de nos rigoureuses saisons.

C'est la lutte pour la vie qui commence déjà pour eux! Pendant que les autres enfants, les privilégiés de la fortune, ne songent encore qu'à s'amuser, ceux-là comptent déjà la recette que leur rapporte l'industrie à laquelle ils se sont livrés, les uns pour aider une pauvre mère veuve ayant deux ou trois autres petits frères ou petites soeurs à nourrir, les autres pour ne pas laisser mourir de faim un vieux père infirme.

Ce qu'il faut d'énergie à ces enfants pour conserver les sous gagnés avec tant de peine et ne pas aller les dépenser chez le marchand de bonbons du coin, on ne saurait se l'imaginer.

Aussi, n'est-il pas étonnant de voir fréquemment sortir de leur classe des hommes qui font l'admiration de leurs concitoyens par leur énergie et leur sens des affaires.

*Il suffirait de changer un mot ça et là dans ce texte paru le **5 janvier 1899,** et cet hommage aux petits porteurs serait tout aussi vrai aujourd'hui.*

Maurice Plaisance, 7 ans.

Le jeune U. Simonovich, 13 ans.

Lorenzo Plaisance, 12 ans.

LA PRESSE

100 ans d'actualités

L'EPIPHANIE

Dans son édition du 5 janvier 1900, LA PRESSE publiait l'avis suivant: *« Il est difficile pour un journal, dont une grande partie de la clientèle est anglaise, de suspendre l'opération de ses contrats; en sorte que l'administration se trouve obligée de publier « La Presse » demain. Elle a pris des mesures pour qu'aucun travail manuel ne soit fait après 9 heures du matin. »* Ceci permet de comprendre que LA PRESSE ait été publiée ce *6 janvier 1900* à une époque où la fête de L'Épiphanie était un jour chômé par les catholiques. Il faudra ensuite attendre *1958* pour que LA PRESSE publie de nouveau un 6 janvier et elle n'a jamais cessé de le faire depuis.

BABILLARD

Quand la chance vous sourit...

Lorsqu'il est question de l'écrasement du DC-8 d'Air Canada à Sainte-Thérèse, le 29 novembre 1963, Mme **Cécile Gervais,** de Mont Saint-Hilaire, ressent un certain froid dans le dos, et avec raison puisque n'eût été d'une certaine prémonition de son mari, elle ne serait plus de ce monde aujourd'hui.

Comme elle nous le dit dans une lettre, Mme Gervais devait en effet prendre le vol d'Air Canada pour se rendre à Toronto, où elle devait changer d'avion en direction de Mexico. Quelques jours avant le départ, son mari avait heureusement changé les réservations, la plaçant à bord du vol de CP Air qui allait directement vers Mexico avec escale à Toronto.

Je partis donc avec CP Air et arrivai à Mexico sans encombre, dit-elle dans sa lettre. *Le lendemain matin, je sors de l'hôtel Guardiola et je lis sur la première page du journal Novedades et en grandes lettres qu'un avion d'Air Canada était tombé la veille au soir à Sainte-Thérèse, en banlieue de Montréal, Québec. Vous ne pouvez pas savoir le choc que j'ai eu. Je me mis à trembler et je retournai m'allonger dans ma chambre, mes jambes ne me supportaient plus. Ma première pensée fut de dire, merci mon Dieu d'avoir été exclue de ce rendez-vous fatidique.*

Mme Gervais termine sa lettre avec une pensée pour certains passagers qui ont eu moins de chance qu'elles, soit le voyageur d'Air Canada qui lui avait prêté son crayon afin qu'elle puisse remplir sa formule d'assurance, et un groupe d'hommes d'affaires qui sont montés à la toute dernière seconde à bord de l'avion fatidique.

Grace Kelly, actrice d'une remarquable beauté et vedette montante du cinéma américain, se fiançait le *6 janvier 1956* au prince Rainier III de Monaco, lequel allait devenir, l'été suivant, le premier monarque régnant à épouser une actrice de cinéma. Fille de M. et Mme John B. Kelly, une famille réputée dans sa Philadelphie natale, la princesse Grace s'est fort bien acquittée de sa tâche, dans son tout premier rôle de princesse, lors d'un bal de bienfaisance à l'hôtel Waldorf-Astoria de New York. Cette photo a été prise lors de l'arrivée du couple princier au bal.

Mort du Frère André, thaumaturge du Mont-Royal

Son coeur est conservé dans une urne exposée à la crypte

Le si renommé et si modeste religieux repose dans un décor d'une émouvante simplicité. — Obsèques samedi en la basilique de Montréal.

TÉMOIGNAGE de suprême vénération envers le grand thaumaturge que fut le Frère André, son coeur sera conservé dans une urne placée pour le moment dans la crypte de l'Oratoire, mais qui sera plus tard transportée dans l'église, sous une châsse précieuse. Les autorités de la congrégation de Sainte-Croix n'ont pas permis que le corps du saint homme fût embaumé.

C'est par grappes humaines, qui en quelques heures formeront une foule énorme allant et venant sans cesse, que la population montréalaise va rendre le dernier hommage à celui qu'elle a vénéré de son vivant: le FRERE ANDRE.

Le thaumaturge du Mont-Royal repose en charpelle ardente dans la crypte de l'oratoire Saint-Joseph, son oeuvre, inachevée peut-être, mais qui un jour prochain dominera les flancs du Mont-Royal.

Le vénérable vieillard repose dans un cercueil très simple, en bois comme l'exigent les règles de sa congrégation. Par permission spéciale de l'archevêché, la dépouille mortelle a été placée au haut de l'allée principale de la chapelle où les fidèles peuvent aller jeter un dernier regard sur celui qui demandait à tous de prier saint Joseph.

Modeste durant toute sa vie, le Frère André dort son dernier sommeil dans l'ambiance, le décor qu'il aurait certainement souhaités. Aucune pompe, pas de fleurs, la plus grande simplicité.

---

*La mort du frère André, à minuit et 50 minutes, le **6 janvier 1937**, a complètement bouleversé la vie montréalaise à l'époque, sans aucun doute avec raison, si on en juge par l'importance accordé à sa mort par LA PRESSE notamment dès son édition du 7. Et c'est justement cette abondance d'informations qui nous force à vous présenter sous forme de capsules les nombreux articles et photos consacrés à cette événement majeur.*

Tout d'abord à la page 1, commençait le texte principal dont nous avons reproduit les premiers paragraphes. Le tout était accompagné du montage de trois photos du frère André à différentes époques de sa vie, et que nous reproduisons dans cette page. Le texte du télégramme du cardinal Villeneuve venait compléter le tout.

À la page 3, une photo montrant le frère André à l'agonie, prise sept heures avant sa mort, et qui choquerait nombre de ses admirateurs d'aujourd'hui si elle était reprise dans cette page. On y expliquait que le célèbre thaumaturge âgé de 92 ans souffrait d'hémiplégie et avait succombé à l'asthénie cardiaque.

La page 14 était entièrement consacré au frère André. On y trouvait les éléments suivants: un texte biographique et notamment consacré à la foi vive qu'entretenait le frère André envers saint Joseph; un texte sur l'affluence à l'oratoire; l'avis du médecin, le Dr Lionel Lamy, quant aux raisons de sa mort; un montage photographique consacré à l'oratoire (et également reproduit dans cette page), une photo de la cellule du thaumaturge, et une photo du frère André en chapelle ardente.

Enfin, une grande partie de la page 15 était consacrée à cet événement. On y faisait état d'une entrevue avec une parente, une cousine, la seule qu'on lui connaissait à Montréal à ce moment-là, trois photos, l'une prise en juillet 1936 chez cette cousine, une deuxième consacrée à la construction de son mausolée, et une troisième le montrant à l'âge de 25 ans, en 1870. À part quelques articulets consacrés à des témoignages à son endroit, un tout petit article complétait cette « couverture » exceptionnelle. Ce court article faisait état de la mort à Hull, dans la même nuit (ironie du sort) que le frère André, d'une autre cousine, Mme J.-B. Bessette, à l'âge de 84 ans. Le frère André lui avait rendu une dernière visite le 17 novembre avant sa mort.

LA BONNE FIGURE DU VENERABLE DISPARU

Le frère André, à trois époques de sa vie: à gauche tel qu'il apparaissait en 1912; puis à l'âge de 80 ans, en 1925; enfin, à droite, l'une des dernières photos du thaumaturge, prise en 1933.

DE LA CHAPELLE A LA BASILIQUE

Le texte suivant servait de légende au montage photographique initialement publié dans l'édition du 7 janvier 1937. Le frère André n'est plus mais un double monument s'élèvera à sa mémoire vénérée; la basilique que sa piété autant que les dons des fidèles ont élevée sur le flanc du Mont-Royal, le mausolée que les religieux de Sainte-Croix feront dresser bientôt tout auprès. Comme il y a loin de l'humble chapelle de 1904 au chef-d'oeuvre d'architecture que nous pourrons contempler dans quelques années! On voit ci-dessus: 1 — la première chapelle, ayant déjà subi un premier agrandissement; 2 — l'oratoire Saint-Joseph tel qu'on le connut jusqu'en 1917 alors que fut inaugurée la crypte actuelle; 3 — le beau monument à saint Joseph qui s'élève à l'entrée du vaste terrain de la basilique; 4 — une vue prise en avion, montrant un état tout récent des constructions, la première structure de la basilique s'élevant au-dessus de la crypte; 5 — l'aspect imposant que présentera le monument d'art et de foi, lorsqu'il sera entièrement terminé.

C'EST ARRIVÉ UN 6 JANVIER

1981 — Publication au Canada du journal personnel de 1950 de l'ex-premier ministre William Lyon Mackenzie King.

1979 — *Charlie Brown* et *Snoopy*, deux bandes dessinées créées par Charles Schultz, ont maintenant 30 ans.

1979 — Le felquiste Jacques Lanctôt rentre au Québec avec sa famille, en provenance de Paris.

1975 — Une grève de 5 000 camionneurs québécois paralyse tout le transport régional.

1974 — Dans le but d'économiser l'essence, les États-Unis décident d'adopter l'heure avancée de l'est à titre d'essai.

1969 — La France impose un embargo sur toute livraison d'armes à l'État d'Israël.

1961 — Le général de Gaulle remporte une éclatante victoire lors du référendum tenu pour résoudre le problème algérien.

1950 — La Grande-Bretagne reconnaît le gouvernement de la République populaire de Chine.

1919 — Décès de Theodore Roosevelt, ex-président des États-Unis d'Amérique.

1897 — Sept religieuses sont brûlées vives dans l'incendie du couvent de Roberval.

Le précurseur des « super-manèges »

Dans son édition du **6 janvier 1900,** LA PRESSE publiait ce croquis du «chemin de fer centrifuge», qu'elle qualifiait de *dernière fantaisie du plus fin-de-siècle des inventeurs*, mais sans identifier l'inventeur de ce «super-manège».

Voici comment on expliquait son fonctionnement: *Un ascenseur descendra du sommet d'une pente très rapide avec une rapidité vertigineuse. Il acquerra dans sa chute une telle vélocité qu'il pourra faire le tour d'un cercle construit à l'extrémité de la pente, et ira s'arrêter au pied de l'ascenseur. La force centrifuge maintiendra dans leur position renversée le char sur la voie et les personnes qui y auront pris place.*

C'est là la théorie de l'inventeur, basée sur le principe qui fait maintenir le liquide dans un vase que l'on tourne à bout de bras, et aucune contradiction scientifique ne fait croire à une mauvaise entreprise. Cependant, au cas où le char n'obtiendrait pas la vitesse espérée et nécessaire pour faire le tour du cercle, des roues supplémentaires adaptées à cette fin l'empêcheraient de culbuter.

En calculant la force centrifuge, se basant sur un cercle de 40 pieds de diamètre, il faudra que le char atteigne une rapidité d'au moins 20 milles à l'heure, à l'extrémité supérieure du cercle pour que les voyageurs ne soient pas renversés.

LA PRESSE
100 ans d'actualités

M. Serge Champagne, pressier à LA PRESSE de son métier, a en sa possession un document qui, s'il n'est pas unique, n'existe qu'en un nombre très restreint d'exemplaires. Il s'agit d'un exemplaire du grand *Catéchisme en images* (25 par 37 cm) publié par la Maison de la bonne presse, à Paris, en 1908. Ce catéchisme contient toutes les affiches que nous avons si bien connues à la belle époque et notamment celle de l'Enfer qui nous donnait des sueurs froides. Et cet exemplaire a ceci d'exceptionnel qu'il avait été commandité par LA PRESSE comme en fait foi une note sur la couverture.

C'EST ARRIVÉ UN 7 JANVIER

1979 — Chute du gouvernement khmer rouge de Pol Pot, au Cambodge, devant des rebelles cambodgiens aidés par des soldats vietnamiens. Les Khmers rouges sont accusés d'avoir, en moins de quatre ans de pouvoir, assassiné ou laissé mourir plus du tiers des huit millions de cambodgiens.

1973 — Barricadés sur le toit d'un hôtel de la Nouvelle-Orléans, deux forcenés tirent sur la foule et tuent sept personnes.

1960 — Antonio Barrette succède à Paul Sauvé comme premier ministre du Québec.

1959 — Début des purges à Cuba.

1958 — J.T. Williamson, surnommé le « roi du diamant », meurt à Nairobi, Kenya. Âgé de 52 ans, il était natif des Cantons de l'est. Diplômé en géologie de l'université McGill, il avait fait fortune en découvrant de riches mines de diamants au Tanganyika.

1955 — La cantatrice Marian Anderson devient la première Noire à monter sur les planches du Metropolitan de New York pour y chanter dans un opéra.

1952 — Un incendie cause des dégâts de $1,5 million à Sept-Iles.

1950 — Plus de 600 trains sont retirés de la circulation aux États-Unis à cause de la pénurie de charbon imputable à la grève des mineurs.

1944 — L'honorable juge Thibodeau Rinfret succède à sir L. Duff comme juge en chef de la Cour Suprême

1929 — Le baron Pierre de Coubertin, rénovateur des Jeux olympiques de l'ère moderne et fondateur du Comité international olympique, reçoit le prix Nobel de la paix.

1927 — Le radiotéléphone transatlantique devient un fait accompli.

NOUVELLES TOURS DE BABEL

Les maisons hautes aux Etats-Unis

*À la fin du siècle dernier, les constructions en hauteur n'étaient pas encore légion à travers le monde et on les retrouvait presque exclusivement aux États-Unis. Pour voir ce qu'on en pensait en Europe à l'époque, il faut lire les larges extraits de ce texte rédigé par un certain Gausseron et repris dans LA PRESSE du **7 janvier 1899**. Les sous-titres sont contemporains.*

UNE des choses qui frappe le plus l'homme du Vieux Monde qui visite les villes des Etats-Unis, c'est la hauteur invraisemblable de certains édifices. C'est ainsi qu'on vient de construire à New York un bâtiment de 29 étages qui, avec ses 54 pieds de fondation, représentera une construction de 501 pieds de haut.

Ces édifices, qui se multiplient de plus en plus, sont d'ordinaire réservés à des usages publics, ou occupés par les administrations des grandes industries et du haut commerce. Aussi leur donne-t-on le nom générique d'« Office Building », ou bâtiments à usage de bureaux. Le principe de ces constructions est admis partout aujourd'hui, dans l'Amérique du Nord. Tout le monde est d'accord sur leur utilité. Elles sont désormais un trait définitif et qui ne fera que s'accentuer dans la physionomie des villes américaines; et comme les besoins qui les ont fait adopter là-bas deviennent de plus en plus sensibles ici, rien ne dit qu'elles ne finiront pas par s'acclimater aussi chez nous.

Il y a donc plus qu'un intérêt de curiosité à connaître ce que nos voisins ont fait jusqu'ici dans cette direction, et ce qu'ils pensent eux-mêmes. Car, si la nécessité des constructions hautes est un fait admis chez eux, il s'en faut que l'unanimité soit faite sur les questions qui touchent à la disposition extérieure, aux proportions des différentes parties, à l'aspect décoratif de l'ensemble et à l'ornementation du détail. (...)

Le « style américain »

Sans prétendre, comme Thomas Jefferson, avoir, en donnant le maïs (...) comme motif décoratif à la colonne ou au chapiteau, créé de toutes pièces un « style américain », on doit reconnaître qu'il s'est développé en Amérique un forme de construction qui possède un caractère propre, suffisamment défini et distinct pour en faire un « type américain ».

La construction en hauteur n'est ni une mode, ni un caprice. On l'adopte parce qu'elle répond

Siège de la « Union Trust Company », à Saint Louis.

à une nécessité dans la gestion des affaires concentrées dans un même quartier. Tout moyen qui permet de multiplier la surface sans reculer les côtés devient, en la circonstance, un véritable bienfait. Et c'est justement le résultat des hauts édifices modernes, puisque l'acheteur d'un seul lot de terrain se trouve à en posséder une douzaine ou plus, rien qu'en bâtissant verticalement.

Quelque simple que l'idée paraisse, il n'était pas possible alors d'en pousser la réalisation très loin. Pour que l'architecture verticale fût pratique au-delà de certaines limites vite atteintes, il fallait d'abord inventer l'ascenseur. Ce véhicule domestique est un instrument égalitaire de premier ordre. Grâce à lui, le quatorzième étage est aussi recherché que le second, et on se fatigue moins à se faire transporter au vingtième qu'à gravir trois volées d'escalier. (...)

Un squelette d'acier

Il ne suffisait pas de pouvoir monter sans dépense de temps ni d'efforts; il fallait encore trouver un mode de construction qui permit de bâtir sur une parcelle de grandeur quelconque, sans prendre une trop grande portion de la surface pour les fondations et les gros murs. On y est arrivé en remplaçant les murs proprement dits par une charpente d'acier, qui a le double avantage d'économiser les surfaces et d'être, à partir d'une certaine hauteur, sensiblement moins coûteuse qu'une maçonnerie pleine, en brique ou en pierre. En deux mots, ce système consiste à faire porter le poids de l'édifice sur un cadre, ou un squelette d'acier. Dès lors, non seulement on peut faire le revêtement de maçonnerie aussi mince et léger qu'on le veut, puisque ce revêtement n'a que son propre poids à supporter, mais encore il est facile, pour peu qu'on le juge à propos, de commencer à revêtir une construction (...) par l'étage plus élevé en descendant graduellement jusqu'au sol, au lieu d'être obligé, comme dans le vieille méthode de plus en plus démodée, de prendre la bâtisse par le pied pour arriver jusqu'au sommet.

C'est là un type de construction entièrement nouveau. La Rome antique avait bien ses habitations de cinq ou six étages, (...) mais elles ne pouvaient avoir rien d'analogue à ce qu'on appelle l'« Office Building ». (...)

L'homme d'affaires de notre temps veut avoir toutes les commodités et tout le luxe possible dans son « Office Building », depuis les armoires à l'épreuve du feu et des voleurs, jusqu'au restaurant de premier ordre, sans parler du salon de coiffure, des lavabos, de la salle où se cirent les bottes, du service des commissionnaires, et d'une foule d'autres services compris dans le prix du loyer. (...) Chacun de ces édifices est une ville en miniature, et plus d'un contient dans le jour une population supérieure à bien des villes. (...)

L'ingénierie

L'ingénieur, le constructeur proprement dits, ont depuis longtemps prouvé qu'ils peuvent, à l'aide des armatures de fer, élever une construction à une hauteur quelconque, et l'érection de la tour de Babel ne serait pas pour les embarrasser. (...) Mais le dessin de la façade, le traitement artistique de l'extérieur, ce qui appartient à l'art en un mot, voilà ce qui reste encore à l'état de question. Les architectes ont abordé le problème en partant de points de vue différents; ils l'ont résolu tantôt dans un sens, tantôt dans un autre, avec des

Park Row Building, à New York, la plus haute maison qui soit au monde. Avec ses 54 pieds de fondation, elle mesure 501 pieds de hauteur; elle compte 29 étages, 950 bureaux, 2 095 fenêtres et 4 000 occupants. Elle a coûté $2 400 000.

Siège de la compagnie d'assurance « New York » en construction à Chicago.

succès inégaux; mais la théorie est loin d'être fixée : on en est encore à la période des recherches et de la discussion.

Une des raisons principales pour lesquelles on n'est pas plus avancé, c'est qu'on n'a pas voulu reconnaître franchement la complète beauté du genre.

Conclusion

En résumé, les propositions « a priori » ne sont pas de mise dans l'architecture verticale. (...) Il faut mettre de côté les notions préconçues. (...) Un temple grec ne peut jamais être autre chose qu'un temple grec; une cathédrale gothique sera toujours une cathédrale gothique; de même, un « Office Building » moderne ne peut être et ne doit être qu'un « Office Building ». Le mérite de chacun est dans son individualité particulière.

ACTIVITÉS

AUJOURD'HUI

■ **À la radio**

17 h, Radio-Canada — Chronique consacrée à LA PRESSE à l'émission *Avec le temps*, animée par Pierre Paquette.

DEMAIN

■ **À la télévision**

16 h 30, Télé-Métropole — Dans le cadre de l'émission *Sports-Mag* l'animateur Pierre Trudel consacre quelques moments de rétrospective à des pages mémorables de LA PRESSE.

Mussolini raconté par lui-même

*Dans son édition du **7 janvier 1927**, LA PRESSE entreprenait la publication d'une série d'articles consacrés à Benito Mussolini. Chacun de ces articles, précisait LA PRESSE, a été revu, corrigé et approuvé personnellement — chose qui serait impensable aujourd'hui — par le premier ministre lui-même.*

MA journée est divisée en une heure de récréation, sept heures de sommeil et quatorze ou seize heures de travail. Mes repas ne sont qu'une affaire qui compte très peu dans ma vie, ce n'est qu'une affaire de quelques minutes. Cette disposition (...) est celle qui est le mieux conforme à mes besoins et qui me permet de produire le plus de travail, tout en laissant mon corps en excellente condition, de telle sorte que mon cerveau puisse fonctionner librement et mieux. (...)

La nature de ma tâche quotidienne ne me permet pas de m'engager dans ces formes de récréation qui exigent du temps. Mes récréations ont pour but d'augmenter ma puissance de travail, et non pas seulement pour but de m'amuser. (...)

De temps à autre, j'ai essayé diverses sortes de sports. J'aime l'escrime. Elle m'excite. Le froissement de l'acier me fait tressaillir. Je vibre. Je m'y complais. Et l'on m'y reconnaît une certaine habileté. (...)

J'incline aussi fortement pour la boxe. Je suis un grand admirateur du « manly art ». La boxe ne met pas seulement en jeu tous les muscles des membres et du tronc, mais est d'une utilité marquée dans la vie. Elle augmente la combativité du corps et de l'esprit, elle pousse à de rapides décisions et accroît l'agilité. (...)

Le sport que je trouve aujourd'hui le plus conforme à mes besoins, et qui convient à mes goûts, c'est l'équitation. (...) Il entretient la force du corps tout en reposant du travail mental. Je suis suprêmement attaché à ce sport. J'aime les chevaux. J'aime cet exercice, j'aime le grand air et l'excitation du galop et des sauts. (...) Mon plus grand plaisir est de faire aller mon cheval au galop à travers les champs, où les obstacles sont nombreux. (...)

Rome et ses environs plaisent aux cavaliers. Les plaines de la campagne romaine offrent de vastes étendues. On longe la route des anciens Romains, où se prolonge l'aqueduc de Claudius, sur une longueur de 51 milles. aqueduc qui est un chef-d'oeuvre de l'ancien génie et de l'architecture, et qui défie les âges. Là, ma monture trotte sur la route que suivaient les Césars.

J'ai six chevaux dans mes écuries, dont quatre arabes et deux italiens.

Je lis avec un véritable plaisir, chaque jour, les lettres d'Amérique qui me disent comment rétablir ma santé. Elles donnent les plus fantastiques moyens pour guérir des maux les plus fantastiques. On y conseille le régime végétarien, l'alimentation à l'aide de fruits, le système de jeûnes et les bains.

Je vis toujours prêt à m'élancer. C'est la vie dans sa plénitude. Nous arrivons à de plus grands résultats quand nous sommes toujours prêts pour l'occasion qui se présente.

Benito Mussolini.

Et alors que j'exhorte mes centaines de milliers de partisans à vivre cette vie, je dois en être parmi eux le premier exemple. J'ai encore et encore poussé pour eux ce cri : « Il faut savoir vivre dans le péril. » Je ne cède donc pas à aucun d'entre eux la première place dans le danger. Un chef doit pénétrer ses partisans de son propre esprit.

Le chef ne doit jamais hésiter. Il lui faut tenir haut la torche du sacrifice, et être le plus brave entre les braves dans les temps de danger. Et je me rappelle cela quand des attentats sont dirigés contre ma vie. Le chef doit être le dernier de tous à faire voir la fatigue. J'oublie les assassins et leurs complots, je les oublie vite et je continue. Ma foi inébranlée me soumet à la volonté du destin.

Des avertissements bien intentionnés de me mettre en garde contre des assassins m'arrivent de toutes les parties du monde. (...) Le dernier avis que j'ai reçu me dit de faire attention aux mois de décembre, de janvier, de février et de mars. (...) Le danger m'électrise. Je suis fait comme cela. (...)

Mes collègues m'ont mis en garde contre les balles et les bombes d'assassins possibles. Ils m'ont supplié de ne passer dans les rues de Rome qu'avec une escorte en motocyclette ou accompagné de gardes à cheval. Ils disent que je m'expose trop. Je ris de cela. (...) On a voulu m'imposer toutes sortes d'embarras : changements de mes heures, changements de routes. On a voulu que je me rendisse un jour à un ministère et un jour à un autre. Mais j'ai catégoriquement refusé. (...) Naturellement, tous disent que ce serait la chose la plus facile que de tirer sur moi. On l'a certainement tenté, mais il y a toujours eu quelque chose de mystérieux qui est intervenu entre la mort et moi.

LA PRESSE salue aujourd'hui un couple de Sainte-Anne-des-Plaines qui a l'immense bonheur de célébrer son 70e anniversaire de mariage. Édouard Rivest et Élizabeth St-Jean ont uni leurs destins le *7 janvier 1914*, à Sainte-Julienne, dans Montcalm, et la photo que nous vous proposons fut prise à l'occasion de leur mariage. Le couple Rivest demeure à Sainte-Anne-des-Plaines depuis 1937, et M. Rivest fut d'ailleurs maire du village de 1944 à 1952. Édouard et Élizabeth Rivest eurent dix enfants, quatre garçons et six filles. Tous sont vivants à l'exception de la dernière née, Isabelle, décédée au cours de l'été de 1983.

LA PRESSE
100 ans d'actualités

77 ENFANTS TROUVENT LA MORT DANS L'INCENDIE DU THEATRE LAURIER PALACE

Le théâtre Laurier Palace, lieu de la tragédie, au lendemain de la journée fatidique du 9 janvier 1927.

Récits palpitants de témoins et d'enfants qui ont miraculeusement échappé à l'hécatombe — Famille qui perd ses trois seuls enfants. — Un pompier trouve son fils écrasé sous un amas de cadavres.

Le 6 janvier dernier, à l'occasion de l'anniversaire du décès du frère André, nous vous avons souligné l'importance que LA PRESSE avait accordée à l'événement. Or, dix ans plus tôt, LA PRESSE s'était surpassée encore plus à l'occasion de la tragédie du théâtre Laurier-Palace, survenue le ***9 janvier 1927.***

Il faut dire que l'événement était fort émouvant puisque pas moins de 77 enfants avaient trouvé la mort, surtout à cause de la panique et de la fumée, dans l'incendie de ce cinéma de l'est montréalais, situé rue Sainte-Catherine, entre les rues Déséry et Saint-Germain, tout juste en biais avec le poste de pompiers no 13 de l'époque. En plus de semer la douleur dans un grand nombre de familles du quartier, cette tragédie devait en effet servir de prétexte aux politiciens pour interdire l'entrée au cinéma aux enfants de moins de 16 ans, réglementation servant aussi la cause, est-il besoin de le préciser, d'une censure occulte et démesurée qui allait rester en vigueur jusqu'au début de la révolution tranquille, quelque 35 ans plus tard.

La couverture de LA PRESSE dans son édition du lundi 10 janvier 1927 comprenait les pages suivantes: pages 1 et 3 au complet; page 9 au complet hormis la publicité; pages 16 et 17 au complet; page 19 au complet hormis la publicité; et une bonne partie de la page 21. Donc, au total, plus de six pages complètes.

Devant l'abondance de nouvelles, il fallait trier, et nous avons opté pour les récits des témoins oculaires, à cause de la tragique réalité qui en transpire.

Guy Pinard

LES scènes qui se sont déroulées dans les familles, hier **(9 janvier 1927),** à la suite de la terrible hécatombe, étaient à la fois pathétiques et émouvantes. Dans ces logements ouvriers où règnent l'amour familial, l'angoisse était des plus empoignante. Beaucoup de mères ignoraient encore, (...) tard dans la soirée, ce qu'étaient devenus leurs enfants. (...)

Dans plusieurs cas, des enfants avaient désobéi à leur mère et au lieu de se rendre à une adresse indiquée avaient pris le chemin du cinéma. Ce n'est qu'à la morgue que plusieurs purent se rendre compte de la triste vérité. Au retour du père à la maison, c'était encore un moment de profonde tristesse que d'annoncer la nouvelle à la mère.

COMMENT CES ENFANTS ECHAPPERENT A LA MORT

Ernie Fitzpatrick, 10 ans, qui demeure à deux portes du théâtre, réussit à se traîner par-dessus les têtes et les corps pour se faire un chemin jusqu'à la sortie. Il ne put prendre pied que dans la rue. Il fut un peu affecté par la fumée. (...) Le garçon se tenait dans l'aile du balcon quand le feu commença. « On jouait une comédie et tout le monde riait, dit-il. J'étais là depuis environ une heure et demie, et je n'avais pu m'asseoir. J'étais debout dans l'aile. Le garçon qui avait payé pour moi avait eu un siège, mais son frère se tenait près de moi. Nous vîmes le feu et la fumée qui provenait de la première rangée du balcon, dans le centre. Quelques hommes combattaient le feu avec des extincteurs et avertissaient les gens que ce n'était pas grave. La fumée commença à nous prendre à la gorge et chacun se mit à crier et à courir. Je dis une prière, puis je grimpai sur les bancs et sur la tête des autres. C'était presque tous des enfants dans le balcon. Puis, au bas de l'escalier, quelqu'un me porta dans ses bras et me transporta plus loin. »

M. GEORGES LABERGE

M. Georges Laberge, employé à la maison Dupuis Frères Limitée, est l'un des témoins oculaires de l'hécatombe d'hier: « S'il y avait eu quelqu'un, dit-il, pour contrôler les enfants et les faires descendre en bon ordre, il n'y aurait pas eu une seule mortalité. Je connais le théâtre Laurier Palace pour y avoir travaillé comme placier. Je suis électricien de mon métier, et je cessai de travailler le soir à ce théâtre quand je m'aperçus que nombre de fils électriques ne passaient pas dans des tuyaux. (...) Tout le temps que j'ai travaillé au Laurier Palace, on avait l'habitude de barrer le bas des escaliers avec des chaînes pour empêcher les enfants de sortir trop vite. Je ne saurais dire si ces chaînes avait été mises en travers du passage, hier après-midi.

PAS DE LUMIERE

« Lorsque l'incendie éclata, vers une heure 20, j'étais en arrière, dans le bas du théâtre. Voyant les gens effrayés par la fumée, je sautai sur un banc et criai à la foule: « Prenez votre temps, vous avez tous le temps de sortir! »

Le feu avait pris sous le plancher de la galerie et courait sous le plancher. Deux placiers se pressèrent de courir là où la fumée sortait et se mirent en mesure d'éteindre le feu avec des extincteurs chimiques. D'autres placiers dirent aux enfants, dans la galerie: « Ce n'est rien, ne sortez pas, ça ne durera pas. » Mon garçon était lui-même dans la galerie et me dit qu'un « homme » empêchait les enfants de descendre. Mon enfant ajoute: « Il a voulu m'empêcher de passer et je ne comprends pas comment j'ai pu sortir du théâtre. »

Pendant ce temps-là, les gens de l'orchestre sortaient précipitemment. Un placier vint ensuite piocher dans le plancher, là où sortait la fumée. Aussitôt qu'il eût enfoncé une planche, il y eut comme une explosion de fumée et de flammes qui sortit du trou. Ce fut le commencement de la panique. Ça brûlait déjà et la fumée emplissait la galerie. Cependant, on n'allumait pas les lumières et on n'ouvrait pas les « exits » de la galerie.

« Je ne comprends pas pourquoi on n'allumait pas les lumières, car les enfants couraient pêle-mêle à la noirceur sans savoir où ils allaient. De même, si on avait ouvert les portes d'urgence, les enfants s'y seraient dirigés et auraient tous pu sortir. Ce n'est qu'après des minutes interminables qu'on s'occupa d'allumer les lumières et d'ouvrir les portes. Les enfants étaient déjà affolés et criaient: « Au feu! Au feu! » (...)

« C'était affreux d'entendre les cris et les plaintes de tous les enfants que nous ne pouvions aider. Je me souviens, à un moment que la fumée sembla disparaître, avoir vu, dans la masse des enfants, une petite tête de garçon qui me cria: « Sortez-moi donc, monsieur! » Mais il n'avait que la tête visible, le reste du corps étant perdu dans la masse agonisante. Il est mort là, étouffé, le pauvre petit.

« Beaucoup d'enfants ont sauté en bas de la galerie, qui est haute d'environ 14 pieds. Plusieurs se sont tués dans la chute. J'en ai vu un qui a sauté, est tombé enfourché sur un dos de siège, mais il se releva tout de suite et se sauva sans paraître blessé. » (...)

FAMILLES LE PLUS LOURDEMENT EPROUVEES

Deux familles ont perdu chacun trois de leurs membres. (...) M. Octave Quintal, 2108, Joliette, perd trois enfants, Sylvie, 8 ans, et ses deux frères, Adrien, 18 ans, et Hildegarde, 9 ans.

D'autre part, le constable Adélard Boisseau, de Tétreaultville, perd ses trois enfants qui étaient toute sa famille. C'est lui-même qui reconnut un de ses enfants en aidant aux autres agents à sortir les cadavres. Plus tard, quand tous les corps eurent été sortis, et que deux autres enfants étaient introuvables, il se rendit à la morgue où il les retrouva. Les victimes sont Germaine, 13 ans, Rolland, 11 ans, et Yvette, 8 ans.

Soulignons en guise de conclusion le sort réservé au pompier Alphéa Arpin, du poste no 13, qui se rendit le premier au théâtre Laurier dès la déclaration de l'incendie. Incapable de sauver son fils, Gaston, âgé de six ans, il eut la douleur de le trouver écrasé sous un amas de cadavres.

Au haut de l'escalier que l'on voit au fond, se trouvait le palier où l'on a trouvé un véritable bouchon de cadavres d'enfants.

Les victimes de la tragédie

Voici une liste des victimes par ordre alphabétique, avec leur âge et leur adresse. Cette liste contient 77 noms.
Gaston Arpin, 6 ans, 63b, Rouville.
Marcel Baril, 15 ans, 1871, Bourbonnière.
Annette Bisson, 16 ans, 1836, Darling.
Germaine Boisseau, 18 ans, 1870, Joliette.
Yvette Boisseau, 8 ans, 1870, Joliette.
Rolland Boisseau, 11 ans, 1870, Joliette.
Raoul Bouchard, 10 ans, 1489, Moreau.
Raoul Benoît, 11 ans, 581, Moreau.
Roger Coulombe, 11 ans, 1606, Aylwin.
René Champagne, 16 ans, 1629, Chambly.
Roland Clément, 7 ans, 1538, Desery.
Thérèse Couture, 14 ans, 596, Davidson.
Armand Cournoyer, 1 ans, 2077, Adam.
Jean-Marc Dumont, 13 ans, 940, Saint-Donat, Tétreaultville.
Germaine DeTonnancourt, 12 ans, 597, Cuvillier.
Maurice Dumont, 16 ans, 940, Saint-Donat, Tétreaultville.
Antonio Dufour, 12 ans, 2099, Saint-Germain.
Laurette Francoeur, 16 ans, 1464, Desery.
Édouard Fréchette, 12 ans, 1661, Desery.
Jean-Louis Gagné, 13 ans, 507, Davidson.
Jean-Marc Gagné, 14 ans, 5045, Parthenais.
Lucien Gervais, 11 ans, 1723, Saint-Germain.
Maurice Gervais, 14 ans, 1723, Saint-Germain.
Marcel Girard, 9 ans, 1666, Joliette.
Maurice Grondines, 11 ans, 580, Joliette.
Roland Guérin, 10 ans, 400, boul. Lapointe, Tétreaultville.
Adrien Gauthier, 10 ans, 2059, Moreau.
Roland Gravel, 7 ans, 581, Darling.
Raoul Girard, 8 ans, 1970, Adam.
Réjane Gauthier, 10 ans, 57a, Rouville.
Lucien Gervais, 12 ans, 2028, Lafontaine.
Ida Godin, 10 ans, 513, Cuvillier.
Arthur Godon, 13 ans, 1916 ruelle Winnipeg.
Bernard Houde, 13 ans, 1546, Cuvillier.
Adrien Hétu, 9 ans, 3456, Rouen, Montréal-Est.
Alda Leduc, 16 ans, 2171, Adam.
Ange-Aimé Levasseur, 13 ans, 2069, Darling.
Marcel Levasseur, 9 ans, 2069, Darling.
Armand Lavallée, 10 ans, 1889, Sainte-Catherine est.
Roland Leduc, 11 ans, 1837, Davidson.
Cécile Martin, 8 ans, 567, Davidson.
Édouard Morin, 18 ans, 1863, Aylwin.
Antonio Ménard, 12 ans, 545, Bourbonnière.
George McCleary, 8 ans, enfant adoptif de M. Joseph Marquette, 28, Marlborough.
Michael Murphy, 14 ans, 1541, Notre-Dame est.
Rita Maheu, 7 ans, 545, Davidson.
Éva Martel, 8 ans, 549, Davidson.
Philippe Nantel, 12 ans, 1853, Préfontaine.
François Otis, 10 ans, 1410, Cuvillier.
Marthe Paquin, 6 ans, 1428, Cuvillier.
Françoise Pesant, 14 ans, 1512, Aylwin.
Roméo Pelchat, 9 ans, 530, Desery.
Arthur Paul, 11 ans, 2277, Ontario est.
Raoul Pageau, 9 ans, 2067, Adam.
Roger Pageau, 14 ans, 2175, Davidson.
Hildegarde Quintal, 10 ans, 2103, Joliette.
Adrien Quintal, 13 ans, 2103, Joliette.
Sylvia Quintal, 8 ans, 2103, Joliette.
Marcel Ratté, 11 ans, 1519, Saint-Germain.
Louis-Philippe Rémillard, 11 ans, 1671, Desery.
Germaine Rivard, 14 ans, 2932, Adam.
Albert Reade, 11 ans, 5, ruelle Arthur.
Albert Robidoux, 11 ans, 517, ruelle Arthur.
René Roy, 14 ans, 1440, Préfontaine.
Édouard Saint-Pierre, 18 ans, 2058, Joliette.
Gertrude Sauvageau, 14 ans, 1889, Adam.
Georges Stoneff, 7 ans, 1438, Chambly.
Simone Séguin, 13 ans, 1871, Préfontaine.
André Tellier, 14 ans, 585, Cuvillier.
Alice Taillon, 11 ans, rue Delorimier.
Gabriel Tardiff, 7 ans, 1653, Joliette.
Léopold Tremblay, rue Joliette.
Yvette Tremblay, 7 ans, 2047, Cuvillier.
Joseph Tremblay, 11 ans, 2047, Cuvillier.
Charlemagne Vincent, 11 ans, 1452, Frontenac.
Jeanne-d'Arc Viens, 4½ ans, 1602, Desery.

BABILLARD

Joyeux anniversaire

Décidément, M. Thomas Sainte-Croix, directeur de l'Hôpital général de Sorel, est un homme choyé. En effet, parmi ses pensionnaires, il compte pas moins de quatre citoyens centenaires, et l'un d'entre eux, **Mlle Antoinette Harpin,** compte certainement parmi les plus âgés du Québec. En effet, Mlle Harpin célèbre aujourd'hui son cent-sixième anniversaire de naissance, puisqu'elle est née le 9 janvier 1878. C'est six ans de plus que votre journal préféré! Joyeux anniversaire, Mlle Harpin, et puissiez-vous être des nôtres pendant encore bien des années.

Parlant de centenaires, il faut mentionner le nom de **Mlle Marguerite Boileau,** qui demeure aux appartements Le Saint-Malo, à Longueuil, et qui célébrait son centième anniversaire de naissance hier. À vous aussi, Mlle Boileau, LA PRESSE offre ses meilleurs voeux de santé et de longévité!

ACTIVITÉS

■ À la télévision

Le 18-heures, Télé-Métropole — Vers la fin de ce bulletin de nouvelles, soit vers 18 h 50, les animateurs commentent quelques manchettes tirées des pages de LA PRESSE et qui ont fait l'actualité d'hier.

"Bouteilles" de papier

Cette vignette publiée dans LA PRESSE du ***9 janvier 1929*** comportait la légende suivante: ***Les distributeurs de lait de Manhattan, New York, ont commencé à se servir de récipients faits de papier très fort traitée avec une préparation de parafine stérilisée. Deux « bouteilles » d'une chopine entrent dans une boîte de carton. Le coût moyen de ces récipients est de trois quarts de sou comparé à sept sous pour une bouteille à lait ordinaire. Le bris de bouteilles et les pertes de lait font perdre aux États-Unis tous les ans $15,000,000.***

C'EST ARRIVÉ UN 9 JANVIER

1981 — Nouveau changement de cap dans sa carrière politique: Roch LaSalle devient chef de l'Union nationale au Québec.

1975 — Mort du célèbre acteur français Pierre Fresnay, à l'âge de 76 ans.

1970 — Le gouvernement français autorise la vente de 50 chasseurs *Mirage* à la Libye

1969 — Début du procès de Sirhan Sirhan, présumé assassin de Robert Kennedy, à Los Angeles.

1967 — De graves incidents surviennent à la frontière de la Syrie et d'Israël.

1965 — Au Vietnam, les militaires restituent le pouvoir aux civils.

1959 — Le gouvernement canadien accepte de remettre à la Pologne les trésors placés sous sa surveillance. — Le barrage de Vega de Tera, en Espagne, cède, détruit le village de Rivadelago et fait 300 morts.

1957 — Profondément marqué par les événements de Suez, le premier ministre Anthony Eden démissionne et cède sa place à Harold McMillan, en Angleterre. — Au Canada, création d'un Conseil des arts, des humanités et des sciences sociales, avec dotation de départ de $50 millions.

1953 — En épilogue au terrible drame du Sault-au-Cochon survenu en septembre 1949, Marguerite Pitre expie son crime sur l'échafaud.

1948 — Un incendie détruit le dôme du marché Bonsecours en moins d'une heure et cause des dommages de plus de $100 000 à ce monument vieux de 103 ans.

1945 — Trois villes canadiennes, Vancouver, Victoria et New Westminster, se retrouvent simultanément sans transport en commun.

1942 — À la boxe, Joe Louis bat Buddy Baer en moins d'un round, à New York.

UN CAS DE FECONDITE CINQ JUMEAUX EN 12 ANS

En douze ans de mariage, les époux Delphis Lépine demeurant dans la partie est de notre ville, ont eu quatorze enfants dont dix survivent

LA RESSEMBLANCE DES JUMEAUX

Elle n'est pas seulement physique, elle est aussi morale et physiologique — Les saintes Ecritures disent que Dieu bénit les nombreuses familles.

LE SAINT-PERE BENIRA LES NOUVEAUX-NES

Dans son édition du ***9 janvier 1905,*** LA PRESSE relevait l'invraisemblable cas de fécondité que représentaient les époux Delphis Lépine, un populaire employé de Dupuis Frères demeurant au 269, rue Maisonneuve. En douze ans de mariage, les Lépine avaient eu, au moment de la rédaction de l'article, 14 enfants, dont 10 survivaient (le plus vieux, Eugène, n'avait que dix ans). À une époque où les familles nombreuses pullulaient, ces données n'auraient représenté rien de vraiment extraordinaire, sauf que parmi ces 14 enfants, on relevait pas moins de cinq paires de jumeaux, dont les derniers-nés montrés en photo à l'âge de neuf jours, Joseph-Gérard et Marie-Claire. Les deux premiers jumeaux, Émile et Delphis, nés 12 ans plus tôt,

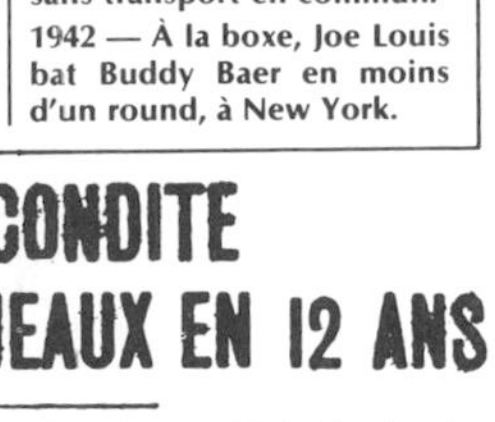

étaient décédés à l'âge d'un an. Du deuxième couple, des filles cette fois, Bernadette et Alice nées neuf ans plus tôt, seule Alice survivait. En 1901, naissaient Ovila et Aimé, et tous deux étaient toujours vivants. Thérèse, âgée de deux ans et demi, était la seule survivante du couple qu'elle formait avec Antoinette à sa naissance.

ELLE VEUT ETRE BOURREAU

VIENNE — Depuis la mort de Seyfert, l'exécuteur des hautes oeuvres ici, les autorités ont reçu une foule de demandes, dont la plus curieuse est sans contredit celle d'une femme assez jolie qui joint sa photographie à la lettre suivante:

« Âgée de vingt-huit ans, je suis douée d'une grande force physique. Mon sexe, ma beauté surtout me désignent pour l'emploi que je sollicite. En effet, la dernière personne sur laquelle le condamné attache son regard est le bourreau qui, neuf fois sur dix, est d'une laideur repoussante. Combien il sera plus consolant pour un criminel, avant d'entrer dans l'éternité, d'être ligotté par les douces mains d'une femme dont les regards charmeurs lui feront un instant oublier les affres d'une agonie morale pire que la mort. »

Cela se passait le 9 janvier 1895.

LA PRESSE

100 ans d'actualités

LE BILL DE L'EDUCATION REPOUSSE PAR 13 VOIX CONTRE 9 AU CONSEIL LEGISLATIF

QUÉBEC, 10 janvier 1898 — Toute l'attention est concentrée aujourd'hui sur le Conseil Législatif où se discute la loi d'éducation. Les rumeurs qui circulent depuis quelques jours, au sujet des intentions du Conseil relativement à cette loi, donnent à la discussion un intérêt exceptionnel. (...)

L'honorable. M. Archambault a parlé le premier avec beaucoup de calme et d'ampleur. Sa péroraison, son appel à l'union des deux partis a été pathétique et applaudie vivement par la minorité ministérielle du Conseil.

L'honorable M. Chapais, leader de la majorité conservatrice, a pris la parole pour répondre au Procureur général. Il a fait une réponse vigoureuse et quelques fois même passionnée, pour défendre l'action antérieure du Conseil de l'Instruction publique, pour exposer les points pernicieux dont il redoute l'introduction, grâce au bill actuellement présenté. M. Chapais a parlé près de trois heures et a fait une étude complète du bill. Son discours a été applaudi avec enthousiasme et tous ses collègues sont venus le féliciter.

DISCOURS DE L'HON.
H. ARCHAMBAULT

Honorables messieurs,

La question qui est maintenant soumise à notre étude est assurément de toutes celles qui entrent dans le cadre de nos attributions et qui s'imposent à nos devoirs de gouvernants et législateurs, la plus importante, la plus élevée, la plus digne de toute notre attention et de toute notre sollicitude.

L'éducation d'un peuple est à la fois le résumé de tout ce qu'il croit et la source de tout ce qu'il sera. C'est sans doute en s'inspirant de cette pensée que Leibtnitz a pu dire que les maîtres de l'éducation tiennent dans leurs mains l'avenir du monde.

Il ne faut pas oublier en effet, honorables messieurs, c'est par l'éducation que l'on fonde les moeurs, c'est par les moeurs que l'on prépare les actions et c'est de nos actions que dépendent en définitive les événements historiques.

Si vous voulez non seulement faire prospérer, mais encore moraliser un peuple, si vous voulez le rendre mûr pour la liberté, instruisez-le et soyez sans crainte si vous dirigez cette éducation et cette instruction.

Le nouveau gouvernement qui a été formé à la suite des dernières élections provinciales a compris que le peuple de cette province désire impérieusement que ses représentants et ses gouvernants s'intéressent directement à cette grande et importante question de l'instruction des masses.

Nous avons compris nous-mêmes honorables messieurs, qu'un gouvernement ne devait jamais se dessaisir de la direction générale de l'éducation et que c'est là une des plus belles et patriotiques missions qu'un gouvernement est appelé à exercer. Aussi nous sommes-nous mis à l'oeuvre sans retard. Dès cette première session, nous sommes en mesure de mettre devant les Chambres le Bill qui est maintenant devant vous et qui, dans notre opinion, est destiné à donner à l'instruction primaire un nouvel essor et à développer chez le peuple de la province la plus grande richesse que la Providence ait offerte à l'humanité, le rayon divin de l'intelligence. (...)

Je n'ai pas l'intention, honorables messieurs, pour le moment, de vous offrir des considérations plus étendues sur la question générale de l'éducation. Qu'il me soit permis seulement de déclarer que le principe qui a guidé ceux qui ont contribué à la préparation du Bill qui est maintenant soumis devant cette chambre, c'est le maintien de l'autorité religieuse dans toutes les questions se rattachant à l'éducation et à la morale. Nous avons voulu laisser à l'autorité religieuse ce contrôle si salutaire, si indispensable dans tout ce qui, dans l'éducation relève de cette autorité. (...) Nous nous contentons de l'instruction proprement dite, c'est-à-dire de cette partie de l'éducation qui a pour objet de faire acquérir à l'enfant ces connaissances qui seront indispensables pour lui permettre de s'asseoir et de prendre place au banquet des nations civilisées, pour lui donner les moyens de concourir dans tous les progrès et tous les développements que la science met sous la main de l'homme et pour lui donner le droit de marcher le front haut parmi les autres nations.

Épilogue

On aura compris que ce projet de loi du nouveau gouvernement Marchand victorieux en 1897, visait notamment la création d'un ministère de l'Instruction publique, et découlait d'une promesse faite pendant la campagne électorale qui avait porté le Parti libéral au pouvoir.

Les libéraux n'eurent aucune difficulté à faire adopter le projet de loi défendu (avec brio, dit-on) par Joseph-Émery Robidoux à l'Assemblée législative. Mais l'intervention de Mgr Paul Bruchési, de l'épiscopat et de la bourgeoisie religieuse, devait trouver son écho au Conseil législatif où les conservateurs détenaient une majorité, au point que ce dernier devait en définitive défaire le projet de loi par 13 voix contre neuf. Parmi ceux qui ont voté contre le projet de loi, on trouvait M. Trefflé Berthiaume, propriétaire de LA PRESSE. Mais malgré l'opposition de son propriétaire au projet de loi, LA PRESSE avait présenté les deux côtés de la médaille, comme en fait foi l'édition du 11 janvier 1898.

Le gouvernement Marchand devait revenir à la charge en 1899 avec un projet qui ne prévoyait plus la création d'un ministère, ce qui n'avait pas empêché Thomas Chapais de qualifier le projet d'exemple de communisme et de socialisme d'État.

Quant au ministère de l'Éducation, il faudra attendre 1964 pour assister à sa création sous le gouvernement libéral de Jean Lesage.

L'hon. Archambault, pendant son discours en faveur du projet de loi.

Le *10 janvier 1914*, LA PRESSE consacrait sa première page à Napoléon et à l'île Sainte-Hélène.

Mort de Buffalo Bill

DENVER, Colorado — Le fameux colonel William F. Cody, mieux connu sous le nom de Buffalo Bill, est mort à midi, hier **(10 janvier 1917)**, à la résidence de sa soeur. (...)

Le colonel Cody naquit dans l'Iowa, le 26 février 1846. A dix ans, il accompagna son père dans le Missouri et le Kansas. A 14 ans, il s'engagea à bord de l'un des transports du gouvernement, faisant alors la navette entre Salt Lake City et le Missouri. Plus tard, il fut tour à tour chasseur, éclaireur, soldat, shérif, directeur de cirque et propriétaire de ranch.

En 1886, il épousa Mlle Louise Frederici, de Saint-Louis. Il entreprit de fournir la compagnie Kansas Pacific Railway d'assez de viande de buffalo pour nourrir les ouvriers employés à la construction du chemin de fer; dans 18 mois, il tua 4 280 buffalos; cet exploit lui valut le surnom de « Buffalo Bill ».

De 1868 à 1873, il prit part aux opérations militaires contre les Sioux et les tribus Cheyenne. En 1873, il fut député à la législature du Nebraska. La même année, il servit de guide au grand duc Alexis, de Russie, dans des chasses sensationnelles. En 1876, il fut nommé pour la seconde fois chef des éclaireurs dans la guerre contre les Sioux. Au cours d'une rencontre à Bonnet Creek, tandis que les forces ennemies étaient en présence, un chef indien, Yellow Head, sortit des rangs et vint provoquer Buffalo Bill. Celui-ci se lança à l'attaque et réussit à tuer son adversaire, après un corps à corps émouvant.

En 1890 et en 1891, le colonel fut placé à la tête de la Garde nationale du Nebraska avec ses quartiers généraux à Pine Ridge, et prit part à la bataille de Wounded Knee. En 1893, il organisa un cirque et, vers la même époque, entreprit de diriger un ranch, à North Platte, Nebraska. (...)

A la tête de son cirque « Wild West », il a donné des représentations devant la reine Victoria, le roi Edward VII, le roi du Danemark, le roi de Grèce, l'héritier au trône d'Autriche, etc. (...)

Buffalo Bill fut maintes fois blessé au cours de sa longue et aventureuse existence, mais toujours il se remit, grâce à sa constitution particulièrement robuste.

BARBARIE

La traite des esclaves

UNE lettre de Mgr Augonard, vicaire apostolique de l'Oubanghi, que publient les « Missions catholiques », donne sur les horribles pratiques en usage chez les tribus cannibales de l'Afrique centrale, les détails suivants qui ne peuvent qu'augmenter la générosité des fidèles pour le mouvement antiesclavagiste et font bien ressortir le dévouement des missionnaires catholiques.

« Au cours de son dernier voyage, le père Allaire constata un nouveau degré de férocité que nous ignorions jusqu'à présent. Partout les esclaves sont amenés sur les marchés pour être vendus comme un vil bétail et surtout comme viande de boucherie. Nous avions vu souvent acheter les esclaves en gros, si je puis m'exprimer ainsi, mais nous ne les avions pas encore vu vendre au détail et sur pied. Dans ces tribus nouvellement visitées, on amène donc les esclaves sur le marché et celui qui ne peut pas se payer le luxe d'un esclave entier achète seulement un membre qu'il choisit à son goût. S'il choisit le bras, le client fait une marque longitudinale avec une sorte de craie blanche, et le propriétaire attend qu'un autre client choisisse l'autre bras et lui fasse la même marque. Chacun choisit ainsi les bras, les jambes, la poitrine, et lorsque tous les membres ont été marqués, on coupe simplement la tête du pauvre esclave, qui est immédiatement dévorée sur place. »

Cela se passait le 10 janvier 1895.

C'EST ARRIVÉ UN 10 JANVIER

1980 — Le Parti libéral du Québec présente son projet « Nouvelle fédération canadienne ».

1979 — *Tintin* célèbre son 50e anniversaire. Hergé, son créateur (de son vrai nom Georges Rémi), a publié 23 albums en 25 langues et à 55 millions d'exemplaires.

1977 — Expulsion de cinq diplomates cubains par le gouvernement fédéral, pour espionnage.

1975 — Fin d'une tradition vieille de quatre siècles en Suède: le Parlement suédois ouvre sa session dans ses chambres plutôt qu'au palais de Stockholm.

1965 — La grève de 60 000 dockers paralysent les ports de l'est des États-Unis.

1962 — Des villages entiers sont engloutis sous 40 pieds de boue au Pérou. On dénombre 4 000 morts.

1960 — Début des travaux du barrage d'Assouan en Égypte, grâce à l'aide économique fournie par l'Union soviétique ($93 millions).

1959 — LA PRESSE révèle qu'Ottawa construira une base de lancement de fusées Bomarc, dans la circonscription de Labelle (plus précisément à La Macaza), au coût de $100 millions.

1952 — Après avoir passé dix jours seul à bord de son navire *(Flying Enterprise)* en détresse, le capitaine Kurt Carlsen est rescapé des eaux glacées par un navire anglais.

1946 — Ouverture de la première session de l'Assemblée générale de l'ONU à Londres. Paul-Henri Spaak en est élu président malgré le veto de l'URSS. — La Saskatchewan endosse les mesures fiscales proposées par Ottawa et se montre favorable à une plus grande centralisation.

1920 — Le traité de Versailles a force de loi; les alliés et l'Allemagne sont désormais officiellement en paix.

1918 — Un feu cause la mort de trois enfants, à l'hôpital Général d'Ottawa.

1904 — Décès du peintre-sculpteur Jean-Léon Gérome, à Paris.

BABILLARD

Plus de 120 ans de service à LA PRESSE

Un retraité de LA PRESSE, M. **Gérard Poitras,** nous fait parvenir une lettre qui témoigne de l'attachement de la famille Poitras au journal centenaire. En effet, pas moins de quatre générations de Poitras ont totalisé 122 ans au service de votre journal préféré. En voici donc un court résumé.

La première génération: Elzéar Poitras entre au service de LA PRESSE en 1902 à titre de typographe, directement sous les ordres de Trefflé Berthiaume. Il travaillera à LA PRESSE jusqu'en 1927.

La deuxième génération: J. H. Roméo Poitras suit la voie tracée par son père et s'engage à son tour à LA PRESSE en 1909. Il y consacrera pas moins de 50 ans de service, comme typographe, soit jusqu'à sa retraite en 1959.

La troisième génération: c'est au tour de Gérard, fils de Roméo, d'être engagé comme typographe en 1949. Il prenait sa retraite en 1979, après 31 ans de service.

La quatrième génération: pour la dernière génération, il faut regarder ailleurs qu'à l'atelier de composition. Ginette Poitras-Morin, fille de Gérard, a travaillé au service de la Comptabilité de 1960 à 1966. Quant à sa soeur, Lucie Poitras-Leblanc, elle a travaillé au service des Annonces classées de 1961 à 1971.

Une telle preuve de fidélité à une entreprise se devait d'être soulignée.

ECLATANTE VICTOIRE DU CANADIEN SUR LE CLUB TORONTO A L'ARENA

Le Bleu Blanc Rouge gagne par 14 à 7 devant une assistance de plus de 7,000 personnes. — Lalonde compte six points pour sa part.

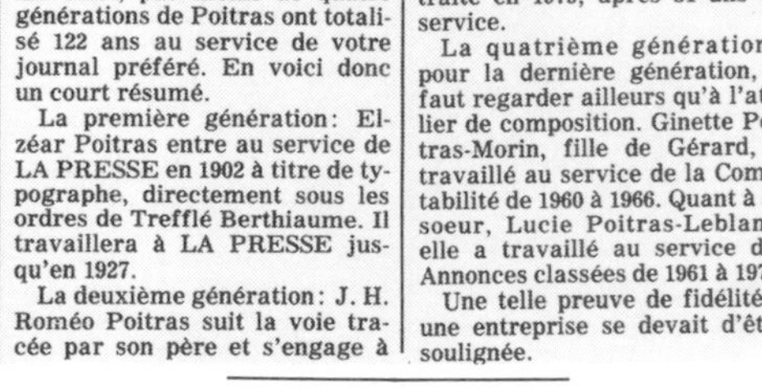

Voici comment LA PRESSE a rendu compte du résultat du match du Canadien, au soir du *10 janvier 1920*, à l'arena Mont-Royal.

Il est péché de danser la rumba ou le cha-cha

ROME (Reuter) — Il y a péché à danser le cha-cha ou la rumba, mais le rock'n roll est peut-être moins luxurieux, selon un père dominicain qui a fait une étude des danses modernes.

La valse, la polka et la mazurka pour leur part ont passé l'épreuve morale haut la main.

Un résumé de l'étude du père Reginaldo Fracisco apparaît dans le numéro courant de la « Vie pastorale », une revue mensuelle à l'usage du clergé, publiée par la société Saint-Vincent-de-Paul.

Le religieux dit que les danses « présumément d'origine espagnole » telles que la rumba, le boléro, le mambo, la samba, le swing, le boogie-woogie, la cha-cha, le calypso ne sont pas « seulement des occasions prochaines de pécher, mais un péché grave en elles-mêmes ».

Il dit que les postures, les mouvements, les balancements de ces danses sont décrits comme « lascifs » par les experts, et « offensent particulièrement la vertu de la modestie ». Mais « chez certaines personnes, une position éloignée et les mouvements acrobatiques — comme dans le rock'n roll — peuvent en diminuer la sensualité et atténuer en partie les effets sexuellement excitants ».

Cela se passait le 10 janvier 1961.

LA PRESSE
100 ans d'actualités

DIX-HUITIEME ANNEE—No 58 MONTREAL, SAMEDI 11 JANVIER 1902 VINGT-QUATRE PAGES

APRÈS LA TÉLÉGRAPHIE LE TÉLÉPHONE

Cela devait être ainsi: après la télégraphie sans fil, la téléphonie sans fil!

Cependant que Marconi, l'inventeur italien, poursuivait et menait à bien les expériences que tous nos lecteurs connaissent bien, un Américain, le professeur A. Frederick Collins s'appliquait, de son côté, dans le silence de son laboratoire, à découvrir le moyen de simplifier cette admirable invention qu'est le téléphone. Et il a touché le but s'il faut en croire les journaux américains enthousiasmés.

La découverte du professeur Collins diffère de celle de Marconi en ce que les courants terrestres sont employés de préférence aux courants atmosphériques.

Le professeur Collins réclamant l'honneur d'avoir découvert la véritable téléphonie sans fil est évidemment en train de prendre rang parmi les célébrités du jour qui ont nom Edison, Tesla et Marconi. Pour ceux qui ont vu l'entreprenant yankee à l'oeuvre, la possibilité de la mise en pratique à bref délai de la nouvelle découverte ne fait plus de doute. Ce n'est plus qu'une question de temps.

Les dernières expériences de Marconi à peine terminées qu'un américain, le professeur Frederick Collins, réclame l'honneur d'avoir trouvé le téléphone sans fil.
Le lieutenant Heap et son topophone.
Le professeur Collins a son appareil.

Le professeur Collins expliquant les détails de son invention.

Le système du professeur Collins n'a pas encore atteint, cela va de soi, tous les dévéloppements qu'on est en droit d'en attendre ultérieurement. Nous devons cependant ajouter qu'il est présentement en pleine opération à Narberth, Pennsylvanie, où se poursuivent tous les jours des expériences de plus en plus concluantes. Pour tout dire, le système Collins est de beaucoup plus avancé que ne l'était le système Bell dont l'apparition à l'Exposition continentale de Philadelphie, en 1876, provoqua l'étonnement du monde entier.

Nous ne pouvons donner une meilleure idée de la nouvelle découverte qu'en donnant une description succincte des opérations qui se poursuivent à Narberth et de l'installation en cet endroit des différents postes de téléphonie sans fil.

LES COURANTS TERRESTRES

Disons tout d'abord que le professeur Collins utilise, pour la transmission des sons articulés, les courants que l'on rencontre dans le sol terrestre ou des vagues atmosphériques employés par Marconi.

Chaque poste ou station de téléphonie sans fil installé à Narberth consiste en un trépied quelconque supportant une légère boîte de bois à laquelle sont fixés, au moyen d'une tige métallique conductrice, un transmetteur du genre de celui dont on se sert pour les téléphones ordinaires, deux bobines magnétiques enveloppées de caoutchouc très résistant, et enfin deux pièces doublées de cuivre communément appelées «condensateurs électriques».

Au-dessous du trépied est enfouie dans le sol une pièce de cuivre ou de zinc reliée par un simple fil métallique, au mécanisme de la boîte que nous avons signalée. Il est bien évident qu'avec une installation aussi primitive, on ne peut communiquer que d'une certaine façon: c'est-à-dire qu'une personne recevant ainsi une communication téléphonique et qui voudrait y répondre devrait avoir à côté d'elle, outre l'appareil récepteur, un appareil similaire à celui de la station correspondante. Mais les appareils destinés à un usage régulier comme ceux par exemple qui sont en opération dans un grand établissement de Philadelphie sont des appareils «à combinaison» parce qu'ils sont pourvus d'un récepteur et d'un transmetteur. Leur apparence extérieure est à peu près identique à celle des téléphones qui ornent nos bureaux et nos maisons privées.

BASÉ SUR UN PRINCIPE SCIENTIFIQUE

Le système de téléphone sans fil du professeur Collins est basé sur ce principe scientifique bien connu que les entrailles de notre planète sont chargées d'électricité: il s'agissait tout simplement de s'emparer de cette force latente.

On conçoit naturellement que les courants électriques passant à travers le sol entre deux stations ne sont pas assez puissants pour transmettre les sons de la voix d'un appareil à l'autre; aussi est-il absolument nécessaire, pour le bon fonctionnement des appareils de renforcer ces courants, de leur donner une puissance de vibration plus considérable en adjoignant des génératrices électriques aux batteries que supportent les trépieds dont nous avons déjà parlé.

Cette augmentation de puissance électrique a son point de départ, à proprement parler, à la pièce de cuivre enfouie dans le sol sous chaque appareil transmetteur et récepteur. D'une plaque de cuivre à l'autre, l'électricité est transportée par les courants terrestres avec une vélocité égale à celle que met la lumière à se répandre. Les vibrations de la voix ainsi mises en marche par le transmetteur sont interceptées par la plaque de cuivre de l'appareil récepteur et transmises à la lame métallique vibrante; c'est là tout le secret de la téléphonie sans fil.

DIFFICULTÉ RÉSOLUE

Comme pour le système de télégraphie Marconi, le grand problème à résoudre qui nous occupe consistait à trouver le moyen de permettre à plusieurs personnes, dans une même localité, de se téléphoner sans qu'il y eût confusion. (...) Le professeur Collins prétend avoir surmonté cette difficulté et voici comment:

Dans chaque téléphone, il place une couple de disques semblables aux serrures à combinaison des coffres-forts. La résistance de chaque téléphone est réglée par ces disques ou clefs. Un abonné voulant téléphoner à un autre abonné n'a qu'à rechercher le numéro d'inscription de ce dernier, tourner le disque de façon à relier son numéro à celui de l'abonné avec lequel il veut communiquer, et tout est dit. Un signal automatique avertira l'appelé et la conversation pourra s'engager sans qu'il y ait à craindre que les autres propriétaires de téléphone puissent entendre quoi que ce soit.

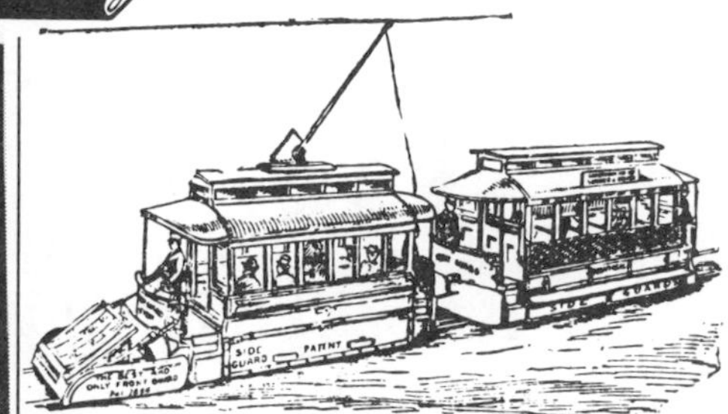

Figure No 1. — Char d'été traîné par un char à moteur électrique.

Tramways perfectionnés pour le confort des usagers et la sécurité des piétons

En observant quelque peu le système de véhiculage sur rails tel qu'il s'est pratiqué jusqu'à ce jour dans les rues de Montréal, (...) résulte cette double conviction: (1) que la substitution des chars fermés pour l'hiver aux chars ouverts qu'on voit circuler en été, constitue pour la compagnie de tramways une dépense énorme; (2) que le mode de construction de ces mêmes chars constitue pour les piétons (...) un danger permanent.

Faut-il démontrer la justesse de ces deux conclusions? Qu'on aille voir aux garages de la compagnie de tramways ces longues files de wagons ouverts remisés là pour une saison entière. C'est un capital non seulement improductif, mais en pleine détérioration; même spectacle l'été quand il faudra remiser les véhicules d'hiver. Qu'on examine maintenant le wagonnet, (...) le chariot sur lequel repose la caisse du tramway, le coupé à proprement parler. Tout y est à découvert, tant et si bien que hommes et bêtes peuvent y passer dessous, soit par exprès, soit par inadvertance. (...)

M. JULIEN INTERVIENT

M. Édouard Julien, mécanicien déjà bien connu à Montréal, a paré à ce double inconvénient. (...) Grâce à M. Julien, véhiculeurs et véhiculés vont pouvoir désormais échapper aux inconvénients considérés jusqu'à ce jour comme «obligato» de la circulation des tramways. (...)

En premier lieu, spectacle d'été: un wagon ouvert est tiré par un wagon électrique. C'est ce même wagon ouvert qu'il faudra remiser l'hiver à moins qu'on ne le transforme comme dans la figure 2 en lui assujettissant tout simplement des panneaux latéraux, opération qui ne demande que deux minutes.

Non moins simple et non moins efficace est le brevet de M. Julien pour la protection des piétons et surtout des personnes qui s'engagent sur la plate-forme des chars ou qui en descendent. Impossible pour eux, même s'ils le voulaient, de se faire passer dessus par les roues, puisque celles-ci sont comme enfermées dans le coupé, grâce à ce «side-guard» qui va jusqu'à un pouce de terre et cache le chariot tout entier à la vue du public. Ce «side-guard» ou garde latérale se relie, comme on peut le voir (figure 1), au filet avant qui est à lui seul une petite merveille d'ingéniosité. Avec ce filet, impossible de passer sous le wagon, impossible de se faire casser les jambes, impossible même de recevoir des contusions, tant les arêtes en sont élastiques, et les bascules sensibles.

Cela se passait le 11 janvier 1895.

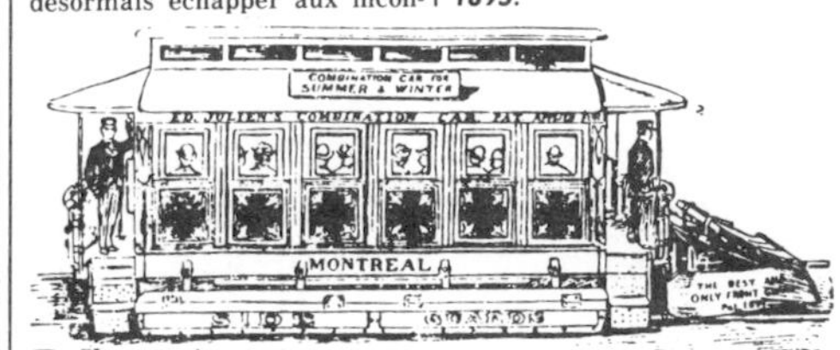
MONTREAL

Figure No 2. — Char d'été transformé en char d'hiver et doté des inventions de M. Julien.

UN AVENIR ETRANGE

La science regarde deux mille ans en avant, et fait une prédiction terrible au sujet de la race humaine.

Il y a des personnes qui se plaisent à rendre les autres misérables. Il y a quelques années, un citoyen de Boston, après avoir fait un recensement des têtes chauves dans les églises et les théâtres, a écrit un article élaboré pour prouver qu'en l'an 3226, la race humaine sera complètement dépourvue de cheveux.

Ensuite, le Dr William A. Hammond, après de profondes recherches scientifiques, a prédit que vers l'an 5327 le genre humain serait dépourvu de dents.

Imaginez-vous une race d'hommes et de femmes sans cheveux ni dents. C'est certainement horrible, mais est-ce aussi terrible que des choses que nous voyons aujourd'hui?

Notre pays est rempli de personnes minées par suite d'un surcroît de travail. Et les Canadiens ne sont pas si mal que le peuple des Etats-Unis. Des milliers de personnes éprouvent des vertiges en sortant du lit le matin. Un grand nombre ont mauvaise haleine, pas d'appétit, des douleurs dans le dos, la mémoire lente et défectueuse, et un sentiment d'épuisement complet.

Y a-t-il quelque chose de pis que cela? Quand vous passez des nuits sans dormir et que vous vous tordez dans votre lit, attendant avec instance l'arrivée du **matin, il y a le danger de la folie** dont l'insomnie est le présage.

Lorsque vous vous sentez ainsi, employez le véritable restaurateur de la nature, le Céleri Composé de Paine. Cette merveilleuse découverte est le seul véritable remède pour des maladies nerveuses. Essayez-le et constatez comme il donne promptement une vie nouvelle.

*Cet article publié le **11 janvier 1890** est évidemment trompeur. Son début ressemble à un article sérieux et plus d'un lecteur de LA PRESSE a dû tomber dans le panneau de cette publicité bien dissimulée jusqu'à la toute fin. C'était évidemment avant la venue de l'Office de la protection du consommateur, et de telles méthodes seraient inacceptables aujourd'hui...*

S'il est vrai aujourd'hui que les Américains n'étonnent plus personne lorsqu'ils font preuve d'ingéniosité, certains faits suscitaient encore l'admiration au début du présent siècle. C'est ainsi que dans son édition du *11 janvier 1907*, LA PRESSE faisait grand état du déménagement à Williamsburg, sur une distance de 300 pieds, d'un édifice de cinq étages, rien de moins! Et à bien y penser, même aujourd'hui, avec les machines modernes dont nous disposons, ce ne serait guère facile d'en déplacer de cette taille...

Une source de whiskey

Un Américain vient de faire fortune en peu de temps par un truc assez ingénieux, mais fort canaille. Il répandit le contenu d'une couple de barils de whiskey dans une source naturelle qui coulait sur sa ferme, invita ensuite tous les ranchmen d'alentour à venir examiner cette source. Le lendemain, il vendait la source $10 000 en or et quittait le pays à l'instant. Voilà deux barils de whiskey bien payés!

Cela se passait le 11 janvier 1890.

La bague de Napoléon III et le boeuf

Un maître boucher de Coblentz vient de faire une bien curieuse trouvaille.

Il a trouvé, dans les entrailles d'un boeuf qu'il venait d'abattre, une bague en or portant cette inscription: *Napoléon III, empereur, 1862.*

Cela se passait le 11 janvier 1890.

BABILLARD

À l'aide d'une société historique

La **Société historique du Saguenay** est présentement à la recherche de documents sur lesquels son archiviste, M. **Roland Bélanger,** aimerait bien mettre la main.

Ces documents sont les suivants:

1 — Le rapport et les archives de la «Commission royale pour fixer les indemnités exigibles en raison de l'élévation des eaux par les barrages de la Grande décharge et à la Petite décharge du lac Saint-Jean», publiés en 1927, et que M. Bélanger a été incapable de retrouver.

2 — Les dix numéros de la courte histoire du journal L'Annonceur publié en 1939 par MM. André Lemieux et Arthur Tremblay, aujourd'hui sénateur.

Si un des lecteurs de cette page est en mesure d'aider M. Bélanger dans ses recherches, il pourra lui écrire à l'adresse suivante: Société historique du Saguenay, case postale 456, Chicoutimi, Québec G7H 5C8.

Une nouvelle assurance

Il paraît qu'en Angleterre certains marchands de liqueur ont inventé une nouvelle méthode d'assurance qui va permettre à leurs clients de s'enivrer jusqu'à ce que mort s'ensuive, sans que leur âme soit troublée de soucis au sujet de l'avenir de leurs familles. À chaque consommateur qui achète pour une somme d'au moins deux pences on donne un coupon représentant une assurance sur la vie pour une somme de 100 livres, payable si le dit consommateur vient à mourir dans les sept jours suivants. Si donc un particulier réussit à se tuer en buvant du genièvre dans l'espace d'une semaine, il peut, s'il s'est assuré chez plusieurs marchands, laisser à ses héritiers une jolie somme. Il faut évidemment que ces marchands aient une bien grande confiance dans l'excellente qualité de leurs liqueurs. L'usage de la boisson américaine, connue sous le nom de *Mort subite*, ruinerait leur commerce.

Cela sepassait le 11 janvier 1892.

Dans son édition du *11 janvier 1904*, LA PRESSE soulignait l'inauguration du Grand-Nord, soit le train qui devait relier Montréal à Shawinigan Falls en passant par l'Assomption, Joliette et Grand'Mère. Le prix du billet aller-retour, en première classe, entre les deux extrémités du parcours, avait été fixé à $4,85. La vignette illustre le départ, à 8 h 45 du matin, du premier train de l'histoire de la liaison, à la gare du Grand Nord, alors située à l'angle des rues Sainte-Catherine et Moreau.

C'EST ARRIVÉ UN 11 JANVIER

1979 — La Baie acquiert 87 p. cent des actions de Simpson's.

1976 — Une junte militaire dépose le président Guillermo Rodriguez Lara en Équateur.

1975 — L'URSS lance *Soyouz XVII* transportant deux cosmonautes vers la station spatiale *Salyout IV*.

1973 — Fin du contrôle des prix et des salaires aux États-Unis.

1970 — Les aspirations sécessionnistes du Biafra s'estompent. La guerre civile prend fin au Nigeria, après 30 mois.

1970 — Vol inaugural «officieux» en liaison commercial du Boeing 747, entre New York et Londres.

1966 — Début de graves problèmes au Nigeria. Le général Gowon assume tous les pouvoirs.

1961 — M. Yves Prévost abandonne son poste de chef de l'Union nationale. M. Antonio Talbot lui succède et devient le cinquième chef de l'UN en 15 mois.

1954 — Des avalances font 200 morts dans la région du col du Brenner. — Décès du compositeur Oscar Strauss, auteur de 50 opérettes, à l'âge de 83 ans.

1952 — Décès à Paris du général Jean de Lattre de Tassigny, haut commissaire français en Indochine et héros de la deuxième grande guerre.

1946 — Les dépenses des trésoreries de tous les pays du monde durant le dernier conflit mondial se sont chiffrées par $680 milliards, quatre fois plus que la première Grande guerre.

1938 — Un gros hydravion à quatre moteurs de la Pan American Airways, le *Samoan Clipper*, s'abîme au large de Pago-Pago avec ses sept membres d'équipage, lors d'un vol d'essai entre Honolulu et la Nouvelle-Zélande.

1925 — Décès à Québec d'un musicien de grand renom, Arthur Lavigne, à l'âge de 79 ans.

LA PRESSE

100 ans d'actualités

Le radio de LA PRESSE

UN POSTE NOUVEAU

C'est à Saint-Hyacinthe que sera érigée la nouvelle station CKAC. — La tonalité du nouvel émetteur sera 18 fois plus forte que celle du poste actuel

DOUBLE STUDIO, RUE SAINTE-CATHERINE

Dans son édition du 12 janvier 1929, LA PRESSE publiait ce reportage sur sa filiale, la station de radio CKAC.

INTÉRESSÉE à tous les progrès, scientifiques et autres, la « Presse » a toujours été, depuis sa fondation, une pionnière et une vulgarisatrice hors pair. C'est ainsi que, depuis déjà longtemps, la « Presse » a pris un grand intérêt à la télégraphie sans fil et à la radiophonie.

La « Presse » a été le seul journal de la province de Québec à installer et à contrôler un poste de T.S.F. Ce poste, installé à Joliette, était tenu continuellement en communications avec une station, à Montréal. Ce poste premier fut inauguré le 23 août 1904. Ce n'est donc pas d'hier.

Puis, la vogue du radio grandissant toujours, la « Presse », peu lente à comprendre et à prévoir le rôle important que jouerait dans notre vie moderne cette source inépuisable de distractions et d'utilités, fonda son poste CKAC.

LES DEBUTS DU POSTE CKAC

Le 2 mai 1922, la « Presse » signait un contrat avec la compagnie Marconi du Canada pour l'installation du premier poste radiophonique au Canada. (...)

Le poste de la « Presse » fut promptement installé et quelques mois après la signature du contrat, il fonctionnait. Cependant, les débuts furent difficiles. Le public paraissait sceptique et il était difficile de trouver des artistes pour les concerts. De plus, l'installation mécanique laissait parfois à désirer et créait souvent des embarras aux techniciens.

Sans se décourager jamais, la « Presse » n'épargnant rien au surplus, perfectionna son poste dans l'espoir que le succès couronnerait tant d'efforts. Or, le poste CKAC est maintenant l'un des plus puissants du Canada en même temps que l'un des plus patronés par les annonceurs et les radiophiles.

AMELIORATIONS

Des changements considérables ont été apportés à la radiophonie depuis quelques années. (...) Il y a à peine quelques années, ce qui portait le nom d'émetteur n'était ni plus ni moins qu'un criard ne produisant qu'une série de grondements. Ecouter et transmettre, c'était un supplice. Mais quelle différence aujourd'hui! Grâce aux perfectjonnements apportés aux instruments, émetteurs et récepteurs, on a un rendement parfait, si la température est au beau, satisfaisant si le temps est défavorable. On entend un poste de radio, même éloignée à des centaines de milles, tout comme si l'on écoutait un gramophone chez soi.

L'expérimentation est à peu près terminée en radiophonie et le radio est maintenant considéré comme un objet de nécessité dans presque tous les foyers. Ce n'est plus un objet de luxe, mais un objet utile à tous, jeunes comme vieux, vieux comme jeunes.

LA NOUVELLE INSTALLATION DU POSTE CKAC

Après mûre délibération et désireuse toujours d'aller de l'avant, la direction de la « Presse » a décidé d'améliorer encore la qualité de ses concerts et de sa transmission. Voilà pourquoi elle a décidé de transformer son poste actuel, d'aménager un nouveau poste tout à fait moderne.

Le transmetteur du nouveau poste sera installé hors de Montréal, à 35 milles à vol d'oiseau, soit à Saint-Hyacinthe. Le terrain acquis par la « Presse » mesure environ dix-huit arpents. Il est sis entre l'équerre que forme, à un demi-mille de la ville, la route nationale et la rivière Yamaska. L'usine du poste sera donc érigée sur une pointe de terre s'avançant dans la rivière Yamaska.

Ce croquis montre le projet soumis par les architectes Richer et Bournet, de Saint-Hyacinthe. L'immeuble devait mesurer 58 pieds de profondeur par 48 pieds de largeur. Dans les trois médaillons, on peut voir, à gauche, l'un des tubes amplificateurs refroidis par eau, à droite l'un des tubes rectificateurs, et au centre, M. René Richer, un des deux architectes.

INSTALLATION COUTEUSE

La « Presse », ne voulant reculer devant aucune dépense, fera de son nouveau poste une station radiophonique incomparable. Outre l'usine, il y aura une habitation pour le personnel, contiguë au poste.

La direction de la « Presse » a accepté les plans soumis par les architectes Richer et Bournet, de Saint-Hyacinthe. La construction et les appareils de transmission coûteront environ $150,000. Le coût de l'opération du poste s'élèvera à environ $60,000 par année.

Cette page a été publiée dans LA PRESSE du *12 janvier 1907*. Toutefois, devant l'état glacé des trottoirs de Montréal, cette page reste toujours vraie 77 ans plus tard.

ACTIVITÉS

Salon de l'auto

Place Bonaventure — LA PRESSE est présente au salon par son kiosque, agrémenté d'archives sur les grands moments de l'histoire de l'automobile, et animé par des retraités du journal, qui répondront aux questions du public. Certaines pages publiées par LA PRESSE à l'occasion de salons de l'automobile, au début du siècle, sont de véritables petits chefs-d'oeuvre d'illustration. D'ailleurs, LA PRESSE publiait dès avril 1910 un premier cahier spécial entièrement consacré à l'automobile. Jusqu'au 22 janvier inclusivement.

C'EST ARRIVÉ UN 12 JANVIER

1977 — Décès d'Henri Langlois, fondateur de la première cinémathèque au monde, celle de la France.

1976 — Agatha Christie meurt en Angleterre à l'âge de 85 ans. Elle avait écrit plus de 100 romans policiers.

1973 — Un incendie fait sept morts au sein d'une même famille, à LaSalle.

1969 — Les Jets de New York causent une forte surprise en battant les Colts de Baltimore dans le match du Super Bowl.

1968 — L'Union soviétique condamne quatre écrivains, Alex Guinzbourg, Youri Galenskov, Alexis Dobrovolsky et Ver Lachkva, à des peines de prison.

1957 — Les trains roulent, mettant ainsi fin à la grève qui paralysait depuis le 2 janvier le réseau ferroviaire du Pacifique Canadien.

1953 — Investiture de 24 nouveaux cardinaux, dont le cardinal Paul-Émile Léger, archevêque de Montréal.

1950 — Le sous-marin *Truculent* heurte un pétrolier dans la Tamise et sombre avec ses 65 passagers.

1933 — L'église Saint-Louis-de-France est détruite par un incendie. Elle avait été construite en 1897.

1928 — Début des travaux de construction du stade de Lorimier, à l'intersection des rues de Lorimier et Ontario.

1904 — Montréal et les villes de la rive-sud sont désormais reliées par des voitures-automobiles à 20 places.

le carnet

DE RAYMOND GUÉRIN

Avant d'occuper ses fonctions actuelles de rédacteur principal au service des nouvelles d'Air Canada, Raymond Guérin détint, pendant de longues années, une chronique humoristique à la page 3. À l'occasion du centenaire de LA PRESSE, il nous offre donc le texte original suivant.

ODE À «LA PRESSE»...

(Rotativement parlant)

Ah! LA PRESSE!
Sacrée vieille Presse!
Te voilà donc, séculaire et honorable,
Consacrée tradition québécoise
Au même titre que le sirop d'érable
Et peut-être le Père Ambroise.
Sans que ton âge paraisse,
Toi, tu parais depuis cent ans,
Toujours bien remplie, parfois un peu épaisse
(Dans le bon sens du mot, s'entend!)
Tu nous as toujours offert une savoureuse bouillabaise
De l'actualité depuis les jours d'antan.
Tu es avant tout une chronique de la faune montréalaise:
Monde ordinaire, artistes, clochards, bourgeois à l'aise,
Drogués s'adonnant au méprisable hash, à la vile mari
Qu'ils extirpent de leur jeans prêt-à-poter
(Doux Jésus! Les origines de Ville-Marie
Ne prévoyaient pas une population aussi capotée!)
Mais tu es aussi une véritable macédoine
De tout ce qui se passe au Québec et ailleurs,
Jusque par delà les douanes,
Jusque dans les pays pacifistes ou guerroyeurs.
Mais surtout, tu as été fidèle
A notre patrimoine prestigieux,
Et cela compte plus, devant l'Eternel,
Qu'une victoire fortuite de Nos Glorieux.
Il y a des choses à préserver
Qui méritent un combat farouche:
Tout le monde ne tient-il pas à conserver
La recette de la tarte à la farlouche?
Ah! Tu es bien encrée dans nos habitudes
(Le premier «e» dans «encrée» est voulu)
Et d'est en ouest, du nord au sud,
Tu nous stimules, comme un café bien moulu,
À chaque matin, dès qu'on est debout,
De Drummondville à Wabush,
De Chibougamau à Mascouche,
Et ça vaut mieux qu'une rasade de caribou.

Rappelle-toi, ô estimable centenaire,
Comme tu nous en a raconté, des affaires!
Rappelle-toi nos légendes, nos quadrilles
Et nos belles grosses familles.
Eh oui, bien des Ginette ont fait passer
Dans leurs cerceaux
Nos ancêtres empressés
Et ça été ça, la r'vanche des berceaux!
(C'était avant l'heure
De Morgenthaler)
Mais autrefois... Scapulaire!
Défense de se tirer en l'air!
Aujourd'hui on fait l'amour à la sauvette
Et on fabrique des bébés-éprouvette:
Un numéro, une classification
... Et hop! L'Immatriculée-Conception!
Oh! Mais rappelle-toi la volupté du péché
Dénoncé par tous les évêchés.
La faute, le remords, la confesse
Et puis bof! Swing la baquaisse!
Bein voyons donc! Et que l'fun
Continue d'être parmi nous,
Et prendre un verre de bière, mon minou,
Aïe — prends-en donc une bonne!
Ah oui, la religion, pauvre d'elle,
Depuis longtemps bat de l'aile.
C'est qu'elle a reçu un grand coup de pied au culte
Et naturellement, cela a causé un certain tumulte
Chez un peuple qui, né d'agriculteurs,
S'est vu transformé en une masse d'hosticulteurs.
Des filles qui naguère auraient été ingénues
Se retrouvent aujourd'hui danseuses nues,
Ce qui, assurément, est une vocation discutable
(Notez que pour $5, elles dansent à vos tables
Dans des contorsions pas trop compliquées
Mais qu'elles imaginent très soffessetiquées).

Ah oui, rappelle-toi, et ça remonte loin,
Tout ce dont tu as été témoin
Et qu'on retrouve dans tes reportages et ta publicité.
Voyons un peu ce qu'on pourrait bien citer...
Ah oui! Tu as été témoin des p'tits chars et des gros chars
Et puis de Maurice et Henri Richard,
De la laiterie J.J. Joubert
Et d'Yvon Robert
Et du chapelet à la radio à 7 heures
Et de la Commission des Liqueurs
(Devenue la Satiété des Alcools)
Et de l'action bienfaisante de Robol.
Et rappelle-toi la Commission des Tramways
Et les «tourist rooms» aux chambres à louer,
Et Octave Crémazie,
Et la famille Soucy
Et nos belles danses carrées,
Et les remèdes de l'abbé Warré,
Et les mitasses, les capines et les tuques
Et les turlutages de la Bolduc.
Rappelle-toi la construction de l'Oratoire,
Et la lutte à la télé le mercredi soir.
Et les jumelles Dionne, d'Ontario,
Et les nuits glorieuses du Mocambo,
Et Aurore, l'enfant-martyr,
Et les «bons soirs pour sortir»,
Et Tit-Coq
Et les millions de p'tites coques,
Et le sirop du Dr Lambert,
Et Dupuis Frères...

Vraiment, la nomenclature peut aller s'éternisant,
Mais il faut revenir au présent
Et passer du Titanic
A Spoutnik
Et du savon Barsalou
Au triomphe de «Broue».
Aujourd'hui tu nous parles de Vitagro
Et de Jean-Guy Moreau,
Et du PQ
Qui analyse son vécu.
Et tu fais des éditoriaux
A l'endroit de la RIO
Ou de la Royale Gendarmerie
Ou du problème des garderies
Ou du sort des allophones
(Ce sont ceux qui répondent «allo» au téléphone),
Ou de quoi encore? Ah, tu ne seras jamais à pied
Pour traiter des sujets de l'heure!
D'ailleurs, cela fait cent ans que tu nous en passes un papier,
Et comme papiers, cela commence à en faire plusieurs.
Mais continue! Et que beaucoup d'eau
Coule au-dessous
Du pont Jacques-Cartier
Avant que tu ne sois rendue au bout
De tes rouleaux!

Raymond Guérin
Décembre 1983

LA PRESSE

100 ans d'actualités

Un Jardin Botanique à nous

La magnifique entrée du Jardin botanique de Montréal, d'après une photo aérienne de septembre 1938 et publiée dans LA PRESSE du *13 janvier 1940.*

*Dans son édition du **13 janvier 1940,** LA PRESSE consacrait un long article abondamment illustré à ce qui était devenu l'objet de fierté par excellence (et Dieu sait si on en avait besoin, au sortir de la grande crise économique!) du Montréalais, « son » Jardin Botanique. Nous en reproduisons de larges extraits.*

par Ephrem-Réginald BERTRAND

MONTRÉAL a depuis quelques années un Jardin Botanique qui est à peu près le plus moderne au monde. Vous en doutiez-vous?

Notre Jardin Botanique fait parler de lui aux quatre coins du globe. Il entretient des relations suivies et fait des échanges avec les savants de toutes les parties de l'univers. (...) Toronto l'envie de grand coeur. Le seul endroit où on le connaisse encore moins et peu, c'est Montréal.

C'est pourtant de toutes les entreprises nées du rêve de quelques-uns des nôtres l'une des plus gigantesques et l'une des mieux réussies. Un grand palais d'Aladin d'allure très vingtième-siècle a surgi sur l'immense tapis magique qui a remplacé un parc Maisonneuve laissé si longtemps en friche. Il n'a fallu que trois ans pour réaliser tout à coup un rêve nourri depuis tant d'années par un savant de chez nous. Tout a poussé soudain, avec l'éclosion rapide des plantes tropicales. Cela tient du miracle dans un climat tempéré comme le nôtre, qui laisse tant de projets s'étioler et mourir. Mais la crise est venue, et le chômage. Et c'est à la crise que Montréal doit, en somme, son Jardin Botanique. Ce sont les travaux de chômage qui ont réalisé le projet. (...)

Le Jardin Botanique de Montréal est le seul au Canada. Il est né d'une pensée canadienne-française. L'indispensable technicien qu'il a fallu à l'organisation adéquate du projet, ce rare homme qui se trouve être le botaniste doublé d'un horticulteur, M. Teuscher prépare et forme soigneusementa sur place des assistants et un corps d'experts parmi les nôtres.

L'animateur de l'oeuvre

J'ai trouvé le R. Frère Marie-Victorin, D.Sc., M.S.R.C., assis dans son clair bureau, comme un homme heureux installé en plein coeur du grand rêve qui a été sa vie. (...) Il est né à Kingsey-Falls, P.Q., en cette année 1885 où l'on dût abandonner le projet d'un jardin botanique sur le Mont-Royal. L'oeuvre attendait son homme! Professeur (...), il commença dès 1908 la publication de travaux botaniques aussi bien que d'oeuvres littéraires, qui se mirent à lui valoir les prix David ou les prix d'Action intellectuelle dans deux ou trois sections à la fois. Appelé à la chaire de Botanique de l'Université de Montréal en 1922, invité à donner des cours à Harvard en 1929 et 1930, prix Gandoger 1932 et de Coincy 1935 de France, décoré par le roi d'Angleterre en 1935, le Frère Marie-Victorin est une personnalité qui rayonne l'enthousiasme. (...) On a l'impression avec lui que le vrai botaniste est un poète avant tout.

Il n'a pas voulu parler de lui mais, avec une cordialité pleine de soleil, il a rendu témoignage à ses collaborateurs et esquissé en deux paragraphes le triple but de « son » Jardin Botanique :

Un tout petit mot d'histoire

« Je n'ai pas inventé le projet d'un Jardin Botanique à Montréal; j'ai simplement repris, dit-il, une entreprise qui avait reçu un commencement d'exécution sur le flanc du Mont-Royal en 1885, et qui fut écrasée dans l'oeuf.

« C'est le 14 décembre 1929 que je lançai officiellement le projet, dans un discours présidentiel à la Société Canadienne d'Histoire Naturelle. La campagne dura sept ans. Enfin, la Cité de Montréal créa le Jardin Botanique par une résolution de l'Exécutif datée du 4 mars 1932.

« Mais les travaux ne commencèrent, sur une grande échelle, qu'en 1936. En trois ans, grâce à la collaboration de la Cité, du gouvernement fédéral et du gouvernement provincial, un travail énorme a été accompli, qui place déjà le Jardin Botanique de Montréal non seulement sur le plan national, mais sur le plan international ainsi que l'indique le projet d'y tenir le prochain Congrès international de Botanique.

Hommage aux collaborateurs

« Ce résultat, cette réussite, est due à la valeur des hommes qui compose le personnel technique essentiel du Jardin. Je dois mentionner particulièrement M. Jacques Rousseau, M. Henry Teuscher et M. Lucien Keroack, architecte.

Le frère Marie-Victorin, directeur du Jardin botanique.

« M. Jacques Rousseau est l'un des meilleurs botanistes du pays. (...) A M. Henry Teuscher revient le très grand mérite de la conception du plan du Jardin Botanique. (...)

« M. Teuscher, qui fut l'assistant d'un des plus grands botanistes du XIXe siècle, Adolf Engler, fut amené en Amérique par M. Charles Sprague Sargent, le créateur de l'Arnold Arboratum de Boston. (...)

« M. Teuscher a créé le Morton Arboretum de Boston. (...) Mais le couronnement de sa carrière sera certainement la réalisation technique du Jardin Botanique de Montréal. (...)

Triple but général

« Le Jardin Botanique de Montréal (...) a un triple but que ses promoteurs ne perdent pas de vue:

a) c'est une institution scientifique d'envergure nationale et internationale, destinée à faire avancer la science pure, mais aussi à aider l'horticulture scientifique;

b) c'est un oasis de beauté; un refuge pour les petites gens qui ne peuvent fuir la grande ville; une attraction pour les touristes américains et plus encore pour les voyageurs européens;

c) c'est une institution d'enseignement populaire, l'une de celles qui nous manquaient totalement. Pour réaliser ce programme, le Jardin Botanique a des services coordonnés et recevant une impulsion commune;

1) coopération avec la Commission des Ecoles Catholiques pour visites d'écoliers et causeries sur le terrain et dans les écoles;

2) jardinets d'écoliers;

3) école d'apprentissage horticole;

4) école de l'Eveil;

5) cours d'Horticulture aux adultes. (...)

BABILLARD

Les retrouvailles des journalistes

Dans le cadre de son centenaire, LA PRESSE songe à organiser, vers le mois de juin, une *journée des retrouvailles* pour les confrères journalistes qui font carrière ailleurs dans le métier ou à l'extérieur du métier.

Mais avant de préparer le programme de la journée, le comité du centenaire voudrait bien savoir si un tel projet intéresse suffisamment de gens pour qu'on le mette à exécution. D'où cette intervention dans la chronique « Babillard ».

Les ex-confrères de la salle de rédaction qui seraient intéressés à participer à de telles retrouvailles sont donc invités à entrer en communication avec Guy Pinard, au 285-7070.

Des rappels

Afin de répondre encore une fois aux lecteurs qui demandent s'ils peuvent se procurer des exemplaires de la page du centenaire qui leur manquent, nous redisons que ces exemplaires, mais en nombre limités, sont en effet disponibles, mais qu'il faut se rendre à LA PRESSE pour se les procurer. Les gardes de sécurité aux entrées vous indiqueront l'endroit où vous les procurer. Si vous passez par l'entrée de la rue Saint-Jacques, n'oubliez surtout pas de signer le *Livre du petit porteur*. Et si le coeur vous en dit, pourquoi n'en profiteriez-vous pas pour jeter un coup d'oeil sur le comptoir des souvenirs. Peut-être y trouverez-vous quelque chose qui vous séduira?

La période d'inscription pour la surprise réservée aux Québécois qui sont nés un 29 février se termine le 31 janvier. Aucune demande ne sera acceptée après cette date. Pour s'inscrire, il suffit de nous faire parvenir une photocopie du certificat de naissance avec nom, adresse et numéro de téléphone.

Au sujet de la suggestion que nous vous faisions de nous faire parvenir une liste des dix événements qui vous ont le plus marqué au cours de votre vie, nous accepterons les listes jusqu'au 31 janvier. Envoyez le tout à Guy Pinard, LA PRESSE, rédaction, 7 rue Saint-Jacques, Montréal, Québec H2Y 1K9.

Enfin, en ce qui a trait au projet de mettre en vente deux couvertures rigides grand format à l'intention de ceux qui collectionnent les pages, le projet doit être abandonné à cause du trop peu d'intérêt manifesté par les lecteurs. À moins qu'un changement radical ne survienne au cours des prochains jours...

ACTIVITÉS

Salon de l'auto

Place Bonaventure — LA PRESSE est présente au salon par son kiosque, agrémenté d'archives sur les grands moments de l'histoire de l'automobile, et animé par des retraités du journal, qui répondront aux questions du public. Certaines pages publiées par LA PRESSE à l'occasion de salons de l'automobile, au début du siècle, sont de véritables petits chefs-d'oeuvre d'illustration. Jusqu'au 22 janvier inclusivement.

Dans son édition du *13 janvier 1899,* LA PRESSE proposait à ses lecteurs ce cliché de huit chercheurs d'or canadiens-français. Voici leurs noms: 1. *P. Roy* (Lévis); 2. *Gus L'Heureux* (Saint-Hyacinthe); 3. *Napoléon Dupras* (Saint-Hyacinthe); 4. *Georges Lamarre* (Saint-Polycarpe); 5. *Georges Demers* (Québec); 6. *P.-Honoré Doré* (Québec); 7. *Fernand Renaud* (Ontario); 8. *Odilon Binet* (Fraserville). Si par hasard vous reconnaissiez un parent dans ce groupe de chercheurs d'or chanceux (aucun d'entre eux n'était revenu avec moins de $20 000), veuillez s.v.p. communiquer avec Guy Pinard, au 285-7070.

C'EST ARRIVÉ UN 13 JANVIER

1975 — Première réunion en dix ans du Congrès national du peuple de la République populaire de Chine, à Pékin.

1973 — Exécution des 11 officiers impliqués en août 1972 dans l'attentat contre le roi Hassan II, du Maroc.

1967 — Début d'une grève des enseignants au Québec, qui obligent 217 000 écoliers à prendre un congé forcé.

1965 — Conclusion d'un pacte de l'automobile entre le Canada et les États-Unis.

1963 — Début d'un coup d'État au Togo, au cours duquel Sylvannus Olympio sera assassiné et remplacé par un beau-frère, Nicolas Grunitsky.

1960 — La ville péruvienne d'Arrequipa est complètement détruite par un tremblement de terre qui fait 63 morts.

1953 — Neuf médecins soviétiques sont accusés d'avoir attenté à la vie des dirigeant du pays. — Le célèbre sculpteur Alfred Laliberté meurt à Montréal à l'âge de 74 ans.

1919 — On annonce que le travail de nuit dans les fabriques de Québec est désormais interdit aux femmes.

1915 — Un tremblement de terre fait 50 000 morts et blessés à Avezzano, dans le centre de l'Italie.

1908 — Environ 225 spectateurs, hommes, femmes et enfants, meurent brûlés vifs ou foulés aux pieds dans l'incendie d'un théâtre de Boyertown, Pennsylvanie.

SEIZIEME ANNEE — N° 69 MONTREAL, SAMEDI 13 JANVIER 1900 VINGT PAGES—UN CENTIN

LES CONCEPTIONS GIGANTESQUES DE L'AMERIQUE

A QUOI PEUVENT SERVIR LES CHUTES NIAGARA

LA PRESSE du *13 janvier 1900* consacrait sa première page à l'usine hydroélectrique des chutes Niagara. On aura remarqué que si on illustre bien les chutes américaines, on aurait pu mieux illustrer les chutes canadiennes en forme de fer à cheval, les plus spectaculaires évidemment.

LA PRESSE

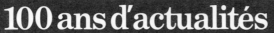

100 ans d'actualités

C'EST ARRIVÉ UN 14 JANVIER

1980 — L'Assemblée nationale de l'ONU « déplore violemment » l'intervention soviétique en Afghanistan.

1977 — Décès d'Anthony Eden, premier ministre de Grande-Bretagne de 1955 à 1957.

1974 — Jules Léger devient le 21e gouverneur général du Canada.

1973 — Les Dolphins de Miami gagnent le Super Bowl et terminent la saison avec une fiche intacte.

1968 — Un violent tremblement de terre secoue la Sicile. On dénombre 600 morts.

1963 — Moïse Tshombé capitule et met fin à la sécession du Katanga en demandant l'amnistie.

1957 — Mort à 54 ans du célèbre acteur américain Humphrey Bogart.

1955 — Des millions de sauterelles venus du désert du Sahara sèment la désolation au Maroc.

1948 — Quinze personnes perdent la vie dans le télescopage de deux trains près de Parent, en Abitibi.

1932 — Les femmes propriétaires auront désormais droit de vote aux élections municipales de Montréal.

— Lors d'une entrevue avec les autorités municipales, le frère Marie-Victorin propose qu'on construise un jardin botanique dans le parc Maisonneuve.

1926 — Un incendie détruit toute la plus vieille partie de l'hôte! Château Frontenac, à Québec, causant des dommages évalués à plus de $3 millions. Cette partie avait été construite en 1893 sur l'emplacement de l'historique château Saint-Louis, lui-même détruit par un incendie en 1834.

1905 — Un incendie se déclare dans l'aile principale de l'hôpital Victoria, mais la panique est évitée.

Un volcan dans l'oreille

Carl Vrenelli, de son vrai Carl Verneville, aventurier natif de France et installé au Québec depuis six mois au début de 1907, ne manquait pas d'étonner, et pour cause! En effet, comme en témoigne cette photo parue dans LA PRESSE du ***14 janvier 1907***, lorsqu'il fumait la cigarette, c'est par la trompe d'Eustache de son oreille gauche qu'il évacuait la fumée, en raison du fait qu'il avait le tympan perforé, et à la condition de se boucher le nez et la bouche. ***La chose est facile,*** disait l'article, ***c'est affaire d'habitude. On assure que c'est assez ennuyeux les premiers soixante ans; mais on s'y fait comme, d'ailleurs, on se fait à fumer les cigares d'amis ou les havanes claros, maduros ou colorados que nos excellentes épouses nous achètent pour Noël et le Nouvel An. Il y a bien quelques tirements... d'oreilles, pour les fumer, mais on se jette bravement dans l'entreprise et on en sort sans aller à l'hôpital ou aux petites maisons.*** Et tout d'un coup que Vrenelli aurait des émules dans le Québec d'aujourd'hui!

En 1900, le gouvernement provincial adopte une loi, proposée par M. Honoré Mercier, alors premier ministre, accordant une concession de 100 acres de terre à tout chef de famille de 12 enfants vivants.

D'un rapport daté de mars 1904 (cette page consacrée aux grosses familles a été publiée le 14 janvier 1905), il résulte que 3415 familles devaient profiter de cette offre entre l'adoption de la loi et la rédaction du rapport. Ce qui amenait LA PRESSE du jour de conclure qu'entre mars 1904 et la parution de la page, ce nombre devait avoir doublé.

Pour compléter les statistiques, on expliquait que les 3415 chefs de famille avaient eu 3751 épouses, et que ces dernières avaient enfanté 21774 garçons et 20481 filles. Le taux de mortalité s'élevait alors à 8,38 p. cent. Des 3415 familles, pas moins de 1574 avaient perdu au moins un enfant.

L'article décomposait également les familles de la manière suivante:

12 enfants	2662	31944
13 enfants	451	5863
14 enfants	172	2408
15 enfants	88	1320
16 enfants	17	272
17 enfants	15	255
18 enfants	6	108
19 enfants	1	19
20 enfants	1	20
23 enfants	2	46

L'article se terminait en rappelant que si Sylvain Lambert, de Beauce, avait été le plus chanceux en ayant conservé ses 23 enfants vivants. Paul Bélanger, de Fraserville, avait été moins chanceux, puisqu'il avait perdu 24 de ses 36 enfants que lui avaient donné trois épouses différentes.

ACTIVITÉS

AUJOURD'HUI

■ **À la radio**

17 h, Radio-Canada — Chronique consacrée à LA PRESSE à l'émission *Avec le temps*, animée par Pierre Paquette.

AUJOURD'HUI ET DEMAIN

Salon de l'auto

Place Bonaventure — LA PRESSE est présente au salon par son kiosque, agrémenté d'archives sur les grands moments de l'histoire de l'automobile, et animé par des retraités du journal, qui répondront aux questions du public. Certaines pages publiées par LA PRESSE à l'occasion de salons de l'automobile, au début du siècle, sont de véritables petits chefs-d'oeuvre d'illustration. Jusqu'au 22 janvier inclusivement.

DEMAIN

■ **À la télévision**

10 h 30, Télé-Métropole — Michel Roesler et Alain Dubuc, respectivement directeur des pages financières et chroniqueur économique de LA PRESSE, seront les invités de l'animateur Gilles-Philippe Delorme, à l'émission *Rue Saint-Jacques*. Ils parleront notamment du cahier thématique « Cent ans d'économie » publié lundi par LA PRESSE.

16 h 30, Télé-Métropole — Dans le cadre de l'émission *Sports-Mag* l'animateur Pierre Trudel consacre quelques moments de rétrospective à des pages mémorables de LA PRESSE.

BABILLARD

Une famille prolifique

Puisqu'il est question, ailleurs dans cette page, des familles nombreuses, en voici une qui ne manquera pas de vous étonner.

Il s'agit de la famille de Rémi Levasseur et Armande Cayouette, dont un des descendants, Bernard, habite Saint-Césaire, Québec (nous le prions incidemment d'entrer en communication avec Guy Pinard, au 285-7070). Le nombre d'enfants, 16 (dont 13 sont encore vivants), n'étonne pas en soi, compte tenu des habitudes de vie en vigueur à l'époque. Sauf qu'en quatre générations à peine, la famille Rémi Levasseur regrouperait, si tous étaient encore vivants, le total incroyable de 923 Québécois. Aux 16 enfants, il faudrait en effet ajouter 87 petits-enfants (une moyenne de 5,4 petits-enfants par enfant), 349 arrières-petits-enfants (une moyenne de 4,0 par petits-enfants) et 471 arrières-arrières-petits-enfants.

Les seize enfants sont nés entre 1878 (Évangéline) et 1906 (Marguerite-Marie-Natalie) et le groupe comprend des jumeaux, Lucien et Clément, nés le 24 novembre 1898.

La famille Rémi Levasseur, en 1907.

La part que prit Jeanne Mance à la fondation de Ville-Marie

*Dans son édition du **14 janvier 1911**, LA PRESSE consacrait un article à Jeanne Mance. Nous vous en proposons de larges extraits.*

La révélation des débuts de Québec et de Montréal abonde en traits où la femme tient le beau rôle et ne saurait être surpassée dans la sublimité du sacrifice.

L'idée d'élever un monument à Jeanne-Mance, l'une des plus remarquables sous ce rapport, est donc vraiment heureuse. Mais la splendeur de cette fête, qui mit surtout en relief les vertus et le dévouement de la « fondatrice » des Hospitalières du Canada ne révèle qu'un aspect d'une physionomie douée des qualités civiques les plus rares. Ouvrière de la première heure, Jeanne Mance, qui toucha le sol de Ville-Marie, alors inculte et sauvage, en même temps que Maisonneuve, le père Vimont et leurs intrépides compagnons, fut, dès l'origine et durant toute sa vie, une collaboratrice efficace des fondateurs de notre ville. Faire ressortir ce rôle est simplement payer un faible tribut de reconnaissance à son mérite. (...)

Les lecteurs de la « Presse » nous sauront peut-être gré de leur offrir la primeur d'anciens documents enfouis depuis plus de deux siècles dans les caves de notre palais de justice, où les attend une destruction lente, mais certaine si personne ne s'avise de les exhumer en temps opportun. (...)

La scène à bord du *Saint-André*, dans le port de la Rochelle, avant le départ de Jeanne Mance, accompagnée des trois premières hospitalières et des colons à qui elle avait avancé le prix de passage, pour venir s'établir à Ville-Marie.

OBLIGATION DE 1812 LIVRES-CHARBONNEAU CARDINEAU GOYET LEURS FEMMES ET AUTRES A DAMOISELLE JEANNE MANCE 1650

Pardevant Le Notaire Royal et gardenottes héréditaire en la ville et gouvernement de la Rochelle soubzsigné furent présens en leur personne chacuns de Olivier Cherbonneau, Laboureur à bratz, et Marie Garnier, son espouse, Simon Cardinaud et Michelle Garnier, son espouse, Pierre Goyet et Louise Garnier son espouse, Jean Leroy et Françoise Bouet son espouse, Mathurin Thibaudeau et Catherine Orart, son espouse, Jean Racaud et Renée Bouet, son espouse, Pierre Guiberges et Mathurine Desborges, son espouse, Hélie Bojan et Suzanne Cougnon son espouse. Tous demeurans en cette ville de la Rochelle. Les fammes chacune de son mary auctorizée pour l'effet des présentes. Tous lesquels susnommez se sont adressez vers et à La personne de damoiselle Jeanne Mance demeurante en l'Isle de Montréal, puis de la nouvelle france en Canada estant de présent en cette Ville à ce présente et acceptante en personne A laquelle ils ont déclaré qu'ayant pris dessein de s'aller habituer avecq Leurs familles en la ditte Isle de Montréal, ils en sont empeschez pour navoir Le moyen de payer Leurs passages aud pais, et lont priéé et requise de voulloire tant les obliger de payer le passage de chacun deux offrant en cas Lui rendre et restituer Les sommes cy après dans deux ans dhuy prochains Tenans Chacun à leur esgard & chacun desd, maris et leurs femmes solidairement Un seul pour le Tout aux renonciations à ce requises, ce quy a esté accepté apr la damoiselle mance.

Ce long document se poursuit par le détail des sommes que les différentes familles s'engagent à rembourser à Jeanne Mance dans le délai de deux ans. Ce premier document se termine par le paragraphe suivant:

Et ont signé à la minute des dites présentes Jeanne Mance, J. Roy, Mocquet, E. Rousselot Et moy dit notaire Royal soubsigné, Controlle,

A. DEMONTREAU, Nore. R.

Passons maintenant au deuxième texte.

La signature de Jeanne Mance.

1669, 10 OCTOBRE, ENSEMBLE UNE QUITTANCE D. LAD. DAMOISELLE AUX Y DESNOMMES.

Aujourd'hui est Compagne par devant le Notaire tabellion de la Terre et Seigneurie de L'Isle de Montréal en la nouvelle france et tesmoing soubz et Damoiselle Jeanne Mance créancière desnommée à l'oblignon de leur part.

Laquelle a Reconnu et Confessé avoir esté Entièrement satisfaite des sommes auxquelles d'Ollivier Charbonneau, Simon Cardinaux, Pierre Goguet, Jean Roy, Mathurin Thibaudeau, Mathurine Desbordes, veuve de feu Pierre Guiberge, Elie Baujean, habitans de ce Lieu, Débiteurs ausy y desnommés estaient obligés Luy payer pour les Causes y mentionnées dont lad. Damoiselle s'est tenue et tient pour conteste et en a quicté et quicte Les. Debteurs sus nommés et Tous aure, dont quicta, et Au surplus Consenty que la présente grosse d'oblignon dmeure en L'estude dud Nore pour La plus grande seureté ded debteurs et pour y Avoir Recours quand Besoin sera.

Promet, Obligean, Renonçant et fact et passé sud Montréal, en la Maison de la ditte Damoiselle, L'an 16c. soixante-neuf, Le dixie. JOur de Novembre, avant Midy en pnce. des sieurs Jean Gervais et françois Bailly, Tesmoings y demeurant et soub, Avec Lad. Damoiselle,

JEANNE MANCE,
BASSET, No. ro.

Qu'on poursuive le chef de police!

La publicité pornographique soulève beaucoup de commentaires depuis quelques mois, et il est permis de croire que l'intervention des différents paliers de gouvernements ne saurait tarder.

Mais en 1904, on ne lésinait pas avec ces choses, comme en fait foi LA PRESSE du **14 janvier 1904.** On peut y lire en effet que la Société de protection des femmes et des enfants, devant la recrudescence de l'affichage immoral et suggestif en différents endroits de la ville, menaçait rien de moins que de traîner le chef de police Legault devant les tribunaux, à cause de sa trop grande tolérance à l'endroit de ce genre d'affichage.

Un membre du comité, M. D.A. Watt, fait remarquer que *le conseil de ville a le droit d'empêcher tout affichage immoral et que ni le conseil de ville, ni le comité de police n'ont rien fait en ce sens et que l'affichage immoral continue.*

« Le chef de police, dit M. Watt, devrait être poursuivi pour tolérer ce genre d'affiches immorales, suggestives et représentant des scènes de violence et de crime.

« M. White, collecteur des douanes, a dit que s'il est encore passé de l'étranger des affiches immorales, il verra à ce que la chose ne se produise plus ».

LES ATELIERS DU PACIFIQUE

Les nouvelles usines de l'est seront connues sous le nom d'usines « Angus »

PEU de nos lecteurs ont eu la curiosité d'aller jeter un coup d'oeil sur les immenses ateliers que la compagnie du Pacifique Canadien est à faire construire dans l'Est. Vingt bâtisses plus grandes les unes que les autres n'attendent plus que leur parachèvement pour donner de l'emploi à 5 000 ouvriers. Les édifices eux-mêmes couvrent un espace de vingt arpents, tandis que le terrain sur lequel ils sont construits comprend une superficie de cent-quarante-deux arpents.

L'aspect de ces mines est grandiose; et lorsque la fumée s'échappera des hautes cheminées, que l'on entendra le marteau résonner sur l'enclume, ainsi que le ronflement des puissantes machines servant à travailler l'acier; que l'on verra le va-et-vient des millier d'ouvriers, alors on se fera une idée de la vie que la construction de ces ateliers va amener dans cette partie de notre ville.

Les constructions sont en brique, faites d'après les derniers modèles adoptés aux Etats-Unis pour ces genres d'édifices, sont spacieuses, largement éclairées et très bien ventillées. L'une d'elle a une longueur de six cents pieds et une largeur de deux cents.

Ces magnifiques ateliers serviront à la construction et à la réparation des locomotives. On y fera aussi les wagons pour le transport des marchandises et celui des passagers. Là on y construira depuis le wagon plateforme jusqu'à ces palais roulants qui font l'étonnement des étrangers.

Lorsqu'il s'est agi de donner un nom à ces usines, le bureau de direction, voulant rendre un témoignage public de sa reconnaissance envers un de ceux qui ont le plus contribué aux succès du Pacifique Canadien, a décidé de les appeler « usines Angus », en l'honneur de M. R.B. Angus, l'un de nos citoyens les mieux vus et les plus estimés (...).

Cela se passait le 14 janvier 1904.

Vue générale des usines Angus, publiée dans l'édition du *14 janvier 1904*.

LA PRESSE

100 ans d'actualités

DES CANNIBALES AU CANADA

Dans son édition du 16 janvier 1909, LA PRESSE consacrait sa première page au château de Ramezay (la particule «de» vient et va au gré du temps, et sans doute selon l'humeur du moment, même si elle devrait y être tout le temps selon certains...). Dans un court article qui accompagnait la page, on rappelait que le château construit en 1705 et alors habité par Claude Ramezay (ou est-ce Claude DE Ramezay?), onzième gouverneur de Montréal, avait été cédé à la Société des antiquaires et numismates pour que celle-ci y installe une galerie d'art et un musée. Les illustrations représentent le vieux château, le château tel qu'il apparait aujourd'hui, et diverses salles à l'intérieur.

Dévoilement du secret d'horribles agapes au nord de l'Île de Vancouver. — Existence de sociétés secrètes de cannibales. — Description détaillée des rites mystérieux qui accompagnent l'initiation au club des anthropophages.

*Cet incroyable article qui en étonnera plusieurs a été publié dans l'édition du **16 janvier 1905**.*

(de l'envoyé spécial de LA PRESSE)

VANCOUVER — Malgré toute l'invraisemblance de la chose, malgré les dénégations de haut lieu que pourra susciter cette nouvelle, nous livrons aujourd'hui à nos lecteurs cette histoire aussi vraie qu'étonnante d'un club de cannibales au Canada. (...)

Avant de se récrier trop, qu'on lise d'abord les détails précis que nous donnons des Kwakiutl, Fils de la Lune, et de leurs bizarres coutumes.

L'ILE VANCOUVER

Tout au nord de l'île Vancouver, au bord de l'océan Pacifique, à l'extrémité du monde civilisé, les Indiens Kwakiutl semblent avoir conservé plus soigneusement que les autres frères Peaux-Rouges les coutumes et les légendes sacrées qui attestent l'antiquité de leur race.

Quoique la latitude de l'île Vancouver soit très septentrionale, le climat est modérément froid, mais extraordinairement humide. (...) Le sol est montueux; quelques hauts pics conservent des neiges éternelles. Les eaux sont abondantes et torrentueuses; les versants des étroites vallées sont couverts d'épaisses forêts de conifères, parmi lesquels on admire, en exemplaires superbes, de nombreux cèdres rouges. (...) L'île, qui est vaste, est peu peuplée. Quelques villes construites et habitées par l'élément européen sont déterminées sur le littoral; la plus importante, c'est Victoria, au sud de l'île. (...)

La caractéristique de ces pays est d'avoisiner le mouvement fiévreux d'une civilisation intensive avec d'énormes espaces, des solitudes sans route, où la nature a conservé ses droits et où végètent, le plus loin possible des visages pâles, de malheureux Peaux-Rouges, abrutis par la misère et par l'alcool, et qui ont oublié jusqu'au souvenir de leur ancienne indépendance. Tel n'est pas le cas, cependant, des Indiens Kwakiutl; ils ont conservé une liberté relative dans le territoire éloigné où ils sont cantonnés. Ils se nourrissent, sans trop de peine, des produits très abondants de leur pêche. (...)

L'article se poursuit en relatant la cérémonie grotesque qui marque l'initiation à la société des Ha-Matsa, laquelle fait revivre la légende d'un ancêtre qui, possesseur d'une grenouille nourrie à la chair humaine, se mit à en manger lui aussi et perpétua la race des Ha-Matsa. Or, pour faire partie de cette société, il fallait participer au rituel de l'initiation, dirigé par un maitre de cérémonie casqué et masqué.

Au cours du cérémonial, le candidat surgit de la bouche d'un dieu Ha-Matsa aux proportions gigantesques. Nous reprenons le texte original à cet instant-là.

Alors, il apparait dans un état effrayant d'exaltation, l'écume aux lèvres, les dents grinçantes. On le saisit par un grand collier en écorce de cèdre rouge, dont il est paré; mais il se dégage, rentre dans le réduit, remonte sur le toit, et quelques secondes après on entend ses sifflements suraigus qui retentissent dans la forêt.

«Le mangeur d'hommes est en liberté, dit le maitre de cérémonie; il détruira notre peuple si nous ne le saisissons pas.»

Le début du rituel d'initiation chez les Kwakiutl.

LE GOUT DE LA CHAIR HUMAINE

La bande se met en chasse en exécutant les danses et les figures prescrites. Lorsqu'il est constaté que le novice ne veut pas se laisser rejoindre, un assistant se dévoue et met à nu une partie de son corps pour tenter l'esprit cannibale qui s'est emparé du novice. Celui-ci ne cherche plus à fuir, il se précipite avec férocité sur la victime offerte à sa rage et lui plante ses dents, à pleines mâchoires, dans le bras.

Les autres accourent; ils n'usent pas de violence pour déterminer le novice à lâcher sa proie.

Une femme danseuse s'approche, se présentant comme victime propitiatoire, et lorsque le candidat se précipite sur elle, elle l'arrête par des passes magiques qu'accompagne l'incantation du choeur.

La procession met une heure et même plus à revenir à la salle de danse. (...) Il sort brusquement *(du réduit où il s'est réfugié)* et saisit avec ses dents, le bras du premier venu. (...) Quatre fois il renouvelle ce manège, choisissant, à chaque reprise, un homme différent pour lui infliger ces douloureuses morsures.

On le saisit encore par son collier, par les franges formées de cyprès et d'écorce de sapin noir qui lui servent de ceinture, d'épaulettes et de genouillères. Ces dépouilles restent aux mains des assaillants, tandis que notre homme s'évade encore; elles sont brûlées sur le réchaud et l'on estime qu'on a brûlé en même temps la cruauté de Ha-Matsa nouveau.

La cérémonie n'est pas finie pour cela; les Indiens poursuivent pendant deux jours et deux nuits ces fêtes d'initiation. Enfin, le candidat s'est calmé, et la dernière nuit est signalée par une fête dont les frais sont à sa charge.

Il dédommage les gens qu'il a mordus; le tarif est connu à l'avance, chaque morsure est compensée par le don d'un canot. (...) On passe la nuit à boire et à manger, et c'est dans ce repas, en dépit du démenti des autorités canadiennes, qu'il est servi de la chair humaine.

La seule concession que fassent les Kwakiutl aux exigences de la civilisation, c'est de déguiser autant que possible la forme et l'aspect du corps humain offert aux membres de la société secrète des cannibales d'Ha-Matsa.

Le candidat mord au passage le bras d'un participant, selon le rituel établi.

C'est la fin de l'initiation; le candidat est reçu officiellement membre de la société secrète.

ACTIVITÉS

Festival de l'humour

Ouverture de ce festival présenté à l'Université d'Ottawa et qui incorpore notamment 39 caricatures de Girerd en plus d'une exposition retraçant *L'histoire de la caricature dans la vie de LA PRESSE*. Jusqu'au 24 janvier.

Salon de l'auto

Place Bonaventure — LA PRESSE est présente au salon par son kiosque, agrémenté d'archives sur les grands moments de l'histoire de l'automobile, et animé par des retraités du journal, qui répondront aux questions du public. Certaines pages publiées par LA PRESSE à l'occasion de salons de l'automobile, au début du siècle, sont de véritables petits chefs-d'oeuvre d'illustration. Jusqu'au 22 janvier inclusivement.

■ **A la télévision**

Le 18-heures, Télé-Métropole — Vers la fin de ce bulletin de nouvelles, soit vers 18 h 50, les animateurs commentent quelques manchettes tirées des pages de LA PRESSE et qui ont fait l'actualité d'hier.

On entasse le charbon dans les cours pour faire hausser les prix

NEW YORK, 16 — Le fait que des milliers de chars de charbon anthracite attendent sur les quais du chemin de fer «New Jersey Central», à Elizabethport, N.J., a été vérifié par un reporter du «Journal» *(le New York Journal)*, qui en a pris une photographie.

Il y a là 1 871 chars de charbon détenus depuis une semaine, et il en arrive environ 200 autres par jour; de ces chars, 1 524 contiennent du charbon anthracite, soit 50 380 tonnes; 347 chars contiennent du charbon mou, soit 11 600 tonnes; total: 62 690 tonnes de charbon.

A la huitième rue ouest, il y a 1 074 chars de charbon. 672 chars contiennent 23 220 tonnes d'anthracite et 602 chars contiennent 14 700 tonnes de charbon mou, soit un total de 37 920 tonnes de charbon; total des deux endroits: 99 900 tonnes.

On sait de plus que le chemin de fer «Pennsylvania» a des centaines de milles de tonnes de charbon dans des chars parqués sur les voies d'évitement du chemin de fer de Long Island.

Les voies d'évitement de la rive nord de Long Island sont couvertes de chars sur une longueur de six milles, et il en est de même entre Long Island et Woodside, sur une longueur de deux milles et demi. Tous ces chars sont chargés d'anthracite.

Les officiers des compagnies mentionnées refusent de discuter la situation. Les détenteurs de charbon dans le New Jersey prétendent que la confusion dans les chars est cause de cette accumulation. Cependant, on ne sort que quelques chars chaque jour, et on en entre des centaines.

La plus grande partie de ce charbon est la propriété des mines indépendantes qui retiennent le combustible pour augmenter la disette et rendre leurs profits plus certains. Ils trouvent que le loyer de $1 par jour pour chaque char est une petite dépense comparée aux profits qu'ils réaliseront.

Cela se passait le 16 janvier 1903.

Etats-Unis

Un enfant terrible: il mange des épingles, des aiguilles et autres douceurs

BALTIMORE — Durant les dernières 48 heures, Léo, âgé de onze mois, enfant de M. Oscar M. Spurrier, régistrateur du district de Mount Herey, a, avec l'aide du Dr Todd et de plusieurs émétiques, renvoyé soixante-six articles différents qu'il avait avalés pendant qu'on l'avait laissé seul dans la salle de couture.

Voici une liste des articles: 18 épingles, 4 aiguilles, 8 broquettes, 7 feuilles de papier, 2 morceaux de mousseline, 8 boutons en porcelaine, 1 bouton de veste, 4 boutons en perle, 1 bouton de chaussure, 1 morceau d'écorce, 5 morceaux de liège, 1 morceau de cuir, 1 bout d'allumette, 1 queue de bouton, 1 bouton en cuivre pour pantalon, 2 copeaux et 1 chiffon de coton.

Le bébé parait soulagé et on pense qu'il est hors de danger.

Cela se passait le 16 janvier 1891.

Nouvelle invention

LE *Bulletin de l'Imprimerie* annonce qu'un Américain a inventé, sur le modèle de la machine à écrire, une machine à sténographier qui en est le complément. Le sténographe ne suera donc plus sang et eau pour couvrir son papier de véritables hiéroglyphes, déchiffrables pour lui seul, quand il n'y a pas trop de gribouillages. Avec la machine à sténographier, tous les signes sont nets et distincts et le premier venu, après une heure ou deux d'apprentissage, en peut faire couramment la traduction.

Les sténographes américains arrivent à une production de 769 lettres à la minute, ce qui permet de suivre la parole de l'orateur le plus rapide.

Cela se passait le 16 janvier 1890.

DANS son édition du samedi 15, LA PRESSE soulignait pour le lendemain, le dimanche **16 janvier 1898**, le 50e anniversaire de la fondation des Soeurs de la Miséricorde, rendues plus particulièrement célèbres par leur crèche et leur hôpital de la rue Saint-Hubert, où elles accueillaient à bras ouverts les pauvres filles mères abandonnées par leurs parents. C'est en effet le 16 janvier 1848 que Mgr Ignace Bourget recevait les voeux des huit premières religieuses de la congrégation. Cette congrégation arrivait dans le sillage de l'oeuvre de la Maternité, fondée le 1er mai 1845 par Mme

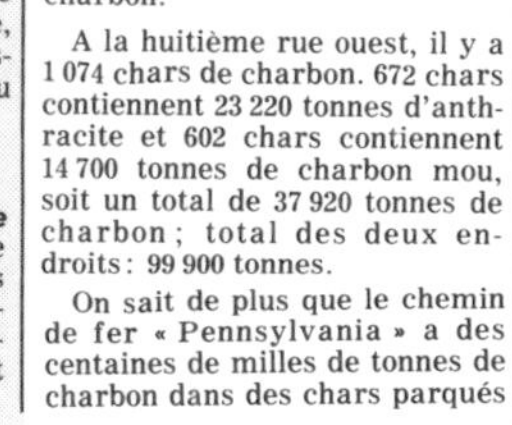

Yves Jetté, dans une petite maison de la rue Saint-Simon. Au moment de sa fondation, la communauté religieuse habitait une petite maison (photo de droite) au coin des rues Sainte-Catherine et Saint-André. La photo du haut montre la crèche telle qu'elle apparaissait en 1898.

C'EST ARRIVÉ UN 16 JANVIER

1979 — Le shah d'Iran quitte son pays pour un exil d'une durée indéfinie.

1969 — À Prague, un jeune étudiant du nom de Jan Palach s'immole par le feu en guise de protestation contre l'occupation de son pays par les troupes du Pacte de Varsovie.

1965 — Un avion citerne s'écrase dans une rue de Wichita, faisant 30 morts et 50 blessés, tout en détruisant onze maisons.

1962 — Une junte militaire chasse le président Balaguer du pouvoir, en République dominicaine.

1958 — Lester B. Pearson succède à Louis Saint-Laurent comme chef du Parti libéral du Canada. — Les touristes quittent les Bahamas, paralysées par une grève générale.

1957 — Le grand maître italien Arturo Toscanini meurt à New York à l'âge de 90 ans.

1956 — L'Égypte se dote d'une nouvelle constitution que le premier ministre, Gamal Abdel Nasser, juge plus démocratique.

1952 — L'intervention d'équipes de secours permet de sauver les 232 passagers d'un train enneigé dans les montagnes de la Sierra Nevada.

1946 — Les salaisons des États-Unis sont fermées par une grève de 800 000 employés.

1944 — Un tremblement de terre fait 500 morts dans la région de San Juan des Andes, en Argentine.

1942 — L'Américaine Carole Lombard, actrice de réputation internationale, épouse du non moins célèbre Clark Gable, meurt dans un accident d'avion qui fait 22 morts au Nevada.

1920 — Première réunion du Conseil de la Ligue des nations, à Paris.

LA PRESSE

100 ans d'actualités

TERRIBLE EXPLOSION AUX POUDRIERES DE BELOEIL

Un bassin rempli de nitro-glycérine prend feu. — Le bruit de l'explosion se répercute à plusieurs milles à la ronde.

SAMEDI dernier **(17 janvier 1903)**, vers onze heures et demie de l'avant-midi, l'un des bâtiments agglomérés sur la rive nord du Richelieu et que l'on appelle communément les « poudrières de Longueuil », fut détruit par une formidable explosion dont la répercussion s'étendit à plusieurs milles à la ronde et qui fut perçue par les habitants des localités voisines, telles que St-Hilaire, St-Basile, St-Jean-Baptiste, St-Marc, etc.

A St-Hilaire, de l'autre côté du Richelieu, les maisons furent ébranlées sur leur base, différents objets précipités des meubles sur le sol, les carreaux brisés, etc.

A quelques arpents des poudrières, un cultivateur de Beloeil vit tous les carreaux de son habitation voler en éclats.

La construction détruite, dont il ne reste plus qu'un tas de cendres et de débris informes mesurait quarante pieds de largeur par quarante pieds de longueur et avait été construite tout récemment. Elle servait à la fabrication de la nitro-glycérine, un explosif des plus violents.

Le préposé à cette fabrication, M. Sydney Donais, Canadien français d'origine, surveillait l'arrivée, dans un grand bassin « ad hoc », des matériaux qui entrent dans la composition de la nitro-glycérine, lorsqu'il s'aperçut que la « charge », comme on dit là-bas, menaçait d'être trop forte, c'est-à-dire que le contenu allait dépasser la capacité du contenant. Il savait ce que cela voulait dire: c'était le débordement des acides corrosifs contenus dans le bassin, le feu et l'explosion finale à bref délai. Il était trop tard pour arrêter le flot des ingrédients qu'une conduite quelconque déversait dans le bassin, et il n'y avait pas une minute à perdre.

Avec un sang-froid admirable, et une présence d'esprit digne des plus grands éloges, M. Sydney Donais laissa passer la vision de la mort qui dut se présenter tout d'abord à ses yeux, s'oublia un instant lui-même pour penser uniquement à sauver d'une mort atroce ses compagnons de travail occupés à d'autres manipulations dans des bâtiments voisins. Il se pendit désespérément au sifflet d'alarme, tant et si bien, que l'attention de tous les employés occupés, comme nous l'avons dit, dans les autres constructions, fut attirée par ce bruit insolite. Tous se précipitèrent aux fenêtres et comprirent à l'épaisse fumée qui commençait à s'échapper du bâtiment occupé par M. Donais, de quelle terrible catastrophe ils étaient menacés.

Ce fut un sauve-qui-peut général: les uns s'éloignant vers les champs, les autres dégringolant la berge de la rivière, courant de toute la vitesse de leurs jambes.

Ce qu'avait prévu M. Donais arriva. En débordant du bassin, les acides mirent le feu au parquet, et en moins de temps qu'il n'en faut pour le dire, le feu atteignit le bassin où était en formation quelques centaines de livres de nitro-glycérine. L'explosion se produisit, rasant le bâtiment et lançant à plusieurs arpents de distance des débris de fer et de fonte. (...)

Au moment de l'explosion, le train No 145 de l'Intercolonial était à environ un demi-mille à l'est de St-Hilaire. Un des voyageurs qui se tenait sur la plateforme, a parfaitement bien entendu la détonation. (...)

Les poudrières de Beloeil appartiennent à la « Hamilton Powder Co. ». Ce n'est pas la première fois qu'une catastrophe de ce genre s'y produit. Il y a une douzaine d'années on eut même à enregistrer deux ou trois pertes de vie. (...)

Scène reconstituée par le dessinateur de LA PRESSE d'après un témoin oculaire. La photo de la poudrière avant l'explosion avait été prise spécialement pour LA PRESSE.

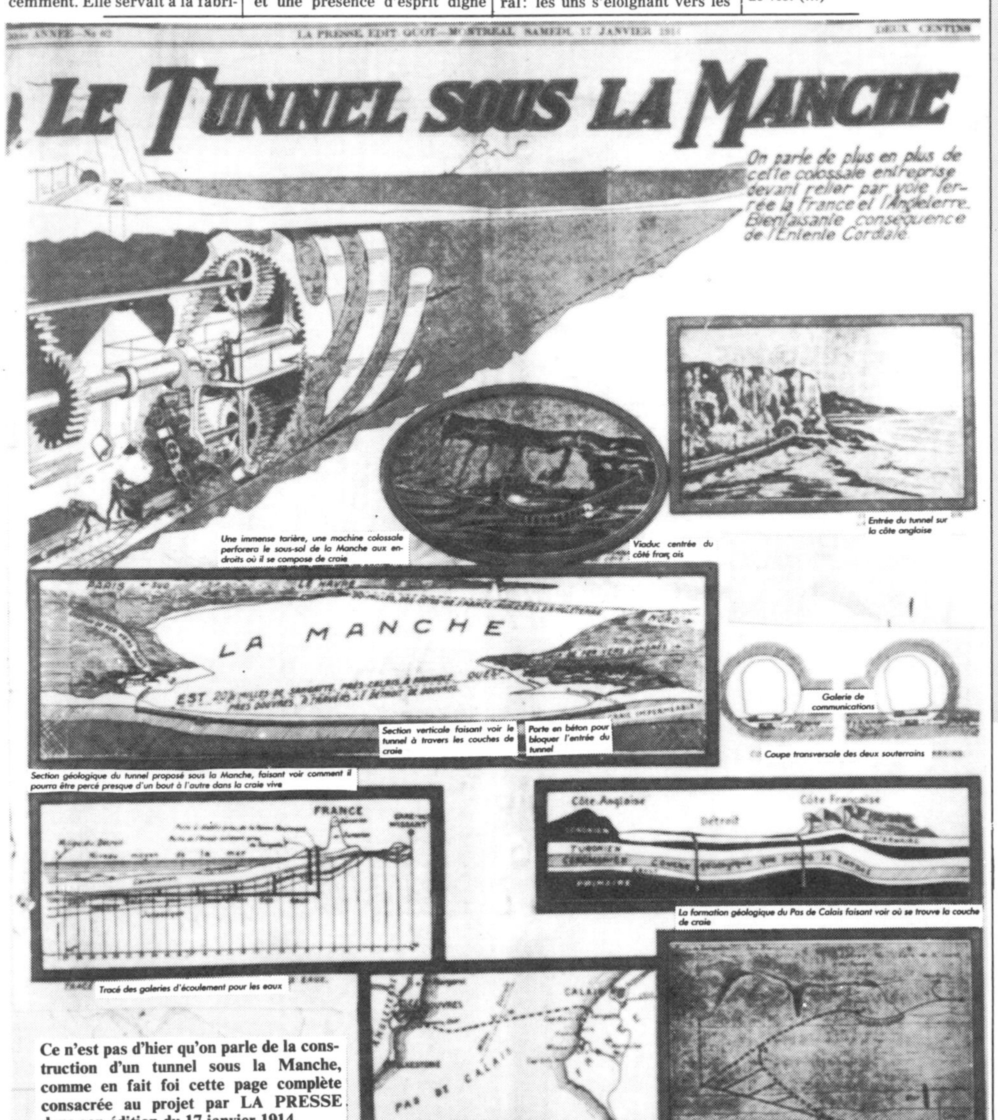

Une immense tarière, une machine colossale perforera le sous-sol de la Manche aux endroits où il se compose de craie

Viaduc centrée du côté français

Entrée du tunnel sur la côte anglaise

Section verticale faisant voir le tunnel à travers les couches de craie

Porte en béton pour bloquer l'entrée du tunnel

Coupe transversale des deux souterrains

Section géologique du tunnel proposé sous la Manche, faisant voir comment il pourra être percé presque d'un bout à l'autre dans la craie vive

La formation géologique du Pas de Calais faisant voir où se trouve la couche de craie

Tracé des galeries d'écoulement pour les eaux

Tracé de la ligne ferrée qui emprunterait le tunnel franco-anglais

Comment on ferait le percement du tunnel

Ce n'est pas d'hier qu'on parle de la construction d'un tunnel sous la Manche, comme en fait foi cette page complète consacrée au projet par LA PRESSE dans son édition du 17 janvier 1914.

LES CONSEQUENCES D'UNE ESPIEGLERIE

Un drame dans un corridor de sacristie

Ce texte au style digne de l'époque et que nous devons malheureusement écourter a été publié dans LA PRESSE du ***17 janvier 1898****, et faisait état d'événements survenus 11 et 8 jours plus tôt...*

LE drame que nous allons exposer a eu pour acteurs des êtres pris à l'autre pôle de l'humanité, parmi les enfants de la paroisse *(de Sainte-Justine de Newton)* et pour théâtre principal

UN CORRIDOR
DE SACRISTIE
et pour victime
UN GARCONNET
DE 11 ANS.

On explique pendant de longs paragraphes que l'enfant visé, né de parents pauvres mais honnête, était hélas devenu le souffre-douleur de ses camarades.

(...) C'était L'Épiphanie, le 6 janvier 1898, et le lendemain était un premier vendredi du mois. L'enfant part pour aller à confesse et assister aux vêpres. Il lui faut préalablement se rendre dans un corridor reliant l'église à la sacristie, pour y passer son surplis d'enfant de choeur. (...)

Comme il reste quelques instants avant les vêpres, les plaisanteries habituelles commencent. « Tiens, attrappe ceci, » dit l'un d'eux, et il lui donne une tape sur la tête. Le petit malheureux cherche à se garer, mais les coups pleuvent de plus belle. Alors, il porte ses deux mains à sa tête et se met à pleurer.

Dans un coin, derrière la porte, il y a

UN COFFRE FORT
D'ASSEZ
GRANDE DIMENSION.

(...) C'est dans ce coffre-fort qu'était enfoui le pain bénit, durant les fêtes du Nouvel An; maintenant, il est vide.

« Nous allons en faire du pain bénit ». Le malheureux est saisi et hissé dans la boîte au milieu des éclats de rire de la foule. Le même qui a donné l'élan à la plaisanterie, fait ensuite le geste de refermer le convercle, mais l'enfant résiste des mains et de la tête. L'autre abandonne alors son dessein, et celui-là saute en dehors du coffre.

La tentative devait être répétée, tant et si bien qu'en dernier ressort, la pauvre victime était étourdie et chancelante. Au moment d'aller se confesser, il sentit des douleurs du côté droit.

Ce qui se passa en ce moment, où le pauvret, le coeur encore gros de chagrin sans doute et les yeux rougis par les pleurs s'agenouilla au pied du représentant de Dieu pour y chercher les consolations de l'épanchement, nul ne le saura jamais car

C'EST LE SECRET
DE LA CONFESSION.

Le petit retourna chez eux, et commença à se plaindre de douleurs du côté droit de la tête. Il devait mourir dans les souffrances le 9 janvier, peut-être parce que, comme le disait le journaliste de LA PRESSE les anges jugeant sans doute la terre un fardeau trop pénible pour l'âme du blanc lévite du choeur, l'emportèrent sur leurs ailes.

Sa mort fut attribuée à une méningite, sans qu'il soit possible de prouver hors de tout doute que la maladie était imputable aux coups reçus de ses camarades. Et le journaliste de l'époque de conclure ce long article publié à la « une » de LA PRESSE de la façon suivante:

Maintenant que nous avons rapporté impartialement les récents événements de Sainte-Justine, c'est à la justice d'en tirer les conséquences. Ce n'est pas que nous prétendons inculper les enfants qui y ont pris part. Ce qui est arrivé là est d'occurrence quotidienne, moins le dénouement toutefois. Les enfants qui y ont pris part ne sont à nos yeux coupables que d'espièglerie. Ils en sont d'ailleurs fort contrits et repentants.

BABILLARD

Merci à trois autres artisans

Depuis que nous avons entrepris la publication de cette page, nous avons salué l'effort des maquettistes, des metteurs en page et des recherchistes.

Il est un autre groupe dont il faut souligner le travail, ne serait-ce qu'à cause des « miracles » qu'ils accomplissent quotidiennement en « faisant du neuf avec du vieux ». Merci donc aux trois techniciens de chambre noire, **Jean Allen, Rémi Lemée** et **Luc Perreault.**

Témoignage d'une lectrice

Mme **Francine Perron,** de Repentigny, nous fait parvenir le témoignage suivant:

Comme pour bien d'autres lecteurs, « LA PRESSE » fait partie de mon enfance. À la maison, nous attendions le journal, les uns pour les sports, les autres pour les bandes dessinées ou les réclames de chez Eaton.

Dans la famille de mon mari, « LA PRESSE » avait aussi une place de choix, d'autant plus qu'il faisait la livraison d'environ 100 journaux quotidiennement.

Depuis notre mariage, nous sommes abonnés au journal. Il a subi des changements mais nous lui sommes fidèles. Quand « LA PRESSE » est devenue un journal du matin, je trouvais cela ennuyeux, n'ayant le temps de le lire qu'en fin de journée.

« LA PRESSE » ne nous apporte pas seulement de l'information, elle nous a réservé une surprise de taille.

Au lendemain du départ pour les Jeux du Québec à Sept-Iles, au mois d'août dernier, quel émoi! Un jeune garçon à l'air sérieux et déterminé (notre fils de 9 ans) était photographié, illustrant les jeunes qui partaient en caravane du terminus Voyageur. Il représentait la région de Lanaudière, en natation. Pour mon mari, ce matin-là, la lecture de la section sportive fut très étonnante.

Notre fille de 7 ans se passionne déjà pour « La Petite Presse ».

De la façon dont les choses se sont passées depuis 100 ans, je suis portée à croire que « LA PRESSE » est là pour longtemps (ce que souhaitent les mille cent artisans qui la font quoditiennement!).

Félicitations à votre grande équipe!

ACTIVITÉS

Salon de l'auto

Place Bonaventure — LA PRESSE est présente au salon par son kiosque, agrémenté d'archives sur les grands moments de l'histoire de l'automobile, et animé par des retraités du journal, qui répondront aux questions du public. Certaines pages publiées par LA PRESSE à l'occasion de salons de l'automobile, au début du siècle, sont de véritables petits chefs-d'oeuvre d'illustration. Jusqu'au 22 janvier inclusivement.

C'EST ARRIVÉ UN 17 JANVIER

1976 — Lancement en Floride du Satellite technologique de communication, un projet canado-américain.

1975 — Lucien Rivard rentre à Montréal après dix ans de détention dans des pénitenciers américains.

1973 — Le procès Ellsberg, au sujet de la publication des documents secrets du Pentagone, s'avère un test fondamental pour la liberté d'information aux États-Unis.

1971 — Les Colts de Baltimore gagnent le Super Bowl, au football américain, grâce à un placement réussi à cinq secondes de la fin.

1970 — Un jeune économiste aux tendances nationalistes, Robert Bourassa est élu chef du Parti libéral du Québec. Il succède à Jean Lesage, le « père de la Révolution tranquille » et chef du gouvernement québécois de 1960 à 1966.

1966 — Un B-52 de l'Armée de l'air des États-Unis échappe une des bombes atomiques qu'il transportait au large de la côte espagnole.

1957 — Le Canada prend possession de son premier porte-avions, le *Bonaventure,* de triste mémoire.

1955 — Premiers essais du tout premier sous-marin atomique, le *Nautilus.*

1950 — Sept bandits masqués réussissent un vol de $1,5 million en argent dans une voûte de la société Brink's, à Boston.

1947 — Le cardinal Villeneuve, archevêque de Québec, meurt à Los Angeles, où il était en visite.

1945 — Les Soviétiques s'emparent de Varsovie et s'approchent à 12 milles de la frontière allemande, tandis que les Américains prennent St-Vith.

1936 — L'affaire Stavinsky connaît son dénouement en France avec neuf condamnations, après avoir entraîné la chute de deux gouvernements.

1890 — Décès de M. F.-X. Trudel, directeur du journal L'Etendard.

La scène de la « mise en boîte » reconstituée par le dessinateur de LA PRESSE à l'aide des témoignages des enfants.

LA PRESSE

100 ans d'actualités

47 MORTS et 5 MOURANTS

C'EST ARRIVÉ UN 18 JANVIER

1977 — Des chercheurs du Centre de contrôle des maladies d'Atlanta découvrent la cause (une bactérie très rare) de la « maladie du légionnaire », cause de la mort de 29 personnes, surtout lors d'un congrès à Philadelphie, à l'été de 1976. — Décès de l'artiste Yvonne Printemps. Elle avait 82 ans.

1976 — Les Steelers de Pittsburgh gagnent le Super Bowl en battant les Cowboys de Dallas, 21-17, au football américain.

1974 — L'Égypte et Israël signent un accord par lequel ils consentent à ce que leurs troupes respectives soient séparées par une zone-tampon patrouillée par l'ONU.

1973 — Pierre Bourgault abandonne temporairement la politique pour gagner sa vie comme traducteur au service d'une maison d'édition torontoise.

1969 — Début à Paris de la première conférence élargie sur le Vietnam, avec la participation des États-Unis, du Sud-Vietnam, du Nord-Vietnam et du Vietcong.

1963 — Paul Bienvenu et Cecil Carsley sont nommés aux postes de commissaire et commissaire-adjoint de l'Exposition universelle et internationale de Montréal, par le gouvernement Diefenbaker.

1957 — Trois B-52 de l'Armée américaine complètent un tour du monde de 24 325 milles sans escale, avec 45 heures et 19 minutes de vol.

1948 — Le Mahatma Mohandas Gandhi met fin à son jeûne devant les promesses de paix des chefs indiens.

1946 — Grève des 700 000 travailleurs des aciéries américaines.

1936 — Décès de l'écrivain Rudyard Kipling, à Londres.

1931 — Un éboulis se produit du côté américain des chutes Niagara.

1898 — L'Irlandais Henry Walsh l'emporte aux dépens de Louis Hamel, par disqualification au 8e round, lors d'un combat de boxe disputé à Saint-Hilaire.

LA PRESSE

Le Salon de l'Auto 1930

QUELLES sont les surprises que nous réserve, cette année, le Salon national de l'Automobile du Canada, dont l'ouverture officielle se fait ce soir au Stade? Rares en effet sont les automobilistes, voire même les distributeurs et vendeurs d'autos, qui ont pu visiter le Salon de la grande métropole américaine que l'on vient de clore et dont le nôtre se fait l'écho. Au point de vue purement mécanique, il a certainement apporté à l'automobile 1930 d'appréciables améliorations. Ainsi, un constructeur exhibe une voiture garnie d'un moteur de seize cylindres; deux voitures de marques différentes ont des roues avant motrices. Les autres changements tendent à satisfaire l'acheteur qui réclame moteur efficace et plus grande vitesse. Or, ce désir des automobilistes est parfaitement comblé. Quant aux carrosseries, les constructeurs les ont faites spacieuses, basses, luxueuses et tout le confort demeure, même à rouler sur une bonne route à 60 milles à l'heure. Mais ce qui frappera davantage, si possible, le visiteur, se sont les combinaisons nouvelles de couleurs. Enfin, le touriste n'est pas oublié au Salon qui lui fera admirer en effet une réelle «maisonnette sur roues» renfermant toutes les commodités que l'amateur de grand tourisme et même le villégiateur puissent désirer. Cette roulotte, invention d'un citoyen de Montréal, fut, la semaine dernière, la grande sensation du Salon de New York.

Page consacrée au Salon de l'automobile et publiée le *18 janvier 1930*.

ACTIVITÉS

Salon de l'auto

Place Bonaventure — LA PRESSE est présente au salon par son kiosque, agrémenté d'archives sur les grands moments de l'histoire de l'automobile, et animé par des retraités du journal, qui répondront aux questions du public. Certaines pages publiées par LA PRESSE à l'occasion de salons de l'automobile, au début du siècle, sont de véritables petits chefs-d'oeuvre d'illustration. Jusqu'au 22 janvier inclusivement.

Festival de l'humour

Ce festival est présenté à l'Université d'Ottawa et incorpore notamment 39 caricatures de Girerd en plus d'une exposition retraçant *L'histoire de la caricature dans la vie de LA PRESSE*. Jusqu'au 24 janvier inclusivement.

■ À la télévision

10 h 30, Télé-Métropole - Dans le cadre de l'émission *Entre nous* animée par Serge Laprade, Claudette Tougas, de LA PRESSE, présente la chronique *Cent ans de pages féminines*.

Sur le coup de midi, le *18 janvier 1941*, un bimoteur DC-3 de la Canadian Colonial Airways s'envolait de l'aéroport de Saint-Hubert (l'aéroport de Dorval n'existait pas encore) avec 21 touristes à son bord, des invités de marque qui participaient à l'inauguration du service régulier Montréal-Nassau assuré par la CCA. Après 12 heures de vol, une courte escale à New York et une nuit passée à Jacksonville, les passagers débarquaient à Nassau, fiers de pouvoir enlever leur lourd paletot en plein hiver.

Le sinistre bilan augmente toujours

19 cadavres retrouvés

Le corps de 4 religieux et de 24 élèves se trouve encore dans les décombres glacés. — Anxiété et angoisse des parents en face d'identités impossibles à établir

des envoyés spéciaux de la « Presse »

SAINT-Hyacinthe — Le nombre des mortalités se précise encore. A 2 h 30 *(au lendemain du feu)*, on apprend que parmi les disparus jusqu'ici inconnus, il faut ajouter deux autres élèves qui manquent à l'appel; le bilan est donc de 47 victimes.

Ces dernières précisions nous sont communiquées par les RR. FF. Gaétan, directeur de l'académie Girouard, et Lucius, directeur du collège du Sacré-Coeur.

Nos envoyés spéciaux, vérification faite, nous déclarent que LE NOMBRE DES RELIGIEUX MORTS EST DE 5, qu'on a retrouvé un seul de leurs cadavres, les 4 autres restant sous les décombres; que LE NOMBRE DES ELEVES MORTS EST DE 42, qu'on a identifié 2 des 19 cadavres retrouvés et qu'il reste dans les ruines 24 corps d'enfants; soit un sinistre total de 47.

L'identification se poursuit.

L'enquête du coroner commence à 3 h 30. Vingt témoins seront entendus.

par Roger CHAMPOUX
envoyé spécial
de la « Presse »

S.-Hyacinthe — Le désastre qui endeuille la ville de S.-Hyacinthe et la province de Québec peut garder beaucoup de son mystère. Une explication de l'incendie du collège du Sacré-Coeur **(vers 1 h 30 du matin, le 18 janvier 1938)** sera peut-être donnée au cours de l'enquête qui a lieu aujourd'hui, mais il semble qu'il faudra des mois de recherches pour établir la cause véritable.

Reste le fait brutal du nombre des victimes: 45 *(le total devait finalement se situer à 47, y compris cinq religieux)* actuellement. A l'hôpital Saint-Charles, on entretient des craintes au sujet de plusieurs blessés. C'est dire que d'heure en heure, la liste funèbre peut s'allonger et personne ne sait encore à quel affreux total elle s'arrêtera.

Depuis combien de temps l'incendie faisait rage? Par quoi l'expliquer? Explosion, court-circuit, combustion spontanée?

Les témoins occulaires eux-mêmes ne peuvent se prononcer. L'hypothèse d'une explosion s'appuie sur un détail suffisamment significatif.

Dans les hautes branches de tous les arbres du parc du collège, dans la cour d'honneur, l'on peut voir encore ce matin des débris de la toiture. Celle-ci s'est effondrée. Alors comment expliquer la présence de pareils débris dans les arbres?

La théorie de l'explosion prend encore quelque crédibilité du fait que le mur nord-est de l'édifice, au-dessus des fournaises, n'existe plus. Le reste de la bâtisse a résisté à la violence du feu, à la pression de la fumée et à la formidable action des gaz.

Evidemment, seuls des experts pourront apporter à ce problème, à défaut de solution, au moins une plausible explication. Ici, dans la ville, l'opinion n'est pas formée. D'aucuns se contentent de dire: c'est un grand malheur, sans en chercher l'explication.

Il y a pire encore! Selon les sapeurs qui travaillent avec acharnement au déblaiement, il faudra des semaines avant de retirer des décombres les 30 cadavres qui y sont encore ensevelis. A l'été, la chose serait facile, mais ce matin, le mercure est à 15 degrés sous zéro *(-27 C)*.

La glace recouvre les débris. Les victimes qui reposent au fond de l'édifice démoli sont défendues par un cercueil de neige et de glace. Cinq sapeurs, avec des précautions infinies, armés de pics, de pelles, soulèvent avec prudence des poutrelles, des amas de briques, un pan de mur, du fer tordu. Les recherches sont d'autant plus lentes que les murs menacent de s'écrouler d'un moment à l'autre.

Il faut donc procéder aux fouilles avec méthode. Le nombre des victimes est déjà assez grand sans risquer la vie des sauveteurs.

Dès cinq heures ce matin, malgré le froid sibérien, les pompiers ont repris leur triste mais nécessaire besogne.

Où sont les victimes? Dans quelle partie de l'édifice écroulé? Personne ne le sait. On travaille à l'aveuglette, en procédant toutefois aux opérations là où, hier, on a retiré tant de cadavres, c'est-à-dire au pied de la tour centrale. Celle-ci se dresse encore à 100 pieds de hauteur, témoin tragique d'un sinistre que les mots se refusent à traduire. (...)

Ces deux photos témoignent de la violence de l'incendie, et des difficultés qu'ont rencontrées les pompiers à retrouver les cadavres, incommodés qu'ils étaient par la fumée âcre et opaque qui se dégageait toujours du brasier quelques heures après le début de l'incendie.

Au matin du *18 janvier 1908*, les résidents de l'Est de Montréal furent réveillés par une violente explosion d'un gazomètre de la Montreal Light, Heat & Power, situé à l'intersection des rues Harbour et de Montigny. L'explosion d'une rare violence provoquée par 500 000 pi³ de gaz fut entendue aussi loin qu'à Westmount et Saint-Henri. Heureusement, outre la destruction totale du gazomètre, comme en fait foi cette photo, et le bris de centaines de carreaux de fenêtres et de dizaines de vitrines dans les environs, l'explosion fit relativement peu de dégâts et aucune victime.

« Joe Beef » est décédé

Une foule immense assiste à ses funérailles

LA rue des Commissaires présentait le spectacle le plus animé et le plus étrange, vers deux heures, cet après-midi **(18 janvier 1889)**. Une foule immense, composée de toutes les classes de la société, peut-être, encombrait la « canteen » de l'excentrique philanthrope dont les restes devaient être inhumés cet après-midi.

Longtemps avant l'heure fixée pour le départ, les personnes présentes faisaient procession pour voir le défunt exposé dans son cercueil, vêtu d'habits somptueux et dont la figure était visible par une petite vitre.

Sur la rue, la multitude, disséminée par groupes, causait des épisodes et incidents de la vie étrange de Joe Beef. On remarquait particulièrement la mine triste et les allures presque désespérées de plusieurs échantillons les mieux réussis de la misère humaine, anciens pensionnaires de l'établissement.

Le cortège funèbre se mit en marche à 2 heures et demie environ. Le corps était transporté sur un superbe corbillard, traîné par quatre chevaux, caparaçonnés en noir.

On élève à plusieurs milliers le nombre des personnes qui suivaient le cortège vers le cimetière.

« Joe Beef », de son vrai nom Charles McKiernan, avait succombé trois jours plus tôt à une « maladie du coeur » comme on disait à l'époque. Vétéran de la guerre de Crimée où il s'était, dit-on, signaler par son « habileté et son courrage à fourrager », après avoir été cantinier du régiment stationné dans l'île Sainte-Hélène, Joe Beef ouvrait, sur la rue Claude, la buvette « La couronne et le sceptre », vite devenue populaire auprès des soldats.

Mais devant la décision des autorités municipales d'élargir la rue Claude et partant de démolir l'édifice qu'il occupait, Joe déménagea rue des Commissaires (aujourd'hui de la Commune) dans un bâtiment qui existe encore d'ailleurs, même s'il est aujourd'hui inoccupé. Il y ouvrit sa célèbre « canteen » qui devait lui permettre de devenir l'ami et le père d'une foule de déshérités.

Joe Beef donnait également à l'hôpital tous les sous qu'il recevait à son comptoir, mais conservait les pièces blanches et les billets de banque. Des gens qui se disaient bien renseignés à son sujet à l'époque, évaluait sa fortune personnelle à $80 000 au moment de sa mort. Marié deux fois, Joe Beef laissait dans le deuil une femme et deux enfants de son dernier mariage.

UN LAPIN A CORNES

Simcoe, Ont., 18 — Un spécimen de lapin à cornes a été exposé dans un magasin de cette ville. Ce lapin, le premier du genre capturé dans la région de Norfolk, a deux petites cornes qui ressemblent à celles d'un jeune veau. Il pèse 12 livres.

Cela se passait le 18 janvier 1923.

Il a assassiné 16 personnes pour faire des saucisses

Porto-Allegro, Sardaigne — Il vient de mourir à la prison de cette ville un nommé Giuseppe Ramas, qui avait été condamné, il y a plus de trente ans, pour avoir vendu de la charcuterie faite avec de la chair humaine.

L'instruction avait établi que, pour la confection de ses saucisses originales, Giuseppe Ramas n'avait pas assassiné moins de seize personnes.

Cela se passait le 18 janvier 1894.

LE COMMERCE DES BONBONS ALCOOLISES

La police décide d'y mettre un terme. — Une trainte de poursuites en perspective.

NOS lecteurs n'ignorent pas qu'il se vend une sorte de chocolat qui contiendrait du brandy. On se rappelle que la semaine dernière, un bambin fut ramassé, dans la rue, en état d'ébriété. Questionné par le recorder, le pauvre petit déclara qu'il s'était trouvé subitement ivre, après avoir mangé une certaine quantité de chocolat contenant de la boisson. Cette découverte engagea la police à faire une enquête et, vendredi dernier, elle saisissait pour plusieurs centaines de dollars de chocolat-brandy à la manufacture Walter M. Lowney, 169 rue William, où on les fabrique.

Les policiers enquêteurs n'en restèrent pas là, ils découvrirent que trente magasins vendaient ces chocolats-brandy, et des poursuites seront intentées aujourd'hui **(18 janvier 1909)** même contre les propriétaires des établissements en question qui seront accusés d'avoir vendu des liqueurs enivrantes, sans licence.

Comme on le voit, ces poursuites vont provoquer des débats intéressants. Le revenu se fait fort de prouver que les marchands qui vendent les savoureux chocolats-brandy, dont les jeunes filles font une grande consommation au théâtre, enfreignent la loi des licences.

Un enfant grenouille doté de six yeux

Manchester, N.-H. — Une jeune femme de cette ville vient de donner naissance à un enfant ayant six yeux, et dont la tête et le corps ressemblent presque exactement à ceux d'une grenouille. Les bras et les jambes du nouveau-né, ajoute la dépêche, sont absolument conformés comme des pattes de grenouille.

Cela se passait le 18 janvier 1890.

LA PRESSE

100 ans d'actualités

L'EGLISE STE-CUNEGONDE EN FEU

A 1 heure 30 cet après-midi, ce superbe Temple de la Banlieue est la proie des flammes

AU moment où nous allons sous presse **(le 19 janvier 1904)**, nous apprenons que l'église de Ste-Cunégonde est en flammes. Une deuxième alarme vient d'appeler sur les lieux tout le corps de pompiers.

Le clocher de l'église est tout embrasé et on appréhende une catastrophe.

Toute la brigade de l'ouest de Montréal, sous les ordres du sous-chef Mitchell, est rendue sur le théâtre de l'incendie.

UNE BELLE EGLISE

C'était une des plus belles églises de l'île de Montréal. Son clocher unique était d'une hauteur considérable.

Son site ne pouvait être mieux choisi. Elle est située à l'angle des rues Saint-Jacques et Vinet. Devant sa façade se trouve le joli square d'Iberville, au milieu duquel s'élève le monument d'Iberville, oeuvre du sculpteur Hébert.

Le presbytère de Sainte-Cunégonde, qui, au moment où nous mettons sous presse, est en grand danger d'être détruit, est aussi un joli édifice.

Il y a longtemps qu'il n'y a pas eu d'église incendiée à Montréal, si l'on excepte l'église Sainte-Marie, qui a été la proie des flammes, il y a trois ans, à l'angle des rues Craig et Panet.

L'ORIGINE DU FEU

Le feu aurait commencé dans le clocher.

C'est de la pharmacie Cheval qu'on a aperçu d'abord les flammes. M. Lacoste, commis de M. Cheval, était alors seul dans l'établissement. Ce fut lui qui vit les premiers signes du désastre.

Singulier détail: c'était du clocher seul que venait la flamme. M. Lacoste téléphona aux brigades de pompiers de Ste-Cunégonde, St-Henri et Montréal. Les pompiers de Ste-Cunégonde furent les premiers rendus sur les lieux. Mais la violence du feu était telle que lorsqu'ils firent leur apparition, l'opisthodome de l'église était déjà tout en flammes.

Bientôt cependant arrivèrent sur les lieux les brigades de St-Henri et de Montréal. On se mit à l'oeuvre. Plus de 15 boyaux furent étendus en un clin d'oeil.

Cependant, la situation était désespérée, et les chefs de pompiers qui se trouvaient là le comprirent aussitôt. Le chef Jos. Tremblay, commandait tous les héros qui étaient là, à ce moment, à combattre le terrible élément.

Le chef des pompiers et de la police de Ste-Cunégonde, en dépit des obstacles vraiment insurmontables qu'il a rencontrés là, s'est montré un héros.

L'EGLISE DE SAINTE-CUNEGONDE

L'église de Sainte-Cunégonde est en feu; elle est la première érigée dans la paroisse. Elle date de 1885. C'est un élégant édifice en pierre bourrelée, avec façade en pierre de taille s'élevant à l'intersection des rues Saint-Jacques et Vinet. La flèche du clocher porte à 220 pieds du sol, la croix qui la surmonte. L'intérieur est remarquable, par toute une nuée de tableaux décoratifs, du plus joli fini, et de l'inspiration la plus pieuse.

PAS D'EAU!

Le clocher est un brasier ardent. La foule est immense et contemple d'un regard en même temps triste et curieux la ruine du temple divin.

Le clocher va tomber. Les flammes font un crépitement qui terrifie. La foule s'écarte. (...) La fumée et les flammes s'échappent de toutes les issues. Les fenêtres sont des yeux de feu. Parfois les vitres volent en éclats, et il s'en échappe une fumée âcre et compacte.

Les pompiers sont désespérés. Il n'y a pas d'eau. La plupart des bornes-fontaines sont gelées. Il n'y a pas de pression. Désolés, les pompiers regardent brûler l'église. Ils se servent du peu d'eau qu'ils ont à leur disposition pour protéger le presbytère. Le presbytère a pris feu vers deux heures.

On nous apprend que les saintes espèces n'ont pu être sauvées.

La vie des pompiers a été grandement menacée par la chute du clocher qui a brisé les fils électriques.

Photo prise pendant l'incendie de l'église Sainte-Cunégonde.

photo Jean Goupil, LA PRESSE

Le conseil municipal de Lachine a voulu rendre hommage d'une façon toute particulière à LA PRESSE à l'occasion de son centenaire, en remettant au président et éditeur de votre journal préféré, M. Roger-D. Landry, une plaque ainsi libellée : *Hommage à LA PRESSE. À « La Presse », institution québécoise à l'aube de son centenaire, et à tous ceux et celles de ses artisans qui, tout au long de ces décennies, ont donné vie à cet important témoin de l'actualité quotidienne, le Conseil municipal de Lachine, au nom de ses citoyens, désire par les présentes rendre un hommage particulier et chaleureux. Ce 20 octobre 1983.* La présentation a été faite par le maire Guy Descary, en présence des conseillers Paul Noël et Raymond Golden, du greffier Paul Rémillard et du directeur général Robert Bourgeois. Notons qu'une quinzaine d'autres villes ont adopté une résolution en l'honneur du centenaire de LA PRESSE, et nous leur rendrons hommage dans cette page au cours des prochains jours.

DANGER D'ETRE ENTERRE VIVANT

Mesures de précautions à New York

NEW YORK, 19 — La commission d'hygiène de cette ville est à prendre les mesures pour éloigner tout danger d'ensevelissement prématuré. Ce qui l'y a déterminé est le mémoire qui lui a été soumis récemment sur la fréquence des cas de léthargie par M. le docteur Garrigues, président de la Société de Jurisprudence Médicale.

Selon M. Garrigues, c'est une tâche des plus délicates d'avoir à se prononcer sur un cas de mort apparente et elle ne devrait être confiée qu'à des praticiens spécialement désignés à cette fin. A l'heure qu'il est, dit-il, à New York, le premier médecin venu donne le certificat de décès, après un simple coup d'oeil jeté sur le prétendu mort, très souvent même sans l'examiner du tout, simplement sur la foi des déclarations qu'on lui a faites à cet égard dans le cercle de la famille ou des connaissances. La commission d'hygiène va modifier en conséquence la formule des certificats de décès de façon à ce qu'ils établissent bien clairement que le médecin a fait un examen personnel du cas sur lequel il sera appelé à se prononcer.

La nouvelle formule contiendra en outre l'énumération des principaux signes de mort qui devront être relevés par le médecin appelé à donner le certificat et pointés d'un oui ou d'un non suivant le cas. On y lit par exemple les questions suivantes: « La respiration est-elle arrêtée complètement? Les pulsations du coeur sont-elles arrêtées complètement? Y a-t-il sur le sujet décoloration de quelques parties du corps? La rigidité cadavérique a-t-elle commencé à se manifester? Les pupilles sont-elles dilatées? Y a-t-il des signes de putréfaction? etc. »

La commission d'hygiène va de plus faire adopter une loi défendant de pratiquer sur le sujet aucune opération, soit pour des fins d'embaumement ou autres, aussi longtemps que le certificat de décès n'aura pas été signé par le médecin.

La raison de ces nouvelles mesures est que très souvent la mort n'est qu'apparente, comme on a pu le constater, dans les cas d'exhumation, par la position du squelette dans sa tombe.

Cela se passait le 19 janvier 1900.

CENTENAIRE D'EDGAR POE

AUJOURD'HUI, 19 janvier **(1909)**, il y a cent ans que le célèbre poète, littérateur, critique et journaliste américain Edgar Allan Poe, est né à Boston.

Ce centenaire est célébré partout, car l'auteur du « Corbeau » et des histoires fantastiques si universellement connues, appartient à cette catégorie de penseurs qui n'ont pas de patrie littéraire.

Edgar Allan Poe, excellent dans tout ce qu'il entreprenait: journalisme, poésie, narration, critique et, dans un ordre secondaire, l'on pourrait ajouter l'athlétisme, comme les annales sportives de l'Université de Virginie en font foi.

La célébration de l'anniversaire a commencé samedi dernier à cette université où le jeune Poe termina ses études. La société littéraire Jefferson, dont il était membre, a donné une soirée en son honneur. Ce soir, la célébration prend les proportions d'une solennité internationale.

Pour les amateurs de petite histoire, ajoutons qu'Edgar Allan Poe devait mourir à Baltimore le 7 octobre 1849.

C'EST ARRIVÉ UN 19 JANVIER

1979 — L'acteur Paul Meurisse meurt à 65 ans d'une crise cardiaque.

1975 — Émission inaugurale du réseau de télévision Radio-Québec.

1974 — Le gouvernement français décide de sortir le franc du « serpent européen » et de le laisser flotter.

1970 — Les évêques néerlandais publient un document dans lequel ils manifestent leur opposition au célibat des prêtres.

1966 — Mme Indira Gandhi, fille de Nehru, succède à Lal Bahadur Shastri comme premier ministre de l'Inde.

1962 — Formation d'un gouvernement de coalition, au Laos, sous l'égide du chef neutraliste, le prince Souvanna Phouma.

1961 — Un avion mexicain s'écrase à New York, entraînant dans la mort quatre des 106 passagers. — Arthur Michael Ramsey, archevêque de York, devient le 100e archevêque de Canterbury.

1958 — Bernard Geoffrion marque le 200e but de sa carrière.

1956 — Le Conseil de sécurité des Nations-Unies adopte une résolution condamnant l'État d'Israël pour agression à l'égard de la Syrie, en décembre 1955.

1947 — Les naufrages de deux navires font mille morts.

1945 — Fin de la grève du transport en commun à Vancouver.

1913 — Des célébrations marquent à New York le centième anniversaire de naissance de sir Henry Bessemer, à qui on doit le procédé de fabrication de l'acier.

Cette première pasge consacrée au Salon de l'automobile de l'année a été publiée dans l'édition du *19 janvier 1918*.

BABILLARD

Une autre société centenaire

En tentant de retracer les entreprises centenaires du Québec pour le cahier thématique « Cent ans d'économie », le confrère à la retraite Jean Pellerin s'attaquait à un mandat quasi impossible à remplir sans qu'une ou deux entreprises ne lui filent entre les doigts.

Cela dit, nous prions donc les lecteurs qui ont conservé leur cahier thématique d'ajouter deux entreprises à la liste, soit la société Sucre Saint-Laurent, fondée en 1879, et la maison Ch. Desjardins Fourrures, qui a 107 ans cette année.

Une occasion à ne pas rater

Depuis samedi dernier, LA PRESSE vous propose, conjointement avec l'Office franco-québécois pour la jeunesse, l'occasion unique de vivre comme un pacha d'autrefois pendant dix jours (du 28 mai au 8 juin) à bord du Mermoz pour une traversée outre-atlantique, suivie d'un séjour de sept autres journées en Bretagne et en France.

Ce voyage est d'abord offert à 300 Français et 300 Québécois âgés de 18 à 35 ans, sauf que l'OFQJ permet à LA PRESSE d'offrir en exclusivité dix places à autant de ses lecteurs qui auront participé au concours et dont le nom aura été tiré au hasard.

Rien de compliqué; il suffit de répondre au critère d'âge, bien sûr, mais surtout de ***décrire en cent mots*** ce que sera à votre avis le ***journal de l'avenir.*** Alors pourquoi attendre avant de participer? Tout ce qui pourrait arriver, c'est que vous oubliez... Le tirage au sort des heureux gagnants se fera dans le cadre du Salon du nautisme, le 27 février, à 19 h.

ACTIVITÉS

■ **Salon de l'auto**
Place Bonaventure — LA PRESSE est présente au salon par son kiosque, agrémenté d'archives sur les grands moments de l'histoire de l'automobile, et animé par des retraités du journal, qui répondront aux questions du public. Certaines pages publiées par LA PRESSE à l'occasion de salons de l'automobile, au début du siècle, sont de véritables petits chefs-d'oeuvre d'illustration. Jusqu'au 22 janvier inclusivement.

■ **Festival de l'humour**
Ce festival est présenté à l'Université d'Ottawa et incorpore notamment 39 caricatures de Girerd en plus d'une exposition retraçant *L'histoire de la caricature dans la vie de LA PRESSE.* Jusqu'au 24 janvier inclusivement.

LA COIFFURE DU JOUR.

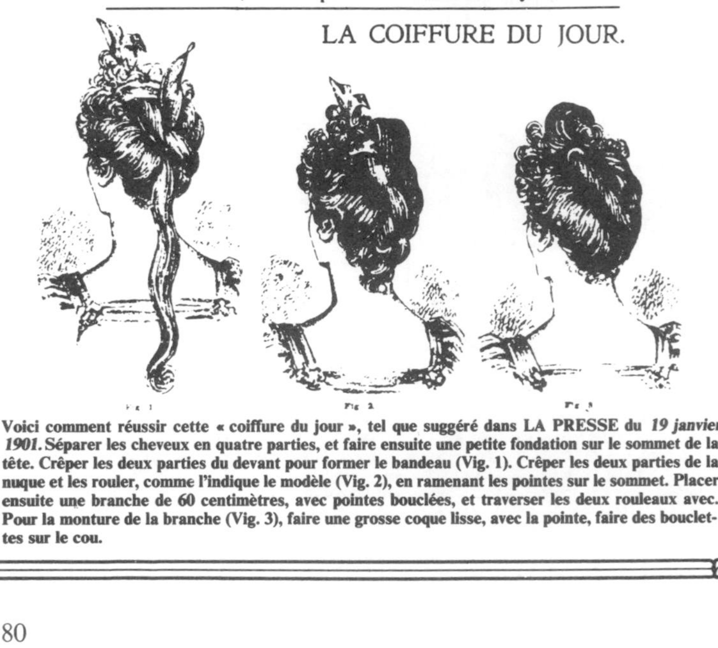

Voici comment réussir cette « coiffure du jour », tel que suggéré dans LA PRESSE du *19 janvier 1901*. Séparer les cheveux en quatre parties, et faire ensuite une petite fondation sur le sommet de la tête. Crêper les deux parties du devant pour former le bandeau (Vig. 1). Crêper les deux parties de la nuque et les rouler, comme l'indique le modèle (Vig. 2), en ramenant les pointes sur le sommet. Placer ensuite une branche de 60 centimètres, avec pointes bouclées, et traverser les deux rouleaux avec. Pour la monture de la branche (Vig. 3), faire une grosse coque lisse, avec la pointe, faire des bouclettes sur le cou.

LA PRESSE

100 ans d'actualités

PREMIERE SECTION PAGES 1 A 4
LA PRESSE
MONTREAL, SAMEDI, 20 JANVIER 1912
DEUX CENTINS
SI UN MAGASIN
LES HIVERS D'AUTREFOIS
Le fleuve en face de Montréal, sans glace, le 29 décembre 1911.
Les hivers d'antan. L'aspect des rues de Montréal il y a une quinzaine d'années.
La neige dans les rues de Montréal, le 1er décembre, autrefois
Photo Adélard Quéry 29 déc. 1911.
ET CEUX D'AUJOURD'HUI
La place du palais de justice avec ses pelouses vertes, photographiée le 29 décembre 1911.
Le dernier voyage du « Boucherville » et du « Longueuil », le 29 décembre 1911.
Photo Adélard Quéry 29 décembre 1911

Unanimité nécessaire pour l'avance de l'heure

AURONS-NOUS l'été prochain l'heure légale ou l'heure solaire? La question vient de se poser définitivement car déjà les dépêches nous apprennent que des villes voisines, Ottawa par exemple, ont décidé de pratiquer de nouveau l'économie de la lumière artificielle.

Cette réforme que nous devons à la guerre a ses chauds partisans comme elle a ses détracteurs. L'important n'est pas toutefois d'en discuter les mérites et les défauts. Le ferait-on d'ailleurs que cela n'avancerait à rien puisque les villes et les municipalités ne consultent pas les contribuables avant de l'imposer.

L'important, au contraire, est d'en venir à une entente et de mettre fin à la situation ridicule qui a prévalu l'année dernière. Si l'on est fermement convaincu que le Canada ne peut retirer que des avantages de cette mesure, qu'elle est profitable à la masse des citoyens et que seuls quelques groupes sont susceptibles d'en souffrir, eh bien qu'on la décrète pour tout le pays, qu'on la mette en vigueur dans toutes les villes.

Nous n'avons pas beoins de redire les ennuis sans nombre auxquels nous avons été exposés par suite du quiproquo de l'été dernier. Cependant que l'heure était avancée dans une ville, elle ne l'était pas dans l'autre. Un tel état de choses ne doit pas se répéter.

Dans l'intérêt de tous, l'uniformité est nécessaire. Qu'on garde l'heure solaire si on le veut, mais si on préfère l'heure légale, qu'on s'arrange de façon que tous les villages et toutes les villes en bénéficient.

L'occasion est d'ailleurs propice à une entente. La Législature est en session, le parlement fédéral le sera bientôt. Que les deux gouvernements discutent la situation entre eux et qu'ils en viennent à un modus vivendi. De l'avis de presque tous, cela vaudra mieux que l'anarchie passée.

Cela se passait le 20 janvier 1921.

Vendue pour 5 cents

Akron, Ohio, 20 — Alfred Webb, de Hornesville, Etat de New York, a fait soudainement apparition, l'autre soir, en cette ville, où il a requis l'arrestation immédiate d'un nommé James Batt, débitant de boisson dans cette dernière ville et d'une femme que le cabaretier faisait passer pour son épouse légitime. Webb a prouvé, pièces en main, que la soi-disant Mme Batt était sa femme à lui, qu'il avait vécu dix-huit ans avec elle, et que l'été dernier Batt la lui avait enlevée. L'enquête ouverte immédiatement par la police de cette ville, a non seulement établi le bien-fondé de la réclamation de Webb, mais elle a encore abouti à la découverte de faits plus scandaleux. Il a été prouvé, en effet, que la galant cabaretier vivait maritalement dans la même maison avec deux femmes à la fois; celle de Webb, d'abord; puis une autre qu'il avait achetée moyennant cinq cents, il y a quelques semaines, à un pauvre diable nommé Charles Stratton. Celui-ci se trouvant à bout de ressources avait vendu sa femme à Batt pour cette somme minime, par un contrat en bonne et due forme.

Cela se passait le 20 janvier 1886.

Comme on le disait il y a quelques semaines, cette chronique apparaissait fréquemment mais de manière irrégulière, en haut et à droite de la page 3 ou de la première d'un cahier. Cette caricature-photo de Pierre Forest avait été publiée dans l'édition du *20 janvier 1941* pour souligner son élection à la présidence du comité général de la Jeunesse ouvrière catholique du Canada.

BABILLARD

Les 100 ans de LA PRESSE

Notre confrère et ancien collègue de LA PRESSE, Claude Masson, rédacteur en chef du quotidien « Le Soleil » de Québec, a signé cet éditorial dans l'édition du 7 janvier dernier. Nous le reproduisons in extenso, avec l'autorisation de l'auteur évidemment.

Depuis le 20 octobre, et durant un an, le quotidien LA PRESSE, de Montréal, célèbre son centenaire.

C'est un événement important puisque c'est le premier quotidien francophone, au Québec, à atteindre cet âge vénérable. LE SOLEIL célébrera son centenaire en 1996, Le Devoir et La Tribune de Sherbrooke en 2019, et Le Droit d'Ottawa et le Nouvelliste de Trois-Rivières trois ans plus tard.

Depuis deux décennies, il est davantage question de journaux qui disparaissent que de ceux qui persévèrent.

La liste — non exhaustive — des disparus est tristement impressionnante: La Patrie, Le Petit Journal, Le Nouveau Journal, Métro-Express, L'Événement, L'Action catholique (A propos), Montreal Star, Québec-Presse, Montréal-Matin, Le Jour.

Malgré des périodes difficiles de sa naissance jusqu'à aujourd'hui, malgré des crises familiales entre propriétaires ou de leadership au niveau de la direction, malgré des grèves coûteuses, LA PRESSE a réussi à se maintenir, à survivre, à vivre.

Il est toujours facile de contester certaines décisions prises, en matière d'information ou d'éditorial, sur une période aussi longue que cent ans. Mais, ce qui est essentiel, c'est que ce quotidien de la rue Saint-Jacques ait réussi le tour de force de s'ajuster, de s'adapter, de se renouveler, de se rajeunir, de se moderniser pour mériter la fidélité de centaines de milliers de lecteurs et d'annonceurs depuis 100 ans.

LA PRESSE est reconnue comme une véritable institution sociale qui fait partie de l'histoire et du patrimoine du Québec et qui continue de décrire et de participer au vécu de la société qu'elle dessert.

Dans son message à l'occasion du début des fêtes, publié dans l'exceptionnel cahier-souvenir, publié le 20 octobre dernier, le président du conseil d'administration, M. Paul Desmarais, écrivait à juste titre:

« Il est aujourd'hui reconnu que LA PRESSE, étroitement liée à l'histoire même de notre société, peut prétendre sans présomption au titre d'institution. Ceci parce qu'elle se distingue de toute autre entreprise en raison de son caractère public et de sa fonction sociale. Et si elle a pu jouer un rôle éminemment utile, autant dans l'information et dans l'éditorial que sous diverses formes de services rendus à la communauté, c'est d'abord parce qu'elle est demeurée libre et indépendante de tous les pouvoirs, qu'ils soient politiques, sociaux ou économiques. La liberté et l'indépendance des média d'information sont des valeurs fondamentales dans notre société démocratique auxquelles LA PRESSE est profondément attachée ».

La célébration du centenaire d'un quotidien comme LA PRESSE nous fait redécouvrir toute l'importance du rôle que joue une presse qui se veut la plus libre possible, dans une société qui se veut démocratique.

Jour après jour, l'actualité nous aveugle et nous empêche de juger, avec le recul nécessaire, de la valeur des média comme informateurs et éclaireurs publics. Ces deux fonctions, qui se complètent, sont exigeantes et demandent un effort constant, renouvelé, surtout pour un quotidien. Il y a peu de place pour la facilité car, pour durer, un journal doit maintenir qualité et crédibilité.

Au SOLEIL, nous sommes heureux de nous associer aux témoignages rendus à LA PRESSE en cette année centenaire. Au-delà de la concurrence normale entre média, au-delà de la recherche égoïste du plus grand marché publicitaire et du plus fort tirage, la présence d'un journal comme LA PRESSE est un stimulant pour celles et ceux qui pratiquent les mêmes métiers et qui ont à coeur d'offrir à l'opinion publique un journal complet, varié, intéressant.

LE SOLEIL offre au président et éditeur de LA PRESSE, M. Roger-D. Landry, ainsi qu'à toute son équipe composée de plus de 1 000 artisans, ses meilleurs voeux et ses souhaits d'atteindre le bicentenaire.

À titre « d'ancien » de ce journal, y ayant travaillé près de dix ans, je veux offrir à l'éditeur adjoint Michel Roy et mes collègues-journalistes de LA PRESSE mon amitié personnelle et mon appréciation professionnelle.

C'EST ARRIVÉ UN 20 JANVIER

1981 — Libération des 52 membres de l'ambassade américaine gardés en otages à Téhéran depuis 444 jours. — Le républicain Ronald Wilson Reagan prête serment comme 40e président des États-Unis d'Amérique.

1980 — Les Steelers de Pittsburgh gagnent une 4e édition du Super Bowl en battant les Rams de Los Angeles, 31-19.

1977 — Assermentation de James E. Carter comme 39e président. Dès sa première journée comme président, il accorde, tel que promis, un pardon complet aux objecteurs de conscience de la guerre du Vietnam.

1976 — La Cour d'Appel du Québec maintient l'acquittement de Henry Morgentaler, accusé d'avortement illégal.

1969 — Richard Mulhous Nixon est assermenté comme 37e président des États-Unis.

1964 — L'indépendantiste Marcel Chaput met fin à son jeûne de 63 jours après n'avoir atteint que 40 p. cent de son objectif de $50 000, et démissionne de la présidence du PRQ.

1961 — Investiture du démocrate John Fitzgerald Kennedy, 35e président des États-Unis d'Amérique.

1958 — L'expédition britannique du Dr Vivian Fuchs atteint le pôle sud.

1957 — Le premier ministre Gomulka et les communistes gagnent les élections générales, en Pologne.

1956 — *The Wild Ones*, film mettant en vedette Marlon Brando, est retiré des cinémas montréalais par la censure à cause de la violence qu'il inspire aux « vestes de cuir ».

1953 — Inauguration du républicain Dwight D. Eisenhower comme 34e président des États-Unis d'Amérique.

1948 — William Mackenzie King annonce sa retraite de la vie politique après 40 ans comme député à Ottawa, 29 ans comme chef du Parti libéral du Canada, et 21 ans comme premier ministre du pays.

1946 — Nouvelle période noire en France: les communistes tentent de profiter du vacuum créé par la démission du général de Gaulle pour prendre le pouvoir.

1936 — Mort du roi George V d'Angleterre; le prince de Galles lui succède sous le nom d'Édouard VIII.

1903 — Un incendie cause des dommages de l'ordre de $39 000, rue Notre-Dame ouest.

1900 — Décès à l'âge de 81 ans de John Ruskin, littérateur anglais.

1889 — Décès de Charles Desithé Soupras, gouverneur de l'île Sainte-Hélène, où l'empereur Napoléon finit ses jours.

LES PREMIERS AUTOMOBILES DANS LA METROPOLE CANADIENNE

Ce montage de photos tiré de l'édition du *20 janvier 1923* de LA PRESSE, était présenté dans le cadre du Salon de l'automobile en cours. Rangée du haut, de gauche à droite: U.-H. Dandurand au volant d'une *Winton* à deux vitesses avant et une de marche arrière, et dirigée par un levier; une *Crestmobile*, premier modèle de véhicule à gazoline à circuler au Québec, et muni d'un moteur de ¾ de cheval-vapeur installé à l'avant, avec système d'entraînement à chaine vers l'essieu arrière; une voiture à vapeur *Stanley*, conduite par M. Carl Stanley. Rangée du bas, dans le même ordre: M. Dandurand, photographié devant une voiture *Rambler*; encore M. Dandurand, cette fois dans une *Dion-Bouton*, première voiture à traction mécanique importée d'Europe à circuler au Québec; enfin, la *Rambler* de M. Lou Robertson. Ces photos avaient été prises en 1901 lors de la première course automobile organisée au Québec et présentée sur la piste de Lorimier. On notera qu'à l'époque, le mot « automobile » était toujours du genre masculin.

LA PRESSE

100 ans d'actualités

Ces photos exclusives à LA PRESSE (ce qui était un coup de maître à l'époque) montrent à gauche le redressement d'une voiture renversée, au centre, les sauveteurs cherchant à dégager les victimes submergées, et à droite, le pont où l'accident s'est produit.

TERRIBLE CATASTROPHE A SUDBURY

Un train du Pacifique Canadien saute hors de la voie à l'entrée du pont de la Rivière aux Espagnols. — Une partie du convoi tombe dans la rivière pendant que le feu faire rage dans une autre.

OTTAWA — Une dépêche de Toronto au correspondant canadien de la « Presse Associée », annonce qu'un terrible accident est arrivé hier **(21 janvier 1910)** après-midi, sur la ligne du Pacifique Canadien, près de la gare de Webbwood, à trente sept milles à l'ouest de Sudbury. Le convoi qui filait à toute vitesse dérailla, forçant le remblai, et tomba dans la rivière des Espagnols (Spanish River). Plusieurs personnes trouvèrent la mort dans cet accident. On croit que le nombre des morts s'élève à quarante, tandis que la liste des blessés est très longue. Les dernières dépêches annoncent que sept cadavres ont été identifiés. Les convois spéciaux de sauvetage ont été dépêchés sur le théâtre de la catastrophe avec des médecins, des ambulancières et des plongeurs, car il faudra plonger dans la rivière pour recueillir les victimes.

Les dernières dépêches mentionnent que le feu s'étant déclaré dans les voitures renversées sur le bord de la rivière, le nombre des victimes brûlées est aussi considérable que celui des personnes qui sont au fond de la rivière.

On croit que pas moins de dix-huit personnes qui se trouvaient dans le wagon de première ont péri. Ce char est disparu sous l'eau. Un grand nombre sont morts dans l'incendie. (...) Il est impossible d'obtenir un chiffre exact des morts. Les rapports varient entre 20 et 40 *(on devait finalement en dénombrer 37)*. Le nombre des blessés est estimé entre 50 et 70.

LE RAPPORT OFFICIEL

Aux bureaux-chefs de la compagnie du Pacifique, M. McNicholl, vice-président de la compagnie, a fait le rapport officiel suivant:

« La dernière partie du train de Montréal à destination de Minneapolis, parti du premier endroit, jeudi soir *(donc le 20 janvier)*, a sauté de la voie vendredi après-midi, à environ quatre milles à l'ouest de Nairn, sur la division Algoma, justement à l'est du pont traversant la Rivière aux Espagnols. La cause de cet accident est encore inconnue.

« Un char a frappé l'extrémité du pont et a été démoli. Le char suivant est tombé dans la rivière. Environ 20 voyageurs ont été blessés, dont deux ou trois grièvement. Plusieurs cadavres ont été retirés des décombres et un plus grand nombre sont supposés être dans le char sous l'eau.

« Le char-buffet a été partiellement submergé et les voyageurs sont sains et saufs. Le wagon-dortoir est tombé sur le flanc. » (...)

NOYES DANS LE CHAR

Le train se composait d'une locomotive, d'un waggon-poste, de deux chars de seconde, d'un char de première, d'un waggon-buffet et d'un waggon-dortoir. Les trois premiers sont restés sur la voie, le deuxième char de seconde a roulé en bas du talus, tandis que celui des premières enfonçait sous l'eau, entraînant à sa suite le char-buffet. Celui-ci s'arrêta cependant à mi-chemin et une partie seulement fut submergée.

Le feu se déclara par la suite dans le char de seconde, le détruisant complètement. Aux crépitements des flammes, au son sourd du feu qui tord, du bois qui s'écrase, se mélangent les gémissements et les lamentations des blessés et des mourants.

Les voyageurs du char de seconde furent pour la plupart asphyxiés et brûlés dans l'incendie de cette voiture. Dans le wagon-buffet, au moment où l'accident se produisit, quatre personnes étaient à prendre leur dîner. Pas une n'a péri. Mais il n'en fut pas de même dans le char de première. L'immersion fut si soudaine que pas un voyageur ne put chercher son salut dans la fuite, puisque tous ont été noyés. (...)

Le conducteur Reynolds, par un heureux hasard, put briser une partie du char et s'aidant comme il put, il réussit à sauver de la mort huit personnes dont un enfant de six ans.

Le drapeau provincial à fleurs verticales

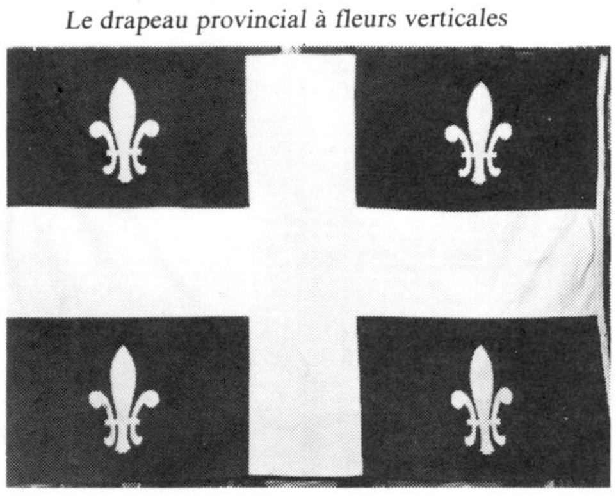

C'est le *21 janvier 1948* que le gouvernement provincial dirigé par Maurice Duplessis dotait officiellement la province de Québec du fleurdelysé, geste alors qualifié de « plus solennelle affirmation du fait français depuis 1867 » par nul autre que le chanoine Lionel Groulx. Le modèle choisi était déjà utilisé depuis plusieurs années au Québec, à cette différence près que les quatre fleurs de lys étaient placées selon la verticale, plutôt qu'orientées vers le centre du drapeau.

Un grand deuil pour les Rouges

Mort de Nicolas Lénine

(service de l'« United Press »

MOSCOU — La mort de Lénine a été un coup de foudre pour ses millions de partisans. Malgré ses deux ans d'absence du Kremlin, il était cher aux Russes qui l'avaient suivi et aidé à détrôner les Romanoff. Ils avaient toujours espéré son retour à la vie active, à part quelques-uns qui connaissaient la vérité sur son état.

Mais Lénine est mort d'une maladie dont la nature n'est pas bien connue. Il a vécu assez longtemps pour contempler son oeuvre et voir son pays reprendre sa place parmi les puissances.

Au moment où Lénine disparaît, le pouvoir échappe des mains de celui qui l'a aidé, Léon Trotsky. Celui-ci, ministre de la Guerre, a été relégué à la septième place parmi les chefs du parti le moins radical de Russie.

On ne peut présager quel effet aura la mort de Lénine sur les destinées de Trotsky. Beaucoup prétendent qu'il ne retournera jamais à la place qu'il occupait quand Lénine et lui étaient à la tête de la Russie bolchévique.

ENIGME POUR LES SIENS

Malade depuis plusieurs mois, le chef bolcheviste est décédé, quand d'autres étaient à la tête du gouvernement qu'il a établi.

Lénine était devenu une énigme pour ses compatriotes. Il vivait dans la solitude, faisant ignorer sa situation au reste du monde. On a su qu'il souffrait d'une forme de paralysie et qu'il avait fait venir de partout de fameux spécialistes.

Il y a deux semaines, on annonçait dans toute la Russie que sa santé s'améliorait et qu'il avait été à la chasse au lièvre au jour de Noël et au Jour de l'an. (...)

Personne d'en dehors ne pouvait voir Lénine. Il était gardé de près, pendant que d'autres s'occupaient des affaires du gouvernement. (...)

Lénine est mort à 7.10 heures, lundi soir **(le 21 janvier 1924)**, à Gorki, petite ville près de Moscou. Les funérailles auront lieu samedi. Son corps sera enseveli au Kremlin, à côté de celui de Svertloff, un de ses assistants dans la révolution de Russie.

Cette première page de LA PRESSE du *21 janvier 1905* permet de constater que la pêche aux petits poissons des chenaux ne date pas d'hier, qu'elle n'a pas beaucoup changé, et que si les voyages s'effectuaient évidemment en train plutôt qu'en voiture, c'était déjà un prétexte pour s'offrir du bon temps. Quant au nom, on disait « petite morue », et si on la pêchait déjà à Batiscan, c'est Trois-Rivières qui était La Mecque de ce genre de pêche sur la glace.

C'EST ARRIVÉ UN 21 JANVIER

1980 — Le Canada expulse trois diplomates soviétiques, pour espionnage.

1976 — Vol inaugural de deux aérobus supersoniques *Concorde*.

1975 — Mort de 13 personnes dans l'incendie criminelle du bar-salon « Le Gargantua », à Montréal.

1971 — En l'absence du chef d'État, Milton Obote, participant à la conférence du Commonwealth, les militaires s'emparent du pouvoir en Ouganda.

1970 — Réfugiée aux États-Unis, Svetlana Allilouieva Staline apprend que l'UURSS l'a déchue de sa nationalité soviétique.

1963 — Georges « Le père Noël » Marcotte, Jean-Paul Fournel et Jules Reeves sont formellement accusés du meurtre de deux policiers.

1960 — Une catastrophe minière fait 417 morts à Coalbrook, Afrique du Sud.

1954 — Lancement par les États-Unis du *Nautilus*, premier sous-marin atomique.

1953 — Arrestation de cinq prêtres polonais pour « espionnage ».

1952 — Le président Truman demande au Congrès américain de lui consentir un budget de $85,4 milliards pour sa mission de paix.

1940 — Le paquebot italien *Orazio* est détruit par un incendie au large de Toulon.

1934 — Un tremblement de terre fait 50 000 morts dans la région de Quetta, en Inde.

1914 — Décès dans son palais de Londres de lord Strathcona, haut-commissaire du Canada en Angleterre, et surnommé le « Grand Vieillard du Canada ».

1893 — Centième anniversaire de l'exécution de Louis XVI, à Paris, dans le sillage de la prise de la Bastille.

Une autre page consacrée au Salon de l'automobile et publiée le *21 janvier 1922*.

Affichage à la porte des théâtres

(du correspondant de LA PRESSE)

QUÉBEC, 21 — Un mouvement vient de s'organiser parmi les femmes de Québec contre l'affichage aux cinémas. Ce mouvement a pris une importance considérable et jusqu'à présent, les requêtes que l'on a fait circuler se sont couvertes de 4,000 signatures. Ces requêtes seront présentées au maire et aux échevins cet après-midi, par une délégation exclusivement féminine qui ira les rencontrer à l'hôtel de ville à 3 heures.

Mme L.-A. Taschereau sera en tête de cette délégation qui demandera aux autorités municipales, au nom de toutes les mères de familles de la ville, la suppresion des affiches illustrées ou panneaux réclames à la porte des théâtres ou des cinémas.

Hier, dans toutes les églises, les curés ont encouragé les paroissiens à se joindre à ce mouvement que l'on doit à l'initiative de Mme Taschereau, admirablement secondée par un groupe de de dames. Les pasteurs ont insisté sur le danger qu'il y a surtout pour la jeunesse et les enfants des écoles qui sont souvent attirés au mal par les images, ajoutant que dans certains cas, il arrive que les affiches ou panneaux réclames sont plus suggestifs que les pièces ou les films que l'on montre dans les théâtres ou cinemas.

Cela se passait le 21 janvier 1924.

LES CHAPEAUX AU THEATRE

Jefferson, Mo., 21 — Un projet de loi doit être présenté à la législature du Missouri, dans le but d'interdire aux femmes, sous peine d'amendes et même d'emprisonnement, de porter au théâtre des chapeaux pouvant empêcher les personnes placées derrière elles de voir ce qui se passe sur la scène.

Cela se passait le 21 janvier 1895.

ACTIVITÉS

AUJOURD'HUI

■ À la radio

17 h, Radio-Canada — Chronique consacrée à LA PRESSE à l'émission *Avec le temps*, animée par Pierre Paquette.

AUJOURD'HUI ET DEMAIN

■ Salon de l'auto

Place Bonaventure — LA PRESSE est présente au salon par son kiosque, agrémenté d'archives sur les grands moments de l'histoire de l'automobile, et animé par des retraités du journal, qui répondront aux questions du public. Certaines pages publiées par LA PRESSE à l'occasion de salons de l'automobile, au début du siècle, sont de véritables petits chefs-d'oeuvre d'illustration. **Dernière journée demain.**

■ Expo-Habitat

Palais des Congrès — Présence au kiosque de LA PRESSE de l'exposition « Cent ans d'imprimerie », animée par des retraités du journal qui répondent à toutes les questions du public sur la machinerie exposée et rappelant l'âge d'or de la typographie, avant que l'ordinateur ne vienne reléguer la linotype aux oubliettes. Jusqu'au 29 janvier inclusivement.

■ Festival de l'humour

Ce festival est présenté à l'Université d'Ottawa et incorpore notamment 39 caricatures de Girerd en plus d'une exposition retraçant *L'histoire de la caricature dans la vie de LA PRESSE*. Jusqu'au 26 janvier.

DEMAIN

■ À la télévision

16 h 30, Télé-Métropole — Dans le cadre de l'émission *Sports-Mag* l'animateur Pierre Trudel consacre quelques moments de rétrospective à des pages mémorables de LA PRESSE.

LA PRESSE

100 ans d'actualités

UNE EFFROYABLE CONFLAGRATION

Un incendie qui s'est déclaré vers huit heures, hier soir, chez Saxe & Sons, cause pour $2,500,000, de pertes. — Jamais Montréal n'a encore été aussi terriblement éprouvé.

L'INCENDIE RAVAGE LA PARTIE OU LE HAUT COMMERCE DE LA METROPOLE AVAIT SES QUARTIERS GENERAUX

Toute la première page et la presque totalité de la page 11 de l'édition du 24 janvier étaient consacrées à cet incendie aussi spectaculaire que désastreux, survenu la veille, ***23 janvier 1901.***

UN incendie, le plus désastreux que nous ayions connu depuis les grandes conflagrations dont les anciens se rappellent et qui sont maintenant du domaine de l'histoire, s'est déclaré, hier soir, à 8.05 heures, dans l'établissement de MM. Saxe et fils, marchands-tailleurs en gros, angle des rues Saint-Pierre et Lemoine. L'élément destructeur a causé des pertes estimées à deux millions et peut-être deux millions et demi. Ce n'est que vers une heure, ce matin, que les flammes ont pu être maitrisées. La rangée d'édifices bornée par les rues St-Sacrement, St-Pierre, St-Paul et St-Nicholas, a été détruite de fond en comble. Dans ce bloc se trouvait la superbe bâtisse du « Board of Traded » érigée en 1894, au coût de $605,000, terrain compris. A l'heure qu'il est, il n'en reste plus que les murs enfumés et couverts de glace. Sur la rue St-Pierre, depuis la rue Lemoine jusqu'à la rue St-Paul, tout a été consumé. Les flammes ont traversé la rue St-Paul et se sont frayé un passage, jusqu'à la rue des Commissaires.

Grâce aux efforts de la brigade, l'imprimerie de MM. John Lovell and Son, sur la rue St-Nicholas et les constructions du côté nord de la rue St-Sacrement ont été sauvées. Ce feu fut extraordinairement difficile à combattre. A l'exception du Board of Trade, c'était tous de vieux édifices; de plus, les rues sont étroites et la foule des curieux était énorme, ce qui rendait encore plus difficile le mouvement des pompiers.

Le feu s'est répandu avec une rapidité inouie, aidé qu'il était par la nature inflammable des marchandises contenues dans les édifices incendiés. Ceux qui se trouvaient sur les lieux n'ont pu avoir une idée d'ensemble du spectacle, à la fois lugubre et grandiose, qu'offrait cette véritable conflagration, à cause de l'étroitesse des rues et de la hauteur des bâtisses dans cette partie centrale de la cité; mais le firmament était embrasé et de tous les points, même les plus reculés de la ville, on pouvait voir l'immense lueur qui illuminait le ciel et qui revêtait d'une teinte rose les épais nuages de fumée montant dans l'espace. (...)

L'incendie qui a eu lieu, vendredi dernier, chez Thomas May, n'est rien à côté de celui-ci, qui a détruit des propriétés de prix sur une surface de plusieurs arpents. Heureusement, il ne ventait pas trop fort, et l'on doit en remercier la Providence; autrement, les maisons d'affaires de cette partie de la ville n'auraient pu échapper au désastre. (...)

LE COMMENCEMENT DE L'INCENDIE

A 8.05 heures, l'alarme fut sonnée à l'avertisseur No 415, coin des rues St-Pierre et St-Sacrement. Quand les capitaines Brière et Gordon arrivèrent sur les lieux, avec les hommes des casernes Nos 4 et 5, le feu, qui s'était déclaré chez MM. Saxe et Fils, avait déjà traversé la rue et atteint le magasin de fantaisies, jouets, etc. de H. A. Nelson, Fils et Cie, et il y faisait des ravages, réduisant tout en cendres sur son passage. Le drapeau qui flottait à mi-mât sur le Board of Trade disparut comme par enchantement, dévoré par les flammes.

De l'établissement Nelson, le feu parvint jusqu'à la rue St-Pierre, pénétra dans la bâtisse de la Beardmore Bating Co., puis chez Silverman, Boulter and Co., chapeliers et marchands de fourrures en gros, coin des rues St-Pierre et St-Paul.

De l'autre côté de la rue St-Pierre, le feu avait déjà détruit les édifices entre les rues Lemoine et St-Paul. Toute la rue St-Pierre ressemblait à une fournaise monstre, l'incendie faisant rage de chaque côté.

Aucun effort humain ne pouvait arrêter promptement l'élément destructeur.

BOARD OF TRADE

A neuf heures, les débris embrasés de la bâtisse Nelson commencèrent à pleuvoir sur la bâtisse du Board of Trade. Pendant plusieurs heures, des jets d'eau ont protégé les parties les plus exposées, mais n'ont pu empêcher le feu de se communiquer au coin sud-ouest du cinquième étage. Pendant dix minutes, les pompiers espérèrent que l'élément destructeur bornerait là son travail dans cette superbe bâtisse, mais graduellement il s'étendit peu à peu et bientôt la maison fut couverte de flammes.

Aussitôt que la chose fut possible, une échelle fut placée, et des pompiers montèrent avec des boyaux à incendie. (...)

Des hommes de police placés aux portes ont empêché que les curieux et les rôdeurs n'allassent ou piller les bureaux, ou se faire asphyxier. (...)

Malgré les efforts des pompiers, le feu faisant des progrès constants et bientôt consumait le cinquième et le quatrième plancher. Une noire fumée et une chaleur intense obligèrent les pompiers à descendre. Le Board of Trade deavait périr. Les pompiers impuissants et une foule de curieux assistèrent alors à un spectacle terrifiant. Les flammes s'élevèrent à une hauteur extraordinaire. (...) A minuit il ne restait de ce riche édifice qu'une portion des murs extérieurs: c'est une perte totale.

L'édifice de la Bourse de Montréal, ou « Board of Trade » comme on préférait dire à l'époque, logeait plus d'une centaine de locataires. Le feu détruisit également, outre l'établissement Saxe & Son à l'origine de la conflagration, plus d'une cinquantaine de commerces des rues Saint-Paul, Saint-Pierre, Saint-Nicholas, Saint-Sacrement, Lemoine et des Commissaires.

L'élément destructeur enveloppe complètement l'édifice du « Board of Trade ». Cette scène a été croquée par le dessinateur de LA PRESSE, installé un peu plus à l'est, rue Saint-Sacrement.

Cette photo publiée initialement dans l'édition du *21 janvier 1926* de LA PRESSE, montre le premier véhicule moteur fabriqué au Canada, et plus précisément à Montréal par M. H.-E. Bourassa, qui se trouve à bord de son véhicule (à gauche), flanqué d'un ami, Bruno Lalumière. Il s'agit d'un modèle à deux cylindres développant 4 c.-v., à refroidissement par ailettes, avec transmission par friction, et doté de deux vitesses. L'allumage était effectué par piles sèches en séries, et la direction se faisait au moyen d'un levier.

BABILLARD

Parents retracés

En publiant la photo d'un groupe d'élèves du professeur Noël, initialement parue le 4 janvier 1905, on avait indiqué qu'il serait intéressant de causer avec des lecteurs qui y reconnaitraient un de leurs ancêtres.

Eh bien ce souhait a été comblé puisque des communications téléphoniques nous ont permis d'apprendre quelques détails sur six des jeunes qui apparaissaient sur la photo. Ainsi, Mlle Thérèse Quenneville, de Saint-Liguori, y a reconnu son père, Joseph (15). Mort à 59 ans, ce dernier a eu 12 enfants, et ils sont tous vivants.

Une fille et une tante ont reconnu Roméo Bark (11). Il s'agit de Wilhelmine Barck-Bouthillier, de Deux-Montagnes, et Lola Barck-Sergerie, de Montréal.

Lucien Langevin (4) avait 51 ans quand il est mort en 1946 et il a eu quatre enfants. Ces renseignements ont été communiqués par Mme Fernande Langevin-Gagnon, de Longueuil.

De proches parents, Roger Lemelin et Jeannette Dubois-Viau, de la rue Lajeunesse, à Montréal, ont reconnu Aimé Dubois (14). Ce dernier était d'une famille de quatre enfants, mais il ne s'est pas marié de sorte qu'il n'a pas de descendants directs.

Enfin, Claude Saint-Jean, de Montréal, a bien sûr reconnu son père, Émile Saint-Jean (7), décédé, il y à peine trois ans à l'âge de 83 ans (il était né en 1897). M. Saint-Jean était joaillier, métier que pratique également son fils. Et M. Saint-Jean nous précise que son père était un ami du n° 13, Émile Lafrance.

D'ici quelques jours, nous vous ferons part des spectaculaires résultats et de la richesse des renseignements glanés à l'occasion de la publication de la photo de nos huit chercheurs d'or.

ACTIVITÉS

■ **Expo-Habitat**

Palais des Congrès — Présence au kiosque de LA PRESSE de l'exposition « Cent ans d'imprimerie », animée par des retraités du journal qui répondent à toutes les questions du public sur la machinerie exposée et rappelant l'âge d'or de la typographie, avant que l'ordinateur ne vienne reléguer la linotype aux oubliettes. Jusqu'au 29 janvier inclusivement.

LE SKI

Devant l'intérêt de ses lecteurs pour le ski, LA PRESSE reproduisait, dans son édition du *23 janvier 1906*, une leçon de ski tirée d'un magazine français. On y proposait de savantes explications sur les différences entre le ski de plaine et le ski de montagne (ce *qu'on qualifierait aujourd'hui de ski de randonnée et de ski alpin*). En outre, on y expliquait comment marcher, faire demi-tour, monter, descendre, s'arrêter et sauter. Et si l'illustration concernant le demi-tour ne surprend personne, on ne peut en dire autant de la méthode suggérée pour l'arrêt. « Quand la pente n'est pas trop forte, peut-on y lire, on peut s'arrêter net en se servant du bâton comme d'un frein. La rondelle d'osier dont il est muni l'empêche de s'enfoncer dans la neige ». C'est évidemment une méthode à NE PAS utiliser...

C'EST ARRIVÉ UN 23 JANVIER

1976 — Reconnu coupable d'outrage au tribunal, le ministre fédéral de la Consommation et des Corporations, André Ouellet, est obligé de s'excuser auprès du juge Kenneth Mackay. — Décès à l'âge de 77 ans du chanteur noir Paul Robeson, qui dut s'exiler à cause des attaques des maccarthyistes.

1974 — Un incendie majeur éclate dans le métro de Montréal entre les stations Rosemont et Laurier. Les dégâts sont importants mais il n'y a pas de pertes de vie.

1962 — Jackie Robinson, le premier joueur noir à évoluer dans les ligues majeures, est élu au Temple de la renommmée du baseball en compagnie de Bob Feller.

1961 — Fin d'une grève générale de 33 jours en Belgique, provoquée par le programme d'austérité décrété par le gouvernement. — Acte de piraterie en pleine mer: des adversaires du régime Salazar, du Portugal, arraisonnent le *Santa Maria*.

1960 — Le bathyscaphe *Trieste* avec à son bord, Jacques Piccard et le lieutenant Don Walsh, descend à plus de sept milles au-dessous du niveau de la mer. — Ouverture du boulevard Métropolitain, attendu depuis 38 ans.

1959 — La skieuse canadienne Anne Heggveit gagne le slalom international de Saint-Moritz, en Suisse.

1957 — Grace Kelly, princesse de Monaco, est l'heureuse maman d'une fille, qui portera le nom de Caroline.

1945 - Le romancier Claude-Henri Grignon est élu maire de Sainte—Adèle.

Une figure populaire, Rodias Ouimet, disparaît

Il était le fondateur du refuge portant son nom

M. Rodias Ouimet, le fondateur du Refuge de Nuit qui porte son nom, est décédé à sa demeure, 39 rue Cuvillier, à 2 heures, hier *(23 janvier 1918)ob0 après-midi. Il a succombé à une maladie qui le minait depuis sept mois. M. Ouimet était né à Worcester, Mass., en octobre 1850, et il laisse pour déplorer sa perte, sa femme née Thompson (Elisabeth); cinq filles: Mmes Arthur Ouimet et Onésime Gilbert et A. Brûlé, Mlles Germaine et Aurore Ouimet; cinq fils: MM. Rodias, Arthur, Moïse, Benjamin et Henri Ouimet.*

Le défunt était un citoyen des plus populaires dans la métropole, où il se trouve peu de personnes qui le connaissent. Depuis la fondation du Refuge de Nuit, il y a plus de vingt ans, il avait su apporter des soulagements à bien des misères et provoquer un peu de joie dans nombre de foyers malheureux. L'oeuvre des enfants délaissés était sienne et on sait quel intérêt il portait à cette catégorie de miséreux. Le défunt parlait toujours avec émotion de son « refuge », qu'il avait fondé avec l'aide de feu le recorder de Montigny, et de feu l'hon. Trefflé Berthiaume.

Pour la petite histoire, on peut ajouter en épilogue à cet humble avis de décès que l'idée de fonder un refuge de nuit était venue à M. Ouimet à la suite de la publication d'un artice de LA PRESSE. En effet, dans son édition du **17 décembre 1898,** *LA PRESSE avait consacré un article aux refuges de nuit de Paris, sous la responsabilité de la Société philanthropique de Paris. Huit jours plus tard, M. Rodias Ouimet, alors président du Club central ouvrier, fondait un refuge de nuit et l'installait dans un édifice inoccupé sis au 1517a Notre-Dame, et propriété d'un sympathique rentier du nom d'Olivier Courtemanche. Trois jours plus tard, soit le* **28 décembre,** *LA PRESSE communiquait l'heureuse nouvelle à ses lecteurs en consacrant à l'événement les trois quarts de sa première page du jour.*

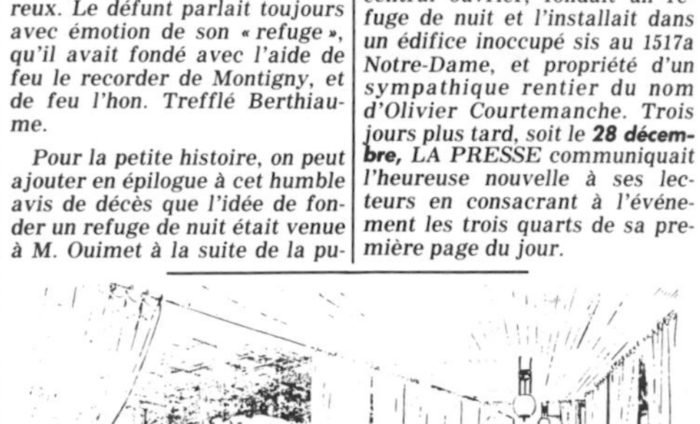

La grande salle de l'asile de nuit, rue Notre-Dame. On peut apercevoir les lits et leurs occupants sur les côtés, avec, au milieu de la pièce, la grande table où les démunis de la société pouvaient manger et lire avant de se coucher. Ce dessin a été publié dans l'édition du *28 décembre 1898*.

LA PRESSE

100 ans d'actualités

LE PREMIER POSTE DE TELEPHONE AUTOMATIQUE FONCTIONNERA BIENTOT

Le changement s'effectuerait en avril pour les abonnés du service Lancaster

EXPLICATION DU SYSTEME

Ce reportage, qui paraîtra incidemment empreint d'une certaine naïveté, vu avec les yeux d'aujourd'hui, a été publié dans LA PRESSE du **24 janvier 1925.**

UNE fois terminée la construction du superbe immeuble Lancaster à l'angle des rues Ontario et Saint-Urbain, le premier poste central de téléphone automatique à être installé à Montréal, sera sur le point de fonctionner. Il y a certes encore beaucoup à faire pour terminer la canalisation des câbles souterrains et aériens, et le montage au poste central des appareils d'aiguillage n'est pas encore complété. Mais on s'attend à ce que d'ici trois mois tous les abonnés desservis par le poste central Lancaster soient pourvus d'un appareil automatique.

Le nouvel annuaire du téléphone contient un grand nombre d'abonnés du poste Lancaster et la Compagnie y ajoutera, de temps en temps, d'autres abonnés. On est à installer dans les demeures et les places d'affaires de ces abonnés des appareils téléphoniques munis de cadrans et, en temps et lieu, on leur donnera des instructions personnelles indiquant la manière exacte de se servir de ce nouvel appareil. D'après les prévisions actuelles, la Compagnie sera en mesure, en avril prochain, d'effectuer le changement au service automatique du territoire Lancaster.

LE FONCTIONNEMENT

« Mais comment ceci fonctionne-t-il ?, demandait-on à M. Frank C. Webber, gérant de la Compagnie de Téléphone Bell, comment appellera-t-on par exemple LAncaster 0456 ? »

« Bien, dit M. Webber, en posant devant nous, sur le bureau, un appareil automatique, voyons quelles sont les opérations requises pour appeler le numéro que vous mentionnez — Lancaster 0456 — et dans quel ordre elles se présentent.

« D'abord nous décrochons le récepteur et écoutons pour percevoir ce qu'on est convenu d'appeler le « ton du cadran » — un bourdonnement continu qui indique que le mécanisme est prêt à transmettre nos signaux.

« Après avoir perçu le bourdonnement et en tenant toujours le récepteur décroché, nous signalons la lettre « L » du numéro LAncaster 0456. »

Plaçant l'index dans le trou où apparaît la lettre « L », M. Webber tourne le cadran jusqu'au point d'arrêt. Puis il dégagea le cadran qui retourna à sa position normale.

« Ensuite, nous signalons de même la lettre « A » ». Encore une fois, il tourna avec l'index le cadran jusqu'au point d'arrêt, puis le laissa revenir à sa position initiale.

« Maintenant que nous avons signalé les deux premières lettres du nom du poste central, nous commençons à signaler les chiffres 0 - 4 - 5 - 6. »

Ici M. Webber localisa à tour de rôle chacun des chiffres et, après avoir tourné le cadran jusqu'au point d'arrêt, le laissa revenir au repos.

« Maintenant, si ce téléphone était réellement raccordé, je devrais entendre le ronron qui m'indiquerait que la sonnerie du poste appelé tinte. Nous avons complété toutes les opérations nécessaires à un appel d'un poste automatique à un autre : d'abord les deux premières lettres du nom du poste central, lesquelles sont indiquées en majuscules dans l'annuaire, et ensuite les quatre chiffres du numéro sans omettre le zéro initial.

POINTS A NOTER

« Les points suivants sont à noter pour signaler, continue M. Webber. Vous avez pu constater que j'ai eu soin de ne pas toucher au cadran pendant qu'il retournait à sa position de repos. J'obtiendrais probablement une fausse communication si j'essayais d'en hâter ou d'en ralentir le retour.

« Remarquez aussi que les lettres sont noires et les chiffre sont rouges. Ceci permet de différencer facilement la lettre « O » (noire) du chiffre « 0 » qui est rouge. Les confondre donnerait lieu à une fausse communication, d'où l'importance de les distinguer.

« Supposons que nous éprouvons quelque difficulté? lui demanda-t-on. J'imagine que beaucoup auront besoin d'aide ».

«« Remarquez le mot « Operator » au bas du cadran, dit le gérant. Un tour au cadran vous mettra en communication avec une téléphoniste qui aura pour fonction d'aider les abonnés qui éprouveront des difficultés à signaler. Vous voyez que les abonnés desservis par le téléphone automatique ne doivent pas avoir l'impression qu'ils n'ont à leur disposition en cas d'urgence qu'une machine inerte. De fait, nous avons choisi certains numéros spéciaux servant à des appels déterminés — par exemple : Information 113 (trois tours au cadran) ; Commis des réparations 114 (trois tours au cadran) ; Longue distance 110 (trois tours au cadran). »

« Comment signaler un numero de ligne double ? »

« Signalez le numéro de la même façon, dit M. Webber, en y ajoutant la lettre W ou J — tel qu'indiqué dans l'annuaire.

« Maintenant, 'la ligne est occupée'? »

« Si le poste que vous appelez n'est pas libre, vous entendrez un 'buzz buzz' rapide au récepteur, similaire à ce que vous entendez actuellement avec la téléphonie manuelle. Raccrochez le récepteur et rappelez un peu plus tard. »

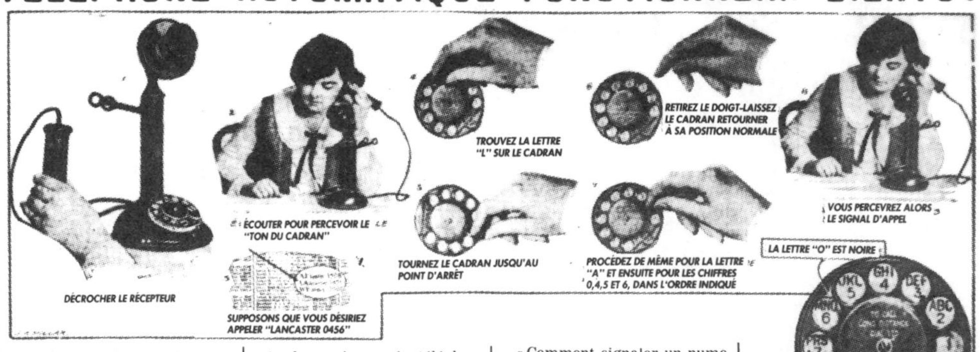

DÉCROCHER LE RÉCEPTEUR
ÉCOUTER POUR PERCEVOIR LE "TON DU CADRAN"
SUPPOSONS QUE VOUS DÉSIRIEZ APPELER "LANCASTER 0456"
TROUVEZ LA LETTRE "L" SUR LE CADRAN
TOURNEZ LE CADRAN JUSQU'AU POINT D'ARRÊT
RETIREZ LE DOIGT-LAISSEZ LE CADRAN RETOURNER À SA POSITION NORMALE
PROCÉDEZ DE MÊME POUR LA LETTRE "A" ET ENSUITE POUR LES CHIFFRES 0,4,5 ET 6, DANS L'ORDRE INDIQUÉ
VOUS PERCEVREZ ALORS LE SIGNAL D'APPEL
LA LETTRE "O" EST NOIRE

Le nouveau poste central Lancaster, installé au coin des rues Ontario et Saint-Urbain.

C'est demain soir (24 janvier 1926), à 11 heures, temps officiel de l'Est, que s'ouvre la Semaine Internationale du Radio, attendue avec anxiété par tous les amateurs de l'univers. Cette semaine est consacrée aux essais radiotéléphoniques particulièrement entre l'Europe et l'Amérique du Nord, mais, l'Australie et l'Afrique se sont également inscrits et plusieurs centaines d'amateurs de ces pays tenteront également de capter les concerts transmis à l'étranger, tandis que les postes émetteurs donneront des concerts, utilisant la plus forte somme d'énergie possible, pour être entendus au loin.

Dans tout le Dominion et dans la plus grande partie des Etats-Unis, cette semaine a été attendue avec d'autant plus d'anxiété que, depuis deux ou trois semaines, les conditions de la réception ont été plus mauvaises qu'elles ne l'ont été depuis deux ou trois ans, pour le moins.

A Montréal, par exemple, depuis des semaines, bien que nous soyons pratiquement entourés de postes émetteurs « super-power » ou de très grande énergie, comme ceux de Pittsburgh, KDWA; New York, WJZ; Schenectady, WSGT, et maints postes à Chicago, Cleveland, Cincinnati et autres, les amateurs qui ont pu capter, chaque soir, les émissions de deux ou trois de ces postes, peuvent se compter très chanceux.

NDLR — On n'explique pas pourquoi l'ouverture officielle de la semaine qui commençait le 23 s'est effectuée le 24...

BABILLARD

Collection à vendre

Monsieur **J.-Philippe Barbeau,** de la rue Pierre-Bédard, à Montréal, détient actuellement une collection assez remarquable de 63 feuilletons publiés par LA PRESSE, *Le Canada*, *le Nationaliste* et *Le Devoir* avant septembre 1941.

Cette collection avait été conservée par le p re de M. Barbeau et pourrait intéresser certains collectionneurs qui ont déjà en leur possession une collection du genre qu'ils souhaiteraient compléter.

Pour obtenir le numéro de téléphone de M. Barbeau, il suffit de communiquer avec Guy Pinard, au 285-7070.

Certificats de naissance

Est-il nécessaire de rappeler aux jeunes parents dont l'enfant est né ou naîtra entre le 20 octobre 1983 et le 20 octobre 1984, que LA PRESSE leur remettra, sur présentation d'une photocopie de l'attestation de naissance, un certificat du centenaire de LA PRESSE rédigé au nom du nouveau-né. Il s'agit là d'un souvenir qui prendra l'allure d'une pièce de collection devant le petit nombre de ces certificats qui seront en circulation à la fin de l'année. Ne ratez donc pas cette occasion unique.

Vous êtes né(e) un 29 février?

Juste quelques mots pour rappeler aux personnes nées un 29 février qu'il ne reste plus qu'une semaine pour inscrire leur nom sur la liste. La date limite d'inscription a en effet été fixée au 31 janvier.

ACTIVITÉS

■ **Club Lions de Repentigny**
19h - Restaurant de Normandie — Cyrille Felteau prononce une conférence sur son livre *L'histoire de LA PRESSE* devant les membres du club, qui lui remettra à cette occasion une plaque rendant hommage à LA PRESSE à l'occasion de son centenaire.

■ **Expo-Habitat**
Palais des Congrès — Présence au kiosque de LA PRESSE de l'exposition « Cent ans d'imprimerie », animée par des retraités du journal qui répondent à toutes les questions du public sur la machinerie exposée et rappelant l'âge d'or de la typographie, avant que l'ordinateur ne vienne reléguer la linotype aux oubliettes. Jusqu'au 29 janvier inclusivement.

■ **Festival de l'humour**
Ce festival est présenté à l'Université d'Ottawa et incorpore notamment 39 caricatures de Girerd en plus d'une exposition retraçant *L'histoire de la caricature dans la vie de LA PRESSE*. Jusqu'au 26 janvier.

C'EST ARRIVÉ UN 24 JANVIER

1979 — Début d'une grève des employés de la Banque d'épargne de la Cité et du District de Montréal, la première de l'histoire dans le secteur des banques.

1975 — En cavale depuis le 24 octobre 1974, Richard Blass est abattu par la police, à Val David.

1974 — Roger Lemelin, président et éditeur de LA PRESSE, est élu membre canadien de l'académie Goncourt.

1973 — Un cessez-le-feu intervient au Vietnam à la suite d'un accord conclu par Henry Kissinger, au nom des États-Unis, et Le Duc Tho, au nom du Nord-Vietnam.

1966 — 117 personnes trouvent la mort quand un B-707 d'Air India s'écrase sur le mont Blanc.

1965 — Sir Winston Churchill meurt des suites d'une attaque cardiaque à l'âge de 90 ans.

1963 — Reconnus coupables d'un attentat contre le président Habib Bourguiba, dix Tunisiens sont passés par les armes.

1960 — La révolte éclate entre métropolitains et extrémistes de droite en Algérie. On dénombre 27 morts. Les extrémistes réclament que l'Algérie reste française.

1952 — L'hon. Vincent Massey devient le premier Canadien à être nommé au poste de gouverneur général du Canada.

1947 — Funérailles à Québec du cardinal Villeneuve.

1939 — La ville de Chillan, au Chili, est entièrement détruite par un tremblement de terre; on dénombre 2000 morts.

1921 — Réunion à Paris des pays alliés afin de discuter notamment des réparations de guerre qui seront exigées de l'Allemagne vaincue.

1905 — Lord et Lady Grey sont l'objet de brillantes réceptions à l'Hôtel de ville et au Board of Trade.

1901 — Edouard VII est proclamé officiellement roi du Royaume-Uni, de Grande-Bretagne et d'Irlande, et Empereur des Indes.

Où le golf peut conduire...

Waldon Chamberlain, golfeur de l'État de Washington, a réussi le plus long coup de départ connu à l'époque, soit 650 verges. Il faut dire que ce mordu du golf avait pris tous les moyens pour réussir son exploit. Il a tiré la balle du faîte d'une aiguille de 6,000 pieds dans le parc national Ranier. La balle a franchi une distance de 250 verges, pour ensuite rouler sur 400 verges. Cette photo assez exceptionnelle a été publiée à la page une de l'édition du *24 janvier 1931*.

LE YACHT

Le yachting sur glace, c'est vieux!

S'il en était qui croyaient que le yachting sur glace était une discipline sportive qu'on ne pratiquait que depuis quelques années au Québec, ceux-là seront surpris d'apprendre que ce genre de sport se pratiquait déjà au tournant du siècle comme en font foi ces photos prises lors de la course disputée le *24 janvier 1906* sur le lac Saint-Louis. Ce dessin montre l'*Hurricane* qui s'était enfoncé dans la glace où, comble de malheur, il devait être frappé par un autre yacht, l'*Éléphant blanc*.

LA PRESSE
100 ans d'actualités

UN NOUVEAU POUVOIR HYDRAULIQUE GIGANTESQUE

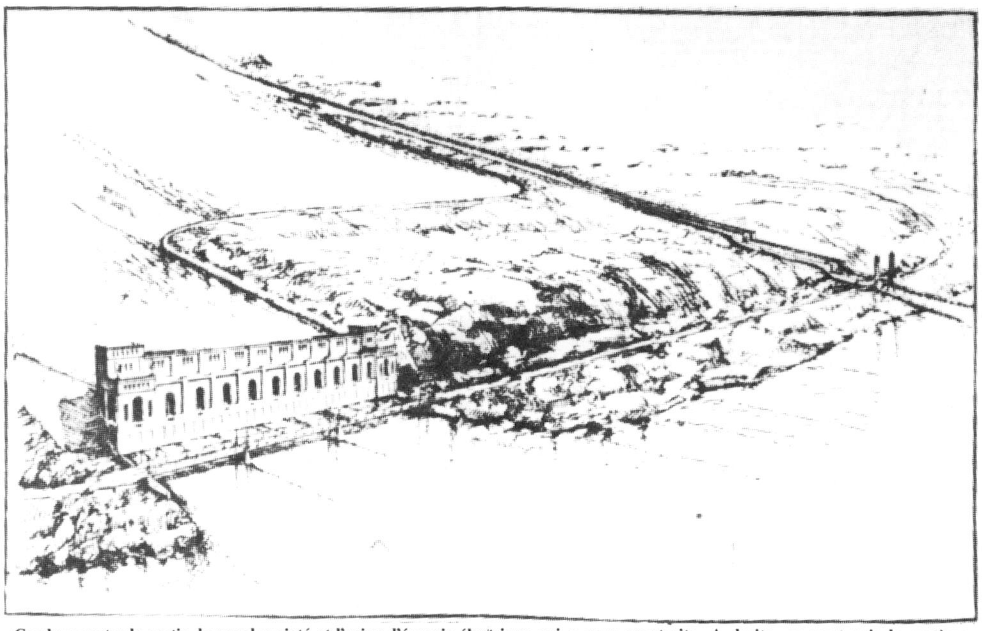

Ce plan montre la sortie du canal projeté et l'usine d'énergie électrique qui y sera construite. A droite, on peut voir le système d'écluses qui y sera installé en cas de besoin.

Un canal reliera les lacs Saint-François et Saint-Louis pour assurer la production de 500,000 H.P. — Une solution du problème de la canalisation du Saint-Laurent

HOUILLE BLANCHE A BAS PRIX

Cette importante nouvelle a été publiée dans LA PRESSE du ***25 janvier 1928.***

L'AMÉNAGEMENT d'un nouveau pouvoir hydraulique gigantesque sera bientôt réalisé par la Beauharnois Light, Heat & Power Co. Les promoteurs du projet sont assurés du concours d'un groupe de financiers canadiens-français et anglais. Le harnachement d'un tel pouvoir d'eau assurera la subsistance à 150,000 ouvriers de notre province.

La compagnie veut aménager un pouvoir initial de 500,000 H.P. à Beauharnois, à 25 milles de Montréal seulement. Déjà 300,000 H.P. de ce pouvoir ont été vendus à diverses industries qui s'installeront aussitôt que le projet aura été réalisé. La compagnie n'a plus qu'à obtenir certaines garanties nécessaires du gouvernement fédéral et du gouvernement provincial pour commencer ses grands travaux.

Les diverses industries sont certaines de se procurer au nouveau pouvoir de l'énergie électrique à un prix modéré.

UNE ENTREPRISE QUI NOUS INTERESSE

La réalisation de l'entreprise intéresse souverainement le Canada français. Le projet terminé, les industries qui en dépendront augmenteront les salaires payés annuellement dans la province de $250,000,000 et assureront la subsistance à 150,000 de nos ouvriers. Ces chiffres ne sont pas le fruit des rêves d'un ingénieur. Ils sont basés sur des comparaisons avec plusieurs centaines de compagnies exploitant des pouvoirs d'eau semblables aux Etats-Unis et ailleurs.

En moyenne, pour chaque 1000 H.P., les compagnies de pouvoir d'eau et les industries qui en dépendent paient annuellement en salaires $580,000 et emploient 450 ouvriers. Aussi, peut-on se rendre compte des possibilités qu'offrira un tel pouvoir développé à Beauharnois.

GOUVERNEMENTS SYMPATHIQUES

Comme nous le disions au début, la compagnie doit obtenir du gouvernement provincial et du gouvernement fédéral certains privilèges et garanties avant d'entreprendre tout travail. Elle a été assurée de la sympathie du gouvernement de Québec et à Ottawa on verrait le projet d'un oeil bienveillant. Aussi, les officiers de la compagnie croient que les travaux commenceront cette année.

LES PLANS DE LA COMPAGNIE

La compagnie commencera ses opérations avec une usine à pouvoir de 500,000 H.P. Elle pourra disposer, dès les débuts, d'un pouvoir initial de 300,000 H.P., déjà vendu.

Les ouvriers sont donc assurés d'avoir du travail, non seulement durant le temps de construction du pouvoir d'eau, mais aussi bien après. Des industries métallurgiques et nombre d'autres sont prêtes à s'installer. Elles requièrent des quantités considérables d'énergie électrique et l'énergie créée à Beauharnois ne sera pas dispendieuse.

A l'heure actuelle, les usines établies à Montréal ou dans les environs paient de $30 à $36 le H.P. Dans l'Ontario, on paie de $18 à $20. Cette différence est appréciable et il n'est pas étonnant que les industries se développent plus rapidement dans la province-soeur. Il en sera de même ici, si le projet à l'étude aboutit. On pourra produire de la houille blanche à aussi bon marché qu'en Ontario. (...)

LE POUVOIR D'EAU

La compagnie, après une étude approfondie, a décidé de construire un canal entre le lac Saint-François et le lac Saint-Louis. On sait qu'une différence de niveau appréciable existe entre ces deux lacs. C'est ce dont se servira la compagnie.

Le canal aura 14 milles de longueur, 3,000 pieds de largeur et 27 pieds de profondeur. (...) L'usine hydraulique sera située à la sortie du canal.

Le creusement du canal nécessitera l'enlèvement de 190,000,000 verges cubes de terre. Le projet initial coûtera environ $60,000,000. Eventuellement, on développera le pouvoir de façon à ce qu'il puisse fournir une énergie électrique de 2,000,000 H.P. Complètement terminé, le projet coûtera dans les environs de $200,000,000.

SOLUTION POUR LA CANALISATION DU S.-LAURENT

Les plans de la compagnie sont conformes en tout au projet de canalisation du Saint-Laurent. Il sera assez large et profond pour que les océaniques puissent y naviguer à l'aise. Il sera pourtant nécessaire d'installer, à la sortie, sur le lac Saint-Louis, une ou deux écluses.

Un point important pour le gouvernement, c'est qu'il n'aura pas un sou à débourser pour la construction de ce canal et qu'il pourra s'en servir, s'il en montre le désir.

Madame Albani de nouveau au pays de son enfance

LA prima donna canadienne-française, madame Albani (de son vrai nom Emma Lajeunesse), est arrivée saine et sauve, jeudi **(25 janvier 1896)**, à New York, à bord du « Teutonic », accompagnée de M. Gye et de son fils unique, un joli enfant d'environ quatorze ans. Les autres membres de la troupe sont aussi arrivés à bord du même steamer. M. Harries, qui était allé à la rencontre de madame Albani, nous informe que madame Albani ne se possède pas de joie à l'idée d'être de nouveau au milieu de ses compatriotes. Comme nous l'avons annoncé hier, la ville d'Albany donnera une superbe réception à madame Albani, à Albany.

Madame Albani était attendue à Québec, hier après-midi. Grand a été le désappointement lorsqu'il fut connu que la célèbre prima donna n'arriverait à la vieille capitale que cet après-midi même. Des milliers de citoyens se rendront à la gare et accompagneront Mme Albani au Frontenac.

Samedi prochain, les étudiants de Laval et de McGill assisteront en corps au concert du Monument National. La salle sera archi-comble.

NDLR — Il faut croire que la date du 25 janvier était importante pour madame Albani, puisque sept ans plus tard, c'est encore un 25 janvier qu'elle rentrait au Québec.

Croquis montréalais

L'EGLISE BONSECOURS

«Bonsecours», la vieille chapelle construite par Marguerite Bourgeoys, en 1657. C'est par-dessus tout l'Étoile de la Mer qui accueille les matelots dès leur arrivée au port.

LA BANQUE DE MONTRÉAL

«Un portique Corinthien élève ses colonnes canellées et son fronton orné des attributs du Commerce et de la finance au nord de la Place d'Armes, sur le niveau de la rue Saint-Jacques; c'est la Banque de Montréal, qui compte parmi les plus fortes institutions financières du monde.»

Ces deux croquis, tirés du *Magazine illustré* du *25 janvier 1930*, font partie d'une série commanditée par le Pacifique Canadien. Les dessins étaient l'oeuvre de M. Charles W. Simpson, tandis que M. Victor Morin signait les textes.

UN BOUDOIR MODERNE

L'arrangement d'un window peut varier à l'infini et suivant la destination de la pièce qui le possède. Celui de ce salon si moderne se garnit de deux grands rideaux de velours sombre qui permettent d'éclairer à volonté et qui, d'autre part, forment un fond si fameux à l'ameublement. Au fond, devant le vitrage, un long canapé invite au repos. De chaque côté de la baie, deux socles quadrangulaires supportent d'amusantes silhouettes d'animaux stylisés, tandis qu'à droite, un autre support nous offre l'aspect chatoyant d'un aquarium. Tout ce détail anime et égaie le salon qui, d'autre part, comporte à gauche un meuble de radio, accompagné d'un large fauteuil. A droite, un petit guéridon entouré de sièges variés du même style. De chaque côté de l'ouverture deux similicolonnes peintes en stuc crème isolent cette baie et lui donnent le recul nécessaire. Un papier vermiculé tapisse tous les murs sans aucun ornement, ni bordure, ni panneaux, laissant toute son importance à la large fenêtre et à son vitrail.

C'EST ARRIVÉ UN 25 JANVIER

1980 — Élection du premier président de la République islamique d'Iran, Abol Hassan Bani Sadr.

1979 — Publication du rapport de la commission d'enquête Pépin-Robarts. Parmi ses 175 recommandations, elle propose notamment l'attribution d'un statut particulier pour le Québec.

1973 — Création de la Commission d'enquête sur le crime organisée, mieux connue sous le vocable de « Ceco ».

1965 — L'archevêque de Québec, Mgr Maurice Roy, est élevé au cardinalat en compagnie de 26 autres archevêques.

1959 — Le pape Jean XXIII annonce la convocation d'un concile oecuménique.

1957 — L'Inde décide d'annexer le Cachemire.

1948 — Mort à 48 ans d'Al Capone, l'ancien chef du monde interlope qui vivait en reclus à Miami Beach depuis 1939.

1946 — Marine Industries obtient un contrat de $12 millions de la France pour la construction de quatre dragueurs et de deux remorqueurs. — Un incendie détruit tout un quartier commercial de la ville de Jonquière. Les dégâts sont évalués à $600 000.

1940 — Le premier ministre Mackenzie King décide la Chambre quatre heures à peine après l'ouverture officielle de la session du 18e Parlement.

1937 — Le premier ministre Maurice Duplessis est acclamé après un discours virulent à l'égard du communisme.

1906 — Funérailles nationales en l'honneur de l'hon. Raymond Fournier Préfontaine, ministre de la Marine et des Pêcheries.

LE PATINOIR DE LA "PRESSE"

Température peu clémente

La température n'a pas été bien clémente, samedi dernier *(25 janvier 1908)*, pour les gymnastes du professeur Scott, qui devaient assister à l'inauguration du patinoir que la « Presse » leur offre, cette année encore, sur les terrains de l'Académie Commerciale Catholique. La petite neige folle qui tombait depuis le matin couvrit la glace d'une couche un peu trop lourde et, à une heure de l'après-midi, lorsque les gymnastes arrivèrent, il fallut remettre à plus tard la joute de hockey et le programme des courses qu'on avait préparé pour cette fête. Malgré l'inclémence du temps, il y avait près de trois cents patineurs sur la glace, à une heure. On se groupa un peu partout, les uns pratiquant un peu de hockey, d'autres faisant de courts emballages de course.

ACTIVITÉS

■ Expo-Habitat

Palais des Congrès — Présence au kiosque de LA PRESSE de l'exposition « Cent ans d'imprimerie », animée par des retraités du journal qui répondent à toutes les questions du public sur la machinerie exposée et rappelant l'âge d'or de la typographie, avant que l'ordinateur ne vienne reléguer la linotype aux oubliettes. Jusqu'au 29 janvier inclusivement.

■ Festival de l'humour

Ce festival est présenté à l'Université d'Ottawa et incorpore notamment 39 caricatures de Girerd en plus d'une exposition retraçant *L'histoire de la caricature dans la vie de LA PRESSE.* Jusqu'au 26 janvier.

■ À la télévision

10 h 30, Télé-Métropole — Dans le cadre de l'émission *Entre nous* animée par Serge Laprade, Claudette Tougas, de LA PRESSE, présente la chronique *Cent ans de pages féminines.*

LA PRESSE

100 ans d'actualités

L'INVASION DE LA VILLE DE QUEBEC

Quinze cents raquetteurs dans la vieille cité de Champlain. --- Série d'amusements inoubliables. --- Parade, réception civique, courses, parade de chars allégoriques, feu d'artifice, banquet et concert-boucane.

PRES DE 70,000 PERSONNES SONT TEMOINS DU GRAND FEU D'ARTIFICE A LA PORTE ST LOUIS.

QUÉBEC — La vieille cité de Champlain a vécu la semaine dernière des jours inoubliables. Quinze cents raquetteurs aux costumes pittoresques lui ont prêté leur exubérante gaité, ont parcouru ses rues en chantant de joyeuses chansons et en faisant résonner l'air du sonore appel des clairons. La joie a régné souveraine.

C'était le carnaval des raquetteurs. Commencé jeudi, il s'est terminé dimanche soir **(26 janvier 1908)**, et a remporté un éclatant succès. Jamais auparavant Québec n'avait vu des fêtes aussi brillantes. Plus de 70,000 personnes ont assisté samedi à la parade des clubs et au feu d'artifice à la porte Saint-Louis. Les courses qui ont eu lieu le même jour ont été marquées par l'établissement d'un nouveau record du monde. Le carnaval se trouve ainsi avoir fourni l'un des plus beaux et des plus grandioses spectacles vus ici, et les plus importantes courses en raquette tenues au Canada. Les fêtes des 24, 25 et 26 janvier 1908 resteront donc dans nos annales comme la plus importante manifestation des raquetteurs canadiens.

L'organisation était parfaite et chaque article du programme, la réception civique, les courses, la parade, le feu d'artifice, le banquet aux officiers des clubs, le concert boucane, ont remporté un succès complet.

La population de Québec a grandement fait les choses, et il aurait été impossible de trouver ailleurs une plus chaleureuse hospitalité, une plus franche sympathie. Les autorités civiques, représentées par le maire Garneau, et les échevins, qui avaient voté un montant de mille dollars pour le carnaval, ont reçu les raquetteurs à l'Hôtel de Ville, et leur ont souhaité une cordiale bienvenue.

De leur côté les marchands de Québec avaient décoré leurs magasins et donné congé à leurs employés afin de leur permettre de prendre part au carnaval. La population de la vieille cité de Champlain voulait faire honneur à ses visiteurs, et elle assista, tout entière, samedi soir, à la grande parade des chars allégoriques et au feu d'artifice. Les quinze ou vingt rues où devait passer la procession étaient toutes bondées d'une foule énorme, hommes, femmes et enfants, attendant le passage des raquetteurs pour les acclamer. Non seulement la population de Québec était dans la rue samedi soir, mais aussi celle de Lévis et des villages avoisinants. Il y avait au moins 25,000 personnes en face de la porte Saint-Louis pour voir le feu d'artifice. Et cette foule resta là jusqu'à onze heures et demie malgré le froid, ce qui montre assez l'enthousiasme qui régnait parmi le public.

Le cortège était vraiment remarquable, car les chars allégoriques possédaient une puissante originalité, un caractère bien propre au peuple canadien et au génie de la race. Nous devons tout particulièrement féliciter ici les clubs Zouaves, Québec, Canadien, de Québec, Voltigeur, de Lévis, qui ont ainsi grandement contribué à assurer le succès de la parade, et par suite, celui du carnaval.

Autrefois tout comme aujourd'hui, les Québécois et leurs hôtes se pressaient par dizaines de milliers sur le parcours du défilé de nuit. Ce croquis du dessinateur de LA PRESSE représente la foule, rue de la Fabrique.

Quinze cent raquetteurs, au bas mot, représentant 25 clubs ont pris part à la procession, l'une des plus imposantes qu'il nous ait été donné de voir.

Les courses de samedi ont été fort intéressantes. Le résultat a quelque peu désappointé les gens de Québec, car la majorité des prix a été remportée par les représentants des clubs montréalais. Le Montréal, le Saint-Jacques et le Montagnard ont tout lieu d'être satisfaits du résultat de la journée.

Pendant toute la durée du carnaval, l'harmonie et la bonne entente n'ont cessé de régner entre les clubs visiteurs et locaux. Nos raquetteurs ont véritablement fraternisé, et chacun gardera certainement le meilleur souvenir du carnaval de janvier 1908.

Le pont de Niagara s'écrase sur l'embâcle

Un amas de poutres enchevêtrées, voilà tout ce qui restait du pont international de Niagara Falls, après qu'il eut été emporté, à 11h du matin, le 26 janvier 1938, par un formidable embâcle de glace qui s'était formé à environ 1,000 pieds en aval des chutes canadiennes. Des milliers de personnes avaient assisté à l'effondrement spectaculaire de cette structure d'acier d'un poids de 4,5 millions de livres et longue de 1,200 pieds. D'ailleurs, la photo du haut nous montre le pont au moment où il s'écrase dans la rivière.

Mort subite de l'échevin Lippens

LE représentant du quartier Saint-Joseph au conseil municipal de Montréal, l'échevin J.-A.-L. Lippens, est décédé subitement hier soir **(26 janvier 1931)** à l'hôtel LaSalle où il était allé prendre part au banquet annuel de la ligue de balle-molle de l'ouest.

Il se trouvait dans le corridor conduisant à la salle à manger, avec Mme Lippens, quand il s'affaissa soudain. Des amis coururent à son secours et le transportèrent dans une chambre, tandis que son médecin était mandé en toute hâte, de même que le prêtre. Quand le docteur arriva, il ne put que constater la mort attribuée à une syncope.

M. Leslie Bell, député de Saint-Antoine, et P.T. Dunphy, président de la ligue de balle, s'occupèrent immédiatement de faire transporter le corps à la résidence du défunt, 503 rue Richmond.

La carrière du défunt

M. Lippens, pharmacien et opticien, naquit à Varennes le 22 décembre 1883, du mariage de Bernard Lippens, inspecteur d'écoles, et de Joséphine Cédillot dit Montreuil.

Il avait fait ses études classiques au collège de Montréal pour étudier ensuite la médecine à l'Université de Montréal, alors l'université Laval, et entrer en 1910 dans le commerce pharmaceutique.

Depuis ce temps, il avait pratiqué sa profession à l'endroit où il s'était établi, angle des rues Richmond et Notre-Dame, et il y avait acquis une grande popularité parmi la population du district.

Aux dernières élections municipales, il briguait les suffrages dans le quartier Saint-Joseph contre l'ex-échevin Tom Fagan, et comme candidat du maire Houde. Il fut élu par une majorité de 17 voix après une lutte ardue.

M. Lippens avait épousé en 1910 mademoiselle Madeleine Lavigne qui lui survit ainsi que 12 enfants.

Mademoiselle Gabrielle Rivet, candidate de LA PRESSE proclamée gagnante du concours de « Mademoiselle Montréal », *le 26 janvier 1923*, à l'occasion du Carnaval d'hiver de Montréal.

L'ABUS DES CIGARETTES

Un jeune homme du nom de Leblanc devient fou. — Il a par moments concience de sa situation et souffre horriblement

UN reporter de « La Presse » a été, ce matin **(26 janvier 1900)**, dans un bureau bien connu témoin d'une scène des plus lamentables.

M. Alfred Leblanc, le jeune employé préposé aux travaux ordinaires de ce bureau, indisposé depuis quelques jours, est soudainement apparu, accompagné d'un ami. Le malheureux jeune homme avait l'air égaré, l'oeil brillant, la démarche mal assurée. Il commença alors, en un langage incohérent, une série de révélations pénibles sur le danger qu'il y a pour un jeune homme de « fréquenter les mauvais compagnons », etc. Depuis deux jours, cet infortuné est devenu complètement fou.

« J'ai peur de devenir fou, dit-il, dans ses moments de calme, je sens que je perds la raison, et je ne puis exprimer les douleurs et l'accablement moral dont je me sens saisi. »

Le patron de ce pauvre jeune homme dit que c'est l'abus de la cigarette qui a produit chez son employé la perte totale de la raison.

Rien n'est plus triste que l'abattement moral et physique qui succède aux crises auxquelles le malheureux se trouve en proie. Il tombe épuisée sur une chaise, se serre violemment la tête des deux mains, puis se relève quelques minutes après, pour reprendre une marche désordonnée et son discours échevelé, sur tous les sujets qui ont frappé son imagination avant la perte de la raison.

Le jeune homme va être confié aux soins d'un médecin aliéniste. Il appartient à une famille des plus respectables.

FEU ARTHUR BUIES

Le publiciste et pamphlétaire bien connu est décédé à Québec à l'âge de 61 ans

Quelques traits caractéristiques de la carrière de cet homme de lettres

SAMEDI **(26 janvier 1901)**, à 1heure p.m., est décédé, après une courte et cruelle maladie, à l'âge de 61 ans, M. Arthur Buies, homme de lettres. M. Buies a succombé à la congestion des poumons.

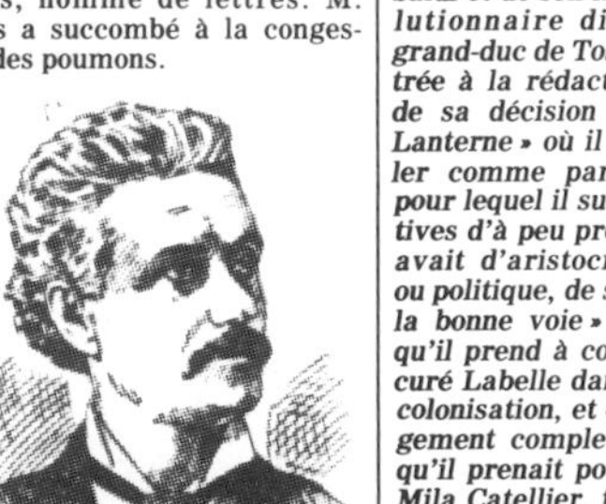

Figure bien originale que celle dont une dépêche nous annonce la disparition. Dernier survivant d'une génération qui fit du bruit en son temps, à l'occasion de l'Institut Canadien, Buies trouvait le moyen de se signaler à l'attention des gens plus encore par ce qu'il faisait au jour le jour que par la légende qui s'était formée autour de son nom. (...)

Il vit le jour à la Côte-des-Neiges le 24 janvier 1840. (...) Il fréquenta nos collèges avant d'aller étudier à Paris. (...) Il n'a jamais quitté le Canada depuis son retour au milieu de nous en 1863, et il s'y était fait recevoir avocat en 1866.

Ce texte consacré à Buies se poursuit longuement sur ce ton louangeur, alors qu'on fait état de ses aventures auprès de Garibaldi et de son mouvement révolutionnaire dirigé contre le grand-duc de Toscane, de son entrée à la rédaction du « Pays », de sa décision de fonder « La Lanterne » où il devait se signaler comme pamphlétaire, rôle pour lequel il subissait les invectives d'à peu près tout ce qu'il y avait d'aristocratie, religieuse ou politique, de son retour « dans la bonne voie » vers 1873 alors qu'il prend à coeur d'épauler le curé Labelle dans son oeuvre de colonisation, et enfin de son rangement complet, en 1887, alors qu'il prenait pour épouse Marie Mila Catellier, fille de l'ex-sous-secrétaire d'État à Ottawa. Et l'article se terminait par les paragraphes suivants:

M. Buies était non seulement un érudit, mais aussi ce que nous pourrions appeler un artiste de la plume. C'était un puriste dont les cheveux se hérissaient en apercevant une faute de français.

Personne mieux que lui n'a chanté les beautés de notre pays. En lui disparaît un des meilleurs écrivains de langue française au Canada, l'un de ceux qui écrivaient le plus purement la langue de Corneille, Racine et Boileau, et dont les écrits, quoique très répréhensibles, en certains endroits, au point de vue de la doctrine et des idées religieuses, appartiennent à l'histoire de la littérature française en Amérique du Nord. (...)

ACTIVITÉS

■ Festival de l'humour

Dernière journée pour assister à ce festival présenté à l'Université d'Ottawa. Il incorpore notamment 39 caricatures de Girerd en plus d'une exposition retraçant *L'histoire de la caricature dans la vie de LA PRESSE.*

■ Expo-Habitat

Palais des Congrès — Présence au kiosque de LA PRESSE de l'exposition «Cent ans d'imprimerie», animée par des retraités et des employés permanents du journal qui répondent à toutes les questions du public sur la machinerie exposée et rappelant l'âge d'or de la typographie, avant que l'ordinateur ne vienne reléguer la linotype aux oubliettes. Jusqu'au 29 janvier inclusivement.

NOUVELLE CHARGEUSE DE NEIGE AUTOMATIQUE

Le *26 janvier 1928*, M. Arthur Sicard faisait la démonstration sur le Champ-de-Mars, sous les yeux des autorités municipales de Montréal, de l'efficacité de la *chargeuse à neige* (la souffleuse d'aujourd'hui) qu'il venait d'inventer. Comme l'expliquait LA PRESSE de l'époque, « la neige est mise en poudre par des pelles rotatives, puis lancée par un boyau dans une voiture qui suit la chargeuse en opération... à raison de 20 verges cubes par minute ». Notons que cette invention était déjà utilisée par la ville d'Outremont.

C'EST ARRIVÉ UN 26 JANVIER

1979 — Décès à 70 ans de Nelson A. Rockefeller. Il avait été gouverneur de l'État de New York de 1958 à 1973, puis vice-président des États-Unis de 1974 à 1976, sous le règne de Gerald Ford. — Georges Lemay est de nouveau arrêté par la GRC, qui l'accuse d'avoir exploité un laboratoire de drogues clandestin.

1971 — Le satellite soviétique *Venus VII* se pose en douceur sur la planète Vénus et commence à envoyer des photos vers la terre.

1969 — Quinze Irakiens, dont neuf d'origine juive, sont condamnés à mort pour espionnage au profit d'Israël, à Bagdad.

1963 — Jean Béliveau marque le 300e but de sa carrière contre Lorne Worsley.

1956 — La Finlande récupère le territoire de Porkala, jusque là occupé par une base militaire soviétique.

1952 — De nombreux incendies marquent les émeutes contre l'administration britannique dans plusieurs quartiers du Caire.

1950 — Proclamation de la République indienne. Le Dr Rajendra Prasad en est nommé le président.

1948 — Un séisme fait 27 morts aux Philippines.

1932 — Le sous-marin britannique *M-2* coule au large de Portland, en Angleterre, et cause la mort de 56 hommes d'équipage.

1923 — Gabrielle Rivet enlève le titre de « Mlle Montréal », à l'occasion du Carnaval des sports d'hiver.

1900 — Le Barreau de la province de Québec célèbre son cinquantième anniversaire d'existence.

1885 — Ouverture du Carnaval d'hiver de Montréal.

LE tout jeune bambin qui apparaît sur cette photo publiée dans LA PRESSE du **26 janvier 1907** n'avait que 21 mois et pourtant il faisait déjà osciller l'aiguille de la balance jusqu'à 93 livres, tandis que son tour de poitrine faisait 37 pouces. Les parents de cet enfant qui mesurait trois pieds et trois pouces de hauteur était tout à fait normaux. Le père, August Oppe, était sergent-major de cavalerie, à Malstatt, Allemagne.

COURSES AU TROT

PARC JACQUES-CARTIER, MONTRÉAL

Sur la glace, vis-à-vis la Place Jacques-Cartier

Mardi, Mercredi et Jeudi, les 7, 8 et 9 février, 1888

1er JOUR, LE 7 FÉVRIER

No 1—Classe de 3 minutes, bourse de $100
No 2—Classe de 2.35, bourse de $150

2e JOUR LE 8 FÉVRIER

Classe de 2.10, bourse de $100
bourse de $100
Ouvert à tous les bouchers, hôteliers et charretiers.

3e JOUR LE 9 FÉVRIER

Ouvert à tout le monde, bourse $200
Course de cinq milles, bourse $100

— CONDITIONS —

Les entrées seront fermées, Lundi 6 février, à 1 hr. p.m. au Parc. Toutes entrées par lettres doivent être adressées au Secrétaire J.H. Kennedy, jr. 358 rue Dorchester,

J.H. KENNEDY, Jr., Sec.
LOUIS LARIN, J. B. LEPINE, Propriétaires.
24,26,28,31,2,1,6

Cette annonce a été publiée dans LA PRESSE du *26 janvier 1888*.

LA PRESSE

100 ans d'actualités

DEUXIEME SECTION
PAGES 5 A 28

LA PRESSE

CIRCULATION
TOTAL DE LA SEMAINE
595,638

22me ANNEE—No 71 MONTREAL, SAMEDI 27 JANVIER 1906 UN CENTIN

Le Cours Gratuit de Piano de "La Presse"

Découpez en suivant cette ligne

CLEF de SOL dièze mineur, ton relatif de SI majeur

LA SIXIEME DES LEÇONS ILLUSTREES PARAIT AUJOURD'HUI

Les élèves de LA PRESSE ont dû bien apprendre la leçon précédente avant d'attaquer cette sixième leçon. La septième leçon paraîtra dans notre numéro de samedi prochain.

SIXIÈME LEÇON

(D'après le système «Grove Music Simplifier» enregistré suivant le copyright international en 1905, par W. Scott-Grove, de Scranton, Pe.)

Nous voici arrivé au milieu de notre carrière. En effet, de nos douze leçons illustrées, nous touchons aujourd'hui à la sixième. C'est le temps plus que jamais de faire une récapitulation et nous ne saurions trop répéter le conseil que nous avons donné jusqu'ici: Rien ne sert de courir, il faut partir à point. C'est dire qu'il faut s'armer de beaucoup de patience et prendre de fermes résolutions de

TRAVAIL CONSCIENCIEUX

pour arriver à un résultat satisfaisant. Travailler bien les gammes que nous vous avons données jusqu'ici. Pratiquez-les jusqu'à ce que vous les possédiez absolument. Après tout, les gammes ne comportent que trois accords chacune et une fois que vous les aurez bien maîtrisées, vous pourrez accompagner toutes les mélodies qui se présenteront à votre mémoire, et même avec un peu d'exercice, les jouer sur le piano ou l'harmonium.

SI MAJEUR

La gamme de SI MAJEUR et son ton relatif de SOL DIEZE MINEUR comportent cinq dièzes à la clef. Nous allons ensemble les étudier dans le cours d'aujourd'hui.

Après avoir découpé les deux planches ci-jointes suivant les instructions données, et les avoir collés sur du carton, vous placez le tout à angle droit, c'est-à-dire en équerre «debout» sur le clavier de façon à ce que le petit mot RE ou la lettre D que l'on trouvera dans un des carreaux du bas et surmonté d'un petit trait, soit absolument au-dessus de la touche RE du clavire que l'on trouvera dans le milieu du clavier. Répétons que CHAQUE ESPACE NOIR doit correspondre A LA TOUCHE NOIRE du clavier et CHAQUE ESPACE BLANC A LA TOUCHE BLANCHE.

Nous n'avons pas besoin de revenir, n'est-ce pas, sur l'explication des divisions de la planche. En résumé: TRANCHES HORIZONTALES avec note noire pour la main gauche, la basse, et notes blanches pour la main droite, la haute.

Ces tranches horizontales sont au nombre de trois; celle du haut se joue la première, celle du milieu la deuxième et celle du bas la troisième, puis vous revenez à la première. Les TRANCHES VERTICALES représentent les touches du clavier.

COMMENT JOUER

Les lignes horizontales, avons-nous dit, divisent la planche en trois sections que nous appellerons celle du haut, celle du milieu et celle du bas. Les notes inscrites sur chacune de ces sections forment un accord. POUR JOUER CES ACCORDS, commencez par la section du haut, jouant la note marquée d'une lettre noire (si) avec la main gauche — ce qui est la basse — et les notres marquées de lettres blanche (fa dièze, si, ré dièze) de la main droite. Il en résultera l'harmonie des accords. Puis, après avoir joué cet accord et l'avoir bien maîtrisé, passez à l'accord de la deuxième section, celle du milieu et faites de même. Puis enfin, passez à la troisième section, celle du bas. EXERCEZ-VOUS à jouer ces trois accords avec facilité puis à revenir au premier accord, celui de la section du haut. Vous aurez alors les accords de la gamme majeure de si tels qu'écrits dans la portée musicale de gauche de la planche.

Maintenant, pour apprendre la gamme mineure, vous n'avez qu'à retourner votre carton et recourir à l'autre planche que vous trouverez sur cette page, celle de sol dièze mineur, et faites le même exercice avec cette gamme que vous venez de faire avec l'autre.

CLEF de SI, avec cinq dièzes ou sept bémols les FA, DO, SOL, RÉ et LA etant dièzés

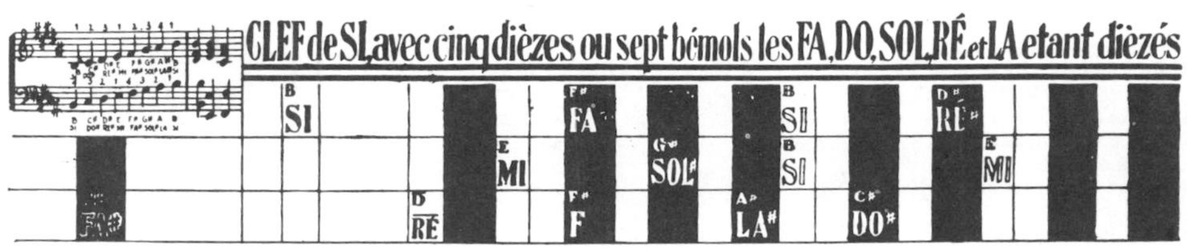

En revoyant les éditions de LA PRESSE publiées un 27 janvier, les recherchistes de l'équipe ont eu la surprise de tomber sur cette page que nous vous proposons, et qui illustre fort bien à quel point le journal a pu évoluer au cours de son histoire. En effet, dans l'édition du *27 janvier 1906*, à la page une et, mieux encore, en MANCHETTE, LA PRESSE proposait à ses lecteurs, sur une demi-page, la sixième d'une série de 12 leçons de piano commencée le 23 décembre précédent. Nul doute que la publication à l'envers d'une partie de la vignette en étonnera plusieurs; il importe donc d'expliquer que chacune de ces leçons devait être découpée en suivant la ligne indiquée, puis collée sur du carton, pour enfin être pliée en deux en son centre selon l'horizontale, de façon à former un « chevalet ». Une fois la première partie de la leçon terminée, il suffisait de faire pivoter le « chevalet » pour passer à la deuxième!

HOWIE MORENZ

Cette photo d'un des plus grands joueurs de l'histoire du Canadien a été initialement publiée en 1927

LE PREMIER TELEPHONE QUI AIT JAMAIS ETE INSTALLE A MONTREAL

Il fut établi, grâce à l'initiative de cinq jeunes gens qui, après avoir entendu parler de l'invention de Bell, conçurent l'idée de s'en servir, avant qu'elle ne fut tombée dans le domaine public. -- Un réseau particulier. -- Installation et appareils rudimentaires.

Ce texte est tiré de l'édition du ***27 janvier 1912.***

LE téléphone est sans doute l'une des inventions les plus utiles que nous ait léguées le siècle dernier, mais personne maintenant ne songe à s'étonner devant cet extraordinaire instrument qui annihile si merveilleusement les distances. On téléphone aujourd'hui aussi naturellement que l'on mange, que l'on écrit, que l'on dort, et pour un Montréalais, parler avec un ami à New York ou à Chicago ne paraît pas chose plus ahurissante que de s'entretenir avec un voisin de table. Cependant, pouvons-nous nous figurer l'émotion intense qui dut s'emparer du public, lorsque, il y a un peu plus de trente-cinq ans, Bell exposait pour la première fois à ses concitoyens sa géniale invention?

Autant la vue d'un aéroplane voltigeant légèrement dans l'atmosphère nous empoignait naguère d'un enthousiasme délirant, autant jadis, lorsqu'il fit son apparition, le téléphone souleva l'intérêt intense de tout le monde, aussi l'un des premiers systèmes téléphoniques, tout primitif qu'il était, lorsqu'il fut installé à Montréal, en 1878, excita-t-il une curiosité extrême.

Ce sont cinq jeunes gens, camarades très intimes, qui eurent l'idée de communiquer ensemble par le moyen du téléphone. Bell venait d'exposer son invention à l'expostion de Philadelphie. Un jeune électricien canadien, Mathias Jannard, réunit ses amis et leur proposa d'établir un téléphone en suivant les principes exposés par Bell. L'idée fut adoptée immédiatement et l'on se mit à l'oeuvre.

M. Jannard, qui était domicilié sur la rue Sanguinet, près de la rue Emery, fut institué ingénieur en chef, et bientôt la communication se trouva établie entre ce dernier endroit et MM. Louis Dansereau, rue Saint-Hubert, le Dr Sydney Craig, rue Saint-Denis, près Ste-Julie, M. Arthur Dauphin (maintenant gérant du téléphone Bell à Québec), rue Sainte-Catherine, près Saint-Hubert, et Georges Bélanger (chez H.P. Labelle et Cie, marchands de meubles), rue Berri, près de Dorchester, chez qui était installé le « central ».

Ça n'avait pas été une petite affaire que d'installer les fils nécessaires à la transmission, car en ce temps-là, les rues que nous avons mentionnées plus haut, n'étaient pas peuplées comme aujourd'hui. Il y avait un grand nombre de lots vacants, surtout sur la rue Saint-Denis entre les rues Dorchester et Sainte-Catherine, où presque tout le côté est était occupé par les vergers de M. Cherrier, et les poteaux faisaient défaut. On trouva cependant la solution du problème en attachant solidement ces fils à différentes cheminées et en les isolant par des bouts de boyau en caoutchouc; le fil de retour communiquait avec les tuyaux de l'aqueduc et donnait un circuit parfait.

APPAREIL RUDIMENTAIRE

L'instrument pour la réception et l'envoi d'un message consistait en une petite boite en acajou, munie d'une ouverture, qui servait à la fois à la transmission et à la réception. Il fallait, tour à tour, lorsque l'on voulait soit parler, soit écouter, placer la boite sur l'oreille ou près de la bouche; n'empêche que malgré cette organisation peu compliquée, on entendait très bien. (...) Ce téléphone était un sujet inlassable d'amusement et nombre de visiteurs venaient, chaque jour, se payer le plaisir d'une conversation dans la mystérieuse petite boite. On avait même imaginé d'approcher le téléphone d'un piano; on ouvrait alors la communication de tous les abonnés et chacun pouvait écouter, à domicile, le morceau de musique à la mode en ce temps-là.

Cette organisation privée de téléphone disparut quand la Cie Bell commença à établir ses réseaux en ville, mais elle avait été fort populaire en son temps.

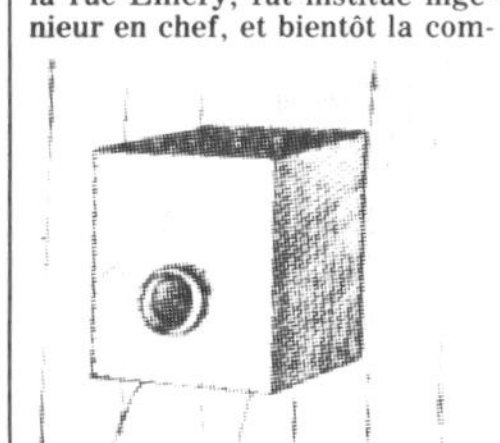

L'appareil téléphonique rudimentaire dont disposaient les cinq premiers « abonnés » du téléphone de Montréal, avant même que la société Bell ne voit le jour.

Découverte d'un mammouth

ON vient de découvrir dans les glaces de l'embouchure de la Léna (Sibérie), le corps complètement conservé d'un mammouth, qui compte parmi les plus gigantesques qui aient été retrouvés.

Il y a déjà vingt-sept ans que l'on avait signalé la présence de fossiles dans une île de Léna. Mais, jusqu'à présent, aucune tentative n'avait été faite pour le tirer de la prison de glace qui le conserve depuis les âges préhistoriques. Nous apprenons que les fouilles viennent d'être entreprises par les agents de la station polaire de Custi-Léna, à l'embouchure du fleuve (78' lat. nord), pour opérer le sauvetage de l'animal.

Un docteur, M. Boungé, est installé à 37 kilomètres de la station, dans un hangar de neige, où gît le mammouth. Celui-ci est couché sur son côté droit. Il est haut de 5 m 50. A l'exception de la patte de devant, il est complet et dans un état de conservation absolue. Il paraît que, jusqu'aux intestins, tout est intact. Il est incontestable que son autopsie sera du plus vif intérêt pour la science.

Les travaux d'exhumation sont excessivement difficiles et pénibles. Le sol gelé et les glaçons qui entourent l'animal sont durs comme la pierre.

D'autre part, les Yacontes (les Indigènes des environs), contrarient les fouilles par leur mauvais vouloir. Fort superstitieux, ils ont peur de voir sortir le mammouth des glaces, considérant comme un péché mortel d'enlever à la terre ce qu'elle ne rend pas elle-même volontairement.

C'EST ARRIVÉ UN 27 JANVIER

1976 — Accrochages entre Marocains et Algériens à Amgala, dans le Sahara occidental.

1973 — Signature du traité de paix mettant fin à la participation des États-Unis à la guerre au Vietnam. La plus longue guerre de l'histoire américaine prend donc fin après 12 ans.

1968 — Le sous-marin français *Minerve* coule au large de Toulon avec 52 hommes à bord.

1967 — Première catastrophe depuis le début du programme aérospatial des États-Unis: les trois astronautes Virgil Grissom, Ed White et Roger Chaffee, d'*Apollo I*, sont brûlés vifs dans leur cabine pendant la générale précédant le lancement. — Washington, Londres et Moscou signent l'accord international sur l'utilisation pacifique de l'espace.

1963 — M. Gérard Filion est nommé directeur général de la Société générale de financement.

1955 — L'auteur du roman *Histoire d'O* vient quérir le Prix des Deux Magots une cagoule sur la tête. Le mystère demeure donc autour du nom de cet écrivain qui signe du pseudonyme de Pauline Reage.

1949 — Arrestation à New York de Sam Carr, un Canadien recherché pour espionnage au Canada, à la suite des révélations faites par le transfuge soviétique Igor Gouzenko.

1930 — Mort à 75 ans du grand peintre québécois Charles Huot.

BABILLARD

Identification de la victime d'une espièglerie

Le 17 janvier dernier, on faisait état dans cette page d'un tragique incident survenu à Sainte-Justine de Newton, en 1898, à la suite duquel un bambin était mort d'une méningite. Ce n'est pas la cause de sa mort qui étonnait, mais plutôt les faits antérieurs à cette mort, alors qu'il avait été victime d'un mauvais tour de collègues de jeu près de la sacristie de l'église paroissiale, ces derniers l'ayant enfermé dans le coffre à pain béni, en usant de violence à l'occasion.

L'article de LA PRESSE n'identifiait ni le garçon ni les auteurs de l'espièglerie dont il avait été préalablement la victime. Or, voici que grâce à l'amabilité de Mme **Rose Jacques,** tante de Jean-Guy Jacques, un employé de LA PRESSE, il a été possible d'établir que la victime portait le nom de Morin. Comment Mme Jacques peut-elle le savoir puisqu'elle n'avait que trois ans à l'époque? C'est simple. Mme Jacques vivait à Sainte-Justine, et sa mère était une amie de Mme Morin, la maman du bambin dont c'était le seul fils. Et comme un malheur ne vient jamais seul, Mme Morin se retrouva également sans homme puisqu'un bon matin, son mari quitta la maison sans jamais revenir, la laissant seule avec une fille.

Quant à Mme Jacques, elle n'a pas oublié son village natal puisqu'elle y va tous les ans. Mieux encore, il y a deux ans, le fameux coffre à pain béni était toujours au même endroit...

Demande d'information

Le timbre canadien émis le 15 juin 1938 et décrivant le Château de Ramezay de Montréal, pose une énigme aux chercheurs. On y voit très bien trois grands peupliers de Lombardie qui, malheureusement, n'existent plus aujourd'hui. Depuis l'émission de ce timbre, on cherche donc toujours à savoir quand ces trois grands peupliers auraient été coupés. Toute information susceptible de résoudre cette énigme sera appréciée. Il suffit de communiquer avec Guy PINARD, au 285-7070.

ACTIVITÉS

■ **Expo-Habitat**

Palais des Congrès — Présence au kiosque de LA PRESSE de l'exposition «Cent ans d'imprimerie», animée par des retraités et des employés permanents du journal qui répondent à toutes les questions du public sur la machinerie exposée et rappelant l'âge d'or de la typographie, avant que l'ordinateur ne vienne reléguer la linotype aux oubliettes. Jusqu'au 29 janvier inclusivement.

LES FEMMES DU MANITOBA TRIOPHENT

La Législature leur accorde les mêmes droits politiques qu'aux hommes

UNE SCENE ANIMEE

WINNIPEG — La Législature a adopté, en troisième lecture, hier **(27 janvier 1916)**, la loi accordant le droit de vote aux femmes et leur reconnaissant aussi le droit de siéger comme membres de la Législature. Des manifestations du plus grand enthousiasme se sont produites: on a chanté et on a applaudi. Les dames, qui encombraient les galeries, et dont quelques-unes avaient aussi pris place sur le parquet de la Chambre, ont chanté « Ô Canada » et « For they are jolly good fellows ». Les membres de la législature ont répondu par des chants appropriés.

Menacée par une inondation à Portsmouth, en Ohio, cette souris a préféré s'en remettre à l'hypothétique tolérance de son ennemi principal, le chat, plutôt que de risquer la noyade. Cette photo a été tirée de l'édition du *27 janvier 1937.*

LA PRESSE

100 ans d'actualités

la presse

LE PLUS GRAND QUOTIDIEN FRANÇAIS D'AMÉRIQUE

MONTRÉAL, MARDI 29 JANVIER 1980, 96e ANNÉE, No 24, 90 PAGES, 4 CAHIERS

25 CENTS

METEO

Passages nuageux
Minimum: —17 Maximum: —8
Demain: Peu de changement
Détails à la page A 2

Audacieux coup du Canada en Iran

Américains cachés à l'ambassade, sauvés

EXCLUSIF

Kenneth Taylor, l'ambassadeur du Canada en Iran, donna refuge avec un sang-froid que réfugiés américains

Copyright LA PRESSE 1980

Jean PELLETIER

Moment favorable

Réussir à publier une nouvelle qui s'avère une primeur sur le plan local et régional, c'est déjà bien et c'est l'objectif que tout journaliste cherche à atteindre tout au long de sa carrière. Réussir à obtenir une primeur à la grandeur du pays, c'est encore mieux, et de toute évidence plus difficile à dénicher. Mais réussir à publier en primeur mondiale une nouvelle à caractère international, quand ce fait d'armes sert de base à un livre et de scénario à un film, c'est un coup de maître qui se présente une fois par cent ans dans la vie d'un journal, et c'est ce qui lui permet, sans fausse prétention et au delà des chiffres et du format, d'aspirer au titre de *« grand quotidien »*. Ce coup de maître, *LA PRESSE*, grâce à son journaliste *Jean Pelletier*, le réussissait en dévoilant au monde entier que dans la journée du *28 janvier 1980*, grâce à la complicité non équivoque du personnel de l'ambassade canadienne, *six* diplomates américains avaient réussi à sortir d'Iran près d'un an avant que leurs collègues retenus en otages au pays des ayatollahs ne soient libérés par l'Iran. D'ailleurs, Pelletier ne fut pas étranger au succès de l'opération, puisqu'il avait accepté de ne pas divulguer prématurément les informations qu'il avait glanées afin de ne pas en compromettre le résultat. Sa compréhension fut récompensée par cette exclusivité mondiale publiée le 29 janvier 1980 dans LA PRESSE évidemment!

Le constable Meunier utilise la boîte de patrouille à l'angle des rues Craig *(aujourd'hui Saint-Antoine)* et Saint-Laurent pour se rapporter au « central ».

LE FONCTIONNEMENT DU SYSTEME DE PATROUILLE

NOTRE système d'alarme pour la patrouille de la police date déjà de plusieurs années. Il a été copié en 1893 sur le système qui était alors en usage à Toronto et qui a été, depuis, changé dans la grande ville d'Ottawa. De plus, les fils et les boîtes d'alarme se sont installés dans le coeur de Montréal. Aucune des municipalités annexées au cours des dix-sept dernières années n'en sont munies. Quoi qu'il en soit, le système, et ancien qu'il soit, rend encore de grands services à la population. (...)

On nous dit que les commissaires sont à étudier un système perfectionné dont ils doteront la ville avant longtemps. Les villages annexés ne seront pas oubliés dans leurs calculs et ainsi la vie et la propriété des citoyens qui habitent la banlieue seront protégées d'une manière plus efficace.

Bien qu'il soit là depuis près de vingt années, une grande partie de la population se demande encore à quoi servent les boites vertes que l'on aperçoit à l'angle de certaines rues: plusieurs soupiraient si on leur disait que ce sont de précieux auxiliaires à nos agents de police. On a posé à l'intérieur de ces boites un téléphone et un système de télégraphe qui mettent à toute heure du jour et de la nuit, tous les quartiers de la ville en communication constante avec le poste central de police. Il y a 101 boites de patrouille disséminées un peu partout et c'est un fait reconnu qu'elles servent puissamment au maintien de la paix et du bon ordre. Le constable de service a en elles un vigilant surveillant: car il doit s'y rendre au moins deux fois par quart de trois heures. Son numéro matricule ainsi que celui de son poste sont chaque fois enregistrés par les opérateurs qui inscrivent en regard, l'heure du rapport. Les officiers n'ont qu'à jeter un coup d'oeil sur la feuille qui leur est présentée chaque matin, pour constater s'il n'y a pas eu de lacune dans leur service.

LE FONCTIONNEMENT

Le système d'alarme est divisé en six circuits, trois pour la partie Est et trois pour l'Ouest de la ville.

L'alarme peut être donnée de sept manières différentes. Chaque appel est reçu au poste central, comme nous le disons plus haut, par trois opérateurs qui se divisent la tâche, de manière à ce qu'il y en ait toujours un en service et le jour et la nuit. Chaque message envoyé à l'opérateur est reçu sur un des six registres qui correspondent à un circuit. En cas d'émeute, d'incendie, quand un constable a besoin d'aide pour arrêter des voleurs, etc., le système d'alarme de la patrouille, rend des services signalés que ne peuvent réellement apprécier que ceux qui s'en servent. Le système de patrouille ne se compose pas seulement des boîtes ou avertisseurs: il y a aussi dix voitures réparties dans différents postes. Ces véhicules sont traînés par de rapides coursiers. (...)

L'an dernier, les opérateurs ont reçu 181 041 rapports de constables; les voitures ont eu à répondre à 9 336 appels et on y a transporté 5 753 prévenus; elles ont servi à conduire des constables à 1 255 incendies.

Cet article a été tiré de l'édition du 28 janvier 1911.

CINQ TRAMWAYS SE TAMPONNENT EN PLEINE RUE BLEURY, CE MATIN

Malgré la foule qui se pressait dans les voitures électriques, on n'a heureusement aucun accidenté grave à enregistrer jusqu'ici. — Cependant, quelques personnes ont été blessées

Un employé civique bien connu reçoit quelques contusions et blessures. — Il est transporté chez lui par les employés de la compagnie

UN accident qui aurait pu avoir les suites les plus graves, s'est produit ce matin (28 janvier 1907), sur la rue Bleury, près de l'avenue des Pins. Cet accident qui a mis la vie de centaines de personnes en danger, n'a heureusement pas eu de résultat fatal. Un homme cependant, un vieux serviteur de la ville, a vu la mort de bien près, et en outre a reçu des blessures assez graves; il souffre d'un fort choc nerveux. Le nom du blessé est John P. Connolly, et il demeure au No 543 de la rue Esplanade.

Voici comment cet accident, au cours duquel

CINQ TRAMWAYS ÉLECTRIQUES

se sont tamponnés, s'est produit, au dire des témoins oculaires.

Il était 6 h. 30, ce matin, et à cette heure matinale, à cause de l'affluence des voyageurs, pressés d'entrer dans les usines, le service des tramways est rapide. Il ne se passe que peu d'instants entre le passage des voitures électriques. Les chars descendaient donc la rue Bleury lorsqu'à quelques verges seulement de l'endroit où un

ACCIDENT S'EST PRODUIT

le 6 décembre au soir, avec le fatal résultat que l'on sait, cinq tramways se sont tamponnés avec une grande force.

Les lourds véhicules avançaient sur les rails de la rue Bleury, lorsque l'un d'eux dut arrêter, un peu plus loin que l'avenue des Pins, pour laisser monter des voyageurs.

A cet endroit, la voie fait une courbe, et un second tramway vint frapper le premier; peu d'instants après, une troisième voiture fit voler en éclats les vitres des

DEUX CHARS PRECEDENTS.

Un quatrième véhicule venait à quelques verges plus loin. Le garde-moteur s'apercevant de l'accident, appliqua ses freins avec tellement de force qu'il parvint à arrêter sa voiture avant que celle-ci ne vînt donner sur celles qui la précédaient.

Mais, si ce brave serviteur de la compagnie avait pu prévenir le danger qui le précédait, il n'était pas en son pouvoir de se soustraire à l'accident.

Juste comme il se félicitait d'avoir arrêté sa voiture,

UN CHOC TERRIBLE

faillit le jeter sur le dos.

C'était un autre tramway, qui n'obéissait pas aux freins venait de tamponner le sien.

Cet accident qui aurait pu avoir de terribles conséquences, alors que les voitures de la compagnie portent de si nombreux voyageurs, se résume en soi, à peu de chose. Quelques personnes ont bien été blessées, mais légèrement. (...)

Les vitres des tramways ont été brisées et les éclats de verre ont blessé plusieurs voyageurs, mais sans gravité.

Le filet protecteur de quelques-uns des tramways a été brisé et l'avant des chars, fortement endommagé. Les moteurs furent brûlés sous la force du choc.

Les chars demeurèrent en panne, pour la plupart, et durent être conduits aux remises de la compagnie, rue Côté, où on leur fera subir les réparations nécessaires.

LA CAUSE DE L'ACCIDENT

Après les grands froids que nous avons eus et le temps doux relatif qu'il faisait ce matin, un frasil se formait sur la voie, ce qui rendait presque inefficace l'application des freins. Les chars glissèrent sur les rails comme une toboggan dans une côte de glace. (...)

Voici comment, à partir des témoignages, le dessinateur de LA PRESSE avait imaginé la scène après le tamponnement des cinq tramways de la Montreal Street Railway, en ce matin de 1907.

ACTIVITÉS

AUJOURD'HUI

■ **À la radio**

17 h, Radio-Canada — Chronique consacrée à LA PRESSE à l'émission *Avec le temps*, animée par Pierre Paquette.

AUJOURD'HUI ET DEMAIN

■ **Fête des neiges**

Bassin olympique — Ouverture aujourd'hui de ce festival présenté par la ville de Montréal et auquel LA PRESSE participe intensivement en commanditant le château de glace. Vous trouverez aussi quotidiennement dans LA PRESSE le programme des activités, comprenant notamment un marathon populaire sur glace (demain) et des matchs de crosse en patins impliquant différents médias, dont LA PRESSE. Jusqu'au 5 février inclusivement.

■ **Expo-Habitat**

Palais des Congrès — Présence au kiosque de LA PRESSE de l'exposition «Cent ans d'imprimerie», animée par des retraités et des employés permanents du journal qui répondent à toutes les questions du public sur la machinerie exposée et rappelant l'âge d'or de la typographie, avant que l'ordinateur ne vienne reléguer la linotype aux oubliettes. Jusqu'au 29 janvier inclusivement.

DEMAIN

■ **Festival de bandes dessinées et caricatures**

Bistro L'Auvent, 3932, rue Saint-Denis — La participation de LA PRESSE à ce festival comprend une dizaine de caricatures de Girerd, en plus de l'affiche qu'il a conçu pour les festivités du centenaire, ainsi que le porte-folio *L'histoire de la caricature dans la vie de LA PRESSE*. Jusqu'au 29 février inclusivement.

■ **À la télévision**

16 h 30, Télé-Métropole — Dans le cadre de l'émission *Sports-Mag*, l'animateur Pierre Trudel consacre quelques moments de rétrospective à des pages mémorables de LA PRESSE.

A près les semaines un peu fiévreuses qui ont marqué le temps écoulé depuis Noël, employé en visites cérémonieuses, soupers de gala, réceptions ouvertes, bals, etc., les bonnes veillées familiales, les soirées intimes dégagées de toute étiquette vont reprendre leur cours.

Il n'est peut-être pas de pays au monde où, plus que chez nous, l'on apprécie davantage le charme enveloppant des bonnes et longues veillées d'hiver.

Aujourd'hui, on va dans une famille amie, demain dans une autre, et après demain on reçoit quelques-uns de ceux qu'on a visités antérieurement. Ces veillées font partie de l'existence!; elles s'accomplissent ordinairement à jour fixe, et selon l'étendue du cercle de la famille et des amis, ce cercle est plus ou moins long à parcourir, voilà tout.

Si « La Presse » n'allait que chez les Canadiens, nous ne parlerions pas de la douceur de nos veillées, attendu que dans toutes les spères de la société, ces veillées sont en usage et ne diffèrent que par le décor.

Mais « La Presse » va au loin; elle circule à l'étranger; elle est lue par des gens qui ignorent totalement nos habitudes et nos usages, à qui nous sommes fort aise, non sans un peu de fierté, de les faire connaître.

Chez nous, qu'on soit pauvre ou qu'on soit riche, on va veiller chez les siens, et bien des humbles qui n'ont que de la bière en chopie à faire circuler dans des tasses de grosse faïence et dans des gobelets en fer blanc, éprouvent autant de plaisir et font preuve d'autant de cordialité que les richardos, somptueusement installés, sablant le champagne dans des coupes de mousseline.

Et dans les campagnes, croit-on que les braves gens qui couronnent la veillée par un endiablé rigodon, aux sons d'un « crin-crin » ou d'un accordéon, et battant la mesure à contre-temps, des mains et du pied, ne s'amusent pas autant, ou plus, que nos ultra élégants qui dansent gravement le quadrille des landers aux accords d'un orchestre symphonique!

Ah! les veillées dans les campagnes! Que de joies bruyantes mais vraies elles occasionnent! C'est là que les hommes discutent des mérites et des qualités de leur tabac en faisant des expériencses comparatives; là que les femmes se content leurs peines et leurs joies, se résigant aux premières et étalant les secondes; là que les enfants, libres de contraite, se vautrent dans les coins, jouissant de la liberté qu'on leur accorde et surtout du « fun » qu'ils peuvent prendre en commun, entre « pairs »; là que les jeunes filles se laissent conter de doux propos, rougissant ou pâlissant selon leur tempérament, mais sentant toutes danser leur petit coeur, rempli d'illusions et d'espérances; là que les garçons, tout en marivaudant, fixent leur choix et jettent leur dévolu sur celle qui devra parcourir avec eux le chemin raboteux de la vie.

Oh! on ne perd pas son temps dans nos bonnes veillées campagnardes. Et lorsque tout est fini: la tourtière dévorée, les danses terminées, les langues usées, les pipes éteintes, on s'appareille pour le départ. Les hommes hamachent les chevaux, les femmes se hamachent entre elles, on s'embrasse, on se sert la main, on prend un dernier coup si on n'habite pas un comté où la tempérance est obligatoire, et on se met en route, non sans « tirer » une course entre gens qui vont du même côté, histoire de voir si la petite jument de Baptiste est toujours capable de battre le gris de Jos. (...)

Cette page a été publiée le 28 janvier 1905.

C'EST ARRIVÉ UN 28 JANVIER

1979 — Début d'une visite de neuf jours de Deng Xiaoping, vice-premier ministre de la République populaire de Chine aux États-Unis.

1970 — Le gouvernement sud-africain refuse d'accorder un visa au joueur de tennis noir américain Arthur Ashe.

1968 — On parvient à localiser sur une banquise les quatre bombes à hydrogène tombées d'un B-52 au Groënland.

1957 — Déclenchement d'une grève générale en Algérie. Elle devait durer huit jours.

1948 — Un paquebot, le *Joo Maru*, touche une mine dans une mer intérieure du Japon et sombre avec ses 306 passagers.

1946 — Les communistes font leur entrée au gouvernement français quand le président Gouin forme un cabinet de coalition.

1938 — Lord Atholstan, éditeur du *Montreal Star*, meurt dans sa 90e année.

1922 — L'effondrement de la toiture du théâtre Knickerbocker, de Washington, sous le poids de la neige, cause la mort de plus de 100 personnes.

1905 — Brillante cérémonie à l'occasion de l'inauguration de l'école Polytechnique de Montréal.

1902 — Un incendie détruit l'intérieur de la bâtisse abritant la « Guardian Fire & Life Insurance Company », au 181, rue Saint-Jacques.

LA PRESSE

100 ans d'actualités

LES COULEURS CANADIENNES FLOTTERONT AUSSI DANS LES AIRS, GRACE A LA « PRESSE »

Le sphérique de la « Presse » cube 1,200 mètres, peut enlever quatre passagers et est équipé en vue de longs voyages

*Ce reportage a été publié dans l'édition du **30 janvier 1911**, mais il a trait à des événements antérieurs.*

L'AÉROSTATION est la science nouvelle qui a permis à l'homme de conquérir l'air, de s'élancer comme les oiseaux, à la grande aventure, vers l'infini du ciel bleu. Cette science, comme d'autres, est redevable de beaucoup de ses progrès récents, à ces jeunes hommes audacieux et braves, qui par entraînement sportif, ont reculé les bornes de l'activité humaine.

En ces derniers temps, les hommes de l'air se sont couverts de gloire. Tous les grands pays du Vieux-Monde, et les Etats-Unis après eux, ont institué des concours, en leur honneur. Seul le Canada n'avait encore rien fait pour cette science. (...) LA PRESSE se devait à elle-même, par une initiative hardie et heureuse, de faire en sorte que le Canada ne se laissât distancer par aucun autre pays.

Il y a quelques semaines, LA PRESSE envoyait donc à Paris un de ses collaborateurs, M. Emile Barlatier, rédacteur des sports mécaniques, avec mission de se procurer un ballon qui put porter haut et vaillamment, les couleurs canadiennes et françaises dans les prochains concours pour la conquête de l'air par l'homme, durant l'année qui commence.

Mais pour être faite de bravoure, de sang-froid et d'adresse, l'aérostation repose sur l'observation, sur la connaissance des courants aériens, sur leur direction, leur force, leur constance. C'est à l'ignorance du régime des vents qu'il faut principalement attribuer les échecs essuyés au Canada par les aéronautes.

Il fallait donc adjoindre au ballon, les instruments de précision scientifique nécessaire à l'installation d'un poste complet d'observation météorologique, afin d'arriver, par une étude constante, à la connaissance parfaite des courants qui règnent dans les couches supérieures de l'atmosphère.

Émile Barlatier, rédacteur des sports mécaniques à la « Presse ».

Le dernier courrier de France, nous apporte les nouvelles les plus heureuses. M. Barlatier a rempli avec un plein succès la mission dont nous l'avions chargé. Il a pu acheter de l'Aéro-Club de France, un ballon sphérique cubant 1,200 mètres, pouvant enlever quatre passagers dans les airs et équipé en vue des voyages les plus longs, les plus mouvementés. Il a aussi fait l'acquisition d'un poste d'observation météorologique complet.

Ainsi qu'il convenait, l'Aéro-Club de France a donné à notre aérostat le

NOM DE LA « PRESSE »

avant qu'il ne reçut le baptême de l'air dans une ascension qui a eu en France un grand retentissement. Ajoutons que le poste d'observation météorologique de LA PRESSE sera en communication constante avec le bureau météorologique de France et qu'il apportera ainsi sa contribution à l'étude du régime mondial des vents, aussi nécessaire aux aéronautes que l'est aux navigateurs la connaissance des courants marins.

LA PREMIERE ASCENSION

Les journaux parisiens ont publié de cette ascension des comptes-rendus détaillés. M. Armand Massard, le rédacteur sportif de La « Presse », de Paris, publie le récit *(NDLR — que nous devrons forcément résumer)* particulièrement attachant que voici, sous les titres: **« UNE ASCENSION MOUVEMENTEE » — « Enlevez le ballon ». — « Le rédacteur sportif de « La Presse » monte à bord du ballon « La Presse ». — Le départ de Saint-Cloud ».**

Notre confrère Balatier, de La Presse de Montréal (Canada), vint hier nous faire une visite — et une proposition.

Ayant acheté pour le compte de son journal un ballon de 1,200 mètres cubes, il nous conviait au baptême de l'air du sphérique La « Presse ». Nous ne pouvions manquer de participer à cette solennité sportive en l'honneur de notre excellent homonyme canadien.

Après un repas sommaire, pendant lequel s'effectuait le gonflement du ballon au parc aérostatique de Saint-Cloud, nous grimpâmes à quatre dans la nacelle, Barlatier, Louis Brouazin (de la « Libre Parole »), notre pilote et votre serviteur.

LACHEZ TOUT!

Pendant les préparatifs, Brouazin, vieux chauffard, interviewa anxieusement le pilote: « Vous avez vos papiers? Votre permis de conduire? Celui-ci le rassura en lui exhibant son brevet de pilote de l'Aéro-Club de France. (...)

Il était deux heures. Deux minutes après, nous filions à 55 kilomètres à l'heure, à 250 mètres d'altitude, dans la direction nord-nord-est.

TOUT VA BIEN

Nous ne tardions pas à passer au-dessus de la forêt de Chantilly. Puis nous entrions dans une mer de nuages, à 673 mètres d'altitude. Le coup d'oeil était véritablement grandiose, dans cet enveloppement d'ouate, avec ses éclaircies lumineuses et ses soudains assombrissements.

Celui d'entre nous qui était chargé de faire le point, gêné par une excursion d'une demi-heure dans la brume intense supprimant les repères, dut bientôt renoncer à relever notre route sur la carte. Notre pilote, grisé, lui aussi, par la vitesse, recommanda à Brouazin et à moi de surveiller attentivement si nous apercevions la mer. Puis nous descendîmes, une grande ville était toute proche, on descendit encore. A 200 mètres, les mains en porte-voix, nous hurlâmes tous les quatre en coeur: « Oùùùùùùù Sooommmes-

On ne nous entendait pas. Nous baissâmes encore de 50 mètres, et nous recommençâmes l'expérience. La voix porta. On nous répondit: « Près de Noyon ». (...)

Cette première page de l'édition du *30 janvier 1915* vous propose quelques images de la Grande Guerre de 1914-18.

C'EST ARRIVÉ UN 30 JANVIER

1973 — Fin du procès des cinq hommes impliqués dans le cambriolage des bureaux du Parti démocrate, installés dans l'édifice du Watergate.

1968 — Le Vietcong attaque l'ambassade des États-Unis à Saigon, et l'occupe pendant plusieurs heures.

1967 — Pour la première fois, un chef d'État soviétique, en l'occurrence Nicolaï Podgorny, rend visite au Pape au Vatican.

1964 — Dans un coup d'État militaire sans effusion de sang, le général Nghyen Khanh prend le pouvoir au Sud-Vietnam.

1959 — Disparition de l'*Hans Hecdtoft*; 130 naufragés dérivent au large du Groënland.

1957 — Le maire Jean Drapeau, de Montréal, accueille M. Pierre Ruais, président du Conseil municipal de Paris.

1948 — Le mahatmah Mohandas Gandhi tombe sous les balles d'un assassin, le fanatique hindou Nathuran Vinayak Godse. — Décès à 76 ans de l'Américain Orville Wright, co-inventeur de l'avion avec son frère Wilbur.

1948 — Un avion de type Lancaster transformé en avion civil s'abîme dans l'Atlantique, dans le triangle des Bermudes, avec 28 personnes à bord.

1946 — A la conférence fédérale-provinciale, trois provinces (Québec, Ontario et Colombie-Britannique) repoussent les propositions du gouvernement fédéral en matière de fiscalité.

1934 — Trois aéronautes soviétiques perdent la vie quand leur ballon explose près de Moscou.

1933 — Adolf Hitler s'empare du pouvoir en Allemagne.

ARRESTATION D'UN CHAT

Ce pauvre matou s'est rendu complice du délit de mendicité et d'escroquerie

MAGGIE Stafford, une pauvre vieille qui ne possède plus ses facultés mentales, vient d'être cause de l'arrestation d'un intéressant matou à longs poils soyeux. Maggie est pauvre et ses cinquante-six années de misère et d'intermittentes incarcérations rue Fullum, ont un peu aigri son âme contre l'humanité. Aussi, elle avait décidé d'en tirer une vengeance exemplaire.

Samedi, on la voyait passer, rue Hutchison, demandant la charité pour un pauvre petit enfant maigrelet. Ses homélies faisaient peine aux habitants de la rue, et les gros sous et les pièces blanches commençaient à remplir la bourse de Maggie.

Un commerçant, qui connaissait Maggie de vieille date, pour l'avoir vue souvent mendier dans son magasin, fut tout surpris de voir la vieille avec un poupon dans les bras. Il lui demanda où elle avait pris l'enfant et il s'ensuivit une scène qui conduisit Maggie et l'enfant au violon.

— La charité, s'il vous plait, pour mon enfant, disait Maggie.

— Miaou, ron-ron, répondait la voix du petiot sous le châle.

Intrigué, le commerçant souleva le châle et aperçut un matou superbe, qui le regardait béatement de ses yeux verts à demi fermés, sous le poil gris de sa face endormie.

Ce matin **(30 janvier 1905)**, Maggie figure sur le livre d'écrou. Elle a été arrêtée par le constable Paquette sous accusation d'obtention d'argent sous de faux prétextes, avec son chat. Va-t-il falloir un interprète pour le félin complice de Maggie?

Traduite ce matin devant le Recorder, Maggie fut libérée, car on s'était aperçu que la pauvre femme ne jouissait pas de toutes ses facultés. Elle a été confiée aux soins de son frère, Tom Stafford, avec lequel elle demeure.

GENE TUNNEY

Cette photo a été publiée dans LA PRESSE en *1928*.

BABILLARD

Bon anniversaire, Monsieur Bélanger!

Ulric Bélanger célèbre aujourd'hui le centième anniversaire de sa naissance. Cet événement n'est pas unique, mais il mérite certainement d'être souligné, en offrant à cet honorable citoyen de Mont-Joli nos meilleurs voeux de bonheur et de santé.

Il faut dire qu'on vit vieux chez les Bélanger. Jérémie, l'aîné des 14 enfants de la famille, est mort un mois à peine avant d'atteindre l'âge de 100 ans. Le suivant, Alexandre, devait s'approcher à 10 mois de son année centenaire. Mais Ulric, le quatrième des enfants, aura vraisemblablement le plaisir d'atteindre cet objectif, voire de le surpasser, on le lui souhaite, pendant de longues années.

Fils d'un chef de gare du Canadien National, chef de gare lui-même, dernier né des enfants de la famille, Ulric Bélanger célébrera son prochain anniversaire le 1er mars alors que lui et sa tendre moitié, Rosie Gallant-Bélanger (elle aura bientôt 90 ans) célébreront leur 68e anniversaire de mariage.

Un rappel aux jeunes gens

Profitons de la circonstance pour rappeller aux jeunes gens que LA PRESSE propose à dix d'entre vous, grâce à la collaboration de l'Office franco-québécois pour la jeunesse, l'occasion unique de vivre comme un pacha d'autrefois pendant dix jours (du 28 mai au 8 juin) à bord du Mermoz pour une traversée outre-atlantique, suivie d'un séjour de sept autres journées en Bretagne et en France.

Ce voyage est offert à 300 Français et 300 Québécois âgés de 18 à 35 ans, sauf que l'OFQJ permet à LA PRESSE d'offrir en exclusivité dix places à autant de ses lecteurs qui auront participé au concours et dont le nom aura été tiré au hasard.

Rien de compliqué; il suffit de répondre au critère d'âge bien sûr, mais surtout de ***décrire en cent mots*** ce que sera à votre avis le ***journal de l'avenir.*** Alors pourquoi attendre avant de participer? Le tirage au sort des heureux gagnants se fera dans le cadre du Salon du nautisme, le 27 février, à 19 h.

ACTIVITÉS

■ **Fête des neiges**

Bassin olympique — Festival présenté par la ville de Montréal et auquel LA PRESSE participe activement en commanditant le palais de glace, que vous pourrez photographier afin de participer au concours de photos du palais de glace de LA PRESSE, offrant un premier prix de $500. Vous trouvez aussi quotidiennement dans LA PRESSE le programme des activités. Le festival prend fin le 5 février, mais le concours de photos se poursuit jusqu'au 2 mars.

■ **À la télévision**

Le 18-heures, Télé-Métropole — Vers la fin de ce bulletin de nouvelles, soit vers 18 h 50, les animateurs commentent quelques manchettes tirées des pages de LA PRESSE et qui ont fait l'actualité d'hier.

LA PRESSE
100 ans d'actualités

PÈRES ET MÈRES, SURVEILLEZ VOS ENFANTS!

Cette « mise en garde » a été publiée dans LA PRESSE du ***31 janvier 1905.***

De misérables agents recrutent des jeunes filles du Canada

LA TRAITE DES BLANCHES

COMBIEN de fois on a répété dans les journaux de Montréal, comme dans ceux des Etats-Unis d'ailleurs, que les victimes des antres du vice dans la plupart des grandes cités au sud de la frontière et même de la ville de New York étaient recrutées au Canada!

Combien de fois aussi aurions-nous pu expliquer la disparition subite de jeunes filles par l'« embauchage », c'est-à-dire l'affreuse « traite des blanches », si nous n'avions pas craint d'exposer à la honte publique de braves et respectables familles!

Mais si nous jetons un voile pour protéger la réputation de ces honnêtes gens qui pleurent le fatal égarement de l'une ou de plusieurs de leurs jeunes filles, pourquoi ne dénoncerions-nous pas ouvertement, publiquement, les infâmies de l'épouvantable trafic de ces éhontés contrebandiers, de ces embaucheurs et embaucheuses qui audacieusement, au mépris de la morale, au mépris des lois criminelles même, se livrent à leur dégradant commerce et vicient la société qui, endormie par les allures charmeresses de ces misérables, ne se réveille que lorsqu'elle est gangrenée jusqu'aux moelles.

Devant ces dénonciations sincères, d'autant plus sincères qu'elles sont provoquées à la suite d'une enquête douloureusement révélatrice, peut-être les autorités des pays où se fait ce dégoûtant commerce, prendront-elles des mesures énergiques pour faire cesser un état de choses qui, autrefois, aurait été lavé par les feux dévorants du

CIEL EN COURROUX.

Qu'attendent, en effet, les pouvoirs publics pour sévir contre les coupables ou même prendre les mesures préventives contre ce mal affreux qui ronge notre société et empoisonne celle de la grande République voisine?

Les preuves que ce mal existe — et profond encore — ne manquent pas assurément; déjà des cas isolés sont venus à la connaissance, non seulement des autorités, mais même du public, et cette connaissance de circonstances et de faits positifs n'a pas peu contribué à mettre sur leurs gardes les pères et mères de familles, à jeter la terreur dans l'âme des odieuses créatures embaucheuses et embaucheurs de profession, et à remplir d'une crainte salutaire le coeur de ces jeunes filles qui, peu surveillées et peu encouragées dans le bien, tombaient facilement victimes des misérables

TRAITEURS DE BLANCHES.

C'est dans ce seul but absolument moralisateur, que « La Presse » a cru devoir de nouveau réveiller les autorités chargées de protéger la société contre ce qui pourrait provoquer sa ruine, en livrant ici, avec la plus grande discrétion, la dix-millième partie des faits qu'elle a recueillis au cours d'une enquête qu'elle a faite à ce sujet à Albany et à Troy, Etat de New York.

Ces deux grandes villes américaines ont été choisies de préférence, d'abord parce qu'elles sont les centres les plus importants des Etats-Unis non loin de la frontière canadienne, et particulièrement de la province de Québec; ensuite, parce que dans maints cas, de jeunes filles disparues

MYSTERIEUSEMENT

de notre Province ont été retracées dans cette direction, remises entre les mains de leurs parents, et leurs embaucheurs envoyés au bagne pour de longs termes.

Qui ne se rappelle le fameux Portuguais qui purge aujourd'hui une sentence de dix ans au pénitencier de Damemora?

Pour combien de hontes consommées au sein même de notre ville, n'a-t-il pas à expier?

C'était une Montréalaise aussi cette femme qui portait à Troy le nom de Eamma Earl, dont le

CRIMINEL PSEUDONYME

était tout autre ici, et qui aujourd'hui a accompli la moitié d'une condamnation de huit années à la prison de Troy.

Actuellement, une autre femme du nom de Lillie Read subit son procès devant la Cour Criminelle d'Albany pour avoir incité des jeunes filles à se jeter dans

LA DEBAUCHE ET LE CRIME.

Admise d'abord à caution, la femme Read s'enfuit au Canada où elle se réfugia à Montréal. Plus tard, elle se rendit à New York où elle fut arrêtée de nouveau. Aujourd'hui, sentant la condamnation peser de tout son poids sur elle, elle demadne un changement de venue; elle croit que les jurés de New York auront la conscience plus large que ceux d'Albany. Encore dans ce cas, les victimes de la femme Read venaient

DU CANADA.

Un fils d'Israël gémit dans les cachots de Troy. Cohn — c'est son nom — est accusé d'avoir « embauché » une jeune fille de 16 ans, une Italienne, pour la pousser au crime. Cohn est marié; séparé de sa femme, il fit arrêter celle-ci l'accusant d'avoir tenu une maison malfamée. Pour se venger, l'épouse accuse son mari du crime dont il aura à répondre devant les tribunaux. (...)

LE PONT DUPLESSIS CROULE: 4 MORTS

photo Roger Saint-Jean, LA PRESSE

À 2 h 55, au petit matin du *31 janvier 1951*, quatre travées (soit une longueur de 720 pieds) du côté trifluvien du pont Duplessis, à Trois-Rivières s'effondraient dans le Saint-Maurice, entraînant la mort de quatre automobilistes, engloutis par les flots dans leur véhicule. Le premier ministre Maurice Duplessis, député de cette circonscription à l'Assemblée législative, avait immédiatement parlé de sabotage, accusant mais sans les nommer des éléments subversifs qui désiraient saboter les moyens de communications entre les grandes villes.

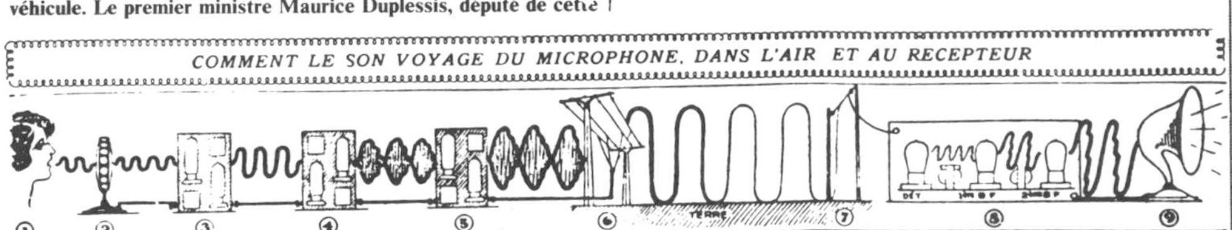

Voici de quelle façon LA PRESSE expliquait à ses lecteurs, dans son édition du *31 janvier 1925*, la progression de la voix humaine entre le microphone et le haut-parleur: ***La voix (1) frappant le microphone (2), est convertie en vibrations électriques, amplifiées par un amplificateur (3). De là, les vibrations passent par le modulateur (4) qui les transforme en fréquences continues qui sont produites par l'oscillateur (5). En quittant ce dernier, les fréquences combinées chargent l'antenne (6) et prennent la forme d'ondes électro-magnétiques. Après avoir voyagé dans l'air, ces ondes atteignent l'antenne de réception (7), puis la première lampe du poste récepteur (8), où les courants sont reconvertis en sons, puis amplifiés de façon à stimuler le haut-parleur (9), lequel projette la voix dans la pièce.***

Ce montage de deux photos a paru dans l'édition du *31 janvier 1936*. On voulait souligner l'exil involontaire à l'île Sainte-Hélène des deux derniers chevaux utilisés par la brigade des incendies de Montréal, qu'on venait de remplacer par le nouveau fourguon à boyaux de la caserne no 40 (photo du haut). On remarquera sur la photo du bas, que le maire Camillien Houde (troisième de gauche) s'était même déplacé pour assurer un cachet bien particulier à l'événement.

Cette première page du *Magazine illustré* de LA PRESSE du *31 janvier 1931* illustrait une scène de patinage au parc Outremont, « croquée sur le vif par Georges Latour », précisait-on.

BABILLARD

Oswald Mayrand rend hommage à LA PRESSE

Une lectrice de LA PRESSE, Mme Anne-Marie Lévesque, attirait récemment notre attention sur un vibrant hommage que rendait M. Oswald Mayrand à votre journal préféré, en octobre 1902, et publié dans l'édition du 18 octobre de cette année-là. Nous vous le proposons in extenso...

ANNIVERSAIRE

(dédié à LA PRESSE)

A peine dix-huit ans couronnent ta naissance,
Et déjà sur ton front rayonne la puissance.
Guidant le peuple canadien
À travers les écueils qui hérissent la gloire,
Tu graves, chaque jour, les traits de ton histoire,
Tel qu'un intrépide gardien.

À défendre le pauvre et la classe ouvrière
Tu voulus sans faiblir, consacrer ta carrière,
Et tout ce qui tremble ici-bas
En toi trouva toujours le soutien qui relève;
Au service du droit tu travailles sans trève
Et combattis mille combats.

Scellant avec le peuple une étroite alliance,
Tu sus par tes bienfaits gagner sa confiance,
Or le peuple, qui se souvient,
Exalte avec amour l'éclat de ton étoile,
Car tu le fis meilleur, et son coeur lui dévoile
L'insigne honneur qui t'en revient.

Toi qui sers de tribune à la libre parole,
Qui de l'Égalité figure le symbole,
Apôtre de la Liberté
Continue à lutter contre la tyrannie,
À venger l'opprimé qui subit l'avanie,
À prêcher la Fraternité.

Levier de l'industrie, aiguillon du commerce,
Dans la publicité ton empire s'exerce
A travers les pays lointains:
Ta réclame soulève une clameur immense
Et, sous les feux du jour, tu verses l'abondance
Sur les négoces incertains.

L'exilé qui gémit en pleurant la Patrie
Sourit dès ta venue, et son âme attendrie
Sent palpiter dans tes courriers
Les fibres du passé qui hante sa mémoire
Ton message natal offre le répertoire
De ses souvenirs printaniers.

L'ignorance fléchit sous ta noble poussée,
Laissant s'épanouir les fleurs de la pensée
Dans le domaine du progrès.
Tu présentes l'aspect d'une glace fidèle
Qui des voeux du pays réfléchit l'étincelle,
Mieux que le miroir des congrès.

Au mérite qui plane en des sphères sublimes
La haine, ce reptile épris des noirs abîmes,
Jette son éternel venin:
Mais ton vol radieux peut défier la foudre
De l'envieux qui cherche à te réduire en poudre:
Vois l'avenir s'ouvrir serein.

ACTIVITÉS

■ Fête des neiges

Bassin olympique — Festival présenté par la ville de Montréal et auquel LA PRESSE participe activement en commanditant le palais de glace, que vous pourrez photographier afin de participer au concours de photos du palais de glace de LA PRESSE, offrant un premier prix de $500. Vous trouvez aussi quotidiennement dans LA PRESSE le programme des activités. Le festival prend fin le 5 février, mais le concours de photos se poursuit jusqu'au 2 mars.

C'EST ARRIVÉ UN 31 JANVIER

1979 — Le colonel Chadli Bejedid succède à Houari Boumedienne à la présidence de l'Algérie.

1971 — Lancement de la mission *Apollo XIV* par les Américains.

1966 — La reprise des bombardements américains au Nord-Vietnam marque la fin de l'« offensive de paix » de cinq semaines.

1958 — Mise en orbite du premier satellite américain, l'*Explorer*.

1953 — Le pire désastre du siècle en Europe: un ouragan fait 1 500 morts et cause d'énormes dégâts sur les côtes anglaises, hollandaises, belges et françaises.

1950 — Le président Truman donne le feu vert à la fabrication de la superbombe.

1945 — Le ministère de la Marine du Canada annonce que le dragueur de mines *Clayoquot* a été torpillé.

1929 — Eleanor Smith établit un nouveau record féminin d'endurance en passant plus de 13 heures et 16 minutes au volant d'un avion.

LA PRESSE

100 ans d'actualités

24me ANNEE—No 76 MONTREAL, SAMEDI 1 FEVRIER 1908 DEUX CENTINS

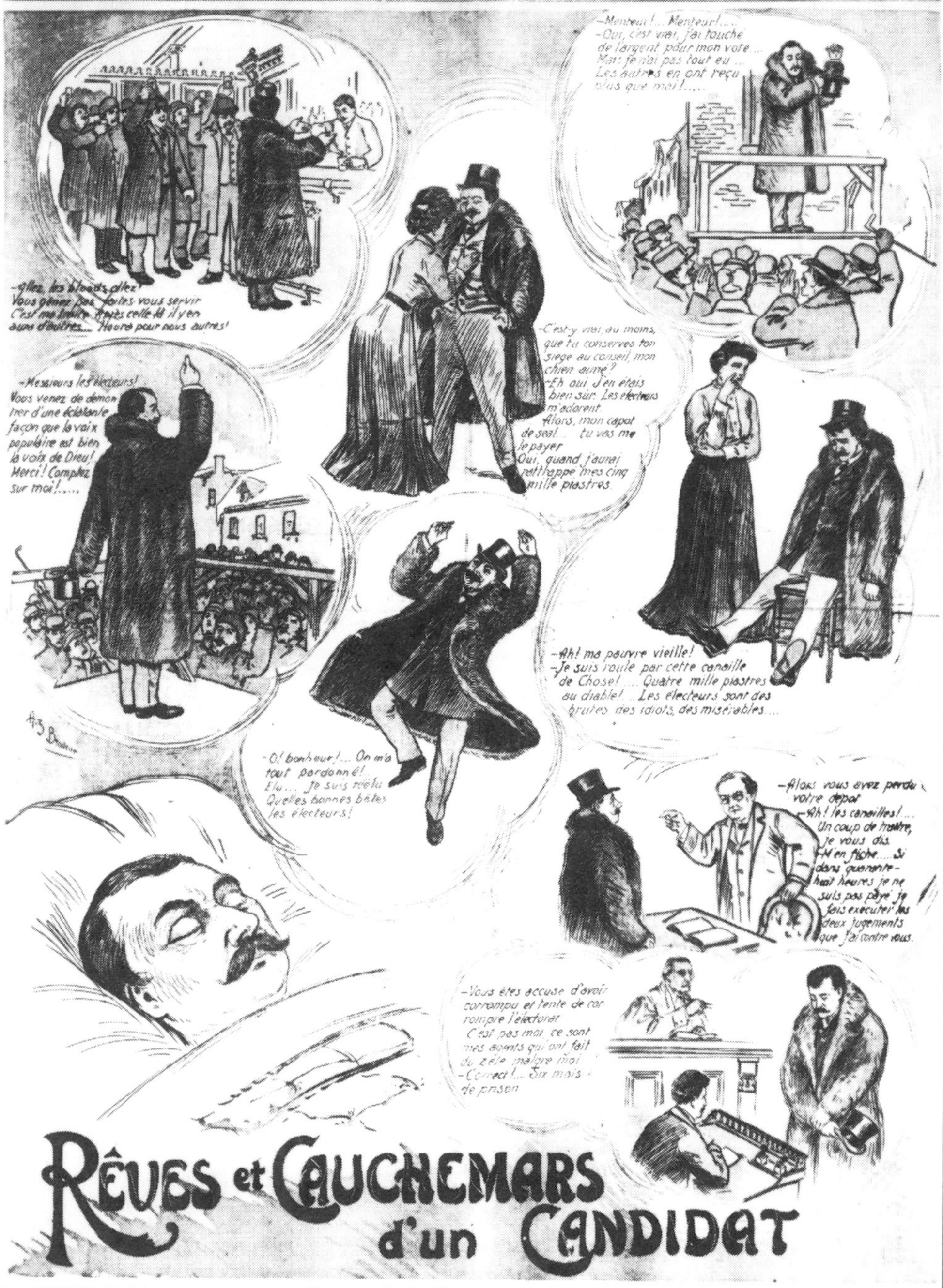

LA PRESSE décidait de consacrer sa première page du *1er février 1908* à cette illustration humoristique de la campagne électorale pour la bonne raison qu'au tournant du siècle, les élections municipales se déroulaient au début de février, plutôt qu'à l'automne comme c'est le cas aujourd'hui.

PLUS DE MIDI À QUATORZE HEURES

La Pendule de la réforme

UNE SCÈNE TYPIQUE, À L'HÔTEL DE VILLE, CE MATIN

IL est tout à fait inutile de s'appeler le parti de la Réforme, si l'on ne réforme rien. Le comité des finances, après s'être donné beaucoup de mal, a découvert que certains employés n'arrivaient pas à l'heure réglementaire. Il y en avait même qui paraissaient à leurs bureaux à neuf heures moins cinquante-neuf minutes et trois quarts, lorsqu'ils auraient dû faire acte de présence à 9 heures précises. On acheta au coût de quelques centaines de dollars un de ces appareils fin de siècle qui font le désespoir des fonctionnaires publics, une horloge monstre dnas le ventre de laquelle, en guise de boyaux, fonctionne un mécanisme capable d'enregistrer les entrées et les sorties des employés.

Cet appareil bienfaisant, mais que l'on menace de réduire en poudre, tant la méchanceté humaine est grande, a été inauguré, hier après-midi, et M. Arnoldi qui remplace le trésorier, actuellement malade, a eu l'agréable devoir d'en expliquer le fonctionnement à tous les intéressés. La chose était devenue nécessaire, car on conçoit que les chefs de départements qui continueront à ignorer l'existence de l'horloge, et qui ne prendront comme d'habitude leur siège moelleux qu'à 10 ou 11 heures, ne pourront constater par eux-mêmes si leurs subalternes sont à leur poste à l'heure voulue.

La chose est tellement frappante qu'un échevin — pas de la Réforme — faisait observer, ce matin **(1er février 1901)**, au représentant de « La Presse » que c'était justement comme lors de la question de réduction des salaires: les « gros » sont laissés en paix et ne pouvant faire plus, on s'attaque aux « petits ». Malgré les meilleures intentions du monde, l'innovation a des lacunes et ne rencontre pas tout à fait le but proposé. L'ordre suivant a été affiché dans tous les bureaux:

« Ordre a été donné aux chefs de départements de suspendre tout employé qui arrivera ou partira avant les heures de bureau, ou qui prendra plus d'une heure pour son repas du midi. »

Or, ce matin, une scène indescriptible et des plus mouvementées a eu lieu, à l'hôtel de ville.

Tous les employés devaient arriver à neuf heures, et la conséquence naturelle, c'est qu'il y avait foule. On s'est bousculé, et il s'est produit, comme notre vignette le laisse voir, des scènes drôlatiques. L'on conçoit, en effet, que celui qui se trouve le dernier de la procession, bien qu'arrivé à l'heure juste, ne peut s'enregistrer à temps. Alors, il y a confusion. On se pousse, on se bouscule, etc.

Scène à l'hôtel de villle, ce matin, à l'arrivée des employés civiques.

C'EST ARRIVÉ UN 1ER FÉVRIER

1979 — L'ayatollah Khomeiny, chef religieux des chiites, symbole de la résistance au régime du shah, rentre en Iran après un exil de 15 ans.

1974 — Un incendie éclate dans une tour à bureaux, à Sao Paulo, Brésil, et fait 181 morts.

1960 — Les intégristes français se rendent aux forces armées, en Algérie. Le général de Gaulle obtient les pleins pouvoirs.

1958 — Le premier ministre John Diefenbaker décide d'en appeler au peuple en privilégiant une campagne électorale courte puisque la date des élections a été fixée au 31 mars. — James Gladstone devient le premier Amérindien à accéder au Sénat canadien. — L'Égypte et la Syrie forment la RAU (République arabe unie).

1955 — Le brise-glace *Lady Grey* coule devant Beauport à la suite d'une collision avec le traversier *Cité de Lévis*.

1954 — Trente-cinq personnes trouvent la mort dans l'écrasement d'un avion américain à proximité du Japon.

1951 — L'ONU accuse la République populaire de Chine d'aggression en Corée.

1946 — La Hongrie devient une république et le premier ministre Zoltan Tildy est assermenté comme premier président.

1911 — Une explosion dans le port de New York fait 32 morts.

1910 — Élection de J.-J. Guérin à la mairie de Montréal.

1908 — Le roi Carlos, du Portugal, et son fils aîné, le prince Louis-Philippe, sont criblés de balles par des anarchistes, à Lisbonne. Atteint de deux balles, le prince Manuel survit et assume immédiatment la succession.

1902 — Élection de James Cochrane à la mairie de Montréal.

1898 — Élection de Raymond Préfontaine à la mairie de Montréal.

1894 — M. J.-O. Villeneuve est élu maire de Montréal, en récoltant 253 voix contre 233 pour Jimmy McShane.

LES MAIRES DE MONTRÉAL

En prologue à ce texte, il faut tenir compte du fait qu'il fut initialement publié le ***1er février 1908***.

Vingt-sept hommes ont présidé, depuis 1833, aux destinées de notre ville

LE temps de fièvre électorale, de discussions et de prédictions donne un grand relief à la position de premier magistrat de la Ville. Être maire de Montréal, c'est un honneur qui a son prix. Les intérêts de notre ville en effet ne le cèdent guère à ceux de beaucoup d'autres grandes villes américaines.

Ottawa est la capitale politique du Canada, mais c'est Montréal qui en est la capitale commerciale, industrielle, nous voudrions pouvoir dire intellectuelle et artistique, si Québec et Toronto ne nous disputaient pas, chacune, ces deux dernières prérogatives. Son budget — on en a souvent fait la remarque — est égal, sinon supérieur à celui du reste de notre province, ses besoins sont multiples et ne cessent de grandir. Être maire de Montréal c'est, oserons-nous dire, compter parmi les premiers du pays, sinon au point de vue du protocole officiel, du moins par l'importance intrinsèque. (...)

La première charte de Montréal date de 1831. Elle reçut la sanction de Sa Majesté le roi Guillaume IV le 12 avril 1832. Le premier lundi du mois de juin de l'année suivante, le premier conseil municipal était élu par les électeurs qualifiés.

Ce conseil choisit, comme maire l'un de ses membres, M. Jacques Viger, dont le terme d'office expira en 1840. Pour une raison qu'on ne connaît pas, la charte ne fut pas renouvelée cette année-là et ce fut le gouverneur-général qui nomma le maire et ses échevins. Naturellement la majorité fut anglaise et M. Peter McGill fut nommé maire.

En 1843, un Canadien-Français lui succédait, M. Joseph Bourret. Voici quels furent ses successeurs: James Ferrier, 1845-47; John E. Mills, 1847-48; Joseph Bourret (2e) 1848-49; E. Raymon Fabre, 1849-51; Charles Wilson, 1851-54; Wolfred Nelson, 1854-56; Henry Starnes, 1856-58; C.-S. Rodier, 1858-62; Jean-Louis Beaudry, 1862-66; Henry Starnes (2e) 1866-68; W. Workman, 1868-71; C.-J. Coursol, 1871-73; François Cassidy, 1873-74; Aldis Bernard, 1874-75; Sir William H. Hingston, 1875-77; Jean-Louis Beaudry (2e) 1977-79; S. Rivard, 1879-81; Jean-Louis Beaudry (3e), 1881-85; Honoré Beaugrand, 1885-87; Sir J.J. Abbott, 1887-89; Jacques Grenier, 1889-91; James McShane, 1891-93; Alphonse Desjardins, 1893-94; J.-O. Villeneuve, 1894-96; R. Wilson-Smith, 1896-98; Raymond Préfontaine, 1898-1902; James Cochrane, 1902-04; H. Laporte, 1904-06; N.H.A. Ekers, 1906-08. (...)

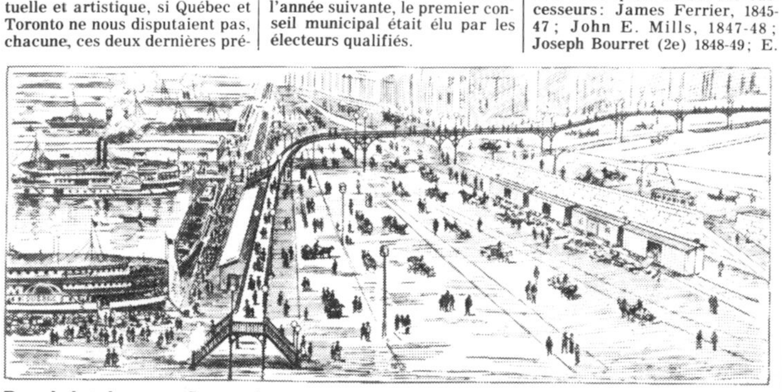

Dans le but de mettre fin aux risques que couraient les piétons de se faire écraser par les lourds chariots, piétiner par un cheval emballé, voire de se faire arroser à proximité des flaques par les véhicules, LA PRESSE proposait, dans son édition du *1er février 1905*, le projet suivant. L'élément principal du plan était la construction d'une passerelle s'étendant de la rue Notre-Dame jusqu'aux débarcadères, en passant au-dessus de la place Jacques-Cartier, du « mur de revêtement » comme on disait à l'époque, des voies ferrées et des quais. La Commission des parcs et traverses acceptait de donner suite, mais en faisant commencer la passerelle à la rue des Commissaires seulement. Malgré cet assentiment, le projet n'a jamais eu de suite comme on le sait. Quant au tramway qui aurait circuler à l'époque rue des Commissaires, c'est une énigme que l'un d'entre vous pourrait peut-être nous aider à résoudre...

ACTIVITÉS

■ Fête des neiges

Bassin olympique **— Festival présenté par la ville de Montréal et auquel LA PRESSE participe activement en commanditant le palais de glace, que vous pourrez photographier afin de participer au concours de photos du palais de glace de LA PRESSE, offrant un premier prix de $500. Vous trouvez aussi quotidiennement dans LA PRESSE le programme des activités. Le festival prend fin le 5 février, mais le concours de photos se poursuit jusqu'au 2 mars.**

■ À la télévision

10 h 30, Télé-Métropole - Dans le cadre de l'émission *Entre nous* animée par Serge Laprade, Claudette Tougas, de LA PRESSE, présente la chronique *Cent ans de pages féminines*.

LA PRESSE

100 ans d'actualités

LE DEUIL A MONTREAL

C'EST ARRIVÉ UN 2 FÉVRIER

1973 — Les chefs des trois grandes centrales syndicales du Québec se présentent à la prison d'Orsainville pour y subir une peine d'un an de prison. Ils en seront libérés trois mois et demi plus tard.

1970 — Décès de Bertrand Russell, célèbre philosophe britannique et gagnant d'un prix Nobel de Littérature.

1964 — Le satellite américain *Ranger VI* s'écrase sur la lune, dans la *Mer de la tranquillité,* mais sans pouvoir transmettre des photos vers la terre.

1961 — La folle équipée du *Santa Maria,* arraisonné 11 jours plus tôt en pleine mer par le chef rebelle Henrique Galvao, prend fin à Recife, Brésil, par la libération des 607 passagers et des 368 membres d'équipage. — Création de la ville de Chomedey, par la fusion de trois villes.

1957 — Le premier ministre Louis Saint-Laurent est fêté par ses collègues à l'occasion de son 75e anniversaire de naissance.

1954 — Décès de la comédienne Yvonne de Bray, à l'âge de 65 ans.

1922 — Le désastre de la Banca Italiana di Sconto entraîne la démission du gouvernement Boboni, en Italie.

1895 — Henri Rochefort, rédacteur en chef du journal *L'Intransigeant,* d'obédience socialiste, rentre d'exil. Il vivait à Londres depuis qu'il s'était échappé de Nouvelle-Calédonie où il avait été déporté en 1871.

La parade militaire à l'occasion des funérailles de la Reine a été grandiose et touchante. Tous les régiments ont pris part à la marche funèbre

LA suspension générale des affaires, samedi **(2 février 1901),** eut pour effet de faire masser sur nos rues une foule de curieux, dont la plupart portaient des rubans noirs ou des médailles recouvertes de crêpe, en signe de deuil *(pour la reine Victoria).*

De bonne heure, les gens commencèrent à inonder les rues par où devaient défiler nos soldats et surtout les environs du carré Victoria où la statue de la reine attirait tous les regards.

Dans les quartiers commerciaux de la ville, des bannières à mi-mât, des portraits de la reine, tout entourée de tentures aux couleurs sombres, s'étalaient en signe de deuil national.

Jamais peut-être on n'a vu à Montréal un tel déploiement d'ornements funèbres, depuis le carré Victoria jusqu'à l'hôtel de ville. Aucun édifice n'apparaissait à nu au regard: tous portaient les marques de la tristesse générale. Samedi, avec les magasins fermés et les citoyens en deuil, l'effet de ces décorations était saisissant. (...) Les résidences privées, les collèges, les entrepôts, les manufactures et les magasins rivalisaient pour honorer la souveraine à qui trois générations de sujets ont obéi.

Il était tout naturel alors que nos rues fussent bondées tout le jour, de gens que la curiosité y amenait ou de citoyens qui revenaient de l'église. Vu le mauvais état des trottoirs, les tramways furent largement encouragés. La foule était innombrable, surtout au moment où les cloches annoncèrent le service religieux aux diverses églises; mais tout l'après-midi, Montréal offrit l'aspect d'un dimanche d'hiver.

LA STATUE DE LA REINE

La statue de la reine, sur le carré Victoria, était pour tous le principal centre d'attraction; tous, pauvres comme riches, y apportaient des tributs floraux. Le centre du piédestal était orné de fleurs magnifiques, présentées par les étudiants de l'université McGill, et représentant l'étoile de l'Ordre de la Jarretière, la décoration la plus convoitée qui soit au monde. 600 élèves, professeurs en tête, apportèrent au pied de la statue ce tribut d'hommage.

La ville de Montréal a envoyé une couronne de violettes portant les armes de la ville. Le Conseil national des femmes, dont Mme Drummond est la présidente, a présenté une magnifique couronne de lis blanc. (...)

Le comité chargé de décorer le carré Victoria s'acquitta de sa tâche d'une manière artistique, et ne laissa rien de côté, de ce qui était envoyé, en signe de regret et de deuil, par les citoyens de la ville.

DRAPEAUX EN BERNE

Le maire Préfontaine a reçu un télégramme du Secrétaire provincial le notifiant du désir du Roi, qui est de tenir les drapeaux en berne jusqu'à lundi *(5 février).* (...)

PARADE MILITAIRE

Le jour de deuil national fut des mieux observés par les autorités militaires, qui organisent une parade d'églises.

Une note touchante de cette parade fut la présence dans les rangs, d'au-delà de 200 vétérans, comprenant les vétérans de terre et de mer, ceux de l'invasion fénienne et de la rébellion du Nord-Ouest.

Ces vieux débris de nos armées, formant un bataillon à eux seuls, étaient sous le commandement du lieut.-col. Frank Bond, avec le major Porteous et le capitaine Armstrong en tête des deux compagnies.

La majorité des vétérans portaient sur la poitrine des médailles de service voilées de crêpe.

À 10 heures, les Carabiniers, au nombre de 200, quittèrent leurs quartiers généraux de la rue Cathcart, et se rendirent à la salle d'exercices où ils joignirent les autres corps. Aussitôt que la brigade fut au complet et eût pris ses positions, le lieut.-col. Peters, D.O.C., en compagnie du lieut.-col. Geo. Starke, agissant comme officier de brigade, monta sur une des galeries qui entourent l'édifice, et de là, le colonel Peters lut la proclamation annonçant la mort de la reine et l'avènement au trône du roi Edouard VII.

A LA CATHEDRALE

Une grande foule de fidèles remplissait la cathédrale St-Jacques, à la grand'messe chantée (...) pour attirer les bénédictions du ciel sur les membres de la famille royale. M. le chanoine Martin officiait, assisté de MM. les abbés Geoffrion et Forges. Mgr l'Archevêque de Montréal présidait au trône. L'élite de la société assistait.

Les soldats montent la garde au pied de la statue de la reine Victoria.

LE 65e REGIMENT

La population de Montréal a été particulièrement touchée de la parade du 65e Bataillon (...) à travers les principales rues de cette ville, à l'occasion des démonstrations sympathiques offertes de toutes parts en l'honneur de notre regrettée souveraine. Les Canadiens-Français, surtout, étaient saisis d'orgueil au passage de notre bataillon, à l'allure martiale, à la tenue irréprochable, et enfin, à l'apparence remarquable. L'ensemble du bataillon présentait le plus beau coup d'oeil, et les félicitations les plus chaleureuses lui sont offertes en cette circonstance.

LE CANADA A L'EXPOSITION DE PARIS

Plan des bâtiments qui seront affectés aux colonies anglaises, et notamment au Canada, à l'Exposition universelle de Paris, en 1900. Ces bâtiments étaient situés dans le parc du Trocadéro. Cette photo a été initialement publié dans LA PRESSE du *2 février 1899.*

UN MUSICIEN CANADIEN-FRANÇAIS REMPORTE A PARIS LE PREMIER PRIX D'UN CONCOURS DE COMPOSITION

*Ce texte publié par LA PRESSE du **2 février 1924** fait état d'un événement survenu le 21 janvier, mais qui n'était pas encore connu à Montréal de toute évidence.*

LE courrier qui apportait « Le Matin » du 21 janvier annonçait une bonne nouvelle aux amis de l'art en particulier et aux musiciens en général. M. Claude-Adonaï Champagne, compositeur de musique canadien-français, a gagné le premier prix de mille francs au premier concours pour le million du « Matin ».

Voici comment notre confrère de Paris raconte les circonstances du tirage et le bonheur de notre compatriote.

« Dans le hall de l'hôtel du « Matin » avait été dressée la machine qui, mue par la main des hommes les plus honorables ou par celle de la jeune innocence, allait dans son indifférente infaillibilité proclamer le verdict de la chance.

« En face d'elle, avec la gravité qui sied au constat de la Fortune, Me Blanche, huissier, comme il en avait été prié par « Le Matin », après avoir établi un long et minutieux procès-verbal, notait au fur et à mesure les numéros, heureux gagnants de nos prix.

« Quatre-vingt fois ainsi, la Fortune appela ses élus, et si par prudence elle désigna trois bénéficiaires suppléants, c'est qu'elle n'entendait point que par suite de la non-distribution possible d'un numéro, l'un des prix du « Matin » pût lui rester en compte.

« Pour porter à des gens une bonne nouvelle, il semble que vous poussent des ailes.

« Quatre à quatre, les étages du 5 de la rue Nicholas-Flamel ont été gravis.

-84 215! avons-nous murmuré essoufflé.

« Il n'en a pas fallu davantage pour que M. Claude Champagne et sa jeune femme comprennent qu'Ils étaient les heureux bénéficiaires du prix de mille francs de la première répartition du million.

« M. Claude Champagne est âgé de 35 ans, compositeur de musique, auteur déjà d'un grand poème symphonique, « Hercule et Omphale ». Il a quitté le Canada, son pays d'origine, pour venir suivre à Paris les cours du Conservatoire. (...)

BABILLARD

Les incroyables et imprévisibles retombées de la photo des huit chercheurs d'or

La photo des huit chercheurs d'or publiée dans cette page, le 13 janvier dernier, nous a permis, grâce à la collaboration assez extraordinaire d'une quinzaine de lecteurs, d'en apprendre un peu plus sur sept de ces huit personnages. En effet, seuls les descendants et les amis de P. Roy, de Lévis, le numéro un sur la photo, n'ont pas donné signe de vie.

Les renseignements ainsi obtenus sont tellement intéressants qu'il vaut la peine de vous les offrir, quitte à ce que la chronique « Babillard » occupe une place beaucoup plus grande que d'habitude. Les voici donc sans plus tarder.

Numéro 2, Gustave L'Heureux, de Saint-Hyacinthe. D'une arrière-nièce, **Odile L'Heureux-Perrier,** nous avons appris que M. L'Heureux était natif de Saint-Hughes, que ses six frères l'avaient suivi vers la découverte de l'or, que seul Georges était revenu vivre au Québec, que Gustave est resté dans l'ouest, qu'il a eu deux enfants, Wilfrid et Lucille qui seraient toujours vivants, dans la région d'Edmonton, qu'avec son bien, il s'était acheté un hôtel à Dawson City (la photo ci-jointe qu'elle nous a prêtée en témoigne!), pour ensuite le perdre pendant la crise et finir ses jours comme marchand de grain. Par ailleurs, d'une autre lectrice, de la rue Cartier, à Laval, qui a demandé à ce qu'on ne divulgue pas son nom, on a appris que M. L'Heureux avait été marié à Maria Archambault, tante de cette lectrice, laquelle avait donné à la mère de cette lectrice un collier en pépites d'or qu'elle possède encore. Comble d'ironie, Mme Archambault-L'Heureux en était à son deuxième mari, ayant d'abord marié Napoléon Dupras, le numéro 3 de la photo, mort très jeune. Et Mme Archambault-L'Heureux avait choisi de suivre M. L'Heureux dans l'ouest canadien.

Numéro 3, Napoléon Dupras, de Saint-Hyacinthe. La seule information que nous ayons obtenue à son effet s'avère donc qu'il a été le premier mari de Mme Maria Archambault-L'Heureux, comme nous l'avons dit précédemment

Numéro 4, Georges Lamarre, de Saint-Polycarpe. En voilà un qui a provoqué pas moins de quatre réactions. Le premier à nous parler de M. Lamarre fut **Lorenzo Dallaire,** dont le père était un ami de M. Lamarre, qu'il a connu vers 1930. Il se souvient en particulier de la chaîne de moutre en pépites d'or que portait constamment M. Lamarre. Petite anecdote, M. Lorenzo Dallaire tient son prénom de Lorenzo Prince, un journaliste de LA PRESSE que ses parents admiraient. Une autre à reconnaître M. Lamarre fut Mme **Rachel Lamarre-Côté,** de Ville Mont-Royal. Cette dernière est la fille de Georges Lamarre II, fils de Léon, un frère de Georges I, dont elle est donc la petite-nièce. **Solange Lalonde,** de Rosemère, est parente par alliance, puisque M. Lamarre est le grand-oncle de son mari. Elle nous apprend que c'est par accident que Georges « Coast-to-Coast » (c'est le surnom sous lequel on le connaissait, dit-elle) Lamarre est devenu chercheur d'or, puisqu'il était initialement parti pour travailler sur la construction du chemin de fer. Enfin, **Gabrielle Saint-Pierre,** de la rue Marcil, à Montréal, dont M. Lamarre est le grand-oncle (il était l'oncle célibataire de sa mère, Régina Lamarre), nous apprend qu'il était mort à Montréal, après avoir vécu de l'argent accumulé en vendant son or. Elle a reçu de sa mère trois souvenirs qui témoignent du passé de M. Lamarre, dont une magnifique montre en or des années 1890.

Numéro 5, Georges Demers, de Québec. Nous avons reçu trois communications au sujet de M. Demers. Une première dame de la rue Hamel, à Ahuntsic, qui nous demande (hélas!) de ne pas publier son nom, nous a fort bien renseignés au sujet de M. Demers. Ce dernier était le frère, marié mais sans enfant, d'un de ses oncles. Il possédait une belle montre en or qui impressionnait tout le monde, et il s'était fait construire une magnifique maison avec tourelle, près du monument aux Braves, sur le chemin Sainte-Foy, à Québec, maison que sa femme a habitée longtemps après sa mort. Deux neveux lui survivent, Georges-Henri Demers, de Saint-Romuald, et Mme Jeannette Demers-Savary, de Québec.

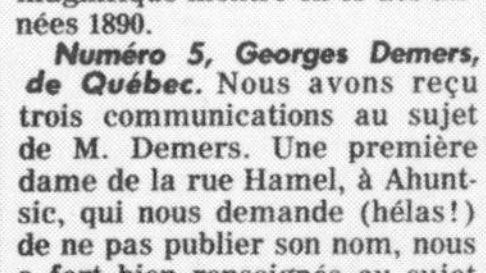

Le Dr Jacques Béland, de Montréal, conserve précieusement cette photo de sa mère en compagnie d'Odilon Binet. Cette photo a été prise en Floride, en 1940.

Louisette Demers, de Bernières, parente de quatrième génération, nous précise que M. Demers était originaire de Saint-Nicholas. Enfin, **Maurice Laverdière,** de la rue Connaught, à Montréal, a connu M. Demers, qui était l'oncle de son père.

Numéro 6, P.-Honoré Doré, de Québec. Au sujet de M. Doré, Mme **Thérèse Péloquin-Blais,** de Boucherville (dont la soeur Gaby a marié Jacques, fils de M. Doré), nous apprend qu'il est décédé en 1926, à l'âge de 62 ans. Elle nous apprend également que M. Doré était l'un des quatre bourgeois en l'honneur desquels il existe à Sainte-Foy une rue qui s'appelle « Chemin des Quatre-Bourgeois ». Pour sa part, **Andrée Doré,** de Saint-Lambert, nous apprend que la maison paternelle, sur le boulevard Langelier, à Québec, est toujours la propriété des Doré. Honoré Doré était le grand-père d'Andrée.

Numéro 7, Fernand Renaud, de Lancaster, Ontario. Selon M. **René Méthot,** de la rue Saint-Urbain, à Montréal, ce dernier s'appelait en fait Ferdinand, et il est mort en Californie le 16 décembre 1947. Marié et veuf sans enfant, il avait décidé de partager son héritage (de plusieurs centaines de milliers de dollars, selon M. Mèthot) entre ses six frères et soeurs.

Numéro 8, Odilon Binet, de Fraserville, Québec. Trois témoignages au sujet d'Odilon Binet, dont nous reproduisons une photo ci-contre en compagnie de Mme Alice Béland, en Floride. Le premier nous vient de Mme **Irène Pivin,** grande-nièce d'Odilon. Elle se souvient de lui d'autant plus que lorsqu'il venait voir sa soeur, en l'occurrence sa grand'mère, c'est sous l'oreiller de cette dernière qu'il cachait son or. M. Binet a vécu toute sa vie de l'or qu'il avait trouvé dans l'ouest, et il s'en était notamment servi pour s'acheter un hôtel, l'hôtel Binet, à Rivière-du-Loup. C'est à ce dernier endroit que M. **Achille Chartier** l'a connu, et sa longue lettre témoigne de la grande générosité dont faisait preuve M. Binet. La grandeur d'âme, le « coeur d'or », si on nous passe l'expression, transpirent également du témoignage du **Dr Jacques Béland,** qui l'a connu en Floride en 1940. Âgé de 20 ans, le Dr Béland avait dû s'y rendre pour s'y refaire une santé, et M. Binet l'avait pris sous son aile protectrice, comme il le faisait d'ailleurs avec tous les Québécois qu'il y rencontrait. Selon le Dr Béland (fils d'Alice dont il était question tantôt), M. Binet vivait six mois par année en Floride, toujours dans la même chambre de l'hôtel Warren.

Gustave L'Heureux (deuxième de gauche), ex-chercheur d'or, était devenu propriétaire de cet hôtel, à Dawson. Cette photo pris en 1913 (Gustave avait alors 42 ans) est une courtoisie d'Odile L'Heureux-Perrier, d'Anjou.

Voilà où nous a menés cette photo pourtant bien anodine. Ces faits découverts au fil de lettres et de conversations n'ont rien de spectaculaire, mais ils contribuent certes à enrichir ce que d'aucuns appellent la « petite histoire ».

Guy Pinard

ACTIVITÉS

■ Fête des neiges

Bassin olympique — Festival présenté par la ville de Montréal et auquel LA PRESSE participe activement en commanditant le palais de glace, que vous pourrez photographier afin de participer au concours de photos du palais de glace de LA PRESSE, offrant un premier prix de $500. Vous trouvez aussi quotidiennement dans LA PRESSE le programme des activités. Le festival prend fin le 5 février, mais le concours de photos se poursuit jusqu'au 2 mars.

LA PRESSE
100 ans d'actualités

C'EST ARRIVÉ UN 3 FÉVRIER

1981 — Pétro-Canada prend le contrôle de Pétro-Fina.

1974 — Amorce d'une nouvelle révolution culturelle sous la direction du président Mao, en République populaire de Chine.

1967 — Le premier ministre Lester B. Pearson annonce qu'Anne Francis présidera la Commission royale d'enquête sur le statut de la femme.

1966 — *Luna IX*, un satellite soviétique, se pose en douceur à la surface de la Lune, qu'il photographie.

1962 — Les États-Unis décrètent un embargo sur tous les produits cubains.

1959 — L'écrasement d'un *Electra* d'American Airlines dans la East River, à proximité de l'aéroport La Guardia fait 65 morts.

1957 — Décès à Coteau-Landing de J.-Édouard Jeannotte, député provincial de Vaudreuil-Soulanges.

1953 — Le Parlement canadien adopte une loi faisant d'Elizabeth II la « reine du Canada ».

1947 — Quinze des bourreaux du camp de Ravensbruck sont condamnés à mort pour atrocités.

1946 — Selon Washington, la bombe atomique lâchée sur Hiroshima a fait 78 150 morts.

1924 — L'ex-président Woodrow Wilson, des États-Unis, meurt dans son sommeil.

1908 — Election de Louis Payette à la mairie de Montréal.

LA PRESSE et la paralysie cérébrale

Dans le cadre des festivités qui marquent sa centième année de publication, LA PRESSE est heureuse de participer et de collaborer à une foule d'activités de tous ordres, et touchant toutes les sphères de l'actualité montréalaise.

Le téléthon organisé annuellement par l'Association de la paralysie cérébrale du Québec, et présenté sur les ondes de Radio-Québec demain et dimanche, 4 et 5 février, fait partie de ce programme.

Le président et éditeur de LA PRESSE, M. Roger-D. Landry, a accepté le poste de président honoraire du Téléthon, mais il aurait été impensable qu'il associe le nom de LA PRESSE à une telle activité sans impliquer l'entreprise au premier plan. A ce titre, il a assuré aux organisateurs de l'événement une participation en trois volets: une campagne publicitaire gratuite pour promouvoir le téléthon; une collecte auprès des employés de LA PRESSE; une contribution de l'entreprise sous la forme du versement d'une proportion de tous les revenus de publicité provenant de l'édition du lundi 30 janvier dernier.

Le montant de cette contribuation sera de toute évidence très élevé, et c'est avec plaisir et fierté que M. Landry en divulguera le montant aux organisateurs du téléthon au cours de l'émission télévisée.

UN EPOUVANTABLE INCENDIE DETRUIT LA NUIT DERNIERE LE PARLEMENT D'OTTAWA

Les ruines fumantes de l'édifice central du Parlement d'Ottawa, au lendemain de l'incendie du 3 février 1916.

Ce serait là l'oeuvre de criminels! — Le maire Martin, M.P., de Montréal, donne l'alarme. — Le député B.B. Law aurait péri.

LA nouvelle qu'un mystérieux incendie avait éclaté au Palais Législatif d'Ottawa, détruisant la partie centrale de l'édifice et causant plusieurs pertes de vie, a jeté la consternation dans le pays tout entier.

Alors que nos législateurs venaient à peine de se mettre à l'oeuvre et que tout marchait dans l'ordre le plus parfait, un cri d'alarme retentit et apporta la confusion au sein de cette assemblée. Une épaisse fumée remplit en quelques secondes les corridors et gagne bientôt la salle des délibérations, ce qui rend plus difficile le travail de sauvetage. Dans le tumulte qui s'ensuit, deux femmes, appartenant à la société de Québec, hôtes de Mme Albert Sévigny, femme de l'Orateur de la Chambre, qui assistaient à la réunion, périssent dans les flammes. (...) Et ce n'est que grâce au sang-froid montré par tous ceux qui se trouvaient dans l'édifice, au moment où les flammes firent leur apparition, si l'on n'a pas à déplorer de plus grands malheurs encore.

La brigade des pompiers se met promptement au travail. (...) Peine inutile, l'incendie accomplit son oeuvre et une heure plus après, toute la partie centrale du parlement n'est plus qu'un amas de ruines fumantes.

Des rumeurs persistantes disent que l'incendie aurait été allumé par une main criminelle allemande ou autrichienne et que le coup aurait été préparé de longue date. La rapidité avec laquelle l'élément destructeur s'est propagé (...) donne un air de vérité à cette assertion. (...) D'aucuns vont jusqu'à dire que le département de la Justice avait été averti trois semaines à l'avance par un journal des Etats-Unis, que les ennemis de l'Empire projetaient des attaques sur les principaux édifices de la capitale canadienne.

*C'est en ces termes que commençait l'impressionnante couverture consacrée par LA PRESSE à l'incendie du Parlement d'Ottawa, dans la soirée du **3 février 1916**. L'abondance de nouvelles nous force à résumer succintement les faits, sinon c'est toute cette page qu'il faudrait consacrer à l'événement aux conséquences terribles puisque pas moins de sept personnes, dont le député libéral de Yarmouth, M. Bowman Law, devaient y perdre la vie.*

Le début de l'incendie

L'incendie s'est déclaré vers 21 h dans la salle de lecture attenante à la chambre des délibérations de l'assemblée législative, alors que les députés écoutaient l'argumentation de M. Clarence Jamieson, de Digby, qui exigeait la tenue d'une enquête sur les prix payés aux pêcheurs pour leur poisson.

La plupart des témoins oculaires ont parlé d'une explosion en tout début d'incendie, l'un d'entre eux, le chef Graham, du service des incendies d'Ottawa, allant même jusqu'à affirmer qu'on avait entendu pas moins de cinq explosions. Les flammes et la fumée aussi dense que noire se sont propagées avec une rapidité telle que d'aucuns furent portés à accréditer la rumeur d'un incendie criminel. Et la prétention du « Providence Journal » à l'effet qu'il avait avisé (ce qu'il fut démenti rapidement par Washington et Ottawa) trois semaines plus tôt le département de la Justice (lequel, le journal ne le disait pas) trois semaines à l'avance des intentions d'employés de l'ambassade allemande de Washington d'attaquer les principaux édifices du gouvernement canadien. Cependant, dans les milieux bien renseignés, on devait attribuer la propagation ultra-rapide du feu à l'inflammabilité élevée des matériaux utilisés pour la décoration intérieure, et les « explosions » au bruit que faisait le feu en s'engouffrant subitement dans un corridor.

Quant à la rumeur de sabotage par des Allemands, elle donna lieu momentanément à une chasse aux sorcières, au point qu'on alla jusqu'à arrêter le pianiste Charles Strony, à Windsor, parce qu'il avait eu le malheur de prendre un billet pour Chicago après qu'il eut celui de se trouver à Ottawa le soir de l'incendie. Ce qu'il ne pouvait pas nier puisqu'il accompagnait Madame Edvina à un concert auquel assistaient le gouverneur général, le duc de Connaught, et son épouse.

Le hasard a voulu que l'alarme soit donnée par le maire Médéric Martin, député de Sainte-Marie, qui entendit une explosion au moment où il entrait dans la chambre. C'est au cri de « Le feu...et un gros! » qu'il avertit ses collègues.

Les conséquences de l'incendie

L'incendie fit sept victimes, mais il aurait pu être encore plus regrettable n'eut été de nombreux gestes de courage et de sang-froid de la part des centaines de personnes qui se trouvaient alors à l'intérieur de l'édifice.

Les morts furent, outre le député Law, M. J.-B. Laplante, assistant-greffier de la Chambre, Alphonse Desjardins, constable, son homonyme, plombier, Randolph Fanning, employé aux postes, et Mmes Henri Bray et Louis Morin, de Québec. On crut pendant un certain temps que le député J.O. Lavallée, du comté de Bellechasse, avait également péri dans l'incendie, mais il fut retrouvé sain et sauf à son domicile.

On parvint à sauver les documents sessionnels les plus importants ainsi que les peintures qui ornaient la Chambre du Sénat, mais on n'a malheureusement pas pu sauver celles de la Chambre des Communes, parmi lesquelles se trouvaient évidemment des peintures hors de prix.

L'incendie força évidemment le gouvernement de sir Robert Borden à s'installer ailleurs temporairement, et on choisit de siéger au musée « Victoria Memorial » en attendant la reconstruction de l'édifice.

Historique de l'édifice

C'est le 20 décembre 1859, sous l'administration Cartier-Macdonald, que furent commencés les travaux de l'édifice conçu par les architectes Fuller et Jones. Les travaux devaient être terminés en en 1862, mais ils ne le furent qu'en 1866, avec la session inaugurale commençant le 8 juin de cette année-là, donc un an avant la Confédération. La façade avait une longueur de 472 pieds, et la tour centrale de l'édifice de trois étages s'élevait à 160 pieds de hauteur.

L'édifice devait coûter initialement $348 000 mais le devis fut augmenté en cours de construction. Au moment de l'incendie, l'ensemble des édifices était évalué à $6 millions, et les dégâts de l'incendie, à $3 millions.

Ils se laissent prendre au piège par une prétendue guérisseuse

SAINTS-ANGES, St-Séverin et St-Bruno, dans le comté de Beauce, viennent de se donner rendez-vous, chez M. Octave Tardif. La célèbre guérisseuse, dont « La Presse » a fait mention, la semaine dernière, marche de merveille en merveille. Des centaines de personnes défilent dans sa maison, les voitures se croisent à la porte, et badauds, boiteux, bossus, paralytiques, crevés, hystériques, mâles et femelles se bousculent, pour forcer l'entrée de la chambre où la prêtresse sent l'esprit d'Esculape la pénétrer. Chacun apporte cruche ou bouteille que la guérisseuse remplit de « Aqua pura atque fontana », dans laquelle elle a, au préalable, trempé sa main, ornée de tatouages.

On assure que, pour les cas graves, tels que hernies étranglées, elle ajoute à cette eau un peu de salive. Celle-ci est d'autant plus efficace qu'elle a été plus longtemps en contact avec la fleur de lis que la nature lui a gravée au palais.

La renommée de cette femme a franchi les limites du comté, et, hier encore, il arrivait un fort contingent de Dorchester.

Mais les plus grands succès sur terre ont souvent leur réaction. Ceux qui revenant de là tout penauds, s'aperçoivent qu'ils côtoient le ridicule, se hâtent d'annoncer leur guérison ou amélioration. Dans certains cas, c'est cependant très difficile de soutenir le « show » bien longtemps.

En voici quelques spécimens que votre correspondant a pu découvrir.

Un vieillard qui, à titre d'« ex-voto » témoignant de sa guérison, avait laissé sa bande herniaire chez M. Tardif, a commis l'imprudence d'aller travailler au bois. Il a fallu le transporter chez le médecin, avec un brancard. Son intestin s'engouffraient hors des limites, comme aux plus tristes jours.

Un autre, qui avait laissé une ceinture d'un autre genre, a vite compris combien la vie lui était triste, sans les soulagements que lui procurait son appareil. Il l'a fait revenir par express.

Un autre, qui avait laissé un appareil acoustique quelconque, a failli se faire écraser par un train, en retournant chez lui.

Les grands infirmes, tels que rachitiques, déformés, bossus, aveugles, boiteux, attendent, en priant, une guérison qui est remise, en moyenne à 40 jours. La doctoresse, qui demeure à St-André de Bagot, aura donc le temps de s'esquiver. En terme de charlatan, cella s'appelle « protéger sa retraite ». Mais cette femme affirme qu'elle reviendra, en temps opportun, pour ceux qui ne seraient pas radicalement guéris.

On nous rapporte que ses recettes se chiffrent dans les quinze cent dollars, ce qui prouve beaucoup en faveur de la générosité de nos populations, et beaucoup trop en faveur de leur naiveté.

La soigneuse nous dit qu'elle est dans le métier depuis 20 ans; et elle avoue qu'elle n'a jamais rencontré, en aucune de ses pérégrinations, des patients aussi bien disposés et aussi reconnaissants que ceux de la Beauce.

Cet article, qui démontre que la naiveté n'a pas d'âge, a été publié dans LA PRESSE du 3 février 1903.

La foule en face du domicile de la « guérisseuse ».

LA LEGION D'HONNEUR

M. Philippe Hébert, sculpteur canadien, reçoit une décoration du gouvernement français

UN câblogramme reçu hier **(3 décembre 1901)** de Paris nous apprend que M. Charles-Philippe Hébert, notre artiste canadien, a été reçu Chevalier de la Légion d'honneur.

Tous les Canadiens et particulièrement les Canadiens-Français se réjouiront sans doute de ce grand honneur accordé à l'un des nôtres par la France. (...)

Notre artiste national descend d'une de ces malheureuses familles si inhumainement chassées de l'Acadie. Son père, Théophile Hébert, un des pionniers des townships de l'Est, était cultivateur à Saint-Grégoire de Nicolet. Il avait épousé Mlle Julie Bourgeois, dont le père venait de La Rochelle, France. Charles-Philippe naquit à Sainte-Sophie d'Halifax, dans le comté de Mégantic, le 27 janvier 1850, et fréquenta l'école modèle de Saint-Grégoire.

Hébert cependant se livra aux travaux des champs, si peu conformes à ses goûts pour gagner sa vie. Il avait dix-neuf ans, lorsqu'il entendit l'appel fait aux Canadiens en 1869 pour la défense des Etats du pape. Il résolut de se joindre aux zouaves et partit pour Rome. Son rapide passage à travers New York et Paris fut pour lui toute une révélation. (...) Le jeune Hébert revint au pays en 1871 et travailla pendant quelque temps sur une ferme aux Etats-Unis, puis devint agent pour la vente d'arbres fruitiers, puis vint se fixer à Montréal dans l'espérance d'exercer avec plus de facilité son talent. A l'Exposition provinciale du mois de septembre 1873, il exposa un petit buste qui lui valut un prix et le même mois, il entrait comme élève dans l'atelier de M. Bourassa, artiste. (...)

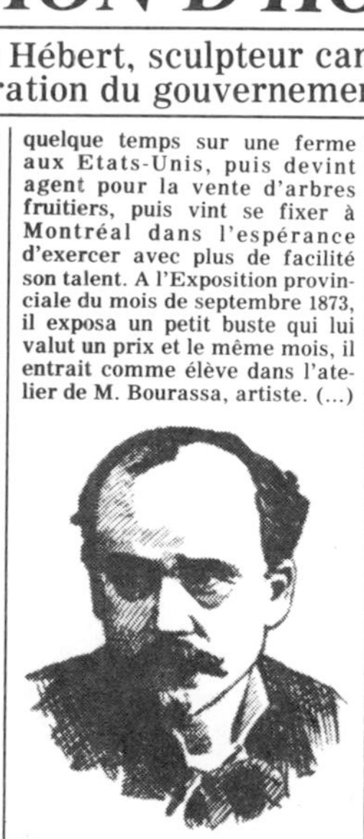

Il passa six années à étudier sous la direction de M. Bourassa, puis il se rendit à Paris, où il employa une année à se perfectionner par l'étude des chefs-d'oeuvres. De retour au Canada, il fit un modèle de la statue de Salaberry, érigée à Chambly.

Il fut le lauréat du concours ouvert pour la statue de sir George-Etienne Cartier; c'est aussi lui qui a fait la statue de sir John Macdonald.

En 1888, le gouvernement lui confia l'exécution des groupes et statues historiques destinés à orner la façade du nouveau palais législatif de Québec.

Pour l'exécution de ces importants travaux, il avait son atelier à Paris, rue de l'Ouest, où il conçut et exécuta aussi ce magnifique monument de Maisonneuve que l'on admire sur la Place d'Armes, à Montréal. C'est aussi lui qui fit la statue de Chénier et celle du père Garin, O.M.I., érigée à Lowell, aux Etats-Unis. Citons encore, parmi les oeuvres dues à son fin ciseau, ce splendide groupe de la lutte de la civilisation contre la barbarie, connu sous le nom de « Sans merci ».

M. Hébert est le possesseur de plusieurs médailles et a reçu plusieurs prix en argent, conquis par ses oeuvres, notamment la médaille de la confédération, qui lui a été offerte par le gouvernement de la Puissance en 1894 comme marque d'appréciation de talent.

M. Hébert est marié à Mlle Marie Roy et il est le père de six enfants.

ACTIVITÉS

■ Fête des neiges

***Bassin olympique* — Festival présenté par la ville de Montréal et auquel LA PRESSE participe activement en commanditant le palais de glace, que vous pourrez photographier afin de participer au concours de photos du palais de glace de LA PRESSE, offrant un premier prix de $500. Vous trouvez aussi quotidiennement dans LA PRESSE le programme des activités. Le festival prend fin le 5 février, mais le concours de photos se poursuit jusqu'au 2 mars.**

LA PRESSE

100 ans d'actualités

QUATORZIEME ANNEE—N° 79 MONTREAL, SAMEDI 5 FEVRIER 1898 SEIZE PAGES—UN CENTIN

LA SENTENCE DE MORT PORTEE PAR LE JUGE DeLORIMIER, HIER, CONTRE TOM NULTY

" La sentence de cette Cour est que vous, Thomas Nulty, soyez conduit à la prison commune de ce district de Joliette, et, là, détenu jusqu'au vingtième jour du mois de mai prochain, à neuf heures de l'avant-midi, et qu'alors vous soyez conduit de la prison au lieu de l'exécution et que là et alors vous soyez pendu par le cou jusqu'à ce que mort s'ensuive."

" Que Dieu ait pitié de votre âme !"

LA FIN DE LA BOUCHERIE DE RAWDON

*Le **4 février 1898**, le juge de Lorimier condamnait Thomas Nulty, de Rawdon, à la pendaison pour un quadruple meurtre. Voici donc de larges extraits de l'article que LA PRESSE consacrait au jugement dans son édition du 5.*

(de notre correspondant spécial)

Joliette — Le savant juge (...) explique aux jurés comment ils doivent apprécier la preuve médico-légale, et (...) il les prie de rendre le verdict qu'a inspiré la preuve à leur âme et conscience. Il est cinq heures moins dix minutes.

LES JURÉS SE RETIRENT

et le silence solennel qui a régné pendant l'adresse du juge se rompt peu à peu. (...).

Il est cinq heures dix minutes. Le greffier rappelle les jurés *(qui rentrent dans la salle)*. Ils sont bien douze, aucun n'est resté en arrière.

Messieurs, êtes-vous unanimes dans le verdict que vous allez rendre?

Oui.

Avez-vous trouvé l'accusé coupable ou non coupable?

Les spectateurs sont montés sur les sièges pour ne pas perdre la parole qui va tomber des lèvres des jurés. Une dizaine de ces créatures, de ces sensitives qui s'appellent les femmes, sont grimpées sur le tribunal du juge et guettent la parole du jury, qui répond comme un seul homme, à la question du greffier:

COUPABLE!

Le choc électrique a fait converger tous les regards vers le juge, qui va prononcer la sentence de mort. Les yeux sont hébétés à force d'anxiété. Tom a les bras croisés et reste impassible.

Après le prononcé de la sentence, la foule s'écoule lentement. Un groupe se forme pour voir passer le condamné. Tom descend de la boite aux accusés suivi des regards de ses anciens amis et de tout le monde. Il demande à un des gardes qui l'escortent:

Le juge de Lorimier

«Qu'est-ce qu'ils ont tous à me regarder? Je ne suis pas un ours.» (...)

LE PRÉSIDENT DU JURY

J'aborde le président du jury et lui demande comment les choses se sont passées. Il a la figure radieuse et me répond joyeusement:

«Eh bien, monsieur, je vous dis qu'on n'est pas fâché de sortir d'ici. Il y a trois semaines que nous sommes en cage et nous n'avons pas pris de temps à nous délivrer. Nous étions tous convaincus que Tom était coupable. Nous sommes entrés dans notre chambre, et au lieu de discuter deux par deux dans les coins, comme c'est l'habitude, nous nous sommes mis en rond et j'ai dit à mes compagnons: «Il y a certainement un doute sur la culpabilité de Tom. A-t-il eu connaissance de son meurtre au moment où il l'a accompli; il a gardé un peu la mémoire de son acte, il est douteux qu'il en ait eu quelque connaissance, mais à part cela, il n'est pas coupable. Nous avions un doute et le tribunal vient de nous dire que le doute doit servir contre l'accusé. Est-il coupable? Tous ont répondu 'Coupable!'» (...)

ENTREVUE AVEC LE CONDAMNÉ

Grâce à l'obligeance (...) de M. le geôlier Turcotte, il m'a été donné de voir le condamné. (...) M. le geôlier me dit qu'en gravissant les degrés qui mènent à la prison, le condamné a laissé couler deux pleurs. Tom a vivement essuyé de la main ces larmes qu'il n'a pas voulu laisser voir. (...)

Le prisonnier n'a pas encore pris possession de la cellule des condamnés à mort. (...) Il a encore quelques heures à vivre avec ses trois compagnons de cachot. (...) Je l'appelle et je passe deux doigts dans un des étroits carreaux de la porte de fer qui me sépare de lui. Il me serre les doigts et me dit bonjour. Je sens ses nerfs excités; il me semble fort calme cependant.

Allons, mon pauvre Tom, vous n'avez pas eu de chance.

Il répond d'une voix lente et qui fait pitié.

Non monsieur. Mais je suis content. Dieu m'a donné une mauvaise heure, pendant laquelle j'ai commis un crime sans en avoir la connaissance. J'aurai le temps de me préparer à bien mourir. (...)

Le coup cependant n'a pas l'air à vous surprendre. Étiez-vous préparé?

Ça ne me coute pas de mourir, mais je ne sais pas ce qu'il y a de l'autre bord.

Mais n'êtes-vous pas catholique?

Ah oui, mais la vie, c'est toujours la vie et quand on va mourir... (...)

Votre mère va-t-elle venir vous voir?

Je pense bien.

La pauvre femme doit souffrir autant que vous en ce moment?

Je pense bien.

Allons, mon pauvre Tom, adieu et prenez courage. Soyez plus fort, car vous semblez fort abattu... (...) Voulez-vous que je parle de vous dans les journaux?

Non, les journaux sont trop méchants. Ils ont dit que mes avocats étaient aussi canailles que moi.

Vous êtes content de vos défenseurs?

Oui. (...)

LE PÈRE NULTY

Je viens de voir M. Michael Nulty. Il est au cou de M. de Salaberry *(un des deux avocats de la défense)* et pleure comme fait un enfant: «Mon Dieu, vous avez fait ce que vous avez pu. Dieu vous bénira, oh oui. Dieu vous bénira. Vous n'auriez pas fait plus pour sauver votre propre enfant.»

Je lui demande comment Mme Nulty a reçu la terrible nouvelle. Il me répond qu'elle n'a pas la force de pleurer.

Thomas Nulty avait subi cette condamnation pour le meurtre sanglant de trois de ses soeurs et de son jeune frère, le 8 novembre 1897. Nulty les avait tués froidement, l'un après l'autre, à coups de hache. Nulty avait admis avoir commis les quatre crimes. Il dit avoir porté le premier coup de hache à la tête de sa soeur Élizabeth poussé par un désir incontrôlable de la tuer. Puis il prétendit qu'après ce premier coup, il perdit totalement conscience de ses actes. D'ailleurs, ses procureurs tentèrent de lui éviter la potence en plaidant l'épilepsie dementielle, argument qui ne fut pas retenu par le juge.

Quant au motif des crimes, d'aucuns émirent l'opinion que Tom Nulty désirait ardemment épouser Rosa Lespérance et l'amener vivre à la maison paternelle. Or, ce mariage était impensable avec cinq enfants vivant encore à la maison (les Nulty avaient quatre filles encore vivantes, toutes mariées).

Tom Nulty

(Le lecteur aura remarqué que la potence, de bas en haut, résume la vie du condamné.)

Cette vignette faisait état de la victoire de 4 à 1 du club Montréal aux dépens du Victoria de Winnipeg, le *4 février 1903*, victoire qui, aux dires de LA PRESSE, permettait au club Montréal de conserver la coupe Stanley. Mais le Silver Seven d'Ottawa devait contester la victoire du Montréal, et finalement mériter la coupe Stanley, comme en témoigne d'ailleurs le livre officiel de la Ligue nationale de hockey.

C'EST ARRIVÉ UN 4 FÉVRIER

1981 — En accédant au poste de premier ministre de Norvège, Mme Gro Harlem Bruntland devient à 41 ans le plus jeune premier ministre du pays, et la première femme à occuper ces fonctions.

1977 — Un accident dans le métro de Chicago fait 11 morts et 200 blessés.

1976 — Ouverture des Jeux olympiques d'hiver d'Innsbruck. — Violent tremblement de terre (enregistrant 7,5 à l'échelle Richter) au Guatemala: on dénombre 20 000 morts et 65 000 blessés. — Première comparution de Patricia Hearst à son procès, deux ans jour pour jour après son enlèvement par l'Armée de libération symbionaise. La fille du magnat de la presse américaine, Randolph A. Hearst avait alors 19 ans.

1975 — Le gouvernement fédéral approuve le projet Syncrude, évalué à $2 milliards.

1973 — Yvon Dupuis est élu chef du Parti créditiste du Québec.

1966 — Un *B-727* d'All Nippon s'abime dans la baie de Tokyo et fait 133 morts.

1963 — Démission de Douglas Harkness, ministre canadien de la Défense, à cause de ses vues irréconciliables avec celles du premier ministre Diefenbaker en matière d'armement nucléaire.

1961 — L'URSS place sur orbite un satellite de 7,1 tonnes.

1958 — Tout mineur doit dorénavant être assuré pour au moins $20 000 avant d'obtenir un permis de conduire.

1957 — Le prototype du *CL-28* ou *Argus*, le plus gros avion jamais fabriqué au Canada, sort de l'usine Canadair.

1945 — Roosevelt, Churchill et Staline préparent l'après-guerre à la conférence de Yalta, en Crimée.

1888 — Décès de l'honorable Sévère Rivard, membre du Conseil législatif et ex-maire de Montréal.

Fait unique dans le service des postes

Une lettre mise à la poste il y a 53 ans n'a été livrée qu'hier

UNE missive qui, heureusement, n'annonçait aucun événement important et ne contenait rien qui put affecter en quelque manière les destinées du pays, a été livrée hier **(4 janvier 1908)** seulement, après avoir passé cinquante-trois ans entre les mains des autorités postales.

Elle était adressée à Mlle Lizzie Garthwaite, de New York, par Mlle Fanny Brittin, de la Nouvelle-Orléans.

L'auteur de la missive était la fille d'un citoyen important de la Nouvelle-Orléans. Elle demeure actuellement à El Paso, Texas. Celle à qui elle était destinée (Mlle Garthwaite) est aujourd'hui Mme John A. Nichols et demeure au No 14 rue Fulton, Newark.

En 1854, Mlles Garthwaite et Brittin, qui sont cousines, était des fillettes fréquentant la même école. Elles demeuraient à Elisabethtown, qui porte aujourd'hui le nom de Elisabeth tout court. La famille Brittin quitta cette année-là le New Jersey pour aller demeurer dans le sud. Les deux jeunes filles correspondaient; mais une des lettres de Mlle Garthwaite resta sans réponse. Cette réponse avait pourtant été écrite et mise à la poste; mais elle est restée là du 30 décembre 1854 au 2 février 1908.

Les autorités postales donnent pour explication qu'au cours de la distribution la lettre sera tombée entre une table et le mur de l'édifice et y sera restée jusqu'au jour où l'on jugea à propos de changer la table de place.

Ce croquis du dessinateur de LA PRESSE montre les ruines d'un désastreux incendie qui a jeté sept familles sur le pavé en détruisant autant de maisons de Sainte-Anne-de-Bellevue, le *4 février 1901*. Heureusement, les flammes ont épargné la maison (marquée d'un «x») où le poète irlandais Thomas Moore a vécu les dernières années de sa vie et où il a écrit son oeuvre « The Canadian Boat Song ».

Dans son édition du *4 février 1948*, LA PRESSE publiait cette photo d'Ed. M. Bauer, de Campbellsport, Wisconsin. Âgé de 41 ans, M. Bauer prétendait être le plus gros tavernier du monde, avec un poids de 780 livres et un tour de taille de 86 pouces.

BABILLARD

Un témoignage venu d'Ontario

Le président et éditeur de LA PRESSE, M. Roger-D. Landry, recevait récemment de Mme **Yvonne Gagnon,** de Limoges, Ontario, un témoignage qui ne manque pas d'intérêt. Le voici donc sans plus de préambule.

Mme Gagnon possède un exemplaire du premier numéro du Magazine illustré (celui du 14 décembre 1925) offert aux Franco-Américains qui étaient abonnés réguliers de LA PRESSE, à raison de $1,80 par année en plus de l'abonnement régulier, soit 3 cents et demi par semaine. Ses parents demeuraient alors à Piercefield, État de New York, et son père travaillait au moulin à papier.

Son père était un fervent amateur de sports, mais comme il ne savait ni lire ni écrire, c'est la petite Yvonne qui, même si elle n'aimait pas le sport, devait lui faire la lecture de tout ce qui touchait le sport, et plus particulièrement le hockey.

Son père avait une équipe favorite, le Canadien, et deux joueurs préférés, Aurèle Joliat et, bien sûr, Howie Morentz. Elle nous raconte que son père a pleuré quand il a appris le décès de Morentz.

Une fois la page de sport terminée, malgré ses difficultés en français (elle fréquentait évidemment une école de langue anglaise), elle devait s'attaquer à la lecture de Ladébauche. « J'avais hâte d'en finir, dit-elle aujourd'hui, pour aller jouer avec mes amies ».

Ses parents devaient finalement revenir au pays en 1935, lorsqu'une grève a frappé le moulin à papier qui employait son père. Mme Gagnon a aujourd'hui 72 ans. Elle dit, en terminant, que c'est avec beaucoup de plaisir qu'elle a vu l'émission *Le temps de vivre* que Radio-Canada consacrait au centenaire de LA PRESSE, l'automne dernier.

Corrections

Une erreur s'est malencontreusement glissé dans les « éphémérides » du 20 janvier dernier. Charles Dosithé Soupras était bien gouverneur de l'île Sainte-Hélène, mais celle près de Montréal, et non celle d'Europe. Mille excuses aux historiens... et aux lecteurs attentifs!

Quant à la leçon de piano publiée dans l'édition du 27, il fallait lire « à la page une de la deuxième section » dans la légende qui accompagnait la leçon. Les mots « de la deuxième section» ont été oubliées en cours de rédaction.

ACTIVITÉS

AUJOURD'HUI

■ À la radio

17 h, Radio-Canada — Chronique consacrée à LA PRESSE à l'émission *Avec le temps*, animée par Pierre Paquette.

AUJOURD'HUI ET DEMAIN

■ Fête des neiges

Bassin olympique — Festival présenté par la ville de Montréal et auquel LA PRESSE participe activement en commanditant le palais de glace, que vous pourrez photographier afin de participer au concours de photos du palais de glace de LA PRESSE, offrant un premier prix de $500. Vous trouvez aussi quotidiennement dans LA PRESSE le programme des activités. Le festival prend fin demain, mais le concours de photos se poursuit jusqu'au 2 mars.

■ À la télévision

Radio-Québec — Présentation du téléthon de la paralysie cérébrale, de samedi soir à dimanche soir. Animateur: Serge Laprade.

HUMILIANTE DEFAITE

TOPEKA, Kansas — La parade des femmes, défenseurs du foyer domestique (Home Defenders) n'a pas eu lieu aujourd'hui **(4 février 1901)** comme on l'avait annoncée. Elle a été remise à demain, car aujourd'hui, les rues de la ville sont couvertes quasi par un pied de neige.

Comme la parade n'avait pas lieu, Mme Nation et les femmes de son bataillon ont essayé de détruire une buvette portant le nom de place Murphy. La troupe, en arrivant à la porte de la buvette, fut arrêtée par des gardes armés et chargés de protéger l'établissement. Les femmes tentèrent alors d'arriver jusqu'à la porte, et Mme Nation, sa hache à la main, se préparait à frapper à coups redoublés la porte quand une main à l'arrière saisit la hache de Mme Nation et la lui arracha des mains.

Une bagarre terrible commença alors entre les gardiens de la buvette et les femmes de la troupe. Durant l'excitation du combat, les coups pleuvèrent sur les yeux et le nez des combattants. Mme Nation, la paupière de l'oeil coupée par le tranchant d'une hache, était incapable de diriger ses femmes, et en conséquence, on leur ordonna de recommencer l'assaut.

Durant près d'un quart d'heure, les femmes luttèrent dans la rue, au milieu des cris d'encouragement de la foule assemblée et sympathique à Mme Nation. Plusieurs rencontres corps à corps entre les combattants eurent lieu, mais la police ne pouvait arrêter la lutte. Finalement, les constables s'emparèrent de Mme Nation et la conduisirent en prison.

LA PRESSE

100 ans d'actualités

LA GREVE EST DECLAREE

Changement de décor dans nos rues ce matin.
-Hé! M'sieu, laissez moé embarquer...
—Next car!!!

La principale cause de ce désastre public est le refus de la Compagnie de recevoir, hier, une députation des Employés des Tramways exposant les griefs. On n'a pas voulu répondre à une offre de passer par arbitrage.

Les instructions donnees aux grevistes par leurs chefs est de respecter l'ordre public.

MONTRÉAL, ce matin **(6 février 1903)**, dès les premiers rayons du jour, avait l'aspect d'une cité des morts. Le son du « gong » des Tramways auquel nos oreilles sont si habituées ne se faisait plus entendre, on ne voyait plus de loin en loin les lumières mouvantes sur les rails, on n'apercevait plus les étincelles bleuâtres se détacher des fils électriques avec un bruit sec de craquement, enfin on ne voyait plus les gens attendant avec impatience aux coins des rues pour savoir combien la voiture espérée était en retard.

C'était la grève des p'tits chars qui venait d'être déclarée.

Jamais une grève n'a suscité autant d'intérêt dans toute la population de la ville de Montréal, puisqu'elle touche de près, chaque citoyen en particulier, depuis le riche actionnaire, qui voit avec désespoir, baisser ses points, jusqu'à la petite ouvrière aux épaules maigrelettes et aux souliers éculés qui est obligée de parcourir trois, quatre, et cinq milles à pied pour se rendre à son travail, et revenir, le soir, au foyer.

C'est par ces paragraphes lyriques que LA PRESSE entreprenait, dans son édition du jour, une couverture absolument spectaculaire — et sans doute à la mesure des ennuis que causait cet arrêt de travail à la population — à la grève du transport en commun, en consacrant au conflit ouvrier près de quatre pages (sur dix!) le premier jour seulement. LA PRESSE, tout comme la population ainsi que l'ensemble des grévistes d'ailleurs, et contrairement au « Montreal Star » (le « city editor » de ce journal avait incidemment provoqué l'hilarité de la salle de rédaction en remettant...deux billets de tramway (!) au journaliste responsable de la grève!) appuyait très nettement le point de vue des grévistes, mais tout en laissant la chance à l'entreprise d'exprimer ses opinions. C'était une couverture sans doute partisane, mais honnête.

LA DECLARATION DE LA GREVE

Voyons à partir du texte comment la grève s'est déclarée.

Il était minuit: dans l'immense salle du marché Bonsecours avaient retenti des cris d'enthousiasme poussés par dix mille poitrines. La foule mouvante élevait la voix de temps à autre pour protester contre certains actes de la compagnie des tramways et applaudir à certaines périodes que les orateurs semblaient prononcer avec plus de pathétique à cause de l'importance des circonstances et la portée des paroles qu'ils prononçaient.

M. John Bumbray, le jeune avocat choisi par le comité pour donner la direction au point de vue légal, avait la parole.

« Messieurs, dit-il, le temps est venu d'agir; il faut faire la séparation des boucs et des brebis. Que les employés de la « Montreal Street Railway Company » se place à l'extrémité ouest de la salle; que les amis venus ici pour nous encourager par leur présence et la promesse de leur concours prennent l'extrémité est! Bon, comme cela... dressons mieux la ligne de séparation.

« Maintenant, messieurs les employés des chars urbains, conducteurs et garde-moteurs, qui depuis si longtemps courbez les épaules sous la tyrannie d'une compagnie impitoyable, êtes-vous décidés de secouer le joug? » — « Oui, oui, crient des milliers de voix » — « Dans ce cas, continue M. Bumbray, que ceux d'entre vous qui sont consentants à se mettre en grève immédiatement, restent là où ils sont, que les autres se retirent dans ce coin là ».

Comme démocratie syndicale on aurait pu évidemment souhaiter mieux. Mais il faut comprendre que le syndicalisme en était à ses premiers balbutiements, et que l'Union (comme on disait à l'époque) des employés des tramways risquait d'être mortenée puisque c'est justement le refus de la compagnie de reconnaître son existence qui se trouvait à la base même du conflit ouvrier.

Dans une déclaration reproduite in extenso par LA PRESSE, et signée de la main de F.L. Wanklyn, gérant général de la compagnie, cette dernière se défendait de maltraiter ses employés en soulignant que c'était la première fois que surgissait un accrochage entre les deux parties. La compagnie soulignait par exemple que en juin 1899 *(nous étions en février 1903, est-il nécessaire de le rappeler?)* la compagnie augmenta les salaires des conducteurs et des mécaniciens à son emploi depuis deux ans ou plus; tous les employés reçoivent en outre gratuitement une assurance contre la maladie et les accidents; tous les conducteurs et les mécaniciens depuis cinq ans ou plus au service de la compagnie reçoivent gratuitement des uniformes, des casquettes et des pardessus. En juillet 1902, les salaires des conducteurs et des mécaniciens à l'emploi de la compagnie depuis deux ans et plus furent encore augmentés.

CONSEQUENCES DE LA GREVE

Au début, ce fut évidemment une surprise, et jamais n'avait-on vu autant de piétons sur les trottoirs, au point que LA PRESSE comparaît les grandes artères (Sainte-Catherine, Saint-Jacques et Saint-Laurent) au Broadway de New York.

Mais rapidement, profitant du temps doux, les bicyclettes faisaient leur apparition. LA PRESSE disait d'ailleurs à cet effet: L'un de ces bicyclistes qui avait une grosse cloche attachée à sa machine, descendait la rue Saint-Denis, vers sept heures. A l'angle de la rue Duluth, il a failli causer une panique en sonnant trop fort sa cloche dont le son ressemblait, à s'y méprendre, à un « gong » de tramway.

Les cochers de place, comme en témoigne LA PRESSE, faisaient des affaires d'or: Le public est enchanté du service des cochers de place qui n'ont pas profité de la grève des tramways pour surcharger leurs clients. Ils se sont mis à la disposition du public, et pour n'importe quelle destination, ils n'ont chargé que les taux alloués par leur tarif. (...) Oh! ceux-là font des affaires d'or. Ce matin, les postes des gares Bonaventure et Windsor étaient presque déserts. Tous les cochers fument le cigare aujourd'hui; tous rient de bon coeur. Tant mieux, il y aura toujours quelqu'un de satisfait!

Et on pourrait en dire des restaurants et des hôtels, dont les propriétaires bénissaient la grève pour reprendre l'expression de LA PRESSE.

LES APPUIS AUX GREVISTES

Quant aux grévistes, ils avaient la sympathie d'à peu près tout le monde, et plusieurs entreprises le leur ont fait sentir en leur envoyant des présents, cigares, café, sandwiches, « cordiaux » comme on disait pudiquement, etc.

Il faut dire qu'à part quelques accrochages et quelques vitres cassées, à cause de tentatives de sortir des tramways des différents dépôts de la compagnie, la grève se déroulait dans un calme relatif. Mais les hommes du chef de police Legault étaient prêts à intervenir. Ce dernier toutefois refusait de faire des commentaires: Aujourd'hui, *dit-il*, je n'y suis pour personne, surtout pour « La Presse »!

Même les usagers appuyaient les revendications des employés. Comme le disait l'un deux: Si on traitait plus humainement ces pauvres gens et qu'on leur payât un meilleur salaire, ils ne se seraient pas mis en grève. *Sur 100 personnes interrogées, disait LA PRESSE, une seule n'était pas d'accord avec la grève, jugeant les demandes des grévistes exagérées.*

À demain pour la suite.

Mlle MAY CARPENTER — Mlle EVELYN LEFEBVRE — Mlle BERTHA MASSON

***L'intérêt de la femme pour le hockey n'est pas un phénomène récent, comme en fait foi cette photo publiée dans LA PRESSE avec l'articulet suivant:* Le club Cornwall a triomphé du Western par un score de 3 à 0 hier soir *(6 février 1917)*, devant douze cent personnes au Jubilé. Mlle Albertine Lapensée, capitaine du Cornwall, a joué une partie de toute beauté et a compté les trois points de son club. Mlle Arnold et Mlle Barnes, du Western, ont fait un travail énorme sur la défense, mais elles n'ont pu réussir à paralyser les efforts de Mlle Lapensée, qui est de beaucoup le plus brillant joueur *(vous noterez qu'on ne disait pas « joueuse »)* dans les clubs de jeunes filles.**

ACTIVITÉS

■ À la télévision

Le 18-heures, Télé-Métropole — Vers la fin de ce bulletin de nouvelles, soit vers 18 h 50, les animateurs commentent quelques manchettes tirées des pages de LA PRESSE et qui ont fait l'actualité d'hier.

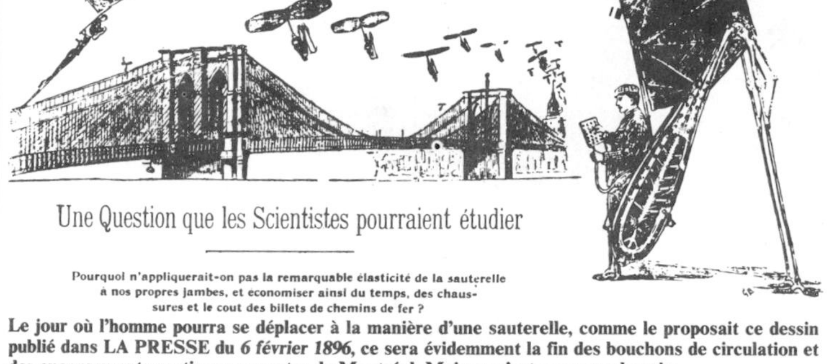

Une Question que les Scientistes pourraient étudier
Pourquoi n'appliquerait-on pas la remarquable élasticité de la sauterelle à nos propres jambes, et économiser ainsi du temps, des chaussures et le cout des billets de chemins de fer ?

Le jour où l'homme pourra se déplacer à la manière d'une sauterelle, comme le proposait ce dessin publié dans LA PRESSE du *6 février 1896*, ce sera évidemment la fin des bouchons de circulation et des engorgements routiers aux portes de Montréal. Mais ce n'est pas pour demain...

C'EST ARRIVÉ UN 6 FÉVRIER

1970 — Des hommes grenouilles égyptiens coulent un navire israélien, à Eilath.

1968 — Ouverture des Jeux olympiques d'hiver de Grenoble.

1958 — En gagnant la descente de Bad Gastein, Autriche, Lucille Wheeler devient la première Canadienne à enlever une épreuve internationale de ski.— Parmi les 20 morts d'un accident d'avion, à Munich, on retrouve sept joueurs de l'équipe de football Manchester United.

1953 — Le président Eisenhower abolit les contrôles des prix et des salaires.

1952 — Le roi George VI d'Angleterre succombe à une crise cardiaque dans son sommeil, et sa fille Elizabeth doit rentrer d'urgence d'Afrique.

1951 — L'effondrement d'un pont cause le déraillement d'un train à Woodridge, New Jersey; on dénombre 81 morts et 500 blessés.

1950 — Le président Truman invoque la loi Taft-Hartley dans la grève des charbonneries américaines, mais 370 000 mineurs défient l'ordre de retour au travail.

1948 — La Canadienne Barbara Ann Scott gagne la médaille d'or du patinage artistique aux Jeux olympiques de Saint-Moritz.

1948 — Suicide du général Otto von Stupnagel, ancien gouverneur militaire allemand à Paris.

1922 — Élu pape à la succession de Benoît XV, le cardinal Achille Ratti adopte le nom de Pie XI.

1918 — À Québec, le comité des bills privés décide d'annexer Maisonneuve à la cité de Montréal.

1908 — Grève d'une quarantaine de « charroyeurs à neige » à l'emploi de la Ville de Montréal.

1898 — Un incendie éclate à la compagnie d'électricité « Citizen Light & Power », à la Côte-Saint-Paul.

LE PHONOGRAPHE

C'EST une chose véritablement miraculeuse que le téléphone, nous ne saurions nous lasser de le redire; et il est susceptible des applications les plus utiles et les plus extraordinaires. Cependant, ce n'est encore rien en comparaison du phonographe, qui ne va pas tarder à entrer à son tour dans les moeurs courantes et à révolutionner les relations humaines.

A côté, en effet, de ses avantages multiples, le téléphone a le grand inconvénient de ne pas laisser trace des communications qu'il transmet. *Verbis volant, scripta utanent*, dit un vieux proverbe latin: « Les paroles s'envolent, les écrits restent ». Même transmises électroniquement par le téléphone, les paroles s'évanouissent une fois prononcées; s'en souvient seulement qui veut, et la preuve de leur existence éphémère n'est plus possible: autant en a emporté le vent.

Mais ce que ne peut pas faire le téléphone, le phonographe se charge de l'accomplir. Le phonographe, — l'instrument qui sert à enregistrer la voix, — ne se borne pas à recueillir les sons et à prolonger leur portée dans l'espace; il en prolonge également la portée dans le temps, il leur donne une forme durable, il en fait un écrit, qui reste: *Scripta manent*.

Sans entrer dans une description scientifique et technique, on peut dire que le phonographe est une sorte de téléphone dont la plaque vibrante inscrit les sons de la voix de telle sorte que transportée dans un autre appareil elle les reproduit avec une fidélité merveilleuse. Le phonographe, c'est, en d'autres termes, *la voix mise en bouteilles*.

Malheureusement, jusqu'ici, le phonographe n'était encore qu'une curiosité de laboratoire de physique, un joujou scientifique, un objet de luxe. Mais il nous revient des Etats-Unis que son inventeur a fini par réussir à le modifier et à le perfectionner assez heureusement pour le mettre à la portée de tous les hommes d'affaires.

Vous voulez écrire une lettre? Vous approchez de votre bouche votre phonographe, et après avoir pesé sur un bouton qui met en branle l'appareil électronique, vous articulez sur le ton ordinaire ce que vous avez à dire.

Quand vous avez fini, vous détachez la plaque de métal sur laquelle les vibrations de l'air agité par la voix ont électroniquement enregistré en signes cabalistiques, les paroles prononcées, et vous envoyez cette plaque par la poste à votre correspondant. Celui-ci place la plaque dans son phonographe, dont il déclenche le ressort. Aussitôt, l'instrument se met à parler, reproduisant les expressions et le ton de l'expéditeur plus distinctement, plus clairement et plus fidèlement qu'aucun téléphone ne saurait le faire. Et cette lecture automatique, avec laquelle nulle erreur n'est possible, avec laquelle c'en est fait de la coupable industrie des faussaires, pourra être répétée avec la même plaque autant de fois qu'on le désirera. (...)

Imaginez que quelqu'un, au lieu de faire son testament olographe, le fasse *olophone*, c'est-à-dire le *parle* devant un phonographe et dépose ensuite la plaque chez un notaire. Quand ensuite, après sa mort, les héritiers seront convoqués chez l'homme de loi pour entendre la lecture phonographique, on peut dire que ce sera le défunt lui-même qui formulera, avec sa propre voix demeurée vivante, l'expression de ses dernières volontés. Grâce au phonographe, la fée électricité aura eu ainsi, dans une certaine mesure, raison de la mort elle-même! (...)

Cela se passait le 6 février

EXPERIENCES IMPORTANTES

On photographie les os des membres ou du corps

L'ART photographique a fait des progrès énormes depuis quelques années. On est rendu aujourd'hui à photographier les os des membres et du corps à travers la chair humaine.

Cette découverte, faite par le professeur Roentgen, de l'Université de Wurzburg, Vienne, il y a déjà plusieurs semaines, a créé une véritable commotion dans le monde scientifique.

Dans tous les pays, les expériences furent tentées avec un succès souvent relatif. Les expériences les mieux réussies ont eu lieu en France.

La première épreuve tentée en Amérique a eu lieu à l'Université de Yale, le 27 janvier dernier. Le résultat ne fut pas parfait, mais depuis, l'on a perfectionné les appareils et accessoires, et les dernières expériences à la lumière électrique ont parfaitement réussi. Leurs rayons du cathode pénètrent dans les chairs; ils pénètrent même à travers le bois.

Le professeur Wright, de l'Université de Yale, a pris une photographie parfaite de sa main, dont on voit très distinctement l'ossature entière.

L'université McGill de Montréal n'a pas voulu suivre de trop loin les universités soeurs des autres pays, et hier, le professeur Cox faisait connaître au public montréalais, par l'entremise du « Star » et du « Witness », le fruit de ses essais et de ses travaux. Le savant professeur a pu lui aussi, au moyen de l'électricité, produire la photographie de l'ossature de sa main.

La photographie n'a pas encore atteint, évidemment, les derniers perfectionnements.

En cet art comme en toute autre chose, l'avenir nous réserve des surprises.

Cela se passait le 6 février 1896.

LA PRESSE

100 ans d'actualités

GRAND SUCCES DE LA MASCARADE DES GYMNASTES DE « LA PRESSE »

Son honneur le Maire Payette et Mlle Payette président cette belle fête où plus de cinq mille personnes accourent. — Les prix pour les costumes les plus originaux

LA mascarade des gymnastes au Stadium hier **(7 février 1908),** laissera dans la mémoire des petits et des grands le souvenir d'une fête inoubliable. C'était un spectacle ravissant que ce patinoir, qui semblait avoir été transformé, pour la circonstance, en un immense caravansérail, où toutes les couleurs, toutes les gaietés, toutes les jeunesses apportaient leur tumultueuse contribution.

Les arcades de la voûte disparaissaient sous des jetés de drapées multicolores, de lanternes chinoises, vénitiennes, turques et japonaises; les murs étaient festonnés de banderoles, retenues ici et là par des écussons lumineux.

On sentait dans l'atmosphère que c'était une fête de jeunesse et, de la glace où évoluaient des centaines et des centaines d'enfants, montaient des cris, des chants, des clameurs pleins d'un enthousiasme qui se communiquait d'autant plus facilement à la foule qu'une musique de cuivres éclatants, rythmait ce brouhaha de jeunesse en liberté.

Ce qui ajoutait à l'originalité du spectacle, ce sont les costumes où la bizarrerie, le caprice et un peu de folie s'étaient certainement consultés pour arriver à composer ce groupe hétéroclite.

Il y avait des petits marquis Louis XV, hauts comme la rampe, qui cherchaient des yeux, la gracieuse mairesse et qui l'ayant découverte, l'indiquaient aux arlequins, aux méphistophélès. On saluait en agitant les dentelles des manches et la troupe folichonne repartait pour faire place à d'autres.

La fantaisie avait là toutes ses plus folles créations: des diables évoluaient aux côtés de deux enfants de choeur; un ours blanc camaradait avec un marmot rose et un Teddy Bear faisait des grâces en exécutant le « tour de l'ivrogne ». Il y avait des polichinelles, des petits princes, des parias, des « Oncle Sam », enfin quiconque assista à l'une de ces fêtes sait quel étrange coup d'oeil offrent ces démonstrations de joie.

Vers huit heures trente, Son Honneur M. le maire et Mademoiselle Payette arrivèrent escortés du nouveau leader du conseil, l'échevin L.A. Lapointe, l'échevin et Mme Giroux, le maire de Saint-Louis et Madame Turcot. Le groupe fut reçu à la porte par quelques rédacteurs de « La Presse » qui conduisirent leurs distingués invités aux places d'honneur retenues pour eux dans l'estrade.

La musique attaqua une marche triomphale, puis la foule mariant ses vivats à ceux des enfants,

UNE LONGUE OVATION

monta vers le nouveau maire, qui salua avec émotion.

Sur un coup de sifflet du professeur Scott *(il était l'organisateur de la soirée)*, le bruit cessa; le petit Joseph Bluteau, de l'école Murphy, dans un attrayant costume Louis XV, s'avança et fit le petit discours suivant:

« Les gymnastes réunis ce soir désirent remercier par ma voix la gracieuse mairesse qui a bien voulu honorer notre mascarade de sa présence. Nous la prions avec reconnaissance de vouloir accepter de notre part ces quelques fleurs.

« A Monsieur le Maire, nous offrons nos hommages et nos félicitations pour la victoire qu'il vient de remporter.

« Pour accentuer les voeux généraux des gymnastes nous donnerons un ban en l'honneur de nos distingués visiteurs. »

Des applaudissements prolongés éclatèrent et M. Maurice Scott, approchant, présenta à Mademoiselle Payette une ravissante gerbe de fleurs. (...)

L'aspect général que présentait le Stadium pour la mascarade.

Les « Trois Mousquetaires de la mascarade: Arthur Lebel, P. Guillemette et Ernest Tessier. Certains de leurs descendants les auraient-ils reconnu? Si oui, prière de communiquer avec Guy Pinard.

C'EST ARRIVÉ UN 7 FÉVRIER

1977 — Des maquisards nationalistes assassinent sept missionnaires en Rhodésie.

1974 — Première médicale mondiale à Montréal: des médecins procèdent à la transplantation d'un foie. — Le commando de terroristes libère quatre des 16 otages détenus à l'ambassade du Japon au Koweït. — L'île de Grenade accède à l'indépendance.

1973 — Un chasseur de l'Aéronavale américaine s'écrase sur une maison de logements, à Alameda.

1971 — « Suspension » de l'ex-chef du Parti communiste polonais Gomulka, auquel Gierek avait déjà succédé. — Les femmes suisses obtiennent le droit de vote.

1961 — Un incendie cause des dommages considérables au Parlement de Québec.

1958 — Ottawa met fin au monopole d'Air Canada.

1905 — À la suite de la démission du gouvernement libéral (au pouvoir depuis 32 ans) de Georges Ross, en Ontario, le Conservateur J.C. Whitney est appelé à former un nouveau gouvernement.

1904 — Une conflagration dévore les plus beaux quartiers de Baltimore. Les dommages s'élèvent à plus de $40 millions.

1901 — F.-D. Monk est choisi comme leader des députés francophones du gouvernement Borden.

1898 — Début du procès d'Émile Zola, dans le sillage de l'affaire Dreyfuss.

1893 — L'écroulement d'une bâtisse, rue Saint-Jacques, fait deux victimes.

Des godasses pour tous les goûts!

AU fil de ses travaux, l'équipe de recherchistes du Centenaire de LA PRESSE découvre une foule d'événements cocasses, et nous vous en proposons assez souvent. Sauf que dans certains cas, un événement isolé passerait presque inaperçu, d'où l'idée d'en regrouper sous un thème commun.

C'est un regroupement de ce genre que nous vous proposons aujourd'hui. Vous remarquerez que dans le cas de ce regroupememt préparé en hommage aux inventeurs humoristes du passé, la coutume relative aux dates dans cette page a été bousculée.

Comme il s'agit de « godasses », autant préciser d'entrée, en accord avec le *Petit Robert*, que le mot « godasse » signifie « chaussure » en langage populaire.

La première chaussure, **la chaussure chauffante** conçue par un Viennois du nom de Paul Wonneberger pour combattre l'humidité de l'automne et les rigueurs de l'hiver, a été proposée aux lecteurs de LA PRESSE le **9 novembre 1896.** Il s'agissait en l'occurrence d'une chaussure munie d'un véritable système de calorifère. Le talon contenait la fournaise, la chaudière où l'eau était chauffée, et un ventilateur pour prévenir la surchauffe. L'eau ainsi chauffée circulait ensuite dans la semelle.

Dans son édition du **3 novembre 1899,** LA PRESSE proposait à ses lecteurs **la chaussure à ressort,** pour laquelle l'inventeur (hélas non identifié) avait obtenu un brevet 20 ans plus tôt. Cette chaussure comportait un talon évidé dans lequel on installait un ressort. Selon l'inventeur, le ressort offrait un double avantage: d'une part, le ressort prolongeait la vie du talon, et d'autre part, il assurait plus d'élasticité aux muscles du marcheur.

Enfin, la troisième invention, **le soulier à nageoire,** devait permettre à celui qui le portait de marcher sur l'eau (eh oui, c'est sérieux!). Cette « invention » était due à l'imagination sans nul doute fertile d'un Montréalais du nom de Louis Coulard, et elle avait été proposée aux lecteurs de LA PRESSE le **22 novembre 1919.** Selon M. Coulard, la nageoire latérale de neuf pouces de longueur par quatre pouces de largeur devait jouer sur l'eau le même rôle qu'une raquette à la surface de la neige.

Nul ne sait si ces trois inventeurs ont fait fortune. Et vous aurez maintenant constaté que ces trois inventions ont été révélées au cours du mois de novembre. Sans doute n'avait-on pas d'autres choses à faire à l'époque que d'imaginer des choses aussi farfelues.

Guy Pinard

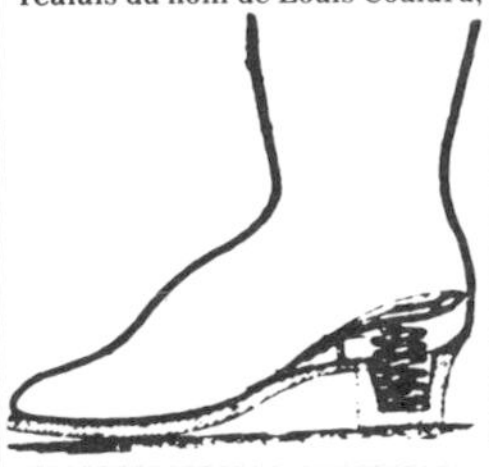

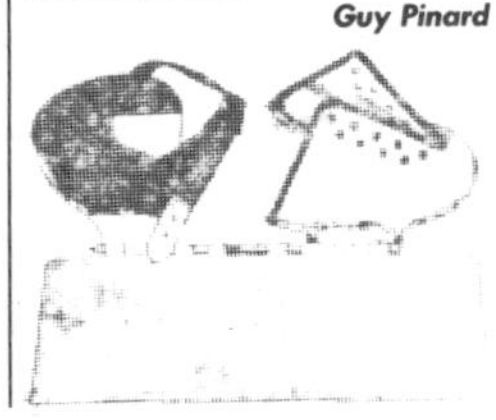

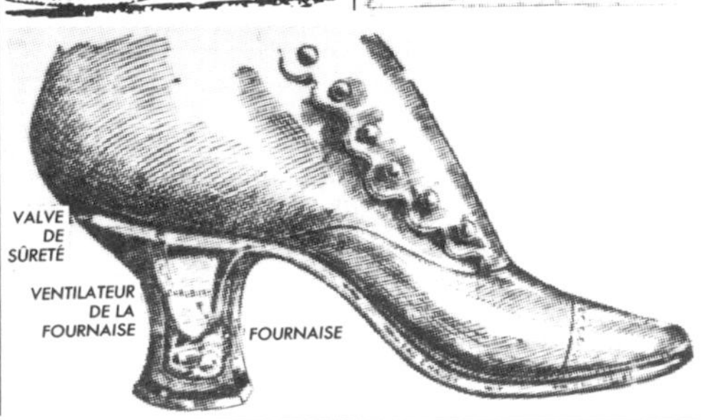

Au début du siècle, les Montréalais qui résidaient ou se trouvaient dans le centre-ville au fil de leur déplacement, apercevaient inévitablement un pauvre gueux de la rue de la Visitation du nom de Gaspard Petit. Victime d'un accident ferroviaire qui lui avait fait perdre une jambe, Petit, pour gagner sa vie comme camelot ou publiciste, se déplaçait dans un véhicule aussi curieux que navrant, ce qui ne manquait pas de susciter la générosité des âmes compatissantes. Or, LA PRESSE, dans son édition du *7 février 1905*, révélait à ses lecteurs que le 19 janvier précédent, un boucher du marché Saint-Antoine du nom de Georges Martineau, un solide gaillard malheureusement éméché par les vapeurs enivrantes de l'alcool, avait été assommé d'un solide coup de béquille par le pauvre Gaspard Petit qu'il avait menacé d'un couteau, prétendûment pour le taquiner. Martineau devait en mourir et la police procéda à l'arrestation de Gaspard le 7 février.

TROTTOIRS FAITS DANS LES CHAMPS

IL appert, d'après un rapport du département de la voirie dont le maire a pris connaissance, ce matin **(7 février 1917),** que l'on a construit des trottoirs, dans le quartier Mercier, là où il n'y avait pas encore de rue. C'est au bout de la rue Tellier qu'on les a ainsi construits. Le maire dit qu'il n'y a pas de lignes homologuées, en cet endroit, et que les trottoirs ont été construits dans les champs.

On en aurait ainsi fait pour la somme de $6,394, ce qui représente une longueur considérable. Certains propriétaires des « lots » sur lesquels ils sont placés, refusent de payer la proportion du coût qui est chargée aux propriétaires et ils demandent même à ce que les trottoirs soient enlevés de sur leurs propriétés.

Le maire était très vexé de la chose et il se propose, a-t-il dit au représentant de la « Presse », de demander aux commissaires s'il n'y a pas moyen de faire payer par l'employé de la ville qui est responsable de la chose les dommages causés.

Ces travaux faisaient partie de la liste totale pour un montant de $611,000, adoptée en avril 1915.

« Vous comprenez, a dit le maire, qu'il n'y a pas moyen de surveiller personnellement chaque petit bout de rue, sur une telle quantité. Il faut se fier aux employés, dans une certaine mesure. Je veux savoir quel est l'employé coupable. Si c'est un employé qui a commis une erreur aussi grave, je considère qu'on devrait lui faire rembourser les dommages dont souffrira la ville. Nous ne pouvons courir les champs pour tout vérifier par nous-mêmes.

LE PLUS FORT TIRAGE QUOTIDIEN AU CANADA — LA PRESSE

VICTOIRE POUR LES GREVISTES

La Compagnie des Tramways, dans ses nouvelles propositions, reconnait completement tous les droits des grevistes.--Le President du Comite ne veut pas accepter l'arrangement pris hors de sa connaissance.

CETTE manchette spectaculaire de LA PRESSE du ***7 février 1903*** prouve l'importance qu'on attachait, tant au journal que dans la population, à la grève des « p'tits chars » commencée la veille. Ce titre permet de croire que les grévistes allaient avoir gain de cause; c'était vrai, sauf pour un point: si la « Montreal Street Railway » acceptait en principe le droit de ses employés d'appartenir à une association, elle refusait en revanche de reconnaître celle qui était à l'origine du conflit ouvrier, et qu'elle avait bien tenté de tuer dans l'oeuf en congédiant ses dirigeants. À demain pour la suite.

ACTIVITÉS

■ **Festival de bandes dessinées et caricatures**

Bistro L'Auvent, 3932, rue Saint-Denis — La participation de LA PRESSE à ce festival comprend une dizaine de caricatures de Girerd, en plus de l'affiche qu'il a conçu pour les festivités du centenaire, ainsi que le porte-folio *L'histoire de la caricature dans la vie de LA PRESSE*. Jusqu'au 29 février inclusivement.

Conversion

LE ***7 février 1896,*** LA PRESSE publiait la lettre d'un missionnaire (hélas non identifié) dans laquelle ce dernier révélait à Qu'Appelle, devant de nombreux religieux et des centaines d'Indiens de différentes tribus, la conversion au catholicisme et au mariage chrétien de « Boeuf Levé » (il voulait évidemment parler de « Standing Bull », le valeureux chef des Sioux. Et le bon père de raconter qu'avant son départ pour rentrer au Québec, Standing Bull lui avait fait la déclaration suivante: « Nina iyomakipi cantemawoste tuka wanna yahde Kta ake iyomakipi sini ». Ce qui voudrait dire, si la traduction est exacte, que Standing Bull entendait s'adresser au supérieur du missionnaire du Québec pour qu'il puisse revenir à Qu'Appelle.

LA PRESSE

100 ans d'actualités

Les Prédictions de Jules Verne
Un Tunnel sous l'Atlantique - New York et Pékin reliés par un chemin de fer
Les ballons à dynamite - Les évolutions de l'automobile
Exploration du fond des mers etc etc
LA MAISON DE L'AVENIR.
TUNNEL SOUS L'ATLANTIQUE

SAMEDI dernier, le 8 février **(1902)**, on fêtait, à Amiens, France, le soixante-quinzième anniversaire de naissance de Jules Verne, le brillant et spirituel écrivain que tous les lecteurs connaissent. L'occasion nous a semblé bonne de rappeler ici ce qu'est l'auteur de tant d'ouvrages lus et admirés par des millions de lecteurs, non seulement en France, mais dans tous les pays du monde où la littérature a pu pénétrer.

Né à Nantes, Jules Verne, après avoir terminé ses études dans sa ville natale, se rendit à Paris pour y faire son droit. Comme il avait beaucoup d'imagination et d'esprit, il songea tout d'abord à écrire pour le théâtre. On a de lui une comédie en actes et en vers: « Les Pailles rompues », et quelques livrets d'opéras comiques écrits en collaboration, avec Michel Carré. Jules Verne était peu connu lorsqu'il publia, vers 1860: « Cinq semaines en ballon, voyage de découvertes ». Cet ouvrage était d'un genre nouveau, le roman scientifique et géographique. Jules Verne y apportait de rares qualités qui ont rapidement fondé sa réputation: l'invention, pour varier et dramatiser les sujets, l'observation morale, le goût et l'esprit logique pour choisir des personnages appropriés à l'action, en maintenant leur caractère à travers toutes les péripéties et les incidents, un art de mise en scène, un talent descriptif des plus remarquables, enfin de sérieuses connaissances scientifiques.

Depuis « Cinq semaines en ballon », M. Jules Verne a publié un grand nombre d'ouvrages, qui ont obtenu le plus légitime succès. Tous à peu près écrits pour la jeunesse, ces ouvrages ont toujours eu le don de plaire à tous les âges.

Littérateur doublé d'un savant, Jules Verne a vu s'accomplir, jusqu'à un certain point, tout ce que son aventureuse imagination lui avait fait prévoir. Les choses qu'il a décrites il y a vint-cinq ans, et que l'on pouvait considérer alors comme irréalisables si ce n'est en imagination, sont maintenant entrées dans le domaine de la réalité. En effet, n'a-t-il pas prévu la conquête de l'air dans « Cinq semaines en ballon », ; l'invention de l'automobile dans son ouvrage intitulé « La maison à vapeur »; la venue du sous-marin dans « Vingt mille lieues sous les mers » et « L'Île Mystérieuse »; l'annihilation ou à peu près, des distances par nos paquebots rapides et nos chemins de fer modernes dans son spirituel ouvrage: « Autour du monde en quatre-vingts jours »; enfin, le développement étonnant, pour ne pas dire phénoménal, de la métallurgie, des « trusts » et de de la philanthropie dans cette étrange conception qui a pour titre: « Les cinq cents millions de la Bégum ».

Pour M. Jules Verne, le siècle qui vient de commencer verra des choses que « l'imagination même ne peut concevoir », (...) disait-il récemment à un journaliste parisien qui avait obtenu de lui une entrevue.

« Lorsque je vois, a-t-il ajouté, certaines gens s'étonner de ce qui a été fait depuis cinquante à soixante ans, cela m'impatiente. Nous avons, il est vrai, les chemins de fer, le télégraphe, le téléphone, la chirurgie et la médecine moderne, des facilités de vivre qui n'existaient pas auparavant, etc. — toutes choses admirables en vérité; mais la faiblesse de notre âge est la timidité avec laquelle nous utilisions tout ce que nous connaissons. (...)

Le grand écrivain ne croit pas que l'automobile puisse jamais remplacer les chemins de fer: ceux-ci resteront toujours comme les grandes artères du trafic; celui-là *(on aura noté qu'on utilisait le masculin pour automobile)*, absolument comme les vaisseaux exigus de notre corps transportent le sang au plus profond de l'économie, portera la civilisation dans les districts ruraux les plus reculés. (...) Le chemin de fer ne peut traverser chaque village, chaque hameau dispersés ici et là, dans une province; l'automobile comblera cette lacune.

« Dans peu d'années, ce véhicule envahira nos marchés; les prix tomberont. Le commerce s'emparera de ce nouveau mode de transport et laissera de côté le cheval, moins résistant et plus coûteux d'entretien. »

Jules Verne a prévu le jour où un voyageur parti de New York en chemin de fer *(notez l'étrange ressemblance de son train avec le TGV)*, pourra atteindre Pékin, Bombay, Constantinople, Saint-Pétersbourg, Berlin, Paris, Londres, Le Caire et Le Cap sans changer de wagon! (...)

« Le ballon dirigeable, *poursuit M. Verne*, est découvert — il est encore imparfait, faible, bien sûr — si vous voulez, mais dirigeable lorsque tout a été bien prévu. Le ballon n'est pas destiné, suivant moi, à remplacer les autres moyens de communications tels que les chemins de fer. Pourquoi le ferait-il? Pourquoi cesserions-nous d'utiliser les avantages admirables qu'offre nos véhicules sur la surface de notre planète? (...) »

En ce qui concerne les plus récentes découvertes, Jules Verne a passionnément suivi les développements de la construction des sous-marins. Il a confiance en l'avenir et croit sincèrement que le temps n'est pas éloigné où l'ingéniosité humaine donnera corps au rêve qui fit sortir de son cerveau le « Nautilus » et où les profondeurs de l'océan auront comme l'Afrique, leurs explorateurs, leurs martyrs, leurs tragédies et leur histoire. (...) Un nouveau commerce, de nouvelles industries surgiront commme par enchangement pour l'exploitation des produits de l'océan.

A la fin de son entrevue avec le journaliste parisien, Jules Verne s'est exprimé avec une douce mélancolie sur les années qui, lui semble-t-il, ont passé trop vite sur sa tête. Il songe avec regret à l'heure où il lui faudra bientôt quitter ce monde avant d'avoir vu la réalisation des rêves qu'avait enfantés son imagination.

UNE VICTOIRE INCOMPARABLE

La Compagnie des tramways cède sur tous les points, et se rend aux conditions imposées par ses employés en grève

LA grève des tramways, commencée à minuit jeudi soir, s'est terminée à minuit, samedi *(le service a repris le dimanche **8 février 1903**)*. Elle a duré quarante-huit heures, pendant lesquelles, s'il n'avait fallu marcher, on ne se serait jamais aperçu qu'il y avait du trouble en ville, une lutte entre les plus grands capitalistes de Montréal et leurs employés, alors que le total de ces employés forme à peu près un demi pour cent de la population de la métropole et de la banlieue.

Hier, tout le monde s'entre-félicitait. On criait « Vive l'Union! » afin de manifester ses sympathies pour les employés et on criait « Vive les tramways! » pour exprimer le plaisir qu'on avait de revoir en circulation ces voitures électriques qui vous font si souvent jurer en attendant aux coins des rues. « C'est une belle victoire, » répète-t-on partout. Victoire pour les employés ou pour les patrons? La réponse à cette question est bien simple pour certaines gens: « Nous avons les p'tits chars, donc les grévistes ont gagné; c'est à eux la victoire ». (...)

C'est en ces termes que LA PRESSE commençait l'article consacré à la fin de la première (mais non la dernière, l'histoire allait nous le prouver...) grève dans le transport en commun à Montréal.

Et il ne faisait pas l'ombre d'un doute que le titre de LA PRESSE, reproduit en tête d'article disait la vérité. La compagnie avait effectivement cédé sur tous les points, qu'on peut résumer de cette façon: reconnaissance syndicale; augmentation immédiate de tous les salaires de 10 p. cent; création d'un comité de griefs; fin des congédiements effectués sans entendre au préalable l'employé concerné; réévaluation de tous les cas de congédiements, en montrant à une députation les dossiers à la base des congédiements. La seule porte de sortie que la « Montreal Street Railway Co. » s'était conservée, c'était le droit d'engager des employés non syndiqués, ou non-unionistes comme on disait à l'époque.

C'EST ARRIVÉ UN 8 FÉVRIER

1974 — Amerrissage du troisième et dernier équipage de *Skylab*, après un séjour de 84 jours dans l'espace.

1965 — Un *DC-7B* d'Eastern Airlines s'écrase au départ de New York, entraînant 84 personnes dans la mort.

1961 — Création d'une Commission royale d'enquête sur la qualité de l'enseignement au Québec.

1958 — Après avoir gagné la descente du championnat du monde, à Bad Gastein, la Canadienne Lucille Wheeler gagne le slalom géant, et se classe deuxième au combiné alpin.

1956 — Décès à 93 ans de Connie Mack, grand magnat du baseball.

1955 — Nicolai Boulganine devient premier ministre d'Union soviétique à la suite de la démission de Georgi Malenkov.

1949 — Condamnation à la réclusion à vie de Mgr Joseph Mindszenty, primat de Hongrie, par un tribunal militaire.

1945 — La Ville de Montréal lance une campagne de recrutement pour combler 500 vacances au sein du corps de police.

1922 — Enlèvement de 200 personnes en Irlande du Nord.

1899 — Un incendie détruit l'hôtel Manitoba, à Winnipeg.

BABILLARD

Une lectrice précoce

Annie-Claude Charette, de Brossard, nous faire parvenir la courte lettre suivante.

Comme mon grand-papa Rodolphe (Rivest) qui a 75 ans, j'aime depuis ma naissance dévorer « La Presse »; je m'intéresse principalement aux bandes dessinées si riches en couleurs (surtout les mains et les joues) et je suis très contente des changements que vous y avez apportés. J'ai grand hâte de pouvoir lire « La Presse » et, qui sait?, je fêterai peut-être le bicentenaire!

Les employés de LA PRESSE saluent avec plaisir l'optimisme invétéré d'Annie-Claude...

Deux rappels

Malgré de nombreuses mentions à leur sujet dans cette chronique depuis le 21 octobre dernier, deux questions reviennent fréquemment dans la bouche des lecteurs.

Tout d'abord la fameuse pièce de monnaie avec un fer à cheval. Cette pièce a été frappée en 1908 à des dizaines de milliers d'exemplaires. Elle n'a aucune valeur, autre que sentimentale, à cause du trop grand nombre encore en circulation.

En deuxième lieu, les coordonnées de Guy Pinard, responsable de cette page, sont les suivantes: LA PRESSE, rédaction, 7, rue Saint-Jacques, Montréal, Québec H2Y 1K9. Au téléphone: 285-7070. Toute demande de certificat (accompagnée d'un certificat de naissance) ou de participation au babillard doit absolument être faite par écrit. Aucune demande ne sera acceptée au téléphone.

ACTIVITÉS

■ À la télévision

10 h 30, Télé-Métropole - Dans le cadre de l'émission *Entre nous* animée par Serge Laprade, Claudette Tougas, de LA PRESSE, présente la chronique *Cent ans de pages féminines*.

LES MEMOIRES DE LOUIS CYR, L'HOMME LE PLUS FORT DU MONDE

*En février 1908, LA PRESSE entreprenait la publication des Mémoires de Louis Cyr par tranches hebdomadaires. Voici de quelle manière elle présentait le projet à ses lecteurs dans son édition du **8 février 1908**.*

AU moment où le sport au Canada, et dans l'univers entier, s'affirme comme l'un des plus gros facteurs sociaux qu'ait jamais connu l'humanité, la « Presse », après tout ce qu'elle a fait de sa propre initiative pour développer le mouvement, a le plaisir d'annoncer à ses lecteurs qu'elle va commencer incessamment la publication des Mémoires de Louis Cyr, l'homme le plus fort du monde.

Louis Cyr n'a pas rien que des muscles. Les discours dont il émaillait volontiers ses tours de force légendaires ont prouvé qu'il maniait aussi facilement la parole que les haltères et c'est ce talent oratoire chez lui que la « Presse » entreprend de mettre à contribution aujourd'hui pour le développement de plus en plus marqué du sport.

Huit jours durant, en sa superbe résidence de Saint-Jean-de-Matha, où il vit en « gentleman farmer », Monsieur Cyr, pièces justificatives en mains pour

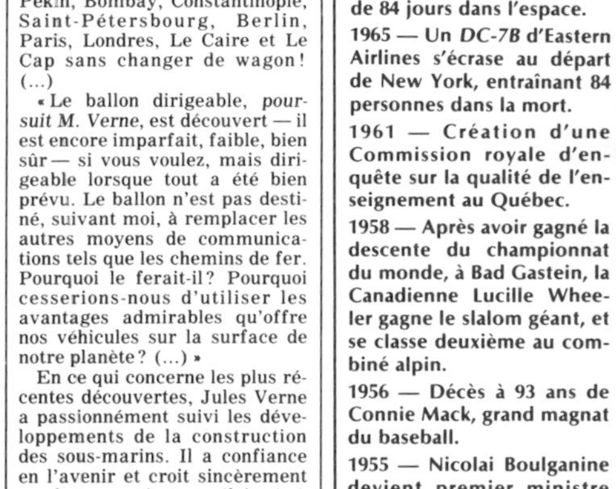

Louis Cyr, dessiné par Albéric Bourgeois, le 31 janvier 1908. Il était alors âgé de 44 ans puisqu'il était né le 10 octobre 1863.

l'édification de ses visiteurs, plutôt que pour l'évocation de ses souvenirs, a raconté sa vie par le menu aux deux représentants de la « Presse » qui étaient allés l'interviewer. C'est cette relation sténographiée avec le plus grand soin et transposée depuis en écriture ordinaire qui, avec le plein consentement de Monsieur Cyr donné sous sa signature, constitue les « Mémoires de l'homme le plus fort au monde ».

x x x

La genèse de ce document historique vaut d'être racontée dans ses détails.

Dans la dernière semaine de janvier, le secrétaire de la rédaction à la « Presse », M. Arthur Berthiaume, constatait que les mémoires de Pons, en cours de publication à Paris, avaient un énorme succès, et, pour l'intérêt qu'il porte au sport, déplorait que rien de pareil ne put se faire au Canada

— Mais comment donc! se récria le « city editor »; les mémoires de Cyr ne seraient-ils pas autrement intéressants que ceux de Pons qui, lui, ne fut qu'un lutteur de réputation locale, avec mille et un rivaux dans le monde et plus d'un supérieur, dont Hackenschmidt, tandis que Cyr est sans contexte, sans second même, l'homme le plus fort du monde avec un record qui n'a jamais été égalé par d'autres depuis des milliers d'années et qui ne le sera peut-être pas pour des milliers d'années à venir.

— Affaire entendue, déclara le secrétaire de la rédaction; qu'on aille demander à Monsieur Cyr de nous dicter ses mémoires. Il a trop de sens sportif et patriotique pour se refuser à la tâche; nous les publierons en bonne position dans la « Presse » pour l'enseignement qu'ils comportent et ils constitueront pour leur auteur un véritable monument dans l'histoire.

C'est le lendemain de ce jour, 27 janvier, que deux représentants de la « Presse », Messieurs L. Septime Lafferrière et Albéric Bourgeois, dessinateur, prenait la route de Saint-Jean-de-Matha pour s'acquitter de leur mission sportivo-littéraire.

LA PRESSE

100 ans d'actualités

OH! LES MERVEILLES DU GÉNIE INVENTIF

Voici un petit ascenseur de service imaginé pour les besoins de la salle à manger.

Le tapis de la table est coupé juste au-dessus de l'ascenseur qui se trouve ainsi masqué.

Au grand étonnement des convives, un plat apparait soudain sur la table.

Le couvercle est remis sur la table pour cacher le jeu de l'ascenseur.

Un autre plat s'amène, une citrouille cuite cette fois, mais la machine fonctionne mal.

Et la citrouille projetée violemment vient faire explosion sur la figure de l'amphytrion.

Pour les amateurs d'humour, précisons que cette bande dessinée a été publiée dans LA PRESSE du 9 février 1907.

Si vous croyez reconnaître un édifice connu sur cette photo, vous aurez raison puisqu'il s'agit en fait de la base de l'édifice Sun Life, construit du côté est du square Dominion. Cette photo a été publiée le *9 février 1926*, jour de l'inauguration officielle par l'hon. R. Pérodeau, lieutenant-gouverneur de la province, et M. T.B. Macauley, président de la compagnie d'assurance Sun Life.

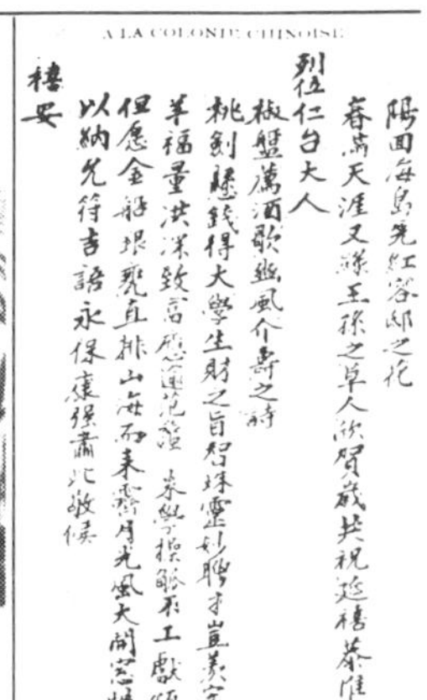

C'est de cette façon que, le 9 *février 1899*, LA PRESSE offrait ses souhaits pour le Nouvel an à la « colonie chinoise », comme on disait à l'époque.

*À la première page de son édition du **9 février 1901**, LA PRESSE faisait état de la plus récente invention de Nikola Tesla, qui n'était nulle autre chose que le néon...*

Avec le nouveau siècle, de nouvelles découvertes se font jour. La «lumière du jour artificielle» est le nom donné par Tesla à une nouvelle lumière remarquablement intéressante, produit de dix ans de réflexions et d'expériences.

Sous un globe d'électricité, la lampe présente un spectacle magique. Sans mèche, sans fil métallique, ni carbone, elle remplit un appartement d'une lumière aussi éclatante que celle du jour. Cette lumière plaît à la vue et elle est merveilleusement diffuse, presque sans ombre. Grâce au doux rayonnement de cette lumière, on peut lire ou écrire dans un coin quelconque de la chambre comme si on était en plein jour.

Et comment se produit cette lumière? Par des vibrations électriques d'une rapidité prodigieuse. Depuis des années le public a entendu parler de l'oscillateur de Tesla, cette merveilleuse machine produisant des éclairs en zigzags semblables à des langues de feu, et qui, d'après Tesla, accomplira des merveilles comme celles d'envoyer des courants autour du monde, sans fils, et celle de brûler le nitrogène de l'air.

Mille fois, on a demandé: «De quelle utilité pratique peut être cette machine?» Une des réponses à cette question est cette illumination brillante et douce comme la lumière du jour.

L'inventeur dit que son oscillateur est la clef de la solution des plus importants problèmes du temps présent. C'est par des vibrations que ce nouveau rayonnement est produit, semblable à celui du soleil, dont les vibrations se comptent par millions par seconde.

Les vibrations électriques de l'oscillateur font que les atomes des gaz contenus dans la lampe de Tesla deviennent de petites comètes, roulant dans l'espace avec une vitesse excessive, laissant des trainées de lumière remplir la lampe de la clarté du jour.

C'est un miracle, apparemment. Le départ et l'arrêt subits du courant électrique à une vélocité inconcevable produisent un rayonnement continuel d'où nait la pure lumière solaire, la lumière du jour.

Inauguration d'un nouveau service de colis postaux

OTTAWA, 9 — Ce soir **(9 février 1914)**, à minuit, sera inauguré le service des colis postaux au Canada. Par une délicate attention du ministre des Postes, l'hon. Louis P. Pelletier, le premier « colis » qui sera expédié sera une superbe et riche sacoche en cuir, à destination de Son Altesse Royale le duc de Connaught, et qui servira par la suite à transporter le courrier du gouverneur général du Canada.

L'effet immédiat de ce nouveau service, outre la commodité qu'il présentera, sera sans doute de réduire le coût de la vie, en facilitant la distribution des produits, en mettant le consommateur plus directement en rapport avec le producteur, puis en forçant un abaissement du taux des messageries.

La « Presse » a publié, il y a quelques temps, un tableau du tarif d'affranchissement mis à la poste dans la province de Québec. Nous donnons aujourd'hui un succinct résumé des principaux règlements relatifs à l'expédition des colis par la poste. Ils sont puisés dans la brochure que le ministère a fait publier pour expliquer le fonctionnement du nouveau service.

NATURE DES OBJETS

Les objets qui peuvent être acceptés au tarif des colis postaux comprennent les produits de la ferme et des manufactures, les marchandises de toutes sortes, telles que merceries, épiceries, ferronneries, confiseries, papeterie et librairie (y compris les registres, etc.), graines, boutures, bulbes, racines, plantes de serre, scions ou greffes, et tous autres objets à part ceux compris dans la première classe, et dont la transmission par la poste n'est pas interdite d'après les règlements généraux à ce sujet.

CLAUSES IMPORTANTES

L'affranchissement des colis postaux doit être payé au moyen de timbres-poste placés sur les colis. Les colis postaux non affranchis seront envoyés au bureau succursale des Rebuts. — La franchise de port ne s'applique pas aux colis postaux. — Un paquet expédié par la malle peut être assuré jusqu'à concurrence de $50. — Les colis postaux doivent être emballés de manière à ce que le contenu puisse être facilement examiné. — Il serait bon que l'adresse de l'expéditeur fut indiquée sur le colis. Cette adresse doit être complètement séparée de celle de la personne qui devra le recevoir. — Le maximum du poids d'un colis postal est fixé à onze livres. — Un colis peut contenir des factures et des comptes, pourvu qu'ils se rapportent exclusivement à son contenu. — Les colis postaux contenant quelque chose de nature fragile doivent porter l'indication: « Fragile — avec soin ». Les paquets contenant des objets sujets à détérioration, tels que le poisson, les fruits, la viande, etc., doivent être marqués: « Sujet à détérioration ». (...) — Pendant la période d'organisation, comprenant les mois de février, mars et avril 1914, un droit additionnel de cinq cents payable en timbres-poste, sera imposé sur chaque colis. Pendant les mois de février, mars et avril 1914, on n'acceptera pour transmission aucun colis postal qui pèsera plus de 6 livres.

LE CONTROLE ELECTRIQUE DES TRAMWAYS

NOUS avons déjà mentionné l'installation, au coin des rues Sherbrooke et St-Laurent, d'un appareil électrique destiné à signaler au bureau central de la compagnie des petits chars, le passage des tramways en cet endroit. Ce n'est encore qu'un essai et si l'appareil donne satisfaction, on en posera de semblables sur les divers circuits de la compagnie, de manière à ce que le surintendant puisse dans son bureau même saisir à toute heure du jour et de la nuit la position exacte des tramways et contrôler efficacement le service.

Nous n'avons pas à revenir sur le fonctionnement de l'appareil que nous avons suffisamment expliquer mardi. (...) Il suffit d'un coup d'oeil sur l'appareil pour comprendre que le choc électrique imprimé par le tramway, disons au coin de la rue Sherbrooke, est transmis à l'aide d'un fil spécial au bureau du surintendant et enregistré automatiquement sur un ruban sans fin à l'aide d'une aiguille électrique par le fil spécial en question.

Nul doute que le public saura gré à M. Macdonald du zèle qu'il apporte à améliorer chaque jour le service des tramways.

Cela se passait le 9 février 1899.

BABILLARD

102e anniversaire d'Albert Charbonneau

Avec deux jours d'un malencontreux retard, LA PRESSE tient à offrir ses meilleurs souhaits de bonheur, de santé et de longévité (pourquoi pas?), à un autre des citoyens du Québec âgés de 100 ans et plus, en l'occurrence M. Albert Charbonneau, du foyer Lajemmerais de Varennes. M. Charbonneau célébrait avant hier son 102e anniversaire de naissance, et il a le bonheur d'avoir avec lui ses huit enfants, tous vivants.

Son gendre, Gilles Chaurette, de Varennes, aime rappeler à son sujet qu'à l'âge de 10 ans, donc vers 1892, M. Charbonneau était déjà camelot pour LA PRESSE, journal qu'il a lu religieusement jusqu'à l'âge de 100 ans. Il aime aussi rappeler que M. Charbonneau était autrefois typographe, à l'emploi du *Montreal Herald*. Il fut d'ailleurs l'un des rescapés de l'incendie de 1944, au cours duquel 23 employés de ce journal aujourd'hui disparu ont trouvé la mort.

Trois lecteurs recherchés

Le comité du centenaire de LA PRESSE a en sa possession trois certificats de naissance au nom de personnes qui ont malheureusement oublié de joindre leur adresse. M. **Roland Archambault,** et Mmes **Danielle Binet** et **Hélène Blain** sont donc invités à communiquer avec Guy PINARD, au 285-7070, dans les plus brefs délais possibles.

Quant aux autres personnes qui ont inscrit leur nom dans les délais prévus, elles seront avisées au cours des prochains jours de quelle manière LA PRESSE entend souligner leur anniversaire.

C'EST ARRIVÉ UN 9 FÉVRIER

1981 — Le général Wojciech Jaruzelski, ministre de la Défense, est nommé chef du gouvernement polonais, en remplacement de Josef Pinkowski.

1971 — Les dégâts se chiffrent par $1 milliard après un tremblement de terre qui a causé 35 morts, à Los Angeles.

1967 — Un séisme fait 61 morts, 200 blessés et d'énormes dégâts, en Colombie.

1966 — Des émeutes font sept morts et plus de 50 blessés, à Saint-Domingue. — Le gouvernement ontarien hausse la taxe de vente de 3 à 5 p. cent.

1961 — Un avion soviétique transportant le président Leonid Brejnev viole l'espace aérien français en survolant le territoire algérien sans autorisation, et subit des coups de semonce d'un réacté français.

1954 — Le gouvernement Duplessis dépose le projet de loi qui crée un impôt sur le Revenu dans la province de Québec.

1953 — Une bombe éclate à la légation soviétique de Tel Aviv.

1945 — Les chasseurs à réaction allemands Messerschmitt 262 font des ravages au sein des escadrilles de bombardiers alliés.

1937 — Un bimoteur de United Airlines s'écrase dans la baie de San Francisco, causant 11 pertes de vie.

1922 — Une délégation de 75 femmes se rend à Québec pour demander le droit de vote pour les femmes.

1922 — Un incendie détruit l'immeuble Standard Life, rue Saint-Jacques.

1911 — Les aviateurs français Noël et Delatorre perdent la vie quand leur avion s'écrase à Douai.

1909 — Inauguration officielle de l'Institut agricole d'Oka.

1903 — Madame Albani remporte un triomphe à la salle Windsor.

1893 — Ferdinand de Lesseps, président de la Compagnie du canal de Panama, est condamné à la prison à la suite d'une enquête déclenchée par la faillite de l'entreprise.

Comme animatrice d'une émission de radio ou de télévision, voire comme politicienne, Lise Payette a toujours aimé relever des défis. Et le *9 février 1973*, elle en relevait un de taille, celui d'affronter les lancers des francs-tireurs du Canadien (c'était encore vrai à l'époque, le Canadien sachant encore s'amuser tout en gagnant des matchs de hockey...). Madame Payette s'en était très bien tirée... et LA PRESSE lui avait fait l'honneur de sa première page.

FONDEUR INGENIEUX

LE problème de l'enlèvement de la neige semblerait avoir une solution par l'invention des frères Bloomingdale, (...) de New York. A l'aide d'une machine *(de leur invention)*, les frères Bloomingdale n'ont pas eu besoin du service de la voirie pour faire disparaître les banes de neige qui encombraient leur magasin.

Cette machine ressemble beaucoup à celle dont on se sert ordinairement pour refaire l'asphalte des rues. Elle consiste en un grand réservoir contenant du pétrole monté sur un « truck », ayant par devant un fourgon fait d'une feuille de fer de cinq pieds carrés environ. Ce fourgon est élevé de 15 pouces du sol et dessus se trouve le foyer alimenté par le pétrole.

Le fourgon est plongé dans le banc de neige et on peut s'imaginer avec quelle rapidité cette neige se change en eau. Au moyen de ce fondeur ingénieux, en un court espace de temps on a pu enlever la neige dans plusieurs rues.

Cela se passait le 9 février 1907.

L'explosion survenue sous un tramway du circuit de la rue Notre-Dame, près de la rue des Seigneurs, le *9 février 1903*, a complètement détruit le véhicule, mais sans heureusement faire de victimes.

LA PRESSE

100 ans d'actualités

Montréal dans les chaînes

L'AUTONOMIE DE MONTREAL N'A EU QUE PEU DE DEFENSEURS A L'ASSEMBLEE LEGISLATIVE

CONCORDIA (sur la chaise d'opération). — Bonté Divine ! Qu'est-ce qu'il vont bien m'arracher de c'coup-là ?

Onze députés seulement ont protesté et voté contre la prolongation du terme d'office du maire et des échevins de la métropole.

(du correspondant de la PRESSE)

QUÉBEC — Par un vote de 48 à 11, l'Assemblée Législative a approuvé hier **(10 février 1920)**, en comité plénier, après une longue discussion, le projet David, comportant la nomination d'une commission chargée de choisir le meilleur mode d'administration municipale pour la cité de Montréal et surtout la prolongation du terme du maire et des échevins de Montréal pour deux autres années, sans la consultation nécessaire des contribuables.

Quand le bill de Montréal fut étudié en comité plénier, les choses se passèrent tranquillement jusqu'à la clause 23, qui contient la proposition David.

C'est alors que M. Vautrin se leva et proposa de biffer de cette proposition tous les mots comportant la prolongation du terme d'office du maire et des échevins. Il fit l'historique de l'administration de la cité de Montréal depuis une dizaine d'années. Il se dit satisfait du travail accompli jusqu'ici par la commission administrative de Montréal. Cette commission a relevé les finances de la cité de Montréal et a réussi à administrer la métropole sans contracter de nouvelle dette.

De là à approuver la prolongation du terme d'office du maire et des échevins il y a loin. Les échevins n'ont jamais cessé de blâmer la Législature de s'ingérer dans le mode d'administration de Montréal et de s'en faire du capital politique devant leurs électeurs. On sait quelles difficultés les députés libéraux de Montréal ont éprouvées à se faire élire à cause des critiques suscitées par l'ingérance de la Législature de Québec dans les affaires de Montréal. Quant à lui *(M. Vautrin)*, il s'est présenté comme franc libéral, il a été élu, mais ce n'est pas pour favoriser une mesure aussi anti-libérale que celle qui est maintenant devant la Chambre. (...)

Explications

La manchette choisie pour la page d'aujourd'hui mérite des explications. Ce n'était pas la première fois que le gouvernement provincial s'ingérait dans l'administration montréalaise, sauf que onze ans plus tôt, il avait eu raison de le faire. Citons quelques faits pour étayer cette affirmation.

Tout avait commencé par la commission d'enquête créée en 1909 à la demande du milieu des affaires. Au cours de ses travaux, elle étala l'existence à l'hôtel de ville d'un véritable système de corruption et de patronage. Les autorités provinciales furent donc obligées d'adopter, en 1910, un système administratif qui réduisait les pouvoirs du conseil municipal, le soumettant à un comité de contrôle de quatre membres. Ce système peu efficace a été en vigueur jusqu'en 1918, alors que le gouvernement a légiféré pour confier la gestion de la Ville à une commission administrative de cinq membres (dont deux nommés par Québec!), et restreindre du même coup les pouvoirs du conseil.

Nous en sommes là quand le gouvernement adopte ce projet de loi dont il question aujourd'hui. Ce projet de loi eut l'heur de secouer l'apathie des Montréalais, piqués au vif par LA PRESSE notamment. Avec des titres et des exergues lapidaires comme « Montréal dans les chaînes », *ou* « Onze justes pour sauver la Législature de Québec », *ou encore* « On conspue les conspirateurs et les spoliateurs de nos droits », *et avec des caricatures du genre de celles que nous vous proposons, LA PRESSE affichait clairement ses couleurs. Les quelques lignes suivantes sont d'ailleurs très convaincantes, et elles ne sont pas tirées de la page éditoriale:*

C'en est fait! L'asservissement de la ville de Montréal est complet pour deux ans. Le plus monstrueux attentat qui ait été encore commis dans notre province contre les droits et privilèges d'une grande corporation municipale est consommée.

La Législature a voté l'exécrable loi David, après une sophistique exposition des faits par le premier ministre. C'est en vain que quelques députés ont élevé la voix pour défendre les véritables principes qui sont la base de nos droits institutionnels: l'étatisme et l'absolutisme triomphent; il ne paraît même pas que l'on puisse espérer quelque réaction démocratique de la part du Conseil législatif, qui subira, sans doute, l'ascendant du même maître qui a imposé ses volontés aux « moutons » de la Chambre d'assemblée.

La loi David est un marchandage honteux, pour sauver la peau de la Commission administrative et concilier certains esprits, parmi les membres actuels du Conseil de ville.

Il n'est pas nécessaire d'être devin pour soupçonner tous les dessous de cette lamentable affaire, qui est la plus révoltante des manoeuvres pour étouffer la voix du peuple soulevé contre une dictature odieuse.

Pendant deux ans encore, les deniers publics, prélevés sur une taxation arbitraire, seront administrés par des irresponsables au peuple; nous sommes retournés aux pires jours de la féodalité. (...)

En épilogue, il vaut la peine de rappeler qu'un an plus tard, la résistance des Montréalais triomphait de l'ingérance du gouvernement provincial, et le conseil municipal récupérait tous les droits et pouvoirs qu'on lui avait enlevés au cours de la dernière décennie.

Concordia et son autonomie pourchassées par les fauves rapaces de Québec.

C'EST ARRIVÉ UN 10 FÉVRIER

1981 — Le gouvernement iranien relâche l'écrivain américain Cynthia Dwyer, après neuf mois de détention dans une prison de Téhéran.

1977 — Décès de Sergei Iliouchine, constructeur d'une cinquantaine de modèles d'avions de transport soviétiques.

1973 — Le plus gros réservoir de gaz naturel au monde explose à New York et fait 43 morts.

1970 — Une avalanche fait 42 morts à Val d'Isère.

1962 — Prisonnier depuis le 1er mai 1960 après que son avion-espion *U-2* eût été abattu au-dessus du territoire soviétique, Francis Gary Powers est échangé en retour de l'espion Rudolf Abel.

1950 — Le Britannique d'origine allemande Klaus Fuchs reconnaît avoir vendu des secrets de la bombe atomique à l'URSS.

1949 — Nathuram Vinsyck Godse, assassin de Gandhi, est condamné à mort en compagnie de Narayan Dattarya Apte, cerveau de l'attentat.

1948 — Un incendie dans un refuge pour personnes âgées fait 34 morts à Saint-Jean, Terre-Neuve.

1947 — Des milliers d'usines anglaises ferment leurs portes par suite du manque d'électricité imputable à la pénurie de charbon.

1942 — Le *USS Lafayette (ex-Normandie)* brûle à quai, à New York.

1939 — La mort du Pape Pie XI sème le deuil à travers le monde.

1926 — M. l'abbé Louis-Joseph-Pierre Gravel, fondateur de la ville de Gravelbourg, Saskatchewan, meurt à l'Hôtel-Dieu.

Les cochers protestent

LES ouvriers n'ont pas besoin de tramways au Parc Mont-Royal.

Tels étaient les mots inscrits sur une bannière que portaient à leur tête, hier soir **(10 février 1903)**, une foule de cochers de place en procession dans nos rues. Environ 75 voitures (...) suivaient cette bannière, aux sons d'une fanfare.

Après la parade, des discours furent prononcés. On dénonça très énergiquement le projet de construire un chemin de fer pour les tramways à travers le parc Mont-Royal. (...)

Le premier orateur fut M. L. Thompson, président de l'Union des cochers de place. M. Thompson croit absolument nécessaire d'empêcher qu'on ne construise un chemin de fer à la montagne. Il ajoute que pour sa part, il ne croit pas que les ouvriers aient besoin de ce que la « Montreal Street Railways » semble si désireuse d'obtenir. (...)

M. W. Walker, secrétaire de l'association, adresse aussi la parole: « La parade, dit-il, a eu un grand succès, sans doute, mais elle en aurait eu un beaucoup plus grand si les chemins eussent été en meilleur état. Les bancs de neige, mais plus encore la voie des chars ont été les principaux obstacles qui se sont opposés à une procession plus nombreuse. Eh bien! dites-moi, mes amis, qu'arriverait-il donc, aux promenades de la montagne, si l'on construisait là une nouvelle voie pour les tramways, ainsi que plusieurs échevins l'ont proposé? On nous parle des besoins des pauvres gens; Eh!... qui les connaît mieux que les cochers? »

Publicité « patriotique » publiée le *10 février 1917*.

BABILLARD

Un appel au « peuple » !

Le 12 avril prochain, LA PRESSE publiera le troisième de ses cahiers thématiques, consacré à « cent ans d'inventions ». Dans ce cahier, son titre le dit clairement, nous essayerons de dresser une liste de toutes les inventions et de toutes les innovations survenues depuis la fondation de LA PRESSE, le 20 octobre 1884.

Comme nous voulons que cette liste soit la plus complète possible, elle sera forcément longue, car c'est au cours de ce dernier siècle que l'homme s'est doté de la très grande majorité des outils dont il avait besoin pour mieux réussir, pour aller plus loin, pour travailler plus vite, pour vivre dans un plus grand confort, pour explorer et visiter l'infini, ou pour repousser toujours plus loin les limites de ses connaissances.

Cela étant dit, et l'espace n'étant pas illimité, il faudra se résigner à traiter très sommairement de chaque invention, de chaque innovation. Par voie de conséquence, le nombre d'inventions ou innovations qui recevront, disons, « un traitement de faveur », sera limiter à une dizaine.

Mais lesquelles choisir? Celles qui touchent le plus grand nombre d'usagers ou celles qui ont permis à l'homme de faire les plus grands pas? Le dilemme n'est pas facile à résoudre. Or, comme cette page s'adresse d'abord à vous, amis lecteurs, nous avons pensé vous laisser nous proposer VOTRE CHOIX en nous faisant parvenir la liste des dix inventions qui VOUS paraissent les plus importantes et/ou les plus utiles. Nous avions pensé inclure un coupon-réponse dans cette page, mais comme des milliers d'entre vous la collectionnent, un simple bout de papier suffira. Nous accepterons vos listes jusqu'au 29 février inclusivement. À titre incitatif, nous tirerons une lettre au sort parmi toutes celles que nous aurons reçues, et le gagnant recevra une magnifique trousse de souvenirs du centenaire de LA PRESSE.

L'adresse? Guy Pinard, LA PRESSE, rédaction, 7, rue Saint-Jacques, Montréal, Québec H2Y 1K9. Prière de ne pas téléphoner.

Wilbert Coffin pendu à la prison commune

WILBERT Coffin a été pendu, tôt ce matin **(10 février 1956)**, à la prison commune, à Bordeaux, sans avoir pu obtenir la permission d'épouser sa concubine, Marion Petrie, et légitimer leur fils de huit ans, James.

Son exécution, qui fut remise à sept reprises depuis sa condamnation à mort, met fin à l'une des causes criminelles les plus longues et les plus riches en incidents de toutes sortes dont fassent mention les annales judiciaires dans notre province.

Coffin, qui était âgé de 43 ans, est monté sur l'échafaud à 12 h 19 ce matin. Il a été déclaré mort à 12 h 33, soit 14 minutes plus tard.

Le prospecteur, qui avait été jugé coupable du meurtre d'un jeune chasseur américain, assassiné avec ses deux compagnons dans les forêts de la Gaspésie, au début de l'été 1953, s'était enfermé dans un mutisme complet plus de deux heures avant son exécution.

Le shérif Paul Hurteau, C.R., qui a assisté à la pendaison, a déclaré que Coffin a marché calmement à l'échafaud et n'a fait

aucune déclaration avant de mourir.

Le corps de Coffin a été remis à la famille à la suite de l'exécution. Il sera transporté en Gaspésie, où il sera inhumé.

Le shérif Hurteau a déclaré que les dernières paroles prononcées par Coffin, plus de deux heures avant son exécution, furent pour protester de nouveau de son innocence. Il ne prononça plus une seule parole par la suite. (...)

Sa mort a été constatée par le Dr Marius Denis, médecin de la prison. (...)

Sang-froid du condamné

Le shérif a déclaré que Coffin avait fait preuve d'un grand sang-froid et demeuré calme jusqu'à la fin. Il a ajouté qu'il n'a laissé aucune lettre. (...) Lorsqu'on lui demanda s'il avait quelque chose à dire avant de quitter sa cellule, il ne fit aucune déclaration. Il ne reçut aucune visite à la suite de celle que lui fit son avocat, Me François Gravel, dans le courant de la journée d'hier (...)

Coffin, qui avait mangé du poulet, peu après midi, a pris son dernier repas, composé d'oeufs et de jambon, peu après 6 h hier soir.

Après qu'il eut appris, hier après-midi, que le cabinet avait rejeté sa requête de commutation de peine, Coffin a demandé s'il pouvait encore espérer pouvoir épouser Marion Petrie. (...) Cette demande fut rejetée par l'hon. Maurice Duplessis, premier ministre et procureur général de la province. « Nous ne pouvons permettre à ces deux personnages de se rencontrer, a déclaré M. Duplessis, cela irait à l'encontre de l'intérêt public et de la saine administration de la justice. »

LA PRESSE
100 ans d'actualités

Le croquis du dessinateur Paul Caron, de LA PRESSE, donne une assez juste idée de l'ampleur du désastre: bâtiments détruits, rails soulevés, arbres rasés, rien n'a résisté au souffle de l'explosion à proximité du bâtiment.

LA CATASTROPHE FAIT PLUS DE 25 ORPHELINS ET HUIT VEUVES

Les cadavres des victimes de l'épouvantable explosion de la cartoucherie de l'île Perrot sont pulvérisés. — Deux ouvriers seulement échappent miraculeusement à la mort. — Tout est ébranlé dans un rayon de 10 milles. — Les ponts tremblent sur leurs piliers.

(Des envoyés spéciaux de LA PRESSE)

VAUDREUIL — L'île Perrot, sise entre les lacs des Deux-Montagnes et Saint-Louis, a été, hier **(11 février 1908)**, vers une heure de l'après-midi, le théâtre d'un désastre affreux dont les dépêches télégraphiques ont transmis déjà de courts mais épouvantables détails.

En un moment la pénible nouvelle avait volé aux quatre coins de la province encore sous le coup de l'émotion pénible qu'a provoquée la catastrophe du pont de Québec au cours de laquelle une centaine de braves travailleurs perdaient la vie, en septembre dernier et nul ne voulait croire que le malheur fut si grand que le prétendaient les services d'information. (...)

Et tandis que la foule divisée en groupe sur la grande route, s'entretenait du triste événement de la journée, les représentants de la « Presse » se dirigeaient vers l'hôtel Central où, prévenus de leur arrivée, quelques ouvriers de la « Standard Explosive Co. » s'étaient donné rendez-vous.

Là, il nous fut donné d'entendre les récits les plus émouvants de

L'AFFREUSE CALAMITE

et de constater combien grande est la sympathie dont sont l'objet les familles dont les chefs ont trouvé une mort si affreuse. (...)

Décrire le spectacle qui s'offrait aux yeux du voyageur arrivant à la cartoucherie qu'une explosion venait de détruire, n'est pas chose facile. Partout, sur le sol glacé, des membres meurtris, des

CHAIRS SAIGNANTES

des lambeaux de vêtements maculés de sang et aux branches des arbres tordus, fendus, quasi arrachés pendaient des loques souillées, banderoles sinistres, que le vent faisait claquer lugubrement.

Plusieurs solides gars, poussant devant eux de lourds traîneaux, parcouraient les environs de l'usine et ramassaient les débris humains, enfouis sous la neige rougie.

LES MORTS

Ferdinand Trépanier, 44 ans, marié, père de neuf enfants; **David Dumberry,** 50 ans, marié, père de sept enfants; **Georges (Narge) Rousseau,** 37 ans, marié, père de six enfants; **Louis-Henri Pain** dit **Cayan,** marié, père de quatre enfant; **Pierre Ménard,** 33 ans, marié, père de deux enfants; **Jean-Baptiste Robillard,** 48 ans, marié et père d'une fille; **Arthur Legault,** 28 ans, marié, sans enfant; **Joseph Rozon,** marié, sans enfant; **Urgel Lauzon,** célibataire, 24 ans.

Tous ceux que la simple curiosité poussait vers l'île Perrot, à cette heure inoubliable, en sortaient bientôt le coeur gonflé, l'esprit hanté de visions sombres de foyers déserts, de veuves en larmes, d'orphelins sans soutien, de cercueils à jamais clos.

Retour à l'hôtel Central, il nous fut donné d'y rencontrer

M. JOSEPH SEGALA,

préposé à des travaux d'empaquetage à la « Standard Explosive Co. ». Voici ce qu'il a déclaré à notre représentant: « Vers une heure moins dix minutes, je me rendais à mon travail quand, à environ cinq arpents de la fabrique, j'aperçus soudain

UNE BOULE DE FEU

s'élevant dans les airs avec un bruit formidable. J'eus tout d'abord l'idée que c'en était fait de moi et je me jetai dans la neige, près d'un arbre que je saisis nerveusement.

« La poudrerie No 9 venait de sauter et à peine avais-je eu le temps de me remettre du choc nerveux qui était venu m'assaillir, qu'une seconde détonation se produisit, ébranlant tout autour de moi. Je fus un des premiers à me rendre sur les lieux du sinistre et à constater que de mes compagnons de travail, nul n'avait survécu.

« Dans la poudrerie No 9 se trouvaient les infortunés Pierre Ménard, Arthur Legault, Urgel Lauzon, J.D. Dumberry et Ferdinand Trépanier. Au second pavillon, situé à quelque trois cents pieds du foyer principal de la catastrophe, travaillaient J.-B. Robillard, Jos. Rozon, Joseph Pain dit Cayen et Georges (Nargé) Rousseau. (...)

Un témoin fort important, qui sera entendu samedi, au cours de l'enquête régulière, a bien voulu nous raconter ce qu'il sait du malheur d'hier midi. C'est

M. ALPHONSE ROBILLARD

contremaître à la cartoucherie et constable spécial de la « Standard Explosive Co. ». Celui-ci fut légèrement blessé à la main gauche et à la jambe droite. C'est un rude gaillard, franc et sympathique, qui s'estime heureux aujourd'hui de s'en être tiré à si bon compte: « J'étais dans la partie de l'atelier qui m'est assignée, attendant l'heure de la reprise des travaux, en compagnie de dix-neuf jeunes ouvriers de douze à quinze ans, quand la poudrière No 9 a sauté. Le choc fut terrible. Tout le dedans de la pièce où je me trouvais fut démoli; mais à part moi, aucun des jeunes manoeuvres ne fut blessé. » *(L'autre employé qui échappa à la mort fut Johnny Leduc.)* (...)

La poudrerie (...) fut construite dans l'île Perrot il y a deux ans et neuf mois. C'est la première fois qu'un si violent accident s'y produit. Cependant, il y a sept mois, un ouvrier y perdait la vie dans des circonstances tragiques *(qu'on n'explique pas)*. C'était Théodore Dupuis. (...)

Les rapports entre patrons et employés sont excellents; tous ceux qui occupent des emplois à cette fabrique de poudre sont unanimes à le déclarer.

Les causes du désastre, nul ne les connaît encore et s'il faut en croire ceux à qui nous en causions, nul ne les connaîtra jamais. C'est ce qu'a d'ailleurs déclaré M. Alphonse Robillard, contremaître.

BABILLARD

Une chronique qui vous plairait?

Les responsables des activités du centenaire de LA PRESSE se voient proposer mille et une idées et suggestions susceptibles d'intéresser les lecteurs en leur proposant un nouveau service, par exemple.

L'une de ces suggestions vise l'instauration d'une chronique qui serait consacrée aux mondanités. La fréquence de cette chronique, ainsi que le ou les jours de parution, restent évidemment à déterminer, puisqu'il faut d'abord savoir si une telle chronique intéresserait les lecteurs de LA PRESSE.

Et que contiendrait-elle? Essentiellement des avis de fiançailles, de mariages, de naissances, de félicitations, de promotions, de graduations, de collations, de conventums, de rencontres amicales, de souhaits d'anniversaires de mariages, de naissances, de bon voyage, de succès, de prompt rétablissements, et on en passe, le tout accompagné dans toute la mesure du possible d'une photo.

Il s'agirait là d'un nouveau service payant bien sûr, mais à des tarifs intéressants pour tout le monde. Il n'y aurait aucune limite d'espace, car LA PRESSE satisferait évidemment la demande.

Si l'introduction d'un tel service vous intéresse, prière de le faire savoir PAR ÉCRIT à Guy Pinard, LA PRESSE, rédaction, 7, rue Saint-Jacques, Montréal, Québec H2Y 1K9.

ACTIVITÉS

AUJOURD'HUI

■ **À la radio**

17 h, Radio-Canada — Chronique consacrée à LA PRESSE à l'émission *Avec le temps*, animée par Pierre Paquette.

AUJOURD'HUI ET DEMAIN

■ **Salon Épargne-Placement**

Place Bonaventure — Décoré de quelques premières pages de LA PRESSE reflétant le climat économique d'autres époques, le stand mobile de LA PRESSE permettra de se familiariser avec l'équipe de rédacteurs de la section « Économie ». Présence d'un appareil Atex utilisé autant pour le stockage d'informations que pour la composition du journal. Occasion également de participer à l'*éconoquiz* de LA PRESSE, le gagnant méritant un portefeuille d'actions d'une valeur de $1000. Jusqu'au 15 février inclusivement.

■ **Festival de bandes dessinées et caricatures**

Bistro L'Auvent, 3932, rue Saint-Denis — La participation de LA PRESSE à ce festival comprend une dizaine de caricatures de Girerd, en plus de l'affiche qu'il a conçue pour les festivités du centenaire, ainsi que le porte-folio *L'histoire de la caricature dans la vie de LA PRESSE*. Jusqu'au 29 février inclusivement.

DEMAIN

■ **À la télévision**

16 h 30, Télé-Métropole — Dans le cadre de l'émission *Sports-Mag* l'animateur Pierre Trudel consacre quelques moments de rétrospective à des pages mémorables de LA PRESSE.

C'EST ARRIVÉ UN 11 FÉVRIER

1977 — Le lieutenant-colonel Mengistu Haïlé Marian devient chef de l'État éthyopien.

1975 — Margaret Thatcher devient la première femme à diriger un parti politique en Grande-Bretagne, soit le Parti conservateur.

1972 — Le gouvernement décrète l'État d'urgence et restreint la consommation d'électricité en Grande-Bretagne, dont la production est paralysée par une grève depuis cinq semaines.

1970 — Les Japonais parviennent à placer leur premier satellite sur orbite.

1969 — L'université Sir Georges Williams est le théâtre de violentes manifestations étudiantes qui font de lourds dégâts.

1965 — Les employés de la Régie des alcools du Québec votent en faveur de mettre fin à une grève de plus de deux mois.

1961 — Début des travaux de construction de la Place des Arts.

1958 — Centenaire des apparitions de Lourdes.

1956 — On retrace à Moscou deux fonctionnaires du ministère des Affaires extérieures britanniques, Guy Burgess et Donald Maclean, disparus depuis mai 1951.

1952 — Un *DC-6* de la National Airlines s'écrase sur des maisons à Elizabeth, New Jersey, théâtre d'un troisième accident d'avion en deux mois. On dénombre 34 morts, dont quatre au sol.

1950 — Démission de Mgr Joseph Charbonneau, archevêque de Montréal.

1949 — Willy Pep bat Sandy Saddler et reconquiert son championnat du monde des poids plumes, à la boxe.

1937 — Fin d'une grève de 44 jours chez le constructeur automobile américain General Motors.

1923 — Winnifred Blair est proclamée « Mademoiselle Canada » aux dépens notamment de « Mademoiselle Montréal », soit Gabrielle Rivet, la candidate de LA PRESSE.

1909 — Décès de Maurice Perrault, ingénieur, architecte et député provincial de la circonscription de Chambly.

1897 — Un incendie détruit les locaux des ministères de la Marine et des Pêcheries, des Travaux publics, et de la Police montée. Les dégâts sont évalués à $250 000.

Figure du Jour

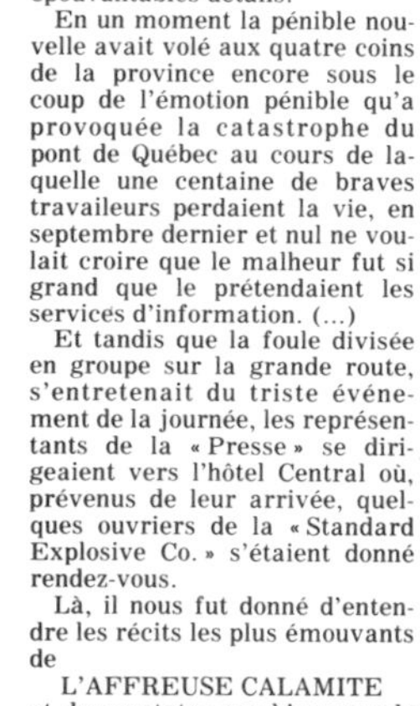

Thomas A. Edison, qui célèbre aujourd'hui (disait-on le *11 février 1914*) le soixante-septième anniversaire de sa naissance.

UN DELUGE

L'état de nos rues et de nos trottoirs

Des étangs dans certaines rues.

LES rues et les trottoirs, à l'heure qu'il est, sont dans un état des plus pitoyables. Quiconque pourrait monter sur la coupole de la cathédrale jouirait d'un joli spectacle. En certains endroits, notamment dans la partie située entre les rues Craig et Sainte-Catherine, Bleury et Saint-Denis, l'accumulation de la neige est particulièrement considérable et le temps doux que nous avons, a produit un véritable déluge. Les bouches d'égout ne suffisent pas et les caves sont un peu partout inondées. A l'angle des rues McGill et Saint-Jacques, Craig et Saint-Laurent, il y a de petits étangs dont nombre de personnes ont eu l'occasion de mesurer la profondeur à leur grand désagrément. En certains endroits, la descente du tramway est particulièrement périlleuse. On sait que l'entretien des trottoirs a été jusqu'ici à la charge du département des chemins, mais à la dernière séance du conseil, les crédits de l'inspecteur de la cité étant épuisés, on a résolu de confier à la police le soin de faire exécuter les règlements à ce sujet, mais il est notoire que ces derniers *(on veut évidemment parler des trottoirs...)* n'ont jamais été dans un état aussi abominable, surtout dans la partie nord de la ville et sur les rues où les tramways ne passent pas. Le public est en grande partie responsable de cet état de choses. En face d'une maison, par exemple, on enlèvera toute la neige du trottoir, tandis qu'à côté, chez le voisin, on n'en fait rien du tout; voilà donc un casse-cou dangereux et un trou où l'eau a toutes les chances de s'accumuler. Le règlement exige qu'on laisse six pouces de neige sur les trottoirs. Il faudrait le suivre. De cette façon, il y aurait uniformité et les inconvénients qui existent disparaîtraient. Il est réellement disgracieux pour la ville de voir dans quel état sont nos rues. La chose est de nature à créer une mauvaise impression chez les étrangers.

Cela se passait le 11 février 1898.

Montréal-Venise hier soir. La scène à l'angle des rues Craig et St Laurent.

FIASCO COMPLET

La plainte pour libelle criminel portée par M. L.-G. Robillard, de l'Union Franco-Canadienne, contre M. Jules Helbronner, Rédacteur à LA PRESSE, a été renvoyée par l'hon. juge Choquet

L'ACCUSATION de libelle criminel portée par M. L.-G. Robillard, président de l'Union Franco-Canadienne, contre M. Jules Helbronner, rédacteur en chef de « La Presse » a eu un bien triste sort, hier **(11 février 1902)** après-midi, à l'enquête préliminaire que présidait l'hon. juge Choquet.

Après avoir entendu une couple de témoins de la poursuite et sans même qu'un seul témoin ait été appelé du côté de la défense, le juge enquêteur ayant constaté qu'il n'y avait pas l'ombre d'une cause dans toute cette affaire, a renvoyé l'action sans plus de cérémonie.

Celle du même plaignant contre M. Ed. Charlier, éditeur-propriétaire des « Débats », a été ajournée à mardi prochain afin de permettre la production de tous les livres de l'« Union Franco-Canadienne ». Cette production est ordonnée par l'hon. juge Choquet.

Comme nos lecteurs se le rappellent sans doute, cette poursuite avait été intentée contre M. Jules Helbronner et Ed. Charlier, conjointement, à la suite d'un article publié dans les « Débats », le 23 juin dernier, et intitulé: « Chassons les vendeurs du temple » et dans lequel M. Robillard se croyait visé.

N.D.L.R. — L'article était signé « Julien Verronneau », et M. Robillard était convaincu qu'il s'agissait là d'un pseudonyme emprunté par M. Helbronner.

LA PRESSE

100 ans d'actualités

Cette première page consacrée au Carnaval de Montréal (eh oui!) a été publiée le *13 février 1909.*

CAMPAGNE CONTRE LE BLASPHEME

LE premier ministre de la province, l'honorable L.-A. Taschereau, était aux bureaux du gouvernement provincial, rue Notre-Dame est et il a reçu une délégation de l'Association Catholique des Voyageurs de Commerce qui demanda que le gouvernement prit toutes les mesures nécessaires pour combattre le blasphème qui se généralise dans la province.

Le premier ministre a répondu qu'il appréciait très hautement l'initiative de la délégation, mais il a fait remarquer aux délégués que les abus n'étaient pas du ressort du gouvernement provincial. C'est à celui qui entend blasphémer de prendre des mesures contre celui qui se rend coupable d'un crime aussi laid.

Il a déclaré qu'il existait contre le blasphème une loi fédérale très sévère. Quiconque entend une personne blasphémer peut la dénoncer et la faire punir. Il a ajouté que les représentants de la loi et les juges ne sont jamais cléments envers celui qui est convaincu de cette faute, mais il appartient au public de voir à ce que ce crime ne reste pas impuni.

Cela se passait le 13 février 1922.

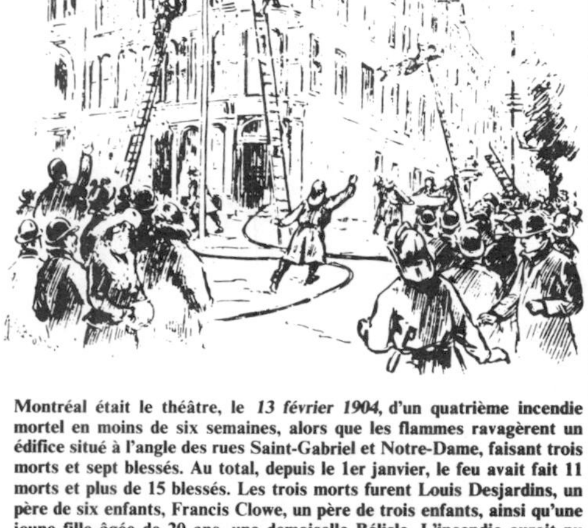

Montréal était le théâtre, le *13 février 1904*, d'un quatrième incendie mortel en moins de six semaines, alors que les flammes ravagèrent un édifice situé à l'angle des rues Saint-Gabriel et Notre-Dame, faisant trois morts et sept blessés. Au total, depuis le 1er janvier, le feu avait fait 11 morts et plus de 15 blessés. Les trois morts furent Louis Desjardins, un père de six enfants, Francis Clowe, un père de trois enfants, ainsi qu'une jeune fille âgée de 20 ans, une demoiselle Bélisle. L'incendie aurait pu être encore plus désastreux puisque de nombreux occupants, affolés, ont décidé de sauter dans le vide, mais personne heureusement ne perdit la vie de cette manière. La mort de M. Clowe est la plus curieuse. M. Clowe était en effet sorti sans égratignures de l'édifice en flamme et, selon le reporter de LA PRESSE, « pris soudain de vertige causé probablement par la fumée qui l'étouffait, il traversa la rue et alla se heurter de toutes ses forces contre l'édifice en face. Le malheureux fut tué instantanément ». La vignette montre une dame Gagné alors qu'elle plongeait dans le vide, et en médaillon, on descend le corps de M. Desjardins.

UN TOUR DE FORCE MERVEILLEUX FAIT PAR UN CONSTABLE

En s'appuyant sur les pieds et les mains, seulement, l'agent de police Wilfrid Cabana, supporte sur sa poitrine, un automobile dans lequel quatre personnes prennent place.

POIDS INCROYABLE DE 2800 LIVRES

WILFRID CABANA et le tour de force merveilleux qu'il accomplit. En s'appuyant sur les pieds et les mains, seulement, comme on peut le voir par la vignette ci-dessus, il supporte sur sa poitrine, un automobile contenant quatre personnes, le tout formant un poids de 2,800 livres.

Cette photo a été publiée dans LA PRESSE du *13 février 1915.*

Les bains turcs

UN préjugé absurde qui a cours dans une partie de la population, c'est que les bains turcs sont dangereux en hiver, quand il est bien prouvé que le système hydrothérapique, est la plus grande sauvegarde contre les refroidissements subits. Une transpiration est dangereuse, un bain turc ne l'est jamais pour l'excellente raison qu'après la transpiration le système est refroidi graduellement, jusqu'à ce que le sang soit à la température régulière; par conséquent les pores sont refermées et aucun danger de refroidissement n'existe. Ce qui contribue à ce malentendu c'est qu'on a l'habitude de mettre sur le compte des bains turcs tous les accidents qui arrivent. Dernièrement, un M. Geddes prend un bain chaud dans la maison et sort imprudemment ensuite; il contracte une maladie dont il meurt; vite on dit partout que sa mort a été causée par l'usage d'un bain turc, pendant que s'il eut réellement pris un bain turc il n'eut couru aucun danger.

Nous n'avons pas l'intention de faire de réclame à aucun établissement, mais en justice nous devons rétablir les faits qui circulent dans le public et qui nuisent à ces établissements utiles. Nous avons nous-même fait usage de bains turcs pendant plusieurs années sans le moindre inconvénient, au contraire nous en avons retiré les plus grands avantages.

Cela se passait le 13 février 1885.

L'HOTEL VIGER ET LA PETITE HISTOIRE

Grâce à la collaboration de l'historien E.-Z. Massicotte, LA PRESSE publiait dans son édition du ***13 février 1932*** *un article consacré à l'emplacement occupé à ce moment-là par la gare-hôtel Viger. Le contenu historique de cet article en surprendra plusieurs...*

LA fermeture toute prochaine de l'hôtel Place Viger, rue Craig est, et l'abandon de la gare comme point d'arrivée et de départ des trains à voyageurs se dirigeant vers Québec, dans le nord de la province et leur retour ensuite dans la métropole, ont ramené en lumière l'endroit historique sur lequel s'élève ce magnifique « château aux tourelles pointues » qui bientôt sera transformé en bureaux.

Propriété du Pacifique Canadien, construit et administré par lui, ce majestueux édifice date de 1898 et a connu des jours de splendeur. (...)

Selon E.-Z. Massicotte, l'archiviste érudit du Palais de Justice à qui nous devons la grande partie des renseignements qui apparaissent dans cette nouvelle, l'hôtel Place Viger fut la réalisation du désir formulé par l'honorable Raymond Préfontaine, alors maire de Montréal et ministre dans le cabinet Laurier, de doter le public canadien-français de la partie est de la ville d'un hôtel de tout premier ordre — les autorités muncipales mêmes en reconnurent si bien la nécessité qu'elles voulurent coopérer, afin d'en assurer la construction.

Et M. Massicotte ajoute : « Car il y a plus d'un siècle, entre la rue Bonsecours et la rue Beaudry, au lieu de l'excavation profonde qu'enjambe le viaduc de la rue Notre-Dame, se dressait un monticule d'une soixantaine de pieds au-dessus du niveau actuel de cette rue. Ce monticule fut pendant un siècle et demi le terme de la rue Notre-Dame vers l'est; rendus à la rue Bonsecours, les passants devaient descendre jusqu'à la rue Saint-Paul pour contourner la colline, puis remonter, s'ils voulaient prendre le chemin qui conduisait à la route de Québec.

Un monticule-citadelle

ce monticule-citadelle conserva son aspect jusqu'au 19e siècle, mais il devint évident que cet amas de terre nuisait à l'agrandissement de Montréal. D'ailleurs, par la démolition des fortifications entre 1801 et 1808, l'utilité de la citadelle était si amoindrie qu'en 1812 on commença à tailler la partie est de la butte, autrement dit celle qui était flanquée de la porte Saint-Martin. De la terre enlevée, on fit une tranche du Champ de Mars actuel. Lorsqu'en 1818, le gouvernement impérial acquit l'île Sainte-Hélène pour y établir un poste qui commandât mieux l'entrée du port de Montréal, le sort de la vieille butte se trouva réglé. Tout aussitôt on charroya ce qui restait de terre au Champ de Mars que l'on prolongea de la rue Gosford à la rue Saint-Gabriel. Par ces travaux, le talus qui jadis descendait de la rue Notre-Dame à la rivière Saint-Martin (rue Craig) se transforma en un plateau qui, à ses débuts, fut non seulement un champ d'exercices militaires, mais aussi une promenade estimée des Montréalais. (...)

La gare Dalhousie, située tout juste au sud de l'emplacement choisi pour la construction de la gare Viger, en 1885.

Montréal, tel qu'il apparaissait avec la butte qu'on élimina complètement au fil des ans, et la porte Saint-Martin, à la droite des fortifications. D'après une vieille estampe datée de 1803 et retracée à Londres.

Ouverture de la rue Notre-Dame

Quand le monticule fut rasé, continue M. Massicotte, on ouvrit la rue Notre-Dame, à l'est de la rue Bonsecours, et le site de l'ancienne porte Saint-Martin prit la forme d'un square qui, en 1821, fut ouvert par le gouverneur Dalhousie à la ville de Montréal. (...)

Cette partie de la ville se couvrit de résidences fashionables. Sur un des côtés, s'éleva le grand théâtre Hayes, l'un des plus beaux de l'époque et qu'un incendie détruisit en 1852; tout près, le fameux hôtel Donegana où logea le prince de Galles en 1860 et que, plus tard, l'on convertit en hôpital. En face de cet édifice demeura une célébrité canadienne-française, sir George-Étienne Cartier; non loin, le négociant philanthrope E.-A. Généreux; le fameux voyageur canadien, François Mercier, et combien d'autres? Il semblait que ce coin de terre dût rester longtemps dans ce nouvel état mais il fallut compter avec le progrès.

Autour de la gare Viger

La Compagnie du Pacifique Canadien dont le chemin de fer, entre Québec et Montréal, ne se rendait qu'à Hochelaga, cherchait à pénétrer près du centre des affaires. Ses ingénieurs songèrent d'abord à ériger une gare terminale sur le terrain qui comprend le marché de Bon-Secours et un pâté de maisons faisant face à la place Jacques-Cartier, mais un obstacle imprévu surgit tout à coup. Pour atteindre son but, la compagnie ferroviaire devait exproprier et démolir la chapelle du Bon-Secours, une vieille relique, chère à tous les Montréalais sans distinction de croyance. De si fortes protestations se produisirent contre ce projet que la Compagnie modifia ses plans et s'arrêta à la place Dalhousie.

Tout d'abord, les ingénieurs se contentèrent de niveler le côté sud de la rue Notre-Dame mais par la suite, on décida de creuser tout un quartier, de le baisser au niveau de la rue Craig et de construire là un hôtel et une gare qui seraient un ornement pour la grande ville commerciale du Dominion. Et ce fut fait. Ainsi par un enchaînement de circonstances difficiles à prévoir, le plus haut point de l'ancien Montréal est devenu l'un des plus bas du Montréal moderne.

C'EST ARRIVÉ UN 13 FÉVRIER

1976 — À la surprise de tous les connaisseurs, la Canadienne Kathy Kreiner remporte la médaille d'or olympique du slalom géant, à Innsbruck. — Le général Olusegun Abasanjo, chef d'état-major des forces armées du Nigeria, assume tous les pouvoirs.

1975 — Massacre à l'hôtel Lapinière, à Brossard : on découvre quatre morts et cinq blessés. — Le directeur Jean-Jacques Saulnier, de la police de Montréal, obtient gain de cause devant les tribunaux.

1974 — L'auteur soviétique Alexandre Soljenitsyne est déporté d'URSS et dépouillé de sa citoyenneté soviétique.

1973 — Le rapport Gendron est rendu public à Québec; il recommande une langue « officielle », le français, et deux langues « nationales », le français et l'anglais.

1971 — En Ontario, William Davis succède à John Robarts comme chef du Parti conservateur et premier ministre.

1969 — Un attentant à la bombe fait 32 blessés à la Bourse de Montréal. — Début du procès de Sirhan Bishara Sirhan, présumé assassin de Robert F. Kennedy.

1961 — On annonce que Patrice Lumumba, chef du gouvernement de l'ex-Congo belge, a été assassiné, présumément alors qu'il tentait de s'enfuir.

1960 — Explosion de la première bombe atomique française, dans le Sahara.

1959 — Pour la première fois depuis la venue de Jacques Cartier, un transatlantique atteint Québec en plein hiver.

1956 — Fin d'une grève de 148 jours des ouvriers de la General Motors du Canada.

1950 — Les mineurs américains refusent d'obtempérer à un ordre de la Cour de reprendre le travail.

1948 — Le commandement soviétique ordonne aux Allemands de la zone placée sous sa surveillance de former une commission politique; c'est le début de la séparation de Berlin-Ouest et Berlin-Est.

1937 — Plus de 800 personnes trouvent la mort dans un théâtre d'Antung, Mandchoutikouo (Mandchourie sous occupation japonaise).

1935 — Mannfried Hauptmann est condamné à mort après avoir été reconnu coupable d'enlèvement et de meurtre du bébé du célèbre aviateur Charles Lindberg.

1926 — La librairie Granger Frères est détruite par un incendie.

1899 — Une conflagration cause de lourds dégâts dans la ville de Digby, en Nouvelle-Écosse.

ACTIVITÉS

■ **Salon Épargne-Placement**

Place Bonaventure — Décoré de quelques premières pages de LA PRESSE reflétant le climat économique d'autres époques, le stand mobile de LA PRESSE permettra de se familiariser avec l'équipe de rédacteurs de la section « Économie ». Présence d'un appareil Atex utilisé autant pour le stockage d'informations que pour la composition du journal. Occasion également de participer à l'*éconoquiz* de LA PRESSE, le gagnant méritant un portefeuille d'actions d'une valeur de $1000. Jusqu'au 15 février inclusivement.

■ **À la télévision**

Le 18-heures, Télé-Métropole — Vers la fin de ce bulletin de nouvelles, soit vers 18 h 50, les animateurs commentent quelques manchettes tirées des pages de LA PRESSE et qui ont fait l'actualité d'hier.

LA PRESSE

100 ans d'actualités

EPOUVANTABLE TRAGEDIE

L'établissement des Soeurs Grises, angle Saint-Mathieu et Dorchester, est partiellement détruit par les flammes.

UN incendie a en partie détruit l'une des ailes de l'institution des Soeurs Grises, à Montréal, hier soir **(14 février 1918)**. Ce sinistre comptera parmi les plus tragiques qui aient eu lieu dans la métropole depuis un grand nombre d'années. Si l'on n'a pas à déplorer la mort d'aucun adulte, en revanche l'on a à regretter la mort de nombreux enfants, de nombreux bébés dont le plus âgé n'avait pas plus d'un an. Les recherches d'aujourd'hui ont porté à près de 50 *(en fait, le nombre des victimes devait atteindre 53)*, mais l'on a tout lieu de croire que les recherches qui se continuent feront découvrir d'autres petits cadavres. À combien d'actes de dévouement, ce malheur n'a-t-il pas donné lieu! On ne peut que faire des conjectures sur les causes du désastre. Les uns croient qu'il est dû à des fils électriques défectueux servant aux appareils de rayons X, dans la section réservée aux militaires. (...)

C'est un peu après 7 heures 30, que l'incendie a été découvert au troisième étage, occupé par la Crèche, au-dessus de la section de l'établissement réservée à la Commission des hôpitaux militaires pour les soldats convalescents. Une alarme fut aussitôt sonnée, mais quand le chef de district Morin arriva sur les lieux, il jugea la situation extrêmement grave et fit sonner un deuxième appel. (...)

SCENE INDESCRIPTIBLE

Mais avant même l'arrivée des pompiers, ceux des soldats convalescents qui le pouvaient s'étaient porté avec le plus grand empressement au secours des vieillards, des hospitalisés et des enfants occupant les étages au-dessus ou voisins de leurs quartiers. C'est avec un courage inouï et un dévouement sans borne que les Soeurs, aidées par les soldats, se précipitèrent dans les salles envahies par le feu et la fumée. On ne saurait compter les actes de sublime héroïsme qui se produisirent alors. Dans les salles de la crèche se trouvaient cent soixante-dix bébés dont les plus vieux n'avaient que quatre ans. Dans la partie réservée aux vieillards, il y avait quatre-vingt-dix-huit hommes et cent douze femmes, quelques-uns d'entre eux presque centenaires. (...)

PAS DE PANIQUE

Ce qu'il y eut de particulièrement remarquable et qui mérite tout spécialement d'être signalé, c'est que, bien qu'il se produisit une excitation, surtout parmi les vieillards, il n'y eut pas un moment de panique. Sous la direction de Soeur Laframboise, Soeurs, soldats et pompiers travaillèrent avec calme et avec ordre au sauvetage. C'est certainement grâce à cela que tant d'enfants purent être sauvés et que les vieillards purent être transportés si rapidement en dehors de leurs salles. On craint, cependant, que plusieurs des vieillards et des infirmes ne succombent au choc nerveux qu'ils ont éprouvé.

DUR TRAVAIL DES POMPIERS

Pendant ce temps, les pompiers s'étaient mis à l'oeuvre. (...) Il fallait empêcher le feu de se propager à toutes les sections des édifices. (...) Le travail de la brigade fut particulièrement remarquable, car elle parvint non seulement à empêcher les flammes de se propager aux sections plus à l'est et au nord, mais aussi aux étages au-dessous de la partie où le feu avait pris naissance. Vers 10 heures 50, l'on put se rendre compte que le feu était absolument sous contrôle. (...)

Quand les pompiers purent pénétrer dans une des salles de la Crèche, ils y trouvèrent les corps de trente-huit bébés, carbonisés par les flammes. Il était certain que d'autres petites victimes devaient se trouver aussi dans d'autres salles, mais il était impossible d'y continuer les recherches.

SAUVETEURS ASPHYXIES

Durant la conflagration, les médecins durent donner leurs soins à plusieurs des sauveteurs qui faillirent être victimes de leur dévouement. Des pompiers durent retirer des salles embrasées une des religieuses qui à plusieurs reprises était venue chercher des enfants pour les transporter dans un endroit de sûreté, Soeur Côté, et qui était tombée asphyxiée, mais que des soins énergiques firent revenir à elle. Le sous-chef Presseau fut aussi victime de l'asphyxie et ne fut sauvé que par ses hommes. Soeur Bourget et Soeur Maranda se signalèrent aussi en arrachant aux flammes des bébés en danger. Soeur Bourget, à elle seule, parvint à sauver onze enfants. (...)

LA CAUSE DU SINISTRE

Le chef Tremblay, de même que plusieurs soeurs, ont déclaré, la nuit dernière, à un représentant de La « Presse », que le feu semble avoir été allumé par un fil électrique passant entre le plafond de la section réservée aux soldats et le plancher des salles de la Crèche, et servant aux appareils de rayons X dans la section des soldats convalescents. Quoiqu'il en soit, c'est à cet endroit même que les flammes ont été découvertes. (...)

TRES GRANDES PERTES

L'aile de l'ouest qui a été la proie de l'incendie, hier, avait été élevée en 1897, et le coût de sa construction avait été d'environ $117 000. De l'étage supérieur il ne reste plus guère que des débris calcinés et le toit s'est effondré sur la plus grande étendue. (...) Il ne reste plus d'utilisable que la structure des trois étages inférieurs. Il serait encore difficile d'évaluer le montant des dommages d'une manière précise pour le moment. Mais on ne saurait douter qu'il doit être très élevé. On disait que les pertes devait dépasser le montant de $100 000. (...)

L'institution des Soeurs Grises, plus connue sous le nom d'Hôpital des Soeurs Grises, fut d'abord élevée en 1755 dans le bas de la ville sur un emplacement aujourd'hui occupé par des entrepôts. C'est en 1871 que les Soeurs se transportèrent dans le local qu'elles occupent actuellement, rue Guy. (...)

Ces quatre photos illustrent fort bien l'ampleur du désastre et l'épouvantable chaleur dégagée par les flammes, comme en témoigne l'acier tordu des poutres affaissées au sol. Seules les pierres des murs ont pu résister à la violence du feu.

La Saint-Valentin, à la manière d'Albéric Bourgeois dans la peau du père Ladébauche, le *14 février 1920*

LE CAMELEON

On veut en empêcher la vente à Montréal

LE caméléon est-il un animal domestique qui tombe sous le coup du statut qui protège les chevaux, les vaches, chiens, chats, etc.? Tout le monde connait cette jolie petite bête qui sert aujourd'hui d'ornement sur les corsages de nos mondaines. Depuis quelque temps, il s'est fait un débit considérable de ces petits reptiles à Montréal. La société pour la protection des animaux, par l'entremise de son inspecteur, M. Racey, a essayé ce matin d'obtenir des mandats contre certaines personnes qui les vendent. Le juge Dugas, auquel on a fait application, n'a pas voulu se prononcer. Nos législateurs ne prévoyaient pas évidemment cet engouement de la part du beau sexe. On sait que dans l'Etat du Massachusetts et notamment à Boston, la vente des caméléons pour l'usage auquel ils sont destinés maintenant, a été interdite. Il en a été de même à New York et c'est après avoir été chassés de New York que ces petits animaux ont été mis en vente à Montréal.

Cela se passait le 14 février 1894.

ACTIVITÉS

■ Salon Épargne-Placement

Place Bonaventure **— Décoré de quelques premières pages de LA PRESSE reflétant le climat économique d'autres époques, le stand mobile de LA PRESSE permettra de se familiariser avec l'équipe de rédacteurs de la section « Économie ». Présence d'un appareil Atex utilisé autant pour le stockage d'informations que pour la composition du journal. Occasion également de participer à l'*éconoquiz* de LA PRESSE, le gagnant méritant un portefeuille d'actions d'une valeur de $1000. Jusqu'au 15 février inclusivement.**

Photographie des couleurs

Une révolution dans l'art

HUIT jours à peine se sont écoulés depuis que l'« Album industriel » a publié sur cette question une étude fort remarquée dans le monde des arts, et déjà par l'application du procédé vulgarisé par notre confrère, la Montreal Photo-Engraving Company a réussi à fixer les couleurs simples sur le négatif. De là à reproduire sur verre, en une seule pose, toutes les nuances d'un paysage ou d'un tableau quelconque, il n'y a qu'un pas, et ce pas va être fait incessamment.

La Montreal Photo-Engraving Co. se propose dès qu'elle sera sortie de la période expérimentale, de s'engager pour de bon dans la photographie des couleurs. Ce sera toute une révolution dans l'art photographique, non seulement au Canada, mais en Amérique. Il ne sera que justice pour l'histoire de dire que cette révolution a été déterminée par notre confrère de l'« Album industriel ».

Cela se passait le 14 février 1895.

LA PRESSE publiait, le *14 février 1896*, le croquis d'un de ses dessinateurs illustrant les deux êtres humains qui se trouvaient aux extrémités des grandeurs. Frity Christian, une naine suisse âgée de 24 ans, mesurait deux pieds et demi de hauteur. Quant à Haman Ali, le géant égyptien âgé de 18 ans, il mesurait plus de huit pieds de hauteur. Les observateurs invétérés auront remarqué que le croquis ne respecte pas complètement les dimensions exactes, la différence entre les deux étant beaucoup trop prononcée.

C'EST ARRIVÉ UN 14 FÉVRIER

1975 — Bobby Hull égale le record de Maurice Richard en marquant 50 buts en 50 matchs, avec les Jets de Winnipeg de l'AMH.

1966 — Deux écrivains soviétiques, Youli Daniel et Andrei Syniavski, sont condamnés aux travaux forcés en URSS.

1965 — Impliqué dans l'affaire Rivard, le député Guy Rouleau laisse le poste de chef du caucus parlementaire du Parti libéral.

1963 — *Syncon*, le premier satellite « immobile », est placé sur orbite par les Américains.

1961 — Inauguration de l'institut Leclerc, nouveau centre de réhabilitation.

1957 — Adoption de la loi créant l'Office d'habitation de Montréal malgré l'opposition de l'administration Drapeau-DesMarais. — Adoption du projet de loi créant un organisme pour les autoroutes du Québec, en commençant par celle des Laurentides.

1956 — Une tragédie du rail fait 22 morts et 193 blessés, au Chili.

1951 — Sugar Ray Robinson ravit le titre des champions du monde des poids moyens à Jake La Motta. — Visite à Montréal d'Angelo, frère de sainte Maria Goretti.

1946 — Un tremblement de terre secoue la région de Seattle, état de Washington.

1929 — Sept gangsters de Chicago sont abattus dans un garage par une bande rivale : c'est le massacre de la Saint-Valentin.

1923 — L'église Saint-Sauveur est détruite par un incendie.

1915 — Quatre avions mystérieux sèment la panique à Ottawa, et le chef de la police fédérale fait éteindre les lumières de tous les édifices gouvernementaux, craignant un bombardement.

Dans son édition du *14 février 1956*, LA PRESSE indiquait à ses lecteurs l'emplacement choisi pour la construction prochaine du nouvel édifice. La photo montre le coin sud-ouest de l'intersection des rues Saint-Laurent et Craig (aujourd'hui Saint-Antoine) avant que LA PRESSE ne s'y installe en neuf.

LA PRESSE

100 ans d'actualités

LE MAIRE INAUGURE LE PALAIS MUNICIPAL

La salle du conseil, lors de l'inauguration officielle du 15 février 1926. Ceux qui sont familiers avec cette salle remarqueront que les pupitres étaient disposés différemment, et que le siège du maire se trouvait du côté sud de la pièce, plutôt que du côté ouest.

LE palais municipal *(c'est ainsi qu'on identifiait l'hôtel de ville à l'époque)* constitue un monument vraiment digne de la métropole du Canada; c'est spatieux, d'un style sobre et délicat, c'est à la fois imposant, somptueux, luxueux même!

Cette phrase exclamative, nous n'avons cessé de l'entendre à l'inauguration officielle de notre hôtel de ville reconstruit, ou, du moins, s'est-on exprimé en des termes approchants au cours de la brillante cérémonie d'hier **(15 février 1926)** après-midi, qu'a présidée notre premier magistrat, Son Honneur le maire Charles Duquette.

Ce n'est pas sans raison en effet, que l'administration ait qualifié d'étalage de luxe l'ensemble qui le composent: hall d'honneur, chambre des échevins, bureau du maire, salle de réceptions et autres. Certes, on peut dire que nos architectes et ingénieurs ne se sont pas écartés des règles de l'esthétique. La bronzerie sous divers motifs, le marbre aux teintes variées, et la boiserie d'une facture élégante fournissent une ornementation qui nous ramène à la splendeur des grands palais, aux chefs-d'oeuvre de l'architecture. La réception d'hier a naturellement donné de la vie à cette magnificence.

Les portes de bronze de l'entrée principale se sont ouvertes toutes grandes pour la première fois officiellement hier, pour laisser pénétrer dans l'enceinte du palais le flot des invités. Parmi les hôtes distingués des hauts dignitaires de la métropole, on remarquait des maitres venus d'un peu partout, les sommités du clergé, de l'industrie et du commerce, de la littérature, les hommes de profession — avocats, médecins, notaires — et des représentants de la finance et de la classe laborieuse. Chaque catégorie avait ses délégués. Les dames, présentes en grand nombre, rehaussaient l'éclat de la fête.

ASSEMBLEE DU CONSEIL

La première partie du programme d'inauguration comportait une séance spéciale du Conseil municipal. Après avoir disposé des articles inscrits au feuilleton du jour, le maire Duquette prononça un discours, lequel porta sur l'historique de la ville. Il fut suivi de l'échevin J.-A.-A. Brodeur, président du comité exécutif, qui appuya sur le travail de la commission des architectes et des entrepreneurs chargés de l'exécution des travaux, n'oubliant pas la tâche imposée aux ingénieurs et aux architectes du service municipal des Travaux publics. (...)

L'autre partie du programme comprenait la grande réception civique tenue dans le hall d'honneur. (...) L'orchestre du Windsor fournit le programme musical; il avait pris place dans une des petites galeries centrales du hall. Il était dirigé par M. Raoul Duquette. Pendant plus d'une heure, les airs les plus entraînants résonnèrent par tout l'édifice.

La maison Dupuis Frères avait été chargée de l'organisation des buffets, que l'on avait installés dans la salle des caucus et dans l'antichambre du maire. Des hors-d'oeuvre, des sandwichs, des limonades, des vins, des gâteaux et des glaces de toutes sortes furent servis avec diligence et bon goût. (...)

INFORMATIONS ADDITIONNELLES

Pour les amateurs d'histoire, il importe de rappeler ici que cet hôtel de ville était le troisième dans l'histoire de Ville-Marie, devenue Montréal par la suite. Ces renseignements sont tirés du discours prononcé par le maire Duquette lors de l'inauguration, et publié intégralement par LA PRESSE.

Constituée en corporation municipale dès 1644, le premier édifice occupé par les administrateurs locaux ne le fut qu'en 1667. Il était situé à un endroit à proximité de la place d'Youville. En 1669, on s'installait dans la salle d'audience d'une demeure offerte à M. de Maisonneuve par la compagnie des Cent-Associés. En 1698, on déménage dans un troisième « hôtel de ville », à un emplacement actuellement occupé par la partie est du marché Bonsecours. Entre la reddition de 1760 et 1774, les affaires municipales se décidaient au château de Ramezay, qui devint donc, du moins officieusement, notre quatrième « hôtel de ville ».

Après que le Conseil législatif eut administré les affaires municipales de Montréal de 1774 à 1796, Montréal retrouva son autonomie cette année-là, et le personnel administratif de la ville s'installa dans un cinquième « hôtel de ville », à l'angle des rues Notre-Dame et Saint-François-Xavier, pour déménager trois ans plus tard au palais de justice, sur l'emplacement occupé par la suite par le « vieux Palais de justice », qui a servi de siège social au Comité organisateur des Jeux olympiques. Ce déménagement était compréhensible puisque de 1799 à 1832, Montréal a été administré par des juges. En 1832, Montréal reprenait son autonomie, mais demeurait au Palais de justice qui devenait ainsi officiellement un sixième « hôtel de ville ».

Après quatre années (1836 à 1840) de retour sous une administration par des juges, Montréal obtenait son incorporation en 1840, charte qui demeure en vigueur, même si elle a depuis subi des centaines d'amendements. À partir de 1840, l'administration municipale occupa successivement un édifice (complètement disparu) de la rue Notre-Dame, entre les rues Saint-François-Xavier et Saint-Jean (1840 à 1844), puis un immeuble en pierre du côté sud de la rue Notre-Dame, à l'est de la rue Bonsecours (1844 à 1852), puis le marché Bonsecours (1852 à 1878). En 1869, la décision avait été prise d'acheter le « jardin du gouverneur », face au château de Ramezay, pour y loger un futur hôtel de ville. Les travaux de cet édifice du plus pur style de la Renaissance française fut terminé en 1875.

Certains s'étonneront d'apprendre alors qu'on procédait à l'inauguration de l'édifice en 1926. Il importe alors de préciser que l'édifice avait été détruit par un incendie le 3 mars 1922 (dont nous vous parlerons le 3 mars) et qu'on avait mis quatre ans et $1,75 million à le reconstruire.

Sur la scène de l'actualité

Son honneur le maire CHARLES DUQUETTE, qui a présidé l'inauguration du nouvel hôtel de ville de Montréal, et tel que vu par un dessinateur de LA PRESSE dans l'édition du *15 février 1926.*

Mme Norman F. Wilson, première femme à siéger au Sénat canadien

(du correspondant de la PRESSE)

OTTAWA — Mme Norman F. Wilson *de son nom de fille, Cairine-Rhea Mackay)*, a l'honneur d'être la première femme au Canada, appelée à siéger à la Chambre haute, tel que la « Presse » le laissait entendre, la semaine dernière. Mme Wilson a été nommé sénatrice à la séance du Conseil des ministres, samedi **(15 février 1930)** après-midi.

L'hon. W. L. Mackenzie-King, en annonçant cette nomination aux journalistes, fait remarquer que le gouvernement a saisi la première occasion qui se présentait, depuis que le Conseil privé a décidé en faveur de l'éligibilité des femmes au Sénat. Comme il n'existe des vacances que dans Québec et dans Ontario *(sic)*, la première femme nommée au Sénat ne pouvait venir que d'une de ces deux provinces. (...)

Le premier ministre ajoute que l'hon. Mme Norma Wilson est mère de huit enfants. Toujours elle a pris une part très active à la vie sociale et publique. Son père était le sénateur Robert Mackay, de Montréal, et son mari est un ancien député à la Chambre des communes pour le comté de Russell. Mme Wilson parle français. Née dans la province de Québec, elle habite maintenant dans la province d'Ontario; elle était une camarade de sir Wilfrid et de lady Laurier. (...)

Mme Wilson *(elle était présidente honoraire de la Fédération nationale des femmes libérales du Canada)* dit que sa nomination fut une grande surprise car elle ne l'avait pas demandée. La première femme sénateur est une brune, paraissant âgée d'une quarantaine d'années. En religion, elle est presbytérienne; elle est mariée depuis 21 ans. Ses enfants sont cinq filles et trois garçons, (...) dont l'âge varie de 20 à 4 ans.

C'EST ARRIVÉ UN 15 FÉVRIER

1976 — Clôture des Jeux olympiques d'hiver d'Innsbruck.

1973 — Washington, La Havane et Ottawa concluent une entente pour mettre fin à la piraterie aérienne.

1972 — La France accepte de rembourser à Israël le coût des 50 *Mirage* placés sous embargo.

1971 — La grève des enseignants entraîne la fermeture de 42 écoles francophones de Montréal.

1965 — Nat King Cole meurt à l'âge de 47 ans.

1963 — La Police de Paris parvient à déjouer à la toute dernière minute un complot visant l'assassinat du général de Gaulle.

1961 — L'écrasement d'un *B-707* des lignes Sabena, à Bruxelles, fait 73 morts, parmi lesquels on retrouve les 18 membres de l'équipe américaine de patinage artistique.

1957 — Andrei Gromyko succède à Dmitri Shepilov comme ministre des Affaires étrangères d'URSS.

1956 — Le Kremlin répudie Staline. — Bagarre entre communistes et poujadistes, à l'Assemblée nationale française.

1952 — Inhumation de la dépouille mortelle du défunt roi George VI d'Angleterre.

1951 — Le gouvernement britannique nationalise les aciéries.

1947 — Grève de 15 000 mineurs en Nouvelle-Écosse. — Un *DC-4* d'Avianca Airlines s'écrase en Colombie et fait 53 morts.

1946 — Le transfuge soviétique Igor Gouzenko permet de découvrir un réseau d'espions soviétiques au Canada. — L'aéroport de Dorval perd son dernier trait de caractère militaire.

1944 — L'abbaye du Mont Cassin est bombardé par les alliés afin d'en déloger les troupes allemandes qui s'y sont réfugiées.

1936 — Sonja Henie gagne sa troisième médaille d'or olympique, en patinage artistique, à Garmisch Partenkirchen.

1926 — Déjà chef du Parti libéral et premier ministre du Canada, William Lyon Mackenzie King peut enfin siéger à la Chambre des communes après avoir gagné l'élection partielle de Prince-Albert.

1908 — Sacre de Mgr A.-X. Bernard, nouvel évêque du diocèse de Saint-Hyacinthe.

1903 — Mort d'Augustin Lavallée, père de Calixa, et un des musiciens les plus respectés de Montréal.

1899 — Un accident ferroviaire fait 11 blessés à Lennoxville.

BABILLARD

Documents recherchés

Le groupe de recherches « Textes de l'exode » de l'Université du Québec à Montréal est à la recherche de documents (livres, lettres, journaux, collections, photos, etc.) portant sur le phénomène de l'émigration des Québécois aux États-Unis (la Nouvelle-Angleterre surtout).

Le groupe apprécierait les dons de toutes sortes. Alors plutôt que de détruire des documents qui vous paraissent inutiles, pourquoi ne pas les offrir aux chercheurs? Prière de communiquer avec **Maurice Poteet,** département d'Études littéraires UQAM, C.P. 8888, succursale A, Montréal, Québec H3C 3P8. Téléphone: 282-3595.

La mort de M. Lymburner

Mme **Denyse Bastien,** lectrice de LA PRESSE depuis soixante ans, avait, de son propre aveu, le coeur gros en lisant cette page le 5 janvier dernier, et en constatant qu'on n'y faisait pas mention de la mort de son père, L.-M. Lymburner, à la suite d'un accident survenu au milieu de la rivière Delaware, impliquant une collision entre le traversier à bord duquel l'homme d'affaires montréalais voyageait et le cargo grec *Fotini*.

La lettre de Mme Bastien nous permet de dire que l'objectif de cette page consiste à vous rappeler des événements choisis parmi ceux dont LA PRESSE a traité le même jour au cours de ses 100 ans de publication. Avec un tel volume d'informations, il faut forcément choisir, non seulement en fonction de l'importance des événements, mais aussi en fonction de la diversité et surtout dans l'espérance de satisfaire, sinon d'étonner, le plus grand nombre possible de lecteurs. Le choix ne fera jamais l'unanimité, mais il faut bien commencer quelque part.

ACTIVITÉS

■ **Salon Épargne-Placement**

Place Bonaventure — Décoré de quelques premières pages de LA PRESSE reflétant le climat économique d'autres époques, le stand mobile de LA PRESSE permettra de se familiariser avec l'équipe de rédacteurs de la section « Économie ». Présence d'un appareil Atex utilisé autant pour le stockage d'informations que pour la composition du journal. Occasion également de participer à l'*éconoquiz* de LA PRESSE, le gagnant méritant un portefeuille d'actions d'une valeur de $1 000. **Dernière journée pour visiter ce salon.**

■ **À la télévision**

10 h 30, Télé-Métropole - Dans le cadre de l'émission *Entre nous* animée par Serge Laprade, Claudette Tougas, de LA PRESSE, présente la chronique *Cent ans de pages féminines.*

Les droits du mari

PARIS, 15 — Un nommé Fagart a été traduit en police correctionnelle à Bordeaux, pour avoir battu sa femme. En défense il a prétendu qu'en cela il n'avait pas outrepassé ses droits comme mari. Le juge a débouté la plaignante de son action, soutenant qu'en de certaines circonstances le mari avait le droit, tant d'après la loi divine que humaine, de châtier sa femme. Le mari, a dit le juge, a autorité sur sa femme et il a le droit de l'affirmer par des châtiments corporels, mais cela ne devient un assaut que s'il continue de battre sa femme après qu'elle a consenti à lui obéir.

Ce jugement a causé un grand étonnement dans les cercles du Barreau et de la société en général.

Cela se passait le 15 février 1886, si bien qu'il est facile de comprendre le caractère sexiste de la nouvelle.

Projet de drapeau national

LE 15 février marque l'anniversaire de l'adoption de l'unifolié, en 1965, comme drapeau national du Canada, à la suite d'un débat houleux à la Chambre des communes, plus particulièrement alimenté par les plus royalistes des députés de l'opposion conservatrice. Mais savait-on que dès 1926, LA PRESSE avait jugé bon d'organiser un concours pour trouver un drapeau national pour le Canada. Pour ce faire, elle avait formé un jury des plus prestigieux, comprenant notamment Arthur G. Doughty, archiviste du pays; Pierre-Georges Roy, archiviste en chef de la province de Québec; Me Édouard-Z. Massicotte, chef des archives judiciaires de Montréal et historien à ses heures; Samuel M. Baylis, vice-président de la Société d'archéologie et de numismatique de Montréal; Victor Morin, président de la Société historique de Montréal. Le concours avait attiré pas moins de 1 700 concurrents. Le motif retenu par le jury et que nous vous proposons aujourd'hui, peut être défini de la manière suivante en termes héraldiques: « D'argent à l'Union Jack en franc quartier et une feuille d'érable de sinople en coeur de deuxième parti ». La feuille d'érable était verte sur un fond blanc qui symbolisait la période héroïque du régime français. Ce drapeau a flotté pour la première fois sur l'édifice de LA PRESSE le 8 juin 1926, et en 1940, Hugh Savage, un journaliste de Colombie-Britannique recommandait à un comité conjoint du Sénat et des Communes son adoption comme drapeau national.

LA PRESSE
100 ans d'actualités

Un incendie cause des dommages de $1.5 million à l'hôpital St-Michel-Archange, à Québec

(du correspondant de la « Presse »

QUÉBEC, 17 — L'hôpital Saint-Michel-Archange n'est plus, ce matin, qu'un immense amas de décombres fumants. La célèbre institution dirigée par les RR. SS. de la Charité et qui abritait plus de 2 000 aliénés et 200 religieuses, gardiens et gardiennes, a été entièrement consumée en un peu plus de 24 heures.

Quelques dépendances étaient encore en flammes ce matin, mais le corps principal de l'édifice ne brûlait plus, le feu y ayant tout détruit. Il ne restait plus debout qu'une partie de l'aile des hommes, située à l'extrémité est, et une couple d'immeubles adjacents, la buanderie, la chaufferie, etc.

Québec a vécu hier **(16 février 1939)** des heures tragiques. Une atmosphère lourde d'anxiété a flotté sur la ville à la nouvelle que l'hôpital Saint-Michel-Archange avait pris feu.

La population toute entière, inquiète du sort des malheureux patients de l'institution, a été sur le qui-vive toute la journée et s'est rendue dans une grande proportion sur les lieux constater les ravages de l'incendie et obtenir l'assurance qu'aucun malade n'avait trouvé une fin tragique dans le sinistre.

On n'aura en effet à déplorer qu'une seule perte de vie au cours de ce malheur, l'un des plus grands qui ait atteint Québec au cours de toute son histoire. Il s'agit d'un vieillard, administré le matin même par l'aumônier de l'institution, l'abbé J. Dubé, et qui, inquiet du branle-bas général qui a suivi la découverte des flammes, s'échappa de son lit et mourut sur-le-champ de la commotion qu'il éprouva à la vue des flammes.

Pompiers en danger

Il s'en est fallu de peu cependant que l'on ait eu des tragédies à déplorer. En effet, huit pompiers qui, installés dans une salle de l'aile centrale alors en flammes, s'occupaient de défaire quelques murs et de noyer le foyer de l'incendie sous des tonnes d'eau, ont été trouvés à demi-asphyxiés.

Deux d'entre eux étaient assez gravement affectés et l'on eut de la difficulté à leur faire évacuer les lieux. Leurs compagnons, eux-mêmes, furent près de suffoquer. Trois policiers ont également eu de la difficulté à sortir des salles où ils faisaient une dernière ronde. (...)

L'évacuation des malades a provoqué l'admiration de toute la population pour la façon disciplinée avec laquelle elle a été effectuée. Les religieuses de la Charité, bravant le danger, ont tenu à faire la visite de toutes les salles à mesure que le feu les menaçait. En bon ordre, elles ont maintenu les patients dans les salles avoisinantes, malgré la fumée âcre et noire qui leur brûlait les yeux et attendirent patiemment que les malades de l'infirmerie eussent été mis en lieu sûr avant de prendre elles-mêmes, avec leurs cortèges d'aliénés, le chemin de l'extérieur. (...)

La marche de l'incendie

Le feu, qui a débuté vers 8 heures hier matin, dans l'aile des hommes a, de salle en salle, gagné toutes les autres parties de l'édifice. L'instant le plus dramatique fut peut-être celui où les murs s'écroulèrent, éparpillant dans les champs avoisinants une traînée d'étincelles et de tison.

Toute la nuit, le ciel a été illuminé par la lueur tragique de l'incendie et ce matin encore, les dernières dépendances se consumaient rapidement. (...)

Au cours de la journée, environ 360 malades vont réintégrer la partie de l'aile des hommes que les flammes ont épargnée. Les RR. SS. de la Charité se sont remises dès ce matin courageusement à l'oeuvre et ont pris des mesures pour assurer un abri à leurs patients et pour faire reconstruire immédiatement les édifices incendiés. (...)

Les dommages

On évalue les dommages à environ $1 500 000. D'après les meilleurs témoignages, on croit que la reconstruction de l'édifice à l'épreuve du feu exigera une dépense d'environ $3 000 000. (...)

Cette institution a été fondée en 1845. A ce moment, l'édifice ne comprenait que la partie centrale. C'est alors que l'annexe sud-est et sud-ouest, actuellement la section des femmes, furent construites. (...)

Cette photo, prise au lendemain de l'incendie, témoigne de la fureur de l'élément destructeur. Dans la partie incendiée, seuls quelques murs restaient encore debout.

Une scène de la bagarre qui a éclaté à Richmond, au sortir du patinoir.

SANGLANTE JOUTE DE HOCKEY A RICHMOND

Les partisans du club de cette ville et ceux du club de Waterville en viennent aux mains après une violente partie.

Une vingtaine de personnes sont grièvement blessées. — Le maire de Richmond, à la suite de cet événement, interdit le hockey pour le restant de la saison.

(Du correspondant spécial de LA PRESSE)

RICHMOND, 18 — Notre ville a été témoin, samedi soir **(16 février 1907)**, d'une scène des plus regrettables. Une bagarre, qui a éclaté entre le club de hockey de Waterville et notre club, a eu pour résultat une vingtaine de blessés. Depuis la grève des terrassiers du Grand Tronc, en 1887, nous n'avions pas eu de scènes aussi violentes.

Samedi après-midi, par le convoi qui entre en gare à 4 heures, arrivait le club de Waterville, accompagné de près de 200 personnes, toutes décidées à ne pas laisser passer, sans protester vigoureusement, les points que marqueraient leurs adversaires, les membres de notre club, et à prêter, au besoin, main-forte à leurs amis. C'est donc décidé à tout qu'on se rendit au patinoir de la rue du Collège, où devait avoir lieu la joute.

On sentait de la poudre dans l'air, et à peine le caoutchouc avait-il été lancé que le désordre commençait. Les coups portés par les joueurs furent innombrables. Des injures partaient des galeries. Des gros mots, les partisans des deux clubs en vinrent aux menaces. Des bras, des cannes se levèrent, mais la police réussit à rétablir un semblant d'ordre jusqu'à la fin de la partie. C'est au sortir du patinoir qu'on commença à se battre pour vrai.

LE SANG COULE

Tout le monde en vint aux coups, et il y avait bien là cinq cents personnes. De part et d'autre, on s'était monté la tête, on ne raisonnait plus. Des injures volèrent, puis on cogna. Des bâtons de hockey, des bouts de planche arrachés aux bandes du patinoir, des glaçons, tout servit d'armes. La mêlée devint furieuse et des blessés tombèrent.

Malgré les efforts de plusieurs citoyens que cette lutte sauvage remplissait de dégoût,

LES VICTIMES

ont été nombreuses. Une vingtaine de personnes furent relevées sans connaissance et baignant dans leur sang. La police se voyant débordée, incapable de maitriser seule les lutteurs, fit appel aux citoyens de bonne volonté. Après une lutte vive, le parti de l'ordre finit par se rendre maitre du terrain. Des arrestations ont été faites. Parmi eux, étaient deux des visiteurs. Ils ont ét émis en liberté sur leur cautionnement personnel.

La nouvelle de cette sanglante bagarre s'est répandue avec la rapidité de l'éclair. L'indignation devint générale et les gens de Waterville auraient passé un mauvais quart d'heure s'ils ne s'étaient empressés de sauter dans le train qui quitte notre ville à 10 h. 45.

Une enquête sera faite et plusieurs personnes auront à se disculpter de graves accusations. En attendant, il n'y aura plus, à Richmond, de match de hockey durant le reste de la saison. Ainsi en a décidé le maire.

GRAVE CONFLIT A L'HOTEL DE VILLE

L'ex-maire ne veut pas déguerpir. — Le nouveau maire lui interdit le cabinet,

VERS dix heures et demie, ce matin **(16 février 1893)**, l'ex-maire McShane faisait son apparition à l'hôtel de ville. Il avait l'air méditatif et sombre. Plus d'effusion, plus de poignées de mains en rencontrant les anciens. Trouvant la porte du cabinet de la mairie fermée à clé, il appela le concierge, M. Lamarre.

— Ouvrez, dit-il, la porte de mon bureau.

— Pardon, M. McShane, je ne sais pas si je dois, répond le concierge, M. Desjardins...

— Ouvrez, vous dis-je, reprit l'ex-maire. Cet appartement est à moi. Je suis encore le maire de Montréal. Ouvrez!

M. Lamarre s'exécuta et M. McShane entra dans son ancien bureau et en sortit presque aussitôt. Rencontrant dans le corridor le reporter de LA PRESSE, et montrant du doigt le cabinet de la mairie: « J'occuperai encore ce bureau, dit-il, et je l'occuperai tant que je serai le maire de Montréal. Je suis maire tant que l'élection de mon successeur n'a pas été légalisée. » Il dit et sortit fier comme Artaban.

Une vingtaine de minutes plus tard, l'hon. M.-A. Desjardins entrait dans le greffe de la cité. Le concierge profita de cette visite pour lui expliquer sa conduite vis-à-vis de M. McShane.

— A l'avenir, répondit le maire, vous ne permettrez à personne d'entrer dans mon bureau sans mon ordre. Vous tiendrez la porte fermée à clé. Vous ne l'ouvrirez pas à M. McShane. Il peut venir à l'hôtel de ville comme citoyen, mais non comme maire. (...)

C'EST ARRIVÉ UN 16 FÉVRIER

1980 — Dans l'espoir de mettre fin à la prise d'otages de l'ambassade américaine à Téhéran, les Nations unies acceptent de former une commission pour enquêter sur les prétendus méfaits du shah d'Iran.

1973 — Le comédien Léo Illial est proclamé le plus bel homme du Canada à l'émission de télévision de Lise Payette.

1968 — Pierre Elliott Trudeau annonce sa candidature à la succession de Lester B. Pearson.

1964 — À Saïgon, des terroristes causent la mort de trois Américains et en blessent 49 autres.

1962 — Des milliers de manifestants pillent plusieurs quartiers de Georgetown, en Guyane britannique, en guise de protestation contre le gouvernement de Cheddi Jagan.

1957 — Décès à Los Angeles du grand pianiste d'origine polonaise Josef Hofmann. Il avait à peine six ans lors de son premier concert.

1956 — Les Communes anglaises approuvent la suppression de la peine capitale.

1953 — À la boxe, Armand Savoie l'emporte en 10 rounds aux dépens de Jimmy Carter.

1949 — Les Communes canadiennes approuvent l'admission de Terre-Neuve dans la confédération canadienne.

1948 — La Corée du Nord déclare son indépendance et adopte l'appellation de *République démocratique populaire de Corée*.

1947 — Barbara Ann Scott est proclamée championne du monde de patinage artistique.

1926 — Bill Tilden perd à Forest Hills après avoir dominé le tennis pendant plus de six ans.

1923 — À l'ouverture de la chambre mortuaire du roi Tut-Ankh-Amen, on découvre que son sarcophage est dans la même position qu'il y a 3000 ans.

DECLIN DU REGNE DE LA VAPEUR

L'électricité est l'énergie d'aujourd'hui

IL devient de plus en plus évident que les méthodes d'hier doivent être mises de côté avec les autres choses qui y ont été faites. La vapeur est chose du passé et les entraves du conservatisme, aussitôt que la chose devient pratique, disparaissent devant l'immense supériorité de l'électricité. Avant longtemps, toutes nos usines industrielles et tous nos chemins de fer fonctionneront à l'électricité, l'énergie la plus puissante de toutes.

Les manufacturiers de toutes les partie du Canada s'empressent d'adopter l'électricité — car, comme la lumière électrique a démontré sa supériorité sur les chandelles — de même l'énergie électrique prouve sa supériorité, aux points de vue de l'économie et de l'efficacité, sur la vapeur pour toutes les fins manufacturières.

Cela se passait le 16 février 1907.

MODES HONTEUSES POUR LES FEMMES

SAN Antonio, Texas, 16 — La réforme de la mode est demandée par Mgr Drossaerts. Dans une lettre pastorale, Mgr Drossaerts dit que ce qui était autrefois l'apanage exclusif des femmes de moeurs louches est devenu en vogue. Il considère comme dégradante les revues de baigneuses dans lesquelles les jeunes femmes sont évaluées comme les chiens et le bétail.

Cela se passait le 16 février 1926.

BABILLARD

Et de 100!

La page que vous lisez aujourd'hui est la centième de votre collection. Depuis la toute première, le 21 octobre dernier, nous avons donc déjà fait ensemble le tiers du chemin. Les témoignages généreux et parfois touchants que nous valent ces pages condamnent l'équipe de recherchistes à tenter de se surpasser quotidiennement jusqu'à la toute fin, et c'est avec plaisir qu'elle le fera.

Si par malheur il manque une ou plusieurs pages, est-il nécessaire de rappeler que vous pourrez compléter votre collection en vous adressant au Service de la comptabilité, 7, rue Saint-Jacques, entre 9 h et 17 h. Il faut se rendre sur place, et les exemplaires requis sont offerts aux prix réguliers de 35 cents pour une édition de semaine, et de $1 pour une édition du samedi.

L'enfouissement des fils

Un lecteur de Chomedey, M. **Marcel Charette**, a trouvé dans ses souvenirs un vieux document qui ne manque pas de captiver. Il s'agit d'un rapport d'experts préparé à la demande de la « Canadian Fire Underwriters' Association », relativement aux problèmes des fils électriques aériens, et portant la date du 31 mai 1907.

À cause du risque d'électrocution et par conséquent de mort d'homme, à cause des ennuis et des risques causés aux pompiers lorsqu'ils doivent combattre un incendie, à cause des risques qu'ils causent aux employés des services publics, les trois experts engagés par la C.F.U.A., soit M. Robert A. Ross, ingénieur en électricité de la maison montréalaise Ross & Holgate, l'abbé C.-P. Choquette, professeur en sciences au collège de Saint-Hyacinthe, et M. James F. Cole, chef électricien de la ville de Boston (qui avait incidemment complètement résolu un problème moins important en six ans, après un avis similaire émis en 1894, ce qui explique la présence de M. Cole), ces trois experts donc recommandaient l'enfouissement immédiat de tous les fils à l'intérieur du district central (alors borné par le fleuve, la rue Windsor, la rue Sainte-Catherine et la rue Saint-Denis), suivi de l'enfouissement graduel de tous les fils électriques des autres secteurs.

Dans une lettre datée du 10 juin et adressée au maire de Montréal, la C.F.U.A. endossait les recommandations de ses experts.

MARK TWAIN A MONTREAL EN... 1885!

DANS LA PRESSE du **16 février 1885** (donc, moins de quatre mois après son premier numéro, daté du 20 octobre 1884), on peut lire, en page 2, le court entrefilet suivant:

Cyrille FELTEAU
Collaboration spéciale

«M. L. S. Clemens, connu sous le pseudonyme de Mark Twain, célèbre écrivain humoristique (sic) est arrivé ce matin en cette ville en compagnie de M. Geo. W. Cable, autre écrivain distingué. Ces deux Messieurs donneront des conférences demain et jeudi au Queen's Hall. M. Cable traitera des moeurs et coutumes créoles. Tous deux se retirent au Windsor et cette après-midi à 4 h, ils seront l'objet d'une réception de la part de l'Athaeneum Club. Nombre de citoyens seront présents.»

photolaser UPI)

Mark Twain (1835-1910)

A noter qu'il n'est fait nulle mention du titre de la conférence de Mark Twain (de son vrai nom Samuel Langhorne Clemens), sans doute parce que le conférencier avait l'habitude de traiter de plusieurs sujets dans le même exposé. Il y a aussi lieu de se demander si la visite à Montréal du grand humoriste américain ne faisait pas partie de la tournée de conférences «autour du monde» qu'il entreprit un jour pour... payer ses dettes!

Dans l'un de ses livres, l'auteur du «Tour du monde d'un humoriste» a eu une allusion piquante à Montréal, que l'on appelait alors «la ville aux cent clochers»: «Montréal est à mes yeux, écrit-il, la seule ville d'Amérique du Nord où l'on ne peut lancer une pierre dans ses rues sans risquer de briser quelque vitre d'église...»

Et voici un dernier spécimen de l'esprit cinglant de Mark Twain. Un jour, au cours d 'une de ses conférences particulièrement réussies, entraîné malgré lui par l'hilarité générale, le conférencier se mit à rire avec tout le monde.

La conférence terminée, il fut remercié par un avocat qui, les mains dans les poches, osa remarquer que «pour la première fois de sa vie, il avait vu un humoriste rire de ses propres farces». Aussitôt sur pied, Mark Twain répliqua du tac au tac: «Moi, c'est la première fois que je vois un avocat avec les mains dans **ses poches à lui...!**»

LA PRESSE
100 ans d'actualités

SUCRE ET SIROP D'ERABLE.

Comment ce produit national du Canada est trop souvent négligé—De beaux revenus à réaliser.—La récolte du sirop et du sucre d'érable est tout profit—Pas d'ensemensement, pas de préparation coûteuse

Une belle « érablière » canadienne avec les ustensiles modernes pour la collection de l'eau d'érable.

Chalumeau ou goudrelle en métal pour l'écoulement économique de l'eau d'érable avec crochet de suspension pour les seaux à sève.

Tonne de ramassage de sève en fer galvanisé, avec un fond en bois renforcé et avec tuyau d'écoulement pouvant s'abaisser lorsqu'il s'agit de vider la tonne.

Thermomètre pour indiquer la température de cuisson pour le sucre; A, dur; B, mou; C, sirop type; D, Sève; E, eau.

Un « party » de sucre assistant à la vasporisation de l'eau d'érable, à la mode d'autrefois.

Modèle d'évaporateur moderne à fond plissé, avec compartiment cummuniquants permettant à la sève de circuler en zigzag.

L'École Sucrière de Beauceville — Le déchargement de l'eau d'érable dans un réservoir placé sous un abri, en dehors de la cabane; le charretier n'a qu'un robinet à ouvrir.

Page publiée le *17 février* 1917.

SIR WILFRID LAURIER EST MORT

Sir Wilfrid Laurier

L'illustre homme d'Etat est décédé après une agonie de plusieurs heures. — Le Dominion tout entier pleure son « Grand vieillard »

(dépêche spéciale à la « Presse »)

OTTAWA, 17 — Sir Wilfrid Laurier n'est plus. A 3 hrs moins dix, hier **(17 février 1919)** après-midi, le politique remarquable qui a rendu tant de services signalés à son pays au cours d'une carrière publique de près d'un demi-siècle, a rendu son âme à Dieu. Il a succombé en à peu près 24 heures, à trois hémorragies cérébrales et à la paralysie, qui en a été la conséquence inévitable. Il avait perdu presque complètement l'usage de la parole, dès la première attaque du mal qui l'a emporté, gardant cependant, durant de longs intervalles, toute sa lucidité d'esprit. Pas un instant il ne se fit d'illusions sur la gravité de son état et ses premières paroles, péniblement articulées, quand il reprit connaissance, après sa première syncope, furent pour dire: « C'est la fin. » Ce furent là ses dernières paroles à lady Laurier, sa fidèle compagne.

AU CHEVET DU MOURANT

Quand il rendit le dernier soupir, lady Laurier, énergique malgré sa faiblesse physique et sa poignante douleur était à ses côtés, avec le R.P. Lejeune, O.M.I., son directeur spirituel. (...)

Peu de temps avant sa troisième rechute, il avait évidemment toute sa connaissance, mais était incapable de parler. Il portait attentivement son regard de sa femme à son confesseur, le père Lejeune, comme s'il eût voulu leur adresser la parole, mais pas un mot ne s'échappa de ses lèvres. Il mourut sans avoir repris l'usage de la parole. L'hon. juge L.0P. Brodeur et l'hon. sénateur F.-L. Béique sont les exécuteurs testamentaires de Sir Wilfrid Laurier.

DES FUNERAILLES D'ETAT

Le gouvernement a fait offrir à la famille des funérailles nationales pour l'illustre chef du Parti libéral. L'offre a été acceptée avec gratitude et les arrangements suivants ont été faits avec M. Thomas Mulvey, sous-secrétaire d'État. La dépouille mortelle de Sir Wilfrid Laurier sera exposée chez lui, rue Laurier, jusqu'à jeudi après-midi; quand la cérémonie d'ouverture de la session qui sera réduite à sa plus simple expression, sera terminée, le cercueil sera transporté à la Chambre des Communes où les restes du chef de l'opposition seront exposés en chapelle ardente jusqu'à samedi matin, à onze heures. Samedi avant-midi, un service solennel sera chanté à l'église du Sacré-Coeur, paroisse de Sir Wilfrid. M. l'abbé P. Laflamme, O.M.I., curé de cette paroisse, a invité S.G. Mgr Mathieu, archevêque de Régina, actuellement à Québec, à venir chanter le service. (...)

NOTES ADDITIONNELLES

La carrière de Wilfrid Laurier fut bien remplie. Une fois admis au Barreau, il s'attaqua à une brillante carrière politique. D'abord député de Drummond-Arthabaska à l'Assemblée législative du Québec, Sir Wilfrid Laurier tourna son regard vers la Chambre des Communes où il représenta la même circonscription à partir de 1874.

En 1878, il siégeait à Ottawa à titre de représentant de Québec-Est. Fait assez rare dans nos annales politiques, Sir Wilfrid Laurier a également été élu en Saskatchewan (1896), dans la circonscription de Wright (1904), celle d'Ottawa en 1908, et celle de Soulanges en 1911.

Chef de l'opposition de 1887 à 1896, Sir Wilfrid Laurier devint premier ministre du pays en 1896 et occupa ces fonctions pendant 17 ans sans interruption.

La mort de Sir Wilfrid Laurier provoqua des centaines de témoignages venus des quatre coins de l'univers et de tous les milieux. Et LA PRESSE, qui lui vouait visiblement une grande admiration, consacra un nombre impressionnant de pages à l'événement pendant plus d'une semaine de temps.

C'EST ARRIVÉ UN 17 FÉVRIER

1979 — Les troupes chinoises envahissent le Vietnam, pour « infliger une bonne leçon » aux Nord-Vietnamiens, accusés de violer la frontière commune.

1977 — L'opinion internationale qualifie d'« assassinats camouflés » les morts de l'archevêque anglican d'Ouganda et de deux ministres d'Idi Amine Dada.

1972 — La Chambre des Communes britannique accepte le principe de l'adhésion de la Grande-Bretagne au Marché commun.

1969 — Ouverture à Niamey, Niger, de la première conférence des pays francophones; les divergences entre Québec et Ottawa éclatent au grand jour. — À la suite de la mort accidentelle d'un aquanaute, la Marine américaine suspend les expériences de *Sealab III*.

1968 — Le Français Jean-Claude Killy mérite sa troisième médaille d'or aux Jeux olympiques de Grenoble, et Nancy Greene sauve l'honneur du Canada.

1967 — Au Québec, les enseignants rentrent au travail sous le coup d'une loi spéciale adoptée par le gouvernement de Daniel Johnson.

1966 — Un *Tupolev 114* d'Aéroflot s'écrase à l'aéroport international de Moscou. On dénombre 48 morts.

1965 — Une bombe explose au Vatican, mais ne fait pas de dégâts.

1963 — Les 1 400 employés de la société Shawinigan Chemicals mettent fin à une grève de 185 jours.

1962 — Un ouragan fait 239 morts et sème la désolation sur les côtes de la Mer du Nord.

1959 — L'écrasement d'un *Viscount* de la Turkish Air Lines près de Gatwyck, Angleterre, fait dix morts, mais le premier ministre Adnan Menderes, de Turquie, survit à l'accident. — Les États-Unis placent le satellite météorologique *Vanguard II* sur orbite.

1948 — Un incendie détruit un monument historique, le moulin de Giffard construit il y a deux cents ans.

1928 — L'homme de lettres Sylva Clapin meurt à Ottawa.

1910 — On révèle que Mme Marie Curie a fait ajouter le polonium comme nouvel élément.

1895 — Ouverture du chemin de fer des Comtés-Unis, à Saint-Aimé, qui reliera Iberville à Sorel, en passant par Saint-Hyacinthe.

DES MANGEURS D'ARAIGNEES

ON avait déjà, au point de vue de l'alimentation, des sectes bien curieuses; les buveurs de thé, les buveurs d'eau, les végétariens, les ichtyophages ou mangeurs de poisson. On aura désormais le plaisir de voir aux tables d'hôte, des messieurs ou des dames qui, au lieu du beurre, étaleront sur leur tartine des araignées, leur mets favori!

D'après ces insectivores, le sentiment d'horreur qu'on éprouve généralement pour les insectes n'est qu'une affaire de préjugé. Les insectes constitueraient des mets très sains, et leur chair serait plus propre que celle du porc et du canard qui barbottent dans les immondices. Pline, disent-ils, parle d'un insecte nommé cossus, ressemblant au scarabée, et que les patriciens faisaient frire pour leurs repas les plus délicats. Cet insecte se mange encore aujourd'hui dans les Antilles et à l'île Maurice.

Les Grecs mangeaient des cigales, et Aristote admet qu'il aimait beaucoup les femelles au moment de la ponte. Les Arabes, dans les moments de famine, il est vrai, se contentent de sauterelles; mais certains d'entre eux en mangent en tout temps, sous forme de fricassée au beurre.

Il paraît qu'à Fez, capitale du Maroc, le commerce des sauterelles commestibles est considérable. Pour les préparer, on arrache la tête, les pattes et les ailes, et l'on fait cuire les insectes une demi-heure dans l'eau bouillante, puis on les assaisonne avec du sel, du poivre et du vinaigre.

Cela se passait le 17 février 1893.

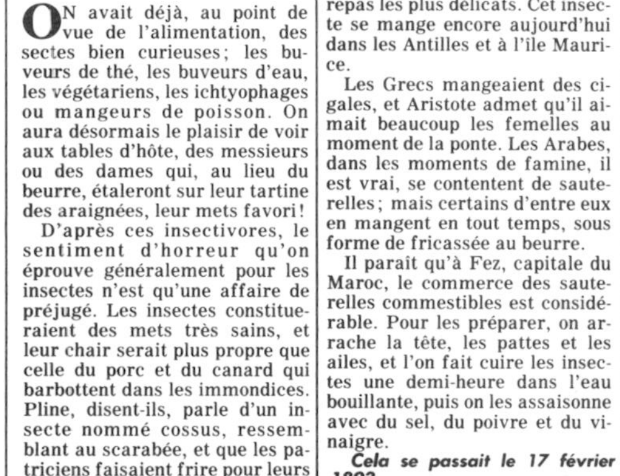

Le petit village de Saint-Clet, à 35 milles de Montréal, était le théâtre d'un spectaculaire tamponnement de deux trains du Pacifique Canadien, le *17 février 1954*, quand la deuxième section (c'était l'époque où les trains étaient assez populaires pour qu'un train parte en deux sections différentes!) du train Toronto-Montréal emboutit l'arrière de la première, à la gare du village, où cette dernière s'était arrêtée à cause de la tempête. L'accident devait faire un mort et 73 blessés et cette photo illustre bien la violence du choc.

LA PRESSE

100 ans d'actualités

EMOUVANTS DETAILS SUR LA CHASSE AUX LOUPS

Après avoir passé 10 jours au fond des bois, chassant les loups devant eux, nos Nemrods les cernent au lac Shelden. Ils en tuent trois. — Le camarade Tremblay est grièvement blessé par les bêtes.

Cet article écrit la veille à Desbarats, Ontario, traite du retour au bercail, le ***18 février 1907,*** *d'un véritable « commando » formé pour la chasse aux loups, et il ne manque pas d'intérêt puisque ce carnassier défraie actuellement la manchette, sans que l'unanimité soit faite, loin de là, sur la pertinence de déclarer la mort au loup... Les envoyés spéciaux de LA PRESSE étaient Ernest Tremblay, rédacteur de l'article, et L.-S. Laferrière.*

(Des envoyés spéciaux de LA PRESSE)

DESBARATS, Ont., 17 — Nous sommes revenus à Desbarats. La chasse aux loups est terminée, et glorieusement. Nous revenons avec des dépouilles, mais brisés, moulus, abattus par des fatigues que toutefois nous serions tous prêts à braver de nouveau.

Le précédent est créé. M. L.0. Armstrong a prouvé que la guerre au loup systématiquement organisée est possible, qu'elle s'impose impérieusement. Le mouvement est lancé; il ne pourra que réussir. (...).

Il a surtout l'appui de ce journal, sur lequel compte, avant tout, M. Armstrong. Ce n'est pas pour le simple plaisir de passer par les émotions d'une semaine dans nos grands bois que MM. les chasseurs de loups viennent de s'imposer de telles privations. Non, une autre idée a présidé à l'organisation de l'expédition. C'est celle de l'extermination de ces pirates des bois qui contribuent d'une si désastreuse façon à dépeupler nos vastes solitudes du chevreuil, de l'orignal et de tout le gibier le plus intéressant.

Il s'agit presque, pour nous, d'une question d'intérêt national. Nous avons le choix; ou bien de nous résigner à voir les sportsmen étrangers déserter nos domaines de chasse, en laissant les loups s'y établir en maîtres, ou bien de continuer, dorénavant, plus formidable que jamais, la croisade contre ces carnassiers. (...)

LA CHASSE

Nous avions parcouru environ deux milles de plus que le soir précédent, quand, soudain, Charley *(il s'agit de Charley Deutschman, surnommé le « tueur de grizzly »)* part à toute allure, puis s'arrête et nous fait signe de cesser tout bruit.

Nous nous acheminons à l'endroit où se trouve notre guide, et de là, nous voyons un lac d'environ un mille et demi de long. En plein centre, on distingue parfaitement plusieurs postes et dans le lointain, nous voyons

UNE BANDE DE LOUPS

poursuivant un chevreuil. A la hâte, nous tournons le lac et gagnons vers le Nord l'endroit où la bande elle-même pénètre au pas de course. Nous traversons le lac du nord au sud, et c'est un peu à l'Est, où s'élève un roc formidable, que nous nous plaçons en embuscade. Le roc s'avance au-dessus du lac et nous cache de merveilleuse façon.

Nous étions admirablement bien logés pour voir sans être vus et attendre les loups. Le chevreuil (...) se dirigea de notre côté, poursuivi toujours par les carnassiers affamés.

Je vous avoue franchement qu'en dépit de mes compagnons je me sentais très isolé. La peur, dans ses moments là, fait place

A L'ANGOISSE.

La troupe s'avançait; le chevreuil savait certainement que des hommes étaient là. Cherchait-il à se réfugier dans le but de se faire protéger par nous? C'est très possible. (...)

Tout ce qui arriva alors se passa dans l'éclair d'une seconde, mais pour le décrire la plume doit aller son train. Précédés par le chevreuil, les loups venaient droit sur nous. Arrivés près du rocher, ils tournèrent pour gagner le bois, ils étaient à peine à 150 pieds de nous. Il y eut

UNE SECONDE TERRIBLE.

Deutschman cria: « That's the chance of your life: shoot! » Ce fut une décharge générale. (...) Je vidai les huit coups de mon « Browning » au même moment. Trois des loups volèrent sur la neige en se tordant dans les tourments de l'agonie. Ils hurlaient d'une manière effrayante. Landriault et Armstrong *(deux des membres de l'équipe)* continuèrent à tirer dans la direction des fauves, mais ces derniers changèrent leur course et ils s'enfuirent, quoique blessés, dans la montagne.

TREMBLAY BLESSE

Quand les coups de feu eurent cessé, je courus au plus gros que Landriault avait abattu, mais au moment où j'arrivais près de lui, le loup redressa la tête, se secoua, et d'un coup de sa patte il m'attrapa la jambe gauche, déchirant tous mes vêtements et me lacérant profondément les chairs. D'un coup de hache, vigoureusement asséné, je donnai au carnassier le coup de grâce.

Ma blessure était ainsi vengée; nous chantâmes un hallali frénétique, et, en moins d'une demi-heure, les trois bêtes étaient écorchés et pelés. (...)

Les représentants de « La Presse », brandissant les trophées des trois loups abattus. Au centre, le capitaine Landriault, de l'équipe expéditionnaire, flanqué de Tremblay (à sa gauche) et de Laferrière (à sa droite).

C'EST ARRIVÉ UN 18 FÉVRIER

1980 — Le premier ministre Pierre Elliott Trudeau et ses troupes libérales reprennent le pouvoir à Ottawa en enlevant 146 sièges, contre 103 pour les Conservateurs, et 32 pour le NPD.

1977 — Premier vol d'essai de la navette spatiale américaine, *à dos de B-747.*

1967 — Mort aux États-Unis du Dr Robert Oppenheimer, impliqué dans les travaux sur la bombe atomique.

1964 — L'île de Sao Jorge, aux Açores, devra être vidée de tous ses occupants; on craint que les violents tremblements de terre en cours ne la fassent disparaître complètement.

1954 — La Conférence des quatre se termine à Berlin sans qu'aucune décision n'ait été prise sur les questions allemande et autrichienne.

1948 — John A. Costello succède à Eamon de Valera comme premier ministre de l'Eire. De Valera avait occupé ces fonctions pendant 16 ans.

1947 — Un accident ferroviaire fait 25 morts et 124 blessés à Bennington, Pennsylvanie.

1945 — Une conflagration ravage le quartier des affaires de Chicoutimi et cause des dommages évalués à $1 million.

1920 — M. Paul Deschanel succède à M. Raymond Poincaré comme président de la République française.

Première page de l'édition du *18 février 1905.*

BABILLARD

Les Pinard en fête

Les descendants de Louis Pinard, à l'origine de nombreuses familles portant aujourd'hui les noms de Pinard, Lauzière, Raiche, Beauchemin, Florent, Launière, Lauzier, Fleurent, etc., se préparent à célébrer joyeusement son 350e anniversaire de naissance, lors d'une fête qui aura lieu le 30 juin prochain, au centre communautaire Notre-Dame-du-Bon-Conseil, à Trois-Rivières. Cette fête est placée sous l'égide de *Les descendants de Louis Pinard, Inc.*

Pour les amateurs d'histoire, soulignons que Louis Pinard est né à La Rochelle. Il vint au Canada une première fois en 1648 mais retourna en France deux ans plus tard pour parfaire ses études. À son retour en Nouvelle-France en 1656, il est maître-chirurgien, comme on disait à l'époque, et c'est à Trois-Rivières qu'il s'installe.

On pourra obtenir de plus amples informations en faisant le numéro de téléphone suivant: (819) 375-7520.

ACTIVITÉS

AUJOURD'HUI

■ **À la radio**

17 h, Radio-Canada — Chronique consacrée à LA PRESSE à l'émission *Avec le temps*, animée par Pierre Paquette.

AUJOURD'HUI ET DEMAIN

■ **Festival de bandes dessinées et caricatures**

Bistro L'Auvent, 3932, rue Saint-Denis — La participation de LA PRESSE à ce festival comprend une dizaine de caricatures de Girerd, en plus de l'affiche qu'il a conçue pour les festivités du centenaire, ainsi que le porte-folio *L'histoire de la caricature dans la vie de LA PRESSE.* Jusqu'au 29 février inclusivement.

DEMAIN

■ **À la télévision**

16 h 30, Télé-Métropole — Dans le cadre de l'émission *Sports-Mag* l'animateur Pierre Trudel consacre quelques moments de rétrospective à des pages mémorables de LA PRESSE.

UN JARDIN ZOOLOGIQUE SUR L'ILE STE-HELENE

L'AMÉNAGEMENT d'un jardin zoologique sur l'île Sainte-Hélène, projet conçu par M. Richard Follett, expert en établissements de ce genre, et dont le goût artistique et la science nous sont recommandés par M. Wilfrid Bovey, directeur du département des relations extra-muros à l'université McGill, sera bientôt soumis à nos autorités municipales.

Les raisons qui militent en faveur de son installation permanente à Montréal sont en si grand nombre et d'une telle diversité que La « Presse » exprime tous ses voeux pour la réalisation prochaine du projet.

M. Follett ne s'est pas encore définitivement prononcé sur le choix d'un emplacement pour son jardin, et le parc LaFontaine a déjà été mentionné, mais l'île Sainte-Hélène nous semble toute désignée, le pont de la Rive-Sud devant en faciliter l'accès dans une couple d'années et la transformer en une véritable Coney-Island.

UNE ATTRACTION NECESSAIRE

M. Follett nous donne les raisons qui devraient inciter la ville à entreprendre cet aménagement. (...) Maintenant que nous routes conduisent dans notre ville des hordes de touristes l'été, Montréal se doit d'ajouter au pittoresque qui la rend si attrayante un jardin du genre comme en possèdent d'ailleurs les principaux centres du monde. Cet aménagement, inspiré par les jardins zoologiques les mieux dessinés et les mieux garnis, promettrait une réalisation dont la perfection serait insurpassée. On sait par exemple, par l'expérience des autres jardins, que les carnivores s'accommodent parfaitement de grandes cavernes ouvertes à la vue du public. L'animal, ainsi présenté, gagne en pittoresque et vit dans des attitudes de liberté.

ENTREPRISE EDUCATIONNELLE

En plus de l'attraction qu'il ajouterait aux divertissements que nous offrons aux touristes, ce jardin intéresserait par le côté éducationnel qu'il représente et qui constitue l'une de ses principales nécessités. Le public y trouverait une occasion inespérée de se familiariser avec les moeurs des animaux les plus variés. (...)

LES FACILITES D'ACCES

En construisant un chalet récréatif qui fera partie du pont de la Rive-Sud, la commission du port désire transformer l'île Sainte-Hélène en Coney Island. Le projet de M. Follett aiderait à l'embellissement de l'île où nous trouverons des baignoires, jeux de toutes sortes, kiosque de musique, salles pour jeux d'intérieur, etc. On avait parlé de conserver son pittoresque à l'île et le jardin zoologique viendrait ici faciliter ce projet.

Ces informations furent publiées dans l'édition du 18 février 1928, et l'article ne proposait malheureusement pas de vignettes du projet.

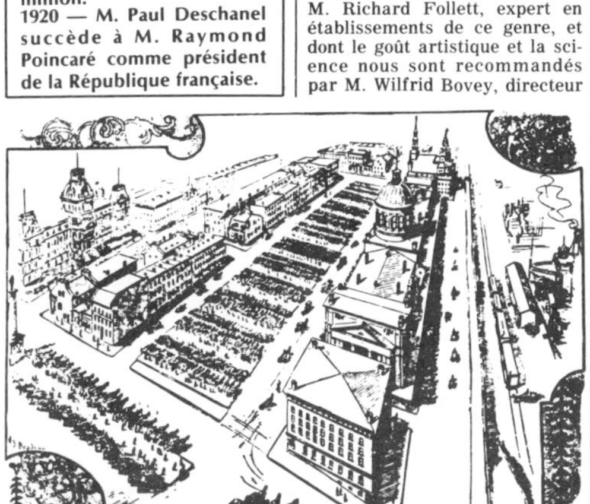

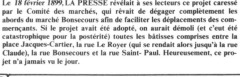

Le *18 février 1899,* LA PRESSE révélait à ses lecteurs ce projet caressé par le Comité des marchés, qui rêvait de dégager complètement les abords du marché Bonsecours afin de faciliter les déplacements des commerṇçants. Si le projet avait été adopté, on aurait démoli (et c'eut été catastrophique pour la postérité) toutes les bâtisses comprises entre la place Jacques-Cartier, la rue Le Royer (qui se rendait alors jusqu'à la rue Claude), la rue Bonsecours et la rue Saint- Paul. Heureusement, ce projet n'a jamais vu le jour.

LE CHAMPIONNAT DU SAUT A SKI SUR LES PENTES DE LA COTE-DES-NEIGES

PRÈS de 4 000 personnes ont assisté aux épreuves de saut à ski, disputées samedi **(18 février 1911)** après-midi pour le championnat du Canada. L'événement eut lieu aux glissoires du Montreal Ski Club, situées chemin de la Côte-des-Neiges, près de la grande porte du cimetière catholique. Peu de spectateurs cependant payèrent un prix d'admission, la plupart préférant rester sur le chemin public, d'où l'on voyait tout aussi bien. La température de ces derniers jours avait mis la glissoire principale en assez mauvais ordre et ce n'est que sur les 4 heures, après un travail ardu, que commencèrent les sauts. Dans de telles conditions il devenait impossible aux sauteurs de briser les records et chacun fit de son mieux pour se tenir debout après le saut. Plusieurs concurrents venus du New Hampshire, d'Ottawa et de Sherbrooke, tentèrent en vain de vaincre les Montréalais qui remportèrent les deux épreuves de la distance et de l'élégance. Il y eut de nombreuses chutes mais personne ne fut blessé. (...)

Le plus long saut de l'après-midi fut fait par Adolph Olson avant l'ouverture régulière du tournoi et mesurait 81 pieds. Durant le tournoi il ne put faire mieux que 75 pieds et fut défait par son homonyme A. Olson, de Montréal, qui fit un saut de 77 pieds.

Le Montréalais Olson, lors de saut de 77 pieds qui devait lui permettre de gagner le championnat.

LA PRESSE

100 ans d'actualités

Première page de l'édition du *20 février 1909.*

LES « MICHELINES »

Les trains de demain rouleront-ils sur des pneus d'automobiles ?

TOut le monde est au courant de la crise aiguë que traversent les chemins dans le monde entier à l'heure actuelle. Tout le monde s'intéresse aussi aux remèdes suggérés pour lutter contre les difficultés présentes. Nous voulons parler encore une fois, aujourd'hui, des chemins de fer sur pneus, l'invention de la compagnie Michelin, de France, que nous avons décrite à plusieurs reprises déjà, dans « La Presse». Ce serait, d'après les inventeurs, le remède radical aux maux actuels. (...) Mais laissons la parole à la compagnie Michelin :

« Il y a deux moyens de tuer ce déficit *(celui des chemins de fer sous-utilisés par les usagers* : l'impôt ou le progrès. Nous préférons le progrès à l'impôt. Comme nous avions déjà vu le pneu rénover les transports routiers, nous avons pensé que le pneu pourrait peut-être rénover les transports sur rails. (...)

LA « MICHELINE »

Pourquoi le véhicule de chemin de fer est-il si lourd? C'est d'abord que, pour ne pas patiner, ses roues d'acier doivent être très chargées. C'est ensuite que ses roues transmettent inévitablement tous les chocs occasionnés par les défectuosités de la voie. Cela nécessite une construction très résistante et, par suite, très pesante.

Entre le marteau, constitué par la voiture, et l'enclume, constituée par le rail, le pneu vient interposer un coussin d'air; le choc, au lieu d'être brusque et sec, est ralenti et amorti. Le luxe de résistance, et par suite de poids, nécessité par la roue de fer, devient inutile.

Il est possible, pour la voiture sur pneu, la *Micheline*, de durer tout en étant légère. Elle profite encore de cette chance : l'adhérence du pneu sur le rail étant triple de celle de la roue d'acier, la charge nécessaire pour empêcher le patinage pourra être réduite d'autant.

Cette légèreté, d'où découle l'économie, nous était imposée par ailleurs. La bande étroite du rail ne peut recevoir, en effet, que des pneus étroits, permettant une charge maximum de 1,400 kilogrammes par essieu. Une construction ultra légère de la voiture était donc, pour nous, impérative. (...)

Le poids d'une *Micheline* est même sensiblement inférieur à celui d'un autobus de même capacité. On comprend, en effet, qu'une voiture fatigue moins sur rail que sur route et peut-être construite plus légèrement. La *Micheline* est donc plus économique que l'autobus. (...)

ROULER SUR UNE LAME DE COUTEAU

La première difficulté consistait à maintenir le pneu sur un rail qui offre une largeur utile de roulement de 4 à 5 centimètres. C'était pour nous un tel changement d'habitudes, que nous avons eu, au début, l'impression qu'il faudrait faire rouler les bandages sur une lame de couteau!

Sur les véhicules de chemin de fer, une joue de guidage qui fait partie de la roue, vient frotter contre le rail quand se produit un déplacement latéral. Mais il y a surtout, pour assurer la tenue de voie, le poids considérable qui presse la roue sur le rail. Nous pouvions bien munir nos roues de joues de guidage, mais l'extrême légèreté, qui devait caractériser nos voitures, nous privait du second et principal facteur de stabilité.

Les études faites par la société Michelin l'ont conduite à adopter une roue amovible, en tôle emboutie, à toile pleine, du type habituel pour les automobiles ; mais le bourrelet de jante situé du côté interne se présente sous forme d'une couronne assez large dont le diamètre dépasse celui du pneu et dont la périphérie est munie d'un ourlet jouant le rôle du mentonnet classique des roues de chemin de fer, en venant porter contre la face interne du champignon du rail.

Article initialement publié le 20 février 1932.

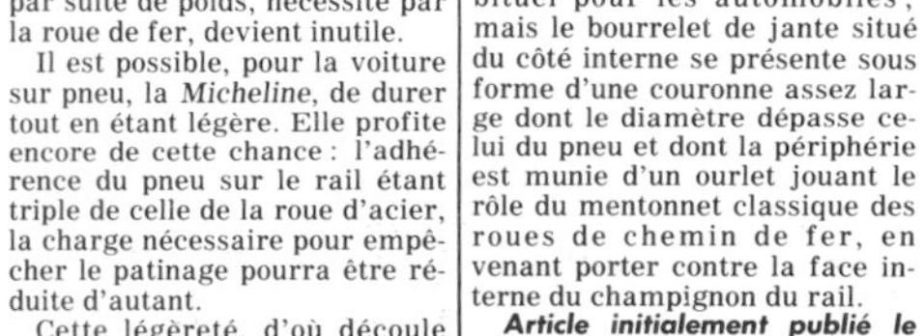

La « Micheline », et la roue avec pneumatique utilisée pour son déplacement sur rail.

MAIRE PENDANT DEUX MINUTES

M. Louis Perrault, imprimeur, a été maire de Montréal l'espace de deux minutes ce matin **(20 février 1894).** Il était dans le bureau de l'assistant greffier lorsque deux hommes sont venus lui présenter leurs félicitations et lui serrer la main.

« Nos félicitations, M. Villeneuve, nos félicitations sincères », dirent ces gens en tendant la main à M. Perrault.

« Très bien, très bien », répond celui-ci.

« M. le maire, nous venons vous demander une petite souscription pour... » ajoutent ces bonnes gens.

« Mais c'est charmant, réplique M. Perrault, je vais vous présenter au vrai Villeneuve, au vrai maire. Il sera enchanté de vous recevoir. »

Et là-dessus M. Perrault, abdiquant ses titres éphémères à la mairie, conduisit ses interlocuteurs ébahis dans les salons de la mairie, et se retira.

L'intercepteur « Arrow » définitivement mis au rancart par le gouvernement fédéral

OTTAWA, 20 (PC) — La fabrication de l'intercepteur *Arrow* prend fin dès aujourd'hui **(20 février 1959),** vient d'annoncer le premier ministre Diefenbaker.

Il a déc aré aux Communes que la cons.ruction de l'*Arrow* et de son moteur à réaction, connu sous le nom d'*Iroquois*, a été couronnée de succès, mais que malheureusement ces réalisations extraordinaires ont été dépassées par les événements.

Au cours des derniers mois, a ajouté le premier ministre, on en est venu à la conclusion que la menace posée par les bombardiers contre lesquels le *CF-105* devait fournir protection a diminué. D'autres moyens de prévenir les bombardements ont été trouvés beaucoup plus tôt que prévu.

M. Diefenbaker a souligné que l'*Arrow* ne pourrait être utilisable de façon efficace qu'à la fin de 1962 et qu'alors « la menace des fusées balistiques intercontinentales sera beaucoup plus dangereuse, tant par le nombre que par l'efficacité des projectiles mis à la disposition des belligérants d'une guerre éventuelle. »

Commandes non remplacées

La déclaration de M. Diefenbaker ne donne aucune assurance à Avro Aircraft Limited, de Malton, Ontario, maison qui a créé l'*Arrow*, que d'autres commandes remplaceront la fabrication de cet avion.

« Les besoins canadiens d'avions civils sont minimes par comparaison avec cette énorme opération d'armement et la franchise m'impose d'avouer que présentement il n'y a pas d'autre ouvrage que le gouvernement puisse confier aux compagnies qui ont travaillé à l'*Arrow* et au moteur de ce dernier.

« La présente décision est une frappante illustration du fait que la rapide évolution de la situation militaire nécessite de difficiles changements, et le gouvernement regrette les inéluctables conséquences de la décision sur la production, l'embauche et les études techniques de l'avionnerie et des industries connexes. »

M. Diefenbaker ajoute : « Le gouvernement des Etats-Unis, après une étude complète et favorable, a décidé qu'il ne serait pas économique que son aviation utilisât l'*Arrow*. L'aviation américaine a déjà décidé de ne pas poursuivre le développement et la fabrication d'avions américains ayant à peu près la même performance que l'*Arrow*. Les travaux qui se poursuivent actuellement aux Etats-Unis et à l'étranger sur les avions de chasse concernent des modèles différents. »

Le *CF-100* sera-t-il remplacé ?

M. Diefenbaker révèle que le gouvernement canadien n'a pas encore décidé d'acheter des avions pour remplacer le *CF-100*, qui reste une arme efficace pour défendre l'Amérique du Nord contre le danger des bombardiers. (...)

M. Diefenbaker souligne : « Le gouvernement canadien n'avait d'autre mesure possible ou justifiable à prendre que de décommander la fabrication de l'*Arrow*. Nous ne devons pas abdiquer notre mission d'assurer que les sommes énormes que nous avons le devoir de demander au Parlement pour la défense soient dépensées de la manière la plus efficace dans ce but. »

Le CF-105, un petit chef-d'oeuvre aéronautique... photothèque LA PRESSE

Le coût de l'Arrow

Jusqu'à présent, le programme de l'*Arrow* a coûté $400 millions. Mais les frais ne se bornent pas là. En effet, le gouvernement canadien devra indemniser Avro Aircraft Limited et Orenda Engines Limited de l'annulation du contrat. La maison Avro estime que cette indemnité peut atteindre $100 millions. Le budget 1959-60 de la Défense réserve $50 millions pour cet article.

Les industriels notent que l'annulation de la commande du moteur *Iroquois* signifie la fin d'Orenda Engines Limited, filiale, comme Avro Aircraft, de la maison A.V. Roe (Canada) Limited.

Rétrospective

On peut aujourd'hui affirmer que cette décision du gouvernement Diefenbaker fut une véritable tragédie pour l'aéronautique canadienne. Certes les sommes dépensées paraissaient astronomiques à l'époque, mais au fond, c'était peu pour l'excellence d'une main-d'oeuvre jouissant d'un prestige indiscutable.

D'ailleurs, dès le lendemain de l'annonce de la nouvelle, la société ontarienne se voyait dans l'obligation de congédier 14 000 de ses employés. Quant aux ingénieurs impliqués dans la construction de l'avion, ils ont pour la plupart émigré aux États-Unis, qui ont ainsi hérité de leur talent et de leur compétence en matière d'aéronautique. Ainsi, les « alumni » du *Arrow* sont nombreux à avoir contribué aux succès du programme spatial américain.

S'il semblait coûter cher, l'intercepteur *Arrow* était en revanche deux bonnes décennies en avant de son temps, et ce même si l'avionique telle qu'on la connaît aujourd'hui n'en était encore qu'à ses premiers balbutiements. Si le programme du *Arrow* avait été maintenu, et si le Canada avait décidé de doter son aviation de cet avion, les performances exceptionnelles du *Arrow* auraient sans contredit contribué à sa vente.

Le refus des Américains de l'acheter? On est en droit de se demander si ce refus n'était pas en fait un coup de « poker », porté dans l'espoir que le Canada abandonnerait le programme, évitant ainsi aux avionneries américaines un concurrent de loin supérieur sur le marché international.

Et le plus triste de toute l'histoire, ce fut la décision du gouvernement Diefenbaker de faire détruire les prototypes et tous les plans. Sans doute avait-il honte d'avoir pris une telle décision... Est-il besoin de rappeler que cette affaire a largement contribué à la défaite de ce gouvernement dès les élections générales suivantes?

C'EST ARRIVÉ UN 20 FÉVRIER

1976 — L'ex-président Richard Nixon entreprend une visite privée en République populaire de Chine.
1974 — Enlèvement de Reg Murphy, rédacteur en chef du quoditien *Atlanta Constitution*, par l'Armée de libération américaine.
1973 — Retour de Marc Cayer du Vietnam, où il avait combattu avec l'Armée américaine avant d'être fait prisonnier par le Viet-cong.
1969 — Exécution à Bagdad de huit Irakiens accusés d'espionnage.
1965 — L'engin spatial américain *Ranger VIII* transmet plus de 7 000 photos de la surface lunaire avant de s'écraser dans la mer de la Tranquillité.
1964 — Vol d'armes dans un arsenal de Shawinigan.
1962 — John Glenn effectue trois orbites autour de la terre, le premier astronaute américain à se rendre dans l'espace.
1947 — La Grande-Bretagne accepte de rendre l'Inde aux Indiens.
1938 — Le chancelier Adolf Hitler exige qu'on accorde le droit à l'autodétermination aux Allemands d'Autriche et de Tchécoslovaquie.
1926 — Décès de Mgr Paul-Eugène Roy, archevêque de Québec. — Décès de l'ingénieur Phelps Johnson, qui avait dirigé les travaux de construction du pont de Québec.
1920 — Décès du contre-amiral Robert Perry, célèbre explorateur qui découvrit le pôle nord.
1903 — Sa sainteté le pape Léon XIII célèbre le 25e anniversaire de son élévation au trône de Saint-Pierre.
1893 — Un incendie cause des dommages évalués à $200 000, rue Saint-Paul.

Un pendu mécontent se relève pour invectiver les témoins stupéfaits

JÉrusalem, 20 (par courrier) —Dost Mohammed Iben-Zemen, bandit qui avait terrorisé la région qui s'étend entre Alep et Deir-es-nor, se tenait flegmatiquement sur l'échafaud, attendant qu'on lui passât le noeud.

Il se tourna vers les foules qui attendaient sur la place publique d'Alep le supplice de leur vieil ennemi. Il leur demanda de réciter un verset du Coran pour le repos de son âme. La mélopée atteignit sa plus grande intensité lorsque la corde lui fut passée au cou. Bientôt il se débattait vigoureusement au bout de la corde qui, brusquement, se rompit.

Mohammed tomba sur ses pieds et se mit à rire dans le silence sépulcral qui suivit. « Coquins, canailles, s'écria-t-il en ricanant, ne pouviez-vous trouver une corde plus solide, vous manque-t-il d'argent pour en acheter? Laissez-moi aller au bazar et je vous en choisirai une meilleure. Et si vous n'avez pas d'argent, venez en prendre dans mes poches! »

On recommença la pendaison et cette fois, la corde se montra d'une solidité à toute épreuve!

Cela se passait le 20 février 1929.

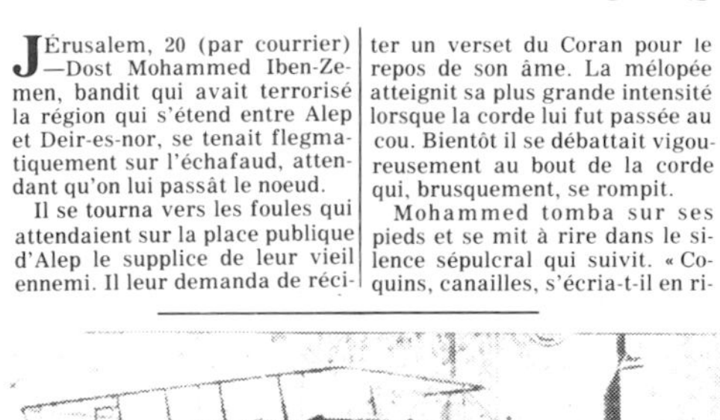

Dans son édition du 20 février 1915, LA PRESSE montrait à ses lecteurs un type d'autobus à impériale qui, disait-on, s'avérait fort populaire aux Etats-Unis. Parmi ses caractéristiques, on peut souligner les suivantes : aucun marchepied à l'extérieur, le nouvel autobus se trouvant au niveau du trottoir; fabrication légère en tôle; éclairage à l'électricité; modèle surbaissé, de sorte que les usagers de l'impériale n'auraient pas à se préoccuper des fils de tramways; moteur à gazoline actionnant une dynamo, laquelle transmettait l'électricité aux roues motrices, et permettait d'éliminer l'arbre de transmission, la boîte de vitesse, les vibrations et les pannes.

ACTIVITÉS

■ Semaine nationale du journal en classe

Complexe Desjardins — LA PRESSE participe activement à cette semaine consacrée à l'utilisation que l'on fait des quotidiens dans nos écoles. La fort populaire exposition itinérante « Cent ans d'imprimerie » sera évidemment de la partie. En outre, LA PRESSE publiera quotidiennement une série d'activités à faire à l'aide du journal. Jusqu'au 24 février inclusivement.

■ À la télévision
Le 18-heures, Télé-Métropole —

Vers la fin de ce bulletin de nouvelles, soit vers 18 h 50, les animateurs commentent quelques manchettes tirées des pages de LA PRESSE et qui ont fait l'actualité d'hier.

MORT AUX MOINEAUX

LEs municipalités voisines, à la requête des jardiniers et des cultivateurs, ont autorisé dernièrement le massacre des moineaux, et la tête de ces derniers est mise à prix, pourvu que l'oiseau soit en vie. On donne dix centins pour chaque douzaine de moineaux livrés en vie dans une cage ou une boîte grillée, au No 147 rue des Carrières, chez M. le conseiller Joseph Paquette, qui les recevra tous les samedis, de 2 p.m. à 6 p.m. Les cages seront échangées ou rendues. On achètera aussi les moineaux aux mêmes conditions, au No 1189, rue Saint-Laurent, le samedi, aux mêmes heures.

Les oiseaux captifs sont ensuite revendus vingt centins la douzaine aux membres des différents clubs de tir, qui en font une consommation extraordinaire. Ils tirent les moineaux au vol après les avoir lâchés d'une trappe à 20 verges de distance. Au dernier concours, les bons tireurs tuaient 20 moineaux sur 30. Disons qu'il est beaucoup plus difficile de tuer un moineau qu'un pigeon au vol. La semaine dernière, plus de 600 moineaux ont été tués de la sorte.

Cela se passait le 20 février 1889.

LA PRESSE
100 ans d'actualités

M. Comtois meurt dans les flammes

Cette photo traduit bien la fureur des flammes.

QUEBEC — Le lieutenant-gouverneur du Québec, M. Paul Comtois, n'a pu échapper aux flammes qui ont détruit avec une extrême rapidité, la nuit dernière **(21 février 1966)**, la luxueuse résidence de Bois-de-Coulonge, en banlieue de Québec.

Mme Comtois a été sauvée de justesse par le gardien de nuit, M. Adrien Soucy, tandis que deux invités, M. et Mme Mac Stearns, de Sherbrooke, ont été forcés de sauter d'une fenêtre du deuxième étage pour échapper au sinistre.

Selon les premières informations, l'incendie a pris naissance dans le vestibule de l'entrée principale et s'est propagé avec une telle rapidité à la vieille construction de bois que les pompiers de Sillery n'ont eu aucune chance de porter secours à M. Comtois qui s'était retiré dans l'un des petits salons du manoir, résidence officielle du lieutenant-gouverneur de la province.

Le chef des pompiers de Sillery, M. Gérard Tobin, a dit à un journaliste que M. Comtois avait été aperçu sur un balcon du deuxième étage, mais qu'il était par la suite retourné à l'intérieur de l'immeuble. On pense que le lieutenant gouverneur a vainement tenté de porter secours à Mme Comtois, laquelle était déjà en sécurité à ce moment.

M. Paul Comtois.

La fille de Mme Comtois, Mireille, a dû être hospitalisée, souffrant de brûlures aux mains et au visage. Elle a été blessée en s'échappant du brasier.

Mireille Comtois qui, en effet, ne s'est échappée que difficilement du brasier, a dit à son frère Jean avoir entendu une explosion avant d'apercevoir des flammes au début du sinistre de la nuit dernière.

Son frère Jean a déclaré à un journaliste que Mireille avait même précisé que cette explosion aurait fait voler des vitres en éclats et ouvrir violemment les portes de la luxueuse résidence.

Mireille, qui est âgé de 35 ans, a divulgué ces renseignements à son frère du lit de l'hôpital où elle a été transportée peu de temps après le début de l'incendie.

Selon ce qu'elle a ajouté, elle était en train de lire dans sa chambre lorsque l'explosion secoua le vieil édifice. Elle quitta rapidement sa chambre, mais déjà le hall d'entrée était rempli d'une épaisse fumée.

Au premier étage, au pied de l'escalier principal, elle a dit avoir aperçu un « grand trou » dans le plancher et des flammes qui s'en échappaient.

Le système de chauffage de l'historique demeure était logé au sous-sol, tout juste sous l'escalier du premier... (...)

Comme une boîte d'allumettes

C'est à 12 h. 05 du matin exactement que le feu éclata. La résidence officielle des lieutenants-gouverneurs, située à un demi-mille environ de toute voie de circulation, ne prit que quinze minutes en tout à se transformer en brasier. Le manoir, construit uniquement de bois, flamba comme une boîte d'allumettes. (...)

La résidence de Bois-de-Coulonge, détruite par un premier incendie en 1860, avait été reconstruite en 1862. Jusqu'en 1865, ce manoir servit aux différents gouverneurs généraux du Canada. Il fut alors cédé à la province de Québec et, quelque temps avant l'incendie de cette nuit, avait été complètement rénové.

M. Comtois, qui était âgé de 70 ans au moment de sa mort, avait été nommé lieutenant-gouverneur du Québec le 6 octobre 1961, après avoir passé quatre ans dans le cabinet Diefenbaker en tant que ministre des Mines et des Relevés techniques. (...) Il avait épousé Mlle Irène Gill, et en avait eu cinq enfants : Pierre, Odette, Yves, Mireille et Jean.

C'EST ARRIVÉ UN 21 FÉVRIER

1960 — Décès à l'âge de 55 ans du peintre Paul-Émile Borduas à Paris, où il vivait depuis quatre ans.

1959 — L'arrêt de la production du chasseur *Arrow* force la société torontoise A.V. Roe à mettre à pied 14 000 employés.

1952 — Dick Button gagne un deuxième titre olympique en patinage artistique.

1951 — Félix Leclerc gagne à Paris le Prix du disque 1951 pour sa chanson *Moi mes souliers*.

1948 — Début du coup de Prague, en Tchécoslovaquie, qui se terminera par la formation du gouvernement Gottward, à majorité communiste.

1939 — Un incendie détruit l'hôpital de Montréal-Est; les 72 malades sont évacués.

1922 — Un dirigeable de l'armée américaine s'écrase en flammes; on dénombre 34 morts, mais on parvient à sauver 11 personnes.

1916 — Début de la célèbre bataille de Verdun.

1897 — Quarante-trois immigrants canadiens, sont de retour du Brésil, où ils s'étaient rendus à cause d'une tromperie.

1980 — La Californie est frappée par une vague d'inondations qui font 32 morts et des dégâts de $355 millions.

1977 — Fin de la grève à l'UQAM. Elle aura duré quatre mois et trois jours, la plus longue grève universitaire en Amérique.

1973 — La chasse israélienne abat un avion de ligne libyen au-dessus du Sinaï. Cent seize personnes perdent la vie.

1972 — Début de la visite historique du président américain Richard Nixon en République populaire de Chine.

1970 — Un *Coronado* de la société Swissair, s'écrase après une explosion imputable aux terroristes palestiniens. On dénombre 47 morts.

1969 — Deux morts et une dizaine de blessés dans un attentat à la bombe dans un supermarché de Jérusalem.

1965 — Assassinat au cours d'une assemblée à New York de Malcolm X, le leader du mouvement nationaliste noir.

1961 — L'ONU préconise le recours à la force pour empêcher la guerre civile d'éclater à l'ex-Congo belge.

L'ESCALADE DE LA MONTAGNE EN TEUF-TEUF

Le maire Martin explique pourquoi il a violé les règlements

COmme beaucoup de bruit s'est fait sur la promenade du maire Martin en automobile, jusqu'au sommet de la montagne, hier **(22 février 1915)** après-midi, en dépit du règlement qui défend aux automobilistes l'accession du Mont-Royal, voici ce que le maire déclare:

— Je ne suis pas allé là-haut pour le vain plaisir de violer les règlements. J'y suis allé parce qu'une affaire urgente m'y appelait et qu'ensuite j'avais avec moi des étrangers. J'y retournerai quand j'aurai d'autres affaires.

« On a dit que seul le duc de Connaught avait eu l'autorisation de gravir la montagne en automobile. Mais cette autorisation, il l'obtint du maire de Montréal et si je puis donner l'autorisation au duc de monter sur la montagne en auto, je puis me la donner à moi-même.

« J'ai rencontré trois cavaliers qui ont semblé proférer des paroles insultantes à mon adresse. Si je les avais entendues, ces paroles, j'aurais fait arrêter ces trois cavaliers, apparemment les auteurs de tout ce bruit. »

Épilogue

L'affaire ne devait pas en rester là. Un des cavaliers dont il est fait état, en l'occurrence Sam Thompson, maître-cocher et secrétaire de la Société des cochers de place, décida de porter l'affaire devant les tribunaux en déposant une plainte auprès du recorder Geoffrion. Tant et si bien que le 25, le maire Médéric Martin dut se présenter devant ce dernier et plaida non coupable.

ACTIVITÉS

■ Semaine nationale du journal en classe

Complexe Desjardins — LA PRESSE participe activement à cette semaine consacrée à l'utilisation que l'on fait des quotidiens dans nos écoles. La fort populaire exposition itinérante « Cent ans d'imprimerie » sera évidemment de la partie. En outre, LA PRESSE publiera quotidiennement une série d'activités à faire à l'aide du journal. Jusqu'au 24 février inclusivement.

De la Terre à la Lune: est-il possible de faire ce voyage? — Un professeur américain aurait inventé une fusée géante pour atteindre notre satellite.

Ce texte est démesurément long, compte tenu des critères retenus pour cette page. Mais devant l'intérêt que suscite l'astronautique, et la pertinence d'un texte qu'on jugeait sans doute farfelu au moment de sa parution, le ***21 février 1920,*** *nous avons jugé bon de faire exception à la règle et de vous le présenter en entier.*

UN professeur de physique américain, le Dr Robert H. Goddard, de l'Université de Clark, se propose de construire une fusée qui permettrait de franchir la distance de la Terre à la Lune, soit environ 240,000 milles, en 48 h. 58 minutes, ou à peu près!

Quelle serait cette fusée, quel serait son poids, comment serait-elle mue? Autant de questions qui doivent tout d'abord intéresser. L'illustration fantaisiste que nous publions ci-contre de la fusée projetée répond en quelque sorte à ces premières questions. La fusée à double carapace d'acier aurait à peu près la forme du sous-marin de Jules Verne (forme de cigare); son poids serait d'environ 2,000 livres et sa longueur de 200 pieds; un appareil gyroscopique la maintiendrait en équilibre, c'est-à-dire qu'elle ne pourrait tourner à la façon d'un boulet de canon ou d'une balle de fusil rayé. A l'intérieur, tout un aménagement "ad hoc": chambre du pilote, quartier des voyageurs, lits, tables et chaises comme dans un transatlantique, réservoirs d'oxygène pour entretenir la respiration, dynamos, chauffage et éclairage électriques, vivres concentrés, réservoirs d'eau, etc., lancement sur rouleaux en double série angulaire.

Comment serait mue cette gigantesque machine? Un savant aviateur français, M. Esnault-Pelterie, estime que la force nécessaire pour propulser cet appareil, qu'il suppose d'un poids de 2,000 livres environ, devrait atteindre 4,760,000 chevaux-vapeur. Or, le professeur Goddard propose de propulser sa machine au moyen d'une série de charges à déflagrations successives. M. Esnault-Pelterie fait très justement remarquer qu'aucun explosif connu n'est assez puissant pour produire cette force continue. Le radium peut-être, pourrait accomplir cet exploit, mais où prendre ce radium, dont il faudrait au moins 400 livres, quand dans le monde entier, il y en a à peine quelques onces?

Quoiqu'il en soit, supposons que le propulseur de la fusée puisse être mu par le radium et que la machine parvienne à progresser vers la Lune, la question du voyage serait-elle résolue?...

Rien de nouveau

Disons, d'abord, que la question d'un voyage à la Lune n'est pas nouvelle; elle est même très ancienne.

Lucien de Samosate, un rhéteur et philosophe grec qui vivait vers l'an 150 en Syrie, l'avait déjà imaginé; mais ce n'était qu'un produit de son esprit railleur et de sa verve satirique.

Cyrano de Bergerac, le héros de Rostand, et qui vivait en France en 1640, si il fut bon poète fut aussi un philosophe hardi; il a, dans son "Autre Monde", fait un voyage imaginaire aux régions de la Lune, du Soleil et dans le royaume des Oiseaux.

Enfin, Jules Verne est venu, qui a été le plus notoire parmi les cent écrivains qui contèrent les péripéties d'un voyage imaginaire de la Terre à la Lune.

La Science muette

Mais la Science, elle, qu'a-t-elle fait, qu'a-t-elle dit à ce sujet, depuis des siècles? La Science plus circonspecte, pas du tout railleuse et poursuivant un tout autre but que les romanciers, la Science, toujours, est restée muette. Pourquoi aurait-elle parlé, pourquoi aurait-elle protesté, puisque, jusqu'à maintenant, tous ceux qui ont "voyagé dans la Lune" n'avaient pas voulu se prendre au sérieux, et n'avaient donné libre essor à leur imagination que pour plaisanter, comme Lucien de Samosate, ou pour amuser tout en semant son oeuvre de renseignements scientifiques précieux, comme Jules Verne.

Aujourd'hui, il en est tout autrement, car il semble que le professeur de l'Université de Clark se prenne réellement au sérieux; la Science se décide donc à parler, et tout de suite elle déclare que ce voyage de la Terre à la Lune est impossible, quel que soit le désir qui puisse hanter les habitants de la Terre de visiter la planète mystérieuse qui s'intéresse à nous, puisqu'elle consent à nous éclairer la nuit, en empruntant sa lumière du Soleil.

Parmi les savants qui déclarent impossible le voyage de la Terre à la Lune se trouve M. Camille Flammarion, dont l'imagination a pourtant fort voyagé dans les astres, depuis quelques années, mais qui a souvent envisagé hypothèse de ce voyage aérien réel, toujours en la rejetant finalement. Il est plus que sceptique, quant à la possibilité d'un succès même partiel du moyen offert par le professeur Goddard, et on peut être sûr que si celui-ci s'introduit dans sa fusée, M. Flammarion ne l'accompagnera pas.

Formules mathématiques

Le grand astronome français ne nie pas que dans le domaine

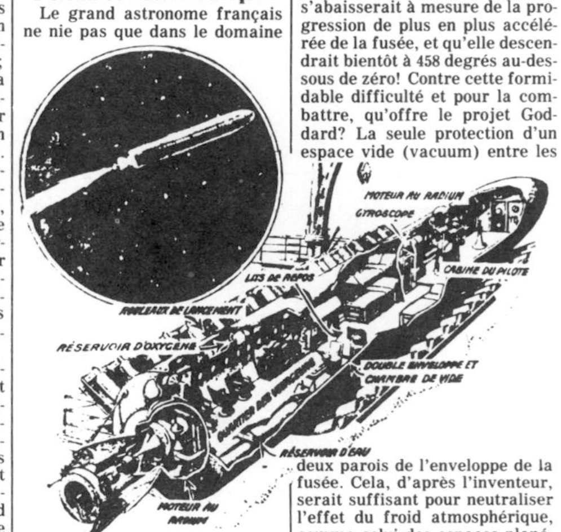

théorique, tout soit possible, "Jadis, dit-il, quand je travaillais avec Le Verrier, je me plaisais à réduire toutes les difficultés par des formules mathématiques, et mon maître me disait souvent: "Il n'y a rien de plus sûr, en effet, que les formules mathématiques... Mais c'est comme le moulin à café, tout dépend de ce que l'on met dedans... Si on met des pierres dans le moulin, il ne broiera certainement pas le grain brun et odorant que nous aimons tant...''

De la théorie à la pratique, il y a loin, souvent; ici, dans le sujet qui nous occupe, il y a un abîme, et si nous voulions forcer la figure de rhétorique, nous dirions même plusieurs abîmes, car en réalité, les obstcles sont aussi nombreux qu'insurmontables.

Les obstacles

Il y a d'abord le poids du véhicule et la force formidable qu'il faudrait pour propulser l'appareil; il y a encore l'impuissance des explosifs connus; et en supposant que le radium puisse accomplir cet exploit, il faudrait savoir où trouver ce radium qui n'existe pas en quantité suffisante dans le monde entier, du moins d'après ce que nous en connaissons actuellement. A moins que les esprits de sir Oliver Lodge et de Conan Doyle fassent office de chevaux... vapeur! Mais ne réveillons pas les morts.

Quand Jules Verne imaginait son canon et son boulet véhicule, il savait bien, en admirable savant qu'il était, que ce projet ne pourrait réellement réussir, même que pour une bien moins moindre distance que celle qui nous sépare de la Lune. Il déclarait lui-même qu'il ne fallait pas y songer sérieusement,"pour la bonne raison que par force d'inertie, il (le contre-coup) écraserait les voyageurs au départ, aussi douillettement enfermés fussent-ils dans leur boulet!''

Plus tard, peut-être...

Le contre-coup au départ, ne serait peut-être pas aussi violent dans la fusée Goddard, mais bien d'autres difficultés se présentent, en dehors de celles que nous avons indiquées plus haut. Rien ne sert de partir à point; il faut savoir si et comment on arrivera.

— Alors, comment demande-t-on à M. Flammarion, vous ne pensez pas d'aller dans la Lune avant de mourir?

— Ni même après ma mort, répond l'astronome, en souriant.

— Alors, nous n'irons pas dans la Lune?

— Pour le moment n'y songeons-pas...

Mais le grand astronome, tout en restant sceptique vis-à-vis du projet Goddard, ne prétend fixer, de ce côté, aucune limite à la Science:

— "Je ne dis pas que, plus tard, dans plusieurs siècles, dans deux ou trois mille ans, peut-être, on n'enverra pas une fusée qui contournera la Lune et reviendra s'écraser sur la Terre... Je crois même qu'on y arrivera; mais, pourra-t-on introduire un individu dans la fusée, et cet individu parviendra-t-il vivant jusqu'à la Lune? Ceci, c'est une autre question, plus délicate encore que la première, et que je ne me charge pas de résoudre''.

Ici, il importe de considérer notre atmosphère comme milieu de progression de la fusée, le grand froid des espaces interplanétaires et le climat de la Lune. Il est évident que la température s'abaisserait à mesure de la progression de plus en plus accélérée de la fusée, et qu'elle descendrait bientôt à 458 degrés au-dessous de zéro! Contre cette formidable difficulté et pour la combattre, qu'offre le projet Goddard? La seule protection d'un espace vide (vacuum) entre les deux parois de l'enveloppe de la fusée. Cela, d'après l'inventeur, serait suffisant pour neutraliser l'effet du froid atmosphérique, comme celui des espaces planétaires. En théorie, c'est très bien imaginé, mais en pratique, il faudrait voir!

Et dans la Lune, si le professeur Goddard ou d'autres y parvenaient, pourraient-il y vivre, même s'ils y arrivaient vivants? La Lune, on le sait, est un astre mort, glacé, depuis longtemps; nul habitant de la Terre n'y pourrait descendre sans être suffoqué instantanément. On a bien essayé, en ces derniers temps, de découvrir sur notre satellite quelque trace de végétation, et des observations tendent à nous faire supposer qu'il y en a en effet; mais nous ignorons absolument qu'il y ait des habitants dans la Lune; nous sommes même certains qu'il n'y a pas, là-haut, d'êtres comme ceux qui habitent la Terre ou qui approchent même de leur nature. Qu'irait donc faire là-bas, le terrien audacieux qui penserait aller visiter "l'homme dans la Lune"?

Vitesse et attraction

Un mot, maintenant, de la vitesse de la fusée et de l'attraction de la Terre et de la Lune. Cette vitesse de la fusée est estimée entre 5000 et 6000 milles à l'heure. Si cette vitesse n'est pas modérée, en arrivant à la Lune, la fusée et tout ce qu'elle contient seront tout simplement volatisés. Mais supposons qu'on arrange tout le mécanisme pour que, dans le voisinage de la Lune, la vitesse de la fusée soit à peu près nulle ou diminuée à l'extrême; serons-nous plus avancés?

Pour échapper à l'attraction terrestre, la fusée devrait conserver sa grande vitesse jusqu'à une distance de 213,000 de la Terre; passé ce point, c'est-à-dire à 27,000 milles de la Lune, c'est l'attraction de celle-ci qui se ferait sentir, force formidable à laquelle il serait impossible d'échapper, même en faisant machine en arrière, et l'on viendrait s'écraser sur l'astre mort, si toutefois on ne devait pas tourner indéfiniment autour de notre satellite, ou encore le contourner simplement, comme le prévoit M. Flammarion, pour revenir s'écraser sur la Terre.

Décidément, nous n'irons pas dans la Lune. Pour le moment, du moins, n'y songeons pas!

LA PRESSE
100 ans d'actualités

UNE AVALANCHE DETRUIT DEUX MAISONS ET FAIT QUATRE MORTS A QUEBEC-SUD

24ème ANNÉE—Nº 94 MONTREAL, SAMEDI 22 FEVRIER 1908 DEUX CENTINS

LOGEMENTS À LOUER

Les Écornifleuses

—Si vous voulez faire comme moi, Mme Michel, nous irons visiter des logements... On aura du fun!
—Sapré bonne idée que vous avez là!

LA LOCATAIRE — Et puis, vous savez, le propriétaire fera un grand ménage.
—Y en a besoin!... Combien de loyer?
—Dix-huit piastres.
—Dix-huit piastres!... Y doit y avoir des vices de construction. Le bon marché est toujours trop cher.... j'aime mieux y mettre le prix tout de suite et ne pas habiter une ruine.

—Oui, oui, c'est assez plaisant icite... c'est petit mais c'est bien disposé... N'est-ce pas Mme Michel... Chauffé... Bon...
Les gazeliers apprartiennent à la maison... correct...
—Combien de loyer? —Trente-six piastres
—Trente-six... Oh! trente... Mais alors, on doit être nourrit à ce prix-là!

—Ah! Mame Lépinette! C'est vous qui logez icite?
—Oui, vous voyez... Est-ce que vous venez pour le logement? —Mais oui.
—Eh ben, ma chérie, j'vous conseille pas de l'prendre. C'est froid, c'est humide, ça grouille de vermine et de coquerelles... L'propriétaire est un v'limeux qui veut jamais faire de réparations, et il veut toujours collecter son loyer la veille de l'échéance.
-Ben qu'il le garde son logement!

LA LOCATAIRE — Si mon mari n'avait pas été nommé à Ottawa, jamais nous n'aurions quitté ce logement.
—Ben, qu'est-ce qu'il a de drôle, ce logement? Il est comme tous les autres... Tiens ousqu'elle va cette porte.

—Vous dites, Mme Michel que c'est l'avocat Igrec qui demeure icite?
—Ben sûr. Vous n'avez donc pas vu sa plaque sur la porte.
— J'ai pas fait attention... par exprès, j'vous dis... J'gage qu'tous ses meubles ne sont pas payés à c't'avocat de quatre sous.

—Venez-vous en, Mame Michel. J'ai le coeur qui m'tourne... Ça pue tellement la bonne odeur que je sens que j'vais m'évanouir... Est-elle plâtrée c-t-horreur-là! Non... mais faut-il en avoir du front pour se poudrer le museau de même... J'en rougis pour elle.

—J'en peux plus...
j'ai les jambes dans le corps d'avoir ainsi monté et descendu des escaliers... Mais ça fait rien on a eu du fun, hein!... Si vous voulez, on recommencera demain.
—Oui, mais nous irons chez les Anglais, voir si c'est plus drôle.
—Chez les Anglais?.., All right!... et aussi chez les Juifs.
—Bonne idée. —À demain Mame Michel.
—Tata, Mame Lechat.

Première page publiée le 22 février 1908.

(De nos correspondants particuliers)

QUébec — Pendant toute la durée de la tempête qui sévit ici depuis trois jours, on s'attendait à apprendre quelque nouvelle d'un voyageur gelé sur la route ou d'un enfant enlevé dans un tourbillon, mais les gens étaient loin de penser qu'on aurait à enregistrer une catastrophe aussi terrible que celle qui vient d'arriver à Lévis.

Vers huit heures, hier **(22 février 1898)** soir, au moment où les rues étaient à peu près désertes et chacun se réjouissait auprès d'un bon feu dans l'âtre, la nouvelle que quatre familles du faubourg du Grand Tronc, à Lévis, venaient d'être englouties vivantes sous une avalanche de neige se répandait comme une traînée de poudre et des centaines de Lévisiens bravèrent la tempête pour se rendre sur les lieux du sinistre.

La nouvelle transmise en cette ville par le câble téléphonique jeta une profonde sensation parmi les citoyens. Dans la soirée d'hier, la tempête rageait tellement qu'il était considéré dangereux de s'aventurer sur le pont de glace rendu impraticable par la neige qui encombre le chemin tracé. Il fallait une dose extraordinaire d'énergie pour s'aventurer à traverser à pied, et votre correspondant fut assez heureux de découvrir un jéhu *(sic)* qui, ayant par trop fêté le mardi gras, n'avait aucun souci du danger et se décida, moyennant finances, de le transporter à Lévis. De la traverse au faubourg Grand Tronc, soit un mille et demi, le chemin de voiture étant entièrement bloqué, il fallut faire le trajet à pied sous la rafale, en longeant les murs et les clôtures pour n'être pas renversé.

La rue Principale de ce quartier comprend la rue Saint-Laurent, laquelle longe le cap, situé à quelques pas de la berge. Une foule considérable était massée sur le théâtre du sinistre. Il fut d'abord un peu difficile de se bien renseigner sur ce qui était arrivé. Cependant, voici ce dont votre correspondant a pu se rendre compte. Vers 7.30 heures, hier soir, une masse énorme de neige se détacha du haut du rocher et vint s'abattre sur deux maisons construites justement au pied du cap. Ce morceau de neige formé lors de cette dernière tempête avait la forme d'un cône et renversait par-dessus le bord du cap, surplombant ainsi les maisons placées dans son voisinage immédiat. Les maisons portant les numéros 222 et 225 de la rue Saint-Laurent, deux magnifiques édifices à deux étages, construits en bois et lambrissés en briques, furent réduits en atomes. La première maison, qui est la propriété de M. J.-C. Hamel, marchand, de Lévis, était divisée en trois logements, respectivement occupés par Emile Angers, J. Fournier, et une autre famille dont le chef, ainsi qu'Angers et Fournier, est journalier. Angers et sa famille occupaient le second étage, qui fut arraché du reste du corps de logis, et renversé sens dessus dessous de travers dans la rue. Angers et deux de ses enfants, âgés respectivement de 5 et 2 ans, ont été tués. Mme Angers, ainsi que quatre autres enfants, s'en tirèrent miraculeusement avec quelques contusions. Les deux familles qui demeuraient au premier ont eu beaucoup de peine à sortir de l'avalanche de neige qui est venu remplir leur logis jusqu'au bord, elles ne doivent leur sauvetage qu'au plafond et aux plâtres de leur étage qui tint bon à divers endroits.

La maison portant le No 225, propriété de M. James King, maître-charretier, et occupée par lui-même et sa famille, est une ruine complète. L'avalanche la fit se tordre et s'ébranler sérieusement. Une partie de la construction en briques fut détruite. Une jeune fille de M. King, âgée d'environ 14 ans qui, d'après le témoignage de son frère, se tenait près de la cheminée au moment de la catastrophe, fut ensevelie vivante sous un amas considérable de débris. Les recherches faites la nuit dernière pour trouver son cadavre furent vaines.

M. King a reçu de graves blessures à la tête et à une jambe, et son fils, un grand gaillard d'environ dix-neuf ans, est blessé sérieusement à un bras et à la tête. Mme King fut trouvée inanimée, mais sans blessures graves.

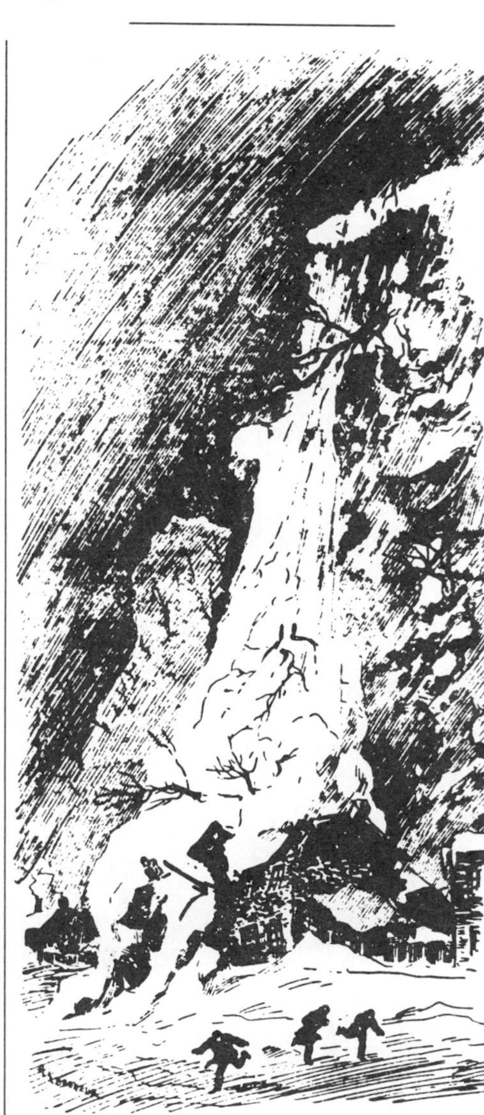

Cette maison a été écrasée sous le poids de l'avalanche comme s'il s'était agi de carton.

BABILLARD

Le fonctionnaire du début du siècle

Un archiviste des Archives du Québec, M. **Yves-Jean Tremblay**, *nous fait parvenir une copie des règlements en vigueur au tournant du siècle, dans la fonction publique provinciale. Dans le contexte actuel, ces* **« RÈGLEMENTS pour la régie intérieure des Départements »** *ne manquent pas* d'amuser.

L'espace nous manque pour publier les 18 alinéa de cette réglementation, mais nous en avons tiré les meilleurs. Allons-y donc sans plus de préambule.

1 — Tous les employés des départements seront présents de neuf heures et demie du matin à quatre heures de l'après-midi. Il sera alloué trente minutes pour le goûter, qui, à moins de permission expresse du chef du département, pour cause de santé, devra être pris dans le bureau même.

2 — Aucun employé ne s'absentera de la bâtisse où sont les bureaux, durant les heures ci-dessus prescrites, ni ne visitera les autres bureaux des départements publics durant les heures régulières susdites, si ce n'est pour affaires officielles.

3 — Pour assurer l'observation des articles ci-dessus, il sera tenu dans chaque département, un registre, où chaque employé entrera son nom, l'heure de son entrée au bureau et de sa sortie.

7 — Toute personne qui se presentera au messager demandant un employé, sera informé par le messager, que les employés ne sont pas visibles pendant les heures de bureau; si la personne insiste, le messager pourra le conduire au sous-chef, qui s'informera des raisons particulières que l'on aura de voir l'employé, et, s'il le juge à propos, il pourra permettre à l'employé de voir cette personne. Cette entrevue ne devra être que de quelques minutes, et le permis ne devra être accordé que pour des raisons graves.

8 — Il est strictement défendu d'introduire des liqueurs enivrantes dans le bureau, sous aucun prétexte.

9 — Ceux qui seront reconnus pour fréquenter habituellement les cabarets ou qui seront connus pour avoir des habitudes d'intempérance seront destitués.

10 — Il est strictement défendu de fumer dans les bureaux ou dépendances.

11 — Il est défendu d'apporter et lire les journaux dans sa chambre, pendant les heures de bureau. (...)

12 — Aucune discussion religieuse ou politique ne devra avoir lieu durant les heures de bureau.

13 — On ne devra communiquer à qui que ce soit, en dehors des heures de bureau, si ce n'est officiellement, et en conformité de l'exigence du service public, les archives ou autres documents des départements, ou faire connaître ce qui est dit et fait par le chef de département, son sous-chef ou tout employé public, dans son caractère officiel, sous peine de destitution immédiate. (...)

14 — Le samedi, hors le temps des sessions, les bureaux seront fermés à une heure après-midi.

15 — Il est expressément entendu, que les services des employés du service civil sont à la disposition du Gouvernement, même en dehors des heures régulières de bureaux, et, lorsque les circonstances l'exigeront, le chef ou le sous-chef d'un département pourra requérir le travail des employés de son département, avant et après les heures de bureau, pour expédier les affaires, sans que ce surplus de temps donne droit à une rémunération extra *(en italique dans le texte original)*.

Mais le fin du fin, le voici:

16 — Toute demande d'augmentation de salaire sera considérée et traitée comme une offre de résignation de la charge ou emploi de l'employé pétitionnaire. (...)

Bon anniversaire!

On s'en voudrait de ne pas souligner le 105e anniversaire d'**Antonin Smith**, du manoir Trinité, à Longueuil, né en 1879 à Baie du Fèvre. Le manoir Trinité abrite aussi une autre centenaire, **Mme Clara Legault-Deslauriers Duchesneau.** Native de Saint-Hermas, cette vénérable dame célébrait son centième anniversaire le 4 février dernier.

Parmi les noms qui nous sont parvenus avec retard, profitons-en pour souligner aussi celui d'**Arthemise Beaulieu Laplante**, de la ville Saint-Pascal dans le village du même nom. Elle a atteint le cap des 100 ans le 17 février.

ACTIVITÉS

■ Semaine nationale du journal en classe

Complexe Desjardins — LA PRESSE participe activement à cette semaine consacrée à l'utilisation que l'on fait des quotidiens dans nos écoles. La fort populaire exposition itinérante « Cent ans d'imprimerie » sera évidemment de la partie. En outre, LA PRESSE publiera quotidiennement une série d'activités à faire à l'aide du journal. Jusqu'au 24 février inclusivement.

Vol au fil élastique

Un système des plus ingénieux a été découvert récemment par des gens qui tiennent à voler la compagnie des chars urbains. Le coquin est muni d'une pièce perforée de cinq centins. Un fil de soie élastique est passé dans le trou de la monnaie et est attaché à l'autre extrémité dans la manche de l'habit du voleur. Celui-ci fait mine de déposer la pièce dans la sébille *(sic)* du conducteur. La pièce passe dans l'ouverture de la boîte, résonne sur le métal et se retire immédiatement dans la manche du coquin. Il paraîtrait qu'une vingtaine de personnes s'amusent ainsi aux dépens de la compagnie.

Cela se passait le 22 février 1892.

Une révolution dans l'industrie du ferrage

Une invention qui pourrait bien révolutionner l'industrie du ferrage des chevaux vient d'être découverte par M. R.W. Beauchemin, un Canadien français, de Calgary. Après des recherches actives et minutieuses, M. Beauchemin est parvenu à trouver un fer à cheval sans clous.

Cette invention paraît être de la plus grande importance puisqu'elle éliminera de grands inconvénients, dans les longs voyages, et aussi en ce qu'elle réduira de beaucoup les dépenses du ferrage. (...)

Ce fer est composé de deux parties distinctes surmontées d'une rainure qui emboîte le pied du cheval, et s'y adapte au moyen d'une vis qui relie les deux parties ensemble.

Cette patente est actuellement exposée au No 97 rue Saint-Jacques, où elle peut être examinée par tous ceux que la chose peut intéresser.

Cela se passait le 22 février 1902.

C'EST ARRIVÉ UN 22 FÉVRIER

1977 — Le premier ministre Pierre Elliott Trudeau écrit une autre page d'histoire en devenant le premier Canadien à adresser la parole aux membres du Congrès des États-Unis.

1976 — Joe Clark devance Claude Wagner au 4e tour de scrutin et succède à Robert Stanfield, comme chef du Parti conservateur. — La Canadienne Sylvia Burka est couronnée championne du monde de patinage de vitesse, à Gjoevik, Norvège.

1972 — Une bombe de l'IRA éclate et tue sept militaires britanniques dans un mess d'officiers, à Aldershot.

1974 — Trois ans après la guerre civile, le Pakistan accorde sa reconnaissance politique au Bangladesh (ex-Pakistan oriental).

1973 — Décès de Jean-Jacques Bertrand, premier ministre du Québec de 1968 à 1970.

1946 — À Tchoung-king, quelque 20 000 étudiants protestent contre la présence des Soviétiques en Mandchourie.— La violence éclate à Bombay entre civils indiens et troupes d'occupation britanniques.

1933 — Sir Malcolm Campbell établit un record de vitesse en filant à 272 108 milles à l'heure sur la plage de Daytona.

1928 — L'aviateur anglais Bert Hinkler bat le record des frères Smith en reliant Londres à l'Australie en moins de 15 jours.

1919 — Impressionnantes obsèques nationales en hommage à Sir Wilfrid Laurier.

1913 — L'ex-président Madero et l'ex-vice-président Suarez, du Mexique, tombent sous les balles d'un assassin.

LA PRESSE
100 ans d'actualités

CINQUANTENAIRE DE L'AVIATION CANADIENNE

Le 23 février 1909

Le pilote McCurdy était sûr de réussir l'envolée

NDLR — Cet article a été publié en 1959, pour marquer le cinquantième anniversaire de l'événement.

par ANDRÉ SAINT-PIERRE

AU début de l'après midi du 23 février 1909, un jeune pilote canadien, John A.D. McCurdy, réussissait un vol sans incident à bord d'un immense cerf-volant doté d'une hélice et d'un moteur, au-dessus de la surface glacée du lac Bras d'Or, à Baddeck, Nouvelle-Ecosse.

L'étrange appareil s'éleva sans difficulté avec l'aide d'un vent léger, après une course au sol de quelque 150 pieds. (...) McCurdy prit 60 pieds d'altitude et redescendit sur le lac après un vol rectiligne d'environ trois quarts de mille. Il revint ensuite à son point de départ par ses propres moyens. A compter de ce jour, le Canada possédait un embryon d'aviation.

J'avais l'intention d'accomplir plusieurs autres vols avant le coucher du soleil, a raconté récemment McCurdy, mais le chef de notre groupe, Alexander Graham Bell, le premier à m'accueillir à mon retour, a souligné que nous venions d'écrire une page d'histoire et qu'il n'y aurait pas d'autres vols ce jour-là. (...)

McCurdy savait qu'il était le premier Canadien à voler dans un avion « motorisé » dans le ciel canadien. Ce n'est que plus tard, toutefois, qu'il apprit son second titre, à savoir : premier sujet britannique ayant piloté un avion dans l'Empire britannique. (...)

Graham Bell ne perdit pas de temps après ce premier atterrissage; 146 hommes, femmes et enfants avaient été témoins du vol historique, et environ 125 d'entre eux signèrent ensuite un document officiel attestant et racontant l'événement. Pour récompense : sandwiches, café et vin domestique. Le manuscrit de Bell porteur de toutes les signatures est aujourd'hui au musée de la National Geographic Society, à Washington.

La première société

Lorsque McCurdy s'envola du lac Bras d'Or, il savait presque exactement ce qui allait se passer. S'il n'entreprit qu'un bref vol d'essai, c'est que son « Silver Dart », déjà essayé à Hammondsport, N.Y., avait été démonté avant d'être transporté par chemin de fer à Baddeck. Il s'agissait simplement de voir s'il avait été bien reconstruit, à son nouveau port d'attache.

Alexander Graham Bell, l'inventeur du téléphone, un Ecossais qui s'était établi à Baddeck au début du siècle actuel, avait entrepris des études aéronautiques vers le même temps.

En 1908, il était déjà suffisamment renseigné pour constituer l'Aerial Experiment Association. Mme Bell accorda un capital initial de $35,000 à son mari et à ses adjoints : Glen Curtiss, un jeune manufacturier de moteurs de motocycles; le lieutenant Tom McBridge, de l'Armée américaine; John McCurdy et Frederick Casey Baldwin, deux étudiants en génie à Toronto, mais résidents habituels de Baddeck. Comme Curtiss ne pouvait quitter Hammondsport, c'est là que furent étudiés et mis au point les quatre premiers avions de l'Aerial Experiment Association, le « Red Wing », le « White Wing », le « June Bug », et le « Silver Dart ».

Curtiss fut le premier à piloter le « Red Wing », à Hammondsport, a-t-on dit, mais Casey Baldwin, qui suivit immédiatement, devenait le septième homme du monde à piloter un cerf-volant motorisé, (...) le 12 mars 1908, à Hammondsport.

Ses études de génie terminées, McCurdy se rendit chez Curtiss en septembre. Il prit rapidement en main le « Silver Dart », que Bell voulait absolument présenter à ses voisins de la Nouvelle-Ecosse. Il fut le premier à le piloter à Hammondsport, le 6 décembre 1908.

L'envolée historique de Baddeck, le 23 février 1909, avait donc été organisée très soigneusement, et Bell, ayant pleine confiance dans les qualités du pilote comme de l'appareil, l'avait envisagée comme une affaire déjà réussie. Il avait notamment fait accorder un congé à tous les écoliers de ce petit village des Maritimes, afin que tous les enfants puissent participer avec leurs parents à la naissance de l'aviation en terre canadienne.

McCurdy accomplit un vol parfait en circuit fermé quelques jours plus tard. (...)

John McCurdy, pionnier des pilotes aériens du Canada.

Le biplan *Silver Dart*, construit dans les ateliers du célèbre Alexander Graham Bell, mieux connu pour l'invention du téléphone, et utilisé par McCurdy pour son vol historique.

LES DATES IMPORTANTES

1909 — 23 février — Premier vol d'un avion au Canada.

1910 — 2 juillet — Premier vol au-dessus d'une ville canadienne, en l'occurrence Montréal, par le Français Jacques de Lesseps, sur monoplan Blériot. L'aérodrome se trouve alors à Valois.

1911 — Mi-mars — Première expérience de communications par radio avec un poste au sol, à Palm Beach, Floride, par McCurdy.

1912 — 30 janvier — En tentant la première liaison Floride-Cuba, McCurdy amerrit en catastrophe dans le port de La Havane.

1913 — 31 juillet — Premier vol en solo par une femme, Alys Bryant, de Vancouver.

1914 — Formation du Corps d'aviation militaire canadien.

1914 — La société Curtiss, de Toronto, devient la première à fabriquer des avions en série, en l'occurrence, le JN-4, sous licence américaine. Elle en fabriquera 2 900 pendant la guerre.

1919 — 3 mars — Premier service postal aérien entre le Canada et les États-Unis, de Vancouver à Seattle.

1920 — Établissement de l'examen préliminaire à l'obtention d'un brevet de pilote. J.S. Scott, de Toronto, obtient le premier.

1924 — Formation du Corps d'aviation royal candien.

1924 — Premier avion entièrement canadien, le « Vedette », un hydravion à coque fabriqué par Vickers.

1937 — Fondation de Trans Canada Airlines, alors identifiée par Air-Canada (avec trait d'union) en français.

1938 — Premier service transcontinental de Trans Canada Airlines.

1943 — Premier service transatlantique de Trans Canada Airlines.

(photo des Archives de la PA)

De l'avis des observateurs, la bataille d'Iwo Jiwa, et plus particulièrement la prise stratégique du mont Suribachi, a été l'une des plus sanglantes et des plus cruelles de la guerre du Pacifique. Mais mieux armés, mieux appuyés, les Fusiliers marins américains l'emportèrent et allèrent ficher le drapeau américain au sommet du mont Suibachi, *le 23 février 1945.* L'événement a été immortalisé par une photo dramatique de Joe Rosenthal, probablement la plus célèbre photo de la deuxième guerre mondiale. Parmi les six Fusiliers marins immortalisés par la photo se trouvait un Franco-Américain du nom de René Gagnon.

Violente bagarre entre la police et des immigrants chinois, à la gare Windsor

NDLR — Même purgé de certains qualificatifs peu flatteurs, ce texte n'en est pas moins raciste, selon les critères en vigueur aujourd'hui.

VErs cinq heures et demie, hier **(23 février 1899)** soir, les bruits les plus sinistres se répandaient comme une traînée de poudre dans toutes les parties de la ville. Le téléphone prévenait, par deux fois en quelques instants, notre « city editor » qu'une affaire des plus graves dans laquelle il y avait mort d'homme, venait de se produire à la gare Windsor.

Sans attendre davantage, notre « city editor » mandait aussitôt, télégraphiquement, un cocher, un reporter et un des artistes de « La Presse »; puis, quelques minutes après, les trois hommes étaient sur les lieux désignés.

En arrivant à la gare, les sinistres bruits, loin de se calmer, prenaient plus de consistance; on disait que plus de trente Chinois tenus en douane avaient été tués dans un conflit avec la police. Ce qui semblait donner raison à ces bruits, c'est que les autorités entouraient l'affaire du plus

PROFOND MYSTERE.

Les abords de la ville *(sic)* où s'étaient produite la lutte entre les sujets du fils du ciel et la police, étaient gardés par une nombreuse escouade de policiers qui refusaient obstinément de répondre à toute question qui leur était posée, soit par quelque personne de la foule, soit par les reporters.

L'INCIDENT

Voici maintenant les faits exacts que l'on n'a pu empêcher d'être connus, ou que l'on n'avait pas intérêt à laisser ignorer, relativement à cette affaire.

Il y avait depuis une couple de jours, 254 Chinois retenus dans les entrepôts de la douane, situés dans le rez-de-chaussée de la gare Windsor. Un cuisinier chinois de Montréal, Jim Quong, était chargé de leur préparer leurs aliments.

Hier soir, vers cinq heures et quelques minutes, ce Chinois était avec ses concitoyens, lorsque ceux-ci parurent s'exciter : les gardiens qui étaient chargés de ne pas les laisser s'évader, intervinrent pour connaître la cause de leur conduite anormale.

Ceci eut pour effet d'énerver davantage les Chinois et ils firent mine de vouloir sortir dans la rue. La police, croyant à quelques complots, repoussa brusquement les plus rapprochés des issues et les refoula dans leur salle.

Ces pauvres êtres firent mine de résister.

La police qui n'était pas en nombre, afin d'en imposer à ces barbares, se servit de ses bâtons avec lesquels elle caressa quelques têtes. Ce fut pour le coup que les Chinois crurent que leur dernière heure était arrivée, et résolurent de se défendre. Se servant des bambous qui leur servent à porter leurs bagages, ils se ruèrent sur la police. Toutefois, celle-ci après avoir distribué maints coups de ses terribles bâtons, parvint à maîtriser les révoltés et à les refouler dans leurs quartiers. (...)

Il est impossible de connaître le nombre des blessés, non plus que la gravité des blessures qu'ils ont reçues, puisque les autorités ont absolument refusé de nous fournir aucun renseignement à ce sujet.

EXPLICATION

Ces Chinois étaient en fait en transit à Montréal et se dirigeaient vers le Mexique, qu'ils devaient atteindre en passant par New York. Leur étroite surveillance s'expliquait par le fait que le gouvernement canadien imposait une amende de $50 à la société ferroviaire pour chaque individu évadé pendant son séjour en territoire canadien. Malheureusement, les conditions n'étaient pas toujours les meilleures...

PAUVRES CHINOIS !

254 fils du Céleste Empire aux prises avec la police, hier soir. Plusieurs étendus sur le plancher sans connaissance. Un appel à la morale et à la civilisation.

La mutinerie des Chinois, à la gare Windsor, reconstituée par le dessinateur de LA PRESSE à partir des témoignages reçus.

C'EST ARRIVÉ UN 23 FÉVRIER

1982 — Le ministre Claude Charron quitte le gouvernement après avoir été accusé de vol à l'étalage.

1981 — Le lieutenant-colonel Antonio Tejero Molina et 200 de ses partisans prennent le Congrès espagnol d'assaut.

1975 — Enquête sur de prétendues irrégularités dans les soumissions pour le dragage du Saint-Laurent, près de l'île d'Orléans.

1969 — Au Sud-Vietnam, attaque simultanée du Front national de libération dans pas moins de 100 villes et bases militaires.

1965 — Reconnu coupable d'outrage au tribunal dans l'affaire Coffin, le journaliste Jacques Hébert est condamné à 30 jours de prison et à $3 000 d'amende.

1960 — La princesse Michiko, épouse du prince-héritier Akihito, donne naissance à un fils.

1959 — Le premier ministre Fidel Castro repousse une demande de l'Église catholique en faveur de l'inscription de l'éducation religieuse au programme scolaire de Cuba.

1955 — Décès à Paris du célèbre écrivain Paul Claudel.

1947 — Les Britanniques démasquent un commando clandestin allemand qui s'était donné pour objectif d'anéantir le peuple britannique par une guerre microbiologique.

1946 — Condamné pour crimes de guerre, le général Yamashita, le conquérant de Singapour, est pendu à Manille.

1945 — Les Soviétiques s'emparent de Poznan, important centre ferroviaire de Pologne.

1924 — Le premier ministre Raymond Poincaré, de France, fait adopter son programme de réforme fiscale.

1917 — Mort du poète canadien William Chapman.

1899 — À Montréal, la colonie française assiste à un service commémoratif pour la mort du président français Félix Faure.

DERNIERE JOURNEE DE COURSES MARQUEE PAR DE GRAVES INCIDENTS, A DAYTONA BEACH

DAytona Beach — Les champions du monde des courses en automobile ont quitté les sables durs de la plage pour faire place à ceux qui se contentent de faire une vitesse ordinaire.

A la tête de la liste des performances que les efforts des dernières minutes de la journée d'hier **(23 février 1928)** n'ont pas améliorées, se trouve celle du capitaine Malcolm Campbell, venu de Londres pour établir un nouveau record de la vitesse des automobiles de tous genres, record établi à 206,5 milles, dimanche dernier.

Gil Anderson, d'Indianapolis, a mis de la vivacité dans le dernier jour de la 25ième réunion annuelle de courses en faisant 106.5246 milles à l'heure avec un *(sic)* automobile ordinaire.

Wilber Shaw, d'Indianapolis, a ajouté un nouveau chapitre aux événements de la semaine en lançant son Whippet dans l'océan afin d'éteindre des flammes incontrôlables qui s'étaient déclarées dans le moteur de son automobile à quatre cylindres. (...)

En sortant victorieux d'une lutte triangulaire avec les monstres de la rapidité, le capitaine Campbell a reçu un défi de Frank Lockhart, le jeune chauffeur d'Indianapolis, qui se remet actuellement des blessures qu'il a reçues lorsque son puissant *Stuts Black Hawk* de 400 chevaux-vapeur se lança à la mer. (...)

M. Emilion Daoust, président de la librairie Beauchemin et de l'Ecole des hautes études commerciales, dont on signale aujourd'hui *(23 février 1928)* le décès.

ACTIVITÉS

■ **Semaine nationale du journal en classe**

Complexe Desjardins — LA PRESSE participe activement à cette semaine consacrée à l'utilisation que l'on fait des quotidiens dans nos écoles. La fort populaire exposition itinérante « Cent ans d'imprimerie » sera évidemment de la partie. En outre, LA PRESSE publiera quotidiennement une série d'activités à faire à l'aide du journal.

LA PRESSE

100 ans d'actualités

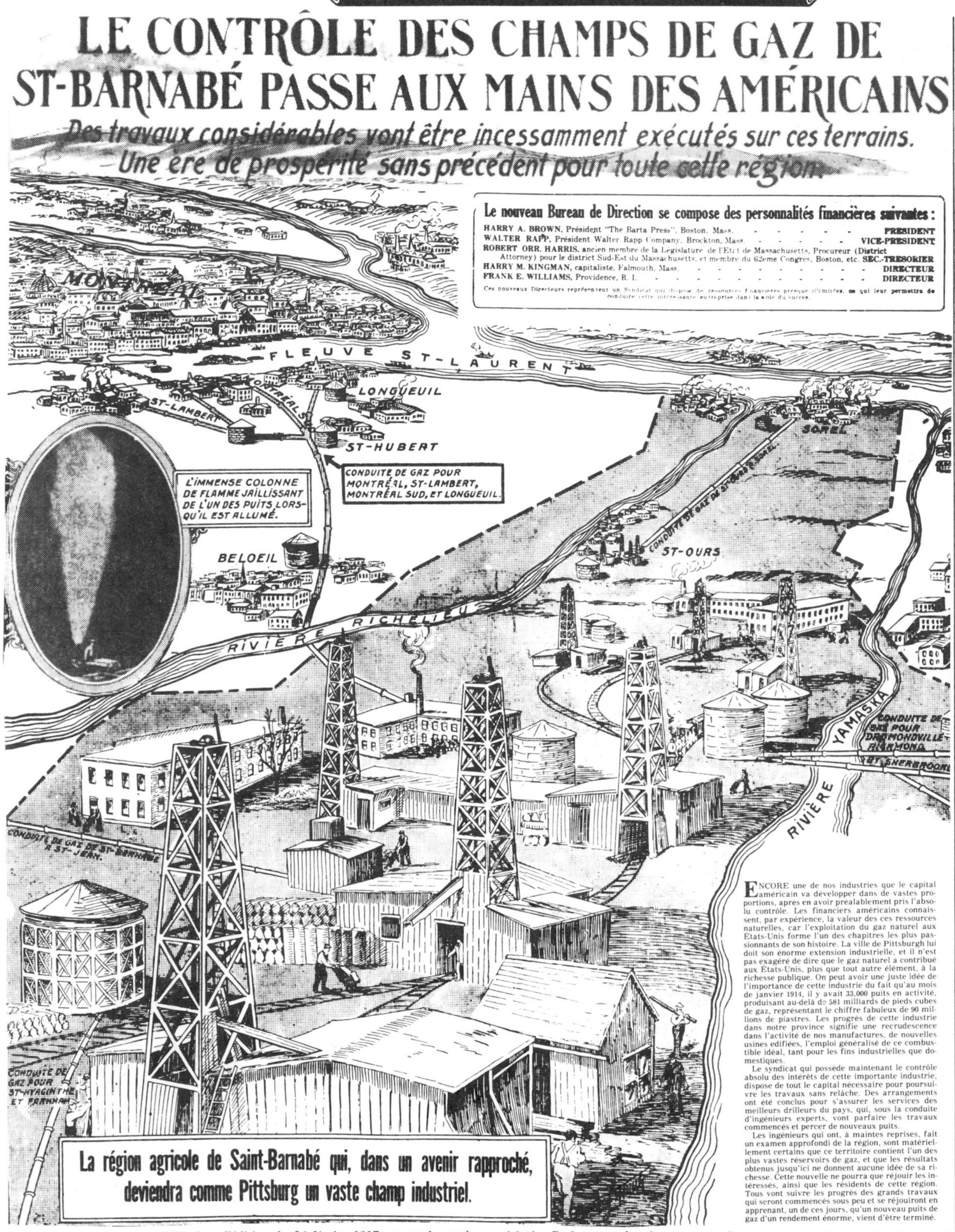

LE CONTRÔLE DES CHAMPS DE GAZ DE ST-BARNABÉ PASSE AUX MAINS DES AMÉRICAINS

Des travaux considérables vont être incessamment exécutés sur ces terrains. Une ère de prospérité sans précédent pour toute cette région

Le nouveau Bureau de Direction se compose des personnalités financières suivantes :

HARRY A. BROWN, Président "The Barta Press", Boston, Mass. - - - - - - PRESIDENT
WALTER RAPP, Président Walter Rapp Company, Brockton, Mass. - - - - - - VICE-PRESIDENT
ROBERT ORR. HARRIS, ancien membre de la Législature de l'Etat de Massachusetts, Procureur (District Attorney) pour le district Sud-Est du Massachusetts, et membre du 62ème Congrès, Boston, etc. SEC.-TRESORIER
HARRY M. KINGMAN, capitaliste, Falmouth, Mass. - - - - - - - - - DIRECTEUR
FRANK E. WILLIAMS, Providence, R. I. - - - - - - - - - - DIRECTEUR

Ces nouveaux Directeurs représentent un Syndicat qui dispose de ressources financières presque illimitées, ce qui leur permettra de conduire cette intéressante entreprise dans la voie du succès.

La région agricole de Saint-Barnabé qui, dans un avenir rapproché, deviendra comme Pittsburg un vaste champ industriel.

ENCORE une de nos industries que le capital américain va développer dans de vastes proportions, après en avoir préalablement pris l'absolu contrôle. Les financiers américains connaissent, par expérience, la valeur des ces ressources naturelles, car l'exploitation du gaz naturel aux États-Unis forme l'un des chapitres les plus passionnants de son histoire. La ville de Pittsburgh lui doit son énorme extension industrielle, et il n'est pas exagéré de dire que le gaz naturel a contribué aux États-Unis, plus que tout autre élément, à la richesse publique. On peut avoir une juste idée de l'importance de cette industrie du fait qu'au mois de janvier 1914, il y avait 33,000 puits en activité, produisant au-delà de 581 milliards de pieds cubes de gaz, représentant le chiffre fabuleux de 90 millions de piastres. Les progrès de cette industrie dans notre province signifie une recrudescence dans l'activité de nos manufactures, de nouvelles usines edifiées, l'emploi généralisé de ce combustible idéal, tant pour les fins industrielles que domestiques.

Le syndicat qui possède maintenant le contrôle absolu des intérêts de cette importante industrie, dispose de tout le capital nécessaire pour poursuivre les travaux sans relâche. Des arrangements ont été conclus pour s'assurer les services des meilleurs drilleurs du pays, qui, sous la conduite d'ingénieurs experts, vont parfaire les travaux commencés et percer de nouveaux puits.

Les ingénieurs qui ont, à maintes reprises, fait un examen approfondi de la région, sont matériellement certains que ce territoire contient l'un des plus vastes réservoirs de gaz, et que les résultats obtenus jusqu'ici ne donnent aucune idée de sa richesse. Cette nouvelle ne pourra que réjouir les intéressés, ainsi que les résidents de cette région. Tous vont suivre les progrès des grands travaux qui seront commencés sous peu et se réjouiront en apprenant, un de ces jours, qu'un nouveau puits de gaz d'un rendement énorme, vient d'être terminé.

En examinant cette page publiée dans l'édition du *24 février 1917*, on serait tenté d'adapter la chanson de Brel et de vous dire que « C'était au temps où Saint-Barnabé rêvait... ». En effet, pendant une décennie, au début du siècle, cette région située à proximité de Saint-Hyacinthe, se voyait déjà comme l'Eldorado industriel du Québec, grâce au gaz naturel qu'on croyait fort abondant dans la région. On comparait déjà cette dernière à la ville de Pittsburgh avec ses nombreuses usines, et ses réserves de gaz, pensait-on, allaient faire des résidents, les sheiks du continent nord-américain. Ceci permet de mieux comprendre pourquoi on s'inquiétait déjà du fait que le contrôle de ces « champs de gaz » (qui existaient beaucoup plus dans l'esprit des gens que dans la réalité...) venait de passer aux mains des Américains. Mais comme c'est souvent le cas, le rêve a débouché sur une réalité tout autre, et au lieu de se prélasser en surveillant le fonctionnement des derricks de gaz installés à tous les arpents, les cultivateurs ont dû continuer de travailler leur terre...

C'EST ARRIVÉ UN 24 FÉVRIER

1981 — Confirmation des fiançailles du prince Charles avec lady Diana Spencer.

1980 — La RDA gagne les Jeux olympiques de Lake Placid, mais l'Américain Eric Heiden, avec ses cinq médailles d'or en patinage de vitesse, est la vedette incontestée des Jeux.

1979 — Le Québec gagne les Jeux d'hiver du Canada, à Brandon.

1975 — Birendra Bir Bikram Deva, 29 ans, est couronné roi du Népal.

1971 — Le président Boumedienne nationalise à 51 p. cent toutes les propriétés françaises situées sur le territoire algérien.

1967 — La commission Carter recommande d'alléger le poids fiscal du contribuable en imposant plus lourdement les entreprises.

1966 — Des éléments antisocialistes du Ghana profitent du séjour du Dr Kwame N'Krumah à Pékin pour le destituer. Le général Ankrah lui succédera le lendemain.

1964 — Ouverture à Québec des travaux de la commission d'enquête formée pour faire la lumière sur l'affaire Coffin.

1958 — Le gouvernement britannique autorise l'installation sur son territoire de rampes de lancement de fusées américaines.

1949 — L'Égypte signe un armistice général avec Israël, et on dit que les autres États arabes se préparent à en faire autant.

1918 — Plus de 100 personnes perdent la vie quand le steamer *Florizel* se brise sur les récifs, près du cap Race.

1906 — Les usines de l'Intercolonial brûlent à Moncton. Les dégâts sont évalués à $1 million.

ACTIVITÉS

■ **Semaine nationale du journal en classe**

Complexe Desjardins — LA PRESSE participe activement à cette semaine consacrée à l'utilisation que l'on fait des quotidiens dans nos écoles. La fort populaire exposition itinérante « Cent ans d'imprimerie » sera évidemment de la partie. En outre, LA PRESSE publiera quotidiennement une série d'activités à faire à l'aide du journal.

■ **Salon nautique**

Place Bonaventure — Les amateurs de nautisme pourront retrouver au kiosque de LA PRESSE les plus belles pages consacrées au nautisme depuis 1884, ainsi qu'une série de photos illustrant la fabrication de LA PRESSE. Jusqu'au 4 mars inclusivement.

Fusée terminée

La société interplanétaire des Etats-Unis vient de terminer une fusée géante dont elle se servira pour explorer les couches supérieures de l'atmosphère. Cette fusée mesure sept pieds de hauteur et deux pieds de largeur. Sa structure est d'aluminium. Elle sera lancée par un catapulte puissant et, quand son premier élan sera épuisé, un mécanisme ingénieux la fera s'élever par ses propres forces. Cette fusée sera activée par de l'oxygène et de l'essence et, une fois la provision épuisée, la pointe de la fusée s'ouvrira, au moyen d'un dispositif fort perfectionné, et laissera se déployer un parachute qui ralentira la vitesse de la descente.

Cela se passait le 24 février 1932.

Owney est mort

Les journaux américains annoncent la mort d'Owney, le chien le plus extraordinaire peut-être que l'on ait jamais vu. Né de parents inconnus, le chien fut recueilli en 1886, dans la gare d'Albany, par un conducteur de malles alors qu'il pouvait à peine se mouvoir. Allaité au biberon, et bercé aux tressautements du train qui le portait, il coula sa première jeunesse dans les délices d'une digestion et d'un sommeil à peu près continue. Mais par la suite, il prit goût au voyage, en embarquant à bord des wagons-poste. Et c'est ainsi qu'il visita notamment Montréal, Halifax, la Nouvelle Orléans, Washington, Baltimore, Philadelphie, San Antonio, mais en revenant toujours à Albany.

Cela se passait le 24 février 1894.

LA PRESSE

100 ans d'actualités

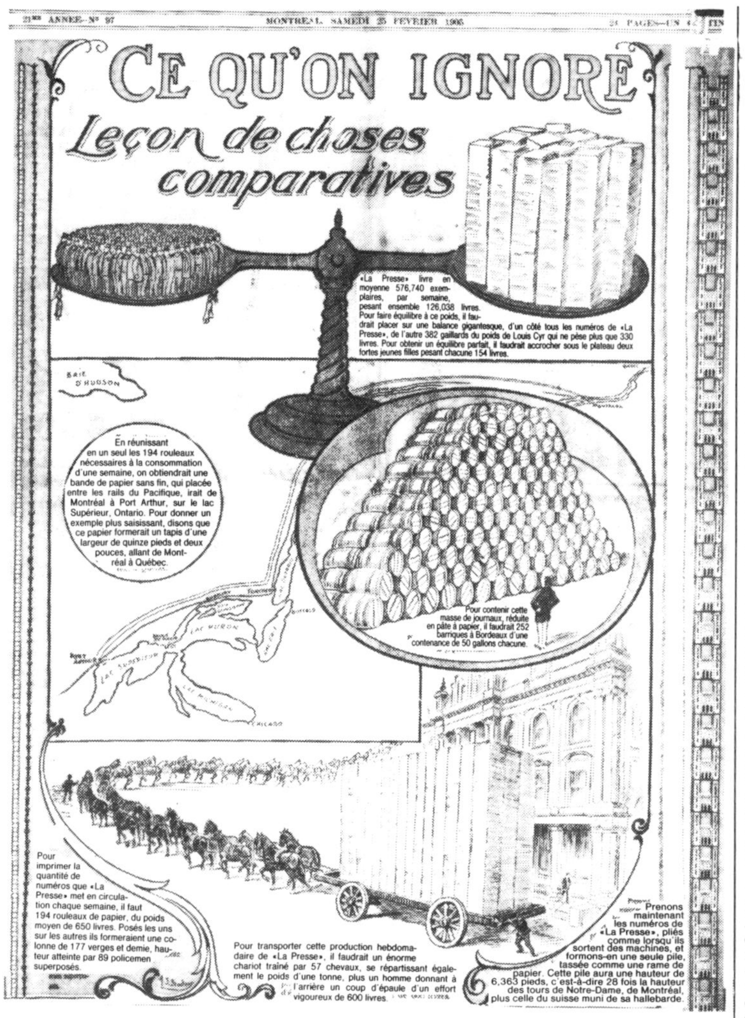

21me ANNEE—No 97 MONTREAL, SAMEDI 25 FEVRIER 1905 24 PAGES—UN CENTIN

CE QU'ON IGNORE

Leçon de choses comparatives

«La Presse» livre en moyenne 576,740 exemplaires, par semaine, pesant ensemble 126,038 livres. Pour faire équilibre à ce poids, il faudrait placer sur une balance gigantesque, d'un côté tous les numéros de «La Presse», de l'autre 382 gaillards du poids de Louis Cyr qui ne pèse plus que 330 livres. Pour obtenir un équilibre parfait, il faudrait accrocher sous le plateau deux fortes jeunes filles pesant chacune 154 livres.

BAIE D'HUDSON

En réunissant en un seul les 194 rouleaux nécessaires à la consommation d'une semaine, on obtiendrait une bande de papier sans fin, qui placée entre les rails du Pacifique, irait de Montréal à Port Arthur, sur le lac Supérieur, Ontario. Pour donner un exemple plus saisissant, disons que ce papier formerait un tapis d'une largeur de quinze pieds et deux pouces, allant de Montréal à Québec.

Pour contenir cette masse de journaux, réduite en pâte à papier, il faudrait 252 barriques à Bordeaux d'une contenance de 50 gallons chacune.

LAC HURON

LAC SUPERIEUR

LAC MICHIGAN

CHICAGO

Pour imprimer la quantité de numéros que «La Presse» met en circulation chaque semaine, il faut 194 rouleaux de papier, du poids moyen de 650 livres. Posés les uns sur les autres ils formeraient une colonne de 177 verges et demie, hauteur atteinte par 89 policemen superposés.

Pour transporter cette production hebdomadaire de «La Presse», il faudrait un énorme chariot traîné par 57 chevaux, se répartissant également le poids d'une tonne, plus un homme donnant à l'arrière un coup d'épaule d'un effort vigoureux de 600 livres.

Prenons maintenant les numéros de «La Presse», pliés comme lorsqu'ils sortent des machines, et formons-en une seule pile, tassée comme une rame de papier. Cette pile aura une hauteur de 6,363 pieds, c'est-à-dire 28 fois la hauteur des tours de Notre-Dame, de Montréal, plus celle du suisse muni de sa hallebarde.

En publiant cette page, le *25 février 1905*, LA PRESSE voulait attirer l'attention de ses lecteurs sur l'importance des matières premières requises pour imprimer le journal à chaque semaine. Mais c'était en 1905, et à l'époque, le tirage hebdomadaire s'établissait à 576 000 exemplaires, comparativement à 1,3 million aujourd'hui, et le nombre de pages était beaucoup moins élevé.

Un incendie détruit les ateliers de l'Institut des sourds-muets

LE téléphone appelait les pompiers, ce matin **(25 février 1897)**, à l'angle des rues Saint-Louis et Saint-Dominique, où le feu s'était déclaré dans le département industriel de l'Institution des sourds-muets du Mile End, dirigée par les Frères Saint-Viateur.

Vers quatre heures, un passant vint avertir les Frères que les flammes sortaient de la menuiserie. Hier soir, l'ingénieur en chef fit sa tournée ordinaire, à dix heures, et ne remarqua rien d'anormal dans l'établissement; les portes étaient fermées, les moteurs électriques arrêtés, et il n'y avait du feu que dans les fournaises qui conduisent la vapeur au collège, situé de l'autre côté de la rue Saint-Louis, et lié avec le département industriel par un corridor recouvert qui traverse la rue. Le département de menuiserie a 100 de longueur et 40 de largeur. Il est construit rue Saint-Dominique est et attient à la bâtisse principale de l'établissement industriel qui est une solide construction de pierre, à trois étages, et mesurant 75 pieds sur 50. C'est dans cette bâtisse que se tiennent les départements des tailleurs, imprimeurs, relieurs, la chambre des machines et les fournaises. Le feu s'est cependant déclaré à ce dernier endroit. Les premières flammes ont été aperçues sortant des boutiques des « planeurs », qui sont assez éloignées des fournaises, et, d'ailleurs, il n'y avait aucun copeau dans l'échoppe, aucune matière qui pût favoriser la propagation des flammes.

Ces circonstances rendent l'origine du feu des plus mystérieuses et des plus louches. Personne ne loge dans ce bâtiment qui occupe l'angle nord des deux rues ci-haut nommées, et par conséquent personne n'y était au moment de l'apparition de l'incendie, à moins que ce ne fût d'une manière illicite.

Les flammes avaient un terrain magnifique pour prendre leurs ébats, aussi en quelques instants coururent-elles sur les toits et enveloppèrent-elles bientôt l'édifice tout entier. Au bout de trois heures d'un travail ardu, nos pompiers ont eu raison des flammes. Quelques dévidoirs restent cependant sur le terrain pour achever d'éteindre les piles de planches qui brûlent encore. (...)

Les pertes, en autant qu'on peut les fixer approximativement, s'élèveront à $30,000 environ. Il n'y a que $6,000 d'assurances. (...) Les révérends Pères veulent bâtir de nouveau les ateliers, le plus tôt possible, afin de remettre au travail leurs ouvriers forcément suspendus. Le bois et l'outillage, qui se trouvaient dans la scierie détruite, appartenaient à M. Léonidas Villeneuve, maire de Saint-Louis. (...)

C'EST ARRIVÉ UN 25 FÉVRIER

1983 — Décès du célèbre écrivain américain Tennessee Williams.

1981 — Leopoldo Calvo Sotelo succède à Adolfo Suarez Gonzalez comme premier ministre d'Espagne.

1980 — Une junte militaire prend le pouvoir au Surinam.

1975 — L'épopée du bateau *The Answer* étonne tout le monde, alors que la Garde côtière canadienne le pourchasse en accusant le capitaine Brian Erb d'avoir « volé » le navire.

1964 — Un *DC-8* d'Eastern Airlines s'écrase à la Nouvelle-Orléans avec 56 personnes à bord. On ne retrouve aucun survivant.

— Cassius Clay ravit la couronne des championnats du monde des poids lourds à Sonny Liston.

1960 — Un *C-47* de la Société brésilienne de transport aérien vient en collision avec un *DC-6* de la Marine américaine, au-dessus de la baie de Rio de Janeiro. L'accident fait 61 morts.

1954 — Limogeage du général Neguib, chef du gouvernement égyptien, remplacé par le colonel Gamal Abdel Nasser.

1952 — À cause de l'épidémie de fièvre aphteuse qui sévit dans l'Ouest canadien, le gouvernement américain place un embargo sur la viande en provenance du Canada.

1949 — Les Américains révèlent au monde entier qu'ils ont réussi à pousser une fusée à 250 milles de hauteur.

1948 — Le premier ministre Gottwald impose un gouvernement communiste au président Benès de Tchécoslovaquie.

1945 — Le centre de Tokyo subit de lourds dégâts à la suite d'une attaque effectuée par quelque 1200 bombardiers américains.

1917 — Attaque du *Laconia* par un sous-marin allemand; cet incident amènera éventuellement les États-Unis à déclarer la guerre à l'Allemagne.

1900 — Bénédiction de la nouvelle église paroissiale de Saint-Jérôme par Mgr Paul Bruchési.

BABILLARD

Cent ans de sport

Les fervents de cette page voudront bien prendre note du fait que le deuxième de la série des cahiers thématiques offerts par LA PRESSE dans le cadre de sa centième année de publication vous sera présenté avec l'édition régulière du lundi 27 février et sera consacré au monde merveilleux du sport.

Ce cahier traitera de l'évolution des différentes disciplines sur une période de cent ans, mais presque exclusivement sur la scène québécoise au lieu d'essayer de retracer l'évolution de chaque sport à travers le monde au cours de la même période. Nous voulions de cette façon vous présenter ce que vous ne trouvez pas dans les encyclopédies sportives plus approfondies.

Le troisième cahier thématique sera consacré aux inventions et sera publié le lundi 16 avril prochain.

LA PRESSE des souvenirs

Le président et éditeur de votre journal préféré, M. Roger-D. Landry, recevait il y a quelque temps le témoignage suivant de deux fervents lecteurs de LA PRESSE, **Agnès** et **Henri Dutrisac.** Il est écrit d'une main absolument merveilleuse. Le voici sans plus de préambule:

Veuillez accepter nos plus sincères félicitations à l'occasion de la célébration du centenaire de notre grand journal, La Presse (1884-1984).

Ma mère, madame Blanche Clairoux Dutrisac (1884-1945), naquit la même année que la fondation du journal centenaire, le 16 mai 1884, dans la paroisse de Saint-Henri-des-Tanneries, sur la rue Saint-Philippe, à l'angle de la rue Langevin. Moi-même, je naquis sur la rue Langevin, le 5 avril 1908.

Dois-je vous dire qu'étant jeune professeur à l'école supérieure de Saint-Henri, de 1926 à 1936, le samedi venu, mon grand-père maternel, Monsieur Désiré Clairoux, me faisait lire à haute voix le texte humoristique « Catherine et Ladébauche » à la suite de l'éditorial du jour. C'était un rire aux éclats.

Je me rappelle, étant bambin, vers 1913, que le livreur du journal La Presse distribuait vers quatre heures en cabriolet, une voiture légère à deux roues traînée par un cheval rétif, et par l'usage du sifflet à trois reprises, au coin des rues Saint-Philippe et Langevin, avertissait ma mère, épicière du coin, de ramasser le paquet de journaux pour les remettre aux clients.

En terminant ces impressions personnelles, nous désirons vous offrir nos meilleurs salutations et félicitations pour la réussite de ce journal, malgré les contrariétés quotidiennes durant un siècle. (...) Que l'équipe actuelle continue à éduquer et instruire le peuple!

ACTIVITÉS

AUJOURD'HUI

■ Cent ans d'imprimerie

Complexe Desjardins — La spectaculaire exposition « Cent ans d'imprimerie », de LA PRESSE, est présentée au public aujourd'hui au populaire complexe du centre-ville.

■ À la radio

17 h, Radio-Canada — Chronique consacrée à LA PRESSE à l'émission *Avec le temps*, animée par Pierre Paquette.

AUJOURD'HUI ET DEMAIN

■ Salon nautique

Place Bonaventure — Les amateurs de nautisme pourront retrouver au kiosque de LA PRESSE les plus belles pages consacrées au nautisme depuis 1884, ainsi qu'une série de photos illustrant la fabrication de LA PRESSE. Jusqu'au 4 mars inclusivement.

DEMAIN

■ À la télévision

16 h 30, Télé-Métropole — Dans le cadre de l'émission *Sports-Mag*, l'animateur Pierre Trudel consacre quelques moments de rétrospective à des pages mémorables de LA PRESSE.

PAS DE COLLISION ENTRE LA TERRE ET LA COMETE PERRINE

LA frayeur causée par l'annonce que la comète Perrine produirait une catastrophe se dissipe et fait place à de meilleurs sentiments. Les astronomes de presque tous les pays ont déclaré qu'il est peu probable que la comète s'entrechoque avec le globe terrestre et qu'il y ait collision; ils disent même qu'il y a 50 millions de chances contre une que cette bousculade n'aura lieu.

Il paraît qu'en 1893, la Terre a été menacée, mais depuis ce temps-là tout va comme sur des roulettes. La comète Perrine est encore à 25,000,000 de lieues de nous, et il est peu probable qu'elle s'approche davantage de la Terre. L'on est plutôt à la veille de la perdre dans l'espace.

M. Flammarion, le célèbre astrologue français, a télégraphié ce qui suit au « Herald » de New York:

« Même si une collision était probable, il n'y aurait pas de raison de craindre un désastre pour la Terre ou ses habitants. Il n'y a jamais eu, que nous sachions, de collision de cette nature depuis que la Terre promène son orbite autour du soleil, et on ne fait que créer du malaise en prédisant un événement aussi incertain que celui dont on parle. Les meilleurs télescopes qui ont été braqués sur la comète Perrine n'ont fait que révéler une pâle nébulosité, avec une condensation centrale très prononcée, brillante comme une étoile de septième grandeur. La queue est délicate, longue de quatre minutes seulement, se bifurquant distinctement, suivant, comme d'ordinaire, une direction opposée au soleil. »

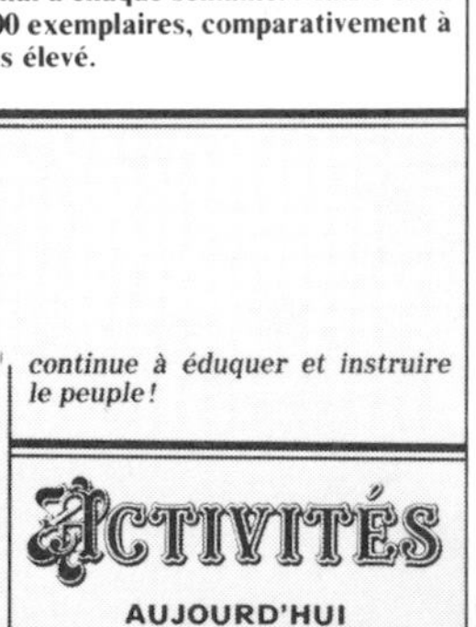

La mort du Barbe-Bleue

HENRI-DESIRE LANDRU A SUBI LE SUPPLICE DE LA GUILLOTINE A VERSAILLES

VERSAILLES, 25 — Henri-Désiré Landru, le « Barbe-Bleue », de Gambais, trouvé coupable du meurtre de dix femmes et d'un enfant, a été exécuté ce matin **(25 février 1922)**, en expiation des onze meurtres qu'il avait commis. Le couteau triangulaire de la guillotine est tombé à 6.05, soit 20 minutes après le temps qui avait d'abord été fixé pour l'exécution. Ce délai a porté plusieurs personnes à croire que Landru était à faire une confession. Mystérieux jusqu'à sa mort, Landru s'est trouvé mécontent du fait que l'abbé Loiselle lui demandait s'il avait quelque confession à faire.

« C'est une insulte à un homme comme moi, répondit-il. Aurais-je eu quelque confession à faire, je l'aurais faite depuis longtemps. » Mais il n'a jamais prononcé le mot « innocent », mot qu'il n'a jamais prononcé durant les 34 mois d'emprisonnement et les 20 jours de son procès. Le meurtrier a refusé les derniers sacrements, mais il a conversé quelques instants avec le prêtre. Il lui dit: « Je serai brave, ne craignez rien ».

Quoique les mesures prises pour l'exécution aient été tenues dans le plus grand secret, des foules ont commencé à se réunir autour de la vieille prison de Versailles un peu avant minuit. Le galop des chevaux de la cavalerie, dans la rue Georges-Clémenceau, où eut lieu ensuite l'exécution, était facilement entendu de la cellule de Landru. Quand il s'éveilla, il entendit le bruit des marteaux des ouvriers travaillant à l'érection des bois de la justice, à la lueur vacillante de deux lanternes.

La guillotine avait été montée seulement à quelques pieds de l'entrée centrale de la prison. A six heures, les portes de la prison s'ouvrirent lentement, laissant entrevoir, dans la cour du procureur général, les gardiens de la prison et les deux avocats de Landru, Mes de Moro-Gafferi et Dutreuil.

Puis Landru apparut, vêtu d'un pantalon noir et d'une chemise blanche. Sa barbe, qui avait été l'une de ses caractéristiques les plus frappantes, et qui était devenue familières à des centaines de milles personnes à cause de la fréquente publication de son portrait au cours de son procès, avait été rasée; sa tête également rasée, et il avait le cou et le visage d'une pâleur de mort.

Il fit exactement cinq pas avant que les assistants du bourreau le prissent par la ceinture pour le coucher sur la table fatale, qui fut immédiatement levée; la lame, qu'alourdissait un poids de cent livres tomba dans un scintillement, et, dans l'espace d'à peine vingt secondes, tout était consommé. Landru n'a pas failli un seul moment depuis le temps où il est apparu à la porte; il jeta un coup d'oeil furtif sur la guillotine, haussa les épaules et marcha vers le gibet sans prononcer un seul mot.

LA PRESSE
100 ans d'actualités

La mode d'être frileux est passée

LEs frileux, et surtout les frileuses, tendent à disparaître, tout au moins dans les villes canadiennes, et particulièrement à Montréal. Etre frileux, ce n'est ni une qualité, ni un défaut, c'est tout bonnement une mode. Et la mode d'être frileux est passée.

Une élégante qui porterait un casque en fourrure avec des oreillettes comme sa grand'mère, se croirait ridicule. Et les hommes eux-mêmes qui portent le casque fourré deviennent de plus en plus rares. La ceinture fléchée, si élégante dans son originalité, si préservatrice du froid, a complètement disparu des grandes villes, et un citadin qui s'entourerait la taille de cet ornement craindrait de passer pour un habitant.

Sans doute nous protégeons notre corps et nos pieds contre les âpres morsures du froid, mais il semble que nous avons entraîné nos visages et nos crânes à le braver. Il n'y a pas de mal à cela, et toute résistance de la chair contre les rigueurs du climat est une véritable conquête, une sorte de domestication de la température.

Notre page représente les types des principaux sujets que l'on rencontre dans les rues pendant l'hiver, et notre dessinateur a su montrer combien la résistance au froid était plus élégante, et probablement aussi hygiénique.

On prétend que les hivers sont moins rigoureux que dans le passé. C'est possible, mais cet adoucissement de la température n'est que très relatif et ne peut expliquer la vaillance des femmes à braver le froid. C'est donc bien la mode qui les fait héroïques, car les femmes ne reculent jamais devant la souffrance qui doit les rendre belles.

Voilà ce qu'on écrivait pour accompagner cette page, le ***27 février 1909.***

UNE IDYLLE EN 1897

Les fiançailles de M. Danton, de New York, et de Mlle Marat, de Paris, rappellent le terrible « 93 »

MArat et Danton! Charlotte Corday plonge son poignard dans le corps de Marat! La foule en démence hurle de joie quand la tête de Danton tombe dans le panier de la guillotine! La Révolution française, avec ses haines, ses passions et ses fureurs, atteint l'apogée de l'horrible! Deux noms retentissent dans le monde: Danton et Marat!

Et, dans quelques jours, s'il vous plaît, Ferdinand Danton, fils, de New York, conduira à l'hôtel Viviane Marat, de Paris!

Un siècle s'est écoulé, quel changement dans le monde! Danton et Marat ont pris dans l'histoire la place qui leur revient — l'assassin et la victime. Leurs descendants sont liés aujourd'hui par l'amour le plus idéal.

Hasard, voilà bien un de tes coups!

La haine fut le berceau de cet amour, il y a cent ans. (...) La fleur la plus exquise qui ait grandi sur l'arbre ancestral des Marat attend les premières lueurs du printemps pour devenir une Danton et, ce jour-là, l'antique querelle conçue dans les boues de la Commune sera à jamais éteinte, morte.

LUI, UN ARTISTE

Dans une vieille maison décrépite de la 53e rue Ouest de New York — vestige de civilisation perdue dans un chaos d'écuries et de boutiques borgnes — un jeune homme beau, bien campé, souple, la chevelure du jais le plus noir, les yeux de l'azur le plus bleu, et les dents de la nacre la plus blanche, passe de longs jours devant son chevalet, à peindre des portraits pour subvenir à ses modiques besoins.

Une enseigne modeste, clouée à la diable, proclame dans le sombre entourage que le locataire de céans se nomme « Ferdinand Danton, artiste ». La femme qui vient ouvrir et dont la tenue indique clairement les occupations culinaires, l'appelle « le jeune » pour le distinguer de son père. En entrant, dans une salle de réception qui eut ses jours de grandeur, les objets épars témoignent de l'occupation des maîtres du logis. (...) A droite et à gauche apparaissent les oeuvres de ce Danton moderne, qui va épouser une Marat et faire sonner les cloches de ce grand Paris où leurs farouches aïeux ont renversé un trône et fait tomber une tête de roi.

Le logis est sûrement bien humble pour les descendants de l'homme qui présida à l'apothéose de la Raison, au moment du péril, tint dans sa main le sort de la France et défia l'Europe. (...) Un siècle de civilisation nouvelle a affiné le sang des Dantons, mais il ne l'a pas anémié; il coule encore plein de feu, mais c'est le feu de l'amour et non celui de la rébellion. (...)

UN AMOUR DU AU HASARD

L'amour joue pourtant bien inconsciemment un tour au Danton de nos jours. Danton, artiste, pauvre, aurait pu choisir une des 10,000 jeunes vierges qui chaque jour, de par le monde, attendent anxieusement l'époux, son mariage n'eût pas même valu quelques lignes banales. Mais le destin avait ses vues. Ce drame d'amour d'un siècle de durée a un dénouement digne de tenter la plume d'un maître de la scène. (...)

Paris, après cent années passées, a voulu rétablir l'histoire de sa terrible renaissance: une statue vient d'être élevée à Danton. (...) Paris saluait avec toute la pompe possible l'homme que Paris affolé avait assassiné. La cérémonie n'eût pas de témoin plus fier que Ferdinand Danton, fils. Le hasard l'avait conduit à Paris pour y achever quelques études. Son nom, peu commun, le fit remarquer. La municipalité l'invita pour lui montrer comment la France sait faire amende honorable.

Sur la même estrade que lui, une jeune fille, belle de cette beauté qu'on ne retrouve qu'en France, surveillait avec des grands yeux les progrès du dévoilement. (...) Danton eut un regard pour la statue de son ancêtre et deux pour la jeune femme dont le mouchoir agité saluait l'emblème du passé. L'amour et le hasard avaient accompli leur oeuvre. Danton venait de s'enchaîner au char de l'arrière-nièce du plus grand ennemi de sa race. (...)

Lorsqu'il revint en Amérique retrouver sa vieille maison de la 53e rue et son père, le vieillard toujours rigide, sa vie avait un but qu'il chérissait; il se remit à la peinture avec ardeur, avec rage. (...) La Commune et ses meurtres étaient bien enfouis dans l'histoire, quand le fier artiste écrivit en France pour demander à l'arrière-petite-nièce de Marat de devenir une Danton.

Lorsqu'arriva la réponse longtemps attendue, Ferdinand ne dit pas un mot et tendit la lettre à son père. Le vieux gentilhomme fut atterré, comme si le couperet qui avait tranché la tête de son grand-père se fut dressé devant lui. Une fois revenu de sa première stupeur, il dit en frappant du pied: « Jamais, monsieur, jamais! Pas une Marat! Ce sont des bourgeons et ce sont nos ennemis. Ne savez-vous pas lire? Ne connaissez-vous pas votre histoire? Vous m'étonnez! » Il prit son chapeau et sa canne, puis partit furieux.

Lorsqu'il descendait les marches de l'escalier, la voix de son fils le rappela: « A votre aise, mon père, je suis l'arrière-petit fils de mon aïeul. Il y a plus d'un Danton au monde, et le monde est grand. Si vous ne me donnez pas votre consentement, je me ferai bourgeois. Jacques Danton était un bourgeois et Paris lui à élevé une statue. J'ouvre une boutique et j'épouse Viviane! »

« Te faire boutiquier! » Le vieillard avait des larmes dans la voix. « O mon fils! Non, tout plutôt que cela. Epouse ta Viviane, épouse tout ce que tu voudras, mais ne te fais pas boutiquier, mon fils! »

La porte se referma, mais les deux Dantons étaient réunis et se tenaient embrassés.

NDLR — Jacques Danton et le Dr Jean-Paul Marat participèrent activement aux excès de la Commune, et à la vague d'assassinats gratuits de nobles et d'aristocrates, en septembre 1792. Mais graduellement, Danton prit ses distances de Marat, qu'il jugeait de plus en plus excessif, et d'amis, les deux hommes devinrent des ennemis. Marat mourut sous le poignard de Charlotte Corday, tandis que Danton fut guillotiné. ***Cette belle histoire d'amour a été publiée initialement le 27 février 1897.***

Assassinat de Marat par Charlotte Corday.

L'incendie du Reichstag serait le coup de mort du communisme

BErlin — Le gouvernement Hitler a fait suspendre toute la presse de gauche et ordonné l'arrestation des députés communistes de l'ancien Parlement, aujourd'hui.

Comme les élections au Reichstag auront lieu dans cinq jours, on considère ces deux ordonnances comme des avant-coureurs à une mise hors la loi du parti communiste. Ces mesures ont suivi de près la destruction partielle par le feu du massif immeuble du Reichstag, vieux d'un demi-siècle; l'incendie a été allumé par un prétendu communiste hollandais, hier **(27 février 1933)** soir. Plusieurs croient que l'incendie a été allumé par d'autres afin d'incriminer les communistes. (...)

Une enquête dans le Reichstage qui loge quelques bureaux et d'autres hauts fonctionnaires a démontré que l'incendie avait été allumé en 15 endroits. (...)

Assurant que « le poing du gouvernement s'abattrait lourdement sur les communistes », le chancelier Hitler a dit à un représentant du journal « Volkische Becbachter »: « Vous voyez ce que le communisme tient en réserve pour l'Allemagne et pour l'Europe. Ce forfait a été dicté par l'esprit sinistre des communistes. »

Les pompiers arrosaient encore les ruines fumantes de cet immeuble dont la construction coûta $8,000,000. Un cordon de police tenait les curieux à distance. (...)

Le « Neue Zeitung », un des rares journaux communistes qui paraissent encore, assure aujourd'hui que l'incendie du Reichstag a été l'oeuvre d'agents provocateurs qui espéraient par ce moyen arriver à supprimer le parti communiste.

UN CLOU DE L'EXPOSITION DE 1900

ON vient de soumettre au comité de l'exposition universelle de 1900, à Paris, un projet qui ne manque pas d'originalité. L'architecte propose que le pavillon des femmes soit construit sous la forme d'une tête colossale, dont le modèle sera une combinaison des photographies des plus belles femmes du monde moderne. Cette construction promet d'être une merveille d'architecture. L'énorme tête sera construite en bois, et traversée par de puissants jets électriques. L'édifice donnera, pendant la nuit, l'illusion d'un phare, très pittoresque. Ce sera alors le cas de dire que l'architecte a eu là, une idée lumineuse. Les yeux surtout auront un éclat splendide: les pupilles seront représentées par d'énormes globes électriques. La chevelure sera aussi naturelle que possible, et portera une couronne de laurier.

On entrera dans la tête par la base du cou. L'intérieur sera très confortable, et renfermera toutes les commodités possibles.

Au premier étage seront les salles de réception, décorées par les plus célèbres artistes. Le second étage contiendra les salles de lectures. Là seront données des conférences par les célébrités féminines, et seront tenues les assemblées des différentes sociétés de femmes. Les bureaux administratifs du pavillon se trouveront aussi sur cet étage. Le troisième étage sera divisé en chambres privées, à l'usage des dames qui visiteront l'exposition. Au quatrième sera installé un restaurant, où l'art des cuisiniers se fera valoir.

M. Joseph Germain, l'architecte de cet étrange édifice, a soumis ses plans à la commission française, établissant d'avance que tous ses caprices devront être respectés.

ACTIVITÉS

■ Salon nautique

Place Bonaventure — Les amateurs de nautisme pourront retrouver au kiosque de LA PRESSE les plus belles pages consacrées au nautisme depuis 1884, ainsi qu'une série de photos illustrant la fabrication de LA PRESSE. En outre, ce soir, à 19 h, on connaîtra les noms des dix chanceux qui, grâce à LA PRESSE et à l'Office franco-québécois pour la jeunesse, gagneront, un voyage de dix jours à bord du *Mermoz*. Le salon est ouvert jusqu'au 4 mars inclusivement.

C'EST ARRIVÉ UN 27 FÉVRIER

1980 — À Bogota, des terroristes s'emparent de l'ambassade de la République dominicaine, et prennent 60 otages, dont 15 ambassadeurs. — Un *B-707* de la société formosane China Airlines perd un de ses moteurs à l'atterrissage et explose à Manille. On dénombre un mort, 49 blessés et 85 survivants. — Les Noirs rhodésiens vont aux urnes pour la première fois après neuf décennies de suprématie blanche, et le favori, Robert Mugabe, est élu premier ministre du pays.

1975 — Enlèvement de M. Peter Lorenz, président de l'Union chrétienne-démocrate de RFA par la « bande à Baader ».

1973 — Les Amérindiens décident d'occuper le territoire de Wounded Knee.

1972 — Signature à Addis-Abeba d'un accord entre représentants du gouvernements soudanais et des rebelles du Sud. Cet accord mettait fin à la guerre civile, en cours depuis 1955.

1951 — Montréal accueille la grande Mistinguett dans ses murs.

1932 — La police saisit un puissant alambic, rue de Laroche.

1929 — Le droit de vote est de nouveau refusé aux femmes de la province de Québec.

1913 — Fin du procès de la bande à Bonnot, à Paris: dix-huit de ses complices sont reconnus coupables, et quatre sont passibles de la peine capitale.

1911 — La France doit faire face à une nouvelle crise ministérielle, à la suite de la démission du cabinet Aristide Briand.

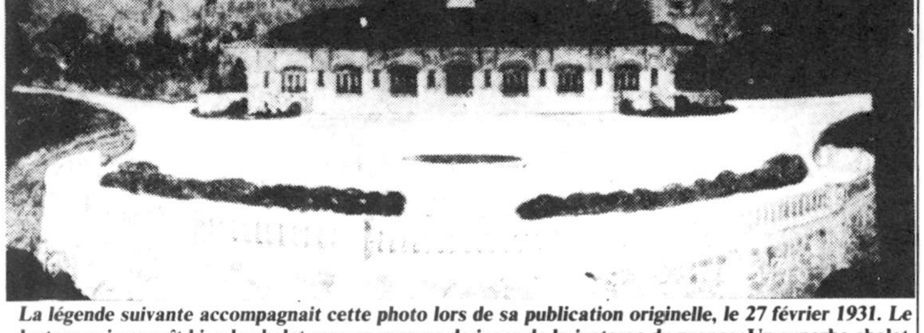
La légende suivante accompagnait cette photo lors de sa publication originelle, le 27 février 1931. Le lecteur qui connaît bien le chalet sera en mesure de juger de la justesse du propos: **Un superbe chalet sera construit incessamment sur le Mont-Royal aux environs de l'observatoire actuel. Cette construction sera une oeuvre élaborée et comme nous pouvons en juger par la vignette reproduite ici, le dernier mot en fait d'esthétique. Les invités de la ville pourront être reçus officiellement dans ce restaurant qui accommodera 1,000 personnes. Dans le soubassement, il y aura des cases où les amateurs de sports pourront, moyennant un modique loyer, laisser leurs skis, leurs toboggans, etc. Il y aura en plus 23 douches et 4 bains à l'usage des visiteurs ainsi que des vespasiennes aux deux étages. Le plancher et les murs du rez-de-chaussée seront en marbre. Le haut des murs sera peint de scènes représentant l'arrivée de Cartier à Montréal et l'ascension du Mont-Royal. La voûte sera en charpente apparente. Les murs extérieurs seront en pierre tandis que le toit sera recouvert en tuile. Les dimensions sont de 165 pieds en longueur par 65 pieds de profondeur. Le restaurant actuel qui se trouve immédiatement à côté de l'observatoire sera démoli et des travaux de terrassement seront faits.**

LA PRESSE

100 ans d'actualités

Un Glorieux Anniversaire
IL Y AURA 200 ANS MERCREDI, 28 FEVRIER, QUE L'HEROIQUE DEFENSEUR DE QUEBEC, LE MARQUIS LOUIS-JOSEPH DE MONTCALM EST NE AU CHATEAU DE CANDIAC, FRANCE

Page publiée par LA PRESSE en 1912, pour marquer le 200e anniversaire de la naissance du marquis Louis-Joseph de Montcalm, le *28 février 1712*, à Candiac, France.

Une récompense de $3,000 est promise

Cette somme sera remise à ceux qui fourniront des renseignements permettant de retracer les coupables. — Attentat contre le Parlement ou contre M. Taschereau?

(Du correspondant de la « Presse »)

QUébec, 28 — A onze heures ce matin **(28 février 1929)**, M. Charles Lanctôt, assistant procureur général, a convoqué tous les journalistes dans le bureau du secrétaire du premier ministre et leur a fait la déclaration suivante:

« *Nous promettons la somme de $3,000 de récompense à celui ou à ceux qui nous fourniront les renseignements qui pourraient nous conduire à l'arrestation de celui ou de ceux qui ont placé, mardi soir, un bâton de dynamite, avec une mèche allumée, dans l'antichambre du bureau du premier ministre.* » (...)

L'hon. M. Taschereau nous a déclaré:

« Comme l'attentat a été commis contre le Parlement, les députés ont le droit d'en être informés, car je suis convaincu que cet attentat n'était pas dirigé contre moi personnellement. L'auteur savait sûrement que je n'étais pas à mon bureau, en ce moment, puisqu'il a pu se procurer une clef avec laquelle il a ouvert le bureau de l'antichambre.

« Dans quel but l'attentat a-t-il été commis? Naturellement, je l'ignore complètement. Est-ce l'oeuvre d'un fou? Je l'ignore également. Ce qu'il y a de certain, c'est qu'un bâton de dynamite a été placé dans l'antichambre de mon bureau, avec préméditation et avec l'intention de causer une explosion, puisque le bâton était allumé et qu'il devait éclater, quelques minutes après que je l'eus découvert. »

On se perd en conjectures sur la provenance de ce bâton de dynamite, (...) et la police, naturellement fort réticente, craint qu'on ne puisse jamais percer le mystère.

Les indices font complètement défaut. Aucune empreinte digitale n'a pu être découverte sur le bâton de dynamite.

La nouvelle aile de l'Hôtel du gouvernement, où fut trouvé le bâton de dynamite allumé.

L'ACCORD SUR LE RADIO

OTtawa, 28 — L'accord entre le Canada et les Etats-Unis au sujet de la répartition des longueurs d'ondes pour le radio dans la bande continentale a été publié aujourd'hui **(28 février 1929)**; et ceux qui, à Ottawa, ont étudié la question se disent satisfaits des résultats obtenus. Il y a 704 longueurs d'ondes dans cette bande. De ce nombre, 411 sont attribuées aux services spéciaux, et les services particuliers tant Canadiens qu'Américains ont le droit de s'en servir. Des 293 qui restent, les Etats-Unis en prennent 146, le Canada et Terre-Neuve 103, Cuba 20 et les autres nations du continent, 24.

LONGUEURS COMMUNES

Les longueurs communes pour les services sont distribuées de la façon suivante: services mobiles maritimes exclusivement (du navire au rivage), 47; services mobiles aériens exclusivement (des appareils volants à la terre), 33; services communs à l'aviation et à la navigation (du navire au rivage et d'un avion au sol), 81; services mobiles (navires, avions, trains et autres postes non immobilisés), 29; amateurs (travail expérimental et communications d'amateurs), 134; émissions visuelles (télévision et transmission de photos), 84; expérimentation (longueurs spéciales pour les travaux d'expérimentation), 3. (...)

SIX MILLE LIVRES DE BOEUF POURRI

LE Dr R. Mayotte, inspecteur des aliments, assisté de MM. H. Masterman et A. Legault, inspecteurs des viandes, a fait ce matin **(28 février 1908)** la saisie de plus de 6,000 livres de boeuf pourri à la « Union Cold Storage », rue Colborne.

C'est le temps où les entrepôts frigorifiques emmagasinent les viandes destinées à la consommation du printemps et le bureau municipal de l'inspection des aliments fait faire une inspection de tous les entrepôts, saisissant tout ce que les inspecteurs trouvent de gâté. Les viandes expédiées du dehors dans la province passent devant les inspecteurs du gouvernement qui les estampillent. A leur arrivée à Montréal, elles sont de nouveau inspectées par les employés de la Ville.

Le boeuf saisi ce matin ne porte pas l'estampille du gouvernement; cependant, le Dr Mayotte est convaincu que les inspecteurs provinciaux ont dû le voir, et il se demande comment il se fait qu'ils aient si peu examiné cet envoi, qu'ils ne se soient pas aperçus de l'état dans lequel il se trouve.

DE LA POURRITURE

Un reporter de la « Presse » assistait, ce matin, à la saisie. Il y avait quatre-vingt-huit quartiers de boeuf, quarante-quatre de devant, et autant de derrière. A voir ces pièces, on n'aurait jamais dit que c'était là de la viande. Ca bien la forme de quartiers de boeuf, mais on aurait dit des mannequins de carton peinturés de couleurs diverses. Racornis par le froid, salis, ils étaient ou noirs, ou verts, ou violets, ou verdâtres, mais rien ne ressemblait au rouge vif des muscles ou au jaune rosâtre des aponévroses et des tendons sains.

On en a chargé deux des grandes voitures que M. O.-H. Lesage emploie pour le transport des animaux morts et le tout a été envoyé à l'incinérateur de M. Lesage où on l'a brûlé. (...)

DES EXPLICATIONS

M. W.D. Aird, gérant de l'« Union Cold Storage », regrette ce qui arrive, mais il ne croit pas que sa compagnie soit à blâmer. Il est dans tous les cas décidé à faciliter par tous les moyens possibles la tâche des inspecteurs de la ville.

« Notre bonne foi a été surprise, dit-il, nous n'avons pas vu à l'arrivée que cette viande fut gâtée et nous n'avions aucune raison de croire alors qu'elle l'était. »

MISE EN VIGUEUR DE L'IMPOT DE GUERRE SUR LE REVENU

NDLR — Le ***28 février 1918,*** *entrait en vigueur la nouvelle législation qui autorisait le gouvernement fédéral à percevoir un « impôt de guerre », impôt qui est évidemment resté en vigueur depuis. Le 18 février, LA PRESSE publiait l'article suivant afin d'informer ses lecteurs.*

OTtawa — La loi de l'impôt de guerre sur le Revenu entrera bientôt en vigueur. C'est en effet le 28 du présent mois que « toute personne sujette à l'impôt en vertu de la présente loi, doit, sans aucun avis ou demande, livrer au ministre (des finances) un rapport de son revenu total durant l'année civile précédente. Un résumé aussi clair et aussi complet que possible de cette loi ne manquera donc pas d'intérêt public pour les lecteurs de la « Presse ».

Remarquons tout d'abord que seules les personnes dont les revenus ou partie des revenus sont imposables, doivent en faire rapport au ministre des finances. La loi ne concerne pas les autres et ils n'ont pas à s'en occuper.

Quels sont donc les revenus imposables? Tous les revenus au-dessus de $1500 retirés par des personnes non mariées ou par des veufs ou veuves sans enfant dépendant; et tous les revenus au-dessus de $3,000 retirés par toute autre personne ou par toute société par action ou par toute corporation de quelque nature qu'elle soit. Il est à remarquer que tous les revenus, sans aucune exception, sont exemptés jusqu'à concurrence de $1,500 ou de $3,000 suivant le cas, ainsi qu'il est expliqué ci-dessus. Par exemple, une personne non mariée qui retirerait $2,000 de revenu ne paierait l'impôt que sur $500. De même encore, une personne mariée ou une société ayant un revenu de $4,000 par exemple, ne paierait l'impôt que sur $1,000.

Sont considérées revenus pour les fins de la loi et sujettes à l'impôt toutes les sommes retirées au cours de l'année et qui ne sont pas du capital. Par exemple, une personne qui aurait touché une police d'assurance au cours de l'année ne paiera pas l'impôt sur le capital de la police, mais sur le revenu que ce capital, placé à intérêt, lui aura rapporté. Sont donc sujets à l'impôt les salaires, gages, honoraires, dividendes, intérêts, loyers, rentes viagères, bénéfices de toute nature, etc.

L'impôt sur le revenu est divisé en deux catégories: l'impôt normal et les surtaxes. L'impôt normal est de 4%; il est payable par les personnes dont les revenus ne dépassent pas $6,000 et par les sociétés ou corporations, quel que soit le chiffre de leur revenu au-dessus de $3,000.

Les surtaxes sont payables par les personnes dont le revenu dépasse $6,000, comme suit: 2% sur le surplus de $6,000 jusqu'à $10,000; 5% sur le surplus de $10,000 jusqu'à $20,000; 8% sur le surplus de $20,000 jusqu'à $50,000; 15% sur le surplus de $50,000 jusqu'à $100,000 et 25% sur toute partie de revenu excédant $100,000. Les sociétés et corporations de toute nature sont exemptées du paiement des surtaxes.

Sont entièrement soustraits à l'impôt, même normal, sur le revenu, les revenus du Gouverneur général, des consuls étrangers, sujets du pays qu'ils représentent et n'exerçant aucune autre fonction lucrative, des compagnies, commissions ou associations dont au moins 90% du capital appartiennent à une province ou une municipalité; des institutions religieuses, charitables, agricoles et d'enseignement; des Chambres de Commerce, des associations ouvrières, des clubs sociaux et d'amusements de toute nature dont les revenus ne procurent aucun bénéfice à quelque membre ou actionnaire, des sociétés de bienfaisance et de secours mutuels; des sociétés de prêts agricoles, sujettes à l'approbation du ministre.

Les revenus provenant d'obligations ou de valeurs du Dominion spécifiquement exemptés d'impôt et des soldes des marins et des soldats ayant fait du service outre-mer sont aussi soustraits à l'opération de la loi.

Toute somme payée par un contribuable au cours de l'année 1917, sous l'empire de la loi spéciale des revenus de guerre, ou de la loi taxant les profits d'affaires pour la guerre, sera déduite de l'impôt sur le revenu que tel contribuable a à payer. Il en est de même pour les contributions au fonds patriotique, à la Croix-Rouge ou autres fonds patriotiques et de guerre approuvés par le gouvernement.

Outre la déclaration personnelle que chaque contribuable sujet à l'impôt est obligé de faire de ses revenus, les patrons sont obligés de faire un rapport additionnel sur le compte de tous ceux de leurs employés dont le salaire est sujet à l'impôt, tandis que les corporations, sociétés par actions ou syndicats doivent également faire un rapport détaillé de tous les dividendes payés à chacun de leurs membres ou actionnaires.

Tous ces rapports doivent être entre les mains du ministre des Finances avant le 28 février. (...) Si le ministre soupçonne un contribuable d'avoir un revenu plus élevé que celui qu'il a déclaré, il peut fixer lui-même le chiffre du revenu que d'après ses renseignements ce contribuable reçoit. (...) Le gouvernement espère retirer de la taxe sur le revenu pas moins de $15,000,000 ou $20,000,000. Le nombre des personnes affectées par la loi n'est pas encore connu.

NOUVELLE LIGUE DE BASEBALL

LA Ligue de l'Est Canadienne asuccédé hier **(28 février 1904)** à la défunte Ligue Provinciale, organisée il y a cinq ou six ans. La composition exacte ne sera pas connue avant le 20 mars prochain, mais il y a toujours apparence que six ou sept clubs, au moins, en feront partie. L'asemblée à laquelle ont été jetées les bases de la Ligue de l'Est Canadienne, a eu lieu hier après-midi, à l'hôtel St. James. Les délégués des différents clubs étaient les suivants: Mascotte — Ménard, Poirier et Innes. National — Kennedy et Brière. Farnham — Joe Page et Tompkins. All-Montréal — Allan et Sweeney. M. Tip O'Neill était également présent. À l'ouverture de l'assemblée, M. D.W. Allan fut nommé président pro-tem. On décida alors que la nouvelle ligue serait dirigée par un président, un vice-président, un secrétaire et un trésorier. On fit ensuite l'élection des officiers. Tip O'Neil, invité spécialement, fut à l'unanimité, élu président.

BABILLARD

Au secours!

Il y a plus de deux semaines déjà, on vous invitait, par le biais de cette chronique, à proposer une liste des dix inventions qui ont le plus marqué votre vie. Et on signalait par la même occasion, qu'en plus d'obtenir l'opportunité de participer activement au choix des dix inventions privilégiées dans le cahier thématique « Cent ans d'inventions » qui sera publié le 12 avril, vous couriez la chance de gagner un souvenir du centenaire de LA PRESSE.

Hélas, cet appel n'a guère été entendu, et le nombre de listes obtenues n'est pas encore assez significatif. Dans cette optique, il a donc été décidé de prolonger la période d'inscription jusqu'au 10 mars inclusivement.

Il ne s'agit pas de vous triturer les méninges et d'essayer de vous souvenir du nom de l'appareil ultra-perfectionné utilisé par les astronautes lors d'une opération très délicate dans une mission spatiale. Il vous suffira plutôt de regarder autour de vous et de noter les appareils, articles et commodités qui contribuent le plus à vous faciliter la tâche au cours d'une journée. La liste sera rapidement remplie, et il vous suffira ensuite de nous la faire parvenir à l'adresse suivante: Guy Pinard, LA PRESSE, rédaction, 7, rue Saint-Jacques, Montréal, Québec H2Y 1K9.

Merci à l'avance de votre collaboration.

ACTIVITÉS

■ **Salon nautique**

Place Bonaventure — Les amateurs de nautisme pourront retrouver au kiosque de LA PRESSE les plus belles pages consacrées au nautisme depuis 1884, ainsi qu'une série de photos illustrant la fabrication de LA PRESSE. Jusqu'au 4 mars inclusivement.

En ce jour, le *28 février 1957*, LA PRESSE rendait hommage à René Lévesque, commentateur de radio et de télévision, qui venait de mériter le Prix de journalisme décerné par Société Saint-Jean-Baptiste.

C'EST ARRIVÉ UN 28 FÉVRIER

1974 — Reprise des relations diplomatiques entre les États-Unis et l'Égypte, rompues lors de la Guerre des six jours, en 1967. — Pour la première fois depuis 1929, la Grande-Bretagne se retrouve avec un gouvernement minoritaire. — *Le Jour,* quotidien québécois d'obédience indépendantiste, publie son premier numéro.

1973 — Martin Hartwell avoue avoir mangé de la chair humaine pour survivre, après l'écrasement de son avion dans l'Arctique, en novembre 1972.

1970 — Le président et madame Pompidou, en visite aux États-Unis, sont pris à parti par des manifestants pro-israéliens, à Chicago.

1960 — Fin des Jeux olympiques d'hiver de Squaw Valley. L'URSS mérite le titre non officiel, devant la Suède et les États-Unis, mais ces derniers causent la surprise des Jeux en méritant la médaille d'or au hockey.

1956 — Deux tamponnements de trains entraînent la mort de 13 personnes près de Boston.

1955 — Un bombardier *B-47* s'écrase sur un quartier résidentiel, en Louisiane et cause la mort de cinq personnes.

1953 — Sous la foi d'une rumeur voulant que le premier ministre Mossadegh chasse le shah d'Iran, la population se révolte contre Mossadegh.

1952 — M. Vincent Massey, premier Canadien à occuper le poste de gouverneur général du Canada, prête serment.

1940 — Démonstration de télévision à Montréal par la société RCA Victor.

1925 — Le président Friederich Ebert, d'Allemagne, meurt quatre jours après avoir subi une appendicectomie.

1921 — Six partisans du mouvement nationaliste irlandais Sinn Fein sont passés par les armes.

LA PRESSE

100 ans d'actualités

Mme et M. Elzéar Pelletier, les vénérables parents du chef d'orchestre du Metropolitan, assistaient à la cérémonie. Outre les parents de M. Pelletier, on peut apercevoir, de gauche à droite, M. Edmond Trudel derrière eux, M. Damien Jasmin, lisant la résolution de la Commission des études de l'Université de Montréal, M. Victor Doré, président de l'exécutif de l'université, M. Pelletier et enfin le recteur de l'université, M. Olivier Maurault, p.s.s.

La musique à l'honneur avec Wilfrid Pelletier

La remise du doctorat honoraire de l'Université au chef d'orchestre du Metropolitan a revêtu un remarquable cachet de grandeur et d'élégance

RArement avait-on vu à Montréal la musique autant à l'honneur que samedi **(29 février 1936)**, au Cercle universitaire, alors qu'une élite enthousiaste assista à la remise à M. Wilfrid Pelletier du doctorat honoraire de l'Université de Montréal. Cette cérémonie à laquelle M. Olivier Maurault présida avec toutes les élégances fut suivie d'un déjeuner auquel l'hon. Athanase David apporta une note éloquente autant que spirituelle.

Le directeur musical des Concerts Symphoniques de Montréal rappela avec un charme unique ses débuts comme pianiste, à l'âge de 14 ans, et dit à ses admirateurs qui débordaient la salle à manger du Cercle, comment il avait découvert l'orchestre puis l'opéra, en assistant à une présentation du « Faust » par la Montreal Opera Company de brillante mémoire. Le chef d'orchestre du Metropolitan a eu à coeur en plus d'être un musicien possédant une culture générale, et tout ce qu'il dit porte l'accent d'une chaude sincérité.

La remise du doctorat eut lieu dans le salon qui précède la salle à manger, devant les rideaux tirés. Le sous-secrétaire général de l'Université de Montréal, M. Damien Jasmin, lut d'abord la résolution de la Commission des études priant M. le recteur de conférer en séance solennelle le grade de docteur en musique honoris causa à M. Pelletier.

Puis le recteur fit l'éloge du récipiendaire, n'oubliant aucun détail de la vie et de la carrière de M. Wilfrid Pelletier, depuis ses débuts avec l'excellente « Madame Héraly », jusqu'au prix d'Europe, remporté à l'âge de 16 ans.

« Entré au Metropolitan en 1916, a dit M. Maurault, vous y fûtes l'assistant de Pierre Monteux, chef d'orchestre dans le répertoire français. Vous devenez en 1930 secrétaire du directeur de la maison, M. Gatti-Casazza, et assistant du premier chef d'orchestre. Depuis l'accession de M. Edward Johnson à la gérance du « Metropolitan », vous avez été promu de diverses manières; devenu vous-même chef d'orchestre, vous avez assumé la direction des concerts dominicaux; vous voici maintenant chargé de conduire les principales représentations lyriques et l'on vient de vous nommer membre du jury qui examine les candidats au « Metropolitan ».

Puis M. Maurault rappela avec quelle générosité et quelle joie M. Pelletier répondit à l'invite de M. David qui venait de fonder l'Association des Concerts Symphoniques de Montréal. (...)

Puis le recteur déclara M. Pelletier docteur en musique et déposa sur ses épaules la toge que lui tendit M. Antonio Létourneau, assesseur général du Conservatoire de musique. A ce moment, les vénérables parents du chef d'orchestre du Metropolitan, M. et Mme Elzéar Pelletier, qui assistaient à la cérémonie, s'approchèrent spontanément de lui et l'embrassèrent les larmes aux yeux. Ce fut une minute d'émotion générale. (...)

REMIERE SECTION PAGES 1 à 4, LA PRESSE CIRCULATION 639,999

24ME ANNEE—No 100 MONTREAL, SAMEDI 29 FEVRIER 1908 DEUX CENTINS

LES MARIAGES À TRAVERS LE MONDE

À cette époque de l'année, les mariages se précipitent, car les fiancés impatients de s'unir devront, s'ils ne font pas bénir leur union avant les «Cendres», attendre la fin du Carême. Cette page publiée le **29 février 1908** vous montre des scènes de mariage dans différentes régions du monde.

Espage — Les assistants s'agenouillent au hasard. Sous les dalles jonchées de fleurs, des enfants jouent librement.

Russie — La toilette de la mariée. Quelle richesse dans ces toilettes! Les rites de ce mariage sont assez singuliers: quand la jeune fille aura été habillée par sa mère, son fiancé, pour montrer qu'elle doit lui être soumise, lui donnera quelques légers coups de baguette sur les épaules.

Grèce antique — À la porte de la maison, le père embrasse la fille que son époux va amener. À quelques pas, un cortège de danseurs et de musiciens attend les nouveaux mariés.

Géorgie — Les fêtes terminées, les mariés, coiffés de la couronne nuptiale, prennent place sans un «drochki» qui va les conduire à leur demeure.

Annam — Le jeune homme achète sa fiancée à sa famille. Le jour des noces, la jeune fille, recouverte d'un voile, est conduite en pousse-pousse à la maison de son époux. Ce dernier la voit pour la première fois, car c'est son père qui la lui a choisie.

France — Les noces villageoises font de longues promenades en cortège, précédées d'un violoneux endiablé qui soulève la gaieté.

En Espagne.—Le mariage catholique—Une noce au Puig. D'après un tableau de J. Peyrad Urrea

Médaille de mariage. Gravée par Rory

Dans la Grèce Antique— Le départ de la fiancée D'après un tableau de Rochegrosse

En Russie.—La toilette de la mariée au XVIIe siècle. D'après un tableau de Makowsky

En Extrême-Orient.—Fiancée d'un mandarin annamite se rendant à la maison nuptiale.

En France.—Noce villageoise.

En Georgie.—Le départ des mariés pour la maison nuptiale.

C'EST ARRIVÉ UN 29 FÉVRIER

1980 — Mme Jeanne Sauvé est nommée présidente des Communes.

1976 — Quelque 400 000 Japonais réclament la tenue d'une enquête dans l'affaire Lockheed.

1972 — Jérôme Choquette, ministre de la Justice, décide de former une unité spéciale pour enquêter sur le crime organisé. — Acquittement par les juges militaires marocains de tous les cadets impliqués dans l'attaque de la résidence d'été du roi Hassan, laquelle devait se solder par une centaine de morts.

1968 — La Régie des loyers du Québec aura juridiction sur tous les logements.

1960 — Un violent séisme fait 12 000 morts à Agadir, Maroc.

1956 — L'Iran expulse un diplomate soviétique, pour espionnage.

1940 — Les Français devront se munir de cartes d'alimentation pour acheter leur nourriture.

1916 — Le gouvernement de la province de Québec refuse aux femmes le droit de pratiquer le droit.

1912 — La grève des charbonniers d'Angleterre force un million de travailleurs au chômage. — À la boxe, le Français Georges Carpentier bat l'Anglais Jim Sullivan en deux assauts, à Monte Carlo.

1904 — Douze personnes brûlées vives dans un incendie, à Saint-Félicien.

ACTIVITÉS

■ **L'anniversaire du 29 février**

À l'émission Allo Bou Bou, à 12 h 30 — Les lecteurs de LA PRESSE nés un 29 février qui ont répondu à l'appel du journal, seront fêtés d'une manière toute spéciale et exclusive aujourd'hui, au complexe Desjardins, au cours d'une émission pleine de surprises présentée sur les ondes de Radio-Canada.

■ **Salon nautique**

Place Bonaventure — Les amateurs de nautisme pourront retrouver au kiosque de LA PRESSE les plus belles pages consacrées au nautisme depuis 1884, ainsi qu'une série de photos illustrant la fabrication de LA PRESSE. Jusqu'au 4 mars inclusivement.

■ **Festival de bandes dessinées et caricatures**

Bistro L'Auvent, 3932, rue Saint-Denis — La participation de LA PRESSE à ce festival comprend une dizaine de caricatures de Girerd, en plus de l'affiche qu'il a conçue pour les festivités du centenaire, ainsi que le porte-folio *L'histoire de la caricature dans la vie de LA PRESSE*. **Dernière journée.**

■ **Concours de photos du Palais de glace**

Il ne reste que deux jours pour s'inscrire au concours de photos du Palais de glace de LA PRESSE, même s'il n'en reste plus grand'chose...

■ **À la télévision**

10 h 30, Télé-Métropole — Dans le cadre de l'émission *Entre nous* animée par Serge Laprade, Claudette Tougas, de LA PRESSE, présente la chronique *Cent ans de pages féminines*.

Le 29 février et l'année bissextile

Nous avons retracé trois courts textes traitant de l'année bissextile, que nous vous présentons regroupés. Le premier a été publié le ***29 février 1912*** *et traite de la particularité que représente cette journée de plus.*

PAr une complaisance dont il fait preuve à peu près *(sic)* tous les quatre ans, le mois de février a bien voulu nous accorder une journée de plus, et il a reculé d'autant l'arrivée de son confrère et successeur Mars. Février de 1912 possède 29 jours au lieu de 28, et ceux qui viennent au monde ce jour-là se verront, enfin, dotés d'un anniversaire comme tout le monde, mais seulement à tous les 4 ans. Cette journée supplémentaire retarde de 24 heures la visite du propriétaire et celle des créanciers, mais rien ne prouve qu'elle nous permette de mieux satisfaire ces gens demain.

La vingt-neuvième journée de février étant pour ainsi dire la marque réelle de la « bissextibilité » de l'année 1912, les demandes de mariage partant du côté du sexe sans bretelles seront certainement plus nombreuses qu'en aucun jour de l'année, et l'aurore « aux doigts de rose » qui commencera le premier mars verra, sans doute, bien des réveils heureux.

Demain, 1er mars et premier jour du printemps, nous allons tenter d'oublier l'hiver, si celui-ci veut bien nous le permettre.

Le deuxième texte remonte au ***29 février 1916****, et il est consacré à l'origine du mot bissextile.*

En ce vingt-neuvième jour de février, qui marque la présente année bissextile, il n'est peut-être pas innopportun de rappeler l'origine du mot **bissextile.** L'année qui porte ce qualificatif est composée de 366 jours au lieu de 365 et revient tous les quatre ans, ayant pour but de corriger l'erreur d'environ 6 heures que l'on commet en donnant à l'année 365 jours solaires. Ce nom provient de la manière dont les Romains intercalaient le jour supplémentaire: après le sixième jour d'avant les calendes de mars, ils en comptaient un autre qu'ils appelaient **sixième bis** (bissextilis). Ce jour s'ajoute chez nous au mois de février, qui n'a que 28 jours dans les années ordinaires, et 29 dans les années bissextiles. Une légende veut que, pendant l'année bissextile, les filles jouissent du privilège de demander en mariage, chacune le garçon de son choix, mais en cette cruelle année de guerre où tant de beaux gars ont dû quitter leurs « dulcinées » pour s'enrôler sous les drapeaux, celles-ci prient plutôt la Providence de veiller comme une mère sur les défenseurs de la Patrie, et attendent avec confiance le retour glorieux des champs de bataille.

Le dernier enfin, publié le ***29 février 1924****, soulevait une question intriguante, en demandant s'il ne s'agissait pas du « dernier 29 février ». On a évidemment l'avantage de connaître la réponse...*

Le 29 février 1924 est-il le dernier 29 février que nous aurons? Un comité spécial de la Société des Nations, chargé d'améliorer le calendrier, commence demain à étudier les suggestions de la Société internationale pour le calendrier fixe, qui consisterait à transférer le jour supplémentaire de l'année bissextile au 29 juin, à n'avoir que des mois de quatre semaines, calendrier que toutes les nations adopteraient le premier janvier 1928, avant d'entrer dans la prochaine année bissextile.

La Société internationale du calendrier fixe veut que le jour supplémentaire soit le 8e jour de la dernière semaine de juin. Ou le 29 juin des années bissextiles. On veut en faire un jour férié international.

Célibataires, en garde, c'est le jour des femmes

(Service de la Presse Associée)

CHicago, 29. Les (bons partis) chez les célibataires auront la précaution de ne pas être trop en évidence demain, rapportait-on hier soir en songeant à la date du 29 février, jour éminemment propice aux jeunes filles et matronnes que le sort n'a pas fait entrer en ménage.

La chasse est ouverte aujourd'hui (29 février 1936) à Aurora, Ill., où une cinquantaine de jolies jeunes filles prendront en main l'administration de la ville comme cela doit d'ailleurs se faire dans plusieurs autres centres à l'occasion de la (journée bissextile).

Non loin de là, à Joliet, Ill., les femmes, reines du foyer, prendront les rênes du gouvernement pour 24 heures. La (chefesse) de police d'Aurora, Helen Thompson, 32 ans, a dressé une liste d'ennemis publics (les célibataires) et ses agents doivent donner un vaste coup de filet.

Le châtiment proposé sera le mariage immédiat; au besoin, la peine sera commuée en l'achat d'une robe de soie. (...)

LA PRESSE
100 ans d'actualités

LA GUERRE A MONTREAL

Les étudiants de McGill accueillis par des boyaux d'arrosage à l'université Laval.

L'Université Laval prise d'assaut par les étudiants de l'Université McGill. — Des étudiants du McGill préfèrent se battre au Canada plutôt que d'aller défendre le drapeau britannique en Afrique. —Démonstrations hostiles devant les journaux français.

Ce texte à relents racistes mais conforme à une situation qui prévalait à l'époque a été publiée en manchette le ***1er mars 1900****.*

AU lieu d'aller affirmer leur loyauté au drapeau britannique en allant combattre aux côtés de ceux de nos compatriotes qui sont tombés en Afrique, un groupe d'étudiants du McGill, auxquels s'étaient jointe une foule de désoeuvrés, ont bruyamment fêté, ce matin, l'entrée de lord Dundonald et de plusieurs régiments anglais dans Ladysmith *(ce qui allait mettre fin à la guerre des Boërs)*.

Ils ont pris les journaux comme point de mire de leurs délirantes manifestations et, s'improvisant des drapeaux avec des bâtons et des mouchoirs, ils ont d'abord paradé sur l'avenue du collège McGill.

En passant devant les bureaux de nos confrères anglais, ils se sont emparés de bulletins annonçant la délivrance de Ladysmith, puis se sont ensuite dirigés vers le « Journal », sur la rue Saint-Jacques, criant « vive Roberts » et en chantant le « Rule Britannia ». Ils arrachèrent ensuite les bulletins de tous les journaux français, les brisèrent et ont cherché à forcer les propriétaires d'arborer le drapeau anglais sur leurs éd'fices.

Dans nos bureaux, les manifestants ont eu recours à la violence. Plusieurs d'entre eux ont reçu des horions qu'ils ont rendus avec une rage évidente.

La police, appelée sur ces entrefaites, est arrivée trop tard pour empêcher toute violence, masi grâce aux efforts de notre personnel, le calme s'est fait après de longs pourparlers.

Un peu plus tard, ils se rendirent à l'hôtel de ville, envahirent les couloirs et réclamèrent à grands cris qu'on arborât le drapeau britannique sur le Palais municipal. L'échevin Sadler qui était là s'adressa à la foule en ces termes : « Je comprends que vous désirez que le drapeau soit hissé sur l'hôtel de ville ; je viens, mois aussi, dans ce but. Mais comme le maire est absent, je ne puis prendre sur moi de hisser le drapeau sans sa permission. Le maire, j'en suis convaincu, sera heureux de se rendre à votre désir. »

Le drapeau! Le drapeau! vociférèrent les étudiants en choeur. Et, sans écouter les sages avis de l'échevin Sadler, le flot des étudiants se précipita dans les escaliers, vers la tour de l'édifice, et bientôt le drapeau flotta sur le Palais municipal. Les étudiants se retirèrent en chantant « Rule Britannia! God Save the Queen », et procédèrent au Palais de justice où eut lieu une démonstration semblable.

Plus tard, un détachement d'étudiants envahissait les bureaux du maire, où le premier magistrat de la ville les reçut avec beaucoup de courtoisie, se déclara heureux de la victoire des armes anglaises, et accorda, à cette occasion, un demi-congé aux employés civiques.

Ce fut au cri de « Vive Préfontaine », que les étudiants, en délire, se retirèrent pour se former en colonnes sur la rue Notre-Dame. (...)

Quand les étudiants se furent retirés, l'échevin Sadler se déclara indigné d'une telle manière de procéder, et comme M. Patterson, l'un des évaluateurs, lui faisait des reproches de n'avoir pas lui-même ordonné qu'on hissât le drapeau sur l'hôtel de ville, l'échevin Sadler lui répondit avec colère : « Comment, vous, un simple employé de la Corporation, venez-vous me dicter ma ligne de conduite? Je sais mieux que n'importe qui ce que j'ai à faire. Je n'ai pas voulu hisser le drapeau sans la permission du maire, et en cela j'ai eu raison. Vous pouvez vous taire et ne pas m'importuner. » (...)

De l'hôtel de ville les étudiants se rendirent à l'Université Laval, où ils se bornèrent à crier et vociférer, en escaladant l'escalier, puis ils s'emparèrent de deux tramways et ils les mirent hors d'état de fonctionner momentanément.

On s'attend à de nouveaux troubles.

Épilogue

Dans la même soirée, la manifestation plutôt paisible jusque là tourna à la violence devant l'université Laval (section montréalaise, située rue Saint-Denis, au nord de Sainte-Catherine), où retournèrent les étudiants de McGill. Accueillis par des boyaux d'arrosage, ces derniers décidèrent de passer à la violence, forçant l'intervention des forces policières et du maire Préfontaine. Les blessés ont été nombreux, chez les policiers et les étudiants, dont plusieurs durent comparaître devant le coroner Weir le lendemain matin. Au cours de la manifestation, on assista à l'arrestation du journaliste André Marchand, de **La Patrie**, *mais il faut relâché quelques heures plus tard.*

LES DROITS DE TERRE-NEUVE SUR LE LABRADOR SONT RECONNUS EN SUBSTANCE

LES ARGUMENTS DU CANADA NE SONT PAS ACCEPTES PAR LE CONSEIL PRIVE

LONDRES, 1er — Le droit de propriété de Terre-Neuve sur le territoire de la péninsule de Labrador est maintenu, en substance, avec deux réserves. Telle est la décision des membres du comité judiciaire du Conseil privé, à qui il fut demandé de déterminer la frontière entre le Canada et Terre-Neuve, sur la péninsule de Labrador. Le différend entre les deux Dominions fut soumis au Conseil privé par consentement commun des deux parties intéressées.

Terre-Neuve réclamait non seulement la propriété de la ligne costale atlantique du Labrador, qui est reconnue comme appartenant à Terre-Neuve, mais aussi le territoire jusqu'à la hauteur de la péninsule, territoire qui comprend de précieuses forêts d'épinettes. Le Canada prétendait que Terre-Neuve était limitée par la simple lisière de terre, le long de la ligne costale du Labrador, lisière de terre qui a été accordée à Terre-Neuve en 1763, pour faciliter l'industrie de la pêche. Cette lisière de terre avait été remise à Québec en 1774, mais en 1809, elle avait été de nouveau accordée à Terre-Neuve.

DOCUMENT HISTORIQUE

« Dans l'affaire du Labrador, leurs Seigneuries *(du Conseil privé)* ayant à étudier les faits et les arguments nécessaires dans une affaire d'une si grave importance, en sont venues à la conclusion que la réclamation de Terre-Neuve était en substance établie, mais qu'il y avait deux points de détail à mentionner. » *(C'est)* de cette façon *(que)* le vicomte Cave, lord-chancelier du comité judiciaire, a annoncé le jugement de 10 000 mots dans une séance spéciale du comité.

Le vicomte Cave a indiqué les deux points de détails : Il a dit : « Sur plusieurs cartes publiées après 1882 et particulièrement sur les cartes officielles, la frontière méridionale du Labrador est indiquée comme partant non du point où une ligne nord et sud, à partir de Blanc Sablon rencontre le 52ème parallèle, et en droite ligne le long de cette parallèle, mais d'un point où cette ligne nord et sud atteindrait la hauteur des terres au nord du 52ème et le long de cette hauteur, jusqu'à la tête de la rivière Romaine.

« Une frontière ainsi fixée le long de la hauteur des terres serait sans doute plus commode que celle qui suit la ligne arbitraire de la 52ème parallèle et aurait l'avantage de mettre le Canada dans tout le cours des rivières qui tombent dans le golfe Saint-Laurent. Mais leurs Seigneuries ne seraient pas justifiées d'adopter une frontière qui, bien que commode, n'est pas désignée par le statut de 1825. Elles croient que la ligne doit être tirée le long de la parallèle, aussi loin que la supposée rivière de Saint-Jean, spécialement la rivière Romaine.

« D'après le point de vue de la colonie (Terre-Neuve), la ligne serait continuée vers l'ouest, à travers la rivière, jusqu'à ce qu'elle atteigne la hauteur des terres, mais il n'y a pas de stipulation dans le statut de 1825 pour une telle continuation de la ligne, dont l'effet serait de donner à Terre-Neuve, une partie de la province originelle de Québec, telle que constituée en vertu de la proclamation de 1763.

« La ligne devrait suivre la parallèle jusqu'à ce qu'elle rencontre la rivière Romaine, puis devrait alors tourner vers le nord jusqu'à la hauteur des terres. »

LE DEUXIEME POINT

Quant au second point, voici comment il est expliqué : « deuxièmement, une petite île, appelée Woody Island, située en face de la baie de Blanc Sablon, est réclamée par le Canada et par Terre-Neuve. Selon l'opinion de leurs Seigneuries, le transfert au Canada, par l'acte de 1825, de la côte à l'ouest d'une ligne tirée au nord et au sud de la baie du port de Blanc Sablon, avec les îles adjacentes à cette partie de la côte, comprend Woody Island qui, par conséquent, appartient au Canada.

Pour les raisons ci-dessus, leurs seigneuries pensent que, d'après la vraie construction des statuts, ordres en conseil et proclamations, la frontière entre le Canada et Terre-Neuve, dans la péninsule du Labrador, est une ligne au nord de la frontière est de la baie du port de Blanc Sablon, jusqu'au 52ème degré de latitude nord, et de là vers l'est, le long de cette parallèle, jusqu'à ce qu'elle atteigne la rivière Romaine, puis vers le nord le long de la rive gauche ou orientale de cette rivière et de ses eaux supérieures, jusqu'à leur source, et de là, vers l'ouest et le nord, le long de la crète de la hauteur des terres, sur les rivières se jetant dans l'Atlantique, jusqu'à ce qu'elles atteignent le cap Chidley.»

Cette nouvelle a été publiée le 1er mars 1927.

Les flammes détruisent la gare Bonaventure de fond en comble

LA gare Bonaventure de la compagnie du Grand Tronc, construite il y a 25 ans, a été complètement détruite, de bonne heure ce matin **(1er mars 1916)**, par un incendie dont la cause est attribuée à des fils électriques défectueux. Les flammes ont été découvertes à cinq heures moins quart, par le constable Vander-Wyngaert qui était de faction à l'angle de la rue Windsor. Une épaisse fumée s'échappait de la tourelle centrale, du côté de la rue Saint-Jacques, et par les fenêtres, on pouvait voir les lueurs de l'incendie qui faisait rage à l'intérieur.

LA PREMIERE ALARME

Le constable se trouvait tout près d'un avertisseur dont il fit immédiatement fonctionner le déclenchement. (...) Craignant qu'il n'y ait quelqu'un à l'intérieur, le constable courut alors vers l'édifice dont il parcourut le rez-de-chaussée en tous sens. Près du département des bagages, il se croisa avec deux gardiens de nuit qui accouraient à leur tour. Il apprit d'eux que le gérant du restaurant de la gare couchait au premier étage.

Vander-Wyngaert grimpa rapidement au premier étage, où il fut assez heureux pour découvrir immédiatement le logement occupé par le gérant du restaurant, M. Clarke, qu'il réveilla ainsi que sa femme. (...)

LA SECONDE ALARME

Les pompiers appelés par la première alarme, arrivaient sur le théâtre de l'incendie à ce moment. Déjà les flammes avaient fait d'immenses progrès et l'édifice était voué à une destruction complète. Les boiseries anciennes et doublement enduites de peinture et de vernis, offraient un aliment facile à l'élément destructeur qui menaçait sérieusement de détruire aussi les immenses hangars à fret situés à l'arrière. (...)

L'incendie était très difficile à combattre à cause du grand froid qui congelait l'eau sur les échelles, qui offraient un grand danger aux pompiers. L'ingénieur en chef, Chevalier, manda alors sur les lieux les pompes spéciales munies de boyaux destinés, au moyen de la vapeur, à fondre la glace sur les boyaux et les échelles. Ces appareils ont rendu de très grands services. Des hommes surveillaient les échelles et prévenaient les pompiers lorsque les appareils menaçaient de se briser et de les entraîner dans une chute périlleuse. (...)

Le vice-président Howard G. Kelly, a déclaré cet avant-midi, à un représentant de « La Presse » que la cause de l'incendie n'a pas encore été découverte, mais a ajouté qu'il serait ridicule de voir là l'oeuvre d'un incendiaire allemand *(c'était l'époque où le moindre malheur était porté au compte des Allemands, avec lesquels on était en guerre)*.

Malgré l'incendie, les trains sont arrivés et partis aux heures ordinairesa, et le service n'a pas été affectés. La seule différence est que les trains ont dû stopper avant d'arriver à la gare. (...) Pour remplacer les salles d'attente, un certain nombre de wagons sont installés sur les voies en arrière de la gare incendiée et sont chauffés.

La gare Bonaventure avait coûté $285 000 et avait été ouverte au service au mois d'octobre 1888. Toutes les pertes, il va sans dire, sont couvertes par les assurances.

ACTIVITÉS

■ Salon nautique

Place Bonaventure — Les amateurs de nautisme pourront retrouver au kiosque de LA PRESSE les plus belles pages consacrées au nautisme depuis 1884, ainsi qu'une série de photos illustrant la fabrication de LA PRESSE. Jusqu'au 4 mars inclusivement.

INSTITUT ELECTRO-THERAPIQUE

Montréal possède un sanatorium où se produisent des cures merveilleuses au moyen d'une machine électrique

L'une des machines électriques en usage à l'Institut électrothérapique

NOTRE ville de Montréal fait tous les jours de nouvelles acquisitions dans le domaine des conquêtes pratiques de la science médicale. Au No 2141 de la rue Notre-Dame, se trouve l'Institut Electro-Thérapique, fondé pour le traitement de la consomption, de la paralysie, de l'asthme, des bronches et des maladies nerveuses en général, d'après le système Crotte, de Paris. C'est le premier institut de ce genre établi au Canada.

Toutes les classes de la société sont appelées à bénéficier des avantages de cet établissement, car le public y trouvera un dispensaire, le vendredi. D'habiles médecins spécialistes sont attachés à l'institut.

Pour faire l'application de l'électricité statique, on se sert d'une machine très perfectionnée. Cette machine produit une puissante étincelle et elle est mue par une dynamo. On place généralement le patient sur un tabouret isolé, et un pôle de l'appareil est appliqué à n'importe quelle partie soumise au traitement. Dès la première sensation, le patient se croit labouré par une épingle aiguë, et la douleur ressentie augmente avec l'intensité du courant.

Cette nouvelle a été publiée le 1er mars 1902.

C'EST ARRIVÉ UN 1ER MARS

1974 — Sept hommes, parmi les plus proches collaborateurs du président Richard Nixon, sont cités à leur procès dans l'affaire du Watergate.

1973 — À Khartoum, Soudan, un commando de Septembre Noir s'empare de cinq diplomates.

1969 — La République démocratique allemande ferme les autoroutes conduisant à Berlin-Ouest.

1967 — Soupçonné de s'être approprié des fonds publics, Adam Clayton Powell est expulsé du Congrès américain.

1965 — L'explosion d'une maison d'appartements à LaSalle fait 28 morts.

1962 — Un *B-707* d'American Airlines avec 95 personnes à bord s'écrase peu après son décollage de l'aéroport, près de New York.

1961 — Le président Kennedy crée les « Peace Corps », formés de volontaires bénévoles consentants à servir dans le Tiers-Monde.

1959 — Le toit d'un arena s'effondre sous le poids de la neige, à Listowell, Ontario. On dénombre huit morts.

1957 — Un bombardier *Mitchell* de l'Armée canadienne explose en plein vol près d'Ottawa. L'incident fait huit morts.

1956 — Le général John Abbott Glubb, chef de la légion arabe et mieux connu dans le monde sous le vocable de « Glubb le pacha », est révoqué par le roi Hussein, de Jordanie.

1954 — Trois nationalistes porto-ricains font feu sur cinq élus, au Congrès américain.

1948 — Formation du premier cabinet du gouvernement provisoire du futur État juif. M. David Ben-Gourion en est élu le chef.

1932 — Enlèvement de l'enfant de 20 mois du célèbre aviateur Charles Lindberg.

1904 — Le maire Parent de Québec est réélu à l'unanimité par les échevins.

1899 — Le paquebot *Labrador* se brise sur les récifs de la côte d'Écosse, mais tous les passagers sont sauvés.

1886 — M. Honoré Beaugrand est élu maire de Montréal.

LA PRESSE

100 ans d'actualités

Le capitaine Lux et le baron de Trenck, ancêtres célèbres de Lucien Rivard

LES EVASIONS CÉLÈBRES

Comment le Capitaine Lux s'est échappé de la forteresse de Glatz

Reminiscences des évasions du Baron de Trenck

Le Capitaine Charles-Eugène Lux (à droite) dont l'évasion à produit en Europe une si grande sensation, et son frère (à gauche)

La palissade fatale, à la troisième évasion du baron Trenck.

Un émouvant épisode des aventures du baron de Trenck.

La fameuse fortresse allemande, de Glatz, d'où le capitaine Lux s'est évadé avec tant d'habilité.

Le baron de Trenck chargé de chaines, dans la forteresse de Glatz.

La fuite fantastique du baron Trenck, avec son compagnon éclope.

Cette première page consacrée aux évasions célèbres a été publiée le *2 mars 1912.*

LE **2 mars 1965,** à la suite d'une évasion qu'un confrère, le regretté Teddy Chevalot, avait qualifié de « rocambolesque » dans LA PRESSE, le célèbre Lucien Rivard s'évadait de la prison de Bordeaux en utilisant un subterfuge qui jeta un discrédit sur l'ensemble des gardiens de la même prison.

L'évasion de Rivard ébranlait aussi les deux gouvernements, fédéral et provincial, pour deux raisons. En premier lieu, tandis que les autorités provinciales s'inquiétaient de la possibilité d'une complicité des gardiens, du côté fédéral, il y eut cette déclaration de l'avocat montréalais Pierre Lamontagne, voulant que le chef de cabinet du ministre fédéral de l'Immigration de l'époque lui eut offert un pot-de-vin de $20 000 pour que, en tant que représentant des autorités américaines, il ne s'oppose pas à la libération sous cautionnement de Lucien Rivard. Rivard était alors emprisonné dans l'attente d'un jugement concernant une demande d'extradition des États-Unis, qui le soupçonnaient de diriger un réseau de distribution de stupéfiants.

En deuxième lieu, il y eut l'incroyable subterfuge utilisé. En effet, Rivard et son complice, André Durocher, avaient obtenu de leurs geôliers la permission d'aller arroser la patinoire alors que le mercure indiquait une température de 42° F.! Dès le lendemain, le procureur général du Québec, Me Claude Wagner suspendait le gouverneur-adjoint et six gardiens jusqu'à la fin de l'enquête qui allait étudier les causes de la spectaculaire évasion.

Cinquante-trois ans plus tôt...

Et le hasard a parfois de curieux caprices. Ainsi, 53 ans plus tôt (donc en 1912) jour pour jour, un 2 mars, LA PRESSE avait consacré sa première page aux évasions du capitaine Lux et du baron de Trenck de la fameuse forteresse allemande de Glatz. Voici quelques passages relatifs à l'évasion du premier.

La célèbre évasion du capitaine Charles Eugène Lux, de la forteresse de Glatz, occupe encore l'attention de la presse européenne. (...) Comme on le sait, le capitaine Lux avait été arrêté il y a quinze mois en terre badoise, sur les bords du lac de Constance, par la police militaire allemande, jugé à huis-clos et condamné, bien qu'aucun fait personnel d'espionnage n'ait pu être retenu contre lui, s'est évadé au lendemain de Noël, de la massive forteresse de Glatz, où on l'avait enfermé pour six ans. (...)

En France, la nouvelle de cette extraordinaire évasion, qui, réalisée avec une ingéniosité et une intrépidité toutes françaises, rendait à l'armée un de ses officiers les mieux avertis et les plus énergiques, provoqua une joie unanime. Ce fut le cadeau du jour de l'an de Paris et de toute la France.

Ce fut dans la nuit du 27 au 28 décembre que le capitaine Lux, pour sortir de la forteresse, dut forcer deux portes intérieures, couper un barreau de fer de 3 pouces de diamètre, sauter pardessus une muraille de quinze pieds de haut, traverser des jardins et franchir des obstacles de toute nature (les obstacles de l'extérieur étant, paraît-il, presque aussi insurmontables que ceux de l'intérieur). Il ne passa point par la fenêtre de sa chambre, indiquée par une flèche sur la pittoresque photographie reproduite ci-contre, car au-dessous, dans une cour fermée, une sentinelle veillait, avec des cartouches chargées à balles. Il lui fallut donc prendre d'abord une direction opposée à l'itinéraire qui eût été plus direct, suivre une sorte de ligne brisée, qui l'obligea à faire un énorme détour pour revenir au pied de la forteresse du côté que présente notre photographie.

Avant de partir, il avait déposé sur sa table un chèque de cent marks pour payer ses menues dettes de pension et autres. Il ne voulait en aucune façon laisser des créanciers à Glatz et cette précaution minutieuse devait aussi enlever tout prétexte d'extradition — pour escroquerie — aux autorités autrichiennes. Tout prévoir est une force.

Une fois sortie de sa cellule, il lui fallait maintenant passer le corps de garde pour sortir de la forteresse. Ce qu'il fit en utilisant l'uniforme d'un officier, mais non sans avoir, *soucieux du règlement, inspecté toute la citadelle en compagnie de deux sentinelles!* Une fois l'inspection terminée, *l'officier s'en fut. On ne l'a plus revu depuis, car c'était le capitaine Lux!*

LE BARON DE TRENCK

Mais le capitaine Lux n'était pas le premier à s'évader de la prison réputée. En 1746 en effet, un autre célèbre personnage, le baron de Trenck, avait réussi à s'en évader, après y avoir été emprisonné pour avoir inspiré, raconte-t-on, une trop grande passion à la princesse Amélie de Hohenzollern, soeur de Frédéric le Grand.

Mais comme l'explique LA PRESSE du 2 mars 1912, ce ne fut pas une mince affaire puisqu'il dût s'y prendre de quatre manières différentes.

Une première fois, il complote avec deux des officiers chargés de le surveiller, mais il est trahi par un codétenu. Ce qui lui valut d'être surveillé plus étroitement qu'avant.

Logé dans une tour haute de quinze brasses (environ 24 m), il doit résoudre deux problèmes : scier les barreaux de sa geôle et se rendre au bas de la tour. Il vient à bout des huit barreaux qui l'empêche de fuir, coupe en lanières son porte-manteau de cuir et ses draps, et s'en fait un câble pour atteindre le pied de la tour. *Tout allait pour le mieux,* poursuit le récit, *mais il fallait traverser les fosses qui étaient en somme l'égout canalisant toutes les immondices de la ville. Trenck s'y embourbe, et ne pouvant plus s'en tirer, il est bien forcé d'appeler au secours!*... Et pour le punir, le général Fouquet, commandant de Glatz, l'y laissa pendant plusieurs heures à subir les quolibets des résidents de la ville.

À sa troisième tentative, il opte pour la manière forte. Un jour qu'un de ses geôliers entre dans son cachot, il bondit sur son épée, s'élance vers la porte, force des barrages de gardiens, en blesse plusieurs, et arrive au pied d'une palissade, le dernier mur entre lui et la liberté. Il s'y prend un pied, et est repris immédiatement.

Son quatrième essai sera fructueux, mais tout simplement parce qu'il se sera assuré la complicité de son geôlier, qui fuit d'ailleurs avec lui, à dos de cheval volé à des paysans. Et l'article de LA PRESSE se terminait de la manière suivante : *Le Destin finit par récompenser l'entêtement valeureux de Trenck; il peut gagner la Bohême; il est sauvé! Enfin...*

Yehudi Menuhin au Saint-Denis ce soir à 8 h. 30

Son premier désir, en arrivant à Montréal, a été de jouer dans la neige.

Cet article a été publié le 2 mars 1931 et était accompagné d'une photo de Menuhin avec son violon, légèrement différente de celle qui accompagne ce texte.

OUI! Menuhin est à Montréal, à l'hôtel Place Viger. Mais il y a des chances pour que vous le trouviez dans le parc, jouant dans la neige, plutôt que dans sa chambre.

Car on sait que Yehudi Menuhin n'a que quatorze ans, qu'à cet âge-là plus encore qu'à tout autre, il faut que se combinent harmonieusement l'étude et le jeu, et que le prodigieux violoniste ne se prive ni de l'une ni de l'autre. Les quelques instants que nous avons passés avec lui et avec son père, qui l'accompagne partout, nous ont fait voir un enfant qui n'a rien des désagréables enfants-prodiges dressés pour épater le monde. Yehudi Menuhin a tout le charme spontané de son âge, doublé d'une réserve où l'on reconnaît l'enfant studieux et capable de saisir les moindres nuances des êtres et des choses. Il parle musique sans aucun air de prétention, mais en même temps avec un souci de précision qui dénote chez lui un goût ardent des recherches. C'est ainsi qu'il a tenu à posséder une édition très rare et absolument authentique de la musique de Bach, qui a subi de nombreuses altérations, rarement à son avantage, aux mains des copistes et des éditeurs.

C'est donc un musicien, tout à fait sérieux, naturel et sans le moindre désire de pose, que l'on entendra ce soir, au Saint-Denis.

Yehudi Menuhin, acclamé déjà par toute l'Europe et toutes les grandes villes des Etats-Unis, se fera entendre ici pour la première fois.

le programme

1. La Folts............Corelli
2. Solo Partita en mi majeur, No3....................Bach
   Prélude.
   Loure.
   Gavotte en Rondeau.
3. Concerto en mi mineur, Opus 64..........Mendelsohn
   Allegro molto appassionato.
   Andante.
   Allegro ma non troppo.
   Allegro molto vivace.
4. Negro Spiritual
   Melody.......Dvorak-Kreisler (de la Symphonie du «Nouveau Monde»)
   Guitare...Mosskowski-Sara sate
   Marche Turque (Les Ruines d'Athènes).....Beethoven- Auer
   La Fille aux cheveux de lin..........Debussy-Hartmann
   La Campanella........Paganini

Au piano: Hubert Glosen.

BABILLARD

Historiens, prêtez attention!

Il y a quelques semaines, un lecteur de Laval offrait en vente tous les numéros de deux années de l'hebdomadaire *L'Opinion publique*. Ce lecteur avait trouvé preneur dès la matinée où l'offre avait été publiée dans cette chronique. Il faut donc s'attendre à ce que celle qui suit soit encore plus attrayante. La voici donc sans plus de préambule.

Une dame de Rosemont offre en vente, tenez-vous bien, une collection de neuf volumes reliés et en bon état de tous les exemplaires de *L'Opinion publique* publiés de 1872 à 1879. Pour de plus amples informations, veuillez communiquer avec Guy Pinard, au 285-7070.

Les Simoneau

M. **Pierre Simoneau,** du 46, 6e avenue, Laval, Québec, H7N 4L4, recherche tous renseignements, documents, textes, photos, faits, légendes, exploits ou toutes autres informations pertinentes qui lui permettront d'écrire une généalogie des Simoneau d'Amérique. Selon les renseignements qu'il détient, les Simoneau originent de Simon René Simoneau, venu de l'Île de Bouin, évêché de Nantes, en Bretagne. Il épousait le 23 novembre 1699, à Saint-Laurent, Île d'Orléans, une dame Jeanne Moreau, qui devait lui donner neuf enfants.

Les Pinard

Et puisqu'il est question de généalogie, une erreur s'est glissée récemment dans le numéro de téléphone proposé par cette chronique pour atteindre les organisateurs des festivités des *Descendants de Louis Pinard Inc*. Pour de plus amples informations, il faut donc communiquer avec **Rodolphe Pinard,** au (819) 478-0422 ou avec **Léo Therrien,** au (819) 336-2807.

ACTIVITÉS

■ Salon nautique

Place Bonaventure — Les amateurs de nautisme pourront retrouver au kiosque de LA PRESSE les plus belles pages consacrées au nautisme depuis 1884, ainsi qu'une série de photos illustrant la fabrication de LA PRESSE. Jusqu'au 4 mars inclusivement.

C'EST ARRIVÉ UN 2 MARS

1973 — Le commando de Septembre Noir exécute deux Américains et un Belge, dans le sillage de la prise d'otages de Khartoum, au Soudan. — Klaus Barbie, ex-chef de la Gestapo à Lyon, est incarcéré en Bolivie, pour sa propre protection, disent les autorités.

1970 — À l'instigation du premier ministre Ian Smith, la Rhodésie proclame unilatéralement son indépendance.

1969 — Premier vol d'essai du prototype français de l'avion supersonique *Concorde*.

1966 — Le président Sékou Touré, de la Guinée, cède sa place à Kwame N'Krumah, président destitué du Ghana.

1962 — Le joueur de basketball Wilt Chamberlain marque 100 points dans un même match.

1961 — Un coup de grisou fait 22 morts à Terre-Haute, Indiana.

1959 — Sérieux affrontement entre la police et les réalisateurs de Radio-Canada en grève. L'incident est marqué par l'arrestation du journaliste René Lévesque.

1956 — Un incendie détruit la maison-mère des Soeurs de la Charité, à Québec. Deux religieuses y perdent la vie.

1955 — Norodom Sihanouk, roi du Cambodge, abdique en faveur de son père, le prince Suramarit.

1953 — Le premier ministre Mossadegh, d'Iran, fait procéder à l'arrestation de 470 personnes, dont plusieurs généraux et ex-ministres.

1939 — Le cardinal Eugenio Pacelli est élu pape sous le nom de Pie XII.

1933 — Un tremblement de terre enregistrant 8,9 à l'échelle Richter fait plus de 1 200 morts, au Japon.

1898 — Départ d'un contingent de 200 chercheurs d'or en direction du Klondike.

LA PRESSE
100 ans d'actualités

UN INCENDIE DETRUIT L'HOTEL DE VILLE

C'EST ARRIVÉ UN 3 MARS

1980 — Le premier ministre Pierre Elliott Trudeau, récemment réélu, annonce la composition de son nouveau cabinet. — Rodrigue Biron laisse ses fonctions de chef de l'Union nationale afin de pouvoir se prononcer en faveur du « oui » lors de la campagne référendaire. — Désarmement par la marine américaine du *Nautilus*, premier sous-marin nucléaire lancé 25 ans plus tôt.

1979 — Gilles Villeneuve gagne le Grand Prix d'Afrique du Sud.

1974 — Un *DC-10* des Turkish Airlines s'écrase à Ermenonville, France. Avec 346 morts, c'est la plus grande catastrophe aérienne jusqu'à ce jour.

1972 — Lancement de la sonde américaine *Pioneer X* en direction de Jupiter.

1969 — Lancement d'*Apollo IX* avec trois hommes à bord. La mission a pour but de mettre à l'essai le module lunaire.

1967 — L'aviation américaine annonce qu'elle a tué 105 personnes en bombardant par erreur le village de Lang-Vei, au Sud-Vietnam.

1967 — *L'Événement*, quotidien de Québec, cesse de publier deux mois à peine avant de célébrer le centième anniversaire de sa fondation.

1966 — Une explosion dans une usine de produits chimiques de l'ouest de Montréal chasse 600 personnes de leurs logis.

1964 — Les Communes adoptent en 37 minutes un projet de loi par lequel la « Trans Canada Airlines » devient officiellement « Air Canada ».

1948 — Les ambassadeurs tchécoslovaques à Washington et Ottawa démissionnent pour protester contre l'imposition d'un régime communiste dans leur pays.

1931 — Suicide de Benita Bischoff, fille de Vivian Gordon, assassinée après qu'elle eût commencé à témoigner lors d'une enquête concernant la police de New York.

1903 — Le Vatican célèbre le 25e anniversaire du couronnement du pape Léon-XIII.

Voici le spectacle que présentait l'hôtel de ville en flammes, dans la nuit du 3 au 4 mars 1922.

L'hôtel de ville, quelques heures après que les pompiers eurent eu raison de l'élément destructeur.

Les murailles de pierre de notre édifice municipal, qui sont encore debout, ne renferment plus ce matin qu'un amas de ruines fumantes.

LES FLAMMES ONT FAIT RAGE TOUTE LA NUIT.

Cet article fait état de l'incendie qui fut découvert vers 23 h 45, le **3 mars 1922.** *Les lecteurs de cette page se souviennent que le 15 février dernier, on annonçait la reprise des activités à l'hôtel de ville, quatre ans après ce terrible incendie.*

DE l'hôtel de ville de Montréal, il ne restait plus ce matin, que des ruines. Les étages supérieurs au-dessus du deuxième avaient disparu, effondrés à l'intérieur. Les deux premiers étages, dont les murs restaient encore debout, étaient remplis de décombres où jaillissaient encore des flammes. Toutes ces ruines ont été produites en quelques heures, la nuit dernière.

C'est un peu avant minuit qu'un des gardiens de l'hôtel de ville, M. Edouard Roussel, découvrit qu'un incendie s'était déclaré dans le sous-sol, au-dessous des bureaux du département des licences. Il sonna aussitôt une alarme à l'avertisseur de l'hôtel de ville. Quand les pompiers arrivèrent, ils jugèrent la situation fort grave, et deux nouvelles alarmes furent successivement sonnées, jusqu'après l'arrivée du chef Chevalier, qui fit sonner une alarme générale, à 1 heure 8 minutes.

UN VASTE BRASIER

L'hôtel de ville n'était plus alors qu'un vaste brasier. Les flammes avaient gagné tous les étages et jaillissaient à une grande hauteur, illuminant le firmament sur une très grande distance.

Dans l'intervalle, des milliers de personnes accourues des différentes parties de la ville avaient envahi les rues Notre-Dame, Gosford et Craig, et se poussaient sur le champ de Mars. Elles pouvaient d'ailleurs contempler un spectacle grandiose. Le crépitement des flammes se mêlait au bruyant fracas des écroulements à l'intérieur du vaste édifice, et des masses de vapeur s'élevaient, produites par l'eau lancée par les pompiers, que les flammes vaporisaient aussitôt.

DES ECROULEMENTS

Bientôt les étages supérieurs s'écroulaient l'un après l'autre et des brandons étaient lancés de toutes parts jusqu'à des grandes distances.

Des pompes à vapeur avaient été installées rue Notre-Dame, place Jacques-Cartier, rue Gosford, tout à l'entour de l'hôtel de ville, et d'innombrables et puissants jets d'eau étaient lancés de toutes parts dans l'ardente fournaise.

Pendant de longues heures, les pompiers durent combattre les flammes sous le commandement du chef Chevalier, du chef-adjoint Saint-Pierre, et des chefs de district Doolan, Marin, Gauthier et Dagenais.

DES POMPIERS BLESSES

Au cours de l'incendie, plusieurs pompiers furent blessés et on les envoya aux hôpitaux pour y être traités. Le capitaine Patrick O'Reilly reçut les plus graves blessures et on craint qu'il ne perde la vie.

Une véritable inondation de tous les environs de l'hôtel de ville fut causée par l'énorme volume d'eau lancé par les hommes de la brigade. Une grande partie de cette eau, sortant de l'édifice en flammes, se répandait sur les rues environnantes. Sur la rue Craig, il se répandit une épaisseur de plusieurs pieds d'eau qui empêchait absolument la circulation, pendant que les rues allant de la rue Notre-Dame vers le sud étaient transformées en véritables cataractes.

Le maire Martin, qui avait été averti aussitôt après la découverte de l'incendie, se rendit promptement sur les lieux, espérant sauver les documents qui se trouvaient dans son bureau, mais il ne put guère sauver que son collier d'office et quelques papiers personnels. (...)

RECIT DU GARDIEN

Edouard Roussel, le gardien qui a découvert le feu, raconte ainsi ce qui s'est passé :

« J'étais assis dans ma petite chambre, située près de la porte qui donne sur le carré entre le palais de justice et l'hôtel de ville, cette même chambre qui pendant plusieurs années servit aux reporters qui font le service des nouvelles à l'hôtel de ville. J'entendis des bruits sourds, comme des roulements; je crus que ce bruit provenait des voitures des vidangeurs qui souvent viennent en arrière de l'édifice, pendant la nuit. Je sortis de ma chambre qui se trouve au rez-de-chaussée et je me rendis au bureau où l'on émet les patentes. Sur le mur qui sépare ce bureau d'avec celui des estimateurs, je vis de la fumée qui montait en serpentant, venant par là où les tuyaux des calorifères entrent dans la pièce.

« Je sortis en courant de la pièce, et prenant l'ascenseur, je me rendis au dernier étage de l'édifice où réside Louis Lajeunesse, le concierge. Je l'éveillai et lui dit de se hâter de sortir. Je cassai alors la vitre de la boîte d'alarme, mais apparemment elle ne fonctionnait pas. J'essayai de descendre par l'ascenseur mais je m'aperçus que lui aussi refusait de fonctionner. Je descendis alors les escaliers en courant, brisant à chaque étage la vitre de la boîte d'alarme privée. En autant que j'ai pu m'en rendre compte, aucune de ces boîtes n'était en bon état. Finalement, je réussis à atteindre la boîte du système d'alarme de la ville; cette boîte était en bonne condition. »

EPILOGUE

Attribué aux fils électriques, l'incendie causa des dommages évalués par le maire Médéric Martin à $10 million à l'édifice terminé en 1878 au coût de $100 000, sans parler de nombreux documents historiques d'une valeur inappréciable.

Malgré ce malheur, les différents services publics étaient réorganisés dès le lendemain matin dans différents édifices de la Ville de Montréal, sous la gouverne de M. J.-A.-A. Brodeur, président du comité exécutif.

UN INCENDIE DESASTREUX RAVAGE LE QUARTIER COMMERCIAL DE SOREL

SOREL, 3 — Vers quatre heures, ce matin **(3 mars 1909)**, le feu s'est déclaré dans un hangar à l'arrière de l'épicerie de M. A.-C. Trempe, rue du Roi, et s'est communiqué bientôt à l'épicerie, qui fut détruite complètement.

Puis les flammes atteignirent le grand magasin de M. L.-T. Trempe; l'établissement de M. Lizotte; la pharmacie de M. Emile Chevalier; et les dépendances de M. le juge Bruneau, rue Georges.

On croit que l'incendie a été allumé par des fils en mauvais état. Les dommages subis par M. A.-C. Trempe s'élèvent à $13,000 que couvrent partiellement des assurances au montant de $6,000. L'Ecole technique de M. Tétreault a été détruite; elle n'était pas assurée. M. M.-A. Baril a perdu ses meubles. (...)

LES POMPIERS DE MONTREAL

Montréal a envoyé des secours. Vers 10 h. 30, une équipe est partie par convoi spécial de la gare du Grand Tronc. Elle était composée de huit hommes (...) et emmenait avec elle la puissante pompe à vapeur de la caserne No 22 et le fourgon à boyaux de la caserne No 7.

Un message téléphonique était arrivé chez le chef Tremblay à 6 h. du matin, pour lui demander du secours, mais on téléphona un peu après que le feu était maîtrisé. Il n'en était rien car vers 9 h. 30, un nouveau message demandait instamment des secours, et le chef donna les ordres nécessaires.

LES PROGRES DU BICYCLISME

Une première exposition de bécanes à l'hôtel Windsor

LA première exposition de bicycles qui soit tenue à Montréal, s'ouvrira ce soir **(3 mars 1897)** à la salle Windsor. Depuis un an, les manufacturiers se sont ingéniés à perfectionner ce qui paraissait déjà parfait, et ils ont trouvé plusieurs améliorations dont quelques-unes échappent au regard d'autres personnes que des connaisseurs. Le fait est qu'un certain nombre des améliorations se trouvent dans le mécanisme intérieur.

Parmi les appareils exposés, on peut voir une grande variété de freins; dans le mécanisme intérieur, les inventions tendent toutes à atténuer le frottement et à diminuer par le fait le travail des forces. Le fini des machines est extrêmement soigné. On peut admirer aussi, dans cette exposition, un grand nombre de cloches, de lanternes, de clés à dévisser, de pompes pneumatiques, de cyclomètres, de selles, etc. Dans chacun de ces appareils, on peut constater quelque amélioration tendant à faciliter le travail du bicycle ou à ajouter au confortable.

Il est certain que bien des gens se soucient fort peu de l'origine de la bicyclette sur laquelle ils se promènent. Il est intéressant, cependant, de constater que les machines canadiennes ne craignent, sous le rapport de la perfection, la concurrence d'aucun pays. Depuis six mois, les manufactures canadiennes ont exporté en Australie, pour plus de $100 000 de bicyclettes; bien plus, à la grande course internationale qui eut lieu à Melbourne, en Australie, Kellow, le vainqueur, montait une machine qui avait été fabriquée en Canada. Les journaux des Etats-Unis n'ont pas voulu nous accorder le crédit de ce fait, mais ils ont voulu s'en attribuer l'honneur en déclarant que la bicyclette de Kellow sortait d'une manufacture américaine.

Montréal a été le berceau du bicyclisme en Amérique, c'est en effet en cette ville que parut le premier bicycle importé sur ce continent. Cette époque est déjà assez éloignée, c'est en effet au mois de juin 1874, que M. A.T. Lane, arriva d'Angleterre emportant un bicycle parmi ses effets. La Confédération n'existait alors que depuis sept années et c'est précisément le jour de la fête de la Puissance du Canada que M. Lane se montra pour la première fois en public avec sa machine — un Coventry de 50 pouces. (...) Deux ans plus tard, le bicycle fit son apparition aux Etats-Unis.

A LA SALLE WINDSOR — Une visite à l'exposition de bicycles.

UN CHEVAL DANS UNE VITRINE

Dans son édition du *3 mars 1903*, LA PRESSE présentait croquis d'un cheval qui, ayant pris le mors aux dents, s'était projeté dans la vitrine de la National Clothing Co., au 1379, rue Notre-Dame. L'incident ne fit pas de blessés, et même si le cheval a complètement défoncé la vitrine de la boutique, il s'en est tiré avec des égratignures. L'incident au cheval de MM. Arpin et Vincent était survenu à 1 h 30 du matin.

ACTIVITÉS

AUJOURD'HUI

■ **À la radio**
17 h, Radio-Canada — Chronique consacrée à LA PRESSE à l'émission *Avec le temps*, animée par Pierre Paquette.

AUJOURD'HUI et DEMAIN

■ **Salon nautique**
Place Bonaventure — Les amateurs de nautisme pourront retrouver au kiosque de LA PRESSE les plus belles pages consacrées au nautisme depuis 1884, ainsi qu'une série de photos illustrant la fabrication de LA PRESSE. **Le salon ferme ses portes demain.**

DEMAIN

■ **À la télévision**
16 h 30, Télé-Métropole — Dans le cadre de l'émission *Sports-Mag*, l'animateur Pierre Trudel consacre quelques moments de rétrospective à des pages mémorables de LA PRESSE.

LA PRESSE

100 ans d'actualités

Par cette première page publiée le *5 mars 1898*, LA PRESSE manifestait son opposition au projet du gouvernement canadien de céder aux entrepreneurs Mann et MacKenzie 25 000 arpents de terrain aurifère pour chaque mille de chemin de fer qu'ils construiraient au Yukon, soit au total 3,5 millions d'arpents, en plus de les dispenser de l'obligation faite aux mineurs de travailleur leurs « claims » sans interruptions de plus de 72 heures, et d'exiger des redevances de seulement 1 p. cent pour l'or découvert sur ces terrains alors que les mineurs devaient verser 10 p. cent. Et au surplus, les deux entrepreneurs demeuraient propriétaires du chemin de fer et des revenus qu'il devait leur assurer. Devant la générosité, inacceptable à ses yeux, de l'offre gouvernementale, LA PRESSE proposait donc que le gouvernement demeure le maître d'oeuvre de la construction du chemin de fer, et qu'il en défraie les coûts de construction en vendant, aux Canadiens, puis si nécessaire aux autres citoyens britanniques, les terrains aurifères à raison de $2 l'arpent. « Il n'est pas un Canadien, dit LA PRESSE du jour, qui hésiterait un instant à payer deux piastres pour un claim d'un arpent carré en ce pays de l'or. » Et pour illustrer le tout, LA PRESSE avait choisi principalement le mont Methakahtis, que l'on disait être une masse solide de quartz aurifère.

Onze ouvriers noyés à Laval-des-Rapides

Un caisson cède à la pression de la glace, sous l'eau

par Claude Gendron

ONZE ouvriers ont péri, en fin d'après-midi, hier **(5 mars 1958)**, lorsqu'un énorme caisson d'acier construit au milieu de la rivière des Prairies pour permettre l'érection d'un pilier du nouveau pont de l'autoroute du Nord, a cédé sous la pression des glaces accumulées sur le côté ouest des chantiers, à Laval-des-Rapides.

Tôt ce matin, soit plus de huit heures après la catastrophe qui sema la confusion parmi les manoeuvres, les autorités de la compagnie de construction Dufresne établissaient à 11 le nombre des disparus.

Trois des manoeuvres qui travaillaient dans le lit de la rivière, au fond du caisson, ont toutefois eu la vie sauve. Ils ont été identifiés comme étant MM. Laurent Théorêt, 23 ans, de Saint-Eustache, Robert Dodge, de Bordeaux, et A. Fortin, de L'Abord-à-Plouffe.

M. Théorêt a été transporté à l'hôpital du Sacré-Coeur, souffrant de contusions et de choc nerveux. S'étant agrippé à des pièces de bois près du caisson, il a été secouru quelque cinq minutes après l'accident. L'un des deux autres survivants a été projeté sur la jetée tout près, tandis que le troisième a été secouru par des compagnons de travail au moment où il allait être emporté par le courant.

Recherches entreprises ce matin

Quant aux corps des victimes, on n'a aucunement tenté de les retirer de l'eau dans la soirée. Le surintendant du chantier, M. Paul-J. Brais, a déclaré qu'on devait entreprendre des recherches tôt ce matin à cet effet. Hier soir, deux plongeurs se sont rendus sur les lieux, sans toutefois s'aventurer sous l'eau, le risque étant encore trop grand.

On a expliqué que les corps pouvaient être coincés par des palplanches ou des poutres encore en mouvement sous la pression de l'eau. On a toutefois émis l'opinion qu'ils doivent être demeurés emprisonnés dans le caisson.

La tragédie s'est produite entre 5 h. 15 et 5 h. 20 hier après-midi, un peu plus d'une demi-heure avant le départ de ce groupe d'ouvriers à la fin de leur journée de travail. Une poutre d'acier soutenant le caisson aurait cédé, permettant à l'eau de s'infiltrer aussitôt entre certaines palplanches.

photo Michel Gravel, LA PRESSE

La tempête du siècle ?

Les Montréalais qui ont pesté contre la neige, lors des derniers jours de février, admettront que cette tempête, aussi importante a-t-elle été, venait encore loin derrière celle qui s'est abattu sur Montréal en mars 1971. En fait, pendant près de deux jours, rien ou presque ne bougeait à Montréal. L'activité était réduite à son strict minimum. Et même une rue achalandée comme la rue Sainte-Catherine ne laissait voir la trace du moindre véhicule, comme en fait foi cette photo prise en plein après-midi du 4 (et ce n'était guère mieux le lendemain). À LA PRESSE, on s'en souvient d'autant plus que le vendredi *5 mars 1971*, le journal n'a pas été publié même s'il avait été préparé dans la nuit du 4 au 5 par une poignée de journalistes courageux qui avaient généralement l'avantage de résider près d'une bouche de métro. Cette décision de ne pas publier avait été prise devant l'évidence qu'il serait impossible de livrer le journal à cause de l'état des routes.

QUOI FAIRE ET NE PAS FAIRE SI ON SE DIRIGE VERS LE YUKON

LA PRESSE consacrait une bonne partie de son édition du **5 mars 1898** au Klondyke et aux chercheurs d'or qui rêvaient de faire fortune d'un seul coup de pic. Et le journal y allait de conseils sans doute précieux pour ceux qui se préparaient à partir vers l'aventure. Voici quelques-uns de ces conseils :

CHOSES A FAIRE — Apprenez à nager. Préparez-vous à passer plusieurs jours sans vous laver. Habituez-vous à la solitude. Préparez-vous aux rhumatismes et aux refroidissements. Résignez-vous à porter les cheveux longs. Préparez-vous à souffrir de la famine. Pensez souvent que la farine coûte là-bas $1.50 la livre. Représentez-vous des oeufs à deux piastres la douzaine. Apprenez assez d'architecture pour pouvoir vous faire une méchante cabane. Dites-vous bien que là-bas les hivers sont longs et les étés courts. Faites-vous le goût au poisson : ce sera peut-être votre seule nourriture. Réconciliez-vous avec l'idée des maringouins, des moustiques, des brûlots, etc. Habituez-vous à ne dormir que d'un oeil en cas que vos provisions ne vous soient volées. Apprenez la boxe : c'est plus utile que le fleuret là-bas. Défiez-vous des gens qui vous offret pour $5,000, un claim évalué à $100,000. Faites-vous les bras à la rame, c'est un sport à la mode là-bas.

CHOSES A NE PAS FAIRE — Ne vous laissez pas blaguer. N'oubliez pas vos gants. N'apportez pas avec vous de cravates blanches ni d'habit à queue. Ne vous effrayez pas des gros froids. Ne vous moquez pas des viandes en conserves sous prétexte que ça goûte le ferblanc. N'apportez pas avec vous une baignoire en faïence, c'est trop cassant. Ne partez pas si vous êtes pris de poitrine ou de rhumatismes chroniques. Ne vous figurez pas que tout le monde aura la chance de trouver un claim d'un million. Ne vous attardez pas au Klondyke si vous y faites une petite fortune. Ne dédaignez pas les pépites d'or moins grosses qu'un oeuf de poule. Ne vous embarrassez pas d'un bicycle, mieux vaut la raquette. N'hésitez pas à vous munir d'un pistolet, cela vous donnera meilleure apparence. Ne manquez pas au moment de partir pour le Klondyke de vous acheter un billet de retour. N'oubliez pas de vous pourvoir de médecines assorties avant de partir. Ne vous laissez pas gagner par la folie quand vous trouverez votre première pépite d'or. Ne vous attristez pas parce que le jour n'a que quatre heures de durée contre la nuit, vingt. Ne jetez jamais une partie de vos effets pour arriver plus vite à un bonanza annoncé quelque part. N'apportez rien avec vous qui ne puisse supporter de grands froids. Ne vous attendez pas à faire le trajet de Vancouver à Dawson en moins de 35 jours. N'oubliez pas qu'il y a de l'or dans la province de Québec et que son extraction est moins coûteuse que là-bas. N'essayez pas de gagner le Klondyke en passant pa l'Amérique du Sud; c'est vers le nord qu'il faut cingler. N'oubliez pas que les maisons de jeux ont été instituées à Dawson pour plumer ceux d'entre les mineurs qu'on appelle des dindes.

NOURRITURE A APPORTER AU YUKON — Voici d'après les meilleures autorités ce qu'il faut à un homme pour une année :

Farine, lb	350
Gruau, lb	50
Ris, lb	35
Fèves, lb	100
Sucre blanc, lb	100
«Soda à pâte», lb	8
Levure (yeast), paquets	6
Sel, lb	25
Poivre, lb	1
Moutarde, lb	½
Gingembre, lb	¼
Pommes sèches (tapées)lb	25
Pêches sèches, lb	25
Oignons séchés, lb	25
Pommes de terre, lb	50
Thé, lb	12
Savon, lb	8
Lég. secs pour soupe, lb	15
Beurre, lb	25
Tabl. de jus de citron, douz.	1
Boeuf en conserves, boites	10
Bacon, lb	200
Biscuits, lb	100

Le lard est très important, mais pour celui qui part au printemps, il est difficile d'en emporter. Au bout de quelques semaines, la chaleur est cause qu'il devient rance.

C'EST ARRIVÉ UN 5 MARS

1977 — On annonce que le CRTC accepte d'enquêter sur l'objectivité du réseau français de Radio-Canada, à la demande de ministres et de députés fédéraux.

1973 — Deux appareils espagnols entrent en collision à Nantes, en France, où le contrôle aérien est assuré par les militaires à cause de la grève des aiguilleurs du ciel. On dénombre 68 morts.

1967 — Le gouverneur général Georges Vanier meurt calmement dans son sommeil à l'âge de 78 ans, à sa résidence officielle.

1966 — Un *B-707* de BOAC s'écrase sur le mont Fuji, au Japon. 124 personnes perdent la vie.

1958 — Le chef du Parti libéral du Canada, M. Lester B. Pearson, visite LA PRESSE.

1955 — L'Union soviétique expulse le père Georges Bissonnette, Assomptionniste de nationalité américaine et aumônier de l'ambassade des États-Unis à Moscou.

1953 — Joseph Staline, de son vrai nom Joseph Vissarionovitch Dougatchvili, meurt à l'âge de 74 ans, après avoir dirigé les destinées de l'Union soviétique pendant 29 ans. — Un Polonais s'enfuit de son pays aux commandes d'un *Mig-15* et atterrit au Danemark. C'est le premier avion de ce modèle à arriver intact à l'Ouest.

1946 — Vercors, l'écrivain de la Résistance française, est en visite à Montréal.

1933 — Le Parti national-socialiste d'Adolf Hitler s'empare d'une majorité absolue au Reichtag, en enlevant 288 sièges aux élections générales d'Allemagne. — Le président Franklin D. Roosevelt ordonne aux banques de fermer leurs portes pendant quatre jours et place un embargo sur l'or.

UNE INONDATION DANS LA RUE CRAIG

L'éclatement d'une conduite souterraine de 24 pouces couvre la chaussée de 4 pieds d'eau de la rue Chenneville jusqu'au square Victoria.

LE froid excessif et la neige auront causé des dégâts énormes au réseau des conduites souterraines, à Montréal, ainsi qu'à un grand nombre d'immeubles situés près des endroits où se produisent, depuis quelques jours, des ruptures dans les conduites d'eau. A date, on compte trois inondations d'importance à Montréal-Est, à Verdun (réseau souterrain de Montréal) et, ce matin **(5 mars 1934)**, angle des rues Bleury et Craig. De plus, interruption de milliers de services domestiques d'aqueduc, éclatement de quelques hydrants, etc. (...)

La plus considérable de ces trois inondations se produisit ce matin, à 7 h. 35, par suite de l'éclatement d'une conduite centrale de 24 pouces, à l'angle des rues Bleury et Craig. Cette dernière rue ressemblait à une rivière, du carré Victoria à la rue Chenneville, pendant que toute les caves des principaux établissements industriels étaient inondées par huit et même dix pieds d'eau. La circulation des tramways fut interrompu pendant plus de trois heures, retardant ainsi l'ouverture des bureaux dans le quartier de la finance et des affaires. Cet accident, attribué, croit-on, à la gelée dans les conduites souterraines, prit tout le monde par surprise.

A 10 h. 30, après les ouvriers du service de canalisation eurent réussi à fermer les conduites d'eau, la situation était redevenue normale et le premier tramway se rendant au terminus Craig en descendant la rue Bleury put circuler sans aucun danger. (...)

Nombreux incidents

Le reporter de la «Presse» fut témoin de plusieurs incidents. En une circonstance, un jeune employé tenta de pénétrer dans la cave d'un établissement d'affaires et faillit s'y noyer car au moment même un torrent d'eau le renversa. L'eau à cet endroit, après avoir inondé la cave qui a dix pieds de profondeur, monta par-dessus le plancher du rez-de-chaussée et atteignit même les comptoirs. Les employés montèrent sur des chaises et organisèrent une «vente».

En face d'un magasin de la rue Craig, près de la rue Bleury, on vit un homme sortir de l'établissement, prendre une ligne et pêcher «à sa manière». Et un autre enleva ses souliers et traversa la rue nu-pieds, afin de voir un client.

De jeunes hommes en bicyclette faisaient des courses pour leurs patrons et organisaient des secours. Et combien d'autres incidents, dont quelques-uns firent la joie des centaines de spectateurs!

Ces deux photos, prises rue Craig, près de Bleury, démontrent bien l'ampleur de l'inondation causée par une conduite d'eau.

LA PRESSE

100 ans d'actualités

LA PRÉVISION DU TEMPS

La science météorologique, si elle est très utile, est aussi très difficile.–Pourra-t-on jamais trouver une loi générale qui permette de dire infailliblement le temps qu'il fera en un lieu donné, à un jour et à une date déterminés? Prévision lointaine et prévision prochaine du temps.– La station météorologique du Canada.

L'observatoire de la station météorologique de Toronto, d'où le gouvernement fait transmettre par tout le pays les bulletins des pronostics de la température.

Le sismographe. — Cet instrument d'une sensibilité extrême entregistre les secousses sismiques (tremblement de terre) et autres "frissons" terrestres.

Le téléscope de la station météorologique. Au moyen de cet instrument, muni d'une lentille d'un diamètre de six pouces, on observe sans cesse les mouvements des corps célestes.

L'horloge électrique de la station météorologique. Cette horloge indique exactement "le temps moyen" qui est ensuite transmis par tout le pays, chaque jour.

Dans cette chambre de la station météorologique sont préparés les cartes météorologiques et les bulletins des pronostics de la température.

Dans une chambre particulière se trouvent une horloge électrique et une lunette méridienne, deux instruments nécessaires pour l'observation dans un observatoire météorologique.

La chambre du télégraphe. — L'opérateur reçoit chaque jour, les rapports de la température de toutes les parties du Canada.

Dans son édition du *6 mars 1920*, LA PRESSE consacrait la première page à la prévision du temps et aux Alcide Ouellette de l'époque.

Battu par Amundsen dans sa tentative de découvrir le pôle sud, Scott y laisse en plus sa vie

LONDRES, 6 — Un journal publie la nouvelle annonçant que le capitaine Robert F. Scott, célèbre explorateur anglais, vient de découvrir le pôle sud. Mme Scott n'a pu confirmer cette rumeur qui n'est probablement pas sans fondement. En effet, des dépêches provenant d'excellentes sources disaient, ces jours derniers, que le capitaine Scott et le capitaine Amundsen, explorateur norvégien, étaient sur le point d'atteindre le but de leur rêve.

S'il est bien vrai que le capitaine Scott a découvert le pôle sud, il a rendu son nom immortel.

Plusieurs expéditions sont parties à peu près en même temps que celle commandée par le capitaine Scott, avec l'espoir de trouver le sommet mystérieux de la terre.

C'est par ces quelques lignes que LA PRESSE, dans son édition du **6 mars 1912**, annonçait à ses lecteurs que le capitaine Scott, dont on était par ailleurs sans nouvelles quant à sa position sur les glaces de l'Antarctique, avait réussi l'exploit de devenir le premier être humain à atteindre le pôle sud. La nouvelle était d'autant plus intéressante que l'explorateur britannique âgé de 44 ans, en était à sa deuxième tentative, ayant échoué lors de sa première expédition entre 1901 et 1904. Lorsqu'il quitta l'Angleterre, en juin 1910, à bord du Terra Nova, et encore lorsqu'il entreprit son long voyage en traîneau sur les glaces de l'Antarctique, en novembre 1911, il avait la certitude de réussir. Mais le sort en avait décidé autrement, car il perdit tout.

En effet, lorsqu'il atteignit effectivement le pôle sud, le 17 janvier 1912, il découvrit que son principal concurrent, l'explorateur norvégien Roald Amundsen, l'avait devancé d'un peu plus d'un mois, ayant découvert le pôle sud le 14 décembre 1911.

Et la malchance de Scott ne se limita pas à cette triste constatation; en effet, en revenant vers le bateau, l'expédition rencontra du mauvais temps pendant de longues semaines et ses quatre membres y laissèrent leur vie. La tente de Scott et de ses collaborateurs fut retrouvée seulement le 12 novembre suivant, et on nota alors que la dernière inscription de Scott dans son journal personnel remontait au 29 mars, et qu'elle témoignait du fait que la vie de Scott ne tenait déjà plus qu'à un fil.

LA PRESSE CORRIGE SON TIR

Mais alors, demanderez-vous, comment LA PRESSE a-t-elle pu commettre cette erreur? D'abord, il faut savoir qu'en 1912, les moyens de communications n'étaient pas ce qu'ils sont aujourd'hui. Et la chose paraissait assez plausible puisque Scott dirigeait une des cinq expéditions en quête du pôle sud, les autres étant dirigées par Amundsen, l'Allemand Filchner, le Japonais Shirase et l'Australien Douglas Mawson. Et la nouvelle émanant de Hobart, en Tasmanie, publiée dans l'édition du 7 mars, et selon laquelle le capitaine Amundsen aurait reconnu que Scott avait été le premier à atteindre le pôle sud, ne fit que renforcer la rumeur. Sauf que dès son édition du 8, deux jours après le début du débat, à la lumière des nouvelles parvenant notamment de New York, et surtout du démenti formel d'Amundsen à la nouvelle de la veille qu'on lui attribuait, LA PRESSE était en mesure d'affirmer que le pôle sud avait été découvert le 14 décembre 1911 par l'expédition du capitaine Amundsen, un fait que l'Histoire devait consacrer. Dans cette affaire, il est vraisemblable de penser que les journaux de Londres avaient été victimes d'un certain chauvinisme.

Une des rares photos montrant, dans leur costume d'explorateur, les deux êtres humains à atteindre le pôle sud, le Norvégien Roald Amundsen (à droite) et le Britannique Robert Scott.

L'affaire Cordélia Viau (8)

Rejet du recours en grâce des condamnés Parslow et Viau

La nouvelle que nous annoncions officiellement, samedi, du renvoi du recours ou de la commutation demandée par les avocats de Cordélia Viau et de Sam Parslow, a été officiellement annoncée à Ottawa, ce matin (**6 mars 1899**).

La condamnation des deux meurtriers de Saint-Canut a été ratifiée par un ordre-en-conseil qui a décidé que la loi suivrait son cours et que Sam Parslow et Cordélia Viau monteront sur l'échafaud, vendredi matin *(donc le 10 mars)*, pour expier l'injure qu'ils ont infligée à la société en assassinant le brave Isidore Poirier.

Les populations qui craignaient la grâce de ces deux dangereux individus devront donc cesser de crier vengeance; les rares amis de Cordélia Viau et de son malheureux complice devront-ils faire taire l'espoir qui les a bercés, et tourner maintenant leurs prières vers le ciel, pour qu'il soit miséricordieux aux malheureux dont la justice humaine ne sera vengée?

Il est en effet peu de personnes qui soient restées indifférentes à cette affaire de Saint-Canut. Et ce qui est aussi certain, c'est que si le plus grand nombre a hautement demandé vengeance pour le sang de Poirier, les rares amis des malheureux condamnés ont aussi fait tout ce qui leur fut humainement possible de faire pour sauver leurs têtes de la corde. Encore ce matin, l'honorable juge Taschereau, qui a présidé aux procès de Cordélia Viau et Sam Parslow, a reçu de Salem, Mass., une lettre anonyme remplie des plus basses injures et des pires menaces.

D'un autre côté, l'honorable juge a reçu une pièce de factum rédigé par un comité qui s'est fondé à Montréal lors de la fameuse commutation de la sentence de mort qui avait été prononcée contre le meurtrier Shortis. Ce comité a pris pour but de jurer la mort de tout gouverneur, ministre ou juge permettant la commutation d'une sentence de mort.

Les juges et les ministres sont, d'un côté ou de l'autre, également assurés de se voir tuer, puisque les amis des meurtriers comme les amis de la justice promettent la mort aux autorités si la sentence est commuée ou si elle n'est point commuée. (...)

La discussion s'élève maintenant sur l'heure à laquelle auront lieu les deux exécutions. L'heure de l'exécution, contre l'habitude, n'a pas été fixée par l'honorable juge Taschereau qui a prononcé la sentence, de sorte que l'exécution peut avoir lieu à n'importe quelle heure du jour. D'aucuns sont d'avis que les deux malheureux monteront sur l'échafaud avant même le lever du soleil, afin de prévenir l'affluence des curieux.

La décision rendue ce matin, par les ministres, est en même temps un ordre à Radcliff d'avoir à se rendre à Sainte-Scholastique, et d'y dresser la potence.

Le meilleur moyen à prendre pour empêcher les enfants de crier.

À l'époque où LA PRESSE publiait ce croquis, soit le *6 mars 1897*, on recourait à différentes méthodes pour amener un bébé à cesser de pleurer, du jouet à la menace, en passant par la musique, la surprise, les caresses et les calmants. Or donc, ce jour-là, un loustic anonyme suggérait aux lecteurs de LA PRESSE une méthode qui ferait bondir plus d'un pédiatre d'aujourd'hui : il faut simultanément pincer le nez de l'enfant et placer l'autre main sur sa bouche, ce qui aura pour effet, affirmait-on, de l'amener à cesser de pleurer. Si on se fie à l'article, la méthode permettait d'obtenir de bons succès...

ACTIVITÉS

■ **Exposition de bandes dessinées et caricatures**

Galerie Émergence, 1452, Laurier est — La participation de LA PRESSE à ce festival comprend une dizaine de caricatures de Girerd, en plus de l'affiche qu'il a conçue pour les festivités du centenaire, ainsi que le portefolio *L'histoire de la caricature dans la vie de LA PRESSE*. Jusqu'au 18 mars inclusivement.

C'EST ARRIVÉ UN 6 MARS

1983 — Victoire écrasante d'Helmut Kohl, favorable à l'installation de missiles américains en territoire allemand, lors des élections générales en RFA.

1982 — Le brise-glace canadien *Louis St-Laurent* est mis hors d'usage par un incendie.

1980 — La poète, historienne et romancière Marguerite Yourcenar devient la première femme à être élue à l'Académie française.

1964 — Mort du roi Paul de Grèce. Constantin lui succède. À 23 ans, il est le plus jeune roi d'Europe.

1958 — Les étudiants universitaires font la grève afin d'amener les autorités à assurer l'accès à l'université à tous.

1957 — Création du Ghana (ex-Côte d'or), qui devient le premier État africain à accéder à l'indépendance.

1955 — Le Canada reconquiert sa suprématie au hockey quand l'équipe de Penticton défait celle d'URSS, 5-0.

1953 — Georgi Malenkov est nommé premier ministre d'URSS, succédant ainsi à Staline.

1950 — Albert Lebrun meurt à Paris à l'âge de 78 ans. Il avait occupé la présidence de la France en deux occasions.

1946 — Les États-Unis ont désormais la capacité de fabriquer une bombe atomique mille fois plus puissante que celles qui ont détruit Hiroshima et Nagasaki.

— Le Canada consent au Royaume-Uni un prêt de $1,25 milliard, remboursable en 50 ans à 2 p. cent d'intérêt.

1945 — Le cargo *Greenhill Park* est détruit par un incendie dans le port de Vancouver.

1930 — L'amiral Von Tirpitz, partisan d'une guère sous-marine sans merci, meurt à l'âge de 81 près de Berlin.

LA PRESSE

100 ans d'actualités

EFFROYABLE CATASTROPHE

Un violent incendie détruit complètement le superbe bateau de la compagnie du Richelieu, le «Montréal». — Les pertes se chiffrent à plusieurs centaines de mille piastres. — Au cours du sinistre, la charpente d'un hangar de la compagnie Allan s'effondre — Un mort, une centaine de blessés.

VERS neuf heures, samedi soir **(7 mars 1903)**, une immense lueur envahissait le firmament, avertissant la population de la métropole qu'une grande conflagration venait de se déclarer quelque part. La rumeur se répandit d'abord que les bureaux de la compagnie G.N.W., rue St-François-Xavier, étaient la proie des flammes, mais cette rumeur fut bientôt démentie et l'on apprit que le feu dévorait le nouveau steamer « Montréal », de la compagnie de navigation Richelieu et Ontario, auquel des ouvriers étaient à donner le dernier polissage, dans le bassin de la douane. Il se fit alors une immense poussée du côté des quais. Pendant quelques minutes, on vit surgir de tous côtés une foule effarée, courant à perdre haleine vers un même point. Les théâtres se vidèrent, les rues et les magasins furent bientôt déserts, et moins d'un quart d'heure après le commencement de l'incendie, une foule de 50 000 à 75 000 personnes était réunie sur les quais.

CE FUT UNE VRAIE LUTTE,

on se poussait, on se bousculait, on s'écrasait pour conquérir une place d'où il fut possible de voir le spectacle grandiose qu'offrait la conflagration. Le mur de revêtement était couvert de monde sur presque toute sa longueur.

Des milliers de personnes avaient même franchi le mur de revêtement, s'étaient aventurées

SUR LA GLACE

recouvrant les quais, s'étaient juchées sur les carcasses d'entrepôts que les grandes compagnies de navigation Allan, Elder-Dempster, etc., laissent sur les quais l'hiver.

Au plus fort de l'incendie, alors que le bateau n'était plus qu'un brasier ardent, que les flammes s'élevaient dans les airs à une hauteur considérable, que l'attention de tout le monde était captivée par la grandeur imposante du spectacle, alors que toute la foule, haletante, saisie, pétrifiée, suivait avec passion les péripéties du drame,

UN CRAQUEMENT

se fit entendre, un bruit assourdissant de maison qui s'écroule. Il y eut un moment d'angoisse et de stupeur, puis des cris et des lamentations, des appels désespérés et des plaintes de mourants se mêlèrent au crépitement sinistre des flammes voraces dévorant avec rage les bois rares, les sculptures, les tapis, en un mot, toutes les richesses que renfermait le navire neuf.

La carcasse des entrepôts de la Compagnie Allan venait de s'écrouler et des centaines de personnes se débattaient dans

LA PLUS AFFREUSE

des situations. Ceux qui étaient grimpés sur l'entrepôt furent entraînés dans la chute des pièces de fer et de bois dont était faite la construction, et ceux qui se trouvaient en dessous furent écrasés sous les débris.

Le premier moment de panique passé, on se mit en devoir de

PORTER SECOURS AUX BLESSES.

Toutes les voitures d'ambulance et de patrouille furent immédiatement réunies sur les lieux, et alors commença le transport des blessés aux hôpitaux.

Des centaines de personnes n'ont reçu que de légères blessures et ont pu retourner seules chez elles, après avoir été pansées sommairement par les médecins présents. Les autres furent transportées

DANS LES DIVERS HOPITAUX,

où plusieurs sont actuellement en danger de mort.

Le nouveau « Montréal » devait être livré à la Compagnie de navigation Richelieu et Ontario en juin prochain. Il devait être le plus beau vaisseau de son genre, construit sur ce continent. La perte est pour les entrepreneurs, qui ont, sur le navire, $350 000 d'assurances.

Telle est en résumé, l'histoire de la grande catastrophe qui a jeté un crêpe de deuil sur Montréal, samedi soir.

Épilogue

Le terrible incendie et l'écrasement de l'entrepôt auraient pu avoir des conséquences beaucoup plus désastreuses, car si le nombre des blessés a été très élevé, il s'agissait surtout de blessures relativement mineures.

La seule victime de la catastrophe, au lendemain de celle-ci, était un jeune homme de 20 ans employé du Grand Tronc, M. Nicola Florillo, qui subit une fracture du crâne en plus d'avoir la gorge broyé. Il s'agissait d'un immigré italien tout récemment arrivé au pays, et auquel on ne connaissait pas de parenté à Montréal.

Selon M. Frank Kennedy, gardien du « Montréal », l'incendie se serait déclaré dans l'entrepont et aurait été causé par une combustion spontanée de coton pressé imprégné de térébenthine et d'autres matières inflammables avec lesquelles les peintres s'essuyaient les mains après leur travail. Le vaisseau devait être complètement terminé dans deux ou trois semaines.

M. J. Côté, gardien des barges de MM. Allan, est celui qui a sonné l'alarme. Il a remarqué que les flammes s'étaient déclarées à l'avant du navire pour ensuite se propager à une vitesse inouie.

Deux cheminées calcinées et un tas de feraille, voilà tout ce qui restait du « Montréal » au lendemain de l'incendie.

C'EST ARRIVÉ UN 7 MARS

1983 — Le chef d'orchestre Igor Markevitch succombe à une crise cardiaque.

1982 — La violence persiste au Guatemala, malgré l'appel du pape et la tenue d'élections générales.

1975 — Fin des audiences publiques de la commission Cliche, chargée d'enquêter sur l'exercice de la liberté syndicale.

1971 — Les chutes de neige du 7 mars permettent d'atteindre un nouveau record pour un même hiver: 140,8 pouces.

1965 — Pour la première fois, la messe est célébrée en langues vernaculaires dans les églises catholiques du Canada. — Arrivée des premiers fusiliers marins américains à Danang.

1961 — Le pilote d'essai américain Robert White établit un record de vitesse de 2 650 milles à l'heure à bord de l'avion expérimental *X-15*.

1956 — Décès à l'âge de 67 ans du major-général Léo-Richer Laflèche, militaire et diplomate canadien de carrière.

1951 — Assassinat du premier ministre iranien Ali Razmara dans une mosquée de Téhéran.

1936 — Pendant qu'Hitler propose un pacte de non-agression de 25 ans à la France et à l'Angleterre, ses troupes envahissent la Rhénanie.

1932 — Mort du célèbre homme d'État français Aristide Briand.

1906 — En France, la crise religieuse entraîne la défaite du gouvernement Rouvier.

L'affaire Cordélia Viau (9)

ENCORE DEUX JOURS!

Cordélia Viau et Sam Parslow se préparent à la mort. — L'arrivée du bourreau Radcliff à Ste-Scholastique. — On croit que Cordélia marchera bravement à la mort, et que Sam faiblira au dernier moment.

SAINTE-Scholastique, 7 — Le citoyen Radcliff est arrivé ce matin **(7 mars 1899)** avec sa vareuse de laine bleue qu'il revêt à chacune de ses tournées officielles et le cigare aux lèvres il s'est rendu d'abord au bureau du shérif où il s'est chamaillé un peu à propos de la potence qu'il veut lui imposer. Il réclame celle de Nulty qui, selon lui, a fonctionné d'une manière épatante. Mais cet échafaud est détruit et on veut apporter à Sainte-Scholastique celui qui avait été construit pour le meurtrier Mann, l'auteur du *drame de la Citrouille*.

Radcliff préfère fabriquer une nouvelle potence plutôt que d'en prendre une qui n'a pas été faite sur ses ordres. Mais l'embêtant, c'est que personne ici, pas même le plus petit ouvrier, veut se prêter à cette construction, de sorte que le bourreau devra accepter la potence qui lui arrivera de Montreal demain matin. Cet échafaud sera identique à celui qui a servi à l'exécution de Tom Nulty avec, cependant, une trappe plus large afin que Cordélia Viau et Sam Parslow montent au même moment sur l'échafaud où ils expieront leur crime.

L'exécution aura lieu à huit heures, vendredi. Par des précautions qui méritent des félicitations, les shérifs assurent que le scandale de Joliette ne se répétera point à Sainte-Scholastique.

Le nombre de cartes d'admission a été limité à cinquante, y compris les représentants des journaux et un peloton de constables empêchera la foule d'envahir la prison, comme la chose s'est scandaleusement vue à Joliette. Ce n'est cependant pas le manque de demandes qui limitera ainsi le nombre des témoins du dernier acte du drame désormais fameux de Saint-Canut. Les demandes arrivent de partout, jusque de New York et du Nouveau Brunswick. (...)

Les deux condamnés semblent fort abattus: on croit que Parslow ne pourra se rendre seul à l'échafaud. Cordélia Viau fait toujours des bravades. Elle veut absolument parler sur l'échafaud.

Si son confesseur lui défend de porter des accusations, à ce moment suprême, elle demandera de faire au moins une prière à la sainte Vierge. Elle persiste cependant à croire que le châtiment ne s'accomplira pas. (...)

La nouvelle du renvoi de leur demande de commutation leur a pourtant été transmise hier, par le Rév. Père Meloche, S.J., qui assiste ces deux agonisants en bonne santé. Les deux condamnés s'attendaient à cette mauvaise nouvelle et ils n'ont point été surpris de l'apprendre.

Sam ne parle pas du tout; il prie et demande au ciel la force de bien mourir. Dans des alternatives d'espoir et d'expiation, Cordélia Viau maudit tous les hommes et ensuite pardonne jusqu'à son bourreau. Elle dit cependant que s'il faut qu'elle meure, quoique innocente, elle montrera aux hommes qu'une femme peut mourir bravement.

La population plaint ces deux malheureux et un grand nombre de citoyens se disposent à quitter Sainte-Scholastique le jour de l'exécution.

Memento quia pulvis es...
MEMENTO.....

Cette page de 1907 consacrée au Mercredi des Cendres proposait le texte circonstanciel suivant aux lecteurs de LA PRESSE:

Crachant au monde qu'il effleure
Sa bourdonnante vanité,
L'homme est un moucheron d'une heure
Qui veut pomper l'éternité.
C'est un corps jouisseur qui souffre,
Un esprit ailé qui se tord;
C'est le brin d'herbe au bord du gouffre,
Avant la Mort.

Puis, la main froide et violette,
Il pince et ramène ses draps,
Sans pouvoir dire qu'il halète,
Etreint par d'invisibles bras.
Et dans son coeur qui s'enténèbre,
Il entend siffler le remord
Comme une vipère funèbre,
Pendant la Mort.

Enfin, l'homme se décompose,
S'émiette et se consume tout.
Le vent déterre cette chose
Et l'éparpille on ne sait où.
Et le dérisoire fantôme,
L'oubli vient, s'accroupit et dort
Sur cette mémoire d'atome,
Après la Mort.

BABILLARD

En réponse à deux lecteurs

Deux récents articles des pages « rétro » de LA PRESSE ont provoqué des réactions de lecteurs qui se disent assidus. Et voici les réponses, tel que promis lors des conversations téléphoniques avec ces lecteurs.

En premier lieu, l'affaire du *Laconia* dont il était question dans les éphémérides de la page du centenaire du 25 février dernier, comme cause immédiate de l'engagement des États-Unis d'Amérique dans la première Grande Guerre. Certains croyaient que le nom du navire était erroné, et qu'il aurait plutôt fallu parler du *Lusitania*.

Le seul fait de mettre en doute les informations qu'il vous communique par le truchement de cette page fait bondir de son siège (sympathiquement, s'entend) notre recherchiste en chef Georges Wentser. Et la réalité devait encore une fois lui donner raison. En effet, le *Lusitania* a été coulé le 7 mai 1915, donc deux bonnes années avant l'entrée en guerre des États-Unis, le 6 avril 1917, soit à peine un mois après le torpillage du *Laconia*.

Deuxième question, l'article d'époque faisant état d'un match du Canadien disputé de la veille, et publié dans l'édition du 27 mars 1930 puis repris dans le cahier thématique « 100 ans de sport ». Deux choses ont piqué plus particulièrement la curiosité des lecteurs: comment se fait-il, ont-ils demandé, que le Canadien partait, selon l'article, avec une avance de 1 à 0, et comment peut-on dire que Howie Morenz a marqué les deux buts du Tricolore dans une victoire de 3 à 2? Eh bien! c'est simple. Il s'agissait d'une série au total des buts, le Canadien avait gagné le premier match 1 à 0, et les Black Hawks le deuxième 2 à 1, ce qui avait entraîné du surtemps. Et c'est au cours de ce surtemps que Morenz comptait son deuxième but de la soirée pour assurer la victoire du Canadien, 3 à 2 au total.

Terminons en apportant une correction: une erreur de frappe nous a fait dire, dans l'édition du 29 février que le tremblement de terre d'Agadir avait eu lieu en 1964, alors qu'il aurait fallu dire 1960. Nous en profitons d'ailleurs pour vous inviter à ne jamais hésiter à communiquer avec nous si vous croyez avoir décelé une erreur dans la « page du centenaire ». Quitte à renverser l'ami Wentser dans son fauteuil...

ACTIVITÉS

■ À la télévision

19 h 30, Radio-Canada — Cinq confrères journalistes de LA PRESSE font de la figuration dans l'émission *Le Temps d'une Paix*, à l'occasion du centenaire de deux grandes dames, Mémé Bouchard et LA PRESSE. C'est un épisode à ne pas manquer. Est-il besoin de rappeler que LA PRESSE a fait tirer au hasard 100 laissez-passer pour deux personnes parmi les 8 000 lettres de lecteurs qui avaient manifesté le désir d'assister au visionnement de l'épisode en studio, à Radio-Canada.

■ Exposition de photos et de caricatures

Bibliothèque municipale de Brossard — Les citoyens de Brossard sont de très grands usagers de leur bibliothèque municipale. Mais d'ici le 27 mars, lors de leur passage à la bibliothèque, ils auront l'occasion de voir une collection de photos, de caricatures et de bandes dessinées faisant partie de l'exposition itinérante des cent ans de LA PRESSE.

LA PRESSE

100 ans d'actualités

Femmes Suffragettes et Furies
Ce que la société attend du sexe faible, les prétentions de celui-ci, ses réclamations ses excès... L'anarchie en jupon: la femme au foyer

NDLR - Le **8 mars 1913,** *donc 71 ans jour pour jour avant la Journée internationale de la femme de 1984, LA PRESSE consacrait sa première page aux suffragettes. Les légendes des illustrations et le texte qui accompagnait cette page avaient une teneur qu'on jugerait éminemment sexiste aujourd'hui. C'est donc à lire avec un certain sens d'humour.*

LE monde entier s'occupe aujourd'hui des suffragettes. Elles ont assez fait de bruit en Angleterre pour attirer l'attention universelle. On ne rit plus, maintenant, des agissements des « apôtres » du féminisme politique; elles sont devenues une cause de désordre extraordinaires que la police a bien du mal à réprimer, et les gouvernements se demandent quelles mesures il faudra prendre à l'avenir pour faire respecter la loi à ces énergumènes qui font une triste réputation à leur sexe, dans quelques pays. Il convient pourtant de faire une distinction entre les suffragettes anglaises et celles d'Amérique ; autant celles-là sont violentes, autant celles-ci se montrent pacifiques. Cela ne veut pourtant pas dire que les suffragettes américaines manquent de fermeté; au contraire, elles poursuivent leur but avec une constance digne d'un meilleur sort. Il faut, pourtant, convenir que dans nul autre pays au monde le féminisme fait plus de progrès qu'aux États-Unis, en ces dernières années. Les économistes les plus éclairés, toutefois, voient en cela un grand danger social. Les moins anti-féministes y trouvent une anomalie sérieuse.

Le titre de notre page fait tout de suite comprendre les trois catégories de femmes qui occupent aujourd'hui l'attention du monde entier. Il y a d'abord la femme, la vraie femme, celle qui, fille, épouse ou mère se consacre uniquement à la mission qui lui a été assignée par la Providence, la femme qui est l'ornement du foyer, et l'adoration de tous ceux qui l'entourent.

Il y a ensuite la suffragette modérée, celle qui, non contente de l'émancipation dont elle jouit dans notre société moderne, réclame, mais sans se livrer à des voies de fait et à des excès répréhensibles, des droits politiques qui ont été jusqu'ici l'apanage exclusif de l'homme. Le bon sens nous dit que ces femmes se trompent et que leur place n'est pas dans les assemblées politiques tumultueuses, dans les bureaux de votation ou dans l'enceinte du Parlement, mais au foyer, qui réclame sa constante présence. Pourtant, il serait difficile de ne pas reconnaître le droit qu'elles ont de présenter leur cause, de la discuter et de tâcher de la faire triompher. Les concessions qui ont été faites aux femmes, dans certains pays, comme aux Etats-Unis, les autorisent, pour ainsi dire, à continuer la campagne destinée à faire étendre davantage leurs privilèges politiques.

Mais il est une classe de suffragettes que l'humanité repousse : ce sont celles qui, comme à Londres, se livrent à toutes les violences, au crime même, sous prétexte de réclamer justice. Celles-là, la société ne peut les souffrir; elles cessent d'être femmes pour devenir furies, et l'autorité ne peut que les traiter comme elles le méritent, c'est-à-dire avec toute la rigueur qui doit poursuivre les criminels.

L'affaire Cordélia Viau (10)

PLUS QU'UN JOUR!

Les cercueils des deux condamnés sont commandés. --- Le citoyen Radcliff retardé dans ses opérations.

(spécial à «La Presse»)

STE-Scholastique, 8 — Le bourreau Radcliff, qui est allé à Montréal hier soir, chercher la potence qu'on veut lui imposer, a manqué son train ce matin **(8 mars 1899),** et ses ouvriers qu'il a engagés à Montréal, sont arrivés à Ste-Scholastique, de même que ses bois lui restent absents, et les confectionneurs de l'échafaud restent dans le plus profond embêtement.

C'est la potence qui devait servir à Mann qui est arrivée à Ste-Scholastique, ce matin, démontée, en pièces artistement menuisées, peintes en rouge sang, vernies et numérotées. En l'absence du bourreau, directeur des apprêts de l'exécution, les ouvriers s'amusent à préparer les pièces qui formeront la plateforme sur laquelle s'installera la trappe. La potence sera fixée au mur nord de la cour de la prison. La fenêtre de Parslow donne sur ce mur. On a voulu couvrir la fenêtre, mais Sam a demandé de le laisser se familiariser avec l'idée de la mort.

Le révérend Père qui prépare les malheureux condamnés à la mort, les shérifs et les autres autorités nous demandent de rectifier certaines faussetés qui se sont glissées dans les journaux. Il n'est pas vrai que Cordélia Viau ait jamais demandé de servir la messe qui sera célébrée le matin de son exécution. Il n'est non plus vrai que la potence est arrivée hier à Ste-Scholastique. Il n'est non plus vrai que les hôteliers de l'endroit refusent de recevoir le bourreau chez eux. Un hôtelier l'a reçu. Mais ce qui est vrai, c'est que la population de Ste-Scholastique se dispose à faire un fort mauvais parti au citoyen Radcliff, s'il prétend faire le fanfaron comme il l'a fait à Joliette. La population a demandé l'exécution des deux meurtriers de St-Canut, et elle l'a obtenue. Il ne faut pas de raffinement à la juste vengeance. (...)

Ce matin, les condamnés à mort ont reçu leurs parents. Cordélia Viau, qui n'a pas pleuré depuis longtemps, a versé des larmes à la vue de son vieux père.

La mère de Parslow est aussi allé voir son fils. La malheureuse femme a dû quitter son lit où le clouait la maladie, pour se rendre à Sainte-Scholastique. Les médecins disent qu'elle ne surmontera point cet effort. (...)

De par l'article 995, le code prévoit que le corps du supplicié doit être enterré dans le terrain qui aura servi à l'exécution, c'est-à-dire dans la cour de la prison; mais dans le cas actuel, les avocats des deux condamnés ont demandé au gouvernement d'adopter un ordre en conseil, qui permettra aux deux familles d'inhumer les deux cadavres au cimetière de Saint-Canut. (...)

Les deux cercueils pour les condamnés sont déjà ordonnés et seront prêts demain soir. Ce sont les avocats qui s'occupent de ces préparatifs lugubres.

Les deux suppliciés seront inhumés à Saint-Canut, au même cimetière où repose leur victime, Isidore Poirier.

LA LOI DU CADENAS EST ULTRA VIRES

Décision des juges de la Cour Suprême à huit contre un

OTTAWA, 8 — La Cour Suprême du Canada, à une majorité de huit juges contre un, a déclaré ce matin **(8 mars 1957)** que la loi de la province de Québec intitulée « Loi protégeant la province contre la propagande communiste », mieux connue sous le nom de « loi du cadenas », dépasse dans son ensemble la juridiction du Parlement de la province.

Les juges Kerwin, Rand, Kellock, Locke, Cartwright, Fauteux, Abbott et Nolan sont unanimes à déclarer la loi inconstitutionnelle, tandis que le juge Robert Taschereau exprime l'avis que le cas particulier dont a été saisie la Cour Suprême n'aurait pas dû être entendu par ce tribunal, le sujet du litige étant périmé. En plus d'affirmer que la Cour Suprême n'avait pas à entendre cette cause, M. Taschereau se prononce sur l'aspect constitutionnel de la question et déclare qu'à son avis la loi dite « du cadenas » est de la compétence du Parlement provincial.

(Me L.-Emery Beaulieu, l'un des représentants du procureur général dans cette affaire, a déclaré qu'il ne savait pas encore si la cause serait portée en appel au Conseil privé, à Londres. «Pour le moment, a-t-il dit, je n'ai aucune instruction. Je communiquerai avec le procureur général. C'est lui qui décidera de la question.»)

Bien qu'on ne puisse connaître, à Ottawa, les intentions du procureur général de la province de Québec, il n'est pas impossible que la cause soit portée devant le Conseil privé de Londres. Les appels au Conseil privé, en matière civile, n'ont été abolis qu'à l'automne de 1949 et la cause initiale, qui a donné lieu à l'appel décidé aujourd'hui, a été inscrite devant les tribunaux de la province de Québec en janvier 1949. Elle est donc antérieure à l'abolition des appels au Conseil privé et pourrait par conséquent être portée à Londres.

On sait qu'à l'origine, il s'agit d'une affaire de loyer. Le plaignant, John Switzman, de Montréal, était sous-locataire d'un logement dont la propriétaire était Mme Freda Ebbling. Celle-ci avait invoqué la « loi du cadenas » pour expulser le sous-locataire, alléguant qu'il utilisait son logement pour faire de la propagande communiste.

Le juge Taschereau soutient que le bail était expiré en 1950 et le plaignant ne réclamant pas de dommages matériels, il n'y a plus de litige et que la cause n'a pas à être entendue.

Les autres juges, cependant, sont d'avis que le plaignant a attaqué la constitutionnalité de la loi et que, comme le procureur général de la province est intervenu dans cette cause pour défendre la validité de la loi, la Cour Suprême a le devoir de se prononcer sur ce point. Et huit juges sur neuf en viennent à la conclusion que la loi n'est pas de la compétence provinciale, parce qu'elle fait un crime d'un acte qui devrait relever du code pénal, donc de la juridiction fédérale.

M. Taschereau, sur ce point, exprime l'avis que les fins pour lesquelles est utilisé un logement relèvent du droit civil, non du droit pénal, et que par conséquent la loi est constitutionnelle.

Le juge Gérard Fauteux n'est pas d'accord avec son collègue québécois. Il se rallie au point de vue exprimé par le juge en chef et conclut : « Etant d'avis que la matière véritable de la loi incriminée est une matière de droit criminel et, comme telle, de la compétence exclusive du Parlement (fédéral), il n'est pas nécessaire de considérer les autres moyens soulevés par l'appelant pour disposer de cet appel et conclure à l'inconstitutionnalité de la loi ».

ACTIVITÉS

■ **Exposition de photos et de caricatures**

Bibliothèque municipale de Brossard — Les citoyens de Brossard sont de très grands usagers de leur bibliothèque municipale. Mais d'ici le 27 mars, lors de leur passage à la bibliothèque, ils auront l'occasion de voir une collection de photos, de caricatures et de bandes dessinées faisant partie de l'exposition itinérante des cent ans de LA PRESSE.

La Commission des accidents du travail siégeait pour la première fois au grand complet, cet avant-midi *(8 mars 1929)*, à ses bureaux à Montréal, 59, rue Notre-Dame est. Assis, de gauche à droite : MM. O.E. Sharpe, Robert Taschereau, président, et Simon Lapointe; debout, (à gauche) Me Maurice Parent, conseiller légal, et M. Joseph Gauthier, ces deux derniers représentant la commission à Montréal. Les trois commissaires siégeront de nouveau ici cet après-midi et demain avant-midi. Ils sont venus entendre certains intéressés dans plusieurs causes actuellement devant la commission.

C'EST ARRIVÉ UN 8 MARS

1983 — Décès à l'âge de 85 ans de l'historien Robert Rumilly.

1976 — Un accident de construction fait quatre morts au Parc olympique.

1974 — Ouverture de l'aéroport Charles-de-Gaulle, en banlieue de Paris.

1971 — Joe Frazier bat Muhammad Ali aux points, et conserve son championnat du monde des poids lourds.

1963 — Les Baatistes prennent le pouvoir en Syrie à l'occasion d'un coup d'État sanglant.

1957 — La police découvre une bombe à retardement à la Gare centrale, après avoir abattu André DeBlois, qui s'était transformé en bombe vivante. — L'Égypte rouvre le canal de Suez mais limite le tonnage des navires à 500 tonnes en attendant la fin du draguage des navires coulés pendant la guerre.

1954 — Le général Naguib est réinstallé dans ses fonctions de président d'Égypte. — Les États-Unis et le Japon signent un accord d'assistance mutuelle.

1948 — On annonce que M. l'abbé Léonce Boivin, des Éboulements, reçoit une médaille de l'Académie française pour son ouvrage *Combat social.*

1930 — Décès à Washington de William-Howard Taft, le seul homme qui ait été président et juge en chef des États-Unis d'Amérique.

1921 — Le premier ministre Eduardo Dato, d'Espagne, est assassiné en pleine rue.

1892 — De Boucherville et ses conservateurs remportent une brillante victoire aux élections générales provinciales en gagnant 55 des 73 sièges.

LA PRESSE

100 ans d'actualités

Le projet de célébrer le cinquantième anniversaire de la Confédération du Canada par une exposition internationale et universelle, a été déposé officiellement devant la Chambre des Communes, hier, par l'honorable M. Rodolphe Lemieux.

(Du corr. régulier de la PRESSE)

OTTAWA — L'hon. M. Rodolphe Lemieux, ci-devant ministre des postes dans le cabinet fédéral, a soulevé hier **(9 mars 1914)** au parlement une question d'un intérêt capital, qu'il a présentée sous forme de résolution ainsi conçue :

« C'est l'opinion de la Chambre que le gouvernement fédéral devrait encourager l'exposition internationale projetée à l'occasion du cinquantième anniversaire de la Confédération... »

L'hon. M. Lemieux donne des explications fort intéressantes au sujet de sa proposition. Il déclare que celle-ci devrait avoir, et ne manquera pas d'avoir, l'assentiment du peuple canadien tout entier, indépendamment de principes politiques, et sans considération de provinces.

LA CONFEDERATION

C'est, dit l'hon. M. Lemieux, que l'idée seule de la confédération réveille dans le coeur de tous les Canadiens un souvenir qui lui est cher, car elle lui rappelle une époque glorieuse et une des plus remarquables étapes de l'histoire de ce pays. C'est en quelque sorte la consécration de notre constitution canadienne. Le sentiment du souvenir fédératif est profondément imprégné dans le coeur des Canadiens, et l'Angleterre elle-même se réjouit de cet état de choses. » (...)

LE PROJET D'EXPOSITION

Après avoir passé par toutes les phases remarquables de notre histoire politique et constitutionnelle, l'honorable M. Lemieux est arrivé au point qui nous intéresse aujourd'hui, soit celui de célébrer par une exposition internationale, qui aurait lieu à Montréal, en 1917, le cinquantième anniversaire de la Confédération canadienne. Il rappelle que l'idée a été lancée par la «Presse» de Montréal, puis que le projet a été appuyé par le «Star», également de Montréal.

Le projet d'une exposition universelle a en outre reçu l'approbation des villes et des chambres de commerce de tout le Canada. Des centaines de maires canadiens y ont donné leur adhésion et nombre de manufacturiers canadiens se sont aussi déclarés favorables à l'entreprise. Ces manufacturiers ont appuyé leur adhésion de raisons probantes et d'arguments extrêmement sérieux. Ils ont déclaré qu'ils espéraient d'heureux résultats d'une exposition, non seulement pour le Canada, mais aussi pour eux en particulier, car ils ont tout intérêt à faire connaître leurs produits et ils ne craignent pas la concurrence étrangère. (...)

Le projet a été reçu avec faveur de l'autre côté des mers. On en a saisi toute la grandeur, toute l'importance et aussi tous les avantages. Trois cents des principaux manufacturiers de la Grande-Bretagne ont exprimé l'opinion que la tenue de l'exposition serait profitable à tout l'empire et se sont déclarés prêts à y prendre part. (...)

LE TEMPS PRESSE

La proposition devra être soumise au parlement dans un avenir prochain, car il n'y a pas de temps à perdre. *(Le premier ministre R.L.)* Borden est prêt à adopter l'idée d'une exposition universelle, quoiqu'il n'ait encore pris aucune décision, personnellement, sur ce sujet. Il partage les vues de l'honorable M. Lemieux sur l'importance de la célébration projetée, et il croit qu'une semblable exposition devrait être organisée par le gouvernement, avec la sanction du parlement, et avec l'appui des différentes organisations qui ont jusqu'ici donné leur adhésion au projet. (...)

LE CLOU D'UNE EXPOSITION

Figurons-nous le spectacle solennel que pourrait présenter l'ouverture de cette exposition. Sur le sommet du Mont-Royal, qui est la caractéristique de notre cité, un immense monument de plusieurs centaines de pieds de hauteur, s'élance dans le ciel et expose jusqu'aux confins de l'île sa masse majestueuse. Une horloge gigantesque couronne son sommet et donne l'heure jusqu'à plusieurs milles à la ronde.

L'heure de l'ouverture de l'exposition a sonné. Au pied du monument, sur le côté oriental de la montagne, s'étalent à perte de vue les édifices divers qui contiennent les merveilles du monde entier. La nuit est tombée. Des centaines de milliers de spectateurs sont là massés, haletants, attendant le signal qui va faire resplendir des millions de lumières de cette masse sombre qui dort et mettre en mouvement les multiples machineries silencieuses dans les palais.

Dans le même moment, par delà l'Atlantique, à trois mille milles de distance, Sa Majesté le roi d'Angleterre, et le président de la République Française se tiennent au sommet de la tour Eiffel entourés du corps diplomatique et des états-majors. L'heure sonne : alors le roi pousse un levier, aussitôt, au sommet du monument de la Confédération, sur le Mont-Royal, une immense étincelle jaillit au bout des antennes de télégraphie sans fil. Une lueur extraordinaire enflamme le firmament; l'exposition vient de s'illuminer. Une formidable clameur part de toute les poitrines : Vive l'Angleterre! Vive la France!

L'affaire Cordélia Viau (11)

ENCORE QUELQUES HEURES !

Et Sam Parslow et Cordélia Viau seront lancés dans l'éternité.—Sam Parslow tente un suprême effort pour échapper à la corde.—Il scie un des barreaux de fer de la prison, mais échoue dans sa tentative.— Cordélia Viau exprime son suprême désir.

SAINTE-Scholastique, 9 — La potence est dressée. C'est une magnifique construction qui ressemble quelque peu aux hustings de nos politiciens. La plate-forme est entourée d'une petite clôture à claire-voie qui n'empêchera pas les curieux de suivre les derniers pas des condamnés. L'escalier conduisant à la potence prend immédiatement à la porte de cour de la prison, de sorte que le cortège n'aura que quelques pas à faire avant de gravir les fatals degrés.

La plateforme mesure une quinzaine de pieds carrés. Une poutre la surmonte, avec trois énormes crochets au-dessus de la trappe. Une clef qui sera poussée du pied fera partir les deux battants de la trappe que deux lourds poids maintiendront ouverte pour laisser exhaler le dernier soupir des supiciés. Ceux-ci se suivront dans le cortège funèbre. Ils seront placés dos à dos sur la trappe.

Après l'exécution aura lieu l'autopsie, puis les cadavres seront inhumés à Saint-Canut ainsi que vient de le permettre un ordre en conseil demandé par les avocats et envoyé ce matin **(9 mars 1899)** aux shérifs. La population doit être félicitée de la décence dont elle témoigne en cette occasion. Tous s'accordent à seconder les autorités qui désirent que l'oeuvre de justice s'accomplisse avec toute la dignité requise.

Six hommes de la police provinciale sont arrivés à Sainte-Scholastique ce matin. Le bourreau s'entend avec les constables pour que tout se passe bien. Il s'informe à tous s'il est question d'un mouvement favorable à Parslow, et s'il est vrai qu'un groupe veut faire un mauvais parti au bourreau. Il dit aussi que si l'homme n'a pas la force de monter à l'échafaud il aura l'aide de la police. Radcliff ne fait pas autant le fanfaron qu'à Joliette. (...)

Les chambres se louent ici aujourd'hui plus cher qu'au Klondyke. Il y aura des gens qui coucheront ce soir à la belle étoile ou plutôt qui ne dormiront point du tout. Les hôteliers profitent de l'aubaine. Radcliff lui, n'a pas envie de passer la nuit dehors et il supplie les shérifs de lui favoriser son entrée aux hôtels. (...)

La carte d'admission pour la pendaison.

Sam Parslow a tenté de s'évader cette nuit, mais malheureusement pour lui, le truc a été déjoué par le geôlier qui surveille de près ses pensionnaires. Les religieuses qui assistent les condamnés avaient quitté la prison à dix heures et demie, hier soir, et le geôlier avait immédiatement fermé la cellule. Sam Parslow semblait s'être couché comme d'ordinaire et paraissait dormir lorsque le geôlier descendit à son appartement avec sa famille. M. Cyr, le geôlier, prit le souper, et à minuit et demi, il remonta visiter ses prisonniers. Il entendit Parslow marcher dans le corridor qui passe devant sa cellule et il fit immédiatement de la lumière. Parslow avait scié un barreau de sa cellule et se disposait bel et bien à scier un barreau de la fenêtre donnant sur la cour. M. Cyr appela à l'aide et Parslow fut complètement déshabillé. On trouva sur lui un couteau de table, travaillé en scie, et un très lourd crochet de fer. On suppose que ces instruments ont été fournis au condamné par ses propres frères qui ne craignaient point de livrer leur propre vie pour sauver celle de Sam. (...)

Cette page publiée le *9 mars 1929*, témoigne de la préoccupation de LA PRESSE envers l'élégance de la femme.

UNE RUDE BESOGNE

Le programme officiel de la journée de demain à Sainte-Scholastique, par le bourreau lui-même.

— **LEVER.**

— **DEJEUNER**—Cognac ; boeuf ; oeufs : pommes de terre ; cigare.

— **COURTE VISITE A LA PRISON**—Fait une dernière inspection des bois de justice.

— **RETOUR A LA PRISON**—S'enquiert auprès du géolier du tempérament des condamnés et de leur état nerveux.

— **A PA POTENCE**—Il fixe les deux cordes, s'assure de leur solidité, d'après le poids probable des deux condamnés.

— **AUX CELLULES**—Il fait son apparition auprès des condamnés à mort, chez Cordélia Viau d'abord, puis chez Sam Parslow ensuite.

— **LE LIGOTAGE** des bras des condamnés sous sa surveillance spéciale.

— **CORRIDOR DES CELLULES** où il fait faire la rencontre des deux condamnés.

— **ADIEUX** suprêmes des deux condamnés à leurs parents.

— **LE CORTEGE** se met en route après les adieux de Radcliffe lui-même aux malheureux.

— **SUR L'ECHAFAUD**—Apparition des deux condamnés accompagnés de leur directeur spirituel et du boureau.

— **LA TRAPPE TOMBE.**

— **TOUT EST FINI**—Après la descente de l'échafaud, on procède à l'examen médical, aux certificats du bourreau et des autorités et à la mise au tombeau.

La feuille de route du bourreau Radcliff pour le jour fatidique.

Un nom... prédestiné!

ROTHERDAM, Angleterre (PC) — Le patient hospitalisé pour une morsure que lui avait infligée un chien, lorsqu'on lui demanda son nom, répondit: « Woof ».

La réceptionniste afficha un sourire poli, puis répéta sa question : « Je suis, insista le patient, M. William Woof ». Et il produisit une carte d'affaires à l'appui de son affirmation.

M. Woof, âgé de 38 ans, ajouta d'un ton résigné : « Avec un nom comme celui-là, ça devait arriver ».

Cela se passait le 9 mars 1970.

ACTIVITÉS

■ **Exposition de photos et de caricatures**

Bibliothèque municipale de Brossard — Les citoyens de Brossard sont de très grands usagers de leur bibliothèque municipale. Mais d'ici le 27 mars, lors de leur passage à la bibliothèque, ils auront l'occasion de voir une collection de photos, de caricatures et de bandes dessinées faisant partie de l'exposition itinérante des cent ans de LA PRESSE.

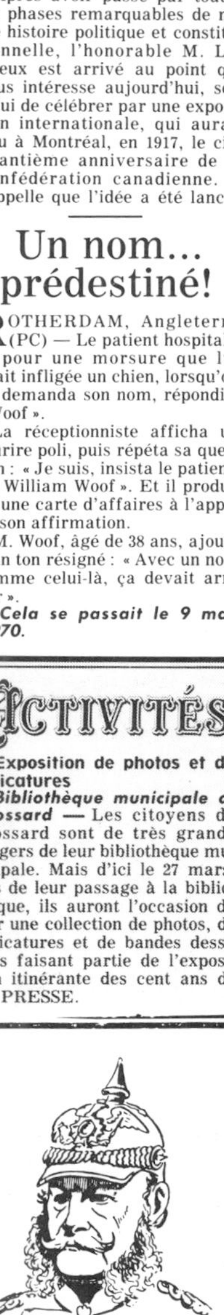

GUILLAUME

Roi de Prusse et Empereur d'Allemangne,
**Décédé à Berlin le 9 Mars 1888,
à 8.30 A. M.**

La nouvelle de la mort de l'Empereur Guillaume est confirmée ce matin.

Nous avons attendu jusqu'à ce moment pour publier la photographie du puissant monarque que les Allemands du monde entier pleurent aujourd'hui.

On craint beaucoup, à la suite de ce décès, des complications internationales de la plus haute gravité.

C'EST ARRIVÉ UN 9 MARS

1977 — William O'Bront est condamné à un an de prison pour son refus de témoigner devant la CECO. — Une secte musulmane sème la terreur à Washington, en causant une mort, en faisant cinq blessés et en prenant 134 personnes en otage.

1973 — Capture à Paris du dangereux bandit Jacques Mesrine, bien connu au Québec.

1972 — Inculpation sous des accusations de faux de l'écrivain Clifford Irving, auteur d'une pseudo-biographie du millionnaire américain Howard Hughes.

1970 — Les résidants de l'île des chiens, dans l'estuaire de la Tamise, proclament unilatéralement leur indépendance de Londres et nomment Ted Johns comme premier président de la « république ».

1968 — Le général Charles Ailleret, chef d'état-major des armées françaises, meurt dans un accident d'avion à La Réunion.

1966 — Devant l'impossibilité d'obtenir une réforme satisfaisante de l'OTAN, le gouvernement français annonce son intention de s'en désengager.

1961 — Les Soviétiques divulguent qu'ils ont lancé, puis récupéré, un satellite avec un chien à bord.

1959 — En grève depuis le 29 décembre, les réalisateurs de Radio-Canada reprennent le travail.

1956 — Déportation de l'archevêque Makarios, chef du mouvement pour l'unification de l'île de Chypre avec la Grèce.

1942 — L'île de Java tombe aux mains des Japonais.

1932 — Eamon de Valera, l'ancien proscrit, est élu président d'Eire.

1911 — L'explosion de 100 tonnes de dynamite détruit complètement le village de Pleasant Prairie, au Wisconsin. On dénombre deux morts et plus de mille blessés.

1908 — Fin de la grève des employés des filatures Hochelaga et Sainte-Anne.

Attentat contre un prêtre et un frère

UN halluciné de la pire espèce, qui se dit athée et qui semble souffrir de la folie de la persécution, s'est attaqué hier soir **(9 mars 1947)** à un prêtre.

Une heure plus tard, Marcel Julien *(notre photo)*, 30 ans, 3545, rue Hutchison, était arrêté dans un restaurant de la rue Ontario est et interrogé sur un deuxième attentat à coups de couteau, commis cette fois sur un frère enseignant.

De sang froid, déclare la police, Julien a plongé à quatre reprises son couteau dans le dos de l'abbé Jacques Brossard, 45 ans, vicaire à S.-Louis-de-France, et laissé le même couteau de cuisine sous l'homoplate du Rév. Frère Vincent-Arthur, 25 ans, de la congrégation des frères Maristes et professeur au collège Laval, à S.-Vincent-de-Paul.

Ce matin, dans sa cellule, le détenu, pâle et défait, se déclarait heureux : « J'ai fait ma part, » disait-il. « En enseignant l'existence de Dieu et de l'enfer, la religion rend les gens malheureux. Moi, je ne crois à rien de cela, et je voudrais que tous les gens soient heureux comme moi. »

LA PRESSE

100 ans d'actualités

LA JUSTICE DIVINE

« Misereatur tui omnipotens Deus et dimissis peccatis tuis, perducat te ad vitam æternam."

« Que le Dieu tout puissant vous fasse miséricorde et qu'après vous avoir pardonné vos péchés il vous conduise à la vie éternelle."

Telles ont été, ce matin, les suprêmes paroles du prêtre.

UNE TERRIBLE LEÇON

Sam Parslow et Cordélia Viau paient leur dette à la société, ce matin,

A STE-SCHOLASTIQUE

LA JUSTICE HUMAINE

" in conformity with the law, this day, Friday, the tenth of March, the work entrusted to me has been done and well done."

" En conformité de la loi, ce jour, Vendredi, 10 Mars, la besogne qui m'avait été confiée a été faite et bien faite."

Tel a été ce matin le dernier mot du bourreau.

LA NOUVELLE OFFICIELLE — Sainte-Scholastique, 10 — En conformité de la sentence portée contre eux par Son Honneur le juge Taschereau, Sam Parslow et Cordélia Viau ont été pendus par le cou ce matin **(10 mars 1899)** à 8 heures et 4 minutes, jusqu'à ce que mort s'ensuive.

Même aux jours d'élections où, paraît-il, il s'agissait de l'avenir du pays, Sainte-Scholastique n'a jamais vu autant d'animation qu'hier. (...) Dans tous les hôtels, (...) les visiteurs qui ne peuvent trouver de chambre à coucher se consolent en jouant aux cartes et en volant des verres. A l'hôtel Lacombe, des farceurs par trop macabres exécutent des « Libera et des Requiems » invraisemblables sur l'orgue de la malheureuse Cordélia Viau. (...)

A la prison, l'atmosphère est plus calme. On respecte l'agonie. En outre des six constables de la police provinciale sous les ordres du grand connétable Gale, le gouverneur Vallée, de la prison de Montréal, a aussi six de ses gardiens et l'ordre le plus parfait règne à la prison. (...)

Me Dominique Leduc est allé voir une dernière fois sa cliente. Cordélia Viau a écrit la lettre suivante qu'elle a remise à son avocat : *Ste-Scholastique, 9 mars 1899. Dans ma prison. à M. Dominique Leduc, avocat. Je vous remercie du plus profond de mon coeur de tout ce que vous avez fait pour moi. Priez pour moi. Votre malheureuse, Dame CORDELIA VIAU.* Afin de laisser un souvenir durable derrière elle, Cordélia aime à laisser son autographe à ceux qui la visitent. (...)

Sam Parslow n'a pas le courage de faire tant d'expansion. (...) Il demande qu'on ne laisse parvenir aucun visiteur dans son corridor. Il prie. Son appétit est disparu. (...)

Le Rév. Père qui assiste les condamnés trouvait peu convenable d'exposer côte à côte les accusés sur la potence et il a obtenu qu'une séparation soit faite.

UNE COUVERTURE DE LAINE

grise tendue dans un cadre de bois a alors été fixée à la potence. (...) On a dû aussi pratiquer une excavation de deux pieds sous la potence, parce que

L'affaire Cordélia Viau (FIN)

le bourreau prétendait que l'échafaud n'était pas assez élevé. (...)

MESSE DES CONDAMNES

Les condamnés prient en attendant l'heure de la messe que doit dire M. l'abbé Meloche et à laquelle tous deux recevront les saintes espèces. CINQ HEURES. Cordélia Viau s'agenouille, entourées de ses parents, à l'extrémité du corridor, situé à droite du petit autel où doit se consommer le saint sacrifice.

Sam vient prendre place à l'extrémité du corridor de gauche. Ils ne peuvent se voir l'un l'autre, séparés par le mur qui forme angle droit. (...)

LE DEJEUNER

Au déjeûner qui eut lieu à 6.30 heures, Cordélia accepta du café, un peu de fromage et un biscuit. Sam ne prit qu'une tasse de café, puis ingurgita, coup sur coup, trois grands verres de brandy. (...) Au dehors, la foule s'entassait aux abords de la prison, couvrant les toits avoisinants, grimpée dans les arbres, juchée sur les bâtiments, perchée sur les clôtures. Les portes du palais subissaient un véritable siège. Les gardes de Montréal et la police provinciale se donnaient un mal infini pour parvenir à maintenir l'ordre. (...)

LES PREPARATIFS

Le bourreau Radcliff pénétra dans la cellule de Cordélia Viau, pour lui annoncer que le moment fatal de l'expiation avait sonné. (...) Le bourreau était armé d'une forte courroie de cuir. (...) Il ligota solidement la malheureuse. (...) L'opération terminée, elle fut conduite en face du couloir conduisant à la cellule de Parslow. De même que sa compagne, il fut ligoté, sans mot dire. (...)

LE CORTEGE

Sept heures et quarante-six minutes. Les deux complices sont réunis au sommet de l'escalier conduisant à l'étage inférieur. Le funèbre cortège se met en branle. Trois prêtres, MM. Meloche, Colin et Contant accompagnaient les condamnés, récitant des psaumes, les derniers que devaient entendre les deux infortunés.

Au-delà de cinq cents personnes entouraient l'échafaud, pendant que de sourdes clameurs s'élevaient de l'extérieur où plus de 2 000 personnes s'agitaient dans l'attente de la nouvelle fatale. Quelques-unes des plus enragées s'armèrent d'une énorme poutre et tentèrent de faire sauter la grande porte d'entrée solidement barricadée à l'intérieur.

TOUT EST EN ORDRE

A 7.50 heures, Radcliff monte sur l'échafaud étroitement gardé par quatre garde de la prison de Montréal. Il apporte les bonnets noirs et les courroies de cuir qui serviront à lier les jambes des suppliciés. Il jette le tout négligemment à côté de la troupe. Puis il examine le câble, s'assure du noeud coulant, le dispose d'une façon particulière, examine le fonctionnement du mécanisme, tout cela avec un calme imperturbable. (...) La foule entassée au pied de la potence le regarde faire, ne sachant trop si elle doit prendre cet homme en horreur ou en pitié. (...)

TETE NUE,

vêtus tous deux des habits qu'ils portaient dans leur cellule, Cordélia d'abord, Sam ensuite, émergent des murs de la prison qui ont été témoins de bien des larmes, de bien des sanglots et de sanglantes histoires. Deux gardes toujours marchent à côté d'eux, prêts à soutenir l'un d'eux s'il vient à défaillir avant d'avoir atteint le but suprême.

Sans arrêt, sans émotion apparente, rigide en sa robe de deuil simple, les cheveux retenus sur la nuque par un ruban de soie, Cordélia met le pied sur la marche et gravit les six premiers gradins. Ses yeux sont fixés, de cette

FIXETE EMPOIGNANTE

où l'on constate que le regard embrasse tout et ne voit rien, rien peut-être qu'un dernier songe irréalisable paralysant les facultés mentales au point de faire oublier la notion du temps et même des choses. Parslow suit sa complice. Son corps est moins droit et il franchit lui aussi les gradins sans aide apparente. (...)

Cordélia franchit rapidement les quatre autres gradins et se place à gauche de la potence, la figure tournée au mur. (...) Sam s'est placé à droite, la figure de côté, les mains jointes, tremblantes. (...) Le bourreau passe rapidement les bonnets. (...)

Une dernière exhortation, un dernier cri d'appel vers Dieu de la part des prêtres, une dernière poignée de mains aux malheureux de la part du bourreau et .... un coup sec, mat, indéfinisssable annonce aux spectateurs énervés que tout est fini, que la Société est vengée. (...)

La foule se rua sur l'échafaud, déchirant brutalement les tentures noires destinées à cacher aux spectateurs les dernières crispations des suppliciés. L'abbé Meloche fut forcé de s'adresser à la foule et de la rappeler à la décence, en face d'un événement aussi terrible.

APRES L'EXECUTION

Les médecins sortent de l'échafaud et déclarent que le pouls de Cordélia Viau a pris six minutes trente secondes à s'arrêter et que celui de Sam Parslow en a pris douze et deux secondes. (...) La cour s'évacue cependant lentement, après que tous sont allés jeter un oeil sur les

DEUX CADAVRES

qui se balancent au bout de leur câble. (...) La cour vidée, le bourreau Radcliff décroche les suppliciés, leur enlève le bonnet, leur essuie, avec son mouchoir,

L'ECUME

qui sort de la bouche et le sang qui sort du nez. Les deux cadavres sont placés sur des tables, dans la cour, à côté de la potence. Cordélia Viau a la colonne vertébrale disloquée, ce qui a amené la mort plus vivement qu'à Parslow, qui a eu la colonne brisée. Les deux figures sont horriblement tuméfiées et enflées. Sam a un oeil grand ouvert, Cordélia a les deux yeux clos et la bouche ouverte. Tous deux ont le cou horriblement tordu. (...)

Il est dix heures moins dix minutes. On ouvre les portes de la Cour de la prison pour laisser entrer les voitures devant conduire les cadavres à St-Canut, mais la foule est impétueuse, et la police a toutes les peines du monde à la contenir. La première voiture sort de la cour et

LA FOULE SE PRECIPITE

sur les chevaux qu'elle veut dételer afin de s'emparer du cadavre du supplicié.

Avec quelques coups de revolver qui ne blessent personne, la police parvint à faire lâcher prise à la populace, et le funèbre convoi se met en route pour Saint-Canut où Sam Parslow a été immédiatement enterré après un libera qui lui a été chanté à midi.

DANS TOUTE LA VILLE,

depuis ce matin, ce sont des hurlements dans tous les hôtels, on danse, on crie, on fume et l'on boit comme si un nouveau député avait entrepris de donner à ses électeurs l'idée de la générosité de son gouvernement.

NDLR — Malgré sa longueur, ce texte représente à peine le tiers du texte originel consacré à l'événement dans LA PRESSE du 10 mars 1899.

Un document peut-être inédit

Grâce à l'amabilité de M. Joseph Hamelin, de Boibriand, et au talent du confrère photographe Jean-Yves Létourneau, nous vous offrons en exclusivité cette scène que nous croyons inédite de la pendaison de Cordélia Viau et Sam Parslow, au moment où le bourreau Radcliff, en chapeau haut de forme, glisse la corde au cou des deux supliciés, séparés par une couverture de laine dans un cadre de bois, tel qu'expliqué dans le texte. M. Hamelin conserve cette photo prise par son père, témoin de la pendaison, sur plaque de verre, et le travail de Létourneau a consisté à en tirer une copie sur papier. Selon ce qu'on en sait, cette photo n'aurait été publiée qu'une seule fois, dans un hebdo régional des Basses-Laurentides.

BABILLARD

Une bonne nouvelle, une vraie de vraie!

Le service de la Promotion offre à tous les lecteurs de LA PRESSE qui participeront au concours visant à dénicher les dix inventions du dernier siècle jugées les plus pratiques l'occasion de gagner un ordinateur Félix et les éléments périphériques habituels, le tout d'une valeur de plus de $2,000, qui sera tiré au sort parmi les participants à la fin du concours.

On sait que ce sont ces dix inventions qui recevront un traitement élaboré dans le cahier thématique « 100 ans d'inventions » qui sera publié le 16 avril prochain. C'est dans le même cahier d'ailleurs que sera publié le nom et la photo du gagnant.

Quant à ceux qui ont déjà fait parvenir des listes directement à mon attention, ils n'ont pas à s'inquiéter, leurs listes seront ajoutées à toutes celles que nous recevrons. Et rien ne les empêche par ailleurs de participer de nouveau, en utilisant cette fois le coupon prévu à cet effet et qui sera publié dans LA PRESSE pendant une semaine à partir d'aujourd'hui.

Bonne chance à tous donc!

Guy Pinard

Vue à vol d'oiseau de Sainte-Scholastique, prise du clocher de l'église paroissiale. La petite croix, au haut de la vignette, indique la position de la prison où s'est déroulée l'exécution.

ACTIVITÉS

AUJOURD'HUI ET DEMAIN

■ **Exposition de photos et de caricatures**

Bibliothèque municipale de Brossard — Les citoyens de Brossard sont de très grands usagers de leur bibliothèque municipale. Mais d'ici le 27 mars, lors de leur passage à la bibliothèque, ils auront l'occasion de voir une collection de photos, de caricatures et de bandes dessinées faisant partie de l'exposition itinérante des cent ans de LA PRESSE.

DEMAIN

■ **À la télévision**

16 h 30, Télé-Métropole — Dans le cadre de l'émission *Sports-Mag*, l'animateur Pierre Trudel consacre quelques moments de rétrospective à des pages mémorables de LA PRESSE. En outre, LA PRESSE réserve une grosse surprise aux fervents de cette émission.

C'EST ARRIVÉ UN 10 MARS

1969 — James Earl Ray, reconnaît avoir assassiné Martin Luther King, et est condamné à 99 ans de prison.

1967 — Naissance d'octuplets à Mexico; hélas la mère et tous les enfants meurent.

1966 — Le ministre fédéral de la Justice, M. Lucien Cardin, revient à la charge et affirme que l'« *affaire Munsinger* » a bel et bien existé.

1964 — La reine Elizabeth II d'Angleterre donne naissance à un quatrième enfant, un garçon.

1963 — Le leader anti-gaulliste Georges Bidault demande l'asile politique à l'Allemagne de l'Ouest.

1953 — Deux *Mig* tchécoslovaques abattent Un *Thunderjet* américain au-dessus du territoire allemand sous contrôle américain.

1952 — Renversé par le général Fulgencio Batista, le président cubain Carlos-Prio Saccarras fuit au Mexique.

1951 — Le gouvernement communiste de Tchécoslovaquie bannit Mgr Josef Beran de son diocèse.

1948 — Incapable de supporter l'arrivée des communistes au pouvoir, Jan Masaryk, ex-ministre des Affaires étrangères de Tchécoslovaquie, se suicide.

1930 — Un incendie dans un cinéma de Séoul, Corée, fait 104 morts.

1922 — Arrestation du mahatmah Gandhi par les soldats britanniques sous une accusation de sédition.

1906 — Un coup de grisou fait pas moins de 1 100 morts dans la mine de Courrières, district du Pas de Calais.

LA PRESSE
100 ans d'actualités

LES BANDITS BATTENT EN RETRAITE EN FAISANT FEU SUR LES AGENTS

Cette nouvelle de LA PRESSE fait suite à une incident survenu le 10 mars (donc un dimanche cette année), alors que quatre apaches, surpris en flagrand délit, tirèrent sur les deux policiers perspicaces du poste No 18, tuant l'agent Honoré Bourdon, et blessant grièvement l'agent Auguste Guyon. La nouvelle défraya la manchette pendant plusieurs jours.

Le constable Honoré Bourdon.

LA chasse aux bandits qui ont assassiné le constable Bourdon et grièvement blessé le constable Guyon, a pris, depuis hier soir **(12 mars 1914)**, une nouvelle phase plus tragique encore.

Nos agents ne sont plus dans la cruelle incertitude où ils se trouvaient depuis qu'on leur avait appris le meurtre et la fuite des apaches. On connait maintenant l'identité des misérables qui ont failli provoquer d'autres vides dans les rangs de notre police.

Une terrible bataille a été livrée, en effet, dans les champs du nord-est de la ville, entre une escouade de détectives et trois des coureurs de route qui ne sont parvenus à s'échapper qu'à cause du manque de lumière et de la présence de hautes broussailles qui leur ont servi d'abri.

Les témoins de la bataille disent qu'au moins cinquante coups de feu ont été échangés. Pendant plusieurs heures, la plus cruelle incertitude a régné par toute la ville. On a rapporté même que l'assistant surintendant Charpentier, l'inspecteur McLaughlin et quelques agents avaient été tués.

Ces rumeurs étaient heureusement fausses. Nos agents, cependant, ne se sont pas ménagés, et ce n'est pas encore leur faute si la plus grande partie de la fameuse bande n'est pas tombée entre leurs mains.

Quoiqu'il en soit, l'homme que l'on recherchait par-dessus tout, le cocher de place Foucault, celui de qui la police attend de précieux renseignements, a été arrêté dans un hôtel du nord de la ville. Comme on le sait, c'est lui qui, le soir fatal, au dire de la police, conduisait les bandits assassins dans sa voiture.

Quelques minutes après cette capture, commençait la terrible bataille au revolver. Les apaches que l'on espérait surprendre dans leur antre avaient sans doute eu connaissance, par leurs éclaireurs, de la venue des agents, car ceux-ci trouvèrent la maison vide.

Dans cette maison vide, sise rue Cartier, les détectives ont trouvé tout un arsenal. Disposés près de chacune des fenêtres se trouvaient des carabines Winchester à seize coups, chargées, pendant qu'auprès il y avait quantités de revolvers, de poignards, et autres armes. Les munitions, non plus, ne faisaient pas défaut. Il y avait aussi dans la place des provisions pour plusieurs jours, preuve que l'intention des bandits avait été d'abord de supporter un siège en règle.

Comme la cage était vide, l'assistant-surintendant Charpentier laissa des agents de garde, puis, instruit par des voisins, de la direction prise par les coureurs des routes, il se lança sur leurs traces. C'est alors que commença la suite des événements dont nos lecteurs liront ici les détails.

NUIT DRAMATIQUE

Jamais, de mémoire d'homme, la sûreté n'a passé une nuit aussi remplie d'événements sensationnels que celle que les agents viennent de finir. Il y eut de tout, recherches patientes, courses à travers champs et à travers bois, bataille à coups de revolvers avec bande d'apaches, guet-apens, balles qui sifflent aux oreilles à travers la nuit, randonnées en automobile, émoi dans tout un quartier de la ville, en un mot, ce fut une nuit mémorable entre toutes, dont tous, acteurs comme spectateurs, gardent un souvenir vivace.

Plus heureux cependant que les constables de la Côte-des-Neiges, les détectives ont échappé aux balles des audacieux bandits, mais, encore une fois, les apaches ont pu leur passer entre les mains et se sont enfuis vers un repaire que toute la police de Montréal s'occupe aujourd'hui de découvrir.

APRES UN LONG TRAVAIL

Dès hier après-midi, l'assistant-surintendant de la Sûreté, M. Jos. Charpentier, après un travail inlassable de trente-six heures, parvenait à apprendre les noms de trois des bandits, qui se trouvaient dans la voiture du cocher Arthur Foucault, le soir du meurtre de l'agent de police Bourdon.

Il se rendait aussitôt au greffe de la cour de police et assermentait un mandat contre les nommés Joseph Beauchamp, Alphonse Foucault, Ismaël Bourret, les prétendus assassins, et contre le cocher Arthur Foucault. Beauchamp a déjà eu maille à partir avec la police. Le chef est parvenu à apprendre l'endroit où il demeurait, dans le nord de la ville, près de la Côte-Saint-Michel, dans la rue Cartier. Il n'eut pas de doute que ce devait être là les quartiers-généraux de la bande. Pensant, et avec raison, avoir un siège à faire en cet endroit, Chevalier se fit accompagner de l'inspecteur Cowan et d'une dizaine d'agents.

Lui-même et deux détectives avaient pris place dans l'automobile de M. Rosario Drouin, surintendant des édifices de la ville, qui les conduisit personnellement pendant toute la terrible et dangereuse randonnée. Une sentinelle, que l'on avait envoyée d'avance sur les lieux, apprit au chef que les occupants de la maison avaient fui à peine deux minutes auparavant; en même temps, il indiquait la direction prise par les fugitifs. Il pouvait être alors huit heures et demie du soir. Il faisait un clair de lune superbe.

Épilogue — C'est dans les champs que se déroula quelques heures plus tard la fusillade. Dans les jours suivants, après les émouvantes obsèques d'Honoré Bourdon, le cocher Foucault accusa Bourret d'avoir tiré le coup fatal, Beauchamp fut arrêté le 17 mars, et au moment où nous perdons la trace de ce roman policier dans les pages de LA PRESSE, Bourret et Foucault couraient toujours...

Les bandits, embusqués derrière la voiture indiquée par une flèche, dirigent un feu d'enfer sur les agents Weston et Laberge. Celui-ci, protégé par l'arbre marqué d'une croix, au premier plan, ripostait bravement. La ligne pointillée indique la route probable suivie par les bandits pour opérer leur retraite.

Le Champ-de-Mars servait, le *12 mars 1930*, de scène pour le déploiement des moyens mis à la disposition de la police de Montréal afin qu'elle soit en mesure d'assurer la protection des citoyens. Voyons ce que disait la légende d'époque : *Comme on peut le constater par ces vignettes, Montréal est fort bien protégé. De haut en bas : les agents à cheval. Le nombre en sera augmenté d'ici peu. Ensuite, les voitures-patrouilles ou « paniers à salade ». Puis, les agents motocyclistes au nombre d'une soixantaine et enfin les automobiles de l'état-major de la Sûreté municipale. Il y a à peine deux ans, ce dernier département ne comptait que deux automobiles, maintenant il en compte une quarantaine.*

MORT D'UN AS CANADIEN DE LA GRANDE GUERRE

Un aéroplane qu'essayait le colonel Barker s'écrase au sol à Ottawa

OTTAWA, 12 — Le colonel William George Barker, V.C., D.S.O., M.C., qui, au cours de la grande guerre, avait détruit plus de 52 aéroplanes ennemis, le second des as canadiens, a été tué instantanément cet après-midi **(12 mars 1930)**, alors qu'un avion qu'il était à essayer s'est écrasé sur le sol.

La tragédie s'est produite devant les yeux terrifiés d'un certain nombre de fonctionnaires du service aérien du ministère de la défense nationale qui s'étaient rendus sur les lieux pour voir l'aéroplane nouveau s'élever pour la première fois dans les airs.

Le colonel Barker n'avait quitté le sol que depuis une dizaine de minutes et son appareil volait à peu de hauteur quand l'on vit l'avion ralentir comme si l'aviateur essayait de lui faire prendre un subit mouvement d'ascension. L'appareil monta, s'arrêta un instant, puis piqua tout à coup vers le sol, où il s'écrasa en une masse de débris.

Nouveau biplan

L'avion était un nouveau biplan Fairchild à deux sièges envoyé pour être inspecté par des représentants du service aérien civil du ministère de la défense nationale. Le colonel Barker était président de la Fairchild Aviation Corporation of Canada. Il était arrivé vers 1 heure à l'aérodrome de la Force aérienne canadienne, au parc Rockliffe, et disait qu'il désirait faire lui-même une envolée. Dix minutes plus tard, on retirait des débris son cadavre mutilé.

As canadien de la grande guerre, Barker s'était classé immédiatement après son camarade, le colonel W.A. Bishop, V.C.

Il était né à Dauphin, Man., et était âgé de 36 ans. Il n'avait que vingt ans lorsqu'il partit pour le front. Il a été deux fois blessé durant la guerre.

L'on comptait officiellement à son compte 52 aéroplanes ennemis abattus, mais il en avait descendu en réalité plus que cela. Il portait de nombreuses décorations étrangères, en plus des décorations britanniques.

Le colonel Barker

C'EST ARRIVÉ UN 12 MARS

1977 — Une fusillade au bar de la Gaieté, à Montréal, fait cinq morts et trois blessés.

1975 — Début d'une grève des Postes à Montréal. — Début de l'affaire du dragage du fleuve Saint-Laurent et du port de Hamilton : onze personnes sont accusées de fraude.

1971 — Élection du général Haffez Al Assad à la présidence de la République arabe syrienne.

1970 — Jean-Jacques Bertrand, premier ministre du Québec, annonce la dissolution de l'Assemblée nationale.

1967 — Les Gaullistes conservent le pouvoir en France, mais avec une très mince majorité. Quatre ministres sont battus.

1966 — Bobby Hull écrit une nouvelle page d'histoire en marquant un 51e but au cours d'une même saison, éclipsant ainsi un record de Maurice Richard, qui s'empresse de le féliciter.

1960 — Selon la police, la *bande des cagoules rouges* serait à l'origine d'au moins la moitié des vols de banques perpétrés depuis trois ans à Montréal.

1959 — Hawaii devient le 50e États des États-Unis d'Amérique.

1951 — Le président Clarence Campbell, de la Ligue nationale de hockey, impose une amende de $500 à Maurice Richard, pour un accrochage avec un arbitre, Hugh McLean, dans un lobby d'hôtel.

1950 — Le retour du roi Léopold en Belgique est plébiscité par une majorité de Belges. — Un *Avro Tudor* de la compagnie de la Royal Air Force s'écrase près de Cardiff, au pays de Galles. On dénombre 80 morts.

1939 — Couronnement à Rome du cardinal Eugenio Pacelli, qui devient pape sous le nom de Pie XII.

1907 — Décès à l'âge de 60 ans de Casimir Perrier, ex-président de la République française.

1888 — L'état de New York subit la pire tempête de son histoire.

BABILLARD

Saint-Jérôme célèbre son 150e anniversaire

La ville de Saint-Jérôme, que l'on identifie parfois comme *la porte des Laurentides*, marque aujourd'hui d'une façon particulière le 150e anniversaire de sa fondation. Et parmi les nombreux invités de marque se trouvera un représentant d'une autre institution québécoise centenaire, LA PRESSE, pour ne pas la nommer.

En effet, le président éditeur du journal, M. Roger-D. Landry, recevra au nom de LA PRESSE une plaque commémorative qui lui sera remise par le maire Bernard Parent. Pour sa part, M. Landry remettra au maire un montage d'articles consacrés par LA PRESSE à un événement majeur présenté à Saint-Jérôme, soit la pièce *La Passion*.

LA PRESSE profite de la circonstance pour souhaiter prospérité et longue vie à la ville de Saint-Jérôme et à ses citoyens.

Une correction

Le confrère Pierre Vennat est une véritable encyclopédie ambulante, et tous les grands faits et gestes survenus à LA PRESSE depuis un quart de siècle sont profondément gravés dans sa mémoire. Ce qui l'autorise à apporter une correction au sujet de l'édition du 5 mars 1971. Selon l'ami Pierre, cette édition faite par quelques braves a été belle et bien imprimée et distribuée quoique d'une manière très limitée (il parle d'un tirage de 35 000 exemplaires, surtout dans les stations de métro). Il ne peut expliquer le fait qu'on ne retrouve aucune trace de cette édition sur le microfilm du mois de mars 1971.

ACTIVITÉS

■ **Exposition de bandes dessinées et caricatures**

Galerie Émergence, 1452, Laurier est — La participation de LA PRESSE à ce festival comprend une dizaine de caricatures de Girerd, en plus de l'affiche qu'il a conçue pour les festivités du centenaire, ainsi que le portefolio *L'histoire de la caricature dans la vie de LA PRESSE*. Jusqu'au 18 mars inclusivement.

■ **Exposition de photos et de caricatures**

Bibliothèque municipale de Brossard — Les citoyens de Brossard sont de très grands usagers de leur bibliothèque municipale. Mais d'ici le 27 mars, lors de leur passage à la bibliothèque, ils auront l'occasion de voir une collection de photos, de caricatures et de bandes dessinées faisant partie de l'exposition itinérante des cent ans de LA PRESSE.

■ **A la télévision**

Le 18-heures, Télé-Métropole — Vers 18 h 20, les animateurs commentent quelques manchettes tirées des pages de LA PRESSE et qui ont fait l'actualité d'hier.

PLUS de DANGER pour les MICROBES

La nouvelle façon de se servir du téléphone, et dont " La Presse " parlait hier, est expliquée par un médecin-physicien de l'Hôtel-Dieu.

A peine l'édition de «La Presse» d'hier était-elle distribuée dans la rue, dans les dépôts, que des appels aux multiples appareils téléphoniques de nos bureaux nous arrivaient en grand nombre. C'était des lecteurs amis qui s'empressaient de faire l'expérience que nous suggérions dans un article intitulé: «Tous ventriloques».

Chacun d'eux voulait s'assurer de la vérité de notre assertion, et ce fut pendant une heure et plus une course continuelle aux appareils téléphoniques. Il y eut des scènes

ABSOLUMENT DROLATIQUES

provoquées par la nouveauté de l'expérience non encore bien comprise dans tous ses détails d'exécution.

Plusieurs fois il est arrivé que les expérimentateurs, non au courant de l'exacte propriété des termes, confondaient le transametteur avec le cornet acoustique, et l'on comprend d'ici que, le cornet acoustique appliqué sur le ventre au lieu du transmetteur, ça n'allait pas du tout.

Explications données, l'expérience recommençait avec un résultat invariable de pleinement réussi.

On nous a demandé une

EXPLICATION SCIENTIFIQUE

du phénomène.

La voici. Elle nous a été fournie par un médecin de l'Hôtel-Dieu qui nous a prié de ne point divulguer son nom. Nous respectons cet excès de modestie:

«Montréal, 12 mars 1907.

«Mon cher monsieur,

«Vous m'honorez beaucoup en me sollicitant de donner aux lecteurs de «La Presse» une explication scientifique et vulgarisée du phénomène décrit dans l'article: «Tous ventriloques.»

«Il faut d'abord s'entendre sur le phénomène de la ventriloquie. — On ne parle pas du «ventre», il n'y a pas de «voix de l'estomac», pas plus qu'il y a une «voix de poitrine» ou une «voix de tête.» Dans tous ces cas, la voix se forme toujours au niveau de la glotte, et elle est le résultat de l'ensemble des sons formés par l'air qui sort des poumons et de la bouche.

«Tout l'art du ventriloque ne consiste qu'à savoir modifier la voix naturelle, afin d'en obtenir des variations dans le ton et dans les inflexions. — La plupart du temps, les soi-disant ventriloques produisent leur voix au moment de l'expiration, et c'est en graduant la sortie de l'air, en donnant à la voix un son étouffé et en conservant une immobilité des lèvres aussi complète que possible qu'ils font allusion.

«Quant au phénomène décrit dans votre journal d'hier, il peut s'expliquer par des

LOIS DOMESTIQUES

très élémentaires: 1o. «Le son se propage dans tous les corps élastiques; 2o. L'intensité du son dépend de la densité de l'air dans le lieu où il se produit.»

«En effet, prenez le transmetteur du téléphone et, au lieu de le tenir devant votre bouche, appliquez-vous le fermement sur le ventre et parlez comme à l'ordinaire. Grâce à l'élasticité des cellules de l'économie le son se propagera et sera perçu par l'interlocuteur.

«Le son sera plus ou moins nettement perçu selon que le ventre sera plus ou moins distendu par des gaz, le sera encore plus ou moins nettement perçu, selon que le percepteur aura été directement appliqué sur la peau ou sur les vêtements, dont la conductibilité est moindre. Mais dans tous les cas la voix sera transmise naturelle et reconnaissable.

«Cette petite expérience ne coûte pas très cher; elle est à la portée de tous, et peut être contrôlée par qui que ce soit.

«Espérant que ces explications vous donneront satisfaction, je demeure, monsieur, votre très dévoué.»

Docteur X.

PLUS DE MICROBES

Pour terminer, nous ajouterons que l'application du transmetteur

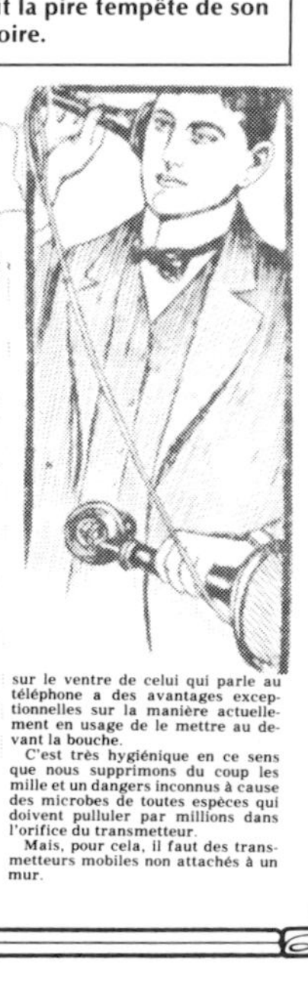

sur le ventre de celui qui parle au téléphone a des avantages exceptionnels sur la manière actuellement en usage de le mettre au devant la bouche.

C'est très hygiénique en ce sens que nous supprimons du coup les mille et un dangers inconnus à cause des microbes de toutes espèces qui doivent pulluler par millions dans l'orifice du transmetteur.

Mais, pour cela, il faut des transmetteurs mobiles non attachés à un mur.

Ce texte a été initialament publié dans l'édition du 12 mars 1907.

LA PRESSE
100 ans d'actualités

BÊTES ET MONSTRES D'AUTREFOIS

À une certaine époque géologique il y a de cela des millions d'années, et bien avant l'apparition de l'homme, la Terre s'est peuplée de reptiles gigantesques rois de la nature nouvelle, qui se disputaient les lagunes, les îlots émergés, les forêts et les marécages. Quelques-uns de ces êtres géants ont-ils survécu à la transformation de notre Globe? On parle de l'existence actuelle d'un animal préhistorique.

Le «Triceratops,» saurien mesurant une quarantaine de pieds de longueur.

Le «Brontosaure» dont le corps atteignait plus de 60 pieds de longueur

Le «Diplodocus», saurien qui atteignait 80 pieds de longueur.

Le «Ceratosaure» terrible cornassier d'une longueur de 20 pieds

Le «Stegasaure» animal mesurant plus de 30 pieds le longueur

«Belemande» restournee animal analogue a nos poulpes et a l'encornet

Le «Ptecodactyle» qui mesurait, les ailes deployees, 25 pieds d'envergure

Une colonie de «Mosasaures» et de «Loelaps»

Le «Teleosaure» moitie poisson moitie crocodile, mesurait plus de 60 pieds de longueur

Un combat formidable entre un «Plesiosaure» et un «Lablyosaure»

Cette première page a été publiée le *13 mars 1920.*

TOUR DE FORCE

Un particulier se promène en voiture dans nos rues, les yeux bandés. — Il découvre une épingle dans le corps d'un homard.

LA foule qui, vers midi et demi encombrait les rues Craig et St-Laurent, a été fort intriguée par le passage sur ces voies publiques d'une voiture conduite par un homme ayant les yeux bandés. Le cheval avait lui-même la tête enveloppée avec une serviette de bain comme quelqu'un qui souffrirait d'une horrible migraine. Le véhicule était suivi d'une troupe de gamins qui bousculaient les passants dans leur course effrénée. Le carosse filait bon train au milieu des obstacles, évitant les tramways, les voitures et les piétons. L'étrange conducteur arrêta son cheval en face de l'établissement de Jos Poitras, et prenant par la main les quatre occupants de la voiture, les amena devant la vitrine. Après avoir tâtonné là pendant quelques instants, il saisit de nouveau la main de ses camarades et les entraina à l'intérieur du restaurant où il se mit à chercher encore un peu partout au grand ébahissement de Jos Poitras et de ses employés. A un certain moment, l'intrus fut empoigné et faillit être mis à la porte. Il se dégagea cependant et continua de tâtonner à droite et à gauche.

Pendant ce temps, un énorme rassemblement s'était formé, obstruant la rue et débordant dans le restaurant. L'homme cherchait toujours. Il était maintenant au milieu des homards, les palpait. Tout à coup, il saisit l'un d'eux, le lança avec force sur le comptoir et demanda un couteau, et d'un seul coup ouvrit le crustacé, de l'intérieur duquel il retira une épingle à tête noire qu'il remit à l'un des quatre occupants de la voiture.

La police arrivait à ce moment, et intima au particulier d'avoir à déguerpir, vu qu'il troublait la paix publique.

L'individu enleva alors le bandeau qui lui cachait la figure et chacun reconnut alors le professeur Bergeron, expert en hypnotisme. Les quatre hommes qui l'accompagnaient étaient des journalistes. Le prof. Bergeron avait fait avec MM. Brabant et Millette un pari de $100, à l'effet qu'il pourrait retrouver un article qu'ils auraient caché quelque part dans les limites de la ville, parcourant les yeux bandés le chemin qu'ils auraient pris eux-mêmes.

Le professeur a gagné son pari, partant en voiture de la rue Côté et suivant la rue Craig et la rue Saint-Charles-Borromée. Le mauvais état des chemins l'obligea là à tourner bride. Il continua alors par la rue Craig et la rue St-Laurent pour se rendre jusqu'au Petit Windsor.

Jos Poitras déclara qu'une heure environ avant la visite de M. Bergeron, il était venu deux hommes chez lui pour acheter des homards, mais qu'après les avoir examinés, ils étaient repartis sans rien acheter.

Cela se passait le 13 mars 1902

LES BOEUFS DE L'INSTITUTRICE

LE conseil municipal de Saint-Adolphe, canton d'Howard, comté d'Argenteuil, a été saisi, ces jours derniers d'une question très importante qu'il a discutée pendant toute une séance. Voici ce dont il s'agissait : L'institutrice de la localité se rendait habituellement à l'école paroissiale dans un traineau tiré par des boeufs. Lorsque vinrent les grandes tombées de neige en février, le chemin fut bloqué et les « habitants » tracèrent une route sur la glace de la rivière. Comme les boeufs de la maitresse d'école n'étaient pas ferrés, ils ne pouvaient suivre cette route. La municipalité ne voulut pas enlever la neige du grand chemin et l'institutrice tint l'école fermée pendant trois semaines. Plainte a été portée devant le conseil qui a décidé après une longue discussion que le chemin de la reine serait déblayé par corvée.

L'école a été ouverte de nouveau lundi dernier.

Cette nouvelle a été publiée le 13 mars 1891.

ACTIVITÉS

■ Exposition de photos et de caricatures

Bibliothèque municipale de Brossard — Les citoyens de Brossard sont de très grands usagers de leur bibliothèque municipale. Mais d'ici le 27 mars, lors de leur passage à la bibliothèque, ils auront l'occasion de voir une collection de photos, de caricatures et de bandes dessinées faisant partie de l'exposition itinérante des cent ans de LA PRESSE.

LE SECRET DE L'INTELLIGENCE CHEZ L'HOMME ET LES ANIMAUX

NDLR — Publié aujourd'hui, ce texte soulèverait, et avec raison, l'ire des biologistes... et des féministes!

AVEC l'aide de la mathématique, on est parvenu à établir d'une manière certaine que l'homme est plus intelligent que la femme.

On apprenait par le même principe la différence qui existe entre l'intelligence des animaux et l'intelligence humaine. Cette différence peut se mesurer par degrés.

Ces découvertes sont le résultat d'un travail accompli par le professeur Darkchevitch, qui a consacré plusieurs années pour résoudre le problème de l'intelligence.

Il est parvenu à établir avec une précision mathématique la différence qui existe entre les facultés intellectuelles des hommes et celles des différents animaux. Voici le tableau comparatif, dressé par le professeur :

Tortue	1.0
Coq	1.5
Pigeon	2.5
Mouton	2.5
Boeuf	2.5
Cheval	2.5
Lynx	3.6
Chat	3.0
Chien	5.0
Phoque	5.0
Taupe	6.5
Hérisson	7.0
Baleine	10.0
Chimpanzé	15.0
Eléphant	18.0
La femme	49.3
L'homme	49.4

Il est donc démontré, d'une manière évidente, que l'homme est d'un degré plus intelligent que la femme. Le savant professeur ne s'appuie que sur la pesanteur du cerveau pour tirer ses conclusions. S'il en était ainsi, plusieurs animaux, tels que l'éléphant, la baleine, etc., posséderaient une somme d'intelligence plus considérable que l'homme et la femme, puisque leur cerveau est plus gros et plus pesant. M. Darkchevitch a découvert que le véritable facteur du problème est le rapport qui existe entre la pesanteur du cerveau et celle de la moelle épinière.

Article publié le 13 mars 1897.

NOUVELLE MACHINE DE FORD ET EDISON

(Spécial à la PRESSE)

DÉTROIT, 13 — On rapporte ici, que Henry Ford, Thomas A. Edison et autres financiers sont à considérer sérieusement le projet de mettre sur le marché une nouvelle voiture électrique des plus perfectionnées, ne pesant que 1 000 livres et pouvant être détaillée à $1 000. Parmi les plus grandes améliorations apportées à cet *(sic)* auto, on mentionne l'addition d'un petit moteur à gazoline dont le seul but serait de faire fonctionner une dynamo qui pourvoirait au rechargement continuel des accumulateurs. Ceci permettrait à la machine électrique d'entreprendre des voyages aussi longs que ceux que peut faire la voiture à gazoline ordinaire. Si cette rumeur est bien fondée, il n'y a pas le moindre doute que la nouvelle machine gagnera, en peu de temps, une popularité extraordinaire.

Cela se passait le 13 mars 1920.

C'EST ARRIVÉ UN 13 MARS

1979 — Sir Eric Gairy, premier ministre de la Grenade depuis l'accession du pays à l'indépendance, en 1974, est renversé par Maurice Bishop.

1972 — Le général Lon Nol assume tous les pouvoirs politiques et militaires, au Cambodge.

1971 — Paul Rose est reconnu coupable du meurtre non qualifié de l'ex-ministre Pierre Laporte.

1969 — *Apollo IX* revient sur terre après avoir fait la preuve que plus rien ne s'oppose à une tentative d'alunissage.

1961 — Le président John F. Kennedy propose une « Alliance pour le progrès » aux pays d'Amérique latine. Le budget du programme est évalué à $600 millions.

1959 — Onze mille fonctionnaires provinciaux déclenchent une grève d'une durée de quatre heures, en Colombie-Britannique.

1957 — Le gouvernement canadien annonce un excédent budgétaire de $282,5 millions pour l'année financière 1956-57.

1954 — Début de l'offensive décisive du Viet-minh sur la base française de Dien Bien Phu.

1938 — L'Anschluss est proclamé en Autriche; ce pays est incorporé à l'Allemagne nazie, et les Habsbourg sont évincés.

1933 — Quarante morts et 70 blessés dans l'incendie d'un cinéma de Guadalajara, *au Mexique.*

1928 — Le barrage Saint Francis, en Californie, cède sous la pression de l'eau et fait 450 morts.

1911 — Un violent incendie cause de lourds dégâts aux abattoirs de l'ouest, rue Mill.

1901 — Benjamin Harrison qui fut avocat et soldat avant d'arriver à la présidence des États-Unis, meurt à l'âge de 69 ans, à Indianapolis.

1900 — Mort à 60 ans du père Henri Didon, célèbre prédicateur dominicain. Il a succombé à l'apoplexie.

LA MANIÈRE DE FAIRE LES CHOSES

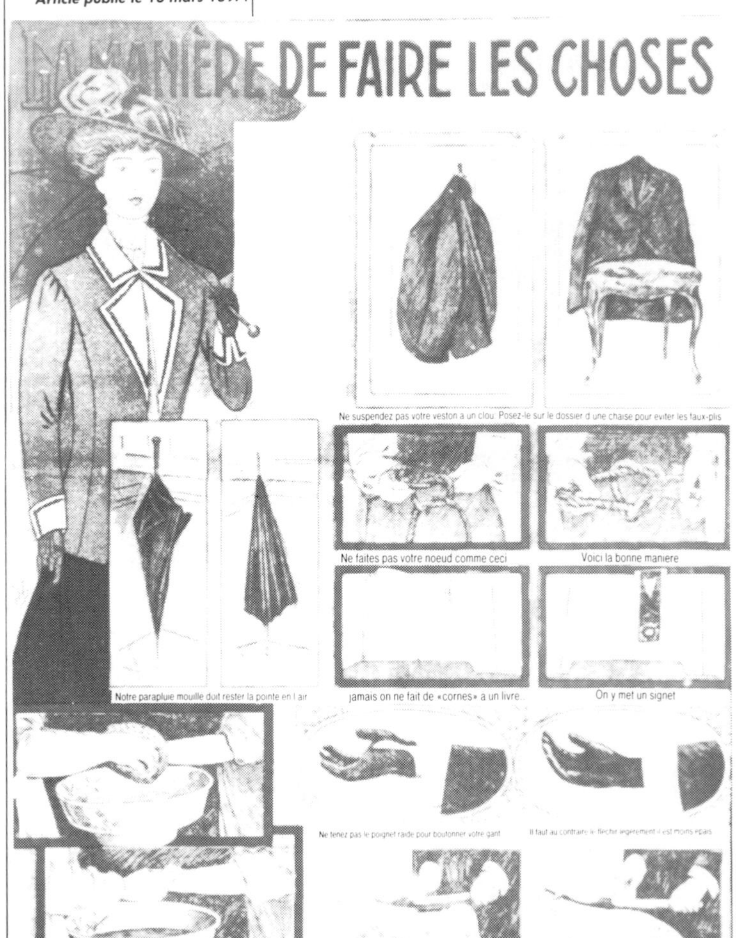

Ne suspendez pas votre veston a un clou. Posez-le sur le dossier d une chaise pour eviter les faux-plis

Ne faites pas votre noeud comme ceci

Voici la bonne maniere

Notre parapluie mouille doit rester la pointe en l air

jamais on ne fait de «cornes» a un livre..

On y met un signet

Ne tenez pas le poignet raide pour boutonner votre gant

Il faut au contraire le flechir legerement il est moins epais

Ne nettoyez jamais une plaie avec une eponge. Servez-voux d un peu de charpie ou d ouate

Vous voulez couper un morceau de bois? Ne l'appuyez pas sur un billot concave

Posez-le sur un billot convexe de maniere qu il porte directement sur celui-ci

Leçon de choses publiée à la « une » de l'édition du *13 mars 1909.*

LA PRESSE

100 ans d'actualités

Comparution du député de Cartier, Fred Rose, accusé sous 5 chefs d'espionnage

Arrêté à Ottawa, ramené à Montréal durant la nuit et traduit ce matin. — La liberté sur parole est déniée; le juge en chef Perreault fixe le cautionnement de Rose à $10 000

Au moment de mettre sous presse, nous avons appris que le Dr Raymond Boyer allait, comme Fred Rose, comparaître en Correctionnelle de Montréal au cours de l'après-midi, sous l'accusation d'avoir conspiré au profit de la Russie avec le député communiste de Cartier, et que celui-ci n'avait pas encore fourni le cautionnement exigé.

par Maurice Morin

ARRÊTÉ hier soir **(14 mars 1946)** à son domicile d'Ottawa, Fred Rose, député du parti ouvrier-progressiste (communiste) pour la division de Cartier, à Montréal, a comparu ce matin à 10 h. 30, devant le juge en chef Gustave Perrault, sous diverses accusations ayant trait à la loi des secrets officiels, statuts de 1939.

La première chambre de la Correctionnelle était bondée de curieux de même que le spacieux couloir des pas perdus du nouveau palais de justice.

On avait pressenti, dès hier midi, qu'il se passait quelque chose d'extraordinaire au Palais, surtout lorsque l'hon. Philippe Brais, C.R., conseiller législatif, a fait une apparition accompagné par des agents de la gendarmerie royale. (...)

Dès ce moment les journalistes furent aux aguets. Ils se rendirent au 3e étage mais y trouvèrent toutes les portes closes. Nous avons appris ce matin que la plainte portant la signature du sergent René-J. Noël, sergent d'état-major de la gendarmerie royale, avait été autorisée par le juge en chef Gustave Perrault qui a aussi lui-même signé le mandat d'arrestation contre Rose.

Rose veut se coiffer

Ce matin, l'hon. M. Brais est revenu devant le juge en chef. Le juge monta sur le banc à 10 heures mais l'accusé se fit attendre. Quelques minutes plus tard, on le vit apparaître dans le box des accusés, flanqué de deux agents de la police provinciale. Aussitôt s'agitèrent les nombreux appareils photographiques braqués depuis longtemps dans la direction du box. Rose sourit, fit un geste élevé des deux mains, essaya de se coiffer de son chapeau. Le gardien lui rabaissa les mains.

M. Roger Hétu, greffier, lut ensuite l'acte d'accusation. Les avocats de l'accusé, Mes Joseph Cohen, C.R., Albert Marcus et Abraham Feiner qui avaient reçu une copie de la plainte des mains de l'hon. M. Brais s'entretinrent quelques instants avec ce dernier.

Me Cohen déclina la juridiction du tribunal en soulignant qu'en ce faisant il désirait protéger les droits de citoyen et les droits de représentant du peuple de son client. Il accepta toutefois que l'enquête préliminaire fût fixée « pour la forme » au 22 du courant.

Rose voulait-il fuir?

Il fut ensuite question d'un cautionnement. Me Cohen déclara que son client était une personnalité bien connue et un mandataire du peuple et qu'en raison de toute la publicité faite autour de l'affaire, il n'a aucun intérêt à se sauver. Il réclama donc un cautionnement personnel, voire même la liberté sur parole.

L'honorable M. Brais ne fut pas du même dire. « Il n'y a aucune publicité de faite par le comité d'enquête. Depuis trois mois la police recherchait Rose qui ne se montrait pas. De plus, après enquête, nous avons appris que le véhicule qui avait conduit l'accusé à Ottawa portait des plaques de l'Etat du Michigan. L'automobile en question fut trouvée en arrière de son domicile hier soir. Un autre accusé à Ottawa a obtenu sa liberté sous un cautionnement de $10 000 et je ne vois pas pour quelle raison on se montrerait moins sévère pour Rose qui est devant les tribunaux sous une accusation très grave. »

A la fin, le juge fixa un cautionnement de $10 000.

Flanqué d'un agent de la Police provinciale, Fred Rose, député du parti ouvrier-progressiste (communiste) pour la division Montréal-Cartier, tel que photographié à sa comparution en Correctionnelle de Montréal.

C'EST ARRIVÉ UN 14 MARS

1981 — En Syrie, trois pirates de l'air pakistanais se rendent après un détournement d'avion commencé 12 jours plus tôt. Un seul des 130 otages a été tué, soit un diplomate pakistanais.

1979 — Le monde salue le centenaire de la naissance du célèbre savant Albert Einstein, décédé en 1955 à l'âge de 76 ans.

1976 — Le président Anouar el Sadate, d'Égypte, annule le traité d'amitié et de coopération qui liait son pays à l'URSS.

1974 — La société Esso d'Argentine, accepte de payer la rançon de $14,2 millions exigée en retour de son directeur, Victor Samuelson.

1970 — Ouverture officielle de l'Exposition universelle d'Osaka par l'empereur Hirohito.

1966 — L'opposition accepte le principe d'une enquête dans l'affaire Munsinger. Elle sera présidée par le juge Wishard Spence, de la Cour Suprême.

1964 — Jack Ruby, l'assassin de Lee Harvey Oswald (présumé assassin du président John F. Kennedy) sous les yeux de millions de téléspectateurs, est condamné à mort.

1958 — La princesse Grace de Monaco donne naissance à un fils, qui devient l'héritier du trône.

1958 — Incapable d'assurer la succession, la princesse Soraya d'Iran est répudiée par le shah, qui demande le divorce.

1953 — Klement Gottwald, président de Tchécoslovaquie, succombe à une pneumonie. On craint que sa mort marque le début de nouvelles purges.

1939 — La Slovaquie proclame son affranchissement de la République tchèque et passe sous la tutelle nazie. La République tchèque reçoit en outre l'ultimatum de quitter l'Ukraine carpathique dans les 24 heures.

1933 — Sir Henry Thornton, considéré comme un grand ami des chemins de fer nord-américains et qui fut le premier président du Canadien National, meurt à New York à l'âge de 62 ans.

LE TRAITE DE LA CANALISATION EST DÉFAIT

Le Sénat américain a rejeté le traité par un vote de 46 pour et 42 contre. - Roosevelt dit que la canalisation se fera quand même.

(Dernière heure)

WASHINGTON, 14 - Le Sénat des Etats-Unis a rejeté le traité de canalisation. Le vote a été de 46 voix contre 42.

Le président Roosevelt affirmait ce midi **(14 mars 1934)** que la canalisation du Saint-Laurent s'effectuerait, quelle que soit la décision du Sénat. Mais il craint qu'un vote désapprobateur du Sénat ne place la canalisation entièrement entre les mains du gouvernement canadien.

Le président a fait cette déclaration au moment où la Chambre haute achevait son débat sur le traité; le vote doit être pris cet après-midi et les chefs démocrates prédisent une défaite.

M. Roosevelt croit que la canalisation du Saint-Laurent ne peut pas être empêchée, parce qu'elle est une amélioration naturelle et que, par conséquent, si les Etats-Unis refusent d'y participer elle restera à faire par le Canada, qui en retirera tous les avantages.

Un échec ne voudrait pas dire abandon, mais révision du traité

La défaite du projet au Sénat ne signifie pas nécessairement son abandon, mais elle indique que sa ratification est impossible sans une révision substantielle.

Le traité de la canalisation est à l'étude au Sénat depuis le 19 janvier 1933; il fut négocié au cours d'une série de conférences qui se terminèrent par la signature du traité à Washington, le 18 juillet 1932. Le président exprima son opinion sur la question dans un message officiel, le 10 janvier 1934. « Des raisons d'Etat de grande envergure, disait-il dans ce message, me poussent à recommander sans hésitation la ratification du traité. »

Il fut un temps où l'administration n'eut besoin que de cinq votes pour emporter la majorité de deux tiers, mais l'opposition est deveue beaucoup plus forte depuis cette époque.

La plus grande partie des travaux dans le traité s'effectuerait à cette section du fleuve Saint-Laurent qui forme la frontière entre l'Etat de New York et la province d'Ontario.

Le traité est divisé en deux parties, l'une traitant de la navigation, l'autre du harnachement de l'énergie électrique. La part des dépenses attribuée aux Etats-Unis se monte à $272,453,000 environ, y cmpris l'exploitation de 1,100,000 H.P. Sur cette somme, l'Etat de New York est invité à payer $89,726,750 en cotisation pour les avantages qu'il retirera de cette exploitation. Les Etats-Unis n'auront aucune dépense à faire quant aux entreprises qui seront faites en territoire canadien.

Le rapport des ingénieurs qui étudièrent le projet affirme que trente villes américaines situées au bord des grands lacs deviendront des ports de mer lorsque la canalisation sera terminée, les océaniques pouvant alors remonter une distance de 3,576 milles à l'intérieur du continent.

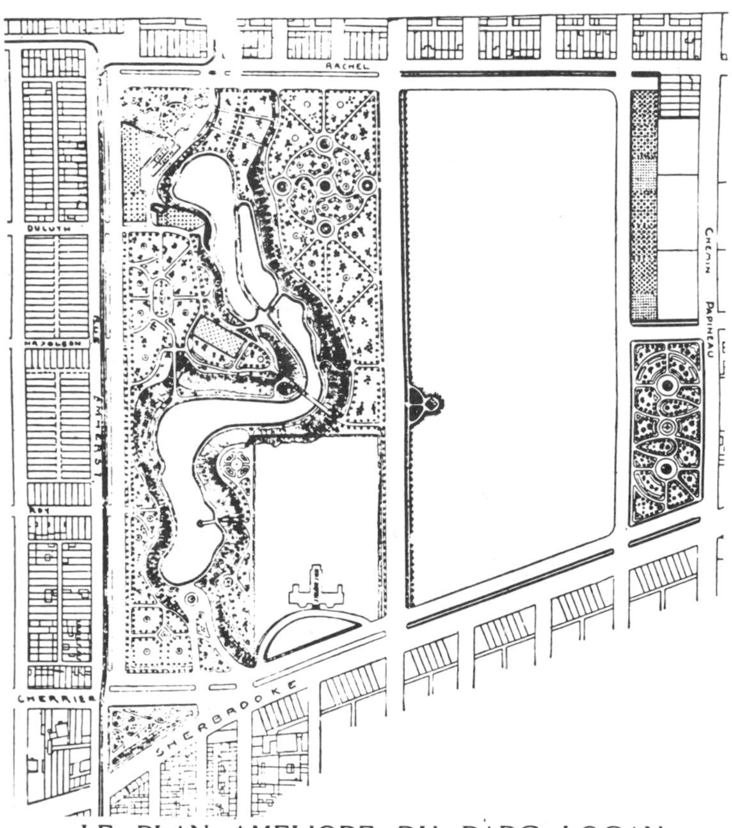

LE PLAN AMELIORE DU PARC LOGAN

ON vient de compléter, au département de la voirie, le plan général du parc Logan représentant les améliorations qui sont déjà faites et celles que l'on projette pour l'avenir. Nous sommes heureux d'en donner la primeur à nos lecteurs.

Ce dessin exécuté par M. Howard, de l'hôtel de ville, nous a été gracieusement fourni par M. S. George, l'inspecteur de la cité.

Comme on peut le voir ce parc une fois terminé sera, sans conteste, le plus beau de la ville. On ira chercher avec l'ombre et la fraîcheur, le repos et la santé. Nous aurons nous aussi dans un avenir prochain nos Champs Elysées. Des arbres seront plantés en abondance, non seulement de chaque côté des routes, mais aussi en divers endroits de manière à fournir, ça et là de jolis beaucages où les amoureux pourront aller vivre à loisir au chant des oiseaux. Et puis ceux qui préfèrent à l'ombre des bois, le murmure des eaux, pourront aller s'asseoir sur la rive de ces coquets petits lacs faits exprès pour eux.

Quant aux autres moins sensibles à cette poésie toute champêtre et qui apprécient davantage un décor moins rustique, ils iront s'ébaudir devant les platebandes fleuries des petits parterres, des carrés de verdures, qui seront dissimulés un peu partout.

En un mot, on veut faire quelque chose de beau et complet.

(Les plus perspicaces d'entre nos lecteurs auront vite remarqué que ce croquis concerne le parc connu aujourd'hui sous le nom de Lafontaine. Quant à ceux qui sont familiers avec le parc Lafontaine, ils seront en mesure de comparer les réalisations avec ce projet...)

Cela se passait le 14 mars 1898.

BABILLARD

À la recherche des Bénard

Monsieur **Henri Bénard,** du 5005 rue des Groseiliers, Montréal, Québec H1M 1V1, est à la recherche d'informations pertinentes sous toutes les formes (renseignements oraux, documents, photos, textes, etc.) pensables, qui lui permettront de poursuivre ses travaux de recherches sur les familles Bénard ou Besnard. Comme points de repère, M. Bénard propose deux noms, celui de Léon, ex-champion olympique de patinage de vitesse et ex-porte-couleurs des Maple Leafs de Toronto, puis celui d'Aimé, natif du village de Bénard, au Manitoba, qui a été nommé sénateur à Ottawa en septembre 1917.

Soulignons en terminant que l'ancêtre des Bénard portait le nom de René Besnard et est arrivé au tout début de la colonie.

ACTIVITÉS

■ **Exposition de photos et de caricatures**

Bibliothèque municipale de Brossard — Les citoyens de Brossard sont de très grands usagers de leur bibliothèque municipale. Mais d'ici le 27 mars, lors de leur passage à la bibliothèque, ils auront l'occasion de voir une collection de photos, de caricatures et de bandes dessinées faisant partie de l'exposition itinérante des cent ans de LA PRESSE.

■ **À la télévision**

10 h 30, Télé-Métropole — Dans le cadre de l'émission *Entre nous* animée par Serge Laprade, Claudette Tougas, de LA PRESSE, présente la chronique *Cent ans de pages féminines.*

photo Jean Goupil, LA PRESSE

Il y a quatorze ans aujourd'hui, soit le *14 mars 1970*, Loto-Québec procédait au premier tirage de son histoire, soit un premier prix de $125 000 offert à la loterie Inter-Loto, dont le billet se vendait $2. MM. Antoine Scaff et Demitriadis Estratios s'étaient partagé ce premier prix. La photo montre les meneurs de jeu Roger Baulu et Mario Verdon, autour des boules utilisées pour le tirage à l'époque, un système beaucoup moins poussé que celui en usage aujourd'hui. Depuis, Loto-Québec a remis des centaines de millions de dollars en prix et en taxes, et la fièvre a atteint son sommet il y a quelques semaines alors que le gros lot a atteint $14 millions au jeu « 6/49 ». Rappelons que Loto-Québec avait pris la relève de la « taxe volontaire » du maire Jean Drapeau, antérieurement déclarée illégale par les plus hauts tribunaux du pays.

LA PRESSE

100 ans d'actualités

UNE FOULE HORRIFIEE ASSISTE A LA DESTRUCTION DE L'HOPITAL DES INCURABLES

Des scènes pitoyables se déroulent au cours du transport des 400 malades et infirmes par la brigade aidée de citoyens. — Pertes d'un million.

Les ruines fumantes de l'hôpital, au lendemain de l'incendie.

DE l'immense immeuble de l'Hôpital des Incurables, qui se dressait encore majestueux, hier **(15 avril 1923),** sur le boulevard Décarie, dans la division Notre-Dame de Grâce, il ne reste plus que quatre murs calcinés et chancelants qui, dans leur enceinte, cachent au passant un amas indescriptible de poutres enchevêtrées, tuyaux, débris de meubles, statues brisées, lits tordus et autres. L'incendie a accompli son oeuvre de destruction et, de cette oeuvre de charité grandiose des Dames de la Providence, il ne reste plus que des ruines et un précieux souvenir du bien accompli.

Les vaillantes religieuses, si elles déplorent la perte d'un immeuble et ameublement estimé à près d'un million de piastres, ont, comme l'une d'elles nous le disait hier soir, au plus fort de l'incendie, l'immense consolation d'avoir sauvé tous leurs chers malades et infirmes.

ON DECOUVRE L'INCENDIE

C'est à 5.08 heures que l'incendie a été découvert par une malade, Mlle Ismaël, qui était à prendre son repas du soir, au troisième étage de l'immeuble principal. Elle vit des flammèches tomber dans le puits de l'ascenseur, qui se trouvait au centre de l'immeuble. Ne pouvant marcher, elle appela le chapelain de l'institution, le R.P. Laferrière, O.P., qui passait à ce moment, et lui dit ce qu'elle venait de voir. Celui-ci courut à l'endroit indiqué, constata que les flammes avaient déjà fait certains progrès au sommet du puits, et, après avoir prévenu les gardiens en charge des malades de cette section, il descendit en toute hâte sonner l'alarme à l'avertisseur privé de la maison, lequel se trouvait au rez-de-chaussée. (...)

Au début de l'incendie, l'on ne crut pas d'abord qu'il dût prendre des proportions aussi grandes et finir par un désastre. Le personnel de l'Hôpital des Incurables, religieuses, infirmières et employés divers de l'institution se hâtèrent de transporter les malades du corps principal de l'édifice aux étages inférieurs de l'aile occupée par la communauté des religieuses, aile qui s'étendait en arrière.

DE NOUVEAUX DANGERS

Mais l'élément destructeur faisait des progrès si rapides, que l'on se dit bientôt que tout le vaste immeuble allait peut-être être complètement rasé par les flammes. Il fallut donc se précipiter avec plus de hâte encore pour mettre les malades en sûreté.

A ce moment, il n'y avait encore qu'un petit nombre de citoyens réunis près de l'hôpital. Ils n'hésitèrent pas un instant à prêter leur aide avec le plus grand dévouement pour le sauvetage des malheureux affligés.

SUR LA NEIGE FROIDE

Le temps manquait d'abord pour transporter tous les incurables aux institutions environnantes, et il fallait songer avant tout à les arracher aux flammes. Les sauveteurs durent donc, avec le plus grand regret, déposer des malades qu'ils avaient été chercher à l'intérieur, sur la neige froide qui couvrait le sol. Il se trouva parfois que les malheureux ainsi déposés sur la froide surface étaient pieds nus. On les avait bien enveloppés de couvertures de laine. Mais en dépit des précautions les plus attentives des sauveteurs, ces couvertures se dérangèrent.

DES MALADES AFFOLES

Et ce ne fut pas toujours facile de sauver les malheureux dont la vie était menacée par les flammes. La plupart ne pouvaient faire un pas, et il fallait très souvent, non pas leur aider à marcher, mais les transporter dans les bras. Le plus grand nombre des malades facilitaient autant que possible leur sauvetage, mais il en est d'autres qui étaient absolument affolés et qui résistaient aux efforts de leurs sauveteurs. Il s'ensuivit de pénibles scènes où l'on vit les dévoués sauveteurs lutter contre ceux qu'ils arrachaient aux flammes pour leur conserver la vie. (...)

TRISTE SPECTACLE

Cependant, sur les instances des autorités du monastère, et constatant que les flammes gagnaient continuellement du terrain, en dépit de l'héroïque travail de nos braves pompiers, les religieuses de la Providence firent transporter au monastère du Précieux-Sang une soixantaine de malades, la plupart des femmes, qui furent installés dans les salles, dans les chambres et un peu partout dans le cloître, où nous les avons retrouvés vers 7 heures. C'était un spectacle à la fois triste et touchant que de voir toutes ces religieuses, habituellement si paisibles dans leur cloître et toutes à leur vie monastique, se dévouer au soin des malades, consoler des personnes alarmées et inquiètes du sort d'un parent, d'un protégé. (...)

LES PERTES MATERIELLES

Ce désastreux incendie entraîne des pertes matérielles que l'on évalue à près d'un million de piastres, comprenant l'immeuble et son contenu. (...) Ces pertes énormes ne sont qu'en partie couvertes par des certificats dans différentes compagnies d'assurance.

NOTES HISTORIQUES

L'Hôpital des Incurables (...) est une institution qui date d'un peu plus de 25 années. L'oeuvre proprement dite a été fondée par deux demoiselles charitables, Mlles Généreux, qui établirent une maison rue Saint-Hubert pour recevoir les incurables. Mais bientôt cette maison ne suffisait plus. L'oeuvre avait été connue et on recourait à la charité et au dévouement de ces deux femmes. L'une mourut, et l'autre, ne pouvant continuer seule, remit l'oeuvre entre les mains des Religieuses de la Providence.

Les religieuses décidèrent de donner à cet hôpital une plus grande ampleur afin de recevoir un plus grand nombre de malades. En 1901, elles achetaient l'immeuble qui vient d'être incendié et qui avait été construit en 1896, pour servir de monastère aux religieuses du Précieux-Sang.

C'EST ARRIVÉ UN 15 MARS

1982 — Début des travaux de la commission Jutras, qui a pour mission d'enquêter dans les relations de travail à la CTCUM.

1975 — L'armateur milliardaire Aristote Ornassis succombe à une pneumonie.

1974 — Une grève du Syndicat des marins paralyse la Voie maritime du Saint-Laurent.

1973 — Les députés péquistes quittent le parquet de l'Assemblée nationale au moment où le lieutenant-gouverneur Hughes Lapointe commence à lire en anglais un passage du discours du Trône.

1971 — Le gouvernement ontarien intente une poursuite de $35 millions contre la Dow Chemical of Canada pour pollution au mercure, à Sarnia.

1970 — Le consul général du Japon à Sao Paulo est relâché après que le gouvernement brésilien eut permis à cinq prisonniers de quitter le pays.

1964 — Elizabeth Taylor et Richard Burton s'épousent à l'hôtel Ritz Carlton de Montréal.

1962 — Un *Constellation* de l'Armée américaine loué par la société Flying Tiger disparaît au-dessus du Pacifique. L'accident fait 107 morts.

1961 — M. Hendrick Verwoerd, premier ministre d'Afrique du Sud, décide de retirer son pays du Commonwealth britannique.

1957 — On annonce qu'un réacteur nucléaire du laboratoire scientifique de Los Alamos avait explosé au cours d'essais. On ne déplore heureusement aucune perte de vie.

1956 — Début aux Communes du long débat sur l'oléoduc qui doit transporter le gaz naturel de l'Ouest dans l'Est du pays.

1951 — L'Iran décide de nationaliser les compagnies de pétrole.

1917 — La défaite de l'autocratie russe est confirmée par l'abdication du tsar Nicholas II.

1894 — Les libéraux de Nouvelle-Écosse conservent le pouvoir mais voient leur majorité réduite de 20 à 12 sièges. — Une bombe éclate en l'église de la Madeleine, à Paris.

Cinquante ans après

EN 1855, la corvette française ***La Capricieuse*** entrait dans le port de Québec, et son capitaine, l'amiral de Belvèze, pouvait se vanter d'être à la barre du premier navire battant pavillon français à atteindre ce port en 140 ans.

LA PRESSE rappelait l'événement dans son édition du ***15 mars 1905,*** à l'occasion du départ pour le Havre du ***Samartian,*** des lignes Allan, qui entreprenait ce jour-là un service régulier de paquebot entre le Canada et la France, grâce à une subvention du gouvernement fédéral.

Les CANADIENS, 18 fois champions du monde!

Malgré une défaite de 5 à 3 aux mains des Tchécoslovaques au tout dernier match du tournoi, à Prague, le Canada, représenté par les McFarlands de Belleville, remportait le championnat du monde pour une 18e et dernière fois, le *15 mars 1959.* Et Maurice Richard, en visite à Prague (une blessure le tenait alors à l'écart du jeu), en surprenait plusieurs en affirmant, après la victoire des Tchécoslovaques, que le hockey européen n'avait plus rien à envier au hockey canadien. Cette remarque prend aujourd'hui l'allure d'une véritable prophétie. Mais cela dit, le Canada pouvait savourer les succès d'un joueur de centre de 20 ans du nom de Red Berenson, le meilleur marqueur du tournoi, et cette 18e conquête du championnat du monde, que célèbrent ci-dessus les Floyd Crawford, Jean-Paul Lamirande, le joueur-entraîneur Ike Hildebrand et Lou Smrke.

Le feu détruit le Colisée de Québec

QUÉBEC, 15 (D.N.C.) - Le Colisée, principal centre d'attractions d'hiver du terrain de l'exposition provinciale, a été détruit de bonne heure, ce matin **(15 mars 1949),** par un incendie dont on ignore la cause. Trois alarmes ont été sonnées à peu d'intervalle. En un rien de temps, l'édifice qui faisait l'orgueil de notre foire provinciale, a été anéanti par l'élément destructeur. On évalue les pertes à au moins $1 000 000. Ce chiffre comprend, outre la bâtisse, la machinerie, la tuyauterie, des équipements, des accessoires, de même que des équipements de clubs de hockey, etc. A 3 h. 30 le toit s'était effondré, emportant le peu de charpente qui avait résisté aux flammes.

On a craint, un moment, qu'une explosion se produisit par suite de l'emmagasinage d'ammoniaque servant à la fabrication de la glace artificielle.

M. L'Heureux, surintendant de l'édifice, put quitter l'endroit à temps, avec sa famille. Les pompiers ont travaillé ferme pour épargner les édifices avoisinants. Les tisons ardents étaient projetés du brasier pour retomber sur les pompiers ou les spectateurs, qui, malgré l'heure matinale, s'étaient groupés par milliers, sur les terrains de l'exposition.

Au moment même où le Colisée flambait, une deuxième alarme était sonnée, au coin des rues S.-Anselme et S.-Joseph, alors qu'un autre incendie menaçait de destruction le magasin de chaussures Morency et Lamontagne.

SUR UN OU DEUX GENOUX?

LA fameuse cause de l'église Sainte-Anne du Bout-de-l'île a été appelée devant la Cour du Banc de la Reine, hier (***15 mars 1885***). On se rappelle qu'un nommé Poitras, assistant à la grand'messe, le 9 août 1885 à l'église Sainte-Anne s'était agenouillé sur un seul genou. M. Lebeau, marguillier sortant de charge, vit M. Poitras dans cette position. Il paraît que ce dernier avait le genou droit sur le plancher et le coude appuyé sur la jambe gauche dont le pied portait à terre. Il avait la tête inclinée. Lebeau se dirigea vers lui et lui dit que les règlements de l'église obligeaient tout le monde à s'agenouiller sur les deux genoux. C'était pendant le sanctus. Poitras répondit qu'il était malade. A la sortie de l'église, le marguillier en charge fut informé de l'affaire et demanda un mandat darrestation contre Poitras sur l'accusation d'irrévérence dans l'église.

L'huissier Vient se rendit pour exécuter son mandat, mais Poitras paya $5 d'amende et $1.50 de frais.

L'accusé prit ensuite une action de $2,000 de dommages contre Lebeau comme l'instigateur des procédés criminels. Un jury spécial rendit verdict et déclara que Poitras n'avait souffert aucun dommage. La cause fut portée en révision où la majorité des juges ordonna un nouveau procès.

Lebeau en appela de ce jugement à la Cour du Banc de la Reine. Après avoir entendu la cause. la Cour l'a prise en délibéré.

ACTIVITÉS

■ **Exposition de photos et de caricatures**

Bibliothèque municipale de Brossard — Les citoyens de Brossard sont de très grands usagers de leur bibliothèque municipale. Mais d'ici le 27 mars, lors de leur passage à la bibliothèque, ils auront l'occasion de voir une collection de photos, de caricatures et de bandes dessinées faisant partie de l'exposition itinérante des cent ans de LA PRESSE.

LA PRESSE

100 ans d'actualités

LES PARABOLES ILLUSTRÉES
Le Levain. - "Le levain qu'une femme mêle dans trois mesures de farine..."
L'Ivraie. - "Comme on arrache l'ivraie et qu'on la brûle..."
Jésus et ses Disciples. - "Car il ne leur parlait point sans paraboles, mais en particulier il expliquait tout à ses disciples." (S. Marc,IV,34.)
Le Bon Samaritain. "Le mettant sur sa monture il le conduisit en une hôtellerie et prit soin de lui..."
Le Mauvais Riche et Lazare. - "Il y avait un mendiant nommé Lazare, couché à la porte du riche..."
L'enfant prodigue. - "Son père accourant tomba sur son cou et le baisa..."
Le Bon Berger. - "Il appelle ses pauvres brebis par leur nom et les fait sortir..."
Le Semeur. - "Et pendant qu'il semait, des grains tombèrent le long du chemin..."
Le filet. - "Lorsqu'il est plein, les pêcheurs le retirent..."

Cette première page est tirée de l'édition du *16 mars 1918*.

Accompagné de son entraîneur, le regretté Dick Irvin, Maurice Richard sort du bureau du président Clarence Campbell où il était allé s'expliquer. Quelques heures plus tard, le verdict du président était rendu : Maurice Richard était banni du hockey pour le reste de la saison.

Richard suspendu pour la balance de la saison par le président Campbell

LE **16 mars 1955**, le président Clarence Campbell, de la Ligue nationale de hockey, causait tout un émoi en annonçant qu'il suspendait pour le reste de la saison, séries éliminatoires comprises, le bouillant et spectaculaire ailier droit Maurice Richard, du Canadien de Montréal, qui avait frappé accidentellement un juge de lignes lors d'une altercation avec le défenseur Hal Laycoe, le dimanche précédent, à Boston.

Eminemment trop sévère, sinon trop injuste aux yeux des amateurs de hockey montréalais, cette suspension allait entraîner la plus importante démonstration de solidarité envers un joueur dans toute l'histoire du hockey, et la manifestation dégénéra malheureusement en une émeute fort coûteuse comme nous le verrons demain.

Du maire Jean Drapeau à d'éminents avocats, en passant par les joueurs et les dirigeants de l'équipe, tous furent abasourdis par l'extrême sévérité du président Campbell, et ils le dirent publiquement. Mais convaincu que ce dernier aurait l'appui des autres gouverneurs de la ligue, le directeur général Frank Selke décidait à contrecoeur de ne pas en appeler de la décision du président, et d'espérer pour le mieux.

Sur le seul plan du hockey, cette suspension eut des conséquences pour deux athlètes et une équipe. Le Canadien devait pour sa part perdre le championnat aux mains des Red Wings de Détroit. Le « Rocket », en ratant les trois derniers matchs de la saison, perdit la seule vraie chance de remporter le seul honneur qui devait lui échapper au cours de sa brillante carrière, soit le championnat des marqueurs. Cet honneur est allé à Bernard Geoffrion, au cours du tout dernier match de la saison ; et même si Geoffrion portait les couleurs du Canadien, les amateurs de hockey de Montréal ne lui ont jamais vraiment pardonné d'avoir arraché cet honneur au « Rocket ».

WALLACE McCRAW EST COUPABLE DE MEURTRE

NDLR — Les fervents lecteurs de cette page se souviendront à quel point la condamnation à mort de Cordélia Viau et de Samuel Parslow avait répondu aux attentes de la population. Voici un exemple d'un jugement qui a produit un effet tout à fait contraire.

(De l'envoyé spécial de LA PRESSE)

TROIS-RIVIÈRES — COUPABLE : tel est le verdict enregistré à 4.12 heures, hier **(16 mars 1906)** après-midi, contre Wallace, accusé d'avoir assassiné Percy Howard Sclater, de Grande-Anse, le 5 mars 1905.

Ce verdict, tombé des lèvres de chacun des jurés après que Mtre Laflamme eut demandé comme suprême faveur que ces messieurs déclarent publiquement leur opinion, souleva un murmure de réprobation dans la salle d'audience, bondée à tel point, que les constables étaient impuissants à maîtriser la foule.

Coupable! A l'annonce du verdict, les dames éclatèrent en sanglots, et dans les couloirs du Palais de justice, se répercuta en murmure d'indignation, l'arrêt de mort ratifié par douze honnêtes personnes du district de Trois-Rivières.

Sur la rue, dans les bars, partout on a commenté durant toute la journée, le verdict de mort prononcé contre Wallace McCraw. Partout on ne parlait que de son innocence, partout on réclamait sa mise en liberté.

Le juré Alfred Lesage, de Saint-Léon, après avoir été quelques heures en désaccord, se rallia aux onze jurés, et ratifia leur verdict. A l'annonce du verdict, Wallace McCraw ne broncha pas d'un cheveu. Il regarda tout d'abord la foule stupéfiée, jeta les regards sur son vieux père que l'arrêt de mort prononcé contre son fils, venait de faire éclater en sanglots, puis baissa la tête. (...)

Quelques minutes avant l'entrée dans la salle des jurés, Marry Ann Skeene *(la femme Sclater)* fut appelée dans la boîte et son avocat, Mtre Robert Greenshields présenta une motion à l'effet de demander un jury mixte, c'est-à-dire moitié de langue anglaise, moitié de langue française. Il demanda en même temps que le cadre actuel des jurés, soit remplacé par une nouvelle liste, ce que l'honorable juge Cannon lui accorda. Aussitôt après, on fixa le procès de la femme Sclater, au 26 mars courant.

McCraw et Mary Ann Sclater étaient accusés d'avoir tué le mari de cette dernière, version 1906 de l'éternel triangle. Mais le doute a toujours persisté dans l'esprit des gens de Trois-Rivières quant à la culpabilité de McCraw, ce qui explique la réaction atterrée des témoins du procès, et dont LA PRESSE se faisait évidemment l'écho, par envoyé spécial interposé.

D'ailleurs, McCraw obtint un nouveau procès et fut acquitté le 7 avril 1908.

ACCIDENT DE CHEMIN DE FER

A sept heures dix minutes, ce matin **(16 mars 1898)**, un train de fret, composé d'une quinzaine de wagons, laissait la gare Bonaventure. Arrivé au petit pont connu sous le nom de « Pont de fer », construit sur le « petit lac de la Côte-Saint-Paul », à quelque cent pieds du canal Lachine, le train avait à laisser la voie sur laquelle il se trouvait pour prendre la voie unique qui traverse le pont. L'aiguilleur, M. David Lesley, était à son poste et avait disposé la voie comme d'habitude. La locomotive et le fourgon, ainsi qu'un wagon de fret, avaient traversé le pont, quand il se produisit un fracas épouvantable. L'aiguille venait de se déranger et de passer par-dessus la lisse principale. Trois wagons furent lancés dans l'espace. Le premier tomba lourdement sens dessus dessous dans le petit lac. Le deuxième tomba sur le côté, partie sur le premier wagon et partie sur la rive. Le troisième donna complètement sur la rive, dans le déclin de la côte, où il gît actuellement. Sur le premier wagon, qui était lancé en bas de la voie, se trouvait un serre-frein. En voyant le danger, comme le train n'allait pas à une allure rapide, il eut la présence d'esprit de sauter en bas du train, une hauteur d'environ trente pieds, sur la rive opposée du petit lac. Dans sa chute, il se fit quelques légères contusions aux mains et au visage. C'est le cas de dire que cet homme l'a échappé belle et qu'il en est quitte à bon marché. Les chevilles d'accouplement s'étaient heureusement brisées, en sorte que les autres wagons et la locomotive sont restés sur la voie. (...)

M. David Lesley, l'aiguilleur interrogé par un reporter de «La Presse» ne sait à quelle cause attribuer cet accident. Il avait placé les aiguilles comme d'ordinaire et n'est, dit-il, coupable d'aucune négligence. Il a pris toutes les précautions habituelles.

Deux wagons étaient chargés de charbon. Le troisième était rempli de fer en barres expédié par la « Montreal Rolling Mills Co ». (...)

M. Lesley occupe cette position d'aiguilleur depuis dix-neuf ans.

BABILLARD

D'où vient le nom de LA PRESSE?

Aujourd'hui, avant de choisir le nom d'un produit qu'elle s'apprête à lancer sur le marché, l'entreprise effectue au préalable une sérieuse étude du marché, car dans un monde axé sur la consommation, le nom d'un produit est parfois aussi important que ses qualités intrinsèques.

Mais à l'époque où LA PRESSE vit le jour, on se creusait un peu moins les méninges, on arrondissait les coins. Malgré tout, on aurait pu croire que le nom de votre journal préféré avait été choisi avec un certain décorum.

Or, selon M. **François Vachon**, d'Outremont, le choix aurait été fait dans le contexte suivant. Il faut d'abord rappeler ce que notre collègue Cyrille Felteau vous expliquait dans le cahier du centenaire du 20 octobre dernier : LA PRESSE succédait dans les faits au *Nouveau Monde*, publié par M. William Blumhart, fondateur de LA PRESSE, pour concurrencer le quotidien *Le Monde*, son employeur précédent. Hélas, une injonction le força à changer le nom. Au cours d'une réunion de M. Blumhart avec ses proches collaborateurs, quelqu'un lança : « Faites vite, parce que ça presse! » Et de rétorquer un des participants : « C'est cela, appelons-le LA PRESSE! ». Sitôt dit, sitôt fait, mais non pas sans s'assurer qu'on avait en stock les lettres pour imprimer le nom. Et c'est ainsi que le lundi 20 octobre 1884, LA PRESSE succédait au *Nouveau Monde*.

Et comment M. Vachon a-t-il pu prendre connaissance de cette anecdote? M. Vachon est le fils d'Irenée Vachon et d'Aimée Masson, une des quatre enfants de P.-G. Masson, lui-même marié à Alvine Blumhart, fille d'un des frères de William.

Et pour les amateurs de petite histoire, on peut ajouter que deux des soeurs de William, Marguerite et Émilie, avaient épousé deux frères, Joseph et Michel Allaire, deux patriotes de 1837. Ces renseignements additionnels nous sont fournis par un descendant, M. **Lorenzo Dallaire**, de Lanoraie.

ACTIVITÉS

■ **Exposition de photos et de caricatures**

Bibliothèque municipale de Brossard — Les citoyens de Brossard sont de très grands usagers de leur bibliothèque municipale. Mais d'ici le 27 mars, lors de leur passage à la bibliothèque, ils auront l'occasion de voir une collection de photos, de caricatures et de bandes dessinées faisant partie de l'exposition itinérante des cent ans de LA PRESSE.

C'EST ARRIVÉ UN 16 MARS

1982 — Claus von Bulow est reconnu coupable d'une tentative d'assassinat de sa richissime épouse.

1979 — Décès de Jean-Guy Cardinal. Âgé de 54 ans, ce député péquiste avait été ministre de l'Éducation sous l'Union nationale.

1976 — Démission du cabinet Trudeau du ministre André Ouellet, sous le coup d'une accusation d'outrage au tribunal. — Démission en Grande-Bretagne du premier ministre Harold Wilson, remplacé par James Callaghan.

1973 — Le coeur du frère André disparaît, à l'oratoire Saint-Joseph.

1969 — Un *DC-9* de la société Viasa s'écrase en banlieue de Maracaibo. On dénombre 156 morts.

1967 — La taxe de vente grimpe « temporairement » à 8 p. cent au Québec.

1966 — *Gemini VIII* est obligé de faire un amerrissage d'urgence dans le Pacifique, à cause d'un mauvais fonctionnement à bord du vaisseau spatial. — Deux chiens reviennent sur terre après un séjour de 23 jours dans l'espace à bord d'un vaisseau spatial soviétique, et après avoir été les premiers êtres à percer les ceintures Van Allen.

1964 — Arrivée à Chypre des troupes des Nations-Unies déléguées pour y maintenir l'ordre.

1957 — Une grève de quelque 200 000 employés paralyse les chantiers navals britanniques.

1950 — Le gouvernement tchécoslovaque expulse du pays le délégué pontifical, Mgr Ottavio de Liva.

1935 — L'Allemagne nazie décide de se réarmer.

1914 — Gaston Calmette, directeur du *Figaro*, est assassiné par la femme de Joseph Caillaux, ministre des Finances dans le cabinet Doumergue.

1899 — L'hôtel Windsor de New York est détruit par un incendie qui entraîne la mort d'une quinzaine de personnes.

UN INGENIEUX AVERTISSEUR AUTOMATIQUE

(Spécial à LA PRESSE)

OTTAWA, 16 — M. W.-J. Lalonde, surintendant du service d'alarmes du département des incendies de la ville d'Ottawa, est l'inventeur d'un très ingénieux avertisseur automatique, en cas d'incendie, lequel semble être destiné à réduire considérablement le chiffre des pertes par le feu, partout où il sera installé. M. Lalonde surveille actuellement l'installation de ces appareils, le premier dans l'édifice « O.A.A.C. » du gouvernement, et le second, au collège Saint-Alexandria, à Ironsides.

L'appareil consiste en un petit cylindre en cuivre d'environ quatre pouces de profondeur par cinq de diamètre. Ce cylindre est attaché au plafond de la chambre. La mince feuille de métal qui recouvre le sommet est flexible; au-dessus se trouve un chapeau de cuivre à travers lequel passe un raccordement électrique. Une petite soupape permet à l'air accumulé à l'intérieur du cylindre de s'échapper lentement. Toute chaleur soudaine, dans la chambre où il est installé, occasionnera une expansion plus rapide de l'air renfermé dans le cylindre, et la soupape ne suffisant pas à l'expulser, le couvercle se trouve soulevé, établissant le courant électrique qui donne l'alarme. (...)

En plus, M. Lalonde a combiné certains avertisseurs qui sont placés sur un tableau, en un endroit fréquenté de l'édifice; une ampoule rouge qui s'allume indique immédiatement dans quelle chambre le courant électrique s'est produit, conséquemment, en quel endroit de l'édifice, un incendie vient de se déclarer.

D'après les expériences qui ont été faites devant eux, des experts déclarent que ce système est très simple et destiné à rendre d'immenses services.

Cet article a été publié le 16 mars 1918.

LA PRESSE
100 ans d'actualités

APRÈS AVOIR SUSPENDU RICHARD, CAMPBELL SE PRÉSENTE AU FORUM

C'EST ARRIVÉ UN 17 MARS

1982 — La guerre des cloches causée par les conservateurs prend fin, au Parlement fédéral. — La mine Belmoral est acquittée d'une accusion d'homicide involontaire dans le sillage des événements de mai 1980.

— Quatre journalistes néerlandais sont assassinés au El Salvador.

1976 — La Cour Suprême du New Jersey accorde au boxeur Rubin Carter le droit de subir un nouveau procès. Il était accusé de l'assassinat de trois Blancs.

1968 — Réunies à Washington, les Banques centrales instaurent un double marché de l'or.

1965 — L'ex-roi Farouk, d'Égypte, meurt à Rome à l'âge de 45 ans.

1960 — Un *Electra* de Northwest Airlines s'écrase en Indiana, après avoir explosé dans l'air. L'accident fait 63 morts.

1959 — Sydney Smith, ministre des Affaires extérieures du Canada, meurt à Ottawa, à l'âge de 62 ans.

1958 — Mise en orbite du deuxième satellite américain, *Vanguard I*.

1957 — Le président philippin Ramon Magsaysay perd la vie dans un accident d'avion qui fait 26 morts. — Les Red Wings de Détroit battent le Canadien 2 à 1 et méritent leur huitième championnat de ligue en neuf ans.

1956 — Décès d'Irène Joliot-Curie, fille de Pierre et Marie Curie, les découvreurs du radium, et elle-même codétentrice (avec son mari) d'un prix Nobel.

1947 — L'Union soviétique réclame $10 milliards à l'Allemagne comme réparations de guerre.

1906 — Le navire *Sovereign* brûle à son mouillage d'hiver, dans le canal Lachine.

1898 — Un accident ferroviaire fait un mort près de Saint-Lambert.

1891 — Le navire *Utopia* sombre au large de Gibraltar. L'incident fait 576 morts.

Partie d'une première page consacrée à saint Patrick, et publiée le *17 mars 1906*.

photo Roger St-Jean, LA PRESSE

Le président Campbell vient d'être giflé par un jeune homme retenu par deux placiers du Forum.

Une provocation pour les partisans du Canadien

NDLR — Il est de ces journées, dans la préparation de cette page, où l'on souhaiterait qu'elle soit double à cause de l'importance des nouvelles à traiter. Et c'est le cas aujourd'hui, alors qu'on dénombre pas moins de quatre éléments majeurs, du calibre de ceux auxquels on réserve habituellement la place d'honneur dans cette page. Il nous faudra donc nous contenter du strict essentiel.

SON honneur le maire Jean Drapeau a déploré les manifestations de violence qui se sont produites hier soir **(17 mars 1955)**, à la suite de la décision rendue par le président Clarence Campbell dans l'affaire Richard.

Le premier magistrat de la métropole a exprimé l'avis toutefois, que, tout inexcusable qu'il est, le fracas a été provoqué par la présence de M. Campbell au Forum. M. Campbell, a dit le maire, aurait agi sagement, en s'abstenant d'assister à la joute Canadien-Détroit, tout au moins en n'annonçant point sa visite à l'avance comme il l'a fait. « Sa présence, en effet, pouvait être interprétée comme un véritable défi ». (...)

M. Drapeau a profité de l'occasion pour prier M. Campbell d'éviter de se montrer à la prochaine joute de demain soir au Forum. Il a, d'autre part, prié des avocats de voir aux mesures à prendre pour remédier d'une façon générale à la situation, et supprimer les causes qui l'ont amenée.

Plusieurs habitués du Forum ont tenu à souligner, par ailleurs, que les actes de violence d'hier ne sont sûrement pas imputables aux amateurs réguliers. Ils ont plutôt été causés, croient-ils, par des gens qui s'y sont rendus dans le seul but de donner libre cours à la colère qu'avait suscitée chez eux la suspension de Maurice Richard par le président de la Ligue de hockey nationale.

C'est en ces termes que commençait, dans l'édition du 18 mars, le principal d'un groupe d'articles étalés sur plusieurs pages de LA PRESSE, et consacrés aux événements de la veille, qu'il nous faut résumer de la manière la plus succincte, en établissant une certaine chronologie des événements.

L'affaire avait commencé le dimanche 13, au cours d'un match à Boston. Le défenseur Hal Laycoe, qui avait d'ailleurs commencé sa carrière avec le Canadien, et Maurice Richard étaient à se chamailler quand un juge de lignes a tenté d'intervenir, se trouvant directement dans la trajectoire d'un coup de poing que le « Rocket » destinait à Laycoe. Le mercredi 16, après avoir entendu Richard et les dirigeants du Canadien, le président Campbell décidait de la suspendre pour le reste de la saison, soit trois matches réguliers, plus les séries éliminatoires.

Dès ce moment, la fureur des partisans du Canadien et de cette idole qu'était (et qu'est toujours d'ailleurs, le récent sondage de LA PRESSE l'a prouvé hors de tout doute) Maurice Richard, allait en augmentant au fil des heures. Les partisans la trouvaient non seulement exagérée, mais aussi injuste, puisque tous les faits démontraient que le coup ne visait pas Thompson, mais plutôt Laycoe. Et dès le moment où le président Campbell annonça publiquement, d'une manière irréfléchie, son intention d'assister au match du 17, il devint évident qu'il fallait s'attendre au pire.

Et le pire est arrivé. Tout d'abord, à l'intérieur du Forum, c'est sous les huées que le président Campbell et sa secrétaire Phyllis King ont fait leur apparition, après 11 minutes de jeu. Une pluie d'objets hétéroclites fut dirigée en direction de Campbell, puis soudainement, un jeune homme, après avoir fait mine de lui serrer la main, lui appliqua une solide gifle, tandis que l'éclatement d'une bombe lacrymogène venait décourager les plus tenaces, le président Campbell compris.

Sur la glace, la situation n'était guère plus rose. Privé du « Rocket » et de son jeu inspiré, le Canadien tirait déjà de l'arrière par 4 à 1 face aux Red Wings de Détroit, après à peine 20 minutes de jeu.

Comme il était inutile de poursuivre un match qui ne pouvait se terminer que par une défaite, et comme on pouvait craindre le pire pour les spectateurs, la décision fut prise de faire évacuer le Forum et de concéder la victoire aux Red Wings.

En sortant du Forum, la foule de vrais amateurs de hockey se gonfla de centaines d'individus, dont certains se mirent à semer le désordre, rue Sainte-Catherine et au square Cabot, renversant les voitures de police, brisant les vitres de tramways, brûlant les kiosques à journaux, etc.

L'intervention de la police pour disperser la foule eut pour effet de la repousser vers l'est, rue Sainte-Catherine. C'est alors que des voyous, mêlés à des partisans du Canadien, entreprirent de briser les vitrines d'une cinquantaine de magasins, dont certaines furent littéralement vidées de leur contenu, entraînant des pertes de dizaines de milliers de dollars aux commerçants.

Le lendemain, presque plus rien n'y paraissait, les commerçants ayant fait remplacer rapidement leurs vitrines brisées, comme s'ils voulaient oublier le plus rapidement possible cette triste soirée. Et pendant ce temps, en Cour municipale, comparaissaient les quelque 75 individus arrêtés la veille par la police.

CONFLAGRATION A ROUYN, MAIS LE VENT EVITE UN PLUS GRAND DESASTRE

ROUYN, Qué., 17 (P.C.) — Les marchands et propriétaires évaluent leurs pertes à $2,000,000 dans l'incendie qui a dévasté, ce matin **(17 mars 1949)**, le quartier commercial de ce centre minier du nord-ouest du Québec, rasant neuf établissements commerciaux et délogeant plus de 100 personnes de leurs maisons. (...)

Le plus spectaculaire incendie depuis celui de l'hôtel Albert à l'automne de 1938 s'est déclaré vers 4 heures la nuit dernière et a rasé cinq édifices du centre commercial de la ville de Rouyn. Heureusement, cette fois, il ne semble pas y avoir de pertes de vie ni de blessés. (...) Le feu paraît s'être déclaré soit dans la cave, soit au premier plancher de l'édifice Dubois. Vers 4 h. 15, il se produisit une explosion formidable, peut-être celle d'une fournaise, qui ébranla les édifices avoisinants et que l'on ressentit en face, à l'hôtel National et dans l'édifice Simpson.

Le vent, du bon côté

En quelques minutes, presque tout l'édifice Dubois était en flammes et il était visible que tout ce qui restait à faire aux pompiers, c'était d'essayer de protéger les autres édifices. Ceux de Rouyn, sous la direction du chef Sabin Thibault, et ceux de la ville voisine *(Noranda)*, sous la direction du chef Ted Desrosiers, firent pendant plusieurs heures un travail vraiment héroïque, exposant même leur vie à différentes reprises pour essayer de maîtriser les flammes avec les puissants jets des deux pompes à incendie. Leur travail était rendu difficile par la température assez froide et un vent qui soufflait en direction du lac. Cela avait son avantage car le vent eût-il été en sens contraire, il aurait peut-être été impossible d'empêcher les flammes de se communiquer de l'autre côté de la rue Principale...

4 morts, 11 blessés à la gare Windsor

LA gare Windsor était le théâtre, le ***17 mars 1909***, d'un événement qui aurait fait les délices d'un metteur en scène de films de catastrophes par son réalisme. Tout avait commencé à bord de la locomotive du train de nuit du Canadien Pacifique venant de Boston. Un peu après la gare de Montréal-Ouest, une explosion se produisit à bord de la locomotive, enveloppant d'une vapeur insupportable le chauffeur Louis Craig et le mécanicien Mark Cunningham. Les deux hommes sautèrent en bas de la locomotive. Laissé à lui-même, le train prit de la rapidité dans la pente naturelle en direction de la gare Windsor, et ce n'est qu'à la hauteur de la rue Guy que le conducteur s'aperçut de la vitesse anormale du train et appliqua le frein d'urgence. Mais il était déjà trop tard pour l'arrêter complètement sans autre incident. La course folle de la locomotive devait se terminer dans le mur de la salle des pas perdus, sur la voie la plus au sud de la gare, faisant quatre morts, dont trois d'une même famille, et 11 blessés graves, en plus de causer d'énormes dégâts à la gare. Et si le chauffeur Craig s'est tiré indemne de sa chute, Cunningham s'infligea une fracture du crâne à laquelle il devait succomber quelques heures plus tard. La photo montre l'étendue des dégâts sur la rue Donnacona, tandis que le croquis du dessinateur de LA PRESSE permet de voir dans quelle position s'était retrouvée la locomotive.

ACTIVITÉS

AUJOURD'HUI

■ **À la radio**

17 h, Radio-Canada — Chronique consacrée à LA PRESSE à l'émission *Avec le temps*, animée par Pierre Paquette.

AUJOURD'HUI ET DEMAIN

■ **Exposition de bandes dessinées et caricatures**

Galerie Émergence, 1452, Laurier est — La participation de LA PRESSE à ce festival comprend une dizaine de caricatures de Girerd, en plus de l'affiche qu'il a conçue pour les festivités du centenaire, ainsi que le portefolio *L'histoire de la caricature dans la vie de LA PRESSE*. **Dernière journée demain.**

■ **Exposition de photos et de caricatures**

Bibliothèque municipale de Brossard — Les citoyens de Brossard sont de très grands usagers de leur bibliothèque municipale. Mais d'ici le 27 mars, lors de leur passage à la bibliothèque, ils auront l'occasion de voir une collection de photos, de caricatures et de bandes dessinées faisant partie de l'exposition itinérante des cent ans de LA PRESSE.

DEMAIN

■ **À la télévision**

16 h 30, Télé-Métropole — Dans le cadre de l'émission *Sports-Mag*, l'animateur Pierre Trudel consacre quelques moments de rétrospective à des pages mémorables de LA PRESSE.

BABILLARD

Une paroisse célèbre son centenaire

La paroisse Saint-Damase-de-Matane, dans le comté de Matapédia, célébrera un centenaire demain. En effet, c'est le **18 mars 1884** que Mgr Lavoie reconnaissait l'existence canonique de la paroisse, dont les premiers marguilliers furent MM. Paul Sinclair, Octave Gendron et Basile Bérubé.

Mais les « premières » de cette communauté chrétienne avait été célébrée au cours de l'année précédente. Le premier baptême enregistré au registre fut celui de Marie-Louise Ottot, née le 7 janvier 1883, fille de Victor Ottot et de Marie Lévesque. Le premier mariage, celui de Félix Gagné, fils d'Étienne, avec Alphonsine Gagné, fille de Charles, fut célébré le 9 janvier 1883. Enfin, la première sépulture inscrite au registre fut celle, le 21 mai 1883, de Ferdinand Carroll. Ferdinand, fils de Joseph, avait 24 ans.

LA PRESSE

100 ans d'actualités

ARRESTATION DE 120 AMATEURS DE BATAILLES DE COQS, DANS L'EST

Le sous-chef Lamouche, aidé des capitaines de police Lafleur et Brophy, et d'une vingtaine de constables, a saisi hier matin **(19 mars 1906)** 72 coqs et arrêté 120 amateurs de combats de coqs dans la boutique de menuiserie de M. D. Donnelly, sise près des élévateurs de la Dominion Coal Co., rue Notre-Dame. Ces arrestations en bloc ont causé une véritable panique dans le camp des sports, et une excitation facile à comprendre dans les alentours. Pas un seul des témoins n'a échappé aux filets du sous-chef Lamouche; tous ont été surpris comme des renards dans un poulailler.

La police avait eu vent, depuis quelques jours, qu'il devait se livrer un terrible combat de coqs dans Hochelaga, mais elle ne pouvait parvenir à connaître exactement l'endroit. Pendant toute la nuit de samedi à dimanche matin, la police fut sur pied, prête à la première alerte, mais rien ne vint.

Plus tard, le sous-chef Lamouche fut avisé — par une femme, dit-on — que le combat devait avoir lieu dans la boutique de M. Donnelly. Le fait devenait de plus en plus évident lorsque des groupes de cinq et dix personnes avec sacs au dos entrèrent dans la boutique hier matin. A dix heures, le sous-chef Lamouche commanda au capitaine Brophy et à huit constables en uniforme de se poster à l'issue de la boutique donnant sur le pont de la rue Sainte-Catherine, tandis que lui-même avec le capitaine Bellefleur se posta à l'autre issue de la cour, rue Notre-Dame.

Le combat battait déjà son plein lorsque dix minutes plus tard Lamouche faisait irruption dans le poulailler en disant que tous ceux qui étaient présents étaient arrêtés et que personne ne devait tenter de s'évader. Seuls les coqs continuèrent le carnage pour le moment. Mais réalisant ensuite leur position, les assistants voulurent prendre la fuite et il s'ensuivit une panique. De tous côtés les fuyards tombaient entre les mains de la police qui les guettaient à bras ouverts. Ils furent forcés d'entrer de nouveau dans la cour où Lamouche fit leur dénombrement. Ils étaient 120 personnes bien comptées.

Quatre voitures de patrouille furent demandées et tous les prisonniers qui n'ont pu fournir de cautionnement sur-le-champ, ont été transportés à la station de police No 3. Ce cautionnement était de $50. (...)

Les 72 coqs ont été confisqués au profit des institutions de charité. Ils sont évalués chacun de $15 à $60. Le sous-chef Lamouche considère de son devoir de mettre fin à ces combats féroces prohibés par la loi. (...)

EN COUR DU RECORDER

Ce matin, la cour du recorder offrait le spectacle le plus singulier qu'il soit possible de voir. Des centaines de curieux se pressaient les uns sur les autres dans la salle des séances, et les corridors de l'hôtel de ville étaient littéralement bondés de monde; les uns riaient, les autres criaient et plusieurs chantaient le coq; chant cruel! souvenir néfaste! le coq sera-t-il destiné à faire pleurer?

On s'attendait à ce que les procès durassent fort longtemps car 120 accusés est un record pour la liste d'un seul jour. Cependant, en moins d'une heure et demie le recorder Poirier avait entendu, jugé et condamné les 120 « sportsmen ». (...)

Le propriétaire de la grange qui a servi d'arène, David Donnelly, maître charretier, a été condamné au maximum de l'amende, c'est-à-dire à $50 d'amende ou 3 mois de prison. Tous les assistants devront payer chacun une amende de $5.00 ou passer 15 jours en prison, à l'exception de MM. Letourneau et Sauvé qui se sont permis de sourire durant l'audition de leur procès.

« Si vous trouvez ça drôle, leur dit le juge, vous paierez une amende de $10. Avis à ceux qui riront. »

Voici une lettre adressée aux journaux par le chef de police et qui s'adapte bien à la fin de cet incident.

« Vous seriez bien aimable de porter aujourd'hui dans votre journal à la connaissance du public le fait que les coqs qui ont été saisis dimanche dernier, seront vendus par encan au poste de police No 2 demain à 2 heures p.m. »

« Sportsmen », donc ne désespérez pas. Il reviendra le temps des batailles de coqs, puisque vous aurez encore les coqs!

LES METIS DU NORD-OUEST

Ce commentaire de LA PRESSE au sujet de la tempête qui s'élevait de nouveau au sein de la population métis de l'ouest canadien a été publié le ***19 mars 1885.***

Si on en croyait certains journaux, le Nord-Ouest canadien serait à la veille d'une nouvelle révolution, aussi grave, pour le moins, que celle de 1869-70. On y mêle de nouveau le nom de l'ancien chef Riel, et on assure qu'il travaille de toutes ses forces et de toute son influence à produire un nouveau soulèvement parmi ses compatriotes.

Il y a deux ou trois mois, on a publié une espèce d'ultimatum, dans lequel il posait au gouvernement les conditions auxquelles il consentirait à laisser la paix régner dans le pays.

Quelques-unes de ces conditions étaient absolument inadmissibles, et aucun gouvernement ne pourrait consentir à leur accorder même une minute de considération. Les Métis doivent comprendre que le temps des lois d'exception est passé.

Une pareille législation a toujours de graves inconvénients, dans son principe même qui représente une espèce d'injustice pour ceux qui n'en profitent pas, et dans son application qui est toujours très difficile et très compliquée.

Les Métis jouissent, comme tous les autres, du régime scolaire, parlementaire et municipal; ils ont par conséquent tous les moyens suffisants pour se protéger, eux et leurs descendants.

Le détail sur lequel les Métis insistent davantage, c'est celui qui se rapporte à une réserve de terrains, à l'instar de celle qu'on a faite aux habitants du Manitoba.

Cette mesure imposée au gouvernement dans des circonstances spéciales est loin d'avoir rencontré les intentions de ses auteurs; la preuve, c'est que le nombre de Métis habitant aujourd'hui la province ne représente guère la moitié de ce qu'il était en 1871. Il est évident qu'ils ont voulu en même temps et leurs propres terres, et celles de leurs enfants.

On pourrait ajouter que la législature locale avait organisé tout un système de fraude, sur l'échelle la plus gigantesque, au sujet de ces fameux 1 400 000 acres.

Nous n'avons certes pas plus de sympathies qu'il faut pour les spéculateurs en terrains, mais parce qu'on fraude un fraudeur, la fraude n'en existe pas moins.

Dans le Nord-Ouest, comme au Manitoba, les Métis peuvent posséder des terres en vertu du « homestead » et de la préemption; de plus, ils ont la puissante institution des *stake claims*. On croyait que ce serait suffisant; mais s'ils ont absolument l'ambition de cultiver en grand, le gouvernement possède assez de terrains pour que la chose puisse se faire; seulement, qu'on tâche d'en finir au plus tôt. Celui qui donne vite donne deux fois.

La plus grande cause du mécontentement des Métis vient des retards qui ont toujours existé dans le règlement de toutes les questions qui les concernaient; ce grief de leur part est parfaitement légitime, et il faudra que le gouvernement prenne les moyens d'empêcher qu'il se renouvelle.

Première page consacrée à la verrerie et publiée le *19 mars 1904*.

Un testament politique de sir Adolphe Chapleau

Il y a 95 ans aujourd'hui, sir Adolphe Chapleau, alors secrétaire d'Etat dans le cabinet Macdonald, traçait dans une lettre à un de ses amis intimes, l'avenir politique du Canada. En 1919, LA PRESSE avait repris une première fois l'écrit de sir Chapleau. Voici ce qu'on en disait.

Plus que jamais les vues de l'ancien premier ministre de la province de Québec paraissent s'imposer à notre pays, à notre province en particulier. Ce sont celles d'un homme d'Etat éclairé, connaissant bien le passé et voyant loin dans l'avenir. Aujourd'hui que la disparition de sir Wilfrid Laurier nous a laissés sans chef de file, elle semble rayonner dans notre ciel politique comme l'étoile, dont parle Emerson, à laquelle nous devons accrocher notre char.

« Les vieilles formules des partis politiques commencent à perdre leur raison d'être, » écrivait donc sir Adolphe Chapleau en **mars 1889** *(le* ***19*** *pour être plus précis, et la lettre venait de Monte Carlo).* « La direction de nos affections et de nos alliances doit se régler d'après le but que nous voulons atteindre. » Paroles de prophète, que les Canadiens-français se doivent aujourd'hui de consacrer, en s'unissant, en dépit de toutes les étiquettes qui les ont trop souvent séparés comme des frères ennemis. Si, en 1889, les formules politiques commençaient à s'émietter, aujourd'hui il n'en devrait rester que l'oubli. L'union qu'ont prêché tous nos chefs, il faut que nous lui donnions un corps, que nous en fassions une réalité.

« La conscience de nos devoirs et de nos droits, le mépris des faiblesses et des faveurs, l'appel à tous les dévouements, la marche dans la voie du progrès, sont autant de symboles que sir Adolphe Chapleau met en lumière. Québec doit aller de l'avant avec ceux qui veulent aller de l'avant. Si ces derniers hésitent à avancer, eh bien! nous essaierons de les entraîner; s'ils refusent, nous marcherons seuls, notre constitution politique étant assez large pour contenir les oeuvres, les dévouements de tous. »

En ce qui concerne l'avenir du Canada, son autonomie, son indépendance, sir Adolphe Chapleau n'entretient aucun doute. Le Canada sera libre, doit être libre.

« Aucun gouvernement d'Europe, écrit-il, pas même celui de la Grande-Bretagne, ne peut songer à contrôler l'existence des peuples vigoureux de l'Amérique. Ils peuvent nous aider, nous instruire, nous encourager, nous seconder; nous conduire? non! nous forcer à les suivre? encore moins! »

En 1889, l'ancien premier ministre de la province de Québec prévoyait déjà la guerre terrible dans laquelle serait entraînée l'Europe tout entière. Le résultat n'en a pas été ce que sir Adolphe Chapleau pensait qu'il serait, la prédiction de l'homme politique n'en demeure pas moins confirmée.

M. Louis Payette, ancien maire de Montréal, est décédé ce matin

Un éminent citoyen vient de disparaître dans la personne de M. Louis Payette, entrepreneur, chevalier de la Légion

d'honneur, décédé ce matin **(19 mars 1930)**, à l'hôpital Notre-Dame. Dans le monde des affaires, son nom était connu, et les oeuvres qu'il a laissées sont un témoignage durable de ses connaissances dans le domaine de la construction. Il a aussi joué un rôle considérable dans la vie municipale de Montréal, ayant été échevin pendant huit ans, puis maire pendant deux ans. Intéressé dans les affaires publiques, il le fut également dans les oeuvres.

M. Louis Payette était né à Montréal le 25 décembre 1854. Il fit ses études commerciales à l'Académie des Frères des Ecoles Chrétiennes. Il s'initia au commerce sous la direction de son père, feu Louis Payette, et manifesta des aptitudes remarquables dès sa jeunesse.

Pour compléter son éducation, il visita les Etats-Unis, et dès son retour au Canada, il se mit à l'oeuvre. Montréal lui doit la gare du Canadien Pacifique, Place Viger; l'agrandissement de la gare Windsor; l'édifice du Canadien Pacifique; le collège S.-Laurent; l'édifice de la « Presse »; l'école S.-Louis; l'hôpital Notre-Dame; l'hôpital S.-Paul. A Québec, il a construit le Château Frontenac, la banque d'Hochelaga. Il construisit également l'hôpital de S.-Boniface.

Il fut échevin de S.-Louis en 1902 et représenta ce quartier jusqu'en 1908. Il fut président du comité des finances, le poste le plus important dans le conseil, dans le temps. En 1908, il fut élu maire et pendant un terme administra la ville de Montréal. Cette même année, il fut délégué de la ville de Montréal en France, aux fêtes du troisième centenaire de la ville de Québec. Le 16 juillet 1908, le gouvernement français lui décernait la décoration de Chevalier de la Légion d'honneur.

C'EST ARRIVÉ UN 19 MARS

1981 — Les conservateurs de William Davis conservent facilement le pouvoir lors des élections législatives ontariennes, et leur gouvernement sera désormais majoritaire.

1970 — Le chancelier Willy Brandt, de la République fédérale d'Allemagne, et le premier ministre est-allemand Willi Stoph se rencontrent à Erfurt, RDA.

1969 — Des parachutistes et des policiers britanniques débarquent à Anguilla, Antilles, pour y rétablir l'ordre. — Des patrouilleurs péruviens arraisonnent deux navires de pêche américains.

1967 — Le peuple de Djibouti décide majoritairement, par voie d'un référendum, de conserver le statut de territoire dans la souveraineté française.

1964 — Sanction par le lieutenant-gouverneur de la loi 60 créant le ministère de l'Éducation du Québec.

1962 — Cessez-le-feu en Algérie, à la suite des accords d'Évian.

1956 — La golfeuse canadienne Marlene Stewart gagne le championnat amateur des États-Unis. — Un incendie rase trois hangars de la station de Lachine de l'Armée de l'air canadienne, et les dommages évalués à $3 millions.

1945 — Les rues de LaPrairie, de Brosseau et de Drummondville sont inondées par la crue des eaux.

BABILLARD

Des ouvriers courageux

Il était question dans cette page, samedi dernier, de l'accident survenu en gare Windsor, le 17 mars 1909. Ce témoignage aurait dû être publié le même jour, mais l'incroyable abondance d'informations à publier ce jour-là nous a forcés à vous le proposer aujourd'hui seulement.

Ce lecteur, M. **Selim Leduc**, de Longueuil, aime en parler d'autant plus que son oncle, Wilbrod Dussault, a joué un rôle de premier plan dans l'opération « nettoyage ».

M. Leduc rappelle que dans les minutes qui ont suivi l'accident, la locomotive s'était retrouvée dans une position instable. Il fallait donc l'étançonner, à la demande du surintendant des ponts et bâtisses du Canadien Pacifique.

Mais l'un après l'autre, les contremaîtres se défilaient, à cause du danger. En bout de ligne, il ne restait que M. Dussault, le plus jeune du groupe. Après avoir consulté son équipe et avoir adéquatement sensibilisé ses hommes au danger qu'ils allaient courir, ces derniers acceptèrent de faire le travail. Ils furent récompensés par une journée de congé payée et les points de mérite qu'attribuait la compagnie à l'époque pour souligner le travail méritoire.

Au moment de sa retraite, M. Dussault avait atteint le rang de premier contremaître et assistant-surintendant. Il est malheureusement décédé en 1956 à l'âge de 80 ans.

Une édition recherchée

Un lecteur de Laval, M. **Pierre Lebeau**, est né le 23 octobre 1953, et il se demande si un des milliers de lecteurs de cette page n'aurait pas en sa possession un exemplaire de LA PRESSE du jour, qu'il aimerait bien acquérir. Si tel était le cas, prière de communiquer avec Guy Pinard, au 285-7070, pour obtenir les coordonnées de M. Lebeau.

ACTIVITÉS

■ **Exposition de photos et de caricatures**

Bibliothèque municipale de Brossard — Les citoyens de Brossard sont de très grands usagers de leur bibliothèque municipale. Mais d'ici le 27 mars, lors de leur passage à la bibliothèque, ils auront l'occasion de voir une collection de photos, de caricatures et de bandes dessinées faisant partie de l'exposition itinérante des cent ans de LA PRESSE.

■ **A la télévision**

Le 18-heures, Télé-Métropole — Vers 18 h 20, les animateurs commentent quelques manchettes tirées des pages de LA PRESSE et qui ont fait l'actualité d'hier.

LA PRESSE

100 ans d'actualités

COLLISION DE 2 TRAINS A DROCOURT, EN ONTARIO

Dix-neuf personnes au moins perdent la vie dans ce terrible accident—Scènes indescriptibles— Horreurs du désastre

PARRY Sound, Ontario — La Commission fédérale des chemins de fer et le Canadien National devaient, pensait-on, ce matin, commencer aujourd'hui des enquêtes pour déterminer les responsabilités concernant la collision d'hier **(20 mars 1929)** entre deux trains du Canadien National, à Drocourt, Ontario.

Dix-neuf personnes ont perdu la vie, dans cette collision, neuf ont été blessées, et plusieurs autres manquent encore à l'appel. Il faut aussi compter une autre enquête, celle du coroner.

Il s'agit du plus grand désastre ferroviaire du Canada, depuis 1910, et des scènes d'horreur indescriptibles sont signalées par des témoins oculaires.

Une fausse interprétation des ordres serait la cause du désastre. Quand la collision s'est produite, les wagons des bagages des deux trains ont été télescopés et un wagon de colons prit feu. Ce furent les occupants de ce wagon qui subirent les plus grandes pertes et plusieurs voyageurs furent brûlés vifs. Les cadavres calcinés des morts ont été transportés dans un établissement de pompes funèbres. Les mécaniciens des deux trains ont échappé à la mort. Paul Gauvreau, du train allant vers Toronto, a eu les deux jambes cassées, et M.V. Alexander, mécanicien du train filant vers l'ouest, souffre seulement de blessures légères.

Dans l'édition du 22 mars, LA PRESSE devait réduire de 19 à 17 le nombre des morts, car on avait pu retrouver deux personnes qui, pensait-on, avaient péri dans l'accident. Et le même jour, on faisait écho au drame déchirant vécu par un jeune Américain de Washington, comme en font foi les quelques lignes suivantes :

L'horreur de la collision entre deux trains du Canadien National, à Drocourt, Ont., a été décrite par un jeune Américain, Harold Nelson, qui a vu de très près le wagon démoli des colons servir de bûcher à son jeune frère. Celui-ci s'était endormi. Après un essai infructueux pour pénétrer dans le wagon, il se tint à côté et surveillait le progrès des flammes. Il souhaita que son frère fût mort avant d'être horriblement brûlé. Ces deux jeunes gens, fils de M. John M. Nelson, membre du Congrès des Etats-Unis pour Wisconsin, se rendaient de Washington en Alberta pour travailler sur le ranch de leur père à Spring Coolie.

Ces photos permettent de juger l'importance de la collision ferroviaire de 1929. Au sujet de ces photos, LA PRESSE précisait que « ces photographies mises à bord d'un avion de la Canadian Airways à 8 heures 43, ce matin, à Toronto, arrivaient à 10 h. 35 à l'aérodrome Saint-Hubert, où un représentant de la « Presse » les attendait. Un peu avant 2 heures, elles paraissaient dans la « Presse ». » Notons que Parry Sound se trouve à 627 milles de Montréal.

Déraillement près de Saint-Félix de Valois

UN terrible accident de chemin de fer a eu lieu, hier matin **(20 mars 1901)**, sur la ligne du C.P.R., à environ deux milles et demi de St-Félix de Valois.

Le train de passagers, venant de St-Gabriel de Brandon et attendu à Montréal vers 9 heures a.m., allait à une vitesse de 15 à 20 milles à l'heure lorsqu'il dérailla à environ quatre-vingts pieds d'un pont. Le convoi, composé de la locomotive et de trois chars, glissa hors de la voie, et le char de première classe alla s'abîmer dans un gouffre de soixante pieds de profondeur. Heureusement que ce dernier char suivit, assez régulièrement, la pente abrupte du précipice, car, eût-il culbuté, les vingt personnes qu'il contenait n'auraient certainement pu échapper à une mort certaine.

Tout considéré, il est encore étonnant que cinq personnes seulement aient été blessées, et qu'une seule, M. Ryan, l'ait été grièvement. (...)

Dès la première nouvelle de la catastrophe, « La Presse » a chargé son correspondant spécial de se rendre aussitôt sur le théâtre de l'accident et de communiquer au plus tôt à nos lecteurs tous les renseignements possibles à ce sujet.

C'EST ARRIVÉ UN 20 MARS

1983 — Mise en eau du réservoir du barrage LG-4, à la baie James.

1980 — Adoption par l'Assemblée nationale du texte de la question référendaire.

1977 — Grande victoire de l'Union de la gauche aux élections municipales de France. — Le *Janata* de M. Desai défait le *Parti du congrès* d'Indira Gandhi lors des élections générales indiennes. C'est la première défaite du *Parti du congrès* depuis 1947, année de l'accession de l'Inde à l'indépendance.

1976 — Patricia Hearst est reconnu coupable de vol dans une banque.

1974 — La princesse Anne et le capitaine Mark Phillips, son mari, échappent à un attentat à Londres.

1973 — Fin de la grève des aiguilleurs du ciel, en France.

1958 — Sept militaires meurent dans l'explosion d'un dépôt de munitions, à Angus, Ontario.

1956 — Proclamation de principe de l'indépendance de la Tunisie. — Le gouvernement canadien autorise la vente de l'or aux particuliers.

1948 — Inauguration officielle de l'hôtel Laurentien par le maire Camillien Houde.

1929 — Décès du célèbre maréchal Ferdinand Foch, à l'âge de 77 ans.

1911 — Une manifestation marque la venue à Montréal de l'ex-ministre Clifford Sifton, venu dénoncer l'entente Taft-Fielding concernant la réciprocité.

1905 — L'incendie d'une manufacture de chaussures fait plus de 100 morts, à Brockville, Mass.

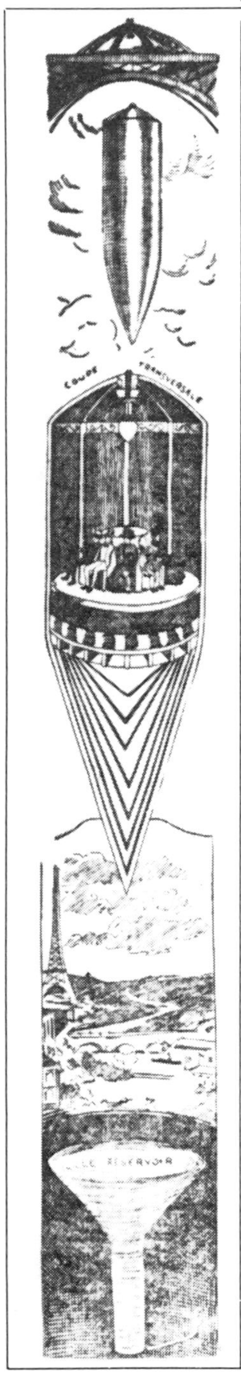

UN CLOU ELEVE

Une chute de mille pieds

CHARLES Carron, un ingénieur de Grenoble, vient de soumettre au comité des clous de l'exposition qui sera tenue à Paris, en 1900, un projet très original. M. Carron propose d'enfermer quinze personnes courageuses, dans un char construit sous la forme d'une immense cartouche et de les laisser tomber du sommet d'une tour plus haute que la tour Eiffel, dans un réservoir rempli d'eau et ayant une profondeur de 180 pieds. Ceux des héros qui survivront à cette expérience recevront une médaille pour commémorer leur acte de bravoure, et les autres auront des funérailles publiques, aux frais de l'Etat.

Le char proposé par M. Carron pour accomplir ce voyage peu banal, aura vingt-cinq pieds de hauteur, et l'intérieur sera divisé en deux compartiments. Le premier, comprenant la partie supérieure du char, sera occupé par les passagers. L'autre renfermera six cônes, superposés de manière à ce qu'une couche d'air soit en chacun d'eux. Le compartiment inférieur sera séparé du compartiment inférieur par une plateforme composée de quatre planchers, entre lesquels seront placés un certain nombre de ressorts d'acier très puissants. Le char pèsera 51 tonnes.

Le réservoir qui recevra le wagon-cartouche, aura la forme d'un verre à champagne. Sa largeur à la surface sera de 175 pieds. Pendant sa chute, le char atteindra une vitesse de 255 pieds à la seconde et le voyage durera, en tout, huit secondes.

Les savants déclarent qu'il n'y aura aucun danger pour les passagers d'être asphyxiés, puisque l'atmosphère sera stationnaire dans le char.

M. Carron, comme tous les ingénieurs de France, prend son projet au sérieux, et il n'y a aucun doute que plusieurs personnes tenteront l'expérience.

EDDIE SHORE

Cette photo a été publiée en *1928*.

Le *20 mars 1948* et au cours des journées qui suivirent, de nombreuses inondations ont eu lieu dans le bassin du Saint-Laurent et de ses affluents qui débordaient de leur lit, à la rupture printanière des glaces. Cette photo des glaces aux abords du pont Victoria illustre bien la situation.

BABILLARD

Un témoignage reconnaissant

Le message suivant adressé à Guy Pinard par Mme Cécile Gilbert, de Châteauguay, mérite de vous être transmis intégralement :

Je désire porter à votre attention un fait digne de mention, je crois : la semaine dernière *(le message est daté du 7 mars)*, le matin de la grosse tempête qui s'est abattu sur nous, quelle ne fut pas ma surprise de constater que mon journal favori, La Presse, était déposé à ma porte aussi tôt qu'à l'accoutumée, c.-à-d. aux environs de 7 h. a.m.

Il y avait **58 centimètres** *(souligné dans le texte)* de neige dans l'allée menant à ma résidence! En déblayant cette allée, j'ai mesuré l'épaisseur laissée par la charrue qui procède au déblaiement de la rue Haendel, rue longeant ma propriété!

Le petit camelot (il est vraiment petit de taille) Martin Senécal s'est frayé un chemin tant bien que mal à travers cet «igloo» pour me livrer ma Presse. Je considère que Martin m'a fait un cadeau ce matin-là!

La Presse a atteint un niveau d'excellence grâce à la qualité de ses journalistes et d'une foule d'autres facteurs, mais aussi grâce à l'efficacité des petits bons hommes comme Martin. Chapeau, Martin!!!

Ils sont des centaines, les petits Martin, au Québec, qui, beau temps, mauvais temps, livrent LA PRESSE à votre porte...

ACTIVITÉS

■ **Exposition de photos et de caricatures**

Bibliothèque municipale de Brossard — Les citoyens de Brossard sont de très grands usagers de leur bibliothèque municipale. Mais d'ici le 27 mars, lors de leur passage à la bibliothèque, ils auront l'occasion de voir une collection de photos, de caricatures et de bandes dessinées faisant partie de l'exposition itinérante des cent ans de LA PRESSE.

LA PRESSE

100 ans d'actualités

UNE TOUR SUR LA MONTAGNE

*Cet article publié le **21 mars 1896** permet aux lecteurs plus jeunes de constater que le désir de doter Montréal d'un monument à sa dimension ne date pas d'hier...*

IL est donc bien vrai que le souvenir de son pays reste toujours vivace. M. Frs Lapointe, ancien architecte de cette ville, vient de nous donner un nouvel exemple de la vérité de cet adage en consacrant dans sa nouvelle patrie — Chicago —, ses loisirs à la conception d'un projet aussi hardi que considérable, et que nous illustrons aujourd'hui. M. Lapointe veut doter Montréal d'un monument original et imposant, tout à la fois. Il a eu l'idée de construire sur le sommet de la montagne de Montréal, au milieu du parc Mont-Royal, une tour en acier de 500 pieds de hauteur, du genre de la tour Eiffel.

La tour Lapointe sera moins haute, mais elle s'élèvera davantage dans les airs, car elle se dressera sur la montagne, dont l'élévation est de 750 pieds au-dessus du niveau de l'eau. De sorte que la pointe de la tour s'élèvera à 1 250 pieds au-dessus du niveau de l'eau.

Naturellement, la tour n'est encore qu'à l'état de projet. La compagnie qui en fera la construction n'est pas complètement organisée, malgré les belles espérances que l'on fonde sur la réalisation de l'entreprise.

La tour Eiffel a coûté près d'un million et demi, mais le coût de la tour Lapointe ne dépassera pas $300 000. La tour Eiffel n'avait que six ascenseurs, mais la tour Lapointe en aura dix.

Les auteurs de ce gigantesque projet comptent sur une affluence si grande de visiteurs qu'il faudra construire un second chemin de fer incliné, sur le versant sud de la montagne, donnant ainsi tout accès voulu au parc Mont-Royal et à la tour.

LES ATTRACTIONS

Voici quelques-unes des attractions que l'on trouvera à la tour lorsqu'elle sera terminée et ouverte au public :

Premièrement, on y verra des ascenseurs les plus modernes et les plus améliorés qui transporteront les visiteurs aux diverses plateformes de la tour (...);

Secondement, les attractions variées et intéressantes des pavillons du premier et du second étage;

Troisièmement, un grand déploiement d'annonces, à mille endroits différents;

Quatrièmement, le déploiement et le repliement des drapeaux de toutes les nations de la terre par la simple pression d'un bouton électrique;

Cinquièmement, la variété des effets de lumière électrique, donnés par diverses compagnies;

Sixièmement, des ascensions en ballon, et des descentes en parachute;

Septièmement, les feux de joie et d'artifice lancés du sommet de la tour (1 250 pieds de hauteur), et qui seraient visibles de toutes les parties de l'île;

Huitièmement, en hiver, la tour sera le rendez-vous des clubs de raquettes et des autres associations d'amusements;

Neuvièmement, de puissantes projections électriques et des télescopes qui seront d'une utilité incontestable pour la milice et la marine;

Dixièmement, de vastes et modernes restaurants;

Onzièmement, des théâtres toujours ouverts;

Douzièmement, on trouvera à une élévation convenable des bureaux de médecins, des ateliers photographiques, des salons de barbier, des comptoirs de fleuristes, des bureaux de télégraphe, de téléphone et une foule d'autres choses trop longues à énumérer;

Treizièmement, la compagnie se propose de louer l'espace compris à l'intérieur de la tour sur quelques-unes des plateformes pour des parties de plaisirs, des conventions, des bals, des noces, des piques-niques, etc. (...)

Le projet proposé par l'architecte François Lapointe, un Montréalais de naissance alors installé à Chicago.

C'EST ARRIVÉ UN 21 MARS

1983 — Les sinistrés du « week-end rouge » ont gain de cause contre les pompiers de Montréal, en Cour d'appel. — Le capitaine Henri Marchessault, responsable de l'escouade des stupéfiants, est arrêté pour trafic de drogue.

1977 — Un ex-mercenaire du nom de Bob McLogan prend 15 personnes en otage, à Toronto, mais les relâche quelques heures plus tard.

1974 — La violence éclate à cause d'un conflit de travail à la baie James, et le chantier de LG-2 est saccagé.

1968 — Démission du président tchécoslovaque Antonin Novotny.

1960 — Début de sanglantes émeutes contre l'*apartheid* à Sharpeville, Afrique du Sud.

1955 — Le régime sud-vietnamien de Ngô Dinh Diêm fait face à de sanglantes émeutes encouragées par les sectes religieuses.

1953 — Le premier ministre Antonin Zapotocky succède à Klement Gottwald comme président de la Tchécoslovaquie.

1952 — Une tornade fait 233 morts en Arkansas.

1916 — Quatre morts dans un tamponnement ferroviaire, à Val-Brillant, près de Québec.

1913 — Constantin, le nouveau roi de Grèce, est acclamé à Athènes.

1910 — Un accident ferroviaire cause la mort de 45 personnes, dans l'Iowa.

1907 — On annonce que des émissaires russes incitent la population de la Moldavie à faire la chasse aux juifs.

1905 — La démission de M. N.-S. Parent, premier ministre de la province de Québec, est annoncée par le lieutenant-gouverneur.

1902 — Stanislas Lacroix expie, à Hull, le meurtre d'une pauvre femme et d'un infortuné vieillard.

FUMEUSES SUR LA RUE

NOS bons Montréalais ont été témoins, samedi soir, **(21 mars 1896)**, d'un spectacle tout à fait insolite, et un peu plus, on criait au scandale. Quatre jeunes actrices fin de siècle, appartenant à une troupe de passage ici, se sont payé le luxe d'une promenade à pied, sur le rue Peel, en fumant chacune un long cigare, qui leur paraissait exquis.

Pour elles, la chose semblait tout à fait naturelle : mais elles créaient tout de même toute une sensation sur leur passage.

Plus d'un loustic se permit de faire des remarques et de leur lancer un trait moqueur, mais elles ne s'en émurent pas le moins du monde et, insensible aux sarcasmes, elles continuèrent à lancer dédaigneusement dans l'air, les tourbillons d'une fumée odorante.

*Cet hommage au printemps publié le **21 mars 1908** comportait le très beau texte suivant.*

LE printemps est la saison du renouveau. C'est la renaissance de la nature et tous les êtres se ressentent de la bienfaisance de cette époque désirée. Mais quoique le printemps commence, astronomiquement, le 21 mars, il s'en faut que la douceur de la température tienne partout, à cette date, ce que promet ce temps poétique. Chez nous, par exemple, ce n'est qu'un espoir, et le jour de la venue du printemps ne se signale guère que par de la boue et de l'humidité; mais la perspective d'arriver bientôt à la fin de notre si long hiver, l'attente du départ des glaces qui bloquent notre beau fleuve, et l'ouverture prochaine de la navigation, tout cela nous met l'âme en joie et nous aide à oublier nos misères.

C'est dire que le printemps, au Canada, n'est pas exact au rendez-vous que lui donne le calendrier. Mais est-il préférable de jouir d'une chose ou de vivre dans l'espoir de son arrivée.

Ah! l'attente de nos jours heureux vaut mieux, certes, que la jouissance de ces jours. Lorsque le printemps s'épanouit, il est bien près de sa fin, et l'éminence de son départ nous attriste et gâte la beauté des jours qu'il nous accorde.

Aussi nous ne parlons aujourd'hui du printemps que comme d'une promesse, et surtout pour nous conformer à l'actualité qui nous commande de saluer ici le premier jour de cette saison poétique, bien qu'elle nous refuse encore ses faveurs tant que le rigoureux et obstiné hiver ne nous aura pas délivré de son manteau glacé. Mais le temps de la délivrance est proche, et nous passerons alors, presque sans transition, de la langueur hivernale à l'allégresse printanière.

Alors tout sourira le matin, tout chantera le soir. L'air sera plein de bruissements d'ailes; les prés, de fleurs prêtes à ouvrir; de nouvelles senteurs monteront de la terre; ce sera une ivresse générale, une harmonie, un chant d'amour doux et joyeux, et tout être se croira rajeuni. (...)

Sur la scène de l'Actualité

*LE **21 mars 1948,** le joueur de centre Elmer Lach, du Canadien, remportait le championnat des marqueurs de la Ligue nationale de hockey, et le lendemain, LA PRESSE lui rendait hommage de cette manière.*

BABILLARD

Bon anniversaire!

La joie sera à son comble aujourd'hui dans au moins deux centres d'accueil du Québec, alors qu'on célébrera l'anniversaire de naissance de deux citoyens centenaires.

D'abord, le plus âgé des deux, **Johnny Michaud**, qui célèbre aujourd'hui son 102e anniversaire de naissance. Natif de Princeville, M. Michaud vit aujourd'hui au foyer Étoiles d'or de Warwick.

Le même jour, au centre d'accueil de L'Assomption, **Marie-Louise Desormiers Bélanger** atteindra le cap vénérable des cent ans, puisqu'elle est né à Longueuil le 21 mars 1884.

ACTIVITÉS

■ **Exposition de photos et de caricatures**

Bibliothèque municipale de Brossard — Les citoyens de Brossard sont de très grands usagers de leur bibliothèque municipale. Mais d'ici le 27 mars, lors de leur passage à la bibliothèque, ils auront l'occasion de voir une collection de photos, de caricatures et de bandes dessinées faisant partie de l'exposition itinérante des cent ans de LA PRESSE.

■ **A la télévision**

10 h 30, Télé-Métropole - Dans le cadre de l'émission *Entre nous* animée par Serge Laprade, Claudette Tougas, de LA PRESSE, présente la chronique *Cent ans de pages féminines*.

Les flammes rasent 35 immeubles à Nicolet

300 personnes demeurent sans foyer

par Vincent Prince et Amédé Gaudreault
envoyés spéciaux de la «Presse»

NICOLET, 21 — Le pire incendie de l'histoire de cette ville de 5 000 âmes, située à près de 100 milles de Montréal, a détruit, la nuit dernière **(21 mars 1955)**, presque tout le centre commercial, causant des dommages évalués à près d'un million de dollars, jetant 75 familles sur le pavé et faisant disparaître quelque 35 magasins, banques, bureaux, restaurants, quincailleries et autres établissements commerciaux.

Aucune perte de vie ou accident grave n'a été enregistré.

L'incendie, qui s'est propagé avec la rapidité de l'éclair, a débuté vers minuit dans le restaurant « Central » appartenant à M. Harry Mathieu et il a fallu, pour le combattre, outre les pompiers de Nicolet, dirigés par le chef Gérard Beaulac, l'aide des sapeurs de Pierreville, Drummondville, S.-Grégoire et S.-Léonard, soit plus d'une centaine d'hommes, qui ont travaillé avec acharnement durant toute la nuit pour combattre l'élément destructeur, celui-ci n'étant maîtrisé que vers 6 h. ce matin.

Le chef Beaulac attribue la cause de l'incendie à un poêle surchauffé. D'autres personnes prétendent que le feu a pris son origine dans la salle de toilette du même restaurant.

Un vent violent a activé la marche des flammes et rendu extrêmement difficile le travail des pompiers; un grand nombre des immeubles incendiés étaient de bois.

À 11 h. ce matin, une fumée dense s'élevait encore des décombres.

Le maire de Nicolet, M. J.-Ubald Caron, et le curé de la paroisse cathédrale, l'abbé Alphonse Allard, se sont portés durant toute la nuit à l'aide des familles éprouvées. Plusieurs des personnes dont les logis ont été incendiés ont été tirées de leur sommeil par des voisins et ont dû quitter les lieux en vêtements de nuit.

On estime que les pertes sont à moitié couvertes par les assurances. Presque tous les ameublements des foyers ravagés ont été détruits par les flammes.

Le maire Caron, élu en février dernier, et dont la maison, située rue Notre-Dame, a failli être la proie des flammes, a révélé aux journalistes de la « Presse » qu'il avait adressé ce matin des messages au très hon. Louis S.-Laurent, premier ministre du Canada, et à l'hon. Maurice Duplessis, premier ministre de la province, pour demander l'aide de leurs gouvernements respectifs en faveur de ceux qui ont été le plus éprouvés par le sinistre.

LA PRESSE
100 ans d'actualités

750,000 contribuables soustraits à l'impôt sur le revenu; 900,000 autres ne paieront pas plus de 15%

De nombreuses taxes à la consommation sont abolies, d'autres baisseront beaucoup. — Les salariés entièrement exemptés se verront rembourser les sommes retenues pour l'impôt depuis le 1er janvier.

par Georges Langlois

OTTAWA — Améliorer le sort des particuliers et des petites industries, de préférence à celui des grandes entreprises dont les bénéfices restent élevés, réduire pour cela l'impôt sur le revenu personnel et les taxes sur les denrées de consommation, tel est le but que se propose le budget qu'a soumis hier **(22 mars 1949)** soir, à la Chambre des communes, l'hon. Douglas C. Abbott, ministre des Finances et député de S.-Antoine-Westmount.

Les grandes lignes de cette partie du budget se ramènent aux suivantes :

Une diminution globale d'impôts de $323,000,000 pour l'exercice financier 1949-50, diminution qui sera de $369,000,000, lorsque les réductions annoncées hier soir auront été en vigueur une année entière.

Quelque 750,000 salariés totalement exemptés de l'impôt sur le revenu.

Remboursement aux salariés exemptés de la retenue effectuée sur les salaires depuis le 1er janvier.

Exemptions plus élevées pour ceux qui restent soumis à l'impôt sur le revenu.

Réduction du taux de cet impôt pour les trois quarts de ces contribuables.

Suppression immédiate et totale de la taxe spéciale sur les boissons gazeuses, les bonbons, tablettes de chocolat, gomme à mâcher, billets de chemin de fer et d'autres moyens de transport, appels téléphoniques interurbains et sur quelques autres denrées de services.

Réduction immédiate de 15 à 20 p. cent de la taxe sur la bijouterie, les cosmétiques, les articles de toilette, les sacs de voyage, les sacs à main, les portemonnaies, les stylographes et crayons, les garnitures de bureaux, les articles de fumeurs, les briquets, les allumettes.

C'est, et de beaucoup, le dégrèvement le plus considérable accordé aux contribuables canadiens depuis la fin de la guerre. Mais c'est aussi le cinquième dégrèvement depuis le mois d'octobre 1945, ce qui porte à $1,300 millions les abattements d'impôts dont ont bénéficié les Canadiens depuis la fin des hostilités.

Il porte de $750 à $1,000 l'exemption d'impôt des célibataires, et de $1,500 à $2,000 celle des chefs de famille. Il porte en outre de $100 à $150 l'exemption pour les enfants de moins de 16 ans (recevant les allocations familiales), et de $300 à $400 l'exemption pour les enfants de 16 à 21 ans et pour les autres personnes à la charge du père de famille.

Ces exemptions remettent, à ce point de vue, l'impôt sur le revenu au niveau d'avant la guerre.

Cela dispensera environ 750,000 contribuables de payer l'impôt sur le revenu et la rétroactivité de ces exemptions, fixée au 1er janvier 1949, vaudra d'ici quelques semaines un remboursement de retenues qui ont été pratiquées sur leur salaire; et, dans le cas des célibataires gagnant moins de $1,000 par année et des hommes mariés dont les gages ne dépassent pas $2,000, les retenues à la source cesseront immédiatement. (...)

L'hon.Douglas C. Abbott, ministre des Finances.

Quant à l'impôt sur le revenu des corporations, il est remanié de manière à favoriser les petites entreprises et à faire disparaître la double imposition qui frappait jusqu'ici certains dividendes. L'impôt sur le revenu des compagnies sera désormais de 10 p. 100 au lieu de 70 p. 100 sur la première tranche de $10,000, mais il sera de 33 au lieu de 30 p. 100 sur toute somme excédant $10,000. (...)

Dans un deuxième article publié dans la même page, LA PRESSE rappelait les réductions d'impôts antérieures: $300 millions en octobre 1945, $266 millions en juin 1946, $265 millions en avril 1947, $92 millions par année en 1947 et 1948. Et tout en réduisant les impôts pour un total de $1,3 milliard, le gouvernement fédéral était parvenu à réduire la dette nationale de $1,625 milliard.

LE NOUVEAU PALAIS DE JUSTICE DE MONTRÉAL, QUI S'ÉLEVERA RUE NOTRE-DAME-EST

La façade monumentale du nouveau *(il s'agit du deuxième de trois)* Palais de justice qui coûtera $1,943,560. Les architectes sont MM. L.A. Ames, Charles-E. Saxe et Ernest Cormier. Les constructeurs sont M. Alphonse Gratton et la compagnie de construction Atlas. MM. M. Meresca et A. Sydney Dawes ont signé pour cette dernière. L'hon. Antonin Galipeau, ministre des Travaux publics, a signé hier *(22 mars 1923)* le contrat de l'entreprise préparé par le notaire Emile Massicotte. Une clause décrète que la construction ne devra pas prendre plus de 18 mois et l'on devra commencer incessamment. Le ministre a exigé que toute la pierre fut prise à Montréal et qu'aussi elle fut taillée ici. Il a exigé en plus que les constructeurs ne prissent pour ouvriers que des Canadiens; pas un étranger ne sera engagé. Le ministre, dans sa prévoyance, a fait stipuler que les entrepreneurs devront assurer la vie de leurs employés et qu'ils aient, pour garantir l'exécution du contrat, à déposer une somme de $100 000.

Une équipe de Québec dans la Ligue Nationale de hockey

CHICAGO — Deux semaines jour pour jour après avoir dit non, la ligue Nationale de hockey a fait une volte-face hier à Chicago et a invité quatre équipes de l'Association mondiale à joindre ses rangs à temps pour la saison prochaine, soit 1979-80.

par Bernard BRISSET
envoyé spécial de LA PRESSE

Réunis en assemblée extraordinaire, les gouverneurs des 17 équipes ont voté par une forte majorité de 14 à 3 en faveur de l'expansion du circuit Ziegler à vingt-et-une équipes. Le Canadien de Montréal et les Canucks de Vancouver qui s'étaient opposés au projet ont changé leur fusil d'épaule et ont joint les rangs des majoritaires. Seuls les Maple Leafs de Toronto, les Kings de Los Angeles et les Bruins de Boston ont continué de s'opposer à cette fusion tant attendue.

Tout indique, selon certaines informations recueillies, que le projet sur lequel ont voté les gouverneurs était sensiblement le même que celui refusé il y a deux semaines à Key Largo.

Ce qui donne à accréditer la théorie selon laquelle le Canadien aurait subordonné ses propres intérêts à ceux de la brasserie Molson, son propriétaire qui était victime d'une véritable campagne de boycottage dans l'Ouest canadien en particulier.

Immédiatement après le meeting des gouverneurs, un comité spécial a été formé pour discuter avec l'AMH. (...) Selon l'entente intervenue chez les gouverneurs, les équipes de Québec, Edmonton, Winnipeg et Nouvelle-Angleterre pourront accéder à la LNH la saison prochaine. Elles auront réussi ce tour de force après seulement sept ans d'opération, alors qu'il en aura fallu dix ans aux deux ligues de basketball. Mais pour disputer leur premier match, elles devront franchir d'autres étapes qui sont loin d'être faciles.

Il y a d'abord les conditions d'admission qui sont sévères et ensuite — la condition ultime — l'acceptation du projet par l'association des joueurs.

«Nous leur avons soumis une proposition que je juge raisonnable et acceptable, a souligné le président Ziegler. Quant à savoir si elle donne une ouverture à la négociation... je ne puis le faire sans vous révéler l'étendue de mon mandat.»

En fait, tout indique que Ziegler peut manoeuvrer quelque peu dans ses pourparlers avec l'AMH. Mais bien peu. Toute modification d'envergure devrait être soumise à nouveau aux gouverneurs qui n'ont pas mis fin à leur assemblée, mais l'ont tout simplement ajournée de façon à ce qu'ils puissent être reconvoqués en deça d'une période de 48 heures. (...)

L'arrivée de deux de ces quatre équipes a profondément marqué la Ligue nationale. Car si les Jets de Winnipeg et les Whalers de la Nouvelle-Angleterre n'ont rien fait qui vaille, les Oilers d'Edmonton ont permis aux amateurs de hockey de voir à l'oeuvre le grand Wayne Gretsky et une équipe explosive à souhait, tandis que les Nordiques de Québec permettaient de créer une rivalité sans nulle autre pareille entre Montréal et Québec, et de découvrir un des dirigeants d'équipes les plus avant-gardistes du hockey en la personne de Me Marcel Aubut.

(Cela se passait le 22 mars 1979)

BABILLARD

Les cahiers thématiques

Devant le nombre grandissant de lecteurs de cette page qui veulent obtenir les dates de publications des cahiers thématiques, nous avons jugé bon de vous les présenter aujourd'hui.

Au cahier du 20 octobre 1983, se sont ajoutés deux cahiers thématiques : « 100 ans d'économie » le 9 janvier, et « 100 ans de sport » le 27 février. Puis suivront: « 100 ans d'inventions » le 16 avril, « 100 ans de transport » le 25 mai, « 100 ans de vie montréalaise » le 18 juin, « 100 ans de vie culturelle » le 17 septembre, et enfin le cahier de clôture de cette année aussi inoubliable que spectaculaire, et qui sera publié le 20 octobre 1984 évidemment.

Les demandes personnelles

De nombreux lecteurs nous écrivent ou nous téléphonent pour nous adresser des demandes à caractère strictement personnel. Compte tenu du temps disponible et des contraintes fixées par les besoins immédiats du journal, nous essayons de satisfaire ces demandes lorsque la date de l'événement est très précise, mais malgré toute la bonne volonté et l'efficacité d'une toute petite équipe de trois recherchistes, il nous est impossible de répondre aux demandes vagues ou imprécises. Et ce n'est pas par mauvaise volonté; c'est tout simplement parce que le personnel et la visionneuse sont requis pour les besoins de la page du centenaire, des cahiers thématiques et des différentes promotions de LA PRESSE.

Où sont-ils?

M. **Arthur Bouchard,** de Verdun, à droite sur la photo, aimerait bien retracer les quatre personnes qui apparaissent en sa compagnie. Cette photo a été prise à bord du *Duchess of York*, du Canadien Pacific, le 8 octobre 1935, au 4e jour de la traversée qui devait les amener en Angleterre. Tout ce dont il se souvient, c'est que le personnage à l'extrême droite se nommait Hector Charland, tandis que les trois autres étaient des joueurs de hockey. Si vous vous reconnaissez sur cette photo, auriez-vous l'obligeance de communiquer avec Guy Pinard, au 285-7070.

ACTIVITÉS

■ Exposition de photos et de caricatures

Bibliothèque municipale de Brossard — Les citoyens de Brossard sont de très grands usagers de leur bibliothèque municipale. Mais d'ici le 27 mars, lors de leur passage à la bibliothèque, ils auront l'occasion de voir une collection de photos, de caricatures et de bandes dessinées faisant partie de l'exposition itinérante des cent ans de LA PRESSE.

Aurore, l'enfant martyr (1)

UNE ACCUSATION D'HOMICIDE CONTRE TELESPHORE GAGNON

NDLR — L'équipe de cette page vous propose aujourd'hui le premier volet d'un deuxième feuilleton, consacré à Aurore Gagnon, mieux connue sous le nom de « Aurore, l'enfant martyr ». Le début est bien modeste, mais ce sera une histoire à suivre...

(Du correspondant
de la PRESSE)

QUÉBEC — Télesphore Gagnon, de Sainte-Philomène de Fortierville, comté de Lotbinière, subira son procès pour homicide à la prochaine session des assises criminelles de Québec. Il est le père de la petite Aurore Gagnon, qui est morte il y a quelques semaines dans les circonstances étranges que nous avons relatées. Il est accusé d'avoir contribué à la mort de son enfant par des lésions corporelles qu'il lui a lui-même infligées et par défaut des soins médicaux nécessaires à son existence.

On sait que Marie-Anne Houde, femme de Télesphore Gagnon, a été condamnée à subir son procès aux mêmes assises pour une offense plus grave encore, c'est-à-dire pour meurtre.

La prochaine session des assises criminelles s'ouvrira le 6 avril prochain, à Québec. Elle sera présidée soit par le juge L.-P. Pelletier, soit par le juge J.-J. Désy.

(Cela se passait le 22 mars 1920)

Les funérailles d'un perroquet

NEW YORK, 23 — Des centaines de personnes ont défilé hier **(22 mars 1887)** devant le riche cercueil en bois de rose et à monture en argent massif ciselé d'un pauvre perroquet, exposé sur un magnifique catafalque, flanqué de quatre petits cyprès, dans le magasin d'un marchand d'oiseaux de Broadway. Le défunt perroquet, qui a sauvé, dit-on, jadis la vie de ses maîtres dans l'Inde, en les réveillant au moment où des malfaiteurs s'introduisaient dans leur chambre à coucher pour les assassiner, repose dans son cercueil capitonné et doublé de soie, la tête appuyé sur un ravissant petit oreiller rose et le reste du corps disparaissant sous de petites couronnes d'immortelles et d'autres fleurs. Le tout n'a pas coûté moins de $250. La propriétaire du défunt perroquet, qui demeure dans une des plus belles maisons particulières de la 5e avenue, a l'intention de le garder dans son salon jusqu'à sa mort afin qu'il soit enterré avec elle.

C'EST ARRIVÉ UN 22 MARS

1982 — Départ de la troisième mission de la navette spatiale Columbia.

1979 — Adoption par les deux parlements du traité de paix israélo-arabe.

1977 — Décès à l'âge de 58 ans de Mme Betty Anick, la plus ancienne des greffés du coeur. Elle avait vécu avec un nouveau coeur pendant huit ans et demi.

1971 — Coup d'État en Argentine : l'armée dépose le président Roberto Levingston.

1970 — Camil Samson est élu chef québécois des créditistes. Réal Caouette a échoué dans sa tentative de faire élire Yvon Dupuis.

1965 — Les Américains admettent avoir utilisé des gaz au Vietnam, en précisant qu'ils n'étaient toutefois pas mortels.

1964 — Appel de Nehru au Pakistan pour qu'on mette fin aux émeutes entre Hindous et Musulmans qui ont fait plus de 200 morts depuis une semaine.

1961 — Condamnation à des peines de 15 à 25 ans de prison de cinq Britanniques reconnus coupables d'espionnage en faveur de l'URSS.

1957 — Le pire tremblement de terre depuis 1906 secoue San Francisco.

1955 — Un avion de la Marine américaine s'écrase sur une montagne à Hawaii et ses 66 occupants trouvent la mort.

1946 — Igor Gouzenko, l'ancien commis au chiffre de l'ambassade soviétique à Ottawa, identifie le député communiste Fred Rose et Sam Carr, l'organisateur national du Parti ouvrier progressiste (communiste) comme étant deux des principaux membres du réseau d'espions soviétiques en territoire canadien.

1945 — Le général Patton traverse le Rhin avec ses troupes.

1917 — On apprend qu'une femme, Helen Avington, vient d'être nommée shérif de la ville de Windsor, Ontario.

1909 — Le gouvernement libéral de l'hon. M. Rutherford conserve le pouvoir à l'occasion des élections générales d'Alberta.

1899 — Décès à l'âge de 73 ans du sénateur Jean-Baptiste Rolland.

LA PRESSE

100 ans d'actualités

UNE FOULE ENORME POUR L'OUVERTURE DU SALON DES MOTEURS

L'exposition de canots-automobiles et de moteurs suscite un enthousiasme extraordinaire. — L'élite de la société montréalaise visite les exhibits.

LA foule était si nombreuse samedi soir, **(23 mars 1912)** à l'ouverture de l'exposition de canots automobiles et de moteurs, que l'Arena *(c'était le nom propre du bâtiment)* transformé, pouvait à peine la contenir, et qu'il était difficile de circuler entre les pavillons des exposants. Cependant, à cause du délai produit par les mauvais chemins, plusieurs des exhibits n'étaient pas encore arrivés et jusqu'à onze heures du soir, ce fut un défilé de lourdes voitures apportant des canots, des yachts, des moteurs, puis encore des canots et des yachts. Il est probable que tout sera installé ce soir, et même dans le cours de cet après-midi, M. R.M. Jaffray, qui s'occupe de tout mettre en place, nous assure que les derniers exhibits seront placés aujourd'hui, sans faute.

L'élite de la société montréalaise s'était donné rendez-vous à cette première et les exposants ont été assaillis de questions par cette foule curieuse et vivement intéressée à tous les yachts et canots ainsi qu'aux moteurs de toutes les marques qui encombrent les deux côtés des allées.

Tout le monde a voulu visiter le croiseur *(sans doute une traduction de «cruiser»)* exposé par la maison Fairbanks. C'est un superbe yacht de 40 pieds qui ne tire cependant que 28 pouces d'eau malgré sa largeur de 5 pieds 6 pouces. Il contient une cabine qui abrite 6 personnes 6 autres trouvent aisément place dans le poste d'arrière d'où un seul peut à la fois diriger le moteur et gouverner le yacht. Fini en un blanc éblouissant avec une menuiserie tout d'acajou, ce bateau est vraiment magnifique. A la fermeture de l'Arena, beaucoup attendaient encore leur tour pour le visiter.

La foule s'est aussi pressée autour du petit moteur «Evinrude» qu'on pourrait appeler un moteur «de poche». Toute la machine ne pèse que 50 livres et peut s'ajuster instantanément à une chaloupe, un canot ou un bateau plat. Elle permet une vitesse de six à sept milles à l'heure pendant 30 milles sur sa seule provision d'essence, et un enfant de dix ans peut le monter et le démonter parfaitement. L'hélice minuscule sert en même temps de gouvernail et le moteur est le plus simplifié qui existe au monde. Une fois démonté, on peut le placer dans un sac ordinaire et le porter comme une valise à main.

L'hydroplane «Elco» attire beaucoup l'attention du public. Cette petite chaloupe avec son moteur développant la force énorme de 90 H.P. est toujours entourée.

L'exposition de la compagnie du Grand Tronc attire beaucoup l'attention de même que celle de la compagnie Walker et celle de la compagnie Shea Sales. (...) Nous en viendrons à parler des grands autos nouveau modèle qu'on voit dans l'annexe ainsi que des divers bateaux manufacturés par des particuliers et qui attendent l'ouverture de la navigation pour commencer la série de leurs prouesses sur le lac Saint-Louis. (...)

Le yacht de la «Presse», construit par M. A. Meloche, n'était pas encore en place au moment de l'ouverture; mais il sera logé à côté d'exhibits fort intéressants, comme les camions automobiles d'artillerie de la maison Berliet.

BRILLANTE OUVERTURE DU SALON DES MOTEURS

Ce croquis du dessinateur de LA PRESSE permet de voir une partie de la foule de l'ouverture officielle. On peut apercevoir à droite le yacht de la compagnie Fairbanks, dont il est question dans l'article.

C'EST ARRIVÉ UN 23 MARS

1983 — Décès de Barney Clark, l'homme qui aura vécu pendant 112 jours avec un coeur de plastique.

1980 — Le shah d'Iran en exil fuit le Panama pour l'Égypte, devançant de quelques heures une demande d'extradition.

1973 — La nouvelle chaîne de télévision française de Toronto diffuse ses premières émissions.

1971 — Une manifestation de 100 000 agriculteurs dégénère en émeute, à Bruxelles.

1966 — Rencontre historique du pape Paul VI et de l'archevêque de Cantorbery dans la chapelle Sixtine.

1965 — Pour la première fois, les Américains placent deux hommes en orbite, Virgil Grisom et John Young, dans une capsule *Gemini*.

1964 — Edwin Reischauer, ambassadeur des États-Unis au Japon, est poignardé en quittant son bureau, à Tokyo, mais s'en tire.

1956 — Le Pakistan devient la première république islamique.

1953 — Vingt-neuf personnes arraisonnent un *C-47* tchécoslovaque à Prague et atterrissent à Francfort.

1948 — On annonce à Prague que Mgr Srameck, ex-chef du Parti populaire catholique, et Frantisek Hala, ex-ministre des Postes de Tchécoslovaquie, ont été arrêtés à l'aérodrome de Rakovnick alors qu'ils s'apprêtaient à partir pour l'étranger.

1921 — Des émeutes éclatent en Alllemagne et font de nombreux morts.

1910 — L'Etna entre en irruption et menace la ville de Nicolosi.

1908 — Le navire *Matsa Maru* sombre au large du Japon. L'accident fait 300 morts.

1905 — Le premier ministre Lomer Gouin forme un nouveau cabinet pour gouverner la province de Québec.

1901 — Aux Philippines, la capture du général Aguinaldo met fin à une insurrection qui durait depuis trois ans.

1897 — Un tremblement de terre secoue la ville de Montréal, sans toutefois causer de lourds dégâts.

LES BUREAUX DE LA "PRESSE" A LONDRES

Une install...ion qui rendra de grands services aux Canadiens qui visiteront la grande capitale anglaise.— Un pied-à-terre où chacun sera chez soi et pourra obtenir toutes les informations désirées.

DANS son édition du **23 mars 1912,** LA PRESSE proposait à ses lecteurs une photo de l'édifice logeant ses bureaux récemment inaugurés à Londres. Sis sur Sicilian Avenue, une courte allée reliant Southampton Row à Bloomsbury Square, l'édifice était situé à proximité des grands hôtels, de la gare Easton, où descendaient de train les voyageurs en provenance d'outre-Atlantique, du British Museum, et de l'agence de Québec (aujourd'hui, on dit plutôt « délégation générale »). En plus évidemment de servir la cause de LA PRESSE, le bureau de Londres était mis à la disposition de tous les Canadiens qui se sentaient perdus en arrivant dans la capitale britannique.

La maison Forrester avant l'incendie.

LE FEU DETRUIT UN EDIFICE HISTORIQUE, LA MAISON FORRESTER

UN des plus vieux édifices historiques de Montréal, la maison Forrester, sis à l'angle des rues Saint-Pierre et Notre-Dame, a été, hier soir **(23 mars 1906)**, détruit par un incendie. Le rez-de-chaussée et les caves sont encore assez bien conservés, mais du premier étage et des combles, il ne reste plus que les murailles de pierre et le toit.

L'alarme a été sonnée vers 6 h. 30. (...) Il fallut près de deux heures de travail ardu pour que les pompiers puissent se rendre maîtres de l'incendie.

La partie de l'édifice qui occupe l'angle était occcupée par le restaurant Oak Hall, tenu par M. Henri Girard, puis viennent MM. Hirschson et Cie, importateurs de merceries qui occupent le rez-de-chaussée, et M. N. Prévost, fabricant de corsages en soie, au premier. La maison d'à côté, occupée par MM. E. Jobin et Cie, modes en gros, a aussi souffert de l'incendie. (...)

Sur la rue Saint-Pierre, en arrière de la maison Forrester, se trouve l'usine de la Central Light, Heat and Power Co., et l'on eut un instant peur que cette bâtisse ne devint aussi la proie des flammes. Les pompiers fermèrent le courant électrique pour travailler sans danger et sauvèrent l'usine où cependant il est entré beaucoup de fumée.

L'intérieur de la maison Forrester était cloisonné en bois mince, ce qui explique la rapidité avec laquelle l'incendie gagnait de proche en proche. (...)

La maison Forrester porte une plaque commémorant le séjour qu'y fit Montgomery et les officiers de l'armée américaine d'invasion en 1775. (...)

BABILLARD

Une demande d'emploi originale

On vous propose aujourd'hui le texte intégral d'une demande d'emploi adressée au coordonnateur de cette page. Ce texte est fort original et il a été remis à qui de droit...

Monsieur,

Je compte sur vous pour acheminer la demande suivante à M. Landry, votre patron, qui à son tour je l'espère, la transmettra à son successeur et ainsi de suite...

Je viens par la présente poser ma candidature au journal LA PRESSE dans le but d'obtenir un poste en concordance le plus près possible de mes compétences et aspirations.

Je serai disponible dans environ vingt-cinq ans seulement, car, entre autres choses, mes parents ont pour moi l'objectif de me voir terminer mes études universitaires...

Face aux difficultés que connaissent les jeunes présentement à se dénicher un emploi, j'ai donc décidé de mettre toutes les chances de mon côté et de me présenter à l'avance à des employeurs éventuels.

Que diriez-vous pour l'année 2010 d'engager une « Foglia féminine », ça changerait, non? Qui sait?

Voici brièvement mon curriculum vitae :

Je m'appelle Karine Charette Chalifour.

J'ai 25 jours aujourd'hui *(la lettre est datée du 25 février)*.

Je suis née le 1er février 1984 à 2 h 55 au Centre hospitalier de Granby.

Je pesais 3,57 kg soit environ 7 lb 15 onces à la naissance.

Je mesurais 20½ po ou 52 cm.

Vous trouverez en annexe une photocopie de mon attestation de naissance confirmant ces données. Plus tard, je vous fournirai sur demande tout document pertinent à mon embauche : attestations d'études, d'expériences, conférences, articles, volumes et références.

D'ici là, vous seriez gentil de faire parvenir à mes parents en guise d'accusé-réception le certificat spécial offert à tout enfant qui, comme moi, naît au cours de l'année du centenaire de LA PRESSE.

Une future collaboratrice... peut-être...

Karine Charette Chalifour

par : Suzanne Charrette et Yvon Chalifour.

ACTIVITÉS

■ Exposition de photos et de caricatures

Bibliothèque municipale de Brossard — Les citoyens de Brossard sont de très grands usagers de leur bibliothèque municipale. Mais d'ici le 27 mars, lors de leur passage à la bibliothèque, ils auront l'occasion de voir une collection de photos, de caricatures et de bandes dessinées faisant partie de l'exposition itinérante des cent ans de LA PRESSE.

Plante enlève le trophée Vézina

En blanchissant les Black Hawks de Chicago, le 23 mars 1957, le gardien Jacques Plante, du Canadien, parvenait à réduire sa moyenne de buts alloués par match à 2,21, pour gagner le trophée Vézina, un centième de point devant Glenn Hall, des Red Wings de Détroit. Plante recevait ce trophée pour la deuxième année consécutive.

LA MODE AU 19me SIECLE

Ces vignettes permettent de suivre l'évolution de la mode entre 1782 et 1892.

LA PRESSE

100 ans d'actualités

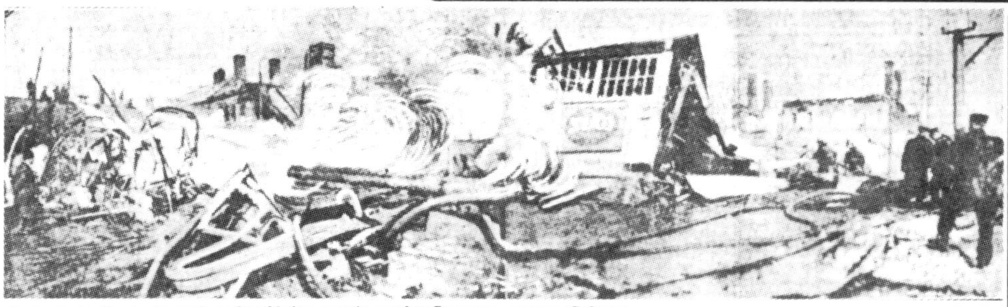

Cette photo illustre l'ampleur des dégâts causés par les flammes, au parc Sohmer.

LES INSTALLATIONS DU PARC SOHMER RAVAGEES PAR LE FEU

LE Parc Sohmer, angle sud-est des rues Panet et Notre-Dame-Est, le plus ancien lieu d'amusement que la métropole possédait, comme nous l'avons annoncé hier, a été complètement détruit par un incendie d'une violence extraordinaire; de cette immense arène, où tant de luttes et parties de boxe, conventions et assemblées politiques mémorables ont eu lieu depuis une trentaine d'années, il ne reste plus qu'un enchevètrement indescriptible de pièces de fer tordues, de poutres et de ruines encore fumantes. Les pertes se chiffrent à $75,000 ou $100,000 d'après la version de M. D. Larose, secrétaire-trésorier et gérant de la compagnie qui exploitait ce lieu d'amusement si populaire. Il ne reste plus rien de l'édifice principal à l'exception de trois des murs de la vieille maison, au coin sud-ouest, laquelle servait de restaurant.

L'incendie a été découvert à 1.50 hre **(dans l'après-midi du 24 mars 1919)**, et l'alarme, pour une cause qu'il a été impossible de découvrir, a été sonnée à l'avertisseur installé à l'angle des rues Panet et Sainte-Catherine, soit à cinq minutes de marche, tandis qu'un autre avertisseur se trouvait juste à la porte du parc, et qu'une caserne importante du service des incendies se trouvait à quelques pas de là, angle des rues Beaudry et Notre-Dame. (...)

LA CAUSE INCONNUE

Malgré toutes les recherches qui ont été faites, tant par les pompiers que par les employés du parc, il a été impossible de découvrir la cause de cet incendie. Cependant, le gardien de l'édifice a déclaré que les flammes ont été découvertes dans une chambre située à gauche de la scène, soit du côté opposé aux interrupteurs contrôlant le couplage électrique. Il peut se faire, toutefois, que des fils mal isolés, soient la cause de tous les dégâts. Un cigare mal éteint, jeté imprudemment dans cette chambre où se trouvaient plusieurs toiles servant aux décorations, peut aussi avoir causé l'indendie.

Quand on s'aperçut qu'un incendie s'était déclaré, toute la scène était en flammes et, quand les pompiers arrivèrent, l'immense amphithéâtre était une fournaise ardente. Les flammes s'élançaient par plusieurs ouvertures pratiquées dans le toit et, dès ce moment, il était évident que l'on ne pourrait sauver quoi que ce soit dans cette partie du parc. (...)

LE TOIT S'ECROULE

Une vingtaine de minutes après la première alarme, le toit de bois s'écroulait avec un bruit sourd, lançant des milliers d'étincelles dans les airs. Les lourdes poutres d'acier, minées par la chaleur intense, tombaient, quelques instants après, avec un fracas terrible. Malgré tous les efforts, les flammes se communiquèrent alors au vieil hôtel situé près de la promenade. Une nouvelle lutte s'engagea contre l'élément destructeur, mais, tout fut inutile et, vers 5 heures, tout l'ancien parc n'était plus qu'un monceau de ruines.

NOTES HISTORIQUES

Le Parc Sohmer fut ouvert le 31 mai 1889, sous le nom de «Parc Zoologique de Montréal». Le capital de la compagnie était alors de $120,000 et MM. Ernest Lavigne et Lajoie en étaient les fondateurs et propriétaires. (...) A cette époque, le jardin zoologique avait une certaine importance mais, depuis quelques années, on avait, pour ainsi dire, abandonné cette attraction et il n'y restait plus qu'une couple de singes, un perroquet et quelques pigeons. L'amphithéâtre pouvait contenir 4,400 personnes assises et la galerie, 1,400. C'était le plus considérable dans la province de Québec.

Pendant l'été, la compagnie du parc employait environ 200 hommes mais, en hiver, ce nombre était considérablement réduit. Comme il n'y avait pas de représentation, hier, aucun employé ne se trouvait sur les lieux lorsque l'incendie s'est déclaré.

M. H. Bertrand, assistant du gérant, a déclaré que, depuis quelques jours, les directeurs de la compagnie se préparaient pour l'ouverture officielle de la saison d'été qui a généralement lieu vers la fin de mai.

De son côté, M. Larose a déclaré que l'on commencerait immédiatement à déblayer le terrain et que, si, au mois de mai, on n'a pas complètement terminé la construction, des représentations, comme dans l'ancien temps, seront données en plein air. Il croit que la reconstruction coûtera, pour le moins, $10,000. (...)

C'EST ARRIVÉ UN 24 MARS

1980 — Assassinat de Mgr Oscar Romero, de San Salvador, pendant la messe, par un commando d'extrême-droite. — Denis «Poker» Racine s'évade du Palais de justice, arme à la main, et disparaît dans le métro.

1977 — Guy Lafleur éclipse un record de Bronco Horvath en obtenant au moins un point dans un 23e match consécutif.

1976 — Les militaires argentins déposent la présidente du pays, Isabel Martinez de Peron, au pouvoir depuis moins de deux ans. — Décès à l'âge de 88 ans du feld-maréchal Montgomery, héros de la Deuxième guerre mondiale.

1975 — Un tribunal américain condamne Frank Cotroni à 15 ans de prison et à $20 000 d'amendes.

1972 — Les Conservateurs de Frank Moores s'emparent du pouvoir lors des élections générales, à Terre-Neuve. C'est la première fois que la plus jeune des provinces canadiennes ne sera pas dirigée par les Libéraux depuis son entrée dans la Confédération, en 1949.

1961 — La loi créant la Régie des alcools est adoptée par l'Assemblée législative.

1959 — Joseph Gour, député libéral de Russell, meurt à son bureau du parlement, à Ottawa.

1958 — Dickie Moore, du Canadien, remporte le championnat des marqueurs de la Ligue nationale de hockey.

1955 — Les gouvernements fédéral et ontarien se partageront les frais de construction de la première centrale atomique, qui sera construite à Chalk River.

1927 — Des attaques sont la cause de la mort d'Américains et de Britanniques à Nankin, alors que la guerre éclate aux quatre coins du pays.

1924 — Le poète bien connu Albert Lozeau meurt à Montréal, à l'âge relativement jeune de 45 ans.

1920 — Dix pompiers sont blessés au cours d'un incendie, à la brasserie Molson.

1900 — Un incendie détruit les laminoirs de la Montreal Rolling Mills.

JULES VERNE EST MORT

(Par dépêche spéciale à LA PRESSE)

PARIS, 24 — Jules Verne, le puissant, fécond et original romancier, le vulgarisateur scientifique, le prophète des grandes découvertes de notre époque, vient de mourir à Amiens, à 3 hrs. 10 du matin **(24 mars 1905)**.

Jules Verne

Tous, nous avons lu dans notre enfance, ces romans passionnants, «Cinq semaines en ballon», «Vingt mille lieues sous les mers», «De la terre à la lune», «Le pays des fourrures», «Voyages au centre de la terre», «Les Indes noires», «Michel Strogoff», etc.

Tous ces ouvrages, d'agréables fictions, ont charmé notre enfance, et nous sommes encore fort aise de les relire aux heures de rares loisirs que nous laisse le souci des affaires.

Le caractère des ouvrages de Jule Verne est une grande probité morale, un souci constant de pouvoir être lu par les personnes les plus pures, grandes personnes ou enfants. C'est le roman scientifique, où, sous une forme en apparence très simple et très assimilable, il met en oeuvre les éléments divers fournis par la science moderne; l'intérêt de ces romans consiste surtout dans la recherche de la solution des problèmes non encore résolus.

Ce genre a fait naître des imitateurs, mais, malgré toute leur générosité, aucun n'a pu égaler le maître.

La seule nomenclature des ouvrages de Jules Verne absorberait un trop long espace pour que nous en dressions ici le catalogue. Disons seulement que ses ouvrages ont été traduits dans toutes les langues et qu'un certain nombre a fourni matière à des drames à grands spectacles qui ont toujours eu un immense retentissement et un éclatant succès.

Jules Verne est né à Nantes, le 8 février 1828. Il était donc âgé de 77 ans. Il avait fait son droit à Paris, mais il abandonna cette carrière en 1850 pour se livrer exclusivement à la littérature.

Depuis plusieurs années, il vivait retiré à Amiens, et sa vue s'était tellement affaiblie qu'on a dit souvent qu'il était aveugle.

La mort de cet homme de bien causera d'universels regrets.

ACTIVITÉS

AUJOURD'HUI

■ **À la radio**

17 h, Radio-Canada — Chronique consacrée à LA PRESSE à l'émission *Avec le temps*, animée par Pierre Paquette.

AUJOURD'HUI ET DEMAIN

■ **Festival «perce-neige»**

Polyvalente Jacques-Rousseau — Enchantés par la qualité des premières pages du supplément agricole publié par LA PRESSE au cours des années 20, les organisateurs ont manifesté le désir de les exposer à l'occasion de ce festival. Les portes sont ouvertes de 13 h à 19 h aujourd'hui, et de 11 h à 17 h demain.

■ **Exposition de photos et de caricatures**

Bibliothèque municipale de Brossard — Les citoyens de Brossard sont de très grands usagers de leur bibliothèque municipale. Mais d'ici le 27 mars, lors de leur passage à la bibliothèque, ils auront l'occasion de voir une collection de photos, de caricatures et de bandes dessinées faisant partie de l'exposition itinérante des cent ans de LA PRESSE.

BABILLARD

Une précision intéressante

En rappelant dans cette page, le 29 février dernier, on avait fait suivre d'un « *sic* » les mots « à peu près tous les quatre ans » utilisés par l'auteur anonyme du texte, et relatif au fait que le mois de février comportait 29 jours lors des années bissextiles.

Ce « sic » n'a pas plu à un de nos lecteurs, M. J. Donat Rondeau, qui nous disait dans sa lettre : *« Je me demande si en ajoutant sic à la suite des mots à peu près, on ne trahit pas la pensée du rédacteur d'alors qui avait sans doute, frais à la mémoire, que douze ans plus tôt en 1900, le mois de février ne comptait que 28 jours; comme cela avait été le cas en 1800 et en 1700, puisque chaque année de fin de siècle n'est bissextile que si les deux premiers chiffres du millésime sont divisibles sans reste, par quatre. Ainsi l'an 2000 sera bissextile; les ans 2100, 2200 et 2300 ne le seront pas.»*

La remarque de M. Rondeau est exacte. Sauf qu'il est difficile d'accepter l'expression « à peu près » quand la chose ne se produit que dans trois cas sur 100 sur une période de 400 ans (il y a 24 ou 25 années bissextile par centenaire). Mais de toute manière, la précision de M. Rondeau est intéressante, du fait qu'elle apprendra sans doute des choses à beaucoup de nos lecteurs, et qu'elle permet de compléter le modeste dossier « année bissextile » publié dans cette page le 29 février dernier, et nous l'en remercions.

Cette première page de l'édition du *24 mars 1906* se passe de commentaires...

Mgr Paul-Emile Léger nommé archevêque de Montréal

OTTAWA, 25 (B.U.P. et C.P.) —Son Excellence Mgr Ildebrando Antoniutti, délégué apostolique au Canada, a annoncé hier **(24 mars 1950)** soir la nomination par le pape Pie XII de Mgr Paul-Emile Léger comme archevêque de Montréal.

Mgr Léger succède à Son Exc. Mgr Joseph Charbonneau dont le Vatican a annoncé la démission le 11 février dernier.

Depuis le 13 février, Son Exc. Mgr Conrad Chaumont, évêque auxiliaire, est l'administrateur apostolique de l'archidiocèse.

Son Exc. Mgr Paul-Emile Léger est né à Valleyfield, le 25 avril 1904. Son père, Ernest Léger, et sa mère, Alda Beauvais, vivent encore et demeurent à Montréal, chez les Soeurs Grises, rue St-Mathieu. Mgr Léger compte aussi un frère, M. Jules Léger, secrétaire du très hon. Louis Saint-Laurent, premier ministre du Canada.

Mgr Léger fit ses études primaires à Saint-Anicet, comté de Huntingdon, et ses études classiques au séminaire de Sainte-Thérèse. Il entra ensuite au grand séminaire de Montréal pour y faire ses études de théologie. Il fut ordonné prêtre à Montréal, des mains de Son Exc. Mgr Georges Gauthier, archevêque, le 25 mai 1929.

L'automne suivant, on le trouve à la Solitude de Paris, à Issy-les-Moulineaux, où il devient Sulpicien en 1930. Il poursuit ensuite des études à l'Institut catholique de Paris. Pendant deux ans, il enseigne, soit les années 1931 à 1933, au séminaire d'Issy.

En 1933, ses supérieurs l'envoient au Japon fonder un grand séminaire à Fukuoka, où il passe six années. A son retour à Montréal en 1939, il est nommé professeur au séminaire de philosophie des Sulpiciens et il donne en même temps des cours à l'Institut Pie XI.

En 1940, il quitte temporairement la compagnie de S.-Sulpice pour passer au diocèse de Valleyfield. (...) En 1947, Mgr Léger redevient sulpicien et accepte le poste de recteur du Collège Canadien, à Rome, poste qu'il aura occupé jusqu'à sa nomination comme archevêque de Montréal.

Par un vote de 61 contre 14, la loi de pension de vieillesse est adoptée par la Chambre haute

(Du correspondant de LA PRESSE)

OTTAWA, 25 — La loi de pension de vieillesse a été adoptée hier **(24 mars 1927)**, par un vote de 61 à 14, et l'amendement tendant à renvoyer le projet au comité a été défait, par un vote de 58 à 17.

Sir George Foster a déclaré que l'an dernier il avait voté contre cette mesure, mais cette année il votait en faveur, parce qu'elle a été approuvée par l'électorat et adoptée, une seconde fois, par les Communes. «C'est le devoir du sénat d'étudier les lois et de les reviser, quand elles ne sont pas pratiques. C'est ce que le Sénat a fait, l'an dernier, quand il a fourni à la Chambre une occasion d'amender la loi, mais les Communes ont refusé de changer cette loi.»

LA PENSION: UNE CHARITE

Sir Allan Aylesworth est absolument opposé aux pensions de vieillesse et n'approuve que les secours de l'Etat aux soldats et aux familles de soldats. Une pension est une charité. Pour cette raison, on ne devrait pas voter de pension aux ministres de la couronne.

Le sénateur Dandurand est convaincu que cette mesure est nécessaire. Les grosses compagnies comprennent cette nécessité, en votant des pensions pour leurs vieux employés. Les provinces ne sont pas forcées d'accepter cette loi. Il ne croit pas non plus que cette pension rendra les gens insouciants. En terminant, il ajoute qu'il espère que la conférence inter-provinciale rendra cette mesure adoptable pour tous les intéressés.

Quand le projet fut étudié en comité, le sénateur Béique proposa l'amendement suivant:

1.—Inviter les premiers ministres de chaque province à donner son avis ou celui de son gouvernement, en faisant les recommandations qu'il jugera opportun. 2.—Obtenir du governement ou des départements intéressés et des experts un état indiquant approximativement le montant qu'il sera nécessaire de dépenser, chaque année, pour la mise en vigeur de cette loi.

3.—Faire préparer par des experts des projets de loi de pension de vieillesse, tels qu'ils existent en Angleterre, en France, en Allemagne et en Belgique, avec les amendements nécessaires, pour s'adapter aux conditions particulières au Canada. 4.—Etudier le projet et le modifier suivant les constatations que fera le comité, après avoir étudié les lois en vigueur dans les autres pays. Cet amendement fut rejeté par un vote de 58 à 17.

LA PRESSE
100 ans d'actualités

L'EMEUTE DU NORD-OUEST: RIEL REPREND LES ARMES

NDLR — Ce texte narre les événements qui ont marqué le début de la deuxième révolte de Louis Riel, le ***26 mars 1885****. On notera dans ce texte les incroyables rumeurs qui circulaient quant à la force et à l'armement des troupes métisses.*

LA poudre a parlé au Nord-Ouest, et d'une manière sérieuse. Pas moins de douze hommes ont été tués, dès la première rencontre, et il y a onze blessés *(parmi les troupes gouvernementales; chez les 300 Métis, on a compté cinq morts)*.

Le capitaine *(Newry Fitzroy)* Crozier est parti de *(fort)* Carlton avec une centaine d'hommes, pour le Lac des Canards, d'où il voulait rapporter les provisions qui s'y trouvaient emmagasinées. La distance est d'une trentaine de milles à l'est.

Il a été entouré de plusieurs centaines de Métis, une fusillade violente s'est engagée entre les deux partis, et le détachement de police se voyant débordé, a été obligé de retraiter à Carlton.

Le commandant Irvine est rendu à ce dernier poste avec deux cents hommes, ce qui peut faire croire que la marche en avant ne tardera pas à être reprise. La grande difficulté qu'on éprouve toujours, quand il s'agit de faire la guerre dans ces contrées reculées, c'est le manque de renseignements. Si le capitaine Crozier avait pu savoir que le colonel Irvine arriverait à Carlton quelques heures après son départ, qui a eu de si funestes résultats, il aurait sans doute attendu cet important renfort, et assuré un succès au lieu de s'exposer à un échec. Mais la distance au plus proche bureau de télégraphie était de deux cents milles.

C'est ce qui explique les contradictions qui se présentent dans les dépêches. On parle de 1,500 Métis français sous les ordres de Riel; mais la population métisse française totale des territoires du Nord-Ouest n'atteint pas trois mille, ce qui représente au plus six cents hommes capables de porter les armes.

On indique ce dernier chiffre comme étant celui du détachement que Riel commande. Ce sont les mêmes hommes qui ont rencontré le capitaine Crozier, ce sont les mêmes que l'on dit campés à la Traverse Batoche, sur la branche sud de la *(rivière)* Saskatchewan, à une vingtaine de milles de Prince-Albert.

L'histoire des six canons américains manque également de vraisemblance. Il ne faut pas oublier que les forces de Riel sont actuellement à trois cents milles de la frontière; on ne transporte pas une batterie d'artillerie sur une pareille distance sans que le public en sache quelque chose. (...)

Au Lac des Chênes, se trouve une réserve de Sioux, habitée par les réfugiés américains après le grand massacre de 1862. On peut compter sur leur neutralité, parce qu'ils savent parfaitement que si le danger devenait trop pressant, ils n'auraient pas la faculté de se mettre à l'abri de l'autre côté de la frontière. Il n'est pas probable que les sauvages prennent la moindre part à la lutte; ils connaissent trop bien leurs intérêts pour cela. (...)

Sur cette question, il n'y a qu'un renseignement qui nous paraîtrait des plus regrettables, s'il était confirmé. Le télégraphe rapporte que le capitaine Crozier a sous ses ordres deux cents sauvages armés. Ce serait une des plus grandes erreurs qui aient pu être commises. (...) Si une tribu entre en lice et prend part à la lutte, d'autres suivront, et comme l'odeur du sang fera renaître les anciennes rivalités, on peut s'attendre à voir l'armée de Riel se grossir de tous les adversaires séculaires de ceux qui auront pris parti pour le gouvernement.

Il ne faut pas non plus oublier combien les Sauvages se grisent de pillage et de carnage. On peut les commander au départ, mais ils ne tardent pas à faire la guerre pour leur propre compte. (...)

C'est toujours un métier assez pénible à faire que celui qui consiste à réprimer une insurrection, sans que la guerre devienne un massacre et la bataille une aveugle tuerie. Sans compter que ces militaires *(les «sauvages»)* d'un nouveau genre, la guerre étant finie, ne se laisseront peut-être pas facilement désarmer; ils auront pris goût au maniement des fusils à répétition, et l'idée d'avoir à se contenter de la vulgaire espingole à tabatière pourrait bien ne pas leur sourire. (...)

Après une carrière prolongée où il a pu se livrer impunément à toutes les rigueurs et à tous les excès que sa destinée lui impose, le vieil Hiver est à l'agonie. Depuis décembre, son souffle glacé a gelé la moelle du pauvre et plongé la nature dans une torpeur mortelle.

Dans les champs et à la ville, il a semé et accumulé sa froide neige, qui, ouate d'abord, s'est durcie et est devenue une épaisse couche de glace. Les rivières, les cascades, les torrents se sont figés, et partout, une immobilité sépulcrale a succédé aux vibrations émues de la nature.

Sous la pesée du rude hiver, tout s'est refermé. Tout, même le coeur humain. Aux souffles éoliens du zéphir a succédé le sifflement rauque du vent noir; la brise s'est faite bise, et les morsures impitoyables de Borée ont remplacé les caresses parfumées que la nature en travail faisait passer sur les chevelures des couples amoureux.

Les pauvres gens, bleus de froid, ont gémi dans leurs galetas, rassemblant leurs pauvres nippes pour protéger les petits contre la froidure, après avoir épuisé leur dernier sou pour obtenir une étincelle. Ah! pauvres gens! vous en avez vu de cruelles sous le règne si long de cet impitoyable Hiver! Mais vous êtes vengées aujourd'hui. La fée Printemps a surgi à l'Orient; de sa baguette magique elle a touché le vieux malfaisant, et vous le voyez couché sur son lit de glace, agonisant, en butte aux malédictions de tous ceux qui ont souffert par lui. (...)

Cette page a été publiée le 26 mars 1904.

LA MORT DE SARAH BERNHARDT PLONGE DANS LA DOULEUR LA FRANCE ENTIERE

L'illustre tragédienne rend le dernier soupir dans les bras de son fils Maurice, après avoir donné l'exemple d'un splendide courage. — Une perte irréparable pour la scène.

PARIS, 27 — La France pleure aujourd'hui, sa grande actrice, Sarah Bernhardt. Paris croit à peine que celle qui lui semblait presque immortelle soit trépassée. On n'exagère point en disant que, depuis la mort de Victor Hugo, la France n'a pas été plus profondément émue qu'elle l'est aujourd'hui.

Comme l'académicien de Flers le fait remarquer dans le «Figaro», Sarah Bernhardt partage probablement avec Hugo et Pasteur la distinction d'être la personne la plus illustre du dernier siècle de l'histoire de France. La «divine Sarah», comme on l'appelait, fut sans doute l'une des plus grandes propagandistes de l'art et de la littérature françaises.

Il était tout naturel que le public qui en faisait son idole et qui l'aimait tant, en retour, se soit rendu en foule, dans la soirée d'hier **(26 mars 1923)**, auprès de la maison du boulevard Pereire, où la tragédienne vécut 38 ans. Après minuit, à la fermeture des théâtres, les artistes de la scène vinrent rendre hommage à leur célèbre camarade. Parmi les visiteurs, on remarquait Sacha Guitry, Cécile Sorel, Rachel Boyer et plusieurs autres étoiles.

BELLE DANS LA MORT

Le registre des visiteurs, à la maison de Sarah Bernhardt, contient déjà trois cents noms, y compris ceux de personnages officiels, de particuliers, d'hommes d'affaires et d'acteurs.

Mme Bernhardt repose sur son lit couvert de fleurs de sa prédilection. De grosses chandelles brûlent à ses côtés et à ses pieds, et sur la petite table, on voit un crucifix et un bénitier. La chambre mortuaire est déjà remplie de fleurs qu'y ont apportées des centaines de ses amis.

Sa petite fille fut la première à déposer près de la morte un bouquet de lilas. L'abbé Loutil, ami intime de la célèbre actrice depuis nombre d'années, a fait remarquer que la mort lui a redonné la beauté de sa jeunesse et que son visage réfléchit une impression de paix.

DERNIERES VOLONTES

A midi aujourd'hui, on n'était pas encore fixé quant aux funérailles, vu que le gouvernement peut décider d'en faire des obsèques d'État. De plus, il faut tenir compte des désirs de Mme Bernhardt. Elle les a consignés dans son testament.

La défunte a maintes fois déclaré qu'elle voudrait être ensevelie près de sa maison, à Belle-Isle, endroit pittoresque sur les falaises qui donnent sur l'Atlantique. Cependant, on ne sait pas encore si ses restes seront inhumés à l'endroit précité ou dans le caveau de la famille, au cimetière du Père Lachaise, à Paris.

A tout événement, il se déroulera une cérémonie impressionnante à Paris, jeudi ou vendredi, et l'opinion populaire est fortement en faveur de faire des funérailles aux frais de la nation. (...)

L'article précise plus loin que Mme Bernhardt est morte paisiblement à 19 h 59, le 26 mars, dans les bras de son fils. Elle a succombé à une attaque d'urémie.

Mme Bernhardt est morte paisiblement à 19 h 59, le 26 mars, dans les bras de son fils. Elle a succombé à une attaque d'urémie.

Dans son édition du ***26 mars 1958*****, LA PRESSE annonçait à ses lecteurs l'adjudication par Webb and Knapp du contrat de construction de la place Ville-Marie à la société Foundation Company of Canada Limited, au coût de $60 millions. Et l'article était accompagné de la photo ci-dessus.**

C'EST ARRIVÉ UN 26 MARS

1983 — Anthony Blunt, l'espion qui avait vécu pendant plusieurs années dans l'entourage de la reine Elizabeth à titre de conseiller artistique, meurt à l'âge de 75 ans.
1979 — L'Égypte et Israël signent le traité de paix mettant fin à un état de guerre qui durait depuis plus de 30. Le président Anouar El Sadate et le premier ministre Menachem Begin rendent hommage au président américain Jimmy Carter, instigateur des négociations.
1975 — Reconnu coupable d'avoir pratiqué un avortement illégal, le Dr Henry Morgentaler est condamné à 18 mois de prison. — Les conservateurs de Peter Lougheed gagnent 69 des 75 sièges lors des élections générales albertaines.
1971 — Le Bengale (ou Pakistan oriental) proclame son indépendance. L'armée pakistanaise intervient avec violence.
1967 — Nancy Greene gagne la Coupe du monde de ski à la surprise de tous en remportant la victoire lors de la toute dernière épreuve de la saison.
1958 — Après la Marine, c'est au tour de l'Armée américaine de lancer son satellite, *Explorer III*.
1957 — M. Edouard Herriot, qui fut trois fois premier ministre de France, meurt à l'âge de 84 ans.
1953 — On découvre que les Mau Mau ont assassiné 200 indigènes.
1929 — La France toute entière rend un suprême adieu au défunt maréchal Ferdinand Foch. Sa dépouille mortelle est ensevelie dans une crypte aux Invalides.
1927 — Centenaire de la mort du célèbre compositeur Ludwig Van Beethoven.
1902 — Cecil Rhodes meurt à 55 ans.

Rationnement de la viande supprimé

OTTAWA (D.N.C.) — Le rationnement de la viande est supprimé. L'hon. D.C. Abbott, ministre des Finances, a annoncé la nouvelle aux Communes cet après-midi **(26 mars 1947)**.

Voici le texte de la déclaration de l'hon. D.C. Abbott:

«Je désire annoncer qu'à compter de demain, le rationnement de la viande par coupon sera discontinué.

«Le rationnement d'une denrée au stade du consommateur est une opération difficile et coûteuse. Elle l'est tant du point de vue de son administration par le gouvernement, et du fardeau que l'on doit nécessairement imposer au commerce de détail et au consommateur qui doivent manipuler les coupons, qu'aux autres besoins courant du système.

«Les difficultés ont augmenté au cours des récents mois, parce que la commission des prix et du commerce en temps de guerre n'a pas été en mesure de conserver le personnel expérimenté qui se recrutait originairement sous le stimulant de l'urgence de neige.

«Dans les circonstances, le gouvernement a décidé de modifier le contrôle dans ce domaine. Cette modification, croyons-nous, permettra d'abandonner le mode de rationnement par coupons (...), mais apportera une nouvelle méthode qui ne devrait pas réduire les exportations de viande du Canada, particulièrement au Royaume-Uni où il y encore des disettes aiguës de vivres. (...)»

En résumé, les principaux points sont les suivants:

1 — Le rationnement de la viande aux consommateurs cesse.

2 — Les mardis et vendredis sans viande dans tous les restaurants demeurent.

3 — La réglementation des prix de toutes les viandes subsiste telle qu'elle est aujourd'hui.

4 — Les règlements concernant les permis et les quantités d'abattage se continuent. (...)

BABILLARD

Le cap des 100 ans est atteint encore une fois!

Décidément, les Québécois et Québécoises qui franchissent le cap des cent ans sont nombreux. On dit d'ailleurs qu'ils sont plus de 1 500 au Québec. Et ce cercle honorifique s'enrichit aujourd'hui d'une autre centenaire, Mme **Luce Michaud Lavoie**, résidente du Centre d'accueil Luc-Désilets, du Cap-de-la-Madeleine. Mme Michaud Lavoie réside en cette ville depuis vingt ans, après avoir passé les huit premières décennies de sa vie aux Îles-de-la-Madeleine. Parmi les nombreuses personnes qui lui offriront leurs meilleurs voeux aujourd'hui se trouveront sans doute ses dix enfants vivants. Joyeux anniversaire!

Faucher et Dodier, attention!

M. **Jean-Pierre Faucher**, du 222, rue Principale, C.P. 429, à Saint-Damase, Québec J0H 1J0, est à la recherche de documents sous toutes leurs formes, qui pourraient lui permettre d'établir la généalogie des Faucher et des Dodier dit Dover (il précise que sa mère est une Dodier).

Jean, l'ancêtre des Faucher, a épousé Jeanne Malteau à Québec le 4 novembre 1659. Il venait de Cressac. Il a eu deux enfants. Quant à Jacques, l'ancêtre des Dodier, il était originaire de Champoissant, dans le diocèse du Mans. Il a épousé Catherine Caron, le 30 novembre 1662, à Château-Richer, et cette dernière lui a donné six enfants.

ACTIVITÉS

■ **Exposition de photos et de caricatures**

Bibliothèque municipale de Brossard — Les citoyens de Brossard sont de très grands usagers de leur bibliothèque municipale. Mais d'ici le 28 mars, lors de leur passage à la bibliothèque, ils auront l'occasion de voir une collection de photos, de caricatures et de bandes dessinées faisant partie de l'exposition itinérante des cent ans de LA PRESSE.

■ **À la télévision**

Le 18-heures, Télé-Métropole — Vers 18 h 20, les animateurs commentent quelques manchettes tirées des pages de LA PRESSE et qui ont fait l'actualité d'hier.

LA PRESSE

100 ans d'actualités

L'Assemblée nationale et LA PRESSE, deux institutions « nationales » centenaires

TOUT comme LA PRESSE, l'Assemblée nationale célèbre cette année un important centenaire. C'est en effet le 27 mars 1884 que l'Assemblée législative (comme on l'a appelée jusqu'à ce que le gouvernement Johnson substitut le qualificatif « nationale » au qualificatif « législative ») a tenu sa première séance dans l'Hôtel du Parlement de Québec, ou « Palais du Parlement » comme on disait autrefois pour identifier l'édifice bien connu de tous les Québécois.

Cet événement est survenu quelque sept mois avant la naissance de LA PRESSE, de sorte que la page ci-dessus n'a pu être publiée le 27 mars 1884, mais plutôt en août 1907. Les illustrations permettent donc d'apprécier ce à quoi pouvaient ressembler à l'époque la salle des bills privés, l'Assemblée législative (devenue le « Salon vert », puis le « Salon bleu », où siègent les députés), le Conseil législatif (devenu le «Salon rouge» et la bibliothèque.

Au cours de ces cent années, l'Assemblée législative ou nationale a connu de grands moments, que rappelait M. Raymond Laberge dans un récent document. Comme la formation du ministère Mercier, chef du Parti national, qui prône le 29 janvier 1887 une union de toute la province pour appuyer Louis Riel. Comme la crise de la conscription, commencée en décembre 1917, et qui devait se terminer dans le sang en avril 1918. Comme la prise du pouvoir de l'Union nationale, le 17 août 1936. À l'exception des années 1939 à 1944, le parti dirigé par Maurice Duplessis allait gouverner le Québec pendant 19 ans. Comme l'adoption du drapeau fleurdelisé comme emblème provincial, le 21 janvier 1948. Comme le début de la « Révolution tranquille » grâce à l'accession au pouvoir des Libéraux de Jean Lesage. Comme, enfin, la nationalisation de l'électricité en 1962. Ce sont ces grands moments que l'Assemblée nationale célèbre aujourd'hui avec une fierté bien légitime.

C'EST ARRIVÉ UN 27 MARS

1980 — Les Caisses d'entraide économiques projettent d'investir $100 millions dans le développement du Mont-Tremblant. — Naufrage d'une plate-forme norvégienne servant d'hôtel pour les travailleurs d'un champ pétrolifère de la Mer du Nord. On parvient à rescaper 89 des 212 naufragés.

1974 — La crise politique est évitée; les deux paliers de gouvernement s'entendent sur un prix de $6,50 le baril pour le pétrole canadien brut.

1972 — Début du procès de la militante de gauche Angela Davis, à San Jose. Elle est accusée d'enlèvement.

1968 — Youri Gagarine, le premier astronaute de l'histoire, meurt dans un accident d'avion.

1964 — Un tremblement de terre fait 114 morts et cause des dommages évalués à $250 millions, en Alaska.

1958 — À son poste de premier secrétaire du Parti communiste, Nikita Khrouchtchev ajoute les responsabilités de premier ministre que lui cède Nikolaï Boulganine.

1954 — Décès d'Édouard Montpetit, économiste de réputation internationale, à Montréal, à l'âge de 72 ans.

1948 — Le verglas cause le bris de plus de 800 poteaux entre Montréal et Québec.

1931 — Le célèbre comédien Charlie Chaplin reçoit la décoration de chevalier de la Légion d'honneur.

1927 — De passage à Montréal, le célèbre compositeur Sergeï Rachmaninoff donne un concert au théâtre Princess. — Victime d'un mystérieux attentat, le constructeur automobile américain Henry Ford se retrouve à l'hôpital, à Détroit.

1907 — Le feu détruit de fond en comble l'église paroissiale de Marieville.

1906 — Un feu endommage sérieusement la Montreal Biscuit Co. — Fondation à Nominingue de la Coopération des colons du Nord.

1893 — L'édifice du quotidien anglophone *The Herald* est complètement détruit par un incendie.

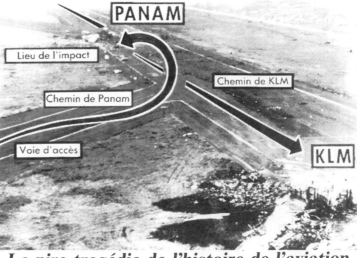

Nouvelle cuirasse

BERLIN, 27 — On vient de soumettre à diverses expériences la nouvelle cuirasse en drap récemment inventée par un tailleur de Mannheim, contre les projectiles de petit calibre et adoptée par les bureaux du ministère de la guerre. Des tuniques du nouveau drap ont été placées sur des mannequins et exposées au tir des balles, à une distance de 100, 200 et 400 mètres. A un tir plus rapproché les mannequins ont été tellement bossués par le contre-coup des balles que les officiers qui surveillaient les expériences en ont conclu que la secousse eût été assez violente pour assommer un homme.

Pour obtenir cette nouvelle cuirasse, le tailleur, inventeur de la découverte, se borne à tremper la tunique dans une préparation spéciale. Après avoir subi cet apprêt, la tunique ne pèse pas plus de six livres. Le drap ainsi apprêté ne saurait d'ailleurs protéger ni les bras ni les jambes des soldats dont il paralysait les mouvements.

Cet article consacré au précurseur probablement involontaire de la veste pare-balles a été publié le ***27 mars 1893.***

MORT DU DOYEN DES JOURNALISTES CANADIENS-FRANÇAIS

M. Arthur Dansereau, ancien directeur politique de LA PRESSE et doyen des journalistes canadiens-français, est mort ce matin **(27 mars 1918)** à 2 h 45, en son domicile, 49, rue Saint-Marc. C'est une figure très connue et très estimée dans le monde du journalisme canadien et de la politique qui disparaît, et, malgré qu'il fût d'un âge avancé et qu'il eût à son actif une carrière bien remplie, rien, jusqu'à ces derniers jours, ne faisait prévoir la fin de ce vétéran des lettres canadiennes.

M. Dansereau a reçu avant de mourir, la visite de Sa Grandeur Monseigneur Bruchési. Il a rendu le dernier soupir entoure des membres de sa famille, à l'exception de deux de ses fils: le lieut.-col. Adolphe Dansereau, et le lieut. M.-E. Dansereau, actuellement en Europe.

Chez ses amis et parmi tous ceux qui l'avaient connu, aussi bien qu'à LA PRESSE, sa mort laisse les plus vifs regrets. (...)

NOTICE BIOGRAPHIQUE

M. Arthur Dansereau était né à Contrecoeur le 5 juillet 1844. Il fit de brillantes études classiques au collège de l'Assomption où se trouvait alors sir Wilfrid Laurier et il se lia avec le chef libéral actuel d'une profonde et solide amitié qui ne se démentit jamais dans la suite. A dix-huit ans, au mois de septembre 1862, il arrivait à Montréal et se présentait à Sir Georges-Étienne Cartier, qui était un ami de son père, et lui demandait des conseils sur la carrière qu'il devait embrasser et sur ses projets d'avenir. Le grand homme d'État lui conseilla d'étudier le droit. (...) Il fit ses études en droit à l'université McGill où il reçut le titre de bachelier en lois civiles, puis il était admis au Barreau en 1865.

Mais le nouvel avocat s'était depuis longtemps déjà senti attiré par la carrière du journalisme dans laquelle il devait bientôt briller. Dès 1862, il était entré à la «Minerve». Il savait mener de front ses études du droit et ses travaux de journaliste. (...) En 1866, M. Provencher se retirait de la rédaction de la «Minerve», et M. Dansereau le remplaçait. En 1872, il devenait un des propriétaires de ce journal.

Il prit part avec éclat, dans la «Minerve», à toutes les grandes polémiques du temps. Il se fit remarquer par une verve débordante et une grande puissance de logique. Qui parmi ses rares contemporains qui vivent encore ne se rappelle la mémorable campagne en faveur de la construction du Pacifique Canadien? (...) M. Dansereau fit alors preuve d'une profonde clairvoyance; il réalisait tout ce que serait pour l'avenir de nos immenses territoires la construction de cette voie ferrée d'un océan à l'autre. Il en fut de même pour le projet de l'union des provinces en une confédération. M. Dansereau fut un des ardents défenseurs de cette confédération en un seul Dominion, en faveur d'un plus grand Canada, en dépit des objections que l'on présentait de toutes parts. (...)

Le 1er février 1892, M. Dansereau était nommé maître de poste à Montréal. Quelques années plus tard, il démissionnait et devenait directeur politique à LA PRESSE. Et il sut faire voir qu'il n'avait rien perdu de ses hautes qualités de polémistes. En 1907, le 8 octobre, il célébrait le quarante-cinquième anniversaire de son entrée dans la carrière du journalisme. A cette occasion, un banquet lui fut offert au club Canada. Deux cents personnes y prirent part, parmi les quelles se trouvaient les hommes les plus marquants de la province dans les deux partis politiques, de nombreux représentants de la magistrature et des classes libérales et financières.

M. Arthur Dansereau, décédé à l'âge de 74 ans.

Et jusqu'à ces derniers jours le défunt était à son poste dès neuf heures le matin. C'est le cas de dire qu'il est mort sur la brèche, après une carrière active, très active de plus de 50 ans.

Le défunt avait épousé en premières noces Mlle Hurteau et en secondes noces, Mlle MacKay, soeur du docteur MacKay, de Québec. L'une et l'autre sont décédées. De ces deux mariages sont nés plusieurs enfants: Lionel, fonctionnaire à Ottawa; Arthur, employé civil à Montréal; Mlle Jeannine Dansereau, Mina, épouse de M. Arnold Finley, M. Lucien Dansereau, I.C., ingénieur de district au service du gouvernement d'Ottawa; le lt.-col. Adolphe Dansereau, actuellement en Europe; le lieutenant Marie-Edmond Dansereau, instructeur militaire en Angleterre; le lieutenant Fernand Dansereau, du 2ème régiment de dépôt, et Mlle Paule Dansereau. Il laisse trois soeurs: Mme Darche, épouse du Dr E.-R. Darche; Mme Victor Pelletier, épouse du major Victor Pelletier, et Mlle Alma Dansereau. Un frère lui survit, M. Edmond Dansereau, d'Ottawa.

ACTIVITÉS

■ Exposition de photos et de caricatures

Bibliothèque municipale de Brossard — Les citoyens de Brossard sont de très grands usagers de leur bibliothèque municipale. Et lors de leur passage à la bibliothèque, ils auront l'occasion de voir une collection de photos, de caricatures et de bandes dessinées faisant partie de l'exposition itinérante des cent ans de LA PRESSE. Jusqu'au 28 mars inclusivement.

La pire tragédie de l'histoire de l'aviation

CETTE photo permet d'illustrer le pire drame de l'histoire de l'aviation, survenu à Santa Cruz de Tenenerife, le **27 mars 1977.** Les deux *B-747* se dirigeaient vers Las Palmas lorsqu'une bombe éclata dans une boutique de l'aérogare, forçant les autorités à les détourner temporairement sur Santa Cruz. Une fois la situation éclaircie à Las Palmas, les deux avions entreprirent les manoeuvres pour décoller afin de rejoindre le port d'attache prévu. La brume enveloppait le petit aéroport de Santa Cruz. Le *B-747* de la société KLM fut le premier à prendre sa place en bout de piste, pour décoller, avec 249 personnes à bord. Poussant les moteurs au bout, le pilote entreprit de décoller alors que le *B-747* de la société Panam roulait sur la seule piste de l'aéroport, avec 394 personnes à bord. Le choc fut terrible, et des deux géants de l'air, il ne resta plus que deux tas de ferraille inutilisable. Sur 643 personnes à bord des deux avions, seulement 68 survécurent, et elles se trouvaient toutes à bord de l'avion de la Panam.

LA PRESSE

100 ans d'actualités

L'Expo 67 : sur le fleuve

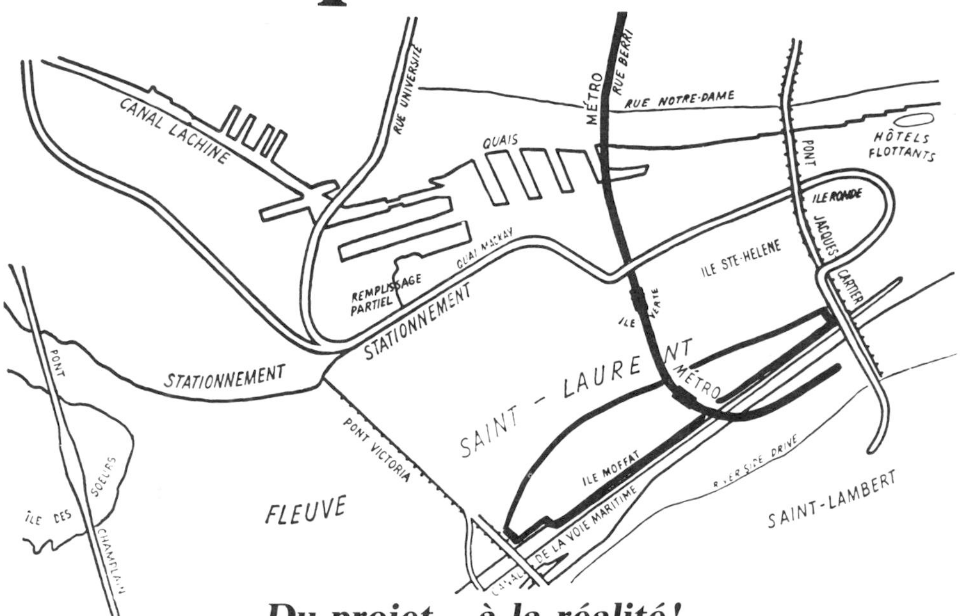

Du projet... à la réalité!

Ce croquis publié par LA PRESSE en 1963 permet de constater d'importantes différences entre le projet et la réalité. En premier lieu, la station de métro a été placée dans l'île Sainte-Hélène et non dans l'île Notre-Dame, et la ligne 4 aboutit à l'est plutôt qu'à l'ouest du pont Jacques-Cartier. Du monorail prévu, nulle trace. Quant au réseau routier, il ne ressemble en rien aujourd'hui à ce qui était prévu à l'époque.

par Albert Tremblay et Raymond Masse

C'EN est fait. L'ère des rumeurs n'est plus.

■ L'exposition universelle canadienne qui sera ouverte en avril 1967 se tiendra sur une partie de l'île Ste-Hélène agrandie ainsi que sur une île créée par des travaux de remblaiement et de remplissage hydraulique, estimés à $8,400,000, en bordure de la Voie maritime du St-Laurent, et qui englobera l'île Moffat et des ilots actuellement entourés d'eaux peu profondes, tout juste en aval du pont Victoria.

■ Reliée au réseau initial composé de deux lignes — «est-ouest» et «nord-sud» — déjà en construction sur l'île même de Montréal, une autre ligne de métro, longue de trois milles, sera aménagée, au coût approximatif de $13,000,000, sous le fleuve St-Laurent jusqu'à la rive sud du fleuve. (...)

C'est là, en bref, ce qui resort des précisions révélées hier **(28 mars 1963)**, par M. Lucien Saulnier, président du comité exécutif de la ville de Montréal, du parquet de la salle du conseil, à l'hôtel de ville, en présence de MM. Léon Balcer, ministre des Transports du Canada, représentant de M. John Diefenbaker, ministre tuteur de l'expo, Gérard Lévesque, ministre provincial de l'Industrie et du Commerce, Paul Bienvenu, commissaire général de l'expo, C.F. Carsley, sous-commissaire général, de la plupart des conseillers municipaux, de quelques autres invités, dont M. Guy Beaudet, gérant du port de Montréal, auxquels le maire Jean Drapeau, un homme ravi comme l'était M. Saulnier, a souhaité la bienvenue. (...)

Approbation d'Ottawa

Quelques heures plus tôt, MM. Drapeau et Saulnier avaient enfin appris d'Ottawa que le gouvernement Diefenbaker, celui qui, de par la loi, devait dire le dernier mot, venait, à la suite de M. Jean Lesage, d'approuver officiellement le «choix de l'administration municipale» (dixit M. Drapeau, hier après-midi).

L'expo sur la rive sud? Aucunement, selon M. Saulnier, qui insiste: ce sera à Montréal, sur le Saint-Laurent», sur des îles «en face de la métropole», des îles qui font ou feront bientôt partie du territoire de la Cité de Montréal.

L'île Ste-Hélène, déjà propriété de la Ville, sera agrandie à même l'île Verte (en amont) et l'île Ronde (en aval). Sa superficie sera portée de 135 à 310 acres.

Aucun bâtiment de l'expo — permanent ou temporaire — ne sera construit sur la partie actuelle de l'île Ste-Hélène, territoire qui demeurera à la disposition des Montréalais d'ici le printemps de 1967, d'après ce qu'a déclaré M. Saulnier.

On en édifiera des «temporaires» sur la partie «agrandie» de l'île. De sorte que, l'expo terminée, l'île Ste-Hélène agrandie de 175 acres sera toute accessible comme «île de verdure» et comme «parc public». (...)

«Partie» de Montréal

Quant à l'île Moffat et aux ilots qui l'avoisinent, au nord de la Voie maritime du Saint-Laurent, un territoire que M. Saulnier qualifie de «no man's land», un territoire bientôt baptisé «île Notre-Dame», où les bâtiments permanents seront édifiés, des démarches seront entamées sans délai auprès des autorités gouvernementales afin que le tout soit déclaré «partie» de la Ville de Montréal.

Aussi, aux dires de M. Saulnier, la nouvelle île Notre-Dame aura une superficie de 310 acres (même superficie qu'à l'île Ste-Hélène «agrandie») qui ne font actuellement partie d'aucune ville, sauf 50 acres, soit 15 dans Jacques-Cartier, et 35 dans Longueuil. On compte pouvoir livrer l'île Notre-Dame aux responsables de l'exposition d'ici le premier juillet 1964.

Les voies d'accès? Il y aura d'abord le pont Victoria et le pont Jacques-Cartier. Outre la ligne projetée de métro, il y aura peut-être un monorail installé au-dessus des voies de chemin de fer du pont Victoria. Un pont temporaire relierait le secteur de Pointe-St-Charles, via le quai McKay, à l'île Notre-Dame. (...)

Les parcs de stationnement, il y en aura de vastes. Pour l'instant on précise qu'il y en aura trois dans le voisinage de Pointe-St-Charles, d'autres sur la rive sud, puis «aux stations de raccordement du métro avec l'emplacement de l'expo ainsi qu'aux points de relai stratégiques».

Sauf dans le cas des parcs de stationnement, journée fertile en précisions que celle du 28 mars 1963. Enfin!

NDLR — À la lumière de ce qu'il sait aujourd'hui, vingt-et-un plus tard, le lecteur sera en mesure d'apprécier l'exactitude des propos tenus par les politiciens ce jour-là...

Deux forçats armés brisent leurs chaînes

Louis Eumène, voleur de calices, et Jos.A. Filiatrault, cambrioleur, s'évadent du pénitencier Saint-Vincent-de-Paul— Le gardien Paul Blondin assommé par les deux fugitifs au moyen d'une pelle

(De l'un des envoyés spéciaux de LA PRESSE, M. Jules Tremblay)

SAINT-Vincent-de-Paul, 29 — C'est la ferme du gouvernement, située sur les confins du rang Saint-François, que les forçats Filiatrault et Eumène ont choisie pour le théâtre du coup d'audace qui a eu pour eux un résultat jusqu'à présent heureux.

C'est là qu'on envoie travailler les forçats dont la conduite est bonne. C'est là que, pour dédommager ces malheureux des jours passés au fond des sombres cachots, on leur permet d'aller, sous la surveillance de leurs gardes, travailler aux travaux rustiques de la ferme et en même temps d'aller respirer le grand air des champs. C'est une faveur que l'on n'accorde qu'aux prisonniers dont le terme d'emprisonnement est sur le point d'expirer.

Hier **(28 mars 1904)** après midi, une trentaine de forçats étaient sur la ferme du gouvernement, travaillant aux bâtiments de la ferme. Ils étaient divisés en groupes de cinq ou six prisonniers, et chaque groupe était sous la surveillance d'un garde armé d'une carabine et d'un revolver. Le groupe dans lequel se trouvaient les forçats Filiatrault et Eumène était composé de sept forçats et était sous la surveillance du garde Paul Blondin. Ce groupe se trouvait hier être le plus éloigné du pénitencier. Il en était éloigné d'environ un mille. (...)

Louis Eumène

Les pauvres forçats, bien que pouvant sans entrave voir autour d'eux l'horizon, n'en voyaient pas moins, à un mille de là, le sombre édifice qui leur avait caché si longtemps cet horizon et où, fatalement, ils devaient retourner. De combien de pensées leurs têtes ne s'emplirent-elles pas durant cette journée ensoleillée de printemps? Combien la liberté dût leur apparaître belle et désirable! (...)

A cinq heures, on donna le signal du départ. Groupe par groupe, les forçats revinrent au pénitencier dans des gros traineaux de service.

Le groupe du garde Paul Blondin fut le dernier à se mettre en route. Un à un, cinq des forçats montèrent dans la voiture sans mot dire. Vint le tour des forçats Eumène et Filiatrault. C'est là que le drame commença. Ce fut là le moment choisi par les deux forçats pour recouvrer leur liberté.

Avant qu'on eût eu le temps de voir d'où partait le coup, le garde Paul Blondin tombait assommé sur le sol, il avait reçu sur la tête un coup de pelle fermement appliqué. Les autres prisonniers qui étaient restés dans la voiture, témoins de cet assaut meurtrier, furent frappés de terreur. Les deux forcenés se ruèrent sur le pauvre garde et le désarmèrent. L'un prit la carabine, et l'autre son revolver. Eumène et Filiatrault étaient, dès lors, maîtres de la situation.

Pris de compassion, les cinq autres forçats s'empressèrent auprès de Blondin qui baignait dans son sang et lui prodiguèrent leurs soins.

Eumène et Filiatrault ne perdirent pas de temps. Ils montèrent seuls dans la voiture «et marche la grise! En route pour la liberté!» Ils prirent la direction de Terrebonne. (...)

Au coeur de Paris, la Maison du Québec

QUEBEC (**J.M.**) — Le Conseil des ministres a approuvé hier **(28 mars 1961)** l'achat d'un vaste immeuble de quatre étages au coeur de Paris: on y installera la «Maison du Québec» qui sera, à la fois, un centre commercial et culturel.

Il s'agit d'un édifice situé en bordure de la rue Barbet de Jouy en face de l'archevêché, dans le 7ème arrondissement.

La construction, dont les fondations furent jetées il y a une soixantaine d'années, coûte $280,000 payables au comptant. L'impôt foncier annuel, que l'administration provinciale devra verser au fisc pour le bâtiment, sera de $300 seulement.

La «Maison du Québec» comprendra vingt pièces, dont une grande salle qui pourra être utilisée pour des expositions.

La transaction a été conclue par M. René Lévesque, l'ancien ministre des Travaux publics; mais c'est M. René Saint-Pierre, le nouveau ministre, qui a rendu publique la nouvelle au cours de l'après-midi. L'acquisition a été décidée pour éviter d'avoir à payer un loyer élevé.

L'immeuble, qui a servi d'hôtel particulier autrefois et qui a été habité par la famille des Murat, à laquelle Napoléon donna ses titres de noblesse, est en bon état de l'avis des ingénieurs.

Le premier prince Murat, qui demeura à l'emplacement de l'édifice actuel, fut roi de Naples et fut tué en tentant de reconquérir son royame après Waterloo.

C'est dans la «Maison du Québec» que M. Charles Lussier, nommé représentant de notre province en France, s'installera avec son personnel.

C'EST ARRIVÉ UN 28 MARS

1982 — Les Salvadoriens défient la consigne des guérilleros et votent en masse aux élections générales, au El Salvador.

1980 — Nomination du juge Antonio Lamer à la Cour Suprême du Canada.

1979 — La centrale nucléaire de Three Mile Island, en Pennsylvanie, est le théâtre d'un grave accident nucléaire.

1970 — Un séisme fait plus de 1700 morts en Turquie.

1969 — Mort du général Dwight D. Eisenhower, ex-président des États-Unis. Il était âgé de 78 ans. — Malgré la situation tendue, la manifestion «McGill français» se déroule sans effusion de violence.

1968 — De violents incidents raciaux éclatent à Memphis au cours d'une manifestation organisée par le Dr Martin Luther King.

1965 — Un violent tremblement de terre provoque l'écroulement d'un barrage au Chili. On dénombre plus de 400 morts.

1957 — La commission Fowler recommande au gouvernement d'encourager la création de postes privés de télévision.

1956 — Le Parlement de l'Islande demande le retrait des troupes de l'OTAN stationnées sur son territoire.

1950 — M. Lawrence Steinhardt, ambassadeur des États-Unis au Canada, meurt dans un accident d'avion louche près d'Ottawa.

1939 — Les nationalistes du général Franco entrent dans Madrid.

1929 — Sir Lomer Gouin, lieutenant-gouverneur de la province de Québec, meurt à son poste.

1927 — Les États-Unis placent un embargo sur l'importation de produits laitiers en provenance du Canada.

1910 — Le prince de Monaco met fin à la monarchie absolue en accordant aux Monégasques un gouvernement constitutionnel.

1885 — Le 65e régiment est appelé sous les armes pour aller prêter main-forte aux troupes impliquées dans la révolte des Métis, dans l'ouest canadien.

BABILLARD

Une date magique!

Pour Mme **Aurèle Longpré,** de Mascouche, la date du 19 avril a beaucoup de signification, et pour cause! Jugez-en vous-mêmes!

Elle est née le 19 avril 1915, 24 ans, jour pour jour, après son père. Elle a fait sa première communion le 19 avril 1922. Et elle s'est mariée le 19 avril 1949. Si jamais un tirage important devait se dérouler un 19 avril, on peut se demander si la chance ne lui sourirait pas...

Huit décennies avec LA PRESSE

Madame **Albina David,** de Pointe-aux-Trembles, est heureuse de souligner que, de père en fille, cela fait 82 ans qu'on est abonné à LA PRESSE. Son père, Delphis, s'est abonné en 1902, peu après son mariage, et à la suite de sa mort en 1958, c'est sa fille qui a continué l'abonnement.

Les premiers souvenirs qu'entretient Mme David de LA PRESSE, c'est le fait que dans sa jeunesse, il lui fallait attendre au lendemain pour recevoir le journal de la veille, livré par le facteur Émile Roy. Les David demeuraient sur une ferme, dans le rang Saint-Léonard, à Saint-Léonard-de-Port-Maurice, ce qui explique le fait que le journal n'était livré que le lendemain de sa parution. Et à l'époque, ajoute-t-elle, le moment venu de renouveler l'abonnement, on venait faire un « voyage » en ville avec papa, qui réglait son abonnement pour cinq ans avec un billet de $10!

M. David a vendu les deux fermes à la société pétrolière Shell en 1933, et Mme Albina David est d'avis que leur disparition complète à cause de la construction du boulevard Métropolitain, est la raison de sa mort à l'âge de 71 ans, puisqu'il n'avait jamais été malade auparavant.

ACTIVITÉS

■ **Exposition de photos et de caricatures**

Bibliothèque municipale de Brossard — Les citoyens de Brossard sont de très grands usagers de leur bibliothèque municipale. Et lors de leur passage à la bibliothèque, ils auront l'occasion de voir une collection de photos, de caricatures et de bandes dessinées faisant partie de l'exposition itinérante des cent ans de LA PRESSE. À noter que l'exposition se termine ce soir.

■ **À la télévision**

10 h 30, Télé-Métropole - Dans le cadre de l'émission *Entre nous*, animée par Serge Laprade, Claudette Tougas, de LA PRESSE, présente la chronique *Cent ans de pages féminines*.

Entre nous Mesdames

NDLR — Il s'agit en l'occurrence d'extraits du premier « Courrier de Colette », publié le ***28 mars 1903,*** *et signé tout simplement, COLETTE.*

PETITE CORRESPONDANCE

NOTE — Mme Gaétane de Montreuil ayant abandonné la direction de cette page, on m'a chargée de répondre, à l'avenir, en sa place, à la petite correspondance. C'est une tâche dont je m'acquitterai avec plaisir et au mieux de mes très faibles lumières.

Les correspondants voudront bien désormais adresser leurs communications à COLETTE, au bureau de «La Presse».

FLECCA — Est-ce bien votre pseudo? Je ne suis pas sûre d'avoir parfaitement compris. 1. L'une ou l'autre des jeunes filles peut indifféremment faire les premières avances. 2. Vous pouvez discrètement lui laisser savoir que ses visites vous sont agréables. Vous avez aimé ces représentations tellement que, sur votre foi, je regrette de n'avoir pas eu l'occasion d'y assister.

SANS SOUTIEN — C'est un conseil très grave que vous demandez là, ma chère petite, et vous promettez de le suivre quel qu'il soit. Ce n'est pas à moi que vous vous adressez, mais je suis sûre que celle-là vous dirait exactement ce que je vais vous dire. N'embrassez pas cette carrière, vous n'y rencontreriez que déceptions, contretemps et malheurs. Croyez-moi, malgré ses dehors plutôt brillants ce métier est un des plus pénibles qui se puisse exercer. Puis songez qu'au point de vue moral, il est superlativement dangereux, et vous avez charge de deux âmes: la vôtre et celle de votre soeurette. Vous êtes l'aînée, n'est-ce pas? Ne vous exposez donc pas aux périls de tous genres que comporte cette situation. Ne connaissez-vous pas quelqu'un de sage et d'expérimenté, vous connaissant mieux que moi et qui put vous conseiller, vous enseigner le moyen d'améliorer votre situation actuelle sans compromettre votre avenir d'honnêtes jeunes filles.

ANXIEUSE — Je n'ai pas la moindre idée de ce que peut signifier «une bague portée au petit doigt de la main droite ou gauche d'un jeune homme». Si quelqu'un parmi nos correspondants se trouvait être mieux renseigné que moi sous ce rapport, nul doute qu'il s'empresserait de vous tirer d'inquiétude, surtout quand il saurait s'acquérir ainsi votre «reconnaissance éternelle».

J.E.D. St-Ant. — J'espère que vous avez reçu l'article demandé: C'est ce que j'ai pu trouver de mieux dans le genre et le prix se trouve être juste ce que vous aviez présumé. Je vous serais obligée de bien vouloir accuser réception sans délai. J'ai hâte de savoir si la poste a fait son devoir.

MIGNONNE — 1. Toutes les nuances sont portées cette saison. Les bleus, les verts et les gris sont bien seyants et toujours de mode. 2. On dit que l'eau de pluie employée comme ablution fait disparaître les taches de rousseurs; quant à ces petits points noirs, il suffit de les presser fortement entre le pouce et l'index pour les faire disparaître.

M.A. PURICIMA — Pour votre première question, vous feriez mieux de consulter un homme de loi, je ne saurais vous renseigner avec certitude. 2. Il n'est pas nécessaire de remercier. 3. Le blanc est toujours porté; quant à la chaussure, pour la rue, la noire est préférable avec n'importe quelle toilette. 4. Prenez avec les doigts et servez-vous de la fourchette pour ces gâteaux et pâtisseries. Il n'est absolument pas nécessaire qu'il y ait des témoins aux fiançailles. Les membres de la famille seulement. Il n'y a pas de règle pour la bague; le fiancé la choisit en rapport avec ses moyens de fortune; pour ce qui est de la forme ou du genre de pierres, il demande le goût de la jeune fille. Cette bague se porte dans l'annulaire de la main gauche, comme l'alliance.

ORPHENA — J'ai lu l'article qui ne m'était pas adressé et je l'ai tout de même bien aimé. Je le garde, et à l'occasion, je le ferai parvenir à qui de droit.

COLETTE

LA PRESSE
100 ans d'actualités

QUEBEC A VECU DES HEURES TRAGIQUES

C'EST ARRIVÉ UN 29 MARS

1979 — Un F-27 de Quebecair s'écrase à l'Ancienne-Lorette. L'accident fait 17 morts.

1974 — De graves inondations auraient déjà fait plus de 1 500 morts, au Brésil.

1971 — Le jury condamne Charles Manson et ses trois complices à mourir dans la chambre à gaz pour les sept meurtres aux demeures des Tate et des LaBianca, en 1969.

1970 — Le gardien Tony Esposito, des Black Hawks de Chicago, enregistre son 15e blanchissage de la saison.

1967 — Lancement du *Redoutable*, premier sous-marin nucléaire français.

1966 — Le premier budget du ministre des Finances Mitchell Sharp comporte des augmentations de taxes pour 60 p. cent des citoyens. — Cassius Clay conserve sa couronne de champion du monde des poids lourds, à la boxe, en battant le Canadien George Chuvalo, à Toronto.

1965 — Adoption par les Communes d'un projet de loi créant un fonds de pension au Canada.

1961 — L'Île-du-Prince-Édouard proclame l'état d'urgence; certains villages sont isolés par des bancs de neige atteignant jusqu'à 20 pieds de hauteur.

1946 — Un incendie dans les cordes de bois d'une fabrique d'allumettes sème l'émoi à Hull et à Ottawa.

1945 — Les troupes soviétiques entrent en Autriche.

1911 — Le Capitole de l'État de New York, à Albany, est détruit par un incendie.

1901 — Décès à Québec du sénateur Arthur Paquet, à l'âge de 57 ans.

MODESTIE DES VETEMENTS

NORTH Adams, Mass. — Les femmes mariées et les jeunes filles portant des jupes courtes, des corsages décolletés ou des vêtements faits de tissus transparents ne pourront pas entrer dans l'église Notre-Dame. Un avis contenant cette interdiction et portant la signature de M. le curé C.-Pl. Jannotte a été placé dans le vestibule de l'église.

Par ailleurs, à Londres, le ministère de l'Hygiène a proposé un règlement qui obligerait les baigneurs et les baigneuses, dans les places de villégiatures, de porter un costume commençant au cou et atteignant la jambe à 4 pouces, au-dessous des genoux.

Cela se passait le 29 mars 1921...

Les amateurs de hockey apprenaient la mort, *le 29 mars 1951*, d'Hector Lépine, un porte-couleurs du Canadien à l'époque des Howie Morenz, Aurèle Joliat, Wildor Larochelle, Albert Leduc, Billy Boucher et autres. Il avait fait le saut avec le Canadien au cours de la saison 1924-25. Il est décédé à l'âge de 53 ans à Sainte-Anne-de-Bellevue, où il exerçait le métier qu'il avait choisi à sa retraite, celui d'entrepreneur en construction.

À deux ans d'intervalle...

Deux années, jour pour jour, séparent ces deux photos illustrant des événements qui ont profondément marqué le peuple américain. Sur celle du haut, on peut apercevoir le lieutenant William Calley, après que la Cour martiale l'eut reconnu, *le 29 mars 1971*, coupable de la mort d'une centaine de civils à My Lai, en 1968. La photo du bas, prise *le 29 mars 1973*, montre un sergent américain, sa femme vietnamienne et ses deux enfants, attendant le moment de quitter le Vietnam avec le tout dernier contingent américain à rentrer au pays, après neuf ans d'une guerre futile.

BABILLARD

Une centenaire à Saint-Gabriel

Le centre d'accueil Désy, de Saint-Gabriel, célèbre aujourd'hui le centième anniversaire de naissance de **Parmélia Majeau Paradis.**

L'événement est d'autant plus marquant que Mme Paradis est une « fille de la région », ayant vu le jour à Saint-Gabriel-de-Brandon le 29 mars 1884. Bon anniversaire, Mme Paradis!

Étiquette et cuisine... à l'ancienne!

Un lecteur de Montréal-Nord, M. **Paul Roger,** a en sa possession un exemplaire du manuel «Nouvelle cuisinière canadienne», publié en 1879, par Beauchemin et Valois, libraires.

Ce livre, pour le citer, contient *tout ce qu'il est nécessaire de savoir dans un ménage, tel que l'achat des diverses sortes de denrées; les recettes les plus nouvelles et les plus simples pour préparer les potages, les rôtis de toutes espèces, la pâtisserie, les gelées, glaces, sirops, confitures, fruits, sauces, puddings, crèmes et charlottes; poisson, volaille, gibier, oeufs, légumes, salades, marinades; différentes recettes pour faire diverses sorte de breuvages, liqueurs, etc., etc.*

En introduction, le manuel rappelle les « devoirs d'une bonne cuisinière », dont voici quelques exemples :

— employer des choses convenables, telles de la bonne farine, du bon beurre et des oeufs frais;

— faire des fricassées avec de la crème douce, autrement elles se gâteront;

— ne pas se servir d'un couteau qui aura tranché de l'oignon ou de l'ail, pour couper le pain ou le beurre;

— bien laver la vaisselle, car il est déjà arrivé que des personnes se sont trouvées indisposées d'avoir pris leur thé dans des tasses où il était resté du savon;

— elle doit choisir l'endroit le plus froid de la maison pour pétrir n'importe quelle pâte; son pétrin devra être de pierre ou de marbre.

À suivre au cours des prochains jours...

Une émeute éclate hier soir au cours de laquelle la foule tente d'incendier l'édifice "Auditorium" et saccage les bureaux du régistraire de la loi du service militaire ainsi que les ateliers de deux journaux.

(Du correspondant de la PRESSE)

QUÉBEC, 30 — Il y a des troubles assez sérieux à Québec depuis jeudi soir commencés ce soir-là par des démonstrations hostiles contre les agents de la police fédérale qui faisaient la chasse aux conscrits insoumis, ils se sont continués hier soir **(29 mars 1918)** par le sac des deux journaux conservateurs de la ville et des bureaux du régistraire de la loi du service militaire, dans l'édifice de l'Auditorium, auxquels on a mis le feu.

Il était environ neuf heures hier soir lorsque des jeunes gens, qui s'étaient groupés à Saint-Roch, montèrent à la Haute-Ville et se dirigèrent vers l'édifice du «Chronicle», rue Buade. Ils en voulaient à ce journal pour la façon dont il avait rapporté les troubles de la veille. Ce journal avait en effet mis, dans le titre de la nouvelle, que c'était «une foule sauvage» qui avait saccagé le poste de police No 3, la veille. Les émeutiers ne se contentèrent pas de briser les vitres des fenêtres comme la chose avait été faite l'été dernier, à la suite des assemblées anticonscriptionnistes. Ils pénétrèrent à l'intérieur de l'édifice et brisèrent tout ce qui leur tomba sous la main.

TOUT EST SACCAGE

Quand ils en eurent fini avec le «Chronicle», les émeutiers se rendirent aux bureaux de «L'Evénement», rue de la Fabrique, où ils firent de même. Il ne reste pas une vitre dans aucune des fenêtres de ces bureaux et tout l'intérieur a été saccagé.

Après ces exploits, dont le nombre allait toujours grandissant, ils se rendirent en face des bureaux du régistraire de la loi du service militaire, installés récemment dans l'ancien café de l'Auditorium, rue Saint-Jean, près des murs, et commencèrent le siège de l'édifice.

La chose avait été prévue et un détachement de la police municipale était rendu sur les lieux; pendant une heure la police réussit à contenir la foule des émeutiers qui essayaient de pénétrer dans les bureaux. Durant ce temps, des pierres et des glaçons étaient lancés dans les vitres du bureau du régistraire. (...)

DES POLICIERS BATTUS

Le sous-chef Burke de la police municipale, vieillard de 70 ans, reçut sur la tête un glaçon qui l'assomma et il dut être transporté chez lui. Le détective Thomas Walsh, chef de la sûreté, qui essayait d'empêcher les émeutiers d'entrer, fut aussi assommé à coups de bâtons et de planches. Il y eut aussi des coups de feu tirés, mais sans résultat.

La police assistait impuissante à cette scène. Il était inutile de songer à faire des arrestations car la foule était trop compacte et les policiers n'étaient pas en nombre suffisant.

A neuf heures et quarante-cinq, une ruée de la foule des émeutiers eut raison de la résistance de la police et réussit à enfoncer la porte de l'escalier conduisant aux bureaux du régistraire se servant pour cela des enseignes de la maison Gauvin et Courchesne qu'ils décrochèrent. Une minute après les bureaux du régistraire furent envahis et l'on saccageait tout. Les fenêtres furent brisées et l'on vit voler par milliers des feuilles et des documents de touts sortes. (...)

LE FEU A L'EDIFICE

A dix heures, on vit sortir de la fumée des fenêtres. Les émeutiers avaient mis le feu. L'alarme fut donnée et les pompiers de toute la brigade arrivèrent en toute hâte sur le lieux. (...)

Peu de temps après, l'on vit arriver des troupes armées qui formèrent un cordon autour du théâtre de l'incendie. Ce fut la fin de l'émeute et les pompiers purent travailler en paix pour combattre les flammes. A onze heures et demie l'incendie était contrôlé, il ne s'était pas propagé plus loin que le bureau du régistraire. Quant au magasin de musique Gauvin et Courchesne, qui se trouve au-dessous, il a souffert beaucoup de dommages par l'eau.

Le maire Lavigueur et le chef de police Trudel sont allés sur les lieux vers les neuf heures pour essayer de calmer la foule mais sans succès. Ce n'est que lorsque le feu eut été mis que le maire décida de faire venir les troupes. Ce fut le régiment «Composite qui vint». Les soldats avaient le fusil à l'épaule, **mais ils ne reçurent pas ordre de tirer.**

***Épilogue** — Ces tristes événements devaient connaitre leur dénouement trois jours plus tard, le 1er avril, alors que les soldats, assaillis à coups de pierre, de brique, ou de glaçon, et répliquant à un coup de feu parti du camp des civils en colère, entreprirent de mettre fin aux événements en tirant dans la foule. Cinq personnes devaient ainsi connaitre une mort brutale.*

Le maire Lavigueur, qui a décidé de faire appel à l'armée.

Le détective Tom Walsh, un des policiers blessés.

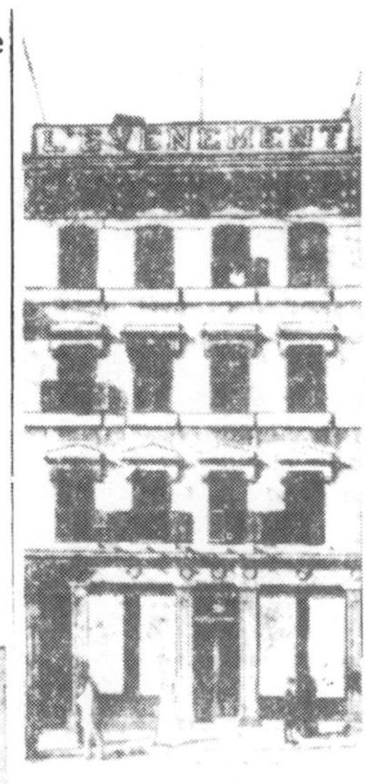

Les bureaux de *L'Evénement*, mis à sac par les émeutiers.

Les bureaux et les ateliers du Chronicle n'ont pas échappé au saccage.

Entré la veille dans Madrid, le général Franco (ici dans sa voiture) avait le plaisir d'apprendre de la radio républicaine de Burgos qu'en ce *29 mars 1939*, les troupes républicaines abandonnaient le combat partout en province, mettant ainsi fin à une guerre civile qui avait duré deux ans et 254 jours, et coûté la vie à quelque 600 000 personnes. Et pour le général Franco, c'était le début d'un très long règne dictatorial de près de quatre décennies.

Le sanctuaire de Ste-Anne-de-Beaupré entièrement détruit

(De l'envoyé spécial de la «Presse»)

SAINTE-Anne-de-Beaupré, 29 —La basilique de Sainte-Anne-de-Beaupré est en ruines. Les pompiers de Québec n'ont pu rien faire pour la sauver.

A midi **(29 mars 1922),** les deux clochers du fameux temple se sont écroulés sous les yeux impuissants de la population et des pompiers. Le vent, qui avait soufflé jusqu'ici avec violence vers l'est vient de tourner et souffle maintenant du côté du fleuve, ce qui fait croire que le danger de voir brûler tout le village, comme on l'avait craint, est maintenant passé.

Les pertes s'élèvent à plus d'un million de piastres. On a pu sauver les Saintes Espèces ainsi que les peintures et les autres objets artistiques de grande valeur qui se trouvaient dans la basilique, et surtout la statue miraculeuse de Sainte-Anne.

Les pompiers de Québec sont arrivés à onze heures et trente-cinq, avec une pompe à vapeur et divers accessoires pour combattre le feu, sous la direction du sous-chef Bélanger. Déjà toute la sacristie et le monastère étaient presque complètement détruits et la basilique était toute en flammes.

Pour comble de malheur, la marée se trouvait basse à ce moment et les pompiers durent étendre sur la batture du fleuve au moins trois milles pieds de boyaux à incendie pour atteindre l'eau du fleuve. (...)

L'incendie s'est déclaré vers neuf heures et quart dans le juvénat. On en ignore absolument la cause. Cet édifice et la sacristie, qui est voisine, étant en bois, les flammes n'ont pas tardé à se propager avec une rapidité extrême. Les révérends Pères Rédemptoristes n'ont même pas eu le temps de sauver leurs meubles. (...)

Les communications téléphoniques entre Sainte-Anne et Québec ont été interrompues et les communications télégraphiques sont fort difficiles.

Contrairement à ce que les spectateurs de l'incendie espéraient, les flammes ne se sont pas propagées dans le sens du vent, c'est-à-dire du côté est, ce qui aurait peut-être préservé l'église. (...) Les flammes s'élèvent à plusieurs centaines de pieds de hauteur. (...) Il était exactement midi lorsque les deux clochers hauts de plus de 160 pieds s'effondrèrent avec un fracas qui retentit dans le coeur des paroissiens. *Le feu aurait été causé par un court-circuit.*

LA PRESSE

100 ans d'actualités

LES CANADIENS SONT CHAMPIONS DU MONDE

Ils battent, hier soir, le club Portland par un score de 2 à 1 dans une joute très contestée et extrêmement excitante. Prodgers compte le point décisif quatre minutes avant la fin de la joute. Vainqueurs et vaincus fraternisent.

Jack Laviolette, l'un des bons joueurs du Canadien.

Goldie Prodgers, l'auteur du but victorieux.

LES Canadiens sont champions du monde. Lalonde et ses hommes ont conquis, hier soir (**30 mars 1916**), la coupe Stanley *(la première conquête de la glorieuse histoire du Canadien)*, en battant le club Portland par un score de 2 à 1, dans l'une des parties les plus excitantes jamais vues à l'Arena.

Quatre minutes avant la fin de la joute, le score était de 1 à 1, et le résultat était plus incertain que jamais. Goldie Prodgers fit alors une course de toute la longueur de la glace et, tirant de côté, après avoir déjoué ses adversaires, envoya la rondelle dans le filet, donnant la victoire, la coupe Stanley et le titre de champion du monde au Canadien. Les gens de l'Ouest firent des efforts désespérés dans les quelques minutes qui restaient pour égaler les chances, mais ce fut peine perdue, et le Bleu Blanc Rouge sortit triomphant de la glace, aux acclamations délirantes de la foule qui encombrait l'Arena.

L'exploit accompli par Goldie Prodgers rendra le nom de ce dernier à jamais glorieux dans les annales du sport. Prodgers a joué en champion, hier soir, et ses courses ont simplement électrisé la foule. Sans le jeu sensationnel de Murray dans les buts des visiteurs, Prodgers aurait plusieurs points à son actif.

La joute d'hier soir a été le digne couronnement de la série pour la coupe Stanley. Certes le meilleur club a triomphé, mais l'on peut dire que le Canadien avait de dignes et valeureux adversaires. Les nouveaux champions du monde n'ont qu'une majorité de deux points sur les gens de l'Ouest, pour la série, le score étant de 15 à 13.

Le jeu, hier soir, a été extrêmement rapide, brillant et passionnant. Le Canadien avait de nombreux partisans, mais les visiteurs avaient aussi les leurs, et lorsqu'ils comptèrent leur unique point et égalèrent le score, une immense acclamation salua le succès du club de Portland.

L'excitation a été intense toute la soirée, et les soixante minutes de jeu ont paru un siècle aux amateurs de sport qui encombraient le vaste amphithéâtre. Le Canadien obtint le premier succès, Roman envoyant la rondelle dans le filet, lorsqu'elle fut disputée à quelques pieds des buts, vers le milieu de la première période. (...)

Les deux clubs luttèrent avec une énergie endiablée et une ardeur inouïe dans la deuxième période, mais malgré tous leurs efforts, ils ne purent réussir à loger le puck dans le filet. Murray, dans les buts des visiteurs, jouait une partie sensationnelle et arrêtait tous les coups des joueurs locaux. Lalonde, Pitre, Arbour, McNamara, Prodgers avaient beau faire des efforts désespérés, ils ne pouvaient pas prendre en défaut le fameux gardien des buts. Vézina jouait aussi d'une façon phénoménale et sauva des buts à maintes et maintes reprises, alors qu'un point paraissait certain. (...)

Lorsque les équipes revinrent sur la glace pour la troisième période, et que le score était toujours de 1 à 0, il régnait dans la foule une fièvre délirante. (...) L'on se demandait si la partie allait se terminer par un score de 1 à 0. Au bout de six minutes de jeu, Dunderdale reçut une jolie passe de Oatman et tirant de côté, lança le puck dans les buts de Vézina, égalant le score. Le Canadien était alors joliment fatigué, et les visiteurs, encouragés par leur succès, paraissaient extrêmement dangereux. (...) Les minutes s'écoulaient et l'excitation et l'énervement parmi la foule étaient terribles. Finalement, comme il ne restait plus que quatre minutes de jeu et qu'une période supplémentaire paraissait certaine, Prodgers, qui avait joué toute la soirée une partie de toute beauté, compta le point qui fit pencher la balance du côté du Canadien et lui donna la victoire.

Les équipes s'alignèrent comme suit:

Canadiens.		Portland.
Vézina	Buts	Murray
McNamara	Points	Irvine
Corbeau	Couverts	Johnson
Lalonde	Avants	Oatman
Prodgers	Avants	Harris
Pitre	Avants	Tibin

Substituts—Canadiens: Roman, Arbour, Laviolette, Poulin et Berlinguette. Portland: Uksila, Dunderdale et Barbour.

Referee: Harvey Pulford; assistant, Johnny Brennan.

SOMMAIRE

Première Période

1—Canadiens...Roman....11.50

Deuxième Période

Aucun point.

Troisième Période

2—Portland......Dunderdale.... .6.30

3—Canadiens...Prodgers.... 8.30

Punitions.—Lalonde, 8 minutes; Corbeau, 14; Laviolette, 3; Prodgers, 3; Pitre, 6; McNamara, 6; Johnson, 3; Tobin, 6; Harris, 8; Irvine, 11; Oatman, 11; Dunderdale, 2; Uksila, 3.

STATISTIQUES SUR LA SERIE

	Gag.	Perd.	Pour	Cont.
Canadiens........	3	2	15	13
Portland..........	2	3	13	15

Les scorers.

Pitre—Canadiens	4
Harris—Portland	4
Lalonde—Canadiens	3
Prodgers—Canadiens	3
Arbour—Canadiens	3
Oatman—Portland	3
Uksila—Portland	2
Tobin—Portland	2
Poulin—Canadiens	1
Roman—Canadiens	1
Johnson—Portland	1
Dunderdale—Portland	1

Punitions

Canadiens—Lalonde, 41 min.; Corbeau, 35; McNamara, 24; Pitre, 18; Prodgers, 13; Arbour, 11; Poulin, 9; Laviolette, 6. Total—157 minutes.

Portland—Harris, 29 min.; Johnson, 28; Irvine, 24; Tobin, 12; Dunderdale, 12; Uksila, 12. Total—133 minutes.

L'édifice de Québec dans lequel était brassée la bière Dow.

La brasserie Dow retire du marché sa bière de Québec

Même si l'enquête n'a encore rien prouvé, la brasserie interrompt sa production

NDLR — Cette nouvelle illustre bien le tort énorme que la rumeur publique peut causer à un produit de consommation. Au moment où la brasserie Dow prit la décision de retirer du marché sa bière de marque « Dow », rien ne permettait de relier ce produit à certains accidents survenus au cours des semaines précédentes dans la région de la vieille capitale. Mais la rumeur publique avait fait son oeuvre, et la brasserie Dow n'avait véritablement plus le choix...

par Claude Turcotte

QUEBEC — Si le mystère continue d'exister au sujet de la mort étrange de 16 personnes, une étape importante a tout de même été franchie hier (**30 mars 1966**). D'une part, le ministre de la Santé, M. Eric Kierans, a annoncé officiellement qu'on avait mobilisé une équipe de scientifique pour trouver la véritable cause de la myocardose constatée chez toutes les victimes.

D'autre part, la Brasserie Dow Limitée a décidé de fermer son usine de Québec et de retirer du marché (...) toute la bière qui s'y trouve déjà.

Rien de neuf

La déclaration de M. Kierans était attendue avec impatience; toutefois elle ne révèle rien de neuf. Elle rappelle les éléments essentiels du phénomène, tels qu'ils furent d'ailleurs annoncés dans LA PRESSE, édition du 26 mars.

Le ministre de la Santé a confirmé que le 19 mars un médecin de Québec a émis la possibilité d'une relation de cause à effet entre une consommation excessive de bière et une forme particulière de myocardose (la myocardose est définie comme une cardiopathie dégénérative affectant les fibres musculaires cardiaques de façon subaiguë ou chronique).

En plus des 16 cas mortels, on a dénombré 24 autres victimes, qui sont malades. Tous consommaient de grandes quantités de bière, et ceci depuis plusieurs années. En dépit des recherches, qui ont été faites depuis l'ouverture de l'enquête, on demeure encore incapable d'établir la cause de cette condition. (...)

La brasserie Dow Limitée

Alors que M. Kierans faisait savoir que la brasserie Dow avait volontairement cessé toute production dans son usine de Québec et que la bière entre les mains des distributeurs et des licenciés serait retirée du marché, la Compagnie elle-même diffusait un communiqué.

Ce document confirme l'affirmation du ministre. La décision de cesser pour l'instant toute production à Québec a été prise mardi soir, dans l'intention de rassurer la population et de collaborer avec les enquêteurs gouvernementaux.

On sait que sur les 40 victimes, 39 étaient des consommateurs assidus de la bière Dow.

La brasserie de Québec fournissait, en plus de la région de Québec, les acheteurs du Bas Saint-Laurent et du Saguenay-Lac Saint-Jean. A ce jour, on n'a rapporté aucun cas de myocardose dans ces régions. (...)

C'EST ARRIVÉ UN 30 MARS

1981 — Le président Ronald Reagan est blessé à l'estomac par un projectile tiré par John W. Hinckley fils. Un de ses adjoints et deux gardes sont également blessés au cours du même attentat.

1980 — Décès à l'âge de 74 ans d'Annunzio Paolo Mantovani, premier musicien qui est parvenu à vendre plus d'un million de disques stéréophoniques aux États-Unis.

1979 — Une bulle d'hydrogène hors de contrôle à la centrale nucléaire de Three Mile Island, en Pennsylvanie, oblige les autorités à envisager l'évacuation de 165 000 résidents. — Le député britannique Airy Neave est assassiné dans une cour du Parlement britannique; l'attentat est revendiqué par l'IRA.

1976 — Des bandits effectuent un vol de $2,8 millions contre un fourgon de la Brink's en utilisant une mitrailleuse lourde.

1968 — Le général Svoboda est élu à la présidence de l'État tchécoslovaque, par vote secret.

1965 — Une bombe éclate à l'ambassade des États-Unis à Saïgon et fait 12 morts et 145 blessés.

1960 — Le gouvernement sud-africain décrète l'état d'urgence tandis que 30 000 personnes descendent sur Le Cap pour protester contre l'obligation pour les Noirs de se munir d'une carte d'identité.

1951 — Air Canada inaugure son service transatlantique Montréal-Paris.

1950 — Décès de Léon Blum, qui fut trois fois premier ministre de France. Il était âgé de 77 ans.

1928 — Les aviateurs Eddie Stinson et George Haldeman établissent un record d'endurance en volant pendant plus de 53 heures.

1886 — Mort de l'hon. juge J.-A. Mousseau. Il avait été premier ministre du Québec de 1882 à 1884.

L'expropriation à Sainte-Scholastique, un « problème juridique fantastique »

par Pierre VENNAT

LA façon dont Ottawa a exproprié quelque 70 milles carrés de terrains dans les comtés de Terrebonne, Argenteuil et Deux-Montagnes en vue de l'aménagement de l'aéroport de Sainte-Scholastique pose un « problème juridique fantastique » et obligera peut-être le gouvernement québécois à faire déclarer ultra vires par les tribunaux cette procédure.

Pendant ce temps, les urbanistes de la métropole et de Laval ont commencé à étudier les implications que pose pour eux l'implantation du nouvel aéroport et se réuniront en journée d'étude à la fin d'avril.

A Sainte-Scholastique, hier, c'était presque la panique. En effet, lors d'une rencontre avec les autorités du ministère fédéral des Transports, dimanche (**30 mars 1969**) soir, les habitants de tout ce vaste territoire, le maire Paul-Emile Lacombe en tête, ont appris que tout le terrain avait été exproprié seulement pour éviter la spéculation foncière, et que, partant, les habitants ne sont plus titulaires que d'un titre de possession.

Le problème est donc de savoir si Sainte-Scholastique, récipiendaire de l'aéroport, existe encore légalement.

N'étant plus propriétaires de leurs terrains, les édiles de Sainte-Scholastique et des environs ont-ils encore droit de siéger au conseil municipal? En fait, comme il n'y a qu'un seul propriétaire, le ministère fédéral des Transports, et que la nouvelle loi du suffrage universel municipal n'est pas encore entrée en vigueur, qui, à part les représentants du ministère des Transports, peut au point de vue municipal parler au nom des gens?

Le problème est si sérieux que personne, pas même le ministre Robert Lussier, qui a accordé hier une entrevue à LA PRESSE, ne sait si le conseil de Sainte-Scholastique a le droit de siéger lors de sa séance statutaire du mois d'avril et il en est de même pour les conseils de tous les territoires touchés par la vaste expropriation.

Le ministre Lussier fait présentement étudier par ses fonctionnaires toute la situation.

UNE ENVOLEE HISTORIQUE VERS PARIS, CE MATIN

Pour la première fois, un service canadien relie Montréal à la capitale française

UNE envolée historique a débuté, ce matin (**30 mars 1951**), à l'aéroport de Dorval, alors qu'une quarantaine de Canadiens, dont plusieurs représentants officiels de nos gouvernements et de nombreux journalistes, sont montés à bord d'un puissant quadrimoteur « North Star » d'Air-Canada, à destination de Paris. L'avion a décollé à 8 h. 20. Cette envolée marque, en effet, le début d'un service aérien direct entre la métropole canadienne et la capitale française. C'est la première fois qu'une liaison directe entre les deux plus grandes villes françaises du monde est ainsi assurée par une compagnie aérienne canadienne.

Air-Canada a tenu à marquer cet événement de façon bien particulière. A tous les passagers de cette envolée, qui constituent ses hôtes, il a voulu profiter de l'occasion pour offrir une splendide visite de la France et de ses principales villes. La compagnie aérienne a mis à point un programme exceptionnel. Pendant une semaine complète, ses hôtes de voyage pourront se familiariser avec la vie parisienne et française avec laquelle ils viendront en contact dès dimanche, alors que le « North Star » se posera à Paris.

(...)

Les Torontois assistaient, le *30 mars 1954*, donc 12 ans et demi avant les Montréalais, à l'entrée en service de leur métro, une première au Canada. La première ligne ouverte ce jour-là, sous la rue Yonge, dans l'axe nord-sud, avait une longueur de 4,57 milles et comportait 12 stations, et déjà on se préparait à construire une ligne est-ouest. Ce réseau initial avait coûté $58,5 millions, incluant le coût d'achat de 100 voitures.

BABILLARD

Un geste d'amour

Depuis le début de cette année mémorable pour LA PRESSE et ses artisans, les nombreuses manifestations préconisées par le comité du centenaire suscitent évidemment beaucoup de commentaires, la plupart fort élogieux pour le journal et ceux qui le font tous les jours depuis près de cent ans.

Certains de ces témoignages sont plus touchants que les autres. En voici un:

Chère équipe de « LA PRESSE »,

Nous sommes bien heureux de vous écrire. Les 100 ans de « LA PRESSE », c'est important. Il faut le souligner.

Après avoir écouté l'émission « Le temps d'une paix » du mercredi 7 mars 1984, nous avons dessiné quelques photographies que vous y avez prises.

Vos photographes nous ont donné des idées.

Nous avons été impressionnés par les vieux avions, maisons et motocyclettes. Les avions et autos n'étaient pas en grand nombre dans ces temps-là. Nous nous rendons compte que nous sommes gâtés.

Vive « LA PRESSE »! Félicitations pour vos 100 ans.

Ces superbes dessins vous sont offerts par les élèves de 4e année de l'école Jacques de Chambly et leurs professeurs, Thérèse Laplante et Lucie Gaudreau.

Effectivement, ce témoignage d'amour était accompagné d'une douzaine de dessins d'enfants qui seront conservés précieusement. Nous aurions aimé vous en présenter quelques échantillons, mais nous étions incapables de le faire sans blesser les bambins dont le travail aurait été ignoré. Il était alors préférable de s'abstenir...

LA PRESSE

100 ans d'actualités

Un jour historique pour l'île de Terre-Neuve

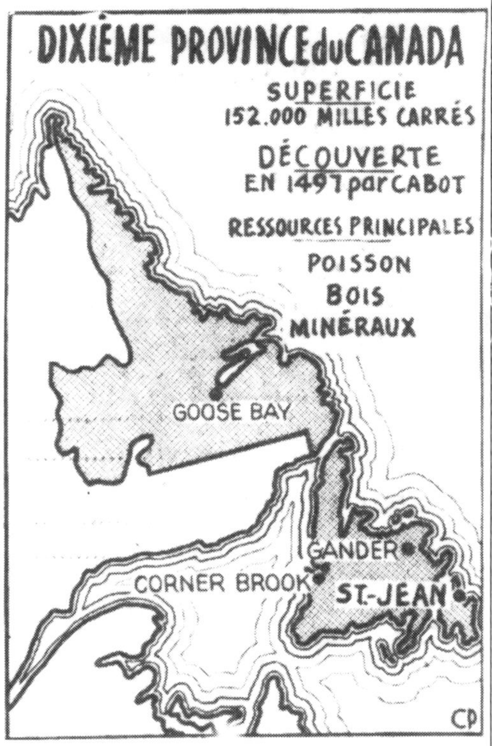

Croquis de la nouvelle province canadienne, publié dans LA PRESSE du *31 mars 1949*.

L'opinion est divisée, mais la majorité accepte l'annexion

SAINT-Jean, Terre-Neuve, 31 (PC) — A onze heures et cinquante-neuf minutes **(31 mars 1949),** 325 000 Terre-Neuviens deviendront Canadiens. La plupart s'en félicitent. Mais d'autres, surtout dans la presqu'île d'Avalon, où est située la capitale, Saint-Jean, et qui est aussi la région la plus riche de l'île, déplorent la Confédération.

Au plébiscite de juin dernier, les Terre-Neuviens se sont prononcés pour la Confédération à une faible majorité. Ils ont demandé la fin de la Commission administrative qui a gouverné l'île depuis 1934. Mais la question de la Confédération n'est pas encore définitivement réglée et elle ne le sera probablement pas avant longtemps. Les Terre-Neuviens ont le caractère très indépendant; beaucoup sont très mécontents qu'on les annexe au géant canadien.

Opposition tenace

Tous les observateurs s'accordent à dire que cette antipathie se manifestera par une lutte politique ouverte, éventuellement, mais sans provoquer de violences ce soir. L'entrée de l'île dans la Confédération sera probablement observée d'une manière assez tranquille ici; dans les ports dispersés sur 6,000 milles de côtes, il y aura des assemblées, mais sans caractère officiel, tandis que dans presque tout le Canada, demain, il y aura des cérémonies, des congés, pour fêter la nouvelle province. Ici se dérouleront les cérémonies officielles, demain, par exemple la prestation du serment du lieutenant-gouverneur, sir Albert Walsh.

Certaines rumeurs d'ailleurs non confirmées, veulent que Saint-Jean témoigne son opposition demain en portant le deuil, en montant un simulacre de «funérailles» pour l'indépendance. Les Terre-Neuviens se sont toujours passionnés pour l'économie, la politique et la religion.

Lorsque la première Assemblée s'ouvrit à Saint-Jean, en mai 1851, il y eut une émeute; 3 citoyens furent tués, plusieurs autres, dont un prêtre, blessés, à la suite d'un différend sur le résultat de l'élection. Le chômage de 1933-34 donna aussi lieu à des troubles; selon nombre de conservateurs, «les gens pensaient alors au meurtre». Ces troubles furent suivis d'une enquête royale, qui recommanda l'institution d'une commission administrative. Cette dernière s'est réunie aujourd'hui pour la dernière fois; elle approuvera ses procès-verbaux, et mettra fin à son régime.

Le gouverneur-général, sir Gordon Macdonald, est retourné en Angleterre il y a quelques semaines. Le juge sir Edward Emerson l'a remplacé dans l'intervalle.

Sir Albert Walsh a accepté d'être lieutenant-gouverneur, mais à titre provisoire seulement. Il prêtera serment à 1 h. 15 demain après-midi, heure locale. L'hon. Colin Gibson, secrétaire d'Etat du Canada, lui présentera un certificat de nationalité symbolique, que sir Albert Walsh acceptera au nom des Terre-Neuviens. La prestation du serment sera la seule cérémonie officielle à Terre-Neuve.

C'EST ARRIVÉ UN 31 MARS

1983 — Le séisme de Popayan, Colombie, cause la mort de 400 personnes.

1980 — L'athlète noir américain Jesse Owens, vedette incontestée des Jeux de Berlin en 1936 au grand désespoir d'Adolf Hitler, meurt à l'âge de 66 ans.

1974 — Un incendie suspect dans un dortoir de la SEBJ, à Matagami, cause la mort de quatre travailleurs. — Election de Maurice Bellemarre comme chef intérimaire de l'Union nationale.

1973 — Muhamed Ali, champion du monde des poids lourds, perd par décision contre un boxeur peu connu du nom de Ken Norton.

1970 — Des étudiants japonais détournent un avion de la All Nippon Airlines vers la Corée du Nord, pour ensuite découvrir qu'ils avaient plutôt, grâce à un habile subterfuge, atterri à Séoul, en Corée du Sud.

1968 — Le président américain Lyndon Baines Johnson annonce qu'il ne sollicitera pas de renouvellement de mandat. — Arrêt des raids américains en territoire nord-vietnamien.

1963 — La grève des journaux newyorkais prend fin après 114 jours.

1958 — Balayage sans précédent des Conservateurs lors des élections générales; ils enlèvent 209 sièges (dont 50 sur 75 au Québec), comparativement à 47 pour les Libéraux.

1946 — Le *Warrior,* nouveau porte-avions canadien, arrive à Halifax.

1928 — La ville de Smyrne, en Italie, est dévastée par un violent séisme, détruisant près de 2 000 bâtiments et causant la mort de 200 personnes.

1902 — Décès à Montréal du sénateur A.W. Ogilvie. Il a succombé à une pneumonie, à l'âge de 72 ans.

ATTENTION AU POISSON D'AVRIL!

*(Ce premier article a été publié le **31 mars 1914**).*

OUI, c'est demain qu'un grand nombre, selon une coutume antique autant que solennelle, tâcheront de se mystifier et de rompre un peu la monotonie de cette vie. (...)

Les anthologistes nous disent que la coutume du «poisson d'avril» remonte au XVIième siècle alors que le roi de France changea par un édit la date du commencement de l'année qui était alors au premier avril. La date des étrennes changea en même temps, et ceux qui préféraient encore le 1er avril au premier janvier se virent l'objet des facéties des esprits «ultra-modernes» d'alors qui leur envoyaient des cadeaux dérisoires ou leur tendaient des pièges inoffensifs. C'est aussi en avril que se termine le passage zodiacal des poissons.

Ces explications sont sans doute satisfaisantes, mais il appert que ces messieurs les anthologistes ne se sont pas donné la peine de consulter tous les vieux parchemins, autrement ils auraient appris que l'origine du poisson d'avril remonte au Paradis terrestre, ce qui n'est pas d'hier. (...)

Les chiromanciens disent que les femmes qui sont nées le 1er avril ont le mutisme des poissons quand il s'agit de garder un secret et que leur esprit a toute la grâce et la vitesse d'évolution de ces petits poissons rouges ou d'or que l'on conserve chez soi dans des aquariums. Si la chose n'est pas toujours d'une rigoureuse exactitude, on avouera que comme compliment, ça n'est pas mal trouvé.

En attendant, gare à la journée de demain! Poisson d'avril!

-----

*L'année précédente, soit le **31 mars 1913**, LA PRESSE proposait l'article suivant. Il n'y a qu'un an d'intervalle entre les deux textes mais on croirait qu'il s'agit d'un siècle...*

DEMAIN commence le mois d'avril et le premier jour de ce mois va ramener son fatal cortège de farces plus ou moins spirituelles et d'attrapes que tout le monde goûte, sauf celui qui en est la victime.

L'origine de cette coutume se perd dans la nuit des temps et les historiens s'accordent peu sur sa source. Il est certain que le poisson fut un symbole dès les premières années de l'ère chrétienne. Comment ce qui fut d'abord un symbole devint l'objet de farces et de plaisanteries, voilà justement ce que personne n'a su encore expliquer.

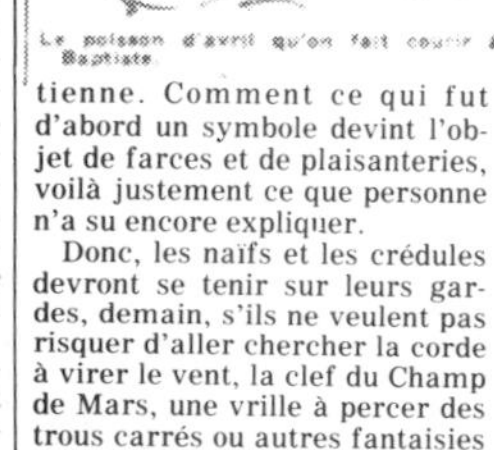

Le poisson d'avril qu'on fait courir à Baptiste

Donc, les naïfs et les crédules devront se tenir sur leurs gardes, demain, s'ils ne veulent pas risquer d'aller chercher la corde à virer le vent, la clef du Champ de Mars, une vrille à percer des trous carrés ou autres fantaisies rajeunies constamment. Sur les navires anglais, le mousse est envoyé chercher la «clef de la quille du bateau» et il le fait avec courage jusqu'au moment où il tombe sur un officiel de mauvaise humeur qui lui colle une punition pour lui éclairer l'intellect.

—Comme ça je ne risquerai pas de me noyer dans les rues de Montréal

Il est d'usage dans beaucoup de familles d'offrir aux amis des petits poissons en sucreries ou en chocolat. D'autres, d'un naturel cruellement farceur, se contentent d'envoyer un vrai poisson dont l'odeur suffit pour déceler l'antique origine. Quand un naïf se laisse prendre, les spectateurs et surtout les auteurs de la farce, rient comme des bossus, quitte à devenir eux-mêmes victimes d'une autre plaisanterie mieux agencée que la leur.

Les jeunes filles à marier devront se souvenir de ces deux vers de Jacquelin qui, parlant des sentiments tendres, dit:

Serment de tendresse éternelle,
Est bien un vrai poisson d'avril!

BABILLARD

Une cent-unième année!

LA PRESSE offre ses meilleurs voeux de santé et de bonheur à Mme Marie-Ange Bernatchez Marois, du foyer d'Youville, à Montmagny. Mme Marois est née le 1er avril 1883 à Saint-Joseph de Montmagny. Et cette série presque interminable de centenaires québécois nous amène à croire qu'on vit de plus en plus longtemps au Québec...

(Suite des extraits du manuel «Nouvelle cuisinière canadienne», publié en 1879, par Beauchemin et Valois, libraires, et prêté à LA PRESSE par M. Paul Roger.)

Aphorismes sur la science du bien-vivre

Le coup d'oeil bienveillant, l'aimable sourire de la maîtresse de la maison et de sa fille sont l'heureux pronostic d'une cordiale et douce hospitalité. — Savoir faire les honneurs de chez soi, c'est savoir oublier qu'on est le maître. — L'administration domestique est la pierre angulaire de la prospérité de la famille. — Regarder à deux fois avant d'inviter un convive. — En cuisine, qui veut la fin veut les moyens: ceci consiste dans le maintien de l'équilibre entre le revenu et la dépense. — Nos moeurs progressent: on ne demande plus à boire, on demande à rire. — «Peu et bon», dit le sobre, «Beaucoup et bien», dit le gastronome. — Offrir deux ou trois fois la même chose, ce n'est pas savoir faire les honneurs de chez soi, c'est devenir importun. — A table, l'oeil de la maîtresse de maison doit avoir la vivacité de l'aigle et la douceur de la colombe. — Défiez-vous de ceux qui parlent de leurs dîners, qui vantent leurs vins: c'est l'orgueil de Diogène qui perce à travers les trous de son manteau. — Savoir placer ses convives à table, c'est faire preuve de goût et d'esprit. Le voisinage d'un aimable vieillard n'est point à dédaigner pour la jeune fille; celui d'une femme qu'a mûrie l'expérience, est souvent pour le jeune homme une heureuse leçon.

ACTIVITÉS

AUJOURD'HUI

■ **À la radio**

17 h, Radio-Canada — Chronique consacrée à LA PRESSE à l'émission *Avec le temps*, animée par Pierre Paquette.

DEMAIN

■ **À la télévision**

16 h 30, Télé-Métropole — Dans le cadre de l'émission *Sports-Mag* l'animateur Pierre Trudel consacre quelques moments de rétrospective à des pages mémorables de LA PRESSE.

photo Paul-Henri Talbot, LA PRESSE

Les maires Jean Drapeau et Marcel Robidas, des villes de Montréal et de Longueuil respectivement, procédaient, le *31 mars 1967*, à l'inauguration officielle de la ligne 4 du métro de Montréal, reliant le centre-ville à Longueuil, sur la rive sud, en passant sous les îles de l'Exposition internationale. Cette photo a été prise dans la salle des pas perdus de la station de métro Longueuil.

Premier championnat pour les Citadelles de Québec

TROIS-Rivières (spécial à la «Presse») — Les Citadelles de Québec sont les nouveaux champions de la Ligue Junior de hockey du Québec. Les porte-couleurs de Frank Byrne ont en effet décroché leur premier championnat ici samedi **(31 mars 1951)** soir en temps supplémentaire.

Les Citadelles ont remporté une victoire de 2 à 1 pour décrocher les honneurs de la série finale en quatre gains consécutifs sur les Reds de Trois-Rivières de l'instructeur Jack Toupin.

Bruce Cline, Bernard Guay et Jean Béliveau ont été l'objet d'une chaude réception par leurs coéquipiers après la joute.

Les ailiers Cline et Guay ont réussi les buts des vainqueurs et le dernier a compté le but décisif après seulement 1.38 minute de jeu dans la période supplémentaire pour assurer les Citadelles du championnat.

Guay a compté après avoir reçu une passe parfaite de Jean Béliveau près des buts du cerbère Bob Perrault pour permettre au Québec de triompher.

Pierre Brillant a enregistré le seul but des Reds à la période finale de jeu régulier pour forcer les deux clubs à jouer en supplémentaire.

Vers la fin de cette 3e période, Brillant a réussi à déjouer la défense du Québec, et après une série de passes en compagnie de Claude Germain et de S.-Jean, a déjoué le cerbère Marcel Paillé pour l'unique but du Trois-Rivières.

Inauguration de la tour Eiffel

*NDLR — Le **31 mars 1889**, on procédait à l'inauguration de la tour Eiffel, à l'occasion de l'ouverture officielle de l'Exposition de Paris. Voici ce qu'en rapportait LA PRESSE avec quelques jours de retard...*

A l'ouverture de l'exposition, le président Carnot était accompagné de tous les membres du cabinet, l'escorte militaire et le corps diplomatique. Les représentants des pouvoirs étrangers avaient tous laissé la capitale; mais l'on ne s'est guère aperçu de leur absence vu qu'on ne leur avait pas réservé de places. (...)

Le soir, il y a eu une grande et belle illumination. Les nombreuses lumières électriques que l'on a posées ont pour la première fois été mises en réquisition. L'effet était merveilleux au fur et à mesure que ces lumières aux mille nuances et aux formes les plus diverses surgissaient dans la demi-obscurité qui commençait à envahir la ville. Le demi-cercle du Trocadero a été le premier à recevoir le courant électrique. (...) Finalement, avec la rapidité de l'éclair, de brillantes lueurs se sont détachées le long de cette immense flèche de 1,000 pieds, la tour Eiffel; et la grosse lanterne du sommet a lancé ses rayons jusqu'aux confins de Paris. (...) Environ 400,000 personnes assistaient à la cérémonie.

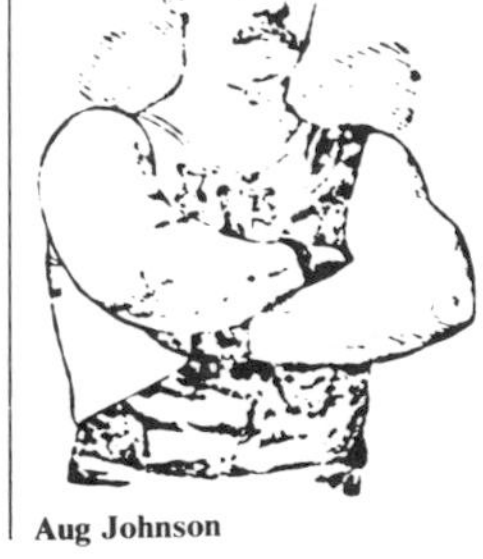

Aug Johnson

LOUIS CYR VICTORIEUX

Le champion des hommes forts

CHICAGO, 1 — Hier **(31 mars 1896)** soir, a eu lieu le concours entre A.W. Johnson, un Suédois, et Louis Cyr, pour un prix de $1,000 et le titre de champion du monde. On a levé des barils, des haltères, des poids énormes, sans harnais.

A 1 heure, Johnson a abandonné la lutte. Cyr était alors en avance de 200 livres. Johnson prétend que la décision des arbitres n'est pas juste. La peau de ses doigts était enlevée et les gants de Cyr étaient ensanglantés.

Louis Cyr

LA PRESSE

100 ans d'actualités

MONTREAL S'EST CHOISI UN NOUVEAU MAIRE

M. Camillien Houde est élu par plus de 20,000 voix de majorité sur l'honorable Médéric Martin. — Le nouveau maire de Montréal obtient plus de 58,000 voix.

LES citoyens de Montréal, par un vote décisif, se sont donné **(le 2 avril 1928)** un nouveau maire et ont renvoyé à son foyer celui qui avait été leur premier magistrat pendant douze ans et qui leur demandait une dernière et finale réélection avant qu'il ne se retirât de la vie publique municipale.

M. Camillien Houde a obtenu plus de 20,000 voix de majorité sur l'hon. Médéric Martin. M. Houde a de bonnes majorités dans 20 quartiers de la ville, sur 35, et le maire Martin n'a eu de faibles majorités que dans les six quartiers suivants: Papineau, Sainte-Marie, Sainte-Cunégonde, Hochelaga, Saint-Henri et Saint-Jean-Baptiste. Dans tous les quartiers de la ville, M. Martin a vu diminuer le nombre de ses partisans, particulièrement dans Bourget, Saint-Louis, Hochelaga et Saint-Jean-Baptiste, où ses pertes ont été les plus considérables. (...) Les quartiers à majorité anglaise ont voté plus fortement que jamais contre M. Martin.

Le peuple montréalais s'est de même très clairement prononcé sur le principe de l'avance de l'heure. Vingt-cinq quartiers de la ville se sont prononcés en faveur de la mesure, et les seuls qui enregistrèrent un vote contre sont: Papineau, Saint-Eusèbe, Sainte-Cunégonde, Sainte-Marie, Préfontaine, Hochelaga, Maisonneuve, Saint-Henri, Montcalm et Villeray. La majorité totale enregistrée en faveur de l'avance de l'heure est de 14,227. Cinq des six quartiers qui ont donné une majorité à l'hon. M. Martin en ont donné une contre l'avance de l'heure.

COMMENTAIRES DU MAIRE

«L'on dit que c'est une ère nouvelle qui se lève avec un homme nouveau, pour notre administration municipale. Je souhaite à mon successeur tout le succès possible et j'espère qu'il travaillera pour le plus grand bien des contribuables de la métropole.»

C'est ce que nous déclarait en son bureau de l'hôtel de ville l'honorable Médéric Martin.

Frais et dispos, quoiqu'ayant la voix un peu enrouée, vêtu de gris, portant à la boutonnière de son veston la traditionnelle fleur rouge, notre premier magistrat prend sa défaite gaiement.

Alors que les journalistes l'entouraient, il fit mander M. J.-Etienne Gauthier, greffier de la ville, afin d'avoir un rapport complet du scrutin donné dans tous les quartiers de Montréal, à la mairie, à l'échevinage et sur l'avance de l'heure.

«Je trouve quelque peu étrange, ajouta-t-il, le nombre de votes qui se sont donnés et la majorité qu'a obtenue sur moi M. Houde. Les chiffres me paraissent un peu gros.»

Immédiatement, un journaliste lui demande s'il a l'intention de demander un recomptage. M. Martin se met à rire mais ne répond pas à la question qui lui a été posée.

— Vous verrait-on dans la lutte, dans deux ans?

— Jamais vous ne me verrez dans la vie publique. On m'offrirait $100 000, on m'apporterait sur un plateau d'argent mon élection par acclamation, que je refuserais. Il y a trente-cinq ans que je me dévoue pour mes concitoyens, à qui je crois avoir rendu quelques services. J'ai presque délaissé ma famille. Je n'ai pas connu durant cette période les joies de cette vie de famille. Enfin, je vais pouvoir me reposer et jouir de la vie. Il y a assez longtemps que je peine et que je travaille. Il me semble que j'ai gagné de me reposer.

Camillien Houde, nouveau maire de Montréal.

Arrosage Nettoyage des Rues

L'ancienne balayeuse mécanique à Montréal

Le rateau mécanique pour nettoyer les rues, à Montréal.

Tombereau ouvert dans lequel on transporte les déchets, à l'incinérateur, à Montréal.

Tombereau hygiénique que l'on emploie à Berlin, Allemagne, pour transporter les residus ménagers.

La balayeuse mécanique que l'on emploie actuellement à Montréal.

La voiture-arrosoir, ancien modèle.

La voiture-arrosoir, nouveau modèle

La voiture arrosoir électrique que l'on devrait avoir à Montréal.

Page publiée le 2 *avril 1910.*

C'EST ARRIVÉ UN 2 AVRIL

1982 — A la suite de l'occupation des îles Falklands, par l'Argentine, la Grande-Bretagne rompt ses relations avec ce pays.

1979 — En visite officielle en Égypte, Menachem Begin, premier ministre d'Israël, est accueilli avec une froideur glaciale.

1974 — L'affaire Paragon, qui causera de nombreux ennuis au premier ministre Robert Bourassa, défraie la manchette de LA PRESSE. — Georges Pompidou, président de la France, meurt à l'âge de 62 ans. Il avait été élu en 1969. — Les libéraux sortent victorieux des élections provinciales, en Nouvelle-Écosse, en enlevant 31 des 46 sièges.

1973 — Une commission d'enquête sénatoriale américaine juge inacceptable l'intervention de la société ITT au Chili.

1970 — Inauguration du centre culturel canadien de Paris par M. Mitchell Sharp, ministre des Affaires extérieures.

1959 — On annonce que le dalaï-lama a quitté le Thibet et s'est exilé en Inde pour échapper aux communistes chinois.

1954 — Le Vietminh envahit le Cambodge.

1948 — Le Congrès américain approuve le projet de loi (le « plan Marshall ») qui prévoit une dépense de $6 milliards pour venir en aide aux pays ravagés par la guerre. — Le feu détruit la magnifique église de Sainte-Anne-de-la-Pocatière.

1945 — On révèle que le deuxième conflit mondial a entraîné la mort de près de 91 000 soldats canadiens.

1942 — Insatisfait de l'offre de Londres, le congrès pan-indien exige rien de moins que l'indépendance.

1941 — Plutôt que d'ordonner à ses soldats de se joindre aux nazis pour attaquer la Yougoslavie, le comte Paul Téléki, premier ministre de Hongrie, préfère se donner la mort.

1900 — L'Ecole littéraire de Montréal présente un recueil de ses travaux, au château Ramezay.

1899 — Un incendie cause des dommages de $100 000 au magasin Paquette, rue Saint-Laurent.

Décès, à 85 ans, de Mlle Colette Lesage

*Le **2 avril 1961**, mourait à l'âge de 85 ans Mademoiselle Colette Lesage qui, pendant plus de 50 ans, avait signé le fort populaire «Courrier de Colette» dans LA PRESSE, courrier qu'elle a signé jusqu'en 1953. Deux jours plus tard, le regretté Roger Champoux lui rendait hommage en page éditoriale de la manière suivante, sous le titre «COLETTE, conseillère exemplaire».*

DANS la vie, il y a beaucoup de gens qui sont quelque chose; très peu sont quelqu'un.

Colette Lesage, c'était quelqu'un! Cette femme si frêle était une force; cette personne si modeste, si effacée, était une puissance. Doyenne, à tous les titres, du journalisme féminin canadien-français, Colette a tenu la plume durant plus de cinquante années (de 1898 à 1953). Dans la troisième année du vingtième siècle, elle fondait la page féminine de **La Presse** et Mlle Edouardina Lesage n'allait pas tarder à rendre célèbre un prénom, Colette, qui devint son nom de plume et son nom pour de bon.

Colette Lesage aura été la créatrice du «courrier du coeur», formule aujourd'hui répandue. Mais est-ce faire injure à quiconque d'oser écrire que, dans cette discipline littéraire, Colette aura toujours été au pinacle de la perfection? Superbement intelligente, cultivée, près des humbles parce qu'elle était humble elle-même, philosophe parce que son volumineux courrier (on a déjà compté 400 lettres en un seul jour) lui révélait autant les beautés que les noirceurs de l'existence, cette femme rédigeait les réponses à son courrier avec un soin extrême. Tant pour le fond que pour la forme.

On a pu écrire que le coeur des femmes est un abîme dont personne ne connaît le fond. Cette

Edouardina Lesage, mieux connue sous le nom de Colette.

réflexion faisait sourire Colette qui pouvait se vanter de connaître ses soeurs mieux qu'elles-mêmes. Elles sont légions celles qui ont trouvé en Colette, non seulement une confidence, mais une conseillère. Délicate, fine, perspicace, sachant être catégorique quand le problème exigeait une solution tranchée, Colette possédait l'art, combien difficile! d'associer la bonté à la rigueur.

Au départ, le «Courrier de Colette» fut un succès sans précédent; la popularité de la rubrique n'a jamais fléchi parce que l'éminente femme de lettres, semblant deviner les angoisses des générations nouvelles, traitait des problèmes du temps présent avec une autorité fondée sur la longue et féconde expérience du passé. L'amour, l'inquiétude et le chagrin cheminent toujours ensemble.

Colette évitait de pleurnicher avec les adolescentes. Elle détestait la sottise et la friponnerie chez les femmes noircissant toujours le mari pour mieux masquer leurs propres fautes. (...) Celles qui cherchaient des doléances étaient déçues; celles qui désiraient une leçon d'optimisme et de confiance ne lui ont jamais écrit en vain.

Surtout de la dignité chez Colette. Combien de lettres de ton scrabreux sont parvenues sur sa table de travail auxquelles elle a su répondre avec vigueur et vérité, certes, sans jamais que l'écrivain ait senti le besoin de se livrer à une bassesse d'écriture.

Sachant combien redoutable était son poste, comprenant l'immense répercussion de ses directives, Colette n'a jamais donné un conseil qui n'ait été longuement mûri. Cette femme avait charge d'âmes en quelque sorte; elle fut toujours impeccablement à la hauteur de cette exaltante mais difficile mission. Et lorsque le cardinal Léger lui remit la médaille «Bene Merenti», accordée par sa Sainteté le pape Pie XII, jamais pareil hommage ne fut aussi bien mérité.

Colette Lesage, qui avait fait valoir ses droits à la retraite en 1956, s'est éteinte à 85 ans, en ce dimanche de Pâques. Coïncidence, évidemment. Mais les lis de Pâques qui fleurissent sa tombe sont l'offrande qui convient à celle dont la vie et les écrits furent toujours si purs.

Roger CHAMPOUX

LE MAIRE MEDERIC MARTIN EST REPORTE AU POUVOIR

NDLR — Dix ans plus tôt, la situation était plus gaie pour le maire Médéric Martin, comme en fait foi l'article suivant...

UNE foule énorme s'était rendue, hier **(2 avril 1918)** soir, en face de l'édifice de la «Presse», pour prendre connaissance du résultat de l'élection municipale, affiché sur le double écran lumineux spécialement tendu de l'autre côté de la rue Saint-Jacques. De fait, cette rue était littéralement bloquée, de même que la côte Saint-Lambert jusqu'à la rue Craig et sur le boulevard Saint-Laurent.

L'enthousiasme était grand. Car il était difficile de constater que l'immense majorité se composait de fervents partisans de M. Martin; mais toute la soirée se passa dans un ordre parfait, dont il convient de féliciter notre population trop souvent taxée de turbulence.

Lorsque tous les rapports furent connus et que la «Presse» eut affiché les remerciements à la foule et lui eut souhaité «bon soir», ce fut comme le reflux d'une marée de têtes humaines vers la rue Craig, dont le spectacle était bien fait pour impressionner.

Le principal intérêt, naturellement, se portait sur la mairie; dès les premiers rapports, on vit quel serait à peu près le résultat final. En effet, 60 polls donnaient une majorité de 1,164 voix à M. Martin. (...) Enfin, une nouvelle chute légère, puis le résultat final: 7,270 voix de majorité pour M. Martin.

D'immenses acclamations s'élevèrent quand passèrent sur l'écran les portraits du maire Martin et de la mairesse, de même que ceux des candidats favoris à l'échevinage; les militaires élus dans les deux quartiers anglais de Saint-Georges et de Saint-André, n'eurent pas aussi belle réception.

La lutte très serrée, pour l'échevinage, dans les quartiers Saint-Jacques, Maisonneuve et Hochelaga, occupa aussi fort l'attention de la foule.

Bref, ce fut passionnant du commencement à la fin, et la nuée des spectateurs à la «Presse» se dispersa vers onze heures, après avoir poussé une dernière acclamation en l'honneur des élus de la journée.

M. Médéric Martin a été réélu pour un troisième terme, par une majorité de 7,270 sur son adversaire l'ex-commissaire Joseph Ainey. (...)

Les citoyens montréalais accordent un 3e mandat au maire Médéric Martin.

BABILLARD

Coïncidence curieuse

Mme **Denyse Bastien,** de Saint-Jean, une collaboratrice presque attitrée de cette page, nous communique l'information suivante. On rappelait, le 9 mars dernier, l'agression dont avaient été victime en 1947 l'abbé Jacques Brossard et le frère Vincent-Arthur. Or, Mme Bastien nous indique que le frère enseignant, de son vrai nom Vincent Corriveau, est secrétaire à l'école secondaire Marcellin-Champagnat à Iberville. Quant à son frère Roland, auquel le frère enseignant était allé rendre visite le soir fatidique, il est aujourd'hui le voisin de palier de Mme Bastien. Quand on dit que le monde est petit...

Le choix des aliments

(Suite des extraits du manuel «Nouvelle cuisinière canadienne», publié en 1879, par Beauchemin et Valois, libraires, et prêté à LA PRESSE par M. Paul Roger.)

Choix des viandes

Lard — La couenne est dure et épaisse? L'on reconnaît par là que le cochon est vieux.

Jambon — Enfoncez un couteau le long de l'os. Si votre couteau en sort gluant et sent mauvais, gardez-vous de l'acheter.

Agneau — Si sa chair est d'une couleur verte ou jaune, il est vieux tué et près de se gâter.

Choix des volailles

Dinde — Si elle est jeune, ses pattes seront noires et souples, et ses yeux seront brillants.

Poule — Si sa crête et ses pattes sont rudes et dures, elle est vieille.

Oie, canard — Si les pattes sont souples, ils sont jeunes.

Perdrix — Si elle est jeune, elle a le bec noir et les pattes jaunes.

Lapin — S'il est jeune, il sera blanc et sa chair ferme.

Choix des poissons

La chair de poisson gluante et molle n'est point bonne. Le plus grand soin possible doit être apporté dans la cuisson du poisson, car rien n'est plus mauvais quand il est mal nettoyé et mal cuit.

LA PRESSE

100 ans d'actualités

46e ANNEE—No 143—36 PAGES —1e SECTION— EDITION QUOTIDIENNE—MONTREAL, JEUDI 3 AVRIL 1930 PRIX: DEUX CENTINS

Albani est morte aujourd'hui à Londres

Parti de son pays d'origine à cause de la calomnie et de l'ignominie du milieu artistique, Charlie Chaplin y rentrait la tête haute le *3 avril 1972* après un exil de 20 ans en Europe. Partout il fut accueilli avec chaleur pendant les quelques jours qu'il devait passer aux États-Unis avant de retourner en Suisse où il vivait depuis quelques années. Il fut notamment l'objet d'un « Salut à Charlot » au Lincoln Center de New York, en plus d'être salué par ses pairs lors de la soirée des Oscars, à Los Angeles.

L'illustre cantatrice canadienne-française était âgée de soixante-dix-sept ans. — Elle se trouvait depuis quelque temps dans un état de santé précaire.

LONDRES, 3 — Madame Albani, la célèbre cantatrice canadienne-française, est morte aujourd'hui (**3 avril 1930**) à Londres. Elle était âgée de 77 ans et était, depuis quelque temps, dans un état de santé précaire.

Mme Albani, née Lajeunesse (Emma), était la plus grande cantatrice que le Canada a produite. L'on se rappelle les succès retentissants qu'elle avait obtenus en Europe et aux Etats-Unis, et avec quel enthousiasme débordant elle était reçue par notre population chaque fois qu'elle revenait faire une visite au Canada, le pays de sa naissance.

Il y a cinq ans, en avril 1925, la «Presse», sur la demande de l'honorable W.L. Mackenzie King, premier ministre du Canada, organisait une souscription nationale en sa faveur.

NOTES BIOGRAPHIQUES

Albani (Marie-Louise-Cecilia-Emma Lajeunesse) naquit à Chambly, le 1er novembre 1852, et reçut son éducation au Couvent du Sacré-Coeur de Montréal. Elle alla ensuite parfaire ses études musicales à Paris et à Milan. Elle fit son début à l'opéra à Messine, Sicile, en 1870, dans «La Somnambula» de Bellini, et chanta subséquemment à Florence et à Malte. C'est en mai 1872 qu'elle fit sa première apparition sur la scène de Covent Garden et conquit en une soirée l'admiration enthousiaste de Londres. Depuis, elle a chanté dans tous les pays du monde et est devenue l'idole de toutes les scènes lyriques. Elle fut la seule amie intime de la reine Victoria qui la combla d'honneurs et de faveurs, et son génie fut officiellement reconnu par tous les pays, qui la décorèrent et en firent membre de toutes les chevaleries. Après l'avoir entendue dans «Lohengrin» à Berlin, l'empereur Guillaume Premier, d'Allemagne, la créa première cantatrice de sa maison royale.

Albani abandonna le concert en 1912, à l'âge de 60 ans, dans toute la gloire qu'on puisse rêver. Plus de 10,000 auditeurs, parmi lesquels étaient Patti, sir Charles Stanley et autres éminents artistes, l'entendirent chanter pour la dernière fois le «Goodbye» de Tosti. Depuis, Albani s'est activement occupée de ses nombreuses oeuvres philanthropiques et de l'éducation des jeunes artistes de talent.

«Madame Albani, dit un journal anglais, restera célèbre non seulement comme cantatrice, mais comme une femme qui a conquis et gardé pendant toute sa longue carrière l'affection et l'estime des multitudes d'amis et d'admirateurs dans le monde entier. Elle restera l'une des plus brillantes figures musicales du vingtième siècle.»

Elle fit honneur aux siens, à sa race, à sa patrie, elle fut compatissante pour les misères des autres, elle encouragea de son influence et de ses deniers les jeunes talents musicaux, elle nous fit partager les honneurs qui rejaillirent sur elle, elle ajouta un glorieux joyau à la couronne artistique canadienne.

Albani, de son vrai nom Emma Lajeunesse, est décédée à Londres à l'âge de 77 ans.

Elvis à Ottawa

Tempête déchaînée dans une jungle en furie, au Colisée de la capitale

par **Amédée Gaudreault**
envoyé spécial de la «Presse»

OTTAWA, 4 — J'ai vu, hier (**3 avril 1957**) soir, Elvis Presley se gratter la cuisse gauche: une hystérie collective s'est aussitôt emparée d'une foule de 8,500 personnes (dont près de 1,000 venues de Montréal) et une vague de cris perçants, de hurlements, a «noyé» la voix du... «chanteur» bien-aimé.

Elvis, ruisselant d'or et de pommade, les jambes en délire, l'oeil hagard, s'est secoué la tête: l'«immersion» fut totale et on ne l'entendit plus du reste de la soirée.

Quand il s'empara, d'un geste... dramatique de sa guitare, les murs du Colisée d'Ottawa résonnèrent d'échos rauques, spasmodiques, tandis que des adolescentes s'arrachaient les cheveux, pleuraient, riaient, tendaient des bras tordus par l'émotion...

L'obscurité était presque totale: seuls, deux projecteurs braqués sur le jeune Adonis en transes, caressant avec amour son microphone, se déhanchant avec une souplesse qu'envieraient les «vamps »hollywoodiennes. Mais il y avait au moins 500 des jeunes admirateurs de l'électricien de Memphis à la flotte de Cadillacs roses et rouges qui étaient armés de cameras dont les éclairs de magnésium déchiraient l'obscurité: une tempête dans une jungle en furie!

Titubant, se jetant à genoux, tournant les pouces, embrassant... du regard quelques-uns de ses «fans» qui en trépignaient aussitôt de joie, les cheveux en vadrouille avec favoris extralongs, Elvis n'avait pas prononcé un mot, fait un geste, que de 8,500 poitrines jaillissait une clameur stridente, continue.

Le Rock 'n Roll et son rajah, «snubbés» par Montréal, ont pris une torride vengeance dans la capitale canadienne, où toute la force policière locale avait été mobilisée pour prévenir des actes de violence qui ne se produisirent heureusement pas.

Spectacle abrutissant, stupide, parfois dégradant.

— J'aime Elvis parce qu'il est le type du mâle préhistorique, nous a candidement confié une **fillette de 16 ans** pour laquelle l'amour n'a sûrement pas encore franchi les pages du dictionnaire.

Personnellement, nous avons trouvé ce beau grand garçon d'une insignifiance consommée, mais fort payante. Cependant, il appert qu'il produit chez les adolescentes «le même effet que Marilyn Monroe chez les hommes». (...)

En proie au... rock n' roll

Elvis en concert à Ottawa.

C'EST ARRIVÉ UN 3 AVRIL

1974 — Le président Richard Nixon annonce son intention de payer $400 000 en arrérages d'impôts. Nixon n'avait pas payé suffisamment d'impôts au cours de ses quatre premières années à la Maison blanche.

— La pire tornade en 50 ans sème la désolation au Canada et aux États-Unis, causant plus de 300 morts et des dégâts évalués à au moins $1 milliard.

1964 — Rétablissement des relations diplomatiques entre Panama et les États-Unis.

1963 — Les charbonniers de France retournent au travail après une grève d'un mois.

1955 — Un incendie dans un cinéma de Sclessin, en Belgique, fait 39 morts.

1940 — Le comte d'Athlone, jadis connu sous le nom de prince Alexandre de Teck, est nommé gouverneur général du Canada, succédant à lord Tweedsmuir.

1936 — Bruno Hauptmann, le ravisseur du bébé Lindberg, est exécuté sur la chaise électrique pour expier son crime.

1930 — Le Canadien gagne la coupe Stanley en battant les Bruins de Boston en finale.

1916 — Le maire Médéric Martin conserve le pouvoir à Montréal à l'occasion des élections municipales.

1912 — Le poète et peintre bien connu Charles Gill est élu président de l'Ecole littéraire de Montréal.

1911 — Le bureau provincial de placement (le précurseur du « centre de la main-d'oeuvre ») ouvre ses portes à Montréal.

1902 — Une conflagration détruit une douzaine des plus beaux hôtels en bordure de mer, à Atlantic City.

1899 — Louis Cyr a raison de Ronaldo, l'Aigle allemand, lors d'un match épique d'hommes forts, au parc Sohmer.

1898 — La rupture d'un mur de réservoir en amont de Shawneetown, dans l'Illinois, cause l'inondation de la ville tout entière. On dénombre 200 victimes.

MGR L'ARCHEVEQUE ET LE THEATRE DES NOUVEAUTES

Les directeurs du Théâtre cessent la représentation de «La Rafale» pour se rendre au désir de Sa Grandeur qui suggère un comité de censure qui est accepté par les intéressés

Montréal, 3 avril 1907

A Sa Grandeur Monseigneur Paul Bruchési,
Archevêque de Montréal,

Monseigneur,

J'ai l'honneur d'accuser réception de votre honorée lettre en réponse à la nôtre du 2 courant.

Nous vous remercions profondément de vouloir bien lever l'interdit prononcé contre le Théâtre des Nouveautés et regrettons vivement que «La Rafale» ait été jouée à ce théâtre lundi dernier.

Quant à la nomination d'un comité de censure destiné à viser les pièces devant être représentées, je crois fermement que ce serait un excellent moyen de donner à tous satisfaction pleine et entière et tous les Directeurs de théâtres seront certainement de cet avis.

Daignez croire, Monseigneur, à l'expression de mes sentiments très respectueusement dévoués,

R. RAVAUX,
Administrateur du Théâtre des Nouveautés.

Voilà comment se terminait un épisode qui illustre bien le genre de pression exercée par l'archevêché de Montréal, bien avant que «les fées aient soif», et la crainte qu'inspirait dans le milieu Mgr Paul Bruchési.

Le tout avait commencé par la décision de l'administration du Théâtre des Nouveautés de présenter une pièce, « La Rafale », laquelle, comme elle le rappelait dans sa lettre du 2, n'avait soulevé aucun problème la saison précédente.

Mais tel n'était pas l'avis de Mgr Bruchési et, dans une lettre pastorale datée du 31 mars et lue en chaire des églises, Mgr Bruchési frappait le théâtre d'un interdit.

C'est à ce moment-là que les administrateurs du théâtre ont décidé de retirer la pièce de l'affiche, et d'accepter de soumettre les prochaines pièces à un comité de censure, comme l'exigeait Mgr Bruchési.

Pourquoi Mgr Bruchési avait-il décidé de frapper « La Rafale » d'un anathème. L'article ne traite pas, hélas, du contenu de la pièce...

BABILLARD

(Suite des extraits du manuel «Nouvelle cuisinière canadienne», publié en 1879, par Beauchemin et Valois, libraires, et prêté à LA PRESSE par M. Paul Roger.)

Bière de racines

Prenez une chopine de son, une poignée de houblon, quelques branches d'épinette, de ciguë ou de cèdre, un peu de laurier et des racines de plantain, de bardane, de dent-de-lion (pissenlit); faites bouillir le tout et vous le coulerez ensuite: ainsi fait, vous y ajouterez une cuillerée de gingembre avec de la mélasse, pour la sucrer à votre goût, et une moyenne tasse de levain. Si vous désirez vous en servir de suite, vous pouvez en laisser une bouteille à la chaleur: le reste se fermentera au froid. Cette recette est pour un gallon.

Peinture à bon marché

Délayez de la chaux dans du lait écrémé au lieu d'eau, et servez-vous-en pour blanchir de la manière ordinaire: la couleur sera d'un beau «drab».

«FITZ» LE HOMARD GEANT

AUJOURD'HUI (**3 avril 1897**), «Fitz» doit être exposé à l'Aquarium de New York. Il ne s'agit pas ici de Bob Fitzsimmons, le champion des boxeurs du monde, mais de «Fitz» le champion des homards. Ce monstre pèse environ trente livres, et l'on prétend qu'il est centenaire. Il fut acheté par MM. Middleton, Carman and Co. L'opinion générale est que «Fitz» est plutôt fait pour être exposé à l'Aquarium que pour entrer dans une salade. L'Aquarium a acheté le homard géant, pour la somme de dix dollars. Lorsque «Fitz» est arrivé à destination, on lui a placé sur le dos une large pancarte, où est inscrit: «Ne touchez pas», et on l'a installé de suite dans un compartiment à part.

Le champion des homards mesure plus de quatre pieds de longueur et deux pieds de hauteur. Les employés de l'Aquarium l'ont nommé «Fitz» à cause de la longueur de ses pinces.

Un port fluvial est d'autant plus important qu'il est situé sur un fleuve plus profond, et surtout à un endroit permettant aux navires venant de la mer de pénétrer très avant dans les terres, car alors il participe à tous les avantages des ports maritimes, sans en avoir les inconvénients; il est accessible aux plus grands navires, et il est à l'abri des tempêtes. Montréal est un exemple frappant de l'importance exceptionnelle que peu prendre un port de ce genre.

Cela se passait le 3 avril 1897.

A côté des péniches affectées spécialement au transport des marchandises, il y a des bateaux qui transportent à la fois marchandises et voyageurs; ils sont en général mus par la vapeur. Tels sont les grands bateaux qui, parcourant le Saint-Laurent dans toute sa longueur, établissent entre les localités riveraines un service régulier en transportant les voyageurs et les marchandises. Le bateau ci-dessus est l'un de ces « steamboats » qui « sautent » les rapides de Lachine.

LA PRESSE

100 ans d'actualités

Martin Luther King meurt, atteint d'une balle en plein visage, martyr de son apostolat

MEMPHIS, Tennessee (AFP, PA) — Le pasteur Martin Luther King, prix Nobel de la Paix et apôtre de la non-violence, est mort hier **(4 avril 1968)** soir à l'hôpital St-Joseph de Memphis, après avoir été atteint d'une balle à la tête pendant qu'il parlait à des amis du balcon de la chambre qu'il occupait dans le motel «Lorraine».

Apparemment, les seuls témoins de l'attentat étaient deux autres pasteurs qui devaient dîner avec lui et l'attendaient en dehors de l'hôtel. Le révérend Jesse Jackson a déclaré: «King était au balcon du premier étage du motel. Il venait de se baisser pour nous parler. S'il était resté debout, il n'aurait pas été touché au visage».

Le pasteur Martin Luther King

Le pasteur King venait de dire au pasteur Ben Branch, de Chicago: «Mon vieux, n'oublie pas de chanter ce soir «Que le Seigneur soit loué!» et chante-le bien». «On entendit un coup de feu, a poursuivi le pasteur Jackson. Quand je me suis retourné, j'ai vu des policiers arriver de partout. Ils demandèrent d'où venait le coup et j'ai dit: «De la colline, de l'autre côté de la rue». Le pasteur Branch a rapporté:

«Lorsque j'ai levé les yeux, la police et les shérifs adjoints couraient tout autour. La balle l'avait atteint en plein visage. Nous n'avons pas eu besoin d'appeler les policiers, il y en avait partout».

L'attentat a été commis vers 6 h. 05 (heure locale). «Il n'a pas dit un mot, il n'a pas fait un geste», a déclaré le révérend Andrew Young, vice-président de la Conférence des chrétiens du Sud. Le pasteur King a été transporté d'urgence à l'hôpital où il est mort moins d'une heure plus tard.

C'est à l'aéroport d'Atlanta où elle s'était précipitée pour prendre l'avion pour Memphis en apprenant que le Dr King avait été blessé, que Mme Coretta King apprit qu'il était mort de sa blessure. Sanglotante, la veuve du leader intégrationniste a été accompagnée chez elle par le maire d'Atlanta lui-même. Sa demeure était gardée par la police. Tout autour, des dizaines de Noirs immobiles, silencieux, tenaient une veillée funèbre. Mme King, qui se rendait ce matin à Memphis pour y chercher le corps de son mari, a simplement déclaré, entre deux sanglots, quand elle apprit la nouvelle: «C'est la volonté de Dieux»...

Cette nouvelle allait déclencher une explosion de colère généralisée dans la majorité des grandes villes américaines à forte densité de population noire. Presque partout, la colère tourna vite à la violence et au saccage.

Les pompiers de New York combattent ici un incendie allumé dans un magasin de Harlem. La boutique avait auparavant été pillée.

C'EST ARRIVÉ UN 4 AVRIL

1983 — Des voleurs s'emparent d'une somme de $9 millions à la « Security Express » de Londres.

1979 — Zulfikar Ali Bhutto, premier ministre du Pakistan de 1971 à 1977, est pendu, après avoir été reconnu coupable d'avoir comploté l'assassinat d'un de ses adversaires politiques.

1977 — Un *DC-9* de la Southern Airways s'écrase à Marietta, Georgie. L'accident fait 72 morts et 26 blessés.

1975 — Un *Galaxy C5-A* de l'Armée de l'air américaine transportant douze membres d'équipage et 243 orphelins en route pour les États-Unis s'écrase peu après le décollage, à Saïgon.

1969 — À Houston, pour la première fois de l'histoire, un coeur artificiel en plastique est implanté dans le thorax d'un homme, M. Haskell Karp.

1967 — Nomination de M. Roland Michener au poste de gouverneur général du Canada. Pierre Elliott Trudeau et Jean Chrétien accèdent au cabinet fédéral.

1966 — Radio-Canada choisit l'Est montréalais pour y construire sa « Cité des ondes ». — Trois hommes-grenouilles révèlent qu'ils ont fait la découverte de $700 000 en lingots d'or dans l'épave du *Chameau*, un navire coulé au large de la Nouvelle-Écosse en 1775.

1957 — Mort tragique d'Herbert Norman, ambassadeur canadien au Caire. Il se jette dans le vide du 7e étage d'un édifice de la capitale égyptienne.

1953 — Le gouvernement soviétique annonce la libération des neuf médecins accusés d'avoir comploté contre la vie des dirigeants de l'État.

1949 — Douze pays participent à la signature à Washington, du pacte créant l'Alliance de l'Atlantique (OTAN).

1932 — L'hon. Fernand Rinfret, ex-secrétaire d'État dans le cabinet King, succède à Camillien Houde comme maire de Montréal.

1900 — Le prince de Galles, prétendant au trône d'Angleterre, échappe à un attentat, à Bruxelles. — Le feu détruit le couvent des Soeurs de Sainte-Anne, à Saint-Jacques-de-l'Achigan.

1887 — Ouverture à Londres de la première conférence coloniale de l'Empire britannique.

PREMIERE SECTION
PAGES 1 à 8
LA PRESSE
CIRCULATION
Le triomphe de l'automobilisme
Automobile à vapeur — 1860
A la Fête des fleurs
Echelles d'incendie automobile
Un corbillard automobile
Le patin automobile
Automobiles de course

Page publiée le *4 avril 1908* et consacrée au troisième Salon de l'auto, présenté à Montréal.

BABILLARD

Une photo qui a évoqué beaucoup de souvenirs

La meilleure preuve que la page du centenaire jouit d'une cote de lecture très élevée, on la trouve dans la possibilité de résoudre les énigmes lorsqu'elles se présentent. En voici d'ailleurs une autre preuve.

Le 22 mars dernier, à la demande de M. **Arthur Bouchard,** on parlait dans la chronique « Babillard » de trois hockeyeurs dont M. Bouchard voulait connaître les noms. Or, grâce à trois communications téléphoniques, il a été possible d'identifier les trois joueurs, soit, de gauche à droite, **Paul Gagnon, Jean Mignault** et **François Cadorette.**

M. Gagnon nous a appris que les trois joueurs se dirigeaient vers Paris pour y porter les couleurs d'équipes françaises, ce qu'ils ont fait pendant trois saisons à raison de $120 par mois, rémunération considérable, selon M. Gagnon, puisque toutes les dépenses de voyage et de séjour étaient défrayées par le club de hockey. La première année, les trois joueurs portaient les couleurs du Stade français, mais par la suite, Gagnon devait joindre les rangs des Français volants, devenant donc l'adversaire de ses deux compagnons de voyage. Gagnon avait auparavant porté les couleurs du Canadien senior, l'équipe amateur qui faisait partie de l'organisation du Canadien. En revenant d'Europe, une fois sa carrière terminée, il a pris épouse et est passé à l'emploi du ministère de la Justice. Maintenant à la retraite depuis neuf ans, il habite le Village olympique.

Une communication téléphonique de **Hughes Mignault** nous permettait d'apprendre que son père, devenu dentiste une fois sa carrière de hockeyeur terminée, avait exercé sa profession à Montréal bien sûr, mais aussi pendant neuf ans à Sept-Iles et à Fort George. Il était toujours à ce dernier endroit au moment de prendre sa retraite à l'âge de 65 ans. Il mourut en 1979.

Enfin, M. **Gérard Caron,** un retraité de l'Imperial Oil, a reconnu François Cadorette. M. Caron, qui s'occupait de hockey dans l'Est montréalais, nous précise même que M. Cadorette, un excellent joueur à son avis, a joué en compagnie de Gérard Larivée, père de Paul, un des commentateurs à la « Soirée du hockey ». D'ailleurs, M. **François Cadorette** devait nous joindre à son tour pour nous apprendre qu'il conduit une voiture-taxi depuis la fin de la deuxième guerre. Merci à tous de ces précisions.

Cent quatre ans aujourd'hui

On ne saurait terminer cette chronique sans souligner le 104e anniversaire de naissance de Marilda Caron Déry. Une résidente du foyer Dorval, à Dorval, Mme Déry est née le 4 avril 1880, à Québec. LA PRESSE lui offre ses meilleurs voeux de santé et de bonheur.

ACTIVITÉS

■ **À la télévision**

10 h 30, Télé-Métropole - Dans le cadre de l'émission *Entre nous* animée par Serge Laprade, Claudette Tougas, de LA PRESSE, présente la chronique *Cent ans de pages féminines*.

Comme dans tout le reste, les Américains avaient vu grand en dépensant pas moins de $5,4 millions (une somme énorme à l'époque) pour construire ce super-dirigeable. L'«Akron» mesurait 765 pieds de longueur, 123 pieds de diamètre et 105 pieds de hauteur. Il contenait 6,5 millions de pi³ de gaz, et il pouvait atteindre une vitesse maximale de 85 milles à l'heure.

73 morts sur l'«Akron»

La foudre abat le plus gros aéronef de tout l'univers

(Service de la Presse Associée)

NEW YORK, 4 — Le dirigeable géant des Etats-Unis, l'«Akron», le roi des dirigeables du monde, est tombé en mer au large de la côte du Jersey, un peu après 1 h. 30 ce matin, alors qu'un violent orage soulevait d'énormes vagues sur l'océan. Le firmament ne cessait d'être sillonné d'éclairs livides, pendant que roulaient les fracas de la foudre.

A bord du dirigeable, alors qu'il s'affaissa sur l'Atlantique, se trouvaient 77 hommes, y compris l'amiral William A. Moffett, chef du bureau naval de l'aéronautique.

On a rapporté que quatre hommes avaient été rescapés, mais qu'un d'eux était mort plus tard. Il est possible que d'autres sauvetages aient été opérés.

Sur les lieux du désastre

Tous les moyens dont on peut disposer sont utilisés pour aller à l'aide de l'équipage de l'«Akron». Des hydravions, des avions ordinaires, des garde-côtes, toutes sortes de bateaux ont été envoyés vers le théâtre du désastre, à environ 20 milles au large du bateau-feu le «Barnegat», et à environ 45 milles du port de New York.

Le navire-citerne «Phoebus», portant le drapeau de l'Etat libre de Dantzig, en route de New York vers Tampico, n'était qu'à quelques milles de l'«Akron» quand le sans-fil de celui-ci lança des appels, des «S-O-S», vers 1 h. 30. L'atmosphère, chargée d'électricité, ne transmettait que difficilement les appels par le sans-fil. Après 1 h. 30, l'on ne reçut plus un seul mot du dirigeable.

Tombé à la mer

L'«Akron» était tombé rapidement dans la mer, ou bien, désemparé, il avait été forcé de descendre.

Le capitaine Dalldorf, commandant du «Phoebus», lança aussitôt la nouvelle par le sans-fil vers la terre et dirigea son navire vers l'endroit où l'«Akron» devait être tombé.

Mais l'orage continuait dans toute son horreur. Les flots soulevés étaient éclairés par les éclairs qui déchiraient les nuages.

C'est le capitaine Dalldorf et ses marins du «Phoebus» qui sauvèrent les quatre hommes mentionnés plus tôt. L'un de ces hommes est le lieutenant-commandant H.V. Willey, commandant en second de l'«Akron». Les autres sont de simples membres de l'équipage: Moody E. Erwin et Richard E. Deal, ainsi que Robert W. Copeland, celui-ci chef du service de radio à bord.

Copeland mourut peu après avoir été rescapé.

LA PRESSE
100 ans d'actualités

LE CHAMPIONNAT DE LA BOXE DE NOUVEAU DETENU PAR UN BLANC

Compte rendu du grand combat de La Havane, qui s'est terminé par la victoire du cowboy Jess Willard sur Jack Johnson, le noir réputé invincible

UN blanc est de nouveau champion du monde à la boxe. Jess Willard, cowboy américain, a triomphé hier **(5 avril 1915)** du nègre Jack Johnson, qui avait conquis le titre en 1908 en battant Tommy Burns en 14 rondes en Australie.

La phénoménale endurance de Willard et son courage indomptable l'ont conduit à la victoire et en font le digne successeur des John L. Sullivan, des Corbett, des Fitzsommons et des Jeffries, qui ont laissé un nom si glorieux dans les annales du sport.

Certes, il était désirable que le titre de champion passât en d'autres mains. Après avoir été employé aux besognes les plus basses, Johnson, après avoir conquis le titre de champion, affecta le plus grand luxe et mena une vie de dissipation et de désordres qui lui attirèrent une lourde condamnation aux Etats-Unis, condamnation qu'il évita en fuyant à l'étranger. Hier encore, la justice le guettait, prête à mettre la main sur lui. Il était grandement temps que pareil champion disparût pour faire place à un homme qui saurait faire honneur au sport.

Pendant des années, la race blanche semblait incapable de produire un homme de force à vaincre le colosse noir. Tour à tour, Johnson battit Stanley Ketchel, Jim Jeffries, en 15 rondes, à Reno, en 1910; Jim Flynn et Frank Moran. Tous succombèrent devant le nègre. Il appartenait à Jess Willard, cowboy du Kansas, de reconquérir le titre de champion du monde, ce qu'il a fait hier en battant Johnson en 26 rondes à La Havane.

UN COWBOY CHAMPION

Jack Johnson, exilé de son pays, a maintenant perdu son titre de champion du monde. Jess Willard (...), le plus solide athlète qui soit jamais entré dans l'arène, a vaincu le noir et lui a enlevé son titre. Johnson, sa femme et un petit groupe d'amis partiront demain pour la Martinique, d'où ils s'embarqueront pour la France. L'ancien champion se propose de mener là une vie tranquille, celle du fermier. Il élèvera des porcs, des poulets. Il n'y aucun doute qu'il en a fini avec la boxe.

A LA CONQUETE DE LA FORTUNE

Willard, le nouveau champion, va retourner aux Etats-Unis pour gagner la fortnue qu'il n'a pu obtenir hier, alors que Johnson a pris la grosse part du gâteau, recevant $30,000 avant même d'avoir mis les gants pour la première ronde. Willard n'a reçu qu'une maigre part des recettes. Le montant exact? Nous l'ignorons.

Le combat d'hier est certainement unique dans l'histoire de la boxe. Pendant vingt rondes, Johnson a frappé Willard. Il a bûché sur lui sans relâche pendant une heure, mais ses coups perdaient de leur force à mesure que le combat avançait. Les choses trainèrent ainsi jusqu'au point où Johnson se trouva impuissant à continuer ou ne voulut plus continuer.

Johnson a cessé d'attaquer pendant trois ou quatre rondes, le combat entre les deux colosses fut une série de poses plastiques de deux gladiateurs, l'un blanc, l'autre noir.

Le combat traina ainsi jusqu'à la 25ème ronde, alors que Willard porta ses furieux moulinets de la droite dans la région du coeur de Johnson. Ce fut là le commencement de la fin.

A la fin de cette ronde, Johnson fit dire à sa femme qu'il était complètement épuisé, et lui dit de s'en aller chez elle. Elle sortait justement et passait à côté de l'arène à la 26e ronde lorsqu'un formidable coup de la gauche au corps et un terrible coup de la droite à la mâchoire, couchèrent Johnson sur le carreau, à moitié en dehors des câbles. Le referee compta alors les dix secondes fatales, puis éleva la main de Willard en l'air, indiquant par là qu'il était le vainqueur et le nouveau champion du monde.

LES CHAMPIONS

James L. Sullivan	1882 à 1892
Jim Corbett	1892 à 1897
Fitzsimmons	1897 à 1899
Jeffries	1899 à 1906
Tommy Burns	1906 à 1908
Jack Johnson	1908 à 1915
Jess Willard	1915 à ----

Vue de la foule assemblée devant l'édifice de LA PRESSE, rue Saint-Jacques, pour obtenir les derniers résultats relatifs au combat Williard-Johnson.

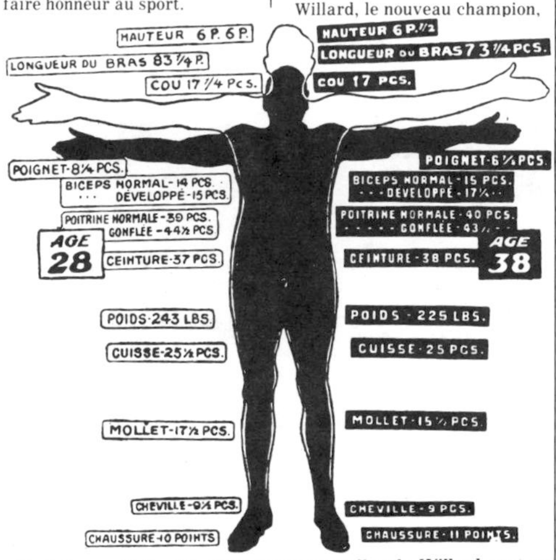

Statistiques vitales des deux hommes : celles de Willard sont en blanc, et celles de Johnson sont en noir.

Jess Willard.

Le champion détrôné, Jack Johnson.

LE CANCER

Il serait causé par un microbe. Une découverte du Dr Gaylord.

LE Dr Wm B. Caley, du No 5, Park Avenue, qui est une autorité dans le traitement du cancer, a exprimé sa joie, hier **(5 avril 1901)**, en lisant la nouvelle de la découverte faite par le Dr H.B. Gaylord, du State Cancer Laboratory, de Buffalo, sur le germe du cancer.

A un reporter du «World», il a dit ceci:

«J'ai cru tout le temps que l'organisme essentiel de la maladie serait trouvé dans un parasite. Si le Dr Gaylord l'a trouvé, il mérite d'être rangé parmi les plus grands de notre profession. (...) Il a marché sur les traces de San Felice et de Plimmer, obtenant toutefois des résultats différents. (...)

«Les résultats seront lents à se manifester, mais il faut les attendre. (...) Il serait prématuré de parler maintenant de la manière d'atteindre le germe d'ici à ce qu'il soit mieux connu.

«Il (le Dr Gaylord) dit lui-même qu'il a reconnu, il y a quelque temps, la nature du microbe du cancer. C'est un parasite que l'on trouve toujours dans le cancer. Cela nous conduira à d'autres renseignements sur la théorie du microbe, théorie admise par tous ceux qui étudient soigneusement la maladie. (...)

«Le Dr Gaylord a dit que, d'après ses expériences, il en conclut que l'organisme du cancer est un protozoaire et que les observations de Pfeiffer en 1891 étaient absolument correctes.»

Inauguration cette nuit du téléphone automatique

C'est au milieu de la nuit prochaine **(5 avril 1925)** à minuit que le système nouveau de téléphone automatique sera, pour la première fois, mis en opération à Montréal, dans le circuit Lancaster, nous a déclaré aujourd'hui, M. F. G. Webby, gérant à Montréal pour la compagnie de téléphone Bell.

Il a ajouté: «Tout est absolument complet, tous les changements sont faits. C'est à minuit exactement que tout l'échange Lancaster fonctionnera suivant le nouveau système automatique. Je tiens à dire que l'efficacité du système dépendra considérablement de l'habileté des abonnés à se servir du disque mobile recouvrant le cadran des lettres et des numéros. Nous avons envoyé des lettres et des brochures explicatives à tous les abonnés du circuit Lancaster. Nos agents se sont rendus chez tous les abonnés pour démonstrations publiques dans diverses églises, et chez diverses organisations de la ville.

«Si nos abonnés ne sont pas encore familiers avec le nouveau système, nous sommes prêts à leur donner des démonstrations en tout temps soit à nos bureaux généraux, 118, rue Notre-Dame ouest, soit à notre immeuble Lancaster, rue Ontario ouest, coin Saint-Urbain. Des arrangements ont été faits dans tous les échanges afin qu'il n'y ait aucune difficulté à faire des appels téléphoniques en partant du système ordinaire pour passer par le système automatique ou vice versa. (...)

«Je désire enfin insister auprès des abonnés pour obtenir leur pleine coopération, et j'insiste spécialement sur la nécessité pour eux de consulter notre index téléphonique avant de faire des appels, afin de s'assurer qu'ils demandent les bons numéros.»

M. Webber termine en disant: «L'installation du système automatique est le plus grand changement qui se soit fait dans le service du téléphone à Montréal.»

Russell Means, à gauche, chef du Mouvement des Indiens américains, et Kent Frizzell, assistant du procureur général des États-Unis, paraphent l'entente conclue entre les deux parties.

Les Sioux ont finalement enterré la hache de guerre à Wounded Knee

WOUNDED Knee, Dakota du Sud (AFP) - L'occupation de Wounded Knee (Dakota du Sud) commencée il y a 37 jours par des Indiens insurgés prendra fin samedi a annoncé hier **(5 avril 1973)** soir un porte-parole des troupes fédérales qui encerclent le petit village.

Un accord conclu dans l'après-midi et signé dans la soirée stipule en effet que les rebelles se rendront samedi au moment où M. Russell Means, l'un des dirigeants du mouvement indien américain, commencera des entretiens à Washington avec des représentants de la Maison Blanche.

Les deux parties ont convenu que les Indiens devraient remettre leurs armes aux troupes fédérales et que leurs noms seraient relevés, mais le gouvernement n'effectuera pas d'arrestations massives.

Quatre autres points sont précisés dans l'accord:

■ Une enquête fédérale sur les affaires indiennes dans la réserve de Pine Ridge, où se trouve Wounded Knee, sera effectuée.

■ Le département de la Justice sera chargé de surveiller le respect des droits des Indiens de la tribu des Sioux Oglalas, dont sont issus les insurgés, par le gouvernement tribal et les autorités fédérales.

■ Une commission présidentielle sera remise en place pour ré-examiner le traité signé en 1868 entre le gouvernement et la nation Sioux.

■ Les leaders indiens auront des entretiens avec des représentants de la Maison Blanche au mois de mai à Washington sur les questions indiennes.

L'accord a été signé près du village, sous le teepee où se sont déroulées toutes les négociations. Du côté des Indiens, trois dirigeants du Mouvement indien américain, MM. Russell Means, Clyde Bellecourt et Carter Camp, ainsi que M. Pedron Bissonnette, vice-président de la tribu des Sioux Oglalas et M. Tom Bad Cobb, un chef traditionnel Sioux, ont opposé leur paraphe. Le gouvernement était représenté par M. Kent Frizzel.

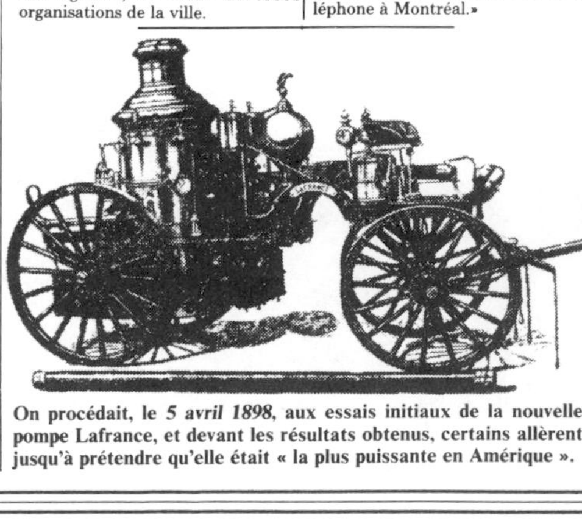

On procédait, le *5 avril 1898*, aux essais initiaux de la nouvelle pompe Lafrance, et devant les résultats obtenus, certains allèrent jusqu'à prétendre qu'elle était « la plus puissante en Amérique ».

C'EST ARRIVÉ UN 5 AVRIL

1982 — La Royal Navy part pour les îles Falklands qu'elle entend reprendre des mains des Argentins.

1976 — Mort à l'âge de 70 ans de l'excentrique millionnaire américain Howard Hughes. Il vivait en reclus à Acapulco.

1975 — Décès à Taipeh, capitale de Taiwan, de Tchang Kai-Chek, président de la République de Chine. Il était âgé de 87 ans.

1974 — Décès du dernier survivant du « Groupe des sept », le peintre canadien A.Y. Jackson, à l'âge de 81 ans.

1970 — Les terroristes, détenant l'ambassadeur de la RFA, M. Karl von Spreti, l'assassinent après que le gouvernement du Guatemala eut repoussé leur ultimatum.

1966 — Par 143 voix contre 112, le Parlement canadien maintient la peine de mort.

1955 — Sir Winston Churchill démissionne comme premier ministre d'Angleterre. Sir Anthony Eden lui succède.

1951 — Les époux Rosenberg sont condamnés à mort pour espionnage au profit de l'Union soviétique.

1948 — Alfred Krupp von Bohlen und Halbach et 11 autres dirigeants du cartel Krupp sont acquittés par un tribunal militaire américain d'accusations de crimes de guerre.

1907 — L'édifice des sciences appliquées de l'université McGill est détruit par un incendie.

La comédienne Rose Ouellette, mieux connue sous le vocable de « La Poune », était en vedette au théâtre National, comme en fait foi cette photo publiée le 5 *avril 1948*.

BABILLARD

(Suite des extraits du manuel «Nouvelle cuisinière canadienne», publié en 1879, par Beauchemin et Valois, libraires, et prêté à LA PRESSE par M. Paul Roger.)

Quelques suggestions de recettes...

Croûte au pot

Faites mitonner, dans un plat creux, des tranches de pain mouillées de bouillon; couvrez le feu, et laissez gratiner ce pain; faites sécher des croûtes sur le gril à un feu doux; retirez-les, arrosez-les de bouillon pris sur le derrière de la marmite; saupoudrez-les de sel fin, et dressez-les sur le gratin; vous continuerez de les arroser à plusieurs reprises; dégraissez ensuite, et servez. Ces croûtes doivent être accompagnées d'une jatte de bouillon ou de consommé.

Soupe à la tortue

Une tête de veau sciée en deux; enlevez les yeux et la cervelle; faites bouillir la tête avec les pieds dans deux gallons d'eau; lorsqu'ils seront presque cuits, hachez la viande par petits morceaux; jetez la cervelle dans le jus coulé de la tête et des pieds, ce qui l'épaissira; ajoutez de l'oignon frit dans du saindoux, avec un peu de farine et sucre rôti, pour colorer; jetez deux verres de bon vin dedans, avec tête de clous, sel, poivre, marjolaine, sarriette, persil, thym, à votre goût. On peut aussi y faire entrer quatre oeufs cuits durs et coupés. Faites ensuite bouillir le tout, pendant une demi-heure. On met aussi un morceau de jarret de boeuf dans le bouillon pour donner plus de substance à ce dernier.

LA PRESSE
100 ans d'actualités

Les jeux, le baseball et le football
Un stade de 70,000 sièges

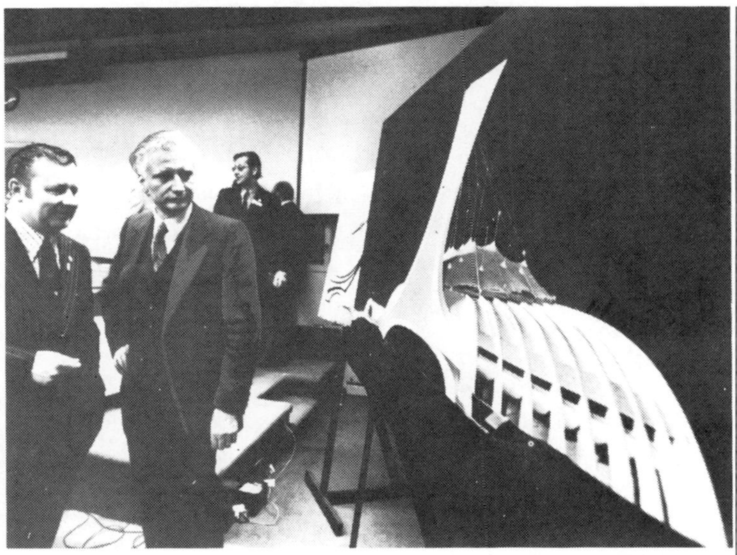

photo Pierre McCann, LA PRESSE

M. Claude Phaneuf (à gauche), alors ingénieur au Service des travaux publics de la Ville de Montréal, et l'architecte Roger Taillibert avaient été identifiés par le maire Jean Drapeau comme étant les grands responsables du dossier de la construction des équipements olympiques.

par Guy PINARD

UN stade olympique de $55 millions, d'une capacité de 50,000 sièges pour le baseball et le football, portée à 70,000 sièges pour la durée des Jeux olympiques, utilisable 12 mois par année grâce à une membrane en plastique suspendue à un mât aux lignes futuristes. C'est ce qu'a révélé hier **(6 avril 1972)** le maire Jean Drapeau au cours d'une présentation audio-visuelle devant la presse mondiale au centre Maisonneuve.

Ceux qui connaissent le maire Drapeau savaient que le stade olympique de 1976 sortirait de l'ordinaire. Ils ne se sont pas trompés. L'ingéniosité de l'architecte français Roger Taillibert, mariée aux recherches du Service des travaux publics de la ville de Montréal et aux connaissances pratiques d'un jeune ingénieur, M. Claude Phaneuf, a doté la métropole d'un stade vraiment unique en son genre.

De par la conception de l'ensemble sportif, il est impossible de dissocier le stade des deux édifices adjacents, la piscine et le vélodrome. Il était donc difficile d'en évaluer le coût (question brûlante d'actualité) d'autant plus que le maire a savamment évité toutes les questions relatives au coût des équipements olympiques. (...)

Le stade sera couvert d'une membrane en plastique qu'on pourra déployer en 20 minutes tout au plus.

L'utilisation du béton précontraint et du béton à voile mince, explique, selon M. Phaneuf, pourquoi on parviendra à construire le stade à un prix abordable, malgré ses lignes architecturales des plus spectaculaires.

Pour la durée des Jeux olympiques, le stade aura une capacité de 70,000 personnes, grâce à des estrades temporaires de 20,000 sièges. Installées à l'extrémité est de l'ellipse, donc sous le mât, ces estrades et les sièges temporaires de la piscine adjacente céderont leur place après les Jeux à une piste d'athlétisme de 250 mètres, entre le stade et la piscine.

L'utilisation à longue échéance

Le problème majeur était évidemment son utilisation à longue échéance. Il fallait que le stade serve, après les Jeux, pour autre chose que l'athlétisme, autrement dit qu'il devienne le domicile des Expos de la ligue Nationale de baseball, et des Alouettes ou d'une équipe de la ligue Nationale de football.

M. Phaneuf et ses acolytes s'en sont merveilleusement bien tirés. Grâce au jeu d'estrades mobiles de 5,000 sièges, qui se déplaceront sur un coussin d'air, on pourra facilement jouer au baseball un jour et au football le lendemain. (...)

La membrane qui sert de toit et le mât qui la suspend demeure évidemment la pièce la plus spectaculaire du complexe sportif. (...)

Le mât ne sera pas qu'une masse informe d'une hauteur de 500 pieds. Comme l'a expliqué son concepteur, le Français Taillibert, il contiendra pas moins de 100,000 pieds carrés de superficie de plancher, répartis sur 16 niveaux qui deviendront autant de gymnases d'entraînement pour différentes disciplines sportives.

Le long de la face externe du mât, des ascenseurs transporteront les visiteurs jusqu'à la terrasse et au restaurant panoramiques situés à 500 pieds du sol. En d'autres mots, ce mât et la membrane qu'il dissimulera, combinent en un seul et même élément deux des atouts des équipements sportifs de Munich, soit l'aiguille et la toile d'araignée géante qui recouvre le stade, le gymnase et la piscine.

La métropole perd un de ses philanthropes

M. Ludger Gravel, marchand de quincaillerie bien connu de Montréal, est mort (...) à l'âge de 69 ans. Il a succombé à une angine, maladie dont il avait à plusieurs reprises ressenti les attaques. Il avait vaqué comme d'habitude à ses affaires au cours de la journée d'hier. Cette nuit **(6 avril 1933)**, à trois heures, il perdit connaissance et un peu plus d'une heure après, la mort avait fait son oeuvre.

Les cercles sportifs, les associations de bienfaisance, les groupements de secours, d'orphéons, d'antiquaires, de marins et autres sociétés perdent en lui un de leurs plus actifs et plus dévoués adhérents.

M. Gravel avait été fait chevalier de Saint-Sépulcre en 1927. En 1928, le gouvernement de la République Française le décorait de la médaille de vermeil en reconnaissance de ses services rendus à la France. C'était à cette époque la première décoration du genre encore octroyée à un Canadien. (...)

M. Ludger Gravel a toujours été un citoyen bien connu et remarquable pour sa philanthropie. Il fut très prospère en affaires, et il exerçait aujourd'hui le contrôle sur les maisons suivantes: Ontario Wheel Co. Ltd. (Gananoque, Ont.); Standard Paint & Varnish Co. Ltd. (Windsor, Ont.); Neverslip Manufacturing Co. (Brunswick, N.J.); Mellink Deposit Vault Co. (Toledo, Ohio); David Bach & Co. (New Orleans, La.); Victoria Wheel Co. (Galt, Ont.); Canada Pole & Shaft Co. (Meritton, Ont.); Cowboy Carriage Co. (Toronto, Ont.); Lefranc et Compagnie (Paris, France); propriétaire de la marque d'huile «Balmoral».

C'EST ARRIVÉ UN 6 AVRIL

1977 — Les agents de la Sûreté du Québec déclenchent la grève.

1968 — Élection de Pierre Elliott Trudeau au poste de chef du Parti libéral du Canada. Il accède par le fait même au poste de premier ministre, succédant à Lester B. Pearson.

1962 — La grève des pilotes du Saint-Laurent paralyse la circulation fluviale.

1954 — Un déraillement mystérieux cause la mort de trois personnes, à Montmagny.

1945 — Décès à l'âge de 66 ans d'Idola St-Jean, qui fut jadis l'âme du mouvement féministe au Québec.

1942 — Pour la première fois dans l'histoire de l'armée canadienne, le quartier général de la 1ère armée est installé ailleurs qu'en territoire canadien, soit en Angleterre.

1941 — Hitler ordonne l'invasion de la Yougoslavie et de la Grèce, qui lui tiennent tête, puis accuse la Grande-Bretagne de lui avoir forcé la main.

1932 — En déposant son budget, le ministre des Finances, l'hon. E.N. Rhodes, apprend aux Canadiens que la dette nationale a augmenté de $119 millions.

1925 — À la demande du très hon. William Lyon Mackenzie King, premier ministre du Canada, LA PRESSE lance une souscription pour venir en aide à la cantatrice Albani, qui vivrait dans le dénuement, à Londres.

1924 — Triomphe du fascisme et de son leader Benito Mussolini, lors des élections générales italiennes.

1911 — En vacances à Cimiez, près de Nice, le sénateur L.-G. Forget succombe à une syncope, à l'âge de 58 ans.

1903 — Les cantonniers du chemin de fer Canada Atlantique déclenchent la grève.

1899 — Le feu détruit l'usine de Garth & Co., rue Craig.

1891 — Arrivée à Montréal de la tragédienne française Sarah Bernhardt.

LES ETATS-UNIS SONT EN GUERRE

Nos voisins ont porté les premiers coups en saisissant 91 navires boches

WASHINGTON, 7 — Le gouvernement et le peuple des Etats-Unis sont entrés en guerre contre l'Allemagne à 1.18 heure, hier **(6 avril 1917)** après-midi. A ce moment précis, le président Wilson signait la résolution du congrès déclarant que l'état de guerre existe. Quelques minutes plus tard, la nouvelle était transmise à tous les vaisseaux de guerre américains et toutes les stations navales, dans tous les forts du pays et à toutes les possessions américaines. (...)

Trois heures après, des ordres de mobilisation étaient envoyés à la marine. Cela signifie que, non seulement la marine régulière, mais aussi tous les vaisseaux de guerre et tous les hommes de la marine et de la milice, les vaisseaux engagés dans d'autres départements ou faisant la garde des côtes, sont aussi amenés en service actif, sous le contrôle du secrétaire de la marine.

Tous les vaisseaux de guerre et autres réfugiés dans les ports américains ont été immédiatement saisis. D'autres mesures de guerre ont aussi été prises dans le cours de la journée.

SOUS-MARINS BOCHES A L'AFFUT

La rumeur persistante mais jusqu'ici non confirmée que des sous-marins allemands attendent dans le golfe du Mexique, la déclaration de guerre par les Etats-Unis, a été de nouveau supportée hier, par certains avis reçus d'Europe. La nature des renseignements reçus par le gouvernement n'a pas été dévoilée, mais on prétend que ces renseignements ont été transmis aux Etats-Unis par l'un des pays neutres qui jusqu'ici, ont servi de débouché pour les nouvelles venant d'Allemagne. Il semble n'y avoir aucun doute que si ces sous-marins sont réellement dans le golfe du Mexique, ils reçoivent l'approvisionnement des ports mexicains.

L'EPURATION DE LA VILLE SE POURSUIT

Le chef Campeau ordonne la fermeture de trois fumeries d'opium, affreux cachots, devenus des repaires de bandits et de vicieux. — La passion de l'opium a ses adeptes à Montréal.

NDLR — Ce texte d'époque comporte certaines remarques à caractère raciste.

ON demandait un jour à l'inspecteur de police Leggett s'il y avait réellement à Montréal, dans le quartier chinois, des repaires du vice où l'on fumait l'opium selon toutes les règles introduites dans les bouges des grandes villes américaines. Avec un sourire qui signifiait beaucoup, l'inspecteur dit: «Vous verrez cela ces jours-ci».

Et il a tenu parole.

Avec le capitaine Millette et une vingtaine d'hommes des districts Nos 4 et 5, il a fait une razzia dans

TROIS ETABLISSEMENTS

de ce genre, la nuit dernière **(6 avril 1905)**, trois infects bouges où les tristes habitués du vice oriental gisaient, à demi asphyxiés, dans la fumée opiacée. Les espions chinois n'avaient pas eu le temps de donner l'alerte et la police entra au moment opportun. Quarante prisonniers, en conséquence, comparaissaient ce matin devant le recorder. De ce nombre, vingt-cinq jeunes gens habillés avec recherche ont été

TROUVES COUCHES

sur les divans moelleux des bouges, somnolant sous l'effet du narcotique, en attendant que le rôtisseur de la pilule opiacée vint leur apporter le vif poison intoxicant. L'un d'eux était complètement épuisé, abâti, ivre-mort, et plus propre à être conduit à l'hôpital qu'à voyager dans les voitures de patrouille. Un nègre, un vrai «dandy» s'enorgueillissait de son habileté à toucher la pipe.

Les pipes, les cellules, les lampes à rôtissage, tout fut confisqué au milieu d'une

CACOPHONIE EPOUVANTABLE

de cris gutturaux ou miauleux des Mongols et des protestations des blancs, Anglais, Américains, Européens, etc.

Les propriétaires de ces établissements sont Lee Chong, le Candy Man, rue Lagauchetière, 572, où furent arrêtés treize hommes dont trois Chinois; Wah Kee, rue Saint-Charles-Borromée, 52, où sept blancs et six jaunes furent appréhendés, et, enfin, One Wing, rue Saint-Urbain, 69, où furent trouvés cinq Mongols et huit Canadiens de toutes origines. (...)

Il est impossible de se faire une idée de ces

TROUS IMMONDES

où des blancs peuvent, sans mourir d'asphyxie, passer des heures. Chez Kee, le repaire se trouve dans la cave d'un vieux bâtiment qui s'écroule à demi. La plus repoussante malpropreté s'y constate et la seule lumière qui éclaire cet horrible repaire est le pâle reflet des lampes à rôtissage. Quelque chose de lugubre, qui rappelle les contes fantastiques de Hoffman, pénètre le coeur de dégoût.

Intérieur d'une fumerie d'opium, rue Lagauchetière.

C'est ici que l'on a trouvé un homme

RALANT DE LA FOLIE

opiacée. Chez Wing, la chambre est d'une exguité malsaine, où les fumeurs s'entassent comme dans un entrepont. Comme les fenêtres et les portes sont fermées, l'odieux y est à ce point insupportable que des policiers durent sortir. Chez Chung, les tables en rotin étaient toutes copées. Trois

PICKPOCKETS BIEN CONNUS

s'y trouvaient en compagnie d'un négrillon aux vêtements multicolores. Ce qu'il y a de plus malheureux à constater, c'est que les prisonniers, du moins les blancs, appartiennent à d'excellentes familles dont les noms sont honorablement connus dans le commerce et la finance.

Un témoin oculaire de la scène raconte comme suit la pénible impression que lui a faite la

VUE DE CES AFFREUX REPAIRES.

«On ne nous a pas admis immédiatement, mais mon guide avait un «Sésame, ouvre toi» irrésistible. (...)

«Nous n'aurions pas été plus surpris de la transition si un magicien nous avait enlevés. Cinq minutes avant, nous étions dans un tramway bien éclairé et maintenant nous nous trouvions dans une cave où, défiant la loi et l'opinion publique comme si les murs épais de Shanghai les protégeaient encore, un groupe de Mongols et de Blancs aspiraient l'abrutissement dans leurs pipes d'opium. Les plafonds bas, la lumière diffuse, les portes fermées rendant impossible toute ventilation, tout cela suffisait pour assommer l'homme le plus solide. Pourtant, des jeunes gens efféminés étaient là, sur les lits accrochés aux murs, couvant leurs rêves morbides sous l'influence pernicieuse de la pipe. A côté des lits, une tablette supportait un plateau de laiton où le rôtisseur avait placé le poison pour le fumeur, et la petite lampe à rôtissage. Notre arrivée causa une commotion.

«L'un d'eux, qui semblait être le chef de la chambrée s'éveilla en sursaut pendant qu'un autre râlait comme s'il avait perdu la clef de son paradis des rêves orientaux. Le premier prit un couteau sur une étagère. Je croyais que notre intrusion allait nous coûter quelque taillade, mais notre Chinois se contenta de couper une orange en morceaux qu'il engouffra pelures et tout dans sa bouche jaunie, à moitié paralysée.» (...)

LA PRESSE

100 ans d'actualités

Clark se tue en pleine gloire

Jim Clark

HOCKENHEIM, RFA (UPI)—Il était timide. Il était nerveux au point de s'en ronger les ongles. Il était le plus fameux Ecossais depuis Robert Burns. Jim Clark n'a jamais mésestimé le danger, avec lequel il flirtait régulièrement, à titre d'homme le plus rapide au monde sur roues.

Mais les roues, et non l'homme aux réflexes d'une libellule, sont apparemment responsables de sa mort, survenue hier **(7 avril 1968)** sur une piste détrempée, dans un bolide qui filait alors à 175 milles à l'heure.

Il s'est tué alors qu'il filait seul, sur une section droite, et non dans une de ces courbes traîtresses, ou encore dans une de ces empilades d'autos impliquées dans un accident spectaculaire.

C'est une façon ironique de mourir pour l'homme tranquille au casque bleu qui a déjà dit: «Lorsque je prends une courbe, je ne conduis vraiment pas une auto. C'est moi-même qui prends cette courbe. L'auto me transporte et c'est moi qui la conduis, mais je suis une partie d'elle-même comme elle est une partie de moi-même.»

Surnommé *L'Ecossais volant*, Clark, qui était âgé de 32 ans, a gagné le championnat mondial des pilotes d'auto en deux occasions.

Dans le court laps de sept ans, il a gagné 25 «grands prix». Un exploit incroyable si on le compare au bilan de 14 victoires en huit ans pour le Britannique Stirling Moss, et à celui de 24 en plus d'une décennie, pour le légendaire Juan Fangio, d'Argentine.

Hier, il participait à une épreuve pour formules 2 comptant pour le championnat européen. Après la première tranche, il occupait le 7e rang.

Seul sur la piste, sa Lotus-Ford rouge et or a soudainement quitté la piste pour aller donner violemment contre un arbre dans la forêt qui borde la piste. Et c'est là qu'un policier de faction l'a trouvé. «Le pauvre homme était assis, ses courroies toujours bien en place», a-t-il dit.

«Les parties avant et arrière ont volé dans des directions différentes. Seule la principale section est demeurée près de l'arbre.»

Des médecins ont déclaré que Clark est mort sur le coup, victime d'une fracture du cou et de plusieurs fractures du crâne.

Des dirigeants de la piste ont dit que l'auto de Clark a été tellement démolie qu'on ne saura peut-être jamais ce qui est vraiment survenu. Mais une enquête auprès des autres conducteurs permet de croire qu'il faut chercher une erreur mécanique plutôt qu'une erreur humaine. (...)

Le bolide de Jim Clark était complètement démoli à la suite de l'accident.

BABILLARD

Un cent cinquième anniversaire!

La municipalité de Sainte-Marie pourra s'enorgueillir de compter parmi ses citoyens une personne qui atteint aujourd'hui l'âge vénérable de **105 ans!** Il s'agit en l'occurrence d'une résidente du Centre d'accueil Notre-Dame-de-la-Protection, Mme Adèle Bourgault Demers. Cette vénérable Québécoise est née le 7 avril 1879 à Saint-Sylvestre. LA PRESSE lui offre ses meilleurs voeux de santé et de bonheur.

Au sujet de l'Assemblée nationale

On soulignait dans cette page, le 27 mars dernier, le centenaire de la première séance de l'Assemblée législative (maintenant connue sous le vocable d'«Assemblée nationale») dans l'hôtel du Parlement de Québec. Mais cette première séance s'était déroulée dans une pièce aménagée temporairement pour la circonstance. Il fallut attendre encore un peu plus de deux ans, soit au 8 avril 1886 (il y aura donc 98 ans demain) pour que l'Assemblée législative s'installe dans son salon actuel.

Le tirage des ordinateurs

Juste un mot pour rappeler aux lecteurs assidus de cette page que depuis cette semaine, et pour une période de dix semaines, LA PRESSE vous offre l'occasion de gagner un ordinateur Commodore 64 à l'occasion de ses tirages hebdomadaires. Rien de plus facile: il suffit de répondre correctement aux 10 questions du questionnaire publié ailleurs dans cette édition et de nous faire parvenir votre coupon-réponse. Bonne chance à tous!

ACTIVITÉS

AUJOURD'HUI

■ **À la radio**

17 h, Radio-Canada —Chronique consacrée à LA PRESSE à l'émission *Avec le temps*, animée par Pierre Paquette.

DEMAIN

■ **À la télévision**

16 h 30, Télé-Métropole — Dans le cadre de l'émission *Sports-Mag*, l'animateur Pierre Trudel consacre quelques moments de rétrospective à des pages mémorables de LA PRESSE.

C'EST ARRIVÉ UN 7 AVRIL

1977 — À cause de poursuites judiciaires dont il est la cible, le premier ministre Yitzak Rabin, d'Israël, démissionne. — Les Blue Jays de Toronto disputent leur premier match dans le baseball majeur en battant les White Sox de Chicago, 9 à 5.

1972 — Le mafioso Joe Gallo est tué d'un coup de pistolet dans un restaurant de la *Petite Italie*, à New York.

1971 — M. Jean-Paul L'Allier, ministre des Communications du Québec, revendique la compétence du Québec en matière de télévision par câble.

1970 — L'explosion d'un moteur fait 98 morts et une centaine de blessés, à Osaka.

1966 — On retrouve enfin la bombe hydrogène américaine perdue dans la Méditerranée depuis 89 jours.

1965 — Lancement du satellite de télécommunications *Early Bird*, le premier satellite commercial au monde.

1956 — Signature à Madrid par l'Espagne et le Maroc du document qui accorde l'indépendance au Maroc espagnol, placé sous la souveraineté du sultan Ben Youssef.

1947 — Henry Ford, considéré comme étant le plus grand industriel du monde, est terrassé par une hémorrhagie cérébrale, à l'âge de 83 ans.

1933 — Levée dans 19 États américains ainsi que dans le district fédéral, de l'interdit qui frappait la vente de la «vraie» bière.

1930 — Réélection du maire Camillien Houde, avec une majorité de 41 634 voix, la plus importante jusque là.

1926 — Le premier ministre d'Italie, Benito Mussolini, échappe de justesse à la mort lors d'un attentat.

1924 — M. Charles Duquette est élu maire de Montréal, succédant à Médéric Martin.

1905 — Décès à l'âge de 69 ans du patriote J.-X. Perreault, président de *l'Association Saint-Jean-Baptiste*.

LA NAVIGATION

*DANS son édition du **7 avril 1894**, LA PRESSE consacrait la plus grande partie de sa première page à un historique de la marine trop long pour être reproduit sans pénaliser les autres informations du jour. D'autant plus que nous aurons ainsi l'occasion de vous proposer plus de photos.*

Si on en croit l'auteur de l'article, l'historique a été basé sur les écrits des auteurs les plus véridiques. Mais le paragraphe suivant, le deuxième du texte, nous fait la preuve du scepticisme de l'auteur, du moins en ce qui a trait au début de la marine. Voyez par vous-même :

En considérant la race aryenne comme la plus ancienne du globe, il résulte de l'étude de sa langue que ses connaissances nautiques furent extrêmement bornées. Si l'on veut donner comme ancienneté, la préférence aux Chinois, le résultat n'est pas plus satisfaisant et l'on acquiert la certitude qu'ils n'eurent qu'une navigation fort imparfaite et explorèrent à peine les côtes immenses de leur pays. Quant aux traditions bibliques, ce que nous savons de l'arche de Noé n'est pas fait pour nous donner une haute idée de la navigation à l'époque des patriarches.

Évidemment, plus on approche dans le temps, plus le texte est précis. Mais laissons la place à l'image...

Un bateau danois du XIIe siècle.

Un bateau vénitien du XIVe siècle.

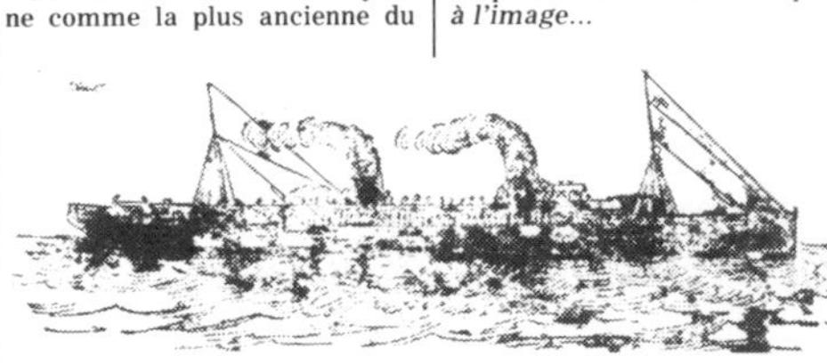

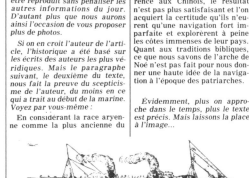

Le *Campania*. À l'époque, c'était, avec ses 620 pieds, le plus grand navire sur mer.

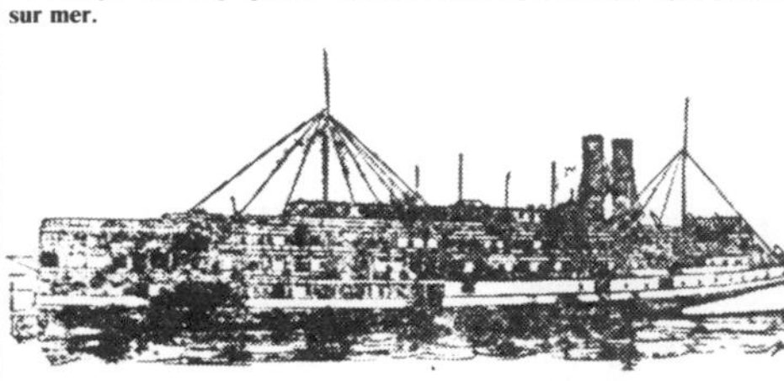

Le plus grand navire d'eau douce mesurait 440 pieds de longueur et s'appelait le *Priscilla*.

Le plus vieil édifice au Canada

Dans son édition du *7 avril 1900*, LA PRESSE, après avoir constaté certains oublis regrettables des guides touristiques *officiels, attirait l'attention de ses lecteurs sur le vieux manoir de Sillery (connu sous le nom de «Kilmarnock» sous* le régime anglais), en les invitant, lors d'un éventuel séjour à Québec, à ne pas rater une visite de ce qui était alors le plus vieil édifice au Canada. Le manoir de Sillery avait été construit en 1639. Hélas, l'article de LA PRESSE ne mentionnait pas le nom de ses premiers habitants. Peut-être un lecteur de cette page pourrait-il nous fournir un complément d'informations pertinentes? Si oui, prière de joindre Guy Pinard au 285-7070.

Ouverture record de la navigation

Le «Mont Alta» remporte les honnneurs de la course. — L'équipage du navire est en grève.

DANS des circonstances exceptionnelles, la navigation jusqu'à Montréal a été ouverte, hier **(7 avril 1949)** soir, à 8 h., par l'arrivée d'un cargo de 10,000 tonneaux de la compagnie Montreal Shipping, le «Mont Alta»; son commandant, le cap. Alexander Stuart Baxter, 33 ans, de Montréal, l'un des plus jeunes capitaines de la marine marchande canadienne, gagne donc la fameuse canne à pommeau d'or.

Plusieurs facteurs rendent cette année l'ouverture de la navigation exceptionnelle. D'abord, le «Mont Alta» bat tous les records d'ouverture hâtive en arrivant à Montréal un 7 avril. S'il est possible de se fier aux dossiers imprécis du milieu du siècle dernier, la chose s'était déjà produite en 1840. Les autres records remarquables établis dans le passé ont été les suivants: en 1945, le «Gatineau Park» était arrivé le 9 avril; en 1910, l'«Iona» avait amarré le 11 avril; en 1927, le «Laval County» était arrivé le 12 avril, même date que le «Fort Spokane» en 1946.

Une autre circonstance peu ordinaire de l'arrivée du «Mount Alta» a voulu que le syndicat des marins canadiens, dont font partie tous les membres de l'équipage du cargo, sont en ce moment en grève. Les matelots du «Mont Alta» ont cependant décidé de ne se joindre aux grévistes qu'aujourd'hui, après qu'ils auront reçu leur solde. (...)

Dans environ 2 semaines, le cap. Baxter recevra donc le trophée tant convoité de tous les commandants d'océaniques. La tradition veut qu'il aille lui-même choisir sa canne, qui sera par la suite décorée d'une inscription marquant l'événement. Le «Mont Alta» est un bateau canadien et son capitaine habite Montréal depuis plusieurs années, étant venu très jeune d'Ecosse s'établir avec sa famille au Canada. C'est un autre fait exceptionnel qu'il faut souligner au chapitre de la course annuelle pour la canne à pommeau d'or.

LA PRESSE

100 ans d'actualités

LES MAROONS GAGNENT LE CHAMPIONNAT ET LA COUPE STANLEY

Le Montréal défait le Toronto par 4-1 à la troisième partie de la série finale

Treize mille amateurs de hockey ont hier (**9 avril 1935**) soir applaudi les Maroons champions du monde au hockey. Ces treize mille spectateurs ont eu raison de crier aux nouveaux détenteurs de la coupe Stanley leur admiration et leur enthousiasme. Les joueurs de Tommy Gorman, le plus grand gérant de hockey de notre époque, ont administré aux champions de la N.H.L. la plus magistrale râclée que ceux-ci eurent à encaisser depuis le début des séries de fin de saison. A deux parties en arrière quand ils transportèrent le champ de leurs activités à Montréal, les Maple Leafs de Toronto venaient avec l'intention de donner une exhibition telle que les Maroons décontenancés perdraient confiance en eux-mêmes et finiraient par concéder les deux dernières joutes. Les Leafs retournent chez eux battus en trois parties consécutives et leur dernière défaite fut au score de 4-1.

Jamais les Leafs n'eurent l'air de conquérants au cours de cette partie finale. Cette équipe que maints experts représentèrent comme la plus forte jamais organisée depuis l'existence de la N.H.L. fut tout à fait impuissante devant le jeu des Maroons; ceux-ci l'embouteillèrent si bien qu'elle ne put rien faire.

C'est la mise en échec serrée, parfaite qui avait donné aux Maroons leurs premières victoires. Le système mis en pratique par Tommy et qui consiste à mettre l'adversaire en échec dans la zone même de l'adversaire de façon à l'empêcher de coordonner une attaque, de la préparer avec ensemble, a réussi encore une fois.

Le Montréal s'en est d'abord tenu à cette mise en échec au début de la partie, cependant que ses joueurs d'avant plus rapides que les Leafs profitaient de la rapidité de leur coup de patin et s'échappaient de façon dangereuse pour la défense du Toronto. Avec l'avance d'un point prise à la fin de la première période, les Maroons n'eurent qu'à continuer leur bon jeu de mise en échec à la seconde période, en dépit de l'attaque extraordinaire de leurs adversaires pour se voir encore en avant à la fin de ce deuxième temps par la marge de 3-1. Dans leur grand désir de compter, (...) les Leafs décontenancés négligèrent leur défense, et la rapidité des Maroons leur permit d'ajouter deux autres points à leur premier.

Enfin, pour donner encore plus de poids à la menace du Montréal, Marker, comptant au début du troisième temps avec l'aide de Wentworth, dut briser le coeur de ses adversaires. Ils ne furent plus les mêmes après ce dernier succès montréalais.

Les Maroons ont démontré à la satisfaction de tous qu'ils ont la meilleure équipe de toute la ligue cette année et l'une des meilleures de tous les temps.

Ward, Northcott et Wentworth avaient marqué les trois premiers buts des Maroons, le seul but des Leafs allant à Thoms.

Ce montage fait voir les dirigeants et les joueurs de l'édition 1934-35 des Maroons de Montréal. 1. Le génial gérant Tommy Gorman. 2. Alex Connell. 3. Baldy Northcott. 4. Cy Wentworth. 5. Jimmy Ward. 6. Dave Trottier. 7. Reginald « Hooley » Smith. 8. Russell Blinco. 9. Stew Evans. 10. Earl Robinson. 11. Lionel Conacher. 12. Gus Marker. 13. Allan Shields. 14. Erbie Cain. 15. Gus Miller. 16. Bob Gracie. 17. Dutch Gaynor. 18. Sammy McManus. 19. Toe Blake.

Récompense offerte à ceux qui trouveront les trophées volés

TORONTO (PC) — Le président Clarence Campbell, de la LNH, a suggéré hier (**9 avril 1969**) une récompense pour le retour des trois trophées volés au Temple de la Renommée du hockey à Toronto.

Les trophées Connie Smythe, Calder et Hart original sont disparus de leur niche dans le hall du Panthéon.

Au sujet de la récompense, Campbell a déclaré:

«Il est impossible de coopérer en cas de demande de rançon pour le retour des trophées. Nous serions prêts à payer une récompense raisonnable, mais seulement par l'entremise de la police. Nous ne pouvons détourner la loi en complétant un marché directement avec les voleurs.»

Surpris au sujet de ce vol de trophées, qui n'ont pratiquement pas de valeur marchande à tous les points de vue, Campbell a ajouté:

«Si quelqu'un les désire au point de les voler, nous serons heureux de lui fournir des répliques miniatures.»

Au cas où les deux premiers trophées ne seront pas récupérés à temps, les gagnants en recevront une réplique cette année.

Le curateur du Temple a constaté la disparition des trois trophées hier matin.

Le ou les voleurs avaient réussi à s'introduire dans le hall en enlevant la serrure de la porte principale et ont tenté de voler le trophée Lou Marsh, remis annuellement au meilleur athlète canadien, mais n'ont pas pu réussir le coup.

Le curateur Lefty Reid a évalué les trois trophées à environ $10,000, «mais il est bien difficile d'évaluer de telles choses».

Incidemment, les voleurs ont préféré l'orginal du trophée Hart au lieu de la nouvelle coupe. (...)

C'EST ARRIVÉ UN 9 AVRIL

1979 — À la remise des Oscars, ce sont deux films consacrés à la guerre du Vietnam, *The Deer Hunter* et *Coming Home*, qui connaissent le plus de succès.

1974 — La FTQ annonce qu'elle a décidé de placer le local 791 sous tutelle, à la suite des révélations faites devant la commission Cliche.

1969 — Le *Bras d'or*, premier hydroglisseur de la Marine canadienne, passe l'épreuve des premiers essais.

1968 — Obsèques du Dr Martin Luther King, devant 150 000 personnes, à Atlanta.

1960 — David Pratt, un fermier sud-africain, tire deux coups de revolver en direction du premier ministre Hendrik Verwoerd.

1952 — Soulèvement du Parti national bolivien contre la junte militaire du général Hugo Ballivian. Les troubles de trois jours feront mille morts.

1948 — La révolution éclate à Bogota; conservateurs et libéraux colombiens s'entredéchirent.

1942 — Les Japonais attaquent Bataan et font 3 600 morts parmi les troupes britanniques.

1940 — Les Allemands entrent au Danemark et attaque Oslo, forçant ainsi la Norvège à déclarer la guerre à l'Allemagne.

1934 — Camillien Houde gagne les élections municipales de Montréal avec une écrasante majorité de plus de 53 000 voix.

1917 — Les Anglais enlèvent les hauteurs stratégiques de Vimy et font plus de 9 000 prisonniers.

1907 — Une violente tempête de neige s'abat sur la province de Québec. Certains villages du nord-ouest sont sans-ravitaillement depuis huit jours.

1902 — Le mouvement d'agitation anti-catholique prend de l'ampleur et inquiète de plus en plus, à Bruxelles.

BABILLARD

(Suite des extraits du manuel «Nouvelle cuisinière canadienne», publié en 1879, par Beauchemin et Valois, libraires, et prêté à LA PRESSE par M. Paul Roger.)

Quelques recettes additionnelles...

Purée de pommes de terre

Faites cuire à l'eau quelques pommes de terre, que vous pèlerez, puis pilerez dans un vase, délayant avec du lait (du bouillon si c'est au gras); mettez-les ensuite dans une casserole avec du beurre, remuez continuellement pendant une petite demi-heure, pour faire prendre à votre purée la consistance d'une bouillie un peu épaisse.

Ragoût de crêtes de coqs

Lavez bien vos crêtes, rognez-en les petites pointes, mettez les dégorger dans de l'eau tiède, et remuez-les souvent; tirez-les au bout d'environ trois quarts d'heure, mettez-les dans un torchon avec un peu de sel, plongez et replongez-les dans de l'eau bouillante jusqu'à ce que l'épiderme s'enlève en les frottant avec les doigts, et jetez à mesure les crêtes dans l'eau fraîche; cela fait, vous les mettrez cuire dans un blanc.

Ragoût de foies gras

Otez l'amer de vos foies sans les couper; faites-les blanchir tout entiers à l'eau bouillante; égouttez-les bien, et jetez-les dans une casserole avec deux cuillerées de coulis, un demi-verre de vin blanc, autant de bouillon, persil, ciboules, demi-gousse d'ail, sel, gros poivre; faites-les bouillir environ une demi-heure; dégraissez-les et servez-les avec telle viande que vous jugerez convenable. On peut aussi les servir seuls comme entremets.

ACTIVITÉS

■ **À la télévision**

Le 18-heures, Télé-Métropole — Vers 18 h 20, les animateurs commentent quelques manchettes tirées des pages de LA PRESSE et qui ont fait l'actualité d'hier.

UN FEU FAIT POUR $350,000 DE PERTES A JOLIETTE

Les scieries Copping, deux glacières, huit maisons, 40 hangars et un auto détruits.

(De l'envoyé spécial de la «Presse»)

JOLIETTE — L'incendie qui a éclaté dans la scierie de la compagnie W. Copping, jeudi (**9 avril 1925**) matin (...) a eu des conséquences plus sérieuses qu'on l'aurait cru au premier abord. Les flammes n'ont pu être maîtrisées que vers 8 heures, dans la soirée. (...) Des jets d'eau, depuis deux jours, ont été continuellement dirigés en divers endroits d'où, à tout instant, des flammes jaillissent.

Une grande partie du quartier sis à l'est de la rivière L'Assomption connu sous le nom de village Flamand, a été détruite ou sérieusement endommagée. Les scieries et approximativement 2,000,000 de pieds de bois de service, qui se trouvaient empilés dans les cours, ont été complètement détruits en même temps que deux immenses glacières, huit maisons et leurs dépendances, ainsi qu'un très grand nombre de hangars, écuries et autres dépendances de maisons voisines. On calcule que les pertes sont de $341,750. C'est à peine si un quart de ces pertes sont couvertes par les assurances.

Ces pertes sont d'autant plus pénibles pour la ville de Joliette, qu'elles affectent particulièrement la classe ouvrière. En plus du fait que les maisons détruites ou sérieusement endommagées étaient la propriété d'ouvriers, la destruction complète de la scierie Copping et des glacières Malo prive de 275 à 300 travailleurs de leur gagne-pain, au moins pour quelques mois.

PROGRES RAPIDES

L'incendie, comme on le sait, s'est déclaré dans la scierie principale de la compagnie Copping, sise sur le bord de la rivière L'Assomption, à 10 h. 35, jeudi matin. Les moulins étaient en opération depuis quelques heures, déjà, lorsque des ouvriers découvrirent les flammes, près de l'énorme arbre de couche qui commande pratiquement toutes les pièces de machinerie. Immédiatement, quelqu'un courut sonner l'alarme à l'angle des rues Scallon et Saint-Thomas, pendant que les autres employés tentaient d'arrêter les progrès de l'élément destructeur. Mais, évidemment, l'on comptait sans la force du vent sud qui soufflait à une vélocité de 35 à 40 milles à l'heure, poussant les flammes vers les autres constructions et vers les cours dans lesquelles d'énormes quantités de madriers, planches et autres étaient empilés. Bientôt, la position n'était plus tenable et l'on dut céder peu à peu, devant l'intensité des flammes.

CAUSE PROBABLE

D'après les personnes qui se trouvaient dans la scierie, à ce moment, une bille de l'un des coussinets du gros arbre de commande aurait été la cause de cet incendie qui jette une partie de la population sur le pavé. Cette bille, pour une raison inconnue, aurait chauffé au point d'allumer l'incendie dans des copeaux ou de la sciure de bois. (...)

Sur le côté sud de la rivière, tout semblait devoir être rasé par le feu. Le vent ne diminuait pas d'intensité et le crépitement sinistre des flammes faisait fuir les occupants de maisons situées à plusieurs centaines de pieds de l'endroit où les flammes avaient été découvertes. Que de scènes pénibles se sont déroulées pendant ces heures d'attente! Pendant que les hommes déménageaient les meubles, les femmes, à la jupe desquelles de jeunes enfants s'accrochaient en pleurant, sauvaient les menus objets les plus précieux du ménage. Partout, dans les champs voisins, on voyait des amas de meubles, lits et divers articles. (...)

AUTRE INCENDIE

Pendant le plus fort de l'incendie à la scierie Copping, un autre incendie s'est déclaré à un demi-mille de là, dans le toit d'une maisonnette sise sur le rang des Prairies. Heureusement, les flammes furent vite maîtrisées par les voisins, qui affirment que ce second incendie a été allumé par un morceau de bois enflammé transporté à cette distance par le vent. (...)

Vue générale du quartier Flamand après l'incendie.

Une cheminée, voilà tout ce qui restait de la scierie Copping. À l'arrière-plan, on peut apercevoir le séminaire de Joliette, situé de l'autre côté de la rivière.

BAINS PUBLICS

On va en installer un au beau milieu du fleuve en face de la place Jacques-Cartier

LE croquis ci-contre est celui de la baignoire flottante que notre concitoyen bien connu, M. Frank LeFebvre, se propose d'installer au beau milieu du fleuve, en face de la place Jacques-Cartier. Le ponton qui constitue le gros oeuvre de ce bain flottant aura près de 150 pieds de long: le panier en dessous, qui sera le bain à proprement parler, aura 106 pieds de long avec 8 pieds de profondeur à son extrémité supérieure, et 4 pieds au bout opposé en descendant le fil de l'eau. La hauteur totale de la construction sera de 18 pieds, dont 8 pour le ponton, 7 pour le corps de bâtiment posé sur ce ponton et trois pour la couverture.

Cela se passait le 9 avril 1898.

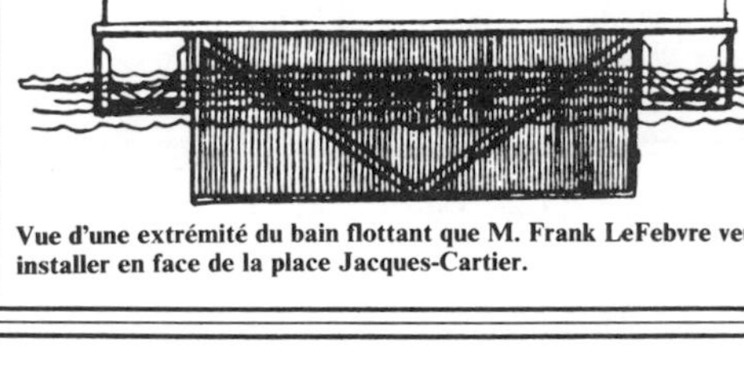

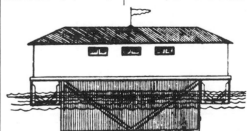

Vue d'une extrémité du bain flottant que M. Frank LeFebvre veut installer en face de la place Jacques-Cartier.

LA PRESSE

100 ans d'actualités

L'assurance-hospitalisation et le bill sur les offices agricoles sont approuvés

OTTAWA (PC) — La Chambre des communes a finalement adopté à l'unanimité **(le 10 avril 1957)** le plan national d'assurance-hospitalisation en vertu duquel le gouvernement fédéral partagera avec les provinces les frais d'hospitalisation et de diagnostic dans les hôpitaux généraux.

La majorité libérale a cependant fait échec à deux tentatives oppositionnistes visant à modifier le plan afin qu'il soit mis en application sans tarder.

Après avoir discuté presque toute la journée le projet d'assurance-hospitalisation, les députés ont ensuite étudié rapidement les amendements à la loi relative à la mise en marché des produits agricoles, qui autorisera désormais les offices provinciaux de mise en marché à percevoir des droits ou taxes indirectes sur leurs produits dans le but d'égaliser les revenus des producteurs.

La mesure a été rédigée par le gouvernement à la suite d'une décision de la Cour Suprême du Canada qui affaiblissait l'autorité des offices à cet égard. (...)

L'argument du CCF

Au sujet de l'assurance-hospitalisation, le parti CCF avait proposé un amendement visant à supprimer la condition selon laquelle six provinces représentant au moins *(50 p. 100 de)* la population canadienne doivent accepter l'offre avant que le plan soit mis en application.

Le CCF soutenait que la participation fédérale devrait commencer immédiatement après l'adoption de la loi puisque cinq provinces (la Colombie-Britannique, l'Alberta, la Saskatchewan, l'Ontario et Terre-Neuve) ont déjà accepté le plan et que ces provinces représentent 56,3 p. 100 de la population.

Le gouvernement s'en est cependant tenu à sa formule, soutenant que la participation de six provinces est nécessaire pour donner au plan un caractère aussi national que possible.

La majorité ministérielle a rejeté la proposition CCF par un vote de 125 contre 56. Tous les groupes de l'opposition ont voté contre le gouvernement.

L'amendement conservateur

Les conservateurs proposèrent alors que le projet de loi soit modifié de façon à comprendre les malades hospitalisés dans les sanatoriums et les salles d'aliénés. Mais le gouvernement s'en est tenu à son offre applicable aux tuberculeux et aux malades mentaux traités dans les hôpitaux généraux.

Tous les oppositionnistes ont appuyé la proposition conservatrice, qui fut rejetée par 111 voix contre 54.

Finalement, la mesure ministérielle fut adoptée par un vote de 165 contre 0.

BABILLARD

Joyeux anniversaire!

LA PRESSE souhaite un heureux anniversaire à Mme Emma Nitschke Wittstock, du Centre d'accueil de Gatineau, qui célèbre aujourd'hui son centième anniversaire de naissance. Mme Wittstock est née le 10 avril 1884 à Bowman.

Recettes d'autrefois

(Suite des extraits du manuel «Nouvelle cuisinière canadienne», publié en 1879, par Beauchemin et Valois, libraires, et prêté à LA PRESSE par M. Paul Roger.)

Navets au blanc

Epluchez vos navets; tournez-les soit en bâtonnets, soit en poires, en gousses d'ail ou en champignons: faites-les revenir dans le beurre. Aussitôt que vous leur verrez prendre une belle couleur jaune, vous les mouillerez avec du bouillon; sucrez-les légèrement et faites-les cuire à petit feu; dressez-les ensuite et arrosez-les avec une sauce blanche dans laquelle vous aurez mêlé de la moutarde.

Oreilles de cochon panées et grillées

Faites-les cuire dans une braise, après les avoir flambées, nettoyées, lavées à plusieurs eaux et fait blanchir; quand elles sont cuites et refroidies, roulez-les dans la mie de pain, trempez-les dans des oeufs battus, roulez-les de nouveau dans la mie de pain et faites griller. Servir à sec ou sur un jus clair.

LE «TITANIC», LE PLUS GROS PAQUEBOT DU MONDE

(Dépêche spéciale à la «Presse»)

SOUTHAMPTON, Angleterre (10) — Le plus gros paquebot du monde, le «Titanic», qui appartient à la compagnie White Star, a quitté Southampton aujourd'hui **(10 avril 1912)**, pour entreprendre son premier voyage à New York. Voici les dimensions de ce navire: longueur: 880 pieds et 8 pouces; largeur: 92 pieds et 6 pouces.

Le «Titanic» déplace 68,000 tonnes. Il peut transporter 3,000 passagers. L'équipage se compose de 860 personnes.

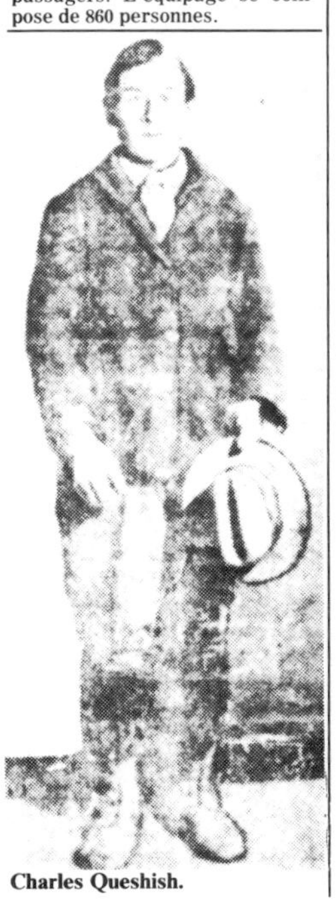

Charles Queshish.

L'asile municipal pour les malheureux
Le refuge Meurling accomplit dans notre ville une oeuvre admirable de charité. Des milliers d'indigents y trouvent asile durant la dure saison. Une institution parfaitement organisée.
M. ALBERT CHEVALIER DIRECTEUR DE L'ASSISTANCE MUNICIPALE
M. J.A. BEAULIEU, SURINTENDANT DU REFUGE MEURLING
CONCORDIA SALUS

LE REFUGE MEURLING — BUREAU GÉNÉRAL

LE REFUGE MEURLING — FAÇADE DE L'ÉDIFICE, 335, RUE DU CHAMP-DE-MARS.

LE REFUGE MEURLING — LA CHAMBRE DE FUMIGATION

LE REFUGE MEURLING — LE RÉFECTOIRE

LE REFUGE MEURLING — L'INSCRIPTION DES SANS-ASILE.

LE REFUGE MEURLING — LES CUISINES.

LE REFUGE MEURLING — LE DORTOIR.

Dans son édition du *10 avril 1915*, LA PRESSE consacrait la première page au refuge municipal Meurling, qui avait ouvert ses portes un an plus tôt. Au cours de sa première année, le refuge avait enregistré pas moins de 123 000 nuitées. Le refuge avait coûté $180 000, et la succession Gustave-Meurling avait contribué une somme de $72 400.

Un Algonquin a sauté les Rapides de Lachine en canot

Les surprises de l'Indien à la vue des tramways et des autos inconnus pour lui jusqu'à date.

UN indien de la tribu algonquine, dans l'Abitibi et un marchand demeurant à Parent, Abitibi, ont accompli, hier **(10 avril 1929)** après-midi, un exploit peu banal, alors que dans un canot de promenade, d'une longueur de 15 pieds, ils ont sauté les rapides de Lachine.

L'indien, qui se nomme Charles Queshish, est un solide gaillard âgé de 30 ans, pesant 193 livres et mesurant 6 pieds 2 pouces. C'est à l'hôtel Alberta, rue Windsor, qu'un représentant de la «Presse» l'a rencontré et a pu causer quelques minutes avec lui. Il parle un peu le français et le comprend assez bien.

STUPEFACTION

Son domicile est à Manouane, dans l'Abitibi, et jusqu'à mercredi dernier, il n'était jamais sorti de sa retraite. Quand il mit le pied sur le sol montréalais, il fut stupéfié de voir toute cette agitation. Les tramways, les automobiles l'effrayèrent, car c'était la première fois qu'il prenait connaissance de ces véhicules modernes.

Ce fut toute une affaire, lorsqu'il monta dans un tram de la rue Ste-Catherine, se dirigeant vers l'est. Il fallut que son compagnon insistât et lui représentât qu'il n'y avait aucun danger, pour le décider à y prendre place.

Il n'était certes pas à son aise. «J'avais peur un petit brin, nous confiait-il. J'aime mieux le canot que ces inventions modernes. J'y suis plus chez nous. — Et l'automobile, lui demandons-nous? — Ça va très vite, trop vite pour mon goût.» (...)

LES RAPIDES DE LACHINE

Il est venu à Montréal spécialement pour sauter les rapides de Lachine. Il avait entendu parler souvent des exploits de Big John Canadien, qui dans un large bac, avait accompli cette randonnée périlleuse et audacieuse. Il s'était promis de la tenter, mais jusqu'ici des empêchements l'avaient forcé à ajourner son expérience.

Le marchand dont nous parlions tout à l'heure et qui se nomme William Milidge consentit à l'accompagner à Montréal et à lui procurer l'occasion de mettre son projet à exécution. (...)

A Lachine, il ne prit pas grand temps à se mettre au courant de la nature et de la force des rapides que tout à l'heure, il aurait à traverser. (...)

Il se saisit du canot et le transporta à la rivière non loin du garage Lecavalier. Après l'avoir examiné, il prit sa place au centre, pendant que son compagnon M. Milidge se plaçait à l'arrière. Ils dirent bonjour à tous et en route pour l'imprévu et les rapides! (...)

Ce fut un dur voyage. Sur tout le parcours, ils rencontrèrent des glaces, qu'ils évitèrent souvent non sans danger. A la pointe des rapides, les vagues et les remous ne semblaient guère accueillants. Les deux hommes avaient peine à voir devant eux tant les vagues étaient élevées. Elles déferlaient par-dessus l'embarcation, mais les deux voyageurs n'en paraissaient nullement émus, ni étonnés. (...)

Le canot filait à une allure endiablée. Il fallait être prudent. Chaque coup d'aviron avait son contre-coup. La moindre défaillance, la moindre inattention et c'était le naufrage, peut-être la mort.

Le trajet s'effectua dans 25 minutes. Ils atterrirent à la Côte Sainte-Catherine, non loin de La-Prairie. Ils n'étaient pas trop mouillés. Si le projet avait été réalisable, nous croyons que notre Algonquin et son compagnon étaient de force à remonter les rapides. (...)

C'EST ARRIVÉ UN 10 AVRIL

1979 — Début du tournoi d'échecs de Terre des hommes, avec la participation de la très grande majorité des maîtres.

1977 — À la demande de Rabat et de Kinshasa, la France décide d'intervenir au Zaïre.

1975 — Le président Giscard d'Estaing débarque en Algérie. C'est la première visite d'un président français depuis l'indépendance.

1974 — Madame Golda Meir, premier ministre d'Israël, annonce sa démission.

1973 — Trois dirigeants palestiniens sont assassinés en plein coeur de Beyrouth par des commandos israéliens.

1972 — Un tremblement de terre fait des milliers de morts dans le sud de l'Iran.

1972 — Les guerilleros argentins assassinent le général Sanchez, commandant de la deuxième région militaire, et Orberdan Sallustro, directeur argentin de la société Fiat.

1971 — Début de la *diplomatie du ping-pong:* l'équipe de tennis de table de la République populaire de Chine invite une équipe américaine à visiter la Chine.

1969 — Le général de Gaulle menace de quitter la présidence s'il ne reçoit l'appui attendu lors du référendum du 27 avril.

1963 — Le sous-marin atomique américain *Tresher* disparaît dans l'Atlantique avec 129 personnes à bord.

1961 — En visite au Canada, l'ingénieur polonais Thomas Biernacki est arrêté par la Gendarmerie royale. Il est soupçonné d'espionnage.

1956 — Le Canadien gagne la coupe Stanley. C'est la première d'une série de cinq conquêtes consécutives.

1956 — Un groupe de blancs américains attaque le chanteur noir Nat King Cole, à Birmingham, Alabama.

1954 — Décès du physicien Auguste Lumière, l'un des inventeurs du cinéma avec son frère Louis. Il était âgé de 92 ans.

1953 — Le Suédois Dag Hammarskjöld succède à Trygve Lie comme secrétaire général des Nations Unies.

1948 — Le tribunal de Nuremberg condamne 14 bourreaux nazis à mourir sur la potence.

1946 — Premières élections vraiment démocratiques au Japon. Même les femmes ont le droit de vote pour les 466 sièges de la Diète.

1932 — Le feld-maréchal Paul von Hindenberg est élu président de la république d'Allemagne, au détriment d'Adolf Hitler.

1928 — Wilfrid Pelletier accède au poste de chef d'orchestre du Metropolitan Opera de New York.

1911 — Le steamer *Iroquois* sombre au large de Sydney, Colombie-Britannique. L'incident fait 20 morts.

1907 — Quinze personnes sont brûlées vives dans un accident ferroviaire, près de Chapleau, en Ontario.

1905 — L'hon. Lomer Gouin, premier ministre de la province, l'emporte lors d'une élection complémentaire, dans la circonscription de Saint-Jacques.

LA PRESSE

100 ans d'actualités

DIX-SEPTIEME ANNEE—No 143 MONTREAL, SAMEDI 20 AVRIL 1901 VINGT-QUATRE PAGES—UN CENTIN

LA CROISIÈRE DE LA PRESSE

Son objet, ses moyens d'action, son itinéraire, et ses conclusions.

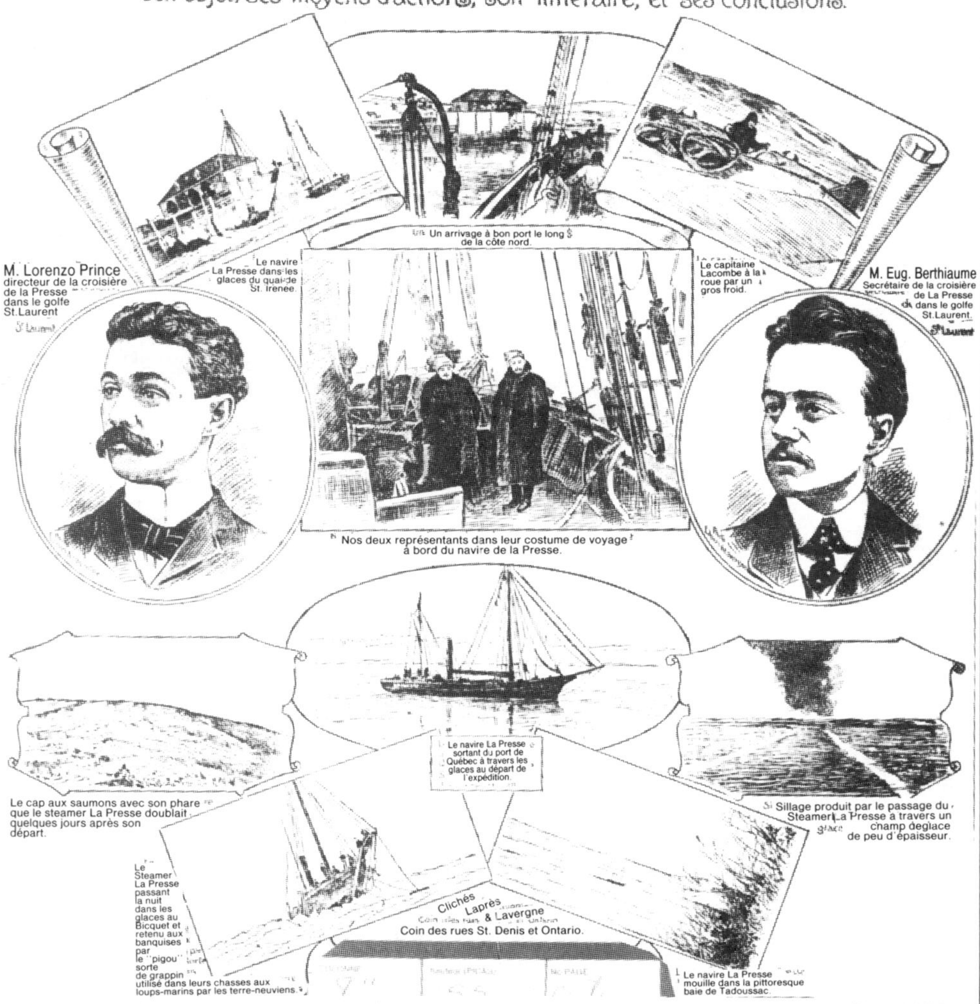

Un arrivage à bon port le long de la côte nord.
M. Lorenzo Prince
directeur de la croisière de la Presse dans le golfe St.Laurent
Le navire La Presse dans les glaces du quai de St. Irenee.
Le capitaine Lacombe à la roue par un gros froid.
M. Eug. Berthiaume
Secrétaire de la croisière de La Presse dans le golfe St.Laurent.
Nos deux représentants dans leur costume de voyage à bord du navire de la Presse.
Le navire La Presse sortant du port de Québec à travers les glaces au départ de l'expédition.
Le cap aux saumons avec son phare que le steamer La Presse doublait quelques jours après son départ.
Sillage produit par le passage du Steamer La Presse à travers un champ deglace de peu d'épaisseur.
Le Steamer La Presse passant la nuit dans les glaces au Bicquet et retenu aux banquises par le "pigou" sorte de grappin utilisé dans leurs chasses aux loups-marins par les terre-neuviens.
Clichés Laprès & Lavergne
Coin des rues St. Denis et Ontario.
Le navire La Presse mouille dans la pittoresque baie de Tadoussac.

Pour clore la croisière hivernale du steamer «La Presse» sur le Saint-Laurent, et grandement satisfaite des résultats obtenus, LA PRESSE consacrait la page une de son édition du 20 avril 1901 à l'événement.

RETOUR A QUEBEC

Le navire de la «Presse» jette l'ancre au quai de la Commission du Havre. — La population de la cité de Champlain lui fait un accueil chaleureux.

NDLR — Ce texte relate la dernière étape de l'expédition commanditée par LA PRESSE pour faire la preuve qu'il était possible, l'hiver, de remonter le Saint-Laurent jusqu'à Québec malgré les glaces.

(Dépêche spéciale de notre correspondant à bord)

QUÉBEC, **11 avril 1901** — Nous sommes arrivés sains et saufs à Québec, à 10.30, cette avant-midi.

C'est par une brise nord, assez forte, que nous sommes partis de la Rivière du Loup, d'où je vous ai télégraphié hier, à 10.30 a.m. Nous avons pris le chenal sud pour y faire des observations que nous n'avons pu faire auparavant, étant descendus par le chenal nord.

A 5 heures, nous mouillions au bloc de la traverse Saint-Roch, qui est une construction considérable, afin d'en prendre des photographies inédites.

Vers sept heures du soir, nous étions vis-à-vis L'Islet, et nous entendîmes alors sonner l'Angelus au clocher du village.

A 8.30 heures, nous jetions l'ancre à la Pointe aux Pins, en haut du phare de Montmagny. Jusqu'ici nous n'avions rencontré que des glaces éparses çà et là, qui ne gênaient nullement la marche du navire.

A deux heures, ce matin, par un vent de tempête, l'homme de quart signalait la descente de champs de glaces d'une épaisseur de six à huit pieds. Le capitaine Bégin en conclut qu'une partie du pont du Sault de la Chaudière avait cédé sous les pluies continuelles de la dernière quinzaine.

A 2.30 heures, ordre était donné à l'ingénieur de pousser sa machine, et le steamer «La Presse» dut commencer une course de louvoyage accidentée, à travers les banquises de glaces, poussées avec rapidité par le vent et le courant. Les encombrements qui surgissaient sur notre route devenaient aussi considérables que ceux que nous avons rencontrés au départ, et plus dangereux, parce qu'il s'agissait maintenant de banquises isolées, offrant plus de résistance qu'une couche unie de glace. Cependant, nous réussimes, malgré les ténèbres, à traverser cette impasse sans accident.

Avec le jour, ce fut un jeu facile pour le capitaine Lacombe de faire la pointe ouest de l'île d'Orléans. Les drapeaux flottaient sur le steamer; le canon de bord était prêt à tonner pour annoncer notre arrivée à la population de Québec, lorsque tout à coup, un bruit sourd se fit entendre en dessous du gaillard d'arrière, et l'ingénieur stoppait sa machine pour cause d'accident.

Quelques secondes plus tard, nous apprenions que la machinerie qui conduit le pouvoir des pistons à l'arbre de couche était presque toute cassée. La misaine fut immédiatement hissée, de même que le foc d'avant et il nous fallut regagner le bassin Louise sous voile et accoster à la jetée de la commission du havre au moyen d'une grue à vapeur.

Il est fort heureux que cet accident soit arrivé alors que nous étions à quelques encablures de Québec, à cause des grosses glaces que le fleuve charroie. Les dommages se chiffrent dans les cinq à six cents dollars.

Une foule assez nombreuse nous accueillit au débarcadère. Inutile de vous dire que nous faisions piètre figure encore sous le coup de l'accident qui venait de nous arriver.

Le feu a rasé le plus vieux pavillon de l'île S.-Hélène

LES constables de la Commission du Port de Montréal ont aperçu, vers 9 h. 45 ce matin (**11 avril 1930**), du feu sur l'île Sainte-Hélène, et se rendirent bientôt compte, à mesure que les flammes grandissaient, que c'était le plus vieux pavillon de l'île qui brûlait; une construction de bois à un étage. Aussitôt, les pompiers de Montréal furent demandés et le chef Raoul Gauthier dépêcha une équipe du poste No 11 sur les lieux, avec une pompe-automobile.

Pour se rendre sur l'île, les pompiers, commandés par le capitaine U. Gauthier, passèrent à 10 h. 15 sur le nouveau pont. C'est la première fois qu'une telle chose se produit.

C'est un feu d'herbe qui a allumé l'incendie, et les flammes avaient trop gagné de terrain pour que les extincteurs chimiques des pompiers de Montréal eussent beaucoup d'effet sur la maison en feu.

BABILLARD

Encore quelques recettes...

(Suite des extraits du manuel «Nouvelle cuisinière canadienne», publié en 1879, par Beauchemin et Valois, libraires, et prêté à LA PRESSE par M. Paul Roger.)

Cervelles de boeuf en matelotte.

Otez le sang caillé, les fibres et la petite peau qui enveloppent les cervelles; faites-les dégorger pendant plusieurs heures dans l'eau tiède, puis cuire, entre des bardes de lard, dans deux verres de vin blanc et autant de bouillon, avec oignons en tranches, carottes, bouquet de persil, ciboules, thym, laurier, poivre et sel. Quand elles seront cuites, mettez du beurre dans une autre casserole; sautez dedans des oignons, saupoudrez-les de farine; versez dans la casserole le mouillement dans lequel vous avez fait cuire vos cervelles et que vous aurez passé au tamis; ajoutez quelques champignons, et laissez cuire le tout; quand ce sera fait, dressez vos cervelles, et versez votre sauce dessus.

Palais de boeuf à la bourgeoise.

Nettoyez avec soin et faites cuire dans l'eau vos palais de boeuf, que vous couperez ensuite par filets. Faites roussir de l'oignon dans du beurre, et quand il sera à moitié cuit, jetez dedans vos palais; mouillez de bouillon; ajoutez bouquet de persil, sel et poivre; laissez réduire la sauce, et servez avec un peu de moutarde.

Les palais de boeuf se servent aussi entiers, cuits sur le gril. Il faut pour cela les faire mariner dans l'huile, avec sel, poivre, persil, ciboules et pointes d'ail, puis les paner avec de la mie de pain et les faire griller. On les sert alors sous une sauce piquante aux échalottes ou sans sauce.

On peut aussi les accommoder à la poulette, comme les pieds de mouton.

ACTIVITÉS

■ **À la télévision**

10 h 30, Télé-Métropole - Dans le cadre de l'émission *Entre nous* animée par Serge Laprade, Claudette Tougas, de LA PRESSE, présente la chronique *Cent ans de pages féminines*.

ON ANNONCE FAUSSEMENT LA MORT DU PAPE PIE X

La lugubre nouvelle d'abord lancée de Madrid, a été répandue sur le monde par Londres, puis niée par Paris, et définitivement déclarée fausse par une dépêche de Rome

LE PAPE EST MORT! Telle est la stupéfiante nouvelle qu'une laconique dépêche, apporta ce matin (**11 avril 1912**), vers 9 heures, aux bureaux de LA PRESSE, et qui, aussitôt, éclatait dans Montréal, comme un vrai coup de tonnerre dans un ciel serein. Dans notre population, on savait bien que le Pape était souffrant, mais on était loin de s'attendre à un dénouement fatal et aussi prompt. Aussi bien, le premier moment de stupeur passé, on hésitait à y croire. De tous côtés, on téléphonait à LA PRESSE pour s'assurer de l'exacte vérité et demander détails. Pendant près de trois heures, le téléphone ne cessa d'appeler: «Est-ce vrai que le Pape est mort?»

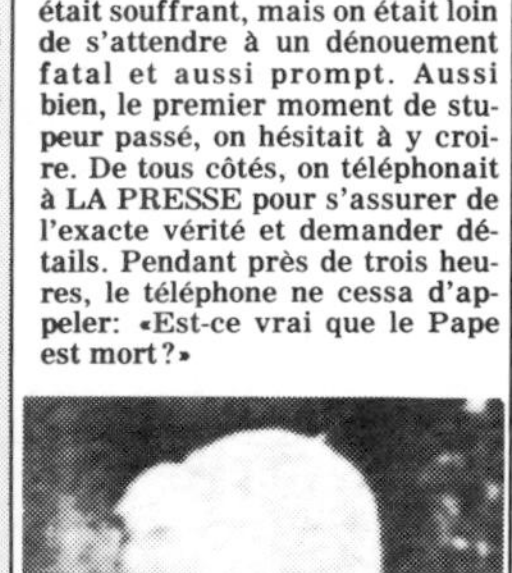

Le pape Pie X

LA PRESSE a mis aussitôt tout son personnel en mouvement, faisant jouer le télégraphe de façon à obtenir, le plus tôt possible, tous les renseignements qui pourraient faire cesser la profonde anxiété qui s'était emparée de tous. Tout d'abord, à l'Archevêché de Montréal, on a douté de la véracité de la première dépêche; à la Légation papale d'Ottawa, on a exprimé les mêmes doutes; à une dépêche de LA PRESSE, le cardinal Farley, de New York, a répondu que rien ne pouvait lui faire accepter comme vraie la dépêche de Madrid et les bruits de Londres; il en fut de même du cardinal Gibbons, de Baltimore.

En même temps, nous recevions une dépêche de Paris disant qu'on avait téléphoné de Rome que la rumeur de la mort du Pape était fausse. Enfin, à 11 heures et 45 ce matin, un message téléphonique adressé à LA PRESSE annonçait que la «Presse Associée» avait reçu l'information précise de Rome que la lugubre nouvelle de la mort du Pape était absolument fausse.

La nouvelle est fausse, Dieu soit loué! Mais l'émotion de douleur et de deuil qu'elle a produite, ce matin, dans notre ville, comme dans le monde entier, prouve combien est vénéré le Chef de la Catholicité! Combien est aimé Pie X et combien on est attaché à sa Personne. Aussi LA PRESSE est certaine d'exprimer les sentiments unanimes de la population catholique et canadienne-française en émettant ce voeu: Que le Pape Pie X glorieusement régnant vive encore de longs jours!

Ad Multos Annos!

On croit que la dépêche de Madrid est l'oeuvre d'un sinistre fumiste.

C'EST ARRIVÉ UN 11 AVRIL

1979 — Des exilés ougandais aidés de soldats tanzaniens chassent l'ineffable maréchal-président Idi Amin Dada du pouvoir. Ce dernier s'enfuit on ne sait vers quel pays.

1975 — La disparition des ondes de la populaire émission «Appelez-moi Lise» est confirmée par Radio-Canada.

1972 — Les quelque 210 000 employés des secteurs public et parapublic du Québec se mettent en grève pour la deuxième fois en deux semaines.

1967 — Sir Donald Sangster, premier ministre de la Jamaïque, succombe à une hémorragie cérébrale à l'Institut neurologique de Montréal, où il avait été transporté d'urgence.

1963 — Dans son encyclique *Pacem in Terris*, le pape Jean XXIII souhaite l'instauration d'une paix établie sur la vérité, la justice, la charité et la liberté.

1961 — Début du procès du bourreau nazi Adolf Eichmann, à Jérusalem.

1958 — Le premier ministre Maurice Duplessis admet que le Québec pourrait accepter le programme d'assurance-santé mis de l'avant par le fédéral.

1953 — À Pan Mun Jom, les Nations Unies et les Nord-Coréens signent la convention qui réglementera l'échange de quelque 6 300 prisonniers de guerre.

1951 — Le président Harry Truman relève le général Douglas MacArthur de toutes ses responsabilités. Le général Ridgway prend la relève à titre de commandant en chef, en Extrême-Orient.

1908 — On procède à l'inauguration officielle du nouvel édifice de l'École polytechnique de l'Université de Montréal.

UNE MACHINE MARCHANTE

L'INVENTEUR de cette «walking-machine», M. Wright, résidait au Transvaal quand éclata la guerre, dont il suivit en observateur les principales opérations. Un fait attira en particulier son attention: les artilleurs ne réussissaient qu'au prix d'efforts inouis à mettre leurs gros canons en batterie, dès qu'ils avaient à les hisser au sommet des «kopjes». Il chercha alors à combiner un engin susceptible de circuler avec un poids lourd sur ces terrains difficiles et, à force de perfectionnements successifs, il finit par produire la machine que nous allons examiner brièvement.

Son principal objet est donc de traîner des pièces de gros calibres à une vitesse relativement considérable, et cela à travers les terrains les plus accidentés. Voici, d'après un témoin qui assista aux essais définitifs, à Long Valley, aux abords du camp d'Aldershot, quels seraient les principaux exploits accomplis par la machine: 1° Elle aurait atteint le sommet d'une colline dont la pente était trop rapide pour les autres systèmes de locomobiles, et cela en traînant des fourgons pesamment chargés; 2° Elle aurait suivi à grande vitesse la crête d'une colline où toute autre machine aurait versé; 3° Elle aurait traversé un fossé large de six pieds, et, dans un autre fossé à peine plus large qu'elle n'est longue, elle aurait reviré sans difficulté; 4° Malgré son énorme poids, elle pourrait tourner brusquement sur elle-même, en se servant d'une de ses roues comme pivot.

Réellement, la machine en marche, et surtout à distance, a tout l'air d'une gigantesque chenille; elle semble ramper. Cet effet est dû aux détails de construction que notre photographie expose nettement.

Ses huit roues sont comme enveloppées dans deux bandes sans fin qui sont munies sur leur surface externe de 32 pieds. Quand on aperçoit la machine de loin, on ne distingue pas les roues; et, positivement, elle semble portée en avant par les bandes rampantes, par les bandes chenilles, selon l'expression des soldats. La force motrice est fournie par une machine à combustion interne qui développe l'équivalent de 400 chevaux-vapeur. (...) L'engin pèse trente tonnes.

Cela se passait le 11 avril 1908.

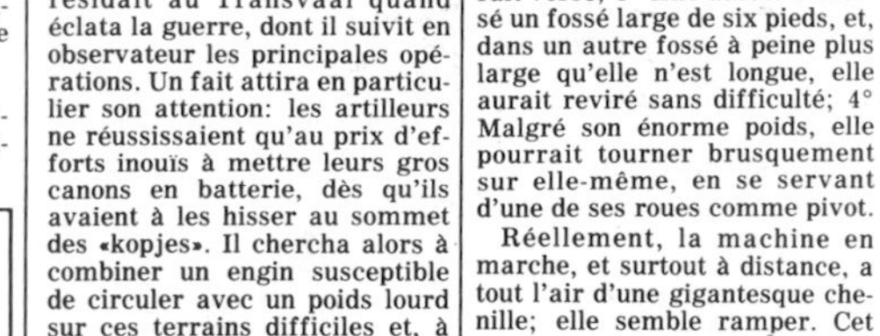

L'«automobile marchante», inventée par M. Wright, au cours des essais réalisés aux abords du camp d'Aldershot.

LA PRESSE

100 ans d'actualités

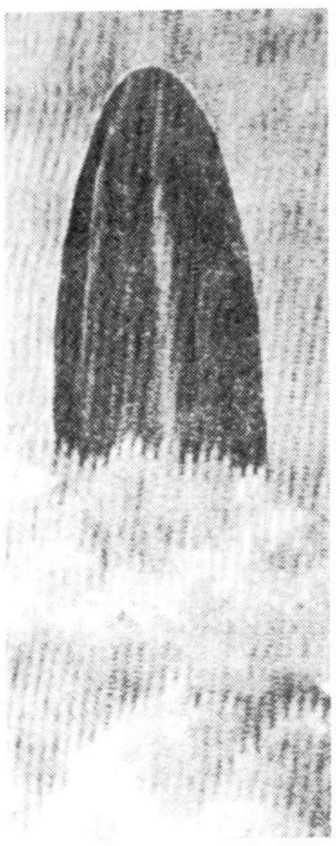

Les *Izvestia* publièrent cette photo de l'agence TASS, prétendant qu'il s'agissait de la fusée porteuse traversant une couche de nuage. Cette photo copiée dans les *Izvestia* avait été offerte sans retouches par l'Associated Press.

Un Russe ramené vivant d'un voyage cosmique

Yuri Gagarine passe 108 minutes en orbite autour de la terre

MOSCOU (PA, PC, AFP, UPI) — L'URSS a placé aujourd'hui **(12 avril 1961)** pour la première fois dans l'histoire du monde, un homme en orbite autour de la terre et l'a ramené sain et sauf après un séjour d'une durée de 108 minutes dans l'espace.

Le cosmonaute soviétique, le major Yuri Alekseyevich Gagarine, âgé de 27 ans et père de deux enfants, a accompli un peu plus d'un tour de la terre, dans un vaisseau spatial de cinq tonnes, avant d'être ramené à un endroit prédéterminé en Union soviétique. Le premier tour du globe opéré par un homme a été réalisé en 89.1 minutes. L'orbite décrite par le vaisseau cosmique atteignait 110 milles à son point le plus éloigné. Le vaisseau spatial est désigné sous le nom de «Spoutnik Orient» par les savants soviétiques. Ces derniers ont pu surveiller sur des écrans de télévision le déroulement de l'opération. Ils maintenaient en même temps le contact avec Gagarine sur deux fréquences radiophoniques de 9,019 et 20,006 mégacycles.

Aux dernières nouvelles, Gagarine, proclamé héros national, se dirigeait vers Moscou dans un avion à réaction.

Tout va bien à bord

Au moment où il survolait l'Amérique du Sud, Gagarine a envoyé un message disant: «Tout va bien à bord». Il a atterri à 10.55 heures de la matinée, heure de Moscou (3.55 heures, heure de l'Est), et a déclaré qu'il se sentait très bien et qu'il ne souffrait d'aucune blessure ni contusion. Il a demandé qu'on annonce à Khrouchtchev le succès de son atterrissage.

A 9 heures, Radio-Moscou avait interrompu ses émissions pour proclamer la nouvelle. Le principal commentateur des nouvelles a lu le communiqué à trois reprises. «Le pilote du premier navire spatial habité par un homme est un citoyen de l'URSS, le major d'aviation Yuri Alekseyevich Gagarine.» Le lancement de la fusée spatiale à plusieurs étages a réussi et après avoir atteint sa première vitesse d'évasion, après la séparation du dernier étage de sa fusée porteuse, le vaisseau spatial est entré en vol libre en orbite autour de la terre. (...)

Un spécialiste soviétique en astronautique, Nikolai Varvarov, a déclaré ce matin que le vaisseau «Orient» était activé par un système complètement automatique, ce système prenant soin de l'astronaute lui-même. Le savant a expliqué qu'il était impossible que l'astronaute dirige lui-même le vaisseau. Cela demanderait une force extraordinaire et de toute façon les mouvements de l'homme ne seraient pas assez rapides. (...)

Yuri Gagarine, le premier cosmonaute du monde.

C'EST ARRIVÉ UN 12 AVRIL

1981 — Mise en orbite de la navette spatiale *Columbia*, le premier engin spatial qui pourra être réutilisé. — Joe Louis, ex-champion du monde des poids lourds à la boxe, meurt à 66 ans.

1979 — Le premier ministre du Québec, René Lévesque, épouse Corinne Côté, son ancienne secrétaire, dans la plus stricte intimité.

1960 — Le premier ministre Michel Debré, de France, déclare que si une majorité d'Algériens optait pour l'indépendance, l'Algérie serait scindée en deux parties, l'une française et l'autre algérienne. — Éric Peugeot, âgé de quatre ans et héritier du magnat français de l'automobile, est kidnappé à Paris. Ses ravisseurs exigent une rançon de $100 000.

1957 — Albert-Édouard-Lucien Cannon est assassiné à Saïgon où il faisait partie de la délégation canadienne de surveillance.

1955 — On reconnaît officiellement l'efficacité du vaccin Salk contre la poliomyélite. Ce vaccin avait été mis à l'essai sur des enfants au cours de 1954.

1949 — La violence éclate dans les ports du Canada paralysés par une grève des débardeurs, pendant que les denrées périssables pourrissent sur les quais.

1945 — Le président Franklin Delano Roosevelt, des États-Unis, succombe à une hémorragie cérébrale à l'âge de 65 ans. Il avait occupé ses fonctions pendant 12 ans, et il avait surmonté un handicap terrible, la poliomyélite qui l'avait frappé à l'âge de 41 ans. Il est immédiatement remplacé par le vice-président Harry Truman.

1926 — Les Montréalais accordent un cinquième mandat au maire Médéric Martin.

1913 — Ouverture de l'Exposition de l'immeuble de Montréal.

1903 — Une collision ferroviaire impliquant deux trains fait quatre morts, près de Halifax.

1898 — Le cardinal Alexandre Taschereau meurt à Québec, à l'âge de 78 ans.

Deux maisons volent en éclats

A la suite d'explosions causées par le gaz

DEUX terribles explosions ont fait voler en éclats des maisons complètes à peine à six heures d'intervalle et dans des quartiers bien différents, au cours de la journée de samedi **(12 avril 1930)**. (...)

Dans chacun des cas, c'est le gaz d'éclairage s'échappant de conduits défectueux qui a causé l'explosion. Chaque explosion a été d'une force terrible. Les toits ont été projetés en l'air tandis que les murs ont volé en éclats et en moins de temps qu'il n'en faut pour le dire la maison n'était plus qu'un monceau de débris informes. Dans les deux cas l'incendie s'est déclaré dans les débris mais a été vite mis sous contrôle.

Les personnes qui se trouvaient dans les maisons ont été ensevelies sous les débris d'où il a fallu les retirer avec peine et misère et ceux qui se trouvaient aux alentours des maisons ont été projetées à des distances considérables ou meurtris par les projectiles provenant de la maison.

Les deux maisons qui ont fait explosion étaient des maisons neuves.

Première explosion

La première explosion est survenue un peu avant 1 heure, samedi après-midi, à la maison portant le numéro 1327, boulevard Saint-Joseph est. Il s'agissait d'une maison à appartements de trois étages dont la construction n'était pas encore terminée. Heureusement, il n'y avait qu'une personne dans la maison au moment de l'accident, les autres ouvriers étant tous occupés dans la maison voisine. L'homme qui était dans la maison est M. Henri Lamy, 3870, rue S.-Hubert, et comme il se trouvait près d'une fenêtre, il a été projeté dehors et s'est relevé une vingtaine de pieds plus loin dans la rue; quand il a été relevé il souffrait de légères contusions générales et après avoir été pansé, il a pu retourner chez lui. (...) Les dommages sont évalués aux environs de $50,000. (...)

Seconde explosion

La seconde explosion, pour avoir causé des dommages matériels moins grands, puisqu'ils sont évalués à $12,000 environ, a été beaucoup plus grave à cause des blessures qui ont été infligées à ceux qui occupaient la maison. Ici les victimes sont au nombre de onze et quelques-uns sont dans un état grave. C'est la maison située aux numéros 5325 à 5331, 9e avenue, Rosemont, qui a été le théâtre de l'accident qui est survenu environ sept heures après la première explosion, c'est-à-dire un peu avant 8 heures samedi soir.

Il est cependant des plus étonnants qu'aucune mort n'ait été enregistrée, puisqu'il y avait plusieurs personnes dans la maison au moment de l'explosion et qu'elles ont été ensevelies dans les débris d'où les pompiers et des voisins sont parvenus à les tirer, presque au milieu des flammes, et parfois seulement après avoir soulevé des poutres entières ou des meubles tombés pêle-mêle. Un pompier a aussi été asphyxié en s'efforçant d'atteindre le conduit de gaz d'où le fluide dangereux s'échappait constamment et pouvait causer une nouvelle explosion d'une minute à l'autre.

Cette photo de ce qui reste de la maison du boulevard Saint-Joseph illustre fort bien la puissance de l'explosion.

LE SERVICE DES AUTOMOBILES A CINQ SOUS EST PRESENTE AUX CITOYENS DE MONTREAL

A onze heure, cet avant-midi **(12 avril 1915)**, on a inauguré à Montréal, le nouveau service d'automobiles dit «Jitney». Bon nombre de citoyens distingués et quelques journalistes ont parcouru dans les voitures de la nouvelle association, la route qui sera régulièrement suivie par ce service. Une quinzaine de voitures ont pris part à cette parade et l'inauguration a été très réussie. (...)

Le mot «Jitney», qui n'est ni français ni anglais, est une expression qui nous vient de l'ouest des États-Unis. On lui prête la signification de «passage à cinq sous.» C'est dans les États-Unis, à San Francisco, que le premier service d'automobiles «Jitney» fut inauguré. (...) A Winnipeg et à Toronto, ces services qui ont été inaugurés depuis quelques mois, donnent aussi d'excellents résultats. A Montréal, on s'attend à ce que ce service aide considérablement à faire diminuer la congestion du tramway, particulièrement aux heures des repas.

Le nouveau service régulier des autos dits «Jitney» commencera le matin à sept heures, la première voiture quittant l'angle des rues Laurier et du Parc, et passant par les rues Mont-Royal, Saint-Urbain, avenue des Pins, avenue du Parc, Saint-Alexandre, Craig, Place d'Armes, Saint-Jacques, Saint-Pierre, Craig, Saint-Alexandre et retournant à l'angle de la rue Laurier et de l'avenue du Parc. La dernière voiture du service de jour quittera la Place d'Armes à sept heures du soir.

SENSATIONNEL ATTENTAT A VILLE LASALLE

Des bandits barrent la rue avec un câble et tirent sur des automobilistes

M. Arthur Laniel et Mme Laniel, ainsi que leur fils Roméo, leur gendre, M. Albert Pilon, la femme de celui-ci et leurs quatre enfants revenaient, hier **(12 avril 1925)** soir, vers la ville, à 10 heures, lorsqu'ils ont été les victimes d'un des plus audacieux attentats dont fassent mention nos annales criminelles.

Des bandits à l'affût, après avoir fermé la rue à l'aide de câbles, tirèrent plusieurs coups de feu dans la direction des automobilistes, heureusement sans les atteindre. La machine lancée à toute vitesse par M. Roméo Laniel, qui était au volant, rompit les câbles et put continuer sa route, sans encombre. Ce furent des moments d'indicible angoisse pour tous les occupants de l'auto, mais heureusement, tout s'est terminé à leur avantage. Les seuls dommages éprouvés furent le bris de quelques vitres de la voiture.

M. Laniel et les siens ont dû passer entre le feu croisé de deux bandes. Des apaches se tenaient de chaque côté de la route et tirèrent un peu avant et en même temps que le véhicule brisait les câbles.

M. Laniel est domicilié au No 1106, rue Verdun, à Verdun. La scène de l'attentat est située dans un endroit solitaire de la rue Saint-Patrick, sur la berge du canal, vis-à-vis l'usine de la «Montreal Light, Heat & Power Consolidated Company».

Les neuf occupants de l'auto, comme l'a constaté plus tard le sergent Champagne, du poste de police de la Côte Saint-Paul, qui reçut la plainte des victimes, ont failli être tués ou, tout au moins, blessés. Des vitres ont été brisées de chaque côté de la voiture et deux balles ont été trouvées à l'intérieur du véhicule.

M. Laniel n'est revenu que ces jours derniers d'un voyage en auto en Floride et il a pu faire le trajet de milliers de milles sans la moindre attaque de la part des bandits. Il est le propriétaire de la Compagnie de liqueurs Corona, située dans l'avenue Verdun. Il avait passé la veillée à Sainte-Geneviève et avait décidé de ramener son gendre et la famille de celui-ci, pour la nuit.

La voiture qui fut la cible de l'attentat dont fut victime M. Laniel et les siens.

UNE CONFLAGRATION DETRUIT LA BANLIEUE BOSTONNAISE DE CHELSEA

UNE terrible conflagration éclatait, vers 10 h 40, au matin du **12 avril 1908**, et semait la mort et la désolation sur son passage dans la banlieue bostonnaise de Chelsea, où vivaient alors quelque 35 000 personnes.

Les flammes avaient pris naissance dans un amoncellement de chiffons derrière l'usine de la société Boston Blacking Company, et favorisées par un vent violent, elles s'étaient répandues au point d'atteindre une distance d'un mille et demi de leur foyer d'origine, lorsque les pompiers de Boston et de six villes voisines parvinrent à stopper leur progression.

L'incendie fit une cinquantaine de morts et de blessés, tandis que plus de 10 000 personnes se retrouvèrent sans abri.

Sur le plan matériel, la conflagration causa des dommages supérieurs à $10 millions. En effet, les flammes détruisirent 13 églises, deux hôpitaux, la bibliothèque publique, l'hôtel de ville, cinq écoles et près de 400 maisons. Compte tenu de l'étendue des dégâts et du type de bâtisses détruites par les flammes, il est surprenant que le nombre de morts et de blessés n'ait pas été plus élevé.

LA PRESSE
100 ans d'actualités

Aurore, l'enfant martyre (2)

LA FEMME GAGNON, ACCUSEE D'AVOIR MARTYRISE SA BELLE-FILLE, APPARAIT VOILEE EN COURS D'ASSISES

(Du correspondant de la PRESSE)

QUÉBEC, 14 — Il y a longtemps que l'on n'avait vu, aux Assises de Québec, un procès pour attirer la curiosité du public comme celui des auteurs présumés du martyre de la petite Aurore Gagnon, belle-fille de la prévenue, Marie-Anne Houde, femme de Télesphore Gagnon, père de la défunte.

Bien que les époux Gagnon soient accusés tous deux du même crime, c'est le seul procès de Marie-Anne Houde, femme de Télesphore Gagnon, que l'on instruit maintenant. Celui du mari aura lieu ensuite.

La salle d'audience est comble. Il y faisait une atmosphère telle, hier **(13 avril 1920)** après-midi, que le juge L.-P. Pelletier dut suspendre la séance durant dix minutes pour la faire ventiler. (...)

Il y eut plusieurs causes d'émotion hier après-midi, d'abord un messager vint apporter sur la table du greffier les instruments de supplice qui sont censés avoir servi au martyre de la petite Aurore Gagnon: un tisonnier, un fouet, un manche de hache, une hart *(il s'agit d'un lien d'osier utilisé pour attacher les fagots de bois)*, une corde tressée, un fer à friser, un manche de fourche. La foule manifestait aussi beaucoup d'émotion durant la description que le Dr Marois fit des nombreuses *(il en compta 54)* blessures et plaies de la fillette.

Le public ne put juger de l'effet produit par ces choses sur l'accusée, car cette dernière avait toute la figure recouverte d'un voile noir excessivement épais qui cachait ses traits. (...)

L'accusée est défendue par l'hon J.-N. Francoeur qui a comme conseil Me Marc-Aurèle Lemieux.

LE DOCTEUR MAROIS

Le témoignage du Dr Marois fut le premier entendu. (...) Le Dr Marois est le médecin autopsiste de la Couronne.

Le 13 février dernier, assisté du Dr Lafond, de Parisville, il a fait l'autopsie du cadavre de la fillette Aurore Gagnon, à Sainte-Philomène de Fortierville. Il a trouvé le cadavre très émacié, très amaigri. Le corps était pratiquement couvert de plaies.

Au-dessus du sourcil droit, il y avait une large entaille par où l'on voyait les os du crâne. Il y avait du sang et du pus sur presque tout le cuir chevelu et les os du crâne étaient en partie rongé par ce pus.

Le Dr Marois a décrit avec une minutie extrême toutes les blessures et les plaies qu'il a constatées. (...) Il y en a qui avaient un diamètre de quatre pouces. Il y en avait sur les pieds, sur les jambes, sur les cuisses, sur les bras, dans le dos, par tout le corps. Dans la plupart des cas, il y avait décollement de la chair. (...)

La situation symétrique des blessures sur les bras et les jambes l'engage à croire que la fillette a dû être attachée pour recevoir ainsi les coups qui ont causé ses blessures. La cuisse gauche était tuméfiée et plus grosse que l'autre. Quelques-unes des plaies étaient cicatrisées ou en voie de cicatrisation. A l'endroit des blessures sur les poignets et sur les doigts, la peau était enlevée jusqu'à l'os. (...)

L'examen interne du cadavre n'a révélé aucune lésion. Tout ce qu'il a remarqué d'anormal, c'est du côté de l'estomac, dont la muqueuse avait une couleur rougeâtre qui semblait indiquer le passage d'une substance irritante. Il soupçonna qu'il y avait eu du poison et c'est pourquoi il recueillit les viscères qu'il fit analyser par le Dr Derome, à Montréal. Mais cette analyse n'a révélé aucune trace de poison. Le témoin ajoute que cela ne prouve pas qu'il n'y ait eu quelque substance anormale administrée à la fillette, mais l'analyse ne l'a pas établi. (...)

La cause de la mort, selon le témoin, est l'épuisement survenu à la suite de nombreuses blessures qui ont entraîné de l'infection et une débilité générale. L'apparence des blessures indiquait que l'enfant n'avait reçu aucun soin. La cause des blessures, ce sont des coups. Il ne saurait y avoir question de maladie de la peau ou de quelque autre maladie infectieuse. (...)

L'EXPOSITION DE 1896, A MONTREAL

SI ELLE ETAIT TENUE DANS L'ILE STE-HELENE

L'idée de tenir une exposition internationale à Montréal et, mieux encore, dans l'île Sainte-Hélène, ne date pas des années 1960, comme le pense sans doute la majorité des gens.

En effet, dans son édition du *13 avril 1895*, LA PRESSE invitait ses lecteurs à suggérer un lieu pour la présentation de l'exposition projetée pour l'année 1896, en s'engageant à publier tous les projets réalisables.

Deux jours plus tard, sans doute pour stimuler les suggestions, elle publiait ces croquis, oeuvres de son dessinateur A.S. Brodeur. L'un des croquis montre l'exposition telle qu'elle apparaîtrait en approchant de Montréal par l'aval, tandis que l'autre montre l'exposition oeuvres de vue de Montréal. Fascinant, n'est-ce pas?

Apollo XIII a réussi à s'en tirer

A 21 h 11, en fin de soirée, le ***13 avril 1970,*** les Américains apprenaient avec stupeur qu'une grave panne d'électricité dans le module de commande compromettait irrémédiablement la mission du satellite Apollo XIII en route vers la Lune, et rendait périlleux le retour sur terre des trois astronautes, James Lovell, John Swigert et Fred Haise. Mais à force d'imagination et de créativité face au danger imminent, les scientifiques de la NASA parvinrent à rapatrier l'équipage en lui demandant de demeurer dans le LEM le plus longtemps possible, et de ne le larguer qu'au tout dernier instant afin de profiter au maximum de sa réserve d'électricité. Tant et si bien que les trois astronautes revinrent sains et saufs sur terre.

8 MORTS AU RETOUR D'UNE EXCURSION

HUIT morts, une quinzaine de blessés! Voilà le bilan de la plus effroyable catastrophe de chemin de fer enregistrée aux environs de Montréal depuis des années.

D'innombrables scènes d'horreur, comme il arrive toujours, accompagnèrent ce désastre. L'accident arriva, hier **(13 avril 1913)** soir, dans la paroisse de Saint-Lambert, sur la voie du Vermont Central faisant partie du réseau du Grand Tronc.

Entre 500 à 600 excursionnistes étaient partis, vers 1 heure de l'après-midi, sur un train nolisé par M. C.C. Cottrell, l'agent d'immeubles bien connu, pour aller visiter «Sunlight Park», terrains subdivisés en lots à 5 milles de Saint-Lambert.

C'est au retour que la catastrophe se produisit. La locomotive traînait cette longue suite de wagons en faisant machine arrière; elle allait à une vitesse de 25 à 30 milles à l'heure lorsque le tender, qui la précédait, sauta hors de la voie, par la faute d'un rail défectueux. La locomotive suivit, de même que trois wagons, qui entrèrent les uns dans les autres.

Faute d'espace, il nous faut arrêter ici la description de l'accident survenu quelques centaines de pieds avant le raccordement de la voie de New York et contournant ce qui est aujourd'hui Brossard, avec la voie principale en provenance des Maritimes. Comme nous l'avons dit au début, l'accident fit cinq morts: Martin White, Joseph Lacoste, Walter Strange, Oscar Rochon et Margaret Dear, une fillette âgée de 12 ans seulement.

Quelques instants après l'accident, la locomotive s'est disloquée sous le choc. La photo montre la chaudière éventrée.

NOS SOLDATS LANCENT DES GRENADES SUR LES BOCHES, AVEC LA CROSSE NATIONALE

NOS soldats canadiens se sont déjà noblement distingués sur les sanglants champs de bataille de Belgique et du Nord de la France. Leur éloge a été d'ailleurs prononcé par les bouches les plus autorisées d'Angleterre et de France. Et aussi les bulletins officiels disent assez combien ils savent soutenir l'honneur de leur pays et la cause de leur civilisation.

Leur héroïsme ne manque pas non plus d'originalité, et quand l'occasion s'en présente, ils savent mettre au profit de la noble cause qu'ils défendent leurs aptitudes particulières, leur intelligence primesautière, jusque même dans l'application de leurs jeux.

Qui aurait dit par exemple, que le jeu national du Canada, la crosse, aurait servi d'engin de guerre contre les Boches barbares? C'est pourtant ce qui arrive. On n'a qu'à lire la dépêche suivante pour se rendre compte que nos braves Canadiens n'ont pas été lents à utiliser les qualités ballistiques de la crosse.

Londres, 13 (Câblogramme spécial au «Mail and Empire» de Toronto) — Les soldats canadiens, qui sont au front, ont trouvé une nouvelle façon d'utiliser leurs crosses. Ils s'en servent pour lancer des grenades dans les tranchées allemandes. Lancées de cette façon, les grenades à main portent plus loin et avec plus de précision. De plus, celui qui les lance s'expose moins au danger des balles.

Les autorités militaires ont acheté plus de cinq cents crosses qui serviront au lancement des grenades, et l'on espère que le résultat sera des plus satisfaisants.

Cela se passait le 13 avril 1915.

Huenefeld, Koehl et Fitzmaurice ont réussi

Les aviateurs du «Bremen» sont sains et saufs à Greenely Island, dans le détroit de Belle-Isle. — Le monoplan est quelque peu endommagé. — L'envolée transatlantique de l'est à l'ouest est effectuée pour la 1ère fois.

OTTAWA, 14 — A 8 heures 55, hier **(13 avril 1928)** soir, il a été annoncé par W.A. Rush, surintendant du département du radio du ministère de la marine et des pêcheries, qu'un sans-fil avait été reçu du poste du détroit de Belle-Isle, sans fil disant qu'un message du poste de Pointe Amour se lisait ainsi: «L'aéroplane allemand est descendu à Greenely Island, vent du sud-est avec neige».

Les fonctionnaires du département de la marine et des pêcheries de Terre-Neuve ont dit hier soir que si le «Bremen» est descendu à Greenely Island et ne peut pas faire une nouvelle ascension, il sera nécessaire d'envoyer un steamer de Saint-Jean pour transporter les aviateurs. Greenely Island est à l'embouchure de la baie de Blanc Sablon, à l'entrée occidentale du détroit de Belle-Isle, à la frontière qui sépare le Canada des sections terre-neuviennes du Labrador. Il faudrait des semaines aux aviateurs pour atteindre Québec en suivant la côte.

Un sans-fil adressé au «Times» de Londres et que l'on croit avoir été envoyé par un des aviateurs du «Bremen», sans-fil annonçant l'heureuse descente à Greenely Island, a été copié hier soir par un télégraphiste du chemin de fer Reading. Il disait: «Descente à Belle-Isle à 6 heures 6 (heure de l'Atlantique). Tous bien. Sans aide».

Des applaudissements ont éclaté à la Chambre des communes, hier soir, lorsque l'on a appris que les aviateurs allemands avaient atterri en terre canadienne. (...) Le premier ministre, le très hon. Mackenzie King, demande la permission d'interrompre la séance afin que l'hon. J.L. Ralston, ministre de la défense nationale, pût communiquer l'importante nouvelle.

Le colonel Ralston se leva aussitôt et dit: «Tant de rapports ont été reçus que l'on pouvait hésiter à annoncer une nouvelle touchant les intrépides aviateurs, le baron Gunther von Huenefeld, le capitaine Herman Koehl ainsi que le colonel James Fitzmaurice.»

Le colonel Ralston déclara qu'il avait reçu un rapport provenant d'une source certaine disant que le monoplan «Bremen» avait été forcé d'atterrir au milieu d'une tempête de neige sur l'île Greenely. Le rapport venait de Pointe-Amour, de la station de radio située sur la côte du Labrador. Le gardien du phare à l'île Greenely, ajoutait-on, prenait soin des aviateurs.

(On remarquera que les trois aviateurs à bord du monoplan «Bremen» avaient quitté la banlieue de Dublin à 12 h 38, la veille au midi. Cet exploit était le pendant, d'est en ouest, de l'historique traversée en direction contraire de Charles Lindberg, à bord du «Spirit of St. Louis», un an plus tôt.)

Le «Bremen», photographié avant son départ, dans un champ de la banlieue de Dublin.

C'EST ARRIVÉ UN 13 AVRIL

1983 — Le président Ronald Corey, du Canadien, congédie le directeur Irving Grundman et le directeur du personnel Ronald Caron.

1981 — Contre toute attente, le Parti québécois conserve le pouvoir en gagnant 80 sièges sur 122.

1976 — Les employés du Front commun du Québec défient pour la première fois la Loi 23 interdisant qu'on perturbe le déroulement d'une année scolaire.

1975 — De sérieux accrochages entre Phalangistes et Palestiniens, à Beyrouth, marquent le début d'une autre guerre civile, au Liban.

1975 — Au golf, Jack Nicklaus mérite une cinquième victoire au célèbre Tournoi des maîtres.

1966 — Le maréchal Abdel Salam Aref, chef de l'État irakien, perd la vie dans un accident d'avion.

1966 — Les 12 000 travailleurs de la construction affiliés à la CSN déclenchent la grève.

1962 — L'ex-général français Edmond Jouhaud est condamné à mort par un tribunal militaire, pour son rôle au sein de l'OAS.

1959 — La mise sur orbite du *Discoverer II* permet aux États-Unis d'envisager pour un proche avenir le lancement d'un homme à bord d'un satellite artificiel.

1954 — Décès à l'âge de 64 ans du premier ministre Angus Macdonald, de la Nouvelle-Écosse.

1945 — Les troupes soviétiques s'emparent de Vienne, Autriche.

1927 — Ottawa gagne la coupe Stanley en battant Boston, 3 à 1.

1909 — La mutinerie de la garnison de Constantinople se termine dans le sang, et le gouvernement du grand vizir Hilmi Pacha doit démissionner.

LA PRESSE
100 ans d'actualités

28me ANNEE No 137 MONTREAL, LUNDI 15 AVRIL 1912 16 PAGES—UN CENTIN

UN DRAME EN PLEINE MER

LE "TITANIC" EST SUR UN ABIME

NDLR — Le fait que les communications étaient plutôt difficiles et que l'accident soit survenu si tard en soirée, joint à l'ampleur évidente du drame, explique le caractère désordonné de la présentation de cette nouvelle dans LA PRESSE.

ON peut s'imaginer l'angoisse profonde qui s'est emparée du monde maritime, la nuit dernière, lorsqu'on apprit que le «Titanic», le gigantesque paquebot dernier modèle de la ligne White Star, sorti ce printemps des chantiers de Belfast, et parti de Southampton le 11 avril *(il s'agissait en fait du 10)* était signalé de Cap Race, Terre-Neuve, dans la plus grande détresse, à 10 heures et 25 minutes **(le 14 avril 1912).**

On sauta de l'angoisse à l'horreur, lorsqu'un nouveau message, une demi-heure après, signalait que le «Titanic» roulait de l'avant et qu'en toute hâte on embarquait les femmes dans des chaloupes de sauvetage.

Une seule chose venait mettre quelqu'espoir dans les coeurs: c'est que le temps était clair et calme. On escomptait aussi le secours qu'apportait à toute vitesse le «Virginian» de la ligne Allan, qui se trouvait à 150 milles du théâtre du sinistre.

Quel instant épouvantable que celui où on annonçait, à minuit et 27 minutes, que le télégraphiste avait envoyé au «Virginian» son dernier marconigramme conçu ainsi: «La proue s'enfonce» et que l'appareil avait cessé de fonctionner.

Ce fut une nuit terrible pour tous, surtout pour les victimes du sinistre, et pour tous ceux qui s'intéressaient le plus directement à leur sort: les parents et les amis.

Un immense soupir de soulagement accueillit la courte dépêche suivante, venue de New York, ce matin:

(Spécial à la PRESSE)

New York, 15 — Une dépêche reçue ici d'Halifax, N.-E., ce matin, annonce que tous les passagers ont quitté le «Titanic» à 3 heures 30, ce matin.

C'était un rayon de soleil dans le ciel sombre, et cette consolante nouvelle était confirmée par la dépêche suivante de Londres:

(Spécial à la PRESSE)

Londres, 15 — Tous les passagers du «Titanic» ont été sauvés du paquebot à 3 heures 30 ce matin d'après un marconigramme d'Halifax N.-E., adressé à une agence d'ici. Tout est donc à l'espoir!

DEPECHES DE LA PREMIERE HEURE

(Dépêche spéciale à la PRESSE)

Cap Race, 15 — A 10.25 heures, hier soir, le paquebot «Titanic» annonça qu'il avait frappé un iceberg et qu'il avait besoin d'être secouru immédiatement.

L'appel était le suivant: «C.Q.D.», c'est-à-dire: «Come Quick, Danger» ou «Venez vite, nous sommes en péril».

Une demi-heure plus tard, un autre message annonça que l'avant du «Titanic» s'enfonçait et que les femmes étaient placées dans les chaloupes de sauvetage. Le télégraphiste du «Titanic» disait que le temps était calme et clair, et que la position du navire était celle-ci: 41,46 latitude-nord et 54,14 longitude-ouest.

Le télégraphiste de la station de marconigraphie de Cap Race apprit la sinistre nouvelle au paquebot «Virginian» de la ligne Allan. Le capitaine du «Virginia» répondit qu'il se dirigeait tout de suite vers la scène de la catastrophe. A minuit, le «Virginian» était à 150 milles du «Titanic» qu'il devait atteindre pendant la matinée, aujourd'hui vers 10 heures.

L'«Olympic», ce matin, était dans la position suivante: latitude-nord, 40,32, longitude-ouest, 61,18. Il était en communication avec le «Titanic» vers lequel il se dirigeait à toute vitesse.

Le steamer «Baltic» était, ce matin, à 200 milles à l'est du «Titanic», qu'il essayait d'atteindre le plus tôt possible. Vers minuit et demi, le «Titanic» se signala au «Virginian». Le télégraphiste du «Virginian» dit alors que le message du «Titanic» était défiguré et qu'il se terminait sans exprimer de sens. (...)

Le «Titanic», qui a quitté Southampton le 10 avril, pour entreprendre son premier voyage à New York, appartient à la compagnie White Star. Il a 1,300 passagers, dont 350 de première.

Le « Titanic ».

Le théâtre du sinistre.

LE «TITANIC»

LIGNE — «White Star».
LONGUEUR — 882 pieds.
LARGEUR — 92½ pieds.
TONNAGE — 45,000 tonnes.
DEPLACEMENT — 66,000 tonnes.
FORCE MOTRICE — 45,000 chevaux-vapeur.
VITESSE — 21 noeuds.
LANCEMENT — A Belfast, Irlande, le 31 mai 1911.
PREMIER VOYAGE — De Southampton, Angleterre, pour New York, le 10 avril.
EN MER — En détresse, à 10 hrs 25 du soir, le 14 avril, au large de Terreneuve, latitude nord 41,46; longitude, 50,14 ouest.
PASSAGERS A BORD — 1,300 dont 350 de première classe.
COMPARAISON — Si on mesurait en longueur le «Titanic» avec la hauteur des tours de Notre-Dame, celles-ci seraient dépassées de 658 pieds.

CHAMBRES DE COMMERCE REUNIES EN CONVENTION

LA convention des chambres de commerce a commencé ses travaux hier **(14 avril 1909).** Plus de douze institutions soeurs avaient envoyé des délégués. Sur proposition de M. J.-N. Cabana, de St-Hyacinthe, M. Isaïe Préfontaine garde le fauteuil de la présidence.

C'est ainsi que commence un long texte consacré à la fondation de la Chambre de commerce du Québec, alors connue sous le nom de Fédération des Chambres de commerce, au local de l'association du district de Montréal.

Le vice-président exécutif de la Chambre de commerce de la province de Québec, M. Jean-Paul Létourneau, est celui qui attira notre attention sur le fait que l'organisme célèbre donc cette année son 75e anniversaire de fondation. Cependant, la Chambre de commerce devra vraisemblablement revoir ses archives, car si on s'en tient aux reportages de LA PRESSE, c'est le 14 avril, et non le 15 que la fédération a été fondée.

De toute manière, l'événement méritait certes d'être souligné.

ACTIVITÉS

AUJOURD'HUI

■ **À la radio**
17 h, *Radio-Canada* — Chronique consacrée à LA PRESSE à l'émission *Avec le temps*, animée par Pierre Paquette.

DEMAIN

■ **À la radio**
12 h 15, Radio-Canada — Dans le cadre de l'émission *aujourd'hui la science*, l'animateur Yanick Villedieu nous entretiendra du cahier «100 ans d'inventions» de LA PRESSE.

C'EST ARRIVÉ UN 14 AVRIL

1981 — Retour sur la terre de la navette spatiale *Columbia*, le premier véhicule spatial réutilisable, à l'issue de son vol inaugural — La Chambre des communes adopte le projet de transformer le ministère des Postes en société de la Couronne.

1976 — Signature par le Maroc et la Mauritanie d'une convention frontalière concernant le Sahara occidental.

1971 — Début d'une violente émeute à la prison de Kingston.

1970 — Handicapé par différents problèmes mécaniques, le vaisseau spatial *Apollo XIII* entreprend son voyage de retour.

1962 — Arrivée à Miami de 60 prisonniers cubains malades ou blessés, en retour d'une rançon de $2,5 millions.

1956 — Un an après l'affaire Richard, et forts de leur conquête de la coupe Stanley, les joueurs du Canadien sont accueillis en triomphe dans les rues de Montréal.

1955 — L'accord des quatre Grands prévoit la neutralisation de l'Autriche, qui reconquiert ainsi sa complète indépendance.

1949 — Les procès de Nuremberg se terminent par la condamnation à des peines de prison allant jusqu'à 25 ans à 19 bourreaux nazis.

1944 — Adoption par l'Assemblée législative de la Loi 17 créant la Commission hydro-électrique du Québec.

1931 — Le roi Alfonso, d'Espagne, démissionne. On proclame la république et Alcala Zamora en devient le premier président.

1928 — Les aviateurs Dieudonné Costes et Joseph Lebrix complètent à Paris leur tour de la terre en avion.

1920 — À la suite de l'adoption de la loi sur le divorce, ce dernier est désormais légal partout au Canada, sauf au Québec.

1911 — Sir Henri Elzéar Taschereau, ex-juge en chef de la Cour Suprême, meurt à Ottawa, à l'âge de 74 ans.

1903 — Visite à Montréal du « barde breton », Théodore Botrel, accompagné de son épouse.

1900 — L'Exposition internationale de Paris ouvre ses portes.

Aurore, l'enfant martyre (3)

L'accusée aurait dit à une voisine: *«Je voudrais bien que la petite Aurore vint à mourir sans que personne en eût connaissance»*

(Du correspondant de la PRESSE)

QUÉBEC, 15 — Le procès de Marie-Anne Houde, femme de Télesphore Gagnon, accusée du meurtre de sa belle-fille, Aurore Gagnon, attire de plus en plus la curiosité du public. Bien que le huis clos ait été ordonné hier **(14 avril 1920)** avant-midi par le juge Pelletier, on a vu hier après-midi une foule presque aussi énorme que celle de l'audience du matin. C'est que le juge avait permis l'admission des avocats, des étudiants en droit et des journalistes, sur présentation de leurs cartes. Aussi y eut-il un véritable trafic de ces cartes et le résultat fut que la salle fut de nouveau encombrée. (...)

Le premier témoin de la Couronne, a été Mme Arcade Lemay, de Sainte-Philomène, comté de Lotbinière.

— Quand avez-vous parlé à l'accusée pour la dernière fois avant la mort d'Aurore?

— C'était le 9 février dernier, trois jours avant la mort de la petite défunte. Je suis allée à la maison de Gagnon.

— Pourquoi?

— J'étais inquiète de la petite Aurore. Je ne l'avais pas vue de l'hiver. (...)

— Que se passa-t-il?

— J'étais avec ma petite fille qui était montée à l'étage supérieur où se trouvait la petite Aurore. Madame Gagnon dit qu'Aurore avait trop de bobos sur les mains, que cela pouvait être dangereux pour ma petite fille. Puis Marie-Jeanne *(une des soeurs d'Aurore)* descendit en portant ma petite fille dans ses bras. Je montai et je vis Aurore qui faisait vraiment pitié. Elle avait la figure enflée avec des bobos partout. Ses yeux étaient noircis. La chambre était malpropre. (...) Je dis à Madame Gagnon qu'Aurore faisait pitié à voir, qu'elle allait mourir et qu'il était plus que temps de faire venir le docteur. Elle me dit: «Le docteur, ce n'est pas nécessaire. On peut lui téléphoner pour envoyer des remèdes.» (...)

Madame Lemay raconte que, durant les Fêtes du Jour de l'An, Madame Gagnon lui a dit qu'Aurore avait tous les caprices qu'une enfant pouvait avoir.

«Une fois, dit le témoin, Madame Gagnon est venue chez nous et elle m'a dit: «Je voudrais bien que la petite Aurore vint à mourir sans que personne en eût connaissance, elle aussi». (...)

Vient ensuite le témoignage de Marguerite Lebeuf, âgée de 15 ans, une cousine d'Aurore, qui vécut quelque temps chez les Gagnon. (...)

— Pour quelle raison la battait-elle?

— Je ne me rappelle pas. Une fois, Aurore lavait la vaisselle. Ma tante m'a dit: «Regarde bien, je vais te montrer comme elle lave bien la vaisselle quand je la bats».

— Où la frappait-elle?

— Sur les fesses et sur les jambes. (...)

— Avez-vous remarqué autre chose?

— Une fois, j'étais en train de me friser les cheveux. Ma tante prit mon fer à friser, le fit chauffer sur une lampe et se mit en train de friser une mèche des cheveux d'Aurore, qui les avaient très courts. Elle avait les cheveux coupés ras come un petit garçon. Ma tante se mit à tortiller les cheveux. Quand elle retira le fer à friser, les cheveux étaient grillés.

*Le dernier témoignage de la journée du **14 avril 1920** fut celui d'une autre parente, madame Octave Hamel, belle-soeur de l'accusée. Cette dernière rendit visite à sa belle-soeur le 16 janvier précédent, et elle avait constaté dans quel piteux état était la petite Aurore. Mais la marâtre avait réponse à tout. Les yeux noirs? C'était une chute sur la porte du poêle. Le boitillement? C'était une écharde sous le pied. Et toutes ces plaies suppurantes? Elles furent imputées à la tuberculose. Mais le paragraphe suivant du témoignage de Mme Hamel résume bien l'amour de la marâtre pour sa belle-fille:*

— J'ai dit à Madame Gagnon, dit le témoin, qu'il faudrait faire venir le médecin. Madame Gagnon m'a répondu: «Il va falloir dépenser encore $50 pour cette enfant-là? Qu'elle crève! Je ne verserai jamais une larme».

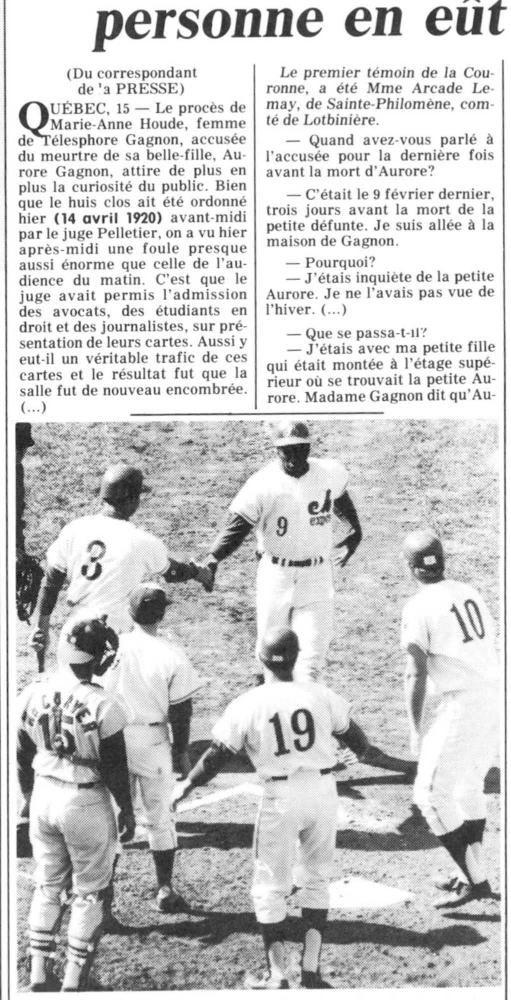

La date du *14 avril 1969* restera gravée longtemps dans la mémoire des amateurs de baseball de Montréal. C'est en effet ce jour-là que les Expos disputèrent leur premier match à domicile, au parc Jarry. Comble de joie, les Montréalais devaient l'emporter, 8 à 7, aux dépens des Cardinals de St. Louis, et Mack Jones (9), accueilli au marbre par Bob Bailey (3), Don Bosch (19) et Rusty Staub (10), eût l'honneur de frapper le premier circuit de l'histoire au parc Jarry.

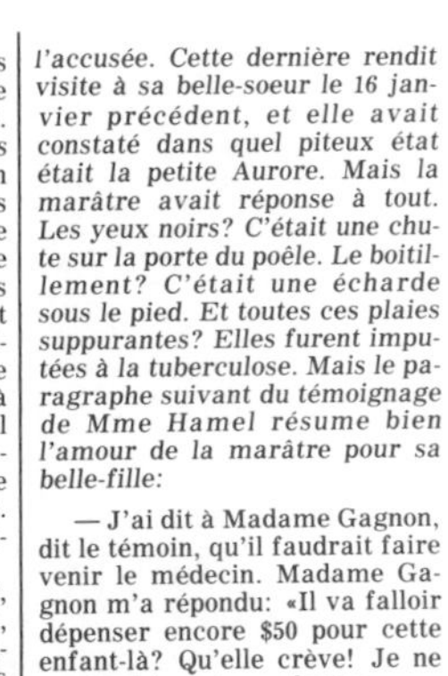

La fondation John Simon Guggenheim, de New York, annonçait, le *14 avril 1947*, sa huitième promotion de boursiers canadiens. *Parmi les cinq boursiers, se trouvaient deux Québécois, soit M. Ernest Rouleau, curateur de l'herbier Marie-Victorin à l'Université de Montréal, et un jeune écrivain du nom de Roger Lemelin (voir la photo) qui, fort du succès de Au pied de la pente douce*, allait écrire d'autres romans (dont le plus célèbre, *Les Plouffe*, devint une série télévisée extrêmement populaire), et allait ensuite devenir un homme d'affaires averti avant d'accéder à la présidence de LA PRESSE en 1972.

LA PRESSE

100 ans d'actualités

PLUS DE 1200 PERSONNES
DANS LES ABIMES
DE LA MER

Des 2,180 passagers et hommes d'équipage du "Titanic", 868 ont pu être sauvés par le "Carpathia" qui se dirige vers New York, avec les rescapés.---Tout indique que le capitaine Smith a péri avec son navire.---Le "Titanic" a coulé à pic, sous 2,000 pieds d'eau, à 3 heures, hier matin, lundi, au large [500 milles] de l'Ile aux Sables, le tombeau des navires naufragés.

LES TRANSATLANTIQUES ARRIVENT AU SECOURS LONGTEMPS APRES QUE LE "TITANIC" EUT SOMBRE

M. Charles M. Hays, président du Grand Tronc, est parmi ceux qui ont heureusement échappé à la mort.--L'anxiété est grande autour du sort de plusieurs Canadiens et Montréalais.--Scènes poignantes aux bureaux de la compagnie White Star.--On sauve les femmes en grand nombre.

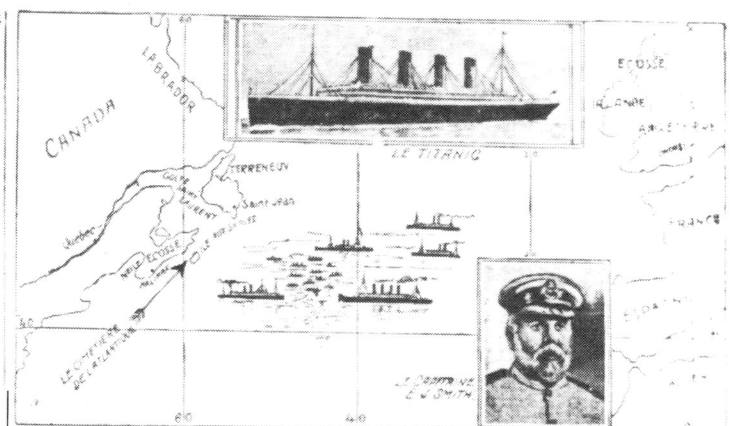

LE naufrage du *Titanic* tard dans la nuit du 14 avril 1912, a défrayé la manchette de LA PRESSE pendant presque une semaine complète. Chaque jour amenait ses interminables colonnes occupant deux ou trois pages du journal, et écrites sous le signe de la plus profonde inquiétude, devant l'incertitude exaspérante qui régnait quant au sort de chacun des passagers. Évidemment, le fait que le naufrage se soit déroulé en plein océan, le fait que les communications ne soient pas faciles et souvent contradictoires, le fait aussi qu'il a fallu attendre plusieurs jours avant que les navires sauveteurs arrivent à leur port pour connaître les noms des survivants, tout contribuait à prolonger l'angoisse et l'anxiété des parents et des amis des passagers du *Titanic*. La situation, à ce chapitre, sera bien différente lorsque l'*Empress of Ireland* sombrera dans le Saint-Laurent, le 20 mai 1914.

Mais revenons au *Titanic*. Le **16 avril 1912,** c'est par cette image de désolation que débutait l'importante couverture que LA PRESSE accordait à l'événement. On y annonçait, entre autres, que M. Charles Hayes, président du Grand Tronc (aujourd'hui le Canadien National), avait pu être sauvé. Hélas, à l'arrivée du bateau sauveteur, le *Carpathia*, à New York, on devait apprendre que M. Hayes se trouvait parmi les 1 601 défunts. Nous y reviendrons au cours des prochains jours...

Parmi les autres Montréalais dont LA PRESSE signalait la présence à bord, dans son édition du 16, on peut mentionner le «capitaliste» (c'est ainsi qu'on l'appelait) Markland Molson, M. Thornton Davidson (fils du juge Davidson) et son épouse (fille de M. Hayes), Mme Hayes, le financier H.J. Allison et son épouse, Mme James Baxter et O. Baxter. Le sculpteur français Paul Chevré se trouvait également à bord. Déjà auteur du monument érigé en l'honneur de Champlain, il se rendait à Montréal pour terminer le monument en l'honneur de Mercier.

Aurore, l'enfant martyre (4)

La défense modifie sa stratégie: elle plaide la folie

QUÉBEC, 17 — Hier **(16 avril 1920)** après-midi, en Cour d'assises, sous la présidence de l'hon. juge L.-P. Pelletier, s'est continué le procès de cette femme Marie-Anne Gagnon, accusée d'avoir martyrisé sa belle-fille, Aurore Gagnon, laquelle, on le sait, est la propre enfant du mari de la prévenue, Télesphore Gagnon, qui subira aussi son procès sous une inculpation de meurtre.

Un événement important s'est produit, hier après-midi, au procès la femme Gagnon, surprenant les uns, désappointant les autres. L'accusée ne se défend plus qu'en plaidant folie! Les avocats de la défense qui avaient combattu jusqu'ici et de toutes leurs forces la preuve des faits révoltants que nos lecteurs connaissent, ont soudain changé leur fusil d'épaule réclamant le privilège de plaider folie, lequel privilège leur a été accordé par le juge Pelletier.

Avant de publier le rapport de l'audience d'hier après-midi, nous croyons intéresssant de publier ici un fait qui est parvenu à notre connaissance et dont la publication ne peut que rendre justice aux citoyens de Sainte-Philomène.

JUSTICE A CETTE POPULATION!

L'opinion publique a accusé la population de Sainte-Philomène d'être restée indifférente aux horreurs qui se commettaient dans la maison de Télesphore Gagnon. Il est vrai que certains faits qui se sont passés chez les Gagnon sont venus à la connaissance du voisinage au cours de l'hiver dernier. Mais les citoyens de Sainte-Philomène ne sont pas restés indifférents à ces horreurs.

Au contraire, nous savons pertinemment que dans la première partie de février, quelques jours avant la mort d'Aurore Gagnon, l'un des principaux citoyens de Sainte-Philomène *(il s'agissait en l'occurrence d'Aurélien Mailhot, juge de paix)* s'est rendu à Québec spécialement pour dénoncer aux autorités la conduite des époux Gagnon et le danger qu'il y avait pour la vie d'Aurore Gagnon. Ce citoyen se rendit auprès d'un représentant de la Couronne et lui exposa tous les faits qu'il connaissait. Pour toute réponse, le représentant de la Couronne se contenta de conseiller à ce citoyen de prendre lui-même sur place des renseignements exacts et de déposer une plainte sous sa propre responsabilité. Ce n'est qu'à ces conditions que la Couronne consentait à intervenir. (...)

Alors il demanda à la Couronne d'envoyer sur place un policier aux frais du gouvernement. Il se heurta à l'inertie des autorités. Rien ne fut fait. Quelques jours après, la pauvre petite martyre qu'un citoyen compatissant avait voulu sauver expirait, victime de mauvais traitements. Et ce n'est qu'alors, après la mort d'Aurore Gagnon, que les autorités dépêchaient sur les lieux le coroner Jolicoeur pour faire une enquête sur la cause de la mort; le Dr A. Marois pour faire l'autopsie et le détective Lauréat Couture pour rechercher les coupables et les arrêter. Sans l'inertie des autorités, la petite Aurore aurait peut-être pu être sauvée. (...)

Explications

La décision des avocats de la défense de modifier leur stratégie était facile à comprendre. L'un après l'autre, les témoins venaient accabler leur cliente d'une manière irréfutable. Ils ne pouvaient plus nier les faits, et il fallait changer de stratégie.

Il nous faut d'abord parler des témoignages que nous n'avons pu vous présenter hier, le 15 tombant un dimanche en 1984. Il y a eu tout d'abord le témoignage de Mme Jos Badeau, née Albertine Gagnon, demi-soeur de Télesphore, qui est venu dire que l'accusée lui avait affirmé que jamais Télesphore ne touchait à ses enfants.

Elle fut suivie à la barre de Marie-Jeanne Gagnon, soeur d'Aurore. Cette dernière a confirmé que sa belle-mère battait souvent Aurore (elle l'avait d'ailleurs encore battue le matin de sa mort, pour la forcer de sortir du lit) et la brûlait aux mains et aux pieds avec un tisonnier rougi au feu, au point que la peau s'arrachait des main, après l'avoir attaché à la patte de la table. Et elle la punissait pour toutes sortes de motifs. Ainsi, a-t-elle rappelé, elle cachait le pot (de chambre), forçant Aurore à faire ses besoins dans son lit; puis elle la punissait pour avoir souillé son lit! Après Marie-Jeanne, les témoignages de deux frères d'Aurore, Georges et Gérard, furent aussi compromettants.

Puis le 16, avant que les avocats ne changent leur verdict, on entendit les témoignages de M. Mailhot, du Dr A. Marois, de M. Arcadius Lemay, responsable de l'enterrement et de M. Adjutor Côté, venu dire à la Cour à quel point pouvait être amochée la petite Aurore, en ajoutant que l'accusée «dégobillait sur cette enfant-là», pour reprendre ses propres mots.

Dans l'après-midi, le procès fut ajourné jusqu'au lundi, de manière à permettre à la défense de faire examiner l'accusée.

C'EST ARRIVÉ UN 16 AVRIL

1981 — Le front commun de huit provinces, dont le Québec, opposées à la démarche constitutionnelle d'Ottawa essuie un refus du gouvernement central.

1957 — Le Canadien mérite la coupe Stanley pour la deuxième année consécutive, après avoir affiché une tenue désappointante en saison régulière. — Le projet national d'assurance-hospitalisation devient une réalité avec l'adhésion de la 6e province requise par la loi, en l'occurrence l'Île-du-Prince-Édouard.

1949 — Les Maple Leafs de Toronto deviennent la première équipe de l'histoire de la Ligue nationale de hockey à remporter la coupe Stanley trois années consécutives.

1947 — Un bateau français, le *Grandcamp,* explose dans le port de Texas City. On dénombre près de 600 morts.

1946 — On révèle au public qu'un désastre minier, le pire de l'histoire du Japon, a fait plus de 1 500 morts chez les mineurs, surtout des Chinois et des Coréens.

1945 — Début de la décisive offensive soviétique sur Berlin.

1942 — Quelque 8 000 soldats japonais débarquent à Panay, dernier centre de résistance américaine aux Philippines.

1935 — Les eaux inondent trois municipalités : Laval-des-Rapides, Pont-Viau, et l'Abord-à-Plouffe.

1931 — Le mafioso Giuseppe Masseria, mieux connu sous le nom de « Joe the Boss », est abattu de cinq balles à Coney Island.

1928 — Décès à Montréal, à l'âge de 87 ans, d'Henry Birks, fondateur de la maison du même nom.

1918 — Amendement à la loi militaire; désormais tous les célibataires et les veufs sans enfants âgés de 20 à 23 ans seront appelés sous les drapeaux.

1907 — Un nouveau malheur s'abat sur l'université McGill; la faculté de médecine est détruite par un incendie.

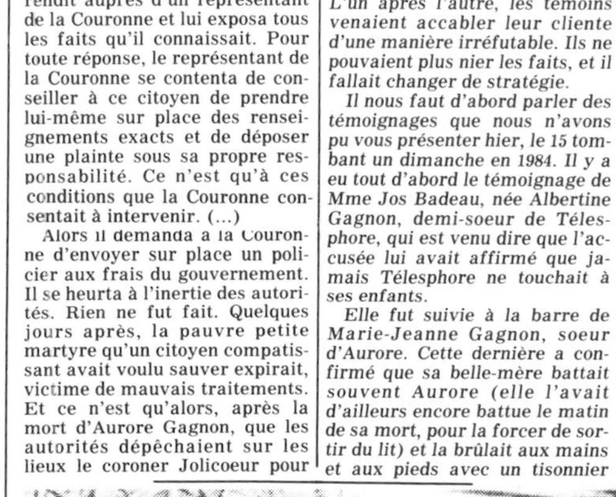

Cette photo a été publiée dans l'édition du *16 avril 1931* avec la légende suivante : *L'échevin Max Seigler a enlevé ce matin la première pelletée de terre sur le site où sera construite une vespasienne, au parc Western, en face du Forum. Ce geste marquait l'inauguration du programme de construction d'une série de ces édicules. Notre photo montre M. Seigler enfonçant la pelle dans le sol; le deuxième personnage à droite de l'échevin est M. Norman Holland; et le troisième, M. J.-Elie Blanchard, directeur des travaux publics.*

LA PROVINCE NE RECEVRA PLUS DE FILMS AMERICAINS

A partir du 1er août prochain, aucun film des grandes compagnies américaines de cinéma ne sera montré dans la province de Québec, et nos théâtres seront privés des plus belles productions qui soient tournées aujourd'hui dans le monde entier.

Telle est la décision que nous a value la sévérité du Bureau de Censure de la province de Québec. En effet, tous les gérants de théâtres de Montréal ont été avisés hier **(16 avril 1926)** par un télégramme, que les compagnies américaines refuseront désormais de leur vendre leurs pellicules et ignoreront complètement le marché québécois. Cette dépêche se rédige ainsi: «Pour le présent, et jusqu'à nouvel ordre, ne sollicitez ou n'acceptez aucun contrat pour nos productions qui seront mises sur le marché durant la saisosn 1926-1927». Elle est signée par le représentant officiel des compagnies suivantes: Pathé Pictures Inc., Famous Players-Lasky Corp., Universal Pictures Corp., United Artists Corp., Fox Films Corp., Metro-Goldwyn-Meyer Corp., Educational Films Corp., Producers Distributing Corp, et Film Booking Office. Comme la saison régulière commence le 1er août, il ne nous reste donc plus que quelques mois à jouir du plaisir de voir les grands chefs-d'oeuvre du cinéma, à moins que le Bureau de Censure de la province de Québec, contre lequel des centaines de plaintes ont été soulevées, ne change sa façon d'apprécier les films.

BABILLARD

L'Akron a explosé... en 1933!

Dans la page du 4 avril dernier, la date d'explosion du dirigeable *Akron* avait été oubliée. Cet oubli a provoqué de nombreux coups de téléphone de lecteurs déçus qui avaient raison de l'être.

Aussi croyons-nous bon de préciser à l'intention des collectionneurs désireux de compléter leurs dossiers, que la terrible explosion du dirigeable *Akron* est survenue le 4 avril 1933.

Maria Chapdelaine

Le 15 avril 1922 (et non pas 1932), LA PRESSE entreprenait la publication sous forme de feuilleton du roman *Maria Chapdelaine*, de Louis Hémon. Personne ne devait se douter évidemment que ce roman connaîtrait une telle popularité...

Dame recherchée

La Société canadienne des postes vient de retourner à LA PRESSE un certificat mis à la poste en janvier dernier et qu'elle n'avait pu livrer à cause d'une erreur dans l'adresse. Ce certificat était adressé à Mme Fernande Langevin-Gagnon. Si Mme Gagnon lit cette page, elle est priée d'entrer en communication avec Guy Pinard, au 285-7070, pour qu'on puisse lui faire parvenir ledit certificat.

ACTIVITÉS

■ À la télévision

Allo Boubou, Radio-Canada — C'est au cours de cette émission présentée à 12 h 30, que M. René Lavallée, de Cowansville, gagnant du concours *«100 ans d'inventions»*, recevra son ordinateur Félix.

Le 18-heures, Télé-Métropole — Vers 18 h 20, les animateurs commentent quelques manchettes tirées des pages de LA PRESSE et qui ont fait l'actualité d'hier.

LA PRESSE
100 ans d'actualités

26me ANNEE—No 139 MONTREAL LUNDI 18 AVRIL 1910 16 PAGES—UN CENTIN

LES FLAMMES RAVAGENT LE VILLAGE DE SAINT-EUSTACHE

Une terrible conflagration détruit une partie de ce village et jette sur le pavé plusieurs familles — Le conseil municipal et les victimes de ce désastre

NDLR — Étant donné qu'il n'y eut pas de pertes de vie, on peut s'étonner de l'importance — toute la page une, avec suite à la page 2 — accordée à cet incendie, objet d'une véritable «mise en scène», comme en font foi les illustrations et les deux «sommaires».

(De l'envoyé spécial de la «Presse»)

SAINT-Eustache, 18 — Saint-Eustache, ce joli village historique, qui fut le théâtre des exploits de Chénier, qui y trouva une mort glorieuse en combattant à la tête des patriotes de 37, a été ravagé hier **(17 avril 1910)**, par une terrible conflagration. Peu s'en est fallu qu'il ne fut entièrement détruit. Les flammes, activées par un vent violent, ont réduit en cendres un certain nombre de maisons et de magasins ainsi qu'un temple protestant. Toute la partie ouest est en ruines. Les dommages s'élèvent à $50,000 environ et les assurances à $9,000.

L'incendie éclata au centre du village et malgré les efforts des citoyens, prit bientôt de telles proportions qu'on craignit que tout le village y passât. On demanda alors du secours

A MONTREAL.

Le chef Tremblay partit aussitôt sur un train spécial du Pacifique avec un détachement d'hommes, une pompe à vapeur et un dévidoir. Dès leur arrivée, les pompiers de la métropole commencèrent la lutte contre l'élément destructeur, et à quatre heures, l'incendie était sous contrôle. Les dommages sont cependant très considérables.

LA CAUSE

L'incendie se déclara dans une petite cabane, attenant à l'écurie de M. Magloire Légaré. On croit que le feu a été mis par un fumeur imprudent, qui aurait jeté par mégarde une cigarette allumée sur un tas de papier. L'incendie éclata quelques instants plus tard. Les flammes se communiquèrent à l'écurie, qui fut bientôt réduite en cendres. Un cheval, une vache et 4 cochons, appartenant à M. Légaré, furent brûlés vifs. Elles envahirent ensuite le clos de bois de ce dernier, qui offrait un aliment facile à l'élément destructeur.

L'ALARME

fut sonnée vers 11 heures 45, et la brigade de pompiers volontaires, comprenant une trentaine d'hommes, fut bientôt rendue sur les lieux. Pour tout moyen de protection contre l'incendie, Saint-Eustache ne possède que deux pompes à bras et quelques pieds de boyaux. Les pompiers se mirent résolument à l'oeuvre, et les citoyens organisèrent plusieurs chaines entre la rivière du Chêne et les maisons menacées. Malgré tous les efforts, l'incendie continuait sa marche dévastatrice. Après avoir détruit le clos Légaré, le feu s'attaqua à la maison de M. Miller, puis traversant la rue, au magasin Champagne, à la maison du maire Renaud, au temple protestant, et bientôt presque toutes les maisons érigées de chaque côté de la rue Saint-Eustache, étaient en flammes. (...)

La marche des flammes fut des plus

CAPRICIEUSES.

Le feu en effet, après avoir détruit le clos de M. Légaré, et quelques maisons environnantes, se communiqua à la grange de M. Rochon, située à quatre arpents plus loin, et ravagea ensuite toutes les maisons érigées des deux côtés de la rue Saint-Eustache. De plus, la maison de M. Lavergne, située près de la grange de M. Rochon, fut détruite avant celle de M. Légaré, située en face du manoir Globensky, à quelques pas de l'endroit où a commencé la conflagration.

C'est la partie Nord-Ouest du village qui a été ravagée; les lignes de téléphone ont été détruites à cet endroit et il n'y a aucune communication téléphonique entre Saint-Eustache, Oka et Saint-Joseph. Quelques personnes ont pu sauver une partie de leur mobilier.

Aujourd'hui, il pleut, à la grande joie de la population qui craignait que le feu ne couvât encore sous la cendre et qu'une nouvelle conflagration ne dévastât le reste du village.

Un aperçu des flammes au pire de la conflagration.

PRECIS DE LA CONFLAGRATION

L'incendie éclate, hier avant-midi, après la grand'-messe.

Cause: une cigarette allumée, jetée sur du papier.

Appareils pour combattre l'incendie: deux pompes à bras et quelques pieds de boyaux.

Trois heures et demie: arrivée des pompiers de Montréal.

Quatre heures: L'incendie est sous contrôle.

Minuit: les pompiers de Montréal quittent Saint-Eustache.

Bilan: seize maisons, magasins et un temple protestant détruits.

Pertes: de $45,000 à $50,000.

Assurances: $9,000 environ.

LES VICTIMES

MAGLOIRE LEGARE: clos de bois et l'écurie détruits: il perd aussi plusieurs animaux. Pertes, $4,000. pas d'assurance.

ROBERT MILLER: maison privée détruite.

EMILE CHAMPAGNE: magasin et entrepôt détruits.

FELIX BRUNELLE: manufacture de voitures, détruite: pertes, $12,000, pas d'assurance.

V.Z. LEDUC, forge détruite.

LA CONGREGATION PROTESTANTE: église détruite.

EMILE BELISLE: demeure détruite.

DAVID BELISLE: demeure détruite.

VICTOR LABROSSE: magasin détruit.

ARTHUR BENARD: demeure détruite.

BASILE LEBUIS du LAVERGNE: demeure détruite.

DELPHIS RENAUD, maire de Saint-Eustache: maison privée détruite.

ALPHONSE ROCHON: grange détruite.

JOS LEFEBVRE: maison privée détruite.

BABYLAS CHARTRAND: demeure détruite.

LEOPOLD DELISLE: demeure détruite.

HORMIDAS RICHER: demeure détruite.

La France se venge : le traître Bolo Pacha marche vers la mort vêtu de neuf et coquettement ganté de blanc

PARIS, 17 — Paul Bolo Pacha, condamné à mort pour avoir trahi la France, a été exécuté ce matin **(17 avril 1918)** au bois de Vincennes. Il avait complètement perdu l'attitude d'indifférence qu'il conserva pendant et après son procès, lorsqu'il a paru devant le peloton d'exécution. Quand l'ordre de tirer fut donné, les détonations se produisirent presque simultanément et Bolo tomba. Il avait reçu plusieurs balles dans la tête.

Escorté par plusieurs gardes, Bolo a quitté la prison de la Santé 45 minutes avant l'exécution. Après être descendu de l'automobile qui le portait, à Vincennes, il a écouté les exhortations d'un aumônier. Un bandeau fut ensuite mis sur les yeux de Bolo qui, sans résistance, se rendit devant le peloton d'exécution.

LES DERNIERES PAROLES DU TRAITRE

«Tant mieux; je suis enchanté», s'est écrié Bolo Pacha, ce matin, quand il fut réveillé par le commandant Julien, qui lui dit que l'heure de l'expiation était arrivée. Ce sont les seules paroles prononcées par Bolo Pacha si l'on fait exception des instructions données à l'aumônier. Celui-ci fut chargé par Bolo de prendre, après l'exécution, le mouchoir de dentelle de soie qu'il avait mis sur sa poitrine et de le donner à son frère, Mgr Henri Bolo.

Bolo Pacha s'est rendu à l'exécution dans les vêtements neufs apportés à la prison par son frère. Il portait des gants blancs. Avant de sortir de la prison de la Santé, Bolo Pacha a demandé la permission de communier.

LA CARRIERE DE BOLO

Paul Bolo était né à Marseille. (...) Mêlé à plusieurs entreprises, qui toutes s'écroulèrent, Bolo fut condamné en 1894, à Paris, pour abus de confiance et fraude. (...)

Quelque temps avant que la guerre éclatât, Bolo se rendit en Égypte où il rencontrat Abbas Hilmi, le khédive d'alors, qui en fit son agent pour l'exploitation d'une terre et la garde de ses intérêts dans le canal de Suez, au cas où la Grande-Bretagne le répudierait. A cette occasion, Abbas Hilmi lui conféra le titre de Pacha, que Bolo n'a jamais cessé de porter depuis.

En 1915, Abbas Hilmi se réfugia en Suisse, où Bolo alla le rencontrer en présence de von Jagow, alors ministre des Affaires étrangères en Allemagne. On conclut donc un arrangement, par lequel Bolo devait recevoir dix millions de marks pour influencer la presse française. (...) Durant l'été de 1916, Bolo acheta, du sénateur Humbert, le «Journal» pour la somme de 5,500,000 francs. Le sénateur Humbert a dû depuis remettre cette somme. (...)

Paul Bolo Pacha.

C'est grâce aux révélations des Etats-Unis *(où il s'était réfugié)* que Bolo fut arrêté le 29 septembre 1917. L'accusation portée contre lui était d'avoir reçu de l'argent allemand pour faire de la propagande pacifique. Le 4 février 1918, il subit son procès pour haute trahison et le 14 du même mois, il était condamné à mort. (...)

Mêlés à l'affaire Bolo et attendant leur procès en prison sont à l'heure actuelle, l'ancier premier ministre Joseph Caillaux, le sénateur Charles Humbert. Fernand Monier, président de la Cour d'appel, est aussi mêlé à ce scandale. (...)

Le *17 avril 1969*, quelques jours à peine après le début de la toute première saison des Expos dans les majeures, le jeune lanceur Bill Stoneman concrétisait le rêve de tout artilleur, soit de réussir une partie sans point ni coup sûr, accomplissant l'exploit contre les Phillies de Philadelphie, vaincus 7 à 0. Mieux encore, Stoneman (à droite, félicité par son gérant Gene Mauch), devenait le premier lanceur d'une équipe d'expansion à réussir l'exploit dès la première saison de l'équipe.

Invasion de Cuba

D'après AFP et Reuter

LE premier ministre de Cuba, Fidel Castro, qui a décrété l'état d'urgence nationale et qui a pris le commandement de l'armée, a annoncé par radio que son armée luttait pour rejeter à la mer les forces anti-révolutionnaires qui ont envahi ce matin **(17 avril 1961)**, par mer et par air, plusieurs points de l'île cubaine. Le message radiophonique de Castro a été capté à Miami.

M. *Charles Martel*, un résident du Village olympique, possède cette photo d'une édition du Canadien, prise à l'arrière du Forum. Or, elle soulève trois interrogations qu'il voudrait bien résoudre avec la collaboration des lecteurs de cette page. En premier lieu, M. Martel voudrait savoir si, comme il le croit, cette photo présente l'édition 29-30 du Tricolore. En deuxième lieu, il est parvenu à mettre un nom sur la figure de chaque joueur, sauf deux, le sixième et le neuvième à partir de la gauche.

C'EST ARRIVÉ UN 17 AVRIL

1982 — La reine Elizabeth et le premier ministre Pierre Elliott Trudeau signent conjointement la proclamation reconnaissant au Canada son entière indépendance, lors d'une cérémonie officielle, à Ottawa.

1975 — La capitale cambodgienne de Phnom Penh tombe entre les mains des Khmers rouges sans qu'aucune résistance ne leur soit offerte.

1971 — Proclamation de la République populaire du Bangladesh pour le territoire jadis connu sous le nom de Pakistan oriental.

1970 — L'affolante mission spatiale *Apollo XIII* se termine par le retour sur la terre de l'équipage, sain et sauf.

1969 — Gustav Husak, considéré comme un fidèle de Moscou, remplace Alexandre Dubcek comme premier secrétaire du Parti communiste tchécoslovaque. C'est la fin irréversible du « printemps de Prague ».

1964 — Le général de Gaulle entre à l'hôpital, pour y subir une intervention chirurgicale à la prostate.

1958 — Ouverture officielle de l'Exposition universelle de Bruxelles par le roi Baudouin, avec la participation de 41 pays, du Vatican, et de diverses organisations internationales.

1951 — Un sous-marin anglais, le *Affrey*, sombre avec 75 hommes à bord.

1949 — Sa Sainteté le pape Pie XII a l'opportunité historique d'être le premier à utiliser la télévision pour s'adresser aux fidèles du monde entier.

1920 — Montréal célèbre le troisième centenaire de la naissance de Mère Marguerite Bourgeoys.

1905 — Un violent incendie cause la mort de sept enfants à Sainte-Anne-de-la-Pocatière.

1903 — Une grève des débardeurs éclate dans le port de Montréal.

LA PRESSE
100 ans d'actualités

SAN FRANCISCO ET VINGT VILLES SONT DETRUITES

Un désastre sans précédent sur les côtes de l'Océan Pacifique. — On compte au delà de 1000 morts et près de 2000 blessés. — Les dommages se chiffreront dans les milliards.

SAN Francisco, 19 — Il est encore impossible d'assurer l'étendue du désastre causé par les tremblements de terre d'hier **(à 5 h 20, le 18 avril 1906).** La ville continue de brûler. Tout le quartier commercial est détruit et les flammes ne sont pas encore circonscrites.

Des milliers de personnes sont réfugiées dans les parcs et un grand nombre sont sans vêtements.

Des détachements de cavalerie et d'infanterie circulent dans les rues de la basse ville. Les banques sont gardées militairement.

Une fumée suffocante enveloppe la ville. Les communications avec l'extérieur sont presque complètement détruites. On apprend cependant de Palo Alto que tous les pavillons, moins un, de l'université Stanford, ont été détruits. L'église Memorial, un des plus beaux monuments d'Amérique, n'est plus qu'une masse de décombres fumants.

Les quais se sont enfoncés dans la mer. Des fissures se sont produites dans les rues avoisinant les quais.

L'Hôtel de ville, qui a coûté sept millions de piastres, est à peu près complètement démoli. Le dôme, cependant, ne s'est pas écroulé. Il demeure sur ses piliers, au milieu des décombres de l'édifice. L'Hôtel des Postes, sans contredit le plus beau des Etats-Unis, est à peu près complètement démoli.

Le Valentia Hotel s'est englouti dans la terre; le toit de l'hôtel est maintenant à la hauteur d'un rez-de-chaussée. L'hôtel était en bois; un grand nombre de voyageurs étaient couchés au moment de la catastrophe. On les considère comme ayant tous péri. Le tremblement de terre était à peine fini que les flammes surgissaient de partout à la fois. Les pompiers tentèrent de répondre à tous les appels, mais ils constatèrent dans les premières minutes que la chose était impossible.

Les flammes furent aussitôt poussées par une assez forte brise et commencèrent leur oeuvre sinistre parmi les décombres pour s'attaquer bientôt aux immeubles restés debout.

TROIS FORTES SECOUSSES

Le seul fil télégraphique reliant San Francisco au reste du monde, transmet d'heure en heure des nouvelles plus effrayantes les unes que les autres. A midi, une dépêche parvenait au bureau-chef de la «Postal Telegraph Co.» que de nouvelles secousses de tremblement de terre se produisaient à chaque instant, achevant peu à peu de démolir les maisons restées debout. La dépêche ajoutait qu'il y a eu trois secousses de tremblement de terre: les deux premières étant relativement légères, la troisième, laquelle dura trois minutes, fit écrouler presque tous les immeubles de la ville. (...)

Le Mechanic's Pavillon a été transformé en morgue provisoire. On y a déjà déposé plus de trois cents cadavres. Les corps arrivent de minute en minute; la place commence à manquer, on dépose les cadavres les uns sur les autres. Ils s'élèvent en piles jusqu'au plafond des vastes salles du pavillon. On croit que plus de mille personnes ont été englouties sous les décombres dans les quartiers populeux.

Des files de voitures, de véhicules de toutes sortes encombrent les rues, transportant des blessés, pour la plupart des femmes et des enfants. (...)

La loi martiale a été proclamée: les soldats gardent la ville. Le maire Schmitz a demandé des secours à toutes les villes de la Californie et a donné ordre aux pompiers de réquisitionner tous les approvisionnements de dynamite, afin de faire sauter les maisons pour isoler les foyers d'incendie. (...)

LE RAPPORT METEOROLOGIQUE

A Washington, le bureau météorologique a publié le rapport suivant (...): La terrible secousse sismique qui a presque totalement détruit la ville de San Francisco a été enregistrée par notre sismographe à huit heures et dix-neuf minutes du matin. Les vibrations des instruments indiquent des secousses très fortes, bien que cependant elles n'aient pas été ressenties par les particuliers.

La plus forte secousse a été enregistrée à huit heures, vingt-cinq minutes, cinq minutes environ après la première secousse, à peine perceptible. Une autre secousse a été enregistrée de huit heures et trente-deux à huit heures et trente-trois. La plume a été emportée à côté de la feuille d'enregistrement des vibrations. Les secousses se sont reproduites à de fréquents intervalles mais en diminuant. La dernière a été enregistrée à midi et trente-cinq minutes. Les vibrations ont été très lentes, chaque oscillation complète ne s'effectuant qu'aux 15 ou 20 secondes.

Dans le centre-ville de San Francisco, les flammes complètent le travail commencé par les secousses sismiques.
photo AP

ACTIVITÉS

■ **A la télévision**
10 h 30, Télé-Métropole - Dans le cadre de l'émission *Entre nous* animée par Serge Laprade, Claudette Tougas, de LA PRESSE, présente la chronique *Cent ans de pages féminines*.

LA PRESSE
LA FIN TRAGIQUE DU GÉANT DES MERS
1601 MORTS
Le Drame Apparait dans toute son Horreur Maintenant que le Rideau du Doute est Levé
Effroyables Récits des Survivants du "Titanic"
Conduite Héroique des Passagers et de l'Equipage
LA CLAMEUR SUPREME AVANT LA MORT
LE RECIT PALPITANT DE LA CATASTROPHE
LE "CARPATHIA" SUR LA SCENE DE LA CATASTROPHE

Cette page relatant l'arrivée à New York du *Carpathia*, le *18 avril 1912*, avec les rescapés du *Titanic* témoigne de l'ampleur qu'avait pris ce drame de la mer dans l'opinion publique. L'arrivée à New York occupait pas moins de trois pages de l'édition du 19 de LA PRESSE, qui faisait notamment état des récits des survivants et de la conduite héroïque de l'équipage. Il faudra sans doute y revenir un jour et vous raconter tout cela. Pour le moment, faute d'espace, contentons-nous de vous rappeler que des 16 Montréalais qui étaient à bord du *Titanic* on ne retrouvait que sept survivants, toutes des femmes, à l'exception d'Hudson T. Allison, un bébé de sept mois dont le père, la mère et la soeur avaient péri dans la catastrophe.

Aurore, l'enfant martyre (5)

Visite à la maison des Gagnon où se consomma le martyre de la petite Aurore

NDLR — Profitant de l'ajournement du dimanche, le journaliste attitré au procès crut bon de se rendre à Sainte-Philomène...

FORTIERVILLE, 19 — A une douzaine d'arpents au nord de l'église de Sainte-Philomène de Fortierville, (...) on voit une petite maison peinturée en rouge avec une belle grange blanche et les autres petits bâtiments proprets d'une ferme d'apparence prospère.

C'est la maison de Télesphore Gagnon, cultivateur, accusé du meurtre de sa fille, Aurore Gagnon. C'est là que demeurait Marie-Anne Houde, seconde femme de Télesphore Gagnon, accusée du même crime et qui subit actuellement son procès à Québec.

Nous sommes allés faire une visite à cette maison où s'est perpétré l'un des crimes les plus abominables dont nos annales criminelles fassent mention, où une fillette de dix ans, Aurore Gagnon, a subi un martyre dont quelques détails seulement ont été révélés au procès de la femme Gagnon.

C'était hier **(18 avril 1920)** matin, une heure avant la grand'messe. En arrivant près de la maison, nous voyons un vieillard alerte revenant de la grange où il est allé «faire le train». Il nous reçoit avec bienveillance et nous introduit dans la pièce principale, qui est la cuisine. C'est M. Gédéon Gagnon, père de Télesphore Gagnon. (...)

Sa femme, madame Gédéon Gagnon, qu'il a épousée en secondes noces, est une digne campagnarde courbée par l'âge. Elle se penche sur un berceau où vagit un bébé de dix mois. Ce bébé est l'enfant de Télesphore Gagnon et de l'accusée Marie-Anne Houde. Il souffre d'eczéma et ses grands-parents le soignent avec une tendresse infinie. (...)

Télesphore Gagnon avait abandonné depuis quelque temps les travaux des champs, après une vie de labeurs qui lui avait pourtant mérité un meilleur repos. Et voici qu'une catastrophe vient bouleverser le repos de ses vieux jours et qu'il se remet à l'ouvrage comme un jeune homme, avec son épouse. (...)

Aucune parole acerbe ne s'échappa des lèvres de ces vieillards. Tous deux ont la foi qui relève les plus abattus et se confient à la divine Providence. (...) Evidemment, la sympathie de ces vieux va à Télesphore, ce fils aimé qui a eu le malheur de perdre une première femme, très bonne, et de rencontrer en son chemin une autre femme qui a transformé son caractère. (...)

LA CHAMBRE D'AURORE

Nous avons visité la chambre où couchait la petite Aurore. Elle n'est plus dans l'état qui a été décrit par les témoins au procès. On y a fait le grand ménage et elle est propre. On a lavé le plancher et les murs qui, comme on le sait, étaient tachés du sang de la petite martyre. Mais on a eu beau faire, on n'a pu tout enlever et nous avons fort bien constaté ici et là qu'il y restait encore quelques taches de sang.

C'est dans un coin de cette chambre, à terre, sans couverture, que couchait Aurore Gagnon, tandis que ses petits frères et sa soeur couchaient dans des lits. Elle couchait près de la seule fenêtre du pan est de la maison, exposée aux courants d'air provenant de cette fenêtre.

Les bâtiments de la ferme sont dans un état de propreté extrême. Télesphore Gagnon était reconnu comme un excellent cultivateur et même comme un homme habile dans presque tous les métiers. Il était forgeron, maçon, charpentier, tout ce que vous voudrez. (...) A force de travail, il était devenu le propriétaire d'une belle ferme qui vaut bien quelque $10,000 et il avait de l'argent prêté.

C'était un homme tranquille, qui ne se mêlait jamais que de ses affaires. C'est à tort qu'on a prétendu que c'était un être redouté dans toute la paroisse. C'est un colosse, mais il ne s'occupait pas des autres.

PAS DE SYMPATHIE POUR L'ACCUSEE

Tous les citoyens de Fortierville sont unanimes à réclamer que cette femme soit punie comme elle le mérite. Quelqu'un nous disait : « Est-ce vrai que l'on veut essayer de la faire passer pour folle? Quelle farce! Elle, folle? Jamais de la vie! Chétive, oui, tant que vous voudrez, mais pas folle oh! non! ». (...) Enfin, nous avons entendu ces paroles : « J'ai bien peur qu'elle soit assez fine pour se faire passer pour folle! ».

C'EST ARRIVÉ UN 18 AVRIL

1983 — Un attentat à l'ambassade des États-Unis, à Beyrouth, fait 39 morts et 120 blessés.

1977 — Le Canadien Jérôme Drayton gagne le marathon de Boston.

1974 — Décès à l'âge de 79 ans de Marcel Pagnol, auteur de la célèbre trilogie de *César, Marius et Fanny*.

1966 — Fin d'une grève de cinq jours des ouvriers du bâtiment affiliés à la CSN.

1959 — Le Canadien devient la première équipe à mériter quatre fois la coupe Stanley en autant d'années consécutives.

1955 — Mort à l'âge de 76 ans, dans un hôpital de Princeton, d'Albert Einstein, physicien rendu célèbre par la découverte de la théorie de la relativité.

1951 — Retour triomphal du général Douglas MacArthur aux Etats-Unis. Quelque 500 000 personnes l'acclament.

1949 — Proclamation de l'Eire ou République d'Irlande. Les Irlandais recouvrent leur liberté, perdue depuis huit siècles.

1930 — Le comte de la Vaux, président de la Fédération aéronautique internationale, est tué dans un accident d'avion, le premier de la société Colonial Airways, à Jersey City.

1923 — Babe Ruth célèbre l'ouverture officielle du Yankee Stadium en claquant un circuit.

1909 — Le pape Pie X procède à la béatification de Jeanne d'Arc.

1907 — Une explosion de benzine, suivie d'un violent incendie, détruit la buanderie DeChaux, rue Sainte-Catherine est, à Montréal. On dénombre trois morts et 12 blessés.

LA PRESSE
100 ans d'actualités

22me ANNEE—No 125
MONTREAL, SAMEDI 31 MARS 1906
UN CENTIN
ARRIVÉE DE JACQUES CARTIER
AU CANADA
PRISE DE POSSESSION

En hommage à Jacques Cartier qui, il y aura 450 ans demain, 20 avril, quittait le port de Saint-Malo avec deux navires et 61 hommes d'équipage pour explorer les territoires inconnus à l'ouest de l'Europe pour le compte du roi François 1er, LA PRESSE vous offre aujourd'hui cette page consacrée au découvreur du Canada et publiée le 31 mars 1906.

On connaît sans doute l'histoire. Vingt jours après son départ, soit le 10 mai, Cartier prenait contact avec la terre à Terre-Neuve. Par la suite, Cartier se rendit au Labrador, aux îles de la Madeleine, dans la baie des Chaleurs, puis sur la rive de la baie de Gaspé où il prit officiellement possession du Canada au nom de la France. Il était de retour à Saint-Malo le 5 septembre 1534.

Les résultats de Cartier en 1534 incitèrent le roi de France à poursuivre l'exploration de la Nouvelle-France. En 1535, Cartier repartait donc, avec trois navires cette fois, la *Grande-Hermine*, la *Petite-Hermine* et l'*Émerillon*. C'est lors de cette deuxième expédition qu'il remonta le Saint-Laurent, sans se douter que c'était un des plus grands fleuves d'Amérique du Nord. Il atteint ainsi le village indien d'Hochelaga et donne le nom de Mont-Royal à la montagne tout près.

UNE IMMENSE CONFLAGRATION A TORONTO

(De l'envoyé spécial
de LA PRESSE)

TORONTO, 20 — L'incendie le plus terrible dans les annales de Toronto, sinon dans l'histoire de tout le pays, s'est abattu sur la ville, hier **(19 avril 1904)** soir, et à 2 heures, la nuit dernière, alors que les flammes faisaient encore rage sur un immense rayon, les pertes étaient déjà évaluées à dix millions de dollars au moins.

Le feu se déclara à l'établissement de MM. E. et S. Currie, fabricants de cols, faux-cols, cravates, etc., 58 et 60 rue Wellington Ouest, vers 7 heures 45 hier soir. De là le feu se communiqua chez Ansley et Cie, et traversa chez Brown Bros, et de là, enfin, très loin vers le Sud et l'Est, jusqu'à la rue Bay, alors que là seulement il fut possible d'enrayer les ravages des flammes.

Le maire Urquhart s'empara du télégraphe et demanda immédiatement du secours aux autres villes. Vers minuit, il avait obtenu de la ville de Buffalo, l'envoi de deux sections et de deux pompes à vapeur, qui arrivèrent à Toronto vers 3 heures 30, ce matin, par train spécial. Entre temps, vers minuit et demi, toute la brigade d'Hamilton arrivait, ainsi que neuf pompiers et une pompe à vapeur de London. Pendant ce temps-là, le maire Urquhart concluait un arrangement avec Peterboro et Brockville pour l'envoi de contingents de pompiers.

L'ORIGINE DU FEU

C'est dans une cage d'ascenseur, à l'arrière de l'édifice Currie, que le feu commença. Les pompiers de la caserne de la rue Bay furent promptement rendus sur les lieux, mais les jets d'eau qu'ils lancèrent sur les premiers étages de l'édifice enflammé, furent absolument insuffisants. Poussé et activé par un vent violent, l'élément dévastateur faisait de rapides progrès, et il fut bientôt en dehors de tout contrôle possible de la brigade entière de Toronto. (...)

C'EST ARRIVÉ UN 19 AVRIL

1982 — L'ex-ministre des Affaires extérieures d'Iran, Sadegh Ghotbzadeh, admet à la télévision avoir comploté pour assassiner l'ayatollah Khomeiny.

1971 — À l'occasion de la visite à Paris du premier ministre Robert Bourassa, le gouvernement français incite les industriels à venir investir au Québec. — Importantes découvertes archéologiques à Longueuil; il s'agirait de vestiges du fort de Longueuil construit au 17e siècle. — Paris suspend la vente de ses *Mirages* à la Libye.

1968 — Premières assises du Mouvement Souveraineté-Association; 4 000 personnes acclament le chef, René Lévesque.

1966 — Sur ordre du gouvernement, la Cour Suprême devra procéder à une révision du cas de Steven Truscott, trouvé coupable de meurtre en 1959.

1956 — Le prince Rainier, de Monaco, épouse une vedette du cinéma américain, Grace Patricia Kelly.

1954 — Gamal Abdel Nasser triomphe en Égypte; il devient premier ministre et gouverneur militaire du pays.

1946 — L'Assemblée nationale française adopte la constitution de la Quatrième république.

1945 — Les Américains occupent Leipzig et Nuremberg.

1943 — Soulèvement des Juifs prisonniers du ghetto de Varsovie contre l'occupant nazi. Plus de 13 000 juifs trouvent la mort.

1942 — Formation du cabinet Pierre Laval, à Vichy, sous la gouverne du chef de l'État, le maréchal Pétain.

1940 — Un accident ferroviaire fait 30 morts près de Little Falls, New York.

1928 — Maurice Ravel, le célèbre compositeur français, donne un récital au théâtre Saint-Denis.

Radio-Québec régie par trois membres

QUÉBEC, 20 (D.N.C.) — La loi Duplessis créant Radio-Québec a été adoptée, hier **(19 avril 1945)** après-midi par le Conseil législatif avec un amendement de l'hon. Gordon Hyde accepté par un vote de 10 contre 6. (...)

Voici le texte de cet amendement:

«L'article un est remplacé par les suivants:

«1 — Un organisme administratif formé de trois personnes nommées par le lieutenant-gouverneur en conseil est institué par la présente loi sous le nom de l'Office de la Radio de Québec.

Une véritable corporation

«Cette office constitue une corporation et possède les droits et les pouvoirs appartenant aux corporations en général.

«2 — Le lieutenant-gouverneur en conseil nomme un gérant choisi parmi les membres de l'office et qui en sera le président.

«3 — Le lieutenant-gouverneur en conseil peut aussi nommer un gérant suppléant parmi les membres de l'office et qui en sera le vice-président.»

Un autre vote fut pris sur un second amendement de l'hon. M. Hyde à l'article 2 du bill et cet amendement se lit comme suit:

«L'office n'est pas dissous par le décès d'aucun de ses membres, mais le lieutenant-gouverneur en conseil peut lui donner un remplaçant; il peut également lui nommer un suppléant au cas d'absence, de maladie ou d'incapacité d'agir.» Un vote fut pris sur ce second amendement qui fut adopté par un vote de 10 à 6.

Fixation des traitements

On prit également un troisième vote sur un autre amendement de M. Hyde se lisant comme suit:

«Les traitements des membres de l'Office, du gérant et de son suppléant sont fixés par le lieutenant-gouverneur en conseil; ils ne doivent pas dépasser annuellement $9,000 quant au gérant et $7,500 quant au suppléant.»

Cet amendement fut adopté par un vote de 10 à 6.

Aurore, l'enfant martyre (6)

Le médecin de famille des Gagnon juge l'accusée saine d'esprit

Après l'intermède du week-end au cour duquel médecins et psychiatre en avaient profité pour examiner Marie-Anne Houde, le procès de cette dernière, accusée d'avoir martyrisé sa belle-fille Aurore âgée de 10 ans, reprenait le lundi **19 avril 1920.**

Mais avant de rendre compte du procès, le correspondant anonyme de LA PRESSE avait cru bon de faire une mise au point au sujet de l'incident Mailhot. On se souvient que le juge de paix Oreus Mailhot avait, dans une déclaration à LA PRESSE, ni plus ni moins accusé la Justice de ne pas avoir porté secours à la petite Aurore quand il était encore temps de le faire. Mes Arthur Fitzpatrick et Arthur Lachance, les deux procureurs de la Couronne, avaient protesté auprès du juge L.-P. Pelletier, et le journaliste avait dû s'expliquer devant le juge. Retournons maintenant au procès.

QUÉBEC, 20 — L'après-midi d'hier a été consacré presque exclusivement à l'audition des témoignages des médecins aliénistes appelés par la défense à établir que l'accusée est irresponsable pour cause d'aliénation mentale.

Le premier témoin entendu est M. Trefflé Houde, de Sainte-Sophie de Levrard, père de l'accusée. C'est un petit vieillard de 63 ans, à barbe blanche. (...)

Il a eu 11 enfants, dont 4 vivants; deux sont morts adultes, et cinq en bas âge. (...) M. Houde jure que l'accusée, à l'âge de 12 ans, a souffert d'une méningite durant plusieurs jours. Elle a été traitée par le Dr Carignan. Il ne sait pas si l'accusée a souffert d'inflammation de poumons. Elle s'est mariée à 17 ans. Elle est aujourd'hui âgée de 30 ans.

En réponse à M. Lachance, M. Houde dit qu'il n'était pas à la maison quand sa fille Marie-Anne a été malade de la méningite. Il l'a su en arrivant du bois.

Répondant à M. Francoeur *(l'avocat de la défense)*, le témoin dit que sa fille Marie-Anne a souvent souffert de maux de tête à la maison. Cela durait des nuits et des jours, souvent plusieurs jours.

Marie-Anne avait épousé en premières noces Napoléon Gagnon. Dans les premiers temps de son mariage, elle se couchait souvent des journées entières, des fois durant deux jours entiers. Répondant à M. Lachance, M. Houde déclare que ses maux de tête l'ont prise très jeune.

Puis suivit le témoignage de Willie Houde, frère aîné de Marie-Anne. Celui-ci devait faire ressortir que lorsque sa soeur était dans «un état» intéressant (autrement dit enceinte), elle était beaucoup plus maligne qu'à l'ordinaire... et battait ses enfants beaucoup plus souvent et beaucoup plus fort.

La défense fait alors témoigner deux médecins montréalais, le Dr Albert Prévost, alinéniste titulaire de la chaire des maladies nerveuses à l'université de Montréal et médecin consultant à l'hôpital Saint-Jean-de-Dieu, *puis le Dr Alcide Tétrault*, médecin à l'hôpital Saint-Jean-de-Dieu.

Le Dr Prévost n'hésite pas à déclarer dès le début que sa conclusion est que l'accusée souffre d'aliénation mentale.

— Sur quoi vous basez-vous? demande M. Francoeur.

— Sur les faits qui ont été révélés au procès et sur les constatations que j'ai faites moi-même. Dans l'interrogatoire que je lui ai fait subir, j'ai constaté qu'elle a donné souvent des signes d'aliénation mentale.

Et le Dr Prévost poursuivait son témoignage en expliquant qu'à son avis elle souffrait d'hallucinations, et il dit qu'il ne s'étonnait pas de constater chez elle des faits anormaux, tels les actes de cruauté qu'on lui reprochait.

Le Dr Prévost ajouta qu'il avait aussi constaté certains symptômes physiques d'aliénation mentale, qu'il énuméra : asymétrie faciale, anémie, teint blafard, insensibilité dans certains membres.

Le témoin suivant, le Dr Tétrault déclara qu'il avait toutes les raisons de croire que l'accusée souffrait de troubles mentaux durant la période de gestation. Interrogé par le juge Pelletier, il alla jusqu'à dire qu'à son avis, on devrait l'enfermer à l'asile pendant ces périodes.

— Alors, dit le juge, elle devrait être internée dans une salle d'aliénés lorsqu'elle est dans un état intéressant et elle devrait en sortir lorsqu'elle ne l'est pas?

— Il est difficile de répondre à cette question par un oui ou par un non, *répondit le Dr Tétrault*. Il arrive souvent que des femmes chez lesquelles on remarque de ces troubles sont menacées de devenir folles pour la vie si elles deviennent de nouveau dans un état intéresssant. Cet état est un facteur de folie pour les personnes prédisposées.

Après avoir terminé deuxième lors de l'édition de 1914, le coureur Édouard Fabre, du club Richmond de Montréal, s'est repris de brillante façon en gagnant l'édition de 1915 du célèbre marathon de Boston, le *19 avril 1915*, avec un chronométrage de deux heures, 31 minutes et 41 secondes. Fabre a donc couru le marathon en 10 minutes et 23 secondes de plus que le record établi en 1912 par J. Ryan. Clifton J. Horne, qu'il a dépassé deux milles avant le fil d'arrivée, a terminé deuxième devant Sidney H. Hatch. Quant à Hugh Heenohan, qui avait mené la course (parfois avec une avance de dix minutes) jusqu'à cinq milles de la fin, il a dû se contenter du 4e rang. Quelque 70 marathoniens avaient pris le départ.

BABILLARD

Toute une méprise!

On faisait état dans cette page, le 11 avril dernier, de l'annonce prématurée de la mort du pape Pie X, répandue à travers le monde par les agences de presse. Prématurée certes puisque cette annonce fut publiée le 11 avril 1912, et Pie X ne mourut que le 20 août 1914!

Ce rappel historique n'a pas laissé froid notre confrère **Pierre Gravel et pour cause! Son anecdote manque peut-être de précisions, mais elle est authentique et nous permet malgré tout de jeter un éclairage historique nouveau sur cette fausse nouvelle.**

Lors d'un passage à Rome, Gravel avait rencontré un correspondant d'agence de presse dont il oublie malheureusement le nom, et avec lequel il s'était lié d'amitié. Un soir, celui-ci raconta à Pierre comment son père, lui-même journaliste, fut bien involontairement à l'origine... de l'annonce prématurée de la mort de Pie X! (Quand on dit que le monde est petit...) Sachant le pape très malade, et désireux de s'offrir la primeur de la nouvelle de l'éventuelle mort de Pie X, il avait convenu, avec une religieuse de ses amis responsable d'assurer les soins nécessaires au Saint-Père, d'un signal quelconque à partir de la fenêtre des appartements du pape.

Hélas pour ce journaliste désireux de bien faire, une autre religieuse, par inadvertance, donna inconsciemment le signal convenu à la fenêtre. Et notre journaliste d'aller fièrement lancer sa triste nouvelle... qui n'en était pas une!

LA PRESSE

100 ans d'actualités

Aurore, l'enfant martyre (7)

CONDAMNATION A MORT POUR LA MARATRE DE SAINTE-PHILOMENE

Cette page consacrée à la fête de Pâques vue avec des yeux d'enfants a été publiée en *avril 1905*.

L'honorable juge Pelletier, en sanglotant, condamne la femme Gagnon à être pendue le vendredi 1er octobre prochain. — Epilogue d'une affaire lamentable

(Du correspondant de la PRESSE)

QUÉBEC, 22 — La marâtre Marie-Anne Houde, femme de Télesphore Gagnon, de Sainte-Philomène de Fortierville, accusée du meurtre de sa belle-fille Aurore Gagnon, la petite martyre, 10 ans, a été trouvée coupable par le jury, aux assises de Québec, et elle a été condamnée par l'honorable juge J.-P. Pelletier à être pendue à Québec vendredi, le 1er octobre prochain.

Tel est le résultat du procès qui a duré huit jours et qui a passionné l'opinion publique comme jamais cela n'est arrivé depuis de nombreuses années.

Bien que le juge ait décrété le huis clos au début du procès, la salle était remplie hier **(21 avril 1920)** après-midi autant qu'elle peut l'être. On avait commencé à admettre les avocats, puis les médecins, puis les étudiants. Le résultat est que finalement tous ceux qui ont voulu assister au procès ont pu pénétrer dans la salle.

La scène qui s'est déroulée lorsque le jury a déclaré la marâtre coupable de meurtre et lorsqu'elle a été condamnée à mort fut la plus dramatique à laquelle il nous ait été donné d'assister.

Depuis le juge jusqu'au plus endurci des spectateurs, tout le monde était ému jusqu'au plus profond de son être. Bien des yeux étaient mouillés de larmes.

Après sa condamnation, la femme Gagnon, qui avait fait preuve jusqu'alors d'un stoïcisme extraordinaire, a éclaté en sanglots bruyants.

Le verdict du jury n'a surpris personne, surtout après la charge formidable prononcée par le juge Pelletier contre l'accusée.

SPECTACLE POIGNANT

Le juge a prononcé cette charge avec le talent et la maîtrise d'un jurisconsulte consommé. Mais quand il lui fallut prononcer la sentence de mort, il fut sur le point de faillir à cette tâche ingrate. Et c'est en hachant ses paroles par des sanglots qu'il condamna la malheureuse. Un huissier dut lui aider à marcher pour sortir de la cour. Nous nous sommes laissé dire que c'est le dernier procès pour meurtre que le juge Pelletier préside. (...)

Dans son intervention au jury, le juge rappela les grandes lignes des principaux témoignages, écartant d'emblée l'ultime tentative de la défense pour faire passer l'accusée pour folle. (...)

Puis l'article de l'époque se poursuit de la façon suivante:

Le fait que cette femme est enceinte ne saurait influencer la décision du jury. Si une femme dans un état intéressant peut commettre tous les crimes impunément, cela va devenir dangereux. Une femme dans un état intéressant pourrait aller voler chez vous et répondre à celui qui l'arrêtera: «Ne me touchez pas, je suis en voie de maternité, je suis irresponsable».

Quant à l'enfant qui doit naître de cette femme, il n'y a pas à craindre pour lui. La loi y pourvoit: une femme ne peut pas être pendue durant qu'elle est en voie de devenir mère. J'y verrai moi-même. Je m'y engage. Nous ne sommes pas un peuple de barbares. (...)

Le juge a terminé sa charge à 4 h. 15. Il parlait depuis 2 h., sans interruption. Avant le dîner, il avait parlé durant une demi-heure. Sa charge a donc duré en tout deux heures et trois quarts.

COUPABLE

Immédiatement après la charge du juge, le jury s'est retiré pour délibérer. A peine un quart d'heure plus tard, à 4 h. 30, le juge revient dans la salle et annonce que le jury est prêt à rendre son verdict. Il supplie l'auditoire de ne faire aucune manifestation lorsque le verdict sera prononcé.

Puis les jurés reviennent dans la salle, répondant chacun à son nom. C'est le juré Théophile Huot qui est leur porte-parole. En réponse à la question solennelle de M. Charles Gendron, greffier, à savoir si l'accusée est coupable de crime de meurtre dont elle est accusée, le porte-parole du jury répond «coupable».

La femme Gagnon (Marie-Anne Houde), photographiée à son arrivée au Palais de Justice, a subi son procès le visage continuellement voilée.

L'assistance accueille ce verdict dans un silence de mort.

— «Etes-vous unanimes?» demande le greffier.

— «Oui», répondirent les jurés.

— «Vous pouvez vous retirer maintenant, dit le juge, vous êtes libres de rester ou de vous en aller. Je vous remercie. Vous avez fait votre devoir». (...) Le juge suspend ensuite l'audience pour quinze minutes.

LA MARATRE PLEURE

Durant la suspension de l'audience, la femme Gagnon sanglote sous son épais voile noir. Le juge se fait longtemps attendre. Les gens dans la salle trouvent le temps bien long. La prisonnière aussi doit trouver le temps bien long.

A 4 hrs 55, le juge revient à son siège. M. Fitzpatrick *(un des avocats de la Couronne)* demande que sentence de mort soit prononcée contre la prisonnière.

L'huissier audiencier, sur l'ordre du juge, crie: «Marie-Anne Houde, levez-vous!». La prisonnière se lève péniblement.

M. Alphonse Pouliot, premier greffier de la Cour, demande à la prisonnière: «Avez-vous quelque chose à dire pour que sentence de mort ne soit pas prononcée contre vous?».

La prisonnière resta muette quelques secondes. On l'entend murmurer quelques mots incompréhensibles. M. Francoeur se lève et dit: «Au nom de ma cliente, je déclare qu'elle n'a rien à dire».

Le juge se coiffe alors de son tricorne noir. Il est visiblement ému, terriblement ému. Il se prend la tête à deux mains. Avec un effort extrême, le juge prononce:

«Vous avez été trouvée coupable de meurtre. Je concours dans le verdict du jury. Vous avez compris mes remarques. Je n'ai rien à ajouter.

«La sentence de la Cour est que vous soyez conduite dans la prison commune du district de Québec et que vous y soyez détenue jusqu'au premier octobre prochain, a huit heures du matin, alors que vous serez pendue par le cou jusqu'à ce que mort s'ensuive.

«Que Dieu vous pardonne et qu'il vous soit en aide!»

Le juge s'en retourne à sa chambre en sanglotant.

La prisonnière, qui n'avait jusqu'alors que pleuré en silence, éclate en sanglots bruyants. Elle crie, elle crie en s'affaissant. C'est navrant. Les gardes de la prison la supportent comme elle sort du banc des accusés.

Voilà l'épilogue de cette triste affaire!

Après avoir passé 98 heures dans les eaux glaciales du Saint-Laurent à franchir à la nage les 160 milles qui séparent l'île Sainte-Hélène de Québec, le plongeur d'origine française Louis Lourmais complétait son exploit en arrivant à Québec vers 23 h, le *21 avril 1959*. Le visage défait par le froid et la fatigue, Lourmais est photographié en compagnie de son épouse, Liliane, qui s'est jointe à lui pour les 12 derniers milles.

C'EST ARRIVÉ UN 21 AVRIL

1980 — Jacqueline Gareau termine deuxième chez les concurrentes féminines au marathon de Boston, mais un voile de soupçons plane au-dessus de la gagnante, Rosie Ruiz, de New York.

1974 — Alfonso Lopez Michelsen est élu président de Colombie, à l'issue des premières élections libres tenues dans ce pays en 20 ans.

1971 — Mort du président à vie François Duvalier, de la République d'Haïti. Son fils Jean-Claude, âgé de 20 ans, lui succède.

1967 — Svetlana Allelouieva Staline, fille de Joseph, arrive aux États-Unis et renie le communisme. — Coup d'État des colonels en Grèce, dirigé par les colonels Papadopoulos et Patakos. M. Constantin Kolias est nommé président.

1962 — Le président John F. Kennedy procède à l'inauguration officielle de l'Exposition internationale de Seattle en appuyant sur un manipulateur en or installé à Palm Beach, Floride. L'exposition se déroule sous le thème « L'homme au 21e siècle ».

1958 — Un *DC-7* de la United Airlines heurte un réacté militaire au-dessus du désert du Névada, et l'accident fait 49 morts.

1942 — Le gouvernement canadien annonce sa décision de stopper momentanément la fabrication de réfrigérateurs métalliques, à cause d'une pénurie de feuilles d'acier.

1935 — Un séisme ébranle l'île de Formose (Taïwan) et fait 3 000 morts et 12 000 blessés.

1930 — Un incendie fait 335 morts dans une prison de Columbus, Ohio.

1925 — Le cargo japonais « Raifuku Maru » coule avec son équipage à 180 milles d'Halifax, entraînant 61 marins au fond de la mer.

1906 — Ouverture à l'Arena de Montréal de la toute première Exposition d'automobiles (autrement dit le Salon de l'auto) organisée à Montréal.

L'ouverture du canal Welland

On procédait, le *21 avril 1930*, à l'ouverture officielle du canal Welland, construit au coût de $120 millions. C'est le « Georgian » qui eut l'honneur d'être le premier navire à entrer dans les écluses.

BABILLARD

Trois anniversaires à souligner

La **paroisse de la Purification de Repentigny** célébrera, le 4 novembre prochain, le 300e centenaire de son existence canonique. Comme cet événement surviendra au lendemain des fêtes du Centenaire de LA PRESSE, la proximité de la fête de Pâques offre une belle occasion d'au moins souligner l'événement. La première église, toute de bois, avait été construite en 1693 sur une seigneurie appartenant au sieur Pierre Le Gardeur de Repentigny. Quant à l'église actuelle, sa construction a commencé en 1723, et elle est l'église la plus ancienne du diocèse de Montréal. Notons que l'église a été agrandie en 1850 par l'élargissement de la nef grâce à l'addition de deux bas-côtés, et au même moment, on lui ajoutait une nouvelle façade. C'est sans doute un anniversaire qui sera célébré avec tout le faste qu'il mérite.

Dans le cas de **NCR Canada Limitée**, il ne s'agit que d'un premier centenaire, mais cela se célèbre quand même. La multinationale a été fondée par les frères John H. et Frank J. Patterson, de Dayton, Ohio, en 1884, alors qu'ils firent l'achat d'une société spécialisée dans la fabrication de caisses enregistreuses, la National Manufacturing Co., pour la modique somme de **$6 500**. Bravo aux actionnaires et aux employés de l'entreprise.

Enfin, la **Caisse populaire Henri-Bourassa** est un peu plus jeune puisqu'elle célèbre demain son 25e anniversaire de naissance, mais il faut tous passer par là n'est-ce pas? La caisse populaire a été fondée le 22 avril 1959, sous le nom de caisse populaire Saint-Antoine-Marie-Claret, et ce n'est qu'en 1969, après avoir aménagé, quatre ans plus tôt, à l'intérieur de son propre édifice, qu'elle adopta le nom du grand journaliste canadien-français. Félicitations aux actionnaires!

ACTIVITÉS

■ À la radio

17 h, Radio-Canada — Chronique consacrée à LA PRESSE à l'émission *Avec le temps*, animée par Pierre Paquette.

LA PRESSE

100 ans d'actualités

EXTRA DE LA PRESSE

HUIT PAGES — MONTREAL, DIMANCHE 24 AVRIL 1898 — UN CENTIN

AVIS IMPORTANT AUX CANADIENS

Par dépêche spéciale de 2.35 hrs a. m. à " La Presse "

Londres, 24—En dépit des sympathies manifestées par la presse anglaise, et par le gouvernement anglais, en faveur des Etats-Unis, les autorités impériales vont donner instruction à tous les consuls et aux gouvernements coloniaux de veiller à ce que les dispositions de l'acte concernant l'enrôlement (The Foreign Enlistment Act 1870) soient respectées par tous les sujets britanniques. Cette décision fait sensation dans le monde diplomatique.

Voici le texte de la clause 4 de l'Acte en question :

" Toute personne étant sujet britannique, qui, sans la permission de Sa Majesté, dans les possessions de cette dernière ou en dehors d'icelles, accepte ou consent à accepter une commission ou engagement dans le service militaire ou naval de n'importe quel pays étranger en guerre avec un autre pays étranger vivant en paix avec Sa Majesté, est coupable d'une offense contre le présent Acte et sera punissable d'amende et d'emprisonnement ou de l'une ou de l'autre de ces pénalités, à la discrétion du tribunal devant lequel s'instruira la cause du délinquant."

Des pénalités sont également édictées contre les recruteurs s'engageant dans les mêmes conditions.

CUBA DOIT ETRE LIBRE

Dit le général Miles.—La situation depuis hier soir.—Le bombardement de la Havane pourrait bien commencer au petit jour.—Dernières dépêches.

Les lecteurs de LA PRESSE savent évidemment que le plus prestigieux quotidien français d'Amérique publie une édition du dimanche depuis le 11 mars dernier. Et la grande majorité d'entre eux croyaient sans doute qu'il s'agissait là d'une première expérience pour LA PRESSE. Or, tel n'est pas le cas, car en plus d'avoir publié trois éditions du dimanche à l'occasion des Jeux olympiques, en 1976, LA PRESSE avait également publié le dimanche d'avril à septembre 1898, la déclaration de la guerre hispano-américaine ayant servi de détonateur. L'illustration ci-dessus vous permet de voir le tout premier numéro du dimanche dans l'histoire de LA PRESSE, publié le 24 avril 1898.

LA CONSCRIPTION AUX ETATS-UNIS

Dépêche Spéciale de 3 hrs a. m. à LA PRESSE

Washington, 24—Dans l'esprit des masses les levées d'hommes décrétées jusqu'à ce jour aux Etats-Unis trouveront leur effectif dans les engagements volontaires, mais l'éxécutif n'est pas sans se préoccuper de l'éventualité d'une guerre qui durerait plusieurs mois et même plus d'une année. Il serait fort possible en ce cas, surtout en supposant un échec sérieux pour les armes américaines, que le nombre des engagés volontaires ne fût plus à la hauteur des besoins et des exigences de la situation. Tout ce qu'il resterait à faire au gouvernement de Washington serait d'établir la conscription, c'est-à-dire le tirage au sort comme moyen de remplir ses cadres. Les préoccupations nées de ce chef ont porté le gouvernement à se préparer à toute éventualité, bien qu'il ait grande confiance de n'être pas réduit à cette extrémité.

Il va de soi que les gens naturalisés aux Etats-Unis, toutes choses égales du reste, quant à l'âge et à la condition physique, seraient astreints au service militaire, tout comme les citoyens nés sur le sol américain. C'est assez vous dire que dans ce cas, l'armée des Etats-Unis compterait dans ses rangs des milliers de canadiens, qui pour avoir toujours été étrangers aux conventions américaines sur Cuba, n'en feraient pas moins leur devoir de soldats à l'égal des plus courageux.

Frédéric Brosseau.

UNE HISTOIRE DE REVENANT

La population de Saint-Isidore est en émoi — Phénomènes étranges et inexplicables — Une maison hantée — Un cultivateur et sa famille fort éprouvés

Les événements suivants étaient rapportés dans l'édition du ***24 avril 1899****.*

LES superstitions populaires, dit Camille Flammarion, sont partout répandues et les préjugés les plus bizarres sont encore associés aux actions d'une partie de l'humanité. (...)

Combien de personnes hésitent encore à se mettre en route un vendredi ou un 13? Consultez les recettes des chemins de fer, des tramways et des compagnies de navigation et vous serez stupéfaits des différences. Treize est un nombre fatidique. Treize convives à table, treize personnes invitées à un parti de plaisir, est un signe de malheur inéluctable. Cela nous reporte à l'origine des années bissextiles, les Romains ayant doublé un jour, l'ayant intercalé subrepticement à la fin de février, sans le nommer, «pour que les dieux ne le volent».

Les superstitions sont de tous les âges et de toutes les époques. La crédulité des hommes et des femmes est véritablement sans bornes. Les stupidités les plus abracadabrantes ont été accueillies, acceptées, défendues. (...)

Saint-Isidore de Laprairie est une charmante petite paroisse, située à une trentaine de milles environ de Montréal. Villageois et paysans y sont très hospitaliers. Le village même de Saint-Isidore se compose d'habitations construites de façon pittoresque et d'une seule rue, mais si longue que vous voyez presque indéfiniment le nuage de poussière que soulève le voyageur qui s'en éloigne soit à pied, soit au pas monotone de sa monture.

Sur cette même route, à un mille de l'église paroissiale, en gagnant vers l'ouest, s'élève une vieille construction en bois et de modeste apparence, habitée par deux générations consécutives.

L'habitation est actuellement occupée par M. Frédéric Brosseau, sa femme et neuf enfants, dont quatre filles et cinq garçons, tous en bas âge. Quoique peu fortuné, M. Brosseau a la réputation d'être un bon cultivateur, un bon vivant et un bon chrétien. (...)

Un jour de novembre dernier, Madame Brosseau qui était à veiller au soin du ménage dans un appartement voisin de la salle à manger, entendit tout à coup la porte de cette dernière s'ouvrir et se refermer avec un bruit tout à fait particulier. Croyant à la visite d'un étranger, elle courut vitement à la porte. Grande fut sa stupéfaction en constatant que personne n'avait pénétré à l'intérieur. Deux fois, dans la même journée, le même bruit se répéta sans qu'il fut possible d'y attribuer une cause raisonnable. Nonobstant la certitude de ce fait anormal, Madame Brosseau n'y attacha aucune importance, croyant à une hallucination passagère de ses sens. Elle fit part de cet événement à son mari qui n'en tint aucunement compte.

A quelque temps de là, en pleine nuit, la famille entière fut éveillée en sursaut par le bruit qu'aurait fait une personne en marchant rapidement sur le parquet du grenier.

Le plancher, bien joint cependant, craquait à chaque pas. Le bruit se répéta deux ou trois fois dans l'espace d'une heure, pour cesser et recommencer ensuite, le lendemain, à la même heure. La terreur qui s'empara des enfants et des parents est inconcevable. Ces étranges phénomènes se répétèrent durant trois mois, avec des alternatives de reprise et de répit.

Puis vint une série de «coups» violents frappés sur le parquet, sur le toit, sur les murs, partout, alternés avec des espèces de prières ou de supplications marmottées en langage inhumain, par une bouche invisible.

Presque fou de désespoir, M. Brosseau fit un minutieux examen de la maison, mais ne découvrit rien d'anormal.

L'histoire se poursuit longuement. On y explique que le phénomène a été entendu par plusieurs groupes différents de paroissiens venus se joindre aux Brosseau pendant des nuits entières. On y explique encore que la famille, épuisée, songeait à abandonner la maison quand, en dernier ressort, M. Brosseau fit venir le curé Blanchard. Quelque temps après le passage du curé et les prières d'usage, le phénomène cessait aussi soudainement qu'il était apparu.

Mais entre-temps, LA PRESSE avait cru bon d'envoyer un journaliste voir sur place ce qui s'y passait...

Rien comme une bonne partie de cartes pour faire passer le temps en attendant les manifestations surnaturelles...

C'EST ARRIVÉ UN 24 AVRIL

1975 — Une loi spéciale met fin à la grève dans les ports de Montréal, Québec et Trois-Rivières.

1971 — David Lewis devient chef du Nouveau Parti Démocratique.

1970 — Mutinerie des équipages de trois patrouilleurs haïtiens. Après avoir tiré au canon sur le palais présidentiel, à Port-au-Prince, ils se réfugieront à la base américaine de Guantanamo.

1970 — Le fils du président Tchang Kaï-chek, de la République de Chine (Taïwan), se tire indemne d'un attentat à l'hôtel Pierre de New York.

1969 — Démission surprise de Paul Hellyer, ministre des Transports à Ottawa.

1964 — Le gouvernement Lesage étend à l'ensemble du territoire québécois la taxe de vente de 6 p. cent.

1960 — La ville d'Herash, en Iran, est secouée par un séisme qui fait plus de 3 000 morts.

1958 — M. Georges-Émile Lapalme démissionne comme chef du Parti libéral du Québec.

1951 — Un train prend feu à Yokohama : on dénombre 98 morts.

1950 — Le jugeant inacceptable, Québec refuse de signer l'accord pour la construction de la route Transcanadienne, accepté par six des dix provinces.

1947 — Condamnation à mort prononcée contre les six nazis responsables du massacre de Lidice.

1947 — Un incendie dans une mine d'or de Malartic fait un mort et huit disparus.

1945 — Le maréchal Pétain consent à se livrer aux représentants du gouvernement provisoire de France, pour répondre à des accusations de trahison.

1945 — On annonce que le drapeau soviétique flotte sur le Reichstag, à Berlin.

1916 — De violents désordres éclatent à Dublin, la capitale d'Irlande. La révolte est matée par les troupes britanniques.

1885 — Les troupes du général Middleton tuent 25 rebelles métis et font dix prisonniers lors d'un sanglant combat à Fish Creek.

BABILLARD

Une maison qui a pris un coup de ... jeunesse!

En publiant dans son édition du 7 avril 1900, la photo du *Vieux manoir de Sillery* (c'était le nom qu'on lui donnait à l'époque), LA PRESSE ne pouvait évidemment pas se douter que des recherches archéologiques allaient, quelque 60 ans plus tard, démontrer que la maison actuelle datait probablement du début du 17e siècle et non de 1639 comme on le croyait en 1900, et que par conséquent il était erroné de prétendre qu'il s'agissait là du plus vieil édifice encore debout au Canada.

La publication de cette photo a soulevé beaucoup d'intérêt chez les lecteurs de cette page, et elle a permis de découvrir que le bâtiment actuel est au moins le deuxième, sinon le troisième édifice érigé sur le même emplacement, le tout restant «ouvert à l'interprétation», comme l'affirme le numéro 7 de la collection des *Cahiers du patrimoine* publiés par le ministère des Affaires culturelles.

Ce qu'on peut affirmer sans trop de risque de se tromper, c'est que la première structure, en bois, fut construite en 1639. Le bâtiment fut détruit lors d'un incendie en 1657, et reconstruit entre septembre 1659 et le printemps de 1660. Fut-elle reconstruite sur le même carré? Fut-elle reconstruite en bois ou en pierre? Nul ne peut l'affirmer. Chose certaine, disent les cahiers, la maison de pierre a été construite avant 1733 puisqu'on en trouve une description assez exacte dans un document de cette année-là. Mais s'agit-il de la deuxième maison qui aurait été construite en pierre, ou d'une troisième maison en pierre qui aurait remplacé la deuxième? Voilà toute l'énigme.

Situé sur le chemin des Foulons, la maison est la propriété du ministère des Affaires culturelles depuis 1976, lequel l'a acquise des Jésuites. La Commission des monuments historiques du Québec en avait déjà été propriétaire, entre 1924 et 1929.

ACTIVITÉS

■ À la télévision

Allo Boubou, Radio-Canada — Au cours de l'émission, le Service bénévole de Montréal remettra un certificat d'honneur à M. Roger D. Landry, président et éditeur de LA PRESSE, pour souligner tous les gestes bénévoles faits par le plus prestigieux quotidien français d'Amérique au cours de ses 100 ans d'histoire.

L'Expo 67 : le coup de masse

EN toute dernière heure, une communication (exclusive) reçue de Paris nous informe que l'Union soviétique a fait admettre sept nouveaux pays qui auront droit de vote lors de la prochaine réunion du Bureau internationale des foires.

Sept pays situés derrière le Rideau de fer, comme bien l'on pense.

La position soviétique est donc singulièrement renforcée et dans les milieux spécialisés, d'aucuns affirment que la Russie, utilisant le «coup de masse» du facteur numérique décrocherait rapidement le vote majoritaire qui lui vaudra la tenue de l'Exposition universelle, sur son territoire, en 1967.

La position canadienne, c'est-à-dire le choix de Montréal, est d'ores et déjà en péril. L'Autriche, qui prônait sa capitale, Vienne, ne semble pas en mesure de faire échec à la force massive des votes de la Russie et des sept pays qu'elle a su rallier quelques jours avant les délais définitifs.

Enfin, il est indiqué (sous toutes réserves) qu'Israël voterait pour la proposition russe.

Les délégués des pays membres du Bureau international des Foires sont convoqués à Paris le 5 mai. On imagine aisément dans quelle atmosphère de tension se déroulera la réunion de ces délégués dont la décision doit être finale. Sans appel, par surcroît!

Cela se passait le 24 avril 1960*. Et, vous demanderez-vous sans doute, comment est-il possible que l'Expo 67 ait quand même eu lieu à Montréal? On peut répondre à cette question en vous rappelant deux faits. Tout d'abord, comme le craignait LA PRESSE, Moscou l'avait emporté devant Montréal, par 16 voix contre 14 lors du scrutin du 5 mai suivant, l'URSS ayant réussi à faire accepter sept pays dont deux états fantoches faisant partie de l'Union soviétique, l'Ukraine et la Byélo-Russie. Mais heureusement pour Montréal, Moscou se retirait de la lutte trois ans plus tard, et laissait sa place à Montréal. Et par un concours de circonstances, le maire Jean Drapeau a réussi là où son prédécesseur, Sarto Fournier avait échoué de justesse.*

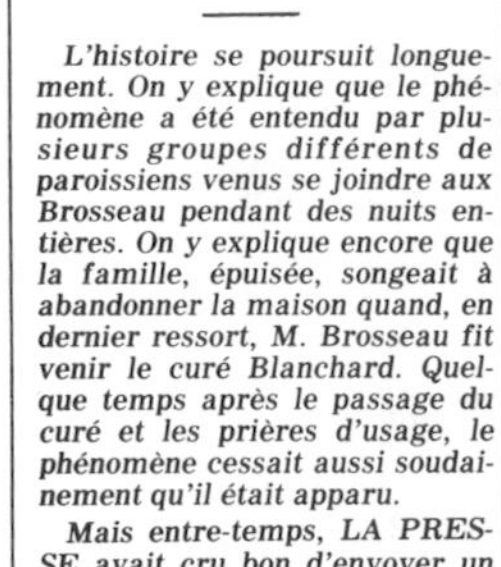

Le cosmonaute soviétique Vladimir Komarov est mort le *24 avril 1967* quand le parachute devant ralentir la chute de sa capsule spatiale a refusé de s'ouvrir lors de sa rentrée dans l'atmosphère, après que le vaisseau spatial *Soyouz I* eut effectué 18 orbites autour de la Terre. Âgé de 44 ans, Komarov est devenu la première victime connue du programme spatial soviétique.

Les fascistes de Montréal fêtent Rome

NDLR — Ce texte démontre que l'influence du duce Benito Mussolini se faisait bien au-delà des frontières de la patrie italienne...

UNE grande manifestation patriotique a marqué hier **(25 avril 1927)** la célébration du 2681e anniversaire de la fondation de Rome par la colonie italienne de Montréal, sous les auspices de la loge Vittorie Veneto de l'Ordre des Fils d'Italie et des fascistes de Montréal (Il Fascio «G. Luporini»). Cette fête, commencée samedi soir par une séance à la salle Auditorium, s'est terminée hier après-midi, par une parade militaire des Fascistes en chemise noire précédée par la fanfare des Fascistes sous les ordres du maître Tomaso De Cristofero, et par une assemblée tenue à l'école Sainte-Julienne Falconieri, sous la présidence de M. Guido Casini.

Celui-ci, dans un discours vibrant de patriotisme, (...) a esquissé les gloires de la Rome antique et moderne. Il dit que cette date a une grande signification pour tous les Italiens, puisqu'elle rappelle la puissance de la grande civilisation latine. Rome immortelle prend une nouvelle vigueur sous la direction de Mussolini et du fascisme.

Le docteur Ernest Poulin, maire suppléant, a fait un discours en italien qui lui a valu les plus chaleureuses félicitations. Il a dit combien il était fier personnellement et en qualité de représentant de la métropole du Canada d'exprimer son admiration pour la Ville Eternelle, le berceau de la civilisation latine, le siège de l'Eglise catholique et la cité admirée par le monde entier. (...)

LA PRESSE
100 ans d'actualités

La femme a maintenant droit de vote et d'éligibilité

Cette photo montre un groupe de Montréalaises qui s'étaient rendues à Québec afin d'assister au débat sur le projet de loi qui allait accorder le droit de vote aux femmes. La légende de la photo n'indentifiait hélas pas toutes les femmes et ne les situait pas non plus sur la photo. Tout ce qu'on peut dire, c'est qu'on remarquait parmi elles Mme Pierre-F. Casgrain, présidente de la Ligue des droits de la femme; Mlle Idola Saint-Jean, présidente de l'Alliance canadienne pour le vote des femmes; Mme Maurice Cormier, présidente du Club libéral central des femmes de Montréal; Mme Charles Rinfret, Mme Jacques Forget, Mme Gérard Parizeau, Mme G. Papineau-Couture, Mme J. Mabon, Mme L.-H.-D. Sutherland, Mme J.-Leslie Hodge, Mme M.-G. Catelani, Mme R. Reusing, Mme Allan Smith, Mlle Virginia Cameron, Mlle Margaret Wherry, Mme Turner Bone, Mme Stead.

Le Conseil législatif, par un vote de 13 à 5, approuve le projet de loi ministériel et le lieutenant-gouverneur sanctionne. Il s'agit d'une séance historique

(Du correspondant de la «Presse»)

QUÉBEC, 26 — Par un vote de treize voix contre cinq, le Conseil législatif a voté hier **(25 avril 1940)** soir, après un débat calme et dénué de tout incident, la deuxième lecture du bill accordant aux femmes de la province le droit de vote et d'éligibilité. Le bill subit ensuite sa troisième lecture sur un même vote, après qu'un amendement demandant la tenue d'un référendum aux prochaines élections provinciales par l'hon. Médéric Martin eut été battu. Une demi-heure après, le bill fut sanctionné par le lieutenant-gouverneur, et la législation du suffrage féminin, réclamée avec insistance depuis 1922, entrait dans les statuts de la province.

Le seul incident du débat de cette séance, qu'on pourrait qualifier d'historique, fut la tentative de l'hon. Médéric Martin d'introduire à la 3e lecture du bill, un amendement décrétant la tenue d'un référendum aux prochaines élections générales provinciales. On a noté aussi certaines questions de l'hon. L-A. Giroux, au moment où on allait voter la 3e lecture du bill.

«La loi que nous votons,» a demandé l'hon. M. Giroux, va-t-elle provoquer de nouvelles législations, comme l'admission des femmes dans les commissions scolaires, etc.?

L'hon. M. Brais a répondu: «La législation suivra son cours comme toute législation». Et l'incident fut clos.

Les orateurs qui ont pris part à ce débat sont l'hon. Philippe Brais, leader du gouvernement au Conseil; sir Thomas Chapais, leader de la gauche; les hon. Jacob Nicol, Frank Carroll, J.-L. Baribeau et L.-A. Giroux. (...)

Nombreuse délégation féminine

Une nombreuse délégation féminine avait envahi la salle du Conseil législatif. La séance commença à trois heures sous la présidence de l'hon. Hector Laferté.

A 3 heures 15, le greffier indiqua sur l'ordre du jour le bill du suffrage féminin, en deuxième lecture. C'est l'hon. Philippe Brais, leader du gouvernement au conseil, qui expliqua l'objet de la nouvelle législation.

«J'ai l'insigne honneur, dit-il, de proposer en deuxième lecture le bill no 18, qui a pour objet d'accorder le vote aux femmes et l'éligibilité. Ceci revient à dire que si ce bill est adopté, non seulement les femmes auront à l'avenir le droit de vote, mais qu'elles pourront également occuper, dans cette province, à peu près tous les postes et emplois comportant des responsabilités.»

Ici l'hon. Brais rappelle que dans le discours du trône, on avait promis le droit de suffrage aux femmes de cette province. «Le droit de vote de même que l'éligibilité ne peuvent plus être refusés.

«Le premier ministre lui-ême, a évolué sur ce point. Il nous l'a dit avec sa belle franchise. L'immense majorité de l'Assemblée législative l'a appuyé dans cette voie.

«Le bill que j'ai le privilège de soumettre à cette Chambre, au nom du gouvernement, est la conséquence logique et immédiate d'un louable changement d'opinion chez un grand nombre d'hommes publics. Pour ma part, je suis heureux de pouvoir déclarer que je n'ai pas eu à changer d'avis et que j'ai toujours été favorable au suffrage féminin.

«Je dois même ajouter que je suis un de ceux qui ont le plus contribué à faire soumettre une résolution à cet effet au grand congrès du parti libéral tenu à Québec en juin 1938.» (...).

Et le ministre poursuivait de la sorte son discours, entièrement reproduit par LA PRESSE, et dans lequel il insistait sur l'importance grandissante de la femme dans la société. Et c'est par un vote de 13 contre 5 que la Chambre endossait le projet de loi, immédiatement ratifié par le lieutenant-gouverneur.

C'EST ARRIVÉ UN 25 AVRIL

1982 — Dans leur marche pour la reconquête des îles Falkland, les Britanniques reprennent Grytviken, principal port des îles de la Georgie du Sud. — Le drapeau égyptien flotte sur le Sinaï pour la première fois depuis 1967.

1980 — La tentative de libération par la force des otages de l'ambassade américaine de Téhéran se termine par un échec dans le désert iranien. L'opération fait huit morts à l'occasion d'une collision entre un avion C-130 et un hélicoptère.

1976 — Les Portuguais participent à leurs premières élections législatives depuis 50 ans et se donnent un gouvernement minoritaire d'allégeance socialiste et dirigé par Mario Soares.

1974 — À la faveur de ce qu'on qualifiera de « guerre des oeillets », les militaires enlèvent le pouvoir au gouvernement Caetano, au Portugal, après 40 ans de régime dictatorial.

1968 — Le président algérien Houari Boumedienne est blessé dans un attentat, à Alger.

1967 — L'autoroute Décarie est ouverte à la circulation automobile à 6 h, soit quelques heures à peine avant l'ouverture de l'Expo.

1961 — Le gouvernement Lesage annonce la composition de la Commission royale d'enquête sur l'Éducation au Québec. Elle sera présidée par Mgr Alphonse-Antoine Parent, et formée de sept membres.

1945 — Les troupes américaines et soviétiques effectuent un premier contact à Torgau, sur l'Elbe. — Ouverture de la conférence des Nations Unies, à San Franciscc.

1928 — L'aviateur explorateur Floyd Bennett, un des conquérants du pôle nord avec le commandant Richard Byrd, succombe à une pneumonie dans un hôpital de Québec.

1906 — La Chambre de commerce de Montréal inaugure ses nouveaux bureaux, au 76, rue Saint-Gabriel.

1898 — Les États-Unis déclarent la guerre à l'Espagne.

1895 — Mille ouvriers perdent leur emploi à la suite de l'incendie qui détruit la manufacture de tabac Macdonald.

BABILLARD

Les commandements de la femme

Une lectrice de Laval, Mme **E.-H. Blanchard,** *nous propose le texte suivant :*

Les commandements de la femme

Ta femme tu aimeras
sincèrement.
Sur sa joue un baiser tu poseras
bien tendrement.
Sa main tu serreras
quotidiennement.
Cette preuve d'amour durera
indéfiniment.
De toi de temps à autre désirera
un petit compliment.
Ta femme avec douceur tu attireras
aisément.
Elle qui est faite pour aimer sera
ravie de ton dévouement.
Avec des paroles tu l'éloigneras
facilement.
Des dialogues elle aimera
quotidiennement.
Les boissons fortes tu abandonneras
pour ton bien également.
Pour ses défauts tu seras
indulgent.
Pour ses qualités tu seras
reconnaissant.
Un sourire amical l'éblouira
instantanément.

ACTIVITÉS

■ À la télévision

10 h 30, Télé-Métropole - Dans le cadre de l'émission *Entre nous* animée par Serge Laprade, Claudette Tougas, de LA PRESSE, présente la chronique *Cent ans de pages féminines.*

ATTENTAT DIABOLIQUE, RUE DES ERABLES

UN drame de famille des plus tristes s'est dénoué ce matin **(25 avril 1918)** de façon tragique.

C'est avenue des Erables, au No 1017, que le drame s'est déroulé vers les huit heures et demie ce matin. A cette heure, le facteur se présenta chez Mme Damase Boivin et lui remit un paquet assez volumineux. Intriguée, Mme Boivin se demanda avec raison quel pouvait bien être le contenu de ce colis. Puis se mettant à plaisanter, elle dit à sa fille: «Pourvu que ça ne soit pas de la dynamite». S'approchant du poêle, elle y déposa le colis et essaya de l'ouvrir. Comme il était bien empaqueté et qu'elle avait quelque difficulté à enlever la corde qui le ficelait, sa fille, Mlle Mélina Boivin, demanda à sa mère de le lui laisser ouvrir.

Mais à peine avait-elle fait une légère ouverture dans le colis, qu'une formidable explosion se fit entendre. Au même instant les flammes se répandirent par toute la cuisine, mettant le feu aux vêtements de ceux qui s'y trouvaient. Véritable torche vivante, Mlle Boivin se précipita dehors, cependant que sa mère entraîna son garçon, Auguste, et son petit pensionnaire, Camille Dame, dehors sur la galerie.

Aux cris lancés par les victimes, les voisins, le facteur et quelques vidangeurs qui se trouvaient dans les environs, accoururent sur les lieux. Après avoir éteint les flammes qui dévoraient Mlle Boivin, on pénétra dans la maison, où l'on porta secours à la mère et aux enfants. Au même instant, les pompiers accouraient sur les lieux. Mais c'était peine perdue, car les voisins avaient déjà éteint le commencement d'incendie qui s'était déclarée dans la cuisine. (...)

La machine infernale qui a failli tuer les quatre victimes, ainsi que cinq autres bambins, des pensionnaires qui se trouvaient dans la maison au moment de l'explosion, a la forme d'une boîte à cigares, de huit pouces par quatre. A l'intérieur, divisée en deux compartiments. se trouvait un revolver de calibre 38, ainsi que de la poudre et des guenilles imbibées d'essence. Au couvercle, qui glissait entre deux grouves, était attachée une corde reliée à la gâchette du revolver.

En tirant le couvercle, on faisait ainsi partir la balle qu traversait la poudre et les guenilles imbibées de gazoline, mettait le feu à la boîte, et provoquait une seconde explosion. (...).

Les soupçons, quant à l'auteur de ce terrible attentat, se porte sur M. Damase Boivin, le mari de la victime. Boivin ne vivait pas avec sa femme depuis quelques années. S'il faut en croire Mme Boivin, c'est son mari qui aurait fait le coup. (...)

Le choc de l'explosion a réduit en miettes toutes les vitres de la cuisine, ainsi que celles du salon, de la porte d'entrée et d'une chambre. Les dommages causés par l'incendie sont des plus légers. L'état de Mlle Boivin est le plus inquiétant. On craint aussi que le jeune Auguste ne perde la vue. Détail touchant, Auguste venait de faire sa première communion le matin même et se préparait à être confirmé à dix heures.

La VOIE MARITIME est ouverte!

LA voie maritime du St-Laurent, l'une des plus grandes artères maritimes du monde, est ouverte à la circulation depuis samedi matin **(25 avril 1959).** Dans les premières 24 heures qui ont suivi son inauguration, pas moins de 26 navires, 5 vers l'est et 21 vers l'ouest, ont franchi les sept écluses qui séparent les Grands Lacs de la mer.

Le Simcoe, premier navire à s'engager dans la voie à la suite des brise-glace Montcalm et D'Iberville, a mis vingt heures à parcourir les 121 milles que compte la nouvelle voie d'eau. Le vieux canalier se rendait allège à Kingston, Ont., pour y prendre une cargaison de céréales.

Venant de l'ouest vers Montréal, le canalier Humberdoc a apporté une cargaison semblable d'Iroquois, Ont. à Montréal en 16 heures seulement, soit deux fois plus rapidement que s'il avait emprunté l'ancien canal.

Lorsque le brise-glace D'Iberville a inauguré la voie samedi, avec à son bord le ministre des Transports, l'hon. George Hees, et de nombreux dignitaires, près d'une centaine de canaliers et d'océaniques ont levé l'ancre à leur tour pour emprunter les écluses. Tous les navires étaient pavoisés.

Le premier ministre du Canada n'a pas assisté à l'inauguration. Retenu à son bureau où il a préparé le programme parlementaire de la semaine prochaine, il a préféré décliner l'invitation qui lui avait été faite.

Une foule nombreuse, estimée à plusieurs milliers, s'était rendue à bonne heure tout le long de la digue qui se prolonge du pont Jacques-Cartier au pont Victoria. Les préposés aux écluses n'ont eu aucun incident à signaler. Longue de plus de 700 pieds, celle de Saint-Lambert peut accommoder deux navires à la fois. On prévoit que 25 millions de tonnes de marchandises passeront par le nouveau canal. Ce chiffre sera doublé en 1965, prévoit-on.

Le péage exigé des navires dans la nouvelle voie est de six cents du tonneau du navire, plus 95 cents la tonne de cargaison générale et 42 cents la tonne de cargaison brute. Ce péage autorise aussi la circulation dans le canal Welland, aménagé il y a 27 ans afin de permettre aux navires de contourner les chutes Niagara entre les lacs Ontario et Erié. Des tarifs fragmentaires seront perçus pour des voyages partiaux.

Le nouveau canal peut accommoder des navires de 730 pieds de longueur. Pour l'instant, le tirant d'eau est limité à 22 pieds, 6 pouces, mais une fois terminés les travaux de dragage, le tirant d'eau sera porté à 25 pieds, 6 pouces. Les écluses ont 27 pieds de profondeur.

***Le D'Iberville* entrant dans l'écluse de Saint-Lambert, lors de l'ouverture de la Voie maritime du Saint-Laurent à la circulation maritime.**

LA PRESSE

100 ans d'actualités

UN OCEAN DE FLAMMES

Immense conflagration à Hull — Une calamité qui rappelle les horreurs de Moscou et de Chicago — Plus de 4,000 maisons détruites, plus de 20,000 personnes sont sans asile — $10 millions de propriétés sont la proie des flammes

Le **26 avril 1900,** *la ville de Hull était presque entièrement détruite par l'une des pires conflagrations de l'histoire du Canada, une conflagration si violente que les flammes poussées par un vent violent traversèrent la rivière des Outaouais pour aller dévorer un quartier d'Ottawa sur l'autre rive. Heureusement, seulement quatre personnes ont perdu la vie au cours de cet incendie qui aurait pu avoir des conséquences beaucoup plus néfastes.*

Les sous-titres qui précèdent donnent une bonne idée de l'ampleur du désastre. Inutile d'insister sur le fait que LA PRESSE a couvert l'événement avec beaucoup d'ampleur pendant pas moins de cinq jours. Vu les circonstances, il serait vain d'essayer de résumer l'ensemble du dossier. Nous nous contenterons des deux textes suivants.

Le premier a été publié le 26, quelques moments après le début de l'incendie, découvert à 11 h du matin.

OTTAWA, 26 — À 11 heures, le feu s'est déclaré dans la rue Chaudière *(dans la maison de M. Antoine Kirouac plus précisément)*, et s'est propagé par les rues Philomène, Albert, Wright, Wellington et Main, dans les quartiers Nos 2 et 3 de la ville de Hull.

Le feu s'est propagé jusque de l'autre côté du lac Minnow, et par les rues Bridge et Church jusqu'aux cours des grandes scieries d'Eddy. Le vent soufflant avec violence de l'est, propage l'incendie avec une rapidité telle, que les efforts des brigades de feu d'Ottawa, d'Eddy et de Hull sont impuissants à le maîtriser.

Les scieries d'Eddy sont en grand danger, car elles se trouvent sur la marche de l'incendie.

Pas de pertes de vies encore connues.

Le feu a traversé la rivière Ottawa et dévore actuellement les chantiers de Bronson.

Des amas de ruines, voilà tout ce qui restait de Hull au lendemain de la terrible conflagration du 26 avril 1900.

Le vent souffle avec une rapidité de 12 milles à l'heure.

1 heure. — Les manufactures de carbure de calcium, les usines fournissant la force motrice à la Cie des tramways et l'éclairage de la ville sont en danger. Le feu se propage avec une rapidité effrayante dans tout le quartier Victoria d'Ottawa.

1.20 p.m. — Le couvent des Soeurs Grises et la station de pompes de Hull en flammes. Les communications téléphoniques, entre Hull et Ottawa, coupées. Plus de 200 maisons consumées à Hull *(comme l'indique un des sous-titres, le feu aura détruit 4 000 bâtiments avant d'être maîtrisé)* et le feu fait rage encore. Le vent souffle du nord-ouest et ramène le feu vers la partie sud-est de Hull. Le palais de justice, en danger.

1.30 p.m. — Feu actuellement dans les vastes cours de bois des moulins de Eddy et de la Hull Lumber Co. Le palais de justice entourée de flammes. Toutes les manufactures de l'île Victoria, dans Ottawa, en feu. Le pont des Chaudières commence à brûler.

Ce fut ainsi pendant des heures. Et le correspondant de LA PRESSE, resté anonyme comme de coutume, visiblement bouleversé par l'immensité des dégâts se laissa aller à une prose beaucoup plus émotive que factuelle, du genre :

La magnifique industrie des scieries érigée sur les bords de la Chaudière disparaissait, et au moment où Hull allait célébrer le centenaire du premier voyage de bois parti de ses rives, sous l'oeil prévoyant de Wright, fondateur de la Dynastie de ses beaux chevaliers vrais, du travail réel, qu'on a appelé les rois de la Gatineau. A la veille, disje, de ce grand jour, toute cette belle et industrieuse cité est rayée de l'existence, effacée des cartes du pays.

Hull n'est plus, Hull n'est qu'un amas de cendres, un monceau de ruines, une plaine de douleurs et une vallée de larmes. Il faut avoir vu comme j'ai pu le voir, l'effrayant spectacle de cette calamité, le triomphe insolent de la destruction bête, idiote, impie, de cette place, de ce chancre rongeur, diabolique et envahissant, pour sentir toute l'étendue du désastre dont le spectacle me hante au moment où j'écris, en face des lueurs rouges qui, dans l'obscure clarté de cette nuit d'été, s'élèvent et colorent l'espace. (...)

Le désastre qui vient d'affliger Hull et Ottawa prendra place, à côté des grandes calamités historiques qui s'appellent incendie de Moscou et incendie de Chicago.

Plus de 4,000 maisons, avec tout leur contenu, sont détruites. Plus de vingt mille personnes sont sans abri. Près de dix millions de dollars de propriétés ont été la proie des flammes. Une industrie complète est rayée de l'existence. Une ville de moins. Voilà le bilan de la journée d'hier. (...)

Montréal est déçu, Banff dégoûté

Les Jeux olympiques se tiendront en Allemagne et au Japon

par Marcel DESJARDINS
envoyé spécial de LA PRESSE

ROME — Les deux villes canadiennes, Montréal et Banff, ont échoué hier **(26 avril 1966)** dans leur tentative d'obtenir les Jeux d'été et d'hiver. Le scrutin a en effet favorisé Munich, en Allemagne de l'Ouest, pour les Jeux d'été, et Sapporo, au Japon, pour ceux d'hiver.

«Il est évident que l'on désirait voir revenir les Jeux olympiques en Europe,» a dit le maire Drapeau déçu de l'échec de Montréal *(qui devait se reprendre avec plus de succès quatre ans plus tard, à Amsterdam)*. Faisant cependant contre mauvaise fortune bon coeur, M. Drapeau s'est montré autant peiné de l'échec de Banff. «Je suis encore plus peiné pour vous que pour nous», a-t-il dit à Ed Davis, du groupe de Calgary *(qui après maints essais obtiendra les Jeux d'hiver de 1988)*, qui tentait pour la troisième fois d'obtenir les Jeux d'hiver: selon toute vraisemblance cette troisième est la dernière!

Le maire a ajouté qu'il avait senti, au cours de ses différents voyages entrepris dans l'espoir d'amener les Jeux d'été dans la métropole, que Montréal ne jouit sûrement pas de la réputation d'une ville où fleurissent les sports amateurs. Souvent on mettait en doute la capacité de Montréal de s'affirmer comme l'une des capitales du sport amateur. Selon M. Drapeau, Montréal et le Canada sont surtout connus pour leurs sports professionnels et leurs sports d'hiver, qui ont bien sûr leur raison d'être, ajoute-t-il.

M. Drapeau ne cache pas, cependant, que l'on se montrait surpris un peu partout que Montréal s'intéresse aux sports d'été; on parle de nous quand il s'agit de sports d'hiver.

Déçu, fatigué, le maire — semble-t-il — cachait toute l'amertume qu'il ressentait devant tant de promesses oubliées. Il était pourtant moins abattu que les représentants de Banff qui, eux, était tout simplement dégoûtés. «Je préfère me taire», a affirmé le président du groupe Ed Davis.

Assaillie par des bombardiers de fabrication allemande portant les couleurs des troupes nationalistes du général Francisco Franco, qui larguèrent pas moins de mille projectiles au cours d'une attaque effectuée en fin d'après-midi, Guernica, capitale du pays basque, n'était plus qu'un amas de ruines, parmi lesquelles on retrouva des centaines de cadavres d'hommes, de femmes et d'enfants. L'assaut aérien du *26 avril 1937* dura trois heures et demie.

ON DECRETE L'ANNEXION DE NOTRE-DAME-DE-GRACES

(Du correspondant régulier de la PRESSE)

QUÉBEC, 26 — Le comité des bills privés de la législature, sous la présidence de M. Tessier, député de Trois-Rivières, commençait ce matin **(26 avril 1910)** l'étude du bill de Montréal. La délégation envoyée par le conseil était au complet, et les contrôleurs étaient venus, conduits par le maire Guérin.

Les municipalités environnantes de Notre-Dame-de-Grâces, Maisonneuve, Longue-Pointe, Rosemont, Westmount, etc., étaient aussi représentées, soit par leurs maires, soit par des échevins ou des avocats.

Après l'adoption du préambule du bill, vient la question d'annexer Notre-Dame-de-Grâces.

M. O. MARCIL, MAIRE, et M. J.O. Sullivan, avocat, s'opposent au projet, se disant en cela soutenus par la majorité du conseil et des contribuables.

Notre-Dame-de-Grâces, disent-ils, se gouverne mieux que Montréal, dont elle est, du reste, séparée par Westmount. Elle n'est pas opposée à l'agrandissement de Montréal, mais aux conditions proposées, lesquelles ne visent qu'à favoriser cinq ou six grands propriétaires de terrains, qu'ils veulent exempter de taxes, sous prétexte de culture, en attendant qu'ils les divisent en lots à bâtir, qu'ils vendront bon prix.

M. Dougall McDonald, échevin de Notre-Dame-de-Grâces, se lance dans une longue digression sur les Sauvages de Caughnawaga. Tout cela pour s'opposer à l'annexion. (...)

M. le curé Bibaud, de Notre-Dame-de-Grâces, appelé à donner son avis sur la question devant le comité, se prononce pour les propriétaires agriculteurs contre les propriétaires spéculateurs, lesquels s'opposent au bill. Il termine en disant que la majorité des habitants est pour l'annexion à Montréal, où les intérêts des catholiques ne sont pas toujours respectés. (...)

L'HON. M. JEREMIE DECARY fait savoir que la majorité des contribuables lui a demandé de favoriser l'annexion. Son hon. le maire Guérin, de Montréal, entrant dans le débat, déclare qu'en somme les deux côtés sont en faveur de l'annexion, mais que les uns veulent attendre que Notre-Dame-de-Grâces soit plus endettée. C'est Montréal qui y perd dans cette annexion puisque Montréal, dont le pouvoir d'emprunt ne dépasse pas quinze pour cent, annexe une ville dont la dette est de $1,100,000 sur une évaluation foncière de $5,000,000. Le plus tôt se font les annexions, conclut le maire, le mieux c'est. (...)

MM. Cousineau, député, et L.-A. Lapointe, terminent la discussion, après quoi on prend le vote, et la proposition de recourir à un référendum est battue par 26 à 7.

Le comité des bills privés a donc décrété l'annexion de Notre-Dame-de-Grâces aux conditions proposées par Montréal.

Le juge Lebeuf déclare sans valeur légale l'affichage unilingue

A l'ouverture de la Cour de circuit, ce matin **(26 avril 1920)**, l'honorable juge en chef Lebeuf a rendu un très important jugement dans une cause de Trunisch contre Child's Limited.

Ce jugement a une double portée en ce qu'il établit la responsabilité des restaurateurs, coiffeurs, etc., chez qui le client dépose une partie quelconque de ses vêtements, et en ce qu'il déclare nuls et sans valeur, les avis et placards qui ne sont pas bilingues.

C'est une jurisprudence nouvelle et les intéressés feraient bien d'en prendre note.

Ce jugement est sans appel. Dans son action, le demandeur réclamait de la compagnie défenderesse la somme de $65, prix et valeur d'une paletot et d'une paire de gants qu'on lui subtilisa alors qu'il était à déjeuner dans l'établissement de cette dernière. (...)

Le demandeur, citoyen de langue anglaise, et son procureur, aussi de langue anglaise, rétorquèrent que ces avis ne pouvaient être pris en considération parce que rédigés dans la seule langue anglaise, et ajoutèrent qu'en cette province, un avis pour être légal, devait être affiché dans les deux langues officielles du pays.

Le tribunal a pleinement maintenu cette prétention en se basant sur les circonstances qui entourent généralement ces cas. (...)

ACTIVITÉS

■ **Salon Vacances-Québec 84**

Au Palais des congrès — Présence du kiosque mobile de LA PRESSE, abondamment illustré de pages une consacrées à l'univers des vacances, des loisirs et des différentes régions du Québec, au cours de ses 100 ans d'histoire. Le *Guide du Québec* des éditions LA PRESSE sera en vente sur place. Jusqu'au 29 inclusivement.

C'EST ARRIVÉ UN 26 AVRIL

1982 — La défaite du gouvernement néo-démocrate d'Alan Blakeney, lors des élections générales de la Saskatchewan, est accueillie avec surprise à Ottawa.

1974 — Fin de la grève des postiers canadiens, qui durait depuis deux semaines.

1973 — Les employés des transports et des communications du Japon déclenchent une grève de 72 heures, le pire conflit de travail de ce pays depuis la guerre.

1967 — Le roi Constantin de Grèce décide d'appuyer le geste des colonels, qui ont pris le pouvoir à la faveur d'un coup d'État.

1961 — La révolte algérienne s'effondre. Les généraux Challe, Salan, Zeller, Jouhaud et Gardy sont arrêtés ou en fuite.

1959 — Montréal reçoit la visite du nouveau premier ministre de Cuba, Fidel Castro.

1952 — Quelque 175 personnes trouvent la mort dans une collision entre le porte-avions *Wasp* et le destroyer *Hobson*, en pleine mer.

1950 — Sacre du nouvel archevêque de Montréal, Mgr Paul-Émile Léger, à Rome. Le sacre a lieu le jour de l'anniversaire de Mgr Léger.

1927 — Le juge Louis Boyer préside l'enquête relative à l'incendie du Laurier Palace qui a lieu quelques mois plus tôt.

1908 — Un éboulement de terrain cause plus de 30 morts à Notre-Dame-de-la-Salette, dans la circonscription de Labelle.

LA PRESSE
100 ans d'actualités

La foule envahit Terre des Hommes

photothèque LA PRESSE

Le premier ministre Lester B. Pearson, à gauche, vient d'allumer le flambeau : l'Expo est ouverte. À droite le gouverneur général, Roland Michener, en compagnie de son sergent d'arme.

La Terre des Hommes doit devenir une cité internationale permanente — Drapeau

par Oswald MAMO

COURONNEMENT de trois ans de dur labeur et de cinq années d'inquiétude, le gouverneur général du Canada a inauguré officiellement hier **(27 avril 1967)** l'Exposition universelle et internationale de 1967.

Au même moment où M. Roland Michener annonçait: «Je déclare officiellement l'Expo ouverte», le carillon de l'Expo, les cloches des églises de Montréal, les sirènes des bateaux dans le port de Montréal ont fait entendre autant de notes joyeuses; simultanément, l'eau a jailli de toutes les fontaines aménagées dans les îles, et des bateaux-pompes du port dans le ciel radieux ont resplendi les mille étincelles d'un feu d'artifice tandis que les appareils du groupe acrobatique de l'ARC, les palladins du centenaire, ont décrit des courbes gracieuses pour saluer la réunion des soixante-trois nations sur la Terre des Hommes.

Place des Nations, hier, plus de 6,000 personnes étaient au rendez-vous pour l'inauguration.

L'arrivée du vice-roi a donné le signal du début de la cérémonie. Il a été salué par une salve de vingt et un coups de canon tirés par le deuxième régiment de l'Artillerie canadienne. Puis, au son des accords de la fanfare du régiment des Highlanders, il a passé en revue la garde d'honneur formée par le 3e bataillon du 22e régiment royal.

Un peu auparavant, les premiers ministres des autres provinces du Canada, le haut commissaire des Territoires du nord-ouest, le président du bureau des commissaires généraux des expositions, M. Albert Goris, le commissaire général adjoint, M. Robert Shaw, et de nombreux dignitaires et personnalités avaient pris place sur les estrades d'honneur.

Puis le maître de cérémonie annonça l'arrivée du maire Jean Drapeau, du premier ministre Daniel Johnson et du chef du gouvernement canadien, M. Lester B. Pearson.

M. Michener est apparu en compagnie du commissaire général Pierre Dupuy dont la fierté, en ce grand jour, était bien compréhensible.

M. Dupuy a été le premier à s'adresser à la foule des invités, pour ne pas dire au monde, puisque la cérémonie était télédiffusée en direct sur plusieurs continents. Il a été suivi de MM. Drapeau, Goris, Johnson, Pearson et Michener.

Le diplomate a souligné le message de l'Exposition: «Un acte de foi dans le génie créateur de l'homme, mais aussi dans la compréhension du plus grand nombre».

M. Jean Drapeau, le «père de l'Expo», comme plusieurs aiment, avec raison, à le répéter, a provoqué des applaudissements nourris. Le maire de Montréal a promis solennellement à ses concitoyens de travailler «avec une ferveur égale à celle qui m'a toujours animé», pour préserver de la destruction «des bâtiments et des éléments qui devraient demeurer pour rappeler d'une façon permanente en terre d'Amérique, la réalité d'une civilisation universelle reconstituée, quant au passé, par des choses qui ont résisté à l'usure du temps, qui ont triomphé des haines et des guerres et, quant à l'avenir, exprimée par des formes architecturales ou graphiques nouvelles, renouvelées, par les progrès de la science et de l'art et surtout par des indications claires et précises du recul des frontières de la misère et de la faim, de l'ignorance et de la pauvreté.»

M. Drapeau s'est écrié ensuite: «Au nom de mes collègues du conseil municipal, je donne à tous l'assurance que, quant à nous, nous étudierons avec les autorités de chacun des pavillons, tous les moyens à prendre pour assurer à ces îles, que les Montréalais ont édifiées à leurs frais, la plénitude de leur destin de cité internationale où, de partout, toujours, les pèlerins de la Terre des Hommes pourront venir se rencontrer et constater la volonté de l'humanité d'enrichir la civilisation d'aujourd'hui au bénéfice de l'humanité de demain.»

Quant à M. Goris, il a loué les efforts du commissaire général de l'Expo, M. Pierre Dupuy, qui, par son «obstination et sa subtile diplomatie», a réussi à convaincre 63 pays de participer à l'Exposition universelle de Montréal. (...)

Marciano se retire de la boxe

NEW YORK, 27 (UP) — Le champion du monde Rocky Marciano a annoncé aujourd'hui **(27 avril 1956)** qu'il se retirait de la boxe «parce que je veux commencer à vivre pour ma famille».

«Je suis en sécurité au point de vue financier et je ne crains pas pour l'avenir», déclara le champion qui devenait le 4e homme à quitter la boxe sans avoir subi une seule défaite.

Marciano, qui a gagné tous ses 49 combats professionnels et a défendu son titre avec succès à six reprises, a dit qu'il avait finalement succombé aux prières de sa famille.

«Lorsque j'ai débuté, j'étais garçon», dit-il. «Mais maintenant ma mère et ma femme désirent que je me retire et je leur ai promis hier que je ferais ce qu'elles désiraient.»

A Vancouver, C.-B., Archie Moore a déclaré que si Marciano était sérieux au sujet de sa retraite, «je réclamerai le titre».

En annonçant sa retraite, Marciano a dit:

«Je ne me crois pas amoindri physiquement comme boxeur, et je crois que Jersey Joe Walcott m'a livré le plus rude combat. Le champion mi-lourd Archie Moore a une bonne chance, aussi bien que n'importe qui, de me succéder comme champion poids lourd.

«Je vous dirai aussi que personne ne sait ce qui peut arriver dans l'avenir, mais à moins d'une situation très difficile, vous ne verrez jamais Marciano faire un retour.

«J'ai étudié la boxe et ses erreurs», dit-il. «J'étais très peiné de voir Joe Louis, un des plus grands boxeurs encore vivants, faire un retour désastreux. Alors, à moins d'un effondrement complet de ma fortune, l'arène m'a vu pour la dernière fois.»

Dans toute sa carrière de boxeur, qui s'étale sur neuf ans, Marciano n'est allé au tapis que deux fois. Une fois dans son premier combat avec Walcott, et une fois dans son dernier combat avec Archie Moore.

LE PAYS A VOTÉ 63% OUI
La province de Québec 71% NON

(Selon P.C.)

L'institution de la conscription pour le service outre-mer tombe maintenant dans le domaine militaire, et se trouve dégagée des conséquences électorales qu'a comportées la question depuis plus de 20 ans dans 2 guerres. Du moins, la majorité des électeurs civils du Canada a consenti au plébiscite d'hier **(27 avril 1942)** à relever le ministère de tous les engagements restreignant la liberté et celle du Parlement quant aux méthodes de recrutement tant pour l'étranger que pour le territoire national.

Il est possible que l'on arrive à un total record, lorsque tous les votes auront été comptés. La majorité des électeurs de 8 provinces, une minorité considérable des électeurs de la province de Québec, ont répondu «oui».

Rappelons le texte de la question posée par le gouvernement fédéral: «Consentez-vous à libérer le gouvernement de toute obligation résultant d'engagements antérieurs restreignant les méthodes de mobilisation pour le service militaire?»

La conscription pour le service militaire au Canada est déjà en vigueur. La majorité vient de relever le très hon. M. King, premier ministre du Canada, de tout engagement contraire à la conscription pour le service outre-mer.

63% de «Oui»

La statistique de 29,025 bureaux de scrutin sur 31,208 donne 2,612,206 «oui» contre 1,486,771 «non». (...)

Au début de la campagne du plébiscite, le 7 avril, M. King a exposé que la question de la conscription pour le service outre-mer est une question militaire, à régler par le ministère. (...)

M. King a conclu des résultats donnés hier soir que le peuple comprend le tour qu'ont pris les événements et accepte de lever les restrictions. Il a déjà dit que le volontariat n'a pas empêché notre armée d'outre-mer de remplir ses effectifs.

9 des 65 circonscriptions du Québec ont répondu «oui». Elles sont toutes dans la région de Montréal; ce sont: Outremont, Jacques-Cartier, Laurier, S.-Laurent-S.-Georges, Verdun, Mont-Royal, S.-Antoine-Westmount, Cartier, S.-Anne. (...)

On peut ajouter en terminant qu'à l'extérieur du Québec, seulement sept circonscriptions avaient voté majoritairement pour le «non», soit trois au Nouveau-Brunswick, deux en Ontario, une au Manitoba, et une en Alberta.

BABILLARD

Mgr Bruché et «La Rafale»

On faisait état dans cette page, le 3 avril dernier, de la tempête soulevée autour de la pièce française «La Rafale», frappée d'un interdit par Mgr Bruchési. L'article originellement publié le 7 avril 1907 nous a valu d'intéressantes explications d'une lectrice de Sainte-Foy, Mme **Mireille Barrière.**

Elle nous précise tout d'abord que la pièce était l'oeuvre d'Henry Bernstein, un dramaturge populaire avant la guerre de 1914. Créée à Paris, la pièce avait pour sujet le suicide d'un héros qui, ayant commis un abus de confiance après avoir perdu au jeu, décide de s'enlever la vie malgré les supplications de sa maîtresse.

Puis Mme Barrière rappelle le contexte qui prévalait à Montréal au sein du clergé. Mgr Bruchési, dit-elle, comme tous ses collègues, n'allait pas au théâtre, sauf aux séances de patronage et autres représentations au-dessus de tout soupçon. À «La Rafale», Mgr Bruchési reprochait d'être «un étalage de sensualité et une apologie du suicide».

La pièce est présentée à Montréal pour la première fois le 29 janvier 1906 par le Théâtre des Nouveautés (où elle sera reprise l'année suivante). C'est un succès de critique, mais elle est boudée par le public, même si, en cette première circonstance, Mgr Bruchési n'était pas intervenu.

Malgré l'échec de l'année précédente, M. Ravaux, le directeur du théâtre, décide de la remettre à l'affiche. Cette fois-là, sans doute aiguillonné par les punaises de sacristie scandalisées en 1906, Mgr Bruchési frappe la pièce d'un interdit, amenant le théâtre à la retirer de l'affiche.

Cependant, Mme Barrière hésiterait avant de donner tout le crédit à Mgr Bruchési. D'une part, elle pense que finalement, Mgr Bruchési ne faisait que trop plaisir à la direction du théâtre en lui offrant un bon prétexte pour retirer de l'affiche une pièce qui ne marchait pas auprès du public.

Et en deuxième lieu, Mme Barrière, auteur d'une recherche sur le théâtre lyrique au Québec, est d'avis qu'il y a une certaine marge entre le discours triomphaliste de l'Église québécoise de l'époque et les faits. À l'appui de sa thèse, elle rappelle que dans ses mémoires, la grande Sarah Bernhardt soulignait qu'à Montréal, ses quatre représentations avait obtenu un succès colossal malgré l'interdit de l'évêque de Montréal!

ACTIVITÉS

■ Salon Vacances-Québec 84

Au Palais des congrès — Présence du kiosque mobile de LA PRESSE, abondamment illustré de pages une consacrées à l'univers des vacances, des loisirs et des différentes régions du Québec, au cours de ses 100 ans d'histoire. Le *Guide du Québec* des éditions LA PRESSE sera en vente sur place. Jusqu'au 29 inclusivement.

C'EST ARRIVÉ UN 27 AVRIL

1981 — Les Alouettes de Nelson Skalbania annoncent que deux vedettes de la Ligue nationale de football, le quart-arrière Vince Ferragamo et le receveur de passes James Scott, ont accepté les offres de l'équipe.

1973 — William Ruckelshaus est nommé directeur intérimaire du FBI par le président Nixon.

1972 — Le vaisseau spatial américain *Apollo XVI* rentre sans encombre de son voyage sur la Lune. — Alfred Rouleau est élu président du mouvement Desjardins au premier tour de scrutin.

1969 — Devant le refus de la France d'appuyer ses politiques lors du référendum, le général Charles de Gaulle annonce qu'il quitte ses fonctions. — Un accident d'hélicoptère cause la mort du général René Barrientos Ortuno, président de la Bolivie.

1966 — Le pape Paul VI accorde une audience privée à Andreï Gromyko, la première accordée à un membre du gouvernement soviétique.

1960 — Le premier ministre Antonio Barrette dissout les chambres et convoque les Québécois aux urnes pour le 22 juin.

1959 — Liu Shao Chi accède à la présidence de la République populaire de Chine.

1945 — Entrée en vigueur au Québec d'une nouvelle taxe provinciale de 6 p. cent, dite « de luxe ». — Le maréchal Pétain est rentré à Paris pour y subir son procès. — Les Américains entrent en Autriche.

1941 — Les Allemands entrent dans Athènes.

1921 — Les vainqueurs alliés présentent leur note de réparations de guerre, évaluée à $132 milliards; elle est évidemment refusée par les Allemands.

1895 — Le barrage de Bouzey, en France, cède sous la pression des eaux. On dénombre 130 victimes.

1892 — Un incendie dans un cinéma de Philadelphie fait six morts et 50 blessés.

UN COUP DE FILET
Une quarantaine de personnes arrêtées dans un «pool-room»

LA campagne entreprise par les autorités contre les maisons de jeu promet de créer maintes émotions dans certains cercles. Hier **(27 avril 1899)** encore, nos détectives, conduits par le chef de la sûreté, ont fait une descente dans une maison bien connue des «sports».

Nos lecteurs se souviennent sans doute que, il y a près d'un an, un nommé George Holland, directeur de la maison connus sous le nom de «The National Horse Assurance», était traduit en Cour de Police sous l'accusation d'avoir tenu une maison de jeu. La cause fit grand bruit et, finalement, l'action fut déboutée, l'accusation n'ayant pu être prouvée suffisamment. Or, c'est précisément au même endroit que les détectives ont fait, hier, la descente ci-haut mentionnée.

Résolus de purger entièrement notre ville des nombreuses maisons de jeu qui l'infestent, les détectives ont entrepris une campagne active contre tous ceux qui jouent.

Mercredi dernier, le sous-chef Kehoe adressait au juge Choquet une lettre l'informant qu'il avait raison de croire que l'établissement situé au numéro 47, rue St-Jean, et connu sous le nom de «The National Horse Assurance» était une maison de jeu. Aussitôt, le juge Choquet donna l'ordre au détective Carpenter de faire une descente à l'endroit indiqué ci-dessus, et d'y arrêter les propriétaires et toutes les personnes présentes. (...)

Il y avait à ce moment-là dans la salle près de cinquante personnes. En apercevant les officiers de justice il y eut un sauve-qui-peut général, mais toutes les issues étant gardées, force a été aux joueurs de se rendre. En outre, les officiers ont saisi tout le matériel consistant en cartes, papeterie, tableaux et $50 en argent. (...)

Le plan directeur de notre future cité universitaire

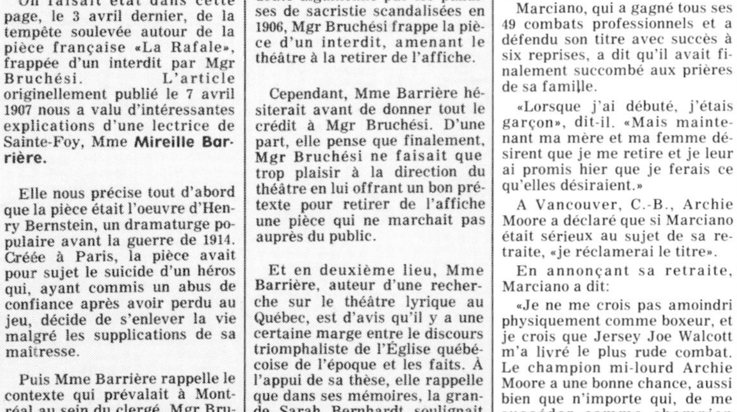

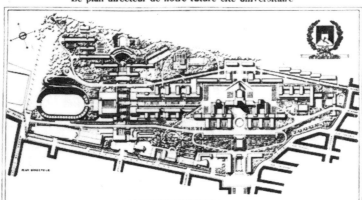

Le recteur de l'Université de Montréal, Mgr Olivier Maurault, a rendu public, hier *(27 avril 1951)* après-midi, le plan directeur de la future cité universitaire, et annoncé la construction prochaine de plusieurs bâtisses, pour les étudiants et l'hôpital universitaire. Le plan ci-dessus par M. Ludger Venne, architecte, donne une vue à vol d'oiseau du centre universitaire, tel qu'il apparaitra aux générations futures.

LA PRESSE
100 ans d'actualités

Croquis d'une scène de violence, dans le port de Montréal.

LOI MARTIALE EN VIGUEUR DANS LE PORT DE MONTREAL

La loi martiale est en vigueur sur les quais. Depuis hier **(28 avril 1903)** soir, les militaires occupent le port et en gardent tous les accès. Pas d'admission sans affaires est le mot d'ordre.

L'intention des autorités est de maintenir l'ordre à tout prix, de protéger la propriété et la liberté du travail coûte que coûte.

Ce matin, protégés par des piquets de cavalerie et d'infanterie, les hommes du Bureau Indépendant du Travail recommencèrent le déchargement des vaisseaux qu'ils pourront faire sans être molestés.

C'est hier soir, à sept heures, que la police a pris possession du port; ceci a coïncidé avec l'arrivée du «Lake Champlain», venant de Halifax sur lest, portant 50 débardeurs de Halifax. Sans la milice, il est probable que ces hommes n'auraient pas eu à se flatter de la réception qu'on leur aurait faite.

Mais repassons rapidement les événements de l'après-midi d'hier, à partir de 1 heure où nous mettions sous presse.

Tout l'après-midi, le port a été en proie à l'émeute, tous les vaisseaux ont eu à subir les assauts de la foule en délire.

Après avoir enlevé les passerelles des vaisseaux en face de la ville, avoir rossé quelques travailleurs et en avoir embauché un bon nombre, les grévistes se sont rendus à Hochelaga, où se trouve le «Carrigan Head». C'est là que leur conduite a été le plus répréhensible.

Depuis une heure de l'après-midi, le déchargement des rails était fait par une quinzaine d'hommes avec le concours de l'équipage. Au nombre de cinq ou six cents, les manifestants armés de bâtons et de pierres s'élancent sur les travailleurs qui, ne s'attendant pas à une attaque aussi subite, n'ont pas eu le temps de se réfugier à bord du vaisseau.

Trois hommes sont saisis, roulés dans la boue et battus; ils n'ont cependant pas été traités aussi cruellement qu'on pourrait le croire, un seul a été blessés sérieusement. (...)

En dépit d'une grêle de pierres, le capitaine Orr était sur le pont faisant face à la foule. «Maintenant, montez à bord si vous l'osez», disait-il en sortant un revolver.

Personne ne monta. Deux minutes après, les grévistes avaient reculé à plus de cent verges et l'équipage recommençait son travail.

En les voyant de nouveau à l'ouvrage, les grévistes sentirent leur ardeur belliqueuse se réveiller et se précipitèrent sur les travailleurs. (...) Afin de ne pas provoquer davantage la colère de gens aussi incommodants, le capitaine du «Carrigan Head» fit cesser le travail des «scabs», qu'un remorqueur transporta à bord du «Monterey».

Le gouvernement français décidait, le *28 avril 1950*, de démettre M. Frédéric Joliot-Curie, un scientifique de renom qui mérita le prix Nobel de chimie en 1935, de ses fonctions de président de la Commission de l'énergie atomique et de membre du Conseil national de la recherche scientifique. Le motif? Frédéric Joliot-Curie était communiste...

Ministres, journaux, foules d'Italie se réjouissent de l'exécution de Mussolini

Les Milanais assouvissent leur rage sur le cadavre en place publique

MILAN — Les cadavres de Benito Mussolini et de Clara Petacci ont été décrochés du poste d'essence où les avait pendus une foule furieuse et emmenés à la morgue de Milan, avec ceux de leurs 16 compagnons de supplice. Le visage de Mussolini a été affreusement mutilé; celui de son amie est resté beau.

M. Mario Berlinguer, haut-commissaire au châtiment des fascistes, et les journaux de Rome approuvent l'exécution sommaire **(le 28 avril 1945)** de Benito Mussolini et de 17 autres fascistes par les patriotes de Lombardie. Ils jugent que Mussolini avait mérité son sort. M. Berlinguer rappelle que le gouvernement italien a donné tout pouvoir au Comité de la Libération nationale du nord d'arrêter et d'exécuter les fascistes. La presse romaine considère que l'exécution prépare le rétablissement de la véritable démocratie. Ainsi, le **Risorgimento Liberale,** organe de parti, proclame: «Avec la mort de Mussolini disparaît l'incarnation la plus évidente du mal du siècle. La fin de Mussolini, la fin prochaine d'Hitler constituent de formidables avertissements à ceux qui aspirent à de nouvelles dictatures de droite ou de gauche. (...)

Fureur des Milanais

La foule milanaise a assouvi sa haine sur le cadavre de Benito Mussolini. Les patriotes italiens ont exécuté celui-ci, ainsi que son amie, Clara Petacci, et 16 chefs fascistes, à Giullano di Mezzergere, près de Côme. Le maréchal Rodolfo Graziani, ministre de la Guerre de Mussolini a été fait prisonnier. Il a déclaré qu'il voulait se livrer, Mussolini et les autres fuyaient vers la Suisse. Il n'y a pas eu de procès à vrai dire; après les exécutions à 4 h. 10 de l'après-midi, les cadavres ont été entassés dans un camion et amenés à Milan pour être exposés.

Le cadavre du dictateur a été pendu par les talons sur la place des Quinze-Martyrs *(ex-piazza Loreto)* à Milan, à côté du cadavre de son amie, la poitrine tachée de sang. De chaque côté pendaient les cadavres de 5 chefs fascistes. Des Milanais irrités ont repoussé les sentinelles patriotes, craché sur les cadavres; un individu a vidé le chargeur d'un revolver automatique sur celui de Mussolini; un autre lui a asséné un coup de poing sur la mâchoire.

Vendredi, Mussolini et ses compagnons se dirigeaient vers la frontière suisse dans un convoi d'automobiles *(30 précise-t-on ailleurs)*. Le dictateur, vêtu d'un habit d'officier allemand, conduisait lui-même une voiture, lorsqu'un sergent l'a reconnu et fait arrêter. (...)

La place où sont exposés les cadavres est celle où des patriotes ont été exécutés il y a un an. (...)

Le peuple italien a appris avec satisfaction la mort de Mussolini. D'autre part, on apprend d'informateurs autorisés que le Saint-Siège regrette que Mussolini n'ait pas été jugé dans les formes, que la foule ait insulté jusqu'à son cadavre. Son Exc. Mgr Walter Carroll, prélat américain, doit aller à Milan aujourd'hui pour mener une enquête. Mais en général, les Italiens ne se soucient pas de ces scrupules. (...)

Le cadavre meurtri et sali d'ordures de Mussolini git parmi d'autres sur la place (...) où il y a 26 ans était né le mouvement fasciste. Près de lui, on aperçoit le corps de la jolie Clara Petacci, dont la chemise blanche ornée de dentelle est tachée de sang; cependant la foule lui a épargné les outrages auxquels elle s'est livré sur le cadavre du dictateur.

Edouardo, chef du peloton de 10 hommes qui a exécuté Mussolini, dit: «Il n'a pas su bien mourir». L'exécution s'est déroulée à 4 h. 30 samedi après-midi, près de Dongo, sur le lac de Côme. Les dernières paroles de Mussolini furent: «Non, non». Il est mort à la villa où il était détenu depuis vendredi soir avec son amie, fille d'un médecin de Rome, qui voulait devenir actrice de cinéma.

Le lutteur montréalais, Eugène Tremblay, remportait, le *28 avril 1905*, un tournoi international de lutte disputé au parc Sohmer, pour le championnat du monde. Mais tout n'avait pas été facile, puisque Tremblay subit une défaite contre l'Américain Willey.

BABILLARD

Avis de recherche pour ...«Avis de recherche»!

L'équipe de la populaire émission *Avis de recherche*, présentée tous les soirs, du lundi au vendredi, à 18 h 30 sur les ondes de Radio-Canada, se prépare à rendre un hommage bien particulier à LA PRESSE, à l'occasion de son centenaire, en lui consacrant une semaine entière de l'émission, du 21 au 25 mai.

Tous les détails ne sont pas encore arrêtés quant à la formule choisie, mais il a été déjà décidé d'associer à l'événement le plus grand nombre possible de journalistes de LA PRESSE, actuels ou anciens. L'émission servira donc en d'autres mots de cadre à la « journée des Retrouvailles », et l'événement du 25 (cependant enregistré le jeudi 24) sera marqué par une grande réception.

Tout journaliste de LA PRESSE, ancien ou actuel, qui serait désireux de s'associer à cette fête, de revoir d'anciens collègues de travail ou de retrouver de vieux copains dont on avait perdu la trace, et qui pourrait se libérer le 24 mai, est invité à communiquer avec Sophie Desmarais, au 285-6904.

C'est une semaine qui sera inoubliable tant dans les annales de Radio-Canada que dans celles de LA PRESSE.

ACTIVITÉS

AUJOURD'HUI

■ **À la radio**

17 h, Radio-Canada — Chronique consacrée à LA PRESSE à l'émission *Avec le temps*, animée par Pierre Paquette.

AUJOURD'HUI ET DEMAIN

■ **Salon Vacances-Québec 84**

Au Palais des congrès — Présence du kiosque mobile de LA PRESSE, abondamment illustré de pages une consacrées à l'univers des vacances, des loisirs et des différentes régions du Québec, au cours de ses 100 ans d'histoire. Le *Guide du Québec* des éditions LA PRESSE sera en vente sur place. **Le salon ferme ses portes demain.**

Aurore, l'enfant martyre (8)

LE MARI DE LA MEGERE COUPABLE D'HOMICIDE

(Du correspondant de la PRESSE)

QUÉBEC — Télesphore Gagnon (...) a été trouvé coupable d'homicide. On accusait ce père brutal du meurtre de sa propre fillette, Aurore, 10 ans, l'enfant martyre de Sainte-Philomène, meurtre pour lequel la deuxième épouse du prévenu, la marâtre Marie-Anne Houde, a été condamné à mourir sur l'échafaud le vendredi 1er octobre prochain.

Gagnon ne partagera donc point le sort de sa triste compagne, l'accusation de meurtre ayant été écartée par le jury, lequel est entré en délibérations, hier après-midi, dès que l'hon. juge Désy eut terminé son long, formidable et éloquent réquisitoire. (...)

L'homicide Télesphore Gagnon n'a pas reçu sa sentence ce matin, comme on s'y attendait. L'hon. juge Désy ne prononcera le châtiment que dans une dizaine de jours, lorsqu'il partira pour Trois-Rivières.

C'EST ARRIVÉ UN 28 AVRIL

1977 — Un accord sur les droits de pêche témoigne d'un certain dégel des relations entre Cuba et les États-Unis.

1973 — Jacques Maritain, philosophe de réputation internationale, meurt à Toulouse, à l'âge de 91 ans.

1971 — Dépôt d'un projet de loi par lequel les femmes pourront désormais être appelées comme jurés au Québec.

1968 — À Paris, les docteurs Christian Cabrol et Gérard Guiraudon réussissent la première greffe du coeur réalisée en Europe, sur la personne de M. Clovis Roblain.

1966 — Les Celtics de Boston méritent un 8e championnat consécutif de la National Basketball Association.

1965 — Débarquement près de Saint-Domingue de 500 fusiliers marins américains avec mission d'assurer l'évacuation des ressortissants américains.

1956 — Les derniers régiments français quittent Saïgon, au Vietnam.

1952 — Le général Clark devient commandant des forces alliées en Corée, en remplacement du général Matthew Ridgway, nommé à l'OTAN.

1952 — Le Japon redevient une nation souveraine, avec la fin de l'état de guerre entre ce pays et 48 pays alliés.

1936 — Mort du roi Fouad d'Égypte, à l'âge de 68 ans. Son fils Farouk lui succède.

1902 — Mort de Mgr Cyprien Tanguay, à Ottawa, à l'âge de 83 ans. Il était l'auteur du *Dictionnaire généalogique des familles canadiennes.*

APRES LE "BIG APPLE", LE "DOING THE DOPEY"

La fantaisie cinématographique de Walt Disney, « Blanche Neige et les sept nains », a inspiré de multiples originalités, mais la plus baroque constatée à date est celle qu'illustrent les six photos ci-dessus. C'est un nouveau pas de danse baptisé du nom approprié de « Doing the Dopey ». Lancée à Détroit par Cecil Berdun pour supplanter le « fad » précédent, le « Big Apple », la nouvelle danse est ici exécutée par deux jeunes Américains. *Cela se passait le 28 avril 1938.*

L'assaillant de Campbell condamné à $35 d'amende

L'émeute du Forum, au cours de laquelle M. Clarence Campbell, président de la Ligue nationale de hockey, avait été quelque peu malmené par un admirateur enthousiaste de Maurice Richard, a eu son épilogue ce matin **(29 avril 1955)**, en Cour municipale.

André Robinson, 21 ans, 1481, rue S.-André, aurait, le soir du 17 mars dernier, écrasé une tomate sur la personne de M. Campbell.

En fait, ce matin, il a reconnu sa culpabilité sous deux chefs d'accusation: voies de fait sur la personne de M. Campbell et avoir troublé la paix. Dans le premier cas, le juge Pascal Lachapelle l'a condamné à $10 d'amende et aux frais, ou à 15 jours de prison et, dans le deuxième cas, à une amende de $25 plus les frais, ou à un mois de prison.

M. Campbell, flanqué de son avocat, Me Jacques Courtois *(qui allait devenir président du Canadien quelques années plus tard)*, s'était rendu en Cour municipale, ce matin, mais il ne s'est pas montré dans la salle d'aucience. Pendant plusieurs minutes avant l'audition de la cause, il s'était entretenu avec son procureur, dans un corridor attenant à la salle d'attente.

En cour, l'affaire, remise à plusieurs reprises depuis la comparution de Robinson, au lendemain de l'émeute, a été menée rondement. Robinson, par l'entremise de son avocat, Me François Morel, a immédiatement plaidé coupable. Me René Leblanc, C.R., avocat de la ville, n'a pas requis d'amende spéciale contre l'accusé.

Le juge Lachapelle a tout de suite condamné le prévenu à l'amende, et l'affaire était définitivement close. Robinson s'est alors dirigé vers la caisse.

André Robinson

LA PRESSE

100 ans d'actualités

HITLER SE SUICIDE; DOENITZ LUI SUCCEDE

*La mort du fuhrer Adolf Hitler, survenue le **30 avril 1945**, permit au monde de souffler un peu plus et d'entrevoir la fin de la guerre. À l'origine du bain de sang et d'horreur qui, pendant près d'une décennie, éclaboussa le monde entier, Hitler mourut sans avoir livré un dernier combat.*

Comme tous les autres journaux de l'époque sans doute, c'est dans une certaine confusion que LA PRESSE transmit la mort du fuhrer, dont on parla dans les différentes éditions, du 2 au 4 mai.

Certes, la mort d'Hitler et son remplacement par l'amiral Doenitz transpira assez rapidement, dès le 2 mai en fait, mais sans doute pas aussi vite que si les Américains et le contingent de correspondants de presse avaient devancé les Soviétiques au bunker d'Hitler.

*La première nouvelle relative à la mort d'Hitler explicitement parait le 2 mai, et elle est datée de Londres, le même jour. On peut y lire, sous le titre **«Eisenhower démontre qu'Hitler n'est pas mort en combattant»**:*

LE général Eisenhower a dit, aujourd'hui, qu'il semble que Adolf Hitler a succombé à une hémorragie cérébrale au lieu de mourir en héros comme les nazis le prétendent.

Cette déclaration du généralissime est la première venue des cercles officiels alliés pour éclaircir le mystère de la mort d'Hitler.

Un haut personnage britannique à la conférence de San Francisco, a dit à la British United Press, samedi, qu'Hitler souffrait d'une attaque d'apoplexie et qu'il ne vivrait pas 24 heures. On se demande si les Nazis n'auraient pas caché la mort d'Hitler pendant 2 ou 3 jours afin d'avoir le temps de bâtir une légende sur sa «mort héroïque».

Mais toujours dans la même édition, à la page 9, LA PRESSE faisait écho au scepticisme qui régnait à Ottawa: Quant à Hitler, pouvait-on lire, on attend des preuves que ce n'est pas un sosie que l'on a abattu hier à Berlin, avant de se réjouir sans arrière-pensée. Et si la nouvelle est vraie, dit-on, cette mort est trop bonne pour ce qu'il méritait. *Vous aurez noté que le mot «suicide» n'a pas encore paru une seule fois.*

*Le lendemain, 3 mai, l'armée rouge ne contribue guère à éclaircir le mystère. Sous le titre **«Les Russes veulent éclaircir l'énigme»**, la nouvelle émanant de Moscou ne contribuait en fait qu'à la compliquer davantage:*

Des milliers d'Allemands sales et barbus défilent aujourd'hui sous la porte Brandebourg, à Berlin, pour déposer les armes, où auparavant, ils marchaient triomphalement au pas de l'oie. Le silence de la capitale de l'Allemagne n'est rompu que par quelques explosions parmi les ruines.

Le remplaçant de Goebbels a dit que ce dernier s'était suicidé, ainsi qu'Hitler. Les Russes mènent une enquête. Un publiciste connu, M. Nicholas Tikhonov *(peut-être s'agit-il de l'actuel chef du gouvernement soviétique)*, écrit dans la Pravda, organe du Parti communiste: «Hitler n'est pas à Berlin. Qu'il ait fui vers son infernal repaire, dans l'autre monde, ou vers les caches de quelque protectoral fasciste, c'est tout pareil. Il n'est pas à Berlin. Nous allons découvrir ce qui lui est arrivé; s'il a fui, nous le trouverons, n'importe où il se cache».

Plus loin dans la même édition, LA PRESSE publiait un autre texte, émanant celui-là de Londres. On pouvait notamment y lire:

Hans Fritsche, l'assistant du ministre de la propagande Goebbels, a déclaré hier à des soldats de l'armée soviétique qu'Hitler, Goebbels, et le général Kreb, nouveau chef d'état-major de l'armée allemande, se sont donné la mort aux dernières heures de la bataille de Berlin. (...) La radio allemande a prétendu qu'il a succombé en héros pendant qu'il dirigeait la défense de Berlin. (...) Un général allemand du nom de Schillenburg, qui assista aux entretiens *(d'Himmler avec le comte Bernadotte)*, déclara lui-même qu'Hitler souffrait d'une hémorragie cérébrale. Le feld-maréchal von Rundstedt, lui-même prisonnier des Alliés, est convaincu qu'Hitler a succombé à son «cerveau malade».

On connait, du moins on pense la connaitre, la suite. Selon la thèse la plus accréditée, la plus reconnue par les historiens, Hitler aurait marié Eva Braun le 29 avril, et se serait suicidé le 30 avril par balle de revolver, tandis que sa maitresse-épouse avalait un poison. Hitler aurait ordonné qu'on brûle son cadavre après sa mort, donnant ainsi prise au débat qui dure toujours, car quarante ans plus tard le doute subsiste toujours...

Eva Braun et le fuhrer, Adolf Hitler, alors qu'ils vivaient des jours plus heureux...

L'exposition de New York est ouverte

Cette photo montre ce que l'on peut créer en deux ans avec la somme de $157,000,000. L'exposition de New York, qui s'intitule ausi «Le Monde de Demain», a été officiellement ouverte hier *(30 avril 1939)* par le président Roosevelt. M. Grover Whalen, l'animateur de cette gigantesque entreprise, comptait sur un million de visiteurs le premier jour. Il en a eu 700,000, le froid ayant retenu maintes gens à la maison. Comme c'est le cas dans toutes les expositions mondiales, quelques pavillons ne sont pas encore terminés, y compris le pavillon du Canada. Des difficultés douanières pour l'entrée des matériaux est la cause invoquée pour ce retard. Au premier plan de cette photo d'ensemble, on voit le Federal Hall d'où le président adressa la parole. De chaque côté de ce palais sont disposés les pavillons des nations étrangères. Au centre, le lac artificiel, puis les pavillons des grandes firmes commerciales, qui aboutissent au trylon et à la périsphère, le thème architectural de l'exposition. Au fond, le Constitution Hall.

Huit enfants et leur mère périssent dans les flammes

MONT-Louis, 1er (PCf) — Une femme et 8 de ses 11 enfants ont péri hier **(30 avril 1956)** dans l'incendie de leur domicile à Mont-Louis, village du comté de Gaspé-Nord.

Le feu a éclaté à 7 heures du matin et a détruit rapidement la maison en bois de deux étages, emprisonnant Mme Arthur Laflamme et huit enfants âgés de deux à 15 ans.

Les victimes sont, outre Mme Laflamme, Julienne, 15 ans, Pierrette, 14 ans, Paul-Aimé, 13 ans, Marie-Paule, 11 ans, Cécile, 10 ans, Charles-Aimé, 9 ans, Murielle, 7 ans, et Jean-Marie, 2 ans.

Le grand-père, qui demeurait chez les Laflamme, a été éveillé par l'un des enfants et a réussi à sauter par une fenêtre, en dépit d'une jambe paralysée. L'enfant est retourné dans le brasier et a été brûlé vif.

Les autorités de l'endroit ont dit que le feu a éclaté après que l'un des enfants eut tenté d'allumer un poêle avec du naphte. Une explosion s'ensuivit et la maison devint un enfer de flammes en l'espace de quelques minutes, traquant tous ses occupants.

M. Laflamme a appris la tragédie alors que le feu était presque éteint. Il revenait de l'église paroissiale où il avait assisté à la messe après avoir étendu ses filets à harengs, a dit l'abbé Gérard Richard, curé.

Les pompiers volontaires de Mont-Louis, possédant un piètre équipement, ont eu peu de chance de combattre les flammes. La plupart des victimes étaient encore au lit lorsque le feu éclata.

Trois autres filles de la famille Laflamme, Noëlla, 19 ans, Yolande, 18 ans, et Olivette, 16 ans, n'étaient pas à la maison. Elles travaillent comme domestiques dans d'autres maisons de l'endroit. (...)

Des voisins rapportent qu'ils ont vu apparaître deux enfants, à un certain moment, à une fenêtre du deuxième étage. Ils leur ont crié de briser la vitre et de sauter, mais apparemment les enfants affolés n'ont pas compris. (...)

Mme Laflamme a été victime de son dévouement. Elle avait été, comme son père, éveillée par l'explosion et s'était précipitée dans l'escalier pour aller sauver les enfants endormis.

Les femmes apprendront à conduire du siège-arrière ou du siège-avant au choix

SI l'Institut des Femmes Conductrices qui vient de s'organiser à Détroit étend ses activités au Canada, les membres du sexe faible de ce pays pourront dorénavant suivre un cours officiel pour apprendre à conduire un auto, soit du siège-avant, soit du siège-arrière. Cet Institut a été fondé sous les auspices de certaines organisations de sûreté, et les officiers nous assurent que les avertissements de la conductrice du siège-arrière ne sont pas un simple radotage. Une telle personne peut, au contraire, être comparée à un réveille-matin qui réveillera souvent un conducteur endormi ou qui attirera son attention en temps opportun sur certaines violations des règles de sûreté.

Cet article publié le 30 avril 1932 nous éclaire peut-être un peu sur la provenance de l'expression «back-seat driver». Êtes-vous d'accord?

C'EST ARRIVÉ UN 30 AVRIL

1979 — Le Parti libéral du Québec gagne les deux élections partielles dans Argenteuil (le chef Claude Ryan) et dans Jean-Talon (Claude Rivest). — Fin de la grève des chargés de cours, qui paralysaient l'UQAM depuis le 6 mars.

1975 — Le Vietcong entre à Saïgon, alors que les hélicoptères américains achèvent d'évacuer quelque 1 000 Américains et 5 500 Vietnamiens.

1973 — À la suite de la démission de ses conseillers Halderman, Ehrlichman et Dean, le président Nixon accepte le blâme pour l'affaire Watergate, tout en réaffirmant qu'il n'en savait rien.

1952 — Un tribunal annule la décision du président des États-Unis de « saisir » les aciéries américaines, en la déclarant illégale. La grève générale suit immédiatement.

1948 — Signature de la charte de Bogota, créant l'Organisation des états américains.

1946 — L'explosion du destroyer américain *Solar* dans le port de Earle, New Jersey, fait cinq morts.

1941 — La Grande-Bretagne parvient à évacuer 45 000 des 60 000 soldats envoyés en Grèce.

1933 — La comtesse de Noailles, célèbre poétesse française, meurt à son domicile de Paris à l'âge de 66 ans.

1912 — Le «steamer» *Mackay-Bennett* arrive dans le port de Halifax avec les cadavres de 50 passagers du *Titanic*.

1911 — Une conflagration détruit près du tiers de la ville de Bangor, dans le Maine. Les dégâts sont évalués à $6 millions.

1904 — Ouverture officielle de l'Exposition universelle de Saint-Louis, servant de cadre aux Jeux olympiques de 1904.

1903 — Le grand leader syndical américain Samuel Gompers est accueilli avec pompe à Montréal.

1899 — Un incendie détruit l'ancien orphelinat Saint-François-Xavier, à Montréal, et les dommages sont évalués à $100 000.

UNE NOUVELLE DANSE "L'AERONETTE"

Les trois premières poses de "l'Aéronette".

On va descendre.

Dans son édition du *30 avril 1910*, LA PRESSE proposait une nouvelle danse à ses lecteurs, l'« aéronette », qui aurait été créée au cours des semaines précédentes par un M. Lefort, président de l'Académie de danse de Paris, afin de rendre hommage à l'avion. C'était à une époque où le ridicule ne tuait pas encore...

On atterrit.

LE PREMIER DE CENT AUTOBUS

DANS la matinée d'hier **(30 avril 1915)**, les autorités municipales étaient averties que le premier autobus venait de faire son apparition à Montréal. Dans l'après-midi, c'était le peuple qui à son tour recevait un avis grâce à une randonnée accomplie par cet autobus dans les rues de la cité.

Après un arrêt devant les bureaux de la «Presse», l'autobus se rendit à l'hôtel de ville, où l'échevin L.A. Lapointe et quelques autres invités en descendirent.

Cette voiture, déclara l'échevin Lapointe, répond à tout ce que nous pouvons demander: confort, grandeur, sécurité. Donnons-lui «fair-play». Il paraît que dans plusieurs grandes villes, on enlève même les voies des tramways à mesure que se multiplient les lignes d'autobus.

Cet autobus est le premier d'une centaine qui vont arriver incessamment à Montréal. Il peut contenir 42 personnes assises, tant à l'intérieur que sur l'impériale. De l'impériale, la vue est magnifique. Le nouvel autobus a ceci de particulier qu'on y accède sans marchepied, au niveau du trottoir.

«La ville de Montréal, continue l'échevin L.-A. Lapointe, a tout intérêt à ce que la Compagnie canadienne des Autobus réussisse, puisqu'elle est actionnaire pour $600,000 dans la compagnie, d'après le nombre des actions qui lui ont été octroyées quand cette compagnie obtint sa charte. Des directeurs choisis dans le Bureau de contrôle et le Conseil municipal ont même été nommés.»

Actuellement, un procès a été intenté afin de faire déclarer illégal le règlement passé par la Ville et donnant l'hospitalité aux autobus. Mais la Ville a gagné devant tous les tribunaux jusqu'en Cour d'Appel.

BABILLARD

Hommage du magazine «Le temps de vivre»

Le magazine *Le temps de vivre* entreprend, dans son édition de mai et pour une période de six mois, la publication de «photos-souvenirs du bon vieux temps» fournies par LA PRESSE, dans le but, bien sûr, de rendre hommage au centenaire de LA PRESSE.

Présentées sous la rubrique «Coup d'oeil sur nos aïeux», ces photos sauront plaire aux plus nostalgiques, et éclairer la lanterne des plus jeunes sur le passé.

Justice pour la Chambre de commerce

On rappelait dans cette page, le 15 avril dernier, le 75e anniversaire de la fondation de la Chambre de commerce de la province de Québec. Or, le texte contenait une erreur que m'avait souligné le vice-président exécutif de la chambre, M. Jean-Paul Létourneau, et que je me proposais de corriger après notre conversation téléphonique. Toujours est-il qu'appelé à faire autre chose sur le champ, la correction n'a pas été faite et le texte publié contenait cette erreur.

Aux fins de rendre justice à la Chambre de commerce, il importe donc de la corriger avec nos excuses: il est exact de dire, comme nous l'avons fait, que l'assemblée de fondation de la Chambre avait débuté le 14 avril 1909, à Montréal, comme il est exact que la Chambre a été fondée le 15, puisque cette assemblée avait duré deux jours. C'est ce que M. Létourneau m'avait expliqué au téléphone, et c'est la nuance que j'ai malencontreusement oublié d'apporter au texte de la page déjà composée. Mille excuses. — *Guy Pinard.*

ACTIVITÉS

■ **Semaine de l'histoire**

Polyvalente «Le Tournesol» de Windsor — Présence du kiosque mobile de LA PRESSE lequel propose une collection de caricatures, l'histoire de la bande dessinée dans le journal, l'évolution de l'automobile, et un vaste éventail des plus belles pages consacrées à des événements majeurs et à des personnages historiques. Jusqu'au 4 mai inclusivement.

■ **À la télévision**

Le 18-heures, Télé-Métropole — Vers 18 h 20, les animateurs commentent quelques manchettes tirées des pages de LA PRESSE et qui ont fait l'actualité d'hier.

LA PRESSE
100 ans d'actualités

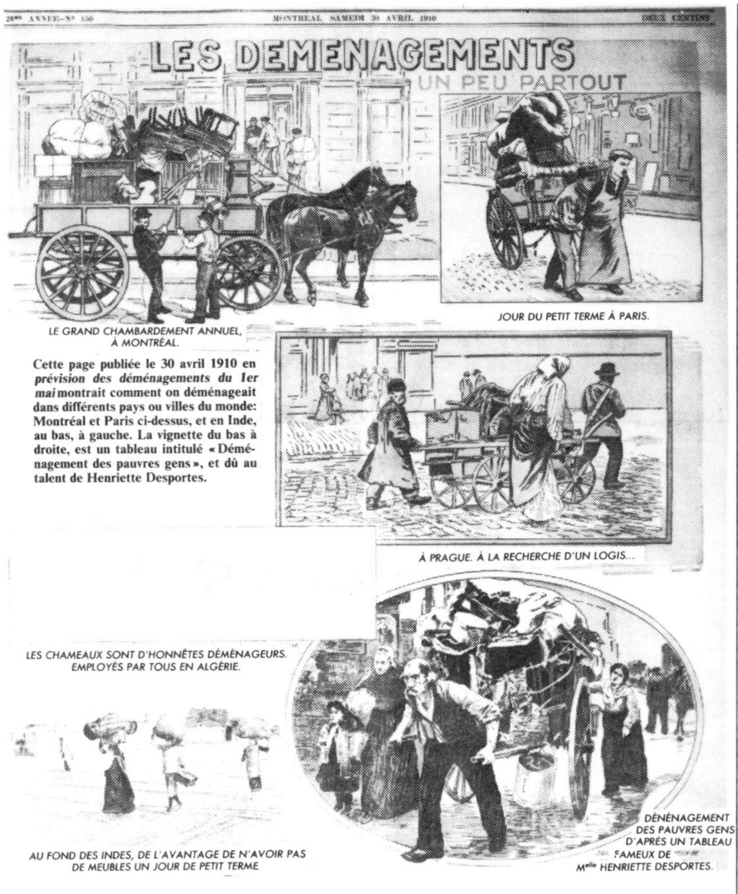

LES DEMENAGEMENTS
UN PEU PARTOUT
LE GRAND CHAMBARDEMENT ANNUEL, À MONTRÉAL.
JOUR DU PETIT TERME À PARIS.
À PRAGUE. À LA RECHERCHE D'UN LOGIS...
LES CHAMEAUX SONT D'HONNÊTES DÉMÉNAGEURS. EMPLOYÉS PAR TOUS EN ALGÉRIE.
AU FOND DES INDES, DE L'AVANTAGE DE N'AVOIR PAS DE MEUBLES UN JOUR DE PETIT TERME
DÉMÉNAGEMENT DES PAUVRES GENS D'APRÈS UN TABLEAU FAMEUX DE Mlle HENRIETTE DESPORTES.

Cette page publiée le 30 avril 1910 en *prévision des déménagements du 1er mai* montrait comment on déménageait dans différents pays ou villes du monde: Montréal et Paris ci-dessus, et en Inde, au bas, à gauche. La vignette du bas à droite, est un tableau intitulé « Déménagement des pauvres gens », et dû au talent de Henriette Desportes.

LA MANIFESTATION SOCIALISTE

Dix mille personnes, partisans et adversaires du socialisme, assistent à la démonstration au Champ-de-Mars

DIX milles personnes de notre bonne population se sont franchement amusées, hier **(1er mai 1907)** soir, en prenant part à la démonstration des socialistes.

Toutes les mesures avaient été prises pour maintenir le bon ordre par nos autorités municipales et le bon ordre a été maintenu.

Dès six heures et demie les socialistes commencèrent à envahir leurs quartiers généraux — pour la circonstance la salle Saint-Joseph — coin des rues Sainte-Elisabeth et Sainte-Catherine.

Ils portaient tous à la boutonnière un petit ruban rouge, et sur la poitrine de quelques-uns, des pins fervents s'étalaient, en forme d'étoile de mer, de larges boucles de ruban.

Une demi-heure plus tard, la salle était remplie de deux ou trois cents personnes, socialistes ou prétendus socialistes, le plus grand nombre de nationalité juive, russe, italienne et syrienne.

En même temps, rue Sainte-Catherine, s'assemblaient un grand nombre de curieux, hommes, femmes et enfants. La circulation devint impossible.

Il avait été bien entendu qu'il n'y aurait

PAS DE PARADE

par les rues et la police étant en nombre pour qu'il n'y eut pas contravention aux ordres donnés.

A sept heures et demie avec beaucoup de difficultés s'alignèrent une vingtaine de voitures de place. Il avait été arrêté par les socialistes qu'eux-mêmes et leurs invités se rendraient individuellement au Champ-de-Mars, en voiture ou autrement, par des routes différentes.

Les premiers qui descendirent de la salle portaient des drapeaux rouges, des flambeaux, des transparents et des chandelles romaines. Il y eut un instant d'hésitation puis

LA FOULE SE RUA

sur le premier groupe des socialistes en même temps que la police intervenait. En un instant les drapeaux furent arrachés des mains de ceux qui les portaient et déchirés, les flambeaux et les transparents détruits.

Quatre socialistes, deux hommes et deux femmes, au milieu du brouhaha général, réussirent à atteindre une voiture et déployèrent leurs couleurs à travers les portières.

La voiture fut entourée immédiatement d'un groupe de policiers qui donnèrent ordre aux occupants de

RENTRER LEURS COULEURS.

Il y eut probablement refus, car la minute d'après les drapeaux disparaissaient en lambeaux aux mains des policiers.

La foule devenant tumultueuse, les policiers ordonnèrent aux cochers de laisser la place sans plus attendre, et demandèrent du renfort.

A huit heures moins quart débouchèrent par le haut de la rue Sainte-Elisabeth les hommes de la police à cheval, suivis cinq minutes plus tard d'une escouade de cinquante hommes sous les ordres du sous-chef Leggett.

Le chef de police Campeau était sur place. Il donna des ordres promptement obéis, et les abords de la salle Saint-Joseph furent dégagés de la foule des spectateurs qui se dispersèrent de tous côtés, et se mirent à circuler. (...)

A huit heures, l'escouade de police prenait la rue Sainte-Elisabeth pour se rendre au Champ-de-Mars, l'ordre ayant été complètement rétabli rue Sainte-Catherine.

Au Champ-de-Mars, où les socialistes avaient organisé une assemblée afin de célébrer «le seul jour de fête du Travail, le seul que les ouvriers prennent sans l'autorisation du Capital», comme devait l'affirmer un certain Ratch, président de la réunion, la situation fut moins facile à contrôler à cause du nombre, et la bagarre éclata entre socialistes et adversaires, forçant la police à intervenir, plus particulièrement pour protéger l'estrade d'honneur où avaient pris place les personnalités socialistes. En définitive, il n'y eut pas de blessures graves, et toutes les personnes arrêtées, une dizaine, furent relâchées.

L'EXPLOIT SANS PRECEDENT DE RAY ROBINSON STUPEFIE LE MONDE SPORTIF

Pour la première fois de l'histoire, un boxeur reprend le championnat mondial à quatre reprises

CHICAGO, 2 (PAf) — Sugar Ray Robinson a stupéfié l'Amérique hier **(1er mai 1957)** soir.

En 13 minutes et 27 secondes, il a terrassé d'un violent crochet à la mâchoire celui que l'on croyait invincible, le fougueux Fullmer, à qui les observateurs prédisaient une victoire facile, devant 14,753 personnes qui ont versé $158,643 pour assister au match.

A 36 ans, ou 37, — qu'importe, puisqu'il paraissait en avoir 20 — Sugar Ray a détrôné le champion et reconquis le titre mondial des poids moyens. Dans toute l'histoire de la catégorie, c'est la première fois qu'un boxeur décroche quatre fois la couronne.

Les historiens retiendront surtout que Fullmer, favori à trois et demi contre un, n'a pas 26 ans et qu'il a dû ployer sous deux puissantes droites au corps avant d'aller s'écraser au tapis, foudroyé par une gauche dont le nouveau champion devait dire, à l'issue du combat:

«Je ne sais pas jusqu'où s'est rendu le crochet de gauche, mais j'ai certainement réussi à transmettre le message.»

Courageusement, Fullmer a tenté de se relever. Trop tard. Les jeux étaient faits. L'homme retomba et l'arbitre Frank Sikora avait déjà dénombré les dix secondes fatidiques.

Fatidiques en effet puisqu'elles marquaient la première défaite par knockout dans la carrière de Fullmer qui en était à son 44e combat.

Pour Robinson, cette minute suffisait largement à assouvir une vengeance qui redore le blason de son glorieux passé. Il n'avait pas oublié, tous le savaient, la défaite par décision unanime, qu'il avait essuyée le 2 janvier dernier, au Madison Square Garden de New York. Défaite que lui avait administrée le même «bully-boy» de West Jordan, dans l'Utah, le même Gene Fullmer. (...)

Dévoilement de la statue de Maurice Duplessis

A l'instigation du ministre de la Justice, Me Jérôme Choquette, on procédait le ***1er mai 1973*** au dévoilement de la statue de l'ex-premier ministre Maurice Duplessis. D'un poids supérieur à 800 livres et haute de 12 pieds, cette oeuvre avait été commandée au sculpteur Émile Brunet, en 1959, et livrée au gouvernement deux ans plus tard. Payée $33 270, la statue était restée 12 ans dans une cave, et elle dut attendre encore une décennie avant d'occuper sa place actuelle, devant l'Hôtel du Parlement, à Québec.

MONTREAL, MERCREDI 1er MAI 1957

Fondateur de la "Presse" honoré

Un mystère à éclaircir

DANS son édition du ***1er mai 1957,*** LA PRESSE annonçait avec fierté — bien compréhensible d'ailleurs — et photo à l'appui, que la ville de Montréal avait installé la première enseigne consacrant la rue Trefflé-Berthiaume, dans le nouveau Bordeaux. Selon le plan, la rue Trefflé-Berthiaume, honorant la mémoire du « père » (on disait alors « fondateur », et c'était une erreur comme on le constate maintenant) de LA PRESSE, devait s'étendre de la rue Charles-Gill à la rue Édouard-Montpetit. On sait que par la suite, la ville devait substituer le nom d'Édouard-Montpetit à celui de Maplewood pour identifier la rue passant devant l'Université de Montréal, mais qu'a-t-il pu survenir de la rue Trefflé-Berthiaume, puisqu'elle n'existe nulle part? Quelqu'un pourrait-il nous aider à éclaircir ce mystère?

Cette page consacrée au mois de Marie, qui commence le 1er mai, a été publiée en *1905*.

ACTIVITÉS

■ **Semaine de l'histoire**

***Polyvalente «Le Tournesol» de Windsor* — Présence du kiosque mobile de LA PRESSE lequel propose une collection de caricatures, l'histoire de la bande dessinée dans le journal, l'évolution de l'automobile, et un vaste éventail des plus belles pages consacrées à des événements majeurs et à des personnages historiques. Jusqu'au 4 mai inclusivement.**

LA VILLE PREND POSSESSION DU TEMPLE DES LIVRES QU'ELLE A FAIT CONSTRUIRE

C'EST aujourd'hui **(1er mai 1917)** que la ville prend officiellement possession de la bibliothèque qu'elle a fait construire, rue Sherbrooke, en face du parc Lafontaine, et le transport des 23,000 volumes qui forment le noyau de notre bibliothèque, doit commencer incessamment, sous la direction du bibliothécaire en chef, M. Hector Garneau. Pour quiconque a suivi les diverses phases de la lutte qui s'est faite autour de cette bibliothèque, depuis plus de seize ans, cette date du premier mai 1917 devra certainement compter dans l'histoire de Montréal, et l'on se rappellera que c'est grâce aux efforts du commissaire des travaux publics, M. Thomas Côté, si la métropole possède aujourd'hui un monument situé dans un site idéal, qui lui fait certainement honneur.

La construction de la bibliothèque de la ville de Montréal, selon les plans acceptés de M. Eugène Payette, architecte, commença au printemps de 1915. Le coût total de cet édifice de style renaissance italienne, est de $550,000. La hauteur de la façade est de 60 pieds, et la hauteur de l'arrière, de 75 pieds. La profondeur est de 210 pieds et la largeur de 125 pieds. Les murs sont en pierre calcaire de Queenstown, et les grandes colonnes monolithes de façade sont en granit poli de Stanstead. Les colonnes intérieures sont en marbre de Missisquoi et les plancher sont en dalles de liège comprimées.

Comme nous l'avons dit, on a pensé à l'avenir en construisant cette bibliothèque, et il y a de la place pour 250,000 volumes. A l'arrière, il y a cinq étages de rayons en métal pour dépôts de livres, et tout l'édifice est du reste, entièrement à l'épreuve du feu. L'entrée principale éclairée d'en haut par un vitrail très artistique, donne tout de suite une impression de beauté et de grandeur.

La salle principale de lecture mesure 110 pieds par 36, et c'est là qu'on trouvera des tableaux, des statues et des allégories, dont sept représenteront les principales provinces de France. (...)

C'EST ARRIVÉ UN 1ER MAI

1983 — Affrontements violents et nombreux en Pologne à l'occasion des manifestations du 1er mai.

1969 — Le major James Chichester-Clark devient premier ministre d'Irlande du Nord.

1965 — Le Canadien remporte sa première coupe Stanley en cinq ans. — Des bombes causent de lourds dommages au consulat des États-Unis à Montréal.

1962 — La fête du 1er mai est marquée par de violentes manifestations contre le gouvernement Salazar, à Lisbonne et à Porto.

1960 — Un avion espion *U-2* américain est abattu au-dessus du territoire soviétique. Son pilote, Francis Gary Powers, est fait prisonnier.

1959 — Ralph Backstrom, du Canadien, est proclamé la recrue de l'année dans la Ligue nationale de hockey. — On annonce que les Américains empêchent des camions transportant des marchandises chinoises d'une province canadienne à l'autre de transiter par des États américains.

1956 — E.J. «Buzzie» Bavasi est nommé président des Royaux de Montréal, de la Ligue internationale de baseball.

1954 — Première promotion du Collège militaire royal de Saint-Jean.

1950 — Le débordement de la rivière Rouge force des milliers de résidents riverains à se réfugier dans Winnipeg.

1946 — Le Dr Alan Nunn May est condamné à 10 ans de prison pour avoir livré des secrets atomiques à des « personnes inconnues ».

1936 — Le bandit Alvin Karpis est arrêté à la Nouvelle-Orléans par le chef du FBI, Herbert Hoover lui-même.

1919 — Les fêtes du 1er mai sont célébrées dans le sang à Paris, où une femme est tuée et 80 policiers sont blessés. — Ouverture de la première séance du Congrès de Versailles.

1900 — Une série d'explosions sème l'émoi, rue Saint-Laurent.

1898 — L'amiral George Deway détruit la flotte espagnole, dans la baie de Manille.

1893 — Ouverture officielle de l'exposition de Chicago.

LA PRESSE
100 ans d'actualités

LA PRESSE, EDIT QUOT—MONTREAL

LA GYMNASTIQUE DANS NOS ECOLES

Comment la Commission Scolaire de Montreal encourage la gymnastique educative.- La preparation des futurs professeurs a l'Ecole Normale Jacques-Cartier.- La methode qu'on y suit est une veritable revelation.

Rév. L.A. Desrosiers, Principal de l'Ecole Normale Jacques-Cartier

Capt. Jos Chaballe, Inspecteur général de la Culture physique

Un coin du gymnase Verreau montrant différents exercices à la bomme.

L'Ecole Normale Jacques-Cartier.

Le développement des muscles abdominaux. Exercice d'assistance.

Travail en suspension à la bomme, pour fortifier les muscles dorsaux.

Positions diverses au cadre - Travail des muscles rotateurs, assouplissement de la région lombaire.

Exercice de suspension à la corde oblique

Extension dorsale à l'espalier, visant le redressement de la colonne vertébrale et l'expansion thoracique.

Page consacrée à la gymnastique dans nos écoles et publiée le *2 mai 1914*.

L'attentat de la rue Ontario est (1)

KIN RIFKIN COMPARAIT POUR MEURTRE

NDLR — Le 24 octobre dernier, LA PRESSE rappelait la pendaison, le 24 octobre 1924, des quatre bandits reconnus coupables de cet attentat spectaculaire qui avait causé la mort d'un responsable du transport de l'argent, Henri Cléroux, en plus de coûter la vie à un des bandits, Harry Stone. Le procès avait eu lieu au cours du mois de mai précédent, ce qui signifie que la page du centenaire les aura pendus avant de les avoir condamnés...

LE fameux attentat de la rue Ontario est, qui fut accompagné d'un vol de $163,000, et de la mort d'Henri Cléroux ainsi que du bandit Stone, le 1er avril dernier, se complique tous les jours de faits nouveaux et marche de développements en développements.

Aujourd'hui **(2 mai 1924)**, on implique dans le recel de l'argent volé, considéré comme complicité après le meurtre, un avocat en vue de la métropole et sa femme.

Cet avocat aurait reçu de l'un des accusés actuellement en prison pour le meurtre de Cléroux une somme de $13,000, dans le but de le mettre en sécurité, pour en faire plus tard remise à cet accusé, s'il est acquitté.

Pour ne pas paraître dans l'affaire, cet avocat aurait fait déposer cet argent dans une banque locale par sa femme, le dépôt étant fait au nom de la femme. Les autorités, ayant été prévenues du fait, ont par la suite fait faire une enquête à la banque et constaté le dépôt de $13,000. Le livret dans lequel cet argent a été crédité par la banque a été saisi par la sûreté.

Cette découverte amènera, dit-on, des développements sensationnels dans l'affaire. Les recherches ne s'arrêteront pas là, car, dit la rumeur, d'autres personnalités légales sont impliquées dans l'affaire, ayant été mêlées à des rencontres intéressées avec les accusés, après l'attentat de la rue Ontario. L'enquête des détectives se poursuit très activement en ce qui les concerne.

RIFKIN COMPARAIT

Kin Rifkin, arrêté hier par le capitaine Nazaire Forget et le sergent-détective Sévigny, a comparu, à 11 heures, ce matin, devant le juge en chef Décarie, sous l'accusation du meurtre du chauffeur Henri Cléroux. La comparution n'a duré qu'à peine quelques instants, et l'enquête préliminaire a été fixée à lundi prochain le 5 courant.

Me R.-L. Calder, substitut du procureur général, avait demandé à la sûreté d'arrêter Kin Rifkin dès qu'on parviendrait à le localiser. Or hier, Rifkin se présentait au bureau des détectives pour se plaindre qu'on lui avait volé son automobile. Naturellement, le capitaine Forget et le sergent-détective Sévigny profitèrent de l'occasion pour l'appréhender.

Kin Rifkin est âgé de 27 ans. Il se dit marchand mais l'on ne connaît pas encore son domicile. Il a été plusieurs fois arrêté mais il ne fut jamais condamné. (...)

Parillo, qui est détenu en ce moment à Bridgeport, sous l'accusation collective du meurtre de Cléroux, fait des démarches pour combattre l'extradition que demandent, dans son cas, les autorités canadiennes. (...)

C'est le juge Amédée Monet qui présidera l'enquête préliminaire des onze individus accusés d'avoir participé d'une manière quelconque à l'attentat de la rue Ontario est. L'on peut s'attendre à ce que les affaires marcheront rondement.

On est sous l'impression, cependant, que les procédures seront retardées de quelques jours, pour attendre l'arrivée de Parillo, et pour recueillir de nouvelles preuves.

BABILLARD

Des remerciements de la bibliothèque de Brossard

M. **Yvon-André Lacroix**, directeur du Service de la bibliothèque de Brossard a fait parvenir à Mme Sylvie Lalande, coordonnatrice des activités du centenaire de LA PRESSE, une lettre dans laquelle il remerciait le journal pour l'exposition « LA PRESSE - 100 ans » présentée à la bibliothèque.

On sait que cette exposition a été ouverte au public le 7 mars, en présence de MM. Michel Roy, éditeur-adjoint, Cyrille Felteau, auteur de l'*Histoire de LA PRESSE*, et Jean-Pierre Girerd, qui signe quotidiennement des caricatures dans le journal. Selon M. Lacroix, la bibliothèque a accueilli quelque 17 000 visiteurs en mars, et on peut présumer que de 13 000 à 14 000 d'entre eux y sont allés pendant les trois semaines de l'exposition.

LA PRESSE remet la politesse à M. Lacroix en le remerciant pour son accueil chaleureux.

Le livre du petit porteur

À mi-chemin ou à peu près de cette centième année de publication, profitons-en pour rappeler à ceux qui ne le sauraient pas encore que le *Livre du petit porteur* attend votre signature à l'entrée Saint-Jacques, en face du kiosque de souvenirs marqués à l'effigie du centenaire de LA PRESSE. N'hésitez donc pas à vous rendre à l'entrée Saint-Jacques, du lundi au vendredi, de 9 h à 17 h, afin de laisser votre signature à la postérité. Lors du deuxième centenaire de LA PRESSE, peut-être que vos arrières-petits-enfants auront le plaisir de relire vos propos parmi les milliers de témoignages adressés au plus prestigieux quotidien français d'Amérique.

Et après le 20 octobre?

Personne ne peut douter de l'intérêt soutenu des lecteurs envers la page « 100 ans d'actualités », même si parfois on s'y trouve très à l'étroit devant l'abondance de nouvelles à traiter.

Et nombreux sont ceux qui s'informent afin de savoir si LA PRESSE entend continuer l'aventure au-delà du 20 octobre, fût-ce sous une forme différente.

Autant le dire immédiatement, aucune décision finale n'a encore été prise. Aussi pourriez-vous peut-être l'influencer en étant nombreux à nous faire connaître votre opinion et vos suggestions sur une éventuelle formule à adopter, en écrivant à Guy Pinard, LA PRESSE, rédaction, 7 rue Saint-Jacques, Montréal, Québec H2Y 1K9. En attendant, l'équipe vous remercie de votre fidélité.

Démission du conseil de Ville Saint-Michel

LA majorité de la population de ville S.-Michel se rendait, hier **(2 mai 1945)** soir, à l'hôtel de ville de l'endroit pour assister à la séance régulière du conseil municipal.

La séance présidée par le maire Joseph Robin, fut orageuse, et elle eut pour résultat la démission en bloc du conseil, à l'exception du conseiller, M. Donat Charland, qui était absent.

Après la lecture du procès-verbal de la dernière séance et la disposition de quelques affaires de routine, le seul et unique débat de la soirée fut amorcé par le conseiller Evariste S.-Louis qui se plaignit de l'attitude par trop autoritaire de M. Langelier, ingénieur de la commission métropolitaine de Montréal. Immédiatement les autres conseillers se lancèrent à tour de rôle dans une charge à fond de train contre M. Langelier, «ses multiples refus par trop catégoriques lorsque des demandes qui lui étaient faites pour la construction d'égouts, pour l'augmentation de certaines taxes, etc., etc.»

Finalement, le maire Robin rétablit l'ordre et demanda quelle était l'intention du conseil à la suite de ces récriminations et les conseillers furent unanimes à proposer que le conseil démissionne en bloc. Une résolution à cet effet fut donc adoptée à l'unanimité, ladite résolution devant être envoyée à la commission métropolitaine. Automatiquement, la séance fut levée.

Le conseil se composait du maire Joseph Robin; des conseillers Evariste S.-Louis, Alphonse Giguère, Joseph Rocher, Léopold Beaudry et Donat Charland.

C'EST ARRIVÉ UN 2 MAI

1982 — À la guerre des Falklands, les Britanniques coulent le croiseur argentin *General Belgrado*.
1979 — Le gouvernement Lévesque annonce son intention de nationaliser la société Asbestos.
1975 — Chargée d'enquêter sur l'industrie de la construction au Québec, la commission Cliche dépose son rapport au gouvernement.
1973 — Jacques Plante signe un contrat de 10 ans à titre de directeur gérant et entraîneur des Nordiques de Québec, de l'Association mondiale de hockey. — De graves incidents entre militaires et fedayin font des centaines de morts, au Liban.
1968 — Début de l'agitation étudiante en France, plus précisément à Nanterre. — Aux États-Unis, la « marche des pauvres » quitte Memphis pour Washington.
1965 — Le président des États-Unis, Lyndon B. Johnson, annonce l'envoi de nouvelles troupes américaines à Saint-Domingue.
1962 En Algérie, les hommes de l'OAS tuent 104 musulmans.
1960 — Caryl Chessman est exécuté; il crie son innocence jusqu'à toute dernière minute. — À l'ONU, la France accuse la Tunisie d'autoriser les rebelles algériens de lancer des opérations terroristes à partir de bases situées en territoire tunisien.
1957 — Le sénateur américain Joseph McCarthy succombe à une maladie du foie à l'âge de 47 ans. Il s'était surtout fait remarquer pour sa lutte effrénée contre le communisme.
1955 — L'entraîneur du Canadien, Dick Irvin, est nommé au même poste chez les Black Hawks de Chicago.
1954 — Stan Musial frappe cinq circuits au cours d'un programme double.
1953 — Un *Comet* de la société britannique BOAC s'écrase après le décollage de Calcutta. L'accident fait 43 morts.
1951 — Le shah d'Iran signe le décret de nationalisation de l'industrie iranienne de pétrole.
1945 — Berlin se rend aux armées soviétiques.
1939 — La série de parties consécutives des Yankees au cours desquelles Lou Gehrig a joué s'arrête à 2 130.
1932 — Une conflagration détruit une partie du village de Saint-Félicien, au Lac-Saint-Jean.
1914 — Décès à Toronto de l'homme d'affaires montréalais Duncan McMartin. Ce propriétaire de mines était âgé de 45 ans.

L'avance de l'heure

LE DECRET MUNICIPAL VA ENTRER EN VIGUEUR LA NUIT PROCHAINE

C'est demain **(2 mai 1920)** qu'entre en vigueur le décret de la Commission administrative au sujet de l'avance de l'heure. Toutes les horloges municipales seront avancées d'une heure, à deux heures et demie, la nuit prochaine. Les municipalités voisines, ainsi que d'autres villes canadiennes, appliquent aussi cette mesure. L'an dernier, le gouvernement fédéral refusait d'adopter l'avance de l'heure, mais, comme les chemins de fer continuèrent de prendre avantage de la loi d'économie de la lumière du jour, l'effet de ce refus de la part du gouvernement ne se fit pas beaucoup sentir. Les chemins de fer de l'Etat avaient de même suivi l'exemple des compagnies de chemins de fer, attendu que les compagnies américaines avaient adopté l'avance de l'heure.

Cette année, les Etats-Unis ont décidé de ne pas adopter l'avance de l'heure, de sorte que les chemins de fer américains ont dû faire de même. Nos chemins de fer, à cause des points de correspondance, se trouvent dans l'obligation de ne pas avancer l'heure sur les grandes lignes. (...)

Dans la capitale, il est probable que le parlement suivra l'avance de l'heure, attendu que les grandes villes du Canada l'ont adoptée.

L'hon. L.-A. Taschereau, qui agit comme premier ministre en l'absence de sir Lomer Gouin, et procureur général, fit adopter une loi provinciale à ce sujet, à la dernière session. Cette loi donne le pouvoir à la province d'adopter l'avance de l'heure. (...)

L'hon. Maurice Duplessis condamné à payer $8,153 à M. Frank Roncarelli

CONSIDÉRANT qu'on ne peut découvrir dans nos lois aucun pouvoir permettant au premier ministre de la province ou au procureur général d'intervenir dans l'administration de la loi des liqueurs alcooliques et d'annuler un permis, l'hon. juge Gordon Mackinnon, de la Cour supérieure, a condamné, ce matin **(2 mai 1951)**, l'hon. Maurice Duplessis à verser personnellement à M. Frank Roncarelli une somme de $8,123.53, à titre de dommages, résultant de l'annulation d'un permis de vente de liqueurs, à son restaurant de la rue Crescent.

Le président du tribunal affirme, en rendant cette décision, que, si le défendeur, en l'occurrence le premier ministre de la province, en agissant en marge des statuts qui définissent la nature de ses fonctions, a commis une faute ainsi qu'un acte illégal, causant des dommages, il doit en être tenu responsable.

Le tribunal considère que le premier ministre n'a pu soumettre aucun texte de loi lui donnant autorité d'intervenir dans l'administration de la Commission des liqueurs de Québec et de résilier un permis.

«Le seul but, dit le juge, d'avoir créé une commission en dehors des services gouvernementaux était d'enlever à la politique l'octroi des permis et de le placer en des mains indépendantes. Permettre une intervention dans ce domaine, donnerait lieu à toutes sortes d'abus.»

Le juge Mackinnon déclare que le droit pour le défendeur de réclamer des dommages à la suite de l'annulation de son permis est bien fondé, et que la commission des liqueurs ou son gérant n'avaient aucun droit de retirer un permis de vente au demandeur pour les raisons qu'on a alléguées, n'ayant pu démontrer l'existence d'aucune loi leur accordant ce pouvoir.

ACTIVITÉS

■ Semaine de l'histoire

***Polyvalente «Le Tournesol» de Windsor* —** Présence du kiosque mobile de LA PRESSE lequel propose une collection de caricatures, l'histoire de la bande dessinée dans le journal, l'évolution de l'automobile, et un vaste éventail des plus belles pages consacrées à des événements majeurs et à des personnages historiques. Jusqu'au 4 mai inclusivement.

■ À la télévision

10 h 30, Télé-Métropole - Dans le cadre de l'émission *Entre nous* animée par Serge Laprade, Claudette Tougas, de LA PRESSE, présente la chronique *Cent ans de pages féminines*.

LA PRESSE

100 ans d'actualités

38me ANNEE—No 153 EDITION QUOTIDIENNE—MONTREAL, MERCREDI 3 MAI 1922 24 PAGES : DEUX CENTINS

TOUJOURS AU PREMIER RANG DANS LE PROGRES

LA "PRESSE" FAIT INSTALLER SUR LE TOIT DE SON IMMEUBLE LE PLUS PUISSANT POSTE DE RADIOTELEPHONIE D'AMERIQUE

NDLR — Ce texte contenait de nombreux passages en caractère gras, que nous respectons dans la reproduction.

LA «Presse» annonce aujourd'hui **(3 mai 1922)** à ses milliers de lecteurs, une nouvelle considérable: **c'est qu'elle fait installer sur le toit de son immeuble, rue Saint-Jacques, un poste de téléphonie sans fil à longue distance** («Broadcasting Station»).

Le contrat a été signé hier, avec M. A.-H. Morse, directeur-gérant de la Compagnie Marconi, le permis d'installation et d'opération nous a été octroyé, depuis quelques jours déjà, par le gouvernement fédéral, avec notre signal d'appel **C K A C.**

Les travaux préliminaires sont en cours d'exécution, et bien que l'installation d'un poste aussi important exige généralement un assez long temps, des dispositions ont été prises pour qu'elle soit, à la «Presse», plus expéditive. Dans quelques jours, nous pourrons même recevoir pour publication, et par radiotéléphonie, des nouvelles du monde entier.

Bientôt, donc, l'édifice de la «Presse» sera surmonté de pylônes élevés et d'antennes puissantes, et des appareils coûteux et des modèles les plus perfectionnés y seront reliés, qui feront de ce poste de radiotéléphonie, **le plus important**, — quant à l'étendue de la propagation des ondes électriques, — **qui soit en Amérique, aujourd'hui.**

Le poste de LA PRESSE sera en même temps un poste de transmission, ou expéditeur, et un poste de réception, ou récepteur; l'installation sera complète et ne laissera rien à désirer, sous tous les rapports, en utilisant tous les perfectionnements qui ont été accomplis jusqu'ici.

Nous n'entrerons pas, pour le moment, dans les détails de l'installation, mais nous pouvons dire, dès maintenant, que le poste de radiotéléphonie de la «Presse» permettra d'être **en communication constante avec les parties les plus reculées des Etats-Unis, et avec d'autres parties du monde, jusqu'aux antipodes.** Dans des conditions favorables, des signaux pourront, même, être transmis de ce poste, qui pourront faire **le tour entier du globe,** dont la circonférence est de 10,000 lieues, et cela en un septième de seconde!

Dans ces conditions, il n'est donc pas étonnant d'assurer que du poste de radiotéléphonie de la «Presse», nous pourrons facilement communiquer avec les parties les plus éloignées de la province de Québec, du Canada et des Etats-Unis, et l'on voit déjà les avantages que l'on pourra tirer de ce nouveau et merveilleux service.

La «Presse» devait à elle-même, à ses abonnés et lecteurs, à ses patrons et annonceurs, **l'initiative, dans notre province, d'un progrès qui est destiné à révolutionner le monde économique.** D'ailleurs, elle n'est jamais restée indifférente devant le progrès, quel qu'il fut, et à ses premières phases. Et à ce sujet, il n'est pas sans intérêt de rappeler ici, que le regretté fondateur de la «Presse», l'hon. Trefflé Berthiaume *(il s'agit hélas d'une affirmation historiquement erronée, puisque LA PRESSE a été fondée par William Blumhardt)*, assistait, vers 1901, **aux premières expériences de télégraphie sans fil faites à Paris par le célèbre docteur Branly,** le véritable inventeur du sans-fil. Peu de temps après, soit en 1904, M. Berthiaume faisait installer à la «Presse» un appareil de télégraphie sans fil, et une station de radiotélégraphie à Joliette; cette initiative eut à l'époque, un **retentissement considérable,** et fut particulièrement appréciée par la pléiade des hommes qui s'intéressaient alors le plus activement, à la nouvelle invention, réunis à la grande exposition de Saint-Louis.

La «Presse» reste donc fidèle à son programme en prenant l'initiative de l'installation, dans notre province, d'une puissante station de **Radiotéléphonie,** la plus merveilleuse, peut-être, de toutes les merveilleuses inventions du siècle. (...)

APPAREIL DE TRANSMISSION MARCONI

Appareil de transmission de la compagnie Marconi, installé à Glace Bay, en Nouvelle-Écosse, et similaire à celui qui fut installé à LA PRESSE en 1922.

Voici M. Henri Claudel, de Bourges, France, inventeur de l'appareil qu'il nomme le « rayon de la mort ». M. Claudel prétend qu'avec cet appareil, il peut tuer tout être vivant à une distance de 10 kilomètres (près de six milles et demi). Les récentes expériences du professeur ont prouvé ses avances hors de tout doute. *Cela se passait le 3 mai 1935.*

Création de l'office de l'autoroute des Laurentides

par Vincent Prince

QUÉBEC, 4 — Le premier ministre Duplessis a annoncé, hier **(3 mai 1957),** à sa conférence de presse, la constitution de l'Office de l'autoroute Montréal-Laurentides.

Le président en sera M. Ernest Gohier, Ing. P., ingénieur en chef du ministère de la Voirie. Il démissionnera de ce dernier poste, le 15 mai, alors que le nouvel office entrera en fonction.

M. Gohier aura pour l'assister le colonel Maurice Forget, C.R., courtier, et M. Edmond Caron, C.A., tous deux de Montréal.

La loi votée à la dernière session en vue d'autoriser la construction d'une voie rapide entre Montréal et S.-Jérôme prévoyait que l'Office serait constitué de quatre membres. «Nous avons cru que trois membres suffiraient pour le moment», a dit M. Duplessis.

Entreprise de $40,000,000

L'Office de l'autoroute est l'organisme qui aura la tâche de réaliser l'autoroute. C'est lui qui verra aux emprunts, à la fixation des taux qui seront exigés des automobilistes sur la route. C'est également lui qui sera responsable des aspects techniques et financiers de l'entreprise. Celle-ci coûtera environ $40,000,000.

Les membres de l'office doivent administrer l'entreprise de façon qu'elle se paie d'elle-même en trente ans. L'autoroute des Laurentides sera la première du genre au pays. M. Duplessis a annoncé que les travaux débuteront au début de l'été.

Le premier ministre a aussi fait savoir que les procédures d'expropriation ont commencé, il y a déjà quelque temps, et que la province est devenue, en vertu de la loi, propriétaire des terrains nécessaires à la construction de la nouvelle route. Tous les expropriés recevront une indemnité. Celle-ci sera fixée par entente ou par la Régie des services publics.

M. Duplessis a averti les propriétaires qu'il ne serait pas sage d'ensemencer les terrains réservés pour la construction de la nouvelle route, car les travaux devront débuter même si la compensation pour les terrains expropriés n'est pas encore établie.

Une fois de plus, le premier ministre a profité de la circonstance pour souligner l'importance extrême de la nouvelle route du Nord. Celle-ci, a-t-il répété, contribuera puissamment à dégager la circulation à l'entrée nord de la métropole. La chose est d'autant plus impérieuse, a-t-il ajouté, qu'Ottawa est en train de paralyser encore davantage la circulation aux entrées sud de Montréal avec ses travaux de canalisation.

L'Hydro désigne sept Canadiens français à la présidence des compagnies étatisées

SEPT Canadiens français — le plus jeune est âgé de 36 ans — ont été nommés par l'Hydro-Québec à la présidence des compagnies d'électricité nationalisées du Québec.

L'un d'eux, M. Léo Roy, succède à M. J.A. Fuller à la présidence de la Shawinigan Water and Power, la plus importante des entreprises nouvellement acquises par la Commission hydroélectrique. Le hasard veut que M. Roy débuta avec cette compagnie en 1930, alors qu'ayant obtenu son diplôme d'ingénieur civil, il s'engagea à la Shawinigan comme apprenti. Les autres présidences ont été attribuées à MM. Alex Beauvais (Compagnie Quebec Power), Marcel L. Lapierre (Compagnie d'électricité du Saguenay), Jean-J. Villeneuve (Compagnie d'électricité Gatineau), Gabriel Gagnon (Compagnie de Pouvoir du Bas Saint-Laurent), Pierre Godin (Southern Canada Power) et Rolland Lalande (Northern Quebec Power). Tous sont ingénieurs professionnels.

C'est M. Jean-Claude Lessard, président de la Commission hydroélectrique du Québec, qui a annoncé les nominations hier **(3 mai 1963)** après-midi au siège social de l'Hydro. M. Lessard a rappelé que, «depuis le 1er mai, l'Hydro-Québec est à toute fin légale l'unique propriétaires de toutes les plus importantes entreprises de distribution d'électricité de la province».

Pour la 1ère fois depuis 1788, le «Times» de Londres aura des nouvelles à la UNE

LONDRES (AFP) — Le 56,621e numéro du «Times» publie aujourd'hui **(3 mai 1966)** pour la première fois depuis sa création, le 1er janvier 1788, des nouvelles en première page. Jusqu'à présent, cette vaste première page présentait uniquement sept colonnes d'annonces serrées, l'actualité quotidienne étant réservée aux pages centrales.

Comme presque toutes les transformations qui s'opèrent actuellement dans la vie anglaise, cette nouvelle étape du «Times», qui est d'ailleurs préparée depuis plus d'un an, est essentiellement due à des raisons économiques. Le tirage du grand journal indépendant est en effet tombé à 254,337 exemplaires, nombre jugé insuffisant par la plupart des annonceurs pour justifier ses tarifs publicitaires.

L'adresse du journal, «Printing House Square», est la même depuis sa création par John Walker, dans une vieille imprimerie achetée à la Couronne, et il n'a été doté d'une façade que depuis un an.

Parmi les premiers «scoops» dont peut s'enorgueillir le «Times» au cours de ses 178 ans d'existence, figurent la mort de Louis XVI, annoncée dans un numéro dont les quatre pages étaient encadrées de noir, le 23 janvier 1793, et celle de l'amiral Nelson qui figurait, exceptionnellement, en première page, le 7 novembre 1805, comme ce fut à nouveau le cas, 160 ans plus tard, pour celle de Winston Churchill.

BABILLARD

C'était en 1917...

M. **René Daigneault,** de la rue Saint-Hubert, à Montréal, a conservé cette photo d'un caractère historique, y paraissant lui-même à l'extrême droite, parmi les membres de sa famille, soit sa mère Anna, sa soeur Fernande, son frère Marcel, et son père Ferdinand. Le père livrait les boissons gazeuses Christin, aidé d'un compagnon, Emile Lauzon, assis sur les caisses. Il s'agit d'un camion sans portières, de marque Republic. Les fanaux fonctionnaient au gaz propane. Le pare-brise ne fermait que la moitié de l'ouverture à l'avant. Les roues de bois étaient ceinturées d'une bande de caoutchouc dur, qui interdisaient l'usage du camion sur la neige ou la glace. Enfin, dernier détail, la photo a été prise rue Emery, devant la maison habitée par une tante, que l'on peut d'ailleurs apercevoir dans l'embrasure de la porte.

■ **Semaine de l'histoire**

Polyvalente «Le Tournesol» de Windsor — Présence du kiosque mobile de LA PRESSE lequel propose une collection de caricatures, l'histoire de la bande dessinée dans le journal, l'évolution de l'automobile, et un vaste éventail des plus belles pages consacrées à des événements majeurs et à des personnages historiques. Jusqu'au 4 mai inclusivement.

MORTE ET ENTERREE

«Marie Scapulaire», une figure que tout Montréal a connue.

UNE des figures les plus typiques de Montréal vient de disparaître dans la personne de Marie-Henriette Laurier, mieux connue, nous pourrions ajouter connue uniquement, sous le nom de «Marie-Scapulaire».

Elle est morte samedi dernier **(3 mai 1919)** chez les Petites Soeurs des Pauvres où elle avait été transportée, il y a plusieurs semaines.

C'était une marchande ambulante de scapulaires et c'est de son négoce qu'elle tirait son nom que claironnaient les enfants aussitôt qu'elle se montrait dans la rue.

Marie-Scapulaire avait établi ses quartiers généraux dans la rue Bonsecours, non loin de l'église de ce nom; mais quand le commerce n'allait pas, elle savait dénicher le client dans les bureaux, dans les restaurants, etc. Son arrivée soulevait constamment une tempête, mais tout se terminait par des recettes qui faisaient jubiler les marchands.

Les visiteurs de la campagne, quand ils retournaient chez eux, ne manquaient jamais de dire, en narrant leur voyage, qu'ils avaient rencontré Marie-Scapulaire; même les citadins accoutumés à la voir si souvent, faisaient une semblable remarque, le soir, à leur foyer, en récapitulant les événements du jour.

Née à Saint-Jean, P.Q., Marie-Scapulaire s'est éteinte à l'âge de 71 ans; elle était d'une robustesse peu commune, car jusqu'à ces derniers temps, elle a arpenté nos rues aussi allègrement qu'aux jours de sa prime jeunesse.

Elle n'est plus. Que la terre lui soit légère!

Feu Marie-Henriette Laurier, dite Marie-Scapulaire.

C'EST ARRIVÉ UN 3 MAI

1979 — Les Conservateurs de Margaret Thatcher prennent le pouvoir en Angleterre. Mme Thatcher devient ainsi la première femme à accéder au poste de chef de gouvernement en Europe.

1971 — La reine Elizabeth II entreprend à Vancouver une tournée de dix jours au Canada.

1971 — Walter Ulbricht quitte ses fonctions de secrétaire du Parti communiste est-allemand et est remplacé par Erich Honecker.

1965 — Une violente secousse sismique ébranle la capitale du Salvador, causant la mort de plus de 40 personnes. — Rupture des relations diplomatiques entre le Cambodge et les États-Unis.

1963 — Une bombe de fabrication artisanale explose à l'extérieur de l'édifice de la Légion canadienne, à Saint-Jean. Le FLQ revendique l'attentat.

1959 — Béatification à Rome de mère Marguerite d'Youville, fondatrice des Soeurs Grises, devant une délégation nombreuse comprenant notamment le cardinal Paul-Émile Léger.

1956 — Instauration d'un cessez-le-feu général au Moyen-Orient entre Israël et ses quatre voisins arabes.

1954 — Décès de M. C.D. French, ministre des Mines dans le cabinet Duplessis.

1946 — L'arrivée de quelque 100 000 Juifs en Palestine sert de détonateur pour une grève générale d'un million d'Arabes, qui menacent de déclencher la « guerre sainte ».

1938 — Ouverture officielle de l'Exposition de l'Empire, installée sur les rives de la Clyde, à Glasgow.

1923 — La France rejette promptement les propositions allemandes concernant les réparations de guerre.

1916 — Exécution à Londres de tous les leaders de la « République d'Irlande » proclamée illégalement, après leur condamnation par une cour martiale britannique.

1900 — Ouverture du « Horse Show » de Montréal, qu'on croit être le premier de l'histoire.

LA PRESSE

100 ans d'actualités

Cataclysme au Saguenay

photo Antoine Désilets, LA PRESSE

Plus d'une trentaine de maisons ont été englouties avec leurs occupants dans le gouffre de la mort.

■ *Entre 25 et 30 victimes*
■ *35 maisons sont emportées*
■ *Un trou de 150 pieds sur ½ mille*

par Jean de GUISE
et Thomas DUHAIME

KENOGAMI — Un cataclysme aussi soudain que meurtrier a plongé le paisible village de Saint-Jean-Vianney de Shipshaw dans la stupeur, hier **(4 mai 1971)** soir, alors que quelque 35 maisons (sur un total de 70) ont été englouties dans une mer de boue. Bien que les fouilles soient à peine commencées, on craint que le nombre de victimes dépasse 25 ou 30 *(en fait, l'événement devait causer 31 pertes de vie)*.

C'est vers 11 heures, hier soir, que le sol s'est ouvert soudainement, entraînant dans un immense cratère de près d'un mille de long par 150 pieds de profondeur et 100 de large, environ 35 maisons, la plupart récemment construites.

Un certain nombre de maisons sont demeurées juchées sur les bords de la falaise, dans un équilibre précaire.

Un porte-parole de la police de Kénogami, l'agent Paul Rousseau, a informé LA PRESSE cette nuit que de 50 à 75 familles ont dû sortir en tòute hâte de leur foyer menacé par le glissement de terrain.

La première alerte a été donnée par des voisins qui ont réclamé l'aide de la Sûreté du Québec, détachements de Saint-Ambroise et de Chicoutimi.

Dépêchés immédiatement sur les lieux, les agents se sont mis en communication avec la base militaire de Bagotville qui a envoyé deux hélicoptères en reconnaissance.

Les premiers sauveteurs arrivés sur les lieux, ainsi que les résidants indemnes du secteur sinistré, ont déclaré avoir entendu des cris d'angoisse, de détresse et d'appels au secours, provenant des maisons qui s'engouffraient dans cette mer de boue.

Sur un pied d'alerte

En un temps record, tous les services de police des municipalités avoisinantes (notamment Chicoutimi, Jonquière, Kénogami et Arvida), ainsi que la Protection civile et la Croix-Rouge étaient sur un pied d'alerte, prêts à organiser les mesures de secours pour les victimes.

A 7 heures ce matin, un porte-parole de la police de Kénogami rapportait qu'on dénombrait 23 personnes manquant à l'appel. D'autres rapports estiment que le nombre de victimes pourrait atteindre la cinquantaine.

On ne sait pas si des automobilistes circulaient dans le secteur sinistré au moment du désastre. On craint toutefois que quelques voitures aient été sur les lieux, étant donné que les employés de l'équipe de nuit de l'ALCAN se rendent à leur travail à cette heure-là.

Un groupe d'employés de l'ALCAN l'a échappé belle: l'autobus qui les transportait a dégringolé dans le cratère. Les nombreux occupants ont tout juste eu le temps de sortir du véhicule et de se rendre en lieu sûr.

On se perd en conjectures sur l'origine du cataclysme. L'hypothèse la plus fréquemment invoquée, cette nuit, voudrait que l'effondrement serait dû à la formation d'un lac artificiel, en profondeur, sous l'emplacement de ce nouveau secteur résidentiel.

Ce phénomène serait dû au gonflement des eaux de la rivière Shipshaw qui coule à l'ouest du secteur sinistré.

Saint-Jean-Vianney, qui compte une population de 2,600 personnes, est située à 12 milles, au nord-ouest de Chicoutimi et non loin, également, de Kénogami et d'Arvida.

Soirée paisible

«Les gens étaient bien à l'aise devant leur télévision et regardaient la partie de hockey (Canadien-Chicago)», a rapporté l'agent Rousseau, «quand tout à coup la grande noirceur s'est faite...et la panique a pris! »

Selon le policier, «c'est comme si l'enfer s'était ouvert... les flammes en moins».

Tous les sans-foyer ont trouvé refuge pour la nuit, qui chez des parents, qui chez des voisins, qui, enfin, dans la salle municipale de Kénogami, transformée en centre de premiers soins.

Les blessures corporelles, au dire de la police, ne sont pas nombreuses, mais les chocs nerveux ne se comptent pas.

De plus, il a été impossible durant la nuit, malgré les puissants faisceaux lumineux que l'on a amenés sur place, de sonder les maisons complètement englouties, dans l'espoir de plus en plus lointain qu'il s'y trouverait encore quelque vie.

On se sent aussi impuissant, sur le coup, que devant le coulage d'un sous-marin.

Le désastre a entraîné une panne d'électricité, l'effondrement de la route qui conduit à Chicoutimi, et la disparition du pont des Terres Rompues qui relie les parties est et ouest de la route, à proximité de la petite rivière aux Vases.

A la pointe du jour, les secours affluaient sur les lieux du sinistre.

C'EST ARRIVÉ UN 4 MAI

1982 — Les Britanniques perdent le destroyer *Sheffield*, coulé par un missile français lancé d'une distance de plus de 30 km, au cours de la guerre des Falklands.

1980 — Décès à l'âge de 87 ans du maréchal Tito, de son vrai nom Josip Broz. Il avait dirigé la Yougoslavie pendant 35 ans.

1975 — Bob Watson, des Astros de Houston, a l'insigne honneur de croiser le marbre avec le millionnième point enregistré dans l'histoire du baseball majeur.

1969 — Le Canadien sable le champagne après avoir remporté la coupe Stanley pour la 16e fois de son histoire.

1968 — Début d'une violente offensive du Vietcong à Saïgon et au Sud-Vietnam. — La Sorbonne doit fermer ses portes à la suite de violentes émeutes au Quartier latin.

1967 — La Cour Suprême du Canada rejette l'appel de Steven Truscott, condamné pour le meurtre de Lynne Harper, en 1959.

1966 — Willie Mays, des Giants de San Francisco, établit un record de la Ligue nationale de baseball avec son 512e circuit. — La société italienne Fiat signe un accord selon lequel elle construira quelque 600 000 autos par année en URSS.

1964 — Début à Genève des négociations connues sous le nom de *Kennedy Round*, et dont l'objectif consiste à obtenir une réduction des droits de douane entre les pays industrialisés.

1957 — Montréal fête le tricentenaire de l'arrivée des Sulpiciens au Canada.

1949 — L'avion transportant les 14 joueurs de l'équipe nationale de football d'Italie et 14 autres passagers s'écrase dans les Alpes. — Les Soviétiques acceptent de lever à court terme le blocus de Berlin à la suite d'un accord quadripartite négocié à Paris.

1945 — Reddition des armées allemandes de la Hollande, du Danemark et de l'Allemagne de l'ouest.

1930 — Une conflagration détruit plus de 225 bâtisses, à Nashua, dans le New Hampshire, et près de 700 personnes se retrouvent sans abri. Les dégâts sont évalués à $5 millions.

1910 — Un tremblement de terre détruit une partie de la ville de Carthagène, au Costa Rica, faisant plus de 500 morts.

1897 — Un incendie lors du Bazar de la charité fait 150 morts, à Paris.

photolaser AP

Cette photo d'une étudiante agenouillée devant un camarade abattu par la Garde nationale, le *4 mai 1970*, a probablement fait plus que tous les discours pour inciter les Américains à réclamer le désengagement de leurs forces au Sud-Vietnam, puisque cet étudiant abattu participait à une manifestation à l'université Kent contre la participation des États-Unis à la guerre du Vietnam. Au total, quatre étudiants furent tués par la Garde nationale ce jour-là.

La question des pensions de vieillesse

Ottawa et les provinces d'accord sur un amendement constitutionnel

par Georges Langlois

OTTAWA, 5 — L'obstacle constitutionnel qui empêchait jusqu'ici l'amélioration du régime des pensions de vieillesse sera bientôt supprimé. Les mesures qu'il reste à prendre pour le faire disparaître définitivement ne sont guère que des formalités qui, selon toute apparence, seront rapidement expédiées.

L'unanimité s'est enfin faite entre les provinces et l'autorité fédérale sur l'aspect constitutionnel de la question des pensions de vieillesse. La même unanimité semblait régner à la Chambre des communes hier **(4 mai 1951)** après-midi, du moins sur le point de vue constitutionnel.

Cet obstacle franchi, il restera à faire approuver par le Parlement fédéral et les dix assemblées provinciales les mesures législatives qui feront de notre régime des pensions de vieillesse une véritable assurance sociale; les bénéficiaires en retireront les avantages selon un droit strict pour y avoir contribué.

L'accord de principe conclu à la conférence fédérale-provinciale de décembre dernier a pris hier une forme concrète avec l'entente à laquelle le gouvernement fédérale et les premiers ministres des provinces en sont arrivés sur le texte de l'amendement qui sera apporté à la constitution du Canada pour instituer un régime universel de pensions de vieillesse, à base de contribution, dont bénéficieront directement et sans conditions tous les Canadiens âgés de 70 ans et plus.

C'est vers 11 h. 30 hier matin que le ministre de la Justice, l'hon. Stuart-S. Garson, recevait la dernière adhésion d'une province au projet de modification de la constitution que tous les autres gouvernements avaient déjà accepté.

A cette heure-là, M. Garson recevait un télégramme de l'hon. Angus-L. MacDonald, premier ministre de la Nouvelle-Ecosse, acceptant le texte que les autres provinces avaient approuvé. (...)

ACTIVITÉS

■ Semaine de l'histoire

Polyvalente «Le Tournesol» de Windsor — Présence du kiosque mobile de LA PRESSE lequel propose une collection de caricatures, l'histoire de la bande dessinée dans le journal, l'évolution de l'automobile, et un vaste éventail des plus belles pages consacrées à des événements majeurs et à des personnages historiques. **Dernière journée aujourd'hui.**

■ Les anciens de Sainte-Marie

Château Champlain — À titre de digne représentant d'une institution centenaire, LA PRESSE, dont il est le président et éditeur, M. Roger D. Landry recevra d'une autre institution centenaire (elle a 102 ans cette année), l'Association des anciens du collège Sainte-Marie, une magnifique plaque gravée sur bronze portant les armoiries des élèves des Jésuites à travers le monde.

On apprenait le *4 mai 1907* que l'Université d'Oxford, en Angleterre, venait de conférer au professeur Alexander Graham Bell, un degré de docteur ès sciences. Bell avait reçu cet honneur « en reconnaissance de ses travaux pour l'instruction des sourds-muets et comme récompense pour son invention du téléphone ».

LA MUSIQUE SERAIT FATALE A LA MORALE

PARIS, 4 — Le maire de Noeux-les-Mines prétend que la musique constitue un danger pour la morale. Il a pris les décisions les plus énergiques pour combattre la musique. Il a interdit l'usage des instruments de musique dans tous les établissements publics. Seuls, les églises, les oiseaux et les messagers qui sifflent dans les rues échappent à ses foudres.

Cela se passait le 4 mai 1921.

LA PRESSE

100 ans d'actualités

LE CLUB MONTREAL DE LA LIGUE INTERNATIONALE FAIT UN BEAU DEBUT DANS LA METROPOLE DU CANADA

VINGT-deux mille cinq cents personnes venant de tous les points de Montréal et des localités environnantes se sont rendus samedi **(5 mai 1928)** au nouveau parc de baseball, angle des rues Ontario et Delorimier, et vingt-deux mille cinq cents personnes sont ensuite retournées chez elles à la fin de l'après-midi, contentes, satisfaites, enthousiasmé, car elles avaient vu le club Montréal battre le Reading par 7 à 4.

Trois puissantes attractions: l'inauguration du Stade, l'ouverture de la saison de baseball et une belle température d'été avaient attiré les foules dans la partie Est. Il y avait douze ans, c'est-à-dire depuis 1916, que la métropole du Canada n'avait pas de club faisant partie d'une grande ligue, et la population était affamée de baseball. Peu après le dîner, les fervents de sport commencèrent à se diriger vers le nouveau Stade. Ils arrivaient là à pied, en tramways, en automobiles, ils arrivaient de tous côtés. C'était une foule énorme, qui s'engouffrait constamment dans le colossal édifice, passant par ses douzaines de tourniquets. C'était un flot incessant, continuel qui se déversait dans les innombrables rangées de gradins en béton. Vers les trois heures, les immenses estrades étaient absolument remplies du haut en bas. Il y avait 22,500 personnes, la foule la plus nombreuse jamais vue à un spectacle payant à Montréal.

Pendant que le public arrivait, les joueurs du Montréal dans leur coquet costume blanc, avec casquettes et bas bleu marine et rouge, pratiquaient sur le terrain, de même que leurs adversaires de Reading. Le Union Jack et des drapeaux portant les noms des huit clubs de la Ligue Internationale flottaient au vent pendant que les airs enlevants de la musique des Grenadiers Guards jetaient la joie et l'entrain parmi les spectateurs.

Avant de commencer la joute, les deux clubs précédés des musiciens dans leur éclatant uniforme rouge, firent une parade autour du terrain et se rendirent au grand mat où le drapeau anglais fut hissé.

Le maire de Montréal, M. Camillien Houde, presque tout le conseil municipal et une foule de personnages distingués qui étaient les invités du club, occupaient des sièges dans les loges. L'on pouvait voir autour du losange tout ce que la métropole du Canada compte de fervents de sport.

A 3 h. 30, M. John Conway Toole, président de la Ligue Internationale qui occupait un siège dans la loge de M. Athanase David, président du club, lança la première balle. Bob Shawkey, vétéran des Yankees de New York qui porte maintenant les couleurs du Montréal, entra dans la boite pour le club local, et la joute commença pendant que des douzaines et des douzaines de photographes prenaient des vues des joueurs et de la foule.

On peut dire que le 5 mai 1928 restera une date mémorable dans les annales du sport à Montréal. Ce sera la date de l'inauguration du plus vaste et plus moderne stade de la métropole et celle du début du club de baseball Montréal chez lui, après une absence de douze ans.

La popularité du baseball a été démontrée d'éclatante façon alors que les 22,500 personnes sont accourues de tous les points de la ville pour voir les deux équipes rivales à l'oeuvre. La victoire du club local a soulevé un enthousiasme de bon aloi et qui laisse prévoir que le grand sport américain sera aussi populaire ici l'été que le hockey l'est l'hiver.

La foule a pu constater que le gérant Stallings a réussi à former une bonne équipe. Le lanceur Shawkey a été invincible samedi. Il n'a accordé que huit hits et a reçu un support de toute beauté. A la deuxième manche, alors qu'il est allé au bâton pour la première fois, on lui a présenté un énorme bouquet d'American Beauties. Gaudette, le joueur franco-américain qui joue au centre du champ s'est révélé une étoile de première grandeur. Il a retiré six des frappeurs adversaires, en saisissant la balle au vol, parfois après une longue course. Il a été très effectif et fort brillant. Il est devenu très populaire. Ajoutons qu'il a fait un hit et un point.

Le Stade, dont on a fait l'inauguration samedi, possède d'immenses estrades, solides et confortables, qui peuvent contenir des multitudes. L'extérieur n'est pas encore terminé, mais les travaux à l'intérieur sont complétés. Ce Stade est ce qu'il y a de plus moderne.

Le terrain n'est pas encore parfait, mais il convient de dire qu'il est en bien meilleur état qu'on aurait pu le soupçonner après les pluies et les averses que nous avons eues dans ces derniers temps.

QUELQUES SCENES QUI ONT MARQUE L'OUVERTURE DE LA SAISON DE BASEBALL A L'IMMENSE STADE DU CLUB MONTREAL

La photo de gauche montre une partie de la foule, celle du centre les deux arbitres Fyfe et Solader, et celle de droite montre la présentation d'un bouquet de roses, en forme de fer à cheval, au lanceur Shawkey par l'entraîneur Bill O'Brien, à la deuxième manche.

Clichés de la «Presse»

Cliché de la «Presse»

Le maire Camillien Houde assistant au match d'ouverture, en compagnie de son épouse.

L'AUTOBUS LE PLUS MODERNE

Le *5 mai 1927*, la Compagnie des Tramways de Montréal accueillait le premier exemplaire d'un nouveau modèle d'autobus, à huit roues et quatre essieux. Ce véhicule tout aluminium et partant plus léger, qu'on comparaît à l'époque «à un tramway sans trolley», était fabriqué par la Versare Corporation, d'Albany, New York, et il mesurait 39 pieds de longueur, soit «seulement deux pieds de moins que les tramways à un seul homme de la rue Amherst». Il est à noter que Montréal devenait la première ville au Canada, et la deuxième en Amérique du Nord (après Cleveland) à faire l'essai de ce véhicule dont la capacité était de 72 passagers, dont 35 assis.

Le bill de la margarine enterré pour cette année

par Georges Langlois

OTTAWA, 7 — Les consommateurs ont perdu, cette année encore, la bataille de la margarine. Il pourra bien y avoir une ou deux autres escarmouches aux Communes d'ici la fin de la session, mais l'engagement décisif a été livré et perdu mercredi **(5 mai 1948)** au Sénat, après une guerre de position qui a duré plus de deux mois.

En rejetant par 35 voix contre 21, le projet de loi du sénateur Euler, la chambre haute a en effet disposé, du même coup, du bill identique soumis à la chambre basse par le député libéral de Vancouver-nord, M. James Sinclair. Car même si ce bill était approuvé par les Communes, ce qui est fort improbable, il ne pourrait être mis en discussion au sénat. Il tomberait par conséquent aux oubliettes en passant d'une chambre à l'autre.

Si le public n'a pas de margarine à mettre sur sa table, il en a entendu parler à satiété depuis trois ans que l'hon. W.D. Euler, ancien ministre du Commerce et sénateur de Kitchener (Ont.) soulève à chaque session un débat sur cette question et trouve, chaque fois, moyen de renouveler le sujet.

La première fois, le rationnement durait encore et le parrain de cette proposition de loi voulait faire servir la margarine à suppléer à l'insuffisance du beurre et à détourner ce produit du marché noir. La seconde session, c'était pour obvier à la rareté du beurre. Cette année, c'était à cause du prix, devenu trop élevé par suite d'une pénurie saisonnière plus grande encore. (...)

Aurore, l'enfant martyre (9)

GAGNON COMDAMNE AU BAGNE POUR LA VIE

(Du correspondant de la PRESSE)

QUÉBEC, 5 — L'heure du châtiment a sonné, cet avant-midi **(5 mai 1920)** pour les nommés Télesphore Gagnon, 37 ans, et Roméo Rémillard, 21 ans *(il avait été impliqué dans une autre cause)*, trouvés coupables au cours des récents procès qu'ils viennent de subir aux Assises présidées par l'honorable juge Désy.

Gagnon, on le sait, est le père brutal de l'enfant martyre de Sainte-Philomène de Fortierville. Il était accusé de meurtre, mais le jury l'a simplement déclaré coupable d'homicide. Le prisonnier est le mari de l'odieuse mégère, Marie-Anne Houde, bourreau de sa belle-fille Aurore Gagnon, 10 ans, laquelle mégère a été condamnée à mourir sur le gibet le vendredi 1er octobre prochain, après avoir subi son procès devant l'hon. juge L.-P. Pelletier.

Quand l'hon. juge monta sur le banc, ce matin, la salle d'audience était remplie autant que durant les procès qui ont donné lieu à ces sentences. L'hon. juge Désy, s'adressant aux deux prisonniers qui attendaient leur sentence, dit: «Dans l'accomplissement de leurs devoirs, devoirs dont ils ont été chargés par l'autorité compétente, douze de vos pairs ont prononcé, sur les faits révélés par la preuve, dans la cause de Sa Majesté le roi contre vous, sur accusation de meurtre, et ils vous ont trouvés coupable «d'homicide involontaire.» C'est à moi qu'il incombe maintenant de vous imposer la condamnation que vous méritez, en vertu de la preuve et de la loi. Assurément, il est dur d'appliquer strictement la loi, mais il y a là pour moi un devoir à remplir et il ne peut m'être permis de feindre l'évanouissement quand le châtiment s'impose, quand la vie de la société est en danger. Dieu me garde de cette sensiblerie qui a tant fait, dans certains pays d'Europe, pour encourager le mépris de la loi. (...) Puissiez-vous accepter et subir avec un esprit vraiment chrétien la juste condamnation que vous avez méritée.»

AU BAGNE POUR LA VIE

Puis le juge lit l'acte d'accusation porté contre Télesphore Gagnon, rappelle le verdict du jury et dit: «La sentence du tribunal est que vous soyez conduit au pénitencier de Saint-Vincent-de-Paul» et que vous y soyez détenu durant le reste de votre vie». (...) Avant de recevoir leur sentence, les deux prisonniers, en réponse à la question réglementaire du greffier ont déclaré qu'ils n'avaient rien à dire. En entendant cette terrible sentence, ils se sont contentés de baisser la tête.

L'affaire de la rue Ontario est (2)

LES ACCUSES COMPARAISSENT A LA PRISON DE MONTREAL

Pour la 1ère fois dans l'histoire de la prison, un juge siège dans ses murs, en Cour d'enquête. – La «Presse», le seul journal représenté.

LES huit prévenus arrêtés la semaine dernière pour le meurtre d'Henri Cléroux et du bandit Stone, à la suite de l'attentat de la rue Ontario est contre des employés de la Banque d'Hochelaga, ont comparu, ce matin **(5 mai 1924)**, devant la Cour d'enquête que présidait le juge Amédée Monet.

Cette comparution s'est faite dans les bureaux de la prison de Montréal, alors qu'une équipe supplémentaire de gardes armés de carabines avaient été postés de tous les côtés par l'hon. Napoléon Séguin, gouverneur de la prison du district. Comme M. R.L. Calder, procureur de la Couronne, était absent, son collègue, Me Auguste Angers, a demandé la remise de l'enquête à mercredi prochain.

PRESENTS A L'ENQUETE

Les seule personnes qui furent présentes à cette comparution sont, outre les huit accusés: le juge Amédée Monet, le greffier Ovide Leclair, l'hon. Napoléon Séguin, Me Auguste Angers; deux avocats de la défense, Mes Alban Germain et Joseph Cohen, un détective secret de New York qui accompagnait Me Angers, le grand-connétable Achille Saint-Mars, M. J. David, de la prison, les détectives Walsh et O'Donnell, les représentants, photographe et dessinateur de la «Presse», les gardes Adélard Séguin, J.-B. deCourville, Albert Dorais, André Tellier, Alfred Henry et J.-B. Hudon, préposés à la garde des accusés.

Les huit accusés ont comparu dans l'ordre suivant, devant le juge Monet, pour entendre la fixation de leur enquête: Edward Baker, Leo Davis, Tony Frank, Frank Gambino, Mike Valentino, l'ex-détective Louis Morel, John Moreno alias Visco et Kim Rifkin. Tous les accusés avaient un grand air de découragement: ils semblaient fort abattus, les uns n'ayant pas rasé leur barbe depuis deux ou trois jours et ayant les cheveux défaits.

RÉMINISCENCE D'UN PROCÈS CÉLÈBRE

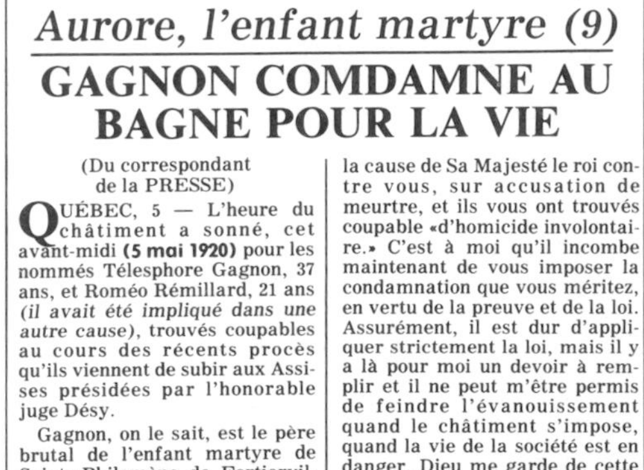

Pour souligner les précautions prises à l'égard des accusés dans l'affaire de la rue Ontario est, LA PRESSE avait publié cette photo montrant les précautions prises en Italie, en 1911, à l'occasion d'un célèbre procès visant *La Camorra* (la Main Noire). Les accusés avaient été placés dans une grande cage, et ils n'en sortaient que pour venir témoigner comme c'était le cas au moment de cette photo, alors qu'un prêtre, une femme et un autre accusé témoignent. Dans la petite cage, un délateur du nom d'Abatemaggio.

BABILLARD

Trois anniversaires à célébrer

Le mois de mai 1984 marque le centième anniversaire de fondation de l'**Hôpital de Chicoutimi.** L'établissement hospitalier a été fondé par des religieuses de la communauté des Augustines, venues de la maison-mère de Québec.

Du modeste « hôpital de la marine » qu'il était au début, l'hôpital est devenu un édifice bien équipé pour desservir la population de la région, avec ses 610 lits, ses 15 services spécialisés, ses 170 médecins et ses quelque 2000 employés.

Si l'Hôpital de Chicoutimi a toutes les raisons de se réjouir en ce mois de mai, il en va ainsi de trois autres personnes au moins qui atteindront demain une étape fort importante de leur vie.

Il faut tout d'abord souligner le 60e anniversaire de mariage du couple **Wilfrid et Juliette Mireault,** d'Aylmer, Québec. Soixante ans de mariage après une vie trépidante et dans un contexte qui se prête moins bien aux unions durables, il faut vraiment le faire.

Quant à **Marie Garon Dumais,** du foyer Desjardins, à Saint-André, elle célébrera demain son 103e anniversaire de naissance. Mme Dumais a vu le jour le 6 mai 1881 à Notre-Dame-du-Portage.

À tous et à toutes, LA PRESSE offre ses meilleurs voeux.

ACTIVITÉS

AUJOURD'HUI et DEMAIN

Salon du livre de Québec — Une trentaine de premières pages de LA PRESSE illustrent l'évolution de la situation dans le domaine de l'éducation; au kiosque occupé conjointement par le ministère de l'Education et LA PRESSE, au Centre municipal des Congrès.

C'EST ARRIVÉ UN 5 MAI

1981 — En Irlande du Nord, un membre de l'IRA, Robert Sands, meurt en prison au 66e jour de sa grève de la faim, entreprise afin de forcer le gouvernement britannique à reconnaître aux membres de l'IRA le statut de prisonnier politique.

1980 — Eric Kierans quitte le Conseil d'administration de la Caisse de dépôt et de placement en accusant le ministre Parizeau de « siphonner » la caisse pour financer ses déficits.

1979 — Fin après 15 mois d'auditions du procès des contrats de dragage du Saint-Laurent. Cinq dirigeants sont trouvés coupables de conspiration pour une fraude de l'ordre de $4 millions.

1972 — Un *DC-8* d'Alitalia s'écrase en Sicile; l'accident fait 115 victimes.

1967 — Le *World Journal Tribune* de New York cesse de paraître.

1966 — Un but d'Henri Richard en surtemps, à Détroit, permet au Canadien de conserver la coupe Stanley. — L'explosion d'une bombe à l'usine La Grenade, rue Rachel, fait un mort et six blessés.

1961 — Le pape Jean XXIII reçoit la reine Elizabeth II et le prince Philip en audience privée.

1961 — Premier voyage dans l'espace (d'une durée de 15 minutes) d'un astronaute américain, Allan B. Shepard.

1960 — Le *Federal Express* coule dans le port de Montréal, 45 minutes après qu'il a été éventré par le *Polaris*.

1958 — Le plus important cambriolage de l'histoire du Canada est perpétré à Brockville alors qu'un bandit s'empare d'une somme de $2,2 millions, mais il est ensuite appréhendé à Montréal.

1955 — L'Allemagne de l'ouest devient un état souverain sous le nom de République fédérale d'Allemagne.

1946 — Les Français rejettent par une forte majorité le projet de constitution de la gauche qui préconisait un parlement à une seule chambre.

1936 — Une foule nombreuse assiste aux obsèques du philanthrope et mécène canadien-français Oscar Dufresne.

1919 — On apprend que de sanglantes émeutes viennent d'éclater à Sofia, capitale de Bulgarie, entre partisans de la Russie soviétique et ceux de l'ex-roi Ferdinand.

1894 — Ouverture officielle de l'Exposition d'Anvers, par Léopold II, roi des Belges.

LA PRESSE

100 ans d'actualités

61e ANNEE — No 180 — MONTREAL, LUNDI 7 MAI 1945 — PRIX : TROIS CENTS

APRÈS 5 ANS, 8 MOIS ET 6 JOURS

FIN DE LA GUERRE

La civilisation qui triomphe

11 HEURES 35 A. M.

New-York,(P.A.)—Le Réseau Columbia rapporta à 11h. 35 a. m., heure avancée de l'est, que le poste officiel de radio américain en Europe a déclaré que:

"L'Allemagne s'est rendue sans conditions. La guerre est officiellement terminée en Europe."

Les généraux qui ont signé

Les chefs des puissances triomphantes

La proclamation demain

La reddition se fit hier soir

Les premières réjouissances

Au bout du fil

La proclamation canadienne

Congé public demain jour de prière dimanche

La "Presse" demain

Après 63 mois d'une guerre épouvantable déclenchée par un homme, Adolf Hitler, qui, une semaine, plus tôt, avait choisi de mettre fin à ses jours plutôt que de comparaître devant le Tribunal de l'Humanité, les hostilités prenaient fin sur le front européen à 11h35, le *7 mai 1945*, par la reddition sans condition de l'Allemagne, reddition annoncée à cette heure-là et officiellement proclamée le lendemain. La nouvelle a réjoui la population, et c'est de cette manière que dans son édition du jour, LA PRESSE la communiquait à ses lecteurs.

C'EST ARRIVÉ UN 7 MAI

1979 — Décès à 77 ans du populaire comédien Paul Guèvremont.

1977 — Sommet de Londres des chefs d'État et de gouvernement de sept pays occidentaux, auquel participe le Canada.

1968 — Les étudiants français s'impliquent dans de violentes manifestations, à Paris.

1964 — Le premier ministre du Canada, Lester B. Pearson, réitère son avis que l'ONU devrait se doter d'une armée indépendante.

1960 — Washington reconnaît enfin que l'avion *U-2* abattu au-dessus du territoire soviétique faisait de l'espionnage.

1954 — Les Français retranchés dans le camp de Diên Biên Phû doivent déposer les armes devant le Vietminh. On est sans nouvelles du général de Castries et de ses hommes.

1949 — Les Sénateurs d'Ottawa gagnent la coupe Allan, emblème de la suprématie du hockey senior canadien, aux dépens des Caps de Régina.

1948 — À La Haye, Winston Churchill, premier ministre d'Angleterre, propose la création d'un parlement européen.

1936 — Henri Gérin-Lajoie, ex-bâtonnier général de la province et ex-président de la Banque Provinciale, succombe aux blessures subies dans un accident de la route quelques jours plus tôt.

1920 — Le président Carranza, du Mexique, fuit Mexico quelques heures avant que la ville soit investie par les rebelles.

1916 — Un incendie détruit une usine de machineries et de chars à Montmagny.

1908 — Le *Montcalm*, un navire du gouvernement canadien, est sérieusement avarié, à Québec, lors d'une collision avec le « steamer » *Milwaukee*.

1885 — La bataille contre les métis s'intensifie : le « steamer » *Northcote* est transformé en canonnière, et la tête de Louis Riel est mise à prix.

LES CONDITIONS DE PAIX IMPOSEES AUX ALLEMANDS

PARIS, 7 — Le traité de paix entre les vingt-sept puissances alliées et associés d'un côté, et l'Allemagne de l'autre, a été remis aujourd'hui **(7 mai 1919)** aux plénipotenciaires allemands à Versailles. Le texte en est plus long que celui de tous les traités qui l'ont précédé. Il comprend environ 80,000 mots et est composé de quinze sections principales et rapports, et est l'oeuvre de plus d'un millier d'experts qui ont travaillé sans relâche dans une série de commissions pendant trois mois et demi depuis le 18 janvier. Le traité est imprimé sur des colonnes parallèles en anglais et en français, chaque texte étant reconnu d'égale force. Il ne touche pas aux questions se rapportant à l'Autriche, à la Bulgarie et à la Turquie, si ce n'est en obligeant l'Allemagne à accepter tout arrangement fait avec ses anciens alliés.

A la suite du préambule et de la liste des puissances, vient la constitution de la Ligue des nations, qui compose la première section du traité. Les frontières de l'Allemagne en Europe sont définies dans la seconde section. La classification politique européenne est exposée dans la troisième section, et la classification pour en dehors de l'Europe, dans la quatrième. Suivent les conditions militaires, aériennes et navales, dans la cinquième section, puis la sixième traite des prisonniers de guerre et des tombes des soldats, et la septième a pour sujet les responsabilités. Les questions des réparations, des conditions financières et économiques sont comprises dans les sections huit à dix. Viennent ensuite la section de l'aéronautique, celles des ports, des voies d'eau et des chemins de fer, la section du travail, la section sur les garanties et les clauses finales.

L'article continue en développant le contenu de chaque section. L'espace nous force à résumer le tout en vous présentant les principaux points:

— restitution de l'Alsace-Lorraine à la France;

— internationalisation temporaire du bassin de la Sarre et permanente de Dantzig (Gdansk);

— modification des frontières communes avec la Belgique et le Danemark;

— cession d'une grande partie de la Silésie à la Pologne;

— renonciation à tous ses droits territoriaux en dehors de l'Europe;

— reconnaissance de l'indépendance totale de l'Autriche allemande, de la Tchécoslovaquie et de la Pologne;

— réduction des forces armées à 100,000 hommes, officiers compris;

— destruction de tous les forts situés dans un rayon de 50 km à l'est du Rhin, y compris ceux d'Héligoland;

— interdiction d'importation, d'exportation et, à peu de choses près, de production d'armes de guerre;

— réduction de la marine de guerre à 24 navires, et interdiction de posséder des sous-marins;

— interdiction de posséder une aviation de guerre;

— obligation pour l'ex-Kaiser de subir un procès devant un tribunal international;

— enfin, obligation pour l'Allemagne de payer des réparations de guerre.

Le 7 mai, un jour riche en informations

Il est de ces jours où, dans la préparation de cette page, on souhaiterait que le journal soit imprimé sur du papier extensible tellement les informations sont abondantes. Il en est ainsi aujourd'hui.

En effet, c'est un 7 mai que sont survenus des événements aussi importants que la fin de la Deuxième Guerre mondiale, le torpillage du Lusitania, la reddition de Dien Biên Phu et l'imposition des conditions de paix à l'Allemagne vaincue après la Première Guerre mondiale, ainsi que des événements locaux comme la collision entre deux navires à Québec en 1908, le congédiement de Pacifique Plante par le chef de police de Montréal et la poursuite du procès dans l'affaire de l'attentat de 1924, rue Ontario est.

Traiter de tous ces événements dans une page sans écourter les uns et escamoter les autres devenait impossible. Le choix a été déchirant, et aujourd'hui plus que jamais, nous réclamons l'indulgence du lecteur qui pourra rester sur sa faim, car il est impossible de tricher avec l'histoire.

Guy Pinard

CONGÉDIEMENT DE Me PACIFIQUE PLANTE

Le comité exécutif donne raison au chef de police Langlois

par Vincent Chené
chroniqueur municipal

Me Pacifique Plante n'est plus directeur adjoint du service de la police en charge de l'escouade de la moralité. Il a été officiellement démis de ses fonctions, à 10 h. 15 hier soir **(7 mai 1948)**, lorsque le comité exécutif, réuni en séance spéciale sous la présidence de M. J.-O. Asselin, a approuvé un rapport du directeur Albert Langlois, en date du 15 mars, recommandant son renvoi. Le commissaire Paul Dozois, représentant de la Chambre de commerce à l'hôtel de ville, a enregistré sa dissidence qu'il a motivée par une déclaration dont copie a été remise aux journalistes.

L'incident Langlois-Plante, qui défraie la chronique quotidienne depuis la suspension de Me Plante «pour insubordination et négligence dans l'exercice de ses fonctions», en date du 11 mars, a eu son dénouement après une longue étude que les chefs de l'administration municipale disent avoir faite de toutes les circonstances entourant cette affaire et de tous les faits portés à leur attention par le directeur Langlois ou consignés dans un volumineux rapport de Me Plante, que celui-ci a présenté en réponse aux accusations logées contre lui.

L'inspecteur en chef Ernest Pleau, nommé hier soir directeur adjoint du service de la police, remplacera Me Plante à la direction de l'escouade de la moralité.

L'attentat de la rue Ontario est (3)

RIFKIN REMIS EN LIBERTE

Comme nous l'avions annoncé hier, la Couronne n'a pas procédé ce matin **(7 mai 1924)**, à l'enquête des huit détenus arrêtés pour le meurtre d'Henri Cléroux et du bandit Stone, lors de l'attentat qui fut accompagné d'un vol de plus de $142,000.

L'un des accusés, Kin Rifkin, a été remis en liberté, à 10 heures, lorsque Me R.L. Calder, procureur de la Couronne, a déclaré qu'il n'y avait pas de preuve contre lui. (...)

Comme lundi dernier, le tribunal d'enquête a de nouveau siégé à la prison de Montréal, pour la comparution des accusés et la remise de leur cause. En faisant fixer la cause à mercredi prochain, 14 mai, Me Calder a annoncé qu'on procéderait une fois pour toutes à cette séance.

Pendant presque toute la durée de la séance, avocats de la défense et de la Couronne ont longuement discuté la rumeur qu'un avocat aurait reçu une somme de $13,000 de l'un des accusé, et aurait fait déposer cet argent au nom de sa femme dans une banque. Les avocats ont demandé que celui qui parlerait le plus particulièrement visé de faire une déclaration formelle. Quant à Me Calder, il a déclaré: «Si les faits mentionnés par cette rumeur doivent se manifester comme éléments de preuve, ils seront manifestés au procès: s'ils ne doivent pas se manifester comme preuves, ils ne se manifesteront pas du tout».

LE LUSITANIA TORPILLE; PRES DE 1,500 MORTS

Le «Lusitania», de la ligne Cunard, sur le sort duquel on n'était guère fixé hier, a bel et bien été coulé sur les côtes d'Irlande par les Teutons.

NDLR — Cet article ne ménage pas ses mots à l'endroit des Allemands de l'époque, et tient autant de l'éditorial que de la nouvelle. Il faut donc le lire en se plaçant dans le contexte de l'indignation profonde qu'avait provoquée l'événement.

C'est en vain qu'on se berçait hier **(7 mai 1915)** d'espoir; le «Lusitania» a péri, et avec lui près de 1500 passagers sur les deux mille qui étaient partis de New York il y a quelques jours. Parmi les morts, on compte un grand nombre de Canadiens dont plusieurs Montréalais, pas moins de deux cents Américains.

Le monde entier frémit de colère contre les bandits teutons. Les deux mille passagers du «Lusitania» n'avaient commis aucun acte d'hostilité. Au contraire, c'est avec confiance qu'ils s'étaient embarqués, en dépit des nombreux avis que plusieurs d'entre eux avaient reçus, du barbare projet qui avait été préparé par les odieux pirates qui couvrent de honte l'humanité.

Comme les plus ignobles bandits, les pirates du Kaiser attendaient à un endroit choisi d'avance, le paquebot pour le couler. Les preuves sont nombreuses du dessein bien arrêté des marins allemands, préparé avec l'effroyable sang-froid de l'Amirauté teutone. Le «Lusitania» a été coulé sans avis préalable.

L'oeuvre abominable est accomplie; il reste maintenant à venger ceux qui ont subi l'outrage suprême. Quand l'Allemagne devra rendre ses comptes à la civilisation, le crime qu'elle vient de commettre en torpillant le «Lusitania» pèsera lourd dans la balance; et la punition devra être aussi terrible que la barbarie a été froidement exercée.

Avec l'humanité toute entière, nous déplorons le drame affreux où plusieurs des nôtres ont péri. Nos sympathies vont aussi au peuple américain que viennent d'éprouver si lamentablement les bandits teutons.

Nos vaillants soldats sur le champ de bataille feront expier aux misérables Prussiens les actes de banditisme qu'ils commettent aussi bien sur mer que sur terre. L'âme de la Nation américaine se révolte, elle aussi, à chaque outrage que reçoit l'Amérique.

Le Kaiser et ses états-majors jouent un rôle terriblement dangereux.

LA DEPECHE

LONDRES, 8 — Le paquebot «Lusitania», de la ligne Cunard, parti de New York samedi dernier *(le 1er mai)* avec plus de 2,000 personnes à son bord, repose maintenant au fond de l'océan, en face des côtes d'Irlande. Il fut coulé par un sous-marin allemand, qui lui lança deux torpilles, qui pénétrèrent dans un de ses sabords. A ce moment, on mangeait paisiblement à bord, confiants que le gros navire pouvait éviter toutes les entreprises des sous-marins.

Il est difficile de dire dès maintenant combien de passagers et de personnes de l'équipage furent sauvés, mais à minuit, l'Amirauté déclarait officiellement que ce nombre ne dépasserait pas 500 ou 600 *(les survivants se sont chiffrés par 634)*. (...)

Il y avait des tués et des blessés parmi ceux qui ont été amenés à Queenstown. Quelques-uns sont morts depuis leur arrivée. Aucun nom n'a cependant encore été donné.

Le «Lusitania» accomplissait son dernier voyage à Liverpool et était environ à 10 milles de Kinsale lorsque, vers deux heures, un sous-marin allemand lança deux torpilles contre le steamer. Deux terribles explosions se produisirent dans les flancs du navire et l'eau l'envahit immédiatement par les béantes ouvertures faites par les torpilles.

Les chaloupes furent descendues et en quelques minutes furent remplies de passagers affolés. Un appel par télégraphie sans fil amena sur le lieu de la catastrophe plusieurs bateaux de sauvetage, mais au bout de vingt minutes, le superbe palais flottant avait disparu.

Kinsale, non loin d'où disparut le plus rapide vaisseau marchand de la Grande-Bretagne, est un riant promontoire qui a ramené la joie et la confiance chez plusieurs voyageurs, puisqu'elle semblait toujours indiquer de la rive que les périls de la traversée avaient cessé et que le voyage à travers l'Atlantique était fini. La ligne Cunard, qui se vantait de n'avoir jamais perdu un passager dans son service de l'Atlantique a maintenant perdu le vaisseau qui dépista l'ennemi près de Nantucket Light, une journée après la déclaration de guerre et plus tard souleva l'attention du monde entier en battant pavillon américain. (...)

La presse anglaise, dans ses éditoriaux, se demande quelle attitude adopteront les Etats-Unis et comment ils tiendront l'Allemagne strictement responsable comme ils le laissaient entendre dans leurs correspondances diplomatiques avec Berlin à propos de la zone de guerre.

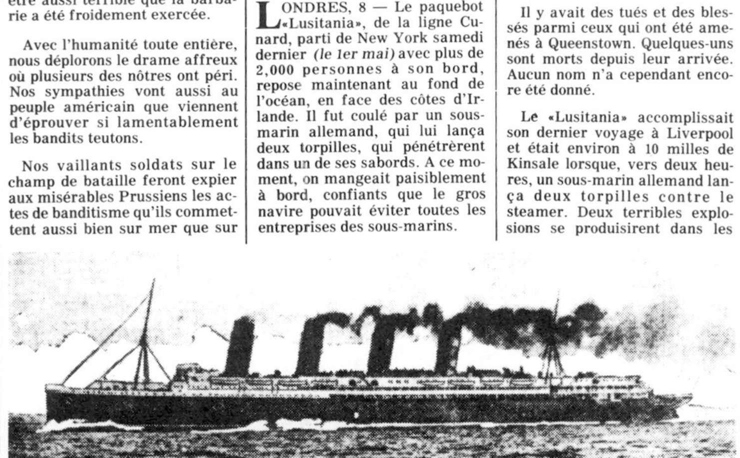

Le *Lusitania* coulé par les Allemands; ce navire de 790 pieds et de 45000 tonnes avait coûté $7 millions.

ACTIVITÉS

■ À la télévision

Le 18-heures, Télé-Métropole

— Vers 18 h 20, les animateurs commentent quelques manchettes tirées des pages de LA PRESSE et qui ont fait l'actualité d'hier.

LA PRESSE

100 ans d'actualités

DIX-HUITIEME ANNEE—No 158 MONTREAL, SAMEDI 10 MAI 1902 VINGT-QUATRE PAGES—UN C...

SOUS UNE NAPPE DE FEU

L'ensevelissement de Pompéi et d'Herculanum était moins terrible que l'épouvantable cataclysme de la Martinique. Quarante mille personnes ont péri ... le déluge de laves brulantes, de cendres et de pierres vomies par la montagne Pelée.

SCENES QUI DONNENT UNE IDEE DES HORREURS DE L'ENFER

LA catastrophe de la Martinique est sans doute la plus terrible et la plus épouvantable dont jamais notre génération ne fut témoin.

Elle n'offre d'exemple que celle de l'an 79 de notre ère, alors que le plus terrible des volcans, le Vésuve, situé près de Naples, en Italie, fit irruption et détruisit complètement deux villes superbes, Herculanum et Pompéi.

C'est ainsi que LA PRESSE commençait l'article de cette première page consacrée à la destruction complète de la ville de Saint-Pierre, en Martinique, le **8 mai 1902.**

L'affaire se préparait depuis quelques jours. Le 3 mai, un dimanche, les résidents de Saint-Pierre découvrirent, en sortant de leur maison, que la ville était entièrement couverte de cendres volcaniques provenant de la Montagne Pelée atteignant un quart-de-pouced'épaisseur, et qu'un épais brouillard enveloppait la ville. Le 6 mai apparurent les premières coulées de lave, accompagnées, le lendemain, d'inquiétantes secousses sismiques. L'ultime catastrophe n'était donc que la suite logique des signes avant-coureurs.

La terrible nouvelle avait été confirmée par le court communiqué suivant:

Paris, 9 — Le commandant du croiseur français «Suchet» a envoyé à M. Lanessa, ministre de la Marine, le message suivant, daté de Fort-de-France, île de la Martinique, jeudi, le 8 mai, à 10 hrs p.m.:

«Je reviens justement de Saint-Pierre, qui a été complètement détruite par une immense masse de feu qui s'est abattu sur la ville vers 8 heures du matin.

«On croit que toute la population, composée de 25,000 âmes, a péri. J'ai ramené ici quelques survivants, 30 en tout. Tous les vaisseaux qui étaient dans le port ont été détruits par le feu. L'éruption continue.»

Il aura suffi de la colère d'une montagne pour qu'une ville soit complètement rayée de la carte avec ses 25 000 habitants...

Le lecteur voudra bien excuser la mauvaise qualité de la reproduction des photos, imputable au manque de fidélité du microfilm.

Ralliement des mineurs d'Asbestos; la loi de l'émeute est levée

ASBESTOS, 9 — La loi de l'émeute proclamée à Asbestos vendredi matin a été levée à 12 h. 45, hier midi **(8 mai 1949).** C'est le chef de la police locale, M. Albert Bell, qui s'est vu remettre par la Sûreté provinciale une note officielle décrétant la fin de l'application de la loi de l'émeute. Cette mesure extraordinaire a été en vigueur dans le centre minier d'Asbestos durant près de 60 heures.

Durant tout ce temps et maintenant encore tout est calme, aucun rassemblement d'aucune nature, sauf pour la messe dominicale, hier matin. Mais même pour la messe, plusieurs grévistes se sont abstenus de sortir, de peur d'être arrêtés par les gendarmes qui ont patrouillé et qui patrouillent encore toutes les rues de la ville et toutes les routes qui y conduisent, dans un rayon d'environ 20 milles.

Maintenant que la loi de l'émeute est levée, on annonce la tenue d'une réunion générale des grévistes, ce soir, au sous-sol de l'église paroissiale. M. Jean Marchand, secrétaire-général de la C.T.C.C., qui vient d'arriver à Asbestos, sera le principal orateur.

Les secours financiers affluent

A la porte de toutes les églises de plusieurs diocèses, entre autres ceux de Trois-Rivières, de Québec, de Montréal, de S.-Hyacinthe, Chicoutimi, on a tendu la main à l'intention des grévistes et de leurs familles. Ces secours financiers sont envoyés à Asbestos et à Thetford, par l'entremise de l'évêque de chacun des diocèses concernés. (...)

La grève se continue et les chefs des grévistes sont d'avis que les ouvriers sont toujours aussi solidaires sinon plus qu'ils ne l'ont été depuis 3 mois.

Dans une lettre qu'il a adressée hier au procureur général de la province, l'hon. Maurice Duplessis, Me Jean Drapeau, procureur des grévistes d'Asbestos détenus à Montréal, a déclaré qu'il tient à «protester énergiquement contre le déni de justice auquel la Sûreté provinciale se livre, en refusant au procureur des 60 grévistes d'Asbestos détenus au palais de justice de Montréal, de communiquer avec ceux-ci.»

Dans sa lettre, Me Drapeau relate comment il a tenté, à plusieurs reprises, de rencontrer ses clients et comment il en a été chaque fois empêché par les policiers provinciaux.

Me Drapeau dit qu'on lui a affirmé que tous les détenus allaient comparaître sous une accusation ou sous une autre. «Et alors que l'on doit faire comparaître tout détenu dans les 24 heures qui suivent son arrestation, tous mes clients n'ont pas encore comparu après plus de 48 heures», écrit-il. (...)

C'est avec beaucoup d'émotion et d'inquiétude, puis d'angoisse mêlée d'horreur, que les fervents amateurs de course automobile du Québec apprirent d'abord l'accident puis la mort du spectaculaire et populaire coureur automobile, Gilles Villeneuve, le *8 mai 1982.* Villeneuve préparait sa Ferrari pour le Grand prix de Belgique, sur le circuit de Zolder, quand il fut impliqué dans un accident qui allait lui coûter la vie. Deux ans plus tard, on peut affirmer que Gilles Villeneuve n'a toujours pas été remplacé.

Lesage : Bécancour aura sa sidérurgie

par Gilles Daoust

TROIS-RIVIERES — Le premier ministre Jean Lesage ou, comme certains se sont plu à l'appeler, «Dieu le Père à Québec», a déclaré hier soir **(8 mai 1966),** devant plus de 2,000 citoyens de Trois-Rivières, qu'une sidérurgie serait établie à Bécancour quoi qu'il arrive.

«La position du gouvernement à l'égard du projet de sidérurgie n'a pas changé, a dit M. Lesage. Nous avons créé plusieurs institutions de premier ordre dans le domaine financier et dans le domaine minier. La mise au point d'une industrie sidérurgique dynamique s'inscrit dans le même ordre de préoccupation. Nous n'avons pas le droit de nous tromper. De toute façon, une sidérurgie sera érigée à Bécancour. Je vous en donne l'assurance.»

M. Lesage a expliqué que le conseil d'administration de Sidbec n'avait pas encore présenté au gouvernement ses recommandations au sujet de l'avant-projet qu'il a fait préparer pour des ingénieurs-conseils.

«Tant que ces recommandations n'auront pas été faites, a dit le premier ministre, il serait déplacé que le gouvernement prenne position publiquement sur l'ensemble du projet de sidérurgie. (...)»

BABILLARD

Deux anniversaires

Le Québec compte un nouveau centenaire aujourd'hui. En effet, le nom de **Joseph-Alexis Millet** vient s'ajouter aux centaines de Québécois qui ont franchi allègrement le cap des cent ans, puisqu'il est né le 8 mai 1884 à Montfort, Québec. M. Millet a été élevé dans les Laurentides au moment de la colonisation, et il aime rappeler ses souvenirs à ceux qui veulent bien l'écouter. Souhaitons-lui de pouvoir continuer de le faire pendant plusieurs années encore.

L'autre anniversaire, c'est celui d'une entreprise, le bureau de comptables agréés **Samson Bélair,** qui célébrait le 1er mai dernier son 75e anniversaire de fondation. C'est en effet le 1er mai 1909 que fut ouvert, à Québec, le premier bureau de comptabilité publique par le promoteur de Samson Bélair, M. J. Arthur Larue. D'ailleurs, ce dernier allait devenir, en 1935, le premier vérificateur de la Banque du Canada nouvellement fondée. Notons que le groupe Samson Bélair emploie quelque 880 personnes dans 29 bureaux disséminés au Canada.

Appel aux Cousineau

Mme **Denise Cousineau,** de Laval, est à la recherche de toutes les personnes qui portent le nom de « COUSINEAU » dans le but de rédiger un dictionnaire de la famille. En échange des informations pertinentes qu'on pourra lui fournir, elle offre la transcription du contrat de mariage du premier ancêtre, Jean, originaire de Jumilhac-le-Grand, en Dordogne. On peut l'attteindre au 668-4411.

ACTIVITÉS

■ 100 ans de caricatures

Chalet du parc Kent — Exposition des planches consacrées à l'Histoire de la caricature dans la vie de LA PRESSE. Jusqu'au 12 mai inclusivement.

L'«OISEAU BLANC» TENTE DE TRAVERSER LES MERS

PARIS, 9 — Un aéroplane français survolant l'Atlantique à l'heure actuelle, se dirige à toute vitesse vers New York. Sur le siège du pilote est assis l'un des plus grands héros de l'aviation que la guerre a produits, le capitaine Charles Nungesser. A ses côtés, se trouve le capitaine François Coli, un vétéran de la mer et de l'air.

Depuis qu'ils ont quitté la côte française un peu avant l'aube, hier matin **(8 mai 1927),** aucune nouvelle d'eux n'est parvenue encore à Paris. Leur «Oiseau Blanc» n'a pas d'appareil de radio et la route qu'ils ont adoptée est sans doute à plusieurs milles au nord de celle que suivent d'ordinaire les paquebots entre New York et les ports de la Manche.

Le *8 mai 1937,* LA PRESSE publiait des photos additionnelles du drame survenu deux jours plus tôt, à Lakehurst, aux États-Unis, qui se solda par la mort de 36 personnes. C'est en effet le 6 mai que le *Hindenberg,* le plus grand dirigeable construit par Ferdinand von Zeppelin, s'est écrasé en flammes. Il mesurait 246 m de longueur et contenait 200 000 m³ d'hydrogène.

C'EST ARRIVÉ UN 8 MAI

1978 — Le passe-muraille Jacques Mesrine, aussi célèbre au Québec qu'en France, s'évade de la prison de la Santé, à Paris, où il purgeait une peine de 20 ans.

1977 — L'indépendance du Territoire français des Afars et des Issas (Djibouti) est approuvé par 98 p. cent des citoyens à l'occasion d'un référendum.

1975 — Décès d'Avery Brundage à l'âge de 88 ans. Il avait présidé le Comité international olympique de 1952 à 1972.

1974 — Le gouvernement minoritaire de Pierre Elliott Trudeau est défait par un vote de non-confiance concernant les politiques budgétaires.

1972 — Les présidents Marcel Pepin, Louis Laberge et Yvon Charbonneau, des trois centrales syndicales du Québec, sont condamnés à un an de prison pour outrage au tribunal.

1967 — Début de la « grève tournante » à Hydro-Québec.

1958 — À Lima, au Pérou, des manifestants accueillent le vice-président Richard Nixon avec des pierres.

1957 — Les Bombers de Flin Flon gagnent la coupe Memorial, en éliminant le Canadien jr de Montréal. C'est la première victoire d'une équipe de l'Ouest en neuf ans.

1946 — L'industrie américaine est presque complètement paralysée par la grève du charbon, qui en est à sa 38e journée.

1945 — Signature à Berlin de l'acte de capitulation de l'Allemagne.

1917 — Le kaiser Wilhelm II est la cible de trois coups de feu à Berlin, mais aucun projectile ne l'atteint.

1910 — Un incendie dans une usine d'explosifs fait huit morts et 31 blessés, à Hull.

1909 — Arrivée dans le port de Montréal du *Laurentic,* le plus gros navire qui ait jamais sillonné les eaux du Saint-Laurent.

1885 — On apprend la mort à 51 ans du célèbre explorateur allemand Gustave Nachtigal.

LA PRESSE
100 ans d'actualités

Un aviateur américain réussit à survoler le pôle nord et cet exploit est sans précédent

Le commandant Byrd passe au-dessus du sommet arctique de la terre. — Une envolée de 15 heures et 30 minutes.

NEW YORK, 10 — Un aéroplane a survolé le pôle nord pour la première fois. Le commandant Richard Evelyn Byrd a passé au-dessus du pôle hier **(9 mai 1926)**. C'est la première des neuf expéditions arctiques de cette année qui a atteint son objectif. Byrd partage maintenant avec l'amiral Robert E. Peary, un autre Américain, l'honneur d'avoir conduit une expédition à cette extrémité de la terre.

Seulement huit hommes ont vu le pôle nord. Quatre étaient esquimaux, avec l'amiral Peary, un était Matt Henson, compagnon noir de l'amiral Peary, et un autre était le sous-officier Floyd Bennett, mécanicien du commandant Byrd.

Le commandant Richard Byrd

Des dépêches ont annoncé hier au «Times» de New York, et au «Post Despatch» de Saint-Louis, que l'expédition Byrd avait fait, en 15 heures et 20 minutes, un voyage que l'amiral Peary avait fait en huit mois par bateau et par traîneaux tirés par des chiens.

L'objectif a été atteint trente-trois jours après que l'expédition eut quitté New York pour la baie du Roi, au Spitzberg.

Le commandant Byrd a terminé sa randonnée polaire six jours plus tôt qu'il se le proposait. Il devait chercher un endroit pour descendre sur la Terre de Peary et y établir une base, mais à la dernière minute il a tout risqué et il a fait sans interruption la randonnée.

L'explorateur Vilhjanmur Stefansson avait dit qu'il était sûr que Byrd annoncerait qu'une randonnée aérienne arctique était beaucoup plus dangereuse que toute autre. Roald Amundsen n'avait pas encouragé Byrd. A cause de son échec de l'an dernier, M. Stefansson a dit: «J'ai toujours été opposé aux atterrissements dans les explorations arctiques. Le commandant Byrd avait deux objectifs. Il en a atteint un. Cela prépare sa plus importante course au nord-ouest de la Terre de Peary à la recherche d'une terre inconnue, et j'espère qu'il réussira également.» (...)

L'avion du commandant Byrd, sur les glaces de la baie du Roi, près du vapeur « Chantier ». Cette photo est tirée d'un numéro de « L'Illustration ».

TOUJOURS CHANCEUX

Le frère du commandant Byrd, le gouverneur Harry-Flood Byrd, de la Virginie, a dit: «Dick a été si chanceux, toute sa vie, qu'il croit toujours qu'il triomphera même quand il n'a qu'une chance sur cent. Je suis fier de lui.»

Une dépêche de Rome dit que, dans les milieux de l'aéronautique, on ne dissimule pas le chagrin causé par le fait que le dirigeable «Norge», dirigeable construit en Italie, n'a pu le premier passer au-dessus du pôle. On dit que le «Norge» ne pouvait pas lutter en vitesse avec le Fokker de Byrd. (...)

Le monoplan «Miss Josephine Ford», dans lequel le commandant Byrd a survolé le pôle nord, fut transporté au «Spitzberg» par le vapeur «Chantier», après plusieurs départs peu fructueux dans le port de New York. Le Fokker à trois moteurs, baptisé d'après la fille de M. Edsel Ford, faillit être écrasé par une poutre alors qu'on était à charger le «Chantier» aux chantiers maritimes de Brooklyn. (...) *On notera au passage qu'outre le Fokker de Byrd, l'expédition comprenait un avion accompagnateur, un Curtis Oriole, et deux trimoteurs Fokker en réserve à bord du «Chantier»*

Huit autres expéditions étaient en route ou en voie de préparation pour le pôle nord au même moment: celles de George H. Wilkins, basée à Point Barrow; celle d'Amundsen et de Lincoln Ellsworth, à bord du «Norge» ancré à la baie du Roi; celle des universitaires avec Leigh Wade; celle du Norvégien Flaissen, qui tentait d'atteindre le pôle à bord d'un hydravion; une expédition française sous les auspices du ministère de la Marine; une expédition de l'Université du Michigan dirigée par le professeur William Hobbs; une expédition à bord du dirigeable «Los Angeles» sous la responsabilité du Dr Hugo Eckenera, administrateur des usines Zeppelin, et enfin une expédition russe.

Le village de Cabano ravagé par un incendie

NDLR — Cette nouvelle vous est proposée exactement de la même façon qu'elle l'avait été aux lecteurs de LA PRESSE, le jour de la conflagration, le ***9 mai 1950****. On remarquera qu'on ajoutait d'heure en heure, en style presque télégraphique, des éléments de plus en plus inquiétants. Et il faudra attendre au lendemain pour avoir un texte de synthèse mieux construit. C'était évidemment avant l'avènement de la télévision...*

(Dernière heure, selon la B.U.P.)

LES hon. Antoine Rivard, solliciteur général, et J.D. Bégin, ministre provincial de la colonisation, prennent toutes les mesures de secours pour Cabano. L'hon. Brooke Claxton, ministre de la défense nationale, a annoncé à la Chambre des communes que l'armée sera envoyée au secours du village incendié.

Rivière-du-Loup, 9 (D.N.C.) — La situation de Cabano s'aggrave d'heure en heure. Les Chemins de fer nationaux y ont envoyé des trains spéciaux de la Rivière-du-Loup et d'Edmunston. Des pompiers de ces deux villes, ainsi que de la Rivière-Bleue, sont allés au secours.

Rivière-du-Loup, 9 (P.C.) — L'incendie de Cabano gagne sans cesse du terrain. Il s'est déclaré vers 10 h. ce matin. A 2 h. 45 cet après-midi, il avait détruit 150 habitations ou bâtisses plus considérables, parmi lesquels 3 hôtels, et s'attaquait au couvent du village. L'incendie aurait été allumé par une étincelle de l'incinérateur de la scierie Pelletier, 100 pompiers de diverses municipalités de Québec, Nouveau-Brunswick et Maine sont venus se joindre aux villageois et aux volontaires des paroisses voisines pour combattre l'incendie.

Rivière-du-Loup, 9 (P.C.) — M. Emilien Morin, maire du village de Cabano, à 50 milles au sud de Rimouski, a aujourd'hui ordonné à toute la population de ce village de quitter les lieux, devant l'incendie qui fait rage. M. Morin demande aussi l'aide de l'armée canadienne et de la Croix-Rouge.

MM. Luc Simard et René Viel, du poste de radio CJFP de la Rivière-du-Loup, se sont rendus à Cabano. Ils sont munis de postes émetteurs.

Le village compte environ 3,000 habitants (d'après le «Canada ecclésiastique», la paroisse de Cabano en compte 3,212). Il est situé près de la frontière du Nouveau-Brunswick. Rivière-du-Loup, Notre-Dame du Lac, Madawaska, Squatteck, Edmonston, tous des endroits près de la voie ferrée du Témiscouata, ont envoyé des hommes combattre l'incendie.

Selon les témoins, les rues Saint-Georges et Saint-Philippe sont détruites, ainsi que la moitié de la rue Désy, la moitié de la rue Principale, sur la grande route de la Rivière-du-Loup à Edmonston. La voie ferrée est restée intacte.

Le *9 mai 1955*, l'inoubliable Edith Piaf et sa Revue continentale commençaient une série de spectacles au théâtre Her Majesty's de Montréal où elle arrivait après avoir triomphé à Los Angeles, San Francisco, Chicago et New York. Au programme, on retrouvait entre autres les chansons suivantes : « Heureuse », « Hambourg », « Sous le ciel de Paris », « Je t'ai dans la peau », « Bravo pour le clown », « Miséricorde », « Enfin le printemps » et « If You Love Me ». Sur la photo, elle est flanquée de son mari, Jacques Pills (à droite), et du journaliste Claude Lapointe, de CKAC.

Les rapports de l'élection de Dundee donnent le résultat suivant : Baxter, unioniste, 4,370 voix; Churchill, libéral, 7,079; Stuart, parti du travail, 4,014; Serimgeour, prohibitionniste, 655. Le très honorable Winston Churchill *(il était président du Board of Trade au sein du cabinet britannique, selon la dépêche)* est donc élu par une majorité de 2,709 voix sur le candidat unioniste. *Cela se passait le 9 mai 1908.*

BABILLARD

Une lettre fort aimable

Le responsable de cette page a reçu la lettre suivante, laquelle démontre une manière fort originale de demander le certificat du centenaire de LA PRESSE:

Cher monsieur,

Depuis quelques mois, on entend souvent parler de LA PRESSE chez nous :

— Ma soeur ainée, Marie-Annick, 8 ans, a été invitée au complexe Desjardins, le 23 décembre dernier. Elle y a rencontré le père Noël, elle a reçu un beau cadeau et son nom était mentionné sur la première page de LA PRESSE de cette journée-là.

— Mon frère, David, 6 ans, est aussi allé au complexe et même s'il n'était pas invité, il a eu droit au ballon et il a pu assister à la fête. De plus, il apprend à lire les gros titres de LA PRESSE.

— Il semblerait que moi aussi j'ai droit à un cadeau, un certificat parce que je suis née le 31 janvier 1984, l'année de votre Centenaire.

Si je vous écris, c'est pour vous dire que papa aime lire votre journal. Il trouve les journalistes de la section des sports très intéressants même s'il n'est pas toujours d'accord avec leurs opinions. La page du Centenaire est très appréciée mais ce qu'il préfère, ce sont les caricatures de Girerd; même qu'il a commencé à les collectionner...

Je vous écris aussi pour savoir si ma soeur de 2 ans, Emilie, pourra participer à un concours d'ici la fin de l'année du Centenaire; elle n'a pas de souvenirs de cette année et elle aura de la peine même si elle ne le dit pas.

Continuez votre beau travail et merci beaucoup pour le certificat.

Et c'était signé par papa ***François****, au nom de* ***Marie-Claude Caron****, de la rue Montcalm, à Repentigny...*

Un autre centenaire

Le Centre d'accueil Saint-Raymond, dans la ville du même nom, est en liesse aujourd'hui, puisqu'une de ses pensionnaires, **Ludivine Brière Pagé** célèbre son centième anniversaire de naissance. Mme Pagé est née le 9 mai 1884, à Portneuf. LA PRESSE lui offre ses meilleurs voeux de santé.

ACTIVITÉS

■ **100 ans de caricatures**

Chalet du parc Kent — Exposition des planches consacrées à l'Histoire de la caricature dans la vie de LA PRESSE. Jusqu'au 12 mai inclusivement.

■ **À la télévision**

10 h 30, Télé-Métropole — Dans le cadre de l'émission *Entre nous* animée par Serge Laprade, Claudette Tougas, de LA PRESSE, présente la chronique *Cent ans de pages féminines*.

C'EST ARRIVÉ UN 9 MAI

1979 — Les États-Unis et l'Union soviétique en viennent à un accord de principe sur le deuxième traité de limitation des armements nucléaires (SALT).

1978 — Le corps transpercé de balles de l'ex-premier ministre Aldo Moro, d'Italie, est retrouvé à Rome, dans le coffre d'une voiture, 54 jours après son enlèvement par les Brigades rouges.

1975 — La FTQ résiste à la tutelle imposée par le gouvernement dans le sillage du rapport de la commission Cliche.

1974 — Pour la deuxième fois de l'histoire, le Congrès américain commence des audiences afin d'évaluer l'opportunité de porter des accusations (« impeachment ») contre le président du pays, richard Mulhous Nixon.

1973 — LA PRESSE révèle que le parc Viau sera utilisé pour la construction du village olympique.

1966 — La Chine communiste fait éclater sa troisième bombe nucléaire.

1961 — L'Union nationale veut faire jeter René Lévesque en prison pour outrage à la commission Salvas, à cause de propos tenus par le ministre.

1957 — Connie Smythe cède la direction des Maple Leafs de Toronto à un comité présidé par son fils Stafford. — Les As de Québec gagnent le trophée Edimbourg.

1947 — Manifestation monstre à Hambourg pour exiger la distribution des réserves de vivres aux affamés.

1946 — Le gouvernement américain nationalise les chemins de fer pour prévenir le pire, devant la gravité de la grève du charbon.

1942 — Les alliés gagnent la bataille de la mer de Corail.

1936 — L'Italie annexe l'Ethiopie.

1908 — Une explosion à bord du *Brockville*, à Toronto, fait trois morts et trois blessés.

LES JEUX OLYMPIQUES D'ATHENES

Les premiers Jeux olympiques de l'ère moderne eurent lieu à Athènes, du 5 au 15 avril 1896. Dans son édition du ***9 mai 1896****, LA PRESSE faisait le point sur cet événément sans évidemment se douter que 80 ans plus tard, c'est Montréal qui accueillerait les Jeux dans ses murs. Mais en 1896, la Grèce avait tout fait pour relancer les Jeux. Accompagnons la gravure ci-dessous de quelques-uns des paragraphes de l'article...*

LE Comité hellène avait ressuscité, avec leurs antiques dénominations, les dignités et fonctions des jeux de jadis; les magistrats de circonstance, ou plutôt les archontes, s'appelaient des éphores, des agonodices, des hellanodices, des époptes, des cosmètes, des rhabdouques, des éphètes, des alytarques. Attendant, il est vrai, tireurs et cyclistes (où êtes-vous, javelots et quadriges?), un «stand» et un «vélodrome» affrontaient résolument le voisinage du Parthénon. Mais on avait installé un «stade» magnifique, destiné aux courses et aux exercices de gymnastique. (...)

Adossée à la colline, cette immense salle de spectacle en plein vent, pouvant contenir 60,000 personnes, est une restitution du Stade Panathénaïque *(ci-dessous)*, exécutée par l'architecte Anasthase Metaxas, grâce au don d'un généreux Hellène, Georges Averof. De forme elliptique, elle a 260 mètres de long sur 140 de large; la piste mesure 232 mètres sur 33. Les gradins de l'amphithéâtre, provisoirement en bois peint pour la majeure partie, seront en marbre du Pentélique et en pierre blanche du Pirée.

Les concours d'escrime et de lutte ont eu lieu dans la rotonde du «Zappeion» — Palais de l'industrie —, affecté habituellement aux expositions, et qui doit son nom à son fondateur, Constantin Zappas.

Les deux photos d'athlètes sont celles de l'Américain Thomas Burke (avec casquette) vainqueur du 100 m et du 400 m, et du Grec Spyridon Louis, un jeune paysan âgé de 22 ans, de Maroussi, en banlieue d'Athènes, et premier vainqueur du marathon. Ce héros, *disait l'article de LA PRESSE*, a révélé la vieille gloire de l'Hellade et remporté la coupe, en parcourant en 2 heures 58 minutes 50 secondes la distance de 26 milles *(plus précisément 26 milles et 385 verges ou 42,195 km)* entre Marathon et le Stade. Acclamé par une foule en délire, embrassé par les princes, félicité par le roi, il est à craindre qu'il ne succombe aujourd'hui sous le poids des honneurs et des bienfaits dont ses compatriotes veulent le combler.

LA PRESSE

100 ans d'actualités

«Je viens sauver l'humanité», déclare Rudolf Hess en atterrissant en Écosse

Première défection dans les rangs du parti nazi depuis l'arrivée d'Hitler au pouvoir. — Son avion mitraillé. — L'évasion peut changer tout le cours de la guerre.

*Cet article a trait à l'atterrissage en parachute de Rudolf Hess, en terre écossaise, le **10 mai 1941**.*

LONDRES (BUP) — En atterrissant en parachute sur une ferme écossaise, Rudolf Hess s'ést écrié: «Je viens sauver l'humanité», mandent des milieux britanniques bien renseignés en expliquant qu'en toute probabilité le nazi numéro 3 s'est brouillé avec Hitler parce qu'il croyait que le fuehrer est à la veille de jeter l'Allemagne dans les bras de la Russie communiste.

Rudolf Hess

Certains milieux sont d'avis que la haine de Hess à l'endroit du régime communiste et sa croyance qu'Hitler a lancé l'Allemagne dans la voie d'une collaboration plus étroite avec la Russie peuvent peut-être expliquer la fuite sensationnelle de Hess vers la Grande-Bretagne.

Le premier ministre, qui semble avoir pris l'affaire en mains, s'est rendu au palais Buckingham pour y être reçu en audience par le roi, probablement au sujet de Hess.

On révèle que Hess donne tous les indices d'un homme qui a été assujetti à une forte tension nerveuse depuis des mois, tension qui résulterait du fait qu'Hitler viole ouvertement le crédo nazi en frayant avec le communisme, religion que les nazis se sont donné pour mission de détruire.

Evénement qui peut changer le cours de la guerre

LONDRES (PC) — Rudolf Hess, sans doute porteur de secrets nazis, a déserté les rangs de la hiérarchie hitlérienne pour précipiter un développement qui pourrait bien modifier tout le cours de la guerre, ont déclaré les fonctionnaires britanniques.

Ecartant, pour le moment du moins, toutes les rumeurs greffées à ce chapitre sensationnel du gigantesque conflit, ils ont surtout insisté sur le fait que Hess est venu en Grande-Bretagne en pleine possession de ses facultés mentales.

Il ont déclaré qu'il était venu sans mission spéciale et que la Grande-Bretagne héritait de grandes possibilités.

Pour un homme qui, aux dires des Allemands, était obsédé par toutes sortes de visions hallucinatoires, Hess a certainement réussi un exploit digne d'éloge en parvenant à atterrir en Grande-Bretagne.

Le ministre des Renseignements, Alfred Duff Cooper, a déclaré à un déjeûner que l'arrivée de Hess en Angleterre confirme le premier grave désaccord survenu dans le parti nazi depuis qu'Hitler a assassiné un grand nombre de ses partisans le 10 juin 1934.

Dans cette purge, Hess avait exécuté fidèlement les ordres d'Hitler. Il devint par la suite le représentant personnel d'Hitler dans l'administration du parti, et ministre sans portefeuille dans le conseil suprême du fuehrer.

Le ministre de l'Information a déclaré que Hess est ostensiblement en possession de ses facultés puisqu'il a préféré quitter son malheureux et misérable pays pour s'envoler au prix de grands risques vers ce qui est encore la terre de la liberté.

L'Allemagne court à un désastre

Londres (B.U.P.) — Rudolf Hess n'était pas porteur de propositions de paix formulées par des Nazis réfractaires mais s'est enfui de l'Allemagne pour assurer sa propre sûreté, fait-on savoir dans les milieux autorisés de Londres.

Dans un milieu particulièrement bien renseigné on a affirmé que les déclarations de Hess indiquaient que ce dernier avait subi un sursaut de conscience, s'était convaincu du fait que l'Allemagne s'achemine vers le désastre et qu'il était désireux de se désassocier de la présente politique allemande dans le but d'échapper aux responsabilités qu'elle comporte.

«Il croit qu'il a été induit en erreur et parle comme un homme à la conscience coupable, a-t-on dit. Si cette fuite signifie quelque chose, c'est sûrement que le coeur de l'Allemagne est pourri.»

On a clairement indiqué que le lieu de séjour du prisonnier serait tenu secret et que seuls des chefs du gouvernement pourraient communiquer avec lui.

LA CHASSE À LA BALEINE RAPPORTE.....

Comment les Norvégiens perfectionnèrent cette industrie et comment ils parvinrent à la monopeliser. — Les débuts, les développements et les progrès de cette chasse. — Comment se répartissent les captures dans les différents pays européens. — La chair et l'huile de ces cétacés. — Autour d'un grand congrès. — Vastes usines flottantes.

Cette page consacrée à la chasse à la baleine originalement publiée dans l'édition du 10 mai 1930, était accompagnée de la légende suivante : **No 1 — La vigie d'un baleinier installée dans un «nid de corbeau», au sommet du mat. No 2 — Jeunes baleines échouées. No 3 — A cheval sur des baleines. No 4 — Multitude d'oiseaux autour d'une baleine morte. No 5 — Oiseaux de mer s'abattant sur une baleine capturée. No 6 — Le harpon prêt à être lancé. No 7 — Des baleines qui viennent d'être capturées sont remorquées à l'usine. No 8 — Préparation du lance-harpon. No 9 — Un fanion rouge est planté sur la baleine à l'intention du bateau qui viendra la prendre en remorque. No 10 — Le treuil à vapeur halant la baleine harponnée. No 11 — Le harpon tordu par la force de la baleine. No 12 — En promenade sur une baleine. No 13 — Un cachalot capturé. No 14 — On découpe la nageoire d'une baleine. No 15 — La tête d'une baleine dépecée.**

C'EST ARRIVÉ UN 10 MAI

1981 — Le socialiste François Mitterand remporte les élections présidentielles aux dépens du président sortant, Valéry Giscard d'Estaing, en France.

1977 — L'explosion d'un obus fait deux morts et 11 blessés parmi les militaires de la base de Valcartier, près de Québec. — Décès à 69 ans de l'actrice américaine Joan Crawford.

1973 — Le Canadien mérite la coupe Stanley pour la 18e fois de son histoire.

1972 — Début d'une série de débrayages sporadiques dans les secteurs public et parapublic, au Québec.

1961 — Un avion d'Air France s'écrase dans le Sahara. On dénombre 78 morts, dont des ministres du Tchad et de la République centrafricaine.

1952 — La 8e armée américaine annonce la libération du général Francis Dodd, tenu en otage depuis trois jours par les prisonniers de guerre communistes emprisonnés dans l'île de Kojé, Corée du Sud.

1950 — La grève de quelque 18 000 chauffeurs de locomotives paralyse le transport ferroviaire aux États-Unis.

1948 — Le président Truman saisit les chemins de fer américains et ordonne aux cheminots de ne pas déclencher la grève.

1940 — Les Nazis envahissent la Belgique, la Hollande et le Luxembourg. — Démission du premir ministre Neville Chamberlain de Grande-Bretagne. Winston Churchill lui succède.

1932 — À peine élu président de la France, le sénateur Albert-François Lebrun est la cible de menaces de mort.

1903 — Tout juste trois ans après la terrible conflagration qui détruisit Hull et une partie d'Ottawa, le 30 avril 1900, Otttawa est le théâtre d'un autre incendie majeur qui jette 600 familles sur le pavé.

1888 — Le Portugal et la Chine signent un traité par lequel cette dernière cède le territoire de Macao à perpétuité au Portugal.

La construction d'ascenseurs au Mont-Royal

Un projet qui est des plus pratiques

DEPUIS la disparition du funiculaire, on ne peut atteindre le sommet de la montagne qu'en faisait le trajet à pied ou bien en voiture. Il faut noter, de plus, que les automobiles sont exclues du parc; seules des voitures tirées par des chevaux y ont accès. Le piéton peut gravir le Mont-Royal en suivant les routes abruptes ou encore, il peut l'escalader en montant les longues séries d'escaliers, moyen fort pénible d'arriver en haut de la montagne. Pour nos familles ouvrières, qui ne peuvent se payer le luxe d'une voiture, ce parc, l'un des plus beaux de la région, est devenu inaccessible.

Il est donc du devoir de nos administrateurs municipaux d'adopter des mesures qui permettront à notre population d'avoir un accès plus facile au parc Mont-Royal.

Le funiculaire a dû être démoli parce qu'il n'offrait pas toute la sécurité voulue. L'ancienne commission administrative a fait disparaître le chemin de fer incliné de la montagne, il y a déjà plusieurs années. Depuis ce temps, le parc Mont-Royal, qui était fréquenté par des foules considérables, devient de plus en plus un lieu désert. Le public, par suite du manque de moyens faciles de transport, se voit privé d'un endroit où il pouvait, pendant les beaux jours de l'été, puiser l'air pur du parc.

Plan illustrant le projet que le comité exécutif sera appelé à étudier. A droite, on aperçoit l'avenue du Parc où commencera le chemin conduisant à la barrière de pierre, sur lą gauche. Là prendrait un tunnel de 200 pieds de longueur aboutissant à une rotonde en forme de gare. A cet endroit, deux ascenseurs monteraient les voyageurs sur le sommet du Mont-Royal, à une hauteur de 400 pieds. Le projet est considéré comme l'un des plus pratiques et des moins coûteux.

Un projet a été adopté par les présents administrateurs municipaux, pour améliorer la situation. En effet, il a été décidé de construire une ligne de tramway sur chemin Shakespeare, qui desservira particulièrement l'ouest de la métropole, la nouvelle voie devant être établie sur le versant nord-ouest du Mont-Royal. Cette amélioration est jugée cependant insuffisante, et nos échevins ont le devoir d'aller plus loin, et de faire l'étude d'un autre moyen de transport pour desservir la partie est de la ville.

Des ingénieurs compétents ont soumis que la construction d'ascenseurs à l'endroit où se trouvait l'ancien funiculaire, formerait un projet des plus pratiques et des moins coûteux. Deux ascenseurs monteraient les citoyens sur la cîme du Mont-Royal, soit à quatre cents pieds. Le projet comporte le creusage d'un tunnel de deux cents pieds de longueur, dont l'entrée serait du côté de l'avenue du Parc, et aboutirait à une rotonde en forme de gare, c'est-à-dire au pied du puits d'ascenseur. (...)

Cela se passait le 10 mai 1922.

BABILLARD

Un projet captivant

Un lecteur de LA PRESSE, M. **Claude Mainville,** aura réussi par une simple conversation téléphonique à déclencher le mécanisme d'un projet qui pourrait s'avérer assez spectaculaire si on peut le mener à terme.

Il y a une trentaine d'années, alors qu'il avait sept ans, M. Mainville avait eu l'honneur (car c'était indiscutablement un honneur à l'époque) de jouer le rôle du petit Saint-Jean-Baptiste à l'occasion du défilé annuel de la Saint-Jean, et il en garde un très bon souvenir.

C'est au cours de cette conversation que l'idée nous est venue de tenter de retracer, par le biais de cette chronique, tous ceux qui ont eu, au fil des ans, la même chance que M. Mainville.

Si l'un de vos parents ou de vos amis a eu l'occasion de jouer ce rôle, seriez-vous assez bon d'entrer en communication avec Guy Pinard, au **285-7070,** d'ici le 8 juin au plus tard. Ce serait extraordinaire si on pouvait en retracer un grand nombre. Merci de votre habituelle attention.

ACTIVITÉS

■ **100 ans de caricatures**

Chalet du parc Kent — Exposition des planches consacrées à l'Histoire de la caricature dans la vie de LA PRESSE. Jusqu'au 12 mai inclusivement.

LA PRESSE

100 ans d'actualités

LE CLOU DE L'EXPOSITION DE 1900 A PARIS

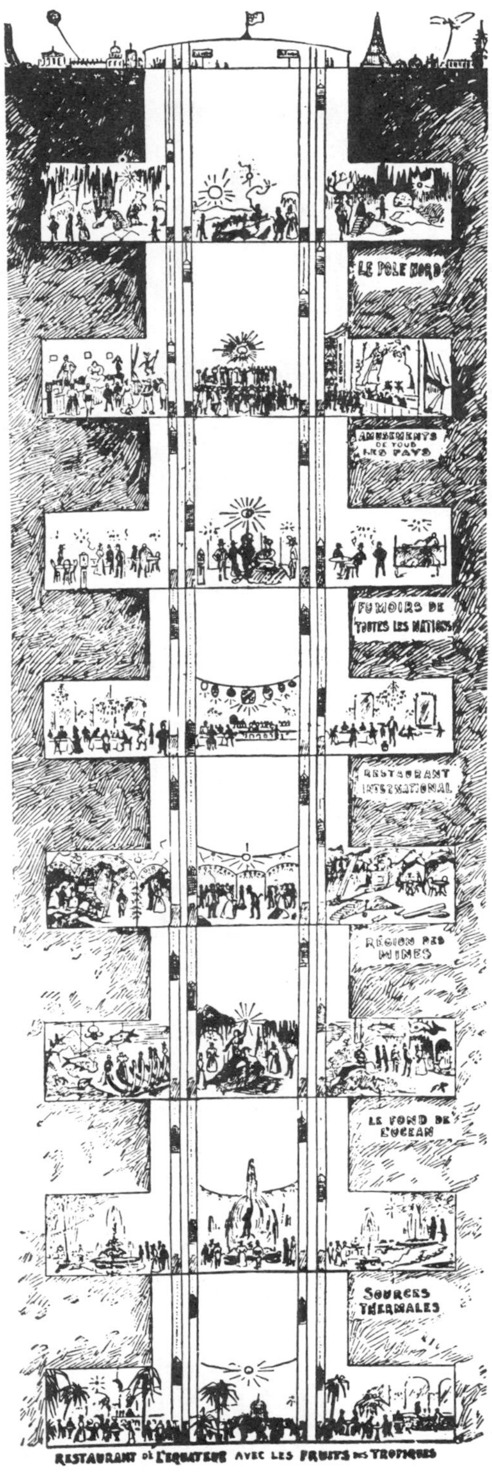

CONSTRUCTION D'UN PUITS D'UN MILLE DE PROFONDEUR

LE clou de l'Exposition de 1900 à Paris, — si tant est qu'on puisse donner ce nom à une excavation — sera le puits dont M. Paschal Grousset a fait accepter le plan par le comité exécutif.

De même qu'il y a fagot et fagot, il y a puits et puits. Celui dont il est question ici n'a pas pour objet de fournir de l'eau, mais bien de permettre aux curieux de descendre sous la croûte terrestre, à des profondeurs qui n'ont jamais été atteintes jusqu'à ce jour.

Il suffit d'un coup d'oeil sur la vignette ci-dessus pour goûter par anticipation l'attrait qu'offriront les excursions de Grousset. Mais cet attrait grandira encore aux yeux du lecteur quand il saura que des millions vont être dépensés dans cette excavation, à simple fin de donner au visiteur des leçons de choses qui le charmeront et l'instruiront à la fois.

Comme on le sait peut-être, les mines les plus profondes n'ont pas pas trois quarts de mille, alors que le puits de Grousset aura plus d'un mille de profondeur. Pour qui sait que dans les excavations, à partir de 60 pieds la chaleur augmente à mesure qu'on descend au taux d'un degré par 75 pieds, il est facile de calculer la température qu'il fera au fond du puits et non moins facile de comprendre ce qu'une pareille chaleur facilitera l'ornementation des galeries souterraines au moyen de plantes qu'on ne voit fleurir en pleine terre que sous le soleil des tropiques. (...)

Ajoutons qu'outre son attrait momentané pour le visiteur, le puits de Grousset offrira aux savants le moyen de résoudre, à l'aide de sondages poussés à des milliers de pieds plus bas, le problème du feu central.

NAVIRE MARCHAND TORPILLE DANS LE SAINT-LAURENT

Le sous-marin a coulé le navire à quelques milles seulement des rives du bas du fleuve. — Deux torpilles ont été tirées. — Le cargo a répliqué.

D'UN port du Saint-Laurent —P.C. — On a rapporté à la Presse Canadienne que près de la moitié de plus de quelque 80 survivants d'un navire torpillé, il y a deux jours dans le Saint-Laurent proviennent d'un autre vaisseau que celui coulé par le premier sous-marin ennemi qui ait jamais envahi les eaux du fleuve.

Des rapports de diverses sources ont indiqué que 87 ou 88 survivants du navire dont le ministre de la Marine, l'hon. Angus Macdonald, a annoncé à Ottawa le torpillage, ont atteint le rivage. Quarante et un des survivants auraient fait partie de l'équipage du cargo dont le torpillage dans le Saint-Laurent a été annoncé par le ministre de la Marine. Les autres se trouvaient à bord du même navire, mais provenaient d'un autre vaisseau.

Il a été impossible d'obtenir des renseignements sur ce qui est arrivé au deuxième navire. D'une source digne de foi, en un endroit le long du Saint-Laurent, tout ce qu'on a pu dire c'est que «certains des survivants venaient d'un autre navire que celui dont on a annoncé hier le coulage». On croit possible que ces survivants aient été recueillis ailleurs que dans le Saint-Laurent.

Disparition de deux hommes

Un correspondant de la Presse Canadienne, posté en un endroit le long du Saint-Laurent, a rapporté avoir appris de l'un des survivants que deux marins manquent à l'appel à la suite du torpillage annoncé par le ministre de la Marine.

Cet homme aurait déclaré que les deux hommes dormaient dans leurs quartiers près de l'avant du navire. On croit qu'ils ont été blessés par la première de deux torpilles, qui ont atteint le vaisseau. La première torpille a touché l'avant, et la seconde, lancée par le sous-marin en surface, est venue frapper le navire en plein centre.

Lorsqu'il remonta en surface, le sous-marin aurait dirigé son projecteur en direction du navire déjà touché. C'est alors qu'il lui décocha une seconde torpille.

On a entendu la canonnade

Les habitants de la côte ont entendu de la canonnade, ce qui indiquerait que le sous-marin a tiré des obus sur le navire ou que ce dernier a canonné son agresseur. On n'a pas pu obtenir immédiatement de rapports sur le nombre d'obus lancés, s'il y a réellement eu canonnade.

Antérieurement, une censure rigide des nouvelles d'un village de pêche des environs, où certains des survivants se reposent, a empêché la confirmation de rapports relatifs à certaines pertes de vie.

(Du correspondant de la PRESSE)

D'un port sur le fleuve, 13 — Les rescapés d'un cargo torpillé dans le fleuve Saint-Laurent sont en ce moment hébergés dans différentes localités du bas du fleuve, et se remettent des heures tragiques qu'ils viennent de vivre. Quelques-uns d'entre eux ont été blessés, mais non grièvement. La plupart ont regagné la côte dans des chaloupes de sauvetage et en vêtements de nuit. Ils ont vogué à la dérive sur une mer calme jusqu'au matin avant d'atteindre la côte.

Du témoignage d'un des officiers de bord, il était 11 h. 50, lundi soir **(11 mai 1942),** quand le cargo, qui naviguait à quelques mille de la côte, fut frappé à l'avant par une torpille. Quelques minutes plus tard, un immense sous-marin émergeait à quelques arpents du cargo et l'éclairait d'un puissant projecteur. Presque aussitôt le sous-marin lançait une seconde torpille qui frappa le cargo en plein centre et l'équipage eut juste le temps de sauter dans deux chaloupes de sauvetage avant que le navire coulât.

Le torpillage du cargo a réveillé les gens de la côte sur une distance de deux milles. La terre a tremblé légèrement et plusieurs habitants de la côte sont sortis de leur demeure. Ils virent disparaître les lumières d'un navire dans l'eau. Au matin, les chaloupes de sauvetage atteignirent la rive et les rescapés trouvèrent refuge dans des familles de la côte. La plupart étaient à demi-vêtus. Toutes les chaloupes de sauvetage n'ont pas atterri au même endroit et on rapporte même que l'une d'elle n'était occupée que par une femme et un bébé.

La censure de guerre alors en vigueur empêchait les journalistes de publier les noms des témoins, les villes et villages où les rescapés vivaient, voire le nom du navire, ce qui explique le peu de renseignements contenus dans cette nouvelle, d'ailleurs publiée avec 24 heures de retard. Le 15 mai, donc quatre jours après le torpillage, le ministre Macdonald confirmait qu'en fait deux navires avaient été coulés sensiblement au même endroit et au même moment (ce qui expliquerait la présence de rescapés à bord du navire dont il est fait état dans cette nouvelle), et qu'à l'avenir, il garderait un silence complet sur tout incident du genre de manière à ne pas informer l'ennemi. Quant à la présence d'un sous-marin dans les eaux du Saint-Laurent, on l'expliqua par la possibilité de bases allemandes à proximité du fleuve. Or, on sait qu'il y a quelques années à peine, on faisait la découverte d'une base allemande désaffectée sur les rives du Labrador...

Cliché la «PRESSE»

Cette photo montre un groupe de rescapés du navire coulé. Autour du commandant en second dont le nom n'a pas été révélé, on pouvait apercevoir de gauche à droite les marins H.A.A. Overzier, O. Nuzink, M. Kak et le lieutenant A. Ammerung.

BABILLARD

(Suite des extraits du manuel «Nouvelle cuisinière canadienne», publié en 1879, par Beauchemin et Valois, libraires, et prêté à LA PRESSE par M. Paul Roger.)

Oreilles de veau frites

Coupez en quatre dans leur longueur des oreilles préparées et cuites; faites-les mariner avec vinaigre, sel, gros poivre; trempez-les dans une pâte légère et faites-les frire. Observez de les étendre promptement dans la poêle et de les retourner; vous les égoutterez pour les servir couronnées de persil frit.

Tête de veau à la vinaigrette

Echaudez-la pour en ôter le poil; faites-la dégorger ensuite dans l'eau fraîche pendant vingt-quatre heures, puis désossez la mâchoire inférieure et le bout du mufle, ne laissant d'os que le crâne. Frottez-la de citron et faites cuire, enveloppez dans un linge, dans de l'eau assaisonnée de poivre, sel, bouquet garni avec trois oignons, carottes, panais et poignée de farine. Quand elle sera cuite, retirez-la, faites égoutter, ôtez soigneusement les os du crâne, découvrez la cervelle, et servez garni de persil et ciboules hachés. Chacun assaisonne à son goût de poivre, sel, huile et vinaigre.

ACTIVITÉS

■ **100 ans de caricatures**

Chalet du parc Kent — Exposition des planches consacrées à l'Histoire de la caricature dans la vie de LA PRESSE. Jusqu'au 12 mai inclusivement.

LE BLOCUS DE BERLIN N'EXISTE PLUS

Avance de 15 heures. — Berlin en fête. — Des trains, des camions, des autos, des charettes attendent le coup de minuit.

BERLIN, 11 — (B.U.P.) — Le blocus de Berlin s'est effrité aujourd'hui **(11 mai 1949)** et les Russes ont autorisé un groupe d'administrateurs ferroviaires allemands à passer en Allemagne occidentale, 15 heures avant le moment fixé pour mettre fin à la suprême et inefficace manoeuvre soviétique dans la guerre froide.

Un wagon automoteur, c'est-à-dire une locomotive Diesel avec section pour voyageurs, a traversé la frontière de l'est et de l'ouest à Helmdstedt, transportant 30 fonctionnaires allemands en zone britannique, tandis que des trains alliés, des camions, des autos, des charettes attendaient alignés le coup de minuit pour s'élancer vers Berlin.

Le premier train venant de l'autre direction, de l'ouest en est, arriva quelques minutes plus tard à Helmstedt. Chargé de représentants de la presse et de la radio ainsi que de photographes appartenant à neuf nations, ce convoi fut conduit à une voie d'évitement car il ne doit entrer en zone russe qu'à 2 h. demain matin, soit deux heures après la levée formelle du blocus.

Seize trains de charbon et de provisions sont prêts à partir dès la levée du blocus, une minute après minuit ce soir (6 h. cet après-midi, heure avancée de l'est). Dix convois de charbon attendent à Brunswick et six de vivres stationnent à Hanovre; ils soulageront de son fardeau le gigantesque ravitaillement aérien anglo-américain qui a sustenté 2,500,000 Berlinois depuis 327 jours.

Berlin, pour sa part, se prépare à l'une des plus grandes célébrations de son histoire pour marquer la fin du blocus. Les Allemands appellent ce jour «celui de leur «V.E.» (Victoire en Europe). Ils ont fermé les écoles et les magasins, ouvert les tavernes et hissé le grand pavois.

Moscou dessine des colombes de paix

Les Russes, opérant un brusque revirement depuis le temps où la guerre froide menaçait de tourner en conflit armé, ont peinturé des colombes de la paix sur les premières locomotives qui tireront des trains de marchandises de l'est vers l'ouest. (...)

Il est évident que le général Lucius D. Clay a l'intention de continuer le ravitaillement aérien, tant que les trains d'approvisionnements n'auront pas afflué dans l'ancienne capitale allemande. Il est question de constituer une réserve de 200,000 tonnes de vivres et combustible. Hier, le «pont aérien» a annoncé sa deuxième meilleure journée avec un transport de 9,157 tonnes en 1,019 envolées durant les 24 heures terminées à midi. (...)

C'EST ARRIVÉ UN 11 MAI

1981 — Le nouveau président François Mitterand confie à Pierre Mauroy la responsabilité de former un gouvernement socialiste.

1973 — Dans l'affaire des document du Pentagone, le juge Byrne fustige le gouvernement, puis libère les accusés Ellsberg et Russo. La Maison Blanche décide de mettre fin aux poursuites.

1970 — Une tornade fait 26 morts et 302 blessés au Texas.

1967 — Le satellite américain *Lunar Orbiter IV* transmet sa première photo de la surface de la Lune.

1966 — Lors d'un discours prononcé à New York, le premier ministre Lester B. Pearson propose qu'on mette fin à l'isolement de la Chine communiste.

1963 — Après deux jours d'entretiens avec le président John F. Kennedy, le premier ministre Pearson s'engage à acquérir des ogives nucléaires américaines, précédemment refusées par son prédécesseur, John Diefenbaker.

1960 — Le sous-marin atomique américain *Triton* complète un tour du monde en 84 jours, après avoir suivi sensiblement la route de Magellan. Au cours du voyage, le *Triton* n'a fait surface que deux fois.

1955 — La collision d'un cargo avec un traversier fait 76 morts et 75 disparus, au Japon.

1951 — Six chefs communistes philippins sont condamnés à la peine capitale.

1949 — L'État d'Israël obtient un siège aux Nations-Unies par un vote de 37 à 12.

1939 — Une explosion dans un élévateur à grain de Chicago fait huit morts.

1921 — Arrivée à New York de Mme Marie Curie, qui participa à la découverte du radium.

1905 — Un désastreux cyclone fait 400 morts et détruit une bonne partie de la ville d'Oklahoma City.

1903 — La grève est réglée dans le port de Montréal; les débardeurs reprennent le travail.

1897 — Les libéraux de l'hon. F.-G. Marchand sortent victorieux des élections générales de la province.

LA LIGUE DE HOCKEY SENIOR DEVIENT UN CIRCUIT PROFESSIONNEL

LA Ligue de hockey Sénior du Québec est devenue un circuit professionnel. Les magnats de ce populaire circuit ont pris cette décision à l'unanimité lors d'une importante assemblée générale à l'hôtel Windsor, hier soir **(11 mai 1953).**

Une motion a également été approuvée pour demander une affiliation avec la Ligue de hockey Nationale, la Ligue de hockey Américaine et la Ligue de hockey Western.

La Ligue sénior portera dorénavant le nom de Ligue de hockey du Québec. Elle sera de même calibre que la Ligue Western.

Maintenant qu'elle fait partie d'un circuit professionnel, la nouvelle Ligue du Québec ne sera plus sous la régie de la Quebec Amateur Hockey Association et la Canadian Amateur Hockey Association.

L'Assemblée était présidée par George Slater, président de la Ligue Sénior, et par Clarence Campbell, le président de la N.H.L.

Avant le vote formel, le président Campbell a pris la parole pour expliquer à tous les magnats du hockey la position exacte d'un circuit professionnel et ses obligations envers la N.H.L. et les autres ligues professionnelles. Il a clairement expliqué que la N.H.L. n'aurait aucune juridiction sur la Ligue du Québec, mais que la N.H.L. verrait à ce que la nouvelle ligue professionnelle du Québec remplisse ses engagements envers les autres circuits.

«En devenant professionnel, chaque club aura la permission de placer deux joueurs sur la liste de négociation. Ce privilège n'a jamais été accepté par les dirigeants de la C.A.H.A.», a dit M. Campbell.

La Ligue Sénior du Québec avait fait les premiers pas pour devenir un circuit professionnel indépendant en démissionnant des cadres de la Q.A.H.A. l'hiver dernier.

LA PRESSE

100 ans d'actualités

Pour Montréal et le maire Drapeau, la victoire de l'idéal olympique!

par Marcel Desjardins

AMSTERDAM — La victoire de l'idéal olympique! La réponse à l'appel pour que les Jeux olympiques s'éloignent du gigantesque pour revenir à des dimensions plus modestes! L'espoir à toutes ces villes qui espéraient organiser les Jeux, mais qui n'osaient pas en faire la demande, parce que l'impression s'était répandue qu'ils étaient l'exclusivité des super-grandes capitales! L'encouragement à tous ces pays qui, Jeux après Jeux, n'ont cessé d'y envoyer des équipes, de persévérer dans leurs efforts, car un jour viendra alors qu'ils seront diffusés sur notre territoire. La preuve que la politique et la finance ne sont pas, comme trop de gens le concluaient, les seuls facteurs déterminants dans le choix des villes pour les Jeux.

Le triomphe de Montréal, hier **(12 mai 1970)**, à Amsterdam, c'est tout cela. C'est aussi le succès personnel du maire Jean Drapeau, ses efforts inlassables depuis sa première demande à Rome, en 1966, pour les Jeux de 1972, son plaidoyer qualifié d'émotionnel, d'humain, d'idéal, par quelques-uns de ceux qui l'ont entendu devant les membres du Comité international olympique, dimanche dernier; sa personnalité, son dynamisme, sa confiance communicative, pour répéter ici des expressions entendues mille et une fois, depuis notre arrivée à Amsterdam.

Le résultat de ce vote, c'est aussi la suite logique du succès d'Expo 67, cet événement extraordinaire qui a tant fait pour donner à Montréal la réputation d'une ville accueillante, amie de tous. (...)

La décision *(celle du CIO)* d'hier va être considérée comme une surprise incroyable dans la plupart des milieux européens, si les multiples confrères du continent rencontrés depuis quelque temps, reflétaient l'opinion générale. Car presque tous estimaient que le CIO allait voter en faveur de Moscou, pour raison politique, alors que les quelques autres disaient que la finance allait dicter la sélection de Los Angeles. Si l'une ou l'autre avait été choisie, c'est ce qui aurait sans doute été répété, malgré le fait qu'il faut reconnaître que les deux candidatures étaient parfaitement très valable. Du reste, c'est ce que le vétéran président, Avery Brundage, a tenu à souligner avant d'annoncer le choix de Montréal. (...)

Des heures après le résultat du vote, les gens se rappelaient certains détails qui, avouaient-ils, auraient pu laisser augurer la bonne nouvelle à venir. Avant la cérémonie officielle d'ouverture, l'orchestre avait commencé à un certain moment «Alouette», puis avait joué l'hymne national du Canada, qui avait amené un petit groupe de spectateurs à se lever en reconnaissant leur chant national. Puis au cours d'un film silencieux alors que l'on montrait un avion KLM dans les airs, quelques mots, les seuls de toute la production, pour laisser savoir qu'ils venaient de Montréal. (...)

La nouvelle du résultat du vote par Brundage a déclenché tout d'abord une vague d'acclamation de la part des Canadiens dans cette salle de théâtre, puis une course précipitée vers le maire Drapeau, qui occupait un siège du côté droit de la salle. Mais celui-ci a réussi à faire comprendre qu'il désirait monter sur la scène pour adresser la parole. Il a dit se réjouir de cette victoire pour sa ville, sa province, son pays. Il a rappelé que le Canada avait toujours servi loyalement la cause de l'Olympisme depuis les deuxièmes Jeux. Toujours, il avait vu à envoyer des athlètes, des équipes, et qu'aujourd'hui, il a la joie d'apprendre que les Jeux auront enfin lieu sur son territoire, en 1976. (...)

Ces extraits du texte dithyrambique de notre distingué confrère d'alors traduisent bien l'euphorie qui régnait chez les dizaines de Montréalais présents au moment du choix des villes de Montréal et de Denver pour les Jeux d'été et d'hiver de 1976.

Cette euphorie, si bien traduite par Marcel Desjardins, s'était également emparée de LA PRESSE, qui n'hésita pas un instant à se proclamer «le journal des Jeux», titre qu'elle devait mériter amplement au cours des années suivantes, car aucun journal à Montréal n'a accordé autant d'importance et consacré autant d'espace aux Jeux de 1976. À partir du jour 1 d'ailleurs, puisque en sus de la manchette, d'une photo et d'une caricature à la une, LA PRESSE n'offrait pas moins de six pages de textes et de photos qi traitaient du choix d'Amsterdam jusque dans les moindres détails grâce à l'influence incontestable de Marcel Desjardins, et qui rapportaient les réactions de tous les milieux impliqués.

Une seule note sombre au tableau. Le jour même où Montréal obtenait l'honneur d'organiser les Jeux de 1976, s'éteignait dans un hôpital montréalais Gérard Champagne, qui succombait après avoir livré un long et courageux combat contre le cancer. Alors éditorialiste sportif après avoir été directeur des pages de sports de LA PRESSE, Gérard Champagne devait accompagner le groupe de Montréalais qui s'était rendu à Amsterdam. Malheureusement, son état de santé l'avait forcé à demeurer à Montréal. Et la Providence a voulu qu'il n'apprit jamais la nouvelle de la victoire de Montréal...

photo Paul-Henri Talbot, LA PRESSE

À l'occasion du dîner offert par la ville de Montréal à la suite de sa victoire, le maire Jean Drapeau s'est fait un plaisir de remplir la coupe de vin de M. Avery Brundage, président du CIO. À la gauche, on peut apercevoir Mme Drapeau, et à la droite, Mme William McNicholl, épouse du maire de Denver, ville choisie pour présenter les Jeux d'hiver de 1976, et qui céda finalement son mandat à la ville d'Innsbruck en 1973.

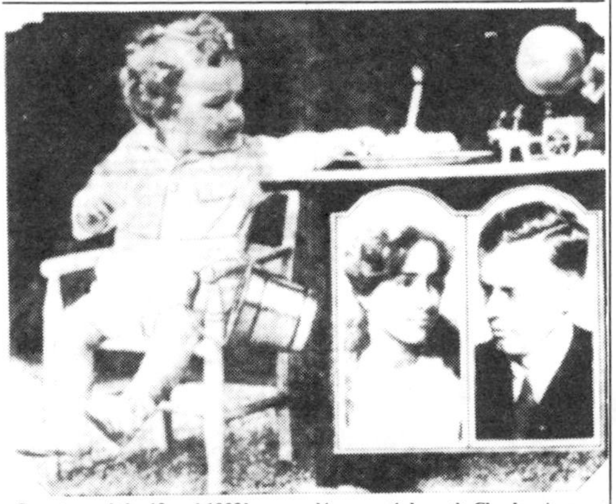

On retrouvait le *12 mai 1932* le corps décomposé du petit Charles-Auguste Lindbergh, à peu de distance de chez lui, assassiné quelque temps plus tôt par ses ravisseurs, qui voulaient profiter de la renommée du célèbre pilote d'avion américain Charles Lindbergh. Ann, l'épouse de Lindbergh et la fille de l'ex-sénateur Morrow, apprit la chose avec une douleur indicible, même si elle se doutait bien depuis quelque temps qu'elle ne reverrait pas son fils vivant.

C'EST ARRIVÉ UN 12 MAI

1976 — La société ITT reconnaît avoir versé $350 000 aux adversaires du président Salvator Allende, du Chili.

1975 — Un groupe de grévistes de la United Aircraft décide d'occuper l'usine de l'entreprise à Longueuil.

1974 — Le droit au divorce est maintenu par une majorité de 60 p. cent lors d'un référendum, en Italie.

1970 — Les soldats israéliens envahissent le Liban pour mettre fin aux attaques de fedayin.

1968 — Arrivée à Washington des premiers contingents de la « Marche des pauvres »; ils décident de camper près du Capitole.

1963 — Kennedy envoie des troupes fédérales d'urgence en Alabama pour mettre fin aux troubles raciaux qui y sévissent.

1960 — Le pilote américain Francis Gary Powers, qui était aux commandes du *U-2* abattu au-dessus du territoire soviétique, est formellement accusé d'espionnage. — Le prince Aly Khan, représentant du Pakistan auprès des Nations-Unies, perd la vie dans un accident d'auto à Paris. Il était âgé de 48 ans.

1953 — Une troupe de Montréal, la Jeune Scène, triomphe au Festinal national d'art dramatique en présentant *Zone*, pièce d'un jeune auteur du nom de Marcel Dubé.

1951 — Les Braves de Valleyfield, dirigés par Toe Blake, gagnent le trophée Alexander, remis pour la première fois.

1947 — L'écrivain Gabrielle Roy, auteur de *Bonheur d'occasion*, devient la première femme à être invitée à siéger au sein de la Société royale du Canada.

1924 — Le grand tournoi de lutte présenté sous les auspices de LA PRESSE se termine par la victoire de Wladek Zbysko.

1908 — Une inondation cause de lourds dégâts dans certaines municipalités riveraines du lac Saint-Louis.

1906 — Arrivée à Québec de l'*Empress of Britain*, ce merveilleux transatlantique du Canadien Pacifique.

1902 — Plus de 140 000 mineurs des charbonnages de Pennsylvanie se retrouvent en grève.

1893 — On annonce à Londres la nomination de Lord Aberdeen au poste de gouverneur général du Canada, en remplacement de lord Derby, jadis connu sous le nom de baron Stanley de Preston.

À la tombée du jour du *12 mai 1927*, on était toujours sans nouvelle de l'équipe Nungesser-Coli, partie quatre jours plus tôt de Paris avec la ferme intention d'être la première à traverser l'Atlantique en avion. On craignait de plus en plus que le biplan « Oiseau Blanc » utilisé pour la traversée se soit abîmé dans l'Atlantique quelque part entre Terre-Neuve et la côte américaine. Le pilote de l'avion, le capitaine Charles Nungesser est un héros de la première Grande Guerre, et il était accompagné de François Coli en qualité de navigateur.

Le *12 mai 1937*, avait lieu le couronnement du roi George VI d'Angleterre, à l'abbaye de Westminster, et LA PRESSE se félicitait de la qualité de la photo reçue, «cette photo d'une netteté extraordinaire, l'une des meilleures transmises jusqu'ici par radio», comme elle l'affirmait dans la légende. Entre le roi et la reine, on reconnaissait les princesses Elizabeth et Margaret Rose. Des gentilshommes et des dames de la Cour accompagnaient les souverains au balcon.

Les insurgés métis sont vaincus à Batoche, mais Riel se sauve

WINNIPEG, 13 — Des dépêches plus récentes de l'Ouest confirment la nouvelle de la victoire signalée remportée hier **(12 mai 1885)** par les troupes du général Middleton. On a eu 8 hommes tués et 30 blessés dans la journée.

On se réjouit de cette victoire ici et des drapeaux flottent sur les édifices publics; mais, d'un autre côté, on déplore les pertes que les troupes ont essuyées. (...)

NOUVEAUX DETAILS

Une autre dépêche de Batoche (...) mande ce qui suit:

On s'est emparé de Batoche après un combat acharné mais de peu de durée, pendant lequel plusieurs volontaires ont été tués ou blessés.

De bonne heure, cet après-midi, les volontaires savaient qu'ils recevraient l'ordre tant désiré d'attaquer l'ennemi dans ses retranchements. Cet ordre fut donné à deux heures et demie, et quelques instants plus tard, les troupes de dirigeaient sur le château fort de l'ennemi.

Lorsqu'on fut à portée de fusil des tranchées, les volontaires reçurent le commandement de charger à la baïonnette. Les insurgés, qui n'avaient point fait feu jusque là, tirèrent alors sur les troupes et plusieurs soldats furent tués. Les volontaires essuyèrent le feu sans broncher, s'élancèrent de l'avant, délogeant les insurgés de leurs retranchements et les forçant à retraiter dans le ravin. Une fois dans le ravin, les insurgés à couvert dans les broussailles, offrirent une résistance désespérée. Les volontaires étaient déterminés à ne pas céder, cependant, et après un combat de courte durée, ils forcèrent les insurgés à se retirer dans leurs derniers retranchements, au village.

Fiers de leurs succès, les volontaires se dirigèrent alors sur Batoche. Les insurgés étaient à peine arrivés dans le village, que les troupes les attaquaient et ils retraitaient de nouveau.

On s'empara de toutes les maisons, l'une après l'autre, et les prisonniers de Riel furent remis en liberté. (...)

Riel et Dumont se sont sauvés en aval de la traversée de Batoche. Monkman, Fisher et plusieurs autres Métis importants ont été faits prisonniers.

BABILLARD

Rappel pour «Avis de recherche»

Comme vous le savez sans doute, LA PRESSE et ses journalistes, anciens et nouveaux, seront à l'honneur au cours de la semaine du 21 au 25 mai, alors que l'émission *Avis de recherche* de Radio-Canada leur sera consacrée cinq soirs de suite, à 18 h 30.

Tous ceux qui, au fil des ans, ont eu l'honneur et le plaisir de rehausser de leur talent les pages de cette institution québécoise qu'est LA PRESSE, le plus prestigieux quotidien français d'Amérique, sont invités à participer à l'émission pendant cette semaine-là.

Si dans certains cas il est facile de retracer ces anciens journalistes de LA PRESSE, la chose devient plus difficile dans d'autres cas, et il nous faut compter sur la collaboration de ses anciens confrères, qui sont priés par la présente de communiquer avec les responsables au 285-6904 dans les plus brefs délais possibles, pour recevoir un carton d'invitation pour la «Soirée des retrouvailles». Cette soirée aura lieu le 24, et l'émisson sera préenregistrée pour diffusion le lendemain. Donc au plaisir de vous revoir tous.

Des noces d'or

La paroisse Saint-Charles-Borromée, de Joliette, sera le théâtre d'un événement comme il s'en voit peu au Québec, soit la célébration de noces d'argent. En effet, Marcel Masse et Diane Pagé célèbrent aujourd'hui leur 50e anniversaire de mariage. LA PRESSE se joint à leurs parents et à leurs amis pour leur souhaiter encore beaucoup de bonheur...

ACTIVITÉS

AUJOURD'HUI

■ **100 ans de caricatures**

Chalet du parc Kent — Exposition des planches consacrées à l'Histoire de la caricature dans la vie de LA PRESSE. **Dernière journée aujourd'hui.**

■ **Journée internationale**

Maison internationale de la Rive-Sud — Une cinquantaine le plus illustrées dans leurs domaines respectifs au cours des 12 derniers mois. Le gala sera présenté en direct sur les ondes de Télé-Métropole, à partir de 20 h 30.

■ **À la radio**

17 h, Radio-Canada — Chronique consacrée à LA PRESSE à l'émission *Avec le temps*, animée par Pierre Paquette.

DEMAIN

■ **Salon de la femme**

Palais des congrès — Le Salon de la femme ferme ses portes aujourd'hui par la présentation du *Gala des femmes de l'année*, au cours duquel seront couronnées les dix femmes qui se sont le plus illustrées dans leur domaine respectif au cours des 12 derniers mois. Le gala sera présenté en direct sur les ondes de Télé-Métropole, à partir de 20 h 30.

LA PRESSE

100 ans d'actualités

WASHINGTON RECONNAIT L'ETAT JUIF PROCLAME PAR DAVID BEN GOURION

WASHINGTON, 15 (P.A.) — Ala surprise générale, le président Truman a reconnu l'Etat d'Israël quelques minutes après sa proclamation hier **(14 mai 1948)**.

C'est à Sarona, banlieue de Tel-Aviv, que le chef juif David Ben Gourion a proclamé hier la nouvelle république d'Israël.

Cette décision de Ben Gourion survenait quelques moments à peine après qu'eut pris fin le mandat que la Grande-Bretagne avait exercé pendant 30 ans, sans trop de succès d'ailleurs. Et le 29 novembre 1947 l'ONU avait décidé de partager la Palestine en deux états indépendants arabe et juif, ce qui avait eu pour effet d'engendrer encore plus la violence.

Les sionistes ont été fort heureux *(de la décision américaine)*, les arabes atterrés; l'ONU en a été fort agitée. En effet, M. Truman appuie maintenant du prestige américain le rétablissement d'un Etat juif en Palestine.

Voici le texte du communiqué de M. Truman:

«Le gouvernement américain est informé qu'un Etat juif a été proclamé en Palestine. Le gouvernement provisoir dudit Etat a demandé d'être reconnu. Les Etats-Unis reconnaissent le gouvernement provisoire comme autorité de fait du nouvel Etat d'Israël.»

L'expression «de fait» signifie que les Etats-Unis reconnaissent que c'est le gouvernement provisoire qui exerce le pouvoir, dans le territoire d'Israël. La reconnaissance «de droit» signifierait que les Etats-Unis considèrent le gouvernement comme une autorité légalement constituée.

Grand émoi à l'ONU

L'Assemblée générale de l'ONU a appris la nouvelle au moment où elle rejetait un projet américain de tutelle pour Jérusalem. Elle en a été fort émue. Le délégué britannique, sir Alexander Cadogan, n'a rien dit.

A Washington, M. Walter George, démocrate de Georgie, ancien président de la Commission sénatoriale des affaires étrangères, a déclaré à un journaliste: «Je suppose que la mesure est opportune. Je ne conçois aucune raison pour que le président ne reconnaisse pas la Nation juive comme Etat de fait».

Au moment du communiqué présidentiel, quelques centaines de personnes assistaient au déploiement du drapeau d'Israël *sur l'édifice de pierre que l'Agence sioniste occupe depuis longtemps dans le quartier des ambassades.*

Le communiqué pose la question de savoir si les Etats-Unis lèveront l'embargo sur les armes destinées au Moyen-Orient. Les diplomates disent que la reconnaissance de fait de l'Etat d'Israël ne comporte pas en soi la levée de l'embargo.

M. Truman a répété que les Etats-Unis poursuivront leurs efforts pour obtenir la trève entre Juifs et Arabes. Il souhaite que le gouvernement juif tende au même but.

Les questions de droit qui se posent

Ni le département d'Etat ni les autres administrations américaines n'avaient prévenu les *agences d'information du communiqué Truman. Ce dernier pose de nombreuses questions. Quel et le statut de la partie de Palestine que l'ONU n'a pas dévolu à l'Etat juif, dans son partage? Sur quel droit se fondent les Etats-Unis pour reconnaître l'Etat d'Israël?*

Le communiqué qu'a publié M. Charles G. Ross, secrétaire de presse du président, après le communiqué principal, dit: «La proclamation de l'Etat juif ne diminue en rien le désir qu'ont les Etats-Unis d'obtenir la trêve en Palestine. Nous souhaitons que le nouvel Etat juif s'unisse à la commission de trêve du Conseil de sécurité et redouble d'efforts pour mettre fin au combat, comme ça été le grand but du gouvernement américain pendant que l'ONU a étudié le cas de la Palestine.»

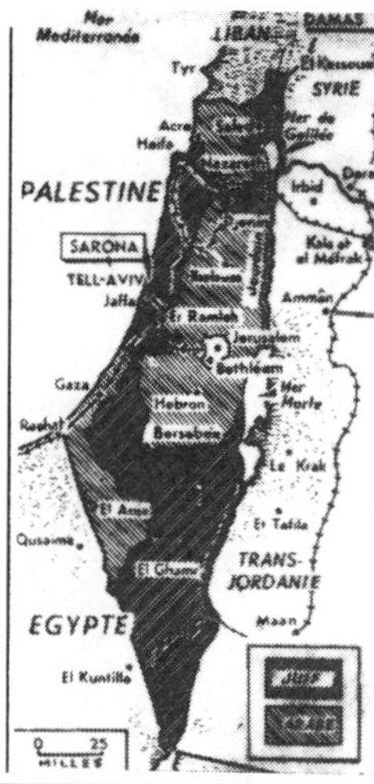

Cette page consacrée au chien et publiée le **14 mai 1904** comportait notamment le texte rimé suivant de Chatillez:

LA LEVRETTE EN PALETOT

Y a t'y rien qui vous agace
Comme une levrette en pal'tot,
Quand y a tant d'monde sur la place
Qu'a rien à s'mett' su l'dos.

J'les aim' pas, moi, ces p'tit's bêtes,
Avec leu museaux pointus,
J'aim' pas ceux qui font leu têtes,
Parc' qu'y-z-ont un pardessus!

Ça vous a un p'tit air rogue,
Ça vous r'garde avec mépris!!!
Parlez-moi d'un chien boul'dogue:
En v'la un qu'a ben son prix!

Pas lui qu'on encapitonne:
Il a froid comm' moi partout;
Y sait s'battr' quand on l'ordonne,
L'aut... c'est bon à rien du tout.

Ça m'enrag' quand j'ai l'onglée,
D'voir des chiens qu'a des habits,
Tandis qu'par les temps d'gelée,
Moi j'ai rien...pas même un lit!

Ah! Oui, j'en crev'rai ben une,
Ça m'f'rait plaisir, mais j'os' pas.
Leu maitr's ayant d'la fortune,
Y mettraient dans l'embarras.

Ça doit s'manger ça, la l'vrette!
Si j'en pince une à huis clos
J'la f'rai cuire à ma guinguette...
J't'en f...icherai moi, des pal'tots!

BABILLARD

(Suite des extraits du manuel «Nouvelle cuisinière canadienne», publié en 1879, par Beauchemin et Valois, libraires, et prêté à LA PRESSE par M. Paul Roger.)

Hure de cochon

Désossez en entier une hure que vous mettrez dans une marmite avec des débris de chair de porc frais, sel, grois poivre, aromates pilés, épices, persil, petits oignons et ciboules hachés; laissez-l'y pendant neuf ou dix jours. Retirez alors et égouttez, rassemblez vos morceaux, et faites reprendre à la hure sa première forme, ayant soin de coudre avec de la ficelle l'ouverture par où vous l'aurez désossée. Ficelez-la pour qu'elle ne se déforme pas en cuisant, enveloppez-la dans un linge blanc que vous nouerez; mettez-la dans une braisière avec les os, de la couenne, dix carottes, autant d'oignons, six feuilles de laurier, autant de branches de thym; basilic, persil, ciboules, six clou de girofle, poignée de sel; faites baigner dans l'eau et mijoter neuf à dix heures à petit feu. Quand elle sera cuite, ôtez-la du feu et la laissez deux heures dans son assaisonnement; changez-la de linge, pressurez-la avec les mains pour sécher comme il faut, mais conservez-lui sa forme. Laissez-la refroidir, appropriez-la, et servez sur un plat et un serviette ployée en quatre.

Alouettes à la minute

Epluchez, videz et troussez une douzaine d'alouettes, sautez-les dans la casserole avec beurre et sel; quand elles auront pris couleur, ajoutez champignons, échalotes et persil hachés, pincée de farine; mouillez de vin blanc et bouillon; quand la sauce commencera à bouillir, retirez vos mauviettes, et servez avec des croûtons frits.

ACTIVITÉS

■ **À la télévision**

Le 18-heures, Télé-Métropole — Vers 18 h 20, les animateurs commentent quelques manchettes tirées des pages de LA PRESSE et qui ont fait l'actualité d'hier.

Les premiers à payer péage sur le nouveau pont

(Clichés la «Presse»)

*LE **14 mai 1930**, LA PRESSE annonçait à la première page l'ouverture à la circulation du nouveau pont, alors connu sous le vocable de « Pont du Havre », puis sous celui de « pont Jacques-Cartier », de la façon suivante :*

Le pont est ouvert à la circulation! L'inauguration semi-officielle s'est faite ce matin à six heures 53, par le passage du premier automobile payant le taux de péage. Les boîtes de perception furent installées quelques minutes avant, et M. William Paul, le nouveau surintendant du pont, assigna leur poste aux percepteurs. Immédiatement après le passage de l'auto, se présentèrent deux piétons et deux cyclistes. Le premier piéton de la rive sud à Montréal était un écolier qui se rendait à l'école Saint-Pierre à Montréal. Quelques instants après l'ouverture, on voyait déjà un grand nombre d'automobiles s'engageant sur le pont aux 2 extrémités. Les photographies suivantes nous font voir (1) les deux premiers piétons: MM. O. Saint-Denis, 1181, Ropery, et R.-O. Quinn, 4300, Iberville, payant le taux de péage de cinq centins au percepteur T.S. Young, leurs billets portant les numéros 2001 et 2002; (2) la première bicyclette et les deux conducteurs, de Nouvelle-Ecosse, devant la station de péage remettant au percepteur A. Lafrance, le prix du passage de cinq centins (...); (3) le premier automobile, conducteur, M. Henri Campeau, 1855, rue Champlain, achetant une série de billets de deux dollars, numéros 10001; (4) M. William Paul, le nouveau surintendant du pont; (5) le premier automobile se dirigeant de la rive sud à Montréal dont les occupants MM. J.-N. et A. Feiner achetèrent un carnet de billets de $5 numéro 203. On remarque près de la machine le percepteur G.-A. Lacroix et les constables John Tirry et J.-A. Marchand de la commission du port; (6) le premier piéton, un écolier, Eugène Lacasse, de Longueuil, se rendant de la rive sud à l'école Saint-Pierre de Montréal. Son billet portait le numéro 3001; (7) les constables J. Fogarty et Léopold Brault, de la commission du port, en fonctions à l'ouverture du pont.

C'EST ARRIVÉ UN 14 MAI

1977 — Le Canadien remporte la coupe Stanley une 8e fois en 13 ans.

1976 — L'Inde et le Pakistan acceptent de renouer leurs relations diplomatiques, suspendues depuis décembre 1971.

1973 — Lancement et mise sur orbite de *Skylab*, premier laboratoire spatial américain.

1959 — Christian Herter, secrétaire d'État américain, propose de faire de Berlin une ville unifiée sous le contrôle des Quatre Grands, comme première étape vers la réunification de l'Allemagne.

1956 — L'URSS prétend avoir démobilisé 63 divisions, soit 1 200 000 soldats.

1955 — Signature du pacte de Varsovie par l'Union soviétique et les sept pays socialistes d'Europe de l'Est.

1945 — Plus de 500 bombardiers *B-29* participent à un raid sur Nagoya et lâchent quelque 3 500 tonnes de bombes. — L'Autriche proclame son indépendance.

1940 — Les alliés aménagent leur position de résistance sur la Meuse, dont s'approchent les Allemands.

1912 — La police de Paris met un terme aux activités de la bande Garnier en arrêtant deux bandits dans la banlieue de Nogent-sur-Marne.

1889 — Découverte d'un complot contre le tsar de Russie.

Bouteilles à lait à goulot plus étroit

QUÉBEC, 14 (par **J.M.**) — Au vingt-cinquième congrès annuel de l'«Association des industriels laitiers de la province», on apprend que les bouteilles à lait d'une pinte, seront, à Montréal, remplacées peu à peu par des bouteilles à goulot plus étroit.

Le nouveau goulot aura un diamètre de 38 millimètres, soit 18 millimètres de moins que l'«ancien», celui qui est en usage aujourd'hui encore.

La mesure permettra le renouvellement des stocks de bouteilles d'ici quelque temps, en prévision d'un système plus hygiénique de fermeture de ces vases de verre. Les responsables de l'industrie laitière songent, en effet, à utiliser — pour sceller ces récipients — des capsules d'aluminium, de cellophane ou de carton coiffant entièrement le goulot, ce qui éliminera tout contact entre ce dernier et les poussières de la ville.

PERE DE 41 ENFANTS

Il s'était marié trois fois et des jumeaux naissaient fréquemment

Levi Bresson, un Franco-Américain de North Foster, Rhode Island, devenait l'heureux papa, le *14 mai 1900*, de son 41e enfant, un garçon de dix livres, le quatorzième enfant que lui donnait sa troisième épouse. Bresson a eu 15 enfants de sa première épouse, et 12 de sa deuxième. Et ces enfants sont plutôt robustes, puisque 32 d'entre eux vivaient toujours!

LA PRESSE
100 ans d'actualités

UN AVION EN FEU S'ÉCRASE SUR UN COUVENT, PRÈS D'OTTAWA: 15 MORTS

par Fernand Lévesque
envoyé spécial
de la «Presse»

OTTAWA, 16 — L'un des coins les plus paisibles de la vallée de la rivière Outaouais, à une dizaine de milles à l'est d'Ottawa, est devenu, hier soir **(15 mai 1956),** le lieu d'une affreuse tragédie lorsqu'un chasseur à réaction s'est abattu sur un couvent, tuant 15 personnes, soit un prêtre, 11 religieuses, deux aviateurs et une aide-cuisinière.

Vingt-deux autres religieuses de la communauté des Soeurs Grises de la Croix, ont pu quitter l'immeuble, la villa S.-Louis, une maison de repos et de convalescence de la communauté, construite il y a moins de deux ans. Deux d'entre elles ont toutefois dû être hospitalisées, souffrant de graves brûlures. Une troisième a subi une fracture à un pied.

Les corps de seulement quatre des victimes, dont trois religieuses, ont été retrouvés et transportés à la morgue.

L'AVION ETAIT PARTI D'UPLANDS

L'avion, qui était parti de la base d'Uplands, près de la capitale fédérale, a fait explosion en heurtant l'immeuble, construit sur la rive ontarienne de la rivière Outaouais.

Véritable scène de désolation et de mort. Voilà l'aspect lugubre que présentait la charpente entièrement détruite et calcinée de la villa S.-Louis des Soeurs Grises de la Croix, à Orléans.
photo Réal St-Jean, LA PRESSE

Le CARC a immédiatement ouvert une enquête sur les circonstances de la tragédie, dont on ne connait actuellement pas la cause.

Le chasseur, un «CF-100» de l'escadrille 445, s'est écrasé sur le couvent après que ses deux membres d'équipage eurent vérifié l'identité d'un autre appareil que le dispositif de dépistage aérien du CARC avec classé comme «inconnu». Les deux aviateurs tués avaient établi qu'il s'agissait d'un appareil de transport canadien et ils revenaient à leur base lorsque la tragédie s'est produite, peu après 10 h. hier soir.

En l'espace de quelques minutes, la villa S.-Louis, vaste immeuble de trois étages, construit en briques et comprenant une chapelle et une centaine de chambres à coucher, a été transformé en un gigantesque brasier, dont la lugubre lueur était visible à des milles de distance.

Au moment de la tragédie, il se trouvait à peu près 35 personnes dans la maison de repos. Outre le prêtre, l'abbé Richard Ward, aumônier de la marine canadienne et de la communauté des Soeurs Grises de la Croix, de l'aide-cuisinière et de quelques religieuses formant le personnel régulier du couvent, les soeurs qui se trouvaient sur les lieux étaient toutes des religieuses âgées ou en convalescence; un certain nombre d'entre elles, a-t-il été dit, avaient subi des interventions chirurgicales récemment.

Les témoignages sur les circonstances de l'affreuse tragédie étaient divergents en de nombreux points. Il a notamment été affirmé par certaines personnes que l'appareil était en flammes lorsqu'il a heurté le couvent, tandis que d'autres soutenaient qu'on ne vit de flammes qu'à la suite de l'explosion de l'avion.

Le chasseur, une masse de plus de 30,000 livres arrivant sur le couvent à une vitesse vertigineuse, a heurté l'immeuble en plein centre, à l'arrière de la chapelle, au premier étage, aux dires des témoins. L'appareil portait une forte quantité d'essence et l'explosion a ouvert l'immeuble comme si on avait placé une bombe à l'intérieur. Des pièces de l'appareil ont été retrouvés dans le champ entourant le couvent, à quelque 500 pieds de la rivière Outaouais. (...)

Riel fait prisonnier par trois éclaireurs

NDLR — Les éphémérides de l'Annuaire du Canada, ainsi que certains dictionnaires, fixent l'arrestation de Louis Riel au 16 mai. Pourtant, si on en juge par le texte qui suit et publié dans l'édition du 16 mai 1885 de LA PRESSE, cette arrestation aurait eu lieu plutôt le ***15 mai 1885,*** *sinon le 14! C'eût sans doute été plus simple si les dates avaient concordé, mais ce n'est pas malheureusement pas le cas. Au lecteur de juger.*

TRAVERSE de Clarke, 15 — Le sergent major Watson, du 90ième, qui a été blessé lors de la prise de Batoche, est mort à l'hôpital à Saskatoon aujourd'hui. Code et Lethbridge, du même bataillon, sont mourants, les autres blessés sont assez bien.

Une dépêche spécial au *Mail* dit que Riel a été fait prisonnier hier midi *(donc le 15 si l'expression «hier midi» fait référence à la veille de la date — le 16 — de publication. Mais ce pourrait même être le 14, si la même expression se rapporte à la veille de la date (15) de la dépêche. Cependant, une autre section du long texte permet de penser que c'est bien le 15, et non le 14)* par trois éclaireurs, nommés Armstrong, Diehl et Howrie, à 4 milles au nord de Batoche. Les éclaireurs étaient partis le matin pour battre la contrée, mais ces trois derniers se sont séparés du corps principal de l'expédition, et comme ils sortaient d'un buisson sur une route peu fréquentée, ils aperçurent Riel accompagné de trois rebelles. Riel n'était pas armé, mais ses compagnons avaient des fusils de chasse. Les éclaireurs, reconnaissant Riel, s'avancèrent et l'appelèrent par son nom.

Les rebelles se trouvaient alors près d'une clôture, et Riel ne chercha aucunement à s'échapper. Après une conversation au cours de laquelle les éclaireurs exprimèrent leur surprise de le rencontrer là, Riel déclara qu'il avait l'intention de se livrer, et que sa seule crainte était d'être fusillé par les troupes, mais on lui promit qu'il serait conduit sous bonne escorte aux quartiers généraux. Sa femme et ses enfants n'étaient pas avec lui. (...) Pendant que Diehl était allé chercher un cheval pour Riel, les 2 autres éclaireurs sont partis avec le prisonnier; au retour de Diehl, ses deux compagnons et leur prisonnier étaient disparus dans le but évident de soustraire Riel au corps principal des éclaireurs. Diel dit que Riel était très calme lorsqu'il a été fait prisonnier, et qu'il s'est livré de bon gré.

Voyons maintenant ce qu'on dit deux colonnes plus loin, à la même page. On notera que le récit diffère beaucoup du premier, même s'il implique les mêmes hommes...

Traverse de Clarke, 16 *(notez la date)* — On apprit que Riel et quelques-uns de ses partisans, après avoir quitté Batoche, s'étaient dirigés vers la rivière, dans le but de se joindre à ceux qui avaient précédemment traversé la rivière. Le *Northcote* avec l'infanterie et quelques soldats du 90ème sont partis immédiatement pour leur couper la retraite. Pendant ce temps, un certain nombre des éclaireurs du Major Boulton, faisaient la patrouille sur les côtes de la rivière. Dans l'après-midi *(de quel jour, on ne le précise pas)* on entendit le sifflet du bateau et quelques coups de fusil; les éclaireurs se rendirent immédiatement dans la direction d'où provenaient ces sons et, à une couple de milles plus bas que la traverse Fisher, ils aperçurent une bande de rebelles. Ils les sommèrent de se rendre, mais les rebelles répondirent par une fusillade. Les éclaireurs ripostèrent et s'élancèrent sur eux. Les rebelles s'enfuirent dans toutes les directions, mais Riel fut reconnu et divint par la suite l'objet d'attention de tous. Il était monté sur un ponie robuste et s'éloignait à toute vitesse.

Les éclaireurs lui donnèrent la chasse et parvinrent à l'atteindre; le chef rebelle se rendit sans tirer un seul coup de fusil; mais non sans proférer des menaces. Il a été conduit à la tente du général Middleton. Il n'y a eu aucune démonstration, le général ayant ordonné à ses hommes de se retirer dans leurs tentes, dans la crainte qu'on en vint à des voies de faits contre Riel. On ne permet à personne de le voir.

Voici les noms des trois éclaireurs qui ont pris le chef des rebelles: William Diehl, Thomas Howrie et J.H. Armstrong.

Un groupe d'alpinistes dirigé par Fips Broda escaladait le mont Slesse, dans les Rocheuses, lorsqu'il fit la découverte, le *15 mai 1957*, des débris du «North Star» de la société Trans-Canada Airlines à 7 600 pieds d'altitude, au flanc d'un pic escarpé s'ouvrant sur un abime de 2 000 pieds de profondeur. Ces débris servaient de tombe à 62 passagers de l'avion depuis le 6 décembre dernier, car il était impensable qu'un seul passager eût pu survivre à la catastrophe.

Le *15 mai 1912*, le Parlement canadien accordait par loi à la province de Québec la juridiction sur le territoire de l'Ungava. LA PRESSE soulignait l'événement un peu à l'avance en lui consacrant la première page de l'édition du 23 mai.

L'attentat de la rue Ontario est (4)

HUIT PERSONNES MISES EN ACCUSATION POUR LE MEURTRE DE CLEROUX ET STONE

HUIT des suspects arrêtés jusqu'ici en rapport avec l'attentat de la rue Ontario est et les meurtres d'Henri Cléroux et du bandit Stone, ont été formellement mis en accusation devant la Cour du banc du roi, hier après-midi **(15 mai 1924),** et tous ont plaidé non coupables.

La femme Serafini, née Marguerite White, de Hustings, Angleterre, l'ex-détective Louis Morel, Tony Frank, Frank Gambino, Mike Valentino, Leo Davis et Carlo Niegro Nieri *(on avait oublié Giuseppe Serafini dans la nomenclature)* sont tous accusés d'avoir tué et assassiné Henri Cléroux et Harry Stone, alias Peter Ward, alias Brandon.

De plus, tous ces accusés, sauf l'ex-détective Morel et Leo Davis, auront à répondre à des accusations de recel d'argent volé: Serafini, pour $13,000; Valentino, pour $18,000; Nieri, pour $13,000; la femme Serafini, pour $3,000; Tony Frank et Frank Gambino, pour une somme de $49,000.

Me R.L. Calder, procureur de la Couronne, voulait d'abord instruire les procès sur le meurtre de Cléroux, mais à la demande de Me Alban Germain, l'un des avocats de la défense, on décida que l'on ferait en même temps les procès pour le meurtre de Cléroux et pour le meurtre du bandit Stone.

Les accusés ne seront pas tous jugés ensemble. Giuseppe Serafini aura son procès de meurtre et de recel le 26 mai; la femme Serafini aura le sien le 30 mai; puis, le 4 juin, on fera conjointement le procès de Nieri, Valentino, Frank et Gambino pour les deux meurtres et le recel, en même temps que celui de Morel et Davis pour le meurtre. (...)

C'EST ARRIVÉ UN 15 MAI

1974 — Seize jeunes israélites meurent quand l'armée décide de mettre fin à une prise d'otages dans une école d'un kiboutz.

1972 — Le gouverneur de l'Alabama, George Wallace est grièvement blessé lors d'un attentat, en pleine campagne électorale.

1967 — Fin des négociations connues sous le nom de *Kennedy Round* par la signature d'un accord tarifaire accepté par 53 pays, et qui touche les quatre cinquièmes du commerce mondial.

1963 — Mise en orbite de la capsule spatiale américaine *Faith VII,* transportant l'astronaute Gordon Cooper.

1961 — Une épidémie de rougeole fait 20 victimes dans une institution privée pour déficients mentaux, à Austin, près de Magog. Les victimes ont succombé à une complication, soit une encéphalite.

1960 — Les Soviétiques placent sur orbite *Spoutnik IV,* un satellite transportant un mannequin d'homme vêtu d'une combinaison spatiale.

1958 — Mise sur orbite du satellite soviétique *Spoutnik III.*

1955 — La Grande-Bretagne, la France et les États-Unis signent à Vienne, le traité de paix autrichien qui reconnaît à l'Autriche sa complète neutralité, en plus de proposer un système de sécurité qui comporterait un désarmement graduel.

1950 — Les autorités manitobaines estiment que la crue des eaux de la rivière Rouge a atteint son point culminant, à Winnipeg.

1949 — Le feu détruit la chapelle du patronage Saint-Vincent-de-Paul, à Québec, causant des dommages de $500 000.

1948 — Les armées des pays arabes envahissent la Palestine. La ville de Tel-Aviv est bombardée et presque cernée.

1946 — Hydro-Québec présente son offre pour l'éventuelle expropriation de trois compagnies d'hydro-électricité: $54,87 millions à la Montreal Light, Heat & Power; $72,26 millions à la Beauharnois Light and Power; et $7,94 millions à la Montreal Island Power.

1945 — Les Britanniques pénètrent dans Flensbourg, où s'est installé le gouvernement de l'amiral Doënitz.

1929 — Une explosion fait plus de 150 morts dans une clinique de Cleveland.

1927 — Les 27 000 ouvriers de la construction déclenchent une grève générale, à Winnipeg.

1912 — Les libéraux de sir Lomer Gouin remportent une éclatante victoire lors des élections générales de la province de Québec.

BABILLARD

Née en Écosse
100 ans plus tôt

Les lecteurs réguliers de cette page ne s'étonnent plus d'apprendre que le Québec compte un citoyen centenaire de plus aujourd'hui, puisque c'est un événement qu'on célèbre au moins une fois par semaine.

Aujourd'hui, c'est **Mary-Ann «Molly» Quinn,** une résidente du manoir Verdun, à Verdun, qui a l'insigne honneur de franchir le cap des 100 ans. LA PRESSE offre ses meilleurs voeux à cette citoyenne née à Dundee, en Écosse, le 15 mai 1884.

LA PRESSE

100 ans d'actualités

LE GOUVERNEMENT TASCHEREAU VICTORIEUX

Page consacrée à la Première communion, publiée le *16 mai 1908.*

Votation lundi prochain dans le comté de Gaspé

EN face d'un pareil témoignage de confiance, nous avons raison d'être fiers, de nous réjouir et d'éprouver une vive satisfaction, déclarait l'hon. L.-A. Taschereau, premier ministre, aussitôt mis au courant, hier soir **(16 mai 1927),** du résultat général des élections.

Ce sentiment de fierté, tous les libéraux le partagent, leur parti, si l'on tient compte des circonstances, ayant remporté peut-être une victoire sans précédent.

Comme question de fait, le gouvernement Taschereau conserve, à deux ou trois exceptions près, les positions acquises en 1923, et regagné plusieurs sièges, ruraux et urbains, dont six dans l'île de Montréal, savoir: Saint-Jacques (Irenée Vautrin), Sainte-Marie (Joseph Gauthier), Saint-Henri (l'hon. Alfred Leduc), Mercier (Dr Anatole Plante), Laurier (Dr Ernest Poulin) et Saint-Laurent (Jos. Cohen).

GAINS RURAUX POUR LES LIBERAUX

Si, d'autre part, les libéraux ont perdu Hull et Trois-Rivières, par exemple, où furent respectivement élus MM. A. Guertin et L. Duplessis, conservateurs, — dans Hull, il y avait deux candidats libéraux et un candidat indépendant, — ils gagnent, par contre, les comtés ruraux suivants: Joliette (L. Dugas), Beauharnois (L.-J. Papineau), Soulanges (Avila Farand) et Témiscouata (L. Casgrain).

Les derniers rapports reçus confirment aussi que les libéraux ont réussi à faire élire tous leurs candidats dans le district de Québec, enlevant ainsi aux conservateurs Québec-Centre avec Jos. Samson, Témiscouata, avec M. L. Casgrain, Québec-Comté avec M. E. Bédard et Saint-Sauveur avec M. C. Cantin.

Ce qui ajoute enfin à l'éclat et au caractère de la victoire remportée hier par le parti libéral, c'est que les majorités des candidats conservateurs réélus furent, dans plusieurs cas, considérablement réduites, comme, par exemple, celle du chef de l'opposition lui-même, M. Arthur Sauvé, et celle de M. Jos. Renaud.

D'un autre côté, on remarque que les majorités de plusieurs candidats libéraux furent grandement augmentées, dont celle, par exemple, du docteur J.-L. Morault, dans Rimouski.

LES ELUS PAR ACCLAMATION

Comme on le sait, douze candidats libéraux avaient été élus par acclamation, savoir: l'hon.

Le premier ministre Louis-Alexandre Taschereau, réélu avec un nombre accru des députés libéraux.

L.-A. Taschereau, premier ministre (Montmorency); l'hon. J.-E. Caron (Iles de la Madeleine); l'hon. J.-H. Dillon (Sainte-Anne); l'hon. J.-N. Francoeur (Lotbinière); MM. G. Danse-reau (Argenteuil); J.-H. Fortier (Beauce); P. Côté (Bonaventure); L. Lamoureux (Iberville); E. Thériault (L'Islet); W.-R. Macdonald (Pontiac); W.-S. Bullock (Shefford); et le docteur J.-P.-C. Lemieux (Wolfe), ce dernier ayant été déclaré officiellement élu par acclamation hier matin seulement.

Les derniers rapports ce matin donnaient comme résultat global des élections provinciales de la veille: 72 députés libéraux, 2 députés libéraux indépendants qui, vraisemblablement siégeront à la droite avec les ministériels, 10 députés conservateurs. La votation dans Gaspé où le Dr Gustave Lemieux, libéral et député sortant, et M. L.-G. Roy, conservateur, se font la lutte, n'aura lieu que le lundi 23 du courant. (...)

La ville construira le Centre sportif

par Jacques Delisle

LE comité exécutif a décidé à l'unanimité de construire le Centre sportif, dans le quadrilatère réservé à cette fin, entre les rues Sherbrooke, Boyce, le boulevard Pie IX et la rue Viau.

Le président du comité exécutif, M. Pierre DesMarais, l'a annoncé cet après-midi **(16 mai 1957)** à l'hôtel de ville, conjointement avec le commissaire Edmond Hamelin.

L'exécutif a donné instructions aux différents services municipaux de préparer les plans d'exécution requis pour la construction:

1 — D'un aréna de 10,000 sièges où sera aménagée une patinoire de glace artificielle pour l'hiver, et où s'organiseront, l'été, des jeux d'intérieur, des démonstrations de gymnastique, et des manifestations diverses.

2 — Une grande piscine à ciel ouvert avec gradins autour.

3 — Un terrain de jeux pour enfants, plus grand que celui qui était prévu dans les plans originaux, parce que l'exécutif a décidé de ne pas construire de théâtre en plein air dans le Centre sportif.

4 — Un terrain de baseball local avec estrade de 5,000 sièges.

5 — Un grand parc de stationnement. A ce sujet, M. DesMarais a expliqué que la ville est actuellement en instance d'expropriation en prévision de terrains de stationnement additionnels au sud de la rue Boyce.

Le comité exécutif a, en outre, approuvé le principe de la construction d'un stade dans le centre sportif, à l'extrémité ouest du quadrilatère, c'est-à-dire à l'angle du boulevard Pie IX et des rues Sherbrooke et Boyce.

L'exécutif a toutefois réservé sa décision quant au nombre de sièges que comprendra le stade.

«Il est entendu, de souligner le président DesMarais, que cette réserve ne retardera en rien l'exécution des travaux concernant les autres secteurs du Centre sportif, et nous avons avisé les directeurs de service en ce sens. (...)

Le président DesMarais a rappelé qu'une partie du Centre sportif a déjà fait l'objet de décision du conseil. L'exécutif attend pour bientôt les plans d'exécution de l'Ecole de la police qui sera construite dans l'extrémité est du quadrilatère; cette école, qui fait partie du plan général du Centre sportif, comportera un gymnase et une piscine qui seront ouverts au public.

M. Desmarais a rappelé que l'exécutif avait pris des décisions aujourd'hui sur toute la partie du Centre sportif qui sera plus particulièrement consacré au bénéfice des citoyens de l'est de la ville. Lorsqu'il prendra une décision définitive sur le stade, cette dernière sera éclairée par l'intérêt que ce stade pourra avoir pour toute la population de Montréal et même de la région.

Le président de l'exécutif a souligné que les plans d'exécution seront préparés par des architectes et des ingénieurs des travaux publics ou de l'extérieur, mais par des Canadiens. (...)

Selon M. Desmarais, le développement complet du Centre sportif de l'est coûtera enre $25,000,000 et $30,000,000. Il faudra quatre ou cinq ans avant qu'il soit terminé.

Le lecteur aura sans doute compris qu'on fait allusion dans ce texte à l'arena Maurice-Richard et que la piscine dont il est question n'a jamais été construite. Quant au bâtiment de l'École de la police, il a successivement porté le nom de centre Maisonneuve, puis celui de centre Pierre-Charbonneau.

Des estrades avec sièges existent déjà sur le site du futur Centre sportif de l'est; elles remontent aux travaux de chômage de 1936. (...) Elles s'appuient sur la pente naturelle de la colline qui se trouve à cet endroit.

photo René Bénard, LA PRESSE

CELIBATAIRES IMPITOYABLES

WORCESTER — «Les femmes sont le fléau de l'existence et nous les détestons», déclara M. Ralph Colebrook, président du nouveau Club des célibataires du South High School.

«Notre société, dit M. Colebrook, comprend 21 membres des classes supérieures, presque tous fils de bonnes familles, qui ont fait le voeu solennel de se tenir à l'écart de ce que nous considérons comme le «sexe contraire». D'après les membres du club, il est interdit de sourire aux femmes ou de sortir avec elles. Ils doivent consacrer tous leur temps à leurs études et aux sports».

Cette dépêche à caractère foncièrement sexiste a été publiée le 16 mai 1925 et traduit vraisemblablement un certain état d'esprit qui pouvait prévaloir à l'époque.

photo Jean-Yves Létourneau, LA PRESSE

Embouteillage d'éléphants, rue Craig

Les automobilistes ont été chassés de la rue Craig hier matin *(16 mai 1967)* pour une raison qui n'a rien d'habituel: une centaine d'éléphants, poneys, ours, zèbres, chameaux, lions et lionnes se rendaient, eux aussi, à l'Exposition universelle de Montréal. Le cirque Ringling Brothers, Barnum and Bailey, «The Greatest Show on Earth», présente à l'Autostade d'Expo 67 une série de 26 représentations. Quelques milliers de parents courageux ont bravé une température plutôt froide pour amener les plus jeunes en bordure des rues Craig, McGill et de la Commune. Mais précisons tout de même que plusieurs employés des bureaux du centre-ville n'ont pas manqué l'occasion de faire une petite marche... vers les fenêtres.

C'EST ARRIVÉ UN 16 MAI

1982 — Une femme, Milka Planinc, est élue à la tête du gouvernement fédéral yougoslave.

1974 — L'assemblée des commissaires de la CÉCM demande à la police d'expulser les grévistes des «cofis». — Tito, de son vrai nom Josip Broz, est élu président à vie de la République yougoslave.

1973 — Les 40 étudiants qui devaient aller travailler en Angleterre pour des salaires dérisoires ne quitteront finalement pas le Québec.

1970 — Joaquim Balager est réélu président de la République dominicaine au cours d'élections marqués d'incidents sanglants.

1967 — Dix millions de Français se mettent en grève pour manifester leur opposition au gouvernement qui exige les pleins pouvoirs.

1966 — Les gens de mer de Grande-Bretagne déclenchent la grève, la première depuis 1911.

1961 — La Conférence de Genève sur le Laos propose la création d'un gouvernement tripartite (occidental, communiste et neutre). — Le président John F. Kennedy débarque à Ottawa pour sa première visite officielle au Canada.

1960 — Le sommet est-ouest s'écroule dès l'ouverture à la suite du refus de Nikita Khroutchtchev d'y participer à moins que le président Eisenhower n'offre des excuses à l'URSS.

1950 — Fin de la grève des chauffeurs de locomotive qui paralysaient cinq grands chemins de fer américains.

1946 — Le gouvernement fédéral annonce la fin des subsides sur le lait et le transfert du contrôle des prix aux provinces.

1943 — La RAF détruit deux grands barrages allemands et provoque de graves inondations da la vallée de la Ruhr.

1919 — Les héros du 22e bataillon sont chaleureusement reçus à Halifax.

1911 — Le vent détruit le dirigeable « Deutschland » construit par von Zeppelin, à Dusseldorf.

1889 — Une conflagration détruit près de cent maisons à Québec.

1888 — Le feu détruit l'église, le presbytère et un pâté de maisons de Saint-Calixte de Somersed.

LA PRESSE

100 ans d'actualités

Montréal célèbre son 325e anniversaire dans le tumulte distrayant de l'Exposition

Le stabile de Calder est remis à la ville de Montréal

photo Jean-Yves Létourneau, LA PRESSE

Sous «l'Homme», imposant stabile de Calder, repose différents documents relatifs à la remise de cette oeuvre à la ville de Montréal, par l'International Nickel. Le stabile fut remis à Montréal au cours des cérémonies marquant le 325e anniversaire de fondation de la ville.

LA ville de Montréal a peut-être atteint ce degré de maturité qui lui interdit de crier son âge.

Peut-être aussi qu'il est difficile de parler anniversaire au beau milieu de l'emplacement d'une exposition universelle.

Il est également possible que certaines manifestations soient conçues en fonction d'une minorité plutôt qu'en fonction de la masse.

Quoi qu'il en soit, l'Exposition universelle et internationale (une exposition de première catégorie, faut-il le répéter) a eu nettement le dessus hier **(17 mai 1967)** sur les cérémonies de commémoration du 325e anniversaire de la fondation de Montréal *(par Paul de Chomedey, sieur de Maisonneuve)*. La foule, euphorique comme le veut maintenant l'habitude, a quasi ignoré les manifestations et les beaux discours de la Place des Nations, préférant à l'histoire de leur ville (ou de leur hôte), celle plus exotique peut-être d'un quelconque pays étranger.

La Compagnie Franche de la Marine a rendu à MM. Drapeau, Dupuy et Saulnier le traitement habituellement réservé aux chefs d'Etats: salut royal, levé du drapeau, marche lente et tout le tralala.

En bref, Montréal reprenait, 25 ans plus tard, les célébrations, forcément remises à cause de la guerre, de son tricentenaire. Et Montréal se voyait accorder, à la Place des Nations, un traitement généralement réservé aux Etats participants à Expo 67.

«Acte de spiritualité»

Dans son allocution, M. Jean Drapeau a avant tout rendu un vibrant hommage aux fondateurs de Ville-Marie, «personnes courageuses et déterminées qui, selon lui, ont accompli un acte de spiritualité et un acte de foi en l'Humanité». Il a particulièrement vanté le mérite de ceux qui ont profondément marqué les débuts de Ville-Marie, sans y être jamais venus, les Olier et la Dauversière nommément.

M. Drapeau s'est finalement réjoui que le 325e anniversaire de fondation de Montréal se produise «à un moment où la réputation de la métropole canadienne est portée aux confins du monde».

Fait qui mérite d'être souligné, dans le contexte politico-municipal, M. Drapeau a profité de cette manifestation extraordinaire pour saluer en M. Lucien Saulnier le parfait collaborateur.

C'est avec emphase que le maire de Montréal a tenu à souligner le travail accompli par le président du comité exécutif et pour l'en remercier.

La figure de Paul Chomedey de Maisonneuve, dessinée par des pièces pyrotechniques, lors du feu d'artifice présenté par LA PRESSE en 1942.

On a célébré le tricentenaire

IL est dit dans le texte consacré au 325e anniversaire de fondation de Montréal qu'en 1942, on avait remis à plus tard les cérémonies du tricentenaire à cause de la guerre. Or, en **1942**, l'événement n'était quand même pas passé complètement inaperçu, comme en font foi les archives de LA PRESSE. Le **17 mai,** il y avait eu une messe pontificale au parc Jeanne-Mance, sur le flanc du Mont-Royal, puis un feu d'artifice au même endroit le soir, feu d'artifice évidemment commandité par LA PRESSE, auquel assistèrent quelque 250 000 personnes. Au cours de la messe célébrée en présence de 50 000 personnes par le cardinal Villeneuve, ce dernier a reçu, au nom de la ville et de ses citoyens un magnifique calice d'or offert par le pape Pie XII et présenté par Mgr Ildebrando Antoniutti, délégué apostolique.

Puis le lendemain, le 18, des centaines de personnalités de différents milieux participaient à une cérémonie empreinte de sobriété, au monument de de Maisonneuve, à la Place d'Armes.

C'EST ARRIVÉ UN 17 MAI

1983 — Les Islanders de New York méritent la coupe Stanley pour la 4e année consécutive en menottant complètement Wayne Gretzky.

1982 — Les résidents de Pointe-aux-Trembles votent majoritairement en faveur de l'annexion à Montréal.

1979 — Le député péquiste Robert Burns quitte la vie politique.

1977 — Le Likoud de Menahem Begin remporte les élections en Israël, mettant fin à 29 ans de régime travailliste.

1976 — Le président français Valéry Giscard d'Estaing arrive aux États-Unis pour une visite officielle de cinq jours.

1973 — Début de l'enquête du Watergate aux États-Unis sous l'oeil vigilant de la télévision.

1971 — Arrivée du premier ministre Pierre Elliott Trudeau en URSS, pour un voyage officiel de 11 jours.

1968 — Pas moins de 80 000 visiteurs envahissent les îles dès l'ouverture de Terre des Hommes.

1957 — Grève des 6 000 employés de l'aluminerie d'Arvida.

1954 — Par neuf voix contre zéro, la Cour Suprême des États-Unis interdit la ségrégation raciale à l'école.

1950 — Intronisation de Mgr Paul-Émile Léger au poste d'archevêque de Montréal.

1940 — Les Allemands percent les lignes françaises sur un front de 62 milles et prennent Bruxelles, Louvain, Malines et Namur.

1939 — Le roi George VI et la reine Elizabeth arrivent au pays, première étape d'une visite nord-américaine d'un mois.

1935 — Un incendie meurtrier détruit l'école normale et le couvent des Soeurs de la Congrégation, à Joliette.

1916 — Les rues Gilford et de Laroche, dans le nord de Montréal, sont inondées à la suite du débordement des égouts.

1903 — Un pont de chemin de fer inachevé s'écroule sous le poids d'un train de marchandises, à Grand' Mère.

1902 — Prestation de serment du jeune (il est âgé de 16 ans) roi d'Espagne, Alphonse XIII, à Madrid.

M. Paul-Emile Tremblay ne se doutait peut-être pas lorsque cette photo a été prise que son épouse lui donnerait une septième paire de jumeaux deux ans plus tard *(17 mai 1956)*. M. Tremblay tient dans ses bras l'avant-dernière paire de jumeaux, nés en 1954. Les deux nouveaux-nés portent à 16 le nombre d'enfants du jeune couple de Roberval, dont 15 vivants, le seul décédé étant un garçon du premier couple de jumeaux mort quelques jours après sa naissance. Le père, âgé de 32 ans (comparativement à 33 pour son épouse), travaillait à l'usine de l'île Maligne de l'Alcan. Enfin, selon le docteur Julius Metrakos, professeur de génétique à l'université McGill, on avait évalué à une sur 47 829 690 000 000, donc près de 50 trillions, les chances d'accoucher d'une septième paire de jumeaux!

Le sergent-major Leja est toujours entre la vie et la mort

12 bombes à Westmount

par Martin Pronovost

DOUZE bombes de fabrication domestique placées dans autant de boites aux lettres ont tenu en alerte la population de Westmount, hier, en plus de causer des blessures graves à un ingénieur de l'Armée canadienne.

Tôt ce matin, le sergent-major Walter Rolland Leja était encore entre la vie et la mort à l'hôpital St-Mary's après que les médecins eurent travaillé durant plusieurs heures pour lui amputer le bras gauche et lui faire subir une trachéotomie des voix respiratoires, en plus de traiter ses nombreuses blessures à la poitrine et au visage.

C'est à 2 h. 58 hier matin qu'une première explosion dans une boite aux lettres marqua le début d'une série d'événements tragiques qui devaient faire du vendredi **17 mai 1963** la journée la plus mouvementée de l'histoire de Westmount.

Des douze bombes, cinq ont explosé tôt vendredi matin, entre 2 h. 58 et 3 h. 30, deux ont été désamorcées par le sergent-major Leja, une autre lui a explosé dans les mains, le sergent-détective Léo Plouffe a désamorcé la neuvième aux limites de Montréal, et les ingénieurs de l'armée ont fait «sauter» les trois dernières dont on soupçonnait la présence dans autant de boites aux lettres.

Les cinq premières explosions survenues vendredi matin ont suffi pour jeter la consternation chez les paisibles habitants de cette ville ordinairement calme et pour mettre la police sur un pied d'alerte.

A la suite de ces actes de terrorisme, la police westmountaise, de concert avec les autorités du ministère des Postes, ont entrepris la fouille des quelque 85 boites aux lettres dispersées dans la ville. (...)

Les deux premières interventions du sergent-major Leja ont connu le succès. Toutefois, à l'intersection des avenues Westmount et Lansdowne, l'expert de l'Armée devait être victime de son courage.

L'explosion de la bombe que tenait dans ses mains à ce moment le sergent Leja équivalait, selon un témoin, à la détonation d'un obus de 20 livres.

Dans la déflagration, le sous-officier technicien a eu la main gauche arrachée, la figure meurtrie et la poitrine dangereusement mutilée. Son compagnon, le lieutenant Douglas Simpson, a échappé miraculeusement à l'explosion, bien qu'il ne se trouvât qu'à environ dix pieds de la victime au moment précis de la détonation.

L'attentat de la rue Ontario est (5)

Affidavits pour l'extradition de Parillo

LA cause en extradition d'Adamo Parillo doit, comme on le sait, être plaidée le 23 du courant, à Bridgeport, Conn., alors que l'inculpé, pour sa défense, doit tenter de prouver qu'à l'époque de l'attentat contre l'auto de la Banque d'Hochelaga, alors que le chauffeur Cléroux fut assassiné, il n'était pas à Montréal.

Les autorités policières de notre ville, qui semblent certaines du contraire, ne sont pas demeurées inactives et, demain soir, Me R.L. Calder, substitut du procureur de la Couronne, ainsi que les détectives Isaie Savard et Mack Worth doivent partir pour Bridgeport, afin de faire valoir leurs preuves.

Le juge Enright s'est rendu, cet avant-midi **(17 mai 1924)**, à la prison commune, et dans d'autres endroits en compagnie du sergent-détective Savard et du sténographe officiel Lomax, pour assermenter certains affidavits qui seront offerts au tribunal américain, lors de l'appel de la cause.

BABILLARD

Précisions au sujet des certificats

Devant le nombre grandissant de lecteurs qui demandent un certificat pour une foule de motifs sans doute valables mais non conformes à la règle établie au tout début, il vaut la peine de redire à quoi sont réservés les fameux certificats du centenaire de LA PRESSE.

On trouve trois types de certificats :

a) **Les anniversaires d'importance :** tous les anniversaires de naissance, à partir du 100e (avec présentation d'une photocopie de l'attestation de naissance; les 25e, 50e et 60e anniversaires de mariage; les 50e, 75e et 100e anniversaires des entreprises.

b) **Les bébés naissant pendant l'année du centenaire :** sur présentation d'une photocopie de l'attestation de naissance, tous les heureux parents d'un bébé né entre le 20 octobre 1983 et le 20 octobre 1984 peuvent demander un certificat.

c) **Les collaborateurs de la page du centenaire :** tous ceux qui collaborent à la page du centenaire reçoivent dans les jours qui suivent un certificat spécial soulignant leur collaboration.

Inutile de demander des certificats pour d'autres raisons que celles-là. La raison est facile à comprendre : si on veut conserver à ces certificats un certain cachet d'exclusivité, il faut que leur présentation soit limitée.

Des noces d'or bien célébrées

Le 21 avril dernier, parents et amis célébraient le 50e anniversaire de mariage de **Me Jules Dupré** et de **son épouse Claire** (Duranleau). À cette occasion, M. Antoine DesRoches (à gauche), directeur aux relations publiques de LA PRESSE, remettait au couple jubilaire une page frontispice de son édition du 21 avril 1934, et le fameux certificat d'honneur. Me Dupré recevait en outre de l'association Belgique-Canada dont il fut longtemps le président une magnifique toile du peintre Viateur.

La nouvelle pinte de lait

Un autre oubli à rectifier pour les collectionneurs. C'est le 14 mai **1959** qu'a paru l'article consacré aux modifications à la pinte de lait, et repris dans la page du **14 mai.**

Li Chung-Yun âgé de 252 ans explique les raisons de sa grande vieillesse

*NDLR — Cet article incroyable a été publié le **17 mai 1930**.*

Il a connu dix monarques. — 24 épouses. — Né en 1677.

KAISAN, province du Schech-wan, Chine, 17 — Li Chung-Yun est âgé de 252 ans!! Cet âge qui peut surprendre pour un être humain est catégoriquement prouvé par des précisions irréfutables. Il y a quelques semaines à peine, à la demande de Wu Chung-Chieh, doyen du service éducationnel de l'Université de Chung-Tu, Li Chung-Yu a accepté de donner toute une série de conférences sur lui-même et expliquer le secret de sa longévité. (...)

C'est un homme d'une instruction, d'une érudition considérable et d'une activité cérébrale extraordinaire. Ses souvenirs permettent de retracer les faits importants de la vie de dix monarques et les événements de 18 ans du régime républicain. (...)

On eut 23 séances en tout. Or, bien des jeunes professeurs après un tel travail auraient été fatigués, harassés, mais, chose remarquable, le vieux Li terminait chacune de ses conférences avec toujours une fraicheur physique et intellectuelle. (...)

UNE ENQUETE

Une enquête minutieuse fut faite et il fut indiscutablement constaté que nous étions bien en présence d'un homme de 252 ans. On découvrit même dans les papiers de Li un message officiel du gouvernement chinois le félicitant d'avoir atteint son 150e anniversaire de naissance. Le professeur Chung-Chieh déclare qu'une seconde fois, en 1877, le gouvernement félicita Li de son 200e anniversaire; de plus on découvrit des papiers prouvant que Li était né en 1677.

AVENTURIER

Li n'a jamais vécu une vie sédentaire. C'est un homme qui a toujours aimé les aventures et bien qu'âgé, il manifeste l'enthousiasme d'un jeune homme de 18 ans. Il s'est marié 23 fois et il a enterré toutes ses épouses. Présentement, la 24e, bien qu'âgée de 60 ans seulement, se sent vieille et se plaint souvent qu'il n'est pas commode pour une personne de son âge de vivre avec un homme aussi jeune; elle se sent incapable de suivre son mari qui a un goût trop vif pour les aventures. (...)

LA PRESSE

100 ans d'actualités

Bombe au Parlement d'Ottawa

Un aliéné est déchiqueté par l'engin qu'il destinait au parquet de la Chambre

par Pierre O'Neil et Jacques Pigeon

OTTAWA — Paul-Joseph Chartier, un aliéné domicilié à Toronto, est l'homme qui a connu une mort affreuse, à quelques pieds de la Chambre des communes, hier après-midi **(18 mai 1966)**.

La bombe de sa fabrication qu'il avait dissimulée sous son pardessus, a explosé prématurément, au moment où il l'amorçait dans une salle de toilette adjacente aux bureaux du premier ministre et du ministre des Affaires étrangères.

D'après les renseignements recueillis jusqu'ici par la Gendarmerie, l'individu âgé de 45 ans se préparait à la lancer sur le parquet de la Chambre.

Mais la bombe qu'il avait préparée dans son appartement de Toronto devait être amorcée manuellement, probablement à l'aide d'une allumette.

Après avoir demandé son chemin à un garde, l'individu est entré dans la salle de toilette, numérotée 327S, dans le bloc central du Parlement; il ne devait pas en ressortir vivant.

Le solliciteur général Larry Pennell a révélé ces faits aux journalistes, tard hier soir, tout en leur apprenant que la Gendarmerie avait retrouvé dans l'appartement de Chartier plusieurs bâtons de dynamite et deux autres bombes de sa fabrication.

Sur son corps affreusement mutilé, on a retrouvé deux cartes d'identification, portant des noms différents, ainsi qu'une autre carte indiquant qu'il était sous traitements dans un hôpital psychiatrique de la Ville-Reine.

De plus, la Gendarmerie a retrouvé dans son appartement des écrits de sa main qui ne laissent planer aucun doute; Paul Chartier était malade, mentalement.

Tout porte à croire qu'il s'agit d'un célibataire qui vivait seul. On pense qu'il a passé la nuit dernière au YMCA de la capitale fédérale.

On est porté à croire, a dit le solliciteur général, qu'il n'en voulait pas particulièrement à un individu, mais bien à des institutions comme le Parlement.

La GRC a également établi que Paul Chartier a eu plusieurs emplois au cours des dernières années. (...)

L'étendard royal se promène pour la première fois dans la Métropole

Un moment ralenti du long cortège de vingt-trois milles qui a permis au roi George VI et à la reine Elizabeth, souverains du Canada, d'entrer en contact, hier après-midi *(18 mai 1939)*, avec leur métropole canadienne. Le cortège revient du Chalet de la montagne. L'automobile marron, au pare-brise duquel flotte l'étendard royal sort du fashionable chemin Shakespeare pour s'engager dans la Côte des Neiges. Il est 5 h. 30 environ. Le soleil commence à tomber, la brise se fait plus fraîche et les ombres s'allongent. L'escorte modère son allure car, dans une couple de minutes, les motocyclettes de la 8e Duke of Connaught's Royal Canadian Hussars seront remplacées par les 32 chevaux superbement stylés de la 17e Duke of of Connaught's Hussars. La foule est déjà moins dense que tout à l'heure. Elle est restée en place longtemps pour voir revenir par le chemin Shakespeare le cortège royal qui était passé une heure auparavant. Elle acclame de nouveau.

Faste somptueux du banquet du Windsor

par Roger Champoux

MONTRÉAL, la métropole du royaume du Canada, s'est montré digne de son titre, hier soir **(18 mai 1939)** en l'hôtel Windsor où elle recevait à diner Leurs Majestés le roi et la reine d'Angleterre.

Après le triomphal cortège royal à travers les grandes artères de la première ville du Canada, ce diner fut en quelque sorte l'apothéose d'une journée à jamais historique.

Montréal est certainement une des grandes villes de l'Amérique du Nord. Nous l'avons senti et compris mieux que jamais hier soir. La dignité du cérémonial, le maintien des convives, la pompe du décor et l'ambiance générale ne trompent pas. Sans aucun doute Leurs Majestés ont été éblouies par le faste, charmées par la réception, et surtout émues par les vivats de la foule compacte, unie en un cri qui l'accueillit, par deux fois, au balcon du bel hôtel qui jamais n'eut si magnifique allure.

L'Etat, l'Eglise, la province, la magistrature, le monde du commerce et de la finance étaient hautement représentés à la table d'honneur.

L'on sentait dans cette foule passer un sentiment profond, quasi inexprimable d'admiration muette et de révérence.

Il est un moment que les convives présents — tout près de mille — n'oublieront jamais! Celui où le premier magistrat de la métropole canadienne, M. Camillien Houde, levant son verre, porta dans les deux langues le toast traditionnel:

Messieurs, le roi! Gentlemen, the King!

Messieurs, la reine! Gentlemen, the Queen!

Minute unique en effet. Tous les yeux étaient rivés sur cette gracieuse et si belle dame. Vêtue d'un tulle bleu presque blanc et broché d'argent, portant avec une réelle majesté le diadème diamanté et la sobre décoration de l'Ordre de la Jarretière, la reine était là, devant nous. Son sourire illuminait toute la salle et dans les ors du décor, le miroitement de l'argenterie et du cristal, ses yeux semblaient les plus beaux joyaux du monde. (...)

LOUIS CYR à deux doigts de la mort

Croquis de l'aventure survenue à Louis Cyr, réussi par le dessinateur de LA PRESSE.

NOTRE champion canadien, Louis Cyr, était en visite à Montréal ce matin **(18 mai 1899)**, l'air réjoui comme toujours, mais un peu raide du cou et des reins.

— Qu'y a-t-il donc? lui demanda notre reporter, en le voyant descendre du train de Joliette, à la gare du Pacifique.

— Il y a, répondit M. Cyr, que j'ai été à deux doigts de la mort, ce matin, et qu'il m'en est resté une petite raideur dans les muscles du cou et du dos.

— A deux doigts de la mort! s'exclama le reporter.

— Disons deux pieds, reprit l'athlète, en riant. Voilà comment ça m'est arrivé:

«J'étais à Saint-Jean de Matha, «e matin. Pour atteindre plus promptement la gare où je voulais prendre le train, pour Montréal, je fis atteler l'un de mes chevaux, auquel on n'avait pas mis la bride depuis un mois peut-être. Fringuant de sa nature, il ne demandait qu'à courir.

«Le malheur est qu'on l'avait attelé un peu à la hâte, et qu'il y a des côtes en ce pays de mes prédilections. Je n'avais pas fait quelques arpents, que le cheval, en descendant la montagne, prenait le mors aux dents et menaçait de tout briser. Pour le tranquilliser un peu, je me pendis sur les guides, de bonnes guides, certes, toutes neuves, mais pas assez fortes pour me permettre de lever le cheval de terre.

«L'animal fit un suprême effort de la tête en même temps qu'il faisait feu des quatre fers, les guides cassèrent et je fis une culbute, qui aurait bien pu être ma suprême, si je n'avais gardé à ce moment toute ma présence d'esprit.

«D'un coup d'oeil, j'avais saisi la situation et plutôt que de me trouver sans moyen de contrôle aucun, à la merci d'un cheval emballé, j'avais résolu de sauter en bas de la voiture, si je ne réussissais à lever l'animal de terre. Je sentis plutôt que je ne vis que les guides cassaient, et c'est juste à ce moment que je me suis dit: «sautons». C'est de même juste à ce moment que le cheval n'étant plus entravé par rien, prit son élan, vers l'éternité.

«Je ne sais pas si je suis monté bien haut dans l'air, mais il me semble que je suis tombé longtemps, avec le résultat que vous voyez: un peu de raideur aux muscles du dos et peut-être aussi du bras gauche. A part ça, je me porte bien, le cheval aussi, et vous de même, j'espère, dit-il au reporter, en riant du bon rire que tout le monde lui connait.»

Désastre aérien à Moscou

Un aérobate trop hardi a fait choir un énorme avion. — Le gigantesque «Maxim Gorki» se brise sous l'impact d'un avion acrobatique.

(Service de la Presse Associée)

MOSCOU — Une bataille désespérée dans un avion cinématographique accompagnant le «Maxim Gorki» au temps du désastre de samedi **(18 mai 1935)** a failli causer une autre tragédie.

Le pilote de ce petit avion, V. Rybushkin, dit qu'après qu'un aéroplane acrobatique eut frappé le Gorki, un opérateur de cinéma perdit la tête, se jeta sur lui, essayant de l'étrangler et de lui enlever les contrôles.

«Je perdis la direction de mon appareil, dit ce pilote, et nous descendimes en spirale. Et je fus obligé de frapper mon compagnon à la figure.»

On n'a pu savoir si cet opérateur a tourné la tragédie aérienne avant son accès de folie. 49 personnes ont perdu la vie dans cet accident, soit 48 à bord du Gorki et le pilote de l'avion qui faisait de l'acrobatie.

Blagin averti d'être prudent

Rybushkin dit qu'il avait entendu Ivan Mikhseff, un des pilotes du Gorki, avertir Blagin, pilote de l'appareil qui causa le désastre, de ne pas faire d'acrobatie avant que les avions eussent pris leur vol. «Ne fais pas de boucles, aurait dit Mikhseff, tu arriverais dans mon appareil. Blagin, offensé, aurait répliqué: «Je ne suis pas un enfant, je suis aviateur depuis 15 ans».

«Blagin, continua Rybushkin, volait à droite du Gorki et moi à 60 mètres à gauche. Blagin avait l'ordre d'accompagner le Gorki pour que nous puissions montrer dans le film le contraste entre les deux appareils. Le Gorki avait fait une courte envolée et nous retournions à l'aérodrome quand Blagin se mit à «faire le baril» puis à boucler la boucle. A la deuxième boucle, il perdit de la vitesse et s'écrasa sur l'aile droite du Gorki près du point où elle joignait le fuselage. Je m'étais éloigné et j'étais monté au-dessus des deux aéroplanes.

«Les pilotes du Gorki ont probablement fermé leurs moteurs immédiatement mais l'appareil avança pendant 10 ou 15 secondes.

Puis le petit avion tomba en pièces. L'aile droite du Gorki se détacha, puis la queue s'affaissa et se détacha. Le reste de l'avion se retourna sur le dos, avança un moment puis plongea vers la terre, frappant des arbres avant d'arriver au sol.»

Photo du « Maxim Gorki », capable de transporter 75 personnes à une vitesse de 150 milles à l'heure.

C'EST ARRIVÉ UN 18 MAI

1982 — La société Bombardier obtient un important contrat de $1 milliard des gestionnaires du métro de New York.

1980 — Le mont St. Helens entre en éruption et fait au moins 32 morts, dans l'état de Washington. — La décision du président Valéry Giscard d'Estaing de rencontrer le leader soviétique Leonid Brejnev, à Varsovie, soulève l'inquiétude et la désapprobation aux États-Unis. — Le gouvernement sud-coréen décrète l'état d'urgence sur l'ensemble du territoire, pour mettre fin à l'agitation étudiante en cours depuis deux mois.

1969 — Départ du vaisseau spatial *Apollo X*, qui servira de répétition générale en vue de l'alunissage de juillet. — Début des expropriations à Sainte-Scholastique en vue de la construction du nouvel aéroport international de Montréal.

1968 — En France, la grève générale gagne le secteur public.

1967 — Le gouvernement égyptien invite les forces des Nations-Unies en Égypte sur son territoire à vider les lieux.

1965 — La reine Elizabeth II entreprend une visite historique en Allemagne de l'Ouest. C'est la première fois qu'un souverain britannique foule le sol allemand depuis 1909.

1956 — Fin de la grève des marins des Grands Lacs, qui durait depuis dix jours.

1954 — Un ballon d'une hauteur comparable à un édifice de 13 étages s'élève jusqu'à l'altitude incroyable de 23 milles, aux États-Unis.

1951 — L'ONU décrète un embargo sur les armes et les matières stratégiques destinées à la Chine communiste.

1946 — Le gouvernement américain se voit dans l'obligation de réquisitionner les chemins de fer pour empêcher les cheminots de déclencher la grève.

1939 — Le gouvernement libéral de T.A. Campbell est maintenu au pouvoir lors des élections générales de l'Île-du-Prince-Édouard.

1910 — La comète de Halley passe au-dessus de Montréal.

1899 — Ouverture de la première conférence sur la paix à La Haye.

1896 — Couronnement du tsar de Russie, Nicolas II.

RELIGIEUX MIS AU BAN

(Service de l'United Press spécial à la «Presse»)

MADRID, 18 — La répression des ordres religieux a été presque complété aujourd'hui en Espagne quand les Cortès, par 278 voix à 50, ont adopté en dernière lecture la loi des congrégations religieuses.

Les prêtres, les moines, les religieux et autres appartenant aux ordres religieux n'ont plus le droit d'enseigner. Leurs biens étaient nationalisés et l'interdiction leur étant faite de se livrer à l'industrie, au commerce ou autre occupation rétribuée, les ecclésiastiques se trouvent sans occupation et sans moyens d'existence.

La nouvelle loi a été passée en vertu d'un règlement limitant la durée des débats.

Cela se passait le 18 mai 1933.

LA PRESSE
100 ans d'actualités

MONTREAL ACCLAME LES HEROS DU 22e ET LEUR SOUHAITE UNE RECONNAISSANTE BIENVENUE

Le coup d'oeil qu'offraient les abords de la gare Viger où des milliers et des milliers de personnes se pressaient, cet avant-midi *(19 mai 1919)* pour acclamer nos héroïques soldats. Cette photographie fut prise au moment où les gars du 22ème, applaudis avec chaleur, prenaient leur rang pour la grande parade à travers les principales rues.

LE RETOUR TRIOMPHAL DE NOS HEROS

ILS sont arrivés comme des soldats d'épopée: glorieux, fiers et gais.

L'histoire du courage, de l'honneur et de la vaillance pouvait se lire sur toutes les poitrines avec pour caractères: des croix, des médailles, des plaques, des rubans et des étoiles.

Jamais la population de Montréal n'a éprouvé un tel frisson qui aussi rapidement l'a conduite au vertige d'un enthousiasme sans précédent.

Le tiers de la population avait déserté le foyer pour se distribuer à la gare Viger, sur le parcours, à la Ferme Fletcher et aux casernes.

Il y avait comme un peu de soleil d'Austerlitz qui rutilait sur les baïonnettes des vainqueurs de Courcelettes, descendants de ceux qui avaient combattu sous Napoléon.

Le spectacle est une chose inoubliable. Plus de deux cent mille personnes formaient la haie qui attendaient le 22ième au passage.

Le cadre était admirable. Le pont, rue Notre-Dame, était, sur toute sa longueur, chargé d'une masse multicolore qui chantait et applaudissait. Le long des rampes, même foule. En levant les yeux, sur tous les toits, aux fenêtres: foule, foule.

LES HEURES D'ATTENTES

Pour distraire les milliers de gens qui attendaient, peu à peu arrivèrent les troupes des vétérans, les cadets, les rapatriés des différentes unités.

Plus de 18 bataillons étaient représentés. Puis, ce furent les Cadets du Mont Saint-Louis, unités écossaises, sociétés des vétérans, Sacs-en-dos, associations de secours, «Boy-Scouts».

Les fanfares nombreuses jouaient des airs martiaux.

Les groupes officiels arrivaient à leur tour. (...)

Le consul de France, M. Henri Ponsot, accompagné de tout son personnel et d'un grand nombre de membres de la colonie française, se trouvant là, séparés de l'autre groupe, profitèrent heureusement des circonstances pour saluer les soldats qui descendaient. L'autre train fut rapidement en gare et les soldats descendaient peu après. Vers 11 heures moins un quart, tout était fait, et l'on attendait le départ.

LA RECEPTION OFFICIELLE

Dans le second train arriva le général Tremblay, D.S.O., officier de la Légion d'honneur, souriant, fort efficace. Après lui venaient le lieut.-col. A.H. Dubuc, D.S.O; le lieut.-col. H. Desrosiers, le major H. DeSerres, le major J.-P. U. Archambault, le major Henri Chassé et le capitaine Ernest Cinq-Mars.

Dès que le général Tremblay parut, on lui offrit une gerbe de roses. Les officiers de l'état-major local et les officiers du 22ième échangèrent des saluts, et le maire Martin souhaita la bienvenue au nom de la ville. Le colonel Gaudet et le général Tremblay ouvrirent la marche, suivis par tout le brillant état-major des officiers présents et les citoyens distingués des comités de réception des différentes organisations.

Sur les deux quais de la gare, 758 officiers et soldats attendaient la formation en parade pour filer au plus tôt.

Les soldat! Oh! les braves gars! Tous avaient quelque chose sur la manche ou sur la poitrine: galons, étoiles, rubains, croix, médailles. Nous avons vu des manches avec 5 barres d'or, ce qui signifie 5 blessures. Tous ces braves, rablés, joyeux, blagueurs, se moquaient des civils, et, sans forfanterie criant leur joie du retour après avoir fait leur bonne, très bonne part de la grande besogne.

LE DEPART DE LA PARADE

Puis le signal du départ fut donné. Les deux mille hommes de troupe que formaient les vétérans et les cadets se mirent en marche, aux accents des fanfares de chaque groupe, drapeaux déployés.

Jusqu'à ce moment, la foule n'avait pas encore vu les héros qu'elle attendait et qu'elle était si anxieuse de voir. Les unités rapatriés défilèrent, puis ce fut les vétérans français, dont l'uniforme bleu tranchait avec ceux de leurs camarades; puis la garde d'honneur du 65ième, la garde d'honneur formée par le 4ième bataillon de la garnison locale.

Soudain, un commandement bref est donné par le lieut.-col. H. Desrosiers, et les baïonnettes sont fixées aux canons des fusils, et le défilé glorieux commence, alors qu'éclate l'ovation d'une foule comme jamais on n'en a vue précédement. Le défilé héroïque s'achemine par la rue Saint-Hubert, et disparaît dans la longue théorie des arcs de triomphe, pour se rendre au parc Mance.

Ce fut un spectacle inoubliable que celui de la remise des décorations des braves, qui n'avaient pu les recevoir qu'après la signature de l'armistice. La cérémonie eut lieu sur le parc Mance. (...)

Cela se passait le 19 mai 1919.

C'EST ARRIVÉ UN 19 MAI

1976 — Le gouvernement canadien décide d'interdire toute livraison de matériel nucléaire à l'Inde.

1974 — Les Flyers de Philadelphie deviennent la première équipe de l'expansion de 1967 de la Ligue nationale de hockey à mériter la coupe Stanley, en battant les Bruins de Boston par quatre victoires à trois en finale. — Valéry Giscard d'Estaing est élu président de la France, ayant défait le socialiste François Mitterand, représentant de la gauche. Il devient ainsi le 3e président de la Ve République, après le général Charles de Gaulle et Georges Pompidou.

1967 — Le secrétaire général U Thant, des Nations-Unies, décide d'obtempérer à la demande de l'Égypte et ordonne l'évacuation du territoire égyptien par les forces de l'ONU.

1958 — Le général Charles de Gaulle annonce qu'il est prêt à reprendre le pouvoir en France, à la condition qu'on lui accorde pleine autorité.

1954 — Le Vietminh libère Geneviève de Galard-Terraube, qui avait refusé de quitter les blessés de Diên Biên Phu. — Le gouvernement Eamon de Valera est mis en minorité en Eire, par le résultat des élections générales.

1948 — La Grande-Bretagne annonce son intention de continuer d'armer les Arabes dans la guerre contre les Juifs, tant que son intervention ne sera pas déclarée illégale par l'ONU.

1947 — Howie Meeker, un ailier droit des Maple Leafs de Toronto, mérite le trophée Calder, remis à la meilleure recrue de la Ligue nationale de hockey.

1941 — Le duc d'Aoste et 7 000 soldats italiens se rendent aux Britanniques après le siège d'Amba Alagi, en Éthiopie.

1940 — Le général Weygand devient le commandant en chef des troupes alliés, en remplacement du général Gamelin.

1926 — Un incendie détruit l'usine de la Colonial Piano, à Sainte-Thérèse.

CARUSO A L'ARENA

Voici comment le Claude Gingras du temps avait analysé le concert d'Enrico Caruso présenté le ***19 mai 1908*** *à l'Arena de Montréal.*

DEVANT une salle comble, — et, à l'Aréna, cela veut dire quatre milles personnes, au bas mot, — Caruso, Rhadamès, Canio, Faust, incomparable, a été acclamé avec frénésie, rappelé avec délire, et, en bon prince, il est revenu, mais pas aussi souvent qu'on l'eut voulu, donner l'éblouissement magique de sa voix. C'est cette voix seule qu'on est allé entendre. La musique n'était plus que le véhicule par lequel cette voix pure et forte, souple et tragique, répandait dans l'immense hangar de fer de l'Arena ses accents prestigieux. Qu'importait le lyrisme convenu de l'air d'Aïda», la froideur aristocratique de la Cavatine de Faust, puisque ce n'était là ce qu'on venait entendre. Et cependant il y aurait beaucoup à dire, et à redire, à ce sujet. Le plus grand triomphe de la soirée fut pour l'Air de «Paillasse» (de Léon Cavallo), de la musique vraie, empoignante, intense, dramatique. Caruso ne l'a pas chantée, il l'a pleurée!

Le régistre du chanteur est merveilleux. Il n'y a pas une paille dans son étendue. Le timbre est homogène, d'une qualité toujours constante. Sans que l'articulation soit jamais martelée, on saisit les moindres syllabes, que ce soit en français ou en italien. Jamais le chanteur n'a cédé à la trop facile tentation d'épater l'auditoire par des tenues inartistiques de notes élevées et cela coule sans effort apparent, sans que la cage thoracique semble devenir un soufflet de forge. (...)

La colonie italienne a présenté à Caruso une adresse et des palmes nouées d'un ruban aux couleurs de la maison de Savoie.

Assistaient au concert, Son Excellence le gouverneur-général, ses filles, lady Evelyn et Sybil Grey et sa maison militaire. L'élite de la société anglaise et française occupait des baignoires et des fauteuils.

Enrico Caruso

BABILLARD

Dernier appel pour «Avis de recherche»

Comme vous l'aurez lu à la chronique « Activités » c'est au cours de la semaine prochaine que l'équipe de l'émission *Avis de recherche*, présentée quotidiennement sur les ondes de Radio-Canada à 18 h 30, rendra hommage à LA PRESSE à l'occasion de son centenaire.

Nous profitons donc de la circonstance pour lancer une dernière invitation à tous les anciens confrères qui ont changé d'entreprise, voire de métier, de se joindre à ceux qui ont persévéré et vous proposent LA PRESSE tous les jours, à l'occasion des « retrouvailles du centenaire ».

Pour de plus amples informations, on peut s'adresser au **790-0914.**

Un autre rappel

Comme vous le savez peut-être, le magazine *Le Temps de vivre* a entrepris, en mai, la publication de « photos-souvenirs du bon vieux temps » mises à la disposition du magazine par LA PRESSE. Présentées sous la rubrique « Coup d'oeil sur nos aïeux », ces photos ne seront pas sans rappeler de bons moments aux plus âgés, tout en étonnant parfois les plus jeunes. Ce spécial sera en vigueur pendant six mois.

Cinquante ans de guidisme

Un groupe de guides de la paroisse Saint-Jacques de Montréal célébrait le 25 mars dernier, leur cinquantième anniversaire de guidisme. Après la célébration de l'Eucharistie par l'abbé Yvon Marcoux, commissaire national des Scouts du Canada, et le vin d'honneur, les « jubilaires » venues des quatre coins de Montréal et de la province ont eu le plaisir de se rappeler de bons souvenirs après avoir fait le point sur leur carrière au cours des 50 dernières années.

ACTIVITÉS

AUJOURD'HUI

■ À la radio

17 h, Radio-Canada — Chronique consacrée à LA PRESSE à l'émission *Avec le temps*, animée par Pierre Paquette.

LUNDI

■ À la télévision

18 h 30, Radio-Canada — Première de la série de cinq émissions *Avis de recherche* consacrées au centenaire de LA PRESSE. Les téléspectateurs auront l'occasion de voir défiler sous leurs yeux au cours de la semaine une foule d'artisans qui ont travaillé au cours de leur vie. Roger D. Landry, président et éditeur de LA PRESSE, sera de la partie à chaque soir.

Le fameux colonel Lawrence est mort

(Service de la Presse Associée)

WOOL, Dornetshire, Angleterre, 20 — «Lawrence d'Arabie», roi non-couronné des Arabes, l'un des personnages les plus romanesques et les plus énigmatiques de notre temps, est mort hier **(19 mai 1935)** vers 8 heures du matin (3 heures a.m. H.N.E.), à l'âge de 45 ans, des suites d'un accident de motocyclette, au petit hôpital militaire où il gisait sans connaissance depuis 142 heures. Pendant plus d'une heure les médecins essayèrent de le ranimer en se servant d'oxygène. Ils avaient attendu incessamment l'occasion de l'opérer mais Lawrence est mort sans avoir repris connaissance.

Un examen post-mortem a révélé que le cerveau de Lawrence état si affecté qu'il n'aurait eu qu'un usage partiel de la parole et de la vue s'il avait survécu. Son frère A.W. Lawrence dit que son cerveau avait subi des blessures irréparables et que c'eût été une tragédie s'il avait survécu.

Conformément aux voeux du soldat-écrivain et de sa famille, de très simples obsèques lui seront faites demain à Moreton. N'y assisteront que quelques intimes.

Son corps enveloppé de l'Union Jack a été transporté dans une petite chapelle mortuaire à 100 verges de l'hôpital.

Son frère dément catégoriquement la rumeur que le colonel ait été mortellement blessé par ses ennemis parce qu'il détenait d'importants secrets d'Etat. Il dit que le colonel avait quitté complètement le service du gouvernement.

Winston Churchill, ami intime du fameux colonel, a déclaré: «Nou avons perdu dans le colonel Lawrence un des plus grands hommes de notre temps. J'avais espéré qu'il sortirait de sa retraite pour jouer un rôle de premier plan dans la lutte contre les dangers qui menacent notre pays. Il y a bien des années que l'empire n'a subi un pareil coup. Le chagrin personnel de tous ceux qui l'ont connu est accru par la conscience de l'énormité de notre perte.» (...)

La mère du colonel T.E. Lawrence qui est mort hier (...) n'apprit le décès de son fils qu'en arrivant de Chunking à Ichang. Elle était accompagné de son fils aîné, le Dr M.R. Lawrence.

Son voyage sur le Yang Tsé Kiang a été plutôt excitant: des pirates sont montés à bord et ont pris un butin considérable mais sans molester les passagers.(...)

Le colonel T.E. Lawrence, immortalisé sous le vocable «Lawrence d'Arabie».

La fécondation artifielle condamnée

Les naissances ne peuvent résulter d'une intervention étrangère à l'action naturelle des époux, déclare le Souverain Pontife.

CITÉ du Vatican, 19 (AFP) — Le Pape a rejeté, comme «immorale et absolument illicite» les tentatives de fécondation artificielle «in vitro», dans un discours qu'il a prononcé en recevant les membres du deuxième congrès international de la fertilité et de la stérilité.

Le Saint-Père a rappelé à cet égard ce qu'il déclara, le 29 septembre 1949, en s'adressant à des médecins, à savoir qu'en écartant l'insémina on artificielle, «on ne proscrit pas nécessairement l'emploi de certains moyens artificiels destinés uniquement soit à faciliter l'acte naturels, soit à faire atteindre sa fin à l'acte naturel normalement accompli».

Ayant ensuite rappelé aussi que dès 1929 le Saint-Office avait décrété qu'une masturbation directe «procurata ut obtineratur sperma» n'est pas licite à quelque fin que ce soit, dit qu'il se devait ajouter à ce sujet ce qui suit:

Limites du droit matrimonial dépassées

La fécondation artificielle dépasse les limites du droit que les époux ont acquis par le contrat matrimonial, à savoir, celui d'exercer pleinement leur capacité sexuelle naturelle dans l'accomplissement naturel de l'acte matrimonial. Le contrat en question ne leur confère pas de droit à la fécondation artificielle, car un tel droit n'est d'aucune façon exprimé dans le droit à l'acte conjugal naturel et ne saurait en être déduit. Encore moins peut-on le faire dériver du droit à l'«enfant», «fin» première du mariage. Le contrat matrimonial ne donne pas ce droit, parce qu'il a pour objet non pas l'«enfant» mais les «actes naturels» qui sont capables d'engendrer une nouvelle vie et destinés à cela. Aussi doit-on dire de la fécondité artificielle qu'elle viole la loi naturelle et qu'elle est contraire au droit et à la morale.

Cela se passait le 19 mai 1956.

LA PRESSE

100 ans d'actualités

CONFLAGRATION A LA POINTE CLAIRE

L'élément dévastateur anéantit une partie de ce charmant petit village. Plus de 200 personnes sans abri. — L'oeuvre d'un incendiaire, dit-on.

ENCORE une désolante conflagration à enregistrer.

Cette fois, le terrible élément s'est attaqué au pittoresque et verdoyant village de la Pointe-Claire, situé sur les bords du lac Saint-Louis et au milieu de la nuit noire a causé des dégâts considérables.

Le feu s'est déclaré, nous apprend un premier message téléphonique très laconique, chez M. Paquette, magasin actuellement inhabité.

Les flammes ne tardèrent pas à se propager et bientôt, malgré les efforts des citoyens, plusieurs résidences flambaient.

C'est vers deux heures du matin **(le 22 mai 1900)** que l'incendie s'est déclaré, et, avertis du danger, les citoyens n'ont pas tardé à prendre les mesures les plus rapides pour combattre les flammes.

Leurs efforts tout d'abord furent vains et du secours fut mandé de Montréal.

Les flammes illuminaient l'horizon à plusieurs lieues à la ronde et à chaque minute le danger d'une conflagration générale se dressait menaçant.

Les craintes de la population n'étaient pas futiles, car tout à coup, l'on voit les flammes, activées par le vent, se communiquer aux maisons environnantes, et force fut aux pompiers et aux citoyens de reculer devant le brasier qui agrandissait toujours son foyer de dévastation. Et au milieu de la consternation la plus profonde, de la désolation la plus pénible, on vit toute une série de résidences, de «homes» confortables, d'édifices s'écrouler dans des nuages de fumée et de feu.

Le bureau de poste et l'hôtel de ville sont aussi détruits.

C'est sur la rue de l'église que les dégâts ont été les plus considérables.

Les nombreux curieux attirés, ce matin, à la Pointe-Claire, par la nouvelle conflagration qui venait de jeter sur la route une couple de cents personnes, ne virent en entrant dans le village aussi coquet et aussi pittoresque auparavant, que des scènes de ruines et de désolation. Dans les champs et au milieu des rues, des meubles, des paillassons, des couvertures, des oreillers sauvés à grande peine gisent tristement. Çà et là, des familles, tout en larmes, pleuraient sur leurs ruines quasi irréparables.

Il y a une trentaine de maisons complètement détruites. Les murs seules demeurent debout tout calcinés, au milieu des décombres fumants. (...)

Quelles sont les origines de la conflagration? Le bruit circulait dans le village, ce matin, qu'une main incendiaire était la cause de ce désastre irréparable. Des gens jurent avoir vu de leurs propres yeux, en même temps que les premières flammes de l'incendie apparaissaient dans la nuit, un homme fuir à toute vitesse en voiture légère. De plus, des personnes de Lakeside, village voisin, ont vu le même attelage fuir à toute rapidité vers Montréal.

D'un autre côté, la police locale a été avertie cette avant-midi, de surveiller les agissements d'un certain individu qui a pris le train, ce matin, à destination de Montréal.

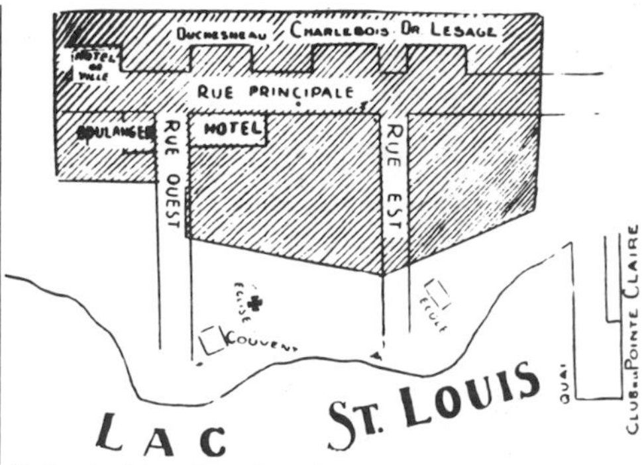

Secteur touché par la conflagration.

Dessin de la conflagration à la Pointe-Claire, vue de la rue Principale.

Apparition du premier char d'assaut fabriqué dans les ateliers Angus

Photo du premier tank lourd d'infanterie fabriqué aux usines Angus.

LE premier char d'assaut fabriqué au Canada fait son apparition à Montréal. Il est sorti des usines Angus du Pacifique Canadien, vers 10 heures, hier matin **(22 mai 1941)**, aux applaudissements d'une assistance nombreuse au milieu de laquelle se trouvaient deux membres du cabinet fédéral, l'hon. C.-D. Howe, ministre des munitions et des approvisionnements, et l'hon. J.-L. Ralston, ministre de la défense nationale.

«Nous assistons à une grande victoire pour le Canada», a fait remarquer l'hon. M. Howe, «car maintenant que nous avons pu produire ce premier char d'assaut, nous savons que nous pouvons en fabriquer un grand nombre d'autres.»

«Cet événement rend moins sombres les jours que nous traversons», a déclaré l'hon. M. Ralston, en remerciant le ministère des munitions et des approvisionnements, ainsi que les directeurs et les ouvriers du Pacifique Canadien. «C'est de tout coeur que vous vous êtes donnés à ce travail, a-t-il ajouté, mais vous nous avez donné une arme des plus nécessaires. L'armée canadienne est prête à en recevoir autant que vous pourrez en produire, et le plus vite vous pourrez les produire, le mieux ce sera.» (...)

«Il s'agit là du premier tank d'infanterie de catégorie lourde fabriqué au Canada», a déclaré l'hon. M. Howe, «et nous l'avons tous constaté, il fonctionne très bien. La fabrication de ce premier char d'assaut présentait de nombreuses difficultés, mais elles ont toutes été surmontées. Et je puis vous assurer que ce tank ne laisse à désirer en rien et peut se comparer avantageusement à n'importe quel autre». (...)

Aucun incident

Toute la démonstration s'est déroulée sans le moindre incident. Deux membres du Royal Tank Regiment, les caporaux Stirton et Chisholm, sortirent le tank des ateliers et le promenèrent dans la vaste artère qui sépare les usines Angus. Ils le firent d'abord fonctionner lentement, puis ils s'éloignèrent de la foule et revinrent à une vitesse vraiment surprenante. (...)

Le tank d'infanterie, a-t-on expliqué aux visiteurs, est destiné spécialement à appuyer l'infanterie à l'assaut des positions ennemies et à abattre les barricades de fil de fer barbelé, les nids à mitrailleuse ou autres défenses d'avant-poste. Il est de catégorie lourde, et, à cause de son rôle particulier, il est moins rapide que le tank cruiser. (...)

Le tank lourd d'infanterie (...) représente un progrès immense sur le premier tank conçu en 1914 par un petit groupe d'Anglais convaincus de la possibilité de réduire de beaucoup les pertes de vie dans l'infanterie, sur le champ de bataille, et de rendre plus efficace l'action de celle-ci avec le concours d'engins appropriés. Le chef de groupe était M. Winston Churchill. (...)

Le mot «tank» (qui en anglais signifie «réservoir») ne fut d'abord employé que pour donner le change aux espions de l'ennemi, alors que les «lanships» furent utilisés pour la première fois par les Anglais à la Somme, au mois d'août 1916. (...)

MORT DE VICTOR HUGO

PARIS, 22 — Victor Hugo est mort cette après-midi **(22 mai 1885)** à 1.30 hr. Son état de santé avait tellement empiré ce matin que sa mort fut regardée comme certaine et on s'y attendait d'une minute à l'autre.

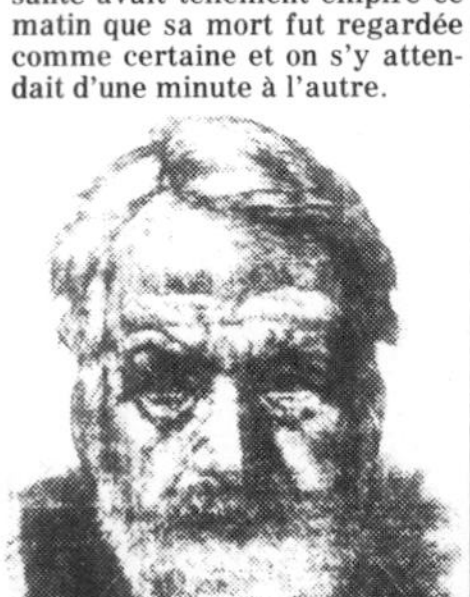

Victor Hugo

Le cardinal Guilbert, en apprenant cette nouvelle, se rendit à la résidence de Victor Hugo, et offrit de l'administrer et de lui donner tous les secours spirituels.

Le poète Lockroy, son gendre, qui était aux côtés du moribond, répondit pour lui, disant qu'il refusait l'offre avec reconnaissance:

«Victor Hugo, dit-il au cardinal, s'attend à la mort, mais il ne veut pas être assisté par un prêtre.»

On rapporte que le défunt a légué ses manuscrits à la France et a laissé à la république le soin de choisir le lieu de sa sépulture et de décider le genre de funérailles qu'on lui ferait.

Le ministère demandera à la chambre des députés d'ajourner comme une marque de respect pour la mémoire du défunt.

Du balcon de la chancellerie allemande, hier *(22 mai 1939)*, ces chefs allemands et italien ont fait le salut nazi et fasciste à la foule après avoir signé un accord établissant une étroite coopération entre Rome et Berlin, en paix comme en guerre. On voit de gauche à droite le ministre des affaires étrangères du Reich, le colonel von Ribbentrop; le ministre des affaires étrangères d'Italie, le comte Ciano; le chancelier Hitler et le feld-maréchal Goering.

UN QUADRUPLE SALUT A L'UNION MILITAIRE ITALO-ALLEMANDE

C'EST ARRIVÉ UN 22 MAI

1980 — Huit mineurs sont ensevelis dans une mine de Val-D'Or.

1979 — Les conservateurs de Joe Clark remportent la victoire, mais formeront un gouvernement minoritaire. Clark devient ainsi le 16e premier ministre du Canada.

1973 — Nouveau scandale sexuel au Parlement de Londres: lord Lambton, sous-secrétaire à la Défense, et le comte Jellicoe, lord du Sceau privé, sont compromis dans une affaire de « call-girls » et doivent démissionner.

1972 — Le président Richard Nixon, des États-Unis, arrive en URSS pour une visite officielle de huit jours.

1970 — Un autobus scolaire israélien tombe dans une embuscade près de la frontière libanaise. L'incident fait 10 morts, dont six enfants.

1968 — Une bagarre entre étudiants et policiers fait 68 blessés à l'université Columbia de New York.

1950 — Un coup de grisou fait plus de 70 morts dans une mine de Dahlbusch, en Allemagne.

1940 — Le gouvernement britannique adopte la Loi des pouvoirs d'urgence de défense, qui conscrit tout citoyen britannique dans le Royaume-Uni.

1937 — Le millionnaire américain John D. Rockefeller succombe à une crise cardiaque, à l'âge de 97 ans.

1928 — Les héros du *Bremen*, le premier avion à traverser l'Atlantique d'est en ouest, débarquent à Montréal pour une visite et ils sont accueillis en triomphe.

1916 — Les libéraux de sir Lomer Gouin l'emportent facilement lors des élections générales de la province de Québec, en gagnant 72 circonscriptions.

BABILLARD

Rappels... et publicité

Quelques mots pour réitérer l'invitation lancée récemment dans cette chronique afin de retracer le plus grand nombre possible de personnes qui ont eu l'honneur de camper le personnage de Saint-Jean-Baptiste lors du défilé annuel, à Montréal ou ailleurs.

Jusqu'à maintenant, nous avons déjà retracé quelques personnalités, mais comme LA PRESSE entend réunir ces individus et marquer l'événement d'une façon toute particulière, le comité du centenaire aimerait en retrouver le plus grand nombre possible. On peut obtenir de plus amples informations en s'adressant à Guy Pinard, au **285-7070.**

Nous aimerions profiter de l'occasion pour réitérer aux lecteurs de cette page l'invitation qui leur était faite récemment de faire connaître leurs suggestions quant à la forme et au fond que pourrait adopter cet aspect « rétro » de LA PRESSE au lendemain de l'année du centenaire. Nous avons reçu quelques réponses, mais on ne peut pas dire que c'est l'euphorie...

Terminons par un peu de publicité. LA PRESSE vient de lancer un jeu de quatre très belles affiches polychromes consacrées à autant de premières pages de ses éditions passées. On peut se procurer ces affiches au prix de $12 par jeu de quatre au comptoir de ventes de l'entrée Saint-Jacques, du lundi au vendredi, de 9 h à 17 h.

Une centenaire de plus

Le Québec compte une centenaire de plus aujourd'hui. Il s'agit d'une résidente du Centre d'accueil Emilie-Gamelin, de Montréal, Mme **Alexina Rondeau-Comtois.** Cette dernière est née le 22 mai 1884 à Saint-Jean-de-Matha. LA PRESSE se joint à sa famille pour lui offrir ses meilleurs voeux.

ACTIVITÉS

■ À la télévision

18 h 30, Radio-Canada — Cette semaine, la populaire émission *Avis de recherche* est consacrée au centenaire de LA PRESSE ainsi qu'à ses artisans.

EXTRA DE

LA PRESSE

HUIT PAGES — UN CENTIN

SA MAJESTÉ LA REINE VICTORIA

Les noms qui lui font escorte en cette page, comme garde d'honneur, sont ceux de quelques-uns des vétérans de 1866-67 dont "La Presse" a reconstitué les états de services et retrouvé les adresses respectives, pour faciliter au gouvernement la distribution des médailles qui leur ont été promises.

Première page d'une édition spéciale du dimanche de huit pages, publiée le *22 mai 1898* et consacrée à un portrait de la reine Victoria (alors âgée de 79 ans) flanqué d'une interminable liste de noms de « vétérans de 1866-67 », comme le dit le sous-titre.

GABRIEL DUMONT, LE LIEUTENANT DE LOUIS RIEL, MEURT SUBITEMENT

UNE dépêche de Rosthern, Saskatchewan, nous apprend que Gabriel Dumont, le fameux lieutenant de Louis Riel, l'organisateur de la trop fameuse Rébellion du Nord-Ouest est mort près de Batoche, soudainement à l'âge de 75 ans. Malgré son âge avancé, Dumont était encore robuste et rien ne laissait prévoir qu'il serait si vite foudroyé. (...)

Gabriel Dumont, encore jeune, a souvent été choisi pour aller conclure des traités; il possédait plusieurs dialectes sauvages. Son caractère était conciliant, son esprit vif, son jugement sain et sa mémoire exceptionnellement heureuse.

Gabriel Dumont n'avait que 25 ans lorsqu'il fut choisi comme chef. Il traita alors avec la Compagnie de la Baie d'Hudson, tout en continuant son métier de trappeur. Il prit part à la résistance armée en 1870, contre le projet de M. McDougall. (...)

Après les troubles de 1870 apaisés par Mgr Taché, il visita les nations sauvages. Après que le Canada se fut emparé du Nord-Ouest, il traita avec les sauvages.

En 1884, il s'allia à Louis Riel pour organiser la Révolte qui a bouleversé depuis notre organisation politique, et dont il est inutile de rappeler les phases. Gabriel Dumont, qui était le principal lieutenant de Riel, s'enfuit ensuite dans le Montana, pendant que Riel était capturé et pendu à Régina.

Plus tard, Dumont jouit de l'amnistie et retourna à Batoche où il se fit colon.

L'endroit où il s'établit fut appelé «Gabriel's Crossing», à l'Est de Rosthern, sur la rivière Saskatchewan-Nord. Il vécut là tranquille, les Indiens et les Métis étant pleins de respect pour lui.

Cela se passait le 22 mai 1906.

LA PRESSE

100 ans d'actualités

Depuis 1910 qu'on en parlait...

Les travaux du métro ont débuté ce matin

photo Jean-Yves Létourneau, LA PRESSE

À 8 h, au petit matin du 23 mai 1962, commençaient les travaux de construction du premier tronçon du futur métro de Montréal. Cette photo prise rue Berri, tout juste au sud de la rue Jarry, rappelle le tout premier geste de ceux qu'on devait appeler les « taupes du métro ».

par Raymond MASSE

LA construction d'un métro, projet qui défraie la chronique depuis au moins 1910, est bel et bien en cours.

A Montréal même. Un vrai métro. Non pas un métro-jouet. Des ouvriers, de vrais de vrais, sont à l'oeuvre pour de bon.

De fait, les travaux ont été entrepris à 8 h., ce matin même **(23 mai 1962).**

La première section de la ligne «nord-sud», section qui reliera, sous la rue Berri, dans le roc, la rue Legendre (au nord du boul. Crémazie) à un point situé au nord de la rue Jean-Talon. — une distance d'un mille et un cinquième — est en construction et doit être chose faite en 700 jours de calendrier, soit avant mai 1964.

Les deux autres sections des deux lignes pour lesquelles des emprunts sont autorisés seront d'ici là en construction ou seront sur le point de l'être. Il en sera de même quant à l'aménagement de la ligne qui débouchera de la montagne du Mont-Royal. De sorte que le métro, qui transportera annuellement 175 millions de voyageurs, sera disponible en 1965, dit-on encore, à l'hôtel de ville.

Les travaux, entrepris officiellement ce matin, rue Berri, au sud de la rue Jarry, sont exécutés conjointement par Charles Duranceau Ltée et The Foundation Co. of Canada Ltd. qui, classés le plus bas soumissionnaire (on en comprenait 11) se sont vu adjuger, le 25 avril dernier, le contrat au prix de $1,834,000.

Il s'agit là de travaux de creusage et de bétonnage du tunnel, sans toutefois comprendre la construction des gares «Crémazie», «Jarry» et «Jeant-Talon», ni la construction des puits de ventilation.

M. Lucien Saulnier, président du comité exécutif, a confiance que la Cité demandera d'ici au plus tard le début de la semaine prochaine, des soumissions publiques en vue de la construction de la deuxième section de la ligne «nord-sud» du métro, soit la section qui s'étendra d'un point situé au nord de la rue Jean-Talon jusqu'au boul. Rosemont.

Au dire de M. Saulnier, il se peut que cette autre demande de soumissions ait lieu aujourd'hui même, si le comité exécutif reçoit le cahier des charges et les spécifications nécessaires pour ce faire.

Les travaux seront exécutés en souterrain, de 7 h. du matin à 11 h. du soir, par deux équipes. D'une hauteur libre de 16.3 pieds, une fois terminé, le tunnel aura une largeur de 25 pieds.

Le maire, Me Jean Drapeau, et le président du comité exécutif municipal, M. Lucien Saulnier, étaient là, ce matin, le sourire sur les lèvres, cela va de soi.

A la suite d'une allocution de la part du maire Drapeau, le président Saulnier a agité une première fois la sirène qui a convié les ouvriers à la besogne.

Il y eut aussi la bénédiction des travaux, présidée par Mgr Siméon Charron, curé de la paroisse Notre-Dame-du-Rosaire, assisté du chanoine Marcel Beaudry, curé de la paroisse Saint-Vincent-Ferrier, deux paroisses que traversera la première section sur le point d'être faite.

Sur la scène de l'ACTUALITÉ

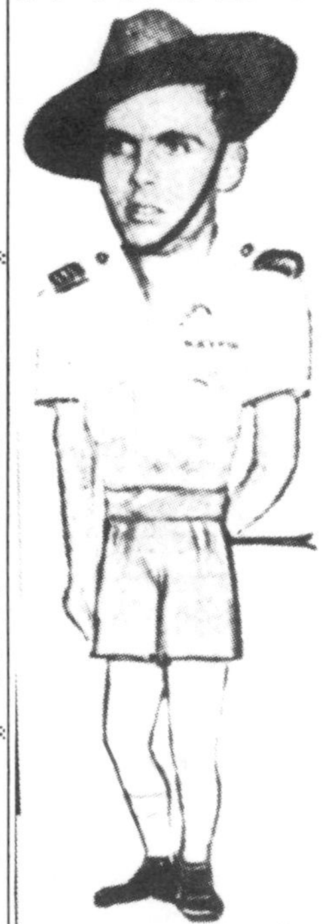

Le capitaine d'état-major EDMOND-ALFRED BLAIS, fils, de Montréal, qui est nommé officier d'état-major auprès du général Cassels, commandant de la première division du Commonwealth, forces des Nations-Unies, en Corée. (Croquis d'un dessinateur de la «Presse», publié le 23 mai 1951).

Une AUTOROUTE nord-sud en plein centre de la métropole coûterait $108 millions

NDLR — Cet énoncé de projet a été publié le ***23 mai 1959.***

UNE autoroute nord-sud, en plein centre de Montréal, entre le fleuve et la rivière, via le boulevard St-Laurent, et les voies du Pacifique Canadien. Un distance dea 7.8 milles. Au coût de $108,000,000, soit environ $14,000,000 du mille.

Voilà la proposition transmise au comité exécutif de la métropole par la firme Surveyor, Nenniger et Chênevert, ingénieurs conseils dont l'administration avait retenu les services pour préparer les plans préliminaires d'une autoroute nord-sud, à proximité du boul. St-Laurent.

Trois projets importants ont été étudiés par la firme qui a opté pour le suivant.

Le tracé

Le tracé adopté par les ingénieurs est le suivant: L'autoroute débute à la rue des Commissaires, l'autoroute montera entre le boul. St-Laurent et la rue St-Dominique, où les expropriations seront moins coûteuses.

L'autoroute passera ensuite sous la rue Notre-Dame, continuera en voie élevée jusqu'à la rue Sherbrooke (St-Norbert). Chemin faisant, elle passe au-dessus des rues Craig, Dorchester, Ste-Catherine et Ontario.

Elle devient en dépression sous la rue Sherbrooke et le demeure jusqu'à la rue Maguire (au nord de la rue Fairmount).

A partir de la rue Maguire, l'autoroute redevient en voie élevée, oblique légèrement vers l'est et longe les voies ferrées pour rejoindre un point éventuel sur la Rivière des Prairies.

Des rampes d'accès ont été prévues, le long du trajet de l'autoroute aux endroits suivants: 1) avec l'autoroute est-ouest le long du fleuve; 2) aux rues Dorchester; 3) Sherbrooke; 4) Duluth; 5) Rachel; 6) au boul. St-Joseph; 7) aux rues Laurier; 8) Bernard; 9) Beaubien-Van Horne; 10) au boul. de l'Acadie; *(11 manque)*; 12) à la rue Beaumont; 13) aux rues Jean-Talon; 14) Jarry; 15) aux boul. Métropolitain; 16) Henri-Bourassa; et 17) à la rue Salaberry. (...)

Qui paierait pour l'exécution d'un tel projet?

Un projet évalué à $108,000,000!

Nous avons posé la question au président du comité exécutif, M. J.-M. Savignac, lorsqu'il a rendu public le rapport des ingénieurs. (...)

«Nous croyons de plus en plus que la responsabilité de cette autoroute relève de la Corporation de Montréal métropolitain. Nous avons engagé, à Montréal, les ingénieurs pour étudier les projets d'autoroute dès notre entrée en fonction, et voici qu'un premier rapport nous est soumis.»

«Quand cette autoroute sera-t-elle construite?» se demande-t-on maintenant à l'hôtel de ville et dans les cercles municipaux.

Espérons que ce sera le plus tôt possible pour l'allègement du fardeau d'une circulation lente et coûteuse aux Montréalais, qu'ils demeurent à Montréal, ou à Outremont, Westmount ou dans toute autre ville de la périphérie.

La section en dépression, entre les rues Sherbrooke et Maguire.

Troc d'un enfant contre un chien

DEPUIS deux ans, Robert Miller, chiffonnier à Pittsburgh, Pennsylvanie, forçait son fils Charles à butiner chaque matin dans les ordures des rues avec une hotte et un crochet, et le jeune garçon était battu toutes les fois qu'il ne rapportait pas une charge complète de chiffons. Charles s'est lassé de cette misérable existence et a refusé positivement de la continuer. Son père l'a enfermé sous clef dans une chambre, au régime du pain et de l'eau. La semaine dernière, un autre chiffonnier, James Watson, a informé son collègue Robert Miller qu'il avait du travail chez lui pour Charles, et il a proposé un échange. Miller donnerait son fils à Watson et recevrait de celui-ci un chien jaune. Le marché a été conclu sur le champ. Miller a attelé à sa petite charrette le chien jaune, et Watson a amené chez lui Charles Miller. Mais l'arrangement n'a pas été ratifié par Charles, et dès le surlendemain, il s'est sauvé de chez son nouveau maître. C'est pourquoi Watson actionne Robert Miller en justice et réclame la restitution du chien, le demandeur n'ayant pas la jouissance de ce qu'il avait accepté comme équivalent de cet animal. En attendant une décision judiciaire, le jeune Miller a été recueilli par l'«Humane Society».

Cela se passait le 23 mai 1885

D'abord, c'est la stupéfaction, puis le sourire qui se voient successivement sur la figure des clients de Mlle EVE LAWS, première femme employée comme chauffeur de taxi par une importante association de Montréal. On voit, ci-dessus, un client qui hésite avant de monter dans la voiture, mais le sourire et la compétence de Mlle Laws auront tôt fait de dissiper ses craintes et son étonnement. ***Voilà ce que disait la légende de cette photo publiée le 23 mai 1951.***

Le «Yankee Clipper» rendu à destination

SOUTHAMPTON, G.-B., 23 (U.P.) — Le «Yankee Clipper», l'hydravion géant des Pan American Airways, inaugurant le service commercial aérien transatlantique, est arrivé à Southampton, à 7 h. 42 ce matin **(23 mai 1939),** heure avancée de l'Est. Il avait quitté Marseille à 2 h. 50 ce matin.

Marseille, 23 (P.A.) — Le premier courrier transporté dans une envolée régulière transatlantique a été distribué en Europe, hier soir, après l'arrivée de New York du «Yankee Clipper», qui avait mis deux jours à couvrir l'Atlantique. La plupart des 112,574 lettres que transportait l'appareil géant étaient destinées à des collections de philatélistes.

Les sacs postaux destinés à la Grande-Bretagne ont été transportés en quelques heures à leur destination.

Le «Yankee Clipper» reviendra aux Etats-Unis en fin de semaine probablement.

ACTIVITÉS

■ À la télévision

10 h 30, Télé-Métropole - Dans le cadre de l'émission *Entre nous* animée par Serge Laprade, Claudette Tougas, de LA PRESSE, présente la chronique *Cent ans de pages féminines* pour la dernière fois de la saison.

18 h 30, Radio-Canada — Cette semaine, la populaire émission *Avis de recherche* est consacrée au centenaire de LA PRESSE ainsi qu'à ses artisans.

BABILLARD

Une citoyenne de 101 ans

LA PRESSE est heureuse de souligner aujourd'hui le centunième anniversaire de naissance de **Marie-Emma Boivin Bélanger,** une résidente du Centre d'accueil Pierre-Dupré, à Baie Saint-Paul. Mme Bélanger a en effet vu le jour le 23 mai 1883, à Saint-Placide. La direction du journal lui offre ses meilleurs voeux de santé.

C'EST ARRIVÉ UN 23 MAI

1982 — En présence d'une foule nombreuse de Canadiens, le pape Jean-Paul II procède à Rome à la béatification du frère André, de mère Marie-Rose et de mère Marie Rivier.

1977 — Des terroristes des îles Moluques du Sud sont responsables de deux prises d'otages aux Pays-Bas, investissant un train à Zuidlaren et une école à Smilde.

1971 — Six jours après son enlèvement, Ephraïm Elrom, consul général d'Israël à Istanboul, est retrouvé assassiné.

1967 — L'Egypte défie Israël et mine le golfe d'Aqaba.

1963 — La force nucléaire de l'Otan comprendra 200 bombardiers canadiens.

1962 — Reconnu coupable de trahison par un tribunal militaire français, le général Raoul Salan, ex-chef de l'Organisation de l'armée secrète en Algérie, est condamné à la prison à vie.

1961 — Arrestation à Montréal d'un immigré polonais, l'ingénieur Thomasz Biernacki, sous une inculpation d'espionnage.

1960 — Israël annonce la capture en Argentine d'Adolf Eichmann, le responsable du programme nazi pour l'extermination des Juifs.

1945 — L'arrestation de l'amiral Dönitz signifie de par le fait même la fin de toute forme légale de gouvernement en Allemagne.

1939 — Le sous-marin *Squalus* des États-Unis s'abîme au large du New Hampshire avec 26 personnes à bord.

1938 — Konrad Heinlein, le chef de la minorité allemande (ou sudète) de Tchécoslovaquie, accepte de tenter de résoudre le problème qui l'oppose au gouvernement de ce pays.

1934 — Au moins 250 personnes perdent la vie dans un glissement de terrain, dans le nord de la province chinoise de Kouangtoung.

1915 — L'Italie abandonne sa neutralité et déclare la guerre à l'Autriche-Hongrie.

1903 — Les employés des tramways de Montréal déclenchent la grève.

LA PRESSE

100 ans d'actualités

Le colosse d'acier comparé aux gratte-ciel de la ville

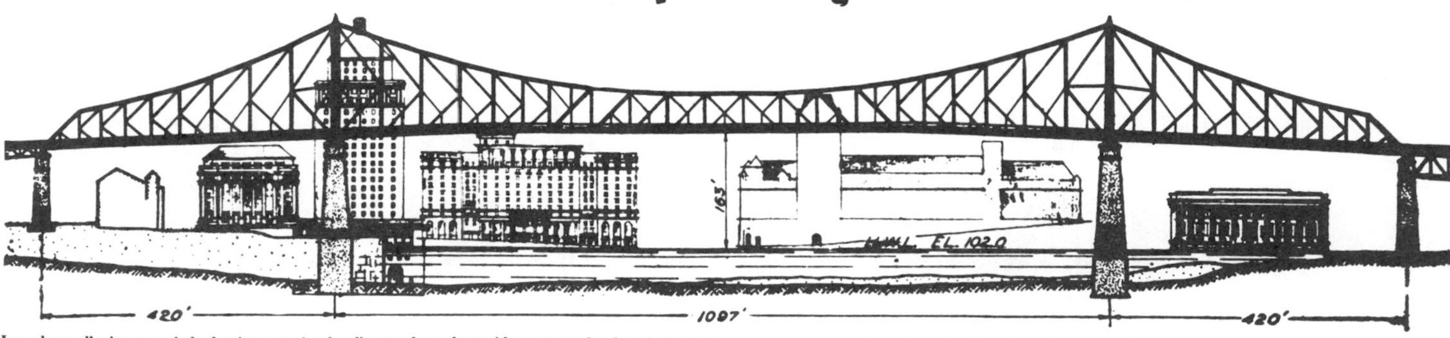

Le colosse d'acier aux pieds de ciment enjambe d'un seul pas le rapide courant du chenal, franchissant, à une hauteur de 163 pieds au-dessus du niveau de l'eau, la distance de 1097 pieds qui sépare la rive nord de l'île Sainte-Hélène. Ses deux bras s'étendent chacun à 420 pieds, donnant une envergure de 1937 pieds à cette partie du monstre. On aura une idée plus juste des proportions titanesques du colosse en regardant les projections des principaux gratte-ciel montréalais qui se dessinent à l'arrière-plan, à l'échelle du pont. On reconnaît, de gauche à droite, les édifices de la Banque de Montréal, de la Banque Royale, de l'hôtel Mont-Royal, de la gare Windsor et du nouveau Palais de justice.

LE PONT DU HAVRE DE MONTREAL

Cette merveille du génie civil a été achevée 18 mois avant la date prévue par les contrats et ce travail formidable s'est accompli au milieu d'un courant fort rapide et sans interrompre la navigatio n ni la circulation.

L'inauguration du pont du «Havre de Montréal», pont reliant Montréal à la rive sud, a lieu ce matin **(24 mai 1930)**, à onze heures, marquée par un déploiement unique en son genre. La cérémonie se déroulera au son des sirènes de tous les navires et les personnages officiels et éminents qui rehausseront de leur présence l'éclat de la fête ajouteront un cachet à l'importance d'un aussi grand événement.

La construction de ce pont, merveille du génie civil aura pris quatre ans, temps relativement court pour une entreprise de cette envergure. Le contrat devait expirer en 1931. Les travaux furent poursuivis avec une telle activité que les entrepreneurs, à la grande joie des commissaires, purent le livrer près de quatorze mois plus tôt. C'est dire que l'outillage moderne a été pour beaucoup dans l'avancement des travaux.

Il est intéressant de retracer en cette occasion l'origine de ce projet, qui remonte à plusieurs années dans le siècle précédent, et de suivre dans le détail le développement de cette entreprise canadienne qui n'est rien moins que gigantesque.

Lorsque l'hon. John Young émit l'opinion qu'il y avait une demande pour un pont accommodant le trafic ferroviaire et véhiculaire, une série de plans fut préparée par Charles Legge, qui fut l'un des ingénieurs en second du pont tubulaire Victoria. L'approche proposée sur la rive nord était très voisine de celle qui a été réellement choisie par les commissaires du port, sous la direction desquels la construction du pont a été entreprise dans le voisinage de ce qui est aujourd'hui l'avenue Delorimier.

Le tracé identique

Le premier projet fut abandonné à cause du manque de support gouvernemental. Lorsque le pont ferroviaire du Pacifique Canadien fut construit à Lachine, en 1886, le besoin de communications ferroviaires additionnelles avec l'île de Montréal diminua pour un temps. Et ce ne fut qu'en 1897 que la question fut remise de l'avant. On fit alors des études très complètes, et l'on institua un concours pour les plans du pont. Le site spécifié était: Delorimier-île Sainte-Hélène-Montréal-Sud, et c'était pratiquement le tracé de celui qui fut adopté. Ce concours attira des suggestions d'Europe et d'Amérique, mais le projet échoua encore par défaut de support gouvernemental.

Vers ce temps-là, le pont Victoria fut reconstruit, et le problème ferroviaire se retrouva de nouveau éliminé. Depuis ce moment, le projet du pont fut considéré surtout au point de vue de la route carrossable. Des plans furent soumis, de temps en temps, mais ce ne fut qu'à l'avènement de l'automobile, vers 1909, qu'on reconsidéra sérieusement le projet. Les commissaires du port commencèrent alors à étudier les possibilités du pont en vue de développer leurs propres facilités de port sur la rive sud, et plusieurs projets furent soumis entre 1909 et le début de la Grande Guerre, laquelle fit abandonner cette entreprise comme tant d'autres.

Le pont Victoria insuffisant

En 1921, la question d'un autre pont et de meilleures facilités de communications avec la rive sud fut de nouveau mise en discussion, car le pont Victoria était devenu insuffisant pour la circulation automobile toujours croissante. (...)

Une loi fut adoptée en 1924 par laquelle les commissaires du port obtenaient le droit de financer, construire et exploiter un pont de voitures d'un point à Montréal à travers le port à un point sur la rive sud. Le colonel C.-N. Monsarrat et M. P.-L. Pratley, ingénieurs conseils de Montréal, et M. J.-B. Strauss, de Chicago, comme associé, furent nommés en 1924, pour choisir l'emplacement, préparer les plans et établir les spécifications et estimés.

Premiers travaux

Les travaux furent commencés en mai 1925. (...) Les commissaires décidèrent alors de choisir l'emplacement de la rue Delorimier. (...) Le genre de structure fut arrêté et les plans et spécifications furent approuvés et adoptés pour permettre aux soumissionnaires de faire leurs offres pour la partie de la substructure de l'île Sainte-Hélène à la rive sud. Cette section du pont, mesurant 3,755 pieds, comportait neuf travées de 250 pieds chacune.

Un contrat fut accordé le 22 mai à la compagnie Quinlan, Robertson et Janin et les travaux devaient être terminés le 15 novembre 1926. Cependant le bureau consultatif eut à considérer les problèmes de cette partie du pont s'avançant au-dessus du chenal de l'île Sainte-Hélène. Ce n'est qu'en août qu'on en vint à une décision.

Il restait encore la partie nord. Cinq firmes soumissionnèrent, et la plus basse, celle de la Dufresne Construction, fut acceptée. Le contrat de la superstructure fut accordé à la Dominion Bridge.

Les pourparlers entamés au cours de 1924 furent poursuivis avec activité avec le gouvernement provincial et les autorités municipales de la ville de Montréal pour le paiement par chaque corps du tiers de l'intérêt annuel. Les commissaires apprirent que le gouvernement provincial, par un arrêté-en-conseil, et le conseil municipal de Montréal, avaient accepté les termes de l'entente avec la commission du port.

LE COUT DU PONT

Le coût matériel du pont tout entier est estimé à $10,500,000, auquel il faut ajouter les frais d'expropriation, la somme totale s'élevant à $12,000,000. Le gouvernement fédéral a garanti le coût entier du pont, et des arrangements ont été faits pour faire combler tout déficit possible par le gouvernement fédéral, le gouvernement provincial et la cité de Montréal, à parties égales.

En 1924, le Parlement d'Ottawa a autorisé la perception de droits de passage et l'on prévoit que le revenu de cette source défraiera en quelques années les dépenses d'entretien et les intérêts.

Taux de péage et règlements sur le nouveau pont du Havre

Piétons passage simple: 5 centins.

Automobile de promenade, passage simple, conducteur inclus: 25 centins. Séries de billets: 10 passages, bon pour un mois, $2; 20 passages, bon pour un mois, $3; 50 passages, bon pour un mois, $5.

Passagers dans un *(toujours au masculin à l'époque)* automobile, autre que le chauffeur ou conducteur: même prix que les piétons, soit 5 centins.

Enfants âgés de moins de 5 ans, à pied, en auto, en voiture, en carosse ou en traîneau: passage gratuit pour l'enfant, et le carosse et le traîneau.

Motocyclette, passage simple, conducteur inclus: 15 centins.

Les billets «aller et retour» ne sont bons que durant la journée de leur émission.

Vitesse permise à tout véhicule: 25 milles à l'heure.

Il est défendu de dépasser un autre véhicule allant dans la même direction.

Le monument Strathcona inauguré le jour de la fête de la Reine

Une cérémonie d'une splendeur qui a peu d'égale dans les fastes de l'histoire de Montréal, s'est déroulée hier matin *(24 mai 1909)*, au square Dominion: le dévoilement du monument élevé à la mémoire des soldats morts en Afrique, pendant la guerre contre les Boers et à celle de l'éminent homme qu'est lord Strathcona et Mont-Royal.

ACTIVITÉS

■ À la télévision

18 h 30, Radio-Canada — Cette semaine, la populaire émission *Avis de recherche* est consacrée au centenaire de LA PRESSE ainsi qu'à ses artisans. L'émission de ce soir revêt un caractère particulier, puisqu'elle sera immédiatement suivie des *Retrouvailles des journalistes de LA PRESSE*, auxquelles les téléspectateurs pourront assister au cours de la dernière de la série, demain, à la même heure.

■ Salon des sciences et de la technologie

Place Bonaventure — Ceux qui n'ont pas encore eu la chance de voir la spectaculaire exposition *100 ans d'imprimerie* présentée par LA PRESSE depuis octobre dernier, tout comme ceux qui voudraient bien la revoir, pourront le faire en visitant le kiosque de LA PRESSE au salon qui ouvre ses portes aujourd'hui. Jusqu'au 31 mai inclusivement.

ADRESSE QUI SERA PRESENTEE PAR LE PERSONNEL DE "LA PRESSE"
A SA MAJESTE LA REINE VICTORIA.
LE JOUR DE SA FETE, MARDI, LE 24 MAI 1898.

*Le **24 mai 1898**, le personnel de LA PRESSE présentait l'adresse suivante à l'occasion du 60e anniversaire de son couronnement, célébré le jour de son anniversaire de naissance. Elle témoigne d'un mélange de sentiments qui paraît évidemment fort curieux dans le contexte politique actuel.*

SOIXANTE ans se sont écoulés depuis que, diadème au front et sceptre à la main, *Vous* êtes montée sur le trône de la **Grande-Bretagne,** pour le bonheur de vos sujets. Soixante ans se sont aussi écoulés depuis que, chaînes aux pieds et corde au cou, des patriotes canadiens sont montés sur l'échafaud à Montréal, pour l'émancipation politique de leurs compatriotes. Souffrez qu'en ce jour anniversaire de *Votre* naissance, par un sentiment d'admiration pour **Eux** qui n'a d'égal que notre sentiment de loyauté pour *Vous*, nous évoquions le souvenir de leur trépas. Ils ont été **Eux** les valeureux champions de toutes les franchises populaires au Canada. *Vous* en avez été *Vous*, la généreuse dispensatrice. A ce titre, *Votre* nom restera gravé dans nos coeurs aussi longtemps que les leurs. Et c'est pour vous le bien marquer, *Très Auguste Souveraine*, que nous *Vous* faisons hommage en leur nom comme au nôtre, de la plus grande liberté politique que nous tenions de *Votre* munificence, **la Liberté de la Presse,** si bien illustrée par le franc parler de notre journal à *Votre* adresse aujourd'hui. Dieu *Vous* garde longtemps encore à l'affection de *Vos* sujets libres autant que respectueux.

God Save the Queen.

Montréal, 24 mai 1898
Le personnel de la Presse.

C'EST ARRIVÉ UN 24 MAI

1981 — Le président Jaime Roldos Aguilera, d'Équateur, meurt dans un accident d'avion, avec sa femme et sept autres personnes.

1977 — Ouverture du premier sommet économique du Québec, au manoir Richelieu. — Nikolaï Podgorny, chef de l'État soviétique, est écarté du pouvoir.

1976 — Décès de la comédienne Denise Pelletier, qui succombe à une intervention chirurgicale à coeur ouvert.

1974 — Vive opposition des anglophones du Québec au projet de loi 22.

1969 — Le vaisseau spatial *Apollo X* entreprend son voyage de retour après avoir répété les manoeuvres qu'effectuera *Apollo XI* au cours de l'été.

1965 — Une bombe déposée par des séparatistes éclate devant l'édifice de la Prudentielle d'Angleterre, boulevard Dorchester.

1960 — L'aviation américaine lance le satellite *Midas II,* destiné à repérer les fusées-projectiles ennemies. — Découverte d'un réseau d'immigration chinoise illégale au Canada.

1959 — Décès à l'âge de 71 ans de John Foster Dulles, ex-secrétaire d'État des États-Unis d'Amérique.

1957 — L'acquittement d'un soldat américain par une cour martiale provoque la colère des Taïwanais qui Saccagent l'ambassade américaine en Chine nationaliste, à Taïpeh.

1946 — Un incendie ravage une grande partie du village de Rivière-du-Moulin, près de Chicoutimi. — L'ampleur de la grève du chemin de fer force le gouvernement américain à décréter l'état d'urgence.

1945 — Découvert par les Britanniques, Heinrich Himmler, un des lieutenants d'Hitler et ex-chef de la Gestapo, se donne la mort. — Tokyo est bombardé par plus de 550 *Superforteresses* des États-Unis.

1941 — Les Britanniques subissent un rude coup avec la perte du croiseur *Hood.*

1926 — Le volcan Tokachi crache le feu et sème la mort dans l'île d'Hokkaïdo, au Japon.,

1910 — Le naufrage du steamer *Goodyear* dans les eaux du lac Huron cause la mort de 18 personnes.

1893 — Une conflagration détruit une partie du village de Boucherville.

LA PRESSE

100 ans d'actualités

10 heures de guérilla

Paris se relève d'un autre cauchemar

par Pierre SAINT-GERMAIN
correspondant de LA PRESSE à Paris

PARIS — Paris se relève ce matin **(25 mai 1968)** de la pire émeute qu'elle a vécue depuis la révolte de l'université il y a trois semaines. Pour la deuxième nuit consécutive, la police et les étudiants se sont heurtés avec une extrême violence, mais cette fois, le Quartier Latin n'est pas le seul à présenter un visage de désolation.

Les accrochages se sont déroulés dans divers quartiers de la capitale, notamment autour de la gare de Lyon, de la Bourse, des Halles, de l'Hôtel de ville, même sur les grands boulevards, et il était impossible à l'aube de faire le bilan de cette «guérilla» qui a duré 10 heures.

On compterait quelques centaines de blessés, dont plusieurs grièvement. Un grand nombre semblait avoir été évacué sur la Sorbonne, où l'on réclamait tôt ce matin des antibiotiques et des couvertures. À 6 heures, les policiers poursuivaient encore des groupes de manifestants dans les rues autour du Quartier Latin, où les dégâts sont considérables.

Arbres abattus, rues dépavées, voitures incendiées, vitrines brisées, grilles arrachées, ordures ménagères amoncelées: tel est le décor horrible que l'on voit partout dans les zones où le sang a coulé.

Organisée par l'Union Nationale des Étudiants (UNEF), le Syndicat National de l'Enseignement Supérieur (SNE-SUP) et le Mouvement du 23 Mars, pour protester contre l'interdiction de séjour qui frappe Daniel Cohn-Bendit, la manifestation avait pourtant commencé dans le calme.

À 3 heures, gare de Lyon, quelque 25,000 étudiants et sympathisants s'étaient rassemblés, venus en cortèges séparés de différents coins de Paris. (...)

La dure réalité au lendemain d'une nuit d'émeutes, dans le Quartier Latin de Paris.

LE «BERTHIER» EST LA PROIE DES FLAMMES ET COULE DANS LE PORT

Comme le traversier arrivait de Sorel,le feu se déclare à bord et sort en tourbillons en arrière de la cheminée.

LE steamer «Berthier» de la compagnie Richelieu a été la proie des flammes, la nuit dernière **(25 mai 1914)**. Les ravages ont été tels que le navire s'est enfoncé jusqu'au pont supérieur et flotte maintenant penché sur le flanc gauche, dans le bassin de la compagnie Richelieu, près de la rue Bonsecours.

Il était quelques minutes après dix heures, hier soir, quand l'incendie se déclarait à bord.

Le «Berthier» venait d'arriver de Sorel au quai Victoria avec cent trente-cinq passagers. Les amarres et les passerelles avaient été mises en place et les passagers commençaient à descendre quand tout à coup le gardien de nuit Levac vit s'élever une flamme sur le pont en arrière de la cheminée. Il avertit les officiers du bord, puis cria au constable DeBellefeuille qui était de faction sur le quai de sonner une alarme.

PAS DE PANIQUE

Les passagers ne furent nullement effrayés, mais se hâtant un peu finirent de descendre en bon ordre, sans qu'il se produisit le moindre commencement de panique.

Sur les entrefaites arrivaient les pompiers de la division Est, dirigés par le chef de district Giroux. Celui-ci jugea d'un coup d'oeil que la situation était grave. Un peu en arrière du «Berthier» était amarré le «Trois-Rivières», et de nombreux vaisseaux étaient échelonnés le long du quai qui entoure le bassin. Il y avait danger que les flammes, déjà ardentes sur le «Berthier», se propageassent aux autres navires. Il sonna aussitôt une deuxième alarme et bientÔt accouraient les chefs adjoints Saint-Pierre et Mann et les chefs de district Lussier et Favreau, avec une bonne partie de la brigade. Mais le travail n'était pas facile. Il fallait prendre l'eau aux bornes-fontaines de la rue des Commissaires. Sept pompes à vapeur furent échelonnées sur cette rue.

UN SAUVETAGE

Les flammes s'élevaient déjà à une grande hauteur et se dirigeaient vers la poupe, quand tout à coup des cris retentirent dans la foule: «Des hommes sont à bord !» En effet, on put distinguer sur le pont, à l'arrière, des hommes enveloppés de fumée et qui appelaient au secours. Le chef adjoint Saint-Pierre et le chef de district Giroux organisèrent aussitôt le sauvetage. Avec l'aide de quelques pompiers, ils purent appuyer deux passerelles sur le quai et les soutenir au-dessus de l'eau. Deux des hommes en danger, MM. Achille Mercier, commissaire du bord, et un autre employé nommé Roy, purent se sauver. Mais l'amarre en arrière du vaisseau s'était rompue, et le «Berthier» s'éloignait du quai. Déjà un pompier du nom de Beaulieu se préparait à se jeter à la nage pour aller porter secours au dernier homme à bord, quand le vent fit revenir le navire et bientôt celui-ci était sauvé comme ses compagnons.

Cependant Roy eut encore le courage de retourner par l'avant sur le «Berthier» pour sauver la boite à argent.

Afin de protéger le «Trois-Rivières», les officiers firent larguer les amarres et le navire fut entraîné à quelque distance.

BientÔt arrivaient les remorqueurs «Saint-Pierre» et «John Pratt». De puissants jets d'eau furent lancés de ces deux remorqueurs et aidèrent puissamment au travail des pompiers. Mais le feu s'était à la fois propagé dans la cale et sur les ponts du «Berthier». Le vaisseau se mit lentement à enfoncer en s'inclinant sur la gauche. Les flammes jaillissaient de partout. Enfin au bout d'une heure, il flottait enseveli jusqu'au premier pont. Il semble que le navire est cassé en deux, mais c'est seulement l'arrière qui a été soulevé par la pression de l'eau.

Dès lors l'incendie s'éteignit peu à peu. (...)

Le «Berthier», après l'incendie funeste survenu à bord.

C'EST ARRIVÉ UN 25 MAI

1979 — Après 12 ans d'occupation israélienne, le Sinaï est replacé sous contrôle égyptien.
1978 — Le Canadien remporte la coupe Stanley pour la troisième année consécutive, et pour une 21e fois au cours de son histoire.
1973 — Trois astronautes américains rejoignent la station spatiale *Skylab* endommagée lors de son lancement, afin de la réparer.
— Les Alouettes de Montréal annoncent l'engagement de Johnny Rodgers, considéré comme étant le meilleur joueur des universités américaines.
1971 — L'ex-ministre libéral Paul Hellyer annonce la fondation d'un nouveau mouvement politique, *Action Canada*.
1966 — La Guyane accède à l'indépendance après 152 ans de régime britannique.
1965 — A Montréal, les célébrations de la fête de la reine Victoria sont marquées par le vandalisme et 200 arrestations.
1963 — À Addis Abeba, le sommet de 29 chefs d'État africains jette les bases de l'Organisation de l'unité africaine.
1961 — Le roi Hussein de Jordanie épouse la Britannique Antoinette Avril Gardiner.
1950 — Trente-trois personnes meurent dans la collision d'un tramway avec un camion d'essence, à Chicago.
1927 — Le gouvernement britannique décide de rompre ses relations diplomatiques avec l'URSS.
1903 — Inauguration du pont de Richmond, qui permet aux citoyens de cette ville de franchir la rivière Saint-François.
1890 — Décès à l'âge de 58 ans d'Emilio Castelar, homme d'État, orateur et écrivain espagnol.
1887 — La destruction de l'édifice de l'Opéra comique de Paris par le feu fait soixante victimes.

Un homme dans la Lune avant 1970

Le président John Kennedy demande des sacrifices au peuple

WASHINGTON (AFP, PA) - Le président John Kennedy a lancé aujourd'hui **(25 mai 1961)** un dramatique appel à la nation américaine pour qu'elle consente à de nouveaux sacrifices qu'imposent la situation internationale et la survie du pays face au péril communiste. Renforcer la puissance militaire, accroître l'aide à l'étranger, s'attaquer au chômage et affecter d'ici cinq ans de $7 à $8 milliards de crédits pour devancer Moscou dans la course à la Lune, tels sont les principaux points du message spécial qu'il a lu devant les deux Chambres réunies.

«Ce ne sera pas un seul homme, mais une nation toute entière qui ira dans la lune», a affirmé M. Kennedy, qui a exhorté tous les Américains à travailler à la réalisation de cet objectif. Il a souligné que les États-Unis devront entreprendre un vigoureux effort pour rattraper et, si possible, surpasser l'URSS dans le domaine spatial. Il s'attend que les Soviétiques «exploitent leur avance pendant quelque temps en aboutissant à des succès encore plus impressionnants que les précédents».

Le président a fixé pour avant 1970 la possibilité de l'envoi d'un homme dans la Lune et de son retour sur la Terre. Il a affirmé que la «survivance de l'homme qui le premier effectuera ce voyage audacieux» est un objectif que les États-Unis ne négligeront pas.

M. Kennedy a demandé au Congrès des crédits supplémentaires de $531 millions, notamment pour l'accélération de la mise au point d'une «capsule lunaire appropriée». Il a exprimé sa décision de développer des propulseurs beaucoup plus puissants que ceux qui sont actuellement en existence. Il s'agira de fusées à carburant liquide. Le président a signalé qu'il demandera «des sommes encore plus fortes à l'avenir». Il a reproché à son prédécesseur de ne pas avoir attaché l'urgence voulue aux programmes spatiaux à long terme.

Autres objectifs

Voici les autres points principaux de son message:

Défense des États-Unis: Réorganisation de la structure de l'armée et de sa capacité de feu conventionnelle pour augmenter sa mobilité tactique ainsi que pour stationner en Europe des divisions mécaniques modernes et des brigades aéroportées. (...)

La réorganisation de l'armée et de ses réserves générales vise à pouvoir déployer d'urgence 10 divisions dans un délai de huit semaines.

Défense de l'Occident: Porter les fonds d'aide militaire à l'étranger de $1,500,000,000 à $1,885,000,000 afin de parer au péril communiste en Asie, en Amérique latine et en Afrique. (...)

Aide à l'étranger: Demande de $250,000,000 supplémentaires qui seraient mis à la disposition du gouvernement américain qui la distribuerait à sa discrétion à un pays quelconque en cas d'urgence. Les pactes militaires ne sont pas suffisants pour résoudre les problèmes des pays ou l'injustice sociale et le chaos économique encourageant la subversion.

Dans son édition du *25 mai 1949*, LA PRESSE proposait cette photo de deux vedettes montantes de la chansonnette française, Pierre Roche et Charles Aznavour.

ACTIVITÉS

■ À la télévision

18 h 30, Radio-Canada — Cette semaine, la populaire émission *Avis de recherche* est consacrée au centenaire de LA PRESSE ainsi qu'à ses artisans. Ce soir, la dernière émission de la série permettra aux téléspectateurs d'assister aux retrouvailles des journalistes de LA PRESSE.

■ Salon des sciences et de la technologie

Place Bonaventure — Ceux qui n'ont pas encore eu la chance de voir la spectaculaire exposition *100 ans d'imprimerie* présentée par LA PRESSE depuis octobre dernier, tout comme ceux qui voudraient bien la revoir, pourront le faire en visitant le kiosque de LA PRESSE au salon. Jusqu'au 31 mai inclusivement.

■ Opéra de Montréal

Place des arts — LA PRESSE marquera d'une façon toute spéciale la 100e représentation de l'Opéra de Montréal, ce soir à la Place des arts, alors que le président et éditeur du journal, M. Roger D. Landry, remettra un témoignage d'estime à chaque artisan de l'Opéra.

Les 276 occupants d'un trimoteur DC-10 de la société American Airlines ont trouvé la mort, le *25 mai 1979*, dans l'écrasement de l'avion quelques instants après le décollage de l'aéroport O'Hare, à Chicago. L'appareil s'est écrasé sur un camp de caravanes, ratant de peu un quartier résidentiel de Chicago et un énorme réservoir d'essence.

LA PRESSE
100 ans d'actualités

La dépouille mortelle du chanoine Groulx est inhumée à Vaudreuil

CE matin, à la suite d'une deuxième célébration liturgique, présidée cette fois par un grand ami du défunt, Mgr Percival Caza, évêque de Valleyfield, la dépouille mortelle du chanoine Lionel Groulx a été inhumée au cimetière de Vaudreuil, dans la presqu'île qui l'a vu naître.

Une toute dernière fois, ses proches et ses amis lui ont rendu hommage. Hier **(26 mai 1967)**, ce furent les autorités civiles et religieuses qui, au nom du Québec et de l'Eglise, s'assemblèrent à l'historique église Notre-Dame de Montréal, pour participer aux funérailles d'Etat de l'éminent Canadien français.

Dans l'oraison funèbre qu'il prononça, l'archevêque de Montréal, le cardinal Paul-Emile Léger loua l'oeuvre de M. Groulx, soulignant en particulier que «sa voix... aura réveillé une génération endormie et frappé de plein fouet les hésitants, les indécis et les incrédules... »

Par ailleurs, le cardinal a posé la question sivante: «Si nous étions ce qu'il aurait désiré que nous fussions, notre richesse morale et notre consistance humaine ne provoqueraient-elles pas le respect de toutes les ethnies qui composent la nation canadienne et n'obtiendrions-nous pas comme une chose qui va de soi la reconnaissance des droits fondamentaux que le chanoine n'a cessé de revendiquer avec impatience et âpreté?»

Le chanoine Lionel Groulx.

«La réponse devient la responsabilité de chacun», a dit le cardinal.

Par ailleurs, l'archevêque a rendu hommage au chanoine Groulx comme prêtre, soulignant son humilité, son sens des responsabilités, ses qualités d'éducateur, son assiduité au travail, sa «foi simple de paysan». (...)

Un groupe imposant d'indépendantistes et de séparatistes on rendu hommage au défunt à leur façon hier. Ils ont littéralement formé une haie de drapeaux fleurdelisés pour accompagner la dépouille à sa sortie de l'église. Y ont passé également les autorités civiles de la province et de la ville.

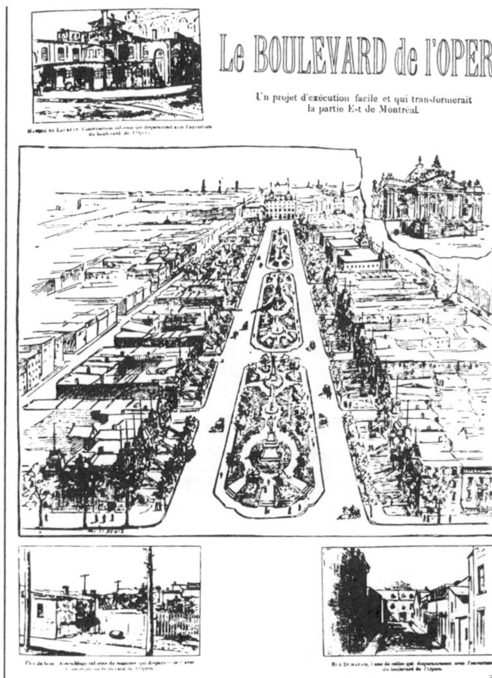

Dans son édition du *26 mai 1894*, LA PRESSE proposait la construction du « boulevard de l'Opéra », qui devait relier la rue Saint-Denis au boulevard Saint-Laurent, entre les rues Dorchester (alors très étroite) et Sainte-Catherine, pour déboucher directement face au Monument National. Ce boulevard aurait considérablement rehaussé le quartier en faisant disparaître des laideurs architecturales (jugeait-on à l'époque). Et si le projet s'était matérialisé, les rues Charlotte, Dumarais, Christin et Savignac seraient disparues.

BABILLARD

L'ouverture de LG-4

C'est aujourd'hui qu'on procède à l'ouverture officielle du barrage LG-4, sur la rivière La Grande, à la baie James. Tout en rendant hommage aux pionniers et aux constructeurs des différents corps de métier, lesquels permettent aux Québécois de prendre l'électricité pour acquise, il est bon de rappeler, à l'intention des plus jeunes, qu'il n'en fut pas toujours ainsi. En effet, dans son édition du **16 juillet 1886,** LA PRESSE publiait en plein centre de sa première page, l'entrefilet suivant :

Lumière électrique

Hier soir, les rues Saint-Jacques, Notre-Dame, Craig et une partie de la rue Sainte-Catherine étaient éclairées à la lumière électrique.

Le **21 juillet 1886,** on pouvait lire l'entrefilet suivant, toujours aussi bien placé :

Lumière électrique

Ce matin le chef de police a donné instruction à tous les constables de faire rapport au bureau central chaque fois qu'ils constateront qu'une lampe électrique fonctionne mal, afin que le bureau en donne avis à M. Badger, surintendant du télégraphe d'alarme, et que M. Badger, à son tour, prévienne la compagnie de la lumière électrique.

ACTIVITÉS

AUJOURD'HUI

■ **À la radio**

17 h, Radio-Canada — Chronique consacrée à LA PRESSE à l'émission *Avec le temps*, animée par Pierre Paquette.

AUJOURD'HUI ET DEMAIN

■ **Expo-Air**

Aéroport de Mirabel — Dans le cadre de l'exposition *Expo-Air*, LA PRESSE offre aux dizaines de milliers de visiteurs qui se rendront sur les lieux son exposition *Cent ans d'imprimerie*, qui a joui d'une très grande popularité partout où elle est passée depuis le 20 octobre dernier. C'est à ne pas manquer... entre deux passes des *Voodoos* et des *Snowbirds!*

■ **Salon des sciences et de la technologie**

Place Bonaventure — Ceux qui n'ont pas encore eu la chance de voir la spectaculaire exposition *100 ans d'imprimerie* présentée par LA PRESSE depuis octobre dernier, tout comme ceux qui voudraient bien la revoir, pourront le faire en visitant le kiosque de LA PRESSE au salon. Jusqu'au 31 mai inclusivement.

Retard angoissant du dirigeable «Italia»

Le fameux aéronef dans lequel le général Nobile a atteint le pôle Nord n'est pas encore retourné à sa base de la Baie du Roi, au Spitzberg. - Silence alarmant des explorateurs arctiques.

BAIE du Roi, Spitzer, 26 — A minuit, **(le 26 mai 1928),** c'est-à-dire 47 heures après qu'il eut quitté le pôle nord, le dirigeable «ITALIA» n'était pas encore arrivé à sa base de la baie du Roi. Les vigies du steamer «Citta-di-Milano» pensaient que peut-être l'«ITALIA» s'était dirigé vers Nova Zembya, sur la côte sibérienne où il y a un poste de radio. Si aucune nouvelle n'arrive avant midi, le «Citta-di-Milano» partira pour faire des recherches si le temps le permet.

Un vent de vingt milles qui soufflait sur tout l'archipel de Svalbord semblait s'apaiser, hier soir, dit une dépêche d'Oslo, Norvège.

RETARD ALARMANT

Baie du Roi, Spitzberg, 26 — A 8 heures 30, hier soir, les personnes qui surveillaient l'espace n'avaient encore aucune trace du dirigeable «Italia» dans lequel, le général Umberto Nobile et un équipage composé de quinze hommes reviennent du pôle nord. Il y avait alors 65 heures que le dirigeable avait quitté la baie du Roi pour le pôle et près de 45 hrs qu'il était parti du sommet arctique de la terre.

VIVRES POUR UN MOIS

Baie du Roi, 26 — L'«Italia» est bien approvisionné pour faire face aux éventualités. Il avait, quand il a quitté la baie du Roi 8,200 kilogrammes de gazoline et assez de vivres pour un mois. Les seize hommes que porte le dirigeable sont les mêmes qui ont pris part à l'expédition antérieure, *à quelques exceptions près*. (...)

L'attentat de la rue Ontario est (6)
Le premier procès pour le meurtre de Cléroux

LE procès de Giuseppe Serafini, accusé du meurtre du chauffeur Henri Cléroux et du bandit Stone, le 1er avril, s'est ouvert, ce matin **(26 mai 1924)** à 10 heures, devant l'hon. juge Wilson. Serafini ouvre la série des procès de meurtre qui seront faits, pendant ce temps, contre sept suspects sur lesquels pèsent deux accusations de meurtre, et une accusation de recel d'argent volé.

On a consacré tout l'avant-midi au choix du jury qui sera mixte. Tous les jurés appelés furent récusés, d'abord pour cause, puis presque tous péremptoirement. Après deux heures de travail, on n'en avait admis que quatre pour siéger dans la cause. Ce fut, entre la Couronne et la défense, un combat continuel pour le choix de ceux qui rendront un verdict favorable ou défavorable à Serafini. On dut nommer des vérificateurs pour juger de l'impartialité de chaque juré.

Après trois heures de travail, six jurés avaient été assermentés. (...) L'hon. juge Wilson ajourna alors la séance à 2 heures.

ENTREE DIFFICILE

La foule des curieux était moins considérable que d'habitude, ce matin, dans les corridors et devant les portes de la salle des Assises. Seuls, les avocats et ceux qui ont affaire à la cause pouvaient entrer. Ils étaient munis de cartes imprimées spécialement pour le procès et qui étaient scrupuleusement visées par les constables préposés aux trois portes. L'entrée est plus difficile encore que pour les derniers procès de Delorme, de sorte que la salle est moins encombrée.

Tout l'avant-midi a été consacré au choix des jurés, choix qui fut difficile. La défense, conduite par Mes Alban Geremain et Lyons-W. Jacobs, usa de tous ses droits pour passer au tamis, les aspirants-jurés. Chacun fut d'abord récusé pour cause, ce qui nécessita un procès sommaire pour connaître l'impartialité de chaque juré. Lorsqu'ils étaient admis à siéger par les vérificateurs, la défense les récusait alors péremptoirement.

Aux côtés de Mes R.-L. Calder et Auguste Angers, procureurs de la Couronne, on remarquait Mes Gérin-Lajoie et P. Bercovich, respectivement avocats de la Banque d'Hochelaga et de la compagnie d'assurances. (...)

Giuseppe Serafini à la barre des

On appela ensuite dans la boite aux accusés Giuseppe Serafini, accusé du meurtre d'Henri Cléroux. Petit, brun, élégant, beau de visage, Serafini regardait avec indifférence autour de la salle, semblant plutôt ennuyé des procédures. Aucune émotion ne parut en aucun moment sur sa figure.

Le procès sera bilingue, attendu qu'on a choisi des jurés canadiens-anglais et canadiens-français, parmi lesquels quelques-uns ne connaissent qu'une des deux langues officielles. De plus, la défense n'a fait aucune déclaration au sujet de la langue de l'accusé.

C'EST ARRIVÉ UN 26 MAI

1978 — Ouverture du premier casino à Atlantic City, au New Jersey. — Obsèques de M. Sam Steinberg, un des plus importants financiers de l'histoire du Québec, et le fondateur de la chaîne d'alimentation qui porte son nom.

1976 — Mort à 87 ans de Martin Heidegger, l'un des pères de l'existentialisme.

1973 — Un garde-côte islandais ouvre le feu sur un chalutier britannique : c'est le début de la « guerre de la morue ».

1972 — Démission du père du programme spatial américain, Wernher von Braun, de la NASA (National Aeronautic and Space Administration). — Les États-Unis et l'URSS signent deux accords ayant trait à la limitation des armes nucléaires.

1965 — Le Sénat américain adopte une loi favorisant le vote des Noirs.

1957 — Daniel Fignole, professeur de mathématiques âgé de 43 ans, accède à la présidence temporaire de Haïti.

1955 — Les conservateurs de sir Anthony Eden gagnent les élections générales en Grande-Bretagne. Sir Winston Churchill conserve son siège de député.

1954 — Une série d'explosions fait plus de 100 morts à bord du porte-avions *Bennington*.

1942 — Les troupes de l'axe se rapprochent dangereusement de la position britannique de Bir Hacheim, dans le désert de Libye.

1939 — Le premier ministre Maurice Duplessis annonce la nomination de sept administrateurs à l'Université de Montréal.

1923 — Au tour de Sainte-Agathe d'être la victime d'une conflagration.

1914 — Après quarante années de lutte, les nationalistes obtiennent le « Home Rule », en Irlande.

L'hon. M. Gouin se rend à la demande de L'Ecole Polytechnique

L'HON. M. Gouin vient de prouver une fois de plus qu'il est tout entier dévoué à la grande oeuvre de l'éducation dans notre province. En effet, de bonne grâce, généreusement, le premier ministre s'est rendu et cela presque sans délai, à la prière des directeurs de l'Ecole Polytechnique qui demandaient en faveur de cette institution une augmentation dans la subvention déjà octroyée par le gouvernement.

L'Ecole Polytechnique est sans contredit, l'une des institutions les plus intéressantes du pays. Ceux qui la dirigent sont des hommes de talent, de progrès et de dévouement. Mais en dépit de tout le zèle qu'ils avaient déployé jusqu'ici, ces généreux directeurs n'avaient pu réussir à doter l'Ecole de quatre laboratoires qui étaient devenus nécessaires au perfectionnement pratique de son enseignement. Les octrois du gouvernement, les dons de feu le sénateur Villeneuve et plusieurs autres citoyens de Montréal n'avaient pas suffi à la réalisation de ce rêve depuis longtemps caressé.

Confiant dans la générosité du gouvernement et dans l'esprit public du Premier Ministre de la Province de Québec, l'Ecole Polytechnique par l'entremise de M. le chanoine Dauth, vice-recteur de l'Université Laval, de MM. Ernest Marceau et Emile Balète, principal et directeur de l'Ecole Polytechnique, et de M. Honoré Gervais, M. P. et professeur de l'Université Laval, s'était adressée à l'Hon. M. Gouin.

La Chambre de Commerce, sur proposition de M. Geo. Gouthier, s'était portée au secours de l'Ecole et avait appuyé sa demande, tant dans son propre intérêt que dans celui de l'enseignement des hautes études commerciales: car en retour de la subvention accordée pour les laboratoires, l'Ecole Polytechnique s'engageait à fournir au gouvernement le local et les professeurs pour l'enseignement des hautes études commerciales.

Le premier ministre Lomer Gouin.

La réponse de l'Hon. M. Gouin ne se fit pas attendre; il est prêt à soumettre à la Législature un octroi additionnel de $3,000 par année en faveur de L'Ecole Polytechnique.

C'est la nouvelle qui fut communiquée à celle-ci, jeudi matin **(26 mai 1906)**, par le premier ministre lui-même.

Forts de ces nouveaux secours, les directeurs feront construire les nouveaux laboratoires et les livreront à l'enseignement dès l'ouverture de l'année scolaire 1906-1907.

D'ailleurs les plans préparés par un professeur de l'Ecole sont déjà prêts; les soumissions ont été demandées et on a déjà signé les traites pour la construction.

Quant à l'école des Hautes Etudes Commerciales, le gouvernement veillera à son organisation, sans délai, sous la direction de l'Université Laval à Montréal.

Il est fort probable qu'un des professeurs les plus en renom de Paris, un économiste distingué, un auteur fort lu, de l'école des Hautes Etudes Commerciales de Paris, sera appelé à diriger la nouvelle institution, dont le personnel comprendra également, cela va sans dire, les hommes de la province de Québec les plus versés dans les sciences politiques.

L'inscription au cours de la nouvelle école ne serait permise qu'à ceux qui auraient fait des études classiques complètes.

Au tour des Nordiques!

par Robert Duguay

QUÉBEC — Il fallait voir la scène de «réconciliation» entre Marc Boileau et Jean-Claude Tremblay pour saisir l'ampleur des festivités qui ont marqué la conquête de la Coupe Avco par les Nordiques de Québec hier soir **(26 mai 1977)**. Une dernière victoire facile de 8-2 qui mettait fin à une série aussi longue que farfelue.

«Je pense qu'il fallait un peu s'engueuler pour réussir tout ça», a dit Jean-Claude à Boileau.

«C'est tout oublié mon vieux, l'important c'est d'en être arrivé là», a répliqué l'instructeur des champions.

Les deux hommes se sont étreints longuement parmi une foule d'admirateurs et d'amis qui avaient réussi à franchir un cordon de policiers submergés pour pénétrer dans le vestiaire des vainqueurs.

«J'ai travaillé fort pendant cinq ans tout en espérant que cette soirée-là arrive, disait encore Jean-Claude Tremblay, auteur du but qui a donné le coup de grâce aux Jets. J'ignore ce qui va m'arriver l'an prochain, mais j'espère connaître une autre saison comme celle-là. Tous les gars ont travaillé fort, tout le monde l'a gagné cette coupe-là.»

Serge Bernier, choisi le meilleur joueur des séries, assistait aux manifestations de ses coéquipiers sans avoir l'air de trop y croire. «S'il avait fallu qu'ils annoncent ma nomination plus tôt dans le match, je pense que j'aurais été incapable de terminer la rencontre, disait-il. Jamais je n'ai été aussi ému. Je ne croyais pas que c'était bon comme ça, gagner un championnat.»

Marc Tardif, qui a eu peine à se frayer un chemin de la patinoire au vestiaire expliquait calmement cette série folichonne: «Quand tu joues par ces chaleurs-là, c'est extrêmement difficile de revenir de l'arrière. Le premier but prend alors une importance capitale. Evidemment, quand tu réussis à scorer les trois ou quatre premiers, la victoire est dans le sac. C'est un peu ce qui explique les derniers pointages. L'équipe qui connaît le meilleur départ l'emporte. En gagnant ce soir, on a prouvé qu'on avait plus de caractère que les Jets, c'est tout. Mais il était temps que ça finisse.» (...)

LA PRESSE

100 ans d'actualités

LE CONCERT AU PROFIT D'ALBANI A OBTENU UN IMMENSE SUCCES

LE concert organisé par la «Presse» et donné hier soir **(28 mai 1925)** au théâtre Saint-Denis «en hommage national à Albani» a été ce que devait inspirer la belle oeuvre entreprise au profit d'une artiste qui a inscrit le nom canadien dans les annales de l'art universel. Ce fut une soirée triomphale pour Albani, pour les excellents artistes au programme et pour les 2,400 auditeurs massés dans le vaste amphithéâtre.

Le Très Honorable William Lyon Mackenzie King, premier ministre du Canada, présida cette soirée inoubliable. Ayant été l'auteur de la suggestion qui fit organiser par la «Presse» une souscription nationale pour venir en aide à Albani, le premier ministre avait tenu, malgré les occupations que lui vaut la session d'Ottawa, à assister à une manifestation qui couronne dignement l'oeuvre qu'il a tant à coeur.

A Londres, grâce à un appareil téléradiophonique installé par les soins du poste C.K.A.C. de la «Presse», Albani a dû entendre les artistes mettre leur talent au service de sa cause et faire monter vers elle l'hommage de sa race. Deux appareils de transmission lui ont apporté aussi l'écho des applaudissements qui accueillirent libéralement chacun des artistes. On imagine l'émotion qui a dû étreindre la grande artiste lorsque du Canada lui parvint, répété par la voix d'une jeune compatriote, l'air qui lui valut de si grands triomphes: «Souvenirs du jeune âge sont gravés dans mon coeur...» Et les applaudissements évoquèrent chez la grande diva bien des souvenirs de triomphes passés...

Sous le patronage de Lord Byng de Vimy, gouverneur général du Canada et de Lady Byng, ce concert fut honoré par la présence de toutes les personnalités en vue de la métropole. (...)

LES ARTISTES

Ce fut une occasion exceptionnelle pour les artistes canadiens que de se faire entendre par un auditoire à la fois nombreux et compréhensif. Tous réputés déjà à juste titre, ils ont suscité hier soir des éloges sans réserve. Leur directeur artistique, le distingué et dévoué imprésario Louis-H. Bourdon, fut aussi chaleureusement félicité. (...)

Les artistes furent présentés dans des conditions extrêmement favorables à l'exécution des oeuvres au programme. Un éclairage bien réglé, sur la scène et dans la salle, mit bien en valeur le recueillement musical d'un Renaud, l'entrain bien rythmé d'une Letourneux, l'interprétation détaillée d'un Brault et l'expression nuancée d'une Manny. (...)

Le concert commença à huit heures et demie précises, quelques instants à peine après l'arrivée du premier ministre du Canada. Sans qu'il y ait eu aucun intermède, il se termina exactement à 10 heures 55.

Un auditoire invisible, dont il est impossible d'estimer le nombre, a écouté au radio tout le concert Albani. Ce fut une surprise pour les amateurs de radio, cette transmission n'ayant pas été annoncée. (...)

La loge d'honneur et les artistes, tels que vus par le dessinateur de LA PRESSE.

C'est en lui consacrait la moitié de sa première page que LA PRESSE marquait en *1911* le 300e anniversaire de la venue de Samuel de Champlain à Montréal, le *28 mai 1611*. Le texte était accompagné de ce portrait de Samuel de Champlain.

LES TRAMWAYS A LONGUEUIL

(Du correspondant régulier de LA PRESSE)

LONGUEUIL, 30 — Notre ville est maintenant reliée à Montréal par une ligne de tramways et l'inauguration de ce service, qui a eu lieu samedi après-midi **(28 mai 1910)**, a pris la tournure d'une fête publique générale. Toute la ville était en liesse, partout on voyait des décorations. (...)

Les tramways spéciaux stationnaient à 2 h. 30 au coin des rues McGill et Youville, à Montréal, attendant les invités de la compagnie qui devaient faire ce voyage d'essai de la ligne comme hôtes des directeurs. Le trajet s'accomplit, sans incident remarquable jusqu'à Montréal-Sud, où l'on dût faire halte afin d'entendre la lecture d'une adresse par M. Napoléon Labonté, maire de la municipalité. (...)

BABILLARD

Un «mystère» éclairci

M. **Jean-Louis Roy** est sous-secrétaire de toponymie au Service de l'urbanisme de la ville de Montréal. Il est responsable de la recherche sur la petite histoire des rues de la ville, si bien que personne mieux que lui ne pouvait nous renseigner sur le sort réservé à la rue Trefflé-Berthiaume aujourd'hui disparue, résolvant le « mystère » soulevé par la parution d'une photo, dans cette page, le 1er mai dernier.

Or, grâce à M. Roy, on apprend que la rue Trefflé-Berthiaume « est disparue dans l'autoroute des Laurentides », pour reprendre les mots de sa lettre.

Cette explication plaira sans doute à **Daniel Vermette,** de la rue de la Paix, qui avait fourni une explication semblable. Mais **Laurent Dussault,** de la rue Villeneuve, ne sera pas du même avis. En effet, à son souvenir d'ambulancier dans le secteur, la rue Trefflé-Berthiaume se trouvait dans le prolongement de la rue Morrice, et elle était disparue le 22 avril 1959 quand la ville a changé le nom de Morrice en James-Morrice. Mille mercis à tous ces « collaborateurs ».

100 ans de courrier

La succursale postale de Notre-Dame-de-la-Salette célébrait le 18 mai dernier le centième anniversaire de son existence. Ce bureau, dont le premier maître de poste fut U.G. Paré, dessert quelque 500 familles. Le maître de poste actuel, Mme Gladys Beauseigle, est le quatorzième de la lignée.

ACTIVITÉS

■ **Salon des sciences et de la technologie**

Place Bonaventure — Ceux qui n'ont pas encore eu la chance de voir la spectaculaire exposition *100 ans d'imprimerie* présentée par LA PRESSE depuis octobre dernier, tout comme ceux qui voudraient bien la revoir, pourront le faire en visitant le kiosque de LA PRESSE au salon. Jusqu'au 31 mai inclusivement.

■ **À la télévision**

Le 18-heures, Télé-Métropole — Vers 18 h 20, les animateurs commentent quelques manchettes tirées des pages de LA PRESSE et qui ont fait l'actualité d'hier.

C'EST ARRIVÉ UN 28 MAI

1980 — Une collision entre un autobus de CP Rail et un camion citerne fait 25 morts en Saskatchewan.

1972 — Mort de l'ex-roi Édouard VIII d'Angleterre, à l'âge de 78 ans, à Neuilly où il vivait en exil.

1969 — En conférence de presse, le ministre de la Défense du Canada, M. Léo Cadieux, cause tout un émoi à Bruxelles en révélant que le gouvernement fédéral avait l'intention de réduire le total de ses forces basées en Europe.

1967 — Arrivée à Plymouth, en Angleterre, de sir Francis Chichester, au terme d'un tour du monde en solitaire à bord du *Gypsy Moth IV*.

1965 — Une catastrophe minière fait 300 morts à Bhori, en Inde.

1959 — Un singe rhésus du nom de « Able » et un atèle du nom de « Baker » survivent à un vol dans le cône d'un missile *Jupiter* lancé jusqu'à une altitude de 300 milles.

1956 — Des alpinistes suisses révèlent qu'ils ont escaladé le mont Everest deux fois en deux jours, après avoir conquis son pic jumeau, le Lhotse, quatrième plus haute montagne du monde.

1952 — Le chef du Parti communiste français, Jacques Duclos, est arrêté sous une accusation de complot contre l'État.

1949 — L'auteur Gratien Gélinas est honoré à Québec à l'occasion de la 201e représentation de sa pièce *Ti-Coq*.

1948 — Le général Smuts démissionne de son poste de premier ministre d'Afrique du Sud.

1934 — Naissance des jumelles Dionne, dans la région de North Bay, en Ontario.

1924 — Un incendie détruit une quinzaine de bâtiments à Gracefield.

1917 — Le Conseil de ville de Québec se prononce contre la conscription sans consultation.

1900 — Le train du Canadien Pacifique déraille à trois milles de Labelle.

Le tire-bouchon est l'invention d'une jeune fille

LE tire-bouchon a été inventé en 1512, par une jeune fille de dix-sept ans, dont le père était maréchal-ferrant dans le village de Ternant.

*Cette dépêche qui nous laisse sur nos appétits a été publiée le **28 mai 1927**.*

CES bons gogos!... comme ils s'en donnent, comme ils n'ont pas dégénéré!... comme ils sont toujours dignes de leur ancêtre, M. Gogo, type populaire, qui est apparu pour la première fois au théâtre, dans un vaudeville en un acte, vers 1830. (...)

Ainsi commençait l'article qui accompagnait cette première page consacrée à la bêtise humaine et publiée le **28 mai 1904**. Mais la page était tellement explicite que le texte devenait presque superflu...

GUERRE AUX PETARDS!

Il faut, à tout prix, empêcher les commerçants sans scrupule de vendre des pièces pyrotechniques aux enfants et aux adolescents qui ne peuvent les utiliser sans danger pour eux ou leurs voisins.

MALGRÉ l'existence du règlement municipal No 260, la vente et l'usage des pétards n'en a pas moins continué, cette année, surtout la semaine dernière. C'est fatal, le 24 de mai ne peut se passer de pyrotechnies plus ou moins amusantes. Le voisinage de la république yankee, où l'on célèbre la fête nationale (4 juillet), en tuant des centaines de gens avec des pétards-canons, des bombes ou des balles de revolver, a fait naître ici, il y a bien longtemps déjà, une si folle effervescence, surtout chez les jeunes, qu'il ne se passe pas de 24 mai sans qu'on ait à déplorer de malheureux accidents, toujours imputables à l'usage de pièces pyrotechniques.

Depuis un mois au moins, on a commencé à mettre des pétards

A L'ETALAGE

des magasinets. De toutes dimensions et de toutes natures, ces explosifs attirent l'attention des enfants et leur inspire un désir irrésistible de manifester bruyamment leur enthousiasme. Peu importent les moyens de se procurer les éternels pétards, on se les accapare à tout prix, souvent même par un vol, et la fête commence.

Une fois que les pétards tant désirés ont été achetés,

GARE AU PUBLIC!

Dans les foules, dans la rue, aux portes des magasins, à l'entrée des théâtres, sur le marchepied des tramways, sous les roues de ces véhicules, l'explosion se produit, et, malheureusement trop souvent, il s'ensuit des accidents. Les jupes s'enflamment, les crises se produisent, la foule hurle et le coupable... disparaît.

Le paragraphe «c» de l'article 112 du règlement 260 dit:

«PERSONNE NE DEVRA TENIR, VENDRE OU TIRER DES PETARDS DANS LA CITE, et personne ne devra fabriquer ou tenir en vente des feux d'artifices avant d'avoir obtenu un permis à cet effet de l'inspecteur des édifices.»

La loi, comme on le voit, est assez précise. (...)

CE QUE DIT LE CHEF CAMPEAU

Interrogé, le chef Campeau

déclare qu'il existe en effet un règlement défendant l'usage de ces explosifs ailleurs qu'à soixante verges des maisons ou de la rue.

Tous les printemps, cependant, et en été, au cours des manifestations patriotiques, on est obligé d'user de tolérance, d'autant plus que la police ne peut être partout pour empêcher les délits de ce genre.

Cependant, le public est d'avis que l'on devrait réprimer les abus et empêcher l'usage des explosifs dans les rues. Le règlement est formel.

*Cet article fut publié le **28 mai 1907**.*

LA PRESSE

100 ans d'actualités

EPOUVANTABLE CATASTROPHE

L'«Empress of Ireland», filant vers l'Angleterre, est frappé par le charbonnier norvégien «Storstad» à 20 milles en bas de Rimouski et coule en quelque dix minutes

LE 14 avril 1912 marquait une épouvantable époque dans l'histoire de la navigation transatlantique: le «Titanic» s'enfonçait dans les profondeurs insondables de l'océan, avec près de 1,500 de ses passager et membres d'équipage. Le monde maritime tout entier prit le deuil; le désastre eut un retentissement universel. On frémit encore d'horreur au souvenir des scènes dramatiques qui se sont passées sur le pont et dans les flans du monstre marin, et dans les embarcations perdues en plein océan, lamentablement dirigées par les occupants éperdus, paralysés par l'épouvante.

Le capitaine G.H. Kendall, de l'«Empress of Ireland».

Puis survint la catastrophe plus récente du «Volturno», avant que le télégraphe nous apporte l'épouvantable nouvelle de la perte de l'«Empress of Ireland», l'un des plus beaux vaisseaux de la Compagnie du Pacifique Canadien.

La catastrophe survint en pleine nuit, à 2 heures et demie ce matin **(29 mai 1914)**; le vaisseau sombra dans l'abîme, dix minutes après avoir été frappé par un charbonnier, à quelques arpents seulement des côtes en bas de la Pointe-au-Père. L'«Empress» fut, rapporte-t-on, entraîné dans l'abîme avec presque tous ceux qu'il portait, et cela avant même qu'on put mettre une seule chaloupe à la mer. Ce fut une plongée foudroyante dans plus de 100 pieds d'eau.

L'effroyable bilan se résume ainsi: passagers, 990; membres de l'équipage, 432; sauvés, à peine 420; morts probablement, plus de 1,000.

La plupart des victimes ont dû être noyées, asphyxiées en plein sommeil. Le commandant du vaisseau a pu être sauvé; on l'a recueilli quelque temps après le désastre, sur un radeau qu'entraînait le courant de la marée.

La première nouvelle du désastre a été communiquée au public par M. John McWilliams, de la station de télégraphie sans fil de la Pointe-au-Père; elle se répandit à Montréal comme une traînée de poudre. Elle fut d'autant plus douloureuse que plusieurs citoyens de notre ville avaient pris passage à bord de l'«Empress». Sont-ils parmi les rescapés? Espérons-le.

Les deux vaisseaux préposés au service des courriers européens et des pilotes, à Rimouski et à la Pointe-aux-Père, ont, à toute vapeur, couru au secours des naufragés, sur l'ordre que leur en ont donné les autorités fédérales. Hélas! l'épouvantable drame était accompli quand ils arrivèrent sur le lieu du désastre. Du moins ont-ils pu ramener à bon port ceux qui n'avaient pas été entraînés dans l'abîme après la collision.

Rimouski, 29 — Un marconigramme annonçait, ce matin, que mille passagers et hommes d'équipage de l'«Empress of Ireland» avaient perdu la vie.

Trois cent cinquante passagers ont été débarqués à Rimouski.

Le télégraphiste de la compagnie Marconi, à Rimouski, a donné un compte rendu du naufrage. (...) Voici son rapport (...)

«L'«Empress of Ireland» a été frappé, ce matin, à une heure et quarante-cinq minutes, par le *(charbonnier)* «Storstad», à vingt milles de la Pointe-au-Père. Le paquebot a coulé dans dix minutes. Le signal de détresse S.O.S. (Save our ship) a été reçu à la Pointe-au-Père et les steamers du gouvernement, l'«Eureka» et le «Lady Evelyn» ont été envoyés immédiatement au secours du paquebot en détresse. L'«Empress of Ireland» penchait, et il fut impossible de mettre à l'eau la plupart de ses chaloupes.

Le capitaine H.G. Kendall, commandant de l'«Empress of Ireland», a été recueilli sur une épave une demi-heure après que son navire eût coulé. (...)

L'«Empress of Ireland», du Pacifique Canadien.

Le charbonnier «Storstad», de la ligne Black Diamond, qui aurait recueilli 360 naufragés..

C'EST ARRIVÉ UN 29 MAI

1977 — Les manifestations empêchent l'ouverture de l'aéroport international Narita, près de Tokyo.

1976 — Signature par Gerald Ford, à Washington, et Leonid Brejnev, à Moscou, d'un traité qui limite la puissance des explosions nucléaires souterraines à des fins pacifiques.

1970 — Un commando péroniste procède à l'enlèvement de l'ex-président Pedro Aramburu.

1954 — Canonisation solennelle de Sa Sainteté le pape Pie X.

1953 — La reine Elizabeth II est proclamée « reine du Canada », en présence du premier ministre Louis Saint-Laurent. — Un *Comet* de l'Armée de l'air du Canada devient le premier avion à réaction à traverser l'Atlantique. Il a franchi la distance Londres-Ottawa en 10 heures et 20 minutes.

1946 — Le transfuge soviétique Igor Gouzenko témoigne au procès de Fred Rose, accusé d'espionnage pour le compte de l'URSS.

1940 — Les Alliés abandonnent les Flandres et préparent le rembarquement à Dunkerque. Lille est occupée par les Allemands.

1939 — Le « Baby Clipper » piloté par Thomas Smith parvient à atteindre l'Irlande après avoir traversé l'Atlantique.

1916 — Mort du constructeur ferroviaire James J. Hill, à l'âge de 77 ans.

1899 — Le virtuose Frantz Jehin Prume, un Montréalais d'origine belge, succombe à une longue maladie à l'âge de 60 ans.

Le 29 mai 1903, un incendie détruisait toute la partie en bois du pont de la rue Sainte-Catherine (à l'est de Frontenac), **ne laissant qu'un ensemble de piliers de fer tordus, pour ensuite se communiquer aux entrepôts de la compagnie John Crowe. Les dégâts furent considérables.**

Conquête de l'Everest par des Britanniques

Un Néo-Zélandais et un guide sherpa atteignent le sommet de l'Himalaya. — Exploit en l'honneur de la reine Elizabeth.

LONDRES, 29 (PCf) — Une expédition britannique a atteint le sommet du mont Everest, jamais foulé jusqu'ici par l'homme, et planté l'Union Jack sur le pic en guise de «cadeau» à la reine Elizabeth à l'occasion de son couronnement.

La nouvelle a été reçue, hier soir, au palais de Buckingham, où on l'a communiquée à la reine au moment où l'on effectuait les derniers préparatifs du couronnement.

Le groupe d'alpinistes, qui a réussi là où 10 autres expéditions avaient échoué, était dirigé par le colonel John Hunt. Selon des rapports de Hunt à Londres, deux hommes de son groupe, le Néo-Zélandais E.P. Hillary et un fameux guide de la tribu sherpa, Tensing Bhutia, ont atteint le sommet, le **29 mai *(1953)***, à plus de 29,000 pieds d'altitude. Dans son message, Hunt faisait savoir que «tout allait bien».

L'Everest est le point le plus élevé de l'Himalaya, à la frontière du Népal et du Thibet.

On avait appris, plus tôt hier, de sources dignes de foi mais sans confirmation, que l'équipe britannique avait échoué dans deux tentatives en mai pour atteindre le sommet. Ces rapports provenaient de Katmandou, Népal, et avaient été transmis à Londres via la Nouvelle-Delhi, Inde. (...)

Voici les résultats des précédentes tentatives pour escalader le mont Everest:

1921: Britannique (lieutenant-colonel C.E. Howard Bury); altitude atteinte, 23,000 pieds.

1922: Britannique (brigadier Charles G. Bruce); altitude atteinte, 27,300 pieds.

1924: Britannique (lieutenant-colonel E.F. Norton), 28,100 pieds. C'est au cours de cette expédition que George Mallory et Andrew Irvine perdirent la vie. Ils étaient partis d'un camp à 27,000 pieds et n'ont jamais été revus.

1933: Britannique (Hugh Ruttledge), 28,100 pieds.

1935: Britannique (expédition de reconnaissance dirigée par Eric Shipton), 23,000 pieds.

1936: Ruttledge, 23,000 pieds.

1938: Britannique (H.W. Tilman), 27,300 pieds.

1951: Britannique (première expérience de reconnaissance entreprise du côté népalais du pic par Shipton), 20,600 pieds.

Printemps de 1952: Suisse (Ed. Wyss-Dunant), 28,215 pieds.

Automne de 1952: Suisse (Gabriel Chevalley), 26,575 pieds.

Sir Edmund Hillary, lisant l'un des nombreux témoignages reçus, à son retour du sommet de l'Everest.

Un nouveau tissu fait avec du lin

LONDRES, 29 (P.C.) — On annonce que les expériences faites dans le Lancashire pour transformer des fétus de lin en une fibre qui puisse être tissée par des machines généralement destinées au coton ont donné des résultats très satisfaisants. Ces expériences faites avec des fétus de lin du Canada, ont été dirigées par Franklin E. Smith, l'inventeur du procédé et originaire de Charlottetown.

M. Smith a de plus découvert que les fétus ou fibres de lin se mêlent non seulement au coton, mais aussi à la laine et à la soie. Il sera impossible toutefois de juger de l'excellence du nouveau procédé dans la fabrication régulière, tant que l'on n'aura pas fait venir une quantité suffisante de fibre de lin. Les filatures de la région sont très intéressées dans l'invention et ont donné de grosses commandes afin de tenter l'expérience à leur tour.

Cela se passait le 29 mai 1935.

BABILLARD

Un ex-boulanger centenaire

Pendant près de quatre décennies, de 1903 à 1940, M. **Jules Bisaillon** a mis ses talents de boulanger (développés pendant son séjour de huit ans aux États-Unis) au service de ses concitoyens de Napierville. Ces derniers auront l'occasion de le remercier d'une façon toute particulière aujourd'hui, puisqu'il célèbre son centième anniversaire de naissance.

En effet, M. Bisaillon (son nom est écrit Julien Bysaillon — avec un «y» — sur son extrait de baptême) a vu le jour à Saint-Jacques-le-Mineur, dans le comté de LaPrairie, le 29 mai 1884. Époux d'Eugénie Guérin aujourd'hui décédée, il a eu trois enfants dont deux vivent encore, et il est l'heureux aïeul de cinq petits-enfants et 11 arrière-petits-enfants.

LA PRESSE se joint à sa famille pour lui offrir ses meilleurs voeux.

ACTIVITÉS

■ **Salon des sciences et de la technologie**

Place Bonaventure — Ceux qui n'ont pas encore eu la chance de voir la spectaculaire exposition *100 ans d'imprimerie* présentée par LA PRESSE depuis octobre dernier, tout comme ceux qui voudraient bien la revoir, pourront le faire en visitant le kiosque de LA PRESSE au salon. Jusqu'au 31 mai inclusivement.

Par une température idéale, en présence d'une foule émue, l'Eglise et l'Etat se sont donné la main pour célébrer avec éclat, le *29 mai 1910*, le 250e anniversaire de la mort de Dollard des Ormeaux et de ses compagnons, au Long Sault. Mgr Paul Bruchési, l'hon. J. Décary et Henri Bourassa se trouvaient parmi les personnalités qui ont rendu hommage au héros, à la Place d'Armes.

LA PRESSE

100 ans d'actualités

Vue de l'arrière de l'immeuble. La lettre «A» indique le mur de la cour intérieure que les blessés ont dû franchir. La lettre «B» indique le mur qu'il a fallu démolir en partie afin de rescaper les plus mal en point.

FATAL ENTERREMENT DE VIE DE GARCON

Au milieu d'un incendie, la panique s'empare d'une trentaine de jeunes gens qui fêtaient le prochain mariage d'un de leurs compagnons; tous se jettent des fenêtres du troisième étage sur le pavé. Le feu a pris naissance dans une fournaise placée sous l'unique escalier de l'édifice. Le héros de la fête a les jambes brisées. — On découvre le corps inanimé de M. A. Duperrault.

«ALLONS-Y L'ENTERRER, CET AMI!»

TELLE est l'invitation qu'un groupe de camarades de M. J.-M. Charbonneau avait adressée à tous les amis de celui-ci, afin que le 30 mai **(1907)**, à la salle Lacasse, on put lui faire un joyeux enterrement de vie de garçon.

«IL Y AURA DES CREPES POUR TOUT LE MONDE», ajoutait la lettre de faire-part, calembourisant sur le mot «crêpes».

L'organisation qui avait été bien faite avait réuni un grand nombre d'amis, et la fête promettait d'être superbe d'entrain et de gaieté.

«LA LEVEE DU «QUART» AURA LIEU A 9 HEURES.» C'était là une phase intéressante du festin et tous les gens sauraient bien y faire honneur. «ET LA BIERE COULERA TOUTE LA NUIT», disait la lettre en terminant la joyeuse parodie d'un billet de faire part, pour obsèques.

Donc, vers huit heures, une cinquantaine de joyeux garçons,

DE BONS VIVANTS,

d'honorables jeunes gens, étaient réunis dans la salle du deuxième étage de l'immeuble portant le numéro 197 rue Notre-Dame.

L'enthousiasme, savamment stimulé, était à son comble vers minuit, l'on chantait des couplets gaillards aux accords d'un piano rageur; c'était une folle gaieté à laquelle chacun contribuait largement. (...) Chacun y allait de son petit boniment pour souhaiter un heureux hyménée à M. Charbonneau, qui tenait tête à tous ses amis.

Vers deux heures trente-cinq, tous les sentiments et les passions joyeuses étaient à leur paroxysme. Un certain nombre d'amis avaient déjà quitté le lieu et il restait une trentaine de fidèles qui faisaient au héros les honneurs du triomphe. Le professeur Lacasse venait de partir en compagnie de quelques amis. (...)

C'était dans un moment de gaieté délirante; on faisait pour le héros des voeux extravagants de bonheur et de prospérité. (...) La coupe à la main, tous les invités disaient: «Longue vie à notre ami!»

Soudain, le garçon préposé aux vivres, accourt effaré et lance ce cri de panique, ce cri terrifiant: «Au feu! Au feu! Sauvez-vous, nous allons brûler vif!»

A ce moment, un certain nombre se jetèrent en masse dans la direction de l'escalier, pour gagner la rue. Quelques-uns, croyant que c'était une mauvaise farce, éclatèrent de rire en voyant

LE SAUVE-QUI-PEUT

qui eut lieu, et continuèrent à vider tranquillement leur verre, tout en regardant la porte. (...)

«Voyons! Est-ce une farce ou bien si c'est vrai qu'il y a du feu quelque part.»

La réponse fut terrible. Le groupe qui s'était jeté vers l'escalier revint et s'écrasa pour pénétrer à nouveau dans la salle. On se frottait les yeux aveuglés par la fumée: on tendait les mains en criant: «Nous sommes pris! Impossible de descendre!» De fait le feu montait par l'escalier donnant sur la rue Notre-Dame et c'était

LA SEULE ISSUE.

Ce fut alors dans la salle une poussée folle, un écrasement.

Personne ne connaissait ce lieu, et on ne savait où se jeter.

La fumé envahissait la salle; quelqu'un cria: «Mais nous allons brûler comme dans l'école là-bas.»

Dans la salle des fêtes, il y a deux fenêtres donnant sur une cour; le pavé est à 50 pieds au-dessous. Les fenêtres étaient ouvertes.

La poussée se fit alors vers ces seules issues.

M. DALPHE ST-JEAN

enjamba la fenêtre, s'assit sur le rebord en empoignant le bois avec son bras droit et cria aux autres d'attendre. «J'entends les cloches; voilà les pompiers!» Mais un M. Jos. Payette avait réussi à se glisser près de lui; il se laissa couler le long de la jambe qui pendait afin de diminuer la hauteur de la chute, et tomba

DANS LE VIDE.

(...) L'épuisement gagnait St-Jean, qui lâcha prise et s'abattit sur le pavé. (...)

Les flammes sortaient par tourbillons du premier étage, coupant la retraite aux sinistrés. Aux deux fenêtres du troisième, on voyait des têtes anxieuses s'agiter et crier; la fumée enveloppait ces têtes de nuages noirs qui devaient suffoquer les malheureux.

Le moment était suprême. M. Charbonneau, le fiancé que l'on fêtait, affolé de terreur, se glissa hors de la fenêtre

ET SAUTA.

Sa chute fut horrible. M. Charbonneau est lourd. Soudain, un autre corps tomba. C'était M. Thouin. Les deux hommes hurlaient de douleur. M. St-Jean, prenant Charbonneau sous les bras, le tira à lui, mais il constata que son ami avait les jambes brisées. (...)

Tous les malheureux se précipitèrent à la file, dans le vide, se broyant

LES UNS SUR LES AUTRES.

Le spectacle était effrayant à voir, à la lueur de l'incendie. (...)

M. St-Jean et ses deux ou trois compagnons commencèrent le sauvetage. La cour est fermée d'un côté par

UN MUR DE PIERRE

d'une dizaine de pieds de hauteur. C'est sur ce mur que M. St-Jean monta. Il s'y installa à plat ventre, tendit les mains, pendant qu'au bas, l'un des sauveteurs soulevait les blessés. (...)

La vente de la margarine devient légale au Québec

QUEBEC (J.M.) — Par 34 voix contre 16, l'Assemblée législative a voté en troisième lecture **(le 30 mai 1961)**, le bill No 74 légalisant mais réglementant la fabrication et la vente des succédanés du beurre.

M. Hercule Riendeau, député U.N. de Napierville-LaPrairie, a tenté de faire renvoyer au comité plénier de la Chambre basse, le projet de loi avec instruction de l'amender pour interdire la confection et le commerce des ersatz tirés d'huiles végétales importées. Le résultat du scrutin a été négatif, la majorité faisant confiance au gouvernement: 36 voix contre; 14 pour.

M. Alcide Courcy, ministre de l'Agriculture, répond qu'en vertu du projet de loi, la margarine ayant la couleur du beurre sera bannie du marché québécois; il ne pourra donc pas y avoir de confusion possible. Sous les gouvernements de l'Union nationale, il se vendait annuellement dans la province, de dix-huit à vingt millions de livres de margarine colorée; et les manufacturiers écrivaient aux marchands pour leur promettre le remboursement des amendes qu'ils pouvaient être appelés à payer. On cherche actuellement à répéter cette manoeuvre; mais nous allons tout faire pour l'empêcher de réussir. Nous protégerons cultivateurs et consommateurs contre ceux qui tentent de les tromper, proclame M. Courcy.

ACTIVITÉS

■ **Salon des sciences et de la technologie**

Place Bonaventure — Ceux qui n'ont pas encore eu la chance de voir la spectaculaire exposition *100 ans d'imprimerie* présentée par LA PRESSE depuis octobre dernier, tout comme ceux qui voudraient bien la revoir, pourront le faire en visitant le kiosque de LA PRESSE au salon. Jusqu'au 31 mai inclusivement.

La chance a finalement souri à Mario Andretti

par Jean-D. Legault
(collaboration spéciale)

INDIANAPOLIS — La piste d'Indianapolis, pour Mario Andretti, c'était l'image d'un cauchemar long de plusieurs années. Lors de ses présences en piste au cours des épreuves précédentes, dans les 500 milles, le jeune Italo-Américain âgé de 29 ans, n'avait connu que les insuccès. La malchance s'était acharnée sur lui.

Mais hier **(30 mai 1969)**, en l'espace de trois heures et un peu plus, il a tout oublié. Avec raison d'ailleurs. Il venait de piloter son bolide, une STP Special propulsée par un turbo-propulseur Ford à la victoire dans la 53e reprise de l'enlevante épreuve.

Andretti n'a pas volé son triomphe. Car triomphe il y a eu. Andretti a amélioré le record de piste en conservant une moyenne de plus de 156 milles à l'heure. La lutte n'a pas été facile. Devant une foule enthousiaste de plus de 275,000 spectateurs, il lui a fallu lutter constamment pour aller ravir le drapeau carrelé aux as du volant tels que Dan Gurney, A.J. Foyt, Bobby Unser, etc.

Andretti n'a pas tardé à s'emparer du poste de commande. Dès le départ, suivi de Foyt (gagnant de 1967) et de Roger McCluskey, il s'emparait du premier rang, pour voir Foyt le devancer au septième tour.

Durant les 90 tours suivants, Foyt a nettement dominé. Au 98e tour, la Coyotte (de sa propre fabrication) lui a causé des ennuis. Et Foyt a dû visiter son puits, perdant ainsi de précieux instants. (...)

Après 250 milles, à mi-chemin, Andretti avait repris la tête avec Foyt toujours dans les puits de ravitaillement. Il semblait déjà à ce moment que Foyt ne deviendrait le premier coureur à gagner quatre fois cette rude épreuve. (...)

Après 107 tours de pistes, ce fut au tour de Lloyd Ruby d'entrer dans le puits de ravitaillement. La tension était très forte et chaque seconde avait une valeur inestimable. On a procédé à faire simultanément le plein dans chacun des réservoirs latéraux de la voiture de Ruby. Le remplissage du réservoir droit étant terminé, Ruby croyait qu'il pouvait démarrer. Hélas! Le boyau branché au réservoir gauche n'avait pas été retiré de l'orifice. Le choc de l'accident a endommagé le réservoir, et c'en fut fait pour Ruby. Triste histoire imprévue.

C'est alors qu'Andretti a senti que la victoire pouvait (enfin) être sienne. En aucun moment par la suite, Mario n'a été vraiment menacé. Le plus régulier de ses adversaires, Dan Gurney, dans une voiture G-Olsonite, avec châssis de marque Eagle, sa propre fabrication, devait terminer l'épreuve en deuxième position, à plus de 150 secondes du vainqueur. (...)

Mario Andretti.

LES RAYONS CATHODIQUES

Edison en tire de la lumière.

LE grand Edison vient encore, après diverses expériences dépassant ses espérances, d'arracher à la science électrique un nouveau secret. Il a réussi à produire avec les rayons cathodiques, considérés jusqu'ici comme invisibles, une lumière brillante qui peut servir parfaitement aux fins de l'éclairage. Il en a fait cette semaine même l'expérience à New York, et les électriciens qui n'avaient pu jusqu'ici résoudre un problème auquel ils travaillaient depuis longtemps, ont été épatés de la découverte.

Les premiers essais d'Edison ne donnèrent pas tout d'abord le résultat qu'il désirait, mais d'autres tentatives subséquentes réussirent à merveille. La lumière produite est d'un éclat superbe et d'une couleur bleuâtre qui ne fatigue pas l'oeil. Ce savant distingué est maintenant à travailler, pour faire sortir sa découverte du domaine purement scientifique, en réduisant le coût de la production pour l'appliquer avec avantage à l'industrie.

Cela se passait le 30 mai 1896.

PLUS FORT QUE MILON DE CROTONE

UN Canadien-Américain de la Nouvelle-Angleterre dont nous avons déjà parlé, Georges Levasseur, a réussi à accomplir un tour de force qui le classe au rang des hommes les plus forts du monde. L'antiquité nous montre un Milon de Crotone levant un boeuf sur ses épaules. C'est mieux qu'un boeuf, c'est un éléphant que Levasseur lève sur une plate-forme. Il est le premier et le seul à accomplir cet exploit. Il exécute ce tour de force tous les jours dans un cirque.

Cela se passait le 30 mai 1907.

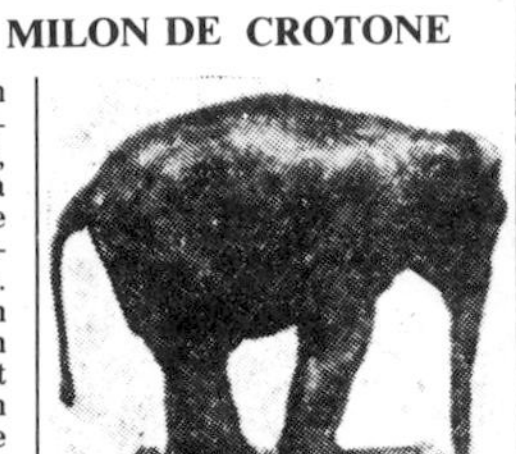

LES ELEPHANTS CAMBRIOLEURS

TROIS éléphants se baladaient, c'est le cas de le dire, lorsqu'hier **(30 mai 1907)** les pachydermes du professeur Thompson ont brisé leurs entraves dans le parc temporaire du Stadium, et sont allés, bien tranquillement, sans barissement féroce, dévaliser une boulangerie de la rue Rivard, dont le four donne sur une ruelle, vis-à-vis le Stadium. Le vent d'ouest apportait aux éléphants enchaînés des effluves douces de pain frais dont tout barisseur respectable raffole. «Le vent qui soufflait à travers la montagne rendit fou» le benjamin de la troupe qui se contenta d'enlever, d'un coup de trompe, le pieu qui retenait la chaîne au sol, et il renversa la clôture pour aller déguster la fraîche pâte de l'excellente boulangerie. Les gardiens coururent pour arrêter le voleur, mais deux autres éléphants profitèrent de l'occasion pour suivre la même route, et la boulangerie fut envahie en peu de temps. Trente pains furent entrompés et disparurent dans les gasters éléphantesques avant que les cornacs eussent réussi à faire entendre raison aux goinfres. M. Thompson a payé les dégâts et les éléphants ont été ramenés au parc du Stadium. Ces animaux sont nourris au foin et au pain frais. C'est pourquoi le voisinage de la boulangerie leur a donné tant de désirs gargantuesques. Comme ils n'ont pas eu d'indigestion, ils donneront leurs représentations de bêtes savantes au Stadium comme d'habitude.

C'EST ARRIVÉ UN 30 MAI

1982 — Minée par le chagrin, l'actrice Romy Schneider succombe à une crise cardiaque, à Paris.

1981 — Assassinat du président Ziaur Rahman par des rebelles, au Bangladesh.

1979 — Décès à l'âge de 86 ans de l'actrice américaine d'origine canadienne Mary Pickford, qui a joué dans plus de 200 films.

1978 — Décès du chef d'orchestre Jean Deslauriers. Il succombe à une crise cardiaque à Montréal, à l'âge de 68 ans.

1975 — Trouvé coupable de méfait, le chef syndicaliste Louis Laberge est condamné à trois ans de prison.

1972 — Trois terroristes japonais d'obédience palestinienne assassinent 26 personnes lors d'une attaque sur des passagers à l'aéroport de Lod, en Israël. Un seul des trois terroristes survit.

1968 — Le général de Gaulle se rend à la base militaire de Baden-Baden, en RFA, puis à sa maison de Colombey-les-deux-Églises, pendant que la France attend de connaître son prochain geste.

1966 — Lancement vers la Lune de la sonde spatiale américaine *Surveyor*.

1961 — Le dictateur Rafael Trujillo est assassiné à Saint-Domingue, capitale de la République dominicaine. Il dirigeait le pays depuis 1930.

1947 — Quatre accidents d'avion, dont deux aux États-Unis, font plus de 170 morts dans le monde.

1942 — Plus de 1 250 bombardiers déversent quelque 3 000 tonnes de bombes sur Cologne; c'est le raid aérien le plus impressionnant depuis le début de la guerre.

1940 — La Gendarmerie royale du Canada procède aux premières arrestations de membres de l'Unité nationale.

1936 — Le coureur automobile Louis Meyer gagne les 500 milles d'Indianapolis pour la troisième fois.

1933 — Un cyclone ravage Saint-Lin et cause des dizaines de milliers de dollars de dégâts en quelques secondes.

1896 — La Vierge serait apparue à des enfants de Tilly-sur-Seulles, en France, selon une dépêche reçue à LA PRESSE.

LA PRESSE

100 ans d'actualités

C'EST ARRIVÉ UN 31 MAI

1981 — Gilles Villeneuve remporte sa première victoire au volant d'une Ferrari Turbo. — La ville de Halifax est livrée au vandalisme pendant une grève des policiers.

1974 — Signature à Genève de l'accord israélo-syrien sur le dégagement des forces dans le Golan. — La société Bombardier obtient de la CUM le contrat pour la fabrication de 423 wagons de métro, au coût de $117,7 millions.

1970 — Le gouvernement canadien annonce sa décision de laisser flotter la devise du pays. — Un tremblement de terre fait 30 000 morts dans le Nord du Pérou.

1967 — A. J. Foyt gagne les 500 milles d'Indianapolis pour la troisième fois.

1964 — Aberdeen, en Écosse, devient « ville interdite » à cause d'une épidémie de typhoïde.

1961 — Première journée d'une rencontre de trois jours du président Kennedy avec son homologue français, le général Charles de Gaulle, à Paris. — Le défenseur Doug Harvey passe aux Rangers de New York et devient l'entraîneur de l'équipe. — Les généraux Challe et Zeller, chefs de la révolte algérienne, sont condamnés à 15 ans de détention.

1945 — Les troupes britanniques entrent en Syrie et au Liban, et le premier ministre Winston Churchill ordonne au général de Gaulle de faire cesser le feu.

1935 — Un tremblement de terre fait plus de 20 000 morts au Baloutchistan, en Inde.

1924 — La Ligue de la sécurité de la province organise une « semaine sans accident ».

1906 — Le mariage du roi Alphonse XIII, d'Espagne, fait l'objet de cérémonies grandioses, à Madrid.

1902 — Fin de la guerre des Boërs, en Afrique du Sud, par la signature d'un traité de paix à Vereeniging.

MORT DE NOTRE POETE NATIONAL, LOUIS FRECHETTE

M. Louis Fréchette a succombé à une attaque d'apoplexie. — La dépouille mortelle est exposée chez son gendre, M. Honoré Mercier.

M. Louis Fréchette, lauréat de l'Académie Française, chevalier de la Légion d'honneur, membre de la Société royale du Canada et chevalier de l'Ordre de St-Michel et St-Georges, est mort hier soir **(31 mai 1908)** à 10 h. 30.

Notre poète national, qui, depuis un an, habitait à l'Institut des Sourdes-Muettes avec Mme Fréchette, semblait jouir d'une santé encore assez robuste. Dans l'après-midi de samedi même, il fit sa promenade habituelle, mais au cours de la soirée, notre distingué compatriote fut frappé d'une attaque d'apoplexie en revenant d'une agréable soirée chez l'hon. sénateur David. Il fut frappé d'apoplexie au seuil même de sa demeure. La Providence voulut que le chapelain de l'institution fût alors sorti. C'est lui qui le trouva gisant sous une pluie torrentielle. Malgré tous les bons soins dont on l'entoura, il rendit le dernier soupir, dimanche soir, à 10 h. 30, sans avoir repris connaissance. (...)

M. et Mme Honoré Mercier, appelés par télégramme, étaient arrivés dans l'après-midi, d'Ormstown, où le député de Châteauguay avait été appelé pour sa campagne électorale.

La dépouille mortelle a été transportée à la demeure de M. Honoré Mercier, No 408 de la rue Saint-Denis, où elle restera exposée jusqu'à l'heure des funérailles.

BIOGRAPHIE

Louis Honoré Fréchette descendait d'une vieille famille française, venue s'établir dans la Nouvelle-France, de l'Ile de Ré (Saintonge). Né à Lévis, Qué., le 16 novembre 1839, il fit de brillantes études au Séminaire de Québec, puis à celui de Nicolet, où l'on remarqua bientôt le talent du grand poète qu'il devait être un jour.

Admis au barreau en 1864, il partit l'année suivante pour Chicago, où il fit du journalisme et devint secrétaire correspondant du Département des Terres du chemin de fer Illinois Central, en remplacement de Thos Dickens.

Revenu au pays en 1871, il pratiqua comme avocat, à Québec.

C'était un franc libéral et il fut élu au parlement fédéral en 1874, sous l'administration Mackenzie-Dorion. Défait en 1878, avec son parti, puis en 1882, il se consacra aux lettres et au journalisme.

En 1889, le gouvernement Mercier le nomma greffier du Conseil législatif de Québec, position qu'il occupait encore à l'heure de sa mort.

M. Fréchette fut rédacteur au «Journal de Québec», 1861-62; au «Journal de Lévis», 1864-65; à «L'Amérique», Chicago, 1868-70; et à la «Patrie», 1884-85. Il collabora aussi à «L'Opinion publique», de Montréal, à la «Presse», ainsi qu'au «Forum», au «Harper's Monthly» et à «L'Arena».

Louis Fréchette

Il fut le premier poète canadien-français qui publia des volumes en vers, et deux de ses oeuvres, «Les fleurs boréales» et «Les oiseaux de neige», furent couronnés par l'Académie Française, en 1880. (...)

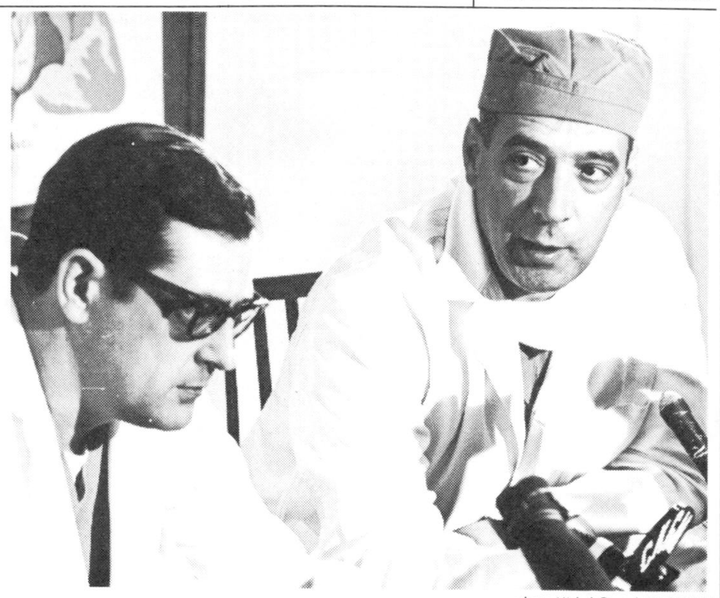

photo Michel Gravel, LA PRESSE

Le Dr Pierre Grondin, flanqué, à sa droite, de son assistant, le Dr Gilles Lepage.

Greffe du coeur à Montréal

L'Institut de cardiologie réussit la transplantation

par Richard Bastien et Daniel L'Heureux

IL est 4 h. et 5 minutes. La greffe cardiaque est maintenant terminée et l'opération est finie. Le nouveau coeur bat à un rythme convenable et maintient une pression satisfaisante...

C'est par ces paroles du Dr Paul David, directeur de l'Institut de cardiologie de Montréal, que s'est terminée une nuit de suspense et de travail ardu au cours de laquelle a été réalisée la première transplantation d'un coeur humain au Canada **(le 31 mai 1968)**.

Il s'agit en fait d'une expérience sans précédent dans l'histoire de la médecine puisque la donneuse a offert non seulement son coeur, mais ses deux reins, lesquels ont été greffés à deux personnes différentes à l'hôpital Royal Victoria.

Le premier Canadien à posséder un «nouveau coeur» est M. Albert Murphy, âgé de 58 ans et résident de Laval. Le bénéficiaire est père de deux enfants.

Quant à la personne sur laquelle le coeur et les reins ont été prélevés, il s'agit de Mme Gérard Rondeau, une mère de quatre enfants, âgée de 38 ans, dont le décès est survenu peu avant minuit hier soir.

La greffe du coeur a été pratiquée par le Dr Pierre Grondin, chirurgien chef de l'institut et par son assistant le Dr Gilles Lepage. Tous deux assistés d'une vingtaine de médecins-spécialistes et d'infirmières.

L'Institut de cardiologie s'est préparée à l'événement de la nuit dernière depuis plus de deux mois. M. Murphy était l'un des trois patients de l'institut ayant autorisé les médecins à pratiquer sur eux une greffe du coeur. Depuis quelques jours l'équipe des médecins n'attendait plus qu'un donneur dont le coeur pouvait être compatible avec l'organisme d'un de leurs trois patients. Au cours de la journée d'hier, les médecins ont eu à choisir entre les coeurs des deux donneurs, l'un n'étant pas compatible. Vers minuit l'équipe médicale de l'institut, après avoir vérifié la compatibilité du coeur de Mme Rondeau, a décidé d'entreprendre l'expérience. (...)

Sept bombes à Westmount

par René-François Désamoré

LES questions qui se sont posées la semaine dernière après l'explosion de trois bombes, à savoir s'il s'agissait de la renaissance du terrorisme au Québec, ont reçu une réponse éclatante très tôt hier matin **(31 mai 1970)**!

Cinq bombes ont explosé dans les plus luxueux quartiers de Westmount engendrant un seul mot sur toutes les lèvres: FLQ. Deux autres bombes composées respectivement de 11 et 30 bâtons de dynamite ont été désamorcées.

Trois personnes dont une fillette de 9 ans ont dû être traitées à l'hôpital.

La police de Westmount et les sections spécialisées de la Gendarmerie royale du Canada, de la Sûreté du Québec et de la police de Montréal mènent une enquête très serrée.

A l'exception de la première bombe qui visait un édifice commercial, tous les engins ont été placés en bordure de luxueuses demeures privées dans les plus chics quartiers de Westmount.

■ A 1 h. 57, la première bombe explose dans l'entrée de garage, sous l'arrière de l'édifice de Financial Collection Agency situé au 4150 ouest, rue Sherbrooke. (...)

■ A 4 h., un autre engin explose au pied de la maison de M. Peter Bronfman, au 5 Lansdowne Ridge. (...)

■ A 4 h. 25, la troisième bombe explose dans un mur qui bordait Belvedere Road, en face de la demeure de M. P.E. Nobbs, au no 38. (...)

■ A 4 h. 38, la quatrième bombe explose à l'arrière d'une énorme maison vide située au 61 Belvedere Road. (...).

■ A 4 h. 59, la dernière bombe explose sous la maison de M. Hugh McCuaig. Une partie du mur de la maison, sise à 165 Edgehill Road, est arraché. (...)

■ A 9 h. 57, Gabriel Macoosh découvre un colis suspect sous son auto, à l'arrière de sa maison située au 788 Upper Lansdowne Avenue. Il appelle la police et s'écarte de sa maison avec son épouse et ses enfants. (...).

■ A 2 h. 47, un garçon de dix ans découvre un autre paquet suspect dans un buisson à proximité du 10 Roxboro Ave. A nouveau le sergent *(Robert)* Côté est appelé de Montréal, les maisons sont évacuées et la bombe qui était composée de 31 bâtons de dynamite est rendue inoffensive.

«Si cette bombe avait éclaté, dit le lieutenant Swalles de la police de Westmount, il n'y aurait plus de maison à cet endroit». La maison en question est une demeure vide. (...)

ACTIVITÉS

■ **Salon des sciences et de la technologie**

Place Bonaventure — **Ceux qui n'ont pas encore eu la chance de voir la spectaculaire exposition *100 ans d'imprimerie* présentée par LA PRESSE depuis octobre dernier, tout comme ceux qui voudraient bien la revoir, pourront le faire en visitant le kiosque de LA PRESSE au salon. Jusqu'au 31 mai inclusivement.**

LA STATION CENTRALE

LA vignette qui accompagne ces lignes représente la grande station centrale, dont la construction est projetée et qui sera sise en face de l'hôtel de ville, à l'angle des rues Notre-Dame et Leroyer. «La Presse» publiait samedi quelques détails sur ses dimensions et divisions intérieures. Le plan de ce superbe édifice, de style Renaissance, a été préparé par MM. J.W. McGregor et J.G. Papineau, deux jeunes architectes qui sont en train de faire leur marque ici, si l'on en juge par l'oeuvre qu'ils viennent d'accomplir, et nombre d'autres déjà à leur crédit.

La tâche était particulièrement difficile, en raison des différentes fins auxquelles l'édifice est destiné. Il s'agissait d'y placer des bureaux de police, d'hygiène, une station de pompes, la cour du recorder, des cellules et une morgue, le tout comprenant le confort et les accomodations qu'exige le progrès moderne et de donner à la bâtisse un caractère imposant, une apparence qui ferait honneur à la métropole. On a réussi à satisfaire à toutes ces exigences et les plans qui ont été soumis au président du comité de police et au surintendant, leur ont paru des plus satisfaisants. Ils seront examinés de nouveau à une réunion conjointe des comités des finances, du feu et de la police qui aura lieu prochainement. Les modifications qu'il y aura à faire face seront de peu d'importance, croit-on.

Cela se passait le 31 mai 1897.

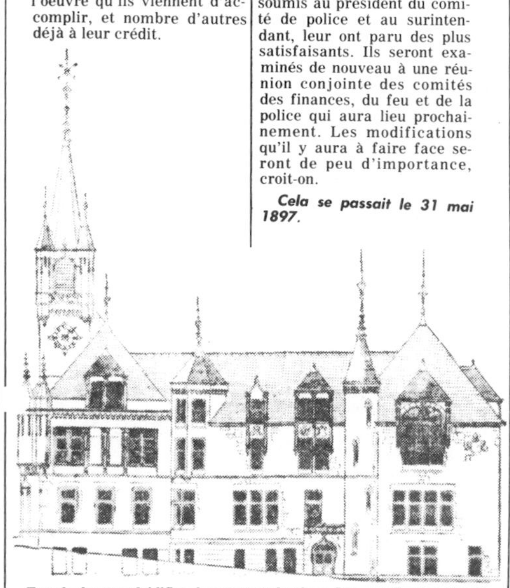

Façade du nouvel édifice donnant sur la place Jacques-Cartier *(sensiblement à l'endroit où se trouve aujourd'hui un parking étagé qui enlaidit l'environnement).*

Adolf Eichmann est mort à la potence

JERUSALEM (UPI-AFP-PA) —L'Etat d'Israël a pendu le criminel de guerre un peu avant minuit hier **(31 mai 1962)**, à la prison (...) de Tel Aviv. La mise à mort est survenue quelques heures à peine après que le président Ben Zvi eut rejeté l'ultime appel du condamné à mort. Un communiqué émanant de la présidence déclarait: «Le président de l'Etat d'Israël a décidé de ne pas exercer sa prérogative de commuer ou de réduire la sentence imposée à Adolf Eichmann par le tribunal israélien.»

Ainsi prenait fin la longue lutte de l'ex-colonel nazi pour échapper à la peine capitale et s'écrivait la dernière ligne du chapitre le plus horrifiant de l'histoire contemporaine.

Capturé en mai 1960 par des agents israéliens qui l'avaient traqué en sol argentin, Eichmann avait été ramené par avion en Israël. Cet enlèvement avait, à l'époque, provoqué de vives protestations et même suscité la rupture des relations diplomatiques entre Tel Aviv et Buenos Aires. La situation devait se stabiliser par la suite.

Le 11 avril 1961, au centre communautaire de Beith Haam, à Jérusalem, commençait le procès le plus sensationnel du siècle, auquel la presse mondiale avait été convoquée. Cet affrontement juridique sans précédent dura plus de quatre mois. Eichmann fut reconnu coupable sous 15 chefs d'accusation dont la plupart le rendaient passible de la peine de mort. Le 15 décembre 1961, le tribunal le condamnait à la potence. (...)

DERNIERES PAROLES

Au moment où le bourreau nouait la corde autour de son cou, Adolf Eichmann, calme et arrogant, déclara: «Vive l'Allemagne, vive l'Argentine, vive l'Autriche! Je n'ai fait que me soumettre aux lois de la guerre et à mon drapeau. Puis se tournant vers les quatre journalistes présents à l'exécution, un sourire à peine perceptible sur ses lèvres, il ajouta: «Nous nous reverrons bientôt, messieurs, car c'est là le destin des hommes. J'ai toute ma vie cru en Dieu, et au moment de mourir, je crois en Dieu!» (...)

Adolf Eichmann témoignant pour sa propre défense.

LA PRESSE

100 ans d'actualités

C'EST ARRIVÉ UN 1ER JUIN

1982 — Lisa Wichser, une Américaine, est détenue en République populaire de Chine sous une accusation de vol de secrets d'État.
1979 — La Rhodésie est désormais dirigée par un gouvernement à majorité noire, avec Abel T. Muzorewa comme premier ministre.
1974 — Un autobus transportant des personnes du troisième âge plonge dans un ravin, à Saint-Joseph-de-la-Rive, comté de Charlevoix; on dénombre 13 morts et 24 blessés.
1973 — Abolition de la monarchie, remplacée par la République, en Grèce, à la suite d'un référendum.
1966 — Joaquim Balaguer sort victorieux des élections, en République dominicaine.
1965 — Le président Johnson, des États-Unis, annonce le retrait de 2 000 Marines de la République dominicaine.
1961 — Accord entre le gouvernement provincial et six universités québécoises au sujet des subventions fédérales.
1961 — Début du 10e recensement national.
1958 — Élection de Jean Lesage comme chef du Parti libéral du Québec dès le premier tour de scrutin.
1956 — Dmitri Chepilov, rédacteur en chef de la *Pravda*, succède à Vyacheslav Molotov comme ministre des Affaires étrangères d'URSS.
1954 — Geneviève de Galard-Terraube, l'héroïne du camp retranché de Dien Bien Phû, rentre à Paris. — Inauguration du tunnel de la rue Atwater.
1951 — La commission Massey-Lévesque recommande que le gouvernement fédéral verse une aide financière aux universités.
1946 — Le cheval Assault gagne la Triple couronne (composée du Derby du Kentucky, du Preakness et du prix Belmont).
1942 — Trois vagues de bombardiers allemands attaquent la ville-cathédrale de Canterbury. — Un millier de bombardiers lourds alliés participent à un raid massif sur les usines Krupp, en Allemagne.
1939 — Le sous-marin britannique *Thetis* coule dans la baie de Liverpool; 99 marins manquent à l'appel.
1931 — On procède au 7e recensement de l'histoire du Canada.
1928 — Le Conseil législatif cesse d'exister, en Nouvelle-Écosse. Le Québec devient alors la seule province à conserver le régime à deux chambres.
1885 — Une foule monstre assiste aux funérailles de Victor Hugo, à Paris.

MONTREAL, SAMEDI 1 JUIN 1907
ÉDUCATION PHYSIQUE DE LA JEUNESSE
La grande excursion de Québec

Cette page magnifique a été publiée en couleurs le **1er juin 1907**, *avec le texte suivant:*

LA «PRESSE» a le droit de se vanter d'avoir popularisé dans la Province la culture physique, c'est-à-dire la gymnastique raisonnée qui assure le développement physique de la jeunesse. De ce côté, l'oeuvre de la «Presse», son action incessante, a produit des résultats merveilleux qui rendent légers les incessants sacrifices que notre journal est disposé à faire pour assurer partout la pratique bienfaisante de la culture physique dans toutes les écoles. Indépendamment de l'encouragement que la «Presse» n'a cessé de donner à la gymnastique sous des formes diverses telles que le don d'un trophée, une publicité intelligente, efficace et constante, elle a organisé un grand concours de gymnastique entre les différentes écoles de Montréal, qui doivent se disputer le trophée que détient actuellement l'école Olier. Ce concours aura lieu le vendredi 7 juin. Il sera suivi d'une distribution de médailles aux élèves méritants et d'une grande manifestation des jeunes gymnastes au Stadium, où 500 élèves se livreront à leurs intéressants exercices, sous les yeux d'une foule sympathique et nécessairement charmée. Cette fête aura lieu sous le patronage de Monseigneur Bruchési et des membres de la commission scolaire de Montréal.

Le samedi 8 juin, grande excursion à Québec. Prendront part à cette excursion la classe vainqueur du concours et les élèves médaillés, soit cent élèves environ.

Le but de cette excursion est de faire une démonstration pratique, afin de montrer les bienfaits de la gymnastique dans les centres où elle n'est pas encore enseignée d'une façon systématique. C'est le professeur Henri Scott qui est chargé de diriger les jeunes excursionnistes et présider à leurs exercices. Cette excursion se fera tous les ans, et les gymnastes visiteront à tour de rôle les endroits plus importants de la Province. Ce sera à la fois une récompense pour les élèves zélés et une leçon de choses pour les localités visitées.

Notre page en couleurs représente les élèves du collège Saint-Laurent pendant une leçon de gymnastique. Ces jeunes gens et leurs dévoués professeurs se sont prêtés de la meilleure grâce du monde à ces poses intéressantes. On a là, pris sur le vif, les exercices familiers à ces jeunes gens.

A droite de la page, on voit le trophée de la «Presse»; à gauche, la médaille qui sera offerte en prix aux meilleurs élèves. *(Vous aurez évidemment remarqué que la médaille est à droite, et le trophée à gauche!)*

Helen Keller, un exemple de courage et de ténacité

EASTON, Conn. (UPI et PA) — Mlle Helen Keller, connue universellement pour la lutte qu'elle mena contre le terrible handicap qui la frappait dès la tendre enfance, est décédée samedi **(1er juin 1968)** dans sa maison de Easton, au Connecticut. Elle devait célébrer son 88e anniversaire le mois prochain.

A sa naissance, Helen était une enfant normale. Une fièvre mystérieuse lui fit perdre à l'âge de 19 mois, la vue, l'ouïe et la parole. A l'époque, les soins spécialisés en ce domaine étant inexistants, la petite fut condamnée à vivre dans un monde de silence et de solitude. Son père, qui était rédacteur en chef d'un journal, souffrit énormément de cet état de chose. Le fait d'avoir une enfant anormale fut un lourd chagrin et une grande déception.

En désespoir de cause il demanda conseil au plus grand spécialiste à ce moment-là qui était Alexander Graham Bell. Celui-ci lui conseilla de s'adresser à une école du Massachusetts, «The Perkins School of the Blind», à Watertown.

Cette école recommanda une jeune institutrice d'origine irlandaise, Mlle Anne Sullivan. «Son arrivée, raconte la jeune Helen, fut le plus beau jour de ma vie.»

La jeune institutrice qui venait de recouvrer la vue après de multiples opérations, prit en mains les destinées de la petite fille. A l'aide d'un abécédaire spécial inventé par des moines espagnols, elle frappait légèrement dans la main de la fillette, mais celle-ci ne parvenait pas à associer les mots avec des objets concrets. Un jour cependant alors que des enfants se baignaient à une fontaine, l'eau jaillit sur les mains d'Helen. L'institutrice alors frappa légèrement dans la main de la jeune aveugle à plusieurs reprises. Celle-ci comprit finalement et ce fut le premier mot qu'elle apprit: eau. (...)

Helen Keller visita plus de 25 pays et donna des conférences dans toutes les grandes villes du monde. Elle se consacra uniquement aux problèmes de ce genre de handicapés, rencontra de multiples personnes à travers le monde, fut consacrée l'une des dix plus grandes femmes du siècle et reçut de nombreux témoignages d'admiration. Femme de lettres, elle écrivit de nombreux ouvrages et raconta ses expériences, ce qui fut pour beaucoup de gens une source d'inspiration et de courage. Mark Twain disait quelque temps avant sa mort: «Les deux personnalités marquantes du 19e siècle sont Napoléon et Helen Keller.»

L'hôpital N.-Dame a son ambulance

L'HÔPITAL Notre-Dame a pris possession ce matin **(1er juin 1886)**, de la voiture d'ambulance qu'il avait commandée et qui lui était devenue indispensable. Notre population ouvrière qui profite d'une manière aussi large des bienfaits de cet établissement se trouvera particulièrement favorisée par l'addition de cette voiture au matériel de secours, déjà si considérable de cet hôpital.

BABILLARD

Un travail de titan

M. **Raymond Laberge,** bibliotechnicien à la bibliothèque de l'Assemblée nationale du Québec, met la dernière touche à un manuel d'éphémérides qui fera le délice des historiens, et intitulé « Chronologie des institutions parlementaires du Québec, de 1867 à 1966 ».

Cet ouvrage retrace toutes les grandes dates de l'histoire du parlementarisme québécois jusqu'à l'avènement du gouvernement Johnson. Devant la qualité de la recherche de M. Laberge, il est à espérer qu'il ajoutera les années manquantes à son ouvrage, auquel incidemment nous recourerons fréquemment à partir d'aujourd'hui, pour la préparation des éphémérides de cette page, avec la « bénédiction » de l'auteur.

Spectacles & Concerts

GARBO QUITTE HOLLYWOOD!

Après avoir tourné «As You Desire Me», d'après Pirandello, la plus grande des vedettes d'écran rentre en Suède sans avoir renouvelé son contrat avec la M.G.M.

HOLLYWOOD, 1 — Les directeurs du studio Metro-Goldwyn-Mayer, où Greta Garbo a réalisé toutes ses grandes oeuvres cinématographiques, sont d'avis que cette fois la vedette internationale ne reviendra plus sur sa décision. Elle a déclaré: «Je crois que je vais retourner dans mon pays, la Suède». On lui a donc présenté un superbe sac de voyage.

Le contrat de Garbo avec cette firme prend fin officiellement aujourd'hui **(1er juin 1932).** Il y a quelques semaines encore elle jouait les scènes de son dernier film. Il est entendu que la compagnie a essayé de renouveler le contrat de la grande actrice. Celle-ci a refusé, préférant, a-t-elle dit, «la vie des champs, dans son pays, à celle d'Hollywood».

L'agent de Greta Garbo a annoncé dimanche dernier que d'ici dix jours, elle aura quitté Hollywood pour la Suède où elle demeurera un temps indéfini...

Greta Garbo, de l'avis des directeurs de firmes américaines, est la plus grande attraction du cinéma, aujourd'hui.

Pourquoi le contrat n'a-t-il pas été renouvelé? Va-t-elle se marier? A-t-on été dans l'impossibilité d'offrir le salaire que désirait ou qu'exigeait Garbo? Ces questions demeurent sans réponse.

Greta Garbo

Trudeau et Stanfield rendent hommage à André Laurendeau, mort à 56 ans

L'UN des grands noms du journalisme et de la politique au Canada français, André Laurendeau, qui présidait depuis 1963 la Commission d'enquête sur le bilinguisme et le biculturalisme, est mort, samedi soir **(1er juin 1968)**, dans un hôpital d'Ottawa où il reposait dans un état critique depuis le 15 mai dernier.

Le rédacteur en chef du «Devoir» s'était affaissé dans son bureau au cours d'une rencontre avec des journalistes. A l'hôpital, les médecins devaient constater que M. Laurendeau avait subi une hémorragie intra-crânienne consécutive à la rupture d'un anévrisme.

Au moment où la mort l'a frappé, à l'âge de 56 ans, André Laurendeau n'avait pas eu le temps de mettre le point final à la tâche colossale qu'il avait entreprise, en 1963, en acceptant la coprésidence de la Commission d'enquête sur le bilinguisme.

«C'est ce travail qui l'a épuisé mais non avant qu'il eût indiqué au Canada la voie de son avenir», a déclaré à Terre-Neuve le premier ministre du Canada, M. Trudeau, en apprenant hier matin la nouvelle tragique.

En acceptant la coprésidence de la commission, a dit encore M. Trudeau, il a relevé l'un des grands défis de l'histoire de la fédération canadienne.

MM. Robert Stanfield, chef du parti conservateur, et Marcel Faribault, leader des conservateurs québécois, ont tous deux tenu à faire l'éloge du disparu. (...)

L'idée d'une commission d'enquête sur le bilinguisme fut celle de M. Laurendeau. Il en demanda l'institution au gouvernement fédéral dans un éditorial du «Devoir», en janvier 1962. Le premier ministre canadien d'alors, M. Diefenbaker, répond: non! L'année suivante, M. Pearson, qui a pris le pouvoir, répond oui et confie la coprésidence de la commission à M. Laurendeau, qui se mettra aussitôt à l'oeuvre en compagnie de M. Davidson Dunton.

Au moment où la Commission allait commencer son travail, M. Laurendeau avait déclaré dans une interview que le premier devoir de la Commission était d'avoir «les oreilles et l'esprit ouverts à tout ce qui lui serait dit.» (...)

L'AGENT RECENSEUR CHEZ LE CARDINAL

«Vous avez des colles à me poser mon ami?» Le cardinal Paul-Emile Léger accueillait ainsi, ce matin *(1er juin 1961)*, dans le salon du palais cardinalice, l'agent recenseur Jacques Gagnon, qui lui soufflait à voix basse: «Vous êtes le chef d'un ménage collectif, Eminence...» Aujourd'hui, 1er juin, a débuté le 10e recensement décennal. Le cardinal est parmi les premiers interviewés. Votre tour viendra bientôt.

LA PRESSE

100 ans d'actualités

FLQ: huit détentions; saisie d'un arsenal

LE chef de police de Montréal, M. Adrien Robert, a confirmé hier soir **(2 juin 1963)** que huit membres du Front de libération québécois ont été arrêtés au cours des derniers jours.

Le directeur Robert a cependant refusé de communiquer toute autre information, malgré l'insistance des journalistes. La police s'est catégoriquement refusée à parler de l'affaire avant ce matin. Le directeur Robert doit en effet tenir une conférence de presse ce matin, à son bureau, et révéler «ce qui peut être révélé».

Selon des informateurs, le leader du groupe serait Georges Schoeters, étudiant à l'Université de Montréal, en Sciences sociales, département des sciences économiques, qui serait aussi directeur des Amis Québec-URSS. On croit que cet individu, belge, demeure au Canada depuis une quinzaine d'années. Il est âgé de 33 ans. Il aurait reçu une formation de saboteur à Cuba, d'où il serait revenu il y a huit mois. Il aurait prononcé depuis son retour de Cuba des conférences sur la réforme agraire.

Un autre suspect, selon les mêmes informateurs, aurait quitté le parti communiste, section de l'université McGill, à cause de ses idées séparatistes.

La police refusait encore hier soir de confirmer que certains détenus avaient été arrêtés au cours de la semaine dernière, d'autres au cours de la fin de semaine qui vient de se terminer. On croit en effet que cinq des suspects ont été appréhendés mercredi dernier, sur la foi des renseignements communiqués la semaine dernière au procureur général, M. Georges-Emile Lapalme. Les trois autres arrestations auraient été effectuées au cours des jours suivants et en fin de semaine.

M. Lapalme n'a pas voulu, lui non plus, faire des déclarations «pour ne pas nuire au travail de la police».

Au cours de sa conférence de presse d'hier soir, le chef Robert a déclaré que les huit détenus ne comparaîtraient pas ce matin devant les tribunaux. Il a expliqué que la police devait d'abord avoir des entretiens avec les procureurs de la Couronne. Il a signalé enfin qu'il devait d'abord se tenir une enquête du coroner pour éclaircir le meurtre de William O'Neil.

Comme on le sait, ce dernier est mort le 20 avril dernier, alors qu'une bombe attribuée au FLQ avait explosé à l'arrière de l'édifice du Centre de recrutement de l'Armée canadienne, rue Sherbrooke.

M. Robert a affirmé que l'enquête du coroner devait avoir lieu avant toute autre procédure. De son côté, le directeur de la Police provinciale, M. Josaphat Brunet, a confirmé que l'une des personnes appréhendées était d'origine belge. Il a ajouté que certaines des personnes appréhendées par la police de Montréal étaient déjà «sur notre liste».

On croit enfin que l'un des détenus serait un mécanicien à l'emploi d'un grand garage de Montréal. Il serait de plus familier avec l'usage des explosifs. Les policiers auraient trouvé chez lui des bâtons de dynamite, des détonateurs et des mécanismes d'horlogerie.

Surveyor atterrit sur la Lune

L'engin s'est posé en douceur après 63 heures de vol

PASADENA, Cal. (AFP-UPI-PA) — A leur première tentative, les États-Unis ont réussi, la nuit dernière à faire atterrir en douceur sur la Lune la sonde spatiale «Surveyor». *(L'engin s'est posé sur la Lune le* ***2 juin 1966****, à 2 h 17 du matin).*

Les premières photographies transmises à la Terre par la camera de télévision qui équipe «Surveyor 1» indiquent clairement que le sol lunaire, dans la région de la Mer des tempêtes tout au moins, est assez dur pour permettre à l'homme de s'y poser. Ce spectaculaire succès pave la voie au programme «Apollo» d'exploration lunaire. Le système de freinage dont était équipé le «Surveyor» est le même qui est prévu pour les cabines «Apollo». Ces navires spatiaux doivent, selon les espoirs des Etats-Unis, transporter les premiers lunautes américains d'ici 1969 ou 1970.

Les pieds du «Surveyor» se sont fermement ancrés sur la surface lunaire, indiquent les premières photos, et la région où l'engin s'est posé en douceur est relativement plate. La surface semble criblée toutefois de petits trous causés probablement par des météorites qui se sont abattus sur la Lune.

C'est au milieu d'applaudissements et de cris de joie des employés du «Jet Propulsion Laboratory» de Pasadena, en Californie, que la sonde lunaire est arrivée au but. Responsable du téléguidage de l'engin, le «JPL» peut se vanter d'avoir réussi une expérience qui est un modèle de précision.

Transmis sur 200 lignes, les premiers clichés, un peu flous, montrent le «Surveyor» lui-même. Ce dernier ne semble pas avoir subi de dégâts à la suite de son atterrissage. (...)

Premières preuves tangibles de l'atterrissage en douceur réussi sur la Lune par l'engin spatial américain «Surveyor», ces deux photos sont rapidement parvenus sur les écrans de télévision du centre de contrôle de Pasadena, en Californie, d'où elles ont été offertes en direct aux téléspectateurs des États-Unis et du Canada. L'image du haut montre un des pieds du «Surveyor», la seconde, une antenne de l'engin sous lequel se distingue le sol lunaire. De nombreuses autres photographies sont attendues par les scientifiques et les techniciens.

LOU GEHRIG, «L'HOMME DE FER» DU BASEBALL, MEURT A L'AGE DE 38 ANS

Le fameux joueur des Yankees succombe à la maladie mystérieuse qui le minait depuis deux ans.

NEW YORK, 3 (P.A.) — Lou Gehrig, l'homme de fer du baseball, est mort hier soir **(2 juin 1941)**. Le grand, solide et bel athlète qui pendant quatorze ans fut le symbole de la résistance et de l'endurance au premier but de l'équipe des Yankees, a succombé hier soir à une maladie très rare et incurable qui le minait depuis deux ans. Ce mal causait le durcissement du fluide cérébral et la contraction des muscles. Il est décédé à sa demeure du Bronx.

Lou Gehrig

Sa mort est survenue 17 jours après qu'il eût 38 ans. Elle met fin à une lutte aussi courageuse qu'il fit contre la mort que celle qu'il avait l'habitude de faire sur le losange.

Il combattit jusqu'à la fin. Lorsqu'il perdit connaissance pour tomber dans le coma hier, il ne sut même pas qu'il était battu et voué à la mort. Mais les gens de son entourage savaient qu'il n'avait plus la moindre chance d'en réchapper. Ses intimes et les membres de sa famille étaient à son chevet lorsqu'il rendit le dernier soupir. (...)

La place de Lou Gehrig dans la galerie des Immortels fut assurée il y a un an, un peu après qu'il se fut retiré volontairement de l'équipe des Yankees. le 2 mai 1939 à Détroit, et eut établi un record de 2,130 parties consécutives. Il joua 38 parties de séries mondiales et de nombreuses joutes d'exhibition.

Ses débuts

Il commença à se mettre en vedette le premier juin 1925, alors qu'il fut envoyé au marbre comme frappeur d'occasion. Le lendemain, il remplaçait Wally Pipp au 1er sac et pendant 14 ans, il ne manqua pas une partie. Deux fois, il fut choisi comme le joueur le plus utile de la ligue Américaine.

Il en fut le premier frappeur en 1934 avec une moyenne au bâton de .363. Il avait établi un record des ligues majeures pour avoir fait compter plus de 100 points par année pendant 13 ans consécutifs. Il établit un autre record lorsqu'il fit compter 134 points en 1931. Il frappa 23 fois des home runs au moment où les buts étaient remplis et un jour, il frappa quatre home runs dans la même partie. Ces records n'ont jamais été égalés.

La maladie qui emporta Gehrig était connue sous le nom de sclérose latérale amyothopique. On ne sut jamais comment il avait pu la contracter.

Il se peut toutefois qu'il ait commencé à se ressentir de ce mal vers 1938, alors que sa moyenne tomba en dessus de .300 pour la première fois en 13 ans. Ce n'est qu'un an plus tard lorsqu'il alla à la clinique Mayo qu'il apprit que son état physique était précaire. C'est alors qu'on lui dit qu'il ne pourrait jamais plus jouer au baseball et qu'on devrait lui donner une piqûre tous les jours dans l'épine dorsale.

LE ROI D'ESPAGNE ECHAPPE AUX BOMBES DES ANARCHISTES

PARIS, 2 — Le roi d'Espagne Alphonse XIII et le Président de la République française, M. Loubet, ont failli être victimes d'un audacieux attentat la nuit dernière **(2 juin 1905)**.

Ils revenaient d'une soirée de gala à l'Opéra, lorsque, à l'entrée du Carrousel, une bombe éclata tout près de leur carosse. Le projectile, lancé avec trop de vigueur, dépassa le but et passa par-dessus la tête des deux augustes personnages.

L'explosion fut si formidable que les fils électriques furent brûlés. La panique s'empara de la foule qui encombrait l'avenue et qui venait de saluer le roi d'Espagne d'acclamations enthousiastes.

Le roi et le président conservèrent leur sang-froid. Alphonse était un peu pâle, mais pas autrement ému. C'est la quatrième fois qu'il échappe ainsi miraculeusement à la mort. «Je ne crains, dit-il, que la peine que ma mort causerait à ma mère.»

Cinq personnes ont été blessées, un cheval tué et six autres blessés. Un enfant a reçu un éclat de la bombe dans l'oeil et il perdra la vue.

M. Mouquin, chef du service secret, dit que l'auteur du crime est connu et que la police est en possession de tous les détails au complet. Il dit avoir une preuve certaine que c'est un des anarchistes qui ont échappé aux arrestations du 26 mai. Ses complices, arrêtés alors, sont encore à la sûreté. Ce sont les nommés Vallina, Navarro et Palacios, anarchistes espagnols bien connus et un nommé Harvey, anarchiste anglais.

Photothèque LA PRESSE

Ces deux photos montrent deux scènes saisissantes du fastueux couronnement de la reine Elizabeth II d'Angleterre, le *2 juin 1953*. Sur la photo de gauche, la reine est assise sur son trône, portant la couronne de Saint-Édouard, lors de la cérémonie tenue à l'abbaye de Westminster. À droite, Sa Majesté salue la foule, flanquée de son mari, le prince Philip.

C'EST ARRIVÉ UN 2 JUIN

1983 — Un DC-9 d'Air Canada prend feu en vol et atterrit en catastrophe à Cincinnati : on dénombre 23 morts.

1982 — Un DC-9 d'Air Canada brûle mystérieusement dans son hangar, à Dorval, à la suite d'une explosion.

1979 — Le pape Jean-Paul II entreprend une visite de neuf jours dans son pays d'origine, la Pologne. C'est la première visite officielle d'un pape dans un pays communiste.

1977 — Le gouvernement québécois porte à 3,15$ le salaire minimum, le plus élevé au Canada.

1975 — Les Québécois apprennent avec ahurissement qu'une société de Magog avait vendu pour du boeuf pas moins de 16 millions de livres de cheval en huit ans.

1970 — Mort du coureur automobile Bruce McLaren lors d'un accident survenu pendant les essais, sur le circuit de Goodwood.

1969 — Le porte-avion australien *Melbourne* coupe en deux le destroyer américain *U.S.S. Frank E. Evans*, au cours de manoeuvres. L'accident fait 73 morts chez les Américains.

1959 — L'île de Singapour accède à l'indépendance après 140 ans de colonialisme britannique.

1958 — L'Assemblée nationale française entérine la nomination du général Charles de Gaulle comme président du Conseil et lui accorde pleins pouvoirs.

1957 — Le capitaine J.W. Kittinger fils, de l'Armée de l'air américaine, atteint une altitude de 96 000 pieds, suspendu à un ballon en plastique. C'est un nouveau record d'altitude pour un « plus léger que l'air ».

1952 — La Cour suprême des Etats-Unis déclare illégale la décision du président Truman de faire saisir les aciéries, en indiquant qu'il avait usurpé les pouvoirs du Congrès américain.

1946 — À l'occasion d'un référendum, les Italiens rejettent majoritairement la monarchie et optent pour la république.

1941 — Une foule de 250 000 personnes assistent au « Ralliement de la victoire », au parc Lafontaine. Ce ralliement avait été organisé pour lancer l'Emprunt de la victoire.

1905 — Le roi Alfonso XIII d'Espagne, et le président Émile Loubet, de la République française, échappent à un attentat fomenté par des anarchistes.

ACTIVITÉS

AUJOURD'HUI

■ À la radio

17 h, Radio-Canada — Chronique consacrée à LA PRESSE à l'émission *Avec le temps*, animée par Pierre Paquette.

DEMAIN

■ Journée internationale de la bicyclette

Piste cyclable du canal Lachine — La journée organisée par *Vélo-Québec* comprend une randonnée de 25 km qui partira du parc Lafontaine pour se terminer sur les pistes du Sud-Ouest. LA PRESSE participe à cette journée par une expositions de premières pages consacrées au cyclisme, au centre de la piste du canal Lachine.

BABILLARD

Cinquante ans d'un heureux mariage

Les époux **Esther** et **Henri-Paul Fortin** ont toujours la fière allure qu'ils affichaient il y a 50 ans, au moment où le photographe a capté sur la pellicule la traditionnelle photo de mariage, à la porte de l'église Saint-Marc de Rosemont. Et un demi-siècle plus tard, il leur arrive encore souvent de se tenir par le bras. Cinquante ans d'amour, ça se célèbre, et c'est ce que feront aujourd'hui leurs sept enfants et la parenté. LA PRESSE se joint à la famille des jubilaires pour offrir ses meilleurs voeux à Esther et Henri-Paul Fortin.

Anniversaire d'une succursale bancaire.

La succursale de la **Banque Canadienne Impériale de Commerce** (auparavant la Banque Canadienne de Commerce) située au 265 rue Saint-Jacques, célèbre demain son 75e anniversaire d'existence. Lorsqu'il a ouvert ses portes, le 3 juin 1909, cet édifice était du tout dernier cri dans le domaine bancaire à Montréal, et il a longtemps rempli les fonctions de bureau régional. Exception faite de la modernisation de l'équipement bien sûr, la succursale a conservé son cachet original et elle est maintenant considérée comme un bâtiment historique du quartier des affaires de Montréal.

LA PRESSE
100 ans d'actualités

IMPORTANT CHANGEMENT DANS LES REGLEMENTS DE LA LIGUE NATIONALE

Un joueur puni pourra revenir au jeu si un but est enregistré

NDLR — Cet article concrétise les intentions des adversaires du Canadien de tenter de tout au moins ralentir l'extraordinaire efficacité de l'attaque à cinq du Canadien à l'époque, formée de Maurice Richard, Jean Béliveau, Bert Olmstead, avec Bernard Geoffrion et Doug Harvey à la ligne bleue.

LA ligue Nationale de hockey a adopté hier **(4 juin 1956)**, un règlement à l'effet qu'un joueur purgeant une punition mineure revienne au jeu immédiatement après qu'un adversaire aura compté un but en son absence.

Ce fut le seul radical changement dans les règlements et il prendra effet dès la saison prochaine, dans tous les circuits professionnels de hockey.

Le vote en marge de ce changement a été de 5 contre 1. Seuls les Canadiens de Montréal, les détenteurs de la coupe Stanley et l'équipe qui a compté le plus de buts la saison dernière, se sont opposés à ce changement.

Kenny Reardon, adjoint du gérant général des Canadiens, a déposé le vote d'opposition au nom de son club. Les cinq autres gérants généraux des clubs de la Nationale ont voté en faveur du changement.

Changements mineurs

Le règlement, avant modification, stipulait que tout joueur puni pour deux minutes devait passer tout le temps de sa punition hors du jeu.

Le comité a également adopté un règlement à l'effet qu'une punition mineure soit imposée si les joueurs ou les officiels d'un club lancent un bâton, une serviette ou tout autre objet sur la glace même lorsque le jeu est momentanément arrêté. Jusqu'à date, ces offenses n'entraînaient une punition mineure que lorsque le jeu était en cours. Cette punition est désignée sous le nom de «punition de banc».

A moins que l'arbitre ne décide de lui-même de punir le coupable, l'instructeur du club ainsi puni peut faire purger cette punition par un joueur de son choix.

Zone neutre

Un autre changement mineur prévoit qu'une région d'une quinzaine de pieds de chaque côté de la ligne rouge centrale sera considérée comme zone neutre au cours des pratiques tenues avant les joutes. Les joueurs de deux équipes devront éviter de pénétrer dans cette zone neutre centrale au cours des pratiques. Il s'est produit des incidents désagréables dans le passé au cours des pratiques, certains joueurs persistant à occuper le centre de la glace, nuisant ainsi à l'autre club. C'est pour éviter ces incidents que la zone neutre a été établie. (...)

BABILLARD

350e anniversaire des Cloutier

L'Association des Cloutier d'Amérique célèbre cette année le 100e anniversaire de l'arrivée en Nouvelle-France de son ancêtre, Zacharie, en provenance de Mortagne, dans le Perche, en France. Lorsqu'il débarqua à Québec le 4 juin 1634, en compagnie de son épouse, Xainte (née Dupont), il était déjà le père de cinq enfants, Zacharie, Jean, Anne, Charles et Louise. Et ils s'installèrent dans ce qu'on appela rapidement «le fief de la Clouterie», territoire qui porte aujourd'hui le nom de Beauport.

Et c'est à cet endroit que les Cloutier d'Amérique ont convenu de se retrouver, les 21 et 22 juillet, pour célébrer l'événement avec faste, d'autant plus que la fête coïncide avec la venue des grands voiliers.

On pourra obtenir de plus amples informations en écrivant à l'association, à l'adresse suivante: 51 parc Vimy, Casier postal 2144, Québec, Québec G1K 7N8.

Une autre centenaire

C'est au tour du Centre d'accueil des Bois-Francs, à Victoriaville, de compter un centenaire parmi ses résidents. En effet, Mme Bernadette Morin Luneau célèbre aujourd'hui son centenaire de naissance. LA PRESSE lui offre ses meilleurs voeux de bonheur et de santé.

Page consacrée aux joies du plein air (ou «villégiatures» comme on disait à l'époque) et publiée le *4 juin 1904*.

L'amour vs la police

AVENTURE D'UN AMOUREUX PRIS POUR UN VOLEUR

LE lieutenant Medell, du poste de la rue Sainte-Catherine, réfléchissait cette nuit aux moyens à prendre pour endiguer la vague de crime qui envahit notre ville, quand la sonnerie du téléphone le fit sauter: «Venez au plus vite, disait une voix de femme. Il y a un cambrioleur dans le soubassement de notre maison!»

Medell, n'écoutant que son courage, prit son revolver et deux hommes qu'il arma, eux aussi, et au plus vite, le trio se dirigea vers la maison d'où était partie l'alarme, rue Crescent.

ATTRAPPEZ-LE!

Plus morte que vive, la maîtresse des lieux leur ouvrit la porte en chuchottant: «Il est encore là, je l'entends se promener dans la cuisine. Descendez et vous l'attrapperez».

Medell, revolver au poing, descendit le premier, suivi de ses deux acolytes. On entendait, en bas, dans l'ombre, un faible bruit et des pas furtifs se glisser sur les dalles du plancher.

— Hands up! cria Medell en tournant le commutateur de la lumière et en inondant de clarté un pauvre diable qui se tenait tout coi dans un coin.

TOUT S'EXPLIQUE

Le cambrioleur fut arrêté et fouillé. Dans ses poches on trouva une pipe et un paquet de bonbons. La pipe était à lui et le paquet de bonbons... pour la cuisinière.

L'intrus était tout simplement l'ami de coeur de la cuisinière et il était venu passer la soirée avec elle pendant l'absence de Madame. Le retour inopiné de celle-ci avait changé leurs plans et la cuisinière avait caché son ami dans une armoire. Quand elle entendit sa maîtresse téléphoner à la police, elle se sauva et ferma derrière elle la porte, laissant le jeune homme prisonnier dans le soubassement.

Les explications terminées, on laissa partir l'amoureux transi et effrayé, cependant que le lieutenant retournait au poste et réfléchissait à l'inopportunité pour Mars de s'occuper des affaires de Vénus.

Cela se passait le 4 juin 1912.

Les Parisiens «buffalistes»

IL est intéressant de noter que l'Amérique a eu l'honneur de fournir l'homme qui a rempli le vide causé dans le coeur de beaucoup de femmes françaises par le départ de Boulanger. Buffalo Bill est cet homme. Il est plus beau garçon que le général, et si ses yeux sont moins bleus, ses cheveux sont plus longs et sa taille plus élevée. Il monte mieux à cheval et les histoires d'Indiens, d'ours et de bisons, dont on le fait le héros, donnent un intérêt romanesque à ses sourires. Beaucoup de femmes charmantes se disputent l'honneur d'avoir à déjeuner le «charmand Guillaume» et l'on a donné à ses admiratrices le nom de «buffalistes».

Cela se passait le 4 juin 1889.

LES COURSIERS ARRIVENT EN PROCESSION DANS LE KING'S PLATE.

Le Montreal Jockey Club procédait, le *4 juin 1907*, à l'ouverture officielle de l'hippodrome Blue Bonnets. Quelque 3 000 personnes ont assisté à ce «meeting» initial. La course principale, le handicap Mont-Royal, fut gagnée par Lotus Eater. Le croquis du dessinateur Paul Caron illustre la fin de la course «King's Plate», troisième course au programme, remportée par Woodbine avec une avance fort confortable.

LE CONSEIL EST EN FAVEUR D'UN SERVICE D'AUTOBUS

La majorité des échevins s'est prononcée pour ce projet.

LE plus important item à l'ordre du jour, pour la séance de cet après-midi **(4 juin 1912)**, au conseil municipal, est le règlement sur l'établissement d'une compagnie d'autobus à Montréal. Ce projet a déjà subi le feu de la première lecture et il semble, d'après les dispositions de la majorité des échevins, qu'il doive passer dès aujourd'hui par la deuxième et troisième lectures, car c'est le désir des édiles que la métropole ait ses autobus dès cet été.

L'échevin L.-A. Lapointe, leader du conseil, s'est fait le champion du projet. Les échevins Giroux, Marchand, Emard, Poissant, McDonald, Robinson, Drummond, Garceau, Prud'homme, Ménard, Létourneau, O'Connell, Tétreau et Mayrand (c'est-à-dire la majorité du conseil), se sont formellement prononcés, ce matin, pour l'accord d'une franchise à une compagnie en état de donner un service effectif.

Les autres détails — tel l'accord d'une franchise exclusive de 10 ans — seront étudiés par le bureau de contrôle. La Compagnie Canadienne d'Autobus, fondée spécialement pour doter Montréal et d'autres villes d'un service d'autobus, s'engage à donner un siège à chaque voyageur. Elle laisse de plus entendre qu'elle construira des usines et des garages de plus d'un million. Elle aura 350 voitures, et pour mettre cela en opération, de même que ses usines, il lui faudra employer 1,600 hommes.

C'EST ARRIVÉ UN 4 JUIN

1982 — Israël réplique à l'attentat contre son ambassadeur à Londres en bombardant le Liban. — Le sommet de Versailles conclut que l'économie occidentale se retrouvera en pleine dépression si les États-Unis n'abaissent pas les taux d'intérêt.

1979 — Joseph Clark, chef du Parti conservateur, est assermenté comme 16e premier ministre du Canada. — Impliqué dans ce qui est connu sous le vocable de «scandale de l'information», le premier ministre John Vorster, d'Afrique du sud, doit démissionner.

1978 — La vente des boissons alcoolisées par les dépanneurs est autorisée pour la première fois, au Québec.

1976 — Allan MacEachen, ministre des Affaires étrangères du Canada, annonce l'intention de son gouvernement de porter à 200 milles marins la limite territoriale du Canada à partir du 1er janvier 1977.

1973 — Adoption au Québec du système d'assistance judiciaire.

1972 — Acquittement de la militante communiste noire, Angela Davis, à Los Angeles.

1970 — Quelque 200 Amérindiens rejettent la politique indienne préconisée par le gouvernement fédéral, et le premier ministre Trudeau promet de ne pas la leur imposer.

1958 — Le général de Gaulle se rend en Algérie pour permettre au gouvernement local de reprendre le contrôle de la situation en affirmant que tous les résidents de ce territoire.

1951 — Décès à l'âge de 77 ans de Serge Koussevitsky. Il fut chef de l'Orchestre symphonique de Boston pendant 25 ans.

1948 — Plus de 200 personnes se retrouvent sans foyer à la suite d'une conflagration qui a détruit 47 maisons à Saint-Victor de Tring, dans la Beauce.

1944 — La 5e armée américaine libère Rome.

1941 — Décès de l'ex-empereur Wilhelm II d'Allemagne à l'âge de 82 ans.

1940 — Fin de la bataille des Flandres entreprise le 15 mai, par le rembarquement des troupes britanniques à Dunkerque. 215 000 Britanniques et 120 000 Français traversent la Manche dans des embarcations de toutes grosseurs.

1936 — Premier gouvernement du Front populaire (socialiste) en France, avec Léon Blum comme premier ministre.

1932 — La guerre civile éclate au Chili, alors que les contre-révolutionnaires s'en prennent au gouvernement socialiste nouvellement arrivé au pouvoir.

1912 — Un incendie éclate dans les cuisines du château Frontenac, en pleine nuit.

LE CIRQUE RINGLING

NOUS avons eu le plaisir de rencontrer hier soir **(4 juin 1901)**, M. James J. Brady, bien connu dans le monde des journaux et des théâtres, aux Etats-Unis, et qui représente ici les frères Ringling dont le cirque gigantesque arrivera demain.

Parlant de l'organisation qu'il représente, M. Brady a déclaré qu'elle est la plus considérable du genre aux Etats-Unis, depuis la disparition du fameux Barnum.

«On ne peut se faire une idée, dit M. Brady, de la qualité de la toile qui a été employée pour confectionner les tentes où s'abrite cette ville ambulante. La tente principale est immense. A part l'espace pour des milliers de sièges, elle renferme deux grands ronds et un hippodrome, où ont lieu les grandes courses en charriots romains, etc.»

«La tente de la ménagerie est presque aussi grande et renferme une cinquantaine de cages où se trouvent des animaux de tous les climats de la terre.»

La venue de ce cirque est un événement qui fera époque dans les annales de la Métropole du Canada.

SHAKESPEARE EN PLEIN AIR

UNE innovation peu banale et qui promet d'avoir du succès est celle qui a été tentée par la troupe dramatique de Ben Greet, et qui consiste à donner des représentations dramatiques en plein air. Nous avons entendu, hier **(4 juin 1903)**, deux pièces de Shakespeare, «As You Like It» et «Comedy of Errors» sur le terrain de l'université McGill et elles nous ont plu immensément. Dépouillée de tous les artifices de la scène, de ses arbres sur toile et de ses manoirs de carton, la représentation acquiert un grand cachet de simplicité.

LA PRESSE

100 ans d'actualités

Extravagances olympiques

Plusieurs causes mais deux responsables: Drapeau et Taillibert

QUEBEC — Dans le rapport de la Commission d'enquête sur le coût de la 21e Olympiade, déposé hier **(5 juin 1980)** par le premier ministre Lévesque à l'Assemblée nationale, le juge Albert H. Malouf identifie plusieurs causes principales pour expliquer l'augmentation du coût des Jeux, qui ont fait un prodigieux bond de $1.2 milliard entre l'annonce des Jeux modestes en décembre 1969 et la concrétisation du projet en 1976.

PIERRE VINCENT

(de notre bureau de Québec)

Mais le juge Malouf accuse surtout deux personnes d'être responsables du fait que les Jeux ont coûté onze fois plus cher qu'au moment de l'annonce du projet: le maire Jean Drapeau et l'architecte Roger Taillibert.

«Irresponsabilité administrative», «incroyable incurie administrative de la part du maire de Montréal et des autorités de la Ville», «inexcusable négligence administrative». La Commission Malouf va même jusqu'à conclure que «le maire Drapeau et l'ensemble du Conseil et du Comité exécutif ont failli à leurs devoirs et obligations puisqu'ils se devaient, à titre d'administrateurs et de représentants du public», de respecter l'annonce des Jeux modestes préconisés lors de leur obtention, en fixant une limite au coût des installations olympiques et en veillant à ce qu'elle soit respectée. En ce faisant, ils ont agi de façon contraire aux intérêts de la collectivité.»

Blâme sévère

Si la Commission blâme sévèrement le maire Drapeau, «qui s'est institué lui-même maître d'oeuvre et directeur du projet», elle n'en excuse pas moins la conduite de l'ensemble des membres du Conseil et du Comité exécutif de la Ville, «qui, dans les circonstances, ont failli à leurs responsabilités par leur manque de vigilance et leur attitude complaisante».

Dix facteurs ont particulièrement contribué à l'augmentation du coût des Jeux:

■ L'abandon de la notion de Jeux modestes et le choix d'un concept inédit pour les principales installations du Parc olympique (le complexe stade-mât-piscines et le vélodrome), un concept qui ne reposait que sur des considérations d'esthétique et de grandeur, sans qu'aucune étude sérieuse de coûts et de réalisation ne précède le choix du concept Taillibert. «Les faits établissent également que le maire Drapeau a irrévocablement fixé son choix sur le projet Taillibert, à l'exclusion de tout autre, et que sa volonté de le réaliser dans son intégralité s'est maintenue jusqu'à la fin.»

■ Absence d'une véritable direction du projet, le maire gardant la main haute sur tout. «Non seulement il n'avait ni les aptitudes, ni les connaissances nécessaires pour exercer cette fonction mais encore, à titre d'homme politique et de premier magistrat d'une ville, il n'aurait pas dû se placer dans une telle situation.»

■ Acquisition d'installations superflues, inutilement luxueuses et exceptionnelles: «le Bassin olympique, qui a coûté $25 millions et qui constitue aujourd'hui un éléphant blanc, étant très peu utilisé; le centre Etienne-Desmarteau, $11.6 millions, qui a coûté deux fois trop cher par rapport aux besoins de la Ville; le Vélodrome, $75 millions, une oeuvre extravagante, sans aucune mesure avec les exigeances olympiques et les besoins de la Ville après les Jeux; espaces sujets à aménagements dans le mât et sous les gradins du stade qui n'étaient pas nécessaires; viaduc de la rue Sherbrooke, fontaines et dalles-promenade qui furent érigés à grands frais et que la Commission considère comme des extravagances bien représentatives des abus conscrés à l'esthétique et à la grandeur des installations du Parc olympique.»

■ Le choix du concept du Village olympique, sans appel d'offres ni concours, basé uniquement sur la fascination du maire Drapeau pour les installations de la marina Baie des Anges en France.

■ L'adoption, le 28 juin 1974, du projet des pyramides de Les Terrasses Zarolega Inc., comme base du Village olympique, sans que le problème du financement ne soit réglé, le maire négligeant en cette circonstance d'informer le COJO et le public de cette grave lacune.

■ Le retrait de la Ville du dossier du Village en octobre 1974.

■ L'absence d'organisation et de mécanismes de gestion valables en matière de relations de travail.

■ Le retard considérable apporté à la préparation des informations nécessaires au gouvernement du Canada pour l'instauration du programme de financement des Jeux et l'assujettissement à l'approbation de ce programme de l'engagement des professionnels nécessaires à la préparation et à la réalisation des travaux.

■ La non-instauration, dès l'obtention des Jeux, d'un système intégré de contrôle des coûts. «Le concept a d'abord été choisi puis exécuté et les dépenses d'organisation et de construction furent payées, sans égard à la note que les contribuables auraient à défrayer après les Jeux.»

■ Le choix d'un architecte-conseil étranger (qui, dans les faits, fut l'architecte en titre) et le rôle exceptionnel que le maire de Montréal lui a laissé jouer dans la conception et la réalisation du projet. «Le fait qu'il ait dirigé la réalisation de son oeuvre à une distance de plus de 3,000 milles de Montréal, depuis ses bureaux parisiens, a engendré de multiples et sérieux problèmes de coordination et de relations de travail, qui ont contribué à l'augmentation des coûts.» (...)

Le juge Albert H. Malouf

Kennedy atteint à la tête

Le frère du président assassiné tombe à son tour sous les balles et repose entre la vie et la mort

LOS ANGELES (AFP, UPI, PA) — Le sénateur Robert Kennedy, frère du président assassiné John F. Kennedy, a été atteint de deux balles dont l'une à la tête, la nuit dernière, **(5 juin 1968)**, quelques minutes après avoir prononcé un discours de remerciement à l'adresse de ses partisans de la Californie qui venaient de lui donner une victoire aux élections primaires de cet Etat. Son état est extrêmement critique.

Trois autres personnes ont été blessées au cours de l'attentat. Le présumé assaillant a été capturé, ainsi qu'un autre homme que l'on croit être son complice. L'un des blessés est M. Paul Schrade, président de la section locale du syndicat des ouvriers de l'automobile; les autres sont une femme et un homme dont l'identité n'est pas encore connue. Seul toutefois M. Robert Kennedy est grièvement atteint.

Transporté d'urgence à l'hôpital du Bon Samaritain, M. Kennedy, inconscient, a reçu l'extrême-onction avant d'être dirigé vers la salle d'opération.

M. Kennedy qui, dans son discours de remerciement, venait de lancer un appel pour «mettre fin à la violence aux Etats-Unis, a reçu deux balles: l'une a traversé le crâne et s'est logé dans le cerveau; la deuxième ne lui a occasionné qu'une blessure superficielle à l'épaule. Six chirurgiens se sont rapidement rendus à l'hôpital pour tenter une opération dans le but de lui extraire la balle du cerveau.

L'homme qui a tiré quatre ou cinq coups de feu en direction du sénateur Kennedy a environ 25 ans; il est petit, de type latino-américain. L'agresseur, contrairement aux premiers rapports, n'aurait pas été blessé. L'entourage de M. Kennedy, dès le premier coup de feu, a crié: «Nous le voulons vivant, nous le voulons vivant».

M. Kennedy venait de sortir de l'«Embassy Room» de l'hôtel Ambassador de Los Angeles, rayonnant et optimiste, quand l'agresseur l'a atteint de coups de feu.

La scène de l'attentat s'est déroulée dans un passage menant, par une porte de service, vers un ascenseur. Il s'en est suivi une incroyable confusion. (...)

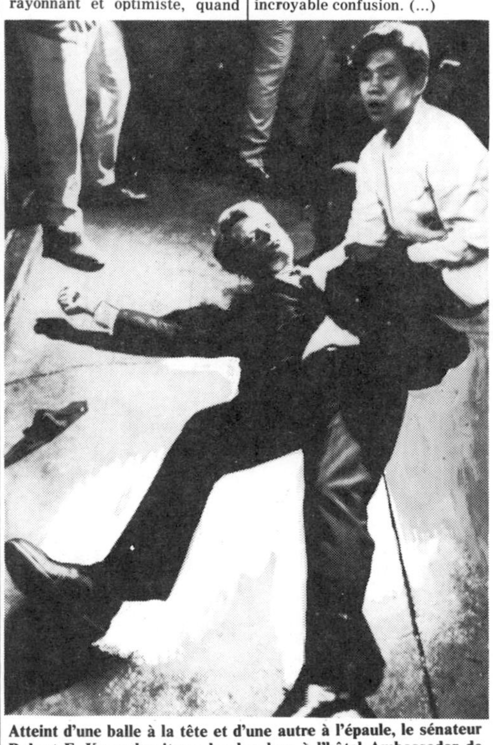

Atteint d'une balle à la tête et d'une autre à l'épaule, le sénateur Robert F. Kennedy git sur le plancher, à l'hôtel Ambassador de Los Angeles.

Le 2e bill de Montréal: un maire, 99 échevins; plusieurs taxes

(Du correspondant de la PRESSE)

*NDLR — Cette nouvelle fait état de la loi adoptée le **5 juin 1940** et impliquant des modifications à la Charte de Montréal.*

QUÉBEC, 5 — Le mode administratif de la Ville de Montréal est chambardé de fond en comble, et plusieurs nouvelles taxes sont proposées, dont une taxe de $2 sur les appareils de radio, une autre de $5 sur les autos, ainsi qu'un impôt spécial sur les appareils de téléphone.

A compter de l'élection de décembre prochain, le Conseil se composera d'un maire et de 99 échevins: 33 échevins élus par les propriétaires exclusivement, 33 autres élus par les corps publics, et le dernier tiers par l'électorat en général. La municipalité n'aura plus 35 quartiers, comme actuellement, mais 11 districts qui grouperont les quartiers actuels.

Il est aussi stipulé que la carte d'identité ne sera plus obligatoire aux élections municipales, ce qui confirme la nouvelle que le sous-service municipal de la Carte d'identité sera, sinon aboli, du moins réduit à sa plus simple expression.

Le conseil municipal actuel restera en fonction jusqu'à la fin de son mandat, qui expire au mois de décembre. Le conseil municipal qui le remplacera ne siègera que quatre fois par année. (...)

C'EST ARRIVÉ UN 5 JUIN

1983 — Yannick Noah devient le premier Français en 37 ans à gagner les Internationaux de France, au tennis.

1975 — Le canal de Suez est rouvert à la circulation maritime pour la première fois depuis la guerre des Six jours, en 1967. — Les débardeurs retournent à leurs postes dans les ports de Montréal, Québec et Trois-Rivières. — Normand Toupin, ministre de l'Agriculture du Québec, annonce l'instauration de règlements plus stricts concernant l'inspection des viandes.

1973 — W.A.C. Bennett, ex-premier ministre créditiste de la Colombie-Britannique, quitte la politique.

1967 — Début de la « guerre des six jours » entre Israël et les pays arabes.

1966 — Le gouvernement de la « révolution tranquille » de Jean Lesage est battu aux élections générales du Québec par l'Union nationale dirigée par Daniel Johnson.

1963 — Démission de John Profumo, secrétaire d'État de Grande-Bretagne à la guerre, impliqué dans une affaire de moeurs avec Christine Keeler.

1956 — La France accepte le rattachement de la Sarre à la République fédérale d'Allemagne.

1952 — Washington interdit l'exportation de l'acier.

1949 — Décès du Dr Ernest Gendreau, ex-professeur à l'Université de Montréal et directeur fondateur de l'Institut du radium de Montréal.

1946 — Cinquante-sept personnes perdent la vie dans l'incendie de l'hôtel LaSalle de Chicago.

1945 — Etablissement du Conseil de contrôle allié à Berlin, partagé en zones américaine, britannique, française et soviétique.

1943 — Le cheval Count Fleet gagne la Triple couronne des courses au galop.

1940 — Début de la bataille de France.

1937 — Le cheval War Admiral gagne la Triple couronne des courses au galop.

1933 — La France accepte de signer le « pacte des quatre », qui fait de ce pays, de la Grande-Bretagne, de l'Italie et de l'Allemagne, les véritables arbitres de la paix européenne.

1919 — Une centaine de mineurs perdent la vie dans une mine de Wilkesbarre, en Pennsylvanie.

1888 — Une troisième conflagration en huit ans cause des dégâts d'une valeur de $500 000 à Hull.

LE NAVIRE «HAMPSHIRE» PORTANT KITCHENER ET SON ETAT-MAJOR COULE PRES DES ILES ORCADES

LONDRES, 6 — L'amiral Jellicoe, commandant de la flotte britannique, a annoncé à l'amirauté que le croiseur anglais «Hampshire», portant lord Kitchener, ministre de la guerre, et son état-major, avait coulé au large des îles Orcades. D'après les premiers rapports, on ne peut dire si le «Hampshire» a été détruit par une mine ou par une torpille. On craint que le vaisseau ne soit perdu corps et biens. Les Orcades, qui forment un groupe de soixante-sept îles, sont situées au nord de l'Ecosse. Elles constituent un comté qui a 32,000 habitants et dont le chef-lieu est Kirkwall. (...)

VERSION OFFICIELLE DU DESASTRE

Londres, 6 (1 heure 45 de l'après-midi) — L'amiral Jellicoe a envoyé à l'Amirauté le message suivant: «J'ai le profond chagrin d'annoncer que le croiseur «Hampshire», commandé par le capt. Herbert J. Savill et portant lord Kitchener et son état-major, a été détruit, hier soir **(5 juin 1916)**, vers huit heures, par une mine ou une torpille, à l'ouest des îles Orcades. Quatre chaloupes ont été vues s'éloignant du «Hampshire», mais le vent venant du nord était violent et la mer était rude. Des vaisseaux-patrouilles et des contre-torpilleurs ont été immédiatement envoyés sur le lieu du désastre et le long de la côte; mais il n'a été trouvé qu'une chaloupe chavirée et quelques cadavres. Comme des recherches ont été faites tout le long de la côte, j'entretiens peu l'espoir d'apprendre qu'il y a des survivants. Aucun rapport n'a été reçu de ceux qui font des recherches sur les côtes mêmes. Le «Hampshire» se dirigeait vers la Russie». (...)

Londres, 6 — Le croiseur «Hampshire», qui a été détruit au large des îles Orcades, avait été construit en 1903, et son équipage normal se composait de 655 hommes. Il déplaçait 10,850 pieds. Il était armé de quatre canons de 7.5 pouces et six canons de 6 pouces. Il avait coûté $4,250,000. Le «Hampshire» était affecté au service de reconnaissance et au transport des délégations officielles.

VOYAGE MYSTERIEUX DE KITCHENER

Londres, 6 — Il a été annoncé, ces jours derniers, que lord Kitchener s'était rendu au palais de Westminster pour répondre aux questions de membres de la chambre des communes qui n'étaient pas satisfaits de la conduite de la guerre. On ignorait qu'il se proposât d'entreprendre un voyage. Il est probable que lord Kitchener devait débarquer à Archangel.

LA PRESSE

100 ans d'actualités

60e ANNÉE — No 195 MONTRÉAL, MARDI 6 JUIN 1944 PRIX: TROIS CENTS

L'INVASION VA BIEN

AU TÉMOIGNAGE DES ALLEMANDS EUX-MÊMES

L'assaut allié prend la direction de Paris

Deux têtes de plage solidement établies

4.000 navires et des milliers de bateaux protégés par 11.000 avions ont commencé avec succès une invasion entre Cherbourg et le Havre.

Caen, objectif initial

La concentration des objectifs côtiers et les poussées parachutistes à l'intérieur indiquent que les Alliés visent Paris lui-même.

Stockholm, 6. — BUP — Une dépêche de Berlin au Bureau télégraphique scandinave rapporte de grandes batailles de chaque côté de Caen; d'autres forces d'invasion alliées ont été vues au large de la côte de Caen et de Cherbourg.

Londres, 6. — PA — Les débarquements alliés en France ont été retardés de 24 heures à cause du mauvais temps; ils devaient avoir lieu hier matin.

Pertes minimes des Alliés

On révèle que les pertes navales alliées ont été légères. Les vaisseaux se sont approchés de la côte française et, avec l'aide de l'aviation, ont réduit au silence les batteries côtières. En général, les pertes alliées ont été moindres qu'on craignait. Les pertes d'avions transportant des troupes ont été extrêmement faibles bien que cette entreprise se soit faite sur une grande échelle.

De minuit hier à 8 heures ce matin, l'aviation alliée a fait 7,500 sorties et lancé 10,000 tonnes de bombes sur les objectifs de Normandie.

A midi, l'aviation allemande n'avait fait que 50 sorties mais on cite un ordre du maréchal Goering déclarant que l'invasion doit être repoussée "même si la Luftwaffe y périt".

Grand quartier général du corps expéditionnaire allié, à Londres, 6. (B.U.P.) — Les armées alliées ont envahi le nord de la France aujourd'hui et, à midi, la radio de Berlin reconnaissait que les envahisseurs avaient fait entrer des flottes de transports dans les estuaires de l'Orne et de la Vire "qui sont derrière la Muraille Atlantique".

Une heure après les premiers débarquements britanniques, canadiens et américains, les Alliés avaient la maîtrise complète de l'air dans cette région et les commandants voyaient nos troupes prendre pied sur

Tout notre espoir en lui

"Les hommes libres de la terre marchent désormais côte à côte vers la victoire et n'accepteront rien que la défaite complète de l'ennemi." C'est en ces termes que le général EISENHOWER, commandant suprême des armées d'invasion, a lancé ses légions à l'assaut du continent européen.

11,000 avions à l'assaut

Eisenhower regarde du haut d'un toit

Les signaleurs du second front

Avec les troupes canadiennes d'invasion, 6. (P.C.) — Le service des communications qui aura mission de signaler les détails de la marche de l'invasion est un organisme extrêmement complexe et minutieux au possible. Avec les troupes canadiennes de langue française le personnel du corps des signaux se compose du major G.-L. Taschereau, du capitaine Gabriel Beaudry, du major F. L'Espérance, de Montréal; du lieutenant Gerry Leroux, d'Ottawa; du major Georges Sévigny et du capitaine Jean Laliberté de Plessisville, Qué.; du major Gus. Taschereau et du capitaine Pierre Labrecque, de la ville de Québec et des capitaines Darius Albert et Fred Hébert, d'Edmundston, N.B.

L'officier de liaison est le capitaine G.-R. Lamoureux, de Montréal et l'officier des relations extérieures est le capitaine Placide Labelle, de Montréal, ancien rédacteur à la "Presse" qui a rempli la même fonction en Sicile et en Italie.

Churchill se montre optimiste

Quelques précisions sont données au parlement par le chef d'État anglais.

Les Canadiens vont revoir la Normandie

Des navires de la marine canadienne transportent les troupes canadiennes à la défense du pays de leurs ancêtres.

Londres, 6. (CP) — Avant l'aube, ce matin, pendant que Londres et le sud-est de l'Angleterre vibraient sous le vrombissement des armadas aériennes, les troupes canadiennes débarquaient avec les unités anglaises et américaines sur le littoral de France.

Trois heures plus tard, Louis Hunter, de la "Canadian Press", rapportait d'un aéroport de la R.C.A.F. que des aviateurs de retour à cette base racontaient que les opérations sur la côte semblaient "bien organisées".

Les Allemands ont annoncé que les débarquements se sont faits sur la côte nord de la Normandie, pays que Guillaume le Conquérant quitta en 1066 pour aller subjuguer l'Angleterre, et sur le côté sud de l'estuaire de la Seine. Les Alliés n'ont pas confirmé l'endroit du débarquement. Les troupes alliées se trouvent ainsi à retourner dans un pays que les troupes anglaises et canadiennes ont quitté il y a quatre ans, en se promettant d'y retourner.

Une part du gigantesque assaut est entièrement canadienne. Les navires de la Marine royale canadienne ont transporté les troupes venant du Dominion, qui débarquèrent dans la première vague d'assaut et de renforts. Ensuite, elles organisèrent un service de navette entre les navires et la rive.

L'attaque aérienne exécutée avant l'assaut terrestre

La préparation des opérations d'invasion a exigé la fabrication de plus de cartes originales de la France en deux ans que ce pays n'en a lui-même fabriqué depuis les jours de Jules César.

Le drapeau des nôtres au combat

Sérénité à Londres et Washington

Mais explosion de joie à Moscou — La radio russe solennelle et triomphante.

Le concours des Français

Cette partie de la première page de l'édition du *6 juin 1944* de LA PRESSE démontre l'importance attachée à l'invasion de la France et l'abondance d'informations, malgré l'omniprésente censure militaire.

Sir John A. Macdonald

MORT DE SIR JOHN MACDONALD

OTTAWA, 7 — Sir John est décédé à 10 heures et quart samedi soir **(6 juin 1891)**, sans avoir repris sa connaissance. Les personnes réunies à son chevet, au moment suprême, étaient lady Macdonald, M. et Mme Hugh John Macdonald, Mme Fitzgibbon, Mlle Marjory Stewart, M. et Mme Dowdney, MM. Fred White, Joseph Pope, George Spark, Dr Powell et le vieux messager du premier ministre, Ben Obliton. (...)

Des milliers de télégrammes et de messages de condoléances arrivent à tout instant. A Londres, Angleterre, on a appris le triste événement cinq minutes plus tard.

OTTAWA, 7 — Dans un message adressé au gouverneur général, la reine Victoria dit qu'elle a appris avec le plus profond regret la mort de sir John A. Macdonald; elle dit que c'est une grande perte pour le Canada. Sa majesté exprime de plus ses sympathies pour lady Macdonald, si cruellement éprouvée. (...)

Le testament de sir John

On ne croit pas que le testament de sir John soit ouvert avant les funérailles. Il a été fait, il y a quelques années, par l'honorable M. Abbott. On croit que sir John y stipule que ses funérailles doivent avoir lieu à Kingston.

On évalue sa fortune à environ une centaine de mille piastres, y compris les quatre-vingt mille piastres données à sir John en cadeau en 1870 par le parti conservateur. On croit que l'honorable Dewdney est l'un des exécuteurs testamentaires et curateur en même temps de Mary, la fille du défunt.

Il est grandement question à Ottawa d'élever à la mémoire de sir John un monument non loin de celui de sir Georges Etienne Cartier en face des édifices parlementaires.

A Montréal

La nouvelle de la mort de sir John a produit un certain émoi en cette ville, quoiqu'on s'y attendit depuis plusieurs jours. Hier, des prières ont été faites dans toutes les églises protestantes de cette ville.

C'EST ARRIVÉ UN 6 JUIN

1979 — La démission de Carlos Mota Pinto marque la chute du dixième gouvernement portugais depuis la révolution des oeillets, en 1974.
1972 — Pas moins de 431 mineurs trouvent la mort lors d'une explosion dans une mine de Wankie, en Rhodésie.
1968 — Sirhan Bishara Sirhan est formellement accusé d'assassinat, le sénateur Robert F. Kennedy ayant succombé aux blessures subies lors de l'attentat de la veille.
1966 — Le Congrès des forces armées sud-vietnamiennes confirme les généraux Thieu et Ky dans leurs fonctions de chef de l'État et chef du gouvernement par une imposante majorité.
1955 — Conclusion d'un accord historique entre la société Ford et ses travailleurs : ces derniers sont assurés d'un minimum de 26 semaines de salaire par année. — Le chancelier Konrad Adenauer cède le poste de ministre des Affaires étrangères à Heinrich von Brentano.
1947 — Mgr Maurice Roy succède au cardinal Villeneuve comme archevêque de Québec.
1935 — Télesphore-Damien Bouchard est assermenté comme ministre des Affaires municipales, de l'Industrie et du Commerce.
1920 — Ouverture à Genève du huitième congrès de l'Alliance internationale des femmes pour le suffrage.
1911 — Une collision de quatre trains cause plusieurs morts près de Fairfield, Connecticut. — Une conflagration détruit 17 maisons du village de Calumet.
1901 — Un comité spécial de la ville de Montréal recommande de donner le nom de « Lafontaine » au parc connu jusque là sous le nom de Logan. — Le steamer *Assyrian* s'échoue près du Cap Race, à Terre-Neuve.

Le cadavre d'Hitler a été trouvé

BERLIN, 6 (BUP) — Le cadavre d'Adolf Hitler a été découvert et identifié de façon assez positive. C'est ce que révèle un personnage en vue de l'armée soviétique aujourd'hui **(6 juin 1945)**.

Le cadavre, partiellement carbonisé et noirci de fumée, faisait partie d'un groupe de quatre découverts après la chute de Berlin dans les ruines de la forteresse souterraine érigée dessous la nouvelle chancellerie du Reich.

Ces quatre cadavres, qui répondaient d'assez près à la description du fuehrer, furent déménagés en lieu sûr et soigneusement examinés par des médecins de l'armée russe. Tous avaient été partiellement carbonisés par les lance-flammes avec lesquels les soldats de l'armée soviétique ont enlevé ce poste de commande ou Hitler et ses chefs nazis livrèrent leur dernier combat.

Après un examen minutieux des dents et de certains traits caractéristiques, les Russes en sont venus à la conclusion que l'un d'eux était bel et bien celui d'Hitler.

Prié de dire pourquoi, Moscou n'a rien fait connaître à ce sujet; ce personnage a déclaré qu'aucun communiqué ne sera publié aussi longtemps qu'il existera le moindre doute sur l'identité du cadavre. Pour l'instant, rien ne laisse supposer qu'il ne s'agit pas du corps d'Hitler.

Hitler mourut empoisonné

Un examen des viscères a révélé qu'Hitler a succombé à l'empoisonnement. Il est impossible de déterminer si ce poison a été administré par lui-même ou par l'un de ses lieutenants.

Il y a quelque temps les Russes ont toutefois prétendu que le fuehrer était mort à la suite d'une injection administrée par son médecin particulier, le docteur Morel.

Un télégramme adressé par le ministre de la propagande Joseph Goebbels au grand-amiral Karl Doenitz révèle qu'Hitler est décédé à 3 h. 30 de l'après-midi le 1er mai. Un peu après, Goebbels se donna apparemment la mort juste avant la chute de la dernière forteresse du nazisme, à Berlin.

Le cadavre de Goebbels fut découvert par les Russes dans la forteresse souterraine, aux côtés de ceux de sa femme et de ses enfants. Tous avaient succombé à l'empoisonnement. Goebbels avait apparemment administré du poison aux membres de sa famille puis s'était suicidé.

Un éclat d'obus le décapita presque complètement peu après.

Les cadavres de Goebbels et de sa famille étaient en partie carbonisés mais l'identité de chacun fut établie sans grande difficulté.

Les Russes ne disent pas comment ils ont disposé des cadavres d'Hitler, de Goebbels et des autres chefs nazis trouvés à Berlin. Ce sera sans doute un secret qui sera longtemps gardé pour empêcher les nazis fanatisés de s'emparer de ses restes mortels pour des fins quelconques.

Bilinguisme: 16 conservateurs refusent de suivre leur leader

par Marcel DESJARDINS
de notre bureau d'Ottawa

OTTAWA — Le Crédit social a pris tout le monde par surprise, hier **(6 juin 1973)**, en s'abstenant de se prononcer sur la résolution Trudeau sur le bilinguisme, qui fut adoptée par 214 voix contre 16.

Cette tactique a fait dire à M. Claude Wagner que les créditistes et les libéraux avaient comploté pour que les conservateurs soient les seuls à montrer une certaine dissidence.

Le député de Saint-Hyacinthe a qualifié cette stratégie de «veulerie» ajoutant que les créditistes avaient adopté une attitude qui le faisait «vomir».

«Ils n'ont pas voulu prendre la défense des intérêts des Québécois. Ils sont restés sur leur derrière», a-t-il dit.

Avant le vote final sur la résolution Trudeau, les créditistes ont vainement tenté de faire adopter un amendement préconisant la création de services et de ministères parallèles dans les deux langues officielles. La proposition fut rejetée par 227 voix contre 11, les créditistes ayant été incapables de recruter un seul appui chez leurs adversaires.

En votant contre la résolution Trudeau, 16 députés conservateurs ont ainsi ignoré une directive de leur chef.

La résolution Trudeau contient les neuf critères qui régiront la mise en oeuvre du bilinguisme dans la fonction publique fédérale. Elle engage le gouvernement à créer des unités de travail de langue française «là où c'est possible» à l'extérieur du Québec, à fignoler les cours de langue et à intensifier le recrutement des francophones bilingues.

M. Robert Stanfield avait suggéré d'incorporer les critères de la résolution Trudeau à la Loi sur les langues officielles et à la Loi sur l'emploi dans la fonction publique, quitte à appuyer la proposition libérale si son amendement était rejeté.

L'amendement Stanfield fut défait par 143 voix contre 96, les conservateurs ayant rallié l'appui de l'indépendant Roch LaSalle (Joliette) et de deux députés néo-démocrates.

LE «COLUMBIA» ATTEINT L'ALLEMAGNE

(Service de l'United Press, spécial à la «Presse», par Frederic Kuh)

BERLIN, 6 — Une rupture à son hélice força le monoplan «Columbia» à atterrir près de Forst, en Prusse avec son assistant et passager, déclara Charles A. Levine à la United Press, aujourd'hui **(6 juin 1927)**.

Tandis que cinq aéroplanes, transportant des correspondants, se hâtaient vers Cottbus pour y rencontrer Levine et le pilote Clarence D. Chamberlin, la United Press obtenait une interview exclusive des aviateurs par le téléphone. (...) Levine parla alors pendant une dizaine de minutes.

«Nous quittons pour Berlin, cet après-midi, dit-il, à bord d'un aéroplane du service civil allemand aérien, le *(sic)* «Lufthansa». La première chose que nous ferons en arrivant à Berlin, ce sera de boire deux verres de bière et de manger quelques saucisses ou saucissons allemands (hot dogs).

«Lorsque nous descendimes près de Forst, nous vimes que notre hélice brisée rendrait impossible la continuation de notre envolée, alors nous nous sommes rendus à Cottbus, dans un automobile.

«Pendant notre traversée, notre seul moyen de subsistance consistait en quelques verres d'eau et un seul sandwich pour nous deux. Nous ne ressentions pas la faim en arrivant, et chacun de nous ne mangea qu'un léger repas. Nous allons parfaitement bien, nullement fatigués et très heureux du résultat de notre aventure.» (...)

ILS FURENT DESAPPOINTES

Il est évident que Levine et Chamberlin furent désappointés d'être obligés d'atterrir avant d'arriver à Berlin, leur objectif. (...)

Levine déclara que la traversée de l'Atlantique fut bonne, la plupart du temps, bien que le monoplan rencontra occasionnellement des vents d'une extrême violence. Ils occasionnèrent des montées et des plongeons rapides, car l'aviateur cherchait des atmosphères plus favorables. Les deux aviateurs furent prodigues en louanges à l'égard des équipements de leur aéroplane, spécialement pour leur moteur Wright Whirlwind.

Berlin, 6 — Clarence D. Chamberlin et Charles A. Levine, qui ont fait une randonnée sans escale de New York en Allemagne, se sont transportés à Berlin dans un aéroplane spécial de Klinge, petit village près de Cottbus, où ils ont été obligés d'opérer une descente un peu avant midi. L'hélice a été brisée dans la descente forcée, mais les aviateurs n'ont pas été blessés. Le «Columbia» a été repéré par un des aéroplanes de reconnaissance de l'aérodrome de Tempelhofer, Berlin, au moment où Chamberlin descendait sur un terrain marécageux, à 70 milles de Berlin. (...)

La randonnée avait été antérieurement brisée à Eisleben, en Saxe, à 110 milles à peu près au sud-ouest de Berlin, à 5 heures ce matin, quand le «Columbia», après 42 heures de vol, fut obligé de descendre, faute de gazoline.

Reprenant son envolée à 9 heures 35, Chamberlin passa sur Magdebourg, dans la direction de Berlin, à 10 heures 10, mais apparemment, il avait mal calculé la direction et avait légèrement évolué vers le sud-est au lieu du nord-est. Le «Columbia», en atteignant Eisleben, avait établi un nouveau record pour vol de longue distance, sans interruption. Il avait parcouru la distance de 3,800 milles approximativement. Le capitaine Charles A. Lindberg avait parcouru la distance de 3,610 milles dans son envolée New York-Paris; mais il était seul dans son aéroplane, le «Spirit of St.Louis». (...)

Une première à Montréal

LES premières voitures de place *(car c'est ainsi qu'on appelait les voitures des cochers à l'époque)* sont arrivées hier à Montréal; c'est un signe des temps. Toutes les nouveautés que les vieux pays ont tant hésité à adopter, le Canada les fait siennes avec empressement, allant du premier coup aux derniers perfectionnements.

Avisé hier soir **(6 juin 1910)** très tard, de l'arrivée de ces voitures, notre rédacteur s'est rendu immédiatement sur les quais où, comme le montre notre photographie, une seule voiture était déballée. C'est dans cette voiture, merveilleuse d'élégance et confortable, qu'une heure après il était ramené à la «Presse».

LA PRESSE
100 ans d'actualités

Eboulement catastrophique à Niagara

Pertes évaluées à $100 millions

NIAGARA Falls, N.Y., 8 (BUP) — Un administrateur de Niagara Mohawk Corporation a calculé que l'éboulement qui a ravagé hier **(7 juin 1956)** une grande centrale de la rivière Niagara a causé des dommages d'environ cent millions de dollars.

Ce porte-parole, M. Charles J. Wick, a ajouté que la section qui reste est «en très mauvaise condition». L'eau d'un canal et d'un tunnel utilisée précédemment pour alimenter les génératrices traverse la section qui reste et atteint une profondeur de 10 pieds au-dessus du parquet. Il se peut que cette partie soit complètement ruinée.

M. Wick a dit que sa compagnie entreprendra immédiatement d'arrêter l'eau qui coule dans le canal hydraulique et le tunnel.

En outre, Niagara Mohawk a demandé à l'Etat de New York d'envoyer des géologues examiner le mur pour déterminer exactement la cause de l'éboulement. (...)

La section restée debout de l'énorme centrale Schoellkopf est exposée à un double danger aujourd'hui. On craint qu'elle ne soit ruinée par un autre glissement de terrain ou qu'elle ne subisse l'effet ultime des chutes de roc qui ont ruiné, hier, les deux tiers de cette usine électrique.

Les autorités craignent que d'autres glissements ne se produisent car un «terminus» situé au sommet de la falaise a été miné par les éboulements d'hier.

M. Wicks a ajouté que les deux sections complètement ravagées ont coûté $36,000,000 lorsqu'elles furent construites il y a plus de trente ans.

On n'a pas évalué l'importance de la chute de roc mais le secteur arraché au mur de la gorge a plus de 500 pieds de largeur et le poids des pierres se chiffrait probablement par plusieurs milliers de tonnes. (...)

Plus d'une quarantaine des employés de la Niagara Mohawk Power Corporation se sont enfuis le long de la grève escarpée au moment où deux ou trois sections de la centrale culbutaient derrière eux dans les rapides vertigineux.

En un clin d'oeil, l'eau a anéanti cet établissement qui pouvait produire 360,000 kilowatts. (...)

L'un des employés, M. Richard A. Draper, un machiniste de 39 ans, de Lewiston, N.Y., a été enseveli sous des tonnes de roc et d'autres débris. Deux compagnons l'ont vu disparaître dans l'écroulement des murs de la centrale.

Des tonnes de débris recouvrent la section de la centrale Schoellkopf de Niagara Mohawk Power Corporation que des éboulements ont démolie hier, à Niagara Falls, dans l'État de New York. Cette photo a été prise à l'aide d'un téléobjectif du pont Rainbow. La centrale est située à environ un demi-mille en aval des chutes Niagara. La bâtisse qu'on voit au coin droit supérieur, sur la falaise, est en danger, ayant été minée par l'éboulement d'hier.

C'EST ARRIVÉ UN 7 JUIN

1983 — Les sinistrés du « week-end rouge » ont gain de cause devant les tribunaux.

1982 — L'armée israélienne se retrouve aux portes de Beyrouth.

1981 — Les Israéliens détruisent la centrale nucléaire de Tamuz, en Irak.

1978 — Violente bagarre entre policiers et grévistes, à l'usine Commonwealth Plywood, de Sainte-Thérèse.

1973 — Début de la visite historique du chancelier ouest-allemand Willie Brandt en Israël.

1971 — L'Inde est frappée par une épidémie de choléra.

1970 — La Jordanie est la scène de violents accrochages entre Palestiniens et forces armées jordaniennes.

1968 — Le travail reprend en France après les événements de mai.

1960 — Les conservateurs de Robert Stanfield conservent le pouvoir en Nouvelle-Écosse.

1954 — La Cour suprême des États-Unis lève le dernier obstacle qui empêchait l'État de New York de coopérer avec l'Ontario pour des aménagements hydrauliques conjoints.

1949 — Un avion de transport *C-46* loué transportant 81 personnes, s'abat dans l'Atlantique près de San Juan, Porto Rico, et 53 des passagers perdent la vie. — Six autres Canadiens français sont élus membres de la Société royale du Canada, y compris le Père Georges-Henri Lévesque, Roger Lemelin, le Dr Armand Frappier et le biologiste Pierre Dansereau.

1948 — Démission d'Édouard Bénès comme président de la Tchécoslovaquie.

1946 — Le professeur Raymond Boyer, un chercheur en chimie, admet à la Cour qu'il a transmis des renseignements secrets au député Fred Rose, accusé d'espionnage.

1945 — L'Union soviétique décide d'occuper la moitié de l'Allemagne, malgré les protestations des Alliés. — Quelque 600 bombardiers américains attaquent Osaka.

1939 — Le premier ministre Chamberlain propose un accord de réciprocité absolue avec Moscou.

1918 — Plus de 100 000 personnes envahissent la foire du parc Lafontaine.

1905 — La Norvège invalide unilatéralement son union avec la Suède.

1896 — Un attentat dirigé par les anarchistes fait 11 morts et 40 blessés, à Barcelone.

L'attentat de la rue Ontario est (7)

LES JURES NE PEUVENT S'ENTENDRE SUR UN VERDICT

Le procès de Giuseppe Serafini n'a pu aboutir à une condamnation quelconque, le jury n'ayant pu s'entendre sur un verdict unanime même après de longues heures de discussions, forçant ainsi l'honorable juge C.-A. Wilson, président des Assises, à libérer les membres du jury en matinée du ***7 juin 1924.***

Le doute sur l'impossibilité du jury d'en venir à s'entendre avait commencé à planer la veille lorsque, vers 18 h, après l'instruction du juge, le jury avait cru bon revenir dans la salle pour demander au juge, par le biais du président du jury, M. William Edward James, si le jury pouvait rendre un verdict d'homicide involontaire.

LE juge Wilson, *rapporte LA PRESSE* du 7, répondit alors que «homicide involontaire» signifiait que la mort avait été causée sans préméditation, mais qu'il ne lui semblait pas que c'était le cas, dans ce procès. Cléroux avait été tué dans la commission d'un acte illégal et, de plus, il avait été prouvé qu'il y avait eu préméditation. Le but des personnes comprises dans le complot était de faire un «hold up»; il leur était indifférent, comme l'avait affirmé le témoin Nieri, qu'il y eut ou non mort d'homme. Il ne se peut donc pas que le verdict soit rendu pour homicide involontaire; il faut que le verdict soit de culpabilité ou d'acquittement.

M. Jacobs demande alors si les jurés peuvent rendre un verdict d'homicide involontaire.

Le juge Wilson répond que oui, s'ils le veulent, mais que dans son opinion, c'est un verdict de meurtre qu'ils devraient rendre. M. Jacobs répond qu'il respecte son opinion, mais que les jurés sont libres de rendre un autre verdict.

La question soulevée par le jury découlait des difficultés qu'éprouvaient les jurés à s'entendre sur la nécessité de condamner Serafini à l'échafaud, condamnation qu'il risquait avec un verdict de culpabilité de meurtre, ce qui n'était pas le cas pour un verdict d'homicide involontaire.

D'où l'incapacité du jury de s'entendre et l'obligation du juge de le libérer.

Photo 1 — La mise en marche du moteur: Anctil tourne l'hélice pour la mise en marche, pendant que Percy Reed règle la carburation. Photo 2 — Percy Reed est monté sur sa machine transportée sur le terrain du Club de polo de Cartierville.

DES ESSAIS D'AVIATION REUSSIS AVEC UN AEROPLANE CONSTRUIT A MONTREAL

POUR la première fois à Montréal, un aéroplane construit ici, par un de nos concitoyens, a pu faire des évolutions sur le terrain et quitter légèrement le sol par ses propres moyens. C'est un événement d'une importance sportive assez grande pour que nous y consacrions de l'espace aujourd'hui.

Hier **(7 juin 1911),** en effet, devant quelques privilégiés seulement, E. Anctil et Percy Reed ont essayé le premier des aéroplanes qu'ils ont construits l'hiver dernier. Les deux jeunes Canadiens ont travaillé pendant de longs mois à la construction de leur machine et ils ont été largement récompensés hier, en voyant que, pour ses débuts, Percy Reed parvenait à rouler et à quitter légèrement le sol.

NOUVEAU MONOPLAN

L'aéroplane construit par les deux jeunes gens est du type des «Blériot» que l'on a tant admiré au meeting de Lakeside, l'année dernière; le moteur est un «Detroit Aero Motor» à 2 cylindres horizontaux et opposés, développant une force de 30 H.P. Muni d'un carburateur Schebler et d'une magnéto C.A.V., il tourne à plus de mille tours à la minute, lorsqu'on met toute l'avance à l'allumage.

Tout l'aéroplane proprement dit a été construit par MM. Anctil et Reed, tous deux mécaniciens de profession.

On se rappelle l'accident survenu au «Blériot» de M. Carruthers, le jour de l'ouverture du meeting de Lakeside, il y a un an. Miltjen, le pilote, avait engagé un assistant pour l'aider dans ses réparations; or, cet assistant était Anctil. En réparant et remontant le «Blériot», il se rendit compte qu'il pouvait construire un appareil semblable, en y apportant même certaines modifications.

C'est ainsi que le châssis d'atterrissage est muni de deux grands patins de bois. Après le départ, qui s'exécute au moyen de roues caoutchoutées, le pilote, par un déclenchement, détache les deux roues, celles-ci ne servant plus à l'atterrissage, qui se fait sur les patins, chose bien préférable pour la stabilité de l'appareil lorsqu'il touche terre.

Après le meeting, Anctil entra à la «Comet Motor Car», et s'étant entendu avec Percy Reed, ils décidèrent de construire deux aéroplanes, chacun sur leurs idées personnelles, mais en s'aidant mutuellement.

Les deux jeunes gens n'étant pas riches, ils durent aller lentement, car il leur fallait continuer leur travail et attendre la paye du samedi pour acheter les matériaux nécessaires à leur construction. Cependant, grâce à l'amabilité de M. Husson, le directeur de la «Franco-Américaine Auto» si dévoué à la cause de l'aviation et de l'aérostation, ils purent se procurer non seulement les matériaux, mais encore ce qui était pour eux la grosse affaire, les moteurs. Percy Reed choisit un moteur américain, un «Detroit Aero Motor», et Anctil un moteur français, un «Viale» 3 cylindres.

C'est le monoplan de Percy Reed, terminé le premier, qui a été essayé, hier après-midi. Malheureusement, la pluie s'étant mise à tomber, les essais durent être interrompus de bonne heure. (...)

LA MORT DU TSAR NICOLAS VENGEE

Le ministre de la Russie soviétique en Pologne est tué par un étudiant. — La victime avait signé la sentence de mort de la famille impériale des Romanov.

LONDRES, 7 — L'«Evening News», l'un des journaux de lord Rothermere qui ont fait une vigoureuse campagne contre les rouges, en Grande-Bretagne, reconnaît le ministre russe, M. Wojkoff, assassiné à Varsovie, en Pologne, comme «Pierre Voykoff», lequel, dit le journal, signa le décret de mort du tsar Nicolas et des membres de la famille impériale de Russie. L'«Evening News» fait cette remarque: «Par l'assassinat de Pierre Voykoff tombé sous les coups de feu d'un royaliste, le châtiment est venu pour l'un des plus grands crimes de l'histoire».

L'«Evening News» ajoute que Wojkoff, connu sous le nom de Pierre Lazarevitch Voykoff, en 1919, était président de l'exécutif soviétique provincial, à Ekaterinburg, et qu'en cette qualité, il a signé les sentences de mort des membres de la famille impériale russe. Il affirme que Voykoff a assisté à l'exécution qui fut effectuée, à Ekaterinburg, dans la cave de la maison d'Ipattieff.

L'«Evening News» déclare que Voykoff était le phus haï des bolchevistes et que presque tous les pays avec lesquels l'Union soviétique a des relations ont poussé Voykoff comme envoyé diplomatique avant que la Pologne lui ait finalement permis de paraître sur son territoire.

LE MEURTRE DE WOJKOFF

Varsovie, Pologne, 7 — Le ministre soviétique, en Pologne, M. Wojkoff, a été assassiné aujourd'hui **(7 juin 1927)** à la gare centrale de Varsovie par Boris Kowarda, un jeune étudiant russe.

Le ministre était allé à la gare pour rencontrer A.P. Rosengolz, ancien chargé d'affaires russe à Londres, en route pour Moscou, à cause de la récente rupture des relations diplomatiques entre la Grande-Bretagne et la Russie soviétique. (...)

Quelques minutes avant l'heure fixée pour le départ du train, le jeune Kowarda a fait son apparition, a sorti un revolver de sa poche et a tiré six coups.

Bien que mortellement blessé à la poitrine, M. Wojkoff a eu la force de tirer de sa poche son propre revolver, mais il est tombé avant de pouvoir s'en servir.

Conférence fédérale-provinciale sur le drapeau et l'hymne national

par Richard DAIGNAULT

QUEBEC — Le premier ministre John Diefenbaker a invité hier soir **(7 juin 1962)** les Canadiens, par l'entremise de leurs gouvernements fédéral et provinciaux, à se mettre d'accord sur le choix d'un drapeau et d'un hymne national d'ici 1967.

S'adressant à un ralliement politique en vue des élections du 13 juin dans une salle comble et enthousiaste, le premier ministre du pays a annoncé qu'il convoquera une conférence fédérale-provinciale afin que les provinces puissent, en coopération avec le gouvernement d'Ottawa, s'entendre sur un projet de drapeau.

Environ 1,000 personnes avaient pris place dans la salle du centre Durocher, au coeur du milieu ouvrier de la vieille capitale, pour entendre le premier ministre. Plusieurs centaines d'autres l'ont entendu à l'extérieur.

Il a répété d'une autre manière, ce qu'il affirmait à Roberval mercredi: «Le choix d'un drapeau et d'un hymne national doit se faire dans l'accord.»

Le premier ministre a déclaré qu'une conférence fédérale-provinciale était le meilleur moyen de tenter un accord entre les Canadiens sur la question du drapeau et de l'hymne national. Il a expliqué qu'à ce moment des gouvernements de différentes allégeances politiques à travers le pays participeraient aux discussions par le fait même. (...)

Par son geste, le premier ministre, qui dit agir selon l'esprit de la Confédération canadienne, a étendu aux gouvernements provinciaux une question qui jusqu'à maintenant n'avait été considérée, sur le plan législatif, que par le Parlement d'Ottawa.

Le premier ministre a exprimé l'espoir que les Canadiens pourront s'entendre sur le choix d'un drapeau national d'ici le centenaire de la Confédération canadienne en 1967.

LA PRESSE
100 ans d'actualités

HECTOR «TOE» BLAKE, INSTRUCTEUR DU CANADIEN

HECTOR «Toe» Blake est le nouvel instructeur du Canadien! L'ancien ailier gauche de la fameuse «punch line», qui a électrisé le monde du hockey pendant des années, a été officiellement choisi ce matin **(8 juin 1955)** pour succéder au vétéran Dick Irvin, devenu le dirigeant des Black Hawks de Chicago. L'ancien compagnon de Maurice Richard et d'Elmer Lach sur l'une des lignes d'attaque les plus extraordinaires que le hockey ait connues a accepté aujourd'hui l'offre du Tricolore et a signé un contrat d'un an.

«Nous préférons les contrats d'une seule année pour les instructeurs comme pour les joueurs», a déclaré le gérant général Frank Selke. Une exception avait été faite dans le cas d'Irvin. Ses deux derniers contrats avaient été pour une durée de deux ans chacun.

Le salaire que Blake recevra n'a pas été dévoilé, mais M. Selke a laissé savoir qu'il y avait eu parfait accord à ce sujet.

La nomination de Blake mettra fin aux spéculations sur le choix du successeur d'Irvin. Ce dernier ayant été instructeur du club local pendant 14 ans, les amateurs de hockey de Montréal et de la région n'avaient pu s'adonner depuis longtemps à cette pratique chère aux sportifs de se prononcer sur le choix possible de tout nouveau gérant. Aussi c'était avec une joie et un enthousiasme peu ordinaires qu'ils abordaient le sujet chaque fois que l'occasion en était fournie.

La direction du Canadien elle-même avait paru longtemps indécise. Le départ d'Irvin l'avait surprise. Même Selke, le grand ami personnel de Dick, avait été étonné de la décision du vétéran. Force fut de se rendre à l'évidence et c'est alors que Selke annonça que le successeur serait choisi parmi les membres de l'organisation actuelle du Canadien ou encore parmi les anciens joueurs de l'équipe.

3 aspirants sérieux

Il n'y eut en réalité que trois aspirants sérieux: Blake, Billy Reay et Roger Léger.

Sam Pollock, mentionné au début, était trop jeune dans l'opinion de la direction, qui le considère toutefois comme un futur candidat au poste. Frank Carlin, le gérant du Royal, s'est lui-même éliminé en disant qu'il n'avait ni le désir, ni la force d'entreprendre la tâche et qu'il était satisfait de demeurer à son poste actuel.

Kenny Reardon est un autre qui laissa savoir qu'il n'était pas intéressé à obtenir le poste.

Lorsque le vétéran Emile Bouchard exprima l'opinion qu'il était prêt à jouer une autre saison, il s'élimina également comme candidat au poste d'instructeur.

Il ne restait plus alors que trois hommes sur les rangs: Blake, Léger et Reay. «Si j'étais seul à faire le choix, Blake serait mon homme. Je crois qu'il est tout désigné pour ce poste: il est Canadien français, il s'exprime très bien en français et en anglais et il est catholique», nous avait dit le gérant général du Canadien.

M. Selke avait ajouté: «Blake est aussi un ancien joueur du Canadien. Il a prouvé sa valeur comme instructeur. Il a une conduite impeccable.» (...)

Il appert que la direction du club a voulu laisser Léger et Reay là où ils ont obtenu de si brillants succès la saison dernière. En Léger, le Tricolore a l'homme tout désigné pour retourner à Shawinigan Falls alors que Reay, qui est allé demeurer à Victoria lorsqu'il a accepté la gérance de ce club, restera certainement avec ce club. (...)

Les prédécesseurs de Hector Blake

TOE Blake est devenu aujourd'hui le 4e ancien joueur du Canadien à tenter sa chance comme instructeur du Bleu Blanc Rouge. Newsy Lalonde, Sylvio Mantha et Pit Lépine ont déjà dirigé la barque du club local. Parmi la liste des anciens instructeurs du Tricolore, on remarque les noms de George Kennedy, un lutteur qui est devenu plus tard promoteur de lutte, de Jimmy Gardiner, celui du sportsman Léo Dandurand, du regretté Cecil Hart et de Dick Irvin.

Le *8 juin 1885* succombait Mgr Ignace Bourget, archevêque de Marianapolis, ex-évêque de Montréal, à l'âge de 85 ans. Selon les renseignements transmis par LA PRESSE dans un très long article, Mgr Bourget naquit le 30 octobre 1799, neuvième d'une famille de 13 enfants, fils de Pierre Bourget, cultivateur de Pointe-Lévis, et de Thérèse Paradis. Son aïeul, Claude Bourget, de Saint-Sauveur, de la ville de Blois, évêché de Chartres, maria Marie Couture, veuve de François Vézier, le 28 juin 1685, à Québec. Cette dernière était une descendante de l'illustre Guillaume Couture, qui souffrit le martyre pour la cause de la bonne foi, dès le commencement de la Nouvelle-France. Mgr Bourget fit ses études au Séminaire de Québec, fut ordonné prêtre le 30 novembre 1822, puis sacré évêque le 10 mars 1837.

BABILLARD

Connaîtriez-vous Maud Cousineau?

En mai dernier, on vous informait que **Denise Cousineau,** de Laval, cherchait à atteindre le plus grand nombre de Cousineau possible dans le but de rédiger un dictionnaire de la famille. Or, s'il en est une qu'elle ne pourra jamais atteindre, c'est sans doute la Maud Cousineau qui, d'après une coupure de LA PRESSE du 6 août 1898, avait connu d'éclatants succès à Paris. Si on en croit la coupure, Maud Cousineau venait de Toronto.

Si vous avez des renseignements au sujet de Maud susceptibles de faciliter les recherches sur la carrière de cette artiste lyrique, vous pouvez les communiquer à Denise Cousineau, au 668-4411.

ACTIVITÉS

■ **Le monde de l'automobile vu par LA PRESSE**

Hôtel Régence Hyatt — Exposition de pages unes de LA PRESSE qui retracent les grands moments de l'automobilisme.

Les Kiwaniens viennent par centaines visiter les bureaux de la «Presse» et le studio du poste CKAC

C'est par centaines, depuis l'ouverture du congrès international des clubs Kiwanis, que les délégués de toutes les parties de l'Amérique sont venus visiter les bureaux de la «Presse» et le poste CKAC qui, d'après les commentaires que l'on en fait dans tous les groupes, semble être l'un des plus populaires et des plus régulièrement entendus du continent.

Le nouveau drapeau canadien devant LA PRESSE.

Les visiteurs des autres provinces et de la république voisine ne tarissent pas d'éloges à l'endroit des émissions du poste, concerts d'orchestre, de fanfare, de chant, de musique, de danse, et particulièrement au sujet des soirées canadiennes qui sont uniques dans le répertoire mondial des émissions radiophoniques. Tous rapportent qu'ils captent les ondes du poste de la «Presse» avec facilité, qu'elles leur parviennent claires, nettes et superbement modulées.

LE DRAPEAU CANADIEN

Ces délégués, comme la foule des piétons de la rue Saint-Jacques, n'ont pas été sans remarquer le nouveau drapeau canadien qui, pour la première fois dans l'univers, flotte devant l'édifice de la «Presse». C'est à qui en rapporterait la primeur aux Etats-Unis, et l'on s'enquérait sans cesse de l'endroit où l'on pourrait se procurer des répliques. Malheureusement, l'exemplaire du nouveau drapeau est unique, et la fabrication n'en a pas encore été commencée. Comme tous l'ont constaté, ce nouvel étendard national, très différent d'aucun autre drapeau, est d'un effet magnifique. (...)

Cela se passait le 8 juin 1926.

C'EST ARRIVÉ UN 8 JUIN

1983 — La navette spatiale *Enterprise* survole Montréal fixée à la carlingue d'un *B-747.*

1982 — Yvan Cournoyer est admis au Temple de la renommée du hockey.

1980 — Décès à l'âge de 88 ans du dramaturge américain Henry Miller, dont le tout premier roman, *Tropique du cancer,* fit scandale à sa sortie aux États-Unis, en 1934.

1979 — Le premier ministre Joe Clark décrète un gel de l'embauche dans la fonction publique.

1977 — L'ex-premier ministre de Terre-Neuve, Joey Smallwood, démissionne de son poste de chef de l'Opposition libérale.

1974 — Le gouverneur général Jules Léger est terrassé par une congestion cérébrale et hospitalisé à Sherbrooke.

1971 — Marine Industries annonce la signature d'un contrat de $125 millions pour la construction de 12 navires commandés par deux sociétés françaises.

1968 — Funérailles du sénateur Robert F. Kennedy. — Retour en France de Georges Bidault, qui vivait en exil depuis six ans. — Arrestation en Grande-Bretagne de James Earl Ray, présumé assassin de Martin Luther King.

1967 — L'Égypte et la Syrie acceptent le cessez-le-feu proposé par l'ONU après avoir subi de très lourdes pertes aux mains des Israéliens.

1965 — Le président Johnson annonce que les troupes américaines combattront désormais aux côtés des troupes sud-vietnamiennes.

1963 — Arrestation à Londres du Dr Stephen Ward, âgé de 50 ans, sous l'accusation de proxénitisme, dans *l'affaire Profumo.*

1960 — Pour la cinquième fois de suite, les électeurs de la Saskatchewan se donnent un gouvernement socialiste, dirigé par T.C. Douglas.

1953 — Les pourparlers de Pan Mun Jom débouchent sur un accord relatif à l'échange de prisonniers de guerre.

1951 — Décès à l'âge de 77 ans de sir Eugène Fiset, ex-lieutenant-gouverneur de la province de Québec pendant 11 ans.

1945 — Le gouvernement espagnol accepte de livrer Pierre Laval à la France.

1908 — Élections générales au Québec : les libéraux de Lomer Gouin remportent une victoire éclatante, tandis que le Parti nationaliste fait élire deux députés, son chef Henri Bourassa et Armand Lavergne. Battu dans Montréal-Saint-Jacques par Bourassa, Gouin l'emporte cependant dans Portneuf où il se présentait en même temps que dans la première circonscription.

Sur un bizarre trimoteur

Essais en vol du PT6, le premier turbomoteur entièrement canadien

LE premier turbomoteur de conception entièrement canadienne, le PT6 de Pratt & Whitney, a commencé cette semaine une série de rigoureux essais en vol. Le «banc d'essai» de ce moteur est un curieux trimoteur que l'on peut voir évoluer dans le ciel aux environs de Saint-Jean, Québec.

Le PT6, turbomoteur léger à turbine libre, développant 500 chevaux, a reçu son baptême de l'air au-dessus de Donsview, Ontario, la semaine dernière, sur un Beech 18 de l'Aviation royale du Canada, transformé par de Havilland Aircraft. C'est à Saint-Jean que se déroulent les essais en vol.

Epreuves nombreuses

Les pilotes d'essai, qui ont pris les commandes du Beech modifié, déclarent que l'appareil et le PT6 font preuve d'une excellente tenue aérienne. Le pilote en chef, R.H. Fowler, de la compagnie de Havilland, a éprouvé la manoeuvrabilité de l'appareil une fois modifié avant de le livrer à la Canadian Pratt & Whitney dont le pilote en chef John MacNeil qui a amené l'appareil à Saint-Jean, continue de soumettre l'appareil aux nombreuses preuves prévues.

Le Beech modifié présente un aspect bizarre si on le compare aux avions de type courant. Le carénage allongé, effilé du PT6, monté dans le nez de l'appareil, contraste étrangement avec celui des deux autres moteurs ordinaires en étoile logés dans les ailes, qui est au contraire court et large.

De plus, le Beech émet maintenant une combinaison de sons peu courante: le vrombissement des moteurs à pistons réduisant à un doux murmure le sifflement de la turbine.

Au cours de l'essai initial, le moteur a fourni une puissance supérieure à sa puissance nominale et l'avion a atteint la vitesse de 200 milles à l'heure à 10,000 pieds. La vitesse de croisière normale du Beech 18 est de 150 milles à l'heure.

Cet article a été publié le 8 juin 1961.

Un incendie détruit le couvent Villa Maria

Un violent incendie détruisait de fond en comble, le *8 juin 1893,* le couvent Villa Maria, considéré à l'époque comme étant «probablement le plus grand couvent de l'Amérique». Le feu causa des dégâts de plus de $1 million, mais sans faire de victimes chez les religieuses ou les pensionnaires qui, heureusement, étaient en congé ce jour-là. Les pompiers furent moins chanceux. Plusieurs furent gravemet brûlés, et l'un d'entre eux, Pierre Alexandre Dufour, succomba à ses blessures à l'hôpital Général.

Un ex-pilote du Vietnam périt dans un écrasement au Québec

APRÈS avoir survécu aux hasards du pilotage d'avions de transport civils au Vietnam, un pilote canadien a péri, hier **(8 juin 1972),** dans l'écrasement d'un ancien chasseur de la guerre 1939-45, alors qu'il procédait à des manoeuvres de vaporisation d'insecticides dans le parc La Vérendrye.

Robert «Bob» Smeed, 45 ans, de Mission, en Colombie-Britannique, volait au centre d'une formation de trois appareils Avenger TBM, lorsqu'il s'est écrasé à environ deux milles au nord de la piste d'atterrissage du lac des Loups, dans la région de Maniwaki.

Un journaliste et un photographe de LA PRESSE prenaient place dans un autre appareil en vol au moment de l'accident.

Un hélicoptère s'est immédiatement rendu sur les lieux, mais à cause de la chaleur dégagée par le brasier, les sauveteurs n'ont pu porter secours au pilote, qui était seul dans son avion.

Rentré du Vietnam il y a trois ans, Smeed était à l'emploi de la société Conair Aviation Ltd, de la Colombie-Britannique. L'Avenger qu'il pilotait a fait sa réputation, au cours de la guerre, comme bombardier lance-torpilles. Transformé en avion citerne, il pouvait contenir environ 625 gallons d'insecticide.

Une quinzaine d'Avenger étaient en poste dans le parc de la Vérendrye afin de vaporiser de l'insecticide pour le compte du ministère québécois des Terres et Forêts. Cette opération vise à combattre la «tordeuse de bourgeons d'épinettes», qui cause d'importants ravages dans ce secteur du Québec.

Une vingtaine de journalistes et des représentants du ministère assistaient à la démonstration tragique, en fin de matinée, hier. Les appareils, qui évoluent toujours en formation de trois, à une centaine de pieds d'altitude, pour des raisons d'efficacité, ont fait un premier passage. Au deuxième, ils n'étaient plus que deux.

La cause de l'accident est inconnue pour le moment.

BABE RUTH EN PRISON

NEW York, 8 — «Babe» Ruth, le fameux joueur de baseball des «New York Americans», a été condamné à un jour de prison et à une amende de $100 pour avoir fait de la vitesse, en automobile.

Cela se passait le 8 juin 1921.

LA PRESSE

100 ans d'actualités

EXCLUSIF

Trudeau est prêt: le Canada aura une nouvelle constitution en 1981

NDLR — Le ***9 juin 1978,*** *LA PRESSE révélait à ses lecteurs et à tous les Canadiens le contenu de la proposition constitutionnelle du premier ministre Pierre Elliott Trudeau. Voici un abrégé de cette primeur.*

par Jean-Pierre RICHARD
Copyright LA PRESSE 1978

LE gouvernement Trudeau a décidé qu'est venu «le temps d'agir» dans le domaine constitutionnel et se propose de doter le Canada d'une nouvelle constitution avant le 1er juillet 1981, date qui marquera le cinquantenaire du Statut de Westminster. Il s'agit là de la deuxième phase d'un vaste programme mis au point par l'équipe Trudeau dont la première phase «portera sur les dispositions constitutionnelles que le Parlement fédéral peut modifier de sa propre autorité» et que «le Gouvernement fédéral a pour objectif de compléter (...) avant le 1er juillet 1979», date de la fin, sur un plan strictement juridique, de l'actuel mandat électoral du gouvernement de M. Pierre Trudeau.

C'est ce qu'affirme notamment un texte de treize pages (...) intitulé «Le Temps d'agir - A Time for Action» et portant la signature du premier ministre du gouvernement central, M. Pierre Elliott Trudeau, et qui contient le «sommaire des propositions du gouvernement fédéral visant le renouvellement de la fédération canadienne».

Ce court texte, visiblement destiné à une large diffusion, affirme en son premier paragraphe les intentions de l'équipe ministérielle de M. Trudeau dans le domaine constitutionnel et à l'égard de l'unité canadienne.

Le renouvellement que poursuit l'équipe Trudeau, selon ce document nécessitera:

- une nouvelle affirmation de l'identité canadienne;
- une nouvelle définition des principes qui sous-tendent la fédération:
- une nouvelle conception des rapports entre nos gouvernements;
- une nouvelle constitution.

Ce document que LA PRESSE a pu se procurer avant qu'il n'en soit fait mention officiellement à Ottawa ou autrement, semble être le résumé d'un document beaucoup plus détaillé et plus complexe dont il a été question depuis quelques semaines dans certains milieux de l'information à Montréal.

Le temps d'agir

Sommaire des propositions du Gouvernement fédéral visant le renouvellement de la fédération canadienne

Le document d'origine, selon certaines sources dignes de foi, aurait plus de 400 pages et aurait fait l'objet de l'examen du Conseil fédéral des ministres. Il serait le fruit des travaux de personnalités de premier plan à Ottawa comme M. Marc Lalonde, ministre chargé des relations fédérales-provinciales, M. Paul Tellier, responsable d'actions plus spécifiques, et d'autres têtes d'affiche qui préparent journellement et à long terme les ripostes du gouvernement Trudeau au gouvernement et au parti de M. René Lévesque.

«Le Temps d'agir» est un texte qui, par son niveau de langage, permet de croire qu'il pourrait s'agir d'un discours de M. Trudeau aux Communes, ou à la télévision ou devant un auditoire, car le «nous» y est constamment employé comme dans le cadre d'un dialogue entre un chef de gouvernement et un auditoire. (...)

ROBERT FITZSIMMONS PERD SON TITRE; JAMES JEFFRIES EN DEVIENT LE POSSESSEUR

La foule suit, avec un vif intérêt, les péripéties de la lutte affichée par LA PRESSE, au parc Sohmer, au moyen de projections sur écran.

POUR satisfaire la curiosité de ses nombreux lecteurs, «La Presse» a fait afficher hier soir **(9 juin 1899)** au parc Sohmer, au moyen de projections lumineuses sur un écran le résultat du combat qui a eu lieu hier soir à Coney Island entre Robert Fitzsimmons et James Jeffries.

Inutile de dire qu'il y a eu foule.

La direction du parc Sohmer avait préparé un excellent programme de musique, d'opérette et de chant qui a été interprété par ses excellents artistes jusqu'à l'heure où les bulletins annonçant l'ouverture du combat sont arrivés de notre correspondant à Coney Island par fil télégraphique spécial.

Le combat a duré 32 minutes, soit tout près de 11 reprises. (...)

Coney Island, N.Y., 10 — James J. Jeffries, un vigoureux jeune géant, est venu de l'ouest pour battre les champions pugilistes. Hier soir, à l'Arena du Coney Island Athletic Club, il a défait en 11 rondes rapides, Robert Fitzsimmons, champion du monde en deux classes, middle weight et heavy weight. Il est entré dans l'arène étranger et dédaigné des connaisseurs, et il en est sorti le maitre reconnu de l'homme qu'il a défait. Il n'a jamais eu en aucun temps couru de danger sérieux et après les premières rondes, alors que les hommes en vinrent sérieusement aux prises, il prit l'avantage et ne fut jamais surpassé. L'Australien était battu dès la neuvième reprise, et sans le manque de temps, Jeffries l'aurait achevé dans la dixième. On reconnaissait dans le public que Jeffries avait un immense avantage quant au poids, à la hauteur et à l'âge, mais les milliers d'amateurs de l'art de la boxe qui avaient prédit la victoire de son adversaire et avaient parié sur lui, étaient certains que Jeffries était lent et qu'il serait sous ce rapport absolument inférieur au grand maitre de la scène du pugilat qu'il allait rencontrer. Il a prouvé au contraire qu'il était tout aussi agile que l'homme qu'il a rencontré, et il l'a battu et mis hors de combat dans une lutte très loyale. (...)

Il y a moins d'un an, il venait à New York, et c'était un grand garçon, gauche et un peu fruste. Aujourd'hui, c'est un athlète mince, actif, agile et bien entrainé. Des professeurs lui ont enseigné une défense presque parfaite, ont amélioré son jeu de pieds, et lui ont montré la méthode de frapper un adversaire pour l'affaiblir. La transformation qui s'est opérée en lui depuis cette première visite est presque miraculeuse. A vingt-quatre ans, il a battu Robert Fitzsimmons, Tom Sharkey et Peter Jackson, et s'il fait attention à lui, il pourra probablement défendre son titre avec succès pendant de longues années. L'homme qu'il a défait était aussi bon que le beau matin du jour où, dans les plaines reculées du Nevada, il abaissa les couleurs du jusque-là invincible Corbett. Il était tout aussi actif, tout aussi habile, tout aussi retors et tout aussi insoucieux des coups à recevoir. Il est allé à la défaite sans flancher. (...)

LA GRANDE SEMAINE D'AVIATION

Paul Prévoteau et Jacques de Lesseps, avec des monoplans "Blériot", s'embarquent ce soir, pour venir disputer la conquête de l'air aux américains, pilotes des Wright. — Huit aéroplanes de types divers sont déjà officiellement engagés.

Hier soir, l'Auto-Aéro Club du Canada, recevait de son envoyé spécial à Paris, une dépêche lui annonçant l'engagement de M. Paul Prévoteau, l'aviateur bien connu, élève de Louis Blériot.

Paul Prévoteau et Jacques de Lesseps s'embarqueront ce soir pour Montréal. Déjà leurs machines respectives ont été expédiées au Hâvre, où leurs pilotes les ont rejointes. Le monoplan de Jacques de Lesseps est le même qui lui servit lors de son voyage de Calais à Douvres; il connait donc parfaitement son appareil et nul doute qu'il n'accomplisse ici des merveilles, battant probablement plusieurs records mondiaux. On s'apprête déjà, dans la Colonie française, à faire une réception enthousiaste aux deux aviateurs, à leur arrivée à Montréal.

Le Comte de Lesseps, dans son cablogramme exprimait sa joie de venir dans un pays où il sait rencontrer de nombreux compatriotes et un chaleureux accueil de la part des Canadiens-Français.

C'est une certitude de succès pour la grande semaine d'aviation, que l'engagement de ces deux champions de la navigation aérienne; car pour les battre, les frères Wright vont envoyer leurs meilleurs hommes.

Nous publions les photographies des 4 premiers pilotes des Biplans Wright, désignés par M. Harrison. Le représentant des frères Wright s'est réservé pour le cinquième nom, quand il a eu connaissance de l'engagement de Jacques de Lesseps; aurait-il l'intention de solliciter Orville ou Wilbur de venir personnellement? Ce serait à souhaiter.

M. McNamee, un des dévoués organisateurs, nous disait hier soir, que la grande semaine de Montréal serait le premier Meeting vraiment international tenu en Amérique; et que si l'Auto-Aéro Club avait déjà reçu l'adhésion de 2 machines françaises et de 5 machines américaines; il attendait sous peu l'engagement d'une machine allemande et d'une machine anglaise.

Le plus grand soin va être apporté par les directeurs à l'organisation de signaux, pour éviter que des accidents ne viennent attrister les epreuves.

Plusieurs engagements canadiens seront reçus entre autre: celui de M. Carruthers, qui, on s'en rappelle, a acheté le Blériot importé par M. Jean Versailles.

Le meeting va certainement attirer à Montréal des milliers d'étrangers amateurs de fortes sensations; car c'est un spectacle empoignant que celui de ces hommes, pleins de courage et de sang-froid, se livrant à ces exercices aériens, à la merci d'un coup de vent, ou d'une panne de moteur.

Duval Lachapelle (français)

Ralph Johnston (américain) A.L. Welsh (américain) Frank J. Coffyn (américain)

Quatre pilotes élèves d'Orville Wright qui prendront part à la grande semaine d'aviation, du 25 juin au 4 juillet.

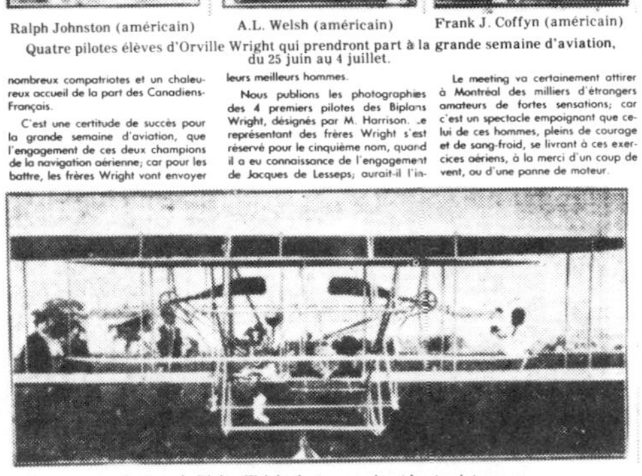

Le type de Biplan Wright dont se serviront les 4 aviateurs au meeting de Montréal (vue de face).

Le ***9 juin 1910,*** **grâce à son correspondant à Paris, LA PRESSE apprenait que les Français avaient décidé de déléguer deux de leurs as-pilotes, Paul Prévoteau et Jacques de Lesseps, pour croiser le fer, sur des «Blériot», avec les célèbres frères américains Wilbur et Orville Wright, lors du meeting de Montréal, le premier au monde de calibre vraiment international. Ce meeting était prévu pour la période du 25 juin au 4 juillet.**

C'EST ARRIVÉ UN 9 JUIN

1983 — La non-constitutionnalité de la «clause Québec» de la loi 101 est confirmée par la Cour d'appel.

1977 — Les conservateurs de William Davis sont reportés au pouvoir lors des élections générales ontariennes, mais formeront un gouvernement minoritaire.

1975 — Acquitté, le Dr Morgentaler en appelle au législateur pour qu'on facilite l'avortement.

1973 — Le cheval Secretariat gagne la Triple couronne des courses au galop. C'est le premier exploit du genre en 25 ans.

1970 — Le roi Hussein de Jordanie échappe à un attentat préparé par un commando palestinien.

1967 — Une tornade cause de lourds dégâts à Lachute.

1965 — Vive protestation des citoyens de la région du Saguenay, contre les machines à fabriquer la pluie.

1956 — Un soulèvement est maté dans le sang en Argentine; le gouvernement fait exécuter 38 partisans péronistes.

1955 — Le gouvernement conservateur du premier ministre Leslie Frost est reconduit lors des élections générales ontariennes.

1949 — Les libéraux d'Angus Macdonald conservent le pouvoir lors des élections générales, en Nouvelle-Écosse. — Le prix d'Europe est attribué au pianiste et compositeur Clermont Pépin, de Saint-Georges-de-Beauce.

1943 — On s'attend à un débarquement incessant des alliés dans le sud de l'Italie, à la suite d'un bombardement intensif des aéroports siciliens.

1938 — Le gouvernement libéral de W.J. Patterson est maintenu au pouvoir à l'occasion des élections générales de la Saskatchewan.

1909 — Une mauvaise manoeuvre cause de lourds dégâts à l'écluse de tête du canal du Sault-Sainte-Marie.

1892 — Valleyfield est le théâtre du sacre de Mgr Émard, en présence de toutes les personnalités religieuses et politiques du Québec.

BABILLARD

Les tramways du pont Jacques-Cartier

La photo ci-dessus constitue **une réponse à une question d'un lecteur de la rue de Lorimier, Raymond Saint-Germain, qui apprendra avec plaisir qu'il avait raison d'affirmer que le pont Jacques-Cartier n'a pas toujours eu cinq voies de circulation.**

En effet, comme en témoigne cette photo prise au cours de la construction du pont en 1929, ce dernier comportait deux voies pour tramways, auxquelles venaient s'ajouter quatre couloirs pour automobiles (à peine trois selon les critères actuels). L'élimination des deux corridors pour tramways a permis d'élargir le pont quelque années plus tard.

Trois anniversaires d'importance

Il importe de mentionner trois anniversaires d'importance. En premier lieu, aujourd'hui, Irène et Élie Houde, de la rue Émile-Nelligan, à Montréal, célèbrent leur 60e anniversaire de mariage. LA PRESSE leur souhaite de nombreuses années additionnelles de bonheur.

C'est aussi un 9 juin que naissait il y a 50 ans le célèbre Donald Duck. Né de l'imagination fertile du regretté Walt Disney, il a connu une carrière célèbre au cinéma.

Enfin, demain c'est le centième anniversaire de l'Association des propriétaires de tavernes et brasseries du Québec Inc., connue sous le nom d'Association des commerçants licenciés, lors de son acceptation par la législature du Québec le 10 juin 1884 (il y aura donc 100 ans demain). Le premier «bureau de direction», comme on disait à l'époque, était composé de MM. Lawrence Wilson (président), Nazaire Gauthier (vice-président), Louis Lapointe (secrétaire), Victor Bougie (trésorier), J. Ayotte, James Cahill, J.-A. Tanguay, Arthur Bonneau, Arthur Hinton et James McCarrey, directeurs.

ACTIVITÉS

AUJOURD'HUI

■ **LA PRESSE aux courses**
Hippodrome Blue Bonnets, à partir de 16 h **—** L'hippodrome a organisé une journée exceptionnelle en hommage à LA PRESSE, mais qui s'adresse également aux amateurs de courses, parieurs ou non. Le programme comprend notamment trois courses-écoles où la seule monnaie acceptée sera celle que LA PRESSE offre à ses lecteurs depuis une semaine, dollars auxquels viendront s'ajouter une somme de $20 remise à l'entrée. Également au programme, trois courses impliquant des personnalités, dont le président et éditeur de LA PRESSE, Roger D. Landry. Le programme régulier de dix courses, baptisé du nom d'un des nombreux services du plus prestigieux quotidien français d'Amérique, suivra à partir de 19h30.

■ **À la radio**
17 h, Radio-Canada **—** Chronique consacrée à LA PRESSE à l'émission *Avec le temps*, animée par Pierre Paquette.

AUJOURD'HUI ET DEMAIN

■ **Le monde de l'automobile vu par LA PRESSE**
Hôtel Régence Hyatt **—** Exposition de pages unes de LA PRESSE qui retracent les grands moments de l'automobilisme.

L'attentat de la rue Ontario est (8)

UN SEUL JURÉ EST CHOISI

LE choix du jury dans la cause de Morel, Serafini, Valentino, Frank, Gambino et Davis, conjointement accusés du meurtre d'Henri Cléroux, semble devoir être plus difficile et plus long que pour le procès de Serafini.

A 3 heures, on n'avait pu assermenter qu'un seul juré: M. Trefflé Lacombe, cordonnier. Au nom de Valentino, Me Joseph Cohen, a renoncé à son droit de récusation. Comme au procès précédent, la défense récuse d'abord pour cause, et, si le juré est trouvé compétent par les vérificateurs, elle le récuse alors péremptoirement. Parmi les cas typiques, se trouve celui de M. J.-H. Brown, contre lequel les vérificateurs ont fait un rapport de «conscience partiale».

Aujourd'hui **(9 juin 1924),** Me R.L. Calder, procureur de la Couronne, visitera le tunnel de la rue Ontario est, avec le fameux témoin Garand, le plus important de toute la cause, celui qui se trouvait sous le tunnel quand les bandits sont arrivés. Il les a vus mettre leurs masques, prendre la position d'attaque, commettre l'attentat et organiser leur fuite. (...)

Louis Morel, Tony Frank, Giuseppe Serafini, Frank Gambino, Mike Valentino et Leo Davis ont comparu en Cour d'Assises (...) pour y subir ensemble leur procès de meurtre, sous l'accusation d'avoir assassiné Henri Cléroux, le 1er avril dernier, lors de l'attentat contre des messagers de la Banque d'Hochelaga.

Serafini, sur le sort duquel les jurés n'ont pu s'accorder, sera donc jugé en même temps qu'eux. (...)

Un cas très curieux se présente. Il y a six accusés, qui ont droit de récuser chacun 20 jurés péremptoirement, c'est-à-dire 120 en tout. Et il n'a été assigné qu'un tableau de 60 jurés. L'hon. juge C.A. Wilson, président des Assises, a demandé aux avocats de s'entendre sur les récusations, afin d'aider à la bonne administration de la justice. (...)

On a longuement discuté du cas de Nieri, au commencement de la séance. La Couronne a décidé de le faire acquitter quand il aura rempli la condition de «parler et dire la vérité». C'est la condition de son immunité et de son acquittement.

Le juge, à la demande de Me Germain, n'a pas voulu ordonner aux photographes des journaux de ne pas prendre des photographies des accusés. «Puisque Me Germain s'en plaint, j'espère qu'on se rendra au DESIR de Me Germain,» s'est-il contenté de dire.

L'hon. président des Assises a aussi commenté l'interview d'un jury à un journal anglais du dimanche. «Ce juré n'a pas le moindre sens de l'honnêteté, de la probité, de l'incorruptibilité, et il n'a jamais été digne d'entrer et de délibérer dans la salle des jurés», a-t-il dit à son sujet, le juré en question ayant dit: «Nous n'étions pas pour laisser ce jeune homme (Serafini) en victime au courroux du juge et de la Couronne». (...) «Ce juré, termina le juge, aurait dû non pas siéger à ma droite, mais être en face de moi (à la barre des accusés)».

La Centrale des syndicats démocratiques représentera 57,300 ouvriers québécois

par Pierre Vennat
envoyé spécial

QUEBEC — Le Québec compte maintenant un nouveau mouvement ouvrier de plus: la Centrale des syndicats démocratiques (CSD).

Celle-ci est née hier matin **(9 juin 1972)** de la volonté de 573 délégués représentant 150 syndicats autrefois affiliés à la Confédération des syndicats nationaux, et ayant des effectifs totaux de 57,300 membres.

La centrale est donc non seulement née, mais baptisée, et son baptême a été marqué, comme il se doit, d'un toast au champagne, sur le plancher même du congrès, porté au «début d'un temps nouveau».

Les délégués ont choisi le nom de Centrale des syndicats démocratiques après avoir écarté successivement 19 autres suggestions, dont celle favorisée par les trois «D», qui auraient aimé Centrale des syndicats libres. (...)

M. Paul-Emile Dalpé, président du congrès de fondation et que la plupart voit déjà comme premier président de la CSD, a par ailleurs déclaré aux congressistes qu'il n'est pas de l'intention des dirigeants de la nouvelle centrale de traduire le nom de Centrale des syndicats démocratiques en anglais.

Siège social à Québec

La CSD aura son siège social à Québec et non à Montréal, tel que le proposaient les auteurs de la constitution préliminaire soumise aux congressistes.

La suggestion d'établir le siège social de la CSD à Montréal venait de deux raisons principales: les deux autres centrales syndicales du Québec, la CSN et la FTQ, y ont leur siège social et, surtout, la nouvelle centrale avait déjà établi ses quartiers généraux dans les locaux de la Fédération du vêtement, rue Sherbrooke, immeuble de trois étages qui appartient entièrement à cette dernière et qui loge également, depuis quelques jours, la Fédération du textile et le bureau de M. Paul-Emile Dalpé, ainsi que les principaux permanents de la nouvelle centrale. (...)

LA PRESSE

100 ans d'actualités

FAILLITE DE LA BANQUE DE SAINT-JEAN: ARRESTATION DE L'HONORABLE L.P. ROY

UNE triple arrestation d'hommes éminents vient de créer une commotion terrible à Saint-Jean et dans le district. Pour être moins répandue, la sensation n'en est pas moins forte que lorsqu'il s'agit, il y a quelques années, de la banqueroute de la Banque Ville-Marie.

La fermeture de la Banque de Saint-Jean a donné lieu, dernièrement, à une infinité de commentaires, et la rumeur voulait que tous ces potins de la finance fussent couronnés par une action d'éclat. Cette prévision a été confirmée hier après-midi **(11 juin 1908)** par l'appréhension *(au sens d'«arrestation» du mot)* de l'honorable L.P. Roy, président de la banque défunte, et de Mtre P.L. L'Heureux, gérant général, et Philibert Beaudoin, son assistant. C'est à l'intervention du ministre de la Justice lui-même que cette arrestation est due. La plainte avait été faite au ministre par l'Association des banques par l'entremise de M. Knight.

L'ex-président de l'Assemblée législative et ses deux collègues ont reçu signification des mandats d'arrestation à leur domicile respectif. Malgré le mandat d'amener, ils ne furent pas conduits en prison, mais simplement gardés à vue jusqu'à ce matin, alors qu'ils ont comparu devant le magistrat.

Comme, naturellement, tous ces événements de haute finance font un bruit énorme dans toute la province, on assure que le procès des trois prévenus mettra en lumière des faits jusqu'ici imprévus et inattendus.

L'ACTE D'ACCUSATION

comporte que les trois officiers de la banque ont sciemment fourni de faux rapports au gouvernement sur l'état d'affaires de l'institution qu'ils dirigeaient.

La faillite, il y a quelque temps, avait profondément affecté l'honorable M. Roy, qui dut garder la chambre tant l'affaissement nerveux l'avait épuisé à la suite de ces revers. Il savait cependant que l'Association de Banques et le gouvernement avaient fait une enquête minutieuse sur les transactions de l'institution faillie et la signification du mandat ne lui causa pas beaucoup d'étonnement. Il reçut le terrible coup avec froideur, apparemment, comprenant bien que la commission de révision devait nécessairement poursuivre si elle le croyait urgent, après avoir soigneusement examiné les affaires de l'établissement.

On se rappelle que M. Tancrède de Bienvenu, gérant de la Banque Provinciale, avait été nommé liquidateur de la Faillite. Il fit rapport en temps opportun à l'Association des Banquiers et la corporation soumit la question au ministère de la Justice.

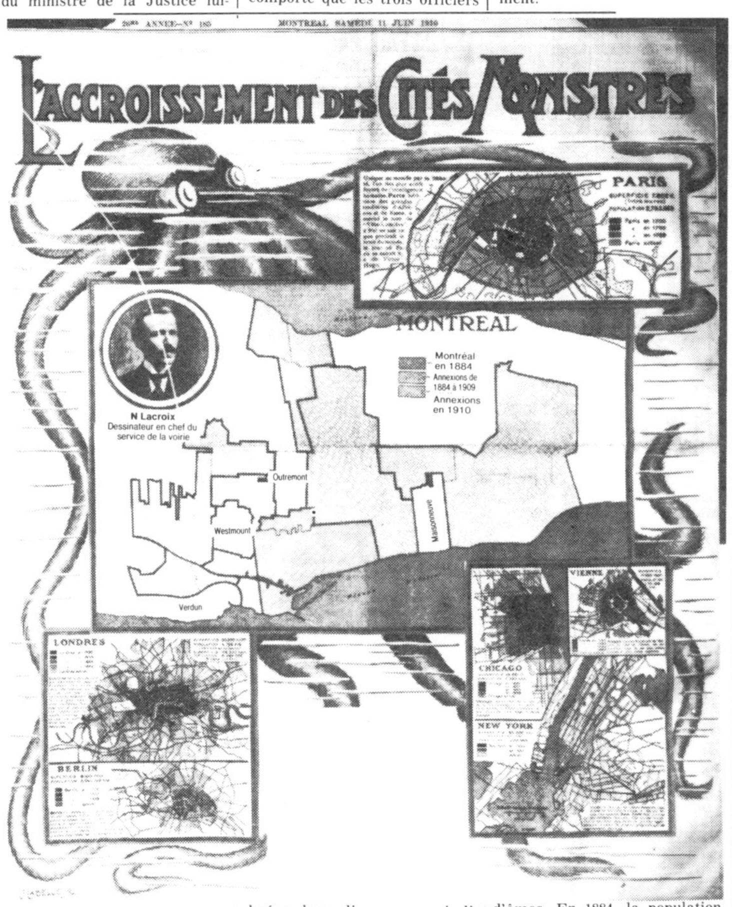

NOTRE page en couleurs est consacrée aujourd'hui **(11 juin 1910)**, à l'accroissement phénoménal des grandes cités du monde, en particulier Londres, Paris, New York, Berlin, Vienne et Chicago. L'occasion n'est pas mieux choisie pour faire une comparaison entre ces villes monstres et Montréal qui pour être en retard dans l'agrandissement de son territoire, a pris une telle envolée depuis quelques années, et tout récemment surtout, que la comparaison ne jurera pas trop.

Les lignes sombres ou ombrées dans divers sens, indiquent l'étendue des différentes villes, à différentes époques. Pour calculer les superficies qui sont indiquées en hectares (système métrique), il faut savoir que 250 hectares équivalent à un mille carré.

Montréal n'a ni l'étendue, ni la population des cités monstres dont nous publions les plans à côté d'elles, aujourd'hui. Toutefois, l'essor qu'elle a subi depuis quelques années laisse assez prévoir qu'il ne s'écoulera pas de très longues années avant qu'elle ait dépassé son million d'âmes. En 1884, la population de la ville de Montréal était de 135,000 âmes environ; en 1900, la population avait monté à 287,000, pour atteindre 545,000 en 1910.

Quant à la superficie, elle n'était que de 3,494 acres avant les premières annexions (celle d'Hochelaga). En 1910, avant les dernières annexions, le territoire de la ville de Montréal couvrait 11,986 acres. Avec les huit nouveaux quartiers, ce territoire a presque doublé, c'est-à-dire qu'il est à peu près équivalent à 22,000 acres. (...)

Alexandre Kerensky meurt à New York

NEW YORK (PA) — Alexandre Kerensky, qui est mort hier **(11 juin 1970)**, à New York, à l'âge de 89 ans, est l'homme qui, dans l'histoire, donna à la Russie son premier gouvernement démocratique.

Il vivait aux États-Unis depuis 30 ans, presque dans l'oubli, écrivant ses mémoires et voyageant pour se rendre quelques fois en Angleterre où vivent ses deux fils, ou en France, pays qui l'avait abrité peu après son départ de Russie.

Avocat, Kerensky, au lendemain de l'abdication du tsar Nicolas II, le 2 mars 1917, forma avec Ivov un gouvernement grâce auquel il espérait donner à son pays un idéal socialiste.

Kerensky renversé

Mais, en août 1917, la tentative du coup d'Etat du général Kornilov contre les révolutionnaires rendaient vains tous les efforts de Kerensky en durcissant l'opposition de l'extrême-gauche. Kerensky est arrêté et ses projets révolutionnaires disparaissent et sont remplacés par ceux de Lénine et Trotsky, qui prennent sa place au pouvoir.

L'ancien homme d'Etat, qui jusqu'à sa mort resta convaincu de la justesse de ses vues pour son pays, déplorait l'attitude des Etats-Unis vis-à-vis de l'expérience qu'il avait tentée en 1917. Il aurait voulu que les Etats-Unis lui donnent l'aide qu'ils n'ont pas refusée à Staline pendant la deuxième guerre mondiale, et il affirmait que, avec une Russie démocratique et forte, l'équilibre des forces n'aurait pas été modifié en Europe et les conditions qui ont permis à Hitler de provoquer la deuxième guerre mondiale ne se seraient jamais présentées.

C'EST ARRIVÉ UN 11 JUIN

1983 — Brian Mulroney devient le premier Québécois bilingue à diriger le Parti conservateur, succédant à Joe Clark.

1979 — Décès à l'âge de 72 ans du célèbre acteur américain John Wayne. En 48 ans de carrière, il a participé à 200 films.

1977 — La prise d'otages de terroristes des îles Moluques du Sud contre un train de passagers, aux Pays-Bas, se termine dans le sang, par la mort de six terroristes et de deux otages.

1976 — Mme Beryl Plumptre, vice-présidente de la Commission de la lutte contre l'inflation, annonce sa démission.

1975 — Les Américains découvrent que la CIA a espionné et drogué des citoyens américains.

1972 — Le coureur automobile Joachim Bonnier perd la vie au cours de l'épreuve des 24 heures du Mans, gagnée par Graham Hill et Henri Pescarolo.

1969 — Début de la troisième conférence constitutionnelle fédérale-provinciale; pour la première fois, le public et la presse en sont écartés.

1963 — Un moine bouddhiste s'immole à Saïgon pour protester contre la politique de discrimination religieuse du président Ngo Dinh Diem, du Sud-Vietnam.

1962 — Les trois princes laotiens, Souvanna Phouma, neutraliste, Souphanouvong, chef du Pathet Lao, et Boun Oum, leader de la droite, constituent le gouvernement de coalition au Laos.

1957 — Les États-Unis procèdent au lancement d'un projectile intercontinental baptisé *Atlas*.

1955 — Une voiture fonce dans la foule au circuit du Mans, en France, et l'accident fait 79 victimes et plus de 70 blessés le long du circuit.

1954 — La construction du nouvel édifice de l'École polytechnique, sur le campus de l'Université de Montréal, coûtera $7 millions.

1948 — Un navire danois, le *Kjobenhayn*, coule dans le Kattegat après avoir frappé une mine magnétique, causant la mort de 200 de ses 400 passagers.

1948 — Fin d'une trève de quatre semaines en Palestine.

1945 — Fait plutôt rare dans les annales politiques canadiennes: les libéraux conservent le pouvoir à l'occasion des élections générales, mais le premier ministre Mackenzie King est battu dans sa circonscription.

1940 — Arrivée au Canada de la princesse Juliana, des Pays-Bas.

1936 — À la surprise générale, le premier ministre Louis-Alexandre Taschereau met fin aux sessions du comité des comptes publics, annonce la dissolution des Chambres, remet sa démission comme premier ministre, et recommande la nomination à ce poste de son ministre de l'Agriculture, Adélard Godbout, jusqu'aux prochaines élections.

1926 — Les femmes des îles britanniques prennent part à une grande croisade pour la paix mondiale.

1925 — Louis-Joseph Lemieux est nommé agent général du Québec à Londres. dres.

1918 — Mort à Saint-Jean Deschaillons, à l'âge de 81 ans, de Pamphile Le May, poète et romancier canadien-français.

1900 — L'ex-empereur de Chine, Kuang Hsu, demande aux pays alliés de l'aider à combattre les Boxers et à le rétablir sur son trône.

L'attentat de la rue Ontario est (9)

DES GENS SUSPECTS DANS LA SALLE DES AUDIENCES

Ils semblent attendre que les accusés les regardent. — Comment ont-ils pu entrer dans la salle? — On produit les plans des lieux

UNE bonne partie de la séance de cet après-midi **(11 juin 1924)**, au procès des six complices accusés du meurtre d'Henri Cléroux, a été consacrée à la production de plans, relevés et photographies par M. Albert Sincennes, architecte à l'emploi de la ville, qui a fait tout ce travail à la demande du procureur de la Couronne. Cette partie de la preuve, qui explique la disposition des lieux mentionnés au cours du procès, est des plus arides.

L'une des choses les plus remarquables était la présence, dans l'enceinte des Assises, de quelques suspects des plus assidus dans nos cours criminelles, maintes fois traduits en cour pour obtention d'argent sous faux prétextes, vols, cambriolage, attentats à main armée. L'un d'eux, à notre connaissance, a été plusieurs fois trouvé coupable, s'il n'a pas été condamné. Ces spectateurs ne sont pas témoins au procès et l'on se demande comment il se fait qu'ils sont dans la salle. Les trois personnes en question parlent constamment ensemble, semblant attendre que les accusés les regardent.

DES GENS SUSPECTS

La séance s'ouvre à 2 heures 8. Sur l'un des bancs affectés ordinairement aux petits jurés, en face du banc réservé aux représentants de la «Presse», on remarque trois personnes suspectes, qui se concertent, au milieu de la foule. (...)

Comme pour le procès de Serafini, M. Albert Sincennes, architecte à l'emploi de la ville de Montréal, est le premier à ouvrir la liste des témoins. Il produit toute une série de plans, celui du tunnel, vu de plusieurs côtés, celui de la maison de Morel, de la maison de M. Grégoire, le plan général de la ville, un plan montrant les environs de l'angle Christophe-Colomb et Everett, le plan de la maison No 57, rue Coursol, un petit plan de l'escalier de la même maison, des photographies du tunnel de la rue Ontario, prises du côté est et montrant les deux voies du tramway. (...)

Me Calder demande alors de faire venir le témoin Thibaudeau.

Depuis combien de temps êtes-vous à l'emploi de la banque? demande Me Calder. — Depuis 1927.

Vous avez fait la perception de l'argent des succursales depuis le commencement de l'année? — Oui.

Aviez-vous un horaire fixe pour faire cette perception? — Oui.

A quelle heure quittiez-vous la banque pour faire la perception? — Vers midi ou midi et quart. (...)

Voulez-vous dire quel trajet vous suiviez? — Les rues Notre-Dame ouest, S.-Henri, Atwater, S.-Catherine ouest, Outremont, S.-Viateur, S.-Zotique, S.-Edouard, Laurier, Mont-Royal, DeLanaudière, Delorimier et Fullum; puis ensuite nous passions sous le tunnel.

Combien de succursales y a-t-il, passé le tunnel? — Sept.

Vous faisiez cette tournée à la même heure tous les jours? — Oui, à peu près.

Vous passiez au tunnel à la même heure? — Oui.

Sauf retard, à quelle heure passiez-vous sous le tunnel? — Vers deux heures moins quart.

Il y a longtemps que vous suiviez cet horaire? — Cinq ans.

Que faisiez-vous aux succursales? — On leur portait l'argent dont elles avaient besoin et on rapportait l'argent pour la chambre des compensations.

Sous quelle forme? — L'argent était enfermé dans des paquets scellés.

Regardez le bordereau suivant, voulez-vous dire si ces bordereaux roses sont ceux qui accompagnaient les paquets? — Oui.

Les paquets étaient mis dans des réceptacles? — Oui, dans des sacs.

Le témoin continue son témoignage.

La classification des films demeure

Québec abolit la censure

par Gilles Gariépy
de notre bureau de Québec

QUEBEC — Aux termes de ce qui est pratiquement une nouvel version du projet de loi-cadre du cinéma, la censure du cinéma sera complètement abolie au Québec.

Le ministre des Affaires culturelles, M. Denis Hardy, a en effet déposé hier soir **(11 juin 1975)** en commission parlementaire plusieurs dizaines d'amendements de son projet de loi No 1, après que l'Assemblée nationale l'eut adopté en deuxième lecture.

Les amendements, fort nombreux, ne modifient pas l'économie générale du projet de loi-cadre, mais en transforment la portée, à plusieurs égards.

L'innovation la plus inattendue est l'abolition complète de la censure des films.

Le projet de loi No 1, dans sa version originale, prévoyait l'abolition du Bureau de surveillance du cinéma mais confiait les responsabités exercées par cet organisme largement autonome à un simple service relevant directement du ministère des Affaires culturelles.

Tout comme le Bureau de surveillance, ce «service» du ministère aurait donc eu la responsabilité non seulement de «classifier» les films, mais encore d'interdire la projection de films portant atteint «à l'ordre public et aux bonnes moeurs».

Dans la nouvelle version du projet de loi, cette possibilité d'interdiction disparaît.

Le «Service d'information et de classification des films» devra obligatoirement visionner un film avant sa présentation au Québec, mais devra se contenter de lui coller une étiquette: «pour tous», «pour adultes et adolescents», «réservé aux adultes».

Tout au plus, le Service pourra-t-il exiger que le film «soit précédé d'un avertissement aux spectateurs», s'il juge qu'un film réservé aux adultes est «susceptible de choquer des spectateurs».

Le ministre des Affaires culturelles, M. Hardy, a souligné que le projet de loi se conforme ainsi — 13 ans après! — aux recommandations du rapport Régis de 1962, en abandonnant la notion de censure au profit de celle de classement et d'information.

ACTIVITÉS

■ **Le monde de l'automobile vu par LA PRESSE**
Hôtel Régence Hyatt — Exposition de pages unes de LA PRESSE qui retracent les grands moments de l'automobilisme. Jusqu'au 17 juin inclusivement.

Exploit du coureur canadien Dave Bailey

SAN DIEGO (UPI) — Dave Bailey, de Toronto, est devenu samedi **(11 juin 1966)** le premier Canadien à franchir le mille en moins de 4:00 minutes. Bailey a été chronométré en 3:59.1, au meeting d'athlétisme de San Diego. C'est Jim Grelle, de Portland, qui a remporté la victoire dans cette épreuve, avec un temps de 3:55.4.

L'Anglais Neill Duggan a fini deuxième, chronométré en 3:56.1 et Bailey a pris la troisième place. Le record canadien du mille appartenait à Ergas Leps, de Toronto également, et il était de 4:01.1. Leps avait réussi son exploit à Kingston, en Jamaïque.

LA PRESSE

100 ans d'actualités

ROUYN, PAYS DE L'OR

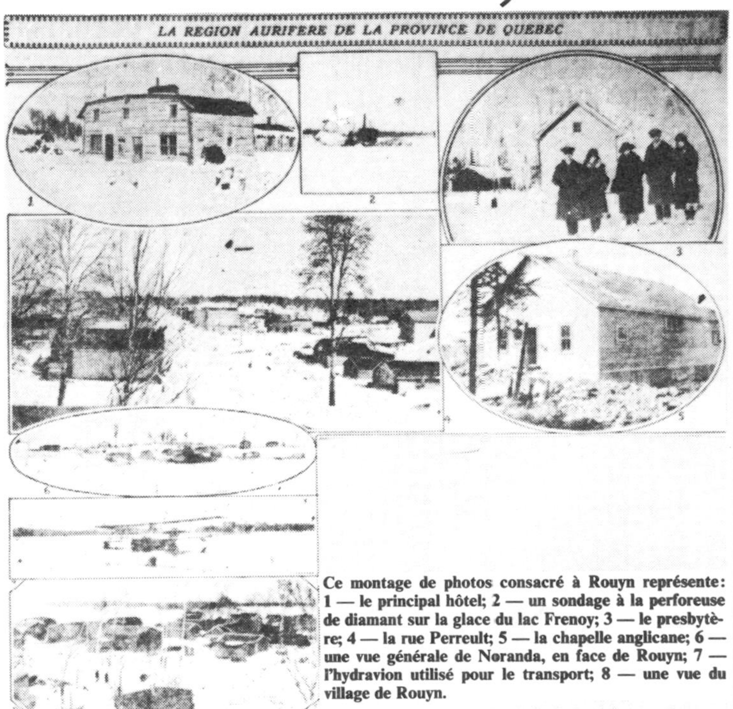

LA REGION AURIFERE DE LA PROVINCE DE QUEBEC

Ce montage de photos consacré à Rouyn représente: 1 — le principal hôtel; 2 — un sondage à la perforeuse de diamant sur la glace du lac Frenoy; 3 — le presbytère; 4 — la rue Perreult; 5 — la chapelle anglicane; 6 — une vue générale de Noranda, en face de Rouyn; 7 — l'hydravion utilisé pour le transport; 8 — une vue du village de Rouyn.

(Ecrit pour la «Presse»
par G.-E. MARQUIS,
chef du Bureau provincial
de la Statistique à Québec)

ROUYN, 12 — Votre correspondant fait actuellement un voyage d'étude que peu de vos lecteurs ont eu l'avantage d'accomplir.

Depuis trois jours, je suis l'hôte de Son Honneur le maire du village de Rouyn, centre de ralliement et de ravitaillement des terrains miniers qui s'étendent à cinquante milles à la ronde.

Le patelin de M. Joachim Fortier, maire et ingénieur civil, se compose de quatre édifices: une maison, un magasin, un hangar et une écurie. Ce sont des bâtisses rudimentaires faites de pièces d'épinettes et calfeutrées de mousse végétale. (...)

Le village comprend au-delà de 150 maisons de bois rond, de toutes les dimensions et de toutes les formes, depuis la petite case de 12 pieds x 12 pieds, où couchent une douzaine de Russes, jusqu'à l'hôtel Windsor, qui peut loger quelques douzaines d'aventuriers en quête de fortune.

Les rues sont bien indiquées, sur les places, mais, dans la pratique, on pique au plus court, pour aller d'un endroit à l'autre, à travers les souches calcinées, les racines qui vous accrochent au passage et les marécages où l'on enfonce jusqu'aux genoux.

Quand il pleut, la terre argileuse que les prospecteurs ont répandue un peu partout en faisant leurs fouilles, cette terre collante nous tient cloué au sol et menace de nous déchausser à tout instant.

LA CIVILISATION

La civilisation a commencé à pénétrer dans cette agglomération d'individus hétéroclites depuis environ un an, grâce à l'arrivée d'un prêtre, de quelques religieuses et professionnels.

Aujourd'hui, il y a une école, une chapelle, un presbytère, une église, un club protestant (Church of England), deux théâtres, deux salles de danse, deux salles de billard, trois pharmacies, des cafés, une buanderie, des étaux, des boulangeries, des forges, des ateliers de construction, des magasins, des épiceries, etc. Les professions libérales comptent trois médecins, un notaire, un ingénieur et quelques fonctionnaires publics. (...)

Bientôt, l'on pourra venir ici par deux chemins carrossables, l'un partant d'Angliers au terminus nord du chemin de fer qui traverse le comté de Témiscamingue, et l'autre venant de Macamic, sur le Transcontinental.

Le premier mesurera une cinquantaine de milles et l'autre exactement 40. Un chemin de fer partant d'Obrien, sur le Transcontinental aboutissant à Rouyn se construit actuellement, et l'on espère qu'il pourra être inauguré à la fin d'août prochain. Il mesurera 43 milles exactement.

Actuellement, en été l'on peut venir ici de deux façons: par hydravion ou par eau, en partant, soit d'Angliers soit de Villemontel. En hydravion, le trajet mesure 75 milles et se fait dans une heure. (...)

DES FOUILLES

Les prospecteurs font des fouilles un peu partout et le terrain, sur une étendue de trente à quarante milles, est sous location et piqueté. Des essais et analyses ont établi qu'il y a de grandes richesses dans le sol et que ces richesses se composent d'or, d'argent, de cuivre et parfois de zinc et de plomb. (...)

La «Noranda Mines Limited», qui a fait ériger une partie de son territoire en ville, semble posséder de grandes valeurs. (...) Cette compagnie, puissante de plusieurs millions, va construire une ville modèle. (...)

Rouyn, c'est le pays de l'or, comme jadis la Californie, le Klondyke et Cobalt. Les aventuriers ont été les pionniers de la région et la tourbe ordinaire a afflué ici au début, amenant avec elle ses tares et ses misères, mais cette période a fait son temps et l'ordre commence à régner. (...)

Bientôt, des organisations sérieuses, et en grand nombre, contrôleront les richesses que recèle le sol et l'on verra se développer, dans le Témiscamingue et l'Abitibi, des exploitations qui mettront en circulation des millions de dollars, tout en fournissant un marché avantageux pour les cultivateurs de la même région de l'ouest de la province de Québec.

Cet article a été publié le 12 juin 1926.

L'attentat de la rue Ontario est (10)

STONE SERAIT LE BANDIT QUI NE PORTAIT PAS DE MASQUE

CET après-midi **(12 juin 1924)**, la Couronne a terminé sa preuve du tunnel, au procès des six complices accusés du meurtre d'Henri Cléroux. Me Calder a cependant déclaré qu'il mettrait plus tard un autre témoin dans la boîte concernant les événements qui se sont déroulés dans la rue Ontario. Ce sera le pompier dont on tait le nom. Le lieutenant Dick, qui fut dépositaire des objets trouvés au tunnel, viendra aussi. (...)

La séance s'ouvre à 2 heures 6 et la Cour doit attendre quelques minutes, car il manque quelques avocats.

Comme on attend encore, sans procéder, Me Monette dit: «Votre Seigneurie, Me Germain m'a prévenu qu'il serait quelques minutes en retard et m'a prié de le représenter en attendant son arrivée». (...)

Le juge: «En attendant, je nommerai Me Monette comme avocat d'office, en remplaçant les absents, protem.» Et l'on procède.

Continuant son témoignage, (...) le constable Pelletier dit qu'après avoir tiré sur l'homme à la carabine, il vit un homme habillé en bleu qui portait le sac d'argent volé vers l'auto Hudson des bandits; deux ou trois autres l'accompagnaient. C'est alors qu'il tira ses dernières balles. A ce moment, Fortier arrivait, tenant les mains en l'air et criant: «Ne tirez pas, je suis un employé de la banque». Hawkins arrivait aussi et demandait: «Où sont nos hommes?» Le constable Dansereau arriva en même temps, et, à la demande de Pelletier, alla chercher d'autres balles pour Pelletier.

PLUS DE CARTOUCHES

Un citoyen dit à Pelletier que les constables s'étaient enfuis vers le nord par la rue Hogan. Comme il partait, il vit arriver la patrouille du poste No 13, et remarqua qu'on avait porté le corps de Cléroux sur le bord du trottoir.

Le constable Pelletier a entendu parler les bandits, mais il n'a pu comprendre ce qu'ils disaient. Il ne saurait dire si on parlait en anglais ou en français. On lui fait examiner Nieri et les six accusés, mais il ne peut dire si le bandit démasqué était l'un d'eux. Les bandits étaient d'à peu près la même stature que les accusés, ajoute-t-il. (...)

L'AGENT LEVESQUE

Ce témoin, qui attaqua aussi les bandits, corrobore le témoignage du constable Pelletier. Ce dernier lui dit: «Fais attention à ceux qui ont des carabines,» pendant qu'il tirait sur Stone. Stone avait un revolver, il riait. «Je le reconnus en celui qui était à la Morgue, le lendemain», dit le constable Lévesque. Le témoin a remarqué que les bandits durent aider Stone à monter dans leur automobile; ils le soutinrent par les coudes. Lui aussi ne peut identifier les accusés que par la grandeur. Celui qui se tenait du côté nord de l'auto de la banque, dit-il, avait la grandeur de Morel. Le constable n'a pas entendu parler les bandits. (...)

Maurice Duplessis, premier ministre de la province de Québec, était élu, le *12 juin 1937*, bâtonnier général du Barreau de la province, succédant à ce poste au sénateur Lucien Moraud.

CANDIDAT BATAILLEUR

Dépêche spéciale

QUÉBEC, 12 — M. Etienne Goupil, de St-Michel de Bellechasse a logé, ce matin **(12 juin 1896)**, en cour de police, à Québec, une plainte contre M. M.O. Talbot, le candidat libéral de Bellechasse. M. Goupil se plaint d'avoir été assailli et battu, hier soir, par M. Talbot et M. A. Larochelle, qui était avec lui. Goupil porte des contusions à la figure. L'affaire se serait passé à St-Michel à deux heures, ce matin.

Goupil est un ancien chef libéral de St-Michel. Cette année, il s'est rangé du côté conservateur. Un mandat d'arrestation a été émis contre M. Talbot. Il sera servi dans l'après-midi.

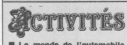

Page consacrée à l'été et publiée (en couleurs) le *12 juin 1909*.

BABILLARD

Un anniversaire

Une résidente de l'Hôpital général de Sorel, Mme **Odina Cournoyer Lamoureux**, célèbre aujourd'hui son 101e anniversaire de naissance, et LA PRESSE lui offre ses meilleurs voeux de santé. Mme Cournoyer Lamoureux est l'une des quatre résidents de cette institution qui peuvent se vanter d'avoir franchi le cap des 100 ans, les autres étant Antoinette Harpin (105 ans), Marie Péloquin Dufault (104 ans) et Robert Côté (100 ans).

ACTIVITÉS

■ **Le monde de l'automobile vu par LA PRESSE**
Hôtel Régence Hyatt — Exposition de pages unes de LA PRESSE qui retracent les grands moments de l'automobilisme. Jusqu'au 17 juin.

C'EST ARRIVÉ UN 12 JUIN

1982 — Les pacifistes réalisent la plus grande manifestation de l'histoire américaine, alors que de 700 000 à 1 000 000 d'entre eux descendent sur New York, y compris 2 000 Québécois.

1979 — Bryan Allen, un Américain âgé de 26 ans, traverse la Manche en trois heures en « cycliste volant », mû par la seule force de ses muscles.

1978 — Treize jeunes étudiants de Toronto se noient dans le lac Témiscamingue. — Le frère André (Bessette de son vrai nom) se voit conférer le titre de vénérable par l'Église catholique.

1976 — Juan Maria Bordaberry, président de l'Uruguay, est déposé et remplacé par Aparicio Mendez à la faveur d'un coup d'État.

1971 — Une mère de Sydney, en Australie, donne naissance à NEUF enfants, mais en perd immédiatement cinq.

1963 — La Commission royale d'enquête Glassco soumet la dernière tranche de son rapport, dans laquelle elle considère comme « pressante » la question du bilinguisme dans la fonction publique. — Medgar Evers, le chef du N.A.A.C.P., est assassiné à Jackson, Mississippi.

1948 — Le cheval Citation gagne la Triple couronne des courses au galop.

1946 — Cinglant affrontement entre royalistes et républicains à Rome.

1941 — Bombardement sans précédent des usines de la Ruhr par l'aviation britannique.

1939 — Le roi George VI et la reine Elizabeth visitent Sherbrooke.

1924 — Des explosions font 48 morts à bord du *U.S.S. Mississippi*.

1904 — La collision du « steamer » *Canada* avec le charbonnier *Cap Breton* fait cinq morts, en face de Sorel.

1899 — Un cyclone fait des centaines de morts et causent de lourds dégâts dans la partie est de la vallée du Mississipi.

1897 — La ville de Calcutta, en Inde, est secouée par un séisme.

La reine Elizabeth a reconnu aujourd'hui *(12 juin 1965)* le mérite des Beatles en les faisant membres... de l'Ordre de l'Empire britannique — rien de moins! Les chanteurs aussi célèbres que chevelus se sont dits fort heureux de cette distinction méritoire, mais ils n'auraient jamais « cru que l'on pouvait obtenir cette reconnaissance royale en jouant simplement de la musique de rock and roll ». Il s'agit des premiers chanteurs populaires à être ainsi honorés, mais quand on sait qu'ils font rentrer énormément de devises au Royaume-Uni, la chose se comprend...

OUVERTURE CET APRES-MIDI A DELORIMIER

LES courses commenceront cet après-midi **(12 juin 1926)** au Parc Delorimier et se continueront toute la semaine prochaine.

Le Parc Delorimier (*cette piste était située à l'intersection de la rue de Lorimier et du boulevard Saint-Joseph, et elle a été remplacée ultérieurement par l'hippodrome Richelieu*) est la piste la plus populaire de la province de Québec et il est certain qu'il y aura foule chaque jour pour voir les pur-sang à l'oeuvre. Le club donnera un handicap chaque jour en l'honneur des différents journaux de la métropole. Celui d'aujourd'hui réunira les meilleurs coursiers qui sont à Delorimier. Comme la piste est en excellent état, l'on devrait voir une belle lutte dans cette épreuve et dans d'autres courses.

Les officiers du meeting sont les suivants: commissaires — John T. Ireland, A. Laberge, W.W. Lyles et E.-C. Saint-Père, M.P.; juges — Gene Bury et Andrew Shearer; secrétaire des courses — Gene Bury; juge au départ — George Wingfield.

Les courses de Delorimier commenceront à 2.45 heures.

LA PRESSE

100 ans d'actualités

UNE TERRIBLE CATASTROPHE

Un épouvantable accident se produit au square Victoria, dans l'immeuble du journal le Herald. — La cause: l'effondrement d'un réservoir d'eau. — Vingt-sept noms manquent à l'appel.

UNE épouvantable catastrophe vient de jeter un immense voile de deuil sur notre ville.

Entre 10.30 et 11 heures moins quart, ce matin **(13 juin 1910)**, un réservoir d'eau, placé sur le faîte de l'édifice du «Herald», rue Saint-Jacques, du côté sud du square Victoria, s'écroulait, entraînant dans sa chute le toit et deux planchers de l'édifice, avec tous les êtres vivants qui s'y trouvaient, et tout le matériel qui servait au journal.

Ce fut horrible, et si soudain, que ceux qui passaient près de là, à ce moment, n'entendirent pas un cri, au milieu de l'épouvantable fracas. (...)

Rien ne peut décrire la stupeur générale, lorsque la nouvelle, comme une traînée de poudre, se répandit par toute la ville. Et, d'abord, ce fut comme foudroyant, paralysant; personne ne voulait y croire; on restait cloué sur place, hébété. Mais bientôt, il fallut y croire, et alors ce fut une poussée furieuse vers le théâtre de la catastrophe, de douloureuses exclamations, des sympathies profondes envers notre confrère si profondément atteint dans ses oeuvres et dans son personnel nombreux, et envers les victimes qu'on estimait alors — tant tués que blessés — à près de cinquante.

La police eut toutes les peines du monde à contenir la foule qui se ruait pour voir de plus près les malheureux qu'on devait retirer des ruines, pour interroger les rescapés, ou pour s'informer de l'origine du feu ou de la cause de la catastrophe.

Dès le premier instant, les pompiers se rendirent sur les lieux, et alors commença un sauvetage émouvant, héroïque. Et, d'abord, ce fut au tour des femmes qui se trouvaient en grand nombre dans l'édifice; puis vinrent les hommes. Et ce sauvetage dangereux, hâtif, se faisait par les fenêtres et les croisées, les escaliers de sauvetage, en arrière, les autres issues, à l'intérieur, ayant été, pour la plupart, ou détruits, ou encombrés par les débris.

Ce furent des minutes inoubliables d'émotion, car à chaque instant on croyait que tout l'édifice allait crouler, tant avaient été démantibulés, dans la chute du réservoir, des planchers supérieurs et des lourdes machines, les soliveaux, les traverses et les étançons. Heureusement, rien de tel ne se produisit, et tous ceux qui n'avaient pas été littéralement broyés ou ensevelis ont pu être sauvés à temps. Mais combien ne répondirent pas à l'appel? (...) On reste sous l'impression que pas moins de 40 à 50 personnes, employés de toutes catégories, hommes ou femmes, sont encore sous les débris. Combien sortiront-ils vivants de là? Dieu seul le sait! Mais on peut croire que ceux qui n'ont pas été foudroyés, seront asphyxiés ou brûlés par l'incendie violent, presque spontané, qui s'est déclaré aux trois étages à la fois. (...)

Lorsque s'abattit le réservoir contenant des milliers de gallons d'eau entraînant avec lui le toit de l'édifice, ce fut naturellement l'atelier de la reliure et la clicherie *(au 4e étage)* qui furent les premiers atteints. A ce moment-là, tous les employés, dont un grand nombre de femmes, étaient à l'ouvrage. Tout dégringola, débris, machines, matériel, personnel, à travers le quatrième et le troisième étage, particulièrement, le deuxième et même jusqu'au premier où se trouvaient plusieurs membres de la rédaction. (...)

RECIT DE M. LARIVEE

«Entre 10 heures et demie et onze heures moins quart, dit M. Larivée, je sortais de l'édifice pour aller à mon service extérieur, lorsque j'entendis un craquement épouvantable, accompagné d'un tremblement furieux sous mes pieds. Je revins en toute hâte à la rédaction (1er étage) en criant que l'édifice s'écroulait. A ce moment, des petites presses de l'étage au-dessus (2e) tombait avec fracas tout près de nous, et parmi ceux-ci, les rédacteurs suivants: MM. Brierley, directeur, Walsh, rédacteur en chef, Sandwell, Dixon, Dickenson, Steadman, les 3 télégraphistes du C.P.R., Beckman, Hannah, Ferguson, moi-même et d'autres.

«Tous se sauvèrent en toute hâte par les escaliers, excepté deux reports qui sautèrent par une croisée dans la rue.

«Au moment où je vous parle, je ne sais vraiment pas qui est mort ou vivant, mais j'ai assisté à un émouvant sauvetage de 150 femmes et hommes.»

M. J.C.E. Tardif, l'un des chefs ouvriers les mieux connus de Montréal, et qui était employé en sa qualité d'opérateur dans l'atelier de composition du journal, au troisième étage a entendu un bruit terrible vers 10 heures et 40 minutes; au même moment, le plancher s'écroulait et tout semblait dégringoler. Presque au même instant, le feu se déclarait. «Notre seule chance de salut, dit M. Tardif, c'était les fenêtres; car nous nous rendîmes compte tout de suite que la plupart des escaliers et les échelles de sauvetage, en arrière, avaient été bloqués ou détruits par les débris de toutes sortes. Ceux qui ont été les premiers à être atteints, les premières victimes, et probablement les plus nombreuses, sont ceux qui se trouvaient au-dessus de nous, au 4e étage, c'est-à-dire à l'étage de la reliure et de la clicherie. Tous ont dû dégringoler avec le plancher à l'étage au-dessous d'eux, puis à l'autre étage. Chez nous, au 3e, nous avons tous attendu l'arrivée des pompiers pour nous sauver; ce qui d'ailleurs se fit promptement. (...)

L'édifice abritant le *Herald*, au moment où l'incendie subséquent à l'effondrement se déclarait au quatrième étage.

C'EST ARRIVÉ UN 13 JUIN

1983 — Terre-Neuve annonce son intention de porter l'affaire de l'électricité des chutes Churchill devant la Cour suprême du Canada.

1982 — Un accrochage sur la ligne du départ fait une première victime sur le circuit Gilles-Villeneuve de l'île Notre-Dame, soit l'Italien Bruno Paletti.

1978 — Décès du plus vieux Québécois, Ovide Thériault, âgé de 106 ans.

1968 — Publication du rapport de la commission LaHaye, responsable d'étudier l'urbanisation au Québec.

1961 — Terrorisme en France et en Algérie : les négociations sont suspendues à Evian.

1958 — Début des révélations dans *Le Devoir* de l'affaire de la Corporation du gaz naturel du Québec.

1957 — Arrivée à Plymouth, Massachusetts, au terme d'un voyage de 54 jours, du *Mayflower II*, en provenance de Plymouth, Angleterre. Il s'agissait d'une réplique exacte du navire de 182 pieds qui avait amené les pèlerins en Amérique, en 1620.

1953 — Ben Hogan gagne l'Omnium de golf des États-Unis pour la quatrième fois.

1953 — Une conflagration détruit toute une partie du village de Saint-Nérée de Bellechasse, au Québec.

1952 — Une conflagration détruit le village de Saint-Urbain, dans Charlevoix. Quelque 70 familles se retrouvent sans foyer.

1951 — Eamon de Valera reprend le pouvoir en Eire, grâce à l'appui de cinq députés indépendants.

1947 — Cinquante personnes trouvent la mort quand un *DC-4* de la société Pennsylvania Central Airlines frappe une montagne, à Lookout Rock, Virginie de l'Ouest.

1928 — Me Robert Dascheureau est nommé président de la Commission des accidents de travail.

1924 — M. Gaston Doumergue est élu président de la République française.

1917 — Décès à l'âge de 67 ans du sculpteur canadien bien connu Philippe Hébert. Parmi ses principales oeuvres, on peut souligner les monuments de Maisonneuve, de l'hon. John Young, de Mgr Ignace Bourget, de Pierre Le Gardeur, d'Edouard VII, de sir John MacDonald et de la reine Victoria.

1905 — Théodore Delyannis, populaire premier ministre de Grèce, est mortellement blessé d'un coup de couteau.

1900 — Soulèvement des Boxers en Chine.

Collège militaire français à Saint-Jean

par Georges Langlois

OTTAWA, 13 — La province de Québec aura son collège militaire. Il sera établi dans l'une des plus vieilles villes militaires du pays, S.-Jean, où, dès 1665, le marquis de Tracy avait fait construire l'un des forts qui, avec ceux de Sorel et de Chambly, devaient protéger la vallée du Richelieu contre les incursions des Iroquois et, plus tard, avec celui de l'Ile-aux-Noix, contre les invasions des Américains. Sous la confédération, S.-Jean fut constamment une ville de garnison de l'armée permanente.

Egalité de statut avec Kingston

Ce collège militaire sera placé exactement sur le même pied que ceux de Kingston (Ontario) et de Royal Roads (Colombie-Britannique). Les cadets porteront le même uniforme, les conditions de service seront les mêmes. Les cours se donneront avec la collaboration de l'université Laval et de celle de Montréal.

Destiné à ouvrir plus largement et plus facilement les portes des carrières militaire aux jeunes Canadiens d'origine française, ce collège contribuera en même temps à accroître le nombre des officiers dans nos trois armes et à en accélérer la formation.

Cette initiative, qui porte à trois les écoles militaires dont le but est de préparer des officiers subalternes fait partie d'un programme d'ensemble qui permettra d'élargir rapidement les cadres de nos forces armées, dont l'expansion exige un plus grand nombre d'officiers. (...)

Au cours de quatre ans que donne le collège militaire de Kingston pour former les officiers spécialisés qui doivent avoir des connaissances scientifiques et techniques, on ajoutera un cours qui préparera en deux ans aux brevets d'officiers pour les services n'exigeant pas des études techniques aussi poussées. Ce cours nouveau se donnera simultanément à Kingston, à Royal Roads et à S.-Jean.

Ce cours se donnera également dans les universités, particulièrement à Montréal et à Laval, 32 universités et collèges collaborant dans ce but avec le ministère de la défense nationale.

L'attentat de la rue Ontario est (11)

ON A VOULU CACHER L'IDENTITE DE CET ARGENT

L'une des phases intéressantes du procès des six complices accusés du meurtre d'Henri Cléroux se déroulera lorsque des témoins viendront faire des dépositions, dans quelques jours, au sujet de certain argent volé à la Banque d'Hochelaga, et qui n'a pas été produit, au procès actuel.

On nous informe que la personne ou les personnes qui ont reçu cet argent ont, pour en cacher l'identité, effacé les marques au crayon que les employés de la banque avaient faites sur les billets.

Il sera révélé, dit-on, lorsque cette preuve sera faite, le nom de la ou des personnes qui ont reçu cet argent volé. Les billets identifiés portent encore, ajoute-t-on, les traces des marques de crayon et la trace visible des gommes à effacer.

A la séance de cet après-midi **(13 juin 1924)**, le détective Dominique Pusie a été transquestionné pendant presque une heure, par Me Alban Germain, principalement sur le raid de la rue Coursol.

ARGENT PRODUIT

La séance s'ouvre à 2 heures 4 et le comptable Hart, de la Banque d'Hochelaga, produit immédiatement, à la demande de Me Calder, des enveloppes contenant l'argent saisi sur Nieri, Serafini, les femmes Lebeau et Serafini, et dans la fameuse cache, lors du raid de la rue Coursol. Le détective Dominique Pusie, investigateur de la Cour du coroner, est ensuite appelé.

Puis on fait venir Nieri, la femme Serafini et la fille Lebeau, que le détective identifie comme trois des personnes qu'il a arrêtées, avec les autres agents du raid, dans la maison de la rue Coursol.

Le témoin identifie ensuite les enveloppes d'argent produites par le comptable Hart, en donne le chiffre des sommes saisies sur Nieri ($1,343), sur Serafini ($69), et sur la femme Lebeau ($1,490). (...)

(Me Calder interroge le témoin Pusie)

— Lors du raid au No 57, Coursol, on a fait un examen général et minutieux de la maison? — Oui.

— Sauf l'argent, qu'a-t-on trouvé d'intéressant pour la cause? — Les coupons d'enregistrement pour des valises au C.P.R., dans le réticule de Mme Serafini.

— En plus de cela? — Rien.

— Vous avez produit ici une valise? — Oui. Elle fut trouvée dans la chambre à coucher. (...)

Puis le détective donne de nouveau la description des portes et de l'escalier du No 57, rue Coursol. (...)

Me Calder appelle alors le détective Isaïe Savard. Celui-ci rendait son témoignage, quand l'hon. juge Désy est venu s'asseoir près de l'hon. juge Wilson et suivre attentivement la procédure.

Vous vous êtes occupé de l'attentat de la rue Ontario? demanda Me Calder.

Oui, répond le témoin, avec les sergents-détectives Walsh, Thibault et Pusie. Nous nous sommes rendus au 318A rue Dorchester ouest, grâce au numéro de téléphone qui se trouvait sur la carte prise sur le cadavre de Stone. De cet endroit, nous nous sommes rendus au 57, rue Coursol, vers 8 h. 30. Nous avons sonné, et avons vu des ombrages remuer à l'intérieur. Nieri a descendu l'escalier, puis, disant qu'il avait oublié ses clefs, il est remonté pour les chercher et est revenu peu après.

— Qu'avez-vous remarqué en entrant? — Mary Serafini, étendue sur son lit, lisait un livre, dans sa chambre à coucher. Dans une autre pièce, la femme Lebeuf lisait aussi; Serafini, assis à une table ronde, dans la salle, avait des cartes à la main.

— Qu'avez-vous trouvé? — Pusie trouva, dans la sacoche de Mary Serafini, deux billets d'enregistrement de bagage, pour la gare Windsor. Cela nous a permis d'aller chercher des malles, à la gare, et de les transporter à la Sûreté. Nous n'avons pas fouillé les accusés à domicile, mais nous les avons conduits à la Sûreté.

La cause se continue.

LE **13 juin 1898** mourait à Montréal, à l'âge de 58 ans, sir Adolphe Chapleau, fils de Pierre, et membre d'une famille de sept enfants. Après avoir étudié au collège Masson, à Terrebonne, jusqu'en rhétorique, il fit sa philosophie au collège de Saint-Hyacinthe. Admis au Barreau en 1861, il oeuvre au sein de trois études légales successives. Après avoir épousé Marie-Louise King en 1874, et s'être consacré à l'enseignement du droit international à l'université Laval, il se lance en politique en février 1873 à titre de solliciteur général dans le cabinet Ouimet. Du 30 octobre 1879 au 29 juillet 1882, il aura même l'honneur de diriger le gouvernement provincial à titre de chef du parti conservateur. Mais en juillet 1882, il démissionnait pour aller poursuivre sa carrière à Ottawa.

Le lecteur notera que tous ces renseignements pertinents et combien d'autres encore remplissaient toute une page — signée par Arthur Dansereau — de l'édition du 13 juin consacrée à sa biographie. Quant à la première page, elle était entièrement consacrée au portrait de sir Adolphe que vous pouvez admirer ci-dessus. Cette extraordinaire expression d'amitié s'expliquait par le rôle de premier plan joué par sir Adolphe Chapleau dans l'histoire de LA PRESSE.

Maurice Richard élu au Temple de la Renommée

MAURICE Richard, le spectaculaire joueur du Canadien qui a pris sa retraite il y a moins d'un an après une carrière exceptionnelle dans la Ligue Nationale, a été élu au cours de la matinée **(13 juin 1961)** au Temple de la Renommée du hockey en même temps que treize autres anciens joueurs et membres exécutifs de la Ligue Nationale.

En nommant Richard, le comité de sélection a dévié quelque peu de sa ligne de conduite habituelle puisqu'il attendait auparavant cinq ans au moins après la retraite de la scène active du hockey.

En plus de Richard, le comité de sélection dirigé par Frank Selke, gérant général du Canadien, a nommé deux autres joueurs de l'époque moderne, trois anciennes étoiles des années 1920 à 1930, cinq anciens et trois «pionniers» du hockey.

BABILLARD

Quinze ans de «carte soleil»!

De tous les projets de nouvelle société qui ont vu le jour depuis l'avènement de la « révolution tranquille », deux ont plus particulièrement marqué la société québécoise : la réforme scolaire d'une part, et l'instauration de la Régie de l'assurance-maladie du Québec.

La RAMQ célèbre aujourd'hui le 15e anniversaire de son existence. Depuis sa création, elle a rendu d'énormes services aux Québécois qui, peu fortunés ou carrément pauvres, n'auraient jamais eu les moyens de profiter de la médecine pour soulager leurs maux.

À cause des abus inévitables (« là où il y a des hommes, il y a de l'hommerie », veut le dicton populaire) lorsqu'on brasse des affaires de cette importance, on en vient parfois à remettre en cause certains critères d'application du régime, mais garde à celui qui tenterait de l'abolir!

D'ailleurs, la qualité des soins médicaux au Québec n'est certainement pas étrangère au fait que le nombre de Québécois âgés de 100 ans ou plus n'a sans doute jamais été aussi élevé. À la liste déjà longue, il faut ajouter aujourd'hui celui d'**Anna Bazinet-Généreux**, une Joliétaine née le 13 juin 1884. Fille de Louis, premier député de Joliette à l'Assemblée législative, et de Malvina Deblois, elle s'est mariée à 18 ans en septembre 1902 à Joseph Généreux, et elle a vécu toute sa vie à Joliette. Le couple, qui a célébré ses noces d'or en 1952, a eu 15 enfants, dont sept vivent encore.

La ville de Joliette n'a pas laissé la chose passer inaperçue, puisque samedi dernier, elle était l'hôte de l'administration municipale. LA PRESSE se joint aux Joliétains pour offrir ses meilleurs voeux à la centenaire du jour.

ACTIVITÉS

■ Le monde de l'automobile vu par LA PRESSE

Hôtel Régence Hyatt — Exposition de pages unes de LA PRESSE qui retracent les grands moments de l'automobilisme. Jusqu'au 17 juin.

LA PRESSE
100 ans d'actualités

LE PREFET DU PENITENCIER EST CONDAMNE A UN AN D'EMPRISONNEMENT

UN fait sans précédent dans nos annales judiciaires s'est produit ce matin **(14 juin 1920)** en la chambre 4 du palais de justice. Assigné à comparaître devant la Cour supérieure, le préfet du pénitencier de Saint-Vincent-de-Paul, Georges-S. Malépart, ayant fait défaut d'obéir à une condamnation royale, a été condamné à un an d'emprisonnement pour mépris de cour par l'honorable juge Duclos.

Une règle nisi a été émanée contre lui et à moins qu'il ne démontre dans les huit jours fait et cause l'excusant de ne pas avoir obéi à l'autorité supérieure, il sera dûment conduit à la prison de Bordeaux pour y purger sa sentence.

Comme nous l'écrivions la semaine dernière l'affaire Labrie est destinée à faire époque dans l'histoire de notre droit. C'est le principe fondamental de la liberté individuelle qui est en jeu

G.S. Malépart, préfet du pénitencier.

dans cette affaire. Me C.-C. Cabana, l'avocat des Labrie, fit émaner samedi dernier deux brefs d'habeas corpus, enjoignant à Georges-S. Malépart, de produire devant la Cour supérieure les deux corps des frères Labrie pour là *(sic)* et alors y faire voir la cause de leur détention et de la justifier à la satisfaction de cette honorable Cour. Les deux brefs était rapportables ce matin en la chambre 4 du palais de justice.

A l'heure ordinaire, l'intimé dûment appelé au milieu du silence général, ne répondit pas à l'appel de son nom. D'une voix brève et énergique, l'honorable juge Duclos fit alors inscrire au verso de chacune des requêtes le jugement suivant qu'il dicta au greffier.

L'intimé appelé fait défaut et ne montrant pas cause pour que le requérant soit détenu, le bref d'habeas corpus est maintenu et le requérant est par les présentes libéré de prison. (...)

Entre temps Me J. Walsh déposait en Cour de pratique présidée par l'honorable juge Coderre, une déclaration ainsi libellée:

L'hon. juge Duclos.

«En vertu du bref d'habeas corpus à moi signifié, je soussigné, G.-S. Malépart, préfet du pénitencier de Saint-Vincent de Paul, comté de Laval, ai l'honneur de faire rapport à l'honorable juge de la Cour supérieure du district de Montréal, que Joseph Labrie, est détenu dans le pénitencier, à Saint-Vincent de Paul, en vertu du mandat ci-annexé et de plus, que le dit Joseph Labrie a été conduit dans le dit pénitencier en vertu du présent mandat d'emprisonnement et je déclare qu'il m'est impossible de produire la personne du dit Joseph Labrie par ordre du ministre de la Justice me disant qu'un juge de la Cour supérieure n'avait aucune juridiction de s'enquérir sur la validité de la conviction ou sentence sur habeas corpus.»

Une déclaration identique était aussi déposée pour Emile Labrie.

C'EST ARRIVÉ UN 14 JUIN

1982 — Les combats prennent fin dans la guerre des Falklands alors que les Argentins se rendent aux Britanniques.

1977 — Le député Jacques Lavoie, de la circonscription montréalaise de Hochelaga, passe du camp des conservateurs à celui des libéraux.

1973 — Les États-Unis décrètent un gel des prix pour tenter de ralentir l'inflation.

1971 — Début de la conférence fédérale-provinciale sur la constitution, à Victoria. — Michel Viger est condamné à huit ans de prison pour avoir aidé les felquistes Jacques Rose, Paul Rose et Francis Simard, à se cacher.

1966 — Fin d'une grève qui a paralysé les ports de Montréal, Québec et Trois-Rivières pendant 39 jours.

1961 — Démission de James E. Coyne, gouverneur général de la Banque du Canada, à la suite d'une vive controverse qui l'opposait depuis deux jours au cabinet fédéral, au sujet des politiques fiscale et monétaire pratiquées par la banque.

1950 — Un avion d'Air France s'écrase à Bahreïn, dans le Golfe persique, avec 52 passagers à bord. C'est le deuxième accident du genre en autant de jours à cet endroit.

1945 — Arrestation par les alliés, à Hambourg, de Joachim von Ribbentrop, dernier chef nazi vivant et toujours en liberté.

1940 — Les Espagnols occupent la zone internationale, à Tanger, et demandent aux Anglais de leur céder Gibraltar.

1934 — La ville de Paris est terrorisée par la découverte de bombes dans des colis postaux.

1907 — Coup d'État en Russie : le premier ministre Stolypine exige l'expulsion de la Douma (le Parlement tsariste) de tous les députés démocrates socialistes.

1886 — Une grave conflagration détruit tout un quartier de Vancouver.

L'Allemagne arrête tous ses paiements à l'étranger

BERLIN, 14 (Presse Associée) — Le gouvernement allemand a déclaré aujourd'hui **(14 juin 1934)** un moratoire sur le paiement des emprunts Young et Dawes, supplémentant un moratoire précédemment déclaré par la Reischbank sur toutes les obligations étrangères à long et moyen terme pour la période allant du 1er juillet au 31 décembre.

Le ministère des finances a avisé la Banque des règlements internationaux sur l'Allemagne qu'il manquait de changes étrangers pour le service des emprunts Young et Dawes «jusqu'à nouvel ordre». (...)

Berlin, 14 (P.A.) — La Reischbank a déclaré aujourd'hui un moratoire de six mois sur ses obligations étrangères y compris celle des emprunts Young et Dawes.

Il n'y aura pas de transfert d'espèces du 1er juillet 1934 au 31 décembre 1934.

ACTIVITÉS

■ **Le monde de l'automobile vu par LA PRESSE**
Hôtel Régence Hyatt — Exposition de pages unes de LA PRESSE qui retracent les grands moments de l'automobilisme. Jusqu'au 17 juin.

Ce moratoire porte sur tous les prêts étrangers à long et moyen terme. De ce chef l'Allemagne économisera environ 800 millions de marks ($120,000,000) en change étranger pour le deuxième semestre de 1934.

Depuis des semaines, les milieux bancaires internationaux suivaient de près la situation financière allemande. La couverture en or et en devises étrangères de la Reischbank était tombé en bas de 3.7 pour cent (les sorties d'or furent attribuées au paiement des importations allemandes).

Le 11 juin, Léon Fraser, président de la Banque des règlements internationaux, était autorisé par les directeurs à protéger les intérêts de la banque et de certains détenteurs d'obligations Young et Dawes si l'Allemagne suspendait le paiement de ses obligations.

Des arrangements suspendus

Le même jour, l'Allemagne suspendait pour 14 jours ses arrangements de fonds de virement avec les principales banques étrangères, c'est-à-dire que les Allemands ne pouvaient faire des paiements sur leurs comptes commerciaux à l'étranger durant cette période. Les autorités allemandes dirent alors que cette action avait été décidée pour démontrer au monde la nécessité pour l'Allemagne d'accroître ses exportations. Les banques étrangères affectées furent accusées d'avoir abusé des arrangements de virements en faisant des offres extraordinaires de marks. Les pays désignés dans l'ordre de suspension étaient la Suède, la Norvège, la Finlande, la Belgique, l'Espagne, la France, le Portugal, l'Italie, la Suisse et la Hollande.

L'attentat de la rue Ontario est (12)

LA DEFENSE OFFRIRAIT UNE PREUVE A CE PROCES

LA Couronne a commencé cet avant-midi **(14 juin 1924)**, la quatrième partie de sa preuve: l'identification de 10 billets saisis dans la cache de la rue Coursol et sur la personne des accusés Nieri, Mary Serafini et la fille Lebeau. Cette identification se fait par des commis de la Banque d'Hochelaga.

Sur une motion de Me Alban Germain, au nom de la défense, l'hon. juge Wilson, président des Assises, a consenti à ce que la Cour ne siège pas cet après-midi, afin de permettre aux avocats de la défense de voir leurs clients et de préparer leur cause. On s'attend, cette fois, à ce que la défense fasse une preuve et mette quelques accusés dans la boîte, notamment Louis Morel, Leo Davis et Mike Valentino. Si ces accusés sont appelés comme témoins, ils feront sans aucun doute des dépositions sensationnelles.

Le shérif a pris des dispositions ce matin, pour le délassement des jurés, qui feront, aujourd'hui et demain *(un dimanche)*, des excursions en autobus et mangeront dans de hôtels environnants.

La séance s'ouvre à 10 heures 8, cet avant-midi. Avant que le jury ne soit introduit en Cour, Me Germain soumet devant la Cour une motion pour ne pas siéger cet après-midi. «Je crois, dit-il, que nous avons été assez rapidement, tant du côté de la Couronne que de la défense, depuis le commencement de cette cause. La défense a besoin de temps pour préparer sa cause. D'ailleurs, il nous faut du temps pour voir nos clients, et si nous ne pouvons profiter de la fin de semaine, je ne sais si nous ne devrons pas demander un peu de temps des procédures de la semaine pour les voir. Je me crois donc justifiable, au nom de la défense, de demander qu'il n'y ait pas de séance cet après-midi.»

Me Calder: — Je suis prêt à siéger ou à ne pas siéger. Je ne puis pas dire que je ne suis pas parfaitement indifférent, car si j'écoute le vieil homme, je suis plutôt disposé à ne pas siéger.

Le juge: — Vous savez bien qu'à notre âge, M. Calder, c'est encore le vieil homme qui est le plus sage. En plus des raisons de premier ordre qu'a apportées M. Germain, j'en ajouterai une autre, aussi de premier ordre: celle de notre santé que nous avons tous avantage à conserver. C'est aujourd'hui le 27ième jour de séance pendant ce terme...

Me Calder: — A qui le dites-vous. Mes clients se sont tous enfuis dans d'autres bureaux.

Le juge: — Votre demande est accordée M. Germain. Je constate avec plaisir qu'on a marché rapidement et que la meilleure entente n'a cessé de régner entre les procureurs. J'espère que cela continuera. (...)

Une fois cette décision prise, les délibérations se bornèrent à faire parader plusieurs témoins de la banque qui vinrent affirmer, chacun à sa façon, et par une foule de signes reconnaissables, que les billets découverts lors du raid de la rue Coursol provenaient bien de l'attentat de la rue Ontario est.

Une vue du centre commercial de Montréal prise à midi *(le 14 juin 1929)* à bord d'un avion de la Cie aérienne franco-canadienne alors qu'une escadrille d'avions a survolé la ville pour commémorer l'insurpassable exploit des pilotes anglais Alcock et Brown qui ont été les premiers à traverser l'Atlantique par voie des airs. On remarquera la place d'Armes face à l'église Notre-Dame. (Cliché Cie aérienne franco-canadienne).

BAER, LE NOUVEAU CHAMPION MONDIAL DES POIDS LOURDS

Envoyé 11 fois au plancher, le colosse italien ne savait plus où il était lorsque l'arbitre Donovan mit fin au combat.

NEW YORK, 15 — D'une mêlée sauvage qui a fourni à une foule de 52,000 spectateurs le plus sensationnel combat entre poids lourds qu'on ait vu depuis 11 ans a surgi un nouveau champion mondial, hier soir **(14 juin 1934)**, Max Adelbert Baer, sorte d'homme-loup à la tête frisée dont les traits se crispent de rage dans l'ardeur du combat, dont les gestes et l'allure rappellent ses talents d'acteur de théâtre, et qui frappe de la droite avec une force terrible, est le nouveau titulaire.

Affichant un dédain absolu pour tout ce que put faire contre lui son colossal rival, Baer, avec des gestes de théâtre entre les élans où ses poings partaient comme la foudre dans la direction de Primo Carnera, a tellement cogné à coups redoublés sur la puissante charpente de l'Italien que celui-ci épuisé, tombant, se relevant, titubant, ne pouvant plus se tenir sur ses jambes a fini par être déclaré battu sur k.o. technique à la onzième ronde pendant que 52,000 spectateurs debout dans l'immense assiette du Madison Square Garden s'égosillait à hurler leurs félicitations et compliments au nouveau champion.

La joie de l'Amérique voyant revenir en son pays le championnat mondial des poids lourds se manifestait dans un délire qu'on crut ne devoir jamais finir.

Carnera fut envoyé pas moins de 11 fois au plancher avant que l'arbitre Arthur Donovan eut pris sur lui de mettre fin au massacre en arrêtant le combat 44 secondes avant la fin de la 11e ronde. Ce geste couronnait champion un jeune Californien de 25 ans dont les coups de la droite venaient de démolir littéralement un adversaire pesant 263 livres et réputé invincible jusqu'à hier par les experts, à cause de sa taille, de son poids et de son endurance. (...)

Me F. Drouin président général des élections

QUÉBEC (DNC) — Me François Drouin, de Québec, a été nommé lors de la dernière réunion du cabinet provincial, président général des élections.

Me Drouin sera chargé de l'exécution de la nouvelle loi, dont il a été l'un des auteurs, avec Mes Emery Beaulieu et Edouard Asselin. Il entre en fonctions immédiatement.

Cela se passait le 14 juin 1945.

LES ALLEMANDS À PARIS

LONDRES (P.C.) — L'armée française a évacué Paris aujourd'hui **(14 juin 1940)** pour sauver la capitale de la destruction; les Allemands y sont entrés comme en 1871. Alors les habitants de Paris avaient connu les horreurs d'un siège de 3 mois et demi, la faim, le bombardement. Mais si la capitale a été moins éprouvée cette fois, son occupation par les Allemands pour la 4e fois en 140 ans reste un rude coup; le Français qui l'a annoncée aux journalistes à Tours en avait les larmes aux yeux. L'armée française, qui reçoit quelques renforts anglais, continue de lutter contre des forces au moins deux fois plus nombreuses. Le général Weygand reconstitue son front au sud de Paris.

Paris est tombé 9 jours après le commencement de l'offensive allemande, 35 jours après l'invasion de la Hollande et de la Belgique. La capitulation de Léopold III, le 28 mai, suivie de la retraite de Dunkerque, désorganisa la défense alliée.

L'occupation par l'armée espagnole de la zone internationale de Tanger est inquiétante, en dépit des assurances, données à Madrid, qu'il ne s'agit que de conserver la neutralité. Tanger se trouve devant Gibraltar.

LONDRES, 14 (P.C.) — Une dépêche de l'agence Reuters mande de Paris, aujourd'hui, que les Français ont fait sauter leurs grosses usines de munitions, dans les faubourgs de la capitale, avant l'arrivée des nazis.

La ville est presque déserte. Il ne s'y promène silencieusement que des gendarmes et des gardes, sans armes. Le peu de population qui n'a pas voulu fuir se tient triste et coi dans les maisons ou dans les boutiques aux volets clos.

Ponts et édifices ont été laissés intacts.

De source militaire autorisée, on laisse entendre que Paris pourrait bien cesser d'être «ville ouverte» s'il faut que les nazis «y massent des troupes». Il faut supposer que les Français euxmêmes pourraient bien attaquer la ville pour la reprendre, si l'occasion s'en présente.

BERLIN, 14 (B.U.P.) — Pour célébrer l'entrée des Allemands dans Paris, Hitler a ordonné d'arborer des drapeaux à travers toute l'Allemagne, pendant trois jours. Il a fait sonner toutes les cloches des églises pendant un quart d'heure, à partir de 1 h. 30 de l'après-midi. (...)

Le gouvernement Peron de la République argentine provoquait une crise dans son pays, le *14 juin 1955*, en «déposant» Mgr Manuel Tate, évêque auxiliaire de Buenos Aires, et Ramon Novoa, grand vicaire de l'archidiosèse. Ces mesures avaient été prises en guise de représailles contre les catholiques qui, lors d'une démonstration trois jours plus tôt, auraient brûlé le drapeau national et badigeonné de goudron des plaques de bronze honorant la défunte Eva Peron. La photo de droite montre le portail de la cathédrale, et celle de gauche, des péronistes tentant de hisser un drapeau devant la grille du palais du primat argentin.

LA PRESSE

100 ans d'actualités

Un incendie fait 45 morts à l'hospice Ste-Cunégonde

A quelques minutes d'intervalle, un peu avant 2 h. cet après-midi **(15 juin 1951)**, six corps calcinés et méconnaissables étaient trouvés par les pompiers, au 4e étage de l'asile Ste-Cunégonde, que les flammes **ravageaient déjà depuis plus de deux heures.**

Quelques minutes plus tard, la partie centrale du toit de la bâtisse s'effondrait dans un assourdissant vacarme et laissait ainsi pompiers, policiers, secouristes et autorités de l'institution dans la plus complète perplexité quant au nombre de victimes qu'aura fait cet incendie, qui s'avère déjà comme le plus attristant désastre des dernières années, dans la métropole.

Les tonnes de débris qui se sont écroulés sur les divers paliers de l'édifice, en effet, retarderont de plusieurs heures, si ce n'est de plusieurs jours dans certains cas, les fouilles qui fournissent déjà un si tragique bilan, quelques minutes seulement après avoir été commencées.

Pendant ce temps, dans la foule de milliers de curieux massés dans les rues voisines de l'intersection Albert-Atwater, les rumeurs les plus fantastiques prenaient naissance, mais aucun personnage officiel ne voulait se prononcer. Les uns disaient qu'il pouvait y avoir vingt morts, peut-être quarante. A un moment donné, on répéta que si les deux cents enfants qu'abritait l'hospice étaient apparemment tous en lieu sûr, au moins quatre-vingt des vieilles et des vieillards qui se trouvaient aux étages supérieurs n'avaient pu être évacués avant que le feu ne se propageât avec une fulgurante rapidité.

Les religieuses de l'institution, qui, selon tous les résidents du **voisinage, ont toutes risqué leur** vie pour emmener à l'extérieur des dizaines d'enfants pris de panique et nombre de vieillards à demi-impotents, ne voulaient pas se prononcer, elles non plus.

L'une d'elles, à laquelle les représentants de la «Presse» demandaient le nombre possible de morts, répondit simplement.

«Dans la dernière salle où j'ai vainement tenté de pénétrer, au cinquième, il y avait plus de quarante vieilles dames. Nous en avions sauvé plusieurs, plusieurs... » Et sans plus dire, les yeux mouillés, elle se retourna vers les vieux murs de pierre de l'hospice, d'où une fumée noire, absolument opaque, semblait sortir de toutes les issues possibles.

A cause de leur petit nombre, elles n'étaient que 26 pour diriger l'asile, les religieuses elles-mêmes pouvaient plus facilement se dénombrer, même si tout le quartier avoisinant s'était vite transformé en une véritable «mer de monde» où il était particulièrement difficile de se retrouver.

D'autre part, nombre de parents accourus des quatre coins de la métropole, dès que la nouvelle du sinistre se fut répandue, accroissaient la tension générale notée sur les lieux, en interrogeant avec anxiété aussi bien le premier venu que les religieuses ou les pompiers harassés qui luttaient contre les flammes.

Ces scènes désolantes d'un jeune couple cherchant un bambin introuvable ou d'une vieille dame tentant de retracer une soeur malade dans les maisons qui avaient donné l'hospitalité aux premiers évacués, n'avaient toutefois rien de comparable à celles qui s'étaient déroulées au tout début de l'incendie, alors que tout le quartier fut littéralement enveloppé dans un tourbillon de fumée, percé seulement par le cri strident de dizaines de sirènes. (...)

Si un peu avant 4 h. p.m., on **n'était pas encore du tout** fixé sur le nombre de victimes qu'a pu faire l'incendie de la rue Albert *(le bilan des victimes fut établi à 35, y compris la supérieure du couvent, Soeur Rita Gervais et cinq autres Soeurs grises)*, certains témoignages donnaient toutefois quelques indications qui ne manquent pas d'ajouter au tragique.

A l'un des reporters de la «Presse», accourus sur les lieux du sinistre, M. Jean-Paul Mitchell, 2036, rue Albert, a déclaré ce qui suit:

«Quelques minutes après que les premiers crépitements du feu eurent alerté les résidents du voisinage, j'ai vu, dans les fenêtres du quatrième étage, partie ouest, une douzaine de vieilles dames qui criaient et agitaient désespérément mouchoirs et serviettes. Sidéré par leur geste affolé, je les ai toutes vues, une à une, s'affaisser derrière les carreaux fermés, toutes asphyxiés, selon les apparences.» (...)

Le couloir du 5e étage de l'hospice Sainte-Cunégonde, après l'incendie.

Désastre à New York

NEW YORK, 15 — Ce matin **(15 juin 1904)**, les autorités policières de la ville étaient **informées qu'un bateau d'excursion était en feu sur la rivière de l'Est, au large de la 13ième rue.**

On dit que ce bateau est le «Général Slocum». Cinq ambulances ont été appelées et des détachements de la police du port ont été immédiatement envoyés sur le théâtre du désastre.

Des quais, on pouvait voir les passagers du navire se jeter dans la rivière.

Le «General Slocum» est parti, ce matin, avec une excursion de l'église St-Marc. En passant à Hell Gate, le bateau a pris feu. On rapporte que cent personnes ont péri.

Un message téléphonique reçu aux quartiers généraux de la police, annonce que toute la partie supérieure du bateau est en feu et que le premier pont s'est écroulé. Au moins cent personnes ont sauté par-dessus bord.

Le bateau était entouré de remorqueurs qui l'ont toué jusqu'au nord de l'île Brother, où il a été jeté sur le rivage.

En remontant la rivière, le «General Sclocum» fit entendre son sifflet d'alarme. Ce sont principalement des femmes et des enfants qui ont sauté pardessus bord, et tous ont péri. (...) On rapporte maintenant que cinq cents personnes ont péri dans l'incendie du «General Slocum». Le Rév. G.E. Ephase, pasteur de l'église St-Marc, est au nombre des victimes, avec tous les membres de sa famille. (...)

UN SENSATIONNEL EXPLOIT DU LANCEUR VANDER MEER

Johnny Vander Meer lance une deuxième partie sans hit et sans point en 4 jours

(Par la Presse Associée)

JOHNNY Vander Meer vient de faire une seconde incursion dans la galerie des immortels. Samedi dernier, il lançait une partie sans hit et sans point. Il fit hier **(15 juin 1938)** le même exploit pendant que les Reds battaient les Dodgers par 6-0 devant une foule de 38,748 spectateurs qui remplissaient le parc d'Ebbets Field pour assister à l'inauguration du baseball le soir dans la région de New York. C'est la deuxième partie sans hit et sans point de Vander Meer en quatre jours. Dans toute l'histoire seulement dix lanceurs ont réussi à lancer deux parties sans hit ni point dans toute leur carrière. C'est donc la première fois que l'on voit ainsi deux parties parfaites en une même saison. Johnny qui n'a que 23 ans débuta comme lanceur dans une ligue de canton près de chez lui à Midland Park, N.J. Il se trouve donc à avoir lancé deux parties consécutives sans coup sûr ni point. Huit coureurs se rendirent sur les buts, tous sur des buts sur balles. Les compagnons de Vander Meer jouaient parfaitement au champ.

Johnny joua d'ailleurs pour se sortir de toutes les impasses où il se trouva, même à la neuvième alors qu'avec un seul homme retiré, il remplit les sacs avec des buts sur balles à Babe Phelps, Cookie Lavagetto et Dolph Camilli, les plus fameux cogneurs des Dodgers. Dans cette impasse, il força un coureur à se rendre au marbre et ce coureur se fit retirer avant d'atteindre le home. Il fit frapper ensuite Léo Durocher au centre et un lancer deux et deux termina la joute.

Vander Meer a ainsi remporté sa 7e victoire de la saison contre deux défaites. Vander Meer a dit que quelque chose lui faisait pressentir qu'il allait lancer une seconde partie sans hit ni point hier. Son père et sa mère étaient présents à la partie. Le papa voyait sa première partie des majeures, hier.

«Mon bras me paraissait aussi bon à la fin qu'au début de la partie,» dit-il, après avoir accompli son exploit. (...)

BABILLARD

Papa, puis les autres...

Une lectrice de la rue Patricia, à Montréal, Mme **Marguerite Gadoury Martineau,** témoigne de l'importance qu'a toujours eu LA PRESSE dans sa vie dans une lettre bien gentille dont nous reproduisons un long passage :

LA PRESSE, pour moi, c'est un symbole. Mes parents, comme tout bon Québécois, y étaient abonnés à 2 cents par jour. Mais il fallait attendre que notre père la lise d'abord, et bien souvent notre tour ne venait que le lendemain car nous étions une douzaine à nous y intéresser. Quelqu'un voulait Tarzan, Margot travaille trop et Mutt and Jeff, un autre les mots croisés. Sans oublier, le samedi, le bel illustré de LA PRESSE, qui faisait paraître les photos de nouveaux mariés et de premiers communiants. La famille Gadoury était d'ailleurs bien représentée au journal, d'abord à cause de Louis Gadoury qui, dès le début du siècle, était «typographe compositeur», et un autre du nom de Joseph, à l'expédition. C'étaient des frères de mon père Émile.

J'y ai moi-même travaillé, dans les années 45 à 47, au service des annonces classées. Nous étions environ 20 jeunes filles sous la gérance d'une demoiselle Laurin. J'ai dû quitter, car je me mariais, et c'était contre les principes de la compagnie de garder une femme mariée à son emploi! Cela a bien changé, n'est-ce pas?

Si quelques-unes de mes compagnes de ces années-là me reconnaissent, il me ferait plaisir de communiquer avec elles.

Message aux collectionneurs

Les collectionneurs de cette page voudront bien prendre note que celle d'aujourd'hui est la 200e de la série entreprise le 21 octobre dernier.

ACTIVITÉS

■ **Le monde de l'automobile vu par LA PRESSE**

Hôtel Régence Hyatt — Exposition de pages unes de LA PRESSE qui retracent les grands moments de l'automobilisme. Jusqu'au 17 juin.

C'EST ARRIVÉ UN 15 JUIN

1982 — Reddition officielle de la garnison argentine aux îles Falklands.

1978 — L'affaire Lockheed fait une autre victime, le président Giovanni Leone, d'Italie, qui doit démissionner.

1977 — Le parti du centre de Mario Suarez reçoit 34 p. cent des suffrages exprimés lors des élections législatives espagnoles. — Le rapport Dagenais fait porter sur les faiblesses du directeur Daigneault l'immobilisme du Service de la police de la CUM.

1971 — Le ministère de la Justice des États-Unis interdit au *New York Times* la publication de documents secrets du Pentagone.

1969 — Élection de Georges Pompidou à la présidence de la République française.

1965 — Cérémonie de la première pelletée de terre sur le chantier du pavillon du Canada, en vue de l'Expo 67.

1960 — De violentes manifestations forcent le président Dwight D. Eisenhower à annuler la visite officielle qu'il devait effectuer au Japon.

1953 — Le sous-marin britannique *Andrew* devient le premier à franchir l'Atlantique en plongée.

1950 — Cinq hommes sont emmurés dans une mine d'Alberta à la suite d'une inondation. — Arrestation du chimiste américain A.D. Slack, sous une inculpation d'avoir fourni des renseignements à l'URSS.

1949 — Une conflagration cause de lourds dommages matériels à Vancouver.

1944 — Les Américains attaquent Yawata, le «Pittsburg du Japon».

1912 — Un terrible ouragan sème la mort et la ruine dans l'Ouest du Missouri.

1909 — Centième anniversaire de la naissance de François-Xavier Garneau, l'historien national du Canada.

La « flotte » de LA PRESSE

Il fut une époque, avant l'avènement du camion, où LA PRESSE était livrée par des voitures à cheval. Cette photo exceptionnelle, que nous a prêtée Mme *Fleurette Jolivet*, de Rosemont, montre la «flotte» de LA PRESSE au début du siècle. La voiture tirée par un cheval blanc (à la deuxième rangée) était la propriété de son oncle Jean Pitre.

UN DES PLUS GRANDS EXPLOITS ACCOMPLIS PAR L'HOMME

Le capt. John Alcock et le lieut. A.W. Brown, jeunes aviateurs anglais, accomplissent le merveilleux raid Amérique-Europe en seize heures et dix minutes.

LONDRES, 16 — En apprenant que le capitaine John Alcock avait réussi **(le 15 juin 1919)** à traverser l'Atlantique en aéroplane, le capitaine Sexton, chef de l'état-major naval des Etats-Unis à Londres, a dit: «C'est un très bel exploit et les marins seront fort heureux d'offrir leurs félicitations.» (...)

Une dépêche de Clifden au «Daily Mail» donne les renseignements suivants: «Quand le biplan Vickers-Vimy, dirigé par le capitaine John Alcock fut signalé au-dessus de la côte d'Irlande, un aéroplane partit de l'aérodrome d'Oranmore pour prêter secours. Cette machine descendit près du Vickers-Vimy, mais malheureusement elle se brisa, le sol étant trop mou.

Quand plusieurs personnes se portèrent au secours du capitaine John Alcock et de son compagnon, on s'aperçut que le lieutenant Brown souffrait de légères blessures au nez et à la bouche. Ces blessures ont été subies à la suite du choc subi par la machine, quand elle toucha le sol. (...)

VOYAGE DIFFICILE

Les deux aviateurs ont déclaré que leur voyage avait été très difficile. Le capitaine Alcock a dit que le soleil ne fut visible qu'une fois, alors que le biplan avait atteint une hauteur de 11,000 pieds. La machine a atteint jusqu'à une hauteur de 13,000, et parfois elle a volé très bas. Seulement trois observations astronomiques furent possibles pendant le voyage.

Le capitaine Alcock a dit qu'une fois pendant la nuit il ne savait pas si la machine était à l'envers ou non. A un certain moment, a-t-il ajouté, nous dûmes monter rapidement, car nous avions constaté que nous n'étions qu'à trente pieds de la surface des eaux.

Peu après le départ, la rupture de l'appareil produisant l'électricité pour la télégraphie sans fil empêcha les aviateurs de se tenir en communication avec la côte. Quand ce malheur se produisit, le lieut. Brown ne s'alarma pas. Il n'apprit cette nouvelle à Alcock qu'après la descente à Clifden. (...)

Le voyage s'est accompli sans accident. Il a fallu 16 heures et 12 minutes aux aviateurs pour se rendre de Terre-Neuve à Clifden, en Irlande, soit une distance de plus de 1,900 milles. Les aventuriers ont eu à lutter contre le brouillard. (...)

Il était 9 heures 40 (temps d'été anglais) quand le Vickers-Vimy atterrit. L'aéroplane frappa violemment le sol et son fuselage s'enfonça profondément dans le sable. Les occupants ne furent heureusement pas blessés. Des mécaniciens sont partis de Londres immédiatement afin de réparer la machine. (...)

LA PRESSE
100 ans d'actualités

La France demande un armistice

BERLIN, 17 (P.A.) — Le commandement allemand prend acte de la demande d'armistice du maréchal Pétain et annonce que le chancelier Hitler délibérera avec M. Mussolini des conditions à poser.

Madrid, 17 (P.A.) — L'Espagne mande que l'Allemagne l'a invitée à participer aux négociations avec la France.

New York, 17 (B.U.P.) — Voici le texte du message du maréchal Henri Pétain, tel que diffusé par la British Broadcasting Corporation et capté par la Columbia Broadcasting System:

«Français et Françaises:

A la requête du président de la République, j'ai pris la direction du gouvernement de la France. Je songeai à ceux qui combattaient, fidèles à nos traditions militaires, contre un ennemi fortement supérieur en nombre. Je pense aussi aux anciens combattants que je commandais durant la dernière guerre. Je me suis donné à la France pour améliorer sa situation en cette heure sombre. Je songe actuellement aux malheureux réfugiés, aux hommes, aux femmes sur les routes, chassés de leurs foyers par les infortunes de la guerre. Je leur exprime la sympathie, la compassion les plus sincères.

«C'est le coeur gros que je

Le maréchal Henri Pétain, chef du nouveau gouvernement.

vous dis aujourd'hui qu'il faut cesser le combat. Hier **(16 juin 1940)**, j'ai envoyé un message à l'ennemi pour lui demander s'il me rencontrerait comme entre soldats après la bataille, honorablement, pour chercher le moyen de mettre un terme aux hostilités. Que tous les Français se serrent autour du gouvernement que je préside durant ces tristes jours. Qu'ils fassent leur devoir (un mot non entendu — la précision est dans le texte et on veut probablement dire inaudible)... leur foi au destin de leur patrie.» (...)

Berlin, 17 (P.A.) — Radio-Berlin mande que le maréchal «a proclamé la capitulation de la France» et que le chancelier Hitler rencontrera prochainement M. Mussolini pour conférer de la situation. Un communiqué du commandement allemand dit:

Le communiqué allemand

«Le président du conseil des ministres de France (le maréchal Pétain) a annoncé dans une allocution à la radio, adressée à sa nation, que la France devait déposer les armes. Il a mentionné la démarche faite par lui pour informer le gouvernement du Reich de sa décision et pour apprendre les conditions auxquelles l'Allemagne serait disposée à accéder au désir de la France.

Le général Maxime Weygand, ministre de la Défense nationale et chef du grand état-major.

Le Führer rencontrera le président du Conseil d'Italie, M. Benito Mussolini, afin de débattre la position des deux Etats». (...)

Bordeaux, 17 (P.A.) A 8 h. 30 ce matin, le monde apprenait du maréchal Pétain, qui succédait hier soir à M. Paul Reynaud à la présidence du conseil des ministres de France, que celle-ci avait demandé un armistice à l'adversaire. On mande de Berlin que les dirigeants du nazisme ne sont pas disposés à traiter, et entendent exploiter leur victoire. (...)

Hier, M. Paul Renaud, qui préconisait la résistance à l'envahisseur jusqu'au complet épuisement de toutes les ressources de la métropole et des colonies, a démissionné. Il avait préparé la France à la lutte de son mieux, en restaurant les finances, en rétablissant l'harmonie entre les classes, et en réprimant les éléments défaitistes. Le ministère qui remplace le sien conserve au ministère des Affaires étrangères, M. Paul Baudoin, jeune banquier. Il compte 4 généraux, 1 amiral. Le général Weygand est ministre de la Défense, le général Colson, ministre de la Guerre et l'amiral François Darlan, ministre de la Marine. (...)

Sur la scène de l'ACTUALITÉ

Le Dr G.-Edmond CAZA, maire de Valleyfield, qui a été élu président de l'Amicale des anciens élèves du collège Bourget de Rigaud. Cette vignette a été publiée le *16 juin 1953*.

Un V-1 (il n'était pas encore connu sous ce nom à l'époque) en vol, sous le feu ennemi.

Avion sans pilote ou bombe à fusée

LONDRES, 16 (B.U.P.) — Un flot fantastique de bombardiers sans pilote a déversé des bombes incendiaires et explosives sur le sud de l'Angleterre durant toute la nuit dernière et dans la matinée (*NDLR — il s'agit de la matinée du **16 juin 1944**; mais la première fusée V-1 — car il s'agit bien ici des V-1 — était tombée sur Londres le 13, quoique la première vague digne de mention ait déferlé sur Londres le 16*) et Radio-Berlin a déclaré que cette flotte-robot s'est attaquée à Londres même pour commencer à se venger des attaques alliées sur l'Allemagne. Adolf Hitler a finalement lancé son arme secrète tant vantée à l'assaut de la Grande-Bretagne et de l'arsenal géant constitué sur l'île. Les autorités britanniques ne tentent pas de cacher la gravité de la situation.

Tout le sud de l'Angleterre a été tenu en état d'alerte et le ministre de l'intérieur, M.Herbert Morrison, a confirmé l'existence des raiders robot et promis à la députation que des contre-mesures seront prises sans délai. (...)

Des étoiles filantes

Surgissant dans le ciel comme des comètes en feu, ces mystérieux projectiles sont descendus sur des vingtaines de régions et se sont subitement transformés en de gigantesques boules de feu.

Les récits qui ont été transmis aux autorités varient sensiblement. Tous s'entendent toutefois pour dire qu'il s'agit de bombes-fusées ou d'avions radiodirigés remplis de charges explosives qui sautent quelques secondes après avoir touché le sol. (...)

Quatre faits établis

Les rapports transmis à date s'entendent sur quatre points définis:

1 - Les projectiles voyagent à une vitesse énorme.

2 - Tous sont munis de phares brillants qui s'éteignent dès que l'explosion doit se produire.

3 - Tous laissent par devers eux une suite de feux et d'étincelles, provenant apparemment de l'expulsion de gaz.

4 - Ils suivent généralement une route remarquablement droite.

Un chat à patte de bois

WOODFORD, 16 — Il y a actuellement en cette ville un chat qui a une patte de bois et qui fait, dit-on, l'orgueil de son propriétaire, un nommé Pat McGrath.

Le pauvre chat est né avec trois pattes seulement; mais au lieu de le noyer, comme tant d'autres auraient fait à sa place, M. McGrath a élevé au contraire son chat avec toutes sortes de soins et lorsqu'il a été assez grand pour le séparer de sa mère, il lui a fabriqué une patte en bois très dur et en même temps très légère. McGrath a ensuite adroitement ajusté la patte à l'endroit où elle manquait.

Peu à peu la patte artificielle s'est soudée à la chair et aujourd'hui le pauvre chat ne estropié, marche, court et saute avec sa patte de bois avec la même aisance que si elle était naturelle. Mais le plus joli de l'histoire c'est que ce chat extraordinaire ne fait pas la guerre aux rats et aux souris avec ses griffes, comme les autres. Il saute sur eux et les assomme ensuite, avec sa patte de bois, dont il se sert comme d'un bâton.

Cela se passait le 16 juin 1890.

Le réseau du tramway est «municipalisé» aujourd'hui

par ANDRE SAINT-PIERRE

LA municipalisation du tramway est chose faite!

La deuxième annonce destinée à commmuniquer au public la nouvelle de l'achat d'un nombre suffisant d'actions de la Compagnie des tramways par la Commission de transport de Montréal est publiée aujourd'hui même dans notre journal. Et selon la loi, «la Commission devient propriétaire de tout l'actif de la Compagnie, à compter du jour de la publication du deuxième et dernier avis.» ...

Ce «jour», c'est aujourd'hui, le **16 juin 1951**. Impossible de savoir si l'heure exacte de la prise de possession «légale» de l'actif concerné s'est situé à minuit la nuit dernière, ou se présentera la nuit prochaine, car les autorités intéressées n'ont apparemment aucune opinion formée à ce sujet. Mais le fait n'a aucune importance pratique, car aucun document officiel touchant le réseau ne doit être signé avant lundi.

Lundi, des chèques et autres documents seront signés par la «Commission de transport», qui sera installée dans nos nouveaux bureaux du No 159 ouest, rue Craig, le même jour, dans la matinée.

Entre temps, tous les employés sont à leur poste respectif et s'acquittent de leur devoir respectif. On comprend d'ailleurs que seul M. R.N. Watt, président de la Compagnie des tramways, et seul directeur «à plein temps» de cette entreprise aujourd'hui disparue, possédait rue Craig un bureau qu'il se prépare à quitter. Lundi, M. Arthur Duperron, président de la commission, occupera le bureau de M. Watt, et on trouvera de nouveaux quartiers pour loger les autres membres de la commission, MM. Richard F. Quinn et Léonard Léger, Me C.-A. Sylvestre, et le secrétaire, Me Yvon Clermont. (...)

C'EST ARRIVÉ UN 16 JUIN

1983 — À sa deuxième visite dans son pays d'origine, le pape Jean-Paul II dénonce le régime oppressif préconisé par la Pologne.

1978 — Le souverain d'Espagne, le roi Juan Carlos, arrive à Pékin pour des pourparlers avec les leaders chinois. C'est le premier monarque européen à visiter la Chine depuis l'avènement du communisme en 1949.

1977 — Décès de Wernher von Braun à l'âge de 65 ans, inventeur de la fusée allemande V-2 au cours de la Deuxième Guerre mondiale, puis l'un des dirigeants du programme spatial américain. — Le gouvernement du Québec crée l'enquête Keable sur la perquisition illégale de l'APLQ en 1972. — Nomination de Leonid Brejnev comme chef de l'État soviétique. Il occupe également les fonctions de secrétaire général du Parti communiste, le poste le plus important en URSS.

1975 — Bataille dans la câblodiffusion dans les régions de Mont-Joli et de Rimouski, entre les gouvernements fédéral et québécois.

1972 — Inauguration de l'usine hydroélectrique de Churchill Falls par les premiers ministres Pierre Elliott Trudeau, Frank Moores et Robert Bourassa. — Effondrement d'un tunnel ferroviaire à Vierzy (France). Deux trains se télescopent : on dénombre 108 morts.

1968 — La Sorbonne est évacuée après 35 jours d'occupation par les étudiants.

1953 — Les ouvriers est-allemands se soulèvent contre les autorités communistes, à Berlin-Est.

1947 — La grève de 80 000 marins américains se traduit par le chômage forcé de 200 000 autres travailleurs.

1943 — Le légendaire Babe Ruth est honoré au Stade des Yankees.

1941 — Le gouvernement américain demande que tous les consulats allemands sur son territoire soient fermés pour le 10 juillet.

1913 — Un terrible ouragan s'abat sur la province et détruit tout sur son passage dans la région de Trois-Rivières.

1902 — Deux trains relient New York et Chicago à la vitesse moyenne de 95 milles à l'heure, qualifiée de vertigineuse.

*La Soviétique Valentina Tereshkova devenait, le **16 juin 1963**, la première femme cosmonaute de l'histoire, lorsqu'elle fut placée sur orbite à bord du vaisseau Vostok VI. Au surplus, son vaisseau spatial était le deuxième vaisseau soviétique à voyager dans l'espace puique Mlle Tereshkova était allée rejoindre Valery Fedorovitch Bykovsky, qui s'y trouvait déjà à bord du Vostok V.*

Radio-Canada émettra en couleurs de ses studios de l'Expo en 1967

par Jacques Pigeon

OTTAWA — La décision est prise, Radio-Canada émettra, de ses futurs locaux à l'Expo 67, des émissions de télévision en couleurs.

Le gouvernement vient d'autoriser **(le 16 juin 1965)** la Société à convertir tous les émetteurs de son réseau afin que les téléspectateurs canadiens puissent voir en couleurs les émissions originant des studios situés sur la jetée Mackay.

Pour le moment, la Société n'envisage pas la construction immédiate d'autres studios pouvant transmettre des programmes de télévision en couleurs. Il est cependant permis d'espérer que les deux grands centres de télévision, Montréal et Toronto, pourront présenter des émissions en couleurs au cours de l'année qui suivra la tenue de l'Expo.

Donc, en 1967, les seuls studios de télévision en couleurs seront ceux de l'Expo. La Société Radio-Canada devra dépenser quatre millions de dollars de plus qu'elle n'avait prévu pour son organisation à l'Expo. Quatre millions pour l'édifice, dix millions pour les installations.

La Société d'Etat évalue à $11,000,000 la conversion des postes du réseau. A noter que ces postes ne pourront que retransmettre les émissions de l'Expo. (...)

BABILLARD

L'Assemblée nationale du Québec célèbre demain le centième anniversaire de la pose de la pierre angulaire du nouvel édifice du Parlement provincial. Pour marquer l'événement d'une manière bien particulière, nous reproduisons ci-contre l'avers et l'envers de la prestigieuse médaille d'argent de l'Assemblée nationale que son président, M. Richard Guay, remettait à M. Michel Roy, éditeur adjoint de LA PRESSE, le 27 mars dernier, pour souligner les cent ans de LA PRESSE, le plus prestigieux quotidien français d'Amérique.

ACTIVITÉS

AUJOURD'HUI

■ **À la radio**

***17 h, Radio-Canada* — Chronique consacrée à LA PRESSE à l'émission *Avec le temps*, animée par Pierre Paquette.**

AUJOURD'HUI ET DEMAIN

■ **Le monde de l'automobile vu par LA PRESSE**

***Hôtel Régence Hyatt* — Exposition de pages unes de LA PRESSE qui retracent les grands moments de l'automobilisme. Dernier jour demain.**

LA PRESSE

100 ans d'actualités

Cette page consacrée à la fin des classes a été publiée le *18 juin 1904*.

LE «FRIENDSHIP» DESCEND AU PAYS DE GALLES

Le puissant hydravion descend dans l'estuaire de Burry, faute d'essence, et Mlle Amelia Earhart a l'honneur d'être la première femme à survoler l'Atlantique. — Une randonnée de 20 heures et 49 minutes.

LONDRES, 18 — Le premier survol de l'océan Atlantique par une femme est un fait accompli. L'hydravion «Friendship» portant Mlle Amelia Earhart, le pilote Wilmer Stultz et le mécanicien Louis Gordon, a opéré sa descente, selon une dépêche de l'Association de la presse *(on voulait sans doute parler de l'Associated Press)*, dans l'estuaire de Burry, au large de Burryport, Pays de Galles, à 12 heures 40 de l'après-midi (6 heures 40 du matin, temps normal de l'est), soit exactement 20 heures et 40 minutes après son ascension, à Trepassey, Terre-Neuve.

Vers 11 heures du matin, (...), le gros monoplan à trois moteurs et à pontons avait été signalé à 75 milles au sud-est de Cobh, en Irlande, par le steamer américain «America». (...)

Pendant que toute l'Angleterre et toute l'Irlande attendaient impatiemment, ce matin **(18 juin 1928)**, l'occasion d'accueillir avec enthousiasme les aviateurs du «Friendship», Mlle Amelia Earhart, la première femme à survoler l'Atlantique et ses deux compagnons descendaient, peu après-midi, dans l'estuaire de Burry. C'était une descente inattendue. Burryport est située à 130 milles approximativement de Southampton qui était l'objectif des oiseaux américains. Le capitaine George Fried, commandant de l'«America», avait signalé le «Friendship» à 75 milles au sud-est de Queenstown. (...)

AU-DESSUS DE L'«AMERICA»

Le bureau de la «Presse Associée», à Londres, a reçu de l'«America» le message suivant: «A 75 milles au sud-est de Queenstown (Cobh), l'hydravion «Friendship» Ux-4204 a survolé l'«America» et a essayé de lancer à bord du vaisseau, mais sans succès, deux notes. L'aéroplane a pris ensuite la direction du nord. (Signé Fried)».

Ux-2404 est le numéro du gouvernail du «Friendship». Le message de l'«America» n'indiquait pas l'heure du passage de l'aéroplane. (...)

Dublin, 18 — Un gros bateau automobile portant 400 gallons de gazoline est parti du port de Valencia à 10 heures du matin (...) pour aller à la rencontre du «Friendship». Il lui aurait donné de l'essence s'il l'avait rencontré et lui en avait demandé. (...)

Le monoplan «Friendship» est descendu de l'estuaire de Burry, sur la côte du Curmarthenshire, parce qu'il manquait d'essence. Les aviateurs semblaient bien

Amelia Earhart

portants lorsqu'ils ont été transportés sur la rive par un canot automobile. Ils ne paraissaient pas fatigués par leur raid de 2000 milles.

LE «COLUMBIA» ATTEND

Saint-Jean, Terre-Neuve, 18 — La rumeur dit que le projet de vol transatlantique de Mlle Mabel Boll sera abandonné en vue du succès de Mlle Amelia Earhart. Mais la confirmation de cette rumeur ne peut pas être obtenue. (...)

Le monoplan «Columbia» ne bougeait pas aujourd'hui, car les aviateurs n'avaient pas encore pris de décision définitive, alors que les dépêches annonçaient l'arrivée du «Friendship» dans le Pays de Galles.

Le capitaine Olivier LeBoutillier, pilote, et le capitaine Arthur Argles, assistant-pilote, ont appris la nouvelle avant Mlle Mabel Boll, semble-t-il.

Mlle Boll voulait être la première femme à survoler l'Atlantique. (...)

C'EST ARRIVÉ UN 18 JUIN

1979 — À Vienne, le président américain Jimmy Carter et son homologue soviétique, Leonid Brejnev, signent un traité sur la limitation des armes stratégiques (SALT II).

1974 — Georgi Joukov, commandant des armées soviétiques durant la 2e guerre mondiale, meurt à l'âge de 77 ans.

1972 — Un *Trident* de la British European Airways s'écrase près de Londres, faisant 118 morts.

1971 — Stafford Smythe et Harold Ballard sont arrêtés sous des accusations de vol aux dépens du Maple Leaf Gardens.

1962 — Les conservateurs de John Diefenbaker perdent leur majorité au Parlement, avec seulement 118 des 265 sièges, contre 97 pour les libéraux.

1960 — Le président Eisenhower promet à Chiang Kaï-chek de défendre Formose contre toute éventuelle agression des troupes de Mao. — Arnold Palmer gagne l'Omnium de golf des États-Unis.

1959 — La reine Elizabeth II et le prince Philip entreprennent un séjour de 45 jours au Canada. — Élection par une majorité écrasante d'Eamon de Valera à la présidence d'Eire, dont il était premier ministre.

1956 — Le premier ministre David Ben Gourion, d'Israël, nomme Golda Myerson (Meir) au ministère des Affaires étrangères.

1953 — Proclamation de la République en Égypte. Le lieutenant-colonel Gamal Abdel Nasser en devient le vice-président, après 148 ans de règne de la dynastie de Mohammed Ali.

1953 — Un *C-124 Globemaster* de l'Armée de l'air des États-Unis s'écrase à Kodaira, au Japon, faisant 129 victimes.

1941 —- Joe Louis défend avec succès sa couronne des poids lourds en battant Bill Conn.

1940 — Création d'un ministère de la Guerre au Canada, alors que le pays mobilise pour se défendre.

1917 — Lors du débat sur la conscription, sir Wilfrid Laurier réclame pour le peuple le droit de se prononcer par voie de référendum.

1888 — Élection de Sévérin Dumais dans Chicoutimi-Saguenay.

L'astronaute Sally Ride avait l'honneur, le *18 juin 1983*, de devenir la première Américaine à se rendre dans l'espace dans un vaisseau spatial, en l'occurence la navette *Challenger*, en compagnie de quatre collègues masculins, soit le commandant Robert Crippen, Frederick Hauck, John Fabian et Norman Thagard. Le hasard veut que certaines «premières» féminines, y compris celle de Sally Ride, aient lieu sensiblement à la même période de l'année. En effet, Sally Ride réussissait son exploit 55 ans, jour pour jour, après celui d'Amelia Earhart qui, en 1928, avait l'honneur d'être la première femme à traverser l'Atlantique en avion. Et Sally Ride rééditait avec 20 ans et deux jours de retard l'exploit de la cosmonaute soviétique Valentina Tereshkova, qui fut la première femme à se rendre dans l'espace à bord du vaisseau spatial *Vostok V*.

ACTIVITÉS

■ **LA PRESSE à Anjou**

Bibliothèque municipale d'Anjou — Dans le cadre de ses soirées d'animation, la bibliothèque rend hommage à LA PRESSE, en lui offrant l'occasion d'y exposer une collection de caricatures et de premières pages. Jusqu'au 6 juillet inclusivement.

■ **LA PRESSE à Baie Comeau**

Centre commercial de Baie Comeau — Voici une occasion rêvée pour les résidents de cette municipalité éloignée de Montréal et qui n'ont pas eu l'opportunité de se rendre dans la région de Montréal, d'apprécier les richesses des archives de LA PRESSE, et plus précisément les volets «100 ans de caricatures», «L'univers de la bande dessinée» et le spectaculaire «100 ans d'imprimerie». Jusqu'au 23 juin inclusivement.

Les fêtes organisées pour souligner le 60e anniversaire du collège Sainte-Marie se terminaient le *18 juin 1908* par une brillante réception dans les jardins du collège, en présence de 200 anciens. La musique d'atmosphère était jouée par l'orchestre Ratto. Mgr Bruchési et le recteur du collège, le R.P. Joseph Lalande, adressèrent la parole aux convives.

L'attentat de la rue Ontario est (13)

LES COMPLICES VOLAIENT LEURS AUTOS AU GARAGE DE ROBINSON MOTOR CO.

NIERI ayant complètement fini son témoignage, la Couronne a fait entendre de nouveaux témoins qui le corroborent, cet après-midi **(18 juin 1924)**. MM. Reid et Falcon, de la Robinson Motor Company, ont parlé des vols d'automobiles commis dans leur garage, confirmant les déclarations de Nieri à l'effet que c'est Davis qui les aurait volées. Les dates et les faits concordent parfaitement.

Quelques commis de la Banque d'Hochelaga ont ensuite été entendus, pour témoigner sur le vol d'une débenture de la compagnie des tramways, qui a été volée en même temps que les $142,000, autre fait que corrobore Nieri.

Un résumé

Le premier témoin entendu fut M. Reid, de la Robinson Motor Company. Ce dernier expliqua qu'une Cadillac immatriculée X-376 fut volée le 21 février, vers 5 heures, sur le terrain du garage, après qu'il l'eût fermée à clef et laissé les clefs dans son bureau. Parmi les cinq ou six visiteurs à son bureau, il avait noté Davis. En plus de verrouiller l'auto, Reid avait pris la peine d'enlever le bouchon du réservoir d'essence, ce qui, en temps normal, et à moins qu'on n'obture hermétiquement l'entrée du tuyau, aurait suffi pour empêcher le vol de la voiture. Mais visiblement, le voleur connaissait la technique.

Une semaine plus tard, il avait remarqué la voiture avec cinq hommes à bord, devant le poste de taxis Bramson, rue Guy, près de l'hôtel Corona. Un peu plus loin, quatre hommes en étaient descendus et s'étaient engouffrés dans un taxi. Reid avait alors tenté de suivre celui qui était resté dans la voiture, mais il le perdit de vue.

Quelque temps plus tard, à la demande de M. Falco, propriétaire du garage, Reid était allé voir Davis pour lui demander de rendre la voiture en lui disant qu'il était convaincu qu'elle était en sa possession. Davis répondit qu'il savait où elle était, mais qu'il faudrait prévoir deux jours avant de pouvoir la récupérer. Cinq ou six jours plus tard, la voiture était de retour au garage. La porte avait été défoncée pour y rentrer la voiture. Quant aux plaques d'immatriculation, elles avaient été enlevées brutalement, puis replacées à l'aide de cordes et de courroies. (...)

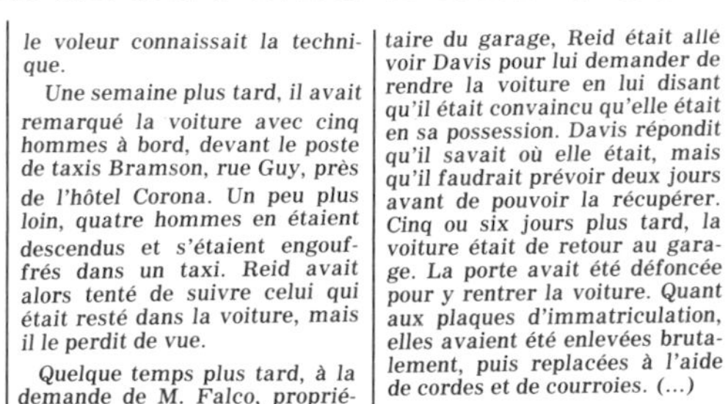

Ayant eu vent d'un complot ourdi afin de faire évader les six accusés dans l'attentat de la rue Ontario est, le shérif Lemieux avait décidé de prendre les grands moyens afin d'empêcher toute évasion, en faisant installer un grillage de fer autour de la boîte des accusés.

Le congrès marial prépare l'annonce de sa proclamation

par Alfred Ayotte
envoyé spécial de la «Presse»

OTTAWA, 19 — Le congrès marial d'Ottawa n'a-t-il pas pour but éloigné de préparer les voies à la proclamation prochaine du dogme de l'assomption glorieuse de la Vierge Marie, mère de Dieu?

Un bref message de l'allocution de bienvenue à son Em. le cardinal McGuigan, archevêque de Toronto et légat de Sa Sainteté le pape Pie XII, suscite des commentaires en ce sens dans la capitale fédérale, depuis la cérémonie d'hier après-midi **(18 juin 1947)** à la basilique de l'Immaculée-Conception.

Mgr l'archevêque d'Ottawa a, en effet, déclaré dans son discours sur le ton d'une pressante supplique:

«O Vierge sans tache, fille bien-aimée du Père, mère du Verbe, épouse de l'Esprit-Saint, l'évêque de Rome, l'infaillible gardien des renseignements de votre divin Fils, a formé le dessein de proposer solennellement à la foi du peuple chrétien le dogme de votre Assomption glorieuse. Daignez du haut du ciel inspirer la parole et soutenir la voix. Conservez et utilisez le pasteur des pasteurs, rendez-Le heureux sur la terre, et ne permettez pas qu'il soit livré à la fureur de ses ennemis.»

Dans les milieux ecclésiastiques de la capitale, on tient ce passage pour significatif. On en déduit que le Saint-Père a mis Mgr Vachon au courant de Ses projets et qu'il a d'autant plus volontiers approuvé l'organisation du congrès marial outaouais que celui-ci peut servir à préparer les esprits à l'acceptation du dogme de l'Assomption de Marie. (...)

Jocelyne Bourasssa remportait, *le 18 juin 1973*, la première édition du tournoi « La Canadienne » disputé sur les verts du Club de golf municipal de Montréal. Jocelyne l'avait emporté au troisième trou supplémentaire, aux dépens de Judy Rankin et Sandra Haynie.

LA PRESSE

100 ans d'actualités

LES ROSENBERG MEURENT SANS PARLER

Aucun incident à la prison de Sing-Sing. Julius Rosenberg a été exécuté le premier.

SING-SING, 20 (AFP) — Julius et Ethel Rosenberg, condamnés à mort pour espionnage atomique, ont été exécutés sur la chaise électrique hier soir **(19 juin 1953)**, à la prison de Sing-Sing.

Julius, monté le premier sur la chaise électrique, a reçu le premier choc à 8 h. 04 du soir, heure d'été de l'est, et a été prononcé mort à 8h. 06. Sa femme Ethel est montée sur la même chaise électrique à 8 h. 11 et les deux médecins présents l'ont déclarée morte à 8 h. 16.

Il a fallu pour électrocuter Julius trois décharges électriques successives, cinq pour Ethel.

Les deux condamnés sont montés sur la chaise électrique impassibles et n'ont pas prononcé une seule parole. Dans la pièce où s'est déroulée l'exécution, se trouvaient quatre bancs réservés généralement aux journalistes, dont le nombre pour cette exécution fédérale avait été fixé à trois.

(BUP) — Les Rosenberg ont été les premiers civils américains exécutés pour crimes d'espionnage. Ils ont été accusés d'avoir envoyé à la Russie un croquis de la bombe atomique.

«Un meurtre voulu et délibéré est réduit presque à l'insignifiance quand on le compare avec le crime que vous avez commis», a déclaré le juge Irving Kaufman en les condamnant à mort le 5 avril 1951.

«Il se peut que des millions de personnes souffrent du fait de votre trahison.» Au cours des dernières heures de la vie des Rosenberg, le président Eisenhower a été la principale cible de leurs partisans. Mais le président comprenait qu'il y avait bien plus en jeu que les vies de ces deux personnes ou les sentiments de leurs défenseurs. Voilà pourquoi il laissa subsister la sentence de mort.

«En augmentant de façon incommensurable les chances de guerre atomique, dit le président, les Rosenberg ont peut-être condamné à mort des dizaines de millions de personnes innocentes à travers le monde.» (...)

Les adieux

Les époux Rosenberg ont passé tout l'après-midi ensemble, de midi à 6 h. 20. Ils ont pu converser dans la prison des femmes à travers une grille. C'est à 6 h. 20 que les gardes les ont emmenés séparément dans leurs cellules pour les derniers préparatifs avant l'exécution.

A 6h. du soir, deux heures avant le moment de l'exécution, David Rosenberg est venu à Sing-Sing faire une dernière visite d'adieu à son frère Julius.

Peu de temps avant, le rabbin Irving Kislowe avait vu les deux condamnés.

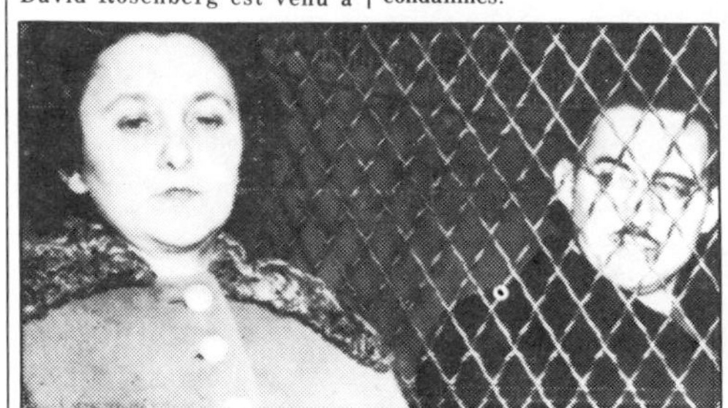

Les époux Ethel et Julius Rosenberg séparés par un grillage.

LA PRESSE consacrait une bonne partie de son édition du *19 juin 1897* aux célébrations en voie de préparation pour marquer le 60e anniversaire du couronnement de la reine Victoria. Outre une incroyable première page consacrée à la fabuleuse famille de la reine qui étendait ses tentacules dans la plupart des royautés d'Europe, et une page entière consacrée au programme des activités prévues pour marquer l'événement, ainsi qu'à l'illustration des chars allégoriques en voie de construction, LA PRESSE rappelait dans la page que nous vous proposons les grands moments du couronnement de la reine Victoria, en juin 1837.

BABILLARD

Le 50e anniversaire de la «Voix de l'Est»

Au cas où vous ne le sauriez pas déjà — et il est permis d'en douter! —, LA PRESSE, le plus prestigieux quotidien français d'Amérique, célèbre actuellement sa centième année de publication. Mais ce n'est pas le seul journal de la famille de Power Corporation à célébrer un événement de taille.

En effet, nos cousins de *La Voix de l'Est*, un des journaux de la chaîne Trans-Canada, célèbrent pour leur part leur 50e anniversaire d'existence. Les employés de LA PRESSE souhaitent à leurs confrères de Granby d'atteindre la centaine, tandis que LA PRESSE célébrera son 150e anniversaire!

Puisqu'il est question d'anniversaires, le Centre d'accueil Sainte-Elisabeth célèbre aujourd'hui le 101e anniversaire de naissance d'**Hectorine Sainte-Marie Ashby**. Mme Ashby est née le 19 juin 1883, à Longueuil. LA PRESSE lui offre ses meilleurs voeux de bonheur et de santé!

Une précision

Eh oui! Encore une fois, la date d'un événement a malencontreusement (et pour notre grand dam!) été oubliée. Pour ceux que la chose peut intéresser, c'est en **1952** que fut annoncée la nouvelle de la construction d'un collège militaire royal francophone, à Saint-Jean. Cette précision intéressera plus particulièrement les collectionneurs de cette page.

ACTIVITÉS

■ LA PRESSE et la médecine

***Musée Laurier d'Arthabaska* —** Exposition d'archives sous le thème «100 ans de médecine», jusqu'au début de septembre.

■ LA PRESSE à Anjou

***Bibliothèque municipale d'Anjou* —** Dans le cadre de ses soirées d'animation, la bibliothèque rend hommage à LA PRESSE, en l'invitant à y exposer une collection de caricatures et de premières pages. Jusqu'au 6 juillet inclusivement.

■ LA PRESSE à Baie Comeau

***Centre commercial de Baie Comeau* —** Voici une occasion rêvée pour les résidents de cette municipalité éloignée de Montréal et qui n'ont pu se rendre dans la région de Montréal, d'apprécier les richesses des archives de LA PRESSE, et plus précisément les volets «100 ans de caricatures», «L'univers de la bande dessinée» et le spectaculaire «100 ans d'imprimerie». Jusqu'au 23 juin inclusivement.

C'EST ARRIVÉ UN 19 JUIN

1983 — Au Chili, l'armée s'empare des mines de cuivre, frappées par une grève illimitée.

1972 — La Fédération internationale des pilotes de lignes déclenche une grève de 24 heures pour protester contre l'ineptie des gouvernements face au phénomène de la piraterie aérienne (on avait assisté à 42 détournements d'avions en moins de six mois).

1971 — Gabriel Loubier devient le chef de l'Union nationale.

1970 — Dans son rapport provisoire, la commission LeDain émet l'opinion que le cannabis est l'objet d'une loi trop répressive et punitive.

1969 — Trois bombes éclatent à Québec au cours du congrès de l'Union nationale.

1965 — Ben Bella est écarté du pouvoir en Algérie par le Conseil de la révolution, dirigé par le colonel Houari Boumedienne.

1950 — Un cargo bourré d'explosifs, l'*Indian Enterprise*, coule après une explosion, au sud du canal de Suez, et on ne compte qu'un seul rescapé parmi les 74 membres d'équipage.

1946 — Élection de Georges Bidault, chef du Mouvement républicain populaire, au poste de président de la France.

1944 — Bataille de la mer des Philippines; l'armée de l'air japonaise encaisse de lourdes pertes.

1941 — L'Allemagne et l'Italie ordonnent la fermeture de tous les consulats américains sur leur territoire.

1938 — Un pont affaibli par la crue des eaux s'écroule sous le passage d'un train dans le Montana. L'accident fait 60 morts.

1917 — Un feu cause des dommages de l'ordre de $500 000 aux installations de la Sorel Shipbuilding and Coal Company, à Sorel.

L'offre de l'Hydro est formellement rejetée

PAR une voie unanime, les actionnaires de Montreal Light, Heat & Power Consolidated, à une assemblée extraordinaire tenue en l'édifice de la Banque Royale **(le 19 juin 1946)**, ont rejeté l'offre de l'Hydro-Québec. L'assemblée était présidée par M. J.S. Norris.

Les scrutateurs ont annoncé que 72,386 actions étaient représentées par personnes et 2,454,316 par mandats, soit un total de 2,526,702 actions sur un total émis de 4,489,033.

M. Norris a déclaré que la compagnie évalue l'actif exproprié par l'Hydro-Québec à $80,000,000 de plus que le montant de l'offre. «Cet actif, a-t-il dit, ne comprend que l'actif d'exploitation servant à la génération et à la distribution du gaz et de l'électricité; il n'inclut pas les placements que possède encore la compagnie. Ces placements, dont font partie des obligations et des actions de Beauharnois Light, Heat & Power Company, et de Montreal Island Power Company, sont portés aux livres de la compagnie pour une somme d'environ $100,000,000.»

M. Norris a fait remarquer que l'offre sur laquelle l'assemblée avait à délibérer ne se rapportait qu'à l'actif de Montreal Light, Heat & Power Cons. et non pas à celui de Beauharnois Light, Heat & Power Co. et de Montreal Island Power Co. L'Hydro-Québec, a-t-il ajouté, a évalué l'actif d'exploitation de la compagnie à $49,885,000, plus une indemnité de 10%, ce qui forme un total de $54,873,500. De ce montant, l'Hydro-Québec déduit la dette obligataire de $84,081,000 et demande à la compagnie de lui remettre la différence, soit $29,207,500, avec intérêts à partir du 1er avril 1944.

Comme l'actif résiduel a une valeur comptable d'environ $100,000,000, les actionnaires seraient donc appelés à prélever sur cet actif jusqu'à concurrence de $19,207,500 plus les intérêts.

Dans le cas de Montreal Island Power Company, la différence entre l'évaluation de la compagnie et l'offre de l'Hydro-Québec est de $4,000,000 et dans celui de Beauharnois Light, Heat & Power Co., de $37,000,000. (...)

Québec accueille les «Diables bleus»

La ville de Québec accueillait en véritables triomphateurs, le *19 juin 1918*, les hardis chasseurs alpins, mieux connus sous le vocable de « Diables bleus », alors en visite dans la Vieille Capitale. Dans un des nombreux discours d'occasion, M. de Saint-Victor, agent consulaire de France à Québec, avait loué « les héros de la Marne et de Verdun qui, en arrêtant la ruée des barbares, ont assuré la victoire finale du droit, de la justice et de la liberté».

524 jours dans un trou

GELA, Sicile (Reuter) — Un producteur de cinéma italien a revu le ciel et les étoiles hier **(19 juin 1978)** après avoir battu un triste record, celui de la détention la plus longue et peut-être la plus éprouvante aux mains de ravisseurs prêts à tout. M. Nicolo de Nora, qui a été drogué, enchaîné à un lit et nourri de boîtes de conserves pendant 524 jours, soit près d'un an et demi, a été remis en liberté, après versement par sa famille d'une rançon de cinq milliards de lires (cinq millions et demi de dollars environ).

Originaire de Milan où quatre bandits armés, appartenant probablement à la Mafia, l'avaient enlevé le 11 janvier 1977, M. de Nora a été abandonné les yeux bandés sur un chemin muletier près du port de Gela. Il a marché en titubant pendant deux heures avant de trouver de l'aide.

«Je pensais que j'étais toujours dans le nord, en Toscane ou en Emilie. Je n'avais aucune idée que j'étais en Sicile», a déclaré le producteur à la police.

Très affaibli par ses épreuves, la barbe et les cheveux flottants autour de son visage, M. de Nora a raconté qu'il avait été drogué à plusieurs reprises durant sa captivité. «Quelques jours après mon enlèvement, a-t-il dit, j'ai été drogué une première fois et jeté dans une malle. Je me suis ensuite retrouvé dans un cul de basse fosse, une pièce noire et minuscule, seulement éclairée par une lanterne, où je suis resté confiné jusqu'à ma libération.»

Il n'était pas autorisé non plus à se laver, à se raser ou à couper ses cheveux et il était gardé la plupart du temps enchaîné au pied de son lit par un anneau de fer fixé à sa cheville.

Le gouvernement fédéral annonçait la nomination, le *19 juin 1903*, de Laurent Olivier David, greffier de la Ville de Montréal, au poste de sénateur. Avocat et historien, cofondateur de *Le Colonisateur*, *L'Opinion publique* et *Le Bien public*, ex-député libéral de Montréal-Est à l'Assemblée législative de Québec, et président de la société Saint-Jean-Baptiste de 1881 à 1888, il accédait au siège jusque là occupé par le sénateur Masson.

LA PRESSE
100 ans d'actualités

Le député Fred Rose dans le box des accusés.

ROSE CONDAMNÉ À SIX ANS DE PÉNITENCIER

Le juge souligne la gravité de son crime

FRED Rose, 39 ans, député ouvrier progressiste de Montréal-Cartier, à la Chambre des Communes, déclaré coupable samedi dernier de conspiration dans l'affaire d'espionnage russe au Canada, a été condamné ce matin **(20 juin 1946)** à six ans de pénitencier par l'hon. juge Wilfrid Lazure, qui avait présidé ce grand procès de nos annales judiciaires.

Dans ses remarques, l'hon. juge Lazure a décrit à l'accusé la gravité de son délit dans un pays qui avait rendu Rose heureux, libre et prospère.

«Vous avez sacrifié, souligna le juge, les intérêts et la sécurité du Canada pour donner votre loyauté à un pays étranger.»

Le président du tribunal ajouta que l'accusé n'aurait pas dû oublier qu'il était arrivé au Canada pauvre et misérable et qu'il avait atteint un rang élevé, celui de député à la Chambre des Communes.

«Vous savez, vous comprenez que ce n'est pas un devoir agréable pour le juge que de condamner un prévenu; mais, sans égard aux conséquences, c'est un devoir auquel je ne peux me soustraire, si pénible soit-il.

«Au cours de mes remarques aux jurés, j'ai dit la gravité, selon moi, de l'offense que vous avez commise. Si le complot exposé durant le procès n'avait pas été découvert à temps, ou, découvert, avait été toléré, il est facile d'imaginer les conséquences.

«J'ignore si vous avez réellement compris la gravité du caractère du crime que vous avez commis. Je crois que vous comprenez maintenant parfaitement bien l'importance et les conséquences de votre besogne. On vous a mentionné comme l'un des chefs de la bande. Connaissant le rôle que vous jouiez, ces complices ont dû vous attribuer un rang élevé, un poste de chef, celui d'agent recruteur. A tout événement le crime que vous avez commis est très grave. Par votre travail d'agent vous avez fait tomber la responsabilité sur Lunan.

Le juge rappelle à l'accusé son arrivée au pays.

«Vous n'aviez pas de raison, encore moins de droit, pour faire ce que vous avez fait. Vous êtes né à l'étranger, amené ici, m'a-t-on dit, pauvre et misérable (et je ne dis pas ces choses pour vous offenser ou offenser d'autres, au contraire), mais on m'a dit que c'était là votre situation lorsque vous êtes arrivé.

«Non seulement l'état de ce pays vous a rendu heureux, libre et prospère, mais les citoyens de **cette ville vous ont élu à un poste d'honneur et de grande responsabilité. Vous êtes député à notre Parlement.**

Au lieu de montrer une profonde reconnaissance à ce pays, vous avez consenti à sacrifier ses intérêts et sa sécurité et à donner votre foi à un pays étranger. Même si vous étiez sincère, ce dont je doute, cette manière de penser et de sentir n'est pas normale et ne peut être tolérée.

Une trahison

«Sous un nom d'emprunt vous avez trahi votre pays d'adoption, la patrie qui vous a tant donné.

Vous êtes le seul à blâmer. Vous avez été merveilleusement bien défendu par Me. Jos. Cohen dont l'habileté est reconnue et par ses avocats-conseils, Me Valmore Bienvenue, c.r., A. Marcus et A. Felner.

«Le maximum pour ce délit est de 7 ans de pénitencier et de $2,000 d'amende. Je crois que ce maximum ne serait pas trop sévère. Mais, comme vous avez suivi mes instructions pour cesser toute activité communiste au cours du procès, je prends ce fait en considération comme **d'ailleurs le fait que votre sentence entraînera l'annulation de votre mandat de député.**

«Je ne vous condamnerai donc qu'à six ans de pénitencier.»

Avant le prononcé de la sentence, Me M.-A. Hurteau, greffier de la couronne, demanda à l'accusé s'il avait quelque chose à dire.

«Tout ce que je puis dire, répondit Rose, c'est que je n'ai jamais rien fait contre les intérêts du peuple canadien.»

Sur la scène de l'actualité

L'échevin J.-A.-A. BRODEUR, président du comité exécutif, qui vient d'être réélu à l'unanimité Haut Chef Forestier de l'Ordre des Forestiers Canadiens, au récent congrès tenu à Montréal. Photo publiée le 20 juin 1924.

BUVONS MODESTEMENT

LA «British Medical Association» vient de terminer une enquête dont les résultats dérouteront certainement toutes les opinions courantes sur l'alcoolisme.

Désirant se rendre compte de l'influence exercée par l'alcool sur la durée de la vie humaine, l'association avait chargé une de ses commissions de procéder à une enquête sur l'âge moyen de trois catégories de gens:

1° Ceux qui s'abstiennent complètement de boissons alcooliques; 2° Ceux qui en usent modérément; 3° Ceux qui en font abus.

Cette commission vient de déposer son rapport, qu'elle publie dans le bulletin de la société.

Ses observations ont porté sur 4,234 cas de décès, comprenant cinq catégories d'individus, et voici l'âge moyen atteint par chacune de ces catégories:

1° Ceux qui ne boivent pas du tout d'alcool: 51 ans 22 jours.

2° Ceux qui sont modérés dans leur consommation alcoolique: 63 ans 13 jours.

3° Ceux qui boivent sans intention de se griser, par simple imprudence: 59 ans 67 jours.

4° Les buveurs habituels: 57 ans 59 jours.

5° Enfin les ivrognes: 53 ans 13 jours.

Il résulte donc de cette statistique que l'âge le plus avancé est atteint par ceux qui boivent modérément, ce qui paraît assez naturel; mais ce qui l'est moins, c'est que le minimum de vie soit pour les abstinents, au lieu d'être, comme on le croirait, pour les ivrognes incorrigibles.

Les sociétés de tempérance anglaises et américaines, et l'on sait si elles sont nombreuses, vont recevoir un fameux coup de ces constatations.

Cet article a été publié le 20 juin 1894.

C'EST ARRIVÉ UN 20 JUIN

1983 — Le prince Charles et la princesse Diana charment leurs hôtes, à Ottawa.

1982 — Quelque 50 000 personnes se réunissent au Stade olympique pour rendre hommage au frère André.

1975 — Début spectaculaire de la fête de la Saint-Jean sur le Mont-Royal, pris d'assaut par des milliers de Montréalais.

1973 — Le général Peron rentre en Argentine. Des affrontements meurtriers ont lieu à Buenos Aires.

1959 — Un naufrage cause la mort de 35 pêcheurs dans le détroit de Northumberland.

1956 — Les électeurs du Québec réélisent le premier ministre Maurice Duplessis pour un nouveau mandat. — Un *Super-Constellation* vénézuélien s'abîme au large du New Jersey. On dénombre 74 morts.

1951 — Le premier ministre Mossadegh décide de saisir les biens de l'Anglo Iranian Oil Co. sur le territoire iranien.

1955 — Une équipe scientifique de l'université Harvard observe à Sigiriya, au Ceylan, une éclipse du soleil de sept minutes, la plus longue en 1 238 ans.

1944 — Plus de 2 250 bombardiers participent à des opérations de jour en Allemagne et en France.

1941 — Les troupes britanniques canonnent Damas, en Syrie. — Le vieux sous-marin américain O-9 s'abîme avec 33 personnes à bord.

1937 — Trois aviateurs russes parviennent à relier Moscou à Vancouver, dans l'État de Washington.

PROJET GIGANTESQUE

LE projet ci-dessous doit être soumis, dès cet après-midi **(20 juin 1924)**, aux autorités de la cité de Montréal. S'il est de nature, après sérieuse étude, à procurer au grand public de Montréal un accès plus facile à la montagne et de nombreux amusements, et s'il offre toutes les garanties financières raisonnables, ce projet mérite d'être pris en sérieuse considération par nos administrateurs. Il n'y a pas de doute que la montagne est un site idéal et que, jusqu'à aujourd'hui, on en a tiré peu d'avantages; il y a aussi quelque chose à faire pour permettre au public d'en jouir amplement. Mais le tout n'est qu'un projet et doit être scruté en tous sens afin que le public soit absolument protégé, et qu'il puisse avoir toutes les garanties possibles et raisonnables.

Suit un long texte signé par Tancrède Marsil, daté du 19 juin 1924, et adressé «à son honneur le maire de Montréal, aux membres de la commission exécutive et aux échevins de la Cité de Montréal».

Disant parler au nom d'un groupe de financiers, Marsil propose de construire «sur le sommet nord du Mont-Royal, faisant face à l'avenue du Parc, un des plus beaux hôtels-palace qui soient dans toute l'Amérique, ainsi qu'une tour phénoménale d'une hauteur de 500 à 700 pieds, qui sera couronnée de projecteurs lumineux.» *Le tout était évalué à $15 millions, plus $1 million pour les travaux d'embellissement et de terrassement.*

«Tous les matériaux de construction, *poursuivait-on*, granit, marbre, pierre, bois, fer, amiante, etc., viendront de la province de Québec et seront façonnés par nos ouvriers. Nous importerons de l'étranger ce qu'il nous serait impossible de se procurer ici. Nos travaux d'art: sculpture, peinture, céramique, etc., seront confiés aux artistes de chez nous.»

Pour acheminer les Montréalais au sommet de la montagne, Marsil propose, après consultation avec le président de la Commission des tramways, de construire «une voie double, qui partira de la rue Mont-Royal et montera, par gradation, jusqu'au sommet de la montagne, où nous construirons, à nos frais, une gare-véranda, d'une capacité de 8,000 personnes debout.» *Ces tramways, ajoutait-on, se rendraient jusqu'au circuit du chemin Shakespeare qui assurait déjà un service sur le versant ouest à partir du chemin de la Côte-des-Neiges.*

Toujours en matière de transport, le document demande qu'on continue «jusqu'à l'observatoire que nous construirons à ce point extrême et très élevé de la montagne» *la route autorisée jusqu'à la maison de garde Henderson.*

Et que demandaient en retour les promoteurs? En premier lieu, un bail emphytéotique de 99 ans pour tous les terrains requis, avec droit pour la ville de racheter, à tous les 30 ans, «toutes les constructions érigées sur la montagne par ces messieurs, en en payant le coût, plus 15% du coût initial».

En deuxième lieu, les promoteurs demandait que la Cité de Montréal leur accorde «une exemption de taxe de 25 ans, sur le terrain qu'occupera la tour, et la tour elle-même».

Enfin, pour réaliser le tout, les promoteurs promettaient d'organiser «des concours d'architecture et d'architecture paysagiste» *ouverts* «à tous ceux qui s'intéressent à l'embellissement du Mont-Royal, et des prix rémunérateurs seront offerts aux vainqueurs.»

ACTIVITÉS

■LA PRESSE à Baie-Comeau

Centre commercial de Baie-Comeau — **Voici une occasion rêvée pour les résidents de cette municipalité éloignée de Montréal et qui n'ont pu se rendre dans la région de Montréal, d'apprécier les richesses des archives de LA PRESSE, et plus précisément les volets «100 ans de caricatures», «L'univers de la bande dessinée» et le spectaculaire «100 ans d'imprimerie». Jusqu'au 23 juin inclusivement.**

BABILLARD

Une horloge hors de prix

M. Émile Faucher, de la rue Saint-André, à Montréal, a en sa possession une horloge grand-père à laquelle il tient comme à la prunelle de ses yeux. M. Faucher tient cette horloge d'une ancienne de ses locataires, une demoiselle Bélanger qui, dit-il a longuement travaillé à LA PRESSE. Mlle Bélanger lui avait fait don de l'horloge en question, en lui assurant que ladite horloge avait jadis appartenu à Pamphile Du Tremblay, qui fut pendant de longues années président et propriétaire de LA PRESSE. Selon M. Faucher, l'horloge est dotée d'un mouvement Westminster enchâssé dans un cabinet en noyer.

photo Jean-Yves Létourneau, LA PRESSE

Patterson, le premier poids lourd à reconquérir le titre

JOHANSSON PERD PAR KNOCKOUT A LA 5e

NEW YORK (AFP-AP-UPI) —L'Américain Floyd Patterson a pris une éclatante revanche sur le Suédois Ingemar Johansson hier soir **(20 juin 1960)** au Polo Grounds de New York en battant le tenant du titre par K.O. au cinquième round.

Un an après sa défaite au troisième round par la droite de Johansson, Patterson est devenu, grâce à deux étourdissantes gauches, le premier boxeur au monde à reconquérir le titre mondial des poids lourds.

Johansson était favori du combat, mais il ne prouva pas la confiance suscitée par son premier match avec Patterson. Le jeune champion noir prit le commandement du combat dès le début. Il paraissait plus lourd qu'en juin l'an dernier, mais avait gardé toute sa rapidité.

Ses gauches rougirent les yeux de Johansson dès le début du combat et pendant les rounds suivants, lentement l'oeil gauche de Johansson devait continuer à s'enfler. Le champion du monde parut surpris par les jabs effectifs de Patterson qui, lors du premier combat, avait été au contraire l'apanage du champion d'Europe.

Le knockout

La foule qui, de temps en temps, laisse transparaître des sentiments chauvins, encourage Patterson. L'aspirant reçoit un avertissement de l'arbitre pour coup bas au troisième round mais déjà ses gauches au foie ont fait leur travail. Johansson au quatrième round doit baisser sa garde et c'est à son tour d'accuser une droite bien ajustée de Patterson au bas du visage.

(...) Le Noir lance une magnifique gauche, qui touche Johansson à la mâchoire et l'envoie à terre pour le compte. Johansson est étendu sur le dos. Son pied gauche est agité d'un tremblement pendant plusieurs secondes et il ne peut reprendre ses esprits qu'après plusieurs minutes. (...)

LA NAVIGATION DANS LES AIRS

FRIEDRICHSHAFEN, 22 — Samedi **(20 juin 1908)**, le comte Ferdinand Zippelin *(il eût fallu dire «Zeppelin»)* a mis à l'essai son ballon dirigeable, obtenant un complet succès. Toutes les expériences faites jusqu'ici dans la navigation aérienne ont été par lui surpassées.

Le ballon a obéi au gouvernail avec une exactitude absolue.

Peu de temps après le départ, la direction fut changée, des courbes raides et des cercles de plusieurs milliers de verges de circonférence furent exécutés. Le ballon fut ensuite lancé à pleine vitesse en ligne droite, puis revint au garage. Il était resté dans l'air à peu près une heure et demie, et on n'a pas eu la moindre difficulté à le ramener au point de départ.

Il y avait douze personnes sur les deux plates-formes, durant l'ascension. Sur la première étaient le comte Zippelin, le capitaine Hacker, qui tenait le gouvernail, le capitaine Lau, de l'état-major général de l'armée, le premier mécanicien Duerr, le baron von Bassus, et trois mécaniciens. L'autre plate-forme contenait le fils du comte Zippelin, le major von Hese, le mécanicien-chef Kober et le docteur Uhland.

En atterrissant, le comte Zippelin a déclaré qu'il était satisfait de son appareil, à l'exception du gouvernail de côté, qui n'a pas fontionné tout à fait aussi bien qu'il l'aurait désiré. Il faudra un changement, dit-il, avant qu'un long voyage puisse être entrepris, ce qui ne sera probablement pas avant deux semaines. Le comte fera une nouvelle ascension mardi.

Une attaque contre l'île de Vancouver

TOKYO, 22 (B.U.P.) — De la radio de Tokyo — La radio de la capitale du Japon a annoncé, aujourd'hui, qu'un sous-marin japonais a bombardé l'île de Vancouver, Colombie-Britannique, dans la nuit de samedi **(20 juin 1942)**. Elle a déclaré: «C'est le premier coup porté à la terre ferme canadienne. Ainsi a-t-il été démontré au Canada qu'il est attaqué à la fois par les flottes de l'Axe, tout aussi bien du côté oriental que du côté occidental.»

La radio de Tokyo a fait observer que l'attaque de l'île de Vancouver suit de moins de vingt jours les raids japonais contre Dutch Harbour et contre Midway. Elle a rappelé le bombardement japonais de la côte de la Californie, le 23 février, «qui a causé tant de consternation chez le peuple américain».

Communiqué officiel

Ottawa, 22 — Le ministère de la défense nationale a émis, tard cet après-midi, la déclaration suivante: «Le commandant en chef des défenses de la côte ouest rapporte que le poste de télégraphe du gouvernement du Dominion, à la pointe Estevan, île de Vancouver, a été bombardé par un sous-marin, à ---10h.35 (heure du Pacifique), samedi soir. Aucun dégât n'a été causé».

LA PRESSE

100 ans d'actualités

HITLER POSE SES CONDITIONS

Hitler rencontre les plénipotentiaires français dans le wagon de Compiègne où Foch avait le 11 novembre 1918 posé ses conditions d'armistice à l'Allemagne. — Ne pas reprendre les armes ni aider la Grande-Bretagne.

COMPIÈGNE, 21 (B.U.P.). — C'est dans le wagon où avait été conclu l'armistice de novembre 1918 qu'a eu lieu la remise des conditions allemandes aux parlementaires français.

Le préambule aux conditions d'armistices remises aux parlementaires français cet après-midi **(21 juin 1940)** reprend la thèse soutenue par Hitler dans «Mein Kampf»: l'Allemagne n'a pas perdu la guerre en 1918, elle a été trahie par ses gouvernants d'alors, voilà pourquoi l'Allemagne dut capituler.

Le chancelier Hitler est resté debout devant les parlementaires français, tandis que le colonel-général Wilhelm Keitel donnait lecture à ceux-ci du préambule aux conditions de l'armistice. Puis le Führer a salué avec raideur, tandis que les parlementaires français, le général alsacien Huntzinger en tête, restaient au garde à vous. Puis il remit au général Huntzinger les conditions d'armistice. En 10 minutes la cérémonie était terminée. Le chancelier quitta promptement le wagon-restaurant où elle s'était déroulée, aux accents d'une fanfare qui exécuta l'hymne national allemand et le chant du nazisme (Horst Wessellied).

Le chancelier Hitler occupait la place du maréchal Foch

Le chancelier avait occupé la place du maréchal Foch. A sa droite étaient rangées le feld-maréchal Goering, le grand-amiral Erich Raeder, M. Joachim de Ribbentrop, l'amiral Leluc, le général Huntzinger, M. Léon Noël, le général Bergeret, M. Rudolf Hess, le colonel général de Brauchitsch, le colonel général Keitel.

Aussitôt après le départ du chancelier, les parlementaires français se réunirent pour débattre les conditions. Un téléphone était à leur disposition pour communiquer avec Bordeaux sur la réponse à rendre. On présume qu'ils séjourneront à Compiègne jusqu'à ce que leur gouvernement ait rendu sa réponse. (...) Le préambule aux conditions, lu aux parlementaires par le colonel-général Keitel, renfermait les dispositions suivantes:

1)- L'Allemagne devra recevoir des assurances qui empêcheront la reprise du combat.

2)- La France devra donner à l'Allemagne «toutes assurances» pour mener la guerre du Reich contre la Grande-Bretagne.

3)- Les conditions préliminaires devront être posées d'une paix qui pourvoira à la réparation des torts causés à l'Allemagne par la violence.

Le général Keitel a néanmoins déclaré que son gouvernement n'entendait pas prêter aux conditions d'armistice et aux négociations pour la fin des hostilités un caractère injurieux pour un «courageux ennemi».

La remise des conditions eut lieu dans le wagon-restaurant 2419-D de la Compagnie des Wagons-lits, comme celle des conditions de novembre 1918.

Rappel de l'armistice de 1918

Berlin, 21 (P.A.) — Voici le texte du préambule aux conditions d'armistice, dont a donné lecture le colonel-général Keitel aux parlementaires français: (...)

...« L'armée allemande déposait les armes en novembre 1918. Ainsi se terminait une guerre que le peuple allemand et son gouvernement n'avaient point voulue, et dans laquelle l'ennemi, en dépit de son énorme supériorité, ne réussit en aucune manière à vaincre l'armée, la marine et l'aviation allemandes. «Cependant, dès l'arrivée de la Commission allemande de l'armistice, on violait la promesse solennellement donnée. Le 11 novembre 1918, dans ce wagon, commença le temps de la souffrance, pour le peuple allemand. L'opposition, l'humiliation, les souffrances morales et matérielles que l'on pouvait causer, prirent naissance ici. Les promesses méconnues, le parjure s'unirent contre un peuple qui au bout de plus de 4 ans d'héroïque résistance n'eut qu'une faiblesse, celle de croire aux promesses des hommes d'Etat démocratiques.»

«Le 3 septembre 1939, 25 ans après le commencement de la grande guerre, l'Angleterre et la France déclaraient de nouveau la guerre à l'Allemagne sans aucun motif. Maintenant le sort des armes en a jugé. La France a été vaincue. Le gouvernement français a prié le gouvernement du Reich de lui faire connaître les conditions allemandes d'armistice». (...)

Le wagon-restaurant de la Compagnie des wagons-lits dans lequel furent reçus les parlementaires allemands en 1918 dans la forêt de COMPIEGNE avait été enfermé dans le musée édifié sur l'emplacement du chemin de fer militaire démoli depuis la guerre. La forêt est actuellement aux mains de l'armée d'invasion. A l'intérieur du wagon, des cartes indiquent les places qu'occupait chacun des interlocuteurs du célèbre entretien. C'est dans ce wagon qu'a eu lieu ce matin la remise des conditions de l'armistice; le colonel-général KEITEL a lu aux parlementaires français les conditions de la suspension d'armes.

C'EST ARRIVÉ UN 21 JUIN

1983 — Début des travaux de la commission d'enquête Grant dans l'affaire de la mort de 28 bébés dans un hôpital de Toronto. — On annonce que le gouvernement du Québec a acquis Quebecair.
1982 — Levée des sanctions économiques imposées à l'Argentine par la Communauté économique européenne. — Les omnipraticiens du Québec sont obligés de reprendre le travail devant la décision du gouvernement d'imposer une loi spéciale. — Diana, la princesse de Galles, donne naissance à un garçon.
1981 — Les socialistes s'assurent une majorité absolue à l'Assemblée nationale de France, en gagnant 269 des 488 sièges disponibles lors des élections générales.
1979 — Le début du rationnement de l'essence aux États-Unis provoque de sanglants affrontements.
1977 — Vingt détenus perdent la vie dans l'incendie d'une prison, à Saint-Jean, Nouveau-Bŕunswick.
1970 — Percée majeure de la police contre le FLQ, grâce à l'arrestation de six personnes.— Mort d'Ahmed Soukarno, fondateur de l'Indonésie. — La société ferroviaire Penn State, la plus importante au monde, dépose son bilan. — Au Stade aztèque de Mexico, le Brésil remporte la coupe du Monde de football aux dépens de l'Italie.
1969 — À Québec, M. Jean-Jacques Bertrand est élu chef de l'Union nationale. Il est aussi confirmé dans ses fonctions de premier ministre de la province de Québec.
1968 — La grève des employés de la Voie maritime du Saint-Laurent bloque 70 océaniques.
1967 — Adoption à l'Assemblée nationale du projet de loi qui crée les cégeps.
1965 — La grève des 3 900 employés de la Commission de transport de Montréal prend fin au bout de 14 jours.
1962 — Montréal perd un quotidien: le *Nouveau Journal* annonce en effet que son édition du jour est la dernière.
1957 — Ellen Fairclough est nommée Secrétaire d'État du Canada; elle devient la première femme nommée ministre d'un cabinet canadien, et la deuxième dans l'histoire du Commonwealth, après Hilda Ross, ministre du Bien-être des femmes et des enfants de Nouvelle-Zélande.
1942 — Chute de la ville de Tobruk; les troupes de l'axe prétendent avoir fait 25 000 prisonniers.
1940 — Au Canada, le parti de l'Unité nationale et la société Technocratie Inc. sont déclarés illégaux.
1906 — Une conflagration détruit tout un quartier de Nicolet.

La Place Ville-Marie était noire de monde, le *21 juin 1968*, alors que plus de 25000 personnes, partisans ou simples badauds, s'y étaient réunies pour écouter le premier ministre Pierre Elliott Trudeau.

PROCLAMATION DE LA LOI MARTIALE A LA SUITE D'UNE SANGLANTE EMEUTE

WINNIPEG, 23 — Le sénateur G. Robertson, ministre du travail, a déclaré, hier soir, qu'il ne savait pas si la grève était réglée. Des rumeurs existaient, hier soir, à l'effet que la grève était terminée. La police a fait 21 arrestations au sujet de l'émeute, (...) dont six femmes. (...)

LA JOURNEE DE SAMEDI

A deux heures et demie **(le 21 juin 1919)**, environ 20,000 personnes étaient massées rue Main, près de l'hôtel de ville. Il semble que la majorité de ces gens étaient des grévistes. On voulait voir une parade, «parade silencieuse» de soldats faite dans le but d'abolir les barrières élevées contre la propagande en faveur de la grève générale.

Peu avant deux heures et demie, une bagarre eut lieu rue du Marché, à l'est du parc de l'hôtel de ville. Vers le même moment, un tramway passa dans la foule, rue Main, avec les plus grandes difficultés. La foule semblait devenir aigrie. (...)

Et à ce moment précis un tramway de l'avenue Portage (...) transportant plusieurs passagers pour la plupart des femmes et des enfants. Comme il atteignait la rue du Marché la foule se mit à crier, lui enleva sa perche et lança quelques pierres. Les femmes et les enfants sortirent immédiatement du tramway et se mêlèrent à la foule sans avoir reçu aucune blessure. Le garde-moteur et le contrôleur restèrent dans leur tramway et ce lieu se changea subitement en une scène de bataille.

DES PIERRES AUX SOLDATS

En effet on entendit dans la foule ce cri funeste: «Voilà les soldats sanguinaires» et à l'encoignure de la rue Main on vit s'approcher en ligne serrée les tuniques rouges de la Police à Cheval du Nord-Ouest. Ils couvrirent la rue d'une gouttière à l'autre, se divisant lorsqu'ils passaient devant le char délaissé. Immédiatement un cri de colère fut entendu de la foule et un projectile fut lancé aux soldats qui passaient. 100 verges en arrière s'avança à son tour un second rang de soldats à cheval que la foule reconnut pour les cavaliers du Strathcona Horse et du fort Garry Horse. Mais dans la suite le maire Gray déclara qu'ils faisaient partie de la police à cheval mais qu'ils n'avaient pas encore reçu leurs tuniques rouges.

La foule se précipita alors dans les rangs des soldats et les briques, pavés, bouteilles et tous autres projectile commencèrent à pleuvoir sur les soldats. Les cavaliers se précipitèrent alors à six ou sept rues plus loin et après s'être reformés en rang de quatre revinrent de nouveau après s'être munis de gourdins et tentèrent de pousser la foule sur les trottoirs. (...)

Les projectiles de toutes sortes volèrent de nouveau et la cavalerie dut disparaître au coin de la rue Main. La foule, seule maintenant, se tourna vers le tramway qui stationnait là et l'assiégea. Le garde-moteur et le contrôleur avaient fui. Les vitres volèrent en éclats et ensuite on mit le feu au tramway.

Il achevait de se consumer quand les habits rouges parurent de nouveau. Ils chargèrent, la foule se massa sur les trottoirs et quand les cavaliers passèrent ils furent atteints, eux et leurs chevaux, par des pierres. Ils disparurent. Dans la foule quelqu'un cria que c'était fini et que la parade pourrait se continuer...

Les coups de feu commencèrent alors. Une partie de la police à cheval s'avança à son secours. Les cavaliers avaient leur revolver au poing et se tenaient en rang de quatre. Ils débouchèrent dans le parc de l'hôtel de ville devant les marches. Des coups de feu furent entendus. «Ils tirent en l'air», dit une personne dans la foule. «Ils n'ont que des cartouches blanches» dit une autre. Mais il n'en était pas ainsi. Les policiers avaient tiré sur la foule et un homme avait été tué pendant que plusieurs autres tombaient blessés.

Les premiers coups de feu avaient à peine retenti que la foule se sauvait. (...) La fusillade commença quinze minutes précises après la première arrivée de la police à cheval, à trois heures moins le quart, à l'horloge de l'hôtel de ville. Et deux ou trois minutes plus tard, le carré de l'hôtel de ville était désert. (...) A trois heures de l'après-midi, plusieurs centaines de policiers, ayant en main leur bâton, traversèrent le lieu désert de l'émeute, où brûlaient encore les cendres du tramway. L'homme tué gisait derrière le magasin, où ses amis l'avaient transporté...

Ce dessin de la foule réunie devant la Basilique de Québec pour chanter le « Te Deum » illustre le début, le *21 juin 1908*, des cérémonies organisées pour marquer le tricentenaire de la ville de Québec. Cinquante ans plus tard, c'est également un 21 juin que commençaient les quinze jours de célébrations pour marquer cette fois le 350e anniversaire de fondation de la vieille capitale.

ACTIVITÉS

■ LA PRESSE à Baie-Comeau
Centre commercial de Baie-Comeau — Voici une occasion rêvée pour les résidents de cette municipalité éloignée de Montréal et qui n'ont pu se rendre dans la région de Montréal, d'apprécier les richesses des archives de LA PRESSE, et plus précisément les volets «100 ans de caricatures», «L'univers de la bande dessinée» et le spectaculaire «100 ans d'imprimerie». Jusqu'au 23 juin inclusivement.

■ LA PRESSE à Anjou
Bibliothèque municipale d'Anjou — Dans le cadre de ses soirées d'animation, la bibliothèque rend hommage à LA PRESSE, en l'invitant à y exposer une collection de caricatures et de premières pages. Jusqu'au 6 juillet inclusivement.

LE MUET

Il se défend comme un sourd

ON procède actuellement, en cour de police, à l'enquête d'un sourd-muet, accusé du vol de deux montres et une chaîne d'or, la propriété d'un nommé George Riley, le tout de la valeur de $155. La Presse a raconté hier les circonstances de son arrestation. Le prisonnier se nomme Martin Mulligan. Le prisonnier prétend qu'il a acheté ces objets d'un autre.

Cela se passait le 21 juin 1894.

Montini devient le pape Paul VI

CITE DU VATICAN (AFP, Reuter, PA, UPI) — Nous avons un pape. Le cardinal Giovanni Battista Montini, archevêque de Milan, a été élu par le conclave au sixième tour de scrutin ce matin **(21 juin 1963)**. Le nouveau pontife a choisi d'être désigné du nom de Paul-VI. Il est le 262e successeur de saint Pierre et il accède au souverain pontificat dix-huit jours après la mort de Jean XXIII.

C'est le cardinal Ottaviani qui a annoncé la nouvelle au monde à 12:23 heure de Rome (7:23 à notre heure) ce matin du haut de la loggia de la basilique Saint-Pierre. Aussitôt, la Campanone, la grosse cloche de Saint-Pierre, a sonné à toute volée pour proclamer la bonne nouvelle et l'immense foule de la Place Saint-Pierre de pousser une grande clameur et la fanfare italienne d'attaquer l'hymne national.

Peu après,le nouveau pape est apparu à son tour au balcon et a donné sa première bénédiction «Urbi et Orbi». Il a récité la formule d'une voix ferme, puis il a peu à peu cédé à l'émotion. Il était revêtu de la soutane blanche et de l'étole pontificale. Une foule de près de 20 000 personnes était sur la grande place à ce moment-là.

Le cardinal Montini est un progressiste, considéré comme l'un des chefs les plus dynamiques de l'Eglise. Il est connu en Italie comme «l'archevêque des ouvriers».

C'est la troisième fois depuis le début du siècle qu'un ecclésiastique ordinaire de Lombardie monte sur le trône de Saint-Pierre. Les deux autres ont été Pie XI, né à Desio, près de Milan, et Jean XXIII, né à Sotto Il Monte, près de Bergamo.

Le pape Paul VI, 262e successeur de saint Pierre à la direction de l'Église catholique.

LA PRESSE
100 ans d'actualités

M. LESAGE AU POUVOIR

Session à l'automne — Enquête dans Dorchester — M. Lesage à la conférence fiscale

Libéraux	50
Union nationale	44
Indépendant	1

QUÉBEC, 23 — L'hon. Jean Lesage, semblant frais et dispos après l'élection qui a porté hier **(22 juin 1960)** le parti libéral au pouvoir avec une majorité de cinq sièges, s'est installé aujourd'hui dans les bureaux du chef de l'opposition au Parlement de Québec. C'était la première fois qu'il entrait à la Législature provinciale comme chef victorieux du parti libéral.

Au cours d'une brève conférence de presse, M. Lesage a déclaré ne pas savoir au juste quand il rencontrera l'hon. Antonio Barrette, chef de l'Union nationale, pour discuter avec lui la formation du nouveau gouvernement de la province.

Session à l'automne

M. Lesage a souligné les points suivants:

1. Une session du Parlement sera convoquée l'automne prochain. Le chef libéral n'a pas donné de précisions à ce sujet. Le gouvernement défait de l'Union nationale avait projeté d'ouvrir une session le 7 septembre.

2. M. Lesage assistera à la conférence fédérale-provinciale qui aura lieu en juillet à Ottawa.

Enquête dans Dorchester

3. Il instituera une enquête en marge de la «confusion» qui a existé hier soir dans le comté de Dorchester où le ministre de la Colonisation, M. J.-D. Bégin, a été déclaré élu par une majorité de 326 voix.

4. Il projette de passer une fin de semaine paisible avec sa famille en dehors de Québec. En fin de semaine, il discutera avec ses principaux collègues la formation d'un cabinet libéral. Il projette de revenir à Québec lundi.

M. Lesage s'est amené ce matin à l'Assemblée législative, accompagné des principaux organisateurs libéraux de la région de Québec. Il a été accueilli à la porte de son nouveau bureau par M. Alexandre Larue, secrétaire du chef de l'opposition, des journalistes et des photographes.

Le chef du gouvernement du Québec nouvellement élu, M. Jean Lesage, reçoit avec bonheur le baiser de la victoire que lui donne fièrement son épouse.

«La victoire du peuple de Québec», dit le chef libéral

QUÉBEC, 23 — (par **Jacques Monnier**) — «La province est libérée. J'avais raison de le dire à Montréal, la victoire est à nous,» a déclaré l'hon. Jean Lesage, chef du parti libéral provincial, hier soir, aux milliers de personnes enthousiastes qui l'acclamaient dans l'immense salle du Colisée après la publication des résultats du scrutin.

«La victoire que nous avons remportée, c'est la victoire du peuple de Québec, a-t-il ajouté. Le peuple méritait cette victoire. Il a voulu, malgré les chaînes qui l'attachaient, se débarrasser de l'esclavage. Il a eu confiance dans l'équipe que j'ai présentée. Il a eu confiance dans le programme que nous avions mis de l'avant. La province est libérée. Le peuple en a la gloire.»

Les résultats du scrutin n'étaient pas encore définitivement connus, mais faisaient présager le succès certain des libéraux. Aussi leur chef a-t-il fait observer: «La victoire est maintenant assurée, mais le plus difficile reste à faire, c'est de restaurer la province. (...)

A ce moment, M. Lesage a donné un avertissement: «J'avise solennellement ceux qui essaieraient de faire disparaître des dossiers et de tronquer des chiffres que je les tiendrai responsables au nom du peuple. Car nous voulons faire la lumière sur l'administration de l'Union nationale.» (...)

JOE LOUIS ENLEVE LE CHAMPIONNAT A BRADDOCK

(Par Charles Dunkley, de la Presse Associée)

CHICAGO, 23 — Simple boxeur parmi tant d'autres dans les rangs amateurs il y a trois ans, Joe Louis est aujourd'hui le monarque des poids lourds, le champion de toutes catégories.

Par un seul mais formidable coup de la droite qui a frappé avec la vitesse de la couleuvre, le fils de 23 ans du récolteur de coton de l'Alabama a enlevé hier soir **(22 juin 1937)** le titre de champion du monde au courageux et vaillant James-J. Braddock devant une tumultueuse foule de 55,000 personnes au parc Comiskey, de Chicago, terrain officiel des White Sox de la Ligue Américaine.

Ce véritable coup de tonnerre a terminé une rencontre spectaculaire une minute et dix secondes après le début de la huitième ronde. Et c'est un champion épuisé, abattu et la figure coupée à divers endroits sur lequel s'est penché l'arbitre pour compter les dix secondes réglementaires. Louis venait de gagner par knockout après avoir été lui-même expédié au plancher à la première ronde et après avoir été tenu sur le qui-vive par la courageuse tenue de Braddock pendant les cinq premiers assauts.

La façon nette, décisive et artistique dont il a terminé la rencontre *(après avoir visité le plancher dès le premier engagement)* a fait de Louis le second homme de sa race à remporter le championnat mondial de la boxe. Son triomphe l'a rétabli dans l'estime des sceptiques, qui l'avaient vu crouler sous les poings de Max Schmelling il y a un an, et lui a ouvert la porte vers le chemin aux millions.

Louis, le boxeur à la figure sévère mais impassible, le jeune homme aux allures dociles mais si redoutable dans une arène de boxe est le plus jeune pugiliste à jamais remporter le titre de champion. A 23 ans, il est un an plus jeune que Jack Dempsey était lorsqu'il mit le géant Jess Willard hors de combat en 1919 à Toledo. Il est le deuxième noir à décrocher la couronne. Jack Johnson fut le premier et remporta son championnat lorsqu'il battit le vieux James J. Jeffries d'une façon terrible il y a 27 ans à Reno. (...)

*Un an jour pour jour après ce combat, soit le **22 juin 1938**, Joe Louis défendait son titre avec succès en mettant le pugiliste allemand Max Schmeling hors de combat au 1er round, soit après deux minutes et quatre secondes, devant 80 000 personnes à New York. Le combat avait toutefois soulevé une controverse puisque c'est avec un coup aux reins, que certains prétendirent illégal, que Louis Knockouta son adversaire aryen.*

ACTIVITÉS

■ LA PRESSE à Baie-Comeau

Centre commercial de Baie-Comeau — Voici une occasion rêvée pour les résidents de cette municipalité éloignée de Montréal et qui n'ont pu se rendre dans la région de Montréal, d'apprécier les richesses des archives de LA PRESSE, et plus précisément les volets «100 ans de caricatures», «L'univers de la bande dessinée» et le spectaculaire «100 ans d'imprimerie». Jusqu'au 23 juin inclusivement.

C'EST ARRIVÉ UN 22 JUIN

1983 — Le pape Jean-Paul II obtient un tête-à-tête avec le général Wojciech Jaruzelski, chef du gouvernement polonais.
1982 — Adoption de la loi tant contestée qui fusionne Hauterive et Baie-Comeau.
1981 — L'ayatollah Khomeiny limoge le président Abolassan Bani-Sadr, élu démocratiquement à la présidence de la République islamique d'Iran 18 mois plus tôt.
1980 — Le pape Jean-Paul II procède à la béatification de Kateri Tekakwitha, de Mgr François de Montmorency Laval et de Marie Guyard.
1979 — La société Asbestos tente de faire déclarer inconstitutionnelle son expropriation par le gouvernement du Québec. — Jeremy Thorpe (ex-chef libéral britannique) est acquitté d'une accusation de conspiration de meurtre.
1977 — L'ex-procureur général des États-Unis, John Mitchell, commence à subir sa peine de 20 mois, cinq ans et cinq jours après l'arrestation des cambrioleurs du Watergate.
1976 — Le Parlement canadien abolit la peine de mort.
1973 — Retour des astronautes américains qui ont réussi à réparer le vaisseau spatial *Skylab*, endommagé lors du lancement.
1966 — Le lieutenant-général Jean-V. Allard devient le chef d'état-major de la défense, le premier francophone à accéder à ce poste.
1943 — Les Alliés déversent mille tonnes de bombes sur Mulheim.
1942 — Le premier ministre de France, Pierre Laval, admet qu'il souhaite une victoire des Allemands.
1941 — Les Nazis envahissent l'URSS, violant ainsi le pacte de non-agression signé par les deux pays en 1939.
1940 — La France se rend à l'Allemagne.
1938 — Ouverture du congrès eucharistique de Québec.
1930 — Dévoilement du monument Vauquelin sur la place qui jouxte l'hôtel de ville de Montréal.
1913 — Quatre pompiers trouvent la mort en combattant un indendie à Montréal.

Ce dessin pris de la place du Marché démontre bien l'ampleur du sinistre.

DEUIL ET RUINES A TROIS-RIVIERES

Le terrible incendie qui a ravagé la ville de Laviolette a détruit pas moins de 200 maisons. Un homme tué par la chute de la cheminée d'une maison incendiée.

(Des envoyés spéciaux de la PRESSE)

TROIS-Rivières, 23 — C'est au milieu du brasier que je rédige ces quelques lignes, prises à la hâte dans la surexcitation créée ici par l'incendie dévastateur **(du 22 juin 1908)**.

On ne voit de tous côtés que ruines; des demeures qui flambent; des lueurs se projetant vers le ciel sur une vaste étendue. Nous sommes arrachés à la contemplation de ce spectacle d'une triste beauté, de ces scènes déchirantes de destruction et de désolation, par des clameurs de désespoir, des appels, des cris d'alarme.

Partout, on ne voit que du feu. En avant, en arrière, de chaque côté, le feu. Là où quelques heures auparavant s'élevaient de somptueuses demeures, des édifices publics, on n'aperçoit plus que des murailles dressant leurs ruines fumantes au milieu desquelles brûlent lentement les restes d'ameublement de quelques familles éplorées.

Trois-Rivières, ville de quinze mille âmes environ, est aujourd'hui aux trois quarts incendiée. Toute la partie commerciale est rasée. Son honneur le maire Tourigny me disait hier soir: «C'est l'âme même de notre ville qui vient d'être atteinte.»

Pour trouver une comparaison aux sombres péripéties du désastre qui a frappé la vieille cité de Laviolette, il faut remonter au grand feu de Hull en 1900.

Cette fois-là, encore, on avait vu disparaître dans les flammes tous les quartiers industriels d'une ville florissante, l'émule même de Trois-Rivières. Dans un océan de flammes s'étaient engloutis les espoirs de milliers de citoyens. Coïncidence remarquable: *c'était en juin qu'eut lieu l'incendie de Hull*, comme c'était en juin aussi qu'eut lieu la grande conflagration de 1888 au *même endroit, qui arriva dans* la même année que l'incendie de St-Sauveur de Québec, où près de six cents maisons furent détruites.

ACTES D'HEROÏSME

Des actes d'héroïsme incomparables ont été accomplis par de vaillants sauveteurs, et l'on voit aussi des personnes affolées chercher un refuge loin dans les terres; d'autres vont se blottir dans quelque coin des bateaux-passeurs afin de mettre l'eau entre eux et l'élément destructeur. (...)

ORIGINE DE L'INCENDIE

C'est à midi qu'a éclaté la conflagration. Les versions données sur l'origine du feu sont nombreuses et contradictoires.

On a jeté le blâme d'abord, comme on l'a jeté en 1888, à Hull, sur les épaules d'un fumeur imprudent. Seulement, cette fois-ci, c'est un bambin qui a été désigné.

Ailleurs, on parle d'une fillette de sept ou huit ans qui aurait mis le feu en jouant avec des allumettes chimiques.

Quoiqu'il en soit, c'est dans les dépendances de la demeure de M. Jos Duval, propriétaire d'une écurie de louage, que l'incendie a pris naissance, et jusqu'ici c'est l'opinion générale que cette

ETINCELLE DEVASTATRICE

a été allumée par deux enfants du nom de Roy. Ces derniers, bien innocemment, cherchaient à retrouver dans un hangar, avec une allumette en feu, une balle égarée. Il y avait là du foin et des morceaux de bois sec. Pauvres petits: «Ils ne savaient pas combien leur imprudence de bambins allait faire couler de larmes et entasser de ruines.» (...)

Le trivial incident de deux bambins cherchant, cette fois-ci, une balle en caoutchouc dans un hangar aura provoqué la destruction de la plus riche partie d'une cité prospère de notre district. (...)

Le roi George V et la reine Mary, tels qu'ils apparaissaient ce matin *(22 juin 1911)*, dans leurs pompeux costumes du couronnement. Couronné par l'archevêque de Cantorbury en l'historique abbaye de Westminster, *lors d'une imposante cérémonie qui a commencé à 11 hrs 14, George V est le* sixième roi de la maison de Hanovre. Il est le fils de feu le roi Edouard VII et le petit-fils de la reine Victoria. Il est âgé de 46 ans.

LA PRESSE
100 ans d'actualités

Bourassa dit NON

par Gilles DAOUST
de notre bureau de Québec

QUEBEC — Après deux jours de pourparlers incessants avec ses ministres et ses députés, le premier ministre du Québec, M. Robert Bourassa, a finalement annoncé cette nuit l'une des décisions les plus importantes de sa carrière politique: celle de répondre «non» au projet d'une «charte constitutionnelle canadienne» soumise la semaine dernière par M. P.E. Trudeau, à Victoria.

M. Bourassa a révélé qu'il avait pris dès la fin de semaine dernière la décision de refuser le projet fédéral. «C'est une décision qu'un premier ministre doit tout d'abord prendre seul. J'ai ensuite communiqué formellement au conseil des ministres et à la réunion des députés la décision du chef du gouvernement. Celle-ci fut acceptée après étude.»

Le premier ministre a su, jusqu'à la dernière minute, à 2 h. ce matin **(23 juin 1971)**, imposer la consigne du silence à ses troupes et maintenir le suspense autour de la décision du gouvernement québécois. Il a fait parvenir un communiqué à la presse aux petites heures du matin et est ensuite venu rencontrer de façon impromptue les journalistes de la Tribune de la presse.

Il leur a révélé que, quelques instants plus tôt, il avait fait connaître à M. Trudeau, de passage à Toronto, la décision de son cabinet de ne pas recommander l'adoption du projet de charte à l'Assemblée nationale. M. Bourassa n'a voulu donner aucun indice des réactions du chef fédéral.

Fin de la revision?

Par ailleurs, de façon globale, M. Bourassa n'a pas voulu élaborer sur sa déclaration écrite aux journaux, affirmant qu'il préférait répondre d'abord aux questions que lui poseraient aujourd'hui à l'Assemblée nationale les députés d'opposition.

M. Bourassa a incidemment écarté les propos pessimistes selon lesquels le refus du Québec, tel que prédit par M. Trudeau, mettrait fin pour un certain temps à la revision constitutionnelle.

«Nous verrons,» a-t-il dit en soulignant qu'aucun des premiers ministres provinciaux à Victoria n'avait conclu que le refus d'une province au projet fédéral de charte constitutionnelle mettrait totalement fin à toute négociation constitutionnelle. Certes, ce pourrait être le statu quo pour «un certain temps» en matière de revision mais M. Bourassa a souligné qu'un processus de «négociations bilatérales» avait bel et bien été instauré à la conférence fédérale-provinciale de septembre 1970. (...)

Un an plus tôt, jour pour jour, autrement dit la veille de la Saint-Jean-Baptiste, le gouvernement Trudeau divulguait sa décision d'endosser les grands objectifs de la commission Laurendeau-Dunton sur le bilinguisme et le biculturalisme, notamment en ce qui concernait l'utilisation du français dans la fonction publique fédérale, les forces armées et le secteur privé de l'industrie.

Laurier conduit les libéraux à la victoire

LE Parti libéral dirigé par sir Wilfrid Laurier sortait largement victorieux des élections générales fédérales du **23 juin 1896**, en remportant 117 des 212 sièges à la Chambre des communes, n'en laissant que 86 aux conservateurs de sir Charles Tupper. Au Québec, les libéraux enlevaient 50 des 65 sièges, laissant les 15 autres aux conservateurs. Le Parti des patrons enlevait quatre sièges, trois en Ontario et un dans les Territoires du Nord-Ouest. Les cinq derniers sièges tombaient entre les mains des indépendants.

Outre ses 50 sièges au Québec, le Parti libéral en gagnait 43 en Ontario (un de plus que les conservateurs), 11 en Nouvelle-Écosse, quatre au Nouveau-Brunswick, deux dans l'Île-du-Prince-Édouard, un au Manitoba, quatre en Colombie-Anglaise (comme on disait à l'époque) et deux dans les Territoires du Nord-Ouest. On notera que la Saskatchewan, l'Alberta et Terre-Neuve n'étaient pas encore des provinces canadiennes.

Quant à Sir Wilfrid Laurier, il avait l'honneur de devenir le premier Canadien français à diriger le pays.

L'attentat de la rue Ontario est (14 et fin)

LES 6 COMPLICES SERONT PENDUS

LEO Davis, Louis Morel, Tony Frank, Giuseppe Serafini, Frank Gambino et Mike Valentino, qui étaient accusés d'avoir assassiné Henri Cléroux, le premier avril dernier, lors du fameux attentat contre des messagers de la Banque d'Hochelaga, ont été tous trouvés coupables de meurtre, hier soir **(23 juin 1924)**, par le petit jury des Assises et condamnés par l'hon. juge Wilson à être pendus par le cou, le vendredi, 24 octobre prochain.

Le jury n'a délibéré que 12 minutes. M. Georges Christie, leur porte-parole, prononça d'une voix ferme: «Tous coupables de meurtre», et les jurés répétèrent avec assurance et conviction: «Tous également coupables».

On prit d'abord le verdict contre Serafini, puis contre les cinq autres. Ce fut aussi l'ordre des condamnations.

Il y avait, dans la salle des Assises, une foule comme il ne s'en est jamais vu. Le juge eut peine à monter sur son banc, pour rendre les sentences de mort, tant les couloirs et les passages étaient remplis.

TOUS LES ACCUSES PARLENT

Tous les accusés, sauf Serafini, parlèrent avant de recevoir leur sentence de mort. On peut difficilement s'imaginer des accusés plus atterrés et plus terrifiés. A part Morel, qui gardait une assez grande impassibilité, et Serafini qui pleurait tête baissée, les quatre semblaient en proie à un effroi et à un désemparement extraordinaires. On crut, à certain moment, que quelques-uns d'entre eux allaient s'évanouir, principalement Tony Frank.

Morel admit sa culpabilité, mais déclara que Davis est absolument innocent. Davis fit des reproches à la justice, se disant innocent. Frank, Gambino et Valentino se déclarèrent aussi innocents. Tony Frank semblait d'un autre monde, livide comme un mort, et il ne put parler qu'avec de grands efforts, tant sa gorge était oppressée.

On nous apprend que toutes les causes des accusés seront portées devant la Cour d'appel. Un juré a dit, après les déclarations de Morel, que Davis a été jugé selon la preuve et que le jury ne pouvait pas l'exclure du complot. M. R.-L. Calder, procureur de la Couronne, a déclaré qu'il repassera l'enquête et, s'il y a lieu, fera une nouvelle enquête au sujet de Davis. (...)

Le premier à être condamné fut Giuseppe Serafini, âgé de 24 ans, qui avait déjà subi un procès dans lequel les jurés ne s'entendirent pas sur le verdict à rendre.

SERAFINI PLEURE

Lorsqu'on demanda à Serafini qui, jusque là, avait été souriant bien que pâle, s'il avait quelque chose à dire avant que sentence ne soit prononcée contre lui, l'accusé ne répondit pas. Il avait la tête penchée et semblait ne pas entendre le greffier de la Couronne, Me E.-A.-B. Ladouceur, qui lui parlait, en anglais. Ce fut Tony Frank qui poussa du coude son complice et lui répéta en italien la question qui lui était posée. Serafini leva la tête, et les yeux tout rouges, il fit signe qu'il n'avait rien à dire. On put voir un sourire sur ses lèvres, mais à partir de ce moment il pencha de nouveau la tête. Les larmes lui vinrent aux yeux, puis il sembla perdre notion de ce qui se passait autour de lui. (...)

Au milieu du silence le plus profond, les cinq autres accusés entendirent ensuite la condamnation qui était prononcée contre eux tous. Ils ne bronchèrent pas tout d'abord, puis Tony Fank se mit à pleurer. Gambino, qui avait versé d'abondantes larmes, depuis samedi matin, sembla prendre la condamnation plus froidement que les autres. (...)

Le récit relate également la longue intervention de l'ex-policier Morel. Ce dernier admit tous les torts qu'on lui reprochait en terme de complicité, mais sans reconnaître qu'il avait tiré la balle fatidique, et tout en affirmant que Davis était innocent des accusations dont on l'accablait.

«J'ai été dans cette affaire du commencement à la fin, continua Morel sur un ton qui est plus calme et qui domine toute la salle, j'ai été au tunnel; Serafini y était aussi et Parillo et Stone de même. Mais il y avait aussi Nieri *(il a été un des principaux témoins de la Couronne au cours du procès)*; c'est lui qui a tué Cléroux!» (...)

Ces deux pages ont été publiées dans LA PRESSE à l'occasion de la Saint-Jean-Baptiste, celle du haut en 1909 et celle du bas en 1906.

ACTIVITÉS

AUJOURD'HUI

■ **LA PRESSE à Baie-Comeau**

Centre commercial de Baie-Comeau — Voici une occasion rêvée pour les résidents de cette municipalité éloignée de Montréal et qui n'ont pu se rendre dans la région de Montréal, d'apprécier les richesses des archives de LA PRESSE, et plus précisément les volets «100 ans de caricatures», «L'univers de la bande dessinée» et le spectaculaire «100 ans d'imprimerie».

Dernière journée aujourd'hui.

■ **À la radio**

17 h, Radio-Canada — Chronique consacrée à LA PRESSE à l'émission *Avec le temps*, animée par Pierre Paquette.

DEMAIN

■ **LA PRESSE à Terre des hommes**

À la Ronde — En collaboration avec la ville de Montréal, LA PRESSE offre à chaque dimanche (à l'exception du premier juillet), en fin de journée, un spectaculaire feu d'artifice. Jusqu'au 2 septembre inclusivement.

LES TROIS JOURS

■ **LA PRESSE à Anjou**

Bibliothèque municipale d'Anjou — Dans le cadre de ses soirées d'animation, la bibliothèque rend hommage à LA PRESSE, en l'invitant à y exposer une collection de caricatures et de premières pages. Jusqu'au 6 juillet inclusivement.

DEMAIN ET LUNDI

■ **LA PRESSE à Pointe-du-Lac**

Manoir seigneurial de Pointe-du-Lac — Exposition de caricatures permettant de suivre l'Histoire de la caricature dans la vie de LA PRESSE. Jusqu'au 11 juillet inclusivement.

BABILLARD

Un rappel pour les Cloutier

Le comité d'organisation des fêtes du 350e anniversaire de l'arrivée de Zacharie Cloutier en Nouvelle-France, en 1634, lance un dernier appel à tous les Cloutier du Québec et d'ailleurs, qu'il convie à Beauport, les 21 et 22 juillet prochain. On peut obtenir de plus amples informations en joignant Richard Cloutier, au 628-0891.

Howick en fête

La paroisse du Très-Saint-Sacrement de Howick célébrera son centième anniversaire de fondation le 10 novembre prochain, alors que la page «100 ans d'activités» aura cessé de paraître. On peut cependant faire une légère entorse aux habitudes instaurées en soulignant que les fêtes du centenaire commenceront demain, jour de la Saint-Jean-Baptiste.

Une pharmacie centenaire

La pharmacie Martel, sur la rue Racine, à Loretteville, célèbre quelque part en juin (il est impossible d'être précis, le document promis n'étant jamais parvenu à nos bureaux) son centième anniversaire de fondation, ce qui en ferait, selon M. Raymond Martel, la plus vieille pharmacie au Canada au même endroit et tenue par la même famille.

Le *23 juin 1911*, LA PRESSE célébrait deux événements qu'on se garderait bien d'associer de nos jours, soit le lendemain du couronnement du roi Edouard VII et la veille de la Fête nationale (car c'est ainsi qu'on l'appelait déjà à l'époque!) en offrant au public l'occasion d'assister à l'envol du ballon... LA PRESSE cela allait de soi! Quelque 15 000 personnes avaient assisté au gonflement puis au lancement de l'aérostat, à Hochelaga, et quelque 25 000 autres s'amassèrent au parc Lafontaine pour l'admirer au passage.

C'EST ARRIVÉ UN 23 JUIN

1980 — Les chefs d'État et de gouvernement des sept pays les plus industrialisés du monde occidental (Grande-Bretagne, Canada, France, Allemagne de l'Ouest, Italie, Japon et États-Unis) tiennent à Venise une conférence au sommet.

1979 — La nomination de Robert Stanfield pour étudier le projet de transfert de l'ambassade canadienne en Israël de Tel Aviv à Jérusalem, permet de calmer quelque peu les États arabes.

1978 — La police procède à trois arrestations dans l'affaire de l'enlèvement de Charles Marion.

1975 — Le budget Turner déposé à la Chambre des communes se traduit par une diminution de $200 du pouvoir d'achat des Canadiens. — M. Louis Laberge, président de la FTQ, recouvre temporairement sa liberté après qu'on eut accepté d'entendre sa cause en appel.

1968 — Un mouvement de panique à la fin d'un match de football dans un stade de Buenos Aires fait 70 morts.

1967 — L'Américain Jim Ryun établit un nouveau record sur la distance d'un mille, avec un chronométrage de 3:51.1.

1965 — Le Français Michel Jazy établit de nouveaux records du monde sur les distances de 3 000 m et de 2 miles.

1961 — L'avion-fusée *X-15* a établi un record d'un mille à la seconde, à la base aérienne d'Edwards, en Californie. — Entrée en vigueur du traité sur la démilitarisation de l'Antarctique.

1952 — Un accord permet de renouveler pour cinq ans les ententes fiscales entre Ottawa et les provinces. — Les avions alliés bombardent les centrales électriques du Yalou, en Corée du Nord.

1948 — Début du blocus de Berlin-Ouest par les Soviétiques, en guise de protestation contre l'établissement d'une nouvelle monnaie pour l'Allemagne de l'Ouest.

1919 — Les libéraux de Lomer Gouin balaient le Québec, avec 74 députés (et 85 p. cent des voix!), contre cinq pour les conservateurs et deux pour le Parti ouvrier.

LA PRESSE
100 ans d'actualités

LA VOIE MARITIME EST INAUGURÉE

La reine et Eisenhower ouvrent au monde le coeur du continent

par **Amédée GAUDREAULT** et **Vincent PRINCE**

UNE nouvelle page d'histoire canadienne a été écrite à 12 h. 04 aujourd'hui **(26 juin 1959)**, quand le majestueux *Britannia* a franchi une écluse symbolique inaugurant la Voie maritime du Saint-Laurent.

Une salve de 21 coups de canon a fendu l'air et les cloches de toutes les églises de Montréal ont sonné durant cinq minutes, marquant l'événement de façon encore plus dramatique.

Tandis que le yacht royal traversait l'écluse, la reine Elisabeth II, venue au Canada spécialement pour la circonstance, se tenait debout sur le pont supérieur du navire, aux côtés du président Dwight Eisenhower, du premier ministre Diefenbaker et de son mari, le prince Philip.

Des ballons multicolores, retenus aux écluses de bois par des câbles furent lâchés et allèrent se perdre dans le ciel couvert de nuages.

Il faisait chaud et lourd et le ciel ne s'est montré qu'à intervalles irréguliers.

Des centaines de fusées, auxquelles on avait attaché des drapeaux, ont bientôt couvert le ciel de pavillons de la Grande-Bretagne, des Etats-Unis et de la province de Québec.

Sur le pont du *Britannia*, on pouvait voir le président Eisenhower et la reine répondre fréquemment de la main aux applaudissements et aux ovations de la foule massée le long de la rive.

L'équipage du yacht royal, entièrement composé de Canadiens, se tenait à l'attention sur le pont inférieur.

Bien qu'on eut interdit toute navigation sur le canal durant le passage du *Britannia*, cinq yachts de plaisance sont parvenus à se glisser entre le navire royal et son escorte, diminuant le caractère officiel qu'avaient pris jusque là les cérémonies.

L'escorte se composait des navires de guerre *Forrest Sherman*, vaisseau américain, *Gatineau* et *Ulster*, deux vaisseaux canadiens.

Plus de 5,000 personnes s'étaient pressées sur la rive du canal pour assister à ces minutes solennelles. (...)

photo Roger St-Jean, LA PRESSE

LE YACHT ROYAL BRITANNIA, qui vient de franchir la première écluse de la voie maritime, à St-Lambert, vogue à pleine vapeur vers le bassin de Lapraírie. Il est salué au passage par la sirène du paquebot américain NORTH AMERICAN (à droite) et les quelque 400 touristes qu'il transporte. Dans le sillage du BRITANNIA suivent trois vedettes de la Gendarmerie royale.

Le BRITANNIA franchit l'écluse de Saint-Lambert

par **DOLLARD MORIN**

LA fine coque du yacht royal *Britannia* a glissé majestueusement, un peu après midi, aujourd'hui, dans l'écluse de St-Lambert, la première des sept nouvelles écluses faisant partie de la Voie maritime du St-Laurent. La reine Elisabeth, accompagnée du prince Philip et du président Eisenhower, a vu s'ouvrir devant la proue de son navire les hautes portes de l'écluse qui se sont ensuite refermées derrière le *Britannia* pour le garder captif pendant environ cinq minutes, soit la durée du remplissage du bassin.

Avant de pénétrer dans l'écluse, Sa Majesté est passée sous le pont Victoria que son arrière-grand-père le roi Edouard VII, était venu inaugurer il y a près de 100 ans. Ainsi, pour la deuxième fois dans l'histoire du Canada, un souverain britannique marquait une nouvelle ère de progrès pour notre pays.

Edouard VII avait ouvert le pont qui allait désormais relier Montréal et la rive nord du fleuve avec les vastes régions de la rive sud, et même avec les Etats-Unis. Son arrière-petite-fille, Elisabeth II, inaugure la longue voie maritime du St-Laurent qui traverse les centres industriels canadiens pour atteindre ceux de la république voisine.

Avec ses 413 pieds de longueur et 55 de largeur, le *Britannia* a semblé fort à l'aise dans le bassin de l'écluse de St-Lambert, qui a une longueur de 758 pieds et une largeur de 80 pieds. Sa manoeuvre a donc été facile. Le yacht royal donnait même l'impression d'un petit bateau au fond de ce bassin de 45 pieds de profondeur. (...)

La sécurité d'Etat

Trudeau dit NON à la «CIA canadienne»

par Fernand BEAUREGARD
de notre bureau d'Ottawa

OTTAWA — Le premier ministre Trudeau a rejeté la principale recommandation de la commission royale d'enquête sur la sécurité qui aurait eu pour effet de créer un service de sécurité de composition entièrement civile, semblable à la C.I.A. aux Etats-Unis et au M.15 en Grande-Bretagne.

Par ailleurs, M. Trudeau a décidé d'accepter la recommandation des commissaires prévoyant la création d'un comité de révision des questions relatives à la sécurité de l'Etat.

Il est possible toutefois que les pouvoirs, la nature et le fonctionnement de ce comité diffèrent des volontés des commissaires.

Le premier ministre n'a toutefois pas parlé de la recommandation des commissaires au sujet de la mise sur pied d'un secrétariat de sécurité officiel au sein du bureau du Conseil privé.

Dans une longue déclaration en Chambre **(le 26 juin 1969)**, le premier ministre a tout d'abord exprimé la gratitude du gouvernement du Canada aux membres de la commission, MM. M.Q. MacKenzie, de Montréal, président; Yves Pratte, actuel président d'Air Canada, et M. J. Coldwell.

M. Trudeau a tenu à préciser tout d'abord que les opinions contenues dans le rapport sont ceux des commissaires eux-mêmes, ne lient le gouvernement d'aucune façon et que leurs recommandations ne seront pas toutes acceptées.

Mais il ajoute qu'un nombre appréciable d'entre elles seront à la fois acceptées et appliquées.

Le premier ministre fait sienne la déclaration suivante des commissaires: «Le Canada demeure la cible d'activités qui sont ou peuvent devenir subversives, de tentatives d'infiltration et d'opérations d'espionnage.»

Et il se dit d'accord avec leur conclusion: «On peut contester l'efficacité de ses responsabilités dans un domaine qui peut mettre en jeu les libertés fondamentales de l'individu.»

Trudeau: non au S.S.

Mais pour des raisons qu'il laisse inexpliquées, M. Trudeau s'oppose à la création d'un service de sécurité de facture civile complètement détaché de la RCMP et qui aurait entièrement juridiction sur toutes les enquêtes ayant trait aux questions de sécurité nationale.

M. Trudeau propose plutôt que ce service de sécurité soit créé à l'intérieur de la RCMP, moyennant certaines modifications de ses structures.

Et il précise: «Le gouvernement se propose donc, en complet accord avec la RCMP, de faire en sorte que la direction de la sécurité et des renseignements, au fur et à mesure de son évolution, en vienne à jouir, dans le cadre de la Gendarmerie, d'une certaine autonomie et d'une personnalité propre et à se conformer davantage, dans sa composition et sa nature, aux exigences de la sécurité nationale, telles que les ont définies les commissaires.» (...)

Il est ironique de constater que 15 ans plus tard, la dernière loi adoptée par un gouvernement dirigée par le premier Trudeau risque d'être une loi autorisant la création d'un organisme de sécurité...

Les nations prouvent qu'elles sont unies

Accord général sur la charte.

SAN FRANCISCO, 26 (B.U.P.) — A 10 h. 30, heure du Pacifique (1 h. 30, heure de l'Est), M. Wellington Koo, président de la délégation chinoise à la conférence de sécurité, a signé **(le 26 juin 1945)** la charte de l'organisme international de sécurité *(les Nations Unies)*, approuvée à l'unanimité à 10 h. 50 hier soir (heure de l'Est). C'est ainsi que la Chine, première victime de l'agression japonaise, a été le premier Etat à signer la charte destinée à prévenir les agressions.

M. Koo s'est dit très honoré et profondément ému en ce grand jour.

«J'ai, a-t-il déclaré, la confiance et la certitude que le nouvel organisme de sécurité, fondé sur la victoire de l'Europe et la défaite prochaine et définitive du Japon, pourra épargner à la postérité les horreurs de guerres répétées, lui assurant les bénédictions de la paix et de la prospérité.»

Le Canada est neuvième dans l'ordre des Etats signataires. Ses principaux délégués, le très hon. M. King et l'hon. M. Saint-Laurent, signeront en son nom la charte, le statut de la Cour internationale de justice, et l'accord sur la «commission préparatoire». (...)

La plus grande différence entre la charte du nouvel organisme et le pacte de l'ancienne Société des nations, c'est la disposition qui oblige les membres à garder les armées à la disposition du conseil de sécurité, pour appliquer les décisions de ce dernier, s'il le faut pour le maintien de la paix. La grande faiblesse de la Société des nations, c'était qu'elle manquait des moyens nécessaires pour imposer ses décisions.

Une autre différence, c'est que la Société des nations ne pouvait agir qu'en présence d'une agression déclarée. Le nouvel organisme peut intervenir dès que la paix est menacée, avant même tout acte de guerre. L'assemblée et le conseil de la Société avaient des pouvoirs analogues. Mais le conseil de sécurité n'aura qu'une fonction, la police du globe; sur la paix et la sécurité, l'assemblée n'aura que le pouvoir de délibérer et de recommander.

À Québec

Un ministère de l'Éducation

Le plus important projet de loi de la session, qui fusionne en fait le ministère de la Jeunesse et le Département de l'instruction publique, prévoit:

1 — une réorganisation complète des structures administratives de l'éducation,

2 — la mise en application de la première partie du rapport Parent sur l'enseignement,

3 — le remplacement par un nouvel organisme du Conseil de l'instruction publique qui présidait au sort de l'éducation depuis 107 ans,

4 — l'abolition du poste de surintendant de l'instruction publique.

L'opposition s'est étonnée du fait que le gouvernement entend faire adopter son bill au cours de la présente session.

QUEBEC — Le premier ministre M. Jean Lesage a présenté hier **(26 juin 1963)** à l'Assemblée législative le plus important projet de loi de toute la session, proposant la création d'un «ministère de l'Education et de la Jeunesse» et le remplacement du vénérable et puissant «Conseil de l'instruction publique» par un organisme de consultation appelé «Conseil supérieur de l'éducation».

Sous l'apparence bénigne de ses 13 pages le bill propose aux députés une réorganisation complète et radicale des structures administratives de l'éducation.

L'assemblée a adopté le bill en première lecture — ce qui n'est qu'une simple formalité préliminaire — mais ce n'est pas sans une certaine stupeur que l'Union nationale, qui forme l'opposition, s'est rendue compte que le gouvernement entend faire adopter son bill au cours de la présente session.

Le projet de loi découle de la décision du gouvernement du Québec d'appliquer immédiatement les recommandations de la première partie du rapport de la Commission royale d'enquête sur l'enseignement.

Au fait, le projet propose le fusionnement du ministère de la Jeunesse et du Département de l'instruction publique. Le ministre devient le seul grand responsable de l'enseignement.

Le poste de surintendant de l'instruction publique, créé en 1841, est aboli. Le Conseil de l'instruction publique, formé de tous les évêques catholiques de la province ecclésiastique de Québec, d'un nombre égal de laïcs catholiques, et d'un nombre de protestants égal à celui des laïcs catholiques, disparaît après avoir présidé au sort de l'éducation depuis 107 ans. (...)

Lesage déclare en Chambre

La SGF rendra possible la mise en marche d'une industrie sidérurgique

LE premier ministre Jean Lesage a qualifié d'historique hier soir **(26 juin 1962)**, le vote unanime accordé en deuxième lecture au bill no 50, prévoyant la création de la Société générale de financement.

Au cours de la discussion qui a précédé le vote, M. Lesage a en effet soutenu que ce projet de loi constituait «un instrument incomparable de projet économique». De l'autre côté de la Chambre, le leader de l'Union nationale, M. Daniel Johnson, tout en appuyant le projet de loi, qualifiait le bill no 50 de «décevant» et lui reprochait de «manquer de précision» et de «sentir l'improvisation».

M. Lesage a notamment affirmé que la Société générale de financement rendrait possible la création d'une vaste industrie de transformation, assurant un emploi aux travailleurs et la mise en marche d'une industrie sidérurgique intégrée. Il voit également dans la SGF la solution d'un problème fort ancien, car ce n'est pas d'aujourd'hui, dit-il, que la population québécoise déplore son absence du monde financier,industriel et commercial.

Quant au chef de l'opposition, il estime ce projet de loi décevant, parce qu'il n'y est aucunement question de l'établissement d'un complexe sidérurgique; parce que le ministre des Finances n'est autorisé qu'à souscrire cinq millions de dollars alors qu'on y parle d'un fonds social de $150 millions, et aussi parce que les Caisses populaires n'y pourraient souscrire guère plus de huit millions de dollars à l'heure actuelle. Un total de $13 millions, dit-il, nous sommes loin du complexe sidérurgique. (...)

BABILLARD

Une centenaire de plus

Le Centre d'accueil Sainte-Elisabeth, à Sainte-Elisabeth, est en liesse encore une fois aujourd'hui, alors qu'il célèbre le 100e anniversaire de naissance d'une de ses résidentes, Mme **Ida Viau-Viger.** Mme Viger est née à Boucherville, le 26 juin 1884. LA PRESSE profite de l'occasion pour lui offrir ses meilleurs voeux.

Avis au sujet des certificats

Le Service de la promotion de LA PRESSE se retrouve actuellement avec un problème qu'il voudrait bien éliminer. Parmi toutes les demandes reçues pour obtenir un des certificats tant recherchés de LA PRESSE, il arrive trop souvent qu'on oublie de mentionner une adresse de retour, de sorte qu'un nombre trop élevé de certificats «dorment» à LA PRESSE. Si vous avez fait la demande pour un certificat et si vous ne l'avez toujours pas reçu, il est fort possible que vous soyez du nombre de ceux dont nous n'avons pas l'adresse de retour. Dans un tel cas, n'hésitez pas à communiquer avec Guy Pinard, au 285-7070.

C'EST ARRIVÉ UN 26 JUIN

1980 — Le gouvernement provincial annonce la tenue d'une enquête sur les incidents de la mine Belmoral, dans le Nord-Ouest québécois.

1978 — Deux morts et 105 blessés dans la chute d'un *DC-9* d'Air Canada, à Toronto.

1978 — Une bombe placée par des terroristes explose au château de Versailles, l'un des plus beaux palais de France. L'explosion cause d'importants dommages à plusieurs pièces, statues et autres objets de valeur.

1977 — Un incendie à la prison de Colombia, au Tennessee, cause la mort de 43 personnes.

1975 — Selon des statistiques divulguées par la CECO, les consommateurs québécois ont acheté 20 millions de livres de viande vendue frauduleusement, sur une période de dix ans.

1973 — Me Jérôme Choquette, ministre de la Justice, annonce que le Québec réparera les torts qu'a dû subir Pacifique Plante.

1970 — Bernadette Devlin, membre du Parlement britannique, est incarcérée pour incitation à la violence. Des bagarres sanglantes éclatent à Belfast et à Londonderry où elles feront 6 morts et des centaines de blessés. — Le Parti communiste de Tchécoslovaquie expulse de ses rangs son ex-secrétaire général et instigateur du «printemps de Prague», Alexandre Dubcek.

1966 — Soixante-huit experts venus de 26 pays réclament la fin des essais atomiques souterrains.

1957 — Bain de sang sans précédent, en République populaire de Chine. Chou En-Laï révèle que des milliers de contre-révolutionnaires auraient été exécutés.

1948 — Début du pont aérien américain pour assurer le ravitaillement de Berlin isolé par les Soviétiques.

1947 — Mort à 77 ans de lord Richard Bedford Bennett, ex-premier ministre du Canada, qui avait dirigé le pays de 1930 à 1935.

1938 — On évalue à 300 000 le nombre de croyants qui participent à l'apothéose du Congrès eucharistique de Québec.

1934 — Sixto Escobar gagne le championnat du monde des poids coqs, à la boxe, en battant Baby Casanova, à Montréal.

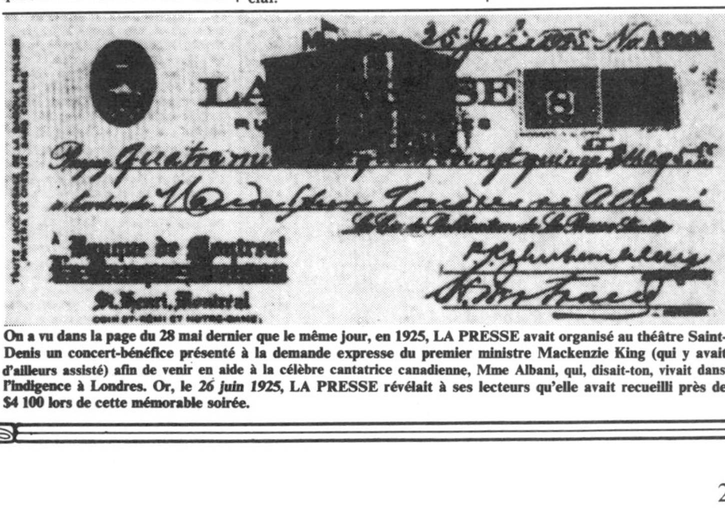

On a vu dans la page du 28 mai dernier que le même jour, en 1925, LA PRESSE avait organisé au théâtre Saint-Denis un concert-bénéfice présenté à la demande expresse du premier ministre Mackenzie King (qui y avait d'ailleurs assisté) afin de venir en aide à la célèbre cantatrice canadienne, Mme Albani, qui, disait-on, vivait dans l'indigence à Londres. Or, le *26 juin 1925*, LA PRESSE révélait à ses lecteurs qu'elle avait recueilli près de $4 100 lors de cette mémorable soirée.

LA PRESSE

100 ans d'actualités

LE CINEMATOGRAPHE

La photographie animée, une des merveilles de notre siècle.

DIRE que samedi soir **(27 juin 1896)** a eu lieu, au No 78 de la rue St-Laurent, devant un petit nombre de privilégiés, l'inauguration du cinématographe de M. Lumière, de Lyon, c'est annoncer en termes bien peu enthousiastes, une grande chose, un événement des plus intéressants. On est arrivé à rendre la photographie animée. Cette merveilleuse découverte, fruit de savantes expériences, de patientes recherches, est une des plus étonnantes de notre siècle, pourtant si fécond en surprises, en victoires sur les mystères de l'électricité.

Nous avons eu d'abord le télégraphe, puis le téléphone, puis le kynétoscope d'Edison, et, maintenant, nous sommes arrivés au cinématographe. Où s'arrêtera-t-on?

Jusqu'ici, la photographie ne reproduisait les êtres que dans l'immobilité; aujourd'hui, elle les saisit en quelque sorte au passage, dans leurs mouvements si rapides, et variés qu'ils soient, et en donne l'image vivante, animée.

L'instrument fonctionne avec une rapidité telle que, dans l'espace d'un quinzième de seconde, il peut reproduire 960 mouvements difficiles. C'est ainsi que, dans la salle citée plus haut, l'on a rendu, comme dans une espèce de fantasmagorie étrange, des scènes prises en divers endroits de la France.

Ce fut d'abord l'arrivée d'un train à Lyon-Perrache. On voyait les voyageurs attendant sur la plate-forme. Bientôt apparaît le convoi dans le lointain; il approche en grossissant; il vient avec rapidité; on voit sortir la vapeur et la fumée de la locomotive. Il arrive, s'arrête; les portières s'ouvrent et l'on assiste à la scène qui se passe pendant le temps d'arrêt; des voyageurs descendent, d'autres montent; on se presse, on se bouscule; vous distinguez chacun des personnages. Rien de plus vivant; vous êtes vraiment à la gare. Le train part et tout disparaît.

Les invités ont ensuite assisté à une charge de cuirassiers. (...) Et la mer? Nous l'avons vue, non pas dans une image immobile, mais roulant ses flots; nous avons vu ses vagues déferlant mollement sur la plage, en se brisant sur les rochers; puis retombant en flots d'écume. Rien de plus frappant. Ça rafraîchit, s'est écrié un doux loustic.

Puis ce fut une autre charge de cavalerie; une partie d'écarté entre M. Lumière et des amis dans un jardin; la mimique de deux prêtres; la démolition d'un mur; un exercice de voltige et autres scènes tout aussi vivantes.

Ces scènes sont reproduite sur un écran, comme on le fait pour les représentations avec la lanterne magique.

MM. *(Louis)* Minier et *(Louis)* Pupier, qui ont installé l'appareil, ici, n'entendaient pas arriver d'un seul coup à la perfection; mais simplement faire une expérience toute scientifique; les trépidations de l'instrument, par exemple, fatiguaient l'oeil, nuisaient à la netteté de la perception et parfois, donnaient aux objets cette teinte vague de choses entrevues comme un rêve; mais, malgré ces légères imperfections inhérentes à tout début et qui peuvent facilement se corriger, on peut dire que le résultat obtenu est vraiment étonnant. Pour rendre l'illusion complète, il ne manquait que les couleurs et le phonographe, reproduisant les sons. On y arrivera, sous peu, croit-on.

INAUGURATION DU PLUS HAUT EDIFICE DE L'EMPIRE BRITANNIQUE

Aux accords de la fanfare du régiment de Maisonneuve, l'inauguration officielle du nouvel édifice de la Banque Canadienne Impériale de Commerce a eu lieu hier soir *(27 juin 1962)* en présence de nombreuses personnalités du monde de la finance et du gouvernement. Le maire Jean Drapeau a coupé le ruban traditionnel et a déclaré que le nouvel immeuble de 43 étages «symbolise le progrès de Montréal et la confiance des hommes d'affaires canadiens en son avenir». (...) Le gratte-ciel, situé boulevard Dorchester à côté du square Dominion, est l'immeuble à mur-écran préfabriqué le plus élevé du monde avec ses 604 pieds. 17,000 tonnes d'acier à structure et 40,000 verges cubes de béton sont entrées dans sa construction et l'éclairage est assuré par tubes fluorescents qui formeraient une longueur de 5 milles. La construction avait débuté en octobre 1959.

L'histoire du cinéma canadien corrigée grâce à LA PRESSE

*L'article cité ci-dessus a été reproduit sur la page frontispice du magazine anglophone **Cinema**. Et dans la même édition, celle de juin, Germain Lacasse, grâce à cet article, est en mesure d'affirmer que la première représentation cinématographique avait eu lieu à Montréal le 27 juin 1896, et non à Ottawa le 20 juillet 1896 comme l'a toujours cru le milieu anglophone.*

C'est aussi grâce à M. Lacasse si nous avons pu retracer un autre article de LA PRESSE, publié celui-là le 12 juin 1897, donc environ un an plus tard, et dans lequel on fait longuement état d'un film promotionnel montrant à l'oeuvre deux petits camelots, et présenté au théâtre Royal.

Voyons d'ailleurs une partie de cet article du 12 juin 1897 au sujet du film promotionnel, sans doute un des premiers, sinon le tout premier projeté au Canada:

LA scène représente la rue St-Jacques, près du bureau de poste. Il est à peu près sept heures, mais les passants sont encore nombreux. Un jeune garçon, tenant un gros paquet de journaux sous son bras, les offre en vain aux gens qui passent. Ceux-ci regardent le nom de son journal, puis après un regard de dédain, continuent leur route.

C'est à peine si de loin en loin le malheureux peut placer un misérable numéro à un étranger qui ne connaît pas les journaux de Montréal. Découragé, le jeune garçon s'assied sur les degrés de l'escalier du bureau de poste, songeant aux mauvais traitements qui l'attendent s'il rentre à la maison sans avoir vendu ses journaux. A quelques pas de lui, un de ses compagnons est mieux favorisé. Il n'a qu'à annoncer son journal pour voir presque tout son assortiment s'écouler en quelques instants. Les passants l'entendent crier son journal, mettent d'avance la main à la poche et prenant le journal au passage, ils s'en vont en lisant. Le mieux favorisé des deux vendeurs de journaux aperçoit son camarade qui se désespère; il s'approche de lui, lui donne une partie de ses recettes et lui dit: «Vends "La Presse" demain, et tu ne seras plus dans l'embarras».

Si jamais l'un des lecteurs de cette page savait si ce bout de film promotionnel existe toujours, qu'il nous le fasse savoir avec la plus grande célérité possible. Quel merveilleux souvenir ce serait pour les artisans du plus prestigieux quotidien français d'Amérique!

LA PRESSE, EDIT. QUOT.—MONTREAL SAMEDI 27 JUIN 1914

L'Ouverture Officielle de la Route de la Presse

Ce beau tronçon de la grande voie internationale Edouard VII a été substitué au raboteux chemin d'autrefois qu'on a fermé à la circulation.— Une belle initiative et un grand succès

DANS son édition du **27 juin 1914**, LA PRESSE consacrait sa première page à la route de la «Presse» récemment ouverte à la circulation à la suite d'un «ordre spécial du conseil de ville de la municipalité de Longueuil». La route connue sous le nom de «La Presse» (pour la bonne raison que le journal s'était substitué à la municipalité de Longueuil en assumant la responsabilité technique et les coûts de sa construction) était en fait la continuation vers LaPrairie du boulevard Edouard VII, à partir du Old Country Club *(aujourd'hui le Club de golf de Saint-Lambert)*. La construction de ce tronçon de route avait coûté $9 551,12 à la direction de LA PRESSE, qui voulait ainsi donner l'exemple dans sa campagne pour l'amélioration des routes au Québec. Les habitués du secteur constateront que cette route existe toujours sous le nom de «Riverside Drive», entre de Bretagne et le boulevard Simard.

Victoire écrasante de Louis Saint-Laurent

LORS des élections générales du ***27 juin 1949*** au Canada, les libéraux de Louis Saint-Laurent récoltèrent une victoire écrasante sur les conservateurs, avec une majorité de 124 sièges et une supériorité dans neuf des dix provinces! M. Saint-Laurent avait été élu à la succession de William Lyon Mackenzie King au poste de chef du Parti libéral et de premier ministre du Canada le 7 août 1948 et il avait attendu près d'un an après la convention libérale avant de déclencher des élections générales. Quelque deux décennies plus tard, dans des conditions presque similaires, Pierre Elliott Trudeau héritait du même type de succesion des mains de Lester B. Pearson le 6 avril 1968. Quinze jours plus tard, soit le 23, il déclenchait des élections qu'il enlevait haut la main le 25 juin suivant, dans le sillage de la Trudeaumanie. C'est entre ces deux tactiques que John Turner hésite, lui qui se trouve dans une situation identique à celles de MM. Saint-Laurent et Trudeau.

C'EST ARRIVÉ UN 27 JUIN

1980 — Le Parlement canadien adopte officiellement « O Canada » comme l'hymne officiel du pays.

— L'écrivain Roger Lemelin, président et éditeur de LA PRESSE, accède à l'Ordre du Canada à titre de « compagnon ».

1978 — Au Canada, la Cour fédérale déboute l'Association des Gens de l'Air du Québec de leur appel d'une ordonnance du ministère des Transports prohibant l'usage du français entre pilotes et contrôleurs aériens francophones.

1976 — Un commando palestinien détourne un avion d'Air France en route pour Athènes vers l'aéroport d'Entebbe, en Ouganda.

— Le Portugal tient ses premières élections présidentielles libres depuis 50 ans.

1974 — Début de la grève des autobus et du métro à Montréal.

1973 — Le Conseil de presse du Québec se met en marche à la suite de la nomination de six représentants du public.

1969 — On rend un dernier hommage à la chanteuse Judy Garland, à New York.

1958 — Un avion-citerne *KC-135* relie New York à Londres en un temps record de cinq heures et 22 minutes.

1950 — Le Conseil de sécurité des Nations-Unies demande aux membres d'aider la Corée du Sud; les États-Unis acceptent d'envoyer des troupes.

1946 — L'annonce d'une hausse des exemptions d'impôt se traduira par une réduction de 600 000 du nombre des contribuables canadiens précédemment requis de payer des impôts.

1944 — Les alliés libèrent Cherbourg. Le lieutenant général Wilhelm von Schleiben se trouve parmi les 30 000 prisonniers allemands.

1939 — Le *Yankee Clipper* de la Pan-American Airways arrive à Foynes, en Eire, au terme du premier voyage transatlantique d'un avion transportant du courrier.

BABILLARD

Des noces d'or

Les descendants de Martin Singher et de Dolorès Saucier célèbrent aujourd'hui les noces d'or de leurs parents. C'est en effet le 27 juin 1934 que les époux Singher ont uni leurs destinées en l'église de l'Immaculée-Conception. LA PRESSE leur souhaite encore beaucoup d'années de bonheur.

LA PRESSE

100 ans d'actualités

UN NOUVEAU DRAME ASSOMBRIT LE REGNE DE FRANCOIS-JOSEPH

L'archiduc François-Ferdinand, héritier présomptif du trône d'Autriche-Hongrie, et sa femme, la duchesse de Hohenberg, ont été assassinés à Sarajevo, en Bosnie.

SARAJEVO, Bosnie, 29. - L'héritier du trône d'Autriche-Hongrie, l'archiduc François-Ferdinand, et son épouse morganatique, la duchesse de Hohenberg, ont été assassinés hier **(28 juin 1914)** alors qu'ils passaient dans les rues de Sarajevo *(on utilisait dans les articles d'époque l'orthographe «Sarayevo»)*, capitale de la Bosnie. C'est un jeune étudiant serbe qui a commis les deux crimes et a, aussi, ajouté une nouvelle tragédie à la longue liste de celles qui ont assombri le règne de l'empereur François-Joseph.

L'archiduc et la duchesse étaient à faire leur visite annuelle dans les provinces annexées de Bosnie et d'Herzégovine.

Une bombe fut d'abord lancée sur l'automobile portant les illustres visiteurs vers l'hôtel municipal. Mais l'archiduc, qui savait qu'une tentative d'asssassinat était à craindre, avait l'oeil ouvert, et il put éviter le projectile.

L'archiduc a reçu une balle en pleine figure, et la duchesse a été frappée à l'abdomen et à la gorge. A peine les deux blessés étaient-ils arrivés au palais, qu'il devint évident que leurs blessures étaient mortelles.

Les deux assaillants n'avaient pas voulu manquer leur coup; l'un était armé d'un pistolet, et l'autre tenait cachée sous son habit une bombe.

La bombe fut lancée contre l'automobile de l'archiduc (...) mais comme nous l'avons dit, François-Ferdinand avait eu le temps d'apercevoir le mouvement et étendant le bras, il fit dévier la bombe de la direction dans laquelle elle avait été lancée.

Elle fit explosion à quelques mètres de l'automobile et blessa légèrement deux aides-de-camp, le comte de Boos-Waldeck et le colonel Merizzo.

C'est donc en revenant de la réception, que l'archiduc et la duchesse furent assassinés. Comme l'automobile passait devant la foule, un étudiant, Gavrilo Princip, sortit de la foule et tira plusieurs coups de feu sur l'archiduc et la duchesse. Tous deux tombèrent mortellement blessés.

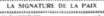

François-Ferdinand, prince héritier d'Autriche.

Princip et un autre individu, un nommé Chabrinovich, de Tessinie, ont failli être lynchés par la foule, mais la police eut le temps de les arrêter. Tous deux sont nés dans l'Herzégovine.

EMOI EN EUROPE

Vienne, Autriche, 29. - L'assassinat du prince héritier François-Ferdinand (...) a jeté la consternation dans le monde politique, la situation qui fut créée par la mort tragique de l'archiduc Rodolphe se répète aujourd'hui.

L'archiduc François-Ferdinand, quand il devint l'héritier présomptif du trône d'Autriche-Hongrie, n'était guère plus connu que l'archiduc Charles, aujourd'hui, mais alors, l'empereur François-Joseph pouvait espérer un long règne. Avant longtemps, l'empire devra être gouverné par un prince sans expérience. François-Ferdinand, depuis une vingtaine d'années, s'était toujours tenu en contact avec le monde parlementaire et il ne le cédait, en influence, qu'à l'empereur François-Joseph.

L'archiduc François-Ferdinand avait formellement renoncé, au nom de ses enfants, au droit à la couronne. Or, les lois hongroises ne reconnaissent pas une telle disqualification, et advenant la division de la monarchie dualiste, le fils de François-Ferdinand pourrait aspirer au trône.

La mort de François-Ferdinand jettera tout le fardeau du gouvernement sur le vieux monarque François-Joseph, dans un moment où il est impossible de prédire quel résultat aura la disparition tragique du malheureux prince.

L'archiduc François-Ferdinand était une haute personnalité dont l'influence était presque sans borne, dans les milieux militaires. Il était doué d'une énergie à toute épreuve et il comptait sur l'appui d'une grande partie du clergé. Il ne voulait pas la séparation de l'Autriche et de la Hongrie. Il était favorable au projet de rendre au pape son pouvoir temporel et c'est ce qui avait grandement contribué à soulever contre lui des haines en Italie.

Par cette attitude, il mettait en péril l'alliance italienne. Pour contrebalancer l'influence hongroise, François-Ferdinand songeait, assure-t-on, à une alliance avec les races slaves du nord. En tout cas, ce qui est certain, c'est qu'il voulait à tout pris augmenter l'influence de l'Autriche dans les Balkans. Ainsi s'explique l'hostilité de la Serbie.

Cet incident a servi de détonnateur à la première Grande guerre, puisqu'un mois plus tard, l'Autriche-Hongrie déclarait la guerre à la Serbie, qui fit appel à la Russie pour combattre ses adversaires. Le 1er août, l'Allemagne et la Russie étaient en guerre, et les 3 et 4 août, l'Allemagne s'attaquait à la France, puis à la Belgique.

Enfin, on notera que le Traité de Versailles mettant officiellement fin à la guerre fut signé le ***28 juin 1919****, soit cinq ans jour pour jour après l'incident de Sarajevo. On peut résumer le traité de Versailles de la manière suivante: L'Allemagne cède l'Alsace et la Lorraine à la France, ainsi que Moresnet, Eupen et Malmedy à la Belgique. La Saar est placée sous administration internationale pour 15 ans. Posen et la Prusse occidentale passent à la Pologne, tandis que Memel et les colonies allemandes passent aux Alliés. Danzig devient un Etat libre, et Schleswig décidera de sa nationalité par plébiscite. L'Allemagne payera des réparations et accepte que le kaiser soit traduit devant les tribunaux.*

LA SIGNATURE DE LA PAIX

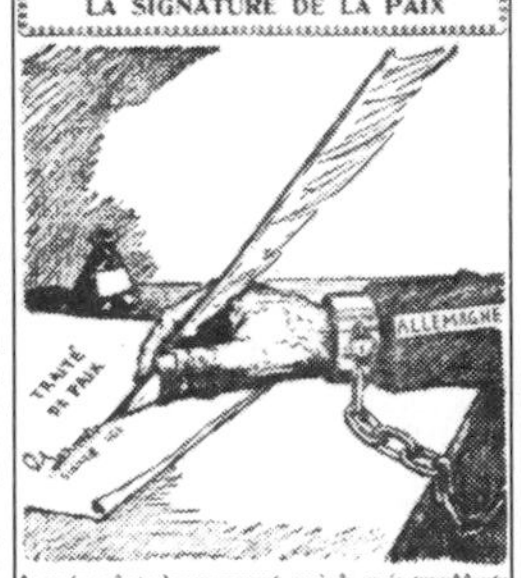

Le poing n'est plus menaçant, mais la main tremblante

La signature de la paix vue par un caricaturiste.

Le *28 juin 1981*, Terry Fox perdait sa dernière bataille contre le cancer dans un hôpital de New Wesminster, en Colombie-Britannique, après avoir supporté son terrible mal avec courage jusqu'à la fin. D'ailleurs, ce jeune Canadien qui avait émerveillé tous ses concitoyens l'année précédente, n'en était pas à son premier geste courageux. Le 12 avril 1980, ce jeune unijambiste alors âgé de 21 ans quittait Saint-Jean, à Terre-Neuve, avec l'intention de traverser le Canada d'un océan à l'autre sur sa prothèse, un périple de 8 480 km que bien des marcheurs avec deux jambes en bonne santé n'oseraient même pas contempler. Appelé le « marathon de l'Espoir », son défi avait pour objectif de ramasser des fonds afin de combattre le cancer, cette terrible maladie responsable de l'amputation de sa jambe droite, en 1977, et qu'il n'avait pas complètement vaincue. Terry Fox n'a pas pu compléter son périple; il dût s'arrêter à Thunder Bay le 1er septembre, après avoir franchi 4 800 km. Mais entre Saint-Jean et Thunder Bay, il avait gagné l'admiration de tout un peuple, ému par son indomptable courage et sa foi inébranlable.

Au procès de Ward: révélations sordides

Christine et Mandy racontent leurs amours tumultueuses et commerciales

LONDRES, (AFP) - La première journée **(le 28 juin 1963)** de l'enquête publique sur les activités de Stephen Ward, ostéopathe très connu et peintre de talent, évoluant avec la même aisance dans les milieux les plus fermés de la «haute société» et dans les bas-fonds de Londres, a été marquée par une série de révélations sordides où les noms de lord Astor propriétaire du célèbre domaine de Cliveden et membre du conseil d'administration du grand hebdomadaire britannique «Observer», de Douglas Fairbanks junior, comédien, producteur de cinéma, membre de nombreux conseils d'administration, de John Profumo, ex-ministre de la Guerre, et d'Eugene Ivanov, ancien attaché naval soviétique à Londres ont été mêlés à ceux d'entremetteurs, de rabatteurs, de prostituées et d'organisateurs de parties fines.

Trois personnes ont tenu la vedette au cours des deux audiences. D'abord le représentant de la Couronne. M. Mervin Griffith-Jones, puis les deux hétaïres de haut vol que sont Christine Keeler et Mandy Rice-Davies, deux noms qui alimentent la chronique depuis décembre dernier.

Pour le procureur qui a rassemblé un dossier accablant de documents policiers et qui, dès cette première journée, va les étayer par des témoignages, les activités de Stephen Ward ont été singulières, allant du proxénitisme à l'organisation d'ébats multilatéraux à équipes mixtes où le fouet jouait un grand rôle, jusqu'aux miroirs pour voyeurs.

Chritine Keeler est venue à son tour déposer. Belle fille. ses longs cheveux roux cachant une partie de son visage, elle est entrée sans gêne apparente dans le vif du sujet: ses activités horizontales.

Elle n'a laissé aucun mystère planer sur ses rapports avec Ward. «Je le considérais comme un frère aîné». Un frère pour qui elle avait cependant des faiblesses financières et des complaisances, puisqu'elle recrutait pour lui des sujets de choix que Ward, en connaisseur, cataloguait, après les avoir essayés, «bons, mauvais, quelconques», parfois aussi «splendides».

Petite fille issue d'une banlieue triste de Londres, Christine Keeler évoluait avec aisance aussi bien dans la «gentry» ou le «smart jet» que dans les basfonds londoniens ou dans le milieu des petites vendeuses.

De riches amants l'entretenaient. Lord Astor paya le loyer de son appartement lorsqu'elle se décida à vivre séparée de Ward «afin d'apprendre à se débrouiller seule». L'ancien ministre de la Guerre, John Profumo, lui fit quelques cadeaux, mais , vertueusement, elle ajoute: «Je les remis à ma pauvre mère». Quant à Ivanov, le mystérieux attaché soviétique, elle affirme ne l'avoir eu dans son lit qu'une seule fois.

A la conquête de Londres

Mandy, elle est mineure. Elle vint à Londres à l'âge de seize ans, juste le jour de son anniversaire. Dans un établissement de nuit où elle travaillait comme «artiste», elle fit la connaissance de Christine. Toutes deux partirent de concert à la conquête de Londres. Avec autant d'inconscience que de cynisme. Mandy, jolie blonde discrètement vêtue a, elle aussi, donné son curriculum vitae. Elle a été plus brève que Christine Keeler. Elle n'est en effet que second rôle mais on sent à la voir et à l'entendre qu'elle grille de jouer, elle aussi, les «premiers grands rôles».

La Charte des droits maintenant en vigueur

QUEBEC — Le ministre provincial de la Justice, Gérard-D. Lévesque, a promulgué hier **(28 juin 1976)** la Charte des droits et libertés de la personne.

La Commission des droits de la personne, qui est rattachée administrativement au ministère de la Justice, entreprend donc officiellement ses activités.

Le but de la Charte est de reconnaître ou de faire reconnaître devant les tribunaux les principaux droits et libertés de la personne.

La Charte interdit particulièrement la discrimination dans tous les secteurs d'activité, y compris les relations de travail, l'accès aux lieux publics, les salaires. La discrimination se définit comme étant une distinction exclusive ou préférence basée sur la race, la couleur, le sexe, l'état civil, la religion, les convictions politiques, la langue, l'origine ethnique ou nationale, ou la condition sociale.

La Charte garantit également les droits politiques, judiciaires, économiques et sociaux des citoyens.

La Commission des droits de la personne a été créée pour promouvoir la Charte, faire des recommandations au gouvernement quant aux lois antérieures allant à l'encontre de la Charte, et enquêter dans les cas de discrimination et d'exploitation. (...)

BABILLARD

■ LA PRESSE à Anjou

Bibliothèque municipale d'Anjou **— Dans le cadre de ses soirées d'animation, la bibliothèque rend hommage à LA PRESSE, en l'invitant à y exposer une collection de caricatures et de premières pages. Jusqu'au 6 juillet inclusivement.**

ACTIVITÉS

Joyeux centenaire!

Une résidente du Centre d'accueil Thérèse-Martin, à Rivière Ouelle, célèbre aujourd'hui son centième anniversaire de naissance puisqu'elle est née le 28 juin 1884, dans la ville où elle réside toujours. Cette nouvelle Québécoise centenaire s'appelle Antonia Lizotte-Beaulieu. LA PRESSE se joint à ses parents et à ses amis pour lui offrir ses meilleurs voeux de santé.

Premier train pour Vancouver

LE premier train du chemin de fer Canadien du Pacifique, pour Vancouver, a quitté la gare Dalhousie à 8 heures lundi soir **(28 juin 1886)**. Il y avait plus de deux mille personnes présentes, parmi lesquelles on remarquait Son Honneur le maire Beaugrand, les membres du conseil de ville de Montréal et nombre de citoyens distingués.

La compagnie du Pacifique était représentée par ses principaux officiers, MM. W C Van Horne, T G Shaughnessy, G W Sweet et George Olds. Parmi les dames présentes se trouvait Mme Van Horne.

Au moment du départ du train, la batterie de campagne du colonel Stevenson, postée sur le mur de revêtement en face des hangars de la compagnie du Pacifique, tira une salve d'une quinzaine de coups de canons. La foule de son côté poussa des hourras enthousiastes en agitant des mouchoirs.

Le train se composait de 2 wagons à bagages, d'un wagon pour les malles, d'un wagon de première classe, d'un wagon dortoir et de plusieurs wagons d'émigrants.

C'EST ARRIVÉ UN 28 JUIN

1981 — Au moins 18 députés, y compris le premier ministre Ali Radjai, meurent dans un attentat terroriste à Téhéran, en Iran.

1978 — La princesse Caroline, de Monaco, épouse l'homme d'affaires français Philippe Junot, à Monte Carlo, lors d'une cérémonie civile (le mariage religieux aura lieu le lendemain).

1978 — Comparution de quatre personnes au sujet de l'enlèvement de Charles Marion, survenu le 6 août 1977.

1978 — Ottawa acquiesce à la demande de Québec d'intervenir dans l'affaire Maschino, enlevée par son frère et transportée en Afrique du Nord contre son gré.

1976 — Fin d'une grève de neuf jours par les pilotes de ligne canadiens. Ces derniers, appuyés plus tard par les contrôleurs aériens, voulaient protester contre le programme fédéral visant à accroître l'usage du français dans les aéroports du Québec.

1974 — Fin d'une grève qui durait depuis le 16 mai à l'hôpital Notre-Dame de Montréal.

1973 — Dans un rapport déposé aux Communes, le gouvernement fédéral annonce son intention d'augmenter ses redevances sur le pétrole et le gaz.

1971 — Joe Colombo, reconnu comme un des chefs de la mafia new-yorkaise, est abattu à New York. — Le gouvernement canadien décide de contrôler plus rigoureusement l'usage des tables d'écoute, afin de protéger les libertés des citoyens.

1967 — La décision du gouvernement israélien de fusionner les deux secteurs de Jérusalem soulève l'ire du monde arabe.

1965 — Inauguration d'un service téléphonique commercial utilisant le satellite américain *Early Bird*, entre le Canada et la Grande-Bretagne.

1956 — Début de la révolte des travailleurs de Poznan, en Pologne. Ils envahissent les quartiers généraux de la police polonaise et de l'Union communiste des travailleurs. Les morts et les blessés se comptent par centaines.

1955 — Un bombardier britannique établit un nouveau record en reliant Ottawa et Londres en six heures, 42 minutes et 12 secondes.

1952 — La police doit intervenir pour libérer les députés sud-coréens séquestrés par la foule à l'intérieur du parlement de Séoul.

1950 — Séoul tombe aux mains des Coréens du Nord.

1948 — Rupture entre Staline et Tito: la Yougoslavie se proclame indépendante de l'influence soviétique après avoir été expulsée du Cominform pour de prétendues erreurs idéologiques.

1944 — Le gouvernement d'Adélard Godbout dissout les deux Chambres et déclenche des élections provinciales, au Québec.

1940 — On annonce que le contre-torpilleur canadien *Fraser* a coulé à la suite d'une collision. L'accident a fait 45 morts. — Le gouvernement britannique reconnaît le général Charles de Gaulle comme « chef de tous les Français libres ».

1926 — Le premier ministre Mackenzie King remet sa démission au gouverneur général lord Byng. Ce dernier l'accepte, mais refuse de dissoudre les Chambres et demande au chef conservateur Arthur Meighen de former un gouvernement.

1922 — La guerre civile se déroule furieusement à Dublin.

1905 — La révolte éclate à bord du cuirassé russe *Kniatz Potemkine* et tôt après, le drapeau rouge flotte à Odessa.

LA PRESSE

100 ans d'actualités

Guy Favreau démissionne

Le juge Dorion est convaincu que Me Denis a bien offert les $20,000

par Jacques Pigeon

OTTAWA — Le dévoilement du contenu du rapport Dorion **(le 29 juin 1965)**, sur l'affaire Rivard, a sérieusement ébranlé l'administration libérale et forcé le premier ministre à accepter la démission de M. Guy Favreau du poste de ministre de la Justice.

Face aux regards inquisiteurs de l'opposition, M. Lester B. Pearson a réaffirmé sa foi absolue en l'intégrité et l'honnêteté du député de Papineau et déclaré qu'il lui confiera sous peu un autre portefeuille.

Ce sont les critiques du rôle de M. Favreau contenues dans le rapport Dorion, qui ont entraîné cette suite d'événements inattendus. Le juge soutient que le ministre de la Justice aurait dû, avant de prendre la décision de ne pas porter d'accusations contre Me Raymond Denis, soumettre d'abord le dossier aux conseillers juridiques de son ministère.

Aujourd'hui, le commissaire croit qu'une preuve «prima facie» (à première vue) a été établie devant lui selon laquelle Me Raymond Denis, alors chef de cabinet du ministre de l'Immigration, a offert un pot-de-vin de $20,000 à Me Pierre Lamontagne pour que ce dernier ne s'oppose pas à la libération sous caution du présumé trafiquant de drogues Lucien Rivard.

Par ailleurs, le juge estime que le ministre de la Justice était «justifiable», en septembre dernier, de croire qu'une plainte portée contre Me Denis serait difficilement prouvée devant les tribunaux».

La RCMP est critiquée

Dans ce rapport lourd de conséquences politiques et juridiques, la conduite de la RCMP n'échappe pas aux critiques du juge Frédéric Dorion. Ce dernier blâme la «force» tout au long du document et parle des «graves conséquences» que peuvent entraîner certains de ses actes.

Le ministre, dit le juge, n'avait certes pas une connaissance suffisante du dossier pour prendre la décision qui s'imposait mais cependant «était sous l'impression que les officiers de la RCMP lui avaient exposé tous les faits pertinents à l'affaire.»

Peu après sept heures hier soir, M. Pearson a déclaré que le gouvernement a demandé au sous-ministre de la Justice d'étudier le cas de Me Raymond Denis pour déterminer si l'on doit ou non porter une plainte devant les tribunaux. Le premier ministre a promis de prendre «toutes les mesures qui s'imposeront dans les autres cas». (...)

La démission dramatique du ministre de la Justice a presque éclipsé le rôle de premier plan du député de Dollard, M. Guy Rouleau, que le juge critique très sévèrement dans son rapport.

L'ex-secrétaire parlementaire du premier ministre a tenté, dit le juge, d'utiliser l'influence que lui procurait sa fonction pour tenter d'obtenir l'admission à caution de Lucien Rivard.

L'intervention de M. Rouleau constitue certainement un acte répréhensible, affirme le commissaire, mais ne contient pas les éléments nécessaires à la perpétration d'une infraction criminelle.

Dans son rapport, le juge Dorion tient à souligner que la conduite de l'autre ministre dont le nom a été mêlé à l'affaire, soit M. René Tremblay, alors ministre de l'Immigration et patron de M. Denis, «a été absolument irréprochable».

Les épithètes que le juge ajoute aux noms de Robert Gignac et Eddy Lechasseur et de Mme Lucien Rivard n'ont rien d'élogieux mais sont éloquents. Le témoignage de l'épouse du célèbre évadé «est un tissu de mensonges» et les deux autres se sont parjurés à maintes reprises.

Le juge affirme également que Guy Masson, l'entremetteur libéral, et Raymond Denis ont tous deux menti. On sait que Guy Masson a déclaré à l'enquête avoir dit à son ami Raymond Denis que $50,000 à $60,000 étaient disponibles pour la caisse du parti libéral. Bien plus, Masson a, de son propre aveu, offert ces derniers au trésorier du parti, le sénateur Louis-P. Gélinas, qui a cependant refusé de le rencontrer.

Moins de trente-six heures avant l'ajournement de la session, ce rapport tant attendu a quand même eu l'effet d'une **bombe. M. Guy Favreau était des** plus confiants avant sa publication, mais hier après-midi, quelques minutes après que M. Pear**son l'eût rendu public,** il s'est précipité dans le bureau du premier ministre, une lettre de démission à la main. C'est là que M. Pearson l'a convaincu d'accepter un autre poste au sein du gouvernement.

Le ministre de la Justice Guy Favreau vient de remettre sa démission au premier ministre Lester B. Pearson.

Projet de mise en valeur immobilière du secteur de l'avenue McGill College

par Claude Beauchamp

LES plans d'un gigantesque projet de mise en valeur immobilière, que ses auteurs qualifient de l'un des plus audacieux jamais entrepris sur le continent nord-américain, ont été dévoilés hier **(29 juin 1965)** à Montréal.

Englobant le quadrilatère formé par les rues Sherbrooke, Université, Ste-Catherine et Mansfield, ce projet de nouvelles constructions et de rénovation urbaine couvre presque 20 acres de terrain dans le centre des affaires et sa réalisation complète nécessitera des mises de fonds se totalisant à quelque $125,000,000.

La mise en valeur sera principalement entreprise par The T. Eaton Co. Limited et First National Property Corporation, qui ont formé, à cette fin, la société Mace Development Ltd., qui deviendra propriétaire des terrains et sera chargée de la réalisation du projet. First National Property Corporation est une filiale de Metropolitan & Provicial Properties Limited de Londres. C'est le délégué commercial du Québec à Londres, M. Hughes Lapointe, qui a fait le lien entre les sociétés britanniques et canadiennes intéressées au projet.

Un boulevard de 115 pieds de largeur

Le point principal de la proposition soumise par Mace Development Ltd. est la création d'un immense boulevard, 115 pieds de largeur, s'étendant sur toute la longueur de l'actuelle avenue McGill College, depuis la Place Ville-Marie jusqu'à l'entrée de l'université McGill. Ce boulevard sera bordé d'arcades et divisé en son centre par une série de mails ombragés qui, séparant les voies carossables, minimiseront les effets de la circulation routière. L'élargissement de l'avenue McGill College permettra également d'avoir une vue sur le Mont-Royal à partir de ce centre des affaires.

L'idée de ce projet n'est pas nouvelle, un urbaniste au service de la Ville de Montréal l'ayant proposée dès 1946, mais la construction du métro lui a donné une nouvelle impulsion. En effet, selon les promoteurs du projet, le commerce au détail se déplacera au nord de la rue Sainte-Catherine. On projette donc d'établir un axe nord-sud, au niveau de l'avenue McGill College. (...)

Première phase du projet en septembre

La première phase de la construction du développement commencera au plus tard en septembre prochain et on prévoit qu'elle sera terminée au printemps de 1967.

Cette première phase, qui nécessitera des investissements de $30,000,000, comprend la construction d'un nouvel immeuble Eaton sur le terrain situé au nord du magasin actuel, de la majeure partie de l'édifice abritant la Galerie Victoria, et d'un édifice à bureaux professionnels de 15 étages, qui sera érigé au coin nord-ouest de la rue Université et de l'avenue Kennedy. (...)

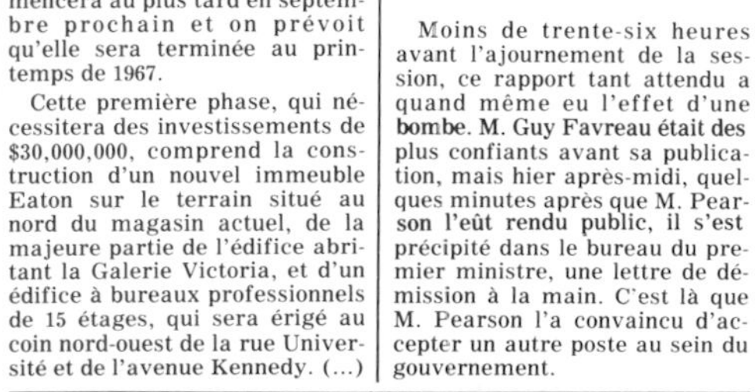

Les trois cosmonautes soviétiques, que l'on voit ici durant leur entraînement, ont été trouvés morts à bord de la capsule *Soyouz II*, après son atterrissage, hier *(29 juin 1971)*, au retour d'un voyage dan l'espace qui leur avait permis d'établir un record d'endurance de 24 jours. Il s'agissait, dans l'ordre habituel, de l'ingénieur Vladislav Volkov, du commandant Georgi Dobrovolsky et de l'ingénieur Viktor Patsayev. En ouvrant l'écoutille à la suite d'un atterrissage sans failles, les techniciens ont trouvé attachés à leurs sièges, et sans vie, les trois cosmonaute qui avaient communiqué avec le contrôle terrestre pour la dernière fois au moment d'allumer les rétrofusées destinées à ralentir la capsule lors de la rentrée dans l'atmosphère.

Page consacrée aux yachts luxueux et publiée le *29 juin 1907*.

Ouverture du pont Champlain

par Denis MASSE

LE pont Champlain sera ouvert à la circulation aujourd'hui **(29 juin 1962)** à partir de 4 **heures de** l'après-midi.

Cette nouvelle, qui réjouira nombre d'automobilistes, a été annoncée hier par le directeur du port de Montréal, M. Guy Beaudet, au nom du Conseil des ports nationaux qui administrera le nouveau pont.

L'ouverture du pont, a souligné M. Beaudet, se fera donc trois mois plus tôt que prévu. Une cérémonie officielle marquant l'inauguration du pont aura lieu en juillet; on en prépare actuellement les détails.

«Une rumeur voulant que M. Diefenbaker vienne inaugurer le pont Champlain, le jour de la St-Jean-Baptiste, était sans fondement», a rappelé le directeur du port de Montréal.

Le nouveau pont à six voies franchit le fleuve St-Laurent près de l'Ile des Soeurs, traverse le bassin de Laprairie et passe au-dessus de la voie maritime. Sa construction avait commencé en 1957.

D'une longueur de plus de quatre milles, il aura coûté $35 millions, une fois toutes les voies d'accès terminées; il est le quatrième pont reliant l'Ile de Montréal à la rive sud. Un volume total d'environ 12,000 véhicules pourront y passer en une heure, dans les deux directions.

25 cents

Comme prévu également, il en coûtera 25 cents aux automobilistes pour passer d'une extrémité à l'autre du pont. De nouveaux jetons ont été frappés mais les anciennes pièces qui servaient au pont Jacques-Cartier seront aussi acceptées.

Du côté de Montréal, le pont Champlain aura trois voies d'accès. Dès demain, on y accèdera par la rue Wellington. Une voie s'y engage à l'intersection des rues Rhéaume et Wellington, tandis que la sortie est prévue par la rue May.

Une seconde voie doit emprunter le tunnel de la rue Atwater; elle sera prête l'été prochain. Enfin, une troisième débouchera sur les rues St-Antoine et St-Jacques, mais elle dépend d'une entente à conclure entre le Conseil des ports nationaux et la ville de Montréal. La ville de Verdun doit aussi absorber une partie du coût de ces voies d'accès.

Sur la rive sud, le pont sera relié aux routes provinciales numéros 3 et 9.

Presque toute la structure du pont Champlain est faite de béton précontraint. Seule la partie qui enjambe la voie maritime est en acier. Il s'agit d'une travée en porte-à-faux de 2,485 pieds de longueur et pesant environ 11,000 tonnes, qui assure aux navires passant sous le pont une hauteur libre de 120 pieds. (...)

C'EST ARRIVÉ UN 29 JUIN

1983 — Le principal contrat de construction des frégates va à la St. John Shipbuilding, au Nouveau-Brunswick, mais le fédéral assure le Québec de retombées économiques d'au moins $966 millions. — Signature de l'accord selon lequel la société française Pechiney construira une aluminerie à Bécancour.

1981 — Le gouvernement canadien annonce la création du *Prix humanitaire Terry Fox*. — Hu Yabang succède à Hua Guofeng (en poste depuis 1976) comme président du Parti communiste chinois.

1979 — La Banque Canadienne Nationale (BCN) et la Banque Provinciale (BP) annoncent une fusion. La nouvelle Banque Nationale du Canada a un actif de 14 milliards de dollars, elle vient au 6e rang et possède 800 succursales.

1978 — Le coroner Stanislas Déry rend un verdict de mort accidentel à la suite de l'accident qui a entraîné la mort d'un moniteur et de 12 jeunes garçons, 18 jours plus tôt sur le lac Témiscamingue.

1977 — Au cours d'une conférence à Toronto, M. Claude Ryan, alors directeur du *Devoir*, prédit l'échec du futur référendum sur la souveraineté du Québec.

1975 — Enlevée cinq jours plus tôt, Mme Léna Blanchet, une sexagénaire, est retrouvée saine et sauve dans une grange abandonnée, en Estrie.

1974 — Le danseur-étoile Mikhaïl Barichnikov, du ballet Kirov, fausse compagnie à la troupe du Bolchoï alors en tournée au Canada.

1972 — La peine de mort est désormais interdite aux États-Unis; ainsi en décide la Cour Suprême par un vote de 5 à 4.

1971 — La société Rayonier Québec Inc. annonce un investissement de $500 millions à Port-Cartier.

1966 — L'aviation américaine bombarde des dépôts de carburant de Hanoï et de Haïphong en réplique aux infiltrations intensifiées du Viet-nam du Nord.

1961 — Les Américains parviennent à placer sur orbite trois satellites simultanément.

1960 — Le gouvernement cubain confisque une raffinerie de pétrole américaine qui avait refusé de raffiner du pétrole russe.

1955 — Les créditistes albertains de E.C. Manning obtiennent un sixième mandat consécutif.

1945 — L'Ukraine des Carpates (connue sous le nom de Ruthénie sous l'occupation tchécoslovaque) est rattachée à l'Union soviétique.

1939 — Le *Dixie Clipper* devient le premier avion de l'histoire à assurer un service régulier de transport de voyageurs entre l'Amérique et l'Europe.

1932 — Berlin réclame une révision du traité de Versailles et menace de cesser de payer ses réparations de guerre.

1930 — Canonisation des huit saints martyrs canadiens par le pape Pie XI, à Rome.

1925 — Quelque 65 personnes perdent la vie lorsqu'un tremblement de terre frappe la région de Santa Barbara, en Californie.

1916 — Sir Roger Casement, l'instigateur de la révolte d'Irlande, est reconnu coupable de haute trahison et condamné à mort.

1894 — Les locaux du journal anglophone montréalais *Witness* sont détruits par une bombe.

LA PRESSE
100 ans d'actualités

Hitler mate la révolte et la Reichswehr triomphe

Les principaux personnages de l'affrontement: à gauche, le chancelier Adolf HITLER et son bras droit, Hermann GOERING, premier ministre de Prusse; à droite, de haut en bas, le général Kurt von SCHLEICHER, ex-chancelier tué avec sa femme pendant la révolte des S.A., Gregor STRASSER, nazi tué par les Hitlériens, et le capitaine ERNST RÖHM, commandant suprême des troupes de choc, ou S.A., qui a été tué après avoir refusé de se suicider.

NDLR — Cet article analyse les conséquences de l'attentat des *Schutz Staffel* (mieux connus sous le sigle S.S.) ou corps d'élite ultra-loyal envers Hitler qui était à l'origine de leur formation, contre les *Sturmableitlungen* (connus sous le sigle S.A.) ou troupes de choc, dirigées par Ernst Röhm. Röhm et tous les S.A. furent assassinés le **30 juin 1934** dans l'hôtel de Bad Wiessee, où ils s'étaient réunis, ou tout simplement fusillés par la suite.

BERLIN — C'est la Reichswehr ou armée régulière qui profite en réalité de la situation amenée par le brusque coup de main de Hitler contre ses anciens lieutenants et contre les réactionnaires.

La Reichswehr apparait comme l'élément de force sur lequel le régime nazi doit s'appuyer pour durer. La milice des troupes de choc en chemise brune, rivale détestée de l'armée régulière, est écrasée et pratiquement sans chefs. Les Schutz Staffel, corps d'élite portant la chemise noire, se trouvent chargés de la tâche ingrate de conduire leurs anciens camarades au poteau d'exécution.

En tout cas, on peut dire en toute sûreté qu'il n'y a pas grand'chose que Hitler ou son principal second, Goering, puisse accomplir contre la volonté de la Reichswehr.

Goering contrôle la police mais il se rappelle sans doute que lorsque Von Papen, alors chancelier d'empire, envoya quelques officiers et soldats de la Reichswehr en juin 1932 arrêter le commandant Heimannsberg, chef de la police de Berlin, aucun coup de feu ne fut tiré pour sa défense. (...)

L'armée coopéra indirectement en livrant aux Shutz Staffen ses informations sur la route que suivraient les troupes de choc dans leur marche sur Berlin. Les S.A. (troupes de choc) voulaient, à ce qu'on dit, s'emparer de la caserne de Doeberitz, juste hors de Berlin, car leur putsch était dirigé tout autant contre l'armée que contre le régime existant.

Ernst Röhm, chef d'état-major des troupes de choc, qui a été tué sur l'ordre de Hitler, avait demandé il y a plusieurs mois à être fait ministre de la Défense nationale avec des pouvoirs plus étendus que ceux de von Blomberg. Röhm s'attendait bien à commander à la fois l'armée régulière, la milice hitlérienne et le Stahlhelm. Mais cette demande fut rejetée carrément par Hitler sur qui l'armée faisait déjà pression. Ce fut le premier différend entre Hitler et Röhm.

Hindenberg prend von Papen sous sa protection

Une trêve entre Franz von Papen, vice-chancelier qui a critiqué certains aspects du régime nazi, et son supérieur Adolf Hitler, a été rapportée non officiellement aujourd'hui.

La garde qui entourait la maison de von Papen depuis que Hitler avait commencé samedi à «purger» le parti nazi à coups de fusil a été retirée de bonne heure aujourd'hui.

Le président von Hindenburg a déclaré catégoriquement que l'on ne doit pas toucher à l'ancien chancelier von Papen. Et le vieux président a chargé du soin d'assurer la sécurité de von Papen la Reichswehr ou armée régulière, laquelle a repris une position politique d'importance. En dépit de ces rumeurs d'accord, il semble que von Papen démissionnera.

60 ième Anniversaire de la Confédération

"Le soixantenaire de la Confédération donne lieu à des réjouissances nationales dans la paix et la sécurité, dans la confiance et la prospérité: il offre, en même temps, l'occasion de la reconnaissance populaire envers les pères de la Confédération pour l'esprit d'unité qu'ils nous ont légué." W. L. Mackenzie King

L'Assemblée historique des hommes d'État à Québec, représentant les diverses provinces de l'Amérique Britannique du Nord, réunis pour jeter les bases sur lesquelles l'Acte de l'Amérique du Nord fut constitué. Cet Acte du 1er juillet 1867 forma l'Union de la Puissance du Canada.

Le Très Hon. Wm. Lyon MacKENZIE KING, *Premier Ministre du Canada*

L'Hon. John Oliver, *Col.-Britannique*

Majesté Georges V, *roi de Grande-Bretagne et d'Irlande empereur des Indes et des Dominions au-delà des mers*

L'Hon. Hugh Guthrie, *Chef de l'Opposition*

Lord Willingdon, *Gouverneur Général du Canada*

L'Hon. G.-How. Ferguson, *Ontario*

L'Hon. J.-E. Brownlee *Alberta*

L'Hon. J.-B.-M. Baxter, *Nouveau-Brunswick*

L'Hon. L.-A. Taschereau, *Québec*

L'Hon. J.-G. Gardiner, *Saskatchewan*

L'Hon. John Bracken, *Manitoba*

L'Hon. J.-D. Steward. *Ile-du-Prince-Édouard*

L'Hon. E.-N.-Rhodes, *Nouvelle-Écosse*

Page consacrée au 60e anniversaire de la Confédération canadienne et publiée le *30 juin 1927*.

BABILLARD

Un lecteur chanceux de «100 ans d'actualités»

Certains lisent la page «100 ans d'actualités» que LA PRESSE vous offre quotidiennement dans le seul but de se remémorer des souvenirs d'antan ou de prendre connaissance de faits dont ils avaient entendu parler mais qu'ils connaissaient mal ou peu.

D'autres, pendant dix semaines, ont joint l'utile à l'agréable en participant au concours portant sur les informations transmises par cette page. Et dans le cas de **Daniel Pouplot**, c'est le summum puisqu'il fut l'heureux gagnant du gros lot, un ordinateur complet de marque Commodore d'une valeur de $1 500. M. Pouplot (au centre) a reçu son prix récemment des mains d'**Angie Di Marco**, responsable de la section «ordinateurs» chez le commanditaire, la société **Vidéo-Shack**, et de Roland Forget, chef de la division Graphisme et Photographie, à la rédaction de LA PRESSE.

Une autre centenaire

LA PRESSE se joint aux parents et amis de Mme **Fabiola Bouvrette Giguère**, qui célèbre aujourd'hui son centième anniversaire de naissance. Fait à noter, Mme Giguère fut baptisée dès le lendemain, donc un 1er juillet.

Les Pinard en liesse

C'est aujourd'hui que les descendants de **Louis Pinard** célèbrent son 350e anniversaire de naissance, au Centre communautaire de Notre-Dame-du-Bon-Conseil (sortie 196 de l'autoroute Montréal-Québec). Notons que l'arbre généalogique de Louis Pinard a permis d'établir qu'outre les Pinard, on compte parmi ses descendants des Florent, des Lauzière, des Raîche, des Fleurant, des Lauzier et des Beauchemin. Bonne fête à tous!

ACTIVITÉS

SAMEDI

■ **À la radio**

17 h, Radio-Canada — Chronique consacrée à LA PRESSE à l'émission *Avec le temps*, animée par Pierre Paquette.

AUJOURD'HUI, DEMAIN et LUNDI

■ **LA PRESSE à Anjou**

Bibliothèque municipale d'Anjou — Dans le cadre de ses soirées d'animation, la bibliothèque rend hommage à LA PRESSE, en l'invitant à y exposer une collection de caricatures et de premières pages. Jusqu'au 6 juillet inclusivement.

■ **LA PRESSE à Pointe-du-Lac**

Manoir seigneurial de Pointe-du-Lac — Exposition de caricatures permettant de suivre l'Histoire de la caricature dans la vie de LA PRESSE. Jusqu'au 11 juillet inclusivement.

■ **LA PRESSE et la médecine**

Musée Laurier d'Arthabaska — Exposition d'archives sous le thème «100 ans de médecine», jusqu'au début de septembre. Le samedi

C'EST ARRIVÉ UN 30 JUIN

1983 — Une collision entre un autobus et une voiture fait huit morts et 26 blessés, à Baie-Comeau.

1981 — Les postiers canadiens déclenchent la grève.

1977 — À Fort Chimo, au Nouveau-Québec, les Inuit mécontents de l'application de la Charte du français occupent les bureaux du gouvernement provincial.

1974 — La mère du regretté Martin Luther King se trouve parmi les victimes d'un attentat contre l'église Ebenezer Baptist, à Atlanta.

1971 — La Cour suprême des États-Unis accorde son appui aux journaux dans l'affaire des documents du Pentagone.

1968 — Second tour des élections; le parti gaulliste U.D.R. remporte une victoire écrasante avec 43,73 p. cent des votes; il détient la majorité absolue avec 294 sièges sur 487.

1963 — Couronnement du pape Paul VI à la basilique Saint-Pierre.

1960 — Le Congo belge obtient son indépendance et la république est proclamée par le roi Baudouin de Belgique.

1958 — Le Sénat américain approuve l'acceptation de l'Alaska comme 49e État américain.

1956 — Deux avions, un *Super-Constellation* de TWA et un *DC-7* de United Airlines, s'écrasent dans le Grand Canyon à peu de temps d'intervalle. Les deux accidents font 128 morts.

1956 — La révolte des travailleurs de Poznan est matée.

1951 — Un *DC-6* de United Airlines s'écrase près de Rocky Mountain, au Colorado, avec 50 personnes à bord.

1948 — Les derniers Britanniques quittent la Palestine.

1946 — Trois navires sont coulés volontairement lors d'un essai nucléaire américain à l'atoll Bikini.

1941 — Proclamation rendant le service militaire obligatoire pour tous les hommes âgés de 21 à 24 ans.

1932 — Des pompiers empêchent une catastrophe en sortant de la dynamite d'un bâtiment en feu aux chantiers municipaux de la rue de Fleurimont, à Montréal.

1931 — La Cour suprême du Canada décrète que la radiodiffusion est de juridiction fédérale et qu'en conséquence, le Québec ne peut plus légiférer dans ce domaine.

1912 — Un cyclone fait des centaines de morts et cause des millions de dollars de dommages, à Regina.

1900 — Trois «steamers» et les quais avoisinants sont la proie des flammes, à New York. Les dégâts sont évalués à $1,5 million.

LA PRESSE

100 ans d'actualités

Le Sabre remplacé par un avion américain

OTTAWA ADOPTE LE F-104G

OTTAWA, 2 (PC) — L'hon. G.R. Pearkes, ministre de la Défense, a annoncé aujourd'hui **(2 juillet 1959)** que le gouvernement canadien a décidé d'acheter le chasseur supersonique américain Lockheed *F-104G* pour la division aérienne de l'ARC en Europe.

La charpente et les moteurs seront fabriqués au Canada, mais les derniers détails pertinents à la production et aux frais seront communiqués plus tard par le ministre de la Production de la défense, l'hon. Raymond O'Hurley.

Le coût initial sera, estime-t-on, d'environ $250,000,000 pour 200 appareils. Il faudra ajouter à cela les frais des pièces de rechange, des outils, de l'outillage servant à la manutention de l'appareil, des accessoires servant à l'entraînement et des publications techniques.

Construit par A.V. Roe ou Canadair

Le programme total pourrait excéder $300,000,000.

Le *F-104* sera construit au Canada, soit par la compagnie A.V. Roe, de Malton, Ontario, soit par la compagnie Canadair, de Montréal. On prévoit que les deux avionneries se feront une belle lutte en vue d'obtenir le contrat.

Le *F-104* remplacera le Sabre de fabrication canadienne utilisé actuellement par huit des 12 escadrillles de la division aérienne. Les quatre autres escadrilles utilisent l'intercepteur à réaction *CF-100*.

Le nouvel appareil servira à la fois à des fins d'attaque et de reconnaissance. Sa principale fonction, dans l'éventualité d'une guerre consistera à mitrailler les installations russes échelonnées entre l'Europe occidentale et la frontière soviétique. Les aviations américaines et allemandes de l'ouest seront également pourvues du *F-104*.

En échange pour l'autorisation de construire son avion, l'avionnerie Lockheed, de la Californie, placera des sous-contrats chez les manufacturiers canadiens. La Lockheed Corporation recevra une redevance d'environ 5 pour cent sur le prix de vente du *F-104*, soit environ $12,500,000. Tout indique qu'elle placera au Canada des contrats pour au moins ce montant. (...)

Il est probable qu'on désignera dès aujourd'hui qui des deux grands constructeurs canadiens — Canadair ou A.V. Roe — touchera le contra de $300 millions attaché à la décision du ministère de la Défense nationale de remplacer l'*Arrow* canadien par le *Lockheed F-104G Starfighter*.

Cette décision est d'une importance capitale, d'une part pour la survie du dispositif de Malton, dont près de 10,000 employés et techniciens hautement spécialisés furent mis à pied en fin de février dernier, d'autre part pour la consolidation de l'avionnerie Canadair dont la majorité des contrats sont sur le point de prendre fin.

Normalement le contrat devrait échoir à la firme Avro Canada Ltd., puisque le *F-104G* est appelé à jouer le rôle originalement promis à l'intercepteur canadien *Arrow*.

La démission du président et directeur général de la compagnie Avro, M. Crawford Gordon, annoncée, hier soir, étonne encore les milieux aéronautiques canadiens, et d'aucuns y voient l'indice qu'un duel très serré s'engagera entre Canadair et Avro. Selon un journal torontois, la démission de M. Gordon lui aurait été imposée afin de permettre à l'avionnerie de retrouver les bonnes grâces de M. Diefenbaker, ce dernier n'ayant pas prisé l'attitude du constructeur lorsque le programme du *Arrow* fut abandonné par le gouvernement. M. Gordon ne faisant plus obstacle, il se pourrait que Avro décroche le contrat et réembauche la majorité des 10,000 employés mis à pied en février.

HEMINGWAY MEURT A 62 ANS

Ernest Hemingway.

SUN VALLEY, Idaho (PA) — Un des plus grands romanciers de notre époque est mort. Ernest Hemingway, pionnier de la littérature américaine contemporaine s'est tué, de façon accidentelle, en nettoyant un fusil de chasse. La tragédie s'est produite vers 7 h. 30 hier matin **(2 juillet 1961)**, alors qu'il était seul dans sa résidence de Kitchem, Idaho.

Le corps du romancier a été découvert par sa quatrième femme, Mary.

Le coroner du district, M. Ray McGoldrick, a déclaré que la mort a été instantanée. Il a écarté la possibilité d'une enquête. Les funérailles auront lieu vendredi, à Ketchum.

M. Hemingway avait quitté la semaine dernière, la clinique Mayo de Rochester, où il avait reçu des traitements destinés à rétablir sa pression sanguine. De la clinique, Hemingway avait immédiatement gagné son domicile en compagnie de sa femme. Il avait, semble-t-il, décidé d'aller à la chasse et s'était mis en frais de fourbir ses armes.

BABILLARD

L'index suivra!

De nombreux lecteurs de cette page ont communiqué avec LA PRESSE afin de savoir si le journal avait l'intention de publier éventuellement un index des sujets qu'on y aura traité au cours de cette merveilleuse année.

Eh bien, la réponse est oui! Dans les jours qui suivront la publication de la dernière page de la série, le 20 octobre prochain, LA PRESSE publiera un index présenté de deux façons différentes, thématique et chronologique, de tous les sujets traités dans l'une ou l'autre des quelque 300 pages. Ainsi, les collectionneurs pourront s'y retrouver plus rapidement.

Rectificatifs

Le cahier thématique «100 ans de vie montréalaise» contenait **quelques inexactitudes que nous** désirons corriger, grâce à des lecteurs érudits, en rappelant que c'est Dollier de Casson et non de Canon qui a tracé la première rue de Montréal, et que la bâtisse jouxtant l'église Sainte-Brigide sur une photo n'est pas le presbytère mais la résidence des Frères des écoles chrétiennes. Un autre lecteur soutient que le funiculaire dont il est fait état se trouvait sur le versant est plutôt que sur le versant ouest. Sur ce point, l'unanimité n'est pas parfaite loin de là. A moins qu'il y en ait eu deux...

C'EST ARRIVÉ UN 2 JUILLET

1981 — Les Micmacs rejettent comme inacceptables les restrictions imposées par Québec en matière de pêche.

1975 — Journée d'étude des gardiens de prison au Canada.

1974 — Le juge Bora Laskin assume les pouvoirs du gouverneur général Jules Léger, durant la maladie de ce dernier.

1974 — Le réalisateur canadien Ted Kotcheff remporte l'Ours d'or pour son film *The Apprenticeship of Duddy Kravitz* au vingt-quatrième Festival international du film de Berlin.

1969 — Première entente de coopération entre le Québec et le Gabon; échange de professeurs et d'étudiants.

1963 — Le président Kennedy, au dernier jour de sa visite en Europe, est reçu en audience par le pape Paul VI. — Arrestation de quatre espions soviétiques aux États-Unis.

1954 — Au tennis, Jaroslav Drobny parvient finalement à remporter la victoire, à Wimbledon.

1953 — Des nationalistes font sauter un pont et causent l'interruption du service d'électricité dans la capitale de l'Irlande du Nord pendant la visite royale.

1942 — Sébastopol tombe aux mains des Allemands après un siège de plus de sept mois et demi.

1941 — Le plus gros contingent de troupes canadiennes, y compris la première unité blindée, arrive au Royaume-Uni.

1940 — Les nazis torpillent le navire anglais *Arandora Star*. Il était bondé de prisonniers de guerre allemands et italiens en route pour le Canada.— Arrivée des premiers enfants britanniques évacués au Canada. — Établissement à Ottawa de la Commission de contrôle des industries en temps de guerre.

1921 — Jack Dempsey conserve sa couronne des poids lourds, à la boxe, en battant Georges Carpentier.

1919 — Le dirigeable anglais *R-34* quitte l'Écosse pour tenter de traverser l'Atlantique jusqu'aux États-Unis.

1910 — Le comte de Lesseps effectue le premier voyage aérien au Canada.

1900 — On apprend que l'ambassadeur allemand à Pékin, le baron von Kettler a été assassiné par des soldats chinois.

LA PRESSE

LE PLUS FORT TIRAGE DES JOURNAUX DU CANADA TOUT ENTIER

EDITION QUOTIDIENNE—MONTREAL, SAMEDI 2 JUILLET 1921 — PREMIERE SECTION. PRIX: CINQ CENTINS

Les LAURÉATS du CONCOURS des JOLIS BÉBÉS

RENÉ ST-ONGE — LUCILLE LATOUR — LÉON BESSETTE — JEAN SOULARD

2e PRIX, (DE 3 MOIS À 2 ANS) MARCELLE HOUDE

2e PRIX, (DE 2 À 4 ANS) GÉRARD BIRTZ

3e PRIX (DE 2 À 4 ANS) ROBERT-JACQUES-CHRISTIAN GAZELLE

3e PRIX, (DE 5 MOIS À 2 ANS) YOLANDE FOREST

RITA BEAUCHEMIN — ROLLAND BESSETTE — MARIE-ANGE DÉCARIE — RITA BOYLE

LEO ORTIZ — ÉDOUARD-CHARLES LALONDE

4e PRIX (DE 2 À 4 ANS) BLANCHE-ANNETTE CÔTÉ

1er PRIX, (DE 2 À 4 ANS) MARIE-MADELEINE PROULX

1er PRIX, (DE 3 MOIS À 2 ANS) GUSTAVE LACHANCE

4e PRIX, (DE 3 MOIS À 2 ANS) PAUL PERRAS

PAULINE CARON — GERMAINE GINGRAS

FRANÇOISE LEMOINE — JULIETTE LAVURIÈRE

5e PRIX, (DE 2 À 4 ANS) MAURICE BÉRARD

5e PRIX, (DE 3 MOIS À 2 ANS) MARIE-PIERRE CHARTRAND

GEORGETTE BONENFANT — JEAN-MARIE FILION — BERNARD GAGNIER

RENÉ MOREAU — MARCEL LALIBERTÉ — JEAN-PAUL BOUCHER

RAYMOND SÉVIGNY — GERTRUDE AMYOT — FIRMIN LALONDE — PAUL-MARCEL RAYMOND

LAURETTE MARCHAND — PAUL LABRIE — HÉLÈNE DUCHESNE — RÉJANE MOISAN

PAUL VIGNEAU — ULYSSE-DANTE LÉTOURNEAU — HERVÉ PICHETTE — RENÉE AUCLAIR

LAURÉATS DE 2 ANS À QUATRE ANS.

ROLLAND GAUTHIER — YVON TÉTRAULT — LORRAINE PROULX

LEO TALBOT — RENE DAIGNAULT — YOLANDE HAMEL

FRANÇOISE BARRETTE — ALBERT LANGLAIS — GERTRUDE SAINT-JACQUES — MAURICE LAMERT

MADELEINE FORTIN — GUY DÉSY — MARIE GUTTERIDGE — JEANNE GRÉGOIRE

MARGUERITE-MARIE ROY — ANATOLE BOUDREAU — GILBERTE PAQUETTE — JACQUES L'HEUREUX

LAURÉATS DE 3 MOIS À 2 ANS.

EN mai 1920, LA PRESSE le « Concours des jolis bébés de trois mois à quatre ans». En moins de deux mois, LA PRESSE devait recevoir pas moins de 8 000 lettres. Et le ***2 juillet 1921***, elle divulguait les lauréats. Toute personne qui se reconnaîtrait dans cette page est priée de communiquer avec Guy Pinard, au ***285-7070 avant le 10 juillet 1984***.

LA PRESSE

100 ans d'actualités

L'ENNEMI NE L'AURA PAS

LONDRES, 4. (U.P.) - Le premier ministre Winston Churchill a annoncé aujourd'hui **(3 juillet 1940)** aux Communes que les canons de la flotte de Grande-Bretagne avaient fait feu sur les navires de guerre français qui refusaient de se rendre, dans les eaux de l'Afrique du Nord.

Le premier ministre a révélé que l'Angleterre s'était emparée de trois cuirassés, de six croiseurs, de huit destroyers et de plusieurs autres navires de guerre plus petits, y compris le sous-marin «Surcouf», le plus gros au monde.

Churchill a expliqué que la Grande-Bretagne, craignant de voir la flotte française, représentant un total de 804,000 tonneaux, tomber aux mains des Allemands et des Italiens pour servir à l'invasion des îles britanniques, a interné plusieurs unités de cette flotte dans des ports anglais.

Aux autres, qui se trouvaient dans le port d'Oran, en Algérie, elle a présenté un ultimatum de 6 heures en leur laissant le choix de continuer la guerre aux côtés de l'Angleterre, de se laisser interner dans des ports anglais ou de se saborder. L'ultimatum expira sans que la flotte française ait accepté. Alors, trois cuirassés anglais, des croiseurs, un navire porte-avions et d'autres navires plus légers ouvrirent le feu sur la flotte française en lui infligeant de lourdes pertes.

Le sort des navires des Français a été défini comme suit par le premier ministre:

A Oran: Un cuirassé de 29,000 tonneaux, du type «Bretagne», a été coulé; un navire du même type a été endommagé gravement; deux destroyers et un porte-avions ont été coulés ou incendiés. Le «Strasbourg» ou le «Dunkerque», en compagnie d'autres navires, a pu gagner Toulon.

Dans les ports anglais: Deux cuirassés, deux croiseurs légers, plusieurs sous-marins et environ 200 navires de petite dimension ont été saisis. Un officier français et un marin anglais ont péri durant une altercation à bord du «Surcouf».

A Alexandrie: Un cuirassé, quatre croiseurs et un nombre indéfini de petits navires sont internés dans un port anglais.

Environ 800 ou 900 marins français se sont joints aux forces britanniques.

Une partie de la flotte française en Angleterre

Londres, 4. (P.C.) - Le premier ministre Winston Churchill a annoncé aujourd'hui aux Communes qu'une partie de la flotte française, incapable de gagner des ports africains, s'était rendue à Portsmouth et à Plymouth, il y a dix jours.

Deux cuirassés, deux croiseurs légers, quelques sous-marins, huit destroyers et 200 petits balayeurs de mines et navires anti-sous-marins ont de la sorte été recueillis aux ports de Portsmouth, Plymouth et Sheerness.

En faisant part à la Chambre des mesures prises par l'Angleterre pour empêcher la flotte française de tomber aux mains de l'axe, le premier ministre a annoncé qu'il y avait eu lutte à bord du sous-marin «Surcouf», interné dans un port anglais. Un marin anglais fut tué, deux officiers et un marin anglais furent blessés et un officier français fut tué. La lutte résulta d'un malentendu.

Churchill a annoncé aussi qu'un cuirassé français de la classe du «Bretagne» avait été coulé et un autre endommagé au large d'Oran lors de la lutte entreprise par la flotte anglaise pour la possession de la flotte française. (...)

Commençant ensuite le corps principal de son discours, M. Churchill dit qu'il devait, avec un chagrin sincère, annoncer à la Chambre les mesures qui avaient dû être prises pour empêcher la flotte française de tomber aux mains des Allemands.

«Lorsque deux nations luttent ensemble, l'une d'elles peut être abattue et matée et forcée de demander à son alliée de la libérer de ses obligations, dit-il. Mais le moins qu'on puisse exiger, c'est que le gouvernement français, en abandonnant le conflit, ait soin de ne pas infliger des blessures inutiles aux fidèles camarades dont la victoire finale représente la seule chance de liberté pour la France.

«Nous avons offert, dit-il, de relâcher les Français des obligations de leur traité si leur flotte était envoyée en des ports anglais avant la signature d'une paix séparée. Cela ne fut pas fait.

«En dépit de toutes les promesses et les assurances données par l'amiral Darlan, un armistice fut signé qui était destiné à placer la flotte française aussi sûrement entre les mains de l'Allemagne que cette portion de la flotte française fut placée entre nos mains lorsqu'elle se rendit à Portsmouth et à Plymouth il y a dix jours parce qu'elle est incapable de se rendre aux ports africains.» (...)

Deux des bâtiments français visés par la flotte anglaise, le cuirassé *Provence* et le sous-marin *Surcouf*.

Staline lance un appel aux armes

(par Don Gilbert de la Presse Canadienne).

LE discours de Staline diffusé àl'adresse du peuple russe par la radio soviétique est d'un réalisme et d'une franchise inusitée chez le dictateur de l'U.R.S.S. Il démontre que le Kremlin n'écarte pas la possibilité de formidables succès allemands et qu'il a un plan pour y remédier.

Staline ne s'est pas étendu sur les slogans bolchéviques dont il émaillait ses précédents discours. Il a franchement admis que les Allemands ont pénétré dans le territoire soviétique sur des étendues qui ne sont pas loin de correspondre aux prétentions allemandes. Il a dit au peuple russe que le pays se trouvait en grand danger.

La dévastation, mot d'ordre

Pour parer à cette situation, il a recommandé la «politique de dévastation» qui a sauvé la Russie lors de l'invasion napoléonienne et immobilisé le Japon dans sa présente guerre en Chine.

«Tout le matériel roulant doit être évacué, a dit Staline, on ne doit pas laisser à l'ennemi une seule machine, un seul wagon de chemin de fer, pas un seul boisseau de grain ou un gallon d'essence».

Déjà les Allemands ont trouvé certains secteurs qu'ils ont occupés, complètement dévastés. C'est un changement pour les nazis, qui, dans leurs précédentes invasions, trouvaient intacts les approvisionnements de vivres et d'essence abandonnés par les soldats et les civils en fuite.

Cela se passait le 3 juillet 1941.

UN HOMMAGE AUX HEROS DU CANADA: UN MONUMENT EST DEVOILE SUR LA CRETE DE VIMY

CRÊTE DE VIMY, France, 4 (par Grattan O'Leary, correspondant de la «Canadian Press»). - Le très hon. Arthur Meighen, premier ministre du Canada, a dévoilé hier matin **(3 juillet 1921)** la «Grande Croix du Sacrifice» qui a été érigée dans le cimetière où reposent des centaines de soldats canadiens. Ces soldats ont été tués lors de la prise de la fameuse crète de Vimy, il y a quatre ans. Grâce à la merveilleuse activité des Français, il y a de la verdure dans cet endroit qui a été tant dévasté. Malgré la sécheresse presque sans précédent, il y aura une récolte remarquable et le vent fait se balancer l'or des épis.

L'endroit où le monument a été élevé domine la crète de Vimy. En regardant vers l'ouest, on aperçoit la tour blanche, en ruines, de l'église de Saint-Eloi.

Vers l'ouest s'étend la plaine de Douai. C'est par centaines que l'on doit compter les cimetières de guerre dans cette partie du pays. Dans le cimetière de Vimy reposent côte à côte des officiers et soldats anglais, écossais, canadiens, australiens et sud-africains, sous la protection de la magnifique croix du sacrifice de sir Reginald Bloomfield. Cette croix et la pierre massive du souvenir sont des monuments dignes des héros qui dorment dans ce coin de terre. Quelques-uns des cimetières qui serviront de lieux de pèlerinage sont terminés. Quand la tâche sera complétée, les peuples britanniques pourront en être fiers.

La cérémonie du dévoilement a eu lieu hier matin, pendant que les cloches des églises des villages voisins appelaient les fidèles à la messe. Elle a été imposante. Au nombre des personnes présentes, on remarquait le président de la commission impériale des tombes de guerre, le général sir Fabien Ware, commandant des troupes anglaises, en France, le général français commandant la division d'Arras, le président de Pas-de-Calais, les maires des villes et villages environnants et un grand nombre de visiteurs anglais et canadiens.

M. Meighen a prononcé un discours et il a manifesté une grande émotion.

Tous les assistants sont restés découverts pendant ce discours.

LE GEANT BEAUPRE EST MORT

SAINT-LOUIS, Missouri, 5 - Le géant canadien Eddie Beaupré, célèbre dans tout le Canada et aux Etats-Unis, est mort subitement, dimanche matin **(3 juillet 1904)**, à l'Exposition universelle, où il s'exhibait parmi les curiosités du Pike. Il attirait l'attention générale et faisait beaucoup d'argent. Il a succombé à une hémorrhagie des poumons.

Beaupré était probablement l'homme le plus grand du monde. Il mesurait 8 pieds 2½ pouces, était âgé de 22 ans et pesait 378 livres. Il était né à Willow Bunch, dans les Territoires du Nord-Ouest, et était généralement connu sous le nom de géant de Willow Bunch. Il était le fils de Gaspard Beaupré et d'une métisse.

Aimé Bernard, de Winnipeg, gérant de Beaupré à l'exposition, a télégraphié au père du géant défunt de venir le rencontrer à Saint-Louis. Il va s'efforcer d'obtenir la permission des parents pour faire embaumer le corps du géant de façon à pouvoir l'exposer quand même et remplir ses engagements.

Après la représentation de samedi, il paraissait heureux et en bonne santé. Plus tard, dans la nuit, il demanda une tasse de thé et après l'avoir avalé, il cracha plusieurs gorgées de sang. Il mourut avant l'arrivée du médecin.

Le géant Eddie Beaupré.

C'EST ARRIVÉ UN 3 JUILLET

1979 — Le Parlement ouest-allemand décide de poursuivre la chasse aux criminels de guerre nazis.

1978 — Pékin met fin à 20 années d'aide au Vietnam et rappelle tout son personnel technique.

1976 — Le roi Juan Carlos confie à Adolfo Suarez la tâche de former le prochain gouvernement espagnol.

1973 — Ouverture de la Conférence sur la sécurité et la coopération européenne, à Helsinki.

1962 — Le président Charles de Gaulle, de France, proclame officiellement l'indépendance de l'Algérie.

1960 — Les États-Unis décrètent un embargo sur le sucre cubain pour protester contre les politiques anti-américaines de Cuba.

1957 — Moscou annonce que Molotov, Malenko et Kaganovitch sont chassés des postes de commande qu'ils occupaient dans le parti et dans le gouvernement communistes.

1953 — Des soulèvements d'envergure ont lieu contre le régime communiste de Varsovie. Les Soviétiques dépêchent leurs blindés en Pologne.

1931 — Le pape Pie XI livre une encyclique pour protester contre le traitement fait à l'Église par le gouvernement fasciste d'Italie.
— Max Schmelling conserve son championnat du monde à la boxe lorsque l'arbitre doit arrêter le combat pour protéger un Stribling presque inconscient.

1908 — Québec célèbre le 300e anniversaire de l'arrivée de Champlain sur la rive où il fonda la ville de Québec.

1898 — Les États-Unis détruisent entièrement la flotte espagnole de l'amiral Cervera, qui tentait de s'enfuir de Cuba.

1890 — Les États-Unis ont un 43e État, l'Idaho.

1889 — Un coup de grisou fait 300 morts dans une mine de Saint-Étienne, en France.

BABILLARD

Renseignements recherchés

Un lecteur de cette page, **Jacques Poitras,** effectue actuellement une recherche sur la photographie, à partir, entre autres, d'une collection de quelque 2 000 cartes postales. L'une de ces cartes postales, que nous vous proposons ci-dessous, montre l'orchestre de LA PRESSE se préparant à donner un concert. Comme la carte est avare de renseignements, M. Poitras se demande donc s'il ne se trouverait pas parmi les lecteurs de LA PRESSE quelqu'un qui pourrait savoir en quelle année cette photo a été prise et, si possible, à quel endroit et dans quelles circonstances. On peut rejoindre M. Poitras à l'adresse suivante : 4098, rue Saint-Hubert, Montréal, Québec H2L 4A8.

Dans la même veine, Mme **Estelle Simard,** secrétaire administratif de la ville de Boucherville, cherche à retracer l'histoire des maires du village et de la paroisse de Boucherville. Si vous possédez des notes biographiques, des photographies ou des gravures concernant l'un des maires du village et de la paroisse de Boucherville, et désirez participer aux recherches historiques de cette ville, vous pouvez le faire en écrivant à Mme Estelle Simard, Hôtel de ville de Boucherville, 500, rue Rivière-aux-Pins, Boucherville, Québec J4B 2Z7.

Georges-Emile Lapalme en Colombie-Britannique

Le Canada français évolue avec «hâte» et «inquiétude»

VANCOUVER (Spéciale) — Le ministre des Affaires culturelles du Québec qui parlait, hier **(3 juillet 1962)**, dans le cadre d'un colloque sur le Canada français à l'Université de la Colombie-Britannique, a affirmé que le «Québec est à la fois le coeur et la tête du Canada français et que la survie de ce dernier serait gravement compromise sans la province-mère».

M. Georges-Emile Lapalme a poursuivi en déclarant: «Il est important que le reste du Canada en prenne son parti: le Québec est différent des autres provinces et tout indique qu'il le sera de plus en plus, non seulement en raison de la composition de sa population qui est et restera en majorité française, non seulement en raison des provinces, des besoins et des aspirations de cette population, mais encore davantage en raison de la vocation de l'Etat qui en est l'organe».

«Le Québec est l'expression politique du Canada français,» dit-il.

M. Lapalme a précisé: «Sur le plan politique, une immense majorité de mes concitoyens est d'accord pour exiger que son association avec les Anglo-Canadiens s'organise dans un climat de stricte égalité: ils ont la notion d'une union entre deux peuples égaux plutôt qu'entre dix provinces subordonnées. Si leur destin doit se poursuivre au sein de la Confédération, ils entendent bien y être traités, collectivement, comme citoyens à part entière».

Le ministre des Affaires culturelles a insisté sur les transformations profondes qu'a subies le Canada français depuis 25 ans.

«La première impression que l'on recueille en regardant battre la vie du Canada français en est une de mouvement, de hâte, de recherche, d'inquiétude. Il existe un écart entre la situation concrète qu'une histoire tragique et compliquée a faite aux Canadiens français et les aspirations, qui spontanément se lèvent en eux».

LE MONTREAL GAGNE SA PREMIERE JOUTE DU SOIR

BUFFALO, 4 — Le baseball électrique a fait son apparition hier soir **(3 juillet 1930)** à Buffalo. Annoncée par une forte publicité, cette première joute de baseball le soir au stade des Bisons a été couronnée d'un franc succès financier, car plus de 12,000 personnes, comprenant plus de curieux que de véritables amateurs de sport, ont assisté à la rencontre. Ces 12,000 spectateurs à la partie sont partis satisfaits de leur soirée mais rien n'indiquait qu'ils étaient enthousiasmés du baseball le soir. Les 22 joueurs, qui ont pris part à la rencontre, ont été encore moins enthousiasmés du baseball le soir que les amateurs et ne se sont pas cachés pour dire leur déception. Plusieurs ont déclaré que la température est trop humide le soir pour leur permettre de donner la pleine mesure de leurs capacités. De plus, les infielders sont d'avis que les coups frappés avec force sont dangereux pour eux. Les voltigeurs se plaignent qu'il y a des coins obscurs et qu'ils ont de la difficulté à attraper les longs coups qui leur sont envoyés. En général, les joueurs ont déclaré qu'ils préfèrent jouer le jour, du moins, pour le moment, car il n'y a nul doute que les conditions seront améliorées dans le futur.

Les spectateurs ont été ceux qui ont le plus joui du baseball le soir. C'était une nouveauté pour eux. Ils ont trouvé cela intéressant mais on peut se demander s'ils continueront à trouver cela amusant pendant bien longtemps encore et si les assistances ne redeviendront pas aussi peu nombreuses que par le passé. De toute façon, les différents magnats de baseball présents à la rencontere, tout en se disant fort impressionnés par le baseball le soir, ont déclaré qu'ils continueraient à jouer le jour aussi longtemps que cela leur sera possible.

Le Montréal et le Buffalo, deux des plus grands rivaux de la Ligue Internationale, étaient les deux adversaires de cette première joute à la lumière artificielle au Stade des Bisons. Après une lutte contestée au possible, le Montréal est parvenu à remporter la victoire par la faible marge d'un point, sortant vainqueur par 5 à 4.

LA PRESSE

100 ans d'actualités

La commission Salvas: achats «scandaleux»; M. Lesage: les coupables seront poursuivis

par Richard DAIGNEAULT

QUEBEC — Une commission royale d'enquête a vertement condamné hier **(4 juillet 1963)** un système gouvernemental d'achats qui a permis à des amis de l'Union nationale d'encaisser $2,000,000 de deniers publics sous forme de ristournes,et le premier ministre Jean Lesage a immédiatement annoncé que des personnages impliqués seront traduits devant les tribunaux. Il ne les a pas identifiés.

La commission, présidée par le juge Elie Salvas, de la Cour supérieure, signale particulièrement à l'attention des conseillers juridiques du gouvernement les noms de:

1 — **Alfred Hardy,** directeur du bureau des achats de la province de 1949 à 1960. La commission l'accuse d'avoir «exercé ses hautes fonctions au bénéfice d'un parti politique» et quelques fois «à ses fins personnelles».

LES TROIS COMMISSAIRES — La commission d'enquête Salvas était composée de M. HOWARD IRVING ROSS, comptable agréé, du juge ELIE SALVAS, de la Cour supérieure du district de Richelieu, et de Me JEAN-MARIE GUERARD, avocat.

2 - **L'honorable Gérald Martineau,** conseiller législatif,ex-trésorier de l'Union nationale, agent pour l'est de la province de la compagnie Remington Rand. La commission l'accuse d'avoir fait distribuer ou d'avoir distribué lui-même des montants considérables en ristournes.

Le rapport dit: «Il a rempli un rôle indigne d'un homme public... sa conduite a eu pour effet de porter gravement atteinte à l'honorabilité de sa haute fonction...»

3 — **L'honorable Joseph-Damase Bégin,** ancien ministre de la Colonisation, ancien organisateur en chef de l'Union naionale. La commission l'accuse de s'être servi «de l'influence attachée à son poste de ministre de la Couronne pour favoriser les intérêts politiques de son parti et ce, au préjudice du public de cette province».

Et la commission ajoute: «De plus, par suite de ses manoeuvres, il a reçu personnellement et à son bénéfice, de façon indirecte mais certaine, des sommes importantes provenant également, en définitive, des deniers publics.»

Particulièrement dure à son endroit, les commissaires le qualifient d'administrateur «infidèle et indigne.»

4 — **Paul Godbout,** commerçant de grains, moulées, graines de semence. On l'accuse d'avoir pris une part active dans l'application des méthodes d'achat de graines par l'ancien ministre de la Colonisation.

5 — **Arthur Bouchard,** il a reçu, affirment les commissaires, la somme de $96,742 dont $13,997 sous forme d'augmentation de la valeur de ses actions dans la compagnie Baribeau Etchemin Inc. et ce, sur des ventes au ministère de la Colonisation.

La commission accuse de plus toutes les compagnies impliquées dans le système de ristournes d'avoir coopéré volontiers «aux manoeuvres pratiquées, et ce, en pleine connaissance de cause.»

Pas de commentaires

Rejoints chez eux, MM. Hardy et Bégin ont déclaré n'avoir pas reçu copie du rapport de 217 pages de la commission et qu'ils n'avaient aucun commentaire à faire. Au bureau du procureur général, un porte-parole a déclaré que le rapport de la commission est l'objet d'une étude serrée par les conseillers juridiques du gouvernement et qu'il n'y aurait aucune poursuite de prise de façon subite ou hâtive.

La commission Salvas fut instituée le 5 octobre 1960, quelques mois après la victoire du parti libéral aux élections de juin. Le présent rapport est son deuxième. Le premier traitait exclusivement de la transaction en vertu de laquelle l'Hydro-Québec avait vendu, en 1957, son système de gaz artificiel à la Corporation de gaz naturel du Québec et des actions qu'avaient achetées certains ministres et hauts fonctionnaires à l'occasion de cette transaction. (...)

Le jour de Lou Gehrig

On fête le vétéran dans un festival d'adieu au stade des Yankees

NEW YORK, 5 — Une figure bien connue de l'alignement des Yankees a souri faiblement hier **(4 juillet 1939)** et on a senti des sanglots monter à sa gorge. C'était celle de Lou Gehrig dont c'était le jour au stade des Yankees. Une foule de 61,368 spectateurs a pris part à ce festival d'adieu en l'honneur du vétéran. Il a regardé plusieurs fois la scène qui se déroulait sous ses yeux et des larmes ont coulé sur ses joues.

Un autre vétéran se tenait sur le terrain, un gros homme ayant lui aussi des larmes dans la voix et sur les joues. On l'entendit dire à Lou: «Viens jeune homme, viens! N'aie pas peur! Nous sommes tous avec toi!»

C'était Babe Ruth, l'unique Ruth qui parlait ainsi à Gehrig.

Partout Lou pouvait reconnaitre des anciens copains et admirateurs. Gehrig avait là, devant lui et autour de lui, les joueurs de l'équipe actuelle des Yankees et ceux qui en faisaient partie lorsqu'il débuta au premier but pour les Yankees.

Les vétérans et les jeunes étaient tous là pour la circonstance afin de fêter dignement le héros du jour, Lou Gehrig, l'homme de fer que rien ne put empêcher de jouer, ni les balles à la tête, ni les os fracturés, ni les autres accidents du jeu. Mais un germe méchant, un microbe, l'a fait abandonner le jeu.

Il y eut des discours, des présentations et des parades de joueurs. Il dut parler mais il parla d'une voix remplie de sanglots; car on sentit bien des sanglots dans sa voix quand il déclara: «Aujourd'hui, je me sens l'homme le plus heureux de la terre».

L'île au Sable, au large de la Nouvelle-Écosse, telle qu'on se l'imaginait à la fin du dernier siècle, avec ses carcasses de navires échoués et brisés par les flots.

EPOUVANTABLE CATASTROPHE

La «Bourgogne» perdue corps et biens. Environ 400 passagers perdent la vie.

LA nouvelle d'un épouvantable sinistre, se répandant comme une traînée de poudre à travers le continent, jetait, cet avant-midi, un douloureux émoi au sein de notre population.

Comme une gerbe de blés mûrs *(assemblée)* d'un coup de faux,quatre cents existences viennent d'être fauchées par un de ces lamentables accidents qui se lisent en caractères sombres dans l'histoire maritime d'une époque.

Qui nous dira les scènes indescriptibles qui ont accompagné le naufrage de la «Bourgogne», sombrant au milieu des flots tumultueux, seul avec l'immensité morne pour témoin? Qui nous décrira les larmes et les cris déchirants de désespoir, s'élevant, à chaque enfoncement du navire désemparé, dans l'immense et immuable solitude de la mer?

La plume est impuissante à décrire l'horreur de ce qui dépasse en réalité tout ce que peut produire l'imagination la plus puissante.

Que pouvons-nous ajouter? De tous les voyageurs que transportait le navire, c'est à peine si deux cents ont pu sauvegarder leur vie. Le reste est devenu la proie de la «grande mangeuse» ou des requins.

Rappelons ici, non sans une véritable émotion, qu'au nombre des victimes de la catastrophe se trouvent six jeunes canadiennes-françaises qui, l'âme remplie d'une foi chrétienne, s'en allaient là-bas, dans la mère-patrie, consacrer à Dieu, leur jeunesse et leur coeur. Leurs cadavres roulent maintenant sous les flots sombres, perdus dans des gouffres inconnus. Dieu n'a pas voulu de leur sacrifice...

Halifax, 6 — Le steamer de la ligne Allan «Grecian», vient d'entrer dans le port, ayant à la remorque le «Cromartyshire». Ce dernier est venu en collision, le 4 juillet **(1898),** à 5 heures du matin, pendant un épais brouillard, à soixante milles au sud de l'île au Sable, avec le paquebot de la compagnie Générale Transatlantique Française, «La Bourgogne», parti de New York, le 2 courant, pour Le Havre.

«La Bourgogne» a sombré presque immédiatement. Il y avait à bord 800 passagers. Cent soixante-dix passagers seulement ont été sauvés, avec une trentaine d'hommes d'équipage. Parmi les sauvés, il n'est qu'une seule femme. Tous les officiers de «La Bourgogne sont tués à l'exception du commissaire et de trois mécaniciens. Détails complets plus tard. (...)

C'EST ARRIVÉ UN 4 JUILLET

1982 — Le premier ministre Menahem Begin, d'Israël, décrète le blocus total des assiégés de Beyrouth-Ouest.

1977 — L'Office national de l'énergie recommande au gouvernement fédéral d'autoriser la construction du pipeline de l'Arctique. — Selon son président, M. Jean-Luc Pepin, la commission sur l'unité canadienne coûtera moins cher qu'une aile d'avion.

1976 — Des avions de sauvetage israéliens atterrissent à Tel Aviv avec 91 passagers et 12 membres de l'équipage d'un avion d'Air France détourné par des pirates de l'air pro-palestinien vers Entebbe, en Ouganda.

1975 — Le chef Kirby, de Kanawake, et son conseil de bande menacent d'expulser les Indiennes mariées à des non-Indiens du territoire de la bande.

1974 — Derniers adieux émouvants des Argentins à Juan Peron.

1968 — Sur les ordres de son médecin, Daniel Johnson, premier ministre du Québec, doit annuler son voyage à Paris.

1958 — M. Frost, premier ministre de l'Ontario, accepte la démission d'un troisième ministre de son Cabinet à cause de son association avec la Compagnie de Gaz naturel de cette province.

1953 — Imre Nagy remplace Matyas Rakosi comme premier ministre de Hongrie.

1951 — Un journaliste américain en poste en Tchécoslovaquie, William Oatis, est condamné par un tribunal de ce pays à dix ans de prison pour espionnage.

1946 — Le président Truman proclame l'indépendance des Philippines.

1945 — Entrée à Berlin des troupes militaires canadiennes faisant partie de la garnison britannique.

1943 — Le général Vladimir Sikorski, premier ministre du gouvernement polonais en exil, perd la vie dans un accident d'avion qui fait 15 morts au large de l'Angleterre.

1940 — Les *Témoins de Jéhovah* sont déclarés hors la loi au Canada.

1934 — Marie Curie succombe aux suites d'une pneumonie. Elle était âgée de 56 ans.

1919 — Jack Dempsey bat Willard en neuf minutes et s'adjuge le championnat des poids lourds, à la boxe.

Page consacrée aux différents présidents des États-Unis d'Amérique et publiée par LA PRESSE en ce jour de la fête nationale des Américains, le *4 juillet 1908.*

Le bicentenaire des Etats-Unis: une immense kermesse émouvante et naïve

NEW YORK (AFP) — Des milliers d'Américains sont descendus hier **(4 juillet 1976)** dans la rue — quand ils n'y ont pas dormi — pour célébrer dans une atmosphère de gigantesque kermesse, souvent émouvante, parfois naïve, deux siècles d'histoire.

Pas une ville, pas un hameau, de l'Atlantique au Pacifique, de l'Alaska à la frontière mexicaine, qui n'ait eu ses services religieux, ses défilés, ses feux d'artifice, ses chants, ses danses, ses concours et ses barbecues quand ce n'était pas le rodéo. Avec une parfaite synchronisation, à 2 h de l'après-midi à New York, 9 h du matin à Anchorage et 11 h à Los Angeles, toutes les cloches d'Amérique ont fait écho à la Liberty Bell, qui, il y a exactement 200 ans, sonnait à Philadelphie l'indépendance du pays.

C'est le président Ford qui a lui-même donné le signal, en faisant teinter dans le port de New York une cloche symbolique installée sur le porte-avions Forrestal, d'où il a suivi la remontée de l'Hudson par une armada de 225 voiliers et de 52 navires de guerre venus de 22 pays.

Même spectacle, moins grandiose sans doute, à l'autre bout du pays, où une armada, partie du port de San Francisco et de la localité voisine de Sausalito, a défilé sous le Golden Gate Bridge.

A Philadelphie, plus de 100,000 personnes, enthousiastes, ont accueilli le président Ford à Independance Hall, où fut signée la déclaration d'indépendance des Etats-Unis. A Boston, 5,000 personnes se sont inclinées sur les tombes de trois des signataires de cette déclaration, Sam Adams, John Hancock et Robert Treat Paine, tandis que 200,000 personnes étaient réunies dans la soirée pour un concert en plein air.

A Fort McHenry, où Francis Scott Key a écrit l'hymne national américain, en attendant, sur un navire britannique, de négocier la libération d'un ami, 12,000 personnes, à moitié endormies, ont assisté, dans l'aube naissant, à un feu d'artifice avant d'entendre Ethel Innis chanter The Star Spangled Banner.

A Washington, on a veillé toute la nuit au Lincoln Memorial. Mais après le défilé conduit samedi par le vice-président Nelson Rockefeller et en attendant le feu d'artifice qui, en présence de M. Gerald Ford, a clos hier soir les célébrations, la capitale fédérale a été pratiquement abandonnée aux contestataires. Mais la manifestation, qui a tenu plus du festival pop que de l'émeute de rue, n'a pas répondu à l'attente de ses animateurs, dont l'actrice Jane Fonda; ils attendaient 150,000 personnes, il n'en vint que 5,000.

Mais l'extraordinaire trafic provoqué par cet événement natonal a déjà fait quelque 600 morts sur les routes. Et l'on compte pour l'instant à New York un noyé et sept personnes, dont trois enfants, frappées par la foudre et hospitalisées.

LA PRESSE

100 ans d'actualités

UN DC-8 S'ECRASE LORS DE L'ATTERRISSAGE A TORONTO

Les experts s'interrogent sur la cause de la tragédie

TORONTO — Au moins 25 personnes d'Air Canada et un nombre encore indéterminé de fonctionnaires du ministère fédéral des Transports ont entamé, sous la direction de M. R.L. Bolduc, du ministère, une enquête qui doit déterminer les causes de la catastrophe aérienne survenue hier matin **(5 juillet 1970)** à Toronto.

L'appareil, un Super-DC-8 d'Air Canada, avait décollé de Montréal avec 75 passagers à bord, deux bébés, 22 employés d'Air Canada et neuf membres d'équipage.

Attendu à Toronto à 8 h. 15, l'avion s'est écrasé quelques minutes plus tôt, entraînant dans la mort les 108 personnes *(le nombre des victimes fut porté à 109 quand on apprit qu'un adolescent de 16 ans, Gilles Raymond, dont le nom apparaissait sur la liste d'attente, avait réussi à monter à bord au dernier instant)* qui se trouvaient à son bord. L'appareil qui se rendait de Montréal à Los Angeles, avec escale à Toronto, s'est abattu au sol, au moment où il se préparait à atterrir à l'aéroport de Toronto. Il n'en reste plus qu'une masse carbonisée et informe.

Quelques instants plus tôt, alors qu'il se préparait à atterrir, le pilote informait la tour de contrôle qu'un de ses moteurs de droite avait pris feu. Du sol, il reçut l'ordre de prendre de l'altitude et de se délester d'une partie de son carburant.

Pendant qu'il exécutait cette manoeuvre, le moteur se détachait soudain et s'écrasait sur la piste. Puis, en quelques secondes, une autre partie de l'appareil tombait également. Des flammes se dégageaient de l'arrière, et l'on vit une épaisse fumée suivie de la chute de quelque chose que des témoins croient être une aile.

L'avion piquait ensuite au sol et s'écrasait à 75 pieds de la maison d'un agriculteur, située à près de 3¾ milles au nord de l'aéroport. L'impact de la chute fut si violent que l'appareil s'est complètement désagrégé, à l'exception d'une pièce qui semblait être une partie d'aile.

Il était 8.10 hrs du matin. Un agriculteur, M. Sytze Burgsma, réveillé en sursaut par le bruit infernal de la chute, se précipita hors de chez lui pour voir ce qui arrivait. Une immense colonne de fumée noire s'élevait du lieu où l'avion s'était écrasé. Tout autour, le silence était total. (...)

Le Super-DC-8 — version allongée du DC-8 — qui peut transporter jusqu'à 197 passagers, devait atterrir à Toronto à 8 h. 20. Il était donc en avance de cinq minutes. Le temps était beau et clair.

Une masse éparse de métal tordu et méconnaissable, voilà tout ce qui restait du DC-8.

Enquête ouverte

Interrogé sur les causes de l'accident, M. Ted Morris, directeur des relations extérieures de la société, a déclaré: «J'ignore ce qui est arrivé. Une enquête est en cours. Il nous est difficile de préciser si l'avion avait touché le sol avant de reprendre de l'altitude. Nous allons interroger tous les témoins oculaires que nous trouverons.»

La police provinciale de l'Ontario a dépêché sur les lieux quelque 200 agents et une centaine d'autres sont venus de la police de Toronto.

Une zone de trois milles carrés a été fermée à la circulation, provoquant des embouteillages sur les autoroutes voisines.

A l'aéroport même, d'autres passagers qui attendaient pour se rendre à Los Angeles étaient frappés de stupeur. Parents et amis, venus accueillir des victimes, terrifiés par ce qu'ils venaient de voir, attendaient en silence les nouvelles. (...)

C'est la deuxième catastrophe d'envergure que la société Air Canada connaît. La première s'était produite le 29 novembre 1963. Un DC-8 s'était alors écrasé près de Sainte-Thérèse, Québec, et aucune des 118 personnes qui se trouvaient à bord — 111 passagers et un équipage de 7 membres — n'en avait réchappé.

Adoption, en première lecture, du projet de loi créant la «Ville de Laval», sur l'île Jésus

QUEBEC (DNC) — L'Assemblée législative a adopté hier **(5 juillet 1965)**, en première lecture, un projet de loi fusionnant les 14 municipalités de l'île Jésus en une seule de près de 170,000 habitants — la 3e plus grande de la province — qui portera le nom de «Ville de Laval». Cette ville est appelée à devenir, d'ici la fin du siècle, une métropole géante de 1,200,000 habitants.

C'est le ministre Paul Gérin-Lajoie qui, en l'absence du ministre des Affaires municipales, M. Pierre Laporte, a déposé devant la Chambre le texte du projet de loi portant le no 63 et qui entérine les recommandations de la commission Sylvestre formulées après étude des problèmes intermunicipaux de l'île Jésus. M. Gérin-Lajoie n'a cependant donné aucune explication sur sa teneur.

La ville de Laval naitra dès l'adoption finale de cette loi et tout indique que, d'ici deux mois, tous les citoyens de l'île Jésus seront soumis à la même autorité municipale.

La nouvelle municipalité, qui groupera les municipalités actuelles de Chomedey, Duvernay, Laval-des-Rapides, Laval-Ouest, Pont-Viau, Ste-Rose, Fabreville, Auteuil, Iles-Laval, Laval-sur-le-Lac, Ste-Dorothée, St-François, St-Vincent-de-Paul et Vimont, sera administrée par un conseil provisoire de 22 membres jusqu'à la date des premières élections, fixés au premier dimanche de novembre 1966, tel que LA PRESSE l'annonçait en primeur, le vendredi 25 juin dernier.

Ce conseil provisoire sera composé des 14 maires en poste au moment de la fusion, de quatre conseillers de Chomedey, d'un conseiller de Duvernay, d'un conseiller de Laval-des-Rapides, d'un conseiller de Pont-Viau et d'un conseiller de la ville d'Auteuil.

Ces conseillers seront choisis par le conseil de leur municipalité actuelle au cours d'une assemblée spéciale qui devra être tenue dans les neuf jours suivant l'adoption de la loi.

Le maire de la nouvelle ville sera nommé par les membres du conseil provisoire, le deuxième lundi suivant la sanction de la loi.

Première élection

La ville de Laval sera divisée en six quartiers: Auteuil, Chomedey, Duvernay, Laval-sur-le-Lac, St-François et Ste-Rose.

Dès la première élection, en 1966, le maire sera élu par la majorité des électeurs et la nomination des 21 conseillers se fera comme suit: deux seront élus dans le quartier Auteuil, sept dans celui de Chomedey, sept dans celui de Duvernay, un dans Laval-sur-le-Lac et trois dans le quartier Ste-Rose.

Le mandat du conseil sera de quatre ans.

La municipalité sera administrée par un comité exécutif formée du maire, qui agira comme président, et de quatre conseillers qu'il choisira. (...)

UNE TRANSACTION EXTRAORDINAIRE

(Service de l'«United Press»)

WASHINGTON, 6 — La plus colossale opération financière dont l'histoire fasse mention a été terminée, hier **(5 juillet 1923)**, lorsque la Grande-Bretagne a remis au Trésor américain pour $4,600,000,000 d'obligations nationales et a reçu en échange des reçus pour la somme de $4,074,810,858.44 représentant les énormes emprunts de l'Angleterre contractés durant la guerre.

Cet échange de bons du gouvernement britannique pour des billets à demande a été opéré conformément aux conditions pour le remboursement de la dette, conditions acceptées il y a quelque temps.

Cette importante transaction s'est opérée comme simple affaire de routine lorsque le conseiller de l'ambassade anglaise s'est présenté aux bureaux du Trésor.

ACTIVITÉS

■ **LA PRESSE à Anjou**

***Bibliothèque municipale d'Anjou* — Dans le cadre de ses soirées d'animation, la bibliothèque rend hommage à LA PRESSE, en l'invitant à y exposer une collection de caricatures et de premières pages. Jusqu'au 6 juillet inclusivement.**

LE COUP DE MIDI PRECIS

La commission des parcs accorde à «La Presse» le privilège de donner l'heure juste, tous les jours, à la population de Montréal.

LA PRESSE est heureuse d'annoncer à ses nombreux lecteurs que ses efforts pour obtenir de la commission des parcs que le midi juste soit donné à la population ont été couronnés d'un entier succès.

Par un vote unanime, la commission a décidé, hier après-midi **(5 juillet 1907)**, d'autoriser la Compagnie de Publication de «La Presse» à faire les dépenses nécessaires pour l'installation et l'entretien d'une pièce d'artillerie, sur le parc Mont-Royal.

L'endroit où sera installé le canon qui désormais tonnera, à midi précis l'heure que nous pouvons qualifier d'officielle, n'est pas encore déterminé. L'hon. M. Berthiaume devra s'entendre à ce sujet avec le président Robillard, l'échevin Laviolette et les deux surintendants, MM. Henderson et Pinoteau.

Ce n'est donc plus qu'une affaire de temps et nous remercions, au nom de la population et surtout de la population ouvrière, les échevins qui ont décidé de donner la vie à ce projet dont personne n'a contesté la nécessaire utilité.

C'EST ARRIVÉ UN 5 JUILLET

1983 — Philippe Chartrand devient le premier gymnaste canadien à remporter une médaille d'or à une rencontre internationale de haut calibre.

1979 — La Sûreté du Québec annonce la formation d'une escouade féminine contre le viol. — L'Iran nationalise toutes les grandes industries.

1978 — Début du congrès mondial des Témoins de Jéhovah, au Stade olympique de Montréal, où plus de 100 000 fidèles se réunissent.

1977 — Au Pakistan, l'armée renverse le gouvernement du premier ministre Zulfikar Ali Bhutto lors d'un coup d'État sans effusion de sang.

1974 — Chris Evert remporte le tournoi de tennis de Wimbledon pour la première fois.

1970 — À Phnom Penh, un tribunal militaire condamne le prince Sihanouk à la peine de mort par contumace. Ce dernier est aussi déchu de la nationalité cambodgienne et privé de ses biens.

1965 — Restauration du monument de Wolfe détruit en 1963, sur les plaines d'Abraham; la nouvelle inscription sera bilingue.

1958 — Althea Gibson remporte pour la deuxième année consécutive les honneurs du tournoi de tennis de Wimbledon. — Peter Thompson, d'Australie, remporte pour la 4e fois l'omnium britannique de golf.

1946 — Le dollar canadien est mis au pair avec le dollar américain.

1945 — Les Britanniques se rendent aux urnes pour élire un nouveau gouvernement. — Annonce de la reconquête des Philippines par les Américains.

1940 — Gibraltar est la cible de raids aériens allemands.

1935 — Washington abandonne l'Éthiopie à son sort.

1924 — Ouverture officielle des Jeux olympiques de Paris.

1913 — Une grève est à l'origine de la mort de plus de 100 personnes, en Afrique du Sud.

1885 — Comparution de Louis Riel à Régina. Son procès est fixé au 20 juillet.

Le juge Dorion modifie son rapport et louange Favreau

Le juge rend son rapport conforme à l'interprétation Favreau

par Teddy Chevalot

QUEBEC — Le juge Frédéric Dorion a accepté de changer, dans son rapport, une affirmation concernant le premier ministre Pearson et M. Guy Rouleau.

Il a annoncé ce changement d'attitude dans une déclaration écrite qu'il a remise ce matin **(5 juillet 1965)** aux journalistes, à son bureau du Palais de justice de Québec.

En remettant cette déclaration, il a dit aux journalistes qu'à la veille de son départ en vacances, il tenait à faire une mise au point concernant son rapport, mais il s'est obstinément refusé à tout commentaire, déclarant qu'il n'avait pas convoqué les journalistes pour une conférence de presse, mais simplement pour leur remettre sa déclaration.

Il a aussi refusé l'accès de son bureau aux photographes et téléreporters présents.

Le texte de la déclaration

Voici, au texte, la déclaration écrite du juge en chef Frédéric Dorion:

«Vendredi après-midi, vers trois heures, je recevais du premier ministre une lettre venant d'Ottawa, datée du 29 juin. Vu que je dois partir demain soir pour mes vacances, je lui ai immédiatement envoyé un télégramme. J'ai reçu samedi soir, de l'hon. Guy Favreau, le télégramme suivant:

«Le premier ministre m'a mis au courant de votre télégramme du deux juillet — stop — quant à ma réponse à Me Drouin, telle que rapportée à la page 7308 de la transcription des dépositions et dans laquelle je voulais me reférer exclusivement à l'adjoint exécutif du ministre de la Citoyenneté et de l'Immagration, je voudrais l'expliciter, de sorte que son sens ne puisse donner lieu à aucun doute possible. — stop — Je voudrais le faire en affirmant que je n'ai pas mentionné le nom de M. Rouleau au premier ministre, lors de notre conversation du 2 septembre 1964. — stop — J'aimerais que cette clarification de ma réponse soit considérée comme faisant partie du dossier, ainsi que vous avez eu la bonté de le suggérer.»

Guy Favreau

«Je n'ai aucune hésitation à accepter cette déclaration et à considérer qu'elle s'ajoute à la réponse de l'hon. Favreau, telle que rapportée à la page 7308 de la transcription des dépositions.

«Considérant cette preuve additionnelle, je déclare que mon rapport, à la page 123 (version française), doit être modifié en retranchant à la neuvième et à la dixième ligne les mots «son assistant parlementaire» pour les remplacer par «l'adjoint exécutif du ministre de la Citoyenneté et de l'Immigration», et je donne des instructions pour que cette modification apparaisse sur toutes les copies du rapport.

«A cette fin, j'ai demandé au procureur de la Commission, Me André Desjardins, de se rendre à Ottawa pour voir à ce que la modification soit faite correctement.

«Je crois que ce geste de l'hon. Guy Favreau, en outre de clarifier une situation qui a soulevé de nombreux commentaires, constitue une autre preuve de la dignité qui le caractérise». (...)

Le juge Dorion, discutant avec certaines personnes dans son bureau, a nié catégoriquement qu'il y a eu heurt entre lui et le premier ministre Lester B. Pearson au sujet de son rapport. Il a expliqué qu'il s'agissait d'un malentendu, lequel venait d'être réglé par la décision qu'il venait de prendre.

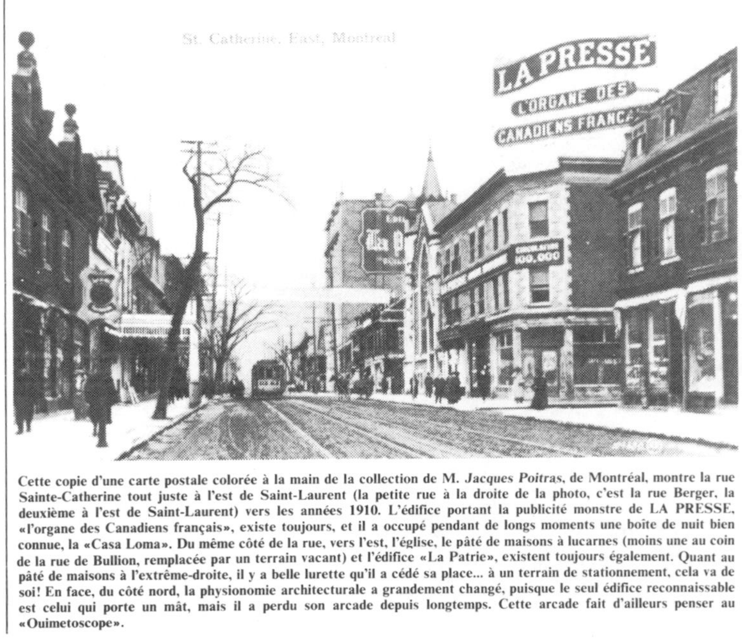

Cette copie d'une carte postale colorée à la main de la collection de M. *Jacques Poitras*, de Montréal, montre la rue Sainte-Catherine tout juste à l'est de Saint-Laurent (la petite rue à la droite de la photo, c'est la rue Berger, la deuxième à l'est de Saint-Laurent) vers les années 1910. L'édifice portant la publicité monstre de LA PRESSE, «l'organe des Canadiens français», existe toujours, et il a occupé pendant de longs moments une boîte de nuit bien connue, la «Casa Loma». Du même côté de la rue, vers l'est, l'église, le pâté de maisons à lucarnes (moins une au coin de la rue de Bullion, remplacée par un terrain vacant) et l'édifice «La Patrie», existent toujours également. Quant au pâté de maisons à l'extrême-droite, il y a belle lurette qu'il a cédé sa place... à un terrain de stationnement, cela va de soi! En face, du côté nord, la physionomie architecturale a grandement changé, puisque le seul édifice reconnaissable est celui qui porte un mât, mais il a perdu son arcade depuis longtemps. Cette arcade fait d'ailleurs penser au «Ouimetoscope».

LA PRESSE

100 ans d'actualités

LE PROJET DE CONSCRIPTION BORDEN EST APPROUVE EN SECONDE LECTURE

(De l'envoyé spécial
de la «Presse»).

OTTAWA, 6. - Après une séance des plus mouvementées, le débat maintenant historique sur la seconde lecture du bill Borden, tendant à établir le service obligatoire au Canada, s'est terminé à cinq heures ce matin **(6 juillet 1917),** à la Chambre des communes par l'adoption de la motion du gouvernement, les voix se partageant 118 pour et 55 contre, soit une majorité de 63 pour la mesure ministérielle. C'est au chant de l'hymne national: «Dieu sauve le Roi», que les partisans de la conscription ont accueilli le résultat du vote.

A 2 h. 40, ce matin, M. Brouillard, député libéral de Drummond-Arthabaska, ayant clos la série des discours, la Chambre se remplit aussitôt de députés et en quelques minutes les deux partis furent au grand complet. Dans les galeries, une foule considérable, où l'on remarquait bon nombre de dames et de militaires, attendait patiemment, malgré l'heure tardive, le moment du vote. Sir Robert Borden, entre, salué par les applaudissements de la droite. Le premier ministre semble rempli d'une grande confiance. Sir Wilfrid Laurier, à son siège depuis quelque temps, montre un visage impassible, indifférent.

L'orateur lit le sous-amendement Barrette, demandant le renvoi à six mois de l'étude du projet Borden et immédiatement la Chambre vote: les voix comptées, on trouve que la proposition du député de Berthier est battue par 165 voix contre 9. L'amendement Laurier, d'après lequel on demandait que la discussion du bill fut retardée jusqu'à ce que le peuple canadien ait eu l'occasion de se prononcer, est battu par 111 voix contre 62, soit une majorité de 49 voix pour le gouvernement.

Puis, après l'amendement Copp, dont nous parlons plus bas, vint la mise aux voix de la proposition principale, celle de la conscription, laquelle fut adoptée par 63 voix de majorité. La séance qui vient de se terminer est désormais historique.

SINISTRES RUMEURS

(De l'envoyé spécial
de la PRESSE)

OTTAWA, 6. - Dans la soirée, des rumeurs avaient circulé, dans les corridors de la Chambre, à l'effet que l'on s'apprêtait à faire sauter le musée Victoria où siège le parlement. La bombe a éclaté, mais sous une autre forme que celle prédite, lorsque le moment fut venu de prendre le vote sur la motion principale, c'est-à-dire celle de sir Robert Borden demandant que le bill de la conscription subisse sa seconde lecture.

L'AMENDEMENT COPP

Tout semblait devoir se terminer sans incident, lorsque M. Copp, député libéral de Westmoreland (Nouveau-Brunswick), se leva, sortit deux feuilles du gousset intérieur de son veston, et après un long discours au grand mécontentement de la droite, proposa un nouvel amendement au bill Borden, comportant l'insertion dans la nouvelle loi d'une clause pourvoyant à l'entretien des soldats canadiens et de leurs familles sans avoir recours aux souscriptions publiques. Les remarques de M. Copp, de même que celles de l'hon. M. Oliver, et de M. Mollay, député libéral de Provencher (Manitoba), furent accueillies par des huées et de véritables beuglements du côté de la droite.

SIR ROBERT BORDEN

Visiblement ennuyé, le premier ministre se leva après le discours du député de Westmoreland, pour protester fortement contre le nouvel amendement, présenté, dit le premier ministre, uniquement dans le but de retarder et entraver l'adoption du bill en seconde lecture. Sir Robert déclare que les soldats canadiens sont aussi bien traités que les soldats de n'importe quelle nation alliée et il énumère les résultats magnifiques du système des contributions volontaires aux oeuvres de guerre.

«Le gouvernement ne peut pas accepter cet amendement», déclare le premier ministre.

L'HON. M. OLIVER

L'ex-ministre libéral ne se laisse pas désarmer par la déclaration du chef du gouvernement et il reproche à sir Robert d'abuser de sa majorité pour faire passer son projet de loi. Les cris de: Honte/ Honte/ venant du côté des conservateurs, soulignent les remarques du député d'Edmonton. Celui-ci continue, cependant, et après lui, M. Mollay traite de la situation qui est faite aux soldats canadiens et à leurs familles. A tour de rôle, les orateurs libéraux pressent le gouvernement d'améliorer le sort de ceux qui combattent en Europe, dans les troupes canadiennes. Finalement, l'amendement Copp est mis aux voix et il est défait par 115 voix contre 55, soit une majorité de 60 voix.

Cette page illustrant le système d'aqueduc de Montréal fut publiée le *6 juillet 1907.*

AFFREUSE EXPLOSION A BELOEIL

(De l'envoyé spécial
de la «Presse»)

BELOEIL, 6 — Le coquet village de Beloeil, qui a déjà été si cruellement éprouvé dans le passé, du fait des cruels accidents survenus à la poudrerie de la «Canadian Explosives Limited», vient d'être de nouveau affligé par une catastrophe épouvantable. L'émoi et la consternation règnent parmi la population, où les deuils anciens sont avivés par les deuils nouveaux qui viennent de se produire.

C'est vers dix heures, ce matin **(6 juillet 1915),** qu'est survenu le malheur. Les malheureux qui ont été frappés travaillaient dans le pavillon de la cordite, qui a été complètement détruit. Autant qu'on a pu le savoir par les récits des survivants, dont les souvenirs sont naturellement confus et imprécis, tant la chose s'est passée rapidement et tant le sauve-qui-peut a été rapide, c'est la machine à couper la cordite qui a occasionné le malheur par une défectuosité dont on ne peut dire exactement la nature.

Tout à coup, une flamme a jailli de la machine. Elle a grandi démesurément, a tout envahi, tout enveloppé dans son étreinte mortelle. Des cris terribles ont été entendus, les travailleurs se sont rués au dehors, à travers le rideau de feu. En un rien de temps, tout était fini: six morts gisaient, calcinés; neuf travailleurs se tordaient dans les affres de la douleur, plus ou moins gravement atteints.

L'explosion n'a pas été forte; on n'a rien entendu au village. La poudrière est exactement à un mille et demi de la gare. (...)

Parmi les morts et les blessés se trouvent plusieurs jeunes filles et on compte aussi parmi eux une couple d'officiers importants de la compagnie, de sorte que les pertes sont senties non seulement par la population, mais elles affectent en même temps beaucoup la compagnie. (...)

Six malheureux manquent à l'appel. Ces malheureux sont encore ensevelis sous les débris de l'édifice. Huit des blessés ont été amenés à Montréal et transportés à l'hôpital Général. Le train qui amena ces infortunés, la plupart d'entre eux portant d'affreuses blessures, est entré en gare *a(Bonaventure)* un peu après-midi. (...)

LA NOUVELLE DE
LA CATASTROPHE

A l'arrivée de la première personne portant la triste nouvelle, a commencé une course folle vers les bâtiments de la poudrerie. Deux cents personnes environ travaillent là et on conçoit le nombre des parents et d'amis qui étaient anxieux de se renseigner sur leur sort. Comme toujours en pareille occasion, les premières nouvelles n'étaient pas précises, de sorte que chacun se demandait avec angoisse quel était l'être cher qui pouvait être disparu. Avant de s'abattre définitivement sur les quelque douze ou quinze foyers qu'il a atteints, le malheur a plané au-dessus de tous et a répandu sur tous son ombre lugubre. (...)

Les morts sont les suivants: J. Murray Wilson, gérant général de la division de chimie de la compagnie; Helmer Brown, surintendant du département de la cordite, à Beloeil; Raoul Favreau, 36 ans, marié et père de cinq enfants, Beloeil Station; Dick Meyer, 19 ans, célibataire, Beloeil Station; Mlle Maria William, 30 ans, Beloeil Station; Mlle Berthe Blain, 19 ans, village de Beloeil. *Dans les heures suivantes, Henri Chicoine, 40 ans, marié et «père de plusieurs enfants», ainsi que H.C. Schoch, 28 ans, devaient succomber à leurs blessures.*

ACTIVITÉS

■ LA PRESSE à Anjou

Bibliothèque municipale d'Anjou — Dans le cadre de ses soirées d'animation, la bibliothèque rend hommage à LA PRESSE, en l'invitant à y exposer une collection de caricatures et de premières pages. **Dernière journée aujourd'hui.**

Dans son édition du *6 juillet 1907*, LA PRESSE annonçait avec une fierté bien légitime l'ouverture de la passerelle dont LA PRESSE préconisait la construction, pour relier le quai Victoria au nord de la rue des Commissaires (aujourd'hui, rue de la Commune), au-dessus des routes et des voies ferrées. On notera que deux ans plus tôt jour pour jour, donc le *6 juillet 1905*, LA PRESSE divulguait en primeur et en manchette les plans de construction de la passerelle, dont le coût était alors évalué à $11 000.

C'EST ARRIVÉ UN 6 JUILLET

1982 — L'Amérique du Nord est témoin de la plus longue éclipse de lune depuis 1736.

1977 — Le solliciteur général Francis Fox annonce la création d'une commission royale d'enquête, présidée par le juge David C. McDonald, pour faire la lumière sur les accusations d'activités illégales portées contre la GRC.

1976 — Le maréchal Chu Teh, figure légendaire de la Chine, meurt à l'âge de 90 ans.

1965 — Grève des détaillants d'essence du Québec; plus de 850 stations-services sont fermées.

1961 — M. Robert Thompson est élu chef national du parti du Crédit social du Canada; il succède à M. Solon Low.

1960 — Les troupes congolaises se mutinent; le Congo fait appel aux Nations Unies pour obtenir une aide militaire.

1954 — S. Exc. Mgr Philippe Côté, s.j., qui avait été expulsé de Chine par les communistes, quitte le Canada à destination de Formose.

1952 — Décès de l'hon. L.-A. Taschereau, ex-premier ministre de la Province, à l'âge de 85 ans.

1950 — Inauguration de la cour de triage du Canadien Pacifique à Côte-Saint-Luc, la plus moderne du continent américain.

1949 — Les travailleurs de l'amiante reprennent le boulot, à Asbestos.

1945 — Ottawa décide de rationner de nouveau la viande.

1944 — Le premier ministre britannique Winston Churchill révèle que les bombes volantes allemandes ont déjà fait plus de 2 700 morts. — Un incendie éclate dans la grande tente du cirque Ringling Bros. and Barnum and Bailey, à Hartford, Connecticut, et 159 personnes perdent la vie.

1936 — La Société des nations décide de lever les sanctions imposées à l'Italie pour avoir envahi l'Éthiopie.

1890 — Mlle Levere a l'honneur d'être la première Montréalaise à effectuer une ascension en ballon, à partir du parc Sohmer.

Drapeau gagne son point

par Jean CHARPENTIER

OTTAWA — C'est aujourd'hui qu'enfin, après un démarrage laborieux mais sûr, commencera véritablement la mise en oeuvre de l'exposition de Montréal.

En la personne de M. Lionel Chevrier, ministre de la Justice et actuellement premier ministre intérimaire, Ottawa fait former l'artillerie lourde pour annoncer aujourd'hui **(6 juillet 1963)** qu'elle est prête à ratifier définitivement le choix de l'île Ste-Hélène et de l'île Notre-Dame comme emplacement de l'exposition et à verser sa part des frais afférents à une telle entreprise.

«Les travaux auraient dû commencer cette semaine, a déclaré hier avec impatience le maire Drapeau à son arrivée à Ottawa. Il semble bien qu'ils pourront commencer tout de même aujourd'hui».

Obnubilé sans doute par la modeste envergure des contributions initiales de $20 millions par Ottawa, 15 pour le Québec et 5 pour Montréal, le fédéral se montrait jusqu'ici peu enclin à jongler avec les centaines de millions de dollars que suggère maintenant le projet.

Réalisant enfin l'envergure des opérations, Ottawa s'est enfin résolue à voir les choses en face, et c'est ce qu'annoncerait aujourd'hui M. Chevrier, après en avoir discuté hier soir au conseil des ministres.

A mesure que progressaient hier lés pourparlers entre Montréal et Ottawa, on sentait que de part et d'autre et surtout de la part d'Ottawa, on prenait enfin conscience des véritables dimensions du projet. Car, contrairement à ce qu'on pouvait croire, le ton des entretiens demeura tout à fait cordial: c'est la difficulté du problème et non celle des interlocuteurs qui a fait se prolonger la discusion une partie de la nuit.

Peut-être enfin fut-ce la détermination du maire Drapeau à ne pas quitter Ottawa sans une réponse définitive qui fit que la question sera tranchée aujourd'hui.

Hier après-midi, il ne fut question que de la protection des eaux navigables. A cet effet, Ottawa réclamait, comme on sait, des garanties maxima, tandis que Montréal ne voulait offrir que le minimum, à savoir: estacade permanente contre escatade amovible.

Ou, pour employer les termes du maire Drapeau: «Nous leur offrons une Ford et ils insistent sur une Cadillac».

L'intransigeance d'Ottawa à cet égard se fondait, semble-t-il, sur celle d'un de ses ingénieurs, qui s'oppose irréductiblement à l'emplacement de l'île Ste-Hélène.

Cependant, l'entrée en scène de M. Chevrier, qui incarne à la fois les intérêts politiques et financiers du gouvernement, semble mettre un point final à ces tergiversations techniques.

Etude détaillée

(PC) - MM. Deschatelets, Favreau, Drapeau et Saulnier ont consacré les quatre heures de discussions de la rencontre d'hier après-midi à analyser les conclusions des rapports préparés par les firmes spécialisées qui, à la demande de Montréal, ont étudié l'effet que pouvait avoir sur le mouvement de l'eau et des glaces le remblayage du fleuve St-Laurent, à la hauteur de l'île Ste-Hélène.

Plus tôt dans la journée, le ministre des Travaux publics avait répété aux Communes que la création de l'île Notre-Dame ne devait d'aucune façon venir en contradiction avec la Loi de protection des eaux navigables (Navigable Water Act). Il a également précisé, et c'était la première fois qu'on en faisait officiellement mention, que les ingénieurs du gouvernement fédéral «insistaient sur certaines réserves».

LA POSE DU MAT DE 100 PIEDS SUR L'EDIFICE DE «LA PRESSE»

Le *6 juillet 1904*, on terminait l'érection (entreprise cinq jours plus tôt) sur le toit de l'édifice de LA PRESSE, du premier mât pour télégraphie sans fil installé à Montréal. Ce mât mesurait 100 pieds et 6 pouces de hauteur et pesait une tonne et demie. Il avait une largeur de 9½ pouces à la base et de 3 pouces au sommet. Dans les jours suivants, on devait en installer un deuxième, d'une hauteur de 200 pieds, à l'île Sainte-Hélène, afin de pouvoir procéder à des expériences.

LA PRESSE

100 ans d'actualités

L'ETRANGLEMENT EN CAGE

Dans son édition du 7 *juillet 1900*, sous le titre « LES SUPPLICES CHINOIS », LA PRESSE consacrait la moitié de sa première page à ces trois illustrations et à un article signé par un certain « abbé Garnier », qui reprenait la description faite par un récent numéro de « Missions catholiques » de supplices infligés par les Boxers de Chine à leurs victimes, voire aux missionnaires catholiques. Outre les trois supplices illustrés (y compris celui ci-contre de la cage où le prisonnier s'étrangle s'il cherche à mettre les pieds à plat au sol), on y fait la description de supplices tellement horribles que la torture moderne apparaît tel un ersatz en comparaison avec eux.

LA FLAGELLATION

«Equité linguistique»

Le bill des langues officielles est adopté

OTTAWA — Même après avoir obtenu l'appui de la Chambre des communes, le gouvernement fédéral continuera à faire campagne dans diverses régions du Canada pour que le bill des langues officielles ne soit pas un élément de désunion.

C'est ce qu'a indiqué le secrétaire d'État, M. Gérard Pelletier, quelques instants seulement après l'adoption **(le 7 juillet 1969)** par les Communes du bill C-120, un projet de loi qui vise à permettre l'usage du français et de l'anglais dans tous les services fédéraux à travers le Canada, grâce en particulier à la création de districts bilingues et à la nomination d'un commissaire linguistique, qui jouera dans son domaine un rôle comparable à celui d'un ombudsman.

Evidemment, pour le gouvernement Trudeau, l'adoption de ce projet de loi représente une étape extrêmement importante, quand on se rappelle l'insistance qu'a mise sur cette question le premier ministre au cours de la campagne électorale, l'an dernier.

Néammoins, M. Pelletier, dans les quelques remarques qu'il a formulées à sa sortie de la Chambre, a déclaré que nul projet de loi ne se mérite l'acceptation universelle.

Il a ajouté toutefois que «le bill des langues sera bienvenu dans la population canadienne plus que ne le laissent entendre les débats aux Communes».

Ceci n'empêchera pas le premier ministre lui-même de se rendre bientôt dans l'Ouest pour prendre entre autres le pouls de l'opinion publique sur la question du bilinguisme. De son côté, M. Pelletier poursuivra au cours de l'été ses visites dans les provinces de l'Est et se propose même de retourner dans l'Ouest l'automne prochain.

L'opposition

A la Chambre, le débat sur le bill des langues s'est poursuivi en troisième lecture de façon plus subtile, à cause sans aucun doute de la mise en garde servie par le chef conservateur à ses 17 députés récalcitrants après le vote en deuxième lecture.

L'intervention sévère de M. Robert Stanfield à la suite de ce vote en deuxième lecture a eu pour effet d'éloigner d'Ottawa les plus prestigieux des protestataires, dont l'ancien leader, M. John Diefenbaker, qui est officiellement en vacances.

L'ancien ministre, M. Walter Drysdale, et le plus farouche des adversaires du bill des langues, M. Jack Horner, étaient également absents des Communes pour les dernières heures du débat et surtout pour le vote.

Les autres, parmi les adversaires du débat à la Chambre, ont bien signifié leur position en présentant une motion visant à envoyer le projet de loi devant la Cour suprême pour en faire vérifier la constitutionnalité, mais aucun d'entre eux n'a voté pour la motion lorsque le temps fut arrivé.

On a remarqué le même silence lors de l'adoption en troisième lecture, de sorte qu'il ne fut même pas nécessaire de prendre un vote enregistré.

Outre ces 17 conservateurs que M. Réal Caouette a qualifiés «d'arriérés mentaux», tous les députés ont donné leur accord au projet de loi. (...)

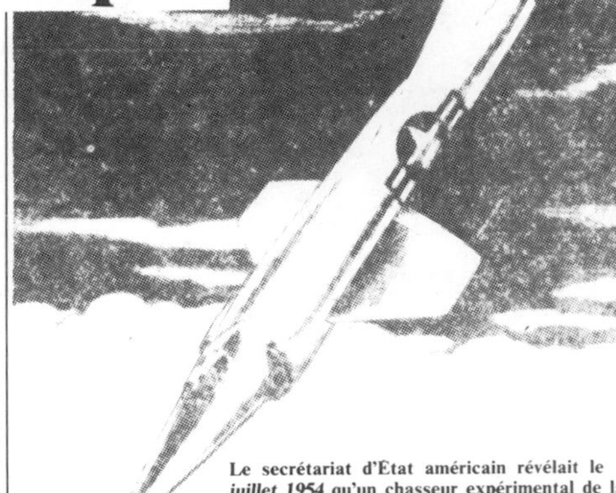

Le secrétariat d'État américain révélait le 7 *juillet 1954* qu'un chasseur expérimental de la société Lockheed, le FX-104, avait atteint la vitesse record de 1 500 milles à l'heure au cours d'un vol à l'horizontal. C'est le même avion que le Canada devait choisir cinq ans plus tard pour son aviation, après avoir relégué aux oubliettes le fameux Arrow de la société Avro.

Premier vol transatlantique d'Air France

Bordeaux, 8 (P.A.) — L'avion « Lieutenant de vaisseau Paris » est parti hier **(7 juillet 1939)**, à 11 heures 12 du soir (6 heures 12, heure avancée de l'Est), de Biscarosse pour se rendre à New York. C'est la première envolée transatlantique d'Air France à destination de l'Amérique du Nord.

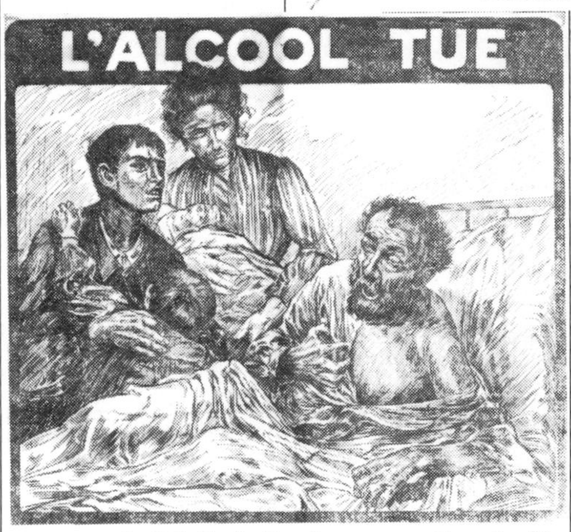

Au tournant du siècle, il existait en France un organisme, la « Ligue nationale contre l'alcoolisme », dont le rôle consistait à combattre l'alcoolisme et toutes ses causes. Dans son édition du 7 *juillet 1906*, LA PRESSE rendait un hommage particulier à cet organisme en lui consacrant la moitié de sa première page, à l'occasion du passage à Montréal du Dr Triboulet, délégué du gouvernement français et de la ligue au congrès médical de Trois-Rivières.

300e anniversaire de la découverte du lac Champlain

LA ville de Plattsburgh était le théâtre, en juillet 1909, de cérémonies grandioses organisées pour célébrer le tricentenaire de la découverte du lac Champlain, et la journée du ***7 juillet 1909*** était tout spécialement consacrée au président William Taft, des États-Unis. Parmi les invités de marque du premier citoyen du pays, se trouvaient les ambassadeurs Jusserand, de France, James Bryce, d'Angleterre, ainsi qu'une brochette de personnalités venues du Canada, soit le gouverneur général Hughes, sir Alphonse Pelletier, lieutenant-gouverneur de la province de Québec, l'hon. Rodolphe Lemieux, ministre des Postes et représentant du gouvernement canadien, sir Lomer Gouin, premier ministre du Québec, le cardinal Gibbons et nombre d'autres personnalités.

ACTIVITÉS

AUJOURD'HUI

■ **Festi-voiliers**

Vieux-Port de Montréal — La journée d'aujourd'hui de ce festival estival est plus spécialement consacrée aux employés de LA PRESSE. Gilles Vigneault sera en vedette au spectacle de fin de soirée.

■ **À la radio**

17 h, Radio-Canada — Chronique consacrée à LA PRESSE à l'émission *Avec le temps*, animée par Pierre Paquette.

AUJOURD'HUI ET DEMAIN

■ **LA PRESSE à Pointe-du-Lac**

Manoir seigneurial de Pointe-du-Lac — Exposition de caricatures permettant de suivre l'Histoire de la caricature dans la vie de LA PRESSE. Jusqu'au 31 juillet inclusivement.

DEMAIN

■ **Régates de Valleyfield**

Baie Saint-François, à Valleyfield — Les célèbres régates annuelles sont « dirigées » cette année par le commodore honoraire Roger D. Landry, président et éditeur de LA PRESSE. Les épreuves sportives seront rehaussées par le spectacle aérien des *Snowbirds* de l'Armée canadienne.

■ **LA PRESSE à Terre des hommes**

À la Ronde — En collaboration avec la ville de Montréal, LA PRESSE offre à chaque dimanche, en fin de journée, un spectaculaire feu d'artifice. Jusqu'au 2 septembre inclusivement.

C'EST ARRIVÉ UN 7 JUILLET

1983 — Le futurologue Herman Kahn meurt à l'âge de 61 ans à son domicile de la banlieue de New York.

1981 — Le président Ronald Reagan annonce la nomination d'une première femme, Sandra O'Connor, comme juge à la Cour suprême.

1975 — Ed Broadbent est élu chef national du NPD. — Me René Hurtubise est assermenté comme premier président de la Commission des droits de la personne du Québec.

1973 — Fin des assises de la conférence d'Helsinki.

1972 — Fin d'une grève de sept semaines des débardeurs des ports du Saint-Laurent.

1969 — Cinq bombes éclatent sur des chantiers de construction de Montréal.

1967 — Déclenchement de la guerre civile au Nigeria. — Le maire Jean Drapeau parmi les neuf premiers décorés de l'Ordre du Canada.

1952 — Le nouvel océanique *United States* établit un nouveau record de vitesse pour la traversée de l'Atlantique d'ouest en est, soit 3 jours, 21 heures, 48 minutes entre New York et l'Angleterre.

1950 — La loi de la conscription entre en vigueur aux États-Unis.

1946 — Miguel Aleman devient le premier civil à être élu président du Mexique. — Canonisation de Françoise Xavier Cabrini, première sainte américaine.

1941 — La marine italienne encaisse d'importantes pertes aux mains des Britanniques. — La flotte des États-Unis reçoit l'ordre de tenir les eaux, entre l'Islande et l'Amérique du Nord, « libres de toute activité ou menace ennemie ».

1940 — Hitler et le comte Ciano sont en conférence à Berlin.

1938 — Refus du Conseil privé de se prononcer sur les lois albertaines sur le contrôle de la presse et le règlement du crédit. — R.J. Manion devient chef du Parti conservateur.

1937 — Front judéo-arabe contre le rapport Peel exprimant le projet de partage de la Palestine. — Les Japonais bombardent la ville de Wanpingshien, en Chine, marquant ainsi le début des hostilités, même si la guerre sino-japonaise ne devait être déclarée officiellement qu'en décembre 1941.

1932 — Le sous-marin français *Prométhée* s'abîme devant Cherbourg. On ne compte que sept rescapés parmi les 60 membres d'équipage.

1930 — Sir Arthur Conan Doyle, créateur du fameux *Sherlock Holmes*, meurt à l'âge de 71 ans.

1905 — Saint-Hyacinthe est en deuil de son évêque, Mgr Maxime Decelles.

M. LEDUC N'EST PLUS MINISTRE

(Du correspondant de la «Presse»)

QUEBEC, 8 — Les nuages qui roulaient visiblement depuis deux jours dans l'atmosphère parlementaire ont crevé hier après-midi **(7 juillet 1938)**; le cabinet provincial a été dissous pour être réassermenté aussitôt après, mais avec un de ses membres en moins. En effet, l'hon. François-Joseph Leduc étais exclus du ministère et l'hon. Maurice Duplessis, premier ministre, procureur général et ministre des Terres et Forêts, était assermenté comme ministre de la Voirie. Il était 5 heures 45 lorsque la cérémonie d'assermentation se déroula.

Comme question de fait, le ministre de la Voirie n'a pas démissionné de plein gré. Il s'est trouvé sans porte-feuille, du fait que le premier ministre lui-même démissionnait. La démission du chef du gouvernement entraîne automatiquement, on le sait, la fin du ministère.

Lorsque M. Patenaude lui demanda qui il recommandait pour la formation d'un nouveau ministère, M. Duplessis se désigna. Il ajoutait toutefois le titre de ministre de la Voirie à ceux qu'il possédait déjà.

La cérémonie de l'assermentation se déroula, on peut le dire, dans la plus stricte intimité. Elle fut même tenue dans le plus grand secret. Les journalistes apprirent tout à coup que les membres du cabinet étaient réunis chez M. Patenaude.

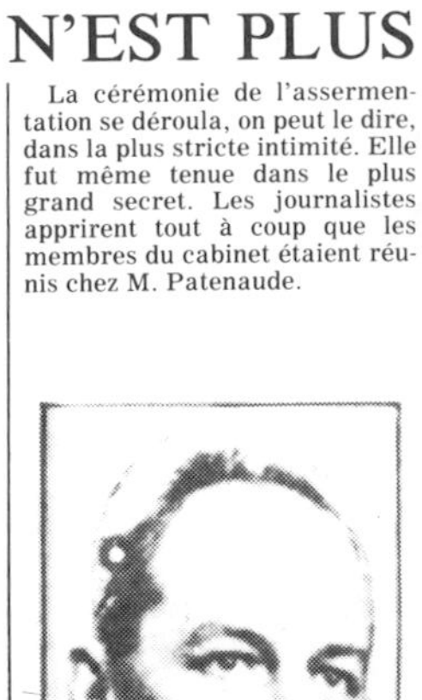

François-Joseph Leduc, ex-ministre de la Voirie.

De là à conclure que M. Duplessis était le nouveau ministre de la Voirie, il n'y avait qu'un pas. Et c'est comme tel que les journalistes le saluèrent lorsqu'il sortit des appartements du lieutenant-gouverneur. Nous avions prévu juste. Au confrère qui demanda ensuite au chef du gouvernement ce qui se passait, celui-ci répondit: «Nous sommes allés saluer le lieutenant-gouverneur et lui demander des nouvelles de sa santé.» Ensuite, le chef du gouvernement fit connaître ce qui n'était plus un secret pour nous.

Bien que les journalistes s'attendissent à quelque chose, ils ne manquèrent tout de même pas d'être un peu surpris. Il y a un mois exactement, au banquet Boiteau, le premier ministre parlait avec éloge de son ministre de la Voirie. Il faudra attendre d'autres déclarations pour être mieux fixés sur la portée des événements d'hier.

Dans sa déclaration, M. Duplessis avait révélé à LA PRESSE qu'il avait «congédié» M. Leduc parce qu'il ne pouvait, conformément à ses engagements électoraux de 1936, tolérer les abus, d'où qu'ils viennent.

LA PRESSE

100 ans d'actualités

Page consacrée aux ambulanciers et publiée le *9 juillet 1904.*

Terrible collision de deux trains pleins de pèlerins, près de Lévis

QUÉBEC, 9 — La voie ferré du Grand Tronc a été cette nuit **(9 juillet 1895)** le théâtre d'une épouvantable catastrophe, qui a coûté la vie à un grand nombre de personnes *(on parlait de 25 morts et au moins 50 blessés)*. Cette catastrophe s'est produite ce matin vers 3 heures, à Craigs Road, la première station à l'ouest de Chaudière. Deux convois spéciaux portant un grand nombre de pèlerins de Sherbrooke, Windsor Mills, et des localités environnantes, se rendant à Ste-Anne de Beaupré, se suivaient à dix minutes de distance. Le premier convoi qui se composait de huit chars dont un char dortoir, est arrêté à la station de Craigs Road, afin de permettre à la locomotive de renouveler sa provision d'eau. Quelques instants après, l'autre convoi arrivait à toute vitesse. Dès que son approche fut annoncée, on se mit à faire des signaux qui n'ont pas été aperçus sans doute, car, croyant la ligne libre, il entra en gare avec la même vitesse et donna avec un fracas épouvantable sur l'arrière du premier convoi.

Le choc fut terrible. Le char dortoir et les trois chars qui le précédaient et qui étaient, comme les autres d'ailleurs, bondés de pèlerins, furent culbutés de chaque côté de la voie et mis en pièces. La locomotive du second convoi dérailla aussi, et fut renversée au côté de la ligne.

Les autres chars qui ne sont pas déraillés ont éprouvé cependant quelques dommages et les personnes qui étaient à bord, ont été si violemment secouées que plusieurs d'entre elles ont été renversées, et quelques-unes ont été légèrement blessées.

Il est plus facile d'imaginer que de décrire la scène d'horreur que présentait alors le théâtre de la catastrophe, et la confusion qui y a régné pendant quelques instants.

Les deux côtés de la voie étaient bordés de débris sous lesquels on voyait quelques-unes des victimes faisant des efforts inouis pour se dégager. De tous côtés, on entendait les cris et les gémissements des blessés. Les employés des deux convois et quelques voyageurs se portèrent en toute hâte au secours des blessés. (...)

Ces trois croquis du dessinateur de LA PRESSE permettent d'apprécier l'ampleur de la collision de Craigs Road.

Le mécanicien et le chauffeur du deuxième convoi, Hector McLeod et M. Perkins, ont été tués. On a retrouvé les deux cadavres.

Le premier convoi était sous la direction du conducteur Dionne. Le conducteur McZaba commandait le second. Lorsque la voie fut déblayée, un convoi se forma pour transporter à Lévis les voyageurs qui avaient échappé à la catastrophe. Tous ces pèlerins continuèrent le voyage et se rendirent à Ste-Anne. (...)

L'accident (...) est arrivé à 3 heures précises aux dires du conducteur du pullman. Il était sur le char palais lorsqu'il aperçut à quelques verges le convoi No 2 qui arrivait à toute vitesse. Il n'eut que le temps de sauter sur la plateforme et de s'enfuir. L'instant après avait lieu le tamponnement avec un bruit épouvantable qui fit retentir les échos à une longue distance. La locomotive frappa le char pullman et la scène la plus horrible eut lieu. Les chars s'emboîtèrent les uns dans les autres et culbutèrent de chaque côté de la voie. (...) Il y avait 800 personnes dans les deux convois. (...) Six chars ont été mis en aiguillettes. (...)

Fusée lancée de Floride avec une souris à bord

CAP Canaveral, Floride, 10 (UPI) — Un avant-coureur incandescent de la roquette que l'Aviation veut envoyer à la lune a été lancé, apparemment avec succès, hier soir **(9 juillet 1958)**, entrainant une souris dans l'espace.

(A midi, aucune dépêche n'avait encore signalé la découverte de l'ogive contenant la souris «Mia II» et l'on ne savait pas encore si la fusée avait parcouru les 6,000 milles requis.)

La roquette «Thor-Able», dans un formidable grondement, est montée au-dessus de sa base de lancement à 9 h. 49 p.m., heure normale de l'est, laissant derrière elle un immense champignon de fumée et de feu.

Un communiqué de la Défense a déclaré que les renseignements préliminaires indiquent que cette fusée, une alliance hybride du missile de portée intermédiaire Thor et d'une version hautement modifiée du Vanguard, a fonctionné avec succès.

On ne saura pas avant plusieurs heures probablement si le cône de cette roquette, contenant la souris, a traversé sans encombre l'atmosphère terrestre au retour, et s'il a été recouvré de l'océan. Le communiqué assure qu'on essaiera de récupérer le cône. (...)

(Au lancement), la fusée monta tout droit pendant quelques secondes, puis elle commença une courbe allongée vers une course horizontale, se dirigeant au sud-est, sur l'Atlantique.

La fusée a été visible pendant trois minutes environ, alors qu'elle filait, parmi les étoiles, dans un ciel clair et venteux.

Le premier étage se consuma au bout de deux minutes et 40 secondes, tombant et se fragmentant dans une lueur éclatante. Mais le deuxième étage s'enflamma immédiatement et projeta le cône et son minuscule passager encore plus loin dans les cieux. (...)

Terrible accident à Blue Bonnets

LE plus tragique accident d'automobile qui se soit jamais produit à Montréal, a marqué l'ouverture des grandes épreuves de vitesse hier après midi **(9 juillet 1909)**, à Blue Bonnets. Deux hommes emportés par leur machine dans une course vertigineuse ont trouvé une mort terrifiante. Charles K. Batchelder, 26 ans, qui conduisait l'auto du millionnaire Lorne Hall, et son assistant James Twohey, 35 ans, sont aujourd'hui des cadavres, à l'hôpital. A l'extrémité est de la piste, leur voiture, une solide *Stearns* de 60 chevaux, lancée comme un bolide, alla heurter la clôture extérieure, rasa six gros poteaux, comme une boule qui renverse des quilles et descendit le talus élevé avec tous les débris alla s'arrêter à vingt verges plus loin. Twohey avait le crâne défoncé, et le malheureux Batchelder avait le ventre ouvert par deux pièces de bois qui lui étaient entrées, l'une dans l'aine, et l'autre dans l'estomac. L'abdomen était ouvert et les entrailles répandues.

L'on se précipita à son secours. Ses amis le placèrent dans l'automobile de M. H.A. Létourneau, de l'hôtel Arbour, et le chauffeur, Fred Quinn, bien connu de tous les fervents du jeu de crosse, se dirigea en toute hâte vers l'hôpital Victoria. Comme il arrivait à Montréal, le blessé murmura: «Arrêtez que je respire, autrement je vais mourir.» Quelques secondes plus tard, il était mort.

Twohey, lui, mourut à l'hôpital dix minutes après son arrivée.

L'infortuné Batchelder était un jeune homme très favorablement connu, et qui avait devant lui une brillante carrière. Ami et protégé du millionnaire Lorne Hall, il avait pu, grâce à lui, suivre les cours de l'université McGill et avait été reçu ingénieur électricien. C'était son intention de suivre pendant une saison les cours de minéralogie, afin de devenir ingénieur des mines.

C'EST ARRIVÉ UN 9 JUILLET

1982 — Un *B-727* de la Pan-American s'écrase sur des maisons en Louisiane. L'accident fait 149 morts, dont 13 au sol.

1979 — Ken Dryden, joueur de hockey professionnel dans l'équipe des Canadiens de Montréal, annonce sa retraite sportive.

1976 — La Tanzanie devient le premier pays africain à boycotter officiellement les Jeux olympiques de Montréal.

1974 — Des documents révèlent que le président Nixon avait incité ses conseillers à cacher la vérité sur le Watergate.

1965 — Le nouveau ministre fédéral de la Justice, M. Lucien Cardin, autorise des poursuites à la suite des allégations contenues dans le rapport Dorion.

1963 — L'Office de Révision du code civil recommande que la femme mariée obtienne l'égalité juridique.

1962 — Une bombe à hydrogène d'une puissance de 2 mégatonnes a été lancée à 200 milles au-dessus du Pacifique dans le voisinage de l'île Johnston. C'est l'engin le plus puissant qu'on ait jamais fait exploser dans l'espace.

1958 — Un violent tremblement de terre secoue le sud-est de l'Alaska.

1956 — Québec n'entend prendre aucune décision finale concernant le plan Dozois avant de connaître l'attitude de Montréal.

1947 — Les fiançailles de la princesse Elizabeth au lieutenant Philip Mountbatten sont annoncées à la Chambre des communes par le premier ministre Mackenzie King.

1941 — Le haut-commissaire français en Syrie soumet sa demande d'armistice à l'Angleterre.

1929 — Une collision de deux sous-marins britanniques coûte la vie à vingt marins.

1920 — Louis-Alexandre Taschereau est assermenté comme nouveau premier ministre de la province de Québec.

1919 — Le gouvernement allemand entérine le traité de Versailles.

1900 — Ouverture officielle de la Banque Provinciale du Canada.

1890 — Le Wyoming devient le 44e État des États-Unis d'Amérique.

LE SAUT DES CHUTES NIAGARA

Il faut croire que la date du 9 juillet exerce une certaine attraction sur ceux qui se rendent aux chutes Niagara, puisqu'on a pu rattacher à cette date au moins trois événements majeurs depuis le début du siècle. Commençons par l'exploit de Bowser, illustré par la vignette ci-dessus, et qui fut réalisé le *9 juillet 1900*. Ce jour-là, après avoir été remorqué jusqu'au milieu des rapides, Bowser (de son vrai nom Peter Nissen, Danois de naissance âgé de 37 ans et demeurant à Chicago) avait réussi à descendre les rapides avec l'intention d'étudier la possibilité « d'établir une ligne de bateaux pour passagers à travers les rapides ». Bowser-Nissen avait réussi son exploit dans une embarcation spécialement conçue pour l'occasion et mue par une hélice propulsée par des pédales similaires à celles d'une bicyclette. À la même date, le *9 juillet 1945*, c'était au tour de William Hill fils de « sauter les rapides » de la rivière Niagara. Hill rééditait ainsi l'exploit de son père, à une date antérieure malheureusement inconnue. Enfin, toujours à la même date, soit le *9 juillet 1960*, c'est un tout autre exploit qu'accomplissait un garçonnet de sept ans, à son « corps défendant », c'est le cas de le dire. En effet, naufragé et muni d'une simple ceinture de sécurité, Roger Woodward était tombé du haut des chutes Niagara (167 pieds) dans les tourbillons sans subir la moindre blessure grave, pour ensuite être recueilli dans les rapides par le «Maid of the Mist», un bateau-mouche pour touristes.

BABILLARD

La vente des affiches

LA PRESSE offre depuis quelque temps un jeu de quatre affiches préparées à partir de premières pages polychromes publiées par LA PRESSE au cours de son histoire. Ces jeux d'affiches sont offerts au prix unitaire de $12 au comptoir de vente de l'entrée de la rue Saint-Jacques. Une fois sur les lieux, vous pourrez en profiter pour ajouter votre nom aux centaines de signatures que contient déjà le ***Livre du petit porteur***, dans le hall d'entrée.

Un centenaire de plus

Le foyer Lajemmerais, de Varennes, compte un centenaire entre ses murs depuis ce matin, puisque **Hector Hébert** célèbre aujourd'hui son centième anniversaire de naissance, dans la ville où il demeure toujours. LA PRESSE lui offre ses meilleurs voeux de bonheur et de santé.

ACTIVITÉS

■ **LA PRESSE à Pointe-du-Lac**

Manoir seigneurial de Pointe-du-Lac **—** Exposition de caricatures permettant de suivre l'Histoire de la caricature dans la vie de LA PRESSE. Jusqu'au 31 juillet inclusivement.

Une belle oeuvre philanthropique pour combattre la mortalité infantile

UN mouvement philanthropique qui sera, sans doute, bien apprécié du public, s'est fait, samedi soir **(9 juillet 1904)**, alors que plusieurs médecins, parmi lesquels était le Dr Dagenais, président de la commission d'hygiène, se sont réunis à la résidence du Dr Dubé, et ont fondé l'association dite de «La Goutte de Lait», dans le but de fournir du lait stérilisé aux enfants de cette ville. Cette organisation va se mettre à l'oeuvre immédiatement. Des arrangements seront pris incessamment avec les meilleurs laitiers, pour la fourniture d'un article pur qui sera stérilisé ensuite à l'institution des Soeurs de la Miséricorde, et par l'hôpital des Soeurs Grises, si toutefois ces maisons veulent contribuer à l'oeuvre.

C'est l'intention de l'association de se procurer un laboratoire pour pasteuriser elle-même le lait. Celui-ci, exempt de tout microbe, sera distribué dans des bouteilles hermétiquement fermées. Il y aura une dizaine de dépôts ou dispensaires, dans différentes parties de la ville, où le lait sera vendu au prix coûtant, ou donné gratuitement, à ceux reconnus incapables de payer.

Pour le moment, on va en procurer aux enfants malades, seulement. Dans la suite, les autres pourront en avoir, aussi.

Les membres du Conseil de la paroisse de Saint-Antoine de Longueuil ont effectué la première visite officielle de la route de LA PRESSE le *9 juillet 1912*. On aperçoit sur la photo (1) M. Arthur Daigneault, maire de la paroisse; (2) M. Zotique Bourdon, conseiller; (3) M. Louis Marcille, conseiller; (4) M. L.J.E. Brais, secrétaire de la paroisse; (5) M. Georges A. Simard; (6) M. Lorenzo Prince, gérant de la rédaction de LA PRESSE; (7) M. L.J. Garby, ingénieur représentant le constructeur, la «Canadian Mineral Rubber Co.»; (8) M. Arthur Côté, de LA PRESSE.

LA PRESSE

100 ans d'actualités

Cette première page initialement publiée le *10 juillet 1909*, démontre que la propension au «self defense» n'est pas exclusivement contemporaine. Les illustrations proposaient des moyens de défense provenant de la «boxe japonaise», traduction de l'époque pour «jiu-jitsu». «La boxe japonaise, disait la légende, tord les membres de l'agresseur, le supplicie et lui fait demander grâce.»

L'INVASION COMMENCE: DÉBARQUEMENT EN SICILE

Américains, Anglais, Canadiens, précédés de bombardements aériens et couverts par la flotte, ont pris pied en Sicile.

LONDRES, 10 (P.C.) — Le correspondant de l'agence Reuter câble de l'Afrique du Nord: «La première ligne de troupes alliées est engagée contre l'ennemi après avoir passé par-dessus des mines et des barrages de fil barbelé pour attaquer des nids de mitrailleuses sur les plages de Sicile».

Quartier général allié d'Afrique du Nord, 10 (B.U.P.) — Le communiqué annonçant l'invasion de la Sicile a paru ici à 5 h. 10 du matin (...). Les premiers débarquements auraient été effectués vers 3 h. du matin.

New York, 10 (B.U.P.) — Le général Dwight D. Eisenhower a annoncé officiellment aujourd'hui **(10 juillet 1943)** l'invasion de la Sicile par les Alliés. (...)

Washington, 10 (P.A.) — Les armées alliées, formées de troupes canadiennes, britanniques et américaines, sont parties des bases africaines aujourd'hui pour franchir la Méditerranée et inaugurer la première invasion du sol italien, l'île de la Sicile.

La préparation de l'assaut

De puissantes armadas aériennes, aidées de bombardements navals, ont précédé le débarquement des troupes sur cette grande île dont les défenses ont été amollies par des bombardements s'accroissant en intensité depuis des semaines.

Le haut commandement militaire américain a publié un communiqué d'une cinquantaine de mots pour révéler de façon dramatique les premiers détails de la poussée engagée par les troupes dirigées par le général Dwight David Eisenhower. Le bulletin a coïncidé avec une émission de Radio-Alger annonçant cette invasion de grande portée.

A Ottawa, le très hon. M. King, premier ministre du Canada, a annoncé que les soldats canadiens du pays sont «à l'avant-garde d'un assaut qui a pour objectif ultime la capitulation sans conditions de l'Italie et de l'Allemagne».

Les débarquements en Sicile constituent un grand pas vers le nettoyage de la Méditerranée. L'Afrique est aux mains des Alliés, la Sicile est assaillie, la Sardaigne est si près qu'elle ne peut manquer d'être bientôt atteinte, une grande partie du «bas vulnérable» de l'Europe occupée se trouve exposée au feu.

300,000 hommes à faucher

Reste néammoins la possibilité, sinon la probabilité d'une défense énergique. Les corps allemands et italiens du midi de la presqu'île et des îles ont reçu des renforts récemment. Il est possible que les effectifs de la défense atteignent 300,000 soldats parfaitement instruits, prêts à l'épreuve. (...)

L'occupation alliée de la Sicile améliorerait beaucoup la situation militaire en Méditerranée. Mais il resterait des points névralgiques, entre autres la Crète, en Méditerranée orientale. L'Axe s'en est emparé après avoir franchi les Balkans, en se servant de parachutistes ou de soldats transportés par avion. Depuis il a fortifié l'île. Mais récemment, une expédition britannique a détruit des avions et des installations avant de se rembarquer. Il est probable qu'en outre, elle a rapporté de précieux renseignements, qui serviront pour l'invasion.

Le débarquement

On ignore sur quels points de Sicile les Alliés ont atterri; les experts jugent que les endroits les plus favorables se trouvent sur les côtes du sud et de l'ouest, le grand port de Palerme au nord-ouest. Marsala, à l'ouest, Porto Empedocle, au sud, sont facilement accessibles de la Tunisie, conduisant à la grande plaine centrale, où l'on présume qu'est massé le gros des forces de l'Axe. (...)

Ces deux cartes indiquent les directions suivies par les bombardiers alliés qui ont pilonné la région afin de préparer le débarquement. Soulignons pour les intéressés que le détroit de Messine n'a que deux milles de largeur.

C'est décidé, Montréal aura du baseball majeur

LA journée du 10 juillet **(1968)** aura été une journée mémorable pour la cause du baseball majeur à Montréal. Alors que les plus pessimistes étaient prêts à parier que les dirigeants de la ligue Nationale allaient retirer la première franchise accordée à une ville canadienne, le petit groupe représentant la ville de Montréal à Houston revenait à Dorval avec une grande victoire.

Les propriétaires de la ligue Nationale, après avoir entendu les porte-parole du groupe formé de MM. Lucien Saulnier et Gerry Snyder, de la ville, et MM. Lorne Webster et John Newman, représentant le groupe de financiers, ont confirmé l'affiliation des villes de San Diego et de Montréal comme membres de la ligue Nationale pour la saison de baseball de 1969.

La ligue a aussi annoncé qu'elle imitait la ligue Américaine et qu'elle se sectionnerait en deux groupes l'an prochain, l'un comprenant les villes de New York, Philadelphie, Pittsburgh, Chicago, St-Louis et Montréal, l'autre San Francisco, Los Angeles, Houston, Cincinnati, Atlanta et San Diego.

C'est une déclaration du président Warren Giles qui a mis fin à toutes les rumeurs selon lesquelles Montréal perdait sa franchise, rumeurs qui avaient pris naissance dans les difficultés du groupe montréalais à pouvoir assurer la construction d'un stade.

«La ligue Nationale est très heureuse des progrès réalisés dans les deux villes où elle doit jouer la saison prochaine d'après les dépositions faites par les représentants de ces villes», a dit Giles. Tel que LA PRESSE l'avait annoncé hier, MM. Saulnier et Snyder ont exposé aux dirigeants de la ligue Nationale les plans selon lesquels l'Autostade sera recouvert d'un toit et que le nouveau club pourra y trouver un abri au cours des trois prochaines saisons.

Giles a précisé que selon les représentants de Montréal, le nombre des sièges sera porté de 26,000 à 37,000 à l'Autostade, et la clôture sur la ligne des fausses balles sera située à une distance d'au moins 330 pieds du marbre.

NDLR — Les vrais amateurs de baseball se souviendront que Montréal avait obtenu sa concession le 27 mai 1968, à Chicago. Nous n'avions pu en parler dans cette page, car le 27 mai tombant un dimanche 1984, la page «100 ans d'actualités» n'était pas publiée ce jour-là.

C'EST ARRIVÉ UN 10 JUILLET

1979 — Mort à l'âge de 84 ans du populaire chef d'orchestre américain Arthur Fiedler, qui dirigea le Boston Pops Orchestra pendant 50 ans.

1978 — La société Cadbury Schweppes-Powell annonce la fermeture de sa confiserie de Montréal.

1973 — Les Bahamas accèdent à l'indépendance.

1971 — Au moins 180 personnes meurent lors d'un coup d'État avorté contre le roi Hassan II du Maroc.

1970 — Le premier ministre islandais, M. Bjarni Benediktsson, sa femme et leur petit-fils périssent dans l'incendie de leur résidence d'été à Thingvallasoen.

1969 — Fin de la grève de 59 jours dans la construction au Québec.

1968 — Le célèbre pédiatre Benjamin Spock est condamné à $5 000 d'amende pour avoir suggéré l'insoumission des jeunes requis de faire leur service militaire.

1962 — Un satellite expérimental de communications d'un poids de 170 livres, le *Telstar*, est lancé dans l'espace. Il transmet un programme télévisé transatlantique à partir des États-Unis.

1953 — On annonce l'arrestation de Lavrenti P. Beria, chef de la police secrète russe, ministre de l'Intérieur et premier adjoint du premier ministre Malenkov.

1940 — Début de la bataille d'Angleterre par un bombardement intensif des Allemands. — Le maréchal Pétain est investi des pleins pouvoirs en France.

1920 — Le très hon. Arthur Meighen remplace sir Robert Borden à la tête du gouvernement fédéral.

M. Camillien Houde, maire de Montréal, succède à M. Sauvé

(De l'envoyé spécial de la «Presse»)

QUÉBEC, 11 — Comme nous l'annoncions dans notre dernière édition d'hier **(10 juillet 1929)**, M. Camillien Houde, maire de Montréal et député de Sainte-Marie, a été unanimement choisi chef de l'Opposition conservatrice provinciale.

Il avait été question au cours de l'avant-midi de plusieurs autres candidats. Un député avait même offert son siège à l'hon. M. Patenaude si celui-ci voulait se laisser porter candidat, mais le nom de M. Houde fut le seul soumis à la convention.

Le choix de M. Houde fut proposé par M. Laurent Barré, appuyé par M. F. Winfield Hackett.

Des acclamations enthousiastes saluèrent M. Houde, qui venait d'entrer quelques instants auparavant dans la salle. Tout le monde réclama que son élection fût unanime.

M. John T. Hackett, un des présidents de l'assemblée, demanda alors s'il y avait d'autres noms à proposer et, comme personne ne se levait, il demanda à l'assistance si c'était son désir que M. Houde fût élu chef du parti conservateur.

«Oui, oui», cria-t-on de toutes parts.

MM. Hackett et Aimé Guertin, présidents conjoints de l'assemblée, proclamèrent alors M. Camillien Houde, chef du parti conservateur.

ACTIVITÉS

■ LA PRESSE raconte Montréal

Chalet du Mont-Royal — Conjointement avec une exposition intitulée « Un îlot dans une île », LA PRESSE propose aux visiteurs qui se rendront au Chalet du Mont-Royal d'ici le 9 septembre prochain une cinquantaine d'illustrations permettant à LA PRESSE de « raconter Montréal ».

■ LA PRESSE à Pointe-du-Lac

Manoir seigneurial de Pointe-du-Lac — Exposition de caricatures permettant de suivre l'Histoire de la caricature dans la vie de LA PRESSE. Jusqu'au 31 juillet inclusivement.

Pour que s'applique l'assurance-maladie

QUÉBEC S'APPRÊTE À FAIRE DES PRESSIONS

par **Marcel DUPRÉ**
de notre bureau de Québec

QUEBEC — Le gouvernement Bourassa s'apprête à exercer des pressions sur les professionnels de la santé pour qu'ils signent les ententes qui permettront l'application de l'assurance-maladie.

En vertu du bill qui a été voté hier **(10 juillet 1970)** en dernière lecture par 50 voix contre 18, les Québécois ne peuvent toucher en effet à aucun des bénéfices du régime tant que les accords en question n'auront pas été signés et c'est notamment pourquoi Québec est sur le point de montrer les dents.

Un indice de l'attitude du gouvernement au cours des prochains jours est le fait que le premier ministre Bourassa a décidé de prendre une seule semaine de vacances après la session et, bien plus, ne pas aller à un endroit où il ne pourra pas être à la portée du téléphone.

Quant au ministre de la Santé, de la Famille et du Bien-être social, M. Claude Castonguay, il compte prendre deux semaines de vacances après la session. Toutefois, non seulement sera-t-il à la portée du téléphone, mais il sera à moins d'une journée d'avion de la Vieille capitale.

Un avant-goût

Il y a aussi le coup de théâtre qui a marqué la fin des travaux de la Commission parlementaire de la santé où les députés ont fait l'étude détaillée du bill sur l'assurance-maladie. Après s'être toujours montré plus conciliant que l'Union nationale avec les professionnels de la santé, voilà que le gouvernement a durci subitement ses positions.

En effet, non seulement le ministre Claude Castonguay est-il revenu au bill de l'ancien ministre Cloutier pour empêcher que les professionnels de la santé reçoivent quoi que ce soit s'ils n'adhèrent pas au régime, mais il s'est fait aussi accorder le pouvoir de prendre des mesures spéciales pour annuler les conséquences d'un trop grand désengagement. Par exemple, les médecins au service de l'Etat dans les hôpitaux pourront être appelés à rendre temporairement les soins à la place de leurs confrères récalcitrants.

Le fait que le gouvernement ait été très avare d'information au sujet des négociations avec les professionnels de la santé doit être interprété comme sa volonté de franchir l'étape de l'adoption du bill et non pas de se montrer conciliant avec les professionnels de la santé. Maintenant qu'il a fixé le cadre des négociations, le gouvernement ne tardera pas à faire connaître à la population les offres du gouvernement ainsi que les demandes des médecins, des chirurgiens-dentistes et des optométristes.

Loterie de la province de Québec

LE premier tirage de cette loterie s'est fait hier **(10 juillet 1890)** à 10½ heures a.m., dans une des salles de la bâtisse, au No 81 de la rue Saint-Jacques, sous la présidence du sénateur Chaffers et de M. L.-O. David, le président de l'association Saint-Jean-Baptiste. Il y avait foule.

Pendant que deux religieuses de la Providence levaient les scellés apposés par elles sur la roue des numéros et délivraient leur certificat constatant que cette roue contenait bien une série de numéros de un à cent mille, les présidents constataient le nombre exact des prix dans l'autre roue qui représentaient en nature une valeur de $52,740.

MM. David et Chaffers expliquèrent en français et en anglais le but de cette loterie, qui est, comme on le sait, d'aider à la construction d'un édifice national destiné à l'association Saint-Jean-Baptiste, son maintien, etc., et firent facilement comprendre que cette oeuvre méritait d'autant plus l'encouragement qu'elle était conduite honnêtement et offrait autant de chances que n'importe quelle autre loterie; qu'il y avait moins de mal à favoriser cette oeuvre qu'à risquer de l'argent sur les courses de chevaux et à tenter de faire fortune à la Bourse sur la hausse ou la baisse factice et imaginaire de produits non moins factices et imaginaires.

Sans nous prononcer sur le mérite des loteries en général, nous partageons cette opinion et confiants dans l'intégrité des promoteurs de cette entreprise et en raison du but qu'ils se proposent, nous lui accordons notre cordial support.

NDLR — Les prix offerts étaient les suivants: $15 000, $5 000, $2 500, $1 250 et deux de $500, pour les plus importants.

LA PRESSE

100 ans d'actualités

C'EST ARRIVÉ UN 11 JUILLET

1983 — Un *B-737* militaire explose en plein vol, en Équateur, faisant 119 morts.
1982 — La Squadra Azurra d'Italie remporte la Coupe du monde de football, en Espagne, surtout grâce à Paolo Rossi.
1980 — Richard I. Queen, l'un des 53 otages détenus depuis la prise de l'ambassade américaine à Téhéran en novembre 1979, est relâché sur l'ordre de l'ayatollah Khomeiny.
1979 — Mort du sénateur Claude Wagner, à l'âge de 54 ans, des suites d'une longue maladie. — La station spatiale américaine *Skylab* se brise en mille morceaux dans l'atmosphère terrestre.
1978 — Un camion transportant du gaz propane explose près d'un terrain de camping, tuant 120 personnes près de Barcelone, en Espagne.
1973 — Un *B-707* des lignes brésiliennes Varig s'écrase à Orly: on dénombre 122 morts.
1967 — Le juge Guy Favreau meurt à Montréal à l'âge de 50 ans.
1966 — Les libéraux, ayant à leur tête Alex Campbell, âgé de seulement 33 ans (un record canadien), défont les conservateurs lors des élections générales, à l'Île-du-Prince-Edouard.
1960 — L'Union soviétique révèle qu'elle a abattu dix jours plus tôt un avion de reconnaissance américain *RB-47*. — Moïse Tshombé réclame du Congo ex-belge l'indépendance totale de la province du Katanga.
1957 — La Cour suprême des États-Unis approuve la décision du gouvernement de permettre à un soldat américain accusé d'homicide, William Girard, d'être jugé par un tribunal japonais plutôt que par un conseil de guerre américain.
1945 — Eamon De Valera proclame la complète souveraineté de l'Irlande en proclamant au Dail que l'Eire est une République.
1936 — L'Allemagne se porte garante par traité de la souveraineté de l'Autriche.

De la neige un 11 juillet

Rimouski, 11 — A 6 heures, ce matin **(11 juillet 1913)**, le temps était très froid, et il est tombé de la neige pendant 5 minutes, chute qu'on n'a jamais vue à cette époque, ici.

Un symbole distinctif

Ottawa, 12 (D.N.C.) — M. Wilfrid Lacroix, libéral de Québec-Montmorency, a été hier soir **(11 juillet 1946)** le seul à s'opposer à l'adoption du rapport du sous-comité du drapeau, recommandant les lignes générales de ce qui sera notre emblème national.

Ce dessin constitue une modification de l'enseigne rouge, soit une réduction de l'Union Jack, et une feuille d'érable or sur un fond blanc. (...)

ACTIVITÉS

■ **LA PRESSE raconte Montréal**

Chalet du Mont-Royal — Conjointement avec une exposition intitulée « Un îlot dans une île », LA PRESSE propose aux visiteurs qui se rendront au Chalet du Mont-Royal d'ici le 9 septembre prochain une cinquantaine d'illustrations permettant à LA PRESSE de « raconter Montréal ».

■ **LA PRESSE à Pointe-du-Lac**

Manoir seigneurial de Pointe-du-Lac — Exposition de caricatures permettant de suivre l'Histoire de la caricature dans la vie de LA PRESSE. Jusqu'au 31 juillet inclusivement.

Nouvelle industrie du fer sur la Côte Nord et accord Québec-Terre-Neuve sur l'électricité

QUEBEC — M. Jean Lesage a annoncé hier **(11 juillet 1963)** à l'Assemblée législative deux nouvelles qui ont été soulignées par des applaudissements nourris et qui touchent à des sujets de la plus brûlante actualité: l'industrialisation du Québec et les négociations avec Terre-Neuve.

1 — La direction des Wabush Mines et les partenaires de cette société ont commencé des travaux de construction en vue de l'ouverture à Pointe-Noire, d'une mine de bouletage — préparation de boulets de minerai de fer — celle-là même que M. Joe Smallwood convoitait pour le Labrador terre-neuvien. Pointe-Noire est située dans le voisinage de Sept-Iles.

2 — Le gouvernement de Terre-Neuve, «British Newfoundland Corporation» — BRINCO —, «Hamilton Falls Power Corporation», «Consolidated Edison» ont accepté définitivement deux principes fondamentaux dans leurs négociations avec Québec pour l'aménagement des chutes Hamilton et de la frontière qui sépare notre province du Labrador. L'Hydro-Québec achètera toute l'électricité produite, sauf celle qui sera nécessaire aux besoins de Terre-Neuve, et l'Hydro-Québec aura le droit de vendre hors de notre province l'électricité qu'elle n'utilisera pas.

Le premier ministre a souligné que le Québec est la province qui est le plus en mesure de profiter de l'énergie électrique de la future centrale des chutes Hamilton *(les chutes portent le nom de «Churchill» depuis 1965)*.

— «Je ne connais pas de pays qui ne considérerait pas comme une bénédiction la possibilité de disposer d'une telle richesse importée à un prix aussi bas que celui que permettront les installations des chutes Hamilton.

M. Daniel Johnson, chef de l'opposition, ayant appris la nouvelle de l'ouverture de l'usine de bouletage à Pointe-Noire, l'avait saluée avec un plaisir mitigé par une certaine crainte:

— «Est-ce que, après avoir reçu un lapin — (l'usine de Pointe-Noire) —, le gouvernement Lesage ne donne pas à Terre-Neuve un cheval — (l'assurance que l'électricité des chutes Hamilton pourra être transportée à travers le territoire québécois) —?

Un compromis satisfaisant

ST-JEAN, Terre-Neuve (PCf) — Le premier ministre de Terre-Neuve, M. Joe Smallwood, a déclaré hier que son gouvernement est parvenu à un compromis très satisfaisant avec la Wabush Iron Company au sujet de l'établissement d'une usine de bouletage à Pointe-Noire, au Québec.

M. Smallwood a précisé qu'en vertu de l'entente, 600,000 actions de la Newfoundland and Labrador Corporation Limited, que le gouvernement de Terre-Neuve avait vendues à la Wabush il y a trois ou quatre ans, sont remises à Terre-Neuve.

En retour, le gouvernement a consenti à ce que la Wabush construise son usine de bouletage à Pointe-Noire plutôt qu'à Wabush, au Labrador. Le transfert des 600,000 actions redonne au gouvernement le contrôle de la NALCO.

Cette entreprise détient des droits de coupe du bois et d'exploitation minière sur près de 25,000 milles carrés au Labrador et sur l'île de Terre-Neuve.

Elle touches des redevances de 32 cents la tonne sur tout le minerai de fer produit sur son territoire du Labrador.

Le premier ministre Jean Lesage, à la prorogation des Chambres, prononcée par le juge-en-chef André Taschereau, en l'absence du lieutenant-gouverneur Paul Comtois.

Le *Lockheed 14* utilisé par Howard Hughes pour réussir son exploit.

De New York à Paris en 16 heures

Victorieux, Hughes repart pour Moscou

PARIS, 11 — P.A. — Howard Hughes a atterri à l'aérodrome du Bourget à 11 h. 58 ce matin **(11 juillet 1938)**, après un magnifique raid transatlantique de New York à Paris. C'est la première escale d'un voyage autour du monde.

Le gros bi-moteur tout métal toucha délicatement le sol et roula jusqu'à la porte de l'édifice principal de l'aéroport. Dès l'arrêt des moteurs, l'ambassadeur américain, M. William Bullitt, courut jusqu'à l'avion pour accueillir les aviateurs, les premiers à accomplir cet exploit depuis Lindberg.

Le raid fut réussi en 16 heures, 38 minutes, moins que la moitié du temps — 33 heures et demie — que prit Lindberg en 1927.

A sa descente de l'appareil, Hughes, qui avait pris le temps de mettre une cravate et de se coiffer, déclara qu'il voulait repartir vers la Russie aussitôt que possible.

— Et cela signifie une ou deux heures, a-t-il précisé.

Hughes descendit le premier. Il paraissait fatigué, mais arborait un large sourire. Ses quatre hommes le suivirent et le groupe fut immédiatement présenté aux officiers de l'aéroport.

— Ce fut un beau voyage, dit Hughes. Nous avons fait la traversé en temps record.

On conduisit les voyageurs au bureau du directeur de l'aérodrome, au milieu d'une foule qui les acclamait aux cris de «Vive les Américains».

Des mécaniciens se sont immédiatement mis au travail pour mettre le moteur de l'avion au point. Des camions d'essence sont déjà à remplir les réservoirs, en préparation au départ.

L'avion de Lindberg, le «Spirit of St. Louis» lui avait donné une moyenne de 108.16 milles à l'heure et l'audacieux pilote avait réussi l'envolée à l'aide de quelques instruments rudimentaires.

D'autre part, Hughes était aidé de deux navigateurs, d'un sans-filiste et d'un ingénieur, et pilotait un Lockheed 14, un des plus rapides avions qui soient, avec une vitesse dépassant 200 milles à l'heure. Son appareil est équipé d'une multitude d'instruments et d'indicateurs de toutes sortes. (...)

Cette photo montre Howard Hughes flanqué du navigateur Harry Connor (à gauche) et du sans-filiste Richard Stoddard. Le navigateur Tom Thurlow et l'ingénieur Dale Power étaient également du voyage.

Un cas extraordinaire est soumis au coroner Jolicoeur

(Du correspondant de la PRESSE)

QUÉBEC, 12 — Le coroner Jolicoeur a tenu, hier **(11 juillet 1927)**, une enquête dans le cas d'un enfant nouveau-né du sexe féminin que des cantonniers ont découvert, sur la voie ferrée, entre Saint-Agapit, comté de Lotbinière, et Craig's Road. L'enfant était né viable. La mort est attribuable à la pression qu'il a fallu exercer sur la victime pour la faire passer par l'ouverture du cabinet d'aisance d'un wagon passant à cet endroit, et à sa chute subséquente sur le rail. Le cadavre était encore frais, au moment de sa découverte. Le coroner a décidé de remettre cette cause entre les mains des détectives de la province. Un verdict de «mort par asphyxie» a été rendu.

Les Jeux de Montréal sont sauvés, mais les Chinois n'y seront pas

par Claude-V. Marsolais

LES Jeux olympiques de Montréal sont sauvés! Ils débuteront à la date prévue, samedi le 17 juillet, mais les athlètes de la République de Chine n'y participeront pas en signe de protestation contre l'attitude du Canada et de la commission exécutive du Comité international olympique qui a décidé **(le 11 juillet 1976)** de laisser les Jeux se dérouler.

Cette décision de la commission exécutive du CIO doit cependant être entérinée par une majorité simple des membres du CIO lors de la 78e session mardi à Montréal.

«Nous avons décidé de ne pas annuler les Jeux de Montréal parce que trop de monde en aurait souffert», a indiqué le président du CIO, Lord Killanin, en faisant référence aux athlètes de plus d'une centaine de pays qui se sont préparés, durant plusieurs années, à ce grand rassemblement de la jeunesse du monde ainsi qu'à la ville de Montréal et à l'Association olympique canadienne qui ont rempli leurs engagements.

La commission exécutive du CIO a néammoins condamné l'attitude d'Ottawa qui aurait violé les accords donnés au Comité international olympique par lettre du 28 novembre 1969 et signée par M. Mitchell Sharp, ex-secrétaire d'État aux Affaires extérieures.

Le maire Jean Drapeau est d'ailleurs venu témoigner samedi après-midi à la commission consultative à l'effet que les accords donnés par le Canada en 1969 ne comportaient aucune restriction envers la République de Chine. L'Association olympique avait fait de même quelques jours auparavant.

Aussi, forte de ces appuis, la commission exécutive a lancé un dernier appel solennel au gouvernement canadien afin qu'il révise son attitude et lui fait endosser l'entière responsabilité pour toute atteinte dont le mouvement olympique pourrait avoir à souffrir.

Depuis son arrivée en terre canadienne le 5 juillet, Lord Killanin a consacré tout son temps à tenter de régler cette épineuse question de l'admission des athlètes de Taïwan. Devant l'échec de la médiation, il a eu hier soir cette réflexion: «Je pense que le monde entier en a assez de la politique». Malgré cette situation, Lord Killanin n'a pas l'intention de démissionner, il va continuer à se battre pour le mouvement olympique, «même si je dois avoir un oeil au beurre noir».

Avec les 8 autres membres de la commission exécutive, Lord Killanin avait pourtant présenté une formule de compromis qui se résumait aux points suivants: la délégation de la République de Chine serait désignée sous l'appellation de «Taïwan», comme à Rome en 1960, les athlètes défileraient sous le drapeau olympique et participeraient à titre d'invités du CIO.

La délégation de Taïwan a rejeté toutes ces propositions au cours des négociations qui se sont déroulées au cours du weekend à l'hôtel Reine-Elizabeth.

«La décision canadienne de ne pas accepter le drapeau et l'hymne national de la délégation de Taïwan constitue un précédent dangereux car jamais auparavant un pays n'a remis en question de tels symboles qui relèvent ordinairement du Comité national olympique du pays représenté au CIO», a dit Lord Killanin. (...)

En haut, photographie prise hier *(11 juillet 1934, il y a donc 50 ans cette année)* à l'inauguration officielle du pont Honoré-Mercier (LaSalle-Caughnawaga), au moment où Mme Honoré Mercier, femme du ministre des Terres et Forêts, allait couper le ruban traditionnel. On voit, à la gauche de Mme Mercier, M. J.A. Trudeau, membre de la Corporati.n du pont du lac Saint-Louis, puis S. E. Mgr Deschamps, évêque auxiliaire de Montréal, qui devait bénir le pont aussitôt après cette cérémonie. On voit également dans le groupe l'hon. Raoul-O. Grothé, président de la Corporation; l'hon. L.-A. Taschereau, premier ministre; l'hon. C.-J. Arcand, ministre du travail; l'hon. Honoré Mercier, M. le chanoine Adélard Harbour, curé de la cathédrale, et autres personnages connus. — En bas, plaque commémorative en bronze placée aux deux entrés du nouveau pont.

VICTOIRE!

NDLR — Le caractère triomphant de ce texte s'explique par le fait qu'il s'agit d'un éditorialiste de LA PRESSE.

Il y a six ans, à quelques jours près, le 7 août 1886, LA PRESSE commençait sa campagne contre la taxe de l'eau; elle l'a depuis ce jour continuée sans arrêt, sans trève et sans se laisser rebuter par les obstacles mis sur son chemin par les échevins des divers conseils qui se sont succédé depuis 1886.

Cette tenacité vient de recevoir sa récompense car le conseil de ville a enfin passé, hier **(11 juillet 1892)**, un règlement qui réduit la taxe de l'eau sur les maisons d'habitation à un taux uniforme de 7 pour cent et demi de la valeur annuelle du loyer.

Les réductions que ce nouveau tarif opérera dans les comptes seront comme suit:

1 — Pour tout logement non muni d'un water-closet la taxe sera réduite de $2.75 par an. Ainsi, un logement qui, l'an dernier, payait $5, ne paiera que $2.25 cette année; celui qui payait $10 n'en paiera plus que $7.25, etc., etc.

2 — Pour tout logement muni d'un water-closet et étant d'un loyer annuel de plus de $150, la réduction sera de $2.75 comme ci-dessus, plus une de $4, provenant de la suppresion de la taxe sur les water closets, soit en tout $6.75 par logement.

Cette réduction de la taxe de l'eau est un véritable bienfait pour la classe ouvrière. Il y a en effet à Montréal plus de 35,000 logements au-dessous de $150 de loyer annuel et la totalité de la réduction pour ces logements sera de $96,250 par an.

Pour les autres 6,000 logements, de $150 à $2000 de loyer annuel, et en les supposant munis de water-closets, la réduction totale annuelle sera de $40,500.

On voit que la solution juste à laquelle le conseil est arrivé hier, est surtout favorable à la classe des travailleurs. Le nouveau tarif sera mis en force dès cette année.

En présence des résultats acquis, LA PRESSE oublie ses six années de luttes et les attaques injustes auxquelles elle et ses rédacteurs ont été en butte pour se réjouir avec ses lecteurs de la solution équitable de la question de l'eau, devenue aussi célèbre que celle de la corvée.

LA PRESSE

100 ans d'actualités

C'EST ARRIVÉ UN 12 JUILLET

1983 — Les Chiliens défient le régime Pinochet malgré les arrestations et la censure.

1980 — Au 21e jour de la vague de chaleur qui frappe les États-Unis, les morts se chiffrent par 382.

1979 — L'hôtel Corona d'Aragon, de Saragosse, est détruit par les flammes : 80 morts et 47 blessés.

1977 — Le président Carter, des États-Unis, donne le feu vert à la bombe à neutrons.

1976 — La Cour suprême du Canada déclare dans un jugement majoritaire, que la Loi anti-inflation est conforme à la Constitution.

1975 — On annonce que les 28 victimes de la thalidomide toucheront globalement $7 millions.

1974 — John Ehrlichman, ex-conseiller du président Nixon, est reconnu coupable de complot et de faux témoignage.

1969 — Des émeutes éclatent à Belfast et dans plusieurs autres localités, à l'occasion de la commémoration, par les protestants, de la victoire de Guillaume d'Orange sur le catholique Jacques II, en 1660.

1968 — La police arrête la projection d'un film accepté préalablement par la censure.

1963 — Le monument de la reine Victoria à Québec est détruit par une explosion de dynamite.

1961 — Un satellite *Midas* de 3 500 livres, destiné à repérer le lancement de projectiles ennemis, est mis sur orbite de Point Arguello, en Californie, par l'Aviation américaine. — Un satellite météorologique de 285 livres, le *Tiros III*, est mis sur orbite par la NASA, à Cape Canaveral, en Floride.

1960 — Nomination de M. Roger Duhamel comme imprimeur de la Reine. — Création d'un Conseil du trésor, responsable de scruter toute dépense du gouvernement du Québec supérieure à $15 000.

1949 — Un *Constellation* de KLM s'écrase sur une montagne près de Bombay, en Inde. Parmi les 49 morts, on remarque les noms de 14 éminents journalistes américains.

1946 — Aux Communes, les avis étant trop partagés, la question de l'adoption d'un drapeau national est remise lorsque le comité du drapeau recommande le « Red Ensign » comme étendard national.

1940 — Arrivée de 2 000 autres enfants réfugiés provenant de Grande-Bretagne.

1937 — Inauguration à la bibliothèque municipale de la première école française de bibliothéconomie d'Amérique.

1929 — Les aviateurs Mendell et Reinhart redescendent au sol après avoir volé pendant plus de 246 heures. — Départ de l'aéroport de Cartierville du *Champlain*, qui tentera d'effectuer le premier vol continental jusqu'à Vancouver.

Photo prise au moment où le général Charles de Gaulle se préparait à signer le livre d'or, au bureau du maire Adhémar Raynault. Apparaissent sur la photo, de gauche à droite: J.-O. Asselin, président du comité exécutif; Georges Guévremont, commissaire; Émile Naud, conseiller; de Gaulle; Hector Lortie (derrière la chaise), conseiller; George Marler, vice-président du comité exécutif; le maire; R.F. Quinn, commissaire; le Dr Eudore Dubeau, conseiller; et A.-E. Goyette, leader du conseil.

Cordiale bienvenue au général de Gaulle

LE général de Gaulle, président du Comité français de la Libération nationale, est descendu de son avion, à l'aéroport de Dorval, quelques minutes après midi et demi **(le 12 juillet 1944)**. Il était accompagné du général Béthouard. Il a adressé le salut militaire à la foule de civils, de militaires, d'aviateurs et de marins.

Puis il s'est avancé vers le drapeau français hissé à son arrivée. Les assistants ont entonné la Marseillaise. Son honneur le maire de Montréal, M. Adhémar Raynault, a ensuite serré la main au général de Gaulle pour lui souhaiter la bienvenue. L'illustre visiteur a ensuite reçu l'accueil du vice-maréchal de l'air Adélard Raymond, du capitaine J.E.W. Oland, du lieutenant-colonel Kippen, représentant respectivement l'aviation, la marine et l'armée canadiennes.

Le général de Gaulle a passé en revue deux groupes d'aviateurs français à l'instruction au pays; le premier était revêtu de l'uniforme bleu, le second de l'uniforme kaki.

Le général a aussi passé en revue un détachement de 100 aviateurs canadiens, commandé par le chef d'escadrille Langlois. (...)

De Dorval le général de Gaulle et ses hôtes se rendaient à l'hôtel de ville de Montréal — (où il a signé le livre d'or en présence de dignitaires).(...)

Le départ de Montréal

Le général de Gaulle est parti de Montréal au milieu de l'après-midi.

La visite du général de Gaulle à Montréal a été brève. Elle n'a duré que quelques heures. Descendu à 12 h. 45 à Dorval du puissant avion américain à quatre moteurs qui l'a conduit d'Algérie à Washington, puis de Washington à New York, à Ottawa, à Québec, et enfin à Montréal, il repartait à quatre heures.

Son passage en trombe à Montréal laissera quand même de profonds souvenirs chez tous ceux qui l'ont entendu, qui ont eu l'occasion de lui serrer la main.

Au moment de remonter dans l'avion, le chef de la résistance française à l'extérieur, a remis au premier ministre de la province de Québec, l'hon. Adélard Godbout, le message de gratitude et de confiance que voici:

«Au moment de quitter le Canada, je tiens à vous exprimer, monsieur le premier ministre, mes vifs remerciements pour l'accueil que vous-même, les membres de votre gouvernement et la population canadienne avez voulu me réserver. Nous avons trouvé à Ottawa, à Québec, à Montréal, une émouvante confirmation de l'amitié fraternelle de la France et du Canada. Cette amitié est consacrée à nouveau par le sang des soldats canadiens et par celui des soldats français qui coulent dans la bataille commune. Bientôt, après la victoire, le Canada et la France y trouveront le meilleur élément de leur confiante coopération dans la paix.

(Signé) CHARLES DE GAULLE

Au vrombissement du quadrimoteur se sont mêlés les cris de: Vive de Gaulle! Vive la France! Les témoins du départ ont longuement suivi des yeux l'avion qui ramenait à la lutte pour la libération de la France celui que plusieurs pays ont reconnu comme le chef du gouvernement provisoire. (...)

Foyer de propagande nazie découvert à Montréal

DES agents de la police provinciale, conjointement avec la Gendarmerie royale canadienne, ont mis à jour **(le 12 juillet 1940)** un nid de propagande nazie, muni d'un poste à ondes courtes, d'une très grande puissance, pouvant recevoir des radiodiffusions de Berlin, Allemagne et en expédier de Montréal.

Ce foyer allemand était sis 3499, boulevard Saint-Laurent, un peu plus haut que la rue Sherbrooke. Le propriétaire est M. Kilbertus, âgé d'environ 55 ans, d'origine yougoslave et naturalisé canadien depuis le mois de mai 1939. Dans son magasin, on a trouvé environ 15,000 revues, brochures et tracts, en langue allemande et d'attaches nazies très accentuées et plus de 1,000 documents se rapportant tous à l'Allemagne nazie.

M. Kilbertus a été placé immédiatement sous arrêt, en vertu de la Loi des mesures de guerre du Canada. Pour transporter toute cette littérature, il a fallu utiliser des camions.

Kilbertus l'inculpé paraissait très nerveux et suivait le déménagement de son étrange librairie, avec des yeux hagards.

Une revue: la «J.B. Juftrierter Beobacher», illustrée copieusement et rédigée en langue allemande, paraissait à première vue être au service d'Adolf Hitler et de son état-major.

Un citoyen de la partie est de la ville a fait tenir ce matin tout un colis de circulaires à tendances subversives, qui auraient été distribuées au cours de la nuit dernière. On y remarque des cartes, une lettre polycopiée dont le texte est contraire à l'effort de guerre du Canada.

Des affiches ont été distribuées un peu partout dans les environs du port de Montréal, mettant en garde marins, débardeurs, arrimeurs, contre les indiscrétions. Le texte est en français et en anglais et se lit comme suit: Méfiez-vous. L'ennemi guette chacune de vos paroles. Celles qui peuvent lui être utiles peuvent aussi vous être fatales. Etre discret, c'est servir.

Le marquis Charles de Montcalm à Ticonderoga

Le marquis Charles de Montcalm (au centre), descendant direct du général Louis de Montcalm, arrive à New York à bord d'un avion d'Air France, en route pour Fort Ticonderoga, New York, où il devait participer, le *12 juillet 1958*, aux cérémonies qui marquaient le 200e anniversaire de la victoire de Montcalm contre le major général britanique Abercrombie, à Fort Carillon, devenu depuis Fort Ticonderoga. De nombreuses personnalités de France, de Grande-Bretagne, des États-Unis et du Canada participèrent à ces fêtes hautes en couleurs.

LE CAPITAINE DREYFUS N'A PAS TRAHI LA FRANCE

PARIS, 12 — Le tribunal de la Cour de Cassation a donné aujourd'hui **(12 juillet 1906)** sa décision au sujet de l'affaire Dreyfus. Dreyfus est acquitté et il n'y aura pas lieu de procéder à un second procès. Cette décision rend à l'accusé son rang dans l'armée tout comme si aucune accusation n'avait été portée contre lui.

La décision de la Cour de Cassation a été lue au milieu du plus profond silence par le président, M. Ballot-Beaupré et la scène était des plus impressionnantes. Quarante-neuf juges, vêtus de robes rouges, siégeaient tout autour de l'hémicycle du Tribunal.

Les amis de Dreyfus et ses parents étaient présents, mais il n'était pas là lui-même.

Pour le bénéfice de ceux qui connaîtraient mal la mésenture de Dreyfus — un juif — voici le résumé de son dossier:

— Le 14 octobre 1894, alors qu'il est âgé de 25 ans, il est arrêté sous une accusation d'espionnage. Deux mois plus tard, il est jugé par un conseil de guerre et condamné à la dégradation et à la déportation à l'Île du Diable. — Au cours de l'année suivante, le colonel Picquart, chef du Bureau de renseignement au ministère de la Guerre, reconnut que la preuve était beaucoup plus incriminante pour le major comte Esterhazy que pour Dreyfus. Mais il fut remplacé par le colonel Henry avant d'avoir eu le temps d'établir l'innocence de Dreyfus.

— Le 15 novembre 1897, Dreyfus accuse Esterhazy d'avoir rédigé les documents ayant servi à l'incriminer. Jugé par un conseil de guerre, Esterhazy est acquitté.

— Nommé ministre de la Guerre, M. Cavaignac fait arrêter et dégrader le colonel Picquart qui a qualifié de faux et de fabriqués les documents utilisés par le ministre à l'Assemblée nationale pour «prouver la culpabilité» de Dreyfus.

— En août 1899, dans le sillage d'un deuxième Conseil de guerre survenu après que le colonel Henry eut admis avoir fabriqué des faux pour faire condamner Dreyfus, et malgré les nombreuses tortures imposées à ce dernier à l'Ile du Diable, Dreyfus n'en est pas moins reconnu coupable encore une fois et condamné à 10 ans de pénitencier.

— Heureusement, Dreyfus recevra quelque temps plus tard un pardon complet du president Loubet et sera libéré. Mais les amis de Dreyfus insistaient pour une exonération complète, et leur patience fut récompensée en avril 1906.

— Ironie du sort, Dreyfus mourait le ***12 juillet 1935****, 29 ans, jour pour jour, après son triomphe devant la Cour de Cassation.*

Le navigateur norvégien Thor Heyerdahl et son équipage cosmopolite arrivaient à la Barbade, le *12 juillet 1970*, au terme d'un voyage de plus de 3 200 milles sur l'Atlantique, traversé en un peu plus de deux mois, à bord du *Râ II*, un bateau en papyrus. Parti du Maroc le 7 mai précédent, Heyerdahl, qui en était à sa deuxième tentative, voulait prouver que les Égyptiens avaient fort bien pu traverser l'Atlantique, bien avant Christophe Colomb et les Vikings.

2 MARTYRS DE L'ARCTIQUE SONT SECOURUS

A bord du brise-glace russe «Krassine», 12 — Comptés comme morts depuis six semaines, deux des trois membres du groupe de l'«Italia» qui voulaient atteindre la terre à pied, ont été sauvés aujourd'hui **(12 juillet 1928)** par le brise-glace russe «Krassine». Le troisième membre, le Dr Finn Malmgren, savant suédois bien connu, a été trouvé mort. Il est la victime d'une lutte désespérée, depuis le 30 mai contre les terreurs de l'Arctique.

Les deux hommes qui ont été secourus sont le capitaine Alberto Mariano, pilote de l'«Italia», et le capitaine Filippo Zappi, navigateur, qui fait partie de la **marine italienne. (...) Ils étaient** épuisés, à moitié gelés et affamés, quand ils ont été recueillis. Le capitaine Mariano avait une jambe gelée mais son compagnon n'avait aucun mal.

Le Dr Malmgren est mort il y a un mois, mais ses deux compagnons, fidèles à leur camarade, avaient conservé son corps qui a été aussi recueilli par le «Krassine». Le brise-glace russe, immédiatement après le sauvetage, s'est dirigé vers l'est et a commencé à évoluer au milieu de la glace, pour essayer d'atteindre le groupe d'hommes du lieutenant Viglieri, qui est encore en détresse près de l'Ile de Foyne, au large de la Terre du Nord-Est.

Pendant que le groupe de Malmgren était sauvé, Chuknovsky et ses quatre compagnons d'aéroplane étaient encore sur la Terre du Nord-Est. L'aéroplane russe a été avarié en descendant sur la glace, mais l'équipage a pu atteindre la terre et sa sécurité semble assurée.

LA PRESSE
100 ans d'actualités

Montréal ordonne de démolir Corridart

par Jean-Paul Charbonneau et André Lebel

CORRIDART n'est plus. Ainsi en a décidé hier (**13 juillet 1976**) le comité exécutif de la Ville de Montréal pour des raisons qui demeurent encore obscures.

Dès les premières heures de la nuit, des équipes des travaux publics ont entrepris de faire disparaître photos, échafaudages et sculptures du plus important projet du programme Arts et Culture des Jeux olympiques subventionné par le gouvernement du Québec.

Pourquoi avoir démoli cet ensemble artistique faisant revivre les moments historiques de la rue Sherbrooke?

Le vice-président du comité exécutif, M. Yvon Lamarre a révélé hier soir à LA PRESSE qu'il n'était pas prêt à commenter immédiatement cette décision. «Le comité a décidé de faire enlever ces choses-là, c'est tout ce que je peux dire. Nous apporterons des éclaircissements au cours des prochaines heures», a promis M. Lamarre.

Pour sa part, M. Lawrence Hanigan s'est dit dans l'impossibilité de fournir la moindre explication, ayant dû s'absenter au moment où la décision fut prise.

Le mystère entourant la décision du comité exécutif a suscité beaucoup de rumeurs la nuit dernière. L'une d'elles voulait qu'une requête policière soit à l'origine de la démolition de «Corridart».

Toutefois, les policiers n'ont pas tardé à réagir.

«Si les autorités de la Ville de Montréal ont décidé de mettre fin à Corridart, elles ne doivent pas faire passer leur décision sur le dos de la police», a déclaré un porte-parole du Comité principal de sécurité publique des Jeux olympiques (CPSPJO).

Ce dernier a précisé que la question de Corridart avait été discutée lundi, lors de la réunion quotidienne des responsables de la sécurité olympique; après discussions, ceux-ci ont établi qu'aucune raison sécuritaire ne pouvait justifier une opposition à ce projet artistique.

Une autre rumeur encore plus persistante, voulait que le maire Jean Drapeau soit le principal artisan de la démolition de Corridart.

Chose certaine, la décision de mettre fin à Corridart avait été prise bien avant la réunion du comité exécutif. Dès hier matin, les employés des travaux publics avaient été invités à faire du temps supplémentaire.

Le démantèlement de nuit de Corridart, l'un des gestes les plus contestés des Jeux olympiques.

L'embarcation funeste et le sauveteur des 4 enfants

L'embarcation fatidique, à bord de laquelle une panne de moteur provoqua la panique. M. Arthur Robichon, qui sauva la vie de quatre bambins, photographié en compagnie de son fils Yves.
(clichés LA PRESSE, par René Bénard)

12 ENFANTS SE NOIENT À L'ÎLE BIZARD

Une chaloupe portant 18 personnes chavire. — Quatre bambins sauvés

par Fernand Lévesque envoyé spécial de la «Presse»

ILE Bizard, 14 — Une joyeuse excursion d'enfants montréalais, au bord du lac des Deux-Montagnes, s'est terminée hier après-midi (**13 juillet 1954**) par l'une des plus affreuses tragédies qui se soient produites dans la région depuis de nombreuses années, lorsqu'une chaloupe à moteur s'est soudainement emplie d'eau et a chaviré. Douze des enfants, âgés de six à 11 ans, qui y avaient pris place, se sont noyés.

L'accident s'est produit à la plage aux Carrières, île Bizard, à un moment où le vent était assez fort et où les eaux du lac étaient agitées.

Les victimes, à l'exception d'une seule, étaient de jeunes noirs montréalais, qui s'étaient rendus à un pique-nique organisé par le Negro Community Center, organisme de bienfaisance de la population noire de Montréal.

Hier soir, les corps de quatre des enfants avaient été repêchés du lac des Deux-Montagnes et les recherches, entreprises dès après la tragédie, qui s'est produite à 1 h. 15, se sont poursuivies sans interruption jusqu'à très tard dans la nuit et on été reprises ce matin. A midi, on a repêché le corps d'un cinquième enfant, une fillette. (...)

Un témoin de l'accident

A l'exception des personnes se trouvant dans l'embarcation qui allait chavirer, la première personne à se rendre compte des difficultés dans lesquelles elles se trouvaient fut probablement le chauffeur de l'autobus dans lequel les enfants s'étaient rendus à la plage de l'île Bizard.

M. Léon Claing, 32 ans, 5460, rue Noiseux, à S.-Hyacinthe, qui est à l'emploi de la Compagnie de transport provincial, se trouvait non loin du bord de l'eau lorsqu'il constata que la chaloupe à moteur hors-bord penchait dangereusement d'un côté.

«Je me dis aussitôt que tout ne semblait pas normal et j'ai craint que l'embarcation ne chavire, projetant les nombreux enfants et les deux hommes qui s'y trouvaient dans le lac.»

Quelques instants plus tard, M. Claing constatait que sa crainte n'était que trop fondée.

«Je remarquai que le propriétaire de la chaloupe arrêtait le moteur et sautait à l'eau, du côté opposé à celui vers lequel la chaloupe penchait. De ses deux mains, il tenta de rétablir l'équilibre de l'embarcation en essayant de la faire pencher de son côté. Il en fut cependant incapable et les enfants ont tous été projetés à l'eau.»

LE COMMUNISME EXCOMMUNIÉ

CITÉ du Vatican, 14 (B.U.P.) —Le Vatican a annoncé, hier soir (**13 juillet 1949**), que tous les catholiques du monde entier appuyant le communisme sont automatiquement excommuniés.

Cette mesure d'un caractère à la fois profond et historique est contenue dans un décret de la Sacrée Congrégation du Saint-Office et approuvée par S.S. le pape Pie XII.

Elle met en demeure les catholiques de choisir entre le catholicisme et le communisme, entre Rome et Moscou.

Elle proscrit des milliers de prêtres et des centaines de milliers, sinon des millions, de fidèles qui, dans des pays aussi fortement catholiques que l'Italie, la France, la Tchécoslovaquie et la Pologne, se disent à la fois catholiques et communistes.

Effets de l'excommunication

L'excommunication est majeure. Elle prive tous ceux qui en sont frappés de la réception des sept sacrements de l'Eglise, tels que la confirmation, la confession, le mariage et l'extrême-onction.

Même la lecture des ouvrages communistes est interdite à ceux qui veulent demeurer dans l'Eglise.

La décision du Vatican est sans précédent. Le Pape et ses évêques ont averti les catholiques de la faute mortelle qu'ils commettent en professant le communisme.

Melina Mercouri perd sa citoyenneté

NEW YORK (AFP) — «Toute ma vie je lutterai contre le gouvernement grec. J'aiderai le peuple grec à recouvrer sa liberté. Personne ne peut me prendre ma citoyenneté,» a déclaré hier (**13 juillet 1967**) l'actrice Melina Mercouri, l'interprète mondialement connue du film «Les enfants du Pirée», au cours d'une conférence de presse qu'elle donnait dans un hôtel de New York.

Pâle, les traits tirés, dans une robe noire classique, l'actrice avait appris quelques heures auparavant que le gouvernement d'Athènes avait promulgué un décret lui retirant sa nationalité.

C'EST ARRIVÉ UN 13 JUILLET

1980 — Le président du Botswana, sir Seretse Khama, meurt du cancer à l'âge de 59 ans. Il était au pouvoir depuis l'accession de son pays à l'indépendance en 1966.

1977 — La ville de New York est plongée dans l'obscurité à la suite d'une panne générale d'électricité qui durera jusqu'à 25 heures en certains endroits. Dix millions de personnes se trouvent privées d'électricité.

1974 — Dans son rapport, la commission sénatoriale Ervin affirme que l'administration Nixon prenait tous les moyens, même illégaux, pour se défendre.

1969 — L'URSS lance un vaisseau spatial inhabité en direction de la Lune, dans le but évident de «couper l'herbe sous le pied» à *Apollo XI*.

1966 — Les employés d'Hydro-Québec reprennent le travail après trois mois de grève.

1961 — James E. Coyne, gouverneur de la Banque du Canada, démissionne après une controverse avec Donald Fleming, ministre des Finances, au sujet de la politique monétaire du Canada.

1960 — Les démocrates choisissent John F. Kennedy comme candidat à la présidence des États-Unis dès le premier tour de scrutin.

1954 — Décès de l'abbé Thomas Moreux, un éminent astronome.

1926 — Le premier ministre Arthur Meighen présente son nouveau cabinet, qui ne comprend que deux représentants du Québec.

1896 — Le premier ministre Wilfrid Laurier annonce la formation de son ministère.

Le «patronage» aboli au Service civil

par Vincent PRINCE

QUÉBEC, 14 — Les fonctionnaires provinciaux devront à l'avenir cesser d'exiger de ceux qui sollicitent des emplois ou désirent transiger avec le gouvernement qu'ils soient porteurs de lettres de recommandation de leur député ministériel ou du candidat libéral défait. Cela sous peine de renvoi.

Un avertissement formel en ce sens et signé du premier ministre a été adressé, hier (**13 juillet 1960**), à tous et chacun des employés provinciaux. Il s'agit de ce que l'on pourrait qualifier de deuxième manche de la bataille engagée pour mettre fin au «patronage».

L'hon. Jean Lesage a fait part, hier, aux journalistes du texte de cet avis, au terme d'un caucus des candidats élus et défaits de son parti aux élections du 23 juin. Cet avis se lit comme suit:

«En vertu d'une pratique condamnable qui s'est propagée au sein du fonctionnarisme provincial, certains fonctionnaires, à divers échelons de l'administration, suggèrent aux personnes qui sollicitent un emploi ou qui désirent transiger avec le gouvernement qu'elles leur apportent une lettre de recommandation de leur député ministériel ou du candidat libéral défait.

«Cette pratique est absolument contraire à la politique du gouvernement que je dirige ainsi qu'à la bonne administration de la province.

«Les employés du gouvernement devront mettre fin immédiatement à cette pratique inacceptable sous peine de renvoi.»

Une bonne partie du caucus d'hier a d'ailleurs porté sur ce grave problème du patronage. Lors du premier caucus, tenu dans la semaine qui a suivi la victoire libérale, M. Lesage avait fait part à tous ses lieutenants de l'intention arrêtée de la nouvelle administration de faire cesser le patronage sous toutes ses formes. Le premier ministre a lui-même rappelé la chose, hier, soulignant qu'il y avait eu unanimité lors de cette première rencontre.

«Mais, a dit le premier ministre, les décisions prises par le premier caucus au sujet du patronage n'avaient pas été parfaitement comprises par une minorité. Cet après-midi, nous avons parfaitement clarifié ces choses et aboli définitivement le patronage et les prébendes.»

M. Lesage a précisé que les ministres ont expliqué tant aux députés qu'aux candidats libéraux défaits, les procédures prises par eux pour mettre fin au régime du patronage et des «patroneux». (...)

RUTH CHANCEUX UN VENDREDI, LE 13

C'est le *13 juillet 1934* que Babe Ruth a frappé le 700e circuit de sa carrière, contre Tommy Bridges, des Tigers, à Détroit. La balle a été récupérée par Leonard Denis, qui l'a rapportée au frappeur vedette des Yankees de New York, en échange de $20 et d'une balle autographiée de la main de Ruth.

OUVERTURE DES JEUX OLYMPIQUES

Un Montréalais gagne au tir aux pigeons

LONDRES, 13 — L'ouverture des Jeux Olympiques aura lieu aujourd'hui (**13 juillet 1908**). Les concurrents, qui sont venus des quatre coins du globe, forment une petite armée, qui paradera avant que les Jeux soient ouverts par Sa Majesté, le roi Edouard VII.

L'enceinte du Stadium pourra contenir 140,000 personnes. Des loges ont été construites pour les 2,000 concurrents qui se sont enregistrés dans les 25 épreuves du programme.

L'épreuve la plus importante de l'ouverture sera la course des 1,500 mètres. Les Américains ont protesté hier, contre le règlement qui défend de percer des trous pour faciliter l'épreuve du saut à la perche. Ils menacent de se retirer du concours.

EWING REMPORTE LA MEDAILLE D'OR

Dans le concours du tir à la cible sur pigeons artificiels, Ewing, de Montréal, a remporté le premier prix et la médaille d'or, avec 72 sur un score possible de 80.

Beattie, un autre Canadien, se classa deuxième avec 60. Il recevra une médaille d'argent. (...)

Dans le concours pour équipes, les Etats-Unis arrivèrent premiers avec 407, et le Canada deuxième, avec 405.

Le procureur général annonce la refonte totale de la Commission des liqueurs dès la prochaine session

QUÉBEC, 13 — Le procureur général, M. Georges Lapalme, a annoncé aujourd'hui (**13 juillet 1960**) la démission du directeur de la Commission des liqueurs, M. Edouard Rivard, et la nomination de Me Lucien Dugas, de Joliette, comme son successeur. M Dugas est un ancien président de l'Assemblée législative et un ancien président de la Commission des services publics.

M. Lapalme a également annoncé que la structure de la Commission serait refondue de façon radicale, en sorte qu'elle devienne un organisme «quasi judiciaire» qui prendra connaissance des requêtes de permis au cours de séances politiques.

La législation sans laquelle les changements envisagés ne pourraient s'effectuer sera proposée à l'Assemblée dès la prochaine session, a précisé M. Lapalme dans une conférence de presse. Le statut du directeur de la Commission sera sensiblement modifié: ce dernier se verra confier des pouvoirs de plus grande envergure.

Nouveau nom

Le nom de la Commission, entre autres choses, est appelé à changer. M. Lapalme n'a rien dit du nouveau nom qu'on se propose de lui donner, mais on croit savoir dans les milieux bien informés qu'elle s'appellera, après la réorganisation, la «Régie des alcools et des vins». Les puristes se réjouiront les premiers de cette transformation, puisque dans le sens qu'on lui donne, le mot «liqueurs» est un anglicisme.

Mais la grande modification, naturellement, reste celle de la structure de l'organisme qu'on désire soustraire entièrement au jeu de la politique.

«Tel que déjà annoncé par le premier ministre, a expliqué le procureur général, il y aura un changement radical dans la structure de la Commission des liqueurs, car nous avons l'intention, dès la prochaine session, de présenter une législation en vertu de laquelle cette commission deviendra un organisme quasi judiciaire.

«C'est ainsi par exemple que les demandes de permis, de transfert ou de rénovation de permis seront entendus publiquement, comme cela se fait présentement à la Régie des transports.»

LA PRESSE
100 ans d'actualités

L'Armada vue à 6,000 pieds dans les airs

Comment des journalistes suivent le mouvement des hydravions de la flottille italienne à son arrivée à la jetée Fairchild.

Le sourire du général Italo Balbo

À son arrivée, le général Italo Balbo fut accueilli par le consul d'Italie à Montréal, M. L. Russo et par l'hon. Alfred Duranleau (en haut de forme), ministre de la Marine et représentant du gouvernement canadien. La petite Yola Narizzano présenta une gerbe de fleurs à l'illustre visiteur.

NDLR — Le général Italo Balbo, ministre de l'Air dans le gouvernement Mussolini, amerrissait à Montréal à la tête de son escadrille de 24 hydravions, le ***14 juillet 1933,*** *alors qu'il était en route vers Chicago. LA PRESSE publia de nombreux articles sur le sujet; nous vous proposons des extraits du suivant.*

(De l'envoyé spécial de la «Presse»)

A bord du CF-APJ, 15. — Il était exactement midi 26 quand l'avion, modèle D-H Oragon de la Canadian Airways quitta l'aérodrome de Cartierville sur permission spéciale du ministère de la Défense nationale pour se rendre au-devant de l'escadrille italienne commandée par le général Balbo, privilège qui fut réservé seul à cette compagnie dans le but de ne pas entraver la course des hydravions dans leur avant-dernière étape de leur voyage à destination de Chicago.

La Canadian Airways avait bien voulu inviter quelques journalistes à bord de cet avion afin de leur faire suivre plus précisément la course de l'Armada, avant qu'elle eût atteint la jetée Fairchild, ligne de démarcation sur le fleuve Saint-Laurent. (...)

Les journalistes étaient: MM. Henri Beauchamp, de la «Presse», Placide Labelle, Austin Cross, P.-W. Wright et Henry Jany. Le pilote K.-F. Saunders était en charge de l'avion.

Pendant deux heures

Survoler pendant deux heures le fleuve Saint-Laurent, la banlieue de Montréal et la Rive-Sud dans l'attente de voir bientôt apparaitre une flottille de 24 hydravions est une expérience que beaucoup de citoyens souhaiteraient faire.

Le spectacle qui s'offrit aux occupants du CF-APJ lors de l'arrivée de l'Armada, vue de 6,000 pieds d'altitude était fort intéressant et même enthousiaste.

Il était exactement une heure 45, hier après-midi, quand les premiers hydravions de l'escadrille italienne firent leur apparition près du pont de Montréal. Du haut du CF-APJ les occupants, encore à une altitude de 6,000 pieds, pouvaient distinctement apercevoir leur silhouette à travers un nuage d'humidité dont était remplie l'atmosphère. On pouvait les voir évoluer gracieusement au-dessus des nappes d'eau du fleuve Saint-Laurent, et venir amerrir docilement à leur place respective. (...)

D'après les dernières données

L'amerrissage ne fut pas seulement admirable, mais conçu selon les dernières données de l'aviation, car tous les pilotes peu familiers avec la situation de la jetée Fairchild purent avec une grande facilité localiser l'aéroport et s'y poser adroitement.

Et du haut du pont de Montréal, on pouvait voir de façon admirable 21 hydravions occuper l'espace entre le courant Sainte-Marie et la jetée alors que celui du général Balbo et ceux de ses principaux pilotes étaient rangés près de la partie principale de la jetée. (...)

Tout d'abord, à une heure 43, les premiers firent leur apparition: tout au plus dix minutes après, six autres en formation évoluaient gracieusement au-dessus du pont de Montréal, puis en vinrent neuf autres et finalement les derniers. Le dernier convoi amerrit à deux heures et 40 pour permettre au CF-APJ d'atterrir à l'aérodrome Fairchild.

Leurs yeux n'avaient pas été trompés

Malgré l'inconvénient d'une mauvaise visibilité, les journalistes purent suivre tous les mouvements de l'Armada car le CF-APJ, toujours à une altitude de 6,000 pieds, ne redescendit vers le sol qu'après l'arrivée de la dernière formation.

Revenus sur la terre ferme, les journalistes purent regagner la jetée Fairchild et constater que du haut des airs leurs yeux n'avaient pas été trompés, puisque tous les hydravions avaient amerri parfaitement. (...)

Un des hydravions de l'escadrille du général Balbo.

SOUVENIR DE LA FETE NATIONALE FRANÇAISE DU 14 JUILLET

Hommage rendu par LA PRESSE à la communauté française, en *1898.*

L'enquête sur les Jeux se terminera juste avant les élections de Montréal et le référendum...

par **Daniel L'HEUREUX**
de notre bureau de Québec

QUÉBEC — L'enquête «royale» que le gouvernement du Québec vient de confier **(le 14 juillet 1977)** au juge Albert Malouf sur le coût des Jeux olympiques pourrait bien avoir des conséquences politiques considérables. Le gouvernement s'attend en effet à recevoir un rapport préliminaire au printemps 1978, c'est-à-dire à quelques mois des élections municipales de Montréal.

Quant au rapport final, il est espéré pour le 31 décembre 1978, c'est-à-dire qu'il précédera de peu le référendum sur l'avenir constitutionnel du Québec, à moins que cette consultation n'ait lieu dès l'automne 1978.

C'est donc à deux moments politiquement très importants que sortiront successivement les résultats de cette enquête sur le coût des Jeux, événement à l'occasion duquel le premier ministre René Lévesque a déjà la «conviction absolue» qu'il y a eu «un abus continu et massif des fonds publics».

Et M. Lévesque n'hésite pas à dire qu'il espère que l'enquête «ne débouche pas simplement sur ce qu'on pourrait appeler la découverte du menu fretin» sans identifier les principaux responsables, s'il y en a.

L'enquête que présidera le juge Malouf portera notamment sur:

- les causes principales de l'augmentation du coût des Jeux et des installations olympiques;
- le partage des responsabilités quant à cette augmentation;
- le mode d'organisation et de surveillance des travaux;
- l'existence possible de collusion, de trafic d'influence ou de manoeuvres frauduleuses ou irrégulières;
- la possibilité de récupérer une partie des sommes d'argent investies à même les deniers publics et les mesures pour y parvenir;
- enfin, les mécanismes de prévention et de contrôle appropriés pour éviter qu'une telle situation se reproduise à l'avenir dans d'autres travaux de grande envergure.

L'enquête, instituée en vertu de la Loi des commissions d'enquête (l'équivalent d'une commission «royale» d'enquête au niveau fédéral) sera publique bien qu'il n'ait pas encore été déterminé si elle pourra, à l'instar de celle de la CECO, faire l'objet d'une télédiffusion.

Le juge Malouf (le même juge, incidemment, qui avait fait arrêter les travaux de la Baie James en 1973) sera assisté de deux commissaires, qui seront nommés au cours des prochains jours (l'un serait comptable, l'autre ingénieur et relié au milieu de la construction).

L'enquête sur les coûts des Jeux, on s'en souviendra, avait été une des premières décisions prises par le gouvernement Lévesque au lendemain du 15 novembre. Elle devait toutefois débuter de façon peu spectaculaire par une étude du Conseil du trésor à partir des documents que possédait déjà le gouvernement.

C'EST ARRIVÉ UN 14 JUILLET

1983 — Le député Gilles Grégoire est condamné à deux ans de prison pour immoralité avec sept jeunes filles.
1976 — La plus longue session de toute l'histoire parlementaire canadienne prend fin avec l'adoption d'un projet de loi visant à abolir la peine capitale.
1975 — Le « Pocket Rocket » Henri Richard, capitaine du Canadien, annonce sa retraite.
1970 — Le cargo Eastcliffe Hall coule dans le Saint-Laurent près de Morrisburg, Ontario : on dénombre neuf morts. — On découvre que l'armée américaine a délibérément étouffé le massacre de My Lai, au Vietnam.
1968 — Fin de la grève de 24 jours des travailleurs de la Voie maritime.
1960 — Les Nations Unies délèguent des forces d'urgence pour rétablir l'ordre au Congo.
1956 — Ottawa annonce que le Canada, pour aider l'Allemagne de l'Ouest à se réarmer, lui fait cadeau de 75 chasseurs réactés d'une valeur de $35 700 000.
1950 — L'ONU lance un appel aux troupes de 52 pays membres pour enrayer l'invasion des Nords-Coréens.
1948 — Palmiro Togliatti, chef communiste de l'Italie, est grièvement blessé au cours d'un attentat à Rome.
1940 — Fulgencio Batista est élu président de Cuba.
1938 — Le millionnaire américain Howard Hughes complète son tour du monde en avion en quatre jours.
1934 — Début des célébrations organisées pour souligner le tricentenaire de la fondation de Trois-Rivières.
1928 — Le gouvernement fédéral autorise la fusion de la Banque Canadienne de Commerce avec la Standard Bank of Canada.
1900 — Au terme de sanglantes bagarres, les troupes alliées parviennent à prendre la ville de Tien-Tsin.

L'«ARCTIC» PARTI POUR LE NORD

(Du correspondant régulier de La PRESSE)

SOREL, 17. - L' «Arctic» a quitté notre port, samedi après-midi **(14 juillet 1906)**, pour la Baie d'Hudson. Une foule considérable a été témoin de son départ, et un grand nombre d'amis du capitaine Bernier sont allés lui presser la main et lui souhaiter un bon voyage.

L'«Arctic» fera escale à a Pointe-au-Père, et de là reprendra sa course, vers la Baie d'Hudson, arrêtant à Churchill et Fullerton, puis passant par le détroits de Davis, d'Hudson et de Lancaster; il s'arrêtera à Pond's Inlet.

Comme on le sait, le but de cette expédition est d'explorer les régions situées au nord de la Baie d'Hudson, de visiter et de ravitailler certains postes déjà établis par le gouvernement canadien à ces différents endroits.

L'équipage de l'«Arctic» se compose de 39 hommes sous le commandement du capitaine J. E. Bernier. (...)

ACTIVITÉS

AUJOURD'HUI

■ Vol historique du Concorde

C'est aujourd'hui que les heureux gagnants du concours organisé conjointemente par Air France, Radio Cité et LA PRESSE effectueront leur vol historique à bord du Concorde. Bon voyage à ceux que le sort a si généreusement favorisés! À cette occasion-là, Radio-Cité présente une émission spéciale à 20 h.

■ À la radio

17 h, Radio-Canada — Chronique consacrée à LA PRESSE à l'émission *Avec le temps*, animée par Pierre Paquette.

AUJOURD'HUI ET DEMAIN

■ LA PRESSE raconte Montréal

Chalet du Mont-Royal — Conjointement avec une exposition intitulée « Un îlot dans une île », LA PRESSE propose aux visiteurs qui se rendront au Chalet du Mont-Royal d'ici le 9 septembre prochain une cinquantaine d'illustrations permettant à LA PRESSE de « raconter Montréal ».

DEMAIN

■ LA PRESSE à Terre des Hommes

À la Ronde — En collaboration avec la ville de Montréal, LA PRESSE offre à chaque dimanche, en fin de journée, un spectaculaire feu d'artifice. Jusqu'au 2 septembre inclusivement.

BABILLARD

Une précision intéressante

Un lecteur assidu de cette page, M. **Sélim Leduc** apporte une précision importante quant aux voies de tramway qu'on pouvait jadis apercevoir sur le pont Jacques-Cartier. Selon M. Leduc, ces deux voies ferroviaires n'ont jamais été utilisées, la Southern Railway, qui reliait Montréal à la rive sud par le pont Victoria, s'étant opposée, dit-il, à ce qu'un deuxième service de tramway soit offert aux résidents de la rive sud, même via le pont Jacques-Cartier. M. Leduc précise également que ces voies ferrées ont été définitivement enlevé au début des années 50, soit à l'époque où il a fallu relever la partie du pont au sud de l'île Sainte-Hélène en vue des travaux de la Voie maritime du Saint-Laurent.

101 ans bien comptés!

Une résidente du Centre d'accueil Rouville, à Marieville, Mme **Valentine Grégoire** célébrera demain son 101e anniversaire de naissance. Mme Grégoire a en effet vu le jour le 15 juillet 1883, à Napierville. LA PRESSE se joint à ses parents et amis pour lui offrir ses meilleurs voeux.

QUÉBEC FÊTE SON TRICENTENAIRE

Qu'elle fête Jacques-Cartier, comme cette année, ou son fondateur, Samuel de Champlain, comme en 1908, la Vieille Capitale semble avoir une propension marquée pour les bateaux comme «pièce de résistance» des festivités. En effet, alors que s'ouvraient le **14 juillet 1908** les fêtes du Tricentenaire de fondation de la ville, c'est vers le port que les Québécois furent invités à se rendre pour voir la flotte anglaise de l'Atlantique du Nord, qu'allait rejoindre plus tard l'*Indomptable* (ci-dessus) à bord duquel voyageait le prince de Galles, trois navires français et quelques navires americains. Outre le voilier *Don de Dieu* (ci-dessous), représentant le navire à bord duquel Champlain arriva au pied du cap Diamant, il s'agissait, contrairement à cette année, de navires de guerre.

LA PRESSE

100 ans d'actualités

Quoi qu'en disent les politiciens
les jardins de "pot" se multiplient

— page 2

la presse

Autres détails sur "l'aventure la plus téméraire"

— page 62

DESTINATION LUNE

C'est de cette manière que dans son édition du *16 juillet 1969*, LA PRESSE soulignait le départ de l'équipage d'*Apollo XI* en direction de la Lune. Au sein de l'équipage se trouvait Neil Armstrong, qui aura quelques jours plus tard l'honneur d'être le premier être humain à mettre le pied sur la surface lunaire.

RIVARD REPRIS

L'homme le plus recherché au Canada est appréhendé à 20 milles de Montréal

par Paule Beaugrand-Champagne

LE célèbre évadé de la prison de Bordeaux qui nous avait quittés si abruptement le 2 mars dernier, a été capturé hier après-midi **(16 juillet 1965)** en compagnie de deux amis, Freddie Cadieux et Sébastien Boucher.

La capture des trois hommes a eu lieu à 5.05 heures à Lower Woodlands, près de Châteauguay, à 15 milles de Montréal, dans un camp d'été appartenant à Mme R.E. Birch, du 428, Lac St-Louis. Ce camp d'été se trouvait à une centaine de pieds seulement de la grand'route, dans les bois. Mme Birch avait loué son camp à un homme, dont elle n'a pas voulu nous donner le nom, dans la journée de lundi dernier.

On se souvient que Lucien Rivard, présumé trafiquant de narcotiques et personnage central de l'enquête Dorion, a défrayé la chronique lors de son évasion de la prison de Bordeaux, en compagnie de André Durocher, qui a été repris depuis et condamné à deux ans d'emprisonnement. Rivard aura joui de sa liberté pendant 135 jours.

Pendant cette période de liberté, il a été vu à peu près partout dans le monde, notamment en Espagne et au Mexique. Sa femme, Marie Rivard, a également prétendu avoir reçu deux lettres de lui, une de Vancouver, lui annonçant qu'il allait quitter le pays, et une autre d'Espagne.

Dans la déclaration que les corps policiers, qui ont participé à la capture, ont remise à la presse hier soir, il est dit que Rivard a été arrêté «grâce à un effort concerté et de longue haleine des escouades de la Gendarmerie royale du Canada, de la Sûreté provinciale du Québec et de la Sûreté municipale de Montréal». Nous avons par ailleurs appris que la police de Châteauguay n'ayant pas été avertie du coup de filet qui se préparait, elle est arrivée sur les lieux une demi-heure après que tout a été fini.

Le récit de la capture

Voici le récit de la capture que nous a fait hier soir Mme Birch: «Des centaines de policiers sont arrivés vers 4.20 heures. Ils sont entrés dans la maison et nous ont dit, à une amie et à moi, de ne pas bouger. Sans explication évidemment! Ces gens-là ne parlent pas facilement.

«Là, il y avait des policiers armés partout sur le terrain, autour de la maison et du camp que je loue tout près. Au bout d'une demi-heure environ, tout était fini.

«Ils ont cadenassé le camp et bouché toutes les fenêtres. Ils m'ont interdit d'aller sur son terrain et d'aller plus loin que ma porte d'entrée principale, qui donne justement sur le terrain où est situé le camp. Ils m'ont dit d'avertir quiconque s'aventurerait par là qu'il se ferait arrêter.» (...)

Les policiers qui ont procédé à l'arrestation de Rivard et de ses compagnons ont dit que les trois hommes n'avaient pas offert de résistance et qu'ils n'étaient pas armés.

Contrairement à ce qu'ont dit certains bulletins de nouvelles, les trois hommes n'ont pas eu le temps de se rendre à un yacht qui aurait été amarré près de leur cachette. Ils ont bel et bien été arrêtés dans leur camp.

photothèque LA PRESSE

Lucien Rivard, arrivant au Palais de justice flanqué de deux policiers.

Toutes les conversations de Nixon ont été enregistrées depuis l'été de 1970

WASHINGTON (AFP, UPI, PA) — Les révélations sur l'existence de micros enregistrant toutes les conversations dans les bureaux présidentiels à la Maison Blanche et à Camp David faites hier **(16 juillet 1973)** à la Commission sénatoriale d'enquête sur l'affaire Watergate, ont fait l'effet d'une bombe.

D'autant plus que ces micros ont été installés à la demande même du président et que la Maison Blanche a confirmé leur existence immédiatement après l'audition de M. Alexander Butterfield, ancien adjoint de M. Haldeman, témoin surprise devant la commission.

M. Butterfield avait été entendu par les membres de la commission à huis clos vendredi dernier. Il a souligné qu'il avait d'abord hésité à parler des micros à cause de répercussions possiblement fâcheuses que cela pourrait avoir sur les visiteurs étrangers du président.

Il a ajouté que les enregistrements n'ont pas encore été transcrits à sa connaissance et qu'ils sont conservés à la Maison Blanche. M. Nixon savait que l'enregistrement se déclenchait automatiquement, mais pas ses visiteurs, à l'exception de Haldeman et de deux ou trois autres adjoints.

Immédiatement après les révélations de Butterfield, M. Fred Buzhardt, qui agit comme conseiller juridique de la Maison Blanche, a confirmé dans une lettre à la commission sénatoriale que tous les entretiens de M. Nixon à la Maison Blanche ont été enregistrés depuis 1971.

Pour sa part, le conseiller de la commission sénatoriale, M. Samuel Dash, a déclaré qu'il est maintenant possible de vérifier si John Dean a dit la vérité en déclarant que, selon lui, le président Nixon était au courant des tentatives d'étouffer le scandale dès le 15 septembre 1972.

Il ne fait maintenant aucun doute que la commission sénatoriale multipliera ses efforts pour obtenir accès aux documents de la Maison Blanche pertinents à l'affaire Watergate, ce que le président Nixon a refusé jusqu'ici. (...)

C'EST ARRIVÉ UN 16 JUILLET

1982 — Terrassé par un malaise subit, le maire Jean Drapeau doit être hospitalisé.

1981 — Le premier ministre René Lévesque décide de ne plus intervenir dans la « guerre du saumon », sur la Restigouche.

1970 — On retrouve les restes du général Pedro Eugenio Aramburu, ex-président d'Argentine qu'on avait enlevé le 29 mai précédent. — Ouverture des 9e Jeux du Commonwealth à Édimbourg, Écosse.

1967 — Fin de cinq jours de violence raciale à Newark, New Jersey, marqués par 24 morts.

1965 — Les présidents de Gaulle et Saragat, de France et d'Italie, inaugurent le tunnel sous le Mont-Blanc.

1958 — Yvon Durelle défait Mike Holt à la 9e ronde, au Forum, et garde son titre de champion boxeur mi-lourd de l'Empire britannique.

1952 — Le gouvernement Duplessis est maintenu au pouvoir avec 68 députés sur 92, mais trois ministres sont battus : Marc Trudel, J.H. Delisle et Patrice Tardif. D'autre part, Henri Groulx, député libéral d'Outremont, meurt le soir de l'élection.

1951 — Le roi Léopold III, de Belgique, abdique en faveur de son fils Beaudoin.

1943 — Montréal acclame le général Henri-Honoré Giraud, commandant en chef des forces françaises libres en Afrique du Nord.

1941 — Le ministre de la Défense nationale annonce que le plein quota de plus de 34 000 hommes s'est enrôlé volontairement dans les deux mois de la première campagne nationale de recrutement du Canada. — Raids aériens britanniques sur Rotterdam : 22 navires nazis sont coulés.

1934 — La ville de San Francisco est en proie à la terreur à cause d'une grève générale dans le transport et la restauration.

1930 — Mort à l'hôpital de Joseph-Édouard Caron, ex-ministre de l'Agriculture. Il était âgé de 64 ans.

1929 — Inauguration du Salon d'aviation de Londres par le prince de Galles.

1920 — Ratification du traité de St-Germain-en-Laye.

1917 — Des émeutes éclatent contre le gouvernement russe à Pétrograd.

1904 — Le réputé aéronaute John Anthony Bennett meurt noyé dans le Saint-Laurent en face de Longueuil.

1901 — La ville de Windsor Mills, dans les Cantons de l'Est, est secouée par l'explosion de la poudrière de la société Hamilton Powder Co.

Jacques Anquetil gagne le 48e Tour de France cycliste

PARIS (AFP) — Le 48e Tour de France cycliste s'est terminé par la victoire du Français Jacques Anquetil qui avait endossé le maillot jaune lors de la première étape et l'a conservé jusqu'à l'arrivée. Depuis la 17e étape qui s'était terminée à Pau et surtout depuis la 19e courue contre la montre entre Bergerac et Périgueux, la victoire finale du champion français — à moins d'accident — ne faisait plus de doute. Dans les étapes de montagne, Anquetil, grimpeur moyen, n'a pas été distancé par des spécialistes comme Charlie Gaul et Manzaneque. On pourra épiloguer sur ces étapes de montagne, mais la tactique de Anquetil était excellente. Pendant ces étapes, soit dans les Alpes, soit dans les Pyrénées, Anquetil a étroitement surveillé ses plus redoutables adversaires, meilleurs grimpeurs que lui. Il prenait leur roue et ne se laissait pas distancer. Cette tactique s'est avérée payante et Anquetil a conservé la première place depuis Versailles jusqu'à Paris.

A l'arrivée, à l'étape au Parc des Princes, hier **(16 juillet 1961)**, Anquetil a eu un beau geste digne du grand champion qu'il est. Il a mené le sprint pour un de ses plus dévoués équipiers, Robert Cazala, et il permit à celui-ci de gagner à Paris.

L'équipe française a remporté finalement une triple victoire: individuellement grâce à Anquetil, par équipe grâce à une belle entente au sein de la formation que dirigeait Marcel Bidot et le classement par points où André Darrigade conserve le «maillot vert» arraché au régional Gainche. (...)

CLASSEMENT FINAL

1 — Anquetil (France) 122 h. 01 min. 33 sec.
2 — Carlesi (Italie) à 12 min. 14 sec.
3 — Gaul (Suisse-Lux.) à 12 min. 16 sec.
4 — Massignan (Italie) à 15 min. 39 sec.
5 — Junkermann (Allemagne) à 16 min. 09 sec. (...)

LE PONT VICTORIA

Traversée en voiture pour la première fois

LE pont Victoria vient d'être traversé pour la première fois, hier **(16 juillet 1899)**, par une voiture. C'est M. George T. Reeve qui a fait ce voyage, désormais historique. Il était accompagné de M. F.H. McGuigan, surintendant général du Grand Tronc, de M. J.M. Herbert, surintendant de la division est, et de M. R.P. Dalton, surintendant des lignes terminales de Montréal. Ces messieurs ont eu l'honneur de traverser les premiers, sur le pont, en carosse, bien que ce ne fût pas l'inauguration officielle de la traverse.

Dépôt des plans en vue du harnachement du Saint-Laurent

NEW York, 17 (P.A.) — L'Administration de l'électricité de l'Etat de New York a annoncé, hier **(16 juillet 1948)**, qu'elle et la commission hydro-électrique de l'Ontario avaient déposé des plans pour le développement conjoint d'un projet hydro-électrique de 2,200,000 chevaux-vapeur sur le fleuve Saint-Laurent, près de Massena, N.Y.

L'Administration de l'électricité (Power Authority) a souligné que les plans avaient été déposés simultanément à Washington et à Ottawa. Elle a ajouté que les deux documents réclament une prompte référence à la Commission internationale conjointe.

La Commission internationale conjointe a été créée par le traité Root-Bryce sur les eaux de frontière en 1909. Le traité autorise la commission à approuver des projets concernant ces eaux qui servent de division entre les deux pays. (...)

Les sections de New York et d'Ontario utiliseront chacune la moitié du courant naturel du fleuve, produisant une moyenne annuelle de 6,300,000 de kilowatt-heures d'énergie hydro-électrique, ou un total de 12,600,000 de kilowatt-heures. (...)

Le coût des travaux pour le harnachement des eaux et le creusage des canaux avait été fixé approximativement à $447,805,000 en mai 1947.

ON POSERA DES RAILS

LE comité exécutif de Montréal ordonne à la compagnie des tramways de commencer immédiatement à poser les rails dans la tranchée aménagée par la ville sur la montagne en prolongement du chemin Shakespeare.

L'ordre a été signé ce matin **(16 juillet 1929)**.

Une conflagration détruisait, le *16 juillet 1929*, une partie du village de La Présentation, au Québec. Cette photo démontre bien l'ampleur du sinistre qui, heureusement, n'avait pas fait de victimes. L'incendie s'était déclaré au magasin général d'Ulric Paradis, pour ensuite détruire tout le centre du village.

LA PRESSE
100 ans d'actualités

LE PLUS GRAND QUOTIDIEN FRANÇAIS D'AMÉRIQUE

la presse

DIMANCHE

10 CENTS
MONTRÉAL, DIMANCHE 18 JUILLET 1976
92e ANNÉE, 16 PAGES

Un début brillant au stade

— pages 7, 8, 9, 10, 11 et 12

Faste, dignité, grandeur

Maintenant, place aux athlètes...

par Guy PINARD

Les Jeux olympiques de la XXIe Olympiade sont en marche. Vers 16 h 30 hier, devant une foule enthousiaste de 73,000 personnes réunies dans les gradins du stade olympique la reine Elisabeth donnait le signal du départ à 8,700 athlètes de 94 pays en proclamant, en français d'abord, les Jeux de Montréal ouverts.

Au départ, il était évident que les Montréalais avaient le coeur à la fête et que rien n'allait les en détourner. Certains attendaient depuis 10 h le matin l'occasion d'occuper le fauteuil réservé depuis 15 mois.

Cet enthousiasme a transpiré dès le début de la cérémonie d'ouverture alors que le public a accueilli par des applaudissements très nourris la reine et le prince Philip à leur entrée dans le stade en compagnie du président du Comité international olympique, lord Killanin.

Et cet enthousiasme, il allait le manifester à maintes reprises, par la suite. D'abord au cours du défilé des 94 pays fidèles au rendez-vous, alors qu'il a réservé ses meilleurs applaudissemenet pour les contingents grec, américain, français, mexicain, tchécoslovaque et néo-zélandais, auquel il signifiait à sa manière son appui devant la décision de la majorité des pays africains de boycotter les Jeux.

Le public devait réserver un accueil tout particulier à Israel, si cruellement frappé lors des Jeux de Munich et qui avait symboliquement confié à Esther Roth, seul athlète présent à Munich, le rôle de porte-drapeau.

C'est toutefois au contingent canadien, comme il se doit, qu'il devait réserver son accueil le plus chaleureux, le plus enthousiaste. Avant même l'entrée d'Abigael Hoffman dans le stade, les applaudissements roulaient déjà dans les gradins, allant en s'amplifiant à mesure qu'elle approchait de l'entrée.

Et ce n'était qu'un début. L'échange du drapeau olympique entre les maires des villes de Munich et de Montréal, avec au passage une bonne salve d'applaudissements pour le maire Jean Drapeau qui tenait le drapeau à bout de bras, l'arrivée de la flamme portée par deux jeunes — une première dans l'histoire des Jeux modernes — le Montréalais Stéphane Préfontaine et la Torontoise Sandra Henderson, l'allumage de la vasque, la prestation du serment par Pierre Saint-Jean au nom de tous les compétiteurs et peut-être aussi la place prioritaire donnée au français, tout provoquait chez la foule un enthousiasme délirant.

Il faut dire que tout s'est déroulé absolument sans anicroche, sans le moindre signe d'animosité. On avait craint un moment que la reine soit accueillie froidement, sinon par des huées. C'est le contraire qui s'est produit.

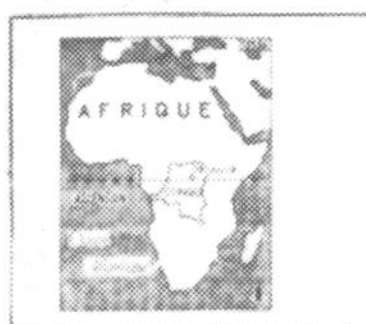

Les Africains quittent en masse

— page JO 3

LES JEUX
par Pierre Foglia
Rolland Ménard et le Javanais

— page JO 3

La télé: du bon et du moins bon

— page JO 6

Première page de l'édition spéciale du dimanche, page consacrée à la cérémonie d'ouverture du *17 juillet 1976*.

25 pays d'Afrique boycottent le défilé de la cérémonie d'ouverture

Le boycottage des Jeux olympiques a pris de l'ampleur hier **(17 juillet 1976)**, 25 pays africains et arabes, à part Taïwan, ne devant pas prendre part à la XXIe Olympiade.

Dix-sept pays avaient officiellement déclaré forfait: Tanzanie, île Maurice, Somalie, Nigeria, Gabon, République centrafricaine, Ouganda, Zambie, Algérie, Ethiopie, Kenya, Ghana, Tchad, République populaire du Congo, Soudan, Irak et Libye.

Le Cameroun, qui avait participé au défilé de la cérémonie d'ouverture, a décidé de se retirer en soirée.

Trois pays n'avaient pas envoyé de délégation aux Jeux: Madagascar, Zaïre et Zambie, tandis que quatre autres, Egypte, Niger, Togo et Haute-Volta, n'ont pas pris part à la cérémonie d'ouverture et attendent à Montréal les instructions de leur gouvernement.

Cinq ont quand même décidé de participer à la XXIe Olympiade: Côte d'ivoire, Maroc, Sénégal, Swaziland et Tunisie, même si le secrétaire général du Conseil supérieur du sport africain, M. Jean-Claude Ganga, avait prédit hier matin que tous les Africains se retireraient.

Compte tenu du forfait de Taïwan, ce seront donc 93 pays qui prendront part aux Jeux, au lieu des 119 qui auraient dû normalement y participer.

Le boycottage des pays africains et arabes vise à protester contre la présence à Montréal, de la Nouvelle-Zélande, à qui ils reprochent ses relations sportives avec l'Afrique du Sud.

C'EST ARRIVÉ UN 17 JUILLET

1983 — L'Américain Tom Watson gagne l'Omnium britannique de golf pour la cinquième fois de sa carrière.

1981 — Des avions israéliens bombardent Beyrouth. Il s'agissait du cinquième raid israélien au Liban depuis le 10 juillet.

1981 — Une passerelle s'effondre dans un hôtel de Kansas City, causant la mort de 113 personnes.

1979 — Le président Anastasio Somoza du Nicaragua est forcé de démissionner, vaincu par les forces sandinistes. La famille dominait le pays depuis 43 ans.

1978 — L'une des figures dominantes de la crise d'octobre 1970, Jacques Rose, sort de prison sous certaines conditions, cinq ans jour pour jour après avoir été trouvé coupable de complicité après le fait dans l'enlèvement du ministre Pierre Laporte.

1976 — Décès à Montréal d'Angélina Berthiaume-Du Tremblay, philanthrope et ex-présidente de LA PRESSE.

1974 — Le Nouveau parti démocratique élit Ed Broadbent comme leader parlementaire intérimaire, à la suite de la défaite du chef David Lewis lors des élections du 8 juillet.

1969 — Tandis qu'*Apollo XI* poursuit son voyage vers la Lune, Moscou annonce que le vaisseau soviétique *Luna XV* s'est placé sur orbite lunaire.

1967 — Une loi d'urgence met fin à la grève du rail, aux États-Unis.

1959 — Dans le but de rallier le peuple cubain derrière sa pensée révolutionnaire, le premier ministre Fidel Castro démissionne.

1958 — Des parachutistes anglais arrivent à Amman, capitale de la Jordanie, à la demande du roi Hussein.

1954 — Le premier ministre Maurice Duplessis visite le chantier de la centrale hydro-électrique de la Bersimis.

1948 — La Roumanie dénonce son concordat avec le Vatican.

1945 — Début de la conférence de Potsdam, au cours de laquelle le président Truman, le premier ministre Churchill et le premier ministre soviétique Joseph Staline discutent du contrôle de l'Allemagne (fixation de la ligne Oder-Neisse entre la Pologne et l'Allemagne).

1944 — Deux navires de munitions explosent à Port Chicago, en Californie, et font au moins 400 morts.

1936 — La révolte militaire éclate au Maroc espagnol; c'est le début de la guerre civile espagnole.

1928 — Le général Alvaro Obregon, président du Mexique, est assassiné par un fanatique.

1925 — Échange de ratifications de quatre traités concernant des activités transfrontalières entre le Canada et les États-Unis.

1917 — La famille royale d'Angleterre change son nom de «maison de Saxe-Cobourg» en «maison de Windsor».

1898 — L'Espagne capitule devant les États-Unis à Santiago de Cuba.

Révolte militaire au Maroc espagnol

(Service de l'United Press, spécial à la «Presse»)

MADRID, 18 — Les communications entre l'Espagne et l'extérieur ont été rétablies à 2 h. 35 cette nuit après que le gouvernement eût circonscrit **(le 17 juillet 1936)** un soulèvement militaire à Melilla, Maroc espagnol.

La crainte que ce mouvement révolutionnaire ne s'étendît à l'Espagne continentale où il y a une grande agitation monarchiste s'est révélée non fondée. (...)

PARIS, 18 (United Press) — L'idée que le soulèvement militaire espagnol n'est pas limité à la garnison de Melilla (...) se propage aujourd'hui.

En dépit d'une censure sévère, les journaux du matin à Paris publiaient des dépêches sur la propagation des désordres à Cadix, Santander et Ceuta.

Des messages provenant visiblement de sources privées à Madrid disent que tous les congés des agents de police ont été supprimés et que les policiers en vacances ont été rappelés en service.

En apprenant la nouvelle de la révolte de Melilla, le gouvernement républicain avait dépêché un certain général Francisco Franco pour la mater. Pour son malheur, puisque, plutôt que de mettre immédiatement fin à ce début de guerre civile, le monarchiste de droite qu'était Franco joignit les rangs des mutains et prit la tête du mouvement qui, le 18 juillet, s'étendait à l'Espagne continentale.

Le rendez-vous de l'espace

Les commandants des vaisseaux *Apollo* et *Soyouz*, Thomas Stafford, à droite, et Alexeï Leonov, se serrent la main après avoir réussi *(le 18 juillet 1975)* le premier rendez-vous dans l'espace de deux équipages appartenant à des pays jusqu'alors rivaux. Selon le président Gerald Ford, cette rencontre historique prouve que la coopération est désormais acquise entre les États-Unis et l'Union soviétique dans le domaine de l'exploration spatiale.

L'héroïsme d'un religieux

*Le **17 juillet 1945**, le bateau de plaisance **Hamonic** s'amarrait à Sarnia, en Ontario, vers 4 h du matin, après avoir traversé le lac Ontario.*

Les quelque 400 passagers et membres d'équipage dormaient d'un profond sommeil quand un incendie se déclencha sur les quais pour se communiquer au navire amarré. Et c'est un religieux de Détroit demeurant maintenant à Montréal, le frère Eugène Benoit, mariste, qui eut la présence d'esprit d'aller réveiller le capitaine du navire (W.T. Keil) pour l'aviser du danger imminent. Heureusement, en grande partie grâce à la clairvoyance du religieux, on n'eut à déplorer aucune perte de vie parmi les passagers du navire.

*L'incendie de l'**Hamonic** est relaté, cela allait de soi, dans LA PRESSE du 18 juillet 1945. Le même jour, des journaux de Détroit et de l'Ontario soulignaient l'exploit du religieux. Mais il faudra hélas attendre un an, au moment de rappeler l'événement, pour que l'exploit du frère Benoit soit rappelé aux lecteurs du journal.*

DIMAGGIO EST FINALEMENT TENU EN ÉCHEC APRÈS 56 JOUTES CONSÉCUTIVES

La saison de baseball a perdu de son piquant, hier **(17 juillet 1941)**, lorsque la longue série consécutive de parties avec coup sûr de Joe Dimaggio a pris fin. Cela n'empêche pas les Yankees de garder les devants et de mener dans le peloton qui est en tête. Des millions d'amateurs avaient suivi avec un vif intérêt la longue série de parties consécutives avec un ou des hits du fameux voltigeur des Yankees. Il en était rendu à sa 56e partie et c'était un record de tous les temps. Comme on s'intéressait vivement à cette série qui semblait devoir s'éterniser, les amateurs téléphonaient aux journaux pour savoir si vraiment Joe Dimaggio avait été arrêté; on se rendit aux parcs de baseball par milliers; on écouta les descriptions jeu par jeu données à la radio. C'est à Cleveland que l'on vit la plus grosse foule de la journée. Une foule de 67,468 amateurs se rendit au Stade municipal pour voir la partie Yankees-Indiens. On s'était rendu là plutôt pour voir ce que ferait Joe Dimaggio que pour assister à la partie proprement dite. La longue série de Dimaggio était devenue une attraction spectaculaire. (...)

Hier, c'était la première fois depuis le 15 mai qu'il *(Dimaggio)* ne pouvait tenir le coup. Ken Keltner au champ de même que Al Smith et Jim Bagby comme lanceur avaient pu le tenir en échec.

Amyot franchit la Manche à la nage

Le premier Canadien français à accomplir cet exploit sportif

DOUVRES, Angl., 17 (PC) — Jacques Amyot, de Québec, a réussi aujourd'hui **(17 juillet 1956)** la traversée de la Manche à la nage, de la France à l'Angleterre, devenant le premier Canadien (homme), le premier Canadien français et la première personne cette saison à accomplir l'exploit.

L'athlète, âgé de 31 ans et père de trois enfants, est sorti de l'eau à St. Margaret's Bay, ilot rocheux et escarpé à quatre milles environ au nord de Douvres. Il a mis 13 heures et 2 minutes à franchir la distance de 20 milles.

Amyot est loin du record de 10 heures, 49 minutes réussi par l'Egyptien Hassan Abdel Rehim en 1950.

En escaladant des rochers glissants sur la rive, Amyot est devenu le troisième représentant du Canada à conquérir la Manche.

Les deux autres étaient des femmes. Winnie Roach Leuszler, de St. Thomas, Ont., réussit la traversée en 1951 et Marilyn Bell, de Toronto, qui avait alors 17 ans, en fit autant l'été dernier. Elle devint alors la plus jeune personne à réussir cet exploit. (...)

Amyot, qui a dû se frayer un chemin à travers des cages à homards près de la côte, a atterri dans la solitude au pied d'une falaise de 300 pieds. La petite plage était inaccessible et il retourna au chalutier sans parler à personne sur le rivage. (...)

La première traversée de la Manche à la nage eut lieu en 1875: elle fut accomplie par Matthew Webb, de Grande-Bretagne, en 21 heures, 45 minutes. Depuis, la Manche a été conquise environ 73 fois.

LA PRESSE

100 ans d'actualités

Par cette page qui ouvrait un cahier complet consacré au tricentenaire de Québec, LA PRESSE évoquait de douloureux souvenirs dans son édition du *18 juillet 1908*, en rappelant la bataille des plaines d'Abraham, prologue à la conquête de la Nouvelle-France par l'Angleterre.

La perfection pour Nadia

par Gilles MARCOTTE

PAR décision populaire des juges, victorieuse du premier round d'une gymnastique de bataille, Nadia Comaneci. La «petite vlimeuse de Roumanie» a embarqué tout le monde dès ses premiers mouvements à la poutre, et pour finir le plat, elle a mis les juges dans sa poche **(le 18 juillet 1976)** en leur arrachant pour la première fois dans l'histoire des Jeux, un dix sur dix.

C'est aux barres asymétriques que mademoiselle aura fait son entrée dans l'encyclopédie des records olympiques. Si ça continue de même, l'édition 1976 du catalogue des exploits olympiques pourra quasiment s'intituler, s'appeler le «livre de Nadia». C'est du moins ce que l'on pourrait s'amuser à imaginer en écoutant les experts s'extasier devant l'enfant prodige. Faut dire que si les connaisseurs et les mordus de la dissection du «gymnastiquat», si les analystes à l'affût du moindre faux geste n'arrivent pas à contenir leur émoi, les profanes, eux, commencent à avoir de la misère à porter à terre quand la petite Nadia prend son envol. (...)

C'est là que Nadia arrive, comme par hasard. Elle fait son numéro aux barres asymétriques, sa spécialité. Les juges se grattent la tête par en-dedans. Ils hésitent. (...)

Finalement, ils se décident. Bang! Un gros dix qui s'allume au tableau électronique. C'est le délire. (...) La perfecion vient d'atterrir sur le plancher du Forum. Et une demi-heure plus tard, l'entraîneur des gymnastes soviétiques s'amène devant les journalistes et voilà que la perfection est déjà remise en question: «Non, ce n'était pas une performance parfaite», qu'elle a dit la dame, en expliquant clairement quand, comment et pourquoi. C'est pas que j'aie un parti-pris, mais j'étais quand même soulagé d'entendre une sommité affirmer la chose sans ambages. Je commençais à croire sérieusement à cette histoire de perfection qui roulait bord en bord au Forum.

Mais Nadia elle-même avait dit tout bonnement: «Je savais que ma performance était parfaite». Elle avait d'ailleurs dit sur le même ton que c'était la 17e fois de sa carrière qu'elle obtenait une note parfaite et que pour elle, les Jeux olympiques, c'était une compétition internationale parmi tant d'autres. Je doute fort d'entendre quelque chose de plus beau d'ici la fin des Jeux à moins qu'elle ne le répète aujourd'hui. Mais ça n'empêche pas que j'étais encore tout mêlé. Qui croire?

Je suis donc allé voir l'entraîneur de l'équipe américaine pour trancher la question. Elle m'a dit: «Ce n'était pas la perfection, mais rapport aux autres gymnastes, c'était la perfection». C'était en plein ce que j'espérais entendre. Tout était parfait.

Nadia vole vers une note parfaite de dix aux barres asymétriques.

Par les armes si nécessaire

Les Tchèques tiennent tête aux dirigeants de l'URSS

Selon PA, AFP, UPI

LA Tchécoslovaquie a pris l'engagement hier **(18 juillet 1968)** de défendre ses frontières contre toute intervention directe de la part de l'URSS en vue d'empêcher la libéralisation de son régime communiste.

Le secrétaire général du Parti communiste tchécoslovaque, M. Alexandre Dubcek, instigateur du mouvement de réforme, a lancé un appel à la nation dans un discours radio-télédiffusé, lui demandant de lui apporter son appui entier.

«Nous sommes déterminés, et nous comptons sur votre appui pour poursuivre la politique que nous avons adoptée», a dit M. Dubcek. «Ce dont nous avons le plus besoin dans le moment est l'appui du peuple tchécoslovaque», a-t-il ajouté.

Cet appel dramatique a fait suite de quelques heures à une note acerbe précisant que la Tchécoslovaquie combattra si nécessaire, si l'URSS décide d'avoir recours à la force militaire comme elle l'a fait en Hongrie en 1956, pour mettre fin à la politique de libéralisation.

La note rendue publique par l'agence de nouvelles CTK, dit froidement: «Nous avons pris les mesures nécessaires pour garder nos frontières».

C'était en réponse à une note soviétique rendue publique mercredi, note qui donnait l'avertissement que la lutte pour sauver le socialisme en Tchécoslovaquie «n'est pas seulement votre lutte mais aussi la nôtre». (...)

Une quinella qui rapporte trop peu

La piste Richelieu essuie la colère des parieurs mécontents

par Claude-V. MARSOLAIS

LA huitième course sous harnais de la piste Richelieu a tourné au vinaigre hier soir **(18 juillet 1975)**, lorsque des spectateurs mécontents du prix payé par la quinella ont décidé de tout saccager.

L'émeute aurait été suscitée par un groupe de mécontents qui auraient crié «c'est une gang de voleurs...venez nous aider, on va leur montrer ce qu'on peut faire». En moins de temps qu'il faut pour le dire, plusieurs personnes se sont mises à lancer des bouteilles de bière et autres projectiles dans les vitres des fenêtres et des portes.

La colère prit bientôt une tournure tragique alors que des foyers d'incendie furent allumés avec les chaises du parterre et qu'on commença à détruire les guichets, les téléviseurs qui servent à retransmettre la course, et même la clôture qui ceinture la piste.

L'anti-émeute

Une voiture Cadillac, qui était exposée sur le terre-plein du milieu de la piste et qui devait faire l'objet d'un tirage lors de la soirée «Grand circuit» la semaine prochaine, a été complètement renversée et rouée de coups de bâtons.

Alertés par la direction, les policiers des postes de Pointe-aux-Trembles et de Montréal-Est n'ont pu apaiser la colère des 6,500 spectateurs et durent demander l'aide de l'escouade anti-émeute. (...)

C'était la première émeute à se produire à la piste Richelieu depuis son ouverture et la seconde sur une piste de courses à Montréal. En effet, en 1969, la piste Blue Bonnets fut l'objet d'une émeute semblable.

Le directeur du service des relations publiques du Parc Richelieu, M. Albert Trottier, a indiqué que la direction et les juges feront enquête pour déterminer s'il y a eu trucage dans la huitième course.

Malgré les dommages causés à l'édifice, M. Trottier avait bon espoir que les courses pourraient être présentées ce soir comme d'habitude.

74 voitures de partout

LA ville de Montréal (et plus particulièrement LA PRESSE) accueillait, au matin du ***18 juillet 1906***, une caravane de 74 voitures de toutes sortes, parties de Buffalo, 510 milles plus loin, une semaine plus tôt. En lice pour le trophée «Glidden» ces voitures se rendaient vers Breton Woods, dans les montagnes Blanches, de sorte qu'il leur restait 625 milles à franchir.

C'EST ARRIVÉ UN 18 JUILLET

1983 — Les Pentecôtistes sibériens quittent l'URSS pour Vienne après avoir vécu cinq ans dans les caves de l'ambassade des États-Unis à Moscou.

1982 — Le chanteur compositeur Lionel Daunais s'éteint à Montréal à l'âge de 80 ans.

1977 — La Chambre des communes adopte un projet de loi visant à contrôler l'achat et l'utilisation des armes à feu et à étendre les pouvoirs de la police en matière d'écoute électronique.

1972 — Annonce par Anouar El Sadate du renvoi des conseillers soviétiques se trouvant en Égypte.

1969 — Le sénateur Edward Kennedy est impliqué dans un accident de voiture qui coûte la vie à son passager, Mary Jo Kopechne, morte noyée.

1969 — Paul Dozois, ministre des Finances du Québec, démissionne. Il est possible que cette démission donne lieu à un profond remaniement ministériel.

1968 — Début d'une grève de 24 000 employés des Postes canadiennes.

1966 — Quelque 32 500 employés de 139 hôpitaux du Québec déclenchent la grève.

1965 — Les Soviétiques lancent une station spatiale de 12 tonnes.

1945 — Six explosions dans le port d'Halifax font au moins 12 victimes et causent de grands dommages.

1939 — Inauguration d'un service aérien entre Montréal et Toronto par Trans Canada Airlines.

1918 — Quinze divisions allemandes subissent une cinglante défaite, à Fontenoy, en France.

1899 — Une conflagration détruit tout un quartier de Saint-Roch-de-Québec.

BABILLARD

Un intérêt fascinant

Il y a un peu plus de deux semaines, on publiait dans cette page les *Lauréats du concours des jolis bébés de 1921*, et on invitait les lecteurs qui se reconnaîtraient à communiquer avec nous. Voici donc les résultats de cette mini-enquête, à partir des communications téléphoniques reçues. Rappelons qu'on y trouvait la photo de 60 bébés alors âgés de 3 mois à 4 ans, et qu'on a pu en retracer 16, vivants ou décédés :

Sont toujours vivants : **Anatole Boudreau**, de Saint-Jean-sur-le-Richelieu; **Marie-Ange Décarie**, de LaSalle; **Hélène Duchesne**, du quartier Ahuntsic; **Marcelle Houde**, gagnante du 2e prix (2 à 4 ans), aujourd'hui connue sous le nom de Houde-Roy, de Nicolet-Sud; **Gustave Lachance**, gagnant du 1er prix (3 mois à 2 ans), professeur à la retraite de l'université Laval; **Lucille Latour**, devenue Mme Lucille Latour-Foley, de Rigaud; **Jacques L'Heureux**, de Saint-Laurent; **Gilberte Paquette**, de Saint-Léonard; **Paul Perras**, de Montréal, qui est toujours à l'oeuvre malgré ses 70 ans; **Gertrude Saint-Jacques**, devenue Gertrude Saint-Jacques-Dumouchel, de Saint-Émilie-de-l'Énergie; et **Yvon Tétrault**, un vétéran de Dieppe qui réside maintenant à Lefaivre, Ontario.

Sont malheureusement décédés : **Renée Auclair**, décédée en 1981; **Rita Beauchemin**, décédée en 1981 également; **Jean-Paul Boucher**, décédé il y a à peine trois mois; **Marie-Madeleine Proulx**, gagnante du 1er prix (de 2 à 4 ans), décédée en août 1983, après être devenue l'épouse de Jean-Paul Dessureau; et **Jean Soulard**, décédé en 1983.

Quatre mille employés du Grand Tronc sont en grève

LES employés du Grand Tronc, conducteurs, serre-freins et hommes occupés à la manutention du fret, sont en grève depuis hier soir **(18 juillet 1910)** à 9 h. 30.

En émettant son vote pour la grève, la semaine dernière, il était entendu que chaque homme s'engageait à quitter l'ouvrage dès lundi soir, à 9 h. 30, si à ce moment aucun télégramme n'était venu annoncer que les réclammations des employés étaient écoutées. Or, hier après-midi, les délégués (...) eurent une longue entrevue avec les officiers de la compagnie, après quoi les négociations furent rompues.

Le télégramme attendu n'ayant pu être lancé, la grève éclata ipso facto, à 9 h. 30.

On estime que cette grève affecte directement

3,500 CONDUCTEURS

et employés des trains sur le Grand Tronc, entre Portland et 350 employés environ sur le Vermont Central.

Mais indirectement, cette grève affecte déjà plus

DE 6,000 OUVRIERS.

Car la compagnie a fermé tous ses ateliers de construction et de réparation, à Montréal, Détroit, London, Hamilton, Niagara Falls et Toronto. (...)

Le *18 juillet 1899*, LA PRESSE faisait état de l'acquisition par l'hôpital Notre-Dame d'un nouvel appareil Roentgen (autrement dit, un appareil à rayons-x) qui permettait de « retrouver les corps étrangers à travers les chairs ou les os » et de « localiser une fracture ou une inflammation, et constater les progrès de la guérison jour par jour », sans que le patient risque « d'être foudroyé ou même incommodé par un courant d'électricité trop intense ». L'« appareil X », comme on disait à l'époque, avait été fabriqué par la société française Radiguet. Cet appareil comprenait les composantes suivantes : A — Moteur recevant l'électricité produite par une dynamo derrière le panneau de droite. B — Phonotrembleur. C — Premier rhéostat, pour mesurer l'intensité du courant. D — Convertisseur qui renverse le courant. E — Deuxième rhéostat qui interrompait le courant dans l'éventualité où il deviendrait trop intense. F — Interrupteur. G — Bobines d'induction, qui multiplient le courant et le transmettent aux tubes de Crookes, à l'extrémité desquels «est fixé un ballon d'où partent les rayons». H — Transmetteurs.

LA PRESSE

100 ans d'actualités

QUEBEC DANS LA JOIE EXUBERANTE

Les grandes fêtes du Troisième Centenaire sont commencées. — Cérémonies impressionnantes.

Pendant que les drapeaux claquent à la brise, sous le grand soleil tombant d'aplomb, le bronze de Champlain, impassible, souhaite la bienvenue aux 10,000 spectateurs venus honorer la mémoire du fondateur de Québec.

(Des bureaux de la «Presse»)

QUÉBEC, 20 - Arthur Buies écrivait il y a déjà assez longtemps: «La nature a fait de Québec un roc, ses habitants en ont fait un trou.»

Certes, si le malicieux confrère pouvait voir aujourd'hui **(19 juillet 1908)** Québec, son opinion quant au lieu se modifierait considérablement: du «Trou», on a fait d'abord un semblant de terre-plein et, grâce à l'initiative intelligente de quelques esprits d'avant-garde, on a aboli les ravages géographiques, corrigé les endroits trop tourmentés et après trois ans, Québec a refait son sol et n'a guère conservé de l'originale topographie que ses côtes.

Oh ça! les côtes ont gardé la brusquerie de leur angle et il n'y a que ça. Dans cette ville, on ne marche jamais, on gravit péniblement où l'on se précipite. Côtes et raidillons, escaliers, ascenseurs, funiculaires, cette ville est comme située sur un toit. Bêtes et gens y semblent habitués, mais pour l'étranger, cela prend des proportions d'un cours d'entraînement pour la culture physique.

L'aspect de Québec, aujourd'hui, n'est même plus le Québec familier des époques routinières.

On se croirait transporté à quatre cents ans en arrière, dans les régions tourmentées que baigne la Loire. Les édifices que l'on voit partout comme accrochés aux flancs des falaises, perchés sur des promontoires, sont semblables aux formidables châteaux moyenâgeux, laissant paraître entre les dents des créneaux de leurs tourelles des gueules de canon.

Les remparts, où dorment dans leur éternel cauchemar, songeant au réveil possible, les vieux canons, allongent leurs murailles grises qui se confondent avec le roc du cap.

Les vieux muffles, cracheurs de mitraille, dont c'est un peu la fête, ont le nez braqué sur le nez farouche de leurs congénères qui reposent sur leurs affûts, dans le flanc des léviathans de la rade.

Peut-être que la nuit, les vieux invalides, de leur bouche mutilée, interrogent leurs plus jeunes camarades et pendant qu'ils se racontent leurs épopées, on entend monter dans le silence de la nuit, une harmonie chantant «Dieu sauve le Roi», pendant que l'éclatante voix des cuivres, module un peu plus loin des vaisseaux anglais, une consolante «Marseillaise» pour bercer le long sommeil des fils de France qui dorment, oubliés, sur le promontoire des Plaines d'Abraham.

Du sommet de ces remparts, on voit, au bas de la falaise, la reconstitution de l'habitation de Québec, élevée par Champlain en 1608. Cela donne à l'endroit le charmant caractère vieillot que nous signalions. Une haute palissade de pieux de cèdres borde le petit fort qui fut le berceau de la Nouvelle-France.

Les rues de la basse-ville sont toutes encombrés d'arcs triomphaux où flottent les drapeaux de toutes les nations à profusion, et quelques drapeaux français, timidement fichés dans un motif secondaire de la décoration.

Dans la haute ville, même décor, avec, en plus, l'énergique beauté des portes fortifiées, des murailles crénelées, les bastions crevés de machicoulis vides de couleuvrines ou autres armements.

Sur toutes les places, sur tout monticule, on voit de gros canons cuver la griserie éternelle des vieux combats, étalant malgré leur fraîche toilette, les ulcères de la rouille, les blessures anciennes. (...)

Le pageant: Henri IV et sa cour.

Un Soviétique triche et se fait éliminer

par Claude GRAVEL

QUEL idiot, s'est exclamé le président de l'Union internationale de pentathlon moderne et biathlon, le général Sven Thofelt, après que le célèbre pentathlonien russe Boris Onistchenko eut été éliminé des Jeux olympiques pour avoir participé à l'épreuve d'escrime avec une épée truquée, enlevant ainsi à son équipe — l'une des plus puissantes au monde — toute chance de répéter son exploit de 1972 et de remporter une médaille d'or.

Au Stade d'hiver de l'Université de Montréal, c'était la consternation générale: Onistchenko, 38 ans, médaillé d'argent à Munich aux épreuves individuelles de pentathlon moderne, plusieurs fois champion mondial dans cette discipline, secrétaire général de la Fédération soviétique de pentathlon moderne, maître émérite en sports dans son pays, — Onistchenko, le grand Onistchenko, le dernier qui eut dû le faire, avait triché.

Oui triché, en dissimulant dans la poignée de son épée électrique un fil supplémentaire relié à un bouton lui permettant sur une simple pression d'un doigt, d'enregistrer une touche sans même avoir à effleurer son adversaire. Le mécanisme était à ce point bien fabriqué qu'il a été décrit comme «un chef d'oeuvre» de perfection technique par le responsable de l'escrime aux Jeux de Montréal, M. Carl Schwende. C'est la première fois qu'un tel incident se produit aux Olympiades.

Le truquage a été découvert hier matin **(19 juillet 1976)**, au deuxième des seize tours de compétitions d'escrime du pentathlon moderne. Onitschenko affronte alors le Britannique Jeremy Fox. Le Soviétique effectue un développement, l'Anglais retraite, mais, surprise, l'appareil de signalisation compte, une touche. Protestations de Fox, qui demande que l'épée soit examinée.(...)

L'Union internationale de pentathlon moderne forme aussitôt un jury d'appel, demande à entendre Onitschenko. L'arme, dit-il, n'était pas la sienne. Explication non satisfaisante. Convaincu qu'il y a bel et bien eu «tricherie délibérée», le jury disqualifie l'athlète russe de toutes les compétitions de pentathlon moderne aux Jeux de 1976.(...)

Dans les épreuves d'escrime du pentathlon moderne, les athlètes se rencontrent à l'épée électrique reliée par un fil à un système de signalisation qui enregistre une touche dès que la pointe de l'un des participants rejoint le corps de l'adversaire avec s ıffisamment de pression. Le truquage de l'athlète soviétique lui permettait en quelque sorte de diriger lui-même la signalisation électrique grâce au bouton caché dans la poignée de l'épée. (...)

Thomas Cook décédé

LONDRES, 21 — Thomas Cook, le fondateur des excursions Cook, vient de mourir **(le 19 juillet 1892)** des suites d'une attaque de paralysie.

Thomas Cook est né à Melbourne dans le comté de Derby, Angleterre, le 22 novembre 1808 et devint orphelin à l'âge de quatre ans et travailla comme apprenti jardinier. En 1828, il était missionnaire dans le comté de Rutland et s'enrola dans le mouvement de tempérance du père Mathieu. Le 8 juillet 1841, il faisait sa première excursion de Leicester à Loughborough, 570 passagers à 1 chelin *(on voulait sans doute parler du «schilling»)* par tête.

Depuis lors, il s'occupa en grande partie d'excursions dans toutes les parties du monde et conquit une spécialité dans ce genre.

C'EST ARRIVÉ UN 19 JUILLET

1981 — Richard Rodriguez établit un record en passant 218 heures dans le supermanège de La Ronde.

1977 — Adoption par le Parlement canadien d'un projet de loi modifiant les règles pour les prestations d'assurance-chômage.

1975 — Le manoir Richelieu, à la Malbaie, ferme ses portes à la suite d'une saisie.

1974 — Le généralissime Franco délègue ses pouvoirs au prince Juan Carlos.

1970 — Les 721 passagers et hommes d'équipage du navire norvégien *Fulvia*, en flammes dans l'Atlantique, sont recueillis par le paquebot français *Ancerville*.

1968 — M. Dubcek obtient l'approbation unanime du comité central du Parti communiste tchécoslovaque.

1967 — Un *B-727* de la Piedmont Airlines vient en collision avec un petit avion à Asheville. Parmi les 82 morts se trouve John McNaughton, secrétaire à la Marine des États-Unis.

1965 — L'ex-président de la Corée du Sud, Sygman Rhee meurt à Honolulu, à l'âge de 90 ans.

1957 — En athlétisme, Derek Ibotson, voyageur de commerce de Huddersfield, Angleterre, établit un nouveau record pour le mille, à Londres, en parcourant la distance en 3:57,2 minutes, huit dixièmes de seconde de mieux que le record précédent de l'Australien John Landy.

1956 — Les États-Unis retirent leur offre de $56 millions pour aider l'Égypte à construire un barrage sur le Nil, à Assouan.

1950 — Une escadrille de transport de l'aviation canadienne est engagée dans le pont aérien des États-Unis en Corée.

1949 — Une terrible explosion provenant d'un incendie dans une raffinerie secoue l'Est montréalais.

1948 — John Bracken, chef du Parti conservateur, donne sa démission pour raisons de santé.

1913 — Le gouvernement français décide de rétablir le service militaire, dont la durée est fixée à trois ans.

1895 — À la veille de leur départ pour un pélerinage à Lourdes, un groupe de pèlerins canadiens assistent à une messe en l'église Notre-Dame-de-Bonsecours, à Montréal.

Nouvelle politique mise en pratique

Premières soumissions publiques depuis 16 ans ouvertes à Québec

QUÉBEC, 20 (par **V.P.**) — Le gouvernement Lesage entend mettre résolument en pratique et sans tarder sa politique de demandes de soumissions publiques.

On en a eu la preuve, encore hier **(19 juillet 1960)**, alors que M. Lesage et trois de ses ministres sont revenus sur le sujet.

M. Lesage, pour sa part, a confié aux journalistes que le cabinet provincial avait décidé de publier, à l'avenir, les demandes de soumissions publiques, non seulement dans les journaux, mais également dans la «Gazette officielle du Québec». De cette façon, a dit M. Lesage, les gens intéressés à soumissionner sauront toujours où ils pourront trouver les détails relatifs aux demandes de soumissions du gouvernement.

Le ministre de la Jeunesse, l'hon. Paul Gérin-Lajoie, de son côté, a révélé que son ministère publierait incessamment des demandes de soumissions (...) pour la construction de la nouvelle école normale de garçons à Trois-Rivières. Il s'agit d'une construction dont le coût approximatif est fixé à $3,500,000.

M. René Lévesque, ministre des Travaux publics et des Ressources hydrauliques, a fait savoir que des soumissions seraient demandées, dès le début du mois d'août, pour la construction du pont de Shawinigan. Le même ministre avait fait savoir, plus tôt dans la journée, qu'il exigerait des soumissions publiques aussi pour la construction des deux ponts à la sortie ouest de Montréal, dès que les plans et devis auront été préparés.

Enfin, le ministre de la Voirie, M. Bernard Pinard, a fait savoir qu'il avait ouvert publiquement à 5 h. 45, hier après-midi, les premières soumissions publiques demandées par son ministère pour le pavage asphalté des approches sud du pont de Québec. Il s'agissait, au fait, des premières soumissions reçues par le nouveau gouvernement ou, si l'on veut, les premières soumissions reçues par un gouvernement provincial québécois depuis au moins seize ans.

ROME BOMBARDÉE

QUARTIERS généraux alliés en Afrique du Nord, 19 (BUP) — Les aviateurs alliés ont bombardé Rome pour la première fois aujourd'hui **(19 juillet 1943)**, concentrant leurs efforts dans un audacieux raid de jour contre des objectifs ferroviaires et évitant soigneusement de toucher au Vatican et aux objectifs non militaires dans la Ville éternelle.

Rome est le dernier des grands centres de communications italiens à être bombardé. Déjà des tonnes d'explosifs ont été lancés sur Milan, Bologne, Naples et Foggia. Rome, qui a joui jusqu'ici de l'immunité à cause de son caractère religieux, est utilisée depuis longtemps par l'Axe pour le transport des troupes et du matériel. (...)

(Il est entendu à Londres que les principaux objectifs ont été les cours de triage à l'est, au nord et au nord-ouest de Rome, l'aérodrome Littorio qui est le principal aérodrome civil de Rome et d'autres aérodromes sis à 8 milles et demi au sud-est de la ville).

Panique à Rome

Berne, 19 (B.U.P.) — Le bombardement allié de Rome a causé des scènes de panique dans la capitale italienne. Il est entendu que de nombreux obus anti-avions italiens ont augmenté les dommages des bombes parce qu'ils n'ont pas explosé dans les airs et n'ont éclaté qu'en touchant le sol.

Il y a eu de la panique parce que les gens se refusaient de croire que Rome serait attaquée, bien qu'Ostie, sise à 14 milles, eut été attaquée déjà et que l'aérodrome Ciampino, sis à environ 7 milles, ait été bombardé hier.

Deux cérémonies d'ouverture: deux mondes bien différents!

À 28 ans d'intervalle, les fervents de l'olympisme auront, le même jour, un 19 juillet, vu le meilleur et le pire visage du mouvement rénové avec les meilleures intentions du monde par le baron Pierre de Coubertin, en 1896.

Le meilleur, c'est Helsinki, le ***19 juillet 1952,*** *alors que les athlètes de 69 pays défilent dans le stade olympique, le coeur plein d'espoir légitime (c'était bien avant l'époque des athlètes d'État surentraînés et gonflés aux stéroïdes anabolisants) de remporter une médaille olympique, qu'elle fût d'or, d'argent ou de bronze. Helsinki, c'est le symbole des Jeux olympiques comme le souhaitaient sans doute le baron de Coubertin et ceux qui l'appuyaient dans sa démarche: des Jeux simples, organisés par des gens chaleureux, avec des moyens modestes pour éviter que les générations futures fassent les frais de décisions auxquelles ils n'ont évidemment pas pu participer. Une seule ombre au tableau, la menace de boycottage de l'URSS (eh oui, déjà!) si on ne lui avait assuré un village olympique à son usage exclusif. En bons princes, les Finnois avaient cédé.*

Le pire, du moins jusqu'à ce moment, c'est Moscou, le ***19 juillet 1980.*** *Le président Carter, des États-Unis, avait entrepris en janvier 1980 une campagne de boycottage afin de censurer l'invasion de l'Afghanistan par l'URSS. Si la cause n'était pas en soi mal choisie (il est difficile d'accepter une invitation d'un pays qui impose sa présence par les armes chez un voisin), le moyen n'était pas cependant le meilleur, puisqu'il haussait d'un cran de plus la politisation des Jeux olympiques. Tous les pays occidentaux n'ont pas suivi le mot d'ordre de Jimmy Carter, et certains comités nationaux olympiques ont même ignoré le «souhait» de leur propre gouvernement en se rendant à Moscou. Mais le mal était fait, et la mauvaise graine allait se reproduire quatre ans plus tard à Los Angeles et, vraisemblablement, également huit ans plus tard, à Séoul.*

Jadis une fête de la jeunesse, du combat loyal et de la fraternité, les Jeux olympiques sont devenus une arme que l'on utilise désormais à toutes les fins, même les plus inavouables.

Guy PINARD

M. Arthur Berthiaume, président de la «Presse», meurt entouré de sa famille

NOUS avons le profond regret d'annoncer la mort, à 9 heures 45, hier soir **(19 juillet 1932)**, de M. Arthur Berthiaume, président et gérant général de la «Presse», à la suite d'une courte maladie. Le distingué défunt, qui était dans sa cinquante-neuvième année, avait dû toutefois renoncer à toute activité depuis déjà quelque temps, pour raison de mauvaise santé.

M. Berthiaume est mort entouré de sa femme et de ses enfants, de l'hon. et Mme P.-R. DuTremblay, et de M. et de Mme Edouard Berthiaume.

Les funérailles auront lieu en l'église Saint-Viateur d'Outremont, samedi prochain, à 9 heures du matin.

Né à Montréal, le 10 avril 1874, et fils de l'hon. Trefflé Berthiaume et de Helmina Gadbois, le défunt avait fait ses études au séminaire de S.-Hyacinthe, au collège S.-Laurent et à l'université Laval. Admis au Barreau de la province de Québec en 1906, après avoir fait sa cléricature à l'étude Beaudin, Cardinal et Loranger, à Montréal, M. Arthur Berthiaume avait été préalablement au service de la «Presse», de 1900 à 1904; il pratiqua sa profession sous la raison légale Beaulieu et Berthiaume, à Montréal; devint gérant général de la «Presse» en 1906, puis président, à la mort de son père, en 1915.

Le regretté Arthur Berthiaume.

Le défunt laisse, outre sa femme, Madame Blanche Bourgoin, fille de Nazaire Bourgoin, avocat, qu'il avait épousée le 2 septembre 1902, quatre fils: Gilles, Jean, André et Arthur; une fille, Mlle Marie, tous d'Outremont; deux frères, Eugène et Edouard; trois soeurs: Mlle L.-J. Rivet, de Rome; Mme P.-R. DuTremblay, de Montréal, et Mlle Anna Berthiaume, de Québec. (...)

ACTIVITÉS

■ **LA PRESSE et la médecine**

Musée Laurier d'Arthabaska — Exposition d'archives sous le thème « 100 ans de médecine », jusqu'au début de septembre.

■ **LA PRESSE raconte Montréal**

Chalet du Mont-Royal — Conjointement avec une exposition intitulée « Un îlot dans une île », LA PRESSE propose aux visiteurs qui se rendront au Chalet du Mont-Royal d'ici le 9 septembre prochain une cinquantaine d'illustrations permettant à LA PRESSE de « raconter Montréal ».

LA PRESSE

100 ans d'actualités

Le 20 juillet, à 22 h 56

L'HOMME A CONQUIS LA LUNE

Le drapeau américain « flotte » à la surface de la Lune.

Un petit pas pour l'Homme un pas de géant pour l'Humanité

—Neil Armstrong

par Jean-Paul DAZE

LORSQUE Neil Armstrong a posé le pied sur la Lune à 10 h. 56 hier soir **(20 juillet 1969)**, le «mot» tant attendu qu'il a prononcé s'adressait à toute la Terre: «C'est un petit pas pour l'Homme, c'est un pas de géant pour l'Humanité».

Ce «petit pas» de la part de l'Homme peut signifier que cette première conquête humaine de la Lune pourra être suivie de conquêtes encore plus grandioses dans l'avenir, la Lune servant de tremplin à une exploration de notre Unives.

Le «pas de géant pour l'Humanité», c'est la réalisation du rêve millénaire de l'Homme de se rendre sur la Lune, cet astre qu'il contemple depuis si longtemps, qu'il a commencé par craindre, pour ensuite le déifier, l'adorer, avant d'en violer la solitude avec des instruments optiques, puis finalement de le conquérir.

Cette phrase historique, Neil Armstrong l'a prononcée quatre jours, 13 heures, 24 minutes et 20 secondes après avoir quitté Cap Kennedy.

Lorsque Armstrong et Edwin Aldrin ont planté le drapeau des Etats-Unis, non pour prendre possession de la Lune, mais simplement pour signifier que c'était leur pays qui avait réussi cet exploit historique, ils n'ont pas prononcé de grande phrases. Au contraire, ils sont restés silencieux de longs moments, presque au garde-à-vous, savourant sans doute ce moment en prévision duquel ils avaient travaillé si ardument. Cet autre moment historique est survenu à 11 h. 43 p.m.

Le premier exploit de la journée, l'atterrisage sur la Lune, a été salué par une phrase d'une simplicité désarmante de la part de Neil Armstrong: «L'*Aigle* a atterri». Il était 4 h. 17 p.m.

Cette «sécheresse» s'explique par le fait que l'équipage venait de vivre des minutes épuisantes, énervantes, d'une grande intensité dramatique. Quelques minutes plus tard, cependant, Aldrin, au nom de l'équipage de la mission «Apollo-11», a lu le message suivant:

«Je voudrais saisir cette occasion pour demander à tous ceux qui nous écoutent, où qu'ils soient, de se recueillir pour un instant, de méditer les événements des dernières heures et de rendre grâce chacun à sa façon.»

Beaucoup de choses seront dites et écrites au sujet de cet exploit, souhaitons qu'elles aient la même sincérité et la même simplicité que celles des principaux acteurs de l'événement.

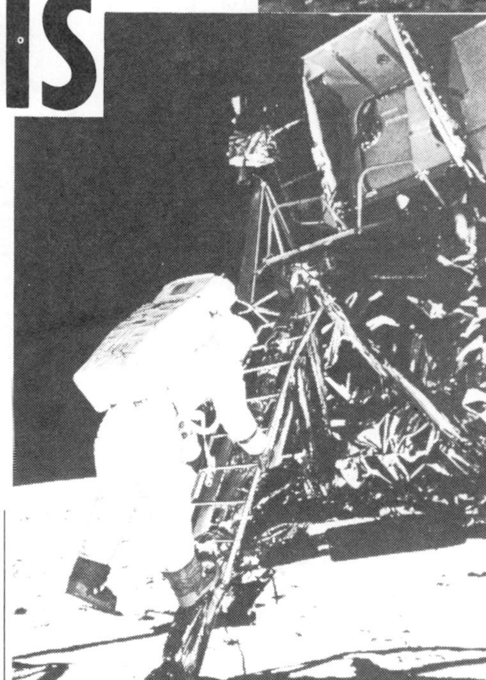

Neil Armstrong au moment où il va poser le pied sur la surface lunaire.

Berlin reconnaît un attentat contre Hitler

NEW YORK, 20 (P.A.) — La British Broadcasting Company mande que l'attentat à la bombe commis aujourd'hui **(20 juillet 1944)** a infligé à Hitler une commotion cérébrale (concussion of the brain). L'émission, captée par la Columbia Broadcasting, n'indique pas la source du renseignement.

L'émission de Berlin déclare que le chancelier n'a souffert que de contusions et de brûlures.

Londres, 20 (P.C.) — Le Deutsches Nachrichtenburo, agence officielle ennemie, mande qu'on a tenté d'assassiner Hitler, à la bombe, aujourd'hui. Le chancelier s'en est tiré avec «quelques contusions et de légères brûlures. Il n'a rien souffert d'autre, a continué son travail et a reçu Mussolini».

L'émission de Berlin apprend aussi qu'aussitôt informé le feld-maréchal Hermann Goering a rendu visite à Hitler.

Les officiers suivants ont été blessés sans gravité: généraux Alfred Jodl, principal conseiller militaire du chancelier; Korlen, Buhle, Bodenschatz, Heusinger, Scherff; amiraux Voss et de Putkammer.

D'après l'agence allemande, le lieutenant-général Schmundt, les lieutenants-colonels Brand et Borgmann, le «collaborateur» (fonctionnaire civil) Berger ont été «gravement blessés». (...)

Hier, la presse russe attribuait au lieutenant-général Edmund Hofmeister, — *mais on devait apprendre par la suite que toute l'affaire avait été préparée par le colonel Graf Claus von Stauffenberg* — commandant du 41e corps blindé allemand, fait prisonnier, l'affirmation de graves dissentiments dans le haut-commandement. Les anciens généraux seraient mécontents que le chancelier refuse de donner l'ordre de la retraite.

Le premier attentat sur le chancelier remonte au 8 novembre 1939, alors qu'une bombe éclatait dans la brasserie de Munich que venait de quitter Hitler après avoir commémoré le coup d'Etat manqué de 1929. Les émissions de Berlin, cette fois, n'ont pas immédiatement désigné l'heure, ni le lieu de l'attentat. Depuis quelque temps, Hitler a beaucoup séjourné dans son château de Berchtesgaden. D'après le lieutenant-général Hofmeister, il a réuni récemment 150 généraux et amiraux, pour leur exposer sa stratégie; il avait alors la figure boursouflée, n'articulait qu'avec peine.

LA PRESSE

MORT D'UN GRAND PAPE

La photo du pape Léon XIII occupait toute la première page de LA PRESSE lors de sa mort, le *20 juillet 1903.*

ROME, 20--A 4.04 heures cet après-midi, le Pape LEON XIII est entre dans l'eternite, apres une agonie de plusieurs jours a l'age de 93 ans. 4 mois [illegible] jours.

L'espace important consacré à la mort du pape comprenait notamment ce résumé des faits. L'heure indiquée est celle de Rome.

12.35 p.m. — Les dernières informations reçues du Vatican font craindre que la mort du Pape ne soit imminente. Tous les cardinaux ont été appelés au Vatican.

12.50 — Le Pape a eu une syncope du coeur, mais on a réussi à le ranimer.

1.40 p.m. — Le Pape est remis de la syncope qu'il a eue, mais sa condition continue d'être extrêmement grave.

1.50 p.m. — Le Dr Mazzoni a été appelé en toute hâte au Vatican. On croit que le Pape est à l'agonie.

2.45 — Le Pape est entré dans ce que les médecins croient être la dernière agonie. Ceux qui sont dans l'antichambre des appartements pontificaux peuvent entendre le râle du mourant.

3.30 — Le Dr Mazzoni, en quittant la chambre du malade, il y a quelques instants, a dit que le Pape mourrait d'ici à deux heures.

4.30 — A 4 heures cet après-midi, le Pape a complètement perdu connaissance.

LE PROCES DE RIEL

WINNIPEG, 20 — Riel, le chef de la révolte du Nord-Ouest, a été traduit à la barre de Régina, 11 hrs., ce matin **(20 juillet 1885)** pour subir son procès. Le magistrat stipendiaire Richardson siégeait, assisté de M. Henri Lejeune, juge de paix. Le prisonnier a été conduit en voiture des casernes et placé dans une cellule préparée pour lui au-dessous du palais de justice. Il était enchaîné et portait à la main le boulet qu'on l'oblige de traîner. On lui promet toute communication avec ses avocats, MM. F.X. Lemieux, C.R., Chas. Fitzpatrick, Québec, H. Greenshields, Montréal et S.H. Johnson, de Régina.

Les avocats de la poursuite sont Christopher Robinson, C.R., et B.B. Osler, C.R., de Toronto, G.W. Burbidge, député-ministre de la justice, à Ottawa, T.C. Casgrain, Québec, et D.L. Scott, maire de Régina. (...)

Le greffier fit lecture de l'acte d'accusation, et lui demanda êtes-vous coupable ou non coupable.

M. Lemieux se leva alors et dit qu'il récusait !a juridiction du tribunal. (...)

Retour du choeur «Les Alouettes»

ET le beau voyage accompli ...les «Alouettes» nous sont revenues **(le 20 juillet 1934)**.

On se souvient que, invités par le gouvernement français à participer aux fêtes du quatrième centenaire de la découverte du Canada par Jacques-Cartier, elles quittaient la terre canadienne pour aller outre-mer faire entendre à nos cousins français les beaux chants que nous avons si fièrement et si jalousement conservés. Parti à bord du «Champlain», le choeur des «Alouettes», composé de MM. Jules Jacob, Roger Filiatrault, André Trottier, Emile Lamarre, Emile Boucher, Gérald Gauthier, Paul Leduc et Antoine Dupras, est revenu à bord du «Paris» dans la journée d'hier. A New York, un imposant groupe d'amis dirigé par le Dr Elzéar Hurtubise vint à leur rencontre anxieux d'entendre le récit des fêtes françaises, des réceptions faites à nos délégués et des succès remportés par nos jeunes chanteurs.

C'EST ARRIVÉ UN 20 JUILLET

1982 — L'IRA frappe à Londres : une voiture piégée fait huit morts et 51 blessés.

1977 — À la suite d'une enquête spéciale menée par le CRTC, on indique qu'il n'existe pas de penchant séparatiste comme tel au sein du service en langue française de Radio-Canada.

1976 — Le vaisseau spatial américain *Viking I* complète son voyage vers Mars, et dépose un module d'atterrissage télécommandé par ordinateur sur le sol de la planète. *Viking I* avait été lancé le 20 août 1975.

1974 — Débarquement de troupes turques à Chypre.

1973 — Un commando propalestinien détourne un avion japonais.

1972 — Les Nordiques de Québec, de l'Association mondiale de hockey, incitent le défenseur Jean-Claude Tremblay, du Canadien, à faire le saut dans l'Association mondiale de hockey, en lui consentant un contrat de cinq ans.

1962 — Fin des audiences de la commission Parent, qui ont duré sept mois et au cours desquelles 250 mémoires ont été présentés.

1951 — Le roi Abdallah, de Jordanie, est assassiné à Jérusalem par un réfugié palestinien.

1950 — Léopold III est rétabli sur le trône de Belgique. — Les communistes s'emparent de l'importante ville de Taejon.

1948 — Le gouvernement américain arrête les chefs du parti communiste, pour complot contre le gouvernement.

1945 — Le poète Paul Valéry s'éteint à l'âge de 74 ans, à Paris.

1944 — Les Américains débarquent à Guam.

1941 — Ouverture de la campagne d'inspiration britannique du *«V pour Victoire»*, dans les pays occupés par l'Allemagne.

1939 — Obsèques de l'hon. Fernand Rinfret, secrétaire du Canada et ex-maire de Montréal.

1937 — Don Budge bat le baron Göttfried von Kramm, au tournoi de tennis de Wimbledon.

1933 — Mise en place d'importants travaux publics pour combattre le chômage dans la région montréalaise.

1927 — Le prince Michel succède à son grand-père, le roi Ferdinand, sur le trône de la Roumanie.

1909 — Chute du cabinet du premier ministre Georges Clémenceau, de France, dans le sillage des scandales de la marine.

EN INDOCHINE, LA PAIX EST CONCLUE

GENÈVE, 20 (AFP) — Aux dernières nouvelles, la vingt-quatrième et dernière séance de la conférence d'Indochine, pour la signature des accords de trêve et de leurs annexes doit avoir lieu à 8 h. GMT, soit 4 h. cet après-midi **(20 juillet 1954)**, heure de Montréal, à la grande salle des conseils du palais des Nations.

A 6 h. 45 GMT, M. Pham Van Dong, qui avait eu une dernière entrevue avec M. Pierre Mendès-France, a rejoint la résidence du Vietminh. Le président du conseil français a alors reçu M. Tran Van Do, ministre des Affaires étrangères du Vietnam. Il devait ensuite recevoir MM. Molotov et Eden pour mettre la dernière main aux textes déjà corrigés par les experts sur les indications des ministres.

Mais aussitôt après la deuxième réunion des Quatre: Mendès-France, Molotov, Eden, Pham Van Dong, terminée à 4 h. GMT, on apprenait que tous les problèmes de fond étaient résolu, du moins pour le Vietnam.

1) Les élections devront avoir lieu entre le 20 juillet 1955 et le 20 juillet 1956. La date sera précisée après consultation entre Vietnam et Vietminh.

2) La ligne de partage du Vietminh est fixée le long de la rivière Song Ben Haï, une douzaine de milles au nord de la route coloniale no 9, qui assure au Laos un accès vers la mer.

3) Le délai pour que les forces des deux côtés rejoignent les zones de regroupement aurait été fixé à 300 jours.

Les experts devaient réviser les textes relatifs au Cambodge et au Laos avant la troisième réunion des quatre. Les commissions militaires pour le Vietnam, le Cambodge et le Laos ont tenu leur troisième réunion depuis hier après-midi.

La protestation du Vietnam

La délégation de l'Etat du Vietnam a fait parvenir, cet après-midi, aux trois autres délégations participant à la conférence sur l'Indochine, une nouvelle déclarant qu'elle ne peut souscrire à la ligne de démarcation, abandonnant au Vietminh tout le nord du pays. Elle demande que des mesures soient prises pour la protection des populations non communistes du Vietnam, et que l'Etat du Vietnam jouisse du droit d'assurer sa défense et notamment d'importer des armes. (...)

La délégation de *l'Etat du Vietnam* fait remarquer que les projets français, soviétique et vietnminh admettent tous le principe d'un partage du Vietnam en deux zones, tout le nord-Vietnam devant être abandonné au Vietminh. Quoique ce partage ne soit que provisoire en théorie, il ne manquerait pas de produire au Vietnam les mêmes effets qu'en Allemagne, en Autriche, en Corée.

Il n'apporterait pas la paix recherchée car, blessant profondément le sentiment national du peuple vietnamien, il provoquerait des troubles dans tout le pays.

LA PRESSE

100 ans d'actualités

LE PLUS FORT TIRAGE QUOTIDIEN AU CANADA

LA PRESSE

CIRCULATION DE L'ÉDITION QUOTIDIENNE 66,483

QUINZIEME ANNEE—N° 221 MONTREAL, SAMEDI 22 JUILLET 1899 VINGT PAGES—UN CENTIN

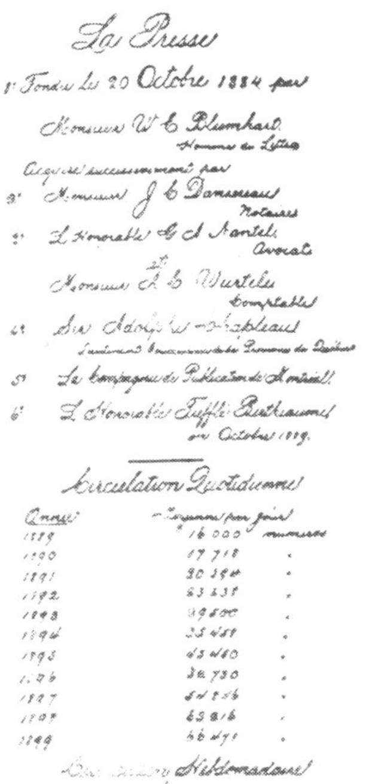

LES PARCHEMINS QUI ONT ÉTÉ DÉPOSÉS DANS LA PIERRE ANGULAIRE DES NOUVEAUX ÉDIFICES DE «LA PRESSE» À LA CÉRÉMONIE D'HIER

LES PARCHEMINS QUI ONT ÉTÉ DÉPOSÉS DANS LA PIERRE ANGULAIRE DES ÉDIFICES DE «LA PRESSE» À LA CÉRÉMONIE D'HIER (Cliché Luppó, 500 rue St-Denis)

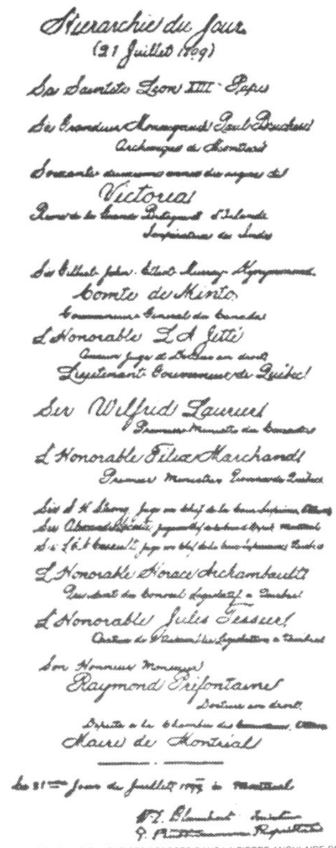

LES PARCHEMINS QUI ONT ÉTÉ DÉPOSÉS DANS LA PIERRE ANGULAIRE DES NOUVEAUX ÉDIFICES DE «LA PRESSE» À LA CÉRÉMONIE D'HIER

L'EDIFICE DE "LA PRESSE"

Bénédiction de la pierre angulaire, hier

M. le curé de Troie a fait, hier après-midi, la bénédiction de la pierre angulaire du splendide édifice dont «La Presse» a commencé la construction à l'angle des rues St-Jacques et de la côte St-Lambert.

Ont assisté à cette cérémonie, loin d'être dépourvue de grandeur par sa simplicité même et son caractère tout à fait intime, MM. W. E. Blumhart, fondateur de «La Presse»; Hon. Treffle Berthiaume, propriétaire-éditeur actuel; H. Godin, gérant général; Arthur Dansereau, directeur; le juge Loranger; Dr J. A. Rodier; Arthur Berthiaume, secrétaire de la rédaction à «La Presse»; A. Lamalice, gérant du département des annonces; J. E. Montel, city editor; Gratton, ingénieur en chef; J. U. Emard, avocat; L. T. Maréchal, avocat et tout le personnel de l'administration et de la rédaction de notre journal.

La construction du nouvel édifice avance rapidement et offre déjà un joli coup d'oeil. La structure en fer intérieure est presque terminée et il est maintenant asssuré que «La Presse» occupera ses nouveaux bureaux au printemps prochain, en avril.

Tous les experts qui ont assisté au début des travaux s'accordent à déclarer que cette bâtisse, construite des architectes et des entrepreneurs qui s'y entendent, sera l'un des plus solides que nous ayons à Montréal. Il n'y a que le «Canada Life», dont l'intérieur soit tout en fer, comme le sera celui de «La Presse».

Au reste on peut se faire une idée approximative de la solidité de l'édifice de «La Presse», lorsqu'on n'ignore point que les fondations reposent sur un lit de béton et que toute l'armature de fer est enclavée dans ces fondations, formant ainsi une masse unique, capable de résister aux secousses les plus violentes et à la destruction lente des temps.

Au cours de la cérémonie, on scella dans la pierre bénite, un flacon de cristal hermétiquement bouchée et contenant:

Un numéro de «La Presse» daté du 15 avril, et relatant l'historique des édifices occupées par «La Presse».

La hiérarchie du jour.

Les noms de tous les employés de «La Presse», comprenant les employés de la rédaction, de l'administration, de l'atelier de la Composition, de l'imprimerie, de la clicherie, etc.

Une photographie de l'honorable T. Berthiaume, propriétaire-éditeur.

Le nom des architectes.

L'historique de «La Presse» de sa fondation jusqu'à nos jours.

Une statuette de Sainte-Anne.

6 jetons recueillis au bureau de l'administration.

7 pièces de monnaie de 1, 2, 5, 10, 25 et 50 centins, et un billet de un dollar.

Statuette de Sainte-Anne, déposée dans la pierre angulaire des nouveaux édifices, par Madame Treffle Berthiaume.

LES CÉRÉMONIES DE LA BÉNÉDICTION DE LA PIERRE ANGULAIRE DES NOUVEAUX AUSPICES DE «LA PRESSE».

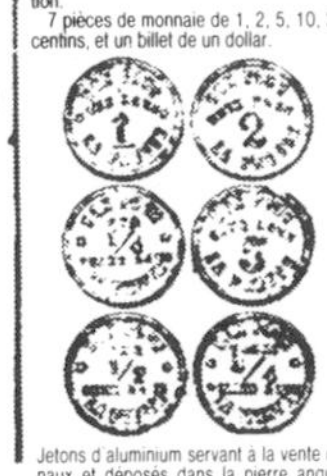

Jetons d'aluminium servant à la vente des journaux et déposés dans la pierre angulaire en souvenir du système de vente des journaux actuellement en cours.

Page consacrée à la pose, le *21 juillet 1899*, de la pierre angulaire du premier édifice construit exclusivement pour LA PRESSE, au coin nord-ouest de la rue Saint-Jacques et de la côte Saint-Lambert (aujourd'hui boulevard Saint-Laurent).

C'EST ARRIVÉ UN 21 JUILLET

1983 — Meurtre invraisemblable à Saint-Sauveur: la victime est enterrée dans un congélateur. La police procède à l'arrestation d'un suspect, Me Claire Lortie. — Le gouvernement polonais lève l'état de siège.

1981 — Au Canada, clôture du sommet d'Ottawa réunissant les représentants des pays industrialisés, soit, outre le pays hôte, les États-Unis, la Grande-Bretagne, la France, l'Allemagne de l'Ouest, l'Italie et le Japon.

1976 — Les Forces armées canadiennes signent un contrat de $1 milliard pour l'acquisition d'un nouvel avion patrouilleur à long rayon d'action, l'*Orion* fabriqué par la Lockheed Aircraft.

1973 — La France procède à un essai atomique dans le Pacifique.

1972 — Une collision ferroviaire fait 76 morts en Espagne. — Des incidents graves font 16 morts et 130 blessés à Belfast.

1969 — Le module *Eagle* décolle de la Lune et rejoint la capsule *Columbia* du vaisseau spatial *Apollo XI*. — Le vaisseau soviétique *Luna 15* s'écrase sur la Lune. — Le sénateur Edward Kennedy est formellement inculpé de « délit de fuite » à la suite de l'accident routier de Chappadiwick.

1961 — Les États-Unis lancent un deuxième astronaute, Virgil I. Grissom, à bord d'une fusée, de Cape Canaveral, sur une trajectoire balistique d'une durée de 16 minutes, qui atteint 118 milles d'altitude. Grissom retombe dans l'Atlantique à 303 milles de son point de départ.

1960 — Mme Sirimavo Bandaranaike, veuve du premier ministre assassiné en 1959, est la première femme à occuper le poste de premier ministre à Ceylan.

1954 — La France signe à Genève un accord de paix avec les communistes, mettant ainsi fin à la guerre d'Indochine.

1952 — Le premier ministre d'Iran, Ahmed Ghavam, est forcé de démissionner. Mossadegh est ramené au pouvoir par la force.

1932 — Ouverture de la Conférence économique impériale, à Ottawa.

1929 — Inauguration des premiers vols de nuit effectués au-dessus de Montréal par la Continental Aero Corporation.

ALEXANDRE KERENSKY DEVIENT PREMIER MINISTRE DE RUSSIE

Lénine est en fuite. —Pétrograd reprend son calme habituel.

PÉTROGRAD, 21 — La «Gazette de la Bourse» annonce que M. Lvoff a démissionné et qu'Alexandre Kerensky a été choisi comme premier ministre, tout en gardant temporairement son portefeuille de ministre de la guerre et de la marine.

M. Tseretelli a été nommé au ministère de l'intérieur, poste qui était occupé par M. Lvoff. M. Tseretelli gardera son portefeuille de ministre des postes et des télégraphes. (...)

Le calme est rétabli à Pétrograd, aujourd'hui **(21 juillet 1917, selon notre calendrier)**, mais on éprouve une sensation amère et pénible d'humiliation et de dégradation, à la suite des événements insensés et ridicules qui viennent de se dérouler. On se demande pourquoi cela a été **permis**. Pourquoi on n'a pas tout arrêté dès le début? Le crime a été préparé de longue main et ses sources sont obvies; les agents qui l'ont perpétré se sont montrés à plusieurs reprises sans scrupules, mais en lâches. Quand on les a mis en état d'arrestation, ils se sont dérobés, ont menti, ont fait profession de dévouement à un but idéal, ont déclaré qu'ils avaient été impuissants devant les mouvements élémentaires de la masse. (...)

La garnison de Pétrograd et des milliers de travailleurs ont été à la merci de ces conspirateurs de bas étage, qui ont maintenant à répondre à l'accusation directe d'être tout simplement des agents allemands, recevant continuellement des fonds par des intermédiaires notoires de Stockholm. (...)

Deux léninites en vue ont été relâchés, après avoir été écroués. Ils ont dû leur liberté aux instances du conseil des délégués des soldats et des travailleurs.

Le gouvernement a voulu publier des documents établissant que Lénine était un agent allemand; mais le conseil des délégués des soldats et des travailleurs a empêché cette publication. C'est cette intervention de leur part qui a porté le ministre de la justice, M. Pereveizeff, à démissionner.

Le sentiment général est très fort et même très violent contre Lénine, qui est en fuite.

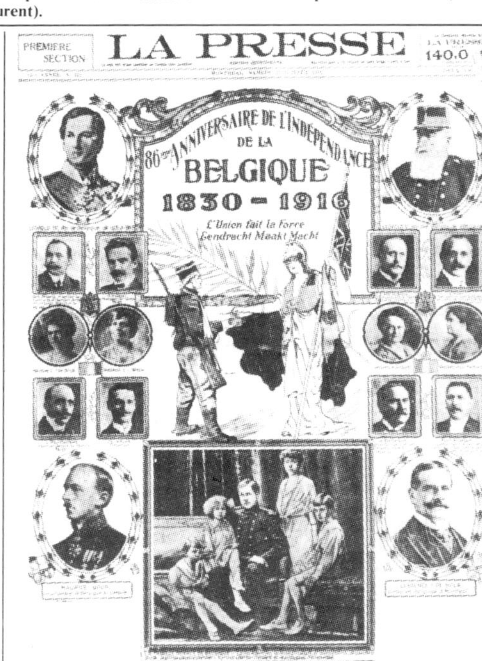

Pour saluer le 86e anniversaire de l'indépendance de la Belgique, le *21 juillet 1916*, LA PRESSE avait consacré toute sa première page de l'édition du lendemain à l'événement.

BABILLARD

Un cinquantenaire pour un confrère

Le *Progrès de Villeray* célébrait tout récemment son cinquantième anniversaire de fondation. C'est en effet le 17 juillet 1934 que Léo Bélisle fondait cet hebdomadaire, le plus vieil hebdomadaire exclusivement de langue française au Québec (le *Messager de LaSalle* est plus âgé, mais il est bilingue). Distribué gratuitement dans le quartier Villeray, cet hebdomadaire de la chaîne des Hebdos métropolitains tire à 21 600 exemplaires, et il célèbre son anniversaire « à la rétro » comme LA PRESSE, en consacrant quatre pages semaine aux événements du passé.

Joyeux anniversaire

Le Foyer d'accueil de Matane, dans la ville du même nom, célèbre aujourd'hui le 101e anniversaire d'une résidente native de Matane, Mme **Luce Blanchette-Paradis**. LA PRESSE se joint à ses parents et amis pour lui offrir ses meilleurs voeux.

Mieux vaut tard que jamais!

Un collègue de travail, **Réal Dugas** et son épouse célébraient récemment (le 13 juin) leur 25e anniversaire de mariage. LA PRESSE leur offre ses meilleurs voeux, d'autant plus que Réal en est à sa 38e année au service du plus prestigieux quotidien français d'Amérique.

ACTIVITÉS

AUJOURD'HUI

■ **À la radio**

17 h, Radio-Canada — Chronique consacrée à LA PRESSE à l'émission *Avec le temps*, animée par Pierre Paquette.

■ **LA PRESSE et la médecine**

Musée Laurier d'Arthabaska — Exposition d'archives sous le thème «100 ans de médecine», jusqu'au début de septembre.

DEMAIN

■ **LA PRESSE à Terre des Hommes**

À la Ronde — En collaboration avec la Ville de Montréal, LA PRESSE offre à chaque dimanche, en fin de journée, un spectaculaire feu d'artifice. Jusqu'au 2 septembre inclusivement.

LA PRESSE

100 ans d'actualités

Mariage des Jocistes

EN plein air, à la face du Ciel, la Jeunesse ouvrière catholique réaffirme sa foi dans le mariage-sacrement. Par ce dimanche doré de juillet, elle présente à la bénédiction nuptiale, sous le regard des évêques et en spectacle au monde, cent six jeunes couples, longuement préparés pour constituer le noyau d'une Cité de Dieu nouvelle où chacun des foyers nés de ce jour dans le Christ apportera sa pierre fondamentale. Vingt mille personnes assistent, au Stade, à la Messe très impressionnante des Cent Mariages, qui ouvre de solennelle façon le deuxième Congrès général de la J.O.C. du Canada.

C'est en ces termes que le rédacteur de LA PRESSE à l'époque, Ephrem-Réginald Bertrand, commençait le long article consacré au mariage simultané, au stade de Lorimier, de 106 couples formés de membres de la J.O.C. et venus de l'ensemble du Québec, de l'Ontario et des Maritimes. En présence de personnalités politiques comme P.-J.-A. Cardin, ministre fédéral des Travaux publics, William Tremblay, ministre provincial du Travail, et le maire Camillien Houde, le mariage a été concélébré le **23 juillet 1939** par Mgr Gauthier, archevêque de Montréal, six évêques et des dizaines de prêtes, le serment solennel étant prononcé au nom du groupe par le couple de Thérèse et Henri Séguin, Jean-Marc Bertrand, organiste de la paroisse Saint-Roch de Montréal, touchait l'orgue. Quant aux mariés, en sus de l'honneur de se marier devant quelque 20 000 personnes, chaque couple a reçu un petit crucifix pour le jeune homme, et un chapelet en nacre pour la jeune fille, objets bénits par le pape. Lorsque publiée en 1939, la photo ci-dessus (et montrant les 106 couples de jeunes mariés) couvrait toute la partie du haut de deux pages adjacentes. Il nous a fallu en réduire la superficie et vous la présenter en deux demies superposées.

C'EST ARRIVÉ UN 23 JUILLET

1980 — Décès à l'âge de 72 ans du sénateur Sarto Fournier, qui fut maire de Montréal de 1957 à 1960.

1979 — Décès de Joseph Kessel, écrivain né de parents russes en Argentine, en 1888.

1976 — Le gouvernement fédéral interdit le français dans l'air, sauf au-dessus de six petits aéroports québécois.

1975 — Le ministre fédéral des Pêches, Roméo Leblanc, annonce à la Chambre des communes que la flotte de pêche de l'Union soviétique dans l'Atlantique sera bannie des ports canadiens parce « qu'elle a régulièrement dépassé certains quotas ».

1974 — La junte militaire grecque démissionne par suite de son échec à Chypre et devant la menace d'une guerre avec la Turquie.

1971 — Huang Hua, premier ambassadeur de la République populaire de Chine au Canada, est accueilli avec enthousiasme à Ottawa.

1970 — Le projet de règlement américain (plan Rogers) est accepté par l'Égypte, la Jordanie et Israël, mais rejeté par les Palestiniens, l'Irak et la Syrie.

1969 — Le couple Schneider-Mesrine rentre au Québec.

1965 — Le professeur britannique Gerald Brooke est condamné à cinq ans de prison en URSS, pour espionnage.

1955 — Donald Campbell établit un nouveau record de vitesse en poussant le *Bluebird* à 202,32 milles à l'heure, en Angleterre.

1952 — Le général Neguib prend le pouvoir en Égypte et force le roi Farouk à s'exiler.

1943 — Les Lignes aériennes Trans-Canada inaugurent un service transatlantique Montréal-Londres.

1942 — Les députés canadiens adoptent le projet de loi relatif à la conscription.

1941 — Ottawa décrète une réduction de 25 p. cent de la consommation du porc afin de pouvoir alimenter l'Angleterre.

1935 — Balayage sans précédent des libéraux qui gagnent les 30 sièges lors des élections générales de l'Île-du-Prince-Édouard.

1930 — Un tremblement de terre fait plus de 675 morts à Naples.

1911 — Une conflagration détruit 5 000 bâtiments à Constantinople, en Turquie.

1902 — Un incendie détruit le monastère des Pères Trappistes à Oka .

1885 — Décès du général Grant, qui fut deux fois président des États-Unis d'Amérique.

Petite histoire des Jeux olympiques de la Grèce antique

Le stade de la Grèce antique reconstruit pour les Jeux olympiques de 1896.

NDLR — Cet article sur les origines des Jeux olympiques a été publié le ***23 juillet 1895****.*

LA saison du sport au Canada bat son plein; c'est le temps ou jamais de dire un mot des jeux olympiques qui vont être *donnés (sic)* à Athènes en 1896.

On appelait ainsi dans l'ancienne Grèce, des jeux célébrés tous les quatre ans en l'honneur de Zeus (Jupiter) dans l'enceinte sacrée d'Olympie. Ces jeux institués, selon la légende hellénique, par Hercule, furent, après une longue interruption, rétablis, d'après les conseils de Lycurgue, par la loi Ijohitos; mais ce ne fut que 108 ans plus tard que fut ouvert le registre public sur lequel furent inscrits les noms des vainqueurs à la course. Le premier qui fut inscrit se nommait Corebos, et c'est de cette époque seulement que l'on commença à compter par Olympiades.

On procédait aux jeux olympiques par un décret qui suspendait toute activité s'il y avait lieu. Si des troupes entraient dans la terre sacrée d'Olympie, elles étaient condamnés, nous apprend Thucydide, à une amende de deux mines par soldat.

Tous les peuples de la confédération hellénique accouraient à ces grandes fêtes patriotiques; mais les femmes n'y étaient pas admises; la peine était terrible pour celles qui osaient enfreindre cette loi; on les précipitait du haut d'un rocher. Une seule exception avait été introduite à cette loi sévère en faveur des prêtresses, qui, pendant certains exercices, occupaient une place qui leur avait été assignée.

«La carrière olympique, dit Barthélémy, se divisait en deux parties: le stade et l'hippodrome. Le stade est une chaussée de 600 pieds de longueur et d'une largeur proportionnée; c'est là que ce font les courses à pied et que se donnent la plupart des combats. L'hippodrome est destiné aus courses des chars et des chevaux. Un de ses côtés s'étend sur une colline; l'autre côté, un peu plus long, est formé par une chaussée. Sa largeur est de 600 pieds, sa longueur du double; il est séparé du stade par un édifice qu'on appelle «barrière». (...)

Le jour où les jeux devaient commencer, les athlètes se rendaient, dès le point du jour, dans la chambre du sénat, où siégeaient les huit présidents des jeux en habits magnifiques et revêtus des insignes de leur dignité. Là, au pied d'une statue de Jupiter et sur les membres sanglants des victimes, les athlètes prenaient les dieux à témoin qu'ils s'étaient exercés pendant six mois aux combats auxquels ils allaient se livrer. Ils promettaient de ne point user de ruse; leurs parents et leurs amis faisaient le même serment.

Cette cérémonie achevée, les athlètes se rendaient au stade, s'y dépouillaient de leurs vêtements, chaussaient des brodequins et se faisaient frotter d'huile par tout le corps après quoi les jeux commençaient.

Le dernier jour des fêtes était destiné à couronner les vainqueurs. Des sacrifices solennels précédaient la cérémonie qui avait lieu dans un bois sacré. Les présidents des jeux, suivis des vainqueurs, se rendaient ensuite au théâtre aux sons de la flûte. Là, un hymne était chanté en l'honneur des vainqueurs. Les couronnes des vainqueurs étaient cueillies à un arbre situé derrière le temple de Jupiter Olympien.

Une légende hellénique témoigne de la joie et de l'ivresse que ces triomphes inspiraient; elle raconte que Chilon, un sage! était mort de bonheur en embrassant son fils victorieux. (...)

Jacques Amyot réussit la traversée du lac S.-Jean

Première fois qu'un humain traverse le lac à la nage. — Quatre échecs.

ROBERVAL 25 (PCf) — Le nageur Jacques Amyot, de la ville de Québec, a pris 11 heures et 48 minutes, samedi **(23 juillet 1955)**, pour franchir en pleine tempête le lac S.-Jean. C'est la première fois qu'un nageur franchit ce lac de 21 milles.

Des cinq partants, Amyot fut le seul à atteindre le but. Il entra dans l'eau à 5 h. 15 du matin, à Péribonka, et toucha la grève à Roberval, encore en bonne forme, à 5 h. 03 de l'après-midi.

De forts vents et quatre violentes averses firent monter la vague à cinq pieds de hauteur. A un moment donné, Amyot passa trois quarts d'heure à tourner en rond, car la boussole du bateau qui le dirigeait fut emportée. C'est un bateau de patrouille qui remit le nageur dans la bonne direction.

Si Amyot a remporté la victoire, une jeune fille de 16 ans mérite beaucoup d'éloges. Il s'agit de Louise Parenteau, de Trois-Rivières, qui nageait encore une heure après qu'Amyot eût touché la grève, à Roberval, et qui ne quitta le lac, à cinq milles du but, que lorsque M. Martin Bédard, président du club aquatique du lac S.-Jean, eut réussi à la convaincre qu'elle pouvait nuire à sa santé en persistant à nager. (...)

PETAIN EN APPELLE A LA NATION

Il dit avoir aidé à délivrer la France

PARIS, 23 (P.A.) — Cet après-midi **(23 juillet 1945)** a commencé devant la Haute Cour le procès du maréchal *(Philippe)* Pétain, ancien chef de l'Etat français, accusé d'intelligence avec l'ennemi et de complot contre la sécurité de l'Etat, avant et après son avènement au pouvoir.

L'avocat du maréchal a décliné la compétence du tribunal, mais son exception a été renvoyée. Le maréchal, couvert de ses décorations, a déclaré au tribunal: «Tandis que le général de Gaulle continuait la lutte à l'étranger, j'ai ouvert la voie de la libération. Par l'Assemblée nationale réunie à Vichy (10 juillet 1940), le peuple français m'a donné le pouvoir de diriger la nation. C'est à lui seul que je suis venu répondre. C'est la seule déclaration que je ferai. Les présentes accusations ne visent qu'à me salir. J'ai consacré ma vie au service de la France. Que le peuple français se souvienne que j'ai mené ses armées à la victoire en 1918.»

La Haute Cour se compose d'un président, de 2 autres juges, et de 24 jurés de l'Assemblée consultative, dont 12 membres de la résistance et 12 anciens parlementaire. Si le jury prononce le maréchal coupable des accusations portées par le procureur de la République, M. André Mornet, le maréchal est passible de la peine de mort.

M. Mornet, dans son réquisitoire, accuse le maréchal de complot avec l'Allemagne. Il affirme que c'est l'ambition qui a dicté beaucoup d'actes du général. (...) M. Mornet rappelle les événements de juin 1940. Il affirme que «c'est sous la pression combinée du général Weygand, alors généralissime des armées alliées, et du maréchal Pétain» que la majorité des ministres ont décidé qu'il était inutile de prolonger la lutte et ont démissionné. «Aussitôt appelé au pouvoir, le maréchal a commencé les négociations en vue de l'armistice». (...)

La défense de l'armistice

«Lorsque j'ai demandé l'armistice, j'ai accompli un acte décisif de salut et j'ai ainsi assuré la liberté de l'Empire. J'ai usé de mon pouvoir pour la protection du peuple français et c'est pour le peuple que j'ai compromis mon prestige». (...)

Le hasard fait drolement les choses. Le maréchal Philippe Pétain s'éteignait à 95 ans dans l'île d'Yeu, où il vivait en résidence surveillée depuis que le général de Gaulle avait commué en emprisonnement à vie une sentence de mort prononcée le 14 août 1945. Le maréchal est mort le ***23 juillet 1951****, six ans jour pour jour après le début de son procès.*

LA PRESSE
100 ans d'actualités

Vive le Québec libre!

par **Jacques PIGEON**
de notre bureau d'Ottawa

INOUÏ, inimaginable! Charles de Gaulle, grand libérateur de la France, fait maintenant l'histoire du Québec, du Canada tout entier.

Quatre mots ont suffi, ont ouvert l'abcès, mis à nu une crise qui, aujourd'hui, secoue le pays. Ce grand adjectif «LIBRE» ajouté délicatement, sûrement, avec un ton peut-être subversif à ce Vive le Québec! a tout ébranlé.

Ottawa est bouleversé, consterné. Le cabinet fédéral tient demain matin une réunion extraordinaire. Québec, de son côté, dissimule mal sa nervosité. La surprise est trop brutale.

Mais les milliers de Montréalais qui ont entendu ces mots de la bouche de l'homme d'État **(24 juillet 1967)** les ont bus, s'en sont enivrés. De Gaulle s'est offert comme libérateur, ils l'ont accepté. De Gaulle leur a proposé la liberté, l'indépendance, ils l'ont accepté.

Un grand moment historique, c'est certain. Mais aussi des conséquences imprévisibles. Que fera Ottawa? Que feront les anglophones du pays? Le ressac anglo-saxon est déjà là. Le général a peut-être changé le cours de l'histoire.

Devant les 15,000, 20,000 Montréalais venus l'entendre du balcon de l'Hôtel de ville, de Gaulle s'est servi de l'histoire pour transmettre son message:

«Je vais vous confier un secret que vous ne répéterez pas. Ce soir, ici, tout au long de cette route, je me trouvais dans une atmosphère du même genre que celle de la libération».

Mots lourds, s'il en est, venant de la bouche du général. La libération de Paris, c'est le triomphe de sa vie, le superbe résultat de ses grands efforts de guerre. (...)

Et à cela, il a associé le premier ministre du Québec. «Mon ami Johnson», a-t-il lancé, triomphant.

Sept discours

C'est vrai, il y avait un bon nombre de séparatistes, militants, venus voir la grande scène du balcon. Quelques centaines. Mais également des milliers d'autres qui n'ont jamais hésité à entonner des Vive de Gaulle! à s'en déchirer les poumons.

Une scène qui ne s'était jamais vue à Montréal. Le clou d'une longue randonnée triomphale que ni la pluie, la chaleur, l'humidité, les défectuosités mécaniques, les bruits agaçants d'hélicoptères n'ont pu souiller.

Sept fois le général a parlé le long de la rive de ce fleuve découvert par un Français. Partout, il a mis du tigre dans le réservoir du nationalisme canadien-français. A Montréal, le réservoir était plein, de Gaulle a lancé la machine...vers l'indépendance. (...)

Un fait demeure. Si les Montréalais n'ont pas hésité à huer leur maire qui soulignait, en passant, la contribution de l'élément non français de la métropole, les mêmes Québécois, ce million de nationalistes qui ont vu de Gaulle, ne lui ont rien reproché publiquement. Discrètement, quelques-uns ont dit: «mais il exagère», rien de plus.

A l'arrivée à l'Hôtel de ville, le premier ministre du Québec qui, en même temps, partageait l'automobile et la gloire du général, n'hésitait pas à exprimer physiquement sa grande joie. Au soir d'un triomphe électoral, il n'aurait pas paru plus heureux!

Mais à Ottawa, le premier ministre du Canada révise certainement le discours qu'il avait préparé à l'occasion de la visite du général.

Que dira-t-il? Que fera-t-il? Impossible à prévoir, évidemment, mais la réception ne pourra être que froide.

A moins que le général n'y aille pas!

Le général de Gaulle au balcon de l'hôtel de ville de Montréal.

C'EST ARRIVÉ UN 24 JUILLET

1983 — Une foule enthousiaste accueille Marie-Andrée Leclerc, qui rentre au pays après huit ans d'absence... et de misère.

1981 — En Iran, M. Mohammed Ali Rajai est élu président. Il succède à M. Abolhassan Bani-Sadr qui avait été limogé en juin.

1975 — Une tornade sème la mort et la désolation à Saint-Bonaventure, Québec.

1973 — Les pirates de l'air font exploser le *B-747* de la société Japan Air Lines sur la piste de l'aéroport de Benghazi, en Libye, après avoir libéré les 137 otages.

1961 — Le Canada prend possession de son premier intercepteur de type *CF-101B*.

1952 — Aux États-Unis, la grève des aciéries prend fin au 53e jour.

1938 — Le parti de l'Action libérale nationale confirme Paul Gouin comme chef lors d'un congrès, à Sorel.

1934 — Arrestation de 120 socialistes en Autriche. Ils sont accusés d'avoir comploté contre le gouvernement Dolfuss.

1924 — Inauguration du pont Athanase David, à Rosemère.

1917 — Sir Wilfrid Laurier, chef du Parti libéral, affirme que l'adoption du projet de conscription, mettrait en péril l'unité national du Canada.

1913 — L'explosion d'une chambre à nitro-glycérine fait sept morts, à Beloeil.

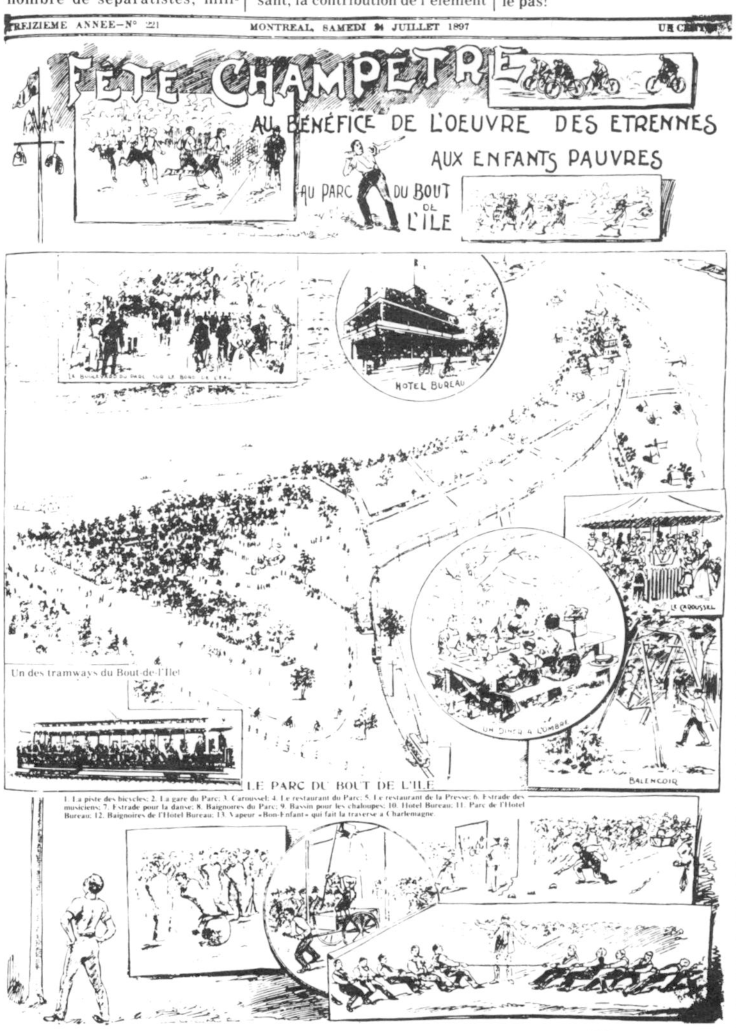

Page consacrée au parc du Bout de l'Ile et publiée le *24 juillet 1897*.

INAUGURATION DU PARC DU BOUT DE L'ILE

L'INAUGURATION officielle du parc du Bout de l'Ile remise de jour en jour à cause du mauvais temps, a eu lieu samedi **(24 juillet 1897)**, malgré que la journée n'ait pas été favorisée par un trop beau temps.

Il a plu une partie de l'avant-midi, ce qui a fait craindre aux gens d'aller s'exposer à la campagne dans l'après-midi.

Un vent du nord s'est élevé vers les deux heures qui a cependant nettoyé le ciel. Malheureusement, tout en balayant les nuages, ce vent nous a en même temps amené une fraîcheur qui a encore empêché la foule de se rendre au parc le soir.

C'est dommage, car la compagnie de chemin de fer de ceinture a bien fait les choses.

Deux magnifiques concerts, l'un dans l'après-midi, l'autre le soir, nous ont été donnés par la fanfare Harmonie, qui, comme on ne l'ignore pas, est l'un des meilleurs corps de musique au Canada.

Le parc, dans la soirée, était brillamment illuminé au moyen de l'électricité et de milliers de lanternes chinoises.

Des feux de Bengale ont été allumés à un moment dans différentes parties du bois. Le jeu des reflets de ce feu à travers les feuillages était superbe à voir.

Il y a eu également un beau feu d'artifice et la maison Robitaille et Cie qui a été chargée de cette partie du programme mérite des félicitations pour l'habileté qu'elle a déployée en remplissant sa tâche.

On a remarqué la façon aimable dont M. Kennedy, le sous-gérant de la compagnie de chemin de fer de ceinture, a reçu les journalistes et les autres invités.

Si la foule n'a pas été grande le millier de personnes qui se sont rendues au parc samedi soir en sont reparties enchantées, c'est le principal.

ACTIVITÉS

■ **LA PRESSE raconte Montréal**

Chalet du Mont-Royal — Conjointement avec une exposition intitulée « Un îlot dans une île », LA PRESSE propose aux visiteurs qui se rendront au Chalet du Mont-Royal d'ici le 9 septembre prochain une cinquantaine d'illustrations permettant à LA PRESSE de « raconter Montréal ».

■ **LA PRESSE et la médecine**

Musée Laurier d'Arthabaska — Exposition d'archives sous le thème « 100 ans de médecine », jusqu'au début de septembre.

BABILLARD

Cent sept ans aujourd'hui!

Les centenaires ne sont pas légion, mais ils sont quand même nombreux; au Centre d'accueil Emilie-Gamelin, sur la rue Dufresne, à Montréal, six des pensionnaires ont déjà franchi ce cap. Mais dans le cas de **Narcisse Allard,** c'est un 107e anniversaire qu'il célèbre aujourd'hui, sans doute en fumant sa pipe comme de coutume, et en s'offrant un de ses verres de vin occasionnels. Selon une responsable du centre, M. Allard est resté bien lucide quoiqu'il soit désormais dans l'impossibilité de s'exprimer clairement à cause d'une voix défaillante. LA PRESSE lui offre ses meilleurs voeux de santé en souhaitant le retrouver lors de son 110e anniversaire de naissance!

29 personnes meurent dans l'écrasement d'un aérobus

La plupart des victimes sont des bûcherons revenant de l'île d'Anticosti

GASPÉ, Québec, 26 (P.C.) — Vingt-neuf personnes ont perdu la vie samedi soir **(24 juillet 1948)**, lorsqu'un avion Dakota, des Rimouski Airlines, s'est écrasé en feu sur le cap Bon Ami, enveloppé de brouillard, dans le pire désastre aérien de toute l'histoire de l'aviation aérienne.

M. Léon Blondeau, inspecteur régional de l'aviation à Montréal, a institué une enquête préliminaire sur les lieux de la tragédie, où le fuselage calciné, une aile et une porte sont tout ce qui reste du bimoteur.

Les cadavres étaient pour la plupart méconnaissables, lorsqu'ils furent transportés sur des traîneaux d'hiver dans la salle paroissiale de Gaspé par des équipes de secours qui avaient difficilement escaladé le promontoire conduisant au théâtre du sinistre. Le Dr Rioux, coroner du district, tiendra une enquête au cours de la journée.

L'aéronef s'approchait de l'aérodrome de Gaspé, 12 milles plus à l'ouest, lorsqu'il donna contre le cap à une centaine de verges de la côte.

Une seule aile fut trouvée près de la scène du désastre, ce qui semblerait indiquer que l'appareil était tombé quelque part en mer.

La plupart des passagers étaient des bûcherons employés par la Consolidated Paper Corporation, qui avait nolisé l'appareil dans le but de transporter les hommes de l'île d'Anticosti, jusqu'à la tête de ligne, à Gaspé.

A bord de l'avion se trouvaient également deux couples mariés, dont M. et Mme Emmett P. Maloney, de Montréal, et M. et Mme Berth McCallum, de Baie des Sables, et leur bébé. Mme Maloney était née Ouellet (Odette); elle était la fille du vice-président des Rimouski Airlines.

LA CATASTROPHE DE L'"EASTLAND", A CHICAGO

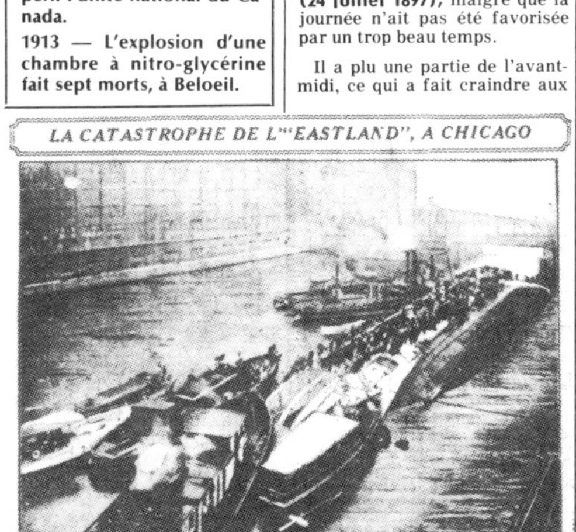

Le navire *Eastland* gît sur le côté dans la rivière Chicago après avoir chaviré, le *24 juillet 1915*, en entraînant dans la mort plus de 825 des 2 500 excursionnistes qu'il transportait. Selon les autorités compétentes, ce navire avait une capacité optimale de 1 200 passagers.

Les conquérants de la Lune en quarantaine

De retour du voyage qui permit à Neil Armstrong et Edwin Aldrin de fouler le sol lunaire, ces deux derniers et leur collègue Michael Collins sont photographiés (le 24 juillet 1969) à l'intérieur de la chambre de quarantaine à bord du porte-avions *Hornet*, venu les délivrer des eaux du Pacifique. Le président Richard Nixon s'était déplacé afin d'être là au moment où les trois astronautes quitteraient la capsule spatiale d'*Apollo XI*.

LA PRESSE

100 ans d'actualités

IL EST MAITRE DE L'ESPACE

Blériot (en costume d'aviateur) à Douvres, après l'atterrissage.

Louis Blériot, le célèbre aviateur français, traverse la Manche en aéroplane à une altitude moyenne de 250 pieds, en moins de 30 minutes.

DOUVRES, 26 — Hier matin **(25 juillet 1909)**, ce petit port a éprouvé une émotion vive, alors qu'une machine ressemblant à un oiseau aux ailes blanches, est sortie du brouillard, a fait deux fois le tour des falaises de Douvres, puis a atterri sur le sol anglais.

Un Français à l'air calme, Louis Blériot, un homme de trente-cinq ans aux moustaches rousses, descendit de la sellette, boitant un peu, un de ses pieds ayant été brûlé dans un vol précédent. Deux de ses compatriotes, qui avaient agité un grand drapeau tricolore, pour lui indiquer l'endroit où atterrir, se précipitèrent sur lui, l'embrassant avec enthousiasme, criant et lui tapant dans le dos. Avec quelques soldats qui se trouvaient par hasard sur les lieux, ils ont été les seuls témoins de cet exploit très remarquable.

VITESSE DE 45 MILLES A L'HEURE

Blériot a quitté Les Baraques, à trois milles de Calais, vers trois heures et demie hier matin, dans un des plus petits monoplans dont on ait jamais fait usage. Il a traversé la manche en un peu moins d'une demi-heure, deux fois plus vite que le paquebot-poste. Il a atteint une vitesse moyenne de plus de quarante-cinq milles à l'heure, et s'est parfois approché de soixante milles à l'heure. Il s'est tenu à peu près à 250 pieds au-dessus du niveau de la mer, et pendant dix minutes, à mi-chemin, il a perdu de vue les deux côtes et les contre-torpilleurs français qui le suivaient ayant à son bord sa femme et quelques amis.

Le vent soufflait à une vitesse de vingt milles à l'heure et la mer était houleuse. L'aviateur était couvert d'un vêtement imperméable au vent, qui ne laissait voir que sa figure. Il portait aussi une ceinture de sauvetage en liège.

Par son exploit, Blériot a gagné le prix de $500 offert par le «Daily Mail» de Londres, pour la première traversée de la Manche.

Blériot, qui parle peu l'anglais, a décrit très modestement son vol.

«Je me levai à trois heures, dit-il, et me rendis au garage de l'aéroplane. Trouvant tout en ordre, je décidai d'entreprendre le vol. Le contre-torpilleur français fut averti et se rendit à environ quatre milles du rivage. Je m'élevai alors dans l'air et mis le cap directement sur Douvres. Au bout de dix minutes, j'avais perdu la terre de vue et j'avais laissé le navire de guerre assez loin en arrière. (...)

«J'ajoutai une fois du pétrole. J'estime que les hélices faisaient de 1,200 à 1,400 révolutions à la minute. Le premier objet que je vis fut des navires au large de la côte anglaise; puis j'aperçus Deal et découvris que le vent, qui soufflait du sud-ouest, me portait de ce côté. Je tournai au sud dans la direction du château de Douvres, et je vis alors des amis qui brandissaient un drapeau dans une vallée propice à un atterrissement *(sic)*. Je décrivis deux cercles tout en réduisant la vitesse de la machine, puis plongeai, mais je vins en contact avec la terre plus vite que je ne m'y attendais. Nous fûmes rudement secoués, la machine et moi.»

Louis Blériot

M. Blériot fut conduit à l'hôtel, où il fut bientôt rejoint par sa femme, qui l'embrassa en pleurant. Le maire et d'autres fonctionnaires vinrent saluer M. Blériot, au nom de la ville et de la nation, comme le pionnier du vol international. (...)

Ottawa répond à de Gaulle

«C'est inacceptable»

MÊME si le gouvernement canadien le considère comme un agent provocateur et condamne catégoriquement son attitude «inacceptable», le général de Gaulle, imperturbable, file aujourd'hui vers Ottawa.

Cependant, trois fois ce matin, il aura l'occasion de rassurer ce gouvernement qu'il a secoué profondément et plongé dans une crise politique.

En effet, la déclaration du premier ministre est presque un ultimatum. Diplomatiquement, le chef du gouvernement canadien lui demande de reconnaître que le Canada est un pays uni et libre, et surtout, de le dire publiquement. (...)

Texte intégral du communiqué

Voici le texte intégral du communiqué publié hier après-midi **(25 juillet 1967)**, par M. Lester B. Pearson, premier ministre du Canada. Ce texte se réfère aux récentes déclarations du général de Gaulle.

«Je suis sûr que les Canadiens dans toutes les parties de notre pays ont été heureux de ce que le président français reçoive un accueil aussi chaleureux au Québec. Cependant, certaines déclarations du président tendent à encourager la petite minorité de notre population dont le but est de détruire le Canada et comme telles, elles sont inacceptables pour le peuple canadien et son gouvernement.

«Le peuple canadien est libre, chaque province du Canada est libre. Les Canadiens n'ont pas besoin d'être libérés. En fait, beaucoup de milliers de Canadiens ont donné leur vie au cours des deux guerres mondiales pour la libération de la France et d'autres pays européens.

«Le Canada reste uni et regretterait toute tentative pour détruire son unité.

«Le Canada a toujours eu des relations spéciales avec la France, la patrie d'origine de tant de ses citoyens. Nous attachons la plus grande importance à l'amitié avec le peuple français. Le ferme propos du gouvernement du Canada a été et reste de développer cette amitié. J'espère que les discussions que j'aurai plus tard dans la semaine avec le général de Gaulle démontreront que ce désir est de ceux qu'il partage.»

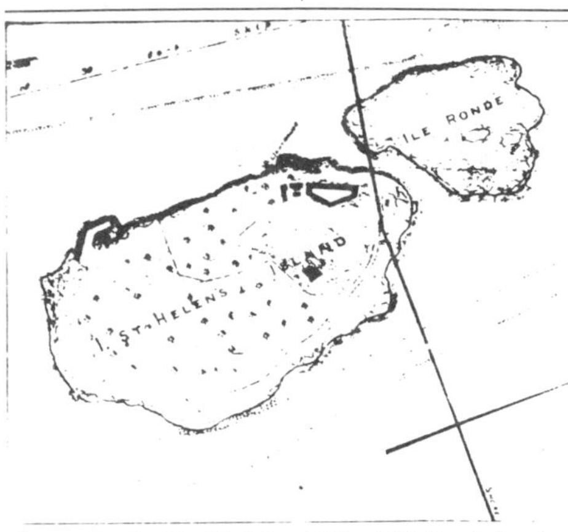

La question de relier l'île Sainte-Hélène à l'île Ronde dans le port de Montréal est à l'ordre du jour *(le 25 juillet 1929)*. Une requête vient d'être adressée au ministère de la marine et des pêcheries à cet effet. Pour effectuer cette liaison, il faudrait déposer la terre enlevée du chenal et ailleurs entre les deux îles. Quand l'espace sera complètement rempli, la superficie de ces îles sera de 5,500 pieds. On prête à la ville de Montréal l'intention, si elle est autorisée, d'en faire un terrain de jeux.

Le premier bébé-éprouvette est né par césarienne

OLDHAM, Angleterre (UPI, Reuter, AFP) — Le premier bébé-éprouvette, une fille pesant cinq livres et six onces, est né hier soir **(25 juillet 1978)** dans un hôpital d'Oldham.

Le bébé et la mère sont dans un état qualifié d'excellent par le Dr Patrick Steptoe, le pionnier de cette méthode de fécondation en laboratoire.

L'enfant est né par césarienne. La mère, Mme Lesley Brown, 32 ans, était mariée depuis neuf ans, mais n'avait pu avoir d'enfant jusqu'à présent souffrant d'une obstruction des trompes de Faloppe.

L'enfant était attendu pour le 18 août. Il semble que les médecins de l'hôpital d'Oldham aient décidé de pratiquer une césarienne plus tôt, pour des raisons encore obscures. Mme Brown était à l'hôpital depuis plusieurs semaines, dans l'attente de l'heureux événement.

Un garde était posté devant sa porte en permanence, car sa grossesse avait reçu une publicité mondiale. Toutefois, la mère du premier bébé-éprouvette fut mise à l'abri des caméras de télévision et des journalistes et a passé la plus grande partie de son temps à l'hôpital à regarder la télévision et à faire des mots croisés. (...)

Les médecins connaissaient le sexe de l'enfant bien avant la naissance, mais ne l'ont pas révélé aux parents pour ne pas gâcher leur surprise.

ACTIVITÉS

■ **LA PRESSE raconte Montréal**

Chalet du Mont-Royal — Conjointement avec une exposition intitulée « Un îlot dans une île », LA PRESSE propose aux visiteurs qui se rendront au Chalet du Mont-Royal d'ici le 9 septembre prochain une cinquantaine d'illustrations permettant à LA PRESSE de « raconter Montréal ».

■ **LA PRESSE et la médecine**

Musée Laurier d'Arthabaska — Exposition d'archives sous le thème « 100 ans de médecine », jusqu'au début de septembre.

SIR THOMAS WHITE SOUMET AUX COMMUNES LE PROJET D'UNE TAXE SUR LE REVENU

L'opposition le félicite

(De l'envoyé spécial de la «Presse»)

OTTAWA, 26 — Sir Thomas White, ministre des finances, a présenté à la Chambre des communes, hier après-midi **(25 juillet 1917)**, son projet d'impôt sur le revenu. Cette innovation dans le domaine fiscal au Canada, recommandée à maintes reprises par des députés des deux côtés de la Chambre, dans le débat sur la question du service obligatoire, est destinée à avoir un retentissement considérable à travers notre pays. C'est la conscription de la richesse, avec la conscription des hommes, que le gouvernement décide d'établir.

Les raisons données par sir Thomas pour justifier le recours à une loi de ce genre sont: le surcroît de dépenses qu'occasionnera la levée des 100,000 hommes de troupes en vertu du bill Borden, l'expression de la volonté populaire favorable à la mesure. Ces motifs ont engagé le ministre des finances à passer outre aux inconvénients qui peuvent résulter de l'application de la nouvelle loi. Elle doit avoir, pour principaux avantages, d'augmenter les revenus du Canada, de répartir plus équitablement le fardeau des dépenses extraordinaires encourues par la participation de notre pays à la guerre actuelle, aussi d'intéresser plus vivement les contribuables aux dépenses du gouvernement en vue d'aider les alliés.

Le projet White, d'après les calculs du ministre des finances lui-même, rapportera au trésor fédéral de 15 à 20 millions, à une époque où la guerre coûte au Canada, $850,000 à $900,000 par jour. (...)

COMMENT CALCULER L'IMPOT

En vertu de la nouvelle loi de l'impôt sur le revenu, tous les revenus de $2,000 ou moins dans le cas des célibataires ou des veufs sans enfants, ou de $3,000 ou moins dans le cas des autres personnes, sont sujets à l'exemption.

Tous les revenus quels qu'ils soient, dépassant $2,000 par année, dans le cas des célibataires ou des veufs sans enfants, et dépassant $3,000 dans le cas des autres personnes, sont taxés de 4 pour cent. (...)

Si le salaire dépasse d'une somme quelconque les $2,000 ou $3,000 exemptés suivant le cas, la taxe de 4 pour cent s'impose. Par exemple, un célibataire reçoit un salaire de $2,500; on déduira de ce salaire le montant de l'exemption, soit $2,000; il restera alors à prélever l'impôt sur l'excédent, soit $500, ou, à 4 pour cent, $20.

Un homme marié qui reçoit un salaire de $3,500 paiera exactement le même impôt que le célibataire qui gagne $2,500. (...)

Cependant, le percentage *(sic)* de la taxe est plus élevé dans le cas ou le revenu dépasse $6,000. Dans ce cas, non seulement on doit payer l'impôt de 4 pour cent, mais encore une surtaxe qui varie de (...) *2 à 25 pour cent, ce sommet étant atteint pour tout revenu qui dépasse $100,000.*

Naufrage de l'Andrea Doria

Un peu après 23 h, dans la soirée brumeuse du *25 juillet 1956*, le paquebot suédois *Stockholm* éperonnait le paquebot italien *Andrea Doria*, à environ 200 milles de la côte, au nord-est de New York. Les 1 634 passagers et membres d'équipage de l'*Andrea Doria* ont tous été rescapés par le *Stockholm*, l'*Île-de-France* et d'autres navires dans le voisinage, même si trois d'entre eux — plus un marin du *Stockholm* — succombèrent aux blessures subies lors de l'abordage. La photo du haut montre l'*Andrea Doria* presque couché sur son flanc (il devait couler le lendemain matin à 10 h 10). La photo du bas montre l'ampleur des dommages subis par le *Stockholm*.

C'EST ARRIVÉ UN 25 JUILLET

1982 — Deux détenus tuent trois agents de détention puis se suicident, dans une tentative d'évasion massive impliquant 100 détenus, au centre de détention Archambault.

1977 — Formation par le gouvernement fédéral d'un centre d'information pour contrer la propagande séparatiste.

1974 — Le docteur Morgentaler, jugé coupable d'avoir pratiqué un avortement illégal, est condamné à 18 mois d'emprisonnement. — Démission du député de Johnson, Jean-Claude Boutin, impliqué dans un présumé scandale.

1973 — Décès à 91 ans, de M. Louis Saint-Laurent, 12e premier ministre du Canada, de 1948 à 1957.

1971 — En Afrique du Sud, le professeur Barnard réalise une transplantation globale d'un coeur et de deux poumons.

1969 — Plaidant coupable, Edward Kennedy est condamné à deux mois de prison avec sursis, pour avoir quitté le lieu de l'accident qui a coûté la vie à Mary Jo Kopechne.

1967 — Le pape Paul VI est accueilli chaleureusement par le patriarche Athénagoras, à Istamboul.

1963 — Après dix jours de négociations cordiales à Moscou, les représentants des États-Unis, de la Grande-Bretagne et de l'URSS apposent leurs initiales à un traité interdisant les essais nucléaires dans l'atmosphère, l'espace extérieur et sous l'eau. Le Canada accepte de signer aussi le traité.

1962 — Décès à l'âge de 84 ans de l'éminent juriste Thibaudeau Rinfret, ancien juge en chef de la Cour suprême du Canada.

1960 — Ouverture de la conférence fédérale-provinciale sur la fiscalité, à Ottawa.

1957 — Proclamation de la République de Tunisie avec Habib Bourguiba à la présidence.

1943 — Le maréchal Pietro Badoglio impose la loi martiale et proscrit le fascisme, en Italie.

1941 — Le Grande-Bretagne, les États-Unis et le Canada « gèlent » les fonds japonais sur leur territoire respectif.

1934 — Le premier ministre Engelbert Dollfuss, d'Autriche, champion de l'indépendance de son pays face à l'Allemagne, est assassiné par les Nazis à Vienne.

1911 — Bobby Leach saute les chutes du Niagara dans un baril.

1901 — Une conflagration détruit 25 maisons à LaPrairie.

1899 — La Banque Ville-Marie doit fermer ses portes à cause d'un déficit.

1897 — Les abattoirs de l'Est montréalais sont détruits par un incendie.

1892 — Apparition du système de correspondance dans le transport public de Montréal.

LA PRESSE

100 ans d'actualités

UNE OEUVRE GIGANTESQUE

LE CANAL DE PANAMA SERA BIENTÔT INAUGURÉ. — UNE NOUVELLE MERVEILLE DU MONDE. — UN ACCIDENT QUI CAUSERA DES RETARD REGRETTABLES.

Le lac GATUN, faisant voir à droite, l'entrée du canal. Ce lac a été formé par un fort barrage.

Les portes colossales de la fameuse écluse de GATUN.

Vue d'une partie des travaux de l'écluse PEDRO MIGUEL, dans le canal de PANAMA, avec les conduites d'échappement.

Vue intérieure d'une des gigantesques écluses.

Le comte FERDINAND DE LESSEPS qui fut le promoteur du canal de PANAMA et qui en commença les travaux.

Carte faisant voir comment le canal de PANAMA passe d'un océan à l'autre, à travers l'isthme, de PANAMA à COLON.

Fort et canons américains qui défendront l'entrée du canal de PANAMA.

SAMUEL DE CHAMPLAIN qui, le premier, parla du projet du percement de l'isthme de PANAMA.

Écluses supérieures de MIRAFLORES.

Écluse supérieure de GATUN.

Portes de garde supérieures de GATUN.

La tranchée de CULEBRA où se sont produits les glissements.

Page consacrée au canal de Panama et publiée le *26 juillet 1913*.

Maurice Richard devient le premier instructeur des Nordiques de Québec

RIEN ne sert de courir, il faut partir à point et ça semble le moto des Nordiques de Québec qui, il y a quelques semaines à peine, semblaient dans une position fort précaire.

Or, leur situation est maintenant des plus reluisante, et c'est à midi aujourd'hui qu'ils annonceront, à l'hôtel de ville de Québec, la signature de Maurice Richard au poste d'instructeur de l'équipe.

Selon un porte-parole des Nordiques, le «Rocket» confiera la tâche de pilote adjoint et de capitaine à l'ex-défenseur du Canadien, Jean-Claude Tremblay.

Ainsi donc, la barque des Nordiques sera entre bonnes mains... ou du moins dans des mains fort prestigieuses, ce qui contribuera certes à augmenter de plusieurs centaines le nombre de billets de saison vendus et, en conséquence, d'asseoir un peu plus solidement l'organisation dont on doutait du sérieux il n'y a pas si longtemps.

Richard a signé un contrat d'un an pour un salaire intéressant qui dépasse celui qu'il touchait à sa meilleure année dans la ligue Nationale.

L'entente, suivie de la signature du contrat, a eu lieu au début de la soirée, hier **(26 juillet 1972)**, plus précisément à 18 h. 30. La signature symbolique, à l'hôtel de ville, ce midi, en présence du maire Gilles Lamontagne et de Jean Lesage, ex-premier ministre du Québec (M. Lesage est le conseiller juridique ainsi que le président du Conseil d'administration des Nordiques) doit se terminer par une manifestation grandiose où les Québécois seront conviés par l'entremise des ondes radiophoniques.

On sait que les négociations ont été longues et ardues car le «Rocket» qui aura 51 ans le 4 août, a connu nombre de différends avec plusieurs Québécois dans le passé. C'est d'ailleurs lui qui a insisté afin que l'entente, qui ne constitue vraiment pas une surprise, soit à court terme.

Maurice Richard, dont le nom est toujours synonyme de gloire au hockey (membre du Temple de la Renommée, marqueur de 544 buts et détenteur d'une multitude de records) est demeuré 12 années à l'écart de la compétition dans cette discipline.

ACTIVITÉS

■ LA PRESSE raconte Montréal

Chalet du Mont-Royal — Conjointement avec une exposition intitulée « Un îlot dans une île », LA PRESSE propose aux visiteurs qui se rendront au Chalet du Mont-Royal d'ici le 9 septembre prochain une cinquantaine d'illustrations permettant à LA PRESSE de « raconter Montréal ».

■ LA PRESSE et la médecine

Musée Laurier d'Arthabaska — Exposition d'archives sous le thème « 100 ans de médecine », jusqu'au début de septembre.

C'EST ARRIVÉ UN 26 JUILLET

1977 — En approuvant le peuplement juif en Cisjordanie occupée, le premier ministre Menahem Beguin, d'Israël, relance la tension avec Washington.

1975 — La Turquie prend le contrôle des bases militaires américaines installées sur son territoire.

1974 — Une bombe éclate près du domicile de Melvyn A. Dobrin, président de la chaîne d'alimentation Steinberg.

1972 — Les 15 infirmières du service d'urgence de l'hôpital Maisonneuve quittent leur travail et abandonnent leurs malades.

1971 — Début de l'expédition vers la Lune du vaisseau spatial américain *Apollo XV*.

1970 — Décès de Robert Taschereau, ex-juge en chef de la Cour suprême du Canada. Il était âgé de 73 ans.

1963 — Ouverture de la conférence fédérale-provinciale d'Ottawa, dont le but est d'étudier l'aide aux municipalités et le régime universel des pensions. — Un tremblement de terre détruit la ville de Skopje, en Yougoslavie et fait plus de 1 500 morts.

1958 — Les Américains placent sur orbite le satellite *Explorateur IV*.

1957 — Le président du Guatemala, Carlos Castillo Armas, qui avait libéré le pays d'un gouvernement à tendance communiste en 1954, est assassiné par un de ses gardes.

1953 — Fidel Castro et ses compagnons échouent dans l'attaque de la caserne de Moncada à Santiago. La révolution cubaine fait 55 morts.

1952 — Décès de Mme Eva Peron, épouse du président de l'Argentine. — Le roi Farouk 1er d'Egypte est obligé d'abdiquer en faveur de son fils et de quitter le pays. — Bob Mathias remporte le championnat olympique du décathlon pour la deuxième fois, à Helsinki.

1946 — Pierre-Etienne Flandin, ancien président du Conseil, est trouvé coupable, devant la Haute Cour de Justice française, de collaboration avec les Allemands pendant son stage comme ministre des Affaires étrangères à Vichy. Il est condamné à cinq années d'indignité nationale et à la perte des droits civils, mais la sentence est immédiatement suspendue.

1945 — Les Etats-Unis, la Grande-Bretagne et la Chine avertissent le Japon que le pays sera complètement détruit s'il ne dépose pas les armes. — Le chef du Parti travailliste, Clement Attlee, devient premier ministre d'Angleterre. Il joint la conférence de Potsdam le 29 juillet.

1936 — Dévoilement en France, du monumemt de Vimy par le roi Edouard VIII.

1928 — Les premiers rescapés du dirigeable *Italia* parti à la conquête du Pôle Nord arrivent à Narvik.

1891 — Quelque 10 000 personnes assistent à un festival de vélocipèdes et d'acrobatie sur le Mont Royal.

INQUIETUDES A OTTAWA

par Jacques PIGEON
de notre bureau d'Ottawa

OTTAWA — Le départ précipité du général de Gaulle a certes soulagé le gouvernement fédéral, mais l'inquiétude persiste.

C'est évident, les relations franco-canadiennes sont tendues. Hier **(26 juillet 1967)**, à bord de l'avion présidentiel, le général a expédié un message à M. Daniel Johnson, pour sa «magnifique réception».

Ottawa, qui l'a invité, n'a rien reçu. Hier, on attendait des explications. Rien. A travers les canaux diplomatiques, le gouvernement fédéral a tenté d'obtenir du général qu'il s'explique. Toujours rien. Aucune réponse à ces appels.

Aujourd'hui donc, un grand point d'interrogation. De retour chez lui, que dira, que fera de Gaulle?

Et surtout, que fera le premier ministre du Québec?

Hier, à Dorval, c'était visible, M. Daniel Johnson était mal à l'aise et perplexe.

D'ailleurs, l'adjectif «froide» colle aisément à cette cérémonie de départ. A la hâte, le gouvernement fédéral avait dépêché à l'aéroport la garde d'honneur du 22e régiment qui participe habituellement aux cérémonies d'accueil à la Place des nations.

Seule la presse attendait le général, le public n'étant pas admis sur la piste. Sitôt arrivé, le président a reçu le salut de la garde, puis après quelques rapides poignées de main, il s'est dirigé vers la passerelle conduisant à la cabine du DC-8F. En haut, il a de nouveau salué ses hôtes qui, poliment, ont reçu ce salut.

Quel contraste avec la cérémonie d'accueil, au Foulon, le dimanche précédent!

A Dorval, M. Lionel Chevrier représentait le gouvernement fédéral. Il était accompagné de M. Jules Léger, ambassadeur du Canada à Paris et celui qui a reçu vers minuit, mardi, le message de Couve de Murville annonçant la fin précipitée de la visite.

Le Québec était largement représenté, M. Daniel Johnson en tête.

Le premier ministre du Canada n'a appris qu'à six heures, hier matin, la décision du général. Le cabinet a été réuni vers neuf heures, puis le premier ministre a déclaré ce qui suit:

«La décision du général de Gaulle d'abréger sa visite au Canada est facile à comprendre dans les circonstances. Toutefois, ces circonstances, qui ne sont pas le fait du gouvernement, sont fort regrettables.» (...)

Dans les milieux politiques fédéraux, on estime que le gouvernement s'est bien tiré d'une situation fort difficile. Le discours du maire de la Métropole, peu avant le discours du général, a été reçu avec un grand enthousiasme. Personne, dit-on dans ces mêmes milieux, n'aurait mieux pu faire valoir la cause de l'unité nationale. Dans l'esprit de la grande majorité des politiciens fédéraux, de quelque parti qu'ils soient, M. Drapeau est le héros du jour.

Le gouvernement fédéral attend maintenant la réaction du gouvernement du Québec.

Saisie du canal de Suez

LE CAIRE, 27 (PAf) — L'Egypte a annoncé hier **(26 juillet 1956)** qu'elle nationalise le canal de Suez dans le but d'en affecter les revenus à la construction du barrage d'Assouan.

Les Etats-Unis et la Grande-Bretagne ont retiré, la semaine dernière, leurs offres d'aide financière à propos de ce barrage.

«Nous n'aurons pas besoin de l'aide américaine ou de l'aide britannique pour construire notre digue», a déclaré hier soir le président égyptien, M. Gamal Abdel Nasser. «Nous la construirons nous-mêmes et avec notre argent.»

Quelques instants après que Nasser, qui prononçait un discours à Alexandria, eut annoncé la nationalisation du canal dont la propriété est internationale, les autorités égyptiennes ont pris possession des bureaux de la Compagnie du canal de Suez au Caire, à Ismaïlia, à Port Saïd et à Suez même.

Trafic normal

Aujourd'hui, des policiers égyptiens casqués de fer montent la garde autour des édifices de la compagnie au Caire et à Ismaïlia.

Une file de paquebots et de pétroliers glisse sur les eaux du canal entre les rives sablonneuses et un représentant de la compagnie a pu déclarer que l'activité «est normale».

Nouveau record du monde

Lors du tournoi de la police, à Montréal, le *26 juillet 1904*, Étienne Desmarteau établissait un nouveau record du monde pour le lancement du poids de 56 livres en hauteur, avec un jet de 15 pieds et neuf pouces.

Nu de BB retrouvé: l'art est intact

par Jean-Claude TRAIT

GROS affolement au pavillon de la France, sur Terre des Hommes: une photo de Brigitte Bardot brillait par son absence sur un des murs de l'exposition photographique consacrée à cette artiste, célèbre pour diverses raisons.

Après un moment de stupéfaction, il fallait bien s'en convaincre; un voleur, un admirateur, un obsédé ou un collectionneur avait sans aucun doute décroché la photographie en question et l'avait emportée. De surcroît, il devait forcément s'agir d'un homme de goût ou d'un naturiste... puisque la photo était une des trois qui représentaient BB en tenue d'Eve, souriant candidement.

Déjà les gardes du pavillon se sentaient dans leurs petits souliers, prêts à encaisser les reproches et les blâmes pour n'avoir pas suffisamment ouvert l'oeil sur lesdites photos.

Ça allait barder! Fallait-il alerter la police? Le commissaire général M. Bauer? M. Messmer? M. Pompidou? Ou plus haut encore?

Il restait cependant deux autres nus de BB. Cela compensait en partie la perte du troisième, mais quand même... Cela faisait un vide. Et il n'y avait rien comme une photo de Bardot sans effets pour habiller un mur et (justement) lui donner de l'effet.

On en était encore à élaborer 36 solutions lorsqu'un des gardes (qui vraisemblablement rentrait de son dîner) arriva dans le pavillon. Ses collègues le mirent rapidement au courant de la catastrophe qui entachait le prestige du Coq gaulois et républicain.

Sans mot dire, l'arrivant se dirigea vers une porte marquée du traditionnel «Privé» et réapparut avec la photo. La Vérité sortit alors toute nue du puits; le garde expliqua que la photographie s'était détachée du mur et que ne sachant quoi faire, il l'avait ramassée et placée en lieu sûr, dans un des bureaux de l'administration du pavillon.

Ouf! L'art français est intact.

Cela se passait le 26 juillet 1972.

photo Yves Beauchamp, LA PRESSE

La critique est aisée, mais l'art est difficile...

Eva Peron meurt à 30 ans après une longue maladie

La première femme d'Argentine avait joué un grand rôle politique et social

BUENOS AIRES (28) — Pendant toute la nuit **(du 26 juillet 1952)**, la multitude a continué à défiler devant le cercueil d'Eva Peron *(à l'intention des jeunes qui ne le sauraient pas, Eva, ou Evita comme l'appelaient familièrement les Argentins, était la femme vénérée de Juan Peron, président de la République)*. Celui-ci est maintenant sur un socle plus bas afin que tous puissent s'approcher et voir pour la dernière fois, à travers la vitre qui forme le couvercle, les traits de la défunte. C'est le général Peron qui a insisté pour que la foule puisse passer le long de la bière et toucher le cercueil.

Inutile de dire que des scènes émouvantes se déroulent constamment; les larmes coulent sur les visages de ces Argentins de toutes conditions sociales qui passent lentement dans la chapelle ardente.

Les autorités ont décidé de calmer l'impatience de ceux qui cherchaient à se presser et bousculer pour arriver jusqu'au ministère du Travail avant mardi après-midi, en annonçant que la chapelle ardente sera ouverte jusqu'à ce que tout le monde ait pu y passer. Il est donc fort probable que le transfert du corps d'Eva Peron du ministère du Travail au siège de la CGT ne pourra pas avoir lieu mardi après-midi. Rien d'officiel cependant n'a encore été annoncé à ce sujet.

Par ailleurs, les chambres se sont réunies en séance extraordinaire pour rendre hommage à la défunte. La Chambre et le Sénat ont promulgué une loi par laquelle la date du décès d'Eva Peron, le 26 juillet 1952, sera chaque année une journée de deuil national. (...)

Une pluie fine a commencé à tomber pendant la matinée, mais la longue file de personnes qui attendent n'en est pas moins restée immobile et silencieuse. (...)

LA PRESSE

100 ans d'actualités

LES COMBATS ONT CESSÉ EN CORÉE

Les deux fronts se replieront jeudi. — Echange de captifs. — Démolition des casemates et fortifications.

SÉOUL, 27 (PA) — Le feu a cessé à 10 h. p.m., soit 9 h. ce matin **(27 juillet 1953)**, heure avancée de l'est.

La canonnade ennemie avait pris une nouvelle intensité juste avant la fin des hostilités.

Puis elle se tut comme par magie.

(BUP) — Les troupes alliées de première ligne ont commencé à détruire les redoutes et fortifications derrière lesquelles elles ont livré l'âpre guerre de Corée.

Les obus des rouges et ceux des Nations unies s'abattaient encore sur certaines portions du champ de bataille tandis que des équipes de démolition effectuaient la première phase du repli qui doit former entre les deux armées une zone démilitarisée de 2½ milles de largeur. Les troupiers disent qu'ils ont instructions de détruire leurs sacs de sable mais de conserver les grosses pièces de bois qui pourraient servir à la reconstruction de la Corée.

L'âpre et coûteuse guerre qui était devenue une mise en échec s'est terminée officiellement par une trêve à 9 h. 01 hier soir (HAE) et, 12 heures plus tard, soit à 9 h. ce matin (HAE), les hostilités ont cessé.

Trois heures après la signature de la trêve, mais avant que la cessation du feu fût obligatoire, un Sabrejet américain abattait un avion de transport de fabrication russe au sud du Yalou. Cet appareil fut descendu par le capitaine Ralph S. Parr et l'on se demanda s'il ne portait pas du personnel communiste qui avait assisté à la signature des documents de la trêve.

Aussi dans les dernières heures de la guerre, les Chinois ont attaqué les Sud-Coréens au front central, mais ils furent repoussés en subissant de lourdes pertes. Ainsi une opération de police s'est changée en une des guerres les plus longues et les plus coûteuses de l'histoire.

Elle fut déclarée en vertu d'une promesse des Nations unies d'arrêter l'agression et elle s'est terminée presque au point où elle commença, dans une «pagode de paix» à Pan-Mun-Jom, juste en bas du 38e parallèle.

Tandis que la guerre se changeait en trêve, les avions alliés revenaient à leurs bases sans avoir lancé leurs chargements de bombes et les soldats alliés se retranchaient en prévision d'une attaque communiste à la dernière minute, mais ils avaient l'ordre de ne pas commencer le combat.

A 10 h. jeudi soir (9 h. jeudi matin HAE), chaque parti devra effectuer un retrait de deux kilomètres afin de laisser un espace démilitarisé de deux milles et demi entre eux. Vers le même temps, le retour des premiers parmi les 12,763 prisonniers alliés pourrait commencer.

Tandis que la guerre allait cesser, les communistes ont porté un dernier coup. Ils ont envoyé 250 hommes attaquer une position sud-coréenne au front central mais ils ont été repoussés en perdant au moins 140 soldats. A 10 h. exactement, lorsque l'armistice était signé, les rouges ont lancé 20 bombes de mortiers et obus sur une compagnie américaine. (...) Il n'y eut pas de pertes chez les Américains.

La guerre qui a commencé par une attaque surprise contre les Sud-Coréens, le 25 juin 1950, s'est terminée trois ans et 32 jours plus tard.

Deux cérémonies marquaient la signature de l'armistice. Trois heures après que les négociateurs alliés et communistes eurent signé les documents à Pan-Mun-Jom, le commandant suprême, le général Mark Clark, apposait sa signature dans une cérémonie spéciale à Munsan. (...)

photo Pierre McCann, LA PRESSE

L'écuyer canadien Michel Vaillancourt causait une forte surprise et assurait au Canada une médaille d'argent inattendu en méritant le deuxième rang du Grand Prix de sauts d'obstacles, avec son cheval Branch Count, aux Jeux olympiques de Montréal, le *27 juillet 1976*. L'épreuve était disputée à Bromont.

C'EST ARRIVÉ UN 27 JUILLET

1982 — Les Expos de Montréal atteignent le plateau de 1 000 victoires.

1980 — L'ex-chah d'Iran, Mohammed Reza Pahlavi, meurt au Caire à l'âge de 60 ans. Il régna sur l'Iran pendant trente-sept ans avant de s'exiler le 16 janvier 1979.

1978 — Le premier ministre portugais d'allégeance socialiste Mario Soarès est limogé par le président Antonio Ramalho Eanes.

1977 — Après six mois de grève, les meuniers rentrent au travail, à Montréal.

1976 — Le grand maître soviétique des échecs, Viktor Korchnoi, demande l'asile politique aux Pays-Bas.

1973 — Le capitaine de vaisseau chilien, Arturo Araya Marin, aide de camp du président Allende, est assassiné.

1972 — Les autorités chinoises confirment officiellement la mort, en septembre 1971, du maréchal Lin Piao, ministre de la Défense, successeur désigné du président Mao Tsé-toung, qu'il aurait, dit-on, tenté de faire assassiner.

1970 — Mort du Dr Antonio de Oliveira Salazar, ex-président et dictateur du Portugal.

1965 — Tous les postiers du Canada retournent au travail, sauf ceux de Montréal.

1962 — Le gouvernement fédéral décide d'ouvrir une enquête sur les effets secondaires de la thalidomide.

1955 — Des avions de combat bulgares font feu sur un *Constellation* de la société El Al. On dénombre 59 morts.

1954 — Accord égypto-britannique qui prévoit l'évacuation des troupes britanniques dans un délai de vingt mois.

1952 — Décès de M. Eustache Letellier de Saint-Just, journaliste de la Métropole.

1950 — L'URSS reprend sa place au Conseil de sécurité de l'ONU.

1942 — M. Jean-René Charest entre à LA PRESSE à titre de messager. Il travaille maintenant à la composition. C'est aujourd'hui l'employé de LA PRESSE qui est depuis le plus longtemps dans nos murs.

1920 — Le premier ministre Louis-Alexandre Taschereau prononce un discours-programme énonçant les nouvelles politiques de son gouvernement.

1912 — L'*Empress of Britain* coupe en deux l'*Helvetia* qui coule à pic dans le golf du Saint-Laurent.

Brillante clôture des Jeux olympiques

(Service de l'«United Press»)

PARIS, 28 — Les Jeux olympiques de 1924 se sont terminés officiellement **(le 27 juillet 1924)** par des cérémonies imposantes, les vainqueurs encore ici défilant, portant le drapeau de leur nation, et des poilus *(sic)* français portant le drapeau de ceux qui sont partis. Le baron Pierre de Coubertin, président du comité olympique international, a remis les prix, les diplômes et les médailles. Le canon a tonné, les trompettes ont fait entendre leurs sonores accents, et toute la jeunesse a été invitée aux jeux d'Amsterdam en 1928.

ACTIVITÉS

■ LA PRESSE *raconte Montréal*

Chalet du Mont-Royal — Conjointement avec une exposition intitulée « Un ilot dans une île », LA PRESSE propose aux visiteurs qui se rendront au Chalet du Mont-Royal d'ici le 9 septembre prochain une cinquantaine d'illustrations permettant à LA PRESSE de « raconter Montréal ».

■ LA PRESSE et la médecine

Musée Laurier d'Arthabaska — Exposition d'archives sous le thème « 100 ans de médecine », jusqu'au début de septembre.

Le bill des Jeux adopté

OTTAWA — C'est avec une rapidité surprenante que les députés ont adopté en troisième lecture, hier **(27 juillet 1973)**, le projet de loi sur le financement des Jeux olympiques de 1976.

Les députés néo-démocrates s'y sont toutefois opposés jusqu'au bout, insistant pour que le projet de loi soit adopté sur division. En Chambre, hier matin, ceux-ci n'ont cependant pas tenté de retarder indéfiniment les débats comme on prévoyait.

Il faut dire qu'entre-temps, deux événements majeurs sont survenus: d'une part, tard jeudi soir, un accord définitif est survenu entre les chefs des quatre partis pour mettre fin à la session en cours de la journée de vendredi; d'autre part, le chef du Nouveau Parti démocratique, M. David Lewis, est personnellement intervenu auprès de ses députés les plus récalcitrants sur la question pour leur faire comprendre que leur opposition ne servait plus à rien.

Les députés Mark Rose, Arnold Peters et John Harney se sont finalement rendus à l'argumentation de leur chef et, hier matin, ils n'ont aucunement tenté de retarder l'adoption définitive du projet de loi.

Seul un député néo-démocrate, M. John Rodriguez, qui parlait au nom de ses collègues, a, une dernière fois, résumé la pensée de son parti sur le projet de loi. Il a notamment rappelé les graves lacunes qui subsistent dans le bill, en plus d'affirmer qu'il ne croyait pas en la formule des Jeux préconisée par Montréal.

Dans un dernier effort, M. Rodriguez a finalement tenté de persuader les conservateurs de s'opposer à l'adoption du projet de loi. Sa tentative est toutefois demeurée vaine, puisque, quelques minutes plus tard, libéraux, conservateurs et créditistes unissaient leurs voix pour faire adopter le bill.

Page consacrée à l'élévateur à grains situé au pied de la rue Saint-Sulpice, dans le port de Montréal, et publiée le *27 juillet 1907*. On y soulignait qu'il avait une hauteur de 214 pieds et une capacité d'un million de minots.

LE SERPENT DE MER

L'IMAGINATION fertile n'est pas le seul lot de nos contemporains, bien au contraire; les légendes étaient beaucoup plus nombreuses autrefois. Ce montage de dessins publiés initialement le **27 juillet 1895** et préparés à partir de «détails» glanés auprès de «témoins» de ces «serpents de mer» illustre bien la chose. Le premier dessin montre le serpent de mer de Long Island, préparé avec les données fournies par les passagers du steamer «City of Lowell». Le deuxième montre le serpent de mer observé par le révérend Hans Egode le 17 juin 1734. Le troisième montre un monstre marin observé en 1876. Enfin, le quatrième permet d'assister à un combat entre une baleine et un serpent de mer, duel observé le 8 juillet 1875. Comme dirait le capitaine Bonhomme, «les sceptiques seront confondus»!

Pas de «Caravelle» pour Air Canada

*NDLR — LA PRESSE divulguait le **27 juillet 1963** une décision qu'Air Canada gardait jalousement secrète.*

par André Boily

LA «Caravelle» française ne volera pas sous les couleurs d'Air Canada. La haute direction de la compagnie a décidé la semaine dernière de retirer le «poulain» de Sud-Aviation du groupe sélect des biréactés commerciaux parmi lesquels elle devra choisir d'ici la fin de l'année l'avion qui remplacera progressivement ses «Viscount» et ses «Vanguard».

Sans qu'on sache trop pourquoi, cette décision est jalousement gardée secrète par Air Canada, dont les services de relations extérieures affirment encore que la compagnie fera son choix entre trois appareils, à savoir la «Caravelle», le BAC «One-Eleven» ainsi que le DC-9 de Douglas.

Comme un secret a toutefois cette curieuse particularité de se répandre d'autant plus vite qu'on tente de le garder scrupuleusement, une foule de fonctionnaires d'Ottawa, pourtant non concernés par les affaires d'Air Canada, ont appris dès le début de la semaine l'élimination de la «Caravelle».

Ceci désespérera sûrement tous ceux qui ont connu cet avion qui s'est mérité d'exceptionnels titres de noblesse par son confort, son entretien et son pilotage faciles ainsi que par son incroyable sécurité (plus de 500,000 heures de vol sans un seul accident qui soit imputable à une défectuosité mécanique).

Malheureusement pour la «Caravelle», les avions de la British Aircraft Corporation et de la compagnie Douglas ont profité de son expérience et offrent tout au moins autant d'avantages, sans compter qu'ils sont favorisés par des facteurs en apparence secondaires mais qui prennent une grande importance lorsqu'une compagnie aérienne décide d'un investissement aussi considérable. (...)

Quel que soit ce choix par contre, Air Canada est censé commander d'abord six avions, pour en arriver finalement au nombre d'environ 35. On avait d'abord parlé de 50 appareils, mais, selon toute probabilité, il ne sera aucunement question d'en acheter autant.

LA PRESSE

100 ans d'actualités

LA GUERRE EST DECLAREE

L'Autriche a lancé ses troupes dans le royaume de Serbie et les soldats de François-Joseph se portent à l'attaque. — Des centaines de servantes et d'ouvrières assiègent les banques à Berlin.

VIENNE, Autriche, 28 — La Serbie a appris officiellement, aujourd'hui **(28 juillet 1914)**, que le gouvernement d'Autriche-Hongrie lui déclarait la guerre.

TACHE DELICATE DES PUISSANCES

Londres, 28 — La nouvelle annonçant que l'Autriche-Hongrie avait déclaré la guerre à la Serbie est arrivée presque immédiatement après que les gouvernements de Vienne et de Berlin eurent appris à Sir Edward Grey, ministre des Affaires étrangères, qu'ils refusaient de participer à une conférence d'ambassadeurs. On croit que, maintenant, les puissances européennes tenteront de localiser le théâtre de la guerre.

QUE FERA LA ROUMANIE?

Rome, 28 — Une dépêche de Bucharest annonce que l'Allemagne a demandé à la Roumanie quelle attitude elle prendrait devant la situation causée par le différend austro-serbe.

Paris, 28 — Une manifestation anti-militariste très importante a eu lieu hier soir. Deux mille agents de la paix et un régiment de la garde républicaine ont eu à faire face à 25,000 manifestants, réunis le long des principaux boulevards, sur une distance d'un mille et demi. Le désordre a été soulevé par la «Bataille syndicaliste» qui avait demandé au peuple de faire une démonstration devant les bureaux du «Matin». La police n'avait pas eu le temps de prendre les précautions voulues. Les manifestants ont chanté l' «Internationale» et crié: «Vive la paix! A bas la guerre!» Une multitude d'ouvriers menaçants se sont rassemblés devant les bureaux du «Matin». Il y eut de nombreuses batailles, mais la police et les soldats ont gardé leur sang-froid. Les sabres ne furent pas tirés du fourreau et les agents ne se servirent pas de leurs revolvers. Les blessés sont nombreux et une foule de personnes ont été arrêtées.

Pierre 1er, roi de Serbie.

LA FLOTTE ALLEMANDE

Berlin, 28 — Le département de la marine a ordonné à la flotte du Kaiser de se concentrer dans les eaux allemandes. Les socialistes se sont réunis aujourd'hui pour protester contre la guerre et demander à l'Allemagne de n'y point prendre part. On annonce que M. Sazonoff, ministre des Affaires étrangères de Russie, est en pourparlers, à Saint-Pétersbourg, avec l'ambassadeur d'Autriche, et qu'il fait tout son possible pour assurer le maintien de la paix.

A Vienne, les esprits sont surexcités et l'on demande la guerre. Une dépêche d'Edyt-Kuhmen assure que des cosaques qui gardaient la frontière ont fait feu sur les Allemands. Il est annoncé que les autorités militaires de Russie déploient la plus grande activité.

Sazonoff, ministre de la guerre en Russie.

M. POINCARE REVIENT

Paris, 28 — Le président Poincaré et M. Viviani doivent arriver à Dunkerque demain matin. M. Poincaré renonce au voyage qu'il devait faire au Danemark et en Norvège. Il est sur le «France», le plus nouveau dreadnought français et l'une des plus belles unités de la marine.

L'ambassadeur d'Autriche à Paris a déclaré que les hostilités entre les Autrichiens et les Serbes allaient être ouvertes ce matin; mais à onze heures, aucune dépêche de Vienne n'avait encore annoncé que le canon grondait.

ELLE VEUT LA GUERRE

Vienne, 28 — Le département des affaires étrangères a annoncé, ce matin, que l'Autriche-Hongrie ne sera pas satisfaite, même si la Serbie se rend aux demandes contenues dans l'ultimatum du gouvernement de Vienne. Les hauts fonctionnaires disent que la réponse de la Serbie rend impossible pour l'Autriche-Hongrie de garder le point de vue qu'elle avait pris.

LA SERBIE SE PREPARE

Belgrade, Serbie, 28.— Un grand nombre de familles serbes ont quitté la capitale bien que les autorités leur eussent conseillé de rester. Les Autrichiens et les Hongrois rentrent dans leur pays. Les préparatifs militaires sont faits avec une rapidité extraordinaire. Les troupes ont été concentrées dans des positions fortifiées et les quartiers généraux de l'armée sont établis à Kraguyevats; mais ils seront transportés à Krushevats, à 90 milles au sud-est de Belgrade, si la situation l'exige. (...)

Alexandre, prince héritier de Serbie.

C'EST ARRIVÉ UN 28 JUILLET

1983 — La brasserie Molson est la cible d'une première grève depuis 1786.

1982 — Le ministre de la Défense, Gilles Lamontagne, reçoit à Saint-Louis le premier des nouveaux chasseurs *CF-18* construits par la société McDonnell-Douglas.

1976 — Un violent tremblement de terre, qui enregistre 8,2 à l'échelle Richter, cause de sérieux dommages à la région fortement peuplée de Tangshan, en Chine. Environ 16 heures plus tard, une deuxième secousse enregistre 7,9. Environ 100 000 personnes perdent la vie au cours des deux tremblements. — Londres rompt ses relations diplomatiques avec l'Ouganda.

1975 — Début du procès des colonels qui assumèrent le pouvoir à la suite d'un coup d'État, en Grèce.

1973 — Départ de la mission *Skylab II*. — Funérailles de l'ex-premier ministre du Canada, M. Louis Saint-Laurent, à Québec.

1965 — Le président Johnson annonce que le contingent américain au Vietnam sera porté à 125 000 hommes.

1954 — Éboulement de 185 000 tonnes de roc du côté américain des chutes Niagara.

1950 — Un *Constellation* s'écrase après avoir frappé un fil à haute tension, au Brésil, entraînant 50 personnes dans la mort.

1948 — Au cours des élections générales tenues dans la province de Québec, l'Union nationale, dirigée par l'hon. Maurice Duplessis, remporte une victoire écrasante en obtenant 82 sièges. Le Parti libéral, dirigé par l'hon. M. Godbout, lui-même défait, obtient seulement sept sièges.

1948 — Une usine de produits chimiques explose à Ludwigshafen, en Allemagne, faisant quelque 800 morts et disparus.

1937 — La visite de la famille royale britannique à Belfast, en Irlande du Nord, est ternie par des attentats terroristes.

1930 — Le dirigeable *R-100* quitte Londres en direction de Montréal. — Les conservateurs de Richard Bedford Bennett gagnent les élections générales fédérales avec 137 sièges, dont 24 au Québec, y compris l'ex-chef de l'Opposition, Arthur Sauvé.

Page idéalisant les foins et publiée le *28 juillet 1906*.

BABILLARD

Anciens porteurs recherchés

La direction de LA PRESSE est présentement à la recherche de tous ceux qui, au cours des années passées, ont joué le rôle si important de petit porteur au sein de l'entreprise, en vue d'une manifestation qu'elle prépare pour les prochaines semaines, dans le cadre de son centenaire. Tous les anciens porteurs de LA PRESSE sont donc priés de s'identifier auprès du Service de la promotion, en faiant le **285-7062**, entre **9h** et **17h.**

Deux noces d'or du coup!

Arthur Laberge et sa soeur **Charlotte** convolaient en justes noces le même jour, le **28 juillet 1934** — il y a donc 50 ans aujourd'hui — en l'église Saint-Charles de la Pointe-Saint-Charles, fait qui est quand même assez rare. Charlotte (couple de gauche) épousait **Émile Robichaud,** et le couple allait avoir trois enfants, **Michel,** couturier de réputation internationale et **marié à Luce Lafrenière; Émile fils,** pédagogue dont le nom n'est plus à faire dans l'enseignement et **marié à Cécile Turcotte,** et **Louise,** épouse de **Maurice Lustigan.** Quant à Arthur (couple de droite), il épousait ce matin-là **Yvette Gélinas,** et le couple n'a pas eu d'enfants. Aux heureux époux qui célèbrent leurs noces d'or, LA PRESSE offre ses meilleurs voeux.

ACTIVITÉS

AUJOURD'HUI

■ **À la radio**

17 h, Radio-Canada — Chronique consacrée à LA PRESSE à l'émission *Avec le temps*, animée par Pierre Paquette.

AUJOURD'HUI ET DEMAIN

■ **LA PRESSE raconte Montréal**

Chalet du Mont-Royal — Conjointement avec une exposition intitulée « Un îlot dans une île », LA PRESSE propose aux visiteurs qui se rendront au Chalet du Mont-Royal d'ici le 9 septembre prochain une cinquantaine d'illustrations permettant à LA PRESSE de « raconter Montréal ».

■ **LA PRESSE et la médecine**

Musée Laurier d'Arthabaska — Exposition d'archives sous le thème « 100 ans de médecine », jusqu'au début de septembre.

DEMAIN

■ **LA PRESSE à Terre des Hommes**

A La Ronde — En collaboration avec la ville de Montréal, LA PRESSE offre à chaque dimanche, en fin de journée, un spectaculaire feu d'artifice. Jusqu'au 2 septembre inclusivement.

Arrestation d'un agent de la GRC pour un attentat à la bombe

par Richard CHARTIER

LA police de la CUM a confirmé, hier **(28 juillet 1974)**, qu'elle détient un membre de la Gendarmerie royale du Canada pour interrogatoire en rapport avec l'attentat à la bombe perpétré, tôt vendredi matin, au domicile du président de la compagnie Steinberg, M. Melvyn Dobrin, à Ville Mont-Royal.

Le suspect s'est présenté à l'hôpital Christ-Roi de Verdun, tôt vendredi matin, pour être transféré vers cinq heures au Montreal General Hospital. Bien qu'il ait été impossible de connaître la nature exacte de ses blessures, on sait qu'il souffre de blessures aux mains et au visage. Ces blessures aux mains, aux dires du blessé lui-même à son arrivée à l'hôpital, auraient été causées par une explosion alors qu'il effectuait des réparations sur son automobile.

Toutefois, la similitude entre les blessures subies par le policier de 29 ans et celles qu'aurait présumément subies l'auteur de l'attentat a poussé les policiers de la CUM à l'arrêter.

Le gendarme, qui est à l'emploi de la police fédérale depuis sept ans, a été placé sous surveillance policière, dans sa chambre d'hôpital, mais il ne sera interrogé que lorsque les médecins le permettront.

Rappelons que les enquêteurs avaient trouvé sur les lieux de l'explosion, au domicile de M. Dobrin, un gant déchiqueté et maculé de sang ainsi que des traces de sang s'arrêtant au trottoir, indiquant que l'auteur de l'attentat pouvait avoir fui dans une voiture conduite par un complice.

Devant ces indices, la police de la CUM a effectué des recherches auprès des hôpitaux de la région métropolitaine afin de retracer le blessé. C'est ainsi que l'agent a été arrêté et placé sous surveillance policière, vendredi.

Quant à la GRC, elle a émis samedi soir un communiqué dans lequel elle précise qu'un de ses membres, absent de son poste vendredi, a été retracé à l'hôpital général, souffrant de blessures qu'il affirme avoir subies en effectuant des réparations à sa voiture.

Par ailleurs, on connaitra aujourd'hui les résultats d'une comparaison entre l'analyse du sang trouvé sur les lieux de l'explosion et le groupe sanguin de l'agent arrêté.

Mis à part le communiqué laconique qu'elle a émis, la GRC s'est refusée à tout commentaire sur cette affaire.

photo AP

Cette photo prise au-dessus de l'étage où est survenu l'accident permet de voir les dommages causés à l'extérieur de l'édifice, ainsi que les débris de l'avion et de l'édifice au sol, sur la 34e rue.

UN AVION PERCUTE L'EMPIRE STATE BUILDING

On dénombre 13 morts, 26 blessés — Le pilote du bombardier est blâmé par le maire de New York.

NEW YORK, 30 (B.U.P.) — Des ingénieurs rapportent aujourd'hui qu'aucun dommage n'a été causé à la charpente de l'édifice Empire State lorsqu'il a été heurté par un bombardier en plein vol samedi **(28 juillet 1945)**. Tous les bureaux sont ouverts aujourd'hui à l'exception de ceux du 78e et du 79e étages. Tous les ascenseurs fonctionnent jusqu'au 67e et cinq jusqu'au 90e.

New York, 30 (P.A.) — L'édifice Empire State, le gratte-ciel le plus élevé de l'univers, a rouvert ses portes aujourd'hui après avoir été ébranlé jusque dans ses fondations samedi, lorsqu'un bombardier de huit tonnes s'est écrasé sur lui, a tué 13 personnes et a pratiqué une trouée de 30 pieds de largeur dans sa muraille du côté nord.

C'est le lieut.-général Hugh A. Drum, président de l'Empire State Inc, qui a annoncé la nouvelle de la réouverture. Il a ajouté que seule la tour d'observation restera fermée au public pour l'instant. Il a précisé qu'une inspection n'a pas révélé le moindre dommage à la structure proprement dite.

Une commission d'enquête militaire s'est rendue sur les lieux pour déterminer les causes véritables de l'accident, survenu au 79ème étage de la bâtisse, à 913 pieds au-dessus de la cinquième avenue.

Le général Drum, qui tout d'abord avait évalué les dégâts à $500,000, a déclaré que les dommages ne peuvent pas être calculés de façon précise en ce moment. Les autorités militaires ne sont pas encore prêtes à se prononcer à ce sujet.

LA PRESSE
100 ans d'actualités

LE TRIOMPHE DU VAINQUEUR

Lorenze Prince, vainqueur de la course autour du monde, est arrivé hier à la gare Windsor — Le nom du représentant de «LA PRESSE» est acclamé partout.

PRINCE est arrivé! Hourra pour Prince! Tels sont les cris d'enthousiasme au milieu desquels M. Lorenzo Prince, représentant de «La Presse» dans la course autour du monde, a été acclamé hier soir **(30 juillet 1901)**.

Dès six heures, hier soir, une foule compacte se massait à la gare Windsor, attendant avec anxiété l'arrivée du train appelé «Imperial Limited», qui était malheureusement en retard de plus d'une journée. (...)

Un dernier message de M. Prince, envoyé de Sainte-Thérèse de Blainville apprenait à «La Presse», que l'heure exacte de son arrivée serait 7 heures et 15 minutes.

Une certaine inquiétude semblait régner parmi la foule pour laquelle chaque minute paraissait un jour.

Tout à coup, le sifflet d'une locomotive se fit entendre. C'était celle de l'Imperial Limited. Dès lors, le flot de la foule ne peut plus se contenir; il franchit le cordon d'hommes de police qui le contenait et se porte au-devant du train.

Enfin, sur la plate-forme d'un des derniers chars, apparaît M. Prince, gras et bien portant comme s'il revenait d'un voyage de santé. Il est accompagné de M. Eugène Berthiaume et de M. J.-E. Martin, qui étaient allés au-devant de lui à la jonction.

Dès que M. Prince apparut sur la plate-forme, une clameur générale retentit dans la gare. L'enthousiasme était indescriptible. De toutes les poitrines sortaient les cris de «Vive Prince et «La Presse»! », «Hourra Prince, hourra pour les Canadiens! » Et de tous les coeurs surtout sortait une joie mêlée d'un certain orgueil. (...)

Lorenzo Prince.

Nous pourrions continuer de la sorte et remplir au complet cette page de louanges et de récits relatifs à l'exploit réalisé par cet excellent journaliste qu'était Lorenze Prince, et dont les exploits étaient largement diffusés, avec une fierté bien légitime, par le journal qui l'employait.

Mais de quoi s'agissait-il au juste? D'une course autour du monde (et est-il nécessaire de vous rappeler que nous sommes alors en 1901?) effectuée en n'utilisant que les moyens de locomotion réservés au grand public, en s'abstenant d'utiliser des modes de transport spéciaux ou nolisés.

Ce tour du monde avait été organisé par le journal «Le Matin», de Paris. Outre le représentant de ce journal, Gaston Stiegeler, l'épreuve impliquait Henri Turot, du «Journal de Cherbourg», Louis Eunson, du «New York Journal», Charles Cecil Fitzmorris, du «Chicago American», W.C. Crittenden, du «San Francisco Examiner» et, bien sûr, Lorenzo Prince et son compagnie Auguste Marion, qui devra l'abandonner en Russie.

Le but du voyage consistait à faire le tour du monde dans le plus court laps de temps possible, les départs des concurrents ayant eu lieu entre le 20 et 29 mai.

Les deux concurrents de LA PRESSE avaient choisi une route serrant du plus près possible le 51e parallèle. L'itinéaire choisi était donc le suivant: par train de Montréal à New York; par steamer de New York à Cherbourg (ou Hambourg selon les circonstances); par train de Cherbourg (ou Hambourg) à Paris, puis de Paris à Cologne et Berlin, puis de Berlin à Moscou; ensuite de Moscou à Irkoutz; par le Transsibérien d'Irkoutz au fleuve Amour; par steamer du fleuve Amour à Vladivostock, puis de Vladivostock à Nagasaki par steamer, tout comme de Nagasaki à Yokohama, puis de là à Vancouver; enfin par train, de Vancouver à Montréal.

*Lorsqu'il arriva en triomphe à la gare Windsor ce **30 juillet 1901**, il y avait exactement 64 jours et 11 minutes qu'il avait quitté Montréal.*

Fitzmorris fit le voyage en trois jours de moins que le vainqueur officiel, mais il avait transgressé toutes les conventions, en recourant, grâce à d'importants moyens financiers, des trains et des bateaux spéciaux. D'où la décision de le disqualifier et de consacrer le triomphe de Lorenzo Prince.

Une garde d'honneur attendait Lorenzo Prince lors de son arrivée à la gare Windsor.

L'impeachment devient une réalité

par Yves LECLERC
envoyé spécial de LA PRESSE

WASHINGTON — Dans le geste final de ces huit mois d'enquêtes et de débats sur le scandale du Watergate, la Commission judiciaire de la Chambre a adopté hier **(30 juillet 1974)** un troisième article d'accusation contre le président Nixon, et en a rejeté deux autres.

D'ici dix jours, la Commission transmettra son rapport final, contenant les trois résolutions d'impeachment à la Chambre des représentants qui ouvrira sont débat sur la question le 12 août. Si le programme établi est respecté, le vote final sur l'impeachment du Président aura lieu le 23; dans le cas où il serait favorable, le procès de M. Nixon devant le Sénat devrait débuter vers le 16 septembre.

La dernière des séances historiques de la Commission a été loin d'avoir le décorum et le ton de gravité des premières. De fait, le naturel est revenu a galop, et les 38 avocats qui composent l'organisme s'en sont donné à coeur joie. (...)

Le troisième article, adopté 21 à 17, accuse M. Nixon d'outrage au Congrès pour avoir refusé de livrer les enregistrements de ses conversations à la Commission. Sa principale distinction est d'être le seul qui ait été proposé par un républicain, membre du parti du président, Robert McClory de l'Illinois. Il a aussi marqué la première occasion où des démocrates (James Mann et Walter Flowers) désertaient le bloc de leur parti pour s'opposer à une résolution d'impeachment. (...)

Un silence lourd et grave s'est abattu sur l'assemblée quand le président Peter Rodino a, pour la dernière fois, fait sonner son marteau. Au-delà du brouhaha, de la fatigue et des blagues, on ne pouvait qu'être conscient de la portée de ce qui venait de se passer là, et du pathétique que la Commission judiciaire venait de faire franchir à la vie politique américaine.

Il y a quelquesjours, ce n'était que des mots, des prédictions, des probabilités. Maintenant, pour la première fois en plus de cent ans, le président des Etats-Unis, Richard M. Nixon, est officiellement accusé d'avoir violé son serment d'office, d'avoir nui à l'exercice de la justice, d'avoir abusé de ses pouvoirs et d'avoir fait outrage à la législature. (...)

C'EST ARRIVÉ UN 30 JUILLET

1982 — Une grève totale de la CTCUM accable encore une fois les Montréalais.

1978 — Le nageur John Kinsella établit un autre record de la Traversée du lac Saint-Jean.

1976 — Recordman mondial au décathlon, l'Américain Bruce Jenner devient millionnaire quasi instantanément.

1976 — Un incendie détruit le dôme du marché Bonsecours.

1974 — Une grenade explose au camp militaire de Valcartier, tuant six cadets et en blessant une quarantaine d'autres. — Le maire de Sainte-Thérèse doit proclamer la loi de l'émeute pour mettre fin à une manifestation de jeunes, provoquée par la mort d'un jeune abattu par un policier de la ville.

1971 — La collision d'un *B-727* des All Nippon Airways et d'un chasseur de l'armée japonaise, au Japon, se traduit par la mort de 161 personnes.

1954 — Le feld-maréchald, Lord Alexander procède à l'ouverture officielle des Jeux de l'Empire à Vancouver.

1948 — Le président de Hongrie, Zoltan Tildy, démissionne pendant que son gendre, ministre hongrois en Égypte, est arrêté sous l'accusation d'espionnage au profit d'un pays étranger.

1931 — Les chambres sont dissoutes et les Québécois apprennent qu'ils se rendront aux urnes le 24 août.

1908 — Visite à Montréal du maréchal Lord Roberts.

1898 — Mort du prince Otto von Bismark à Berlin, à l'âge de 83 ans.

1897 — Le premier ministre du Canada, Sir Wilfrid Laurier, reçoit les insignes de grand officier de la Légion d'honneur des mains du président Félix Faure, de la République française.

1896 — Le Palais de crystal, situé sur le terrain du Parc de l'exposition de Montréal, est détruit par un incendie.

Louison Bobet remporte le Tour de France pour la 3e année consécutive

PARIS, 1er (PA) — Louison Bobet, de France, que ses admirateurs se plaisent à appeler le «Napoléon du cyclisme», est devenu samedi **(30 juillet 1955)**, le premier homme à gagner trois fois de suite le Tour cycliste de France, le plus grand marathon cycliste au monde.

Le fameux cycliste de 32 ans a fait son entrée triomphale au stadium du Parc-des-Princes aux applaudissements de milliers et de milliers de spectateurs qui avaient tenu à assister à la fin de cette épreuve de 22 étapes, une distance de 2,704 milles à travers la Belgique, le Luxembourg, la Suisse, l'Allemagne, Monaco et la France. Le tour avait commencé le 7 juillet, au Havre.

La marge de la victoire de Bobet — sur Jean Brankart, de Belgique — fut cependant une des plus minces dans l'histoire de cette classique dont l'origine remonte à 1903.

Bobet pédala le parcours, dont plus d'un tiers se fait en montagne, en 130 heures, 29 minutes et 26 secondes, soit quatre minutes et 53 secondes de moins que Brankart.

Même si Bobet remporta les honneurs de la course, il ne gagna pas la dernière étape de 142 milles sur terrain plat, de Tours à Paris. Miguel Poblet, d'Espagne, remporta les honneurs de cette étape. (...)

Philippe Thys, de Belgique, avait déjà gagné le tour à trois reprises, mais deux seulement de ses victoires furent consécutives.

Des 130 cycliste qui commencèrent la course, au Havre, 69 seulement firent leur arrivée au stadium du Parc-des-Princes.

Cette page consacrée aux pique-niques d'enfants a été publiée le *30 juillet 1910*.

ACTIVITÉS

■ **LA PRESSE raconte Montréal**

Chalet du Mont-Royal — Conjointement avec une exposition intitulée « Un ilot dans une île », LA PRESSE propose aux visiteurs qui se rendront au Chalet du Mont-Royal d'ici le 9 septembre prochain une cinquantaine d'illustrations permettant à LA PRESSE de « raconter Montréal ».

■ **LA PRESSE et la médecine**

Musée Laurier d'Arthabaska — Exposition d'archives sous le thème « 100 ans de médecine », jusqu'au début de septembre.

CENT MILLE PERSONNES AUX JEUX OLYMPIQUES

LOS ANGELES, 1 — Une foule de 100,000 personnes a assisté samedi **(30 juillet 1932)** à l'ouverture des dixièmes Jeux Olympiques renouvelés de l'ancienne Grèce. C'est au son du canon, aux notes sonores des fanfares et pendant que des milliers de pigeons voyageurs prenaient leur vol, que Charles Curtis, vice-président des Etats-Unis a fait l'ouverture officielle des Jeux.

La multitude accourue de tous les points de l'Amérique et même de pays éloignés remplissait l'immense amphithéâtre et offrait un coup d'oeil impressionnant. Deux mille athlètes représentant l'élite de la jeunesse de 39 pays a pris part à la parade des nations, défilant devant la foule et leurs drapeaux, déployés aux accords d'une fanfare monstre.

A son arrivée au stade, le vice-président Curtis fut reçu par les membres du comité olympique international parmi lesquels le comte Henri de Baillet-Latour et William May Garland. Après que le vice-président eut pris place dans sa loge, les athlètes défilèrent devant lui pendant qu'un choeur de mille voix entonnait le Star Spangled Banner.

Le vice-président déclara les jeux ouverts puis les trompettes se firent entendre et la torche olympique qui brûlera pendant 16 jours, s'alluma au haut du péristyle.

Le Dr Robert Gorden Sproul, président de l'université de Californie donna sa bénédiction, puis le lieutenant George C. Calnan, de la Marine des Etats-Unis, entouré des porte-drapeaux de chaque nation, prêta le serment olympique.

Dans la parade, les représentants de la Grèce marchaient en première place. Ils étaient vêtus de blanc et de bleu et ont été chaleureusement applaudis par la multitude. Les Finlandais ont aussi reçu une très enthousiaste ovation.

Cinq records olympiques ont été brisés lors de la journée d'ouverture des Jeux olympiques.

La victoire de McNaughton, de Vancouver, a été l'une des sensations de la journée. Avant samedi, on croyait généralement que George Spitz, de New York, détenteur du record du monde d'intérieur était invincible, mais ce n'était pas le cas. Quatre sauteurs sont arrivés égaux pour la première place, mais Spitz n'était pas du nombre. Dans le détail, McNaughton l'a emporté avec un saut de 6 pieds 5 5-8 pouces. (...)

Le bill 22 prendra force de loi dès aujourd'hui

par Lysiane GAGNON
envoyée spéciale de LA PRESSE

QUEBEC — C'est fait: après avoir été l'objet — malgré la période estivale — d'intenses discussions pendant plus de deux mois, le bill 22 a été adopté hier **(30 juillet 1974)** en troisième et dernière lecture à l'Assemblée nationale, et c'est aujourd'hui qu'il aura force de loi, après avoir reçu la «sanction royale» du lieutenant-gouverneur.

Le projet de loi que le gouvernement qualifie de «charte linguistique du Québec» a été adopté hier vers 4 heures et quart, par les 92 députés ministériels qui étaient alors présents en Chambre, les six députés péquistes et les deux députés créditistes votant contre, comme d'ailleurs les deux «dissidents» libéraux anglophone, MM. John Caccia et George Springate, qui, ainsi qu'ils l'avaient fait lors du vote du projet de loi en deuxième lecture, ont ignoré la ligne de leur parti, pour des raisons diamétralement opposées à celles des députés de l'opposition — les premiers estimant que l'anglais perd des droits avec le bill 22, les seconds estimant qu'il s'agit au contraire d'un recul pour le français.

Le premier ministre a fait savoir hier que MM. Ciaccia et Springate étaient suspendus du caucus libéral jusqu'à sa prochaine réunion (qui devrait avoir lieu aujourd'hui). On ignore encore si les deux dissidents risquent sérieusement d'être expulsés de la députation libérale, mais la plupart des observateurs doutent que le gouvernement ait l'intention d'aller jusque là, ce qui risquerait d'irriter de larges secteurs de l'opinion anglophone.

Les autres députés et ministres anglophones ont tous voté en faveur du bill 22, à l'exception de M. Kenneth Fraser, qui est en vacances. Le seul ministre qui n'était pas présent en Chambre au moment du vote était M. Jean Cournoyer.

C'est par une violente charge contre les «élites nationalistes» et le clergé que le ministre François Cloutier, parrain du projet de loi, a entrepris, hier pour la dernière fois, de défendre en Chambre le bill 22. «Je n'hésite pas à dire que le clergé, comme nos élites nationalistes, s'ils ont permis la survie de la collectivité canadienne-française, ont égalemen permis cette survie à un prix considérable qui a été un retard économique que nous n'avons pas encore réussi à combler... bloquant toute une génération dont je suis dans une situation totalement dénuée de liberté, dans un système scolaire où le billet de confession était hebdomadaire, où l'index condamnait la plupart des écrivains contemporains...» (...)

Utilisant le droit de parole alloué au chef de l'Opposition avant l'adoption définitive d'un projet de loi, M. Jacques-Yvan Morin a repris en substance les arguments que le PQ a invoqués sans relâche pendant deux mois pour montrer que le bill 22 ne changera rien, dans les faits, à la situation linguistique existante, et qu'il n'est qu'une «sorte de photographie de la situation actuelle des langues au Québec, sauf peut-être quelques petites retouches mineures pour dissimuler les rides». Il a à son tour vertement critiqué la façon d'agir du gouvernement à l'égard de l'Opposition, qui lui rappelle la façon dont le régime Duplessis traitait l'opposition libérale de l'époque. «Pour nous, a-t-il dit, le véritable rôle d'une l'Opposition, à l'heure actuelle, c'est de remettre en cause le système qui fait que le Québec n'appartient pas aux Québécois. Nous ne sommes pas un vieux parti, et nous continuerons à remettre en cause les fondements même du régime...» (...)

LA PRESSE

100 ans d'actualités

Un autobus plonge dans un canal: 20 morts

MORRISBURG, Ont., 31. (PC) — Il est possible qu'un total de 20 personnes se sont noyées de bonne heure aujourd'hui **(31 juillet 1953)** lorsqu'un autobus rapide des Colonial Coach Lines allant de Toronto à Montréal a plongé dans le canal de Williamsburg, à deux milles à l'ouest de Morrisburg.

Le gros autobus a heurté une camionnette en stationnement sur la route et les deux véhicules sont tombés dans le canal.

Les autorités de la compagnie d'autobus disent que 37 voyageurs étaient dans leur véhicule quand il partit de Kingston, Ont., sans compter le chauffeur. Dix-sept ont survécu à la tragédie et ont été acheminés vers Montréal en autobus.

Le chauffeur Lorne Cheesborough, de Kingston, a survécu également, mais il est inconscient dans un hôpital de Cornwall. Le chauffeur du camion, Max Rooderman, de Toronto, a été hospitalisé également, mais il n'était pas gravement blessé.

Dix corps ont été sortis de l'autobus submergé et transportés aux salons funéraires Keck, à Morrisburg. L'autobus a été retiré du canal au moyen d'un cabestan, vers 10 heures 30 a.m., et dix corps se trouvaient encore à l'intérieur. Les corps ont été laissés dans l'autobus, qui a été remorqué à Morrisburg. (...)

Quand l'autobus a plongé dans le canal, les voyageurs ont essayé de se sauver par les portes et fenêtres. (...)

L'accident est survenu près de mi-chemin entre Toronto et Montréal, et c'est lui qui avait la tâche de conduire l'autobus jusqu'au terminus de la rue Dorchester de la Compagnie de transport provincial dans la métropole.

A Montréal, les autorités de sa compagnie ont déclaré qu'il était à leur emploi depuis six ans et qu'il possédait un excellent dossier sécuritaire.

On a également appris que le conducteur avait été averti, à Iroquois, un village situé à quelques milles à l'ouest de Morrisburg, qu'un camion était stationné sur la route, sans lumière, en direction est.

Il est fort possible, cependant, que, malgré cet avertissement, Cheeseborough n'ait pu voir le véhicule immobilisé assez tôt pour éviter la catastrophe.

L'autobus Toronto-Montréal heurte un camion en bordure du canal de Williamsburg. — 18 voyageurs dont le chauffeur survivent

Morrisburg, Ontario, une petite ville située à 27 milles de Cornwall et à environ 90 milles à l'ouest de Montréal. L'autobus, qui devait atteindre la métropole vers 8 h., a plongé dans vingt pieds d'eau, après avoir heurté un camion stationné en bordure de la route.

Au milieu de la matinée, un scaphandrier du ministère des transports avait retiré 5 corps du lit du canal, qui longe la grande route no 2 et qui est l'une des plus achalandées du pays. (...)

Camion stationné sans lumières?

Bien que les rapports de police soient encore fort incomplets (tous les agents de la sûreté provinciale de l'Ontario qui étaient disponibles, aux quartiers de Morrisburg, ayant été dépêchés sur les lieux de la tragédie), il semble que l'autobus chargé de voyageurs ait heurté le camion d'une demi-tonne alors que celui-ci était stationné sur la partie pavée de la route, et sans lumière. Une autre version veut même que le petit camion ait été «en travers» de la route, et la police tente évidemment de vérifier ce fait en interrogeant les survivants.

Le léger véhicule a d'ailleurs été projeté lui-même dan le canal sous la violence du choc qui a fait basculer l'autobus au bas de la falaise, puis dans les vingt pieds d'eau qui constituent la profondeur du canal Williamsburg, à cet endroit.

Dans la pénombre qui sévissait, à cette heure de la matinée, des scènes indescriptibles se sont alors produites, les voyageurs non blessés par le choc lui-même tentant désespérément de s'échapper du véhicule en brisant les carreaux pour s'agripper ensuite au toit du véhicule en attendant le secours, qui devait rapidement venir des maisons de ferme voisines.

Averti du danger?

Le conducteur Lorne Cheeseborough était monté dans le véhicule à Kingston, a peu près à

Saut en hauteur — Ferragne vite éliminé

Stones échoue; Joy termine bon deuxième

par Lilianne Lacroix

ON pourrait écrire un roman sur cette finale de saut en hauteur des Jeux olympiques de Montréal **(31 juillet 1976)**.

La version canadienne s'intitulerait sûrement: «Greg Joy, médaillé d'argent». Les Américains songeraient probablement à «Dwight Stones, la grande déception des Jeux». Mais ce sont seulement les Polonais qui pourraient écrire, «Jacek Wszola, notre champion olympique».

Tous ces titres, s'ils sont exacts, rendraient bien peu tout ce qu'a été le saut en hauteur hier au Grand Stade.

Il y avait cette médaille d'argent, cette première médaille des Jeux en athlétisme, celle de Greg Joy, un moment de triomphe que l'on avait tellement attendu, tellement désiré, et qui clôturait si bien une semaine décevante.

«J'aurais voulu la médaille d'or, déclarait Greg Joy, mais j'espère que le Canada se contentera de la médaille d'argent». A en juger par le tonnerre d'applaudissements inlassables qui a salué la remise de cette médaille d'argent, le Canada semblait satisfait.

Mais Joy oubliait tout de même quelque chose de très important. C'est qu'il avait offert à la foule encore plus que la médaille d'argent. Il lui avait présenté en même temps que Wszola la défaite du «gros méchant» Stones...

Même dans la défaite, Stones demeurait la grande vedette. Le public a pris autant de plaisir à le huer, lui et sa médaille de bronze, qu'à applaudir Joy, un plaisir qui ressemblait malheureusement un peu à l'acharnement d'un gagnant sur la dépouille de son adversaire.

Il est vrai que même défait, Dwight Stones n'a pas tout à fait la langue dans sa poche. Il n'a pu faire mieux que 2m21, lui qui a réussi le record mondial de 2m30, tandis que Joy réussissait 2m23 à son troisième essai et le Polonais 2m25 à son deuxième essai. Pour cela, il devait des explications au peuple, mais surtout aux journalistes américains: «Quand vous vous attendez à quelque chose, et que vous ne l'obtenez pas, cela fait très mal, déclarait-il. La médaille de bronze pour moi indique seulement que j'ai échoué.»

«Rien ne m'a dérangé, que la pluie. Dès qu'il a commencé à pleuvoir sérieusement, j'ai su que j'étais en mauvaise posture. J'étais prêt à sauter un record mondial et je l'aurais sûrement fait s'il avait fait beau. Mais à cause de mon style, je n'ai aucune chance lorsqu'il pleut. En arrivant sous la barre, j'avais l'air d'un hydroplane, je glissais beaucoup trop.»

Ce n'était évidemment que des excuses.

Mais il faut quand même avouer, même si je vous promets de ne surtout pas le lui dire, que Stones avait un peu raison.

«Il pleuvait aussi pour les autres, déclarait un journaliste un peu agressif.»

Lui aussi avait raison. Mais Stones n'avait pas complètement tort. Puique les autres sauteurs comptent beaucoup plus que lui sur la puissance d'impulsion et donnent moins d'importance à la vitesse lors de la course d'élan. Avec son accélération, Stones n'a aucune chance lorsqu'il pleut. (...)

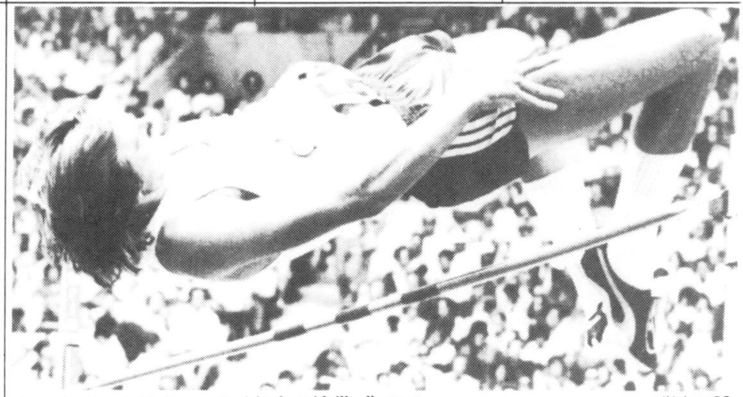

Greg Joy franchit la barre et mérite la médaille d'argent. téléphoto PC

Car il faut quand même un peu en parler du public, puisque les sauteurs eux, s'y sont longuement attardés.

«L'ovation qu'on m'a servie a sûrement été le plus grand moment de ma vie, mais il a presque été totalement détruit lorsqu'on s'est mis à huer Dwight. Je me sentais tellement mal à l'aise.»

Jacek, lui était concis: «Le public ne devrait jamais avoir de tels partis pris.»

Stones, pour sa part, n'était pas prêt d'oublier. «Je ne pardonnerai jamais cela. Une telle réception. Jamais je ne l'oublierai... Surtout que j'ai expliqué longuement hier que je n'avais jamais dit haïr les Canadiens français.»

En tout cas, maintenant, ça y est.

L'astronaute James Irwin s'affaire près du véhicule lunaire *Rover* avant d'effectuer la première balade motorisée par un homme sur la surface lunaire, le *31 juillet 1971*, dans le cadre de l'expédition d'*Apollo XV*.

Marilyn Bell conquiert la Manche

A 17 ans, elle est la plus jeune nageuse à accomplir cet exploit.

DOUVRES, Angleterre, 1er (PC) — Bien reposée après une bonne nuit de sommeil, la jeune nageuse canadienne Marilyn Bell a visité la ville de Douvres aujourd'hui, remerciant les sympathiques citoyens pour leur encouragement qui, dit-elle, lui a été d'un précieux secours dans l'exploit qu'elle vien. d'accomplir.

Marilyn, toute souriante et ne laissant paraître aucun signe de fatigue après l'épuisante traversée de la Manche qu'elle a effectuée hier **(31 juillet 1955)**, en 14 heures et 36 minutes, est sortie de son hôtel, un peu après 10 heures ce matin.

Son exploit en a fait l'héroïne du jour, en Grande-Bretagne. Les journaux de Londres lui ont réservé leurs manchettes et leurs pages sont remplies de photos la montrant au moment où elle entre dans les eaux glacées de la Manche, à Cap Gris Nez, en France, et 14 heures plus tard, alors qu'elle est jetée par une vague géante, sur la rive rocailleuse d'Abbotscliff, entre Douvres et Folkestone. (...)

Marilyn a l'intention de prendre un repos bien mérité, qu'elle consacrera à de brèves visites ici et là en Grande-Bretagne. (...)

(PCf) — Marilyn Bell, qui est âgée de 17 ans, a eu assez de force pour effectuer un sprint sur les 200 dernières verges du parcours, hier, et devenir la plus jeune personne à traverser la Manche à la nage.

La jeune Torontoise a touché le littoral anglais à Abbottscliff, entre Douvres et Folkestone, à 5 h. 29 hier soir (3 h. 29 hier après-midi, heure avancée de l'est), soit 14 h. 36 minutes après son départ du cap Gris-Nez, en France. Elle quitta la côte française à 3 h. 53 hier matin.

La courageuse petite étudiante (elle ne mesure que cinq pieds et deux pouces) nagea avec force contre les hautes vagues et les puissants courants de la Manche qui l'empêchèrent probablement d'établir un record pour dames dans cette traversée de 21 milles. Un fort courant de l'ouest l'a retardée d'au moins deux heures, alors qu'elle était à moins de deux milles de la côte. (...)

Quelques seconds firent monter Marilyn dans une petite embarcation et elle fut transportée à Douvres, où elle se reposa pendant 12 heures, sous la surveillance de son médecin, le Dr Bruce Findlay, de Folkestone.

Mlle Bell (...) réussit la conquête de la Manche un an, presque jour pour jour, après avoir remporté les honneurs de la course d'Atlantic City, section des dames, autour de l'île Abescon, un parcours de 26 milles. Elle avait alors gagné $1,150. La Manche, à l'endroit où Mlle Bell l'a traversée, a 21 milles de largeur.

Elle se remit de nouveau en évidence dans le monde de la nage en septembre dernier, lorsqu'elle devint la première personne à traverser le lac Ontario à la nage, une distance de 32 milles, entre Youngston, New York, et Toronto. Elle nagea les 32 milles en 20 heures et 56 minutes.

Complètement épuisée par ses quelque 14 heures et demie d'efforts à combattre la Manche, c'est en se traînant sur les genoux que la Torontoise Marilyn Bell arrive à Douvres, en Angleterre. photo PA

Tout comme pour sa traversée du lac Ontario, son exploit de la Manche se fit sous la surveillance de Gus Ryder, son entraîneur, et de John Burwell, un vétéran pilote.

Deuxième Canadienne

Marilyn Bell devient la deuxième Canadienne à réussir la traversée de la Manche à la nage. Mme Winnie Roach Leuzler, de St. Thomas, en Ontario, fut la première à réussir l'exploit, en 1951. Marilyn est cependant la plus jeune femme à faire la conquête du bras de mer. Gertrude Ederie, des États-Unis, la première femme à accomplir l'exploit avait 19 ans, en 1926, lorsqu'elle traversa la Manche à la nage. Philip Mickman, un Anglais, a réussi le même exploit à l'âge de 18 ans, en 1949.

Son avance ayant été ralentie par un fort courant, Marilyn a perdu tout espoir d'établir un nouveau record féminin alors qu'il ne lui restait plus que quelque deux milles à parcourir. Le record actuel est de 12h.42 minutes; il a été établi en 1951 par l'Anglaise Brenda Fisher. (...)

LE CONSEIL SIEGE DANS LE NOUVEL HOTEL DE VILLE

EN vertu d'une résolution spéciale, le conseil de Maisonneuve a siégé pour la première fois, hier soir **(31 juillet 1912)**, dans le nouvel hôtel de ville, rue Ontario. Comme la grande salle n'est pas encore aménagée, la séance a été tenue dans la salle dite des comités.

M. le maire Alex. Michaud, présidait et étaient présents: les échevins, Oscar Dufresne, Ch. Bélanger, R. Fraser, L. Tremblay et E. Lemay.

Le contrat pour travaux faits par M. Dini a été règlé au coût de $2,000. M. Dini réclamait $600 de plus.

A la demande de l'échevin Tremblay, il a été décidé qu'à l'avenir, les contrats devront être accordés autant que possible à des citoyens de Maisonneuve.

La Compagnie des Tramways de Montréal ne devra restaurer sa voie ferrée, rue Notre-Dame, que d'un côté à la fois, afin de ne pas paralyser le commerce à cet endroit.

L'union des plombiers demande qu'un inspecteur soit nommé pour examiner les travaux de plomberie. Cette question a été référée à l'inspecteur des bâtisses qui devra faire rapport.

La «Montreal Light Heat and Power Co.» et autres compagnies intéressées sont requises sur décision du conseil d'aligner les poteaux, qu'ils plantent dans les rues, notamment rue Aird où on en remarque un au milieu du trottoir.

La prochaine assemblée régulière n'aura lieu que le 14 du courant.

L'inauguration officielle du nouveau palais municipal aura lieu en septembre.

ACTIVITÉS

■ **LA PRESSE raconte Montréal**

Chalet du Mont-Royal — Conjointement avec une exposition intitulée « Un îlot dans une île », LA PRESSE propose aux visiteurs qui se rendront au Chalet du Mont-Royal d'ici le 9 septembre prochain une cinquantaine d'illustrations permettant à LA PRESSE de « raconter Montréal ».

■ **LA PRESSE et la médecine**

Musée Laurier d'Arthabaska — Exposition d'archives sous le thème « 100 ans de médecine », jusqu'au début de septembre.

C'EST ARRIVÉ UN 31 JUILLET

1983 — Le nageur américain Paul Asmuth gagne la Traversée du lac Saint-Jean, mais rate le record de 46 secondes.

1982 — Une collision routière impliquant un autocar cause la mort de 53 personnes, dont 45 enfants, en France.

1975 — James Hoffa, jadis président tout-puissant du syndicat des camionneurs américains, disparaît sans laisser de traces.

1973 — L'écrasement d'un *DC-9* de la Delta Airlines, à Boston, fait 88 morts. — Considérant sa tâche comme impossible à remplir, la délégation canadienne de la Commission internationale de contrôle quitte le Sud-Vietnam. — La reine Elizabeth arrive à Ottawa afin de participer aux travaux de la Conférence des chefs de gouvernement du Commonwealth.

1972 — Cinq Noirs détournent un avion américain et se font conduire à Alger. Une rançon d'un million de dollars, obtenue contre la libération des 87 passagers, est confisquée par les autorités algériennes qui la rendront aux États-Unis. — Décès de Paul-Henri Spaak, 73 ans, à Bruxelles. Il avait été le premier président de l'Assemblée générale des Nations Unies, et l'un des fondateurs du Marché commun européen.

1967 — Le gouvernement français annonce qu'il aidera le Québec à conquérir sa souveraineté.

1962 — L'Ontario, la Saskatchewan et l'Alberta s'engagent à aider les enfants déformés par la thalidomide.

1954 — Ouverture officielle à Sept-Îles de la nouvelle entreprise d'extraction de minerai de fer dans la région limitrophe du Québec et du Labrador. — Pierre Mendès-France promet l'autonomie interne à la Tunisie.

1952 — Décès de M. Anatole Carignan, maire de Lachine.

1947 — On annonce que le mariage de la princesse Elizabeth d'Angleterre a été fixé au 20 novembre.

1940 — Un accident ferroviaire fait plus de 40 morts à Cruyahoga Falls, en Ohio.

1937 — Début des fêtes du centenaire de fondation de la ville de Sherbrooke.

1936 — Le président Franklin D. Roosevelt devient le premier président américain à visiter le Canada.

1932 — Les élections générales d'Allemagne permettent aux nazis de s'assurer une majorité au Reischtag.

1917 — La troisième bataille d'Ypres commence.

1914 — Assassinat de Jean Jaurès, chef des socialistes français, dans un restaurant de Paris.

LA PRESSE

100 ans d'actualités

Ovation debout au maire Drapeau

Bonjour Montréal... Adieu Montréal!

par Réjean TREMBLAY

UN spectacle grandiose... le nuvite au milieu de 500 jeunes filles d'une quinzaine d'années... le maire Drapeau qui reçoit une ovation debout... le soulagement incroyable de tout le personnel du COJO à la fin des cérémonies... Moscou en 1980... ces couleurs, ces Indiens...

Des mots, des flashes qu'il faut coordonner, des impressions qu'il faut raisonner, de justes perspectives qu'il faut cadrer.

Si la cérémonie d'ouverture de la XXIe Olympiade avait été majestueuse, elle avait quand même laissé les gens plus impressionnés que bouleversés.

Hier soir **(1er août 1976)**, le grand spectacle de clôture des jeux, tout aussi bien répété que le premier, donnait quand même la chaude sensation que l'âme, la spontanéité, avait pris le pas sur la chrorégraphie.

Deux événements ont contribué à créer cette atmosphère, de joie d'abord, puis de nostalgie.

Le nuvite

Les 16,000 «gendarmes» du COJO avaient tout prévu... tout prévu sauf le retour d'une vieille mode (c'est vrai que le rétro est à la mode), celle des nuvites.

Cinq cents belles filles de la Rive sud qui avaient répété consciencieusement leur numéro, ont vu apparaître au milieu d'elles un barbu blond. En deux temps, trois mouvements, le gracieux oiseau bondissait parmi les donzelles, nu comme un ver.

Les spectateurs, s'ils furent scandalisés, ne le laissèrent pas trop voir... laissant même flotter ici et là quelques applaudissements.

Dès lors, on était plus disposé à s'amuser qu'à se laisser émouvoir. Indiens, athlètes, danseuses ont envahi le stade, montant cinq teepees au milieu des cinq anneaux olympiques formés par les jeunes filles.

Spectacle merveilleux pour les yeux... et aussi satisfaisant pour l'ego; depuis le temps qu'on dit que les Français veulent voir des Indiens au Canada!

Ovation debout pour Drapeau

Après les Indiens, ce fut le tour d'un autre personnage presque folklorique, lord Killanin. Péniblement, le président du Comité international olympique s'installe sur le rostre.

Hymne national grec avec levée du drapeau qui reste d'ailleurs enroulé, puis celui du Canada et enfin hymne national soviétique suivi de la levée du drapeau rouge.

Puis, lord Killanin s'approche du micro. «Au nom du Comité international olympique, après avoir offert à Son Excellence le gouverneur général, au peuple canadien, aux autorités de la ville de Montréal...»

Killanin n'a pu poursuivre plus loin. Doucement, irrésistiblement des applaudissements fusent. Les gens se lèvent debout pour acclamer le maire de Montréal, M. Jean Drapeau.

Les Américains, qui n'ont rien compris puisque M. Killanin parlait en français, emboîtent le pas, se demandant un peu qui ils applaudissent ainsi. «Drapeau... Drapeau... Drapeau...», scande la foule. (...)

Le salut de Moscou

C'est à partir de cet instant que les gens ont semblé prendre conscience que l'aventure achevait, que la grande «fête» olympique ne serait pas éternelle. Déjà le nom de Moscou commençait à flotter dans les coeurs avant d'apparaître sur les écrans géants du stade olympique.

En même temps que le soleil se couchait à Montréal, il se levait sur Moscou... et on nous offrait ce beau matin de Moscou en prime à la télévision.

Les Olympiques, trêve de fraternité... souhaitaient de Coubertin.

«Bonjour Montréal» disaient les cris, les chansons des danseurs et chanteurs moscovites que l'on voyait et entendait en direct à Montréal. Pour quelques minutes privilégiées, le contact était établi, presque palpable. À Moscou le 19 juillet 1980. Adieu Montréal! (...)

Victoire de l'URSS

Les Jeux olympiques, ce sont avant tout les athlètes. Ceux de l'URSS ont fini en tête du classement des nations avec 47 médailles d'or, 43 d'argent et 35 de bronze. Un autre pays du bloc communiste, la République démocratique allemande s'est accaparé de la deuxième place, avec 40 médailles d'or, 25 d'argent et 25 de bronze. Les États-Unis ont continué leur dégringolade de Munich avec 34 médailles d'or, 35 d'argent et 25 de bronze. Le Canada, avec 11 médailles, 5 d'argent et 6 de bronze, s'est classé au douzième rang de ce classement non officiel. (...)

photo René Picard, LA PRESSE

Cette photo traduit bien l'atmosphère qui régnait sur le terrain lors de la cérémonie de clôture des Jeux de Montréal.

Cette photo de Me Marc Lalonde a été initialement publiée le *1er août 1956* pour souligner qu'il venait de décrocher une bourse pour poursuivre ses études à l'Université d'Oxford.

Inoubliable spectacle à l'ouverture de l'Olympiade

BERLIN, 3 — Un firmament gris menaçant couvrait la scène où se déroula l'ouverture officielle des Jeux Olympiques de 1936, samedi **(1er août 1936)**. Ce ne fut pas une malchance car la multiplicité des couleurs remarquées dans la grande parade des 5000 athlètes en présence de 100,000 spectateurs qui remplissaient l'immense stade y trouvait avantage. Un orchestre nombreux, une demi-douzaine de fanfares et un choeur de mille voix, un nouveau César moderne, le chancelier Adolf Hitler d'Allemagne, des personnages politiques allemands et étrangers, une section de sièges occupée par des ambassadeurs de tous les pays, une autre section réservée à quelque 1200 journalistes venus ici pour renseigner les peuples du monde sur les exploits de leurs compatriotes, tout avait un caractère propre à faire de l'événement quelque chose d'incomparable.

Les Américains reçurent en dehors du stade une ovation plus grande que celle qui les accueillit dans le stade même.

Une démonstration inoubliable

La procession des hommes en uniformes d'athlètes et en uniformes militaires, suivis de personnages portant le haut-de-forme avait aussi son caractère imposant. Le comte Henri Baillet-Latour, président du comité international, et Theodore Lewald, chef du comité allemand d'organisation, marchaient en avant. Avec eux marchait un personnage vêtu d'un uniforme khaki mais en l'apercevant ces milliers de spectateurs se levèrent pour l'acclamer dans une ovation inoubliable. C'était Hitler. Les fanfares jouèrent la grande marche de Wagner. De la plus haute et la plus éloignée tour de pierre vint une note grave, celle de la cloche olympique sur laquelle on a gravé ces mots: «J'appelle la jeunesse du monde». Et comme répondant à cet appel commença alors la longue parade des athlètes entrant dans le stade. Les Grecs menaient la marche. (...) Puis suivaient les contingents des autres pays par ordre alphabétique.

Les représentants de la Nouvelle-Zélande prirent pour le Fuehrer un athlète vêtu de blanc qui se tenait à droite sur la grande estrade car en passant devant lui ils le saluèrent en soulevant leurs coiffures.

Un seul drapeau fait exception

Tous les drapeaux des nations furent baissés en passant devant Hitler à l'exception d'un seul, celui des Etats-Unis qui passa haut et flottant au vent. Une déclaration officielle publiée dans les journaux expliquait que cela était dû aux règlements de l'armée et demandait au public de n'y voir aucun signe désagréable pour le chancelier. (...)

Alors Lewald se tenant sur une petite tribune en face d'Hitler et s'adressant au chancelier qu'il appela «avec respect et reconnaissance le protecteur de ces Jeux olympiques devant être disputés dans ce stade construit selon ses désirs», l'invita à déclarer ouverte l'Olympiade.

«Dans quelques minutes, dit-il, le porteur de la torche fera son apparition pour allumer le feu olympique. Quand on verra sa flamme s'élever dans le ciel, on y verra un pacte entre l'Allemagne et la Grèce fondée il y a 4000 ans par des gens ayant émigré du nord». A la fin du discours de Lewald, le plus long de la journée, Hitler s'avança au microphone et dit simplement: «Je proclame ouverts les Jeux olympiques de Berlin célébrant la 11e Olympiade de l'ère moderne».

C'EST ARRIVÉ UN 1ER AOÛT

1981 — Mort de Kevin Lynch, septième gréviste de la faim à mourir afin d'obtenir la reconnaissance du statut de prisonnier politique pour les membres de l'IRA.

1980 — Le Canada proteste vigoureusement contre la décision d'Israël de faire de la ville de Jérusalem unifiée la capitale de l'État.

1977 — Gary Powers, qui avait été abattu au-dessus de l'URSS à bord d'un avion-espion *U-2*, se tue dans un accident d'hélicoptère, près de Los Angeles.

1975 — Accord prévoyant des objectifs « de paix, de sécurité, de justice et de coopération », signé par les chefs de 35 pays à Helsinki.

1974 — Rétablissement en Grèce de la Constitution de 1952, exception faite des articles concernant le souverain et la famille royale.

1973 — Décès de Walter Ulbricht, président du Conseil d'État de la République démocratique allemande.

1966 — Charles-Joseph Whitman, un dément âgé de 24 ans, tue 15 personnes et en blesse 31 avant d'être abattu par la police dans la tour de l'Université du Texas, à Austin.

1962 — La commission Salvas réprouve la conduite de ministres de l'Union nationale dans l'affaire du gaz naturel.

1959 — Le gouvernement central de l'Inde chasse le gouvernement communiste de Kerala à la suite des véritables persécutions que menait ce gouvernement contre ses adversaires et notamment contre les catholiques.

1957 — Le ministre de la Défense, M. Pearkes, annonce la formation officielle d'un commandement de défense aérienne du continent (NORAD).

1950 — Pour éviter les effusions de sang et la guerre civile, le roi Léopold III, de Belgique, abdique en faveur de son fils Beaudoin. — Décès à Ottawa de l'hon. Humphrey Mitchell, ministre du Travail.

1941 — Les États-Unis imposent un embargo sur l'huile et la gazoline d'aviation expédiées au Japon. — Ouverture officielle du pipeline qui reliera Portland, dans le Maine, à Montréal.

1933 — Les autorités britanniques procèdent à l'arrestation de Gandhi.

1928 — L'aviateur Ramon Franco quitte Cadix en direction des Açores, à bord de l'hydravion *Numancia*, dans le but de réussir le tour du monde.

1914 — L'Allemagne déclare la guerre à la Russie.

1894 — Le Japon déclare la guerre à la Chine au sujet de la Corée.

BABILLARD

Un bureau de poste centenaire

Le 1er août 1884, il y a donc cent ans aujourd'hui, un dénommé J.-A. Pinard procédait à l'ouverture du **bureau de poste de Grand-Saint-Esprit**, au Québec. Ce bureau de poste existe toujours et le maître de poste actuel, Mme Laure Pinard, est une descendante directe du premier maître de poste. Ce tout petit bureau dessert une population d'environ 175 familles, et l'événement a été plus spécialement marqué le 18 mai dernier, alors qu'on a procédé à l'installation d'éléments décoratifs soulignant le centenaire.

Une entreprise centenaire

Quelques semaines avant la publication du premier numéro de LA PRESSE, **Oswald Forest** fondait à Saint-Roch-de-l'Achigan une compagnie qui distribuait différents produits du tabac, et plus particulièrement du tabac à pipe, la **J.O. Forest Cie Enrg.** M. Forest devait la diriger jusqu'en 1924, pour ensuite céder les rennes à son fils **Roméo**, mort en 1979. Le propriétaire actuel, le Montréalais **Claude St-Germain**, ne peut malheureusement préciser à quelle date exacte la compagnie a été fondée, tout en étant certain qu'elle le fut en août 1884.

Trouvé coupable, Riel est condamné à la pendaison

RÉGINA — La cour s'est ouverte, ce matin **(1er août 1885)**, à 10 heures. Le juge *(Hugh)* Richardson fait lecture au jury des témoignages entendus pendant le procès. Il explique la loi d'après laquelle cette cour était formée et le procès avait été conduit, rappelant aux jurés les principaux points des témoignages. A 3.15 heures, les jurés se retirèrent pour délibérer. Pendant leur absence, Riel se mit à genoux et pria avec ferveur.

Il ne parut pas ému lorsque le jury revint et rendit un verdict de coupable contre le prisonnier. Ce dernier avait pris beaucoup de notes depuis qu'il avait prononcé son discours et on pensait qu'il ferait un long discours aux jurés lorsqu'on lui demanderait s'il n'avait pas quelque chose à dire pour que sentence ne fut pas rendue contre lui. On ne s'était pas trompé. Riel parla pendant deux heures des troubles de 1869-70 et de la part qu'il y avait prise et des souffrances des Métis jusqu'à ce jour.

LA SENTENCE

Le juge Richardson se leva et prononça la sentence de la Cour ordonnant que Louis Riel soit pendu par le cou à Régina le 18 septembre jusqu'à ce que mort s'en suive.

Le magistrat a dit au prisonnier qu'il ne devait pas s'attendre à aucune commutation de peine ni à l'intervention de Sa Majesté.

Le prisonnier a ensuite été transporté aux casernes où il sera retenu jusqu'au jour où il montera sur l'échafaud.

Le jury en rendant son verdict a recommandé le prisonnier à la clémence de la Cour.

Le R-100 à Montréal

Au terme d'une traversée transatlantique marquée de péripéties qui avaient fait craindre le pire, le dirigeable britannique R-100 arrivait à Montréal le *1er août 1930* et s'amarrait au mât de l'aérodrome de Saint Hubert, sur la rive sud. Le R-100 avait quitté la tour de Cardington trois jours plus tôt, le 29 juillet, avec 44 passagers à bord. Pour les amateurs de statistiques, précisons que le dirigeable mesurait 709 pieds de longueur, 133 pieds de hauteur, et avait un diamètre de 133 pieds également. La superficie des ailerons équivalait à 11 400 pi². Il avait une capacité de cinq millions de pi³ d'hélium, et dans des conditions normales, sa masse pesait 156 tonnes.

LA PRESSE

100 ans d'actualités

UN AVÈNEMENT DE MAUVAIS AUGURE

Hindenburg mort, Hitler est maître absolu

Adolf Hitler

A une session d'urgence la nuit dernière le ministère nazi révoque la loi qui désigne le juge-en-chef de la Cour suprême comme président intérimaire. — Le chancelier prend la présidence.

NEUDECK, 2 — Le président du Reich, Paul Von Hindenburg, est décédé à neuf heures ce matin **(2 août 1934)**, âgé de 86 ans, et le chancelier Adolf Hitler lui a succédé immédiatement comme président.

Hindenburg a succombé à la maladie, en son château de Neudeck, après une longue résistance. Son état était devenu désespéré dimanche dernier.

Hitler et son cabinet se tenaient prêts à toute éventualité. Durant une session d'urgence la nuit dernière, le ministère nazi a adopté un décret révoquant la loi de 1932 d'après laquelle le juge-en-chef de la Cour suprême devait devenir président intérimaire à la mort d'Hindenburg.

En apprenant la mort du vieil homme d'Etat, Joseph Goebbels, ministre de la propagande, courut au poste de radio de Berlin et annonça que le chancelier assumait immédiatement les fonctions de président. Hitler devient donc dictateur absolu du IIIe Reich.

Le drapeau du château de Neudeck a été baissé à mi-mât, annonçant au monde la mort du grand homme. Par une coïncidence remarquable, Hindenburg est décédé vingt ans, jour pour jour, après la mobilisation des troupes allemandes de 1914.

Funérailles dimanche

Les funérailles auront lieu à Neudeck dimanche. (...) On prépare des funérailles d'Etat au président défunt.

Les membres de la famille Von Hindenburg étaient au chevet du mourant ce matin. Son fils, le colonel Oscar Von Hindenburg, et ses deux filles, Frau Irmengarde Von Brockhusen et Frau Anna Marie Von Bentz. La femme d'Hindenburg est décédée en 1921.

Quelques heures avant sa mort, le président est tombé dans le coma et il était inconscient lorsqu'il rendit l'âme. Des troubles de la prostate combinés aux infirmités du vieil âge ont causé sa mort.

Le cabinet a invité le peuple allemand à prendre le deuil. Les drapeaux seront à mi-mât sur tous les édifices publics et les navires de la marine allemande salueront la mémoire par une salve de 21 coups de canon demain. Tous les endroits d'amusement sont fermés et une minute de silence sera observée par l'Allemagne toute entière au moment des funérailles.

Un ordre du général Werber Von Blomberg à l'armée allemande se lit comme suit aujourd'hui: «Hindenburg, notre chef de la grande guerre, vient de nous quitter. Sa vie héroïque, toute imbue de l'esprit du devoir envers la patrie, a pris fin. Tout le monde a confiance en Hitler, le meneur de notre peuple.» (...)

Paul Von Hindenburg

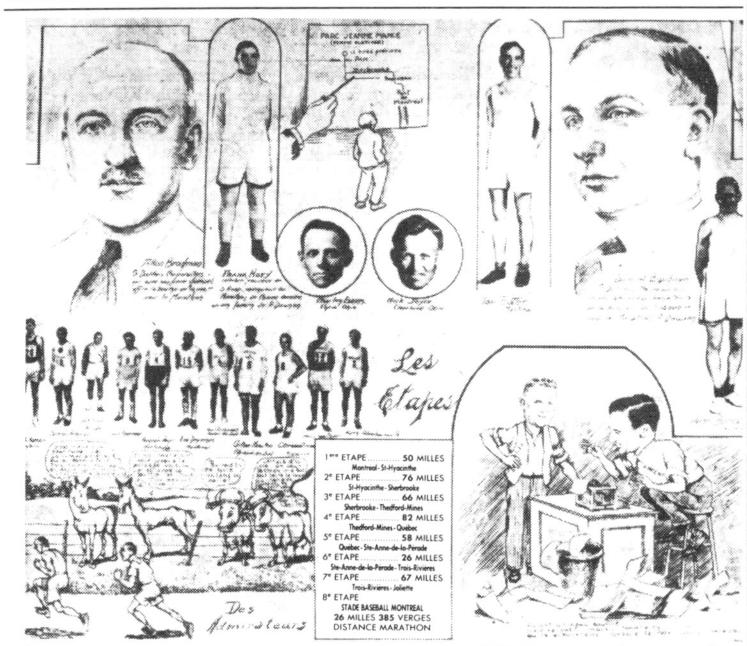

Cette illustration avait pour but de sensibiliser les lecteurs de LA PRESSE au départ du marathon Peter Dawson à relais de 500 milles disputé en huit étapes, avec arrêts à Saint-Hyacinthe, Sherbrooke, Thetford, Québec, Sainte-Anne-de-la-Pérade, Trois-Rivières et Joliette. Dix-sept équipes s'étaient inscrites pour le départ du *2 août 1931*, au parc Jeanne-Mance, mais deux d'entre elles avaient été refusées sur les ordres des médecins. Les deux plus gros croquis, à gauche et à droite, sont ceux des frères Allon et Samuel Bronfman, de la Distillers Corp., qui offrait la bourse de $10 000, ce qui en faisait à l'époque «la course la plus richement dotée de l'univers», pour citer le texte de LA PRESSE. Ce n'est donc pas d'hier que les entreprises de boissons alcoolisées sont «réquisitionnées» pour commanditer des épreuves sportives...

Fin de la conférence de Potsdam

LE hasard a voulu que, onze ans jour pour jour après l'accession à la présidence d'Adolf Hitler, soit le ***2 août 1945****, se terminât la conférence de Potsdam, la dernière de la Deuxième Guerre mondiale.*

Ouverte le 17 juillet, cette conférence a connu certains rebondissements spectaculaires, mais sans déboucher sur de grandes lignes directrices pour l'avenir. Le rebondissement le plus spectaculaire fut sans contredit le remplacement du premier ministre Winston Churchill par le travailliste Clement Attlee à partir du 27 juillet, Churchill ayant été battu lors des élections du 5 juillet précédent, élections dont les résultats définitifs ne furent connus que le 26. Et comme Harry Truman remplaçait le président Franklin Delanoe Roosevelt, décédé en avril 1945, seul le maréchal Joseph Staline était toujours de la partie, du groupe original des trois grands.

Parmi les décisions dignes de mention, soulignons la création d'un conseil des ministres des affaires étrangères des États-Unis, de la Grande-Bretagne, de l'URSS, de la France et, éventuellement, de la Chine; la cession du tiers des marines de guerre et marchande d'Allemagne à l'URSS; la concession à l'URSS d'exiger des réparations des pays qu'elle occupait, ainsi que de la Bulgarie, de la Finlande, de la Hongrie, de la Roumanie, ainsi que de la partie orientale de l'Autriche. Enfin, Truman, Attlee et Staline s'entendirent sur l'attitude à adopter dans les poursuites entreprises devant un tribunal international contre les criminels de guerre de l'Axe.

BABILLARD

Un rappel

Juste un petit mot pour vous rappeler que dans la préparation des éphémérides publiées dans cette page, il nous arrive de consulter différents ouvrages, en plus de LA PRESSE bien sûr, question de nous assurer que nous n'oublions pas trop d'événements majeurs. Et parmi ces ouvrages, il en est un qui nous est d'une utilité indéniable, et c'est la «Chronologie des institutions parlementaires du Québec, de 1867 à 1966. Nous sommes d'autant plus heureux de le redire que l'auteur de cet ouvrage, **Raymond Laberge**, s'est attaqué à la période allant de 1966 à nos jours, de sorte que son ouvrage sera encore plus complet.

Félix a 70 ans aujourd'hui

Les fervents admirateurs du poète Félix Leclerc apprécieront sans doute d'apprendre que leur chansonnier préféré franchit le cap des 70 ans aujourd'hui. LA PRESSE se joint à ses parents et amis pour lui souhaiter santé, bonheur et longévité.

Un nageur de longue distance égyptien du nom d'Abd El Litif Abou Heif réussissait, le *2 août 1953*, la traversée de la Manche d'ouest en est dans un temps record de 13 heures et 45 minutes. Un autre événement marqua la même journée puisque la nageuse américaine Florence Chadwick (que l'on voit, souriante malgré tout, à bord de l'embarcation qui l'accompagnait) abandonnait après neuf heures et 57 minutes, sa tentative de traverser la Manche dans les deux sens alors qu'elle se trouvait à huit km de la côte française. C'était la troisième tentative du genre pour Mlle Chadwick.

C'EST ARRIVÉ UN 2 AOÛT

1981 — Un huitième membre de l'IRA, Kieran Doherty, meurt de la faim après 73 jours de jeûne.

1980 — Un attentat à la bombe dans une gare de Bologne fait 76 morts. L'attentat est revendiqué par un groupe néo-fasciste.

1977 — La Commission d'enquête sur le crime organisé recommande une plus étroite collaboration entre la police et le ministère du Revenu pour contrôler l'octroi de crédits aux criminels du crime organisé.

1976 — Décès du célèbre cinéaste Fritz Lang à l'âge de 85 ans. D'origine autrichienne, il vivait aux États-Unis depuis 1934.

1974 — L'avocat John Dean, ex-collaborateur du président Richard Nixon, est condamné à une peine de prison d'un à quatre ans.

1973 — Une salle de danse de Douglas, dans l'île de Man, est dévastée par un incendie, faisant plus de 40 victimes.

1972 — Proclamation de la *Loi sur la prévention de la pollution des eaux arctiques*.

1970 — Premier détournement d'un gros porteur B-747 vers La Havane. Fidel Castro en profite pour en faire l'inspection.

1969 — Premier chef d'État américain à visiter un pays communiste, le président Nixon reçoit un accueil triomphal à Bucharest, en Roumanie.

1966 — Rejet par six provinces du régime d'assurance-santé et des frais médicaux proposé par le gouvernement fédéral.

1965 — Parmi les bénéficiaires de la succession de $100 millions de Mme Izaak Walton Killam, de Nouvelle-Écosse, on trouve l'Institut neurologique de Montréal ($20 millions).

1960 — Le secrétaire général Dag Hammarskjöld annonce que les Nations-Unies interviendront au Katanga.

1958 — On annonce que la révolte a éclaté au Tibet, causant de nombreuses pertes de vie tant du côté des Tibétains que du côté des communistes chinois.

1958 — Robert Bédard défait l'Américain Whitney Reed et devient le premier Canadien en 28 ans à gagner le championnat de tennis du Canada à trois occasions.

1955 — Alfred « Pit » Lépine, ex-vedette du Canadien, meurt à l'âge de 54 ans.

1942 — Mgr Chaumont procède à l'inauguration de la nouvelle Cité-Jardin, dans le quartier Rosemont de Montréal.

1941 — Les États-Unis acceptent de se porter à l'aide de l'URSS, envahie par les troupes hitlériennes.

1923 — Mort du président Warren Harding. Le républicain Calvin Coolidge devient le 30e président des États-Unis d'Amérique.

1908 — Grand incendie dans la vallée de Kootenay, en Colombie-Britannique. Plusieurs villages sont la proie des flammes.

Le second aéroport de Montréal

Ce sera Farnham

FARNHAM est sérieusement envisagé par le ministère fédéral des Transports comme emplacement du nouvel aéroport international qui sera construit dans la région de Montréal et qui sera en mesure de recevoir les avions supersoniques et les aérobus géants.

L'emplacement de l'ancien camp militaire de Farnham fait partie des quatre ou cinq endroits retenus par le ministère pour la consruction de l'aéroport projeté au coût de $200 à $300 millions, tel qu'annoncé hier **(2 août 1968)** par le ministre des Transports, M. Paul Hellyer.

Plusieurs indices militent en faveur de Farnham et plusieurs faits renforcissent cette hypothèse. Procédons tout d'abord par élimination.

Il n'est pas question de réaliser un tel projet sur l'île de Montréal même. S'il avait été possible d'envisager cette possibilité, le ministère aurait tout simplement annoncé un agrandissement majeur de l'aéroport de Dorval, comme il a décidé de le faire pour Toronto.

M. Hellyer a bien précisé que les constructions domiciliaires sont trop près et que les terrains avoisinants coûtent trop cher. Il n'y a donc aucun espace suffisant sur l'île de Montréal. D'ailleurs, le ministre a tenu à souligner qu'il veut un aéroport «pour toute la grande région de Montréal».

Sainte-Thérèse?

Il y a quelques années, on avait mentionné ce nom comme emplacement possible d'un aéroport géant. Cet endroit ne serait plus propice, selon des experts du service d'urbanisme de la ville de Montréal qui ont travaillé au projet «Horizon 2000». Pour deux raisons: la proximité des montagnes et le coût de plus en plus élevé des terrains. Il y a aussi le fait que les constructions domiciliaires se multiplient et que l'actuel aéroport est quand même tout près de la rive nord.

Saint-Hubert? M. Paul Hellyer a lui-même annoncé, l'année dernière, devant la Société pour le progrès de la rive sud, que l'aéroport militaire actuel poursuivra sa vocation et ne sera pas transformé en aéroport civil.

Saint-Jean? Le ministre a lui-même visité l'aéroport local peu de temps avant les élections fédérales pour s'enquérir des besoins. Le comité municipal de l'aéroport a demandé d'allonger au moins une piste de 4,000 à 7,000 pieds de longueur pour permettre d'y accueillir des avions un peu plus imposants et de faire progresser d'autant la compagnie «Aircraft Industries», qui emploie déjà 400 employés. Il s'agirait dans ce cas d'un projet mineur tout simplement.

Pourquoi Farnham?

Le gouvernement fédéral, plus précisément le ministère de la Défense nationale, est déjà propriétaire d'un immense terrain de 17 milles carrés ou 10,800 acres. Or, selon le gérant de l'aéroport de Dorval, M. J.-A. Goulet, les nouveaux aéroports internationaux devront avoir une superficie d'au moins 10,000 acres. L'aéroport de Dorval n'a qu'une étendue de 3,600 acres. L'espace de terrain dont le fédéral est déjà propriétaire à Farnham est donc triple. (...)

Bourassa ordonne une enquête sur l'échec de Manseau

par François TREPANIER
envoyé spécial de *LA PRESSE*

SELKIRK, Manitoba — Le premier ministre du Québec, M. Robert Bourassa, a annoncé, hier soir **(2 août 1970)**, qu'il a demandé au ministère de la Justice d'effectuer une enquête complète sur l'échec du festival «pop» de Manseau.

M. Bourassa a fait part de sa décision à son arrivée à Selkirk, au Manitoba, où il participe à la onzième conférence annuelle des premiers ministres.

M. Bourassa a précisé que l'enquête portera sur toutes les circonstances qui ont entouré l'organisation du festival et qu'elle déterminera si des poursuites judiciaires doivent être prises par suite des abus auxquels elle a donné lieu.

Le chef du gouvernement québécois a également émis la possibilité que le permis accordé aux organisateurs du festival pop de Sainte-Croix soit révoqué par suite de cette enquête.

«Il est normal, a dit M. Bourassa, que le gouvernement décide de faire une enquête sur cet échec et sur les abus auxquels a donné lieu cette manifestation.

«Dans cette affaire, a ajouté M. Bourassa, il est évident qu'il y a des choses curieuses qui se sont produites.»

Parmi les abus auxquels aurait donné lieu le festival «pop» de Manseau, M. Bourassa a signalé le paiement d'un prix d'entrée de $15 pour des concerts qui n'ont pas eu lieu.

M. Bourassa a ajouté que l'enquête du ministère de la Justice portera tant sur les organisateurs que sur la publicité qui a entouré la manifestation.

«Le moins que l'on puisse dire, a dit M. Bourassa en parlant des organisateurs, c'est qu'il y avait des éléments curieux dans ce festival.»

M. Bourassa a également indiqué que le problème de la drogue sera examiné dans le cadre de cette enquête.

Il a signalé à ce sujet que le ministre de la Santé, M. Claude Castonguay, s'est rendu samedi à Manseau pour constater lui-même la réalité de ce problème et il a précisé que celui-ci lui fournira un rapport à son retour à Québec. (...)

Première greffe du genou, dans le monde, réalisée à Québec

QUEBEC (PC) — Un jeune chirurgien québécois, le Dr André Gilbert, a effectué, vendredi **(2 août 1968)**, une greffe, la première du genre à être tentée dans le monde.

Le Dr Gilbert, spécialisé en chirurgie osseuse attaché à l'hôpital St-François-d'Assises, où s'est déroulée l'intervention, a prélevé le genou d'une personne décédée la veille pour le transplanter à une femme de 63 ans, dont l'un des genoux atteints d'une maladie osseuse incurable, aurait dû, selon toute vraisemblance, être amputé à plus ou moins longue échéance.

A l'issue de la délicate opération, le Dr Gilbert a déclaré que l'intervention s'était «excessivement bien passée et que l'opérée a même pu bouger son nouveau genou et faire une flexion complète» avant de regagner sa chambre.

Un porte-parole de l'hôpital a fait savoir hier soir qu'aucune complication n'était survenue et qu'un deuxième bulletin médical serait émis ce matin.

Cette personne, dont le Dr Gilbert n'a pas voulu dévoiler l'identité pour l'instant, est maintenant placée dans des conditions idéales d'isolement et de tranquillité, et tout indique qu'elle remarchera prochainement.

L'équipe médicale qui a assisté le Dr Gilbert, au cours de l'intervention d'une durée de sept heures, était formée des Drs Armand Lamontagne, Bernard Paradis, Perley Lebouthillier, Gilles Mathon, Jean-Louis Dubé, Guy Michaud et d'une infirmière, Mme Ginette Trudel-Francoeur. (...)

LA PRESSE
100 ans d'actualités

3 morts, 20 blessés, au Stade Ontario

TROIS personnes ont perdu la vie et une trentaine d'autres ont subi des blessures plus ou moins graves dans une panique provoquée par un commencement d'incendie hier soir **(3 août 1942)**, vers 9 h. 30, pendant une soirée d'amateurs qui se donnait au Stade Ontario, sis à l'angle des rues Ontario et Delorimier.

Voici les noms des mortes: Mme Mathilda Côté, 63 ans, 1195 rue Cartier; la petite Denise Wistaff, 8 ans, 2031 rue Demontigny; et une jeune fille, non encore identifiée, d'environ 25 ans. (...)

Un léger incendie

D'après le récit des victimes, de la police et des témoins oculaires, cette panique, qui ressemblait par certains côtés à la panique d'il y a dix-sept ans au Laurier Palace, et qui fit plus de 70 victimes, a été provoquée par un commencement d'incendie, éteint cinq minutes à peine après avoir été découvert.

De fait, l'alerte a été sonnée à 9 h. 17 et le retour à 9 h. 23. A ce moment, il y avait environ 1,000 personnes assises dans l'enceinte construite pour en abriter 2,000. Une vingtaine de minutes auparavant, les agents spéciaux Rodrigue Christin et Donant Leduc, du poste no 13, avaient effectué leur tournée, et dans le rapport qu'ils ont remis plus tard à l'inspecteur Frank Lemlin et au capitaine Arthur Hébert, du poste no 13, ils ont déclaré que lors de leur visite tout était parfaitement calme au Stade Ontario, les allées étaient libres à l'exception des placiers qui circulaient, et les trois grandes portes de l'enceinte parfaitement dégagées.

Précautions prises

Autrement dit, toutes les précautions exigées par les règlements de la cité avaient été suivies à la lettre par les propriétaires. (...) La représentation se déroulait au grand plaisir de l'assistance, composée en grande partie de femmes assez âgées ou de fillettes. (...)

Soudain, un lieutenant de police qui parcourait les rues à ce moment, le lieutenant A. Plaisance, aperçut une flamme et une fumée qui se dégageaient du Stade.

Aussitôt, il alerta les pompiers, et quelques secondes plus tard, les fourgons de la caserne no 19 surgissent sur les lieux, et en un tournemain les pompiers étouffent les flammes.

La panique éclate

Jusque-là, tout va bien. La foule a remarqué l'incendie, se sent un peu nerveuse, mais chacun garde sa place et l'impresario annonce que dans dix minutes la représentation va reprendre son cours.

A ce moment, une voix partant du haut des estrades lance un cri: Au feu. C'est l'étincelle qui met le feu aux poudres. Un mouvement irrésistible se produit dans l'assistance. Une grappe de spectateurs se détache du haut des estrades, saute par-dessus les têtes des personnes assises en avant, déferle en bas des bancs et s'élance vers la sortie.

Cette vague écrase, entraîne tout sur son passage. La panique est déclenchée. Des cris de souffrances s'élèvent de la gorge des femmes et des fillettes écrasées sous les bottes de ceux qui veulent inconsidérablement gagner la porte.

Les premiers rendus à la porte tombent sous la poussée de ceux qui les suivent. Ils tombent. Ils s'empilent les uns sur les autres et bientôt leur monceau obstrue totalement l'entrée. Cette tragédie se déroule à la sortie nord, rue Ontario. (...)

Une clameur immense jaillit du désordre et de l'enchevêtrement, clameur si forte que plusieurs spectateurs qui assistent à la joute entre le Montréal et le Baltimore au Stade, de l'autre côté de la rue, quittent leurs sièges et viennent grossir le nombre des badauds dont les rues avoisinantes regorgent bientôt.

Cette photo montre le peu de dégâts causés par l'incendie.

Photos de l'extérieur et de l'intérieur du stade Ontario, où trois personnes trouvèrent la mort lors d'une panique subséquente à un début d'incendie immédiatement éteint par les pompiers.

C'EST ARRIVÉ UN 3 AOÛT

1981 — Plus de 11 000 contrôleurs de l'air américains syndiqués se mettent en grève. Le président Reagan enjoint les grévistes de reprendre le travail, faute de quoi ils seraient congédiés.

1979 — Décès du cardinal Alfredo Ottaviani, à l'âge de 89 ans.

1977 — Décès de l'archevêque Makarios III à l'âge de 63 ans. Le prélat de l'Église orthodoxe grecque était président de Chypre depuis l'accession de ce pays à l'indépendance en 1960. — Des révolutionnaires portoricains (FALN) frappent à New York: un mort, sept blessés.

1972 — Le Sénat américain ratifie les accords SALT.

1969 — Anatole Kouznetsov renie toutes ses oeuvres antérieures écrites sous le contrôle de la censure soviétique. — Au cours d'un vol de secours, un appareil de la Canairelief s'écrase au Biafra, causant la mort de quatre Canadiens.

1967 — Selon des rapports parvenus à l'Ouest, de violents combats auraient fait des milliers de morts et de blessés dans le sud de la Chine.

1963 — Impliqué dans l'affaire Christine Keeler, en Angleterre, l'osthéopathe Stephan Ward se suicide. — Herman Willemse gagne la Traversée du lac Saint-Jean pour une troisième fois.

1961 — Le premier ministre de la Saskatchewan, M. Thomas Clement Douglas, est élu chef national du Nouveau Parti démocratique, au congrès du parti tenu à Ottawa.

1954 — Décès à Paris, à l'âge de 81 ans, de la grande romancière Colette.

1949 — Laurent Dauthuille bat le Montréalais Johnny Greco devant près de 20 000 spectateurs, au stade de Lorimier.

1937 — Un hydravion de la société Pan American-Grace s'abîme dans l'Atlantique avec 14 personnes à bord, au large de Cristobal, au Panama.

1936 — L'Américain Jesse Owens gagne le 100 m aux Jeux de Berlin, au grand dam du führer Adolf Hitler.

1927 — Sacco et Vanzetti sont condamnés à mourir pour un meurtre commis en avril 1926.

1916 — Exécution du traître irlandais, sir Roger Casement, à Londres.

1914 — L'Allemagne déclare la guerre à la France et envahit la Belgique.

1906 — Un incendie détruit les bâtiments de l'Exposition universelle de Milan.

Le tribunal «condamne sans hésitation» le discours prononcé par M. René Chaloult; mais, en tenant compte «du doute possible», il décide de libérer l'accusé

ME René Chaloult, député de Lotbinière à l'Assemblée législative, a été acquitté, ce matin **(3 août 1942)**, de l'accusation d'avoir violé les règlements de la défense nationale dans un discours prononcé, le 19 mai dernier, au marché Saint-Jacques. Le juge Edouard Archambault, de la Cour des sessions, tout en condamnant le discours de Me Chaloult, comme étant une violation de l'article 39 des règlements de la défense, a déclaré qu'il fallait tenir compte des circonstances particulières dans lesquelles les paroles avaient été prononcées et également du doute possible sur la question de bonne foi.

«Le tribunal, a-t-il dit, condamne sans hésitation ce discours comme une violation de l'article 39 des règlements de la défense, mais en tenant compte de l'article 39b, des circonstances particulières et du doute possible sur la question de bonne foi, le prévenu est libéré des fins de la plainte.»

Une foule considérable a assisté au prononcé du jugement en la cour No 1 du nouveau palais de justice. Me René Chaloult était accompagné de ses avocats, Mes Fernand Choquette, député de Montmagny à l'Assemblée législative, Philippe Monette, ancien député de Laprairie à l'Assemblée législative et Marie-Louis Beaulieu, avocat de Québec. On remarquait également aux côtés de Me Chaloult, M. Maxime Raymond, député de Beauharnois-Laprairie aux Communes, Me Paul Gouin, chef de l'Action libérale nationale, M. André Laurendeau, secrétaire de la Ligue pour la Défense du Canada, Me Jean Drapeau, M. Philippe Girard, et une foule d'autres. (...)

La plainte, déposée avec l'autorisation du procureur général du Canada et complétée par l'annexe d'un compte-rendu du discours reproché à l'inculpé, est ainsi conçue:

«Je suis informé, j'ai raison de croire et je crois véritablement qu'en la cité de Montréal, district de Montréal, le 19 mai 1942, René Chaloult a, en présence de plusieurs milliers de personnes, fait des déclarations et affirmations destinées et propres à causer de la désaffection à l'endroit de Sa Majesté, à nuire aux succès des armées de Sa Majesté, des armées de Puissances armées ou associées, à nuire au recrutement, à l'entraînement, à la discipline des armées de Sa Majesté, destinées et propres à nuire à la sécurité de l'Etat et à la poursuite efficace de la guerre, le tout à l'occasion et au cours d'un discours substantiellement rapporté à l'annexe des présentes; le tout en violation de l'art. 39 des Règlements de la Défense du Canada.

«C'est pourquoi, étant dûment autorisé aux fins des présentes, je demande justice et je signe.

C.W. CHARRON,
«Membre de
la Royale Gendarmerie
à Cheval du Canada».

Les fêtes de Christophe Colomb

HUELVA, 4 — Les navires espagnols qui prenaient part à la célébration du quatrecentième anniversaire de la découverte de l'Amérique par Christophe Colomb, sont rendus à Palos, port où Colomb s'est embarqué le 3 août 1492. Les navires étrangers qui doivent assister à ces fêtes, ont suivi la flotte espagnole.

La caravelle construite sur le modèle de Santa Maria qui portait Colomb, a traversé les lignes formées par les navires espagnols et étrangers, à l'entrée du port de Palos. La caravelle se rendra à La Havane, au mois de janvier prochain, et de là à New York pour le mois de mars. Aucun autre navire ne l'accompagnera dans ce voyage.

Cela se passait le 3 août 1892.

La ligne distinguée des robes du soir

A — Robe en crêpe frisson, ornée de fleurs de strass et d'un large coquillé doublé de satin clair.

B — Robe du soir en mousseline de soie, se découpant sur deux volants.

C — Robe du soir de ligne tout à fait moderne, en crêpe georgette. Deux petites ailes sont disposées sur les épaules en arrière.

D — Robe du soir en mousseline de soie imprimée. Des formes marquent un léger mouvement de drapé à la taille.

E — Robe du soir en crêpe arachné, avec volant ondulé disposé sur la jupe et se terminant par une pointe sur le devant.

(Ces modèles proviennent de «Paris-Elégant» par courtoisie de M. Joseph-M. Diet, représentant à Montréal).

Page publiée le *3 août 1929.*

Un danger menace les Jeux Olympiques

HELSINKI (PC) — Avery Brundage, de Chicago, le nouveau président du Comité international olympique, a déclaré **(le 3 août 1952)** qu'un nationalisme outré menace les Jeux Olympiques.

Brundage parlait apparemment de l'extraordinaire et vive lutte que se sont livrée les Etats-Unis et la Russie pour décrocher les honneurs des Jeux Olympiques. Il a laissé savoir qu'il désapprouvait la pratique de faire l'addition des points des divers porte-couleurs d'un pays pour en arriver à décerner les honneurs des Jeux à tel ou tel pays.

Brundage a déclaré au cours d'une conférence de presse:

«Si ces Jeux dégénèrent en une compétition nationale, nous aurons quelque chose de bien différent de ce que nous sommes disposés à obtenir.

«Si cela devient une lutte gigantesque entre deux grandes nations riches en talents et en ressources, l'esprit des Jeux Olympiques sera détruit.

«Le comité olympique est vivement inquiet de cet esprit de nationalisme. Nous ne savons pas ce que nous pouvons faire à ce sujet mais nous nous proposons d'étudier le problème.

«Déjà, nous avons fait adopter une résolution demandant aux journaux d'abandonner la tendance à parler du succès des pays, et d'appuyer surtout sur les exploits individuels, ce qui est le véritable but des Jeux Olympiques.»

L'agence de nouvelles russes Tass a déclaré que la Russie ne se propose pas de faire aucun calcul sur les points obtenus par chacun des pays.

....

Prononcées dans les heures qui ont suivi la cérémonie de clôture des Jeux olympiques d'Helsinki, ces paroles de l'ex-président Brundage avaient quelque chose de prophétique et les faits lui donnèrent d'ailleurs amplement raison. Vingt-huit ans plus tard, jour pour jour, le ***3 août 1980****, prenaient fin les Jeux de Moscou, les premiers à faire les frais du nationalisme outrancier qu'il déplorait, quatre ans avant que les Soviétiques et leurs vassaux socialistes remettent aux Américains la monnaie de leur pièce en boycottant les Jeux de Los Angeles.*

Ce nationalisme avait commencé à se faire sentir aux Jeux d'Helsinki, pourtant les meilleurs Jeux de l'histoire de l'avis de plus d'un connaisseur, de par leur simplicité, leur coût modeste et la cordialité attachante des Finlandais, à la suite de la lutte effrénée que s'étaient livrée les Américains et les Soviétiques.

Soulignons en terminant que les Jeux du Commonwealth d'Edmonton ont également débuté un ***3 août (en 1978)****. La cérémonie d'ouverture a été présidée par la reine Elizabeth II.*

Lancement réussi d'un missile balistique intercontinental

CAP CANAVERAL, Floride, 4 (PA-UPI) — Le missile balistique intercontinental Atlas a été lancé à pleine force, hier **(3 août 1958)**, dans son premier voyage d'essai réussi dans l'espace.

Cette fusée de 100 tonnes à trois engins est la plus puissante arme jamais utilisée par le monde de libre.

Cette réussite éclatante a rehaussé le prestige du missile balistique intercontinental (ICBM) américain et compensé la faillite du 19 juillet, alors qu'un Atlas à trois engins éclata très haut dans le ciel.

L'Atlas a été mis à feu à 6 h. 16 p.m. H.A.E., propulsé par deux roquettes d'appui et un engin de soutien principal, fonctionnant à plein gaz.

Une explosion de couleur orangée et une détonation assourdissante ont salué le départ du missile qui a monté tout droit, accélérant rapidement pendant 50 secondes, puis opérant un redressement et filant au sud-est à une vitesse de 15,000 milles à l'heure.

Jusqu'à ce que cet Atlas eût été lancé à quelque 2,500 milles dans l'Atlantique, la Russie pouvait, d'un ton menaçant, prétendre être la seule à pouvoir atteindre des cibles sur un autre continent avec des cônes nucléaires. (...)

«C'est le premier essai réussi où l'on ait utilisé les engins d'appui et de soutien, déclare le communiqué. Ce projectile de 85 pieds de longueur a été lancé à une distance d'environ 2,500 milles pour éprouver les éléments de ces engins.»

On s'attend de recevoir aujourd'hui une déclaration confirmant ce que les spécialistes en missiles savent déjà, c'est-à-dire que les Etats-Unis ont enfin mis en opération un missile balistique intercontinental.

Mais des informateurs sérieux assurent que le succès d'hier signifie qu'au besoin on pourra charger le gros missile de carburant et l'envoyer à 6,200 milles avec une ogive thermonucléaire.

LA PRESSE
100 ans d'actualités

L'ANGLETERRE EN GUERRE

LONDRES, 5 — La Grande-Bretagne a déclaré la guerre à l'Allemagne, à sept heures, hier soir **(4 août 1914)**, parce que le gouvernement de Berlin a refusé de respecter la neutralité de la Belgique. L'Allemagne a riposté, aujourd'hui, par une déclaration de guerre à la Grande-Bretagne. Actuellement, sept pays sont engagés dans le conflit. Ce sont la Grande-Bretagne, la Russie, la France, l'Allemagne, l'Autriche, la Serbie et le Monténégro. L'Italie a décidé de rester neutre; mais le Kaiser a menacé de la forcer à combattre. Le Japon mobilise ses forces pour aider la Grande-Bretagne, au besoin. La Hollande et la Belgique qui, déjà, ont été envahies par les troupes allemandes, sont à concentrer leurs armées pour défendre leur sol. L'Italie, la Suisse, la Suède et la Turquie se préparent pour être en état de faire respecter leur neutralité. Les Etats-Unis et le Danemark ont proclamé officiellement leur neutralité. La loi martiale a été établie en Grande-Bretagne et en Belgique. Voilà la situation extraordinaire causée par la provocation de l'Allemagne.

Les dépêches reçues de tous côtés donnent, aujourd'hui, des renseignements importants. Ainsi, on annonce que les Allemands ont violé la neutralité de la Suisse et qu'ils sont entrés à Tilbourg, en Hollande. On annonce aussi qu'une escadre allemande, comprenant dix-neuf vaisseaux, croise dans la Baltique, entre Memel et Libau; que les troupes russes et allemandes se battent dans le nord de la Prusse; que les soldats de l'empereur Guillaume, après un combat de plusieurs heures, se sont emparés de la ville belge de Visé où l'incendie a été allumé; que la ville d'Argenteau est en feu et que 100,000 soldats allemands marchent sur Liège.

Une dépêche américaine dit qu'un engagement naval a eu lieu au large de Portland où huit vaisseaux de guerre croisent.

Les câbles transatlantiques reliant l'Allemagne aux Etats-Unis ont été coupés.

La rumeur assure qu'une grande bataille navale se livre dans la mer du Nord.

Une dépêche officielle de Paris affirme que dix-sept Alsaciens ont été massacrés. Ces Alsaciens voulaient se rendre en France pour défendre le drapeau tricolore.

Le détroit des Dardanelles a été clos par la Turquie qui veut, elle aussi, faire respecter sa neutralité.

Cet après-midi, il a été annoncé que les marins anglais avaient remporté une grande victoire dans la mer du Nord. Il a été, en même temps, annoncé que de grandes batailles étaient sur le point d'être livrées en France et en Allemagne.

....

Le même jour, LA PRESSE publiait un autre article consacré aux réactions de la population montréalaise à la déclaration de la guerre par Londres. Selon le journal, la nouvelle officielle a été reçue avec enthousiasme et provoqua même une affluence dans les manèges et les salles d'exercices où des dizaines se présentèrent pour s'enrôler dans l'armée. Quant aux différents régiments, certains en profitèrent pour défiler dans les rues de la métropole, aux applaudissements de publics nombreux. On était évidemment encore bien loin de la «bataille de la conscription de 1917», et encore plus de celle de 1940...

Pendant que Margaret se repose

Vaines recherches pour trouver Me John Turner

OTTAWA, 5 (UPI) — La princesse Margaret a passé la journée d'hier **(4 août 1958)** à se reposer au lac Harrington, des fatigues de son voyage en terre canadienne. Et pendant ce temps, des rumeurs de toutes sortes circulaient au sujet de Me John Napier Turner, son principal partenaire de danse depuis son arrivée dans notre pays, qui n'a pas été vu en public depuis 3 h. du matin dimanche.

Certaines sources de renseignements indiquaient même, hier, que le jeune homme avait passé une partie de la journée de samedi en compagnie de la jeune fille, sur les bords du lac Harrington, à une quinzaine de milles au nord d'Ottawa, dans la vallée de la Gatineau. (...)

La princesse a quitté le lac Harrington à 10 h. 40 ce matin, par hélicoptère, pour retourner à Ottawa, d'où elle est montée dans le train royal à destination de Montréal.

Où est Me Turner?

Pendant ce temps, Me Turner demeure invisible. Le jeune homme avait retenu l'attention de la princesse aussi bien à un bal qui a eu lieu à Vancouver, qu'à une danse qui s'est déroulée, samedi soir dernier, à la résidence du gouverneur général, le très hon. Vincent Massey, où il a dansé avec elle durant deux heures et demie.

Après cette danse, qui avait été précédée d'un dîner, Me Turner n'est pas retourné, ainsi que prévu, au domicile du contre-amiral K.L. Dyer et de Mme Dyer; il n'y est également pas rentré dimanche soir, bien qu'on l'y attendait à ce moment.

Dans les milieux proches de la princesse, on écarte cependant toute allusion à une affaire de coeur entre la jeune fille, qui est âgée de 28 ans, et Me Turner, qui a 29 ans, fait partie d'une famille riche, est un athlète remarquable et a déjà connu le succès dans sa carrière d'avocat.

On indique que les deux jeunes gens ont été présentés l'un à l'autre tout simplement parce que la princesse désirait rencontrer un jeune homme de son âge pour se reposer un peu du caractère officiel de toutes les manifestations auxquelles elle a eu à participer depuis son arrivée dans notre pays. (...)

LA PRESSE apprenait, le *4 août 1931*, par câblogramme envoyé par M. René Doumic, secrétaire perpétuel de l'Académie française, que l'illustre société venait de couronner l'oeuvre du journal, en lui octroyant la médaille créée en 1914, «pour services rendus à la langue française». Cette photo montre l'avers de la médaille remise à LA PRESSE, représentant le cardinal Richelieu, fondateur de l'Académie française. Et coïncidence remarquable, LA PRESSE avait reçu le câblogramme le jour du 83e anniversaire de naissance du regretté Trefflé Berthiaume, l'âme et l'inspiration de LA PRESSE.

L'essentiel du regroupement des indépendantistes est fait

— Lévesque et Grégoire

par Pierre GODIN

NOUS venons de faire un pas décisif pour l'avenir du Québec. Nous croyons que l'essentiel du regroupement des indépendantistes est fait, avec la fusion du MSA et du RN, ont déclaré, hier soir **(4 août 1968)**, MM. René Lévesque et Gilles Grégoire en rendant publics les termes de l'entente intervenue entre les deux groupements.

A l'occasion d'une conférence de presse, dans la métropole, MM. Lévesque et Grégoire ont affirmé que la complémentarité sociale et régionale du Mouvement Souveraineté-Association et du Ralliement national permettra la création d'un parti qui sera «très fort» dès le départ. Il groupera environ 35,000 membres.

Le MSA compte plus de 12,000 membres répartis principalement dans les zones urbaines; la faiblesse vient de son maigre enracinement en milieu rural ou semi-rural et d'un faible recrutement de milieux ouvriers et paysans. C'est un mouvement régional, ayant le plus fort de ses effectifs dans le sud-ouest de la province.

Quant au RN — 23,000 membres inscrits, a révélé M. Grégoire — ses châteaux-forts se retrouvent dans les milieux ruraux et semi-urbains. Il recrute ses membres dans l'est du Québec: Abitibi, Lac St-Jean, Québec et sa région jusqu'à Rimouski.

Le texte de l'entente entre le MSA et le RN, que le Rassemblement pour l'Indépendance nationale s'est refusé à entériner, mettant ainsi fin aux négociations entre lui et les deux autres groupes, rassemble quatre objectifs fondamentaux: créer démocratiquement un Etat souverain de langue française; instaurer une démocratie électorale, mais aussi économique, sociale et culturelle; respecter jalousement les droits scolaires de la minorité anglophone, et négocier un traité d'association économique avec le Canada anglais. (...)

C'EST ARRIVÉ UN 4 AOÛT

1982 — Le gouvernement provincial suspend temporairement le droit de grève des employés de la CTCUM.

1980 — Une explosion dans la gare de Bologne fait 76 morts et 203 blessés. Des terroristes d'extrême-droite revendiquent l'attentat.

1978 — L'ex-chef du Parti libéral d'Angleterre, Jeremy Thorpe, est inculpé de tentative de meurtre.

1972 — Ouverture des deuxièmes Jeux d'été du Québec, à Chicoutimi.

1969 — Ouverture de la 10e conférence annuelle des premiers ministres provinciaux, à Québec. Les provinces font front commun pour demander à Ottawa de se tenir loin des municipalités.

1966 — Fin de la grève dans les hôpitaux du Québec après 20 jours.

1960 — Approbation par les Communes de la Déclaration canadienne des droits de l'homme. — Québec annonce l'acquisition par Hydro-Québec d'une partie du réseau de la Shawinigan Water and Power.

— Le *X-15* américain atteint une vitesse record de 2 150 milles à l'heure.

1958 — Le ministre de la Défense, le major-général George R. Pearkes, annonce que le Canada demandera aux États-Unis de lui fournir des armes atomiques pour la défense de son territoire.

1952 — Un violent incendie cause des dégâts inestimables à la bibliothèque du parlement d'Ottawa.

1943 — Les libéraux perdent le pouvoir aux mains des progressistes-conservateurs de George Drew, lors des élections générales d'Ontario.

1939 — Le général Francisco Franco devient le chef suprême d'Espagne.

1929 — Le dirigeable *Graf-Zeppelin* arrive à Lakehurst, au New Jersey, après avoir traversé l'Atlantique en environ 93 heures.

1903 — Le cardinal Joseph Sarto est élu comme successeur du pape Léon XIII, et prend le nom de Pie X.

1891 — L'« affaire de la Baie-des-Chaleurs » éclate. Mercier et Pacaud sont accusés d'avoir alimenté la caisse électorale du Parti national à même les fonds versés par le gouvernement pour la construction du chemin de fer de la Baie-des-Chaleurs.

téléphoto UPI

L'autobus de la tragédie, qu'un puissant camion retire graduellement des eaux du lac d'Argent.

Un autobus plonge dans un lac: 43 morts

EASTMAN (d'après PC) — Un autobus transportant 49 handicapés a plongé cette nuit **(4 août 1978)** dans le lac d'Argent, à quelque 80 km au sud-est de Montréal, et, selon les premières constatations, on craignait que six personnes seulement n'aient survécu.

Des plongeurs professionnels ont immédiatement été dépêchés sur les lieux, en même temps qu'une trentaine d'agents de la Sûreté du Québec. Le sergent Saint-Amand, du détachement de Granby, a précisé que l'autobus gisait par six mètres de fond.

L'autobus retournait à Asbestos, à une cinquantaine de kilomètres d'Eastman, où les visiteurs venaient d'assister à une représentation au théâtre de la Marjolaine. Tous étaient originaires d'Asbestos.

Le chauffeur — l'un des survivants — a déclaré à la police que ses freins avaient cédé alors qu'il descendait une pente abrupte, et que l'autobus avait quitté la route et plongé dans le lac.

Le pire accident d'une nature similaire qui se soit produit au Québec est survenu en janvier 1967, lorsque 19 étudiants et le chauffeur de leur autobus ont perdu la vie quand leur véhicule a été happé par un train de marchandises à un passage à niveau de Dorion. (...)

Des problèmes à une roue?

Le conducteur de l'autobus (...) a confié à des amis, qui étaient venus le rencontrer samedi durant les opérations de récupération près du site du plongeon fatal, qu'il avait entendu dire que l'autobus avait éprouvé des problèmes avec une roue la veille de l'accident.

Plus tôt, il avait raconté aux journalistes que c'est au moment où il descendait la côte à une vitesse de 20 milles à l'heure qu'il s'est aperçu que le véhicule n'avait plus de frein.

«J'ai alors tenté d'embrayer en deuxième pour obtenir plus de compression mais cela n'a pas fonctionné. Nous avons alors pris de la vitesse et quand j'ai vu le lac, j'ai pensé qu'en y plongeant dedans, l'eau amortirait le choc. J'ai aussitôt crié aux passagers de se cramponner à leur siège.

Denis Martel, qui occupe un emploi d'opérateur de machinerie lourde, conduisait à temps partiel des autobus depuis trois ans.

Une vision de cauchemar

C'est une vision de cauchemar qui attendait les témoins vers 4 heures du matin, dimanche, lorsqu'on a retiré de l'eau du lac d'Argent (...) l'épave de l'autobus qui contenait encore 39 victimes sur 40, noyées dans des circonstances dramatiques. (...)

En effet, à mesure que le camion-toueur retirait lentement des eaux boueuses du lac le lourd véhicule, on pouvait encore apercevoir des victimes entassées à la place du conducteur comme si elles avaient tenté désespérément de sortir par la portière et d'autres encore assises à leur banc. (...)

Le groupe était composé en majorité d'handicapés et de vieillards qu'accompagnaient des bénévoles de même qu'une religieuse et un abbé.

BABILLARD

Un monastère centenaire

Le **Monastère des Ursulines de Stanstead**, dans les Cantons de l'Est, célèbre aujourd'hui son centième anniversaire de fondation. C'est en effet en août 1884 que neuf Ursulines de Québec se rendaient à Stanstead, où elles furent accueillies par Mgr Antoine Racine, pour y fonder un monastère. Le premier couvent est construit sur un terrain acheté par les curés Michael McAuley et Amédée Dufresne et il accueille ses premières élèves dès septembre 1884. Une seconde maison viendra s'ajouter en 1894, puis une troisième en 1907.

L'Amicale des anciennes de Stanstead, qui célèbre incidemment son jubilé d'or en cette année historique, célébrera cependant l'événement seulement le 25 août, par une journée qui comprendra une messe, un banquet et une soirée de réminiscences audiovisuelles.

Soulignons que parmi les anciennes du monastère, on retrouve notamment Mme Renaude Lapointe, ex-journaliste et éditorialiste à LA PRESSE, ex-présidente du Sénat et membre du Conseil privé du Canada.

«Mon cher Maurice...»

Il y a deux jours, c'était Félix Leclerc qui célébrait son 70e anniversaire de naissance. Aujourd'hui c'est au tour de Maurice Richard de se «laisser parler d'amour» à l'occasion de son 63e anniversaire de naissance. LA PRESSE se joint aux légions d'admirateurs de l'immortel du hockey pour lui souhaiter santé, bonheur et longévité.

ACTIVITÉS

AUJOURD'HUI

■ À la radio

17 h, Radio-Canada — Chronique consacrée à LA PRESSE à l'émission *Avec le temps*, animée par Pierre Paquette.

AUJOURD'HUI ET DEMAIN

■ LA PRESSE raconte Montréal

Chalet du Mont-Royal — Conjointement avec une exposition intitulée « Un îlot dans une île », LA PRESSE propose aux visiteurs qui se rendront au Chalet du Mont-Royal d'ici le 9 septembre une cinquantaine d'illustrations permettant à LA PRESSE de « raconter Montréal ».

■ LA PRESSE et la médecine

Musée Laurier d'Arthabaska — Exposition d'archives sous le thème « 100 ans de médecine », jusqu'au début de septembre.

DEMAIN

■ LA PRESSE à Terre des Hommes

À La Ronde — En collaboration avec la Ville de Montréal, LA PRESSE offre à chaque dimanche, en fin de journée, un spectaculaire feu d'artifice. Jusqu'au 2 septembre inclusivement.

Molson rachète le Canadien

LES Brasseries Molson du Canada Limitée ont fait l'acquisition du club de hockey Canadien, de la ligue Nationale, pour la somme de $20 millions, a-t-on annoncé hier **(4 août 1978)**.

La transaction en vertu de laquelle Molson a acheté toutes les actions du club de Carena Bancorp Inc., s'étend à la concession des Voyageurs de la Nouvelle-Écosse, de la ligue Américaine, à tous les intérêts du Canadien dans des concessions de hockey junior, ainsi qu'à l'exploitation du Forum de Montréal, tant au niveau du hockey qu'à celui des spectacles. Molson a en effet pris en charge le bail du Forum de Montréal pour un laps de temps non précisé. Le contrôle du Forum demeure toutefois aux mains de ses anciens propriétaires. (...)

Aucune décision n'a encore été prise relativement à d'éventuels changements au niveau du conseil d'administration. Quant au club, il gardera sa pleine autonomie et son entière liberté administrative distincte. (...)

Après avoir vendu le Canadien, les frères Edward et Peter Bronfman ont précisé que cette vente n'avait qu'un caractère financier.

La vente à la brasserie Molson est survenue à l'issue d'une semaine au cours de laquelle des rumeurs ont circulé sur l'acquisition éventuelle de l'équipe pour $23 millions par la brasserie Labatt du Canada Limitée, une entreprise concurrente, dont le siège social est situé à London, en Ontario.

La prestigieuse famille Molson a donc réétabli solidement ses liens avec la meilleure équipe sportive professionnelle au Canada. On se souvient que la famille Molson avait été propriétaire de l'équipe de 1957 à 1971, alors qu'elle avait vendu le Canadien aux frères Bronfman pour $15 millions.

LA PRESSE
100 ans d'actualités

LA BOMBE A FAIT 100,000 VICTIMES

Tokyo dit que presque tous les êtres vivants du centre d'Hiroshima ont été brûlés à mort dans l'explosion de la bombe atomique.

GUAM, 8 (BUP) — Tokyo admet aujourd'hui que la plus grande partie d'Hiroshima a été complètement détruite par une seule bombe atomique, lundi **(6 août 1945)**; on ajoute que les corps déchiquetés et brûlés, trop nombreux pour être comptés, jonchent les ruines.

«L'impact de la bombe a été si terrible que presque tous les êtres vivants, humains et animaux, ont été littéralement brûlés à mort par l'effroyable chaleur engendrée par cette explosion», dit un commentateur radiophonique de Tokyo.

Les photos prises par les avions de reconnaissance américains prouvent que 4-1/10 milles carrés de la zone bâtie d'Hiroshima, soit 60%, ont disparu sans laisser de traces dans la plus grande explosion que le monde ait jamais connue.

Il a été calculé non officiellement que le nombre des Japonais tués ou blessés dépassera 100,000.

Cinq grandes usines de guerre et des vingtaines de fabriques, des immeubles à bureaux et des logis ont été rasés. Il ne reste que quelques charpentes d'édifices en béton. On est à évaluer les dommages causés hors de la zone directement atteinte.

Radio-Tokyo, rompant un silence de 60 heures après ce raid, dit que «l'indescriptible puissance destructive» de la bombe a broyé les gros édifices comme les petits dans un holocauste sans précédent.

Les habitants ont été tués par l'explosion, le feu et l'effondrement des immeubles, dit Tokyo. La plupart des corps étaient si mutilés qu'il était impossible de distinguer les hommes des femmes. (...)

Impressions sur le raid

Voici les récits des hommes qui ont lancé la première bombe atomique contre le Japon.

Le colonel Paul W. Tibbets, 36 ans, de Miami, pilote de la superforteresse «Enola Gay», raconte:

«Nous avons choisi Hiroshima comme objectif. Nous n'avons rencontré aucune opposition et les conditions de visibilité étaient excellentes; nous avons lancé la bombe, à l'oeil, à 9 h. 15 a.m.

«Seuls le capitaine Persons, le major Thomas Forebee et moi-même savions ce que nous allions lancer. Les autres membres de l'équipage savaient simplement que nous accomplissions une mission spéciale.

«Nous savions qu'il nous fallait nous éloigner le plus rapidement possible; en 30 secondes nous avons tourné et nous avons eu une vue d'ensemble de l'objectif. Il est difficile de se représenter ce que nous avons vu alors.

«Au-dessous de nous s'est élevé un gigantesque nuage noir. Nous ne pouvions plus rien voir de l'endroit où quelques minutes auparavant il nous était facile de voir distinctement à l'oeil les contours de la ville, ses rues, ses édifices et les quais sur le bord de l'eau.

«Cela s'est produit si rapidement que nous n'avons pu rien voir; nous avons simplement senti la chaleur et le choc de l'explosion.

«L'avion a subi une couple de coups. Nous avions l'impression que c'étaient des balles anti-avions qui éclataient près de nous. J'ai lancé un appel aux membres de l'équipage mais nous étions tous sains et saufs.» (...)

Un sinistre souvenir de la bombe atomique près duquel on s'efforce d'oublier...

LE MAIRE CAMILLIEN HOUDE EST ARRETE ET IMMEDIATEMENT INTERNE

(Du correspondant de la PRESSE)

OTTAWA, 6 — Pas un mot n'a été dit ce matin **(6 août 1940)** au commencement de la séance de la Chambre des Communes concernant l'internement *(le 5)* du maire *(Camillien)* Houde, et l'on ne croit pas maintenant que le gouvernement en fasse. De bonne heure ce matin, le très hon. Ernest Lapointe a simplement dit: «Je ne peux pas discuter ces choses».

Pour longtemps?

La question que l'on se pose dans le moment est la durée de l'internement du maire. On ne croit pas que ce soit pour toute la durée de la guerre, mais cela dépendra probablement de sa conduite. D'après les règlements des camps de concentration, il y a égalité absolue de traitement, sans autre favoritisme. Le lever se fait entre 5 h. 30 et 6 h. du matin, et à 10 h. du soir la lumière s'éteint. Le travail est distribué suivant la capacité physique de l'interné. On rapporte que le contremaître d'une équipe de mineurs est un millionnaire. Pour la nourriture, le régime est le même pour tous, excepté que l'on peut recevoir des fruits, etc. Les internés n'ont pas d'argent, mais il existe dans les camps d'internement un système de crédit. (...)

A l'hôtel de ville

L'arrestation du maire Houde et son internement immédiat dans un camp de concentration «quelque part» n'ont provoqué aucun émoi apparent à l'hôtel de ville. (...)

Les propos et conversations au sujet de la réunion du conseil de demain après-midi ne manquent point cependant. Chez le greffier, on nous a informé qu'il n'y a rien de changé sur l'ordre du jour et que l'item No 1: «Re Enregistrement national et Conscription» *(item inscrit à la demande du maire)* demeure. Mais si l'on en croit un grand nombre d'échevins, cet item sera biffé au caucus de demain matin. C'est l'échevin Edmond Hamelin, maire-suppléant, qui présidera la séance. (...)

Reste-t-il maire?

On croit que l'on s'informera si M. Houde demeure encore maire de Montréal, et s'il a droit à son traitement. Au contentieux, on nous a répondu que l'on ignorait tout de la décision qui pourrait être prise à ce sujet, mais qu'on étudierait la chose. Il serait aussi question de savoir si l'élection d'un nouveau maire en remplacement de M. Houde, s'impose. (...)

Au bureau du maire, M. Lucien Croteau, secrétaire particulier de M. Houde, nous a déclaré ce matin qu'il accompagnait le maire, hier soir, à son bureau de l'hôtel de ville et qu'il y a rencontré Mme Houde. Le maire semblait très calme et comme il avait plusieurs affaires à examiner, il demeura au travail de 8 h. à 10 h. 45. C'est alors qu'il se dirigea vers l'ascenseur pour sortir au square Vauquelin, par la porte nord-ouest de l'hôtel de ville. C'est à cet endroit, selon M. Croteau, qu'il a été appréhendé par les policiers fédéraux et provinciaux. (...)

Diane Jones-Konihowski, l'une des meilleures athlètes à jamais porter les couleurs du Canada en athlétisme, vient d'effectuer le lancement du poids qui lui permettait de mériter la médaille d'or du pentathlon, aux Jeux du Commonwealth, le *6 août 1978*. Vingt ans plus tôt, jour pour jour *(donc le 6 août 1958)*, l'Australien Herb Elliott avait réussi un exploit extraordinaire (pour l'époque) en franchissant le mille en 3:54,5 minutes.

C'EST ARRIVÉ UN 6 AOÛT

1979 — Premier d'une série de tremblements de terre à San Francisco.

1978 — Le pape Paul VI meurt d'une crise cardiaque, à l'âge de 80 ans. Chef de l'Église catholique, il avait été surnommé «Le Pèlerin». De son vrai nom, Giovanni-Batista Montini, il était né le 26 septembre 1897 et avait été élu pape le 21 juin 1963.

1977 — Enlèvement de Charles Marion, gérant de crédit de la Caisse populaire de Sherbrooke-Est.

1973 — Décès en Espagne à l'âge de 72 ans, de Fulgencio Baptista, ex-dictateur cubain.

1966 — La Hollandaise Judith de Nys devient la deuxième femme (après Greta Anderson en 1958) à gagner la Traversée du lac Saint-Jean. L'événement est assombri par l'écrasement d'un avion à quelque 200 pieds du quai d'arrivée.

1965 — L'enquête du juge George Challies révèle que l'écrasement d'un *DC-8F* d'Air Canada à Sainte-Thérèse, le 29 novembre 1963, responsable de la mort de 118 personnes, était probablement dû à une défectuosité mécanique. — Une loi québécoise constitue la cité de Laval, résultat de la fusion de 14 municipalités de l'île Jésus.

1960 — Réjean Lacoursière gagne la Traversée du lac Saint-Jean en neuf heures et demie.

1956 — La République populaire de Chine ouvre ses frontières à des journalistes pour la première fois en sept ans, Pékin invitant plusieurs journalistes américains à visiter le pays. Le gouvernement américain refuse toutefois d'autoriser le voyage.

1954 — Jack Dempsey, premier élu au Panthéon de la boxe. — Émilie Dionne, l'une des célèbres quintuplées, est décédée à Saint-Agathe-des-Monts.

1948 — William Lyon Mackenzie King démissionne comme chef du Parti libéral, après avoir été 29 ans à la tête de son parti.

1943 — Les Soviétiques exigent de leurs alliés l'ouverture d'un deuxième front contre l'Allemagne.

1932 — Ouverture officielle du canal maritime Welland.

1915 — Balayage libéral au Manitoba, lors des élections générales de cette province.

Wilbert Coffin sera pendu le 26 novembre

par Roger CHAMPOUX
envoyé spécial de la «Presse»

PERCÉ, 6 — «Coupable!» «Guilty!»

L'horloge placée au-dessus du banc des jurés marquait exactement 4 h. 55 **(le 6 août 1954)** lorsque M. Romuald Caron, cultivateur à l'Anse-à-Beaufils, un homme encore dans la trentaine, a prononcé d'une voix forte et claire ces deux mots qui scellent le sort de Wilbert Coffin, 41 ans, prospecteur de York-Centre, accusé du meurtre de Richard Lindsey, de Tollisdaysburg, Pennsylvanie. (...)

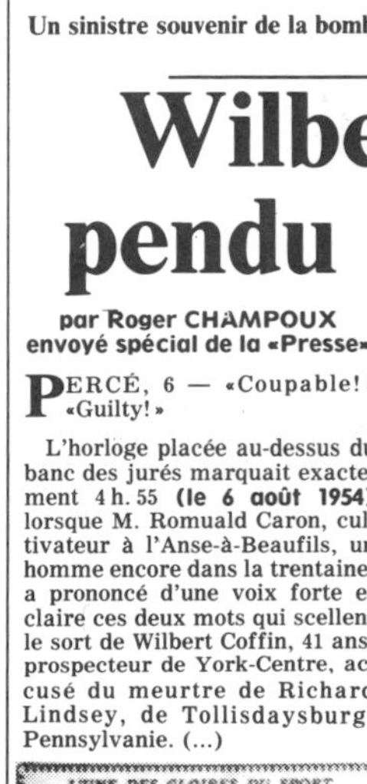

Gertrude Ederle, une jeune Américaine de New York âgé de 19 ans, devenait, le *6 août 1926*, la première femme à réussir la traversée de la Manche à la nage. Elle avait mis 14 heures et 31 minutes à relier le cap Gris-Nez, en France, à Douvres, sur la côte anglaise.

Le silence était lourd dans la minuscule salle du palais de justice de Percé pleine à craquer. Le dénouement attendu depuis 30 minutes allait être connu. (...)

Le président du tribunal, l'hon. juge Gérard Lacroix, portant le tricorne que cette fois il n'enlèvera pas (ainsi que l'exige la tradition) accéda à son fauteuil. «Faites entrer messieurs les jurés», dit-il.

Le greffier, M. S.J. Flynn, pose les questions traditionnelles. Qui doit répondre pour vous tous? Etes-vous tous d'accord pour rendre un verdict? Ce verdict est-il le même pour tous et chacun?

M. Romuald Caron s'est levé. (...) Aux trois premières questions, M. Caron a répondu par un oui sec.

«Et ce verdict quel est-il?» «Coupable!» «Guilty!»

Deux cris dans le fond de la salle: la soeur de l'accusé, Mme Felix Stanley, éclate en sanglots. L'autre cri est celui de la concubine de Coffin, Marion Petrie. (...)

Wilbert Coffin est livide. Sauf la lèvre inférieure qui tremble, sa figure est d'acier. Il regarde le juge qui lentement enfile les gants noirs.

«Coffin! Avez-vous quelque chose à dire?»

L'accusé — maintenant il est le meurtrier — abaisse les paupières mais les lèvres ne se desserent pas. Une seconde, deux secondes. (...)

Le juge Lacroix est très pâle, mais sa voix est ferme. «La sentence de la justice de votre pays, la voici. Coffin, vous serez conduit dans une prison que l'autorité désignera et où vous serez enfermé jusqu'au 26 novembre 1954. Ce jour-là, vous serez pendu par le cou jusqu'à ce que mort s'ensuive! Allez». (...)

Au procès de Wilbert Coffin, la Couronne était représentée par Me Noël Dorion, bâtonnier général de la province, Mes Paul Miquelon, de Québec, et C.-E. Blanchard, de Chandler. Les défenseurs de Coffin étaient Mes Raymond Maher, François de B. Gravel, de Québec, et Louis Doiron, de Chandler. (...)

L'OEUVRE DES ETRENNES AUX ENFANTS PAUVRES

C'EST aujourd'hui **(6 août 1897)** le premier jour des fêtes champêtres au profit de l'Oeuvre des étrennes aux enfants pauvres. La «Presse», qui a tant à coeur cette oeuvre, qui lui est si chère, n'a rien épargné de temps et d'argent pour le succès complet. Que la température que nous avons aujourd'hui continue jusqu'à demain et les nombreuses personnes qui se sont rendues au parc du Bout de l'Ile, garderont un souvenir vivace de cette belle fête. Si la recette aura été bonne, ce sera la plus grande récompense des membres du comité.

L'orchestre hongrois ne jouera pas seulement au parc du Bout de l'Ile, mais il fera entendre aussi quelques morceaux de choix à l'hôtel Bureau. Afin qu'il n'y ait pas d'encombrement sur les lignes des tramways, trois bateaux ont été retenus pour transporter les passagers. Demain, à midi, précis, le vapeur Hochelaga quittera le quai Bonsecours, pour le Bout de l'Ile, et à 8.30 heures p.m., le vapeur Cultivateur, quittera son quai pour se rendre au même endroit. Pour le retour, samedi, outre le service efficace de la Cie Belt Line, il y aura trois bateaux pour ramener les passagers. Par conséquent, que tous se rendent en foule, et chacun sera transporté avec confort. Les billets de tramways de la Belt Line seront tout aussi bons sur le bateau que sur les tramways, par conséquent, chacun pourra choisir la voie de transport qui lui plaira.

LA PRESSE

100 ans d'actualités

LA CONVENTION LIBERALE PREND FIN PAR LA NOMINATION DE KING AU POSTE DE CHEF

(Dépêche spéciale à la PRESSE)

OTTAWA, 8 — La grande convention nationale libérale s'est terminée hier soir **(7 août 1919)** à 7.40 heures, au milieu du plus grand enthousiasme et des acclamations de la foule autour du nouveau chef, l'hon. William Lyon Mackenzie King, ancien ministre du Travail dans le gouvernement Laurier. Il est vrai que M. King n'a été élu que par 38 voix de majorité sur l'hon. M. W.S. Fielding, ancien ministre des finances, mais sur proposition de ce dernier, secondée par MM. Graham et D.D. Mackenzie, l'élection de M. King à l'unanimité a été proclamée.

Jamais lutte plus loyale n'a eu lieu, au milieu d'un tournoi oratoire plus distingué. Jusqu'au dernier tour du scrutin, tous, y compris les organisateurs de la convention, n'avaient aucune idée qui serait élu. Les délégués ont été laissés entièrement libres, et quoique la majorité de ceux du Québec s'était prononcée en caucus pour M. King, M. Fielding a reçu de ce quartier un vote assez considérable. Au moment où le président réclamait le silence pour donner des instructions au scrutateur, lady Laurier, accompagnée de Madame Charles-A. Gauvreau et de Mlle Coutu, fit son entrée dans la galerie. Cet incident fut marqué par des vivats prolongés, et le président, se servant du mégaphone, à cause de la distance qui sépare l'estrade de la galerie, souhaita la bienvenue à la veuve de l'ancien chef.

L'hon. M. Fielding reconnaissait les difficultés de sa position comme candidat au poste suprême, et il en était tellement impressionné, qu'il avait écrit une lettre retirant sa candidature, avant-hier, mais il l'avait retirée à la demande des premiers ministres provinciaux Gouin, Murray, Martin et Foster. Ils l'assurèrent de leur appui, et ce n'est qu'hier matin, qu'il consentit à se laisser porter candidat. Il s'abstint de toute démarche personnelle auprès des délégués, mais le fait d'avoir appuyé le gouvernement de l'union et la conscription, à l'encontre de la politique de Laurier, rendit son élection tout à fait impossible. (...)

LE RESULTAT DU VOTE

Les préliminaires du premier tour de scrutin furent assez rapides et à 5 heures, sur le rapport des énumérateurs, MM. Murray et Gouin annoncèrent le résultat suivant: King 344, Fielding 297, *(George P.)* Graham 153, *(D.D.)* MacKenzie 153; bulletins rejetés: 2; total 949.

A 6 heures, on annonça le résultat du deuxième tour de scrutin comme suit: King 411, Fielding 344, Graham 124 et MacKenzie 60. Total, 939.

Alors que les scrutateurs procédaient à la réception des bulletins pour le troisième tour de scrutin, M. Graham s'avance et déclare qu'il se retire de la lutte. (...)

M. MacKenzie fait son entrée sur les entrefaites, à son tour, et fait part de sa retraite comme candidat. (...) Après consultation, les présidents annoncèrent que le troisième tour de scrutin serait le dernier, avec MM. King et Fielding comme candidats, et que l'on voterait sur le bulletin No 5.

Tout cela mit un peu de temps, et il était près de 7 heures lorsque les énumérateurs apportèrent la nouvelle du résultat final, qui donna 476 à M. King et 438 à M. Fielding, soit 38 voix de majorité pour M. King.

Cette nouvelle fut accueillie avec un enthousiasme délirant dans tous les groupes de chacune des provinces, et l'on est à se demander quels sont ceux qui ont bien pu voter pour M. Fielding.

L'hon. M. Fielding s'avançant sur l'estrade, proposa que l'élection de M. King soit déclarée unanime. (...)

....

Le ***7 août 1948****, donc 29 ans plus tard, jour pour jour, et sans aucun interrègne, M. Louis Saint-Laurent, ministre des Affaires étrangères dans le cabinet King en place, succédait à ce dernier comme chef du Parti libéral et premier ministre du Canada, avec une majorité sans précédent dans l'histoire du parti, au terme de la convention libérale tenue à Ottawa. En effet, M. Saint-Laurent l'emportait dès le premier tour de scrutin, avec 848 voix, contre 323 pour M. Gardiner, et 56 pour M. Power. Il est bon de savoir que M. Saint-Laurent était le favori de son prédécesseur pour assumer la direction du parti.*

William Lyon Mackenzie King, élu chef du Parti libéral à l'âge de 45 ans. Il avait été ministre du Travail dans le cabinet Laurier.

ACTIVITÉS

■ **LA PRESSE raconte Montréal**

Chalet du Mont-Royal — Conjointement avec une exposition intitulée « Un îlot dans une île », LA PRESSE propose aux visiteurs qui se rendront au Chalet du Mont-Royal d'ici le 9 septembre prochain une cinquantaine d'illustrations permettant à LA PRESSE de « raconter Montréal ».

■ **LA PRESSE et la médecine**

Musée Laurier d'Arthabaska — Exposition d'archives sous le thème « 100 ans de médecine », jusqu'au début de septembre.

Notre fête nationale

OTTAWA, 8 — D.N.C. — Le 1er juillet sera désormais appelé la «fête nationale du Canada», par suite de l'adoption au Sénat de l'amendement apporté au bill présenté aux Communes par M. Philéas Côté, demandant que ce jour s'appelle le «jour du Canada».

Un amendement à l'effet de renvoyer ce bill au comité pour étude supplémentaire, a été rejeté par un vote de 39 à 22. On sait que le comité de la banque et du commerce avait, hier matin **(7 août 1946)**, recommandé que le «jour du Dominion» s'appelle dorénavant «fête nationale du Canada», plutôt que «jour du Canada». La Chambre haute a voté hier après-midi cette mesure en 3e lecture. (...)

Le bill du député libéral de Matapédia-Matane adopté aux Communes changeait le nom de «jour du Dominion» en celui de «jour du Canada», mais, par la suite, une forte opposition à ce projet s'éleva au Sénat. Sous sa forme modifiée, le bill reviendra aux Communes, et sera vraisemblablement adopté comme tel sans discussion.

M. *(C.C.)* Ballantyne a réitéré à la Chambre haute le plaidoyer qu'il avait fait hier matin au comité contre le changement à l'appellation de la fête du 1er juillet. Il dit de plus que le bill avait été voté trop rapidement aux Communes. Il ajoute que, même dans le Québec, bien des gens s'opposent à ce changement. Il redoute que cela soit un élément de désunion nationale. (...)

L'hon. G.P. Campbell, libéral de Toronto, a déclaré que cette mesure est prématurée. Il dit ne pas croire que le mot «dominion» laisse croire aux Canadiens qu'ils sont des coloniaux.

FETE DU JOUR: S. Gaetan, conf.

Généralement beau—Averses

LA PRESSE

LE PLUS FORT TIRAGE DES JOURNAUX DU CANADA TOUT ENTIER

36me ANNEE — No 234 — 36 PAGES — EDITION QUOTIDIENNE — MONTREAL, SAMEDI 7 AOUT 1920 — PREMIERE SECTION. PRIX TROIS CENTINS

LES ANCIENNES FORGES SAINT-MAURICE

CE QU'ELLES FURENT SOUS LA DOMINATION FRANÇAISE; CE QU'ELLES DEVINRENT SOUS LA DOMINATION ANGLAISE. EXPLOITATION, DÉCADENCE, SOUVENIR:- IL N'EN RESTE PLUS QUE DES RUINES.

Ruine d un des vieux fourneaux des Forges Saint-Maurice

Le Dr Laterriere directeur des Forges Saint-Maurice (1725-78) et qui a laisse de precieux ecrits sur cette industrie

L hon Mathew Bell ancien directeur des Forges Saint-Maurice et ancien depute du comte de Saint-Maurice

La chapelle des Forges Saint-Maurice telle qu elle existe actuellement et telle, a peu pres, qu elle fut construite en 1738

Les Forges Saint-Maurice et le village, d apres un croquis par le capitaine Pigot, vers 1820

Trois-Rivieres et ses environs, en 1920 —Les Vieilles Forges etaient situees dans le fief Saint-Maurice, et les Forges Radnor, au nord, pres du village actuel de Saint-Maurice

Les Forges Radnor, qui ont ete creees en 1860

La cheminee d une fonderie des Forges Saint-Maurice

M. Benjamin Sulte, historiographe des Forges Saint-Maurice et M. Gerard Malchelosse, le compilateur des oeuvres de M. Sulte (cliche Albert Dumas)

Les Forges Saint-Maurice de 1738 a 1770 (vue prise de la riviere Saint-Maurice), en haut, la grande maison

Interieur d un haut fourneau des Forges Saint-Maurice

Autre vue des Forges vers 1820

Page consacrée aux forges Saint-Maurice et publiée le 7 *août 1920*.

C'EST ARRIVÉ UN 7 AOÛT

1981 — La grève éclate en Pologne à l'instigation du mouvement *Solidarnosk* (Solidarité).

1979 — Sentence de prison de deux ans moins un jour au couple Cossette-Trudel pour sa participation à l'enlèvement du diplomate britannique James Cross, en octobre 1970.

1969 — M. Fernand Michon, de Longueuil, reçoit le titre de « travailleur de l'année », pour la conception d'outils spéciaux utilisés dans la fabrication des pieds d'atterrissage du module lunaire d'*Apollo XI*. — Mise en tutelle de la ville d'Anjou.

1968 — Le Parti républicain choisit Richard Mulhous Nixon comme candidat à la présidence des États-Unis.

1965 — Fin de la grève des postiers à Montréal, après 17 jours.

1962 — Le Dr Frances Kelsey est décoré par le président John F. Kennedy pour s'être opposé à la vente de la thalidomide aux États-Unis. — Arrivée de 15 réfugiés chinois, premiers membres des 100 familles de Hong-Kong admises au Canada en vertu d'un programme spécial.

1961 — Le deuxième astronaute soviétique, le major Gherman Titov, atterrit sain et sauf après avoir fait dix-sept fois le tour du monde en 25 heures, 18 minutes dans l'appareil spatial *Vostok II*.

1960 — Fidel Castro nationalise des propriétés américaines évaluées à $1 milliard.

1957 — Oliver Hardy, le célèbre comédien et acteur de cinéma qui formait équipe avec le non moins célèbre Stan Laurel, meurt à Hollywood à l'âge de 65 ans.

1956 — Sept camions du gouvernement chargés de dynamite explosent dans le centre de Cali, en Colombie, tuant plus de mille personnes et détruisant près de deux mille édifices.

1953 — Les États-Unis et la Corée du Sud signent un traité d'assistance mutuelle. — En France, les grévistes se chiffrent maintenant par deux millions.

1946 — Décès de Mme F.-L. Béique, une des grandes figures du féminisme canadien.

1942 — Les Américains débarquent à Guadalcanal.

1941 — Premier raid aérien soviétique sur Berlin.

1922 — Conférence interalliée sur les dettes et les réparations de guerre, à Londres.

1918 — Fin de la deuxième bataille de la Marne.

LES CITOYENS SE PROTÈGENT CONTRE L'INVASION DES CYCLISTES

À Montréal s'ouvrait le 7 *août 1899*, le «World's Meet», un programme d'envergure comportant des courses et des défilés impliquant des cyclistes, et LA PRESSE avait attaché beaucoup d'importance à cet événement, y consacrant même toute sa première page de l'édition du 5 août. Cette amusante caricature a été publiée dans l'édition du 7 et elle avait pour but d'inciter les Montréalais à faire preuve de prudence devant le grand nombre de cyclistes qui avaient envahi Montréal...

Un colonel russe est accusé d'espionnage aux États-Unis

Déguisé en photographe, Abel envoyait à Moscou des microfilms de secrets militaires

NEW YORK, 8 (PA) — Un colonel russe a été accusé, hier **(7 août 1957)**, par un grand jury fédéral, à Brooklyn, d'avoir espionné pour le compte de l'Union Soviétique, notamment d'avoir transmis à la Russie des secrets atomiques et militaires. C'est la première fois qu'un agent rouge d'un rang si élevé est accusé d'espionnage aux États-Unis.

Il s'agit de Rudolf Ivanovich Abel, 55 ans, qui apparemment, aurait travaillé de concert avec un maître-espion du Kremlin qui a été impliqué dans la fameuse affaire d'espionnage découverte au Canada, dans l'immédiat après-guerre.

Le grand jury a désigné comme co-conspirateurs, quoique non comme accusés, quatre hommes, dont Vitaly G. Pavlov. Ce dernier avait dirigé un réseau secret de police soviétique ayant sa base à l'ambassade russe d'Ottawa. Ce réseau avait été désorganisé, en 1945, par suite de l'arrestation du traître Alan Nunn May *(condamné avec huit autres personnes à la suite des révélations du transfuge soviétique Igor Gousenko à la Gendarmerie royale du Canada)*.

Ce sont des ramifications de ce réseau établi au Canada qui ont conduit, plus tard, à l'arrestation de Klaus Fuchs, en Angleterre, et de Julius et Ethel Rosenberg, aux États-Unis. C'est grâce à tous ces espions que la Russie a obtenu rapidement les données secrètes nécessaires à la fabrication de la bombe atomique. (...)

LA PRESSE

100 ans d'actualités

Ford s'installe à la Maison Blanche

Le sort réservé à Nixon reste toujours incertain

par Yves LECLERC
envoyé spécial de LA PRESSE

WASHINGTON — Les Etats-Unis ont un nouveau président, Gerald Ford.

A neuf heures et une hier soir **(8 août 1974)**, Richard Nixon s'est adressé par la télévision et la radio à un auditoire évalué à 150 millions de citoyens américains, pour leur dire:

«Je quitterai la présidence à midi demain. Le vice-président Gerald Ford sera assermenté comme président à cette heure-là, dans le bureau d'où je vous parle.»

D'une voix ferme, émue mais sans le pathos un peu théâtral qui avait marqué plusieurs de ses précédentes déclarations télévisées, le président a parlé pendant 15 minutes, passant en revue les grands succès de son administration en politique étrangère, lançant un appel à l'unité du peuple autour de son successeur, et défendant une dernière fois, tout en admettant avoir commis des «erreurs de jugement», son rôle dans la triste affaire du Watergate:

«Je regrette profondément tout tort qui peut avoir été causé dans le cours des événements qui m'ont amené à cette décision. Je dirai seulement que si certains de mes jugements ont été incorrects, et certains l'ont été, ils étaient faits dans ce que je croyais à ce moment être le meilleur intérêt de la nation.»

Ce matin *(le 9 août donc)*, peu avant dix heures, l'ex-président Nixon quittait la Maison Blanche avec sa famille pour la dernière fois, afin de se rendre à sa résidence de San Clemente, en Californie. Il avait auparavant fait ses adieux à son cabinet et à ses proches collaborateurs.

Pour la réconciliation

Immédiatement ou presque après la dramatique déclaration de M. Nixon, son successeur s'est brièvement adressé aux citoyens pour s'engager à faire tout en son possible pour favoriser la concorde et la réconciliation d'un peuple déchiré par les récents événements, et pour indiquer qu'il avait l'intention de poursuivre les politiques de son prédécesseur. Il a aussi confirmé que le secrétaire d'Etat Henry Kissinger serait maintenu dans ses fonctions.

Les événements de la journée se sont déroulés à un rythme tellement rapide qu'à la réaction universelle de soulagement qui a accueilli la démission de M. Nixon se mêlait hier soir une sorte d'incompréhension étonnée. La plupart des gens s'y attendaient, oui, mais pas si tôt, et pas si vite.

Dès la matinée hier, il était devenu évident que le président devait démissionner. La plupart de ses collaborateurs immédiats le lui conseillaient, un grand nombre de membres des deux Chambres du Congrès le lui demandaient publiquement, et trois des leaders de son propre parti, MM. Goldwater, Scott et Rhodes, lui avaient révélé que s'il persistait à ne pas se soumettre à l'impeachment, il serait inévitablement mis en accusation à la quasi unanimité, et serait destitué par une très forte majorité à l'issue de son procès au Sénat.

L'opinion publique se retournait contre lui à vue d'oeil. De 54 p. cent il y a deux semaines, la proportion de ceux qui souhaitaient son impeachment était passée à 66 p. cent il y a quatre jours, et à 79 p. cent la veille.

Mais au début de la journée, la Maison Blanche continuait à refuser de commenter les mille rumeurs qui bouleversaient la capitale américaine. Enfin, vers 11 heures, on a annoncé que M. Nixon rencontrait son successeur éventuel à huis clos, mais sans vouloir dire exactement pourquoi.

Ce n'est qu'à midi vingt que le secrétaire de presse du président, Ron Ziegler, est enfin apparu dans la salle de presse de la résidence présidentielle pour annoncer que le chef d'Etat rencontrerait les dirigeants des deux partis au Congrès en début de soirée, puis qu'il s'adresserait à la nation à neuf heures du soir. (...)

Le président Richard Nixon annonçant sa démission au peuple américain.

Une révélation qui émeut Washington

Les milieux officiels américains cherchent la preuve que l'URSS dispose de la bombe à hydrogène, comme l'affirme Malenkov

Frank E. Carey

WASHINGTON, 10 (PA) — La semaine prochaine peut être une période de tension pour les milieux officiels américains, à la recherche de preuves que l'URSS possède la bombe à hydrogène, comme le président du conseil des ministres soviétique, M. Georges Malenkov, l'a assuré au Soviet suprême samedi **(8 août 1953)**.

M. Ralph Lapp, physicien atomiste de Washington, déclare ce qui suit, sans parler au nom du gouvernement américain:

1) Il se peut qu'à la fin de la semaine dernière, l'URSS ait procédé à l'essai, «à petite échelle», d'une bombe à hydrogène rudimentaire. Une «petite» bombe à hydrogène peut d'ailleurs être dix fois plus puissante que la bombe atomique qui détruisit Nagasaki.

2) Selon M. Lapp, la détection d'un pareil essai pourrait prendre au moins une semaine.

Les Etats-Unis n'ont jamais révélé comment ils avaient détecté l'explosion de la première bombe atomique soviétique, en 1949. M. Lapp suppose que le réseau américain de détection «s'étend jusqu'au rideau de fer».

Secret qui serait levé

Les démocraties de l'Ouest restent fort intriguées par le communiqué de M. Malenkov au Soviet suprême. Le président du conseil soviétique affirme que «les Etats-Unis n'ont plus le monopole de la bombe atomique». La plupart des commentateurs émettent des doutes, mais un grand nombre suppose aussi que M. Malenkov peut dire la vérité. Du moins ce dernier semble-t-il confirmer la rumeur que les Etats-Unis ont laissé échapper le secret de la bombe. (...)

Le président Eisenhower, en congé à Denver, n'a donné aucun communiqué au sujet de la déclaration Malenkov; son entourage n'en fait prévoir aucun. (...)

NOTRE page est d'une lugubre actualité. Tous les ans, notre beau fleuve et nos admirables cours d'eau, ainsi que nos lacs, dévorent des centaines d'existences et, malheureusement, on peut dire que la majorité de ces drames sont le fait de leurs victimes.

Notre dessinateur a exprimé avec assez de clarté ces différents accidents pour que nous nous dispensions d'insister sur les causes qui les provoquent, et nous espérons que ces images, éloquentes par elles-mêmes, serviront de leçons à ceux qui s'exposent à ces dangers. (...)

*Ainsi commençait le court texte qui accompagnait cette page publiée dans l'édition du **8 août 1908**, et qui est toujours d'actualité, le hors-bord en plus, quelque huit décennies plus tard...*

Scotland Yard mobilise ses effectifs pour découvrir les pirates et leurs $9 millions

LONDRES (UPI, AFP, PA, Reuter) — Scotland Yard traque les bandits qui ont attaqué et dévalisé le train postal d'Ecosse **(le 8 août 1963)**. Toutefois, les autorités policières se sont refusé à donner le moindre détail sur l'état de leurs recherches. Selon les journaux londoniens, les bandits — dont le nombre pourrait varier entre 8 et 20 — auraient en leur possession un butin s'élevant à environ 9 millions de dollars.

Le ministère des Postes de Grande-Bretagne a offert une récompense de $30,000 à quiconque divulguerait des informations pouvant mener à la capture des bandits. D'autres offres de récompense sont venues s'ajouter à celle promise par le ministère des Postes. Le total des récompenses offertes s'élève actuellement à $130,000.

Le travail d'expert des malfaiteurs laisse supposer un cerveau organisateur de grande envergure, qui aurait pu effectuer l'attaque d'un fourgon postal en plein Londres le 21 mai 1963, affaire qui rapporta aux agresseurs plus de $714,000. Aucun des attaquants du fourgon postal ne fut identifié en dépit de récompenses dont le montant total avait été de $43,500, et des 400 «informateurs» qui avaient été lancés sur l'affaire.

L'inspecteur chef Malcolm Fowtrell, du comté de Buckinghamshire, a ouvert l'enquête et s'est rendu à Scotland Yard, pour mettre au point un plan de bataille susceptible de capturer les bandits.

Ces derniers compteraient parmi eux un sinon plusieurs anciens cheminots. La police pense que le «gang» comprend également certains criminels notoires de Londres. (...)

Un journal londonien, le «Daily Mail», a affirmé que Scotland Yard «savait depuis plusieurs semaines qu'un convoi postal allait être dévalisé». Le journal raconte, sans citer ses sources, que des policiers stationnés non loin de l'endroit du vol, avaient reçu de trois Ecossais de l'argent en rapport avec l'attaque du train. (...)

Le «Nautilus» passe du Pacifique à l'Atlantique sous l'Arctique

*NDLR — Cet événement est survenu le **3 août**, mais ce n'est que le **8 août 1958** que la chose a été révélée à la presse et au monde entier, à cause du secret militaire entourant l'exploit.*

WASHINGTON, 9 (PAf) — Le «Nautilus», sous-marin atomique américain, a traversé la calotte de la terre, glissant rapidement et silencieusement sous les glaces du pôle nord.

La Maison Blanche a annoncé, hier, la réalisation de ce voyage sous-marin du Pacifique à l'Atlantique, par voie de la mer Arctique, qui s'étend entre les Etats-Unis et la Russie. Le communiqué de la Maison Blanche dit que le «Nautilus» a peut-être ouvert une nouvelle voie sous-marine à des submersibles atomiques portant des cargaisons commerciales.

Bien que le président Eisenhower ait orienté ses propos vers un usage pacifique de cette nouvelle voie, le «Nautilus» est un vaisseau de combat. Si le «Nautilus» peut se glisser sous la glace polaire, il est bien évident que des sous-marins polaires porteurs de missiles, maintenant en construction, pourront en faire autant. (...)

Le «Nautilus», le premier sous-marin du monde à être propulsé par la puissance nucléaire, quitta la base américaine de Pearl Harbor, à Hawaii, dans le plus grand secret, le 23 juillet dernier. Le submersible fila par la suite, sans donner l'éveil, vers le nord, au-delà des iles Aléoutiennes, par le détroit de Behring, entre l'Alaska et la Sibérie. Par la suite, il se dirigea vers la frange des champs de glace de l'Arctique, puis poursuivit sa route en plongée sous la calotte d'une épaisseur de 10 à 14 pieds.

A la hauteur de Point Barrow, Alaska, le «Nautilus» dévia légèrement vers l'est. Pendant quelques minutes, le premier août au matin, le sous-marin monta en surface pour prendre des photographies. Puis il s'enfonça de nouveau dans les profondeurs pour poursuivre son voyage de 2,114 milles sous la glace.

La plupart du temps, l'épaisseur de la glace au-dessus du navire était de 12 pieds en moyenne. A certains points, on calcula qu'elle était de 50 pieds et plus parfois.

En sortant de la mer polaire, le «Nautilus» dirigea sa course entre le Groënland et l'Islande. Là un hélicoptère prit le capitaine du «Nautilus» à son bord et le conduisit à Washington, où il reçut les félicitations du président Eisenhower.

Cette réussite maritime avait-elle pour but de contrebalancer les succès des premiers spoutniks russes? Les plans secrets qui ont entouré le voyage du «Nautilus» sous la glace polaire ont en tout cas été préparés de telle sorte que l'affaire ne pouvait être connue qu'une fois terminée et réussie. (...)

C'EST ARRIVÉ UN 8 AOÛT

1981 — Feu vert du président Reagan, des États-Unis, à la bombe à neutrons.

1979 — Le cardinal Léger rentre à Montréal en provenance d'Afrique, pour enfin jouir d'une retraite bien méritée. — Démission de Robert Burns, ministre d'État à la Réforme électorale du Québec.

1978 — Le président Jimmy Carter convoque l'Égyptien Sadate et l'Israélien Begin à un « sommet pour la paix ».

1977 — Le premier ministre Trudeau donne son accord à la construction d'un gazoduc le long de la route de l'Alaska en passant par le sud du Yukon.

1975 — Enlèvement du fils âgé de 21 ans de Sam Bronfman. Ses ravisseurs demandent une rançon de $2,3 millions.

1973 — Les adolescents de la région de Houston assassinés par Dean Coril et deux complices se chiffrent maintenant par 23.

1969 — Québec approuve la fusion des villes de Longueuil et Jacques-Cartier. — Le gouvernement Pompidou annonce une dévaluation du franc de l'ordre de 12,5 p. cent.

1966 — L'haltérophile Pierre St-Jean récolte une médaille d'or et établit deux records aux Jeux du Commonwealth.

1960 — Une commission internationale de juristes accuse la Chine communiste de s'être livrée au viol, au meurtre, au vol, à la torture, à l'enlèvement et à la stérélisation au Tibet au cours des dix dernières années.

1956 — Un coup de grisou fait 256 morts dans une mine de Marcinelle, en Belgique.

1955 — La première conférence internationale sur l'emploi de l'énergie atomique à des fins pacifiques est inaugurée à Genève, avec la participation de 72 nations.

1945 — L'URSS déclare la guerre au Japon et envahit la Mandchourie.

1944 — Les élections générales provinciales, faites autour du thème de l'autonomie provinciale, permettent à l'Union nationale de Maurice Duplessis de reprendre le pouvoir.

1942 — Arrestation préventive des leaders indiens Gandhi et Nehru par l'administration britannique de l'Inde.

1918 — Les armées franco-britanniques portent un dur coup aux Allemands dans la région d'Amiens.

1897 — Mgr Paul Bruchési est sacré archevêque de Montréal. — Canovas del Castillo, premier ministre d'Espagne, est assassiné par un anarchiste, à Santa Agneda.

LA PRESSE
100 ans d'actualités

ATTENTAT CRIMINEL A CARTIERVILLE

UNE tentative criminelle a été faite, la nuit dernière (**9 août 1917**), à Cartierville, pour faire sauter la maison d'été de Lord Athelstan de Huntington (Sir Hugh Graham), propriétaire du «Star» de Montréal.

La police n'a appris le fait que six heures plus tard, et à l'heure où nous allons sous presse il n'y a pas encore eu d'arrestation.

La demeure est située dans un parc magnifique entouré d'arbres séculaires. C'est sans contredit la plus belle demeure de tout Cartierville, nous disait-on, lorsque la nouvelle de l'attentat a été connu ici vers onze heures.

LA POPULATION
EN GRAND EMOI

A 3 h. 30, la nuit dernière, la population de Cartierville et des endroits voisins, fut éveillée en sursaut par une terrible explosion, suivie d'une brusque secousse comme si l'on avait eu un tremblement de terre.

En un instant, les fenêtres furent garnies de curieux, mais c'est en vain que l'on regarda dans toutes les directions. Il fut impossible de ne rien découvrir d'étrange. L'affaire n'avait eu que la durée d'un coup de tonnerre. L'explosion n'a été suivie d'aucun commencement d'incendie comme il arrive souvent en pareil cas. (...)

Pendant plusieurs minutes, les messages téléphoniques arrivèrent nombreux au poste de police de l'endroit, mais le lieutenant Laurin, qui était de service, ne pouvait renseigner les gens, pour la bonne raison qu'il n'a appris lui-même, la nouvelle de la tentative criminelle que cet avant-midi, à dix heures, par des voisins.

Il s'est hâté de prévenir le chef Campeau, ainsi que le bureau de la Sûreté, puis il s'est rendu en toute hâte sur les lieux. Le policier ne saurait dire si Lord Athelstan était chez lui lors de l'attentat.

Au premier coup d'oeil, le lieutenant Laurin a jugé que les dommages étaient considérables. L'explosif avait été placé sous la galerie à l'angle nord-ouest de la maison. Toutes les vitres de la façade du côté de la rivière avaient été brisées par la force du choc. La galerie et le solage où la bombe avait été placée, étaient démolis et, de plus, l'on voyait dans le sol un trou de deux pieds de profondeur par trois pieds de diamètre.

FORTE CHARGE
DE DYNAMITE

Le lieutenant Laurin, qui s'y connait en explosifs, croit que l'on a dû placer à cet endroit au moins cinq ou six gros bâtons de dynamite. C'est un miracle que la maison n'ait pas été plus fortement endommagée.

Un des frères de Lord Athelstan dormait à l'autre extrémité de la galerie, mais il n'a pas été blessé, non plus que les huit servantes qui se trouvaient à l'intérieur de l'immeuble.

D'après ce qu'a appris le lieutenant, le coup aurait été fait par des individus venant de la direction de Montréal. Vers trois heures trente, quelqu'un a vu passer six hommes dans un (*sic*) automobile lancé à toute vitesse. Il n'y avait pas de lumière sur la machine. L'automobile dont on a suivi les traces, a tourné à une couple d'arpents de la maison de Lord Athelstan, pour reprendre la direction de Montréal.

La demeure que l'on a voulu détruire porte le nom de «Elmwood». Elle est située dans le quartier Bordeaux.

Le bruit de l'explosion a été entendu jusqu'à Sainte-Dorothée, une distance de cinq à six milles.

Cet attentat fut par la suite relié aux prises de position du journal conservateur en faveur de la conscription.

Le bébé Kennedy est mort

BOSTON (AFP) — Moins de 48 heures après sa naissance par opération césarienne, 5 semaines avant terme, le bébé du président et de Mme Kennedy est mort, ce matin (**9 août 1963**).

L'enfant, qui venait d'être baptisé, portait le nom de Patrick Bouvier Kennedy. Son état avait immédiatement inspiré les plus vives inquiétudes. Il souffrait de graves troubles respiratoires, provoquées en grande partie par sa naissance prématurée.

Les plus grands spécialistes, convoqués à chevet de l'enfant du chef de l'exécutif américain, n'ont malheureusement pu réussir à le sauver.

Placé presque immédiatement dans une chambre hyperborique, qui est une sorte de gigantesque couveuse de 30 pieds de long et de 6 pieds de diamètre, l'état du bébé s'améliora d'abord légèrement, pour ensuite empirer graduellement. (...)

Le premier vol du chasseur «F-86» de la société Canadair

LE premier chasseur à jet F-86 construit par la société Canadair pour le compte du Corps d'aviation canadien a pris son vol pour la première fois, vers 10 h. ce matin (**9 août 1950**), à l'aéroport de Dorval. Piloté par M. Al J. Lilly, chef de la division des essais en vol à la Canadair, le rapide avion à jet — que les Montréalais reconnaitront facilement par ses ailes orientées en pointe de flèche — a évolué avec une belle aisance. Et bien qu'il eût à peine pris naissance, il a volé durant plus de 20 minutes à des vitesses de 100 à 500 milles à l'heure ou plus, a exécuté une rapide montée jusqu'à 20,000 pieds en quelques secondes, et a enfin terminé sa randonnée par un superbe atterrissage, pas plus impressionnant que celui d'un vieux «Harvard».

Visiblement un peu ému, Lilly a ensuite déclaré à ses amis que l'avion F-86 prototype «vole à la perfection», et que l'envolée avait été «extrêmement satisfaisante». (...)

Page publiée le *9 août 1913.*

Le Japon est foudroyé pour la deuxième fois

GUAM, 9 (P.A.) — La plus grande force de destruction de l'univers, la bombe atomique, a été employée une seconde fois aujourd'hui (**9 août 1945**) contre le Japon. Elle a frappé l'importante ville de Nagasaki, dans l'île de Kyu-shu (Kéou-siou); on a observé de «bons résultats».

Il se peut que les Américains aient lancé plus d'une bombe dans ce deuxième raid; les bombes employées peuvent ne pas être de la même grosseur que la première, qui a détruit 60 p. cent de la ville de Hiroshima. Le communiqué, rédigé avec prudence, dit seulement que la bombe atomique a servi une deuxième fois, laissant supposer tous les autres détails.

La bombe, ou les bombes, ont été lancées à midi, heure du Japon, (...) au moment où 4 autres villes japonaises brûlaient encore à la suite des raids continuels de démolition et d'incendie des bombardiers Superforteresses B-29.

Au deuxième raid à bombe atomique, les Japonais avaient eu le temps d'étudier les dégâts causés à Hiroshima, où lundi la première bombe atomique a tué «presque tous les êtres vivants» et ruiné 60 p. cent de la ville, qui comptait 343,000 habitants, au témoignage de l'ennemi même.

Nagasaki est un port de mer et un terminus de chemin de fer dans l'ouest de l'île de Kyu-shu. On estime la population à 255,000 habitants, à peu près celle de Vancouver. La superficie est de 12 milles carrés. Au point de vue militaire, Nagasaki a beaucoup plus d'importance que Hiroshima.

Le quartier général de l'aviation américaine déclare que comme les maisons de Nagasaki sont serrées ensemble, les dégâts qui peuvent résulter d'une bombe atomique sont encore plus graves. (...)

C'EST ARRIVÉ UN 9 AOÛT

1976 — Décès de Me Pacifique Plante, ex-chef de police de Montréal, au Mexique, où il vivait en exil.

1975 — Décès à l'âge de 68 ans de Dimitri D. Shostakovitch, un des grands musiciens du XXe siècle.

1974 — Neuf Canadiens meurent dans l'écrasement d'un avion de l'ONU au Moyen-Orient; un rapport du ministère de la Défense conclura que l'avion a été descendu par des missiles lancés du sol, probablement en territoire syrien.

1971 — L'Irlande du Nord est de nouveau mise à feu et à sang.

1965 — Un accident dans le silo d'un missile *Titan II* fait 48 morts, à Searcy, Arkansas.

1961 — Décès du ministre d'État Charles-Aimé Kirkland, député de la circonscription de Jacques-Cartier.

1960 — Le Conseil de sécurité affirme que l'entrée des troupes de l'ONU au Katanga était devenue une nécessité.

1958 — La golfeuse Marlene Stewart-Strait gagne un 5e championnat canadien, à Saskatoon.

1955 — Officiellement délégué par le pape, le cardinal Paul-Émile Léger couronne la statue de saint Joseph, à l'oratoire Saint-Joseph.

1954 — La paroisse de Corbeil, en Ontario, pleure Émilie, une des jumelles Dionne, décédée trois jours plus tôt.

1946 — Une épidémie de poliomyélite (ou paralysie infantile) sévit au Canada et aux États-Unis. À Montréal, on rapporte déjà 121 cas, dont 12 morts.

1945 — Les Soviétiques opèrent une rapide avance en Mandchourie. Ils disposent d'une force de 1 000 000 d'hommes.

1943 — La consécration de la crypte-église de l'oratoire Saint-Joseph donne lieu à un déploiement liturgique grandiose.

1941 — Tous les stocks de soie du Canada mis sous contrôle afin d'en obtenir la priorité pour usages de guerre.

1935 — Adoption du « Social Security Act » par le gouvernement américain. Cette loi assure les chômeurs et les personnes âgées d'un revenu minimal.

1931 — Arthur Newton et Peter Gavuzzi gagnent le marathon de 500 milles, couru en huit étapes dans l'ouest du Québec. Ils ont franchi la distance en 53 heures et 15 minutes.

1926 — Ouverture des courses de lévriers au parc Maisonneuve.

Démissionnaire depuis la veille, l'ex-président Richard Nixon monte pour la dernière fois à bord de l'hélicoptère réservé au chef de l'État, le *9 août 1974*. C'est le vice-président Gerry Ford qui lui a succédé à la présidence des États-Unis d'Amérique.

L'actrice Sharon Tate (ci-dessus, en compagnie de son mari, le cinéaste Roman Polanski), réputée autant pour sa beauté que pour son talent, était la victime d'un meurtre crapuleux en compagnie de quatre de ses amis, à sa luxueuse résidence de Bel Air, le *9 août 1969*. Sharon Tate était enceinte de huit mois, et son mari tournait à l'étranger, au moment de l'assassinat.

Le *9 août 1936*, l'athlète noir américain Jesse Owens complétait son remarquable exploit en méritant une quatrième médaille d'or aux Jeux olympiques de Berlin, au grand dam du führer Adolf Hitler.

Le stade de Lorimier était le théâtre d'un exploit bizarre, le *9 août 1930*. Ce jour-là, en effet, le Finlandais Ollie Wantinen et l'Australien F.B. McNamara remportaient une course de 26 heures qui les avait opposés à d'autres coureurs... et à des chevaux! Le duo champion avait franchi 225 milles et un tiers, soit neuf milles de mieux que le meilleur des chevaux!

LA PRESSE

100 ans d'actualités

UN INCENDIE FAIT SEPT MORTS AU PARC DOMINION

Cette photo malheureusement un peu floue montre à l'avant-plan l'amoncellement de débris où se trouvaient les victimes, et à l'arrière-plan, la partie restée intacte du «Scenic Railway» (on parlerait plutôt aujourd'hui de «montagnes russes»).

Le feu éclate au «Mystic Rill» et à une partie du «Scenic Railway» qui s'écroulent et ensevelissent des promeneurs en chaloupe sous leurs décombres. — Appels déchirants que la mort arrête.

ALORS que des milliers de personnes se pressaient, hier après-midi **(10 août 1919)**, au parc Dominion, aux différents amusements et dans les allées et que la fanfare Sousa venait de terminer son concert, il s'est produit une catastrophe qui a causé la mort de sept personnes. Un incendie s'est déclaré au «Mystic Rill», sous une section de la voie élevée du «Scenic Railway», à l'extrémité sud-est du parc.

La nouvelle de l'incendie se répandit avec une grande rapidité et en un rien de temps, une foule considérable était réunie aux abords du théâtre du sinistre. Il était alors un peu plus de 5 heures 30. Les pompiers du parc s'étaient aussitôt mis à l'oeuvre, mais les flammes se propageaient avec une très grande rapidité et il fallut demander du secours à la brigade de Montréal. Bientôt arrivaient les pompiers des deux postes de Maisonneuve ainsi que de la Longue-Pointe, sous le commandement du chef de district Favreau. Mais à ce moment, le «Mystic Rill» ainsi que la partie du «Scenic Railway» au-dessus n'étaient plus qu'une masse de flammes.

APPELS DECHIRANTS

Les pompiers et les personnes qui se trouvaient auprès pouvaient entendre des appels déchirants poussés par les personnes qui avaient été surprises à l'intérieur du «Mystic Rill» et qui se trouvaient dans le brasier. Les hommes de la brigade brisèrent avec leurs haches les cloisons de la place afin d'arracher si possible les malheureux à une mort épouvantable. Ils réussirent ainsi à dégager et à faire sortir deux personnes qui se trouvaient heureusement du côté sud. Mais bientôt la partie sud-est du «Scenic Railway» s'écroulait, ensevelissant les victimes sous ses débris incandescents, et arrêtant leurs plaintes dans la mort.

Toutes sortes de rumeurs circulaient dans la foule. On parlait de nombres plus ou moins considérables de personnes qui auraient péri. On disait qu'au moment de l'incendie, une voiture du «Scenic Railway», chargée de monde, était tombée avec tous ceux qu'elle portait d'une hauteur de 30 pieds dans le brasier.

L'INCENDIE SOUS CONTROLE

Pendant ce temps se continuait la lutte contre les flammes. L'on avait demandé les pompes à vapeur de la section est de la brigade des pompiers, et le remorqueur «Saint-Pierre», de la commission du port, était venu se placer tout près du parc. Les boyaux de ce remorqueur ainsi que ceux de la brigade ayant commencé à fonctionner, il fut plus facile de combattre les flammes. Une demi-heure après le commencement de l'incendie, le feu était sous contrôle. Par bonheur, le vent soufflait de l'ouest ce qui aida beaucoup aux pompiers à empêcher les flammes de se propager aux autres sections.

L'on put alors commencer à rechercher dans la masse des débris les cadavres des victimes. Le «Mystic Rill» comprend une espèce de canal plein d'eau, complètement enclos, qui fait des espèces de zigzags sous le «Scenic Railway». Les chaloupes avec promeneurs entrent par une extrémité et sortent par l'autre. On ne peut comprendre comment les personnes qui se trouvaient dans les chaloupes au moment de l'incendie, se sont trouvées prises comme dans une souricière. (...)

QUELLE EST LA CAUSE?

Quelle est la cause de l'incendie? C'est la première question que l'on se pose. L'enquête pourra peut-être produire un éclaircissement à ce sujet. Les suppositions les plus répandues, hier soir, étaient que malgré la défense de la direction du parc *(qui était incidemment la propriété de la Montreal Tramways Co., comme nous l'a appris Me Philippe Ferland, frère d'une des sept victimes)* et les avertissements des employés, quelqu'un aura jeté un bout d'allumette ou de cigarette mal éteinte au «Mystic Rill». Comme cette construction, de même que celle du «Scenic Railway», se composait d'une grande quantité de bois et d'autre matière combustible, on peut s'imaginer avec quelle rapidité les flammes se propagèrent. Plusieurs personnes dirent avoir vu d'abord de la fumée, puis qu'une explosion, probablement causée par l'air chaud qui s'échappait, se produisit et qu'ensuite les flammes commencèrent à jaillir dans le bas et au-dessus du «Mystic Rill».

Les autorités du parc disent qu'il est impossible que le feu ait pu être allumé par un fil électrique défectueux car, cinq minutes auparavant, un inspecteur avait fait une inspection minutieuse de toute l'installation.

LE JAPON ACCEPTE DE SE RENDRE A UNE CONDITION: GARDER L'EMPEREUR

Paix demandée aux termes de Potsdam, 3 mois et un jour après la capitulation allemande.

de British United Press

LE Japon a offert aujourd'hui **(10 août 1945)** d'accepter les conditions de reddition énumérées à Potsdam pourvu que les Alliés lui donnent des assurances au sujet de la souveraineté de l'empereur Hirohito.

On croit que cela pourra se faire après consultations entre la Grande-Bretagne, les Etats-Unis, la Russie et la Chine ainsi qu'après conclusion d'une entente à propos de l'empereur. Ce serait la capitulation du Japon et la fin de la guerre mondiale no 2. L'offre japonaise a été soumise aux Alliées par les légations de Suède et de Suisse à Tokyo ainsi que par l'ambassadeur soviétique Jacob Malik qui est encore dans la capitale japonaise. Elle a été annoncée au moyen de transmission en code Morse par l'agence officielle japonaise Domei et captée en premier lieu à San Francisco. (...)

Londres, 10 (BUP) — La radio de Moscou dit aujourd'hui que le ministre japonais des affaires étrangères a fait connaître à l'ambassadeur de Russie, Jacob Malik, la décision prise par le Japon d'accepter la déclaration de Potsdam.

Moscou ajoute que le ministre a demandé à l'ambassadeur des informations détaillées sur le statut réservé à l'empereur Hirohito.

Le ministre des Affaires étrangères Shigenori Togo et Malik se sont rencontrés à Tokyo. Moscou annonce qu'une déclaration semblable a été transmise par l'intermédiaire de la Suède aux trois autres grandes nations alignées contre le Japon. (...)

....

Est-il nécessaire de préciser que l'offre de capitulation du Japon fut déposée au lendemain de l'explosion de la bombe atomique sur Nagasaki, et quatre jours après celle d'Hiroshima.

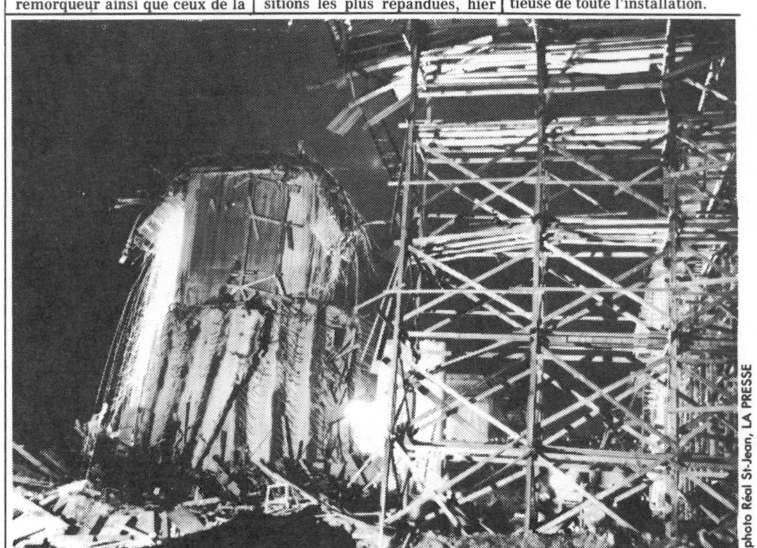

L'effondrement d'un pont en construction à Ottawa a causé la mort de huit ouvriers, le *10 août 1966*, en plus d'infliger des blessures à 57 autres. L'accident est survenu lorsqu'une charpente en bois supportant le béton frais coulé s'est effondré sans le moindre avertissement. Une fois terminé, le pont doit permettre d'enjamber la rivière et le canal Rideau, au sud-ouest de la capitale nationale.

Page publiée le *10 août 1907*.

Sur la Manicouagan, des centaines de millions

L'aménagement hydroélectrique le plus considérable du Québec

QUÉBEC, 10 (par Jacques Monnier) — A partir d'aujourd'hui **(10 août 1960)**, l'aménagement de la Manicouagan incombera à l'Hydro-Québec. Des centaines de millions de dollars seront investis dans cette entreprise, la plus considérable du genre dans les annales de la mise en valeur des chutes d'eau du Québec.

C'est l'importante nouvelle que M. René Lévesque, ministre des Ressources hydrauliques, annonce entre deux séances des membres du cabinet provincial.

Le conseil des ministres, siégeant sous la présidence de M. Jean Lesage, a, en effet, approuvé un arrêté dont le texte avait été proposé par M. Lévesque et qui concède à l'Hydro-Québec les chutes situées le long du cours de la Manicouagan et non encore équipées pour la production d'énergie électrique.

La seule partie aménagée de la rivière jusqu'à ce jour l'a été pour le profit de la société papetière «Quebec North Shore» et de l'aluminerie «Canadian British Aluminum», dont les usines sont à Baie-Comeau.

Les eaux de la Manicouagan devront actionner en 1965 des groupes additionnels d'une puissance globale de centaines de milliers de chevaux-vapeur, et même probablement de plus d'un million de c.v.

C'EST ARRIVÉ UN 10 AOÛT

1983 — L'Américain Carl Lewis remporte une 3e médaille d'or aux championnats du monde d'athlétisme d'Helsinki. — Premier vote de grève en 35 ans chez les ouvrières du vêtement de Montréal.

1982 — Démission du chef Claude Ryan du Parti libéral du Québec.

1978 — Sans renoncer à son option, le Québec s'associe au consensus des provinces pour rejeter les propositions constitutionnelles d'Ottawa.

1977 — Après 13 années de pourparlers, les États-Unis et Panama concluent un accord selon lequel Panama reprendra le contrôle du canal d'ici l'an 2 000. — Le Parlement fédéral adopte une loi d'urgence pour mettre fin à la grève de trois jours des contrôleurs aériens du Canada.

1976 — La crise prend fin dans les hôpitaux du Québec, après huit longues semaines de grèves.

1973 — L'aviation israélienne intercepte une *Caravelle* libanaise, mais les services spéciaux ne trouvent pas les dirigeants palestiniens qu'ils soupçonnaient d'être à bord. — LA PRESSE achète le quotidien *Montréal-Matin*.

1970 — Les ouvriers de la construction du Québec reprennent le travail à la suite d'une loi spéciale. — À Montevideo, en Uruguay, le diplomate américain Dan Mitrione préalablement enlevé par des guérilleros est retrouvé assassiné.

1966 — Lancement de la sonde américaine *Lunar Orbiter*.

1965 — Retour au travail des manutentionnaires de grain du port de Montréal, en grève depuis le 16 juin.

1955 — Ouverture à Moncton des célébrations marquant le 200e anniversaire de la déportation des Acadiens.

1954 — Début des premiers travaux de l'aménagement hydro-électrique du Saint-Laurent, à Cornwall, en Ontario, et à Massena, dans l'État de New York.

1953 — Les libéraux de Louis Saint-Laurent gagnent les élections générales, les premières auxquelles participent les Esquimaux.

1943 — Sixième conférence de guerre anglo-américaine à Québec; y prennent part le président Roosevelt, le premier ministre Churchill et le premier ministre King.

1932 — Aux Jeux olympiques de Los Angeles, Buster Crabbe gagne le 400 m libre, en natation.

1928 — Johnny Weissmuller gagne le 100 m libre, en natation, aux Jeux olympiques d'Amsterdam. — Entrée en vigueur de la Loi des pensions de vieillesse au Manitoba.

1916 — Inauguration de la gare du Palais, à Québec.

1911 — Modification à la constitution de l'Angleterre: les Lords acceptent de voir leur droit de veto limité.

1906 — Un des quartiers détruits lors de la conflagration de 1900, à Hull, est de nouveau détruit par un incendie majeur.

1903 — Le tamponnement en tunnel de deux rames de métro fait 90 morts, à Paris.

LA PRESSE

100 ans d'actualités

LES PREMIERES VICTIMES DE L'AUTO MEURTRIER

Pour la première fois à Montréal un citoyen a été victime d'un accident d'automobile. — Les deux chauffeurs de la machine ont été arrêtés et logés au poste No 4.

L'AUTOMOBILE, la machine qui est devenue le plus populaire agent de locomotion, à Montréal; l'automobile dont tous les sportsmen raffolent, parce qu'elle est une nouveauté, a probablement fait, dans la soirée de samedi, sa première victime ici.

Plusieurs fois nous avons eu à relater des accidents survenus aux occupants de ces voitures à moteurs, mais c'est la première fois, depuis leur apparition à Montréal que l'un de ces encombrants véhicules cause la mort d'une personne dans notre ville.

Vers 8.30 heures, samedi soir **(11 août 1906)**, une auto, conduite par Hernold Thomas Atkinson et Herbert Dalgleish, deux machinistes qui ont dit habiter 826 rue du Palais, s'en allaient rue Ste-Catherine dans la direction de l'Est. Le pneu-pneu avait pris la gauche de la rue lorsque, voyant arriver à leur rencontre un tramway, nos chauffeurs firent prendre la droite à leur machine.

Au moment où l'auto prenait la droite du chemin, un nommé Antoine Toutant, sa femme et son enfant, traversaient aussi la rue.

L'auto allait à une telle vitesse que le pauvre homme n'eut pas le temps de l'éviter et fut pris dans la dernière roue, d'arrière. Le malheureux fut lancé à une distance de sept ou huit pieds et écrasé par la machine. Son petit garçon, Oswald, eut la jambe droite meurtrie par l'une des roues de la machine, mais il ne s'infligea aucune autre blessure grave.

A la vue de l'horrible accident, des passants s'élancèrent au secours du malheureux, le relevèrent et le transportèrent à la pharmacie Gauvin, coin Maisonneuve et Ste-Catherine, en face duquel établissement, l'accident venait de se produire.

L'infortuné Toutant avait eu le crâne fracturé.

Croquis du malheureux accident d'automobile. Dans le dessin sont intercalées les photos des deux victimes, Antoine et Oswald Toutant.

Les docteurs Isidore Laviolette et Corsin furent appelés mais ils ne purent qu'assister aux derniers moments de l'infortuné. Antoine Toutant expira après avoir serré la main de sa femme, dont le désespoir faisait peine à voir. (...)

Thomas Atkinson fut arrêté à son retour de la morgue. (...) Le capitaine Choquette qui avait ordonné

L'ARRESTATION

de Thomas Atkinson, refusa d'admettre les deux chauffeurs à caution et les transféra au poste no 4. (...) A minuit, l'auto était réclamée par l'un des directeurs du Parc Dominion, qui en est le propriétaire. (...)

L'affaire s'est transportée devant le coroner et l'enquête eut lieu dans la matinée du lundi 13. Vous pourrez en lire quelques extraits lundi dans cette page.

*Et l'ironie du sort a voulu que le jour de l'accident, soit le **11 août 1906**, LA PRESSE apprenne à ses lecteurs le choix, par le pape Pie X, de saint Christophe comme «patron des chauffeurs». Les catholiques se souviendront que ce saint ne fait plus partie de la liturgie.*

La Banque du Canada porte son taux de base de 3½ à 4 p. 100

OTTAWA (PC, UPI) — La Banque du Canada a porté son taux d'intérêt de 3½ à 4% hier **(11 août 1963)**. Cette mesure semble consécutive à la proposition de M. Kennedy selon laquelle les Etats-Unis imposeraient une taxe de 15% sur l'achat de valeurs étrangères. On attend de cette mesure qu'elle restreigne la sortie des capitaux canadiens. Mais M. Louis Rasminsky, gouverneur de la Banque du Canada, assure tout de même que cette mesure ne restreindra pas la disponibilité des crédits au Canada.

Sur la scène de l'ACTUALITÉ

Cette photo fut publiée le *11 août 1954* avec la légende suivante: «JACQUES FAUTEUX, fils de Mme Wilfrid Lemoine, de Mont-Rolland, étudiant au Collège du service étranger de l'université Georgetown, qui se rendra en Espagne cet automne étudier à l'université de Madrid.»

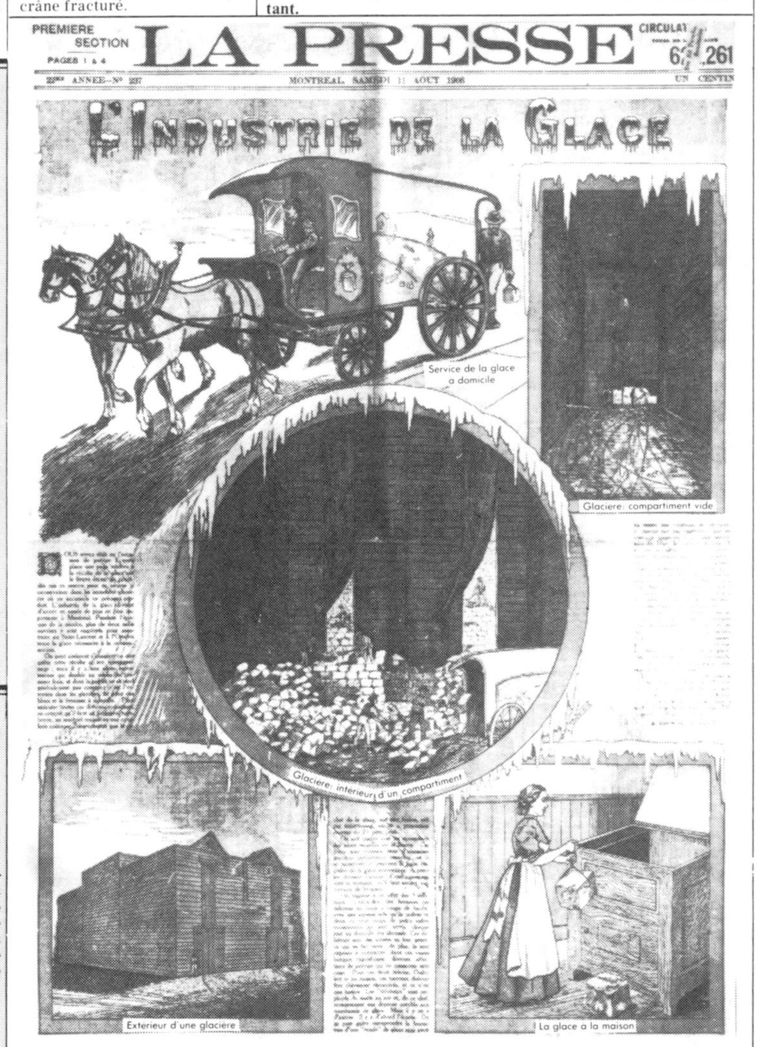
PREMIERE SECTION PAGES 1 à 4 — LA PRESSE — CIRCULAT... 261

22me ANNEE—No 237 — MONTREAL, SAMEDI 11 AOUT 1906 — UN CENTIN

L'INDUSTRIE DE LA GLACE

Service de la glace à domicile

Glacière: compartiment vide

Glacière: intérieur d'un compartiment

Extérieur d'une glacière

La glace à la maison

LA PRESSE publiait en couleurs dans son édition du ***11 août 1906*** cette très belle page consacrée aux blocs de glace, qui ont connu leur heure de gloire à l'époque où le réfrigérateur n'existait que dans l'imagination.

L'article qui accompagnait cette page proposait d'intéressantes informations. Tout d'abord, on nous apprend que la coupe des blocs de glace à la surface gelée du Saint-Laurent et de l'Outaouais assurait un emploi à 2 000 personnes pendant les mois d'hiver. En deuxième lieu, les pertes étaient énormes, de l'ordre de 25 p. cent du nombre de blocs découpés.

Les énormes blocs tirés du fleuve étaient remisés dans d'immenses glacières jusqu'au moment de la livraison, où des employés spécialisés, les «débiteurs», les découpaient en blocs pour la livraison et la revente.

L'article poursuit en expliquant qu'outre les gros consommateurs comme les bouchers, les hôteliers et les épiciers, il fallait prévoir, en 1906, un approvisionnement de 125 000 tonnes de glace, pour les mois de mai à octobre, un marché que se partageaient 11 marchands.

ACTIVITÉS

AUJOURD'HUI

■ **À la radio**

17 h, Radio-Canada — Chronique consacrée à LA PRESSE à l'émission *Avec le temps*, animée par Pierre Paquette.

AUJOURD'HUI ET DEMAIN

■ **LA PRESSE raconte Montréal**

Chalet du Mont-Royal — Conjointement avec une exposition intitulée « Un ilot dans une ile », LA PRESSE propose aux visiteurs qui se rendront au Chalet du Mont-Royal d'ici le 9 septembre prochain une cinquantaine d'illustrations permettant à LA PRESSE de « raconter Montréal ».

■ **LA PRESSE et la médecine**

Musée Laurier d'Arthabaska — Exposition d'archives sous le thème « 100 ans de médecine », jusqu'au début de septembre.

DEMAIN

■ **LA PRESSE à Terre des Hommes**

À La Ronde — En collaboration avec la Ville de Montréal, LA PRESSE offre à chaque dimanche, en fin de journée, un spectaculaire feu d'artifice. Jusqu'au 2 septembre inclusivement.

BABILLARD

Rappel pour les anciens porteurs

Juste quelques mots pour rappeler aux anciens porteurs de LA PRESSE, quel que soit leur âge et quelle que soit l'époque, qu'ils sont invités à s'identifier auprès du service de la Promotion de LA PRESSE, en vue d'une manifestation organisée dans le cadre des célébrations du centenaire. On peut rejoindre la Promotion au **285-7062** entre **9 h et 17 h.**

Anniversaire de deux centenaires

LA PRESSE se joint à leurs nombreux parents et amis pour offrir ses meilleurs voeux de santé et de bonheur à deux centenaires qui célèbrent leur anniversaire de naissance aujourd'hui, soit **Eugène Dion,** du foyer Saint-Magloire, à Saint-Magloire, né à Stanstead le 11 août 1882, et **Wilfrid Audet,** de la résidence Saint-Joseph, à Maria, comté de Bonaventure, où il est né il y a 101 ans aujourd'hui.

C'EST ARRIVÉ UN 11 AOÛT

1981 — Fin de la grève des postiers canadiens, après 42 jours.

1977 — Arrestation à New York de David Berkowitz, un postier de 24 ans soupçonné d'avoir commis six crimes attribués au «Fils de Sam», durant une période de terreur qui aura duré un an.

1972 — Les soldats américains ont officiellement cessé de se battre au Vietnam.

1971 — Une équipe de médecins de Détroit procède à l'implantation d'un coeur artificiel sur un cardiaque âgé de 63 ans. — Une guerre des barricades éclate en Irlande du Nord.

1969 — Le gouvernement fédéral remet $125 millions au gouvernement du Québec et se retire des programmes d'habitation.

1968 — Le premier Canadien à recevoir le coeur d'un autre homme, Gaétan Paris visite Terre des Hommes.

1962 — Mise en orbite des vaisseaux interplanétaires soviétiques *Vostok III*, piloté par Adrian Nikolayev, et *Vostok IV*, piloté par Pavel Popovich.

1960 — Hazen Argue est élu chef national du CCF.

1958 — Le cardinal Stefan Wyszynski demande trois mois de prières spéciales aux catholiques polonais, pour protester contre les attaques du gouvernement polonais contre l'Église.

1952 — Le parlement jordanien proclame la déchéance du roi Talal pour troubles mentaux. Son fils Hussein I, âgé de 17 ans, assume la succession.

1950 — Baudouin 1er prête serment à titre de roi des Belges, succédant à son père, le roi Léopold III.

1919 — Proclamation de la constitution de Weimar, en Allemagne. — Décès du philanthrope américain Andrew Carnegie, à l'âge de 84 ans.

1914 — La France et l'Autriche sont officiellement en guerre.

1901 — Décès du chef d'État italien Francisco Crispi, à Naples, à l'âge de 81 ans.

Une bien mauvaise journée pour l'aviation!

POUR une raison qu'il nous est évidemment impossible d'expliquer la journée du **11 août** ne paraît pas propice à l'aviation, car nous avons en effet pu retracer au moins quatre accidents d'avion — dont deux au Québec! — survenus ce jour-là.

Le plus près de nous est survenu à ville Jacques-Cartier, le **11 août 1953,** quand un chasseur *CF-100* du Corps d'aviation royal canadien qui venait de décoller de Saint-Hubert s'est écrasé sur deux maisonnettes. En plus de faire sept morts et de décimer les familles Bourassa et Lavoie, l'accident devait coûter la vie au pilote et au navigateur, natifs de Colombie-Britannique et de Terre-Neuve respectivement.

Issoudun, près de Québec, était le théâtre d'une terrible tragédie le **11 août 1957.** Ce jour-là, un appareil de type *DC-4* de la société Maritime Central Airways en provenance de Grande-Bretagne s'est écrasé dans les marécages, au milieu d'un orage, entraînant dans la mort ses 73 passagers, presque tous d'anciens combattants et des membres de leurs familles, et ses six membres d'équipage. L'appareil avait explosé en touchant le sol, rendant la tâche des sauveteurs encore plus difficile.

Deux ans plus tôt, le **11 août 1955,** une collision en plein ciel, entre deux avions militaires américains *C-119*, à proximité de Weisbaden, en Allemagne de l'Ouest, avait fait 67 morts. Selon des témoins trois avions de même type volaient en formation quand celui de droite, pour des raisons inexpliquées, a frappé celui du centre, entraînant la chute des deux appareils.

Enfin, le **11 août 1939,** un avion de transport militaire américain s'écrasait au sol près de la base de Langley, en Virginie, causant la mort de 11 personnes.

Une image saisissante de l'accident d'avion survenu à Jacques-Cartier.

LA PRESSE

100 ans d'actualités

L'OCCIDENT PRÉPARE UNE RIPOSTE AU VERROUILLAGE DE BERLIN-EST

BERLIN (PA, UPI, AFP) — Les pays de l'Ouest s'apprêtent à prendre des mesures de représailles contre le verrouillage **(le 13 août 1961)** de Berlin-Est par les autorités communistes de l'Allemagne de l'Est. C'est ce qui ressort des diverses réunions et entrevues qui ont eu lieu aujourd'hui sur cette question du côté occidental.

1) Les représentants des pays membres de l'OTAN se sont réunis à Paris pour examiner les conséquences de «l'action unilatérale et illégale» des autorités de Pankow.

2) Le président Kennedy est rentré à Washington pour s'entretenir avec son ambassadeur à Moscou, M. Llewellyn Thompson. Il a par la suite convoqué son secrétaire, M. Dean Rusk, vraisemblablement pour discuter des contre-mesures à prendre à Berlin. L'une de ces mesures, prétend-on, serait l'interdiction pour les Allemands de l'Ouest de se rendre en Allemagne de l'Est, ce qui serait un dur coup porté à l'économie de l'Allemagne communiste.

Entretien des commandants alliés

3) Les trois généraux commandants alliés à Berlin ont eu un entretien avec le maire de Berlin-Ouest, M. Willy Brandt, au cours duquel ils se sont livrés à un examen approfondi de la situation. On croit savoir que le gouvernement de Berlin-Ouest s'est trouvé d'accord avec les autorités alliées pour conseiller à la police de Berlin-Ouest de faire preuve de vigilance afin de prévenir tout incident aux abords de la frontière close.

4) Le chancelier de l'Allemagne de l'Ouest, M. Conrad Adenauer, a convoqué pour demain un conseil des ministres extraordinaire qui sera consacré aux événements de Berlin. M. Adenauer a déclaré qu'il est évident que la situation est sérieuse, «mais ne justifie pas une panique».

5) Le ministre des Affaires étrangères de l'Allemagne de l'Ouest a rencontré les ambassadeurs occidentaux qui se sont montrés «très graves et préoccupés». Il a fait ressortir que les contre-mesures occidentales feraient l'objet d'un examen approfondi de la part des alliés. (...)

Le mur de Berlin a été érigé pour mettre un terme à l'hémorragie de citoyens de pays de l'Est, et surtout d'Allemagne de l'Est, qui utilisaient Berlin-Ouest comme tremplin pour fuir à l'Ouest, d'autant plus que la frontière entre les deux Allemagne était fermée depuis mai 1952. De 1957 à août 1961, près de 1 150 000 Allemands de l'Est avaient choisi de tout abandonner dans leur pays d'origine pour aller vivre en liberté à l'Ouest. Dans la nuit du 12 au 13 août, un fil barbelé était installé entre Berlin-Ouest et Berlin-Est, et le mur de béton fixe suivait cinq jours plus tard. Aujourd'hui, le mur de la honte est devenu quasi infranchissable tellement les moyens électroniques sophistiqués sont efficaces.

BABILLARD

Cent ans aujourd'hui

Le Québec compte une autre centenaire de plus depuis ce matin. C'est en effet le 13 août 1884 qu'est née Mme **Herminie Hert,** de Montréal. LA PRESSE se joint à ses nombreux parents et amis pour lui souhaiter santé et bonheur...

téléphoto PA

Un mur d'acier formé de tanks collés les uns sur les autres, en attendant qu'on érige le « vrai » mur.

Page initialement publiée le *13 août 1904*.

ATKINSON RESTE EN PRISON

L'ENQUÊTE du coroner au sujet du malheureux *(Antoine)* Toutant *(première victime à succomber à un accident d'automobile dans l'histoire de Montréal, comme nous l'avons rappelé samedi dernier)* **(13 août 1906)**, à la morgue, sous la présidence de M. le député-coroner J.B.S. Biron.

Mtre J.A.A. Brodeur, de la société légale Lamarre et Brodeur, représente la veuve Toutant, tandis que Mtre L.T. Maréchal, représente les chauffeurs Dalgleish et Atkinson. (...)

Emma Martial, épouse d'Antoine, est appelée ensuite.

«J'étais avec mon mari au moment de l'accident, dit-elle, nous étions au coin des rues Maisonneuve et Sainte-Catherine.

«Un tramway était arrêté, venant de l'ouest. Je dis à mon mari que nous avions le temps de traverser, je sentis comme un vif déplacement d'air en arrière de moi et un bruissement de vent. Presque aussitôt, je vis mon mari lancé à distance et mon petit garçon rouler sur le pavé.

Joseph Boivin, 261 rue Maisonneuve, camionneur, donne son témoignage: «Je me trouvais au coin des rues Maisonneuve et Sainte-Catherine, dit-il,

AU MOMENT DE L'ACCIDENT

samedi soir. Je vis le défunt traverser la rue en avant d'un tramway qui se trouvait arrêté au coin de la rue. J'ai vu l'automobile à mi-chemin des rues Plessis et Maisonneuve. A ce moment-là, Toutant pouvait se trouver à une dizaine de pieds du trottoir. J'ai vu ensuite l'auto traverser de gauche à droite, en avant du tramway et frapper le défunt.

«Comme charretier, je crois que l'automobile allait au moins

TROIS MILLES A LA MINUTE.

J'ai déjà suivi des chevaux qui allaient à ce taux-là et je crois que l'automobile allait plus vite encore. *(NDLR — Le lecteur aura sans doute réalisé que «trois milles à la minute», c'est une vitesse de 180 milles à l'heure!)*. (...)

Hernold Thomas Atkinson, chauffeur à l'emploi du parc Dominion, est appelé. Le témoin conduisait l'automobile. Il est aussitôt mis sur ses gardes et répond qu'il veut donner son témoignage.

— «J'ai laissé, dit-il, vers huit heures, la salle du garage Kearney, montai la côte du Beaver Hall et pris la rue Ste-Catherine que je descendis vers l'est. Je ne me suis arrêté nulle part en route.

«Je n'ai vu personne à moins de cinquante verges de distance. Près de la rue Maisonneuve, un tramway était arrêté au moment où j'arrivais sur le côté sud, à gauche du tramway. Comme plusieurs personnes descendaient de voiture et que cette partie de la rue était obstruée, je lançai ma machine vers la droite afin d'éviter, outre la foule, deux femmes qui traversaient. Je soufflai aussi la corne d'alarme de mon automobile. Je vis alors le défunt que son fils essayait de retenir, mais croyant qu'il avait le temps de traverser, le défunt se dégagea et s'élança pour traverser, mais tomba au-devant de ma machine. J'arrêtai aussi vite que je pus et sautai en bas de ma voiture pour porter secours au malheureux. Mon ami descendit aussi et m'aida à relever le blessé pour ensuite le faire transporter dans une pharmacie.» (...)

Après quelques minutes de délibérations, le jury du coroner a rendu le verdict suivant: «Nous, soussignés, les jurés, déclarons qu'Antoine Toutant est mort, à Montréal, le 11 août 1906, des suites d'un accident d'automobile. Le chauffeur Thomas Atkinson conduisait l'automobile et nous demandons que son arrestation soit maintenue.»

Atkinson a aussitôt été reconduit aux bureaux de la police. Son compagnon Dalgleish a été libéré.

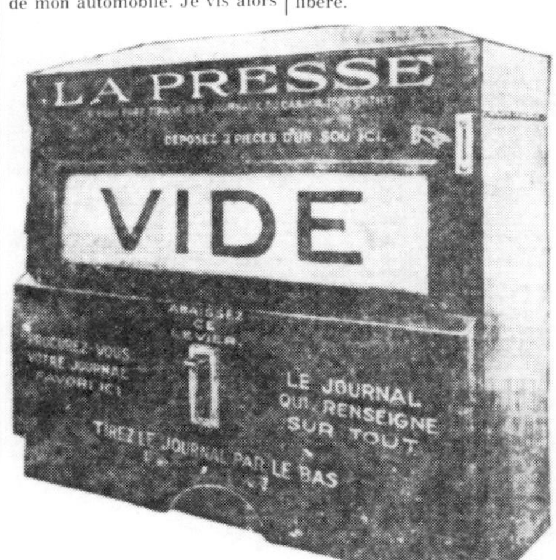

C'est à l'initiative de LA PRESSE qu'est apparu à Montréal le premier distributeur automatique de journaux, installé, pour une raison qu'on ne précise pas par ailleurs, devant l'hôtel de ville d'Outremont. L'emploi était des plus simples: on glissait trois pièces d'un sou (grosses ou petites) dans la fente prévue à cet effet, on abaissait le levier et on saisissait l'exemplaire du journal au bas de l'appareil. L'inscription « VIDE » indiquait que tous les exemplaires avaient été vendus. Cette photo a été publiée le *13 août 1921*.

Expropriations pour la Place Ville-Marie

Frais assumés par tous les contribuables

Ainsi en a décidé le conseil municipal après un long débat

LA ville de Montréal, grâce à un règlement d'emprunt de $7,500,000, voté hier **(13 août 1958)** par le conseil municipal, pourra exproprier, entièrement aux frais des contribuables, les immeubles requis pour l'élargissement des rues University, Cathcart et McGill College, près de la Place Ville-Marie.

Cette décision a été prise au terme d'un débat qui avait duré trois séances et qui s'est dénoué au milieu de bruyantes protestations quand le conseiller Lafaille a posé la question préalable, procédure destinée à mettre fin abruptement à la discussion, et qui fut adoptée par 45 voix contre 36. (...)

Le conseiller Lucien Croteau, dont c'était le premier grand discours depuis sa rentrée à l'assemblée municipale, a été le principal orateur du côté des protagonistes du projet.

Le président du Ralliement a déclaré que le principe de faire payer par la ville la totalité des frais, pour l'élargissement des rues, «devrait désormais s'appliquer à toutes les expropriations futures qui auront une portée de ce genre», faisant allusion aux trois rues situées près de la Place Ville-Marie. «Ce devrait être un précédent à invoquer dans toutes les améliorations majeures de l'avenir».

L'opposition au projet a été dirigée par M. Pierre DesMarais, qui y est allé d'un second discours, affirmant que les riches intéressés du projet Ville-Marie, qui bénéficieront particulièrement de ces améliorations, devraient en payer une partie, comme cela s'est produit dans les cas d'élargissement d'autres grandes artères, notamment Dorchester.

M. DesMarais a dit favoriser le projet lui-même, mais ne pas endosser un mode d'expropriation destiné «à faire payer les petits pour les gros».

C'EST ARRIVÉ UN 13 AOÛT

1980 — Le président Jimmy Carter obtient l'investiture du Parti démocrate pour les prochaines élections présidentielles.

1979 — Grève générale chez Bell Canada.

1974 — Début de la « Superfrancofête » à Québec; 26 pays francophones y participent.

1971 — Suspension par la Couronne des accusations portées contre 32 personnes en vertu de la *Loi sur les mesures de guerre*. — Fin des 6es Jeux panaméricains à Cali, en Colombie; les athlètes canadiens terminent au 3e rang, derrière les États-Unis et Cuba, avec 19 médailles d'or, 20 d'argent et 42 de bronze.

1970 — Le gouvernement du Manitoba étatise l'assurance-automobile.

1969 — Nouvel incident sino-soviétique à la frontière du Sin-k'iang.

1966 — Fin des 8es Jeux de l'Empire britannique à Kingston (Jamaïque); parmi les 1 037 athlètes venus de 35 pays, les 108 compétiteurs canadiens gagnent 14 médailles d'or, 20 d'argent et 23 de bronze, en plus d'établir deux records du monde.

1965 — La ville de Los Angeles est mise à feu et à sac par les Noirs, au cours d'une troisième nuit de terreur.

1963 — Ferhat Abbas, président du parlement algérien, démissionne en signe de protestation contre la politique autoritaire de Ben Bella.

1958 — Parlant devant l'Assemblée générale des Nations Unies, le président Eisenhower expose un programme en six points pour assurer la paix et la future prospérité dans le Moyen-Orient.

1955 — Inauguration officielle du Canso Causeway reliant l'île du Cap Breton au continent, en Nouvelle-Écosse. — Comme signe de sa volonté de favoriser la détente, l'URSS décide une réduction de ses effectifs militaires de 640 000 hommes.

1953 — Fin des tremblements de terre qui ravageaient les îles Ioniennes, en Grèce, depuis le 9 août.

1946 — Tout en affirmant avoir été trompé, l'hon. M. Bertrand, ministre des Postes, est obligé d'admettre qu'il avait signé la requête en naturalisation d'un espion à la solde de Moscou, William Brandis. — Haïfa est le théâtre de sanglantes bagarres lorsque des immigrants juifs tentant d'entrer illégalement sont forcés de rembarquer pour Chypre. — Mort de H. G. Wells, célèbre pour ses romans d'anticipation.

1938 — Beau succès des premières régates disputées à Valleyfield.

1923 — Vingt-trois pèlerins hollandais trouvent la mort en France quand un autocar tombe dans un ravin profond de 250 pieds, dans les Pyrénées.

1912 — Décès de l'illustre compositeur Massenet, à l'âge de 70 ans.

1910 — Décès à Londres de Florence Nightingale. Âgée de 90 ans, elle s'était signalée par son humanisme au cours de la guerre de Crimée.

LA PRESSE
100 ans d'actualités

L'hon. M. Bennett publie trente nominations en annonçant les élections pour le 14 octobre

(Du correspondant de la PRESSE)

OTTAWA, 15 — Le 17e Parlement du Canada est officiellement dissous et les brefs pour les élections générales ont été émis. Dans certains comtés, la mise en nomination aura lieu le 30 septembre; dans tous les autres comtés, la présentation des candidats se fera le 7 octobre, et la votation, dans tout le Canada, aura lieu le lundi 14 octobre prochain. Une déclaration à cet effet a été faite, hier soir **(14 août 1935)**, par le très hon. R.B. Bennett.

Le premier ministre a dit aux journalistes que l'intention du gouvernement avait été de faire les élections le 30 septembre mais on a constaté qu'il ne restait pas suffisamment de temps pour le travail à faire en rapport avec cet événement. Il fut alors suggéré d'en appeler au peuple le lundi 7 octobre mais ensuite on a constaté que ce jour était une fête juive, le jour du Pardon et un grand nombre d'électeurs juifs auraient été défranchisés. (...)

7 nouveaux sénateurs

Plusieurs nominations importantes ont été sanctionnées, hier, par le gouverneur général et ont été ensuite annoncées par le premier ministre.

Toutes les vacances sont maintenant remplies. Le Dr Eug. Paquet, de Bonaventure, Qué., est appelé au Sénat. Deux autres vacances ont aussi été remplies dans la province de Québec, mais elles ne seront annoncées que dans le courant de la journée. (...)

Les nominations de dernière heure de M. Bennett visaient à combler les vacances de quatre postes de ministre, cinq postes de sénateur, huit postes de juge, 11 postes à la Commission des grains, et deux postes de sous-ministre.

Mais la chose n'a visiblement pas plu à l'électorat canadien puisque non seulement M. Bennett a-t-il perdu le pouvoir, mais encore l'a-t-il perdu de façon spectaculaire; en effet, le nombre de députés conservateurs tomba de 137 en 1930 à 39 en 1935, tandis que celui des libéraux grimpait de 88 à 171. Et on dit souvent que l'histoire n'est qu'un éternel recommencement...

La traverse de la mort.

LOUISEVILLE ENTERRE SES MORTS

L'Eglise et l'Etat apportent aux familles des 22 victimes de la plus épouvantable catastrophe de l'auto en Amérique, des prières ferventes et des sympathies émues

(Des envoyés spéciaux de la «Presse»)

LOUISEVILLE, 17 — Le baisser de rideau de la campagne électorale dans cette région a été sinistre. En une fraction de seconde 22 hommes — des jeunes gens et même des adolescents — ont été précipités dans l'éternité.

A 11 h. 25 (heure solaire) vendredi **(14 août 1936)**, dans la nuit, un convoi de fret, le No 85 du Pacifique Canadien (convoi communément appelé le «train de papier» car il transporte des usines du bas de Québec le papier à journal destiné aux imprimeries américaines) a frappé à la traverse de Louiseville, au mille 61, un camion portant plus de 30 personnes qui revenaient d'une assemblée contradictoire (qui fut tumultueuse) à S.-Justin. Voilà le fait brutal dans tout son laconisme.

Pour ceux qui en furent témoins — ils sont nombreux — cet accident, peut-être le plus formidable du genre dans toute l'Amérique du Nord, restera un inoubliable cauchemar.

Jamais l'imprudence d'un chauffeur n'aura accumulé en si peu de temps pareilles horreurs, créé autant de deuils et jeté toute une population dans une consternation indicible.

La traverse à niveau en question se trouve à un demi-mille de la ville. On y arrivait et le chauffeur, Edmond Houle, 45 ans, amateur de vitesse, nous a-t-on dit, aperçut comme bien d'autres le reflet du phare de la locomotive. Habitant Louiseville depuis des années, il n'était pas sans savoir que le fret rapide de Québec n'allait pas tarder.

Il ne pouvait se méprendre sur la nature du reflet lumineux qu'il voyait grandir rapidement. Et il le voyait fort bien car il n'existe aucune obstruction. Un chauffeur, fut-il bien enfoncé dans son siège, ne peut pas ne pas voir une locomotive approcher.

Si peu admissible que cela soit, supposons un moment que M. Houle n'ait pas aperçu la lumière de la locomotive, il a certainement entendu l'appel dramatique du sifflet qui, durant trois longues minutes, lança son cri. En outre — ceci est confirmé par quatre des jeunes gens qui ont échappé à la mort — M. Houle fut averti par quelques-uns de ceux qu'il transportait dans son camion: «M. Houle, le train s'en vient, arrêtez! Arrêtez!»

Enfin, à quelques centaines de pieds de la voie ferrée, M. Houle ne fut pas sans voir trois autos qui avaient complètement stoppé. Même — ceci encore a été raconté par des témoins oculaires — les chauffeurs de ces autos avaient averti de la main M. Houle de ne pas passer.

Mais celui-ci filait! A quelle vitesse? 35 ou 45 milles à l'heure. Qui le dira? Seulement on croit comprendre qu'il a subitement saisi le danger. Que faire? Appliquer les freins? L'auto eut donné sur le convoi. Tenter le coup alors, jouer avec le destin... et passer?

C'est ce qu'il fit ou plus exactement ce qu'il essaya de faire. Des témoins ont vu le camion sauter sous la pression subite de l'accélérateur poussé à fond.

Le camion fut touché à 2 pieds des roues gauche arrière. Ce fut un seul cri d'horreur! Comme un bolide, le camion de trois tonnes fut soulevé jusqu'à la hauteur de la locomotive. Accomplissant un tour compet sur lui-même, virevoltant, il alla s'écraser, de l'autre côté de la voie, jusqu'au fond du remblai.

Sous le choc, le carburateur du camion éclata — on le retrouva à 100 pieds du véhicule — l'essence se répandit et mit le feu à la cabine du chauffeur. Sur un rayon de 1000 pieds éclairé par le camion en flammes ce n'était que des formes affreusement mutilées. Du champ s'élevait une plainte à fendre l'âme. Le train stoppé le plus prestement possible par son mécanicien formait la toile de fond de cette scène horrible. (...)

Ce qui restait du camion après la funeste collision.

L'univers sort d'un long et affreux cauchemar

MacARTHUR COMMANDE

Les plénipotentiaires du Japon sommés de se présenter

WASHINGTON, 15 (BUP) — Le monde est entré aujourd'hui **(14 août 1945)** dans une brillante ère de paix comme le général Douglas MacArthur ordonnait sommairement aux Japonais d'envoyer des émissaires à Manille pour recevoir les conditions alliées de paix.

Il agit à titre de commandant suprême allié.

Il semble que MacArthur annoncera que le Japon signera la reddition sur son propre sol ou dans ses eaux territoriales, peut-être dans la baie de Tokyo.

Radio-Tokyo a annoncé la démission du cabinet de guerre du premier ministre Kantaro Suzuki un peu avant que l'ordre de MacArthur fût envoyé. Le ministre de la guerre s'est suicidé.

Les forces américaines ont reçu l'ordre de suspendre leur action offensive. Tokyo a radiodiffusé aux troupes japonaises à minuit, heure avancée de l'est, soit 1 heure p.m., mercredi, heure du Japon, la nouvelle de la décision de capitulation.

Le message de MacArthur prescrivait aussi aux Japonais de cesser immédiatement les hostilités.

Les ordres de MacArthur

Manille, 15 (B.U.P.) — Le général Douglas MacArthur, assumant ses fonctions de commandant suprême allié, a ordonné au Japon de cesser immédiatement les hostilités et d'envoyer à Manille un représentant compétent pour recevoir les conditions de reddition.

MacArthur est déjà entré en communications radiophoniques avec l'empereur Hirohito et le gouvernement japonais, dit un porte-parole.

Les forces alliées dans le Pacifique et en Extrême-Orient n'auront instructions de cesser les hostilités que lorsque l'ennemi aura exécuté des ordres semblables, a dit MacArthur dans une émission adressée à Tokyo.

Les forces alliées ont été avisées de surseoir à leur offensive mais elles n'ont pas reçu l'ordre direct de cesser le feu.

MacArthur a décrété que, si le temps le permet, le représentant du Japon et des conseillers pour l'armée, la marine et l'aviation japonaises, s'envoleront du sud de Kyu Shu vers un aérodrome allié sur l'île Ie, à l'ouest d'Okinawa, vendredi, de 8 h. à 11 h. a.m., heure de Tokyo (soit de 7 à 10 h. p.m., jeudi, heure avancée de l'est).

D'Ie, la délégation japonaise sera conduite à Manille dans un avion américain. MacArthur dit que ce groupe retournera au Japon de la même manière. (...)

MacArthur a donné instruction aux Japonais, quand ils communiqueront avec lui au sujet de l'envolée, d'utiliser le mot «Bataan» comme justificatif; ce mot rappelle la pire défaite de MacArthur.

Le messager le plus étrange à débarquer à Montréal cette saison-ci est bien le robot Eric arrivé à dix heures ce matin *(14 août 1933)* à bord de l'«Ausania», de la ligne Cunard. Immédiatement après l'accostage du paquebot, on monta l'automate sur le quai afin de le déballer de la caisse où on l'avait enfermé. L'on avait eu soin d'envelopper son armure en nickel de bandes de coton pour la protéger contre l'humidité. Cet homme mécanique, haut de plus de cinq pieds, est la résultante de quatre années de recherches scientifiques de la part de sa créatrice, qui a des raisons personnelles pour ne pas révéler son identité. Ses oreilles sont des microphones; ses yeux, des appareils photographiques. Il est bien vivant, il meut tous ses membres comme un être doué d'un merveilleux système nerveux. Le détail le plus intéressant est de savoir comment on a réussi à lui apprendre à lire. La photo nous montre le robot en compagnie de celui qui l'a fait venir à Montréal, M. Sydney Arram, à gauche, et de Vincent Golden, son accompagnateur pendant la traversée.

Le tunnel sous le Mont-Blanc réalisé

CHAMONIX (AFP) — Le percement du tunnel sous le Mont-Blanc a été terminé ce matin **(14 août 1962)**. Cet ouvrage, le plus long tunnel routier du monde (il a presque sept milles et demi), va unir la France et l'Italie sous la plus haute montagne d'Europe occidentale.

Une dernière charge de dynamite a fait sauter à quatre heures ce matin, le dernier pan de roche qui séparait encore Français et Italiens. Ceux-ci ont foré la montagne, chacun de leur côté, depuis plus de trois ans.

A partir de 1964, pense-t-on, trois à quatre cent mille voitures pourront annuellement traverser le tunnel qui racourcira considérablement *(201 km de moins, pour être plus précis)* le trajet Paris-Rome.

C'EST ARRIVÉ UN 14 AOÛT

1980 — En Pologne, quelque 17 000 travailleurs se mettent en grève au chantier naval Lénine de Gdansk. C'est le début du mouvement *Solidarnosk*.

1975 — Le sheikh Mujibur Rahman, président fondateur du Bangladesh en 1972, est assassiné au cours d'un coup d'État.

1974 — Robert Stanfield, leader des conservateurs fédéraux, annonce son intention de quitter la direction de son parti et la politique.
— Ouverture des championnats du monde de cyclisme professionnel et amateur, à l'Université de Montréal.

1973 — Les forces de police françaises entrent dans l'usine de l'horlogerie Lip et expulsent les ouvriers.

1972 — La Soquem, ou Société québécoise d'exploration minière, découvre un important gisement de sel aux Îles-de-la-Madeleine.
— Un Ilyouchine *(Il-62)* du transporteur est-allemand Interflug s'écrase près de l'aéroport Schönefeld, au sud de Berlin-Est, entraînant ses 156 passagers dans la mort.

1967 — Des nouvelles parvenues à l'Ouest permettent de croire que la violence sévit dans plusieurs provinces de Chine.

1959 — L'avionnerie Canadair reçoit un contrat de $91 millions pour le programme des chasseurs canadiens *Starfighter CF-111*.

1957 — Ouverture à Ottawa du 14e congrès de l'Union postale universelle. L'Union n'avait siégé qu'une fois jusqu'à maintenant en Amérique du Nord; et c'était à Washington en 1897.

1950 — Un incendie ravage le navire-croisière *Québec* à Tadoussac. On déplore sept pertes de vie.

1948 — Clôture des Jeux olympiques de Londres. Les États-Unis méritent le premier rang, devant la Suède et la Hongrie.

1947 — Fin du régime britannique au Pakistan, qui acquiert son indépendance.

1941 — Déclaration conjointe du président Roosevelt et du premier ministre Churchill exposant huit des buts principaux de la guerre (Charte de l'Atlantique).

1917 — Le pape Benoît XV envoie des propositions de paix à toutes les nations belligérantes.

1900 — Les alliés entrent dans Pékin sans coups férir; il appert que les chefs boxers ont fui à Shen-si.

ACTIVITÉS

■ **LA PRESSE raconte Montréal**

Chalet du Mont-Royal — Conjointement avec une exposition intitulée « Un îlot dans une île », LA PRESSE propose aux visiteurs qui se rendront au Chalet du Mont-Royal d'ici le 9 septembre prochain une cinquantaine d'illustrations permettant à LA PRESSE de « raconter Montréal ».

■ **LA PRESSE et la médecine**

Musée Laurier d'Arthabaska — Exposition d'archives sous le thème « 100 ans de médecine », jusqu'au début de septembre.

LES ÉTATS-UNIS DÉCROCHENT LA PALME À LOS ANGELES

Une foule de 95,000 personnes assiste à la clôture des Jeux Olympiques et voit s'éteindre la torche qui brûlait depuis 16 jours sur le péristyle du Coliseum.

LOS ANGELES, 15 — Plus de 95,000 personnes ont assisté hier **(14 août 1932)** à la clôture des Jeux olympiques et ont vu s'éteindre la torche qui brûlait depuis 16 jours sur le péristyle du Coliseum de Los Angeles. On peut dire que ce carnaval de sport a été le plus grand événement du genre jamais vu sur ce continent.

Le dernier numéro au programme était le concours de sauts à cheval connu sous le nom de Prix des Nations. Le baron Takeichi Nishi, du Japon, monté sur Uranus a remporté la victoire après que quatre nations eurent été disqualifiées. Le comte Henri de Baillet-Latour, président du comité olympique international proclama ensuite les Jeux terminés. A la fin de ses remarques, le drapeau olympique fut abaissé du grand mât au sommet du péristyle pendant que cinq coups de canon saluaient la fin de la dixième Olympiade.

La torche olympique qui a brûlé comme un phare pendant seize jours et seize nuits s'éteignit alors, et Los Angeles dit adieu aux fameux athlètes venus de tous les coins du monde pour se disputer les honneurs des tournois. (...)

Plus de 75,000 personnes ont vu samedi l'équipe à huit avirons des Etats-Unis remporter le championnat olympique dans la plus excitante course en canot vue au cours des 16 jours de sport. Elle a battu l'Italie par quatre pouces seulement dans une fin sensationnelle. (...)

LA PRESSE
100 ans d'actualités

Page publiée en *août 1905* et consacrée aux Acadiens. Dans l'article qui accompagnait cette page, on rappelait que les Acadiens étaient passés de 18 000 en 1755 à 1 762 neuf ans plus tard. Outre les déportés implantés ailleurs, on évaluait alors à 8 000 le nombre de ceux qui périrent dans les cales des navires, dans les prisons, au fond des bois, par la faim, les privations, le froid, les mauvais traitements et le désespoir. Et l'article rappelait qu'à ce moment-là, donc en 1905, les Acadiens installés au Nouveau-Brunswick, en Nouvelle-Écosse et à l'Île-du-Prince-Édouard se chiffraient par 105000.

Un monument à Longfellow est dévoilé à Grand-Pré

GRAND-PRÉ, 15 — Deux siècles ont passé.

Dans ce petit village où, en 1755, des scènes déchirantes marquaient une vaste tentative de faire disparaître un jeune peuple en le dispersant, on célèbre aujourd'hui **(15 août 1955)** la triomphale résurrection de cette même nation.

La joie est grande.

Un cardinal, un délégué apostolique, des ambassadeurs, des premiers ministres, des ministres, des archevêques, des évêques, des dirigeants de sociétés nationales se pressent au premier rang d'une foule immense venue rendre hommage aux ancêtres et surtout, remercier la Providence d'avoir permis ce miracle.

L'émotion est à son comble, dans le parc d'Evangéline, dans cette plaine d'où l'on voit le tragique cap Blomidon, sur cette plage où tant de cruelles séparations se sont déroulées.

Ce matin, à une messe pontificale célébrée par Son Exc. Mgr Giovanni Panico, délégué apostolique au Canada, une voix connue, aimée, puissante, s'est élevée au-dessus de cette foule.

L'auditoire s'est recueilli, les pèlerins se sont tus. Son Eminence le cardinal Paul-Emile Léger, archevêque de Montréal, a laissé parler son coeur de père spirituel de tout un peuple.

«Les fêtes de ce jour, a-t-il dit, rappellent aux fils des héros de l'Acadie-martyre que leur survivance est attachée à la foi, à la fidélité au Christ, aux principes de l'Evangile, à leur attachement à l'Eglise et à ses avertissements», enchaînant: «C'est la même leçon qui s'en dégage pour tout notre Canada français.» (...)

«Ce deuxième centenaire est la résurrection d'un peuple et ces fêtes commandent la jubilation. Elles élèvent les âmes dans une atmosphère d'admiration. Elles font vibrer les coeurs d'une gratitude émue. L'Alleluia vainqueur mêle ses notes triomphales à la mélodieuse action de grâces. Au psaume de l'exil, il faut substituer le chant de reconnaissance de David.» (...)

Le monument Longfellow

«En 1847, le poète américain Henry Wadsworth Longfellow a légué à la race acadienne son monument le plus connu: l'immortel poème «Evangéline».

«Aujourd'hui, sur cette terre de Grand-Pré, il reçoit enfin à son tour son monument, érigé par le gouvernement de la province de la Nouvelle-Ecosse, que nous félicitions pour son beau geste.»

Voilà ce qu'a déclaré aujourd'hui, ici, le professeur Willie Belliveau, de l'Anse-des-Belliveau, N.-E., quelques instants avant le dévoilement du monument par l'hon. Henry D. Hicks, premier ministre de la Nouvelle-Ecosse.

Ce buste de Longfellow est installé dans le «parc du souvenir» de Grand-Pré, où se trouve aussi une réplique de l'église des déportés de 1755 et une statue d'Evangéline regardant une dernière fois le sol natal avant de partir pour l'exil. (...)

M. Belliveau a ensuite fait la biographie du poète de Cambridge, mort à 75 ans, en 1882, au terme d'une fructueuse carrière littéraire. Il fut «le premier poète américain à s'inspirer de la vie et des traditions catholiques».

L'histoire du radar

Les Anglais se sont servis de cet appareil dès 1940

LONDRES, 15 (P.C.) — La censure britannique et américaine permet enfin aujourd'hui **(15 août 1945)** de communiquer au public quelques détails au sujet du merveilleux instrument de détection qui a gagné la guerre aérienne pour les Alliés: le radar. On révèle en même temps que les Britanniques ont fait usage de cet appareil dès 1940, ce qui explique enfin comment nos alliés ont pu vaincre la puissance des centaines d'avions employés par la Lufwaffe au cours du «blitz» sur Londres en 1940 et 1941. On sait que la Grande-Bretagne ne possédait alors qu'une poignée de Spitfires et de Hurricanes, et que ces quelques avions aidés de la D.C.A. ont détruit jusqu'à 7 avions ennemis pour un des leurs.

On attribue aussi au radar le mérite d'avoir permis de retracer les cuirassés Bismark et Scharnhorst.

Au moyen des indications du radar, on a pulvérisé plusieurs villes industrielles de l'Allemagne au cours des raids accomplis la nuit ou à travers un épais brouillard, alors qu'il était impossible de voir les objectifs ou de les localiser par les moyens habituels. Parmi les autres résultats importants atteints, on mentionne: la destruction des batteries côtières de France avant l'invasion de la Normandie, la direction des troupes parachutistes vers l'endroit exact de leur mission, la victoire de l'Atlantique, la victoire contre les bombes volantes V-1 de l'Allemagne. (...)

Fonctionnement du radar

Un appareil de transmission radiophonique à haute fréquence émet des ondes à haute intensité et de cycles très courts. Ces «impulsions» ne sont que de l'ordre de 1 millionième de seconde et sont projetées dans l'espace à la vitesse de la lumière — 186,000 milles à la seconde —; l'émission des ondes est enregistrée visuellement sur un tableau qui fait partie du groupe émetteur au moyen d'un tube cathodique. Les ondes sont dirigées en un mince faisceau et dans toutes les directions voulues au moyen d'une antenne qui peut être orientée suivant la circonférence complète d'un cercle.

Au moment même où les ondes sont brisées par la rencontre d'un objet, l'appareil émetteur fait entendre un son d'alarme, et l'image du tableau lumineux se brise d'un trait vertical.

Dès ce moment, la cible ennemie est captive des rayons radiophoniques de l'appareil émetteur. L'orientation de l'antenne indique sa direction exacte; le calcul de l'endroit où le faisceau lumineux a été brisé sur l'indicateur, en fonction de la vitesse des ondes émises donne la distance où elle se trouve. Certains appareils de radar enregistrent simultanément la distance et la position de l'objectif; d'autres indiquent son altitude exacte. (...)

Photos inédites des dispositifs de détection par radar.

BABILLARD

Précision intéressante

Un habitué de cette page, M. **Sélim Leduc,** nous fournit une information intéressante au sujet du séjour du *R-100* à Montréal en 1930. Selon M. Leduc, devant le nombre insuffisant de policiers, la Ville de Saint-Hubert avait demandé à la Ville de Montréal de mettre des policiers à sa disposition pour la durée de l'événement.

La Ville de Montréal ayant accepté, M. Allan Bray, président du comité exécutif à l'époque, avait cru amplement justifié de demander à visiter le dirigeable, permission qui lui fut refusée à cause, semble-t-il, de son poids. Furieux de ce refus, Bray demanda alors aux responsables des policiers de Montréal de rembarquer tous ces hommes sur-le-champ. Et c'est ce qui allait se passer jusqu'au moment où les autorités de Saint-Hubert, constatant l'erreur commise, autorisèrent M. Bray à visiter le dirigeable!

Anciens de L'Epiphanie recherchés

Les organisateurs des fêtes du centenaire de fondation du **couvent de l'Epiphanie,** en septembre 1884, sont présentement à la recherche des anciens et anciennes élèves de cette maison d'enseignement. Ces derniers sont donc invités à faire parvenir tous les renseignements pertinents à l'adresse suivante: Mme Pauline Lafortune-Roch, 107, Notre-Dame, c.p. 400, L'Epiphanie, Québec, J0K 1J10.

Un coup de fil, s.v.p.!

Quatre lecteurs de cette page ont fait des demandes qui sont malheureusement incomplètes, et il nous serait indispensable de nous entretenir avec eux. Mme **Lysanne Tremblay,** de Saint-Constant, Mme **Lucie Garceau,** de Howick, Mme **Rolande Bélisle,** de Pierreville, et M. **Gilbert Pinard,** de Sherbrooke, sont donc priés d'entrer en communication le plus tôt possible avec **Guy Pinard,** au **(514) 285-7070.**

Erratum

Une faute de frappe nous a fait dire dans la page du 6 août que **Camillien Houde** a été arrêté et interné en 1945. Il aurait fallu plutôt lire 1940. Mille excuses...

WILEY POST ET WILL ROGERS SE TUENT

L'avion qui transportait le célèbre aviateur et le fameux acteur s'écrase près de Point-Barrow, en Alaska

SEATTLE, 16 (P.A.) — Wiley Post, le célèbre aviateur américain, et Will Rogers, le fameux acteur et comédien, ont été tués tous deux lorsque leur avion s'est écrasé hier soir **(15 août 1935)** à 5 heures, à 15 milles au sud de Point-Barrow, en Alaska.

La nouvelle a été transmise par le Service des signaux, qui ajoute que l'avion se rendait, au moment de l'accident, de Fairbanks, en Alaska, à Point-Barrow, l'établissement blanc le plus au nord du territoire américain.

Le sergent Stanley-R. Morgan, opérateur du Service des signaux à Point-Barrow, a fait savoir aux quartiers généraux à Seattle qu'il a recouvré, des débris, les deux cadavres et qu'il les a amenés à Point-Barrow où le Dr Henry-W. Griest, de l'hôpital presbytérien, en a pris charge.

Les deux hommes, on le sait, avaient entrepris par manière de vacances un voyage en avion des Etats-Unis jusqu'en Sibérie, via l'Alaska. Mme Post, qui devait les accompagner, avait changé d'idée à la dernière minute, par crainte des fatigues de l'envolée.

Leur avion, muni de pontons pour l'amerrissage, avait quitté Fairbanks hier et arrivait en vue de Point-Barrow lorsque la tragédie eut lieu. Aucun autre détail n'a pu être obtenu jusqu'ici.

C'est le *15 août 1976* que le port de la ceinture devenait obligatoire au Québec, la deuxième province canadienne à adopter une telle mesure coercitive pour tenter de ralentir la spirale des accidents mortels sur les routes du Québec.

C'EST ARRIVÉ UN 15 AOÛT

1980 — Une expédition américaine annonce qu'elle a retrouvé le *Titanic,* le célèbre paquebot qui s'abîma dans l'Atlantique lors de son voyage inaugural, en 1912, faisant plus de 1 500 morts. — Assassinat de la *Playmate* de l'année, la Canadienne Dorothy Stratten, par son mari, qui s'est ensuite suicidé.

1979 — L'ambassadeur des Etats-Unis à l'ONU, Andrew Young, donne sa démission, une rencontre avec un membre de l'OLP ayant déplu au président Carter.

1977 — Décès à 51 ans du comédien Gilles Pellerin.

1972 — Harold Ballard, président du Maple Leaf Gardens de Toronto, est déclaré coupable sous 47 accusations de fraude et de vol aux dépens de l'organisation. — Décès du grand acteur français Pierre Brasseur.

1971 — Une série de mesures économiques sont prises par le gouvernement américain, dont la suspension de la convertibilité du dollar en or et le blocage des prix et des salaires pour trois mois.

1969 — Le pétrolier brise-glace américain SS *Manhattan* quitte Chester, en Pennsylvanie, pour tenter de trouver une voie navigable dans l'océan Arctique.

1966 — Le quotidien *New York Herald Tribune* cesse de paraître.

1965 — Les émeutes raciales prennent fin à Los Angeles après cinq jours; on compte 32 morts et les dommages sont évalués à $175 millions.

1960 — Nomination de Josaphat Brunet au poste de directeur de la Sûreté du Québec.

1955 — Des actes de violence éclatent à la frontière de Goa, petite colonie portugaise contiguë à l'Inde.

1954 — Une foule de 200 000 personnes assiste au couronnement de Notre-Dame du Cap.

1953 — Le premier ministre Mossadegh, d'Iran, écrase un complot ourdi par la cour du shah, et ce dernier doit s'exiler en Iraq.

1950 — La princesse Elisabeth et le prince Philip sont les heureux parents d'un deuxième enfant, une fille.

1947 — L'Inde et le Pakistan accèdent à l'indépendance.

1946 — Le gouvernement fédéral décrète une amnistie général pour les déserteurs et met fin à l'inscription obligatoire.

1945 — Henri-Philippe Pétain, chef du gouvernement de Vichy, est condamné à mort pour trahison. Sa sentence est commuée en emprisonnement à vie. — Première assemblée à Montréal du conseil provisoire de l'aviation civile, qui donnera naissance à l'Organisation de l'aviation civile internationale (OACI).

1944 — La 7e armée américaine débarque dans le Sud de la France.

1932 — La station CKAC devient la première à transmettre une émission de radio à partir d'un avion.

1930 — Le frère André procède à la pose de la première pierre à la basilique de Saint-Joseph, sur le flanc du Mont-Royal.

1914 — Ouverture du canal de Panama.

LA PRESSE

100 ans d'actualités

Le *rock n'roll* a perdu son roi

NEW YORK (AFP) — Elvis Presley, la première idole du rock, est mort hier **(16 août 1977)** à l'hôpital de Memphis, dans le Tennessee, à l'âge de 42 ans.

Le docteur Jerry Francisco, qui a procédé à l'examen post mortem, a précisé que la mort avait été causée par un «arythmie» cardiaque. Il s'agit d'un trouble caractérisé par une régularité d'espacement et une inégalité des contractions du muscle cardiaque.

Le praticien a ajouté qu'une autopsie de trois heures n'avait pas permis de déceler d'autre maladie, ajoutant qu'il n'y avait aucun symptôme permettant de supposer que Presley avait pris de la drogue.

On évoque la silhouette, à l'époque jugée sévèrement, de ce garçon de 21 ans qui, dès 1956, semblait faire l'amour avec sa guitare sur la scène. Cheveux noirs gominés et plaqués en arrière, ses rouflaquettes dévorant ses joues, il se tordait, comme pris de frénésie, dans des jeans ultra-collants. Mais le show business tenait enfin un monstre sacré dix ans après l'heure de gloire de Frank Sinatra. La «country music» du Middle West américain était vigoureusement secouée, mais chacun apprit à fredonner «Heartbreak Hotel», «Hound Dog», «Don't Be Cruel» et surtout «It's Now or Never».

«Maman, crois-tu que je suis vulgaire en scène?» demandait Elvis à sa mère, et celle-ci de répondre: «Non, tu ne l'es pas, mais si tu continues comme ça, tu ne dépasseras pas les 30 ans». En fait, Elvis Aaron Presley menait une vie très régulière, ne buvant pas, ne fumant jamais et ne conduisant même pas sa Rolls Royce et ses cinq Cadillac de couleurs différentes. (...) bien qu'il ait commencé sa carrière comme chauffeur de camions.

Après ses premiers succès, Elvis fut immédiatemnt réclamé par le cinéma, et y touchait des cachets fabuleux pour l'époque, un million de dollars, bien que ses films ne servaient qu'à le glorifier aux yeux de ses fans. Il en fit 31 au total.

Sa carrière parut un instant compromise lorsqu'il dut effectuer son service militaire en 1958. Mais le chanteur sut publier de temps en temps des succès qui suffirent à faire attendre son public. Et il revint plus adulé encore, tournant toujours autant de demi-navets dont «G.I. Blues», «Fun in Acapulco», «Double Trouble» ou «Change of Habit».

«My Hapiness»

Elvis était né le 8 janvier 1935 à Tupelo, petit village du Mississippi. Après des études au lycée de Memphis, dans le Tennessee, Elvis Presley devient chauffeur de poids lourds avant d'enregistrer son premier disque, «My Hapiness», qui n'est pas commercialisé.

En 1954, il signe un contrat avec la compagnie de disques «Sun Records» et il enregistre son premier succès, «That's All Right Mama». En 1955, il signe un nouveau contrat avec la firme RCA. Il participe désormais à différentes émissions de radio et de télévision. Ses chansons, parmi lesquelles «Loving You» et «Jail House Rock», sont de plus en plus populaires aux Etats-Unis et sur les autres continents. (...)

Elvis s'était marié en 1967 avec Priscilla Ann Beaulieu dont il eut une fille en 1968. Il vivait dans une semi-retraite depuis 1972, dans son palais de style grec de Bel Air, rempli de machines à sous et de flippers. Il aura marqué l'histoire du disque en vendant le premier disque d'or 33 tours à plus d'un million d'exemplaires, et 400 millions d'exemplaires divers. (...)

Elvis Presley, le roi du *rock 'n roll*, l'idole de toute une génération.

C'EST ARRIVÉ UN 16 AOÛT

1982 — Le président Wojctech Jaruzelski dénonce la « contre-révolution » avant que la milice intervienne en force à Varsovie.

1979 — John G. Diefenbaker, qui fut premier ministre du Canada de juin 1957 à avril 1963, meurt à Ottawa à l'âge de 84 ans. Membre du parti conservateur, il siégeait à la Chambre des communes depuis 1940, comme député de Prince Albert.

1978 — Pour la première fois en 134 ans d'indépendance, on assiste à un transfert démocratique du pouvoir en République dominicaine.

1977 — Démission du député créditiste Gilbert Rondeau, accusé d'incendie criminel et reconnu coupable de fraude fiscale.

1976 — La Guadeloupe est secouée par pas moins de 300 séismes en 72 heures.

1973 — Claude Castonguay, ministre des Affaires sociales, annonce sa retraite de la vie politique à la fin de son mandat.

1972 — Le roi Hassan II du Maroc échappe à un attentat à son retour de France, un an après la tentative de putsh de Skhirat. Attaqué par des appareils des Forces armées royales, son avion réussit à se poser à Rabat. Quelques heures plus tard, on annonce le suicide du général Oufkir, ministre de la Défense, accusé d'être l'instigateur du complot.

1969 — Ouverture des premiers Jeux d'été canadiens, à Halifax-Darmouth.

1968 — *La Pravda* lance une campagne de presse contre les dirigeants de Prague, tandis que le gouvernement Dubcek tente de freiner l'élan de certains de ses partisans.

1961 — Le Canada accorde le droit d'asile à un savant soviétique, Mikhail Klotchko, qui assistait à un congrès international de chimie au Canada.

1956 — Ouverture de la conférence de Londres sur le canal de Suez; l'Égypte refuse tout contrôle international sur le canal.

1951 — Décès à Paris de Louis Jouvet, artiste dramatique et directeur de théâtre. Il était âgé de 64 ans.

1950 — Inauguration de la nouvelle Cour du Bien-être social à Montréal.

1944 — Camillien Houde est relâché après quatre ans d'internement dans un camp militaire.

1936 — Clôture des Jeux olympiques de Berlin.

1914 — Le corps expéditionnaire britannique débarque en France.

Page publiée le *16 août 1913*.

PILE SOLAIRE REALISEE PAR DES SAVANTS

BIEN que le soleil produise plus de mille trillions (1,000,000,000,000,000) de kilowatts-heure d'énergie par jour, ce qui se compare à toutes les réserves de charbon, d'huile, de gaz naturel et d'uranium découvertes sur la terre, l'homme n'a, jusqu'ici, pu convertir directement à son usage qu'une infime partie de son énergie.

Mais de récentes découvertes réalisées par trois savants de la compagnie de téléphone Bell permettent d'anticiper sous peu des développements considérables dans ce domaine. En effet, ces savants ont réussi à construire un appareil capable de transformer en électricité une quantité d'énergie solaire suffisante pour assurer une conversation téléphonique ou encore faire tourner une petite roue.

C'est ce qu'a révélé cet avant-midi **(16 août 1954)**, M. R. Karl Honaman, directeur des relations extérieures aux laboratoires de la compagnie de téléphone Bell, dans une causerie intitulée «Frontières des communications», et donnée à Montréal à un groupe d'employés de cette compagnie.

M. Honaman a donné une démonstration de la fameuse pile solaire Bell inventée par le physicien G.L. Pearson, le chimiste C.S. Fuller et l'ingénieur en électronique D.M. Chapin.

Pour fabriquer cette pile, les savants ont utilisé du silicium, qui forme l'élément principal du sable ordinaire et qu'ils ont traité de façon spéciale au gaz, à haute température. Extrêmement sensibles à la lumière, les bandes de silicium, minces comme des lames de rasoir, peuvent, reliées ensemble, transmettre du soleil 50 watts d'électricité par verge carrée d'exposition.

Cette batterie solaire a une efficacité de 6%, ce qui, disent les savants, se compare avantageusement à l'efficacité de la vapeur ou à la gazoline. Le silicium, l'un des matériaux les plus abondants sur la surface de la terre, possède une plus grande stabilité électronique à des hautes températures que les autres semi-conducteurs employés en électronique. Le silicium est un semi-conducteur chimiquement relié au germanium, ce dernier étant employé dans la fabrication des transiteurs. (...)

ACTIVITÉS

■ Spectacle de Diane Dufresne

Stade olympique — Grâce à une commandite de LA PRESSE, de CKAC et des magasins d'alimentation Steinberg, pas moins de 4 000 fans de Diane Dufresne assisteront gratuitement au spectacle de la chanteuse québécoise, ce soir.

■ LA PRESSE raconte Montréal

Chalet du Mont-Royal — Conjointement avec une exposition intitulée « Un îlot dans une île », LA PRESSE propose aux visiteurs qui se rendront au Chalet du Mont-Royal d'ici le 9 septembre prochain une cinquantaine d'illustrations permettant à LA PRESSE de « raconter Montréal ».

■ LA PRESSE et la médecine

Musée Laurier d'Arthabaska — Exposition d'archives sous le thème « 100 ans de médecine », jusqu'au début de septembre.

Vol du coeur et de la couronne de la Vierge

CAP-DE-LA-MADELEINE — Dissimulés à travers les pèlerins et profitant de l'ouverture du sanctuaire au cours de la nuit de samedi **(16 août 1975)**, des cambrioleurs se sont habilement emparés du diadème et du coeur en or de la statue de la Vierge, qu'on évalue à plus de $50,000.

C'est vers 10 heures du matin samedi que le père Bilodeau a découvert la disparition du joyau de 18 carats en or jaune, serti de 10 pierres de 18 carats en or blanc dont l'effigie de platine comprenait 565 diamants. Ce diadème avait été fabriqué par l'orfèvre Gilles Beaugrand, de Montréal, grâce aux dons de bagues et alliances faits par les pèlerins de Notre-Dame-du-Cap.

Le père Bilodeau croit que les malfaiteurs se sont probablement dissimulés dans le sanctuaire avant que le gardien ne ferme les portes.

Exceptionnellement, le sanctuaire était demeuré ouvert tard dans la nuit afin de permettre aux pèlerins de prier pour célébrer l'Assomption de la Vierge.

Seuls à l'intérieur, les cambrioleurs ont pu s'emparer facilement du diadème et du coeur de la Madone et s'enfuir par l'une des portes qui se verrouille de l'intérieur. (...)

MORT DE BABE RUTH, LE CHAMPION FRAPPEUR DE COUPS DE CIRCUIT

Le fameux joueur est une autre victime du cancer

NEW YORK, 17 (BUP) — Babe Ruth, l'idole du monde du baseball pendant toute une génération, est mort hier soir **(16 août 1948)** d'un cancer de la gorge, un mal dont il a ignoré l'existence jusqu'à la fin. Le roi des frappeurs de coups de circuit, qui était devenu Monsieur Baseball en 1920 alors que chacune de ses apparitions au bâton amenait les spectateurs à se lever pour mieux voir, mieux saisir ses gestes, est mort doucement dans son sommeil à 8.01 p.m. Il était âgé de 53 ans.

«Babe a eu une belle mort», a déclaré le prêtre catholique Thomas H. Kaufman qui lui a administré les Derniers Sacrements de l'église. «Il a dit ses prières de 6.30 à 7.30 puis il s'est endormi. Il est mort apparemment dans son sommeil.» (...)

Sa famille a demandé à ce que la chapelle soit ouverte au public à partir d'aujourd'hui à 2 heures jusqu'au jour des funérailles afin de permettre à ses admirateurs de lui rendre un dernier hommage. La police a aussitôt pris les arrangements nécessaires pour maintenir l'ordre car des milliers et des milliers d'amateurs sont attendus. Une messe spéciale sera célébrée pour Ruth à la cathédrale St-Patrice jeudi à 11 heures. Tous les détails des funérailles ne sont pas encore connus.

La fin est survenue alors qu'une foule de plusieurs centaines de jeunes admirateurs se tenaient aux portes de l'hôpital pour apprendre des nouvelles de celui qui était encore leur favori malgré qu'il eût cessé de jouer depuis de nombreuses années. Puis vint de l'hôpital la nouvelle que l'homme qui détenait le record d'avoir frappé 60 circuits dans une seule saison «s'en allait rapidement!» (...)

Malade depuis deux ans

Ruth, qui était au moment de sa mort encore le détenteur du remarquable record de 714 coups de circuit en 22 ans dans les ligues majeures, était malade depuis deux ans. Il était entré à l'hôpital Memorial le 24 juin, soit exactement 11 jours après qu'il eût fait une dernière apparition au stade des Yankees où 62,000 personnes s'étaient rendues pour célébrer le «jour Ruth». (...)

Salaires de Ruth

NEW YORK — Voici les salaires que Babe Ruth a obtenus durant sa longue carrière dans le baseball professionnel:

Année	Club	Salaire
1914	Balt.(L.A.)	$ 600
1914(x)	Boston (L.A.)	1,300
1915	Boston (L.A.)	3,500
1916	Boston (L.A.)	3,500
1917	Boston (L.A.)	5,000
1918	Boston (L.A.)	7,000
1919	Boston (L.A.)	10,000
1920	New York (L.A.)	20,000
1921	New York (L.A.)	30,000
1922	New York (L.A.)	52,000
1923	New York (L.A.)	52,000
1924	New York (L.A.)	52,000
1925	New York (L.A.)	52,000
1926	New York (L.A.)	52,000
1927	New York (L.A.)	70,000
1928	New York (L.A.)	70,000
1929	New York (L.A.)	70,000
1930	New York (L.A.)	80,000
1931	New York (L.A.)	80,000
1932	New York (L.A.)	75,000
1933	New York (L.A.)	50,000
1934	New York (L.A.)	35,000
1935	Boston (L.N.)	40,000
1935	Brooklyn (L.N.)	15,000
Total		$925,900

(x) — Acheté par les Red Sox du Baltimore et «optionné» au Providence.

Babe Ruth dans une pose caractéristique de sa puissance au bâton avec les Yankees.

LA PRESSE

100 ans d'actualités

L'UNION NATIONALE VICTORIEUSE

Me Maurice Le Noblet Duplessis, chef de l'Union nationale et nouveau premier ministre du Québec.

APRÈS une lutte ardente comme il ne s'en était pas livré depuis longtemps dans la province, l'Union nationale dirigée par M. Maurice Duplessis a triomphé du Parti libéral conduit par l'hon. Adélard Godbout.

Cette victoire constitue un revirement d'opinion complet.

Le Parti libéral administrait la province depuis 1897. Il avait toujours connu (sauf, en novembre dernier) les plus éclatants succès électoraux. Aujourd'hui, quatorze de ses partisans seulement ont échappé au désastre tandis que l'Union nationale comptera soixante-seize députés dans la nouvelle Chambre.

La défaite du gouvernement se dessina dès les premiers rapports, et à huit heures, elle était déjà admise. (...)

M. Duplessis avait prévu ce résultat. Il avait prédit, à plusieurs reprises, au cours de ses diverses assemblées, notamment à Hull et à Victoriaville, que ses adversaires ne prendraient pas quinze sièges. Il avait visé juste. Les libéraux n'en ont conservé que quatorze.

M. Maurice Duplessis, qui devient le nouveau premier ministre de la province de Québec, a été le premier candidat proclamé élu hier soir **(17 août 1936)**. Dès 6 heures et demie, une demi-heure après la fermeture des bureaux de scrutin, son adversaire, Me Philippe Bigué, concédait l'élection.

Les votes se sont partagés comme suit: Duplessis 5,884, et Bigué, 2,449, donnant à M. Duplessis une majorité de 3,135. M. Bigué perd son dépôt. Aux élections de novembre 1935, M. Duplessis avait obtenu une majorité de 1,202 voix, et en 1931, seulement 41.

L'hon. M. Godbout et cinq ministres battus

Le premier ministre, l'hon. Adélard Godbout, a été battu dans son propre comté de l'Islet. Cinq autres de ses collègues ont subi le même sort. Son ministre du commerce et de l'industrie *(l'hon. Wilfrid Gagnon)* a été défait dans la circonscription de Saint-Jacques par le député sortant, l'échevin Henry-L. Auger, qui avait vaincu, à l'élection précédente, l'hon. Irenée Vautrin, ministre de la colonisation.

L'hon. Césaire Gervais, ministre des travaux publics et des mines, a lui aussi encouru la défaite dans le comté de Sherbrooke. Son adversaire heureux a été le colonel John-S. Bourque, député sortant.

Dans Saint-Laurent, le trésorier provincial *(l'hon. E.S. McDougall)* a dû baisser pavillon devant son adversaire, M. Thomas-J. Coonan.

L'hon. Edgar Rochette, ministre du travail, de la chasse et des pêcheries, a été défait dans Charlevoix-Saguenay par le Dr Arthur Leclerc, candidat de l'Union nationale.

Enfin, le comté de Bonaventure a refusé de faire confiance à l'hon. P.-E. Côté, ministre de la voirie. Celui-ci avait obtenu, aux élections de 1935, une majorité de 1,810 voix. Cette année, il a été mis en minorité par 130 voix. (...)

Une des grandes surprises d'hier a été la défaite de l'hon. J.-N. Francoeur dans Lotbinière, subie aux mains de Me Maurice Pelletier, jeune avocat de Québec. (...) M. Francoeur était le doyen de la Législature, ayant été élu pour la première fois en 1908. Ses électeurs l'avaient toujours réélu depuis avec d'imposantes majorités. (...)

Montréal fidèle à M. Duplessis

Montréal n'a pas modifié le verdict qu'il avait rendu en 1935. Il est resté fidèle à M. Duplessis. Dix de ses collèges électoraux ont donné la victoire à ses candidats. Ce sont Dorion *(J.-G. Bélanger)*, Maisonneuve *(William Tremblay)*, Mercier *(Gérard Thibeault)*, Saint-Georges *(Gilbert Layton)*, Saint-Henri *(René Labelle)*, Saint-Jacques *(Henry L. Auger)*, Saint-Laurent *(T.J. Coonan)*, Sainte-Marie *(Candide Rochefort)*, Verdun *(P.-A. Lafleur)* et Westmount *(W.R. Bulloch)*.

Les libéraux, eux, ont gardé Saint-Louis *(Peter Bercovitch)* et Sainte-Anne *(F.L. Connors, ministre sans portefeuille)* et gagné Laurier. Cette dernière victoire a été chaudement contestée. Tour à tour, les deux candidats eh présence, l'hon. M. Bertrand, procureur général et l'échevin Zénon Lesage ont été proclamés vainqueurs. La victoire avait d'abord été concédée à ce dernier et finalement, M. Bertrand fut déclaré élu par une majorité de 12 voix. (...)

Au procès de Moscou, l'accusé plaide coupable, mais...

L'avocat de Powers insiste sur son «irresponsabilité»

MOSCOU, 17 (PA, UPI, AFP) — A la suite de l'interrogatoire (...) auquel le procureur Roman Andreyevich a soumis l'accusé Francis G. Powers, son avocat soviétique, Me Mikhail Griniov a commencé cet après-midi **(17 août 1960)** de questionner à son tour le jeune pilote américain.

L'avocat a demandé au prévenu si on pouvait dire que sa famille était une famille de travailleurs. Il a répondu affirmativement à cette question. Il a dit que son père était cordonnier et sa mère ménagère.

Maitre Griniov a déclaré qu'il avait obtenu de la famille une série de photographies montrant la maison où il a vécu et la façon dont il a été éduqué. La Cour a accepté ces photographies à titre de pièces à conviction.

Powers n'a jamais voté

Le pilote a soutenu qu'il n'avait jamais été membre d'aucun parti politique et qu'il n'avait même jamais voté de sa vie.

Francis Powers a déclaré qu'il savait qu'à la suite de sa mission du 1er mai, la conférence au sommet avait échoué et que la visite du président Eisenhower à Moscou avait été annulée. Il a dit qu'il regrettait sincèrement d'avoir joué un rôle dans cet événement.

L'accusé a en outre affirmé qu'il s'était engagé dans les forces armées parce qu'il n'avait pu se trouver un emploi en sortant du collège. Il a ajouté qu'il avait choisi l'aviation parce qu'il ne voulait pas aller dans l'infanterie. Après avoir terminé son engagement dans l'aviation, il a signé un contrat avec les Services d'espionnage américains parce qu'il croyait pouvoir ainsi assurer son indépendance financière pour le reste de ses jours.

Plus tôt dans la journée, Francis Gary Powers avait plaidé coupable à l'acte d'accusation de 4,000 mots qu'on venait de lui lire.

Du box des accusés, dans la Salle des colonnes brillamment illuminée dans l'immeuble des syndicats ouvriers, le pilote de l'avion de reconnaissance U-2, abattu au-dessus de l'URSS a dit: «Oui, je suis coupable». (...)

PREMIERE SECTION

PAGES 1 à 4

LA PRESSE

CIRCULATION 635,175

MONTREAL, SAMEDI 17 AOUT 1907

Les oiseaux-mouches et les papillons, par leur délicatesse, la finesse de leur structure et le brillant de leurs couleurs, méritent bien réellement le nom de bijoux vivants. La variété des oiseaux-mouches est assez grande; la plus remarquable est le colibri. (...) Ainsi commençait le texte qui accompagnait cette page bucolique publiée initialement en couleurs le *17 août 1907*. Cette page avait pour objet de mettre en valeur le colibri et en faisait une description très captivante.

Le coeur de Blaiberg a cessé de battre

LE CAP (AFP) — Le docteur Philippe Blaiberg, doyen des survivants de greffes cardiaques et patient le plus célèbre du Dr Christian Barnard, pionnier de ces opérations, est mort hier soir **(17 août 1969)** à l'hôpital Groote Schuur du Cap, après avoir lutté pendant trois jours contre les effets de sa plus grave rechute après l'opération historique du 2 janvier 1968.

C'EST ARRIVÉ UN 17 AOÛT

1983 — Le transporteur routier Maislin vend ses permis et congédie ses derniers employés.

1975 — Le fils de Sam Bronfman est libéré; la police retrouve la rançon de $2,3 millions et arrête les trois ravisseurs.

1973 — Le début du festival d'été de Longueuil est marqué par des protestations devant l'église Saint-Antoine-de-Padoue, ouverte à l'art profane.

1971 — Le gouvernement fédéral annonce la création de 457 unités francophones dans la Fonction publique.

1970 — La Commission permanente des Affaires extérieures et de la Défense du Canada recommande la création d'une société de contrôle des investissements étrangers.

1967 — Grève des marins au Canada. — Des manifestants saccagent l'ambassade soviétique à Pékin.

1954 — À Washington, le Sénat approuve la mise hors la loi du Parti communiste américain.

1945 — L'empereur Hirohito ordonne à son armée d'accepter la paix.

1944 — Avec la conquête d'Orléans et de Chartres, les Américains se retrouvent à 32 milles de Paris.

1943 — La Sicile est complètement libérée des forces de l'Axe.

1940 — Ouverture de la conférence sur la défense de l'hémisphère occidentale, à Ogdensburg (N.-Y.). Réunion du président Roosevelt et du premier ministre Mackenzie King.

1937 — Le gouvernement fédéral désavoue trois lois de l'Alberta qui empiètent sur les droits fédéraux.

1917 — Les Communes canadiennes adoptent la Loi de l'impôt sur le revenu.

1915 — L'Amirauté révèle que le navire *Royal Edward*, propriété de la Canadian Northern Steamship, a été torpillé par un sous-marin allemand en mer Égée, causant la mort de mille personnes.

1903 — Montréal est le théâtre de la première réunion de toutes les Chambres de commerce de l'Empire britannique.

Un «héros» canadien: Norman Bethune

OTTAWA (PC) — Le Canada a décidé d'accorder «la reconnaissance qui convient» à un héros de la révolution chinoise.

Le Dr Norman Bethune, qui a servi comme médecin dans l'armée de Mao Tsé-toung, va maintenant faire partie des figures nationales historiques du Canada.

C'est ce qu'a annoncé hier **(17 août 1972)** à Pékin le ministre des Affaires étrangères, Mitchell Sharp, et à Ottawa, le ministre des Affaires du Nord canadien, Jean Chrétien.

La forme que prendra cette commémoration n'a pas encore été décidée, mais elle aura lieu à Gravenhurst, Ont., où est né le docteur qui était à peine connu au Canada avant que les communistes chinois n'en fassent l'éloge.

Gravenhurst est devenu un lieu de pèlerinage pour les Chinois, et le ministre du Commerce Pai Hsiang-kuo s'y est rendu hier.

Pendant la révolution culturelle, Mao a publié un article à la mémoire de Norman Bethune que chaque Chinois doit avoir lu. Ce médecin est devenu l'étranger le plus connu en Chine et d'imposants mémoriaux ont été élevés en son honneur, dont un musée et un hôpital.

Le département des Affaires du Nord canadien a expliqué que le Dr Bethune s'était fait une réputation sur trois continents. «En Amérique du Nord, il était considéré comme le spécialiste des recherches sur la tuberculose et les techniques d'opération. En Espagne, il a créé le premier service mobile de sang pour les forces royalistes; en Chine, il a construit des hôpitaux, formé des infirmières et des médecins et soigné des blessés.» Le Dr Bethune avait l'intention de rentrer au Canada en 1939 pour prendre la direction du service de transfusion de l'armée canadienne; mais il est mort avant d'un empoisonnement de sang.

Le consul polonais à Montréal démissionne

WASHINGTON, 18 (A.F.P.) —M. Arthur Blias Lane, ancien ambassadeur des Etats-Unis en Pologne, a déclaré, hier **(17 août 1949)**, que le consul général polonais à Montréal avait donné sa démission et qu'il cherchait un «refuge politique» aux Etats-Unis. Le diplomate polonais est M. Tadeusz Rakowski, âgé de 47 ans, qui occupe le poste de consul général à Montréal depuis 1947. Il a fait la déclaration suivante pour expliquer les motifs de sa démission.

«Je suis Polonais et je ne puis me résigner à l'activité du gouvernement communiste actuel de Pologne, qui n'agit pas pour le bien de la Pologne, mais dans les intérêts d'une puissance étrangère, la Russie, et selon les directives qu'il reçoit de cette puissance.

LE PREMIER DERBY AERIEN MARQUE PAR DES TRAGEDIES

SAN FRANCISCO, 18 — Quarante contre-torpilleurs, vaisseaux de commerce et vaisseaux aériens se sont joints aujourd'hui (17 août 1927) aux randonnées pour retrouver deux aéroplanes — le «Golden Eagle» et le «Miss Doran» — qui avaient entrepris l'envolée Oakland-Honolulu et n'ont pu atteindre l'objectif. À minuit, les aéroplanes manquants avaient quitté Oakland depuis plus de 34 heures et leur gazoline était épuisée depuis longtemps, s'ils avaient évolué tant que leurs réservoirs contenaient de l'essence.

Le «Woolarac»

L'un des aéroplanes portait Mlle Mildred Doran, jolie institutrice de 22 ans, du Michigan, le pilote J.A. Adler et le navigateur V.R. Knop. Le «Golden Eagle» était piloté par Jack Frost, de New York, et son navigateur était Gordon Senti, de Santa Monica.

Le sort du «Miss Doran» cause la plus grande anxiété, car on craint qu'il n'ait été forcé de descendre peu après son départ et ne soit tombé dans la mer avec une tonne de gazoline dans les réservoirs. Il est possible qu'un désastre se soit produit.

Le sort du «Golden Eagle» est moins inquiétant que celui du «Miss Doran». Le «Golden Eagle» était équipé en prévision d'un tel accident. Son navigateur était considéré comme l'un des plus habiles et le pilote Frost avait une machine fonctionnant parfaitement au départ. Si le «Golden Eagle» était forcé de descendre en mer, il pouvait, croit-on, après une plongée, se remettre à flot. (...)

Le «Woolarac», avion dirigé par le pilote Arthur C. Goebel, a gagné le premier prix du derby, et l'«Aloha» dirigé par Martin Jensen a gagné le deuxième prix. (...)

......

NDLR — LA PRESSE de l'époque ne mentionne malheureusement pas dans les jours suivants le sort des deux appareils perdus en mer.

L'«Aloha»

LA PRESSE
100 ans d'actualités

33me ANNEE—No 243 EDITION QUOTIDIENNE—MONTREAL, SAMEDI 18 AOUT 1917 PRIX

Le Parc Lafontaine

On l'appelle avec quelque raison, les "Champs Elysées" de Montréal.—Il est le rendez-vous favori des foules qui y vont, en même temps que chercher fraicheur et air pur, jouir des plaisirs du canotage et des scènes aquatiques.—Les terrains de jeux y attirent grands et petits.—Canards, oiseaux et bêtes sauvages, serres, ponts et chutes artificielles font les délices des visiteurs.

Clichés du photographe de la "Presse".

Page consacrée au parc Lafontaine et publiée le *18 août 1917*.

Milliers de personnes à l'arrivée de M. Houde

A la gare, cohue indescriptible; au domicile, une rue noire de monde

PONCTUÉE d'ovations, l'arrivée hier soir **(18 août 1944)** à la gare centrale, de l'ancien maire de Montréal, fut une «apothéose», pour employer le mot même de M. Liguori Lacombe, député de Laval-Deux-Montagnes aux Communes, qui a salué le voyageur à la gare.

Même aux temps relativement anciens de ses succès populaires alors qu'il occupait les fonctions de maire de la métropole, M. Houde n'avait pas été l'objet d'une semblable manifestation. Environ 12,000 personnes s'étaient pressées depuis 6 h. jusqu'à l'arrivée de Portland à 7 h., dans la cour de la gare et en un quadruple rang aux parapets qui encadrent la cour sur trois côtés.

Autour de la voiture qui devait porter M. Houde à son domicile, la foule atteignait à l'étouffoir. Plusieurs femmes (elles composaient la moitié des curieux) faillirent se trouver mal. Les quelques agents du Canadien National n'en pouvaient plus à vouloir contenir la poussée indescriptible. Le reporter, auteur de ces lignes, écrasé contre le pare-boue de l'auto de M. Houde, n'évita l'étouffement qu'en sautant sur le pare-choc et dut s'installer au petit bonheur dans les glaïeuls posés sur la capote repliée, et emprunter le dos d'un voisin pour faire office de pupitre.

A plusieurs reprises, le chauffeur tenta de déplacer la voiture de quelques pieds, afin d'être plus près de la sortie de la gare, mais il ne put entamer la résistance du rempart humain.

Soulevé de terre

Tout à coup, une voix crie: «Voilà Camillien! C'est Camillien!» Une ruée secoue la foule, on hurle des bravos. Mais ce n'est qu'une fausse alerte. Elle devait se répéter deux ou trois fois avant que l'ancien maire de Montréal débouchât à ciel ouvert, pour de bon, vingt minutes après l'heure annoncée. Des cris et des mots inintelligibles fusèrent de partout. M. Houde fut littéralement levé de terre et porté vers la voiture plutôt qu'il ne marcha vers elle.

Quand il se retourna vers ses admirateurs, tout rouge d'émotion, de fatigue et du tiraillement de la foule, il fut près de dix minutes sans pouvoir émettre un son devant le micro qu'on lui tendait. (...)

C'est durant cette ovation qui marquait le premier contact de l'ancien maire avec la population montréalaise, que M. et Mme Liguori Lacombe parvinrent à se hisser dans la voiture. Les deux hommes se serrèrent la main et le député de Laval-Deux-Montagnes tapota l'épaule de celui qu'il avait défendu en Chambre.

Enfin, les gosiers fatigués firent silence, et pour la première fois depuis quatre ans M. Houde parla à la foule, et sa voix s'éleva nette et ferme. (...)

Discours à la foule

«Mes chers amis, commença l'ancien maire de Montréal, (...) je vous remercie du fond du coeur de la cordiale réception que vous m'avez réservée ce soir. Je n'attendais pas moins de «ma» population de Montréal et d'une partie de la province, car au cours de mes quatre années d'internement, je n'ai jamais cessé de sentir que votre coeur battait à l'unisson du mien.

«Cette réception ne fait pas que me prouver votre estime; elle constitue en outre un avertissement salutaire aux autorités actuelles pour qu'elles sentent l'opinion publique telle qu'elle est. (...)

«Ce que l'avenir nous réserve, je l'ignore. Mais il est une chose sur laquelle vous pouvez compter, c'est que comme dans le passé, je me tiendrai debout. Chaque fois que le moindre de vos droits ou de vos privilèges sera exposé, je serai au premier rang avec d'autres hommes résolus de la trempe de M. Lacombe. (...)

Après cette réception, M. Houde prit le chemin de son domicile, sis rue Saint-Hubert, et encore là il fut accueilli par une foule en délire et si compacte qu'elle bloqua complètement la circulation sur la rue Saint-Hubert, de la rue Jeanne-Mance à la rue Mont-Royal.

De retour parmi les siens après quatre années d'internement dans un camp de concentration, Camillien Houde est littéralement porté en triomphe, à la Gare centrale.

Mao Tsé-toung présente son successeur, Lin Piao

PEKIN (AFP, PA, UPI) — Tout semble indiquer aujourd'hui **(18 août 1966)** que le ministre chinois de la Défense, le maréchal Lin Piao, devient l'héritier politique du président Mao, à la tête du parti communiste chinois. On croit même comprendre qu'il se trouve désormais sur un pied d'égalité avec le chef vénéré.

En effet, un million de Chinois ont pu voir et acclamer Mao Tsé-toung aujourd'hui sur la place Tien An Men où, du haut de la plus célèbre tribune de Chine, le président est apparu pour la première fois depuis octobre 1965, dans le but, semble-t-il, de céder la parole et de présenter aux masses l'homme considéré comme le dauphin désigné, le ministre de la Défense, Lin Piao.

L'agence **Chine nouvelle** dit que le maréchal, qui est âgé de 59 ans, se tenait immédiatement à gauche de Mao Tsé-toung, qui lui, est maintenant âgé de 72 ans. On a noté qu'à la gauche de Lin Piao se tenait le président de la République, Liou Chao-chi, tandis qu'à la droite de Mao était Chou En-lai, puis le maréchal et vice-premier ministre Ho Lung. (...)

C'EST ARRIVÉ UN 18 AOÛT

1983 — En réponse à la campagne de dénigrement du gouvernement à son égard, Lech Walesa le prévient que *Solidarité* n'abandonnera pas.

1977 — Les gouvernements des autres provinces repoussent l'offre québécoise de réciprocité dans le domaine scolaire.

1965 — Au cours d'un raid, les « Marines » américains capturent 2 000 Vietcongs.

1962 — Fidel Castro déclare que les coopératives paysannes seront étatisées.

1960 — Les troupes de l'ONU reçoivent l'ordre de tirer, résultat d'une attaque sauvage dont furent victimes huit soldats canadiens aux mains de soldats congolais.

1947 — La ville de Cadix est ravagée par une explosion dans un arsenal. L'incident fait plus de 1 000 morts et de 6 000 blessés — Londres ayant refusé de les renvoyer en Palestine, les Juifs à bord de trois navires entreprennent une grève de la faim.

1941 — Un incendie fait sept morts dans le port de Brooklyn.

1939 — Le Canada et les États-Unis signent un accord de réciprocité de deux ans en matière de transport aérien.

1927 — John Oliver, premier ministre de Colombie-Britannique, succombe à une longue maladie, à Victoria.

1914 — Ouverture de la session spéciale de guerre du Parlement canadien, la première dans l'histoire du pays.

1912 — Les Artisans canadiens-français inaugurent leur nouvel édifice à Montréal.

1907 — Un traversier s'abîme dans la rivière des Prairies, entraînant quatre personnes dans la mort.

INAUGURATION DE LA PREMIERE COLONIE DE VACANCES, AUX GREVES

L'oeuvre philanthropique d'un ami de l'enfance

LES colonies de vacances, l'une des plus belles manifestations de l'action sociale catholique, ont enfin trouvé droit d'existence en notre province; grâce à l'initiative de l'excellent éducateur et ami de l'enfance qu'est M. l'abbé Adélard Desrosiers, vice-principal de l'école normale Jacques-Cartier, nous avons pu, hier **(18 août 1912)**, contempler la joie des quelques petits citadins qu'il a transplantés en pleine campagne, leur donnant, pendant une vacance, l'entière jouissance d'un vaste domaine.

Car c'était hier, l'inauguration officielle de la première de ces colonies «Aux Grèves», à dix milles de Contrecoeur, c'est-à-dire à l'endroit même où, ainsi que nous l'a si bien démontré M. Ducharme, curé de Contrecoeur, Champlain, ses compagnons et leurs alliés, les Algonquins, livrèrent aux Iroquois, en juin 1610, un combat meurtrier. (...)

Après la messe, M. l'abbé Ducharme fit un éloquent sermon sur la fête du jour. Un succulent goûter réunit ensuite autour des tables, une cinquantaine d'invités. (...)

Puis ce fut la visite des «Grèves»; désireux de procurer aux enfants des pauvres, les bienfaits d'une vacance à la campagne, sans qu'il en coûte un sou aux parents, M. l'abbé Desrosiers a acheté de ses propres deniers une vaste étendue de terrain, sur les bords du Saint-Laurent à la voie du Quebec, Montreal and Southern; les plus proches voisins de la colonie sont à dix milles. Les enfants jouissent en toute propriété d'une splendide grève, où ils peuvent jouer et se baigner, sans danger aucun.

ACTIVITÉS

AUJOURD'HUI

■ 10 km de la santé

Parc Lafontaine — Implication de LA PRESSE au niveau de la promotion de cette *course au bonheur*, pour reprendre le slogan de ses organisateurs.

■ A la radio

17 h, Radio-Canada — Chronique consacrée à LA PRESSE à l'émission *Avec le temps*, animée par Pierre Paquette.

AUJOURD'HUI et DEMAIN

■ LA PRESSE raconte Montréal

Chalet du Mont-Royal — Conjointement avec une exposition intitulée « Un îlot dans une île », LA PRESSE propose aux visiteurs qui se rendront au Chalet du Mont-Royal d'ici le 9 septembre prochain une cinquantaine d'illustrations permettant à LA PRESSE de « raconter Montréal ».

■ LA PRESSE et la médecine

Musée Laurier d'Arthabaska — Exposition d'archives sous le thème «100 ans de médecine», jusqu'au début de septembre.

DEMAIN

■ Défi Louis-Cyr

A la Ronde — Les spectateurs à la finale provinciale de ce concours qui s'adresse aux hommes forts auront l'occasion de voir une exposition de pages unes de LA PRESSE relatant les exploits de nos hommes forts, et de Louis Cyr plus particulièrement.

■ LA PRESSE à Terre des Hommes

A la Ronde — En collaboration avec la ville de Montréal, LA PRESSE offre à chaque dimanche, en fin de journée, un spectaculaire feu d'artifice. Jusqu'au 2 septembre inclusivement.

BABILLARD

Cent deux ans demain

Le 19 août 1882 naissait à Sainte-Monique **Philippe Foucault**. Ce vénérable citoyen plus âgé que LA PRESSE et aujourd'hui résident du Centre d'accueil de l'Assomption, aura donc 102 ans demain, et LA PRESSE se joint à ses parents et amis pour lui offrir ses meilleurs voeux de santé et de bonheur.

Un nouveau record d'altitude de Piccard

(Service de la Presse Associée)

BOLZANO, Italie, 18 — Des aéroplanes ont été envoyés à l'aérodrome de Bolzano, cet après-midi **(18 août 1932)**, à la recherche du ballon du professeur *(Auguste)* Piccard. On n'avait plus reçu de nouvelles de celui-ci depuis qu'il était passé au-dessus des monts Ortelès, vers 1 h. p.m. (...)

Milan, Italie, 18 — Il est rapporté cet après-midi que le ballon du professeur Piccard a atterri près de Desenzano, sur le lac de Garde.

(Service de l'United Press, spécial à la «Presse»)

Zurich, Suisse, 18 — Des calculs faits au moyen de mesures faites avec des théodolites au pic Bernina font voir que le professeur Piccard s'est élevé à 1,000 mètres plus haut que lors de son ascension de 1931 dans la stratosphère *(il avait alors atteint une altitude record de 18 000 mètres)*.

Dans un message du professeur Piccard, celui-ci dit que les observations des rayons cosmiques dans la stratosphère ont été hautement satisfaisantes.

LA PRESSE

100 ans d'actualités

Invasion-éclair de la Tchécoslovaquie

L'armée russe à Prague

D'après UPI, AFP, PA

RADIO-PRAGUE a annoncé hier **(20 août 1968)** que des troupes soviétiques, polonaises, hongroises, est-allemandes et bulgares avaient envahi le territoire de la Tchécoslovaquie. Une directive du praesidium du Parti communiste tchécoslovaque a recommandé à la population de ne pas s'opposer à l'avance des troupes communistes.

Dès que la nouvelle fut connue, les principaux hommes d'Etat occidentaux, MM. Johnson, Kiesinger et Wilson, furent mis au courant de la situation. Le président Johnson convoqua immédiatement une réunion du Conseil américain de sécurité. Ce fut l'ambassadeur soviétique à Washington, M. Anatoli Dobrynine, qui informa lui-même le président Johnson de la pénétration des troupes communistes en Tchécoslovaquie.

Par la suite, Radio-Prague annonçait que le praesidium du Parti communiste tchécoslovaque siégeait sans interruption et que le gouvernement et l'Assemblée nationale étaient convoqués.

Un quart d'heure plus tard, les émissions de Radio-Prague étaient interrompues, après que le speaker eut annoncé que la capitale tchécoslovaque et toute la Tchécoslovaquie étaient occupées par des unités du pacte de Varsovie. Le speaker avait également signalé que plusieurs émetteurs avaient dû cesser leurs émissions et qu'un avion étranger tournait autour de la maison de la radio à Prague. Il avait demandé par ailleurs aux auditeurs de faire connaître les informations par tous les moyens.

Après avoir gardé le silence pendant quelques heures après l'invasion de la Tchécoslovaquie, les organes de presse soviétiques, et notamment l'agence Tass, annonçaient que des hommes d'Etat tchécoslovaques avaient demandé aux pays du pacte de Varsovie de leur venir en aide, y compris l'aide militaire.

Le communiqué du praesidium tchécoslovaque annonçant l'invasion du pays par les troupes communistes, outre de recommander à la population de ne pas s'opposer à l'avance de ses troupes, déclarait que les forces et la police tchécoslovaques n'avaient reçu aucun ordre d'intervenir.

Le correspondant de l'agence Reuter à Prague, Vincent Buist, a signalé que des coups de feu ont été tirés de l'édifice du comité central du Parti communiste tchécoslovaque lorsqu'une foule de jeunes manifestait devant le bâtiment aux cris de «Dehors les Soviétiques». Le bâtiment a d'ailleurs été encerclé par des blindés marqués d'une croix blanche. (...)

Selon un journaliste tchèque, une colonne de blindés soviétiques a pris position autour du château de Hradcany, siège du président de la République.

A Moscou, la déclaration diffusée par l'agence Tass a précisé que les gouvernements des pays du pacte de Varsovie ont décidé d'apporter à la Tchécoslovaquie l'aide demandée.

Toutefois, le bulletin de Radio-Prague, adressé au «peuple entier de la République socialiste tchécoslovaque» et annonçant l'invasion du pays, a été capté à Washington et donne une version différente des événements.

«A 23 heures (17 heures HAE), des troupes soviétiques, polonaises, est-allemandes, bulgares et hongroises ont franchi la frontière tchécoslovaque,» dit le bulletin.

«Ceci s'est produit sans que le président de la République, le président de l'Assemblée nationale, le premier ministre ou le premier secrétaire du Parti communiste tchécoslovaque en soient avertis», poursuit le bulletin. La communication demande aux citoyens «de garder leur calme et de ne pas opposer de résistance aux troupes étrangères.

«Notre armée, nos forces de sécurité et notre milice du peuple n'ont pas reçu l'ordre de défendre le pays», poursuit le bulletin qui conclut: «Le praesidium du comité central du Parti communiste tchécoslovaque considère cette action non seulement contraire aux principes fondamentaux régissant les relations entre pays socialistes, mais aussi comme une violation des principes de la loi internationale».

Est-il nécessaire d'ajouter que cette invasion qui mettait fin au «printemps de Prague» a provoqué un tollé de protestations dans tous les pays du monde, sauf en Union soviétique ou ses pays satellites, mais sans qu'aucun geste ne soit posé pour porter secours à la Tchécoslovaquie par quiconque...

téléphoto PA

Drapeau national en main, un Tchécoslovaque pose fièrement sur un tank soviétique, tandis qu'un autre brûle à l'arrière-plan. Mais la résistance tchécoslovaque fut beaucoup plus symbolique que réelle.

À Berlin

Le sang coule le long du mur

NDLR — Le 17 août 1962, un jeune Berlinois du nom de Peter Fechter fut abattu par les « vopos » (ou policiers) est-allemands au moment où il tentait de franchir le mur vers Berlin-Ouest. Ces derniers laissèrent Fechter saigner à mort pendant plus d'une heure du côté oriental du mur avant de le faire transporter à l'hôpital. Ce geste provoqua la colère des Berlinois de l'Ouest et déclencha une série de manifestations qui ne tardèrent pas à tourner à la violence...

BERLIN (AFP, AP, UPI) — Quinze policiers blessés, dont quatre grièvement tel était le bilan, hier soir **(20 août 1962)**, des opérations de dispersion des manifestants sur la voie publique, à Berlin-Ouest, lesquels, à certains moments au nombre de 5,000, s'en sont pris à plusieurs reprises aux forces de l'ordre, lapidant les policiers.

On sait que les manifestations, à Berlin-Ouest, ont pour origine la mort d'un jeune Berlinois de l'Est, abattu par les «vopos» à quelques pieds du «mur» alors qu'il tentait de pénétrer en zone occidentale.

Durant l'après-midi de lundi, les manifestations étaient restées sporadiques, mais elles ont brusquement repris de l'ampleur au début de la soirée.

Un millier de Berlinois de l'Ouest ont notamment réussi à s'infiltrer à travers les barrages de police et se sont groupés au «Checkpoint Charlie».

Les manifestants ont assailli le car soviétique transportant la garde au monument aux morts de l'Armée rouge. Les vitres ont été brisées à coups de pierres. Un soldat soviétique s'est écroulé ruisselant de sang et un autre a été plus légèrement atteint. A la suite de cet incident, la police a dispersé énergiquement la foule.

«Le mur doit disparaître»

Finalement, vers 9 heures du soir, un groupe de 1,000 jeunes a manifesté non loin de l'endroit où, vendredi, les «vopos» avaient abattu le jeune Peter Fechter. Les manifestants, comme dimanche, portaient des torches et scandaient: «Assassins, assassins», «Le mur doit disparaître», et «Le barbu doit disparaître» (Le «barbu»: Walter Ulbricht). (...)

Très belle page consacrée à la chasse et publiée (en couleurs) le *20 août 1904*.

Attentat contre Trotsky

MEXICO, 21 (BUP) — Léon Trotsky, le plus fameux des exilés bolchévistes, repose aujourd'hui sur un lit d'hôpital. Il n'a qu'une chance sur dix de survivre à une tentative d'assassinat perpétrée hier soir **(20 août 1940)** par l'un de ses collaborateurs. Ce dernier est soupçonné par l'entourage du vieux révolutionnaire russe d'être un agent de la police secrète des Soviets.

Les médecins qui ont pratiqué une intervention chirurgicale d'urgence sur Trotsky, pour une fracture du crâne, ont déclaré que le patient avait une chance de conserver la vie, s'il vivait durant quelques heures. A 6 heures, ce matin, un bulletin a annoncé que son état était très grave.

L'assaillant de Trotsky repose dans le même hôpital après avoir été grièvement blessé par Harold Robbins, le chef des gardes de la villa fortifiée de la victime, dans le faubourg de Coyoacan, où la tentative de meurtre a eu lieu.

C'EST ARRIVÉ UN 20 AOÛT

1980 — La police polonaise arrête 18 membres du comité d'autodéfense sociale (le KOR), en Pologne.

1977 — Lancement vers les planètes les plus éloignées du système solaire du premier des deux vaisseaux spatiaux *Voyager*.

1976 — La 17e conférence annuelle des premiers ministres prend fin sans qu'on s'entende sur le rapatriement de la Constitution.

1975 — Début d'une grève du transport en commun à Montréal.

1971 — La sentence d'emprisonnement à vie imposée au lieutenant William Calley pour les meurtres de My Lai est réduite à 20 ans.

1970 — Collision en surface, près de Toulon, des sous-marins français *Galatée* et sud-africain *Maria-Van-Riebeeck*.

1968 — Trois bombes éclatent presque simultanément dans la région de Montréal.

1960 — Le satellite soviétique *Spoutnik V* revient sans incident sur terre avec ses deux chiens.

1958 — Démission d'Albini Paquette, ministre de la Santé de la province de Québec.

1957 — Un major de l'Aviation américaine, Davis G. Simons, grimpe à 102 000 pieds (plus de 19 milles) dans la nacelle d'un ballon, la plus haute altitude jamais atteinte par un homme.

1948 — Israël demande son adhésion à l'ONU.

1941 — Vichy déclare que des navires de guerre britanniques sont entrés à Djibouti, en Somalie française.

1914 — Le pape Pie X succombe à l'angoisse occasionnée par la guerre. Il était âgé de 79 ans. — Les troupes allemandes entrent dans Bruxelles.

1910 — Le canot *J.C.M.* de J.C. MacKay gagne le trophée LA PRESSE aux régates de Lachine.

Le désastre du parc Dominion

TRAGIQUE MEPRISE DANS L'IDENTIFICATION DES VICTIMES

*NDLR — L'article suivant, initialement publié le **20 août 1919**, fait état d'événements survenus la veille. Le 19 tombant un dimanche cette année, nous n'avons pu le publier hier. Mais le caractère assez fantastique de l'incident nous amène à déroger à nos habitudes; ce sera donc l'exception qui confirme la règle...*

ON a transporté hier après-midi à la morgue un cadavre qu'on venait de découvrir dans les ruines du «Mystic Rill» au parc Dominion. Il était en état de décomposition avancée. Le détective Adélard Constantin, de la commission des incendies et du bureau des détectives, a fait les démarches nécessaires à son identification et a reconnu que c'était le corps du jeune Jean-Robert Ferland, fils du Dr A. Ferland, qui a été tué à l'incendie du «Mystic Rill».

Cette nouvelle identification suscite des complications qui ne se sont jamais produites à la cour du coroner. Le Dr Ferland a identifié la semaine dernière un cadavre qu'il a pris pour celui de son fils. Il l'a enterré dans son terrain au cimetière de la Côte-des-Neiges. Il avait cru reconnaître son fils par un collet négligé et un morceau de chemise. De plus, c'était le plus petit des cadavres trouvés dans les ruines et le jeune Ferland n'avait que 13 ans.

Mais hier après-midi, on s'aperçut de l'erreur. Sur le corps qu'on venait d'apporter, les employés de la morgue et le détective Constantin ont trouvé un rosaire, une chaussure noire avec talon de caoutchouc et d'autres articles qui, décrits par le détective Constantin au Dr Ferland, ont été reconnus comme appartenant à son fils. Le docteur a demandé au détective de bien vouloir déposer ces objets en lieu sûr: la mère de la malheureuse victime voulant les conserver comme souvenir.

DESOLATION D'UNE MERE

Un dialogue bien touchant s'est engagé hier, lorsque le détective Constantin téléphona à Mme Ferland au sujet de son fils. Elle répondit clairement à toutes les questions et fit la description de tous les objets que le détective tenait entre ses mains. Dès lors, il n'y avait plus aucun doute; le corps récemment trouvé était bien celui du jeune Ferland. La malheureuse mère comprit alors que le corps inhumé dans le cimetière de la Côte-des-Neiges n'était pas celui de son petit Jean. Sa voix s'étouffa dans un sanglot lorsqu'elle demanda au détective de s'assurer aussitôt que possible si l'identification était exacte.

Les objets trouvés sur le corps ont été déposés à la morgue. Il semble aujourd'hui à peu près certain que le Dr Ferland a inhumé le jeune Carbonneau, en guise de son fils, et que le corps enterré par les parents de Carbonneau, est celui du jeune Italien Antonio Ciccio, retrouvé la journée même de l'incendie. (...)

LA PRESSE
100 ans d'actualités

Le radeau «L'Egaré II» touche l'Angleterre après 88 jours

Les trois aventuriers sur leur radeau, soit, de gauche à droite, Marc Modena, 29 ans, le chef de l'expédition, Henri Beaudout, 29 ans, et Gaston Vanackère, 31 ans. Tous trois demeuraient à Montréal.

FALMOUTH, 21 (AFP) — «L'Egaré II» a fait ce matin **(21 août 1956)** une entrée triomphale, sous un radieux soleil, dans le port de Falmouth, près de la pointe des Cornouailles. L'embarcation était remorquée par deux chaloupes de sauvetage, celle du Lizard et de Falmouth, qui avaient conjugué leurs efforts pour haler jusqu'au port le radeau et ses trois occupants français. Tous les navires se trouvant dans le petit port ont salué de quelques coups de sirène l'arrivée, peu après 7 heures GMT (3 h. a.m. HAE), des intrépides navigateurs. Sur les quais, plusieurs centaines de personnes, dont de nombreux estivants, s'étaient rassemblés pour les voir approcher.

En abordant le radeau, les reporters trouvèrent un tas de linge sale sur lequel dormait deux chats, l'un noir, baptisé «Poux», et l'autre, gris, «Griton». Un peu partout gisaient des caisses vides attachées aux rondis par des cordes de chanvre, au sommet du mât flottaient encore trois drapeaux: celui à fleur de lys de Québec, l'Union Jack et le pavillon de la Nouvelle-Ecosse.

Après l'inspection rapide de l'embarcation, les reporters soumirent les trois navigateurs qui les avaient regardés faire en souriant, à un barrage de questions posées dans un mélange de français et d'anglais.

«Recommenceriez-vous?» demanda l'un d'eux à Gaston Vanackère *(31 ans)*, dessinateur industriel dont le visage est orné d'une grande barbe rousse. «Non, certainement pas», répondit-il. «Cela n'a pas été trop désagréable, je suppose, sauf pendant les fortes tempêtes, mais nous avons atteint notre but qui était de nous laisser entraîner à travers l'Atlantique par le Gulf Stream en nous servant le moins possible de la voile».

Aussitôt après leur débarquement, les passagers de l'«Egaré II» se sont rendus directement au foyer du Marin, où un copieux déjeuner leur a été servi.

Une double portion d'oeufs sur le plat, bacon et tomates farcies, suivie de toasts à la confiture. Les formalités d'immigration furent rapidement remplies.

Après un bain chaud, ils se rendirent chez un coiffeur pour se faire couper les cheveux et tailler la barbe. Ensuite, ils revinrent au foyer du Marin pour se mettre au lit.

Interrogé sur ses projets d'avenir, Beaudout *(29 ans)* a dit: «Nous rentrerons à Montréal par paquebot, aussitôt que possible. Nous emporterons le radeau avec nous, car nous estimons qu'il doit être conservé».

Le «capitaine» a précisé que la bonne entente avait régné à bord pendant la traversée. «Nous n'avons pas eu la moindre querelle, a-t-il dit, et la santé a été excellente».

Quant à Marc Modena *(27 ans)*, le jeune artiste très timide, il s'est borné à déclarer: «Je suis fatigué, mais heureux». (...)

Sur la scène de l'ACTUALITÉ

Le brigadier J.-Guy Gauvreau, coordonnateur de la défense civile pour la région métropolitaine, qui vient d'être nommé *(le 21 août 1951)* officier des relations extérieures de la ville de Montréal.

Accusations contre la police provinciale après l'affaire de Murdochville

par Paul-M. Lapointe

LE président de la Fédération des Travailleurs du Québec, M. Roger Provost, a accusé hier **(21 août 1957)** la police provinciale d'avoir préparé, conjointement avec la Gaspé Copper Mines Limited et les voyoux, l'attaque de lundi le 19 août contre les chefs ouvriers canadiens et les grévistes de Murdochville qui tentaient d'établir des lignes de piquetage.

«Et cette attaque, a renchéri M. Provost, ne peut avoir été faite à l'insu du procureur général», le premier ministre de la province de Québec, l'hon. Maurice Duplessis, «quand on connaît la servilité de la police provinciale».

L'accusation du chef ouvrier contre le «procureur général, le gouvernement, la police provinciale, la Gaspé Copper Mines Limited et les voyous à sa solde», a été portée hier au cours d'une conférence de presse donnée à la suite des incidents du 19 août, à Murdochville, alors que les grévistes et leurs compagnons ont été lapidés par les briseurs de grève.

«Nous avons acquis les preuves, a affirmé M. Provost, que la police provinciale a non seulement favorisé les actes criminels des briseurs de grève, mais les a aussi armés de matraques pour attaquer les grévistes et leurs compagnons.»

Au moment même où M. Provost faisait sa déclaration, un téléphone parvenait de Murdochville. Le secrétaire du local syndical, M. Yvon Poirier, faisait savoir que «de nouvelles preuves de la connivence de la police provinciale» avaient été recueillies dans la journée à Murdochville, que «plusieurs citoyens affirment avoir été témoins de ce que des matraques ont été distribuées par les policiers provinciaux aux briseurs de grève». M. Roger Bédard, le directeur de la grève, annonçait aussi que «les grévistes sont plus déterminés que jamais» et que «le nombre de briseurs de grève semblait avoir diminué». (...)

ACTIVITÉS

■ **LA PRESSE raconte Montréal**

Chalet du Mont-Royal — Conjointement avec une exposition intitulée « Un îlot dans une île », LA PRESSE propose aux visiteurs qui se rendront au Chalet du Mont-Royal d'ici le 9 septembre prochain une cinquantaine d'illustrations permettant à LA PRESSE de « raconter Montréal ».

■ **LA PRESSE et la médecine**

Musée Laurier d'Arthabaska — Exposition d'archives sous le thème « 100 ans de médecine », jusqu'au début de septembre.

EXTRA DE LA PRESSE

LE PLUS FORT TIRAGE QUOTIDIEN AU CANADA — CIRCULATION 64,562

Hommage de "LA PRESSE" a ce compatriote qui a represente avec tant d'eclat, dans la marine americaine, les Canadiens-Francais des Etats-Unis

LA PRESSE posait, le dimanche *21 août 1898*, un geste assez exceptionnel en consacrant toute la première page et une bonne partie d'une page intérieure d'une édition dominicale spéciale à un compatriote, Georges Charette. Charette avait participé, au mois de juin précédent, avec trois autres marins volontaires comme lui et l'officier supérieur Richmond Pearson Hobson, au sabordage du « Merrimac » à l'entrée du port de Santiago de Cuba, avec l'intention d'y emprisonner toute la flotte de l'amiral espagnol Cervera, et d'ainsi hâter la fin de la guerre hispano-américaine. Les cinq « Américains » réussirent leur coup, furent fait prisonniers, puis libérés quelques mois plus tard avec tous les honneurs. Charette était un des sept enfants nés du mariage de l'ébéniste Alexandre Charette, de Sainte-Elisabeth, comté de Joliette, et de Joséphine Magnan. Né à Lowell, Massachusetts, Charette était âgé de 32 ans au moment de son exploit.

TYPE DE VEHICULE ENCORE INCONNU A MONTREAL

Le 21 août 1928, LA PRESSE proposait à ses lecteurs des photos du nouveau tramway articulé mis à l'essai dans les rues de Motréal, mais qui, hélas! ne circulait pas assez souvent.

Chevalier de la Légion d'Honneur

M. le maire Payette est maintenant chevalier de la Légion d'Honneur. Ce matin **(21 août 1908)**, M. le consul de France lui a épinglé à la boutonnière, ce bijou que Flambeau, dans «L'aiglon», dit être du sang qui par en bas devient une fleur.

La cérémonie a été très simple. Dans le salon du maire s'étaient réunis plusieurs échevins qui étaient venus complimenter le maire. M. de Loynes, consul-général de France, était accompagné de M. Stanislas d'Haléwyn, vice-consul. Après quelques mots de félicitation, il épingla la croix au revers de la redingote du maire, qui remercia le Président de la République pour le grand honneur qu'il lui faisait. M. le maire remercia, puis les échevins J.A. Lapointe et Sadler félicitèrent notre premier magistrat.

C'EST ARRIVÉ UN 21 AOÛT

1983 — Ninoy Aquino, chef de l'opposition philippine, est assassiné dès sa descente d'avion, à Manille. — La petite Mélanie Decamps est retrouvée morte, près de Drummondville. — Le Sommet québébois de la jeunesse refuse de se prononcer en faveur de l'indépendance du Québec.

1980 — Le chanteur Joe Dassin succombe à une crise cardiaque, à l'âge de 42 ans.

1972 — Ouverture à Pékin de l'exposition commerciale canadienne, en présence du premier ministre Chou En-Lai.

1969 — Un incendie détruit une partie de la mosquée d'Al-Aqsa, à Jérusalem.

1968 — À l'ONU, U Thant demande à l'URSS de retirer ses troupes de Tchécoslovaquie. — Décès à Montréal de Germaine Guèvremont; écrivain de renommée internationale, elle était âgée de 74 ans.

1965 — Lancement au cap Kennedy du vaisseau spatial *Gemini V*.

1959 — Hawaii devient le 50e État américain.

1950 — Le pape Pie XII émet la lettre encyclique *Humani Generis* sur la philosophie.

1944 — Ouverture de la conférence de Dumbarton Oaks. Roosevelt, Churchill et Staline discutent de propositions pour l'établissement d'une organisation internationale.

1941 — La résistance soviétique se raffermit sur le front de Léningrad; des tanks transportés par air portent des coups destructeurs aux Allemands.

1930 — Naissance de la princesse Margaret, en Angleterre.

1925 — Nouveau record établi en matière de transmission radiotéléphonique: on établit une liaison entre Londres et Wellington, en Nouvelle-Zélande, villes distantes de 14 000 milles.

Crédits de $150,000,000 pour l'habitation, pour prévenir le chômage d'hiver

par Georges Langlois

OTTAWA, 22 — $150,000,000 pour stimuler la construction de l'habitation et prévenir le chômage d'hiver.

En annonçant **(le 21 août 1957)** cette décision qu'il a lui-même qualifiée d'«audacieuse», le premier ministre du Canada a donné à entendre que de nouveaux crédits pourraient bien être votés pour la même fin à la session de l'automne prochain. L'hon. John Diefenbaker a en effet précisé que ce programme du gouvernement conservateur «entraînera la dépense de tous les deniers autorisés par le Parlement», c'est-à-dire de ce qui reste des crédits provisoires que les Chambres ont approuvés avant la dissolution précédant les élections du mois de juin.

Cette somme étant prise à même les crédits déjà votés, elle est mise immédiatement à la disposition de ceux qui désirent se faire construire une maison pour eux-mêmes et des entrepreneurs qui désirent construire des habitations à loyer modique. Elle augmentera la source partiellement tarie des prêts hypothécaires que peuvent consentir les banques, les compagnies d'assurances, les sociétés de prêts et de fiducie et autres institutions, qui sont autorisées par la Société centrale d'hypothèques et de logement à faire de tels prêts aux conditions prévues dans la Loi nationale sur l'habitation.

Le premier ministre a aussi précisé que les programmes de construction qui sont déjà en voie d'exécution, seront les premiers bénéficiaires de cette nouvelle mise de fond. Car, pour encourager la construction, le gouvernement veut que les projets qui sont déjà commencés ou qui sont à l'étude puissent être réalisés le plus tôt possible pour que l'effet de sa décision se fasse sentir sans délai sur l'emploi. (...)

LA PRESSE

100 ans d'actualités

LE FEU RAVAGE LE PONT VICTORIA

L'INCONVENIENT D'UN PONT UNIQUE

L'INCENDIE survenu au pont Victoria ramène sur le tapis l'établissement d'une nouvelle voie de communication entre la métropole et la rive sud, plus particulièrement du projet de construction d'un nouveau pont. Si on en juge par les entrevues que nous avons recueillies au cours de la matinée, on semble d'opinion que nos gouvernements devraient s'occuper de cette question, afin que Montréal ne soit plus dans la situation actuelle créée par l'incendie d'hier **(22 août 1920)**.

En effet, les voitures qui entrent ou sortent de la ville par le pont Victoria, ne pourront utiliser cette voie de communication d'ici peut-être huit jours. On doit passer par Longueuil et se servir du traversier. On devrait, dit-on, reprendre l'étude du projet de construire un autre pont pour relier les deux rives.

L'échevin Dixon, interrogé à ce sujet, a dit ce qui suit: «Les voyageurs qui viennent à Montréal et ceux qui partent d'ici se trouvent aujourd'hui dans un grave embarras. Et la cause, c'est qu'on dépend d'un seul pont pour atteindre soit Montréal soit la rive sud.

«Il serait temps que les gouvernements fédéral et provincial, ainsi que les municipalités intéressées étudient la question d'ériger un pont ou bien de trouver un moyen quelconque de faciliter la traversée du fleuve. On reconnait qu'il manque d'hôtels à Montréal; on s'aperçoit aujourd'hui qu'il nous manque aussi des voies de communication avec la métropole canadienne.» (...)

ATTENDANT LE BATEAU

Au moment où nous allons sous presse, une file interminable de voitures et surtout d'autos attendent encore sur la rive sud le moment où elles pourront monter sur le steamer Longueuil et être traversées à Montréal. Comme on l'a vu plus haut, la chaussée du pont Victoria est trop endommagée pour permettre le passage aux voitures, et il faudra attendre quelque temps avant qu'elle soit suffisamment réparée, bien que tous les trains puissent circuler comme d'habitude sur le pont.

TRAVERSEES SANS CESSE

Aux bureaux de la compagnie Canada Steamship Lines, on a déclaré ce matin, à un représentant de la «Presse» que le «Longueuil» n'a cessé de traverser d'une rive à l'autre depuis de très bonne heure hier matin. On a dit qu'il n'a même pas cessé durant la nuit et que l'on ne pouvait encore dire à quel moment les traversées arrêteraient. On peut s'imaginer le grand nombre de voitures que le navire a dû transporter de la rive sud à la rive nord si l'on sait qu'il ne peut prendre plus de cinquante autos à la fois. (...)

Ces images illustrent bien l'étendue des dégâts sur le pont Victoria, ainsi que leurs conséquences pour les automobilistes.

Expo

M. Bienvenu démissionne

C'est par l'impossibilité où la loi organique de la Société de l'Expo et des règlements internes du conseil d'administration le plaçaient «d'assurer, entre les trois gouvernements concernés un juste équilibre que j'estimais essentiel pour donner un caractère vraiment canadien à cette vaste entreprise» et en proposant «certaines mesures qui, à mon avis s'imposent» pour que son successeur puisse diriger efficacement cette société, que M. Paul Bienvenu explique sa démission du poste de Commissaire général et président de la Compagnie de l'Exposition universelle canadienne, dans deux documents confidentiels qu'il a rendu publics, hier **(22 août 1963)**, à la suite de la publication d'informations dans LA PRESSE.

Le premier de ces documents est la lettre «confidentielle» de démission qui remonte au 8 juillet dernier.

L'autre, qui est datée du 12 août, rappelle la démission et insiste pour qu'elle soit acceptée rapidement et qu'un nouveau commissaire général soit nommé — avec des pouvoirs mieux définis et plus étendus.

Dans ces deux lettres, M. Bienvenu laisse entendre que la Société de l'Expo était tiraillée, sans pouvoir d'arbitrage, entre les autorités fédérale, provinciale et municipale, n'agissant pas toujours d'une façon «coordonnée» et déclare que «les circonstances présentes ne lui permettent pas de donner à ce projet gigantesque le caractère national et universel qu'il doit avoir».

«J'ai la ferme conviction, dit M. Bienvenu, que l'exposition sera une réussite totale, si les trois gouvernements concernés donnent à mon successeur toutes les facilités et l'autorité nécessaire pour la mener à bonne fin». (...)

C'EST ARRIVÉ UN 22 AOÛT

1982 — Après sept heures de blocus israélien, le navire *Sol Phryne* peut enfin quitter Beyrouth avec 1 100 fedayin à son bord.

1978 — Un commando prend des ministres et des députés du Nicaragua en otages, au Parlement de Managua. — Mort de Jomo Kenyatta, président du Kenya.

1975 — Les premiers ministres du Canada se disent prêts à discuter des contrôles des prix et des salaires.

1972 — Le président Nixon reçoit l'investiture de la convention républicaine comme candidat à l'élection présidentielle.

1968 — Le FNL lance un bombardement aux roquettes sur Saïgon.

1967 — Les gardes rouges brûlent la mission britannique à Pékin.

1958 — Les États-Unis et la Grande-Bretagne acceptent de suspendre les essais nucléaires pendant un an à la condition que l'URSS ne reprenne pas les siens.

1950 — Début d'une grève nationale dans les chemins de fer du Canada. Le parlement fédéral est convoqué d'urgence.

1947 — L'entrée en vigueur de la loi Taft-Hartley réoriente la politique ouvrière, aux États-Unis, en limitant la marge de manoeuvre des syndicats face aux entreprises.

1946 — William Lyon Mackenzie King, premier ministre du Canada, assiste à une séance du procès de Nuremberg. — Libération des deux aviateurs américains détenus depuis le 9 août par Tito.

1935 — Le Crédit social de William Aberhart gagne 59 sièges sur 63 lors des élections générales d'Alberta.

1919 — Inauguration officielle du pont de Québec par le prince de Galles.

1905 — Arrivée à Montréal du prince de Battenberg.

Des observateurs politiques: un début d'Etat policier

Québec à l'assaut du terrorisme

Programme en dix points pour enrayer les attentats à la bombe

par Gilles DAOUST
de notre bureau de Québec

QUEBEC — Se servant de termes d'une violence peu commune pour dénoncer les «terroristes» et «extrémistes révolutionnaires» (mais non les séparatistes comme tels), le nouveau ministre de la Justice du Québec, M. Rémi Paul, a dévoilé hier **(22 août 1969)** un programme en dix points pour mettre fin à la vague d'attentats à la bombe qui déferle sur la province, programme qui, selon la plupart des observateurs politiques, constitue un début d'Etat policier et va à l'encontre des principes déjà énoncés dans le premier rapport de la commission d'enquête Prévost sur l'administration de la Justice.

Quoi qu'il en soit, M. Paul, comme l'avait fait le gouvernement libéral lors de la première vague terroriste en 1963, juge que la présente situation en est une d'exception.

Même si les mesures spéciales du ministère de la Justice sont propres, selon certains, à donner aux corps policiers l'impression qu'ils ont carte blanche (M. Paul a lui-même avoué qu'elles pourraient causer des inconvénients à certains citoyens honnêtes et il s'en est d'avance excusé), elles n'en ont pas moins été énoncées clairement hier lors d'une conférence de presse convoquée au Parlement québécois:

- création de patrouilles spéciales qui exerceront une surveillance accrue à la fois auprès des individus soupçonnés d'actes terroristes et dans les endroits habituellement fréquentés par ce genre de personnes;
- élargissement de la brigade spéciale anti-terroriste qui, en plus des trois corps dont elle se compose déjà (Sûreté du Québec, Police de Montréal et Gendarmerie royale) obtiendra la collaboration directe de 60 autres corps policiers du Québec;
- surveillance accrue des édifices gouvernementaux provinciaux et fédéraux et appel aux hommes d'affaires et aux industriels pour qu'ils surveillent davantage leurs établissements (ils pourront obtenir l'aide de la Sûreté du Québec);
- appel aux media d'information afin qu'ils cessent de monter en épingle les attentats terroristes;
- maintien de la prime de $62,000 pour toute information conduisant à la capture de terroristes;
- appel à la collaboration du public non seulement pour faire toute suggestion au ministère sur la façon de capturer les terroristes, mais également pour fournir toutes informations utiles, quel que soit l'endroit où elles sont glanées: réceptions, cocktails, rencontres, etc.;
- possibilité d'une loi-cadre devant permettre aux municipalités de réglementer le «droit de réunion publique extérieure»;
- contrôle accru de la vente, du transport et de l'entreposage de la dynamite au Québec (tout particulièrement des détonateurs);
- demande au ministère fédéral de l'Immigration pour que l'on effectue une étude plus poussée des dossiers d'immigrants;
- appel à tous les corps policiers du Québec qui n'ont pas encore été consultés d'entrer en communication avec la Sûreté du Québec pour échanger de l'information et coordonner les recherches. (...)

LA POLICE PARISIENNE RECHERCHE LA «JOCONDE»

(Dépêche spéciale à la PRESSE)

PARIS, 23 — M. Dujardin-Beaumetz, le sous-secrétaire des Beaux-Arts, s'est chargé du soin de faire rechercher le fameux portrait de la «Joconde», par Léonard de Vinci, qui a disparu mystérieusement du musée du Louvre, hier après-midi **(22 août 1911)**. La police est sur pied.

Il y a un an, le «Cri de Paris» annonçait que le chef-d'oeuvre de Vinci avait été enlevé et qu'on avait mis à sa place une copie très fidèle, mais cette nouvelle était sans fondement.

«La Joconde» est le plus célèbre portrait de femme qu'il y ait dans l'univers. Il représente la femme du Gorentin Francesco del Giocondo. Le trait le plus caractéristique de l'oeuvre est le sourire énigmatique.

Le gouvernement anglais a déjà offert $5,000,000 pour ce portrait.

Page consacrée à la pêche et publiée le *22 août 1908*.

Duplessis promet une enquête complète

QUÉBEC, 22 (PC) — M. Claude Jodoin, président du Congrès du travail du Canada, a dit aujourd'hui **(22 août 1957)** que le premier ministre Duplessis a promis une enquête complète sur la situation à Murdochville.

M. Duplessis a déclaré qu'il aurait un rapport à la fin de cette semaine ou au début de la semaine prochaine.

M. Jodoin a fait cette déclaration aux journalistes après avoir conféré pendant 45 minutes avec le premier ministre dans ses bureaux de l'édifice du Parlement.

Le président du CTC, qui compte 1,000,000 de membres au Canada, avait demandé à rencontrer l'hon. Maurice Duplessis, à son retour de Murdochville où il avait dirigé une délégation de 450 syndicalistes qui ont manifesté leur appui aux grévistes de la Gaspé Copper Mines. (...)

De Gaulle sort indemne d'un attentat à la mitraillette

PARIS (AFP, PA, UPI) — Le général de Gaulle a échappé de justesse à un attentat — le troisième — hier **(22 août 1962)**, en fin d'après-midi, alors qu'il s'apprêtait à regagner Colombey-les-deux-Eglises, après avoir présidé le conseil des ministres à l'Elysée. On attribue généralement cette tentative d'assassinat à l'Organisation armée secrète (OAS).

Le président de la République française était accompagné de Madame de Gaulle et de son gendre le colonel de Boissieu, lorsque sa voiture, à deux reprises, a essuyé, à quelques milles de l'aérodrome de Villacoublay, plusieurs rafales d'armes à feu — au moins 150 balles — qui ont brisé la vitre arrière et crevé deux pneus.

Une balle a d'ailleurs traversé la vitre à moins de deux pouces en arrière du côté où se tenait le général de Gaulle qui a trouvé que «cette fois-ci, c'était assez tangent». Aucun des occupants de la voiture n'a été atteint; un motocycliste de l'escorte a reçu deux balles dans son casque mais n'a pas été blessé. Par contre, l'occupant d'une voiture de tourisme qui se trouvait près du lieu de l'attentat, a été légèrement blessé à la main.

Déroulement de l'attentat

Le conseil des ministres s'étant terminé peu avant huit heures du soir, le chef de l'Etat avait pris place dans une DS noire, pour aller à Villacoublay d'où un avion militaire allait le conduire à Saint-Dizier, près de Colombey-les-deux-Eglises.

La voiture du général était précédée de quelques motards de la police chargée d'ouvrir la route et précédée de la voiture d'escorte habituelle. Soudain, à Petit Clamart, environ à mi-chemin entre Paris et Villacoublay, alors que les deux voitures roulaient dans l'avenue de la Libération, longue artère en ligne droite, semi-déserte et mal éclairée, une rafale de fusil-mitrailleur retentit.

Selon des témoins, une camionnette Renault était arrêtée au bord du trottoir, dans un coin d'ombre. Au moment où arriva le cortège, des «tueurs» descendirent et lâchèrent leur rafale à bout portant.

Indemnes, les voitures poursuivirent leur route mais, 150 pieds plus loin, nouvelle attaque: des rafales crépitent, venant d'un second véhicule. Cette fois, la voiture dans laquelle se trouve le général de Gaulle, est atteinte. Deux pneus sont crevés, la vitre arrière vole en éclats.

Malgré ses pneus atteints, la DS continua de foncer en direction de Villacoublay, atteint 5 minutes plus tard. (...)

LA PRESSE

100 ans d'actualités

L'ordre règne autour de la prison de Boston lors de l'exécution de Sacco et de Vanzetti

Une scène de la dispersion des protestataires contre la peine de mort de Sacco et Vanzetti, à Boston, hier. La police bostonienne ne laissa le temps à aucune des assemblées du genre de devenir violente, se hâtant de disperser les assistants à la moindre manifestation.

BOSTON, 23 — Nicola Sacco et Bartolomeo Vanzetti ont été exécutés aujourd'hui ***(le 23 août 1927)*** pour le meurtre dont ils furent trouvés coupables, il y a six ans. Ils sont morts calmement, un peu après minuit, dans la chaise électrique, à la prison d'Etat de Charlestown, en protestant de leur innocence, en affirmant leur croyance en l'anarchie et en refusant les secours de la religion. Celestino Madeiros, condamné à mort pour le meurtre d'un caissier de banque de Wrentham, a été électrocuté quelques minutes avant les deux hommes qu'il avait essayé de sauver en avouant qu'il avait vu commettre le crime dont ils furent trouvés coupables, mais que ni Sacco, ni Vanzetti n'étaient là. Cette confession fut la base d'une motion pour demander un nouveau procès, mais elle ne fut pas crue. Après avoir eu recours à toutes les cours et à toutes les ressources légales, les avocats de la défense essayèrent encore de trouver un nouveau moyen pour obtenir un sursis. Quatre avocats se rendirent à Williamstown, en automobile pour demander un sursis à un juge de la Cour du circuit des Etats-Unis. Ils ne revinrent que lorsqu'ils apprirent, par téléphone, que Madeiros et Sacco avaient déjà été exécutés et que l'électrocution de Vanzetti n'était plus qu'une question de minutes.

En se plaçant sur la chaise électrique, Sacco a crié: «Vive l'anarchie!»

Sans un tremblement, Vanzetti s'est assis sur la chaise électrique en disant qu'il n'avait jamais commis de crime et en remerciant le geôlier pour tout ce qu'il avait fait pour lui.

Sacco et Vanzetti furent exécutés pour le meurtre d'un payeur et de son gardien, à South Braintree, en 1920. La culpabilité avait été établie partiellement par des témoins oculaires. Sacco et Vanzetti protestèrent de leur innocence et soutinrent qu'ils étaient persécutés à cause de leurs principes radicaux. (...)

AUTOUR DE LA PRISON
(Service de l'«United Press» exclusif à la «Presse»)

Boston, 23 — Grâce à l'intervention des gardes, l'exécution n'a pas été caractérisée par les désordres auxquels on avait tout lieu de s'attendre. Comme la minute fatale approchait, la foule fut repoussée et dut se tenir éloignée des portes de la prison. Seules purent assister les familles qui demeurent dans le voisinage.

On les vit aux fenêtres. Plusieurs d'elles avaient invité des amis à passer la nuit.

De la maison de la mort, on entendit une voix rauque. «Sh Sh., c'est Vanzetti,» déclara un garde.

Un enfant de douze ans, qui se tenait dans les environs, aperçut deux fils électriques qui passaient au-dessus de sa tête, et attira l'attention sur lui en disant: «C'est là qu'est le jus!» Sur un toit se tenait un pompier, boyau en main. Il était là d'urgence depuis le 4 août, afin de prévenir un incendie possible et d'intervenir dans un cas de poussée générale. (...)

Mme Rose Sacco, la mère des enfants de Sacco, qui perdit connaissance il y a 12 jours comme elle désirait se présenter devant le gouverneur, fit une apparition dramatique en compagnie de Mlle Vanzetti, qui elle-même venait de parcourir 4,000 milles pour faire ses adieux à son frère, dans la chambre de l'exécutif, chez le gouverneur. (...)

Grande perte pour le cinéma des Etats-Unis

NEW YORK, 23 — Rudolph Valentino, le célèbre acteur de cinéma, est décédé aujourd'hui **(23 août 1926).** Il avait subi dernièrement une double opération pour l'appendicite et pour ulcères gastriques. Les trois médecins qui le soignaient depuis cette double opération ont eu recours samedi à l'aide d'un confrère, une nouvelle crise s'étant produite. Samedi, en effet, Valentino commença à souffrir d'une pleurésie, au poumon gauche. Son état paraissait désespéré.

Rudolph Valentino

Avec Valentino disparait un artiste extrêmement populaire. Les films cinématographiques dans lesquels il avait un rôle étaient toujours assurés d'un grand succès. (...)

Des scènes de désordre inouies se sont produites (...) à la suite de l'annonce que le corps de Rudolph Valentino serait exposé dans une des salles de l'établissement Campbell, sur Broadway, près de la 66ème rue. Une foule de 60,000 personnes, en majorité composée de femmes et de jeunes filles, s'est pressée devant l'établissement, créant un embouteillement prolongé de la circulation et luttant avec acharnement afin de parvenir jusque dans la salle où le corps est exposé. On dut faire venir des ambulances et transformer l'une des salles basses de l'établissement Campbell en infirmerie. On ne put compter les femmes blessées, piétinées ou évanouies. Le service de police fut absolument débordé. On ne se rappelle pas d'occasion où une foule newyorkaise ait été aussi difficile à contrôler.

Pour prévenir tout vol de souvenirs, on dut transporter le corps dans une salle dégarnie et l'enfermer dans un cercueil de bronze. Chaque visiteuse avait droit de jeter un seul coup d'oeil sur la dépouille mortelle de l'artiste.

S'il est un endroit où les pompiers ne s'attendent pas à combattre un incendie, c'est bien dans un incinérateur. Pourtant, dans la nuit du *23 août 1920*, les pompiers de Montréal durent combattre un incendie qui détruisit presque complètement l'incinérateur situé à l'angle des rues Atwater et Saint-Patrice, ainsi qu'une remise à wagons située à l'arrière.

cliché LA PRESSE, par Lucien Desjardins

« Le ciel obscurci, tout un quartier secoué par de multiples explosions, une vue saisissante du plus désastreux incendie, à Montréal, depuis 35 ans », disait la légende de cette photo, en parlant de l'incendie qui, le *23 août 1948*, détruisit 130 wagons de fret dans la cour de triage de la gare Bonaventure, donc entre les rues Windsor et de la Montagne. Cet incendie est survenu en pleine canicule d'août, de sorte qu'à certains endroits, le mercure indiquait 120°F, d'après la chronique de l'époque.

ACTIVITÉS

■ **LA PRESSE à Victoriaville**

Carrefour des Bois-Francs — Exposition de 100 ans de caricatures, de bandes dessinées et d'imprimerie, le tout présenté sous le thème de la rentrée scolaire. Jusqu'au 25 inclusivement.

■ **LA PRESSE raconte Montréal**

Chalet du Mont-Royal — Conjointement avec une exposition intitulée « Un ilot dans une île », LA PRESSE propose aux visiteurs qui se rendront au Chalet du Mont-Royal d'ici le 9 septembre prochain une cinquantaine d'illustrations permettant à LA PRESSE de « raconter Montréal ».

■ **LA PRESSE et la médecine**

Musée Laurier d'Arthabaska — Exposition d'archives sous le thème « 100 ans de médecine », jusqu'au début de septembre.

BABILLARD

Un 105e anniversaire!

L'hôpital général de Sorel doit certainement se trouver dans une classe à part puisqu'il héberge pas un, mais DEUX citoyens âgés de 105 ans.

En effet, c'est aujourd'hui qu'une de ses pensionnaires, Mme **Marie Péloquin-Dufault**, franchit ce cap, déjà atteint, en janvier dernier, par Mlle **Antoinette Harpin**. LA PRESSE offre ses meilleurs voeux à ces deux centenaires, en leur souhaitant longue vie!

Une demi-heure avant le coup de minuit, dans la soirée du *23 août 1932*, le Nord de la ville était secoué par une violente explosion en sous-sol du boulevard Saint-Laurent. En plus d'ouvrir littéralement la chaussée pavée sur une distance d'environ un mille, entre les rues Jarry et Kelly, l'explosion imputable au gaz propulsa les couvercles d'égout et les pavés de la chaussée à des hauteurs de 50 pieds, en plus de secouer sérieusement les maisons construites en bordure du boulevard. Malgré la panique provoquée chez les citoyens et l'ampleur des dégâts, on n'eut, presque miraculeusement, à déplorer aucune blessure grave parmi la population.

C'EST ARRIVÉ UN 23 AOÛT

1982 — Élection de Béchir Gemayel à la présidence du Liban en crise.

1974 — Après avoir plaidé coupable à des accusations de crime d'incendie sur le site du projet hydroélectrique de la baie James, Yvon Duhamel est condamné à 10 ans d'emprisonnement.

1973 — Une grève générale paralyse les trains au Canada.

1970 — Accord entre Ottawa et Québec pour créer un parc national en Mauricie.

1968 — Arrivée du président Svoboda, de Tchécoslovaquie, à Moscou, pour des « consultations » avec les dirigeants d'URSS.

1958 — Les communistes chinois bombardent les îles de Quemoy et de Matsu, de la Chine nationaliste, pour la première fois.

1956 — La nageuse torontoise Marilyn Bell réussit la traversée du détroit Juan de Fuca en un temps record de 10 heures et 38 minutes entre Port Angeles, dans l'État de Washington, et l'île de Vancouver.

1950 — Le nouveau paquebot français *Liberté* (le *Europa* allemand cédé à la France pour réparations de guerre) arrive à New York après sa première traversée sous pavillon français.

1946 — Le porte-avions canadien *Warrior* s'échoue sur un banc de sable, près de la Pointe Saint-Antoine, dans le Saint-Laurent.

1939 — Lors d'une entrevue avec l'ambassadeur britannique, Hitler demande la possession de Danzig et du corridor polonais, ainsi que l'institution d'un protectorat allemand sur la Pologne. — L'Allemagne et l'URSS signent un pacte de non-agression de dix ans.

1925 — Saint-Gabriel-de-Brandon fête le 100e anniversaire de sa fondation.

1924 — LA PRESSE présente à ses lecteurs les plans de la future basilique du Mont-Royal.

1914 — Le Japon déclare la guerre à l'Allemagne.

1904 — Les villes de Joliette et Montréal sont enfin reliées par la télégraphie sans fil.

1898 — Réunion à Québec de la Haute Commission chargée de la solution des différends existant entre les États-Unis et le Canada.

LA PRESSE

100 ans d'actualités

Page consacrée aux récoltes et publiée le *24 août 1907*.

Constitution

Bourassa veut des garanties strictes

par Pierre-Paul Gagné
envoyé spécial de LA PRESSE

MONT-GABRIEL — Le premier ministre Bourassa s'est dit hier **(24 août 1975)** prêt à rouvrir le dossier constitutionnel, mais il a posé comme condition «sine qua non» la nécessité pour le Québec d'obtenir préalablement des garanties très strictes concernant la détermination de son avenir culturel

Clôturant le colloque de son parti au Mont-Gabriel, le chef libéral a précisé que ces garanties devront assurer au gouvernement québécois «le dernier mot» en matière linguistique, ainsi que dans les secteurs des communications et de l'immigration. Ce n'est pas la première fois que M. Bourassa indique son accord de principe à une réouverture du dossier constitutionnel fermé depuis le «non» historique du Québec, en 1971, à la Conference de Victoria.

Toutefois, l'originalité du discours d'hier, de l'avis même de M. Bourassa, réside dans le fait qu'il s'agit de la première fois que le Québec précise de façon aussi formelle les conditions de base sans lesquelles il ne saurait être question d'ouvrir la discussion.

Comme la plupart des observateurs l'avaient par ailleurs prédit, le colloque du Parti libéral, auquel participaient quelque 350 militants, s'est terminé sans que ne se produisent de discussions majeures concernant les problèmes politiques actuels du Québec. Au contraire, la grande majorité des exposés ont porté sur des sujets d'ordre général sans grande connotation avec la situation québécoise présente.

Cependant, quelques exposés, portant notamment sur la famille et les problèmes du monde du travail, ont suscité plus d'intérêt et provoqué des discussions plus animées.

C'était d'ailleurs le voeu du président du parti, M. Claude Desrosiers qui, dès vendredi soir, avait demandé que le colloque ne soit pas teinté de partisanerie et qu'il s'agisse, en quelque sorte, d'un événement apolitique.

Conditions objectives

Ce voeu aura été exaucé jusqu'au moment du discours du premier ministre Bourassa qui a profité de la clôture des assises pour lancer quelques flèches au Parti québécois et pour définir les «conditions objectives» obligeant le gouvernement québécois à exiger un contrôle complet sur son avenir culturel comme préalable à toute discussion constitutionnelle.

A son avis, ces conditions sont: la baisse constante de la natalité (et, par conséquent, la diminution progressive de l'importance numérique des Québécois au sein de la Confédération), la difficulté croissante d'intégrer les immigrants, ainsi que la rapidité effarante avec laquelle se développent les moyens de communication. (...)

ACTIVITÉS

■ **Festival des corps musicaux**
Vieux-Port — LA PRESSE, le *journal du bonheur*, s'implique dans la présentation visuelle de la parade du Festival provincial des corps musicaux, qui, aujourd'hui, quitte le parc Lafontaine pour se rendre au Vieux-Port, où se déroulera le festival dans le cadre des activités prévues pour marquer le 450e anniversaire de la découverte du Canada par Jacques Cartier.

■ **LA PRESSE à Victoriaville**
Carrefour des Bois-Francs — Exposition de 100 ans de caricatures, de bandes dessinées et d'imprimerie, le tout présenté sous le thème de la rentrée scolaire. Jusqu'à demain.

■ **LA PRESSE raconte Montréal**
Chalet du Mont-Royal — Conjointement avec une exposition intitulée « Un îlot dans une île », LA PRESSE propose aux visiteurs qui se rendront au Chalet du Mont-Royal d'ici le 9 septembre prochain une cinquantaine d'illustrations permettant à LA PRESSE de « raconter Montréal ».

■ **LA PRESSE et la médecine**
Musée Laurier d'Arthabaska — Exposition d'archives sous le thème « 100 ans de médecine », jusqu'au début de septembre.

C'EST ARRIVÉ UN 24 AOÛT

1982 — L'ex-présidente d'Argentine, Mme Isabel Peron, est déchue de ses droits civiques. — Décès à l'âge de 85 ans de Félix-Antoine Savard, le célèbre auteur de *Menaud, maître draveur*.

1977 — Les Inuit du Nouveau-Québec manifestent contre le projet de loi 101, à Fort Chimo, forçant la fermeture des bureaux provinciaux et enlevant tous les drapeaux de la province.

1976 — Retour de deux cosmonautes soviétiques, après 48 jours à bord de la station spatiale *Salyout V*.

1972 — La ville d'Edmonton est choisie comme hôte des Jeux du Commonwealth en 1978.

1971 — Le Canada présente son livre blanc sur la Défense et décide d'abandonner les escadrons de missiles *Bomarc*.

1969 — Selon les premières analyses effectuées, les échantillons ramenés de la Lune seraient vieux de 3,5 milliards d'années.

1968 — À Moscou, les dirigeants tchécoslovaques Svoboda, Dubcek et Cernik négocient avec les Soviétiques. — La France entre dans le club nucléaire.

1965 — Le président Nasser d'Égypte et le roi Faiçal d'Arabie saoudite signent un cessez-le-feu mettant fin à la guerre civile qui sévit au Yémen depuis trois ans.

1962 — Washington révèle que l'équipement militaire et les techniciens soviétiques arrivent sans relâche à Cuba.

1958 — Décès de Johannes Strijdom, premier ministre d'Afrique du Sud.

1954 — Suicide du président Getulio Vargas, du Brésil, après sa démission forcée. — Le président Eisenhower signe la loi qui frappe le Parti communiste américain d'interdiction.

1949 — Proclamation officielle du pacte de l'Atlantique-Nord à Washington.

1944 — La Roumanie accepte les termes de l'armistice et déclare la guerre à l'Allemagne.

1928 — Mgr Joseph-Arthur Papineau est sacré évêque de Joliette. — Un accident de métro fait 27 morts et 156 blessés sous le Times Square, à New York.

1926 — Décès du sénateur Laurent-Olivier David, à l'âge de 86 ans.

1921 — Le dirigeable SZ-2 explose en Angleterre: 43 morts.

On procédait, le *24 août 1895*, au dévoilement du monument en bronze érigé, au square Viger, à la mémoire du Dr Jean-Olivier Chénier, un des patriotes de 1837, mort héroïquement à Saint-Eustache. Le dévoilement du monument avait été suivi de discours patriotiques prononcés en la salle du Monument national, boulevard Saint-Laurent.

Louis-Alexandre Taschereau reconduit au pouvoir par l'électorat.

ECLATANTE VICTOIRE LIBERALE

LE peuple a parlé et de façon on ne peut plus significative. Le gouvernement Taschereau, ainsi qu'il fut annoncé hier soir **(24 août 1931)** à la radio, est non seulement maintenu au pouvoir mais il comptera une majorité augmentée dans le prochain parlement, SOIXANTE-DIX-NEUF de ses candidats ayant été élus contre ONZE conservateurs.

Il a remporté la victoire dans les cinq nouveaux comtés: Gaspé-Nord, Gaspé-Sud, Laviolette, Rivière-du-Loup et Roberval;

enlevé à ses adversaires cinq comtés: Laval, Maisonneuve, Montréal-Dorion, Montréal-Sainte-Marie et Sherbrooke;

mais l'opposition conserve Hull, Huntingdon, Montréal-Saint-Georges, Montréal-Verdun, Westmount, Trois-Rivières, Deux-Montagnes;

et elle enregistre quatre gains: Chambly, Rouville, Saint-Sauveur et Yamaska.

Ceux qui prévoyaient que la récente défaite du parti libéral dans l'île du Prince-Edouard et la victoire du candidat conservateur à l'élection fédérale complémentaire dans Trois-Rivières détermineraient un courant d'opinion défavorable au gouvernement Taschereau, peuvent constater qu'il n'en fut rien. L'opposition qui comptait douze membres est réduite à onze, bien que la province, subdivisée au cours de la dernière session, ait été appelée à élire hier cinq députés de plus qu'en 1927. Les libéraux, par ailleurs, qui parlaient d'un balayage complet en leur faveur dans l'île de Montréal, selon ce que la «Presse» annonçait jeudi dernier dans ses pronostics, n'ont pas été déçus, M. Camillien Houde, chef de l'opposition, ayant été lui-même défait dans les deux comtés où il briguait les suffrages, Sainte-Marie et Saint-Jacques, et ses candidats dans Maisonneuve, Dorion et Laval ayant subi le même sort alors que les libéraux conservent les divisions qu'ils détenaient déjà.

Il n'y a pas de joie sans mélange. Les libéraux, en effet, ne pouvaient souhaiter victoire plus éclatante ni plus éloquente, mais une défaite semble les affecter très profondément, celle, dans Montréal Saint-Georges, de l'hon. Gordon W. Scott, qui devait être le prochain trésorier provincial. (...)

Le prochain parlement ne comptera aucun député officiellement indépendant des partis politiques.

On constate aussi que nos compatriotes de langue anglaise, du moins où ils étaient plutôt la majorité, semblent être demeurés fidèles au parti conservateur puisque les candidats de l'opposition y furent élus. (...)

Les délégations étrangères rapportent dans leurs bagages le «goût du Québec»

par Gilles GARIEPY

QUEBEC — Le premier festival international de la jeunesse francophone a pris fin samedi **(24 août 1974)** par une journée d'adieu qui a mobilisé des foules considérables, et soulevé une dernière fois l'enthousiasme et l'émotion.

10,000 personnes, selon la Sûreté du Québec, ont assisté samedi soir au spectacle de clôture — moins «international» que prévu, mais néammoins assez sensationnel.

Entre 15,000 et 20,000 personnes ont cassé la croûte sur les Plaines d'Abraham, avant le spectacle, en compagnie des délégués venus de 25 pays.

Plus tôt, à compter de 16 heures, les délégations nationales (à l'exception de celle du Dahomey) ont défilé dans les rues du Vieux-Québec pour saluer la ville hôte. Quinze mille jeunes Québécois se sont joints au défilé, selon la police municipale de Québec, tandis que 50,000 spectateurs massés sur les trottoirs ont rendu aux marcheurs leurs saluts d'amitié.

«Merci, merci»

A l'hôtel de ville, les autorités ont remis à chacun des délégués inscrits au festival une médaille-souvenir pour les remercier de leur «fantastique contribution» au succès de la superfrancofête. La foule tapait frénétiquement des mains au rythme de ces tams-tams qui ont fait partie pendant douze jours de la vie quotidienne à Québec.

«Merci, merci», criaient les Québécois aux visiteurs étrangers qui défilaient une dernière fois dans leurs rues. Echaudée, la délégation canadienne, c'est-à-dire ontarienne, manitobaine et acadienne, défilait elle sans identification. Appuyée par les marcheurs-manifestants qui se pressaient derrière, la délégation québécoise eut droit bien sûr aux plus fortes ovations. Une grande banderole disait: «Au revoir mon frère», «Quand tu reviendras, nous serons libres», ajoutait une autre.

Les délégations étrangères, il faut le dire, n'étaient pas au grand complet; la fatigue des spectacles et des compétitions qui se sont succédés à un rythme presque inhumain avait fait des victimes.

C'est également cette fatigue, voire cet épuisement universel qui a empêché le grand spectacle d'adieu d'être véritablement international. On avait imaginé de monter un spectacle-synthèse où on aurait réuni les meilleurs artistes de tous les pays. Trop long et trop compliqué; l'idée fut abandonnée.

Vendredi, on avait trouvé un substitut prometteur: un groupe de musique québécois serait sur la scène pour donner un «rythme d'appel» auquel, tour à tour, auraient répondu les groupes de musiciens de divers pays. Cela n'a pas marché.

Epuisés par le nombre invraisemblable de «performances» — surtout par celles qui n'étaient pas au programme et qui leur étaient arrachées à l'improviste par les fêtards — les formations nationales n'étaient pas en mesure de consentir à l'ultime effort que la Superfrancofête leur demandait.

Décevant, sans doute, mais personne n'avait le goût de blâmer qui que ce soit. (...)

LA PRESSE

100 ans d'actualités

PARIS EMPORTE D'ASSAUT

La libération est presque un fait accompli. Canadiens entrés à Paris avec les troupes françaises.

LONDRES, 25 (P.A.) — Paris parait être aux mains des alliés ce soir **(25 août 1944)** et la 2e division blindée française opère dans la ville. La bataille, toutefois, continue dans la capitale et ses alentours.

Le général Koenig a annoncé à 6 h. 2 p.m. que les tanks de Leclerc opèrent au coeur même de Paris et que les patriotes occupent tous les principaux édifices officiels ainsi que la plupart des grandes artères de communications.

Les Allemands se sont barricadés en plusieurs points. Les premières patrouilles françaises sont arrivées à l'hôtel de ville, près de la rue de Rivoli, à 10 heures hier soir. Le gros des forces françaises est entré ce matin.

Les Allemands disent que les plus grosses batailles de tanks et de patriotes ont eu lieu près de l'Arc de Triomphe et du Palais du Luxembourg. (...)

(BUP) — La garnison allemande est lentement comprimée vers le nord-est de la ville entre les colonnes alliées arrivant par le sud et et les formations blindés françaises arrivant par l'ouest. En plusieurs points, les nazis fuient devant les assauts alliés mais ils sont attaqués de tous côtés par les patriotes français.

Durant toute la matinée, un poste secret de radio a décrit la bataille, rapportant la marche des troupes françaises à travers le Quartier latin jusqu'au pont S.-Michel et à l'Ile de la Cité, tandis que d'autres troupes alliés parties de la Porte d'Orléans suivaient le large boulevard Montparnasse et atteignaient le Luxembourg.

En plusieurs points, les Allemands ont incendié des édifices publics et privés avant de retraiter et la radio secrète annonce qu'une nappe de fumée couvre le centre de la capitale.

La phase finale est commencée

(...) La phase finale de la bataille de libération est bien avancée et la population célèbre déjà sa délivrance, apprend-on par des émissions alliées venant de la capitale.

(La libération de Paris par les troupes françaises et américaines est un «fait», déclare une émission de la NBC transmise des quartiers généraux de l'armée américaine en France).

Les émissions de Paris disent que le général Jacques Leclerc est entré par la Porte d'Orléans à 9 h. 43 ce matin. Le gros de la 2e division blindée commandé par ce général français — elle compte 30,000 hommes — est massé dans le district du pont de Sèves dans le sud-ouest de Paris et il a déjà commencé sa pénétration, a dit un annonceur allié.

Le général de Gaulle serait à Bagneux, un faubourg du sud-ouest, à 8 milles du centre de Paris, attendant d'être conduit dans la capitale où le carillon de Notre-Dame a déjà annoncé l'entrée d'une tête de colonne. (...)

Un des tanks du général Leclerc au pied de l'Arc de Triomphe, sous lequel l'envahisseur allemand avait défilé triomphalement quatre ans plus tôt.

ACTIVITÉS

AUJOURD'HUI

■ **LA PRESSE à Victoriaville**

Carrefour des Bois-Francs — Exposition de 100 ans de caricatures, de bandes dessinées et d'imprimerie, le tout présenté sous le thème de la rentrée scolaire. **Dernier jour aujourd'hui.**

■ **À la radio**

17 h, Radio-Canada — Chronique consacrée à LA PRESSE à l'émission *Avec le temps*, animée par Pierre Paquette.

AUJOURD'HUI ET DEMAIN

■ **LA PRESSE raconte Montréal**

Chalet du Mont-Royal — Conjointement avec une exposition intitulée « Un ilot dans une île », LA PRESSE propose aux visiteurs qui se rendront au Chalet du Mont-Royal d'ici le 9 septembre prochain une cinquantaine d'illustrations permettant à LA PRESSE de « raconter Montréal ».

■ **LA PRESSE et la médecine**

Musée Laurier d'Arthabaska — Exposition d'archives sous le thème « 100 ans de médecine », jusqu'au début de septembre.

DEMAIN

■ **LA PRESSE à Terre des hommes**

À la Ronde — En collaboration avec la ville de Montréal, LA PRESSE offre à chaque dimanche, en fin de journée, un spectaculaire feu d'artifice. Jusqu'au 2 septembre inclusivement.

■ **Défi Louis-Cyr**

Au Vieux-Port — Les spectateurs à la finale internationale de ce concours qui s'adresse aux hommes forts auront l'occasion de voir une exposition de pages frontispices de LA PRESSE relatant les exploits de nos hommes forts, et de Louis Cyr plus particulièrement. Le tout est présenté dans de cadre de la *Journée du bonheur*, proposée pour marquer le 450e anniversaire de la découverte du Canada par Jacques Cartier.

BABILLARD

Bon anniversaire!

LA PRESSE se joint aux parents et amis de Mme **Alice Nareau** pour lui offrir ses meilleurs voeux de santé et de bonheur à l'occasion de son 102e anniversaire de naissance, demain. Née à Saint-Bruno le 26 août 1882, Mme Nareau réside aujourd'hui au foyer Saint-Antoine, à Longueuil.

Un succès qui fait oublier l'échec du vélodrome

par Guy PINARD

LE succès phénoménal remporté par les championnats du monde de cyclisme qui viennent de prendre fin **(le 25 août 1974)** a permis aux Européens de constater de façon spectaculaire que les organisateurs canadiens ne sont pas manchots et que le public québécois, s'il n'est pas aussi averti dans certaines disciplines, a par contre le don d'apprendre vite les rudiments d'un sport. (...)

Pour le comité organisateur, M. Raymond Lemay en tête, la réponse spectaculaire du public québécois est venue couronner trois ans d'efforts planifiés. Sa petite équipe a littéralement fait des miracles. Et elle a aussi servi des leçons.

Un confrère français a été catégorique au sujet des championnats du monde: l'organisation de Montréal a surpassé tout ce qui s'est vu par le passé.

Et c'est l'organisation du comité organisateur qui a permis d'oublier momentanément l'échec du vélodrome, même si elle n'a pas réussi à ranimer la confiance de la presse mondiale envers le COJO, loin de là.

Ce qu'il faut retenir surtout du comité organisateur, c'est son leadership, personnifié par MM. Raymond Lemay et Maurice Brisebois. (...)

Et on ne peut que regretter qu'un homme aussi compétent, aussi actif, aussi ouvert, n'occupe pas une place de choix au COJO. Avec M. Lemay au COJO, l'image de l'organisme changerait du tout au tout, parce que M. Lemay donne toujours «l'heure juste» pour reprendre son expression favorite. Pas de demi-vérités, encore moins de mensonges. (...)

NDLR — Est-il nécessaire de rappeler que les championnats du monde de 1974 devaient se dérouler au vélodrome olympique, mais qu'il avait fallu les présenter sur une piste temporaire érigée à l'Université de Montréal en un temps record... et à des coûts très modestes. Malgré cet avatar de taille, en grande partie responsable des difficultés financières du comité organisateur, celui-ci avait connu un succès inespéré, tant sur le plan du sport que sur le plan de la presse internationale, de plus en plus inquiète de l'avenir des Jeux de Montréal, à cause justement de l'impossibilité où se trouvait la Ville de Montréal de terminer le vélodrome à temps pour les championnats du monde, tel que promis deux ans plus tôt...

Les Grands des Jeux, Américains et Soviets

ROME (PC) — Dans un décor d'une magnificence à la fois moderne et ancienne, Rome, parées de ses couleurs les plus gaies, baigne dans une atmosphère de gaieté et est toute prête à revivre un peu de ses splendeurs anciennes. C'est dans la pittoresque capitale italienne que commenceront aujourd'hui **(25 août 1960)** les 17es Jeux Olympiques modernes. Le vaste stade olympique de béton et de marbre, dont la construction a été entreprise sous feu Benito Mussolini, est prêt à accueillir des milliers et des milliers d'athlètes et de spectateurs qui feront de ces concours internationaux le plus grand spectacle jamais présenté dans l'histoire des sports.

Tout est prêt pour le debut de la grande aventure. Il fera un temps clair et ensoleillé pour les cérémonies d'ouverture. (...)

La flamme olympique, un symbole de pacifique compétition athlétique entre les nations, est arrivée, en provenance de Grèce, au Campidoglio, l'hôtel de ville de Rome, érigé sur les ruines de l'ancien Forum. Les rayons du soleil plombant sur le mont Olympe ont donné naissance à cette flamme olympique.

Ouverture officielle

Aujourd'hui, un écolier de Rome transportera la torche dans l'enceinte du stade, où la flamme brûlera jour et nuit jusqu'à la fin des Jeux, le 11 septembre.

Cet après-midi, le président de l'Italie, M. Giovanni Gronchi, proclamera les Jeux Olympiques officiellement ouverts. Le canon tonnera, des milliers de colombes s'envoleront vers le ciel et Adolpho Consolini, le géant italien qui remporta le championnat olympique au lancer du disque en 1948, prononcera le serment d'usage au nom de tous les athlètes. (...)

On a estimé que 300,000,000 de spectateurs à travers l'Europe verront les cérémonies par le truchement de la télévision, grâce à un gigantesque réseau spécialement aménagé pour la circonstance. Même certaines parties de la Russie sont raccrochés à ce réseau.

En Amérique du Nord, on verra les cérémonies et les principales épreuves de chaque jour. La plupart de ces épreuves pourront être vues en Amérique le jour même où elles auront été disputées. Des avions à réaction transporteront les films de Rome en Amérique en quelques heures.

Défilé imposant

Plus de 7,000 athlètes représentant 85 pays assisteront à ces Jeux. C'est la première fois dans l'histoire des Olympiques que l'on a un aussi grand nombre de participants. (...)

Des quelque 90 membres du contingent qui représentent le Canada, 73 participeront au grand défilé.

NDLR — Le contingent canadien causa une certaine émotion chez ses hôtes en défilant sans le veston, derrière son porte-drapeau, l'escrimeur Carl Schwende, de la Palestre nationale.

C'EST ARRIVÉ UN 25 AOÛT

1983 — Jugeant la preuve insuffisante, le juge Benjamin Schecter libère le député Bryce Mackasey des accusations qui pesaient contre lui.

1976 — Le président Giscard d'Estaing remplace Jacques Chirac par Raymond Barre à la tête du gouvernement de France.

1974 — Un caboteur frappe un pont-levis sur le canal Welland. — Le Belge Eddie Merckx gagne le championnat du monde de cyclisme professionnel sur route, à Montréal.

1967 — Assassinat du chef du Parti nazi américain, G. L. Rockwell, par un exmembre du parti, John Patler.

1950 — Le premier ministre Louis Saint-Laurent intervient pour régler la grève qui paralyse les chemins de fer du pays. — Le navire-hôpital américain *Benevolence* coule au large de San Francisco, à la suite d'une collision. Presque tous les passagers sont rescapés.

1943 — Franklin D. Roosevelt visite Ottawa; c'est la première fois qu'un président américain en fonction visite la capitale.

1941 — Les livraisons canadiennes de gazoline aux détaillants sont réduites de 25 p. cent par rapport à juillet. — Les forces britanniques et soviétiques entrent en Iran.

1939 — Le Royaume-Uni signe un pacte avec la Pologne, par lequel chaque partie s'engage à porter secours à l'autre dans le cas d'une agression menaçant l'indépendance de l'autre partie. — Le Japon proteste auprès de l'Allemagne en prétendant que le pacte de non-agression soviéto-allemand viole l'esprit du pacte anti-comintern.

1924 — Brillante inauguration du « nouvel » hôpital Notre-Dame, à Montréal.

1903 — Réunies en congrès, les institutrices de la province se plaignent d'abus dont elles sont la cible.

La ville de Gaspé célébrait avec pompes, le *25 août 1934*, le quatrième centenaire de la découverte du Canada par Jacques Cartier. En présence du premier ministre Bennett du Canada, du premier ministre Louis-Alexandre Taschereau, du Québec, et de représentants des gouvernements français, britanniques et américains, ainsi que de hauts dignitaires de l'Église catholique, dont le cardinal Villeneuve, se déroulèrent de nombreuses cérémonies commémoratives, notamment le dévoilement de la croix-souvenir érigée en l'honneur du découvreur du Canada et la bénédiction des cloches de la future basilique. La fête s'est également déroulée dans les eaux du fleuve, envahies par une véritable armada de navires de plusieurs nationalités. Mais le clou du spectacle fut sans contredit le défilé de 70 barques de pêcheurs décorées aux armes des provinces de France, berceaux de la nation canadienne-française. Les images que nous vous proposons représentent d'abord une vue d'ensemble de la croix-souvenir et de ses environs lors des cérémonies, l'arche d'if à l'entrée de l'évêché et les trois cloches de la future basilique. La plus petite, à gauche, montre une Ursuline enseignant aux Indiens. La moyenne, au centre, montre Jacques Cartier plantant la croix à Gaspé. La grosse porte l'inscription *Christus vincit, Christus regnat, Christus emperat.*

LA PRESSE

100 ans d'actualités

ENFIN, NOUS AVONS LE CHAMPIONNAT!

La belle victoire du National à Cornwall, ainsi que la défaite du Montréal, placent incontestablement notre équipe canadienne-française à la tête de la ligue pour la saison 1910.

(Des envoyés spéciaux de la PRESSE)

CORNWALL, 29 — Le National est champion de la N.L.U. pour 1910. Après l'une des parties les plus contestées jamais vues ici, les braves du capitaine Lalonde ont triomphé du club Cornwall par un score de 3 à 1 devant une foule de 6,000 personnes dont près de la moitié était venue de Montréal pour applaudir ses favoris.

Comme les Tecumsehs ont de leur côté défait le Montréal, notre club se trouve à décrocher la palme. Pour la seconde fois en treize ans, c'est-à-dire depuis son admission dans la ligue, le National a remporté samedi **(27 août 1910)** le championnat de la National Lacrosse Union. C'est cependant la première fois dans les annales du sport qu'une équipe exclusivement canadienne se classe première dans la catégorie des grands clubs. La victoire d'hier est le digne couronnement d'une saison féconde en glorieux exploits. Notre club a actuellement neuf victoires à son crédit. Il a encore deux parties à jouer et il les gagnera à n'en pas douter, mais même s'il les perdait, il resterait champion.

Cornwall, qui avait battu chez lui le Toronto et les Tecumsehs, a fait un effort désespéré pour infliger le même sort au National. Il a échoué, mais la lutte a été âpre, dure, acharnée et extrêmement intéressante. Une excitation fébrile, intense, a régné tout l'après-midi. Le National avait l'avantage, mais ses partisans se demandaient s'il pourrait le conserver jusqu'à la fin. Finalement, à 6 heures 17, le timbre résonnait, annonçant la fin de cette joute mémorable. Trois mille personnes s'élancèrent alors sur le terrain, acclamant les nouveaux champions et se précipitant pour les féliciter et les complimenter. L'un des chefs de la foule présenta au capitaine Lalonde un bouquet aux couleurs du National offert par les dames de l'excursion. C'était une scène d'enthousiasme délirant, indescriptible. (...)

La victoire d'avant-hier prouve à l'évidence la supériorité du National sur tous les autres clubs de la ligue. Là où les plus fortes équipes avaient été vaincues, avaient mordu la poussière, le National a triomphé.

UNE PRIME

La rumeur circulait dans Cornwall que le club Montréal avait promis un cadeau de $50 à chacun des joueur de l'équipe locale s'ils battaient le National. Nous ne savons si c'est là un fait exact ou non. Ce que nous pouvons dire cependant, c'est que tous les joueurs de Cornwall ont lutté comme si leur vie ou leur fortune était en jeu. Ils ont combattu tout l'après-midi avec une ardeur extrême, et n'ont pas ménagé leurs adversaires. Dulude et Gauthier ont été assommés. Lalonde et Dussault ont reçu sur la tête de vigoureux coups de bâtons, et Gagnon en a reçu un sur le bras. (...)

EN 5 MINUTES

Le National s'est assuré la victoire dans les cinq premières minutes de l'après-midi, Lalonde enregistrant le premier point de la journée en 50 secondes et Dussault, le deuxième en 4 minutes.

(...) Au coup de sifflet, la balle alla vers les buts du National, puis fut transportée à l'autre bout du champ, et après une couple de passes était dans le filet de Cornwall. (...)

La première période se termina par un score de 2 à 0. La lutte fut extrêmement âpre dans le deuxième quart. Cornwall réussit à compter un point après 11 minutes de jeu, et alors que trois des joueurs du National, Secours, Clément et Gauthier, étaient à la clôture. Lorsque le timbre résonna le score était de 2 à 1.

L'inquiétude saisit les amis du National. Chacun se demandait si notre club réussirait à conserver un faible avantage. Les esprits alarmés se calmèrent un peu à la troisième période après que Secours eut compté un troisième point pour le National.

Le club Cornwall combattit avec une énergie désespérée dans la période finale pour égaler le score, mais ce fut peine perdue et la joute se termina avec un score de 3 à 1.

Cette photo présente l'équipe championne. Les vieux fervents de la crosse reconnaîtront, assis, de gauche à droite, Dussault, Clément, Lalonde (capitaine), L'Heureux (gardien) et Dulude; debout, dans le même ordre, la mascotte du club (le jeune garçon n'est malheureusement pas identifié), l'entraîneur Noseworthy, Duckett (substitut), Lamoureux, Boulianne (substitut), Beauchamp (substitut), Secours, Cattarinich, Gagnon, Lachapelle, Gauthier, Dicaire et l'instructeur «Shiner» White, seul représentant de l'équipe championne de 1898.

CE QUE LA «PRESSE» DISAIT LE 31 MARS

SOUS le titre «Aux amateurs de sports», la «Presse» publiait à la date du 31 mars l'article suivant:

La «Presse» a entrepris une bien lourde tâche: celle de mener notre équipe de crosse canadienne-française au championnat.

Nous ne sommes pas illusionnés sur les obstacles qui se présentent sur la route. Nous nous rendons bien compte du travail à accomplir.

Mais la «Presse» compte sur le patriotisme de tous ses lecteurs, qui ont et l'orgueil de la race et de l'admiration pour l'avancement du jeu national et du sport, pour amener la réalisation du rêve que tout Canadien-Français a caressé depuis 1898 *(année du dernier championnat du National)*.

Il nous semble que l'heure de la revanche a sonné cette année et que notre club national doit prendre la place qui lui revient de tradition et de droit dans les annales sportives de 1910.

Lamoureux serré de près par deux adversaires, tente de tirer vers les gaules. Gauthier et Dussault attendent une passe possible à l'arrière du filet.

LE MAIRE HOUDE DEMISSIONNE

Personne, à l'hôtel de ville, ne prévoyait ce geste soudain. — Décision irrévocable. — M. Houde recommande de nommer M. Savignac jusqu'aux élections.

M. Camillien Houde démissionne comme maire de Montréal. Il a fait tenir sa lettre de démission au greffier de la ville, M. J-Etienne Gauthier, à 11 h. 30 du matin, aujourd'hui **(27 août 1936)**, pour qu'elle fut transmise au conseil municipal réuni à huis-clos dans le but de préparer la séance de cet après-midi.

Malgré le désir exprimé par les échevins que M. Houde reconsidérât sa décision, celui-ci leur a répondu que sa décision était irrévocable.

La nouvelle de la démission du maire a eu l'effet d'un explosif, à l'hôtel de ville, où personne ne présentait un événement aussi sensationnel. Sauf le secrétaire particulier du maire, M. T.L. Bullock, personne n'était au courant des projets de M. Houde — pas même l'ami et confident du maire, M. J.-M. Savignac, président de l'Exécutif. Il va sans dire que la lettre de M. Houde a, d'un coup, paralysé toute délibération au caucus des échevins et que ceux-ci ont spontanément décidé de se rendre en délégation chez M. Houde pour le prier de reconsidérer sa décision.

Le maire démissionnaire n'a pas bronché devant l'insistance de ses collègues et il a maintenu sa décision, l'expliquant vaguement et promettant des précisions pour les journaux de samedi prochain *(M. Houde devait présenter une conférence de presse le lundi 31. Nous y reviendrons)*. «Au cas où certains journaux n'accorderaient pas l'importance qu'il sied à cette prochaine déclaration, ajouta M. Houde, je la lirai à la radio».

Le maire — ou plutôt l'ancien maire — a longuement causé avec les échevins, mais il a prié les journalistes de ne rien écrire de ce qu'ils entendaient à ce moment. Aussi sommes-nous tenus à la plus stricte discrétion pour ce qui est de la conversation de M. Houde avec les conseillers municipaux.

M. Houde a écrit deux lettres: l'une pour signifier sa démission au greffier, l'autre pour recommander au Conseil de désigner M. J.-M. Savignac, président de l'Exécutif, comme son successeur à la Mairie. (...)

INCENDIE DU METROPOLITAN A NEW-YORK

NEW-YORK, 29 — Samedi matin **(27 août 1892)**, le Metropolitan Opera, l'un des plus beaux et des plus grands théâtres modernes et qui occupait tout le carré formé par Broadway, la septième avenue, la 39e et la 40e rue, a été détruit par le feu. La façade de Broadway a été sauvée par les pompiers mais les trois quarts de la maison ont été dévorés par les flammes. On ne connait pas encore la cause de cet incendie, mais il doit avoir pris sa source près de la scène de la 7e avenue. A l'arrivée des pompiers, tout l'arrière du théâtre était déjà en proie aux flammes. Aussitôt on donna une alarme générale et douze steamers envoyèrent du secours.

La brigade fit tous ses efforts pour préserver la façade du théâtre où se trouvent la banque de New Amsterdam et le restaurant Soancheri Angaso. A l'intérieur du théâtre, il ne reste plus des sièges et des planchers que des fragments de fer.

(...) Sept personnes ont été blessées durant l'incendie. (...)

Les pertes s'élèvent à $400,000, dont $250,000 pour le bâtiment et $150,000 pour son contenu.

C'EST ARRIVÉ UN 27 AOÛT

1982 — L'attaché militaire de Turquie à Ottawa est abattu en pleine rue de la capitale fédérale.

1975 — Haïlé Sélassié, empereur d'Éthiopie de 1916 à 1974, meurt à l'âge de 83 ans. Déposé lors d'un coup d'État militaire, le dernier souverain d'une dynastie trois fois millénaire vivait virtuellement en prisonnier.

1974 — Une grève des employés d'entretien paralyse le transport en commun, à Montréal.

1973 — Jean Cournoyer, ministre du Travail du Québec, promet une loi anti-scab. — La Cour Suprême du Canada déclare la Loi sur les Indiens préjudiciable aux femmes, mais non invalide.

1970 — L'assurance que la commission scolaire de Saint-Léonard autorisera les enfants à fréquenter à nouveau des classes anglaises met fin aux controverses soulevées par l'enseignement des langues à l'école primaire.

1969 — Élections générales en Colombie-Britannique: les créditistes gagnent 39 sièges, les néo-démocrates 11 et les libéraux cinq.

1968 — Les dirigeants tchécoslovaques rentrent à Prague à la suite d'un accord intervenu à Moscou au sujet d'un retrait des troupes d'occupation en Tchécoslovaquie.

1962 — Établissement d'une Commission royale fédérale chargée d'étudier la structure des taxes du Canada. — Lancement de *Mariner II* vers la planète Vénus, par les Américains.

1953 — Le Vatican signe un concordat avec l'Espagne. — Fin des grèves qui paralysaient la France, les syndicats communistes ayant décidé de reprendre le travail.

1951 — Début de l'enquête sur les causes de l'effondrement du pont Duplessis, à Trois-Rivières.

1941 — Tentative d'assassinat de Pierre Laval.

1928 — Signature par les États-unis, du Pacte de Paris qui «interdit la guerre»!

1916 — La Roumanie déclare la guerre à l'Autriche-Hongrie.

Jour le plus noir depuis dix ans en Ulster

Lord Mountbatten et dix-sept soldats victimes d'attentats

DUBLIN (AP, AFP, UPI) — Héros de la Deuxième Guerre mondiale, Lord Mountbatten, l'oncle du prince Philip, est mort hier **(27 août 1979)** dans l'explosion de son bateau au large des côtes de l'Irlande.

L'Armée nationale de libération irlandaise (INLA), une organisation dissidente de la célèbre IRA provisoire, et l'IRA elle-même ont tour à tour revendiqué la responsabilité de l'explosion dans des coups de téléphone à l'Irish Independant, de Dublin, et au Republican News, de Belfast. L'INLA a par la suite démenti être responsable de l'attentat qui a coûté la vie à Lord Mounbatten, ajoutant que l'appel téléphonique anonyme provenant présumément de cet organisme était l'oeuvre d'un mauvais plaisant ou une tentative délibérée des services de renseignements britanniques pour semer la confusion.

Peu après, l'armée britannique connaissait son jour le plus noir en 10 ans de présence en Ulster avec la mort d'au moins 15 soldats dans l'explosion d'une mine près de la frontière entre les deux Irlande. Huit autres soldats ont été grièvement blessés. L'IRA provisoire a également revendiqué cet attentat.

Lord Mountbatten venait de quitter sa résidence de Mullaghmore, un village du comté de Sligo, proche de la frontière de l'Ulster, pour une partie de pêche à bord de son bateau, le Shadow V.

Il emmenait avec lui quelques amis. Il n'avait pas levé l'ancre depuis cinq minutes pour pénétrer dans la baie de Donegal lorsque l'explosion a fait voler le bateau en éclats.

Lord Mountbatten a été tué sur le coup, ainsi que son petit-fils, Nicholas, 15 ans, et un marin âgé de 15 ans lui aussi, Paul Maxwell. La fille de Lord Mountbatten, Lady Bradbourne, son mari, la mère de ce dernier et Timothy, un autre petit-fils, ont été blessés et hospitalisés. (...)

Le gérant des Beatles est trouvé sans vie

LONDRES (AFP) — Brian Epstein, l'imprésario des Beatles et propriétaire de nombreuses entreprises de spectacles, a été trouvé mort hier après-midi **(27 août 1967)** dans son lit par un policier prévenu par un coup de téléphone.

Pour autant que nous le sachions, Brian Epstein a eu une mort soudaine. Nous ne pouvons pas en dire plus, ont déclaré hier soir deux inspecteurs de police en quittant le domicile de l'imprésario. «Il y aura sans doute une autopsie», ont-ils ajouté.

Epstein était le plus talentueux des imprésarios anglais actuels. Son succès que l'on doit associer à celui du célèbre groupe avait suivi la même courbe ascendante. Brian Epstein, qui était âgé de 32 ans, était, comme les Beatles, originaire de Liverpool.

AVEC LA MORT DE LE CORBUSIER, LE MONDE ENTIER TÉMOIGNE DE SON GÉNIE

PARIS (AFP) — La disparition tragique du célèbre architecte Le Corbusier qui, comme on le sait, a trouvé la mort hier **(27 août 1965)** en se baignant au large de Roquebrune-Cap Martin sur la Côte d'Azur, a créé une profonde émotion dans le monde entier.

De tous les continents, de la plupart des pays, les messages affluent. Les milieux internationaux d'architecture, en particulier, témoignent de son génie et de la grande perte — non seulement française, mais aussi mondiale — que cause sa mort.

Le Corbusier, de son vrai nom Charles-Edouard Jenneret-Gris, qui a succombé à une crise cardiaque au cours de sa baignade, était né à la Chaux-de-Fonds, en Suisse, le 8 octobre 1887.

Après avoir été graveur et horloger, il se tourne très tôt vers l'architecture. Après avoir visité l'Italie, l'Autriche et l'Allemagne, il se fixe définitivement à Paris en 1916 et se fait naturaliser français.

Il travaille avec les frères Perret, et ne cesse alors de préconiser sa conception nouvelle de l'habitation ouverte en terrasse, éclairée horizontalement de mur à mur et montée sur potences en béton. Il a édifié dans cet esprit de nombreuses villes dans la banlieue parisienne et dans la France entière. (...)

LA PRESSE
100 ans d'actualités

DEBORDEMENT DESASTREUX DU CANAL

L'écluse du canal Lachine, dont une porte a été brisée par le «Dundurn», et la deuxième arrachée par les flots.

Le vapeur «Dundurn» de la «Hamilton-Montreal Navigation Co.» brise l'écluse du canal Lachine à Ville Saint-Paul, et les eaux se précipitent en torrents.

LE vapeur «Dundurn» de la Hamilton-Montreal Navigation Co. a été la cause ce matin **(28 août 1906)**, d'un accident désastreux en brisant une écluse du canal Lachine à la Ville Saint-Paul. Cet accident a eu pour effet de faire déverser les eaux du canal sur ses deux berges en inondant les manufactures riveraines.

L'accident est survenu vers six heures. Le «Dundurn» était en retard d'une journée, car il devait arriver ici hier matin. Il était parvenu dans le bassin formé par les deux écluses qui se trouvent immédiatement au bas du pont qui unit la Ville Saint-Paul à Montréal.

Les employés de M. Fichaux, gardien de l'écluse, avaient ouvert la première porte et laissé entrer le vapeur dans le bassin. Ils devaient quelques instants plus tard refermer cette première porte pour ouvrir la deuxième, et donner libre cours au vapeur. Mais pour une raison quelconque le «Dudurn»

CONTINUA SON ELAN,

et brisa la deuxième porte. Les préposés de l'écluse tentèrent immédiatement de refermer la première porte, mais il était trop tard.

La pression du courant était énorme et a brisé la deuxième porte. L'eau descendait en torrent impétueux et en quelques minutes gonfla le canal dont les bords étaient devenus insuffisants. L'eau se déversa ainsi de chaque côté inondant les clos de bois Rutherford, à Saint-Henri, la Scranton Coal Co., le petit village connu sous le nom de «Venise» et autres endroits plus bas.

A la Ville Saint-Paul et à Saint-Henri, les fossés, les canaux d'égout, la petite rivière Saint-Pierre étaient insuffisants pour laisser écouler ces eaux montantes. Le chemin Saint-Patrice, mieux connu sous le nom de chemin Poitras, situé au côté du canal, est complètement inondé, et l'on voyait ce matin des voitures complètement submergées. Plus au sud s'étend une immense nappe d'eau claire où des gamins se plaisent à se promener dans des barques improvisées. Le canal inachevé des égouts de la Ville Saint-Paul a pris un cours qui est tout autre que celui qu'on voulait lui donner. Il a plutôt suivi les caprices et les accidents du terrain pour se frayer un chemin en bouleversant tout sur son passage. (...)

Vers onze heures, le canal avait repris

SON COURS ORDINAIRE

laissant à l'homme le trouble de réparer ces dégâts incalculables. (...)

La circulation des vaisseaux est complètement arrêtée pour un temps indéterminé.

CAUSE DE L'ACCIDENT

Le «Dundurn» après avoir enfoncé l'écluse du canal à la Côte-Saint-Paul, poussé par un torrent impétueux, est venu amarrer près du pont de la rue des Seigneurs, où maintenant il dresse ses formes majestueuses au-dessus de l'eau qui est devenue limpide comme une glace de Venise.

Le «Dundurn» appartient à la «Hamilton-Montreal Navigation Co.» et fait le service entre notre port et Hamilton. Il est commandé par le capitaine Malcolmson qui attribue l'accident au fait que le navire n'a pu faire machine en arrière assez vite.

Il était environ 6 heures lorsque l'accident se produisit. Presque tous les soixante-quinze passagers qui étaient à bord, dormaient dans leurs cabines, et le choc fut si faible que personne ne fut éveillé; une panique a été ainsi évitée. (...)

Le «Dundurn», responsable de l'accident.

LA GRC arrête l'agent Samson

par Michel AUGER

A peine libéré par le commissaire aux incendies, Me Cyrille Delage, en attendant la poursuite de son témoignage, aujourd'hui, l'agent Robert Samson a été appréhendé hier midi **(28 août 1974)** par ses collègues de la GRC et a été mis en accusation aussitôt pour des actes dérogatoires à l'éthique professionnelle à cause de ses relations avec deux personnages de la pègre.

Le policier Samson, âgé de 29 ans, que la police de la CUM soupçonne d'avoir placé une bombe, le 26 juillet dernier, à la résidence du président de la compagnie Steinberg, M. Melvyn Dobrin, avait soutenu au cours d'un interrogatoire de près de trois heures, qu'il s'était rendu à cet endroit pour y rencontrer un informateur et qu'il avait été blessé en s'approchant d'un mystérieux colis placé dans la cour arrière.

Cette version de l'agent Samson a cependant été mise en doute par la majorité des onze témoins qui l'ont suivi à la barre des témoins.

Interrogé par le procureur de la police de la CUM, Me Jacques Dagenais, l'agent Samson a indiqué qu'il s'était rendu à Ville Mont-Royal pour y rencontrer un informateur. A son arrivée près de la résidence Dobrin, Samson, ne voyant pas son interlocuteur qui lui avait parlé au téléphone peu de temps auparavant, a décidé de faire une reconnaissance des lieux à la recherche de narcotiques, puisqu'il avait l'impression que c'était là le but de cette rencontre inhabituelle.

«En passant sur le trottoir, a raconté Samson, j'ai aperçu un colis à l'arrière de la maison. (...) J'ai pris des gants qui se trouvaient dans mon imperméable. Je les ai enfilés afin de préserver les empreintes digitales qui auraient pu s'y trouver. En approchant du colis, j'ai vu un paquet d'étoiles.

«C'était comme si j'avais eu de la poussière dans les yeux. Ça me faisait horriblement mal. (...) C'était comme dans un rêve. Maintenant, j'ai de la difficulté à me rappeler ce qui s'est passé à ce moment-là. J'ai vu une automobile, peut-être un taxi, et j'ai demandé à être conduit chez ma mère rue Ethel, à Verdun.»

Des témoins ont, d'autre part, affirmé que la bombe était placée dans un endroit sombre et peu visible du trottoir. (...)

C'EST ARRIVÉ UN 28 AOÛT

1983 — L'exécutif du Parti québécois appuie l'idée de la fondation d'une aile fédérale. — Décès à l'âge de 77 ans du père Émile Legault, l'un des apôtres du théâtre québécois.

1979 — Au sommet des pays non alignés, à La Havane, une lutte s'engage entre le maréchal Tito, de Yougoslavie, partisan d'une neutralité totale, et Fidel Castro, de Cuba, partisan d'une alliance avec le bloc socialiste.

1977 — Dévaluation de la couronne suédoise de 10 p. cent, suivie de sa sortie du «serpent monétaire» européen.

1974 — Le nouveau chef de l'Union nationale, Maurice Bellemare, défait le libéral Jean-Claude Boutin, ex-député de Johnson, lors d'une élection partielle. Boutin avait dû démissionner à la suite d'accusations de conflit d'intérêts.

1969 — M. Jean Lesage, ex-premier ministre du Québec, annonce qu'il abandonne la présidence du Parti libéral du Québec.

1968 — Le vice-président Hubert Humphrey est élu candidat de son parti à la présidence des États-unis à Chicago, tandis que la police réprime les manifestations avec la dernière rigueur.

1950 — Session spéciale du Parlement pour discuter de la grève des chemins de fer, de la situation coréenne et de la défense.

1946 — Le général de Gaulle reproche à la nouvelle constitution française projetée de minimiser les pouvoirs du président. — Montréal accueille le plus grand héros militaire de Grande-Bretagne, le feld-maréchal Montgomery.

1935 — Le président des États-Unis signe la loi qui impose la neutralité aux Américains.

1917 — Le gouverneur général du Canada sanctionne la Loi de la conscription.

1916 — L'Italie déclare la guerre à l'Allemagne.

La Commission Borden

Pas de pipe-line entre Edmonton et Montréal

par Amédée GAUDREAULT

OTTAWA, 29 — Le pipe-line de $100 millions destiné à apporter d'Edmonton le pétrole brut canadien aux raffineries de Montréal, ne sera pas construit sous peu, si le gouvernement canadien s'en tient aux recommandations du rapport de la Commission royale d'enquête Borden, rendu public hier après-midi **(28 août 1959)** par le premier ministre Diefenbaker.

La Commission a aussi suggéré l'élaboration d'une politique nationale dans l'utilisation des ressources pétrolières canadiennes. Elle a même parlé d'une politique continentale, en collaboration avec les Etats-Unis.

Au lieu de diriger leur pétrole brut vers Montréal, la Commission suggère, et ceci en termes assez impératifs, aux compagnies canadiennes, d'essayer d'écouler une plus grande partie de leur production vers un marché qu'elle trouve plus pratique, plus «naturel» pour le moment, celui du Middle-West américain.

La Commission, dont faisait partie un important financier montréalais, M. Louis Lévesque, a fixé un objectif à l'industrie canadienne: 700,000 barils par jour en 1960, ceci sans accès au marché de Montréal.

La Commission a aussi proposé que les raffineries soient bien averties d'un fait: si leurs démarches ne sont pas satisfaisantes en ce qui a trait à l'écoulement du pétrole canadien en Ontario et à l'exportation aux États-Unis, on pourrait bien reparler du pipe-line Edmonton-Montréal (un peu plus de 2,000 milles) en 1962. (...)

Ces recommandations, qui seront vraisemblablement endossées par le gouvernement, constituent une victoire des cinq grandes compagnies pétrolières internationales qui s'opposaient à la construction d'un pipe-line jusqu'à Montréal.

Le *28 août 1963*, quelque 200 000 Noirs et Blancs américains marchaient sur Washington afin de manifester l'appui de la population américaine au projet de législation des droits civils énoncé par le président Kennedy. Inspirés par Martin Luther King, les marcheurs impressionnèrent tous les observateurs, au point que le président John Fitzgerald Kennedy, déjà sympathique à leur idéal, admit que la marche avait fait progresser la cause des 20 millions de Noirs américains.

ZENON SAINT-LAURENT GAGNE ENCORE LE TROPHEE «LA PRESSE»

(De l'envoyé spécial de la «Presse»)

ZÉNON Saint-Laurent, le fameux cycliste du club Quilicot, de Montréal, a décroché hier **(28 août 1932)** pour la deuxième année consécutive le magnifique trophée la «Presse» offert au vainqueur de la course en bicyclettes de Québec à Montréal, organisée sous les auspices de la Canadian Wheelmen's Association.

Saint-Laurent, Antoine Gabella, du Club Sportif Français de New York et Roy MacDonald, du club Capital City d'Ottawa, ont parcouru la distance d'environ 200 milles en 9 heures et 57 minutes, mais le premier a remporté la victoire pour être arrivé premier dans le sprint final, une demi-roue en avant de Gabella, au coin des rues Fleury et S.-Hubert. Puis tous se sont rendus au vélodrome où des milliers de personnes les ont acclamés.

Ces trois cyclistes se sont fait une lutte acharnée tout le long du trajet et à la ligne d'arrivée ils étaient presque côte à côte.

Rinon Gomieratto, du club Piazza, de Montréal, s'est classé en quatrième position.

Sur 29 coureurs qui se sont alignés au signal du départ, treinze seulement ont terminé cette grande randonnée.

Cyclistes courageux

La pluie, le mauvais temps, peu de soleil ont été autant de handicaps pour les cyclistes. C'est dire que la course n'a pas été une sinécure et qu'il a fallu tout le courage, tout l'héroïsme d'un athlète comme un cycliste, pour avoir parcouru 200 milles en moins de dix heures. On peut s'imaginer la vitesse et l'endurance extraordinaires qu'ont déployées les concurrents dans cette épreuve sportive. (...)

La photo de gauche montre, dans l'ordre habituel, Louis Quilicot, Zénon Saint-Laurent et le journaliste Armand Richer, qui a présenté le trophée LA PRESSE au nom du journal. Celle de droite présente Roy MacDonald, troisième au classement, en compagnie du journaliste Gene Michel, correspondant de *L'Auto de Paris* en Amérique du Nord. Enfin, la troisième photo permet d'assister au départ, en face du château Frontenac, à Québec.

FABRE GAGNE LE MARATHON DE SAN FRANCISCO

SAN Francisco, 30 — Edouard Fabre, du club Richmond, de Montréal, a gagné samedi **(28 août 1915)** le grand marathon pour le championnat de l'Amérique. Il a parcouru les 26 milles 385 verges du parcours en 2 h. 56 m. 41 s. H. Hoolahan, du New York A.C., est arrivé deuxième, et Oliver Miller, de l'Olympic Club, troisième. Les meilleurs coureurs du continent ont pris part à la course.

C'est là le troisième marathon que Fabre gagne cette saison. Le 25 avril, il se classait premier dans le marathon de Boston, et le 24 juin, il remportait une nouvelle victoire dans celui de la Casquette. Sa victoire à San Francisco est, pourrait-on dire, le glorieux couronnement de sa carrière. Outre ces trois marathons, Fabre a aussi gagné cet été la course sur la route organisée par la société calédonienne. Ces quatre brillantes victoires nous montrent que Fabre est cette saison dans toute sa force. Il possède maintenant l'expérience voulue et il est plus rapide que jamais. (...)

La victoire de Fabre n'est pas une victoire due à la chance. C'est une victoire remportée par le meilleur homme sur une phalange d'étoiles, sur les coureurs les plus réputés du continent américain.

ACTIVITÉS

■ LA PRESSE raconte Montréal

Chalet du Mont-Royal — Conjointement avec une exposition intitulée «Un îlot dans une île», LA PRESSE propose aux visiteurs qui se rendront au Chalet du Mont-Royal d'ici le 9 septembre prochain une cinquantaine d'illustrations permettant à LA PRESSE de «raconter Montréal».

■ LA PRESSE et la médecine

Musée Laurier d'Arthabaska — Exposition d'archives sous le thème «100 ans de médecine», jusqu'au début de septembre.

LA PRESSE

100 ans d'actualités

GRAND DESASTRE NATIONAL

Le Pont de Québec, qui devait être une des merveilles du monde, s'écroule au milieu d'un fracas épouvantable, et 90 ouvriers trouvent la mort au milieu de cette catastrophe.

QUÉBEC, 30 — Au moment où la population de Québec se réjouissait de la prospérité générale de Québec et des brillantes perspectives qui sont à l'horizon, pour Québec en particulier; (...) au moment où toute la population du Canada jetait un regard d'envie sur Québec, en face de toutes les riches perspectives qui appartiennent à la vieille capitale, un vulgaire mais terrible accident **(le 29 août 1907)** est venu semer la terreur et les espoirs dans les esprits.

Une partie, soit la maitresse partie des travaux de construction du pont de Québec, a été détruite en une seconde. La catastrophe a été aussi rapide que l'éclair. Cent braves ouvriers, peut-être davantage, étaient occupés à ces travaux au moment de l'accident. Cette armée d'ouvriers a été lancée dans l'éternité en moins de temps qu'il n'en faut pour l'écrire. C'est une calamité sans précédent dans l'histoire de la vieille capitale.

Le monument qui devait être un nouvel élément de vigueur commerciale pour Québec est au fond du St-Laurent. Cette nouvelle s'est répandue avec la rapidité d'une trainée de poudre par toute la ville, ainsi qu'à l'étranger. L'accident s'est produit un peu après cinq heures et demie. La structure en acier, du côté sud du fleuve, s'est écroulée avec fracas, au moment où une locomotive en charge de MM. Davis, ingénieur, et McNaught, chauffeur, s'avançait sur la partie surplombant le pilier du large, désigné comme pilier à l'eau profonde.

Les immenses piliers en pierre n'ont pas bougé d'un pouce. Un des piliers de terre a été quelque peu endommagé par la chute de cette masse d'acier. Le pilier de terre est situé à quelque trois cents pieds du rivage, et le pilier d'ancrage est érigé trois cents pieds au large du premier. La structure en acier reposait solidement entre les deux piliers, et le tablier qui doit couvrir le milieu du fleuve entre les deux piliers à eau profonde, s'étendait à plus de cent pieds au large du pilier sud. Au-dessus de chacun des deux piliers s'élevait une tour en acier à laquelle étaient attachés des câbles qui étaient retenus au rivage par de forts pieux. Ce sont ces derniers qui ont cédé, causant la destruction des travaux évalués à plus de deux millions de piastres.

Le tablier en acier qui s'étendait au large du pilier central s'effondra au fond du fleuve, ne laissant aucune trace de l'accident. Le tablier qui avait été couché entre les deux piliers se brisa en deux, au milieu, les deux bouts tombant dans le fleuve et reposant sur les bouts de l'acier brisé et tordu, formant un V. L'autre partie du tablier, entre le pilier de terre et les assises en pierre adossées au rocher, fut également brisée et mise en pièces sur le rivage.

Au-dessus des deux piliers, des tours en acier avaient été érigées temporairement pour maintenir le tablier, c'est-à-dire le pont lui-même, jusqu'au milieu. Le côté nord du pont est construit sur le même principe que sur le côté sud, mais les travaux sont beaucoup moins avancés du côté du cap Rouge.

Les ouvriers qui étaient sur la partie du pont qui s'est effondrée, étaient pour la plupart des experts venus des Etats-Unis. Tous étaient à l'emploi de la cie «Phoenix Bridge», de Phoenix, Etat de Pennsylvanie.

Les contremaitres déclarent que le nombre des victimes se chiffre dans les quatre-vingts, car c'est le nombre qui n'a pas répondu à l'appel, hier soir, à six heures, lorsque les chronométreurs ont préparé leur rapport.

Lorsque la nouvelle de l'accident se répandit de par la ville,

UN CRI D'EFFROI

s'échappa de toutes les poitrines, car plusieurs centaines de Québécois sont employés aux travaux du pont, et comme on était à l'heure du retour de chacun du travail, que de femmes et d'enfants attendaient en sanglotant, sur le seuil de la porte, la rentrée du chef de famille. La plupart des ouvriers de Québec étaient hier employés du côté nord du pont, et ils ont été les témoins muets de la triste fin de leurs camarades. Toutefois, ils se sont attardés sur les lieux, et durant toute la soirée, des sanglots de désespoir ont retenti dans les quartiers ouvriers de la ville. Partout c'était un deuil complet. (...)

L'article que LA PRESSE consacra à l'événement dans l'édition du 30 août 1907 s'étendait sur quatre pages et était accompagné d'une vingtaine de photographies et de croquis lugubres. Le texte qui précède donne une bonne idée du genre de couverture accordée à l'événement, c'est-à-dire un texte avec force détails. Il aurait fallu consacrer toute cette page à cet événement pour lui rendre pleinement justice.

Cette photo d'époque montre la section du pont qui se trouvait entre le pilier de pierres et le pilier de terre, du côté sud du pont.

Cette scène lugubre montrant «des victimes se débattant pour échapper aux flots tumultueux et aux poutres de fer qui les écrasaient et les broyaient» a été reconstituée par un artiste de LA PRESSE pour l'édition du lendemain de l'événement.

UNE TRAGÉDIE AU STADE

Une poutre tombe: 1 mort, 5 blessés

NDLR — Le texte synthèse suivant publié à la une résumait les différents textes consacrés à l'événement, à l'intérieur du journal.

«J'étais assis en face et j'ai entendu le claquement du câble qui cassait. J'ai vu la poutre s'incliner lentement...»

Yves Leclerc a rencontré hier après-midi **(le 29 août 1975)** un témoin oculaire de ce premier accident mortel à survenir sur le chantier du stade olympique *(un autre employé avait préalablement trouvé la mort sur le chantier du vélodrome)*, tragédie qui a fait un mort *(Jean-Marie Lesage)* et cinq blessés.

L'événement devait déclencher aussitôt une cascade de spéculations sur les raisons de cet accident: erreur d'ingénierie? déficience des méthodes d'assemblage? simple erreur humaine?

Guy Pinard s'est heurté à un mur du silence au niveau des explications officielles. Chose certaine — corroborée par plusieurs témoins oculaires — les câbles retenant une poutre radiale de 125 tonnes ont lâché.

Chose certaine aussi, note **Pinard,** le rythme des travaux a été accéléré sur le chantier récemment, question de rattraper des retards de 4 à 6 semaines. (...)

Du côté de l'hôtel de ville hier, trois lignes au total: «Même si la cause de la chute d'une poutre au chantier olympique semble à première vue purement accidentelle, j'ai demandé à l'entreprise de me faire parvenir le plus tôt «possible un rapport complet sur les causes de cet accident.»

C'est signé: Charles Boileau, directeur du Service des travaux publics de la ville de Montréal.

Mais d'autres demandent autre chose qu'un «rapport d'entreprise»: le ministre responsable du dossier olympique, Fernand Lalonde, le Rassemblement des citoyens de Montréal, le Syndicat de la construction de Montréal (CSN), la Fédération des travailleurs du Québec enfin demandent une enquête. Une enquête qui pourrait établir notamment si la tragédie résulte d'une accélération de la cadence de travai! pour terminer le stade à temps.

Et que pense l'ouvrier de la sécurité sur le chantier? «C'est à peine si on nous demande de porter un chandail pour ne pas attraper un coup de soleil», confiera ironiquement un travailleur à **Daniel Marsolais.**

C'EST ARRIVÉ UN 29 AOÛT

1979 — Les principales banques américaines relèvent le taux d'intérêt préférentiel de 12 à 12,25 p. cent, un niveau record.

1975 — Gérard Pelletier est nommé ambassadeur du Canada en France.

1973 — Le président Nixon repousse la demande du juge Sirica de lui remettre les bandes des enregistrements faits dans son bureau.

1968 — Nancy Greene, championne du monde du ski, devient membre du Temple de la renommée sportive; elle reçoit aussi la coupe Lou Marsh, emblème du meilleur athlète au Canada.

1966 — Le rapport du juge Rand sur l'implication du juge Léo Landreville dans l'affaire des actions de la Northern Ontario Gas Co., est déposé à la Chambre des communes. — Gilles Grégoire, député de Lapointe, annonce sa décision de siéger comme député indépendant à la Chambre des communes, après avoir accepté d'être président d'un parti séparatiste québécois.

1947 — Les Américains annoncent la mise au point de la première pile atomique.

1935 — La reine Astrid de Belgique meurt dans un accident d'auto impliquant également le roi Léopold III, en Suisse.

La route Trans-Canada passera au coeur de la ville

par Maurice LAFERRIERE

LES gouvernements d'Ottawa et de Québec et l'administration de Montréal ont définitivement conclu, hier après-midi **(29 août 1963),** l'accord touchant la construction de la route transcanadienne sur le territoire de l'ile de Montréal selon un tracé modifié.

Ce projet d'envergure dont le coût initial est estimé à plus de $175,000,000 sera mis en oeuvre immédiatement et les travaux (mmenceront à la fois à la hauteur du prolongement théorique du boulevard Cavendish à l'ouest et à l'entrée du tunnel-pont de Boucherville, à l'est.

Il a été convenu que les villes et les municipalités intéressées (Montréal, Ville Mont-Royal, ville Saint-Laurent et Côte St-Luc) seront appelées à contribuer pour la somme totale de $35,000,000. Le gouvernement du Canada versera $40,000,000 et la province de Québec paiera $100,000,000.

Le premier ministre adjoint du Canada, M. Lionel Chevrier, le ministre de l'Expo, M. J.-P. Deschatelets, le ministre de la Voirie du Québec, M. Bernard Pinard; le maire Jean Drapeau et le président Lucien Saulnier ont accepté l'accord en vertu de la loi de la route Transcanadienne, hier après-midi, au siège social de l'Expo, Place Ville-Marie. (...)

Les trois administrations n'ont pas accepté un tracé «rigide». Celui-ci peut être modifié à l'occasion. Le coût de construction variera en conséquence. (...)

Même si l'ouverture officielle ne devait se dérouler que quelques semaines plus tard, les automobilistes du Québec pouvait utiliser certains tronçons de la nouvelle autoroute des Laurentides — la première au Québec — dès le *29 août 1959*. Cette photo permet de voir la jonction de l'autoroute avec le boulevard Métropolitain, dont la construction s'arrêtait alors à la hauteur de l'embranchement, comme cette photo permet de le constater.

BABILLARD

Encore un centenaire de plus!

Le Québec compte avec un centenaire de plus aujourd'hui, en la personne d'**Émile Lebreux,** de Lévis. Né dans la seigneurie du Grand-Étang, à Saint-Hélier de Gaspé, le 29 août 1884, M. Lebreux s'est exilé aux États-Unis à l'âge de 18 ans, et il a notamment travaillé dans les usines de coton de Fall River, dans le Massachusetts, puis dans les usines de la Ford Motor, à Détroit, avant de rentrer au pays pour s'installer à Lévis en 1932. Après avoir participé à la construction du petit Colisée de Québec, il a notamment travaillé aux chantiers maritimes de la Davie Shipbuilding, à Lauzon. LA PRESSE se joint à ses parents et amis pour lui offrir ses voeux de santé et de bonheur.

LA PRESSE
100 ans d'actualités

1892 — Le «Rocket», premier tramway électrique à rouler dans les rues de Montréal. Il fut construit par la Brownell Car Manufacturing, de St. Louis, et il fut retiré de la circulation en 1914.

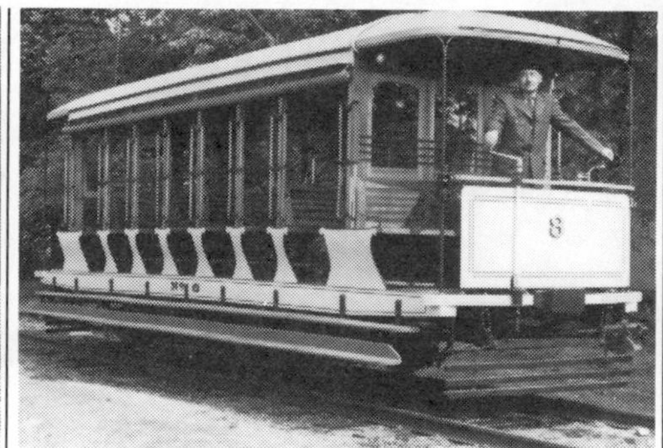

1894 — On possède très peu de renseignements sur ce tramway. On croit savoir qu'il a été construit en Ontario.

1902 — Les dix tramways de ce type étaient les plus gros à rouler sur le territoire, et ils desservaient surtout la banlieue. Construits par la Montreal Park and Island Railway, ces tramways de 50 pieds de longueur ont roulé jusqu'en 1955.

1910 — Le dernier de ce type de tramways construits par la Ottawa Car and Manufacturing a roulé jusqu'en 1955. Ce modèle est le premier à incorporer l'acier comme matériau sur une grande échelle.

1926 — Modèle de tramway de type «Birney», avec poste de conduite aux deux extrémités pour les circuits en banlieue éloignée ou la fréquence était limitée.

20,000 personnes les voient disparaître

Fidèles à eux-mêmes, les tramways ont été en retard jusqu'à la fin!

par Jean-V. Dufresne

UN Montréal enthousiaste et endimanché, grande dame mais aussi populacier, cruel et nostalgique tout ensemble est descendu hier après-midi **(30 août 1959)** dans les rues de la ville, rendre un hommage railleur aux derniers vestiges d'une époque qui semblait devoir se faire éternelle.

A un demi-siècle de transport en commun, le commun des mortels a fait des adieux qui, malgré tout, ne manquaient pas de sincérité. La foule dépourvue des classiques petits drapeaux symboliques des manifestations savamment orchestrées, pour une fois a applaudi avec ses mains.

Ce témoignage émouvant, qui s'est répété tout au long du parcours Papineau-Rosemont, les vieux conducteurs ne s'y attendaient pas. Pour eux, transporter des millions de voyageurs chaque jour de la semaine, tout cet immense travail qui consiste à déplacer littéralement une population entière d'une extrémité à l'autre de la métropole, quotidiennement, cela se résumait à ouvrir et fermer des portes pneumatiques, poinçonner des correspondances, remettre en vingt-cinq sous la monnaie de cinq dollars, jurer contre l'automobiliste idiot qui, pour un feu vert, risquait de se faire estropier.

La population maussade des heures d'affluence a laissé tomber hier le masque fatigué des longues journées de la semaine, et laissé voir aux homme du tramway qu'elle était capable de gratitude, même si les sourires étaient un peu moqueurs, même si on pouvait entendre la remarque classique, encore, au départ du défilé:

— Comme d'habitude, ils sont en retard, jusqu'à la fin!

Effectivement, le convoi s'ébranla à 2 h. 41, onze minutes après l'heure prévue. Coïncidence amusante, le cortège a maintenu une vitesse de six milles à l'heure, la vitesse moyenne même des tramways de Montréal aux heures de pointe. Attendu à 4 h. 30 aux ateliers de Mont-Royal après avoir bouclé le circuit Papineau-Rosemont de Notre-Dame jusqu'à Pie IX, les portes symboliques se sont refermées sur le dernier tram à 4 h 50. Mais entre-temps, la pluie, la sale pluie qui paralyse la circulation dès la première averse (...) s'était mise à tomber dru et la foule si abondamment massée se dispersa comme par enchantement. On la retrouva en petites grappes toutes trempées, sous les arbres, piétinant les coquets parterres qui annoncent le Nouveau-Rosemont.

La ruée...sans billets

A la plus grande joie des marmots qui faisaient claquer leurs pieds nus dans les mares, les gros messieurs impressionnants qui avaient pris place dans les ostentatoires tramways découverts reçurent le gros de la douche. Ce fut, comme aux meilleurs temps du tram, une ruée folle vers les véhicules qui suivaient. Mais sans billets à percevoir, ils s'emplirent plus rapidement qu'à l'accoutumée, et bientôt l'atmosphère passa des douces effluves du voisin jardin botanique au parfum innommable d'une foule en nage. A quoi ça tient, la nostalgie du tramway. (...) Sur les 20,000 (au moins) personnes massées le long du parcours il y avait bien 5,000 photographes amateurs.

La fête a si bien réussi que des embouteillages de toute beauté se sont produits à chacune des intersections. La fête a si bien réussi que le caractère officiel de la manifestation s'est dissipé au départ. Tout le monde était dans le coup, même les conseillers qui avant de décrocher le douteux privilège de retrouver leurs Cadillac d'une autre couleur avaient connu eux aussi les affres démocratiques du transport en commun. Sur les banquettes peinturées en or, les gros bonnets étaient devenus joyeux spectateurs. Car la fête était partout.

Mais il y a eu tout de même quelques fonctions officielles. M. le maire, qui se coiffa de la casquette du conducteur, en plaçant une main prudente sur l'accélérateur. A côté de lui, M. James Becket Smith, wattman à sa retrait, reconstituait ses souvenirs.

Le tram 1959...

Il y eut aussi ces portes en papier mâché qu'on referma sur un des anciens Outremont 29, et alors ce fut la guirlande des commissaires de la CTM, du président jusqu'au «switcheur» (voir dictionnaire Belisle), la guirlande de l'Exécutif, de M. le maire en descendant, tous visiblement soucieux car en somme on ne tourne pas une page de la petite histoire montréalaise sans songer qu'il faudra en écrire une autre, sur laquelle le peuple de Montréal veillera à ce qu'on écrive cinq lettres: métro.

Et pendant que tout cela se dissolvait dans la pluie, un vieux conducteur aux cheveux blanchis, M. J.P. St-Onge, aux contrôles du solotram matriculé rinquement 1959, demandait au padre sa bénédiction.

Sacré Montréal, ce que tu peux être sympathique, quand tu descends dans la rue.

1944 — Modèle de tramway le plus moderne à rouler dans les rues de Montréal.

L'occupation progresse magnifiquement

MacArthur au Grand Hôtel de Yokohama

(PC) — Le général MacArthur est arrivé triomphalement au Japon, aujourd'hui **(30 août 1945)**, avec 18,150 hommes des forces d'occupation et il déclare que cette invasion non sanglante progresse magnifiquement.

Le commandant suprême allié a son quartier général à Yokohama. L'amiral Halsey a fait de l'ex-base navale japonaise de Yokosuka le premier établissement naval au Japon. L'aérodrome voisin d'Atsugi fourmille de parachutistes. Une flotte britannique entre à Hong Kong pour reprendre possession de cette ancienne colonie de la Couronne.

L'occupation massive du Japon a commencé à 6 heures ce matin, heure de Tokyo, soit 5 h. hier après-midi à l'heure avancée de l'est.

Les forces armées japonaises se sont retirées de la zone occupée mais l'ennemi rapporte qu'il a encore 15 divisions armées dans la zone de Tokyo. Le plan de MacArthur consiste vraisemblablement à désarmer ou à refouler ces troupes avant l'occupation de la capitale par la 8e armée commandée par le général R.L. Eichelberger.

Yokohama, 30 (B.U.P.) — Le général Douglas MacArthur a établi aujourd'hui son quartier général à Yokohama tandis que 40,000 hommes des forces alliées d'occupation s'emparaient de la plus garnde base navale japonaise, de deux aérodromes et d'un grand secteur de la grande plaine de Tokyo.

Au moins une demi-douzaine de villes nipponnes dont quelques-unes sont situées à quelques milles de la banlieue sud de Tokyo ont été occupées par les troupes alliées acheminées en quelques heures par air et par mer.

Le général MacArthur, commandant suprême allié, arrivé dans son avion de transport «Bataan», (...) s'installait moins d'une heure plus tard dans le nouveau Grand Hôtel de Yokohama. Il a dit aux journaliste que le plan concernant la reddition est magnifiquement exécuté. Tout indique que l'occupation se poursuivra sans friction ni effusion de sang. Dans les régions éloignées, la bataille a presque cessé. En cette zone, 300,000 Japonais ont été désarmés et démobilisés. (...)

C'EST ARRIVÉ UN 30 AOÛT

1983 — Lancement réussi de la navette spatiale *Challenger*. — Le premier ministre Menachem Begin, d'Israël, confirme que sa démission est irrévocable.

1982 — Le leader palestien Yasser Arafat quitte Beyrouth au milieu d'une évacuation déchirante.

1976 — Première amende imposée pour avoir contrevenu au contrôle des prix et des salaires: Donald Tansley, chargé de l'application de la Loi anti-inflation, ordonne à la Régie des alcools du Manitoba de verser $300 000 au gouvernement fédéral.

1972 — Le gouvernement Bennett est renversé lors des élections générales de Colombie-Britannique.

1971 — Les conservateurs remportent les élections générales de l'Alberta, écartant le Crédit social du pouvoir.

1970 — De violents combats éclatent à Amman, en Jordanie, entre forces jordaniennes et palestiniennes.

1968 — Abandon du programme des travaux d'hiver qui a coûté $321 millions depuis 1958.

1965 — Une avalanche ensevelit une centaine d'ouvriers travaillant à un projet hydroélectrique à Saas-Fee, en Suisse.

1963 — Mort à Moscou de l'ex-diplomate et transfuge britannique Guy Burgess. Il y vivait depuis qu'il avait fui l'Angleterre en 1951.

1962 — La Fédération libérale du Québec approuve le principe de la nationalisation de l'électricité, tel que proposé par le gouvernement.

1944 — Prestation de serment du nouveau cabinet Duplessis.

1943 — Un accident ferroviaire fait 27 morts à Wayland, New York.

1914 — Premier raid aérien allemand sur Paris.

La «ligne rouge» est prête à fonctionner

WASHINGTON (AFP, Reuter) — Le téléscripteur entre Washington et Moscou est désormais en état de fonctionner, a officiellement annoncé hier **(30 août 1963)** le secrétaire de la Défense.

La Maison Blanche et le Kremlin sont donc en mesure maintenant d'échanger des communications en cas d'urgence. Au cours des dernières semaines, les techniciens américains et soviétiques ont procédé conjointement, dans les deux capitales, à l'installation et à l'expérimentation de la ligne de téléscripteurs susceptibles d'être utilisés par le président des Etats-Unis et par le chef du gouvernement soviétique.

MM. Kennedy et Khroutchtchev pourraient avoir recours à la «ligne rouge» en cas, par exemple, du lancement accidentel d'une fusée balistique intercontinentale nucléaire par l'un des deux Grands en direction de l'autre pays.

On précise dans les milieux américains qu'il n'y aura pas de cérémonie d'inauguration de ligne entre Washington et Moscou. Dans l'esprit des dirigeants, il s'agit en effet de la «ligne dont on espère ne jamais se servir».

C'est le 20 juin dernier qu'avait été signé l'accord américano-soviétique d'installation de ce téléscripteur qui, pour le moment, comporte une ligne télégraphique entre les deux pays. Dans un avenir rapproché, cette ligne sera doublée par un circuit radio pour prévenir tout risque de non-fonctionnement des appareils pour des raisons techniques.

L'ouverture de la maison Bethune

GRAVENHURST (PC) — Le ministre des Transports, M. Otto Lang, a présidé, hier après-midi **(30 août 1976)**, à l'ouverture officielle de la maison du Dr Henry Norman Bethune, à Gravenhurst, en Ontario.

L'ouverture de la maison Bethune se veut un jalon imposant dans l'évolution des relations sino-canadiennes. Acquise par le gouvernement canadien 1973, afin de rendre hommage aux qualités du Dr Bethune comme innovateur médical, et l'un des premiers promoteurs de l'universalité des soins médicaux, cette maison a été restaurée par Parcs Canada pour le compte du ministère des Affaires extérieures.

Les travaux de restauration de cette maison, qui se sont échelonnés sur une période de trois ans, ont permis de recréer l'état de la maison vers 1890, année de naissance du Dr Bethune.

LA FAMILLE COUSINEAU

IL n'est pas coutume de publier des photos de ce genre dans cette page, à cause du manque d'espace. Mais comme les circonstances s'y prêtent, il nous fait plaisir de republier cette photo de la famille Arthur Cousineau, en 1932, proposée par **Laurette Cousineau-Champagne**, de la rue Legendre, à Montréal, photo déjà publiée par LA PRESSE à l'époque où elle recherchait les photos de familles nombreuses. Arthur Cousineau résidait à 5656, rue Jeanne-Mance, dans une maison qu'il avait fait construire pour loger ses 19 enfants. De gauche à droite, première rangée, Léo, Eugène, le père, Alice (Soeur Germaine de France), la mère, Irène, Léna. Deuxième rangée, René et Jean-Paul. Troisième rangée, Arméni, Alfred, Carmelle, Léonne, Bella, Thérèse, Pauline et Laurette. Mme Cousineau-Champagne nous apprend que dix de ses frères et soeurs sont toujours vivants.

LA PRESSE
100 ans d'actualités

C'EST ARRIVÉ UN 31 AOÛT

1983 — Cinq pirates de l'air demandent l'asile politique à l'Iran après y avoir détourné un *B-727* d'Air France qui assurait la liaison Vienne-Paris.

1979 — Après avoir balayé la Martinique, la Dominique, la Guadeloupe, Porto-Rico et le Sud des États-Unis, l'ouragan *David*, l'un des plus violents du siècle, fait plus de 1 000 victimes en République dominicaine.

1974 — Le premier ministre Norman E. Kirk, de Nouvelle-Zélande, meurt à l'âge de 51 ans.

1973 — Décès à l'âge de 78 ans du cinéaste américain John Ford, détenteur de quatre Oscars.

1972 — Grâce à Leslie Cliff et Bruce Robertson, le Canada mérite ses deux premières médailles d'argent des Jeux de Munich.

1971 — La Colombie-Britannique interdit toute publicité relative aux boissons alcoolisées et au tabac.

1969 — Frappé d'incapacité à la suite d'une thrombose cérébrale, la maréchal Costa e Silva est remplacé à la tête du Brésil par un triumvirat militaire.

1968 — Un tremblement de terre fait 20 000 morts en Iran.

1966 — Quelque 500 000 gardes rouges acclament le président Mao Tsé-toung, à Pékin. — Un *Bristol Britannia* de la Britannia Airways s'écrase en Yougoslavie, mais 20 de ses 117 passagers et membres d'équipage échappent à la mort.

1962 — Deux navires cubains mitraillent un avion de la marine américaine, au-dessus des eaux internationales. — Trinidad et Tobago accède à l'indépendance après avoir été sous la férule britannique durant 165 ans.

1957 — Après 107 ans de régime colonial britannique, la Malaysie accède à l'indépendance.

1952 — Décès à l'âge de 84 ans de l'orateur et journaliste réputé Henri Bourassa, fondateur du quotidien *Le Devoir*.

1950 — Fin de la grève générale qui sévissait dans le domaine ferroviaire canadien depuis huit jours. — Un *Constellation* de la Trans World Airlines s'écrase dans le désert d'Égypte. L'accident fait 55 morts.

1946 — Décès d'Eugène Berthiaume, dernier fils de l'honorable Trefflé Berthiaume. Il était président du conseil d'administration de LA PRESSE.

1941 — Attaques étendues de la RAF, dont caractérisées par un raid de jour sur Brême. — Début de la contre-offensive soviétique sur le front central, lancée pour diminuer la pression sur Léningrad, Kiev et Odessa.

1937 — Le gouvernement Lebrun décrète la nationalisation de tous les chemins de fer français.

1936 — Une collision entre le transatlantique *Lafayette* et le cargo *Benmaple*, au large de l'île de Bic, dans le Saint-Laurent, fait un mort, alors que le cargo coule dans 50 brasses d'eau.

1932 — Le mauvais temps empêche les Montréalais d'assister clairement au spectacle d'une éclipse totale du soleil.

1931 — Richard T. Ringling, un des propriétaires du fameux cirque Ringling Brothers, succombe à une crise cardiaque, à l'âge de 38 ans.

1929 — Mise en oeuvre du plan Young, par lequel Allemands et Alliés acceptent des modifications aux réparations de guerre.

1923 — Les Iitaliens bombardent l'île grecque de Corfou.

1917 — Une manifestation d'anticonscriptionnistes vire à la violence, au Champ-de-Mars. Élie Lalumière, un des meneurs, doit se présenter devant les tribunaux.

1893 — Un train enfonce un pont près de Sprinfield, Massachusetts. L'accident fait 13 morts.

Jamais Montréal n'avait vu rassemblement pareil!

Le peuple de Montréal répond tout entier à l'appel de la «Presse».

JAMAIS à Montréal on ne vit foule plus considérable et aussi dense, que celle qui a envahi le parc Lafontaine hier **(31 août 1934)**, à partir de 3 heures de l'après-midi, jusqu'au soir, sans arrêt, pour assister au couronnement de notre commémoration du 4e centenaire par le feu d'artifice de la «Presse». Tout le parc Lafontaine, toutes les avenues y conduisant étaient noirs de monde, toute circulation étant devenue impossible dans le quadrilatère formé par les rues Papineau, Rachel, Sherbrooke et parc Lafontaine, ainsi que dans toutes les rues adjacentes.

M. Emile Bernadet, surintendant des parcs municipaux, l'inspecteur Aquila Desrosiers, le capitaine Frank Lemlin, nous déclaraient que 300,000 personnes se trouvaient rassemblées, à 9 heures hier soir.

Le feu d'artifice de la «Presse» fut la grande attraction et nos rédacteurs durent à plusieurs reprises répondre à ces questions: A quelle heure le feu d'artifice? Ça doit-il commencer bientôt? On a hâte de voir les belles fusées; quand sont-elles lancées?

Gageons qu'à ce moment, il n'était pas 9 heures et on avait encore une bonne heure et demie à attendre. Les enfants n'étaient pas les moins curieux et les moins investigateurs. (...)

Bien que le spectacle ne commença qu'à 11 heures et 10, la foule resta d'excellente humeur et faisait montre d'une patience rare. Du haut du promontoire, installé près de la garderie des enfants, on ne voyait que des têtes et des têtes encore. Vers 10 heures et demie, le capitaine Lemlin vint nous avertir que le parc Lafontaine, dans toute son étendue, était rempli à déborder. Cependant, il n'y eut aucun accident grave.

A 11 heures 10 exactement, lorsque le signal annonça que le feu d'artifice de la «Presse» allait commencer et que les lumières du parc s'éteignirent, il y eut acclamations générales. Ainsi, on n'avait pas attendu en vain.

Lorsque les 7 bombes déchirèrent les airs, disant assez éloquemment que le spectacle débutait, ce furent d'immenses applaudissements et de nouvelles acclamations.

Et ce ne fut qu'un feu roulant de cartouches détonnantes, de feux de bengale, de chandelles romaines, pièces qui furent suivies de dispositions toutes aussi admirées les unes que les autres.

La croix du souvenir

La Croix du Mont-Royal et l'effigie de Jacques Cartier créèrent surtout une profonde impression. A en juger par les acclamations de joie et d'admiration ininterrompues pendant toute la projection, le feu d'artifice de la «Presse» a plu comme jamais auparavant. Les artificiers s'appliquerent d'ailleurs à ne tromper nulle attente et le spectacle s'est deroulé sans lenteur avec tout l'effet promis.

Lorsque les feux de magnésium entrerent en jeu, dans cette clarté chacun put remarquer l'étendue de la foule. Le plus loin que l'oeil pouvait regarder, on ne voyait qu'un océan humain.

Les enfants et même les adultes auraient voulu que cette pyrotechnie durât la nuit entière et bien qu'elle tint en haleine pendant 85 minutes environ, on trouva que ce n'était pas assez long. Et pourtant, quelle difficulté n'allait-on pas éprouver en retournant chacun chez soi? (...)

CE QUE FUT LE GRAND FEU D'ARTIFICE DE LA «PRESSE»

Un des tableaux, pièces et compositions au programme du déploiement pyrotechnique de la «Presse», hier soir, au parc Lafontaine, tel qu'a pu le saisir la lentille du photographe de la «Presse». A gauche, l'effigie de Jacques Cartier que le magnésium aux trois couleurs fit apparaître aux yeux émerveillés de la foule, et à droite la Croix du Souvenir, dessinée par des lumières d'une blancheur immaculée.

Décès à l'âge de 84 ans de M. Henri Bourassa

M. Henri Bourassa, chef du mouvement nationaliste dans la province de Québec, fondateur et ancien directeur du journal «Le Devoir», est décédé dimanche **(31 août 1952)** à son domicile, à Outremont. Il aurait eu 81 ans hier.

Orateur, journaliste et champion des droits des Canadiens français, il avait été pendant plus de 40 ans, et surtout depuis la guerre sud-africaine, une des principales figures dans la plupart des luttes politiques au Canada. Il avait dénoncé avec passion l'impérialisme et avait mené une lutte constante contre la conscription.

Il laisse trois fils, dont les RR. PP. François et Bernard Bourassa, S.J., Jean Bourassa, et trois filles, Anne, Jeanne et Marie.

Ses funérailles auront lieu jeudi en l'église S.-Germain d'Outremont.

Maire à 21 ans

M. Henri Bourassa était né à Montréal le 1er septembre 1868. Il était le fils de M. Napoléon Bourassa, artiste et écrivain de renom, et, par sa mère, il était le petit-fils de Louis-Joseph Papineau.

Après avoir passé à Montréal les premières années de sa vie et y avoir fait ses études, sous des professeurs privés particulièrement, il s'en était allé demeurer à Montebello à l'âge de 18 ans, et s'était longtemps occupé d'agriculture. Dès l'âge de 21 ans, il avait été élu maire de son village, puis, en 1896, maire de la municipalité voisine de Papineauville. (...)

Bourassa député

Elu député fédéral pour la première fois aux élections générales de 1896, il avait été réélu par acclamation quelques années plus tard, dans une élection complémentaire, à la suite de sa protestation contre l'intervention du Canada dans la guerre sud-africaine. C'est alors qu'il s'était séparé de Sir Wilfrid Laurier, avait abandonné son siège mais avait été réélu par acclamation. Il avait été subséquemment réélu, par la suite, aux élections générales de 1900 et 1904.

Suivant les traces de son grand-père, Louis-Joseph Papineau, qui avait dirigé en 1837 la révolte armée du Québec pour un gouvernement responsable, M. Bourassa avait également lutté pour ce qu'il considérait comme les droits et les revendications du Québec. (...)

NDLR — Il importe au lecteur de savoir que «Le Devoir» a été fondé le 10 janvier 1910.

Des bandits prêtent main-forte à la POLIO

Vol de 75,000 doses de vaccin

par Lucien CHAMPEAU

TROIS bandits masqués ont vidé aux petites heures la nuit dernière **(31 août 1959)** la glacière électrique de l'Institut de microbiologie et d'hygiène à l'Université de Montréal, situé au 531, boul. des Prairies, à Laval-des-Rapides. Ils se sont ainsi emparés des dernières réserves de vaccin Salk destinées à être distributeurs à travers la province.

«Ils ont volé, a déclaré à midi, le Dr Lionel Forté, directeur adjoint de l'institut, 75,000 doses de vaccin Salk, d'une valeur de $50,000.

«Ces doses étaient contenues dans 7,500 fioles à raison de dix doses par contenant et provenaient de Toronto.

«Les laboratoires Connaught, de cette ville, avaient eu l'amabilité de nous prêter cette forte quantité à cause de la pénurie extrême de ce vaccin à travers notre province. Nous devions livrer aujourd'hui ce vaccin au ministère de la Santé, à Québec, pour distribution à travers la province».

Le Dr Forté précise que les réserves de l'institut ainsi que celles des principaux manufacturiers du vaccin en notre ville étaient épuisées depuis quelque temps, et que ce généreux prêt de la Ville-Reine comblait un besoin pressant.

Il se demande ce qu'il adviendra dans le cours de la semaine des prochaines cliniques de vaccination, parce que les stocks seront alors épuisés et qu'ils ne pourront plus être renouvelés par l'institut.

Il se demande également ce que les voleurs feront de leur butin.

«Habituellement, notre institut livre le vaccin aux grossistes qui à leur tour le distribuent aux pharmaciens. Mais quel médecin osera se servir du stock volé, qui devra normalement lui parvenir par le marché noir?»

Il croit que les malfaiteurs tenteront plutôt d'écouler leur stock à travers le pays ou encore à l'étranger:

«C'est pourquoi, conclut-il, les policiers ont fait appel au concours de la Gendarmerie royale canadienne.» (...)

Victoria met un terme à la publicité de l'alcool et de la cigarette, mais...

VANCOUVER (d'après PC) —Même si une loi provinciale interdisant la publicité de l'alcool et de la cigarette est entrée en vigueur hier **(31 août 1971)** en Colombie-Britannique, les consommateurs continuent d'entendre vanter et de lire les mérites de ces deux produits, mais par le truchement des postes émetteurs de radio et de télévision situés aux Etats-Unis et dans les journaux et revues publiés en dehors de la province.

La loi interdisant cette publicité a été adoptée en mars dernier par le Parlement à la demande du premier ministre W.A.C. Bennett, qui ne boit pas et ne fume pas.

Quatre fabricants de cigarettes, trois sociétés de publicité et une compagnie de publication attendent d'être entendus par la Cour Suprême de la Colombie-Britannique afin de faire déclarer la loi inconstitutionnelle.

Par ailleurs, les magazines nationaux ont indiqué leur intention de continuer la publication d'annonces sur la cigarette et l'alcool, et au moins deux fabricants de cigarettes ont déclaré qu'ils allaient continuer de se servir des panneaux-réclame pour annoncer leurs produits.

Boycottage?

Le premier ministre n'a pas encore dit comment il empêcherait d'entrer dans sa province la publicité véhiculée par des organes d'information de l'extérieur.

Il a par contre laissé entendre qu'il serait facile pour les magasins des liqueurs, qui sont contrôlés par l'Etat, d'arrêter de vendre les produits annoncés «illégalement».

«Les commandes de la Régie pourraient être lentes à venir si les brasseries ignorent délibérément la volonté du peuple de la Colombie-Britannique clairement exprimée par la voix de son Parlement», a dit M. Bennett.

M. Eugène Berthiaume est décédé

NOUS apprenons avec regret que M. Eugène Berthiaume, fils de feu l'honorable Trefflé Berthiaume et de feu Elmina Gadbois, est mort subitement samedi dernier **(31 août (1946)** à l'âge de 65 ans, à Spring Lake, près de New York, où il était en villégiature. L'abbé Russell E. Loughman, de la paroisse Ste-Catherine de Spring Lake, a administré les derniers sacrements.

Monsieur Berthiaume, qui était président du conseil d'administration de la «Presse» laisse dans le deuil trois soeurs, Mme L.-J. Rivet, mademoiselle Anna Berthiaume et Mme P.-R. DuTremblay; un beau-frère, l'honorable sénateur P.-R. DuTremblay, conseiller législatif; ses neveux, messieurs Gilles, Jean, André et Charles-Arthur Berthiaume; une nièce, Mme

Feu Eugène Berthiaume

Gabriel Lord, ainsi que plusieurs arrières-neveux et nièces.

La dépouille mortelle est exposée à partir de cet après-midi, à 3 heures. (...) Les funérailles auront lieu dans la cathédrale vendredi, à 9 heures. L'inhumation se fera au cimetière de la Côte-des-Neiges, dans le terrain de la famille Berthiaume.

Le 17 août Montréal a voté contre moi, et c'est pourquoi je démissionne, dit M. Houde

M. Camillien Houde motive aujourd'hui **(31 août 1936)** sa démission comme maire de Montréal. Sa principale raison est l'avènement du gouvernement Duplessis. Tout ce que j'ai prôné pour le rétablissement financier de la ville, et notamment la taxe de vente, M. Duplessis a promis de l'abolir, déclare M. Houde, qui trouve un autre motif de départ dans la vague de nationalisme qu'il dit qui déferle présentement sur la province de Québec «au risque de détacher Québec de la Confédération canadienne». N'étant plus en sentiment commun avec l'électorat, M. Houde a cru devoir démissionner, quittant l'hôtel de ville, «plus pauvre», dit-il, «que lors de ma réélection en 1934, et dans une situation pire que précaire».

Texte de la déclaration

«Ma brusque démission comme maire de Montréal exige des explications. Je me dois de les fournir à la population de Montréal qui m'élisait en avril 1934, par une majorité sans précédent.

«Le 17 août dernier, la province se donnait un nouveau gouvernement. Durant la campagne électorale, le chef de ce gouvernement, alors chef de l'opposition, venait à Montréal traiter en particulier des choses de Montréal. Il faisait diverses promesses pour améliorer la situation financière de la cité et pour dégrever ses contribuables.

«Au cours de son discours, à la suite d'une interpellation, il promettait d'abolir la taxe de vente, dont je m'étais fait le protagoniste à l'hôtel de ville, croyant ainsi aider à rétablir, en partie, une situation financière précaire due aux administrations précédentes. Cette déclaration était une condamnation de mon attitude comme de celle de la grande majorité de mes collègues qui avaient voté pour cette mesure et dont quelques-uns sont au nombre de ses partisans et ce, au moment où la population, de bon gré, commençait à accepter ce sacrifice pour aider Montréal à supporter les dépenses de chômage et d'administration.

«Je considère donc mon mandat expiré, puisque le nouveau chef du gouvernement a pris sur lui de régler la situation et que Montréal lui a donné un mandat explicite à cette fin.» (...)

Camillien Houde.

Après avoir rappelé que Maurice Duplessis et lui étaient loin de vibrer sur la même longueur d'onde et fait le point sur la situation de la ville de Montréal au moment de son départ, Camillien Houde terminait sa longue déclaration écrite en disant qu'il quittait son poste même s'il se retrouvait ainsi sans gagne-pain dans l'immédiat, avec une situation personnelle «pire que précaire». Et Camillien Houde de retourner dans la vie privée, mais pas pour longtemps puisqu'il était de retour sur le siege du maire, en gagnant haut la main les élections de 1938.

LA PRESSE
100 ans d'actualités

C'EST ARRIVÉ UN 1ER SEPTEMBRE

1983 — Surpris au-dessus de l'URSS, un *B-747* de la société Korean Airlines est froidement abattu par deux chasseurs soviétiques, avec 269 personnes à bord. — Au Québec, entrée en vigueur de la loi anti-briseurs de grève.

1981 — Mort à l'âge de 76 ans d'Albert Speer, ministre de l'Armement et architecte d'Adolf Hitler.

1978 — L'ex-député Gilbert Rondeau est reconnu coupable d'avoir fait incendier sa maison.

1974 — Un avion de reconnaissance américain, le *Blackbird SR-71*, effectue le vol New York-Londres en un temps record d'une heure, 55 minutes et 42 secondes.

1973 — Le gouvernement libyen nationalise 51 p. cent des actifs des sociétés pétrolières.

1972 — Bobby Fisher remporte le championnat du monde aux échecs. — Au cours d'une session spéciale du Parlement, les débardeurs de la Colombie-Britannique reçoivent l'ordre de reprendre le travail après 17 jours de grève.

1970 — À Amman, le roi Hussein échappe de peu à un attentat. — Décès à 85 ans du célèbre écrivain François Mauriac.

1969 — À Tripoli, un coup d'État renverse le roi Idriss. L'État adopte le nom de République arabe libyenne.

1966 — Le Parlement canadien, en session extraordinaire, ordonne le retour au travail des cheminots, en grève depuis sept jours. — U. Thant annonce qu'il n'acceptera pas un second mandat comme secrétaire général des Nations Unies.

1965 — La guerre s'intensifie entre l'Inde et le Pakistan au sujet du Cachemire.

1963 — Les députés créditistes du Québec désavouent Robert N. Thompson comme chef du parti national.

1962 — Un tremblement de terre détruit 200 villages et fait plus de 10 000 morts en Iran. — 25e anniversaire du premier vol à horaire fixe d'Air Canada, célébré par un vol sur le parcours original entre Vancouver et Seattle, État de Washington.

1961 — Le gouvernement Lesage annonce la création de la Société générale de financement. — L'URSS rompt le moratoire de trois ans sur les expériences nucléaires en faisant exploser un engin en Asie centrale. — Un *Constellation* de la Trans World Airlines s'écrase à Chicago tuant 78 personnes.

1957 — Un accident ferroviaire fait 205 morts et 700 blessés à la Jamaïque.

1950 — S. Exc. Mgr Paul-Emile Léger, archevêque de Montréal, publie une lettre pastorale sur la Vénérable Mère Marguerite Bourgeoys.

1949 — Un typhon et des vents de 90 milles à l'heure sèment la dévastation au Japon.

1946 — La Grèce se prononce par plébiscite en faveur de la monarchie. Le roi Georges II, en exil à Londres, pourra bientôt rentrer dans son pays.

1934 — Dédicace du pont Jacques-Cartier, alors connu sous le vocable de pont du Havre.

1919 — Le prince de Galles pose la première pierre de la Tour de la paix du nouvel édifice du Parlement à Ottawa.

1905 — Création des provinces de l'Alberta et de la Saskatchewan.

Londres vote 2 milliards pour la guerre

Paris et Londres ont tout mobilisé. — L'Italie, comme l'Angleterre et la France, convoque son cabinet.

VARSOVIE, 1er (P.A.) — La troisième alerte a sonné à 9 h. 55 (4 h. 55, heure normale de l'est) et a duré jusqu'à 10 h. 30 (5 h. 30); les escadrilles allemandes n'auraient cependant causé ni morts ni dégâts matériels, dans la ville même. Les explosions semblaient venir de 8 à 10 milles à l'ouest, où les avions ennemis tentaient probablement de détruire les chemins de fer.

On mande officiellement que les principaux corps allemands viennent de trois directions différentes: ils marchent de Prusse orientale sur Dzjaldowo et Mlawa, de Poméranie sur Chojnice dans la partie la plus resserrée de la lisière ouest du corridor polonais, de Breslau sur Katowice, en Silésie. Cette dernière ville est entièrement évacuée par la population civile. L'armée polonaise aurait abattu 7 avions allemands et se serait emparée d'un train blindé. (...)

Berlin n'a fait aucune déclaration de guerre officielle, jusqu'à cette heure, contre la Pologne, mais les hostilités ont été engagées **(le 1er septembre 1939)** sur plusieurs fronts par une campagne-éclair qui vise surtout le secteur vital des mines et de l'industrie au sud-ouest de la Pologne.

OTTAWA — Un ordre en conseil a proclamé au début de l'après-midi l'entrée en vigueur au Canada de la loi des mesures de guerre passée en 1914 et qui confère au gouvernement les pouvoirs extraordinaires des temps d'urgence.

Londres, 1er (P.C.) — Dans une émission adressée aux Etats-Unis, J.O. Stark, directeur adjoint du bureau de la Presse Associée à Londres, dit que le public anglais a l'impression que son gouvernement peut déjà avoir adressé à l'Allemagne un ultimatum demandant de cesser les hostilités contre la Pologne sous peine de déclaration de guerre.

POLOGNE — Hitler annonce lui-même que les hostilités sont commencées depuis 4 h. 55 (minuit et 55, heure de l'Est). La Pologne est envahie par quatre côtés. Dix-neuf raids aériens ont été effectués contre les centres polonais, dont trois contre Varsovie. La flotte allemande bloque le port polonais de Gdynia, sur la Baltique. Les Allemands cherchent à frapper au coeur de la Pologne et à serrer le Corridor dans un étau avant que la machinerie de guerre anglo-française entre en scène. Les Allemands cernent le district minier de Czestochowa, en Haute-Silésie.

Réaction dans les divers pays

FRANCE — Après une session d'urgence du Cabinet, Paris a ordonné la mobilisation générale, ce qui placera 8 millions d'hommes sous les armes. L'état de siège est décrété dans tout le pays. Le Parlement est convoqué d'urgence pour demain (lui seul pouvant déclarer officiellement la guerre). (...)

ITALIE — Le Duce a convoqué son Cabinet ce matin. Le Cabinet a fait savoir que l'Italie ne commencera pas, pour l'heure, d'opérations militaires.

ETATS-UNIS — Le Congrès s'attend à une très prochaine convocation. Roosevelt informe la marine et l'armée des derniers événements. Il envoie un message à l'Angleterre, la France, l'Italie, l'Allemagne et la Pologne pour leur demander de promettre de ne pas bombarder ni les civils, ni les villes non protégées; la France s'y engage.

ALLEMAGNE — Dantzig est officiellement annexé au Reich. Loi martiale proclamée partout dans le pays. Défense anti-aérienne mobilisée partout. (...)

Une des photos qui symbolisent depuis 45 ans le début des hostilités de la Deuxième Guerre mondiale. Celle-ci montre l'entrée dans la plaine polonaise d'une division motorisée.

Incendie criminel du café «Blue Bird»: deux suspects détenus

42 morts, 40 blessés

photo Jean Goupil, LA PRESSE

Quatre pompiers encore abasourdis par le drame qui vient de se jouer à l'intérieur du café «Blue Bird» à la suite d'un incendie d'origine criminelle, sortent la dépouille mortelle d'une des victimes.

par Jean-Paul CHARBONNEAU

AU moins 42 personnes sont mortes et une quarantaine d'autres ont été blessées, peu après 11 heures, hier soir **(1er septembre 1972)**, dans un incendie provoqué par des cocktails molotov lancés à l'intérieur du cabaret-restaurant «Blue Bird», au 1172, rue Union, au nord du boul. Dorchester.

Les flammes se sont propagées avec la vitesse de l'éclair et ont surpris les quelque 200 clients et employés à l'intérieur de cet établissement.

Des témoins ont vu des personnes sauter par les fenêtres de l'immeuble d'un étage, dont le restaurant est situé au rez-de-chaussée et la salle de danse et le «cocktail lounge» à l'étage.

Les individus qui ont lancé les bombes incendiaires sont montés dans une automobile dans laquelle se trouvait un complice. Le véhicule a démarré en trombe en direction ouest de la ville. Des témoins oculaires ont donné à la police le numéro d'immatriculation de l'auto, une Corvair de couleur pâle.

Deux arrestations

Quelques minutes plus tard, la police connaissait l'identité du propriétaire du véhicule et vers 3 h. 45 ce matin, la Section des enquête criminelles appréhendait deux jeunes hommes dans une maison de l'avenue Grand Boulevard, dans Notre-Dame-de-Grâce.

Pendant qu'on tentait de porter secours aux personnes emprisonnées dans les flammes, des pompiers montés dans des échelles aériennes arrosaient copieusement l'élément destructeur.

Durant plusieurs heures, le tout Montréal a été tenu en haleine par le bruit des sirènes de voitures d'ambulance et de police et de pompiers qui se rendaient vers la scène du pire sinistre à survenir dans la métropole depuis plusieurs années. (...)

Des jeunes filles horrifiées par le spectacle se déroulant devant elles sont tombées inconscientes et une femme, apparemment la mère de l'une des victimes, a fait une crise d'hystérie.

Les pompiers, quelques-uns munis de masques à oxygène, ont pénétré à l'intérieur du cabaret-restaurant et durant plusieurs minutes, même plusieurs heures, on pouvait voir à quelques secondes d'intervalle, des pompiers tenant sur leur dos des hommes et des femmes morts ou insconcients sortir de l'immeuble. (...)

Plusieurs des victimes ont succombé à l'asphyxie et quelques autres, emprisonnées près de la porte arrière du deuxième étage, sont mortes calcinées. (...)

Aux petites heures ce matin, des équipes de pompiers et de policiers fouillaient toujours les deux étages du «Blue Bird» à la recherche d'indices.

Les enquêteurs de la Section des enquêtes criminelles de la Sûreté de Montréal, sous la direction des lieutenants Normand Trudeau et Jacques Boisclair, émettaient deux hypothèses qui entourent ce sinistre: le racket de la protection ou l'oeuvre de clients expulsés du «Blue Bird». (...)

CATASTROPHE SANS PRECEDENT POUR LE PEUPLE JAPONAIS

TOKIO, via Tomioka, par télégraphie sans fil à San Francisco — Tokio et Yokohama ont été aux trois-quarts détruits par un terrible tremblement de terre, suivi d'incendies, à 11.30 p.m., le 1er septembre **(1923)**.

La plupart des édifices de ces villes ont été complètement rasés. Trois millions de personnes sont sans abri.

Le montant total des pertes est incalculable. Les vivres sont rares et l'eau manque. La loi martiale a été proclamée, mais le moral de la population est splendide. Il n'y a pas eu de pillage. On ne compte pas d'Américains parmi les morts. C'est à peine si une seule maison est restée debout. La destruction a été la plus effroyable dont l'histoire fasse mention. Le district commercial a complètement disparu et le feu continue ses ravages.

ON COMPTE 500,000 VICTIMES

San Francisco, 4 — Une dépêche transmise par Oyanin, au moyen de la télégraphie sans fil, annonce que le nombre des victimes du tremblement de terre et de l'incendie, au Japon, est de 500,000. Elle annonce aussi que 300,000 maisons ont été détruites par le feu. Ces chiffres sont fournis par la police métropolitaine de Tokio. La dépêche en question, qui a été reçue à San Francisco ce matin, disait que le palais impérial de Tokio était gardé par un régiment d'infanterie, un bataillon du génie et la division impériale. (...)

Le code du travail mis en vigueur aujourd'hui

OTTAWA, 1er (PC) — Les travailleurs de plusieurs grosses industries-clefs du Canada sont à compter d'aujourd'hui **(1er septembre 1948)** à l'abri du nouveau code fédéral du travail que des commentateurs aux idées assez divergentes ont qualifié, les uns, de «charte modèle du travail» et, les autres, de «déplorable pis-aller».

Le nouveau code est la pièce de législation la plus discutée qui ait fait son chemin au parlement ces dernières années. Elle établit des rouages pour la négociation et le règlement des différends industriels dans un nombre étendu d'entreprises maintenant soumises à la juridiction fédérale.

Celles-ci comprennent les chemins de fer, la navigation intérieure et océanique, les communications, l'aviation, la radio, les entreprises dont l'envergure dépasse celle d'une province et toute activité que le Canada déclarera à l'avantage général du pays. (...)

BABILLARD

Une affaire de famille

Le **bureau de poste de Luksville** célèbre cette année son 100e anniversaire de fondation. C'est en effet le 1er septembre 1884 qu'il ouvrait ses portes pour la première fois, et son premier maître de poste, M. L. Davis, était assermenté le même jour. D'ailleurs, ce bureau de poste est devenu une véritable affaire de famille, car les huit maîtres de poste qui se sont succédé étaient tous apparentés au maître de poste actuel, Mme Elise Mulligan.

Des noces d'or

Simone Croteau et Rosario Lagacé célèbrent aujourd'hui leur cinquantième anniversaire de mariage. Les heureux époux ont eu trois enfants, trois filles, toutes mariées et chacune d'elles l'heureuse maman de deux enfants. LA PRESSE se joint aux parents et amis de l'heureux couple pour lui offrir ses meilleurs voeux de bonheur et de santé.

ACTIVITÉS

AUJOURD'HUI

■ **À la radio**

17 h, Radio-Canada — Chronique consacrée à LA PRESSE à l'émission *Avec le temps*, animée par Pierre Paquette.

AUJOURD'HUI ET DEMAIN

■ **LA PRESSE raconte Montréal**

Chalet du Mont-Royal — Conjointement avec une exposition intitulée «Un îlot dans une île», LA PRESSE propose aux visiteurs qui se rendront au Chalet du Mont-Royal d'ici le 9 septembre une cinquantaine d'illustrations permettant à LA PRESSE de «raconter Montréal».

UNE RENTREE SPECIALE

L'ouverture des écoles a revêtu un caractère spécial ce matin **(1er septembre 1943)**. Environ 125,000 élèves se sont engouffrés dans les classes des écoles catholiques de la métropole pour y entreprendre l'année académique 1943-44. De ce nombre, on estime à 8,000 le nombre des nouveaux inscrits de 6 à 14 ans en vertu de la loi de l'instruction obligatoire en vigueur depuis ce matin. Un contrôle sévère a été établi sur la fréquentation scolaire, tout élève qui s'absente devant désormais justifier son absence.

Un policier de Montréal du nom d'Étienne Desmarteau méritait, le *1er septembre 1904*, la médaille d'or du lancement du poids de 56 livres, aux Jeux olympiques de St. Louis, la seule médaille d'or à échapper aux Américains, en athlétisme. Pour de nombreux historiens, Desmarteau fut le premier Canadien à mériter une médaille d'or olympique. D'autres, et ils ont peut-être raison, confèrent cet honneur à George Orton qui, quatre ans plus tôt, à Paris, avait remporté la médaille au 2500 m steeple. Orton était un Canadien qui a porté les couleurs des États-Unis parce qu'il était étudiant dans ce pays, d'où la méprise...

LA PRESSE

100 ans d'actualités

Après trois jours de réflexion, le Sacré Collège choisissait, le *3 septembre 1914*, le cardinal Giacomo Della Chiesa, archevêque de Bologne, comme successeur de Pie X. Benoit XV, car c'est le nom qu'il préconisa, devenait ainsi le 265e (il s'agissait en fait du 258e) successeur de saint Pierre à la direction de l'Église de Rome. Le nouveau pape avait succédé au cardinalat à peine trois mois plus tôt, soit le 25 mai.

UNE ARRESTATION SENSATIONNELLE

OTTAWA, 4 (B.U.P.) — M. C.E.S. Smith, commissaire de l'immigration, a confirmé hier soir **(3 septembre 1948)** l'information de Montréal selon laquelle le comte Jacques Dugé de Bernonville, condamné à mort par les tribunaux français pour collaboration avec le régime de Vichy, a été arrêté et sera déporté en France avant lundi.

M. Smith déclare: «Cette information est exacte. Je n'ai rien d'autre à dire».

M. S.T. Wood, commissaire de la gendarmerie fédérale (R.C.M.P.), a dit «ne rien savoir» de l'arrestation du comte de Bernonville.

Jacques Dugé, comte de Bernonville, 50 ans, un héros français des deux guerres mondiales, ancien gouverneur de la ville de Lyon sous le régime de Vichy, a été arrêté à Montréal.

Cette nouvelle nous est venue hier soir, par la British United Press à qui le maire de Montréal l'avait d'abord communiquée. M. Camillien Houde a tenu à compléter l'information en nous faisant la déclaration qui suit:

La déclaration Houde

«Les autorités fédérales songeraient à déporter en fin de semaine» l'ancien gouverneur militaire de Lyon, condamné à mort par contumace en France, à la suite des procès dits d'épuration de la IVe République. Il sera impossible à M. de Bernonville d'en appeler aux tribunaux puisque ceux-ci ne siègent pas en fin de semaine. Cette injustice criante, nous dirions cette infamie, ne peut et ne doit pas être passée sous silence.

«Si le comte de Bernonville qui s'est enfui de France, grâce au concours de religieux, condamnés eux-mêmes à 20 ans de prison, et qui reçut l'hospitalité au Canada de la part d'âmes charitables, s'il est déporté, dis-je, il est à peu près sûr qu'il passera par le peloton d'exécution.

«Les membres de la famille du comte de Bernonville, qui eux-mêmes furent mis sous arrêt en France, réussirent à s'échapper un par un pour rejoindre celui-ci au Canada par des moyens de fortune, risquant chaque jour leur propre vie.

«Un héros d'épopée et de légende»

«M. de Bernonville est de la race des grands militaires de France. Il fut cité vingt fois à l'Ordre du Jour et porte 32 blessures. Un héros d'épopée et de légende, dit une citation. C'est donc dire que l'on sacrifiera, pour des raisons politiques un homme dont le seul tort fut, probablement, d'exécuter les ordres qui lui étaient dictés et qui n'étaient pas au goût des gens qui dirigent aujourd'hui les destinées de la République Française.

«Vingt autres proscrits seraient dans la même situation tragique que le comte de Bernonville et seraient déportés, eux aussi, d'ici quelques jours pour alimenter les pelotons d'exécution ou pour garnir les bagnes de France. Les personnages qui nous ont renseignés se sont déclarés indignés de cette manière d'agir des autorités fédérales. (...)

«Le comte de Bernonville était pendant la dernière guerre chef de bataillon de chasseurs alpins sous le régime de Vichy. Pendant la précédente guerre, il a été blessé à plusieurs reprises et a recueilli de nombreuses citations. C'est un glorieux héros militaire. Il est demeuré dur d'oreille et marqué d'éclats d'obus dans la figure.

«Sa femme et ses trois filles étaient venues le rejoindre au Canada après son arrivée ici. Hier soir, à cinq heures, on a libéré Mme de Bernonville sur un cautionnement de $1,000, jusqu'à lundi soir afin qu'elle retrouve et ramène aux quartiers de l'immigration de la rue S.-Antoine la troisième fille, Chantal, présentement en vacances. Ce sont les filles qui, par leur travail, faisaient principalement vivre la famille. Les deux autres filles se nomment Catherine et Josiane.» (...)

Faux passeport et faux nom

SELON une information sûre, le comte de Bernonville était en France lors de sa condamnation à mort, mais, comme nombre d'autres dans le même cas, il vivait caché et se déplaçait de ville en ville. Il a réussi à prendre passage sur un bateau et à entrer aux Etat-Unis, grâce à un faux passeport. Plus tard, il est entré au Canada sous un faux nom. Il n'était pas inquiété, mais un jour, il a voulu aller aux Etats-Unis par affaire et il a demandé un visa. Sans le vouloir, Jacques de Bernonville s'était jeté dans la gueule du loup.

La 8e armée et la 1ère division canadienne ont envahi l'Italie

LONDRES, 3 (P.A.) — Les émissions allemandes annoncent que les forces alliées débarquées en Italie continentale ont occupé Scilla et Reggio de Calabre.

Ces deux villes sont sur la côte ouest de l'Italie en face de Messine dont elles sont séparées par le détroit du même nom.

Le bureau allemand d'informations internationales a annoncé, dans une émission entendue par la Presse Associée, que les forces d'invasion alliées ont pénétré jusqu'à Scilla par la route côtière. Un autre détachement, précédé de nombreux tanks, a pénétré à l'est en partant de Reggio de Calabre.

Quartiers généraux d'Afrique, 3 (P.A.) — Des troupes britanniques et canadiennes, vétérans de la 8e armée de Montgomery, ont effectué des débarquements en Italie méridionale aujourd'hui **(3 septembre 1943)**, réalisant la première des invasions prévues contre l'Europe hitlérienne.

Dix heures après qu'elles eurent passé en nombre le détroit de Sicile à bord de petits navires, elles bataillaient sur le pied de la botte italienne pour établir une tête de pont.

Ce corps d'invasion était soutenu par une grande flotte de croiseurs alliés, contre-torpilleurs, moniteurs et canonnières lançant leurs bordées sur les défenses côtières ennemies et par de grandes flottes de bombardiers britanniques et américains qui déversaient des tonnes d'explosifs sur les batteries, les tranchées et les communications déjà ravagées par l'Axe.

ACTIVITÉS

■ **LA PRESSE à Terre des Hommes**

À La Ronde — En collaboration avec la Ville de Montréal, LA PRESSE présente ce soir le dernier de sa série estivale de spectaculaires feux d'artifice.

■ **LA PRESSE raconte Montréal**

Chalet du Mont-Royal — Conjointement avec une exposition intitulée «Un îlot dans une île», LA PRESSE propose aux visiteurs qui se rendront au Chalet du Mont-Royal d'ici le 9 septembre une cinquantaine d'illustrations permettant à LA PRESSE de «raconter Montréal».

C'EST ARRIVÉ UN 3 SEPTEMBRE

1980 — Les mineurs rentrent au travail en Pologne après que le gouvernement eût gelé les prix des biens de consommation.

1978 — Ouverture de huit nouvelles stations du métro de Montréal.

1977 — Le grand biologiste, philosophe et académicien français Jean Rostand meurt à l'âge de 82 ans. — Arrestation de l'ex-premier ministre Ali Bhutto, au Pakistan.

1976 — Le module d'atterrissage de *Viking II* touche Mars à environ 7 400 km du lieu où s'est posé le module de *Viking I*, le 20 juillet précédent.

1975 — L'Association des commissions scolaires protestantes du Québec conteste devant les tribunaux la *Loi sur les langues officielles du Québec*.

1974 — L'avocat John Dean, ex-collaborateur du président déchu Richard Nixon, commence à purger sa peine de prison.

1970 — La quatrième tranche du rapport de la commission Castonguay recommande une refonte globale de l'organisation de la santé au Québec, et le salariat pour le médecin. — Un projet de traité américano-soviétique prohibant l'usage des fonds marins à des fins nucléaires est approuvé à la quasi-unanimité à Genève.

1968 — Décès à l'âge de 72 ans de Joseph-Alexandre de Sève, président de *Télé-Métropole* et de *France-Film*. — Chassés de leur île utilisée pendant 22 ans pour les expériences nucléaires américaines, les résidents de l'île de Bikini peuvent réintégrer leur foyer.

1962 — Le premier ministre Diefenbaker inaugure la Transcanadienne en Colombie-Britannique.

1954 — La Chine nationaliste bombarde la Chine continentale, en riposte aux attaques contre l'île de Quemoy.

1946 — Des conseillers municipaux de Montréal demandent une enquête sur le jeu illégal. — Douze pays présentent leurs réclamations de guerre à l'Italie, estimant à $30 milliards les dommages causés par ce pays.

1943 — Les Alliés débarquent en Italie continentale, en face de Messine.

1939 — Le paquebot *Athenia* est torpillé par un sous-marin allemand. — La Grande-Bretagne et la France déclarent la guerre à l'Allemagne.

1925 — Le dirigeable américain *Shenandoah* est brisé en deux par la foudre, en Ohio.

PREMIERE SECTION PAGES 1 à 8 — LA PRESSE — CIRCULATION 639,9

25me ANNEE No 256 — MONTREAL SAMEDI 4 SEPTEMBRE 1909 — DEUX CENTS

Pendant de nombreuses années, LA PRESSE célébrait la fête des travailleurs en leur offrant toute la première page de l'édition du samedi précédent. Celle que nous vous proposons a été publiée en 1909.

Si Ottawa en fait la demande à temps

L'Exposition universelle aura lieu à Montréal

«Je reviens d'Europe avec la ferme conviction que le Canada et Montréal peuvent obtenir la tenue de l'Exposition universelle de 1967 si le gouvernement en fait la demande officielle dans les délais requis au Bureau international des expositions à Paris.»

C'est le maire Jean Drapeau qui faisait cette déclaration hier soir **(3 septembre 1962)** à la cérémonie qui a marqué au Chalet de la Montagne, l'ouverture de la Semaine de l'étiquette syndicale.

Il s'est empressé de préciser: «Mais le temps presse et je demande à toutes les unions ouvrières et à tous les syndicats d'appuyer nos efforts auprès du gouvernement d'Ottawa».

photo Pierre McCann, LA PRESSE

L'assemblée publique organisée le *3 septembre 1969* à Saint-Léonard, par la Ligue pour l'intégration scolaire (LIS), dégénéra en une violente bagarre raciale, à la suite de l'irruption dans la salle d'une cinquantaine de citoyens d'origine italienne. La LIS voulait protester contre la solution proposée par le ministre Jean-Paul Cardinal, de l'Éducation, pour résoudre le problème de Saint-Léonard, soit l'établissement d'une école privée anglophone financée à 80 p. cent par les fonds publics. Heureusement, la bagarre ne fit que quatre blessés chez les belligérants, qui avaient choisi notamment les chaises comme projectiles...

JOS POITRAS EST MORT

JOS Poitras est mort! Qui le croirait? La nouvelle est venue comme un coup de foudre, pour la population de Montréal, auprès de qui «Jos» était le «type» populaire avant tous.

La nouvelle, pourtant, est déjà à l'heure qu'il est, répandue par toute la ville. Elle y a semé un émoi facile à expliquer. A mesure que les citoyens en prennent connaissance, ils se dirigent en foule vers le No 101 rue St-Laurent, où le populaire restaurateur tenait son important établissement.

Jos est mort! On dirait que c'est une parcelle de Montréal qui s'en va. (...) Les jeunes qui commencent à se lancer dans la vie n'auraient pas cru être quelque chose avant d'avoir été au moins prendre un souper au restaurant de Jos Poitras. Celui qui n'y était pas allé ne pouvait dire qu'il était «up to date».

La jeune génération du jour a appris à connaître son nom depuis longtemps déjà; celui qui écrit ces lignes sait bien que, même au collège, l'élève qui ignorait où se trouvent le Champ de Mars et le Petit Windsor n'était pas à la mode: on le considérait comme un naïf.

Le Petit Windsor était toute une institution à Montréal, et cela à cause de la personnalité du propriétaire. «Jos», comme on l'appelait familièrement, a reçu en effet à ses tables, tout ce que la ville, tout ce que la province compte de plus marquant; tout le monde du sport, de la politique, du journalisme, des arts, des professions libérales.

Nos deux plus fameux athlètes que le pays ait connus, Louis Cyr et Horace Barré, avaient établi chez lui leurs quartiers. (...)

Et la politique! Chapleau, Mercier, tous les chefs de la masse, ceux qui ont dirigé nos destinées, depuis vingt ans bientôt, c'était au Petit Windsor qu'ils se donnaient rendez-vous.

On a même chanté en vers la popularité de Jos Poitras et de son restaurant. Un poète à la mode a dit que «La Presse» tenait son immense circulation au fait que ses vastes locaux sont construits sur l'emplacement de l'ancien Petit Windsor.

En effet, c'était à l'angle de la Côte St-Lambert *(aujourd'hui boulevard Saint-Laurent)* et de la rue St-Jacques que Jos Poitras tenait autrefois son établissement. Il y 4 ans de cela.

Placé en plein centre de Montréal, le restaurant de Jos reçut alors toutes les personnalités les plus marquantes, et cela pendant 13 ans. (...)

Depuis quatre ans, le Petit Windsor était transféré au No 101 rue St-Laurent, où la même popularité, la même vogue extraordinaire le suivit. (...)

Jos Poitras était né à Québec en 1855. Il vint à Montréal à l'âge de 29 ans et débuta sur les quais comme arrimeur. Il y a 17 ans, il ouvrit son fameux «P'tit Windsor», en société avec son frère qui lui survit. (...)

Il a succombé à une syncope du coeur. Il est parti de chez lui vers 8.30 heures ce matin **(3 septembre 1903)**, se dirigeant en voiture vers le dépotoir du nord de la ville. (...) Parvenu en face du No 459 rue Saint-Hubert, «Jos» demanda de l'eau à un jeune garçon (...); puis on le vit (...) donner des signes de détresse.

Son employé, Henri Lussier, accourut, et «Jos», qui avait encore sa connaissance, fut transporté au No 459 (...). Le Dr Duplessis et un prêtre furent mandés. L'homme de l'art constata que le malade était en danger et conseilla au prêtre de lui administrer les derniers sacrements. Ce qui fut fait.

Un quart d'heure plus tard, Jos Poitras était dans l'ambulance de l'hôpital Notre-Dame, sous les soins du Dr Derome, mais il mourut avant l'arrivée à cette dernière institution. (...)

LA PRESSE

100 ans d'actualités

C'EST ARRIVÉ UN 4 SEPTEMBRE

1981 — Assassinat à Beyrouth de Louis Delamare, ambassadeur de France au Liban.

1975 — L'Égypte et Israël signent un deuxième pacte provisoire de désengagement.

1974 — L'agent Robert Samson de la GRC est condamné à 60 jours de prison pour refus de témoigner.

1972 — Le Musée des Beaux-Arts de Montréal est victime d'un vol de tableaux et d'objets d'art d'une valeur de $2 millions, parmi lesquels un Rembrandt évalué à $1 million. — L'Américain Mark Spitz remporte une 7e médaille d'or en natation, aux Jeux olympiques de Munich.

1970 — Signature d'un accord mettant fin à la grève des postes au Canada. — Le socialiste marxisant Salvator Allende sort victorieux lors des élections générales au Chili.

1969 — Hanoï déclare une trêve de trois jours à l'occasion de la mort du président Hô Chi Minh.

1967 — Pékin décide de mettre fin à la violence des Gardes rouges.

1963 — Un *Caravelle* s'écrase près de Zurich, avec 80 personnes à bord. On ne retrouve aucun survivant.

1963 — Mort à l'âge de 77 ans du «père de l'Europe», Robert Schuman.

1958 — Le général de Gaulle soumet aux Français son projet de nouvelle constitution.

1957 — Le gouvernement canadien révèle qu'il a soumis à plusieurs puissances amies un projet d'entente en vertu duquel il consent à leur exporter de l'uranium.

1957 — Un avion à réaction soviétique de type *TU-104* atterrit dans le New Jersey après un vol de 21 heures 54 minutes à partir de Moscou.

1948 — La reine Wilhelmine de Hollande abdique en faveur de sa fille Juliana.

1946 — Deux avions d'Air France s'écrasent, causant la mort de 42 personnes.

1946 — Nomination de Louis Saint-Laurent au ministère des Affaires extérieures.

1945 — Les membres de l'Alliance des professeurs catholiques retardent le vote de grève, le premier ministre Duplessis ayant accepté de rencontrer leurs délégués.

1944 — La 2e armée britannique libère Bruxelles.

1942 — Début du siège de Stalingrad.

1916 — Sir Lomer Gouin préside l'inauguration du pont de Saint-Jean-d'Iberville.

1886 — Arrestation de Geronimo, signifiant la fin de la dernière guerre entre l'Armée américaine et les Amérindiens.

Le monument de Maisonneuve: pose de la première pierre

LA pose de la première pierre du monument que les citoyens de Montréal élèvent à de Maisonneuve, le fondateur de leur ville, s'est faite hier **(4 septembre 1893)** avant-midi. La cérémonie a été très imposante. De bonne heure, en effet, la foule se pressait aux alentours de la Place d'Armes qui avait

Bas-relief représentant la première célébration de la messe sur l'île de Montréal.

Bas-relief représentant l'exploit de Dollard et de ses compagnons.

été décorée avec beaucoup de goût pour la circonstance. Et à la sortie de la messe dite spécialement pour les associations ouvrières, le comité des fêtes du monument, celui des citoyens et les invités, firent leur entrée dans le petit parc au milieu des acclamations de la foule.

Nous voyions l'honorable sénateur Desjardins, maire de Montréal, les juges Baby et Pagnuelo, l'honorable sénateur Murphy, MM. McShane et Grenier, ex-maires de Montréal, les échevins, etc. (...)

C'est monsieur le juge Pagnuelo, président du comité des citoyens, qui a fait le discours de circonstance. Il a rappelé en termes éloquents les luttes et les difficultés qu'eurent à rencontrer de Maisonneuve et ceux qui le secondaient dans la fondation de Ville-Marie. Après avoir évoqué les grandes figures de cette époque si glorieuse dans les annales de notre histoire, Mlle Mance, Mlle Bourgeoys, Dollard et ses dix-sept compagnons, l'orateur remercie nos concitoyens de langue anglaise qui ont puissamment aidé le comité dans son oeuvre patriotique. (...)

MM. L.Z. Boudreau, Geo. Beales, J.A. Rodier et l'ex-maire McShane ont ensuite dit quelques mots puis M. le juge Pagnuelo procéda à l'installation de la première pierre avec les cérémonies ordinaires. Par trois fois il frappa la pierre avec un marteau puis promena la truelle sur la base. (...)

Sous la pierre on plaça une plaque sur laquelle sont gravés les noms de tous les membres du comité; puis un numéro de LA PRESSE, de *La Minerve*, de la *Gazette*, du *Monde*, de *La Patrie*, du *Star*, du *Herald*, du *Sunday Morning News*, du *Witness*, du *Petit Figaro* et du *Metropolitan*.

On ajouta aussi une pièce de 25 centins de 1893, un 10 centins, un 5 centins, un centin de la même année, un penny de 1850, une médaille commémorative de la célébration du cinquantenaire de la Saint-Jean-Baptiste en 1884, et plusieurs autres médailles et pièces de monnaie. (...)

Maquette du monument de Maisonneuve dont la première pierre a été posée solennellement sur la Place d'Armes à Montréal.

Schweitzer est inhumé

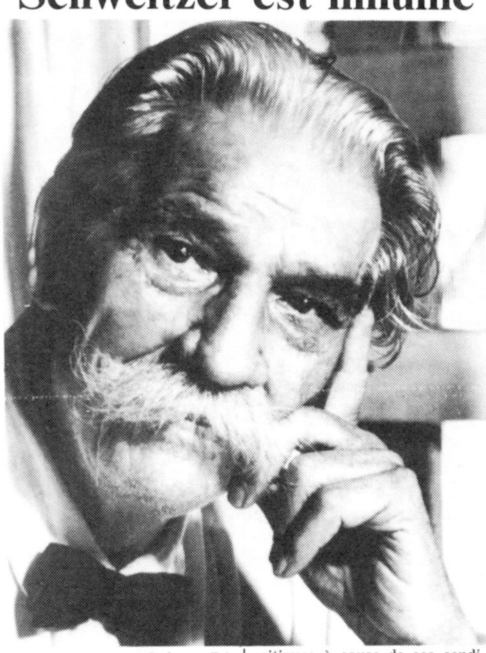

LAMBARENE, Gabon (PA, AFP) — Le docteur Albert Schweitzer, grand humaniste, philosophe et musicien qui consacra 40 années de sa vie aux lépreux d'Afrique, s'est éteint paisiblement samedi soir **(4 septembre 1965)**, à l'âge de 90 ans, à l'hôpital qu'il avait construit dans la jungle de Lambarene.

Les tribus du Gabon, qui avaient une profonde vénération pour le docteur Schweitzer, lui ont rendu un hommage ému dimanche, au cours de la cérémonie de sépulture. Le docteur a été inhumé près de la hutte qu'il avait toujours habitée, aux côtés de son épouse Hélène, décédée en 1957.

L'hôpital que le docteur a fondé il y a 40 ans loge actuellement 550 patients. Cet établissement, qui a traité plus de 60,000 malades, a été l'objet de mauvaises critiques à cause de ses conditions hygiéniques. Mais le docteur Schweitzer a déjà répondu à ces critiques en disant que les conditions et les besoins à cet endroit étaient différents, et qu'il avait construit «un hôpital africain pour les Africains».

Prix Nobel 1962, le docteur a employé le prix de $32,200 qui lui a été attribué pour construire des habitations permanentes pour ses lépreux. Sa fille, Mme Rhéna Eckert, a fait savoir que c'est le docteur suisse Walter Munz, âgé de 32 ans, qui continuera l'oeuvre de son père.

Les quotidiens new-yorkais consacraient hier des pages entières au docteur Schweitzer, dont ils annonçaient la mort en gros titres de première page. «Il laisse sur son époque la marque d'un grand humaniste», écrit le «New York Herald Tribune» dans son éditorial.

Le nouvel instructeur du Canadien

Geoffrion est un gagnant — Irving Grundman

par Bernard BRISSET

LES cheveux frisés et arborant un habit beige de coupe impeccable, le nouvel entraîneur du Canadien, Bernard Boum-Boum Geoffrion s'est présenté pour la première fois aux journalistes, hier **(4 septembre 1979)**, avec la même verve que celle dont il fait preuve dans ses réclames télévisées.

Geoffrion a formellement accepté hier matin, un contrat de trois ans qui en fait le 16e instructeur du Canadien. L'annonce en a été faite au cours d'une conférence de presse au Forum.

Le successeur de Scotty Bowman qui atteindra les 49 ans en janvier prochain, a avoué que pour une rare fois dans sa vie, il avait les mains moites de nervosité. Mais ce fut le seul moment où il l'a laissé paraître.

«Je vais vous faire un aveu dès aujourd'hui, a-t-il dit. Je réalise aujourd'hui le plus grand rêve de ma vie. J'ai attendu ce moment pendant 12 ans et s'il

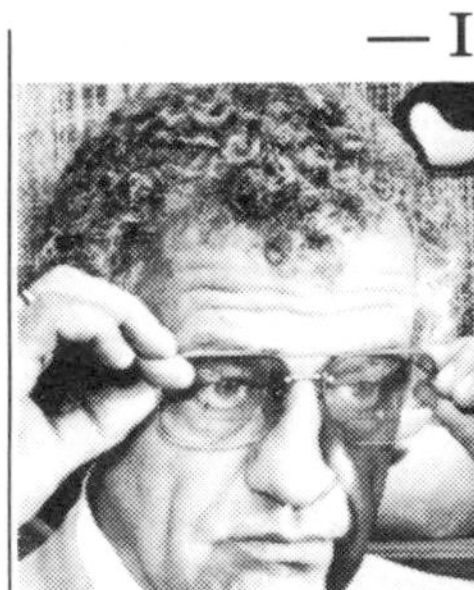

Bernard Geoffrion.

l'avait fallu, j'aurais attendu pendant encore 20 ans.»

Jusqu'à hier, Geoffrion occupait le poste de vice-président des Flames d'Atlanta, équipe qu'il a dirigée derrière le banc à ses deux premières saisons et demie d'existence. Il est d'ailleurs retourné à Atlanta en fin de journée, afin d'y rejoindre son épouse Marlène. Il sera de retour à Montréal lundi prochain «pour de bon».

Selon le directeur administratif Irving Grundman, Geoffrion a été choisi parmi une liste initiale d'une douzaine de candidats. Cette liste avait été rapidement ramenée à six, puis à trois après une étude plus approfondie. La décision finale a été prise dimanche soir. Même si M. Grundman a refusé de les nommer, les derniers candidats incluaient deux anciens joueurs du Canadien, Jacques Laperrière et Phil Goyette.

«Bernard avait toutes les qualités requises pour être instructeur de l'équipe, a-t-il précisé. C'est un gagnant. Il fait preuve de détermination depuis le jour où il a entrepris une carrière chez les juniors. Il est mon choix, et je suis certain que je ne me suis pas trompé.»

Même si le nom de l'ancien ailier droit circule depuis quelques semaines dans l'entourage du Forum, bien peu de gens y ont cru tant que sa nomination n'a pas été annoncée officiellement.

La candidature de Geoffrion, disait-on, était pleine d'embûches et d'aspects négatifs: sa personnalité n'avait rien de commun avec le portrait type taciturne, renfermé, de l'instructeur du Canadien. Son état de santé présumément chancelant et le fait que son fils entreprend sa carrière cette saison avec le Tricolore étaient autant de raisons pour écarter sa candidature. (...)

Geoffrion, on le sait, avait dû quitter son poste d'instructeur des Rangers de New York, après seulement la moitié de la saison 1968-69, parce que la pression le rendait victime d'ulcères. A Atlanta aussi, il dut abandonner son poste pour des questions de santé, même s'il a laissé entendre hier que c'est plutôt la direction des Flames qui l'aurait convaincu de sa maladie. (...)

C'est sous les yeux d'une foule nombreuse réunie devant l'entrée principale de LA PRESSE, rue Saint-Jacques, que trois cyclistes, Jos Darveau, Alfred Dufour et Jos Plamondon entreprenaient, le *4 septembre 1908*, leur voyage de retour vers Québec. Les trois Québécois avaient également franchi en vélo la distance entre Québec et Montréal, plus tôt dans la semaine.

ACTIVITÉS

■ **LA PRESSE raconte Montréal**

Chalet du Mont-Royal — Conjointement avec une exposition intitulée «Un îlot dans une île», LA PRESSE propose aux visiteurs qui se rendront au Chalet du Mont-Royal d'ici le 9 septembre prochain une cinquantaine d'illustrations permettant à LA PRESSE de «raconter Montréal».

Marianne a 100 ans

PARIS (AFP) — Marianne a cent ans. Une cérémonie en présence du chef de l'Etat a marqué ce centenaire sur la place de l'hôtel de ville de Paris où, le 4 septembre 1870, au lendemain de la défaite de Sedan devant la Prusse, Léon Gambetta, Jules Favre, Jules Ferry, Etienne Arago et des milliers de Parisiens proclamaient la République en battant le Second Empire

Les Parisiens étaient beaucoup moins nombreux hier **(4 septembre 1970)** et l'on a entendu quelques cris appelant «Le Roi à Paris» lancés de militants du mouvement royaliste «Action française». Deux poignées de tracts ont pu voltiger avant que la police n'arrête les perturbateurs.

Les représentants des corps constitués avaient pris place dans les tribunes pour accueillir, à midi précise, le président de la république et Mme Pompidou. Le couple présidentiel inaugura l'exposition du centenaire réunissant des documents de l'époque, organisée dans les salons de l'hôtel de ville. (...)

Après un bref défilé, les détonations sèches d'un feu d'artifice retentissent. Sur la grisaille du ciel se détachent des bombes fumigènes qui, accrochées à de petits parachutes blancs, restituent le bleu, le blanc et le rouge de la République française. D'autres parachutes soutiennent des drapeaux tricolores.

Enfin, de l'avenue qui fait face à l'hôtel de ville, s'élève un vol compact de pigeons. Les six cents oiseaux symbolisent l'action de ceux qui, pendant le dur hiver de 1870, assurèrent les liaisons entre la capitale assiégée et la province.

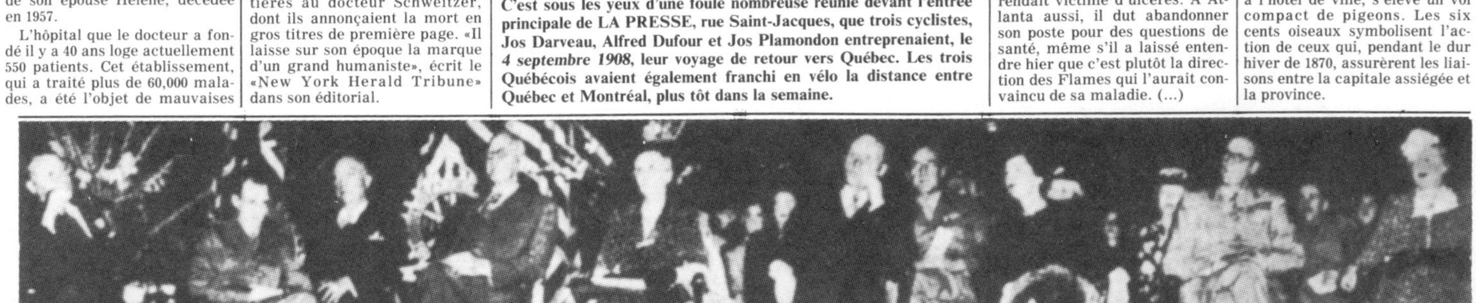

Près de 8 000 personnes assistèrent, le *4 septembre 1942*, au Forum de Montréal, à une soirée organisée pour rendre hommage aux soldats canadiens qui avaient participé au raid de Dieppe, soirée au cours de laquelle le colonel Dollard Ménard s'était exclamé: «Mes soldats sont les meilleurs au monde!» Sur l'estrade d'honneur, on pouvait reconnaître, de gauche à droite, le maire Adhémar Raynault; le journaliste Ross Munro, de la Presse Canadienne, témoin de plusieurs actes de bravoure; MM. Arthur Morton et de Gaspé Beaubien, coprésidents de la soirée; Mme Godbout; le premier ministre Adélard Godbout, de la province de Québec; Mme Panet et le brigadier-général E. de B. Panet, commandant du district militaire no 4; et Mme de Gaspé Beaubien.

LA PRESSE
100 ans d'actualités

Les Jeux continuent

Les otages sont abattus

MUNICH (UPI) — Les meilleurs parmi les jeunes d'un peu tous les pays du monde, des milliers d'athlètes, le visage austère, faisant contraste avec l'éclat de leurs costumes nationaux, ont assisté ce matin au stade olympique de Munich au service funèbre des 11 membres de l'équipe israélienne, abattus quelques heures plus tôt **(le 5 septembre 1972)** par un commando palestinien.

Le Dr Gustave Heineman, président de l'Allemagne de l'Ouest, le chancelier Willy Brandt, et Avery Brundage, président du Comité international olympique, étaient du nombre des personnes qui ont assisté au service funèbre. (...)

Dix-huit morts! Tel est le bilan officiel de ces sanglants événements. Au nombre des victimes, on compte onze athlètes et entraîneurs israéliens, cinq membres du commando terroriste palestinien, un policier ouest-allemand et un des pilotes qui ont conduit les trois hélicoptères du village olympique à l'aéroport de Fuerstenfeldbruck.

C'est à ce dernier endroit que la tragédie a connu son dénouement alors qu'une fusillade a éclaté entre francs-tireurs ouest-allemands et fedayin palestiniens.

Ce n'est qu'après de longues heures de négociations entre les membres du commando et le gouvernement de Bonn que les deux parties avaient apparemment réussi à s'entendre sur la façon de régler momentanément le sort des neuf otages israéliens.

En effet, un accord avait été conclu suivant lequel trois hélicoptères conduiraient tant les otages que les terroristes à l'aéroport de Fuerstenfeldbruck d'où ils pourraient s'envoler à bord d'un appareil de la Lufthansa en direction du Caire, en Egypte. (...)

La couverture de LA PRESSE dans son édition du 6 septembre 1972, était évidemment abondante devant l'énormité du geste des fedayin palestiniens. En prenant le village olympique d'assaut vers 5 h du matin, ce 5 septembre 1972, les fedayin faisaient un geste politique sans précédent dans l'histoire des Jeux olympiques. Jusqu'à ce jour maudit, tous les mouvements terroristes ou revendicateurs avaient respecté la trêve olympique et n'auraient jamais ne fusse que songé à la possibilité de faire un acte aussi provocant.

Le scénario des événements est généralement bien connu et les versions concordent pour la plus grande partie. Une fois la ceinture métallique du village olympique franchie, les fedayin avaient immédiatement pris d'assaut les locaux de la délégation israélienne, blessant à mort dès leur arrivée l'entraîneur Moshe Weinberg, qui avait choisi de défendre sa peau.

Tandis que le monde extérieur apprenait avec consternation l'ampleur et la lâcheté de ce qui venait d'être fait, le village devenait un véritable camp retranché ceinturé d'hommes armés jusqu'aux dents, équipés du matériel militaire le plus perfectionné.

À l'intérieur, les négociations commençaient entre les porte-parole du gouvernement allemand et le commando de l'organisation «Septembre noir». Après de longues heures de négociations qui se déroulèrent dans un contexte étouffant imputable aux nombreux ultimatums du commando terroriste, les fedayin et les otages quittaient les quartiers d'Israël à bord d'un autocar vers 22 h., en direction des trois hélicoptères posées à proximité et qui les transportèrent vers l'aéroport militaire de Munich.

C'est à cet endroit que les choses se gâtèrent et comme cela va de soi, les versions divergent lorsqu'il s'agit de déterminer d'où est parti le premier coup de feu à l'origine de la fusillade qui devait faire seize morts à l'aéroport, y compris les neuf Israéliens retenus en otage.

Ironie du sort, la rumeur laissa d'abord croire que tout s'était finalement bien terminé à l'aéroport; les fedayin avaient été abattus ou capturés, et les otages libérés. On venait à peine d'ouvrir les bouteilles de champagne pour célébrer cet heureux dénouement lorsqu'on apprit la triste nouvelle. Le terrorisme international venant de porter un dur coup à un mouvement voué à la paix et à la fraternité.

Un membre du commando terroriste.

Les débris de l'hélicoptère dans lequel neuf membres de l'équipe olympique israélienne ont été tués, alors que les terroristes les détenaient comme otages.

Des taches de sang et des trous de balles marquent l'endroit où l'haltérophile israélien Moshe Romano a été abattu.

BABILLARD

Un rappel

Le centenaire de LA PRESSE approche à grands pas et votre journal préféré aura ses cent ans bien sonnés le 20 octobre prochain, alors qu'il entreprendra le deuxième centenaire de son histoire au terme d'une année fertile en émotions.

Il vous reste donc peu de temps pour visiter le comptoir de l'entrée de la rue Saint-Jacques et signer le *Livre du petit porteur*, que des milliers de Montréalais ont déjà rehaussé de généreux commentaires à l'endroit de LA PRESSE et de ceux qui la font.

Et une fois sur les lieux, vous pourrez visiter le comptoir de souvenirs du centenaire, et plus précisément le jeu de quatre magnifiques affiches réussies à partir de premières pages polychromes de LA PRESSE d'antan.

Descendants recherchés

Une résidente de Brossard, Mme **Denyse Saint-Jean** est à la recherche de descendants de Jean-Baptiste Catudal, de St-Jean dit Catudal, de Casimir St-Jean (fils de François-Xavier et Adeline Casavant), époux de Blanche Meunier dit Lapierre. Ce Casimir St-Jean était architecte et il aurait contribué à la reconstruction de l'église Saint-Jean-Baptiste (de Montréal) après le deuxième incendie, en 1911. On peut rejoindre Mme Saint-Jean en faisant le **676-9289** ou en lui écrivant à l'adresse suivante: 3855, place Nogent, Brossard, Québec J4Y 2H2.

Un autre centenaire

Le Québec compte un centenaire de plus aujourd'hui en la personne de Charles Trottier, qui vit en Abitibi. M. Trottier a vu le jour le 5 septembre 1884 à Saint-Stanislas, dans le comté de Champlain. LA PRESSE lui offre ses meilleurs voeux de bonheur et de santé.

Correction

Dans la légende de la photo de groupe du National publiée le 29 août dernier, il aurait fallu lire Décarie plutôt que Dicaire. L'erreur portée à notre attention par le fils de Décarie, remontait à l'époque de la première parution de la photo.

ACTIVITÉS

■ LA PRESSE raconte Montréal

Chalet du Mont-Royal — Conjointement avec une exposition intitulée «Un îlot dans une île», LA PRESSE propose aux visiteurs qui se rendront au Chalet du Mont-Royal d'ici le 9 septembre prochain une cinquantaine d'illustrations permettant à LA PRESSE de «raconter Montréal».

Les Américains déclarent la guerre aux grenouilles canadiennes

HULL, 5 — Ceux qu'on est convenu d'appeler les Américains, les Yankees de leur vrai nom, sont gens pratiques et industrieux. Ils ont la bosse des affaires et le génie d'initiative. Ils ont innové en tout et viennent même chez nous nous relancer dans une industrie pourtant bien canayenne: le trafic des cuisses de grenouilles.

Comme rien ne se fait en petit dans le pays des Trusts et des Combines, ne soyons pas surpris d'apprendre un jour qu'une maison de Cleveland a tout monopolisé les cuisses...de grenouilles. Il y a des fortunes à faire dans ces espèces de cuisses... Un vieux richard de Cleveland, évidemment un célibataire blasé, ayant deux millions en banque, a chargé son neveu, M. Higgins (...), d'aller en Canada faire la guerre...aux grenouilles. Il lui a donné comme premier lieutenant, un Canadien-français, M. Constant, de Cleveland (il faut bien flatter le patriotisme des grenouilles de la province de Québec). Ces deux messieurs touchent $3 et $2 par jour respectivement de salaire, dépenses payées. Ils sont arrivés en avril dernier dans le comté de Labelle, dans le fin nord. (...)

Armés de filets à manche, leur tâche consiste à attraper vivants toutes les grenouilles et tous les wa-wa-rons *(sic!)* possibles. Irrespectueux des droits acquis des habitants d'élever et de posséder près de leurs demeures des orchestres complets de nocturnes amphibies, les ravisseurs ont capturé des milliers et des milliers de batraciens.

Sait-on combien ils se vendent ensuite? C'est incroyable, $200 pour 1,000 sujets vivants, soit 20¢ par paire de cuisses. C'est encore un prix raisonnable comparé au prix des membres artificiels. (...)

Ils seront la semaine prochaine à Hull. Ah bien par exemple! C'est ici que le commerce des cuisses va leur être profitable, car il y en a des belles! Le lac Leamy, le lac à Foucault, la crique du cimetière foisonnent de grenouilles. Attention! ne chantez pas tous ensemble, gais wa-wa-rons! (...)

Cela se passait le 5 septembre 1899.

Gene Mauch pilotera les Expos

par Jacques DOUCET

LORSQUE la direction du club de baseball de Montréal convoque les journalistes à une conférence de nouvelles, les scribes de la métropole s'attendent à recevoir non pas une, mais plusieurs nouvelles. Et la conférence de nouvelles d'hier **(5 septembre 1968)** n'a pas fait exception à la règle, alors que le président de l'équipe, John McHale, a avisé les journalistes qu'il avait plusieurs nouvelles à leur communiquer.

Il a d'abord débuté avec le nom de l'équipe: les EXPOS de Montréal. Puis, ce fut la nomination de Lucien Geoffrion au poste de gérant des billets. Enfin, pour le dessert, la nomination de Gene Mauch (agréable confirmation des récentes rumeurs). McHale a aussi manifesté son enthousiasme sans cesse grandissant face à la réponse fantastique de la gent sportive montréalaise.

«Vous savez, nous avons déjà vendu 1,767 billets de saison en un mois. Plus nous avançons, plus je suis convaincu que Montréal sera une excellente ville de baseball. (...)

«Nous devons, demain, rencontrer les dirigeants municipaux afin de jeter un coup d'oeil sur les plans. Nous osons croire que ces plans pourront être acceptés immédiatement et que les travaux *(de rénovation du parc Jarry)* pourront commencer sous peu,» a dit McHale.

«Si nous avons choisi de vous annoncer le nom de l'équipe, sans que les amateurs aient eu l'occasion de participer à un scrutin afin de le choisir, c'est simplement parce que le temps nous bouscule. (...) Et, après avoir étudié toutes les suggestions qui nous sont parvenues, obtenu l'avis des propriétaires, des dirigeants municipaux, nous avons opté en faveur des Expos de Montréal.

«Précisément à cause de l'Expo 67, Montréal s'est acquis une réputation internationale (...) C'est un nom représentatif de Montréal, du Québec et du Canada. Il n'y a, non plus, aucun problème linguistique», a dit McHale.

Puis, laissant le micro à son bras droit, Jim Fanning, McHale a dit que le gérant général des Expos avait fait un voyage très fructueux sur la côte du Pacifique.

«Non seulement a-t-il vu d'excellents joueurs d'avenir à l'oeuvre, mais il nous est revenu avec un gérant hors de pair, Gene Mauch», a commenté McHale.

«Il n'y a aucun doute dans mon esprit ou dans celui du président, que nous venons de mettre la main sur le meilleur homme, disponible ou non.»

photo Roger St-Jean, LA PRESSE

Le triumvirat des Expos en 1968: le président John McHale, le gérant Gene Mauch et le directeur général Jim Fanning.

Le *R-101* que l'on voit ici est le plus gros vaisseau aérien du monde. Construit par le gouvernement britannique pour des envolées expérimentales sur la route Angleterre-Egypte-Indes, il a été inspecté ces jours derniers à Cardington. D'une longueur de 750 pieds, ce ballon a une capacité de gaz de 500,000,000 de pieds cubes. En haut, à gauche, le pilote du *R-101*, le lieutenant aviateur H.C. Irwin. Cette photo a été publiée avec cette légende le 5 *septembre 1928*.

C'EST ARRIVÉ UN 5 SEPTEMBRE

1983 — Suspension des vols de la société Aeroflot entre Moscou et Montréal à cause de l'incident du *B-747* coréen.

1981 — Premier congrès du groupe Solidarité, en Pologne.

1979 — Annonce de la fusion des banques Canadienne Nationale et Provinciale du Canada sous le nom de Banque Nationale du Canada.

1978 — Ouverture de la conférence de Camp David, convoquée par le président Jimmy Carter. Le président Annouar el-Sadate, d'Égypte, et le premier ministre Menachem Begin y participent.

1978 — Décès du juge Robert Cliche, à l'âge de 58 ans, qui avait connu son heure de gloire à titre de président de la Commission d'enquête sur les libertés syndicales dans la construction — Le métropolite russe Nicodème succombe à une crise cardiaque aux pieds du pape Jean-Paul 1er, au cours d'une audience particulière.

1977 — Enlèvement audacieux d'Hanns Martin Schleyer, le «patron des patrons», en République fédérale d'Allemagne.

1973 — Cinq fedayin s'emparent de 11 otages à l'ambassade d'Arabie Saoudite, à Paris, et réclament la libération d'Abou Daoud, dirigeant du Fatah détenu en Jordanie.

1972 — Le juge Claude Wagner joint les rangs du Parti conservateur.

1967 — Une manifestation du RIN tourne à l'émeute raciale à Pierrefonds.

1961 — Arrivée au Canada de la statue de l'hon. Maurice Duplessis, qui doit être érigée près du Parlement, à Québec.

1960 — Le général de Gaulle fait savoir qu'il ne tiendra compte d'aucune résolution que les Nations Unies pourraient adopter eu égard à la question de l'Algérie.

1957 — Les Royaux de Montréal gagnent le championnat de la Ligue internationale de baseball pour une neuvième fois.

1949 — L'as aviateur Bill Odom, célèbre par son voyage autour du globe dans un avion léger, se tue lorsque son avion s'écrase sur une maison.

1945 — M. Duplessis annonce que les mères nécessiteuses toucheront des allocations familiales majorées.

1907 — Le carnaval d'Ottawa se termine par une émeute. — Assemblée tumultueuse d'Henri Bourassa, à Québec.

1898 — Un train en provenance de Montréal frappe un tramway, à Albany. L'accident fait 28 morts.

LA PRESSE

100 ans d'actualités

C'EST ARRIVÉ UN 6 SEPTEMBRE

1980 — Edward Gierek, leader du Parti communiste polonais, est limogé et remplacé par Stanislaw Kania. — Le Britannique David Cannon gagne le marathon de Montréal.

1977 — Démission surprise de M. Donald MacDonald, ministre des Finances du Canada.

1975 — Chris Evert remporte le championnat de tennis des États-Unis, à Forest Hills.

1971 — Furieux du résultat d'une course, des émeutiers causent des dégâts évalués à $100 000, à l'hippodrome Blue Bonnets de Montréal.

1970 — Quatre avions des compagnies Pan American Airways, El Al, T.W.A. et Swissair sont détournés vers le désert par des Palestiniens.

1966 — Hendrik Verwoerd, premier ministre d'Afrique du Sud, est assassiné en plein Parlement par Dimitri Stafendas.

1963 — Pierre Dupuy, ambassadeur du Canada en France, est nommé commissaire général de l'Exposition universelle de 1967.

1962 — Fin des réunions du cabinet Lesage, au lac à l'Épaule, près de Québec. — Le Canada annonce qu'il contribuera $5 millions en espèces et en vivres sur une période de trois ans à la Banque mondiale des vivres.

1960 — William H. Martin et Bernon F. Mitchell, employés du service du chiffre de l'Agence de sécurité des États-Unis, annoncent de Moscou qu'ils sont passés à l'Est. — L'Américain Rafer Johnson gagne le décathlon olympique, à Rome.

1958 — Moscou annonce le renvoi du praesidium de l'ex-premier ministre Boulganine.

1957 — L'ex-premier ministre Louis Saint-Laurent annonce qu'il abandonne la direction du Parti libéral du Canada.

1955 — Wilbert Coffin est repris quelques heures après son évasion de la prison de Québec.

1953 — L'échange de prisonniers prend fin en Corée.

1950 — Les Américains se lancent à l'offensive sur le front central en Corée.

1948 — L'investiture de la reine Juliana de Hollande donne lieu à d'impressionnantes fêtes dans son pays.

1946 — En Alberta, les fermiers déclarent la grève. — James Byrne, secrétaire d'État des États-Unis, expose en Allemagne un plan général d'union allemande sous un conseil national. Il rejette le plan français concernant la Rhur et la Rhénanie en même temps qu'il prévient l'URSS que les États-Unis ne considèrent pas la frontière orientale de l'Allemagne comme fixée sur l'Oder.

1944 — La Bulgarie demande l'armistice à l'Union soviétique.

1943 — Un déraillement ferroviaire entre Washington et New York, fait plus de 50 morts.

1915 — Chambly célèbre avec faste le 250e anniversaire de sa fondation.

1898 — L'effondrement du pont de Cornwall en construction fait des dizaines de morts.

LE CONGRÈS EUCHARISTIQUE S'OUVRE PAR UNE CÉRÉMONIE GRANDIOSE

En présence de cent-vingt archevêques, évêques, abbés mitrés et prélats, devant une foule de fidèles qui encombraient la Cathédrale, le Cardinal Vannutelli accomplit son premier acte officiel, après avoir été solennellement proclamé Légat de Sa Sainteté le Pape Pie X. Un spectacle impressionnant.

NDLR — Le Congrès eucharistique de 1910 a reçu une couverture phénoménale dans LA PRESSE pendant plus d'une semaine. Les pages consacrées à l'événement se comptent par dizaines. L'article que nous vous proposons aujourd'hui est forcément incomplet, mais tout au moins vous donne une idée du ton utilisé à l'époque...

IL semble que le soleil ait dit: «Il est temps que j'illumine Montréal et que je participe à la glorification de Jésus-Hostie. L'ostensoir qui porte le coeur de Dieu est un soleil. Je veux mêler mes modestes rayons aux clartés eucharistiques.» Le vingt-unième congrès eucharistique international a été ouvert officiellement hier soir **(6 septembre 1910)**, en la cathédrale, par son Eminence le cardinal Vannutelli. La cérémonie a été magnifique. La cathédrale, ornée de fleurs et éclairée splendidement, offrait un spectacle impressionnant. Lorsque parut le légat du pape, accompagné des zouaves, qui, jadis, volèrent à Rome pour combattre les ennemis du Vatican, une grande émotion s'empara des assistants. Comme le disait Sa Grandeur, Mgr Bruchési, nous avons vécu une heure unique dans notre histoire nationale. Nos pères n'auraient jamais espéré vivre cette heure; mais ce sont eux qui, par leurs sacrifices admirables et leurs vertus héroïques, nous l'ont méritée, et ceux qui nous succéderont n'auront peut-être jamais vu pareil bonheur.

En effet, la cérémonie d'hier marque une époque dans nos annales. Nous avons vu le triomphe de la foi et de l'Eucharistie. Le congrès actuel qui contribuera à la glorification de l'auguste sacrement, aura à étudier toutes les questions propres à exciter les nations à publier la gloire du Christ et à honorer son représentant sur terre. C'est l'Eucharistie qui doit sauver le monde, parce qu'elle établit une route sûre entre la terre et le ciel; parce qu'elle assure la paix chrétienne et sociale. Les prélats et les personnages illustres qui prendront part au vingt-unième congrès sauront, par leur sagesse et leur science, rendre les discussions fructueuses.

Tout l'univers a les yeux fixés sur la métropole canadienne, en ce moment. On espère de grandes choses et l'on ne sera pas déçu. Ainsi que le faisait remarquer le légat du pape, à Montréal appartient l'honneur de recevoir dans ses murs le premier congrès eucharistique tenu sur la terre d'Amérique. Montréal et le pays tout en entier en recueilleront certainement tous les avantages.

Son Eminence le cardinal Vannutelli, dans l'admirable discours qu'il a prononcé, a rappelé l'histoire de la fondation de Ville-Marie. C'est au saint sacrifice et dans la communion que les fondateurs de Montréal prirent la résolution de réaliser leur projet. Le premier acte des fondateurs fut la célébration de la messe. Ce début fut modeste, mais le grain de senevé a produit un grand arbre, dont la croissance n'est pas arrêtée. A l'ombre de cet arbre immense, s'assoiront nos fils qui proclameront la foi de leurs pères et les bienfaits de l'Eucharistie.

L'ouverture officielle du Congrès, hier soir. Après les cérémonies usitées dans ces circonstances, une bénédiction solennelle du Très Saint Sacrement fut donnée par Mgr Heylen, évêque de Namur et président du comité permanent des Congrès eucharistiques. Au centre, au pied de l'autel, Son Eminence le cardinal légat entouré de ses caméries et de prélats. A droite le cardinal Logue, primat d'Irlande. En dehors du choeur, près des balustres, plus d'une centaine de prélats occupent des places réservées.

A LA CATHEDRALE

«L'Orient et l'Occident sont ici réunis. Ville-Marie est devenue un point glorieux dans le monde et plus que jamais mérite, semble-t-il, le beau titre de Rome de l'Amérique.» Ceux qui trouveraient exagérées ces paroles éloquentes, n'assistaient pas à la solennelle inauguration du XXIième Congrès eucharistique international, hier soir, à la cathédrale.

Notre Eglise métropolitaine n'avait jamais vu une cérémonie semblable et n'en reverra peut-être jamais.

La pourpre des cardinaux, le violet des Cappas Magnas avec l'éclair, de temps à autre, de l'or des chaines et des croix, le costume délicieusement archaïque des caméries de cape et d'épée, tout cela formait un cortège qui déroulait sa splendeur dans la clarté des lustres.

A la suite du légat marchaient des prêtres de tous les rites, des prélats des plus vieux diocèses de la chrétienté coudoyaient ceux des diocèses d'un pays encore tout jeune. (...)

Une salve de 19 coups de canon s'avérait le clou de la cérémonie grandiose qui marqua l'inauguration, le *6 septembre 1919*, du monument érigé à la mémoire de sir George-Etienne Cartier, sur le flanc est du Mont-Royal. Le signal de déclenchement du courant électrique requis pour dévoiler la statue fut donné par le roi George V d'Angleterre, par câble à partir du château de Balmoral où il se trouvait en vacances.

BALLES MEURTRIERES: LE PRESIDENT WILLIAM McKINLEY VICTIME D'UN LACHE ATTENTAT

BUFFALO, 6 — Le président McKinley a été tiré, cet après-midi **(6 septembre 1901)**, dans le Temple de la Musique. Il a reçu deux balles dans l'estomac. Son état est dangereux *(il devait d'ailleurs succomber à ses blessures)*. Il a été tiré par un étranger bien mis et portant un chapeau haut de forme; l'étranger parlait avec le président et au moment où il lui tendait la main droite, il tira de sa main gauche.

Telle est l'épouvantable nouvelle que le télégraphe nous apportait, hier soir, vers les cinq heures, et qui s'est répandue dans toute la ville comme une traînée de poudre. Cet attentat contre la vie du président des Etats-Unis a vivement impressionné notre population. (...)

Des groupes de citoyens américains réunis dans la rotonde du Windsor étaient tous d'accord à l'attribuer à un anarchiste. (...)

C'est quelques minutes après 4 heures p.m., pendant une réception publique donnée au grand temple de la Musique de l'exposition, que cette lâche attaque a eu lieu. (...)

C'est immédiatement après l'audition d'orgue (...) que ce criminel attentat a été commis. Il avait été tramé avec toute l'habileté et la finesse dont tous les nihilistes sont capables, et si le Président ne succombe pas, il ne devra la vie qu'à un bienfait signalé de la Providence.

M. McKinley était bien gardé par les agents du service secret des Etats-Unis, mais il se trouvait pleinement exposé à une attaque comme celle dont il a été la victime. Il était au bout du dais, du côté de la salle. (...) Le Président était d'excellente humeur. (...) A sa droite se tenait M. J.G. Milburn, de Buffalo, président de l'exposition, qui causait avec M. McKinley, et lui présentait les personnes de marque. A la gauche du président était M. Cordelyon.

LA SCENE SANGLANTE

Il était un peu plus de quatre heures quand, sortit de la foule un homme de taille moyenne et d'apparence ordinaire. Il s'approcha du président comme pour lui offrir ses hommages. MM. Cordelyon et Milburn remarquèrent tous deux qu'il avait un bandage autour d'une main, on ne peut dire au juste laquelle.

L'étranger se fraya un chemin jusqu'au président et parvint à deux pieds de ce dernier. M. McKinley sourit et tendit la main, mais au même instant, un coup de revolver, clair et net, retentit au-dessus des éclats de voix, des applaudissements et de tous les bruits de la salle.

Il y eut un instant de silence presque complet après les coups de revolver. Le président se tenait encore debout et un regard d'hésitation et de stupéfaction errait sur sa figure. Il recula d'un pas, puis une morne pâleur commença à se répandre sur ses traits.

Le Canada possède enfin la télévision

LA télévision canadienne existe. Samedi soir **(6 septembre 1952)** à Montréal, ce soir à Toronto, les téléspectateurs ont pu voir et verront des programmes réalisés dans nos studios. C'est une date capitale et c'est aussi le début d'une ère nouvelle. Le ministre du Revenu national, l'hon. James J. McCann qui a prononcé la plus importante allocution samedi soir, lors de l'inauguration du poste CBFT dans la métropole, a souligné quatre faits à retenir. Les voici:

— Jusqu'au 31 mars, les téléspectateurs ayant un poste récepteur n'auront pas à payer de permis.

— Après Montréal et Toronto, des postes émetteurs seront construits à Ottawa, Halifax et Vancouver.

— Un nouveau prêt de l'ordre de $7 millions sera consenti par le gouvernement canadien, après approbation par le Parlement, à la Société Radio-Canada pour l'aider à prendre l'expansion voulue dans le domaine.

— Le gouvernement a nettement l'intention de favoriser dans un avenir prochain l'accès de l'entreprise privée au domaine de la télévision.

L'entreprise privée profitera des expériences faites par l'organisme gouvernemental et ce n'est pas du tout l'intention du gouvernement fédéral de s'assurer un monopole exclusif.

La soirée d'inauguration a revêtu un caractère de «grande première». Des représentants du Tout Montréal; un spectacle fort au point, compte tenu des difficultés inhérentes à tout début; des allocutions courtes mais révélatrices du premier ministre du Canada et du président du bureau des gouverneurs de Radio-Canada, M. A.D. Dunton et une visite des studios qui, de l'avis même des personnalités du monde américain de la télévision, sont sûrement le dernier cri de la science.

Notre télévision n'entend pas faire de miracles. Elle veut procéder lentement mais sûrement. Quelques heures par jour; des programmes bilingues à Montréal jusqu'à la création d'un canal additionnel pour un poste strictement de langue anglaise, mais la politique a été imaginée de telle sorte que les progrès seront sérieux à chaque étape. (...)

Le *6 septembre 1971*, mourait à Montréal, à l'âge de 64, des suites d'un cancer, le Dr Phil Edwards, éminent spécialiste des maladies tropicales et respiratoires. Mais sa réputation ne se limitait pas à la médecine puisqu'il avait brillamment défendu les couleurs du Canada en athlétisme, gagnant cinq médailles de bronze aux Jeux olympiques de 1928, 1932 et 1936.

ACTIVITÉS

■ **LA PRESSE raconte Montréal**

Chalet du Mont-Royal — Conjointement avec une exposition intitulée «Un îlot dans une île», LA PRESSE propose aux visiteurs qui se rendront au Chalet du Mont-Royal d'ici le 9 septembre prochain une cinquantaine d'illustrations permettant à LA PRESSE de «raconter Montréal».

Un Russe atterrit au Japon avec un Mig-25

HAKODATE, Japon (Reuter, AFP) — Le Mig-25 soviétique qui s'est posé, hier **(6 septembre 1976)**, à l'aéroport de Hakodate, dans le nord du Japon, a été gardé toute la nuit par des policiers après avoir été recouvert d'une bâche et éclairé de projecteurs afin que personne ne s'en approche.

Quant au pilote, le gouvernement japonais a décidé de l'autoriser à chercher asile aux Etats-Unis, comme il en avait fait la demande après avoir atterri apparemment par manque de carburant. Cette dé 'sion a été prise à la suite d'une entrevue entre le pilote, le lieutenant Viktor Ivanovitch Belenko, et un représentant du ministère, et après consultation de Washington.

Le pilote a passé la nuit dans un endroit tenu secret dans la cité portuaire d'Hokaido. Les autorités japonaises ont enfin précisé qu'elles avaient informé l'ambassade soviétique que Belenko refusait de rencontrer des officiels de son pays.

L'Union soviétique a, pour sa part, réclamé la restitution immédiate du Mig-25 et le renvoi du pilote. (...)

Le Mig-25 est l'avion de combat le plus rapide au monde, il peut atteindre une vitesse de Mach 3.2 à une altitude de 24,000 mètres et possède un rayon d'action de 1,130 km. (...)

Burgess traverse la Manche à la nage

(Dépêche spéciale à la PRESSE)

LONDRES, 6 — William Burgess, du Yorkshire, a réussi aujourd'hui **(6 septembre 1911)** à traverser la Manche à la nage de Douvres au cap Gris-Nez.

Le nageur est atterri au cap Gris-Nez à 10 h. 30 ce matin, presque exactement 24 heures après avoir laissé Douvres. C'était la dixième tentative de Burgess de franchir à la nage l'étroite langue de mer qui sépare la côte anglaise de la côte française. Neuf fois il a échoué, puis il a finalement réussi à la dixième.

L'on a fait de nombreuses tentatives pour franchir la manche à la nage depuis 1875 alors que le capitaine Matthew Webb a nagé de Douvres à Calais en 23 heures et 45 minutes.

Burgess a fait sa première tentative le 6 septembre 1904, mais abandonna la partie après une lutte de 13 heures. (...) La Manche entre Douvres et le cap Gris Nez n'a que 20 milles de large, mais la marée est très forte et les nageurs sont obligés de traverser à un angle obtus.

Irving Grundman prend la relève

Pollock coupe les ponts avec le Canadien

SAM Pollock a annoncé hier **(6 septembre 1978)** qu'il abandonnait son poste de directeur général du Canadien de Montréal pour entreprendre une nouvelle carrière dans les affaires avec le holding Carena Bancorp dont il est d'ailleurs un important actionnaire. M. Irving Grundman, ancien président de la Canadian Arena, sera son successeur. (...)

«Je prends ma retraite pour un ensemble de raisons, a-t-il tenté d'expliquer lors d'un entretien. Il y a ma famille qui est encore toute jeune, la vente de l'équipe à la brasserie Molson qui a sans doute précipité quelque peu ma décision et aussi le désir de me consacrer davantage au monde des affaires, à ma collection d'oeuvres d'art et aux quelques vaches dont j'ai entrepris l'élevage.»

Au téléphone hier midi, Pollock semblait fort ému: «C'est compréhensible, on ne quitte pas un travail, un monde où on a oeuvré pendant 31 ans, sans un pincement de coeur. Mais c'est définitif, je coupe tous les ponts», a-t-il soutenu.

Pollock coupe tous les ponts même s'il demeure avec le Canadien comme membre du conseil de direction et gouverneur délégué et il a été très clair sur ce point. (...)

Bowman déçu

Scotty Bowman n'a pas essayé de camoufler son état d'âme quand on l'a rejoint hier soir; Bowman, c'est maintenant un secret de polichinelle, désirait ardemment succéder à Pollock quand celui-ci prendrait sa retraite: «Sincèrement, je suis très déçu; devenir directeur-gérant était un rêve pour moi... et maintenant je devrai encore attendre.» (...)

Bowman a l'intention de rencontrer les gros bonnets du Canadien et de Molson pour clarifier plusieurs points.

LA PRESSE

100 ans d'actualités

L'agonie a duré 80 heures

Duplessis meurt à Schefferville

NDLR — Nous reproduisons un seul des nombreux textes consacrés par LA PRESSE à ce tragique accident.

par Jacques MONNIER

SCHEFFERVILLE, 8 — Un nom est entré dans l'histoire. L'hon. Maurice Duplessis, chef du gouvernement du Québec, député de Trois-Rivières, qui pendant dix-neuf années, a présidé aux destinées de la province, n'est plus.

Sans avoir repris connaissance depuis la première hémorragie cérébrale qui l'avait terrassé trois jours et demi avant, l'homme d'Etat de soixante-neuf ans a rendu son dernier soupir dans la nuit de dimanche à lundi **(7 septembre 1959),** alors que la nuit étendait son voile noir dans le ciel de l'Ungava comme un signe de deuil.

Ainsi la carrière d'une des personnalités les plus marquantes de la politique canadienne contemporaire a pris fin dans le cadre qui convenait à son ambition, le vaste royaume du Nouveau-Québec aux richesses souterraines fabuleuses.

Au lac Knob

Le premier ministre qui s'est éteint à minuit et une minute à Schefferville, dans une maison de bois grossièrement équarri sur les bords du lac Knob, avait la consolation d'avoir donné à son pays cet empire de 300.000 milles carrés («en l'ouvrant à la civilisation», avait-il l'habitude de dire) et autorisant la mise en valeur de ces terres rudes et sauvages qui, du haut des airs, apparaissent sous l'aspect d'une dentelle rocheuse aux motifs blonds, gris, bleus, roux et vert, bijou étrange où s'enchâssent les miroirs sombres de milliers de nappes d'eau dont l'immobilité masque la vie intense d'une vigoureuse faune aquatique.

Comme par dérision, le destin a voulu que le chef du gouvernement, orgueilleux des subventions accordées par son cabinet pour l'agrandissement et la construction d'hôpitaux, tombât malade loin de ces établissements.

C'est dans une chambre du petit hôtel privé de l'Iron Ore Co. à Schefferville que le député de Trois-Rivières a expiré, le drapeau fleurdelisé flottant au sommet du mat érigé dans la propriété.

A son chevet

Seuls quelques parents et intimes ont assisté le moribond pendant sa longue agonie: Mme Edouard Bureau, une de ses soeurs, trifluvienne; M. Jacques Bureau, son neveu; l'hon. Gérald Martineau, son ami, et membre du Conseil législatif; le Dr Lucien Larue, de Québec.

Ce dernier soignait l'homme d'Etat depuis jeudi soir avec le Dr Yves Rouleau, également de la Vieille Capitale, et avec le Dr A. Rosmus qui, étant attaché à l'infirmerie de la société minière, avait été appelé à donner, jeudi, les premiers soins au célèbre patient.

Dès samedi, l'issue de la lutte entre la vie et la mort apparaissait fatale.

Durant quatre-vingts heures, M. Duplessis est resté inconscient et paralysé du côté droit. Son exceptionnelle résistance physique, remarquable pour un homme de soixante-neuf ans, a prolongé l'agonie dans des proportions qui ont stupéfié les médecins.

La paralysie empêchait l'absorption de toute nourriture et de tout breuvage. Les garde-malades se trouvaient dans l'obligation d'humecter les lèvres sèches du mourant qui, sept ou huit fois, parut avoir repris connaissance pour quelques minutes et qui ouvrit même les yeux à l'appel de son nom, mais ne put articuler une seule parole.

Le R.P. Marcel Champagne, Oblat de Marie-Immaculée, curé de Schefferville, avait été appelé vendredi à quatre heures du soir à administrer les derniers sacrements au chef du gouvernement qui, la veille, avant d'être frappé par le terrible mal, avait répondu «oui» à son invitation, par l'intermédiaire du maire Grégoire, d'assister à la messe du lendemain, premier vendredi du mois. (...)

Décidément, le 7 septembre est une date fatidique pour les premiers ministres de la province. En effet, près de quatre décennies plus tôt, le ***7 septembre 1920,*** *décédait à l'âge de 65 ans l'honorable Siméon-Napoléon Parent, qui fut premier ministre de la province de 1900 à 1905. Et six ans jour pour jour après la mort de Duplessis, comme vous pourrez le lire ailleurs dans cette page, survenait à Trois-Rivières, dans le comté que représentait M. Duplessis, le tragique effondrement du pont en construction au-dessus du Saint-Laurent.*

À L'Ancienne-Lorette, des membres de la Police provinciale descendent la dépouille mortelle de l'avion qui l'avait transportée de Schefferville à Québec.

ACTIVITÉS

■ **LA PRESSE raconte Montréal**

Chalet du Mont-Royal — Conjointement avec une exposition intitulée «Un îlot dans une île», LA PRESSE propose aux visiteurs qui se rendront au Chalet du Mont-Royal d'ici le 9 septembre prochain une cinquantaine d'illustrations permettant à LA PRESSE de «raconter Montréal».

Explosion d'un caisson: 12 morts à Trois-Rivières

par Gilles Daoust

SPECTACLE d'isolement et d'angoisse. A 500 pieds du rivage, dans le premier caisson de la section nord du pont de Trois-Rivières en construction, une explosion qui s'est produite en fin d'après-midi **(le 7 septembre 1965),** a tué un homme et en a enterré vivants onze autres.

Il est dix heures du soir et sur la rive, parents et témoins apprennent qu'il ne reste, à toutes fins pratiques, aucun espoir de retrouver vivants les onze ouvriers qui travaillaient à 80 pieds sous la surface de l'eau, dans le lit du fleuve. On ne sait rien, on ne voit rien; la compagnie observe le plus complet mutisme; on devine seulement, loin de la rive, sous les puissants réflecteurs, les travaux de sauvetage qui, peu à peu, ralentissent...

Un homme-grenouille et une vingtaine de manoeuvres s'affaireront encore toute la nuit sur le caisson «N-2» du pont de Trois-Rivières, maintenant un amas de ferraille, fendu en deux par une explosion dont on n'a pas encore révélé la cause.

De l'avis des dirigeants de la compagnie Dufresne et McNamara Engineering, qui ont le contrat pour les travaux des piliers du pont, sept des ouvriers qui travaillaient au plus profond du caisson ne possédaient, au moment de l'explosion, que l'oxygène suffisant pour survivre une trentaine de minutes. La déflagration s'est produite au plus profond du caisson, à une profondeur de 80 pieds. C'est à cette profondeur que les hommes, dans le caisson, creusaient le lit du fleuve pour la construction du pilier central «N-2».

Trente à quarante hommes creusaient ce pilier. Sous le choc, quelques-uns, qui travaillaient à la surface du caisson, furent projetés à l'eau et rescapés sans blessures. D'autres, installés plus profondément, subirent diverses blessures et furent éventuellement transportés à l'hôpital Saint-Joseph de Trois-Rivières après avoir été ramenés des lieux de l'explosion à bord de canots-automobiles. (...)

La seule victime dont on a retrouvé le corps jusqu'à présent a été identifiée comme étant M. Gilles Arvisais, âgé de 28 ans, de Mont-Carmel, à une dizaine de milles de Trois-Rivières.

L'explosion s'est produite à 4 h. 05 précises, soit juste quelques instants avant le changement des équipes. (...)

La construction du pont de Trois-Rivières doit être terminée en 1967. Le forage du pilier «N-2» avait débuté il y a quatre mois. Il semble que l'accident d'hier retardera d'autant de mois la fin des travaux.

La Commission d'enquête formée par le gouvernement du Québec à l'été de 1977 pour faire la lumière sur les causes de l'augmentation absolument démesurée des coûts des Jeux de la 21e Olympiade commençait ses audiences publiques le *7 septembre 1978.* Cette photo montre les trois commissaires, soit de gauche à droite, M. Jean-Guy Laliberté, comptable; le juge Albert H. Malouf, de la Cour Supérieure, président des travaux; et M. Gilles Poirier, ingénieur.

Maurice Chevalier: quatre fois 20 ans!

par Claude GINGRAS

«Récital d'adieu»? Peut-être... En tout cas, si Maurice Chevalier n'avait pas fait certaines allusions à l'idée que c'était «la dernière fois», nous n'aurions jamais eu l'impression qu'il présentait, effectivement, son dernier récital devant nous. Maurice Chevalier a donné tout simplement un excellent tour de chant traditionnel, comme il en donne depuis des années, que dis-je: depuis des générations! Il n'est jamais tombé dans la nostalgie et il n'a pas montré de signes de fatigue. Il a été, encore une fois, tout simplement prodigieux.

Je me permettrai de le taquiner un peu en parlant de «déformation professionnelle». Maurice Chevalier a en effet tellement de métier qu'il ne pouvait se permettre, même en cette «dernière fois», d'être inférieur à lui-même. Il a été impeccable du commencement à la fin, exactement comme un employé silencieux qui fait sa pleine journée de travail, même si cette journée est sa dernière.

Non, ce n'est pas un «récital d'adieu», avec tout ce que cela comporte, que Maurice Chevalier a donné samedi soir **(7 septembre 1968)**: c'est un tour de chant régulier, bien monté et bien présenté, sans bavure et sans hésitation, en fait un tour de chant autrement plus divertissant que ceux que nous donnent à longueur de saison certains soi-disant «grands» du music-hall qui ont la moitié de ses années mais qui, malheureusement, n'ont pas la moitié de son métier.

J'ignore quelle force mystérieuse et invisible maintient Maurice Chevalier dans une telle forme, mais samedi soir, il nous a encore une fois émerveillés. Par son énergie, par sa lucidité, par son extraordinaire métier, bref par sa jeunesse que l'on dirait éternelle! Le visage frais, le sourire franc et jeune, l'oeil et le geste rapides, la mémoire infaillible, en somme on ne croirait jamais que l'artiste qui est là devant nous aura 80 ans dans quelques jours. Ce n'est tout simplement pas possible. La vérité serait plutôt que Maurice Chevalier a quatre fois 20 ans!

Je suis ennemi de la formule qui veut que, pour être «poli», ou «aimable», ou «bien élevé», on ait recours, en pareilles circonstances, à des expressions toutes faites qui ne veulent rien dire. Le cas Maurice Chevalier tient décidément du miracle. D'accord, je n'irais pas jusqu'à dire qu'il pourrait continuer indéfiniment à faire ce métier, mais ce que nous avons vu samedi soir à la Place des Arts, c'est un artiste en pleine forme, quittant le plateau avant qu'il ne soit trop tard. (...)

C'EST ARRIVÉ UN 7 SEPTEMBRE

1983 — Quelque 100 000 personnes assistent aux funérailles organisées à Séoul en l'honneur des passagers du *B-747* coréen abattu par la chasse soviétique. Au Canada, les événements forcent le cirque de Moscou à annuler sa tournée et à rentrer en Union soviétique.

1977 — Nouveau traité du canal de Panama permettant à Panama de recouvrer graduellement des Américains la souveraineté sur l'ensemble des territoires de la zone du canal.

1976 — Le juge Jules Deschênes donne raison aux «Gens de l'air» et ordonne à Air Canada de cesser d'interdire à ses pilotes d'utiliser le français dans l'air.

1973 — Intensification de la campagne déclenchée contre l'académicien Sakharov et l'écrivain Soljénytsine, en URSS.

1968 — Le président portugais Salazar est opéré pour un hématome crânien.

1958 — Ouverture à Montréal de la conférence mondiale sur l'énergie, à laquelle participent 1 200 délégués de 51 pays.

1957 — Manifestation de 3 500 travailleurs devant le Parlement de Québec afin de revendiquer le libre-exercice du droit d'association syndicale dans la province.

1953 — Le championnat canadien d'hydroplanes est disputé à Montréal (Pont-Viau) pour la première fois de l'histoire, et la victoire échoit au *Canada Maid II.* — Au tennis, Maureen Connolly complète son «grand chelem» en gagnant le tournoi de Forest Hills.

1952 — Le général Neguib oblige le premier ministre égyptien Aly Maher à démissionner, et il assume tous les pouvoirs.

1950 — Un incendie ravage 160 logis en construction à Saint-Laurent, en banlieue de Montréal.

1949 — Première session du nouveau parlement allemand, à Bonn.

1945 — Discours d'adieu au Parlement canadien du gouverneur général du Canada, le comte d'Athlone.

1910 — Sentence du tribunal de La Haye sur la question des pêcheries côtières de l'Atlantique du Nord. Accords commerciaux conclus avec l'Allemagne, la Belgique, les Pays-Bas et l'Italie.

1892 — À la boxe, Jimmy Corbett bat John L. Sullivan en 21 rounds.

QUINZE NAGEURS ONT PRIS PART AU MARATHON, SEULEMENT TROIS ONT COUVERT LE PARCOURS

TROIS concurrents sur quinze ont terminé hier **(7 septembre 1925)** la course à la nage du quai Victoria à Repentigny, organisée par le club Excelsior-Henderson. Omer Perrault, Théo McDuff et R. McDuff sont les seuls nageurs qui ont couvert tout le parcours, soit trente milles environ en tenant compte des zig-zags. Perrault, le vaillant athlète qui a tenté plusieurs fois la traversée de la Manche, contre qui la malchance et le sort se sont acharnés dans le temps, et qui a échoué après être venu tout près de réussir, s'est affirmé hier d'éclatante façon. Habilement dirigé et encouragé par son camarade et ami Armand Vincent, qui l'a accompagné en chaloupe sur tout le parcours et lui a prodigué tous les soins voulus, Perrault a complètement déclassé ses adversaires et a remporté une victoire très facile, arrivant au but deux milles environ avant Théo. McDuff, son plus proche adversaire. (...)

Théo. McDuff est arrivé quarante minutes après Perrault. R. McDuff qui s'est classé troisième, est arrivé au but une heure et douze minutes après le vainqueur. Il s'était trompé de courant et a fait trois milles de plus que les autres nageurs. En arrivant, il a donné une exhibition, pour montrer qu'il n'était pas fatigué.

Le départ du marathon de nage s'est effectué à 1 h. 30 du quai Victoria, et Perrault est arrivé à Repentigny à 6 h. 32, ayant fait le parcours en 5 heures et 2 minutes. Le vainqueur était encore vigoureux lorsqu'il a atterri. Une foule énorme était massée sur le quai de Repentigny pour assister à l'arrivée des nageurs. (...)

DEUXIEME SECTION — PAGES 5 A 32

LA PRESSE

CIRCULATION 635,520

21ME ANNEE—No 260 — MONTREAL, SAMEDI 7 SEPTEMBRE 1907

COURS GRATUIT DE STENOGRAPHIE DE LA "PRESSE"

Cours Elémentaire de Sténographie (D'après la méthode Duployé) adopté par la plupart des Ecoles et des Collèges commerciaux de la Province de Québec.

PAR MONSIEUR ET MADAME DENIS R. PERRAULT, PROFESSEURS, ET AUTEURS.

Approuvé par le Conseil de l'Instruction Publique en 1889.

PREMIERE LECON :—

L'ALPHABET

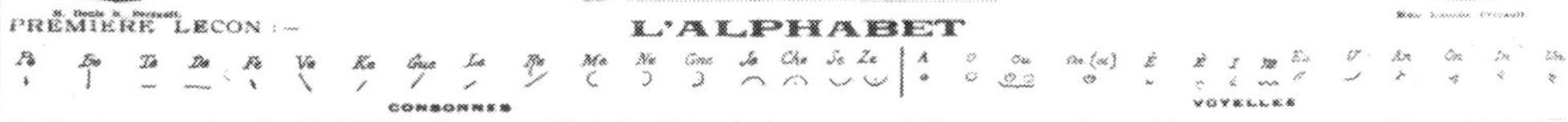

Fidèle à sa vocation, LA PRESSE offrait, au début du siècle, des cours en différentes matières. Nous vous avons déjà parlé des cours de solfège. Or, le *7 septembre 1907*, c'est une série de cours de sténographie que LA PRESSE commençait à l'intention de ses lecteurs.

LA PRESSE

100 ans d'actualités

L'ITALIE A CAPITULE

L'armée italienne s'est rendue sans condition. — Armistice accordé.

QUARTIERS généraux alliés en Afrique du Nord, 8 (B.U.P.) — L'Italie a capitulé aujourd'hui **(8 septembre 1943)**, sans conditions.

Le général Dwight D. Eisenhower a annoncé la capitulation des forces armées italiennes cinq jours après que la 8e armée anglo-canadienne du général sir Bernard Montgomery eut envahi l'Italie.

En anonçant l'écroulement de la résistance italienne, le commandant en chef allié a dit qu'on a accordé à l'Italie un armistice militaire.

Le 1er des séides de l'Axe tombe

(B.U.P.) — La première rencontre pour discuter des conditions d'armistice a eu lieu en territoire neutre. Le commandement allié a expliqué aux Italiens qu'ils devaient capituler sans conditions.

D'autres rencontres ont eu lieu en Sicile; c'est au quartier général de Sicile, le 3 septembre, qu'a été signé l'armistice.

(B.U.P.) — Aux termes de la convention d'armistice, non seulement les Italiens ont accepté toutes les conditions posées par le général Eisenhower, mais il se sont engagés à user de la force contre les Allemands si ces derniers veulent les empêcher d'exécuter leurs engagements envers les Alliés.

(P.A.) — Ainsi le membre junior de l'Axe Berlin-Tokyo-Rome s'est-il conformé à la décision du premier ministre Churchill et du président Roosevelt réclamant une capitulation sans conditions.

Cette nouvelle a été annoncée comme les troupes italiennes démoralisées se rendaient par centaines aux troupes britanniques et canadiennes avançant en Calabre où les Alliés ont débarqué vendredi dernier après une victorieuse campagne de 38 jours en Sicile d'où les Allemands s'enfuirent en Italie continentale.

Badoglio lui-même a demandé l'armistice

La capitulation a été faite par le gouvernement du maréchal Badoglio qui succéda à Mussolini quand cet associé d'Hitler fut renversé le 25 juillet.

(B.U.P.) — Cette reddition est survenue après une brève campagne d'invasion où les Anglo-Canadiens rencontraient une résistance tout au plus symbolique.

Les troupes du général Montgomery n'étaient guère retardées que par des démolitions et le caractère accidenté du terrain.

Berlin muet

(Les postes de radio axistes n'ont rien annoncé immédiatement après la capitulation. Environ une heure plus tôt, la radio allemande annonçait de nouveaux débarquements britanniques près de Pizzo, à une trentaine de milles au nord de l'endroit où l'avance anglo-canadienne avait été mentionnée la dernière fois).

Le général Eisenhower a ainsi annoncé la plus grande victoire encore remportée par les alliés en quatre ans de guerre. La forteresse Europe d'Hitler est enfoncée, la route est ouverte à de nouvelles offensives et la durée de la guerre s'en trouvera extraordinairement raccourcie.

Ainsi, l'ultimatum de Casablanca reçoit-il sa première application.

Le hasard a voulu que le général Douglas MacArthur entre dans la ville de Tokyo conquise le ***8 septembre 1945****, donc deux ans plus tard, jour pour jour, après la capitulation de l'Italie.*

Le général Pietro Badoglio, signataire de la reddition de l'Italie au nom du gouvernement italien.

Cindy Nicholas, une étudiante de l'Université de Toronto âgée de 20 ans, réussissait un exploit le *8 septembre 1977*, en devenant la première femme de l'histoire à traverser la Manche à la nage aller-retour, en plus de pulvériser le record du meilleur temps, détenu par un des quatre hommes qui avaient réussi l'exploit. Déjà détentrice du record féminin dans le sens France-Angleterre avec un temps de 9 heures et 46 minutes, elle a mis 8 heures et 58 minutes à relier Douvres à la côte française (ratant le record absolu dans ce sens par seulement deux minutes), puis 10 heures et 57 minutes pour rentrer à Douvres. Son temps combiné de 19 heures et 55 minutes était inférieur de 65 minutes au record de tous les temps pour la traversée aller-retour. Mlle Nicholas est ici flanquée de son pilote Val Noakes (à gauche) et de son entraîneur, Terry Noakes.

Rapport de la commission Tremblay: municipalisation du tram recommandée

QUÉBEC, 9 (P.C.) — L'hon. Maurice Duplessis, premier ministre de la province de Québec, a divulgué hier **(8 septembre 1950)** au cours de sa conférence de presse hebdomadaire les «grandes lignes» du rapport final de la commission Tremblay sur le système de tramways montréalais.

M. Duplessis révèle que la commission recommande la municipalisation du tramway et la séparation des finances du tramway et du métro, s'il s'en construit un. La commission affirme que le stationnement des autos privées est une grande cause des embarras de la circulation, à Montréal.

La commission blâme la surcapitalisation de la Compagnie des tramways; l'évaluation excessive de l'actif d'anciennes compagnies acquises par la présente de 1915 à 1918; le mauvais état de la caisse de retraite. Elle désapprouve aussi l'ancienne Commission des tramways, chargée de surveiller l'exploitation du réseau.

Le premier ministre note l'unanimité des commissaires, désignés en 1948: l'hon. Thomas Tremblay, juge en chef de la Cour de magistrat de Québec; M. Aimé Parent, représentant de la ville de Montréal; l'hon. Lucien Gendron, C.R., représentant de la Compagnie des tramways. (...)

«Le rapport fait ressortir (*a dit M. Duplessis*) un mouillage des actions (surcapitalisation) supérieur à $14 millions. Il fait aussi ressortir certains procédés qui semblent extraordinaires touchant l'estimation de l'actif d'anciennes compagnies cédées à la Compagnie des tramways. Nous savons que ces opérations financières remontent à 1915, 1916, 1917 et 1918.

«La commission recommande la municipalisation du tramway, blâme la Commission des tramways instituée par des gouvernements soit-disant libéraux, recommande certains moyens d'améliorer la circulation à Montréal.» (...)

Interrogé sur les recommandations de la commission touchant le métro, M. Duplessis répond: «La commission ne croit pas juste que les voyageurs du tramway paient les frais du métro. Elle ne croit pas non plus que le métro doive payer le frais du tramway. Elle juge que les questions de frais du métro et des transports de surface doivent être distinguées et réglées séparément.» (...)

JUIFS DÉBARQUÉS DE FORCE À HAMBOURG

HAMBOURG, 8 (P.A.) — Des soldats britanniques, brandissant leurs matraques, ont tiré à force de bras **(le 8 septembre 1947)**, hors d'un transport anglais, les récalcitrants parmi les réfugiés juifs de l'«Exodus 1947» et les ont chargés à bord de trains roulant vers le camp de Poppendorf, près de Lubeck.

Le premier convoi est arrivé en retard à Poppendorf, ayant stoppé en route, disent les autorités britanniques, parce que les réfugiés avaient arraché des barreaux de fer aux portières, apparemment pour s'en faire des armes. Des autos blindés attendaient à Poppendorf, mais les réfugiés ont refusé de sortir du train.

Une partie des réfugiés à bord de l'«Ocean Vigour», le premier des trois transports britanniques à débarquer ses passagers, est descendue paisiblement, mais il fallut en jeter d'autres sur le quai. Au départ du premier train, les réfugiés criaient: «Nous reprendrons notre marche vers la Palestine; nous ne resterons pas dans les camps».

Paisible contingent initial

Le débarquement de l'«Ocean Vigour» avait commencé à l'aube avec les femmes, les enfants, les vieillards. Vers le milieu de la matinée, la résistance commença et les soldats commencèrent à frapper les réfugiés sur la tête avec leurs matraques. Des Juifs qui se rebiffaient furent portés à bras et déversés sur le quai, où d'autres soldats les portaient aux trains.

DÉFICIT DE LA PROVINCE: $6.8 MILLIONS

Les revenus ont diminué en deux ans de $10,500,000. — Services publics maintenus malgré la crise.

(Du correspondant de la «Presse»)

QUÉBEC, 9 — Dans une déclaration faite aux journalistes, tard hier après-midi **(8 septembre 1933)**, le trésorier de la province, l'hon. R.F. Stockwell, a déclaré que le bilan des opérations financières de la province pour l'exercice fiscal terminé le 30 juin dernier se clôt par un déficit de $6,840,907.96. Les chiffres détaillés seront publiés dans la prochaine édition de la «Gazette officielle» du Québec.

«Le déficit, a dit le trésorier, est directement attribuable aux temps extraordinaires par lesquels nous passons. La crise a exigé des gouvernements des efforts sans pareils et elle a considérablement affecté les revenus.

«Au cours de l'année qui vient de s'écouler, il y a eu une grosse diminution dans les revenus tels que prévus pour la période de douze mois qui s'est terminée le 30 juin dernier. Cette diminution, en chiffres ronds, est d'environ $6,000,000. Cette somme est formée presque entièrement de la diminution des recettes de la Commission des liqueurs du Québec ($2,700,000); du département des terres et forêts ($1,500,000); des droits sur les successions ($900,000); de la vente de la gazoline (environ $400,000); et de la vente des permis et licences ($650,000). Si l'on poussait encore plus loin la comparaison et que l'on remontât d'une année en arrière, on verrait que, depuis cette époque, la baisse nette dans les recettes a été de $10,500,000.

Les dépenses ont beaucoup augmenté

«En plus de ces diminutions de revenus, on a demandé au trésor des sommes qui n'avaient pas été prévues dans le vote des estimés de la Chambre, pour rencontrer des dépenses comme celles des boni aux colons, le défrichement des terres, le drainage du sol, la fourniture des graines de semences aux colons, sans compter les autres octrois pour l'avancement de l'agriculture, l'aide à nos asiles provinciaux et plusieurs autres oeuvres gouvernementales que l'on ne pouvait abandonner à cause des besoins particuliers de la dépression.

«Les dépenses faites ont largement été distribuées dans une grande variété de services gouvernementaux: pour la conservation de nos ressources naturelles, pour l'éducation de nos enfants et de la jeunesse, pour la protection et la santé de notre peuple. Un programme considérable de travaux publics a été entrepris tout particulièrement pour donner du travail aux chômeurs. En un mot, tous les facteurs dont nous venons de parler, mis ensemble, prouvent que beaucoup de travail a été fait qui a été payé à cent pour cent à même les fonds provinciaux, parce qu'ils étaient entrepris en marge des autres oeuvres auxquelles le gouvernement fédéral contribue dans le but de secourir les sans-travail. (...)

Premiers «amateurs» à recevoir une «bourse d'études»

OTTAWA (PC) — Les athlètes plus musclés que doués pour le calcul sont maintenant assurés de pouvoir concilier les études et le sport. Le ministre John Munro a dévoilé hier **(8 septembre 1970)** à Ottawa, le nom des 37 athlètes qui se sont vus attribuer une bourse d'études de l'ordre de $2,000.

Quatre Québécois sont au nombre des premiers élus. Il s'agit de Toomas Arusoo et de Peter Cross, dans le domaine de la natation, et de Bruce Simpson, en athlétisme. George Athans est le seul à recevoir cette bourse dans le sport du ski nautique.

Les 37 athlètes bénéficieront donc d'un appui financier destiné à les encourager, au moment où les besoins deviennent souvent une des raisons de leur renoncement aux épreuves et compétitions internationales. (...)

Au moment où le destin et l'avenir des athlètes se joue, le ministre devait déclarer que les athlètes appelés à recevoir une telle bourse ne devaient pas se limiter à un nombre de 37, mais que de nouveaux noms seraient dévoilés, dans un avenir proche.

L'église Notre-Dame servit de cadre, le *8 septembre 1910*, à une messe de minuit incomparable proposée aux catholiques à l'intérieur du programme des activités du Congrès eucharistique. Selon LA PRESSE de l'époque, plus de 15 000 fidèles s'étaient entassés dans le sanctuaire, «illuminé de mille feux et couverts de fleurs naturelles tombant en guirlandes».

C'EST ARRIVÉ UN 8 SEPTEMBRE

1982 — Le juge en chef Jules Deschênes, de la Cour Supérieure, reconnaît que «la Loi 101 excède inutilement les limites du raisonnable». — Marcel Léger est écarté du cabinet Lévesque.

1980 — Ouverture de la conférence fédérale-provinciale sur la Constitution canadienne, à Ottawa.

1978 — En Iran, l'armée tire sur la foule et fait dix morts, amenant le gouvernement à décréter la loi martiale.

1974 — Le président Gerald Ford accorde un pardon complet à l'ex-président Nixon pour toutes les offenses commises contre les États-Unis pendant la durée de sa présidence.

1970 — Les dix étudiants exclus temporairement de l'université Sir George Williams sont condamnés à une amende de $1 000 pour leur rôle dans le vandalisme causé au centre d'informatique.

1969 — Rod Laver complète son deuxième «grand chelem» du tennis, à Forest Hills.

1968 — Les premiers réfugiés tchécoslovaques ayant fui devant l'invasion soviétique arrivent au Canada grâce à un programme fédéral qui permet la venue d'environ 10 000 d'entre eux.

1966 — Réélection du Parti libéral de Joey Smallwood avec une forte majorité lors des élections générales de Terre-Neuve.

1961 — Début d'une conférence où l'Université de Montréal est l'hôte des universités de langue française du monde entier, faisant ainsi oeuvre de pionnier.

1957 — L'Américain Bob Schroeder gagne la course de 100 milles pour hydroplanes, à Pont-Viau.

1955 — Le Conseil de sécurité des Nations unies approuve un plan destiné à mettre fin aux incidents entre l'Égypte et Israël, à la frontière du territoire de Gaza. Le plan est l'oeuvre du général E. L. M. Burns du Canada, chef de la commission d'armistice dans ce territoire.

1951 — Quarante-neuf pays occidentaux réunis à San Francisco signent le traité de paix avec le Japon.

1949 — Richard Strauss, célèbre compositeur âgé de 85 ans, auteur des opéras *Le chevalier à la rose* et *Salomé*, meurt à Garmisch-Partenkirchen.

1947 — À Paris, les autorités mettent à jour un complot de la bande *Stern* qui voulait bombarder Londres du haut des airs.

1946 — Le peuple bulgare se prononce par plébiscite en faveur de la république. Le jeune roi de 9 ans, Siméon II, prend le chemin de l'exil.

ACTIVITÉS

AUJOURD'HUI ET DEMAIN

■ **LA PRESSE raconte Montréal**

Chalet du Mont-Royal — Conjointement avec une exposition intitulée «Un îlot dans une île», LA PRESSE propose aux visiteurs qui se rendront au Chalet du Mont-Royal d'ici le 9 septembre prochain une cinquantaine d'illustrations permettant à LA PRESSE de «raconter Montréal».

DEMAIN

■ **À la radio**

15 h, Radio-Canada — Chronique consacrée à LA PRESSE à l'émission *Avec le temps*, animée par Pierre Paquette.

BABILLARD

Témoignage empreint d'une sincère amitié

Un lecteur de LA PRESSE depuis 61 ans, **François Brazeau,** de Saint-Laurent, nous demande de signaler le **104e anniversaire** d'un de ses amis du Foyer pour personnes âgées Saint-Laurent, **Adélard Thibodeau.** «J'ai l'occasion de le rencontrer souvent. Ce qui impressionne chez ce centenaire, c'est qu'il marche d'un pas alerte, se rend seul à la salle à manger et se dirige souvent à sa chambre non pas en se servant de l'ascenseur, mais en escaladant l'escalier». Quel beau témoignage que voilà! Et bon anniversaire, M. Thibodeau, de la part de LA PRESSE!

LA PRESSE
100 ans d'actualités

C'EST ARRIVÉ UN 10 SEPTEMBRE

1980 - Le premier ministre Trudeau est contré par les provinces dans ses efforts pour enchâsser une charte des droits dans la nouvelle constitution.

1978 - L'insurrection contre le régime Somoza se généralise au Nicaragua, et les sandinistes s'emparent de Leon.

1967 - Les habitants choisissent à 99 p. cent de maintenir les liens unissant Gibraltar à la Grande-Bretagne.

1965 - C'est maintenant officiel: l'équipe Marchand-Pelletier-Trudeau adhère au Parti libéral du Canada.

1962 - Ottawa accorde son appui à la candidature de Montréal pour l'Exposition universelle de 1967. — Rod Laver réussit le «grand chelem» du tennis en gagnant le tournoi de Forest Hills. — À la Conférence du Commonwealth, le Canada et la Nouvelle-Zélande s'opposent à l'entrée de la Grande-Bratagne au sein de la Communauté économique européenne.

1955 - Wang Ping-nan, ambassadeur de la Chine communiste en Pologne, déclare à Genève que la Chine libérera les 41 détenus américains. De leur côté, les États-Unis laisseront les citoyens chinois des États-Unis retourner en Chine s'ils le désirent.

1949 - Le R. P. Léon Merklen, rédacteur en chef du quotidien catholique parisien *La Croix*, meurt subitement à 74 ans.

1948 - Nomination de Louis S. Saint-Laurent au poste de ministre de la Justice, et de son collaborateur, Lester B. Pearson, au ministère des Affaires extérieures.

1947 - La France propose l'autonomie à l'Indochine, avec droit d'y maintenir des bases militaires.

1940 - Les avions anglais bombardent Berlin, atteignant plusieurs des grands édifices nazis. Les Allemands répliquent en assaillant les villes anglaises pendant huit heures.

1924 - Deux adolescents doivent à leur jeune âge le fait qu'ils aient évité la potence alors qu'un juge de Chicago les condamne à l'emprisonnement à vie pour l'enlèvement et le meurtre de Robert Franks, âgé de 14 ans.

1915 - Décès à l'âge de 93 ans de sir Charles-Eugène Boucher de Boucherville, ex-premier ministre de la province de Québec, et dernier survivant des détenteurs d'un double mandat (sénateur à Ottawa et conseiller législatif à Québec).

1904 - LA PRESSE lance une souscription pour venir en aide au sculpteur Laliberté, qui vit dans la misère à Paris.

Le Canada est entré librement en guerre

Le Palais de Buckingham était la cible d'une bombe à retardement allemande, le *10 septembre 1940*. En explosant, la bombe n'a heureusement fait que peu de dégâts. L'occupant du palais, le roi George VI s'était rendu la veille sur les lieux d'une zone de Londres plus particulièrement atteinte par les bombes allemandes, afin de remonter le moral des Londoniens.

Décision presque unanime du Parlement. — Présentation du budget de guerre.

(Du correspondant de la PRESSE)

OTTAWA, 11 — La proclamation déclarant officiellement que l'état de guerre existe entre le Canada et l'Allemagne a été émise, hier après-midi **(10 septembre 1939)**. Cette décision fut prise avec le consentement presque unanime du Parlement. C'est la première fois dans l'histoire qu'un Dominion du Commonwealth britannique, par sa propre volonté, exerce ce pouvoir souverain, pouvoir le plus important qui puisse exister chez une nation.

En 1914, le gouvernement du Canada n'avait pas publié la proclamation de guerre de l'Angleterre. Seulement une demi-journée, treize heures après l'approbation du Parlement, le Canada mettait toutes ses ressources au service des Alliés, pour la deuxième fois en un quart de siècle. La proclamation royale a été émise par Son Exc. lord Tweedsmuir, gouverneur général du Canada, sur l'autorisation de Sa Majesté le roi George VI à titre de roi du Canada.

Le Parlement devra maintenant étudier le budget de guerre. C'est ce qui sera fait aujourd'hui. (...) A cause des dépenses de guerre considérables que le Canada devra faire, le budget de guerre (...) contiendra des impôts plus lourds que ceux qui existent actuellement. On croit que le gouvernement demandera de voter $100,000,000. (...)

Voici le texte de cette proclamation:

TWEEDSMUIR (L.S.), Canada

GEORGE VI, par la Grâce de Dieu, Roi de Grande-Bretagne, d'Irlande et des Territoires britanniques au-delà des mers, Défenseur de la Foi, Empereur des Indes.

A tous ceux à qui les présentes parviendront ou qu'icelles pourront de quelque manière concerner, — Salut!

PROCLAMATION

ERNEST LAPOINTE, procureur général du Canada.

ATTENDU que par et ce l'avis de Notre Conseil privé pour le Canada, Nous avons signifié Notre approbation relativement à la publication, dans la «Gazette du Canada», d'une proclamation déclarant qu'un état de guerre avec le Reich allemand existe et a existé dans Notre Dominion du Canada à compter du dixième jour de septembre 1939;

A ces causes, Nous déclarons et proclamons par les présentes qu'un état de guerre avec le Reich allemand existe et a existé dans notre Dominion du Canada à compter du dixième jour de septembre 1939.

De ce qui précède, Nos féaux sujets et tous ceux que les présentes peuvent concerner sont par les présentes requis de prendre connaissance et d'agir en conséquence.

En foi de quoi, Nous avons fait émettre Nos présentes Lettres Patentes et à icelles fait apposer le Grand Sceau du Canada. Témoin: Notre très fidèle et bien-aimé John, Baron Tweedsmuir d'Elsfield, membre de Notre très honorable Conseil privé, Chevalier grand-croix de Notre Ordre très distingué de Saint-Michel et de Saint-Georges, Chevalier grand-croix de Notre Ordre royal de Victoria, membre de Notre Ordre des Compagnons d'honneur, Gouverneur général et Commandant en chef de Notre Dominion du Canada.

En Notre Hôtel du Gouvernement, en Notre cité d'Ottawa, ce dixième jour de septembre en l'an de grâce mil neuf cent trente-neuf, le troisième de notre Règne.

Par ordre,
W.L. MACKENZIE KING,
Premier ministre du Canada.

C'est en présence de ses ministres et de ses amis que la dépouille mortelle de feu Maurice Duplessis était portée en terre, le *10 septembre 1959*, à Trois-Rivières, la ville qu'il avait si fièrement défendue à l'Assemblée législative, d'abord comme député, et ensuite comme premier ministre, de 1936 à 1940, puis de 1944 à sa mort.
photo René Picard, LA PRESSE

LA MESSE AU PARC MANCE

La messe en plein air a revêtu un caractère d'imposante grandeur

LA procession aura été le plus beau spectacle des cérémonies extérieures du Congrès eucharistique, mais immédiatement après, sinon sur le même rang, il faut placer la messe à l'endroit historique surnommé le parc Mance.

Les mots ordinaires ne peuvent donner une idée quelconque de ce qu'était cette démonstration grandiose. Quand il s'agit de raconter un tel spectacle, à moins d'avoir à son service toutes les ressources des grands génies littéraires, on se sent dépassé.

Tant de souvenirs revivaient à cette messe: c'était même tout ce qui lui prêtait un caractère spécial, car rien, sauf les événements mémorables qu'elle rappelait, ne la distinguait des services ordinaires.

Cependant, il y avait le reposoir, superbe sur ses colonnes élancées, toutes drapées d'écarlate et d'or au faite. Reste encore la décoration florale, la foule des soixante évêques et des deux milles prêtres, l'assistance quasi innombrable, et la maitrise puissante; mais impossible de découvrir à part ces quelques traits de quoi prêter à cette cérémonie une physionomie particulière; c'était encore une fois la fête du souvenir.

Le père Hage l'avait bien compris; car dans son sermon, il rappela les événements mémorables dont le parc avait été le théâtre, et surtout cette première messe du 18 septembre 1642, où le père Vimont prédisait, dans son sermon, le brillant avenir de ce qui commençait d'être Ville-Marie. L'eucharistie était là pour veiller sur la destinée de la patrie canadienne et la conduire à son glorieux avenir.

Mgr O'Connell, archevêque de Boston, fit également un sermon sur l'eucharistie très goûté de ceux qui entendaient l'anglais.

Mgr Farley, archevêque de New York, célébrait l'office divin, et le cardinal légat arriva de Saint-Patrice à temps pour donner à la multitude la bénédiction papale. Rien de plus beau ni de plus éloquent que cette foule de chrétiens de tout âge et de toutes classes s'agenouillant au pied de la magnifique murale du Mont-Royal. (...)

Cela se passait le 10 septembre 1910.

Cette photo d'époque présente l'immense reposoir construit dans la parc Jeanne-Mance, au pied du Mont-Royal, entouré s'une foule énorme venue assister aux cérémonies religieuses présentées dans le cadre du Congrès eucharistique de 1910. C'est à une scène de ce genre qu'on assistera demain, au parc Jarry, lors de la messe célébrée par le pape Jean-Paul II.

Moment historique devant moins de 100 personnes

Paul Sauvé forme son cabinet

QUÉBEC, 11 (par J.L.T.) — Le parlement provincial, ou défilaient mardi des milliers et des milliers de personnes devant la tombe d'un grand disparu, était relativement vide hier soir **(10 septembre 1959)**, quand moins d'une centaine d'hommes, dont 70 représentants du peuple, ont choisi le nouveau premier ministre de la province de Québec, *M. Paul Sauvé, député de Deux-Montagnes, et ministre de la Jeunesse et du Bien-Être social.*

Cette fois, le grand public était représenté par les journalistes, ceux de la presse, de la télévision et de la radio, et par quelques hommes attachés à la personne de tel ou tel ministre.

Les circonstances expliquent ce contraste *(M. Duplessis ayant été porté en terre le matin même)*. Tous les ministériels sont évidemment dans le deuil, et la décision qu'ils avaient à prendre, si importante qu'elle fût pour toute la province, ne pouvait être prise que par eux et le plus rapidement possible.

On sait déjà que M. Duplessis, qui n'était parti que pour quelques jours et ne devait pas sortir de la province, n'avait pas désigné de premier ministre suppléant, contrairement à ce qu'il faisait ordinairement lorsqu'il s'absentait pour se rendre à l'extérieur, ne fût-ce que le même temps.

Le cabinet ne pouvait donc se réunir régulièrement et prendre des décisions officielles, bien que les ministres aient apparemment eu le droit de prendre, chacun dans leur département, des décisions administratives courantes.

Leur réunion d'hier soir, dans la salle du conseil exécutif, n'était donc pas une séance du cabinet mais seulement une réunion de ministres devant un fauteuil vide, le principal, celui du premier ministre défunt.

C'est même la raison que le ministre de la Colonisation, l'hon. M. Bégin, a mentionné après consultation avec ses collègues pour ne pas admettre un photographe qui aurait aimé enregistrer cette «photo-souvenir».

Réponse semblable de M. Maurice Bellemarre, whip en chef du parti ministériel à un journaliste qui demandait l'admission de son photographe dans la salle du caucus où les députés attendaient les ministres: «La photo serait peut-être historique, mais notre deuil est trop récent...» (...)

Manifestation de la LIS à Saint-Léonard

par Lucien RIVARD

LA loi de l'émeute a été décrétée hier soir **(10 septembre 1969)** à Saint-Léonard, alors que la manifestation de quelque 2,500 supporteurs de la Ligue pour l'intégration scolaire se déroulait dans un climat de violence dont l'intensité allait sans cesse grandissante.

La violence avait atteint son paroxysme quand, à 9 h. 04 exactement, le maire de Saint-Léonard, M. Léo Ouellet, s'est avancé dans la rue, à l'intersection des rues Lacordaire et Jean-Talon, pour lire la formule décrétant la mise en vigueur de la loi de l'émeute.

Au moment où le maire Ouellet invitait toutes les personnes présentes à se disperser et à rentrer chez elles, sous peine d'être appréhendées et incarcérées, les troubles persistaient toujours face à l'école Jérôme-Le-Royer, située 800 pieds à l'ouest de l'endroit où il se trouvait.

Le bilan

Cette manifestation, qui a nécessité le déplacement de quelque 500 policiers, dont 300 de la Sûreté du Québec venant de tous les coins de la province, s'est soldée par des dégâts de plusieurs dizaines de milliers de dollars, alors que des dizaines de vitrines d'établissements commerciaux ont été fracassées.

Dix-huit personnes ont été blessées au cours d'affrontements entre le groupe des manifestants et des groupes de contre-manifestants, la plupart des Néo-Canadiens d'origine italienne.

Du nombre des blessés, on compte 15 Canadiens français et trois membres de la communauté italienne de Saint-Léonard. Treize ont été transportés à l'hôpital Santa-Cabrini alors que les cinq autres étaient dirigés vers l'hôpital Maisonneuve. Une seule des victimes demeurait toutefois hospitalisée ce matin, les autres ayant pu regagner leur domicile après avoir été traitées.

Les policiers de Saint-Léonard et de la SQ ont procédé à une quarantaine d'arrestations. (...)

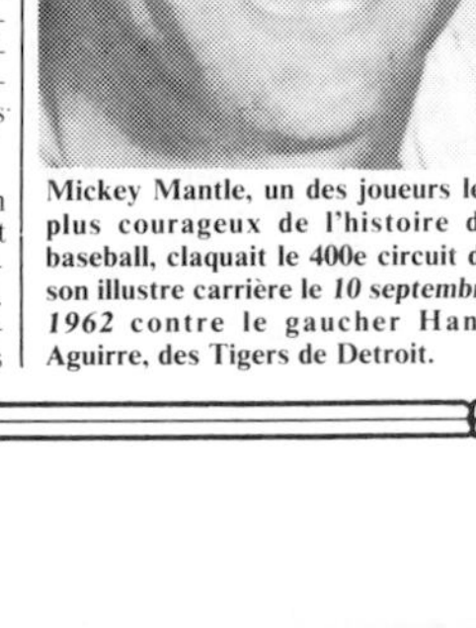

Mickey Mantle, un des joueurs les plus courageux de l'histoire du baseball, claquait le 400e circuit de son illustre carrière le *10 septembre 1962* contre le gaucher Hank Aguirre, des Tigers de Detroit.

LA PRESSE

100 ans d'actualités

LA SUPREME APOTHEOSE DE JESUS-HOSTIE

Le Saint-Sacrement, porté par le représentant du Souverain Pontife, passe triomphalement par les rues de Ville-Marie, escorté par 150,000 hommes.

LE Congrès eucharistique a été clos hier **(11 septembre 1910)**, par une manifestation extraordinaire, par un acte de foi sublime. Jamais notre pays n'avait vu un spectacle aussi grandiose. (...)

La pensée des aïeux nous hantait, lorsque nous avons vu la procession rouler ses flots de croyants. Nos pères, en vérité, ont semé dans une terre fertile. Ils n'ont pas recueilli ici-bas le fruit de leurs labeurs; mais là-haut, leurs âmes si belles ont dû tressaillir d'allégresse et se pencher derrière Dieu, au bord du ciel, pour contempler leur oeuvre.

Le couronnement du congrès eucharistique a été digne du début. L'enthousiasme le plus admirable avait marqué le commencement des fêtes. Cet enthousiasme s'est accru continuellement. Les fêtes se sont terminées par une apothéose. Nous l'avons dit, jamais notre pays n'avait vu un spectacle aussi grandiose. Six cent mille personnes, peut-être plus, ont rendu hommage au Christ-Hostie en prenant part à la procession ou en regardant, émus et priants, défiler les groupes qui formaient cet imposant cortège. Ah! personne n'oubliera jamais cette majestueuse armée de chrétiens, constituée par des hommes parlant des langues différentes et dont plusieurs représentaient les nations les plus reculées du monde. Les spectateurs ont applaudi à maintes reprises. Le tableau étant d'une beauté exceptionnelle, le peuple ne pouvait retenir sa joie et son admiration. (...)

La procession a été d'une splendeur et d'une dignité indescriptibles. La religion, qui a su s'affirmer d'une manière aussi superbe, ne mourra jamais sur ce continent. (...) Tous ces vieillards, tous ces jeunes gens, tous ces enfants, réunis et stimulés par une même foi; tous ces évêques, tous ces prêtres, revêtus des plus beaux ornements; tout ce peuple ému et comme transporté au-delà de la vie; enfin tout ce faste, qu'est-ce que cela signifie? Les démonstrations dans lesquelles on ne découvre rien d'humain, signifient que la religion qui les provoque n'est pas une religion terrestre. Tous se rappelleront le déploiement de forces religieuses qui a été fait hier; tous proclameront le triomphe de l'Hostie, ce pain des peuples énergiques et qui montent. Le Canada monte; son avenir est lumineux. Nous ne voulons pour preuve de la puissance de notre pays que le magnifique et imposant clergé qui formait un groupe splendide dans la procession. (...) Il nous a été fort agréable de voir la magistrature et les professions libérales si splendidement représentées auprès de l'Hostie. Nos hommes d'Etat, par leur présence, ont créé une grande impression.

Le soir, il y eut illumination de la ville. Cette illumination fut très belle. Elle a terminé dignement un jour incomparable.

Quand Son Eminence le cardinal Vannutelli dira au pape, la victoire remportée sur notre sol par Jésus-Hostie, on peut affirmer que le Saint-Père pleurera de joie et nous bénira de nouveau.

LE DEPART DE NOTRE-DAME

(...) Le spectacle à l'église Notre-Dame dépassait tout ce que l'imagination peut concevoir en splendeur: l'immense foule qui, dès 10 heures du matin, s'était massée sur la Place d'Armes et les rues environnantes, la beauté des décorations, le vaste édifice tout pavoisé d'oriflammes élevant ses deux énormes tours, les portes grandes ouvertes et laissant voir l'immense nef et l'autel brillamment illuminé.

Et, dans ce décor, les cent vingt archevêques, évêques et autres prélats, revêtus de leurs vêtements pontificaux, coiffés de la mitre et accompagnés de prêtres, sortaient un à un de l'église, les cloches faisaient entendre leurs voix et avertissaient la population que le «Dieu de l'autel» porté par le représentant du successeur de saint Pierre, allait condescendre à recevoir du demi-million de fidèles assemblés tout le long du parcours les hommage qui lui sont dus. (...)

Le défilé commença à 12 hrs 45, et pendant quatre heures, passèrent sans description près de 150 mille congressistes. Jamais il n'a été donné de voir tableau si imposant ni aussi pittoresque. (...)

La sortie des prélats de l'église Notre-Dame.

Les Iroquois de la réserve de Caughnawaga étaient de la procession.

Ce texte dithyrambique se poursuit sur des colonnes et des colonnes, et les quelques paragraphes qui précèdent donnent au lecteur une très bonne idée du ton adopté par les rédacteurs de LA PRESSE. Et pour les amis de l'histoire, on peut préciser qu'en partant de l'église Notre-Dame, le cortège a emprunté un parcours qui le faisait passer devant les principaux édifices de Montréal, soit les rues Notre-Dame, Champ-de-Mars, Craig, Saint-Hubert, Cherrier, Saint-Denis, square Saint-Louis, Laval, Rachel et du Parc, pour se terminer au reposoir du parc Jeanne-Mance.

M. Camillien Houde est exposé à l'hôtel de ville de Montréal

LA dépouille mortelle de M. Camillien Houde, figure politique de renommée internationale, maire de Montréal pendant 18 ans, qui est mort dans son sommeil hier matin **(11 septembre 1958)**, à l'âge de 69 ans, est exposée depuis ce matin en chapelle ardente dans le hall d'honneur de l'hôtel de ville où le public sera admis de 9 h. du matin jusqu'à 10 h. du soir, aujourd'hui, demain et dimanche.

Des funérailles civiques auront lieu à 10 h., lundi matin, à l'église Notre-Dame, en hommage à la mémoire de celui que des centaines de milliers de personnes, de Montréal et de lointains pays, ont longtemps appelé «Monsieur Montréal».

M. Houde a succombé à une trombose coronarienne et artérosclérotique. Selon une source on ne peut plus digne de foi, il devait visiter, hier après-midi, un cardiologue.

La veille de sa mort, soit mercredi, au cours d'une conversation téléphonique avec une personne qu'un représentant de la «Presse» a interrogée hier soir, M. Houde avait dit «se bien porter». Mercredi également, il avait rendu visite à des membres de sa famille. M. Jean-Louis Handfield, un de ses gendres, note, pour sa part, qu'il semblait «très bien». (...)

En apprenant la mort de M. Houde, S.H. le maire, l'hon. sénateur Sarto Fournier, a déclaré que si la famille du défunt y consentait, la dépouille mortelle serait exposée à l'hôtel de ville même — on l'a souvent entendu appeler l'hôtel de ville «la maison» — et que la ville lui ferait des funérailles civiques.

Un vif émoi a été causé (...) par la mort de celui qui fut maire de la métropole canadienne, chef du parti conservateur provincial, «le petit gars du comté de Ste-Marie», porte-étendard du Bloc populaire, puis candidat indépendant, député à l'Assemblée législative et aux Communes. Une figure comme on en compte peu dans une génération n'était plus. M. Houde venait de s'éteindre aussi calmement qu'il avait vécu ses quatre dernières années de retraite. (...)

UNE CATASTROPHE NATIONALE SE PRODUIT DEVANT PRES DE CENT MILLE PERSONNES

QUÉBEC — Une nouvelle catastrophe s'est produite, ce matin **(11 septembre 1916)**, au pont de Québec; à 10 heures et 30 minutes, le tablier central du pont, lourde construction métallique de 5,000 tonnes *(et longue de 640 pieds)*, que l'on avait élevé à la hauteur de 150 pieds au-dessus du niveau de l'eau, pour le souder aux deux bras «cantilever» qui surplombent le fleuve Saint-Laurent de chaque côté, s'effondrait soudainement, avec un bruit sourd de métal tordu, et disparaissait bientôt dans le gouffre de 200 pieds d'eau, au fond du lit du Saint-Laurent.

A cette vision fantastique, un immense cri de stupeur s'éleva de la poitrine des 100,000 spectateurs qui étaient venus de toutes les parties du Canada et des Etats-Unis, pour être témoins de cette gigantesque entreprise, merveille du génie civil moderne.

Le drame s'accomplit en quelques secondes, et bientôt, les spectateurs horrifiés purent voir flotter au courant, les ouvriers qui, au moment de l'effondrement, travaillaient au nombre, dit-on, de 90, sur le tablier du pont.

A ce désastre matériel vient s'ajouter des pertes de vie nombreuses qu'il est difficile d'estimer, *(l'accident fit en fait 12 morts)*, à l'heure où ces lignes sont écrites.

Le 11 septembre 1916 est donc une nouvelle date rouge dans l'histoire du pont de Québec, tout comme celle du 29 août 1907, alors que s'écroulait, pour la première fois, la gigantesque construction métallique. En cette regrettable occurence, 90 ouvriers trouvèrent une mort tragique; juste le nombre de ceux qui travaillaient sur le pont ce matin! (...)

Le terrible malheur du mois d'août 1907 se répète alors que la travée centrale du fameux pont de Québec, qu'on venait d'installer, s'écroule avec fracas.

Depuis qu'avait été fixée la date où l'on devait procéder à l'élévation et à la mise en place de la travée centrale du pont de Québec (qui forme par elle-même un pont complet), la plus grande appréhension régnait dans le public; on avait encore présent à l'esprit l'effroyable catastrophe du mois d'août 1907, et aussi les sombres prédictions de personnes plus ou moins versées dans les choses du génie civil.

En tout cela, on considérait plusieurs choses importantes: la mobilité des pontons, la grande profondeur du fleuve, la hauteur extrême des bras «cantilever» au-dessus du fleuve, et le poids formidable de la construction métallique à venir souder aux deux bras. Tout cela était des obstacles terribles à vaincre, pour le vulgaire; et si l'appréhension populaire a été aussi terriblement justifiée, il est juste aussi de dire que les ingénieurs avaient réussi à vaincre tous les obstacles, lorsque se produisit le formidable écroulement.

Cet article coiffait l'ensemble des informations offertes par LA PRESSE à ses lecteurs. L'accident fut imputé à la faiblesse de la solive servant à lever la travée centrale.

Pour ceux que la chose pourrait intéresser, précisons qu'il n'y a pas de relations entre cet accident et le premier survenu neuf ans plus tôt. En effet, en août 1907, la construction du pont décidée en 1899 était sous la responsabilité de la société Phoenix Bridge Company, de Phoenixville, Pennsylvanie. À la suite de ce premier accident, le «design» du pont subit d'importantes modifications, et sa construction fut confiée à une société canadienne, la St. Lawrence Bridge Co., société incorporée en 1910 et formée de deux entreprises canadiennes, la Dominion Bridge Co. Ltd., de Lachine, et la Canadian Bridge Co. Ltd., de Walkerville, Ontario.

Cette photo exprime le rêve inavoué de tout photographe, soit celui de croquer sur le vif une catastrophe au moment où elle se produit: elle montre la travée centrale du pont au moment où elle frappe la surface du Saint-Laurent.

C'EST ARRIVÉ UN 11 SEPTEMBRE

1982 — L'écrasement d'un hélicoptère transportant des parachutistes fait 45 morts, au Festival aéronautique de Mannheim, en RFA. — L'équipe « pragmatique » de Deng Xiaoping s'accapare les pleins pouvoirs en République populaire de Chine.

1981 — Les pompiers de Montréal sont condamnés à verser $10 000 à une des victimes du sinistre « week-end rouge ».

1979 — Mort à Moscou d'Agostinho Neto, chef de l'État angolais et poète, des suites d'une intervention chirurgicale.

1978 — Alex Campbell, premier ministre de l'île-du-Prince-Édouard, quitte la politique active.

1975 — Démission de John Turner, ministre fédéral des Finances.

1973 — Coup d'État militaire au Chili. Le président Salvador Allende se suicide dans le palais du gouvernement. Une junte s'installe au pouvoir sous la présidence du général Pinochet.

1972 — Clôture des 20es Jeux olympiques à Munich. Les Canadiens ont remporté deux médailles d'argent et trois de bronze.

1971 — Décès de Nikita S. Khrouchtchev, ex-président du Conseil des ministres d'URSS.

1968 — Les blindés soviétiques quittent la ville de Prague. — Le premier ministre Trudeau dénonce l'action « clandestine » d'un agent français, Philippe Roussillon, prétendument en visite « officieuse », auprès des minorités francophones du Manitoba.

1965 — Paul VI publie sa troisième encyclique, *Mysterium Fidei* (Mystère de la foi).

1960 — Clôture des Jeux olympiques de Rome.

1959 — Paul Sauvé, ministre de la Jeunesse et du Bien-Être social dans le cabinet précédent, est assermenté comme premier ministre de la province, succédant à feu Maurice Duplessis. — L'Association des journaux canadiens célèbre son 100e anniversaire à Kingston, en Ontario.

1958 — Robert W. Service, le poète écossais qui chanta le Klondike, meurt à Lancieux, France, à l'âge de 84 ans.

1951 — La Californienne Florence Chadwick traverse la Manche dans le sens France-Angleterre en 16 heures et 14 minutes.

1946 — Ouverture de la réunion du Conseil de sécurité des Nations Unies, à Lake Success, dans l'État de New York.

1945 — Hideki Tojo, ex-premier ministre du Japon, tente de se suicider, alors qu'on venait l'arrêter à titre de responsable de l'attaque de Pearl Harbor.

1944 — Ouverture de la deuxième Conférence à Québec, à laquelle assistent le premier ministre Churchill et le président Roosevelt.

1930 — Première expédition de blé canadien vers le Brésil à partir du port de Montréal.

1929 — La commission royale d'enquête sur la radiodiffusion au Canada recommande la nationalisation de la radio.

1906 — Inauguration du nouveau Palais de justice de Sherbrooke.

L'enquête sur la police de Montréal s'ouvre aujourd'hui

L'ENQUÊTE sur l'administration de la police municipale, dont on parle depuis longtemps, débute à 2 h. 30 cet après-midi **(11 septembre 1950)**, à la chambre 24 du vieux Palais.

La dernière procédure intentée en vue de retarder l'ouverture de cette enquête a été rejetée samedi par l'hon. juge Ernest Bertrand, de la Cour d'appel. On s'était adressé à ce tribunal pour obtenir la permission d'en appeler d'une décision du juge Tyndale, qui transmettait au juge François Caron, le juge désigné pour présider l'enquête, le soin de décider d'une tierce-opposition, représentée par deux officiers de police, mentionnés dans la demande d'enquête.

Selon la décision du juge en chef Tyndale, les deux officiers de police, le capitaine J.-N. Laporte et le lieutenant Roma Gervais, présenteront leur tierce-opposition au juge Caron, à l'ouverture du tribunal, cet après-midi.

Une motion sera également présentée par le président du comité exécutif, M. J.-O. Asselin, qui est également mentionné dans la requête. Celui-ci exige des détails sur les accusations qui le concernent. (...)

La requête pour la tenue de cette enquête a été faite par le Dr Ruben Lévesque, un conseiller municipal, et par quelques contribuables qui accusent la police, de même que des membres du comité exécutif et du conseil municipal, d'avoir toléré le jeu dans la métropole.

Mes Pacifique Plante et Jean Drapeau représentent les requérants et ils ont soumis au juge en chef O.S. Tyndale, de la Cour supérieure, une enquête volumineuse. Le travail préparatoire à la tenue d'une enquête est maintenant terminé. (...)

LA PRESSE
100 ans d'actualités

RUPTURE Drapeau-DesMarais

A six semaines de l'élection, la LAC se divise en deux blocs

par Jacques DELISLE

L'ÉQUIPE Drapeau-DesMarais, que l'on croyait indissoluble et qui avait manifesté à maintes reprises sa vigueur à toute épreuve, au temps tout particulièrement où l'Union nationale lui faisait ouvertement la lutte à l'hôtel de ville de Montréal, est passée hier **(12 septembre 1960)** à l'histoire, dans des circonstances tragiques. Elle aura duré six ans.

La scission en deux blocs bien distincts de conseillers élus sous l'étiquette de la Ligue d'Action civique, prévue depuis quelques jours, se préparait depuis des mois. Elle s'est produite au cours de la journée d'hier et elle a ébranlé la Ligue jusque dans ses fondements.

Et cela, à moins de six semaines d'une l'élection municipale qui aurait été relativement plus facile que la précédente pour la Ligue, son adversaire irréductible, l'Union nationale, étant affaiblie par la mort de ses deux chefs, MM. Duplessis et Sauvé et par sa récente défaite à l'élection provinciale du 22 juin.

A voir la tournure des événements, la scission qui apparait à tous comme définitive, loin de faire disparaitre la Ligue, mettra l'électorat en présence de deux ligues, respectivement dirigées par MM. Drapeau et DesMarais.

Déclaration de rupture

Les événements se sont précipités à un rythme accéléré au cours des 24 dernières heures sur la scène municipale.

Quelques heures en effet après que M. DesMarais eût été réélu par acclamation pour un second mandat de deux ans, président de la Ligue d'Action civique, 16 conseillers municipaux élus en 1957 sous l'égide de la Ligue, et un de la classe C, ont déclaré publiquement ne reconnaitre que Me Drapeau comme chef.

Treize conseillers de la Ligue et un indépendant qui a joint à toutes fins pratiques ses rangs, n'ont pas signé la déclaration de rupture.

Me Drapeau n'a toutefois fait aucun commentaire. Nous avons en vain tenté de le rejoindre. Il n'a pas non plus renié la déclaration des 17.

Les 17 conseillers qui ont reconnu Me Drapeau comme leur chef sont: MM. Lucien Saulnier, Roger Sigouin, Roland Bourret, Adrien Angers, Maurice Landes, Prosper Boulanger, Jean LaRoche, Roméo Desjardins, J.-Benoit Bourque, Jean Labelle, Omer Roy, J.-N. Drapeau, Paul-Emile Robert, Jean Guillet, Horace Montpetit et Paul-Emile Sauvageau, tous élus en 1957 sous l'étiquette de la LAC, et M. Fernand Drapeau, un des représentants du Comité des citoyens de Montréal (classe C) au conseil municipal.

Les 14 conseillers qui n'ont pas signé la rupture sont, outre naturellement M. Pierre DesMarais, MM. Ruben Lévesque, Albert Guilbault, Jean Meunier, Jacques Tozzi, Oscar Singer, Charles Mayer, Gerry Snyder, René Clouette, Camille Quintal, André Desmarais, Armand Lalonde et Jean-Paul Lemieux, tous élus en 1957 sous l'étiquette de la LAC, et Edmond Hamelin, un des conseillers du district no 10, qui a joint les rangs de la Ligue. (...)

Cette page consacrée à la chasse aux canards a été publiée le *12 septembre 1908.*

C'EST ARRIVÉ UN 12 SEPTEMBRE

1983 — Brian Mulroney, le nouveau chef des Conservateurs, fait son entrée à la Chambre des communes.

1979 — La société ITT-Rayonier annonce la fermeture de son usine de Port-Cartier. — Henri Richard est intronisé au Temple de la renommée du hockey, à Toronto. — Le cyclone *Frédéric* frappe le Mississippi, l'Alabama et la Floride. On estime les dégâts à plus de $900 millions. D'après les compagnies d'assurance, c'est l'ouragan le plus dévastateur dont le pays ait été victime.

1977 — Charles Dutoit est nommé à l'Orchestre symphonique de Montréal.

1974 — L'empereur Haïlé Sélassié d'Ethiopie est déposé par les militaires après 58 ans de règne.

1970 — L'exposition d'Osaka ferme ses portes après avoir été visitée par des foules records. — Trois avions détournés par des terroristes arabes explosent dans le désert jordanien, mais sans faire de victimes.

1966 — Le gouvernement créditiste de W.A.C. Bennett est réélu en Colombie-Britannique pour un sixième mandat.

1963 — Le président Kennedy annonce un programme de bourses de $50 millions pour venir en aide à 25 000 étudiants noirs.

1961 — L'avion-fusée américain *X-15* atteint une vitesse-record de 3 645 milles à l'heure. — Une *Caravelle* d'Air France s'écrase près de Rabat, au Maroc, faisant 77 morts.

1958 — Le gouverneur Orval Faubus, de l'Arkansas, défie la Cour Suprême des États-Unis en fermant les écoles de Little Rock pour contrer l'entrée des enfants de race noire dans ces écoles.

1956 — Londres et Paris conviennent de boycotter le canal de Suez afin de forcer l'Égypte à accepter l'internationalisation du Canal, en créant une association des usagers du canal.

1951 — Dans son encyclique *Sempiternus Rex*, le pape Pie XII demande aux chrétiens de s'unir pour sauvegarder les droits divins et condamne le communisme.

1949 — La «Croix de Jérusalem», contenant une parcelle de la vraie croix, arrive à Québec, transportée par un moine belge, Dom Thomas Becquet.

1946 — Constitution d'un fond provincial de $10 millions par Québec, pour enrayer les ravages de la tuberculose.

1945 — Les Américains arrêtent l'amiral Shigetaro Shimada comme criminel de guerre. Il avait participé à l'attaque de Pearl Harbor.

1938 — Le discours de Hitler au sujet des Sudètes, à Nuremberg, est suivi d'escarmouches sur la frontière tchécoslovaque.

1933 — Décès à l'âge de 88 ans du sénateur Frédéric-Liguori Béique, président de la Banque Canadienne Nationale et de l'Université de Montréal.

1920 — Clôture des Jeux olympiques d'Anvers.

1919 — Coup d'État en Italie, le capitaine-poète Gabriel D'Annunzio s'empare de Fiume.

1915 — Ouverture officielle de la bibliothèque Saint-Sulpice, à Montréal.

1899 — Mort à New York à l'âge de 56 ans du multimillionnaire Cornelius Vanderbilt, qui laisse derrière lui une fortune de $120 millions.

Cette page consacrée à la mode automnale a été publiée le *12 septembre 1931.*

Le gouvernement Trudeau

«Société juste à bâtir»

OTTAWA (PC) — Le gouvernement libéral de M. Pierre Elliott Trudeau a répété hier **(12 septembre 1968)** qu'il avait pris l'engagement profond et irrévocable de tendre vers des objectifs d'une société juste et d'une économie prospère dans un monde en paix, mais il a souligné du même coup que tout cela ne pouvait se faire du jour au lendemain.

Dans le discours du trône lu par le gouverneur général, M. Roland Michener, et inaugurant la première session de la 28e législature, le gouvernement a dressé une liste des mesures législatives qu'il compte faire adopter au cours de la session.

Comme l'avait lui-même prédit le premier ministre, le discours du trône ne comprend rien de bien neuf ou de bien surprenant.

«Mon gouvernement estime que sa première responsabilité, et la première responsabilité du parlement, est de liquider l'accumulation de rectifications, d'améliorations, de modernisations législatives essentielles qui restaient de la dernière législature.»

L'adoption de ces mesures libérera le parlement qui pourra ensuite passer à l'étude des problèmes relatifs à la jeunesse, à la pauvreté, aux disparités régionales, à l'urbanisation, au bien-être de l'individu et à la technologie.

Le discours du trône ne précise pas si des mesures à ces fins seront soumises au cours de la prochaine session. Il souligne toutefois que «mon gouvernement a établi le programme législatif de cette première session dans le contexte d'une législature d'une durée normale». (...)

Jeux Olympiques à Montréal, en 1972?

LE premier ministre Jean Lesage a déclaré, hier après-midi **(12 septembre 1960)**, à sa conférence de presse tenue dans la métropole, qu'il serait très heureux que les Jeux Olympiques de 1972 puisse se dérouler à Montréal.

M. Lesage a dit que si Montréal désire vraiment obtenir ces Jeux et entend faire des démarches pour y arriver, son gouvernement sera heureux de lui apporter sa collaboration.

Le chef du gouvernement n'a pas précisé davantage. La métropole a jusqu'à 1966 pour présenter une demande officielle au Comité international olympique.

Ce texte étonnera plusieurs des historiens intéressés par le déroulement des Jeux olympiques à Montréal. Jusqu'à présent, on était sous l'impression que les toutes premières démarches en ce sens s'étaient déroulées pendant le troisième mandat du maire Jean Drapeau. Or, force est d'admettre qu'on en parlait déjà dès 1960, alors que le sénateur Sarto Fournier siégeait à la mairie...

Le «J.E. Bernier» réussit le passage du Nord-Ouest

LE voilier J.E. Bernier II a réussi hier **(12 septembre 1977)** à compléter son périple dans le passage du Nord-Ouest, alors qu'il est arrivé à Tuktoyaktuk, dans les Territoires du Nord-Ouest, près de l'embouchure du fleuve Mackenzie.

On a appris la nouvelle grâce à un message radio capté au siège de la Canada Steamship Lines, commanditaire de l'expédition.

Le navire ainsi que son équipage comprenant Réal Bouvier, Jacques Pettigrew, Marie-Eve Thibault et Pierre Bédard, est le plus petit à réussir l'exploit uniquement à la voile.

Les quatre Québécois ont été devancés, le mois dernier, dans leur tentative de piloter le premier voilier dans le passage du Nord-Ouest alors que le capitaine hollandais Willie de Roos y est parvenu à bord d'un navire un peu plus gros.

Le premier ministre Trudeau a fait parvenir un message de félicitations à l'équipage déclarant: «A la suite de l'accomplissement d'un tel exploit, je vous adresse mes plus sincères félicitations et vous exprime mon admiration». (...)

Le sénateur John F. Kennedy, futur président des États-Unis, épousait Jacqueline Lee Bouvier, le *12 septembre 1953*. Le mariage fut célébré par Mgr Richard J. Cushing, archevêque de Boston et ami du clan Kennedy, en l'église St. Mary, à Newport, dans le Rhode Island, au cours d'une cérémonie somptueuse.

Le manoir Richelieu, à La Malbaie, est détruit

L'hôtel construit il y a 80 ans et six cottages contigüs sont rasés par les flammes

(Du correspondant de la PRESSE)

QUÉBEC, 12 — Le Manoir Richelieu, de Pointe-au-Pic, l'un des hôtels les plus recherchées par les touristes qui visitent notre province, a été complètement détruit par le feu la nuit dernière, **(1928)** et il n'en reste plus que des ruines fumantes.

La nouvelle a été reçue ici, ce matin, et s'est répandue avec rapidité, non seulement dans notre ville, mais par toute la province et même à l'étranger, où ce splendide hôtel était très connu.

Fermé depuis le six septembre dernier, le Manoir avait été fréquenté, durant l'été, par des milliers d'étrangers qui y trouvaient un confort parfait et y jouissaient d'un grand luxe. C'était, en effet, l'un des plus beaux hôtels de la province.

ON DECOUVRE LES FLAMMES

Les flammes furent découvertes à 12 h. 45 ce matin, par M. John Evans, gérant de l'établissement, qui a aussitôt donné l'alarme. Une vingtaine d'employés s'étaient retirés dans leurs chambres. Ils virent le danger et eurent beaucoup de difficulté à sortir de l'édifice qui, en un clin d'oil, ne fut plus qu'un immense brasier. Les flammes en effet s'étaient propagées avec une rapidité telle qu'à leur arrivée les pompiers volontaires de La Malbaie ne purent rien faire pour empêcher la destruction complète de l'hôtel.

On s'occupa alors du sauvetage des employés qui avaient été surpris à l'intérieur par le feu et qui ne trouvaient pas d'issue favorisant leur fuite. On dut descendre plusieurs hommes au moyen d'un câble. Les employés étaient au nombre d'environ une vingtaine. Ce matin, il en manquait un à l'appel, un chauffeur d'automobile du nom de Turcot. On ignore s'il a péri dans les flammes *(ce qui ne fut heureusement pas le cas, a-t-on appris par la suite)*.

UN STENOGRAPHE DEVIENT FOU

Il disparaît après avoir menacé de se donner la mort

UN sténographe officiel de la Cour Supérieure, M. L.-J. Collin, est disparu mystérieusement de son domicile, 355 rue des Seigneurs.

M. Collin est bien connu et très estimé au Palais de Justice. Le 12 septembre **(1903)**, paraît-il, il fut pris de folie, causée par un excès de travail. Se levant soudainement et portant la main à son front, il s'écria qu'il allait enfin se venger de ses ennemis. Il était dans une excitation fiévreuse, et en vint à menacer de s'ôter la vie. On le conduisit avec beaucoup de peine chez lui. Il trompa la vigilance de ses gardiens, sortit dans la cour de la maison, saisissant un fer à repasser, il s'en porta trois violents coups à la tête. On le ramassa sans connaissance.

Revenu à lui, il eut un moment de lucidité, puis, tout à coup, la folie le prenant de nouveau, il partit en disant qu'il allait se jeter dans le canal, près de là.

Depuis cette heure, on ne l'a plus revu.

LA PRESSE

100 ans d'actualités

LA VILLE ENVAHIE

L'ouverture des Fêtes du Retour à Montréal est couronnée de succès.

C'EST aujourd'hui **(13 septembre 1909)** l'ouverture des fêtes du Retour à Montréal. Dès hier soir, deux milles personnes étaient arrivées. Ce matin, les trains venant de toutes les parties de l'Amérique ont apporté de nombreux groupes d'excursionnistes qui venaient ou revenaient à la Métropole canadienne.

La plupart des rues sont pavoisées. Drapeaux et banderoles flottent. Les voitures de la compagnie des tramways portent, chacune, un fanion sur lequel on voit l'écusson officiel des fêtes. Le «Back to Montreal» est partout en vue. Ce qui est curieux c'est qu'à l'hôtel Windsor, personne n'a retenu spécialement pour le temps des fêtes des appartements ou des pièces particulières. C'est la même chose dans tous les hôtels. Il est évident que les visiteurs se retirent chez des parents ou des amis.

Hier, à la cathédrale anglicane, l'évêque Farthing a prononcé un sermon remarquable sur le Retour à Montréal et a invité ses concitoyens à profiter de cette occasion des fêtes du retour pour assurer à la ville une administration civique plus honnête.

La scène était très animée ce matin, à neuf heures, aux bureaux généraux de l'organisation, rue Peel. Ce n'est pas sans un vif plaisir que les excursionnistes ont appris que deux magnifiques trophées étaient accordés par les maisons Johnson et Cochentaler, aux Montréalais qui viennent du pays le plus éloigné ou qui ont été absents de la Métropole depuis le plus longtemps. (...)

PROGRAMME DES FETES

AUJOURD'HUI

Neuf heures du matin — Réception aux quartiers généraux, à l'angle des rues Peel et Sainte-Catherine.

Après-midi — Courses à Blue Bonnets, matinées dans tous les théâtres, baseball au parc Atwater, Montréal contre Rochester. Exposition permanente au Builder's Exchange, Edifice de la Banque des Cantons de l'Est, coin McGill et Saint-Jacques.

Le soir — Réception officielle au Parc Dominion. Feu d'artifice au parc, euchre du Royal Arcanium, au Stanley Hall, à huit heures et demie. (...)

Quelque 1 500 invités de marque assistèrent à l'inauguration officielle de la place Ville-Marie, entourés de «Montréalais ordinaires».
photo René Picard, LA PRESSE

...Et la Place Ville-Marie est ouverte au public...

par Raymond GRENIER

EN inaugurant la Place Ville-Marie, dont le nom évoque une Histoire que nous chérissons, je pense à l'Histoire que nous aurons, nous de notre génération, à écrire...

Il était 4 h. 30, hier après-midi **(13 septembre 1962).** C'était le premier ministre de la province du Québec, M. Jean Lesage, qui parlait. Autour de lui, sur l'estrade dressée sur l'Esplanade ouest de la Place Ville-Marie, des rangées de personnalités éminentes: le cardinal Léger, le maire Drapeau, le ministre fédéral et associé de la défense, M. Pierre Sévigny, le président du Canadien National, Donald Gordon, M. Earle McLaughlin, président de la Banque Royale du Canada, M. James A. Soden, président montréalais de la Webb O Knapp (Canada) Limited, et M. William Zeckendorf, de la W & K d'origine, véritable maître-d'oeuvre de la Place Ville-Marie.

En face de l'orateur, un impressionnant parterre de 1,500 invités de marque. (...)

Depuis quatre heures — depuis midi — une rouge fanfare lançait ses airs cuivrés sur la tête de milliers de bons badauds montréalais qui (force de l'habitude...le «trou»?...) se penchaient sur l'intrigante entrée, sur l'esplanade des boutiques en sous-sol. Des drapeaux, dont un cruciforme, flottaient aux quatre mâts. Les Montréalais venaient zieuter, tâter, flairer «leur» Place.

Une «vraie» grande ville

Avoir une «Place», une «vraie» Place, — un centre, un coeur, comme New York avec son «Rockfeller Center», Venise avec sa Place Saint-Marc — c'est plus qu'un événement, c'est la consécration d'une «vraie» grande ville.

S.H. le maire Jean Drapeau, qui participa, il y a sept ans, aux pourparlers préliminaires de ce magnifique projet qui porte aujourd'hui le nom de Place Ville-Marie, a déclaré que «lorsque l'histoire de Montréal sera écrite plus tard, des dates en marqueront forcément l'essor et que 1962 sera considérée comme l'une des plus importantes d'entre elles.

«Permettez-moi, en terminant, a-t-il dit, de remercier M. Zeckendorf...»

Celui-ci présidait à la cérémonie en plein air et se montrait justement fier de son oeuvre.

Lorsque M. James A. Soden, président de la filiale canadienne de «Webb & Knapp» rappela — dans un discours en français — le rôle des travailleurs montréalais canadiens-français et autres qui ont mis leur métier au service du prestigieux projet, et lui présenta, en leur nom, une clé d'or de la Place Ville-Marie, M. Zeckendorf ne put retenir ses larmes. (...)

Le 40 millionième visiteur de l'Expo

L'EXPO a accueilli hier son 40 millionième visiteur, M. Serge Amiot, du 5932, rue Viau, à Montréal.

Agé de 25 ans, M. Amiot est dessinateur industriel. Il en était à sa huitième visite sur la Terre des hommes. Marié et père d'un bébé, une fille, qui avait exactement un mois hier, le visiteur devenu célèbre en ce mercredi **13 septembre 1967,** était seul lorsqu'il a franchi, à 5 h. 33 hier après midi, un tourniquet d'entrée à la sortie de la bouche de métro de l'île Ste-Hélène.

Invité d'abord au Salon d'honneur du pavillon d'Air Canada où il a été photographié, M. Amiot s'est ensuite rendu au pavillon de la Suisse, où on lui a remis une montre en or de fabrication suisse. (...)

Première page de LA PRESSE entièrement consacrée aux fêtes du Retour à Montréal, et publiée deux jours avant l'événement.

JAKE LaMOTTA BAT DAUTHUILLE

DETROIT, 14 (P.A.) — Le robuste Jake LaMotta a sauvé de façon dramatique son titre de champion mondial des poids moyens et a de même empêché sa couronne de quitter les Etats-Unis pour la France en venant de l'arrière dans les dernières secondes de son match d'hier soir **(13 septembre 1950)** contre Laurent Dauthuille pour vaincre son adversaire par knockout au bout de 2 minutes et 47 secondes de combat à la 15e et dernière ronde de leur rencontre.

Pendant qu'une foule de 11,424 personnes qui avaient versé une somme de $71,694 pour entrer au stade Olympia se préparait à saluer un nouveau champion mondial et à assister au couronnement d'un nouveau monarque de la boxe, celui que l'on a surnommé le «taureau du Bronx» a attrapé et terrassé son adversaire français trop confiant par un déluge de coups et particulièrement par un crochet de gauche au menton.

Les bulletins des trois officiels du match faisaient voir à ce moment que Dauthuille, qui méritait un meilleur estimé de sa valeur que celui que lui avaient accordé les parieurs, menait par une marge confortable et considérable avant cette fin sensationnelle, dramatique, subite et spectaculaire. (...)

Chancelant tout autour de l'arène selon son habitude bien connue, donnant l'impression d'être dans une situation beaucoup plus grave et périlleuse qu'il ne l'était en réalité, le puissant LaMotta a étonné, abasourdi le Parisien par une furieuse attaque dans les dernières secondes.

Après deux minutes et demie à la dernière ronde, Jake a attrapé Laurent avec un crochet de gauche au menton pour l'envoyer passer presque en bas de l'arène à travers les câbles. Dauthuille tenta de s'accrocher aux câbles mais s'écroula au plancher.

Dauthuille tenta de se remettre sur pieds au moment où l'arbitre compta la 9e seconde. Il était presque sur pieds à la 10e mais l'arbitre Lou Handler qui avait averti LaMotta à plusieurs reprises de fournir plus d'action leva le bras de l'Italien pour le proclamer vainqueur par knockout. Il ne restait plus à ce moment que 13 secondes avant la fin de la 15e et dernière ronde. (...)

L'arbitre Handler avait accordé 72 points à Dauthuille contre son 66 pour son adversaire. Le juge Joe Lanahan avait également penché en faveur du Français, 74-66 et le juge Jack Aspery avait donné 73-67 pour Laurent. (...)

C'était le premier knockout de Dauthuille en 48 matches professionnels.

C'EST ARRIVÉ UN 13 SEPTEMBRE

1982 — Un *DC-10* de la société Spantax s'écrase au décollage, à Malaga, en Espagne; on dénombre 77 morts et 113 blessés.

1977 — Le chef d'orchestre américain, Leopold Stokowski meurt à l'âge de 95 ans, après une carrière de 70 ans.

1973 — L'aviation israélienne abat 13 *Mig 21* au cours d'un raid au-dessus de la Syrie.

1972 — À Moscou, Henry Kissinger et les dirigeants soviétiques concluent un accord sur les dettes de guerre.

1971 — Fin de la révolte au pénitencier d'Attica, dans l'État de New York, après quatre jours de négociations. On dénombre 38 morts.

1970 — Margaret Court complète son «grand chelem» en gagnant le tournoi de tennis de Forest Hills.

1968 — Le Canada demande à la France de s'expliquer quant au rôle joué au Canada par le fonctionnaire français Philippe Rossillon. — La censure est rétablie à Prague.

1966 — Succès de l'expérience du vaisseau spatial *Gemini XI*. On procède en effet à son arrimage avec une fusée *Agena*.

1965 — Témoin à charge dans une affaire de drogues au Texas, Jean-Michel Caron désigne Lucien Rivard comme étant son chef de réseau. — Willie Mays claque le 500e circuit de sa carrière.

1963 — La soirée d'ouverture des Six-Jours cyclistes de Montréal est marquée par une double chute, au centre Paul-Sauvé.

1959 — 200e anniversaire de la bataille des Plaines d'Abraham. — Les Soviétiques parviennent à faire alunir la fusée *Lunik I* sur la Lune.

1955 — Le chancelier de la République fédérale d'Allemagne, Konrad Adenauer, termine ses entretiens avec les dirigeants soviétiques à Moscou.

1947 — On annonce que 100 000 Hindous terrifiés ont fui le Punjab où sévit le choléra.

1943 — Le général Tchiang Kaï-Chek, commandant en chef de l'armée chinoise, est nommé président de la République de Chine.

1921 — Le comédien Roscoe «Fatty» Arbuckle est accusé de l'assassinat de l'actrice Virginia Rappe, à San Francisco.

1908 — Les ouvrières sont l'objet d'une fête religieuse pour la première fois, en l'église Notre-Dame de Montréal.

1906 — Inauguration de la ligne de tramway qui relie la paroisse de la Longue-Pointe à Maisonneuve.

1906 — Inauguration de l'école de l'industrie laitière de Saint-Hyacinthe.

La finale du deuxième tournoi de la coupe Canada opposait l'Union soviétique au Canada, et les champions du monde n'ont fait qu'une bouchée de l'équipe canadienne, l'emportant par un pointage de 8 à 1, le *13 septembre 1981*. Ces deux photos illustrent l'état d'âme qui prévalait dans les deux camps à l'issue du match.

LA PRESSE

100 ans d'actualités

L'entrepôt de la quincaillerie Lacroix et Léger, où eut lieu l'explosion.

L'explosion ferait de nombreuses victimes

L'état de tous les blessés, une cinquantaine, de la rue Mentana. — 4 des blessés ont déjà péri.

L'ACCIDENT de la rue Mentana est devenue tragédie, tragédie comparable, peut-être avant quelques jours, aux pires que Montréal ait connues.

Hier après-midi **(14 septembre 1945)**, il n'était encore question que de blessés, et l'incendie avait si peu duré qu'on avait du mal à se persuader qu'il eût pu être si funeste. Il l'a été. A quatre reprises dans la soirée, la mort est venue chercher une victime sur un lit blanc d'hôpital, et les autorités médicales des diverses institutions où l'on a distribué les malheureux brûlés ne nous ont pas caché que les 48 personnes qui restent confiées à leurs soins sont toutes dans un état grave, voire critique.

La première, Mme Marcel Fiset, 38 ans, 4408, rue Boyer, succombait à Saint-Luc, vers 6 h., à ses atroces brûlures. Un peu plus tard et à peu d'instants d'intervalle, Mme Emile Cournoyer, 46 ans, 4421, rue Mentana, et M. Roger Gladu, 28 ans, 4434, même rue, expiraient au même hôpital. La mort, inflexible devant la jeunesse même, a fait ensuite son oeuvre dans les veines de Denise Cournoyer, 16 ans, hospitalisée à Notre-Dame.

La majorité des victimes étaient encore inconscientes tard hier soir, mais au milieu de leur coma, leurs lèvres laissaient filtrer un gémissement sourd, incessant, navrant, qui se mêlait aux plaintes articulées de celles que leur lucidité rendait encore plus sensibles, à la cuisson de leurs chairs tuméfiées et roussies. Conjuguant le zèle et la science, médecins, gardes et religieuses se relèvent à chaque chevet afin d'épier les réactions des blessés et de faire pencher la terrible balance du destin du côté de la vie.

La cause, une étincelle

La chose fut si simple dans son horreur que nous n'avons rien à ajouter au récit que nous en faisions hier, sinon quelques précisions sur la cause de cette lamentable tragédie.

Une simple étincelle en fut à l'origine. Un employé de l'entrepôt Lacroix et Léger, 4412, rue Mentana, M. Philias Roy, domicilié 10363, rue Sacré-Coeur, aurait tenté de faire sauter le couvercle d'un bidon de naphte à l'aide d'une clé anglaise, avec l'intention d'en vider le contenu dans un réservoir d'une capacité de 50 gallons déjà aux neuf dixièmes rempli. Une étincelle jaillit du frottement et enflamma le liquide. Après avoir tenté d'étouffer ce commencement d'incendie à coups de salopettes, M. Roy voyant la flamme se communiquer à l'étoffe, eut la présence d'esprit de courir donner l'alarme par téléphone aux casernes 14 et 16.

Comme il s'apprêtait à redescendre courageusement au sous-sol de l'entrepôt pour renouveler ses tentatives, et que les premières voitures à incendie stoppaient devant la bâtisse, une flamme lécha la surface du naphte reposant dans le grand réservoir et provoqua la terrifiante explosion, dont l'effet meurtrier reste encore suspendu sur tant d'êtres.

Outre des vitres brisées et des murs noircis, l'explosion n'a pas causé des dégâts élevés aux bâtiments, mais par contre elle causa de nombreuses brûlures graves, aux passants, en grande majorité des enfants qui retournaient à l'école après le lunch. Et l'explosion se solda finalement par un bilan de neuf morts.

La photo de gauche montre M. Joseph Gagné, de la rue Mentana, tenant son fils Denis dans ses bras. La photo de droite montre M. Philias Roy, contremaître de l'entrepôt, le visage momifié par les pansements.

BABILLARD

Joyeux anniversaire!

Le 14 septembre 1884, donc à peine un mois avant LA PRESSE, naissait à Sainte-Sophie-de-Lévrard, dans le diocèse de Nicolet, au Québec, Rosanna, fille de Pierre Morissette et de Philomène Tousignant. **Rosanna Morissette-Verville** (elle a épousé Euclide Verville le 13 octobre 1903) célèbre donc son 100e anniversaire de naissance aujourd'hui, au foyer Romain-Becquets, Saint-Pierre-les-Becquets, où elle réside, et LA PRESSE se joint à ses parents et amis pour lui offrir ses meilleurs voeux.

La cause du désastre aérien: une explosion

L'enquête sur l'accident du Sault-au-Cochon n'a révélé aucune négligence du personnel. — L'avion et l'outillage hors de cause.

NDLR — Cet accident est survenu le 9 septembre 1949. Mais le 9 tombant un dimanche cette année, il a fallu attendre à aujourd'hui avant d'évoquer ce tragique accident qui sert de toile de fond au film «Le crime d'Ovide Plouffe».

....

QUÉBEC, 15 (D.N.C.) — Une explosion dans le compartiment à bagages, situé entre la cabine des passagers et le poste de pilotage, a été établie comme la cause de la 3e plus grande tragédie aérienne survenue dans le Québec, par un jury de six hommes, qui rendit un verdict de «mort accidentelle due à une explosion de cause inconnue», hier après-midi **(14 septembre 1949)** à l'enquête du coroner sur la mort des 23 occupants du bimoteur DC-3 des Canadian Pacific Airlines. Il n'y eut pas de délibérations du jury qui n'a fait aucune recommandation après avoir été interrogé publiquement par le coroner, le Dr Paul-V. Marceau.

L'enquête, qui visait à trouver s'il y avait eu négligence criminelle dans cet accident d'avion survenu vendredi dernier au Sault-au-Cochon, à 40 milles à l'est de Québec, a conclu à la négative, laissant aux experts de la commission d'enquête, institué par le ministère fédéral du transport, de déterminer les causes techniques de l'explosion.

Une douzaine de témoins ont été entendus à l'enquête. C'est un ingénieur en aéronautique des CPA, M. Melville Francis, de Vancouver, qui fournit à l'enquête les plus importantes précisions sur cette explosion.

Il affirma qu'un examen des débris de l'appareil démontrait que cette explosion s'était produite dans le compartiment à bagages de l'avant de l'avion du côté gauche. Il a expliqué que l'explosion avait brisé le plancher du compartiment à bagages ainsi que les murs de l'avion, qui fut fracassé au milieu. Selon M. Francis, cet examen des débris permet d'éliminer comme cause de l'accident «presque toutes les causes» se rapportant au fonctionnement de l'avion et à son outillage. M. Francis affirme n'avoir trouvé aucune trace de feu dans les débris. Par contre, les débris de la carlingue, près du compartiment à bagages de l'avant et de l'extrémité de la cabine des passagers, ont été retrouvé à une certaine distance du reste de l'appareil.

D'après le témoignage du pilote en chef pour la division de l'est, le capitaine Marcel Boisvert, de Montréal, il fut aussi possible d'établir que M. Henri-Paul Bouchard, la 23e victime dont on n'a pas encore retrouvé le corps, occupait le siège le plus rapproché de l'endroit où s'est produite l'explosion. Cela permettrait d'expliquer que les recherches pour retrouver son corps soient restées infructueuses. (...)

M. BARRETTE DÉMISSIONNE

par Jacques MONNIER

La cause: MM. Martineau, Bégin et Jean Barrette

QUEBEC, 15 — Une bombe politique a éclaté, hier **(14 septembre 1960)**, dans le ciel orageux de l'Union nationale: M. Antonio Barrette a donné sa démission comme chef du parti et comme membre du parlement de Québec, donc aussi comme chef de l'opposition à l'Assemblée législative.

Le député de Joliette avait convoqué les journalistes pour leur communiquer une «nouvelle très importante» qu'à trois heures et demie de l'après-midi, seul, connaissait le personnel de ses bureaux du parlement.

C'est avec une émotion difficilement cachée que M. Barrette, très droit et très digne dans un complet veston-noir, a fait part de la décision aux représentants de la presse réunis dans son cabinet de travail.

Le geste du chef de l'Union nationale fait suite à un désaccord très profond qui divise le parti en deux factions depuis quelques mois et qui n'a cessé de s'intensifier après la défaite du 22 juin dernier.

Le député de Joliette a mentionné les noms des trois personnes qui lui ont fait la guerre au sein de l'Union nationale, MM. Gérald Martineau, Joseph-Damase Bégin, Jean Barrette, et qui sont cause de sa retraite.

M. Barrette a souligné avec insistance qu'il agit dans l'intérêt de la province de Québec, et dans celui du parti dont il abandonne la direction.

Il exprime sa peine de ne pas remplir, jusqu'au bout, son mandat de député de Joliette. Mais, fait-il observer, «les citoyens de mon comté comprendront que ma démission est l'unique moyen dont je dispose pour attirer l'attention de la province de Québec sur une situation que je déplore, mais que c'est mon devoir de dévoiler pour le bien même de l'Union nationale». (...)

Un cargo explose dans le port: 5 marins disparus

par Denis MASSE

QUATRE heures après l'explosion qui a secoué le navire «Fort William», dans le port de Montréal, tôt ce matin **(14 septembre 1965)**, il manquait encore cinq des 20 membres d'équipage.

On se perd encore en conjectures sur les causes de l'explosion qui s'est produite au moment où les matelots ont ouvert les portes donnant sur le quai. Le navire de 7,000 tonnes venait tout juste d'accoster avec une cargaison générale comprenant du mazout.

Mais le capitaine du navire appartenant au Canada Steamship Lines a aussi invoqué la possibilité d'explosion d'un produit chimique qu'il transportait et qui serait très sensible à l'humidité. D'autres ont mentionné que l'explosion se serait produite dans la chambre des machines. (...)

L'équipe comprenait vingt membres. Quinze d'entre eux, dont le capitaine S. Wilkinson, ont pu s'échapper du navire alors que celui-ci était renversé sur le côté. (...)

Le «Fort William» était un navire tout neuf qui avait été mis en service au début de l'été entre les Grands Lacs et la métropole. Il en était à son troisième ou quatrième voyage seulement. Il avait quitté Port Credit, en Ontario, hier matin, et sa cargaison devait être transbordée à bord d'un transatlantique au cours de la journée.

Un pilote, M. M. Patenaude, avait pris le navire à l'écluse de St-Lambert pour le diriger dans le port de Montréal. Il venait à peine de quitter le navire lorsque l'explosion se produisit.

La détonation fut si forte qu'elle fut entendue à cinq milles à la ronde. Le navire se renversa aussitôt sur le côté, les mâts se fracassant contre le quai. (...)

La princesse Grace de Monaco, qui symbolisait pour des milliers de gens la possibilité de concrétiser un rêve puisque l'actrice qu'elle était avait épousé son prince charmant, perdait tragiquement la vie au volant de son véhicule, à la suite d'un accident de la route alors qu'elle retournait à Monte-Carlo, le *14 septembre 1982*. La princesse Grace, mère de trois enfants, était alors accompagnée de sa plus jeune fille, Stéphanie, qui s'en tira heureusement après un séjour à l'hôpital. On a cru pour un moment que la voiture avait manqué de freins mais on devait découvrir que la princesse avait probablement été terrassée par un hémorragie cérébrale, qui lui fit perdre le contrôle de sa voiture.

C'EST ARRIVÉ UN 14 SEPTEMBRE

1982 — Bechir Gemayel, président élu du Liban, meurt dans un attentat à Beyrouth.

1975 — Le pape Paul VI canonise Elizabeth Ann Seton, première sainte née aux États-Unis.

1969 — Le pétrolier brise-glace américain *Manhattan* devient le premier navire de commerce à traverser le passage du Nord-Ouest, dans l'Arctique. — Le Dr Gustave Gingras, directeur du Centre de réadaptation de Montréal, est proclamé co-lauréat du prix Albert Lasker de médecine, l'une des plus hautes distinctions mondiales décernées pour les travaux sur les handicapés.

1965 — Le pape Paul VI ouvre la quatrième et dernière session du Concile oecuménique.

1957 — L'Assemblée générale de l'ONU adopte une résolution invitant l'URSS et le gouvernement hongrois à rendre ses libertés au peuple hongrois et à rapatrier les Hongrois déportés.

1952 — La Jeunesse ouvrière catholique célèbre ses 20 ans par un pèlerinage au Cap-de-la-Madeleine.

1927 — La danseuse Isadora Duncan meurt dans un accident d'auto près de Nice, en France.

1926 — Les libéraux de Mackenzie King gagnent facilement les élections générales fédérales, alors que le premier ministre Arthur Meighen est défait dans sa propre circonscription.

1923 — Jack Dempsey conserve son championnat en battant Firpo.

1921 — Élection des premiers juges de la Cour internationale de justice par la Ligue des nations.

1901 — Le vice-président républicain Theodore Roosevelt succède à McKinley et devient le 26e président des États-Unis.

Stupéfiantes déclarations faites par le prévenu Joseph Tremblay

L'ENQUÊTE dans l'affaire de Joseph Tremblay, accusé par l'inspecteur Giroux, de la police fédérale, d'avoir participé à l'attentat de Cartierville, a eu lieu hier après-midi **(14 septembre 1917)**, devant le juge Saint-Cyr, qui a pris la cause en délibérée d'ici à mercredi prochain. La confession de Tremblay, dans laquelle il incrimine tant de jeunes gens, et qu'il refuse de répéter maintenant devant le juge, a été déposée au dossier. Le président du tribunal doit prendre connaissance de cette volumineuse déclaration, avant de décider si l'accusé devra subir son procès.

A la séance d'hier après-midi, le juge Saint-Cyr a décidé de remettre les inculpés Wisintainer, Goyer et Cyr en liberté provisoire, moyennant une garantie personnelle de $10,000 et une autre garantie pour un montant égal. (...)

C'est ainsi que commençait un très long article relatif à l'enquête subséquente à l'attentat à la bombe contre le domicile de lord Athelstan, propriétaire du «Montreal Star», le 9 août précédent.

Soulignons que dans ses aveux, Tremblay reconnaissait avoir participé à l'attentat tout en affirmant en avoir limité les dégâts en éloignant la bombe du mur du château de lord Athelstan. Mais il allait beaucoup plus loin en incriminant une foule de jeunes gens dans de nombreux vols, allant même jusqu'à prétendre que le curé du Mile End (ce que le curé Perrier nia avec véhémence) était un de leurs bailleurs de fonds. Et selon lui cette bande opérait sous la férule d'Élie Lalumière, qui, dit-il, ne se mouillait jamais, mais prétendait avoir ses entrées auprès de la magistrature.

*En outre, Tremblay affirmait qu'après lord Athelstan, la bande devait s'occuper de personnalités comme sir Robert Borden, Flavelle, McKenzie-Mann, le général Wilson, Sévigny, Blondin, ainsi que des édifices de quatre journaux, **The Gazette, The Montreal Star, La Patrie** et, bien sûr, **LA PRESSE**.*

Le lanceur Denny McLain, des Tigers de Detroit, devenait le premier artilleur en 34 ans à remporter 30 victoires en une même saison au baseball majeur, le *14 septembre 1968*, en battant les Athletics d'Oakland, 5 à 4. Dizzy Dean avait été le dernier à réussir l'exploit avec les Cardinals de St. Louis, en 1934.

LA PRESSE
100 ans d'actualités

Fin de la phénoménale carrière de Monsieur Hockey

C'ÉTAIT prévu, c'était même attendu depuis des jours, des semaines, des mois. Et cependant chacun dans son for intérieur se demandait si l'incomparable joueur de hockey qu'a été Maurice Richard n'allait pas renverser une fois de plus les calculs du monde sportif comme il avait si souvent déjoué la stratégie de ses adversaires et défier le temps pour ajouter une autre saison aux dix-huit années de son étincelante carrière dans la Ligue Nationale.

photo Réal St-Jean, LA PRESSE

Visiblement ému, Maurice Richard annonce sa retraite.

Mais celui qui a décidé de l'issue de tant de mémorables rencontres sportives sous les assourdissants applaudissements de foules frénétiques de joie, a lui-même scellé le sort de la joute la plus difficile qu'il lui ait jamais été donné de livrer, celle de décider quand mettre fin à ses jours comme joueur, en annonçant lui-même hier soir **(15 septembre 1960)** dans le calme d'un salon de l'hôtel Reine-Elizabeth la fin de sa carrière.

C'est en ses mots que notre exconfrère Marcel Desjardins, commençait l'article touchant qu'il consacrait à Maurice Richard au lendemain de l'annonce de sa retraite. Cet article était accompagné de plusieurs autres consacrés à l'événement, y compris celui qui reproduisait le texte de la déclaration de Richard, que voici:

«Mes chers amis:

«Je suis sûr que vous êtes tous surpris de me voir ici ce soir. Cette réunion devait être un meeting pour dévoiler certains détails en marge de la partie des Etoiles du 1er octobre mais je dois vous dire que la véritable raison de cette réunion était de vous rassembler tous en même temps. (...) J'ai toujours dit que j'annoncerais la nouvelle de ma retraite du jeu actif à tout le monde en même temps et je veux tenir parole. Ma décision est maintenant prise et je m'excuse si je vous ai fait languir, tous, depuis plusieurs mois, avant de prendre une décision finale. Vous admettrez avec moi que cette décision ne fut pas facile à prendre. Ça fait déjà deux ans que j'y songe, presque jour et nuit, et vous devinez donc que ces deux dernières saisons ont été très dures pour moi.

«J'ai toujours fait mon possible et j'ai travaillé bien fort pour bien servir le hockey et le club Canadien et je profite de l'occasion qui m'est offerte pour souhaiter «Bonne Chance» au club et à tous les joueurs qui resteront avec le Bleu Blanc Rouge. J'espère bien qu'il remportera une 6e coupe Stanley de suite le printemps prochain.

«Je voudrais aussi remercier le public, tous les amateurs de hockey de Montréal, de la province et d'ailleurs, sans exception et particulièrement chacun de mes supporteurs qui m'ont tous si bien encouragé durant 18 ans. Je m'en voudrais d'oublier la direction du club Canadien. J'ai toujours reçu un magnifique support du club et surtout de M. Frank Selke qui m'a grandement aidé à prendre ma décision en m'offrant un contrat alléchant tout en étant libre de faire ce que je voulais faire.

«J'ai donc décidé de demeurer avec l'équipe non pas comme joueur, mais comme Ambassadeur du Club de hockey Canadien et j'espère avoir l'occasion d'être encore très utile au club et de demeurer avec l'organisation aussi longtemps que je l'ai fait comme joueur.

«En terminant, je tiens à vous remercier tous, messieurs, vous tous sans exception qui avez tant fait pour moi et le club Canadien. J'espère par-dessus tout que nous resterons toujours de bons amis et en même temps il me fera bien plaisir de vous rencontrer et de répondre de mon mieux à toutes les questions que vous pourrez vouloir me poser. MERCI BEAUCOUP.»

BABILLARD

Salut à deux centenaires!

LA PRESSE est heureuse de saluer deux citoyens du Québec qui connaîtront des heures mémorables au cours du week-end.

En premier lieu, saluons **Florestine Lalonde-Besner,** une résidente du Centre d'accueil Vaudreuil, sur le boulevard Roche à Vaudreuil, qui célèbre aujourd'hui son 104e anniversaire de naissance. Mme Besner a en effet vu le jour le 15 septembre 1880, à Saint-Michel-de-Vaudreuil.

En deuxième lieu, saluons **Arthur Perreault,** de Sainte-Marie, qui célébrera demain son 101e anniversaire. M. Perreault est né le 16 septembre 1883 à Saint-Frédéric.

ACTIVITÉS

DEMAIN

■ **À la radio**

15 h, Radio-Canada — Chronique consacrée à LA PRESSE à l'émission *Avec le temps*, animée par Pierre Paquette.

Sur la scène de l'ACTUALITÉ

Le *15 septembre 1952*, LA PRESSE annonçait la nomination du cardiologue Paul David à la direction de l'Institut de cardiologie de Montréal.

7 inculpés dans l'affaire Watergate

WASHINGTON (AFP) — Un grand jury fédéral a inculpé hier **(15 septembre 1972)** 7 personnes accusées de s'être introduites au siège du parti démocrate, l'hôtel Watergate à Washington, pour y dérober des documents et y installer une table d'écoute.

Cinq des accusés avaient été arrêtés sur les lieux le 17 juin dernier. Ce sont, Bernard Barker, un entrepreneur immobilier de Miami, James McCord, un ancien employé de la C.I.A. et conseiller du Comité pour la réélection du président Nixon, Eugenio Martinez, avoué dans la firme de Barker, Frank Sturgis, ancien mercenaire et associé de Barker, et Virgilio Gonzales, serrurier.

Le groupe, lié aux milieux anti-castristes de Miami, était dirigé par deux personnalités également inculpées hier. Il s'agit de Gordon Liddy, ancien conseiller financier du Comité pour la réélection du président Nixon, et de Howard Hunt, un ancien conseiller auprès de la Maison Blanche.

Les 7 hommes contre lesquels sont retenus un total de 28 chefs d'accusation risquent des peines allant jusqu'à 30 ans de prison.

L'enquête a révélé que ces cambrioleurs d'un genre spécial se sont introduits dans l'hôtel Watergate et il semblerait que la correspondance personnelle de M. Larry O'Brien, alors président du parti démocrate, les a spécialement intéressés.

Chamberlain négocie un règlement général

BERCHTESGADEN, Allemagne, 15 (U.P.) — (Tous droits réservés) — Il est impossible de dire présentement ce qui se discute à Haus Wachenfeld, la maison d'Hitler, entre le chancelier allemand et le premier ministre britannique. Mais avant de voler de Londres à Berchtesgaden, dit le correspondant Webb Miller, un personnage diplomatique m'a dit que Chamberlain demanderait à brûle-pourpoint au chancelier nazi: «Tenez-vous à une aventure militaire ou songez-vous sérieusement à collaborer à l'élaboration d'un plan d'apaisement commençant par la question sudète et s'étendant jusqu'aux problèmes des colonies?»

Dans les cercles diplomatiques, on entend dire que les nazis voudraient réaliser un triomphe militaire. Si au contraire, Hitler est prêt à accepter une victoire diplomatique, les Anglais et les Français la leur faciliteraient en accordant aux Sudètes «une autonomie qui dépasserait leurs plus chères espérances.»

On apprend de personnalités britanniques bien renseignées que Chamberlain voudrait obtenir d'Hitler, en échange de concessions sur le problème sudète, la collaboration allemande à la solution du problème espagnol.

Hitler et Chamberlain doivent se servir d'interprètes.

Cela se passait le 15 septembre 1938.

Cette rencontre entre Neville Chamberlain et Adolf Hitler marquait le début d'une série de démarches auprès d'Hitler qui devaient se conclure le 30 septembre par la signature d'un accord germano-britannique qui notamment «réglait» le problème des Sudètes en justifiant leur annexion par les Allemands. Et le peuple anglais accorda un accueil triomphal à Chamberlain à son retour à Londres. Moins d'un an plus tard, la guerre éclatait...

photo Lucien Desjardins, LA PRESSE

Funérailles de Camillien Houde

Haie d'honneur, escorte humaine, foule innombrable, l'ex-maire de Montréal, Camillien Houde reçoit *(le 15 septembre 1958)* le dernier salut ému de la population de la métropole, sur le parvis de l'église Notre-Dame.

Les émigrants canadiens pour le Brésil ouvrent les yeux

Sur 1000, environ 700 renoncent à partir. Ils remercient «La Presse» de les avoir éclairés.

IL me fait plaisir de constater que les efforts faits par «La Presse» pour faire ouvrir les yeux aux infortunés Canadiens qui, trompés par de fallacieuses promesses, s'en allaient tout joyeux au Brésil, où les attendait la mort ou l'esclavage, ont eu un heureux effet. Un grand nombre d'entre eux qui ignoraient absolument les dangers et les misères dont ils étaient menacés, ont renoncé à faire le voyage. Sur 1000 que l'on comptait hier **(15 septembre 1896)**, comme ayant été embauchés, 600 à 700 sont venus chercher leur bagage sur le Moravia, pour retourner chez eux, heureux d'avoir été renseignés à temps par «La Presse», qu'ils remercient avec effusion.

Le maire Smith, voyant ce premier résultat, n'a pas cru bon devoir intervenir, mais il a télégraphié à Ottawa, donnant les détails de la conférence qu'il a eue hier dans le cours de l'avant-midi. Toute la journée, l'animation la plus grande n'a cessé de régner sur le quai de la douane et à bord du navire. Parents et amis des émigrants sont venus en grand nombre les voir une dernière fois, soit pour leur faire leurs adieux ou les supplier de ne pas partir. C'était aussi les connaissances de ceux qui avaient résolu de renoncer à leur projet, qui les aidaient à boucler les malles, à transporter les colis hors de ce navire exécré; puis la foule des curieux, etc.

M. l'abbé Trudel, qui s'est fait le directeur spirituel des émigrants pendant le voyage et dont le zèle pour le mouvement en question forme en ce moment le sujet de commentaires qui sont loin de lui être favorables, interrogé par les journalistes, n'a voulu rien dire, au sujet du sort qui attend là-bas nos malheureux Canadiens. Il n'a pas daigné même se justifier d'avoir encouragé un mouvement que condamnent et réprouvent tous les hommes bien renseignés et qui ont à coeur le bonheur de leurs compatriotes. (...)

LA PRESSE avait sonné l'alarme la veille de la date prévue pour le départ en décrivant, à partir de témoignages et de documents, les véritables conditions pénibles qui attendaient les Canadiens au Brésil et les promesses mensongères qu'on faisait miroiter à leurs yeux pour les attirer vers les plantations de café.

C'EST ARRIVÉ UN 15 SEPTEMBRE

1978 — Willy Messerschmitt, pionnier de l'aviation et du *ME-109* (30 000 exemplaires), meurt à l'âge de 80 ans. À la boxe, Mohamed Ali reprend son championnat du monde des poids lourds pour la troisième fois. Leon Spink aura conservé la couronne pendant 214 jours.

1976 — Équipe Canada, formée de professionnels d'Amérique du Nord, remporte le premier tournoi de la Coupe Canada par une victoire de 5 à 4 en prolongation contre la Tchécoslovaquie.

1974 — Deux pirates de l'air font sauter un *B-727* d'Air-Vietnam et cause la mort de 77 personnes. C'est le premier désastre en plein vol causé par la piraterie.

1973 — Décès à 90 ans du roi Gustav-Adolf IV de Suède.

1967 — Au Caire, le maréchal Abdel Hakim Amer se donne la mort, à la suite d'un complot raté et dont le président Nasser était la cible. — L'*Il-62*, premier long courrier de fabrication soviétique, effectue son vol inaugural Moscou-Montréal.

1966 — Fin d'un voyage spatial de trois jours par des astronautes américains à bord de *Gemini XI*.

1963 — Mort de quatre fillettes noires lors d'un attentat à la bombe dans une église de Birmingham, Alabama.

1963 — Ben Bella est élu premier président de la République d'Algérie et annonce qu'il nationalisera les terres appartenant « aux colons et aux traîtres ».

1959 — Le premier ministre Nikita Khrouchtchev entreprend une visite de 12 jours aux États-Unis. — Intronisation du général Vanier comme gouverneur général du Canada. C'est le premier Canadien français et le premier catholique à accéder à ce poste.

1958 — Jacques Soustelle, ministre de l'Information de France, échappe à un attentat des terroristes du FLN, à Paris. — Un train plonge du haut d'un pont au New Jersey, et l'accident fait au moins 40 morts.

1952 — Signature de l'accord sino-soviétique à Moscou, lequel restitue le chemin de fer de Mandchourie à la Chine.

1951 — Ouverture à Ottawa de la conférence du Pacte de l'Atlantique.

1950 — Les Américains opèrent un double débarquement en Corée et occupent le port d'Inchon, à 35 milles du 38e parallèle et à 18 milles de Séoul.

1950 — La frégate française *Laplace* explose dans le port de Brest.

1949 — Ouverture de la première session du 21e Parlement du Canada, premier auquel participe Terre-Neuve comme 10e province du Canada. Le premier ministre Louis Saint-Laurent promet d'engager promptement le processus d'une réforme constitutionnelle.

1947 — Levée de la plupart des contrôles gouvernementaux sur les prix; seul le sucre reste rationné.

1944 — Début de l'invasion américaine aux Philippines.

1940 — La bataille d'Angleterre atteint son point culminant dans le ciel de Londres; les pilotes anglais et canadiens s'illustrent en abattant 185 avions (un record) en 24 heures.

1938 — Le record de vitesse sur terre est porté à 350,2 milles à l'heure par le millionnaire John Cobb, dans le désert de Bonneville Flats, dans l'Utah.

1927 — Le Canada est nommé membre du conseil de la Société des nations.

1908 — Prestation du serment de sir Alphonse Pelletier, lieutenant gouverneur de la province de Québec.

1896 — Ouverture à Québec du Congrès des ouvriers de la Puissance du Canada. — Inauguration de l'hôtel de ville de Québec en présence du gouverneur général du Canada, et des premiers ministres fédéral et provincial.

LA PRESSE
100 ans d'actualités

DÉSASTRE MARITIME À TORONTO

TORONTO, 17 (B.U.P.) — Un incendie-éclair a englouti le navire d'excursion «Noronic», tôt ce matin **(17 septembre 1949),** alors qu'il débordait de touristes. Les pompiers ont révélé qu'ils avaient déjà retrouvé 58 cadavres calcinés dans les ruines.

Les autorités de la morgue ont dit qu'on les avait averties de se tenir prêtes à recevoir au moins cent autres corps. Même ce chiffré, ont-elles ajouté, serait probablement inférieur à la réalité.

Si ces tristes précisions se réalisent, cet incendie marquera la pire tragédie dans l'histoire du temps de paix du Canada.

Le «Noronic» rasé par un incendie: 58 morts

Toronto, 17 (P.C.) — Cinquante pompiers, munis de lampes de poche, fouillent encore aujourd'hui, les ruines fumantes du navire «Noronic» afin d'établir s'il ne se trouve pas encore d'autres victimes de l'incendie qui a surpris passagers et équipage à bord, en pleine nuit.

A 8 h. 15, ce matin, on avait déjà retiré les corps calcinés de 11 personnes des ruines du bar et deux femmes avaient succombé à leurs brûlures à l'hôpital, portant le nombre des morts à treize. Cinquante-sept autres personnes avaient également été hospitalisées, dont 16 pour blessures graves. (...)

Les autorités du service des incendies ont déclaré qu'il serait impossible de déterminer exactement le nombre des morts tant que les pompiers n'auront pu fouiller complètement les décombres.

Ces derniers furent impuissants à monter à bord du navire avant sept heures ce matin, soit cinq heures après que la première des trois alarmes eût été sonnée. Dix-huit voitures du service des incendies se rendirent sur les lieux, de même que deux bateaux-pompe, mais leurs efforts furent vains. Le «Noronic» devait être complètement rasé par les flammes au quai des Canada Steamship Lines, au pied de la rue Bay.

Presque tous des Américains

Les flammes qui ont soudainement englouti l'arrière-pont firent rage à travers le pont de bois. Les 520 passagers, dont la plupart avaient été tirés de leur sommeil, cherchaient désespérément à fuir. Un bon nombre sautèrent par-dessus bord ou se laissèrent glisser sur les cordages.

Les officiers et les membres d'équipage se hâtèrent de donner l'alarme sur le navire et d'éveiller ceux qui étaient au lit. Quatre heures après la première alarme, les flammes faisaient toujours rage et le navire était enveloppé d'un nuage de fumée.

Tous les passagers, moins vingt, étaient des Américains. Le «Noronic» était arrivé à Toronto à 6 h. hier soir, en provenance de Cleveland et Détroit.

Peter Sage, de Hull, Qué., un employé du «Noronic», a relaté comment il avait réussi à aider 100 passagers à atteindre le «Cayuga», un autre navire ancré près du vaisseau en flammes.

Héroïsme de l'équipage

Mlle Mildred Briggs, de Détroit, a raconté de son côté qu'elle croyait qu'on voulait plaisanter quand elle entendit d'abord crier au feu. D'après ce témoin, les flammes se seraient répandues si rapidement qu'on eût dit que le navire était devenu une véritable boîte d'allumettes. Mlle Briggs a loué le travail héroïque des membres d'équipage qui ont réussi à maintenir un semblant de calme et d'ordre malgré l'hystérie qui s'était emparée de nombre de passagers.

J. Donald Church, de Silver Lake, Ohio, décrit par d'autres passagers comme un véritable héros, a déclaré qu'il était d'avis que les flammes avaient été allumées dans une armoire de la buanderie, près du bar. Il tenta, a-t-il raconté, d'éteindre les flammes à l'aide d'un extincteur chimique, mais celui-ci refusa à peu près complètement de fonctionner.

Cette photo illustre bien l'ampleur des dégâts causés par les flammes à bord du «Noronic», dont la carcasse fumante reposait sur le lit du lac au lendemain de l'incendie.

Diplomates de l'ONU assassinés par des irréguliers juifs à Jérusalem

JÉRUSALEM, 18 (P.C.) — Le comte Folke Bernadotte, médiateur de l'ONU, et son aide français, le colonel André Sérol, ont été assassinés hier soir **(17 septembre 1948)** par quatre «irréguliers» dans le quartier de Katamon de la nouvelle Jérusalem, a-t-on appris hier soir d'un communiqué de l'ONU.

Les bandits ont fait pivoter un tous-terrains devant l'auto dans laquelle roulait le comte Bernadotte. Lorsque l'auto s'est arrêtée, les agresseurs ont brandi une mitraillette et forcé le comte Bernadotte et le colonel Serot à descendre, puis les ont tués. Aussitôt après, les bandits ont pris la fuite.

Le comte Bernadotte était arrivé hier midi des lignes arabes dans le secteur juif.

Le Dr Bernard Joseph, Montréalais de naissance, gouverneur militaire du secteur juif de Jérusalem, déclare que toutes les mesures ont été prises pour arrêter les assassins.

Aussitôt informés de l'attentat, le Dr Joseph s'est rendu à l'hôpital de la Hassadah, sur le mont des Oliviers, où les cadavres du comte Bernadotte et du colonel Serot avaient été transportés. De l'hôpital, il s'est hâté au secrétariat de l'ONU à la Y.M.C.A. Là, il a exprimé au chef d'état-major du comte Bernadotte, le général Aage Lundström, «son profond regret du crime impardonnable». (...)

Les pourparlers de paix sur le Moyen-Orient entamés par le président Jimmy Carter, des États-Unis, à Camp David, aboutirent à une conclusion inespérée, le *17 septembre 1978*, lorsque le président Carter vit Menahem Begin, premier ministre d'Israël, et Anouar el-Sadate, président de l'Égypte, s'entendre sur un schéma de traité de paix et le règlement des autres matières litigieuses entre les deux pays.

Ottawa ordonne leur libération

LES DE BERNONVILLE EN LIBERTÉ

par Alfred Ayotte

LE commandant Jacques Dugé de Bernonville, sa femme Isabelle et ses filles Catherine et Josiane, détenus tous quatre depuis le 2 septembre dernier, aux quartiers de l'immigration à Montréal, et menacés de déportation en France, sont libres depuis ce matin, à neuf heures. Pour la première fois depuis quinze jours, ils respirent le vivifiant air de septembre, dans le pays libre qu'est le Canada.

M. Jean Bonnel, l'un des fidèles amis de la famille de Bernonville, nous a annoncé tôt ce matin la nouvelle de leur libération sous cautionnement. Malgré les nouvelles adverses, malgré les décisions de l'hon. juge J.-A. Campbell, rendue publique hier et maintenant la détention du commandant et des trois membres de sa famille, il n'avait pas perdu confiance. Il demeurait convaincu qu'un coup de vent viendrait dissiper les nuages sombres.

Un acte du gouvernement

L'éclaircie s'est produite hier soir **(17 septembre 1948).** Me Bernard Bourdon, C.R., l'un des quatre avocats des de Bernonville, a victorieusement plaidé la cause de ses clients par téléphone avec le gouvernement fédéral. Il a obtenu qu'ils soient libérés en fournissant un cautionnement global de $5,000. Cette libération vaut pour toute la durée des procédures judiciaires. La seule condition posée est que les quatre de Bernonville se «rapportent» une fois par semaine aux quartiers de l'immigration canadienne de la rue St-Antoine.

L'audition de la cause d'habeas corpus, amorcée en Cour supérieure le 8, puis le 14 septembre, reprendra le 29 prochain. (...)

Un avion géant arrivé à Dorval

L'AVION géant «Constellation» a survolé aujourd'hui **(17 septembre 1945)** la métropole canadienne. Construit pour transporter 64 voyageurs, il portait à l'altitude minimum permise ici, 2,000 pieds, un groupe de représentants de l'industrie aéronautique canadienne et des journalistes. Le «Constellation» a décollé de l'aéroport de Dorval à midi, et on a pu le voir au-dessus des différentes parties de la ville. On a remarqué l'énormité de ce nouvel appareil commercial qui mesure 95 pieds de longueur et possède une envergure de 123 pieds.

Parti de Winnipeg hier après-midi à 3 h. 37 (heure de Montréal), le «Constellation» s'est posé sur une des pistes de l'aéroport de Dorval à 7 h. 10 p.m. après avoir parcouru une distance de 1,084 milles en 3 heures et 33 minutes, soit une moyenne de 320 milles à l'heure. (...)

Le «Constellation» s'est arrêté ici au cours d'une tournée organisée au Canada dans le but de présenter ce nouveau modèle commercial aux personnes intéressées dans l'industrie de l'aéronautique et du transport aérien. Les représentants de la compagnie Lockheed Aircraft, de Burbank, Calif., qui ont organisé cette randonnée, ont annoncé que la livraison aux entreprises commerciales commencera dès le mois prochain. (...)

ACTIVITÉS

■ Clinique de sang

Hall d'entrée de la Place des arts — LA PRESSE organise conjointement avec la Place des arts et les principaux groupes artistiques qui s'y produisent une clinique de sang ouverte au public entre 10 h 30 et 20 h 30. En plus de rencontrer certaines vedettes du monde artistique, les donneurs auront l'occasion de voir une collection de textes et d'illustrations provenant des archives de LA PRESSE et tous orientés vers le monde des arts.

■ LA PRESSE à Gaspé

Carrefour Gaspé, montée Sandy Beach — Les résidents de cette municipalité qui n'ont pas l'opportunité de se rendre dans la région de Montréal auront l'occasion d'apprécier les richesses des archives de LA PRESSE, et plus précisément les volets « 100 ans de caricatures », « 100 ans d'imprimerie » et les plus belles pages du supplément agricole publié par LA PRESSE au cours des années 20. **Jusqu'au 22 septembre inclusivement.**

■ LA PRESSE à Val d'Or

Carrefour du Nord-Ouest, 3e avenue — Les résidents de cette municipalité qui n'ont pas l'opportunité de se rendre dans la région de Montréal auront l'occasion d'apprécier les richesses des archives de LA PRESSE, et plus précisément les volets « 100 ans de caricatures », « 100 ans d'imprimerie » et « L'Univers de la bande dessinée ». **Jusqu'au 22 septembre inclusivement.**

C'EST ARRIVÉ UN 17 SEPTEMBRE

1983 — Vanessa Williams devient la première Noire à être choisie au titre de *Miss America*.

1980 — Anastasio Somoza Debayle est assassiné au Paraguay. Il avait été président du Nicaragua jusqu'en juillet 1979, alors qu'il avait été obligé de s'exiler.

1971 — Une collision entre un autobus et un camion, en Espagne, fait 17 morts, presque tous des Québécois.

1970 — À la suite des violents combats qui se déroulent à Amman, où le roi Hussein, de Jordanie, a dû lancer son armée contre les fedayin, les États-Unis se préparent à évacuer leurs ressortissants. — Léo Cadieux démissionne comme ministre de la Défense canadienne et est nommé ambassadeur en France.

1962 — La communauté noire de Georgie voit brûler un quatrième de ses temples religieux.

1960 — Sur les ordres du président Kasavubu, le personnel des ambassades d'URSS et de Tchécoslovaquie doit quitter le Congo.

1954 — Encore une fois, le Québec refuse l'offre de subventions fédérales aux universités.

1953 — Jean Lesage, député de Montmagny-l'Islet, est nommé ministre fédéral des Ressources nationales.

1952 — Ouverture à Montréal d'une première banque avec guichets pour automobilistes. — La marine américaine annonce que des bombardiers robots sont utilisés contre la Corée du Nord. Il s'agit donc des premiers avions téléguidés utilisés en temps de guerre.

1951 — J.-A. Mongrain est réélu maire de Trois-Rivières.

1949 — Première assemblée du Conseil établi en vertu du traité de l'Atlantique-nord (OTAN), à Washington. Le ministre Pearson y représente le Canada.

1948 — Le gouvernement fédéral lève le ban sur l'immigration française au Canada et admet les Français au même titre que les Britanniques et les Américains. — John Diefenbaker se porte candidat au leadership du Parti conservateur.

1945 — Début des procès de Belsen pour crimes de guerre, à Lunebourg, en Allemagne.

1944 — Des parachutistes sautent derrière les lignes allemandes à Arnheim.

1941 — Trois contre-torpilleurs suédois explosent au sud de Stockholm.

1939 — Les Soviétiques envahissent la Pologne. Les nazis demandent à la résistance polonaise de se rendre, à Varsovie, ou de courir le risque de subir de violents bombardements.

1917 — Début de la pose de la travée centrale du pont de Québec. Un an plus tôt, une tentative semblable s'était soldée par une catastrophe.

1908 — Le célèbre artiste-dessinateur Henri Julien, est foudroyé par une crise d'apoplexie en pleine rue Saint-Jacques. — L'aviation fait sa première victime, le lieutenant Selfridge, qui volait à bord de l'avion d'Orville Wright.

1891 — Ouverture officielle de l'Exposition de Montréal, au Palais de cristal.

LE S.S. ARCTIC EST PARTI EN ROUTE VERS LE NORD

(Du correspondant régulier de LA PRESSE)

QUÉBEC, 19 — Il était près d'une heure de l'après-midi, samedi **(17 septembre 1904),** lorsque le «SS Arctic» quitta Québec pour une expédition à travers les mers glaciales, laquelle expédition doit durer trois ans. Un foule considérable assistait au départ du vaisseau. La fanfare de l'Etat était aussi sur le quai du Roi, jouant des airs patriotiques pour saluer avec la foule le départ des courageux membres de l'expédition. Tout l'avant-midi, ce fut un va-et-vient indescriptible à bord de l'«Arctic». Des camions arrivaient chargés de marchandises. Les commissaires de nos grands magasins se coudoyaient pour se débarrasser de leurs paquets; autant de cadeaux offerts par les parents et amis des voyageurs. Le major Moodie, commandant de l'expédition, et le capitaine J.E. Bernier, maître d'équipage, étaient activement engagés à régler les derniers détails du voyage. Les autres officiers et membres de l'expédition étaient entourés de leurs parents et amis.

A la dernière minute, il y eut de nouveaux changements dans le personnel. Ainsi, M. F. Moffet, fils du propriétaire du journal «Le Temps», d'Ottawa, qui avait reçu sa commission de commis du bord, resta sur le quai, malgré son grand désir de s'embarquer. Il ne put résister aux pressantes sollicitations de son père qui, le coeur brisé, lui demandait de rester. (...)

Le «S.S. Arctic» quittant le port de Québec. — Cliché fait expressément pour «La Presse».

Le célèbre écuyer et sportsman montréalais L.H. Painchaud obtenait en 1898 l'autorisation de l'administration municipale d'utiliser la ferme Logan (depuis devenu le parc Lafontaine) comme piste d'entraînement pour la chasse à courre, et de le transformer à cet effet. LA PRESSE soulignait l'ouverture de la piste d'entraînement en lui consacrant une bonne partie de la première page de l'édition du *17 septembre 1898*. Ces deux illustrations en sont tirées.

LA PRESSE
100 ans d'actualités

Cette photo montre les débris du DC-6B à bord duquel voyageaient M. Hammarskjold et sa suite.

Nouveau foyer de combat au Katanga

MORT DE HAMMARSKJOLD DANS UN ACCIDENT D'AVION

NDOLA, Rhodésie du Nord (PA, AFP, UPI, Reuter) — M. Dag Hammarskjold, secrétaire général de l'ONU a trouvé la mort dans un accident d'avion en Rhodésie du Nord **(le 18 septembre 1961)**. Son avion «DC-6B» s'est effondré à environ 7 milles et demi de Ndola. Hammarskjold avait quitté hier Léopoldville pour aller rencontrer M. Moïse Tshombé en terrain neutre, en Rhodésie du Nord. Le corps du secrétaire général a été retrouvé au milieu de cinq autres victimes de l'accident, dont MM. H.A. Wieschoff, directeur des Affaires politiques et du Conseil de sécurité, William Ranallo, secrétaire privé de M. Hammarskjold, Vladimir Fabry, chargé des questions légales. *(Une autre des victimes fut identifiée comme étant Alice Lalande, secrétaire particulière de M. Sturm Linner, chef des opérations de l'ONU au Congo).*

Les débris de l'avion ont été retrouvés à la suite de recherches entreprises par l'aviation de la Rhodésie.

La compagnie Swedish Trans-Air, qui a fourni l'avion à M. Hammarskjold, a entrepris une enquête pour déterminer si le DC-6B aurait été abattu par des jets de la chasse katangaise. Les chasseurs de Moïse Tshombé sont entrés dans la lutte pour appuyer les forces katangaises contre les forces de l'ONU.

Un homme, gravement blessé, a survécu à l'accident. Six cadavres ont déjà été retrouvés et l'on croit que les autres se trouvent sous les décombres de l'avion. Quatorze personnes se trouvaient dans l'appareil, soit neuf passagers et cinq membres d'équipage.

Les débris étaient encore fumants à l'arrivée des secouristes qui ont été conduits par un bûcheron noir sur les lieux de l'accident. L'avion semble avoir frappé le sol à une très grande vitesse, après avoir coupé les têtes des arbres environnants. L'appareil s'est désintégré presque complètement. Deux des moteurs se sont séparés de l'avion et n'ont pu être retrouvés, ce qui donne une idée de la force du choc.

La disparition de M. Hammarskjold coïncide avec une aggravation de la situation militaire au Katanga. Le combat aurait éclaté ce matin à Albertville, entre les forces de l'ONU et l'armée katangaise. Albertville est située sur le lac Tanganyika à environ 420 milles au nord-est d'Elisabethville. C'est la quatrième ville à être le théâtre de la guerre qui dure depuis cinq jours au Katanga. (...)

La crise financière mondiale pourrait-elle devenir encore plus pénible que maintenant?

(Service de la Presse Associée)

GENÈVE, Suisse, 18 — Le Comité des finances de la Société des Nations a fait rapport aujourd'hui **(18 septembre 1931)** à l'Assemblée que la crise financière mondiale est sans précédent et qu'elle «pourrait fort bien, graduellement ou soudainement, devenir plus aigue et plus étendue».

Cet avertissement de la part d'un groupe d'experts financiers éminents a servi de base à une demande de crédits plus considérables pour faire face à des situations financières d'urgence que la Société des nations pourrait avoir à envisager cette année et en 1932.

Sir Arthur Salter, délégué britannique, qui est depuis dix ans directeur des organisations économiques de la société, a aussi appuyé sur l'urgence de la crise financière. Il a nettement déclaré au Comité que le problème financier actuel est le plus important dans la vie internationale.

Les systèmes tarifaires et particulièrement les traités qui affectent les nations d'une manière inégale, sont, a-t-il dit, les principales causes des troubles financiers mondiaux actuels. (...)

ACTIVITÉS

■ **LA PRESSE à Gaspé**

Carrefour Gaspé, montée Sandy Beach — Les résidents de cette municipalité qui n'ont pas l'opportunité de se rendre dans la région de Montréal auront l'occasion d'apprécier les richesses des archives de LA PRESSE, et plus précisément les volets «100 ans de caricatures», «100 ans d'imprimerie» et les plus belles pages du supplément agricole publié par LA PRESSE au cours des années 20. **Jusqu'au 22 septembre inclusivement.**

■ **LA PRESSE à Val d'Or**

Carrefour du Nord-Ouest, 3e avenue — Les résidents de cette municipalité qui n'ont pas l'opportunité de se rendre dans la région de Montréal auront l'occasion d'apprécier les richesses des archives de LA PRESSE, et plus précisément les volets «100 ans de caricatures», «100 ans d'imprimerie» et «L'Univers de la bande dessinée». **Jusqu'au 22 septembre inclusivement.**

Centenaire ferroviaire célébré avec éclat

Lord Alexander répète le geste de lord Elgin

par Alfred Ayotte

A cent ans de distance, Son Excellence le vicomte Alexander de Tunis, gouverneur général du Canada, a répété le geste de lord Elgin, alors gouverneur de notre pays, en parcourant par chemin de fer la courte distance de Montréal à Lachine.

En 1847 en effet, lord Elgin inaugurait le 19 novembre le premier chemin de fer de l'île de Montréal. Hier après midi **(18 septembre 1947)**, le vicomte Alexander a rehaussé de sa présence le voyage symbolique organisé par la société ferroviaire, le Canadien National, qui a succédé à la société présidée il y a un siècle par l'honorable James Ferrier. Afin de faire revivre l'atmosphère de l'époque, de jeunes femmes, vêtues à la mode d'autrefois, chapeaux à encorbellement et longues robes à crinolines, paraient de leur charme et de leur grâce le convoi des quelque 500 invités. Un soleil radieux donnait à la fête tout l'éclat souhaité.

Au temps des crinolines

Après un déjeuner plein d'entrain pris à l'hôtel Windsor, les invités du Canadien National ont pénétré dans la gare vieillie de la rue Saint-Jacques, la gare Bonaventure aujourd'hui supplantée par la gare Centrale, et ont envahi les wagons ultra-modernes d'un train plusieurs fois plus long que le modeste convoi de 1847. La puissante locomotive a franchi en moins de temps qu'il y a cent ans la distance de huit milles qui sépare les deux villes. Tout le long du parcours, les gens étaient groupés sur les trottoirs, à l'angle des rues, et les drapeaux britanniques flottaient partout au vent.

Nombre de voyageurs se faisaient la réflexion que l'inauguration du chemin de fer Montréal-Lachine a dû constituer en 1847 un événement extraordinaire. Les rails étaient de bois, recouvert d'une lame de métal; les wagons étaient également de bois et fort légers. Et il y avait la vitesse! (...)

L'OPERA FRANCAIS

La troupe est arrivée à Montréal. — Bienvenue aux artistes.

IL était deux heures et quart hier après-midi **(18 septembre 1894)**, lorsque le steamer «Lake Ontario», à bord duquel les artistes de l'Opéra Français ont fait la traversée, est entré dans le port. M. Edmond Hardy, le directeur-gérant du théâtre, avait invité une centaine d'amis à se porter à la rencontre de la troupe jusqu'à la Longue-Pointe, à bord de l'«Island Queen». Mais un malheureux contre-temps dérangea tous les calculs, et le transatlantique arrivait à son quai lorsque le «Island Queen» s'élança dans le courant. La bande de l'«Harmonie» jouait ses airs les plus joyeux. Les notes vives de la «Marseillaise» appelèrent sur le pont du «Lake Ontario» tous les membres de la troupe qui saluèrent le gérant et ses amis en agitant leurs mouchoirs. L'«Island Queen» s'approcha du steamer, et quelque temps après, les artistes français embarquaient à bord et échangeaient de chaudes poignées de mains avec tous ceux qui se pressaient auprès d'eux pour leur souhaiter la bienvenue. (...)

Pas trop fatigués de leur longue traversée, les artistes se prêtèrent volontiers à une courte promenade sur le fleuve. (...) A 5 heures, tout le monde mettait pied à terre. (...)

Le 18 septembre 1901, **Montréal accueillait leurs Altesses Royales le duc et la duchesse de Cornwall avec tout le faste réservé aux membres de la famille royale, à l'époque. Ce croquis du dessinateur de LA PRESSE montre le carosse royal, rue Craig, alors qu'il s'engageait dans la rue Saint-Denis.**

C'EST ARRIVÉ UN 18 SEPTEMBRE

1983 — Un millier de Montréalais bravent la bruine pour participer au marathon Terry-Fox.

1982 — Le prince Rainier et ses sujets monégasques portent en terre la princesse Grace de Monaco. — Massacre des Palestiniens réfugiés dans les camps de Sabra et Chatila, au Liban.

1981 — Le Parlement français adopte un projet de loi relatif à l'abolition de la peine de mort.

1980 — Accusations de fraude, d'abus de confiance et de corruption portées contre Gérard Niding, Régis Trudeau et Claude Rouleau, résultat des travaux de la commission Malouf.

1976 — Pour la troisième fois, un jury acquitte le Dr Morgentaler, accusé d'avoir pratiqué un avortement illégal.

1975 — Patricia Hearst, fille de l'éditeur Randolph A. Hearst, est capturée à San Francisco par le FBI et accusée de vol de banque. Depuis son enlèvement 592 jours plus tôt, en février 1974, elle avait joint les rangs de ses ravisseurs. — En Ontario, les conservateurs sont mis en minorité après 32 ans de règne majoritaire et le NPD forme l'opposition officielle.

1973 — Admission des deux Allemagne à l'ONU.

1971 — L'administration du *Toronto Telegram* annonce que le journal cessera incessamment de paraître.

1956 — Adélard Godbout, ex-premier ministre du Québec en 1936, puis de 1939 à 1944, succombe aux suites d'une chute accidentelle, à l'âge de 64 ans.

1954 — Dévoilement du monument érigé à la mémoire du frère Marie-Victorin, naturaliste.

1946 — Le gouvernement communiste fait arrêter Mgr Louis Stépinac, primat de Yougoslavie. — Un avion de la Sabena s'écrase dans le brouillard, à Gander, causant la mort de 26 des 44 passagers. — Plus de 36 000 étaux de bouchers ferment aux États-Uunis à la suite du manque de viande et de la dispute sur le contrôle des prix.

1934 — L'URSS est acceptée au sein de la Ligue des Nations.

1931 — Les troupe japonaises occupent Moukden, capitale de la Mandchourie. — Gandhi arrive à Londres pour participer aux séances du comité de rédaction de la constitution des Indes.

1926 — Un ouragan fait des milliers de victimes en Floride, en plus de causer des dégâts évalués à $150 millions.

1889 — Un éboulement de roc fait une vingtaine de victimes, au cap Diamant, près de Québec.

ECLATANTE VICTOIRE DE LEO KID ROY SUR WALTER PRICE A HOLYOKE

HOLYOKE, Mass., 19 — Léo Kid Roy a signalé hier soir **(18 septembre 1925)** son entrée dans l'arène après un repos de plus de quatre mois en battant Walter Price d'une façon décisive. C'était là la première défaite subie par Price, et Roy a été le premier homme à le vaincre.

Le boxeur canadien a eu le dessus du commencement à la fin. A la première ronde, Kid Roy a étendu Price sur le plancher pour 4 secondes. A la sixième, il l'a couché de nouveau, cette fois pour neuf secondes. Kid Roy a fort malmené son adversaire. Ce dernier a eu la tête fendue et s'est fait faire six points de suture. Roy a eu l'avantage, un avantage décisif, et le résultat n'a jamais été douteux.

Price est un bon boxeur, mais Roy lui est supérieur et de beaucoup. Inutile de dire que la victoire de Kid Roy a soulevé un vif enthousiasme parmi la foule qui remplissait la salle et qui se composait en grande partie de Franco-Américains qui ont frénétiquement acclamé Léo Kid Roy.

NDLR — Dans la même page, sur la foi d'une lettre d'un lecteur, LA PRESSE soulevait la possibilité que le boxeur Leo Gates n'était pas un indien mohawk comme il le prétendait, mais plutôt un Canadien français originaire de Saint-Hyacinthe, fils de William Langevin et Louise Régnier. LA PRESSE soulevait la question, mais malheureusement sans y répondre.

Guy Lafleur

En observant Lafleur, Béliveau se rend compte que c'est fini...

par Gilles Terroux

LES yeux des 18,906 spectateurs — une foule record au Forum — étaient tournés vers Guy Lafleur.

Et avec raison d'ailleurs.

C'était l'entrée en scène de la plus jeune merveille du Canadien. Une entrée en scène retentissante. Dommage qu'il ne s'agissait que d'un match hors concours car les trois assistances que Lafleur a méritées dans la victoire de 7 à 4 du Canadien aux dépens des Bruins de Boston, auraient bien paru sur une feuille de pointage officielle.

Les 18,906 spectateurs qui avaient payé le prix d'admission étaient trop préoccupés à surveiller les faits et gestes de Lafleur sur la patinoire pour jeter un coup d'oeil vers la passerelle des journalistes.

S'ils l'avaient fait, ils auraient reconnu une figure familière, installée au milieu des journalistes. Ils auraient reconnu en Jean Béliveau un homme qui ressentait une drôle de sensation.

«Pendant la première semaine de l'entraînement, ce n'était pas si pire, confiait Béliveau à Rogatien Vachon et Serge Savard. Il y a bien eu le premier matin où je me sentais mal à l'aise assis dans les estrades. Mais ce soir, c'est différent. Là, je me rends vraiment compte que j'ai mis fin à ma carrière. J'avoue que j'aurais aimé faire partie du groupe lorsque l'équipe a sauté sur la patinoire. Tu ne restes pas insensible à un tel accueil du public lors de la rentrée quelques mois après la conquête de la coupe Stanley. Ça me fait tout drôle maintenant d'observer le jeu de si haut...»

Une pensée pour Lafleur

Béliveau n'avait pas payé le prix d'admission mais il était peut-être celui qui portait le plus d'attention au début de Lafleur.

Qui sait, il revivait peut-être en cette soirée du ***18 septembre 1971***, le début de sa propre carrière.

«Je n'ai pu m'empêcher de penser à Guy durant toute la journée, disait Béliveau. Il doit être nerveux, même si le match ne revêt aucune importance. Je me demande quelle a été sa réaction lorsqu'il a appris qu'il allait effectuer la mise au jeu initiale.»

Au mois d'octobre 1953, Béliveau avait participé à son premier match comme membre en règle du Canadien dans des circonstances semblables. (...)

Lafleur s'est d'ailleurs comporté comme un vétéran. Il n'a pas compté mais il a récolté trois assistances. Il était sur la patinoire lors des cinq premiers buts du Canadien et pour aucun des quatre buts des Bruins. (...)

NDLR — Les buts du Canadien furent marqués par Frank Mahovlich et Yvan Cournoyer, avec deux chacun, Pete Mahovlich, Marc Tardif et Jacques Lemaire, ceux des Bruins par Bobby Orr, Ken Hodge, Bob Stewart et Wayne Cashman.

LA PRESSE

100 ans d'actualités

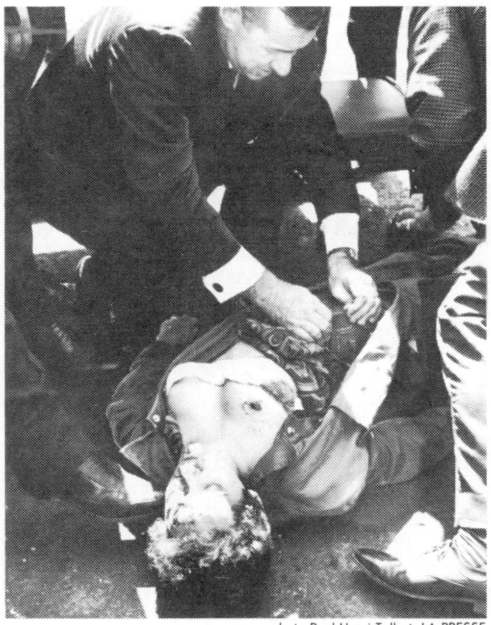

photo Paul-Henri Talbot, LA PRESSE

Monique Proietti, mieux connue sous le vocable de «Machine-Gun Molly».

Machine-Gun Molly tombe sous les balles de la police

par Lucien RIVARD

LA célèbre femme à la mitraillette, «Machine-Gun Molly», qui dirigeait un trio de cagoulards soupçonnés d'avoir perpétré quelque 20 vols de banque dans la région de Montréal au cours des derniers mois, est tombée hier **(19 septembre 1967)** sous les balles de la police de Montréal-Nord à l'issue d'une chasse à l'homme mouvementée, à plus de 100 milles à l'heure, dans les villes de Montréal-Nord et Saint-Michel.

De son vrai nom Monique Proietti, âgée de 27 ans, mère de deux enfants, la suspecte s'affublait occasionnellement des alias de Monique Smith ou Monique Tessier. Au moment où elle a été abattue par la police, vers 11 h. 15, elle était en liberté provisoire, attendant de subir son procès sous une accusation de complicité dans un vol d'automobile. Quoique soupçonnée de quelque 20 hold-up, aucun mandat d'arrêt n'avait été délivré contre elle, sauf par la Sûreté de Jacques-Cartier, et seulement sous l'accusation de vol d'auto. Machine-Gun Molly s'était livrée à la police de cette ville, le 30 août dernier, en compagnie de son avocat Me Léo Maranda. Dès le lendemain, elle obtenait sa libération sous un cautionnement de $950. Son enquête préliminaire avait été fixée au 6 octobre.

Peu après 11 h. ce matin, Monique Proietti, accompagnée de deux autres individus, faisait irruption dans la Caisse populaire St-Vital, au 11,117 boul. St-Vital, à Montréal-Nord.

La tête camouflée sous une cagoule et l'arme au poing, le trio s'est approprié assez facilement le contenu de deux tiroirs-caisses soit une somme d'environ $3,000.

Le trio s'engouffra dans une auto de marque Chrysler qui était garée devant l'établissement et démarra en trombe. Pendant ce temps, l'alerte était donnée au poste de la police de Montréal-Nord et, en moins de 30 secondes, deux autos-patrouilles étaient sur les lieux.

Notant rapidement la description de la voiture que donnaient des témoins, les policiers se lancèrent à la poursuite des fuyards. Ceux-ci ont emprunté la rue Martial, pour revenir vers le sud dans la rue London et ont emprunté la rue Fleury jusqu'au boul. des Récollets. A cette intersection, on effectue des travaux de voirie, ce qui a retardé la fuite des cagoulards. Ils profitèrent de la situation pour changer de voiture. (...)

Les fuyards ont passé les limites de Montréal-Nord pour traverser toute la ville de Saint-Michel, où la poursuite s'est arrêtée de façon brutale à l'angle du boul. Pie-IX et de la rue Dickens quand l'auto que conduisait Machine Gun Molly heurta violemment un autobus de la ligne 99 de la CTM. Personne n'a été blessé dans l'autobus.

Trois balles pour Monique

Les deux individus qui accompagnaient Monique Proietti ont rapidement quitté le véhicule accidenté et se sont enfuis à toutes jambes, abandonnant la jeune femme dans la voiture.

Le véhicule fut cerné par les policiers et, se sentant prise, la femme braqua un revolver de calibre .45 en direction des policiers, s'apprêtant à vendre chèrement sa peau.

Craignant que «Machine-Gun Molly» n'hésite pas à faire feu, un policier leva sa mitraillette et fit feu. Une balle se logea dans la tête de Monique Proietti et deux autres dans les seins. La jeune femme s'affaissa morte sur le siège de la voiture. (...)

Houde démissionne

Quel sera le prochain chef conservateur?

Inutile de dire que la démission de M. Camillien Houde comme chef du parti conservateur provincial, démission officiellement annoncée hier **(19 septembre 1932)** dans les journaux et à laquelle d'aucuns s'attendaient depuis déjà quelque temps, est le grand sujet de conversation aujourd'hui rue Saint-Jacques ainsi que dans tous les cercles conservateurs. Y aurait-il convention dès cet automne pour le choix d'un successeur à l'ancien député de Sainte-Marie ou simplement élection, pour le moment, d'un chef sessionnel de l'opposition? Tel est ce qui sera discuté à un caucus que M. C.-E. Gault, lui-même chef sessionnel l'an dernier, doit convoquer sous le plus court délai possible. Nous sommes informés, en effet, qu'il en a déjà donné avis par lettre à tous ses collègues. (...)

Tout indique pour le moment du moins que l'on se contentera de choisir un chef sessionnel de l'opposition, lequel serait M. Maurice Duplessis, député de Trois-Rivières, et que l'on verra l'organisation d'une convention pour le choix du chef permanent du parti conservateur pour le printemps prochain seulement. (...)

Page bucolique consacrée à la moisson, et publiée le *19 septembre 1908*.

M. Jacques Parizeau passe au PQ

par Laval LE BORGNE

M. Jacques Parizeau, économiste dont la compétence est reconnue et utilisée autant à Ottawa qu'à Québec, est passé officiellement dans les rangs du Parti québécois, hier **(19 septembre 1969)**.

Et s'il n'en tient qu'aux leaders du PQ, c'est le comté d'Ahuntsic que le nouveau péquiste tentera de représenter lors des prochaines élections provinciales.

Même celui qui espère être choisi candidat dans ce comté, M. Pierre Renaud, s'est dit prêt à s'effacer pour laisser la place à M. Parizeau.

En plus d'être un comté où la cote d'amour de M. René Lévesque est, semble-t-il, assez élevée, Ahuntsic est un comté dont la population ne craint pas les intellectuels; il est représenté à l'Assemblée nationale par le député libéral Jean-Paul Lefebvre.

Quant à M. Parizeau, il s'est contenté de dire qu'il n'y a aucune décision de prise pour le moment.

Après avoir dit que sa décision d'entrer au PQ a été «laborieuse et difficile», l'ancien fédéraliste a déclaré qu'il consacrera toutes ses énergies, au cours des prochains mois, «à exorciser les démons, à calmer les craintes» que suscite chez certains l'idée de l'indépendance, surtout au plan de l'économie.

Le président du PQ, en plus de souligner que l'arrivée du professeur des Hautes Etudes Commerciales «est un grand jour pour le PQ et pour tous les Québécois», s'est dit assuré que M. Parizeau pourra «dissiper les craintes artificielles que certains ressentent vis-à-vis l'indépendance et que d'autres sont payés pour entretenir».

En plus d'avoir été conseiller économique et financier du cabinet provincial de 1965 à la fin de 1967, M. Parizeau a été membre du Conseil supérieur du travail, conseiller de plusieurs commissions fédérales et provinciales, (...) étroitement lié à la préparation de la nationalisation de l'électricité et à l'élaboration de projets tels que la Société générale de financement, la Caisse de dépôt et de placement, SOQUEM et la politique salariale du gouvernement Bertrand. (...)

HONNEUR A UN MONTREALAIS

M. O. Champagne, à la convention des inspecteurs de bouilloire, tenue récemment à Chicago, a été élu premier président de l'Association de ses confrères des Etats-Unis et du Canada.

Cette nouvelle a été publiée le 19 septembre 1893.

ACTIVITÉS

■ Salon des coureurs

Complexe Desjardins — Dans le cadre de sa participation très active au marathon de Montréal, LA PRESSE propose aux visiteurs du Salon des coureurs, sur le mail central du complexe Desjardins, une exposition des archives de LA PRESSE mettant l'accent sur la course à pieds et ceux qui la pratique.

■ LA PRESSE à Saint-Jérôme

Carrefour du Nord, boulevard Giguère — Les résidents de cette municipalité qui n'ont pas l'opportunité de se rendre dans la région de Montréal auront l'occasion d'apprécier les richesses des archives de LA PRESSE, et plus précisément les volets « 100 ans de caricatures », « L'histoire de l'aviation depuis 100 ans » ainsi qu'une collection de belles pages consacrées aux événements historiques qui ont marqué le Canada et le Québec depuis le début du siècle. **Jusqu'au 22 septembre inclusivement.**

■ LA PRESSE à Gaspé

Carrefour Gaspé, montée Sandy Beach — Les résidents de cette municipalité qui n'ont pas l'opportunité de se rendre dans la région de Montréal auront l'occasion d'apprécier les richesses des archives de LA PRESSE, et plus précisément les volets « 100 ans de caricatures », « 100 ans d'imprimerie » et les plus belles pages du supplément agricole publié par LA PRESSE au cours des années 20. **Jusqu'au 22 septembre inclusivement.**

■ LA PRESSE à Val d'Or

Carrefour du Nord-Ouest, 3e avenue — Les résidents de cette municipalité qui n'ont pas l'opportunité de se rendre dans la région de Montréal auront l'occasion d'apprécier les richesses des archives de LA PRESSE, et plus précisément les volets « 100 ans de caricatures », « 100 ans d'imprimerie » et « L'Univers de la bande dessinée ». **Jusqu'au 22 septembre inclusivement.**

Il était question dans la page du 3 septembre dernier de la mort d'un restaurateur du nom de Joe Poitras, et dont l'établissement connu sous le nom de «p'tit Windsor» servait de véritable plaque tournante pour toutes les sphères d'activités, avec la participation des plus fortes personnalités. Cette photo vous montre le «p'tit Windsor» tel qu'il apparaissait en septembre 1898, au coin nord-ouest de l'intersection de la rue Saint-Jacques avec la côte Saint-Lambert (elle se trouvait dans le prolongement de la rue Saint-Laurent, et elle en porte aujourd'hui le nom), peu de temps avant de tomber sous le pic des démolisseurs pour faire place au plus vieux des deux édifices de LA PRESSE. Joe Poitras est facile à reconnaître, à l'avant-plan, à cause de sa forte corpulence.

C'EST ARRIVÉ UN 19 SEPTEMBRE

1983 — La marine de guerre américaine se porte une première fois au secours de l'armée libanaise.

1980 — L'explosion d'un missile *Titan II* dans son silo fait un mort et 21 blessés, aux États-Unis.

1980 — Terry Fox est décoré de l'Ordre du Canada, la plus haute récompense qu'un citoyen canadien puisse recevoir. Âgé de 22 ans, Fox est le plus jeune Canadien à recevoir cet honneur.

1978 — L'Arabie saoudite et la Jordanie rejettent les accords de Camp David.

1976 — Les sociaux-démocrates sont défaits lors des élections générales en Suède, après 44 années au pouvoir.

1972 — Une cinquantaine de colis piégés sont postés par l'organisation terroriste palestinienne *Septembre Noir*. Un diplomate israélien est tué en Grande-Bretagne par un tel colis.

1968 — À Prague, le président Svoboda refuse de cautionner le limogeage de M. Dubcek, demandé par Moscou.

1965 — Les 1 500 employés d'Hydro-Québec déclenchent la grève.

1963 — Discours du premier ministre Pearson à l'Assemblée générale des Nations Unies; il énonce des propositions en vue de raffermir les forces de maintien de la paix de l'ONU.

1960 — L'Inde et le Pakistan signent un accord au sujet de l'utilisation des eaux de l'Indus.

1955 — Démission du président Juan Peron, remplacé par une junte militaire, en Argentine.

1952 — Début des festivités du centenaire de l'université Laval, la plus ancienne université d'expression française en Amérique.

1950 — En Indochine, les communistes lancent une offensive contre les Français.

1941 — Les nazis prennent Kiev, en URSS. — Le *S.S. Pink Star*, naviguant sous pavillon du Panama mais propriété du gouvernement des États-Unis, est coulé au large de l'Islande.

1909 — Ouverture en la basilique de Québec du premier concile plénier national du Canada.

1899 — Le conseil des ministres de France accorde le pardon à Alfred Dreyfus le jour même où meurt un de ses plus ardents défenseurs, le sénateur Scheurer-Kestner.

Le Canadien National procédait, le *19 septembre 1925*, au voyage d'inauguration du premier train électrique du monde mû par un moteur à l'huile.

LA PRESSE

100 ans d'actualités

HAUPTMANN EST-IL LE RAVISSEUR ET LE MEURTRIER DU BEBE LINDBERGH?

(Service de la Presse Associée)

TRENTON, N.J., 21 — Le gouverneur du New Jersey, A. Harry Moore, a signé tard hier soir **(20 septembre 1934)** un mandat d'extradition sous une accusation d'homicide contre Bruno Richard Hauptmann, suspect dans l'affaire Lindbergh. (...)

A-t-on arrêté le vrai Hauptmann?

Washington, 21 (P.A.) — Le département du travail annonce aujourd'hui qu'un homme qui a donné le nom de Karl Pellmeier alias Bruno Richard Hauptmann avait été déporté en Allemagne le 17 juillet 1923, parce qu'il était entré aux Etats-Unis comme rat de cale.

Cet homme dit qu'il était âgé de 23 ans, ce qui correspond approximativement avec l'âge du Hauptmann qui a été arrêté à New York en rapport avec l'affaire Lindbergh.

Le département explique que cet homme était déportable en tout temps pour des raisons de «turpitude morale». Cet immigrant reconnut, tandis qu'il était détenu aux Etats-Unis, qu'il avait pénétré par effraction avec un complice chez le maire de Pembruch, Allemagne, et lui avait volé environ 1,000 marks. (...)

«Cet argent me vient d'un ami» déclare Hauptmann

(Service de l'United Press spécial à la «Presse»)

Bruno Richard Hauptmann, charpentier allemand accusé d'avoir extorqué $50,000 au colonel Lindbergh contre la promesse de lui rendre son enfant, donnait ce matin à toutes les questions posées par la police une réponse soigneusement étudiée et de nature à le disculper.

«L'argent qu'on a trouvé chez moi, dit-il, m'avait été confié par un ami (apparemment Fische qui fut un associé du prisonnier dans son commerce de fourrures) qui s'en alla en Allemagne et y mourut.

«Je ne savais pas avant hier que cet argent vint de la rançon du petit Lindbergh», soutint-il avec opiniâtreté. Il ajouta que son ami avait confié $14,000 à sa garde et qu'il en avait dépensé $125 ou $150. Il reconnut avoir travaillé à Lakewood et Freehold, New Jersey, mais il dit qu'il n'avait jamais été à Hopewell qui est la municipalité la plus rapprochée de la maison des Lindbergh. Il dit qu'il ne travaille plus depuis avril 1932. (...)

— Où avez-vous pris tout cet argent? demanda-t-on à Hauptmann. — Un de mes amis s'en alla en Allemagne et me laissa tous ses effets. Il mourut en Allemagne. — Vous a-t-il dit quoi faire avec ses biens? — Non. — En quoi pensiez-vous que ces effets consistaient? — Je pensais que c'était des billets de banque.

L'interrogatoire se termina après qu'il eut déposé qu'il possédait un *(sic)* auto depuis 1931.

Hauptmann s'agitait nerveusement pendant qu'on le questionnait. Il paraissait visiblement effrayé.

Sullivan croit tenir le vrai ravisseur

(Presse Associée) — Durant l'interrogatoire de Bruno R. Hauptmann sur l'argent de la rançon Lindbergh, l'assistant de l'inspecteur en chef John L. Sullivan a déclaré (...): «Je comprends cet homme. Nous avons une cause parfaite d'extorsion contre lui. Je ne doute pas le moins du monde qu'il ait à répondre à une accusation plus grave. Je n'entretiens pas le moindre doute au sujet de cet homme».

Silencieux, les Lindbergh paraissent indifférents

(Service de l'United Press spécial à la «Presse»

Los Angeles, 21 — Le colonel et Mme Charles A. Lindbergh ne livrent pas leurs impressions sur l'arrestation d'un suspect de l'enlèvement de leur fils premier-né.

Ils restent seuls dans la grande maison de Will Rogers qui leur a câblé il y a plusieurs jours une invitation à y demeurer durant leur séjour en Californie. Lindbergh lui-même est invisible mais Jack Maddox, ancien chef d'une compagnie d'aviation et ami intime du colonel, dit que les Lindbergh ne parlèrent pas avant d'avoir reçu des nouvelles de leurs avocats à New York. Maddox dit que Lindbergh a paru peu intéressé quand il apprit l'arrestation de Hauptmann.

Ce montage photographique montre le charpentier de nationalité allemande Bruno Richard Hauptmann, soupçonné du rapt et de l'assassinat du bébé Lindbergh, ainsi que la maison où la police a découvert des billets de banque provenant de la rançon payée par le colonel Charles Lindbergh.

ACTIVITÉS

■ Salon des coureurs

Complexe Desjardins — Dans le cadre de sa participation très active au marathon de Montréal, LA PRESSE propose aux visiteurs du Salon des coureurs, sur le basilaire 1 du complexe Desjardins, une exposition des archives de LA PRESSE mettant l'accent sur la course à pieds et ceux qui la pratique.

■ LA PRESSE à Saint-Jérôme

Carrefour du Nord, boulevard Giguère — Les résidents de cette municipalité qui n'ont pas l'opportunité de se rendre dans la région de Montréal auront l'occasion d'apprécier les richesses des archives de LA PRESSE, et plus précisément les volets « 100 ans de caricatures », « L'histoire de l'aviation depuis 100 ans » ainsi qu'une collection de belles pages consacrées aux événements historiques qui ont marqué le Canada et le Québec depuis le début du siècle. **Jusqu'au 22 septembre inclusivement.**

■ LA PRESSE à Gaspé

Carrefour Gaspé, montée Sandy Beach — Les résidents de cette municipalité qui n'ont pas l'opportunité de se rendre dans la région de Montréal auront l'occasion d'apprécier les richesses des archives de LA PRESSE, et plus précisément les volets « 100 ans de caricatures », « 100 ans d'imprimerie » et les plus belles pages du supplément agricole publié par LA PRESSE au cours des années 20. **Jusqu'au 22 septembre inclusivement.**

■ LA PRESSE à Val d'Or

Carrefour du Nord-Ouest, 3e avenue — Les résidents de cette municipalité qui n'ont pas l'opportunité de se rendre dans la région de Montréal auront l'occasion d'apprécier les richesses des archives de LA PRESSE, et plus précisément les volets « 100 ans de caricatures », « 100 ans d'imprimerie » et « L'Univers de la bande dessinée ». **Jusqu'au 22 septembre inclusivement.**

Roger Mathieu élu président de la CTCC

M. Roger Mathieu, ancien président du Syndicat des journalistes de Montréal, a été élu samedi **(20 septembre 1958)** président général de la Confédération des travailleurs catholiques du Canada, en remplacement de M. Gérard Picard, qui a refusé d'être de nouveau candidat à ce poste, et qui est maintenant président et conseiller technique de la Fédération de la métallurgie.

M. Mathieu a été longuement ovationné par les quelque 500 délégués au congrès annuel de la CTCC, après qu'il eut été proclamé élu. M. René Gosselin, président de la Fédération du textile, briguait aussi le poste de président général. (...)

En 1946, de retour à Montréal, il *(M. Mathieu)* entrait à la «Presse» à titre de chroniqueur ouvrier, poste qu'il occupa pendant six ans, jusqu'à sa nomination au poste d'adjoint au directeur de l'information, fonctions qu'il occupait jusqu'à aujourd'hui. (...)

Membre du Syndicat des journalistes de Montréal depuis 1948, M. Mathieu en fut aussi le président de 1951 à 1958. (...)

M. Mathieu a épousé en 1948, Jeanne Mailloux. Il est père de quatre enfants.

LE TRIOMPHE DE LA REFORME

Les 22 quartiers de Montréal se déclarent, d'une façon très catégorique, en faveur de la réduction du nombre des échevins et du bureau de contrôle

LE peuple a parlé: 22,000 électeurs sont allés aux polls, hier **(20 septembre 1909)**. Près de vingt mille *(19,570, précisait-on ailleurs)* se sont prononcés pour la réduction du nombre des échevins, et près de 19,000 *(18,575, pour être plus précis)* pour le bureau de contrôle. Ce fut un balayage contre les adversaires de la réforme municipale. A cause des événements d'hier, la Commission technique, qui devra être instituée quand même, avec le Bureau de contrôle, est en minorité de 10,000 voix.

Canadiens-français, anglais, irlandais ont fait leur devoir d'honnêtes citoyens, hier. Propriétaires, locataires, ouvriers, commerçants, bourgeois, millionnaires, pauvres, riches, tous, enfin, puisque l'opposition aux réformes est écrasée, anéantie, ont voulu participer au relèvement moral et financier de la ville de Montréal.

On ne peut voir plus éclatante manifestation de la conscience publique honnête. Il n'y a pas de plus bel exemple de la puissance irrésistible de l'opinion publique. La majorité dans tous les quartiers, sans exception, s'est prononcée en faveur d'un changement de régime administratif dans nos affaires municipales. Les quartiers représentés par les adversaires de la réforme ont été, peut-être, les plus violents à répudier les oppositionnistes. Le chef de ceux-ci, l'échevin Giroux, a été écrasé dans son propre quartier, Saint-Jacques.

Les quartiers qui ont remporté la palme de la majorité en faveur de la réforme sont des quartiers canadiens-français. Comment ne pas s'en réjouir?

C'EST ARRIVÉ UN 20 SEPTEMBRE

1982 — La Ligue nationale de football est paralysée par une grève des joueurs.

1978 — Démission inattendue de John Vorster, premier ministre d'Afrique du Sud depuis 1966.

1977 — La plus grande partie du pavillon Émile-Nelligan de l'hôpital L.H. Lafontaine est ravagée par le feu, troisième incendie majeur à frapper cet hôpital en 15 mois. — Le Canada et les États-Unis s'entendent sur le parcours du gazoduc de l'Alaska.

1973 — Annonce par Québec du nouveau programme d'allocations familiales.

1971 — Découverte de lettres piégées adressées à l'ambassade d'Israël à Ottawa et au consulat d'Israël à Montréal.

1970 — Intervention des blindés syriens contre les forces gouvernementales jordaniennes. Washington met en garde la Syrie contre un élargissement du conflit. — Le pape Paul VI et le président Giuseppe Saragat célèbrent ensemble le centenaire de la prise de Rome par les troupes du roi Victor-Emmanuel II, marquant ainsi la fin du pouvoir temporel des papes sur Rome.

1963 — Le cargo canadien *Howard L. Shaw* part de Chicago vide après un boycottage de cinq mois.

1961 — M. Mongi Slim, de Tunisie, devient le premier Africain à occuper la présidence de l'Assemblée générale des Nations Unies.

1960 — Ouverture à Québec d'une session spéciale convoquée pour traiter des problèmes de la Ville de Montréal, et qui débouchera sur l'adaptation de la loi concernant un référendum à Montréal. — Ouverture à New York de la 15e session de l'Assemblée générale de l'ONU. Eisenhower, MacMillan, Diefenbaker, Khrouchtchev, Nehru, Nasser, le roi Hussein, Tito, Soukarno, Menzies, Nash et Castro y participent personnellement.

1958 — Décès à l'âge de 66 ans de Dom Oscar O'Brien, célèbre folkloriste canadien et ex-fondateur du *quatuor Alouette*.

1957 — Jean Sibelius, grand compositeur de réputation universelle, meurt à Helsinki, en Finlande, à l'âge de 91 ans.

1956 — George Drew abandonne la direction du Parti conservateur.

1955 — L'URSS accorde la souveraineté à l'Allemagne de l'Est.

1949 — Richard Dix, étoile de l'écran, meurt dans un hôpital d'Hollywood à la suite d'une crise cardiaque.

1947 — Fiorello Laguardia, ex-maire de New York, meurt à l'âge de 64 ans, d'un cancer du pancréas.

1939 — Décès à Montréal de Mgr Paul Bruchési, à l'âge de 83 ans et 11 mois.

1932 — Pour donner plus de poids à sa lutte pour l'indépendance de l'Inde, le mahatma Gandhi entreprend une grève de la faim à Bombay.

1917 — Le fédéral accorde le droit de vote aux femmes.

1906 — Inauguration solennelle de la Faculté de pharmacie à l'université Laval de Montréal.

1901 — Au tour d'Ottawa d'accueillir avec faste le duc et la duchesse d'York.

Deux lignes de métro déjà rétablies

par Mario FONTAINE

LES autobus circulent de nouveau ce matin **(20 septembre 1974)**, ainsi que deux lignes de métro, celles reliant Longueuil à la station Berri-de-Montigny et les stations Atwater et Frontenac, *après 44 jours de grève*. L'ensemble du réseau souterrain fonctionnera normalement dès demain.

Toutefois, bien des problèmes demeurent en suspens. Ainsi, le président de la CTCUM, M. Lawrence Hanigan, avoue ignorer où prendre les $4 millions que l'oblige à débourser l'entente conclue hier entre la commission et ses 1,600 préposés à l'entretien et aux garages.

Selon cette entente, la Commission de transport de la CUM s'engage à verser un montant forfaitaire de $600 à chacun des grévistes, et ce avant le premier janvier 1975. Les employés ont préféré cette somme à une formule d'indexation que leur proposait la Commission. (...)

L'accord conclu hier portera le déficit prévu de la CTCUM de $18 à $22 millions pour 1974. En outre, M. Hanigan déclarait plus tôt cette semaine que $103 millions manqueront dans les coffres de la commission de transport d'ici trois ans.

Cette concession monétaire de la commission reste l'élément majeur qui a décidé du règlement du conflit, en cours depuis le 7 août. Les ententes de principe furent signées au bureau du premier ministre à cinq heures, hier, en présence du numéro un de la CSN, Marcel Pepin, et du président de la CTCUM, Lawrence Hanigan.

Environ 1,200 membres du Syndicat du transport de Montréal les acceptaient quelques heures plus tard, au cours d'une assemblée générale dans la métropole.

En plus du montant forfaitaire de $600, elles assurent le retrait des 73 suspensions levées contre certains travailleurs ayant refusé d'assurer le service le 24 juin et le premier juillet derniers.

AVEC LE PONT DE QUEBEC LE MONDE COMPTE 8 MERVEILLES AU LIEU DE 7

Au moment où la travée centrale était installée, *le 20 septembre 1917*, le pont de Québec devenait la huitième merveille du monde. Les sept autres sont (1) le tombeau de Mausole, à Halicarnasse (2) la pyramide de Chéops (3) le phare d'Alexandrie (4) le colosse de Rhodes (5) les jardins suspendus de Sémiramis, à Babylone (6) la statue de Zeus (Jupiter) olympien, à Olympie et (7) le temple d'Artémis (Diane) à Ephèse.

Le pont de Québec

LE COURONNEMENT D'UNE ENTREPRISE NATONALE

COMME SUR LE PONT D'AVIGNON, ON Y DANSE!

QUÉBEC, 21 — Enfin, le pont de Québec est du domaine de la réalité. La 8ème merveille du monde est parachevée. L'ascension de la travée centrale s'est terminée avec succès, hier après-midi **(20 septembre 1917)**, à trois heures et 28 minutes exactement.

Aussitôt le travail d'ascension terminé, on s'est mis à préparer les voies pour river la travée centrale aux deux bras cantilevers.

Ce travail a commencé à 3 h. 28 et s'est terminé à quatre heures. On s'est servi pour cela de huit boulons de dix pouces de diamètre et pesant chacun 1400 livres.

A quatre heures précises, l'ingénieur-en-chef de la construction du pont, M. G.F. Porter, a donné le signal indiquant que la grande entreprise était terminée. Immédiatement, tous les bateaux qui se trouvaient dans les environs se sont mis à lancer dans les airs des coups de siflet qui se prolongèrent fort longuement. (...)

TOUT EST EN PLACE

Le représentant de la «Presse» se trouvait sur un bateau, tout auprès du pont, vers trois heures, quand se termina le travail d'ascension de la travée. Nous avons entendu fort bien le bruit des leviers hydrauliques qui faisaient franchir à la travée centrale son dernier échelon. Puis il y eut quelques minutes d'inaction.

C'est alors que l'on vit une chose bien typique. Un des ouvriers qui se trouvaient sur le cantilever nord se dégagea du groupe et arriva sur la travée centrale en marchant d'un pas allègre sur une étroite pièce d'acier. Il s'arrêta à une vingtaine de pieds du cantilever et, en tournant vers les curieux qu'il y avait dans notre bateau, se mit à danser une gigue. Ce danseur enragé est aussi original que brave!

On sait que, durant le travail de montage, il ne s'est tenu personne sur la travée centrale, contrairement à ce qui s'était passé l'an dernier. (...)

LA PRESSE

100 ans d'actualités

Chahut à l'ouverture de la Place des Arts

par Jean SISTO
et Luc BEAUREGARD

APRÈS des années de difficultés et des mois de querelles, la Place des Arts a été inaugurée samedi soir **(21 septembre 1963)** mais non sans malaise. Pendant qu'à l'intérieur de la Place, près de 3,000 personnes contemplaient le luxueux édifice et attendaient nerveusement dans les halls le début du concert, à l'extérieur la révolte grondait.

Peu s'en fallut que la manifestation de protestation qui a marqué l'ouverture officielle de la Place des Arts ne dégénérât en effet en une véritable échauffourrée digne de l'émeute de 1955 qu'avait occasionnée la suspension de Maurice Richard.

La plupart des invités étaient arrivés par le garage, et non par l'allée centrale de la rue Sainte-Catherine où une garde d'honneur de 120 PP les attendaient au garde-à-vous, et ne s'étaient pas rendu compte que plus de 400 manifestants, auxquels s'étaient joints presque autant de badauds, étaient aux prises avec 250 policiers de Montréal qui avaient reçu l'ordre de réprimer toute manifestation.

La police attendait de pied ferme les 400 jeunes manifestants du RIN, du PRQ et du CVN, qui avaient décidé, au nom de la nationalisation de la Place des Arts et de l'indépendance du Québec, de parader — drapeaux fleurdelisés et pancartes en tête — devant l'entrée principale de cette salle de concert au moment de son ouverture officielle.

En dix minutes, tout était fini. Douze policiers à cheval, 15 motocyclettes et une centaine d'agents à pied avaient foncé à toute vapeur sur la colonne des manifestants dès leur apparition au coin des rues Ste-Catherine et St-Urbain, vers 8 h. Pancartes déchirées, drapeaux arrachés, les manifestants étaient repoussés vers le terrain de stationnement, de l'autre côté de la rue Ste-Catherine, et dispersés au milieu d'un va-et-vient effarant de motos pétaradant et de chevaux lancés au galop. (...)

Le bilan de cette partie de la soirée: 19 arrestations — au moins — et quelques blessés tant chez les policiers que chez les manifestants. Une femme aurait subi la ruade d'un cheval. Les personnes arrêtées, dont les organisateurs du PRQ, M. Yvan Piché, seront accusés d'avoir troublé la paix. (...)

Place des Arts...

Pendant que, rue Ste-Catherine, on s'époumonnait à chanter le «Ah, ça ira, ça ira, ça ira», dans la grande salle de concert, on entonnait nos hymnes nationaux «O Canada» et «God Save the Queen». Dans la Place, très peu d'invités étaient au courant de ce qui se passait dehors. Au reste, les policiers de faction à l'intérieur de la Place défendaient à quiconque de parler de la manifestation du RIN, du PRQ et du CVN. Quand du reporter a voulu se rendre du côté des manifestants, on lui a ordonné de ne plus revenir si c'était pour raconter ce qui se passait dehors.

Les invités avaient d'ailleurs un tas d'autres préoccupations: le verre à la main, on visitait les salles, on parlait de la première moitié du concert qui venait de prendre fin, de la décoration de la Place, on cherchait des amis à saluer et des costumes à critiquer. (...)

Tandis qu'à l'intérieur de la salle de la Place des Arts, les quelque 3000 invités écoutaient d'une oreille attentive le concert inaugural présenté par l'Orchestre symphonique, à l'extérieur, la police devait contenir quelque 400 manifestants et pas avec des gants blancs. Cette manifestation était passée quasi inaperçue chez les invités, qui étaient presque tous entrés par la voie de garage plutôt que par la haie d'honneur formée de policiers de la Sûreté du Québec (on disait alors Police provinciale) devant l'édifice culturel.

LE TRAMWAY

Le premier char électrique fait le tour de la voie de ceinture

C'est aujourd'hui **(21 septembre 1892)** que la compagnie du tramway a fait l'essai de son premier char électrique sur la ligne de ceinture passant par les rues Bleury, avenue du Parc, avenue Mont-Royal, Amherst, Rachel et Craig.

Le char modèle «Rocket» a inauguré le service en partant à 10.10 hrs a.m. de la cour de la compagnie Royal Electric, rue Wellington.

Son moteur a été mis en activité par deux puissantes dynamos qui lui donnaient une force de 25 chevaux.

Les personnes sur le char étaient MM. L.J. Forget, Everett, Mackenzie, président du tramway électrique de Toronto, Lusber, Cunningham, l'hon. M. J.R. Thibaudeau, Brainer, électricien de la compagnie, le Dr Désaulniers, H. Berthelot de LA PRESSE et le représentant du *Herald*.

En 1892, au moment de l'arrivée du premier tramway à Montréal, LA PRESSE ne publiait pas encore de photos, et se contentait d'illustrations. Nous vous proposons donc le dessin publié ce jour-là et une photo récente du «Rocket» tel qu'il apparaissait «en chair et en os»!

Le char «Rocket» a fait sans anicroche le trajet entre la rue Wellington et la rue Bleury. Au coin de la rue Craig, il a subi un déraillement, occasionné par la courbe qui était trop accentuée pour la distance entre les deux trucks du wagon, soit 7 pieds et 6 pouces. Les mêmes accidents ne se produiront plus avec les autres chars, qui n'ont qu'un espace de 7 pieds seulement entre les trucks. Pour la même raison, il y a eu d'autres déraillements aux autres garages, c'est-à-dire au coin des avenues du Parc et des Pins, en face du terrain de l'Exposition, sur la rue Amherst et à l'encoignure des rues Craig et Amherst. Les aiguilles des voies de garage n'étant pas encore huilées, ont aussi été des causes de déraillement.

Lorsque le «Rocket» est descendu la côte de la rue Amherst il fut arrêté et il la remonta avec autant de facilité que s'il avait été sur une rue parfaitement de niveau.

La foule sur tout le parcours de la voie de ceinture était aussi compacte que lors d'une grande procession. Sa curiosité était piquée au vif. A chaque arrêt du «Rocket», il fallait voir des groupes de badauds à quatre pattes près de la voie, essayant de voir les détails de la machine locomotrice. Malheureusement pour eux, ils n'ont pu voir que la boite contenant le dynamo. Un électricien perché sur l'impériale du char veillait au bon fonctionnement de la perche pompant le fluide électrique du fil central du trolley. (...)

Emile Maupas est tué par une explosion de dynamite

LE célèbre athlète canadien-français, Emile Maupas, directeur du centre d'entrainement de culture physique qui porte son nom, à Val-Morin, a été tué presque instantanément ce matin **(21 septembre 1948)**, lors d'un tragique accident survenu dans les limites de son camp.

Avec deux autres hommes, il était à effectuer des travaux de dynamitage dans les petites chutes où se déverse le lac qui avoisine son camp afin d'enrayer les inondations qui, chaque printemps, menaçaient sérieusement son établissement. Après avoir placé une forte charge de dynamite sous une énorme pièce de roc, il s'éloigna de quelques centaines de pieds avec ses deux compagnons de travail, MM. Poitras et Richard.

Les trois hommes attendirent alors pendant plusieurs minutes l'explosion qui devait normalement se produire, mais celle-ci tardant évidemment trop à éclater, le vétéran lutteur s'approcha de nouveau de l'endroit où il avait placé la charge, convaincu que la mèche du détonateur, pour une raison ou pour une autre, s'était éteinte.

L'explosion funeste

Au moment même où il se penchait au-dessus de la petite cavité où se trouvait la dynamite, celle-ci fit soudainement explosion, le projetant à une quinzaine de pieds dans les airs et le laissant retomber parmi les débris de roc. L'un de ses compagnons, M. Charlie Richard, courut aussitôt vers le camp, d'où il se rendait quelques minutes plus tard à Val-Morin, pour alerter le Dr Edouard Millette, de Sainte-Adèle. (...)

A l'arrivée du Dr Millette, toutefois, ce dernier ne put que constater la mort de l'athlète, qui gisait inanimé à quelques pas seulement de l'endroit où il avait été affreusement brûlé à la figure par l'explosion et mortellement blessé par les débris de toutes sortes qui lui avaient mutilé le corps à plusieurs endroits.

NDLR — Emile Maupas s'était rendu célèbre à l'époque grâce à ces méthodes d'entrainement qui avaient permis à plusieurs lutteurs, dont Yvon Robert et Larry Moquin, de connaître le succès.

ACTIVITÉS

■ **Salon des coureurs**

Complexe Desjardins — Dans le cadre de sa participation très active au marathon de Montréal, LA PRESSE propose aux visiteurs du Salon des coureurs, sur le basilaire 1 du complexe Desjardins, une exposition des archives de LA PRESSE mettant l'accent sur les marathons au fil des ans et les exploits auxquels ils ont donné lieu.

■ **LA PRESSE à Saint-Jérôme**

Carrefour du Nord, boulevard Giguère — Les résidents de cette municipalité qui n'ont pas l'opportunité de se rendre dans la région de Montréal auront l'occasion d'apprécier les richesses des archives de LA PRESSE, et plus précisément les volets « 100 ans de caricatures », « L'histoire de l'aviation depuis 100 ans » ainsi qu'une collection de belles pages consacrées aux événements historiques qui ont marqué le Canada et le Québec depuis le début du siècle. **Jusqu'au 22 septembre inclusivement.**

■ **LA PRESSE à Gaspé**

Carrefour Gaspé, montée Sandy Beach — Les résidents de cette municipalité qui n'ont pas l'opportunité de se rendre dans la région de Montréal auront l'occasion d'apprécier les richesses des archives de LA PRESSE, et plus précisément les volets « 100 ans de caricatures », « 100 ans d'imprimerie » et les plus belles pages du supplément agricole publié par LA PRESSE au cours des années 20. **Jusqu'au 22 septembre inclusivement.**

■ **LA PRESSE à Val d'Or**

Carrefour du Nord-Ouest, 3e avenue — Les résidents de cette municipalité qui n'ont pas l'opportunité de se rendre dans la région de Montréal auront l'occasion d'apprécier les richesses des archives de LA PRESSE, et plus précisément les volets « 100 ans de caricatures », « 100 ans d'imprimerie » et « L'Univers de la bande dessinée ». **Jusqu'au 22 septembre inclusivement.**

L'hon. P.-R. DuTremblay est nommé légataire fiduciaire de la succession de l'hon. T. Berthiaume

L'hon. P.-R. DuTremblay, président de la «Presse», a été nommé ce matin **(21 septembre 1932)** légataire fiduciaire de la succession de l'hon. T. Berthiaume, par l'hon. juge Boyer, de la Cour de pratique. Il succède en cette qualité à M. Arthur Berthiaume, décédé récemment. En faisant cette nomination, l'hon. juge Boyer fit remarquer que la majorité des bénéficiaires s'étaient prononcés en faveur de M. Du Tremblay et que d'après le testament de l'hon. M. Berthiaume, il était évident que le choix devait être fait parmi les membres de la famille.

M. Eugène Berthiaume demandait d'être nommé lui-même légataire fiduciaire, mais l'honorable président du tribunal, après avoir entendu les intéressés et pris leur avis, a rendu immédiatement le jugement ci-haut mentionné.

NDLR — Les déchirements au sein de la succession d'Arthur Berthiaume furent loin d'être réglés par ce jugement et persistèrent jusqu'à ce que LA PRESSE fut acquise par M. Paul Desmarais.

LA PRESSE

31me ANNEE - No 278 — MONTREAL VENDREDI 22 SEPTEMBRE 1911 — 16 PAGES-UN CENTIN

LAURIER EST DEFAIT

Les conservateurs, sous la direction de M. R.L. Borden, reprennent le pouvoir, après 15 ans d'opposition. — Québec a élu 25 conservateurs. — Sept ministres sont restés sur le carreau.

LA journée d'hier **(21 septembre 1911)** a été fatale au gouvernemnt Laurier, qui se trouve renversé du pouvoir après quinze années de luttes victorieuses et quatre succès consécutifs. On calcule que la majorité de M. R.L. Borden, nommé chef de l'opposition en 1900, sera de 50 environ. La majorité de Sir Wilfrid Laurier, en 1908, ayant été de 47, c'est un renversement complet de votes.

La province de Québec est restée du côté libéral, bien que l'opposition ait doublé le nombre de ses sièges, de 12 à 25.

A Québec, hier soir, Sir Wilfrid Laurier déclarait: «En un jour sombre comme celui-ci, il me reste une grande consolation: la fidélité de la province de Québec à nos drapeaux. En effet, — et Dieu merci! — ce n'est pas de la province de Québec que nous vient la défaite...»

La province d'Ontario a porté le coup de mort au gouvernement Laurier en n'élisant qu'une quinzaine de libéraux dans 86 comtés. Ainsi que l'a dit M. Borden, au cours de sa campagne, à Toronto: «C'est désormais Ontario *(sic)* qui dictera la politique du gouvernement». La province d'Ontario se trouve maintenant aussi bleue que la province de Québec était rouge aux meilleurs jours de l'administration Laurier.

Les provinces maritimes et celles de l'Ouest, ont aussi déçu les libéraux, qui s'attendaient d'y gagner du terrain, grâce à la politique de réciprocité; mais sur les rives de l'Atlantique, aussi bien que dans les prairies de l'Ouest et de l'autre côté des Montagnes Rocheuses, les conservateurs ont fait de nombreux gains. (...)

La défaite d'hier fut le signal d'un épouvantable massacre de ministres. Sont restés sur le carreau: l'Hon. M.W.S. Fielding, ministre des finances; sir Frederick Borden, ministre de la milice; l'Hon. M. Sydney Fisher, ministre de l'agriculture; l'Hon. M. Geo. Graham, ministre des chemins de fer; l'Hon. M. William Paterson, ministre des douanes; l'Hon. M. Mackenzie King, ministre du travail; l'Hon. M. William Templeton, ministre du revenu de l'intérieur, et probablement aussi l'Hon. M. Jacques Bureau, solliciteur général. (...)

Sir Wilfrid Laurier sort avec 5 circonscriptions sur 9 et 1,500 voix de majorité sur l'île de Montréal; mais la ville de Toronto n'a élu, de nouveau, que des conservateurs. (...)

C'EST ARRIVÉ UN 21 SEPTEMBRE

1982 — Amine Gemayel est élu président du Liban, succédant à Béchir, son frère assassiné.

1979 — Rodrigue Tremblay, ministre de l'Industrie et du Commerce démissionne du cabinet Lévesque et quitte le Parti québécois.

1972 — Mort de Henry de Montherlant.

1971 — Départ de la première étape du Tour cycliste de la Nouvelle-France, à Montréal.

1966 — Paul Reynaud, premier ministre de France lors de la défaite de 1940, meurt à l'âge de 87 ans.

1965 — Condamnée à cinq ans d'emprisonnement, la Montréalaise Michelle Duclos accepte de quitter les États-Unis de son propre gré et se dirige vers Paris. — Georges Lemay, recherché en regard avec un vol de banque commis à Montréal en 1961, s'échappe de prison à Miami. — Lucien Rivard est reconnu coupable de trafic de narcotiques, à Laredo, au Texas.

1960 — Un rapport officiel indique qu'il y a 322 000 chômeurs au Canada, un nombre record pour l'après-guerre.

1957 — Haakon VII, roi de Norvège pendant 52 ans, meurt à Oslo, à l'âge de 85 ans. Il était le souverain le plus âgé du monde, et son fils Olav lui succède.

1953 — Un pilote pose son chasseur soviétique *Mig* à l'aéroport de Kimpo, au Japon, obtenant une récompense de $100 000 ainsi que l'asile politique aux États-Unis.

1945 — Mort subite au lac L'Achigan, du Dr Oscar Mercier, chirurgien canadien de renommée internationale.

1941 — Le maréchal Pétain prie les Français de s'abstenir de toute attaque contre les Allemands.

1934 — Paul Dean réussit un match sans point ni coup sûr, et son frère Dizzie réussit un blanchissage pour les Cardinals de Saint-Louis, au cours d'un programme double.

1932 — Envoi de la première vague de 84 colons qui, sous les auspices de la société Saint-Vincent-de Paul, partent coloniser les régions de l'Abitibi et du Témiscamingue.

1929 — Le Canada adhère à la Cour internationale de justice.

1921 — L'explosion d'une usine de teinture crée un cratère de 130 pieds de diamètre par 45 pieds de profondeur, à Berlin, et fait plus de 1 000 morts.

1917 — Comparution à Montréal des orateurs anticonscriptionnistes, soit Paul Lafortune, Alphonse Bernier, P.-E. Mongeau, Anatole Grenier, Fernand Villeneuve et Fred Côté.

1913 — Dévoilement à Verchères d'un monument érigé en l'honneur de Madeleine de Verchères.

1899 — LA PRESSE offre une réception monstre aux participants du Congrès ouvrier qui se déroule à Montréal.

1893 — Inauguration de l'orgue de la cathédrale de Montréal par l'éminent artiste parisien Alexandre Guilmant.

LA PRESSE
100 ans d'actualités

Ford échappe à un deuxième attentat

SAN FRANCISCO (AFP, UPI, PA) — Pour la deuxième fois en 17 jours, le président Ford a échappé, hier **(22 septembre 1975)**, à un attentat perpétré contre lui en Californie et par une femme à chaque occasion.

C'est au moment où il sortait de l'hôtel St. Francis et allait monter dans sa voiture pour se rendre à l'aéroport qu'une femme portant un pantalon bleu et des bottes de cowboy a fait feu sur lui avec un pistolet de calibre .38 d'une distance de 35 à 40 pieds. C'est un spectateur alerte, un ancien fusillier marin de 33 ans, Oliver Sipple, qui fit dévier l'arme, et des policiers qui étaient tout près maîtrisèrent rapidement la femme. Le projectile a ricoché sur le trottoir et a atteint un chauffeur de taxi, le blessant légèrement.

M. Ford s'est baissé instinctivement en entendant la détonation et les agents du service secret l'ont couvert de leur corps tout en le poussant rapidement à l'intérieur de la voiture.

La femme fut promptement conduite dans l'hôtel avant d'être transférée au tribunal fédéral de la ville, où elle a comparu hier soir. Il s'agit de Sarah Jane Moore, 45 ans, militante de gauche connue de la police et qui a déjà affirmé avoir été une indicatrice occasionnelle du FBI.

Un cautionnement de $500,000

Après s'être enquis de sa situation financière, le juge Owen Woodruff a désigné un avocat d'office pour la défendre et a fixé le cautionnement pour sa mise en liberté à $500,000. La prévenue, qui s'est bornée à déclarer qu'elle était célibataire avec un enfant à charge et qu'elle était en chômage depuis mai 1975, comparaîtra à nouveau mardi devant le tribunal.

Cette femme avait été interrogée dimanche, 24 heures avant l'attentat, devant son domicile du quartier de la Mission. Elle avait même été fouillée et les agents avaient découvert qu'elle portait un pistolet. On l'avait alors conduite au commissariat où l'arme avait été confisquée avant que la femme ne soit remise en liberté.

Hier, armée d'un autre pistolet, vêtue d'un pantalon et de bottes de cowboy, elle se glissait dans la foule qui entourait l'hôtel St. Francis et tirait sur le président.

M. Ford, selon son entourage, n'a pas été traumatisé par l'incident. Comme prévu, il s'est rendu à l'aéroport où il a rejoint sa femme et l'avion présidentiel décollait peu après à destination de Washington.

Autre incident

C'était le deuxième incident de la journée touchant le président. En effet, un homme de 24 ans, Ronald Carlo, avait été arrêté plus tôt après s'être présenté à la réception de l'hôtel St. Francis et y avoir montré une note de menaces à l'égard du président Ford. (...)

Il y a 17 jours, soit le 5 septembre, à Sacramento, capitale de la Californie, une autre femme, Lynne Fromme, 26 ans, avait braqué un pistolet de calibre .45 sur M. Ford alors qu'il se trouvait dans la foule à moins de trois pieds de lui. Elle fut maîtrisée de justesse par des agents du service secret. Son arme était chargée, mais le cran de sûreté n'avait pas été ôté. La jeune femme, membre de la sinistre famille Manson, est actuellement détenue sous un cautionnement de $350,000.

«La Montrélaise», dernière machine inventée par Achille Hanssens, est la propriété de Max Daoust, l'agent d'immeuble bien connu.

La seule photo d'époque qu'on retrouve encore aux archives de LA PRESSE est malheureusement incomplète, tandis que celle publiée en septembre 1910 offre le désavantage d'être très floue. Nous vous proposons donc les deux photos, de sorte que vous aurez une meilleure idée de ce qu'était «La Montréalaise».

LE PREMIER MONOPLAN CONSTRUIT A MONTREAL

AFIN d'intéresser les journalistes aux premiers essais d'un nouveau monoplan, M. Max. Daoust, de la «Daoust Realty Co. Ltd.», a invité, hier **(22 septembre 1910)**, un représentant de chacun des principaux quotidiens montréalais à se rendre au Parc Sainte-Hélène, à Montréal-Sud.

Le trajet entre la ville et les propriétés de M. Daoust s'est fait en automobile. En une demi-heure environ, les deux voitures qui contenaient les journalistes se trouvaient rendues au lieu de destination, après une promenade aussi agréable que rapide.

M. Daoust présenta alors ses invités à l'inventeur et au constructeur de la nouvelle machine, M. Achille Hanssens. Ce dernier est d'origine belge, de Braine-le-Comte; il habite le Canada depuis onze ans et est avantageusement connu du public de la métropole pour ses nombreuses expériences en mécanique.

«C'est en lisant un article de la «Presse» sur les plus lourds que l'air, il y a quelque trois ans», a déclaré M. Hanssens, «que je conçus l'idée de construire mon premier appareil.

«J'en suis maintenant rendu à mon troisième modèle et j'ai l'espoir de voir bientôt mes travaux couronnés de succès.»

Le monoplan construit par M. Hanssens est du type Blériot, avec quelques variantes assez marquées cependant sur certains points. Par une courtoisie qui ne manquera pas d'être fort appréciée de l'élément féminin, le nouvel aéroplane a reçu le nom de «La Montréalaise».

L'ensemble de la machine offre un aspect des plus gracieux avec ses deux grandes ailes blanches et la délicatesse de sa carosserie. Les ailes ont une envergure de quarante pieds par douze de largeur. Elles se trouvent à seize pieds de terre. «La Montréalaise» mesure trente et un pieds de longueur. L'hélice a sept pieds neuf pouces. L'engin peut développer une force de trente chevaux et imprime à l'hélice une rotation de 1200 tours à la minute, en grande vitesse. L'appareil tout entier pèse environ 500 livres et il a coûté à son propriétaire, M. Daoust, à peu près $1,500. (...)

Le monoplan, dans toutes ses parties, a été construit au Canada et avec des matériaux sortis des usines ou boutiques canadiennes. C'est ainsi que M. Paul Lair a fourni le moteur à quatre cylindres; MM. Mathieu et Frères, la carosserie; M. Garth, les réfrigérateurs et le réservoir à gazoline. L'hélice a été fabriqué par la compagnie Franco-Américaine; la ferronnerie, par Millen and Son, L.J.A. Surveyet et J.H. Walker. Pour ce qui est de l'aluminium et du cuivre, M. Daoust a eu recours à la «Union Brass Foundry» et pour les fils d'acier, à la «Wire Rope Company». Le coton et la soie ont été fournis par la Compagnie d'Auvents des Marchands; les roues, par la «Girwood and Stockwell Company». Somme toute, la machine est essentiellement canadienne. (...)

La construction de «La Montréalaise» est commencée depuis le mois de mai et le but de M. Daoust, en s'imposant les dépenses qu'il a dû faire est — outre la pensée mercantile — de former une compagnie qui s'occuperait activement d'aviation et qui aurait un champ régulier pour ses essais. (...)

M. Daoust est à organiser une compagnie au capital de $250,000, et qui portera le nom de «The Canadian Aeroplane Co.». Une usine sera érigée au parc Saint-Hélène, pour la construction des monoplans et autres appareils d'aviation.

ACTIVITÉS

AUJOURD'HUI

■ **Salon des coureurs**

Complexe Desjardins — Dans le cadre de sa participation très active au marathon de Montréal, LA PRESSE propose aux visiteurs du Salon des coureurs, sur le basilaire 1 du complexe Desjardins, une exposition des archives de LA PRESSE mettant l'accent sur les marathons au fil des ans et les exploits auxquels ils ont donné lieu. **Dernier jour aujourd'hui.**

■ **LA PRESSE à Saint-Jérôme**

Carrefour du Nord, boulevard Giguère — Les résidents de cette municipalité qui n'ont pas l'opportunité de se rendre dans la région de Montréal auront l'occasion d'apprécier les richesses des archives de LA PRESSE, et plus précisément les volets « 100 ans de caricatures », « L'histoire de l'aviation depuis 100 ans » ainsi qu'une collection de belles pages consacrées aux événements historiques qui ont marqué le Canada et le Québec depuis le début du siècle. **Dernier jour aujourd'hui.**

■ **LA PRESSE à Gaspé**

Carrefour Gaspé, montée Sandy Beach — Les résidents de cette municipalité qui n'ont pas l'opportunité de se rendre dans la région de Montréal auront l'occasion d'apprécier les richesses des archives de LA PRESSE, et plus précisément les volets « 100 ans de caricatures », « 100 ans d'imprimerie » et les plus belles pages du supplément agricole publié par LA PRESSE au cours des années 20. **Dernier jour aujourd'hui.**

■ **LA PRESSE à Val d'Or**

Carrefour du Nord-Ouest, 3e avenue — Les résidents de cette municipalité qui n'ont pas l'opportunité de se rendre dans la région de Montréal auront l'occasion d'apprécier les richesses des archives de LA PRESSE, et plus précisément les volets « 100 ans de caricatures », « 100 ans d'imprimerie » et « L'Univers de la bande dessinée ». **Dernier jour aujourd'hui.**

DEMAIN

■ ***Marathon de Montréal***

Implication de LA PRESSE dans cette importante épreuve disputée dans les rues de la ville, sous le thème *LA PRESSE est avec vous*, notamment par la publication d'un cahier spécial de 16 pages comportant les noms des 10 000 coureurs inscrits.

■ **Concert d'orgue**

Église Notre-Dame — Concert souvenir proposé en l'honneur du centenaire de LA PRESSE par la société Concerts d'orgue de Montréal, et intitulé *Concert souvenir LA PRESSE*. C'est à 20h et le billet d'entrée est requis.

■ **À la radio**

15 h, Radio-Canada — Chronique consacrée à LA PRESSE à l'émission *Avec le temps*, animée par Pierre Paquette.

C'EST ARRIVÉ UN 22 SEPTEMBRE

1982 — Les massacres des camps de Sabra et Chatila par les phalangistes libanais et découverts quatre jours plus tôt provoquent une crise politique en Israël. — Québec décide de porter de durs coups contre la sécurité d'emploi dans la fonction publique.

1980 — Les Irakiens bombardent les champs de pétrole en Iran, ce qui déclenche un conflit armé entre les deux pays.

1971 — Bernard Lortie est déclaré coupable de l'enlèvement de Pierre Laporte, alors ministre du Travail du Québec.

1968 — Arrestation à Francfort de Cohn-Bendit.

1967 — L'Expo accueille son 42 073 562e visiteur, battant ainsi le record de l'Exposition de Bruxelles.

1966 — Attaque au bazooka perpétrée par des nationalistes cubains contre l'ambassade de Cuba à Ottawa.

1959 — Les docteurs Penfield et Steacie sont faits membres de l'Académie des Sciences de l'URSS, les premiers Canadiens à être honorés de la sorte.

1955 — La Comédie Française entreprend à Montréal une tournée qui la mènera également à Québec, Ottawa et Toronto.

1950 — Ralph Bunch, un négociateur noir des Nations Unies, gagne le prix Nobel de la paix.

1947 — La Conférence de Paris impliquant 16 pays adopte le programme de relèvement européen, valable de 1948 à 1952 et mieux connu sous le vocable de « plan Marshall ».

1940 — Le Japon occupe l'Indochine française.

1938 — Rencontre de Chamberlain et de Hitler à Godesberg.

1934 — 273 mineurs périssent à 3 000 pieds sous terre à Wrexham, au pays de Galles.

1930 — Les Communes canadiennes adoptent le «Bill du tarif», pour contrer le « dumping ».

1927 — Un « long compte » de l'arbitre permet à Gene Tunney de battre de nouveau Jack Dempsey.

photo Pierre McCann, LA PRESSE

Le circuit de Mont-Tremblant-Saint-Jovite était le théâtre, le *22 septembre 1968*, du tout premier Grand Prix de course automobile disputé au Québec, et le circuit devait faire des ravages puisque seulement sept des 20 Formule-Un à prendre le départ terminèrent l'épreuve d'une longueur de 230 milles. La victoire alla au Néo-Zélandais Dennis Hulme, au volant d'une McLaren-Ford. Ce dernier avait conservé une vitesse moyenne de 97,2 milles à l'heure, pour devancer Bruce McLaren, Pedro Rodriguez, Graham Hill, Vic Elford, Jackie Stewart et Lucien Bianchi, dans cet ordre.

Sensationnelle envolée d'un avion «robot» C-54

L'appareil dirigé par télécommande vole de Terre-Neuve en Grande-Bretagne.

WASHINGTON, 23 (AFP) — «Le vol d'un quadrimoteur robot, de l'Amérique du Nord en Grande-Bretagne, est le développement le plus sensationnel dans l'aviation depuis la guerre», a déclaré **(le 22 septembre 1947)** un porte-parole du département de la guerre, en annonçant aux journalistes qu'un Douglas «Skymaster» C-54 avait accompli un vol sans escale et uniquement contrôlé par la radio, de St. Stephens, Terre-Neuve, à Brize-Norton, Oxfordshire. La durée du vol a été de 10 h. 15.

L'appareil a décollé par ses propres moyens, dimanche, à 10 h. p.m. (GMT), à St. Stephens. Les mécaniciens ont effectué dans une demi-heure toutes les opérations préliminaires nécessaires, puis ils ont fermé la porte de l'avion. Devant le poste de commande de terre, un simple groupe de cadrans de commandes par relais facilement contenus dans une camionnette, le «pilote» s'affaira.

Un à un, les quatre moteurs se sont mis en marche, puis ont tourné au ralenti, le temps de se réchauffer. Puis ayant accéléré, l'avion s'est ébranlé, s'est placé lui-même dans la direction du vent et a décollé, a fait palier à 800 pieds, a rentré son train d'atterrissage et a fermé ses volets de courbure, puis a repris de l'altitude et a disparu à l'horizon.

Le vol s'est effectué à environ 9,000 pieds d'altitude. A environ 2¾ milles de Londres, l'avion a commencé à descendre régulièrement à 900 pieds. Ses volets se sont ouverts, son train d'atterrissage est sorti, l'avion a pris sa position et s'est déposé normalement, il a fait agir ses freins et s'est immobilisé, ses moteurs tournant au ralenti. (...)

14 personnes se trouvaient à bord du C-54 sans pilote, mais aucune d'entre elles n'a touché aux commandes de l'avion, à aucun moment du vol ou de l'atterrissage. Il s'agissait d'un équipage de secours composé de 9 hommes, destiné à prendre les commandes en cas de défaillance des mécanismes compliqués de la télécommande, et de cinq observateurs militaires et civils, techniciens de l'aviation américaine et britannique. (...)

LAMENTABLE CATASTROPHE A NEW YORK

NEW YORK, 22 — Une explosion de dynamite s'est produite, ce matin **(22 septembre 1915)**, dans le nouveau passage souterrain en voie de construction, dans la 7ième avenue, entre la 24ième et la 25ième rue. Trois tramways portant plus de cinquante personnes sont tombés d'une hauteur de quinze pieds dans l'excavation faite par l'explosion. Il y aurait au moins vingt morts.

Une extraordinaire aventure parlée

IL y a 60 ans aujourd'hui, **(22 septembre 1982)** naissait à Montréal la première station radiophonique de langue française au monde, CKAC, dont la petite histoire, qui est aussi celle de la radio, est une extraordinaire aventure parlée.

DANIEL MARSOLAIS

Au printemps de 1922, alors que partout dans le monde on parle des merveilles du sans-fil, le journal LA PRESSE annonce à ses lecteurs qu'ils pourront bientôt «être en communication constante avec le poste CKAC» que le quotidien de la rue Saint-Jacques fait aménager à l'étage supérieur de son immeuble principal, dans le quartier des affaires. Invitant ses lecteurs à se procurer un appareil récepteur, le journal indique qu'il est même possible de s'en fabriquer un chez soi pour la modique somme de $5.

Le poste à galène de l'époque est rudimentaire. Il s'agit d'un cylindre, rivé sur une planche, auquel est relié une paire d'écouteurs. Une seule personne à la fois peut écouter puisqu'il n'y a pas de haut-parleurs. Avec une petite aiguille reliée au cylindre et aux écouteurs, il fallait chercher sur cette galène le point sensible qu'on ne réussissait à trouver qu'après d'inlassables recherches à travers un orage de «fritures». LA PRESSE publiait même, les jours où l'on diffusait, le contenu probable de l'émission du soir. Même s'il y avait souvent de nombreux changements «imprévisibles», personne ne protestait. Comme le dit Roger Baulu dans le livre qu'il vient de consacrer aux 60 ans de CKAC, on écoutait tout. C'était l'émerveillement collectif.

A cette époque, on improvisait beaucoup. Le disque n'avait que très peu d'importance et le temps d'antenne était meublé par des interprétations musicales et vocales qui étaient faites en direct. Causeries et bulletins de nouvelles complétaient le menu des radiophiles. Moins d'un mois après sa première émission, CKAC transmettait les résultats de la série mondiale de baseball avant même qu'ils ne paraissent dans LA PRESSE du lendemain. C'était la première manifestation de la rivalité presse parlée-presse écrite.

La première année de fonctionnement de CKAC fut assez bien remplie, merci. En huit mois, la station radiophonique avait donné 164 concerts et récitals, et 1,898 artistes, chanteurs, comédiens et instrumentistes avaient défilé devant ses micros.

(...) Alors qu'en 1922, on ne compte que 2,000 récepteurs à Montréal, en 1924-25 il y en a plus de 18,000 au Québec et pour lesquels il faut détenir un permis qui se vend $1. (...)

LA PRESSE
100 ans d'actualités

LES 23 PERSONNES TUÉES POUR UNE FEMME DONT SON MARI AURAIT VOULU SE DÉFAIRE

QUÉBEC, 24 (P.C.) — Un jeune bijoutier de Québec, J.-A. Guay, doit comparaître en cour aujourd'hui **(24 septembre 1949)**, pour être mis en accusation à la suite de la tragédie dans laquelle sa femme et 22 autres personnes ont perdu la vie dans l'écrasement d'un avion, le 9 septembre. La police provinciale laisse entendre que ce sera une accusation de meurtre.

La police provinciale a annoncé tard hier soir qu'elle détient Mme Arthur Pitre comme témoin important, de même que J.-A. Guay, bijoutier de Québec, dans l'affaire de l'accident d'avion survenu le 9 septembre dernier, au Sault-au-Cochon.

Mme Pitre a admis qu'elle a transporté elle-même un mystérieux colis — de la dynamite apparemment — à l'aéroport de Québec et que ce colis a été placé à bord de l'avion en partance pour Baie-Comeau cinq minutes seulement avant l'heure de l'envol. La police précise cependant que Mme Pitre a déclaré qu'elle ne connaissait pas le contenu du colis, qu'elle pensait que c'était une «statue».

En même temps que la police a annoncé les aveux de Mme Pitre, elle a révélé qu'elle a interrogé une troisième personne en cette affaire; une jolie serveuse de restaurant de 26 ans, connaissance intime du jeune et svelte bijoutier.

La femme de 28 ans de Guay est morte dans l'accident

J.-Albert Guay

d'avion. Selon la police, on est en face d'un drame d'amour assaisonné d'une police d'assurance de $10,000. (...)

Guay était recherché en rapport avec la chute de l'avion de la Quebec Airways. Des témoins oculaires ont déclaré qu'ils ont vu tomber l'avion après une explosion survenue dans les airs. L'avion a été plus tard localisé sur un flanc du cap Tourmente, à 52 milles de Québec.

Aveux signés de Mme Pitre

L'inspecteur René Bélec a déclaré que Mme Pitre a signé une confession. Elle raconte qu'elle porta un colis à l'aéroport à la demande de Guay, bijoutier de Québec et ancien employé des Canadian Arsenals (fabrique de munitions). Des morceaux de cet engin furent retrouvés dans les débris de l'avion. Le colis était adressé à un nom fictif à Baie-Comeau.

La police explique que la bombe, à en juger par les restes, se composait de sciure de bois, de bouts de ruban gommé, de parties d'horloge et de morceaux de deux bâtons de dynamite. Elle croit que le paquet contenait un autre explosif disparu, probablement de la nitroglycérine.

Assurance de $10,000

La police considère que Mme Pitre n'était pas en mesure de préparer la bombe elle-même, mais elle fait observer que Guay est un horloger autrefois à l'emploi d'une fabrique de munitions et que la dynamite provenait d'une quincaillerie locale.

Guay et sa femme — celle-ci était au nombre des passagers de l'avion — avaient connu des difficultés de ménage, selon la police, et avaient vécu séparés plusieurs semaines avant de se réconcilier peu de temps avant l'accident du 9 septembre. De source policière, on apprend également que Guay et sa femme se rendirent acheter le billet d'avion pour Baie-Comeau, deux jours avant la date du départ. Mme Guay prit une assurance de $10,000 payable à son mari en cas d'accident. Le déboursé pour cette assurance fut de 50 cents.

Tentative de suicide

La police a consacré des heures, tard hier après-midi, à interroger Mme Marie Pitre, à l'hôpital, où elle se remet d'une dose excessive de somnifères. Jeudi soir, cette femme avait essayé de se suicider, à ce que prétend la police.

Mme Pitre a admis, toujours d'après la police, l'achat d'explosifs en vue de la fabrication d'une bombe et son transport dans une boîte de carton à l'aéroport de Québec. (...)

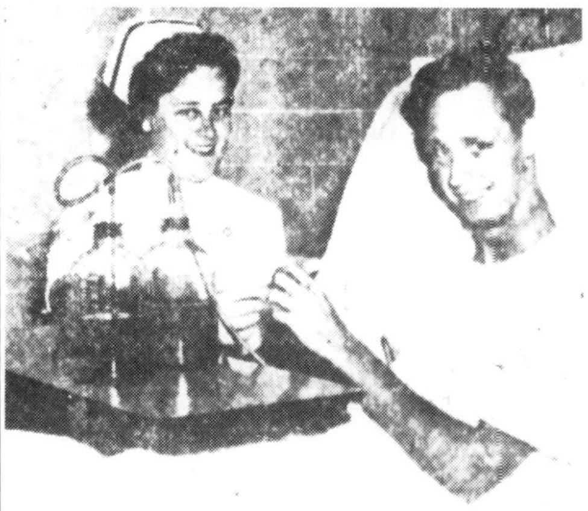

LA PRESSE publiait, le *24 septembre 1959*, cette photo de Walter Murphy, âgé de 21 ans, trois jours après qu'il eût subi une opération à coeur ouvert, la 50e intervention chirurgicale du genre effectuée sur 17 hommes et 33 femmes à l'Institut de cardiologie de Montréal. À l'époque, le plus jeune patient opéré de la sorte avait 5 ans, et le plus âgé, 38 ans.

La «taxe volontaire»: une loterie illégale

par Jean DENECHAUD

LE plan de la ville de Montréal désigné sous le nom de «taxe volontaire» contrevient à certaines dispositions du code pénal et, partant, est illégal.

Telle est la décision de la Cour d'appel rendue hier **(24 septembre 1968)** sur le renvoi qui lui a été fait par les autorités provinciales concernant la question de savoir si l'exécution du système établi par la ville d'accorder un grand prix de $100,000, chaque mois, à l'un de ceux qui envoient une contribution volontaire, est légale ou non.

La question posée était celle-ci: «L'exécution du plan de la ville de Montréal, décrit dans l'arrêté ministériel (comme taxe volontaire) et dans ses annexes contreviendrait-elle à quelque disposition du code criminel?»

La réponse des juges de la Cour d'appel a été «oui». La décision est majoritaire: trois juges, les juges Paul Casey, André Taschereau et G.R.W. Owen, déclarent le système illégal, alors que les deux autrs juges, le juge Lucien Tremblay, juge en chef de la province, et le juge Edouard Rinfret ont maintenu la légalité du plan.

Le procureur général était représenté en cette affaire par Mes Yves Pratte et Fred Kaufman et Mes Michel Côté et Antonio Lamer représentaient la ville de Montréal.

La décision majoritaire comporte que le plan de la ville est une loterie aux termes des sous-paragraphes D et E du paragraphe 1er de l'article 179 du code pénal. (...)

Page consacrée à la cueillette des pommes et publiée le *24 septembre 1910*.

Grève des télégraphistes

TOUTE une sensation a été créée, ce matin **(24 septembre 1917)**, à Montréal, à la nouvelle que les employés de la «Great Northwestern Telegraph Company» allaient se mettre en grève, aujourd'hui. Et, en effet, à 11 heures précises, cet avant-midi, tous les employés de la compagnie, à Montréal, comprenant opérateurs, jeunes filles, clavigraphes et télégraphistes préposés aux lignes, en tout environ cent quinze personnes, ont quitté l'ouvrage tant aux bureaux généraux de la compagnie, rue Saint-François-Xavier, que dans les bureaux des journaux.

Il en a été de même dans toutes les villes du Canada où la «Great Northwestern Telegraph Co.» a des bureaux, de sorte que la grève est générale.

Cette décision a été prise à la suite du refus d'accepter le jugement du tribunal d'arbitrage, institué il y a quelques mois, pour se prononcer sur les demandes que les employés de la «Great Northwestern Co.» lui ont faites. (...) Le tribunal, après consultation des deux parties, décida que la compagnie devait donner à ses employés l'augmentation demandée, et qui s'élevait de dix à quinze cents. (...)

....

NDLR — Cette grève prenait une importance capitale à cause de la Première grande guerre.

C'EST ARRIVÉ UN 24 SEPTEMBRE

1982 — L'offre patronale aux enseignants québécois implique l'alourdissement de la charge de travail et la diminution de la sécurité d'emploi.

1981 — Le président Reagan procède à des coupures budgétaires de l'ordre de $13 milliards.

1973 — Décès de José de Castro, économiste et sociologue brésilien.

1970 — Atterrissage au Kazakhstan de *Luna XVI* qui rapporte les échantillons du sol lunaire.

1969 — L'Ontario décide d'interdire le D.D.T. à partir du 1er janvier 1970. — L'Assemblée nationale nord-vietnamienne choisit Ton Duc Thang pour succéder à Hô Chi Minh, décédé.

1957 — Le président Eisenhower envoie des troupes à Little Rock et fédéralise la garde nationale de l'Arkansas, devant la violence raciale qui y sévit.

1956 — Un diplomate soviétique, G.F. Popov, est expulsé du Canada pour avoir tenté de se procurer les secrets du *CF-105*. — Le Canada, le Royaume-Uni et les États-Unis signent un accord sur l'énergie atomique.

1955 — Le président Eisenhower subit une attaque cardiaque à Denver, où il se trouvait en vacances.

1949 — Laszlo Rajk, ex-ministre des Affaires étrangères de Hongrie, est condamné à mort par un « tribunal du peuple ».

1948 — Les Soviétiques organisent des exercices de tir dans les corridors aériens alliés conduisant à Berlin. — Le village de Saint-Mathieu, près de Shawinigan, est détruit par une conflagration.

1947 — La collision du cargo-charbonnier *Milverton* et du navire-citerne *Translake* dans le Saint-Laurent, en face d'Iroquois, en Ontario, fait vingt morts.

1945 — Les bouchers déclenchent une grève nationale pour protester contre les rationnements de la viande.

1938 — Don Budge réussit le « grand chelem » du tennis en gagnant le tournoi de Forest Hills.

1918 — Victoriaville est frappée par la grippe espagnole.

GUERRE A L'ALCOOLISME

Plus d'alcool que de pain à Montréal

QUÉBEC, 25 — Une grande et mémorable manifestation anti-alcoolique a eu lieu hier soir **(24 septembre 1907)** au manège militaire. Il y avait une assistance de plus de huit mille personnes et on y remarquait Son Honneur le lieutenant-gouverneur, Mgr Bruchési, Mgr Bégin, Mgr Emard, Mgr Labrecque, Mgr Brais, Mgr Blanche, préfet apostolique de la côte nord; Mgr McDonald, de Charlottetown; Mgr Mathieu, et le maire de Québec, l'hon. R. Roy, secrétaire provincial, le sénateur Choquette, l'hon. L.P. Pelletier, etc.

La séance était présidée par le juge en chef, sir F. Langelier, président de la Ligue anti-alcoolique de Québec.

Sir F. Langelier a dit dans son discours que ce n'était pas une campagne de prohibition que celle de la ligue anti-alcoolique. C'était une campagne contre l'abus de l'alcool. Ce que la Ligue anti-alcoolique voulait c'était la réduction du nombre des licences. Le gouvernement pouvait reprendre le revenu perdu en augmentant le montant de la licence. Il a déclaré qu'il était estimé par les statistiques officielles que la consommation des liqueurs fortes représentait dans le pays un gallon par tête, et qu'en plus celle des vins représentait un peu moins d'un gallon par tête, ce qui causait une dépense d'au moins $54,000,000.

Que de services ne pourrait-on pas rendre à la colonisation et à l'instruction publique avec une telle somme si déplorablement employée. (...)

Mgr Bruchési s'est exprimé avec éloquence. Il a déclaré en premier lieu que l'immense assemblée qu'il avait devant lui était une sorte de témoignage rendu au mérite de la Ligue anti-alcoolique de Québec.

Mgr Bruchési se demande quelle est la raison d'être de la buvette. On en compte 400 dans l'ancien Montréal et 500 dans le «greater Montreal», c'est à peine cependant si on compte cent boulangers dans le vieux Montréal. Ces cent boulangers trouvent le moyen de distribuer à toutes les familles un aliment indispensable, le pain quotidien; pourquoi faut-il qu'il y ait 400 buvettes pour satisfaire une population que 100 boulangers trouvent moyen de soutenir. Pourquoi ne limiterait-on pas le nombre des buvettes au nombre des boulangers? (...)

Poursuites au criminel contre Martineau, Talbot et Bégin

par Pierre O'NEIL

POUR la première fois depuis 1892, des hommes politiques de la province seront mis en accusation devant les tribunaux de juridiction criminelle. On traduira en justice, sous des accusations de fraude et de conspiration, trois personnages qui furent des têtes dirigeantes du parti de l'Union nationale et un fonctionnaire du régime qui domina durant près de 20 ans la politique québécoise.

Ce sont MM. Jos-D. Bégin, ex-ministre de la Colonisation; Gérald Martineau, conseiller législatif; Antonio Talbot, ex-ministre de la Voirie; et Alfred Hardy, ex-directeur du service des achats durant la plus grande partie du régime Duplessis, soit entre 1936-39 et 1944-1960. On sait que MM. Bégin et Martineau furent également respectivement organisateur-en-chef et trésorier de l'Union nationale durant cette période.

Le poste de directeur du service des achats relevait directement dans ce temps-là comme aujourd'hui d'ailleurs du premier ministre.

Un important homme d'affaires de Québec, M. Arthur Bouchard, frère du conseiller législatif Albert Bouchard, sera lui aussi poursuivi sous une accusation de conspiration pour fraude.

Fraude de $310,000

78 chefs d'accusation impliquant des sommes de $310,000, tel est le bilan sommaire des nombreux dossiers que comportent les diverses accusations. Toutes ces accusations comportent des actes posés par les accusés entre le 1er juillet 1955 et le 30 juin 1960, soit la période qui fit l'objet de l'enquête de la commission Salvas. On notera que ces années concernent les dernières années du cabinet Duplessis, les cent jours de Me Paul Sauvé et les quelques mois de pouvoir de Antonio Barrette.

Toutes les plaintes ont été portées par M. Georges-R. Marier. On se souvient que M. Marier est celui qui, comme enquêteur spécial, colligea les données qui alimentèrent durant de longs mois les séances publiques de la Commission.

Ce début de dénouement de la Commission Salvas a éclaté comme une bombe dans l'atmosphère surexcité du Vieux palais de justice de Québec hier matin **(24 septembre 1963)**. Manifestement, le secret avait été bien gardé car même dans les milieux judiciaires de Québec on a semblé surpris par le geste.

La poursuite intentée contre M. Antonio Talbot est celle qui a eu le plus grand effet de surprise, d'autant plus qu'il n'était aucunement question de Me Talbot dans les recommandations des commissaires qui ont fait rapport l'été dernier.

En même temps qu'éclatait la nouvelle les journalistes ont dû prendre le parti d'être très circonspects car toute l'affaire est maintenant «sub judice». (...)

LA PRESSE

100 ans d'actualités

A la veille de l'inauguration du grand barrage

C'est la «Johnsonmania» à Manic

par Gilles Daoust
envoyé spécial de LA PRESSE

MANICOUAGAN — Manicouagan-5 est un barrage... formidable, mais il n'est pas si facile d'accès qu'on le croit.

A preuve, les nombreux contretemps survenus hier **(25 septembre 1968)** au cours de la visite «rigoureusement organisée» du gouvernement québécois sur les chantiers de Manic-5 à l'occasion de l'inauguration officielle du barrage.

Trois ou quatre avions devaient amener à Manic les journalistes, hommes politiques, officiers de l'Hydro et financiers tant du Québec que des Etats-Unis.

Seuls les journalistes ont pu atterrir à Manic à l'heure prévue. Le reste, hommes d'affaires, officiers gouvernementaux et hommes politiques n'arrivèrent que cinq ou six heures plus tard en raison du brouillard enveloppant Baie Comeau.

Certains durent atterrir à Forestville et d'autres... retourner à Montréal pour prendre des avions plus petits et susceptibles de s'adapter aux pistes d'atterrissage de l'endroit. Si bien que tout ce monde, environ la moitié des 450 invités, ratèrent le dîner.

Ce contre-temps, toutefois, fut transformé par un premier ministre québécois arrivé à l'heure grâce à un avion gouvernemental, en une magnifique occasion de rendre visite aux ouvriers des chantiers, à ceux qui ont mis la main aux trois millions de verges cubes de béton qui ont servi à construire Manic-5.

M. Daniel Johnson est allé à l'endroit tout désigné, la taverne de Manic-5, immense entrepôt-brasserie où, à leur naturel, les ouvriers consomment leur champagne à eux.

Mais, ce fut finalement une visite plus politique que gouvernementale. Le gouvernement Johnson avait en effet invité à la cérémonie d'inauguration de Manic-5 les personnalités de l'ancien gouvernement libéral, soit MM. Lesage et René Lévesque, ainsi que le député libéral du comté, M. Pierre Maltais.

Ce dernier, d'une façon ou d'une autre, eut vent de la visite du chef du gouvernement à la taverne de Manic-5 et s'y rendit lui-même afin, peut-être, que la seule main que les ouvriers pussent serrer ne soit pas uniquement celle d'un «unionniste».

Le tout finit toutefois dans la plus parfaite cordialité, MM. Johnson et Maltais s'asseyant à la même table en compagnie d'ouvriers de Manic-5 et disparaissant avec eux sous un amas de bouteilles de bière.

M. Paul Allard, ministre des Richesses naturelles et responsable de l'Hydro-Québec, s'est aussi attablé avec les ouvriers.

Le premier ministre a longuement plaisanté pour sa part avec ses compagnons de table, entouré évidemment des micros des journalistes radiophoniques qui lui ont laissé très peu de temps pour ingurgiter la bière qu'il avait lui-même commandée.

M. Johnson n'en a pas moins plaisanté à table avec les ouvriers, surtout au sujet de M. Trudeau. Quelqu'un lui demanda en effet, si, en venant ici se promener au milieu des «gens du peuple», il ne tentait pas de lancer la «johnsonmania».

M. Johnson répondit: «C'est plutôt M. Trudeau qui m'imite. Mais vous voyez, je fais ça en homme, ensuite, je fais ça en homme marié, et, troisièmement, je n'ai encore embrassé personne. Non! je fais ça depuis que je suis jeune avocat. J'allais alors prendre une verre de bière avec les gars. J'ai pas changé depuis, ce sont les autres qui ont changé.» (...)

Le barrage Manic 5, objet de fierté pour une génération de Québécois.

Le canal de Panama sera bientôt utilisé

PANAMA, 26 — On a commencé, hier **(25 septembre 1913)**, à faire pénétrer l'eau dans l'écluse du canal de Panama.

On croit que toutes les sections de l'un des côtés des écluses seront remplies aujourd'hui. Les glissements de terre qui se sont produits récemment ne retarderont pas considérablement les travaux. Des navires pourront bientôt passer dans le canal.

ACTIVITÉS

■ **Aurore l'enfant martyr**

Théâtre de Quatre-Sous — Les archives de LA PRESSE consacrées à la couverture de cette affaire tristement célèbre ont été largement utilisées pour la confection du programme et de l'affiche, en plus de servir à la décoration du hall d'entrée. **Jusqu'au 28 octobre inclusivement.**

■ **LA PRESSE à Terrebonne**

Île des Moulins — Dans le cadre du dixième anniversaire de la Société d'histoire de la région de Terrebonne, la présidente Marguerite L. Desjardins recevra des mains de Paul Longpré, adjoint au directeur de l'Information, et de la journaliste-stagiaire Louise Dugas, une page consacrée au «château Masson».

ENTRÉE PRINCIPALE (Photographie Laprés & Lavergne)

VUE DE LA SALLE DES DYNAMOS. (Photographie Laprés & Lavergne)

Inauguration du barrage de Lachine

ON procédait le ***25 septembre 1897*** (71 ans, jour pour jour, avant l'inauguration de Manic 5), à l'inauguration de l'établissement des pouvoirs hydrauliques de Lachine, construit au cours des deux années précédentes par la Compagnie des pouvoirs hydrauliques et terrains de Lachine.

Le barrage d'une longueur de 1 000 pieds complémenté par une digue longue d'un mille, un bassin d'alimentation et un dégorgeoir (creusés dans le roc du fleuve), contenait 72 turbines capables de produire 21 000 chevaux-vapeur. «Ces turbines, disait-on à l'époque, étaient de type «Victor», fonctionnant par la pesanteur de l'eau et non par le courant. L'eau entre dans la turbine par le haut et en sort par la base, actionnant un arbre de couche collectif auquel est transmis la force motrice de 6 turbines, pour chaque dynamo. Il y a place pour 12 de ces dynamos dans la bâtisse. Ces dynamos générateurs font 175 révolutions à la minute, produisant un courant de 4,400 volts. L'armature a une résistance de 20,000 volts.»

Et l'article se terminait par le paragraphe suivant qui dénote que les préoccupations architecturales ne sont pas tout-à-fait récentes: «Incontestablement, le travail accompli est gigantesque, même merveilleux, mais l'on a, nous semble-t-il, singulièrement négligé la question d'art dans l'architecture de la bâtisse. Cette uniformité longue et rectangulaire n'a rien de gracieux, et la tour de distribution a l'aspect d'un château-fort. La compagnie, on le voit, s'est renfermée dans le principe un peu égoïste: les affaires avant tout. Et l'art a été sacrifié. C'est pour l'intérêt public, dit-on, mais que c'est dommage.»

Les illustrations montrent l'entrée principale, le barrage et la salle des dynamos.

C'EST ARRIVÉ UN 25 SEPTEMBRE

1983 — Évasion spectaculaire de 38 membres de l'IRA de la prison de Maze, près de Belfast.

1982 — Un forcené tue 13 personnes, dont cinq de ses enfants, en Pennsylvanie.

1979 — Le quotidien *The Montreal Star* ferme ses portes après 111 ans de publication. À sa première parution le 16 janvier 1869, il s'appelait *The Evening Star*. En 1877, il adoptait le nom *The Montreal Star*.

1978 — Collision en plein ciel, au-dessus de San Diego, d'un *B-727* avec un monomoteur *Cessna*, causant la mort de 145 personnes, dont 13 au sol.

1973 — Assassinat en Argentine de José Rucci, secrétaire général de la CGT.

1972 — L'Asie est témoin d'un événement historique alors que Kakuei Tanaka, premier ministre japonais, débarque à Pékin. — Victoire du « non » en Norvège, lors du référendum relatif à l'entrée de ce pays au sein de la CEE.

1967 — Nomination de Me Louis-Philippe Pigeon à la Cour Suprême du Canada. — Pierre Bourgault abandonne la présidence du Rassemblement pour l'indépendance nationale.

1963 — Les électeurs ontariens confient un septième mandat consécutif aux conservateurs de John Robarts.

1961 — À l'Assemblée générale des Nations Unies, le président Kennedy convie l'URSS à une *course à la paix*.

1959 — La France quitte les délibérations de l'ONU au moment où on s'attaque au plan de Gaulle pour l'Algérie.

1959 — Le premier ministre Bandaranaïke, du Ceylan, est assassiné par un individu déguisé en moine bouddhiste.

1956 — Première conversation transatlantique transmise par câble téléphonique entre Londres, New York et Ottawa.

1950 — Le premier ministre du Canada réunit les premiers ministres des dix provinces pour étudier les clauses d'une nouvelle constitution canadienne. Cette rencontre historique a lieu à Québec. — Le pape Pie XII émet l'encyclique *Menti nostrae* à l'intention du clergé catholique.

1949 — Célébration du troisième centenaire du martyre de saint Jean de Brébeuf et de ses compagnons, à Québec.

1947 — Dynamitage des quartiers régionaux de Milan du Parti communiste italien.

1943 — Les Nazis évacuent Smolensk devant la pression exercée par les troupes soviétiques.

1941 — Les Soviétiques repoussent une forte offensive allemande à Mourmansk.

1939 — Mgr Georges Gauthier, archevêque de Montréal, rend hommage à son prédécesseur, Paul Bruchési, lors des obsèques de ce dernier.

1934 — Le yacht américain *Rainbow* remporte la coupe America contre l'*Endeavour* britannique.

1911 — Le cuirassé *Liberté* brûle en rade de Toulon, et l'incendie fait 400 morts.

1900 — Décès à l'âge de 68 ans du premier ministre Félix-Gabriel Marchand de la province de Québec.

«Le civisme n'est la propriété de personne»

Le Parti civique de Drapeau sera distinct de la L.A.C.

par Jacques DELISLE

L'ancien maire de Montréal, Me Jean Drapeau, a annoncé officiellement hier **(25 septembre 1960)** la formation d'un Parti civique de Montréal, distinct de la Ligue d'action civique et sans attache à aucun parti fédéral ou provincial; il l'a fait au cours d'une conférence de presse de deux heures, au comité central de l'est du nouveau groupement, rue Papineau, près Ste-Catherine.

Le nouveau parti présentera des candidats aux 66 postes de conseillers. M. Drapeau en a donné hier une première liste partielle de 43 noms. (...)

Le nouveau parti aura pour devise: «Au service de toutes les classes».

Son but: «Nettoyer la ville de l'administration néfaste actuelle Fournier-Savignac-Croteau-Gagliardi».

S'il le faut, les candidats du nouveau parti lutteront contre ceux de la Ligue d'action civique. «Nous aurons des candidats partout. C'est pour se battre, mais nos efforts seront principalement dirigés contre l'administration actuelle».

Rupture consommée

M. Drapeau a donc confirmé officiellement la rupture des 16 conseillers élus en 1957 sous l'égide de la Ligue, et du conseiller de classe C qui dans une déclaration aujourd'hui historique ont, le 12 septembre dernier, révélé qu'ils n'avaient reconnu que Me Drapeau comme leur seul chef.

L'ancien maire a annoncé que deux autres conseillers se sont joints à leur groupe, M. Edmond Hamelin, à qui la L.A.C. n'avait pas fait d'opposition à la dernière élection municipale et M. Jean-Paul Lemieux.

Emile Genest

Parmi les candidats du Parti civique de Montréal, on remarque le nom d'Emile Genest, artiste de la radio et de la télévision et commentateur sportif, celui d'une femme, Mme Louis Limoges, publicitaire, et celui d'une personne de langue anglaise, M. Kenneth Ryall.

Au cours de sa conférence de presse, M. Drapeau a souligné que «le civisme n'est la propriété de personne», et il a souligné que le Parti civique de Montréal ne s'intéressera qu'au sort de la population de Montréal, de son industrie, de sa jeunesse et qu'il ne peut être question de l'étendre aux champs provincial ou fédéral. Il a également souligné que le groupement est en excellentes relations avec les deux gouvernements supérieurs.

Me Drapeau a attribué la rupture entre lui et M. DesMarais à la personnalité de M. DesMarais. Il a admis que cette personnalité était attachante, que M. DesMarais a beaucoup de qualités. «Rien de ce que j'ai pu dire de M. DesMarais dans le passé n'est à retirer. Mais je lui connais aussi une faiblesse, il manque de cette souplesse, je ne dis pas de tous les genres de souplesse dans toutes les occasions mais de cette souplesse souverainement nécessaire même avec ses collaborateurs les plus proches.» (...)

L'«Arctic rentre du Grand Nord

Un peu moins de 15 mois après son départ de Québec, en juillet 1910, le voilier «Arctic» piloté par le capitaine J.-E. Bernier rentrait dans la Vieille capitale le *25 septembre 1911*. Le capitaine Bernier avait échoué dans sa tentative de franchir le fameux passage du Nord-Ouest, «à cause, a-t-il expliqué au reporter de LA PRESSE, des glaces polaires ou locales mues par le vent qui peuvent faire blocus à n'importe quelle époque pendant une période indéterminée». Le point le plus à l'ouest atteint par l'équipage le fut le 3 septembre 1910, alors qu'on se rendit au 116e degré ouest par 74,28 degrés nord. Le navire avait ensuite hiverné à Admiralty Inlet. Les illustrations montrent l'«Arctic» en face du mont George V, le 29 juillet 1910, et le trajet suivi par le voilier.

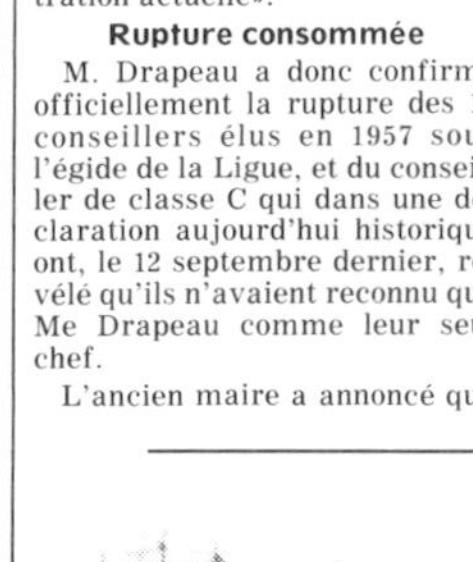

UN PROJET VRAIMENT PATRIOTIQUE

La «Presse» organise un hôpital militaire à Paris et demande aux municipalités canadiennes-françaises de collaborer à cette oeuvre

LA sanglante tragédie qui se déroule en Europe a douloureusement affecté tous les coeurs canadiens-français. Et comment pourrait-il en être autrement?

Descendants de France, ayant conservé au coeur le souvenir toujours cher de notre ancienne mère-patrie, sujets loyaux de l'Angleterre, qui s'est fait la protectrice bienveillante et éclairée de nos droits et privilèges, nous voyons ces deux grandes nations, aidés de l'héroïque Belgique et de la puissante Russie, livrer un combat glorieux et terrible contre la barbarie allemande.

Ainsi commençait l'article publié dans LA PRESSE du ***25 septembre 1914*** *et consacré au projet ourdi par le journal d'organiser à Paris un hôpital canadiens réservés aux soldats de chez nous et d'Angleterre. Le projet était défini de la manière suivante:*

Sachant répondre à ce désir, La «Presse» a formé le projet d'ouvrir à Paris un hôpital pour secourir les blessés canadiens et anglais. (...) L'ancien palais Borghese, situé au no 7 avenue de La Chaise, coin du boulevard Raspail, que connaissent bien un grand nombre de Canadiens, a été choisi dans ce but. Il est admirablement situé, à mi-chemin entre les jardins du Luxembourg et l'Hôtel des Invalides, dans le nouveau Paris.

L'article se poursuit en annonçant que chacun des 1 200 lits au départ (avec possibilité d'en rajouter 600) porterait le nom d'une des municipalités ou paroisses qui aurait contribué à l'oeuvre.

L'oeuvre s'est-elle concrétisée? Nous vous le dirons plus tard, en octobre...

LA PRESSE
100 ans d'actualités

Crise cardiaque à la Manicouagan

JOHNSON EST MORT

MANICOUAGAN — Le premier ministre du Québec, M. Daniel Johnson, est mort tôt ce matin **(26 septembre 1968)** à la Manicouagan.

Selon les premiers rapports, M. Johnson aurait succombé à la suite d'une attaque cardiaque.

La nouvelle a été lancée pour la première fois sur les ondes d'une station radiophonique de langue anglaise de Montréal, dont le chef des nouvelles se trouvait également à Manic 5 à l'occasion des fêtes d'inauguration du barrage.

Agé de 53 ans, M. Johnson se trouvait en pleine forme hier, donnant une conférence de presse télévisée qui a été captée par des millions de Canadiens à travers le pays.

Selon les premières nouvelles, on aurait trouvé M. Johnson mort dans son lit ce matin. Le premier ministre aurait donc succombé au cours de la nuit, en l'absence de tout médecin.

On croit savoir que c'est un employé de l'Hydro-Québec qui a fait la découverte, en venant lui porter son petit déjeûner. M. Johnson devait présider l'inauguration du barrage de Manic-5 à midi.

Ce n'est que vers 8h.15 ce matin que le vice-premier-ministre, M. Jean-Jacques Bertrand, a appris la nouvelle de la bouche de M. Paul Chouinard, secrétaire personnel du premier ministre. M. Bertrand se trouvait alors à Québec. C'est lui qui prendra en mains la direction du gouvernement en attendant qu'un nouveau premier ministre soit désigné.

On se souviendra qu'un autre premier ministre de l'Union nationale, M. Maurice Duplessis, est mort en 1959 dans le nord du Québec, à Shefferville, à l'occasion d'une visite industrielle semblable à celle qu'effectuait aujourd'hui M. Daniel Johnson.

Trois mois plus tard, le jour de l'An 1960, le nouveau premier ministre Paul Sauvé était à son tour terrassé à sa résidence de Saint-Eustache.

Le 3 juillet dernier, M. Johnson était frappé par une crise cardiaque qui l'avait obligé à s'absenter de son bureau pendant deux mois et demi. Pendant sa convalescence, il était allé se reposer aux Bermudes et dans le nord de Montréal.

Hier, au début de sa conférence de presse, le premier ministre avait déclaré qu'il était en parfaite santé, qu'il avait suivi presque à la lettre les conseils de ses médecins. Ces derniers lui avaient demandé trois choses: 1. arrêter de fumer; 2. dormir au moins six heures par nuit; 3. prendre une journée de congé par semaine.

«Je me sens dangereusement bien», a-t-il dit aux journalistes, reprenant une expression consacrée pour avertir des adversaires politiques de son agressivité retrouvée. Il avait le teint basané et semblait avoir maigri passablement.

Il a annoncé qu'il procédait à une réorganisation de son cabinet privé afin de pouvoir travailler aux heures normales du jour et de s'accorder à l'occasion, un jour de repos.

Avant la crise cardiaque, il fumait jusqu'à trois paquets de cigarettes par jour et, aux dires de ses collaborateurs, il s'accordait difficilement plus de quatre heures de sommeil par nuit.

photo René Picard, LA PRESSE

Le premier ministre Daniel Johnson.

C'EST ARRIVÉ UN 26 SEPTEMBRE

1983 — Élection de Gérald Larose à la présidence de la CSN.

1980 — Le Cubain Arnaldo Tamiao Mendes, premier astronaute d'une nationalité autre que soviétique ou américaine, rentre d'un voyage de huit jours dans l'espace.

1979 — Le Congrès américain adopte le traité de Panama négocié par le président Carter.

1975 — Jerôme Choquette quitte le ministère de l'Éducation et le Parti libéral à cause de l'application de la Loi des langues officielles du Québec.

1973 — Décès à 65 ans de l'actrice italienne Anna Magnani.

1969 — Le barrage *Manic-5* est rebaptisé barrage *Daniel-Johnson*, en souvenir de feu Daniel Johnson qui y est mort lors d'une visite officielle un an plus tôt.

1968 — Marcelo Caetano est nommé premier ministre du Portugal. Le régime Salazar aura duré 40 ans.

1967 — Début du procès de Régis Debray en Bolivie.

1960 — Plus de 73 500 000 Américains et Canadiens suivent le premier débat télévisé entre John Kennedy et Richard Nixon, candidats à la présidence des États-Unis. — Dans un discours prononcé à l'ONU, John Diefenbaker, premier ministre du Canada, demande à l'URSS de reprendre les négociations sur le désarmement.

1957 — Réélection de Dag Hammarskjöld au secrétariat général de l'ONU.

1954 — Inauguration du pont Mgr-Langlois, près de Valleyfield. — Un traversier coule au cours d'un typhon, au Japon. L'accident fait plus de 1 000 morts.

1950 — Un feu dans une mine fait 80 morts, à Workshop, Angleterre. — Les forces des Nations Unies entrent à Séoul, capitale de la Corée du Sud, et en chassent les Nord-Coréens.

1948 — L'université Laval lance une souscription de $10 millions en vue de construire une cité universitaire moderne.

1947 — L'Angleterre se propose de retirer ses troupes de Palestine.

1941 — L'URSS reconnaît le général de Gaulle comme chef des Français libres.

1938 — La Grande-Bretagne promet de secourir la Tchécoslovaquie advenant une attaque allemande.

1934 — La reine Mary d'Angleterre baptise le nouveau paquebot de la ligne Cunard-White Star du nom de *Queen Mary*.

1918 — Français et Américains passent à l'offensive en Champagne.

Première page publiée le *26 septembre 1908*. *Le court (mais ô combien poétique !) texte se lit comme suit :*

PARTOUT l'automne est une saison mélancolique et douce, mais nulle part au monde elle n'égale la douce splendeur qu'elle étale au Canada.

C'est la saison transitoire qui nous repose des ardeurs cuisantes d'un été implacable et qui nous prépare aux rigueurs d'un long hiver. Les automnes canadiens sont délicieux, les fleurs tardives sont abondantes et réjouissent les regards par la diversité de leurs nuances. Aussi les femmes se font-elles des moissons journalières pour orner les maisons qui s'égayent de ces bijoux végétaux. Toute la nature semble s'être vouée à la parure de la terre en cette saison idéale. Les feuillages quittent leur livrée verte pour revêtir toutes les teintes de la palette du plus passionné coloriste. *Partout où le regard se pose, dans les champs, dans les bois, dans les sentiers ou dans les jardins, c'est comme un semis d'or, de pourpre, d'émeraude et de topaze. Les arbres et les arbustes portent sur leurs branches les tons les plus variés, allant de l'écarlate au vert myrte, en passant par le roux, le jonquille, le soufre, le rubis et mille nuances mixtes qui font de nos campagnes et de nos paysages accidentés un immense kaléidoscope aux vues incessamment changeantes et merveilleuses.*

Après ces temps de douceur reposante, l'hiver peut venir. Nous avons dans l'esprit et dans le coeur un souvenir et une espérance qui nous feront aisément supporter les rigueurs.

Le gangster Valachi raconte sa vie dans la «cosa nostra»

WASHINGTON (UPI) — Joseph Valachi, «l'homme qui a parlé», l'homme qui a fini par rompre le silence, cette loi d'or du milieu interlope du monde entier, et particulièrement des Etats-Unis, vient de raconter en public, pour la première fois, comment il est devenu un «soldat» des légions de l'empire du crime, de la «cosa nostra».

Celui qui fut un temps fournisseur de narcotiques témoignait, en effet, hier **(26 septembre 1963)** devant un sous-comité sénatorial d'enquête dont l'audience était publique.

Le président du sous-comité, le sénateur J.L. McCellan, a déclaré que le début du récit de Valachi (qui avait été en cette circonstance retiré de sa cellule pour la première fois) se rapporte à sa montée dans les rangs de la «cosa nostra», de la «mafia», style américain.

Valachi, reconnu coupable de meurtre et purgeant actuellement en prison des sentences de 15 ans, 20 ans et à vie, n'a jamais occupé dans la «cosa nostra» un «poste de commandement». Comme il l'explique lui-même, c'était un «soldat» de l'armée du crime.

On sait que, parce qu'il a «parlé», la pègre américaine a offert $100,000 pour la tête de Valachi-le-mouchard.

Après la première journée d'audience, le sénateur K. Mundt a déclaré que la déposition de Valachi ne permet pas, par elle-même, de résoudre les meurtres et autres crimes commis à travers tout le pays. Mais elle «permettra d'établir un certain nombre d'indices qui donneront aux forces de l'ordre l'occasion de déterminer qui est coupable». (...)

GRAND TRIOMPHE!

Les gymnastes canadiens, sous le commandement du professeur H.T. Scott, ont reçu une véritable ovation à Rome

NOS gymnastes à Rome marchent de triomphe en triomphe. Après s'être personnellement classés avantageusement, les uns après les autres, dans les concours préliminaires et éliminatoires, après avoir remporté plusieurs prix dans les épreuves finales pour les courses et les sauts, voilà que, après avoir paradé devant le Pape, à la grande admiration de tous, on décerne **(le 26 septembre 1908)** à l'équipe, à l'unanimité, le premier prix international.

La nouvelle nous en est transmise dans le câblogramme suivant que nous adresse M. Jules Tremblay, rapporteur officiel de l'équipe canadienne.

Rome, 27 septembre 1908. — LA PRESSE, Montréal. — Equipe magnifique devant le Pape. Premier prix international. — Tremblay.

Si nous comprenons bien cette importante dépêche — et elle nous parait très claire — la grande épreuve devant le Pape a été un véritable triomphe pour l'équipe du professeur Scott, et le jury international lui a décerné le premier prix.

Pour se rendre bien compte de l'importance de cette nouvelle, il faut se rappeler que toutes les associations catholiques de gymnastique du monde entier sont représentées à ce congrès et que pas moins de 2,000 gymnastes ont défilé et paradé devant Sa Sainteté.

Comme on le voit, c'est un triomphe sans précédent pour la gymnastique et l'athlétisme chez les nôtres; d'un autre côté, ce résultat que nous n'osions même pas espérer, est une des plus belles réclames que le Canada puisse désirer.

Nos gymnastes ont, à ce congrès, été acclamés, admirés, non seulement par les associations sportives italiennes, mais encore par les sociétés catholiques du monde entier, le Pape, le collège des Cardinaux, la foule des membres du clergé venus de partout, et par des centaines de mille spectateurs.

Honneur au professeur Scott! Honneur à ses gymnastes!

Ernest Anctil, jeune aviateur canadien-français, présentait au public, le *26 septembre 1912*, le «biplan Anctil», premier aéroplane construit par un Canadien-français, qu'il devait ensuite piloter à plusieurs reprises au-dessus de Cartierville, à l'occasion avec un passager à bord.

ACTIVITÉS

■ LA PRESSE à Terrebonne

***Galeries de Terrebonne, boulevard Moody* —** Les résidents de cette municipalité qui n'ont pas l'opportunité de se rendre dans la région de Montréal auront l'occasion d'apprécier les richesses des archives de LA PRESSE, et plus précisément les volets « 100 ans de caricatures », « L'histoire de l'aviation depuis 100 ans » ainsi qu'une collection de belles pages consacrées aux événements historiques qui ont marqué le Canada et le Québec depuis le début du siècle. **Jusqu'au 29 septembre inclusivement.**

■ Aurore l'enfant martyr

***Théâtre de Quatre-Sous* —** Les archives de LA PRESSE consacrées à la couverture de cette affaire tristement célèbre ont été largement utilisées pour la confection du programme et de l'affiche, en plus de servir à la décoration du hall d'entrée. **Jusqu'au 28 octobre inclusivement.**

■ LA PRESSE à Rimouski

***La Grande Place, rue Saint-Germain est* —** Les résidents de cette municipalité qui n'ont pas l'opportunité de se rendre dans la région de Montréal auront l'occasion d'apprécier les richesses des archives de LA PRESSE, et plus précisément les volets « 100 ans de caricatures », « 100 ans d'imprimerie » et les plus belles pages du supplément agricole publié par LA PRESSE au cours des années 20. **Jusqu'au 29 septembre inclusivement.**

On s'imagine mal une foule de... seulement 25,000 personnes

par Jacques GAGNON

LE Stade olympique a de nouveau vibré, hier **(26 septembre 1976)**, et les acclamations des 68,505 spectateurs n'étaient pas sans rappeler les plus beaux jours des Jeux olympiques.

Une ovation comme celle qu'a reçue la délégation canadienne, à l'ouverture des Jeux, ça ne s'oublie pas, et celle qu'a reçue l'équipe des Alouettes, lors de la présentation des joueurs, l'égalait certes en intensité. Mais il manquait cependant l'atmosphère hautement dramatique exclusive aux Jeux.

Si les gens ont bien accueilli les Alouettes, ils ont tout au plus été polis envers Sam Etcheverry et Herb Trawick, deux grands du football canadien dans les années 50, lorsqu'ils ont procédé au botté d'ouverture.

Quant aux Rough Riders d'Ottawa, les huées qui ont accompagné leur présentation égalaient presque en intensité l'ovation accordée aux Alouettes.

Don Sweet a également fait vibrer le stade lorsqu'il a établi un nouveau record pour les bottés de placement. Il ne pouvait choisir un meilleur moment.

Après avoir connu la foule d'hier et celle des Jeux olympiques, on s'imagine mal une foule de seulement 20,000 ou 25,000 personnes dans cette enceinte.

D'ailleurs, hier, la foule aurait dû facilement dépasser le cap des 70,000. Depuis plusieurs jours, on entendait dire que les billets étaient tous vendus, mais il restait encore plusieurs bonnes places debout. Un porte-parole de la direction des Alouettes a expliqué qu'il y avait eu quelques problèmes à la billetterie et qu'entre autres, 2,500 billets non vendus sont revenus d'Ottawa, jeudi, alors qu'on les croyait vendus.

Malgré quelques petits problèmes, cette première journée de sport professionnel au Stade olympique s'est quand même bien déroulée.

Le problème le plus sérieux était celui des toilettes et il s'est présenté à la fin de la première demie. Il y avait embouteillage autant du côté des hommes que du côté des femmes, et chez ces dernières, la circulation s'est dégagée seulement 10 minutes après la reprise du jeu.

Il y avait également embouteillage aux comptoirs à hot dogs et à breuvages. De nombreuses personnes, véritables amateurs de football, ont regagné leur siège sans avoir pu faire le vide... et le plein! D'autres, plus audacieuses, ont humecté le béton, à l'amusement de leurs compagnons. (...)

LA PRESSE

100 ans d'actualités

CINQ CAS DE GRIPPE ESPAGNOLE EN VILLE

La grippe espagnole a atteint cinq personnes de la ville, qui sont actuellement **(27 septembre 1918)** à l'hôpital Général. Les hôpitaux Royal Victoria et Western rapportent qu'ils n'ont aucun cas. Autant qu'on peut s'en assurer, la maladie ne sévit ni parmi les élèves de la commission scolaire protestante, ni parmi ceux de la commission scolaire catholique. A l'hôpital Général, on dit que les patients atteints de la grippe espagnole souffrent tout simplement d'une grippe ordinaire, mais plus maligne. Si elle est prise à temps, elle ne peut guère causer la mort. Négligée, elle peut dégénérer en pneumonie ou en méningite.

Le Dr Séraphin Boucher, directeur du service de santé de la ville, déclare que tant que persistera le danger d'épidémie de la grippe espagnole, toute personne ayant un rhume accompagné de mal de tête et de peines dans le corps et dans les membres fera bien de s'aliter et d'appeler un médecin. C'est aussi l'avertissement que donne le conseil provincial d'hygiène. Comme question de fait, ces avis ont toujours été donnés par la profession médicale; mais on doit les suivre à la lettre actuellement, si l'on veut éviter tout danger.

LA GRIPPE A SAINT-JEAN

(Spécial à La PRESSE)

Saint-Jean, 27 — L'épidémie de grippe espagnole aux casernes de Saint-Jean, est devenue plus sérieuse. Depuis hier, le nombre des cas d'hôpitaux s'est élevé de 355 à 450.

On ne rapporte pas de nouveaux décès. Deux soldats sont cependant dangereusement malades d'une pneumonie qui a suivi l'influenza.

Le général Wilson, commandant du district militaire de Montréal, a pris toutes les précautions possibles pour empêcher la diffusion de la maladie.

Les casernes ont été mises en quarantaine d'une manière rigoureuse. (...) On disait, hier, que la maladie avait gagné la population civile de Saint-Jean.

A PRINCEVILLE

(Du correspondant de la PRESSE)

Princeville, 27 — L'intensité de grippe espagnole qui ravage nos cantons ne semble pas vouloir s'arrêter. Des cas nouveaux se déclarent à Victoriaville. Dans le village de Saint-Norbert, où il y a foule de malades, les cas semblent moins graves ou ont été soignés à temps. Nous ne connaissons pas de morts dans Saint-Norbert; quelques personnes sont dans un état très grave tout de même. (...)

Le TGV, train à grande vitesse circulant sur une voie protégée et exclusive entre Paris et Lyon, souleva l'enthousiasme du public voyageur dès sa première liaison entre ces deux villes, le *27 septembre 1981*. Roulant à une vitesse de croisière de 260 km/h (c'est le train le plus rapide au monde pour le moment), il permet de réduire de moitié la durée du voyage.

JAPON, ALLEMAGNE, ITALIE SOLIDAIRES

BERLIN, 27 (B.U.P.) — L'Allemagne, l'Italie et le Japon ont signé aujourd'hui **(27 septembre 1940)** un traité militaire et économique. Les trois pays ont promis d'unir leurs forces contre tous ceux qui s'opposeront à la mise en oeuvre de leur projet de création d'ordres économiques nouveaux en Europe et en Asie. Le pacte a été signé au bureau de la chancellerie du Reich à 1 h. 13 (7 h. 13 a.m., heure de l'Est).

Trois des plus grandes puissances militaires de l'histoire, formant une population de 225,000,000 d'habitants, présentent maintenant un front uni contre l'Angleterre et les Etats-Unis.

Le comte Galeazzo Ciano, ministre des Affaires étrangères d'Italie, est arrivé à l'aérodrome de Tempelhof (...) après un long retard. La cérémonie officielle devait avoir lieu à midi.

Il fut escorté à la chancellerie du Reich entre deux haies denses de soldats de troupes de choc, de membres de différentes organisations nazistes, d'hommes et d'enfants brandissant des drapeaux de l'Allemagne, de l'Italie et du Japon. Ce sont ces drapeaux qui ont causé la plus grande sensation. Depuis plusieurs jours, le peuple allemand s'attendait à une alliance entre l'Allemagne, l'Italie et l'Espagne. Tokyo avait été la seule capitale à annoncer qu'elle signerait un traité avec Rome et Berlin.

Ce ne fut que quelques minutes avant l'arrivée de Ciano à Tempelhof que l'on apprit que le Japon, et non pas l'Espagne, était la troisième puissance en cause. (...)

Son Excellence Lord Aberdeen, gouverneur général du Canada, procédait le *27 septembre 1893* à l'inauguration de l'édifice du Board of Trade, construit au coût de $600 000 à l'angle des rues Saint-Sacrement et Saint-Pierre. La pose de la première pierre avait eu lieu le 19 mai 1892.

IMMENSE SUCCES DES COURSES D'AUTOMOBILES

QUATRE mille personnes ont vu hier **(27 septembre 1908)** Walter Christie établir un nouveau record du monde, au Parc Delorimier. Conduisant sa voiture d'une force de 140 chevaux, le jeune chauffeur millionnaire fit un mille en deux minutes et dix secondes. L'ancien record pour la distance sur une piste d'un demi-mille était de 2.21. Si nous ajoutons que le record a été établi dans des conditions extrêmement difficiles, sur une piste encombrée par la multitude, l'on reconnaitra que Christie a accompli un très glorieux exploit.

Au point de vue du sport, la matinée d'hier a été un tant soi peu gâtée par l'obstination de la foule à envahir le terrain. Afin d'éviter tout accident, et sur l'avis des promoteurs du «meeting», les chauffeurs modérèrent leur allure et ne montrèrent pas toute la force de leur machine. Le programme subit en outre des modifications forcées et les épreuves furent écourtées. (...)

L'assistance, avant-hier, le premier jour, était de quatre à cinq mille personnes. La discipline la plus sévère fut observée et pas un seul homme, en dehors des officiers de la course et des concurrents, franchit la clôture séparant la pelouse de la piste.

Il en fut autrement dimanche. La réclame faite autour des noms de Barney Oldfield, de Christie et de Soules, avait attiré au Parc Delorimier une multitude énorme. Dès une heure de l'après-midi, une interminable procession se dirigeait déjà vers l'hippodrome. En peu de temps, la vaste estrade fut remplie. L'immense pelouse contenait aussi des milliers et des milliers de spectateurs. Avec cela, deux à trois mille personnes s'étaient installées sur une légère élévation dominant le rond. (...) Bientôt, cette multitude franchit les limites assignées, et la piste fut envahie. Les officiers de l'Automobile Club tentèrent mais en vain de faire déguerpir les intrus. (...) Les constables n'étaient guère nombreux, et reconnurent dès le début leur impuissance à repousser l'invasion. Il fallut donc se résigner à courir sur une piste noire d'humanité.

Les promoteurs du meeting étaient dans une extrême inquiétude, redoutant d'effroyables accidents, des hécatombes de victimes. Ils firent annoncer au public que vu le mauvais vouloir de ceux qui encombraient la piste, les chauffeurs ralentiraient leur vitesse.

En dépit des conditions désavantageuses, les courses ont été fort intéressantes, et l'établissement du nouveau record du monde par Christie à la fin de l'après-midi provoqua un enthousiasme indescriptible. (...)

Walter Christie, dans son bolide, après avoir établi son record du monde.

ACTIVITÉS

■ LA PRESSE à Saint-Jean

Carrefour Richelieu, rue Pierre-Caisse — Les résidents de cette municipalité qui n'ont pas l'opportunité de se rendre dans la région de Montréal auront l'occasion d'apprécier les richesses des archives de LA PRESSE, et plus précisément les volets « 100 ans de caricatures », « 100 ans d'imprimerie » et « L'Univers de la bande dessinée ». **Jusqu'au 29 septembre inclusivement.**

■ LA PRESSE à Terrebonne

Galeries de Terrebonne, boulevard Moody — Les résidents de cette municipalité qui n'ont pas l'opportunité de se rendre dans la région de Montréal auront l'occasion d'apprécier les richesses des archives de LA PRESSE, et plus précisément les volets « 100 ans de caricatures », « L'histoire de l'aviation depuis 100 ans » ainsi qu'une collection de belles pages consacrées aux événements historiques qui ont marqué le Canada et le Québec depuis le début du siècle. **Jusqu'au 29 septembre inclusivement.**

■ LA PRESSE à Rimouski

La Grande Place, rue Saint-Germain est — Les résidents de cette municipalité qui n'ont pas l'opportunité de se rendre dans la région de Montréal auront l'occasion d'apprécier les richesses des archives de LA PRESSE, et plus précisément les volets « 100 ans de caricatures », « 100 ans d'imprimerie » et les plus belles pages du supplément agricole publié par LA PRESSE au cours des années 20. **Jusqu'au 29 septembre inclusivement.**

■ Aurore l'enfant martyr

Théâtre de Quatre-Sous — Les archives de LA PRESSE consacrées à la couverture de cette affaire tristement célèbre ont été largement utilisées pour la confection du programme et de l'affiche, en plus de servir à la décoration du hall d'entrée. **Jusqu'au 28 octobre inclusivement.**

Mgr Paul Bruchési, goupillon à la main, procédait, le *27 septembre 1913*, à la bénédiction et à la pose de la pierre angulaire du nouvel hôpital Sainte-Justine, rue Saint-Denis, à Montréal. La photo principale montre l'hôpital en construction.

C'EST ARRIVÉ UN 27 SEPTEMBRE

1982 — Le dossier Cross est définitivement clos avec la condamnation de l'ex-felquiste Yves Langlois à une peine d'emprisonnement de deux ans moins un jour.

1981 — Gilles Villeneuve termine au troisième rang lors du Grand Prix du Canada, gagné par Jacques Laffite.

1977 — Québec boycotte le congrès de l'Union des municipalités après que celle-ci eût décidé d'inviter un ministre fédéral. — Le coureur automobile Gilles Villeneuve signe un contrat avec Ferrari et devient le pilote no 2 de l'écurie italienne.

1976 — Le Canada estime révoltantes et inacceptables les mesures arabes visant Israël mais qui nuisent à l'entreprise canadienne.

1973 — Le lanceur Nolan Ryan améliore un record de Sandy Koufax en réussissant son 383e retrait de la saison.

1969 — Vaste épuration dans les rangs du Parti communiste tchécoslovaque. Alexandre Dubcek est démis de ses fonctions de président de l'Assemblée fédérale et de membre du praesidium.

1968 — Erik Kierans, ministre des Postes, annonce la discontinuation de la livraison du courrier le samedi à partir du 1er février 1969 — Retraite d'Art Manning, premier ministre de l'Alberta depuis 25 ans.

1960 — Inauguration du *Seaway Skyway*, pont construit entre Prescott, en Ontario, et Ogdensburg, État de New York.

1959 — Fin de la visite de Nikita Khrouchtchev aux États-Unis.

1956 — L'avion américain *Bell X-2* s'écrase au sol après avoir établi un record de vitesse de 2 100 milles à l'heure. — Babe Zaharias, reconnue comme la plus grande athlète féminine de l'histoire, succombe au cancer à l'âge de 42 ans.

1949 — Marie Pitre est de nouveau appréhendée en rapport avec l'affaire du Sault-au-Cochon. — Au baseball, les Royaux de Montréal gagnent la Coupe des gouverneurs pour la troisième année consécutive.

1945 — À Montréal, les débardeurs déclarent la grève pour protester contre le rationnement de la viande. Des bagarres éclatent par toute la ville.

1939 — Varsovie capitule devant l'envahisseur nazi.

1934 — L'université McGill inaugure son institut neurologique.

1930 — Bobby Jones complète le « grand chelem » du golf en gagnant le championnat amateur des États-Unis.

1924 — Les Giants de New York deviennent la première équipe de l'histoire du baseball majeur à mériter quatre championnats de ligue consécutifs.

1923 — Au moins 100 personnes trouvent la mort lorsqu'un train passe à travers un pont dans l'État du Wyoming.

1918 — Prise du bois de Bourlon, près de Cambrai, par des soldats canadiens.

1907 — Tremblay gagne le championnat de lutte après cinq ans d'efforts, en détrônant le champion Bothner.

GESTE HISTORIQUE POSÉ AUX COMMUNES

par Georges Langlois

OTTAWA, 28 — Ce fut une séance historique que celle d'hier à la Chambre des communes.

A onze heures, hier soir **(27 septembre 1949)**, exécutant le mandat reçu de la nation canadienne le 27 juin dernier, les élus du peuple donnaient leur approbation au principe de l'abolition des appels judiciaires au Conseil privé de Londres.

Les efforts de M. George Drew, chef du parti progressiste-conservateur, et de quelques-uns de ses principaux lieutenants, pour faire remettre à plus tard la rupture de ce lien juridique avec le Royaume-Uni, restèrent vains et il ne fut même pas nécessaire de procéder à un scrutin.

Ainsi se complétait l'évolution que M. Philippe Picard, député libéral de Bellechasse, résumait hier soir comme suit:

«Laurier a élevé notre pays du rang de colonie au rang de Dominion, M. King, du rang de Dominion à celui de nation souveraine. Et aujourd'hui, après avoir consulté le peuple du Canada, le premier ministre *(Louis Saint-Laurent)* actuel efface de nos institutions les derniers vestiges du colonialisme.»

Le débat n'est pas entièrement terminé. Le projet de loi proposé par l'hon. Stuart S. Garson, ministre de la Justice, n'a franchi, hier, qu'une étape, la plus importante il est vrai, celle de la deuxième lecture. Il lui reste à franchir celle de l'étude en comité plénier de la Chambre, de la troisième lecture et de l'examen qu'il devra subir au Sénat. (...)

Son Altesse Royale, le duc de Connaught (à droite), assistait, le *27 septembre 1916*, à la pose de la dernière pierre du nouveau quai Victoria du port de Montréal. Le gouverneur général du Canada est flanqué sur la photo de W.G. Ross, président de la commission du port.

LA PRESSE

100 ans d'actualités

Le Canada gagne la «Série du siècle» en arrachant le 8e match in extremis

par Michel BLANCHARD
envoyé spécial de LA PRESSE

MOSCOU — Les Soviétiques ont perdu le huitième match de la série par leur faute, par leur propre faute.

Autant le Canada était à blâmer après avoir vu son adversaire effacer un déficit de 4-1, à la troisième période et finalement l'emporter, 5-4, lors du cinquième match, autant les hommes de Boris Kulagin et Vaevolov Bobrov le sont aujourd'hui.

Fiers d'une avance de 5-3, les Soviétiques ont opté pour la stratégie défensive. Ça aurait pu fonctionner. Mais les chances étaient contre eux.

Au lieu de forcer le jeu, de tenter d'augmenter prudemment leur avance, les Soviétiques ont préféré se replier, espérant que les hommes de Harry Sinden ne puissent marquer plus d'un but.

Ils en ont marqué trois!

— Le but de Henderson est un but chanceux, nous a-t-on chuchoté.

On fait sa propre chance, c'est un adage bien connu. Et c'est ce qu'a fait Henderson au cours des trois derniers matches en réussissant les trois buts de la victoire.

Les joueurs du Canada ont commencé à jouer du hockey sérieux lorsqu'ils ont réalisé qu'ils avaient tout à perdre, en subissant l'affreux affront qu'étaient à leur servir les Soviétiques.

Ils ont compris qu'ils avaient grand avantage à demeurer les meilleurs joueurs de hockey au monde.

Cette suprématie, ils n'ont pu la prouver hors de tout doute. Mais les trois victoires enregistrées au cours des trois derniers matches effacent toute la splendeur démontrée par les Soviétiques en territoire canadien.

Quel intérêt aurait-on porté à nos joueurs en sachant que c'était «derrière le rideau de fer» qu'il fallait aller pour voir à l'oeuvre les meilleurs hockeyeurs? Les gens sont ainsi faits.

Il faut donner crédit aux Canadiens

Même si elle tirait de l'arrière trois matches à un, l'équipe du Canada n'a jamais cessé de batailler.

Encore hier **(28 septembre 1972)**, tirant de l'arrière par deux buts, avec vingt minutes à faire, les hommes de Sinden et Ferguson ont mis les bouchées doubles.

— Lors des matches de la coupe Stanley, les joueurs jouent pour l'argent et le prestige. Au cours de cette série, ils ont prouvé qu'ils pouvaient jouer seulement pour l'honneur de leur pays.

Comment mettre en doute les commentaires de Sinden après avoir recueilli les impressions de quelques joueurs.

— Je ne sais plus quoi dire, confie Guy Lapointe. Tout ce que je sais, c'est que j'ai envie de pleurer comme un enfant. C'est la plus forte sensation de ma carrière. Sensation encore plus forte que lorsque nous avions remporté la coupe Stanley, à Chicago, il y a deux ans, lors du septième et dernier match. (...)

Paul Henderson: «Je n'ai jamais vu autant de joueurs aussi nerveux. Nous savions que nous étions les meilleurs, mais encore fallait-il le prouver».

Du grand hockey qui fera réfléchir

La série qui vient de se terminer, c'est devenu un cliché de le dire, a offert du hockey de première qualité, du très grand hockey.

Il est maintenant permis de se demander quelle sera la réaction des amateurs de hockey, lors des matches réguliers de la ligue Nationale. Comment réagiront-ils devant les performances quasi régulièrement médiocres offertes par les équipes de l'expansion? (...)

Et que veulent dire maintenant les séries de la coupe Stanley, alors que tout le monde sait que l'épreuve suprême, la classique par excellence, ce sont ces matches internationaux?

Une série de la coupe Stanley à l'échelle mondiale ne saura tarder. Eagleson et compagnie l'ont déjà compris.

Paul Henderson vient de déjouer l'extraordinaire gardien soviétique Vladislav Tretiak pour marquer le plus important but de sa carrière, puisqu'il permettait au Canada de gagner le huitième match, 6 à 5, et partant d'enlever la « Série du siècle » par quatre matches à trois (l'un ayant été nul). Après son troisième but vainqueur en autant de parties disputées à Moscou, Henderson saute dans les bras d'Yvan Cournoyer (12), sous le regard terrassé de deux joueurs soviétiques.

Les policiers rentrent

par Lucien RIVARD et Jean-Paul CHARBONNEAU
envoyés spéciaux de LA PRESSE

DRUMMONDVILLE — Après une séance d'études de 44 heures à Drummondville, les membres de l'Association des policiers provinciaux du Québec ont décidé, à 7 heures ce matin **(28 septembre 1971)**, de mettre un terme à leur débrayage et d'accepter la médiation du ministre du Travail, M. Jean Cournoyer.

Le résultat du vote a été accueilli avec enthousiasme par les policiers, et le président de l'APPQ, M. Guy Magnan, a été porté en triomphe après avoir demandé à tous de se rallier au voeu de la majorité.

C'est par 794 voix à 335 que les policiers ont accepté de reprendre leur travail et de remettre leur sort entre les mains du ministre du Travail.

Quelques instants après avoir connu le résultat du scrutin, M. Magnan a déclaré que l'intervention de M. Cournoyer a été la planche de salut qui permet à la population et à la Sûreté du Québec une certaine réconciliation.

La décision de prendre un vote secret a été prise après plusieurs heures de discussion à huis clos et à un certain moment les dirigeants de l'APPQ craignaient que la déclaration du ministre de la Justice, M. Jérôme Choquette, avant l'arrivée de M. Cournoyer à Drummondville, n'influence défavorablement le vote.

M. Choquette avait mentionné que M. Cournoyer avait pour mandat d'agir comme médiateur mais seulement à la condition expresse du retour immédiat au travail des policiers.

Au cours d'une entrevue, le président Guy Magnan a révélé que M. Cournoyer avait fait des propositions préliminaires touchant le point principal du litige, soit l'opération Cross-Laporte. «Le règlement qu'il propose, a dit M. Magnan, s'apparente aux demandes déjà formulées par l'Association».

Ni représailles ni salaire

(...) On a assuré les policiers avant le vote qu'il n'y aurait pas de représailles pour les policiers qui ont quitté leur travail pour joindre la séance d'études. Toutefois, il a été bien spécifié que ceux qui devaient être au travail ne seront pas rétribués pour le temps perdu.

Parlant posément et très lentement, devant plus de 2,500 policiers qui l'écoutaient scrupuleusement, M. Cournoyer a révélé qu'il ne pouvait bénir le geste des policiers, mais qu'en tant que ministre du Travail et habitué à ce genre de conflit, il était en mesure de le comprendre. (...)

M. Cournoyer s'est refusé à qualifier de grève le débrayage des policiers de la SQ. «Il ne s'agit pas d'une grève mais d'une séance d'étude», devait-il signaler. (...)

On procédait, au parc LaFontaine, le *28 septembre 1930*, à l'inauguration du monument consacré à sir Louis-Hippolyte LaFontaine. Les photos vous présentent les personnalités suivantes. Tout d'abord, en médaillon (1), le maire Camillien Houde, remerciant le comité du monument. La photo (2) présente le sénateur Rodolphe Lemieux au moment où il faisait le panégyrique du héros du jour. La photo (3) montre le dévoilement du monument par le lieutenant-gouverneur H.G. Carroll, sous les yeux du sculpteur Henri Hèbert. La photo (4) présente un journaliste de Toronto, Arthur Hawkes, qui présenta une version anglaise du panégyrique de LaFontaine. Enfin, la photo (5) montre Mgr Gauthier (serrant la main du consul honoraire d'Italie, le Dr Restaldi), le maire Houde et Mgr Deschamps.

L'EMEUTE D'HIER

Les vitres du Bureau de Santé brisées — La foule saccage plusieurs pharmacies.

HIER soir **(28 septembre 1885)**, une foule d'individus, parmi lesquels on remarquait nombre de gens étrangers à la ville et beaucoup de gamins de dix à quinze ans, se sont livrés à des excès des plus regrettables.

Comme cela arrive toujours en pareille circonstance, il est difficile de donner une cause exacte de cette émeute qui n'est pas faite pour donner une haute opinion de l'intelligence et du courage de ceux qui y ont pris part.

La première version est que l'ordre donné par la commission d'hygiène de mettre en force la loi concernant la vaccination compulsoire, avait échauffé les esprits et que nombre de personnes étaient décidés à s'y opposer.

Déjà hier, nous avons dit quelques mots à propos des rassemblement que l'on avait constatés dans le quartier Est, vis-à-vis du bureau succursal *(on aura noté l'usage adjectival du mot)* de santé, mais la police avait surveillé les agissements de la foule et tout a été calme pendant le jour.

D'après une autre version, l'ébullition avait commencé à propos d'un placard placé sur la maison d'un nommé Chaput, près du bureau de santé de la rue Ste-Catherine.

Le placard ayant été arraché et la foule s'amassant à cet endroit, M. Berthelot alla prévenir l'échevin Gray, du danger qui menaçait les employés de bureau. Aussitôt, le président de la commission d'hygiène, ordonna de fermer le bureau et d'enlever les livres. Cet ordre fut exécuté immédiatement, mais les employés furent menacés à plusieurs reprises et on téléphona au chef Paradis.

Celui-ci se rendit rue Sainte-Catherine et engagea les personnes qui stationnaient à cet endroit, à se disperser et à être calmes. On l'écouta en silence et l'ordre semblait être assuré.

Vers sept heures du soir cependant le rassemblement grossit considérablement et bientôt deux mille personnes se trouvèrent réunies. L'escouade de police qui veillait le bureau de santé, se trouva refoulée et une volée de pierres furent lancées dans les vitrines jusqu'à ce qu'il ne restât pas une seule vitre intacte. Les portes furent enfoncées et tout ce qui se trouvait dans le bureau fut saccagé. (...)

L'article se poursuit longuement de la sorte, décrivant avec force détails les mouvements de foule ainsi que les attaques des émeutiers contre de nombreux édifices et maisons d'hommes publiques ou de fonctionnaires, qui ont subi des actes de vandalisme. Heureusement, on n'eut à déplorer aucun blessé grave.

Ted Williams a mis un terme à sa brillante carrière de joueur de baseball, le *28 septembre 1960*, en claquant un foudroyant circuit, son 521e et dernier, sous les yeux de ses admirateurs, au Fenway Park de Boston. Accueilli par une ovation debout de 90 secondes à la 8e manche, Williams s'est élancé sur le deuxième tir et il a canonné la balle par-dessus la clôture, à 450 pieds du marbre.

C'EST ARRIVÉ UN 28 SEPTEMBRE

1981 — Le premier ministre Pierre Elliott Trudeau se dit toujours prêt à négocier, après que la Cour Suprême lui eût donné raison sur trois questions concernant le rapatriement de la constitution.

1980 — Alan Jones gagne le Grand Prix de Montréal, et Gilles Villeneuve termine cinquième.

1978 — Décès du pape Jean-Paul 1er, âgé de 65 ans, à la suite d'une crise cardiaque. Sa papauté n'a duré que 34 jours, le règne le plus court depuis 373 ans.

1977 — Le Conseil des ministres accepte la démission d'André Fabien, juge en chef de la Cour des sessions de la paix, qui fait l'objet d'une enquête du fisc québécois.

1973 — Marcel Pepin, président de la Confédération des syndicats nationaux, est élu président de la Confédération mondiale du travail, à Évian-les-Bains, en France. — Deux arabes propalestiniens s'emparent de trois juifs soviétiques dans un train à la frontière entre la Tchécoslovaquie et l'Autriche.

1971 — Le cardinal Josef Mindszenty, primat de Hongrie, accepte de mauvais gré de s'exiler à Rome.

1970 — Le président Gamal Abdel Nasser d'Égypte meurt à l'âge de 52 ans. Le vice-président M. Anouar El Sadate assume l'intérim.

1966 — Arrestation de Pierre Vallières et Charles Gagnon à New York.

1965 — Irruption du volcan Taal, dans l'île de Luçon, aux Philippines; on compte 2 000 morts.

1961 — En Syrie, une révolte de l'armée ramène un régime civil au pouvoir et met fin à l'union de ce pays avec l'Égypte.

1960 — Le gouvernement Debré bannit quelque 140 intellectuels français de la radio et télévision françaises. — La comédienne Brigitte Bardot tente de s'enlever la vie.

1958 — Plus de 80 p. cent des citoyens habitant des territoires français, y compris les musulmans d'Algérie, répondent « oui » à la nouvelle constitution préconisée par le général de Gaulle, lors d'un référendum. Seule, la Guinée française a voté « non ».

1953 — Le cardinal Stéphane Wyszinski, primat de Pologne, est banni de son poste et relégué dans un monastère.

1951 — Le lanceur Allie Reynolds réussit une partie sans point ni coup sûr alors que les Yankees remportent le championnat.

1950 — Clôture à Québec d'une conférence constitutionnelle fédérale-provinciale.

1945 — Afin de ne plus provoquer des scènes de violence, les bouchers mettent fin à leur grève.

1941 — Raids de l'aviation britannique sur Turin et Gênes.

1939 — L'URSS et l'Allemagne se partagent la Pologne.

1937 — Décès à l'âge de 70 ans du sénateur Rodolphe Lemieux, grande figure de la scène politique canadienne.

1922 — Dévoilement à Québec des statues érigées en l'honneur de Pierre Boucher de Grosbois et de Pierre Gaultier de Varennes de la Vérendrye.

1919 — Le *Seagull* en provenance de Burlington est le premier hydravion à survoler Montréal.

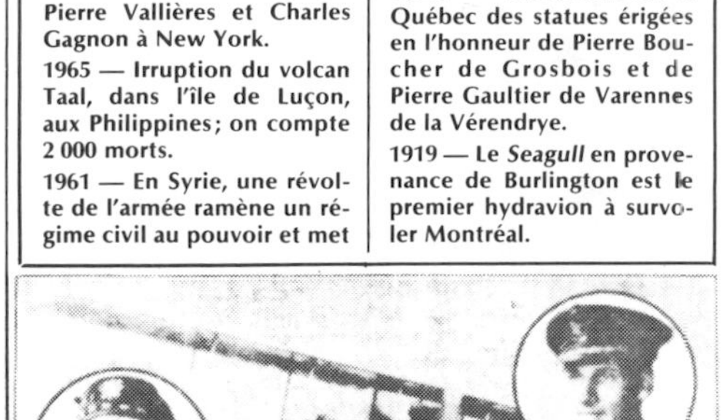

Les Montréalais avaient l'occcasion de voir voler et amerrir un hydravion pour la première fois, le *28 septembre 1919*, quand le « Seagull », fabriqué par la société Curtiss, s'arrêta dans le port de Montréal, en provenance de Burlington. Deux aviateurs anglais, le capitaine G. Talbot Wilcox (à gauche) et le major Sidney E. Parker, étaient aux commandes de l'hydravion.

LA PRESSE

100 ans d'actualités

Attentat terroriste chez Jean Drapeau

par Daniel MARSOLAIS

UNE bombe d'une violence que la police a qualifié de «très forte» a causé, tôt ce matin **(29 septembre 1969)**, des dégâts considérables à la résidence du maire de Montréal, M. Jean Drapeau.

Mme Jean Drapeau et son fils Michel, qui étaient seuls à la maison, n'ont pas été blessés par cet attentat, le xième dans l'histoire récente de Montréal.

Le maire Drapeau, qui dit-on poursuivait un travail de routine à son restaurant, le Vaisseau d'Or, s'est immédiatement rendu sur place. L'explosion s'est produite à 5 h. 15 très exactement et M. Drapeau était sur place dès 6 h.

La bombe, placée à l'arrière de la maison de M. Drapeau, (...) dans Cité Jardins (quartier Rosemont), a complètement détruit une bonne partie de la résidence et un trou béant a été pratiqué dans la toiture.

Des curieux ont commencé à se rassembler rue des Plaines quelques minutes seulement après que ce bruit d'explosion qui fut tel qu'une dame de Westmount, tirée de son sommeil par la secousse, fut la première à communiquer avec la salle de rédaction du journal LA PRESSE.

Un policier, qui faisait le plein de sa motocyclette, rue de Lorimier, dans le voisinage de Sainte-Catherine, se rendit sur place guidé par le bruit de l'explosion.

Les policiers, pourtant vite rendus sur les lieux, étaient cependant encore peu nombreux, une heure après l'explosion.

La police, évidemment, se perd encore en conjonctures sur les raisons qui ont pu motiver cet attentat. (...)

Des témoins qui ont pu pénétrer à l'intérieur de la résidence de M. Drapeau ont décrit un véritable cauchemar.

Les meubles, lancés dans tous les sens, ont été fracassés. L'intérieur de la chic résidence est méconnaissable.

L'engin a été placé à l'arrière de la maison et c'est cette partie de la construction qui a évidemment le plus souffert de l'attentat.

La maison, aux dires des premiers témoins, ne constitue plus qu'un amas de ruines, même si vue de face, elle ne parait pas avoir tant souffert de l'explosion.

Les fenêtres de plusieurs maisons avoisinantes ont volé en éclats tandis que des voisins, pris de panique, des femmes surtout, ont gagné la rue en pleurant.

C'est la première fois qu'un attentat terroriste, à Montréal, vise un des dirigeants de la ville de Montréal.

On peut présumer, d'ores et déjà, que ce dernier attentat aura des conséquences considérables.

Les auteurs de cet attentat terroriste avait placé l'engin explosif sous le portique, à l'entrée arrière de la maison du maire Drapeau.

Mme Drapeau a dit ne pas être étonnée de la chose. Plus encore, à un photographe elle a simplement confié:

«Dans un coffret, je conserve constamment les papiers importants. Ce genre de chose, je l'attendais d'un moment à l'autre».

Mme la mairesse, qui paraissait surtout soulagée de voir son fils sortir indemne de l'aventure, est apparue dans les circonstances d'un calme extraordinaire.

....

NDLR — Dès le lendemain, les maisons des principaux hommes politiques oeuvrant aux niveaux fédéral, provincial et municipal étaient placées sous surveillance policière.

photo Roger St-Jean, LA PRESSE

Cette photo témoigne de la puissance de la bombe placée à l'arrière de la maison du maire de Montréal.

Le Fameux Ecrivain Emile Zola est Mort

PARIS, 29 — Emile Zola, le célèbre romancier français, est mort ce matin **(29 septembre 1902)**. Zola a été trouvé dans sa chambre, asphyxié. Sa femme est gravement malade. Tout indique que la mort du grand écrivain est purement accidentelle.

M. Zola a été asphyxié par des gaz échappés d'un poële dont les tuyaux fonctionnaient mal. Quelques-uns prétendent que l'auteur de «Nana» s'est suicidé, bien que toutes les circonstances qui entourent sa mort indiquent le contraire.

Zola et sa femme étaient revenus de la campagne hier, après une absence de trois mois. Les médecins espèrent pouvoir ramener Mme Zola à la vie.

....

NDLR — Emile Zola naquit à Paris le 2 avril 1840. Orphelin de père dès l'âge de 7 ans, il passa sa jeunesse dans le midi, puis vint achever ses études à Paris. Zola mena une double carrière de romancier à succès et de journaliste agressif, qui n'hésita pas par exemple à se porter à la défense de Dreyfus et du peintre Edouard Monet.

Cette photo fut publiée le *29 septembre 1909* avec la légende suivante: Le type de voitures de patrouille automobiles dont les autorités policières ont l'intention de recommander l'adoption pour Montréal. Ces voitures sont très perfectionnées et donnent la plus entière satisfaction dans les villes américaines où elles sont utilisées.

LA PROHIBITION

Montréal se prononce fortement contre les buveurs d'eau. — La province de Québec anti-prohibitionniste.

LE résultat du vote **(du 29 septembre 1898)** à Montréal, ne laisse pas de doute sur l'opinion des contribuables, relativement à la prohibition. Toutes les divisions, à l'exception de Saint-Antoine, ont donné de fortes majorités anti-prohibitionnistes, constituant une majorité totale de 21,899, pour la continuation de la vente des liqueurs alcooliques.

Cependant, le vote enregistré *(il s'agissait d'un référendum fédéral)* a été peu considérable comparé à celui des dernières élections fédérale et provinciale. Au delà de la moitié des voteurs se sont abstenus de faire connaitre leur opinion sur le sujet. Il est vrai de dire qu'un grand nombre de citoyens n'ont pas voté, parce qu'ils n'ont pu réussir à trouver le poll ou se trouvaient inscrits leur noms. Nombre d'autres qui se sont présentés aux polls ont été fort désappointés en apprenant que leurs noms ne se trouvaient pas sur les listes, bien qu'ils eussent le droit de voter. On signale par contre un nombre considérable de faux voteurs. (...)

Comme à l'ordinaire, des scènes risibles se sont passées en différents polls. Dans la partie Est spécialement, plusieurs mauvais plaisants se sont présentés pour voter, portant attachée à leur pourpoint une étiquette en forme de coeur détachée d'une bouteille de whiskey «de Kuyper».

Dans le quartier Sainte-Marie, un homme se disant ministre protestant a commencé, dans l'un des polls, une discours en faveur de la prohibition et a dû être expulsé par l'officier-rapporteur.

Les buvettes sont restées ouvertes toute la journée bien qu'il eût été annoncé que ce droit leur serait contesté plus tard devant les tribunaux. Montréal avait d'ailleurs son aspect ordinaire.

Un des principaux hôteliers de Montréal, disait, hier soir:

«La population de Montréal a fait son devoir et nous n'entendrons plus parler de prohibition ici. Si tous ceux qui avaient le droit de voter l'avaient fait, le résultat aurait été risible, car nos adversaires auraient été littéralement noyés.»

Qu'en aurait-il été si nous avions organisé une campagne aussi vigoureuse que celle qui a été faite aux dernières élections générales? Il est évident que Montréal est en faveur de la vente des liqueurs. La métropole canadienne a montré aux dyspeptiques d'Ontario que les mesures puritaines ne seront jamais goûtées dans la province de Québec.

....

NDLR — Seul le Québec vota contre la prohibition. Et la majorité de 43 888 voix équivalait à 70 p. cent de la majorité totale de 62 747 voix en faveur de la prohibition pour l'ensemble du pays.

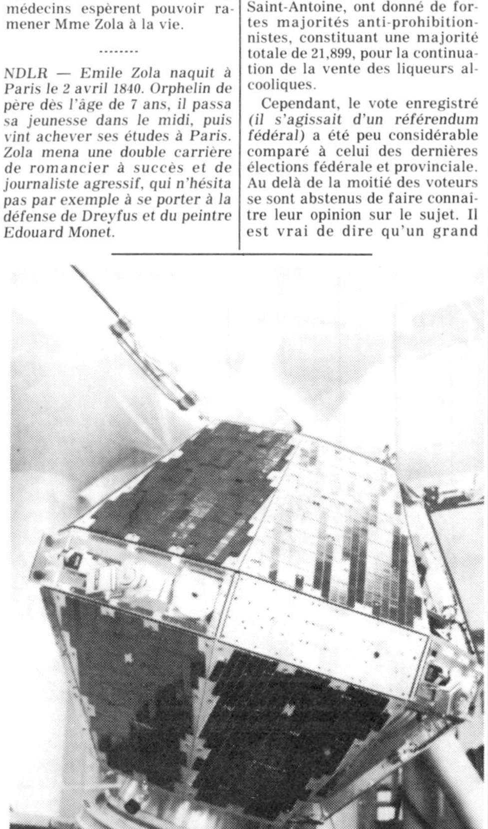

« Alouette I », le premier satellite canadien était placé sur orbite le *29 septembre 1962* par une fusée « Thor-Agena » lancée de la base américaine de Vandenberg, sur la côte du Pacifique. Ce satellite entièrement canadien a été placé sur orbite pour étudier les interruptions dans l'ionosphère qui nuisent aux communications radiophoniques.

C'EST ARRIVÉ UN 29 SEPTEMBRE

1977 — Yves Pratte, ex-président d'Air Canada, et William Estey, chef de la Cour d'appel et juge en chef de l'Ontario, sont nommés à la Cour Suprême du Canada, en remplacement des juges Louis-Philippe de Grandpré et Wilfrid Judson.

1976 — Air Canada se soumet et accepte finalement le français dans les cabines de pilotage.

1973 — Le dalaï-lama rend visite au pape Paul VI.

1968 — Les Grecs approuvent la nouvelle constitution.

1963 — Le pape Paul VI ouvre la 2e session du concile oecuménique.

1962 — Les affrontements raciaux amènent le président Kennedy à fédéraliser la garde nationale du Mississippi.

1960 — Le département d'État recommande aux touristes américains d'éviter Cuba.

1958 — Dans une opinion unanime, les neuf juges de la Cour Suprême des États-Unis déclarent qu'aucune mesure dilatoire ne pourra modifier le jugement déclarant inconstitutionnelle la ségrégation raciale dans les écoles publiques.

1956 — La France et l'Allemagne règlent à l'amiable le problème de la Sarre, vieux d'un siècle. Ce pays sera rattaché à l'Allemagne à partir du 1er janvier 1957.

1952 — Le pilote automobile John Cobb se tue lorsque son canot-automobile explose alors qu'il tentait d'ajouter le record du monde sur l'eau à son palmarès.

1950 — L'armée sud-coréenne atteint le 38e parallèle.

1938 — Hitler décrète un arrêt des hostilités dans la guerre des Sudètes et convoque les quatre grands à une rencontre au sommet à Munich.

1918 — La Bulgarie se rend aux Alliés.

1911 — Deuxième crise des Balkans: l'Italie déclare la guerre à la Turquie, puis annexe Tripoli.

ACTIVITÉS

AUJOURD'HUI

■ **LA PRESSE à Terrebonne**

Galeries de Terrebonne, boulevard Moody — Les résidents de cette municipalité qui n'ont pas l'opportunité de se rendre dans la région de Montréal auront l'occasion d'apprécier les richesses des archives de LA PRESSE, et plus précisément les volets « 100 ans de caricatures », « L'histoire de l'aviation depuis 100 ans » ainsi qu'une collection de belles pages consacrées aux événements historiques qui ont marqué le Canada et le Québec depuis le début du siècle. **Dernière journée aujourd'hui.**

■ **LA PRESSE à Saint-Jean**

Carrefour Richelieu, rue Pierre-Caisse — Les résidents de cette municipalité qui n'ont pas l'opportunité de se rendre dans la région de Montréal auront l'occasion d'apprécier les richesses des archives de LA PRESSE, et plus précisément les volets « 100 ans de caricatures », « 100 ans d'imprimerie » et « L'Univers de la bande dessinée ». **Dernière journée aujourd'hui.**

■ **LA PRESSE à Rimouski**

La Grande Place, rue Saint-Germain est — Les résidents de cette municipalité qui n'ont pas l'opportunité de se rendre dans la région de Montréal auront l'occasion d'apprécier les richesses des archives de LA PRESSE, et plus précisément les volets « 100 ans de caricatures », « 100 ans d'imprimerie » et les plus belles pages du supplément agricole publié par LA PRESSE au cours des années 20. **Dernière journée aujourd'hui.**

AUJOURD'HUI ET DEMAIN

■ **Salon du chauffage au bois et de l'énergie**

Palais du Commerce — Implication importante de LA PRESSE dans ce salon, notamment par le biais d'une exposition de belles pages relatant « l'histoire du bois de chauffage », et d'un concours qui permettra au gagnant de recevoir gratuitement son bois de chauffage pendant une saison complète. **Dernière journée demain.**

■ **Aurore l'enfant martyr**

Théâtre de Quatre-Sous — Les archives de LA PRESSE consacrées à la couverture de cette affaire tristement célèbre ont été largement utilisées pour la confection du programme et de l'affiche, en plus de servir à la décoration du hall d'entrée. **Jusqu'au 28 octobre inclusivement.**

DEMAIN

■ **À la radio**

15 h, Radio-Canada — Chronique consacrée à LA PRESSE à l'émission *Avec le temps*, animée par Pierre Paquette.

BABILLARD

Saint-Damase en liesse

La paroisse de **Saint-Damase** dans le comté de **Matane**, célébrera demain le 100e anniversaire de sa reconnaissance civile. Cet événement s'est en effet déroulé le 30 septembre 1884, et le premier conseil municipal se composait de MM. Zéphirin Boucher, maire, Joseph Lepage, Achille Moreault, Marcel Sénéchal, Joseph Jean, et Pierre Sénéchal, conseillers, et Magloire Carrier, secrétaire. Selon un lecteur de LA PRESSE dans la région, M. **Amédée Thibault**, « aujourd'hui, Saint-Damase figure comme l'une des meilleures paroisses agricoles de la région, tant par la prospérité de ses fermiers que par la diversité, la quantité et la qualité de leur production. » Bon anniversaire à tous!

Une époque à revivre

Tous ceux et toutes celles qui ont fait partie du **club de ski** connu sous les vocables successifs de **Matha d'or, Athlétique, Altitude** et **Satellite**, et qui réunissaient les fervents du ski de Ville Émard, Saint-Henri et Verdun au cours des années 50, sont conviés à des retrouvailles le 17 novembre prochain. On peut obtenir de plus amples informations en s'adressant à **André** ou **Gaétan Carrier**, au **767-3713**.

La CTCC adopte un nouveau nom: CSN

par Dollard PERREAULT

C'EST sous le nom de «Confédération des syndicats nationaux» (CSN) que la CTCC sera désormais désignée.

Tel est le nouveau nom adopté ce matin **(29 septembre 1960)** à l'unanimité par les délégués réunis au congrès de la centrale syndicale.

Le nouveau nom anglais sera: «Confederation of National Trade Unions» (CNTU).

Après que les congressistes eurent indiqué leur préférence par un vote au scrutin secret, tous se sont ralliés, dans l'enthousiasme, au nouveau nom.

Les délégués ont tout d'abord indiqué leur préférence entre deux noms qui avaient été retenus par un comité, à même une liste de huit noms qui avaient été suggérés hier. Ils ont choisi ce matin entre «Confédération des syndicats nationaux» et «Confédération des syndicats chrétiens».

Après que le résultat du scrutin eut été connu, les délégués ont décidé par un nouveau vote de se rallier unanimement au choix de la majorité. De longs applaudissements ont salué la décision du congrès.

Immédiatement après, les délégués ont décidé d'adopter la déclaration de principe proposée par l'exécutif, qui de l'avis des évêques, sauvegarde l'essentiel de la doctrine sociale de l'Eglise.

Par ailleurs, dans sa constitution, la Confédération des syndicats nationaux déclare qu'elle adhère aux principes chrétiens dont elle s'inspire dans son action.

Le statut actuel des aumôniers est maintenu. (...)

Notre mission, a dit M. Jean Marchand, secrétaire général, est de faire passer dans la réalité les principes auxquels nous croyons. C'est là l'essentiel, le reste est secondaire.

LA PRESSE

100 ans d'actualités

12 chefs nazis condamnés à la potence

Cette photo d'archives montre 21 des 22 nazis accusés ou soupçonnés de crimes de guerre, dans le boxe des accusés (Martin Bormann brillant par son absence).
Radiophoto AP

NUREMBERG, 1 — P.A. — Le tribunal international des crimes de guerre a condamné à mort aujourd'hui **(1er octobre 1946)** 12 chefs nazis. Il a frappé de prison à temps ou à perpétuité 7 autres chefs hitlériens. Enfin il a acquitté 3 accusés, mais sur la dissidence du juge russe.

Voici les condamnés à la pendaison: Herman Goering, Joachim von Ribbentrop, Wilhelm von Keitel, Ernst Kaltenbrunner, Alfred Rosenberg, Hans Frank, Wilhelm Frick, Julius Streicher, Fritz Sauckel, Alfred Jodl, Arthur Seyss-Inquart, Martin Bormann (par contumace).

Sont condamnés à la prison à perpétuité: Rudolf Hess, Walter Funk, Eric Raeder.

Sont condamnés à la prison à temps: Baldur von Shirach et Albert Speer, 20 ans; Constantin von Neurath, 15 ans; Karl Doenitz, 10 ans.

Sont acquittés: Hjalmar Schacht, Franz von Papen, Ernst Fritzsche.

La protestation russe contre l'acquittement

C'est après avoir annoncé les sentences de mort que le tribunal annonce la dissidence russe sur les acquittements. Le juge russe, le major-général I.-T. Nikitchenko, proteste aussi contre la peine de prison portée contre Hess, qu'il voudrait voir pendre. Il proteste contre l'acquittement en corps de l'état-major et du commandement allemand, prononcé hier.

Les juges britannique, américain et français: sir Geoffrey Lawrence, M. Francis Biddle et M. Donnadieu de Vabres, sont d'accord.

Exécution fixée au 16

Berlin, 1er (Reuter) — Le Conseil de contrôle allié a résolu que les exécutions auront lieu le 16. Les condamnés ont quatre jours pour en appeler de leur sentence au Conseil de contrôle. Ce dernier peut mitiger les peines, mais non les aggraver, dans le cas des condamnations à la prison. (...)

Impassibilité de la plupart des condamnés

Nuremberg, 1er (B.U.P.) — La plupart des accusés n'ont témoigné aucune émotion ce matin en venant entendre prononcer leur sentence.

Ils sont introduits l'un après l'autre. La sentence prononcée, chacun est renvoyé à sa cellule. Goering est le premier appelé et se présente à 7 h. 53 du matin. C'est le président du tribunal qui donne lecture des sentences.

Un défaut aux écoutes empêche Goering d'entendre la traduction allemande de la sentence. Un gardien essaie de réparer l'appareil, le président lui fait signe avec impatience de s'éloigner. Goering entend ensuite la traduction russe de sa sentence de mort.

Un condamné salue

Hess arrache les écoutes et refuse d'entendre la sentence. Le grand amiral Erich Raeder salue militairement le tribunal après avoir entendu la sentence.

Le président lit très rapidement; la lecture de chaque sentence ne dure qu'une minute ou deux. Les gardiens circulent sans cesse entre la salle d'audience et les cellules. Moins d'une heure après la sentence de Goering, tout est fini; à 3 h. 41 de l'après-midi (8 h. 41 du matin à Montréal), le président annonce la dissidence du juge russe sur les acquittements.

Voici la formule de la sentence, répétée pour chaque accusé, sauf les variantes nécessaires dans chaque cas: «Accusé Herman-Wilhelm Goering, sur les chefs d'accusation dont vous êtes convaincu, le tribunal vous condamne à la pendaison». (...)

Chou En-lai premier ministre

(D'après la P.C.)

LES communistes chinois ont formellement proclamé **(le 1er octobre 1949)** leur nouveau gouvernement à Pékin (Peiping) avec le général Chou En-lai comme premier ministre et ministre des affaires étrangères et, dès le lendemain, l'Union soviétique reconnaissait le nouveau régime.

Les communistes annoncent qu'ils ont envoyé à tous les consulats et ambassades un message les invitant à reconnaître diplomatiquement le nouveau gouvernement.

Par ce message, les rouges chinois reconnaissent les diplomates étrangers en qui ils ne voyaient auparavant que des citoyens privés.

Chou En-lai est considéré comme le communiste le mieux disposé envers les puissances occidentales mais les observateurs ne sont pas trop sûrs que son choix soit une ouverture adressée à l'Occident. Ils notent que ce personnage a tout de suite recommandé une coopération complète avec l'Union soviétique.

Vue générale de la kermesse au Monument national.

LA KERMESSE

Foule nombreuse de visiteurs au Monument National

L'ouverture de la grande kermesse organisée pour parachever le Monument National a eu lieu hier soir **(1er octobre 1894)**. Elle a été grandiose. Bien que l'inauguration de la saison d'opéra français ait attiré au théâtre de la rue Ste-Catherine une foule de personnes qui seraient peut-être allés à la kermesse sans cela, les visiteurs ont été nombreux.

La grande salle du Monument avait été pompeusement revêtue de sa toilette de gala.

L'entrain le plus vif n'a cessé de régner durant toute la soirée. Les dames zélatrices, les charmantes demoiselles qui les secondaient, ont rivalisé de zèle, s'efforçant à qui mieux mieux de capter les généreuses faveurs des visiteurs. Tous donnaient de bonne grâce, étant sollicités d'une façon si gentille. (...)

La satisfaction est à son comble lorsqu'on considère que pour une contribution des plus minimes, l'on court le hasard de bénéficier d'acquisitions précieuses tout en contribuant à une oeuvre éminemment patriotique. Que l'on se donne la peine de visiter. Les tables de rafraichissements, de bonbons et de fleurs devraient attirer toute la jeunesse canadienne-française de notre cité, tant elles déploient d'ornements, de délices, de parfums enivrants.

N'oublions pas de mentionner d'une manière spéciale la table de loterie. (...) Chaque risque ne coûte que cinq centins et quels jolis souvenirs vous pouvez emporter de ce département, outre les amabilités gracieuses de ces femmes dévouées.

Le département des postes n'est pas le moins intéressant. Il vous arrive des lettres tout à fait charmantes dont la signature vous jette dans un émoi qu'on ne saurait décrire. Ajoutez à cela les délicieux bonbons, les crèmes rafraichissantes que vous avez le doux privilège de déguster en compagnie des plus élégantes demoiselles de notre société canadienne. Vous partez enchantés, lecteurs, en vous promettant bien d'y retourner. (...)

C'EST ARRIVÉ UN 1ER OCTOBRE

1983 — La NASA fête discrètement ses 25 ans.
1982 — Des comprimés malicieusement additionnés de cyanure sont responsables de la mort de cinq personnes à Chicago. — L'élection d'Helmut Kohl à la chancellerie met fin à 13 ans de régime socialiste en République fédérale d'Allemagne.
1979 — Le pape Jean-Paul II arrive à Boston où il entreprend sa tournée américaine.
1978 — L'incendie du Riplecove Inn, à Ayers Cliff, en Estrie, fait 11 morts chez des touristes du troisième âge venus de Barrie, en Ontario.
1976 — Mgr Donald Lamont, évêque catholique d'Umdali, en Rhodésie, est condamné à 10 ans de travaux forcés pour ses interventions contre le racisme.
1975 — Une explosion fait huit morts dans l'usine de la CIL à McMasterville.
1974 — Ouverture du procès des cinq principaux accusés dans l'affaire du Watergate.
1967 — Les Red Sox de Boston causent une forte surprise en remportant le championnat de la Ligue américaine de baseball.
1965 — Le président Soukarno écrase un coup d'État militaire en Indonésie.
1963 — L'Algérie nationalise les fermes de propriété française en territoire algérien.
1962 — Le Noir James Meredith peut enfin entreprendre ses études à l'université Mississippi State.
1960 — Dévoilement à Frelighsburg d'un monument à la mémoire d'Adélard Godbout, ex-premier ministre du Québec.
1956 — Libération de l'amiral Doenitz, dernier chef du gouvernement allemand avant la reddition.
1953 — Rome excommunie tout ceux qui ont participé à la persécution du primat de Pologne.
1951 — Charlotte Whitton est élu maire d'Ottawa.
1950 — Béatification de la vénérable Maria de Mathias, surnommée l'amie des pauvres.
1948 — Andreï Vichinsky, délégué soviétique aux Nations Unies, révèle que l'URSS possède le secret de la bombe atomique.
1945 — De retour d'Europe, le Royal 22e reçoit un accueil triomphal.
1943 — Les Américains capturent Naples.
1938 — Occupation des pays sudètes de Tchécoslovaquie par l'Allemagne nazie.
1936 — Le généralissime Francisco Franco est nommé chef de l'État espagnol.
1918 — Début de la bataille de Cambrai.
1910 — Un terrible ouragan s'abat sur Montréal et fait deux morts et trois blessés.

Incendie dans un cinéma

La salle de projection du « théâtre des vues animées Star Land », du 288 boulevard Saint-Laurent, était la proie des flammes le *1er octobre 1907*, mais l'incendie ne fit heureusement aucune victime et les dommages se limitèrent à la salle de projection. D'ailleurs, exception faite de la fumée, le musée Eden qui jouxtait la salle, et la bibliothèque municipale installée au-dessus, ne subirent aucun dommage.

La province consacrée à la Vierge du Rosaire

CAP DE LA MADELEINE, 2 —«O Vierge Marie, Reine du Très Saint Rosaire, au nom du chef de notre belle province de Québec, en présence des autorités religieuses et civiles et au nom des quatre millions de Croisés du Rosaire représentés à vos pieds par cette foule immense, je viens consacrer à votre Coeur immaculé notre province toute entière.»

Ces paroles de consécration, prononcées hier après-midi **(1er octobre 1950)**, au sanctuaire national de Notre-Dame du Cap, par l'honorable Onésime Gagnon, trésorier provincial, marquait le point culminant de la vibrante démonstration de foi qui avait réuni sur les terrains du sanctuaire plus de 50,000 pèlerins, venus de tous les coins de la province, dirigés par 3 archevêques, 14 évêques, plusieurs autres personnalités religieuses et de nombreux représentants des autorités provinciales et municipales. La manifestation, qui prit les accents d'une véritable apothéose, était le cri de foi et de confiance de tout un peuple, à l'occasion de la Croisade du Rosaire lancée au milieu de septembre, à la demande de l'épiscopat canadien. (...)

Parlant au nom du premier ministre de la province, M. Onésime Gagnon, agenouillé devant la statue de Notre-Dame, devant le grand kiosque du sanctuaire, récita, au nom de tous les catholiques du Québec, les paroles de l'Acte de consécration au Coeur immaculé de Marie, pour «mériter au pays et au monde entier une ère de paix et de prospérité, et, par-dessus tout, une fidélité inviolable aux enseignements du Christ et de son Eglise».

Geste de dévotion qui rappelait les grandes manifestations du congrès marial d'Ottawa et de celui de Québec. (...)

ACTIVITÉS

■ **Exposition de bandes dessinées**
Bibliothèque nationale du Québec — La bibliothèque nationale profite du centième anniversaire de LA PRESSE pour proposer une rétrospective des bandes dessinées publiées au fil des ans, sous le titre *La bande dessinée dans la vie de LA PRESSE*. **Jusqu'au 27 octobre inclusivement.**

■ **Aurore l'enfant martyr**
Théâtre de Quatre-Sous — Les archives de LA PRESSE consacrées à la couverture de cette affaire tristement célèbre ont été largement utilisées pour la confection du programme et de l'affiche, en plus de servir à la décoration du hall d'entrée. **Jusqu'au 28 octobre inclusivement.**

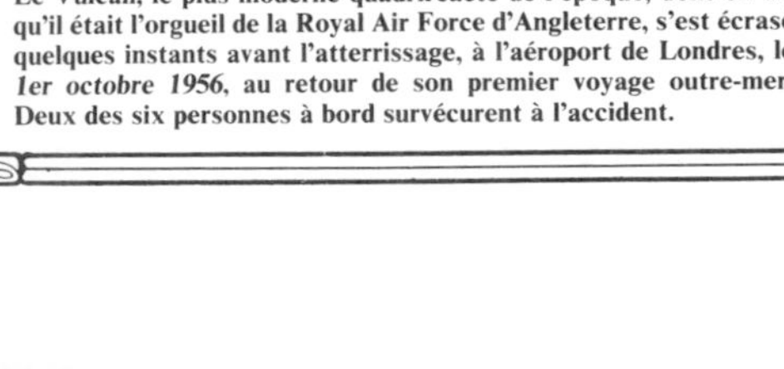

Le *Vulcan*, le plus moderne quadriréacté de l'époque, dont on dit qu'il était l'orgueil de la Royal Air Force d'Angleterre, s'est écrasé quelques instants avant l'atterrissage, à l'aéroport de Londres, le *1er octobre 1956*, au retour de son premier voyage outre-mer. Deux des six personnes à bord survécurent à l'accident.

LE GRAND HOMMAGE DES CITOYENS MONTREALAIS AU ROI PACIFICATEUR

LA cérémonie qui a accompagné **(le 1er octobre 1914)** le dévoilement du monument Edouard VII vivra longtemps dans la mémoire de ceux qui y assistaient. Une foule énorme avait envahi le square Phillips, et elle se composait à parties égales de citoyens des deux langues.

Comme l'a dit le maire Martin: «Cet hommage rendu au grand roi pacificateur sera pour les diverses nationalités qui font la prospérité de Montréal, une leçon, un enseignement, une invitation à vivre dans la paix et dans l'harmonie pour le bonheur de notre ville et de notre pays».

Après la lecture des différentes adresses par les personnages officiels qui étaient mentionnés au programme, un choeur de fillettes chanta «O Canada» en anglais et un choeur d'écoliers répéta en français. La statue du feu roi, qui venait d'être dévoilée, se dressait très haut dans le ciel. Le spectacle était fort impressionnant.

Le duc de Connaught, gouverneur général du Canada, qui présida à la cérémonie, était accompagné de la duchesse et de la princesse Patricia (...)

Notre sculpteur canadien, M. Philippe Hébert, fut demandé pour exécuter le travail et il a si bien réussi que la statue, j'en suis sûr, sera considérée comme un nouveau tribut à ajouter à son génie artistique, peut-être comme son chef-d'oeuvre. (...)

Le *1er octobre 1961*, au tout dernier match de la saison de son équipe, les Yankees, à New York, Roger Maris claquait son 61e circuit au cours du calendrier régulier, éclipsant ainsi le record établi 34 ans plus tôt par l'immortel Babe Ruth. Il faut toutefois souligner que ce dernier avait établi l'exploit en 154 matches, huit de moins que Maris.

LA PRESSE
100 ans d'actualités

Douglas Fairbanks et Mary Pickford, à leur arrivée à la gare Windsor. La mère de Mary Pickford se trouve à sa gauche.

DEUX ETOILES DU CINEMA A MONTREAL

Mary Pickford et Douglas Fairbanks heureux de pouvoir parler à leurs admirateurs d'Amérique

EPATANT votre pays, mon cher, épatant!, dit Douglas. Oh! merveilleux; quels admirables paysages que l'on voit dans vos montagnes Rocheuses. Ce sont les plus beaux du monde. Lac Louise, Banff... ajouta Mary. C'est par ces mots que le couple le plus connu du monde entier, Mary Pickford et Douglas Fairbanks, saluent notre représentant, ce matin **(2 octobre 1922)**, au Ritz Carlton.

Les deux grandes étoiles du cinéma arrivèrent à 9 heures à la gare Windsor, ayant couvert d'une seule traite l'étape Lac Louise-Montréal. Ils étaient accompagnés de Mme Charlotte Pickford, mère de la grande artiste; M. et Mme John Fairbanks, frère et belle-soeur de Douglas. Un comité de réception, formé de M. George Rotsky, gérant du théâtre Allen; J.P. Callaghan, de la «Presse»; D.H. Pollitt, de la compagnie Marconi; et Irving Sourkes, de l'«United Artist Corporation», les reçurent sur le quai de la gare. Mmes G. Rotsky et S. H. Docker offrirent à Mary Pickford un superbe bouquet d'american beauties, avec l'inscription suivante: «A la petite bien-aimée du monde du cinéma, Mary Pickford. De la part des gérants de théâtres de Montréal».

Puis le groupe traversa la grande salle d'attente où une foule immense attendait les deux grandes étoiles.

Ils furent acclamés longuement, et pendant quelques instants, on n'entendit que ces deux mots, criés avec enthousiasme: «Vive Mary! Vive Douglas!».

UNE BONNE BLAGUE

Et ils s'arrêtèrent à la grille d'entrée, où une armée de photographes les couchèrent en joue. Fairbanks prit la casquette d'un des chasseurs et s'en couvrit en disant: «Si jamais je me cherchais une situation, je prendrais assurément celle de chasseur». On le photographia, avec sa femme et il fit la collecte des pourboires, dont il retira l'énorme somme d'un dollar quinze sous. Et ils s'en furent au Ritz Carlton, acclamés tout le long par ceux qui les reconnaissaient. La voiture qui les conduisait avait été mise à leur dispositon par la «Presse». (...)

EN FRANCAIS

«Je ne saurais dire, dit Mary Pickford, comment je suis touchée de la réception que m'ont faite les Montréalais. C'est une réception vraiment royale». Il nous faut ajouter que Mary parle un français impeccable, comme d'ailleurs Douglas Fairbanks. «C'est une qualité qu'il faut avoir pour être bon artiste,» dit ce dernier. (...)

LE RADIO

On parle de radio. «Oui, dit-elle, on m'a parlé du superbe poste de radio que possède la «Presse», le plus grand journal au Canada. Il me fera grand plaisir, ce soir, de saluer mes amis de toute l'Amérique des salons de votre journal. Car on me dit que tous les autres postes de transmission du continent recevront le message et le communiqueront aux autres. Je ne savais pas qu'une telle surprise m'attendait». (...)

Ce soir, ils quitteront le Ritz Carlton à 7 heures 15, pour se rendre au poste de radio de la «Presse». (...)

Au journal, ils (...) monteront au studio du radio, dont les appareils transmettront leur message à tout le continent. Le poste CKAC émettra quelques morceaux de musique, vers 7 heures 25, afin de permettre aux amateurs de synthoniser leurs appareils et bien capter la longueur d'onde. (...)

La compagnie Marconi fait en ce moment installer un puissant récepteur au théâtre Allen, d'où les spectateurs pourront entendre les bonnes paroles d'amitié que les deux artistes leur diront.

Les photographes de la «Presse» tourneront avec des appareils cinématographiques des vues des deux artistes au moment où ils parleront à leurs admirateurs, ce soir, à notre studio.

C'EST ARRIVÉ UN 2 OCTOBRE

1981 — Neuf députés libéraux défient le chef Claude Ryan et votent contre la motion Lévesque visant à prier le fédéral de ne pas amoindrir les droits de l'assemblée en allant de l'avant avec son projet constitutionnel. — Lech Walesa est réélu à la présidence du mouvement syndical *Solidarnosk* (Solidarité).

1980 — Le projet constitutionnel du gouvernement Trudeau préconise l'abolition de la « clause Québec » en matière d'éducation. — Rodrigue Biron, ex-chef de l'Union nationale, adhère officiellement au Parti québécois.

1979 — Aux Nations Unis, le pape Jean-Paul II suggère que Jérusalem devienne une ville internationale. — La commission McDonald lève le voile sur « Échec et mat », une autre opération douteuse de la GRC. — Décès de l'ex-ambassadeur Jean Bruchési. Avocat, professeur et historien de renom, il fut l'auteur d'une histoire du Canada en deux volumes.

1975 — L'empereur Hiro-Hito entreprend la première visite officielle d'un souverain japonais aux États-Unis.

1974 — Le premier ministre Trudeau dit que le fédéral ne contestera pas la constutionnalité de la *Loi sur les langues officielles du Québec*.

1970 — Les médecins spécialistes déclenchent la grève pour protester contre le projet d'assurance-maladie.

1969 — Andreï Gromyko entreprend la première visite au Canada d'un ministre soviétique des Affaires étrangères.

1968 — Jean-Jacques Bertrand est assermenté comme premier ministre du Québec. — L'artilleur Bob Gibson établit un nouveau record de la Série mondiale pour les retraits au bâton, avec 17.

1959 — Adoption d'un vaste plan de défense civile, à Ottawa.

1953 — Un hydravion *Norseman* est retrouvé après 39 jours, au lac Emmanuel, et ses sept passagers sont sains et saufs.

1948 — Le pape accorde la bénédiction apostolique à tous les donateurs à la campagne de souscription de l'université Laval.

1948 — Élection de George Drew au poste de chef du Parti conservateur.

1947 — Les Juifs acceptent le partage de la Palestine tel que proposé par les Nations Unies.

1919 — Le gouvernement français ratifie la convention de paix conclue entre l'Allemagne et les pays alliés.

Page consacrée aux premiers « immigrants » et publiée le *2 octobre 1920*, en souvenir de l'arrivée de Jacques Cartier à la bourgade d'Hochelaga, le samedi 2 octobre 1535.

ACTIVITÉS

■ **Exposition de bandes dessinées**
***Bibliothèque nationale du Québec* —** La bibliothèque nationale profite du centième anniversaire de LA PRESSE pour proposer une rétrospective des bandes dessinées publiées au fil des ans, sous le titre *La bande dessinée dans la vie de LA PRESSE*. **Jusqu'au 27 octobre inclusivement.**

■ **Aurore l'enfant martyr**
***Théâtre de Quatre-Sous* —** Les archives de LA PRESSE consacrées à la couverture de cette affaire tristement célèbre ont été largement utilisées pour la confection du programme et de l'affiche, en plus de servir à la décoration du hall d'entrée. **Jusqu'au 28 octobre inclusivement.**

Le pont de Québec...

Sir Wilfrid Laurier, premier ministre du Canada, présidait, le *2 octobre 1900*, les cérémonies qui marquèrent la pose de la pierre angulaire du premier pilier du projet initial du pont de Québec. On sait qu'il fallut attendre deux décennies et subir deux catastrophes avant que le pont soit finalement ouvert à la circulation. Ce dessin effectué à partir d'une photographie du représentant de la «Presse» montre la grande estrade.

BABILLARD

Un hôpital centenaire
L'**Hôtel-Dieu d'Arthabaska** célèbre aujourd'hui le centième anniversaire de sa fondation. En août dernier, l'hôpital rencontrait tous ceux qui y ont oeuvré au cours de leur carrière en soins hospitaliers et qui ont contribué à l'oeuvre du centre au cours de ces 100 ans. LA PRESSE profite donc de la circonstance pour offrir ses meilleurs voeux à l'administration et au personnel.

On juge une démocratie selon la façon dont elle traite ses minorités

— TRUDEAU

par Fernand BEAUREGARD
de notre bureau d'Ottawa

OTTAWA — «Nous ne devons jamais oublier qu'en fin de compte, on juge une démocratie selon la façon dont elle traite ses minorités.»

Et le premier ministre du Canada, M. Pierre Elliott Trudeau, qui prononçait une allocution à Regina, lors de l'inauguration d'un monument en l'honneur de Louis Riel **(le 2 octobre 1968)**, ajoutait: «Le combat de Louis Riel n'est pas encore gagné».

Louis Riel, ce métis issu d'un père canadien-français et d'une mère indienne, voulait créer dans le Canada d'alors, une république métis et avait dirigé la rébellion contre les autorités. Il fut exécuté, comme traitre, à Regina, en 1885.

De ce métis rebelle, M. Trudeau déclare: «Personne dans toute l'histoire du Canada, n'a subi durant sa vie autant de revers de fortune. Il fut tour à tour chef de son peuple, président d'un gouvernement provisoire, fondateur de la province du Manitoba, fugitif en exil, député, hors la loi, puis prisonnier».

L'inauguration du monument à Louis Riel représente, précise M. Trudeau, le renversement de l'opinion publique. Chef d'une minorité, il avait livré une dure bataille pour en faire reconnaitre les droits. Il fut pendu, après avoir été jugé coupable de trahison. Et pourtant, voici qu'à l'endroit même où on l'exécuta, on lui élève maintenant un monument.

M. Trudeau tente alors d'établir un parallèle entre «l'âpre lutte de Riel et celles qui perturbent aujourd'hui le Canada».

«Combien d'autres Riel y a-t-il au Canada qui, au-delà des normes admises de comportement sont poussés à croire que notre pays n'offre pas de réponses à leurs besoins, de solutions à leurs problèmes. (...)

Sept morts, nombreux blessés

A dix jours des Jeux olympiques, le sang coule à nouveau à Mexico

MEXICO (UPI, PC, AFP) — Le sang a coulé hier **(2 octobre 1968)**, dans la capitale mexicaine, à dix jours seulement de l'inauguration des Jeux olympiques.

La violence a éclaté entre étudiants, ouvriers et l'armée, hier soir, alors que les troupes ont ouvert le feu sur quelque 15,000 manifestants, Place des Trois Cultures, et les étudiants ont riposté en chahutant dans les rues, en tirant du pistolet et en lançant des cocktails Molotov.

Au moins sept personnes ont été tuées, tandis que des centaines d'autres ont été blessées, dont au moins 15 par coups de feu.

Il semble que des agents provoquateurs se soient glissés parmi les manifestants. Le comité de grève étudiant, rappelle-t-on, avait annulé une manifestation de rues annoncée mardi, après avoir appris que des forces militaires occupaient le parcours que devaient emprunter les manifestants.

La panique a été effroyable lorsqu'a éclaté la fusillade dont l'origine sera vraisemblablement difficile à établir. 15,000 personnes dont un tiers de femmes, se trouvaient littéralement coincées comme dans une souricière tandis que claquaient les coups de feu.

Au cours de l'échauffourée qui a duré environ 30 minutes, les troupes ont chargé la foule à la matraque, et les étudiants se sont répandus dans le nord de la ville, brûlant des autobus et lapidant les policiers.

Pendant ce temps, de nombreuses personnes installées dans des appartements longeant la Place, ont ouvert le feu sur les soldats qui ont riposté à la mitraillette.

De nombreuses personnes ont été arrêtées alors qu'elles tentaient de sortir de cette souricière fermée par des barrages des forces de l'ordre.

Avant la fusillade, les intentions pacifiques du comité de grève étudiant et de la foule paraissaient manifestes. L'auditoire n'a pas protesté lorsque les responsables lui ont annoncé qu'il n'y aurait pas de manifestation de rues, car le comité ne voulait pas prendre la responsabilité de les envoyer au massacre, l'armée ayant pris position sur le parcours. (...)

LA PRESSE

100 ans d'actualités

QUÉBEC RÉCLAME L'AUTONOMIE FISCALE

OTTAWA, 3 (DNC) — L'hon. Maurice Duplessis a réclamé, au nom de la province de Québec, une répartition mieux appropriée des sources de taxation.

Commençant son discours à la reprise de la séance de cet après-midi **(3 octobre 1955)**, à la conférence fédérale-provinciale, le premier ministre de la province de Québec a déclaré qu'il ne voit pas quel avantage il y aurait à ce que les dollars versés au fisc par le contribuable provincial fassent un détour par Ottawa avant de retourner au trésor provincial, avec le risque d'en revenir diminués.

A quoi bon, a-t-il demandé, avoir le droit de construire des écoles et des hôpitaux s'il faut s'adresser à une autre autorité pour obtenir l'argent nécessaire?

Le régime des subsides fédéraux fait des provinces des organismes inférieurs, a-t-il soutenu, ajoutant que c'est là remplacer les guides par des menottes.

A son avis, le régime confédératif en est un de bon sens et de logique, le seul qui puisse sauvegarder les droits des Canadiens français de la province de Québec, alors qu'un gouvernement unitaire signifierait la disparition des institutions municipales et scolaires.

Le Québec s'est toujours montré généreux à l'égard des autres provinces moins favorisées et a largement contribué au développement et au progrès du Canada, dit le premier ministre. Mais, ajoute-t-il, si Ottawa tient à conserver tous ses pouvoirs de taxation, pourquoi les provinces n'auraient-elles pas le même instinct de conservation?

L'hon. Maurice Duplessis a réitéré de nouveau l'intention de son gouvernement de ne point troquer le droit de taxation, que la constitution canadienne reconnait aux provinces, pour des subsides que voudrait bien lui concéder le fédéral.

Cette attitude, a-t-il dit, Québec la maintient parce qu'elle est convaincue qu'aucune autonomie législative n'est possible sans autonomie fiscale.

Et Québec tient à son autonomie parce qu'elle croit que la formule fédérative, qui a été adoptée par les pères de la Confédération, est la seule viable et pratique pour un pays comme le Canada.

Le premier ministre du Québec a prononcé son allocution dans les deux langues officielles du pays, parlant d'abord en français, puis en anglais. Pour la première fois depuis qu'il prend la parole à ces conférences, le premier ministre du Québec avait un texte.

M. Duplessis a résumé, à la fin de ses remarques, la position du Québec, en réclamant la clarification et la délimitation précises des pouvoirs de taxation de chacun des gouvernements, la simplification du système d'impôt public et la collaboration en vue d'éviter la double imposition.

M. Duplessis, après avoir affirmé que le gouvernement fédéral n'est pas le père des provinces, mais qu'il en est la créature, a demandé si le gouvernement d'Ottawa se contenterait de gouverner en recevant des subventions des provinces.

C'EST ARRIVÉ UN 3 OCTOBRE

1983 — L'avocate Claire Lortie plaide non coupable à une accusation de meurtre.

1980 — Le Québec dit non à la formule de rapatriement de la constitution proposée par le premier ministre Trudeau. — Un attentat fait trois morts et 20 blessés dans une synagogue de Paris.

1977 — Enquête officielle sur des violations possibles de la *Loi relative aux enquêtes sur les coalitions* par des membres d'un cartel approuvé par le fédéral dans la commercialisation de l'uranium. — Début de l'enquête Keable sur les agissements de la GRC au Québec.

1962 — L'Américain Walter Shirra fait six fois le tour du monde en neuf heures à bord du vaisseau spatial *Sigma VII*.

1950 — Inauguration de la liaison Paris-Montréal par Air France.

1946 — Des fêtes marquent le 125e anniversaire de la charte de l'université McGill, à Montréal.

1941 — Raids aériens allemands sur cinq villes britanniques, marqués de pertes de vie considérables.

1935 — L'Italie envahit l'Éthiopie.

1900 — Simon-Napoléon Parent succède à Félix-Gabriel Marchand, décédé huit jours plus tôt, comme premier ministre de la province de Québec.

Campbell fait 304 milles à l'heure

BONNEVILLE, Lac Salé, Utah, 3 — Sir Malcolm Campbell, le célèbre conducteur automobile anglais, a brisé cet avant-midi **(3 octobre 1935)** son propre record de vitesse sur terre. Sa moyenne de vitesse pour l'aller et le retour sur le lit desséché du grand lac salé de l'Utah a été de 299.875 milles à l'heure. Cependant, à l'aller, sir Malcolm a atteint la vitesse fantastique de 304.11 milles à l'heure sur un mille mesuré. Il a donc parcouru un mille en 11.83 secondes. A l'aller, sir Malcolm a brisé son propre record par 38 milles.

L'an dernier, il avait parcouru un mille mesuré à une moyenne de vitesse de 276.816 milles à l'heure, à Daytona Beach. (...)

Pour que son record soit reconnu officiellement, sir Malcolm a dû parcourir la piste, aller et retour. La moyenne de temps des deux courses a ensuite été enregistrée et constitue maintenant le record officiel. (...)

Page consacrée aux trotteurs et publiée le *3 octobre 1908*.

La télévision fait son entrée au salon bleu

GRAND événement, hier **(3 octobre 1978)**, à l'Assemblée nationale où les travaux des parlementaires étaient télédiffusés pour la première fois. Comme on s'en doute, ministres et députés avaient bien pris soin de replacer leur cravate et de se donner un dernier coup de peigne avant que ne s'allument les feux des projecteurs. En vérité, le moment était solennel et chacun espérait bien que cette première journée se déroulerait sans anicroches. Les premiers instants se sont d'ailleurs déroulés dans le calme le plus absolu lorsque le président de l'Assemblée nationale, M. Clément Richard, a demandé qu'on observe une minute complète de silence en mémoire de la mort des papes Paul VI et Jean-Paul 1er. On se souviendra que le gouvernement du Parti québécois avait soulevé un tollé de protestations de la part des partis d'opposition lorsque, au lendemain de l'élection de 1976, il avait été décidé d'abolir la traditionnelle prière inaugurant chaque jour les travaux de la Chambre pour remplacer celle-ci par un moment de recueillement. Hier, la demande du président n'a fait l'objet d'aucune contestation et c'est donc dans le silence le plus religieux possible que s'est déroulée cette première minute.

Le naturel revient au galop

Les travaux de cette deuxième partie de la troisième session du gouvernement du Parti québécois ont donc débuté dans le plus grand sérieux, mais le naturel n'a pas manqué de revenir sporadiquement au galop à quelques occasions. Ce fut d'abord le leader parlementaire de l'Union nationale, M. Maurice Bellemare, qui, parlant de la télédiffusion des débats, en a fait sourire plusieurs en affirmant que la présence des caméras l'empêchait de reconnaître les députés du Parti québécois. «Il y a dû y avoir un concours de beauté dernièrement, a-t-il dit, parce que tout le monde est arrivé avec de beaux habits neufs». (...) Cette affirmation (...) était un peu fausse, car mis à part deux ou trois députés, la tenue vestimentaire des membres de l'Assemblée nationale s'est toujours avérée impeccablement traditionnelle. (...)

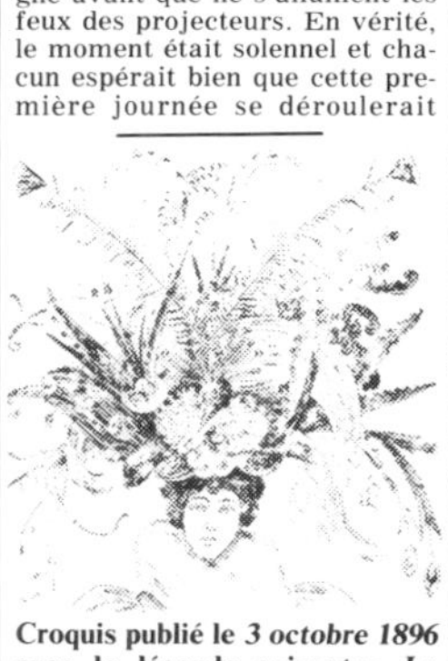

Croquis publié le *3 octobre 1896* avec la légende suivante : *Le dernier chapeau à la mode, couvert de plumes et d'oiseaux de toutes sortes.*

Le début de la «Clinique du coeur» au poste CKAC

LE poste de la «Presse» lancera lundi prochain, le 3 octobre **(1955)**, à midi trente, la nouvelle série d'émissions qui sera connue sous le nom de «La clinique du coeur».

Les radiophiles savent maintenant que le R.P. Marcel-Marie Desmarais, O.P., prendra la direction de ce courrier et qu'il répondra lui-même au micro de CKAC, à tous les correspondants et correspondantes qui lui auront écrit pour lui exposer leurs problèmes d'ordre sentimental. (...)

LES GIANTS ELIMINENT LES DODGERS

Un coup de circuit de Thomson à la 9e manche donne la victoire au N.Y.

NEW YORK, 4 — Par un exploit saisissant, dramatique, théâtral, digne des plus grands metteurs en scène de Hollywood, et qui a plongé les 34,320 spectateurs dans un enthousiasme comme probablement le baseball n'en avait jamais connu, Bobby Thomson a frappé la balle dans les estrades du champ gauche alors que deux de ses copains se trouvaient sur les buts à la 9e manche pour donner **(le 3 octobre 1951)** aux Giants de Hew York une victoire de 5 à 4 sur les Dodgers de Brooklyn dans la troisième et dernière joute de leur série de détail pour le championnat de la Ligue Nationale et le privilège de rencontrer les Yankees de New York dans la série mondiale s'ouvrant aujourd'hui.

Le coup frappé avec toute l'ardeur, la puissance d'un jeune athlète dans toute sa force a écrit le chapitre final d'une histoire sportive qui passera dans les annales du baseball comme quelque chose comme une légende. Jamais probablement un coup fut frappé en temps plus opportun. Ce fut un home run qui jeta la multitude dans ce qui ressemblait à une véritable hystérie. Quelques secondes auparavant, cette foule concédait calmement la victoire aux Dodgers.

Jamais on n'avait vu sur un losange de baseball des scènes de joie délirante, folle comme celles qui se produisirent alors que tous les joueurs des Giants quittèrent comme un seul homme leur «dog out» pour s'avancer sur le terrain, vers le marbre, pendant que le rapide Ecossais contournait les buts derrière Clint Hartung et Whitey Lockman après qu'il eut expédié la seconde balle de Ralph Branca parmi les spectateurs.

Ce coup théâtral devenait le point final au ralliement le plus spectaculaire dont fassent mention les annales du baseball et permettait de participer à la série mondiale à un club qui, le 11 août, était à 13½ parties de la première place. Les partisans des Giants ne veulent plus admettre la supériorité des Yankees sur leur équipe après le triomphe d'hier. (...)

....

*La date du 3 octobre nous permet de revivre deux autres événements majeurs dans le baseball. C'est en effet quatre ans plus tôt, le **3 octobre 1947**, qu'avait eu lieu une autre fin dramatique, cette fois à l'avantage des Dodgers, à l'occasion du quatrième match de la Série mondiale. En effet, le lanceur Floyd Bevens, des Yankees, avait réussi l'exploit de perdre un match en n'accordant qu'un seul coup sûr, un double bon pour deux points de Cookie Lavagetto, des Dodgers, après deux retraits à la neuvième manche.*

*Plus près de nous, c'est le **3 octobre 1981**, que les Expos ont mérité le « championnat » de la deuxième moitié de la saison écourtée par la grève, pour ensuite mériter le championnat de la division est de la Ligue nationale en battant les « champions » de la première moitié de la saison, les Phillies de Philadelphie. Mais à cause d'un principe douteux, les Cardinals de St. Louis avaient été écartés de ces « éliminatoires » même s'ils avaient conservé la meilleure fiche de la division pour l'ensemble de la saison.*

ACTIVITÉS

■ **Exposition de bandes dessinées**

Bibliothèque nationale du Québec — La bibliothèque nationale profite du centième anniversaire de LA PRESSE pour proposer une rétrospective des bandes dessinées publiées au fil des ans, sous le titre *La bande dessinée dans la vie de LA PRESSE*. **Jusqu'au 27 octobre inclusivement.**

■ **Aurore l'enfant martyr**

Théâtre de Quatre-Sous — Les archives de LA PRESSE consacrées à la couverture de cette affaire tristement célèbre ont été largement utilisées pour la confection du programme et de l'affiche, en plus de servir à la décoration du hall d'entrée. **Jusqu'au 28 octobre inclusivement.**

BABILLARD

Une citoyenne centenaire

Le 3 octobre 1884, naissait à Saint-Louis-de-Gonzague, dans la circonscription de Beauharnois, Marie Robertine Laberge, fille d'Onésime Laberge, cultivateur, et de Nathalie Trudeau, de Saint-Louis-de-Gonzague. **Robertine Laberge-Himbeault** célèbre donc aujourd'hui son centième anniversaire de naissance, chez sa fille de Valleyfield, où elle demeure depuis quelques années. LA PRESSE se joint à ses parents et amis pour lui offrir ses meilleurs voeux de bonheur et de longévité.

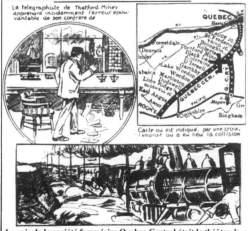

La voie de la société ferroviaire Quebec Central était le théâtre, le *3 octobre 1901*, d'une terrible collision entre deux trains, entre le village de Robertson et la ville de Thetford-Mines. La catastrophe qui fit trois morts et quatre blessés graves fut imputée à une erreur humaine d'aguillage.

Malgré les manifestations sanglantes, les Jeux olympiques auront lieu tel que prévu

MEXICO (PA, AFP, UPI) — Le conseil exécutif du Comité international olympique a pris *(le 3 octobre 1968)* une décision qu'il prétend irrévocable: les Jeux olympiques d'été de 1968, XIXes Jeux de l'ère moderne, commenceront, tel que prévu, le 12 octobre.

La déclaration d'Avery Brundage, président du CIO, ne laisse planer aucun doute sur ses intentions et celles de ses confrères:

«Les XIXes Jeux olympiques, cet amical rassemblement de la jeunesse du monde entier dans une compétition fraternelle, se poursuivront comme prévu.

«La ville de Mexico est une énorme métropole de plus de six millions d'habitants, et aucune des démonstrations ou des scènes de violence survenues ici n'ont à aucun moment été dirigées contre les Jeux olympiques.

«Nous nous sommes entretenus avec les autorités mexicaines et nous avons obtenu l'assurance que rien n'empêchera, le 12 octobre, l'entrée pacifique dans le stade de la flamme olympique, ni le déroulement des compétitions qui suivront.

«Etant les hôtes de Mexico, nous avons une complète confiance que le peuple mexicain, universellement connu pour sa sportivité et sa grande hospitalité, s'unira aux participations et aux spectateurs afin de célébrer les Jeux, véritable oasis dans notre monde troublé.» (...)

LA PRESSE

100 ans d'actualités

LA RUSSIE LANCE AVEC SUCCÈS UN SATELLITE ARTIFICIEL DE LA TERRE

Une sphère de 180 livres filant à une vitesse vertigineuse

LONDRES, 5 (PC) — L'URSS annonce qu'elle a lancé **(le 4 octobre 1957)** dans l'espace le premier satellite artificiel, et que ce dernier gravite maintenant autour de la terre, à 560 milles de distance et à raison d'un tour de globe en une heure 35 minutes, soit à la vitesse de 18,000 milles à l'heure.

Ce satellite *(dont le nom de Spoutnik ne fut connu que le lendemain dans le monde occidental)* mesure 58 centimètres (à peu près 23 pouces) de diamètre et pèse 83.6 kilogrammes (180 livres), d'après l'agence Tass.

Celle-ci ajoute que le satellite peut être suivi au moyen de lunettes d'approche et par les signaux que diffusent l'appareil radiophonique dont il est pourvu.

Le satellite a été lancé trois mois et quatre jours après le début de l'Année géophysique internationale. Les Etats-Unis doivent aussi lancer des satellites artificiels, mais l'opération n'est fixée qu'au printemps prochain.

Grands espoirs à Moscou

Radio-Moscou déclare à ce sujet:

«Le succès du lancement du premier satellite fabriqué par l'homme apporte une énorme contribution au trésor mondial de science et de culture. Les satellites artificiels de la terre ouvriront la voie au voyage dans l'espace, et il semble que la génération actuelle doive voir comment le travail libre et conscient, du peuple de la nouvelle société socialiste change le rêve même le plus audacieux de l'homme en réalité.»

Le poste précise que le satellite décrit une trajectoire elliptique autour de la terre. Il ajoute les explications suivantes fournies par l'agence Tass:

«Il y a plusieurs années que se poursuivent en URSS les études et expériences en vue de créer des satellites artificiels de la terre. La presse a déjà signalé que le lancement des satellites terrestres par l'URSS était prévu en liaison avec le programme d'études de l'Année géophysique internationale.

«Comme résultat du travail intense des instituts de recherches et des bureaux d'ingénieurs de l'URSS, le premier satellite artificiel de la terre vient d'être créé. Il a été lancé avec succès en URSS, le 4 octobre.» (...)

L'agence Tass précise que l'engin est de forme sphérique, assure qu'il peut être observé à l'aube et au crépuscule au moyen de simples lunettes d'approche.

Le satellite russe a été lancé d'une fusée portante, qui lui donne la vitesse de rotation nécessaire de 8,000 mètres (26,000 pieds) par seconde, toujours selon l'agence Tass. (...) L'orbite du satellite est incliné à 65 degrés d'angle par rapport au plan de l'équateur. (...)

Le satellite est muni d'émetteurs dont les signaux sont constants et assez distincts pour être captés «par des postes d'amateurs de puissances diverses», selon l'agence Tass. (...)

Les prévisions américaines

En juillet dernier, les dirigeants du projet «Vanguard» américain prévoyaient pour le mois de novembre le lancement de petits satellites, mesurant 6.4 pouces de diamètre et pesant 4 livres, pour préparer l'envoi au printemps d'un satellite de 22 livres. Les révolutions des satellites d'essai ne devaient pas durer longtemps. (...)

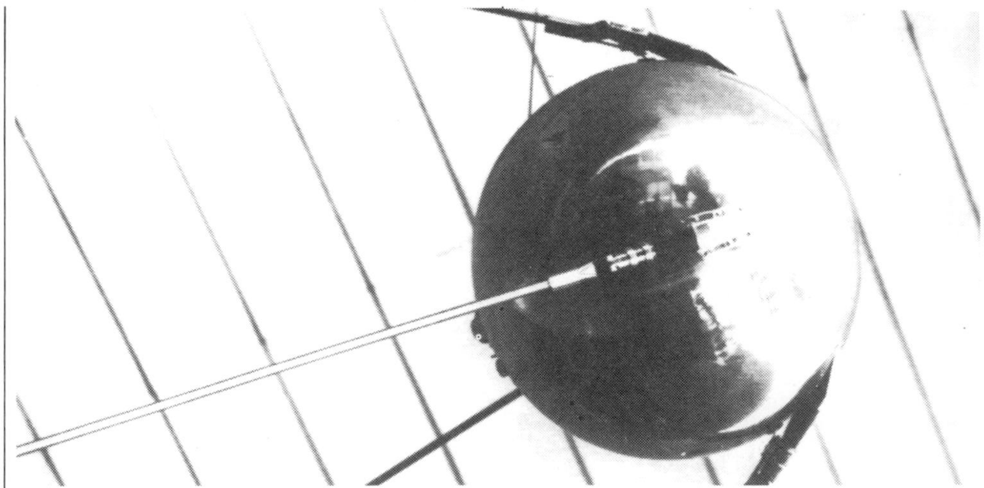

Le *Spoutnik I*, premier satellite artificiel à être placé en orbite autour de la terre.

C'EST ARRIVÉ UN 4 OCTOBRE

1982 — L'ex-ministre Claude Charron fait ses adieux à ses partisans de Saint-Jacques. — Le pianiste canadien Glenn Gould succombe à une hémorragie cérébrale à l'âge de 50 ans.

1978 — Obsèques du pape Jean-Paul 1er, à Rome.

1975 — Inauguration officielle de l'aéroport international de Mirabel.

1974 — La Cour suprême du Canada reconnaît la validité des lois sur l'avortement.

1965 — À l'occasion de sa première visite dans l'hémisphère occidental, le pape Paul VI plaide la cause de la paix mondiale aux Nations unies. — Le ministre de la Justice, Me Claude Wagner, révèle que la pègre aurait supprimé 12 témoins gênants.

1963 — Début de la grève de 3 800 débardeurs dans trois ports du fleuve du Saint-Laurent.

1955 — Les Dodgers de Brooklyn gagnent la Série mondiale pour la première fois de leur histoire.

1950 — Les Nations unies autorisent le général MacArthur à traverser le 28e parallèle et à envahir la corée du Nord.

1947 — 25e anniversaire du poste émetteur de CKAC, à Montréal, le pionnier de la radiophonie francophone en Amérique.

1917 — Les prohibitionnistes l'emportent à Québec par plus de 3 000 voix.

1909 — Sir Wilfrid Laurier procède, à Montréal, à l'inauguration de « l'Université du travail ».

1904 — Décès à Paris, à l'âge de 71 ans, du sculpteur Frédéric Auguste Bartholdi, auteur de la statue de la Liberté.

PREMIERE SECTION

LA PRESSE

SUR LA GRANDE ROUTE

LES DANGERS SANS NOMBRE QUI NOUS Y GUETTENT ET LES MOYENS A PRENDRE POUR LES ÉVITER... QUELQUES PRINCIPES A RESPECTER QUE CHACUN DEVRAIT CONNAÎTRE

DANS BIEN DES CAS IL SERAIT POSSIBLE DE DEGAGER LES CROISEMENTS DE ROUTE — CES OBSTACLES A FAIRE DISPARAÎTRE SONT ASSEZ FREQUENTS

LE DANGER QUI MENACE LE COCHER QUI ARRÊTE A DROITE DESCEND DE SON SIEGE A GAUCHE

POURQUOI N OBLIGERAIT-ON PAS LES VOITURES LOURDES ET QUI VONT LENTEMENT A ÊTRE MUNIES DE LUMIERE A L ARRIERE ?

IL EST EXTRÊMEMENT IMPRUDENT DE DOUBLER DANS UN FLOT DE POUSSIERE. ON NE LE DEVRAIT EN AUCUN CAS

IL EST ELEMENTAIRE DE SAVOIR QUE LA VOITURE ROULANT SUR LA ROUTE LA MOINS IMPORTANTE DOIT LAISSER PASSER CELLE QUI ROULE SUR LA ROUTE LA PLUS IMPORTANTE

QUI NE CONNAIT CES PASSAGES DANGEREUX OU, A PEINE LE PONCEAU TRAVERSE, LA ROUTE DEVIE BRUSQUEMENT A DROITE OU A GAUCHE

LE CHAUFFEUR QUI TIENT SA DROITE ET QUI A UNE VOITURE DEVANT LUI NE VOIT PAS SI LA ROUTE EST LIBRE A GAUCHE

Page consacrée publiée le 4 octobre 1913 sur les dangers de la grande route.

Duplessis demeure chef de son parti

(de l'envoyé spécial de la «Presse»)

SHERBROOKE, 5 — M. Maurice Duplessis est le chef élu de la convention provinciale qui s'est terminée, ici, hier soir **(4 octobre 1933)**. Il l'a emporté sur son concurrent, M. Onésime Gagnon, par 332 voix contre 214, soit une majorité de 118 voix, ce qui confirme d'assez près les prédictions auxquelles la «Presse» faisait écho dès le premier jour de la convention, les partisans du vainqueur ayant annoncé qu'il recueillerait 60 pour 100 du vote.

«La convention est terminée et la lutte commence», a déclaré M. Duplessis après qu'il fut proclamé chef de son parti.

Les deux candidats, auxquels M. Hortensius Béique, président, avait accordé 30 minutes d'allocution, ont parlé immédiatement avant le vote, et dans l'ordre que nous avions prévu, hier, c'est-à-dire, M. Gagnon le premier, puis M. Duplessis. L'un et l'autre (...) ont prononcé de vigoureux discours tout en restant dans les limites de la plus parfaite courtoisie. M. Gagnon a parlé exactement trois quarts d'heure, et M. Duplessis, un peu moins que sa demi-heure. (...)

MM. Gagnon et Duplessis ont aussi adressé la parole, une fois le résultat du scrutin connu, de même que l'hon. Alfred Duranleau, arrivé à Sherbrooke sur la fin de la soirée, et M. Armand Crépeau, ex-M.P.P. président du comité de réception de la convention. (...)

Un ballon en feu

IL montera le ballon des cigarettes «Sweet Caporal»; il montera en dépit de tous les contretemps. On avait promis pour dimanche **(4 octobre 1903)** la dernière ascension de l'année; un accident l'a empêchée. La dernière n'a pu se faire dimanche dernier; elle se fera dimanche prochain. Les gens de Montréal ne perdent rien pour attendre une semaine de plus. Il y avait vingt mille personnes au Parc Lafontaine, l'après-midi, pour assister à l'ascension; malheureusement, comme on achevait l'opération du gonflement, le ballon prit feu et en dépit de tous les efforts, s'échappa pour aller tomber à quelques centaines de pieds plus loin.

C'est un accident tout à fait regrettable, car la saison avance de plus en plus; néanmoins, les fabricants des cigarettes «Sweet Caporal» ont décidé que les milliers de personnes qui se sont rendus dimanche, au Parc Lafontaine, pour voir l'ascension, auraient encore une fois l'occasion d'assister au spectacle si intéresssant d'une montgolfière s'élevant dans les airs avec deux personnes. (...)

ACTIVITÉS

- **Exposition de bandes dessinées**
  ***Bibliothèque nationale du Québec* — La bibliothèque nationale profite du centième anniversaire de LA PRESSE pour proposer une rétrospective des bandes dessinées publiées au fil des ans, sous le titre *La bande dessinée dans la vie de LA PRESSE*. Jusqu'au 27 octobre inclusivement.**
- **Aurore, l'enfant martyr**
  ***Théâtre de Quatre-Sous* — Les archives de LA PRESSE consacrées à la couverture de cette affaire tristement célèbre ont été largement utilisées pour la confection du programme et de l'affiche, en plus de servir à la décoration du hall d'entrée. Jusqu'au 28 octobre inclusivement.**

EN DÉPIT DE QUATRE MORTS ET DE SEPT ABANDONS

Skreslet conquiert le «toit du monde»

KATMANDOU (d'après PC, AFP et PA) — L'alpiniste Laurie Skreslet, de Calgary, accompagné de deux sherpas tibétains, a atteint le sommet du mont Everest lundi soir **(4 octobre 1982)**, devenant ainsi le premier Canadien à conquérir le «toit du monde». Skreslet, 32 ans, instructeur d'alpinisme, était considéré comme le plus apte à entreprendre la montée, s'étant reposé ces dernières semaines pour se remettre de fractures aux côtes. L'un des guides, Sungare, 29 ans, en était à sa troisième ascension.

Le temps était clair mais la température était de moins 40 degrés Celsius au moment du dernier assaut. C'est par le col du sud, le même chemin qu'avait emprunté sir Edmund Hillary en 1953, que l'expédition canadienne a atteint le sommet du mont Everest, qui culmine à 8,848 mètres.

Skreslet et ses deux guides étaient munis de bonbonnes à oxygène qui devaient leur permettre de respirer 16 heures sans souffrir de l'air raréfié à cette haute altitude. Ils ont atteint le sommet après une difficile montée en un temps record de cinq heures et 15 minutes depuis le quatrième et dernier camp de base établi lundi à la passe du sud.

Un avion népalais a pu prendre une photo des drapeaux canadien et népalais flottant sur l'Everest. L'expédition n'a pu cependant filmer comme prévu à cause du froid qui a empêché les caméras vidéo de fonctionner.

Les trois hommes sont demeurés une demi-heure sur le «toit du monde» avant d'entreprendre la descente pour regagner le camp 10. (...)

Presque un échec

Au début, l'expédition semblait devoir aboutir à un échec. Elle a connu de nombreux problèmes, avec quatre accidents mortels et l'abandon de certains de ses membres. Le groupe initial de 15 membres a été réduit à huit. (...)

Le CF-105 dévoilé à l'aéroport de Malton

TORONTO, 5 (PC) — Le premier avion supersonique de fabrication canadienne est sorti hier **(4 octobre 1957)** de son hangar, sous les applaudissements d'une foule nombreuse et distinguée, mais il est resté au sol. L'Arrow CF-105 de la compagnie Avro pourra atteindre 1,200 milles à l'heure.

Cependant, le ministre de la Défense, M. Pearkes, qui assistait à la cérémonie, n'a pas dit que le gouvernement achèterait ce type d'avion chasseur, bien qu'il ait déboursé jusqu'à présent $200,000,000 pour sa réalisation.

L'Arrow possède un long nez effilé, des ailes de chauve-souris et un empennage très élevé. Il ressemble beaucoup au bombardier supersonique B-58 et il se rapproche, en plus petit, du bombardier britannique Vulcan.

Ce n'est pas avant quelques années que le nouvel avion pourrait constituer une formation de l'Aviation canadienne. Le ministre a aussi déclaré que le temps est encore loin où l'on se passera des équipages à bord des avions. (...)

LA PRESSE

100 ans d'actualités

Enlèvement de Richard Cross

Les ravisseurs posent 6 conditions

James Richard Cross en compagnie de son épouse. téléphoto PC

par Jean de GUISE et Lucien RIVARD

TANDIS que les heures courent vers l'échéance de l'ultimatum du FLQ qui a enlevé **(le 5 octobre 1970)** le diplomate britannique James Richard Cross — l'ultimatum expire demain matin — tous les effectifs policiers poursuivent en secret et sur une échelle sans précédent leurs recherches pour capturer les ravisseurs et sauver l'otage. A moins que d'ici là la police ait réussi ou que le gouvernement n'ait accédé aux six demandes du FLQ, dont la libération des prisonniers politiques et le paiement de $500,000, sa vie sera en danger.

On a essayé de faire le moins de bruit possible autour des descentes continuelles qui ont été effectuées durant la nuit dans la région métropolitaine, mais il appert que de nombreuses personnes — il est impossible de savoir combien au juste — ont été arrêtées, mais que la plupart d'entre elles ont été relâchées par la suite.

A Ottawa et à Québec, entretemps, les autorités semblent piétiner pour le moment.

La première réaction du gouvernement fédéral, cependant, a été de refuser de négocier avec les terroristes québécois et d'exprimer un vague espoir que le déploiement policier portera fruit.

A Montréal, le maire Jean Drapeau a lancé un appel aux ravisseurs, leur demandant en somme de ne pas faire de mal à leur otage et de rester accessibles à la raison.

Quand aux conditions que le FLQ pose pour la libération de M. Cross, elles sont contenues dans un document de huit pages que le gouvernement du Québec s'est gardé de dévoiler au complet, mais en voici la teneur:

■ La publication dans les journaux du Québec du manifeste du FLQ;

■ La libération de «certains» prisonniers politiques;

■ Un avion devant servir pour leur transport vers Cuba ou l'Algérie;

■ La tenue d'une assemblée au cours de laquelle le ministre des Postes et ministre des Communications, M. Eric Kierans, annoncera le ré-engagement des ex-employés de Lapalme;

■ L'imposition d'une «taxe volontaire» devant rapporter $500,000 en lingots d'or à être placés à bord de l'avion;

■ La dénonciation du délateur qui a vendu la dernière cellule du FLQ.

Telles sont les six conditions qui ont été posées par les ravisseurs du haut-commissaire britannique au commerce pour sa remise en liberté.

C'est ce qu'a annoncé Me Jérôme Choquette, ministre québécois de la Justice, au cours d'une conférence de presse éclair qu'il donnait dans son bureau du Palais de justice de Montréal, hier après-midi.

M. Choquette, qui a refusé de répondre aux questions des journalistes, a précisé que l'ultimatum portait un délai de 48 heures. La déclaration de Me Choquette a été faite sur un ton laconique et rien ne laissait prévoir l'attitude qu'entendaient prendre les autorités québécoises face à cet ultimatum.

Les révélations de Me Choquette étaient faites à partir d'un communiqué du FLQ qui a été saisi par la police, hier matin, au pavillon Lafontaine de l'Université du Québec. Ce communiqué était en fait adressé à la station radiophonique CKLM. (...)

Pour les plus jeunes qui ne connaîtraient rien de cet événement marquant dans l'histoire du Québec, rappelons que le diplomate James Richard Cross a été enlevé à 8 h 20, au matin du 5 octobre 1970, à son domicile du 1297, rue Redpath Crescent, par trois individus armés et portant moustaches. C'était le début des « événements d'octobre » qui connurent leur point culminant par l'assassinat du ministre Pierre Laporte.

ACTIVITÉS

■ **Exposition de bandes dessinées**

Bibliothèque nationale du Québec — La bibliothèque nationale profite du centième anniversaire de LA PRESSE pour proposer une rétrospective des bandes dessinées publiées au fil des ans, sous le titre *La bande dessinée dans la vie de LA PRESSE*. **Jusqu'au 27 octobre inclusivement.**

■ **Aurore l'enfant martyr**

Théâtre de Quatre-Sous — Les archives de LA PRESSE consacrées à la couverture de cette affaire tristement célèbre ont été largement utilisées pour la confection du programme et de l'affiche, en plus de servir à la décoration du hall d'entrée. **Jusqu'au 28 octobre inclusivement.**

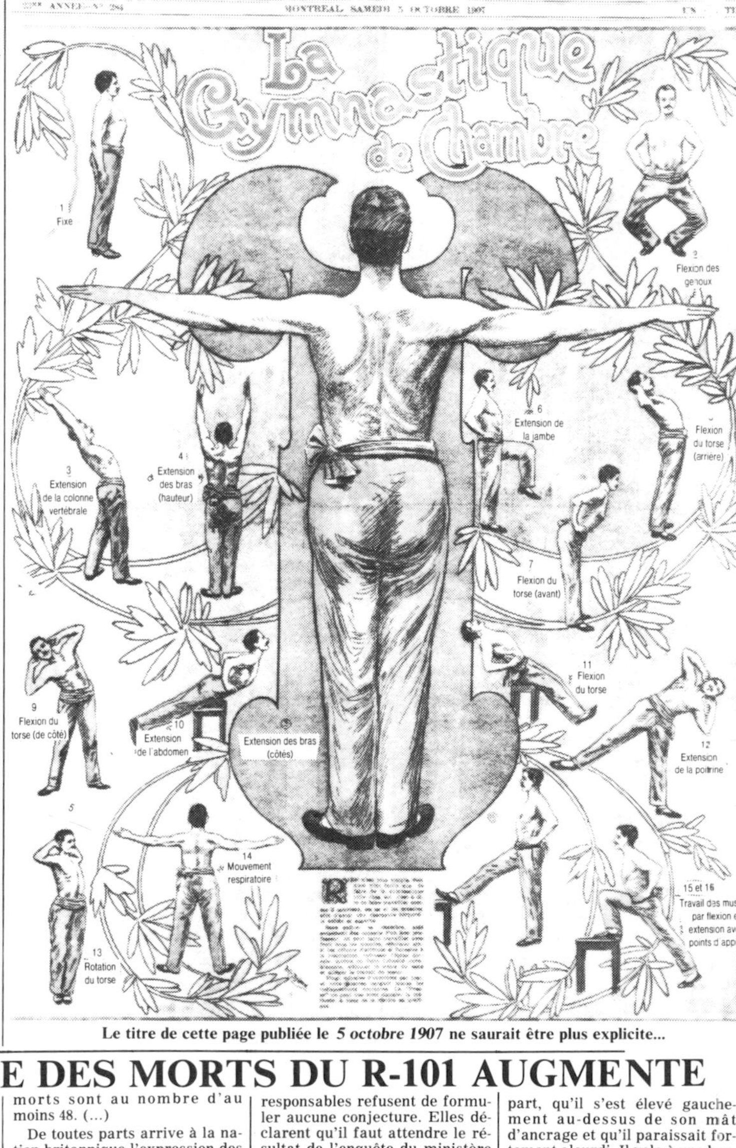

Le titre de cette page publiée le *5 octobre 1907* ne saurait être plus explicite...

C'EST ARRIVÉ UN 5 OCTOBRE

1983 — Le leader syndical polonais Lech Walesa mérite le prix Nobel de la Paix.

1982 — L'Europe célèbre le 20e anniversaire du premier enregistrement sur disque des Beatles.

1977 — Décès à Québec du professeur Jean-Charles Bonenfant, spécialiste en droit constitutionnel.

1976 — La Cour suprême du Canada déclare que la peine de mort n'est pas une peine cruelle et inhabituelle aux termes de la Déclaration canadienne des droits de l'homme.

1975 — Le public est admis pour la première fois à visiter l'aéroport international de Mirabel, mais seulement 100 000 personnes y parviennent.

1973 — Jules Léger succède à Roland Michener comme gouverneur général du Canada.

1971 — Découverte de pétrole brut et de gaz naturel dans l'île de Sable, au large de la côte de l'Atlantique.

1970 — La chanteuse Janis Joplin est trouvée morte à Hollywood.

1966 — Le rapport de la Commission royale d'enquête sur l'affaire Munsinger est déposé en chambre; l'affaire est considérée comme un risque alarmant pour la sécurité du Canada.

1961 — Le premier ministre Jean Lesage inaugure la Maison du Québec à Paris.

1960 — Formation de la Commission royale d'enquête Salvas, qui doit faire la lumière sur l'administration de l'Union nationale, de 1955 à 1960.

1957 — Fin d'une grève de près de six mois à Murdochville.

1951 — Ouverture du Centre des sciences physiques de l'université McGill.

1945 — La Charte des Nations unies est ratifiée par 30 pays.

1910 — Proclamation de la République du Portugal.

1908 — La Bulgarie proclame son indépendance malgré les protestations de la Turquie.

Inauguration du nouvel immeuble de la Chambre de Commerce de Montréal

LA Chambre de Commerce, qui n'a que des pouvoirs consultatifs et coopératifs, a toujours été d'un grand appoint aux gouvernements en matière de législation commerciale, et ils ont toujours été heureux de recourir à ses conseils.

Il n'y a rien d'étonnant à cela quand on sait que cette Chambre est composée des hommes les plus marquants du commerce, de la finance et de l'industrie. La politique étant bannie de vos discussions, vous pouvez étudier impartialement les lois et indiquer celles qui sont les plus aptes à assurer la prospérité du pays.

C'est ainsi que s'est exprimé, hier après-midi **(5 octobre 1926)**, l'honorable Narcisse Pérodeau, à l'inauguration officielle de l'immeuble de la Chambre de Commerce, rue Saint-Jacques.

AU MILIEU DES FLEURS

C'est au milieu de palmiers, de glaieuls et de roses, et d'une nombreuse assistance, que s'est déroulée l'inauguration dans la grande salle des assemblées régulières qu'on ouvrait pour la première fois aux membres et aux invités.

La Chambre de Commerce de Montréal, qui compte déjà quarante ans d'existence, a atteint une ère de prospérité que se sont plus à reconnaître les différents orateurs qui se sont succédé, hier. (...)

La construction du nouvel immeuble a demandé un travail opiniâtre de la part de l'exécutif, et le monument qui s'élève aujourd'hui rue Saint-Jacques, perpétuera la mémoire des dignes successeurs des fondateurs de la Chambre. L'exécutif, composé de MM. J.-V. Desaulniers, président; J.-A. Paulhus, vice-président; R.-O. Grothé, deuxième vice-président; C.-E. Gravel et J.-C. Groves-Contant, a accompli une grande tâche.

L'inauguration eut lieu à trois heures sous la présidence de M. J.-V. Desaulniers ayant à ses côtés Son Honneur le lieutenant-gouverneur de la province de Québec, l'honorable Narcisse Pérodeau; l'honorable sénateur Raoul Dandurand, représentant le gouvernement fédéral; l'honorable J.-L. Perron, le gouvernement provincial; M. Théo Morgan, la ville de Montréal; M. Robert Starke, le Board of Trade; M. Frank Wise, délégué de la Bonne Entente, de Toronto. (...)

LE NOMBRE DES MORTS DU R-101 AUGMENTE

photo Pathé News

Les débris meurtriers du *R-101* au sol, près de Beauvais, ne sont plus qu'une carcasse d'acier calciné.

ENCORE sous l'effet du douloureux choc dont elle a été frappée, hier **(5 octobre 1930)**, à la nouvelle du désastre de son plus grand dirigeable le R-101, le plus gros du monde, et de la perte de tant de vies, de si nombreux personnages distingués du monde de la navigation aérienne, la population anglaise demande aujourd'hui que la plus grande publicité possible soit donnée à l'enquête qui sera tenue par des experts en Angleterre sur les causes de la catastrophe, et que l'on dévoile le nom de toute personne qui pourrait en être responsable.

Les autorités britanniques et françaises ne s'entendent pas sur le nombre de morts. Le communiqué officiel anglais donne 47 morts et 7 blessés, alors que la police de Beauvais, où a eu lieu le désastre *(le R-101 était en route pour l'Inde)*, dit que les morts sont au nombre d'au moins 48. (...)

De toutes parts arrive à la nation britannique l'expression des sympathies de toutes les autres nations. La France a été plus loin, et le gouvernement français a décrété que la journée de demain sera «jour de deuil national» pour la France. (...)

Les autorités restent muettes

(Service de la Presse Associée)

Londres, 6 — Les journaux de Londres, et tout le public d'ailleurs, se demandent quelle a bien pu être la cause du désastre.

On suggère trois causes possibles: les conditions atmosphériques défavorables; une erreur de navigation; des défauts dans la construction ou dans les machines.

Pour le moment, les autorités responsables refusent de formuler aucune conjecture. Elles déclarent qu'il faut attendre le résultat de l'enquête du ministère de l'aviation. Mais dans les cercles non officiels, on exprime de sérieuses appréhensions.

Sir J.F. Higgins, le «marshall» de l'air, ancien membre du conseil de l'aviation, dit: «L'écrasement semble avoir été causé par la température défavorable qui aurait obligé à naviguer à une basse altitude». (...)

D'autres sont moins prêts à accepter une telle explication, en dépit de la confiance exprimée officiellement dans la stabilité du «R-101» et dans la facilité avec laquelle il pouvait être manoeuvré.

Appréhension dès le départ

Beaucoup de gens ont remarqué qu'il a été lent dans son départ, qu'il s'est élevé gauchement au-dessus de son mât d'ancrage et qu'il paraissait fortement alourdi. Il vola à une basse hauteur au-dessus du sud de l'Angleterre et laissa tomber beaucoup de lest. (...)

Le «Daily Mail» dit que l'agrandissement du dirigeable a pu l'affaiblir au point qu'il ne pouvait plus supporter les attaques d'une tempête. Il suggère qu'il a même pu se faire que la coque se soit rompue au milieu, ce qui aurait fait descendre le dirigeable l'avant vers le sol, hors de contrôle.

On fait généralement remarquer que la tempête seule aurait pu à peine causer l'écrasement, car on dit que la tempête fut moins violente que celle que rencontra le «R-100» durant sa traversée de l'Atlantique. (...)

LA PRESSE
100 ans d'actualités

BABE RUTH FAIT TROIS HOME RUNS ET DONNE LA VICTOIRE AUX YANKEES

SAINT-LOUIS, 7 — Babe Ruth a donné hier la plus extraordinaire exhibition de baseball jamais vue dans aucune série mondiale.

Trois home runs par le fameux frappeur ont communiqué une telle ardeur à ses camarades qu'ils ont battu le Saint-Louis par le score de 10 à 5 dans la quatrième partie de leur série. Comme résultat, les deux clubs se trouvent maintenant égaux avec deux parties de gagnées et deux perdues chacun. La cinquième partie sera jouée aujourd'hui.

Le roi des frappeurs se surpasse et établit six nouveaux records. — Les 2 clubs sont égaux.

Hier a été un pique-nique pour Ruth. Le **6 octobre 1926** restera pour lui une date à jamais glorieuse, la plus glorieuse de sa carrière. Cette date restera à jamais mémorable pour les spectateurs qui ont été témoins de ses exploits. Non seulement les trois home runs ont soulevé l'ardeur de ses coéquipiers, mais ils ont aidé à briser sept records du monde (*le plus grand nombre de circuits dans un match, trois; le plus grand nombre de circuits dans une série — jusqu'au moment de son exploit —, 7; le plus grand nombre de buts dans une partie, 12; le plus grand nombre de «buts extra» dans une partie, 9; le plus grand nombre de buts dans une série — toujours jusqu'au moment de son exploit —, 27; le plus grand nombre de points dans une partie, 4; le plus grand nombre de buts dans une partie par une équipe, 28*).

La foule la plus nombreuse jamais réunie à une joute de baseball à Saint-Louis a vu la partie d'hier. Elle s'élevait à 38,825 personnes. La foule était accourue dans l'espérance de voir le Saint-Louis remporter une nouvelle victoire. Au lieu de cela, elle a vu Babe Ruth commencer à la première manche une série d'exploits qui ont causé la déroute complète du Saint-Louis. Le gérant Hornsby a envoyé cinq lanceurs dans la boîte pour arrêter l'élan des frappeurs de New York, mais sans le moindre succès. La joute a été féconde en incidents. Le public a vu du bon et du mauvais baseball.

Le jeu a tellement excité la multitude qu'à la fin, les partisans du Saint-Louis encourageaient Babe Ruth à faire un quatrième home run. La chose s'est produite à la huitième manche. Le public a hué le lanceur Hallahan, du Saint-Louis, lorsque ce dernier a servi quatre balles à Ruth.

Jamais, sur un champ de baseball, l'on n'a vu quelque chose qui peut se comparer au jeu de Babe Ruth hier. Ses deux premiers coups de circuit ont été faits dans la première et la troisième manche, chaque fois sur la première balle servie par le lanceur Rhem. Dans la première manche, le jeune lanceur du Saint-Louis essaya une courbe rapide, mais Ruth frappa la balle avec force, l'envoyant dans la droite du champ par-dessus l'estrade. Dans la troisième manche, Rhem se servit d'une balle lente, mais Ruth la frappa avec une force terrible et l'envoya par-dessus le toit des bleachers dans la droite. Lors de ces deux circuits, il n'y avait aucun coureur sur les buts, mais Combs était au premier lorsque Ruth fit son troisième coup de circuit de la journée, sur une balle de Herman Bell dans la sixième manche. Le lanceur avait déjà servi trois balles et deux strikes lorsque Ruth fit son home run. Bell commit l'erreur de servir une balle rapide au-dessus du marbre. Ruth la rencontra avec son bâton et l'envoya au centre du terrain. Ce fut le coup le plus sonore jamais vu ici et le plus long jamais fait à Saint-Louis.

Jamais auparavant Babe Ruth n'avait fait trois home runs dans une partie de série mondiale, bien qu'il l'ait déjà fait dans des parties d'exhibition. (...)

Le **6 octobre 1906**, LA PRESSE consacrait sa première page aux « vacances du pauvre ». Trois semaines plus tôt, le 15 septembre, c'est aux « vacances du riche » qu'elle l'avait consacrée.

C'EST ARRIVÉ UN 6 OCTOBRE

1983 — Les Communes lancent aux Manitobains un appel unanime à la tolérance dans la bataille du français au Manitoba. — Le cardinal Terrence Cooke, de New York, succombe à la leucémie.

1981 — Le président égyptien Anouar el Sadate tombe sous les balles de fanatiques religieux au cours d'un défilé militaire.

1980 — Les conservateurs annoncent qu'ils s'opposeront au projet constitutionnel du premier ministre Pierre Elliott Trudeau.

1974 — Au hockey, Équipe-Canada perd une série de huit matches aux mains de l'URSS avec une victoire, trois matchs nuls et quatre défaites.

1973 — L'Égypte et la Syrie profitent de la célébration du Yum Kipour en Israël pour attaquer ce pays.

1972 — Un conducteur ivre est la cause d'un accident ferroviaire qui fait plus de 920 morts et blessés au Mexique.

1966 — Steven Truscott, âgé de 21 ans, affirme devant la Cour suprême du Canada qu'il n'a pas tué Lynn Harper. — Georges Lemay accepte de se laisser déporter au Canada à la condition qu'on retire les accusations portées contre lui à Miami.

1961 — Paul Comtois est nommé lieutenant-gouverneur de la province de Québec.

1960 — Le ministre fédéral de la Justice rencontre les procureurs généraux des dix provinces pour étudier le rapatriement de la Constitution canadienne.

1959 — La fusée à plusieurs étages *Lunik III* effectue une orbite autour de la Lune et en photographie la face cachée.

1955 — Un avion *DC-4* de la United Airlines s'écrase au Wyoming, causant la mort de 66 personnes.

1949 — J.-Albert Guay est cité à son procès pour meurtre par suite de l'accident aérien de Sault-au-Cochon.

1948 — Début à Ottawa des discussions finales visant à préparer l'entrée de Terre-Neuve au sein de la Confédération canadienne.

1947 — Les Yankees de New York gagnent la Série mondiale de baseball contre les Dodgers de Brooklyn.

1939 — Reddition à l'envahisseur nazi du dernier corps d'armée polonais.

Au moment d'entreprendre la saison régulière, le *6 octobre 1955*, le Canadien de Montréal comptait trois recrues, soit deux joueurs, Henri Richad et Jean-Guy Talbot, et bien sûr le nouvel entraîneur Hector « Toe » Blake, choisi pour succéder à Dick Irvin à la suite des événements du mois de mars précédent impliquant Maurice Richard.

LE PRESIDENT DE LA PRESSE DÉCÉDÉ

L'HONORABLE P.-R. DuTremblay, président de la Presse et de la Patrie, sénateur et conseiller législatif, est décédé hier soir (**6 octobre 1955**) au pavillon Le Royer de l'Hôtel-Dieu de Montréal.

Il y était hospitalisé depuis moins de trois semaines.

Bien qu'on le sût atteint d'une grave maladie depuis plusieurs années, nul ne s'attendait à une fin aussi brusque. Monsieur DuTremblay, en effet, a continué jusqu'à ses derniers jours de diriger l'administration de deux journaux et de deux postes de radio.

Il meurt au moment où la Presse va prendre un nouvel essor grâce aux décisions qu'il venait de sanctionner lui-même.

Monsieur DuTremblay n'avait pas d'enfant.

Outre sa veuve, née Berthiaume, Angélina, il laisse ses neveux: MM. Pamphile et Gaston DuTremblay, de Ste-Anne-de-la-Pérade; Gilles, André, et C.-Arthur Berthiaume, de Montréal;

ses nièces: Mlle Thérèse DuTremblay, de Ste-Anne-de-la-Pérade; Mmes S.D. Lévand, Jos Pagos et F. Larose, de Syracuse, N.Y.; Mme Gabriel Lord, née Berthiaume (Marie);

ses belles-soeurs: Mme Hemina Rivet, de Rome, et Mlle Anna Berthiaume, de Québec.

Dimanche dernier, l'honorable P.-R. DuTremblay recevait la visite de son archevêque, Son Eminence le cardinal Paul-Emile Léger, qui s'est rendu au chevet du malade en sa chambre de l'Hôtel-Dieu. (...)

Johnson autorise l'entente entre l'Hydro et la Brinco

Québec créera une «commission des frontières»

par Pierre O'Neil

QUEBEC — Se disant «pris à la gorge» et dénonçant «le manque de planification et l'incurie de ceux qui ont placé le gouvernement dans cette situation sans alternative», le premier ministre a annoncé hier soir (**6 octobre 1966**) que le Québec:

— permet à l'Hydro-Québec de signer une lettre d'intention avec la Churchill Falls Corporation pour l'achat d'énergie électrique;

— créera une commission d'enquête chargée d'étudier toute la question de l'intégrité du territoire et en particulier celle de la frontière Québec-Terre-Neuve;

— entreprendra des réformes radicales de l'administration de l'Hydro-Québec.

Ces décisions du gouvernement ont été rendues publiques hier soir au cours d'une conférence de presse tenue après la fermeture des bourses dans la salle du comité des bills privés de l'hôtel du gouvernement.

Debout devant la grande table au feutre vert, entouré des hauts fonctionnaires les plus prestigieux du gouvernement — Marcel Casavant, Jacques Parizeau, Michel Bélanger, Paul-Emile Auger, André Marier — le premier ministre a clairement indiqué qu'il n'est pas du tout heureux des circonstances qui l'ont forcé à prendre la décision qu'il a annoncée.

«C'est, par mon intermédiaire, le gouvernement comme tel, qui affirme ne pas être heureux du tout de ce que l'Hydro n'ait pas exploré plus avant et plus rapidement la possibilité de développements sur les rivières de la Baie James.

«Les approximations qu'on nous donne à ce sujet date de 1963-64. Je ne suis pas du tout certain que des aménagements aussi considérables que ceux de la Baie James se seraient révélés plus économiques et plus rentables mais nous aurions eu à tout le moins un point de comparaison. (...)

Le gouvernement a cédé aux instances de l'Hydro-Québec pour trois raisons que l'entreprise d'Etat invoquait elle-même pour justifier sa demande.

Pour elle, le développement de Churchill Falls

— constitue de toutes les possibilités, celle qui permet de satisfaire à la demande d'électricité dans la période 1972-76;

— constitue de toutes les possibilités, celle qui permet de produire l'électricité au meilleur prix pour la période 1972-76;

— évite à l'Hydro d'avoir à emprunter dans cette période des sommes variant entre $400 et $700 millions pour exploiter d'autres sources d'énergie.

Il est ironique de constater en rétrospective que ce contrat tant décrié par le gouvernement Johnson à l'époque ait tourné aussi nettement à l'avantage du Québec...

ACTIVITÉS

AUJOURD'HUI, DEMAIN et LUNDI

■ Exposition de bandes dessinées

Bibliothèque nationale du Québec — La bibliothèque nationale profite du centième anniversaire de LA PRESSE pour proposer une rétrospective des bandes dessinées publiées au fil des ans, sous le titre *La bande dessinée dans la vie de LA PRESSE*. **Jusqu'au 27 octobre inclusivement.**

■ Aurore l'enfant martyr

Théâtre de Quatre-Sous — Les archives de LA PRESSE consacrées à la couverture de cette affaire tristement célèbre ont été largement utilisées pour la confection du programme et de l'affiche, en plus de servir à la décoration du hall. **Jusqu'au 28 octobre inclusivement.**

DEMAIN

■ À la radio

15 h, Radio-Canada — Chronique consacrée à LA PRESSE à l'émission *Avec le temps*, animée par Pierre Paquette.

BABILLARD

Cent deux ans aujourd'hui

Une citoyenne de Lévis, **Blanche Hamelin-Lepage**, célèbre aujourd'hui son 102e anniversaire de naissance au foyer Saint-Joseph de Lévis. Mme Lepage est née le 6 octobre 1882 à Trois-Rivières. LA PRESSE se joint à ses parents et à ses amis pour lui offrir ses meilleurs voeux.

Le même jour, c'est un centre d'accueil qui célèbre son centenaire, soit le Centre d'accueil Pierre-Joseph Triest, sur la rue Notre-Dame est, à Montréal. La journée sera marquée par la célébration eucharistique en l'église Saint-François-d'Assise, puis par un vin d'honneur. LA PRESSE profite de l'occasion pour offrir ses meilleurs voeux au personnel de l'établissement et le féliciter de son dévouement.

ON ADOPTE A L'UNANIMITE LA PROPOSITION RELATIVE A L'EXPO UNIVERSELLE

LA question d'avoir une Exposition Universelle à Montréal en 1917 vient d'entrer officiellement dans le domaine municipal. Le Conseil a unanimement adopté, hier (**6 octobre 1913**), cette proposition de l'échevin L.-A. Lapointe, secondée par l'échevin Robinson.

«Vu que l'on agite depuis quelque temps, dans le public, la question de tenir une Exposition Universelle à Montréal en 1917;

«Vu qu'un grand nombre de citoyens qui ont été consultés à ce sujet se sont déclarés entièrement favorables à ce projet;

«Qu'il soit RESOLU: Que Son Honneur le Maire soit respectueusement prié de convoquer une assemblée des principaux citoyens de Montréal, des représentants des journaux, des différentes chambres de commerce, associations, compagnies ou corporations, ainsi que des directeurs et membres de l'Association d'Exposition Industrielle de Montréal, pour aviser aux moyens à prendre pour mener à bonne fin le projet de la tenue d'une Exposition Universelle à Montréal en 1917.»

Le maire Lavallée s'est déjà déclaré absolument favorable à une Exposition Universelle qui, dit-il, ferait connaître le Canada et la métropole sous un jour beaucoup plus avantageux à l'étranger. Quant à la date de l'assemblée suggérée par l'échevin Lapointe, il va s'occuper au plus tôt de choisir la plus opportune.

TEMPERATURE

Vent modéré du sud au sud-ouest, beau, plus chaud.

Mercredi, averses locales, beau et chaud.

Montréal, 6 octobre 1908.

Température. — Bulletin d'après le thermomètre de Hearn et Herrison, 10-12 rue Notre-Dame Est.

Aujourd'hui maximum . . .	57
Même date l'an dernier . . .	53
Aujourd'hui minimum . . .	37
Même date l'an dernier . . .	40

Baromètre — 8 a.m., 30.30 ; 11 a.m., 30.30 ; 1 p.m., 30.27.

Voilà de quelle manière on présentait les prévisions atmosphériques le *6 octobre 1908* dans LA PRESSE.

LA PRESSE

100 ans d'actualités

LE CANAL DE SOULANGES

C'EST aujourd'hui **(9 octobre 1899)** que s'ouvre le canal de Soulanges, reliant le lac Saint-François au lac Saint-Louis.

Une dépêche spéciale de Coteau Landing nous apprend qu'à 11 heures, entraient dans le canal de Soulanges, les bateaux suivants: «Alert of Prescott», «Schanly», «Wm Booth» et «Wm McRae». La porte était ouverte par l'«Alert» ayant à bord M. Hopper, ingénieur en chef du canal de Cornwall. Un train spécial, venu d'Ottawa, et portant MM. R. Booth, président du C.A. Ry, Hon Israel Tarte, ministre des travaux publics, et dame Schreiber, dép. ministre de la justice, etc., attendant le départ des différents bateaux. (...)

Le lac Saint-François a trente-trois milles de longueur. Ce n'est qu'une partie du grand fleuve Saint-Laurent, un passage entre les rapides et le lac Saint-Louis. La différence de niveaux entre ces deux lacs est de 82½ pieds, et sur un parcours de 16 milles environ, on rencontre les rapides Coteau, Cedars, Split Rock, etc. A l'eau très basse, il y a une profondeur de pas plus de 6 pieds dans le chenal, en certains endroits, et c'est pour éviter ces rapides que le canal de Soulanges a été fait. Il a 14 milles de longueur et prend au pied du lac St-François, à la pointe Macdonald, au-dessous du village de Coteau Landing. Sur un mille et demi, il court tout droit, touchant à la rivière à environ un mille de l'entrée supérieure, et de l'extrémité de cette tangente, la ligne s'incline vers le nord-est en arrière du village du Coteau-du-Lac, sur une distance d'environ trois milles. Puis, il y a une autre tangente d'environ 8½ milles de longueur, passant à un mille du village Cedars. De là la ligne se recourbe vers le nord et gagne la rivière Ottawa, à environ deux milles de sa jonction avec le St-Laurent, à la Pointe-Cascade.

La différence de niveau de 82½ pieds, est vaincue au moyen de quatre écluses, dont trois seulement dans le premier mille, ce qui supprime déjà 70½ pieds, chacune de ces trois écluses obviant à une différence de 23½ pieds. Il y a une distance de plus de deux milles entre la troisième et la quatrième épreuve. (...)

Une question qui a beaucoup occupé les ingénieurs, c'était celle de l'irrigation du pays qu'il ne fallait pas obstruer. Le premier cours d'eau rencontré a été la rivière Delisle, qui a sa source à 60 milles dans les terres. Elle assainit une étendue d'environ 180 milles carrés, et au printemps, il y passe plus de 200,000 pieds cubes d'eau à la minute.

On a fait passer cette rivière sous le canal, au moyen de quatre séries de tuyaux en fonte de dix pieds de diamètre, placés dans une tranchée de 50 pieds de largeur, pratiquée dans le roc. (...)

L'entrée du canal de Soulanges à Coteau Landing.

L'un des ponts qui traversent le canal.

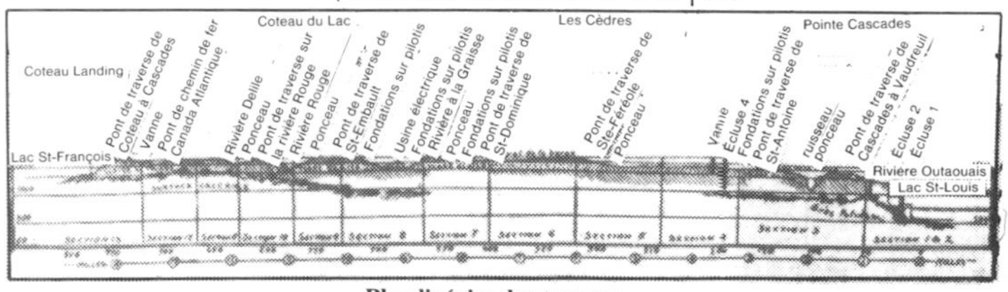

Plan linéaire des travaux.

Les dépenses budgétaires d'un Etat indépendant: $11 milliards

NDLR — Cet article est l'un des nombreux textes publiés par LA PRESSE au lendemain de la divulgation, ***le 9 octobre 1973****, du « budget de l'an 1 » du Parti québécois, pendant la campagne électorale de 1973.*

LES dépenses budgétaires d'un Québec indépendant atteindront $11,494,159,600 en 1975-76, soit plus du double des dépenses actuelles du gouvernement québécois mais en excluant les dépenses effectuées par le gouvernement fédéral au profit des Québécois qu'assumera le PQ.

A cela, il faut cependant ajouter des avances et placements que se propose d'effectuer le Parti québécois aux diverses sociétés d'Etat et agences publiques au montant de $477,150,000.

Enfin, le service de la dette (consolidation des dettes provinciales et de la part québécoise des dettes fédérales — soit 25% — sous un même poste) réclamera des remboursements annuels de $598,900,000.

Au total, le gouvernement québécois devra obtenir sur les marchés financiers des prêts de $894,529,600 pour équilibrer tous ses revenus et déboursés budgétaires et extra-budgétaires.

Toutefois, un Québec indépendant, qui désire s'associer avec le Canada dans une zone douanière et monétaire, devra prévoir des crédits de $25 millions au poste des services communs à entretenir entre les deux pays.

De plus, une union monétaire supposera une harmonie complète que pratiqueront les deux banques centrales, celle du Québec et celle du Canada.

Le PQ estime à un peu moins de $900 millions les emprunts que le Québec indépendant devra effectuer en 1975-76. Cela se compare aux emprunts de $625 millions que le gouvernement libéral de la province conclura cette année.

A cette somme, il faut ajouter la part québécoise dans le programme d'emprunts du gouvernement fédéral en 1973-74, soit $400 à $500 millions.

Somme toute, c'est un peu plus d'un milliard de dollars que les citoyens québécois devront emprunter cette année, via Québec ou Ottawa, pour financer leurs services publics.

Tous ces emprunts font évidemment fi des programmes particuliers d'emprunts des sociétés d'Etat comme l'Hydro-Québec, Sidbec, etc. (...)

PIERRE LAVAL EST CONDAMNÉ à MORT

PARIS, 9 (Reuter) — La Haute Cour a condamné aujourd'hui **(9 octobre 1945)** Pierre Laval, âgé de 62 ans, ancien chef du gouvernement de Vichy, convaincu par le jury de trahison et de complot contre la sécurité de l'Etat. La sentence a été prononcée en l'absence de l'accusé, ce dernier ayant refusé de comparaître de nouveau après avoir été expulsé de l'audience samedi.

Le procureur de la République a déclaré à ce propos: «Les dépositions des témoins ne sont pas indispensables lorsque les déclarations, les décrets et les actes de l'inculpé le condamnent». Il a rappelé que l'accusé avait dit: «Je souhaite que l'Allemagne gagne», et il a affirmé que le nom de l'ancien ministre était devenu synonyme de collaboration. (...)

Brèves formalités

Paris, 9 (P.A.) — Le jury de la Haute Cour est revenu à la salle d'audience après une heure de délibération. Le président du tribunal, M. Mongibeaux a prévenu les assistants contre toute manifestation. Puis il a donné lecture du verdict du jury et prononcé la sentence. Cette formalité n'occupa que 4 minutes. Laval a été condamné à mort, frappé de l'indignité nationale et de la confiscation des biens. M. Mongibeaux a dit ensuite: «L'audience est terminée».

L'armée bolivienne annonçait le *9 octobre 1967* qu'elle avait abattu le révolutionnaire Ernesto « Che » Guevara, compagnon d'armes de Fidel Castro à Cuba. Guevara se trouvait en Bolivie pour combattre auprès des guérilleros boliviens, et il aurait été abattu le dimanche 8 à Vallegrande, à 300 milles au sud-est de La Paz.

C'EST ARRIVÉ UN 9 OCTOBRE

1983 — Quatre ministres et 12 dirigeants sud-coréens sont assassinés par un commando de Nord-Coréens à Rangoon, capitale de Birmanie.

1980 — Le rapport Duchaîne, commandé par le gouvernement Lévesque, conclut qu'au Québec, la crise d'octobre a servi de prétexte à la répression.

1979 — La Banque du Canada relève son taux d'escompte de 12.25% à 13%, dans le sillage d'augmentations similaires aux États-Unis.

1978 — Décès à Paris, à l'âge de 49 ans, du célèbre auteur-compositeur belge Jacques Brel.

1976 — Un homme à la poigne de fer, Hua Kuo-feng, succède à Mao Tsé-tung comme président de la République populaire de Chine.

1970 — Le Sénat italien adopte une loi qui légalise le divorce en Italie.

1969 — La tension entre Ottawa et Paris monte d'un cran quand Jean de Lipkowski, secrétaire d'État aux Affaires étrangères de France, alors en visite à Montréal, refuse de se rendre dans la capitale fédérale.

1968 — Le Canada réaffirme son adhésion aux principes de la Charte de l'ONU.

1967 — Mort à Neuilly de l'écrivain André Maurois.

1963 — Un barrage de 873 pieds de hauteur érigé sur la rivière Piave, près de Longarone, dans les Alpes italiennes, cède et l'accident fait plus de 500 morts. — Le gouvernement français annonce la mise au point du bombardier supersonique *Mirage IV*, capable de transporter des bombes atomiques.

1961 — Les Yankees de New York remportent la Série mondiale une 19e fois. — Le feu ravage l'Académie de Québec, mais on ne déplore heureusement aucune perte de vie.

1959 — Ouverture officielle de l'autoroute du Nord par le premier ministre Paul Sauvé.

1953 — Sir Alfred Savage, gouverneur de la Guyane anglaise, destitue le premier ministre Cheddi Jagan et plusieurs autres membres de son cabinet en raison de leur affiliation communiste.

1950 — Les troupes du général Douglas MacArthur traversent le 38e parallèle et atteignent la rivière Yala, en Corée du Nord.

1949 — À Annecy, en France, 33 pays, dont le Canada, préconise l'abolition des tarifs pour favoriser le libre-échange entre les pays.

1946 — Le vice-premier ministre Piettro Nenni est lapidé alors que 50 000 personnes prennent d'assaut le palais Viminal, au cours de graves émeutes à Rome.

1941 — Le premier cargo de construction canadienne est lancé à Montréal. On lui donne le nom de *Fort Ville-Marie*.

1940 — Au Canada, les personnes âgées de 16 ans et plus et en bonne santé physique sont tenues de suivre leur entraînement militaire. Quelque 30 000 partent ainsi pour les camps.

1934 — Le roi Alexandre 1er de Yougoslavie, le ministre Louis Barthou, des Affaires étrangères de France, et un général yougoslave tombent sous les balles d'assassins, à Marseille.

1918 — Prise de Cambrai.

1913 — Sacre de Mgr J.-L. Forbes, évêque de Joliette, par Mgr Bruchési, archevêque de Montréal.

UN AMERRISSAGE MANQUÉ DE PEU

L'hydravion, fût-il descendu dans l'eau vingt pieds plus à droite, aurait été sauf.

par André Saint-Pierre
envoyé spécial de la «Presse»

SI le hasard avait voulu que l'avion «Norseman» piloté par Russell Holmes pût terminer son amérissage *(sic)* 20 pieds plus à droite qu'il ne l'a fait, on n'aurait pas à déplorer la mort des cinq personnes qui ont péri dimanche **(9 octobre 1949)** à Saint-Michel-des-Saints...

C'est ce que nous a permis de constater une visite que nous avons faite ce matin sur les lieux de l'accident, un point perdu des rives de l'immense lac Taureau, à quatre milles de l'habitation la plus proche, soit le camp de chasse de MM. Raymond Benoit, Léo Poirier et Albert Viens.

La nature des lourds dommages infligés à l'appareil, un gros monomoteur de transport reconnu pour sa robustesse, l'absence de toute trace d'incendie, et naturellement l'opinion des quelques rares personnes auxquelles on pourrait accorder le titre de «témoins», ne permettent que difficilement l'énoncé de toute autre hypothèse.

Nous avons dit plus haut: «Si le hasard...», car il existe au moins un fait incontestable, dès le début. C'est que l'avion a fait son malheureux amérissage au coeur de ce que les gens de la région ont représenté comme «la pire tempête de l'année, dans notre district».

Il semble non moins assuré que, dans de telles circonstances, Holmes a tenté un amérissage à un moment où les conditions de visibilité étaient absolument nulles. Une quelconque éclaircie dans la brume et dans le rideau de pluie «qui empêchait de voir à plus de cinq pieds devant soi» — cette dernière affirmation est également de nos témoins — a probablement permis d'entrevoir un instant le lac, immense nappe d'eau disposée en forme d'étoile sur une étendue de peut-être 20 milles par 20. Le pilote a donc effectué une approche normale, mais le rideau formé par les éléments déchaînés s'est refermé. Volant à l'aveugle, le gros hydravion a bien touché le lac, mais l'a fait tout près d'une rive parsemée de hauts promontoires dont l'un s'avançait directement dans sa trajectoire.

Ce fut donc le choc du flotteur de gauche de l'appareil sur l'extrémité de cette bande faite de roc solide, la perte du flotteur, le virage brusque de l'hydravion sur lui-même et l'écrasement de son moteur sur le roc, et enfin le capotage du «Norseman» privé de son flotteur.

20 pieds plus à droite, l'hydravion se serait trouvé dans un chemin large d'un demi-mille et long de deux milles ou plus. Si les conditions de visibilité avaient été normales, ou même seulement faibles, aucun pilote, et à plus forte raison aucun aviateur aussi expérimenté que Holmes, n'aurait pu être impliqué dans un accident de ce genre.

NDLR — Parmi les morts se trouvaient trois éminents médecins de Montréal, les docteurs René Dandurand, Azarie Cousineau et Emile Legrand.

LES BILLETS DE 25 SOUS

Une anomalie que les banquiers et les financiers n'aiment guère

NOUS reproduisons ci-dessus le fac-similé du «shin plaster», ou billet de 25 centins, en papier monnaie, qui circule en ce moment au Canada. Comme on peut le voir le vrai dessin sur cette monnaie, comme oeuvre d'art, égale celui du billet de $1 du Dominion, aussi bien que les émissions semblables de plus haute dénomination. Pour des raisons qui ne sont pas généralement connues, le Département des Finances du Gouvernement, résolut d'émettre une seconde frappe de ces «shin plasters» pour l'année 1900. On ignore encore pourquoi et comment il en est arrivé à cette décision. Cependant, on en rencontre, de temps à autres, un ou deux en circulation. La seule différence qui existe entre les vieux et les nouveaux «billets de vingt-cinq sous», à part les dessins polychromes, est que les chiffres «25» dans les nouveaux ne paraissent qu'une fois pour exprimer la valeur, tandis que dans les anciens, ils paraissent deux fois. Le vieux billet porte deux signatures tandis que pour le nouveau, on a pensé qu'un paraphe était suffisant; il n'y a pas de contre-signature. Les banquiers croient que cette omission dans la nouvelle monnaie est une erreur grave, car elle simplifie l'ouvrage des faussaires.

Dans son enquête relativement aux nouveaux billets de 25 cents, le représentant de «La Presse» a eu l'occasion d'aller à la City and District Saving Bank, afin de se procurer un spécimen de la nouvelle émission. C'est là que le percepteur général tient son bureau pour la province de Québec. Lorsque le reporter lui demanda un spécimen du nouveau billet, le percepteur lui répondit qu'il y avait un si grand nombre de billets de la vieille émission dans le bureau que le gouvernement n'avait pas cru nécessaire de leur en envoyer de nouveaux. Ce n'est qu'après s'être adressé à toutes les banques de la ville que finalement il a pu en trouver un à la banque de Montréal.

Cette nouvelle fut publiée le ***9 octobre 1900.***

ACTIVITÉS

■ **Exposition de bandes dessinées**

Bibliothèque nationale du Québec — La bibliothèque nationale profite du centième anniversaire de LA PRESSE pour proposer une rétrospective des bandes dessinées publiées au fil des ans, sous le titre *La bande dessinée dans la vie de LA PRESSE.* **Jusqu'au 27 octobre inclusivement.**

■ **Aurore l'enfant martyr**

Théâtre de Quatre-Sous — Les archives de LA PRESSE consacrées à la couverture de cette affaire tristement célèbre ont été largement utilisées pour la confection du programme et de l'affiche, en plus de servir à la décoration du hall. **Jusqu'au 28 octobre inclusivement.**

LA PRESSE
100 ans d'actualités

Mitraillettes en mains, les terroristes répondent au refus de Québec de se plier à leurs exigences

par Jean DE GUISE

IL est 17 h. 50, samedi soir, **10 octobre 1970,** et le ministre de la Justice du Québec vient d'annoncer que «les autorités en place» ne peuvent se plier aux exigences des ravisseurs de James Richard Cross.

Le FLQ a fixé à 18 h. précises l'exécution du diplomate britannique, si on n'accède pas à ses conditions... les deux dernières.

On laisse la vie à M. Cross, mais à 18 h. 18, les terroristes donnent leur réponse.

C'est un coup de cymbales si violent que tout le monde en frémit à l'instant.

Pierre Laporte, le ministre du Travail et de l'Immigration, est enlevé devant sa demeure, au 725, rue Robitaille, à Saint-Lambert.

Ruée des forces de l'ordre, des media d'information et du simple public dans la paisible et bourgeoise rue.

La Sûreté du Québec prend immédiatement les rênes des mains de la police de Saint-Lambert.

Parents et amis affluent chez les Laporte.

Journalistes, reporters, photographes, caméramen et badauds couvrent le terrain de la résidence comme une nuée de sauterelles.

La Tour de Babel n'était qu'un cloître.

A la fin, on s'entend.

Pourvu que tout ce monde s'éloigne un peu, on admettra dans le domicile bourdonnant comme une ruche tragique un représentant des media, un seul... celui de LA PRESSE, délégué par ses collègues.

Il entre dans le vaste bungalow, dont la porte se refe'me comme sous l'effet d'un courant d'air.

C'est une atmosphère de salon funéraire.

Le journaliste est conduit au chargé de l'enquête, l'inspecteur Paul Benoît, un calme géant.

Les faits qu'on vient de glaner:

Pierre Laporte et son épouse s'apprêtaient à aller «souper en dehors».

M. Laporte sort le premier, descend au trottoir et son neveu, Claude, 17 ans, qui jouait dans la rue, lui lance un ballon de football. Attrape et relance.

Mais, une Chevrolet 68, bleu foncé, dans laquelle se trouvent quatre — peut-être cinq — hommes, est plantée au milieu de l'intersection des rues Robitaille et Tiffin.

Subitement, deux individus masqués, l'un armé d'une mitraillette, en descendent et en un tour de main forcent M. Laporte à monter dans l'auto, qui démarre en trombe vers l'est et le boulevard Taschereau.

Un voisin sidéré a cependant la présence d'esprit de noter l'immatriculation: 9J-2420.

«Mais ça n'a encore rien donné», note l'inspecteur Benoît, comme un basset patient.

Non, M. Laporte n'a jamais reçu de menaces de mort auparavant — sauf les «menaces d'usage», que connaît tout homme politique.

L'épouse et la mère de M. Laporte ont été témoins du drame, et toutes deux sont sous le coup d'un choc terrassant. (...)

Un des policiers qui mènent l'enquête devait confier à LA PRESSE, après qu'on eut complété l'interrogatoire des témoins, qu'on possédait un fort bon signalement de certains des ravisseurs.

Ceux-ci auraient même eu le culot, quelques minutes avant le rapt, d'arrêter à une station de service voisine pour demander où, au juste, se trouvait la résidence de M. Laporte. Un pompiste a été considérablement ébahi de voir certains des occupants de l'auto portant des mitraillettes en bandoulière, mais il lui a fallu trop de temps pour reprendre ses sens.

Reconstitution de la scène à partir des témoignages des témoins.

C'EST ARRIVÉ UN 10 OCTOBRE

1981 — Les funérailles du président Anouar el Sadate, d'Égypte se déroulent en l'absence des chefs d'État arabes.
1980 — Un tremblement de terre fait 20 000 morts et détruit la ville d'El Asnan, en Algérie.
1979 — Ennuyé par un mal de dos, l'ailier droit Yvan Cournoyer, du Canadien, annonce sa retraite.
1976 — L'aéronaute américain Edward Yost est rescapé par un cargo ouest-allemand au large des Açores, après avoir échoué dans sa tentative de traverser l'Atlantique en ballon.

1973 — Les Indiens du Québec portent plainte contre le premier ministre Robert Bourassa. — Un incendie fait trois morts et 10 blessés sur un chantier de la Quebec Cartier Mining, au mont Wright.

1967 — Premières élections depuis la guerre civile, en Espagne.

1963 — Le professeur américain Linus Pauling mérite le prix Nobel de la Paix, neuf ans après avoir mérité le prix Nobel de Chimie.

1963 — La police de Boston appréhende trois fugitifs du FLQ. — Arrestation au

1962 — Une collision entre un *Viscount* d'Air Canada et un avion de chasse de l'ARC à Bagotville fait deux morts et cinq blessés.

1956 — Le Saint-Siège adoucit l'observance de quatre fêtes religieuses (Immaculée-Conception, Épiphanie, Ascension et Toussaint) pour les catholiques canadiens.

1938 — L'Allemagne hitlérienne complète l'occupation du territoire sudète.

1911 — Assermentation du cabinet du gouvernement conservateur de R.L. Borden.

Nouvelle invention permettant la transmission radiophonique d'images et d'ombres mobiles

Cet appareil de télévision a été perfectionné par le Dr Frank Conrad. —L'émission d'un film cinématographe.

*NDLR — Cette nouvelle a été publiée le **10 octobre 1928**.*

RÉCEMMENT, plusieurs personnalités du monde du radio se réunissaient aux usines de la Cie Westinghouse, à Pittsburgh, Pennsylvanie, pour assister à des démonstrations de la dernière invention en radiophonie, un appareil pouvant émettre des ondes et images vivantes. La télévision, depuis quelques mois, n'est plus un mystère. On a réussi à émettre les ondes et les images immobiles. La nouvelle invention permet la transmission d'un film tout comme un appareil cinématographique.

Les reproductions obtenues mesurent cinq pouces de hauteur par 8 pouces de largeur. C'est la première fois que les possibilités du cinéma radiophonique sont démontrées aussi clairement.

LE CINEMA A LA MAISON

M. Davis, qui était en charge de ces démonstrations, disait ceci au sujet de la nouvelle invention:

«Nous en sommes encore à l'état d'expérimentation, mais le jour n'est pas éloigné où la plupart des demeures auront leur appareil de télévision, leur permettant d'avoir le cinéma à la maison. La découverte du Dr Frank Conrad, chef-ingénieur de la Cie Westinghouse, est appelée à jouer un rôle remarquable en radiophonie.»

Cette récente invention est un véritable triomphe scientifique. Les développements apportés à la télévision sont étonnants si l'on prend en considération le fait que l'idée a germé, il y a à peine 4 mois. (...)

LE PRINCIPE DE LA PHOTO-RADIOPHONIE

Le principe de la photo-radiophonie n'est pas incompréhensible aux profanes. Elle consiste à reproduire dans la même disposition des surfaces lumineuses ou ombrées telles qu'elles apparaissent sur le sujet photographié. La reproduction mouvante demande qu'un rouleau autour duquel a été enroulé un film soit opéré de façon à projeter au-devant d'un faisceau lumineux 16 images ou ombres à la seconde. A cause de sa structure, l'oeil humain, si une série d'images ou ombres se succèdent rapidement au taux de 16 ou plus par seconde, ne peut distinguer qu'une seule reproduction.

Pour le cinéma radiophonique, les surfaces lumineuses doivent être transformées en fréquences, dont quelques-unes sont même sonores, puis en une onde radiophonique pour être transmise sous forme d'énergie électrique. Pour la réception, le procédé est entièrement l'opposé, l'énergie électrique étant captée, les fréquences changées de nouveau en surfaces lumineuses ou ombrées et reproduites sous forme d'images ou d'ombres. (...)

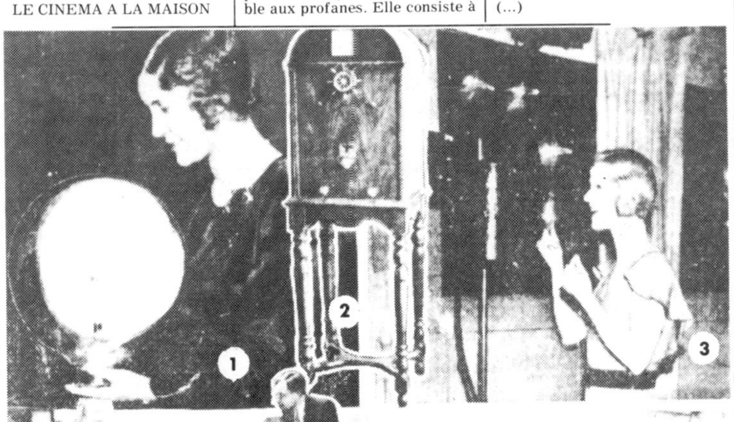

La Presse et son poste de TV

Profitant du fait qu'elle venait d'obteir un permis fédéral d'exploitation pour un poste de télévision, LA PRESSE publiait le **10 octobre 1931** *ce montage photographique avec la légende suivante:* Depuis quelques années la télévision a fait des progrès considérables et, à Chicago, un poste de télévision fonctionne régulièrement. Montréal aura bientôt également son poste de télévision grâce à l'initiative de la «Presse», qui a décidé de transformer son ancien poste radiophonique en poste transmetteur de télévision. Ces quelques photographies représentent plusieurs des appareils utilisés pour l'émission ou la réception de la télévision. 1.— Une charmante figurante à une émission de radio-vision se mirant dans la cellule photoélectrique qui transmet son image à des milliers d'admirateurs. 2.— Un récepteur de télévision peut être synchronisé à un récepteur ordinaire afin de permettre la réception de la radio-vision. 3.— Une autre charmante figurante émettant devant un panneau de cellules photoélectriques et un microphone. 4.— Trois spectateurs intéressés installés devant un appareil combiné de radio-vision. La partie supérieure de l'appareil contient le téléviseur dont on peut voir l'écran mesurant 8 pouces de largeur par 8 pouces et la partie inférieure, l'appareil (radio) pour la reproduction des sons. 5.— Une artiste exécutant un solo de piano dans un studio d'émission de radio-vision. A remarquer en avant et en arrière, les cellules photoélectriques et le miroir-groupe (à gauche du piano) qui renvoie la lumière sur le sujet à transmettre.

Drapeau comprend ses raisons

Niding quitte la politique

par Marc DORE

DANS un geste surprise même pour ses plus proches collaborateurs, et dont on mesure mal encore l'impact qu'il pourrait avoir sur les chances électorales du maire Jean Drapeau et du Parti civique, le président du comité exécutif de la Ville de Montréal, M. Gérard Niding, a annoncé hier soir **(10 octobre 1978)** qu'il renonçait à se porter candidat à l'élection du 12 novembre.

M. Niding a également annoncé que le vice-président Yvon Lamarre occuperait le siège présidentiel jusqu'au 12 novembre.

La décision de M. Niding est d'autant plus surprenante qu'il était encore, hier matin, du groupe de candidats du Parti civique que le maire Drapeau présentait fièrement à la presse, en soulignant que son parti était le premier à offrir une équipe complète aux Montréalais en vue des élections.

M. Drapeau s'était d'ailleurs emporté durant cette conférence de presse après qu'un journaliste lui avait demandé de commenter les informations parues dans LA PRESSE de samedi et qui mettaient en cause directement le président du comité exécutif.

Selon ces informations, la firme d'ingénieurs-conseils Régis Trudeau et Associés (RTA) réclame environ $129,000 à M. Niding, à la suite de la construction par cette société d'une maison à Bromont pour le président du comité exécutif.

La maison a été construite en 1973, peu après l'octroi par la Ville de Montréal à RTA d'un contrat ayant trait aux installations olympiques.

De plus, le terrain sur lequel la maison a été construite avait été acheté de deux entreprises reliées au groupe Desourdy, lui aussi impliqué dans la construction des installations olympiques. Les plans avaient été préparés par une firme d'architectes ayant obtenu des contrats lors de la construction du centre Claude-Robillard.

Il y a quelques semaines, RTA a entrepris des démarches auprès de M. Niding pour se faire rembourser les $129,000 déboursés pour la construction de la maison. La société d'ingénieurs-conseils avait reçu des contrats totalisant $6,9 millions lors de la construction des installations olympiques. La firme avait en outre été recommandée par M. Niding à la Ville.

En mars 1975, interrogé par le conseiller Nick Auf Der Maur, alors du RCM, sur sa maison de Bromont, le président Niding avait nié être en conflit d'intérêt puisque la loi interdit à un membre du conseil de transiger avec la Ville, «mais pas avec des gens qui eux transigent avec la Ville», indiquant également que cette transaction était une «affaire personnelle».

Dans un communiqué qu'il a fait parvenir hier en soirée, M. Niding indique qu'il «croyait qu'un litige avec un tiers et de la nature d'une affaire personnelle puisse se régler avant les élections».

Grippe espagnole: 59 décès et 398 nouveaux cas

CINQUANTE-NEUF (59) personnes ont succombé à la terrible maladie, dans la journée d'hier **(10 octobre 1918),** et les nouveaux cas de grippe, rapportés au bureau municipal d'hygiène, pour ce même jour, s'élèvent à trois cents quatre-vingt-dix-huit (398). Ces chiffres sont officiels. (...)

ACTIVITÉS

■ Exposition de bandes dessinées

***Bibliothèque nationale du Québec* —** La bibliothèque nationale profite du centième anniversaire de LA PRESSE pour proposer une rétrospective des bandes dessinées publiées au fil des ans, sous le titre *La bande dessinée dans la vie de LA PRESSE.* **Jusqu'au 27 octobre inclusivement.**

■ Aurore l'enfant martyr

***Théâtre de Quatre-Sous* —** Les archives de LA PRESSE consacrées à la couverture de cette affaire tristement célèbre ont été largement utilisées pour la confection du programme et de l'affiche, en plus de servir à la décoration du hall d'entrée. **Jusqu'au 28 octobre inclusivement.**

Les Flames gâchent le début des Nordiques

QUÉBEC — Les Nordiques, à l'exception du deuxième vingt où ils ont semblé manquer d'ardeur, ont lutté avec beaucoup de vigueur, hier **(10 octobre 1979),** mais ce fut loin d'être suffisant puisque les Flames d'Atlanta, avec assez de facilité, devaient l'emporter 5-3, gâchant ainsi le premier pas des Québécois dans la ligue Nationale.

Daniel Bouchard a été solide devant les filets du Atlanta, repoussant de belles charges des Nordiques en début de match et répétant ses exploits en début de troisième période devant Réal Cloutier deux fois, Pierre Lacroix et Jamie Hislop. Cloutier devait cependant avoir le meilleur en marquant les trois buts des siens, les trois réussis en troisième période. (...)

Le Toronto offre $1,000,000 pour les services de Bobby Hull

D'après UPI, PA et PC

L'ANNONCE **(le 10 octobre 1968)** de la retraite prématurée de Bobby Hull a eu l'effet d'une bombe dans les milieux du hockey. Il n'est pas exagéré de dire que pendant quelques heures, Hull a volé la vedette à la victoire des Tigers de Detroit dans la Série mondiale.

Comme il fallait s'y attendre, les Maple Leafs de Toronto ont rendu la politesse au Chicago, qui leur avait offert $1,000,000 pour les services de Frank Mahovlich, au début de la saison 1961-62.

Le président Stafford Smythe s'est dit prêt à débourser un million de dollars pour obtenir les services de Hull, qui a annoncé sa retraite à l'âge de 29 ans. (...)

Hull a pris cette décision surprenante parce que les Black Hawks ont refusé de lui verser un salaire annuel de $100,000. Les négociations entre Hull et le gérant général Tommy Ivan avaient été entreprises au début de septembre.

LA PRESSE
100 ans d'actualités

Dès le début du conflit, les Boërs s'emparèrent du tunnel Charleston, qui passait sous les collines du défilé de Laing.

UN «CASUS BELLI»

Les Boers s'emparent d'un train. — Situation critique.

NDLR — Le lecteur notera sans doute la nature décousue de ce texte qui était en fait composé de plusieurs dépêches provenant de divers secteurs et publiées à la suite plutôt que fondus en un texte-synthèse.

....

LONDRES, 12 — Une dépêche spéciale de Ladysmith, Natal, dit que les Boers se sont emparés de la passe Laings Nek, dès que la limite du temps fixé par l'ultimatum, eut été expirée. Ils se sont ensuite avancés **(le 11 octobre 1899)** dans le Natal et occupent actuellement les hauteurs d'Ingogo. (...)

Londres, 12 — La nouvelle annonçant que les Burghers de l'Etat Libre d'Orange sont entrés dans le Natal en traversant la passe Van Reenens, est confirmée officiellement. Il n'y a plus de doute maintenant que des actes agressifs ont été commis et que la campagne est commencée.

La nouvelle que les Boers ont traversé la frontière du nord du Natal est aussi généralement acceptée. Il semble peu probable qu'une rencontre entre les troupes anglaises et les Boers puisse être retardée longtemps.

Les dépêches (...) nous apportent tous les détails de la situation sur les frontières. Il semble maintenant que les Boers ont l'intention de se séparer en deux colonnes, ceux du Transvaal dirigeant leurs efforts du côté nord et ceux de l'Etat Libre travaillant dans l'Ouest, dans le but de tenir les forces anglaises à Ladysmith et Dundee, pendant que des corps de Boers détruiront les ponts de chemin de fer, seule ligne de communication entre la base des opérations anglaises à Durban et la base des opérations à Pieternaritzburg.

On considère comme possible que les Boers tentent d'occuper Estcourt, où se trouvent seulement cent hommes de la brigade navale.

La destruction des ponts sur la rivière Ungeni augmentera considérablement les difficultés qui s'élèvent déjà sur la route des Anglais.

On croit encore que la concentration de toutes les troupes Boers sur la frontière du Natal est une feinte pour attirer l'attention des autorités militaires de Mafeking.

Le dirigeable « Comte Zeppelin », de type LZ-127, était le premier « paquebot aérien » à prendre l'air au moment où il entreprit sa traversée de l'Atlantique, à partir de Friedrichshafen, en Allemagne, le *11 octobre 1928*. Ce montage de photos vous montre quelques facettes de l'intérieur de la cabine, ainsi que les personnages suivants: (1) le Dr Hugo Heckener, architecte et constructeur du dirigeable; (2) le capitaine H. Lehman; (8) Albert Grzesinski, ministre de l'intérieur de la Prusse; (9) le commissaire Branddeburg, du bureau allemand du trafic aérien.

SARAH FAIT VOIR L'AME FRANCAISE

SARAH Bernhardt a donné, hier soir **(11 octobre 1916)**, la première représentation de sa dernière tournée en Amérique.

La grande tragédienne et sa troupe ont interprété deux pièces en un acte. «La mort de Cléopâtre», par Maurice Bernhardt et Henri Cain, et «Du théâtre au champ d'honneur», par un officier français au front.

Disons sans détour que la première de ces oeuvres a laissé le public absolument froid. La célèbre artiste a certes déployé toutes les ressources de son immense talent, de son art prestigieux, mais elle n'a pu empoigner le public, le faire vibrer. La chose peut s'expliquer par le fait que la pièce étant plutôt courte, le public n'est pas préparé graduellement comme dans un drame plus étendu, à subir les émotions que provoquent les événements successifs, émotions qui vont toujours en s'accentuant jusqu'à la scène finale.

Ici, dans «La mort de Cléopâtre», nous avons la scène finale en commençant, et le public, qui n'est pas encore échauffé, ne se laisse pas captiver, n'éprouve aucune émotion. Peut-être, aux jours tragiques que nous traversons, faut-il autre chose que l'évocation des amours et des malheurs d'une ancienne reine d'Egypte pour nous émouvoir.

Constatons aussi en toute franchise que la voix d'or de jadis de la grande artiste, cette voix qui a charmé les peuples des deux continents, a perdu de sa fraîcheur et est un peu gâtée par un étrange accent.

Certes le public a poliment applaudi la célèbre artiste à la fin de la première pièce, le rideau a dû être relevé une couple de fois et l'interprète de Cléopâtre a même reçu une gerbe de fleurs, mais c'était évidemment là un succès d'estime. (...)

C'EST ARRIVÉ UN 11 OCTOBRE

1980 — Les cosmonautes Leonid Popov et Valery Rioumin reviennent sur terre après 185 jours dans l'espace à bord de *Salyout VI*.

1979 — Le transport en commun est paralysé pour une 5e fois en 12 ans à Montréal.

1976 — On annonce l'arrestation de cinq dirigeants de l'aile radicale du gouvernement chinois, notamment la veuve de Mao Tsé-toung.

1971 — Le premier ministre Trudeau préside l'ouverture de la 2e assemblée générale de l'Agence de coopération culturelle et technique des pays francophones.

1969 — L'administration Drapeau-Saulnier fait effectuer des perquisitions aux locaux de la Compagnie des jeunes canadiens.

1968 — Ouverture du congrès de fondation du Parti québécois. — Le vaisseau spatial *Apollo VII* est lancé avec succès de Cap Kennedy, avec trois hommes à bord.

1962 — Le pape Jean XXIII procède à l'inauguration officielle du 21e concile oecuménique connu sous le nom de Vatican II.

1961 — Les Nations Unies adoptent par 67 voix contre une une motion de censure contre l'Afrique du Sud pour sa politique d'apartheid. Le Canada et 19 autres pays s'abstiennent.

1954 — Publication par Pie XII de l'encyclique *Ar Coeli Reginam* sur la proclamation de la fête liturgique de la royauté de Marie.

1948 — Ouverture à Londres de la conférence des premiers ministres du Commonwealth; en raison d'une indisposition, le premier ministre Mackenzie King doit se faire remplacer par le haut commissaire du Canada et, plus tard, le ministre de la Justice, Louis Saint-Laurent.

1947 — Par permission spéciale, les Ursulines du couvent de Trois-Rivières le quittent pour assister à une grand-messe célébrée en l'honneur du 250e anniversaire de fondation de leur établissement.

1946 — Le tribunal communiste de Zagreb condamne Mgr Stepinac, chef de l'Église catholique de Yougoslavie, à 16 ans de travaux forcés pour « collaboration avec l'ennemi ».

1939 — Quelque 158 000 soldats anglais débarquent en France.

1920 — La Pologne conclut un armistice avec l'Union soviétique.

1913 — Le *Volturno* coule dans l'Atlantique, et 135 personnes perdent la vie.

1907 — Arrivée à Montréal de la grande cantatrice Emma Calvé.

1905 — Une conflagration détruit un quartier de Chicoutimi.

ACTIVITÉS

■ **Exposition de bandes dessinées**

Bibliothèque nationale du Québec — La bibliothèque nationale profite du centième anniversaire de LA PRESSE pour proposer une rétrospective des bandes dessinées publiées au fil des ans, sous le titre *La bande dessinée dans la vie de LA PRESSE*. **Jusqu'au 27 octobre inclusivement.**

■ **Aurore l'enfant martyr**

Théâtre de Quatre-Sous — Les archives de LA PRESSE consacrées à la couverture de cette affaire tristement célèbre ont été largement utilisées pour la confection du programme et de l'affiche, en plus de servir à la décoration du hall d'entrée. **Jusqu'au 28 octobre inclusivement.**

photo Michel Gravel, LA PRESSE

Flanqués des parents et amis des 19 victimes, les cercueils sont alignés dans le gymnase de la Cité des Jeunes de Vaudreuil, pour l'émouvante messe de Requiem célébré par Mgr Percival Caza.

19 corbillards, 22 landaus de fleurs et des centaines d'automobiles

par Germain Tardif

UN long cortège formé de 19 corbillards, de 22 landaus de fleurs et de centaines d'automobiles s'est mis en route, hier après-midi **(11 octobre 1966)**, de la Cité des Jeunes, à Vaudreuil, où venaient d'avoir lieu les funérailles des 19 jeunes gens tués vendredi soir dans la tragédie de Dorion.

Le triste défilé, en cours de route, s'est réparti selon les cimetières paroissiaux où allaient être déposés les restes de chacun d'eux.

Sept ou huit corbillards et leurs suites ont précisément emprunté la même artère et se sont engagés dans le passage à niveau de la rue Saint-Charles où, quatre jours plus tôt, les victimes avaient trouvé la mort.

L'un d'eux a dû s'arrêter lorsque les barrières se sont abaissés pour laisser passer un convoi. Tout comme vendredi soir, ce train à peine passé, un autre est immédiatement apparu, roulant en sens contraire. Les barrières ne se sont relevées que lorsque la voie fut libérée.

Une foule évaluée à environ 2,500 personnes se sont rendues, malgré la pluie et la boue, à la Cité des jeunes pour assister aux obsèques qui avaient lieu dans le gymnase de l'institution. Il n'y avait pas de place pour tout ce monde et une bonne moitié des gens ont dû rester dehors, sous la pluie, pendant qu'à l'intérieur était chanté le service funèbre. (...)

Plusieurs éminents personnages religieux et civils étaient présents aux funérailles, dont S. Em. le cardinal Léger, archevêque de Montréal, de même que les curés ou vicaires de la plupart des paroisses environnantes.

Il y avait également les maires des municipalités de la région, dont MM. Jean Drapeau, de Montréal, Jean-Charles Vallée, de Dorion, et Gilles Brouillard, de Vaudreuil.

Le premier ministre du Québec, M. Daniel Johnson, était représenté par M. Marcel Masse, ministre d'Etat à l'Education, et le premier ministre du Canada, M. Lester B. Pearson, par M. Léo Cadieux, ministre associé à la Défense. (...)

Après avoir mérité la première place à l'issue de la deuxième moitié de la saison 1981 marquée par une grève des joueurs, les Expos remportaient le championnat de leur division le *11 octobre 1981* à Philadelphie, dans le troisième et décisif match. Steve Rogers fut l'étoile indiscutable de cette importante victoire en blanchissant les Phillies, 3 à 0, et en faisant marquer deux points avec son coup de bâton.

Edith Piaf est morte

PARIS (Reuter, AFP) — La «môme» Piaf n'est plus.

Edith Piaf, qui avait commencé à chanter dans les rues, avant de devenir, à force d'énergie et de talent, une des plus populaires vedettes mondiales de la chanson, est décédée ce matin **(11 octobre 1963)** à son domicile parisien à l'âge de 47 ans. Elle aurait eu 48 ans dans quelques semaines.

Aimant passionnément son métier, elle avait continué à donner des récitals malgré la maladie, ayant dû, au cours des dernières années, subir cinq interventions chirurgicales.

En août dernier, elle avait dû annuler une tournée de deux mois aux Etats-Unis, en raison de sa santé déclinante. Elle avait épousé, en octobre 1962, sa dernière découverte, le chanteur Théo Sarapo.

L'an dernier, après s'être écroulée sur la scène, elle avait déclaré à ses médecins qu'elle mourrait si elle cessait de chanter. Mais les médecins lui avaient rétorqué qu'elle mourrait plutôt si elle continuait à chanter. (...)

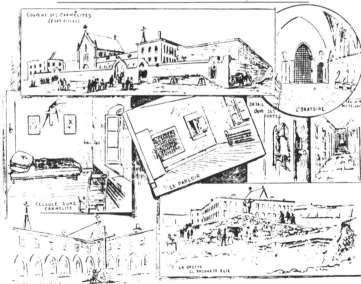

LE NOUVEAU MONASTERE DES CARMELITES

LE COUVENT DES CARMELITES

20,000 personnes environ ont visité le cloître. — Une bousculade en règle

L'ASPECT que présentaient, hier après-midi **(11 octobre 1896)**, les abords du nouveau couvent des carmélites était celui d'un lieu de pèlerinage populaire ou d'une grande catastrophe; il y avait la même affluence de visiteurs. Un long défilé, une procession interminable arrivait de la ville et se pressait à la porte étroite du monastère; à chaque moment, le tramway amenait une nouvelle charge de curieux tandis qu'une foule d'autres arrivaient en voiture.

On peut porter sans crainte de se tromper à 20,000 le chiffre des personnes qui ont visité le monastère.

La foule venait des parties les plus reculées de la ville et renfermait toutes les classes de la société. On remarquait un grand nombre de protestants qui examinaient avec curiosité la disposition des innombrables pièces du nouvel édifice.

Le monastère n'a pas un aspect imposant; c'est un couvent bas et écrasé d'une tristesse froide et sévère. C'est une grande construction carrée à deux étages, flanquée de deux ailes irrégulières dont l'une, celle de l'ouest, est la chapelle.

L'article se poursuit longuement en décrivant l'intérieur du couvent de carmélites que les citoyens avaient l'occasion de visiter pour la première et dernière fois, avant que les religieuses n'y poursuivent leur vie de contemplatives.

LA PRESSE

100 ans d'actualités

Habitués à beaucoup de décorum inhérent aux milieux diplomatiques, les membres des Nations Unies furent abasourdis, le *12 octobre 1960*, de voir Nikita Khrouchtchev enlever un de ses souliers et ensuite en frapper son pupitre. Cet incident est survenu pendant le discours du délégué philippin, au cours d'un débat sur le colonialisme.

400e ANNIVERSAIRE DE LA DECOUVERTE DE L'AMERIQUE PAR CHRISTOPHE COLOMB

L'ANNIVERSAIRE du plus grand événement des temps modernes a été célébré en cette ville **(le 12 octobre 1892)** sous le déploiement de pompes qui signalent cette fête dans quelques villes américaines.

L'immense concours du peuple, 10,000 personnes qui ont pris place dans le vaste amphithéâtre du parc Sohmer, a témoigné d'une manière éclatante que la mémoire de l'immortel découvreur est révérée parmi nous.

Le président de la société Saint-Jean-Baptiste, M. L.O. David, activement secondé par M. J.X. Perrault, a dignement fait les choses.

Après quelques airs joués par l'excellente fanfare du parc, M. L.O. David a prononcé le discours de circonstance.

«1892», a dit M. David, est l'année des grands anniversaires, grands pour le monde entier, grands surtout pour l'Amérique.

La société Saint-Jean-Baptiste a tenu à associer son nom aux fêtes qui sont célébrées en l'honneur de Christophe Colomb, pour perpétuer dans tout son éclat la mémoire de ce sublime génie qui a donné à la civilisation et à la religion tout un monde «inconnu jusque là». (...)

L'orateur a parlé ensuite des bienfaits que Christophe Colomb a conférés à l'humanité en découvrant l'Amérique. C'est à lui que nous devons cette partie du Canada que nous chérissons, c'est à lui que nous devons d'habiter sur ce continent où règne la liberté, où tout homme de coeur et de courage peut aspirer à jouer de grands rôles. Sans la découverte de Colomb, l'Europe souffrirait du trop plein de sa population. (...)

Christophe Colomb

Colomb, comme tous les génies, a été en butte à la persécution, a souffert de cruelles injustices. Mais son triomphe n'en doit être que plus beau, là où la vertu reçoit sa récompense. L'illustre navigateur a montré que le travail, l'amour de l'humanité et de Dieu enfantent les grandes choses. C'est à nous, par une éducation virile et saine, de nous mettre à même de profiter de ces grandes leçons.

Les étudiants, aux accords de la fanfare, ont alors entonné: «A la claire fontaine», «A Saint-Malo», «La Huronne», «Marie-Anne s'en va-t-au moulin», «Le drapeau de Carillon», «En roulant ma boule», «Vive la Canadienne», «O Canada».

C'est alors que M. J.H. Fréchette, le poète canadien, a déclamé, avec un grand succès, la poésie qu'il a composée, en l'honneur de Christophe Colomb. Le public l'a chaleureusement accueilli, et les applaudissements ne lui ont pas été ménagés. (...)

La « Santa Maria », caravelle de 130 tonneaux à bord de laquelle Colomb et ses 90 hommes ont découvert l'Amérique.

Statue de Christophe Colomb à Madrid.

INAUGURATION RELIGIEUSE ET CIVILE DES TRAVAUX DE LA BEAUHARNOIS ELECTRIC CO.

(De l'envoyé spécial de la «Presse»)

VALLEYFIELD, 14 — Malgré la pluie qui est tombée toute l'après-midi samedi **(12 octobre 1929)**, un grand nombre de personnes se rendirent à Valleyfield et Beauharnois pour assister à la bénédiction des travaux de la Beauharnois Light, Heat and Power Company. Cette bénédiction fut donnée par Son Excellence Mgr Andrea Cassulo, délégué apostolique au Canada, qui officiait à la cérémonie en plein air. La cérémonie civile eut lieu à Beauharnois à quatre heures de l'après-midi et c'est Son Excellence Lord Willingdon, gouverneur général du Canada, qui présida et qui fit partir la première charge de dynamite placée à l'entrée du futur canal.

Le capital et le travail

A Valleyfield, sur la route Larocque, près de l'endroit où deux énormes grues de construction sont installées, Son Excellence le délégué apostolique bénit les travaux et fit ensuite un bref discours. Mgr Cassulo demanda à Lord Willingdon de faire savoir au roi combien ses sujets catholiques du Canada souhaitent son prompt rétablissement. Mgr ajouta qu'il était extrêmement heureux de bénir les travaux de la Beauharnois Electric car il a toujours constaté jusqu'à quel point l'harmonie existait entre le capital et le travail au Canada. (...)

Son Excellence le vicomte Willingdon, serrant la main au délégué apostolique, Mgr Andrea Cassulo.

La partie musicale pour la circonstance a été remplie par l'Harmonie Bellerive de Valleyfield, sous la direction de M. Paul Dumouchel.

Les quelque cinq cents voitures qui avaient transporté la foule sur le terrain reprirent le chemin de Valleyfield et continuèrent jusqu'à Beauharnois où eut lieu la cérémonie civile. (...)

C'EST ARRIVÉ UN 12 OCTOBRE

1983 — Kakuei Tanaka, ex-premier ministre du Japon, est condamné à quatre ans de prison pour son rôle dans « l'affaire Lockheed ».

1982 — Trentième anniversaire de la *Soirée du hockey*.

1978 — Décès à l'âge de 77 ans du poète québécois Alfred Desrochers, père de Clémence, chansonnier, et de Jeanne, journaliste à LA PRESSE.

1976 — La Cour d'Appel des États-Unis maintient les peines de prison imposées à quatre des principaux participants au scandale du Watergate.

1974 — Le gouvernement mexicain confirme la découverte de vastes gisements de pétrole dans le sud-est du Mexique.

1973 — Le président Nixon choisit Gerald Ford pour succéder à Spiro Agnew comme vice-président des États-Unis. — Les Israéliens refoulent les Syriens jusqu'à 10 milles de Damas.

1972 — Arrestation de plus d'une centaine de personnes soupçonnées de trafic de drogue à Vancouver, Victoria, Toronto, Moncton et Hull, après une enquête de six mois de la GRC.

1971 — Le shah d'Iran préside les cérémonies somptueuses organisées à Persépolis pour marquer le 2 500e anniversaire de l'empire perse.

1970 — Des troupes de combat quittent Petawawa pour Ottawa, afin d'assurer la protection des députés fédéraux et des diplomates.

1969 — Les Soviétiques lancent un deuxième vaisseau spatial en deux jours, le *Soyouz VII*.

1968 — Ouverture des Jeux olympiques de Mexico.

1965 — Ouverture du procès de Darabaner, accusé de faillites frauduleuses.

1963 — *L'Empress of Canada* doit se rendre de Montréal à Halifax pour débarquer ses passagers à cause de la grève des débardeurs du Québec.

1960 — Le gouverneur général Georges Vanier reçoit le premier grade honorifique accordé par l'université Laurentienne de Sudbury.

1953 — Dévoilement du monument érigé en l'honneur de Sir Wilfrid Laurier, au square Dominion de Montréal.

1946 — Mort du célèbre général américain Joseph Stilwell, qui s'était illustré en Birmanie.

1945 — Le fédéral annonce un dégrèvement d'impôt de 16 p. cent.

1939 — L'Angleterre juge inacceptables les conditions de paix proposées par l'Allemagne.

1917 — Borden forme un cabinet de coalition à Ottawa afin de rallier les députés libéraux favorables à sa politique de conscription.

1907 — La rencontre d'athlétisme pour jeunes enfants de Montréal connaît un éclatant succès.

1904 — Clôture spectaculaire du triduum en l'honneur de Notre-Dame du Saint-Rosaire, au Cap-de-la-Madeleine.

BABILLARD

Message aux collectionneurs

Contrairement à ce qui avait été annoncé précédemment, l'index des articles remémorés dans la page **« 100 ans d'actualités »** ne sera pas publié dans LA PRESSE, mais plutôt disponible sur demande à partir du 24 octobre. La décision de ne pas publier l'index tient au fait qu'il sera trop volumineux puisque nous avons jugé de le préparer sous deux angles, l'un chronologique, et l'autre thématique.

Pour obtenir votre copie de l'index et ainsi compléter votre collection de cette page rétro (nous en sommes justement à la trois-centième aujourd'hui, et la dernière sera publiée le 20 octobre, jour du centième anniversaire de LA PRESSE) il suffit d'écrire à **Guy Pinard, LA PRESSE, rédaction, 7 rue Saint-Jacques, Montréal, Québec H2Y 1K9.** Ne tardez donc pas à réserver votre exemplaire de l'index.

La guillotine pour Violette Nozières

(Service de l'«United Press» spécial à la «Presse»)

PARIS, 13 — Violette Nozières, la jeune fille de 18 ans accusée d'avoir assassiné son père et d'avoir tenté de tuer sa mère du même coup, a été condamnée hier **(12 octobre 1934)** à la guillotine, à la fin de l'un des plus sensationnels procès jamais inscrits en Cour Criminelle de la Seine. On se souvient que cette affaire avait passionné l'opinion du monde entier dès la découverte de la victime et les circonstances du crime avaient soulevé l'indignation générale.

L'attitude cynique de Violette Nozières, attitude insultante pour la mémoire du défunt, le rôle dramatique de la mère qui, à peine rétablie de l'attentat, vint réclamer justice pour la mort de son mari et dénoncer sa propre fille, les révélations sur la vie de désordre de la jeune fille, tout fit de cette affaire un roman palpitant digne de la plume d'un écrivain habile dans le genre sordide.

Comme aucune femme n'a été guillotinée en France depuis quarante ans, on croit que Violette Nozières profitera de cette coutume et sera condamnée à l'emprisonnement pour la vie. Elle est mineure cependant et avant d'être incarcérée dans un pénitencier, elle passera jusqu'à sa majorité près de deux ans dans une maison de détention pour les jeunes délinquantes. (...)

La rédaction de LA PRESSE abandonnait ses locaux vétustes de l'édifice de la rue Saint-Jacques pour emménager, le *12 octobre 1959*, dans les locaux modernes au troisième étage du nouvel édifice de la rue Craig (aujourd'hui Saint-Antoine). Il est à souligner que le grand déménagement s'est effectué au cours de l'année du 75e anniversaire du journal. photo Réal St-Jean, LA PRESSE

ACTIVITÉS

■ **Exposition de bandes dessinées**

Bibliothèque nationale du Québec — La bibliothèque nationale profite du centième anniversaire de LA PRESSE pour proposer une rétrospective des bandes dessinées publiées au fil des ans, sous le titre *La bande dessinée dans la vie de LA PRESSE*. **Jusqu'au 27 octobre inclusivement.**

■ **Aurore l'enfant martyr**

Théâtre de Quatre-Sous — Les archives de LA PRESSE consacrées à la couverture de cette affaire tristement célèbre ont été largement utilisées pour la confection du programme et de l'affiche, en plus de servir à la décoration du hall d'entrée. **Jusqu'au 28 octobre inclusivement.**

Notre premier emprunt de guerre: $200,000,000

(Du correspondant de la PRESSE)

OTTAWA, 13 — Le ministre des finances, l'hon. J.L. Ralston, a annoncé, hier soir **(12 octobre 1939)**, son premier emprunt de guerre, au montant de $200,000,000. Comme on l'avait laissé entendre dans le discours du budget présenté à la Chambre des communes par l'hon. J.L. Isley, ministre du revenu national pendant la session spéciale de guerre, le gouvernement canadien a décidé de faire tout d'abord un emprunt à court terme. Il évite ainsi de s'adresser au public avant que les dépenses de guerre et les achats des autres gouvernements du Canada n'aient commencé de stimuler la production et d'accroître le volume des épargnes canadiennes.

Le premier emprunt de guerre de l'hon. J.L. Ralston prend donc la forme d'une émission de $200,000,000 en billets de deux ans, 2 pour cent, vendus au pair aux banques à charte du Canada. Les billets seront datés et commenceront à porter intérêt à partir du 16 octobre 1939. La date d'échéance est fixée au 16 octobre 1941. Ils pourront être remboursés en tout ou en partie, au pair, au choix du gouvernement, le ou après le 16 octobre 1940, sur un avis de 30 jours. L'intérêt et le principal seront payables en monnaie canadienne légale.

On remboursera les emprunts

La plus grande partie des revenus de l'emprunt sera employée à des fins de remboursement. Dans un avenir prochain, trois emprunts domestiques écherront et devront être payés au Canada: emprunt de remboursement, 2½%, 15 octobre 1939, $5,242,500; emprunt de remboursement, 4%, 15 octobre 1939, $17,168,000; emprunt de 1935, 2%, 15 novembre 1939, $4,654,000; soit un total de $28,054,500. (...)

Un ralliement sensationnel de 10 points à la 7e manche permet au Philadelphie de gagner la quatrième rencontre de la série

PHILADELPHIE, 14 — Avec un score de 8 à 0 en faveur des Cubs de Chicago à la 7e manche de la partie de samedi après-midi **(12 octobre 1929)**, l'Athlétique de Philadelphie a exécuté le ralliement le plus sensationnel jamais vu dans une joute de série mondiale pour compter dix points et changer une défaite qui paraissait certaine en une éclatante victoire de 10 à 8.

Ce nouvel exploit des champions de la Ligue Américaine leur a non seulement permis de vaincre leurs redoutables adversaires mais les a pratiquement assurés du championnat du monde, car il ne leur faut plus qu'un seul autre triomphe pour remporter les honneurs de la présente série. A moins d'un miracle, le Philadelphie peut donc être considéré dès maintenant comme champion pour 1929. (...)

Jamais dans l'histoire du baseball pareil ralliement n'avait été accompli dans une rencontre de série mondiale et jamais Philadelphie n'avait été témoin d'une pareille scène d'enthousiasme. Encore aujourd'hui, le sujet de toutes les conversations est la mémorable victoire des hommes du gérant Connie Mack.

En accomplissant leur gigantesque exploit, les champions de la Ligue Américaine ont battu le record des Giants de New York, qui avaient scoré huit points contre les Yankees en 1921, à la septième manche pour remporter la victoire par 13 à 5.

LA PRESSE
100 ans d'actualités

Restriction des prix et revenus

Une période d'austérité

par Marcel PEPIN
de notre bureau d'Ottawa

OTTAWA — Brandissant la menace de contrôles absolus des prix et des salaires, si son appel n'est pas suivi, le Premier ministre Trudeau a supplié hier **(13 octobre 1975)** tous les Canadiens de pratiquer de façon concrète la modération, afin de mater l'inflation.

Sur le plan pratique, M. Trudeau a annoncé la mise sur pied d'un Bureau d'examen et de contrôle des prix et des salaires, qui aura le pouvoir d'ordonner le retrait d'une augmentation de prix ou la réduction d'une majoration de salaires. En cas de contravention à la loi, l'Administrateur de ce bureau aura le pouvoir d'imposer des sanctions rigoureuses, selon les mots mêmes du Premier ministre.

Il faudra attendre le dépôt de la loi créant ce Bureau pour connaître de façon exacte l'étendue des pouvoirs exceptionnels qu'entend exercer Ottawa. Cette loi sera déposée aujourd'hui.

Le Premier ministre, dans une allocution télévisée hier soir, a cependant révélé les grandes lignes des directives qui s'appliquent aussi bien au gouvernement fédéral lui-même qu'aux 1,500 principales entreprises du pays.

En gros, ces directives se résument comme suit:

■ augmentation maximale des salaires fixées à 10 pour cent (8 pour cent pour annuler l'inflation et 2 pour cent de gain réel);

■ maintien des prix à leur niveau actuel, selon les hausses du prix de revient étant autorisées à être traduites dans le prix de détail;

■ augmentation maximale des salaires et traitement fixée à $24,00 par année.

De façon générale, ces directives s'adressent à tous les citoyens, mais le Premier ministre a précisé qu'elles avaient force de loi pour les groupes suivants de contribuables:

■ tous les employés fédéraux, qu'il s'agisse de ministères ou organismes de la Couronne;

■ tous les employés d'entreprises de plus de 500 employés, ainsi que ces entreprises elles-mêmes;

■ toutes les firmes de l'industrie du bâtiment ayant plus de 30 employés, ainsi que ces employés;

■ tous les professionnels qui reçoivent des honoraires, comme les médecins, les avocats, les comptables ou les ingénieurs.

M. Trudeau a cependant toléré deux exceptions; d'une part, les employés dont le salaire justifie le rattrapage pourront dépasser de deux pour cent la limite permise; et d'autre part la limite minimum acceptable d'augmentation est fixée à $600 par année.

Dans le cas des prix, M. Trudeau ne fixe aucun plafond aux augmentations; la seule limite imposée est celle du coût de revient, mais il ne précise pas quelle méthode de calcul du coût de revient est préconisée par le gouvernement.

Le texte de l'allocution de M. Trudeau ne précise pas si le gouvernement fédéral appliquera lui-même ses directives dans les domaines de juridiction provinciale. Il contient par contre une requête aux provinces, incitant ces dernières à endosser ces mesures et à convaincre ou forcer les municipalités à faire de même.

Malaise psychologique

M. Trudeau a maintenu sa thèse habituelle voulant que l'inflation soit causée par un dérèglement collectif. «La cause fondamentale de l'inflation, dit-il, c'est qu'un trop grand nombre de gens et de groupements essaient d'accroître leurs revenus à des taux supérieurs à celui de l'augmentation de la richesse nationale». (...)

Le Rocket abandonne son poste à Québec

par Michel BLANCHARD

QUELQUES heures avant le premier match des Nordiques, à Québec, vendredi soir dernier **(13 octobre 1972)**, Maurice Richard avait remis sa démission au directeur-gérant des Nordiques, M. Marius Fortier.

Richard n'a pas été long à réaliser qu'il ne pouvait tenir le coup. Nerveux, tendu, le Rocket n'a pas hésité à poser le geste qui s'imposait.

La direction des Nordiques a demandé à Richard de ne pas vendre la mèche avant la fin de semaine prochaine, ou une réunion entre Fortier et Richard doit avoir lieu.

Mais la décision de Richard doit être irrévocable puisque la direction des Nordiques a offert le poste d'instructeur à Maurice Filion, le dépisteur en chef de l'équipe.

«Je ne peux rien dire», a révélé le sympathique Filion. Tout ce que je sais c'est que j'ai reçu la charge de l'équipe pour une semaine, question d'accorder un repos à Richard.»

D'ailleurs la direction des Nordiques a fait parvenir un communiqué aux journaux, hier, selon lequel Richard avait reçu la permission de s'absenter au cours de la semaine, à la suite de son épuisant voyage en Russie.

Ça, ce sont les raisons officielles.

Mais les vraies raisons, c'est qu'on ne veut pas créer un certain remous chez les jeunes amateurs des Nordiques en annonçant la démission du Rocket.

D'ailleurs, Richard n'a pas démissionné, mais il a abandonné son poste pour des raisons de santé.

Nous avons appris que lors du match de vendredi dernier, à Québec, malgré la brillante performance de ses joueurs, malgré le fait qu'ils voguaient vers une victoire certaine, Richard (...) *(était)* nerveux, tremblant à l'occasion comme une feuille. (...)

Richard est un gros actif avec les Nordiques. Il a été accepté par les amateurs de hockey et on veut le garder à Québec. (...)

LA PRESSE
LE JOURNAL DONT LES ÉDITIONS PRINCIPALES ONT LE PLUS FORT TIRAGE MOYEN DE TOUS LES QUOTIDIENS DU CANADA
1884 — La PRESSE — 1934
Cinquante ans de bons et loyaux services dans le journalisme canadien
Le Conseil d'administration de la Compagnie de Publication de la "Presse", Ltée
PAS DE CHAMPS INEXPLORÉS
Une seule voix pour nous approuver et encourager
Puissante et bienfaisante la "Presse" est remerciée
Un émouvant hommage à la mémoire du très regretté T. Berthiaume

Pour marquer de façon éclatante son cinquantième anniversaire de fondation, LA PRESSE offrait à ses lecteurs, le *13 octobre 1934*, deux cahiers spéciaux, un de 116 pages sur papier régulier, et une section rotogravure de 16 pages. Cinquante ans plus tard, LA PRESSE n'a pas à avoir honte de l'effort déployé pour célébrer son centenaire. Les huit spéciaux publiés au cours de la centième année de publication totalisent 188 pages, auxquelles il faudra ajouter les 307 pages quotidiennes « 100 ans d'actualités », pour un grand total de 495 pages grand format.

Envolée record d'un avion «North Star II»

LE premier avion quadrimoteur de modèle «North Star II», l'appareil «Canadair Four» ou DC4-M1, qui, il y a 3 semaines effectuait une envolée record entre Montréal et Londres, a établi hier **(13 octobre 1947)** un nouveau record de vol, cette fois au Canada. Il a accompli une envolée de 2,345 milles entre Vancouver et Montréal et 6 h. 52, soit une vitesse moyenne de 342 milles.

Le «North Star II», le premier d'une série d'avions DC4-M1 destinés aux services transatlantique, transpacifique et transcontinental de la société Air-Canada *(sic)*, portait alors 16 passagers, au nombre desquels on remarquait le l. h. C.D. Howe, ministre canadien de la reconstruction, et Me H.J. Symington, C.R., C.M.G., président d'Air-Canada. Tous deux se sont dits enchantés de leur voyage. Ils ont noté que le système de contrôle de la pression interne de la cabine, l'une des principales caractéristiques du nouvel avion, permet des envolées à haute altitude sans aucun inconvénient pour les passagers. (...)

Le *13 octobre 1974*, mourait à New York une légende de la télévision américaine du nom d'Ed Sullivan, emporté par un cancer de l'oesophage. Son émission de variétés avait tenu les ondes pendant 23 ans, de 1948 à 1971, d'abord sous le nom de « Toast of the Town », puis de « Ed Sullivan Show », et elle était une des plus populaires de l'époque, ce qui lui permettait de poser des gestes souvent jugés téméraires, comme par exemple de lancer de futures vedettes comme Elvis Presley et les Beatles.

ACTIVITÉS

AUJOURD'HUI ET DEMAIN

■ **Exposition de bandes dessinées**

Bibliothèque nationale du Québec — La bibliothèque nationale profite du centième anniversaire de LA PRESSE pour proposer une rétrospective des bandes dessinées publiées au fil des ans, sous le titre *La bande dessinée dans la vie de LA PRESSE*. **Jusqu'au 27 octobre inclusivement.**

■ **Aurore l'enfant martyr**

Théâtre de Quatre-Sous — Les archives de LA PRESSE consacrées à la couverture de cette affaire tristement célèbre ont été largement utilisées pour la confection du programme et de l'affiche, en plus de servir à la décoration du hall d'entrée. **Jusqu'au 28 octobre inclusivement.**

DEMAIN

■ **LA PRESSE dans le métro**

Station Berri-de-Montigny — De concert avec la Commission de transport de la Communauté urbaine de Montréal qui célèbre aujourd'hui le 18e anniversaire de l'ouverture de la première ligne de métro, LA PRESSE offre aux intéressés une dernière occasion de visiter la populaire exposition itinérante *Cent ans d'imprimerie*. Cette exposition réintégrera définitivement les locaux de LA PRESSE dès mardi soir.

■ **À la radio**

15 h, Radio-Canada — Chronique consacrée à LA PRESSE à l'émission *Avec le temps*, animée par Pierre Paquette.

BABILLARD

Déjà 18 ans...

La page « 100 ans d'actualités » n'étant pas publiée le dimanche, il nous sera impossible d'y souligner avec tout l'éclat habituel l'ouverture officielle du métro de Montréal, le 14 octobre 1966. La décision finale de construire le métro, après des décennies de promesses électorales et de tergiversations, avait été annoncée par le tandem Drapeau-Saulnier cinq ans plus tôt presque jour pour jour (20 octobre 1961). En moins de deux décennies, le métro est devenu un luxe indispensable.

Cent ans demain

Delvicia Primeau-Lefebvre, du Centre d'accueil de Laprairie, célébrera demain son centième anniversaire de naissance. LA PRESSE se joint à ses parents et amis pour lui offrir ses meilleurs voeux.

L'ÉQUIPE D'ÉTOILES DE LA N.H.L. GAGNE À TORONTO

Richard, les deux frères Bentley et Warwick comptent pour l'équipe d'étoiles à Toronto.

TORONTO, 14 (De l'envoyé spécial de la «Presse») — C'était la première partie annuelle des étoiles de la Ligue Nationale de hockey contre les détenteurs de la coupe Stanley hier soir **(13 octobre 1947)** ici. On avait prévu une brillante et paisible exhibition de hockey. Mais les 14,133 spectateurs ont assisté à une joute plus vivement débattue que s'il se fût agi d'une partie pour le championnat mondial.

Après trois périodes de jeu rapide, dur, mouvementé de quelques escarmouches, le club des étoiles de la N.H.L. pouvait se glorifier d'un triomphe de 4 à 3 sur les Maple Leafs de Toronto, champions du monde. Mais il n'y avait pas de joie dans la chambre des gagnants après le match car l'un d'entre eux, Bill Mosienko, des Black Hawks de Chicago, avait eu la cheville du pied gauche fracturée au cours de la joute et il ne pourra peut-être pas jouer de la saison.

Le rapide ailier droit du Chicago a été blessé durant la seconde période par un dure mise en échec du joueur de défense Jimmy Thompson, des Leafs. (...)

L'accident a été le seul de la partie mais les joueurs estimaient après la rencontre que cinq ou six du même genre ou encore plus graves auraient pu se produire tellement le jeu a été dur et rappelait aux observateurs montréalais présents les joutes Canadien-Toronto de l'an dernier. Même pour cette partie qui était au profit du fonds de pension des joueurs et aussi pour des oeuvres de charité de Toronto, les Maple Leafs se sont crus obligés d'avoir recours aux mêmes tactiques de la saison dernière qui les avaient rendus si impopulaires au Forum et un peu partout ailleurs. Ils ont retenu, ils ont bousculé, ils ont tenu leurs bâtons élevés et ils ont eu le don de soulever l'ire des partisans du club d'étoiles.

Bill Ezinicki, après une brillante saison de golf au cours de laquelle il avait fait preuve d'un bel esprit sportif était redevenu le joueur qu'il avait été toute la saison dernière. A deux reprises, lui et Emile Bouchard se sont bousculés et sont venus à un cheveu d'en venir aux coups. (...)

La ligne la plus spectaculaire a été à notre avis celle de Richard et des deux frères Bentley. Elle offrit du jeu sensationnel *(et participa à trois des quatre buts)*. (...)

A la défense, *(Dick)* Irvin (...) utilisa la combinaison Reardon-Bouchard, du Canadien, et celle de *(Bill)* Quackenbush, *(des Bruins)*, et Jack Stewart, du Détroit.

Les Maple Leafs ont enregistré leurs trois points pendant la première moitié de la joute, c'est-à-dire contre Bill Durnan. Il était visible que le gardien de buts du Canadien avait encore mal à son genou. (...)

Le trio Apps-Watson-Ezinicki a été la meilleure ligne des Maple Leafs. Il a compté les trois points des détenteurs de la coupe Stanley.

Jean Béliveau élu capitaine

LE joueur de centre Jean Béliveau a été élu par ses coéquipiers, ce matin **(13 octobre 1961)**, capitaine de l'équipe. Béliveau succède à Doug Harvey qui dirige maintenant les Rangers de New York.

C'EST ARRIVÉ UN 13 OCTOBRE

1976 — James Richardson, ministre de la Défense, devient le 4e membre du Cabinet fédéral à démissionner en un mois.

1972 — Étatisation de certains services publics par le gouvernement Bennett, en Colombie-Britannique. — Les États-Unis interdisent le survol de leur territoire aux avions supersoniques. — Un avion d'Aéroflot s'écrase près de Moscou. On dénombre 176 morts.

1971 — Décès à Toronto de Stafford Smythe, président du Maple Leaf Gardens.

1970 — Le gouvernement canadien reconnaît la République populaire de Chine et rompt ses relations avec la Chine nationaliste. — Arrestation à New York de la militante communiste Angela Davis. — Les libéraux battent de justesse les conservateurs lors des élections générales de Nouvelle-Écosse.

1969 — L'URSS place un troisième vaisseau spatial en autant de jours sur orbite, soit *Soyouz VIII*.

1967 — Une ordonnance de la Cour Supérieure met fin à la grève du transport en commun, à Montréal, mais des incidents violents marquent le retour au travail.

1966 — Une explosion suivie d'un incendie fait 11 victimes à l'usine de produits chimiques Monsanto Canada Ltd, à LaSalle. — Vol de $1 million dans les locaux des postes à l'aéroport de Dorval. — Les ménagères décident de boycotter les supermarchés pour protester contre l'inflation.

1960 — L'Aviation américaine récupère, au terme d'un voyage de 700 milles dans l'espace, trois souris placées dans le nez d'une fusée. — Les Pirates de Pittsburgh remportent la Série mondiale aux dépens des Yankees de New York grâce au dramatique circuit de Bill Mazeroski à la neuvième manche du septième match.

1959 — Mise sur orbite du laboratoire spatial américain *Explorer VII*.

1953 — Winston Churchill mérite le prix Nobel de littérature.

1952 — La troupe Barrault-Renaud entreprend une tournée au Canada. — Décès du metteur en scène français Gaston Baty, à l'âge de 67 ans.

1949 — Les troupes nationalistes abandonnent Canton aux troupes communistes de Mao Tsé-toung.

1947 — Le consulat américain à Jérusalem est la cible d'un attentat à la bombe.

1946 — Les Français approuvent par une faible majorité le projet d'une nouvelle constitution.

1944 — Les troupes anglaises libèrent Athènes.

1939 — L'URSS réclame des bases navales de la Finlande, en échange d'un pacte d'assistance militaire mutuelle.

1938 — Décès du dessinateur E.C. Segar, auteur de *Popeye le marin*.

1932 — Berlin est le théâtre d'émeutes antisémites.

1919 — La France ratifie le traité de Versailles.

1917 — Entrée en vigueur de la Loi de la conscription, qui a causé tant de divisions chez les Canadiens.

1915 — Important bombardement de Londres par des *Zeppelin*.

1914 — Christian de Wet, commandant des forces de l'État libre d'Orange, déclenche la rébellion contre le gouvernement d'Afrique du Sud.

LA PRESSE

100 ans d'actualités

Cette photo montre trois militaires qui représentaient le valeureux régiment des Fusiliers Mont-Royal, à Dieppe. De gauche à droite : le sergent-major Rosario Lévesque (médaille de conduite distinguée); le lieutenant-colonel Dollard Ménard (Ordre du service distingué); le major J.-A. Sabourin, cité à l'ordre de l'armée.

DIX-SEPT HÉROS DE DIEPPE À MONTRÉAL

Scènes émouvantes au parc Lafontaine. — Le Canada entier y a fait écho.

IL faut se reporter aux jours de la Grande Guerre, alors que le peuple canadien pleurait tant de héros, pour retrouver la nature de l'émotion qui étreignait, hier soir **(15 octobre 1942),** au parc Lafontaine, le coeur de milliers et de milliers de citoyens. Autrefois, notre pensée allait aux morts de Vimy, de Courcelette, aux braves de Mons... hier soir l'hommage de la foule s'adressait aux morts, aux blessés et aux prisonniers de Dieppe et à ceux qui ont participé à cet audacieux coup de main déjà inscrit en lettres d'or dans les fastes de notre histoire.

C'est la Patrie tout entière qui s'est recueillie en une minute de silence pendant que les clairons sonnaient au champ le DERNIER REPOS! Les militaires portaient la main au képi; la foule debout, immobile, baissait la tête; les troupes étaient à l'attention, l'arme brillant sous le rayon argenté de la lune. Là-haut, sur l'estrade d'honneur, les dix-sept héros de Dieppe, aveuglés sous les feux des projecteurs étaient figés, rigides, dans le geste du dernier salut aux camarades.

Le gage de la victoire

(...) A travers le pays, de l'Atlantique au Pacifique, dans toutes les villes, villages, hameaux, campagnes et montagnes, les ondes ont transmis à la population le message de Dieppe. De la métropole du Dominion du Canada, l'étincelle a été lancée qui allumera de nouveau le brasier de la confiance et de l'espoir. (...)

Cet hommage fut digne de ceux que le peuple entendait honorer de ses vivats, de ceux qu'il honorait en sa douleur muette.

Le gouvernement fédéral, représenté par les hon. Louis Saint-Laurent, ministre de la justice, et C.G. Power, ministre de l'air; la province de Québec, représentée par le premier ministre, l'honorable Adélard Godbout; la métropole, par le maire, M. Adhémar Raynault; l'Eglise, par S. Exc. Mgr Nelligan; tous les services de l'armée ont pris part à cet hommage.

Pleurs et acclamations

Tout à côté du monument élevé au geste héroïque de «Dollard et de ses seize compagnons» (pour faire un rapprochement avec l'histoire que la foule n'a pas manqué de souligner), se trouvait un grand nombre de parents des braves tombés sur la grève de la petite ville du sol français.

Nous avons vu des hommes, des femmes pleurer! Ce fut d'autres minutes tout aussi émouvantes lorsque tour à tour les héros arrivés hier vinrent saluer la foule. Le brigadier-général E. de B. Panet proclamait les noms, citait les blessures, les décorations. Un à un ces représentants des diverses unités qui ont connu le feu de l'ennemi se levaient pour saluer la foule. Lorsque le soldat Harry Wishtacz, de Sheffield, Ont., se leva, s'aidant de ses béquilles, la foule ne sut pas, un moment, si elle devait applaudir. Mais le jeune homme agita la main, sourit, et ce fut la clameur des hourras. Il en fut de même pour tous les autres.

Tous ne prirent pas la parole, mais ceux qui le firent ont su trouver les mots justes que l'occasion commandait. Surtout, du lieutenant-colonel Ménard au plus humble troupier, tous ont dit leur confiance en la victoire. (...)

LA PRESSE

LES CONCOURS DE LABOUR

Première page publiée le *15 octobre 1910.*

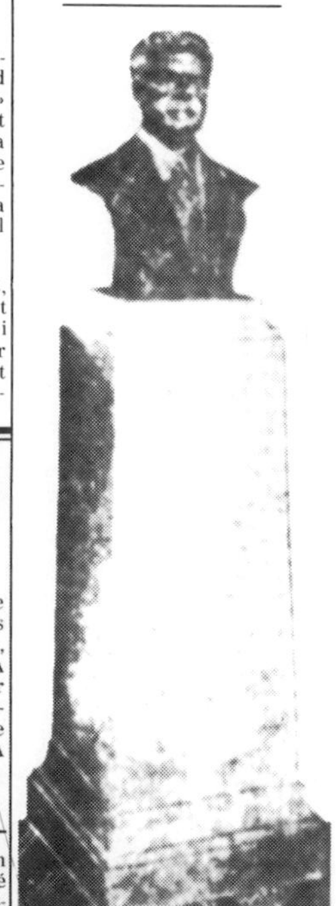

En 1923, les employés de LA PRESSE soulignaient l'entrée du journal dans sa 40e année d'existence en défrayant le coût d'un buste érigé à la mémoire de Trefflé Berthiaume, celui que l'on présentait à l'époque comme le « fondateur » de LA PRESSE (William Blumhart en fut en fait le fondateur). Le buste (une oeuvre du sculpteur Alfred Laliberté) fut dévoilé le *15 octobre 1923* par Mme Arthur Berthiaume, la femme du président de l'époque.

C'EST ARRIVÉ UN 15 OCTOBRE

1983 — Robert Bourassa redevient chef du Parti libéral du Québec.

1979 — Le gouvernement Clark échappe de justesse à une motion de blâme.

1978 — Une expédition franco-allemande atteint le sommet de l'Everest. Pierre Mazeaud devient le premier Français à réussir l'exploit.

1974 — Robert Samson, ex-agent de la GRC, est tenu responsable de l'explosion d'une bombe à la résidence de Melvyn Dobrin, président des magasins Steinberg.

1973 — Une centaine d'Indiens protestent contre l'occupation d'une maison de la réserve indienne de Caughnawaga par une famille non indienne.

1970 — Claude Castonguay, ministre de la Santé du Québec, dépose un projet de loi pour forcer le retour au travail des médecins spécialistes.

1969 — Le cardinal Paul-Émile Léger reçoit le prix de $50 000 de la Banque Royale, pour avoir consacré sa vie au service de l'humanité. — John Everett Robbins, d'Ottawa, ex-président de l'université de Brandon, devient le premier ambassadeur canadien au Vatican. — Des millions d'Américains protestent contre la guerre du Vietnam dans les principales villes des États-Unis.

1968 — Radio-Pékin annonce le limogeage du président Liu Shao-chi.

1965 — Inauguration du pont Macdonald-Cartier reliant Hull à Ottawa, sur la rivière Outaouais. — Démission du directeur de la Sûreté du Québec, Josaphat Brunet.

1961 — Les jeunes libéraux adoptent à la quasi unanimité une résolution préconisant la nationalisation des ressources hydro-électriques.

1959 — Ouverture de la conférence fédérale-provinciale; le premier ministre Sauvé promet de chercher une solution au problème des subventions fédérales aux universités. — Les États-Unis passent au premier rang en matière d'exploration spatiale grâce à l'avion-fusée *X-15.*

1954 — L'ouragan *Hazel* dévaste la région de Toronto, causant une centaine de morts et des dégâts évalués à $24 millions.

1946 — Herman Goering se suicide afin d'échapper à la pendaison, prévue pour le lendemain.

1945 — Pierre Laval meurt sous les balles d'un peloton d'exécution.

1942 — Un navire est coulé dans le Saint-Laurent, près du phare de Métis, vraisemblablement par un sous-marin allemand.

1934 — Décès de Raymond Poincaré, ex-président de la France, à l'âge de 74 ans.

1892 — Les Shamrocks de Montréal gagnent le championnat, à la crosse.

La Société des postes voit enfin le jour

OTTAWA (PC) — MM. André Ouellet et Michael Warren ont officiellement marqué le lancement, hier **(15 octobre 1981),** de la nouvelle Société des postes qui remplace un ministère vieux de 114 ans.

Perdant son ministère des Postes, M. Ouellet n'en sera pas moins le ministre responsable au Parlement de la compagnie d'Etat présidée par M. Warren.

La création de la Société des postes fait automatiquement tomber les règlements fixés par trois ministères, libère la direction et les syndicats des règles de négociations de la fonction publique et ouvre la porte à de nouvelles techniques de gestion financière.

Mais, d'un autre côté, le déficit doit atteindre cette année $500 millions, le militantisme des syndiqués est loin d'être disparu et la concurrence des services de messagerie se fait de plus en plus dure.

ACTIVITÉS

■ **Hommage à LA PRESSE**

Hôtel Reine-Elizabeth — Le Bureau de commerce, ou si vous préférez, le *Board of Trade,* rend un hommage spécial à LA PRESSE lors de son déjeûner d'aujourd'hui, alors que la conférence sera prononcée par le président et éditeur de LA PRESSE, M. Roger D. Landry.

■ **LA PRESSE dans le métro**

Station Berri-de-Montigny — De concert avec la Commission de transport de la Communauté urbaine de Montréal, LA PRESSE offre aux intéressés une dernière occasion de visiter la populaire exposition itinérante *Cent ans d'imprimerie.* Cette exposition réintégrera définitivement les locaux de LA PRESSE dès demain soir.

■ **Aurore l'enfant martyr**

Théâtre de Quatre-Sous — Les archives de LA PRESSE consacrées à la couverture de cette affaire tristement célèbre ont été largement utilisées pour la confection du programme et de l'affiche, en plus de servir à la décoration du hall.

Jusqu'au 28 octobre inclusivement.

Mata Hari passée par les armes

Reconnue coupable d'espionnage pour le compte de l'Allemagne, la célèbre danseuse Mata Hari fut passée par les armes par un peloton d'exécution, à Vincennes, le *15 octobre 1917.* Mata Hari, qui signifie « Oeil du matin » en javanais, était un nom de théâtre qu'avait adopté Marguerite Gertrude Zelle Macleod. Elle était née en Hollande. Parmi ses « exploits », on lui doit l'échec de l'offensive de la Somme, repoussée par les Allemands grâce aux renseignements fournis par l'espionne.

UNE MACHINE TOUT-À-FAIT MERVEILLEUSE

Elle envoie 1000 mots à la minute

PHILADELPHIE, 16 — On a fait hier **(15 octobre 1895)** un essai de la presse télégraphique de Patrick Delaney. La nouvelle machine travaille automatiquement. Son avantage sur toute autre machine est qu'elle peut envoyer sur un seul fil 1,000 mots par minute, entre deux points de la distance de New York à Chicago, tandis que le maximum que l'on peut obtenir des autres machines est de 150 mots à la minute. Malgré l'inclémence de l'atmosphère, le premier télégramme a été reçu d'une manière très claire et parfaitement lisible. M. Delaney dit qu'il peut facilement envoyer 1,000 mots à la minute au prix de 5 cents par 50 mots.

L'amphithéâtre du parc Sohmer était envahi par une foule de vingt mille personnes (et autant s'en voyait refuser l'accès), le *15 octobre 1914,* à l'occasion d'une grandiose manifestation organisée afin de susciter l'intérêt des Canadiens français pour la formation d'un régiment canadien-français. Ce croquis du dessinateur de LA PRESSE nous présente la scène pendant le discours de Sir Wilfrid Laurier, un des nombreux orateurs de marque à défiler sur la scène ce soir-là.

Offensive pour détruire le mouvement terroriste

par Claude BEAUCHAMP
de notre bureau de Québec

QUEBEC — Depuis hier **(15 octobre 1970)** à 14 heures, heure à laquelle le premier ministre Robert Bourassa a demandé le support de l'armée canadienne, les gouvernements du Canada et du Québec ont mis en branle une offensive d'urgence nationale dont le but ultime n'est rien d'autre que la destruction complète des mouvements terroristes au Québec. Dans cette optique, l'affaire des enlèvements de MM. James Cross et Pierre Laporte n'est graduellement devenue au cours des jours qu'un des multiples éléments qui ont guidé la mise au point d'une opération beaucoup plus vaste conçue en fonction de la défense des institutions publiques et de la sauvegarde de la démocratie.

Tant M. Bourassa que le premier ministre fédéral, M. Pierre Elliott Trudeau, ont en effet insisté depuis trois jours sur le fait que, selon leurs renseignements, l'activité terroriste au Québec est suffisamment dangereuse pour saper les fondements du régime politique actuel. Le chef du gouvernement canadien surtout n'a pas caché qu'il n'hésiterait pas à promulguer des restrictions aux libertés civiles pour briser à la racine la naissance d'un pouvoir parallèle qui a eu la prétention de vouloir négocier avec les autorités.

Il ne s'agit évidemment pas de se servir directement des forces armées pour effectuer ce grand nettoyage. Indirectement toutefois, l'affectation de l'armée à la protection publique et à la surveillance des édifices libérera les corps policiers fédéral, provincial et municipaux pour qu'ils puissent se consacrer entièrement à découvrir les caches terroristes.

Amendements au Code pénal

Le premier ministre québécois a lui-même fait allusion, au cours de sa conférence de presse de mercredi soir dernier, à la possibilité de modifications au Code pénal, qui relève de la juridiction fédérale, pour faciliter la lutte au terrorisme.

M. Bourassa a refusé jusqu'à maintenant de dire si son gouvernement fera des représentations ou des suggestions au gouvernement d'Ottawa sur la nature des amendements qu'il aimerait voir adopter au Code pénal.

Toutefois, dans la capitale provinciale, diverses sources indiquent que des amendements du genre de celui qui, par exemple, pourrait permettre aux policiers de perquisitionner sans mandat, pour une période déterminée, seraient de nature à obtenir l'adhésion du gouvernement québécois.

Il est d'ailleurs indéniable que depuis le début de l'activité terroriste, avec l'enlèvement du diplomate britannique à Montréal il y a douze jours, les autorités fédérales et provinciales ont marché la main dans la main. (...)

LA PRESSE

100 ans d'actualités

La loi des mesures de guerre est décrétée

par Marcel DESJARDINS
de notre bureau d'Ottawa

OTTAWA — Depuis quatre heures ce matin **(16 octobre 1970),** les Canadiens vivent sous l'empire de la loi des mesures de guerre, alors qu'au Québec l'armée est déjà venue prêter main-forte à la police.

Le cabinet fédéral a décidé de recourir à cette mesure afin de conjurer la menace que présente le FLQ.

A 3 h. 00 ce matin, le premier ministre du Canada, M. Pierre Elliott Trudeau a reçu des lettres du premier ministre de la province de Québec, M. Robert Bourassa, et des autorités de la ville de Montréal l'avisant «qu'un état d'insurrection appréhendé» existait dans la Belle Province.

Une heure plus tard, le gouverneur en conseil approuvait l'émission d'une proclamation en vertu de la loi des mesures de guerre.

Usant de ces nouveaux pouvoirs, le Cabinet fédéral a adopté un deuxième arrêté en conseil établissant certains règlements extraordinaires et jugés nécessaires par les autorités politiques en place, notamment le gouvernement fédéral, celui du Québec et la ville de Montréal.

Ceux-ci ne sont pas encore connus. Ils devaient l'être dès 11 h. ce matin, lors de la reprise de la session à Ottawa.

Ils sont cependant en vigueur depuis 4 h. et les autorités provinciales et municipales, par l'entremise des forces de l'ordre, veillent à leur application.

On croit qu'ils permettent à la police d'effectuer des perquisitions sans mandat et d'appréhender des individus sous la seule foi de soupçon.

Ces pouvoirs extraordinaires sont utilisés afin de retrouver les ravisseurs de MM. Cross et Laporte et, comme le soulignait M. Trudeau mercredi, afin de permettre aux autorités «de se défendre contre l'émergence d'un pouvoir parallèle qui défie le pouvoir des élus du peuple».

Ce que permet la loi

La loi des mesures de guerre permet, sur décret ministériel, quand il y a guerre, invasion ou insurrection réelle ou appréhendée, d'imposer la censure ou la suppression des publications, l'arrestation, la détention ou l'expulsion des personnes, le contrôle des ports et des eaux territoriales et des transports par air, par terre et par mer, le contrôle des exportations et des importations, la prise de possession, le contrôle, la confiscation ou la disposition des biens.

Le gouvernement peut imposer des peines pour des infractions à cette loi allant jusqu'à $5,000 d'amende ou à une période d'emprisonnement de cinq ans ou plus ou les deux à la fois. (...)

Point culminant

L'adoption de la loi des mesures de guerre est en quelque sorte le point culminant de la vaste opération qui a suivi les enlèvements de la semaine dernière. Plus tôt cette semaine, le premier ministre Trudeau avait dit qu'il n'hésiterait pas à prendre toutes les mesures à la disposition du gouvernement pour débarrasser le Canada «de ceux qui commettent des actes de violence contre l'ensemble du corps social et de ceux qui cherchent à dicter leurs volontés au gouvernement par l'intermédiaire d'un pouvoir parallèle qu'ils cherchent à établir en recourant à des enlèvements et au chantage».

Des spécialistes fédéraux ont expliqué au cours de la nuit qu'il n'existe aucune définition écrite d'une rébellion ou d'une insurrection.

Au cours des dernières heures et en particulier depuis mercredi, les autorités québécoises, en collaboration avec l'administration municipale de Montréal, ont démontré à la satisfaction du gouvernement fédéral qu'un «état d'insurrection appréhendée» existe au Québec.

Au réveil, le 16 octobre au matin, l'Armée canadienne occupait tous les points névralgiques au Québec et assumait la responsabilité de surveiller tous les édifices publics. L'hôtel de ville de Montréal n'échappait pas à la règle. photo Michel Gravel, LA PRESSE

10 NAZIS PENDUS

NUREMBERG, 16 (AFP) — C'est à onze heures moins le quart, hier soir, que *(Herman)* Goering parvenait à se donner la mort par un tour de force qui restera dans les annales de la justice criminelle, à l'instar de Himmler, qui, lui aussi, réussit à échapper au châtiment des hommes.

Peu de temps après, le colonel Burton C. Andrus, commandant la prison, se rendait dans les cellules des dix autres condamnés à mort et leur donnait simplement lecture de la sentence du tribunal militaire international qui, le 1er octobre, leur infligea la peine suprême. (...)

Le souper fut ensuite servi aux prisonniers. Il se composait d'une salade de pommes de terre, de saucisses, de pain noir et de thé. Et ce furent les ultimes préparatifs en vue des exécutions, qui allaient commencer à 1 heure 11 du matin **(le 16 octobre 1946),** au moment où Joachim von Ribbentrop, les yeux complètement éteints, fit son entrée dans la salle des pendaisons, les mains derrière le dos, encadrés par deux gardes précédés par un officier supérieur de l'armée américaine.

Les dix exécutions se déroulèrent à l'intérieur du préau qui, jusqu'à dimanche dernier, servait de salle de basket-ball aux gardiens de la prison.

Une mort sordide

Nul n'aura donc vu la corde se tendre au cou du «Reichsmarschall». Par sa mort lâche, sordide, Goering se priva de la dignité que, face au bourreau, montrèrent certains de ses complices, reconnaissons-le. Son suicide, au contraire, lui retirera le peu d'éclat qu'il avait pu garder aux yeux de ses fanatiques.

Au plus profond d'une nuit à jamais mémorable, il fut donc donné aux représentants de quatre nations victorieuses de l'empire du mal, et à deux personnalités de l'Allemagne conquise, d'assister à l'épilogue de onze vies d'infamie. (...)

(BUP) — L'exécution des chefs nazis, les premiers hommes dans l'histoire à payer de leurs vies, sur l'ordre d'un tribunal mondial, des crimes que l'on a considérés comme ayant une portée universelle, s'est accomplie rapidement et avec précision.

Il ne s'est écoulé qu'une heure et 41 minutes entre le moment où Joachim von Ribbentrop *(ministre des Affaires étrangères)* monta sur l'échafaud et que le bourreau, le sergent-chef John C. Woods, de San Antonio, Texas, lui ajusta la corde autour du cou jusqu'à celui où Arthur Seyss-Inquart *(gouverneur nazi de la Hollande),* le dixième condamné, fut déclaré mort. (...)

Ceux qui ont été pendus entre ces deux cas sont: le feld-maréchal Wilhelm Keitel; Ernst Kaltenbrunner, chef de la police de sécurité nazie; Alfred Rosenberg, philosophe du parti nazi; Hans Frank, gouverneur général de Pologne; Wilhelm Frick, protecteur de Bohême-Moravie; Julius Streicher, l'adversaire des Juifs; Fritz Sauckel, chef de la main-d'oeuvre asservie; et le colonel général Alfred Jodl. (...)

LE MAIRE EST PERDU

Une récompense de 5 cts à quiconque le trouvera.

L'échevin Préfontaine était à l'hôtel de ville à 4 heures hier après-midi **(16 octobre 1895),** pour convoquer une assemblée du conseil de ville, samedi soir, afin d'en finir avec la question du gaz.

L'échevin Marsolais arriva quelques minutes après lui. Où est le maire, demanda l'échevin Préfontaine? Il est impossible de le trouver nulle part. Il se tient probablement caché sous le lit pour nous empêcher d'avoir une assemblée spéciale samedi, mais elle aura lieu quand même. Nous devrions mettre une affiche: «Le maire est perdu. Une récompense de 5 cents, à celui qui le trouvera».

La note suivante fut immédiatement envoyée au maire suppléant, l'échevin Lefebvre:

Hôtel de ville, 16 octobre 1895.

Après toutes les recherches possibles, nous avons constaté que le maire n'est pas trouvable dans les limites de la ville. Nous, les soussignés, vous prions d'appeler une assemblée spéciale du conseil de ville pour samedi soir, 19 octobre, à 8 heures, pour considérer les affaires mentionnées dans l'ordre du jour ci-dessous écrit. (...)

BABILLARD

Deux fois 101 ans!

Deux Québécois célèbrent aujourd'hui leur 101e anniversaire de naissance, puisqu'ils sont nés le 16 octobre 1883.

Il y tout d'abord M. **Esdras Chamard,** de Saint-Jean-Port-Joli. Né à la Demi-Lieue, du mariage de Joseph, cultivateur, avec Philomène Duval, il était le douzième d'une famille de 13 enfants. Et pour ne pas être en reste, il en eut lui-même, grâce à son épouse Cécile Poirier, décédée en 1971 à l'âge de 83 ans, une douzaine, soit six garçons et six filles.

Esdras Chamard a fait sa carrière comme télégraphiste à l'emploi du Canadien National, et il y a déjà près de 40 ans qu'il a pris sa retraite (en 1947).

Plus près de nous, soit au foyer Rousselot, de la rue Sherbrooke, à Montréal, c'est Mme **Alice H. LaRoque** qui célébrera son 101e anniversaire de naissance. Fille d'Arthur Hurteau, ci-devant échevin de Montréal sous le régime du maire Jacques Viger, elle fut l'épouse de René LaRoque, vétéran de la guerre de 1914-18 et cofondateur avec son cousin, le général Georges Vanier, du Royal 22e Régiment. Mme LaRoque eut cinq enfants, mais les deux garçons sont depuis décédés.

LA PRESSE se joint aux parents et amis de ces deux centenaires pour leur offrir ses meilleurs voeux de santé et de bonheur.

ACTIVITÉS

■ **LA PRESSE dans le métro**

Station Berri-de-Montigny — De concert avec la Commission de transport de la Communauté urbaine de Montréal, LA PRESSE offre aux intéressés une **dernière occasion** de visiter la populaire exposition itinérante *Cent ans d'imprimerie*. Cette exposition réintégrera définitivement les locaux de LA PRESSE dès ce soir.

■ **Exposition de bandes dessinées**

Bibliothèque nationale du Québec — La bibliothèque nationale profite du centième anniversaire de LA PRESSE pour proposer une rétrospective des bandes dessinées publiées au fil des ans, sous le titre *La bande dessinée dans la vie de LA PRESSE*. **Jusqu'au 27 octobre inclusivement.**

■ **Aurore l'enfant martyr**

Théâtre de Quatre-Sous — Les archives de LA PRESSE consacrées à la couverture de cette affaire tristement célèbre ont été largement utilisées pour la confection du programme et de l'affiche, en plus de servir à la décoration du hall. **Jusqu'au 28 octobre inclusivement.**

SAINT-HENRI EST ANNEXE

A onze heures, le maire Guay de St-Henri a annoncé aux électeurs que le règlement pour annexer Saint-Henri à Montréal était adopté.

LA municipalité de Saint-Henri a vécu. Depuis ce matin **(16 octobre 1905),** elle est annexée à la cité de Montréal qui, par le fait même, élargit sa superficie de 424 acres et augmente sa population de 25,000 âmes.

Le règlement a été lu aux propriétaires par le secrétaire, M. N. Sénécal, à dix heures, et à une question posée par le maire, les propriétaires se sont déclarés unanimement en faveur. A onze heures le poll n'ayant pas été demandé le règlement a été déclaré adopté.

Ce règlement sera définitivement présenté au conseil de ville de Montréal, cet après-midi, par l'échevin Lavallée. M. le maire Guay a remercié les électeurs de Saint-Henri de la confiance qu'ils lui avaient manifestée jusqu'ici et les a assurés de son entier dévouement pour l'avenir.

Montréal fera du terrain des abattoirs un magnifique parc au quartier Saint-Henri, dit M. Guay, en terminant, et ce sera notre cadeau de Noël.

Jean Paul II, premier Polonais sur 264 papes

Un 56e pape non italien

CITE DU VATICAN (AFP, Reuter, AP, UPI) — A la surprise générale, les 111 cardinaux enfermés dans la Chapelle Sixtine ont choisi comme pape hier **(16 octobre 1978)** un prélat polonais, le cardinal Karol Wojtyla, posant ainsi un geste spectaculaire, dont la portée est immense, tant sur le plan religieux que politique.

Jean Paul II est le premier pape non italien depuis l'élection en 1522 d'Adrien VI, un prélat d'origine hollandaise. Dans l'histoire de l'Eglise, sur 264 papes, 209 ont été des Italiens, dont 112 Romains. Parmi les 55 étrangers, il y a eu 15 Grecs, 15 Français, y compris ceux d'Avignon, 6 Allemands, 6 Syriens, et deux originaires de l'actuel Etat d'Israël.

Placer à la tête de l'Eglise catholique un évêque qui n'a cessé au cours des dernières années de réclamer une véritable liberté de conscience et de religion pour son peuple — profondément croyant et pourtant soumis à la loi de l'athéisme d'Etat — c'est plus qu'un acte de foi, estiment les observateurs, c'est un acte politique. (...)

L'élection de Jean Paul II, outre qu'elle est un hommage indirect à tous les croyants des pays de l'Est dont la foi a résisté à toutes les pressions ou persécutions, introduit un élément tout à fait nouveau dans l'évolution des idées, et peut-être dans l'équilibre des forces, depuis la Seconde Guerre mondiale.

Un pape jeune

Jean Paul II, qui est le premier pape polonais, est né le 18 mai 1920. Il est donc, à 58 ans, relativement jeune pour un souverain pontife.

Le nouveau pape était archevêque de Cracovie. Il est considéré comme un libéral dont les vues se situent à mi-chemin entre le conservatisme et le progressisme. (...)

Il a été élu au deuxième jour du Conclave, au huitième tour de scrutin, après certaines hésitations entre les deux principaux courants de pensée au sein du Sacré Collège des cardinaux. (...)

La durée moyenne des conclaves a été de près de 4 jours depuis le début du siècle, si on tient compte de la date officielle d'ouverture. Le conclave actuel est donc ainsi dans sa 3e journée. Il est encore inférieure à la moyenne.

Pie X fut élu en 1903 après cinq journées et sept scrutins. Benoît XV en 1941 après 4 jours et 10 scrutins. Pie XI en 1922 après 9 jours et 14 scrutins. Pie XII en 1939 après 2 jours et 3 scrutins. Jean XXIII en 1958, après 4 jours et 11 scrutins. Paul VI en 1963, après 3 jours et 5 scrutins. Jean Paul 1er en 1978, après 2 jours et 4 scrutins.

Le conclave ouvert le 14 octobre est le 53e qui s'est déroulé au Vatican.

Jean-Paul II immédiatement après son élection.

C'EST ARRIVÉ UN 16 OCTOBRE

1982 — Décès à 75 ans de Hans Selye, scientifique et écrivain de réputation internationale.

1981 — Décès à 66 ans de l'ex-général Moshe Dayan, héros israélien des victoires de 1967 et 1973 aux dépens des Arabes.

1975 — La Commission d'enquête québécoise sur le crime organisé blâme les trois paliers de gouvernement dans le scandale de la viande avariée. — Le roi Hassan II du Maroc annonce la tenue d'une « marche pacifique » vers le Sahara occidental pour appuyer les revendications territoriales du Maroc.

1973 — Henry Kissinger et le duc Tho obtiennent conjointement le prix Nobel de la Paix. — Atlanta élit Maynard Jackson, le premier Noir à accéder à la mairie d'une ville du Sud des États-Unis.

1969 — Les incroyables Mets de New York gagnent la Série mondiale de baseball.

1968 — Les sprinters noirs américains Tommie Smith et Juan Carlos causent un scandale aux Jeux de Mexico, en brandissant un poing ganté de noir sur le podium d'honneur.

1962 — Les Yankees de New York arrachent un 20e championnat en Série mondiale.

1959 — Décès aux États-Unis du général George C. Marshall, un des plus grands stratèges de la Deuxième Guerre mondiale.

1957 — Henry Borden dirigera la Commission royale d'enquête sur les ressources énergétiques du Canada.

1953 — Le porte-avions américain *Leyte* est démoli par une explosion. On dénombre 32 morts.

1946 — Le duc et la duchesse de Windsor sont les victimes d'un vol de bijoux évalués à $1 million.

1945 — Ouverture à Québec de la Conférence de l'Organisation de l'alimentation et de l'agriculture des Nations unies.

1941 — Le maréchal Pétain condamne sept personnalités politiques à la détention pour une période indéfinie, après les avoir jugées coupables de la défaite des armées françaises face aux nazis.

1939 — Premier raid aérien sur Rosythe et le pont de Forth, en Écosse, par des avions nazis.

1931 — Choix de Charles-Ernest Gault comme chef intérimaire du parti conservateur provincial.

1925 — Fin de la conférence de Locarno, qui décrète la démilitarisation de la zone du Rhin et garantit les frontières franco-allemande et belgo-allemande.

1914 — Débarquement à Plymouth, en Angleterre, du premier contingent canadien, fort de 33 000 hommes.

1913 — Lancement à Portsmouth, en Angleterre, du premier navire mu au pétrole, le cuirassé *Queen Elizabeth*.

1911 — Dévoilement d'un monument érigé en l'honneur de Montcalm, à proximité des plaines d'Abraham, à Québec.

1910 — Les injures proférées à l'endroit du pape par un magistrat fanatique du nom de Nathan amènent quelque 20 000 catholiques montréalais sur le Champ de Mars pour témoigner leur attachement au catholicisme.

1899 — Horace Barré, le nouvel homme fort du Canada français, attire une foule aussi importance que celle de Louis Cyr, au parc Sohmer.

LA PRESSE

100 ans d'actualités

Les ravisseurs de M. Laporte retournent son corps dans l'auto qui a servi à l'enlèvement

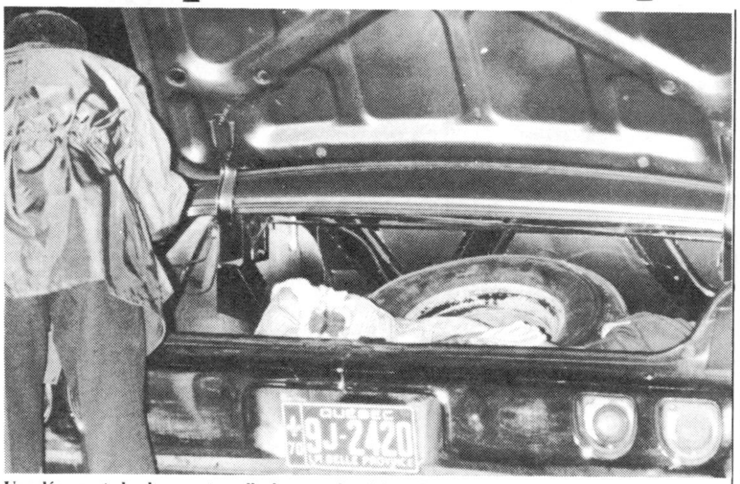

Une découverte bouleversante, celle du corps du ministre Pierre Laporte, dans le coffre de la voiture qui avait servi à son enlèvement une semaine plus tôt.
photo Robert Nadon, LA PRESSE

par René-François DESAMORE

SAMEDI **(le 17 octobre 1970)**, à 18h.18, une semaine jour pour jour et minute pour minute après son enlèvement devant sa demeure à Saint-Lambert, M. Pierre Laporte, ministre du Travail et de l'Immigration du Québec, a été assassiné.

Son corps a été découvert peu après minuit, au cours de la nuit de dimanche à lundi, dans le coffre de la voiture qui avait servi à ses ravisseurs, le 10 octobre dernier.

Voici comment se sont déroulés les événements, à partir du moment où LA PRESSE, avisée par CKAC de la découverte d'un communiqué du FLQ et de son contenu, a dépêché deux représentants à l'endroit précisé par le communiqué, dans le terrain de stationnement de l'aéroport civil de Saint-Hubert.

A 23 heures, à notre arrivée, seule l'auto-patrouille de CKAC est déjà sur les lieux. Dans la pénombre, à l'intérieur du terrain gazonné, se trouve une Chevrolet de couleur bleu-vert, au toit noir, immatriculée 9J2420, donc correspondant exactement à la description de la voiture ayant servi au rapt de M. Laporte.

L'auto se trouve au milieu du terrain de stationnement, à environ un demi-mille de l'aéroport militaire de Saint-Hubert qui bourdonne d'activité.

Dix minutes plus tard, une dizaine de policiers en civil, armés de fusils et de mitraillettes, sous les ordres du capitaine Raymond Bellemarre débouchent en trombe du chemin qui conduit au terrain de stationnement.

Avec de multiples précautions, ils s'approchent de l'automobile dont l'arrière penche vers le sol, sous le poids du contenu du coffre. (...)

N'ayant rien constaté de suspect, ils reviennent vers l'auto qu'ils identifient formellement comme étant le véhicule qui a servi à l'enlèvement de M. Laporte.

Au cas où le véhicule serait piégé, le capitaine Bellemarre décide de faire appel à l'armée canadienne avant de toucher à l'auto.

Entretemps, il reçoit des mains de Michel Saint-Louis, reporter de CKAC, le communiqué du FLQ qui précise notamment que le corps de M. Laporte, tué à 18.18 heures, se trouve dans le coffre de l'automobile.

Avant l'arrivée de l'armée canadienne, de nombreuses autos-patrouilles de la Sûreté du Québec mandées sur les lieux, barrent les voies d'accès au terrain de stationnement. A l'exception des représentants de CKAC et de LA PRESSE, arrivés avant la police, tous les journalistes sont retenus à l'extérieur du terrain de stationnement.

Vers 23h.45, un camion de l'armée attelé d'une remorque entre dans le terrain. Un militaire spécialiste en désarmorçage examine soigneusement l'auto dont il doit ouvrir le coffre.

Il installe ensuite un écran protecteur devant le coffre et se prépare à forcer la serrure à l'aide d'un pied-de-biche. (...)

Un premier coup de pic est donné sur la serrure. L'explosion appréhendée ne se produit pas. Encouragé, le militaire, derrière son écran, frappe régulièrement sur la serrure. (...) Il s'arrête de marteler, examine son travail et soulève le bord du coffre en forçant sur son pied-de-biche sur lequel il pèse de tout son poids. Le militaire se penche, regarde dans la mince ouverture, se retourne vers ses supérieurs et hoche la tête de haut en bas. Il se relève, avance vers les policiers et dit qu'il a vu des «guenilles». (...)

En quelques minutes, le soldat achève d'ouvrir le coffre. Il est environ 00.15 heures. (...)

Le capitaine Bellemarre confirme qu'il y a un corps mais refuse de dévoiler l'identité de ce corps. De l'endroit où nous sommes, à une vingtaine de pieds du coffre, nous n'apercevons qu'un drap blanc taché de sang.

Les policiers retirent du coffre un bout de corde, une feuille de papier et des morceaux de tissus. Un autre policier prend des photos de la voiture et de son contenu. (...)

Cette fois, il n'y a plus de doute, le contenu du coffre est bel et bien le corps de M. Laporte. La nouvelle est immédiatement lancée dans le monde entier. (...)

Le corps du ministre est étendu dans le coffre. Il porte le chandail dont il était vêtu lors de son enlèvement. Sa barbe est longue de quelques jours et une de ses mains, rougie par le sang, dépasse d'un bandage sommaire qui enroule son poignet. (...)

C'EST ARRIVÉ UN 17 OCTOBRE

1983 — Acquittement de l'avocate Claire Lortie, accusée de meurtre avec préméditation. — L'essayiste, journaliste et philosophe français Raymond Aron s'éteint à l'âge de 78 ans.

1979 — Mère Teresa (de son vrai nom Agnès Ganxha Bojaxhim, née en Yougoslavie), l'apôtre des pauvres de Calcutta depuis 33 ans, mérite le prix Nobel de la Paix.

1973 — L'OPEP décrète un embargo des exportations de pétrole vers les États-Unis et les Pays-Bas, tant qu'Israël n'aura pas quitté les territoires occupés depuis 1967.

1968 — Les Communes adoptent en première lecture le projet de loi sur les langues officielles.

1960 — Arrestation de Van Doren et de 13 autres personnes sous des accusations de parjure, dans l'affaire des jeux télévisés truqués.

1956 — Inauguration par la reine Elizabeth de la centrale atomique de Calder Hall, en Angleterre, la première au monde à produire de l'électricité à partir de l'énergie atomique sur une base commerciale.

1946 — Des travaux d'excavation à la Place d'Armes mettent à jour un puits très ancien situé en pleine rue Notre-Dame, à huit pieds sous le niveau actuel du pavé.

1941 — Une partie du gouvernement soviétique est envoyé à Kuibyshev. — Le destroyer américain *S.S. Kearny* est torpillé par un sous-marin allemand à 350 milles au sud de l'Islande.

1938 — Inauguration d'un service de messageries sur les lignes aériennes de la Trans-Canada Airlines.

1936 — Un cargo s'abîme dans le lac Erié; l'accident fait 19 morts.

1926 — Les Montréalais accueillent Babe Ruth, l'idole du baseball professionnel.

1913 — Nouvelle catastrophe aérienne en Allemagne, alors qu'une explosion détruit le dirigeable *L-II*.

1911 — Une nouvelle banque, la Banque internationale du Canada, ouvre ses portes à Montréal.

1893 — La France perd un de ses grands musiciens, Charles Gounod, décédé à l'âge de 75 ans.

BABILLARD

Une famille de camelots!

Mme **Magella Daoust Grenier**, de Coteau Station, nous signale dans une gentille lettre que dans sa famille comme dans celle de son mari, être **camelot de LA PRESSE,** cela fait presque partie de la tradition. Voyez par vous-même. Son mari, **Georges W. Grenier,** aujourd'hui âgé de 83 ans, a été camelot au cours des années 1914 et 1915. **Rolland** et **Gérald D'Aoust,** ainsi que **Magella,** ont été camelots en 1918. Beaucoup plus tard, soit en 1944 et 1945, c'étaient au tour des enfants de Georges et Magella, soit **Jean-Pierre, Paul, Gilles, Jacques** et **Monique,** de distribuer LA PRESSE. L'heureux couple célébrera, le 8 novembre 1984, son 58e anniversaire de mariage, en compagnie de ses 15 enfants, 23 petits-enfants, et six arrières-petits-enfants. LA PRESSE lui offre ses meilleurs voeux.

Trois jours plus vieux que LA PRESSE

La maison **L.N. et J.E. Noiseux Limitée** célèbre aujourd'hui son centième anniversaire de naissance, trois jours avant celui de LA PRESSE. L'entreprise spécialisée en matériaux de plomberie et de chauffage offerts à deux magasins situés à Montréal a été fondée le 17 octobre 1884 par Louis-Napoléon Noiseux. Comme nous le précise la direction actuelle, la famille Noiseux a cédé ses intérêts dans la compagnie, mais les acquéreurs ont judicieusement choisi de garder la raison sociale et de poursuivre les mêmes objectifs. LA PRESSE offre aux propriétaires et aux employés de cette entreprise de chez nous ses meilleur voeux de succès.

Très belle première page de l'édition du *17 octobre 1908.* Il est à noter que cette page est offerte (avec trois autres) sous forme d'affiche. Ces affiches, en couleurs évidemment, sont offertes au comptoir de l'entrée Saint-Jacques de LA PRESSE.

A gauche, deux perspectives d'un abri construit très habilement contre toute infiltration de l'eau; à droite, l'entrée d'une grotte où habitaient un homme et une femme; enfin, au centre, on aperçoit les restes d'un feu et une chaudière.

LES TROGLODYTES DU MONT-ROYAL

LA «PRESSE» qui découvrait récemment une vraie colonie établie dans un dépotoir de la ville fait part dans le récit qui suit d'une autre découverte où l'ingéniosité de l'homme paraît au moins égale à sa misère.

Montréal a-t-il aussi ses troglodytes? (...)

Apprenant que la police arrêtait les gens ayant élu domicile sur le Mont-Royal, nous nous rendons au poste de la montagne qui est situé dans le nouvel immeuble pour le service central des alarmes des incendies. Le lieutenant Georges Gendron qui est en charge de ce poste consent aimablement à nous piloter.

Buveurs d'alcool méthylique

En cours de route le lieutenant Gendron nous fournit les renseignements suivants au sujet des «troglodytes de la montagne».

Durant toute la chaude saison de 300 à 400 hommes couchaient à la belle étoile en différents endroits de la montagne. La police avait reçu ordre des autorités de la ville de ne pas intervenir, sauf en cas de désordre. Il y eut peu d'arrestation car tous ces hommes «se conduisaient bien». Quelques-uns furent cependant appréhendés pour avoir fait du tapage ou pour s'être enivrés. La boisson habituelle de ces hommes est l'alcool méthylique (alcool de bois) qu'ils achètent avec le fruit de leurs quêtes dans les rues.

Chômeurs irréductibles

Comme nous l'explique le lieutenant Gendron, ces hommes ne sont pas du tout pareil à ceux qui habitent les dépotoirs et dont nous avons parlé dans la «Presse» il y a déjà quelque temps. Ceux qui habitent les dépotoirs «gagnent leur vie» en revendant les matériaux qu'ils trouvent dans les déchets et se nourrissent des quelques aliments qu'ils y rencontrent. Au contraire, ceux qui habitent la montagne ne cherchent aucunement «à gagner leur vie». Ils ne veulent pas du tout travailler. (...)

Tout en causant, le lieutenant Gendron, qui connaît la montagne dans ses moindres détails, nous conduit vers une première grotte. Nous gravissons des sentiers divers qui nous éloignent de l'avenue du Parc et nous mènent aux flancs escarpés du Mont-Royal. (...) Et après avoir escaladé la montagne avec peine et misère jusqu'à une hauteur qui domine de 200 pieds environ les rues de la ville, nous apercevons soudainement une grotte. Elle *(mesure)* une dizaine de pieds environ par 5 ou 6 de large. Cette roche qui doit peser plusieurs tonnes est maintenue horizontalement par d'autres énormes cailloux de façon à laisser à l'intérieur un réduit informe mais suffisant pour loger deux ou trois personnes. (...)

Cette nouvelle fut publiée le 17 octobre 1931.

Un train officiel passe sur le pont de Québec

(Spécial à la «Presse»)

QUÉBEC, 17 — Un train spécial portant, dit-on, 400 invités de la compagnie St. Lawrence Bridge, a passé sur le pont de Québec, entre 11 heures 30 et midi, aujourd'hui **(17 octobre 1917)**. Le voyage a été un succès complet.

ACTIVITÉS

■ Exposition de bandes dessinées

Bibliothèque nationale du Québec — La bibliothèque nationale profite du centième anniversaire de LA PRESSE pour proposer une rétrospective des bandes dessinées publiées au fil des ans, sous le titre *La bande dessinée dans la vie de LA PRESSE.* **Jusqu'au 27 octobre inclusivement.**

■ Aurore l'enfant martyr

Théâtre de Quatre-Sous — Les archives de LA PRESSE consacrées à la couverture de cette affaire tristement célèbre ont été largement utilisées pour la confection du programme et de l'affiche, en plus de servir à la décoration du hall d'entrée. **Jusqu'au 28 octobre inclusivement.**

■ LA PRESSE à Jonquière

Place Centre-Ville, boulevard Harvey — Les résidents de cette municipalité qui n'ont pas l'opportunité de se rendre dans la région de montréal auront l'occasion d'apprécier les richesses des archives de LA PRESSE, et plus précisément les volets «100 ans de caricatures», «100 ans d'imprimerie» et «L'Univers de la bande dessinée». **Jusqu'au 20 octobre inclusivement.**

LE SYSTEME DE MARCONI

La station de télégraphie sans fil de Glace Bay communique avec l'Irlande.

GLACE BAY (Nouvelle-Ecosse), 18 — La station de télégraphie sans fil Marconi a inauguré hier **(17 octobre 1907)** son service commercial. Des télégrammes ont été échangés tout le jour avec la station d'Irlande, envoyés par Lord Strathcona, sir Hiram Maxim, le président Roosevelt et sir Wilfrid Laurier. Pendant tout l'après-midi un télégraphiste s'est tenu au poste, envoyant et recevant des dépêches. Les spectateurs pouvaient à leur aise suivre les opérations. Les journalistes étaient en grand nombre.

M. Marconi était là, surveillant tout. S'adressant aux représentants de la presse: «Tout a bien marché aujourd'hui, dit-il, et j'espère que cela continuera. Nous pouvons à présent échanger

«30 MOTS PAR MINUTE».

On a tenté avec succès des expériences pour démontrer qu'au moyen de la télégraphie san fil on pouvait suivre un navire en mer. Selon M. Marconi, une dépêche ne peut être interrompue, et si par hasard quelqu'un parvenait à la copier, il ne pourrait répéter cet exploit si les expéditeurs en étaient avertis.

Londres, 18 — Plusieurs journaux ont reçu des dépêches, par télégraphe sans fil, de la station de Glace Bay, Nouvelle-Ecosse, et plusieurs personnages, tels que le lord maire de Londres, sir C. Bell, le duc d'Argyll et le Haut-Commissaire Lord Strathcona, ont envoyé des messages

DE FELICITATIONS A M. MARCONI

Les messages sont envoyés avec beaucoup de facilité et les stations établies au Canada et en Angleterre sont aménagées d'une façon complète, et sont munies des appareils les plus modernes.

En 1902, le gouvernement canadien invita M. Marconi à venir au Canada. Un contrat fut conclu entre les deux parties. Aux termes de ce contrat, M. Marconi s'engageait à établir une grande station au Canada, et le prix des dépêches devait être la moitié de celui qui est demandé par câble.

DÉMISSION DE M. BOURASSA, M.P.

Parce qu'il désapprouve la conduite du gouvernement Laurier à l'occasion du Transvaal. — «Je ne consentirai jamais à me rallier à une politique aussi rétrograde.»

NOUS publions, ci-après, une lettre importante de M. Henri Bourassa, qui se démet de son mandat.:

A Sir Wilfrid Laurier, P.C., G.C.M.G.,
Premier ministre du Canada.

Monsieur le ministre,

Dans une déclaration publiée le 4 octobre par le «Globe» de Toronto, vous avez dit, à propos de l'envoi de milices canadiennes au Transvaal: «Suivant mon interprétation de la Loi de la Milice, et je puis dire que j'ai étudié cette loi ces jours-ci, nos volontaires sont enrôlés pour la défense du Dominion. Ils forment les troupes canadiennes destinées à combattre pour la défense du Canada... Le Canada n'est pas menacé, et bien que nous désirions envoyer des troupes, je ne vois pas comment nous pouvons le faire. Et, de plus, comment pourrions-nous le faire sans que le Parlement nous votent les deniers nécessaires? Nous ne pourrions rien faire. En d'autres termes, il nous faudra convoquer le Parlement.»

En face de cette déclaration, j'attendais la convocation immédiate des Chambres, où chacun des représentants du peuple aurait pu exprimer ses vues sur la situation très grave qui nous est faite en ce moment sans le consentement ni la participation de ceux dont vous tenez le pouvoir.

Au lieu du décret de convocation, les journaux de samedi nous apportent la nouvelle que le ministère fédéral a pris sur lui de constituer un corps de mille volontaires, de les vêtir, de les armer et de les expédier au Sud-Africain, aux frais et dépens des contribuables du pays. Et cette démarche sans précédent s'accomplit, non à la demande du gouvernement impérial, mais en une réponse à une dépêche du Secrétaire des Colonies. (...)

Voici des questions que le peuple canadien a le droit de poser et d'entendre répondre nettement avant de se laisser entraîner dans une guerre dont je ne peux apprécier maintenant ni les causes ni la légitimité. Il me suffit de dire aujourd'hui que cette guerre n'est pas le fait du peuple anglais; (...) qu'elle n'affecte en rien les intérêts propres au Canada ni les intérêts communs de la Grande-Bretagne et du Canada; que de l'aveu des impérialistes les plus bruyants, elle ne met nullement en danger la sécurité de l'empire.

L'arrêté ministériel, qui décrète l'enrôlement et l'expédition de nos troupes, réserve, paraît-il, l'avenir et empêche cette action d'être considérée comme un précédent.

Henri Bourassa.

Le précédent, monsieur le ministre, c'est le fait accompli.

Le principe en jeu est l'axiome par excellence du libéralisme anglais, c'est la base même du régime parlementaire: NO TAXATION WITHOUT REPRESENTATION. Et l'impôt du sang constitue la forme la plus lourde des contributions publiques. (...) Citoyen britannique, fier de ses droits et jaloux de sa liberté, loyal à l'Angleterre et à son auguste souveraine, je suis prêt à payer de ma personne et de mes deniers, de ma parole et de mes actes, pour défendre le drapeau britannique dans toute l'étendue de la confédération canadienne.

Mais loyal, avant tout, pardessus tout et toujours, au Canada j'ai promis aux électeurs de mon comté de travailler au progrès de mon pays sans déroger à l'esprit fondamental de la Constitution.

Pour accomplir cette promesse, j'ai donné mon appui à votre gouvernement tant que vous êtes resté dans les limites que le peuple canadien vous a tracées. J'ai approuvé et j'approuve votre politique administrative. Mais je vois dans ce dernier acte, l'inauguration d'une politique constitutionnelle que la majorité de vos partisans a toujours dénoncée et sur laquelle vous n'avez jamais consulté ni le Parlement, ni l'électorat.

Tels sont les principes que j'aurais fait valoir à la Chambre des Communes.

Privé de ce droit, il ne me reste qu'un moyen d'affirmer et de justifier mon attitude. Il m'en coûte d'y recourir, à cause de l'admiration personnelle que vous m'inspirez et de mon attachement aux autres principes politiques qui vous ont toujours guidé et que je veux continuer à défendre.

Mais la conviction profonde qui m'anime m'empêche d'hésiter davantage. Je me démets donc, aujourd'hui, de mon mandat parlementaire et je me présenterai de nouveau devant les électeurs de Labelle; je leur exposerai loyalement la situation et, confiant dans le résultat de l'épreuve, j'attendrai leur réponse avant de reprendre mon siège à la Chambre des Communes.

Agréez, monsieur le ministre, l'assurance de ma haute considération,

HENRI BOURASSA.
Papineauville,
18 octobre 1899.

En portant le record du saut en longueur à 8 m 90, le *18 octobre 1968*, lors des Jeux de Mexico, l'Américain Bob Beamon réussissait un exploit qui n'est pas prêt d'être éclipsé. Le record précédent, 8 m 36, avait été établi par son compatriote Ralph Boston trois ans plus tôt, mais le record antérieur à celui de Boston (8 m 13 réussi par Jesse Owens en 1935) avait résisté pendant 30 ans aux assauts des sauteurs en longueur. Jamais, ni avant ni depuis, un athlète n'a fracassé un record d'une façon aussi importante que Beamon, ce jour d'octobre 1968.

Casey Stengel est congédié

NEW YORK (AFP) — Casey Stengel, gérant des «Yankees», a pris sa retraite aujourd'hui **(18 octobre 1960)** à l'âge de 70 ans. Le gérant des Yankees a déclaré qu'il avait été tout simplement licencié de son poste. «On m'a fait savoir que mes services n'étaient plus requis», a-t-il déclaré au cours d'une conférence de presse en précisant que la raison de ce licenciement était son âge. Stengel est âgé de 70 ans.

De son côté, M. Dan Topping, copropriétaire du club des Yankees, a déclaré que le contrat de Casey Stengel n'a pas été renouvelé en application du programme de pension et de participation aux bénéfices du club. Stengel touchera une somme de 160,000 dollars le 31 octobre 1960.

Connie Mack abandonne la gérance du club Philadelphie

PHILADELPHIE, 18 (B.U.P.) —Connie Mack abandonne aujourd'hui **(18 octobre 1950)** la gérance des Athlétiques de Philadelphie qu'il a pilotés pendant 50 ans et qu'il a conduits à neuf championnats et dans cinq séries mondiales.

Mack, le grand vieillard du baeball, a annoncé personnellement sa retraite (...) à un lunch offert aux journalistes et commentateurs de la radio.

En même temps, il a annoncé que Jimmy Dykes, l'un de ses joueurs et son adjoint actuel, le remplacera comme gérant et qu'Arthur Ehlers deviendra le gérant général. (...)

En annonçant la nouvele, Mack a dit: «Je me retire du baseball. J'abandonne la gérance du club de baseball». Il a ensuite présenté Dykes, l'ancien troisième but étoile et a dit: «Je crois qu'il nous fera un excellent gérant». (...)

LA FEMME EST ELIGIBLE DANS LE SENAT CANADIEN

LONDRES, 18 — Les femmes peuvent devenir membres du Sénat du Canada. Elles sont éligibles et peuvent être appelées à la Chambre haute du Dominion. Leurs Seigneuries du comité judiciaire du Conseil privé ont donné aujourd'hui **(18 octobre 1929)** cette opinion sur l'appel de cinq femmes de l'Alberta contre une décision de la Cour suprême du Canada.

Contrairement au jugement de la Cour suprême, le Conseil privé en est venu à la conclusion que le mot «personne» désigne les membres de l'un et l'autre sexe. L'appel portait précisément sur le sens à donner au mot «personne», contenu dans la clause de l'Acte de l'Amérique du Nord britannique.

Le lord chancelier de Grande-Bretagne, lord Sankey, a donné le jugement. Il l'a lu au complet devant leurs Seigneuries. Depuis quelques années, on se contentait d'avoir le résultat général et de remettre des copies aux intéressés.

Le jugement était exceptionnellement intéressant, non seulement à cause du point constitutionnel en jeu, mais parce qu'il soulevait la question du statut général des femmes.

Les appelantes

Les appelantes étaient l'hon. Irene PARLBY, d'Alix, l'une des premières femmes de l'Empire à devenir membre d'un cabinet; Mme Louise McKINNEY, de Claresholme, la première femme élue à l'Assemblée législative d'Alberta; Mme Nellie McLUNG, écrivain et conférencière qui a représenté Edmonton à l'Assemblée législative d'Alberta; Mme G.C. Edwards, de McLeod, et le magistrat Milly MURPHY, d'Edmonton, l'une des deux premières femmes nommées magistrats au Canada.

Leur appel au Conseil privé pour une nouvelle interprétation de la clause en question de l'Acte de l'Amérique du Nord britannique, n'avait pas été combattu par le gouvernement canadien, après la décision de la Cour suprême. (...)

ACTIVITÉS

■ **Exposition de bandes dessinées**
Bibliothèque nationale du Québec — La Bibliothèque nationale profite du centième anniversaire de LA PRESSE pour proposer une rétrospective des bandes dessinées publiées au fil des ans, sous le titre *La bande dessinée dans la vie de LA PRESSE*. **Jusqu'au 27 octobre inclusivement.**

■ **Aurore l'enfant martyr**
Théâtre de Quatre-Sous — Les archives de LA PRESSE consacrées à la couverture de cette affaire tristement célèbre ont été largement utilisées pour la confection du programme et de l'affiche, en plus de servir à la décoration du hall. **Jusqu'au 28 octobre inclusivement.**

■ **LA PRESSE à Jonquière**
Place Centre-Ville, boulevard Harvey — Les résidents de cette municipalité qui n'ont pas la possibilité de se rendre dans la région de Montréal auront l'occasion d'apprécier les richesses des archives de LA PRESSE, et plus précisément les volets « 100 ans de caricatures », « 100 ans d'imprimerie » et « L'Univers de la bande dessinée ». **Jusqu'au 20 octobre inclusivement.**

C'EST ARRIVÉ UN 18 OCTOBRE

1983 — L'hôpital Saint-Luc célèbre son 75e anniversaire.

1982 — Suicide de John Robarts, ex-premier ministre de l'Ontario et ex-coprésident de la commission Pepin-Robarts.

1981 — Le général Wojciech Jaruzelski assume désormais les pleins pouvoirs en Pologne, après avoir limogé Stanislaw Kania, à qui on reprochait de manquer de vigueur face au mouvement *Solidarnosk*. — Le Parti socialiste panhellénique d'Andreas Papandreou gagne les élections générales, en Grèce.

1976 — Cessez-le-feu décrété au Liban. Une force de paix arabe (surtout composée de Syriens) sera responsable de le faire respecter.

1967 — La sonde spatiale soviétique *Vénus IV* se pose en douceur sur Vénus.

1965 — Les magnats du hockey rendent hommage à Frank Selke, ex-directeur général du Canadien de Montréal.

1956 — Soeur François-Solano (Dorothée Dubé, de Saint-Georges-de-Beauce) est retrouvée vivante après son enlèvement par des rebelles algériens, mais sa compagne française a été assassinée.

1952 — Décès à 91 ans du juge Mathias Tellier, conseiller du gouvernement provincial en matière constitutionnelle.

1951 — Les Anglais isolent l'isthme de Suez en occupant les principaux points stratégiques.

1950 — Les jumelles Dionne font leur première apparition publique à Montréal.

1945 — Première audience publique du tribunal international chargé de juger les criminels de guerre nazis. — À peine libéré de prison, le général Peron assume le pouvoir en Argentine.

1941 — Le premier ministre King annonce le gel des gages de base et des prix à un niveau fixe prédéterminé.

1939 — Assemblée à Stockholm des rois de Suède, de Norvège et du Danemark, accompagnés du président de la Finlande, pour réaffirmer leur neutralité.

1927 — L'aviateur français Jacques de Lesseps meurt dans un accident d'avion à proximité de Gaspé.

1920 — Dévoilement d'un monument à la mémoire de Sir Wilfrid Laurier, à Iberville.

1918 — Sir Évariste Leblanc, lieutenant-gouverneur du Québec, meurt en fonction.

1900 — Fondation de la Société provinciale d'agriculture et de colonisation, à Saint-Hyacinthe.

LE MAIRE MARTIN EST REELU PAR PLUS DE TRENTE MILLE VOTES DE MAJORITE

LES élections municipales d'hier **(18 octobre 1921)** mettent fin au régime institué en 1918 par le gouvernement de notre province. Elles marquent le départ de la Commission administrative, qui était formée de membres nommés par Québec. La nouvelle administration municipale sera dirigée par un conseil composé de 35 échevins et d'un maire. Le conseil, dont le terme d'office s'est terminé avec l'élection d'hier, n'était composé que de 20 membres et d'un maire; le nouveau conseil comptera donc 15 membres de plus que celui qui vient de disparaître. Le premier devoir du nouveau conseil sera de nommer un comité exécutif de cinq de ses membres. La charte donne à ce comité des pouvoirs étendus.

M. Ernest Décary, président de la commission, les commissaires Marsil, Verville et Ross **doivent quitter l'hôtel de ville** aussitôt que le nouveau conseil entrera en fonction. Le maire a déjà annoncé qu'il convoquera une assemblée du conseil aussitôt que possible, c'est dire que la commission actuelle n'en a plus que pour quelques jours à administrer les affaires de la ville. (...)

Le maire Martin recueillit 53 024 voix, comparativement à 22 900 pour son adversaire Rochefort, pour une majorité de 30 124 voix. Le maire Martin l'avait emporté dans 31 des 35 quartiers. Les 75 924 voix représentaient 46 p. cent des 165 205 électeurs éligibles.

Edison meurt content d'avoir pu auparavant terminer son oeuvre

Le grand inventeur s'éteint paisiblement entouré de sa famille, à l'âge de 84 ans.

Thomas Alva Edison.

WEST ORANGE, 19 — Thomas Edison est décédé en paix dans sa demeure de Hilltop où durant sa vie il avait travaillé pour donner au monde la lumière, le travail et la récréation.

Plongé dans le coma sur les derniers moments, le vieil inventeur âgé de 84 ans déclara au docteur Hubert S. Howe qu'il ne désirait pas vivre, lorsqu'il comprit qu'il ne pouvait pas revenir à la santé.

Sa femme et ses six enfants, qui s'étaient tenus constamment à son chevet pendant sa maladie de onze semaines, avaient appris de la bouche même de M. Edison que son travail était maintenant terminé et que c'était mieux pour lui de quitter le monde plutôt que de les embarrasser de ses infirmités et de sa vieillesse.

Dans le calme du matin, M. Arthur L. Walsh, vice-président de Thomas E. Edison Industries Inc., apporta aux journalistes la nouvelle officielle de la mort de M. Edison. Pâle et agité, M. Walsh descendit rapidement vers les quartiers généraux des journalistes et leur lut le bulletin suivant: «Thomas Alva Edison est décédé paisiblement 24 minutes après 3 h. ce matin, **18 octobre 1931.** (Signé) Dr H.S. Howe. (...)

Thomas Alva Edison, inventeur américain, est né à Milan, Etat de l'Ohio, Etats-Unis, en 1847. Après avoir été crieur de journaux, cireur de bottes, puis homme d'équipage, sur la ligne du chemin de fer du Grand Tronc et du Central Michigan, Edison apprit tout seul la typographie, se fit rédacteur, compositeur et imprimeur d'une feuille de nouvelles qu'il vend aux voyageurs. Entré en 1862 au bureau télégraphique de Port Huron et ne cessant de s'instruire, il inventa, en 1864, son télégraphe «duplex» permettant de faire passer simultanément sur un fil unique deux dépêches en sens inverse. Il devint par la suite ingénieur de plusieurs sociétés de réseaux télégraphiques. Riche et ayant déjà acquis un grand renom, il fonda, en 1876, son usine de Menlo Park, à Orange, Etat de New Jersey. C'est là qu'il a réalisé ses inventions les plus considérables. En 1877, il inventait le microtéléphone, qui permit de rendre pratique le téléphone de Bell; en 1878, il a fabriqué le premier phonographe, dont le principe avait été trouvé par le Français Charles Cros, l'année précédente.

En 1878, il apporta de merveilleux perfectionnements à la lampe à incandescence qui porte son nom. La même année, il imagina le mégaphone, et ultérieurement de nombreuses inventions dont certaines sont d'une très grande importance. En 1880, il inventa un câble dans lequel le guipage de coton était imprégné d'huile lourde; en 1884, il signala l'effet Edison, première étape de la découverte de la lampe triode (cet effet avait déjà été étudié par Hittorf en 1869). On lui doit encore le kinétoscope (1894), ingénieuse synthèse photographique du mouvement, des expériences fort intéressantes sur diverses applications de l'électricité: en particulier, un procédé permettant de télégraphier avec un train en marche et un télégraphe quadruplex et sextuplex. Vers 1914, il mit au point une batterie d'accumulateurs Edison. Pendant la guerre, il perfectionna les moteurs au benzol, au gaz carbonique liquide et les moteurs électriques. Enfin, il étudia la préparation des colorants d'aniline à partir du nitrobenzène. (...)

LA PRESSE
100 ans d'actualités

LA FATALE EXPLOSION A LA POUDRERIE DE RIGAUD

On n'a pu retrouver que des débris informes des 4 infortunés jeunes gens qui ont perdu la vie dans cette catastrophe.

(De l'envoyé spécial de la PRESSE)

RIGAUD, 20 — La triste catastrophe arrivée hier **(19 octobre 1911)** à quelques milles de Rigaud a causé une vive sensation. Quatre hommes, tous jeunes, ont perdu la vie. L'explosion de la poudrerie de la Curtiss & Harvey Company a été si violente qu'elle a été ressentie jusqu'à Carillon. Les gens attablés dans les hôtels ont échappé leurs verres tant la commotion a été violente. L'édifice où s'est produite l'explosion n'existe plus. Les débris en ont été lancés dans les airs et l'on trouve des morceaux de planche à une distance de plus de quatre cents pieds.

Il ne reste plus à cet endroit qu'un vaste trou creusé par la force de l'explosion. Toutes les maisons dans le voisinage ont subi des dommages considérables. (...)

SUR LES LIEUX

Le représentant de la «Presse» a visité les lieux, hier soir, en compagnie du second vice-président, M. Jack J. Reilly. C'est une empoignante scène de désolation. De nombreux employés cherchaient les restes des malheureuses victimes. Des morceaux de vêtements, des lambeaux de chair pendaient aux branches des arbres. Il sera impossible de faire aucune identification.

LUGUBRE CORTEGE

Quelques minutes avant 7 heures se forma un lugubre cortège.

La chaussure de l'une des victimes a été retrouvée accrochée à la branche d'un arbre, à quelque 400 pieds de distance.

Les restes des quatre pauvres jeunes qui ont été tués par l'explosion ont été déposés dans une caisse de bois brut et furent transportés au charnier de Rigaud. (...)

Quelles sont les causes de ce terrible accident? Il serait encore difficile de le dire. M. Reilly, le second vice-président, croit qu'elles peuvent être attribuées à l'imprudence de quelques employés. Au moment où l'explosion s'est produite, deux employés, Napoléon Castonguay, âgé de 18 ans, et Eugène Séguin étaient à l'intérieur de l'édifice où se fait le mélange des matériaux pour la fabrication de la nitro-glycérine. Wilfrid Mallette et Adélard Chevrier étaient supposés se tenir au dehors sous un appentis.

Il ne reste plus maintenant de ces jeunes gens, dont le plus vieux avait à peine vingt-et-un ans, que des lambeaux de chair qu'il est impossible d'identifier. A cinq cents pieds de l'endroit, l'on a trouvé des chaussures accrochées aux branches d'un arbre. Il ne reste plus personne pour dire comment s'est produit l'accident. Les témoins sont maintenant rendus dans l'éternité.

Il y a quatre ans que la poudrière a été ouverte par la Teutonite Explosive Company. La Northern Explosive Company lui a succédé, puis enfin la Curtiss and Harvey Company prenait possession de l'établissement, le printemps dernier. Le colonel Reilly déclarait, hier soir, au représentant de la «Presse» que toutes les précautions possibles ont été prises pour protéger la vie des travailleurs et les propriétés. Vingt-cinq édifices sont distribués sur une superficie d'environ trois cent vingt arpents et chacun est éloigné de l'autre par une distance d'au moins cent cinquante pieds. Les matériaux sont transportés en petites quantités dans des cuves en fibres de bois munies d'anses en cuir. La compagnie emploie environ soixante-dix hommes.

Quelques bouts de planche, voilà tout ce qui restait du bâtiment où travaillaient quatre jeunes gens.

De gauche à droite, Joseph Castonguay, Eugène Séguin et Wilfrid Mallette.

Al Capone a été trouvé coupable de 5 offenses

CHICAGO, Ill., 19 — Après une carrière de douze années comme chef de bandits de Chicago, Al Capone a été déclaré coupable **(le 19 octobre 1931)**, sous cinq chefs d'accusation, et sa sentence, dont le total peut être de 17 ans de pénitencier et de $50,000, sera prononcée demain matin à 10 heures. Capone a esquissé un rire narquois en entendant le verdict du jury.

Le célèbre «gangster» a été trouvé coupable d'avoir négligé de payer à l'Etat son impôt sur un revenu de $257,285 en 1925, de $195,676 en 1926, et de $218,056 en 1927, et aussi de n'avoir pas fait son rapport à l'Etat au sujet de ses revenus en 1928 et 1929. Sur chacun des trois premiers chefs d'accusation, il est passible d'un emprisonnement de cinq ans, et d'un autre emprisonnement de deux ans sur les deux derniers chefs.

Le juge fédéral James H. Wilkerson, qui a entendu son procès, recevra demain la motion sur le verdict de la part des avocats de Capone, et il est probable qu'il prononcera la sentence aussitôt après. (...)

La première Bomarc arrive aujourd'hui à North Bay

OTTAWA (PC) — La première fusée anti-avions «Bomarc» a être livrée au Canada est censée arriver aujourd'hui **(19 octobre 1961)** à la base de lancement de l'ARC près de North Bay, en Ontario.

Les autorités de l'ARC ont refusé de divulguer quand arrivera la première des 56 fusées «Bomarc» que le Canada recevra des Etats-Unis en vue de leur installation à North Bay et à La Macaza, au Québec.

On a rapporté que la première fusée, ainsi que les autres qui suivront, devait être transportée à North Bay par camion de l'usine aéronautique «Boeing» à Everett, dans l'Etat de Washington. On croit savoir que les fusées seront «désarmorcées» au cours du voyage. (...)

La prochaine à Montréal?

L'Exposition de Bruxelles a attiré 42 millions de visiteurs

BRUXELLES, 20 (AFP) — L'Exposition de Bruxelles a fermé ses portes. On ne saurait prétendre en établir aujourd'hui **(19 octobre 1958)** un bilan. Tout juste peut-on formuler quelques constatations d'ordre général.

Si le succès se mesure au nombre des visiteurs, l'Exposition a été un incontestable succès. Le chiffre de 40 millions, cité comme une chimère, avant l'ouverture, a été largement dépassé. Dans le monde entier, l'Exposition de Bruxelles a suscité un grand mouvement de curiosité. C'était la première exposition universelle depuis la guerre; elle a eu la résonnance mondiale qu'on pouvait en attendre.

Le thème de l'exposition, qu'on a beaucoup raillé et qu'on avait fini par perdre de vue dans les remous de foule et les feux d'artifice, était ambitieux. «Bilan du monde pour un monde plus humain». La façon dont ont voisiné pendant six mois le pavillon soviétique et le pavillon américain, rivalisant courtoisement d'attractions pour attirer les visiteurs, laissera un souvenir encourageant. (...)

Comment s'établit le résultat sur le plan financier? La question ne concerne, pratiquement, que le pays organisateur, la Belgique. Les quelques dizaines de millions de francs que l'entreprise aura coûtées à l'Etat belge sont largement compensées par le prestige mondial que l'Exposition a conféré à la Belgique. Quant à dire que tous les Belges se sont enrichis, c'est une autre affaire...

Les visiteurs ont dépensé moins que prévu

Dans l'ensemble, si les visiteurs ont été nombreux, ils ont dépensé moins qu'on ne le prévoyait; c'était trop cher, dit-on généralement; les restaurateurs et limonadiers établis dans l'enceinte de l'exposition ont certes fait de bonnes affaires, mais ce fut au détriment des commerçants du centre de la ville, et surtout au détriment des établissements touristiques du littoral et des Ardennes, dont la saison fut franchement mauvaise.

Le bâtiment a connu des heures dorées pendant la période de préparation, mais la Belgique se voit aujourd'hui contrainte de lutter, à coups de grands travaux coûteux, contre une brusque menace de chômage. (...)

Bruxelles, centre européen

Mais il reste à Bruxelles un réseau de boulevards et de routes que bien des capitales plus importantes pourraient lui envier. (...)

Les exposants ont (...) le devoir de remettre le terrain occupé en état. (...) Les commissaires généraux ont été avisés que le maintien des constructions ne sera autorisé que dans de très rares cas. (...) Nombreux sont (...) les pays qui avaient manifesté leur intention de faire don de leur pavillon, évitant ainsi les très importants frais qu'entraînent la démolition et la remise en état du terrain. L'acceptation de ces cadeaux empoisonnés sera l'exception. Que faire, en effet, de ces constructions en matériaux légers, impossibles à chauffer l'hiver? (...)

Après avoir réussi son exploit, Richard se retrouve parmi ses admirateurs, tenant une banderole qui ne saurait être plus explicite...

MAURICE RICHARD ATTEINT LE GRAND OBJECTIF DE SA CARRIÈRE: 500 BUTS

par Gérard Champagne

QUELQU'UN, là-haut, doit aimer Maurice Richard et les Canadiens français!, a dit M. Frank Selke, après la joute du **19 octobre 1957,** une date mémorable dans toute l'histoire du hockey.

Les paroles de M. Selke méritent qu'on s'y arrête. Comment ne pas reconnaître que Maurice Richard est un athlète privilégié? Quel autre joueur de hockey a connu une plus glorieuse carrière? Quel autre homme a-t-il été aussi adulé par la gent sportive canadienne?

A l'âge de 35 ans, indépendant de fortune et n'ayant plus aucun objectif à viser comme joueur de hockey, Joseph Henri Maurice Richard a éprouvé l'une des plus grandes joies de sa vie d'athlète en marquant le 500e but de sa carrière étincelante dans la Ligue Nationale de hockey, samedi soir, au Forum.

Quand, dans sa joie trépidante, Maurice Richard est tombé dans les bras de Jean Béliveau, l'a étreint de toutes ses forces pour cacher une émotion difficile à contrôler, après son but historique, la foule de 14,405 spectateurs a fait entendre un cri délirant à l'unisson. Les clameurs de la multitude de compatriotes se sont prolongées jusqu'au moment où le «Rocket» est allé de sa propre initiative prendre place au banc, parmi ses coéquipiers.

Le Canadien devait triompher des Black Hawks de Chicago par 3 à 1, mais l'instructeur Toe Blake est le premier à admettre que tous les spectateurs étaient venus au Forum pour applaudir Maurice Richard et le voir accomplir son remarquable exploit.

Même si les hommes sont difficiles à épater après avoir appris que la barrière du son avait été franchie, que des hommes pouvaient lancer un satellite artificiel dans l'atmosphère, qu'un athlète pouvait courir le mille en moins de quatre minutes, les sportifs sont unanimes à admettre que le 500e but de Maurice Richard est un exploit extraordinaire. Hector (Toe) Blake, un gaillard qui a réussi un tour de force peu commun en marquant 235 buts au cours de sa longue carrière dans le hockey majeur, prétend que le total de 500 buts comptés par le «Rocket», son ancien compagnon de jeu, peut se comparer au total de 714 coups de circuit frappés par Babe Ruth. (...)

Ce but n'était pourtant pas le plus spectaculaire que le grand artiste canadien-français ait jamais enregistré. C'était un but comme il en avait marqué plusieurs autres, avec un lancer foudroyant et avec la signature «Maurice Richard» sur la rondelle.

M. Paul-Emile Paquette, le juge de buts, placé derrière la cage de Glen Hall, a déclaré: «J'ai vu Maurice recevoir une passe de Béliveau. Richard était placé à une vingtaine de pieds des buts et était posté au centre de la patinoire. Il a reçu le disque et il a lancé d'un tour de poignet. Le disque a passé avec une rapidité extraordinaire à la droite de Glen Hall.» (...)

ACTIVITÉS

■ **Exposition de bandes dessinées**

Bibliothèque nationale du Québec — La bibliothèque nationale profite du centième anniversaire de LA PRESSE pour proposer une rétrospective des bandes dessinées publiées au fil des ans, sous le titre *La bande dessinée dans la vie de LA PRESSE*. **Jusqu'au 27 octobre inclusivement.**

■ **LA PRESSE et le jeune théâtre**

Salle du Tritorium — Début de la saison de la Maison québécoise du théâtre pour l'enfance et la jeunesse, à laquelle LA PRESSE a choisi de s'associer pour marquer le « coup de jeunesse » qu'elle prendra en entreprenant son deuxième centenaire de publication.

■ **Aurore l'enfant martyr**

Théâtre de Quatre-Sous — Les archives de LA PRESSE consacrées à la couverture de cette affaire tristement célèbre ont été largement utilisées pour la confection du programme et de l'affiche, en plus de servir à la décoration du hall.
Jusqu'au 28 octobre inclusivement.

Place Centre-Ville, boulevard Harvey — Les résidents de cette municipalité qui n'ont pas l'occasion de se rendre dans la région de Montréal auront la chance d'apprécier les richesses des articles de LA PRESSE, et plus précisément les volets « 100 ans de caricatures », « 100 ans d'imprimerie » et «L'Univers de la bande dessinée». **Jusqu'au 20 octobre inclusivement.**

C'EST ARRIVÉ UN 19 OCTOBRE

1983 — Assassinat de Maurice Bishop, premier ministre de la Grenade.

1981 — Les Dodgers de Los Angeles éliminent les Expos en gagnant le 5e et dernier match de la finale de la Ligue nationale. — Les présidents Reagan et Mitterand participent aux cérémonies marquant le bicentenaire de la bataille de Yorktown, gagnée par les Américains aidés des Français, et qui mit fin à la guerre de l'indépendance des États-Unis.

1970 — La police de Montréal découvre un des refuges utilisés par le FLQ.

1968 — Bill Toomey est le champion du décathlon olympique de Mexico.

1965 — André Lamothe, Ovila Boulet, Jean-Jacques Gagnon et Fernand Quirion sont trouvés criminellement responsables des quatre meurtres reliés à l'affaire des incendies criminels.

1960 — Embargo du gouvernement américain sur toute les marchandises destinées à Cuba. — L'ex-gaulliste Jacques Soustelle préconise la création d'un parti de droite pour faire échec aux politiques du général de Gaulle en Algérie. — On apprend que les Jésuites ont demandé au gouvernement provincial de les autoriser à former une université issue des collèges Sainte-Marie et Jean-de-Brébeuf et de conférer le statut d'université au collège Loyola.

1958 — Grandioses obsèques pour le pape Pie XII, à Rome.

1954 — Attribution du premier contrat des travaux de canalisation du Saint-Laurent. — Signature du traité anglo-égyptien du Caire, abrogeant le traité de Londres de 1936.

1948 — Les Américains photographient une superficie de 800 000 pieds carrés grâce à un appareil-photo fixé à une fusée *V-2*.

1947 — Le Rassemblement du peuple français, dirigé par le général de Gaulle, gagne les élections municipales en France.

1945 — Les Communes approuvent à l'unanimité l'accord instituant la Charte des Nations Unies et le Statut de la Cour internationale de justice, signé par le Canada en juin 1945.

1943 — Ouverture à Moscou de la conférence des alliés.

1939 — Le collège de Saint-Jean est détruit par un incendie.

1929 — Inauguration du nouveau poste radiophonique CKAC.

1927 — Léo «Kid» Roy conserve son championnat canadien des poids légers aux dépens de Georges Chabot.

1922 — Le premier ministre David Lloyd George démissionne, en Angleterre.

1912 — Dévoilement du monument érigé en l'honneur de F.-X. Garneau, à Québec.

1908 — Retour triomphal d'Europe des gymnastes canadiens.

LA PRESSE

100 ans d'actualités

UNE BOMBE SEME LA MORT ET LES RUINES, RUE FRONTENAC

2 morts identifiés; plusieurs blessés. — 9 logements et trois magasins sont détruits de fond en comble.

*NDLR — Cet incident est survenu le **20 octobre 1914**, à une époque où le racisme (hélas!) triomphait, et où les ressortissants venant de pays « adversaires » sur le continent européen étaient soupçonnés des pires maux der la terre...*

L'attentat de la rue Frontenac, hier soir — car c'en est un — est plus que significatif.

Dans des logements occupés par des Russes et des Polonais, d'un côté, et par des Autrichiens, de l'autre, on a lancé une bombe, et il y a eu des pertes de vie et des blessés. Une enquête faite sur place par l'un de nos représentants, nous apprend que tout le quartier environnant est au fait de querelles très fréquentes entre ces étrangers, depuis le commencement de la guerre en Europe. Pas plus tard que dimanche dernier, un homme fut lancé par une fenêtre dans la rue, à la suite d'une violente rixe. MM. Paul Bélanger et Joseph Lafrenière, domiciliés dans les environs, sur la rue Frontenac, affirment qu'ils ont vu deux hommes placer une lourde bombe sous les logements détruits, quelques minutes avant l'explosion formidable qui effrayait tout le voisinage.

Pareil état de chose devrait-il être toléré dans un pays comme le nôtre? Nous sommes en guerre, ne l'oublions pas, et dans les autres pays belligérants on tue sans merci tous les étrangers dont la ligne de conduite n'est pas ce qu'elle devrait être.

On a parlé et on parle encore d'espionnage allemand à Montréal; mais voilà que nous arrivons aux attentats, ce qui est pire. Hier encore, la «Presse» racontait l'aventure d'un policier de Montréal, battu par une bande d'Autrichiens.

Il est grandement temps d'intervenir et d'agir avec la plus grande sévérité. (...) Rappelons surtout que ces étrangers gagnent leur vie à Montréal, alors que plusieurs de nos compatriotes se trouvent jetés sur le pavé à cause de la guerre. Leur seul titre d'usurpateurs les classe comme non désirables; ils ne devraient pas au moins se placer sous le coup de la loi.

Et la justice ne devrait pas ménager ses châtiments les plus sévères pour les espions, les lanceurs de bombes, les fauteurs de la paix publique.

L'ATTENTAT

Un peu après six heure hier soir, une terrible explosion ébranlait tout un quartier de la ville, causait la mort de plusieurs personnes, en conduisant nombre d'autres dans nos différents hôpitaux, pendant que les dommages matériels sont très considérables.

Cette épouvantable tragédie s'est déroulée dans un pâté de maisons situé rue Frontenac, un peu plus haut que la rue Forsyth et à quelques pas à peine du poste de police no 13.

Neuf logements occupés par des étrangers, la plupart des Russes, ont été détruits de fond en comble comme s'ils eussent été secoués par un tremblement de terre. Les occupants, hommes, femmes, enfants, ont été lancés pêle-mêle dans les débris, d'où un cadavre et de nombreux blessés ont été retirés peu après, par les pompiers et les constables qui avaient été appelés en toute hâte, sur les lieux. Les maisons du voisinage ont été ébranlées jusque dans leurs fondations et les citoyens effrayés comme on ne peut le penser, crurent pendant quelques moments que la ville venait d'être assiégée par les Allemands. (...)

Ces deux photos montrent l'avant et l'arrière de la bâtisse directement visée par les « dynamiteurs ».

C'EST ARRIVÉ UN 20 OCTOBRE

1975 — Un tamponnement dans le métro de Mexico fait 26 morts et 66 blessés.

1974 — Visite officielle en France de Pierre Elliott Trudeau, la première en sept ans par un premier ministre canadien.

1973 — Le président Nixon révoque Archibald Cox, procureur spécial dans l'affaire du Watergate, ce qui amène Elliot Richardson, secrétaire à la Justice, à démissionner.

1968 — Jean Béliveau marque le 500e but de sa carrière. — Jacqueline Kennedy épouse le millionnaire grec Aristote Onassis dans l'île Skorpios.

1965 — Deux pierres angulaires, l'une en français et l'autre en anglais, sont posées par les premiers ministres Lesage et Robarts au collège Champlain, premier immeuble élevé sur l'emplacement de l'université Trent, à Peterborough, en Ontario.

1963 — Une explosion fait trois morts et deux blessés, à Notre-Dame-de-Grâce. — Le gouvernement canadien ordonne aux marins syndiqués de reprendre leur travail.

1962 — La Chine attaque l'Inde à la frontière commune, dans l'Himalaya.

1960 — Les États-Unis rappellent leur ambassadeur à Cuba, Philip Bonsal.

1952 — Proclamation de l'état d'alerte, au Kenya, à cause des Mau Mau, une secte qui massacre les Blancs.

1950 — Les troupes des Nations unies prennent Pyongyang, capitale de la Corée du Nord, encerclant quelque 30 000 Nord-Coréens.

1949 — Le budget fédéral affiche un surplus de $87 millions, incitant le gouvernement à abolir la taxe de vente sur l'huile à chauffage.

1948 — En réunion à Paris, l'ONU approuve le projet de contrôle de l'énergie atomique tel que proposé par le Canada.

1946 — Décès de J.-P.-A. Cardin, député de la circonscription de Richelieu-Verchères depuis 1911.

1944 — Les troupes américaines du général Douglas MacArthur envahissent les Philippines.

1941 — Proclamation de l'état de siège en URSS.

1936 — Reprise des travaux de la Commission d'enquête sur les comptes publics de Québec, présidée par M. Alexandre Taché.

1924 — Dévoilement du monument érigé en l'honneur du curé Labelle, à Saint-Jérôme.

1919 — Le parti des fermiers-unis fait élire un gouvernement minoritaire à l'occasion des élections générales, en Ontario.

1905 — Début d'une grève générale de 10 jours en Russie.

1903 — Décision rendue par la Commission des frontières de l'Alaska, laquelle définit la frontière entre le Canada et l'Alaska.

1900 — Dévoilement de la colonne Nelson, un vieux monument historique que l'on vient de rénover.

BABILLARD

Merci... et à bientôt!

Ce n'est pas sans un certain pincement de coeur que je rédige ce billet. En effet, avec cette page prend fin une aventure merveilleuse que nous avons eu le plaisir de vivre ensemble depuis le 21 octobre dernier, celle de revivre les événements qui ont le plus marqué notre société au cours des cent dernières années.

Cette aventure n'aurait pas été possible sans la qualité du travail d'une équipe sans doute modeste mais très motivée. Un gros merci va donc aux collègues suivants : Me Georges Wentser, chef de la recherche du Comité du centenaire; les trois recherchistes, Suzanne Saint-James, Marie-Anne Sauvé et Francine Saint-Laurent; et les quatre techniciens de chambre noire, Jean Allen, Rémi Lemée, Diane Cassivi et Luc Perrault, dont le rôle consistait à tenter d'obtenir le meilleur résultat possible avec des microfilms d'une qualité parfois douteuse. Le résultat n'était pas toujours à la hauteur de nos exigeantes aspirations, mais au moins nous étions là chaque matin que LA PRESSE de semaine pénétrait dans votre foyer.

Et que nous réserve l'avenir? Parlons d'abord des projets immédiats. Comme nous vous l'apprenions récemment, l'index gratuit sera disponible au cours de la prochaine semaine à tous ceux qui en feront la demande. En deuxième lieu, les éditions LA PRESSE, lanceront à la mi-novembre, un album relié des 307 pages « 100 ans d'actualités », dans un format commode, mais plus petit que le format habituel de LA PRESSE.

Il reste sans doute une question qui vous brûle les lèvres : est-ce que LA PRESSE entend continuer la publication de pages consacrées aux événements les plus marquants de son histoire? La série de pages « 100 ans d'actualités » a connu une popularité telle que LA PRESSE entend la poursuivre, mais dans un cadre différent, qu'il reste à préciser dans le détail. Nous serons en mesure de vous en dire plus long au cours des prochaines semaines.

Je ne saurais terminer ce billet sans vous remercier pour votre fidélité, et j'attends avec impatience l'honneur de vous servir dans les colonnes de ce journal.

Guy Pinard,
responsable des publications du centenaire.

Les Archambault à la place Royale

Les Archambault d'Amérique inaugurent aujourd'hui, à 15h30, la reproduction du premier puits installé sur l'île de Montréal. L'ouvrage se trouve à l'extrémité est de la place d'Youville, à la Pointe-à-Callière, là où fut érigé dès 1642 le premier fort de Ville-Marie. Le premier puits fut érigé à l'intérieur du fort, en octobre et novembre 1658, par Jacques Archambault, ancêtre unique des Archambault d'Amérique.

LA PRESSE — LE PLUS GRAND QUOTIDIEN FRANÇAIS D'AMÉRIQUE

SOMMAIRE

Annonces classées / 38 à 51	Immeuble / 23 à 25
Bridge / 28	Les Tribunaux / 26
Comiques / 22	Mots croisés / 26
Courrier Confidences / 16	Nouvelles métro / 33
Décès, Naissances, etc. / 54	Sports / 18 à 21
Echos et Bonnes / 28	Tourisme / 27
Editorial / 4	Vie dans les parcs / 32
Finance / 36, 37	Vie féminine / 14 à 17
Guerre et paix / 38	Vie mondaine / 15, 17
Horoscope / 17	Vie religieuse / 40
	Vie syndicale / 28
	Votre médecin / 26

DERNIERE EDITION 5¢ — Montréal, samedi 21 octobre 1961 / saint Hilarion, abbé

LA METEO — BEAU AUJOURD'HUI, PLUS FROID DEMAIN — MINIMUM : 45; MAXIMUM : 55 — VOIR DETAILS EN PAGE 3

IMPRIME ET PUBLIE AU 7 OUEST, RUE ST-JACQUES, MONTREAL, PAR LA COMPAGNIE DE PUBLICATION DE LA PRESSE LIMITEE • 78e ANNEE, No 6 • 4 CAHIERS • 60 PAGES

C'est OFFICIEL!

MÉTRO DE 21 MILLES EN 1966

Coût : $150 millions

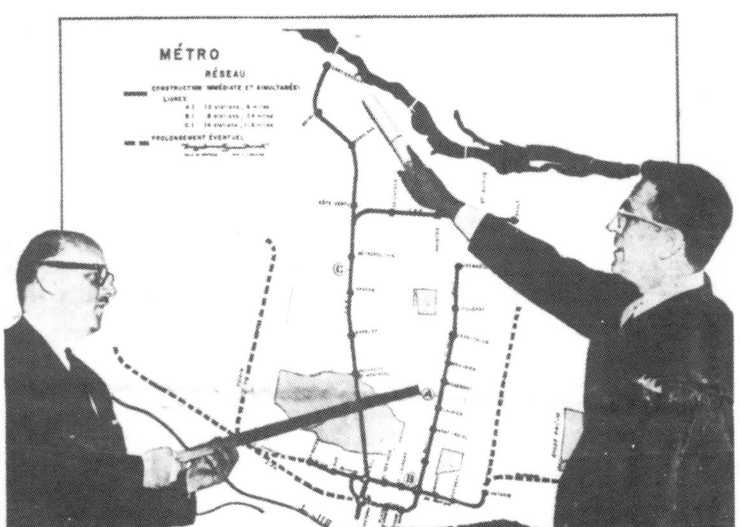

Le maire Jean Drapeau et son collègue Lucien Saulnier, président du Comité exécutif, confirmaient aux conseillers du Parti civique, le *20 octobre 1961*, que Montréal aurait enfin son métro en 1966, au coût de $150 millions. Le projet consistait à construire un total de 21,4 milles de tunnel, et une trentaine de stations sur trois lignes : la ligne « A » entre Bonaventure et Crémazie, la ligne « B » entre Ontario et Atwater, la ligne « C » empruntant la voie du CN sous le Mont-Royal, avec embranchements dans deux directions au nord du boulevard Métropolitain, en direction de Cartierville et de Montréal-Nord. Cette ligne n'a jamais été mise en chantier.

ACTIVITÉS

AUJOURD'HUI

■ LA PRESSE à Jonquière

Place Centre-Ville, boulevard Harvey — Les résidents de cette municipalité qui n'ont pas l'occasion de se rendre dans la région de Montréal auront l'occasion d'apprécier les richesses des archives de LA PRESSE, et plus précisément les volets «100 ans de caricatures», «100 ans d'imprimerie» et «L'Univers de la bande dessinée». **Dernier jour aujourd'hui.**

AUJOURD'HUI et DEMAIN

■ Exposition de bandes dessinées

Bibliothèque nationale du Québec — La bibliothèque nationale profite du centième anniversaire de LA PRESSE pour proposer une rétrospective des bandes dessinées publiées au fil des ans, sous le titre *La bande dessinée dans la vie de LA PRESSE*. **Jusqu'au 27 octobre inclusivement.**

■ Aurore l'enfant martyr

Théâtre de Quatre-Sous — Les archives de LA PRESSE consacrées à la couverture de cette affaire tristement célèbre ont été largement utilisées pour la confection du programme et de l'affiche, en plus de servir à la décoration du hall. **Jusqu'au 28 octobre inclusivement.**

DEMAIN

■ LA PRESSE et les Concordes

Stade olympique — Roger D. Landry, président et éditeur de LA PRESSE, effectuera le botté d'envoi au match des Concordes, le jour 1 de l'an 1 du deuxième centenaire de LA PRESSE.

■ À la télévision

19 h 30, Radio-Canada — Diffusion du gala-anniversaire de LA PRESSE, enregistré avec la participation d'une pléiade de vedettes du monde du spectacle et de la télévision (voir le *Télé-Presse* pour de plus amples informations), présenté pour rendre un hommage particulier au quotidien de langue française le plus prestigieux en Amérique.

■ À la radio

15 h, Radio-Canada — Chronique consacrée à LA PRESSE à l'émission *Avec le temps*, animée par Pierre Paquette.

La présence des militaires et des nombreux policiers rendait encore plus dramatiques les funérailles *(le 20 octobre 1970)* du ministre Pierre Laporte, victime de la vague de terrorisme que connaissait le Québec. Les nombreuses personnalités qui y assistaient leur conféraient d'autre part le caractère d'une cérémonie d'Etat.

Index chronologique

Jours de non-parution

1983

Octobre: 23, 30
Novembre: 6, 13, 20, 27
Décembre: 4, 11, 18, 25, 26

1984

Janvier: 1, 2, 8, 15, 22, 29
Février*: 5, 12, 19, 26
Mars: 4, 11, 18, 25
Avril: 1, 8, 15, 20, 22, 23, 29
Mai: 6, 13, 20, 21, 28
Juin: 3, 10, 17, 24, 25
Juillet: 1, 8, 15, 22, 29
Août: 5, 12, 19, 26
Septembre: 2, 9, 16, 23, 30
Octobre: 7, 8, 14
*Publication le 29 février.

AVERTISSEMENT

Il est à noter que l'index chronologique sert essentiellement au repérage pour les pages «100 ans d'actualités». Il est à noter également que la majorité des textes ont été tirés de l'édition du lendemain de chacun des événements. Cet avertissement s'adresse plus particulièrement aux chercheurs qui voudraient reférer à ces textes.

À quelques rares exceptions près, les articles sont parus dans la page «100 ans d'actualités» le jour de la date indiquée, en 1983 ou en 1984. ***Exemple, le premier titre: Le Palais du Parlement à Québec; l'événement est survenu le 27 mars 1884 et il a été repris le 27 mars 1984.***

Le **caractère gras** indique la date de parution dans la page «100 ans d'actualités», lorsque l'article a été publié à une **date différente de la date de l'événement.** ***Exemple, la mention du 7 novembre 1886; ce titre réfère à un événement survenu le 7 novembre 1886, mais publié le 11 novembre 1983.***

1884

27 mars — Le Palais du Parlement à Québec

8 novembre — Morte de rire

25 novembre — Expérience extraordinaire du téléphone

1885

13 février — Les bains turcs

16 février — Mark Twain à Montréal

15 mars — Sur un ou deux genoux

19 mars — Les métis du Nord-Ouest

26 mars — L'émeute du Nord-Ouest: Riel reprend les armes

12 mai — Les insurgés sont vaincus à Batoche, mais Riel se sauve

15 mai — Riel fait prisonnier par trois éclaireurs

22 mai — Mort de Victor Hugo

23 mai — Troc d'un enfant contre un chien

8 juin — Décès de Mgr Ignace Bourget

20 juillet — Le procès de Riel

1er août — Trouvé coupable, Riel est condamné à la pendaison

28 septembre — L'émeute d'hier: les vitres du Bureau de Santé brisées, la foule saccage plusieurs pharmacies

10 novembre — Blasphémateur durement puni

10 novembre — Un précurseur de Moïse

16 novembre — Ils ont pendu Riel

23 novembre — Voitures! Voitures!

1886

20 janvier — Vendue pour 5 cents

15 février — Les droits du mari

1erjuin — L'hôpital Notre-Dame a son ambulance

28 juin — Premier train pour Vancouver

3 novembre — L'arrestation de Geronimo

6 décembre — Un monstre dans le lac Champlain

1887

22 mars — Les funérailles d'un perroquet

1888

26 janvier — Courses au trot au parc Jacques-Cartier

9 mars — Guillaume, roi de Prusse et empereur d'Allemagne, décédé à Berlin

1889

18 janvier — «Joe Beef» est décédé: une foule immense assiste à ses funérailles

20 février — Mort aux moineaux

31 mars — Inauguration de la tour Eiffel

4 juin — Les Parisiens «buffalistes»

7 novembre — Ennuis causés au propriétaire d'une maison hantée **(11 novembre 1983)**

7 décembre — Quatre pompiers meurent dans un incendie à New York

29 décembre — Bouilli vivant

1890

11 janvier — Un avenir étrange; la science regarde deux mille ans en avant et fait une prédiction terrible au sujet de la race humaine

11 janvier — Une source de whiskey

11 janvier — La bague de Napoléon III et le boeuf

16 janvier — Nouvelle invention

18 janvier — Un enfant grenouille doté de six yeux

16 juin — Un chat à patte de bois

10 juillet — Loterie de la province de Québec

26 octobre — Accident bizarre à l'église Notre-Dame

8 novembre — Les femmes trop légères pour voter?

5 décembre — Clochettes et trottoirs **(7 décembre 1983)**

12 décembre — Révolte des Sioux

23 décembre — Le nettoyage des trottoirs dangereux

1891

4 janvier — Monsignor Labelle meurt à Québec

16 janvier — États-Unis : Un enfant terrible: il mange des épingles, des aiguilles et autres douceurs

13 mars — Les boeufs de l'institutrice

6 juin — Mort de Sir John A. MacDonald

26 novembre — L'esprit de corps

26 novembre — Canonisation de la femme

15 décembre — Les fumeurs et le tramway

16 décembre — Mercier est renvoyé: dénouement du scandale de la Baie des Chaleurs

1892

11 janvier — Une nouvelle assurance

22 février — Vol au fil élastique

23 mars — La mode au 19ᵉ siècle

11 juillet — Victoire! *(campagne contre la taxe d'eau à Montréal)*

19 juillet — Thomas Cook décédé

3 août — Les fêtes de Christophe Colomb

27 août — Incendie au Metropolitan à New York

21 septembre — Le premier char électrique fait le tour de la voie de ceinture

12 octobre — 400ᵉ anniversaire de la découverte de l'Amérique par Christophe Colomb

23 novembre — L'enlèvement de la neige

1893

16 février — Grave conflit à l'hôtel de ville: l'ex-maire ne veut pas déguerpir; le nouveau maire lui interdit le cabinet

17 février — Des mangeurs d'araignées

27 mars — Nouvelle cuirasse

8 juin — Un incendie détruit le couvent Villa-Maria

4 septembre — Le monument de Maisonneuve: pose de la première pierre

19 septembre — Honneur à un Montréalais

27 septembre — Inauguration de l'édifice du Board of Trade

24 octobre — Le château Ramezay vendu à l'enchère aujourd'hui

8 novembre — Tschaikowsky, victime du choléra

2 décembre — John Brown et l'esclavage

2 décembre — Inauguration de l'hôpital Victoria

9 décembre — L'homme de l'an 1 000 000

23 décembre — Noël en Terre Sainte

1894

18 janvier — Il a assassiné 16 personnes pour faire des saucisses

14 février — Le caméléon: on veut en empêcher la vente à Montréal

20 février — Maire pendant deux minutes

24 février — Owney est mort

7 avril — La navigation

26 mai — Le boulevard de l'Opéra

20 juin — Buvons modestement

21 juin — Le muet: il se défend comme un sourd

18 septembre — L'opéra français: la troupe est arrivée à Montréal; bienvenue aux artistes

1er octobre — La kermesse: foule nombreuse de visiteurs au Monument National

23 novembre — Jack L'Embrasseur arrêté de nouveau

23 décembre — Croquis du monument de glace sur le Champ-de-Mars

1895

4 janvier — Les chiens bottés

9 janvier — Elle veut être bourreau

10 janvier — Barbarie: la traite des esclaves

11 janvier — Tramways perfectionnés pour le confort des usagers et la sécurité des piétons

21 janvier — Les chapeaux au théâtre

14 février — Photographie des couleurs: une révolution dans l'art

13 avril — L'exposition de 1896, à Montréal, si elle était tenue dans l'ile Ste-Hélène

9 juillet — Terrible collision de deux trains pleins de pèlerins, près de Lévis

23 juillet — Petite histoire des Jeux olympiques de la Grèce antique

27 juillet — Le serpent de mer

24 août — Dévoilement du monument en bronze érigé au square Viger, à la mémoire du Dr Jean-Olivier Chénier

15 octobre — Une machine tout-à-fait merveilleuse: elle envoie 1000 mots à la minute

16 octobre — Le maire est perdu: une récompense de 5 cents à quiconque le trouvera

15 novembre — Dentier en aluminium

2 décembre — Le Canadien Pacifique remplacera la gare Dalhousie par une gare-hôtel

21 décembre — Un monstre est aperçu à Marieville et à Saint-Césaire

1896

4 janvier — Cent ans de mariage

25 janvier — Madame Albani de nouveau au pays de son enfance

6 février — Une question que les scientistes pourraient étudier

6 février — Expériences importantes: on photographie les os des membres ou du corps

7 février — Conversion

14 février — Deux êtres humains aux extrémités des grandeurs

21 mars — Fumeuses sur la rue

21 mars — Une tour sur la montagne

31 mars — Louis Cyr victorieux: le champion des hommes forts

9 mai — Les Jeux olympiques d'Athènes du 5 au 15 avril 1896

30 mai — Les rayons cathodiques: Edison en tire de la lumière

12 juin — Candidat batailleur

23 juin — Laurier conduit les libéraux à la victoire

27 juin — Le cinématographie: la photographie animée, une des merveilles de notre siècle

15 septembre — Les émigrants canadiens pour le Brésil ouvrent les yeux

3 octobre — Le dernier chapeau à la mode

11 octobre — Le couvent des Carmélites

9 novembre — Des godasses pour tous les goûts! **(7 février 1984)**

14 novembre — Le pont proposé entre Montréal et Longueuil

14 novembre — Un danger pour les femmes: les chapeaux ornés d'oiseaux empaillés

28 novembre — Un bicycle sous-marin

8 décembre — Le bloc Baron détruit au cours d'une grande conflagration

12 décembre — Invention du Dr Luys

1897

25 février — Un incendie détruit les ateliers de l'Institut des sourds-muets

27 février — Une idylle en 1897: les fiançailles de M. Danton, de New York, et de Mlle Marat, de Paris, rappellent le terrible «93»

3 mars — Les progrès du bicyclisme: une première exposition de bécanes à l'hôtel Windsor

6 mars — Nos bébés

13 mars — Le secret de l'intelligence chez l'homme et les animaux

3 avril — Bateaux qui parcourent le fleuve Saint-Laurent

3 avril — «Fitz» le homard géant

31 mai — La station centrale

12 juin — Film promotionnel de LA PRESSE **(27 juin 1984)**

19 juin — La reine Victoria prêtant le serment d'office

24 juillet — Inauguration du parc du Bout-de-l'île

6 août — L'oeuvre des étrennes aux enfants pauvres

25 septembre — Inauguration du barrage de Lachine

28 octobre — Un troupeau de vaches cause un terrible déraillement et fait un mort à Saint-Tite

31 octobre — L'Hallowe'en...à la sauce 1897

15 novembre — Chiens errants

15 novembre — Les repas à bon marché

18 novembre — Montréal la nuit: une visite dans les caves de la rue du bord de l'eau

21 novembre — L'affaire Cordélia Viau: un crime mystérieux

23 novembre — Accident fatal: un allumeur de réverbère tué par les chars à la rue des Seigneurs

24 novembre — L'affaire Cordélia Viau (2): la boucherie de Saint-Canut

25 novembre — L'affaire Cordélia Viau (3): Sam Parslow et la femme Poirier sont arrêtés; Cordélia accuse Sam du crime

26 novembre — L'affaire Cordélia Viau (4): Confession incriminante de Parslow à un ami intime

26 novembre — Recherchée

28 novembre — L'affaire Cordélia Viau (5): les familles des deux présumés assassins sont désemparées par les événements

1898

3 janvier — Le bicycle à patin

3 janvier — Sinistre effondrement à London au cours d'une assemblée municipale: nombre considérable de morts et de blessés.

5 janvier — Les nouvelles presses de notre journal

10 janvier — Le Bill de l'éducation repoussé par 13 voix contre 9 au Conseil législatif

16 janvier — 50ᵉ anniversaire de la fondation des Soeurs de la Miséricorde

17 janvier — Les conséquences d'une espièglerie: un drame dans un corridor de sacristie

4 février — Tom Nulty: la fin de la boucherie de Rawdon

11 février — Un déluge: l'état de nos rues et de nos trottoirs; des étangs dans certaines rues

22 février — Une avalanche détruit deux maisons et fait quatre morts à Québec-Sud

5 mars — Les mines d'or du Klondike et du Yukon: quoi faire et ne pas faire si on se dirige vers le Yukon

14 mars — Le plan amélioré du parc Logan

16 mars — Accident de chemin de fer

5 avril — Essais initiaux de la nouvelle pompe Lafrance

9 avril — Bains publics

24 avril — Cuba doit être libre

22 mai — Sa Majesté la reine Victoria

24 mai — Adresse qui sera présentée par le personnel de LA PRESSE à Sa Majesté la reine Victoria le jour de sa fête

13 juin — Mort de Sir Adolphe Chapleau, 58 ans

4 juillet — Épouvantable catastrophe: le «Bourgogne» perdu corps et biens; environ 400 passagers perdent la vie

14 juillet — Souvenir de la Fête nationale française

21 août — Hommage de LA PRESSE à ce compatriote qui a représenté avec tant d'éclat, dans la marine américaine, les Canadiens-français des États-Unis: Georges Charette

17 septembre — M. L.H. Painchaud est autorisé à utiliser la ferme Logan comme piste d'entrainement

19 septembre — Photo du Petit Windsor

29 septembre — La prohibition

26 novembre — Nouvelles applications de l'air liquide, par Henriot

29 novembre — Le poste de police de Longueuil dévalisé par des cambrioleurs de profession

15 décembre — L'affaire Cordélia Viau (6): elle sera pendue

24 décembre — Noël! Noël! Noël!

27 décembre — Croissez et multipliez: un bel exemple donné aux races qui nous entourent

28 décembre — L'affaire Cordélia Viau (7): Samuel Parslow montera lui aussi sur l'échafaud

1899

5 janvier — Hommage aux petits porteurs de journaux

7 janvier — Nouvelles tours de Babel: les maisons hautes aux États-Unis

13 janvier — Chercheurs d'or canadiens-français

2 février — Le Canada à l'Exposition de Paris

9 février — À la colonie chinoise

9 février — Le contrôle électrique des tramways

18 février — Projet d'agrandissement du marché Bonsecours

23 février — Violente bagarre entre la police et des immigrants chinois, à la gare Windsor

6 mars — L'affaire Cordélia Viau (8): rejet du recours en grâce des condamnés Parslow et Viau

7 mars — L'affaire Cordélia Viau (9): encore deux jours!

8 mars — L'affaire Cordélia Viau (10): plus qu'un jour!

9 mars — L'affaire Cordélia Viau (11): encore quelques heures!

10 mars — Une terrible leçon à Sainte-Scholastique: Sam Parslow et Cordélia Viau paient leur dette à la société, ce matin

19 mars — Un testament politique de sir Adolphe Chapleau

24 avril — Une histoire de revenant

27 avril — Un coup de filet: une quarantaine de personnes arrêtées dans un pool-room

18 mai — Louis Cyr à deux doigts de la mort

9 juin — Robert Fitzsimmons perd son titre: James Jeffries en devient le possesseur

16 juillet — Le pont Victoria: traversée en voiture pour la première fois

18 juillet — Appareil Roentgen (rayons-X)

21 juillet — La pierre angulaire

7 août — Les citoyens se protègent contre l'invasion des cyclistes

5 septembre — Les Américains déclarent la guerre aux grenouilles canadiennes

9 octobre — Le canal de Soulanges

11 octobre — Un «casus belli»

18 octobre — Démission de M. Bourassa, M.P.

31 octobre — Quatre morts: incendie de l'hôtel Webster

14 novembre — Le Conseil de ville a décidé, hier, d'armer les constables

17 novembre — Le téléphotographe: nouvel instrument pour prendre des photographies à de grandes distances

21 novembre — Le premier automobile circule (sic) à Montréal

21 novembre — LA PRESSE saluait l'arrivée à Montréal du jeune violoncelliste Rosario Bourdon

1er décembre — Le pont Victoria ouvert aux piétons et aux voitures

24 décembre — Eva Roch retombe dans un sommeil léthargique comme l'an dernier

30 décembre — La bonne année!

30 décembre — Le siècle nouveau

1900

6 janvier — L'Épiphanie

6 janvier — Le précurseur des super-manèges

13 janvier — Les conceptions gigantesques de l'Amérique

19 janvier — Danger d'être enterré vivant: mesures de précautions à New York

26 janvier — L'abus des cigarettes

1er mars — La guerre à Montréal: l'université Laval prise d'assaut par les étudiants de l'université McGill

7 avril — Le plus vieil édifice au Canada

26 avril — Un océan de flammes

14 mai — Père de 41 enfants

22 mai — Conflagration à Pointe-Claire

7 juillet — Les supplices chinois

9 juillet — Le saut des chutes Niagara

2 octobre — Le pont de Québec...

9 octobre — Les billets de 25 sous

25 octobre — Sanglante émeute à Valleyfield: l'armée charge à la baïonnette

22 novembre — Yildiz: la meilleure cigarette égyptienne

1er décembre — Le tour du monde de Santa Claus: Santa Claus part pour Montréal

10 décembre — Chef ouvrier bien connu accusé de manoeuvres indignes envers une jeune fille de 14 ans

22 décembre — La légende des sabots de Noël

1901

19 janvier — La coiffure du jour

23 janvier — Effroyable conflagration: un incendie qui s'est déclaré chez Saxe & Sons, cause pour 2 500 000$ de pertes

26 janvier — Feu Arthur Buies: le publiciste et pamphlétaire bien connu est décédé à Québec à l'âge de 61 ans

1er février — Plus de midi à quatorze heures, la pendule de la réforme: une scène typique, à l'hôtel de ville

2 février — Le deuil à Montréal: La parade militaire à l'occasion des funérailles de la reine a été grandiose et touchante

3 février — La Légion d'Honneur: M. Philippe Hébert, sculpteur canadien, reçoit une décoration du gouvernement français

4 février — Humiliante défaite

4 février — Incendie à Ste-Anne-de-Bellevue

9 février — Nikola Tesla et sa dernière invention

20 mars — Déraillement près de Saint-Félix de Valois

5 avril — Le cancer: il serait causé par un microbe; une découverte du Dr Gaylord

11 avril — Retour à Québec: le navire de LA PRESSE jette l'ancre au quai de la Commission du Havre

20 avril — La croisière de LA PRESSE **(11 avril 1984)**

4 juin — Le cirque Ringling

30 juillet — Le triomphe du vainqueur: Lorenzo Prince, vainqueur de la course autour du monde, est arrivé hier à la gare Windsor

6 septembre — Balles meurtrières: le président William McKinley, victime d'un lâche attentat

18 septembre — Bienvenue à leurs altesses royales

3 octobre — Collision entre deux trains, entre Robertson et Thetford-Mines

1er novembre — Une chasse à la baleine... dans le port de Montréal

12 novembre — Poudre à dents Sozodont

14 novembre — Selon les membres de la Commission de police: le Théâtre Royal est un foyer de corruption

17 novembre — En avant l'empois chinois

19 novembre — Nouvelle boite postale pouvant recevoir des colis

2 décembre — Publicités de jouets pour Noël

3 décembre — En avant la vaccination

30 décembre — L'homme du siècle: Signor Guillelmo Marconi, le célèbre inventeur de la télégraphie sans fil

1902

11 janvier — Après le télégraphe, le téléphone

8 février — Les prédictions de Jules Verne

11 février — Fiasco complet: la plainte pour libelle portée par M. L.-G. Robillard, de l'Union franco-canadienne, contre M. Jules Helbronner, rédacteur à LA PRESSE, a été renvoyée par l'hon. Juge Choquet

22 février — Une révolution dans l'industrie du ferrage

1er mars — Institut électro-thérapique

13 mars — Tour de force: un particulier se promène en voiture dans nos rues, les yeux bandés; il découvre une épingle dans le corps d'un homard

8 mai — Sous une nappe de feu

29 septembre — Le fameux écrivain Emile Zola est mort

29 octobre — Révélations sensationnelles: véritable conspiration de la police et de ses fournisseurs pour frauder la Ville

8 novembre — La nouvelle ambulance de l'hôpital civique

9 novembre — Les Doukhobors

24 novembre — Projet d'agrandissement pour le marché Bonsecours

16 décembre — Les chevaux de l'hôpital Notre-Dame

20 décembre — La gymnastique appliquée aux travaux du ménage et de la cuisine

20 décembre — Nouveau système d'évacuation pour les édifices en hauteur

1903

3 janvier — L'échafaudage automobile: une ingénieuse application de l'automobilisme inaugurée à Paris par M. D. MacDonald

16 janvier — On entasse le charbon dans les cours pour faire hausser les prix

17 janvier — Terrible explosion aux poudrières de Beloeil

3 février — Ils se laissent prendre au piège par une prétendue guérisseuse

4 février — Montréal conserve la coupe Stanley

6 février — La grève est déclarée

7 février — Victoire pour les grévistes

8 février — Une victoire incomparable: la compagnie des tramways cède sur tous les points, et se rend aux conditions imposées par ses employés en grève

9 février — Explosion sous un tramway

10 février — Les cochers protestent

3 mars — Un cheval dans une vitrine

7 mars — Effroyable catastrophe: un violent incendie détruit complètement le superbe bateau de la compagnie du Richelieu, le *Montréal*

28 mars — Entre nous, mesdames

28 avril — Loi martiale en vigueur dans le port de Montréal

29 mai — Un incendie détruit la partie en bois du pont de la rue Sainte-Catherine

4 juin — Shakespeare en plein air

19 juin — Laurent-Olivier David devient sénateur

20 juillet — Mort d'un grand pape, Léon XIII

3 septembre — Jos Poitras est mort

12 septembre — Un sténographe devient fou

4 octobre — Un ballon en feu

25 octobre — Où peut conduire la boisson

16 décembre — Un taureau furieux

16 décembre — Une calamité sans précédent s'abat sur la province de Québec

17 décembre — Les conduits souterrains: leur installation dans le coeur de la ville coûterait 1 205 100$

17 décembre — La guerre aux rats

17 décembre — Le premier vol d'un appareil plus lourd que l'air

28 décembre — Le froid, les tramways et les citoyens

29 décembre — La police leur met le grappin: une quinzaine d'agents de loteries clandestines arrêtés par le chef Carpenter et ses hommes

1904

3 janvier — Ladébauche étrenne le trottoir

11 janvier — Inauguration de la liaison du Grand Nord

14 janvier — Les ateliers du Pacifique: les nouvelles usines de l'est seront connues sous le nom d'usines Angus

14 janvier — Qu'on poursuive le chef de police!

19 janvier — L'église Sainte-Cunégonde en feu: ce superbe temple de la banlieue est la proie des flammes

13 février — Incendie mortel à l'angle des rues Saint-Gabriel et Notre-Dame

28 février — Nouvelle ligue de baseball

19 mars — La verrerie

26 mars — Agonie de l'hiver

28 mars — Deux forçats armés brisent leurs chaines

19 avril — Une immense conflagration à Toronto

14 mai — Chiens gâtés, chiens crottés

28 mai — Ces bons gogos: grand cirque de la bêtise humaine

4 juin — Villégiatures

15 juin — Désastre à New York

18 juin — En liberté

3 juillet — Le géant Beaupré est mort

6 juillet — Premier mât pour télégraphie sans fil à Montréal installé sur le toit de LA PRESSE

9 juillet — Au secours!

9 juillet — Une belle oeuvre philanthropique pour combattre la mortalité infantile

26 juillet — Nouveau record du monde

13 août — La canicule

20 août — La chasse

1er septembre — Desmarteau, médaille d'or du lancement du poids, aux Jeux olympiques de St. Louis

17 septembre — Le *S.S. Arctic* est parti en route vers le Nord

12 novembre — L'été des sauvages

8 décembre — Budweiser: son plus grand triomphe

8 décembre — Une belle fête religieuse: le peuple canadien donne une nouvelle preuve de sa foi touchante

17 décembre — Occasion unique: cadeau de Noël

17 décembre — Le patinage

19 décembre — Des combats de coqs à Montréal

27 décembre — Dîner de Noël des malades: les gouverneurs et les dames patronesses de l'hôpital Notre-Dame apportent de la joie à bien des infortunés

30 décembre — Le baiser: la contagion du craw-craw

1905

4 janvier — La cause de l'instruction primaire: l'école fondée par LA PRESSE, il y a deux mois, donne des résultats très encourageants

9 janvier — Un cas de fécondité: cinq jumeaux en 12 ans

10 janvier — La mode du jour **(3 novembre 1983)**

14 janvier — Familles canadiennes

16 janvier — Des cannibales au Canada

21 janvier — La petite morue

28 janvier — Les veillées

30 janvier — Arrestation d'un chat: ce pauvre matou s'est rendu complice du délit de mendicité et d'escroquerie

31 janvier — Pères et mères, surveillez vos enfants!

1er février — Plan d'une passerelle, rue Notre-Dame

7 février — Arrestation de Gaspard Petit

18 février — Les méfaits de l'hiver

25 février — Ce qu'on ignore: leçon des choses comparatives

15 mars — Cinquante ans après!

24 mars — Jules Vernes est mort

6 avril — L'épuration de la ville de poursuit

21 avril — Les oeufs de Pâques

28 avril — Tremblay remporte le tournoi international de lutte disputé au parc Sohmer

1er mai — Mois de Marie

2 juin — Le roi d'Espagne échappe aux bombes des anarchistes

15 août — Nos frères acadiens

16 octobre — Saint-Henri est annexé

21 octobre — Montréal dans cent ans

11 novembre — Une des promotions de LA PRESSE

16 décembre — Le fleuve franchi en quatre minutes

1906

23 janvier — Le ski

24 janvier — Le yacht

27 janvier — Le cours gratuit de piano de LA PRESSE

16 mars — Wallace McCraw est coupable de meurtre

17 mars — La Saint-Patrice

19 mars — Arrestation de 120 amateurs de batailles de coqs dans l'Est

23 mars — Le feu détruit un édifice historique, la maison Forrester

24 mars — Misère et opulence

31 mars — Arrivée de Jacques Cartier au Canada

18 avril — San Francisco et vingt villes sont détruites: un désastre sans précédent sur les côtes de l'Océan Pacifique

22 mai — Gabriel Dumont, le lieutenant de Louis Riel, meurt subitement

26 mai — L'hon. M. Gouin se rend à la demande de l'école Polytechnique

1er novembre — Corset E.T., fait au Canada. En vente partout

23 juin — La Saint-Jean-Baptiste

7 juillet — L'alcool tue

12 juillet — Le capitaine Dreyfuss n'a pas trahi la France

14 juillet — L'*Artic* parti pour le Nord

18 juillet — 74 voitures de partout

28 juillet — Les foins

11 août — L'industrie de la glace

11 août — Les premières victimes de l'auto meurtrier (sic)

13 août — Atkinson reste en prison

28 août — Débordement désastreux du canal (Lachine)

15 septembre — Les vacances du riche **(6 octobre 1984)**

6 octobre — Les vacances du pauvre

25 novembre — La joyeuse fête de la Sainte-Catherine

25 novembre — Souvenirs de 1837-38: la prison de Jean-Joseph Girouard

29 novembre — Everstick, invisible rubber

5 décembre — Une étonnante découverte par les inspecteurs du pain

6 décembre — Accident de tramways

6 décembre — Température

7 décembre — Dans nos tramways

1907

3 janvier — Scandale au Moulin Rouge: Polaire et la marquise de Morny sont sifflés et attaqués

4 janvier — Mort de M. W.E. Blumhart

11 janvier — On déménage un édifice

12 janvier — Dans les rues de Montréal: comment on tombe

14 janvier — Un volcan dans l'oreille

26 janvier — Bambin d'une grosseur exceptionnelle

28 janvier — Cinq tramways se tamponnent en pleine rue Bleury

9 février — Fondeur ingénieux

9 février — Oh! Les merveilles du génie inventif

16 février — Déclin du règne de la vapeur

16 février — Sanglante joute de hockey à Richmond

18 février — Émouvants détails sur la chasse aux loups

7 mars — Memento quia puivis est

12 mars — Plus de danger pour les microbes

3 avril — Mgr l'Archevêque et le Théâtre Des Nouveautés

1er mai — La manifestation socialiste

4 mai — Alexander Graham Bell

28 mai — Guerre aux pétards

30 mai — Les éléphants cambrioleurs

30 mai — Fatal enterrement de vie de garçon

30 mai — Plus fort que Milon de Crotone

1er juin — Éducation physique de la jeunesse

4 juin — Le Montreal Jockey Club procède à l'ouverture officielle de l'hippodrome Blue Bonnets

29 juin — Les yachts

5 juillet — Le coup de midi précis: la Commission des parcs accorde à LA PRESSE le privilège de donner l'heure juste, tous les jours, à la population de Montréal

6 juillet — La distribution des eaux à Montréal

6 juillet — Ouverture de la passerelle qui relie le quai Victoria au nord de la rue des Commissaires

27 juillet — Élévateur à grains

10 août — La natation

17 août — Les bijoux vivants: papillons et colibris

24 août — Les récoltes

29 août — Grand désastre national: le pont de Québec s'écroule

7 septembre — Cours gratuit de sténographie de LA PRESSE

24 septembre — Guerre à l'alcoolisme: plus d'alcool que de pain à Montréal

1er octobre — Incendie dans un cinéma

5 octobre — La gymnastique de chambre

17 octobre — Le système de Marconi

2 novembre — Commémoration des morts

14 décembre — Code et signaux des chemineaux

19 décembre — Plus de 6 000 personnes au parc Sohmer: un succès inoui pour la première des fêtes populaires de LA PRESSE

1908

18 janvier — Explosion d'un gazomètre au Montreal Light, Heat & Power

25 janvier — Le «patinoir» (sic) de LA PRESSE

26 janvier — L'invasion de la ville de Québec: quinze cents raquetteurs dans la vieille cité de Champlain

1er février — Les maires de Montréal: vingt-sept hommes ont présidé, depuis 1933, aux destinées de notre ville

1er février — Rêves et cauchemars d'un candidat

4 février — Fait unique dans le service des postes: une lettre mise à la poste il y a 53 ans n'a été livrée qu'hier

7 février — Grand succès de la mascarade des gymnastes de LA PRESSE

8 février — Les mémoires de Louis Cyr, l'homme le plus fort du monde

11 février — La catastrophe fait plus de 25 orphelins et huit veuves

22 février — Logements à louer: les écornifleuses

28 février — Six mille livres de boeuf pourri

29 février — Les mariages à travers le monde

21 mars — Le printemps

4 avril — Le triomphe de l'automobilisme

11 avril — Une machine marchante

12 avril — Une conflagration détruit la banlieue bostonnaise de Chelsea

9 mai — Élection de Winston Churchill dans le comté de Dundee

16 mai — Première communion

19 mai — Caruso à l'aréna

31 mai — Mort de notre poète national, Louis Fréchette

11 juin — Faillite de la banque de Saint-Jean: arrestation de l'hon. L.P. Roy

18 juin — Fin des fêtes qui soulignent le 60e anniversaire du collège Sainte-Marie

20 juin — La navigation dans les airs

21 juin — Tricentenaire de la ville de Québec

22 juin — Deuil et ruines à Trois-Rivières

4 juillet — Le 4 juillet

13 juillet — Ouverture des Jeux olympiques: un Montréalais gagne au tir aux pigeons

14 juillet — Québec fête son tricentenaire

18 juillet — Souvenirs historiques

19 juillet — Québec dans la joie exubérante

8 août — Les noyades: leurs causes

21 août — Chevalier de la Légion d'honneur

22 août — Ça mord

4 septembre — Trois cyclistes entreprennent le voyage retour vers Québec

12 septembre — La chasse aux canards

19 septembre — La moisson

24 septembre — La «taxe volontaire»: une loterie illégale

26 septembre — Fleurs d'automne

26 septembre — Grand triomphe: les gymnastes canadiens, sous le commandement du professeur H.T. Scott, ont reçu une véritable ovation à Rome

27 septembre — Immense succès des courses d'automobiles

3 octobre — Les sept époques d'un cheval trotteur

6 octobre — Température

17 octobre — Première page du 17 octobre 1908

26 octobre — Les Montréalais célèbrent la victoire de Sir Wilfrid Laurier aux abords de LA PRESSE

4 novembre — Amusements

7 novembre — Le choléra est à nos portes: toutes les mesures sont prises pour empêcher que le terrible fléau qui sévit au Japon et en Russie ne s'étende à travers le Pacifique jusqu'au Canada

8 novembre — Le port de Montréal violemment secoué par l'explosion de 300 livres de dynamite

10 novembre — Brillante inauguration du Forum

12 décembre — Un pigeon voyageur devient photographe

15 décembre — Incendie de l'édifice Birks

1909

16 janvier — Le château de Ramezay

18 janvier — Le commerce des bonbons alcoolisés

19 janvier — Centenaire d'Edgar Poe

13 février — Le Carnaval

20 février — La Canadienne

27 février — Frileux, frileuses et autres

3 mars — Un incendie désastreux ravage le quartier commercial de Sorel

13 mars — La manière de faire les choses

17 mars — 4 morts, 11 blessés à la gare Windsor

14 avril — Chambres de commerce réunies en convention

24 mai — Le monument Strathcona inauguré le jour de la fête de la Reine

12 juin — L'été

23 juin — La Fête nationale

7 juillet — 300e anniversaire de la découverte du lac Champlain

9 juillet — Terrible accident à Blue Bonnets

10 juillet — Pour triompher des apaches

25 juillet — Il est maître de l'espace: Louis Blériot, le célèbre aviateur français, traverse la Manche en aéroplane à une altitude moyenne de 250 pieds, en moins de 30 minutes

4 septembre — La fête des ouvriers

13 septembre — La ville envahie: l'ouverture des Fêtes du retour à Montréal est couronnée de succès

20 septembre — Le triomphe de la réforme: les 22 quartiers de Montréal se déclarent, d'une façon très catégorique, en faveur de la réduction du nombre des échevins et du bureau de contrôle

29 septembre — Voiture de patrouille automobile pour la police de Montréal

16 novembre — Sous la lampe électrique

3 décembre — On trouve un cimetière sous l'hôtel des Postes

3 décembre — Perplexité: comment on élude la loi à Toronto

13 décembre — La Commission royale d'enquête sur les services municipaux: le juge Cannon blâme huit échevins ainsi que de nombreux fonctionnaires et ex-fonctionnaires

31 décembre — Place aux jeunes!

31 décembre — Un désastre à la gare Viger

1910

5 janvier — Le Canadien gagne une grande partie: il bat Cobalt par 7 à 6 dans une lutte excitante au possible

21 janvier — Terrible catastrophe à Sudbury

2 avril — Arrosage et nettoyage des rues

17 avril — Les flammes ravagent le village de Saint-Eustache

26 avril — On décrète l'annexion de Notre-Dame-de-Grâce

30 avril — Une nouvelle danse: l'aéronette

30 avril — Les déménagements **(1er mai 1984)**

28 mai — Les tramways à Longueuil

29 mai — Célébration du 250e anniversaire de la mort de Dollard des Ormeaux

6 juin — Une première à Montréal

9 juin — La grande semaine d'aviation

11 juin — L'accroissement des cités modernes

13 juin — Une terrible catastrophe

18 juillet — Quatre mille employés du Grand Tronc sont en grève

30 juillet — Les pique-niques d'enfants

27 août — Enfin nous avons le championnat: la belle victoire du National à Cornwall

6 septembre — Le Congrès eucharistique s'ouvre par une cérémonie grandiose

8 septembre — Messe de minuit du Congrès eucharistique

10 septembre — La messe au parc Mance

11 septembre — La suprême apothéose de Jésus-Hostie

22 septembre — Le premier monoplan construit à Montréal

24 septembre — Pommes et pommiers

15 octobre — Les concours de labour

25 octobre — L'insigne-souvenir du congrès

3 décembre — Des curiosités qui ne manquent pas d'étonner

14 décembre — De nos routes dépend le bien-être national

31 décembre — Croqués à l'aréna samedi soir

31 décembre — Salut à la nouvelle année!

1911

14 janvier — La part que prit Jeanne Mance à la fondation de Ville-Marie

28 janvier — Le fonctionnement du système de patrouille

30 janvier — Les couleurs canadiennes flotteront aussi dans les airs, grâce à LA PRESSE

18 février — Le championnat du saut à ski sur les pentes de la Côte-des-Neiges

28 mai — 300e anniversaire de la venue de Samuel de Champlain à Montréal

7 juin — Des essais d'aviation réussis avec un aéroplane construit à Montréal

22 juin — Couronnement de George V

23 juin — La Presse célèbre deux événements: le couronnement du roi Édouard VII et la Fête nationale

22 août — La police parisienne recherche la «Joconde»

6 septembre — Burgess traverse la Manche à la nage

21 septembre — Laurier est défait

25 septembre — L'*Arctic* rentre du Grand Nord

19 octobre — La fatale explosion à la poudrière de Rigaud

1912

20 janvier — Les hivers d'autrefois et ceux d'aujourd'hui

27 janvier — Le premier téléphone qui ait été installé à Montréal

28 février — Un glorieux anniversaire

29 février — Le 29 février et l'année bissextile

2 mars — Les évasions célèbres

6 mars — Battu par Roald Amundsen dans sa tentative de découvrir le Pôle Sud, Scott y laisse en plus sa vie

23 mars — Les bureaux de LA PRESSE à Londres

23 mars — Une foule énorme pour l'ouverture du salon des moteurs: l'exposition des canots-automobiles et de moteurs suscite un enthousiasme extraordinaire

10 avril — Le *Titanic*, le plus gros paquebot du monde

11 avril — On annonce faussement la mort du Pape Pie X

14 avril — Un drame en pleine mer: le *Titanic* est sur un abîme

16 avril — Plus de 1 200 personnes dans les abîmes de la mer

18 avril — La fin tragique du géant des mers: 1 601 morts

15 mai — Notre province agrandie: l'adjonction de l'Ungava fait plus que doubler la superficie de la province de Québec; un territoire riche en mines

4 juin — L'amour vs la police: aventure d'un amoureux pris pour un voleur

4 juin — Le conseil est en faveur d'un service d'autobus

9 juillet — Première visite officielle de la route de LA PRESSE

31 juillet — Le conseil siège dans le nouvel hôtel de ville

18 août — Inauguration de la première colonie de vacances, aux Grèves

26 septembre — Ernest Anctil présente son premier aéroplane au public

1er novembre — L'horrible naufrage du *Cécilia L.*

10 novembre — Mort du champion Louis Cyr: le célèbre athlète canadien succombe à l'âge de 49 ans

5 décembre — Que de précautions pour avancer d'un pas: un brouillard d'une densité extraordinaire; on n'y a vu goutte ce matin

21 décembre — Le jeu de baseball chez soi

1913

8 mars — Femmes, suffragettes et furies

31 mars — Poisson d'avril

11 juillet — De la neige un 11 juillet

26 juillet — Une oeuvre gigantesque: le canal de Panama

9 août — Comment résoudre le problème de la circulation urbaine

16 août — Souvenir historique de la première famille canadienne

25 septembre — Le canal de Panama sera bientôt utilisé

27 septembre — Bénédiction et pose de la pierre angulaire au nouvel hôpital Sainte-Justine

4 octobre — Sur la grande route

6 octobre — On adopte à l'unanimité la proposition relative à l'Expo universelle

15 novembre — Arrestation de Pat Malone, tristement célèbre comme briseur de coffres-forts

10 décembre — Les premiers voyageurs franchissent le tunnel sous le Mont-Royal

13 décembre — L'embellissement de Montréal

1914

10 janvier — Une masure et un tombeau

17 janvier — Le tunnel sous la Manche

9 février — Inauguration d'un nouveau service de colis postaux

11 février — Figure du jour: Thomas A. Edison

9 mars — En avant l'exposition universelle: le projet de célébrer le cinquantième anniversaire de la Confédération du Canada

12 mars — Les bandits battent en retraite en faisant feu sur les agents

31 mars — Attention au poisson d'avril

2 mai — La gymnastique dans nos écoles

25 mai — Le *Berthier* est la proie des flammes et coule dans le port

29 mai — Épouvantable catastrophe: l'*Empress of Ireland*, filant vers l'Angleterre, est frappé par le charbonnier norvégien *Storstad* à 20 milles en bas de Rimouski et coule en quelque dix minutes

27 juin — L'ouverture officielle de la route de LA PRESSE

28 juin — Un nouveau drame assombrit le règne de François-Joseph

28 juillet — La guerre est déclarée

4 août — L'Angleterre en guerre

3 septembre — Benoît XV

25 septembre — Un projet vraiment patriotique

1er octobre — Le grand hommage des citoyens montréalais au roi pacificateur

15 octobre — Manifestation pour la formation d'un régiment canadien-français

20 octobre — Une bombe sème la mort et les ruines, rue Frontenac

10 novembre — L'oeuvre du tabac pour nos vaillants soldats sur les champs de bataille d'Europe

18 novembre — Une sensation à Valleyfield: les agissements louches de gens disant venir de Montréal pour vendre un fonds de nouveautés, provoquent presque une émeute

1915

5 janvier — Une foule énorme rend un dernier hommage à l'honorable Trefflé Berthiaume

30 janvier — La civilisation contre la barbarie

13 février — Un tour de force merveilleux fait par un constable

20 février — Photo de l'autobus à impériale, fort populaire aux États-Unis

21 février — L'escalade de la montagne en teuf-teuf: le maire Martin explique pourquoi il a violé les règlements

5 avril — Le championnat de la boxe de nouveau détenu par un Blanc

10 avril — L'asile municipal pour les malheureux

12 avril — Le service des automobiles à cinq sous est présenté aux citoyens de Montréal

13 avril — Nos soldats lancent des grenades sur les boches avec la crosse nationale

19 avril — Fabre, vainqueur du marathon de Boston, édition 1915

30 avril — Le premier de cent autobus

7 mai — Le *Lusitania* torpillé: près de 1 500 morts

6 juillet — Affreuse explosion à Beloeil

24 juillet — La catastrophe de l'*Eastland* à Chicago

28 août — Fabre gagne le marathon de San Francisco

22 septembre — Lamentable catastrophe à New York

1916

27 janvier — Les femmes du Manitoba triomphent

3 février — Un épouvantable incendie détruit la nuit dernière le parlement d'Ottawa

1er mars — Les flammes détruisent la gare Bonaventure de fond en comble

30 mars — Les Canadiens sont les champions du monde

5 juin — Le navire *Hampshire* portant Kitchener et son état-major coule près des îles Orcades

21 juillet — 86e anniversaire de l'indépendance de la Belgique 1830-1916

11 septembre — Une catastrophe nationale se produit devant près de cent mille personnes

27 septembre — Pose de la première pierre du nouveau quai Victoria du port de Montréal

11 octobre — Sarah fait voir l'âme française

2 novembre — Les Allemands ont tenté de propager la contagion chez nos chevaux et nos bestiaux

14 novembre — Professeur Stanley

9 décembre — Montréal après la guerre: LA PRESSE dépose son plan d'embellissement

1917

10 janvier — Mort de Buffalo Bill

6 février — Hockey des femmes

7 février — Trottoirs faits dans les champs

10 février — Fonds patriotique et la Croix Rouge: acquittez-vous envers ceux qui combattent

17 février — Sucre et sirop d'érable

24 février — Le contrôle des champs de gaz de Saint-Barnabé passe aux mains des Américains

6 avril — Les Etats-Unis sont en guerre: nos voisins ont porté les premiers coups en saisissant 91 navires boches

1er mai — La ville prend possession du temple des livres qu'elle a fait construire

6 juillet — Le projet de conscription Borden est approuvé en seconde lecture

21 juillet — Alexandre Kerensky devient premier ministre de Russie

25 juillet — Sir Thomas White soumet aux Communes le projet d'une taxe sur le revenu

9 août — Attentat criminel à Cartierville

18 août — Le parc Lafontaine

14 septembre — Stupéfiantes déclarations faites par le prévenu Joseph Tremblay

20 septembre — Le pont de Québec: le couronnement d'une entreprise nationale

24 septembre — Grèves des télégraphistes

15 octobre — Mata Hari passée par les armes

17 octobre — Un train officiel passe sur le pont de Québec

22 octobre — Malgré des semaines d'efforts, le maire Martin n'a toujours pas comblé le déficit de 100 000$

3 novembre — Le centenaire de la Banque de Montréal

19 novembre — La grande parade de L'Emprunt de la victoire

6 décembre — Épouvantable catastrophe: la ville de Halifax est partiellement dévastée par une explosion qui se produit à la suite d'une collision entre un «steamer» chargé de munitions et un autre navire

21 décembre — Pour faire sortir Québec de la Confédération canadienne

29 décembre — La bénédiction du patriarche

1918

5 janvier — Au théâtre Chanteclerc: Juliette Béliveau

19 janvier — Le Salon de l'automobile

23 janvier — Une figure populaire, Rodias Ouimet, disparaît

14 février — Épouvantable tragédie: l'établissement des Soeurs Grises, angle Saint-Mathieu et Dorchester, est partiellement détruit par les flammes

28 février — Mise en vigueur de l'impôt de guerre sur le revenu

16 mars — Les paraboles illustrées

16 mars — Un ingénieux avertisseur automatique

27 mars — Mort du doyen des journalistes canadiens-français

29 mars — Québec a vécu des heures tragiques

2 avril — Le maire Médéric Martin est reporté au pouvoir

17 avril — La France se venge: le traître Bolo Pacha marche vers la mort vêtu de neuf et coquettement ganté de blanc

25 avril — Attentat diabolique, rue des Érables

19 juin — Québec accueille les «Diables bleus»

27 septembre — Cinq cas de grippe espagnole en ville

10 octobre — Grippe espagnole: 59 décès et 398 nouveaux cas

7 novembre — L'armistice célébré quatre jours trop tôt

9 novembre — LA PRESSE à deux sous

11 novembre — Le soleil de la paix se lève sur le monde: l'Allemagne vaincue se livre

12 décembre — La grève est déclarée: les agents de police, les employés du service de l'incinération et les préposés au service des pompes de l'aqueduc ont abandonné tout travail

1919

17 février — Sir Wilfrid Laurier est mort

24 mars — Les installations du parc Sohmer ravagées par le feu

3 mai — Morte et enterrée: «Marie Scapulaire», une figure que tout Montréal a connue

7 mai — Les conditions de la paix imposées aux Allemands

19 mai — Montréal acclame les héros du 22e et leur souhaite une reconnaissante bienvenue

15 juin — Un des plus grands exploits accomplis par l'homme

21 juin — Proclamation de la loi martiale à la suite d'une sanglante émeute

28 juin — La signature de la paix

7 août — La convention libérale prend fin par la nomination de King au poste de chef

10 août — Un incendie fait sept morts au parc Dominion

20 août — Le désastre du parc Dominion: tragique méprise dans l'identification des victimes

6 septembre — Inauguration du monument érigé à la mémoire de Sir George-Etienne Cartier

28 septembre — Le *Seagull*, premier hydravion à voler et amerrir à Montréal

5 novembre — Le Tribunal du Commerce enquête: les boulangers canadiens-français forment un cartel pour contrôler le prix du pain

22 novembre — L'Université de Montréal est la proie des flammes

26 novembre — Une comtesse de Lilliput meurt à l'âge de 77 ans

13 décembre — En roulant ma boule: causette hebdomadaire du père Ladébauche

1920

10 janvier — Éclatante victoire du Canadien sur le club Toronto à l'aréna

10 février — Montréal dans les chaînes: l'autonomie de Montréal n'a eu que peu de défenseurs à l'Assemblée législative

14 février — Valentino

21 février — Les mystères de l'univers

6 mars — La prévision du temps

13 mars — Bêtes et monstres d'autrefois

13 mars — Nouvelle machine de Ford et Edison

22 mars — Aurore, l'enfant martyre (1): une accusation d'homicide contre Télesphore Gagnon

13 avril — Aurore, l'enfant martyre (2): la femme Gagnon accusée d'avoir martyrisé sa belle-fille, apparaît voilée en cour d'assises

14 avril — Aurore, l'enfant martyre (3): l'accusée aurait dit à une voisine : «Je voudrais bien que la petite Aurore vînt à mourir sans que personne en eût connaissance»

16 avril — Aurore, l'enfant martyre (4): la défense modifie sa stratégie; elle plaide la folie

18 avril — Aurore, l'enfant martyre (5): visite à la maison des Gagnon où se consomma le martyre de la petite Aurore

19 avril — Aurore, l'enfant martyre (6): le médecin de famille des Gagnon juge l'accusée saine d'esprit

21 avril — Aurore, l'enfant martyre (7): condamnation à mort pour la marâtre de Sainte-Philomène

26 avril — Le juge Lebeuf déclare sans valeur légale l'affichage unilingue

28 avril — Aurore, l'enfant martyre (8): le mari de la mégère coupable d'homicide

2 mai — L'avance de l'heure: le décret municipal va entrer en vigueur la nuit prochaine

5 mai — Aurore, l'enfant martyre (9): Gagnon condamné au bagne pour la vie

14 juin — Le préfet du pénitencier est condamné à un an d'emprisonnement

7 août — Les anciennes forges de Saint-Maurice

22 août — Le feu ravage le pont Victoria: l'inconvénient d'un pont unique

23 août — Incendie dans un incinérateur, angle Atwater et Saint-Patrice

2 octobre — Les premiers Européens à Montréal

3 novembre — À cause de la pénurie de charbon: le chauffage des tramways est défendu

20 décembre — Le plus beau des cadeaux: un véritable Victrola, la voix de son maître

21 décembre — Un marché de Noël plutôt désolant: produits peu attrayants mais de prix fort élevés; la dinde à 60 cents

22 décembre — Le vol de drogues au Palais de justice: on retrouve les malles volées, mais vides

1921

20 janvier — Unanimité nécessaire pour l'avance de l'heure

29 mars — Modestie des vêtements

4 mai — La musique serait fatale à la morale

8 juin — Babe Ruth en prison

2 juillet — Les Lauréats du concours des jolis bébés

3 juillet — Un hommage aux héros du Canada: un monument est dévoilé sur la crête de Vimy

13 août — Le premier distributeur automatique de journaux à Montréal

18 octobre — Le maire Martin est réélu par plus de trente mille votes de majorité

31 octobre — Terrible collision de tramways dans le brouillard, au nord de Montréal

5 novembre — L'origine du coquelicot **(11 novembre 1983)**

30 novembre — La guillotine pour «Barbe Bleue»: la mort n'effraie pas Landru

16 décembre — Travaux d'excavation du nouveau Palais de justice

1922

21 janvier — Ouverture de la saison de l'automobile

13 février — Campagne contre le blasphème

25 février — La mort de Barbe-Bleue: Henri-Désiré Landru a subi le supplice de la guillotine à Versailles

3 mars — Un incendie détruit l'hôtel de ville

29 mars — Le sanctuaire de Sainte-Anne-de-Beaupré entièrement détruit

3 mai — LA PRESSE fait installer sur le toit de son immeuble le plus puissant poste de radiotéléphonie d'Amérique

10 mai — La construction d'ascenseurs au Mont-Royal: un projet qui est des plus pratiques

2 octobre — Deux étoiles du cinéma à Montréal: Mary Pickford et Douglas Fairbanks heureux de pouvoir parler à leurs admirateurs d'Amérique

4 novembre — Dans la profondeur des mers: la faune étrange et hideuse qui peuple les océans

11 novembre — Casse-tête **(28 octobre 1983)**

1er décembre — Désastreux incendie à Terrebonne

20 décembre — Inauguration du plus grand hôtel de tout l'Empire britannique

1923

18 janvier — Un lapin à cornes

20 janvier — Les premiers automobiles (sic) dans la métropole canadienne

26 janvier — Mlle G. Rivet gagne le concours «Mademoiselle Montréal»

15 mars — Une foule horrifiée assiste à la destruction de l'Hôpital des incurables

22 mars — Le nouveau Palais de justice de Montréal qui s'élèvera rue Notre-Dame est

26 mars — La mort de Sarah Bernhardt plonge dans la douleur la France entière

5 juillet — Une transaction extraordinaire

1er septembre — Catastrophe sans précédent pour le peuple japonais

15 octobre — Dévoilement du buste de M. Trefflé Berthiaume

23 novembre — Le vol de Saint-Liboire: une affaire invraisemblable

24 novembre — Cette vache détient le championnat du monde

13 décembre — Travaux de construction à l'hôtel de ville

22 décembre — Les épiciers demandent la permission de vendre du vin dans les épiceries

27 décembre — Le bas de Noël de LA PRESSE

1924

5 janvier — Les licences de radio sont obligatoires

21 janvier — Affichage à la porte des théâtres

21 janvier — Un grand deuil pour les Rouges: mort de Nicolas Lénine

2 février — Un musicien canadien-français remporte à Paris le premier prix d'un concours de composition

2 mai — L'attentat de la rue Ontario est (1): Kin Rifkin comparaît pour meurtre

5 mai — L'attentat de la rue Ontario est (2): les accusés comparaissent à la prison de Montréal

7 mai — L'attentat de la rue Ontario est (3): Rifkin remis en liberté

15 mai — L'attentat de la rue Ontario est (4): huit personnes mises en accusation pour le meurtre de Cléroux et Stone

17 mai — L'attentat de la rue Ontario est (5): affidavits pour l'extradition de Parillo

26 mai — L'attentat de la rue Ontario est (6): le premier procès pour le meurtre de Cléroux

7 juin — L'attentat de la rue Ontario est (7): les jurés ne peuvent s'entendre sur un verdict

9 juin — L'attentat de la rue Ontario est (8): un seul juré est choisi

11 juin — L'attentat de la rue Ontario est (9): des gens suspects dans la salle des audiences

12 juin — L'attentat de la rue Ontario est (10): Stone serait le bandit qui ne portait pas de masque

13 juin — L'attentat de la rue Ontario est (11): on a voulu cacher l'identité de cet argent

14 juin — L'attentat de la rue Ontario est (12): la défense offrirait une preuve à ce procès

18 juin — L'attentat de la rue Ontario est (13): les complices volaient leurs autos au garage de Robinson Motor Co.

20 juin — Projet gigantesque

20 juin — Sur la scène de l'actualité: l'échevin J.-A.-A. Brodeur

23 juin — L'attentat de la rue Ontario est (14 et fin): les 6 complices seront pendus

27 juillet — Brillante clôture des Jeux olympiques

24 octobre — Les quatre bandits succombent chrétiennement

6 novembre — L'orchestre de Caughnawaga

29 novembre — Un seul homme, un Canadien a pu s'évader de l'Île du Diable

24 décembre — La croix du Mont-Royal sera illuminée la nuit prochaine

1925

24 janvier — Le premier poste de téléphone automatique fonctionnera bientôt

31 janvier — Comment le son voyage du microphone, dans l'air et au récepteur

5 avril — Inauguration cette nuit du téléphone automatique

9 avril — Un feu fait pour 350 000$ de pertes à Joliette

12 avril — Sensationnel attentat à Ville LaSalle

16 mai — Célibataires impitoyables

28 mai — Le concert au profit d'Albani a obtenu un immense succès

26 juin — LA PRESSE révèle à ses lecteurs qu'elle a recueilli près de 4 100$ pour Mme Albani lors de la soirée du 28 mai dernier

7 septembre — Quinze nageurs ont pris part au marathon, seulement trois ont couvert le parcours

18 septembre — Éclatante victoire de Leo Kid Roy sur Walter Price à Holyoke

19 septembre — À l'inauguration du premier train électrique

7 novembre — Un événement d'il y a quarante années

9 décembre — Festival musical au Monument National

31 décembre — Épiceries en gros qui se fusionnent

1926

21 janvier — Le premier véhicule moteur fabriqué au Canada **(23 janvier 1984)**

24 janvier — Semaine internationale du radio (sic)

9 février — Inauguration officielle de l'édifice Sun Life du square Dominion

15 février — Le maire inaugure le palais municipal

15 février — Sur la scène de l'actualité: son honneur le maire Charles Duquette

16 février — Mode honteuse pour les femmes

16 avril — La province ne recevra plus de films américains

9 mai — Un aviateur américain réussit à survoler le pôle nord et cet exploit est sans précédent

8 juin — Les Kiwaniens viennent par centaines visiter les bureaux de La Presse et le studio du poste CKAC

12 juin — Ouverture cet après-midi à de Lorimier

12 juin — Rouyn, pays de l'or

6 août — L'une des gloires du sport

23 août — Grande perte pour le cinéma des États-Unis

5 octobre — Inauguration du nouvel immeuble de la Chambre de Commerce de Montréal

6 octobre — Babe Ruth fait trois home runs *(sic)* et donne la victoire aux Yankees

5 novembre — L'aubaine au plus matinal: une auto pour 99 cents

18 novembre — Le dernier voyage du *Montréal* s'est terminé en tragédie

22 décembre — Arbre de Noël de la Ligue pour la justice pour les animaux

28 décembre — Découverte d'une distillerie clandestine

1927

7 janvier — Mussolini raconté par lui-même

9 janvier — 77 enfants trouvent la mort dans l'incendie du théâtre Laurier Palace

27 janvier — Collection de photos d'athlètes: Howie Morenz

1er mars — Les droits de Terre-Neuve sur le Labrador sont reconnus en substance

24 mars — Par un vote de 61 contre 14, la loi de pension de vieillesse est adoptée par la Chambre haute

24 avril — Les fascistes de Montréal fêtent Rome

5 mai — L'autobus le plus moderne

12 mai — Toujours sans nouvelles de l'*Oiseau blanc*

16 mai — Le gouvernement Taschereau victorieux

28 mai — Le tire-bouchon est l'invention d'une jeune fille

6 juin — Le *Columbia* atteint l'Allemagne

7 juin — La mort du tsar Nicholas vengée

30 juin — 60e anniversaire de la Confédération

11 juillet — Un cas extraordinaire est soumis au coroner Jolicoeur

17 août — Le premier derby aérien marqué par des tragédies

23 août — L'ordre règne autour de la prison de Boston lors de l'exécution de Sacco et de Vanzetti

17 novembre — La crue des eaux interrompt le service des tramways

17 novembre — Les nouveaux tramways

18 novembre — Sur la scène de l'actualité: M. Esdras Minville

1928

25 janvier — Un nouveau pouvoir hydraulique gigantesque

26 janvier — Nouvelle chargeuse de neige automatique

30 janvier — Collection de photos d'athlètes: Gene Tunney

18 février — Un jardin zoologique sur l'île Ste-Hélène

23 février — Décès d'Émilien Daoust

23 février — Dernière journée de courses marquée par de graves incidents, à Daytona Beach

20 mars — Collection de photos d'athlètes: Eddie Shore

2 avril — Montréal s'est choisi un nouveau maire

13 avril — Huenefeld, Koehl et Fitzmaurice ont réussi

5 mai — Le club Montréal de la Ligue internationale fait un beau début dans la métropole

26 mai — Retard angoissant du dirigeable *Italia*

18 juin — Le *Friendship* descend au pays de Galles.

12 juillet — 2 martyrs de l'Arctique sont secourus

21 août — Type de véhicule encore inconnu à Montréal

5 septembre — Le *R-101*

12 septembre — Le manoir Richelieu, à la Malbaie, est détruit

10 octobre — Nouvelle invention permettant la transmission radiophonique d'images et d'ombres mobiles

11 octobre — Le dirigeable *Comte Zeppelin*, premier paquebot aérien

2 novembre — L'ambassadeur de Mars sur Terre

18 novembre — Les Canadiennes peuvent en appeler au Conseil Privé

30 novembre — Début des travaux du réservoir McTavish

8 décembre — Collection de photos d'athlètes: Georges Vézina

27 décembre — Collection de photos d'athlètes: George Herman Ruth

29 décembre — Collection de photos d'athlètes: Gene Sarazen

1929

9 janvier — «Bouteilles» de papier

12 janvier — Le radio (sic) de LA PRESSE: un poste nouveau

20 février — Un pendu mécontent se relève pour invectiver les témoins stupéfaits

28 février — L'accord sur le (sic) radio

28 février — Une récompense de 3 000$ est promise

8 mars — La Commission des accidents de travail siège pour la première fois

9 mars — La grande élégance printemps-été

20 mars — Collision entre 2 trains à Drocourt, en Ontario

10 avril — Un Algonquin a sauté les rapides de Lachine en canot

14 juin — Commémoration de l'exploit d'Alcock et Brown qui ont été les premiers à traverser l'Atlantique par voie des airs

10 juillet — M. Camillien Houde, maire de Montréal, succède à M. Sauvé

16 juillet — On posera des rails

16 juillet — Une conflagration détruit une partie du village de La Présentation, Québec

25 juillet — La question de relier l'île Sainte-Hélène à l'île Ronde dans le port de Montréal est à l'ordre du jour

3 août — La ligne distinguée des robes du soir

12 octobre — Inauguration religieuse et civile des travaux de la Beauharnois Electric Co.

12 octobre — Un ralliement sensationnel de 10 points à la 7e manche permet au Philadelphie de gagner la quatrième rencontre de la série

18 octobre — La femme est éligible dans le Sénat canadien

23 novembre — Les méfaits des grands chats de la jungle asiatique

28 novembre — Raid vers le pôle sud: le fameux commandant Byrd entreprend une randonnée dans un trimoteur

23 décembre — Une explosion fait 3 morts à LA PRESSE

1930

18 janvier — Le Salon de l'auto

25 janvier — Croquis montréalais

15 février — Mme Norman F. Wilson première femme à siéger au Sénat canadien

12 mars — Déploiement des moyens mis à la disposition de la police de Montréal

12 mars — Mort d'un as canadien de la Grand Guerre: un aéroplane qu'essayait le colonel Barker s'écrase au sol à Ottawa

19 mars — M. Louis Payette, ancien maire de Montréal, est décédé ce matin

3 avril — Albani est morte aujourd'hui à Londres

11 avril — Le feu a rasé le plus vieux pavillon de l'île Ste-Hélène

12 avril — Deux maisons volent en éclats

21 avril — Ouverture du canal Welland

10 mai — La chasse à la baleine rapporte

14 mai — Les premiers à payer péage sur le nouveau pont: ouverture à la circulation du pont du Havre

17 mai — Li Chung-Yun, âgé de 252 ans, explique les raisons de sa grande vieillesse

24 mai — Le pont du Havre de Montréal

3 juillet — Le Montréal gagne sa première joute du soir

1er août — Le *R-100* à Montréal

9 août — Deux hommes remportent une course contre des hommes et des chevaux

28 septembre — Inauguration du monument consacré à sir Louis-Hippolyte La Fontaine

5 octobre — Le nombre des morts du *R-101* augmente

23 décembre — Noël du Canada

1931

24 janvier — Où le golf peut conduire: Waldon Chamberlain

26 janvier — Mort subite de l'échevin Lippens

31 janvier — Patinage au parc Outremont

27 février — Un superbe chalet sera construit sur le Mont-Royal

2 mars — Yehudi Menuhin au Saint-Denis

16 avril — L'échevin Max Seigler enlève une pelletée de terre sur le site d'une future vespasienne, au parc Western, face au Forum

2 août — Marathon Peter Dawson

4 août — LA PRESSE reçoit une médaille pour services rendus à la langue française de l'Académie française

24 août — Éclatante victoire libérale

12 septembre — Lorsque s'empourpre l'érable

18 septembre — La crise financière mondiale pourrait-elle devenir encore plus pénible que maintenant?

10 octobre — LA PRESSE et son poste de TV

17 octobre — Les troglodytes du Mont-Royal

18 octobre — Edison meurt content d'avoir pu auparavant terminer son oeuvre

19 octobre — Al Capone a été trouvé coupable de 5 offenses

14 décembre — On vit comme on peut

1932

13 février — L'hôtel Viger et la petite histoire

20 février — «Les Michelines»: les trains de demain rouleront-ils sur des pneus d'automobiles

24 février — Fusée terminée

30 avril — Les femmes apprendront à conduire du siège arrière ou du siège avant au choix

12 mai — On retrouve le corps du bébé Lindbergh

1er juin — Spectacles et concerts: Garbo quitte Hollywood!

19 juillet — M. Arthur Berthiaume, président de LA PRESSE, meurt entouré de sa famille

30 juillet — Cent mille personnes aux Jeux olympiques

14 août — Les États-Unis décrochent la palme à Los Angeles

18 août — Un nouveau record d'altitude de Piccard

23 août — Une explosion secoue le nord de la ville de Montréal

28 août — Zénon Saint-Laurent gagne encore le trophée LA PRESSE

19 septembre — Houde démissionne: quel sera le prochain chef conservateur?

21 septembre — L'hon. P.-R. DuTremblay est nommé légataire fiduciaire de la succession de l'hon. T. Berthiaume

30 novembre — Le nord de la ville secoué par des explosions: les bouches d'égoût crachent des flammes

1933

27 février — L'incendie du Reichstag serait le coup de mort au communisme

4 avril — 73 morts sur l'*Akron*: la foudre abat le plus gros aéronef de tout l'univers

6 avril — La métropole perd un de ses philanthropes

18 mai — Religieux mis au ban

14 juillet — L'Armada vue à 6,000 pieds dans les airs: comment des journalistes suivent le mouvement des hydravions de la flotille italienne à son arrivée à la jetée Fairchild

14 août — Le robot *Éric* arrive à Montréal

8 septembre — Déficit de la province: $6,8 millions

4 octobre — Duplessis demeure chef de son parti

1934

5 mars — Une inondation dans la rue Craig

14 mars — Le traité de la canalisation est défait

14 juin — L'Allemagne arrête tous ses paiements à l'étranger

14 juin — Baer, le nouveau champion mondial des poids lourds

30 juin — Hitler mate la révolte et le Reischswehr triomphe

11 juillet — Inauguration du pont Honoré-Mercier

13 juillet — Ruth chanceux un vendredi, le 13

20 juillet — Retour du choeur «Les Alouettes»

2 août — Un avènement de mauvais **augure: Hindenburg mort, Hitler est maître absolu.**

25 août — Quatrième centenaire de la découverte du Canada par Jacques Cartier

31 août — Jamais Montréal n'avait vu rassemblement pareil

20 septembre — Hauptmann est-il le ravisseur et le meurtrier du bébé Lindbergh?

12 octobre — La guillotine pour Violette Nozières

13 octobre — LA PRESSE: cinquante ans de bons et loyaux services dans le journalisme canadien

20 décembre — Revue sportive de l'année

28 décembre — La grande vedette des jours de fête: Three Castles Extra Special, liqueur whikey

1935

9 avril — Les Maroons gagnent le championnat et la coupe Stanley

3 mai — Henri Claudel, inventeur du «rayon de la mort»

18 mai — Désastre aérien à Moscou

19 mai — Le fameux colonel Lawrence est mort

29 mai — Un nouveau tissu fait avec du lin

14 août — L'hon. M. Bennett publie trente nominations en annonçant les élections pour le 14 octobre

15 août — Wiley Post et Will Rogers se tuent: l'avion qui transportait le célèbre aviateur et le fameux acteur s'écrase près de Point-Barrow, en Alaska

3 octobre — Campbell fait 304 milles à l'heure

30 novembre — Victime du pharaon?

1936

31 janvier — Les chevaux font place au progrès

29 février — Célibataires, en garde, c'est le jour des femmes

29 février — La musique à l'honneur avec Wilfrid Pelletier

17 juillet — Révolte militaire au Maroc espagnol

1er août — Inoubliable spectacle à l'ouverture de l'Olympiade

9 août — Jesse Owens mérite quatre médailles d'or aux Jeux olympiques de Berlin

14 août — Louiseville enterre ses morts

17 août — L'Union nationale victorieuse

27 août — Le maire Houde démissionne

31 août — Le 17 août, Montréal a voté contre moi, et c'est pourquoi je démissionne, dit M. Houde

1937

6 janvier — Mort du Frère André, thaumaturge du Mont-Royal

27 janvier — Des ennemis deviennent amis

26 avril — Assaut aérien de Guernica

8 mai — Photos de la tragédie du *Hindenburg*

12 mai — Couronnement du roi George VI d'Angleterre

12 juin — Maurice Duplessis élu bâtonnier général du Barreau de la province

22 juin — Joe Louis enlève le championnat à Braddock

1938

18 janvier — 47 morts et 5 mourants: le sinistre bilan augmente toujours; 19 cadavres retrouvés

26 janvier — Le pont de Niagara s'écrase sur l'embâcle

28 avril — Après le «Big Apple», le «Doing the Dopey»

15 juin — Un sensationnel exploit du lanceur Vander Meer

7 juillet — M. Leduc n'est plus ministre

11 juillet — De New York à Paris en 16 heures: victorieux, Hughes repart pour Moscou

15 septembre — Chamberlain négocie un règlement général

1939

16 février — Un incendie cause des dommages de $1,5 million à l'hôpital St-Michel-Archange, à Québec

29 mars — Début du régime Franco, en Espagne

30 avril — L'exposition de New York est ouverte

18 mai — L'étendard royal pour la première fois dans la métropole

18 mai — Faste somptueux au banquet du Windsor

22 mai — Un quadruple salut à l'union militaire italo-allemande

23 mai — Le *Yankee Clipper* rendu à destination

4 juillet — Le jour de Lou Gehrig

7 juillet — Premier vol transatlantique d'Air France

23 juillet — Mariage des Jocistes

1er septembre — Londres vote 2 milliards pour la guerre

10 septembre — Le Canada est entré librement en guerre

12 octobre — Notre premier emprunt de guerre: 200 000 000$

7 novembre — Un masque à gaz pour pigeon

1940

13 janvier — Un jardin botanique à nous

25 avril — La femme a maintenant droit de vote et d'éligibilité

5 juin — Le 2e bill de Montréal: un maire, 99 échevins, plusieurs taxes

14 juin — Les Allemands à Paris

16 juin — La France demande un armistice

21 juin — Hitler pose ses conditions

3 juillet — L'ennemi ne l'aura pas

12 juillet — Foyer de propagande nazie découvert à Montréal

6 août — Le maire Camillien Houde est arrêté et immédiatement interné

20 août — Attentat contre Trotsky

10 septembre — Le Palais de Buckingham est la cible d'une bombe à retardement allemande

27 septembre — Japon, Allemagne, Italie solidaires

9 décembre — Victoire d'Adhémar Raynault, avec la plus faible majorité de l'histoire

1941

18 janvier — Inauguration du service aérien régulier Montréal-Nassau par la Canadian Colonial Airways

20 janvier — Sur la scène de l'actualité: Pierre Forest

10 mai — «Je viens sauver l'humanité», déclare Rudolf Hess en atterrissant en Écosse

22 mai — Apparition du premier char d'assaut fabriqué dans les ateliers Angus

2 juin — Lou Gehrig, «l'homme de fer» du baseball, meurt à l'âge de 38 ans

3 juillet — Staline lance un appel aux armes

17 juillet — DiMaggio est finalement tenu en échec après 56 joutes consécutives

7 décembre — Le Japon force les Américains à s'engager dans la guerre mondiale en les attaquant à Pearl Harbor

1942

27 avril — Le pays a voté 63% oui; la province de Québec 71% non

11 mai — Navire marchand torpillé dans le Saint-Laurent

20 juin — Une attaque contre l'île de Vancouver

3 août — Le tribunal «condamne sans hésitation» le discours prononcé par M. René Chaloult; mais en tenant compte «du doute possible», il décide de libérer l'accusé

3 août — 3 morts, 20 blessés, au stade Ontario

4 septembre — Soirée commémorative en l'honneur des soldats canadiens qui ont participé au raid de Dieppe

15 octobre — Dix-sept héros de Dieppe à Montréal

1943

10 juillet — L'invasion commence: débarquement en Sicile

19 juillet — Rome bombardée

1er septembre — Une rentrée spéciale

3 septembre — La 8e armée et la 1re division canadienne ont envahi l'Italie

8 septembre — L'Italie a capitulé

1944

6 juin — L'invasion va bien

16 juin — Avion sans pilote ou bombe à fusée

12 juillet — Cordiale bienvenue au général de Gaulle

20 juillet — Berlin reconnaît un attentat contre Hitler

18 août — Milliers de personnes à l'arrivée de M. Houde

25 août — Paris emporté d'assaut

1945

23 février — Prise du mont Suribachi

19 avril — Radio-Québec régie par trois membres

28 avril — Ministres, journaux, foules d'Italie se réjouissent de l'exécution de Mussolini

30 avril — Hitler se suicide; Doenitz lui succède

2 mai — Démission du conseil de Ville Saint-Michel

7 mai — Fin de la guerre

6 juin — Le cadavre de Hitler a été trouvé

14 juin — Me F. Drouin président général des élections

26 juin — Les nations prouvent qu'elles sont unies: accord général sur la charte

17 juillet — L'héroïsme d'un religieux

23 juillet — Pétain en appelle à la nation: il dit avoir aidé à délivrer la France

28 juillet — Un avion percute l'Empire State Building

2 août — Fin de la conférence de Potsdam

6 août — La bombe a fait 100 000 victimes

9 août — Le Japon est foudroyé pour la deuxième fois

10 août — Le Japon accepte de se rendre à une condition: garder l'empereur

14 août — L'univers sort d'un long et affreux cauchemar: MacArthur commande; les plénipotentiaires du Japon sommés de se présenter

15 août — L'histoire du radar: les Anglais se sont servis de cet appareil dès 1940

30 août — L'occupation progresse magnifiquement: MacArthur au Grand Hôtel de Yokohama

14 septembre — L'explosion ferait de nombreuses victimes

17 septembre — Un avion géant arrivé à Dorval

9 octobre — Pierre Laval est condamné à mort

1946

14 mars — Comparution du député de Cartier, Fred Rose, accusé sous 5 chefs d'espionnage

19 juin — L'offre de l'Hydro est formellement rejetée

20 juin — Rose condamné à six ans de pénitencier

11 juillet — Un symbole distinctif

13 juillet — Le communisme excommunié

31 août — M. Eugène Berthiaume est décédé

1er octobre — 12 chefs nazis condamnés à la potence

16 octobre — 10 nazis pendus

1947

9 mars — Attentat contre un prêtre et un frère

26 mars — Rationnement de la viande supprimé

14 avril — Boursiers canadiens de la fondation Simon Guggenheim, de New York, dont un est M. Roger Lemelin

18 juin — Le congrès marial prépare l'annonce de sa proclamation

8 septembre — Juifs débarqués de force à Hambourg

18 septembre — Centenaire ferroviaire célébré avec éclat: Lord Alexander répète le geste de Lord Elgin

22 septembre — Sensationnelle envolée d'un avion «robot» *C-54*

13 octobre — Envolée record d'un avion *North Star II*

13 octobre — L'équipe d'étoiles de la N.H.L. gagne à Toronto

1948

21 janvier — Le drapeau provincial à fleurs verticales

4 février — Le plus gros tavernier du monde

20 mars — Inondations dans le bassin du Saint-Laurent

21 mars — Sur la scène de l'actualité: Elmer Lach

5 avril — La comédienne Rose Ouellette en vedette au Théâtre National

5 mai — Le bill de la margarine enterré pour cette année

7 mai — Congédiement de Me Pacifique Plante

14 mai — Washington reconnaît l'État juif proclamé par David Ben Gourion

16 juillet — Dépôt des plans en vue du harnachement du Saint-Laurent

24 juillet — 29 personnes meurent dans l'écrasement d'un aérobus

16 août — Mort de Babe Ruth, le champion frappeur de coups de circuit

23 août — Incendie dans la cour de triage de la gare Bonaventure

1er septembre — Le code du travail mis en vigueur aujourd'hui

3 septembre — Une arrestation sensationnelle

17 septembre — Diplomates de l'ONU assassinés par des irréguliers juifs à Jérusalem

17 septembre — Ottawa ordonne leur libération: les De Bernonville en liberté

21 septembre — Émile Maupas est tué par une explosion de dynamite

1949

15 mars — Le feu détruit le Colisée de Québec

17 mars — Conflagration à Rouyn, mais le vent évite un plus grand désastre

22 mars — 750 000 contribuables soustraits à l'impôt sur le revenu; 900 000 autres ne paieront pas plus de 15%

31 mars — Un jour historique pour l'île de Terre-Neuve

7 avril — Ouverture record de la navigation: le *Mont Alta* remporte les honneurs de la course; l'équipage du navire est en grève

8 mai — Ralliement des mineurs d'Asbestos: la loi de l'émeute est levée

11 mai — Le blocus de Berlin n'existe plus

25 mai — Photo de deux futures vedettes: Pierre Roche et Charles Aznavour

27 juin — Victoire écrasante de Louis Saint-Laurent

17 août — Le consul polonais à Montréal démissionne

14 septembre — La cause du désastre aérien: une explosion

17 septembre — Désastre maritime à Toronto : le *Noronic* rasé par un incendie, 58 morts

24 septembre — Les 23 personnes tuées pour une femme dont son mari aurait voulu se défaire

27 septembre — Geste historique posé aux Communes

1er octobre — Chou En-lai, premier ministre

9 octobre — Un amerrissage manqué de peu

1950

24 mars — Mgr Paul-Émile Léger nommé archevêque de Montréal

28 avril — Le gouvernement français décide de démettre M. Frédéric Joliot-Curie de ses fonctions de président de la Commission de l'énergie atomique et de membre du Conseil national de la recherche scientifique

9 mai — Le village de Cabano ravagé par un incendie

9 août — Le premier vol du chasseur *F-86* de la société Canadair

8 septembre — Rapport de la commission Tremblay: municipalisation du tram recommandée

11 septembre — L'enquête sur la police de Montréal s'ouvre aujourd'hui

13 septembre — Jake LaMotta bat Dauthuille

1er octobre — La province consacrée à la Vierge du Rosaire

18 octobre — Connie Mack abandonne la gérance du club Philadelphie

12 novembre — Marguerite Bourgeoys, la bienheureuse; le Souverain Pontife honore, à Saint-Pierre, la fondatrice de la Congrégation de Notre-Dame

27 décembre — Triomphes de la technique, fléau de la guerre

1951

31 janvier — Le pont Duplessis croule: 4 morts

29 mars — Décès d'Hector Lépine

30 mars — Une envolée historique vers Paris ce matin: pour la première fois un service canadien relie Montréal à la capitale française

31 mars — Premier championnat pour les Citadelles de Québec

27 avril — Le plan directeur de notre future cité universitaire

2 mai — L'hon. Maurice Duplessis condamné à payer 8 153$ à M. Frank Roncarelli

4 mai — La question des pensions de vieillesse: Ottawa et les provinces d'accord sur un amendement constitutionnel

23 mai — Première femme employée comme chauffeur de taxi

23 mai — Sur la scène de l'actualité: le capitaine d'état-major Edmond-Alfred Blais, fils

15 juin — Un incendie fait 45 morts à l'hospice Ste-Cunégonde

16 juin — Le réseau du tramway est «municipalisé» aujourd'hui

21 août — Sur la scène de l'actualité: le brigadier J.-Guy Gauvreau nommé officier des relations extérieures de la ville de Montréal

3 octobre — Les Giants éliminent les Dodgers

1952

26 juillet — Eva Peron meurt à 30 ans après une longue maladie

3 août — Un danger menace les Jeux olympiques

31 août — Décès à l'âge de 84 ans de M. Henri Bourassa

6 septembre — Le Canada possède enfin la télévision

15 septembre — Sur la scène de l'actualité: le Dr Paul David devient directeur de l'Institut de cardiologie de Montréal

1953

21 février — Avez-vous déjà vu un mouton chauve? **(5 novembre 1983)**

11 mai — La ligue de hockey senior devient un circuit professionnel

29 mai — Conquête de l'Everest par des Britanniques

2 juin — Couronnement de la reine Elizabeth II d'Angleterre

16 juin — Sur la scène de l'actualité: le Dr G.-Edmond Caza, maire de Valleyfield

19 juin — Les Rosenberg meurent sans parler

27 juillet — Les combats ont cessé en Corée

31 juillet — Un autobus plonge dans un canal: 20 morts

2 août — Traversée de la Manche

8 août — Une révélation qui émeut Washington

12 septembre — Mariage de Jacqueline Bouvier et John F. Kennedy

29 décembre — Publicité du film *How to Marry a Millionaire* avec Marilyn Monroe

1954

17 février — Tamponnement spectaculaire de deux trains du Pacific Canadien à Saint-Clet

30 mars — Entrée en service du métro de Toronto

7 juillet — Un chasseur expérimental américain, le *FX-104* de la société Lockheed, atteint la vitesse record de 1 500 milles à l'heure au cours d'un vol à l'horizontale

13 juillet — 12 enfants se noient à l'île Bizard: une chaloupe portant 18 personnes chavire; quatre bambins sauvés

20 juillet — En Indochine, la paix est conclue

6 août — Wilbert Coffin sera pendu le 26 novembre

11 août — Sur la scène de l'actualité: Jacques Fauteux, étudiant qui poursuivra ses études à l'Université de Madrid

16 août — Pile solaire réalisée par des savants

1955

16 mars — Richard suspendu pour la balance de la saison par le président Campbell

17 mars — Après avoir suspendu Richard, Campbell se présente au Forum: une provocation pour les partisans du Canadien

21 mars — Les flammes rasent 35 immeubles à Nicolet: 300 personnes demeurent sans foyer

29 avril — L'assaillant de Campbell condamné à $35 d'amende

9 mai — Edith Piaf et sa revue continentale entreprennent une série de spectacles au théâtre Her Majesty's de Montréal

8 juin — Hector «Toe» Blake, instructeur du Canadien

14 juin — Crise en République argentine

23 juillet — Jacques Amyot réussit la traversée du lac St-Jean

30 juillet — Louison Bobet remporte le Tour de France pour la 3e année consécutive

31 juillet — Marilyn Bell conquiert la Manche

15 août — Un monument à Longfellow est dévoilé à Grand-Pré

3 octobre — Le début de la «Clinique du coeur» au poste CKAC

3 octobre — Québec réclame l'autonomie fiscale

6 octobre — Le président de LA PRESSE décédé

6 octobre — Les recrues du Canadien: Henri Richard, Jean-Guy Talbot et Hector «Toe» Blake

27 octobre — Un incendie détruit le chantier maritime Davie à Lauzon; les résidents sont atterrés

1956

6 janvier — Fiançailles de Grace Kelly

10 février — Wilbert Coffin pendu à la prison commune

14 février — LA PRESSE choisit l'emplacement du nouvel édifice, coin Saint-Laurent et Craig

27 avril — Marciano se retire de la boxe

30 avril — Huit enfants et leur mère périssent dans les flammes

15 mai — Un avion en feu s'écrase sur un couvent, près d'Ottawa: 15 morts

17 mai — Une septième paire de jumeaux pour M. et Mme Tremblay, de Roberval

19 mai — La fécondité artificielle condamnée

4 juin — Important changement dans les règlements de la Ligue nationale

7 juin — Eboulement catastrophique à Niagara: pertes évaluées à $100 millions

17 juillet — Amyot franchit la Manche à la nage

25 juillet — Naufrage de l'*Andrea Doria*

26 juillet — Saisie du canal de Suez

1er août — Sur la scène de l'actualité: Me Marc Lalonde

21 août — Le radeau *L'Egaré II*» touche l'Angleterre après 88 jours

1er octobre — Le *Vulcan*, le plus moderne quadriréacté, s'écrase quelques instants avant l'atterrissage

1957

28 février — Sur la scène de l'actualité: René Lévesque

8 mars — La loi du cadenas est *ultra vires*

23 mars — Plante enlève le trophée Vézina

3 avril — Elvis à Ottawa: tempête déchaînée dans une jungle en furie au Colisée de la capitale

10 avril — L'assurance-hospitalisation et le bill sur les Offices agricoles sont approuvés

1er mai — L'exploit sans précédent de Ray Robinson stupéfie le monde sportif: pour la première fois de l'histoire, un boxeur reprend le championnat mondial à quatre reprises

1er mai — Fondateur de LA PRESSE honoré

3 mai — Création de l'office de l'autoroute des Laurentides

15 mai — Découverte des débris du *North Star* qui s'est écrasé dans les Rocheuses le 6 décembre 1956, tuant 62 personnes

16 mai — La ville construira le Centre sportif

7 août — Un colonel russe est accusé d'espionnage aux États-Unis

21 août — Accusations contre la police provinciale après l'affaire de Murdochville

21 août — Crédits de 150 000 000$ pour l'habitation, pour prévenir le chômage d'hiver

22 août — Duplessis promet une enquête complète

4 octobre — Le *CF-105* dévoilé à l'aéroport de Malton

4 octobre — La Russie lance avec succès un satellite artificiel de la Terre

19 octobre — Maurice Richard atteint le grand objectif de sa carrière: 500 buts

1958

5 mars — Onze ouvriers noyés à Laval-des-Rapides

26 mars — Adjudication par Webb and Knapp du contrat de construction de la Place Ville-Marie à la société Foundation Company of Canada Limited

9 juillet — Fusée lancée de Floride avec une souris à bord

12 juillet — Le marquis Charles de Montcalm à Ticondéroga

3 août — Lancement réussi d'un missile balistique intercontinental

4 août — Pendant que Margaret se repose: vaines recherches pour trouver Me John Turner

8 août — Le *Nautilus* passe du Pacifique à l'Atlantique sous l'Arctique

13 août — Expropriations pour la Place Ville-Marie: frais assumés par tous les contribuables

11 septembre — M. Camillien Houde est exposé à l'hôtel de ville de Montréal

15 septembre — Funérailles de Camillien Houde

20 septembre — Roger Mathieu élu président de la CTCC

19 octobre — La prochaine à Montréal? L'exposition de Bruxelles a attiré 42 millions de visiteurs

10 décembre — Victoire de Archie Moore contre Yvon Durelle

29 décembre — Radio et télé d'État paralysées: une grève pas comme les autres

1959

20 février — L'intercepteur *Arrow* définitivement mis au rancart par le gouvernement fédéral

23 février — Cinquantenaire de l'aviation canadienne

15 mars — Les Canadiens 18 fois champions du monde

21 avril — Louis Lourmais franchit le Saint-Laurent, de l'île Ste-Hélène à Québec, à la nage

25 avril — La Voie maritime est ouverte

23 mai — Une autoroute nord-sud en plein centre de la métropole coûterait $108 millions

26 juin — La Voie maritime est inaugurée: la Reine et Eisenhower ouvrent au monde le coeur du continent

2 juillet — Le Sabre remplacé par un avion américain: Ottawa adopte le *F-104G*

28 août — La Commission Borden: pas de pipeline entre Edmonton et Montréal

29 août — Nouvelle autoroute des Laurentides

30 août — 20 000 personnes les voient disparaître: fidèles à eux-mêmes, les tramways ont été en retard jusqu'à la fin

31 août — Des bandits prêtent main-forte à la polio: vol de 75 000 doses de vaccin

7 septembre — L'agonie a duré 80 heures: Duplessis meurt à Schefferville

10 septembre — Moment historique devant moins de 100 personnes: Paul Sauvé forme son cabinet

24 septembre — Photo de Walter Murphy, 50e greffé du coeur à l'Institut de cardiologie de Montréal

12 octobre — La rédaction de LA PRESSE emménage dans ses nouveaux locaux

1960

24 avril — L'Expo 67: le coup de masse

20 juin — Patterson, le premier poids lourd à reconquérir le titre : Johansson perd par knockout à la 5e

22 juin — M. Lesage au pouvoir

13 juillet — Le «patronage» aboli au Service civil

13 juillet — Le procureur général annonce la refonte totale de la Commission des liqueurs dès la prochaine session

19 juillet — Nouvelle politique mise en pratique: premières soumissions publiques depuis 16 ans ouvertes à Québec

10 août — Sur la Manicouagan, des centaines de millions: l'aménagement hydroélectrique le plus considérable au Québec

17 août — Au procès de Moscou, l'accusé plaide coupable, mais l'avocat de Powers insiste sur son «irresponsabilité»

25 août — Les Grands des Jeux, Américains et Soviets

12 septembre — Jeux olympiques à Montréal, en 1972?

12 septembre — Rupture Drapeau - DesMarais

14 septembre — M. Barrette démissionne

15 septembre — Fin de la phénoménale carrière de Monsieur Hockey

25 septembre — «Le civisme n'est la propriété de personne»: le Parti civique de Drapeau sera distinct de la L.A.C.

28 septembre — Ted Williams met un terme à sa carrière

29 septembre — La CTCC adopte un nouveau nom : CSN

12 octobre — Nikita Kroutchtchev surprend les membres des Nations-Unies

18 octobre — Casey Stengel est congédié

1961

10 janvier — Il est péché de danser la rumba ou le cha-cha

28 mars — Au coeur de Paris, la Maison du Québec

2 avril — Décès à 85 ans de Mlle Colette Lesage

12 avril — Un Russe ramené vivant d'un voyage cosmique: Yuri Gagarine passe 108 minutes en orbite autour de la Terre

17 avril — Invasion de Cuba

25 mai — Un homme dans la Lune avant 1970: le président John Kennedy demande des sacrifices au peuple

30 mai — La vente de la margarine devient légale au Québec

1er juin — L'agent recenseur chez le cardinal

8 juin — Sur un bizarre trimoteur: essais en vol du *PT-6*, le premier turbomoteur entièrement canadien

13 juin — Maurice Richard élu au Temple de la Renommée

2 juillet — Hemingway meurt à 62 ans

16 juillet — Jacques Anquetil gagne le 48e Tour de France cycliste

13 août — L'Occident prépare une riposte au verrouillage de Berlin-Est

18 septembre — Nouveau foyer de combat au Katanga: mort de Hammarskjöld dans un accident d'avion

1er octobre — 61e coup de circuit pour Roger Maris

13 octobre — Jean Béliveau élu capitaine

19 octobre — La première *Bomarc* arrive aujourd'hui à North Bay

20 octobre — C'est officiel: métro de 21 milles en 1966

1962

23 mai — Depuis 1910 qu'on en parlait: les travaux du métro ont débuté ce matin

31 mai — Adolf Eichmann est mort sur la potence

7 juin — Conférence fédérale-provinciale sur le drapeau et l'hymne national

26 juin — Lesage déclare en Chambre: la SGF rendra possible la mise en marche d'une industrie sidérurgique

27 juin — Inauguration du plus haut édifice de l'Empire britannique *(celui de Banque canadienne de commerce, à Montréal)*

29 juin — Ouverture du pont Champlain

3 juillet — Georges-Émile Lapalme en Colombie-Britannique: le Canada français évolue avec «hâte» et «inquiétude»

14 août — Le tunnel sous le Mont-Blanc réalisé

20 août — À Berlin, le sang coule le long du mur

22 août — De Gaulle sort indemne d'un attentat à la mitraillette

3 septembre — Si Ottawa en fait la demande à temps, l'exposition universelle aura lieu à Montréal

10 septembre — Mickey Mantle claque son 400e coup de circuit

13 septembre — Et la Place Ville-Marie est ouverte au public

29 septembre — Le premier satellite canadien placé sur orbite

5 décembre — Le Grand Prix de Montréal dans l'île Sainte-Hélène

1963

28 mars — L'Expo 67 sur le fleuve

3 mai — L'Hydro désigne sept Canadiens français à la présidence des compagnies étatisées

17 mai — Le sergent-major Leja est toujours entre la vie et la mort: 12 bombes à Westmount

2 juin — FLQ: huit détentions; saisie d'un arsenal

16 juin — Première femme cosmonaute de l'histoire: Valentina Tereshkova

21 juin — Montini devient le pape Paul VI

26 juin — À Québec: un ministre de l'Éducation

28 juin — Au procès de Ward, révélations sordides: Christine et Mandy racontent leurs amours tumultueuses et commerciales

4 juillet — La commission Salvas: achats «scandaleux»; M. Lesage: les coupables seront poursuivis

6 juillet — Drapeau gagne son point *(le fédéral ratifie le choix de l'île Sainte-Hélène pour l'Expo 67)*

11 juillet — Nouvelle industrie du fer sur la Côte Nord et accord Québec/ Terre-Neuve sur l'électricité

27 juillet — Pas de *Caravelle* pour Air Canada

8 août — Scotland Yard mobilise ses effectifs pour découvrir les pirates et leurs $9 millions

9 août — Le bébé Kennedy est mort

11 août — La Banque du Canada porte son taux de base de 3½ à 4 p. cent

22 août — Expo: M. Bienvenu démissionne

28 août — Marche sur Washington pour la cause des Noirs américains

29 août — La route Trans-Canada passera au coeur de la ville

30 août — La «ligne rouge» est prête à fonctionner

21 septembre — Chahut à l'ouverture de la Place des Arts

24 septembre — Poursuites au criminel contre Martineau, Talbot et Bégin

26 septembre — Le gangster Valachi raconte sa vie dans la *Cosa nostra*

11 octobre — Edith Piaf est morte

22 novembre — John Kennedy est assassiné

29 novembre — La pire tragédie aérienne au Canada: un *DC-8F* s'écrase à Sainte-Thérèse; 118 morts

1964

Aucune nouvelle relevée

1965

15 février — Projet de drapeau national

2 mars — Le capitaine Lux et le baron de Trenck, ancêtres célèbres de Lucien Rivard

12 juin — Les Beatles reconnus par la reine

16 juin — Radio-Canada émettra en couleurs de ses studios de l'Expo en 1967

29 juin — Guy Favreau démissionne

29 juin — Projet de mise en valeur immobilière du secteur de l'avenue McGill College

5 juillet — Adoption en première lecture du projet de loi créant la Ville de Laval sur l'île Jésus

5 juillet — Le juge Dorion modifie son rapport et louange Favreau

16 juillet — Rivard repris: l'homme le plus recherché au Canada est appréhendé à 20 milles de Montréal

27 août — Avec la mort de LeCorbusier, le monde entier témoigne de son génie

4 septembre — Schweitzer est inhumé

7 septembre — Explosion d'un caisson: 12 morts à Trois-Rivières

14 septembre — Un cargo explose dans le port: 5 marins disparus

1966

21 février — M. Comtois meurt dans les flammes

30 mars — La brasserie Dow retire du marché sa bière de Québec

26 avril — Montréal est déçu, Banff dégoûté: les Jeux olympiques se tiendront en Allemagne et au Japon

3 mai — Pour la première fois depuis 1788, le *Times* de Londres aura des nouvelles à la UNE

8 mai — Lesage: Bécancour aura sa sidérurgie

18 mai — Bombe au Parlement d'Ottawa: un aliéné est déchiqueté par l'engin qu'il destinait au parquet de la Chambre

2 juin — *Surveyor* atterri sur la Lune

11 juin — Exploit du coureur canadien Dave Bailey

10 août — Effondrement d'un pont en construction à Ottawa

18 août — Mao Tsé-toung présente son successeur, Lin Piao

6 octobre — Johnson autorise l'entente entre l'Hydro et la Brinco

11 octobre — 19 corbillards, 22 landaus de fleurs et des centaines d'automobiles *(funérailles des victimes de l'accident ferroviaire survenu à Dorion)*

1967

31 mars — Inauguration officielle de la ligne du métro Montréal-Longueuil

24 avril — Première victime du programme spatial: Vladimir Komarov

27 avril — La foule envahit Terre des Hommes:

16 mai — Embouteillage d'éléphants, rue Craig

17 mai — Montréal célèbre son 325e anniversaire dans le tumulte distrayant de l'Exposition

26 mai — La dépouille mortelle du chanoine Groulx est inhumée à Vaudreuil

13 juillet — Melina Mercouri perd sa citoyenneté grecque

24 juillet — Vive le Québec libre!

25 juillet — Ottawa répond à de Gaulle: «C'est inacceptable»

26 juillet — Inquiétudes à Ottawa

27 août — Le gérant des Beatles est trouvé sans vie

13 septembre — Le 40 millionième visiteur de l'Expo

19 septembre — *Machine-Gun Molly* tombe sous les balles de la police

9 octobre — On annonce la mort de Ernesto «Che» Guevera

5 décembre — Ballets africains (caricature de Girerd)

1968

4 avril — Martin Luther King meurt, atteint d'une balle en plein visage, martyr de son apostolat

7 avril — Clark se tue en pleine gloire

25 mai — 10 heures de guérilla: Paris se relève d'un autre cauchemar

31 mai — Greffe du coeur à Montréal: l'Institut de cardiologie réussit la transplantation

1er juin — Helen Keller, un exemple de courage et de tenacité

1er juin — Trudeau et Stanfield rendent hommage à André Laurendeau, mort à 56 ans

5 juin — Kennedy atteint à la tête: le frère du président assassiné tombe à son tour sous les balles et repose entre la vie et la mort

21 juin — La place Ville-Marie était noire de monde alors que 25 000 personnes, partisans ou simples badauds, s'y étaient réunies pour écouter le Premier ministre Pierre Elliott Trudeau

10 juillet — C'est décidé, Montréal aura du baseball majeur

18 juillet — Par les armes si nécessaire, les Tchécoslovaques tiennent tête aux dirigeants de l'URSS

2 août — Première greffe du genou, dans le monde, réalisée à Québec

2 août — Le second aéroport de Montréal: ce sera Farnham

4 août — L'essentiel du regroupement des indépendantistes est fait

20 août — Invasion-éclair de la Tchécoslovaquie: l'armée russe à Prague

5 septembre — Gene Mauch pilotera les Expos

7 septembre — Maurice Chevalier: quatre fois 20 ans!

12 septembre — Le gouvernement Trudeau: «Société juste à bâtir»

14 septembre — Le lanceur Denny McLain, des Tigers de Detroit, remporte 30 victoires en une même saison de baseball majeur

22 septembre — Premier Grand Prix de course automobile disputé au Québec

25 septembre — À la veille de l'inauguration du grand barrage: c'est la «Johnsonmania» à Manic

26 septembre — Crise cardiaque à la Manicouagan: Johnson est mort

2 octobre — On juge une démocratie selon la façon dont elle traite ses minorités - Trudeau

2 octobre — Sept morts, nombreux blessés: à dix jours des Jeux olympiques, le sang coule à nouveau à Mexico

3 octobre — Malgré les manifestations sanglantes, les Jeux olympiques auront lieu tel que prévu

10 octobre — Le Toronto offre 1 000 000$ pour les services de Bobby Hull

18 octobre — Record du saut en longueur par l'Américain Bob Beamon

1969

30 mars — L'expropriation à Sainte-Scholastique, un «problème juridique fantastique»

9 avril — Récompense offerte à ceux qui trouvent les trophées volés

14 avril — Les Expos disputent leur premier match et le gagnent

17 avril — Stoneman réussit une partie sans point ni coup sûr

30 mai — La chance a finalement souri à Mario Andretti

26 juin — La sécurité d'État: Trudeau dit NON à la «CIA canadienne»

7 juillet — Équité linguistique: le bill des langues officielles est adopté

16 juillet — «Destination Lune»: départ d'*Apollo XI*

20 juillet — L'Homme a conquis la Lune

24 juillet — Les conquérants de la Lune en quarantaine

9 août — Affaire Charles Manson: meurtre de Sharon Tate et de quatre autres personnes

17 août — Le coeur de Blaiberg a cessé de battre

22 août — Des observateurs politiques : un début d'État policier; Québec à l'assaut du terrorisme

3 septembre — Assemblée tumultueuse de la Ligue pour l'intégration scolaire

10 septembre — Manifestation de la LIS à Saint-Léonard

19 septembre — M. Jacques Parizeau passe au PQ

29 septembre — Attentat terroriste chez Jean Drapeau

1970

9 mars — Un nom... prédestiné!

14 mars — Loto-Québec procède à son premier tirage

13 avril — *Apollo XIII* a réussi à s'en tirer

13 avril — 8 morts au retour d'un excursion

4 mai — Manifestation à l'université Kent contre la participation des États-Unis à la guerre du Vietnam

12 mai — Pour Montréal et le maire Drapeau, la victoire de l'idéal olympique

31 mai — Sept bombes à Westmount

11 juin — Alexandre Kerensky meurt à New York

5 juillet — Un *DC-8* s'écrase lors de l'atterrissage à Toronto

10 juillet — Pour que s'applique l'assurance-maladie: Québec s'apprête à faire des pressions

12 juillet — Traversée de l'Atlantique du *Râ II*, bateau en papyrus

2 août — Bourassa ordonne une enquête sur l'échec du festival de Manseau

4 septembre — Marianne a 100 ans

8 septembre — Premiers athlètes «amateurs» à recevoir une «bourse d'études»

5 octobre — Enlèvement de Richard Cross: les ravisseurs posent 6 conditions

10 octobre — Mitraillettes en mains, les terroristes répondent au refus de Québec de se plier à leurs exigences

15 octobre — Offensive pour détruire le mouvement terroriste

16 octobre — La loi des mesures de guerre est décrétée

17 octobre — Les ravisseurs de M. Laporte retournent son corps dans l'auto qui a servi à l'enlèvement

20 octobre — Funérailles du ministre Pierre Laporte

1971

5 mars — La tempête du siècle

29 mars — William Caley déclaré coupable du massacre de My Lai

4 mai — Cataclysme au Saguenay

23 juin — Bourassa dit NON *(au projet de réforme constitutionnelle à Victoria)*

29 juin — Les trois cosmonautes soviétiques sont trouvés morts après l'atterrissage du *Soyouz II*

31 juillet — Première balade motorisée sur la surface lunaire par un être humain

31 août — Victoria met un terme à la publicité de l'alcool et de la cigarette

6 septembre — Mort du Dr Phil Edwards

18 septembre — En observant Lafleur, Béliveau se rend compte que c'est fini

28 septembre — Les policiers *(de la Sûreté du Québec)* rentrent au travail

1972

3 avril — Charlie Chaplin rentre aux États-Unis après 20 ans d'exil en Europe

6 avril — Les Jeux, le baseball et le football: un stade de 70 000 sièges

8 juin — Un ex-pilote du Vietnam périt dans un écrasement au Québec

9 juin — La Centrale des syndicats démocratiques représentera 57 300 ouvriers québécois

26 juillet — Maurice Richard devient le premier instructeur des Nordiques de Québec

26 juillet — Nu de BB retrouvé: l'art est intact

17 août — Un «héros» canadien: Norman Bethune

1er septembre — Incendie criminel du café «Blue Bird»: deux suspects détenus; 42 suspects, 40 blessés

5 septembre — Les Jeux continuent: les otages sont abattus

15 septembre — 7 inculpés dans l'affaire Watergate

28 septembre — Le Canada gagne la «Série du siècle» en arrachant le 8e match in extremis

13 octobre — Le Rocket abandonne son poste à Québec

1973

9 février — Mme Lise Payette, future joueur du Canadien?

29 mars — Dernier contingent à quitter le Vietnam

5 avril — Les Sioux ont finalement enterré la hache de guerre à Wounded Knee

1er mai — Dévoilement de la statue de Duplessis

6 juin — Bilinguisme: 16 conservateurs refusent de suivre leur leader

18 juin — Jocelyne Bourassa remporte la première édition du tournoi *La Canadienne*

16 juillet — Toutes les conversations de Nixon ont été enregistrées depuis l'été de 1970

27 juillet — Le bill des Jeux adopté *(par Ottawa)*

9 octobre — Les dépenses budgétaires d'un État indépendant: $11 milliards

1974

28 juillet — Arrestation d'un agent de la GRC pour un attentat à la bombe

30 juillet — Le bill 22 prendra force de loi dès aujourd'hui

30 juillet — L'*impeachment* devient une réalité

8 août — Ford s'installe à la Maison Blanche: le sort réservé à Nixon reste toujours incertain

9 août — L'ex-président Richard Nixon monte à bord de l'hélicoptère réservé au chef d'État pour la dernière fois

24 août — Les délégations étrangères rapportent dans leurs bagages le «goût du Québec»

25 août — Un succès qui fait oublier l'échec du vélodrome

28 août — La GRC arrête l'agent Samson

20 septembre — Deux lignes de métro déjà rétablies *(après une grève du transport en commun à Montréal)*

13 octobre — Décès d'Ed Sullivan

1975

11 juin — La classification des films demeure: Québec abolit la censure

17 juillet — Le rendez-vous de l'espace *(projet Apollo/Soyouz)*

18 juillet — Une quinella qui rapporte trop peu: la piste Richelieu essuie la colère des parieurs mécontents

16 août — Vol du coeur et de la couronne de la Vierge

24 août — Constitution: Bourassa veut des garanties strictes

29 août — Une tragédie au stade: une poutre tombe; 1 mort et 5 blessés

22 septembre — Ford échappe à un deuxième attentat

13 octobre — Restriction des prix et revenus: une période d'austérité

1976

28 juin — La Charte des droits maintenant en vigueur

4 juillet — Le bicentenaire des États-Unis: une immense kermesse émouvante et naïve

11 juillet — Les Jeux de Montréal sont sauvés, mais les Chinois n'y seront pas

13 juillet — Montréal ordonne de démolir Corridart

17 juillet — Faste, dignité, grandeur: maintenant, place aux athlètes

17 juillet — 25 pays d'Afrique boycottent le défilé de la cérémonie d'ouverture *(des Jeux de Montréal)*

18 juillet — La perfection pour Nadia *(Comanechi)*

19 juillet — Un Soviétique triche et se fait éliminer

27 juillet — Michel Vaillancourt, médaillé d'argent au Grand Prix de sauts d'obstacles, aux Jeux olympiques

31 juillet — Saut en hauteur: Ferragne vite éliminé, Stones échoue, Joy termine bon deuxième

1er août — Ovation debout au maire Drapeau: bonjour Moscou...adieu Montréal

15 août — Le port de la ceinture devient obligatoire au Québec

30 août — L'ouverture de la maison Bethune

6 septembre — Un Russe atterrit au Japon avec un *Mig-25*

26 septembre — On s'imagine mal une foule de...seulement 25 000 personnes *(au Stade olympique)*

1977

27 mars — La pire tragédie de l'histoire de l'aviation

26 mai — Au tour des Nordiques!

14 juillet — L'enquête sur les Jeux se terminera juste avant les élections de Montréal et le référendum

16 août — Le rock'n roll a perdu son roi

8 septembre — Cindy Nicholas détient maintenant le record de la traversée de la Manche, aller et retour

12 septembre — Le *J.E. Bernier* réussit le passage du Nord-Ouest

1978

9 juin — Trudeau est prêt: le Canada aura une nouvelle constitution en 1981

19 juin — 524 jours dans un trou

25 juillet — Le premier bébé-éprouvette est né par césarienne

4 août — Molson rachète le Canadien

4 août — Un autobus plonge dans un lac: 43 morts

6 août — Diane Jones-Konihowski, médaillée d'or du pentathlon, aux Jeux du Commonwealth

6 septembre — Irving Grundman prend la relève: Pollock coupe les ponts avec le Canadien

7 septembre — Début des audiences publiques de la Commission Malouf

17 septembre — Les pourparlers de paix sur le Moyen-Orient aboutissent à un accord Égypte/Israël, à Camp David

3 octobre — La télévision fait son entrée au Salon bleu

10 octobre — Drapeau comprend ses raisons: Niding quitte la politique

16 octobre — Jean-Paul II, premier Polonais sur 264 papes: un 56e pape non italien

1979

22 mars — Une équipe de Québec dans la Ligue nationale de hockey

25 mai — Écrasement d'un *DC-10* de la société American Airlines à l'aéroport O'Hare de Chicago: 276 morts

27 août — Jour le plus noir depuis dix ans en Ulster: Lord Mountbatten et dix-sept soldats victimes d'attentats

4 septembre — Le nouvel instructeur du Canadien: «Geoffrion est un gagnant», dit Irving Grundman

10 octobre — Les Flames gâchent le début des Nordiques

1980

28 janvier — Audacieux coup du Canada en Iran: Américains cachés à l'ambassade

5 juin — Extravagances olympiques: plusieurs causes mais deux responsables, Drapeau et Taillibert

12 décembre — Décès de Jean Lesage

1981

28 juin — Décès de Terry Fox

13 septembre — Deuxième tournoi de la coupe Canada

27 septembre — Le TGV établit sa première liaison Paris/Lyon

11 octobre — Les Expos remportent le championnat de leur division

15 octobre — La Société des postes voit enfin le jour

1982

8 mai — Décès de Gilles Villeneuve

14 septembre — Décès de Grace Kelly, princesse de Monaco

22 septembre — Une extraordinaire aventure parlée *(60e anniversaire de la station CKAC)*

4 octobre — En dépit de quatre morts et de sept abandons: *(le Canadien)* Skreslet conquiert le «toit du monde»

1983

18 juin — Sally Ride devient la première Américaine à se rendre dans l'espace

Index thématique

AVERTISSEMENT

Il est à noter que l'index thématique sert essentiellement au repérage pour les pages «100 ans d'actualités». Il est à noter également que la majorité des textes ont été tirés de l'édition du lendemain de chacun des événements. Cet avertissement s'adresse plus particulièrement aux chercheurs qui voudraient se référer à ces textes.

Les dates en caractère gras indiquent les dates de parution dans la page «100 ans d'actualités»

■■■

NOTES EXPLICATIVES

Dans cet index, les notices sont regroupées par sujets; à l'intérieur du sujet, les titres des articles sont placés par ordre alphabétique (lettre par lettre). On peut retrouver les noms de personnes, soit à leur catégorie (ce pourquoi elles sont connues), soit à leur propre entrée. Veuillez noter aussi que l'abréviation *s.d.* signifie que l'article paru dans la page «100 ans d'actualités» était sans date.

■■■

PLAN DE CLASSIFICATION

■■■

ACCIDENTS ET CATASTROPHES

Attention au poisson d'avril, 1914 **(31 mars 1984)**

Bains publics, 1898 **(9 avril 1984)**

Bambin d'une grosseur exceptionnelle, 1907 **(26 janvier 1984)**

Barbarie: la traite des esclaves, 1895 **(10 janvier 1984)**

Blasphémateur durement puni, 1885 **(10 novembre 1983)**

Bouilli vivant, 1889 **(29 décembre 1983)**

Bouteilles à lait à goulot plus étroit, s.d. **(14 mai 1984)**

«Bouteilles» de papier, 1929 **(9 janvier 1984)**

Campagne contre le blasphème, 1922 **(13 février 1984)**

Candidat batailleur, 1896 **(12 juin 1984)**

Canonisation de la femme, 1891 **(26 novembre 1983)**

Célibataires, en garde, c'est le jour des femmes, 1936 **(29 février 1984)**

Célibataires impitoyables, 1925 **(16 mai 1984)**

Cent ans de mariage, 1896 **(4 janvier 1984)**

Ce qu'on ignore: leçon de choses comparatives, 1905 **(25 février 1984)**

Cette vache détient le championnat du monde, 1923 **(24 novembre 1983)**

Chambres de commerce réunies en convention, 1909 **(14 avril 1984)**

Chercheurs d'or canadiens-français, 1899 **(13 janvier 1984)**

Chiens errants, 1897 **(15 novembre 1983)**

Cinquante ans après!, 1905 **(15 mars 1984)**

Clochettes et trottoirs, 1890 **(7 décembre 1983)**

Collège militaire français à Saint-Jean, s.d. **(13 juin 1984)**

Conversion, 1896 **(7 février 1984)**

Croissez et multipliez: un bel exemple donné aux races qui nous entourent, 1898 **(27 décembre 1983)**

Danger d'être enterré vivant: mesures de précautions à New York, 1900 **(19 janvier 1984)**

Découverte d'un mammouth, s.d. **(27 janvier 1984)**

Des cannibales au Canada, 1905 **(16 janvier 1984)**

Des curiosités qui ne manquent pas d'étonner, 1910 **(3 décembre 1910)**

Des godasses pour tous les goûts, 1896 **(7 février 1984)**

Des mangeurs d'araignées, 1893 **(17 février 1984)**

Deux êtres humains aux extrémités des grandeurs, 1896 **(14 février 1984)**

Élévateur à grains, 1907 **(27 juillet 1984)**

Elle veut être bourreau, 1895 **(9 janvier 1984)**

Embouteillage d'éléphants, rue Craig, 1967 **(16 mai 1984)**

Émouvants détails sur la chasse aux loups, 1907 **(18 février 1984)**

En avant l'exposition universelle: le projet de célébrer le cinquantième anniversaire de la Confédération du Canada, 1914 **(9 mars 1984)**

Ennemis devenus amis, 1937 **(27 janvier 1984)**

Ennuis causés au propriétaire d'une maison hantée, 1889 **(11 novembre 1983)**

En roulant ma boule: causette hebdomadaire du père Ladébauche, 1919 **(28 décembre 1983)**

Entrée en service du métro de Toronto, 1954 **(30 mars 1984)**

Épiceries en gros qui se fusionnent, 1925 **(31 décembre 1983)**

États-Unis: un enfant terrible; il mange des épingles, des aiguilles et autres douceurs, 1891 **(16 janvier 1984)**

Eva Roch retombe dans un sommeil léthargique comme l'an dernier, 1899 **(24 décembre 1983)**

Fait unique dans le service des postes: une lettre mise à la poste il y a 53 ans n'a été livrée qu'hier, 1908 **(4 février 1984)**

Femmes suffragettes et furies, 1913 **(8 mars 1984)**

«Fitz» le homard géant, 1897 **(3 avril 1984)**

Fumeuses sur la rue, 1896 **(21 mars 1984)**

Guerre aux pétards, 1907 **(28 mai 1984)**

Helen Keller, un exemple de courage et de tenacité, 1968 **(1er juin 1984)**

Humiliante défaite, 1901 **(4 février 1984)**

Ils se laissent prendre au piège par une prétendue guérisseuse, 1903 **(3 février 1984)**

Inauguration religieuse et civile des travaux de la Beauharnois Electric Co., 1929 **(12 octobre 1984)**

Joe Beef est décédé: une foule immense assiste à ses funérailles, 1889 **(18 janvier 1984)**

Jos Poitras est mort, 1903 **(3 septembre 1984)**

L'ambassadeur de Mars sur Terre, 1928 **(2 novembre 1983)**

L'amour vs la police: aventure d'un amoureux pris pour un voleur, 1912 **(4 juin 1984)**

La bague de Napoléon III et le boeuf, 1890 **(11 janvier 1984)**

La bénédiction du patriarche, 1917 **(29 décembre 1983)**

La Bonne Année, 1899 **(30 décembre 1983)**

La construction d'ascenceurs au Mont-Royal: un projet qui est des plus pratiques, 1922 **(10 mai 1984)**

Ladébauche étrenne le trottoir, 1904 **(3 janvier 1984)**

La guerre aux rats, 1903 **(17 décembre 1983)**

La gymnastique appliquée aux travaux du ménage et de la cuisine, 1902 **(20 décembre 1983)**

La gymnastique dans nos écoles, 1914 **(2 mai 1984)**

La joyeuse fête de la Sainte-Catherine, 1906 **(25 novembre 1983)**

La légende des sabots de Noël, 1900 **(22 décembre 1983)**

La manière de faire les choses, 1909 **(13 mars 1984)**

La nouvelle ambulance de l'Hôpital civique, 1902 **(8 novembre 1983)**

La station centrale, 1897 **(31 mai 1984)**

Le baiser: la contagion du craw-craw,1904 **(30 décembre 1984)**

Le bicycle à patin, 1898 **(3 janvier 1984)**

Le caméléon: on veut empêcher la vente à Montréal, 1894 **(14 février 1984)**

Le Canada à l'Exposition de Paris, 1899 **(2 février 1984)**

Le canal de Panama sera bientôt utilisé, 1913 **(25 septembre 1984)**

Le canal de Soulanges, 1899 **(9 octobre 1984)**

Le cirque Ringling, 1901 **(4 juin 1984)**

Le clou de l'Exposition 1900 à Paris: construction d'un puits d'un mille de profondeur, s.d. **(10 mai 1984)**

Le commerce des bonbons alcoolisés, 1909 **(18 janvier 1984)**

Le fameux colonel Lawrence est mort, 1935 **(19 mai 1984)**

Le fleuve franchi en quatre minutes, 1905 **(16 décembre 1983)**

Le géant Beaupré est mort, 1904 **(3 juillet 1984)**

Le marquis Charles de Montcalm à Ticondéroga, 1958 **(12 juillet 1984)**

Le muet: il se défend comme un sourd, 1894 **(21 juin 1984)**

Le nettoyage des trottoirs dangereux, 1890 **(23 décembre 1983)**

Le plan amélioré du parc Logan, 1898 **(14 mars 1984)**

Le plus gros tavernier du monde, 1948 **(4 février 1984)**

Le plus vieil édifice au Canada, 1900 **(7 avril 1984)**

Le pont de Québec, 1900 **(2 octobre 1984)**

Le pont de Québec: le couronnement d'une entreprise nationale, 1917 **(20 septembre 1984)**

Le précurseur des super-manèges, 1900 **(6 janvier 1984)**

Le saut des chutes Niagara, 1900 **(9 juillet 1984)**

Les bains turcs, 1885 **(13 février 1984)**

Les billets de 25 sous, 1900 **(9 octobre 1984)**

Les boeufs de l'institutrice, 1891 **(13 mars 1984)**

Les chapeaux au théâtre, 1895 **(21 janvier 1984)**

Les chevaux de l'hôpital Notre-Dame, 1902 **(16 décembre 1983)**

Les chiens bottés, 1895 **(4 janvier 1984)**

Les conséquences d'une espièglerie: un drame dans un corridor de sacristie, 1898 **(17 janvier 1984)**

Les Doukhobors, 1902 **(9 novembre 1983)**

Les droits du mari, 1886 **(15 février 1984)**

Le secret de l'intelligence chez l'homme et les animaux, 1897 **(13 mars 1984)**

Les éléphants cambrioleurs, 1907 **(30 mai 1984)**

Les émigrants canadiens pour le Brésil ouvrent les yeux, 1896 **(15 septembre 1984)**

Le serpent de mer, 1895 **(27 juillet 1984)**

Les femmes apprendront à conduire du siège arrière ou du siège avant au choix, 1932 **(30 avril 1984)**

Les funérailles d'un perroquet, 1887 **(22 mars 1984)**

Le siècle nouveau, 1899 **(30 décembre 1983)**

Les mariages à travers le monde, 1908 **(29 février 1984)**

Les méfaits des grands chats de la jungle asiatique, 1929 **(23 novembre 1983)**

Les mystères de l'univers, 1920 **(21 février 1984)**

Les Parisiens «buffalistes», 1889 **(4 juin 1984)**

L'esprit de corps, 1891 **(26 novembre 1983)**

Les repas à bon marché, 1897 **(15 novembre 1983)**

Les supplices chinois, 1900 **(7 juillet 1984)**

Les troglodytes du Mont-Royal, 1931 **(17 octobre 1984)**

Le tunnel sous la Manche, 1914 **(17 janvier 1984)**

Le vingt-neuf février et l'année bissextile, 1912 **(29 février 1984)**

L'exposition de 1896, à Montréal, si elle était tenue dans l'île Sainte-Hélène, 1895 **(13 avril 1984)**

L'Hallowe'en...à la sauce 1897 **(31 octobre 1983)**

L'homme de l'an 1 000 000, 1893 **(9 décembre 1983)**

L'hôpital Notre-Dame a son ambulance, 1886 **(1er juin 1984)**

Li Chung-yun âgé de 252 ans explique les raisons de sa grande vieillesse, 1930 **(17 mai 1984)**

L'ouverture du canal Welland, 21 avril 1930 **(21 avril 1984)**

Maire pendant deux minutes, 1894 **(20 février 1984)**

Manifestation pour la formation d'un régiment canadien-français, 1914 **(15 octobre 1984)**

Mariage des Jocistes, 1939 **(23 juillet 1984)**

Mlle G. Rivet gagne le concours *Mademoiselle Montréal*, 1923 **(26 janvier 1984)**

Mort aux moineaux, 1889 **(20 février 1984)**

Mort de Buffalo Bill, 1917 **(10 janvier 1984)**

Morte de rire!, 1884 **(8 novembre 1983)**

Noël! Noël! Noël!, 1898 **(24 décembre 1983)**

Noël du Canada, 1930 **(23 décembre 1983)**

Noël en Terre Sainte, 1893 **(23 décembre 1983)**

Nos bébés, 1897 **(6 mars 1984)**

Nouveau système d'évacuation pour les édifices en hauteur, 1902 **(20 décembre 1983)**

Nouvelle cuirasse, 1893 **(27 mars 1984)**

Nouvelles applications de l'air liquide, par Henriot, 1898 **(26 novembre 1983)**

Nouvelles tours de Babel: les maisons hautes aux États-Unis, 1899 **(7 janvier 1984)**

Oh! Les merveilles du génie inventif, 1907 **(9 février 1984)**

On déménage un édifice, 1907 **(11 janvier 1984)**

On entasse le charbon dans les cours pour faire hausser les prix, 1903 **(16 janvier 1984)**

On trouve un cimetière sous l'hôtel des Postes, 1909 **(3 décembre 1983)**

On vit comme on peut, 1931 **(14 décembre 1983)**

Où peut conduire la boisson, 1903 **(25 octobre 1983)**

Owney est mort, 1894 **(24 février 1984)**

Pas de collision entre la Terre et la comète Perrine, s.d. **(25 février 1984)**

Pendant que Margaret se repose: vaines recherches pour trouver Me John Turner, 1958 **(4 août 1984)**

Père de 41 enfants, 1900 **(14 mai 1984)**

Perplexité: comment on élude la loi à Toronto, 1909 **(3 décembre 1983)**

Photo du *P'tit Windsor*, 1898 **(19 septembre 1984)**

Place aux jeunes!, 1909 **(31 décembre 1983)**

Plan d'une passerelle, rue Notre-Dame, 1905 **(1er février 1984)**

Plus fort que Milon de Crotone, 1907 **(30 mai 1984)**

Poisson d'avril, 1913 **(31 mars 1984)**

Professeur Stanley, 1916 **(14 novembre 1983)**

Projet gigantesque, 1924 **(20 juin 1984)**

Qu'on poursuive le chef de police!, 1904 **(14 janvier 1984)**

Salut à la nouvelle année!, 1910 **(31 décembre 1983)**

Sur la scène de l'actualité: le capitaine d'état-major Edmond-Alfred Blais, fils, 1951 **(23 mai 1984)**

Sur la scène de l'actualité: Pierre Forest, 1941 **(20 janvier 1984)**

Tour de force: un particulier se promène en voiture dans nos rues, les yeux bandés, 1902 **(13 mars 1984)**

Troc d'un enfant contre un chien, 1885 **(23 mai 1984)**

Trottoirs faits dans les champs, 1917 **(7 février 1984)**

Un bicycle sous-marin, 1896 **(28 novembre 1983)**

Un boudoir moderne, s.d. **(25 janvier 1984)**

Un cas de fécondité: cinq jumeaux en 12 ans, 1905 **(9 janvier 1984)**

Un chat à patte de bois, 1890 **(16 juin 1984)**

Un cheval dans une vitrine, 1903 **(3 mars 1984)**

Un clou de l'Exposition de 1900, s.d. **(27 février 1984)**

Un clou élevé: une chute de mille pieds, s.d. **(20 mars 1984)**

Un danger pour les femmes: les chapeaux ornés d'oiseaux empaillés, 1896 **(14 novembre 1983)**

Un déluge: l'état de nos rues et de nos trottoirs; des étangs dans certaines rues, 1898 **(11 février 1984)**

Une comtesse de Lilliput meurt à l'âge de 77 ans, 1919 **(26 novembre 1983)**

Une histoire de revenant, 1899 **(24 avril 1984)**

Une idylle en 1897: les fiançailles de M. Danton, de New York, et de Mlle Marat, de Paris, rappellent le terrible «93», 1897 **(27 février 1984)**

Un enfant grenouille doté de six yeux, 1890 **(18 janvier 1984)**

Une nouvelle assurance, 1892 **(11 janvier 1984)**

Une première à Montréal, 1910 **(6 juin 1984)**

Une question que les scientistes pourraient étudier, 1896 **(6 février 1984)**

Une septième paire de jumeaux pour M. et Mme Tremblay, de Roberval, 1956 **(17 mai 1984)**

Une source de whisky, 1890 **(11 janvier 1984)**

Une tour sur la montagne, 1896 **(21 mars 1984)**

Un glorieux anniversaire, 1912 **(28 février 1984)**

Un lapin à cornes, 1923 **(18 janvier 1984)**

Un marché plutôt désolant: produits peu attrayants mais de prix fort élevés, 1920 **(21 décembre 1983)**

Un masque à gaz pour pigeon, 1939 **(4 novembre 1983)**

Un monstre dans le lac Champlain, 1886 **(6 décembre 1983)**

Un monstre est aperçu à Marieville et à Saint-Césaire, 1895 **(21 décembre 1983)**

Un monument à Longfellow est dévoilé à Grand-Pré, 1955 **(15 août 1984)**

Un nom... prédestiné!, 1970 **(9 mars 1984)**

Un nouveau tissu fait avec du lin, 1935 **(29 mai 1984)**

Un pendu mécontent se relève pour invectiver les témoins stupéfaits, 1929 **(20 février 1984)**

Un pigeon voyageur devient photographe, 1908 **(12 décembre 1983)**

Un précurseur de Moïse, 1885 **(10 novembre 1983)**

Un sténographe devient fou, 1903 **(12 septembre 1984)**

Un taureau furieux, 1903 **(16 décembre 1983)**

Un tour de force merveilleux fait par un constable, 1915 **(13 février 1984)**

Un train officiel passe sur le pont de Québec, 1917 **(17 octobre 1984)**

Un volcan dans l'oreille, 1907 **(14 janvier 1984)**

Valentins, 1920 **(14 février 1984)**

Vendue pour 5 cents, 1886 **(20 janvier 1984)**

Victime du pharaon?, 1935 **(30 novembre 1983)**

Victoria met un terme à la publicité de l'alcool et de la cigarette **(31 août 1971)**

Voiture de patrouille automobile pour la police de Montréal, 1909 **(29 septembre 1984)**

Vol au fil élastique, 1892 **(22 février 1984)**

FAMILLES ROYALES

Bienvenue à leurs altesses royales, 1901 **(18 septembre 1984)**

Couronnement de la reine Elizabeth II d'Angleterre, 1953 **(2 juin 1984)**

Nikita Khrouchtchev surprend les membres des Nations Unies, 1960 **(12 octobre 1984)**

Nouveau foyer de combat au Katanga: mort de Hammarskjöld dans un accident d'avion, 1961 **(18 septembre 1984)**

On annonce la mort d'Ernesto «Che» Guevara, 1967 **(9 octobre 1984)**

Par les armes si nécessaires: les Tchèques tiennent tête aux dirigeants de l'URSS, 1968 **(18 juillet 1984)**

Pour la première fois depuis 1788, le «Times» de Londres aura des nouvelles à la UNE, 1966 **(3 mai 1984)**

Religieux mis au ban, 1933 **(18 mai 1984)**

Révolte militaire au Maroc espagnol, 1936 **(17 juillet 1984)**

Saisie du canal de Suez, 1956 **(26 juillet 1984)**

Schweitzer est inhumé, 1965 **(4 septembre 1984)**

Scotland Yard mobilise ses effectifs pour découvrir les pirates et leurs $9 millions, 1963 **(8 août 1984)**

Sept morts, nombreux blessés: à dix jours des Jeux olympiques, le sang coule à Mexico, 1968 **(2 octobre 1984)**

Un *casus belli* au pays des Boërs, 1899 **(11 octobre 1984)**

Un grand deuil pour les Rouges: mort de Nicolas Lénine, 1924 **(21 janvier 1984)**

Un Russe atterrit au Japon avec un *Mig-25*, 1976 **(6 septembre 1984)**

Une révélation qui émeut Washington, 1953 **(8 août 1984)**

Washington reconnaît l'État juif proclamé par David Ben Gourion, 1948 **(14 mai 1984)**

SPORTS

Baseball

Babe Ruth en prison, 1921 **(8 juin 1984)**

Babe Ruth fait trois home runs et donne la victoire aux Yankees, 1926 **(6 octobre 1984)**

C'est décidé, Montréal aura du baseball majeur, 1968 **(10 juillet 1984)**

Casey Stengel est congédié, 1960 **(18 octobre 1984)**

Collection de photos d'athlètes: George Herman Ruth, 1928 **(27 décembre 1983)**

Connie Mack abandonne la gérance du club Philadelphie, 1950 **(18 octobre 1984)**

DiMaggio est finalement tenu en échec après 56 joutes consécutives, 1941 **(17 juillet 1984)**

Gene Mauch pilotera les Expos, 1968 **(5 septembre 1984)**

Le club Montréal de la Ligue internationale fait un beau début dans la métropole du Canada, 1928 **(5 mai 1984)**

Le jour de Lou Gehrig, 1939 **(4 juillet 1984)**

Le lanceur Denny McLain, des Tigers de Detroit, remporte 30 victoires en une même saison de baseball majeur, 1968 **(14 septembre 1984)**

Le Montréal gagne sa première joute du soir, 1930 **(3 juillet 1984)**

Les Expos disputent leur premier match et le gagnent, 1969 **(14 avril 1984)**

Les Expos remportent le championnat de leur division, 1981 **(11 octobre 1984)**

Les Giants éliminent les Dodgers, 1951 **(3 octobre 1984)**

Lou Gehrig, «l'homme de fer» du baseball, meurt à l'âge de 38 ans, 1941 **(2 juin 1984)**

Mickey Mantle claque son 400e coup de circuit, 1962 **(10 septembre 1984)**

Mort de Babe Ruth, le champion frappeur de coups de circuit, 1948 **(16 août 1984)**

Nouvelle ligue de baseball, 1904 **(28 février 1984)**

Ruth chanceux un vendredi, le 13, 1934 **(13 juillet 1984)**

Soixante-unième coup de circuit pour Roger Maris, 1961 **(1er octobre 1984)**

Stoneman réussit une partie sans point ni coup sûr, 1969 **(17 avril 1984)**

Ted Williams met un terme à sa carrière, 1960 **(28 septembre 1984)**

Un ralliement sensationnel de 10 points à la 7e manche permet au Philadelphie de gagner la quatrième rencontre de la série, 1929 **(12 octobre 1984)**

Un sensationnel exploit du lanceur Vander Meer, 1938 **(15 juin 1984)**

Boxe, lutte, épreuves de force

Baer, le nouveau champion mondial des poids lourds, 1934 **(14 juin 1984)**

Collection de photos d'athlètes: Gene Tunney, 1928 **(30 janvier 1984)**

Éclatante victoire de Leo Kid Roy sur Walter Price à Holyoke, 1925 **(18 septembre 1984)**

Émile Maupas est tué par une explosion de dynamite, 1948 **(21 septembre 1984)**

Jake LaMotta bat Dauthuille, 1950 **(13 septembre 1984)**

Joe Louis enlève le championnat à Braddock, 1937 **(22 juin 1984)**

Le championnat de la boxe de nouveau détenu par un Blanc, 1915 **(5 avril 1984)**

Les mémoires de Louis Cyr, l'homme le plus fort du monde, 1908 **(8 février 1984)**

L'exploit sans précédent de Ray Robinson stupéfie le monde sportif: pour la première fois de l'histoire, un boxeur reprend le championnat mondial à quatre reprises, 1957 **(1er mai 1984)**

Louis Cyr à deux doigts de la mort, 1899 **(18 mai 1984)**

Louis Cyr victorieux: le champion des hommes forts, 1896 **(31 mars 1984)**

Marciano se retire de la boxe, 1956 **(27 avril 1984)**

Mort du champion Louis Cyr: le célèbre athlète canadien succombe à l'âge de 49 ans, 1912 **(10 novembre 1983)**

Patterson, le premier poids lourd à reconquérir le titre: Johansson perd par knockout à la 5e, 1960 **(20 juin 1984)**

Robert Fitzsimmons perd son titre: James Jeffries en devient le possesseur, 1899 **(9 juin 1984)**

Tremblay remporte le tournoi international de lutte disputé au parc Sohmer, 1905 **(28 avril 1984)**

Victoire de Archie Moore contre Yvon Durelle, 1958 **(10 décembre 1983)**

Course automobile

Campbell fait 304 milles à l'heure, 1935 **(3 octobre 1984)**

Clark se tue en pleine gloire, 1968 **(7 avril 1984)**

Décès de Gilles Villeneuve, 1982 **(8 mai 1984)**

Dernière journée de courses marquée par de graves incidents, à Daytona Beach, 1928 **(23 février 1984)**

Immense succès des courses d'automobiles, 1908 **(27 septembre 1984)**

La chance a finalement souri à Mario Andretti, 1969 **(30 mai 1984)**

Le Grand Prix de Montréal dans l'île Sainte-Hélène, 1962 **(5 décembre 1983)**

Premier Grand Prix de course automobile disputé au Québec, 1968 **(22 septembre 1984)**

Cyclisme

Jacques Anquetil gagne le 48e Tour de France cycliste, 1961 **(16 juillet 1984)**

Les citoyens se protègent contre l'invasion des cyclistes, 1899 **(7 août 1984)**

Louison Bobet remporte le Tour de France pour la 3e année consécutive, 1955 **(30 juillet 1984)**

Les progrès du bicyclisme: une première exposition de bécanes à l'hôtel Windsor, 1897 **(3 mars 1984)**

Trois cyclistes entreprennent le voyage de retour vers Québec, 1908 **(4 septembre 1984)**

Un succès qui fait oublier l'échec du vélodrome, 1974 **(25 août 1984)**

Zénon Saint-Laurent gagne encore le trophée LA PRESSE, 1932 **(28 août 1984)**

Hockey

Après avoir suspendu Richard, Campbell se présente au Forum: une provocation pour les partisans du Canadien, 1955 **(17 mars 1984)**

Au tour des Nordiques!, 1977 **(26 mai 1984)**

Collection de photos d'athlètes: Eddie Shore, 1928 **(20 mars 1984)**

Collection de photos d'athlètes: Georges Vézina, 1928 **(8 décembre 1983)**

Collection de photos d'athlètes: Howie Morenz, 1927 **(27 janvier 1984)**

Croquis à l'aréna samedi soir, 1910 **(31 décembre 1983)**

Décès d'Hector Lépine, 1951 **(29 mars 1984)**

Deuxième tournoi de la coupe Canada, 1981 **(13 septembre 1984)**

Éclatante victoire du Canadien sur le club Toronto à l'aréna, 1920 **(10 janvier 1984)**

En observant Lafleur, Béliveau se rend compte que c'est fini..., 1971 **(18 septembre 1984)**

Fin de la phénoménale carrière de *Monsieur Hockey*, 1960 **(15 septembre 1984)**

Hector «Toe» Blake, instructeur du Canadien, 1955 **(8 juin 1984)**

Hockey des femmes, 1917 **(6 février 1984)**

Important changement dans les règlements de la Ligue nationale, 1956 **(4 juin 1984)**

Irving Grundman prend la relève: Pollock coupe les ponts avec le Canadien, 1978 **(6 septembre 1984)**

Jean Béliveau élu capitaine, 1961 **(13 octobre 1984)**

La Ligue de hockey senior devient un circuit professionnel, 1953 **(11 mai 1984)**

L'assaillant de Campbell condamné à $35 d'amende, 1955 **(29 avril 1984)**

Le Canada gagne la *Série du siècle* en arrachant le 8e match in extremis, 1972 **(28 septembre 1984)**

Le Canadien gagne une grande partie: il bat Cobalt par 7 à 6 dans une lutte excitante au possible, 1910 **(5 janvier 1984)**

L'équipe d'étoiles de la N.H.L. gagne à Toronto, 1947 **(13 octobre 1984)**

Le nouvel instructeur du Canadien, Geoffrion, est un gagnant — Irving Grundman, 1979 **(4 septembre 1984)**

Le Rocket abandonne son poste à Québec, 1972 **(13 octobre 1984)**

Les Canadiens, 18 fois champions du monde, 1959 **(15 mars 1984)**

Les Canadiens sont les champions du monde, 1916 **(30 mars 1984)**

Les Flames gâchent le début des Nordiques, 1979 **(10 octobre 1984)**

Les Maroons gagnent le championnat et la coupe Stanley, 1935 **(9 avril 1984)**

Les recrues du Canadien: Henri Richard, Jean-Guy Talbot et Hector «Toe» Blake, 1955 **(6 octobre 1984)**

Le Toronto offre 1 000 000 $ pour les services de Bobby Hull, 1968 **(10 octobre 1984)**

Maurice Richard atteint le grand objectif de sa carrière: 500 buts, 1957 **(19 octobre 1984)**

Maurice Richard devient le premier instructeur des Nordiques de Québec, 1972 **(26 juillet 1984)**

Maurice Richard élu au Temple de la Renommée, 1961 **(13 juin 1984)**

Molson rachète le Canadien, 1978 **(4 août 1984)**

Montréal conserve la coupe Stanley, 1903 **(4 février 1984)**

Plante enlève le trophée Vézina, 1957 **(23 mars 1984)**

Premier championnat pour les Citadelles de Québec, 1951 **(31 mars 1984)**

Récompense offerte à ceux qui trouvent les trophées volés, 1969 **(9 avril 1984)**

Richard suspendu pour la balance de la saison par le président Campbell, 1955 **(16 mars 1984)**

Sanglante joute de hockey à Richmond, 1907 **(16 février 1984)**

Sur la scène de l'actualité: Elmer Lach, 1948 **(21 mars 1984)**

Une équipe de Québec dans la Ligue nationale de hockey, 1979 **(22 mars 1984)**

Jeux olympiques (sauf Montréal)

Brillante clôture des Jeux olympiques, 1924 **(27 juillet 1984)**

Cent mille personnes aux Jeux olympiques, 1932 **(30 juillet 1984)**

Desmarteau, médaille d'or du lancement de poids, aux Jeux olympiques de St. Louis, 1904 **(1er septembre 1984)**

Inoubliable spectacle à l'ouverture de l'Olympiade, 1936 **(1er août 1984)**

Jesse Owens se mérite quatre médailles d'or aux Jeux olympiques de Berlin, 1936 **(9 août 1984)**

Les Grands des Jeux, Américains et Soviets, 1960 **(25 août 1984)**

Les États-Unis décrochent la palme à Los Angeles, 1932 **(14 août 1984)**

Les Jeux continuent: les otages sont abattus, 1972 **(5 septembre 1984)**

Les Jeux olympiques d'Athènes du 5 au 15 avril 1896 **(9 mai 1984)**

Malgré les manifestations sanglantes, les Jeux olympiques auront lieu tel que prévu, 1968 **(3 octobre 1984)**

Montréal est déçu, Banff dégoûté: les Jeux olympiques se tiendront en Allemagne et au Japon, 1966 **(26 avril 1984)**

Petite histoire des Jeux olympiques de la Grèce antique, 1895 **(23 juillet 1984)**

Ouverture des Jeux olympiques: un Montréalais gagne au tir aux pigeons, 1908 **(13 juillet 1984)**

Record du saut en longueur par l'Américain Bob Beamon, 1968 **(18 octobre 1984)**

Sept morts, nombreux blessés: à dix jours des Jeux olympiques, le sang coule à nouveau à Mexico, 1968 **(2 octobre 1984)**

Un danger menace les Jeux olympiques, 1952 **(3 août 1984)**

Natation

Amyot franchit la Manche à la nage, 1956 **(17 juillet 1984)**

Burgess traverse la Manche à la nage, 1911 **(6 septembre 1984)**

Cindy Nicholas détient maintenant le record de la traversée de la Manche, aller et retour, 1977 **(8 septembre 1984)**

Jacques Amyot réussit la traversée du lac Saint-Jean, 1955 **(23 juillet 1984)**

Louis Lourmais franchit le Saint-Laurent, de l'île Sainte-Hélène à Québec, à la nage, 1959 **(21 avril 1984)**

L'une des gloires du sport, 1926 **(6 août 1984)**

Marilyn Bell conquiert la Manche, 1955 **(31 juillet 1984)**

Quinze nageurs ont pris part au marathon, seulement trois ont couvert le parcours, 1925 **(7 septembre 1984)**

Traversée de la Manche, 1953 **(2 août 1984)**

Divers

Collection de photos d'athlètes: Gene Sarazen, 1928 **(29 décembre 1983)**

Deux hommes remportent une course contre des hommes et des chevaux, 1930 **(9 août 1984)**

Diane Jones-Konihowski, médaillée d'or du pentathlon, aux Jeux du Commonwealth, 1978 **(6 août 1984)**

Enfin nous avons le championnat *(de crosse)*: la belle victoire du National à Cornwall, 1910 **(27 août 1984)**

Exploit du coureur canadien Dave Bailey, 1966 **(11 juin 1984)**

Fabre, vainqueur du marathon de Boston, édition 1915 **(19 avril 1984)**

Fabre gagne le marathon de San Francisco, 1915 **(28 août 1984)**

Grand triomphe: les gymnastes canadiens, sous le commandement du professeur H.T. Scott, ont reçu une véritable ovation à Rome, 1908 **(26 septembre 1984)**

Jocelyne Bourassa remporte la première édition du tournoi *La Canadienne*, 1973 **(18 juin 1984)**

Le championnat du saut à ski sur les pentes de la Côte-des-Neiges, 1911 **(18 février 1984)**

Le Montreal Jockey Club procède à l'ouverture officielle de l'hippodrome Blue Bonnets, 1907 **(4 juin 1984)**

Le ski, 1906 **(23 janvier 1984)**

Le yacht, 1906 **(24 janvier 1984)**

L'invasion de la ville de Québec: quinze cents raquetteurs dans la vieille cité de Champlain, 1908 **(26 janvier 1984)**

Marathon Peter Dawson, 1931 **(2 août 1984)**

M. L.H. Painchaud est autorisé à utiliser la ferme Logan comme piste d'entrainement, 1898 **(17 septembre 1984)**

Mort du Dr. Phil Edwards, 1971 **(6 septembre 1984)**

Nouveau record du monde, 1904 **(26 juillet 1984)**

On s'imagine mal une foule de... seulement 25 000 personnes, 1976 **(26 septembre 1984)**

Où le golf peut conduire: Waldon Chamberlain, 1931 **(24 janvier 1984)**

Ouverture cet après-midi à DeLorimier, 1926 **(12 juin 1984)**

Premiers «amateurs» à recevoir une «bourse d'études», 1970 **(8 septembre 1984)**

Revue sportive de l'année, 1934 **(20 décembre 1983)**

Une foule énorme pour l'ouverture du salon des moteurs: l'exposition de canots-automobiles et de moteurs suscite un enthousiasme extraordinaire, 1912 **(23 mars 1984)**

Une quinella qui rapporte trop peu: la piste Richelieu essuie la colère des parieurs mécontents, 1975 **(18 juillet 1984)**

SUR LA SCÈNE DE L'ACTUALITÉ

(Collection de photos de personnalités québécoises, classée selon leur nom de famille)

Blais, Edmond-Alfred, fils, capitaine d'état-major, 1951 **(23 mai 1984)**

Brodeur, J.-A.-A., échevin, 1924 **(20 juin 1984)**

Caza, G.-Edmond Caza, médecin, maire de Valleyfield, 1953 **(16 juin 1984)**

David, Paul, médecin, nommé directeur de l'Institut de cardiologie de Montréal, 1952 **(15 septembre 1984)**

Duquette, Charles, maire, 1926 **(15 février 1984)**

Fauteux, Jacques, étudiant qui poursuivra ses études à l'Université de Madrid, 1954 **(11 août 1984)**

Forest, Pierre, 1941 **(20 janvier 1984)**

Gauvreau, J.-G., brigadier, nommé officier des relations extérieures de la ville de Montréal, 1951 **(21 août 1984)**

Lach, Elmer, 1948 **(21 mars 1984)**

Lalonde, Marc, avocat, 1956 **(1er août 1984)**

Lévesque, René, 1957 **(28 février 1984)**

Minville, Esdras, économiste, 1927 **(18 novembre 1983)**

TEMPÉRATURE

De la neige un 11 juillet, 1913 **(11 juillet 1984)**

La prévision du temps, 1920 **(6 mars 1984)**

La tempête du siècle, 1971 **(5 mars 1984)**

Que de précautions pour avancer d'un pas: un brouillard d'une densité extraordinaire; on n'y a vu goutte ce matin, 1912 **(5 décembre 1983)**

Température, 1906 **(6 décembre 1983)**

Température, 1908 **(6 octobre 1984)**

Air

Cinquantenaire de l'aviation canadienne, 1959 **(23 février 1984)**

Commémoration de l'exploit d'Alcock et Brown qui ont été les premiers à traverser l'Atlantique par la voie des airs, 1929 **(14 juin 1984)**

De New York à Paris en 16 heures: victorieux, Hughes repart pour Moscou, 1938 **(11 juillet 1938)**

Des essais d'aviation réussis avec un aéroplane construit à Montréal, 1911 **(7 juin 1984)**

Deux martyrs de l'Arctique sont secourus, 1928 **(12 juillet 1984)**

Envolée record d'un avion *North Star II*, 1947 **(13 octobre 1984)**

Ernest Anctil présente son premier aéroplane au public, 1912 **(26 septembre 1984)**

Huenefeld, Koehl et Filzmaurice ont réussi, 1928 **(13 avril 1984)**

Il est maître de l'espace: Louis Blériot, le célèbre aviateur français, traverse la Manche en aéroplane à une altitude moyenne de 250 pieds, en moins de 30 minutes, 1909 **(25 juillet 1984)**

Inauguration du service aérien régulier Montréal—Nassau par la Canadian Colonial Airways, 1941 **(18 janvier 1984)**

La grande semaine d'aviation, 1910 **(9 juin 1984)**

La navigation dans les airs, 1908 **(20 juin 1984)**

La première fusée *Bomarc* arrive aujourd'hui à North Bay, 1961 **(19 octobre 1984)**

L'armada vue à 6000 pieds dans les airs: comment des journalistes suivent le mouvement des hydravions de la flotille italienne à son arrivée à la jetée Fairchild, 1933 **(14 juillet 1984)**

Le *CF-105* dévoilé à l'aéroport de Malton, 1957 **(4 octobre 1984)**

Le *Columbia* atteint l'Allemagne, 1927 **(6 juin 1984)**

Le dirigeable *Comte Zeppelin*, premier paquebot aérien, 1928 **(11 octobre 1984)**

Le *Friendship* descend au pays de Galles, 1928 **(18 juin 1984)**

Le premier derby aérien marqué par des tragédies, 1927 **(17 août 1984)**

Le premier monoplan construit à Montréal, 1910 **(22 septembre 1984)**

Le premier vol d'un appareil plus lourd que l'air, 1903 **(17 décembre 1983)**

Le premier vol du chasseur *F-86* de la société Canadair, 1950 **(9 août 1984)**

Le *R-100* à Montréal, 1930 **(1er août 1984)**

Le *R-101*, 1928 **(5 septembre 1984)**

Le *Sabre* remplacé par un avion américain: Ottawa adopte le *F-104G*, 1959 **(2 juillet 1984)**

Le *Seagull*, premier hydravion à voler et amerrir à Montréal, 1919 **(28 septembre 1984)**

Le second aéroport de Montréal: ce sera Farnham, 1968 **(2 août 1984)**

Le *Yankee Clipper* rendu à destination, 1939 **(23 mai 1984)**

L'intercepteur *Arrow* définitivement mis au rancart par le gouvernement fédéral, 1959 **(20 février 1984)**

L'*Oiseau blanc* tente de traverser les mers, 1927 **(8 mai 1984)**

Pas de *Caravelle* pour Air Canada, 1963 **(27 juillet 1984)**

Premier vol transatlantique d'Air France, 1939 **(7 juillet 1984)**

Raid vers le pôle sud: le fameux commandant Byrd entreprend une randonnée dans un trimoteur, 1929 **(28 novembre 1983)**

Retard angoissant du dirigeable *Italia*, 1928 **(26 mai 1984)**

Sensationnelle envolée d'un avion «robot» *C-54* **(22 septembre 1984)**

Sur un bizarre trimoteur: essais en vol du PT6, le premier turbomoteur entièrement canadien, 1961 **(8 juin 1984)**

Toujours sans nouvelle de l'*Oiseau Blanc*, 1927 **(12 mai 1984)**

Un aviateur américain réussit à survoler le Pôle Nord et cet exploit est sans précédent, 1926 **(9 mai 1984)**

Un avion géant arrive à Dorval, 1945 **(17 septembre 1984)**

Un chasseur expérimental américain, le *FX-104* de la société Lockheed, atteint la vitesse record de 1 500 milles à l'heure au cours d'un vol à l'horizontale, 1954 **(7 juillet 1984)**

Un des plus grands exploits accomplis par l'homme, 1919 **(15 juin 1984)**

Une envolée historique vers Paris ce matin: pour la première fois un service relie Montréal à la capitale française, 1951 **(30 mars 1984)**

Un nouveau record d'altitude de Piccard, 1932 **(18 août 1984)**

Mer

Bateaux qui parcourent le fleuve Saint-Laurent, 1897 **(3 avril 1984)**

Le radeau *L'Égaré II* touche l'Angleterre après 88 jours, 1956 **(21 août 1984)**

La Voie maritime est inaugurée: la reine et Eisenhower ouvrent au monde le coeur du continent, 1959 **(26 juin 1984)**

La Voie maritime est ouverte, 1959 **(25 avril 1984)**

Le *Titanic*, le plus gros paquebot du monde, 1912 **(10 avril 1984)**

Ouverture record de la navigation: le *Mont Alta* remporte les honneurs de la course; l'équipage du navire est en grève, 1949 **(7 avril 1984)**

Traversée de l'Atlantique du *Râ II*, bateau en papyrus, 1970 **(12 juillet 1984)**

Terre

À cause de la pénurie de charbon: le chauffage des tramways est défendu, 1920 **(3 novembre 1983)**

À l'inauguration du premier train électrique, 1925 **(19 septembre 1984)**

Centenaire ferroviaire célébré avec éclat: lord Alexander répète le geste de lord Elgin, 1947 **(18 septembre 1984)**

Dans nos tramways, 1906 **(7 décembre 1983)**

Inauguration de la liaison du Grand Nord, 1904 **(11 janvier 1984)**

L'aubaine au plus matinal: une auto pour 99e, 1926 **(5 novembre 1983)**

L'autobus le plus moderne, 1927 **(5 mai 1984)**

L'échafaudage-automobile: une ingénieuse application de l'automobilisme inaugurée à Paris par M.D. MacDonald, 1903 **(3 janvier 1984)**

Le contrôle électrique des tramways, 1899 **(9 février 1984)**

Le froid, les tramways et les citoyens, 1903 **(28 décembre 1983)**

Le premier (sic) automobile circule à Montréal, 1899 **(21 novembre 1983)**

Le premier de cent autobus, 1915 **(30 avril 1984)**

Le premier véhicule moteur fabriqué au Canada, 1926 **(23 janvier 1984)**

Le réseau du tramway est municipalisé aujourd'hui, 1951 **(16 juin 1984)**

Le Salon de l'auto, 1930 **(18 janvier 1984)**

Le Salon de l'automobile, 1918 **(19 janvier 1984)**

Les cochers protestent, 1903 **(10 février 1984)**

Le service des automobiles à cinq sous est présenté aux citoyens de Montréal, 1915 **(12 avril 1984)**

Les fumeurs et le tramway, 1891 **(15 décembre 1983)**

Les Michelins: les trains de demain rouleront-ils sur des pneus d'automobiles, 1932 **(20 février 1984)**

Les nouveaux tramways, 1927 **(17 novembre 1983)**

Les premiers (sic) automobiles dans la métropole canadienne, 1923 **(20 janvier 1984)**

Les premiers voyageurs franchissent le tunnel sous le Mont-Royal à bord d'un train, 1913 **(10 décembre 1983)**

Les tramways à Longueuil, 1910 **(28 mai 1984)**

Le TGV établit sa première liaison Paris—Lyon, 1981 **(27 septembre 1984)**

Le tramway: le premier char électrique fait le tour de la voie de ceinture, 1892 **(21 septembre 1984)**

L'ouverture de la saison de l'automobile, 1922 **(21 janvier 1984)**

On posera des rails, 1929 **(16 juillet 1984)**

Photo de l'autobus à impériale, fort populaire aux États-Unis, 1915 **(20 février 1984)**

Premier train pour Vancouver, 1886 **(28 juin 1984)**

Rapport de la commission Tremblay: municipalisation du tram recommandée, 1950 **(8 septembre 1984)**

Soixante-quatorze voitures de partout, 1906 **(18 juillet 1984)**

Tramways perfectionnés pour le confort des usagers et la sécurité des piétons, 1895 **(11 janvier 1984)**

Type de véhicule encore inconnu à Montréal, 1928 **(21 août 1984)**

Un événement d'il y a quarante années, 1925 **(7 novembre 1983)**

Vingt mille personnes les voient disparaître : fidèles à eux-mêmes, les tramways ont été en retard jusqu'à la fin, 1959 **(30 août 1984)**

TRAVAIL ET TRAVAILLEURS

Accusations contre la police provinciale après l'affaire de Murdochville, 1957 **(21 août 1984)**

Duplessis promet une enquête complète, 1957 **(22 août 1984)**

Grève des télégraphistes, 1917 **(24 septembre 1984)**

La Centrale des syndicats démocratiques représentera 57 300 ouvriers québécois, 1972 **(9 juin 1984)**

La Commission des accidents de travail siège pour la première fois, 1929 **(8 mars 1984)**

La CTCC adopte un nouveau nom: CSN, 1960 **(29 septembre 1984)**

La grève est déclarée, 1903 **(6 février 1984)**

La grève est déclarée: les agents de police, les employés au service de l'incinération et les préposés au service des pompes de l'aqueduc ont abandonné tout travail à midi, 1918 **(12 décembre 1983)**

La manifestation socialiste, 1907 **(1er mai 1984)**

Le code du travail mis en vigueur aujourd'hui, 1948 **(1er septembre 1984)**

Les ateliers du Pacifique: les nouvelles usines de l'est seront connues sous le nom d'usines Angus, 1904 **(14 janvier 1984)**

Les policiers rentrent, 1971 **(28 septembre 1984)**

Le Tribunal du commerce enquête: les boulangers canadiens-français forment un cartel pour contrôler le prix du pain, 1919 **(5 novembre 1983)**

Loi martiale en vigueur dans le port de Montréal, 1903 **(28 avril 1984)**

Proclamation de la loi martiale à la suite d'une sanglante émeute, 1919 **(21 juin 1984)**

Quatre mille employés du Grand Tronc sont en grève, 1910 **(18 juillet 1984)**

Radio et télé d'État paralysées: une grève pas comme les autres, 1958 **(29 décembre 1983)**

Ralliement des mineurs d'Asbestos: la loi de l'émeute est levée, 1949 **(8 mai 1984)**

Roger Mathieu élu président de la CTCC, 1958 **(20 septembre 1984)**

Sanglante émeute à Valleyfield: l'armée charge à la baïonnette, 1900 **(25 octobre 1983)**

Une victoire incomparable: la compagnie des tramways cède sur tous les points, et se rend aux conditions imposées par ses employés en grève, 1903 **(8 février 1984)**

Victoire pour les grévistes, 1903 **(7 février 1984)**

TRUDEAU, PIERRE ELLIOTT

La place Ville-Marie était noire de monde alors que plus de 25 000 personnes, partisans ou simples badauds, s'y étaient réunies pour écouter le Premier ministre Pierre Elliott Trudeau, 1968 **21 juin 1984)**

La sécurité d'État: Trudeau dit NON à la «CIA canadienne», 1969 **(26 juin 1984)**

Le gouvernement Trudeau: «une société juste à bâtir», 1968 **(12 septembre 1984)**

On juge une démocratie selon la façon dont elle traite ses minorités — Trudeau, 1968 **(2 octobre 1984)**

Trudeau est prêt: le Canada aura une nouvelle constitution en 1981, 1978 **(9 juin 1984)**

VIAU, CORDÉLIA

(voir **CRIMES ET CRIMINELS — AFFAIRE CORDÉLIA VIAU)**

La composition de ce volume
a été réalisée par
les Ateliers de La Presse, Ltée

Achevé d'imprimer sur les presses
de Laflamme et Charrier,
lithographes

IMPRIMÉ AU CANADA